1936年创刊

世界知识

年 鉴

2019/2020

世界知识出版社

《世界知识年鉴》编辑委员会

孙霖江	外交部欧亚司司长
王鲁彤	外交部欧洲司司长
陆　慷	外交部北美大洋洲司司长
赵本堂	外交部拉丁美洲和加勒比司司长
杨　涛	外交部国际司司长
王小龙	外交部国际经济司司长
傅　聪	外交部军控司司长
贾桂德	外交部条约法律司司长
洪　亮	外交部边界与海洋事务司司长
华春莹	外交部新闻司司长
崔爱民	外交部领事司（领事保护中心）司长
侯　悦	外交部香港澳门台湾事务司司长
许　晖	外交部翻译司司长
王同庆	外交部外事管理司司长
刘少宾	外交部涉外安全事务司司长
董　蔷	外交部档案馆馆长
章少红	世界知识出版社有限公司总编辑

资料截至2020年11月20日

编 辑 说 明

一、《世界知识年鉴》(2019/2020)主要介绍2018、2019年的世界政治经济大事和各国(地区)基本情况，所收材料一般截至2019年底，书中部分资料收至2020年9月，光盘中部分资料收至2019年底。

二、本年鉴在保持原有篇幅和体例基本不变的前提下，力求增加反映当年变化的新材料，压缩历年不变的内容，便于读者在仍能查到基本情况的前提下掌握更多动态资料。同时，力求增加对外交往中的实用材料。为了扩大信息量和更及时反映世界各国最新情况，本卷年鉴继续随书赠送光盘。书中包括各国(地区)概况，国际组织、政府间多边机制和国际会议两部分。光盘中则包括国家、地区(含各国行政区划、长途、区号、时差、国旗图案、重要人物、世界遗产，中国驻外使领馆的地址、电话以及传真等)，国际要闻荟萃，世界大事记及一些统计资料等。

三、本年鉴以2000年颁布的中华人民共和国国家标准《世界各国和地区名称代码》(GB/T2659–2000)为基础，收录世界二百多个国家和地区的基本情况。各国(地区)的顺序仍沿用往年年鉴办法，根据其所处的地理位置，先按亚洲、非洲、欧洲、美洲、大洋洲、南极地区和北极地区顺序分别排列（某些小岛屿则视情况分散至各洲部分），洲内再以各国（地区）名称的汉语拼音先后为序。

四、本年鉴所用资料来源不同，在编辑过程中虽尽可能订正和统一，但前后不一之处尚未能完全避免。所用译名尽量采用通用译法。

五、本年鉴在编辑、出版过程中，得到许多单位和个人的帮助和支持，谨在此表示感谢。

六、本年鉴涉及面广，编者水平有限，缺点和错误在所难免，欢迎读者和各界专家指正。对本年鉴的批评和建议请寄“世界知识出版社《世界知识年鉴》编辑部”。地址：北京市东城区干面胡同51号；邮编：100010；电话：010-85118128；传真：010-65265961。

《世界知识年鉴》创办于1936年，本卷为第47卷。

1936、1937两卷在上海出版，以后各卷出版于北京。

1953、1954、1955、1957四卷以《世界知识手册》为名。

以后各卷为：

1958、1959、1961、1965；

1982、1983、1984、1985—1986、1987、1988、1989/90、1990/91、1991/92、1992/93、1993/94、1994/95、1995/96、1996/97、1997/98、1998/99、1999/2000、2000/2001、2001/2002、2002/2003、2003/2004、2004/2005、2005/2006、2006/2007、2007/2008、2008/2009、2009/2010、2010/2011、2011/2012、2012/2013、2013/2014、2014/2015、2015/2016、2016/2017、2017/2018、2018/2019、2019/2020。

目　　录

各国（地区）概况

亚　洲

非　洲

欧　洲

美 洲

大 洋 洲

南极地区和北极地区

国际组织、政府间多边机制和国际会议

联　合　国

政治类

经济类

科学技术文化类

其 他

国际会议

公 约

各国（地区）概况

亚　洲

中　国

国名　中华人民共和国（The People's Republic of China）。

面积　陆地面积约960万平方公里。

人口　2019年年末，全国大陆总人口140005万人，比上年末增加467万人，其中城镇常住人口84843万人，占总人口比重（常住人口城镇化率）为60.60%，比上年末提高1.02个百分点。户籍人口城镇化率为44.38%，比上年末提高1.01个百分点。全年出生人口1465万人，出生率为10.48‰；死亡人口998万人，死亡率为7.14‰；自然增长率为3.34‰。其中男性人口71527万，女性人口68478万；香港特别行政区人口为750.07万（截至2019年12月）；澳门特别行政区人口约为67.96万（截至2019年12月）；台湾地区人口约2360万（截至2019年12月）。

中国是统一的多民族国家，有56个民族。根据第六次全国人口普查（2010年）数据，在大陆人口中，汉族人口占91.51%，各少数民族人口占8.49%。55个少数民族是：蒙古、回、藏、维吾尔、苗、彝、壮、布依、朝鲜、满、侗、瑶、白、土家、哈尼、哈萨克、傣、黎、傈僳、佤、畲、高山、拉祜、水、东乡、纳西、景颇、柯尔克孜、土、达斡尔、仫佬、羌、布朗、撒拉、毛南、仡佬、锡伯、阿昌、普米、塔吉克、怒、乌孜别克、俄罗斯、鄂温克、德昂、保安、裕固、京、塔塔尔、独龙、鄂伦春、赫哲、门巴、珞巴、基诺。此外，还有一些尚待识别的民族。通用汉语。

中国是个多宗教的国家。中国宗教徒信奉的主要有佛教、道教、伊斯兰教、天主教和基督教等宗教，中国公民享有宗教信仰自由。据不完全统计，中国现有各种宗教信徒近2亿，依法登记的宗教活动场所14.4万处，宗教教职人员38万余人，宗教团体约5500个，其中全国性宗教团体7个，分别为中国佛教协会、中国道教协会、中国伊斯兰教协会、中国天主教爱国会、中国天主教主教团、中国基督教三自爱国运动委员会、中国基督教协会。（资料来源：国务院《中国保障宗教信仰自由的政策和实践》白皮书，2018年4月）

首都　北京，截至2019年年末，常住人口2153.6万，其中常住外来人口745.6万。（资料来源：《北京市2019年国民经济和社会发展统计公报》）

国家元首　中华人民共和国主席习近平，2013年3月当选，2018年3月再次当选。

重要节日　全体公民放假的节日有：新年（1月1日）、春节（农历新年）、清明节（农历清明）、端午节（农历五月初五）、中秋节（农历中秋）、国庆节（10月1日）。其他节日或纪念日有：妇女节（3月8日）、植树节（3月12日）、青年节（5月4日）、护士节（5月12日）、儿童节（6月1日）、中国共产党诞生纪念日（7月1日）、中国人民解放军建军纪念日（8月1日）、中国医师节（8月19日）、中国人民抗日战争胜利纪念日（9月3日）、教师节（9月10日）、农民丰收节（节日时间为每年“秋分”）、烈士纪念日（9月30日）、国家宪法日（12月4日）、南京大屠杀死难者国家公祭日（12月13日）、中国人民警察节（1月10日）等。

简　况

位于亚洲东部，太平洋西岸，东部和南部大陆海岸线1.8万多公里，内海和边海的水域面积约470多万平方公里。海域分布有大小岛屿7600多个，其中台湾岛最大，面积约36000平方公里。

中国在陆地上同14国接壤，与8国海上相邻。中国幅员辽阔，大部处于北温带，气候复杂多样，季风气候显著，也称作大陆性季风气候。

2019年，全国平均气温为10.34℃，较常年偏高0.79℃，比2018年上升0.25℃。为1951年以来第5暖年；四季气温均偏高，春秋明显偏暖。全国平均降水量645.5毫米，比常年偏多2.5%。共有5个台风登陆。（资料来源：《2019年中国气候公报》）

中国是世界文明古国之一。约4000年前进入阶级社会。从公元前21世纪夏王朝建立起，历经商、周、秦、汉、三国、晋、十六国、南北朝、隋、唐、五代十国、宋、辽、西夏、金、元、明，到清朝前期为古代社会。1840年鸦片战争后逐步沦为半殖民地半封建社会。1911年中国民主革命的先行者孙中山领导的辛亥革命终结了统治中国两千多年的君主专制制度，创建了中华民国。1921年中国共产党成立，之后领导中国人民进行彻底反帝反封建反官僚资本主义的斗争，历经北伐战争、土地革命战争、抗日战争和解放战争，推翻了帝国主义、封建主义和官僚资本主义的统治，取得新民主主义革命的伟大胜利。于1949年10月1日建立中华人民共和国。

政　　治

2019年10月1日，庆祝中华人民共和国成立70周年大会在京隆重举行，中共中央总书记、国家主席、中央军委主席习近平发表重要讲话并检阅受阅部队。

习近平首先代表党中央、全国人大、国务院、全国政协和中央军委，向一切为民族独立和人民解放、国家富强和人民幸福建立了不朽功勋的革命先辈和烈士们，表示深切的怀念，向全国各族人民和海内外爱国同胞，致以热烈的祝贺，向关心和支持中国发展的各国朋友，表示衷心的感谢。

习近平在讲话中指出，70年前的今天，毛泽东同志在这里向世界庄严宣告了中华人民共和国的成立，中国人民从此站起来了。这一伟大事件，彻底改变了近代以后100多年中国积贫积弱、受人欺凌的悲惨命运，中华民族走上了实现伟大复兴的壮阔道路。70年来，全国各族人民同心同德、艰苦奋斗，取得了令世界刮目相看的伟大成就。今天，社会主义中国巍然屹立在世界东方，没有任何力量能够撼动我们伟大祖国的地位，没有任何力量能够阻挡中国人民和中华民族的前进步伐。

习近平强调，前进征程上，我们要坚持中国共产党领导，坚持人民主体地位，坚持中国特色社会主义道路，全面贯彻执行党的基本理论、基本路线、基本方略，不断满足人民对美好生活的向往，不断创造新的历史伟业。我们要坚持“和平统一、一国两制”的方针，保持香港、澳门长期繁荣稳定，推动海峡两岸关系和平发展，团结全体中华儿女，继续为实现祖国完全统一而奋斗。我们要坚持和平发展道路，奉行互利共赢的开放战略，继续同世界各国人民一道推动共建人类命运共同体。中国人民解放军和人民武装警察部队要永葆人民军队性质、宗旨、本色，坚决维护国家主权、安全、发展利益，坚决维护世界和平。

习近平强调，中国的昨天已经写在人类的史册上，中国的今天正在亿万人民手中创造，中国的明天必将更加美好。全党全军全国各族人民要更加紧密地团结起来，不忘初心，牢记使命，继续把我们的人民共和国巩固好、发展好，继续为实现“两个一百年”奋斗目标、实现中华民族伟大复兴的中国梦而努力奋斗。

【宪法】现行的《中华人民共和国宪法》是新中国第四部宪法，于1982年12月第五届全国人大第五次会议上正式通过并颁布。为了适应中国经济和社会的发展变化，全国人大分别于1988年4月、1993年3月、1999年3月、2004年3月、2018年3月对这部宪法逐步进行了修改、完善。宪法规定，中华人民共和国是工人阶级领导的、以工农联盟为基础的人民民主专政的社会主义国家。社会主义制度是国家的根本制度。中国共产党领导是中国特色社会主义最本质的特征。国家的一切权力属于人民。国家的根本任务是沿着中国特色社会主义道路，集中力量进行社会主义现代化建设。台湾是中国神圣领土的一部分。完成统一祖国的大业是包括台湾同胞在内的全中国人民的神圣职责。（资料来源：中国人大网）

【全国人民代表大会（National People's Congress，NPC）】最高国家权力机关，每届任期5年，全体会议每年举行1次。它的常设机关是全国人民代表大会常务委员会（NPC Standing Committee）。全国人民代表大会和全国人民代表大会常务委员会行使国家立法权。

第十三届全国人民代表大会常务委员会委员长、副委员长、秘书长、委员由2018年3月第十三届全国人民代表大会第一次会议选出，共175人。

2020年5月22—28日，第十三届全国人民代表大会第三次会议在人民大会堂举行，近3000名全国人大代表出席会议。

会议表决通过了十三届全国人大三次会议关于政府工作报告的决议。决议指出，会议充分肯定国务院过去一年多的工作，同意报告提出的2020年经济社会发展的总体要求、主要目标和重点任务，决定批准这个报告。

会议表决通过了民法典。民法典自2021年1月1日起施行。

会议表决通过了全国人民代表大会关于建立健全香港特别行政区维护国家安全的法律制度和执行机制的决定。决定自公布之日起施行。

会议表决通过了十三届全国人大三次会议关于2019年国民经济和社会发展计划执行情况与2020年国民经济和社会发展计划的决议，决定批准关于2019年国民经济和社会发展计划执行情况与2020年国民经济和社会发展计划草案的报告，批准2020年国民经济和社会发展计划；表决通过了十三届全国人大三次会议关于2019年中央和地方预算执行情况与2020年中央和地方预算的决议，决定批准关于2019年中央和地方预算执行情况与2020年中央和地方预算草案的报告，批准2020年中央预算。

会议表决通过了十三届全国人大三次会议关于全国人大常委会工作报告的决议。决议指出，会议充分肯定十三届全国人大二次会议以来常委会的工作，同意报告提出的今后一个阶段的主要任务和工作安排，决定批准这个报告。

会议还表决通过了十三届全国人大三次会议关于最高人民法院工作报告的决议、关于最高人民检察院工作报告的决议，决定批准这两个报告。

第十三届全国人大常委会委员长栗战书在闭幕式上发表讲话。他说，第十三届全国人民代表大会第三次会议已经圆满完成各项议程，是一次民主、团结、求实、奋进的大会。会议高度评价过去一年多来党和国家的工作。代表们一致认为，在以习近平同志为核心的党中央坚强领导下，在习近平新时代中国特色社会主义思想指引下，按照党中央决策部署，全党全国各族人民紧密团结，乘风破浪推进党和国家事业发展取得新的重大成果。新冠肺炎疫情发生后，习近平总书记亲自指挥、亲自部署，用1个多月时间初步遏制了疫情蔓延势头，用2个月左右时间将本土每日新增病例控制在个位数以内，用3个月左右时间取得疫情防控重大战略成果。对我们这样一个拥有14亿人口的大国来说，这样的成效来之不易。这是中国人民的英雄壮举，这是中国特色社会主义的伟大力量。

栗战书最后说，中国人民具有伟大创造精神、伟大奋斗精神、伟大团结精神、伟大梦想精神，这是我们风雨无阻、奋勇前行的根本力量。让我们更加紧密地团结在以习近平同志为核心的党中央周围，增强“四个意识”、坚定“四个自信”、做到“两个维护”，坚持人民至上，紧紧依靠人民，不断造福人民，牢牢植根人民，同心协力、砥砺奋进，谱写新时代中国特色社会主义伟大事业新篇章。（资料来源：中国人大网）

【政府】中央人民政府即国务院（State Council），是最高国家权力机关的执行机关和最高国家行政机关。它执行全国人大和全国人大常委会制定的法律和通过的决议，对全国人大及其常委会负责并报告工作。国务院由总理、副总理、国务委员、各部部长、各委员会主任、审计长、秘书长组成。实行总理负责制。国务院秘书长在总理的领导下，负责处理国务院的日常工作。国务院设立办公厅，由秘书长领导。每届任期5年。总理、副总理、国务委员连续任职不得超过两届。国务院总理：李克强；国务院副总理：韩正、孙春兰（女）、胡春华、刘鹤；国务委员：魏凤和、王勇、王毅、肖捷、赵克志；国务院秘书长：肖捷（兼）。

国务院各部、各委员会实行部长、主任负责制。根据中华人民共和国第十三届全国人民代表大会第一次会议的决定，本届国务院于2018年3月组成，机构改革后，除国务院办公厅外，国务院组成部门设置26个，国务院组成各部及其负责人员如下（截至2020年9月）：外交部部长王毅（兼），国防部部长魏凤和（兼），国家发展和改革委员会主任何立峰，教育部部长陈宝生，科学技术部部长王志刚，工业和信息化部部长肖亚庆，国家民族事务委员会主任巴特尔（蒙古族），公安部部长赵克志（兼），国家安全部部长陈文清，民政部部长李纪恒，司法部部长唐一军，财政部部长刘昆，人力资源和社会保障部部长张纪南，自然资源部部长陆昊，生态环境部部长黄润秋，住房和城乡建设部部长王蒙徽，交通运输部部长李小鹏，水利部部长鄂竟平，农业农村部部长韩长赋，商务部部长钟山，文化和旅游部部长胡和平，国家卫生健康委员会主任马晓伟，退役军人事务部部长孙绍骋，应急管理部部长王玉普，中国人民银行行长易纲，审计署审计长侯凯。（资料来源：中国政府网）

【国家监察委员会】中华人民共和国国家监察委员会是最高监察机关，领导地方各级监察委员会的工作，对全国人民代表大会及其常务委员会负责。监察委员会主任每届任期同本级人民代表大会每届任期相同。国家监察委员会主任连续任职不得超过两届。

2018年3月18日，第十三届全国人民代表大会第一次会议选举杨晓渡为中华人民共和国国家监察委员会主任。2018年3月21日，十三届全国人大常委会第一次会议分别经表决，任命刘金国、杨晓超、李书磊、徐令义、肖培、陈小江为国家监察委员会副主任，任命王鸿津、白少康、邹加怡（女，任期至2018年6月）、张春生、陈超英、侯凯、姜信治、凌激、崔鹏、卢希（女）为国家监察委员会委员。2018年3月23日，中华人民共和国国家监察委员会在北京揭牌。（资料来源：中央纪委国家监委网站）

【人民法院】国家的审判机关。设立最高人民法院、地方各级人民法院和军事法院等专门人民法院。最高人民法院院长、首席大法官周强，2013年3月当选，2018年3月连任。

【人民检察院】国家的法律监督机关。设立最高人民检察院、地方各级人民检察院和军事检察院等专门人民检察院。最高人民检察院检察长、首席大检察官张军，2018年3月当选。

【行政区划】全国划分为23个省、4个直辖市、5个自治区和2个特别行政区。

【中国人民政治协商会议（Chinese People's Political Consultative Conference，CPPCC）】中国人民爱国统一战线的组织，是中国共产党领导的多党合作和政治协商的重要机构，是中国政治生活中发扬社会主义民主的重要形式。在中国共产党的领导下由中国共产党、8个民主党派、无党派民主人士、人民团体、各少数民族和各界的代表，台湾同胞、港澳同胞和归国侨胞的代表以及特别邀请的人士组成。设全国委员会（简称“全国政协”）（National Committee of the Chinese People's Political Consultative Conference）和地方委员会。全国政协设主席、副主席若干人和秘书长，每届任期5年，全体会议每年举行1次。全国政协围绕团结和民主两大主题开展工作，履行政治协商、民主监督、参政议政职能。平时组织委员进行一些专门活动，就国家的大政方针、地方重要事务、统一战线中的重大问题进行政治协商，通过提出意见和建议的形式进行参政议政，对国家宪法、法律的执行情况和国家机关的工作进行民主监督。

2020年5月21—27日，中国人民政治协商会议第十三届全国委员会第三次会议在北京召开。会议由中共中央政治局常委、全国政协主席汪洋主持。汪洋在讲话中说，这次会议是在我国新冠肺炎疫情防控阻击战取得重大战略成果、全面建成小康社会进入决战决胜阶段的重要时刻召开的。中共中央总书记、国家主席、中央军委主席习近平等党和国家领导同志出席会议，与委员共商国是。全体委员围绕统筹推进常态化疫情防控和经济社会发展、落实决战决胜目标任务，积极建言资政，广泛凝聚共识，充分体现了专门协商机构在国家治理体系中的重要作用，是一次民主、团结、求实、奋进的大会。（资料来源：中国政协网）

【政党和团体】中国共产党领导的多党合作和政治协商制度是中华人民共和国的一项基本的政治制度：中国共产党是中华人民共和国的唯一执政党，8个民主党派在接受中国共产党领导的前提下，具有参政党的地位，与中共合作，参与执政。政治协商制度是在中国共产党的领导下，各民主党派、各人民团体、各少数民族和社会各界的代表，对国家的大政方针以及政治、经济、文化和社会生活中的重要问题在决策之前举行协商和就决策执行过程中的重要问题进行协商的制度。

中国共产党（Communist Party of China，CPC）：于1921年7月底成立（以7月1日为成立纪念日），是中国工人阶级的先锋队，同时是中国人民和中华民族的先锋队，是中国特色社会主义事业的领导核心，代表中国先进生产力的发展要求，代表中国先进文化的前进方向，代表中国最广大人民的根本利益。党的行动指南是马克思列宁主义、毛泽东思想、邓小平理论、“三个代表”重要思想、科学发展观、习近平新时代中国特色社会主义思想，最高理想和最终目标是实现共产主义。2012年11月，习近平当选中国共产党中央委员会总书记，2017年10月连任。中央组织部最新党内统计数据显示，截至2019年底，中国共产党党员总数为9191.4万名，比上年净增132.0万名。党的基层组织总数为468.1万个，比上年净增7.1万个。

2017年10月18—24日，中国共产党第十九次全国代表大会在北京召开。大会的主题是：不忘初心，牢记使命，高举中国特色社会主义伟大旗帜，决胜全面建成小康社会，夺取新时代中国特色社会主义伟大胜利，为实现中华民族伟大复兴的中国梦不懈奋斗。10月25日，十九届一中全会选举产生了中央领导机构：

中央政治局常务委员会委员：习近平、李克强、栗战书、汪洋、王沪宁、赵乐际、韩正；中央委员会总书记：习近平；中央军事委员会主席：习近平；中央纪律检查委员会书记：赵乐际。

2019年10月28—31日，中国共产党第十九届中央委员会第四次全体会议在北京举行。全会明确提出，坚持和完善中国特色社会主义制度、推进国家治理体系和治理能力现代化的总体目标是，到我们党成立一百年时，在各方面制度更加成熟更加定型上取得明显成效；到二〇三五年，各方面制度更加完善，基本实现国家治理体系和治理能力现代化；到新中国成立一百年时，全面实现国家治理体系和治理能力现代化，使中国特色社会主义制度更加巩固、优越性充分展现。全会听取和讨论了习近平总书记受中央政治局委托作的工作报告，审议通过了《中共中央关于坚持和完善中国特色社会主义制度、推进国家治理体系和治理能力现代化若干重大问题的决定》。

中国国民党革命委员会（Revolutionary Committee of the Chinese Kuomintang，RCCK）：简称“民革”。1948年1月1日在香港成立，由原中国国民党民主派及其他爱国人士所创建，是具有政治联盟性质的、致力于建设中国特色社会主义和祖国统一事业的政党，是中国共产党领导的多党合作和政治协商制度中的中国特色社会主义参政党。截至2017年底，共有省级组织30个，地市级组织275个，党员131410人。主席万鄂湘，2012年12月当选，2017年12月连任。

中国民主同盟（China Democratic League，CDL）：简称“民盟”。1941年3月在重庆成立，原名中国民主政团同盟，1944年9月改为现名。是主要由从事文化教育以及科学技术工作的高、中级知识分子组成的，具有政治联盟特点的，接受中国共产党领导、同中国共产党通力合作，进步性与广泛性相统一、致力于中国特色社会主义事业的参政党。截至2019年12月，民盟共有成员32.15万余人，其中高教界占22.8%，基础教育界占28.5%，文化艺术新闻出版界占6.2%，其他重点分工领域占2.2%。省级组织30个，市、县级组织412个。主席丁仲礼，2017年12月当选。

中国民主建国会（China National Democratic Construction Association，CNDCA）：简称“民建”。1945年12月在重庆成立。是主要由经济界人士组成的、具有政治联盟特点的政党，是接受中国共产党领导，与中国共产党通力合作的中国特色社会主义参政党。民建在全国30个省、自治区、直辖市和大中城市都建立了组织，截至2018年12月底，现有成员19.3万人，大多数为经济界和其他方面的代表性人士。主席郝明金，2017年12月当选。

中国民主促进会（China Association for Promoting Democracy，CAPD）：简称“民进”。1945年12月创立，是以从事教育文化出版传媒以及相关科学技术领域的高中级知识分子为主、具有政治联盟性质的政党，是同中国共产党通力合作的中国特色社会主义参政党。截至2019年12月底，共有地方组织357个，基层组织8923个，会员176719人，平均年龄51.9岁。主席蔡达峰，2017年12月当选。

中国农工民主党（Chinese Peasants and Workers Democratic Party，CPWDP）：简称“农工党”。1930年8月在上海创建，当时称中国国民党临时行动委员会，1947年2月改为现名。是以医药卫生、人口资源和生态环境领域高中级知识分子为主，由一部分社会主义劳动者、社会主义事业建设者和拥护社会主义的爱国者组成的，具有政治联盟特点的中国特色社会主义参政党，是中国共产党领导的多党合作和政治协商制度中，同中国共产党通力合作的亲密友党。农工党在除台湾、香港、澳门、西藏以外的30个省、自治区、直辖市建立了组织。截至2019年12月底，党员总数177943人。农工党中央机关刊物为《前进论坛》。主席陈竺，2012年12月当选，2017年12月连任。

中国致公党（China Zhi Gong Dang，CZGD）：简称“致公党”。由华侨社团美洲致公堂发起，于1925年10月在美国旧金山成立。致公党是以归侨、侨眷中的中上层人士和其他有海外关系的代表性人士为主组成的、具有政治联盟特点的政党，是中国共产党领导的多党合作和政治协商制度中的中国特色社会主义参政党。截至2017年11月，致公党在全国21个省、自治区、直辖市建立了组织，共有党员近5.4万人。主席万钢，2007年12月当选，2012年、2017年连任。

九三学社（Jiusan Society）：1944年，一批进步学者发扬五四运动反帝爱国精神，以民主与科学为宗旨，在重庆组织“民主科学座谈会”。为纪念抗日战争和世界反法西斯战争的伟大胜利，1945年9月3日，民主科学座谈会召开扩大会议，并更名为“九三座谈会”。1946年5月4日，改建为“九三学社”。九三学社是以科学技术界高、中级知识分子为主的具有政治联盟特点的政党，是接受中国共产党领导、同中国共产党通力合作的亲密友党，是中国特色社会主义参政党。截至2020年6月30日，九三学社共有省级组织30个，市级地方组织281个，县级地方组织29个，基层组织7326个，社员总数为90131人，平均年龄54.6岁。主席武维华，2017年12月当选。

台湾民主自治同盟（Taiwan Democratic Self-Government League，TSL）：简称“台盟”，1947年11月12日在香港成立。台盟是由台湾省人士组成的社会主义劳动者、社会主义事业建设者和拥护社会主义爱国者的政治联盟，是接受中国共产党领导、同中国共产党通力合作的亲密友党，是中国共产党领导的多党合作和政治协商制度中的中国特色社会主义参政党。截至2017年底，台盟在19个省、直辖市建立了组织，现有成员3000多人。主席苏辉（女），2017年12月当选。

（资料来源：中央统战部网站与各民主党派官方网站）

此外，社会团体是当代中国政治生活的重要组成部分。截至2019年底，全国共有社会组织86.6万个，比上年增长6.0%；吸纳社会各类人员就业1037.1万人，比上年增长5.8%。（资料来源：《2019年民政事业发展统计公报》）

其中，政治地位特殊、社会影响广泛的全国性的社会团体有：

中华全国工商业联合会（All-China Federation of Industry & Commerce，ACFIC）：简称“全国工商联”，又称“中国民间商会”（All-China General Chamber of Industry & Commerce）。1953年成立，全国工商联是中国共产党领导的以非公有制企业和非公有制经济人士为主体，具有统战性、经济性、民间性有机统一特征的人民团体和商会组织，是党和政府联系非公有制经济人士的桥梁纽带，是政府管理和服务非公有制经济的助手，是中国人民政治协商会议的重要组成部分。截至2018年底，全国共有县级以上工商联组织3416个，各级工商联所属商会共有48916个，已形成覆盖全国的组织网络。全国工商联同世界上100多个国家和地区的400多个组织、机构、商会等建立了广泛联系和友好合作。2017年11月高云龙当选全国工商联主席、中国民间商会会长。

中华全国总工会（All-China Federation of Trade Unions）：简称“全总”。1925年5月成立，是中国各地方总工会和各产业工会全国组织的领导机关。中国工会是中国共产党领导的职工自愿结合的工人阶级群众组织，是党联系职工群众的桥梁和纽带，是国家政权的重要社会支柱，是会员和职工利益的代表。截至2017年9月底，工会会员达到3亿人，基层工会组织280.9万个，覆盖单位655.1万个。主席王东明，2018年10月当选。

中国共产主义青年团（Chinese Communist Youth League，CCYL）：简称“共青团”。1922年5月成立，是中国共产党领导的先进青年的群团组织，是广大青年在实践中学习中国特色社会主义和共产主义的学校，是中国共产党的助手和后备军。2018年6月26—29日，中国共产主义青年团第十八次全国代表大会在北京召开，审议并一致通过十七届中央委员会提出的《中国共产主义青年团章程（修正案）》，选举贺军科为团中央书记处第一书记。截至2017年底，全国共有共青团员8124.6万名，其中学生团员5795.1万名；共有基层团组织357.9万个，其中，基层团委20.4万个，基层团工委1.6万个，团总支16.5万个，团支部319.4万个。

中华全国妇女联合会（All-China Federation of Women，ACFW）：简称“全国妇联”。1949年4月成立，是全国各族各界妇女为争取进一步解放与发展而联合起来的群团组织，是中国共产党领导下的人民团体，是党和政府联系妇女群众的桥梁和纽带，是国家政权的重要社会支柱。中华全国妇女联合会在新时代担负着团结引导各族各界妇女听党话、跟党走的政治责任，以围绕中心、服务大局为工作主线，以联系和服务妇女为根本任务，以代表和维护妇女权益、促进男女平等和妇女全面发展为基本职能。妇女联合会实行全国组织、地方组织、基层组织和团体会员相结合的组织制度。全国妇联主席沈跃跃，全国妇联书记处第一书记黄晓薇，2018年当选。

中国残疾人联合会（China Disabled Person's Federation，CDPF）：简称“中国残联”成立于1988年3月，是国家法律确认、国务院批准的由残疾人及其亲友和残疾人工作者组成的人民团体，是全国各类残疾人的统一组织。2018年9月14—16日，中国残疾人联合会第七次全国代表大会在北京召开，邓朴方当选中国残疾人联合会第七届名誉主席，张海迪当选中国残疾人联合会第七届主席团主席。

经　济

【国民经济】2019年，面对国内外风险挑战明显上升的复杂局面，在以习近平同志为核心的党中央坚强领导下，各地区各部门以习近平新时代中国特色社会主义思想为指导，全面贯彻党的十九大和十九届二中、三中、四中全会精神，按照党中央、国务院决策部署，坚持稳中求进工作总基调，坚持新发展理念和推动高质量发展，坚持以供给侧结构性改革为主线，着力深化改革扩大开放，持续打好三大攻坚战，统筹稳增长、促改革、调结构、惠民生、防风险、保稳定，扎实做好稳就业、稳金融、稳外贸、稳外资、稳投资、稳预期工作，经济运行总体平稳，发展水平迈上新台阶，发展质量稳步提升，人民生活福祉持续增进，各项社会事业繁荣发展，生态环境质量总体改善，“十三五”规划主要指标进度符合预期，全面建成小康社会取得新的重大进展。（资料来源：《中华人民共和国2019年国民经济和社会发展统计公报》）

2019年，全年国内生产总值990865亿元，比上年增长6.1%。其中，第一产业增加值70467亿元，增长3.1%；第二产业增加值386165亿元，增长5.7%；第三产业增加值534233亿元，增长6.9%。第一产业增加值占国内生产总值比重为7.1%，第二产业增加值比重为39.0%，第三产业增加值比重为53.9%。人均国内生产总值70892元，比上年增长5.7%。国民总收入988458亿元，比上年增长6.2%。（各项统计数据均未包括香港特别行政区、澳门特别行政区和台湾省）（资料来源：《中华人民共和国2019年国民经济和社会发展统计公报》）

截至2019年末，我国全口径（含本外币）外债余额为143519亿元人民币（等值20573亿美元，不包括香港特区、澳门特区和台湾地区对外负债，下同）。

2019年末国家外汇储备31079亿美元，比上年末增加352亿美元。全年人民币平均汇率为1美元兑6.8985元人民币，比上年贬值4.1%。（资料来源：国家外汇管理局官网）

【资源】截至2018年底，全国已发现173种矿产，其中，能源矿产13种，金属矿产59种，非金属矿产95种，水气矿产6种。2018年我国天然气、铜矿、镍矿、钨矿、铂族金属、锂矿、萤石、石墨和硅灰石等矿产查明资源储量增长比较明显。石油、天然气等矿产资源潜力动态评价取得新进展。

2018年，中国天然气、铜矿、镍矿、钨矿、锂矿、萤石、晶质石墨等重要矿产查明资源储量增长。全国新发现矿产地153处，其中大型51处，中型57处，小型45处。探明地质储量超过亿吨的油田3处、超过3000亿立方米的天然气田1个。天然气水合物勘查方面，在南海北部优选重点海域启动了天然气水合物勘查试采先导实验区建设，首次钻获厚度大、纯度高、类型多、呈多层分布的天然气水合物矿藏。

2018年，全国油气勘查投资有所回升，非油气矿产勘查投资继续下降。矿产品需求保持增长，能源消费结构不断优化。采矿业固定资产投资回升，主要矿产品供应能力不断增强，一次能源、粗钢、十种有色金属、黄金、水泥等产量和消费量继续居世界首位。（资料来源：《中国矿产资源报告2019》，地质出版社2019年版）

2019年，全年水资源总量28670亿立方米。全年总用水量5991亿立方米，比上年下降0.4%。人均用水量429立方米，比上年下降0.8%。（资料来源：《中华人民共和国2019年国民经济和社会发展统计公报》）

根据第八次全国森林资源清查（2009—2013）结果显示，全国森林面积2.08亿公顷，森林覆盖率21.63%，森林蓄积151.37亿立方米；人工林面积0.69亿公顷，蓄积24.83亿立方米。2019年完成造林面积707万公顷，其中人工造林面积365万公顷，占全部造林面积的51.6%。森林抚育面积773万公顷。截至2019年底，国家级自然保护区474个。新增水土流失治理面积5.4万平方公里。

【工业和建筑业】2019年全部工业增加值317109亿元，比上年增长5.7%。规模以上工业增加值增长5.7%。在规模以上工业中，从经济类型看，国有控股企业增加值增长4.8%；股份制企业增长6.8%，外商及港澳台商投资企业增长2.0%；私营企业增长7.7%。从门类看，采矿业增长5.0%，制造业增长6.0%，电力、热力、燃气及水生产和供应业增长7.0%。

全年规模以上工业中，农副食品加工业增加值比上年增长1.9%，纺织业增长1.3%，化学原料和化学制品制造业增长4.7%，非金属矿物制品业增长8.9%，黑色金属冶炼和压延加工业增长9.9%，通用设备制造业增长4.3%，专用设备制造业增长6.9%，汽车制造业增长1.8%，电气机械和器材制造业增长10.7%，计算机、通信和其他电子设备制造业增长9.3%，电力、热力生产和供应业增长6.5%。

年末全国发电装机容量201066万千瓦，比上年末增长5.8%。其中火电装机容量119055万千瓦，增长4.1%；水电装机容量35640万千瓦，增长1.1%；核电装机容量4874万千瓦，增长9.1%；并网风电装机容量21005万千瓦，增长14.0%；并网太阳能发电装机容量20468万千瓦，增长17.4%。

全年规模以上工业企业利润61996亿元，比上年下降3.3%。分经济类型看，国有控股企业利润16356亿元，比上年下降12.0%；股份制企业45284亿元，下降2.9%，外商及港澳台商投资企业15580亿元，下降3.6%；私营企业18182亿元，增长2.2%。分门类看，采矿业利润5275亿元，比上年增长1.7%；制造业51904亿元，下降5.2%；电力、热力、燃气及水生产和供应业4816亿元，增长15.4%。全年规模以上工业企业每百元营业收入中的成本为84.08元，比上年增加0.18元；营业收入利润率为5.86%，下降0.43个百分点。

全年全社会建筑业增加值70904亿元，比上年增长5.6%。全国具有资质等级的总承包和专业承包建筑业企业利润8381亿元，比上年增长5.1%，其中国有控股企业2585亿元，增长14.5%。

【农业】根据2013年底公布的第二次全国土地调查数据，截至2009年12月31日，全国耕地13538.5万公顷，园地1481.2万公顷、林地25395.0万公顷、草地28731.4万公顷。

2019年粮食种植面积11606万公顷，比上年减少97万公顷。

全年粮食产量66384万吨，比上年增加594万吨，增产0.9%。

全年棉花产量589万吨，比上年减产3.5%。油料产量3495万吨，增产1.8%。糖料产量12204万吨，增产2.2%。茶叶产量280万吨，增产7.2%。

全年猪牛羊禽肉产量7649万吨，比上年下降10.2%。

全年水产品产量6450万吨，比上年下降0.1%。

全年木材产量9028万立方米，比上年增长2.5%。

全年新增耕地灌溉面积27万公顷，新增高效节水灌溉面积146万公顷。

（资料来源：《中华人民共和国2019年国民经济和社会发展统计公报》）

【服务业】2019年全年批发和零售业增加值95846亿元，比上年增长5.7%；交通运输、仓储和邮政业增加值42802亿元，增长7.1%；住宿和餐饮业增加值18040亿元，增长6.3%；金融业增加值77077亿元，增长7.2%；房地产业增加值69631亿元，增长3.0%；信息传输、软件和信息技术服务业增加值32690亿元，增长18.7%；租赁和商务服务业增加值32933亿元，增长8.7%。全年规模以上服务业企业营业收入比上年增长9.4%，营业利润增长5.4%。

全年完成邮政行业业务总量16230亿元，比上年增长31.5%。邮政业全年完成邮政函件业务21.7亿件，包裹业务0.2亿件，快递业务量635.2亿件，快递业务收入7498亿元。全年完成电信业务总量106789亿元，比上年增长62.9%。年末全国电话用户总数179238万户，其中移动电话用户160134万户。移动电话普及率上升至114.4部/百人。固定互联网宽带接入用户44928万户，比上年末增加4190万户，其中固定互联网光纤宽带接入用户41740万户，增加4907万户。全年移动互联网用户接入流量1220亿GB，比上年增长71.6%。全年软件和信息技术服务业完成软件业务收入71768亿元，按可比口径计算，比上年增长15.4%。

【旅游业】2019年全年国内游客60.1亿人次，比上年增长8.4%；国内旅游收入57251亿元，增长11.7%。入境游客14531万人次，增长2.9%。其中，外国人3188万人次，增长4.4%；香港、澳门和台湾同胞11342万人次，增长2.5%。在入境游客中，过夜游客6573万人次，增长4.5%。国际旅游收入1313亿美元，增长3.3%。国内居民出境16921万人次，增长4.5%。其中因私出境16211万人次，增长4.6%；赴港澳台出境10237万人次，增长3.2%。

【交通运输】截至2019年年末，全国铁路营业里程达到13.9万公里，较上年末增加0.8万公里，其中高速铁路营业里程增加0.6万公里。全国公路总里程501.25万公里、增加16.60万公里，其中高速公路里程增加0.7万公里。新增3个民用航空运输机场、4个定期航班通航城市。截至2019年年末，农村公路里程达420.05万公里，较上年末增加16.08万公里，其中县、乡、村道分别增加3.1万公里、2.4万公里和10.6万公里。

全年货物运输总量471亿吨，货物运输周转量199290亿吨公里。全年港口完成货物吞吐量140亿吨，比上年增长5.7%，其中外贸货物吞吐量43亿吨，增长4.7%。港口集装箱吞吐量26107万标准箱，增长4.4%。

全年旅客运输总量176亿人次，比上年下降1.9%。旅客运输周转量35349亿人公里，增长3.3%。

年末全国民用汽车保有量26150万辆（包括三轮汽车和低速货车762万辆），比上年末增加2122万辆，其中私人汽车保有量22635万辆，增加1905万辆。民用轿车保有量14644万辆，增加1193万辆，其中私人轿车保有量13701万辆，增加1112万辆。

【财政金融】2019年，全国一般公共预算收入190382亿元，同比增长3.8%。其中，中央一般公共预算收入89305亿元，同比增长4.5%；地方一般公共预算本级收入101077亿元，同比增长3.2%。全国税收收入157992亿元，同比增长1%；非税收入32390亿元，同比增长20.2%。

2019年，全国一般公共预算支出238874亿元，同比增长8.1%。其中，中央一般公共预算本级支出

35115亿元，同比增长6%；地方一般公共预算支出203759亿元，同比增长8.5%。(资料来源:《中华人民共和国财政部2019财政收支情况》)

【国内贸易】2019年社会消费品零售总额411649亿元，比上年增长8.0%。按经营地统计，城镇消费品零售额351317亿元，增长7.9%；乡村消费品零售额60332亿元，增长9.0%。按消费类型统计，商品零售额364928亿元，增长7.9%；餐饮收入额46721亿元，增长9.4%。

【对外经济】2019年货物进出口总额315505亿元，比上年增长3.4%。其中，出口172342亿元，增长5.0%；进口143162亿元，增长1.6%。货物进出口顺差29180亿元，比上年增加5932亿元。对“一带一路”沿线国家进出口总额92690亿元，比上年增长10.8%。其中，出口52585亿元，增长13.2%；进口40105亿元，增长7.9%。

2019年货物进出口总额及其增长速度：

指标	金额（亿元）	比上年增长（%）
货物进出口总额	315505	3.4
货物出口额	172342	5.0
其中：一般贸易	99546	7.8
加工贸易	50729	–3.7
其中：机电产品	100631	4.4
高新技术产品	50427	2.1
货物进口额	143162	1.6
其中：一般贸易	86599	3.1
加工贸易	28778	–7.4
其中：机电产品	62596	–1.8
高新技术产品	43978	–0.8
货物进出口顺差	29180	—

2019年主要商品出口数量、金额及其增长速度：

商品名称	单位	数量	比上年增长(%)	金额(亿元)	比上年增长(%)
钢材	万吨	6429	–7.3	3699	–7.1
纺织纱线、织物及制品	—	—	—	8283	5.5
服装及衣着附件	—	—	—	10447	0.3
鞋类	万吨	451	0.6	3290	6.3
家具及其零件	—	—	—	3730	5.3
箱包及类似容器	万吨	307	–2.9	1878	5.1
玩具	—	—	—	2152	29.6
塑料制品	万吨	1424	8.5	3333	16.2
集成电路	亿个	2187	0.7	7008	25.3
自动数据处理设备及其部件	万台	148430	0.8	11415	0.5
手持或车载无线电话机	万台	99433	–11.1	8611	–7.8
集装箱	万个	242	–29.0	459	–33.0
液晶显示板	万个	150780	–14.2	1475	–3.4
汽车	万辆	122	6.1	1049	8.0

2019年主要商品进口数量、金额及其增长速度：

商品名称	单位	数量	比上年增长(%)	金额(亿元)	比上年增长(%)
谷物及谷物粉	万吨	1785	–12.8	358	–7.0
大豆	万吨	8851	0.5	2437	–2.6
食用植物油	万吨	953	51.5	438	39.9
铁矿砂及其精矿	万吨	106895	0.5	6995	39.6
煤及褐煤	万吨	29967	6.3	1605	–1.1
原油	万吨	50572	9.5	16627	4.6
成品油	万吨	3056	–8.7	1175	–11.7
天然气	万吨	9656	6.9	2875	12.8
初级形状的塑料	万吨	3691	12.4	3670	–1.3
纸浆	万吨	2720	9.7	1178	–9.3
钢材	万吨	1230	–6.5	973	–10.2
未锻轧铜及铜材	万吨	498	–6.0	2240	–9.2
集成电路	亿个	4451	6.6	21079	2.4
汽车	万辆	105	–7.6	3332	0.0

2019年对主要国家和地区货物进出口金额、增长速度及其比重：

国家和地区	出口额(亿元)	比上年增长(%)	占全部出口比重(%)	进口额(亿元)	比上年增长(%)	占全部进口比重(%)
欧盟	29564	9.6	17.2	19063	5.5	13.3
东盟	24797	17.8	14.4	19456	9.8	13.6
美国	28865	–8.7	16.7	8454	–17.1	5.9
日本	9875	1.7	5.7	11837	–0.6	8.3
中国香港	19243	–3.6	11.2	626	10.9	0.4
韩国	7648	6.6	4.4	11960	–11.4	8.4
中国台湾	3799	18.3	2.2	11934	1.9	8.3
巴西	2453	10.8	1.4	5501	7.4	3.8
俄罗斯	3434	8.5	2.0	4208	7.5	2.9
印度	5156	2.1	3.0	1239	–0.2	0.9
南非	1141	6.4	0.7	1784	–0.8	1.2

全年服务进出口总额54153亿元，比上年增长2.8%。其中，服务出口19564亿元，增长8.9%；服务进口34589亿元，下降0.4%。服务进出口逆差15025亿元。

全年外商直接投资（不含银行、证券、保险领域）新设立企业40888家，比上年下降32.5%。实际使用外商直接投资金额9415亿元，增长5.8%，折1381亿美元，增长2.4%。其中“一带一路”沿线国家对华直接投资新设立企业5591家，增长24.8%；对华直接投资金额（含通过部分自由港对华投资）576亿元，增长36.0%，折84亿美元，增长30.6%。全年高技术产业实际使用外资2660亿元，增长25.6%，折391亿美元，增长21.7%。

全年对外非金融类直接投资额7630亿元，比上年下降4.3%，折1106亿美元，下降8.2%。其中，对“一带一路”沿线国家非金融类直接投资额150亿美元，下降3.8%。

全年对外承包工程完成营业额11928亿元，比上年增长6.6%，折1729亿美元，增长2.3%。其中，对“一带一路”沿线国家完成营业额980亿美元，增长9.7%，占对外承包工程完成营业额比重为56.7%。对外劳务合作派出各类劳务人员49万人。

人民生活

【就业】2019年年末全国就业人员77471万人，其中城镇就业人员44247万人，占全国就业人员比重为57.1%，比上年末上升1.1个百分点。全年城镇新增就业1352万人，比上年少增9万人。年末全国城镇调查失业率为5.2%，城镇登记失业率为3.6%。全国农民工总量29077万人，比上年增长0.8%。其中，外出农民工17425万人，增长0.9%；本地农民工11652万人，增长0.7%。

【居民收入消费和社会保障】2019年，全年全国居民人均可支配收入30733元，比上年增长8.9%，扣除价格因素，实际增长5.8%。全国居民人均可支配收入中位数26523元，增长9.0%。

全年全国居民人均消费支出21559元，比上年增长8.6%，扣除价格因素，实际增长5.5%。其中，人均服务性消费支出9886元，比上年增长12.6%，占居民人均消费支出的比重为45.9%。

2019年年末全国参加城镇职工基本养老保险人数43482万人，比上年末增加1581万人。参加城乡居民基本养老保险人数53266万人，增加874万人。参加基本医疗保险人数135436万人，增加978万人。

年末全国共有各类提供住宿的社会服务机构3.7万个，其中养老机构3.4万个，儿童服务机构663个。社会服务床位790.1万张，其中养老服务床位761.4万张，儿童服务床位9.7万张。年末共有社区服务中心2.6万个，社区服务站16.7万个。

（资料来源：《中华人民共和国2019年国民经济和社会发展统计公报》，政府各部门、各行业官方网站）

教育和科学技术

【教育】2019年全年研究生教育招生91.7万人，在学研究生286.4万人，毕业生64.0万人。普通本专科招生914.9万人，在校生3031.5万人，毕业生758.5万人。中等职业教育招生600.4万人，在校生1576.5万人，毕业生493.4万人。普通高中招生839.5万人，在校生2414.3万人，毕业生789.2万人。初中招生1638.8万人，在校生4827.1万人，毕业生1454.1万人。普通小学招生1869.0万人，在校生10561.2万人，毕业生1647.9万人。特殊教育招生14.4万人，在校生79.5万人，毕业生9.8万人。学前教育在园幼儿4713.9万人。九年义务教育巩固率为94.8%，高中阶段毛入学率为89.5%。

【科学技术】2019年，我国科技事业再创佳绩，涌现出一批具有国际领先水平的成果，大众创业万众创新迈向深入，新动能持续快速成长。2019年度国家科学技术奖共评选出296个项目和12名科技专家。其中，国家最高科学技术奖2人，获奖者分别为黄旭华院士和曾庆存院士。

黄旭华院士为了祖国的核潜艇事业，隐姓埋名、以身许国，阔别家乡30载，用最“土”的办法解决了一个个尖端技术问题，使中国成为世界上第五个拥有核潜艇的国家。曾庆存院士提出的“半隐式差分法”，是世界上首个用原始方程直接进行实际天气预报的方法，这一算法至今仍是世界数值天气预报核心技术的基础。

国家自然科学奖授奖项目46项，其中，一等奖1项，二等奖45项；国家技术发明奖授奖项目65项，其中，一等奖3项，二等奖62项；国家科学技术进步奖授奖项目185项，其中，特等奖3项，一等奖22项（含创新团队1项），二等奖160项。此外，共有10名外籍科学家获得中华人民共和国国际科学技术合作奖。

中国科学院成立于1949年11月1日。院长白春礼，2011年任职。

中国工程院成立于1994年6月3日。院长李晓红，2018年任职。

文化、卫生和体育

【文化】2019年年末全国文化和旅游系统共有艺术表演团体2072个，博物馆3410个。全国共有公共图书馆3189个，总流通87774万人次；文化馆3325个。有线电视实际用户2.12亿户，其中有线数字电视实际用户1.98亿户。年末广播节目综合人口覆盖率为99.1%，电视节目综合人口覆盖率为99.4%。全年生产电视剧254部10646集，电视动画片94659分钟。全年生产故事影片850部，科教、纪录、动画和特种影片187部。出版各类报纸315亿份，各类期刊22亿册，图书102亿册（张），人均图书拥有量7.29册（张）。年末全国共有档案馆4136个，已开放各类档案14341万卷（件）。全年全国规模以上文化及相关产业企业营业收入86624亿元，按可比口径计算，比上年增长7.0%。

【卫生】2019年年末全国共有医疗卫生机构101.4万个，其中医院3.4万个，在医院中有公立医院1.2万个，民营医院2.2万个；基层医疗卫生机构96.0万个，其中乡镇卫生院3.6万个，社区卫生服务中心（站）3.5万个，门诊部（所）26.7万个，村卫生室62.1万个；专业公共卫生机构1.7万个，其中疾病预防控制中心3456个，卫生监督所（中心）3106个。年末卫生技术人员1010万人，其中执业医师和执业助理医师382万人，注册护士443万人。医疗卫生机构床位892万张，其中医院697万张，乡镇卫生院138万张。全年总诊疗人次85.2亿人次，出院人数2.7亿人。

【体育】2019年，全国共有体育场地316.2万个，体育场地面积25.9亿平方米，人均体育场地面积1.86

平方米。全年我国运动员在33个运动大项中获得128个世界冠军，共创16项世界纪录。全年我国残疾人运动员在53项国际赛事中获得350个世界冠军。

军 事

中华人民共和国武装力量由中国人民解放军现役部队和预备役部队、中国人民武装警察部队、民兵组成。中国的武装力量属于人民，受中国共产党领导。中华人民共和国中央军事委员会（简称“中央军委”）领导全国武装力量。中央军委由主席，副主席若干人，委员若干人组成，实行主席负责制。主席由全国人大选举产生，对全国人大及其常务委员会负责，每届任期与全国人大每届任期相同。2017年10月，中共十九届一中全会决定习近平为中共中央军事委员会主席，许其亮、张又侠为副主席。2018年3月，十三届全国人大一次会议选举习近平为中华人民共和国中央军事委员会主席，任命许其亮、张又侠为副主席。

中国人民解放军现役部队是国家的常备军。中央军委领导和统一指挥全国武装力量。中国共产党的中央军事委员会和国家的中央军事委员会，组成人员和对军队的领导职能完全一致，下设军委办公厅、军委联合参谋部、军委政治工作部、军委后勤保障部、军委装备发展部、军委训练管理部、军委国防动员部等机构。中国人民解放军由陆军、海军、空军、火箭军和战略支援部队组成，在全国范围内设立东、南、西、北、中五个战区。

中国武装力量的任务是巩固国防，抵抗侵略，保卫祖国，保卫人民的和平劳动，参加国家建设事业，全心全意为人民服务。中国的社会主义国家性质，走和平发展道路的战略抉择，独立自主的和平外交政策，“和为贵”的中华文化传统，决定了中国始终不渝奉行防御性国防政策。

坚决捍卫国家主权、安全、发展利益，是新时代中国国防的根本目标。慑止和抵抗侵略，保卫国家政治安全、人民安全和社会稳定，反对和遏制“台独”，打击“藏独”“东突”等分裂势力，保卫国家主权、统一、领土完整和安全。维护国家海洋权益，维护国家在太空、电磁、网络空间等安全利益，维护国家海外利益，支撑国家可持续发展。

坚持永不称霸、永不扩张、永不谋求势力范围，是新时代中国国防的鲜明特征。中国坚持在和平共处五项原则基础上发展同各国的友好合作，尊重各国人民自主选择发展道路的权利，主张通过平等对话和谈判协商解决国际争端，反对干涉别国内政，反对恃强凌弱，反对把自己的意志强加于人。中国坚持结伴不结盟，不参加任何军事集团，反对侵略扩张，反对动辄使用武力或以武力相威胁。中国的国防建设和发展，始终着眼于满足自身安全的正当需要，始终是世界和平力量的增长。历史已经并将继续证明，中国决不走追逐霸权、“国强必霸”的老路。无论将来发展到哪一步，中国都不会威胁谁，都不会谋求建立势力范围。

贯彻落实新时代军事战略方针，是新时代中国国防的战略指导。新时代军事战略方针，坚持防御、自卫、后发制人原则，实行积极防御，坚持“人不犯我、我不犯人，人若犯我、我必犯人”，强调遏制战争与打赢战争相统一，强调战略上防御与战役战斗上进攻相统一。

坚持走中国特色强军之路，是新时代中国国防的发展路径。建设同国际地位相称、同国家安全和发展利益相适应的巩固国防和强大军队，是中国社会主义现代化建设的战略任务，是坚持走和平发展道路的安全保障，是总结历史经验的必然选择。新时代中国国防和军队建设的战略目标是，到2020年基本实现机械化，信息化建设取得重大进展，战略能力有大的提升。同国家现代化进程相一致，全面推进军事理论现代化、军队组织形态现代化、军事人员现代化、武器装备现代化，力争到2035年基本实现国防和军队现代化，到本世纪中叶把人民军队全面建成世界一流军队。

服务构建人类命运共同体，是新时代中国国防的世界意义。一支强大的中国军队，是维护世界和平稳定、服务构建人类命运共同体的坚定力量。中国军队坚持共同、综合、合作、可持续的安全观，秉持正确义利观，积极参与全球安全治理体系改革，深化双边和多边安全合作，促进不同安全机制间协调包容、互补合作，营造平等互信、公平正义、共建共享的安全格局。中国军队坚持履行国际责任和义务，始终高举合作共赢的旗帜，在力所能及的范围内向国际社会提供更多公共安全产品，积极参加国际维和、海上护航、人道主义救援等行动，加强国际军控和防扩散合作，建设性参与热点问题的政治解决，共同维护国际通道安全，合力应对恐怖主义、网络安全、重大自然灾害等全球性挑战，积极为构建人类命运共同体贡献力量。

进入新时代，中国军队依据国家安全和发展战略要求，坚决履行党和人民赋予的使命任务，为巩固中国共产党领导和社会主义制度提供战略支撑，为捍卫国家主权、统一、领土完整提供战略支撑，为维护国家海外利益提供战略支撑，为促进世界和平与发展提供战略支撑。

2019年10月，习近平出席第七届世界军人运动会开幕式并宣布运动会开幕。习近平在武汉集体会见出席第七届世界军人运动会开幕式的各国防务部门和军队领导人及国际军事体育理事会主要官员，代表中国政府、中国人民和中国军队向出席活动的各国防务部门和军队领导人、国际军事体育理事会官员、各国运动员表示热烈欢迎。

习近平说，今天，我们在武汉举办第七届世界军人运动会，100多个国家近万名军人齐聚江城，共同书写交流互鉴的新篇章。体育是社会发展和人类进步的重要标志，是人文交流的重要组成部分。军人与体育有着天然联系，射击、马拉松等许多体育项目都起源于军事。军事体育能够强健官兵体魄、凝聚军心士气、展示军人形象、促进军队交往，受到世界各国普遍重视。

习近平指出，中国军队一贯重视军事体育，广泛开展军事体育活动，积极参与国际军事体育比赛，特别是1978年加入国际军事体育理事会以来，同各成员国一道参加体育赛事、承办军事体育活动、开展合作交流，成为国际军事体育事业的主动参与者、积极建设者、重要贡献者。

习近平表示，世界军人运动会，为纪念和平而诞生，因传播友谊而发展，已经成为各国军队展示形象、增进友谊、扩大影响的重要平台，享有"军人奥运会"的美誉，深受世界各国人民关注和喜爱。2015年5月成功申办第七届世界军人运动会以来，中国政府和军队坚持"绿色、共享、开放、廉洁"理念，按照世界眼光、奥运思维、中国特色，高标准高质量地完成了赛会筹备的各项工作。本届赛会提出"创军人荣耀、筑世界和平"的主题口号，就是希望各国选手充分展示拼搏奋斗的体育精神，用体育的阳光穿透战争阴霾，用友谊的桥梁促进文明沟通，用心灵的交融凝聚和平力量。我们将努力把本届世界军人运动会打造成各国军人公平竞技的和平聚会、各国军事文化交流互鉴的国际盛会。

习近平说，中国军队愿以本届世界军人运动会为契机，不断推动国际军事合作创新发展，加强同各国军队交流沟通，深入开展各领域务实合作，有效履行国际责任义务，携手应对共同安全威胁和挑战，为维护世界和平、推动构建人类命运共同体作出新的更大贡献。

柬埔寨副首相兼国防大臣迪班上将和国际军事体育理事会主席皮奇里洛上校代表各国防务部门和军队领导人及国际军事体育理事会，对习近平主席拨冗会见表示衷心感谢。他们表示，热烈祝贺中华人民共和国成立70周年，高度赞赏中国政府和中国军队对国际军事体育事业作出的重要贡献，第七届世界军人运动会赛会筹备工作高效有序，衷心祝愿此次盛会取得圆满成功。各方愿与中方增进包括军事体育在内的防务和军事领域交流合作，共同维护地区和世界和平，推动构建人类命运共同体。

来自42个国家的防务部门和军队领导人应邀出席开幕式。

2019年11月，习近平出席全军院校长集训开班式并发表重要讲话，代表党中央和中央军委，向全军院校长和军事教育战线的同志们致以诚挚问候。他强调，强军之道，要在得人。要全面贯彻新时代军事教育方针，全面实施人才强军战略，全面深化军事院校改革创新，把培养人才摆在更加突出的位置，培养德才兼备的高素质、专业化新型军事人才。习近平强调，全军要关心院校、支持院校，把院校建设摆在优先发展位置，健全指导机制，形成工作合力，共同把我军院校教育和人才培养工作提高到一个新水平。

2019年12月17日，经中央军委批准，中国第一艘国产航母命名为"中国人民解放军海军山东舰"，舷号为"17"。山东舰在海南某军港交付海军。

对外关系

中国外交政策的宗旨是维护世界和平、促进共同发展。中国坚持独立自主的和平外交政策，始终不渝走和平发展道路，始终不渝奉行互利共赢的开放战略，愿意在和平共处五项原则的基础上同所有国家建立和发展友好合作关系，推动建设持久和平、共同繁荣的和谐世界。

2019年，面对错综复杂的国际形势，中国外交不畏风雨，坚定前行。在习近平新时代中国特色社会主义思想特别是习近平外交思想指引下，围绕为庆祝新中国成立70周年营造良好外部环境这条主线，服务党和国家中心工作，从容面对世界风云激荡，在变局中砥砺前行。面对外部干涉和挑衅，针锋相对，寸步不让，有力捍卫了我国的主权、安全和发展权益，坚定维护了国家、民族和人民的尊严。面对动荡不安的国际形势，中国高举多边主义旗帜，秉持公平正义原则，稳定运筹同主要大国关系，大力推进与周边及发展中国家互利合作，继续引领全球治理进程，积极斡旋地区热点问题。面对持续低迷的全球经济，中国秉持互利共赢原则，成功举办第二届"一带一路"国际合作高峰论坛，第二届中国国际进口博览会盛况空前，宣布新的对外开放重大举措，为构建开放型世界经济作出了新的贡献。在纷繁复杂的国际舞台上，中国已经成为维护世界和平稳定的中流砥柱，成为促进全球发展繁荣的主要力量。中国同所罗门群岛建立外交关系，同基里巴斯恢复外交关系，建交国达到180个，一个中国的国际共识更加巩固。

主动打造中外领事合作新局面，截至2019年底，已与147个国家缔结涵盖不同种类护照的互免签证协定，其中14个涵盖普通护照。领事机构是加强中外领事关系的重要平台。2019年，中国政府在对等互惠基础上，通过友好协商，与8个国家就在华新设9个领事机构达成一致，与1个国家就领事机构升格达成一致，与5个国家就6个领事机构调整领区达成一致。

【中国同亚洲地区国家的关系】2019年，中国继续坚持与邻为善、以邻为伴，坚持睦邻、安邻、富邻，突出亲诚惠容理念，巩固与周边国家的睦邻友好，提升政治互信，深化务实合作，推动区域合作，着力构建互利共赢、共同繁荣的亚洲命运共同体。

高层交往更加密切，睦邻友好取得新进展。中共中央总书记、国家主席习近平在中朝建交70周年之际对朝鲜进行国事访问。习近平主席赴印度出席中印领导人第二次非正式会晤并对尼泊尔进行国事访问。国务院总理李克强出席东亚合作领导人系列会议并访泰国。朝鲜、老挝、柬埔寨、菲律宾、尼泊尔、孟加拉国、巴基斯坦等国主要领导人访华。日本、韩国领导人来华出席第八次中日韩领导人会议。亚洲13国元首或政府首脑出席第二届“一带一路”国际合作高峰论坛，韩国、新加坡、柬埔寨、老挝、缅甸、巴基斯坦、斯里兰卡、尼泊尔、孟加拉国等国领导人出席北京世界园艺博览会、亚洲文明对话大会、博鳌亚洲论坛年会和夏季达沃斯论坛。中国领导人在多边场合多次同亚洲国家领导人会晤。中国同亚洲国家关系全面向好发展。

“一带一路”建设扎实推进，互利合作结出新硕果。中国同蒙古国签署共建“一带一路”合作规划，同缅甸签署经济走廊合作规划谅解备忘录，同老挝签署中老经济走廊合作文件。中印尼区域综合经济走廊稳步推进，中巴经济走廊充实拓展步伐加快，中尼跨喜马拉雅立体互联互通网络建设提速，雅万高铁进入常态化施工阶段，中老铁路建设总体顺利，有望2021年竣工。皎漂经济特区、瓜达尔港自由区、科伦坡港口城等重大项目顺利推进，马来西亚东海岸铁路项目复工，文莱恒逸石化大摩拉岛项目一期正式进入商业运营阶段。中新国际陆海贸易新通道积极效应凸显，中尼、中文首都间开通或恢复直航。中国同亚洲国家双边贸易继续扩大，自贸区建设稳步推进，人民币跨境支付持续增长。中国同日、新、韩等第三方市场合作取得新进展。

一体化进程深入发展，区域合作取得新突破。中国成功举办博鳌亚洲论坛2019年年会。中国积极参与东盟与中国（10+1）、东盟与中日韩（10+3）、东亚峰会、东盟地区论坛等框架下的合作，就推动东亚合作提出一系列重要主张。第22次中国—东盟（10+1）领导人会议发表关于“一带一路”倡议同《东盟互联互通总体规划2025》对接合作联合声明，以及关于智慧城市和媒体交流合作的声明，宣布2020年为中国—东盟数字经济合作年。《区域全面经济伙伴关系协定》（RCEP）15个成员国整体上结束谈判。中国成功举办第八次中日韩领导人会议，三方发表《中日韩合作未来十年展望》，举行中日韩合作20周年纪念活动。

维护地区安全稳定，热点问题展现新作为。中国支持朝美双方保持对话接触，坚持政治解决方向，维护朝鲜半岛局势缓和势头。推动“南海行为准则”单一磋商文本提前完成“一读”，宣布启动“二读”。积极支持缅国内和平进程，维护中缅边境地区安宁稳定。继续加大对若开邦问题的斡旋力度，落实中孟缅三方非正式会晤共识，加强对孟缅双方援助和支持，积极推动避乱民众首批遣返早日实现。加强做阿富汗各派工作，推动中阿巴、中美俄对话，举行首次中美俄巴四方会议，促进阿和解进程。支持印巴通过对话管控分歧，缓解紧张对立。

【中国同西亚北非地区国家的关系】2019年，中国继续积极稳妥推进对西亚北非地区外交工作，巩固和发展同地区国家的传统友好关系。

中国同地区国家高层交往不断深化，政治互信持续增强。国家主席习近平在多边场合会见伊朗总统鲁哈尼、土耳其总统埃尔多安、卡塔尔埃米尔塔米姆、沙特阿拉伯王储穆罕默德；应约同沙特国王萨勒曼通电话。全国政协主席汪洋访问埃及、阿曼；习近平主席特别代表、中共中央政治局委员、中央外事工作委员会办公室主任杨洁篪访问埃及、阿联酋和阿盟总部并出席“世界未来能源峰会”有关活动；国务委员兼国防部长魏凤和上将访问埃及；国务委员兼外交部长王毅在多双边场合分别会见苏丹过渡政府总理，叙利亚副总理兼外长，伊朗、沙特、阿联酋、土耳其、利比亚外长，叙利亚总统政治与新闻顾问，集体会见海湾合作委员会“三驾马车”。卡塔尔埃米尔塔米姆、土耳其总统埃尔多安、伊拉克总理阿卜杜勒马赫迪、伊朗议长拉里贾尼访华；沙特王储穆罕默德访华并举行中沙高级别联合委员会第三次会议；埃及总统塞西，阿联酋副总统兼总理、迪拜酋长穆罕默德来华出席第二届“一带一路”国际合作高峰论坛。

中国同地区国家“一带一路”建设有序推进，各领域务实合作走实走深。同中国签署“一带一路”合作谅解备忘录的地区国家达19个。2019年中国与地区国家双边贸易额达3268.87亿美元，进口原油2.39亿吨。新签阿联酋联邦铁路网项目，中国在非洲投资的首个汽车轮毂厂落地摩洛哥。中阿（联酋）产能合作示范园内部基建设施不断完善。中国在阿曼5区块石油勘探开发项目成功续签。

中国同地区国家在重大国际和地区问题上保持密切沟通和协调。在巴以问题上，中国长期坚定支持巴勒斯坦民族大业。国家主席习近平向联合国“声援巴勒斯坦人民国际日”纪念大会致贺电。新任中国政府中东问题特使翟隽访问以色列、巴勒斯坦、埃及、沙特、伊朗、美国，就巴以问题劝和促谈，阐述中国立场。时任中国政府中东问题特使宫小生访问以色列、巴勒斯坦，就中东和平进程等问题交换看法。中东安全论坛在北京召开，伊拉克前总理阿拉维、约旦前副首相兼外交大臣贾瓦德等外方代表出席，此次论坛为各方在中东安全治理领域开辟新思路、探讨新路径提供契机和平台。在叙利亚问题上，支持联合国发挥斡旋主渠道作用，中国政府叙利亚问题特使解晓岩出席欧盟和联合国主办的“支持叙利亚及地区未来”布鲁塞尔国际会议，访问叙利亚、约旦、俄罗斯、伊朗等国和联合国日内瓦办事处劝和促谈，呼吁叙有关各方通过包容性的政治对话，尽快推动叙政治进程。中国政府非洲事务特别代表许镜湖访问苏丹，就苏丹局势与苏方交换看法。

【中国同撒哈拉以南非洲地区国家的关系】2019年中国与撒哈拉以南非洲地区国家关系继续保持高位运

行，中非合作论坛北京峰会积极效应持续释放。

中非高层交往频繁。6月，国家主席习近平在日本大阪主持中非领导人会晤，中非合作论坛前任非方共同主席国南非总统西里尔·拉马福萨、非洲联盟轮值主席国埃及总统阿卜杜勒法塔赫·塞西、中非合作论坛现任非方共同主席国塞内加尔总统马基·萨勒和联合国秘书长安东尼奥·古特雷斯出席。中共中央政治局委员、全国人大常委会副委员长王晨，中共中央政治局委员、中央军委副主席许其亮上将，国务院副总理孙春兰，中共中央政治局委员、中央外事工作委员会办公室主任杨洁篪等14位党和国家领导人访问撒哈拉以南非洲地区30余国。9月，国务委员兼外交部长王毅在纽约联合国总部主持中国和安理会非洲成员国外长会。

3月，圣多美和普林西比总理若热·博姆·热苏斯来华出席博鳌亚洲论坛2019年年会。4月，肯尼亚总统乌胡鲁·肯雅塔、吉布提总统伊斯梅尔·奥马尔·盖莱、莫桑比克总统菲利佩·雅辛托·纽西、埃塞俄比亚总理阿比·艾哈迈德·阿里来华出席第二届“一带一路”国际合作高峰论坛。5月，尼日尔总统穆罕默杜·伊素福来华进行国事访问。6月，乌干达总统约韦里·卡古塔·穆塞韦尼作为特邀嘉宾来华出席中非合作论坛北京峰会成果落实协调人会议。

6月24—25日，中非合作论坛北京峰会成果落实协调人会议在北京成功举行。习近平主席向会议发来贺信。国家副主席王岐山集体会见来华与会的非方代表团团长，杨洁篪主任出席欢迎活动，王毅国务委员兼外长在会议开幕式上宣读习近平主席贺信并发表主旨讲话，杨洁篪主任和王毅国务委员兼外长还分别会见所有来华参会的非洲国家外长。中非合作论坛54个非方成员的近400位代表出席。会议审议通过了《联合声明》，对中非合作论坛北京峰会成果落实进展表示满意。会议及稍后在湖南举行的首届中非经贸博览会期间，中非双方共签署各类合作协议200余项。

随着中非合作论坛北京峰会积极效应持续释放，中非合作全面有序推进。2019年，中非贸易额2087亿美元，同比增长2.21%，中国连续11年保持非洲第一大贸易伙伴国地位。峰会以来，中国企业新增对非直接投资达35亿美元；首届中非经贸博览会、中非智库论坛、中非青年大联欢顺利举办；中国非洲研究院正式成立；中方已为非方培训8400多名各类人才。

中国加大参与非洲和平与安全事务。1月，中方宣布从对非盟军援中划拨3亿元人民币用于支持萨赫勒五国联合部队建设。2月，中国与中非合作论坛非方共同主席国塞内加尔及非盟委员会在埃塞俄比亚首都亚的斯亚贝巴共同举办中非实施和平安全行动对话会。7月，首届中非和平安全合作论坛在北京成功举行。2019年，联合国秘书长古特雷斯任命中国前驻刚果共和国大使夏煌担任联合国秘书长大湖地区问题特使，夏煌大使是首位担任联合国秘书长热点问题特使的中国人。

中国和非洲在重大国际和地区问题上保持密切沟通协调，共同维护发展中国家利益。中方在联合国安理会等场合为非方仗义执言，支持非洲国家自主解决非洲问题的努力。双方致力于共同维护多边主义和自由贸易，反对单边主义和保护主义，维护以联合国为核心的国际体系，共同捍卫国际公平正义。年内，莫桑比克、马拉维、津巴布韦三国遭遇热带气旋灾害，刚果（金）、乌干达等国面临埃博拉疫情，中方紧急驰援，提供了大量人力、物资援助，赢得非洲国家和国际社会高度评价。

【中国同欧亚地区国家的关系】2019年，中国同欧亚地区国家关系保持快速、健康、稳定发展势头。

中国同欧亚地区国家高层交往频繁，政治互信不断增强。6月5—7日，国家主席习近平对俄罗斯进行国事访问并出席第23届圣彼得堡国际经济论坛，同俄罗斯总统普京共同签署《中华人民共和国和俄罗斯联邦关于发展新时代全面战略协作伙伴关系的联合声明》。6月12—16日，习近平主席对吉尔吉斯斯坦、塔吉克斯坦进行国事访问并出席在比什凯克举行的上海合作组织成员国元首理事会第19次会议和在杜尚别举行的亚洲相互协作与信任措施会议第五次峰会。11月13日，习近平主席出席金砖国家领导人巴西利亚会晤期间同普京总统举行双边会晤。9月16—18日，国务院总理李克强对俄罗斯进行正式访问、同俄罗斯总理梅德韦杰夫共同举行中俄总理第24次定期会晤。11月1—2日，李克强总理出席在乌兹别克斯坦塔什干举行的上海合作组织成员国政府首脑（总理）理事会第18次会议，会议期间同乌兹别克斯坦总统米尔济约耶夫、乌兹别克斯坦总理阿里波夫、俄罗斯总理梅德韦杰夫分别举行会见、会谈。

2019年，多位欧亚地区国家元首访华。4月24—26日，阿塞拜疆总统阿利耶夫来华出席第二届“一带一路”国际合作高峰论坛，习近平主席、全国政协主席汪洋分别同其举行会见。4月24—29日，哈萨克斯坦首任总统纳扎尔巴耶夫、乌兹别克斯坦总统米尔济约耶夫、吉尔吉斯斯坦总统热恩别科夫、塔吉克斯坦总统拉赫蒙来华出席第二届“一带一路”国际合作高峰论坛，习近平主席分别同其举行会见。4月28日，习近平主席会见并宴请纳扎尔巴耶夫，向其颁授中华人民共和国“友谊勋章”。4月25—27日，普京总统来华出席第二届“一带一路”国际合作高峰论坛，习近平主席同其举行会见，见证清华大学向普京总统授予名誉博士学位。4月24—26日，白俄罗斯总统卢卡申科来华出席第二届“一带一路”国际合作高峰论坛，习近平主席、国家副主席王岐山分别同其举行会见。7月1日，格鲁吉亚总理巴赫塔泽来华出席大连夏季达沃斯论坛，李克强总理同其举行会见。8月27—29日，乌兹别克斯坦总理阿里波夫对华进行正式访问，习近平主席、李克强总理分别同其举行会见、会谈。9月11—12日，哈萨克斯坦总统托卡耶夫访华，习近平主席，李克强总理，全国人大常委会委员长栗战书，中共中央政治局委员、中央外事工作委员会办公室主任杨洁篪分别同其举行会谈、会见，两国元首一致决定发展永久全面战略伙伴关系。

中国同欧亚地区国家务实合作全面提质升级。贸易合作不断扩大。中国继续保持俄罗斯、乌兹别克斯坦、吉尔吉斯斯坦、土库曼斯坦第一大贸易伙伴，哈萨克斯坦、白俄罗斯、亚美尼亚第二大贸易伙伴，塔吉克斯坦、格鲁吉亚第三大贸易伙伴地位，首次成为乌克兰第一大贸易伙伴。中俄签署《关于深化中俄大豆合作的发展规划》。乌兹别克斯坦樱桃等农产品实现输华，双方签署红辣椒、蜂蜜、甜瓜、石榴、花生输华检验检疫议定书。中国同吉尔吉斯斯坦签署吉樱桃、小麦粉、蜂蜜、乳制品输华议定书，同塔吉克斯坦签署塔柠檬输华议定书，同哈萨克斯坦商签《中哈经贸合作中长期发展规划》，同乌克兰签署菜籽粕、蜂蜜输华议定书。投资合作持续深化。中国与俄签署北极LNG-2项目购股协议，与哈萨克斯坦研究商签新版投资保护协定，与乌兹别克斯坦建立投资合作工作组，与吉尔吉斯斯坦成立投资和工业合作工作组，与塔吉克斯坦签署建立投资合作联合工作组谅解备忘录。互联互通不断加强。中俄元首视频连线见证中俄东线天然气管道投产通气。中俄同江铁路桥、黑河公路桥相继合龙。中国—塔吉克斯坦—乌兹别克斯坦国际道路试运行成功举行，中国—吉尔吉斯斯坦—乌兹别克斯坦公路、中国—哈萨克斯坦—乌兹别克斯坦铁路、中国—哈萨克斯坦—土库曼斯坦—伊朗铁路、安格连—帕普铁路隧道运转顺利。乌兹别克斯坦同华为公司签署5G领域合作协议，开启信息通信合作。中国和乌兹别克斯坦开通西安—塔什干直航包机，商定增开航班和航线。中国援塔波赫塔尔和库利亚布两城市道路修复三期项目开工，双方签署中塔公路二期部分关键路段建设可行性研究换文。大项目合作顺利推进。中俄远程宽体客机项目进展顺利，重型直升机项目已完成商务谈判。进一步推进5G、人工智能等高技术领域合作，探讨移动终端操作系统合作。金融领域合作日益巩固。中俄签署《关于结算和支付的政府间协定》，商定进一步扩大本币结算和本币互换规模，深化银行间合作、支付系统、金融市场及保险等领域合作。中哈积极探讨开展本币互换、跨境结算、支付系统、债券及期货市场等领域合作。中国大力支持并参与阿斯塔纳国际金融中心建设。

【中国同欧洲地区国家的关系】2019年，中国与欧洲地区国家关系稳中有进，各领域交流合作不断深入，取得丰硕成果。

中欧高层交往频密，政治互信进一步深化。2019年，中国与欧洲国家副总理级以上领导人互访80余起。国家主席习近平成功对法国、摩纳哥、意大利、希腊进行国事访问，过境西班牙，在出席二十国集团领导人大阪峰会期间同法国总统埃马纽埃尔·马克龙、德国总理安格拉·默克尔举行会晤。国务院总理李克强赴欧出席第21次中国—欧盟领导人会晤、第八次中国—中东欧国家领导人会晤并正式访问克罗地亚。国家副主席王岐山，国务院副总理孙春兰，国务院副总理胡春华，中共中央政治局委员、天津市委书记李鸿忠，中共中央政治局委员、中央外事工作委员会办公室主任杨洁篪，中共中央政治局委员、中央书记处书记、中央纪委副书记、国家监察委员会主任杨晓渡，中共中央政治局委员、中央军委副主席张又侠上将，中共中央政治局委员、中央书记处书记、中央政法委书记郭声琨，中央书记处书记、中央统战部部长尤权等分别赴英国、爱尔兰、法国、荷兰、德国、瑞士、奥地利、芬兰、冰岛、意大利、葡萄牙、立陶宛、塞尔维亚等欧洲国家访问、出席活动、举行双边机制性对话或参加国际会议。

多位欧洲地区政要访华。瑞士联邦主席兼财政部长于利·毛雷尔、葡萄牙总统马塞洛·雷贝洛·德索萨、塞浦路斯总统尼科斯·阿纳斯塔西亚迪斯、捷克总统米洛什·泽曼、塞尔维亚总统阿莱克桑达尔·武契奇、奥地利联邦总理塞巴斯蒂安·库尔茨、希腊总理阿莱克西斯·齐普拉斯、意大利总理朱塞佩·孔特、匈牙利总理欧尔班·维克多以及英、法、德、欧高级别代表来华出席第二届“一带一路”国际合作高峰论坛。法国总统马克龙，芬兰总统绍利·尼尼斯托，希腊总统普罗科比斯·帕夫洛普洛斯，德国总理默克尔，荷兰首相马克·吕特，卢森堡首相格扎维埃·贝泰尔，拉脱维亚副总理兼国防部长阿尔蒂斯·帕布里克斯，匈牙利副总理兼财政部长沃尔高·米哈伊，斯洛文尼亚副总理兼教育、科学和体育部长耶尔奈伊·皮卡洛等欧洲国家领导人也来华访问或参会。

2019年中欧议会交流活跃。全国人大常委会委员长栗战书，全国人大常委会副委员长张春贤、吉炳轩、陈竺，全国政协副主席张庆黎、杨传堂、李斌、刘新成、何维、高云龙分别访问爱尔兰、马耳他、法国、卢森堡、奥地利、挪威、冰岛、芬兰、匈牙利、斯洛伐克、波兰、阿尔巴尼亚、斯洛文尼亚、罗马尼亚、塞尔维亚等国。捷克议会众议院主席拉德克·冯德拉切克、塞尔维亚国民议会副议长韦罗柳博·阿尔西奇、葡萄牙议会外事和葡侨委员会主席保罗·莫塔·平托、丹麦议会监察专员约根·斯蒂恩·索伦森等分别访华。中法议会定期交流机制顺利进行。

2019年是中华人民共和国成立70周年，欧洲各国领导人向习近平主席、李克强总理等中方领导人致函（电）祝贺。2019年是中爱（尔兰）建交40周年，中法建交55周年，中挪建交65周年，中安（道尔）建交25周年，中葡建交40周年，中捷、中斯（洛伐克）、中波、中匈、中阿（尔巴尼亚）、中罗建交70周年，双方领导人互致贺电或贺函，并举办丰富多彩的建交庆祝活动。

中欧各级政治对话与磋商取得积极成果。第九轮中欧高级别战略对话、中法战略对话、中瑞第二轮外长级战略对话、第六轮中波副外长级战略对话成功举行。国务委员兼外交部长王毅同欧盟及成员国外长举行首次集体对话，访问法国、比利时、瑞士、西班牙、意大利、斯洛伐克、波兰、匈牙利、斯洛文尼亚，过境塞浦路斯，并同英国、比利时、荷兰、德国等国外长在双边、多边场合进行会晤或通话。外交部与德国、捷克、波兰等国及欧盟举行各级别对口磋商。

中欧务实合作成果丰硕。第十次中英经济财金对话、中法科技合作联委会第14次会议、第二次中德高级别财金对话成功举行。中欧高层交往重要成果落实工作有序推进，中欧（盟）顺利签署民航合作协定，中欧（盟）地理标志协定谈判结束，中欧（盟）投资协定谈判、中挪（威）自贸协定谈判取得积极进展。中法第三方市场合作取得积极进展，双方签署第三轮示范项目清单，并启动第三方市场合作基金。中国人民银行与欧央行续签双边本币互换协议，财政部在巴黎成功簿记发行40亿欧元主权债券。欧洲方向共建"一带一路"合作取得重要成果，意大利成为首个同中国签署共建"一带一路"政府间合作文件的西方大国。中欧班列快速发展，物流配送网络已覆盖欧洲全境。中国—中东欧国家合作稳步推进，希腊正式加入标志着机制实现首次扩员。中国—中东欧国家创新合作大会成功举行，中国同中东欧国家重大基础设施建设项目顺利推进，北马其顿MS高速公路等完工通车。欧洲各国积极参加第二届中国国际进口博览会。

【中国同北美大洋洲地区国家的关系】2019年，中华人民共和国与美利坚合众国分歧摩擦增多，同时交流合作继续。美方在台湾、涉港、涉疆、涉藏、海上、人权、宗教等一系列问题上不断采取干涉中国内政、损害中方利益的错误行径。中方对此进行了坚决有力斗争，坚定捍卫自身主权、安全、发展利益。同时，两国高层及各级别保持交往。双方在两军、禁毒、执法、人文、地方等领域交流合作取得新进展，并就朝鲜半岛、伊朗核、中东、阿富汗等重大国际地区问题保持沟通协调。两国人文交往活跃。截至2019年底，中美两国建立了50对友好省州和227对友好城市。

2019年，中国与加拿大关系因加方应美国要求无理拘押孟晚舟事件遭遇困难。2019年8月、11月，国务委员兼外交部长王毅在多边场合分别会见加拿大时任外长克里斯蒂娅·弗里兰和加拿大新任外长商鹏飞，就中加关系和孟晚舟事件阐明中方严正立场。

2019年，中国与澳大利亚保持各领域交流与合作。11月，国务院总理李克强在出席泰国曼谷东亚合作领导人系列会议期间同澳总理斯科特·莫里森举行第七轮中澳总理年度会晤。10月，国家副主席王岐山在印度尼西亚雅加达出席印尼总统佐科就职仪式期间会见莫里森总理。中国继续保持澳大利亚第一大贸易伙伴、第一大进口来源地、第一大出口市场地位。中澳在人文、防务、地方等领域交流合作持续推进。同时，针对澳方一系列涉华错误言行，中方进行了严正交涉和坚决斗争。

2019年，中国与新西兰关系保持良好发展势头。4月，新西兰总理杰辛达·阿德恩访华。11月，国务院总理李克强在出席泰国曼谷东亚合作领导人系列会议期间会见阿德恩总理。双方宣布完成中新自贸协定升级谈判。中国继续保持新西兰第一大贸易伙伴、第一大海外留学生来源国地位。中新在人文、司法执法、防务、多边等领域合作取得积极进展。

2019年，中国与太平洋岛国关系取得重要进展。9月，中国同所罗门群岛、基里巴斯先后建立、恢复外交关系，太平洋岛国地区建交国总数达到10个。双方高层和各级别交往频繁。10月，中共中央政治局委员、国务院副总理胡春华访问萨摩亚并出席第三届中国—太平洋岛国经济发展合作论坛，分别会见10个建交太平洋岛国领导人、代表团团长和太平洋岛国有关地区组织负责人，宣布落实习近平主席2018年11月巴布亚新几内亚之行重要成果的八大举措，为中国同太平洋岛国各领域务实合作注入新的强劲动力。国家主席习近平特使、全国政协副主席杨传堂7月赴密克罗尼西亚联邦出席总统就职仪式，全国政协副主席郑建邦8月访问汤加。密克罗尼西亚联邦总统戴维·帕努埃洛对中国进行国事访问。瓦努阿图总理夏洛特·萨尔维、所罗门群岛总理梅西纳·索加瓦雷对中国进行正式访问。巴新、汤加、库克群岛等太平洋岛国十余位政要来华出席第二届"一带一路"国际合作高峰论坛。所罗门群岛外交和外贸部长杰里迈亚·马内莱正式访华。斐济外交部长伊尼亚·塞鲁伊拉图来华参加第四次发展中国家议员研讨班。瓦努阿图外交部长拉尔夫·雷根瓦努来华出席第二届中国国际进口博览会。

双方经贸、人文等各领域务实合作成果丰硕。中国同所罗门群岛签署共建"一带一路"合作谅解备忘录，同巴布亚新几内亚、瓦努阿图签署共建"一带一路"合作规划。第三届中国—太平洋岛国经济发展合作论坛在萨摩亚首都阿皮亚成功举行，中国同建交岛国签署《中国—太平洋岛国经济发展合作行动纲领》。中方援助实施的斐济口岸安全扫描设备、巴布亚新几内亚国家电网、密克罗尼西亚联邦丘克州政府办公楼、瓦努阿图塔纳岛和马拉库拉岛公路二期项目、萨摩亚友谊公园和文化艺术中心、汤加风力发电等项目进展顺利。2019中国—太平洋岛国旅游年成功举办。第三批巴布亚新几内亚政府议会联合考察团、第九批太平洋岛国政治家联合考察团访华。中国为岛国官员、技术人员举办各类研修班、培训班，安排岛国学生来华留学。广东等省市组织多个文艺、医疗团组赴岛国访演、巡诊。中国同密克罗尼西亚联邦共同庆祝建交30周年。双方在国际和地区事务中保持了良好沟通和协调。中国—太平洋岛国论坛对话会特使王雪峰出席在图瓦卢举行的第31届太平洋岛国论坛对话活动。

【中国同拉丁美洲和加勒比地区国家的关系】2019年，中国与拉丁美洲和加勒比地区国家全面推进各领域合作，在国际地区形势复杂演变背景下，中拉平等互利、共同发展的全面合作伙伴关系保持高质量发展势头。

政治和战略互信深化。国家主席习近平赴巴西出席金砖国家领导人第11次会晤，同巴总统博索纳罗举行双边会谈。国务院副总理胡春华访问阿根廷、乌拉圭、多米尼加。全国人大常委会副委员长吉炳轩、农业农村部部长韩长赋、全国人大常委会副委员长艾力更·依明巴海分别作为习近平主席特使出席巴西、委内瑞拉、巴拿马、阿根廷等国总统权力交接仪式。国务委员兼外交部长王毅对巴西、智利进行正式访问。智利、哥伦比亚、巴西、牙买加、苏里南、萨尔瓦多等六国国家元首或政府首脑相继访华。中国同牙买加建立战略伙伴关系，同苏里南建立战略合作伙伴关系。

务实合作优化升级。2019年，秘鲁、牙买加、巴巴多斯同中国签署共建“一带一路”合作谅解备忘录，拉美和加勒比地区正式加入“一带一路”倡议的国家增至19个，牙买加、苏里南同中国签署合作规划。智利总统皮涅拉等地区25 国3个组织近百名代表出席第二届“一带一路”国际合作高峰论坛，18个拉美国家高级别官员出席第二届中国国际进口博览会。厄瓜多尔成为首个正式加入亚洲基础设施投资银行的拉美国家。中拉以共建“一带一路”为抓手，积极推动双方合作优化升级、创新发展。全年中拉贸易额达3173.42亿美元，同比增长3.3%。

整体合作不断拓展。2019 年恰逢中国—拉共体论坛成立5周年，论坛建设取得新成果。王毅国务委员兼外交部长同拉共体“四驾马车”外长举行第七次对话，中拉双方成功举办基础设施、青年发展、智库交流、企业家高峰会等分论坛活动和第三期融资合作培训班，论坛网络秘书处建设积极推进。中国同太平洋联盟、南方共同市场、联合国拉美经委会、拉美开发银行等一体化组织和多边机构对话合作续有进展。

国际事务沟通协调顺畅。中拉在安理会改革、人权、气候变化等涉及彼此核心利益和重大关切问题上继续相互理解和支持，共同维护多边主义和以国际法为基础的国际秩序，为推动构建更加平等、开放、透明、包容的全球治理体系，维护新兴市场国家和发展中国家共同利益作出积极贡献。中拉在联合国、二十国集团、金砖国家、中拉论坛等机制框架下继续加强协调和配合。

人文交流丰富多彩。《习近平谈治国理政》第一卷、第二卷葡文巴西版首发式成功举办。秘鲁等国代表来华参加亚洲文明对话大会。第三期中国国际新闻交流中心拉美分中心项目顺利举行。中国在拉美21国建有40所孔子学院和12个孔子课堂，中国已有160多所院校开设西班牙语或葡萄牙语专业，近60家学术机构和高校已设立拉美地区或国别研究中心。中国已同拉美国家开通了6 条直航，宣布24 个拉美国家为公民出境旅游目的地国。

【中国同联合国的关系】2019年9月23—27日，国务委员兼外交部长王毅率团出席第74届联合国大会一般性辩论，并作为国家主席习近平特别代表出席联合国气候行动峰会和可持续发展目标峰会。与会期间，王毅国务委员兼外长在联大一般性辩论发言，主持中华人民共和国成立70周年成就图片展开幕式、中国和安理会非洲成员国外长会、文明古国论坛外长会、中缅孟三方非正式会晤，并出席了一系列多双边活动。

在联大一般性辩论发言中，王毅国务委员兼外长表示，新中国成立70年来，中国坚持走符合中国国情的发展道路，通过自身发展积极促进世界和平与繁荣，已成为全球发展的主要动力源和国际和平的重要稳定器。当前国际局势充满不确定性，单边主义和保护主义冲击国际秩序，成为突出威胁。在攸关世界前途命运的重大关头，中国将继续坚持独立自主的和平外交政策，坚持平等待人、维护公平正义、追求互利共赢，坚定不移推进中国特色大国外交，维护世界和平繁荣，促进人类发展进步。在挑战层出不穷、风险日益增多的当今世界，中国将一如既往站在和平与正义一边，积极探索和践行中国特色热点问题解决之道，为维护国际和平与安全发挥建设性作用。王毅国务委员兼外长还阐述了中方在朝鲜半岛局势、伊朗核、巴勒斯坦、缅甸若开邦、2030 年可持续发展议程等问题上的立场和主张。

在出席联合国气候行动峰会时，王毅国务委员兼外长表示，合力应对气候变化，保护我们赖以生存的地球家园，关系到人类未来的命运。应对气候变化，要有必胜的决心，要有行动的恒心，要有合作的诚心。中国言必信、行必果，在应对气候变化的征程中不断迈出新步伐，将认真履行《联合国气候变化框架公约》和《巴黎协定》义务，如期实现提交给气变公约秘书处的自主贡献目标。

在出席联合国可持续发展目标峰会时，王毅国务委员兼外长表示，发展是人类社会永恒追求，2030年可持续发展议程开启了全球发展合作新篇章。要重视发展中国家关切，促进经济环境社会协同发展。要坚定支持多边主义，支持联合国在国际体系中发挥核心作用。要切实采取有效行动，合力深化全球发展伙伴关系。中国将同国际社会一道，为实现2030年可持续发展目标不懈努力。

在出席中华人民共和国成立70周年成就图片展开幕式时，王毅国务委员兼外长表示，70年来，在中国共产党领导下，中国人民艰苦奋斗，创造出人类历史前所未有的发展奇迹。中国取得的成就，不仅是中国之成就，也是世界之成就，更是人类之成就。无论国际风云如何变幻，中国都将始终坚持自己的初心和使命，为中国人民谋幸福，为中华民族谋复兴，同时不断深化与世界各国的友好合作，做世界和平的建设者、全球发展的贡献者、国际秩序的维护者。

在主持中国和安理会非洲成员国外长会时，王毅国务委员兼外长表示，中国同非洲国家是好兄弟、好伙伴。反映非洲诉求、照顾非洲关切、维护非洲利益，是中国参与安理会工作的主要出发点和落脚点之一。面对新形势，中国愿在安理会同非洲国家一道，加强团结协作，维护共同利益。

在主持中缅孟三方非正式会晤时，王毅国务委员兼外长表示，各方围绕若开邦避乱民众遣返问题开展了大量工作，解决问题的条件正在积累和成熟，各方应进一步加强沟通协商，推动遣返工作尽快取得实质性进展。中方作为缅孟共同朋友，愿为此提供力所能及的帮助。

在主持文明古国论坛外长会时，王毅国务委员兼外长表示，文化是最持久的力量，文明交流对话能使人们沉静下来，从历史长河中汲取教训，从交流互鉴中启迪未来，超越各种纷争和矛盾，寻找解决当今各种挑战的钥匙，夯实共建人类命运共同体的人文基础。作为文明古国，我们应增强文明自信，加强交流合作，为解决自身和现代世界难题贡献智慧。

在出席安理会“非洲和平与安全”公开会时，王毅国务委员兼外长表示，非洲和平安全不仅关乎非洲人民福祉，也同世界和平稳定息息相关。让非洲消弭枪声，既是非洲人民的共同期盼，更应成为国际社会努力的方向。中国和非洲是好朋友、好兄弟、好伙伴。在实现非洲和平发展的道路上，中国将继续坚定地与非洲站在一起，携手并肩同行。

在出席安理会联合国与区域组织反恐合作公开会时，王毅国务委员兼外长表示，当前国际反恐形势依然严峻复杂，极端思想与恐怖主义的密切关系更加突出。面对新一轮恐怖主义回潮，中方主张统一标准，保持严打高压态势；突出重点，打击网络恐怖主义；重在预防，消除恐怖主义根源；加强合作，发挥联合国核心作用。王毅国务委员兼外长并介绍了中国新疆预防性反恐和去极端化举措，驳斥美国等个别国家不顾基本事实攻击抹黑中国。

（资料来源：《中国外交》白皮书）

（王晓娟、梁巍、侯奕萌）

台湾省

地理　位于中国大陆架的东南缘，北临东海，东北接琉球群岛，东濒太平洋，南滨巴士海峡与菲律宾相邻，西隔台湾海峡与福建省相望，扼守西太平洋航道中心，战略地位重要。台湾岛多山，山地和丘陵约占全岛总面积的2/3，最高峰为玉山，其主峰海拔3952米；沿海有一些狭长的平原。地处温带和热带之间，属热带和亚热带气候，年均气温（高山除外）约22℃，年均降水量多在2000毫米以上。

面积　约36000平方公里。由台湾本岛、21个属岛以及澎湖列岛64个岛屿组成；其中本岛面积35812平方公里，约占全省总面积的99%；南北长约394公里，东西最宽处约144公里，环岛海岸线1566公里，是中国第一大岛。目前所称的中国台湾地区，还包括台湾当局控制的福建省金门、马祖等岛屿。

人口　至2019年12月，人口约2360万，人口密度652人/平方公里，其中台北的人口密度最高，每平方公里近万人。65岁以上人口约361万人，占总人口的15.3%，属联合国定义的老龄化社会。2019年1—12月，新生儿出生人数为17.78万人，较上年同期下降约2.1%。

【简史】台湾自古以来就是中国不可分割的一部分。据有关研究，台湾很早以前本与大陆相连，后因海平面上升，相连的陆地部分被淹而成为海峡，台湾遂成海岛。台湾在历史上曾被称为“岱员”“岛夷”，汉朝时称“东鳀”，三国时称“夷洲”，隋朝时称“流求”，宋、元时称“琉球”。明代叫法最多，除习称“琉球”外，亦称“台员”“大湾”“大园”等，明万历年间始称“台湾”，并在官方文书上正式使用。

公元230年（三国孙吴黄龙二年），吴王孙权派遣卫温、诸葛直率兵万人渡海到台，这是大陆军民东渡台湾、垦拓经营台湾的最早记载。宋、元时期中国政府在台正式设官建制。1624年，荷兰殖民者侵占台湾南部。1626年，西班牙殖民者侵占台湾北部。1642年，荷兰殖民者战胜西班牙殖民者，侵占全部台湾。1662年，民族英雄郑成功在台湾民众的协助下收复台湾。1683年，郑成功之孙郑克塽归顺清朝，清政府正式管辖台湾并于1684年（清康熙二十三年）在台设“分巡台厦兵备道”及“台湾府”，隶属福建省。1727年（清雍正五年），清政府正式定“台湾”为官方统一的名称。

1840年鸦片战争以后，美、英、法、日等都曾入侵过台湾。1885年，清政府将台湾划为单一行省，成为当时中国第20个行省。1895年，清政府在甲午战争中战败，被迫与日本签订《马关条约》，将台湾、澎湖列岛割让给日本。

二战期间，中、美、英三国1943年12月1日发表的《开罗宣言》规定：日本所窃取于中国之领土，例如满洲、台湾、澎湖列岛等，归还中国。1945年7月26日，中、美、英三国签署（后苏联参加）的《波茨坦公告》重申，"《开罗宣言》之条件必将实施"。1945年8月15日，日本无条件投降。10月25日，台湾重归中国版图。1949年，蒋介石集团在中国内战中遭到彻底失败后，其残余军政人员退踞台湾。

【政治】国民党统治集团退踞台湾后，蒋介石、蒋经国长期统治台湾。1988年1月蒋经国去世，李登辉主政台湾。2000年3月18日，台湾地区举行第10任领导人、副领导人选举，民进党候选人陈水扁、吕秀莲以39.3%的得票率当选。2004年3月20日，陈、吕以50.11%的得票率获得连任。2008年3月22日，国民党候选人马英九、萧万长以58.45%的得票率当选第12任正、副领导人，国民党重新上台。2012年1月14日，国民党候选人马英九、吴敦义以51.6%的得票率当选正、副领导人。2016年1月16日，民进党候选人蔡英文、陈建仁以56%的得票率当选第14任正、副领导人。2020年1月11日，民进党候选人蔡英文、赖清德以57.1%的得票率当选第15任正、副领导人，并于5月20日就职。

陈水扁2000年5月上台后，背离民意，顽固坚持"台独"分裂路线，抛出"一边一国论"的分裂主张，不断推动"台独"分裂活动升级，企图通过推动"宪政改造"和举办"入联公投"谋求"台湾法理独立"，严重破坏两岸关系和平稳定发展，严重威胁中国主权和领土完整。陈水扁大肆贪腐，下台后遭起诉，被判刑入狱。

马英九2008年5月上台后，坚持"九二共识"，反对"台独"，主张两岸人民同属中华民族，海峡两岸"不是两个国家"，两岸关系"不是国与国的关系"；奉行"不统、不独、不武"的理念，主张维持台湾海峡的现状；大幅松绑两岸经贸和交流政策，推动实现两岸全面、直接、双向"三通"，开放大陆居民赴台旅游，放宽台湾企业赴大陆投资限制，开放大陆企业赴台投资，放宽台湾地区县市长、公务人员赴大陆限制，与大陆商签海峡两岸经济合作框架协议（ECFA）等；调整军事战略，采取"守势战略"；推行"活路外交"，主张两岸"外交休兵"，同时也谋求扩大台湾"国际空间"。

蔡英文2016年5月上台后，拒不承认"九二共识"，不认同两岸同属一中，破坏了两岸关系和平发展的政治基础，造成两岸联系沟通和协商谈判机制中断，方方面面的成果受到影响，台湾民众切身利益受到损害。与此同时，"台独"势力推行"去中国化""渐进台独"动作频频，严重威胁台海和平稳定。

【政治架构】台湾地区的政治架构系根据1946年国民党当局制定的"中华民国宪法"设置，按"五权分立"精神，分设"立法院""行政院""司法院""考试院"和"监察院"。

"立法院"：台湾地区"最高立法机关"，行使立法权，目前共有113个"立法委员"（"立委"）席位，每届任期4年。设"院长""副院长"各1人，由"立委"互选产生。"立法院"每年2个会期，每次4个月，必要时可延长。第十届"立法委员"于2020年1月当选，2月1日就职。现任"立委"中，民进党占61席，国民党38席，台湾民众党5席，"时代力量"3席，"台湾基进"1席，无党籍5席。现任"立法院长"游锡堃，"副院长"蔡其昌，均为民进党籍。

"行政院"：台湾地区"最高行政机关"，负责制定施政方针与重要政策并具体推行。设"院长""副院长"各1人，另设"政务委员"若干名及32个部、会等处理特定事务。现任"院长"苏贞昌，"副院长"陈其迈。

"司法院"：台湾地区"最高司法机关"，负责民事、刑事、行政诉讼审判及公务员惩戒，审理政党"违宪"等事宜，解释"宪法"、法律和命令。设"大法官"15人，包括"院长""副院长"各1人。现任"院长"许宗力，"副院长"蔡炯燉。

"考试院"：台湾地区"最高考试机关"，负责考试、公务员铨叙、培训、考绩、级俸、升迁、褒奖、抚恤、退休等事宜。设"院长""副院长"各1人，任期4年。现任"院长"伍锦霖，"副院长"李逸洋。

"监察院"：台湾地区"最高监察机关"，行使弹劾、纠举及审计权。设"监察委员"29人，包括"院长""副院长"各1人，任期6年。现任"院长"张博雅（女），"副院长"孙大川。

【政党】据台"内政部"统计，截至2020年4月底，台湾共有122个政党。台湾政党中，影响较大的主要是中国国民党、民主进步党、台湾民众党、"时代力量"、"台湾基进"、亲民党、新党等。台湾政坛分别以国民党、民进党为首，形成"泛蓝"（国民党党旗的主要颜色）和"泛绿"（民进党党旗的主要颜色）两大阵营。一般认为，中国国民党、亲民党、新党属"泛蓝"阵营，民主进步党、"时代力量"、"台湾基进"属"泛绿"阵营。

（1）中国国民党（Kuomintang，KMT）：简称"国民党"。成立于1894年11月，由孙中山创建。据2017年4月统计，国民党党员总数约94.9万人，具党内投票权的党员46.5万余人。

国民党的组织架构分为中央、县市（包括直辖市）、区三级。"全国代表大会"为该党最高权力机关，代表由全体党员选举产生。设中央委员会和中央评议委员会，中央委员会下设中央常务委员会。2013年后，"全代会"每年举行1次，代表任期4年。主要职责为修改党章，决定政纲、政策，通过党主席提名及台湾地区正、副领导人候选人提名等。

1949年国民党统治集团退踞台湾后，长期在台执政。1975年，国民党开始设置党主席一职，历任党主席为蒋经国、李登辉、连战、马英九（两届）、吴伯雄、朱立伦、洪秀柱、吴敦义。现任党主席江启臣，秘书长李乾龙。

2020年1月11日，国民党候选人在台湾地区领导人选举中得票率为38.6%，未能当选。在同时举行的第十届“立法委员”选举中，国民党在113个席位中获38席。

（2）民主进步党（Democratic Progressive Party，DPP）：简称“民进党”，1986年9月28日在台北圆山饭店成立。据民进党中央统计，2016年底党员人数约20万，有投票权党员约14万。

民进党组织结构分为中央、县市两级。“全国党员代表大会”为该党最高权力机关，每2年召开1次会议，主要职权为修订党章、党纲、选举或罢免党主席等。各级区域组织以党员大会为最高议事机关，执行委员会为执行机关，评议委员会为评议机关。

民进党历任主席为江鹏坚、姚嘉文、黄信介（两届）、许信良（两届）、施明德、林义雄、谢长廷（两届）、陈水扁（两届）、苏贞昌（两届）、游锡堃、蔡英文、卓荣泰。现任党主席蔡英文，秘书长林锡耀。

民进党主张“台独”。1991年10月，民进党第五次“全国代表大会”将“建立主权独立自主的台湾共和国暨制定新宪法”“台湾前途应交由台湾人以公民投票方式选择决定”等内容列入党纲，即“台独”党纲。1999年5月，民进党八届二次会议通过“台湾前途决议文”，称“台湾，固然依目前宪法称为中华民国，但与中华人民共和国互不隶属，任何有关独立现状变动，都必须经由台湾全体住民以公投方式决定”。2007年，民进党制定“正常国家决议文”，声称民进党应“积极推动正名、制宪、加入联合国、落实转型正义与建立台湾主体性等作为，以实现台湾为正常国家”。

2020年1月11日，民进党候选人在台湾地区领导人选举中当选，得票率为57.1%。在同时举行的第十届“立法委员”选举中，民进党在113个席位中获61席。

（3）台湾民众党（Taiwan People's Party）：简称“民众党”，由现任台北市长柯文哲等人组建，2019年8月6日举行成立大会，柯文哲任党主席。该党最高权力机构是党员大会，下设中央委员会、中央评议委员会、仲裁委员会、财务监督委员会、信息应用及安全委员会等。截至2019年10月24日，民众党正式党员为5944人。

民众党宣称其宗旨是以台湾整体利益及民众的最大福祉为优先，并确认“民主、自由、多元、开放、法治、人权、关怀弱势、永续经营”的台湾价值得到实现，主张应秉持“民意、专业、价值”三项施政准则，落实“开放政府、全民参与、公开透明”的运作方式，并以清廉、勤政、爱民为从政守则；遵守“中华民国宪政体制”，对内强化治理以兴利除弊，对外采取务实路线以争取台湾最大“生存空间”，并确保“主体性”。在第十届“立法委员”选举中，民众党获5席，成为“立法院”第三大党。

（4）“时代力量”（New Power Party）：前身为2014年“太阳花学运”中的“公民组合”，2015年1月25日正式组党。

历任党主席为林昶佐、黄国昌、邱显智，现任党主席为徐永明。该党最高权力机构是决策委员会，下设经济财政、内政交通、“外交司法”、教育环卫4个政策委员会，以及党员、网络与媒体、公职与选举、公民行动4个行动委员会。

“时代力量”政策主张包括保障台湾多元民族集体权利，落实原住民族基本法，积极“参与”国际社会，推动“台湾国家地位正常化”，“宪法”交由民众全面参与制定等，在台湾年轻人中影响较大。在第十届“立法委员”选举中，“时代力量”获得3席，是“立法院”第四大党。

（5）亲民党（People First Party，PFP）：成立于2000年3月31日，党员主要来自国民党及新党。其最高权力机构为“全国委员会”，每年开一次大会，主要职责是修改党纲、党章等。党主席由党员直选产生，任期两年，可连选连任。现任党主席宋楚瑜，副主席张昭雄。曾经是台湾第三大政党。在第十届“立法委员”选举中，亲民党未获得席次。

（6）“台湾基进”（Taiwan Statebuilding Party）：2012年以“基进侧翼”之名成立，2016年5月15日登记为“基进党”，2019年4月29日改用现名。主张政治民主化、“主权”民主化、社会自由化、区域平衡发展。现任党主席是该党创始人之一的陈奕齐。在第十届“立法委员”选举中，“台湾基进”获得1席。

（7）新党（New Party）：成立于1993年8月，由部分反“台独”、反李登辉的国民党少壮派“立法委员”脱离国民党组成。主张国家统一，实现民族统一、民权自主、民生均富的“三民主义新中国”。现任党主席吴成典，副主席李胜峰。在第十届“立法委员”选举中，新党未获得席次。

【经济】据台“主计处”初步统计，2019年台湾本地生产总值（GDP）约为6112.6亿美元，人均GDP 2.59万美元，经济增长率为2.71%。居民消费价格指数（CPI）同比增长0.56%，全年平均失业率为3.73%。2019年台对外贸易总额6152亿美元，同比下降1.13%。其中，出口额3293.4亿美元，下降1.4%；进口额2858.6亿美元，增长0.4%；全年贸易顺差434.8亿美元，比2018年减少61.1亿美元，减幅约11.7%。

台湾现行货币为新台币（New Taiwan Dollar，NTD）。按2019年底汇率，1美元约合29.95元新台币，1元人民币约合4.30元新台币。

【教育】台湾现行教育制度分为正规教育和技术职业教育两大体系。正规教育分为“国民”教育、高级中等教育和高等教育3个阶段。“国民”教育（即9年

"国民"义务教育）由台当局财政拨款，面向6—14岁的少年儿童开办包括小学6年、初级中学3年在内的全日制学校。高级中等教育分为高级中学3年和高级职业学校3年两种，或5年制专科学校，学生在校年龄一般为15—17岁。高等教育分为专科学校、独立学院、大学以及院校研究所。大学院校分文、理、法、医、农、工、商及其他学院，凡设有3个学院以上者称大学，不符合以上条件者称独立学院。大学或独立学院各学系管理完善、成绩优良者，可以设研究所。高等院校学制一般4年，但师范院校、法律、建筑专业为5年，医学专业为6—7年。

台湾现有大专院校160多所，较著名的有台湾大学、政治大学、"清华大学"、交通大学、台湾师范大学、"中山大学"、中正大学、成功大学、"中国文化大学"、辅仁大学、东吴大学、淡江大学、东海大学等。

【新闻出版】截至2019年12月，台"国家通讯传播委员会（NCC）"许可的无线电视台5家，分别是"台湾电视事业股份有限公司""中国电视事业股份有限公司""中华电视股份有限公司""民间全民电视股份有限公司""财团法人公共电视文化事业基金会"；有线电视系统经营者64家，主要有东森、中天、TVBS、三立等，有线电视台数字机顶盒普及率达99.99%；无线广播电台171家，其中较有影响力的有"中广"、"央广"、飞碟、正声、汉声、台北之音、台北国际等；直播卫星广播电视服务经营者5家。网络媒体发达，据台机构统计，2019年台湾网民人数约2020万，整体上网率达85.6%。

【台湾与祖国大陆统一问题】中国共产党和中国政府一直把解决台湾问题，实现祖国统一，作为自己神圣的历史使命，并根据国内外形势变化，适时制定、实施和发展对台方针政策，实现了从"解放台湾"到"和平统一、一国两制"的转变。邓小平同志在毛泽东同志、周恩来同志关于争取和平解决台湾问题思想的基础上，做出了和平统一的战略决策，创造性地提出"一个国家、两种制度"的伟大构想，为确立"和平统一、一国两制"的方针做出了历史性的贡献。

2019年1月2日，习近平总书记在《告台湾同胞书》发表40周年纪念会上发表题为《为实现民族伟大复兴 推进祖国和平统一而共同奋斗》的重要讲话，全面回顾对台工作和两岸关系的重大成就，深刻昭示两岸关系发展和祖国必然统一的历史大势，郑重提出新时代推动两岸关系和平发展、推进祖国和平统一的重大政策主张：携手推动民族复兴，实现和平统一目标；探索"两制"台湾方案，丰富和平统一实践；坚持一个中国原则，维护和平统一前景；深化两岸融合发展，夯实和平统一基础；实现同胞心灵契合，增进和平统一认同。习总书记重要讲话是指引新时代对台工作的纲领性文件，为做好新时代对台工作提供了根本遵循和行动指南。

【两岸往来简况】1979年1月全国人大常委会发表《告台湾同胞书》，标志着两岸关系进入了一个新的发展阶段。在祖国大陆的推动下，在两岸同胞的共同努力下，1987年底两岸同胞隔绝状态被打破，两岸人员往来和各项交流迅速发展起来。2018年2月和2019年11月，大陆方面相继出台《关于促进两岸经济文化交流合作的若干措施》（简称"31条措施"）和《关于进一步促进两岸经济文化交流合作的若干措施》（简称"26条措施"），率先同台湾同胞分享大陆发展机遇，为台湾同胞台湾企业提供同等待遇，并积极鼓励、支持两岸民间各领域的交流合作，举办了一系列受台湾同胞欢迎的两岸交流活动。尽管民进党当局和"台独"势力不断干扰阻挠，但两岸同胞开展交流合作势头不减，依然热络。据统计，2019年两岸人员往来约900万人次，台胞来大陆超过600万人次。2019年1至12月，两岸贸易额为2280.8亿美元，大陆仍是台最大出口市场。台商来大陆投资持续增长，2019年1至11月，大陆共批准台资项目4765个，同比增长7.9%；实际使用台资金额15.2亿美元，同比增长26.8%；截至2019年11月底，累计批准台资项目111955个。此外，广西、四川、湖北等地加快建设海峡两岸产业合作区，为台商台企到中西部发展提供新的平台。海峡两岸青年就业创业基地和示范点的建设进一步完善。大陆方面还积极组织台商台企参与"一带一路"粤港澳大湾区建设、长三角区域一体化发展等国家重大发展战略，取得新进展。

（苏涛）

香港特别行政区

地理　香港特别行政区位于中国大陆东南部，珠江口东侧，毗邻广东省，地处亚洲太平洋地区中心，地理条件优越。拥有天然良港，境内多丘陵。属亚热带季风区，气候温暖湿润，历史最高气温36.6℃，最低气温0℃。雨量充沛，年均降水量2398.5毫米。

面积　陆地总面积1106.7平方公里，其中香港岛及邻近岛屿80.7平方公里，九龙46.9平方公里，新界及离岛979.0平方公里（截至2019年底）。

人口　750.07万（截至2019年底），人口增长率为0.2%。

正式语文　香港特别行政区的行政机关、立法机关和司法机关，除使用中文外，还可使用英文，英文也是正式语文（《中华人民共和国香港特别行政区基本法》第9条）。

主要宗教和节日　为多宗教并存地区。主要宗教有佛教、道教、孔教（以儒家思想为基础）、天主教、基督教、伊斯兰教（回教）、印度教、锡克教和犹太教，其中佛教徒和道教徒人数最多。

中国传统节日春节、清明节、端午节、中秋节、重阳节和主要宗教节日耶稣受难日、复活节、佛诞日和圣诞节均为公众假期。

【简史】香港自古以来就是中国的领土。1840年鸦片战争后，英国先后强迫清政府签订《南京条约》《北京条约》和《展拓香港界址专条》，逐步占领香港。中华人民共和国成立后，中国政府多次阐明对香港问题的立场，即：香港是中国的领土，中国不承认帝国主义强加给中国的不平等条约；中国政府主张在适当时机通过谈判和平解决香港问题，此前暂时维持现状。1972年11月，第27届联合国大会通过决议，批准联合国非殖民化特别委员会关于从殖民地名单中删去香港和澳门的决议。

20世纪80年代初，在"一国两制"方针指导下，中国政府就解决香港问题开始与英国政府进行谈判。1983年7月至1984年9月，中英两国政府进行了22轮会谈。1984年12月19日，两国政府首脑在北京签署了《中华人民共和国政府和大不列颠及北爱尔兰联合王国政府关于香港问题的联合声明》。在《联合声明》中，中国政府声明：收回香港地区（包括香港岛、九龙和新界）是全中国人民的共同愿望，中国政府决定于1997年7月1日对香港恢复行使主权。英国政府声明：英国政府于1997年7月1日将香港交还给中国。1985年5月27日，两国政府在北京互换了《联合声明》的批准书，《联合声明》正式生效。《联合声明》的签署为国家间以和平方式解决历史遗留问题和国际争端树立了典范，对促进世界和平与进步事业具有重要意义。

1997年6月30日午夜，中英两国政府在香港举行香港政权交接仪式。7月1日零时，中华人民共和国国旗和中华人民共和国香港特别行政区区旗在香港庄严升起，宣告中国政府对香港恢复行使主权。香港在经历百年沧桑后回到伟大祖国的怀抱，进入了新的纪元。

7月1日，中华人民共和国香港特别行政区正式成立，特区政府宣誓就职。第一任行政长官董建华、特区政府主要官员、行政会议成员、临时立法会议员、终审法院和高等法院法官依次宣誓就职。同日，中华人民共和国外交部在香港特区正式设立特派员公署，负责处理与香港特别行政区有关的外交事务；中国人民解放军驻港部队在香港开始执行防务。香港回归祖国和特区成立标志着邓小平提出的"一国两制"伟大构想开始成功实施，是中国人民为实现祖国完全统一而努力取得的重大成果。

【《基本法》】"一国两制"是中国政府为实现国家完全统一提出的基本国策。按照这一基本国策，中国政府制定了对香港的一系列方针、政策。《中华人民共和国香港特别行政区基本法》就是以宪法为依据，以"一国两制"为指导方针，将国家对香港的各项方针政策用法律的形式规定下来。《基本法》既是一项重要的全国性法律，又是香港特别行政区的根本性法律。《基本法》的起草工作于1985年7月1日开始，在广泛征求香港、内地各界意见的基础上于1990年2月全部完成。1990年4月4日，第七届全国人民代表大会第三次会议审议通过了《基本法》，包括附件及其有关文件。同日，国家主席杨尚昆发布《中华人民共和国主席令第二十六号》，公布《基本法》，自1997年7月1日起实施。

《基本法》的主要规定有：香港特别行政区是中国不可分离的部分；全国人民代表大会授权香港特别行政区依照《基本法》规定实行高度自治，享有行政管理权、立法权、独立的司法权和终审权；香港特别行政区是中国的一个享有高度自治权的地方行政区域，直辖于中央人民政府；香港特别行政区不实行社会主义制度和政策，保持原有的资本主义制度和生活方式，50年不变；中央人民政府负责管理与香港特别行政区有关的外交事务和香港特别行政区的防务，中央人民政府授权香港特别行政区依照《基本法》自行处理有关的对外事务；中央人民政府各部门、各省、自治区、直辖市不得干预香港特别行政区根据《基本法》自行管理的事务；香港原有法律，除同《基本法》相抵触或经香港特别行政区立法机关做出修改者外，予以保留；全国性法律除列于《基本法》附件三者外，不在香港特别行政区实施；香港居民在法律面前一律平等，人身自由不受侵犯，享有言论、新闻、出版、结社、集会、游行、示威、通讯、迁徙、宗教信仰和婚姻的自由，组织和参加工会、罢工的权利和自由，等等。

【政治体制】香港特别行政区实行"行政主导"的政治架构。根据《基本法》的规定，香港特别行政区的政治体制要符合"一国两制"的原则，要从香港的法律地位和实际情况出发，以保障香港的稳定繁荣为目的，必须兼顾社会各阶层的利益，循序渐进地发展适合香港情况的民主制度。

行政长官是香港特别行政区的首长，对中央政府和香港特别行政区负责。行政长官由年满40周岁，在香港通常居住连续满20年并在外国无居留权的香港特别行政区永久性居民中的中国公民担任，在当地通过选举或协商产生，由中央政府任命；任期5年，可连任一次。其产生办法根据香港特别行政区的实际情况和循序渐进的原则而规定，最终达至由一个有广泛代表性的提名委员会按民主程序提名后普选产生的目标。《基本法》附件一对香港特别行政区行政长官的产生办法作了具体规定。2014年8月31日，全国人大常委会通过《关于香港特别行政区行政长官普选问题和2016年立法会产生办法的决定》，规定从2017年开始香港特别行政区行政长官选举可以实行由普选产生的办法，并明确了行政长官普选制度应当遵循的法律框架。2015年6月18日，香港特别行政区立法会就香港特别行政区政府提出的行政长官普选法案进行表决，法案未能获得香港《基本法》规定的全体议员2/3多数支持而未获通过。这意味着2017年第五任香港特别行政区行政长官选举不能实行由普选产生的办法，而继续沿用由行政长官选举委员会选举产生的办法。2017年3月26日，第五届行政长官选举委员会选举林郑月娥为第五任行政长官人选。3月31日，国务院任命林郑月娥为第五任行政长官，于2017年7月1日就职。

行政会议是协助行政长官决策的机构，每周举行一次会议，由行政长官主持。行政长官在做出重要决策、向立法会提交法案、制定附属法规和解散立法会前，须征询行政会议的意见。但在人事任免、纪律制裁和紧急情况下采取措施的事宜上，行政长官则无须征询行政会议。行政长官如不采纳行政会议多数成员的意见，应将具体理由记录在案。行政会议成员均以个人身份提出意见，但行政会议所有决议均属集体决议。按照《基本法》第55条的规定，香港特别行政区行政会议的成员由行政长官从行政机关的主要官员、立法会议员和社会人士中委任。行政会议的成员必须由在外国没有居留权的香港特别行政区永久性居民中的中国公民担任，其任免由行政长官决定。行政会议成员任期应不超过委任他的行政长官的任期。

行政机关是香港特别行政区政府，首长为行政长官，下设政务司、财政司、律政司和各局、处、署。香港特别行政区政府根据《基本法》第62条规定行使职权，主要包括制定并执行政策；管理各项行政事务；办理中央政府授权的对外事务；编制并提出财政预算、决算；拟定并提出法案、议案、附属法规。《基本法》第64条规定，“香港特别行政区政府必须遵守法律，对香港特别行政区立法会负责：执行立法会通过并已生效的法律；定期向立法会作施政报告；答复立法会议员的质询；征税和公共开支须经立法会批准。”

2002年7月1日，香港特别行政区政府开始实施主要官员问责制。政务司司长、财政司司长和律政司司长和各政策局局长不再由公务员担任，改由行政长官以合约方式聘用，任期不超过聘用其的行政长官的任期。问责制主要官员直接向行政长官负责，各自统领其所辖部门工作，负责制定、解释及推介政策，争取立法会和市民支持。2007年7月1日起，特区政府宣布将政府总部重组为公务员事务局、政制及内地事务局、教育局、环境局、食物及卫生局、民政事务局、劳工及福利局、保安局、运输及房屋局、商务及经济发展局、发展局、财经事务及库务局12个局。2008年5月，特区政府任命首批8名政治问责制副局长及9名政治助理。2015年11月，创新及科技局成立，成为香港特区政府第13个决策局。

立法机关是香港特别行政区立法会。立法会由在外国无居留权的香港特别行政区永久性居民中的中国公民组成；但非中国籍的香港特别行政区永久性居民和在外国有居留权的香港特别行政区永久性居民也可当选为立法会议员，其所占比例不得超过全体议员的20%。立法会由选举产生，其产生办法根据香港特别行政区的实际情况和循序渐进的原则而规定，最终达至全部议员由普选产生的目标。《基本法》附件二对香港特别行政区立法会的产生办法和表决程序作了具体规定。立法会除第一届任期为2年外，每届任期4年。立法会主席必须由年满40周岁、在香港通常居住连续满20年并在外国无居留权的香港特别行政区永久性居民中的中国公民担任，并由立法会议员互选产生。立法会行使《基本法》第73条规定的职权，主要有：根据《基本法》规定并依照法定程序制定、修改和废除法律；根据政府的提案，审核、通过财政预算案；批准税收和公共开支；听取行政长官的施政报告并进行辩论；对政府的工作提出质询等。

第一届立法会（1998—2000年）由功能团体选举议员30名、选举委员会选举议员10名、分区直接选举议员20名，共60名议员组成；第二届（2000—2004年）由功能团体选举议员30名、选举委员会选举议员6名、分区直接选举议员24名，共60名组成；第三届（2004—2008年）和第四届（2008—2012年）由功能团体选举议员30名和分区直接选举议员30名，共60名组成。第五届立法会（2012—2016年）由功能团体选举议员35名和分区直接选举议员35名，共70名组成，其中功能团体增加的5席分配给区议会组别，由民选区议员提名、全港没有功能界别选举权的选民一人一票选出。第六届立法会（2016—2020年）选举于2016年9月4日举行，产生功能团体选举议员35名和分区直接选举议员35名。当选议员于10月12日正式宣誓就职。但个别候任议员在宣誓时擅自篡改誓词或在誓词中增加其他内容，蓄意宣扬“港独”主张，侮辱国家和民族，被监誓人裁定宣誓无效。香港社会以至于立法会内部、立法会与特区政府之间，对上述宣誓的有效性、是否应该重新安排宣誓产生了意见分歧和争议，并由此影响到立法会的正常运作。鉴于上述情况，并考虑到有关争议涉及对香港基本法有关条文的正确理解和执行，为有效打击和遏制“港独”活动，维护国家主权和领土完整，维护香港居民的根本利益和香港特别行政区的繁荣稳定，11月7日，第十二届全国人民代表大会常务委员会第二十四次会议通过关于《全国人大常委会关于香港特别行政区基本法第一百零四条的解释》，认定依法宣誓是相关公职人员就职的必经程序，并明确了依法宣誓的具体含义。11月15日，特区高等法院裁定候任议员梁颂恒、游蕙祯誓词违反基本法和香港法律，宣誓没有法律效力，二人议员资格被取消。2017年7月14日，特区高等法院裁定梁国雄、罗冠聪、姚松炎、刘小丽四人宣誓无效，丧失议员资格，追溯至2016年10月12日。2018年3月11日，香港立法会举行补选，郑泳舜、谢伟铨、区诺轩、范国威四人当选。11月25日，立法会举行第二次补选，陈凯欣当选。2019年12月，特区终审法院裁决区诺轩、范国威“非妥为当选”，两人失去议席，加之梁国雄还在上诉，立法会目前有3个空缺议席。

司法机关为香港特别行政区各级法院，行使香港特别行政区的审判权。香港特别行政区法院除继续保持香港原有法律制度和原则对法院审判权所作限制外，对香港特别行政区所有的案件均有审判权；香港特别行政区法院对国防、外交等国家行为无管辖权。法院在审理案件中遇有涉及国防、外交等国家行为的事实问题，应取得行政长官就该等问题发出的证明文件，上述文件对法院有约束力；行政长官在发出证明文件前，须取得中央政府的证明书。香港特别行政区的终审权属于香港特别行政区终审法院。终审法院和高等法院的首席法官应由在外国无居留权的香港特别行政区永久性居民中的中国公民担任。终审法院法官和高等法院首席法官的任命或免职还须由行政长官征得立法会同意，并报全国人大常委会备案。

【总的形势】香港回归祖国后，"一国两制"由科学构想变成生动现实。香港特别行政区依法实行高度自治，享有行政管理权、立法权、独立的司法权和终审权，继续保持原有的资本主义制度和生活方式不变，法律基本不变，继续保持繁荣稳定，各项事业全面发展。中央政府严格按照香港基本法办事，认真履行宪制责任，坚定支持香港特别行政区行政长官和政府依法施政，通过继续深化落实《内地与香港关于建立更紧密经贸关系的安排》（CEPA）、进一步开放内地在港投资及香港银行经营人民币业务等措施，支持香港经济的发展，支持特区参与"一带一路"、粤港澳大湾区建设等，融入国家发展大局。行政长官和特区政府利用"背靠内地，面向世界"的独特优势，致力于发展经济，改善民生，促进社会和谐。香港特区继续保持自由港和国际大都市的特色，巩固了国际金融、航运、贸易中心的地位，继续被众多国际机构评为全球最自由经济体和最具竞争力的地区之一。

【经济】根据特区政府统计处的数据，2019年，香港本地生产总值为2.868万亿港元（约3660亿美元，按1美元兑换7.8港元计算，下同），同比下降1.2%，人均本地生产总值为38.2万港元（约4.88万美元）。全年进口总额为4.415万亿港元（约5660亿美元），同比下降6.5%；整体出口总额为3.988万亿港元（约5113亿美元），同比下降4.1%，其中转口贸易3.94万亿港元（约5052亿美元），同比下降4.2%，港产品出口额为475.8亿港元（约61亿美元），同比增长3.1%，全年贸易逆差4266.6亿港元（约547亿美元）。截至2020年2月，香港官方外汇储备资产达4461亿美元。全年基本通胀率为3%，失业率为3%。

2019年全年访港旅客总数为5591万人次，同比下降14.2%。中国内地继续是香港最大的客源市场，访港人数达4377万人次，同比下降14.2%，占整体访港旅客的78%。

截至2019年底，香港股市总市值达38.16万亿港元。2019年在香港进行的首次公开招股集资总额达3142.41亿港元（403亿美元），排名全球第一。香港交易所平均每日成交金额为871.5亿港元。香港交易所旗下证券化衍生产品（衍生权证及牛熊证）的成交金额为全球之冠，连续13年位居全球首位。

香港是国际性银行最集中的城市之一。全球最大的100家银行有75家在香港开展业务。截至2019年6月底，香港共有194家认可银行机构（包括160家持牌银行、18家有限制牌照银行和16家接受存款公司）。国际清算银行2019年4月公布对全球金融市场的外汇与衍生工具市场的排名调查结果显示，香港是全球第四大外汇市场及第三大场外衍生工具市场。英国Z/Yen集团与中国（深圳）综合开发研究院于2020年3月联合发表的全球金融中心指数（Global Financial Centres Index）中，香港排名第六。此外，香港是全球最大的人民币离岸中心和跨境贸易人民币结算中心。

香港是亚洲商贸枢纽。截至2019年底，母公司在海外及内地的驻港公司共9040家，其中地区总部1541家、地区办事处2490家、驻港当地办事处5009家。中国内地在香港设立的地区总部/地区办事处/驻港当地办事处最多（19.9%），其次是日本（15.6%）、美国（14.9%）和英国（7.9%）。这些公司来自不同的行业，排名前三的行业依次是进出口贸易、批发及零售业（46.3%），金融及银行业（19.8%），专业、商用及教育服务业（15.2%）。根据世界银行《2020年营商环境报告》，香港营商便利度排名全球第三。

香港是国际会议和展览的主要举办地。每年有300多场会议和展览在港举行。2019年，香港第13次获选为"亚洲最佳会议城市"。2018年，香港再次荣获"全球领先商务旅游目的地"殊荣。

香港是国际和亚太地区的主要航空中心和航运中心。在香港国际机场营运的航空公司约120家，每天提供约1100班航机，前往全球220多个航点，当中约50个位于内地城市。2019年，香港国际机场运送了480万吨货物和7150万名旅客，是世界十大最繁忙客运机场之一。2019年，在英国权威航空评级机构Skytrax评出的"全球最佳机场"排名中，香港国际机场位列第五。香港亦是全球最繁忙的集装箱港口之一，截至2020年1月，香港注册船舶达2588艘，吨位突破1.27亿吨。2019年香港集装箱吞吐量为1830.3万箱，下降6.6%，全球排名第八。

香港是全球通讯枢纽，通讯设施十分先进发达。截至2019年10月，香港拥有电话线路405.8万条，截至2019年10月，住户固话普及率达85.91%，移动无线电话服务用户普及率达283%，住户宽带普及率达93.6%。香港是全球第一个采用全面数字化电话网络和实施可移植性固定网络电话号码的国际大都市。根据世界经济论坛2019年度《全球信息科技报告》，香港网络就绪指数（Network Readiness Index）在亚洲排名第四，全球排名第二十四。

1995年至2019年，香港连续25年被美国传统基金会评为全球最自由经济体，2020年经济自由度指数位列全球第二，仅次于新加坡。

香港与中国内地的经贸关系日益密切，内地自1985年起一直是香港最大的贸易伙伴。2019年，香港与内地货物进出口总额为4.27万亿港元（约5473亿美元），下降4.57%。其中，香港对内地出口额为2.21万亿港元（约2834亿美元），下降3.3%，占香港出口总额的55.4%，增加0.2个百分点；香港自内地进口额为2.06万亿港元（2639亿美元），下降5.86%，占香港进口总额的46.6%，增加2.9个百分点。香港与内地的贸易顺差1527.6亿港元（约195.9亿美元），增长51.2%。截至2019年底，内地在港上市公司1241家，占港交所上市公司总数的51%；市值3.58万亿美元，占香港上市公司总市值73%。

自2003年年中内地与香港签署《关于建立更紧密经贸关系的安排》（CEPA）以来，迄今共签署10个补充协议和广东协议、服务贸易协议、投资协议、经济技术合作协议和货物贸易协议。CEPA的实施对进一步促进香港与内地的经济关系起到了显著作用。在货物贸易方面，截至2020年2月，内地累计进口香港CEPA项下受惠货物总值超过1000亿元人民币，港方共计签发18.9万份香港CEPA优惠原产地证书。2019年1月1日起，根据内地与香港签署的货物贸易协议，对原产于香港的进口货物全面实施零关税。在服务贸易领域，自2016年6月实施以来，内地对香港开放服务部门达到153个，涉及世界贸易组织160个服务部门的95.6%，其中62个部门实现国民待遇。截至2020年2月底，香港工贸署共给香港企业签发逾3295份《香港服务提供者证明书》，包括运输物流、分销、航空运输等。在金融领域，截至2019年12月底，香港人民币存款总计6322亿元，经营人民币银行业务的认可机构数为138家。

【教育】2020/2021财政年度，香港特区政府在教育方面的开支预算总额为996亿港元，占政府经常开支的25%。特区政府设有学生资助计划，确保学生不会因经济问题而失去受教育的机会，并推行各项措施，确保香港维持高水平的教育。从2008/2009学年起，特区政府将免费教育由9年延伸至12年（至公立高中），并全面资助职业训练局为修毕中三学生开办的全日制课程，为他们提供进修途径。香港现有21所颁授学位的高等教育院校，包括11所大学、1所职业训练局、1所演艺学院和8所专上学院。根据2020年QS世界大学排名，香港大学、香港科技大学、香港中文大学、香港城市大学、香港理工大学名列全球大学排行前100名。

2004年7月11日，内地与香港签订《关于相互承认高等教育学位证书的备忘录》，相互承认两地高等学校颁发的学士及以上学位。截至2019年，香港与内地高校已成立“粤港澳高校联盟”“京港大学联盟”和“沪港高校联盟”三个合作联盟。

【新闻出版】香港作为国际商业和金融中心，通讯及传媒业高度发达，吸引了不少海外报社及广播公司、国际通讯社在港设立亚太区总部或办事处。截至2018年底，香港共有80份报纸（包括50份中文报纸、12份英文报纸、14份中英文双语报纸和4份日语报纸）、557份期刊。截至2020年2月底，香港共有3个本地免费电视节目服务持牌机构、2个本地收费电视节目服务持牌机构、12家非本地电视节目服务持牌机构、2家声音广播持牌机构及1家政府电台。主要本地报纸有《大公报》《文汇报》《香港商报》《明报》《信报》《星岛日报》《东方日报》《南华早报》《苹果日报》等，国际报刊主要有《亚洲华尔街日报》《金融时报》和《国际先驱论坛报》等。

【对外事务】香港特区每年派代表以中国代表团成员身份参加以国家为单位参加的、同香港有关的、适当领域的国际组织和国际会议，或以“中国香港”名义单独组团出席不以国家为单位参加的国际组织和国际会议。

经中央政府授权，香港特区政府与71个国家签署了民航协定（截至2018年9月12日）；与内地、新西兰、欧洲自由贸易联盟、智利、澳门、东盟、格鲁吉亚及澳大利亚签署了自由贸易协定（截至2020年1月）；与21个国家及东盟签署了促进和保护投资协定（截至2020年3月6日）；与16个国家签署了移交被判刑人协定（截至2018年1月25日）；与20个国家签署了移交逃犯协定（截至2019年3月26日）；与31个国家签署了刑事司法协助协定（截至2018年11月21日）。

有264项国际公约适用于香港特区，其中有72项国际公约目前尚不适用于内地（截至2019年12月23日）。

截至2020年1月20日，驻港外国代表机构共有62个总领事馆、58个名誉领事馆及6个官方认可代表机构。截至2020年2月11日，168个国家和地区给予香港特区护照持有人免签证或落地签证入境待遇。

香港特区政府目前共设有13个驻外经济贸易办事处，分别设于日内瓦、布鲁塞尔、伦敦、多伦多、东京、新加坡、悉尼、华盛顿、纽约、旧金山、柏林、雅加达、曼谷。除驻日内瓦经济贸易办事处主要职责是代表香港参与世界贸易组织事务外，其他经贸办事处的主要职责是促进香港与有关国家或地区的经贸、投资利益及公共关系。（朱志鹏）

澳门特别行政区

地理 位于珠江口西岸，毗邻广东省，北与珠海市拱北接壤，南濒中国南海，西与珠海市湾仔和横琴岛隔河相对，东与香港隔海相望。港澳相距42海里，两地之间通过港珠澳大桥相连，并有喷射船、水翼船和直升机客运服务。澳门半岛和氹仔岛之间由友谊大桥、澳氹大桥和西湾大桥相接。氹仔岛和路环岛之间由路氹连贯公路相连。路氹连贯公路周边区域不断发展，逐步形成路氹填海区（或称路氹城）。地处亚热带季风区，气候温暖湿润，雨量充沛。

面积 32.9平方公里，包括澳门半岛、氹仔岛和路环岛。

人口 67.96万（截至2019年12月），年增长率1.8%。

正式语文 澳门特别行政区的行政机关、立法机关和司法机关，除使用中文外，还可使用葡文，葡文也是正式语文（《中华人民共和国澳门特别行政区基本法》第9条）。

主要宗教和节日 为多宗教并存地区。主要宗教有佛教、道教、天主教、新教、伊斯兰教、巴哈伊教。中国传统节日春节、端午节、清明节、中秋节、重阳节及主要宗教节日耶稣受难日、复活节、佛诞和圣诞节均为公众假期。

【简史】澳门历来是中国领土，旧属广东省香山县（今中山市）管辖。1535年（明嘉靖十四年），葡萄牙人贿赂广东地方官吏，取得在码头停靠船舶和进行贸易的权利。1553年（明嘉靖三十二年），葡人以曝晒水浸货物为由上岸居住。1557年（明嘉靖三十六年）起在澳门建房定居。鸦片战争后，葡乘机扩大其在澳门侵占的地盘，1851年和1864年先后侵占了氹仔岛和路环岛。1887年葡迫使清政府签订《中葡会议草约》和《北京条约》，塞进了“永驻管理澳门”的条款。此后，葡一直占领澳门并把澳门划为葡领土。1976年，葡宪法始规定澳门是葡萄牙管辖的特殊地区。

中华人民共和国成立后，我国政府曾多次阐明对澳门问题的立场：澳门是中国领土的一部分，澳门问题属历史遗留下来的问题，中国政府主张在条件成熟时，通过谈判解决。中葡两国政府自1986年6月30日起经过历时9个月的四轮谈判，于1987年3月26日草签了《中华人民共和国政府和葡萄牙共和国政府关于澳门问题的联合声明》及《中华人民共和国政府对澳门的基本政策的具体说明》《关于过渡时期的安排》两个附件。同年4月13日，两国总理分别代表本国政府正式签署联合声明，1988年1月15日两国政府交换批准书，联合声明从该日起生效。中葡联合声明规定，中华人民共和国政府于1999年12月20日对澳门恢复行使主权。中国政府在联合声明中阐述了对解决澳门问题的基本方针政策。联合声明的签署为国家间以和平方式解决历史遗留问题和国际争端树立了典范，对促进世界和平与进步事业具有重要的现实意义。

1999年12月19日午夜，中葡双方在澳门文化中心花园馆成功举行澳门政权交接仪式。20日零点，中国政府对澳门恢复行使主权。随即在澳门综艺馆举行了澳门特别行政区成立暨特区政府宣誓就职仪式。国家主席江泽民宣布澳门特别行政区成立。澳门特别行政区第一任行政长官何厚铧、特区政府主要官员、立法会议员、终审法院院长和检察长宣誓就职。20日中午12时，中国人民解放军驻澳部队进驻澳门。澳门顺利回归祖国、澳门特别行政区成立是继香港回归后中国人民在实现祖国统一伟业进程中的又一历史丰碑。

【《基本法》】《中华人民共和国澳门特别行政区基本法》以宪法为依据，以“一国两制”为指导方针，将国家对澳门的各项方针、政策用基本法律的形式规定下来。《基本法》既是一项重要的全国性法律，又是澳门特别行政区的根本性法律。《基本法》的起草工作于1988年10月开始，在澳门和内地广泛征求意见的基础上，《基本法》草案及其附件于1993年3月获第八届全国人民代表大会第一次会议通过。《中华人民共和国澳门特别行政区基本法》自1999年12月20日起实施。

《基本法》的主要规定有：澳门特别行政区是中国不可分离的部分，是一个享有高度自治权的地方行政区域，直辖于中央人民政府；全国人大授权澳门特别行政区依照《基本法》规定实行高度自治，享有行政管理权、立法权、独立的司法权和终审权；澳门特别行政区不实行社会主义制度和政策，保持原有的资本主义制度和生活方式，50年不变；中央人民政府负责管理与澳门特别行政区有关的外交事务和澳门特别行政区的防务；中央政府各部门、各省、自治区、直辖市不得干预澳门特别行政区根据《基本法》自行管理的事务；澳门原有法律，除同《基本法》相抵触或经澳门特别行政区立法机关或其他有关机关依照法定程序作出修改者外，予以保留；全国性法律除列于《基本法》附件三者外，不在澳门特别行政区实施；澳门居民在法律面前一律平等，享有言论、新闻、出版、结社、集会、游行、示威、通讯、迁徙、宗教信仰和婚姻的自由，组织和参加工会、罢工的权利和自由；人身自由不受侵犯等。

【政治体制】行政长官是澳门特别行政区的首长，对中央人民政府和澳门特别行政区负责。行政长官由年满40周岁，在澳门通常居住连续满20年的澳门特别行政区永久性居民中的中国公民担任，在当地通过选举或协商产生，由中央人民政府任命。行政长官任期为五年，可连任一次。1999年5月15日，由澳门居民组成的澳门特别行政区推选委员会根据公平、公正、公开、民主和廉洁的原则，以无记名投票方式，选出何厚铧为澳门特别行政区第一任行政长官人选。5月24日，国务院向何厚铧颁发了任命其为澳门特别行政区第一任行政长官的国务院令。12月20日，何厚铧宣誓就职。2004年4月6日，澳门特区《行政长官选举法》正式生效。法案规定，新一任行政长官候任人将由一个300人组成的、具有广泛代表性的选举委员会“一人一票”选出。8月29日，澳门特区举行第二任行政长官选举，何厚铧获得300名选举委员会委员中的296票，当选澳门特区第二任行政长官候任人。9月1日，国务院任命何厚铧为澳门特区第二任行政长官。12月20日，何厚铧宣誓就职。2009年7月26日，澳门特区举行第三任行政长官选举，崔世安获得300名选举委员会委员中的282票，当选澳门特区第三任行政长官候任人。8月10日，国务院任命崔世安为澳门特区第三任行政长官。12月20日，崔世安宣誓就职。2012年8月29日，澳门立法会表决通过修改《行政长官选举法》。根据修改后的《行政长官选举法》，第四任行政长官选举委员会的人数由300人增至400人。2014年8月31日，澳门特区举行第四任行政长官选举，崔世安获得400名选举委员会委员中的380票，当选澳门特区第四任行政长官候任人。9月17日，国务院总理李克强签署国务院令，任命崔世安为澳门特区第四任行政长官。2019年8月25日，澳门特区举行第五任行政长官选举，贺一诚获得400名选举委员会委员中的392票，当选澳门特区第五任行政长官候任人。9月11日，国务院任命贺一诚为澳门特区第五任行政长官。12月20日，贺一诚宣誓就职，任期至2024年12月19日。

澳门特别行政区政府是澳门特别行政区的行政机关，政府首长是行政长官。澳门特别行政区政府设司、局、厅、处。行政法务司司长、经济财政司司长、保安司司长、社会文化司司长、运输工务司司长、廉政公署廉政专员、审计署审计长、警察总局局长和海关关长为特区政府主要官员。主要官员由在澳门通常居住连续满15年的澳门特别行政区永久性居民中的中国公民担任。澳门特别行政区政府根据《基本法》第64条规定行使职权，主要包括制定并执行政策，管理各项行政事务，办理中央政府授权的对外事务，编制并提出财政预算、决算，提出法案、议案，草拟行政法规，等等。

澳门特别行政区行政会是协助行政长官决策的机构，每月至少举行一次会议，由行政长官主持。行政会委员由澳门特别行政区永久性居民中的中国公民担任，由行政长官从政府主要官员、立法会议员和社会人士中委任。行政会委员的人数为7至11人，目前共有11名委员。《基本法》规定，行政长官在作出重要决策、向立法会提交法案、制定行政法规和解散立法会前，须征询行政会的意见，但人事任免、纪律制裁和紧急情况下采取的措施除外。

澳门特别行政区立法会是澳门特别行政区的立法机关。立法会除第一届另有规定外，每届任期为四年。立法会行使《基本法》第71条规定的职权，主要有：依照《基本法》规定和法定程序制定、修改、暂停实施和废除法律；审核、通过政府提出的财政预算案；审议政府提出的预算执行情况报告；根据政府提案决定税收，批准由政府承担的债务；听取行政长官的施政报告并进行辩论；就公共利益问题进行辩论；接受澳门居民申诉并作出处理；等等。特区第一届立法会由23名议员组成，包括直选议员8人、间选议员8人及委任议员7人。立法会设主席、副主席各一人。第一届立法会议员的任期至2001年10月15日。第二届立法会选举于2001年9月23日举行。第二届立法会由27名议员组成，包括直选议员10名、间选议员10名及委任议员7名，任期至2005年10月15日。第三届立法会选举于2005年9月25日举行。第三届立法会由29名议员组成，包括直选议员12名、间选议员10名及委任议员7名，任期至2009年10月15日。第四届立法会选举于2009年9月20日举行。第四届立法会议员人数及构成与第三届立法会相同，任期至2013年10月15日。2012年8月29日，澳门立法会表决通过修改《立法会选举法》，规定2013年立法会产生办法，直、间选各增加2个议席，委任议席数量保持不变。第五届立法会选举于2013年9月15日举行。第五届立法会由33名议员组成，包括直选议员14名、间选议员12名及委任议员7名，任期至2017年10月15日。第六届立法会选举于2017年9月17日举行。第六届立法会人数及构成与第五届立法会相同，任期至2021年10月15日。

澳门特别行政区的审判权属澳门特别行政区法院。澳门特别行政区设立初级法院、中级法院和终审法院。终审权属于澳门特别行政区终审法院。澳门特别行政区法院除继续保持澳门原有法律制度和原则对法院审判权所作的限制外，对澳门特别行政区所有的案件均有审判权。澳门特别行政区法院对国防、外交等国家行为无管辖权。澳门特别行政区法院在审理案件中遇有涉及国防、外交等国家行为的事实问题，应取得行政长官就该等问题发出的证明文件，上述文件对法院有约束力。行政长官在发出证明文件前，须取得中央人民政府的证明书。澳门特别行政区各级法院的法官，根据当地法官、律师和知名人士组成的独立委员会的推荐，由行政长官任命。各级法院的院长由行政长官从法官中选任。终审法院院长由澳门特别行政区永久性居民中的中国公民担任。终审法院院长、法官的任命和免职须报全国人民代表大会常务委员会备案。目前，初级法院共有法官31人，中级法院共有法官9人，终审法院共有法官3人。

澳门特别行政区检察院独立行使法律赋予的检察职能，不受任何干涉。澳门特别行政区检察长由澳门特别行政区永久性居民中的中国公民担任，由行政长官提名，报中央人民政府任命。检察官经检察长提名，由行政长官任命。检察院的组织、职权和运作由法律规定。目前，检察院司法官共有37人，包括检察长1人，助理检察长8人和检察官28人，主要负责对刑事案件的调查和起诉，在各级法院代表检察院出庭，依法参与刑事、民事和行政诉讼。

【总的形势】澳门回归以来，“一国两制”、“澳人治澳”和高度自治方针得到全面贯彻落实。在中央政府的大力支持下，在特区政府和社会各界的共同努力下，澳门取得了举世瞩目的发展成就，社会安定，经济增长，居民安居乐业，多元文化和谐共处，国际知名度不断提高。2019年是澳门回归祖国20周年。习近平主席亲临澳门出席庆祝澳门回归祖国20周年大会暨澳门特别行政区第五届政府就职典礼并视察澳门特别行政区。其间，习近平主席发表重要讲话，指出澳门回归祖国20年来取得的成就举世瞩目，以宪法和澳门基本法为基础的宪制秩序牢固确立，治理体系日益完善；经济实现跨越发展，居民生活持续改善；社会保持稳定和谐，多元文化交相辉映。总结澳门"一国两制"成功实践，可以获得4点重要经验：第一，始终坚定"一国两制"制度自信。第二，始终准确把握"一国两制"正确方向。第三，始终强化"一国两制"使命担当。第四，始终筑牢"一国两制"社会政治基础。习近平主席对澳门特区新一届政府提出"四点希望"：一是坚持与时俱进，进一步提升特别行政区治理水平；二是坚持开拓创新，进一步推动经济持续健康发展；三是坚持以人为本，进一步保障和改善民生；四是坚持包容共济，进一步促进社会和谐稳定。

【经济】澳门是自由港。过去只有鞭炮、火柴、神香等手工业，经济长期以来以博彩业为主。20世纪60年代中期至80年代中期，出口加工业带动澳门经济迅速增长。澳门经济自80年代开始呈现高速增长，逐渐形成四大产业，分别为博彩旅游业、出口加工业、金融保险业和建筑地产业。这四大产业曾对澳门经济起着举足轻重的作用。进入90年代，澳门经济转入调整期，发展速度放缓。回归以来，澳门经济逐渐走出谷底，保持良好发展态势。

2019年，澳门本地生产总值4346.7亿元（澳门元，下同。约合538.6亿美元），同比下降4.7%，人均本地生产总值64.5万元（约合8万美元）。公共财政总收入1335.1亿元，总支出821亿元，财政盈余514.1亿元。2019年底财政储备资本金额为5794亿元，同比上升13.9%，其中基本储备及超额储备分别为1489亿元和4305亿元。2019年博彩毛收入2933.1亿元，同比减少3.5%。入境旅客3940.6万人次，同比上升10%。酒店及公寓可提供客房总数为3.8万间。会议及展览活动共1536项，同比增加109项，与会及入场总人数为200.3万人次。货物进出口总额为1029.3亿元，同比增长0.6%。其中，进口总额为901.6亿元，与上年持平；出口总额为128亿元，同比增长5%；贸易逆差773.3亿元，较2018年减少5.8亿元。截至2019年12月底，特区外汇储备资产总额1783亿元（约合222.2亿美元），同比上升9%。2019年全年新动工楼宇建筑面积44.2万平方米，同比减少23.2%；建成楼宇建筑面积47.4万平方米，同比减少63.4%。楼宇单位及停车位买卖11022个，同比下降26.9%，交易金额622.4亿元，同比下降30.5%。全年总体失业率为1.7%，本地居民失业率为2.3%，均较2018年下降0.1%。通货膨胀率为2.75%。

自2003年10月17日内地与澳门签署《关于建立更紧密经贸关系的安排》（CEPA）以来，迄今共签署10个补充协议以及《关于内地在广东与澳门基本实现服务贸易自由化的协议》《服务贸易协议》《投资协议》《经济技术合作协议》《货物贸易协议》《关于修订〈CEPA服务贸易协议〉的协议》，扩充原有内容及深化相关承诺，内地全境与澳门基本实现服务贸易自由化，已对原产于澳门的进口货物全面实施零关税。CEPA的实施对进一步促进澳门与内地的经济关系起到了显著作用。截至2020年3月31日，澳门经济局在货物贸易方面共签发了6271张原产地证书，出口货值达10.66亿元，豁免关税约7285万元。有关服务贸易方面，澳门经济局发出了796张"澳门服务提供者证明书"，领取证明书的企业主要从事运输物流、会议展览、管理咨询、建筑工程、分销、电信、法律、广告、空运服务的销售和营销服务、房地产、视听、旅行社、医疗和牙医服务、职业介绍、航空运输服务、商标代理、印刷和出版服务、自然科学的研究和开发服务、银行和其他金融服务、公路客运服务、保险辅助服务、饭店和餐饮服务以及其他教育服务等服务行业。在贸易投资便利化方面，内地与澳门通过提高透明度、标准一致化和加强信息交流等措施，推动贸易投资便利化，目前已在62个领域开展相关合作。

【教育】特区实行15年免费教育。2019/2020学年，澳门共有各类学前、小学、中学、特殊教育、回归教育学校70所，上述学校共有教学人员6952名，注册学生81730人。澳门共有10所高等院校，其中公立4所，分别为澳门大学、澳门理工学院、旅游学院、澳门保安部队高等学校；私立6所，分别为澳门城市大学［原名亚洲（澳门）国际公开大学］、圣若瑟大学（原名澳门高等校际学院）、澳门镜湖护理学院、澳门科技大学、澳门管理学院和中西创新学院。2019/2020学年，澳门高等院校共有教学人员2598名，注册学生36107名。面向内地招生的有澳门大学、澳门理工学院、旅游学院、澳门科技大学、澳门镜湖护理学院和澳门城市大学共6所高校。2019/2020学年在上述6所院校注册的内地学生逾15000名。自2004年起，内地普通高等学校面向特区联考招生，2020年共有澳门996名保送生被内地高校录取。

【新闻出版】澳门现有13家中文日报:《澳门日报》《华侨报》《大众报》《市民日报》《星报》《正报》《现代澳门日报》《新华澳报》《澳门时报》《濠江日报》《澳门晚报》《力报》和《正思今日澳门》。中文周报主要有《讯报》《澳门脉搏》《澳门文娱报》《澳门体育周报》《澳门观察报》《澳门华文报》《澳门商报》《捷点信息报》《澳门会展经济报》《澳门焦点报》《新闻报》和《澳门特报》等。

葡文日报有《Ponto Final》（句号报）、《Jornal

Tribuna de Macau》(澳门论坛日报)和《Hoje Macau》(澳门今日)3家;葡文周报有《O Clarim》(号角报)和以中葡双语出版的《澳门平台》。英文日报有《Macau Post》(澳门邮报)和《Macau Daily Times》(澳门每日时报)2家。

澳门主要的电视公司有澳门广播电视股份有限公司(澳广视)、澳门有线电视股份有限公司(澳门有线电视)、澳门莲花卫视传媒有限公司(莲花卫视)、澳亚卫视有限公司(澳亚卫视)以及澳门卫视股份有限公司。澳门有2家电台:澳广视属下的澳门电台和私营的绿邨电台。

【对外事务】回归以来,澳门特别行政区的对外交往取得显著成果。截至2019年12月,澳门特区参加的政府间国际组织共48个。其中,以"中国澳门"名义单独参加的有30个,包括世界贸易组织、国际海事组织、世界旅游组织、世界气象组织、世界海关组织、台风委员会、亚太反洗钱小组、国际缉毒执法大会、国际民航组织公钥簿、亚太地区反腐败行动计划等;以中国代表团成员身份参加的有18个,包括世界银行、国际刑警组织、国际劳工组织、万国邮政联盟、国际电信联盟、国际民用航空组织、国际货币基金组织、世界知识产权组织、联合国麻醉品委员会、亚太邮政联盟等。

截至2019年底,经中央政府授权,澳门特区政府先后与18个国家签署了航班或民航协定,使澳门与外国签署的航班或民航协定达到50个;与22个国家签署了互免签证协定;与16个国家和地区签署了税收信息交换协定;与欧盟、瑞士、冰岛分别签署了关于接受没有居留许可的人的协定;与葡萄牙、东帝汶、佛得角签署了法律及司法合作协定;与蒙古、韩国签署了刑事司法协助协定;与葡萄牙、荷兰签署了相互鼓励和保护投资协定;与葡萄牙、蒙古国、尼日利亚签署了移交被判刑人协定。

截至2019年9月,共有632项国际条约、修正案及议定书适用澳门,涉及外交、国防、民航、海关、禁毒、经济金融、知识产权、邮政电信、资源环保、人权、教科文卫、劳工、海事、国际犯罪、国际私法、道路交通、建立国际组织等各方面。

截至2019年底,共有90个国家领区涵盖澳门或可在澳门执行领事职务,其中,葡萄牙、安哥拉、菲律宾、莫桑比克4个国家在澳门设有总领事馆。澳门在欧盟(布鲁塞尔)、葡萄牙(里斯本)、世贸组织(日内瓦)设有3个经济贸易办事处,在美国、日本等国家和地区派有14个旅游代表(不包括中国香港和中国台湾)。

截至2019年底,共有144个国家和地区给予澳门特别行政区护照持有人免签证或落地签证入境待遇。澳门特区给予79个国家和地区居民免签入境待遇。

(陶雨婕)

阿 富 汗

国名 阿富汗伊斯兰共和国(The Islamic Republic of Afghanistan)。

面积 64.75万平方公里。

人口 约3717万(世界银行,2020年)。普什图族占40%,塔吉克族占25%,还有哈扎拉、乌兹别克、土库曼等20多个少数民族。普什图语和达里语是官方语言,其他语言有乌兹别克语、俾路支语、土耳其语等。逊尼派穆斯林占86%,什叶派穆斯林占13%,其他占1%。

首都 喀布尔(Kabul),人口约452万(阿富汗中央统计局,2016)。气候温和,四季分明,全年平均气温13℃左右。

国家元首 穆罕默德·阿什拉夫·加尼(Mohammad Ashraf Ghani)。2014年9月当选阿富汗总统,任期5年。2020年3月成功连任。

重要节日 阿富汗新年:3月21日;阿富汗独立纪念日:8月19日;开斋节:每年日期不定,依伊斯兰历而变;古尔邦节:每年日期不定,随伊斯兰历而变。

简 况

亚洲中西部的内陆国家。北邻土库曼斯坦、乌兹别克斯坦、塔吉克斯坦,西接伊朗,南部和东部连巴基斯坦,东北部凸出的狭长地带与中国接壤。属大陆性气候,全年干燥少雨,冬季寒冷,夏季炎热,全国年平均降雨量仅240毫米左右。

阿富汗王国建立于1747年,曾一度强盛。19世纪后,国力日衰,成为英国和沙俄的角逐场。1919年摆脱英国殖民统治获得独立,8月19日为独立日。1979年12月,苏联入侵阿富汗。1989年2月,苏军撤出。后因各派抗苏武装争权夺势,阿陷入内战。1994年塔利班兴起,1996年9月攻占喀布尔,建立政权。1997年10月改国名为"阿富汗伊斯兰酋长国",在阿实行伊斯兰统治。"9·11"事件后,塔利班政权在美军事打击下垮台。在联合国主持下,阿富汗启动战后重建"波恩进程"。2001年12月,阿成立临时政府。2002年6月,成立过渡政府。2004年10月,卡尔扎伊当选阿首任民选总统。2009年11月，卡尔扎伊第二次当选就职。2014年9月，阿举行第三次总统大选，加尼担任总统，阿卜杜拉担任首席执行官。

政　治

2019年9月，阿富汗举行总统换届选举。2020年2月，阿独立选举委员会宣布加尼胜选连任，3月9日加尼举行就职仪式。

【宪法】2002年1月至2004年1月，阿富汗沿用前国王查希尔颁布的1964年宪法。2004年1月26日，阿富汗过渡政府总统卡尔扎伊签署颁布新宪法，确立阿国名为“阿富汗伊斯兰共和国”，实行总统制。

【议会】根据阿富汗宪法，国民议会是国家最高立法机关，由人民院（下院）和长老院（上院）组成。人民院议员不超过250名，根据各地人口数量平均分配，但保证每省至少有2名女议员。长老院议员从各省、区管理委员会成员中间接选举产生。国民议会有权弹劾总统，但须召集大支尔格会议并获得2/3以上多数通过才可免除总统职务。本届人民院于2019年4月6日正式成立，议长为米尔·拉赫曼·拉赫曼尼（Mir Rahman Rahmani）。本届长老院于2010年9月选举产生，长老院主席为法扎尔·哈迪·穆斯利姆亚尔（Fazal Hadi Muslimyar）。

【大支尔格会议】又称“大国民会议”。根据阿富汗新宪法，大支尔格会议是阿人民意愿的最高体现，由议会上下两院议员、各省议会议长组成，负责制定和修改宪法，批准国家其他有关法律；有权决定涉及阿国家独立、主权、领土完整和国家利益等问题；审议总统提交的内阁组成名单；内阁部长、最高法院法官和大法官可以列席会议；会议不定期举行。

2002年6月阿召集紧急支尔格大会，选举产生以卡尔扎伊总统为首的阿富汗过渡政府。2003年12月召开制宪支尔格大会，制定并通过新宪法。2010年6月召开和平支尔格大会，呼吁塔利班等参与政治和解进程。2011年11月召开大支尔格会议，讨论阿富汗同美国商签战略伙伴关系文件。2019年4月召开和平大支尔格会议，讨论同塔利班和谈问题。

【政府】现主要成员包括：总统穆罕默德·阿什拉夫·加尼，第一副总统阿姆鲁拉·萨利赫（Amrullah Saleh），第二副总统萨瓦尔·丹尼什（Sarwar Danish），代理外交部长穆罕默德·哈尼夫·阿特马尔（Mohammad Haneef Atmar），代理财政部长哈迪·阿甘迪瓦尔（Hadi Arghandiwal），代理国防部长阿萨杜拉·哈立德（Assadullah Khalid），代理内政部长马苏德·安德拉比（Massoud Andarabi）等。

【行政区划】全国划分为34个省，省下设县、区、乡、村。各省名称：喀布尔、巴达赫尚、塔哈尔、昆都士、巴尔赫、朱兹詹、法利亚布、巴德吉斯、赫拉特、古尔、萨尔普勒、萨曼甘、巴格兰、巴米扬、帕尔旺、瓦尔达克、卡比萨、拉格曼、努尔斯坦、库纳尔、楠格哈尔、洛加尔、加兹尼、乌鲁兹甘、法拉、尼姆鲁兹、赫尔曼德、坎大哈、扎布尔、帕克蒂亚、帕克蒂卡、霍斯特、潘杰希尔、戴孔迪。

【司法机构】司法系统分为三级。最基层为地方法院，全国共有350个左右；中层为上诉法院，分设于阿各省；最高层为最高法院，设在首都喀布尔。

【政党】阿过渡政府于2003年10月颁布《政党法》。现有政党近百个。主要政党包括：

（1）阿富汗伊斯兰促进会（Jamiati Islami）：1972年成立。伊斯兰教温和派，成员多为塔吉克族，属逊尼派。主要领导人是萨拉胡丁·拉巴尼，塔吉克族；阿塔·穆罕默德·努尔（Atta Mohammad Noor），塔吉克族。

（2）阿富汗伊斯兰统一党（Hizb-i Wahdat Islami，哈利利派）：原阿富汗伊斯兰革命联盟，1987年成立。1991年改用现名。1995年3月，原领导人马扎里被塔利班杀害，该党分裂。属伊斯兰教什叶派，成员多为哈扎拉族人。党主席是穆罕默德·卡里姆·哈利利（Abdul Karim Khalili），哈扎拉族。

（3）阿富汗伊斯兰民族运动（Junbish-i-Milli Islami）：主要领导人是阿卜杜尔·拉希德·杜斯塔姆，乌兹别克族。

（4）阿富汗伊斯兰达瓦组织（Tanzim-e-Dahwat-e Islami-ye）：主要领导人是阿卜杜·拉苏尔·萨亚夫（Abdul Rasul Sayyaf），普什图族。

【重要人物】穆罕默德·阿什拉夫·加尼：总统，普什图族。1949年出生于阿富汗卢格尔省一个普什图族家庭，获美国哥伦比亚大学博士学位。曾在加州大学伯克利分校和约翰·霍普金斯大学任教，在联合国和世界银行任职，并随世界银行官员主持过阿富汗战后重建工作。曾出任卡尔扎伊过渡政府财政部长。曾参加2009年阿富汗大选，2014年9月首次担任阿总统，2020年3月再次就职连任。　**阿卜杜拉·阿卜杜拉：**前首席执行官，塔吉克族。1960年生，医学博士。1978年毕业于喀布尔大学医学院。1992年起历任拉巴尼政府国防部国际司司长、发言人，北方联盟政府副外长、外长。2010年阿和平重建进程启动后，曾任阿外长。2014年9月担任首席执行官。　**法扎尔·哈迪·穆斯利姆亚尔：**议会长老院主席，1970年生，楠格哈尔省普什图族人。曾获法律学士学位，参加过抗苏战争。2005—2009年，任楠格哈尔省议会主席。2010年当选阿议会长老院第一副主席。2011年1月当选长老院主席。　**米尔·拉赫曼·拉赫曼尼：**议会人民院议长。来自帕尔旺省，退役上将。曾担任帕尔旺省商会主席、帕尔旺省议会议员。

经　济

阿富汗是最不发达国家之一。历经30多年战乱，交通、通信、工业、教育和农业基础设施遭到严重破坏，曾有600多万人沦为难民。国际社会积极支持阿和平重建与发展，向阿提供了近千亿美元的援助。2016年阿富汗问题布鲁塞尔国际会议期间，国际社会承诺将在4年内向阿提供152亿美元的援助资金。2018/2019财年主要经济数据如下：

国内生产总值：220亿美元。

人均国内生产总值：564美元。

国内生产总值增长率：2.9%。

货币名称：阿富汗尼（Afghani），简称“阿尼”。

汇率：1美元≈76阿尼。

通货膨胀率：3.7%。

（资料来源：全球经济指标数据网）

【资源】矿藏资源较为丰富，但未得到充分开发。目前已探明资源主要有天然气、煤、盐、铬、铁、铜、云母及绿宝石等。位于首都喀布尔南部的埃纳克铜矿已探明矿石总储量约7亿吨，铜金属总量达1133万吨。据估计可能是世界第三大铜矿带。阿还可能拥有全球第五大铁矿脉，煤储量约7300万吨。

阿富汗的河流大部分是内陆河，多注入沙漠和湖泊。主要河流有阿姆河、喀布尔河、赫尔曼德河和哈里鲁河等。

【工业】由于多年战乱，工业基础十分薄弱。以轻工业和手工业为主，主要有纺织、化肥、水泥、皮革、地毯、制糖和农产品加工等。近年来，由于喀布尔等大城市建筑业的繁荣，带动了制砖、木材加工等建材业相对发展。此外，面粉加工、手织地毯业等也有所发展。

【农牧业】农牧业是阿富汗国民经济的主要支柱。农牧业人口占全国总人口的80%。耕地不到全国土地总面积的10%。主要农作物包括小麦、棉花、甜菜、干果及各种水果。主要畜牧产品是肥尾羊、牛、山羊等。阿富汗是世界第一大毒源地“金新月”的中心。2019年鸦片产量预计约6700吨，严重影响阿和平重建进程，也给地区和平与安全带来威胁和挑战。

【交通运输】阿是内陆国，无出海口。境内有通往伊朗和塔吉克斯坦的铁路。交通运输主要靠公路和航空。北部同乌兹别克斯坦和土库曼斯坦边界上的阿姆河和昆都士河部分河段有通航能力。

公路：阿全境共有公路约4.4万公里（2018年），主要包括喀布尔至马扎里沙里夫、赫拉特至坎大哈、喀布尔环城高速、托克汉姆至喀布尔等公路。

空运：目前有三家航空公司。阿利亚纳航空公司实力较为雄厚，主要经营国际航线。目前已开通至巴基斯坦、伊朗、阿联酋、印度、土耳其、德国、俄罗斯、阿塞拜疆、沙特、科威特和塔吉克斯坦等多条国际航线。2016年7月正式恢复开通喀布尔至乌鲁木齐航线。KAM及SAFI航空公司经营部分国内、国际航线。全国有机场43个，其中喀布尔机场等4个机场为国际机场。

【对外贸易】同60多个国家和地区有贸易往来。主要出口商品有天然气、地毯、干鲜果品、羊毛、棉花等。主要进口商品有各种食品、机动车辆、石油产品和纺织品等。主要出口对象为巴基斯坦、美国、英国、德国、印度等，主要进口国为中国、巴基斯坦、美国、日本、韩国、土库曼斯坦、印度等。

人民生活

阿政府成立以来，在联合国及国际社会帮助下，大力恢复基本的民生设施，加大医务人员培训。截至2018年8月，国内共有531所医院，2400余所各类卫生中心。

军　事

2002年，阿政府在美国帮助下开始筹建阿国民军。根据2012年5月北约芝加哥峰会通过的《阿富汗问题北约峰会宣言》，2014年底，北约向阿完成安全责任移交。目前，阿富汗安全部队共约35万人，需要国际社会为其建设提供大量财政支持。2016年北约华沙峰会决定继续向阿国家安全部队提供每年10亿美元的资金支持，直至2020年。2020年3月，美国同塔利班签署和平协议，承诺在未来14个月内有条件、分阶段撤出全部在阿军事力量。

文化教育

【教育】实行12年义务教育。阿富汗教育事业受到战争严重破坏。在国际社会的大力援助下，近年阿教育事业取得很大进步。截至2018年8月，阿全国共有16100余所初等教育学校，共有897万左右学生。有160所高等院校。喀布尔大学是全国最高学府，1946年创建。赫拉特大学是阿西部教育中心，2002年8月复校。

【新闻出版】有各类报刊1336余份，主要报纸有《喀布尔时报》（官方报纸）、《喀布尔周报》《祖国报》《阿尼斯报》等。阿富汗广播电台成立于1925年，对外用9种语言广播。阿富汗电视台于1978年建立，用波斯语、普什图语播音。

对外关系

阿富汗重建主要依赖西方国家支持和援助。阿富汗政府外交以寻求援助为中心，积极发展同美国、德国、日本和欧盟等关系。

阿富汗重视发展与周边国家关系和参与区域合作，希望发挥地缘优势，成为本地区贸易和交通枢纽。2002年，阿富汗同包括中国在内的6个邻国共同签署《喀布尔睦邻友好宣言》《〈喀布尔睦邻友好宣言〉签署国政府关于鼓励更紧密的贸易、过境和投资合作的宣言》和《喀布尔睦邻友好禁毒宣言》。2005年10月，阿富汗成为中亚区域经济合作组织成员，11月与上海合作组织（简称“上合组织”）建立联络组，同月成为南亚区域合作联盟成员。2012年6月，成为上合组织观察员国。

【同中国的关系】1955年1月20日建交。两国关系传统友好，2001年阿和平重建以来，两国关系保持健康平稳发展。近年来，两国高层往来密切，经贸合作进展顺利，在国防、安全、文教、卫生等领域合作良好。2006年，中阿签署《中阿睦邻友好合作条约》。2012年，中阿建立战略合作伙伴关系。2002—2014年卡尔扎伊担任总统期间，7次访华或来华参会。2014年10月，加尼总统就任后，两国高层保持了频繁接触，加尼总统首次出访即是对中国进行国事访问并出席在京举行的阿富汗问题伊斯坦布尔进程第四次外长会开幕式。此后，习近平主席同加尼总统每年均在出席上海合作组织峰会期间举行会见。2019年6月，习近平主席在比什凯克出席上海合作组织峰会期间会见加尼总统。

中国对阿出口产品主要为机电、五金、纺织、日用品、轻工类等。自阿进口商品主要是牛羊皮等。2011年11月，中方宣布将对包括阿富汗在内33个最不发达国家97%的税目产品给予零关税待遇。2019年，中阿双边贸易额为6.29亿美元，同比减少9%，其中中国出口额6.0亿美元，中国进口额0.29亿美元。

中国驻阿富汗大使：王愚。馆址：Sardar Shah Mahmoud Ghazi Wat，Kabul，Afghanistan。电话：0093-20-2102548。传真：2107248。

阿富汗驻华大使：贾维德·艾哈迈德·卡伊姆（Javid Ahamad Qaem）。馆址：北京市朝阳区东直门外大街8号。电话：010-65321582（中文秘书）；传真：65322269。

【同联合国的关系】联合国为推动阿富汗和平进程发挥了重要作用。2001年12月，联合国主持启动“波恩进程”，向阿派遣国际安全援助部队（ISAF）协助维护治安。2002年3月，联合国阿富汗援助团（UNAMA）成立，帮助阿政府维护稳定、保障人权、推进社会和经济发展。联合国还积极推动国际社会多次召开援阿国际会议。

【同美国的关系】阿美两国于1934年建交。“9·11”事件后，美全面主导阿富汗和平进程和经济重建，向阿提供巨额经济援助。美还协同北约等向阿地方派遣省级重建队（PRT）。2005年阿美建立战略伙伴关系并签署联合宣言。2012年5月，阿美签署《持久战略伙伴关系协议》，对2014年后阿美政治、经济、安全等领域合作做出规划。美国给予阿富汗“非北约主要盟国”地位，重申不寻求在阿拥有永久军事设施，但2014年后将在阿保留一定军事存在。2014年9月30日，加尼总统上台后，阿美双方签订了《双边安全与防务合作协定》。2017年8月，美国公布新的对阿富汗和南亚新政策，强调不再设定自阿撤军时限。2018年，美国同塔利班进行接触谈判。2019年2月，特朗普总统在国情咨文中表示，将根据谈判进展，逐步减少在阿富汗驻军。11月，特朗普总统在感恩节当日突访阿富汗，慰问美在阿士兵，并在巴格拉姆空军基地与加尼总统会见。2020年2月29日，美国和塔利班在卡塔尔签署和平协议，为美自阿撤军奠定基础。

【同巴基斯坦的关系】阿巴两国联系紧密，巴接纳了大量阿富汗难民，但两国在边界、反恐等问题上有较大分歧。近年来，双边关系易受突发事件影响，起伏不定。双方均多次表示愿积极推动两国关系改善。2014年9月，巴基斯坦总统侯赛因出席加尼总统就职典礼。11月，加尼总统访巴。2015年7月，阿政府与塔利班公开和谈中止后，两国关系趋紧。12月，加尼总统赴巴出席伊斯坦布尔进程第五次外长会，阿巴关系出现转圜。2016年，阿巴国内均发生多起重大恐怖袭击，两国关系再次受到冲击。2017年10月，巴基斯坦陆军参谋长巴杰瓦访阿，提出“阿巴和平与团结行动计划（APAPPS）”。2018年4月，时任巴基斯坦总理阿巴西访阿。5月，经过四轮磋商，阿巴就APAPPS案文达成一致，同意建立并尽快启动政治外交、经济、难民、军事、情报和机制审查六个工作组，推进双边合作，协商解决分歧。2019年6月，加尼总统访问巴基斯坦，阿巴关系出现积极进展。

【同印度的关系】阿富汗政府重视发展对印度关系，两国高层保持密切往来。2011年10月两国建立战略合作伙伴关系。印度迄今累计向阿提供约30亿美元的援助。印度在阿设有1个使馆和4个总领馆。2006—2013年，卡尔扎伊总统8次访印，双方就印度援阿重建、加强反恐合作、推动经贸往来和区域合作等问题达成共识。2015年12月、2016年6月，印度总理莫迪2次访问阿富汗。2016年9月、2017年10月，加尼总统2次访问印度。2018年9月，加尼总统与阿卜杜拉首席执行官先后访问印度。

【同俄罗斯的关系】俄支持阿和平重建，免除阿所欠103.8亿美元债务。俄关注阿毒品问题，主张在阿周边建立禁毒“安全带”。2016年12月，俄罗斯在莫斯科举行俄罗斯—中国—巴基斯坦三方阿富汗问题磋商。2017年和2018年，俄罗斯在莫斯科举行两轮阿富汗问题磋商。

【同伊朗的关系】伊朗是阿富汗西部重要邻国，两国有着深厚的历史、文化、宗教、民族渊源和联系。伊朗接纳阿200多万名难民。伊积极参与阿重建，重点援建与其毗邻的阿富汗赫拉特省。

【同上海合作组织的关系】阿希望成为上合组织正式成员，积极参与上合组织框架下活动。2009年至今，上合组织已举行5次阿问题副外长级磋商和一次阿富汗问题国际会议。2012年6月，阿正式成为上合组织观察员国。2017年10月，上海合作组织—阿富汗联络组首次副外长级会议在莫斯科召开。2018年5月，第二轮上海合作组织—阿富汗联络组副外长级会议在北京举行。2019年4月，第三轮上海合作组织—阿富汗联络组副外长级会议在比什凯克举行。（张梁）

阿联酋

国名 阿拉伯联合酋长国（The United Arab Emirates）。

面积 8.36万平方公里。

人口 930万。外籍人占88.5%，主要来自印度、巴基斯坦、埃及、叙利亚、巴勒斯坦等国。官方语言为阿拉伯语。居民大多信奉伊斯兰教，多数属逊尼派。

首都 阿布扎比（Abu Dhabi），人口142万。

国家元首 总统哈利法·本·扎耶德·阿勒纳哈扬（Khalifa Bin Zayed Al-Nahyan），2004年11月当选。

重要节日 国庆日：12月2日。

简况

位于阿拉伯半岛东部，北濒波斯湾，海岸线长734公里。同沙特、阿曼接壤。属热带沙漠气候。全年分两季，5—10月为热季，最高气温可达50℃以上；11月至次年4月为凉季，最低气温可至7℃。偶有沙暴。平均降水量约100毫米，多集中于1—2月。

公元7世纪隶属阿拉伯帝国。自16世纪开始，葡萄牙、荷兰、法国等殖民主义者相继侵入。19世纪初，英国入侵波斯湾地区，并于1820年强迫当地7个酋长国与其签订“永久休战条约”。此后各酋长国逐步沦为英国的保护国。1971年3月1日，英国宣布同各酋长国签订的条约于年底终止。同年12月2日，阿拉伯联合酋长国宣告成立，6个酋长国组成联邦国家。1972年，哈伊马角酋长国加入联邦。国名简称“阿联酋”。

政治

联邦最高委员会由7个酋长国的酋长组成，是最高权力机构。重大内外政策均由该委员会讨论决定，制定国家政策，审核联邦预算，批准法律与条约。总统和副总统从最高委员会成员中选举产生，任期5年。总统兼任武装部队总司令。除外交和国防相对统一外，各酋长国拥有相当的独立性和自主权。联邦经费基本上由阿布扎比和迪拜两个酋长国承担。

2019年，阿联酋政局平稳，社会稳定，国民经济保持增长态势。对外交往活跃，在继续积极发展与大国关系的同时，致力于推进多元外交，努力扩大国际影响。

【宪法】1971年7月18日，联邦最高委员会通过临时宪法，同年12月3日宣布临时宪法生效，沿用了25年。1996年12月联邦最高委员会通过决议，宣布临时宪法为永久宪法，并确定阿布扎比为阿联酋永久首都。

【议会】联邦国民议会，成立于1972年，系咨询机构，每届任期4年。议会成员40名，名额大致按各酋长国本国公民的人口比例分配。实行半数间接选举，20名议员由各酋长国酋长提名、总统任命，其余20名由直接选举产生。2019年10月，阿联酋举行第17届国民议会选举；11月，萨格尔·古巴什（Saqr Ghobash）当选议长。

【政府】2016年2月组成第12届政府，共有成员33人，其中女部长9人。主要成员有：副总统兼总理穆罕默德·本·拉希德·阿勒马克图姆（Mohammed Bin Rashid Al Maktoum），副总理兼内政部长赛义夫·本·扎耶德·阿勒纳哈扬（Saif Bin Zayed Al Nahyan），副总理兼总统事务部长曼苏尔·本·扎耶德·阿勒纳哈扬（Mansour Bin Zayed Al Nahyan），财政部长哈姆丹·本·拉希德·阿勒马克图姆（Hamdan Bin Rashid Al Maktoum），外交与国际合作部长阿卜杜拉·本·扎耶德·阿勒纳哈扬（Abdullah Bin Zayed Al Nahyan）等。

【行政区划】由7个酋长国组成：阿布扎比、迪拜、沙迦、哈伊马角、阿治曼、富查伊拉、乌姆盖万。

【重要人物】**哈利法·本·扎耶德·阿勒纳哈扬**：总统。生于1948年，阿联酋首任总统扎耶德长子。1969年2月1日被立为阿布扎比酋长国王储。1976年5月，任联邦武装部队副总司令。哈利法还兼任阿布扎比最高石油委员会主席、阿布扎比投资局董事会主席。2004年11月2日扎耶德总统病逝，哈利法继任阿布扎比酋长，并于11月3日被联邦最高委员会推选为新任总统兼武装部队总司令，连任至今。 **穆罕默德·本·拉希德·阿勒马克图姆**：副总统兼总理、迪拜酋长。生于1949年，前副总统兼总理、迪拜酋长马克图姆二弟。毕业于英国桑赫斯特陆军军官学校。1971年任联邦国防部长，1995年被指定为迪拜王储。2006年1月5日，继任迪拜酋长，并就任阿联酋副总统兼总理。 **穆罕默德·本·扎耶德·阿勒纳哈扬**：阿布扎比酋长国王储、阿联酋武装部队副总司令、阿布扎比执行委员会主席。生于1961年，阿联酋首任总统扎耶德三子。毕业于英国桑赫斯特陆军军官学校。2004年11月2日被立为阿布扎比酋长国王储。同年12月任阿布扎比执行委员会主席。2005年1月任武装部队副总司令。

经济

以石油生产和石油化工工业为主，同时注重实现经济多元化。通过扩大贸易投资，增加非石油收入，重视发展以信息技术为核心的知识经济，积极发展新能源。2009年6月，阿布扎比获选国际可再生能源署总部所在地。2019年主要经济数据如下：

国内生产总值：4250亿美元。

人均国内生产总值：4.08万美元。

国内生产总值增长率：1.6%。

货币名称：迪拉姆（Dirham），1迪拉姆=100菲尔斯（Fils）。

汇率：1美元≈3.67迪拉姆。

（资料来源：世界银行）

【资源】石油和天然气资源丰富。已探明石油储量150亿吨，居世界第六位；天然气储量7.7万亿立方米，居世界第六位。

【工业】以石油化工为主。近年来阿联酋大力推动经济发展多元化战略，积极发展贸易、航运、旅游、酒店、零售、会展、金融、房地产、服务、可再生能源、制造业等非石油产业，力图改变单一的石油经济结构，并取得了显著成果。

【农牧林渔业】近年来，阿联酋政府采取鼓励务农的政策，向农民提供免费的种子、化肥和无息贷款，并对农产品全部实行包购包销，以确保农民的收入，推动农业发展。建有多个海水淡化厂，拥有现代化的农业灌溉系统。阿联酋从事农业的国民近万人，主要农产品有椰枣、蔬菜、柠檬等。粮食依赖进口。渔产品和椰枣可满足国内需求。畜牧业规模很小，主要肉类产品依赖进口。

【交通运输】各酋长国之间有现代化高速公路相连。公路总长约4080公里，道路质量位居世界前列。

水运：有12个主要海港，年货物吞吐量达10540万吨。集装箱吞吐能力为每年2650万个标准箱。阿布扎比的哈利法港是中东地区自动化程度最高的港口，并拟建成全球最大的产业集群区。迪拜杰拜勒·阿里港是全球最大的人造港和中东地区最大港口。

空运：有阿布扎比、迪拜等7个国际机场。阿联酋已同包括中国在内的155个国家签订了双边航空协定，世界各国的109个航空公司有定期航班飞往阿联酋各机场。

【通信】阿手机保有量达1750万部，固定电话超过210万部。互联网接入用户超过110万户，其中宽带用户超过100万户。

【财政金融】阿银行业发达，有本国银行23家，800家分行及87个办事处。外国银行及其他金融机构113家。外汇入出境不受限制，汇率稳定。联邦政府财政收入来自各酋长国的石油或贸易收入。近几年政府预算收支情况如下（单位：亿美元）：

	2017	2018	2019
总收入	844	1354	1143
总支出	1074	1297	1564

（资料来源:《伦敦经济季评》）

【对外贸易】1995年，阿联酋加入世界贸易组织。阿联酋与179个国家和地区有贸易关系。外贸在经济中占有重要位置。阿联酋主要出口石油、天然气、石油化工产品、铝锭和少量土特产品；主要进口粮食、机械和消费品。近几年对外贸易持续顺差，情况如下（单位：亿美元）：

	2017	2018	2019
出口额	3218	3526	3161
进口额	2399	2660	2355
差　额	819	866	806

（资料来源：阿联酋央行网站）

【对外援助】阿联酋经常向阿拉伯、伊斯兰国家和第三世界发展中国家提供贷款和赠款。阿联酋对外援助协调办公室是阿联酋对外援助的官方机构。此外，阿联酋还成立了各种基金会承担重大的人道主义援助，例如阿布扎比发展基金会、红新月会、扎耶德人道主义与慈善机构、马克图姆慈善机构、穆罕默德·本·拉希德人道机构、哈利法·本·扎耶德慈善机构等。

人民生活

阿联酋人均收入居世界前列。对本国公民实行免费医疗。建有较为完善的全国城乡医疗保健系统，全国共有医院、初级医疗中心和诊所等医疗机构近1200家。

军　事

1976年5月6日，阿联酋联邦最高委员会决定统一各酋长国的军队，设立武装部队总司令部，联邦总统任武装部队总司令。实行志愿兵役制。

总兵力5.65万人。其中，陆军约4.5万人，编制为1个王室警卫旅、1个装甲旅、2个机械化步兵旅、4个步兵旅和1个炮兵旅。海军2500人，各类作战舰只21艘，主要基地在阿布扎比。空军4000人（含警察部队的航空联队），编制有4个作战中队，作战飞机196架，武装直升机50架。皇家警卫队、特种部队等约5000人。另有警察5.4万名。武器装备主要来源法国、美国，是海湾国家中唯一以法式装备为主的国家。

文化教育

【教育】阿联酋重视发展教育事业和培养本国的科技人才，实行免费教育制。倡导女性和男性享有平等的教育机会。共开设公立学校1259所，在校学生超过80万人，教师4.5万余人。

【新闻出版】主要报刊有:《联邦报》(阿拉伯文)，阿布扎比半官方日报，发行5万份;《宣言报》(阿拉伯文)，迪拜半官方日报，发行5万份;《海湾报》(阿拉伯文)，沙迦私人出版，发行5.8万份;《海湾新闻》(英文)，迪拜私人出版，发行5万份。此外，还有《今日海湾》杂志等。

阿联酋通讯社是国家通讯社。1976年11月成立。在国内各主要城市以及伦敦、巴黎、华盛顿、纽约、莫斯科、东京、开罗、突尼斯、贝鲁特等派有常驻记者。用阿拉伯文和英文发稿。

阿联酋有阿布扎比、迪拜、乌姆盖万、哈伊马角4家电台，阿布扎比、迪拜、沙迦和阿拉比亚等8家电视台，阿布扎比电台每天用阿、英、法和乌尔都语播送节目。阿拉比亚电视台新闻节目用阿拉伯语连续24小时播送。

对外关系

阿联酋奉行温和、平衡和睦邻友好的外交政策。主张遵守《联合国宪章》、国际法准则，在相互尊重、不干涉内政的基础上发展同各国的友好关系。主张通过和平协商解决争端，维护世界和平。在加强同美国等西方国家关系的同时，重视发展与阿拉伯、伊斯兰、不结盟等第三世界国家关系。阿联酋已同192个国家建立了外交关系。2013年11月，阿联酋获得2020年世博会主办权。

【同中国的关系】1984年11月1日中国与阿联酋建交。建交后，两国关系发展顺利。政治上，双方高层交往和各级别人员互访不断。2015年12月，阿联酋阿布扎比王储穆罕默德访华。2016年11月，习近平主席特使、中共中央政治局委员、中央政法委书记孟建柱访阿。2017年4月，中共中央政治局委员、统战部部长孙春兰访阿。5月，阿联酋外交与国际合作部长阿卜杜拉访华并同王毅外长共同主持召开中阿两国政府间合作委员会首次会议。2018年4月，习近平主席特别代表、中共中央政治局委员、中央外事工作委员会办公室主任杨洁篪访阿。7月，国家主席习近平主席对阿进行国事访问，两国建立全面战略伙伴关系。10月，国家副主席王岐山访阿。11月，阿联邦国民议会议长古贝茜访华。2019年1月，习近平主席特别代表、中共中央政治局委员、中央外事工作委员会办公室主任杨洁篪访阿。4月，阿联酋副总统兼总理、迪拜酋长穆罕默德来华出席第二届“一带一路”国际合作高峰论坛。7月，阿联酋阿布扎比王储穆罕默德来华进行国事访问。

中阿自20世纪50年代就有民间贸易往来。阿联酋是中国在阿拉伯世界最大出口市场和第二大贸易伙伴。2019年，中阿双边贸易额为486.69亿美元、同比增长5.99%，其中中方出口额334.14亿美元、同比增长12.66%，进口额152.55亿美元、同比下降6.17%。中方主要出口机电、高新技术产品、纺织服装等，主要进口原油、石化产品等。

中国驻阿联酋大使：倪坚。馆址：Plot No.26, Sector No.W-22，Abu Dhabi。信箱：P.O. Box 2741，Abu Dhabi，Uae。网址：www.ae.chineseembassy.org。电子邮箱：chinaemb_ae@mfa.gov.cn。电话：00971–2–4434276；传真：4435440。商务处电话：00971–4765525；传真：4764402。

阿联酋驻华大使：阿里·扎希里（Ali Dhaheri）。馆址：北京市朝阳区东方东路22号亮马桥外交公寓LA10–04。电话：010–65327650，65327651；传真：65327652。

【同海湾合作委员会的关系】重视发展与海湾地区国家关系，主张加强海湾合作委员会六国的团结与协调，积极推动六国经济一体化进程。2011年初巴林局势动荡后，阿联酋参加海合会联合部队出兵巴林维稳。2015年，阿联酋参与了沙特领导的打击也门胡塞组织的军事行动。2017年6月，阿联酋宣布同卡塔尔断绝外交关系。2019年，副总统兼总理、迪拜酋长穆罕默德访问巴林，阿布扎比王储穆罕默德多次访问沙特。巴林国王哈马德、沙特王储穆罕默德访阿。

【同美国的关系】两国关系较密切。1994年7月，阿美签署两国联合军事合作协议。美国是阿联酋主要贸易伙伴之一。2019年，美国国务卿蓬佩奥、总统国家安全事务助理博尔顿访阿。

【同欧洲国家的关系】1991年阿联酋与法国签署军事训练协议。2009年5月，法国在阿联酋建立其在海湾地区首个军事基地。2019年，阿联酋阿布扎比王储穆罕默德访问德国。俄罗斯总统普京、奥地利总理库尔茨、黑山总统久卡诺维奇等访阿。

【同伊朗的关系】阿联酋在同伊朗关于阿布穆萨岛和大、小通布岛三个岛屿领土争端问题上，主张通过和平谈判或国际仲裁政治解决“三岛”问题。但阿联酋同伊朗保持着密切的经贸关系。2016年1月，阿联酋外交部发表声明，决定召回阿驻伊大使，将两国关系降为代办级，同时减少阿驻伊外交人员数量，以此抗议伊长期以来干涉海湾和阿拉伯国家内政。

【同亚洲国家的关系】2019年，阿联酋阿布扎比王储穆罕默德访问韩国、白俄罗斯。哈萨克斯坦总统纳扎尔巴耶夫、乌兹别克斯坦总统米尔济约耶夫、印度总理莫迪、马来西亚总统阿卜杜拉、巴基斯坦总理伊姆兰·汗、吉尔吉斯斯坦总统热恩别科夫、白俄罗斯总统卢卡申科等访阿。（饶大钧）

阿　曼

国名　阿曼苏丹国（The Sultanate of Oman）。

面积　30.95万平方公里。

人口　455.9万。其中阿曼人占54.9%。官方语言为阿拉伯语，通用英语。伊斯兰教为国教。85.9%人口为穆斯林，大多为伊巴德教派。

首都　马斯喀特（Muscat），人口138.2万。

国家元首　苏丹海赛姆·本·塔里格·阿勒赛义德（Haitham Bin Tariq Al-Said），2020年1月11日即位。

重要节日　国庆日：11月18日。

简　况

位于阿拉伯半岛东南部。与阿联酋、沙特、也门等国接壤，濒临阿曼湾和阿拉伯海。海岸线长3165公里。除东北部山地外，均属热带沙漠气候。全年分两季，5—10月为热季，气温高达40℃以上；11月至翌年4月为凉季，平均温度约为24℃。

阿曼是阿拉伯半岛最古老的国家之一。公元前2000年已广泛进行海上和陆路贸易活动，并成为阿拉伯半岛的造船中心。公元7世纪成为阿拉伯帝国的一部分。1507年起，先后遭葡萄牙、波斯和英国的入侵与占领。1624年，建立亚里巴王朝，其势力曾扩张到东非部分海岸和桑给巴尔岛。18世纪中叶，建立赛义德王朝，定国名为“马斯喀特苏丹国”。1920年，阿曼被分为“马斯喀特苏丹国”和“阿曼伊斯兰教长国”。1967年，统一为“马斯喀特和阿曼苏丹国”。1970年7月23日，卡布斯发动宫廷政变，废父登基，宣布改国名为“阿曼苏丹国”并沿用至今。1973年，英国军队撤出阿曼。

政　治

世袭君主制国家，禁止一切政党活动。由苏丹（国家元首）颁布法律、法令和批准缔结国际条约、协定。1996年12月，成立以卡布斯苏丹为首的最高国防委员会，委员会负责审议有关保卫国家安全的事宜；要求王室委员会召开会议，确定国家统治者。2011年10月，阿曼修订《国家基本法》，规定如王室委员会未在法定时间3日内就苏丹继任者达成一致，则由最高国防委员会连同国家委员会主席、协商会议主席、最高法院院长及两名年纪最长的副院长根据苏丹遗诏指定人选。2020年1月，文化和遗产大臣海赛姆根据卡布斯遗诏继任苏丹。

2019年，阿曼政局保持稳定，国民经济持续增长，积极参与地区事务，维护地区稳定。

2020年1月11日，阿曼官方宣布卡布斯逝世，文化和遗产大臣海赛姆继任苏丹。

【宪法】1996年11月6日，卡布斯苏丹颁布诏书，公布《国家基本法》（相当于宪法），对国家体制、政治指导原则、国家元首、政府首脑、内阁及其成员的职责、公民权利与义务等方面作出了规定。2011年10月，卡布斯苏丹颁布谕令，对《国家基本法》进行修订，其中主要对苏丹位继承、协商会议权限等作出进一步规定。

【议会】即阿曼委员会，由国家委员会和协商会议组成。主要任务是召集两会联席会议，讨论苏丹提出的问题。国家委员会成立于1997年12月，负责审查有关法律、社会、经济等问题。协商会议成立于1991年11月，其前身是1981年成立的国家咨询委员会，主要功能是咨询和监督。2011年10月，卡布斯颁布法令修改《国家基本法》，重新界定国家委员会和协商会议的组成与权责，赋予协商会议法律、预算、条约和审计报告的修改、建议权，强化其对政府部门的质询和监督权，规定协商会议主席和副主席经直接选举产生。国家委员会与协商会议委员任期均为4年，可连任，但不得相互兼任。现任国家委员会主席叶海亚·本·马哈福兹·蒙泽里（Yahya Bin Mahfoudh Al Manthri），现任协商会议主席哈立德·本·希拉勒·马瓦利（Khalid Bin Hilal Al Ma’awali）。

【政府】内阁是苏丹授权的国家最高执行机构，成员由苏丹任命。本届内阁于1997年组成，共有阁员36名，经过数次调整，现主要成员有：内阁事务副首相法赫德·本·马哈茂德·阿勒赛义德（Fahd Bin Mahmoud Al-Said），国际关系与合作事务副首相兼苏丹特别代表艾斯阿德·本·塔里格·阿勒赛义德（Sayyid Asaad Bin Tariq Al-Said），国防事务副首相谢哈卜·本·塔里格·阿勒赛义德（Shihab bin Tariq Al-Said），国防事务主管大臣巴德尔·本·萨乌德·本·哈利卜·布赛义迪（Badr Bin Saud Bin Habeb Al-Busaidi），内政大臣哈穆德·本·费萨尔·布赛义迪（Hamoud Bin Faisal Al-Busaidi），外交事务主管大臣优素福·本·阿拉维·本·阿卜杜拉（Yousef Bin Alawi Bin Abdullah），石油和天然气大臣穆罕默德·本·哈马德·本·赛义夫·鲁姆希（Mohammed Bin Hamad Bin Saif Al-Romhi），商业和工业大臣阿里·本·马斯乌德·苏奈迪（Ali Bin Masoud Bin Ali Al-Sunaidy），新闻大臣阿卜杜穆奈姆·本·曼苏尔·本·赛义德·哈萨尼（Abdulmun’em Bin Mansour Bin Said Al-hasani）。

【行政区划】按行政区域划分为11个省（马斯喀特省、佐法尔省、穆桑达姆省、布莱米省、中北省、中南省、达希莱省、内地省、东南省、东北省、中部省），省之下设有61个州。

【司法机构】政府设司法、宗教基金和伊斯兰事务部，主管司法及宗教事务。全国设有47所法庭，在首都和一些州设上诉法院。1999年11月颁布司法法，成立独立的司法机构和最高司法委员会。

【重要人物】**海赛姆·本·塔里格·阿勒赛义德：**苏丹。1954年10月生于阿曼，前苏丹卡布斯堂弟。1986—1994年任外交部政治事务次大臣，1994—2002年任外交部秘书长，2002年至2020年1月任文化和遗产大臣。2020年1月11日继任苏丹。**法赫德·本·马哈茂德·阿勒赛义德：**内阁事务副首相。1940年出生，前苏丹卡布斯的远房堂叔。1965年毕业于埃及开罗大学经济学专业，后赴法国学习政治学。1970年卡布斯苏丹执政后，任首任外交大臣，后历任文化、旅游和新闻等大臣。1979年5月任负责法律事务的副首相。1994年1月起任内阁事务副首相。曾于2005年9月访华。　**艾斯阿德·本·塔里格·阿勒赛义德**：国际关系与合作事务副首相兼苏丹特别代表。1954年出生，前苏丹卡布斯堂弟。1974年毕业于英国桑赫斯特军事学院。1978—1993年在阿曼军队服役，1994年进入政府部门，曾任最高规划委员会秘书长。2002年被任命为苏丹特别代表。2017年被任命为国际关系与合作事务副首相兼苏丹特别代表。　**谢哈卜·本·塔里格·阿勒赛义德**：国防事务副首相。1956年出生，前苏丹卡布斯堂弟。1990—2004年任阿曼皇家海军司令，2004年至2020年3月任苏丹顾问兼科研委员会主席，2020年3月被任命为国防事务副首相。

经　济

石油、天然气产业是阿曼的支柱产业，油气收入占国家财政收入的68%，占国内生产总值的41%。工业以石油开采为主，近年来开始重视天然气工业。实行自由和开放的经济政策，利用石油收入大力发展国民经济，努力吸引外资，引进技术，鼓励私人投资。为逐步改变国民经济对石油的依赖，实现财政收入来源多样化和经济可持续发展，政府大力推动产业多元化、就业阿曼化和经济私有化，增加对基础设施建设的投入，扩大私营资本的参与程度。农业不发达，粮食主要靠进口。渔业资源丰富，是阿曼传统产业，除满足国内需求外，还可供出口，是阿曼非石油产品出口收入的主要来源之一。2000年11月，阿曼正式加入世界贸易组织。2019年主要经济数据如下：

国内生产总值：811亿美元。

人均国内生产总值：1.5万美元。

国内生产总值增长率：1.6%。

货币名称：阿曼里亚尔（OR）。

汇率：1美元=0.385里亚尔。

进出口总额：610亿美元。

外汇储备：162亿美元。

（资料来源：《伦敦经济季评》）

【资源】 20世纪60年代开始开采石油。现已探明石油储量7亿吨，天然气储量0.7万亿立方米。煤储量约1.22亿吨，铜储量约1500万吨，铬储量250万吨，还有金、银及优质石灰石等。水产资源丰富。

【工业】 以石油开采为主，近年来大力开发天然气项目，其他工业起步较晚，基础薄弱。工业项目主要为石油化工、炼铁、化肥等。除少数较大型企业如炼油厂、水泥厂、面粉厂等由政府参与投资经营外，其他均属私营中小企业，主要从事非金属矿产、木材加工、食品、纺织等生产。

【农业】 农、牧、渔业在国民经济非石油产业中举足轻重，能满足国内47.6%的粮食和69%的动物饲料需求。但总体上农业不发达，全国可耕地约10万公顷，已耕地7.3万公顷，主要种植椰枣、柠檬、香蕉等水果和蔬菜。粮食作物以小麦、大麦、高粱为主，不能自给。渔业资源丰富，是传统产业，除满足国内需要外，还可出口，是非石油产品出口收入的主要来源之一。

【交通运输】 运输主要依靠公路，铁路项目正在筹建。

公路：沥青公路总里程达35522公里，土路总里程达1222公里。

水运：主要港口有马斯喀特卡布斯苏丹港、苏哈尔港、萨拉拉港、杜库姆港、哈萨卜港等。其中马斯喀特卡布斯苏丹港已不再承担货运任务，正逐渐转型为旅游港；苏哈尔港和萨拉拉港主要从事集装箱等货运业务；杜库姆港、哈萨卜港尚在建设中。此外，阿曼国家轮渡公司在穆桑达姆省（阿曼飞地）、马西拉岛（阿曼最大岛屿）与阿曼本土之间，开设有多条客运航线。

空运：1981年5月成立的“阿曼航空公司”系公私合营企业，主要担负国内客货运输。近年来，阿曼航空公司不断拓展国际业务，已陆续开通马斯喀特至伦敦、吉隆坡、雅加达等地航线。2016年底，开通至广州直航航线。民用机场主要有马斯喀特国际机场、萨拉拉国际机场、苏哈尔机场等。

输油管道：由内地油田至法赫尔港铺设有输油管道，总长279公里，不加压流量为72.5万桶/天。

【财政金融】 目前，阿曼共有银行19家，其中本国银行6家，外国银行10家，专业银行3家。

【对外贸易】 主要出口石油和天然气，约占国家财政总收入的68%，非石油类出口有铜、化工产品、鱼类、椰枣及水果、蔬菜等。主要出口到阿联酋、沙特、印度、中国等国。进口机械、运输工具、食品及工业制成品等，主要来自阿联酋（转口）、中国、印度、美国等。近几年外贸情况如下（单位：亿美元）：

	2017	2018	2019
出口额	304	424	400
进口额	227	254	210
差　额	73	170	190

（资料来源：《伦敦经济季评》）

【外国资本】 外资主要投向石油开采和金融业。英国和海湾国家是主要投资国。

人民生活

国家实行免费医疗。居民平均寿命76.6岁。阿曼共有医院67家，卫生所203个；全国固定和移动电话分别为42.3万部和686.63万部。互联网用户26.95万户。全国私人住房拥有率已达世界较高水平。

军　事

实行义务兵役制。阿曼是海湾合作委员会成员国，在军事防御方面与该组织其他成员国相互协调。总兵力4.35万人。其中陆军2.5万人，海军4200人，空军4100人，苏丹卫队5500人，苏丹特种部队1000人，部落和民兵武装4400人。

文化教育

【教育】实行免费教育制。在全国开展扫盲和成人教育，有各类学校1642所，在校生69万，有扫盲中心14个。卡布斯大学于1986年9月建成开学，是阿曼最高学府，在校生约1.5万人。

【新闻出版】全国现有报刊30余种，主要有：《阿曼日报》，日发行量约4万份；《观察家报》，日发行量约2.2万份；《祖国报》，半官方背景，阿拉伯文日报；《阿曼论坛报》，私营，英文日报。

阿曼通讯社：官方新闻机构，1986年5月成立，总社在马斯喀特。

阿曼苏丹国广播电台：1970年始建于马斯喀特。1974年萨拉拉电台建成，后并入阿曼苏丹国广播电台。1979年建成人造卫星地面接收站。1982年开始调频广播，日播12小时。1998年起，该台阿拉伯语综合频道开始向阿曼所有地区24小时不间断播出。

阿曼电视台：阿曼国营和最大规模电视台，成立于1974年，共有4个频道。

对外关系

奉行不结盟、睦邻友好和不干涉别国内政的外交政策。致力于维护海湾地区的安全与稳定，积极参与地区事务，主张通过对话与和平方式解决国家之间的分歧。同美、英关系密切，同时开展多元化外交。至今，阿曼已同143个国家建立了外交关系。

【对当前重大国际和地区问题的立场】卡塔尔断交危机：支持科威特的斡旋努力，倡导在海合会范围内通过对话弥合分歧。

叙利亚问题：认为叙利亚问题的唯一出路是进行政治对话，强调有关各方应彻底停止暴力，国际社会也应为此尽快制定相关措施。向叙利亚提供力所能及的人道主义援助。

伊朗核问题：支持实现中东地区无核化。认为伊朗拥有和平利用核能的权利。对伊核问题全面协议表示欢迎。强调伊朗稳定对阿曼十分重要，支持通过和平途径解决伊朗核问题。

伊拉克问题：主张伊拉克实现民族和解，恢复稳定、繁荣，奉行与邻国友好相处的政策。呼吁伊拉克各政治派别以国家利益为重，化解分歧，积极推进政治进程。

中东问题：认为巴以和谈是中东和平进程的关键，主张根据联合国有关决议、“土地换和平”原则和“阿拉伯和平倡议”，在1967年边界基础上建立以东耶路撒冷为首都的独立的巴勒斯坦国。要求以色列撤出阿拉伯被占领土，停止修建犹太人定居点。2018年10月，先后接待巴勒斯坦总统阿巴斯和以色列总理内塔尼亚胡往访，这是1996年以来以色列总理首次访问阿曼。

反恐问题：反对一切形式的恐怖主义，认为国际社会应加强反恐合作，实现情报共享。

也门问题：认为也门危机是也门内部事务，只能通过也门各派间的政治和解才能化解，外部干预特别是军事干预于事无补。支持也门各派在联合国斡旋下，以海合会倡议、也门全国对话会议文件及安理会有关决议为基础，通过协商对话化解分歧，尽快恢复也门的安全稳定。

【同中国的关系】1978年5月25日，中国和阿曼建交。2018年5月25日建立战略伙伴关系。建交后，两国关系发展顺利，双方各层次、各领域交往不断，在经贸、能源、卫生、文化等领域的合作开展良好。

两国外交部建有战略磋商机制，2018年12月举行了第12轮战略磋商。

2019年，中阿双边贸易额达225.8亿美元，同比增长3.8%，其中中方出口额为30.22亿美元，同比增长5.5%，进口额为195.58亿美元，同比增长3.5%。中方对阿出口主要为机电产品、钢铁及其制品、高新技术产品、纺织品等；进口主要为原油。2019年，中国从阿进口原油3387.5万吨，同比增长2.9%。

中国驻阿曼大使：李凌冰。馆址：House No.1368，Way No.3017，Shati Al-Qurum Muscat，Sultanate of Oman。网址：www.om.chineseembassy.org。电话：00968-24698766；传真：24698446。商务处地址：No.216，Hatat Houscat，Sultanate of Oman。电话：00968-24697804；传真：24697482。

阿曼驻华大使：纳赛尔·本·穆罕默德·本·哈利法·布赛义迪（Naser bin Mohammed bin Khalifa Al-Busaidi）。馆址：北京市朝阳区亮马河南路6号。电话：010-65323692，65323322；传真：65325030。

【同阿拉伯国家的关系】2019年，阿曼同西亚北非国家继续保持良好交往。卡塔尔副首相兼国防大臣哈立德、伊朗外长扎里夫等访问阿曼。

【同美国及西方国家的关系】阿曼同美欧关系较密切。2019年，时任苏丹卡布斯会见到访的英国剑桥公爵威廉王子等。

（袁泉）

阿塞拜疆

国名 阿塞拜疆共和国（The Republic of Azerbaijan，Азербайджанская Республика）。

面积 8.66万平方公里。

人口 1007.9万（截至2020年3月1日）。共有43个民族，其中阿塞拜疆族占91.6%，列兹根族占2.0%，俄罗斯族占1.3%，亚美尼亚族占1.3%，塔雷什族占1.3%。官方语言为阿塞拜疆语，属突厥语系。主要信奉伊斯兰教。

首都 巴库（Baku，Баку），人口229.53万（截至2020年初）。1月平均气温为5.2℃，7月平均气温为24.8℃。

国家元首 总统伊利哈姆·盖达尔·奥格雷·阿利耶夫（Ильхам Гейдар оглы Алиев），2003年10月28日初次当选，2008年10月、2013年10月两次连任。2016年9月阿举行全民公投，将总统任期由5年延长至7年。2018年4月，阿利耶夫在总统选举中再次胜选连任，本届任期至2025年。

重要节日 新年：1月1—2日；纳乌鲁斯节：3月20—21日；胜利日（纪念反法西斯战争胜利）：5月9日；国庆日（纪念1918年阿塞拜疆民主共和国成立）：5月28日；民族救亡日（纪念前总统盖达尔·阿利耶夫1993年复出执政）：6月15日；武装力量日（纪念1918年建军）：6月26日；国家独立日（纪念1991年阿独立）：10月18日；宪法日（纪念1995年11月12日通过阿塞拜疆宪法）：11月12日；民族复兴日：11月17日；世界阿塞拜疆人团结日：12月31日。

简　况

位于外高加索东南部。北靠俄罗斯，西部和西北部与亚美尼亚、格鲁吉亚相邻，南接伊朗，东濒里海。海岸线长456公里。纳希切万自治共和国是阿的飞地，被亚美尼亚、伊朗和土耳其环绕。气候呈多样化特征，平原、低地为亚热带气候，7月平均气温为27℃—29℃，1月平均气温为1℃—-3℃。山地为高原冻土带气候，平均气温分别为5℃和30℃。

阿塞拜疆部族形成于公元11~13世纪。13~16世纪屡遭外族入侵和瓜分。16~18世纪受伊朗萨法维王朝统治。18世纪中期分裂为十几个封建小国。19世纪30年代，北阿塞拜疆（现阿塞拜疆共和国）并入沙俄。1917年11月，建立苏维埃政权“巴库公社”。1918年5月28日，成立“阿塞拜疆民主共和国”。1920年4月28日，被“阿塞拜疆苏维埃社会主义共和国”取代。1922年3月12日，加入外高加索苏维埃社会主义联邦共和国（同年12月30日该联邦共和国加入苏联）。1936年12月5日，改为直属苏联的加盟共和国。1991年2月6日，改国名为“阿塞拜疆共和国”，10月18日正式独立。

政　治

2019年阿政治局势保持稳定，国内政治和经济改革并行，人事改革全面开展，涉及总统办公厅、内阁和国民会议，管理体制得以优化，干部队伍实现年轻化、专业化。2019年，在欧安组织明斯克小组积极斡旋下，“纳卡”问题调解谈判工作继续推进，3月29日阿亚两国元首在维也纳会晤。年内，两国外长分别于1月16日（巴黎）、4月15日（莫斯科）、6月20日（华盛顿）、9月23日（纽约）和12月4日（布拉迪斯拉发）5次会晤，但均未达成实质结果。

【宪法】现行宪法于1995年11月12日经全民公决通过。宪法规定建立民主、法制、文明的世俗国家；实行总统制，总统为国家元首、最高行政首脑和武装力量总司令，由全民直接选举产生，任期7年（2016经全民公决修宪，将总统任期由5年延长至7年）；立法、行政、司法三权分立。2002年8月24日，经全民公决对宪法部分条款作出修改，包括将总统当选最低得票率由2/3改为过半数；一旦总统不能履行职权，由国民会议主席改为由总理代行总统职务；国民会议选举由过去的多数制和比例制结合改为单一的多数制；取消政党名单等。2009年3月18日，经全民公决对宪法部分条款进行补充和修改，取消总统连任不得超过两届的限制。2016年9月28日，经全民公决再次修改宪法，总统任期由5年延长至7年，设立第一副总统、副总统职位，赋予总统解散议会权力，取消总统候选人年龄限制，降低议员参选人年龄门槛。

【议会】最高立法机关，称国民会议。实行一院制，由125名议员组成，任期5年。主要职能是制定、批准、废除法律条约，决定行政区划，批准国家预算并监督其执行，根据宪法法院提请依照弹劾程序罢免总统，确定全民公决等。本届国民会议于2020年2月9日选举产生，共有8个政党进入议会。其中“新阿塞拜疆党”占72席，“公民团结党”占3席，其他6个政党分获1席，无党派人士占40席。萨希芭·阿利·加法罗娃（Сахиба Али кызы Гафарова）当选国民会议主席。反对派有史以来首次当选国民会议副主席并领导国民会议委员会，迈出完善政治体制、建立健康政治关系、形成政治体系新布局的重要一步。

【政府】本届政府于2018年4月组成。2019年10月阿内阁进行重大人事和机构调整。现主要成员有：

总理阿利·阿萨多夫（Али Асадов），第一副总理亚古布·埃尤博夫（Ягуб Эюбов），副总理沙欣·穆斯塔法耶夫（Шахин Мустафаев），外交部长埃利马尔·马梅德亚罗夫（Эльмар Мамедъяров），国防部长扎基尔·哈桑诺夫（Закир Гасанов），内务部长维拉亚特·埃伊瓦佐夫（Вилаят Эйвазов），经济部长米卡伊尔·加巴罗夫（Микаил Джаббаров），财政部长萨米尔·沙里弗夫（Самир Шарифов），交通、通信和高科技部长拉明·古鲁扎德（Рамин Гулузаде），农业部长伊纳姆·克里莫夫（Инам Керимов），能源部长帕尔维兹·沙赫巴佐夫（Парвиз Шахбазов）等。

【行政区划】全国划分为1个自治共和国，63个行政区，78个城市，14个市级区，261个城镇，1276个乡级区，4248个村。（截至2019年初）

【司法机构】阿司法权由法院依照法律独立行使。法院体系包括宪法法院、最高法院、经济法院及各级普通和专门法院。宪法法院由9名法官组成，均由国民会议根据总统提名任命，现任宪法法院院长为法尔哈德·阿卜杜拉耶夫（Фархад Абдуллаев），2003年6月就任，2013年6月再次当选。最高法院是阿最高审判机关，由38名法官组成，均由国民会议根据总统提名任命，现任最高法院院长为拉米兹·勒扎耶夫（Рамиз Рзаев），2005年4月就任。检察院依法独立行使检察权，最高检察机关为共和国总检察院，总检察长经国民会议同意由总统任免。现任总检察长卡姆兰·阿利耶夫（Кямран Алиев），2020年5月1日由总统任命。

【政党和组织】截至目前，阿登记注册政党和社会组织共计6585个。其中，在阿司法部注册的合法政党有55个。主要为：

（1）新阿塞拜疆党（Партия “Ени Азербайджан”）：1992年12月18日成立。系阿第一大政党，目前党员人数73.2万。对内主张建立民主、法治、世俗国家，发展市场经济；对外主张推行务实、均衡的外交政策。在2020年2月举行的第六届国民会议选举中再次获得绝对多数席位。阿现任总统、国民会议主席、总理及多数内阁成员和地方官员均为该党党员。在2005年3月召开的第三次全国代表大会上，现任总统伊利哈姆·阿利耶夫当选党主席。

（2）阿塞拜疆人民阵线党（Партия “Народный фронт Азербайджана”）：1989年3月成立，现有成员4万多人。1992年5月至1993年6月曾为执政党，现为阿最大反对党之一。基本政治取向是自由、人权、民主、私有制、市场经济、法治国家。对外主张以欧洲为发展方向，支持加入欧盟。现任党主席为阿利·克里姆利（Али Керимли）。

（3）穆萨瓦特党（Партия “Мусават”，“公平党”）：1911年成立，阿塞拜疆苏维埃社会主义共和国时期被禁止活动，1992年12月正式恢复活动。现有成员4万多人，系阿最大反对党之一。主张全民平等，依法治国，三权分立，实行市场经济，以民主方式解决各种社会问题。现任主席为阿里夫·加吉利（Ариф Гаджили）。

（4）阿塞拜疆民族独立党（Партия “национальной независимости Азербайджана”）：1991年成立，现有成员1.9万人。原持亲政府立场，1998年总统大选后加入到反对党行列。倡导建立民主、法治国家及文明的市场，要求加快市场经济改革，主张以西方发达国家为外交重点。现任主席为阿提巴尔·马梅多夫（Этибар Мамедов）。

（5）希望党（Партия “умид”）：1993年5月5日注册成立，2002年阿公民团结党主席伊戈巴尔·阿加扎德（Игбал Агазаде）率公民团结党精英脱离团结党并加入希望党后，希望党成为阿主要反对党之一。

此外，还有公民团结党、民主改革党、“祖国”党等。

主要社会组织有：民主力量国家委员会（Национальный совет демократических сил）。2013年1月，在阿知识分子论坛举行过程中，阿编剧家协会成员鲁斯塔姆·易卜拉欣别科夫（Рустам Ибрагимбеков）倡议组建一个新的政党，用以团结一切“民主与进步”力量。在易的倡议下，2013年5月28日，阿反对党穆萨瓦特党主席伊萨·甘巴尔（Иса Гамбар）、人民阵线党主席阿利·克里姆利（Али Керимли）、开放社会党主席阿克别尔·苏利哈金（Сульхаддин Акпер）、解放党主席阿瓦兹·铁木尔汗（Аваз Темирхан）联合宣布成立反对党联盟——民主力量国家委员会。委员会宗旨是整合阿反对党力量，确保进行自由公正的总统选举，致力于阿政治体制改革。

【重要人物】伊利哈姆·盖达尔·奥格雷·阿利耶夫：总统。1961年12月24日生于巴库市。阿塞拜疆族。1985年，毕业于莫斯科国际关系学院研究生院，历史学副博士。1985—1990年，在莫斯科国际关系学院任教。1991—1994年，任莫斯科“东方”公司总经理。1994—1996年，先后任阿国家石油公司副总裁、第一副总裁。1995和2000年，两次当选阿国民会议议员。1997年7月，当选阿国家奥林匹克委员会主席。1999年12月，当选“新阿塞拜疆党”副主席，2001年11月，当选该党第一副主席，2005年3月，当选该党主席。2001年，任阿国民会议常驻欧委会议会代表团团长。2003年1月，当选欧委会议会副议长，8月，被任命为阿总理，同年10月28日当选总统，2008年10月、2013年10月、2018年4月三次连任。懂阿塞拜疆语、俄语、土耳其语、英语和法语。已婚，夫人梅赫丽班·阿利耶娃，现任阿塞拜疆第一副总统、盖达尔·阿利耶夫基金会主席，有两女一子。 **萨希芭·阿利·加法罗娃：**国民会议主席。1955年3月19日生于阿塞拜疆。拥有阿塞拜疆阿洪多夫国立俄语语言和文学师范学院（巴库斯拉夫大学前身）、阿塞拜疆语言大学双学位。语言学博士、教授，文学理论、现代俄罗斯和美国文学专家。精通俄语、英语，著有70余篇/部教学著作。1981年起在巴库斯拉夫大学任教，2000—2004年，任西方大学东欧语言系、英语系主任，2004年起任斯拉夫大学副校长。新阿塞拜疆党党员，第五届、第六届国民会议议员。曾任国民会议家庭、妇女和儿童委员会副主席，外事和议会间关系委员会委员等职。2018年12月8日，当选阿国民会议阿塞拜疆—捷克议会间友好小组组长。2020年3月10日，在第六届国民会议第一次全体会议上以116票（议员法定人数125人）当选第六届国民会议主席。 **阿利·伊达亚特·阿萨多夫**：总理。1956年11月30日生于阿塞拜疆纳希切万自治共和国。1978年，毕业于莫斯科国民经济学院。1980—1989年，任阿塞拜疆苏维埃社会主义共和国科学院经济研究所研究员。1989—1995年，任巴库政治和社会管理学院教研室主任。1995年当选国民会议代表。1994年4月17日，出任阿总统经济事务助理。2012年11月29日，出任阿总统办公厅副主任。2019年10月8日，出任总理。 **梅赫丽班·阿里夫·阿利耶娃**：第一副总统。1964年8月26日生于巴库。1982—1988年，先后毕业于阿塞拜疆国立医学院、莫斯科谢切诺夫第一国立医学院。2005年，获哲学硕士学位。1988—1992年，在莫斯科眼科科研所工作。1995年任其本人倡议成立的阿塞拜疆文化之友基金会主席。1995年创办《阿塞拜疆遗产》期刊。2004年出任阿国家政治委员会委员、盖达尔·阿利耶夫基金会主席。2013年任"新阿塞拜疆党"副主席、阿体操联盟主席、阿奥委会执委会委员和首届欧洲运动会组委会主席。2005年、2010年、2015年连续三次当选阿国民会议议员。2017年2月，出任阿第一副总统，之后辞去国民会议议员职务。2004年被联合国教科文组织授予亲善大使荣誉称号。1983年12月，与阿现任总统伊利哈姆·阿利耶夫结婚，育有两女一子。

经 济

油气工业是阿塞拜疆支柱产业。2014年下半年以来，国际石油价格持续下跌，对阿经济发展产生重要影响，阿愈发坚定走经济多元发展道路。阿政府以农业、交通、旅游业为主要切入点，大力促进非石油经济发展。2019年，阿继续深化经济改革，深入推进经济结构调整，整顿金融市场，打击"影子经济"，扩大对外开放，宏观经济稳健增长。2019年阿主要宏观经济指标与2018年基本持平，数据如下：

国内生产总值：816.81亿马纳特（约480亿美元）。

人均国内生产总值：8247马纳特（约4851美元）。

国内生产总值同比：2.2%。

货币名称：马纳特（манат）。

汇率（2019年平均）：1美元≈1.7马纳特。

通货膨胀率：2.6%。

全国职工月均工资614.2马纳特（约361美元）。

【资源】石油和天然气资源丰富，主要分布在阿布歇隆半岛和里海。石油探明储量超10亿吨，天然气探明储量约2.6万亿立方米。

【工业】主要工业部门有石油加工、石油化工、机械制造、有色冶金、轻工、食品等。阿塞拜疆2019年工业生产总值467.36亿马纳特，同比增长1.8%。其中非油气领域工业生产值113.217亿马纳特，同比增长14.3%。工业生产构成中，开采业占69.9%，加工业占25.2%，电力、天然气及蒸汽生产和分配占4.2%，供水、废物清洁和处理占0.7%。

近年主要工业产品产量如下：

	2017	2018	2019
石　油（万吨）	3868.89	3875.8	3751.76
天然气（亿立方米）	285.975	305.922	355.914
发电量（亿千瓦时）	218	225.2	242.469

【农业】2019年阿塞拜疆农业产值为78.367亿马纳特，同比增长7.2%。其中，畜牧业产值为40.855亿马纳特，同比增长3.5%；种植业产值37.512亿马纳特，同比增长11.7%。

【财政金融】近年财政收支情况（单位：亿马纳特）：

	2017	2018	2019
收入	164.469	224.12	241.996
支出	175.883	227.19	244.048
赤字	–6.48	–3.07	–2.052

截至2019年12月底，阿外汇储备总额达495.813亿美元，同比增长12.3%。其中，央行外汇储备62.58亿美元（同比增长12.6%），国家石油基金外汇储备433.233亿美元（同比增长87.4%）。

【外债】截至2019年7月1日，阿持有外债89.2亿美元，占GDP的19%。阿外债由政府直接负债或有负债组成，包括国际金融机构为基础设施项目和融资项目提供的贷款及国际金融市场证券。

阿共有28家银行（截至2020年4月30日），包括2家国有银行和26家私人银行，13家银行有外国资本参与，其中7家银行外国资本额超过50%。主要银行：阿塞拜疆国际银行（International Bank of Azerbaijan），国有商业银行，成立于1992年1月，资产占阿银行系统的40%左右，在国内外设有37家分行，39家支行。阿财政部是其主要股东；资本银行（Kapital Bank），前身为阿塞拜疆国家储蓄银行，在阿拥有最大的服务网络，为300万个人和2.2万多个法人实体提供银行服务，参与多项政府发展计划。

【对外贸易】2019年阿对外贸易总额为33303亿美元，同比增长7.7%。其中，出口额196.36亿美元，同比增长0.9%；进口额136.67亿美元，同比增长19.2%。

对外贸易顺差59.69亿美元，同比减少25.35%。

主要出口商品有：原油（75.45%）、天然气（12.05%）、石油产品（2.36%）、电力（0.39%）、果蔬（3.09%）、茶叶（0.05%）、植物和动物油（0.09%）、糖（0.14%）、酒精和非酒精类产品（0.12%）、化工产品（0.52%）、塑料及塑料制品（0.91%）、棉花（0.63%）、棉纱（0.15%）、黑色金属及其制品（0.29%）、铝和铝制品（0.65%）、其他商品（3.11%）。

主要进口商品有：食品（12.03%，其中肉0.58%、牛奶0.11%、黄油0.52%、果蔬1.42%、茶0.40%、小麦2.49%、大米0.28%、植物和动物油1.03%）、烟草及烟草制品（0.86%）、化肥（0.84%）、医药产品（2.17%）、塑料及塑料制品（2.96%）、木材及木制品（2.08%）、服装（2.02%）、黑色金属及其制品（7.67%）、机器机械电器及设备（19.47%）、运输工具及零配件（9.15%）、家具（0.76%）、其他商品（39.99%）。

2019年阿前十大贸易伙伴：意大利（18.04%）、土耳其（13.54%）、俄罗斯（9.07%）、中国（6.56%）、德国（4.93%）、瑞士（4.21%）、以色列（4.13%）、印度（3.28%）、乌克兰（2.43%）、美国（2.38%）、捷克（3.38%）。

阿主要出口目的地：意大利（28.72%）、土耳其（14.58%）、以色列（6.78%）、印度（4.87%）、德国（4.75%）、中国（3.83%）、俄罗斯（3.73%）、西班牙（3.59%）、捷克（3.30%）和格鲁吉亚（2.99%）。

阿主要进口来源地：俄罗斯（16.76%）、土耳其（12.05%）、中国（10.48%）、瑞士（8.95%）、美国（5.62%）、德国（5.20%）、乌克兰（3.42%）、伊朗（3.31%）、加拿大（2.91%）和意大利（2.97%）。

【投资】2019年阿塞拜疆吸引投资总额171.843亿马纳特（约合101.08亿美元），其中吸引外资51.88亿马纳特（约合30.52亿美元）。

【著名公司】阿塞拜疆国家石油公司（SOCAR），成立于1992年，从事石油天然气勘探、开采、加工和销售，现任总裁罗夫纳格·阿卜杜拉耶夫（Ровнаг Абдуллаев）。通信地址：Heydar Aliyev pr. 121，Baku，AZ1029，Azerbaijan，联系电话：00994-12-5210282，传真：5210383，电子邮箱：info@socar.az，官方网站：www.socar.az

人民生活

2019年阿居民名义总收入570.35亿马纳特，同比增长7.4%，人均名义收入5758.6马纳特，同比增长6.5%；平均名义工资634.8马纳特，同比增长16.6%；2019年新增就业岗位19.2万个。

军　事

1991年10月9日宣布成立武装力量。同年11月25日，阿最高苏维埃通过共和国武装力量法并成立国防部。共和国武装力量总司令由总统担任。现任国防部长为扎基尔·哈桑诺夫上将。阿军由陆海空三个军种组成，编制员额66950人。其中，陆军56850人，海军2200人，空军7900人。阿实行义务兵役制，主要征召18—35岁男性公民，一般服役期为18个月。2019年阿国防预算30.38亿马纳特（约合17.87亿美元），其中军队开支14.94亿马纳特，国家安全部门开支1569.89万马纳特，国防与安全领域研究开支280万马纳特，其他支出15.26亿马纳特。

文化教育

【文化】目前，阿共有2942家公共图书馆、2319家俱乐部、239个博物馆、28家专业剧院和348个文化休闲娱乐场所。

【教育】教育体制分为学前教育、普通中小学教育、职业技术教育、中等专业教育和高等教育。截至目前，阿全国全日制普通学校共4433所，学生160万；职业技术学校58所，学生5.6万；中等专科学校103所，学生5.73万；国立高等院校40所，私立高等院校12所，学生共计18.77万。

著名高校：巴库国立大学，创立于1919年9月1日，是阿塞拜疆历史最悠久、规模最大的综合性高校，入选“欧洲大学联盟”。苏联和阿塞拜疆历史上诸多名人皆为该校毕业生。现有17个学院、125个学科、2个研究所、37个实验室、6个博物馆和6个图书馆。多个专业使用阿塞拜疆语、俄语、英语三种语言授课。在校学生22500余人，教师1300人，其中250位博士、教授和750位副博士。阿塞拜疆国家石油大学，创建于1920年，现有7个系、30个专业、63个教研室和32个科学实验室。在校学生约8000多人，教师1000人。

【新闻出版】有各类报刊40多种。主要报刊有：总统办公厅机关报《巴库工人报》，1906年创刊，用俄文出版，发行量约3000份；总统办公厅机关报《人民报》，1919年创刊，用阿文出版，发行量约5000份；国民会议机关报《阿塞拜疆报》，1918年创刊，用阿文出版，发行量约7500份；穆萨瓦特党报纸《穆萨瓦特报》，发行量约7500份。目前网络媒体较发达。

主要通讯社有：阿塞拜疆国家新闻社（简称“阿新社”，官方通讯社，1920年成立）及“趋势”、图兰等独立通讯社，均拥有各自门户网站。

目前，阿境内共有电视、广播运营商95家，其中全国性电视台12家、区域性地方电视台12家、广播电台16家；卫星电视广播公司3家、有线网络运营商18家、交互式网络电视运营商32家、2家外国电视广播频道运营商。

主要广播电台有：阿塞拜疆国家广播电台，1926年建台，现为Azərbaycan Radiosu，隶属于阿塞拜疆电视广播节目公司。

主要电视台有：阿塞拜疆电视台AzTV（1956年建台，全称为阿塞拜疆电视广播节目公司）、阿塞拜疆公共电视台ITV（2004年建台）、里海国家电视台

CBC及ANS TV（1991年建台）、ATV（1998年建台）、SPACE TV（1997年建台）、LIDER TV（2000年建台）等私营电视台，绝大部分节目用阿塞拜疆语播出。

对外关系

奉行独立自主、多元平衡外交政策，将发展与俄、美、欧大国和土耳其、伊朗、格鲁吉亚等邻国关系作为外交优先方向。积极参加欧盟"东部伙伴关系计划"；加强与北约的军事合作，积极参与北约和平伙伴关系框架内的国别合作计划，向阿富汗派驻维和人员。支持和参与独联体、"古阿姆"、伊斯兰会议组织等国际组织的活动。将解决"纳卡"问题当作外交首要任务，大力推进区域合作和能源外交。在重点加强与美国等西方国家合作同时，注重保持与俄罗斯的友好关系，尽力搞好同周边邻国关系。2019年，阿积极参与双多边国际事务，利用多边场合向国际社会宣介阿方在"纳卡"问题上的原则立场，举办多场重大国际活动，积极参与和实施重要国际倡议。接任不结盟运动、突厥语国家合作委员会主席国；加入77国集团，成为太平洋联盟观察员国。2019年，阿与坦桑尼亚、巴巴多斯、纳米比亚建交，建交国总数达185个；黑山、斯洛伐克在阿开设外交代表机构。2019年，共有40多位国家元首和政府首脑、61位外长访阿。

【同中国的关系】1992年4月2日建交。2019年，中阿友好合作关系快速发展，高层交往密切，各领域合作成果丰硕。4月24—27日，阿利耶夫总统应邀赴华出席第二届"一带一路"国际合作高峰论坛，其间，习近平主席、全国政协主席汪洋分别与其举行会见。阿经济部长穆斯塔法耶夫、教育部长巴伊拉莫夫、阿新社社长阿斯兰诺夫分别受邀出席相关分论坛活动。5月15日，亚洲文明对话大会在京开幕，阿利耶夫总统大女儿、阿利耶夫基金会副主席莱拉·阿利耶娃访华并参加主要活动，阿派出50余人表演团队参与演出。5月22—23日，王毅国务委员兼外长访阿，其间分别同阿利耶夫总统、马梅德亚罗夫外长举行会见、会谈。6月30日至7月10日，第43届教科文组织世界遗产大会在巴库举行，中国教育部副部长、中国联合国教科文组织全国委员会主任田学军，浙江省委常委、杭州市委书记周江勇，国家文物局局长刘玉珠等分别率团出席。7月22—24日，中共中央对外联络部部长宋涛率中共代表团访阿。9月19—21日，全国人大常委会委员长栗战书对阿进行正式友好访问，其间分别会见阿利耶夫总统、马梅多夫总理，与阿萨多夫国民会议主席举行会谈。10月9日，阿布塔雷博夫副总理来华出席2019年中国北京世界园艺博览会闭幕式，李克强总理同其举行会见。10月17—19日，阿国家家庭、妇女和儿童事务委员会副主席加赫拉曼诺娃率团赴广西南宁出席第七届中国—中亚合作论坛。10月17—23日，阿国防部长哈桑诺夫上将访华并出席第9届"香山论坛"。11月初，穆斯塔法耶夫副总理率百余人代表团出席第二届中国国际进口博览会。11月26日，王毅国务委员兼外长在京会见阿驻华大使杰纳利并接受阿外交部授予的"阿外交机构成立100周年"纪念奖章。

据中方统计，2019年中阿贸易额14.85亿美元，同比增长65.44%，其中对阿出口6.16亿美元，同比增长19.47%；自阿进口8.69亿美元，同比增长127.54%，主要是矿物燃料同比增长141.24%。据阿方统计，2019年阿中双边贸易额21.84亿美元，同比增长66.72%，其中对华出口7.52亿美元，同比增长565.49%，自华进口14.32亿美元，同比增长19.63%。中国是阿第四大贸易伙伴国（仅次于意大利、土耳其和俄罗斯）、第六大出口目的地国（仅次于意大利、土耳其、以色列、印度和德国）和第三大进口来源国（仅次于俄罗斯和土耳其）。

阿对华出口商品主要有矿物燃料、塑料及其制品、化学产品、电机、电气、音像设备及其零配件等；自华进口商品主要有机械器具及零件、服装及服装配件、电气和音像设备、车辆及其零配件、陶瓷、钢铁制品、医疗器材、家具、灯具、日用品等。

中国驻阿塞拜疆大使：郭敏。馆址：阿塞拜疆共和国巴库市哈加尼街67号（str. Khagani 67，Baku，AZ1010，The Republic of Azerbaijan; Азербайджанская Республика，AZ1010，г. Баку，ул. Хагани，д.67）。电话：0099412–4936129（领事）；传真：4980010。值班手机：0099450–2918881；领保值班手机：0099450–2624468。商务处电话：0099412–4656214，4656215；传真：4652854。

阿塞拜疆驻华大使：阿克拉姆·杰纳利（Акрам Зейналлы）。馆址：北京市朝阳区建外大街9号院齐家园外交公寓3-3号别墅楼。电话：010–65324614；传真：65324615。

【同俄罗斯的关系】1992年4月4日建交。2019年阿俄关系快速稳定发展，年内阿利耶夫总统、梅赫丽班·阿利耶娃第一副总统分别访俄。双方确立外长年度互访机制，密集高层交往助力双边政治、经贸、人文领域合作全面发展。俄罗斯是阿第三大贸易伙伴国，据阿国家统计委员会数据，2019年阿俄双边贸易额达30.22亿美元，访阿俄罗斯游客接近100万人次。2019年12月阿俄召开政府间经济合作委员会第18次会议，双方签署2个双边关系发展路线图。阿对俄作为欧安组织明斯克小组联合主席之一在解决"纳卡"问题上的作用寄予厚望。

【同美国的关系】1992年2月28日建交。2019年，阿美关系持续发展，双方在能源安全、维和行动、反恐等领域合作成果显著。美方作为欧安组织明斯克小组联合主席继续就"纳卡"问题进行积极斡旋。2019年双边主要往来：1月20日，阿利耶夫总统应邀同美国国家安全顾问博尔顿通电话，双方就能源、安全领域合作及"纳卡"争端调解等问题交换意见。2月20日，美国国务院负责能源事务的副助理国务卿桑德拉·奥德科克访阿并出席“南部天然气走廊”磋商理事会会议。3月25日，阿国防部长哈桑诺夫上将率团对美国进行工作访问，并出席在纽约举行的联合国维和部长级会议。4月30日，阿利耶夫总统会见到访的美国欧洲和欧亚事务副国务卿助理乔治·肯特。5月29日，阿利耶夫总统会见到访的美国国务院能源储备署第一助理国务卿肯特·罗格斯登。5月，阿美政府间经济伙伴关系委员会在巴库召开会议。6月18—20日，马梅德亚罗夫外长对美国进行工作访问。阿是美国在外高加索地区最大贸易伙伴。据阿国家统计委员会数据，2019年阿美双边贸易额7.92亿美元，美为阿第十大贸易伙伴。截至目前，美在阿投资已超100亿美元，共有250多家美企在阿运营。

【同土耳其的关系】1992年1月14日建交。阿视土为重要战略伙伴和“一个民族、两个国家”的兄弟关系，双方关系密切。2019年3月5—6日，土耳其大国民议会新任议长穆斯塔法·森托普对阿进行正式访问，其间阿总统阿利耶夫同森举行会见。4月19日，阿塞拜疆、土耳其、土库曼斯坦三方能源合作会晤在伊斯坦布尔举行。4月30日至5月3日，阿国防部长哈桑诺夫上将出席第14届土耳其国际防务展。其间，哈桑诺夫与土国防部长胡卢西·阿卡尔举行会见。6月9日，阿塞拜疆与土耳其在纳希切万联合举行代号为“牢不可破的兄弟—2019”军事战术演习。6月12日，阿塞拜疆、土耳其、格鲁吉亚三国国防部长会议在阿举行。8月15日，纳希切万—土耳其开通直航。自2019年9月1日起，阿对土耳其持普通护照公民免签。10月12日，土耳其外长恰武什奥卢访阿并出席第七届突厥语国家合作委员会外长理事会。13—15日，土总统埃尔多安出席第七届突厥语国家合作委员会峰会及委员会成立十周年庆典活动。10月10日，阿利耶夫总统同到访的土耳其教育部长塞尔丘克举行会晤。11月5日，第12次阿土高级别军事对话会议在阿召开，阿土签署2020年军事合作议定书。11月30日，跨阿纳托利亚天然气管道项目（TANAP）连接欧洲段落成仪式在土耳其西北部艾迪尔内省举行，阿总统阿利耶夫、土总统埃尔多安等出席仪式。12月3日，阿利耶夫总统会见到访的土耳其交通与基础设施部长图尔罕。12月4日，阿利耶夫总统接见到访的土耳其农业和林业部长贝克勒·帕克德米尔里。12月18日，土耳其大国民议会议长申托普出席在巴库举行的突厥语国家议会大会第九次全会。12月26日，阿利耶夫总统接见到访的土耳其贸易部长佩克詹一行。12月28日，阿总统阿利耶夫会见土耳其内务部长苏莱曼·索伊卢。2019年阿土双边贸易额达45.1亿美元，土为阿第二大贸易伙伴。

【同伊朗的关系】1992年3月12日建交。2019年阿伊关系平稳发展。1月16日，阿总统阿利耶夫会见来访的伊朗武装力量总参谋长穆罕默德·巴盖里，就双边关系和两国军事领域合作交换意见。3月5日，马梅德亚罗夫外长对伊朗进行正式访问。其间，马分别同伊朗总统鲁哈尼、外长扎里夫和最高国家安全委员会秘书阿里·沙姆哈尼举行会见，并就阿伊关系及政治、交通、反恐等各领域合作交换意见。4月18日，阿总统阿利耶夫接见到访的伊朗工业、矿业和贸易部长拉赫马尼。10月25—26日，伊朗总统鲁哈尼赴阿出席第18届不结盟运动峰会。11月14—15日，伊朗伊斯兰文化与联络组织主席阿布扎尔·埃布拉希米·特克曼赴阿出席第二届全球宗教领袖峰会。12月3日，阿利耶夫总统接见到访的伊朗信息与通信技术部长扎赫若米。12月4日，阿副总理穆斯塔法耶夫访伊。12月25日，阿国民会议主席阿萨多夫率团访伊。2019年阿伊双边贸易额4.94亿美元。

【同欧洲的关系】阿与欧盟是平等、相互尊重和信任的伙伴。阿欧合作伙伴关系协议于1999年生效。阿系东部伙伴关系中对欧投资最多的国家。欧洲经济危机期间，阿仅通过实施南部天然气走廊项目就为希腊创造了5000个工作岗位，并向欧洲投资150亿欧元。2020年上半年阿天然气将通过跨亚得里亚海天然气管道（TAP）输送到欧洲，这对欧盟保障能源安全意义重大。阿欧关系开创全新局面，双方继续就“战略伙伴关系协定”进行谈判。（刘孟静）

巴基斯坦

国名　巴基斯坦伊斯兰共和国（The Islamic Republic of Pakistan）。

面积　796095平方公里（不包括巴控克什米尔地区）。

人口　2.08亿（2017年）。巴是多民族国家，其中旁遮普族占63%，信德族占18%，帕坦族占11%，俾路支族占4%。乌尔都语为国语，官方语言为乌尔都语和英语，主要民族语言有旁遮普语、信德语、普什图语和俾路支语等。95%以上的居民信奉伊斯兰教（国教），少数信奉基督教、印度教和锡克教等。

首都　伊斯兰堡（Islamabad），人口110万（2017年）。地处内陆，海拔503—610米，属亚热带季风气候，旱季和雨季界限分明，年均降水量1143毫米，最高气温47℃，最低气温0℃。

国家元首　总统阿里夫·阿尔维（Arif Alvi），2018年9月9日就任。

重要节日　国庆日：3月23日；独立日：8月14日。

简　况

位于南亚次大陆西北部。东接印度，东北与中国毗邻，西北与阿富汗交界，西邻伊朗，南濒阿拉伯海。海岸线长980公里。除南部属热带气候外，其余属亚热带气候。南部湿热，受季风影响，雨季较长；北部地区干燥寒冷，有的地方终年积雪。年平均气温27℃。

巴原为英属印度的一部分。1858年随印度沦为英国殖民地。1940年3月，全印穆斯林联盟通过了关于建立巴基斯坦的决议。1947年6月，英国公布"蒙巴顿方案"，实行印巴分治。同年8月14日，巴基斯坦宣告独立，成为英联邦的一个自治领，包括东、西巴基斯坦两部分。1956年3月23日，巴基斯坦伊斯兰共和国成立，仍为英联邦成员国，1972年退出，1989年重新加入。1971年3月，东巴基斯坦宣布成立孟加拉人民共和国，同年12月孟正式独立。

政　治

【宪法】巴建国后于1956年、1962年和1973年颁布三部宪法。1977年，齐亚·哈克实行军法管制，部分暂停实行宪法。1985年通过了宪法第8修正案，授予总统解散国民议会和联邦内阁、任免军队首脑和法官的权力。1991年7月通过的宪法第12修正案规定联邦政府有权设立特别法庭和上诉法庭，以打击犯罪，整治社会治安。1997年4月，谢里夫政府在议会通过宪法第13修正案，取消总统解散国民议会和联邦内阁的权力，并将解散省议会和省内阁、任免省督、三军参谋长和参联会主席以及最高法院法官的权力归还总理行使。随后，巴议会通过旨在严禁议员叛党的宪法第14修正案"反跳槽法"。

1999年穆沙拉夫执政后颁布临时宪法1号令，宣布暂停实施宪法。2002年8月，穆颁布"法律框架令"（LFO），宣布恢复1973年宪法和哈克时代宪法第8修正案，规定总统有权解散国民议会、任命参联会主席和三军参谋长。2003年12月29日，巴议会通过宪法第17修正案，规定总统经最高法院批准后有权解散议会，与总理协商后有权任免三军领导人。

2010年4月8日和15日，国民议会和参议院分别通过宪法第18修正案，将总统部分权力移交给总理，并在涉及中央与地方分权等重大敏感问题上作出调整。2010年12月22日，巴议会一致通过宪法第19修正案，赋予总理任命高等法院和最高法院法官一定的决定权，并由总统对决定结果进行最终认可。2012年2月20日，巴议会通过宪法第20修正案，取消了由总统任命看守政府总理的权力，改由总理和反对党领导人协商确定。修正案还包括延长选举委员会任期等内容。

2015年1月，巴国民议会和参议院分别通过宪法第21修正案，建立为期两年的军事法庭，以快速审理恐怖主义及危害国家安全的案件。2016年6月，第22修正案通过，对选举委员会成员任职资格进行了调整。2017年1月，巴国民议会和参议院通过第23修正案，恢复第21修正案建立的军事法庭并延期2年。

【议会】联邦立法机构。1947年建国后长期为一院制，1973年宪法颁布后实行两院制，由国民议会（下院）和参议院（上院）组成。国民议会经普选产生，参议院按每省议席均等的原则，由省议会和国民议会遴选产生。

国民议会共有342个议席，其中272席为普选议席。60席为妇女保留席位，10席为非穆斯林保留席位，由各政党按普选得票比例分配。国民议会设议长和副议长各1人，议员任期5年。参议院设100个议席，议员任期6年，每3年改选半数。设主席和副主席各1人，任期3年。

2018年3月3日，巴基斯坦举行参议院改选。3月12日，来自俾路支省的独立候选人萨迪克·桑吉拉尼当选参议院主席。

2018年7月25日，巴基斯坦举行国民议会选举，正义运动党获胜，成为议会第一大党。8月15日，阿萨德·凯瑟当选国民议会议长。

【政府】政府首脑为总理伊姆兰·汗（Imran Khan），2018年8月18日就任。2018年8月20日，本届内阁宣誓就职。现包括27名联邦部长、4名国务部长和5名总理顾问、14名总理特别助理。

【行政区划】全国共有旁遮普、开伯尔–普什图赫瓦、俾路支、信德4个省和伊斯兰堡首都特区。各省下设专区、县、乡、村联会。

【司法机构】最高法院为最高司法机关，各省和伊斯兰堡设高等法院，各由1名首席大法官和若干法官组成。现任最高法院首席大法官为古扎尔·艾哈迈德（Gulzar Ahmed）。全国设总检察长，各省设省检察长。现任总检察长哈立德·贾维德·汗（Khalid Jawed Khan）。

【政党】巴实行多党制。现有政党200个左右，派系众多。目前全国性大党主要有：

（1）正义运动党（Pakistan Tehreek-e-Insaf）：为执政党。1996年成立。主席为巴基斯坦现任总理伊姆兰·汗（Imran Khan）。该党提出变革、平等等口号。本次执政后，重点关注打击腐败、扶贫减贫、改善民生。

（2）巴基斯坦穆斯林联盟（谢里夫派）（Pakistan Muslim League-Nawaz）：简称"穆盟（谢派）"。成立于1906年，当时称作全印穆斯林联盟，1947年巴立国后改称巴基斯坦穆斯林联盟。党章规定要在巴实现政治、社会和经济改革。

（3）巴基斯坦人民党（Pakistan People's Party）：简称"人民党"。成立于1967年12月，主要势力在信德省和旁遮普省，主张议会民主、自由平等、经济私有化。现任党主席为巴已故前总理贝·布托之子比拉瓦尔·布托（Bilawal Bhutto）。

（4）主要党派还有：巴基斯坦穆斯林联盟（领袖派）[Pakistan Muslim League（QA）]、伊斯兰促进会（Jamaat-i-Islami）、统一民族运动党（Muttahidah Qaumi Movement）、人民民族党（Awami National Party）等。

【重要人物】阿里夫·阿尔维：总统。职业牙医，曾任巴基斯坦牙医协会主席。正义运动党创始人之一。2006—2013年任正义运动党秘书长，2016年起任该党信德省主席。2013年、2018年两次当选国民议会议员。2018年9月4日当选巴基斯坦总统。　**伊姆兰·汗**：总理。前板球职业运动员，1992年以队长身份率领巴国家板球队赢得板球世界杯冠军。1996年创立正义运动党并任主席，2002年首次当选国民议会议员。率正义运动党在2018年7月大选中成为议会第一大党，8月17日当选巴基斯坦总理。

经　济

巴基斯坦经济以农业为主，农业产值占国内生产总值19%。工业基础薄弱。2009年以来，在巴基斯坦自身调整努力和国际社会帮助下，巴基斯坦经济运行中的积极因素增多，重要经济指数较前有所好转。2010年，巴发生历史罕见特大洪灾，经济损失达460亿美元。2018/2019财年（2018年7月至2019年6月）主要经济数据如下：

国内生产总值：2914.6亿美元。

人均国内生产总值：1480美元。

国内生产总值增长率：3.29%。

货币名称：巴基斯坦卢比。

汇率：1美元约合160卢比（2019年12月）

（资料来源：世界银行数据和巴基斯坦年度经济调查报告）

【资源】主要矿藏储备有：天然气4920亿立方米、石油1.84亿桶、煤1850亿吨、铁4.3亿吨、铝土7400万吨，还有大量的铬矿、大理石和宝石。森林覆盖率4.8%。

【工业】2018/2019财年，巴工业增长率为1.4%。最大的工业部门是棉纺织业，其他还有毛纺织、制糖、造纸、烟草、制革、机器制造、化肥、水泥、电力、天然气、石油等。

【农业】2018/2019财年，巴农业增长率为0.85%。主要农产品有小麦、大米、棉花、甘蔗等。全国可耕地面积5768万公顷，其中实际耕作面积2168万公顷。农业人口约占全国人口的66.5%。近几年主要农作物产量如下（单位：万吨）：

	2016/2017	2017/2018	2018/2019
小麦	2575	2549	2562
大米	684.9	744	719
玉米	613	570	609
甘蔗	7361	8110	6537
棉花（万包）	1067	1194	985

（资料来源：巴基斯坦财政部年度经济报告）

【旅游业】发展较慢，旅游者多为定居在欧美的巴基斯坦人和海湾国家公民。主要旅游点有卡拉奇、拉合尔、白沙瓦、拉瓦尔品第、伊斯兰堡、奎塔、费萨拉巴德和北部地区等。2003年巴正式成为中国公民自费出国旅游目的地国。

【交通运输】国内客货运输以公路为主。

公路：全长26万公里，有各种机动车辆约941.38万辆。巴基斯坦公路客运占客运总量的90%，公路货运占货运总量的96%。

铁路：全长7791公里。

水运：卡拉奇和卡西姆是两个国际港口，承担巴基斯坦国际货运量的95%。

空运：巴基斯坦国际航空公司有民航飞机44架，飞往38个国际机场和24个国内机场。航线总长34.59万公里。五个国际机场分别在伊斯兰堡、卡拉奇、拉合尔、白沙瓦和木尔坦。

【财政金融】2018/2019财年，巴基斯坦财政收入35837亿卢比，财政支出55062亿卢比。

（资料来源：巴基斯坦财政部年度经济报告）

【对外贸易】近年来，巴政府一直努力加速工业化，扩大出口，缩小外贸逆差。与90多个国家和地区有贸易关系。近几年外贸情况如下（单位：亿美元）：

	2016/2017	2017/2018	2018/2019
出口额	205	240	235
进口额	530	443	421
差　额	–325	–203	–186

（资料来源：巴基斯坦财政部年度经济报告）

主要进口石油及石油制品、机械和交通设备、钢铁产品、化肥和电器产品等。主要出口大米、棉花、纺织品、皮革制品和地毯等。

【外国投资】近年来，巴政府推行广泛的结构改革，改善投资环境，大力吸引外资。2018年7月到2019年6月，外商直接投资额为17.3亿美元。

人民生活

巴基斯坦政府努力解决社会问题，改善人民生活条件，特别是就业和医疗卫生问题。全国有一些社会和宗教福利组织从事福利活动。政府还大力发展信息技术，让更多的普通百姓使用高科技信息设备。

军　事

巴基斯坦宪法规定，总统是武装部队最高统帅。实行募兵制，陆军服役期限为7年，海军、空军为7—8年。武装力量由现役部队、预备役部队和地方军组成。总兵力为67.5万人。

文化教育

【教育】实行中小学免费教育。巴基斯坦政府大力提高识字率，改善大中专学校的教育设施和条件，同时决定增加教育经费。10岁（包括10岁）以上识字率（巴政府数据）为58%。全国共有小学15.5万所，初中2.87万所，高中1.61万所，大学51所。著名高等学府有旁遮普大学、卡拉奇大学、伊斯兰堡真纳大学和白沙瓦大学等。全国在校注册学生人数3822万，教职员工141万。

【新闻出版】英文报纸有《新闻报》《黎明报》《国民报》等；乌尔都文报纸有《战斗报》《时代之声》和《东方报》等。主要报纸发行量在5万—30万份。

主要通讯社：巴基斯坦联合通讯社（APP，国营），巴基斯坦国际通讯社（PPI，私营）。

广播电台：巴基斯坦广播公司，有27个电台，对外用7种语言广播。

电视台：巴基斯坦电视公司（PTV），主要城市均有电视台，人口覆盖率达87.8%。

对外关系

巴基斯坦奉行独立和不结盟外交政策，注重发展同伊斯兰国家和中国的关系。致力于维护南亚地区和平与稳定，在加强同发展中国家团结合作的同时，发展同西方国家的关系。支持中东和平进程。主张销毁大规模杀伤性武器。呼吁建立公正合理的国际政治经济新秩序。重视经济外交。要求发达国家采取切实措施，缩小南北差距。

【同中国的关系】巴基斯坦是最早承认我国的国家之一。1951年5月21日，中巴两国正式建立外交关系。建交以来，两国在和平共处五项原则的基础上发展睦邻友好和互利合作关系，进展顺利。

2013年5月22—23日，李克强总理应邀对巴基斯坦进行正式访问，中巴双方发表《中华人民共和国和巴基斯坦伊斯兰共和国关于深化两国全面战略合作的联合声明》。7月，巴总理谢里夫来华进行正式访问，双方发表《关于新时期深化中巴战略合作伙伴关系的共同展望》。

2014年2月，巴总统侯赛因来华进行国事访问。4月，巴总理谢里夫来海南出席博鳌亚洲论坛2014年年会。5月，侯赛因总统来华出席亚信第四次峰会。11月，谢里夫总理来华出席加强互联互通伙伴关系对话会。

2015年4月，习近平主席应邀对巴基斯坦进行正式访问。中巴双方发表《中华人民共和国和巴基斯坦伊斯兰共和国建立全天候战略合作伙伴关系的联合声明》。9月，巴总统侯赛因来华出席“9·3”纪念活动，习近平主席、张高丽副总理会见侯赛因。12月，侯赛因总统来华出席第二届世界互联网大会，谢里夫总理来华出席上海合作组织成员国政府首脑理事会第十四次会议。

2016年6月，习近平主席在塔什干出席上海合作组织元首理事会第十六次会议期间会见巴总统侯赛因。9月，李克强总理在纽约出席第71届联合国大会期间会见巴总理谢里夫。

2017年5月，巴总理谢里夫来华出席“一带一路”国际合作高峰论坛。

2018年4月，巴总理阿巴西来华出席博鳌亚洲论坛2018年年会。6月，巴总统侯赛因总统来华出席上海合作组织青岛峰会。11月，巴总理伊姆兰·汗来华出席首届中国国际进口博览会并进行正式访问。

2019年4月，巴总理伊姆兰·汗总理来华出席第二届“一带一路”国际合作高峰论坛和北京世界园艺博览会开幕式。5月，王岐山副主席访问巴基斯坦。10月，伊姆兰·汗总理来华出席北京世界园艺博览会闭幕式并进行工作访问。

中巴两国从20世纪50年代初起就建立了贸易关系，开展了贸易业务。1963年1月，两国签订第一个贸易协定。1982年10月，两国成立了中巴经济、贸易和科技合作联合委员会，迄今已召开了14次会议。经过双方的共同努力，两国的经贸合作有了长足进展。2006年，两国签署自由贸易协定并于2007年7月开始实施。2009年2月，两国签署《中巴自贸区服务贸易协定》，当年中国成为巴第二大贸易伙伴。2011年，中国成为巴第一大贸易伙伴。2019年，中巴签署《关于修订自贸协定的议定书》。

近年中巴贸易统计情况如下（单位：亿美元）：

年度	总额	中国出口	中国进口	差额
2018	190.8	169.1	21.7	147.4
2019	179.7	161.7	18.0	143.7

（资料来源：中国商务部）

我国和巴基斯坦一直友好相处，保持着密切的文化往来。建交后，两国即互派文化团组访问和举办展览。1965年3月，中巴两国政府代表在拉瓦尔品第签订了文化协定，并于该年第一次签署了年度文化交流执行计划。迄今双方共签署14个执行计划。2010年，双方就互设文化中心签署谅解备忘录。2013年李克强总理访巴期间，双方共同将2015年确定为“中巴友好交流年”。2015年习近平主席访巴期间，中方宣布在伊斯兰堡设立中国文化中心，双方宣布成都市和拉合尔市、珠海市和瓜达尔市、克拉玛依市和瓜达尔市分别结为友好城市，中国中央电视台英语新闻、纪录频道在巴落地，中国国际广播电台在巴设立“FM98中巴友谊台”工作室。至今已有10批巴基斯坦青年百人团访华，5批中国青年百人团访问巴基斯坦，共约1500名青年参加了互访活动。

我国与巴基斯坦的科技交往始于20世纪60年代。多年来，中巴科技合作顺利并富有成效。随着两国友好关系的持续发展，中巴科技合作也不断走向深入。从较为分散的单项交流发展到科技联委会等规模性的政府间科技合作。自1976年中巴科技合作协定签订以来，两国政府已举行了18次科技联委会会议。

1964年起我国开始接收巴基斯坦留学生。2015年，习近平主席访问巴基斯坦期间，中方宣布未来五年内为巴提供2000个培训名额。2018年，在华学习的巴基斯坦学生共28023名。我国在巴基斯坦留学生人数近千名。我国在巴基斯坦已开设4所孔子学院和2个孔子课堂。

中国驻巴基斯坦大使：姚敬。馆址：No.1, Zhou-Enlai Avenue, Diplomatic Enclave, Ramna 4, Islamabad。使馆值班电话：0092-51-8496156；使馆值班手机：0312-5508888；签证咨询电话：0092-51-8496178；礼宾电话：0092-51-8496141；政新处电话：0092-51-8496128；科技组电话：0092-51-8496123；领事保护求助电话：0315-6060000；传真：8737772。电子邮箱：chinaemb_pk@mfa.gov.cn。网址：http://pk.chineseembassy.org；http://pk.china-embassy.org。

巴基斯坦驻华大使：纳格玛娜·哈什米（Naghmana Hashmi）。馆址：北京市朝阳区东直门外大街1号。电话：010-65322504（值班），010-65322695（政务处），010-65322581（商务处）。

【同美国的关系】冷战期间，巴美关系密切。此后，巴基斯坦因核试验和政变招致美国制裁。"9·11"事件后，巴基斯坦参加国际反恐战争，助美打恐，并采取措施打击国内极端主义势力。

美国奥巴马政府上台后，出台对阿富汗、巴基斯坦新战略，加大对巴基斯坦军事和经济投入。2009年10月，美出台5年内向巴基斯坦提供75亿美元援助的"克里-卢格法案"。两国建立了战略对话机制。

同时，两国间存在不少分歧。巴基斯坦对美无人机频频进入巴基斯坦境内反恐十分不满。2011年，受本·拉登在巴基斯坦境内被击毙、美北约越境空袭巴基斯坦边境哨所事件等影响，巴基斯坦关闭境内北约后勤补给线，一度中断同美高层互访。美暂停部分对巴基斯坦军事援助。两国关系降至低点。

2012年以来，两国高层逐渐恢复接触。4月，巴基斯坦议会通过关于调整对美关系和整体外交政策的指导原则，要求美尊重巴基斯坦主权，就越境空袭事件无条件道歉，停止无人机越境打击等。7月，美方就越境空袭事件正式道歉，巴基斯坦随后重开北约后勤补给线。两国关系逐步得到改善。2013年6月，总理谢里夫执政后，主张改善与美关系，同时反对美对巴进行无人机袭击。7月底，美国务卿克里访巴，双方同意重启巴美战略对话。10月，谢里夫总理访美，会见美总统奥巴马，双方同意建立持久合作伙伴关系，美方宣布恢复向巴提供16亿美元经济和军事援助。11月，美无人机在巴境内击毙巴基斯坦塔利班头号人物马赫苏德，导致巴政府同巴塔和谈进程停滞。巴方对此表示强烈反对，两国关系受到冲击。随后，巴美政府仍坚持改善双边关系政策，并于2014年3月重启巴美战略对话。

2017年8月，美总统特朗普宣布对阿富汗和南亚新政策，要求巴加大反恐力度。9月巴总理阿巴西在联大期间会见美副总统彭斯。10月，巴外长阿西夫应邀访美，会见美国务卿蒂勒森、总统国家安全事务助理麦克马斯特。当月，巴军方成功营救2012年在阿富汗境内被绑架的美籍人质，特朗普总统和蒂勒森国务卿发表声明对巴方表示感谢。12月，特朗普发布《国家安全战略报告》，加大对巴施压。2018年3月，巴总理阿巴西访美，会见美副总统彭斯、众议院亚太事务委员会主席泰德。9月，美国务卿蓬佩奥在赴印度出席美印"2+2"对话会途中短暂访巴，此系巴新政府成立后巴美高层首次接触。10月，巴外长库雷希赴美出席联合国大会，并同蓬佩奥会见。12月，美总统特朗普致函巴总理伊姆兰·汗，表示美方在本地区的最重要目标是通过谈判结束阿富汗战争，希巴方为此提供支持和协助。双方应相互协作，重新发展伙伴关系。巴方对此表示欢迎。2019年7月，巴总理伊姆兰·汗访美，此系其2018年8月就任以来首次访美。

【同印度的关系】巴基斯坦和印度于1947年、1965年和1971年三次爆发战争。1971年巴印断交，1976年复交。2004年以来，巴印启动全面对话进程，双边关系持续缓和。

2008年7月，两国启动第五轮全面对话，并首次开通跨克什米尔控制线贸易。11月，印度孟买发生重大恐怖袭击事件，印指责巴境内组织有染，巴印关系骤然紧张。在国际社会斡旋下，两国间紧张形势有所缓和。2009年，印总理辛格分别同巴总统扎尔达里和总理吉拉尼在上海合作组织峰会与不结盟首脑会议期间举行会晤。2010年2月，巴外秘巴希尔同印外秘拉奥琪在新德里举行外秘级对话。4月，两国总理在南盟峰会期间会晤。7月，巴外长库雷希同印外长克里希纳在伊斯兰堡举行会谈。2011年2月，两国外交部宣布重启对话进程，包括克什米尔、反恐、水资源等8个议题。3月，应印总理辛格邀请，巴总理吉拉尼赴印观看板球世界杯印巴间的半决赛，并与辛格会晤。7月，巴外长希娜和印外长克里希纳在新德里举行会晤。11月，两国总理在第17届南盟峰会期间再度会晤。印在安理会非常任理事国选举中投票支持巴。2012年4月8日，巴总统扎尔达里以私人名义访印并会见印总理辛格，推动两国关系继续改善。2013年初，巴、印双方在克区控制线附近多次发生越境交火事件，巴、印各有多名军人死伤，对双边关系改善造成一定干扰。2013年6月，谢里夫当选总理后，表示将致力于改善巴印关系。印总理辛格派特使访巴。同时，巴印双方在克什米尔争端等问题上的立场分歧严重。2014年5月，谢里夫总理应邀参加印总理莫迪就职仪式，这是1947年巴印分治后巴总理首次赴印参加印总理就职仪式。8月，由于巴驻印度高专会见印控克什米尔地区“泛党自由大会”领导人，印方宣布取消两国外秘级对话。10月以来，巴印在控制线附近连续发生交火，造成双方至少17人死亡。双方相互指责对方挑起事端。2015年3月，印外秘苏杰生访巴。7月，上海合作组织乌法峰会期间，巴总理谢里夫和印总理莫迪举行会晤，两国关系出现积极势头，但并未恢复全面对话。2016年以来，两国关系因克什米尔等问题持续紧张。

2017年初，巴印相互释放善意，交换在押对方国家囚犯，两国关系有所缓和。4月，巴法院判处印度间谍贾达夫死刑，印对此反应强烈，双方关系进一步恶化。年内，巴印两国在克什米尔控制线附近地区频繁交火，双方均有人员伤亡，关系持续紧张。

2018年5月，巴、印达成一致，同意遵守2003年签订的停火协议，恢复查谟和克什米尔地区的和平。7月，印总理莫迪同巴正义运动党主席伊姆兰·汗通话，对其带领的正义运动党在大选中获胜表示祝贺。8月，莫迪总理向伊姆兰·汗总理致就职贺信，提议双方开展建设性互动。9月，印外交部确认两国外长将在纽约第73届联大期间会见。此后，印媒爆出所谓巴方残杀印控克区警察和巴发行克区“自由战士”邮票等消息，印外交部宣布取消两国外长会面。11月，巴印启动印锡克教徒赴巴朝圣边境走廊建设，巴举行奠基仪式，伊姆兰·汗总理、多名巴军政高官与印官员共同出席仪式。

2019年2月14日，印控克什米尔地区发生自杀式袭击事件，造成印警员重大伤亡。印指责巴支持恐怖分子实施此次袭击，出动战机对巴境内目标发动打击。此后，巴印在控制线附近发生空中冲突并多次在地面交火，各有人员伤亡。在国际社会共同努力斡旋下，两国紧张局势在5月印大选结束后基本平复。8月，印通过修宪取消印控克什米尔地区特殊地位。巴方认为印方此举系单方面改变克区作为争议地区的属性，将改变当地人口结构，对此强烈反对。8月16日，联合国安理会就克什米尔问题举行非正式会议。11月，巴举行巴印卡塔普尔边界朝圣通道巴方一侧开通仪式，巴总理伊姆兰·汗出席仪式并发表讲话，印前总理曼莫汉·辛格出席仪式。当日，印最高法院就阿约迪亚罗摩庙—巴布里清真寺土地纠纷案作出不利于穆斯林的判决，引发巴方不满。

【同阿富汗的关系】巴基斯坦与阿富汗在地理、历史、文化、宗教、种族等方面关系密切。“9·11”事件后，巴参与国际反恐战争，打击塔利班和基地组织，努力发展与阿政府的关系，积极参与阿重建。

2013年4月以来，巴、阿在“杜兰线”（英国殖民者人为划定的巴阿边界，阿方一直不予承认）附近发生交火，在推动阿富汗塔利班参与阿和谈问题上矛盾上升，关系再度趋冷。7月，巴总理国家安全和外交事务顾问阿齐兹访阿，修复巴阿关系，推动卡尔扎伊总统访巴。8月，阿总统卡尔扎伊访巴，同谢里夫总理举行会谈，双方就巴阿关系、阿和解进程、地区局势等交换意见。11月，谢里夫总理访阿。2014年9月，巴总统侯赛因出席阿总统加尼就职典礼。11月，加尼总统访巴。加尼多次表示愿在任内推动巴阿关系改善。2015年5月，巴总理谢里夫访阿。2015年7月，阿政府与塔利班公开和谈中止后，阿方指责巴方缺乏诚意，两国关系再度紧张。12月，加尼总统赴巴出席伊斯坦布尔进程第五次外长会，巴阿关系出现转圜。2016年，巴、阿国内均发生多起恐怖袭击，造成重大人员伤亡，双方相互指责，两国关系又陷入低谷。2017年10月，巴陆军参谋长巴杰瓦访阿，巴阿关系出现积极缓和势头。12月，首次中国—阿富汗—巴基斯坦三方外长对话在北京举行，三方达成一系列共识并发表了新闻公报。

2018年4月，巴总理阿巴西访阿，双方在政治、经济、安全等领域达成许多共识，向外释放改善关系的积极信号。9月，巴外长库雷希访阿，同阿领导人举行会见会谈，双方就改善关系作出积极表态。

2018年7月，两国签署“阿巴和平与团结行动计划”，并启动了政治外交、军事、情报、经济、难民五个工作组的工作。

2018年12月，第二轮中阿巴三方外长对话在阿富汗首都喀布尔举行。

2019年6月，阿总统加尼访巴，与巴总理伊姆兰·汗举行一对一会谈，并会见了巴外长库雷希。

（舒畅）

巴勒斯坦

国名 巴勒斯坦国（The State of Palestine）。

面积 根据1947年11月联合国关于巴勒斯坦分治的第181号决议，在巴勒斯坦地区建立的阿拉伯国面积为1.15万平方公里。但是，由于当时广大阿拉伯国家反对该决议，该阿拉伯国未能建立。1948年第一次中东战争期间，以色列占领了第181号决议规定的大部分阿拉伯国领土。1967年第三次中东战争期间，以色列占领了第181号决议规定的阿拉伯国全部领土。1988年11月，巴勒斯坦全国委员会第19次特别会议宣告成立巴勒斯坦国，但未确定其疆界。1991年马德里中东和会后，巴方通过与以色列和谈，陆续收回了约2500平方公里的土地。

人口　约1270万。其中加沙地带和约旦河西岸人口为491.5万（2018年12月），其余为在外的难民和侨民。官方语言为阿拉伯语，主要信仰伊斯兰教。

首都　1988年11月，巴勒斯坦全国委员会第19次特别会议通过《独立宣言》，宣布耶路撒冷为巴勒斯坦国首都。目前巴勒斯坦总统府等政府主要部门均设在拉马拉。

国家元首　总统马哈茂德·阿巴斯（Mahmoud Abbas），2008年11月当选。

重要节日　宣布建国日：11月15日。

简　况

位于亚洲西部。约旦河西岸东邻约旦，面积为5884平方公里，加沙地带西濒地中海、南同埃及接壤，面积365平方公里。巴勒斯坦地区属亚热带地中海型气候。夏季炎热干燥，最热月份为7—8月，气温最高达38℃左右。冬季微冷湿润多雨，平均气温为4℃—11℃，最冷月份为1月。雨季为12月至次年3月。

巴勒斯坦地区古称迦南，包括现在的以色列、约旦、加沙和约旦河西岸。历史上，犹太人和阿拉伯人都曾在此居住。公元前1000年左右，犹太人在巴勒斯坦地区建立以色列国，后被亚述、巴比伦、波斯、古希腊、罗马帝国征服。公元70年左右，犹太人爆发太规模起义反抗罗马人的暴行，遭到罗马军队残酷镇压，被赶出巴勒斯坦，流落世界各地。公元7世纪，阿拉伯人战胜东罗马帝国，占领巴勒斯坦。16世纪起，巴勒斯坦成为奥斯曼帝国的一部分。第一次世界大战后沦为英国的委任统治地。英国占领巴勒斯坦后，将其分为两部分：约旦河以东称外约旦，即现今的约旦哈希姆王国；约旦河以西称巴勒斯坦，包括现今的以色列、加沙和约旦河西岸。

1947年11月29日，联合国大会通过第181号决议，提出在巴勒斯坦地区建立一个阿拉伯人的国家和一个犹太人的国家。犹太人同意该决议，并于1948年5月14日宣布建立以色列国。广大阿拉伯国家拒绝该决议，于以色列建国次日即5月15日向其宣战，第一次中东战争爆发。至停战时，以色列占领了联大第181号决议规定的大部分阿拉伯国领土。1967年6月5日，第三次中东战争爆发，以色列在战争中占领了联大第181号决议规定的阿拉伯国全部领土及埃及西奈半岛、叙利亚戈兰高地等其他阿拉伯国家领土。

1988年11月15日，巴勒斯坦全国委员会第19次特别会议在阿尔及利亚首都阿尔及尔举行，通过《独立宣言》，宣布接受联大第181号决议，建立以耶路撒冷为首都的巴勒斯坦国。1994年5月，根据巴以双方达成的协议，巴方在加沙、杰里科等地实行有限自治。1995年以后，根据巴以双方陆续签署的协议，巴方控制区逐渐扩大，目前包括加沙地带全境和约旦河西岸部分土地，总面积约2500平方公里。

1994年5月12日，巴勒斯坦民族权力机构成立，阿拉法特当选为主席。2004年11月，阿拉法特病逝。阿巴斯接任巴勒斯坦解放组织执行委员会主席，并于2005年1月当选巴勒斯坦民族权力机构主席，2008年11月当选巴勒斯坦国总统，任职至今。

政　治

2006年1月，巴勒斯坦举行第二届立法委员会选举，巴勒斯坦伊斯兰抵抗运动（哈马斯）获胜。阿巴斯任命哈马斯领导人哈尼亚为总理，组成以哈马斯为主的新政府。2007年3月，哈马斯和巴勒斯坦民族解放运动（法塔赫）等组成民族联合政府，哈尼亚继续担任总理。6月，哈马斯和法塔赫爆发严重冲突，哈马斯以武力夺取加沙地带控制权。阿巴斯宣布解散民族联合政府、实施紧急状态、成立紧急政府。7月，阿巴斯任命以法耶兹为总理的紧急政府。此后，在埃及斡旋下，法塔赫与哈马斯围绕内部和解问题进行了多轮谈判，曾数度达成协议，但始终未能取得实质性进展。2018年3月，时任巴勒斯坦总理哈姆迪拉在加沙遭遇路边炸弹袭击，侥幸逃脱，巴勒斯坦总统府、总理府等均认为哈马斯作为加沙实际控制方应对该事件负责。2018年12月，阿巴斯宣布根据巴勒斯坦最高宪法法院决定解散立法委员会。哈马斯认为解散决定无效。2019年4月，以阿什提耶为总理的巴勒斯坦新一届政府宣誓就职，哈马斯表示坚决反对。

【巴勒斯坦解放组织架构】（1）巴勒斯坦解放组织（Palestine Liberation Organization，PLO）：简称“巴解”。1964年5月在耶路撒冷成立。1974年10月在第七次阿拉伯首脑会议上被确认为巴勒斯坦人民的唯一合法代表。同年11月，被邀请以观察员身份参加联合国会议。1976年8月被接纳为不结盟运动正式成员，同年9月，被接纳为阿拉伯国家联盟正式成员。巴解曾以黎巴嫩、约旦为基地开展反以武装斗争。

（2）巴勒斯坦全国委员会（Palestine National Council）：巴解最高权力机构，代表巴勒斯坦境内、外的全体巴勒斯坦人。有委员669人，分别为巴勒斯坦各抵抗组织及其他群众组织代表。2018年4月30日至5月4日，第23届全国委员会会议举行。现任主席萨利姆·扎农（Saleem Al-Zanoon）。

（3）巴勒斯坦解放组织执行委员会（The Executive Committee of PLO）：巴解常设领导机构。1969年起，执行委员会主席一直由阿拉法特担任。2004年11月阿拉法特去世后，阿巴斯继任主席。2018年5月4日，阿巴斯在巴解第23届全国委员会会议上连任巴解执委会主席。

（4）巴勒斯坦解放组织中央委员会（The Central Committee of PLO）：介于巴解全国委员会与巴解执委会之间的一个监督机构，负责监督执委会执行巴解全国委员会的决议和巴解的方针政策。由巴解全国委员会选举产生，共有100多名成员，在巴解全国委员会休会期间，由中央委员会指导巴解工作。1970年起，阿拉法特一直担任中央委员会主席。阿拉法特去世后，阿巴斯继任主席。

【巴勒斯坦立法委员会（The Palestinian Legislative Council）】巴勒斯坦立法机构，根据"奥斯陆协议"于1996年1月20日选举产生，下设法律、耶路撒冷、预算与财政事务、经济、自然资源、领土与定居、难民、内政与安全、教育、政治、监督等委员会，每年举行两次会议。2006年1月，巴勒斯坦举行第二届立法委员会选举，哈马斯获74席，成为立法委员会第一大党派，阿齐兹·杜维克（Aziz Dweik，隶属哈马斯）当选立法委员会主席。此后，由于巴勒斯坦内部分裂，立法委员会事实上处于停摆状态。2018年12月22日，巴勒斯坦总统阿巴斯宣布根据巴勒斯坦最高宪法法院决定解散立法委员会，哈马斯认为解散决定无效。2019年，阿巴斯多次表示将尽快举行立法委员会选举，但一直未举行。

【政府】1994年5月根据巴解组织决议成立巴勒斯坦民族权力机构（Palestine National Authority），作为阶段性、过渡性的权力机构。2013年1月，巴勒斯坦总统阿巴斯签署命令，将法规、公文、证件等使用的"巴勒斯坦民族权力机构"称谓统一改为"巴勒斯坦国"。此后，巴方自己很少再使用"巴勒斯坦民族权力机构"称谓，多用"巴勒斯坦国政府"。但国际社会仍有沿用"巴勒斯坦民族权力机构"称谓的情况。目前，巴勒斯坦政府总理是穆罕默德·阿什提耶，2019年4月出任该职。

【行政区划】巴勒斯坦分为约旦河西岸和加沙地带两部分。约旦河西岸分为11个省，加沙地带分为5个省。

【司法机构】巴勒斯坦司法机构主体是各级法院，目前设有最高法院1个、调解法院18个、初级法院8个、上诉法院1个、刑事法院1个、中央法院2个。巴检察机构的主体是各级检察院，目前设有最高检察院1个，由总检察长、数名副检察长和检察官组成，下设5个检察分院和10个总起诉厅。

【主要政治派别】（1）巴勒斯坦民族解放运动（Palestinian National Liberation Movement）：简称"法塔赫"（Fatah）。20世纪50年代末期，由巴勒斯坦爱国青年逐步组建，1969年以后成为巴解主流派别，得到阿拉伯国家的广泛承认与支持。法塔赫的常设领导机构是中央委员会，下设革命委员会，均由法塔赫代表大会选举产生。阿拉法特去世后，卡杜米（Farouk Al-Kaddoumi）继任法塔赫中央委员会主席。2006年11月，阿巴斯被推举为法塔赫最高领导人。2009年8月，法塔赫举行第六次代表大会，阿巴斯当选中央委员会主席。2016年12月在法塔赫第七次代表大会上连任。

（2）伊斯兰抵抗运动（Islamic Resistance Movement）：简称"哈马斯"（Hamas），由"伊斯兰""抵抗"和"运动"三个阿拉伯词语缩写组成，由亚辛教长于1987年创建，以《古兰经》为宗旨，强调"圣战"是实现其目标的唯一手段，强烈反对中东和平进程，主张消灭以色列，解放巴勒斯坦全部被占领土。2017年5月，伊斯迈勒·哈尼亚当选哈马斯政治局主席。同月，哈马斯公布新政策文件，在组织属性、领土主张等方面立场均有所调整，并首次公开表示愿加入巴解。

此外，还有解放巴勒斯坦人民阵线（Popular Front for the Liberation of Palestine）、解放巴勒斯坦民主阵线（Democratic Front for the Liberation of Palestine）、巴勒斯坦解放阵线（Palestine Liberation Front）、巴勒斯坦人民斗争阵线（Palestinian Popular Struggle Front）、解放巴勒斯坦人民阵线（总指挥部）（Popular Front for the Liberation of Palestine-General Command）、巴勒斯坦民主联盟（Palestinian Democratic Union）、解放巴勒斯坦阿拉伯阵线（Arab Liberation Front）等。

【重要人物】马哈茂德·阿巴斯：总统、巴解执委会主席。1935年生于巴勒斯坦北部城市萨法德，莫斯科大学历史学博士。1959年起协助阿拉法特建立法塔赫。20世纪90年代初作为巴方首席谈判代表出席马德里中东和会，主持巴以和谈并代表巴方签署"奥斯陆协议"。1995年当选巴解执委会总书记。2003年4月至9月出任巴勒斯坦自治政府首任总理。2004年11月阿拉法特逝世后，继任巴解执委会主席。2005年1月、2008年11月、2009年8月先后当选巴勒斯坦民族权力机构主席、巴勒斯坦国总统和法塔赫中央委员会主席。

经　济

以农业为主，其他有建筑业、加工业、手工业、商业、服务业等。巴勒斯坦经济严重依赖外来援助，经济发展受制于以色列，巴以冲突持续对巴勒斯坦经济发展形成严重制约。主要经济数据如下：

国内生产总值：138.1亿美元（2018年）。

人均国内生产总值：3021.4美元（2018年）。

国内生产总值增长率：0.9%（2018年）。

通货膨胀率：1.64%（2019年）。

失业率：31.4%（2019年）。

货币：未发行本国货币，使用以色列货币新谢克尔。

【工业】工业水平很低，规模较小，主要是加工业，如塑料、橡胶、化工、食品、石材、制药、造纸、印刷、建筑、纺织、制衣、家具等。

【农业】四季分明，农产品丰富，农业是经济支柱。水果、蔬菜和橄榄（油）是外贸出口的重要部分，占出口产品的25%。可耕地面积为16.6万公顷。从事农业的劳动力占劳动力总数的20%左右。

【旅游业】气候宜人，有大量的历史文化古迹，旅游资源较丰富。

【交通运输】主要是公路，有各类公路5146.9公里。2000年以后，由于巴以冲突不断，巴勒斯坦交通建设陷入停滞。2009年后，道路等基础设施建设有所恢复并得到一定发展。

【财政金融】巴勒斯坦货币管理局（Palestine Monetary Authority，PMA）于1994年底成立，负责确定金融政策、调控和监督各银行活动。

【国际社会对巴经济援助】国际援助是巴勒斯坦政府主要收入来源之一。联合国近东巴勒斯坦难民救济和工程处（UNRWA）是最主要的国际对巴援助机构，平均每年总支出12亿—13亿美元，美国和欧盟是其最大援助方。2018年初，美国宣布切断对巴方及UNRWA的援助，UNRWA陷入财政困境。美国等又先后提出裁撤UNRWA、压缩UNRWA人员规模、UNRWA任期届满后不予延期等要求。2019年12月，联合国大会通过决议，批准UNRWA任期延长决议。

人民生活

由于长期处于冲突状态，巴医疗设施较为陈旧，药品供应不足。

军　事

根据奥斯陆协议，巴勒斯坦自治政府可建立警察部队以保证约旦河西岸和加沙地带的公共秩序和内部安全。目前巴方警察部队约有6万人。

文化教育

【教育】受巴以冲突影响，巴勒斯坦教育状况总体落后，目前文盲率约为12.8%。主要大学有比尔宰特大学、纳贾赫国立大学、圣城大学、伯利恒大学等。

【新闻出版】主要报刊有《耶路撒冷报》（Al-Quds）、《日子报》（Al-Ayyam）、《新生活报》（Al-Hayat Al-Jadida）等。官方广播电台为“巴勒斯坦之声”，官方电视台为“巴勒斯坦电视台”，均从属于“巴勒斯坦广播公司”。巴勒斯坦通讯社（Palestine News Agency），简称“WAFA”，由巴解组织于1971年在黎巴嫩首都贝鲁特创建。

对外关系

巴解成立后，得到阿拉伯国家和世界许多国家的广泛支持。1974年10月，第七届阿盟首脑会议承认巴解为巴勒斯坦人民的唯一合法代表。同年11月，巴解以观察员身份参加联大会议和工作。1976年8月，第五届不结盟国家会议接纳巴解为正式成员。同年9月，阿盟接纳巴解为正式成员。1988年11月15日，巴勒斯坦国宣告成立，现已得到138个国家的正式承认。1988年12月15日，巴勒斯坦成为联合国观察员实体。2011年10月，巴勒斯坦成为联合国教科文组织正式会员国。2012年11月29日，第67届联合国大会通过决议，正式授予巴勒斯坦联合国观察员国地位。

【同中国的关系】1965年5月，巴解在北京设立享有外交机构待遇的办事处。1988年11月20日，中国宣布承认巴勒斯坦国，两国建交。同年12月31日，巴解驻京办事处改为巴勒斯坦国驻华大使馆，其主任改任巴勒斯坦国驻华大使。1990年7月5日起，中国驻突尼斯大使兼任驻巴勒斯坦国特命全权大使。巴勒斯坦实行自治后，1995年12月，中国在加沙设立驻巴勒斯坦民族权力机构办事处，2004年5月迁至拉马拉。2008年6月后，根据巴方要求，中国驻突尼斯大使不再兼任驻巴勒斯坦大使，中国驻巴勒斯坦办事处主任（大使衔）全权负责同巴勒斯坦交往事宜。

近年来，中巴友好合作关系始终保持平稳发展。我国访问巴勒斯坦的主要领导人有：国家副主席王岐山（2018年10月），全国人大常委会委员长张德江（2016年9月），国务院副总理刘延东（2016年3月），国务院副总理汪洋（2015年11月），全国人大常委会副委员长向巴平措（2017年7月），外交部长王毅（2013年12月）。巴方访华的主要有：巴勒斯坦总统阿巴斯（2005年5月、2010年4月底5月初、2013年5月、2017年7月），外长马立基（2010年5月、2014年5月、2014年6月、2015年2月、2016年5月、2017年4月、2018年7月），总统特使、巴解执委会委员拉法特（2014年10月），总统府秘书长塔伊布（2017年5月），经济部长欧黛（2017年5月、2018年7月），总统特使、法塔赫副主席阿鲁勒（2019年5月）。

据中方统计，2019年，中巴双边贸易额为0.82亿美元，同比增长11.55%。主要为中国对巴勒斯坦出口。其中，中方出口额为8200万美元，同比增长12.04%，中方进口额14万美元，同比下降68.5%。

中国驻巴勒斯坦国办事处主任：郭伟（大使衔）。馆址：Tira Street，Ramallah，Palestine。电话：00972-2-2951222；传真：2951221。

巴勒斯坦驻华大使：法里兹·马赫达维。馆址：北京市朝阳区三里屯东三街2号。电话：010-65323327；传真：65323241。

【同美国的关系】美国曾长期拒不承认巴解。1988年12月，在巴解宣布接受安理会第242号和第338号决议并公开谴责恐怖主义之后，美巴双方开始对话。1993年9月，巴以双方签署《华盛顿宣言》，美方随后宣布承认巴解为巴勒斯坦人民的代表。1994年6月24日，美方将巴解驻美办事处的地位升格为官方使团，并通过美国驻耶路撒冷总领馆与巴方进行联系。2002年12月，美方主导中东问题“四方机制”（美国、俄罗斯、欧盟、联合国）拟定中东和平“路线图”计划并积极推动实施，但无果而终。

2006年哈马斯胜选并组阁后，美方反应强烈，重申哈马斯是“恐怖组织”，停止对巴直接援助。2007年6月，阿巴斯解散联合政府后，美方解除对约旦河西岸的经济封锁，推动巴以双方对话，并于11月26日召开中东问题国际会议（即安纳波利斯会议），以求在2008年底前达成一项内容广泛的和平协议，但未获成功。2009年，奥巴马担任美国总统后，一度促成巴以双方恢复和谈，但其间反反复复，和谈于2014年4月底再次陷入僵局，此后未再重启。

2017年1月，特朗普担任美国总统后，美方加大了对巴勒斯坦问题的投入力度，谋求推出“中东和平新计划”，促巴以双方达成“世纪交易”。美巴双方起初有一些互动，阿巴斯和特朗普在当年5月实现互访。但同年12月，特朗普宣布承认耶路撒冷为以色列首都并启动将美国驻以色列使馆迁至耶路撒冷的程序，遭到巴方强烈反对。2018年5月，美方正式将其驻以色列使馆迁至耶路撒冷。巴方对此强烈抗议，表示拒绝接受美方为和平进程唯一主导方。同年8月，美方正式切断对巴方的援助，并于9月以巴方拒绝和谈为由，关闭巴解驻美办事处。2019年6月，美方公布“中东和平新计划”经济部分，并在巴林配套举行“和平促繁荣”对巴勒斯坦经济投资研讨会，就解决巴勒斯坦问题提出“经济促繁荣”思路。同年11月，美国国务卿蓬佩奥公然宣称定居点建设不违反国际法，引发巴方强烈反弹和国际社会普遍反对。2020年1月，美方公布“中东和平新计划”政治部分，巴方对此予以坚决抵制。

【同阿拉伯国家的关系】同埃及的关系：埃及是最早支持巴解的阿拉伯国家之一，曾是巴解开展政治活动的主要基地。埃及同以色列签订和平协议后，巴解中断同埃及的关系。1987年11月，埃方重新开放巴解驻埃办事处。1991年海湾战争中，由于巴勒斯坦支持伊拉克，埃巴关系渐趋冷淡。此后，随着中东和平进程的推进，埃巴关系实现正常化。阿巴斯成为巴勒斯坦最高领导人后，埃巴关系更加紧密。埃方在巴以、巴勒斯坦内部和解等问题上均发挥了积极作用。2020年1月美方公布“中东和平新计划”政治部分后，埃及总统塞西强调将坚持在“两国方案”基础上推动巴勒斯坦问题得到全面、公正解决。

同叙利亚的关系：叙利亚曾是巴勒斯坦游击队的重要基地和后方。巴勒斯坦一些政治派别的总部曾长期设在大马士革，其中包括哈马斯政治局。1983年后，因对解决中东问题的政治主张存在分歧，叙巴关系恶化。1988年后，叙巴关系有所缓和。1999年，在叙方鼓励与支持下，叙利亚境内的巴勒斯坦反对派组织与巴勒斯坦民族权力机构对话。阿巴斯成为巴勒斯坦最高领导人后，叙巴关系继续发展，叙方还参加了2007年11月在美国举行的安纳波利斯会议。2011年叙利亚局势动荡后，叙巴关系发展受到一定影响。

同约旦的关系：约巴两国有着特殊的渊源。约旦是阿拉伯国家中唯一给予巴勒斯坦难民（侨民）国籍的国家，目前巴勒斯坦难民（侨民）占约旦总人口的约60%。约旦曾是巴解总部所在地。1970年，约巴关系恶化，巴勒斯坦武装被迫全部从约旦撤出。20世纪90年代中东和平进程开始后，约巴双方曾组成联合代表团出席中东和会。2003年6月，约旦国王阿卜杜拉二世主持了由美国、以色列、巴勒斯坦三方首脑参加的亚喀巴峰会，宣布正式启动中东和平“路线图”计划。阿巴斯成为巴勒斯坦最高领导人后，约巴关系更加紧密，两国元首互访频繁。2020年1月美方公布“中东和平新计划”政治部分后，约方表示强烈反对。

同海湾阿拉伯国家的关系：海湾阿拉伯国家一直是巴方的主要财政援助方。1991年海湾战争中，由于巴勒斯坦支持伊拉克，其同海湾阿拉伯国家关系一度陷入低谷。“奥斯陆协议”签署后，双方关系有所改善。2002年3月，沙特在第14次阿盟首脑会议上提出旨在解决巴勒斯坦问题的“阿拉伯和平倡议”，得到国际社会广泛认可。2004年12月，阿巴斯访问沙特和科威特，就巴方在海湾战争中的立场致歉。此后，海湾阿拉伯国家同巴勒斯坦关系进一步发展。沙特、卡塔尔还曾先后推动法塔赫与哈马斯结束分裂、实现内部和解，但效果不彰。特朗普担任美国总统后，海湾阿拉伯国家在巴勒斯坦问题上的立场差异性愈发明显。2018年10月，以色列总理内塔尼亚胡访问阿曼，是21世纪以来以色列政府首脑首次访问海湾阿拉伯国家，巴方对此予以强烈批评。2019年6月，巴林承办美国举行的对巴勒斯坦经济投资研讨会，沙特、阿联酋等国高级别官员参加。2020年1月，美国公布“中东和平新计划”政治部分，沙特、阿联酋、巴林、阿曼表示欢迎，科威特表示不赞成，卡塔尔未作明确表态。

【同以色列的关系】1991年马德里中东和会召开，巴以双方结束了长达几十年的武装对抗，开始谋求通过平等对话与协商解决巴勒斯坦问题。1993年至1995年，巴以双方先后签署《临时自治安排原则宣言》（即“奥斯陆协议”）、《加沙和杰里科先行自治协议》、《扩大巴勒斯坦在约旦河西岸自治范围的协议》。1997年1月，巴以双方签署了关于以军在希伯伦重新部署的协议，规定以军从希伯伦80%的地区撤出。1998年10月，巴以双方签署了以色列第二阶段从约旦河西岸撤军协议，即“怀伊协议”。1999年11月8日，巴以双方正式启动最终地位谈判，但未取得进展。2000年7月，美、以、巴首脑戴维营峰会无果而终。同年9月，以色列利库德集团领导人沙龙强行进入耶路撒冷阿克萨清真寺，引发长达四年多的巴以冲突。以军还长期围困巴勒斯坦领导人阿拉法特，直至其病危。阿巴斯成为巴勒斯坦最高领导人后，巴以关系有所改善。同年9月，以方完成从加沙地带和约旦河西岸部分地区撤离犹太人定居点和军队的“脱离计划”。

2006年哈马斯执政后，以方开始长期封锁加沙地带，并于2006年6月和11月、2008年2月底至3月初、2008年底至2009年初、2012年11月、2014年7月至8月6次对加沙地带实施大规模军事行动。2007年11月安纳波利斯会议后，巴以和谈时断时续，双方矛盾日渐尖锐。2014年4月底，巴以和谈再次陷入僵局，此后未再重启。特朗普担任美国总统后，巴以关系更加紧张，巴方多次表示将中止执行“奥斯陆协议”、暂停同以方的安全协调、努力摆脱对以方的经济依赖等。2018年3月底开始，加沙地带的巴勒斯坦民众定期在同以色列交界地区举行“回归大游行”，多次同以军发生冲突，迄今已造成300多人死亡、3万多人受伤。2019年5月，以方同加沙地带武装组织再次爆发冲突，后经联合国和埃及斡旋，双方停火。6月，美国公布“中东和平新计划”经济部分，以方表示欢迎。11月，以色列国防军和国家安全总局（辛贝特）联合实施“斩首”行动，定点清除巴勒斯坦伊斯兰圣战组织（杰哈德）指挥官阿布阿塔，杰哈德同以方一度爆发激烈冲突。2020年1月，美方公布“中东和平新计划”政治部分，以方表示欢迎，开始酝酿根据该计划单方面划定以巴两国边界，同时陆续宣布了一批新的定居点建设计划，遭到巴方强烈反对。

【同欧盟国家的关系】巴解重视发展与欧盟国家的关系，在10多个欧盟国家派驻代表。海湾战争期间，因巴勒斯坦支持伊拉克，欧盟与巴勒斯坦关系一度跌入低谷。战争结束后，欧盟国家与巴解关系逐渐恢复。巴以双方签署“奥斯陆协议”后，欧盟国家开始在巴勒斯坦自治区设代表处或通过驻耶路撒冷总领馆与巴勒斯坦自治政府进行联系，并向巴方提供了大量援助。

2011年以来，英国、法国、西班牙、意大利等国先后宣布将巴勒斯坦驻该国代表机构级别提升为外交使团，但欧盟内部在是否承认巴勒斯坦的国家地位及是否支持巴勒斯坦以国家身份加入联合国等国际组织问题上立场不一。2013年8月底，欧盟决定对以色列定居点出口商品及与其相关的贸易作出限制，是首个采取此类措施的地区组织。2014年10月，瑞典承认巴勒斯坦的国家地位，并将巴勒斯坦驻瑞典代表处升格为使馆。2015年6月，梵蒂冈承认巴勒斯坦的国家地位。同年，英国、法国、比利时、意大利、希腊等国议会纷纷投票，呼吁本国政府承认巴勒斯坦的国家地位。2016年至2017年，法国在推动巴以和平进程方面付出较大努力，还曾在巴黎主办中东和平会议，但未能取得切实成果。2020年1月美国公布“中东和平新计划”政治部分后，欧盟认为该计划有违“两国方案”等国际共识。

【同俄罗斯的关系】巴解历史上与苏联关系密切，苏联是推动巴方加入中东和平进程的关键方之一。苏联解体后，巴解重视发展同俄罗斯的关系，俄方亦支持巴勒斯坦实现独立建国。2011年2月俄罗斯总统梅德韦杰夫访问巴勒斯坦期间，表示支持建立以东耶路撒冷为首都的独立的巴勒斯坦国，俄罗斯因此成为首个公开表态支持东耶路撒冷成为巴勒斯坦首都的安理会常任理事国。2012年11月，第67届联大表决授予巴勒斯坦联合国观察员国地位的决议草案，俄方投了赞成票。2013年以来，阿巴斯多次访俄。2020年1月美国公布“中东和平新计划”，俄方对该计划持批评态度，呼吁中东问题“四方机制”（俄、美、欧盟、联合国）尽快召开会议，同时邀请巴以双方赴莫斯科进行直接谈判。

（陈铁成）

巴　林

国名　巴林王国（The Kingdom of Bahrain）。

面积　779.95平方公里（由33个岛屿组成）。

人口　150万。巴林籍公民67.7万，占45%，其他为印度、巴基斯坦、孟加拉国、伊朗、菲律宾和阿曼人。阿拉伯民族。官方语言为阿拉伯语，通用英语。85%的居民信奉伊斯兰教，其中什叶派占70%，逊尼派占30%。其余信奉基督教、犹太教。

首都　麦纳麦（Manama），人口54.8万。

国家元首　国王哈马德·本·伊萨·阿勒哈利法（Hamad bin Isa Al-Khalifa），1999年3月6日即位埃米尔，2002年2月14日，埃米尔改称国王。

重要节日　国庆日：12月16日。

简　况

位于波斯湾西南部的岛国。介于卡塔尔和沙特阿拉伯之间，属热带沙漠气候，夏季非常炎热潮湿，7—9月平均气温为36℃。冬季温凉时有降雨，12月至次年2月平均气温10℃—20℃。其他时间（3至5月、10至11月）气温在20℃—30℃。年平均降水量71毫米。

公元前3000年即建有城市。公元前1000年腓尼基人到此。公元7世纪成为阿拉伯帝国的一部分，隶属巴士拉省。1507—1602年被葡萄牙人占领。1602—1782年处于波斯帝国统治之下。1783年宣告独立。1880年沦为英国保护国。1971年8月15日宣布独立并建立巴林国。2002年更改国名为巴林王国。

政　治

君主世袭制王国，禁止政党活动。国家元首由哈利法家族世袭，掌握政治、经济和军事大权。1999年3月6日，哈马德继任埃米尔。2002年2月14日，巴林国更名为巴林王国。2011年2月，受西亚北非地区部分国家政局突变影响，巴林爆发反政府抗议活动。巴林政府通过举行全国对话、承诺改革等一系列举措稳定局势，巴局势逐渐恢复稳定。2019年，巴林政府继续采取举措改善民生，巴社会局势总体稳定。

【宪法】独立后第一部宪法于1973年6月2日颁布，

同年12月开始生效。2001年2月，巴林举行全国投票，以98.4%的支持率通过了《民族宪章》。2002年2月14日，颁布新宪法，规定改国名为巴林王国；埃米尔改称国王；成立两院制议会，司法独立，实行三权分立等。

【议会】1972年选出制宪议会。1973年成立国民议会，1975年被解散。哈马德国王继位后，决定恢复议会民主。2002年10月，根据新宪法成立由众议院和协商会议组成的两院制国民议会，两院享有同等立法监督权，通过的法律草案需呈国王批准。众议院由40名直选议员组成，议长由议员选出；协商会议由国王任命的40名议员组成，议长由国王任命。两院议员任期均为4年，可连任。本届议会于2018年12月产生。众议长福吉亚·宾特·阿卜杜拉·泽纳勒（Fawzia bint Abdulla Zainal），兼任巴国民议会议长；协商会议主席阿里·本·萨利赫·阿勒萨利赫（Ali bin Saleh Al-Saleh）。

【政府】现内阁有24名成员。首相哈利法·本·萨勒曼·阿勒哈利法（Khalifa bin Salman Al-Khalifa）、王储兼第一副首相萨勒曼·本·哈马德·阿勒哈利法（Salman bin Hamad AL-Khalifa）、副首相穆罕默德·本·穆巴拉克·阿勒哈利法（Mohammed bin Mubarak Al-Khalifa）、副首相阿里·本·哈利法·阿勒哈利法（Ali bin Khalifa Al-Khalifa）、副首相贾瓦德·阿勒阿里德（Jawad bin Salem Al Arrayed）、副首相哈立德·本·阿卜杜拉·阿勒哈利法（Khalid bin Abdullah Al-Khalifa）、外交大臣阿卜杜拉提夫·本·拉希德·扎耶尼（Abdul Latif bin Rashid Al Zayani）等。

【行政区划】全国分为4个省，分别是首都省、穆哈拉克省、北方省、南方省。

【重要人物】**哈马德·本·伊萨·阿勒哈利法**：国王。1950年1月28日生于麦纳麦。曾在英美军事学院读书，参与创建巴林国防军。1964年被立为王储。1971年巴林独立后任国防大臣。1999年3月6日继位，成为巴林第11任埃米尔，兼全国武装力量最高统帅。2002年2月14日改称国王。曾于2013年9月访华。　**哈利法·本·萨勒曼·阿勒哈利法**：首相。1935年出生，哈马德国王之叔。1957年任国家教育委员会主席。1959年任政府秘书长。1960年任政府财政大臣。1966—1970年主持国家行政委员会工作。1970年任国务委员会主席。1971年被任命为首相。曾于2002年5月访华，2008年11月来华出席南京第四届“世界城市论坛”。　**萨勒曼·本·哈马德·阿勒哈利法**：王储。哈马德国王长子。1969年10月21日出生。1992年获美国美利坚大学公共管理学学士学位。1994年获英国剑桥大学历史哲学硕士学位。1995年被任命为国防次大臣。1999年3月9日被立为王储，同年3月22日被任命为巴林国防军总司令。2008年1月被任命为巴林武装力量最高副统帅。2013年3月11日起兼任第一副首相。

经　济

海湾地区最早开采石油的国家，奉行自由经济政策，1995年加入世界贸易组织。注重经济多元化发展，积极进行产业结构调整和扩大对外开放，是中东地区重要经济中心和最大铝业生产中心。2019年主要经济数据如下：

国内生产总值：398亿美元。

人均国内生产总值：2.6万美元。（按购买力平价计算：4.9万美元）。

国内生产总值增长率：1.8%（巴政府新闻部数据，《伦敦经济季评》中增长率为–0.5%）。

货币名称：巴林第纳尔（BD）。

汇率：1美元=0.376第纳尔。

（资料来源：《伦敦经济季评》）

【资源】探明石油储量1700万吨，天然气储量920.3亿立方米。2018年4月，巴林宣布发现一座新油气田，预估储量达800亿桶石油和10万亿—20万亿立方英尺天然气。

【工业】主要有石油和天然气开采、炼油和炼铝业、船舶维修等。油气行业是巴林第一大产业，2019年产值约占国内生产总值的17.8%。

【农业】预计可耕地面积1.1万公顷，约占全国总面积的14%，目前实际种植面积约4766公顷。农业人口约占劳动力总人口的1.5%。农业对国内生产总值的贡献率为0.28%，粮食主要靠进口，本地农产品的供给量仅占巴林食品需求总量的6%。主要农产品有水果、蔬菜、家禽、海产品等，90%的食品依靠进口。

【交通运输】境内无铁路。首都和主要城镇有公路相连，各级公路总长4274公里。巴林和沙特之间由长达25公里的法赫德国王大桥相连。萨勒曼深水港有14个泊位、2个集装箱轮泊位和一个滚装轮泊位，可停泊6万吨级轮船。哈利法港吞吐能力达110万个集装箱。

巴林是连接东西方的空中交通枢纽，有5个机场。

【通信】1969年巴林开通中东地区第一个卫星地面站。目前，巴林拥有4个卫星地面站，与国际卫星组织及阿拉伯卫星组织的卫星相连。1981年巴林政府从英国人经营的电信公司中取得60%的股权，并把公司改组为巴林电信公司。此外，还有VIVA、ZAIN等跨国电信公司。移动电话普及率182%，固定电话普及率21%。

【财政金融】金融业发达，享有中东地区金融服务中心的美誉。目前，有400多家地区及国际金融服务机构在巴林设立办事处，2019年巴林金融业产值占国内生产总值的16.5%，是巴林第二大产业。

【对外贸易】主要出口石油产品、天然气和铝锭。主要贸易伙伴是美国、中国、沙特、阿联酋、日本、德国、英国、韩国、印度等。2019年巴林进出口总额为345.17亿美元，其中，进口额为171.83亿美元，出

口额为173.34亿美元。（资料来源：《伦敦经济季评》）

人民生活　巴林全国实行免费医疗，居民卫生服务普及率达100%，人均寿命73岁。有公立医院8所，私立医院9所，医疗中心41所，医护人员2000余人，另有一所军事医院。

军　事　巴林执行海湾合作委员会统一的防御政策。哈马德国王任武装力量最高统帅，萨勒曼王储任武装力量最高副统帅。实行志愿兵役制。武装部队总兵力1.18万人，其中陆军8500人，海军1000人，空军1500人，国民卫队等其他人员800人。另有准军事部队约9250人，其中警察9000人，海岸警卫队250人。巴林是美国第五舰队司令部所在地。

文化教育　**【教育】**实行免费教育和普及9年一贯制的中等教育制度。教育宗旨是普及和完善教育种类，提高教学水平。是海湾阿拉伯国家中最早拥有女子学校的国家。巴林大学和阿拉伯海湾大学（由海湾合作委员会资助）分别于1986年和1987年建成开学。此外还有一所成人教育中心。巴林文盲率为4.9%，15—25岁青年受教育率达99%，为中东海湾地区受教育程度较高的国家。

【新闻出版】全国共有报纸13种，主要报纸有：《海湾消息报》（阿文）、《天天报》（阿文）、《中间报》（阿文）、《祖国报》（阿文）、《海湾日报》（英文）、《每日论坛报》（英文）等。

巴林广播电台1955年开始播音，用阿拉伯语和英语广播。有4个波段。

巴林电视台共有3个频道，其中2个阿拉伯语频道，1个英语频道。

对外关系　奉行温和务实的外交政策，主张加强海湾国家间的团结与合作。巴林系联合国、阿拉伯国家联盟和海湾合作委员会的成员国。巴林同美、英关系密切。经济上得到沙特巨额扶持。目前已同156个国家建立了外交关系。

【对当前重大国际和地区问题的立场】叙利亚问题：呼吁叙问题各主要相关方加强合作，以联合国安理会2254号决议和2012年日内瓦协议为基础，在尊重叙人民意愿的前提下，尽快达成政治解决叙问题的有效方案。

伊朗核问题：反对伊朗发展和拥有核武器，认为伊拥核将威胁地区稳定和安全。对美国退出伊核全面协议表示欢迎。

伊拉克问题：强调尊重伊拉克独立主权和统一，支持伊民族团结，支持伊为恢复和保持国家安全、维护主权、统一所做的努力。强调伊国家转型和社会变革应该也只能由伊人民来完成。伊统一和稳定对维护阿拉伯世界和平与安全具有重要意义，呼吁国际社会支持和援助伊打击恐怖主义。

巴勒斯坦问题：坚定支持巴勒斯坦人民争取合法权利的斗争，支持建立以东耶路撒冷为首都的独立的巴勒斯坦国。认为谈判是谋求公正、持久解决巴以争端的唯一途径，“两国方案”是解决巴以问题的基础。呼吁国际社会加大努力，推动和平进程早日取得实质性进展。巴方对美国承认耶路撒冷为以色列首都并将美驻以使馆迁至耶路撒冷深表关切，强调美不应侵害巴勒斯坦对耶路撒冷及其他被占领土的主权。

反恐问题：认为恐怖主义是对国际和平与安全的最大威胁，谴责任何形式的恐怖主义。支持并参与沙特主导的伊斯兰反恐联盟，呼吁各国特别是地区国家加强团结协作，共同打击恐怖主义，维护地区和平稳定。反对将恐怖主义与特定民族、文化和宗教挂钩，强调消除滋生恐怖主义根源，切断恐怖主义和极端势力资金来源。

【同中国的关系】1989年4月18日中国和巴林建交。建交后，双边关系发展顺利，各领域友好合作逐步展开。2013年9月，巴林国王哈马德访华并出席在宁夏举办的首届中国—阿拉伯国家博览会开幕式。2014年11月，全国政协主席俞正声访问巴林。2017年5月，巴林文化与文物局长梅来华参加首届“一带一路”国际合作高峰论坛。2018年7月，巴林外交大臣哈立德来华出席中阿合作论坛第八届部长级会议，双方签署政府间共建“一带一路”谅解备忘录；11月，巴林文化与文物局局长梅率团来华出席第四届阿拉伯艺术节和中阿合作论坛第四届文化部长会议。2018年4月，巴林文化与文物局长梅来华参加第二届“一带一路”国际合作高峰论坛。2019年4月18日，国家主席习近平同巴林国王哈马德、国务院总理李克强同巴林首相哈利法、国务委员兼外长王毅同巴林外交大臣哈立德分别就中巴建交30周年互致贺电。2019年4月，巴林文化与文物局长谢赫梅来华出席第二届“一带一路”国际合作高峰论坛。

中国是巴林第二大贸易伙伴国、第一大进口来源国和第六大出口目的地国。2019年，双边贸易额为12.87亿美元，其中中方出口额11.36亿美元，主要是机电产品、纺织品和服装、食品等；进口额1.5亿美元，主要是铁矿砂、铝材和液化石油气等，分别同比增加25.4%、25.9%和21.4%。

中国驻巴林王国大使：安瓦尔。馆址：Building 158，Road 4156，Juffair Ave.，Block 341，Manama，Kingdom of Bahrain。电话：00973–17723800，17723900；传真：17727034。网址：www.bh.china-embassy.org。电子邮箱：chinaemb_bh@mfa.gov.cn。

巴林王国驻华大使：安瓦尔·尤素福·艾勒阿卜杜拉（Anwar Y. Alabdulla）。馆址：北京市朝阳区东方东路22号，亮马桥外交公寓A区10-06。电话：010–65326483，65326485；传真：65326393。

【同美国的关系】巴林同美国关系密切，系美国非北约盟国。美国是巴林重要贸易伙伴。1999年2月，巴美签署两国投资保护协定，巴林成为与美国签署类似协定的第一个海湾国家。2004年9月，巴美正式签署自由贸易协定，2006年8月1日起实施。2019年，美国国务卿蓬佩奥，美国总统顾问库什纳，中央司令部司令、陆军上将约瑟夫·沃尔特，美国中东政策委员会代表团、中央司令部司令肯尼思等访问巴林。巴林加入美国主导的海湾护航联盟。巴林王储访问美国，自美采购“爱国者”导弹防御系统。哈立德外交大臣赴美出席第二届“促进宗教自由”部长级会议。6月25—26日，巴美在麦那麦联合举办“和平促繁荣”国际经济研讨会，哈马德国王会见前来参会的美总统顾问库什纳、中东特使格林布拉特和伊朗问题特使胡克。

【同阿拉伯国家的关系】2019年，巴林进一步密切同沙特、阿联酋、埃及、约旦等国关系，积极参与阿拉伯事务。哈马德国王出席在埃及举行的首届阿盟—欧盟峰会并发表主旨演讲、出席在沙特举办的第40届海合会首脑会议。哈立德外交大臣访问巴勒斯坦。沙特国王、约旦王储、沙特外交大臣访问巴林。

2017年6月，巴林宣布与卡塔尔断绝外交关系。

（何婧）

不 丹

国名 不丹王国（The Kingdom of Bhutan）。

面积 约3.8万平方公里。

人口 约76.3万（2019年）。人口增长率约为1.15%（2019年）。不丹族约占总人口的50%，尼泊尔族约占35%。不丹语“宗卡”为官方语言。藏传佛教（噶举派）为国教，尼泊尔族居民信奉印度教。

首都 廷布（Thimphu），人口12.84万（2016年）。

国家元首 国王吉格梅·凯萨尔·纳姆耶尔·旺楚克（Jigme Khesar Namgyel Wangchuck），2006年12月9日登基，2008年11月加冕。

重要节日 国庆日：12月17日：第一任国王乌金·旺楚克登基日；国王生日：2月21日；加冕日：11月6日。

简 况

位于喜马拉雅山脉东段南坡，其东、北、西三面与中国接壤，南部与印度交界，为内陆国。北部山区气候寒冷，中部河谷气候较温和，南部丘陵平原属湿润的亚热带气候。

公元7世纪起为吐蕃王朝属地，9世纪成为独立部落。12世纪后，藏传佛教竺巴噶举派逐渐成为执掌世俗权力的教派。18世纪后期起遭英国入侵。1907年建立不丹王国。1910年1月，同英国签订《普那卡条约》。1949年8月，同印度签订《永久和平与友好条约》。1961年以来，不丹国王多次公开表示要保持国家的主权和独立。1971年加入联合国，1973年成为不结盟运动成员，1985年成为南亚区域合作联盟成员。2007年2月，同印度签署经修订的《不印友好条约》。

政 治

1998年，第四世国王吉格梅·辛格·旺楚克不再兼任政府首脑，将政府管理权移交给大臣委员会。2001年，成立宪法起草委员会，启动制宪工作。2006年，第四世国王吉格梅·辛格·旺楚克让位于其子吉格梅·凯萨尔·纳姆耶尔·旺楚克。2007年12月，举行首次国家委员会（上院）选举。2008年3月，举行首次国民议会（下院）选举，成立首届民选政府，标志着不丹开始向君主立宪制转变。2008年7月不丹颁布首部宪法。宪政改革后，不丹国内政治形势发生重大变化。新政府致力于应对金融危机和国内自然灾害，大力发展经济，巩固国内民主体制，同时逐步扩大对外交往，强化主权国家地位。

【议会】实行两院制，由国王、国家委员会（上院）、国民议会（下院）组成，拥有立法权。上院由25名议员组成，均为非党派人士，其中20名由各宗选举产生，其余5名由国王任命知名人士担任，现任国家委员会主席塔希·多吉（Tashi Dorji）。下院由47名议员组成，由选民直接选举产生。两院议员任期5年。2007年12月，产生首届国家委员会（上院）。2008年3月，产生首届国民议会（下院）。2018年10月，举行第三届国民议会选举，不丹统一党（Druk Nyamrup Tshogpa）赢得30席，繁荣进步党（Druk Phuensum Tshogpa）赢得17席。现任国民议会议长旺楚克·南吉（Wangchuk Namgyel），副议长卡玛·旺楚克（Karma Wangchuk）。

【政府】根据不丹宪法，在国民议会选举中获多数议席的政党领导人将由国王任命担任首相，负责组阁。首相任期不得超过两届，各政府部门大臣人选通过首相推荐由国王任命。经三分之一以上议员同意，国民议会可对政府提出不信任动议，如动议获国民议会三分之二以上投票通过，则国王有权解散政府。2018年10月，不丹统一党在第三届国民议会选举中获胜并组建新政府，洛塔·策林担任首相。

不丹政府内阁名单如下：首相洛塔·策林（Lotay Thsering），外交大臣丹迪·多吉（Tanji Dorji），内政与文化大臣喜如·坚赞（Sherub Gyeltshen），农业与林业大臣益西·班觉（Yeshey Penjor），经济大臣洛克纳特·夏尔玛（Loknath Sharma），教育大臣杰比雷（Jai Bir Rai），信息与通讯大臣卡玛·唐能·旺迪（Karma Donnen Wangdi），卫生大臣德钦·旺姆（Dechen Wangmo），财政大臣南杰·策林（Namgay Tshering），工程与人员安置大臣多吉·策林（Dorji Tshering），劳动与人力资源大臣乌金·多吉（Ugyen Dorji）。

政府还设有11个直属机构：皇家文官委员会、国家计划委员会、国家环境委员会、国家劳动局、皇家货币局、国家技术培训局、皇家管理学院、法律事务局、不丹研究中心、地方发展委员会、国家文化事务委员会。

【寺院团】是宗教事务的唯一仲裁机构，由中央寺院团和地方寺院团组成。全国约有5000名僧人，享受政府提供的财政资助。杰堪布为最高宗教领袖，由寺院选举并经国王批准的一名高僧担任，享有穿着与国王同样颜色披肩的特殊权利。杰堪布下有4名大僧人辅助。

【行政区划】全国划分为4个行政区、20个宗（县）。

【司法机构】高等法院系最高司法机构，但国王拥有最高司法权力，包括受理最高上诉案件。高等法院于1968年在廷布设立，包括首席法官在内共有8名法官，其中2名由国民议会选出，任期5年；其余由国王指派，任期由国王决定。各宗设有地方法院，由国王任命的宗长和地方法官负责处理地方诉讼案件。现任首席大法官为策林·旺楚克（Tshering Wangchuk）。

【政党】正式注册有5个政党，主要有不丹统一党、繁荣进步党和人民民主党。不丹统一党2013年成立，主席为洛塔·策林，现为执政党，占国民议会（下院）47席中的30席。繁荣进步党2007年成立，主席为佩玛·嘉措（Pema Gyamtsho），现为在野党，占国民议会（下院）47席中的17席。人民民主党2007年成立，主席为策林·托杰（Tsering Tobgay）。

【重要人物】吉格梅·凯萨尔·纳姆耶尔·旺楚克：国王。1980年2月21日生，曾留学英国、印度。2004年10月任通萨宗宗长。2006年12月继位，成为旺楚克王朝第五世国王。2008年11月加冕。　**洛塔·策林：**首相。1968年生，2001年获孟加拉达卡大学医学学士学位，2014年获得澳大利亚堪培拉大学工商管理硕士学位。系不丹知名外科医生。2013年作为不丹统一党候选人参选议员失利，2014—2018年任全国巡诊小组主任。2018年5月当选不丹统一党主席，11月7日就任不丹首相。

经　济

农业是不丹的支柱产业。20世纪50年代实行土地改革后，98%以上的农民拥有自己的土地、住房，平均每户拥有土地1公顷多。粮食基本自给。2015年，不丹农业人口占总就业人口的58%。2017年，农业约占GDP的17.37%。第二、三产业近年来发展较快，2017年分别占GDP的40.57%和42.06%。水电资源丰富并向印度出口，水电及相关建筑业已成为拉动经济增长的主要因素。

2013—2019年，GDP增长分别为2.14%、5.75%、6.49%、7.99%、4.63%、3.8%、3.9%。其中第三产业发展最快，其次分别为制造业、电力和建筑业。2013—2019年通货膨胀率分别为8.77%、8.27%、4.58%、3.22%、4.96%、2.72%、2.6%。2002年开始，制造业和服务业率先对外资开放，外资控股最高可达70%。

不丹1961年起开始实行经济发展的“五年计划”，并从印度、瑞士、联合国开发计划署等国家和国际组织获得经济援助。2013—2018年为不丹第11个五年计划，总投资约2132.91亿努，较上一个五年计划增长45.8%，主要目标是实现社会经济自给自足、包容、绿色发展。

2019年主要经济数据如下：

国内生产总值：28.42亿美元。

人均国内生产总值：约3423美元。

国内生产总值增长率：3.9%。

货币名称：努扎姆（Ngultrum），简称努（NU.），与印度卢比等值。

汇率：1美元≈70.4努。

年均通货膨胀率：2.6%。

失业率：2.19%。

【资源】有白云石、石灰石、大理石、石墨、石膏、煤、铅、铜、锌等矿藏。水力资源丰富。水电资源蕴藏量约为3万兆瓦，目前仅约1.5%得到开发利用。森林覆盖率约为70.46%，自然保护区面积占国土面积的51.4%。物种丰富，每万平方公里上有植物3281种。

【工业】2017年，工业（包括电力、建筑业和制造业）总产值667亿努，增长2.41%，占GDP的40.57%。建筑业产值261.26亿努，占GDP的7.25%。制造业产值119.38亿努，占GDP的7.25%。近年来，对印度电力出口带动不丹水电站建设，电力行业逐渐成为经济支柱之一。2017年，水电产值217.28亿努，占GDP的13.2%。2017年，不丹全国发电量为77.3亿千瓦时，出口57亿千瓦时。2018年，不丹全国发电量为69.6亿千瓦时。

【农牧林业】可耕地面积占国土总面积的16%，主要农作物有玉米、稻子、小麦、大麦、荞麦、马铃薯和小豆蔻。畜牧养殖较为普遍。主要树种有婆罗双树、橡树、松树、冷杉、云杉、桦树等，以丰富的名木花草闻名遐迩。盛产水果，其中苹果、柑橘等大量向印度和孟加拉国出口。

【旅游业】不丹外汇的重要来源之一。1974年开始对外开放旅游业，但控制较严，一般只接受团体旅游。出于环保考虑，对境外游客每人每天收取165—200美元的最低消费费用。1987年7月起，寺院、宗教圣地不对外开放。每年3—6月、9—12月是旅游旺季，游客主要来自泰国、中国、日本、美国和欧洲等地。2017年，入境游客62272人次，创收7980万美元。2018年，入境游客63367人次。

【交通运输】2017年，公路总里程18181.3公里，拥有机动车辆96307辆。2018年公路总路程18282公里。山区仍以马、牛、骡为主要运输工具。河流众多但湍急，无法航行。

帕罗机场是不丹唯一机场，距首都廷布65公里。航空公司有不丹航空公司（Druk Air Corporation），成立于1983年2月，航线包括从帕罗至新德里、加尔各答、加德满都、达卡、曼谷和仰光。2017年载客量26.6万人次。2006年，不丹与印度、泰国和孟加拉国分别签署关于加强航空联系的谅解备忘录。

【通信邮政】不丹电信公司1999年1月成立。1999年，不丹建成全国计算机互联网，拥有自己的域名后缀.bt，并成立因特网服务商Druknet。2017年，共有固定电话用户21364户，移动用户730623户，88个邮局。

【财政金融】每年7月1日至次年6月30日为一个财政年度。2016/2017财年国内生产总值约1646.28亿努，增长4.63%，人均国内生产总值约2235.17努。外贸额1048.8亿努，外汇储备约11.03亿美元。

主要金融机构有皇家货币局（Royal Monetary Authority）、不丹银行（Bank of Bhutan）等。皇家货币局成立于1982年，是不丹的中央银行，负责制定和执行政府的货币政策，代表政府办理外币存款业务。不丹银行成立于1968年，属国家商业银行，一度与印度国家银行合办。2002年，印度国家银行将管理权移交给不丹，持股份额也由40%降至20%。

作为不丹私有化进程的里程碑，1996年不丹政府允许金融部门公开发行股票，并与亚洲开发银行和花旗银行签署协定，允许它们购买不丹国家银行（Bhutan National Bank）不超过40%的股份。

【对外贸易】对外贸易主要在南盟成员间进行。印度是最大贸易伙伴，与不丹签有自由贸易协定。2016/2017财年，不丹进口额669.96亿努，出口额为372.97亿努。不丹对印进、出口额分别占总进、出口额的80.56%和84.8%。其他主要贸易伙伴有中国、韩国、泰国、新加坡、日本等。其中，不丹与孟加拉国之间签有优惠贸易协定。

主要出口产品为电力、化学制品、木材、加工食品、矿产品等。主要进口产品为燃料、谷物、汽车、机械、金属、塑料等。

【外国援助】不丹经济建设严重依赖外国和国际组织援助。2016/2017财年，不丹接受外援129.87亿努，较上一财年减少12.77%。其中，印度是最大援助方。此外，不丹还接受来自日本、丹麦、联合国开发计划署、奥地利、荷兰、瑞士、亚洲开发银行、世界银行等方面的援助。

人民生活

不丹为最不发达国家之一。2016年，在联合国发展署发表的全球人类发展报告中，不丹排名第132位。据世界银行和不丹国家统计局数据显示，自2007—2017年，不丹贫困人口率从23%降到8.2%。实行免费医疗，享受基础医疗的人口超过90%，人均寿命66.1岁。2016年，有各类医疗机构901家，其中医院30家，医生299名。婴儿死亡率为40‰。2017年不丹人口中，14岁以下的占26.04%，15—64岁的占68.03%，65岁以上占5.93%。1998年，不丹在日内瓦建立世界首个健康信托基金，保证提供基础医疗用的疫苗和基本药物。不丹传统医学来源于藏医药学，至今仍广泛使用。2004年底起，全国范围内实行禁烟。

军　事

武装力量主要由皇家陆军（包括皇家卫队）和皇家警察组成，实行义务兵役制，国王是武装力量最高统帅。皇家陆军于1963年由民兵武装组织改编组建，兵力约1.6万人（2014年）。现任首席作战指挥官是巴图·泽林中将。皇家卫队正式组建于1961年，主要负责王室成员的安全保卫工作。皇家警察正式成立于1965年，隶属于不丹内政与文化部，主要职能是维护社会治安并担负边界警卫和消防任务。

文化教育

【教育】2017年，全国有各类学校1854所，教员12057名，在校学生213766名。2016年不丹毛入学率为18.6%，适龄儿童入学率为94.7%。2017年国民识字率约为71.4%。2003年6月建立第一所大学不丹皇家大学。1961年起学校实行双语制，不丹语“宗卡”为必修课。强调职业技术教育，以适应社会需要。射箭和摔跤为不丹传统民族体育项目。

【新闻出版】不丹政府设有不丹新闻与广播机构，负责全国广播、电视事务。1973年，成立不丹广播公司，用不丹语、英语、尼泊尔语等广播。1999年，不丹广播公司开通电视服务。《昆色尔》为不丹国家报纸，并在互联网上更新。2006年，两份私人报纸《不丹时报》和《不丹观察家报》开始发行。另有《德鲁克·洛塞尔》季刊，用宗卡、英语和尼泊尔语出版。

对外关系

以维护独立和主权、实现经济自力更生为对外政策的两大目标。主张大小国家一律平等，奉行不结盟政策，在和平共处基础上同所有国家发展友谊和合作，特别是同邻国友好相处。已同印度等53个国家及欧盟建立外交关系，在纽约和日内瓦设有常驻联合国代表处，在印度、孟加拉国、科威特、比利时和泰国设有使馆，在加尔各答设有领馆，在10个国家设有14位名誉领事。印度和孟加拉国在不丹设有使馆。

1971年加入联合国，目前是约75个国际组织的成员国。

不丹于1998年成为WTO的观察员，现申请成为正式成员。

【同中国的关系】不丹是中国的西南邻国，与中国西藏地区语言、风俗、文化相近，历史联系悠久。

中不迄未建交，但保持友好交往。1971年，不丹投票赞成恢复中国在联合国的合法席位。1974年，不丹邀请中国驻印度使馆临时代办马牧鸣出席第四世国王吉格梅·辛格·旺楚克的加冕典礼。1979年起，两国领导人每年均互致国庆贺电。

1994年至今，中国历任驻印度大使均对不丹进行了工作访问，同不丹国王、外交大臣等就两国关系交换意见。2001年6月，不丹驻印大使达戈·泽林应邀访华，两国驻印大使保持沟通，开辟了两国除边界会谈外新的接触渠道。

近年来，中不交往逐渐增多，关系进一步发展。2008年4月，温家宝总理和杨洁篪外长分别致电不丹首相吉格梅·廷里和外交大臣乌金·策林，祝贺其就职。5月，中国驻印度大使张炎访问不丹。11月，中国驻印度大使张炎赴不丹出席第五世国王吉格梅·凯萨尔·纳姆耶尔·旺楚克的加冕典礼。2009年10月，不丹第五世国王分别给胡锦涛主席、吴邦国委员长、温家宝总理发来亲笔贺信，对新中国成立六十周年表示祝贺。2010年4月，外交部副部长王光亚赴不丹出席第16届南盟峰会，分别会见不丹第四世、五世国王和首相。中国驻印度大使赴不丹出席第五世国王的加冕典礼和婚礼。2012年6月，温家宝总理在联合国可持续发展大会期间与不丹首相廷里会见，这是中不两国政府首脑首次会面。两国外长在多边场合经常见面。2018年7月，外交部副部长孔铉佑访问不丹。2019年11月，中国驻印度大使孙卫东访问不丹。

中不两国在国际场合保持良好合作。不丹在联合国人权会上和世界卫生大会上连续支持中国挫败反华、涉台提案。

中不边界长500多公里，从未正式划定。1984年起，中不两国轮流在北京和不丹首都廷布举行中不边界会谈。1998年，两国在第12轮边界会谈期间签署了《中华人民共和国政府和不丹王国政府关于在中不边境地区保持和平与安宁的协定》。这是两国第一个政府间协定，对维护两国边境地区稳定具有重要意义。

截至2017年底，双方共举行了24轮边界会谈以及9次边界问题专家组会议，双方共同致力于边界问题的早日解决。

据中国海关总署数据，2019年双边贸易额1095.8万美元，同比下降14.7%。其中自中国进口额约1091.1万美元，同比下降15%，向中国出口额约4.7万美元，同比增长453.4%。截至2015年底，不丹来华投资项目数3个，无实际投入。中国在不丹暂无直接投资。同期，中国在不签订工程承包合同额1106万美元，完成营业额102万美元。

中不在文化、教育等其他领域的交往近年来取得较大发展。2009年8月，不丹内政与文化大臣明朱尔·多尔吉来华出席在内蒙古鄂尔多斯举行的“亚洲文化部长圆桌会议”。2010年9月，不丹松珠活佛赴西藏自治区朝圣。11月，不丹亲王、不丹奥委会主席吉格耶尔·乌金·旺楚克赴广州出席第16届亚洲运动会开幕式。2011—2012年，不丹公主德禅·旺姆·旺楚克先后赴西藏自治区和五台山朝佛。2014年2月，文化部组织中国艺术团赴不丹首都廷布举行访演。2015年11月，不丹政府官员来华观摩中不足球赛并赴北京、拉萨参观访问。2016年10月，不丹王国农业大臣益西·多吉率跨部门代表团来华访问。2019年5月，农业农村部总畜牧师马有祥率团访问不丹。10月，不丹国际边界事务秘书长雷多·唐比访华，受邀出席首届国际边界合作研讨会。

【同印度的关系】不丹与印度关系密切。不丹与印度实行开放边界，自由通商。印度是不丹最大的贸易伙伴、援助国和债权国。1949年8月8日，不印签订《永久和平与友好条约》。1968年，不印正式建交。2007年2月，不丹第五世国王吉格梅·凯萨尔·纳姆耶尔·旺楚克访印，双方签署经过修订的《不印友好条约》。2008年2月，印外秘梅农访不。5月，印度总理辛格访不。7月，不丹首相吉格梅·廷里访印。11月，不丹第五世国王吉格梅·凯萨尔·纳姆耶尔·旺楚克举行加冕典礼，印度总统帕蒂尔，团结进步联盟主席、国大党主席索尼娅·甘地，外长慕克吉出席。2009年6月，不丹首相吉格梅·廷里访印，印外长克里希纳访问不丹。12月，不丹第五世国王访印。2010年4月，印度总理辛格赴不丹出席第16届南盟峰会。10月，不丹第五世国王访印。同月，不丹首相吉格梅·廷里访印。2011年10月，不丹第五世国王携王后婚后首次出访印度。2013年1月，不丹第五世国王访问印度，印度外长库尔希德访问不丹。2月，不丹首相吉格梅·廷里访印。2013年8月，印度国家安全顾问梅农访问不丹，不丹首相策林·托杰访问印度。2014年1月，不丹第五世国王访问印度。5月，不丹首相策林·托杰访问印度。6月，印度总理莫迪访问不丹。2017年11月，不丹第五世国王旺楚克夫妇访问印度。2018年12月，不丹首相洛塔·策林访问印度。2019年6月，印度外长苏杰生访问不丹。8月，印度总理莫迪对不丹进行国事访问。11月，不丹外交大臣丹迪·多吉访问印度。

【同南亚其他国家的关系】不丹同除阿富汗以外的南亚所有国家建立了外交关系，来往日益增多。不丹是南亚区域合作联盟（南盟）成员，积极主张加强南亚区域合作。2004年，不丹加入“环孟加拉湾多领域经济技术合作倡议”（BIMSTEC）。2010年4月，不丹主办第16届南盟峰会。

【同南亚以外国家的关系】1985年，不丹开始发展跨地区外交，已同科威特、荷兰、瑞典、丹麦、瑞士、挪威、日本、芬兰、韩国、奥地利、泰国、巴林、澳大利亚、新加坡、加拿大、比利时、巴西、西班牙、古巴、斐济、摩洛哥、卢森堡、捷克、塞尔维亚、印尼、蒙古国、越南、缅甸、阿根廷、哥斯达黎加、安道尔、毛里求斯、瑞士、阿联酋、斯洛文尼亚、斯洛伐克、亚美尼亚、土耳其、埃及、哈萨克斯坦、波兰、哥伦比亚、塔吉克斯坦、阿塞拜疆、阿曼等国建交。

（何腾远）

朝　鲜

国名　朝鲜民主主义人民共和国（Democratic People's Republic of Korea）。

面积　12.3万平方公里。

人口　约2500万。单一民族，通用朝鲜语。

首都　平壤（Pyongyang），面积2629.4平方公里，人口约325万，下设18个区、4个郡。年平均气温9.7℃。

最高领导人　金正恩（Kim Jong Un），朝鲜劳动党委员长、国务委员会委员长、朝鲜武装力量最高司令官。

重要节日　2月16日：光明星节，朝鲜前最高领导人金正日诞辰日。4月15日：太阳节，前国家主席金日成诞辰日。9月9日：国庆节。10月10日：朝鲜劳动党建党纪念日。

简　况

位于亚洲东部朝鲜半岛北半部。北部与中国为邻，东北与俄罗斯接壤。平均海拔高度440米，山地约占国土面积的80%。

1910—1945年，朝鲜半岛沦为日本殖民地。1945年8月日本投降，苏美军队分别进驻半岛北南部。1948年9月9日朝鲜民主主义人民共和国宣告成立。金日成长期担任朝鲜最高领导人。

政　治

1994年金日成逝世后，金正日接班担任朝鲜最高领导人。2011年12月金正日逝世后，金正恩接班担任朝鲜最高领导人。

【宪法】1972年颁布《朝鲜民主主义人民共和国社会主义宪法》，1992、1998年、2009年、2012年、2013年、2016年、2019年进行修订。

【议会】最高人民会议，是国家最高权力机关。议员由选举产生，每届任期5年。闭会期间的常设机构为最高人民会议常任委员会。2020年4月，举行最高人民会议第十四届三次会议。现任常任委员会委员长崔龙海，副委员长太亨哲、朴勇一。现任议长朴泰成，副议长朴哲民、朴锦熙。

【国务委员会】2016年，朝举行最高人民会议第13届4次会议。会议修改宪法，新设国务委员会，取代原国防委员会，向最高人民会议负责，每届任期5年。国务委员会是朝鲜最高政策领导机关。国务委员会委员长是代表国家的朝鲜民主主义人民共和国的最高领导人。2019年4月，朝鲜最高人民会议第十四届一次会议再次推举金正恩为国务委员会委员长，选举崔龙海为第一副委员长，朴凤柱为副委员长。

【政府】内阁，国家最高行政执行机关，每届任期5年。2019年4月，朝鲜最高人民会议第十四届一次会议选举金才龙为内阁总理。

本届内阁主要成员有：总理金才龙，副总理卢斗哲、任哲雄、金德勋、李周五、李龙男、全光虎、高仁浩、董正浩、杨胜虎。国家计划委员会委员长卢斗哲（兼）、农业相高仁浩（兼）、外务相李勇浩李善权、电力工业相金万寿、煤炭工业相文明学、国家保卫相郑京泽、人民武力相努光铁金正宽、化学工业相张吉龙、金属工业相金忠杰、铁道相张赫、陆海运相姜宗宽、采掘工业相廉哲洙、国家资源开发相金哲秀、原油工业相高吉先、林业相韩龙国、机械工业相杨胜虎金正南、造船工业相康铁苟、原子能工业相王昌旭、电子工业相金才成、邮政相金光哲、建设建材工业相朴勋、国家建设监督相权成浩、轻工业相崔日龙李成鹤、地方工业相赵永哲、日用品工业相李钢鲜、水产相宋春燮、财政相奇光浩、劳动相尹康浩、对外经济相金英才、国家科技委员会委员长李忠吉、国家科学院院长张哲、国土环境保护相金景俊、城市经营相姜永洙、收购粮政相文应祖、商业相金庆男、教育委员会委员长兼普通教育相金昇斗、金日成综合大学校长兼党指导委员长兼教育委员会高等教育相崔相建、保健相吴春福、文化相朴春男、体育相金日国、中央银行总裁金天钧、中央统计局长崔胜虎、内阁事务长孙荣勋。

【行政区划】全国划分为1个直辖市、2个特别市和9个道，分别为平壤市、南浦市、罗先市、平安南道、平安北道、慈江道、两江道、咸镜南道、咸镜北道、江原道、黄海南道、黄海北道。

【司法机构】审判机关有中央裁判所、道（直辖市）裁判所、人民裁判所（基层法院）和特别裁判所。中央裁判所是国家最高审判机关，所长由最高人民会议选举产生，任期5年。现任所长姜润石，2019年4月任职。

检察机关有中央检察所、道（直辖市）、市（区）、郡检察所和特别检察所。中央检察所是国家最高检察机关，所长由最高人民会议任命，任期5年。现任所长金明吉，2019年4月任职。

【政党和团体】朝主要政党有：

（1）朝鲜劳动党：执政党。前身为北朝鲜共产党，成立于1945年10月10日，1946年8月28日与朝鲜新民党合并为朝鲜劳动党，1949年6月29日与南朝鲜劳动党合并。建党纪念日为1945年10月10日，现有党员400多万。2016年5月召开第七次全国代表大会，2019年12月召开七届五中全会。委员长金正恩。朝鲜劳动党中央政治局常委有金正恩、崔龙海、朴凤柱。

（2）朝鲜社会民主党：原名朝鲜民主党，成立于1945年11月3日，由反对日本殖民统治的中小企业家、商人、手工业者、农民和基督徒组成。1981年改称现名，党员3万多人。委员长朴勇一，2019年8月当选。

（3）天道教青友党：成立于1946年2月8日，主要由信奉天道教的农民组成。

此外，朝鲜还有祖国统一民主主义战线、祖国和平统一委员会等社会团体和组织。

【重要人物】**金正恩**：朝鲜最高领导人，朝鲜劳动党委员长、国务委员会委员长、朝鲜武装力量最高司令官。2010年9月获授朝鲜人民军大将，同月当选党中央军事委员会副委员长。2011年12月30日被推举为朝鲜人民军最高司令官。2012年4月11日在朝鲜劳动党第四次党代表会议上被推举为第一书记。4月13日在朝鲜最高人民会议第十二届五次会议上被推举为国防委员会第一委员长。7月17日被授予朝鲜民主主义人民共和国元帅称号。2014年4月9日在朝鲜最高人民会议第十三届一次会议上再次被推举为国防委员会第一委员长。2016年5月，在朝鲜劳动党第7次全国代表大会上被推举为朝鲜劳动党委员长。2016年6月在朝鲜最高人民会议第十三届四次会议上被推举为国务委员会委员长。2019年4月在朝鲜最高人民会议第十四届一次会议上再次被推举为国务委员会委员长。 **金永南**：朝鲜最高人民会议常任委员会委员长。1928年生。1961年任党中央国际部副部长。1963年9月任外务省副相。1972年任党中央国际部部长。1974年当选朝党中央政治委员会候补委员，1978年升任委员。1980年当选党中央政治局委员、书记局书记。1983年12月任政务院副总理兼外交部长。1998年、2003年、2009年和2014年连续当选最高人民会议常任委员会委员长。2010年9月当选党中央政治局常委。 **崔龙海**：朝鲜国务委员会第一副委员长、最高人民会议常任委员会委员长。1950年生。历任金日成社会主义青年同盟第一书记，党中央副部长，黄海北道党委责任书记。2010年任党中央军事委员会委员，2012年当选朝党中央政治局常委，同年4月任党中央军事委员会副委员长、人民军总政治局局长。2014年4月任国防委员会副委员长、朝党中央书记局书记、党中央副委员长。2016年5月再次当选朝党中央政治局常委，6月当选国务委员会副委员长。2019年4月在朝鲜最高人民会议第十四届一次会议上当选国务委员会第一副委员长、朝鲜最高人民会议常任委员会委员长。 **金才龙**：朝鲜内阁总理。曾任朝鲜慈江道党委员会责任书记、委员长，2016年当选朝鲜劳动党中央委员会委员。2019年4月在朝鲜劳动党第七届中央委员会第四次全体会议上当选中央政治局委员，同月在朝鲜最高人民会议第十四届一次会议上当选内阁总理、国务委员会委员。

经 济

实行计划经济。据2020年4月朝鲜官方公布数据，2019年国家财政收入超额完成1.5%，财政支出完成99.8%，国防支出占15.8%，经济建设支出占47.7%，教育、卫生、文艺、体育等文化建设支出占36.3%。2020年国家财政收入和支出预计分别增长4.2%和6%，其中经济建设支出占47.8%，国防支出占15.9%。

【资源】已探明矿产300多种，其中有用矿200多种。石墨、菱镁矿储量居世界前列。铁矿及铝、锌、铜、银等有色金属和煤炭、石灰石、云母、石棉等非金属矿物储量丰富。水力和森林资源也较丰富。

【工业】重视发展金属工业、电力、煤炭、铁路运输四大先行产业，大力发展采矿、机械、化工、轻工业，努力实现生产正常化、现代化。

【农业】集中力量发展粮食生产，继续推行种子改良和二熟制，扩大土豆、大豆种植，着力兴修水利、提高化肥产能。粮食生产以水稻和玉米为主。

【交通运输】以铁路运输以主。铁路总长度为8800余公里，电气化铁路总长度为2000余公里，1993年基本实现干线铁路电气化。电力机车牵引比重达90%以上。

公路总长度77500余公里。已建成平壤—南浦、平壤—元山、平壤—开城和平壤—妙香山高速公路。

海港有清津、南浦、元山、兴南、罗津等。

空运：平壤顺安机场为国际机场。定期国际航线有平壤—北京、平壤—沈阳等。

【对外贸易】主要贸易伙伴为中国、俄罗斯、韩国等。

【外国资本】从20世纪80年代起，朝鲜开始引进外资，创办合资合营企业。1991年12月，朝鲜在靠近中朝、朝俄边境的罗先地区设立自由经济贸易区。1992年朝鲜颁布合资合营企业法。2002年11月，朝鲜宣布建立开城工业区和金刚山旅游区，由朝韩双方合作开发。2008年，朝俄“哈桑—罗津”铁路和罗津港改造项目启动。朝鲜与埃及大型水泥厂合作进展顺利，与埃及欧瑞斯克姆电信公司合作开通第三代移动通信业务。2011年6月，中朝举行“两个经济区”项目开工仪式，共同开发、共同管理黄金坪、威化岛经济区和罗先经贸区。

军　事

朝鲜将金日成创建第一支抗日游击队的1932年4月25日定为朝鲜人民革命军成立日，将金日成把朝鲜人民革命军发展成统一正规军的1948年2月8日定为朝鲜人民军建军日。朝鲜实行普遍义务兵役制。

文化教育

【教育】实行12年义务教育制。有大专院校300多所，中专570多所。著名高等学府有金日成综合大学、金策工业综合大学、金亨稷师范大学和人民经济大学等。大学生和专科学校学生享受国家助学金。全国有知识分子170多万。

【新闻出版】主要报刊有:《劳动新闻》，朝鲜劳动党中央委员会机关报，发行量150万份;《民主朝鲜》，最高人民会议常任委员会和内阁机关报;《勤劳者》杂志，月刊，朝鲜劳动党中央委员会机关刊物，发行量30万份。另外还有《朝鲜人民军》《青年前卫》《平壤新闻》等报。朝鲜外文出版社用多种外文出版杂志《今日朝鲜》和画报《朝鲜》。此外，还发行英文和法文周报《平壤时报》。

朝鲜中央通讯社：简称朝中社，为国家通讯社，1946年12月5日成立。发行日刊《朝鲜中央通讯》等。

朝鲜中央广播电台：为国家广播电台，1945年10月14日成立。除用朝鲜语广播外，还用多种外语对外广播。

朝鲜中央电视台和开城电视台20世纪60年代开始播放节目；万寿台电视台1983年底开播。

朝韩关系

朝鲜战争停战后，朝鲜半岛长期处于政治对立、军事对峙、经济隔绝状态。1990年9月至1991年12月，朝韩先后举行5次总理会谈，签署《南北和解、互不侵犯及交流合作协议书》，发表《朝鲜半岛无核化共同宣言》，朝韩关系有所改善。此后受金日成逝世及朝核等问题影响，朝韩关系趋冷。

1998—2008年，韩国金大中和卢武铉两任政府分别奉行对朝“阳光政策”及“和平与繁荣政策”，推进南北和解合作。2000年6月和2007年10月，金大中、卢武铉分别访朝，同金正日举行首脑会晤，发表《南北共同宣言》和《南北关系发展与和平繁荣宣言》。其间朝韩举行多次官方会谈和一系列民间交流活动，签署多项合作协议。

2008—2016年，李明博、朴槿惠任韩国总统期间，南北关系时有起伏。2014年2月双方举行高级别会谈和离散亲属会面。2015年8月和10月，双方先后举行高级别磋商和离散亲属会面。2016年2月韩方关闭开城工业园。

2018年朝韩关系取得积极进展。1月，双方重启板门店热线、西海军事热线，举行高级别会谈。2月，朝方派高级别代表团出席韩国平昌冬奥会开闭幕式。3月，金正恩委员长会见访朝的韩国总统特使郑义溶。4月，金正恩委员长同文在寅总统在板门店举行首次会晤，发表《板门店宣言》。5月双方再次会晤。9月，文在寅总统访朝，双方第三次会晤，签署《平壤共同宣言》。同月，韩朝共同联络办事处正式成立。10月，双方举行第10次北南将军级军事会谈和山林领域合作会议。12月，朝韩军方对非军事区内试点拆除哨所情况进行互查。同月，朝韩在板门店举行铁路公路连接项目开工仪式。

2019年6月，文在寅总统陪同美国总统特朗普访问朝韩非军事区，在板门店同金正恩委员长再次会面。8月，文在寅总统发表“光复节”讲话，呼吁推进南北对话与和解合作，朝方则表示无意再同韩对话。10月，金正恩委员长指示拆除金刚山旅游区内韩方设施，韩方提议就此举行磋商，朝方拒绝。11月，文在寅总统邀请金正恩委员长出席韩国—东盟特别峰会，朝方表示拒绝。

2020年3月，金正恩委员长同文在寅总统就抗击新冠肺炎疫情互致信函。

对外关系

朝鲜奉行“自主、和平、友好”的外交理念，主张按照平等、自主、相互尊重、互不干涉内政和互利的原则发展对外关系。朝于1975年5月成为“七十七国集团”正式成员国，同年8月正式加入不结盟运动，1991年9月加入联合国，2000年7月加入东盟地区论坛（ARF）。目前，朝鲜共与160个国家（含欧盟）建立了外交关系。

【同中国的关系】中朝两国1949年10月6日建交，朝鲜是同新中国最早建交的国家之一。

2013年5月，朝鲜国务委员会委员长金正恩特使、朝鲜劳动党中央政治局常委崔龙海访华，习近平总书记会见。7月，李源潮副主席率团访问朝鲜并出席朝鲜战争停战60周年纪念活动，金正恩委员长会见。

2014年2月，习近平主席在出席索契冬奥会开幕式期间会见朝鲜最高人民会议常任委员会委员长金永南。

2015年9月，朝鲜劳动党中央政治局常委崔龙海来华出席中国人民抗日战争暨世界反法西斯战争胜利70周年纪念活动。10月，中央政治局常委、中央书记处书记刘云山率中国共产党代表团出席朝鲜劳动党成立70周年庆祝活动并对朝鲜进行正式友好访问，金正恩委员长会见。

2016年6月，朝鲜劳动党中央政治局委员、中央副委员长、国际部部长李洙墉率团访华。习近平总书记会见。7月，王毅外长同朝鲜外相李勇浩在老挝东盟地区论坛外长会期间举行会见。

2017年5月，朝鲜对外经济相金英才来华出席“一带一路”国际合作高峰论坛。8月，王毅外长同李勇浩外相在菲律宾东盟地区论坛外长会期间举行会晤。11月，习近平总书记特使、中联部部长宋涛赴朝通报中共十九大情况并访朝。

2018年3月，金正恩委员长非正式访华，习近平总书记同其举行会谈。4月，宋涛部长率中国艺术团参加朝鲜“四月之春”国际友谊艺术节。5月，王毅国务委员兼外长访朝，金正恩委员长会见。同月，习近平总书记同金正恩委员长在大连举行会晤。6月，金正恩委员长对中国进行访问，习近平总书记同其举行会谈。9月，中央政治局常委、全国人大常委会委员长栗战书作为习近平总书记特别代表率中国党政代表团访朝，出席朝鲜建国70周年庆祝活动，金正恩委员长会见。10月，国家体育总局局长苟仲文率中国体育代表团访问朝鲜。12月，李勇浩外相访华，习近平总书记会见，王毅国务委员兼外交部长同其会谈。

2019年1月，金正恩委员长对中国进行访问，习近平总书记同其举行会谈。4月，朝鲜对外经济相金英才来华出席第二届“一带一路”国际合作高峰论坛。6月，朝鲜中央检察所长金明吉访华。同月，习近平总书记应邀对朝鲜进行国事访问。同月，朝鲜祖国统一民主主义战线议长金完洙访华，中共中央政治局常委、全国政协主席汪洋会见，全国政协副主席杨传堂会谈。7月，朝鲜中央裁判所长姜润石访华，中共中央政治局委员、中央政法委书记郭声琨会见。8月，朝鲜国务委员会委员、人民军总政治局局长金秀吉访华，中央军委副主席张又侠会见。同月，朝鲜对外经济相金英才来华出席第十二届中国—东北亚博览会。9月，王毅国务委员兼外长访朝，李洙墉副委员长会见，李勇浩外相会谈。10月，中央军委委员、军委政治工作部主任苗华访朝。同月，朝鲜人民武力省副相金亨龙率团来华参加第七届世界军人运动会开幕式并出席第九届北京香山论坛。11月，辽宁省委书记陈求发访朝。同月，中国国家大剧院交响乐团对朝鲜进行友好访问演出。12月，吉林省委书记巴音朝鲁访朝。

据中方统计，2019年中朝贸易额27.89亿美元，增长14.8%。其中，中方出口额25.74亿美元，同比增长16.1%；进口额2.15亿美元，同比增长1%。

中国驻朝鲜大使：李进军。馆址：平壤市牡丹峰区长村洞。电话：008502–3813116；传真：3813425。商务处电话：008502–3813119。网址：http://kp.china-embassy.org。

朝鲜驻华大使：池在龙。馆址：北京建国门外日坛北路。电话：010–65321186。

【同美国的关系】朝美尚未建交。

2018年4月，美国国务卿提名人、中央情报局局长蓬佩奥作为特朗普总统特使访朝，金正恩委员长会见。5月，蓬佩奥再次访朝，金正恩委员长会见。同月，朝鲜劳动党副委员长兼统战部部长金英哲访美，同特朗普总统会面，转交金正恩委员长亲笔信，与蓬佩奥举行会谈。6月，金正恩委员长与特朗普总统在新加坡举行首次会晤，签署联合声明。7月，蓬佩奥访朝，与金英哲会谈。同月，朝鲜向美方移交55具美军遗骸。10月，蓬佩奥访朝，金正恩委员长会见与金英哲会谈。

2019年1月，金英哲访美，会见特朗普总统。2月，金正恩委员长与特朗普总统在越南河内举行第二次会晤。6月，正在对韩国进行访问的特朗普总统在板门店与金正恩委员长会面，并越过军事分界线进入朝鲜境内。10月，朝美在瑞典举行工作层磋商。

2020年3月，特朗普总统致函金正恩委员长，表示美愿同朝开展抗击新冠肺炎疫情合作。

【同俄罗斯的关系】朝俄关系发展良好。

2015年5月，金永南委员长出席俄罗斯卫国战争胜利70周年庆典。

2018年4月，李勇浩外相访俄，与俄罗斯外长拉夫罗夫外长举行会谈。5月，拉夫罗夫访朝，金正恩委员长会见。6月，金永南委员长访俄，出席2018年世界杯开幕式。7月，朝鲜劳动党中央副委员长兼国际部部长李洙墉访问俄罗斯。

2019年3月，朝鲜国务委员会部长金昌善访俄。4月，俄罗斯内务部长弗拉基米尔·科洛科利采夫访朝。金正恩委员长访问俄罗斯符拉迪沃斯托克，同普京总统举行会晤。9月，朝鲜内阁副总理李龙男赴俄参加第5届东方经济论坛。10月，朝鲜最高人民会议议长朴泰成访俄。11月，朝鲜外务省第一副相崔善姬访俄。

【同日本的关系】朝日尚未建交。

2012年8月，朝鲜与日本在北京重启两国政府间磋商。

2013年5月，日本首相安倍特使饭岛勋访朝，金永南委员长会见。8月，金永南委员长会见日本国会参议员猪木宽至。9月，金永南委员长会见日本共同社代表团。

2015年9月，日本共同社代表团访朝。

【同其他国家和国际组织的关系】2017年8月，李勇浩外相出席菲律宾东盟地区论坛外长会。9月，李勇浩外相出席联合国大会第72届会议。11月，李勇浩外相赴古巴访问。12月，联合国副秘书长杰弗里·费尔特曼访朝。

2018年3月，李勇浩外相访问瑞典。4月，李勇浩外相访问阿塞拜疆，参加不结盟运动（NAM）阁僚会议。7月，朝鲜劳动党中央副委员长兼国际部部长李洙墉赴古巴访问。8月，李勇浩外相在新加坡出席东盟地区论坛（ARF）外长会。9月，李勇浩外相出席联合国大会第73届会议和不结盟运动外长会。11月，朝鲜奥委会主席、体育相金日国赴日本出席国家和地区奥林匹克委员会协会（ANOC）全体会议。金永南委员长出访古巴、委内瑞拉，并赴墨西哥出席墨西哥总统就职典礼。古巴国务委员会主席兼部长会议主席米格尔·迪亚斯–卡内尔·贝穆德斯访朝，同朝最高领导人金正恩会谈。12月，李勇浩外相访问越南、叙利亚、蒙古。

2019年2月，越南副总理兼外长范平明访朝。3月，金正恩委员长对越南进行正式友好访问，同越共中央总书记、国家主席阮富仲会谈，并分别会见越南总理阮春福、国会主席阮氏金银。8月，朝鲜最高人民会议副议长朴哲民访问伊朗。9月，朝鲜最高人民会议常任委员会委员长崔龙海会见孟加拉国劳动党代表团、老挝人民革命党代表团。10月，崔龙海率团赴阿塞拜疆出席第18届不结盟运动峰会。

（孙一楠）

东 帝 汶

国名 东帝汶民主共和国（Democratic Republic of Timor-Leste）。

面积 15007平方公里（2019年）。

人口 131万（2019年），其中78%为土著人（巴布亚族与马来族或波利尼西亚族的混血人种），20%为印尼人，2%为华人。德顿语（Tetum）和葡萄牙语为官方语言，印尼语和英语为工作语言，德顿语为通用语和主要民族语言。约91.4%人口信奉天主教，2.6%信奉基督教，1.7%信奉伊斯兰教。

首都 帝力，位于帝汶岛东北海岸，人口28.1万（2018年）。全国政治、经济和文化中心，东80%以上的经济活动在此进行。

国家元首 总统弗朗西斯科·古特雷斯·卢奥洛（Francisco Guterres Lú-Olo），2017年5月20日就任东帝汶第四任总统。

重要节日 恢复独立日（建国日）：5月20日（纪念2002年5月20日联合国向东帝汶移交政权，东帝汶正式独立建国）；独立公投日：8月30日；独立日：11月28日（纪念1975年11月28日东帝汶独立革命阵线宣布独立）；天主教节日（如圣诞节等）。

简 况

位于东南亚努沙登加拉（Nusa Tenggara）群岛最东端，岛国。包括帝汶岛东部和西部北海岸的欧库西地区以及附近的阿陶罗岛和东端的雅库岛。西部与印尼西帝汶相接，南隔帝汶海（Timor Sea）与澳大利亚相望。海岸线长约735公里。境内多山，沿海有平原和谷地，大部地区属热带雨林气候。气候炎热，年平均气温26℃，平均湿度为70%—80%。平均降水量1200—1500毫米，但地区差异较大：北部沿海地区每年5—11月为旱季，12月至翌年4月为雨季，年降水量为500—1500毫米；南部沿海地区6—12月为旱季，1—5月为雨季，年降水量为1500—2000毫米；中部山区年降水量为2500—3000毫米。

16世纪前，帝汶岛曾被以苏门答腊、爪哇等地为中心的封建王国统治。16世纪初，葡萄牙和荷兰殖民主义者侵入。18世纪，英国殖民者曾短暂控制西帝汶。1859年，葡、荷瓜分帝汶岛。帝汶岛东部及欧库西归葡，西部并入荷属东印度（今印度尼西亚）。1942年日本占领东帝汶。第二次世界大战后澳大利亚曾一度负责管理东帝汶，不久葡恢复对东帝汶殖民统治，1951年将其改为葡海外省。1960年，第15届联合国大会通过第1542号决议，宣布东帝汶为“非自治领土”，由葡萄牙管理。

1975年葡政府允许东帝汶实行民族自决。主张独立的东帝汶独立革命阵线（简称“革阵”）、主张同葡维持关系的民主联盟（简称“民盟”）、主张同印尼合并的帝汶人民民主协会（简称“民协”）三方之间因政见不同引发内战。革阵于1975年11月28日单方面宣布东帝汶独立，成立东帝汶民主共和国。同年12月，印尼出兵东帝汶，次年宣布东为印尼第27个省。1975年12月联合国大会通过决议，要求印尼撤军，呼吁各国尊重东帝汶的领土完整和人民自决权利。1982年联大表决通过支持东帝汶人民自决的决议。1983—1998年，在联合国秘书长斡旋下，葡萄牙与印尼政府就东帝汶问题进行了十几轮谈判。

1999年1月，印尼总统哈比比在内外压力下同意东帝汶通过全民公决选择自治或脱离印尼。5月5日，印尼、葡萄牙和联合国三方就东帝汶举行全民公决签署协议。8月30日，东帝汶举行全民公决，75%的民众投票赞成独立，哈比比总统当日表示接受投票结果。投票后东帝汶亲印尼派与独立派发生流血冲突，局势恶化，20多万难民逃至西帝汶。9月，哈比比总统宣布同意多国部队进驻东帝汶。安理会通过决议授权成立以澳大利亚为首、约8000人组成的多国部队，于9月20日正式进驻东帝汶，与印尼驻军进行权力移交。10月，印尼人民协商会议通过决议正式批准东帝汶脱离印尼。

1999年11月，东帝汶成立具有准内阁，准立法机构性质的全国协商委员会（NCC），2000年7月成立首届过渡内阁，2001年8月举行制宪议会选举，9月15日成立制宪议会和第二届过渡内阁，2002年4月举行总统选举，东独立运动领袖凯·拉拉·夏纳纳·古斯芒（Kay Rala Xanana Gusmao）当选。2002年5月20日，东帝汶民主共和国正式成立。

政 治

东帝汶独立后，革阵作为第一大党组建以其为主的首届政府，努力推进司法建设、行政管理、民族和解和经济重建，但民生问题长期突出，民众不满情绪上升。2006年发生建国以来最大规模骚乱，澳大利亚组建国际稳定部队进驻东帝汶协助维持治安。骚乱导致马里·阿尔卡蒂里（Mari Alkatiri）总理辞职，前国务兼外交与合作部长若泽·拉莫斯–奥尔塔（Jose Ramos-Horta）接任，并于2006年7月14日组建新政府。2007年4月举行总统选举，奥尔塔当选。6月举行首届议会选举，革阵获21席，仍为第一大党；夏纳纳组建的大会党获18席，并与其他政党组成议会多数联盟，赢得组阁权。8月8日新政府成立，夏纳纳出任总理；革阵成为在野党，拒绝承认新政府合法性。夏纳纳总理上台后，采取一系列措施发展经济、维护安全，但民生问题仍较为突出。2008年2月发生叛军袭击事件，奥尔塔总统受重伤，叛军头目被击毙。2012年3月和4月举行两轮总统选举，前国民军总司令鲁瓦克以60.23%得票率当选。7月举行第二届议会选举，大会党击败革阵成为议会第一大党，并联合民主党和革新阵线组成执政联盟。革阵仍为在野党。8月8日新政府成立，夏纳纳总理连任。同年年底，联合国驻东帝汶综合特派团和国际稳定部队结束使命，撤离东帝汶。2015年2月，内阁重组，夏纳纳总理辞职，由革阵中央委员阿劳若出任总理。2017年3月举行总统选举，独立革命阵线主席卢奥洛以57.08%得票率当选第四任总统，于5月20日正式就职，任期至2022年5月。7月议会选举，革阵获23票，联合民主党组阁。9月15日，革阵总书记阿尔卡蒂里出任总理。2018年1月26日东总统卢奥洛宣布解散议会。5月12日，东提前举行议会选举，由大会党、人民解放党（以下简称“人解党”）和人民团结繁荣党（以下简称“繁荣党”）组建的改革进步联盟获34席，赢得组阁权。6月22日，人解党主席、前总统鲁瓦克出任总理。2020年1月20日，总理鲁瓦克宣布改革进步联盟已不复存在。2月22日，大会党主席夏纳纳宣布成立新的政党联盟，由大会党、繁荣党、民主党、团结民主发展党、革新阵线和帝汶民主联盟组成，共34议席。3月10日，夏纳纳将新政府组阁方案提交卢奥洛总统，尚未获审批。繁荣党随后宣布退出夏纳纳政党联盟。

【宪法】2002年3月22日，东帝汶制宪议会通过并颁布《东帝汶民主共和国宪法》，规定东帝汶民主共和国是享有主权、独立、统一的民主法治国家，国民议会、政府和法院是国家权力机构。总统是国家元首和武装部队最高统帅，由全民直接选举产生，任期5年，可连任一届。

【国务委员会】是总统的政治咨询机构，由总统主持，成员包括前总统、国民议会议长、总理、议会按比例代表原则选出和总统委任的公民各5人。其权限为：就解散国民议会和政府、宣布战争与媾和以及《宪法》规定的其他事务发表意见。国务委员会会议不公开，委员会组成和运作由法律规定。

【国防安全高等委员会】是总统在国防、安全和主权事务方面的咨询机构，由总统主持，成员包括总理、负责国防、安全、内政和外交的部长或国务秘书、3名议会代表、国防军最高指挥官、国民警察总监、国家安全局局长和两名总统指定的公民。委员会主要权限是就国家国防安全、军警系统运作等问题向总统提供建议。国防安全高等委员会会议不公开，委员会组成和运作由法律规定。

【议会】称国民议会，实行一院制。代表全体公民行使制定法律、监督政府和政治决策权，由选民直接选举产生，共有65个议席，每届任期5年。

首届国民议会由原制宪议会于2002年5月20日独立后自动过渡而成。2007年6月30日举行首届议会选举，7个政党分获席位，其中革阵21席，大会党18席。2012年7月7日举行第二届议会选举，4个政党得票率超过3%，进入新一届议会。其中大会党获30席，革阵25席，民主党8席，革新阵线2席。2017年7月22日举行第四届议会选举，其中革阵23席，大会党22席，人民解放党8席，民主党7席，人民团结繁荣党5席。2018年5月12日举行第五届议会选举，其中由大会党、人解党和繁荣党组建的改革进步联盟34席，革阵23席，民主党5席，民主发展阵线3席。现任议长为阿朗·诺埃·德·热苏斯·达·科斯塔·阿马拉尔（Arao Noe de Jesus da Costa Amaral）。

【政府】由总理、副总理、部长、副部长和国务秘书组成，向总统和国民议会负责。总理是政府首脑，由议会中拥中最多席位的政党或政党联盟提名，总统任命。副总理、部长和国务秘书由总理提名，总统任命。

本届政府成立于2018年6月22日，目前内阁成员包括：总理塔乌尔·马坦·鲁瓦克（Taur Matan Ruak），部长理事会国务部长埃梅内吉尔多·奥古斯托·卡布拉尔·佩雷拉（Hermenegildo Augusto Cabral Pereira），立法改革与议会事务部长菲得利斯·曼努埃尔·莱特·马加良斯（Fidélis Manuel Leite Magalhães），外交与合作部长迪奥尼西奥·达·科斯塔·巴博·苏亚雷斯（Dionísio da Costa Babo Soares），司法部长曼努埃尔·卡尔瑟勒斯·达·科斯塔（Manuel Carceres da Costa），教育、青年与体育部长杜尔塞·德·热苏斯·苏亚雷斯（Dulce de Jesus Soares），高等教育、科学与文化部长隆吉尼奥斯·多斯·桑托斯（Longuinhos dos Santos），社会救济与包容部长阿曼达·贝尔塔·多斯·桑托斯（Armanda Berta dos Santos），公共工程部长萨尔瓦多·苏亚雷斯·多斯·雷斯·皮雷斯（Salvador Soares dos Reis Pires），交通与通讯部长若泽·阿戈什蒂纽·达·席尔瓦（José Agostinho da Silva），农业与渔业部长若阿金·若泽·古斯芒·多斯·雷斯·马丁斯（Joaquim

José Gusmão dos Reis Martins)。2018年7月9日，国防部长菲洛梅诺·达·派尚·德·热苏斯（Filomeno da Paixão de Jesus）宣誓就职。

【行政区划】共设13个地区（Districts），区以下设65个县（Sub-Districts），443个乡（“苏古”，Sucos）和2236个村（Aldeias）。

【司法机构】法院由最高法院、地方法院、行政、税务和审计高等法院和初审行政法院、军事法院组成。最高法院院长由总统任命，任期4年。东迄未成立最高法院，最高上诉法院作为终审法院行使最高法院和宪法法院职能。现任最高上诉法院院长为德奥林多·多斯·桑托斯（Deolindo Dos Santos）。

总检察院是最高检察机关。总检察长由总统任命，任期4年，对总统负责，每年向国民议会报告工作。现任总检察长若泽·达科斯塔·希梅内斯（José da Costa Ximenes）。

【政党】2004年东颁布《政党法》。目前有注册政党26个东主要政党包括：

（1）东帝汶全国重建大会党（Congresso Nacional de Reconstucao Timorense/National Congress of Timor Leste Reconstruction，CNRT）：简称“大会党”，由夏纳纳于2007年3月27日创建。自称有党员20万，主要包括前“帝汶抵抗运动全国委员会”成员、其他中小政党前领导和骨干以及夏纳纳的追随者。主张改革与创新，倡导思想多元化，鼓励民众广泛参与国家重大决策。重视国家经济恢复和发展，提倡权力下放，鼓励采取更加开放、灵活的经济政策。现为议会第二大党。党主席为夏纳纳，总书记为前旅游、文化与艺术部长黎发芳。

（2）东帝汶独立革命阵线（Revolutionary Front of Independent East Timor，FRETILIN）：简称“革阵”（外文的简称为“葡萄牙文”），1974年5月20日成立，系东最早的政党之一，原名帝汶社会民主协会（ASDT），1974年9月11日改现名。自称有党员20万，组织严密。1975年11月28日单方面宣布成立东帝汶民主共和国。同年12月7日印尼占领东帝汶后，部分成员流亡海外，其余在国内坚持抵抗斗争。1999年东启动独立进程后，革阵重新整合，提出恢复民主独立、巩固民族团结，建立多党民主法治国家等主张，获得广泛支持，并赢得2001年8月制宪议会选举。2002年组建以该党为主的首届政府。在2007年第二届议会选举中获得21席，为议会第一大党。在2012年第三届议会选举中不敌大会党，获得25席。以微弱优势赢得2017年7月第四届议会选举，获得23席，与民主党（8席）联合组建少数政府，2018年1月总统卢奥洛宣布解散政府。在2018年5月提前议会选举中获得23席，不敌改革进步联盟。现为第五届议会第一大党。党主席为总统卢奥洛，总书记为前总理阿尔卡蒂里。

（3）民主党（Partido Demoratico/Democratic Party，PD）：2001年6月10日成立，骨干多为青年学生和知识界人士，主张在民主法制基础上团结和发展国家，实现社会多元、公正和自由，提高人民生活水平。在2012年7月第三届议会选举中赢得8个席位；在2017年7月第四届议会中获得7席，与革阵联合组成少数政府；在2018年5月提前议会选举中赢得5个席位。现为议会第二大反对党。党主席为前矿产与资源部长马里阿诺·阿萨纳米·萨比诺，总书记为前贸易与工业部长安东尼奥·德·孔塞桑。

（4）人民解放党（Partidu Libertasaun Popular/People's Liberation Party，简称PLP，人解党）：2015年12月22日成立，骨干多为具有良好教育背景的新一代社会精英，以“将东帝汶建设为富强安全的国家”为宗旨。党主席为塔乌尔·马坦·鲁瓦克。

（5）人民团结繁荣党（Kmanek Haburas Unidade Nasional Timor Oan，简称KHUNTO）：2011年6月22日成立，由东最大的武术团体帝汶人民繁荣中心创始人奈莫里创建。若泽·多斯·桑托斯·奈莫里·布卡尔为党派创始人兼顾问，其妻、社会救济与包容部长阿曼达·贝尔塔·多斯·桑托斯为党主席，交通与通讯部长若泽·阿戈什蒂纽·达·席尔瓦为总书记。

（6）东帝汶全国重建革新阵线（Frente de Reconstrucao Nacional de Timor-Lester-Mudanca，Frente-Mudansa）：简称“革新阵线”，2011年7月19日成立，前身为革阵革新派。主要领导人为原革阵党员，成员多为青年人。主张改革开放，注重团结党员，为党员谋利益。党主席为古特雷斯，总书记为若热·达·孔塞桑·特梅。

其他政党有：社会民主协会（ASDT）、社会民主党（PSD）、国家团结党（PUN）、英雄党（KOTA）、帝汶抵抗力量民族民主团结党（UNDERTIM）、帝汶民主联盟（UDT）、共和党（PR）、国家发展党（PDN）、劳工党（Trabalhista）、民主帝汶党（PTD）、人民发展党（PDP）、民主千年党（PMD）、国家共和党（PARENTIL）、帝汶社会党（PST）、基督教民主党（PDC）、自由民主党（PDL）、帝汶人民君主协会（APMT）、底层人民解放党（PLPA）、共和民主党（PDRT）、帝汶国家党（PNT）、帝汶人民党（PPT）等。

【重要人物】**弗朗西斯科·古特雷斯·卢奥洛**：总统。1954年9月出生于东帝汶维维立克地区。高中毕业后任中学辅导教员。1974年加入反印尼武装斗争，次年加入东帝汶独立革命阵线。1976年任东帝汶东部地区副书记。1987年任革阵武装斗争领导委员会副书记。2001年在革阵第一次全国党代会上当选主席，同年当选制宪议会议长。2002年东帝汶独立后，转任首任国会议长，连任至2007年。2007年和2012年两度参加总统选举失利。2017年再度参加总统选举获胜，5月20日就职。夫人西达利亚·莫西尼奥，有三子。 **塔**

乌尔·马坦·鲁瓦克：总理。1956年10月出生于东帝汶包考地区。曾任东国防军司令。2012年4月当选东第三任总统。2015年12月创立人民解放党，系该党主席。对华友好，曾多次访华，2015年以总统身份来华出席中国人民抗日战争暨世界反法西斯战争胜利70周年纪念活动。　**凯·拉拉·夏纳纳·古斯芒**：东帝汶独立运动领袖，被誉为“东帝汶的曼德拉”。1974年加入东帝汶独立革命阵线。2002—2007年任东帝汶首任总统。2007年8月出任总理，2012年8月连任。2015年2月转任规划与战略投资部长。2018年8月被任命为东海洋与陆地边界划界首席谈判代表，现仍为东政坛实权人物。对华友好。

经　济

发展水平落后，结构失衡，严重依赖油气收入和外国援助，非油气经济主要以传统服务业和农业为主。近年来，东帝汶政府将减少贫困和增加就业作为施政重点，逐步增加财政预算，扩大公共支出，鼓励外来投资，以拉动非油气经济增长。主要经济数据如下：

国内生产总值：16亿美元（2018年）。

人均国内生产总值：1229美元（2018年）。

经济增长率：–1.1%（2018年）。

货币名称：通用美元，发行与美元等值的本国硬币。

通货膨胀率：2.29%（2018年）。

贫困率：30.3%（每天生活费低于2美元，2017年）。

失业率：4.6%（2019年）。

【资源】主要矿藏有金、锰、铬、锡、铜等。帝汶海石油和天然气资源富集，迄已发现44块油田，探明石油储量约1.87亿吨（约50亿桶），天然气储量约7000亿立方米。2005年7月设立石油基金，截至2019年底，东石油基金累计为176.9亿美元。

【工农业】以印刷、肥皂、手帕、纺织业为主。年发电量1.37亿千瓦时。耕地面积23万公顷，农业人口占总人口71.4%。主要农作物为玉米、稻谷、薯类等，粮食不能自给自足。主要经济作物为咖啡、橡胶、椰子等。

【旅游业】多山、湖、泉、海滩，发展旅游业具有一定潜力，但旅游资源尚待开发。国际航班少。除帝力外，其他地区旅游实施落后。2018年接待外国旅客共计74661人次。

【交通运输】基础设施落后，交通不便。

公路：总长10820公里，许多道路只能在旱季通车。

水运：帝力港为深水港，另有COM海港、HERA渔港等，货物吞吐量为5000—8000吨。

空运：共有3个一级机场、5个二级机场。帝力机场为东唯一国际机场，可起降波音737型客机，共有3条往返新加坡、巴厘岛和达尔文的国际航线。

【财政金融】2018年财政收入2.29亿美元，支出11.59亿美元。东帝汶设有中央银行（BCTL），有1家国家商业银行（BNCTL）。有4家外国商业银行，分别是葡萄牙储蓄总社（Caixa Geral de Depósitos，CGD/BNU）、印尼人民银行（BRI）、澳新银行（ANZ）和印尼曼迪利银行（MANDIRI）。2015年外汇储备4.38亿美元。

【对外贸易】积极发展外贸，努力扩大出口。主要出口产品为咖啡、木材、橡胶、椰子等经济作物，进口燃油、谷物、车辆、机电设备等。2019年进出口总额为7.51亿美元，进口额为5.97亿美元，出口额为1.54亿美元。主要进口国为印尼、中国、马来西亚、新加坡、越南等，主要出口国为美国、加拿大、印尼、德国、中国等。

【外国投资】2017年吸引外资6410万美元。主要投资方为新加坡、泰国、葡萄牙、澳大利亚、英国、韩国、美国等，集中在基础设施建设、咖啡种植、旅游等行业。

【国际援助】1999年底，世行首次召开东帝汶捐助国会议（2003年6月改名为“东帝汶与发展伙伴会议”），此后会议每半年召开一次，讨论东财政预算和国家发展战略，并设立两个基金，即由联合国经管的统一信托基金（CFET）和世行经管的东帝汶信托基金（TFET），作为对东捐助渠道。1999年以来，共有澳大利亚、葡萄牙、日本、美国、联合国有关机构、欧盟等37个国家和国际组织向东提供援助。

2012年4月，在日本、澳大利亚和亚洲开发银行的资助下，东帝汶财政部建立了援助透明度网络平台，对来自各国政府的援助资金进行透明化管理。据统计，截至2019年6月，外国援助以提供资金和无偿援助方式为主，累计提供约27.7亿美元的援助。

人民生活

东帝汶被联合国列为全球最不发达国家之一，超过30.3%的居民每日生活费不足2美元。全国有6家医院，县一级设有卫生中心，仅能向60%人口提供医疗卫生服务。出生率5.7%，5岁以下儿童死亡率5.6%。近50%的儿童营养不良，半数以上人口无饮用水，预期寿命68.9岁。

军　事

东帝汶国防军（F-FDTL）于2001年2月成立，前身为成立于1975年8月的东帝汶民族解放军。总司令莱雷·蒂穆尔（Lere Timur）。实行志愿兵役制，现有兵力2300余人。

东独立过渡期间，由联合国维和部队担负防务工作。独立后，联合国向东派驻维和警察。2006年东发生大规模骚乱，澳大利亚组建国际稳定部队进驻东帝汶。2012年底，联合国驻东帝汶维和警察和国际稳定部队撤离东帝汶。

文化教育

共有小学1275所，初中81所，大专院校17所。东帝汶国立大学于2000年11月重新开办。东小学入学率80.21%，中学入学率55.8%，15岁以上成年识字率64.1%。

【新闻出版】主要报纸有:《帝汶邮报》(Timor Post)，2002年11月8日创办的德顿语、英语、葡语报纸。《东帝汶之声》(Suara Timor Lorosae)，德顿语、印尼语和葡语报。《独立报》(Independente)，德顿语、英语、葡语报纸。2017年3月，东帝汶政府批准成立东国家通讯社(Tatoli)。主要葡语新闻来源于葡萄牙卢萨社(LUSA，又名葡通社)。

电台和电视台有：东帝汶国家广播电视台(RTTL)，东帝汶之声电台和电视台。广播节目覆盖率90%，电视节目覆盖率30%，用葡语和德顿语播出。东帝汶之声电台(STLTV)系首个私营商业频道，2009年正式创办，节目主要覆盖帝力、包考、马里安那及其周边地区。2017年私营电视台GMN电视频道开始播出节目。

对外关系

奉行务实平衡、睦邻友好的外交政策。重视发展与澳大利亚、印尼、美国、葡萄牙等葡共体国家、太平洋岛国关系，广泛寻求国际援助。东帝汶迄已同100多个国家建交，包括中国在内的20多个国家在帝力设立大使馆(或代表处)，并派遣常驻大使或代表。阿根廷等30多个国家向东派驻非常任大使或代表。东在中国、葡萄牙、马来西亚、印尼、澳大利亚(兼驻新西兰)、美国、比利时、莫桑比克、南非、巴西、日本、韩国、古巴、新加坡、越南、菲律宾、泰国、英国、梵蒂冈等国建立大使馆，在纽约设立常驻联合国代表处(常驻代表兼驻美大使)，向布鲁塞尔派出常驻欧盟代表(兼驻比利时大使)，在悉尼、印尼巴厘岛和古邦设立总领事馆。积极发展与葡萄牙及葡语国家关系。

重视同联合国等国际组织的关系。现已加入22个国际组织，其中2002年8月加入葡语国家共同体(第8个成员国)，9月27日加入联合国(第191个会员国)及联合国儿童基金会、联合国开发计划署、联合国难民事务高级专员公署、联合国人权事务高级专员办事处、联合国妇女发展基金会、联合国人口基金、世界粮食计划署、世界卫生组织等。同年还加入了世界银行、国际货币基金组织、亚洲开发银行、国际刑事法院、国际刑事警察组织。现有20个国际组织在帝力设立了办事处。1999年东帝汶举行全民公投以来，为帮助东组建政府并维持治安，联合国先后向东派驻了以下机构：联合国驻东帝汶特派团(UNAMET，1999年6月)、联合国东帝汶过渡行政当局(UNTAET，1999年10月至2002年5月)、联合国东帝汶支助团(UNMISET，2002年5月至2005年5月)、联合国东帝汶办事处(UNOTIL，2005年5月至2006年5月)、联合国东帝汶综合特派团(UNMIT，2006年8月至2012年12月)。

【同中国的关系】2002年5月20日建交。

2015年9月，东总统鲁瓦克来华出席中国人民抗日战争暨世界反法西斯战争胜利70周年纪念活动。10月，东国防部长克里斯托弗赴华出席第六届香山论坛。2016年1月，国家副主席李源潮在出席瑞士达沃斯世界经济论坛期间同与会的东总理阿劳若举行双边会见。2016年5月，外交部部长助理孔铉佑访问东帝汶。2016年10月，东帝汶国务部长埃斯塔尼斯劳赴澳门出席中国—葡语国家经贸合作论坛第五届部长级会议。2017年5月，东前总统、前总理、规划与战略投资部长夏纳纳来华出席“一带一路”国际合作高峰论坛。同月，习近平主席特使、全国人大常委会副委员长张平赴东帝汶出席新总统卢奥洛就职仪式和东帝汶恢复独立15周年庆典。2018年10月，东国防部长菲洛梅诺来华出席第八届香山论坛。12月，东总理夫人伊莎贝尔参访浙江和湖南，出席中国援东短期职业技术培训班结业典礼。2019年4月，东帝汶前总统、前总理夏纳纳率团来华出席第二届“一带一路”国际合作高峰论坛。8月，王毅国务委员兼外长在曼谷出席东亚合作系列外长会期间同东帝汶外长巴博举行首次会晤。

2019年双边贸易额1.21亿美元，同比增长23.7%。其中我出口1.18亿美元，进口216万美元。2019年1—9月，中国企业对东投资441万美元，同比下降55.9%。在东新签工程承包合同额9.9亿美元，同比增长36倍；完成营业额1.5亿美元，同比下降33.7%。

两国政府签署了《贸易协定》和多项经济技术合作协定，建有中国和东帝汶经贸联委会，并于2016年3月举行首次会议。2010年7月，中方决定对东帝汶输华产品逐步实施零关税待遇。2017年3月，东正式成为亚洲基础设施投资银行成员国。5月，两国政府签署“一带一路”合作谅解备忘录。

中方支持东帝汶建设多个办公楼项目，向东帝汶赠送农机、渔具等物资，为东帝汶公务员提供培训。自2004年以来向东帝汶长期派遣医疗队(迄已派出8批次共约100名医生)来东开展诊治服务。中国特别关注东民生发展事业，援东杂交水稻示范种植、对虾养殖、农业合作产业园、玉米机械化种植、粮仓与粮食加工厂、饲料生产与加工、地面数字电视传输系统等项目陆续实施。2017年12月，中方“和平方舟”医院船首次访东开展医疗服务。中国积极参加联合国援东工作，自2000年以来共派遣民事警察和官员280余人次赴东参加联合国维和行动。此外，中国还多次向东提供粮食、安检设备、公务用车、救护车、慈善基金与物资、农机设备、选举物资及军用、警用物资等援助。

2008年9月，东政府向中国四川地震灾区捐款50万美元。

中国驻东帝汶大使：肖建国。馆址：Avenida de Portugal, Praia dos Coqueiros, Dili, Timor-Leste, P.O.Box 131。电话：00670-3312214(办公室)，3325169(签证、侨务)；传真：3325166。电子邮箱：

chinaembassytl@gmail.com。

东帝汶驻中国大使：桑托斯。馆址：北京市朝阳区东直门外大街23号东外外交办公大楼203B。邮政编码：100600。电话：010-85325457。

【同美国的关系】2002年5月20日建交。同年8月，两国签署关于美军免于引渡到国际刑事法院进行审判的豁免协议以及美军在东“军事地位”协议。2009年2月，东帝汶总统奥尔塔和古特雷斯副总理先后访美。2011年2月，东总理夏纳纳访美。2012年9月，美国务卿希拉里·克林顿访问东帝汶。两国海军多次举行代号为“鳄鱼”的联合演训，最近一次为2015年11月。2017年5月，美总统特使、副国务卿帮办帕特里克出席东总统卢奥洛就职仪式和东帝汶恢复独立15周年庆典。2018年11月，两国举行第九次国防和安全战略对话。2019年7月，7名美国会议员组团访东。8月，助理国务卿史迪威赴东出席东独立公投20周年庆典系列活动。

【同澳大利亚的关系】2002年5月20日建交。2010年6月，奥尔塔总统对澳进行国事访问。11月，奥尔塔总统再次访澳。2011年4月和10月，史密斯国防部长两次访东。2012年2月，夏纳纳总理访澳。5月，布莱斯总督出席东总统鲁瓦克就职仪式和恢复独立10周年庆典。12月，卡尔外长访东。2015年3月，规划与战略投资部长夏纳纳访澳。2017年5月，彼得总督出席东总统卢奥洛就职仪式和东帝汶恢复独立15周年庆典。2018年7月，毕晓普外长访东。2019年3月，菲洛梅诺防长访澳。6月，澳国防部负责国际政策的第一助理国务秘书杰弗里访东，开展双边防务对话。7月，国防军司令蒂穆尔赴澳观摩澳美两年一度的“2019护身腰刀”大规模联合军事演习。8月，莫里森总理访东并出席东独立公投20周年庆典系列活动，佩恩外长出席该庆典活动。

【同印尼的关系】2002年5月20日，梅加瓦蒂总统出席东帝汶独立庆典，7月两国建交。2008—2012年，夏纳纳总理连续出席五届“巴厘民主论坛”。2011年3月，夏纳纳总理访印尼并出席首届“雅加达国际防务对话会”。同月，科斯塔外长赴雅加达出席第五届印尼—东帝汶部际联席会议。11月，东总统奥尔塔与印尼总统苏希洛在巴厘岛举行会谈，两国人权部门签署关于延长落实“真相与友谊委员会”建议的谅解备忘录。2012年1月，夏纳纳总理访印尼。5月，苏希洛总统出席东总统鲁瓦克就职仪式和恢复独立10周年庆典，并对东进行正式访问。9月，古特雷斯外长访印尼。2015年8月，阿劳若总理访印尼。2016年1月，佐科总统访东帝汶。2017年5月，印尼总统特使、海洋统筹部长卢胡特出席东总统卢奥洛就职仪式和东帝汶恢复独立15周年庆典。2018年6月，卢奥洛总统访印尼。2019年8月，印尼总统特使、公共工程部部长巴苏基赴东出席东独立公投20周年庆典系列活动。

【同其他东盟国家的关系】与东盟各成员国均已建交，并于2011年3月递交加入东盟的正式申请。2009年1月，东帝汶政府东盟事务秘书处正式启用。2010年4月，东总统奥尔塔访柬埔寨、越南、泰国和新加坡。8月，新加坡外长杨荣文访东，缅甸外长吴年温访东。2011年1月，泰外长格实访东。3月，奥尔塔总统访柬。6月，东外长科斯塔访新、缅。7月，泰武装部队司令颂吉提访东。2012年2月，科斯塔外长访泰、老挝。11月，新外长尚穆根访东。12月，东盟秘书长素林访东。2013年4月，东总理夏纳纳访问泰国。6月，夏访问新加坡、菲律宾。9月夏访问越南、柬埔寨、老挝、缅甸。2015年8月，科埃略外长出席第22届东盟地区论坛并会见马来西亚、泰国外长。12月，科埃略外长访问菲律宾。2016年6月，东总理阿劳若赴马来西亚出席2016年世界经济论坛东盟峰会，其间同越南副总理郑廷勇举行会见。2017年5月，泰外长敦出席东总统卢奥洛就职仪式和东帝汶恢复独立15周年庆典。2018年1月，东外长奥雷利奥访新。9月，东外长巴博赴越南出席世界经济论坛东盟峰会，其间越总理阮春福同其会见。2019年3月，东举办“东加入东盟动员计划”启动仪式。8月，越南信息部长阮孟雄、新加坡国防部与外交部高级政务部长孟理齐赴东出席东独立公投20周年庆典系列活动。

【同日本的关系】2010年3月，东帝汶总统奥尔塔访问日本。2011年8月，日外务大臣政务官菊田真纪子访东。2012年1月，奥尔塔总统访日。3月，东总理夏纳纳和外长科斯塔先后访日。2015年7月，日本外务大臣政务官访东。2016年3月，鲁瓦克总统对日进行访问。6月，日本防卫大臣中谷元访东。10月，规划与战略投资部长夏纳纳访日并同日本首相安倍晋三会见。2017年5月，日本原防卫大臣中谷元出席东总统卢奥洛就职仪式和东帝汶恢复独立15周年庆典。2018年10月，河野太郎外相访东。2019年8月，外务大臣政务官兼众议院议员铃木宪和赴东出席东独立公投20周年庆典系列活动。

【同葡语国家的关系】东帝汶将自身定位为地处亚洲的葡语国家，同葡语国家共同体及其成员国关系是东外交重点之一，2002年8月加入葡语国家共同体（第八个成员国）。与原宗主国葡萄牙关系密切，两国于2002年5月20日建交。2010年10月，东总统奥尔塔访葡。2011年2月，东总理夏纳纳访巴西。3月，东外长科斯塔出席葡萄牙总统席尔瓦连任就职仪式。6—7月，奥尔塔总统访安哥拉、葡萄牙、佛得角。9月，夏纳纳总理访葡；同月，东举行第三届葡共体议会大会。12月，科斯塔外长访葡。2012年1月，佛得角总统丰塞卡对东进行国事访问。5月，葡总统席瓦尔对东进行国事访问。圣多美和普林西比总理帕德里斯访东。7月，东总统鲁瓦克赴莫桑比克出席葡共体第九次首脑峰会。2014—2016年，东担任葡共体轮值主席国。2014年7

月，东在首都帝力举办葡共体第十届峰会。2015年1月，东葡就教育领域达成合作协议。2015年3月，东担任葡萄牙语国家共同体商业联合会主席。7月，东外交部举办第20届葡共体部长理事会年会。2016年2月，第二届葡共体贸易部长会议、首届“葡共体环球经济论坛”在东帝汶举行。11月，鲁瓦克总统赴巴西利亚参加第11届葡共体峰会。2018年7月，巴博外长出席葡共体峰会外长会。10月，葡外交与合作国务秘书特蕾莎访东。2019年6月，东政府代表夏纳纳赴葡萄牙出席脆弱国家联盟（G7+）部长级会议。8月，葡议长罗德里格斯、防长若昂、第24任布拉干萨公爵杜瓦尔特赴东出席东独立公投20周年庆典系列活动。

【同太平洋岛国的关系】2010年5月，新西兰总督阿南德对东帝汶进行首次国事访问。6月，东外长科斯塔访新。2011年9月，东总理夏纳纳访新并出席太平洋岛国论坛。2012年5月，新总督迈特帕里出席东总统鲁瓦克就职典礼和恢复独立10周年庆典，并对东进行国事访问。9月，新外长麦卡利访东。同月，东外长古特雷斯出席在斐济召开的第三届太平洋国家领导人会议以及在库克群岛举行的第43届太平洋岛国领导人会议。2013年6月，东帝汶总统鲁瓦克访问新西兰。2014年6月，东国务秘书罗伯特出席第二届太平洋岛屿开发论坛。2016年3月，前总统奥尔塔访问新西兰。2019年8月，瓦努阿图总理萨维尔赴东出席东独立公投20周年庆典系列活动。

（罗婧莹）

菲律宾

国名　菲律宾共和国（Republic of the Philippines）。

面积　29.97万平方公里。

人口　1.08亿。马来族占全国人口的85%以上，包括他加禄人、伊洛戈人、邦邦牙人、维萨亚人和比科尔人等；少数民族及外来后裔有华人、阿拉伯人、印度人、西班牙人和美国人；还有为数不多的原住民。有70多种语言。国语是以他加禄语为基础的菲律宾语，英语为官方语言。国民约85%信奉天主教，4.9%信奉伊斯兰教，少数人信奉独立教和基督教新教，华人多信奉佛教，原住民多信奉原始宗教。

首都　大马尼拉市（Metro Manila），人口1288万（2015年10月）。年均气温28℃。

国家元首　总统罗德里戈·罗亚·杜特尔特（Rodrigo Roa Duterte），2016年6月就任。

重要节日　独立日（国庆）：6月12日；巴丹日（纪念二战阵亡战士）：4月9日；英雄节（纪念国父黎刹殉难）：12月30日；基督教主要节日（如圣诞节等）。

简　况

位于亚洲东南部。北隔巴士海峡与中国台湾省遥遥相对，南和西南隔苏拉威西海、巴拉巴克海峡与印度尼西亚、马来西亚相望，西濒南中国海，东临太平洋。共有大小岛屿7000多个，其中吕宋岛、棉兰老岛、萨马岛等11个主要岛屿占全国总面积的96%。海岸线长约1.85万公里。属季风型热带雨林气候，高温多雨，湿度大，台风多。年均气温27℃，年降水量2000—3000毫米。

14世纪前后，菲律宾出现了由土著部落和马来族移民构成的一些割据王国，其中最著名的是14世纪70年代兴起的苏禄王国。1521年，麦哲伦率领西班牙远征队到达菲律宾群岛。此后，西班牙逐步侵占菲律宾，并统治长达300多年。1898年6月12日，菲律宾宣告独立，成立菲律宾共和国。同年，美国依据对西班牙战争后签订的《巴黎条约》占领菲律宾。1942年，菲律宾被日本占领。二战结束后，菲律宾再次沦为美国殖民地。1946年7月4日，美国同意菲律宾独立。菲独立后，自由党和国民党轮流执政。1983年8月，反对党领导人贝尼尼奥·阿基诺被谋杀，导致政局动荡。1986年2月7日，菲提前举行总统选举，贝尼尼奥·阿基诺的夫人科拉松·阿基诺在民众、天主教会和军队的支持下出任总统。此后，拉莫斯和埃斯特拉达先后按宪制当选总统。2001年1月，埃斯特拉达因受贿丑闻被迫下台，副总统阿罗约继任总统。2004年6月，阿罗约当选总统。2010年6月，阿基诺三世就任菲第15届总统。

政　治

实行总统制。总统是国家元首、政府首脑兼武装部队总司令。2016年6月，民主人民力量党候选人杜特尔特就任菲第16届总统。杜特尔特总统主张打击犯罪、毒品、恐怖主义和腐败，重塑人民对政府的信任和信心，同菲律宾共产党、南部“摩洛伊斯兰解放阵线”等组织进行对话，促进国家团结和民族和解。除南部地区存在恐怖主义活动外，菲政局总体稳定。

【宪法】独立后共颁布过三部宪法。现行宪法于1987年2月2日由全民投票通过，由科拉松·阿基诺总统于同年2月11日宣布生效。该宪法规定：实行行政、立法、司法三权分立政体；总统拥有行政权，由选民直接选举产生，任期6年，不得连选连任；总统无权实施戒严法，无权解散国会，不得任意拘捕反对派；禁止军人干预政治；保障人权，取缔个人独裁统治；进行土地改革。杜特尔特上台后力推修宪议程，核心诉求是将菲政体改为联邦制，以此推动菲南部和平进程。

2019年初，菲南部穆斯林自治法案《棉兰老穆斯林邦萨摩洛自治区组织法》公投取得成功，南部和平进程和民族和解取得积极进展。

【议会】称国会。最高立法机构，由参众两院组成。参议院由24名议员组成，由全国直接选举产生，任期6年，每三年改选1/2，可连任两届。众议院由300余名议员组成，其中200名由各省、市按人口比例分配，从全国各选区选出；25名由参选获胜政党委派；另外25名由总统任命，另有部分界别党议员。众议员任期3年，可连任三届。第18届国会于2019年7月成立。现任参议长索托（Vicente Castelo Sotto III），众议长卡亚塔诺（Alan Peter Cayetano）。

【政府】本届政府于2016年6月组成。截至2019年5月，内阁成员33名：文官长萨尔瓦多·梅地亚尔蒂（Salvador Medialdea），外交部长特奥多罗·洛钦（Teodoro Lopez Locsin），财政部长卡洛斯·多明计斯（Carlos Dominguez III），司法部长门纳尔多·格瓦拉（ Menardo I. Guevarra），国防部长德尔芬·洛伦扎纳（Delfin Lorenzana），内务和地方政务部长艾多瓦多·阿尼奥（Eduardo Año），卫生部长弗朗西斯科·杜克（Francisco Duke），农业部长威廉·达尔（William Dar），公造部长马克·维拉（Mark Villar），信息和通讯技术部长格利高里奥·霍纳森（Gregorio B. Honasan），交通部长亚瑟·杜伽德（Arthur Tugade），教育部长莱奥诺·布瑞奥内斯（Leonor Briones），社会福利与发展部长罗兰多·包蒂斯塔（Rolando Joselito Delizo Bautista ），劳工与就业部长希尔维斯特·贝劳（Silvestre Bello III），预算与管理部长温德尔·阿维萨多（Wendel Eliot Avisado），科技部长方图纳托·德拉·皮纳（Fortunato de la Pena），土地改革部长约翰·卡斯特里西奥内斯（John R. Castriciones），环境与自然资源部长罗伊·西玛图（Roy Cimatu），旅游部长贝纳德特·罗慕洛·普娅特（Bernadette Romulo Puyat），贸工部长拉蒙·洛佩兹（Ramon Lopez），能源部长阿方索·库西（Alfonso Cusi），高等教育委员会主席普洛斯彼罗·德维拉（J. Prospero E. De Vera III），国家经济发展署署长厄内斯托·佩尼亚（Ernesto Penia），总统新闻部长马丁·安达纳尔（Martin Andanar），国家安全顾问赫莫基内斯·埃斯佩伦（Hermogenes Esperon），内阁事务部长卡洛·诺格拉莱斯（Karlo Alexei B. Nograles），总统发言人哈里·洛克（Harry Roque），总统特别助理昆汀（Jesus Melchor Quitain），穆斯林事务国家委员会主席亚思敏·布斯兰–劳（Yasmin Busran-lao），海外菲人委员会主席弗朗西斯科·阿科斯塔（Francisco P. Acosta），棉兰老发展署主席阿布·阿朗托（Abul Khayr Dangcal Alonto），国家减贫委员会主席诺埃尔·费龙可（Noel Felongco），和平进程顾问卡利托·加尔维兹（Carlito Galvez Jr. ）。

【行政区划】全国划分为吕宋、维萨亚和棉兰老三大部分，设有首都地区、科迪勒拉行政区、棉兰老穆斯林自治区等18个地区，下设81个省和117个市。

【司法机构】司法权属最高法院和各级法院。最高法院由1名首席法官和14名陪审法官组成，均由总统任命，拥有最高司法权；下设上诉法院、地方法院和市镇法院。现任首席大法官迪奥斯达多·佩拉尔塔（Diosdado M. Peralta）。检察工作由司法部检察长办公室负责，总检察长何塞·卡利达（Jose Calida）。

【政党和团体】有大小政党100余个，大多数为地方性小党。主要政党和团体有：

（1）民主人民力量党（PDP-LABAN）：执政党。成立于1982年，由前参议长阿奎里诺·皮门特尔二世为反对马科斯独裁政权创建而成，成员主要来自菲南部达沃市、卡加延省等地区。1983年，PDP-LABAN与前参议员阿基诺二世（前总统阿基诺三世之父）领导的人民力量党（PEOPLE POWER PARTY）结盟，成为第一次人民力量革命的主要政治力量之一。马科斯政权倒台后，该党正式定名为民主人民力量党（PDP-LABAN），并加入科拉松·阿基诺领导的执政联盟。1986年，PDP-LABAN内部分裂，皮门特尔二世领导的分支稳定发展，地方上力量主要集中于南部达沃地区。该党主席为现任总统杜特尔特，总裁为前参议长皮门特尔三世，秘书长为前众议长阿尔瓦雷兹。

（2）自由党（Liberal Party）：由菲第5任总统曼努埃尔·罗哈斯于1946年创立，早期成员主要是从菲国家主义党内分裂出来的自由派人士。20世纪70年代后期，该党在秘书长阿基诺的领导下，反对马科斯独裁统治，是推翻马科斯政权的主要力量之一。2001年阿罗约政府上台后，该党加入执政联盟，后又脱离执政联盟，并推选阿基诺三世参加2010年总统大选。阿最终以42%的得票率当选菲律宾第15任总统。2016年，该党候选人莱妮·罗布雷多当选菲律宾第16任副总统。现任党主席是前交通与通讯部长阿瓦亚，总裁是现任副总统莱妮·罗布雷多。

（3）基督教穆斯林民主力量党（LAKAS-CMD）：系前总统拉莫斯于1991年底创立，由人民力量党、全国基督教民主联盟、菲律宾穆斯林民主联盟、团结党等整合而成。主张实行两党制，通过修宪扩大地方政府权力，改革选举制度，将总统任期6年1届修改为4年1届，可连任两届；主张通过谈判实现民族和解，促进社会稳定。经济上重视农业发展，增加就业，扶助贫困，加快私有化进程；倡导经济外交，奉行开放政策。1992年该党在大选中获胜，成为执政党。1998年大选中败于菲律宾民众奋斗党联盟。2001年阿罗约就任总统后，该党成为执政联盟的核心。2002年10月针对2004年大选，该党对执政联盟进行再次整合改组。该党主席是费迪南德·马丁·罗穆亚尔德斯，总裁是参议员拉蒙·里维拉，前总统拉莫斯任名誉主席。

（4）民族主义人民联盟（Nationalist People's Coalition-NPC）：是前总统埃斯特拉达的执政联盟——民众奋斗党（LAMP）成员之一。2000年10月，埃被弹劾后，该党成为独立党派。现为众议院第二大党。该党支持修改宪法。为防止总统权力过大，主张实行议会制政体及实行两党制，支持加快国有企业私有化。该党领袖是许寰戈。

（5）摩洛民族解放阵线（Moro National Liberation Front）：简称"摩解"，南部穆斯林武装组织。1968年创立，旨在棉兰老地区建立独立的伊斯兰国家。1987年南部各省举行公投，建立由棉兰老岛四省组成的"棉兰老穆斯林自治区"（ARMM），密苏阿里任主席。1996年，政府与摩解达成和平协议。2001年，密苏阿里与阿罗约政府发生利益冲突，其支持者于11月在霍洛岛发动武装叛乱。政府迅速平叛，宣布密犯有叛乱罪。密潜逃至马来西亚沙巴，被马政府逮捕并于2002年1月引渡回菲。2007年2月，阿罗约总统下令执行与摩解的和平协议条款，希望通过和平、发展、多种信仰对话及国际合作实现与摩解的最终和解，解决菲南部冲突。

（6）摩洛伊斯兰解放阵线（Moro Islamic Liberation Front）：简称"摩伊解"，菲最大的穆斯林反政府组织。现有武装力量1.25万人，主要活跃在棉兰老岛。1978年，以哈希姆·萨拉马（Hashim Salamat）为首的强硬派从摩解脱离后建立。2003年萨拉马去世后，穆拉特（Al Hajj Murd Ebrahim）任主席。主张建立独立的伊斯兰国家，坚持武装斗争。摩伊解与政府虽多次签署停火协议，但均未能得到有效执行。2000年4月摩伊解与政府冲突升级为"全面战争"，摩伊解的营地被政府军全部攻占，其武装力量溃散后，继续以小股武装袭击政府军和民用设施。自2001年开始，阿罗约政府与摩伊解重开和谈，并曾签署停火协议与和平协议，但双方武装冲突仍时有发生。2003年，南部地区发生多起恐怖爆炸案件，政府认为是摩伊解所为，宣布通缉其主要领导人，威胁要将摩伊解列为恐怖组织。此后，在马来西亚协调下，双方进行多轮谈判，取得了一定进展。阿基诺总统主张同摩伊解等分离组织进行全面和谈，推动外国斡旋调停，促进国家团结和民族和解。2012年10月，菲律宾政府宣布与摩伊解达成框架和平协议，这标志着菲向着结束南部棉兰老地区持续多年的民族冲突迈出重要一步。2014年3月正式签署此和平协议。2019年《棉兰老穆斯林邦萨摩洛自治区组织法》公投通过后，菲成立"邦萨摩洛过渡署"（BTA），为成立"棉兰老穆斯林邦萨摩洛自治区"（BARMM）预作准备。摩伊解主席穆拉特被任命为BTA首席部长。

（7）菲律宾共产党（Communist Party of the Philippines）：成立于1930年，1967年发生分裂。1968年，在何塞·西逊（Jose Sison）主持下进行改组重建，此后发展迅速，20世纪80年代中期党员达到3万多人。主张通过武装斗争和建立统一战线，夺取国家政权。1969年，菲共在中吕宋建立新人民军，开展武装斗争。新人民军现有1.1万人。菲政府自1993年起与菲共领导的全国民主阵线举行和谈。双方时谈时战，迄今未达成实质性和平协议。"9·11"事件后，菲政府对新人民军采取了强硬措施，包括军事打击。2002年，菲政府将新人民军宣布为恐怖组织，并促使美国和欧盟也将新人民军列为国际恐怖组织，冻结其海外资产。菲共与政府关系破裂，双方和谈停顿。2004年2月和谈重启，但由于美国政府将菲共及其武装列入"恐怖组织"名单，导致谈判陷入停顿。2016年8月26日，菲总统杜特尔特派出和谈小组同菲共在奥斯陆达成十点共识，包括无限期停火、赦免政治犯、加快政治解决进程等。但由于双方立场差异较大且不时爆发冲突，和谈再度陷于停滞。

其他政党有民主行动党（Aksyon Demokratiko）、地方发展优先党（Promdi-Probinsiya Muna Development Initiative）、改革党（Reporma）、民主战斗党（LDP-Lanban ng Demokratikong Pilipino）、民族党（Nationalista Party）等。

【重要人物】罗德里戈·罗亚·杜特尔特：总统。1945年3月28日出生于菲律宾中部莱特省。1968年，毕业于菲律宾莱西亚姆大学政治学系，获学士学位。1972年获圣百达法学院法学学士学位，并于同年通过律师资格考试。1977—1986年任达沃市副市长，1988年当选达沃市市长，并于1992年、1995年两度连任。1998年当选达沃市议员。2001年再次当选达沃市长，于2004、2007年连任。2010年当选达沃市副市长。2013年当选达沃市市长，任期至2016年6月。2016年5月，当选菲律宾第16任总统，并于6月30日就任，任期至2022年。　**莱妮·罗布雷多**：副总统。1964年4月23日出生于菲律宾南卡马里内斯省纳卡市。1982年考入菲律宾大学迪里曼学院攻读经济学专业，1986年获经济学学士学位，同年进入努埃瓦·卡塞雷斯大学攻读法学专业，1992年获法学学士学位。1986—1996年在比科尔流域发展项目办公室工作。1987年与杰西·罗布雷多（Jesse Robredo，中文名林炳智，2012年遭遇空难逝世）结婚（两人育有三女）。1996年通过司法考试，随后进入司法部下属的公共检察官办公室任法律顾问、律师。2005年加入自由党并任南卡马里内斯选区主席。2013年5月当选众议员。2016年5月当选菲第16任副总统。

经　济

出口导向型经济，对外部市场依赖较大。第三产业在国民经济中地位突出，农业和制造业也占相当比重。20世纪60年代后期采取开放政策，积极吸引外资，经济发展取得显著成效。80年代后，受西方经济衰退和自身政局动荡影响，经济发展明显放缓。90年代初，拉莫斯政府采取一系列振兴经济措施，经济开始全面复苏，并保持较高增长速度。1997年爆发的亚洲金融危机对菲冲击不大，但其经济增速再度放缓。杜特尔特总统执政后，加大对基础设施建设和农业的投入，推进税制改革，经济保持高速增长，但也面临通货膨胀高企、政府财力不足、腐败严重影响经济等问题。主要经济数据如下：

国内生产总值：3546亿美元（2019年）。

人均国内生产总值：约3262美元（2019年）。

国内生产总值增长率：5.9%（2019年）。

货币名称：比索（Peso）。

汇率：1美元≈52比索（2019年12月）。

通货膨胀率：5.2%（2018年）。

【资源】主要矿产资源有铜、金、银、铁、铬、镍等20余种。铜蕴藏量约48亿吨、镍10.9亿吨、金1.36亿吨。地热资源预计有20.9亿桶原油标准能源。巴拉望岛西北部海域有石油储量约3.5亿桶。

【工业】2016年工业产值为939.88亿美元，同比增长8.5%。其中，矿业、制造业、建筑业和电力能源产值分别为24.07亿美元、598.93亿美元、220.98亿美元和95.9亿美元，占GDP比分别为0.7%、16.3%、6%和2.6%。

【农业】2016年农林渔业产值为294.23亿美元，占GDP的8.0%。其中农林业产值255.33亿美元，占GDP的7%；渔业产值38.9亿美元，占GDP的1%。主要出口产品为：椰子油、香蕉、鱼和虾、糖及糖制品、椰丝、菠萝和菠萝汁、未加工烟草、天然橡胶、椰子粉粕和海藻。

森林面积1579万公顷，覆盖率达53%。有乌木、檀木等名贵木材。

水产资源丰富，鱼类品种达2400多种，金枪鱼资源居世界前列。已开发的海水、淡水鱼场面积2080平方公里。

【服务业】2016年服务业产值约为7.85万亿比索，比上年增长8.1%。占国内生产总值的59.1%。菲律宾是全球主要劳务输出国之一，在海外工作的劳工有1000多万。2016年菲海外劳工汇款达269亿美元，同比增长5%，占GDP的7.3%。

【旅游业】外汇收入重要来源之一。主要旅游点有：百胜滩、蓝色港湾、碧瑶市、马荣火山、伊富高省原始梯田等。

【交通运输】以公路和海运为主。铁路不发达，集中在吕宋岛。航空运输主要由菲律宾航空公司等航运企业经营，全国各主要岛屿间都有航班。

铁路：总长1200公里。

公路：总长约21.6万公里。客运量占全国运输总量的90%，货运量占全国运输货运量的65%。

水运：总长3219公里。全国共有大小港口数百个，商船千余艘。主要港口为马尼拉、宿务、怡朗、三宝颜等。

空运：各类机场共203个。国内航线遍及40多个城市，与30多个国家签订了国际航运协定。主要机场有首都马尼拉的尼诺·阿基诺国际机场、宿务市的马克丹国际机场和达沃机场等。（资料来源：菲国家铁路、陆地运输办公室、海洋工业局、菲律宾航空公司）

【财政金融】2016年，菲律宾财政收入462.3亿美元，同比增长4.12%。财政支出536.7亿美元，同比增长14.3%。财政赤字74.4亿美元，占GDP的2.4%。截至2017年底，外汇储备为814.7亿美元。2016年外债总额为453.89亿美元，占GDP的14.74%。（资料来源：财政部、菲律宾中央银行）

主要银行有：首都银行，资产额155亿美元；菲岛银行，资产额138亿美元。

【对外贸易】与150个国家有贸易关系。据菲统计署统计，2018年菲律宾货物进出口贸易总额1764.16亿美元，同比增长7%。其中出口额674.88亿美元，同比下降1.8%；进口额1089.28亿美元，同比增长13.4%。中国、日本、美国、韩国、中国香港是菲律宾前五大贸易伙伴。近年来，菲政府积极发展对外贸易，促进出口商品多样化和外贸市场多元化，进出口商品结构发生显著变化。非传统出口商品如成衣、电子产品、工艺品、家具、化肥等的出口额，已赶超矿产、原材料等传统商品出口额。

【外国资本】根据菲律宾财政部及央行公布的数据，2018年菲律宾吸收外国直接投资净流入98亿美元，主要来自新加坡、中国香港、日本、中国内地和美国，主要流向制造业、金融和保险业、房地产、服务业、能源等行业。

【外国援助】据菲方统计，2017年菲律宾获得外国官方发展援助总额143.4亿美元，日本、世界银行、亚洲开发银行、美国、澳大利亚为前五位援助国。

人民生活

据国家统计办公室、卫生部、劳工部2009年统计，菲律宾家庭年均收入20.6万比索。近年来，人民生活水平提高较慢，2012年6月贫困家庭比率为27.9%。2012年消费品价格指数同比上涨2.8%。人均寿命70岁，人口出生率1.9%。

军　事

1901年建立保安队。1936年以保安队为基础建立陆军。1946年以陆军为基础建立国防军，分海陆空和保安4个军种。1950年4月19日正式改称菲律宾武装部队，并将3月22日（1897年菲反抗西班牙殖民统治成立革命政府的日期）定为建军节。总统是最高统帅。武装部队司令部为三军最高指挥机构，总参谋长是最高军事指挥官。国防部是三军行政管理机构。现任国防部长德尔芬·洛伦扎纳（Delfin Lorenzana），武装部队总参谋长诺埃尔·克莱门特（Noel Clement）。实行志愿兵役制，服役期3年以上。

菲武装力量由正规军、预备役和准军事部队组成，其中正规军总兵力12.7万人。陆军8.6万人，共辖10个步兵师、1个轻型装甲师、5个工兵旅等。海军2.3万人，共辖舰队—陆战队待机部队、北吕宋、南吕宋、西部、中部、东棉兰老、西棉兰老7个海军部队。空军1.8万人，共辖3个空军师、8个作战/支援联队等。

国家警察部队于1991年1月正式组建，隶属于内务与地方政府部。总兵力9.55万人，是仅次于菲武装部队的准军事力量，在各地区、省、县、市、镇均设有国警指挥部和警察局。现任代理警察总监亚奇·甘博亚（Archie Gamboa）。

文化教育

【教育】宪法规定，中小学实行义务教育。政府重视教育，鼓励私人办学，为私立学校提供长期低息贷款，并免征财产税。初、中等教育以政府办学为主。截至2006年，全国共有中、小学4.43万所，小学生入学率达91%，中学生入学率60%。高等教育主要由私人控制。全国共有高等教育机构1599所，在校生约244万人。著名高等院校有菲律宾大学、雅典耀大学、德拉萨大学和阿特尼奥大学等。

【新闻出版】主要英文日报:《马尼拉公报》《菲律宾星报》《菲律宾每日问询者报》《每日论坛报》《马尼拉时报》《马尼拉标准报》《商业世界报》《商业镜报》《马拉亚商业观察报》。菲文日报:《前进报》。华文日报:《世界日报》《菲律宾商报》《菲华日报》《联合日报》和《菲律宾华报》。

总统府新闻部：前身为总统府新闻办公室，负责制定国家媒体政策，发布政府信息，运营国有媒体，与菲私营媒体界保持沟通和引导，并对驻菲外国媒体和通讯机构进行注册和管理。其下属主要新闻单位如下：

菲律宾通讯社：官方通讯社，成立于1973年3月1日。与中国、马来西亚、印尼、泰国、巴基斯坦、日本等15个国家和地区的通讯社建有新闻交换关系，与美联社、路透社均有工作联系。

人民电视台：前身为1974年创办的菲律宾政府电视台，经费来源为政府财政拨款和经营收入。主要为政府发声，播出新闻和公共信息类节目、纪录片等。

国家广播电台：为菲历史最为悠久的电台之一，覆盖全国主要城市。

新闻组织有全国新闻记者俱乐部、新闻摄影家协会、外国记者协会、出版者协会等。全国有257家出版机构。

全国有629家广播电台，其中商业电台488家，非商业电台51家，其中包括32家政府台、10家宗教台和7家教育台。137家电视台，其中广播局和人民电视台属官方性质，其余均为私人所有。菲广播电台、电视台使用的语言主要是英语、菲律宾语和华语。

对外关系

奉行独立的外交政策，迄已同126个国家建交。对外政策目标是：确保国家安全、主权和领土完整；推动社会发展，保持菲律宾在全球的竞争力；保障菲海外公民权益；提升菲律宾国际形象；与各国发展互利关系。

【同中国的关系】1975年6月9日建交。近年，胡锦涛主席（2005年）、温家宝总理（2007年）、贾庆林政协主席（2009年）、李克强总理（2017年）、习近平主席（2018年）先后访菲。阿罗约总统（任期内9次访华）、阿基诺三世总统（2011年）、杜特尔特总统（2016年、2017年、2018年、2019年）先后访华。

2016年以来，双边重要互访和会见主要有：2016年10月，菲律宾总统杜特尔特对华进行国事访问。11月，习近平主席在秘鲁亚太经合组织领导人第25次非正式会议期间同杜特尔特举行双边会见。2017年3月，国务院副总理汪洋访问菲律宾。5月，菲律宾总统杜特尔特来华出席“一带一路”国际合作高峰论坛。11月，习近平主席在越南亚太经合组织领导人第26次非正式会议期间同菲律宾总统杜特尔特举行双边会见。同月，李克强总理赴菲律宾出席东亚合作领导人系列会议并对菲律宾进行正式访问。2018年4月，菲律宾总统杜特尔特来华出席博鳌亚洲论坛2018年年会。其间，习近平主席同其举行双边会见。9月，全国人大常委会副委员长吉炳轩访问菲律宾。10月，国务委员兼外交部部长王毅访问菲律宾。11月，习近平主席对菲律宾进行国事访问。2019年4月，杜特尔特总统来华出席第二届“一带一路”国际合作高峰论坛，习近平主席、李克强总理分别同其会见。8月，杜特尔特总统来华访问，习近平主席、李克强总理、王岐山副主席分别同其会谈会见。10月，胡春华副总理访问菲律宾。

2019年，双边贸易额609.5亿美元，同比增长9.5%，其中中国出口额407.5亿美元，增长16.3%，进口额202亿美元。据菲方统计，2018年中国对菲投资487亿元人民币，同比增长83倍。

中国驻菲律宾共和国大使：黄溪连。馆址：4896 Pasay Road, Dasmarinas Village, Makati, Metro Manila Philippines。电话：00632-8443148；传真：8452465。电子信箱：chinaemb_ph@mfa.gov.cn。经商处电话：00632-8195991；传真：8184553。签证处电话：00632-8482396；传真：8482460。

菲律宾驻华大使：何塞·圣地亚哥·罗马纳（Jose Santiago L. Sta. Romana）。馆址：北京市朝阳区建国门外秀水北街23号。电话：010-65321872，65322518，65322451。

【同美国的关系】菲律宾曾是美殖民地，系美传统盟友，同美在各方面保持密切联系。两国签有共同防御条约和共同防御援助协议。1991年菲参议院废除了菲美军事基地协定，结束了美在菲长达93年的驻军。1998年两国签署《访问部队协定》。该协定使得美军重返菲律宾，两国恢复大规模联合军事演习。“9·11”事件使菲美军事合作得到明显加强。杜特尔特上任后采取独立自主外交政策，改变前任政府在外交上对美“一边倒”政策，同美拉开距离。特朗普政府上台后，菲美关系回暖，特别是防务合作进一步深化。2016年8月，美国国务卿克里访问菲律宾。2017年11月，美国总统特朗普赴菲律宾出席东亚合作领导人系列会议。2019年2月，美国国务卿蓬佩奥访问菲律宾。2020年2月，菲方宣布终止菲美《访问部队协议》。

美是菲第二大官方援助国和第二大贸易伙伴。截至目前，美在菲能源和电力领域累计投资超过20亿美元。2016年，美是菲第三大游客来源国，年赴菲游客达50万人次。美也是菲最大的劳务输出国，在美菲籍劳工和侨民达300万。

【同日本的关系】1956年7月建交。菲律宾积极支持日本在国际事务中发挥与其经济影响相称的政治作用。日本是菲最大援助国和最大贸易伙伴。2008年10月，菲参议院审议通过菲日2006年签署的经济伙伴关系协议。2014年6月，阿基诺三世访问日本。2016年1月，日本明仁天皇、美智子皇后访问菲律宾。2016年8月，日本外相岸田文雄访问菲律宾。10月，菲律宾总统杜特尔特访问日本。2017年10月，菲律宾总统杜特尔特再次访问日本。2018年11月，日本首相安倍晋三访菲。2019年10月，菲律宾总统杜特尔特出席日本德仁天皇即位庆典。

【同东盟国家的关系】菲律宾将发展同东盟其他国家的关系列为对外政策的重点方向，以东盟为依托发挥自身在地区和国际事务中的作用。菲积极参与和推动东盟内部各项合作及经济一体化进程，2017年担任东盟轮值主席国。2018年8月起担任中国—东盟关系协调国，任期3年。

与马来西亚往来较为密切，双方在沙巴领土主权问题上存在争议。近年来，马为菲政府和摩洛伊斯兰解放阵线和谈积极提供协助。2012年10月，马来西亚总理纳吉布访问菲律宾。2014年2月，阿基诺三世访问马来西亚。3月，马来西亚总理纳吉布访问菲律宾。2016年11月，菲律宾总统杜特尔特访问马来西亚。2019年3月，马来西亚总理马哈蒂尔访问菲律宾。

与泰国关系良好。两国1993年成立以外长为主席的双边联委会。1999年，双方成立贸易联委会机制。2012年1月，泰国总理英拉访问菲律宾。

与印度尼西亚在反恐、打击跨国犯罪、划分海域边界、加强经贸投资以及联合国改革等问题上合作顺利。2011年3月，阿基诺三世访问印尼。2014年5月，印尼总统苏希洛访问菲律宾。2015年2月，印尼总统佐科访问菲律宾。2016年9月，菲律宾总统杜特尔特访问印尼。

与新加坡关系良好。新是菲第四大贸易伙伴和重要游客来源国。2011年3月，阿基诺三世访问新加坡。2014年4月，新加坡总统陈庆炎访问菲律宾。2016年12月，菲律宾总统杜特尔特访问新加坡。

与文莱、越南、老挝、柬埔寨和缅甸等东盟国家关系良好，各领域往来交流与互利合作不断发展。

（孔瑞）

格鲁吉亚

国名　格鲁吉亚（Georgia）。

面积　6.97万平方公里。

人口　371.69万（截至2020年1月），其中格鲁吉亚族占总人口86.8%，阿塞拜疆族占6.3%，亚美尼亚族占4.5%，俄罗斯族占0.7%。此外还有奥塞梯族、阿布哈兹族、希腊族、乌克兰族、犹太族等。格鲁吉亚语为官方语言，居民多通晓俄语。多数居民信奉东正教，少数信奉伊斯兰教。

首都　第比利斯（Tbilisi），人口114.07万（截至2020年1月），年平均气温12.8℃。

国家元首　总统萨洛梅·祖拉比什维利（Salome Zourabichvili），2018年12月16日就职。

重要节日　新年：1月1日；圣诞节：1月7日；旧历新年：1月14日；主显节：1月19日；母亲节：3月3日；国际妇女节：3月8日；民族团结日：4月9日；反法西斯胜利日：5月9日；圣安德鲁节：5月12日；独立日（国庆日）：5月26日；圣母节：8月28日；姆茨赫托巴节（姆茨赫塔系格古都，此为奠基纪念日）：10月14日；圣乔治节（圣乔治为格保护神）：11月23日。

简　况　位于南高加索中西部。北接俄罗斯，东南和南部分别与阿塞拜疆和亚美尼亚相邻，西南与土耳其接壤，西邻黑海。海岸线长309公里。部分地区属高山气候，西部属亚热带地中海气候。1月平均气温3℃—7℃，8月平均气温23℃—26℃。

公元前6世纪，在现格鲁吉亚境内建立了奴隶制的科尔希达王国。公元4至6世纪，建立封建国家。公元337年起，信奉基督教。公元6至10世纪，基本形成格鲁吉亚族。公元8至9世纪，初建立卡赫齐亚、爱列京、陶–克拉尔哲季封建公国和阿布哈兹王国。19世纪初，格鲁吉亚被沙皇俄国兼并。1921年2月25日，成立格鲁吉亚苏维埃社会主义共和国；12月，阿布哈兹苏维埃社会主义共和国加入格鲁吉亚（1931年2月以后，改为苏维埃社会主义自治共和国）。1922年3月12日，格鲁吉亚加入外高加索苏维埃社会主义联邦共和国；12月，作为该联邦成员加入苏联。1936年12月5日，格鲁吉亚苏维埃社会主义共和国正式成为苏联加盟共和国。1990年11月4日，发表独立宣言，改国名为“格鲁吉亚共和国”。1991年4月9日，正式宣布独立；5月26日，“自由格鲁吉亚圆桌会议”领导人加姆萨胡尔季阿当选格首任总统，后于1992年1月被推翻。1992年3月11日，苏联外长谢瓦尔德纳泽被任命为国务委员会主席，11月被任命为国家元首。1995年8月24日，定国名为“格鲁吉亚”。2003年11月，发生“玫瑰革命”，萨卡什维利在随后举行的选举中当选总统，2008年获得连选连任。2012年10月，反对党“格鲁吉亚梦想”联盟在议会大选中以54.97%的得票率获胜。2013年10月，“格鲁吉亚梦想”联盟候选人马尔格韦拉什维利赢得格总统大选。2014年7月，“格鲁吉亚梦想”联盟赢得格地方选举。2016年11月，“格鲁吉亚梦想—民主格鲁吉亚”党在议会大选中获胜，单独组阁成立新政府。2017年10月，“格鲁吉亚梦想—民主格鲁吉亚”党在地方选举中再次大获全胜，赢得包括首都第比利斯在内的全国64个行政区大部分行政长官职位和地方议会大多数议席。2018年10月，格鲁吉亚举行总统选举，经过两轮角逐，“格鲁吉亚梦想—民主格鲁吉亚”党支持的独立候选人祖拉比什维利获胜，于12月16日正式履任格第五任总统。

政 治

2012年议会选举后，“格鲁吉亚梦想—民主格鲁吉亚”党主席伊万尼什维利担任政府总理。2013年11月，伊万尼什维利辞去政府总理和“格鲁吉亚梦想—民主格鲁吉亚”党主席职务，指定由加里巴什维利接任，后获议会批准。2015年12月，加里巴什维利宣布辞去总理职务，副总理兼外长克维里卡什维利被“格鲁吉亚梦想—民主格鲁吉亚”党提名为总理，并于2016年5月当选“格鲁吉亚梦想—民主格鲁吉亚”党主席。2018年5月，克维里卡什维利宣布辞去“格鲁吉亚梦想—民主格鲁吉亚”党主席职务，邀请伊万尼什维利复任党主席；6月，克维里卡什维利辞去总理职务，“格鲁吉亚梦想—民主格鲁吉亚”党提名时任财政部长巴赫塔泽接任总理。2019年9月，巴赫塔泽宣布辞去总理职务，时任副总理兼内务部长加哈里亚接任总理。格鲁吉亚将于2020年10月31日举行议会选举。

【宪法】格鲁吉亚独立后实行立法、司法、行政三权分立制度。首部宪法于1995年8月24日通过。2004年2月17日，格议会通过“关于组建内阁”宪法修正案，规定格为总统制三权分立国家。2010年9月26日，格议会通过宪法修正案，实行总统与总理之间相对均衡的权力分配，改行议会总统制。总统和议会仍由投票方式直接选举产生。总统是名义的国家元首兼武装力量最高统帅，总理由议会提名，其他内阁成员由总理提名，报议会和总统批准。新宪法于2013年总统选举后正式生效。2016年11月，“格鲁吉亚梦想—民主格鲁吉亚”党在议会选举中赢得议会宪法多数后，即成立宪法改革委员会推动修宪。2017年9月，格议会以117票赞成2票反对三读通过宪法修正案，主要内容包括议会选举由比例制和选区制混合改为完全比例制、不允许组建政治联盟参选、2024年取消总统全民直选等，进一步扩大执政党权力，引发时任总统马尔格韦拉什维利和反对派的激烈反对。尽管马尔格韦拉什维利总统否决了宪法修正案，反对派议员缺席投票，格议会仍于11月13日以117票赞成7票反对投票推翻总统否决，通过宪法修正案。此后，格议会根据威尼斯宪法委员会建议对宪法修正案进行微调，并于2018年3月23日三读通过。新宪法已于2018年12月16日祖拉比什维利就任总统之日起正式生效，标志着格政体从总统议会制转型为议会制。

【议会】议会是格鲁吉亚最高立法机构，实行一院制，共150个议席。本届议会系格第九届议会，于2016年10月29日选举产生，任期4年，伊拉克利·科巴希泽当选议长。150个议席通过混合制选举产生，其中比例制77席，选区制73席。“格鲁吉亚梦想—民主格鲁吉亚”党占115席，为议会多数派；“欧洲格鲁吉亚”党占21席，为议会少数派；“统一民族运动”党占6席，爱国者联盟占6席，另有2席为无党派独立议员。本届议会设议长、7名副议长、15个专门委员会，现有14个党团。2019年6月21日，科巴希泽辞去议长职务，“格鲁吉亚梦想—民主格鲁吉亚”党提名议会多数派领袖阿契尔·塔拉克瓦泽（Archil Talakvadze）为议长候选人；6月25日，塔拉克瓦泽正式出任议长。

2019年初以来，“格鲁吉亚梦想—民主格鲁吉亚”党多名议员陆续退党，致使该党所占议席降至全部议席3/4以下，失去宪法多数地位。截至2020年5月，“格鲁吉亚梦想—民主格鲁吉亚”党拥有95个议席。“统一民族运动”党、“欧洲格鲁吉亚”党等反对派强烈要求进行选举制度改革，以全比例制举行2020年议会选举。2020年3月8日，“格鲁吉亚梦想—民主格鲁吉亚”党与30多个反对党就选举制度改革方案初步达成一致并签署备忘录，商定按照120/30比例进行议会选举（即比例制选举产生120个议席，选区制产生30个议席），议会门槛降为1%得票率，多数派门槛为40%得票率。格议会将以此为基础制定宪法修正案并进行投票表决。

【政府】本届政府于2019年9月组建，乔治·加哈里亚（Giorgi Gakharia）任总理。政府其他主要成员为：副总理兼基础设施和地区发展部长玛雅·茨基季什维利（Maya Tskitishvili），副总理兼司法部长捷娅·楚卢基阿尼（Tea Tsulukiani），内务部长瓦赫唐·戈梅拉乌里（Vakhtang Gomelauri），国防部长伊拉克利·加里巴什维利（Irakli Garibashvili），经济和可持续发展部长娜提娅·图尔纳瓦（Natia Turnava），外交部长大卫·扎尔卡利亚尼（David Zalkaliani），财政部长伊万·马恰瓦里亚尼（Ivane Matchavariani），教育、科学、文化、体育部长米哈伊尔·齐亨克利（Mikheil Chkhenkeli），被占领地区难民安置、劳动、卫生、社会事务部长叶卡捷琳娜·季卡拉泽（Ekaterine Tikaradze），环境保护和农业部长列万·达维塔什维利（Levan Davitashvili），和解与公民平等事务国务部长（暂无）。

【司法机构】格鲁吉亚司法独立，设宪法法院、最高法院、总检察院、监察院。最高法院至少由28名法官组成，由格最高司法委员会推荐并经议会投票选举产生，任期10年。最高法院院长是尼诺·卡达吉泽（Nino Kadagidze）。宪法法院有9名法官，总统、议会和最高法院各任命3人，任期10年，现任宪法法院院长是扎扎·塔瓦泽（Zaza Tavadze）。格不设专门和特别法院，战争期间可设军事法院。总检察长由检察委员会提名并经议会批准，任期6年。现任总检察长为伊拉克利·绍塔泽（Irakli Shotadze）。

【行政区划】格鲁吉亚全国由首都第比利斯、9个州（古利亚、拉恰—列其呼米和下斯瓦涅季亚、萨梅格列罗—上斯瓦涅季亚、伊梅列季、卡赫季、姆茨赫塔—姆季阿涅季、萨姆茨赫—扎瓦赫季、克维莫—卡尔特里、什达—卡尔特里）、1个自治州（南奥塞梯）、2个自治共和国（阿扎尔、阿布哈兹）组成。

【政党】目前在格鲁吉亚司法部登记的政党有200多个，其中较有影响的有：

（1）“格鲁吉亚梦想—民主格鲁吉亚”党（Georgian Dream–Democratic Georgia）：执政党，由格首富伊万尼什维利于2011年10月创立。主张复兴农业，实行减免税收等惠民政策，为格公民提供基本医疗保险，在外交方面继续融入欧盟和北约，与俄罗斯实现关系正常化也同样重要。现任党主席为伊万尼什维利，第比利斯市市长卡拉泽任总书记。

（2）“自由运动—欧洲格鲁吉亚”党（Movement for Freedom–European Georgia）：议会内反对党，成立于1999年5月。2016年，与“统一民族运动”党联合参加议会选举。2017年1月，“统一民族运动”党发生分裂，党总书记巴克拉泽率多名议员加入“欧洲格鲁吉亚”党并任党主席，在格议会占据21席。党主席巴克拉泽参加2018年总统选举，获10.97%选票。

（3）“统一民族运动”党（United National Movement）：前执政党，现议会内反对党，由萨卡什维利于2001年创立。主张通过激进方式进行国家改革，全面接受美式民主模式，实行三权分立，严惩腐败，打击影子经济，鼓励发展中小企业，提高退休金和社会福利水平，对外谋求加入北约与欧盟，目标是通过捍卫自由、发展、民主等价值观，建立一个强大的格鲁吉亚。在2016年议会选举中获27席，2017年分裂后仅保留6席。该党于2018年联合其他10个小党派组建政治联盟“团结就是力量”，推举该党政治委员会委员瓦沙泽竞选总统。由于无候选人在总统选举首轮投票中得票过半，得票数最高的祖拉比什维利和瓦沙泽进入第二轮角逐。瓦沙泽在第二轮投票中以微弱劣势败选。2019年3月24日，萨卡什维利宣布辞去担任党主席，瓦沙泽接任党主席。

（4）“爱国者联盟”（Alliance of Patriots）：议会内反对党。由曼扎维泽于2012年创立。旨在反对时任执政党“统一民族运动”党。在2014年地方选举中获得4.6%选票，超过4%规定门槛，获得国家财政拨款。主张与俄罗斯积极开展接触和谈判，该党议员曾多次访俄，主张防范土耳其侵略，呼吁中止格欧自贸协定，认为格加入北约进程十分漫长，“入约”前景不明。党总书记为伊尔玛·伊纳什维利。该党与“自由格鲁吉亚”党、自由党、“传统主义者”党、“新基督教民主党人”党、“司法老兵与退伍军人政治运动”党联合参加2016年议会选举，赢得6个议席。后吸纳从“格鲁吉亚梦想—民主格鲁吉亚”党团中退出的社会民主党议席，组建“爱国者联盟—保守党”党团，占据7个议席。

（5）共和党人党（Republican Party）：成立于1978年5月21日。为中右翼保守自由主义政党。成立时系未经苏联政府批准的“非法”组织。主要致力于争取恢复格独立，保障人权，实行市场经济，主张政治多元化、自由民主化，支持言论自由和市场经济。2003年，与萨卡什维利共同参与“玫瑰革命”。2008—2012年，为议会内温和反对派。2012年，加入“格鲁吉亚梦想”执政联盟并进入议会，时任党主席乌苏帕什维利担任议长。之后乌苏帕什维利离开该党并组建“建设运动”党。在2016年的议会选举中，共和党人党未获得超过4%的选票，成为议会外反对党。现任党主席为哈图娜·萨姆尼泽。

（6）保守党（Conservative Party）：成立于2001年。为中右翼民族主义政党。2004年前曾是萨卡什维利盟友。主张恢复格国家传统，保护格语，实行法官和地区长官直选。现任党主席为兹维亚德·基吉古利。2016年，加入“格鲁吉亚梦想—民主格鲁吉亚”党阵营参加议会选举，赢得6席并组建“格鲁吉亚梦想—保守”党团。2019年11月，基吉古利宣布率2名议员脱离“格鲁吉亚梦想—保守”党团成为独立议员，该党团剩余3名议员留任。

（7）“民主运动—统一的格鲁吉亚”党（Democratic Movement–United Georgia）：成立于2008年11月28日。党主席为谢瓦尔德纳泽和萨卡什维利时期两度担任议长并曾任代总统的尼诺·布尔贾纳泽。对内主张进行更大规模的政治和经济改革，呼吁保护个人自由，建设公正的法制体系，限制政府权力，保障言论自由，对外主张同时与俄罗斯和欧盟保持密切关系，实现格领土完整。

（8）“新右翼”党（New Rights）：成立于2001年6月15日。党主席为加姆克列利泽。拥护者主要来自中小知识分子阶层和妇女及青少年。资金来源主要依靠中小企业主赞助。政治上主张保护个人自由，限制政府权力，保障法治和私产，反对通过街头运动推翻政府，经济上奉行自由主义，主张为企业和个人创造平等机会，保护中小企业发展，推动格农村建设，主张和平解决阿布哈兹和南奥塞梯问题，视美国为战略盟友。

（9）工党（Labour Party）：成立于1995年。党主席为纳捷拉什维利，党总书记为沙特别拉什维利。现有成员22万人，在格各大城市和地区都有党分支机构。2005年1月，工党发生分裂，部分党员宣布成立名为“工党民族委员会”的新政党，放弃与“统一民族运动”党全面对抗的纲领。主张民主、公正，保护人权与自由贸易，强调社会保障，呼吁实行免费教育和公共服务，支持格加入欧盟。

（10）“松果”党（New Political Center–Girchi）：2015年从“统一民族运动”党脱离组建，党主席为雅各·赫维恰。党的名称来源于党徽绿色松果图案，象征着新潮和绿色。主张人权和自由，呼吁政府放松烟草、酒精管控，主张吸食大麻合法化。该党领袖之一祖拉布·贾帕里泽参加2018年总统选举，获2.26%选票。

（11）Lelo政治联盟：成立于2019年。党主席马穆卡·哈扎拉泽系格最大商业银行TBC银行创始人，格前议长、“建设运动”党创始人乌苏帕什维利任党政治委员会主席。政治上主张以人为本、民主和公正，保护公民权利，强调每位公民均享有实现自我发展的机会，主张解决阿布哈兹、南奥塞梯问题，致力于实现经济全面增长。

【重要人物】萨洛梅·祖拉比什维利：总统。女，1952年3月18日出生于法国巴黎。第三代法籍格侨。毕业于巴黎政治学院和美国哥伦比亚大学。1974年，进入法国外交部工作，之后在法国多个驻外机构工作。2003年，被任命为法国驻格鲁吉亚大使。2004年3月，被时任格总统萨卡什维利任命为格外长，任内积极推动格议会通过决议，启动俄罗斯军事基地撤出格境进程。2005年10月，被免去外长职务，此后创建反对党“祖拉比什维利社会运动”，次年更名为“格鲁吉亚道路”党。2010年，宣布退出格政坛。2010—2015年，任联合国安理会伊朗问题观察专家组负责人。2016年，重返格政坛并以独立候选人身份当选议员。在2018年总统选举中，经过两轮角逐赢得选举，并于12月16日正式就职。懂法语、俄语、英语、德语、意大利语。已婚，有两名子女。　**乔治·加哈里亚**：总理。男，1975年3月19日出生于格鲁吉亚第比利斯。毕业于第比利斯国立大学历史系，后获莫斯科国立大学政治学硕士学位和工商管理学院MBA学位。2004—2008年，任俄罗斯SFK集团总经理。2006—2009年，任莫斯科国立大学讲师。2008—2013年，任德国汉莎航空服务控股集团区域总经理。2013—2016年，任格商业巡视专员。2014—2016年，任格总理经济顾问兼经济委员会秘书。2016年11月，被任命为格经济与可持续发展部部长。2017年11月，被任命为副总理兼内务部部长。2019年9月3日，被提名为总理候选人，9月8日正式就职。懂英语、俄语。已婚，有一女。　**阿契尔·塔拉克瓦泽**：议长。男，1983年1月16日出生于格鲁吉亚古利亚州。毕业于第比利斯国立医科大学医学系。2006—2007年，任美国国际开发署妇女健康项目协调员。2008—2009年，任格人权全权代表顾问。2009—2011年，任格人权全权代表行政事务助理。2011—2012年，任美国国际开发署民主管理项目副经理。2012—2014年，任格劳教、调查和司法援助部副部长。2014年12月，任格内务部副部长。2016年11月18日，任格议会多数派领袖。2019年6月25日，任议长。懂英语与俄语。已婚，有两名子女。

经　济

格鲁吉亚致力于建立自由市场经济，加快结构调整和私有化步伐，努力将自己打造成连接欧亚的商贸、物流枢纽和交通运输中转中心。根据格政府颁布的《2020年前经济社会发展规划》，格将优先发展基础设施、农业水利、制造业、旅游等领域，增加教育、医疗、卫生等民生领域投入，改善投资环境，大力吸引外资，增加就业机会，确保经济可持续发展。

国内生产总值（2019年）：177亿美元。

国内生产总值实际增长率（2019年）：5.1%。

人均国内生产总值（2019年）：4763.5美元。

外国直接投资（2019年）：12.67亿美元。

外汇储备（2019年12月底）：35亿美元。

货币名称：拉里（Lari）。

汇率（2020年）：1美元≈3.2拉里。

通货膨胀率（2020年）：7%。

失业率（2020年）：11.6%。

【资源】格鲁吉亚自然资源比较贫乏，森林资源和水利资源相对丰富。矿产主要有锰、铜、铁、铅、锌等，其中有世界闻名的“齐阿土拉”锰矿区，该矿探明锰矿储量2.344亿吨，可开采量1.6亿吨。森林面积占国土面积的40%，木材总储量4.52亿立方米，主要有榉木、松木、樱桃木和胡桃木等。水利资源丰富，拥有大小河流319条，水电资源理论蕴藏量1560万千瓦，是世界上单位面积水能资源最丰富的国家之一。

【工业】2019年，格鲁吉亚工业总产值约为148亿拉里（约合52亿美元），从业人数12.77万人。

【农业】格鲁吉亚农业构成主要为种植业、畜牧业、农产品加工业、林业、渔业等。2019年，格农林渔业产值为50.40亿拉里（约合17.6亿美元）。

【交通和通信】2019年，格鲁吉亚交通与仓库总产值约为55.13亿拉里（约合19.3亿美元），信息与通信总产值约为21.32拉里（约合7.5亿美元），交通和通信从业人数约9.5万人。

【运输】2019年，格鲁吉亚货物运输量4230万吨，其中海运量1720万吨，海运集装箱量647816个，公路运输量2000万吨，铁路运输量1000万吨，航空运输量1100万吨。铁路旅客数量200万人，民航旅客数量300万人。

【旅游】2019年，格鲁吉亚接待旅客935.7万人次，同比增长9.2%。游客多来自阿塞拜疆、俄罗斯、亚美尼亚、土耳其。2019年前三季度，格旅游业总产值为258万美元。据世界经济论坛公布的2019年旅游竞争力指数排名，格在140个国家/地区中排名第68位。

2019年，格鲁吉亚国家财政收入129.06亿拉里（约合45.7亿美元），财政支出108.30亿拉里（约合38.41亿美元）。

截至2019年12月底，格鲁吉亚政府外债为186.3亿美元。

格鲁吉亚国家银行为格中央银行，格主要商业银行有格鲁吉亚银行、TBC银行、卡尔图银行、基础银行等。

【主权信用评级】截至2019年，标准普尔BB（稳定），穆迪Ba2（稳定），惠誉BB（稳定）。

【对外贸易】2019年，格鲁吉亚对外贸易额为128.29亿美元，其中出口额为37.61亿美元，进口额为90.68亿美元。土耳其是格最大的贸易伙伴，两国贸易额为18亿美元，其次是俄罗斯（15亿美元）、中国（11亿美元）、阿塞拜疆（11亿美元）和亚美尼亚（6.79亿美元）。阿塞拜疆是格最大出口国，出口额为4.97亿美元，其次是中国（12%）、俄罗斯（11.5%）、保加利亚（9.7%）和乌克兰（7.1%）。土耳其是格最大进口国（16.2%），其次是俄罗斯（10.4%）、阿塞拜疆（10.2%）、中国（10%）和美国（5.7%）。

近三年对外贸易情况（单位：亿美元）：

	2017	2018	2019
外贸总额	106.75	124.73	128.29
出口额	27.35	33.55	37.61
进口额	79.39	91.19	90.68
逆　差	52.04	57.64	53.07

2019年，格鲁吉亚向53个国家出口葡萄酒约9400万瓶，同比增长9%，总金额2.4亿美元。前三大葡萄酒出口国分别为俄罗斯（5838万瓶）、乌克兰（1027万瓶）和中国（708万瓶），其中对俄罗斯出口占出口总额60%。出口涨幅较大的国家有摩尔多瓦（8738%）、瑞典（636%）、以色列（80%）、白俄罗斯（74%）、英国（60%）、美国（48%）。

人民生活

格鲁吉亚当前适龄劳动力约191.12万，2019年失业率11.6%。2019年人均月工资约1319拉里（约合468美元）。2020年2月，格男性劳动力最低生活保障标准为199拉里（约合67美元），四口之家最低生活保障标准为352.5拉里（约合125美元），退休金最低标准为220拉里（约合78美元）。

军　事

格鲁吉亚武装力量建于1992年4月30日。根据《国防法》规定，国家最高权力机关（议会）确定国家国防政策和通过国防领域法律。总统担任武装力量总司令，国防部负责指挥武装力量。格实行防御性国防政策，基本目标是保卫国家独立、主权和领土完整。目前，格已基本实现军队职业化。格新一届政府上台以来积极推进国防改革，主张恢复2013年取消的义务兵役制。2018年12月16日格新宪法生效后，格武装力量（Armed Forces）正式更名为防御力量（Defense Forces）。2020年国防预算为8.94亿拉里（约合3.2亿美元）。

文化教育

当前格鲁吉亚全国共有248家博物馆，年参观量211万人次，其中历史博物馆71家，纪念馆98家，艺术博物馆26家，共组织展出1146场；剧院49座，年观众量58.3万人次；格全国共有公共图书馆824家，共藏书1730万册。

【教育】据2019年数据，格鲁吉亚全国有中小学2313所，大学62所（其中国立19所，私立43所），在校生74万人，其中大学在校生14.8万人，博士毕业生487人（2019年）。主要高等院校有第比利斯国立大学、第比利斯自由大学、格鲁吉亚技术大学、第比利斯国立医科大学、国立美术学院等。2011年3月，格政府决定格所有大学不再从属于教育部，教育部只通过派驻代表对大学财政进行管理和监督。专业学校有105所（其中国立43所，私立62所），2019年专业学校毕业生1.92万人。

【新闻出版】格鲁吉亚出版175种报纸及多种杂志期刊，报纸单期发行量为10万份。主要报纸有：《共和国报》（格文），《回声报》（格文），《光谱周报》（格文），《格鲁吉亚时报》（格、英文），《信使报》（英文），《今日格鲁吉亚》（英文），《格鲁吉亚周刊》（英文），《金融报》（英文），《第比利斯晚报》（俄文）。

主要通讯社：

国际新闻通讯社（Interpressnews），私营通讯社，成立于2001年。高加索通讯社（Caucasus - press），独立通讯社，成立于1995年。主流媒体通讯社（Prime News），独立通讯社，成立于1997年。

格鲁吉亚国家广播电台用格、俄语广播，并向欧洲国家广播。格鲁吉亚公共电视一台、二台信号覆盖格全境，以格语节目为主。伊梅季电视台为格新兴私营电视台之一，信号覆盖格主要城市和地区。阿扎尔电视台为主要地方电视台之一，电视信号覆盖格全境和欧洲、中东、北非、北美地区。2019年成立Mtavari电视台和Formula电视台。

对外关系

格鲁吉亚外交基本政策是恢复国家统一和领土完整、加入北约和欧盟、加强地区合作的同时兼顾发展与东方国家关系，优先方向是冲突调解问题。为保障格民主改革和经济发展，致力于建设安全、和平的国际环境，加大吸引外资力度。格不断密切与美国、北约、欧盟的合作关系，积极发展同阿塞拜疆、亚美尼亚、土耳其、乌克兰、白俄罗斯、伊朗等周边国家友好合作关系。2012年“格鲁吉亚梦想—民主格鲁吉亚”党上台执政后，与欧盟签署联系国协定，取得欧盟免签待遇，并获得北约“一揽子实质性援助”。现政府主张与俄缓和关系，推动格俄经贸、文化、直航合作恢复，努力开拓东方外交，将对华关系作为亚洲外交重要方向之一，积极响应和参与“一带一路”建设，对外交往进一步拓展。

【对当前重大国际和地区问题的看法】格鲁吉亚主张建立以欧盟和北约为主要框架的全欧安全体系，认为北约是维护地区稳定的支柱力量，将“加盟入约”作为外交最优先方向之一。格认为欧洲安全与合作组织在地区和国际事务中的作用日益上升，独联体及其集安条约组织缺乏有效机制。格积极推动建立黑海自由贸易区。

【同中国的关系】2019年，中格关系继续平稳发展。4月，格副总理兼基础设施和地区发展部长茨基季什维利出席第二届“一带一路”国际合作高峰论坛。5月，国务委员兼外交部长王毅访格，分别与格总统祖拉比什维利、时任总理巴赫塔泽、外长扎尔卡利亚尼举行会见、会谈。7月，格时任总理巴赫塔泽赴华出席大连夏季达沃斯论坛，李克强总理同其会见。10月，中国政府欧亚事务特别代表李辉访格并出席第三届第比利斯“丝绸之路”国际论坛，分别同格副总理兼基础设施和地区发展部长茨基季什维利、外长扎尔卡利亚尼、副外长赫夫季夏什维利举行会见。11月，国家国际发展合作署署长王晓涛访格，同格财政部长马恰瓦里亚尼举行会见。同月，格经济部长图尔纳瓦率团出席第二届中国国际进口博览会。

据格鲁吉亚国家统计局统计，2019年中格贸易额10.86亿美元，同比增长5.2%，中国是格第三大贸易伙伴。其中，格对华出口2.27亿美元，我对格出口8.59亿美元。格主要对华出口铜矿砂、葡萄酒、医疗仪器及器械、贵金属矿砂及其精矿、香料等，从中国进口钢材、电子设备、橡胶制品等。

中国驻格鲁吉亚大使：李岩。馆址：52 Barnov str.，0179，Tbilisi，Georgia。信箱：P.O.BOX 224，Tbilisi，Georgia。电子信箱：chinaembgeo@gmail.com。电话：0099532–2252670。传真：2250996。

格鲁吉亚驻华大使：阿契尔·卡岚第亚（Archil Kalandia）。馆址：北京市朝阳区霄云路18号京润水上花园别墅G区39号，邮编100016。电子邮箱：china.emb@mfa.gov.ge，china.con@mfa.gov.ge。电话：010–64681203。传真：64681202。

【同俄罗斯的关系】2008年8月，格鲁吉亚与南奥塞梯冲突地区局势急剧恶化；7至8日，格军与南、俄维和部队在南奥地区发生大规模武装冲突；26日，俄承认阿布哈兹和南奥塞梯独立，后与两地区分别签署友好合作互助条约，格退出1994年关于调解南奥塞梯冲突的协议，要求俄从格领土撤军；30日，格俄断绝外交关系。

2012年10月，格鲁吉亚新政府上台后，时任总理伊万尼什维利任命前驻俄大使阿巴希泽为总理对俄关系特使，与俄副外长卡拉辛建立“阿巴希泽—卡拉辛”对话机制，主要商讨务实合作和人文交流问题，迄今已举行21次会晤（截至2019年3月）。2014年，格俄关系稳步回暖，格秉持务实态度，未参与美西方因乌克兰危机对俄实施的制裁，俄对格全面开放传统商品市场，人文交流稳步发展，两国直航全面恢复，俄赴格游客大幅增加。2019年6月，俄议员赴格出席东正教议会大会第26届全体会议，遭格反对派议员抗议，被迫提前回国。俄总统普京以维护俄公民安全为由暂停赴格旅游及民航航班，格方亦暂停赴俄航班；9月27日，格扎尔卡利亚尼与俄外长拉夫罗夫举行双边会见。

2019年，格俄双边贸易额15亿美元，同比增长7.1%，俄稳居格第二大贸易伙伴地位；格从俄收到侨汇42万美元，俄系格最大侨汇来源国；格从俄进口原油和成品油32.99万吨，占总进口额30,1%；格接收俄游客约10.1万人，同比增长1%，位列第一。

【同美国的关系】美国支持格鲁吉亚建立西式民主和市场经济，不承认阿布哈兹和南奥塞梯独立，支持格加入欧盟和北约，向格提供经济、军事援助。2008年8月格俄冲突爆发后，美向格提供10亿美元援助。2012年1月1日，美总统奥巴马在签署的《2012财政年度国防授权法案》中将“与格鲁吉亚展开国防合作”章节标注为“不具约束力”。

格鲁吉亚视美为战略伙伴，积极加入美主导的国际反恐联盟，格俄冲突后积极寻求美支持。2014年2月，美总统奥巴马和国务卿克里分别会见访美的格时任总理加里巴什维利，称格美战略伙伴关系正处于历史最高水平，肯定了格民主发展，表示将向格提供额外援助，助格融入欧洲。9月，美参议院通过“乌克兰自由行动支持”，其中将格列为“非北约主要盟国”。2016年7月，美国务卿克里访格，会见格总统、总理、外长，并出席美格战略伙伴委员会会议，就加强美格国防、安全、经济、贸易、人文、教育等领域合作交换意见。2017年5月，格时任总理克维里卡什维利访问美国，分别同美总统特朗普、副总统彭斯、国务卿蒂勒森举行会见。7月，美副总统彭斯访格，分别同格时任总统马尔格韦拉什维利、时任总理克维里卡什维利举行会见，并观摩北约“高贵伙伴”联合军事演习。2018年，美通过国家预算对格提供1.05亿美元援助。5月，格时任总理克维里卡什维利访美，会见美副总统彭斯并同美国务卿蓬佩奥举行格美战略伙伴会晤。6月，格时任总统马尔格韦拉什维利出席北约布鲁塞尔峰会期间同美总统特朗普举行会晤。9月，格时任总理巴赫塔泽赴美出席联合国大会相关活动期间同美国务卿蓬佩奥、美总统国家安全事务助理博尔顿分别会晤。10月，美总统国家安全事务助理博尔顿访格。2019年6月，格时任总理巴赫塔泽赴美参加格美战略伙伴关系宪章签署10周年系列庆祝活动，与美国务卿蓬佩奥会见。2020年2月，格议长塔拉克瓦泽对美进行工作访问，会见美国务院欧洲和欧亚事务代理助理国务卿菲利普等，并参加美总统举办的国家祈祷早餐会。同月，格外长扎尔卡利亚尼访美。

【同土耳其的关系】格鲁吉亚将土耳其视为重要战略伙伴。两国经贸关系密切，互访频繁。格同土耳其、阿塞拜疆建立了三方合作机制，包括三方元首、首脑、外长、防长不定期会晤机制。连接三国的巴库—第比利斯—卡尔斯铁路于2017年10月底建成通车。

【同国际组织的关系】格鲁吉亚积极发展同包括欧盟、欧洲复兴开发银行、国际货币基金组织、世界银行、亚洲开发银行等在内的国际组织的关系。

2014年6月，格鲁吉亚与欧盟签署协定，正式成为欧盟联系国，与欧盟签署广泛深入的自贸协定（DCFTA）。欧盟积极调解格俄冲突，向格提供财政援助，派驻欧盟观察员，成立欧盟与格合作委员会，支持格主权独立和领土完整。格积极参与欧盟海外军事行动，从2014年起维持一个连的兵力参加欧盟在中非共和国的军事行动。2017年3月28日，欧盟正式给予格公民免签待遇，被格视为“加盟入约”道路上的重要进展。在2018年11月举行的欧盟布鲁塞尔峰会上，格与欧洲委员会宣布建立双方高级别会晤机制并举行首次会议。2019年11月至2020年5月，格担任欧洲委员会部长理事会主席。

【同北约的关系】格鲁吉亚始终将加入北约作为发展与西方关系的重要目标，积极谋求加入北约成员国行动计划并与北约开展合作，认真执行北约“国别伙伴计划”，加入北约空情信息交换系统，呼吁北约在吸收新成员问题上采用“路线图”方式。北约还在防卫能力建设、国防和安全改革咨询等方面向格提供援助。

2014年9月，北约威尔士峰会未予格鲁吉亚“成员国行动计划”，但向格提供“一揽子实质性援助”。2015年8月，北约在格设立科尔萨尼西联合训练与评估中心。2017年5月，北约议会大会春季会通过大会宣言，呼吁北约各成员国政府为格尽快加入北约提供强有力的政治和实际支持。2016—2019年，格连续四年主办北约“高贵精神”“敏捷精神”联合军演。2018年5月，格时任总理克维里卡什维利明确表示希在2021年实现格加入北约。同月，北约秘书长斯托尔滕贝格在华沙举行的北大西洋议会会议上表示，格已具备符合加入北约的所有条件。6月，北约布鲁塞尔峰会通过大会宣言，确定此前关于格将成为北约成员国的决议仍然有效。2019年10月，北约代表团到访格鲁吉亚，双方在联合声明中表示，未来将深化合作，推动格加入北约进程。2020年3月，格参加北约“欧洲捍卫者—2020”军事演习。格加入北约进程未获得实质性进展。

（沈弋琳）

哈萨克斯坦

国名　哈萨克斯坦共和国（The Republic of Kazakhstan，Республика Казахстан）。

面积　272.49万平方公里。

人口　1863.3万（2020年1月）。约140个民族，哈萨克族占68.5%、俄罗斯族占18.85%，其他有乌克兰族、乌兹别克族、日耳曼族和鞑靼族等。哈萨克语为国语，俄语是国家机关和地方自治机关使用的官方语言。多数居民信奉伊斯兰教，此外还有东正教、天主教、基督教新教、佛教等。

首都　努尔苏丹（Nur-sultan，Нур-Султан；原称阿斯塔纳，2019年3月更名），人口107.8万（截至2019年12月）。年最高气温超过40℃，最低气温-50℃，历史最低温曾达-52℃。

国家元首　卡瑟姆若马尔特·托卡耶夫（Kassym-Jomart Tokayev，Касым-Жомарт Токаев）。2019年3月20日依据宪法就任总统，并在6月9日总统大选中获胜当选。

重要节日　新年：1月1日；纳乌鲁斯节（春节）：3月21日；祖国保卫者日：5月7日；胜利日：5月9日；首都日：7月6日；宪法日：8月30日；首任总统日：12月1日；独立日（国庆节）：12月16日。此外还有肉孜节、古尔邦节等伊斯兰传统节日。

简　况

位于亚洲中部，北邻俄罗斯，南与乌兹别克斯坦、土库曼斯坦、吉尔吉斯斯坦接壤，西濒里海，东接中国。属典型大陆性气候，1月平均气温-19℃—-4℃，7月平均气温19℃—26℃。

公元6—8世纪，建立了突厥汗国。9—12世纪曾建奥古兹族国、哈拉汗国。11—13世纪契丹人和蒙古鞑靼人侵入。15世纪末建立哈萨克汗国，分为大帐、中帐、小帐。16世纪初基本形成哈萨克部族。18世纪30—40年代，小帐和中帐并入俄罗斯帝国。1917年11月建立苏维埃政权，1920年8月26日建立归属俄罗斯联邦的吉尔吉斯苏维埃社会主义自治共和国，1925年4月19日改称哈萨克苏维埃社会主义自治共和国，1936年作为加盟共和国并入苏联。1990年10月25日通过《主权宣言》，1991年12月10日改名为哈萨克斯坦共和国，同年12月16日正式宣布独立。

政　治

政局稳定。哈萨克斯坦为总统制共和国，独立以来实行渐进式民主政治改革。2006年建立新的政权党“祖国之光”党，首任总统纳扎尔巴耶夫任该党主席。2010年，纳扎尔巴耶夫被赋予“民族领袖”地位。哈人民大会通过《民族团结学说》，全面阐述哈民族和宗教政策，哈保持各民族和睦相处、共同发展的良好局面。2012年，纳扎尔巴耶夫发表国情咨文，推出《哈萨克斯坦——2050战略》，提出哈的发展目标是跨入全球30强，确定多个优先发展领域。哈积极实施工业创新发展五年计划，大力调整经济发展模式，增加民生投入，维护社会稳定。2015年，纳扎尔巴耶夫在总统选举中胜选连任后，力推五大体制性改革和“百步走”计划，致力于打造现代化的国家管理体系，落实2050年发展战略。2017年，纳扎尔巴耶夫签署宪法修正案，进行权力再分配，倡导推动哈第三次现代化和社会意识现代化改革，提出政党现代化理念，大力加强执政党建设。2018年，哈施政重点聚焦改善民生，纳扎尔巴耶夫提出社会发展五大倡议，发表专题国情咨文，加大对政府和地方行政机构政绩监督，努力提高民众收入和社会保障水平。哈将奇姆肯特设为直辖市，发挥大城市对国家经济发展的带动作用。继续推进社会意识现代化改革，落实哈字母“拉丁化”路线图，大力弘扬传统历史文化。2019年2月，纳扎尔巴耶夫解散萨金塔耶夫政府，任命第一副总理马明出任新政府总理。2019年3月，纳扎尔巴耶夫发表电视讲话，宣布辞职。3月20日，哈萨克斯坦议会举行两院联席会议，原议会上院议长托卡耶夫宣誓就任新总统。同日，议会上院外交、国防与安全事务委员会主席达丽加·纳扎尔巴耶娃（Дарига Назарбаева，女）出任议会上院议长。2019年6月9日，托卡耶夫赢得总统大选。

【宪法】1995年8月30日经全民公决通过现行宪法，1998年10月7日对其进行修改。宪法规定，哈萨克斯坦为总统制共和国，总统为国家元首，是决定国家内外政策基本方针并在国际关系中代表哈萨克斯坦的最高国家官员，是人民和国家政权统一、宪法不可动摇性、公民权利与自由的象征和保证。国家政权以宪法和法律为基础，根据立法、司法、行政三权既分立又相互作用、相互制约、相互平衡的原则实现。2007年6月，哈萨克斯坦议会通过宪法修正案，确定哈萨克斯坦政体由总统制向总统—议会制过渡，首任总统为终身制。扩大议会权限，提升政党作用，增加议员数量。议会多数党团获得组阁权并推举总理人选；扩大地方自治权限，地方行政长官任命须经地方议会同意，州议会议员任期由四年延至五年；推动司法改革，明确法、检两院职责，简化司法程序，保障司法体系。2017年3月，哈萨克斯坦议会通过宪法修正案，将35项总统权力分别移交议会和政府，加强议会对政府的监督，政府获得更多行政自主权。2018年，哈国家安全会议升格为宪法机构，纳扎尔巴耶夫总统拥有该机构的终身领导权。

【议会】国家最高立法机构。由上下两院组成，上院47个席位，其中15名议员由总统任命，其他32名议员由哈16个地区各选出两人;下院107个席位。上院（参议院）任期六年，每三年改选一半议员，下院（马日利斯）任期五年。议会的主要职能是：通过共和国宪法和法律并对其进行修改和补充；批准总统对总理、国家安全委员会主席、总检察长、中央银行行长的任命；批准和废除国际条约；批准国家经济和社会发展计划、国家预算计划及其执行情况报告等。在议会对政府提出不信任案、两次拒绝总统对总理任命、因议会两院之间或议会与国家政权其他部门之间不可克服的分歧而引发政治危机时，总统有权解散议会。

本届议会上院自2016年3月开始工作。2016年3月20日，哈举行议会下院选举，“祖国之光”党获得84个议席，“光明道路”党获得7个议席，共产人民党获得7个议席，其余9名议员由哈人民大会推选。哈现任上院议长是达·纳扎尔巴耶娃（Дарига Назарбаева），下院议长是努·尼格马图林（Н. Нигматулин）。

【政府】国家最高行政机关，行使哈萨克斯坦共和国的行政权，其活动对共和国总统负责。2019年2月，纳扎尔巴耶夫总统解散萨金塔耶夫政府，任命原第一副总理阿·马明（А. Мамин）出任新政府总理。本届哈政府包括17个部，主要成员为：第一副总理兼财政部长阿·斯迈洛夫（А. Смаилов），副总理叶·图格让诺夫（Е. Тугжанов），副总理拉·斯克利亚尔（Р. Скляр），外交部部长穆·特列乌别尔季（М. Тлеуберди），国防部部长努·叶尔梅克巴耶夫（Н. Ермекбаев），内务部部长叶·图尔古姆巴耶夫（Е. Тургумбаев），信息和社会发展部部长达·阿巴耶夫（Д. Абаев），农业部部长萨·奥马罗夫（С. Омаров），司法部部长马·别克塔耶夫（М. Бекетаев），教育和科学部部长阿·阿伊马卡姆别托夫（А. Аймагамбетов），卫生部部长叶·比尔丹诺夫（Е. Биртанов），劳动和社会保障部部长比·努雷姆别托夫（Б. Нурымбетов），工业和基础设施发展部部长别·阿塔姆库洛夫（Б. Атамкулов），文化和体育部长阿·拉伊姆库洛娃（А. Раимкулова，女），国民经济部部长鲁·达列诺夫（Р. Даленов），贸易与一体化部部长苏尔丹诺夫（Б. Султанов），数字发展、国防工业和航天工业部部长茹马加利耶夫（А. Жумагалиев），能源部部长努·诺卡耶夫（Н. Ногаев），生态、地质与自然资源部部长马·米尔扎卡利耶夫（М. Мирзагалиев）。

【行政区划】全国划分为14个州和3个直辖市。

【司法机构】包括共和国最高司法委员会、司法鉴定委员会、宪法委员会、最高法院和各级地方法院。2001年初，哈萨克斯坦通过《司法体系与法官地位法》，规定法官独立司职，只服从宪法和法律。最高司法委员会由总统主持，委员会成员包括宪法委员会主席、最高法院院长、总检察长、司法部长、上院议员等。现任主席为卡·马米（К. Мами），2017年12月就任；最高法院院长日·阿萨诺夫（Ж. Асанов），2017年12月就任；总检察长格·努尔达乌列托夫（Г. Нурдаулетов），2019年3月就任。

【政党】哈萨克斯坦独立后实行多党制。2002年7月颁布《政党法》，规定只有党员人数超过5万，在全国各州和直辖市均设有分支机构，且各分支机构成员达到700人以上的政党才可在司法部获准登记。哈萨克斯坦司法部共登记有6个政党（2013年，原精神复兴党与公正党合并为团结党。2015年9月，原哈爱国者党加入哈“农村”社会民主党），其中主要有：

（1）“祖国之光”党（Партия “Нур Отан”）：前身为“祖国之光”人民民主党，2006年12月22日成立并登记，现有党员近百万，是哈萨克斯坦最大政党。纳扎尔巴耶夫首任总统任该党主席。该党主张在社会伙伴关系与和谐等原则基础上建立自由开放的社会；主张加强国家社会职能；在经济方面，主张加强国家对经济的宏观调控能力；在对外关系方面，主张巩固和发展同俄罗斯、中亚邻国和中国等国家的睦邻友好关系。该党全力支持纳扎尔巴耶夫首任总统提出的国家发展纲领，致力于研究落实具体改革措施，并主张维护现行宪法，充分发掘其潜力。“祖国之光”党在哈萨克斯坦议会下院和地方议会拥有绝对多数席位。该党在完善组织结构，及时进行人事更新和调整的同时，积极响应纳扎尔巴耶夫号召，着力推进青年干部培养，积极协助政府开展反腐工作，在国家政治生活中的影响进一步扩大。2013年10月更名为“祖国之光”党。

（2）哈共产人民党（Коммунистическая народная партия Казахстана）：2004年4月哈共产党分裂后成立，现有党员9万人，党中央书记为阿赫梅特别科夫、科努罗夫和廖赫基。该党自认为是“建设性反对派”，党员主要为工人、学生、知识分子、退休人员、企业家等。在2016年3月议会下院选举中获得7.14%选票，进入议会。目前在议会拥有7个席位。

（3）“光明道路”民主党（Демократическая партия Казахстана “Ак жол”）：成立于2002年4月，党员17.6万人。该党是哈“建设性反对派”。主席为佩鲁阿舍夫。在2007年8月举行的哈议会下院选举中，该党获得3.27%的选票，未能跨越7%的议会门槛。在2012年1月哈议会下院选举中，该党获得7.43%的选票进入议会。在议会拥有8个席位。在2016年3月哈议会下院选举中，该党获得7.18%的选票进入议会。在议会拥有7个席位。该党宗旨是建设独立、繁荣、民主、自由、公正的哈萨克斯坦，是哈政治民主化运动的主要参与者和推动者。

此外，通过司法部登记的合法政党还有全国社会民主党（Общенациональная социально-демакратическая партия “Азат” 简称ОСДП “Азат”）、哈“农村”社会民主党（Казахстанская социал-демократическая партия “Ауыл”）、团结党（Партия “Бирлик”）。

【重要人物】努尔苏丹·阿比舍维奇·纳扎尔巴耶夫：首任总统。1940年生于阿拉木图州卡斯克连区切莫尔干村，哈萨克族。先后毕业于卡拉干达钢铁公司附属工厂大学、苏共中央高级党校函授班。1960年参加工作，当过高炉工、钢铁公司党委书记。1977年任卡拉干达州党委第二书记、第一书记。1979年任哈萨克共产党中央书记。1984年任哈萨克共和国部长会议主席。1989年任哈共中央第一书记。1990年2月兼任哈萨克最高苏维埃主席。同年4月任哈萨克总统。1991年12月1日以98.76%的选票当选哈萨克斯坦共和国独立后第一任总统，1995年4月以全民公决方式将其任期延至2000年。1999年1月10日在提前举行的总统选举中以79.78%的选票再次当选。2005年12月以91%的选票连任总统。2011年4月和2015年4月，在提前举行的总统选举中分别以95.5%和97.75%的选票再度连任总统。2019年3月宣布辞职，依法具有首任总统、民族领袖地位，继续担任哈萨克斯坦安全会议主席、执政党“祖国之光”党主席、人民大会主席、宪法委员会成员等职务。其主要著作有：《探索之路》《哈萨克斯坦主权国家形成和发展战略》《站在21世纪门槛上》《欧亚联盟：观念、实践和前景。1994—1997》《2030——哈萨克斯坦战略》《在历史的激流中》《和平的震中》《关键的十年》等。已婚，有三个女儿。 **卡瑟姆若马尔特·克梅列维奇·托卡耶夫：**总统。1953年5月17日出生于阿拉木图市。曾就读于莫斯科国际关系学院、北京语言学院、俄罗斯外交部所属外交学院。政治学博士。1975—1985年在苏联驻新加坡使馆、苏联外交部工作。1985—1991年在苏联驻中国大使馆工作。1992—1994年先后任哈萨克斯坦外交部副部长、第一副部长、部长。1999—2003年先后任副总理兼外长、代总理、总理、国务秘书兼外长。2003年6月至2007年1月任外交部长。2007年1月当选哈萨克斯坦议会上院议长。2011年4月任联合国副秘书长和裁军谈判会议秘书长。2013年10月被总统任命为上院议员，同时被选为上院议长。2019年3月，纳扎尔巴耶夫宣布辞去总统职务后，依据宪法规定宣誓就任新总统，并在6月9日总统大选中获胜当选。离异，有一子。 **达丽嘉·努尔苏丹诺娃·纳扎尔巴耶娃**：上院议长。1963年出生于卡拉干达州。毕业于国立莫斯科大学，政治学博士。1992—1994年任儿童慈善基金会副总裁，1994年起先后任“哈巴尔”国家电视新闻通讯社经理，“哈巴尔”传媒股份有限公司总经理、总裁、董事会主席。2004—2007年任议会下院议员，2007年起任首任总统基金会主席。2012—2015年任议会下院议员，议会社会文化发展与科学委员会主席，其中2014年4月至2015年9月任议会下院副议长、“祖国之光”党议员团主席。2015年9月至2016年9月任政府副总理。2016年9月起任议会上院议员，2019年3月起任上院议长。 **努尔兰·扎伊鲁拉耶维奇·尼格马图林**：下院议长。1962年出生于卡拉干达州。毕业于卡拉干达工业大学，政治学博士。毕业后任“卡拉干达州天然气”公司工程师。1985—1990年任哈列宁共青团卡拉干达州委一等秘书。1990—1993年任哈青年组织委员会主席。1993—1995年任“腾格里”哈美合资企业总裁。1995—1999年任哈总统办公厅国家监察员。1999—2002年任阿斯塔纳市副市长。2002—2004年任哈交通与通讯部副部长。2004—2006年任哈总统办公厅副主任。2006—2009年任卡拉干达州州长。2009—2012年任“祖国之光”人民民主党第一副主席。2012—2014年任哈第五届议会下议院议长、“祖国之光”人民民主党哈下议院党团负责人。2014—2016年任哈总统办公厅主任。2016年6月22日当选为哈第六届议会下议院议长、“祖国之光”党员。 **阿斯卡尔·乌扎克巴耶维奇·马明**：总理。1965年出生于切利诺格勒州。毕业于切利诺格勒工程建筑学院和俄罗斯普列汉诺夫经济学院。早年从事商业活动，1996年任阿克莫拉市副市长，2000年任交通和运输部副部长兼公路委员会主席，2003年任工业和贸易部第一副部长，2005年任交通和运输部部长，2006年任阿斯塔纳市市长，2008年4月任哈铁国家公司总裁，2014年2月任国家商会交通、物流和通讯委员会主席。2016年9月被任命为第一副总理。2019年2月被任命为总理。

经济

经济以石油、采矿、煤炭、农牧业为主。2008年金融危机前10年是哈经济发展的“黄金时期”，GDP年均增长10%左右，经济总量增长5倍，外贸额增长6倍，经济实力占中亚五国总量的三分之二。金融危机爆发后，哈经济增长速度骤减。2008年GDP增幅降至3.2%。2009年上半年GDP为负增长，但进入下半年经济滑坡势头基本得到扼制，全年GDP维持1.2%的正增长。2010—2013年，哈经济开始强劲反弹。2014年，受俄罗斯经济下滑和国际原料市场萎缩等因素影响，哈经济下行压力加大，增长逐步缓慢。2月，哈央行宣布坚戈贬值近20%。5月底，哈、俄、白俄罗斯三国总统正式签署《欧亚经济联盟条约》，该条约自2015年1月1日起正式施行。11月，哈总统纳扎尔巴耶夫发表国情咨文，提出“光明之路”新经济政策，旨在通过大力发展交通基础设施，转变经济结构，应对经济危机，实现可持续发展。2015—2016年，受国际油价下跌和外部经济环境欠佳拖累，哈货币贬值压力加大，国民收入锐减，2015年GDP增速为1.2%，2016年为1%，经济增长跌入历史低点。2017年，得益于全球经济回暖特别是国际油价企稳回升，哈经济呈持续复苏态势，GDP增速为4%。2018年，在全球经济延续温和增长的形势下，哈努力改善经济增长质量，全年经济发展总体稳中有进，GDP增速为4.1%。2019年，哈着力发展经济和改善民生，全年经济运行总体平稳。2019年主要经济数据如下：

国内生产总值：1793.3亿美元。

人均国内生产总值：9686.1美元。

国内生产总值增长率：4.5%。

货币名称：坚戈（Тенге）。

汇率：1美元约合382.75坚戈。

通货膨胀率：5.4%。

截至2019年底，哈国际储备为907.1亿美元，较年初增长2.3%。

据哈国家统计委员会数据，2019年，哈粮食总产量1742.9万吨，其中小麦产量1145.2万，粮食和面粉出口量达1080万吨。

【资源】矿产资源丰富。黑色金属矿藏：目前探明铁矿储量91亿吨、铁锰伴生矿5亿吨、锰矿6亿吨、铬矿4亿吨。有色金属：铜矿总储量为3450万吨。铅储量为1170万吨，锌矿储量2570万吨。已探明黄金储量为1900吨。钨矿储量为200万吨。铀矿已探明储量150万吨。石油和天然气：陆上石油探明储量为48亿—59亿吨，天然气3.5万亿立方米；哈属里海地区石油探明储量80亿吨，其中最大的卡沙甘油田石油可采储量达10亿吨，天然气可采储量超过1万亿立方米。

【工业】2019年工业增加值约586.3亿美元，同比增长5.2%。

【农业】2019年农业增加值约80.7亿美元，同比增长0.9%。

【建筑业】2019年建筑业增加值约98.7亿美元，同比增长12.9%。

【主要金融机构】哈萨克斯坦中央银行为哈国内金融货币政策的制定机构，哈国家开发银行为哈国有政策性银行，负责配合国家金融政策实施和对国有重大项目提供贷款支持。哈最大国有金融机构为“巴伊杰列克”国家控股公司。

主要商业银行为（按资产排名，截至2019年

12月）：

（1）哈萨克斯坦人民银行（Народный Банк Казазстана）

（2）俄罗斯储蓄银行子行（ДБ СберБанк）

（3）里海银行（Kaspi Банк）

（4）福特银行（FortеБанк）

（5）中央信贷银行（АО Банк ЦентрКредит）

（6）阿拉木图商业金融银行（АО АТФ Банк）

（7）住宅建设储蓄银行（АО Жилстройсбербанк）

（8）第一哈德兰艾草银行（AO First Heartland Jýsan Bank）

【著名公司】

（1）哈萨克斯坦国家石油天然气公司

业务范围：石油、天然气的勘探、开采、加工、运输。

（2）哈萨克斯坦石油运输公司

业务范围：石油运输。

（3）哈萨克斯坦天然气运输公司

业务范围：天然气运输。

（4）阿特劳石油炼化厂

业务范围：石油制品加工。

（5）田吉兹雪佛龙公司

业务范围：石油开采。

（6）中石油阿克纠宾油气股份有限公司

业务范围：石油和天然气开采。

（7）中石油PK公司

2005年10月26日中石油斥资41.8亿美元成功收购哈萨克斯坦石油公司（Petro Kazakhstan. 以下简称PK公司）。PK公司是一家上下游一体化的国际化石油公司，中石油进入之前其股票在多伦多、纽约、法兰克福、伦敦和哈萨克斯坦股票市场挂牌交易。

（8）中石油国际（北布扎奇）公司

北布扎奇油田位于里海东岸布扎奇半岛北端，行政上隶属哈萨克斯坦曼吉斯套州，油田总部位于阿克套市。

（9）安赛乐米塔尔铁米尔套公司

钢铁联合企业。业务范围：生产钢、钢材等。

（10）哈萨克斯坦铜业公司

业务范围：铜及其他矿产资源开发、选矿。

（11）“萨姆鲁克—卡泽纳”国家福利基金

下辖国内大型国有企业、主要投资机构、金融组织300多家，涵盖哈国内油气、采矿、工业、电力、通信、运输等几乎所有支柱产业领域，总资产约占哈国民生产总值的1/4。2009年2月，哈总统签署《国家基金法》，正式以法律形式明确了“萨姆鲁克—卡泽纳”国家基金的法律地位、工作制度、目标、任务、职责以及下属机构及组织等。该法规定：国家基金所持股份为国家财产，禁止私有化、进入证券市场或以其他方式出让；当战略资产持有机构或具有重要战略意义的经济组织倒闭时，政府可实施优先购买权，通过基金收购所有者出让的战略资产和竞标股份；基金有权通过银行法中规定的方式收购商业银行股份；对矿产资源开采权出让或矿产企业股份出让，政府（通过基金或国有公司）具有优先购买权等。近年来，出于发展经济多元化和优化营商环境等因素考虑，哈政府对国家基金旗下的部分公司逐步推行私有化。

（12）哈萨克斯坦国家原子能工业公司

哈萨克斯坦铀矿及其化合物、稀有金属、核燃料、专有设备、技术和二级原材料的国家出口企业，主要从事地质勘探、铀矿开采、核燃料生产、反应堆建造、电力生产、稀有金属冶炼和结构金属生产、科学研究、社会保障和专业技术人员培训等业务。

【对外贸易】2019年对外贸易总额为960.8亿美元，同比增长1.4%。其中，出口577.2亿美元，同比下降5.5%；进口383.6亿美元，同比增长14%。近年对外贸易情况如下（单位：亿美元）：

	2017	2018	2019
总　额	694.5	934.9	960.8
出口额	430.7	609.6	577.2
进口额	263.8	325.3	383.6
差　额	166.9	284.3	193.6

2019年，哈主要出口对象国前三位分别是意大利（14.5%）、中国（13.6%）、俄罗斯（9.7%）；进口对象国前三位分别是俄罗斯（36.7%）、中国（17.1%）和韩国（8.9%）。

从商品结构看，2019年哈出口商品中，能矿产品占比72.8%，金属及其制品13.5%，农产品和食品5.7%。进口产品中，机械设备占比44.2%，化工产品14.2%，金属及其制品12%，农产品和食品10.2%。

【外国直接投资】独立以来，哈萨克斯坦累计吸引外资超过3300亿美元。其中，荷兰、美国、瑞士、中国和法国为哈主要投资来源地。2018年，哈吸引外国直接投资243亿美元，同比增长15.8%。2019年，哈吸引外国直接投资241亿美元，同比下降0.8%。

人民生活

2019年职工月平均工资485美元，人均可支配收入3244美元。人均寿命73岁。

军　事

共和国总统为武装力量最高统帅。和平时期由国防部通过总参谋部对武装力量实施领导。国防部负责组织国防建设、制定和实施军队建设和发展规划，为部队提供资金、物资技术和装备保障。总参谋部为平时和战时的主要军事指挥机构，负责部队的训练、动员和作战指挥。哈武装力量组建于1992年5月7日，现设陆军、空防军和海军三个军种和空降突击部队、火箭与炮兵部队两个兵种（归陆军司令部指挥），陆军下设东、南、西和“阿斯塔纳”四个地区司令部，军队总人数超过7万人。另有国家安全委员会、边防总局、国民近卫军以及紧急情况所属部队等其他军事力量，总计约16万人。哈于2003年初步建立了按各军种设立的军事教育网络，全军最高学府为“国防大学”。2010年对部分军事院校进行了裁撤和调整；国安委和内务部分别设有下属院校；有近20所地方院校军事系负责为哈军培养各方面人才。2015年国防预算为20.46亿美元。2016年国防预算为12.81亿美元。2017年国防预算约为12亿美元。2018年为5171亿坚戈，约合（14.7亿美元）。2019年为7387亿坚戈，约合（19.22亿美元）。

文化教育

【教育】哈教育基础较好，全社会基本无文盲，5—24岁人群受教育率接近90%。近年来，哈教育改革力度加大，除中小学义务教育外，国立高校采取奖学金制和收费制两种方式。中等教育为11年制，共有中小学近8000所，在校学生近300万人，教职人员30多万人。中小学哈萨克语学习时间1—11年级达到57学时/周，其中超过40所中小学使用哈、俄、英三语授课。哈有职业技术学校866所，在校学生60多万人，教职人员3.93万人；哈各类高等教育院校140多所，其中国家级大学9所，国立大学32所，国有参股大学14所，私立大学75所。高校在校学生总人数为63.4万人，教职人员4.1万。哈主要大学有：纳扎尔巴耶夫大学、古米廖夫国立欧亚大学、阿里法拉比国立大学、阿拜国立师范大学、哈萨克斯坦国立技术大学、哈萨克斯坦国立农业大学、哈萨克斯坦国立医科大学等。

【文化】近年来，哈文化领域建设快速发展，文化及休闲场所的基础设施建设发展迅速，文化和视觉艺术活动的举办明显增多，电影领域立法及资助、支持办法不断完善，文化遗产保护工作不断推进。截至2018年底，哈共有各类文化机构7900家，其中，剧院68家，博物馆240家，音乐演出组织31家。2018年累计举办各类文化体育活动5300余场。共制作影片41部，在泰国、意大利、俄罗斯等8国举办“哈萨克斯坦电影日”活动。共确定历史文化遗产11400处（其中，国家级245处），在“社会意识现代化”发展规划框架下制定“哈萨克斯坦历史圣地”地图（其中国家级历史圣地185处，地方级456处）。2018年哈民众文化服务满意度达70.6%。

【科技】2019年，哈政府继续重视对科技投入，占GDP的0.12%。科研机构386家，科研人员21843人，35岁以下的青年科研人员占比34%。

【新闻出版】目前，哈登记在册的新闻媒体共有近8000家，其中2763家媒体真正发行或广播，包括报纸1156份，杂志1269份，电视和广播媒体285家，通讯社41家。80%以上为私营媒体，使用15种语言发行广播。哈境内共有2392家外国媒体活动，包括2309份报刊和108家广电媒体。

主要报刊：《哈萨克斯坦真理报》（俄文日报），发行量10万份；《哈萨克斯坦主权报》（哈文日报），发行量1万份；《先行者报》（俄文日报），发行量3.36万份；《快报》（俄文日报），发行量2万份；《驼队报》（俄文周报），发行量2.5万份；《实业报》（俄文周报），发行量1万多份。

主要通讯社：

（1）哈萨克国际通讯社（简称哈通社），是哈唯一国家通讯社，前身系前塔斯社哈萨克分社，拥有80多年历史，在北京、纽约、莫斯科、布鲁塞尔、塔什干和比什凯克等地设有记者站。

（2）“今日哈萨克斯坦”通讯社，成立于2000年，系私营媒体。

（3）“国际文传电讯—哈萨克斯坦”通讯社，系俄罗斯国际文传电讯社驻哈分社。

主要广播电台：

（1）哈萨克斯坦国家广播电视集团（国家控股）下属的哈萨克电台。

（2）“哈巴尔”广播电视公司（国家控股）下属的“哈巴尔热点调频”电台。

（3）“俄罗斯—亚洲”电台，系俄罗斯电台与哈合办。

主要电视台：

（1）哈萨克斯坦国家广播电视集团（国家控股）下属的哈萨克斯坦国家电视台。日播出节目15小时，覆盖率96.25%。

（2）“哈巴尔”广播电视公司（国家控股）下属的“哈巴尔”电视台、“叶尔阿尔纳”无线电视频道以及“里海网络”卫星频道。其中“哈巴尔”电视台日播出节目14小时（以哈语为主），受众约1700万人，覆盖率95.7%，在北京、莫斯科、塔什干和比什凯克设有记者站。“叶尔阿尔纳”无线电视频道覆盖率75.5%。“里海网络”卫星频道昼夜滚动播出，可覆盖欧洲、中亚、中东和北非部分地区，据哈方估计其潜在受众约9900万。

（3）“第一频道—欧亚”电视频道（简称欧亚一台），俄“第一频道”与哈合办，覆盖率78.6%。

（4）“商业电视台”，系哈私营电视台，日播出节目15小时，覆盖率约81%。

对外关系

2019年，哈深入推进多元平衡外交，以俄罗斯、中国、美国、欧盟为重点，积极同独联体国家、伊斯兰国家及亚太国家发展友好关系与务实合作，着力提升在地区及国际事务中的影响力。

【同中国的关系】1992年1月3日，中哈正式建交。2005年两国建立战略伙伴关系，2011年宣布发展全面战略伙伴关系，2019年宣布发展永久全面战略伙伴关系。

2019年，中哈永久全面战略伙伴关系平稳发展，双方高层往来频繁，各领域合作深入推进，取得积极成果。2019年3月，哈第一副总理兼财政部长斯迈洛夫访华，韩正副总理同其举行会晤。3月，哈外长阿塔姆库洛夫访华，王岐山副主席、王毅国务委员兼外长分别同其举行会晤。4月，王岐山副主席在北京会见哈国家安全委员会主席马西莫夫。4月，哈首任总统纳扎尔巴耶夫来华出席第二届“一带一路”国际合作高峰论坛，习近平主席同纳扎尔巴耶夫举行会见并向其颁授中华人民共和国“友谊勋章”。5月，韩正副总理赴哈出席第十二届阿斯塔纳经济论坛和第二届中哈地方合作论坛，分别会见哈总统托卡耶夫、总理马明、第一副总理斯迈洛夫。5月，栗战书委员长在北京会见哈议会下院副议长伊希姆巴耶娃。6月，习近平主席在上海合作组织比什凯克峰会期间同托卡耶夫总统举行会晤。9月，托卡耶夫总统对华进行国事访问，习近平主席、李克强总理、栗战书委员长、杨洁篪主任分别同其举行会谈、会见。9月，栗战书委员长赴哈出席第四届欧亚国家议长会议，并分别会见哈首任总统纳扎尔巴耶夫、总统托卡耶夫、议会上院议长纳扎尔巴耶娃、议会下院议长尼格马图林。11月，李克强总理在赴乌兹别克斯坦出席上海合作组织成员国政府首脑（总理）理事会第十八次会议期间同哈总理马明举行会见。11月，哈第一副总理兼财政部长斯迈洛夫来华同韩正副总理共同主持召开中哈合作委员会第九次会议。12月，王毅国务委员兼外长在出席第十四届亚欧外长会议期间同哈外长特列乌别尔季举行双边会见。

2018年中哈双边贸易额为198.85亿美元，2019年为219.9亿美元，较上年增长10.6%。

中国驻哈萨克斯坦大使：张霄。馆址：阿斯塔纳市卡班拜巴特尔大街28/5号。电话：007-7172-793561；传真：793567。领事部电话：007-7172-793583。商务处电话：007-7172-797908；传真：797951。

哈萨克斯坦驻华大使：科伊舍巴耶夫（Габит Койшыбаев）。馆址：北京市朝阳区三里屯东六街9号。电话：010-65326182；传真：65326183。邮政编码：100600。

【同俄罗斯的关系】哈视俄为外交优先方向，将发展哈俄战略伙伴关系作为外交重中之重。2019年，哈俄关系续有发展，高层交往保持良好势头。2019年1月2日，纳扎尔巴耶夫总统就俄罗斯马格尼托哥尔斯克市居民楼发生爆炸致人员伤亡向俄总统普京致慰问电。3月19日，纳扎尔巴耶夫同俄总统普京举行电话会谈。3月20日，哈首任总统纳扎尔巴耶夫同俄总理梅德韦杰夫举行电话会谈。3月21日，哈首任总统纳扎尔巴耶夫、总统托卡耶夫同俄总统普京举行电话会谈。3月28日，哈总统托卡耶夫会见到访努尔苏丹的俄总统助理富尔先科。3月29日，哈总统托卡耶夫会见了俄驻哈大使博罗达夫金。4月3日，哈总统托卡耶夫对俄进行正式访问，同俄总统普京举行会谈、共见记者并发表联合声明。5月6日，哈首任总统纳扎尔巴耶夫、总统托卡耶夫就莫斯科谢列梅捷沃机场民航客机失火事故向俄总统普京致慰问电。5月9日，哈首任总统纳扎尔巴耶夫作为荣誉嘉宾在莫斯科红场出席纪念卫国战争胜利74周年阅兵式。5月28日，哈首任总统纳扎尔巴耶夫与到访的俄总统普京举行会见。5月31日，哈总统托卡耶夫会见俄联邦安全会议秘书帕特鲁舍夫。6月10日，哈总统托卡耶夫同俄总统普京举行电话会谈，普京祝贺托卡耶夫赢得总统选举。6月10日，哈总统托卡耶夫会见俄驻哈大使博罗达夫金。10月3日，哈总统托卡耶夫在索契出席“瓦尔代”俱乐部会议期间与俄总统普京举行会晤。10月7日，哈总统托卡耶夫与俄总统普京举行电话会谈。10月9日，哈总统托卡耶夫会见对哈进行正式访问的俄外长拉夫罗夫。11月7日，哈总统托卡耶夫与俄总统普京共同出席在俄罗斯鄂木斯克市举行的第16届哈俄地方合作论坛。12月31日，哈总统托卡耶夫同俄总统普京举行电话会谈。

2019年哈俄贸易额为196亿美元，较上年增长7.7%。

【同独联体国家的关系】2019年，哈与独联体国家关系续有发展，各领域合作稳步推进。哈积极参加独联体、集安条约组织、欧亚经济联盟等框架内领导人会晤及相关活动。2019年4月14日，哈总统托卡耶夫对乌兹别克斯坦进行国事访问，同乌总统米尔济约耶夫举行会谈，双方签署系列合作文件，并共同出席在乌举办的哈萨克斯坦年开幕式。5月16日，哈总统托卡耶夫分别同来哈出席阿斯塔纳经济论坛的亚美尼亚总统萨尔基相、格鲁吉亚总理巴赫塔泽举行会见。5月29日，欧亚经济委员会最高理事会会议在努尔苏丹举行。6月13—14日，哈总统托卡耶夫赴吉尔吉斯斯坦出席上合组织国家元首峰会，并同吉总统热恩别科夫举行会见。6月14—15日，哈总统托卡耶夫赴塔吉克斯坦出席亚信第五次峰会，并同塔吉克斯坦总统拉赫蒙举行会见。9月25日，哈总统托卡耶夫在美国分别同乌克兰总统泽连斯基、格鲁吉亚总统祖拉比什维利和摩尔多瓦总统多东举行会见。10月1日，哈总统托卡耶夫出席在亚美尼亚召开的欧亚经济委员会最高理事会会议，并分别同亚美尼亚总理帕什尼扬、白俄罗斯总统卢卡申科举行会见。10月11日，哈总统托卡耶夫出席在土库曼斯坦召开的独联体国家元首会议，并同土库曼斯坦总统举行会见。10月15日，第七届突厥语国家合作委员会首脑峰会在阿塞拜疆首都巴库举行，会议期间哈首任总统纳扎尔巴耶夫同阿塞拜疆阿利耶夫、吉尔吉斯斯坦总统热恩别科夫、乌兹别克斯坦总统米尔济约耶夫和土耳其总统埃尔多安举行会见。10月23日，哈首任总统纳扎尔巴耶夫在日本同乌克兰总统泽连斯基举行会见。10月24—25日，白俄罗斯总统卢卡申科对哈进行国事访问，会见哈首任总统纳扎尔巴耶夫、哈总统托卡耶夫。11月27—28日，哈总统托卡耶夫对吉尔吉斯斯坦进行国事访问，同吉总统热恩别科夫举行会谈，并共同出席哈吉国家间最高委员会第五次会议和在吉召开的集体安全条约组织集体安全理事会会议。11月29日，哈首任总统纳扎尔巴耶夫出席在乌兹别克斯坦举行的第二届中亚国家领导人工作会晤。12月20日，哈首任总统纳扎尔巴耶夫出席在俄罗斯举行的欧亚经济委员会最高理事会会议和独联体国家领导人非正式会晤。

2018年哈与独联体国家贸易额为243亿美元，2019年为265亿美元。

2018年哈与欧亚经济联盟国家贸易额为191.1亿美元，2019年为212.96亿美元。

【同美国的关系】2019年，哈美在能源、安全、科技、农业等领域开展的务实合作续有发展。2019年3月24日，美国总统特朗普致电祝贺托卡耶夫就任哈总统，高度评价与哈首任总统纳扎尔巴耶夫的共同工作经历，期待与托建立同样有效的关系。6月25日，美国总统特朗普致电祝贺托卡耶夫当选哈总统并强调，多年来，美哈关系取得了很大成果，相信双方合作将继续巩固，美方珍视同哈方坚实的伙伴关系，将继续同哈方在中亚地区和全球范围内推进双方共同利益。8月9日，哈总统托卡耶夫会见了美国国会众议院议员努涅斯和克劳福德。8月21日，哈总统托卡耶夫会见了来哈出席美国与中亚国家“C5+1”外长会的美国主管政治事务副国务卿黑尔。9月23日，美国国务卿蓬佩奥与哈等中亚五国外长举行“C5+1”外长会。9月25日，哈总统托卡耶夫在出席第74届联合国大会期间与美国总统特朗普举行短暂会晤。

2018年哈美双边贸易额为22.5亿美元，2019年为22.4亿美元。

【同欧洲国家的关系】2019年，哈与欧洲大国交往密切，继续扩大在安全、能源、经济、科技、环保、军工等领域合作。2019年3月27日，哈首任总统纳扎尔巴耶夫同德国总理默克尔举行电话会谈。4月24日，哈首任总统纳扎尔巴耶夫、总统托卡耶夫分别同到访的匈牙利总理奥尔班举行会见。5月20日，哈总统托卡耶夫会见了欧安组织民主制度与人权办公室观察员代表团团长加塞克。5月31日，哈首任总统纳扎尔巴耶夫会见了到访的欧洲理事会主席图斯克，总统托卡耶夫与图举行会谈并共见记者。6月1日，哈总统托卡耶夫致电祝贺瑙赛达当选立陶宛总统。6月5日，哈总统托卡耶夫致电祝贺列维特斯当选拉脱维亚总统。6月8日，哈首任总统纳扎尔巴耶夫同克罗地亚前总统梅西奇举行会见。6月17日—21日，欧盟委员会主席容克、法国总统马克龙、英国首相特蕾莎·梅等欧洲国家领导人致电祝贺托卡耶夫当选哈总统。7月20日，哈总统托卡耶夫致电祝贺冯德莱恩当选欧盟委员会主席。7月20日，哈总统托卡耶夫致电祝贺米歇尔当选欧洲理事会主席。7月26日，哈总统托卡耶夫致电祝贺约翰逊当选英国首相。8月15日，哈总统托卡耶夫会见了欧盟中亚事务特别代表布里安。9月3日，哈总统托卡耶夫会见了欧安组织少数民族事务高级专员赞尼尔。9月25日，哈总统托卡耶夫在出席第74届联合国大会期间与芬兰总统尼尼斯托、卢森堡首相贝泰尔举行会晤。10月7日，哈总统托卡耶夫会见了保加利亚副总统约托娃。10月17日，哈总统托卡耶夫会见了捷克众议院议长冯德拉切克。11月11日，哈总统托卡耶夫会见了斯洛文尼亚前总统图尔克。11月22日，哈总统托卡耶夫同到访的瑞士总统毛勒举行会晤并共见记者。12月5日，哈总统托卡耶夫开始对德国进行正式访问，同德国总理默克尔举行会晤并共见记者。

欧盟是哈主要贸易伙伴国和投资国。2018年双方贸易额为377亿美元，2019年为313亿美元。哈是除欧佩克组织国家之外，仅次于俄罗斯和挪威的对欧能源供应国。

【同伊斯兰国家的关系】2019年，哈与伊斯兰国家继续保持传统友好联系，积极参与地区热点问题的解决。2019年2月20日，哈总统纳扎尔巴耶夫同沙特国王萨勒曼通电话，讨论两国经贸、投资、能源等领域合作。3月13—14日，哈总统纳扎尔巴耶夫对阿联酋进行工作访问，出席第十五届特殊奥林匹克夏季运动会开幕式，同阿布扎比王储、阿联酋武装部队副总司令穆罕默德举行会见。6月4日，土耳其总统埃尔多安打电话给哈首任总统纳扎尔巴耶夫，向纳致以肉孜节祝贺，双方并讨论了两国合作以及国际和地区热点问题。6月13日，哈总统托卡耶夫在吉尔吉斯斯坦出席上合组织国家元首峰会期间同阿富汗总统加尼举行会见。6月15日，哈总统托卡耶夫出席在塔吉克斯坦召开的亚信第五次峰会期间分别同土耳其总统埃尔多安、卡塔尔埃米尔塔米姆举行会见。7月1日，哈总统托卡耶夫同沙特国王萨勒曼通电话，讨论了双边合作、高层交往、OPEC+减产协议落实等问题。8月6日，哈总统托卡耶夫就埃及开罗8月5日发生恐怖袭击事件向埃及总统塞西致慰问电。9月24日，哈首任总统纳扎尔巴耶夫会见来哈参会的土耳其大国民议会议长穆斯塔法·森托普、沙特协商会议主席阿卜杜拉·阿什·谢赫、阿曼协商会议主席马瓦利。9月25日，哈总统托卡耶夫在美国同约旦国王阿卜杜拉二世举行会见。10月1日，哈总统托卡耶夫在亚美尼亚同伊朗总统鲁哈尼举行会见。10月15日，第七届突厥语国家合作委员会首脑峰会在阿塞拜疆首都巴库举行，会议期间哈首任总统纳扎尔巴耶夫同土耳其总统埃尔多安举行会见。10月31日，哈总统托卡耶夫就巴基斯坦火车起火事故向巴总统阿尔维致慰问电。11月12日，哈首任总统纳扎尔巴耶夫、总统托卡耶夫分别会见来哈参加“阿斯塔纳俱乐部”会议的伊朗外长扎里夫。11月19日，哈首任总统纳扎尔巴耶夫就阿联酋总统谢赫·哈里发的兄弟去世向其致慰问电。

2018年哈同土耳其、伊朗双边贸易额分别19亿美元和5.2亿美元。

2019年同两国双边贸易额分别为31.27亿美元和3.8亿美元。

【同亚太及新兴大国的关系】2019年哈同亚太及新兴大国继续保持友好交往，与相关国家关系续有发展。2019年4月，韩国总统文在寅访哈并与哈首任总统纳扎尔巴耶夫和总统托卡耶夫举行会见。9月17日，哈外长阿塔姆库洛夫访问韩国并会见韩国总理李洛渊和外长康京和等政要。9月24日，土耳其大国民议会议长森托普、韩国国会议长文喜相、柬埔寨国民议会主席韩桑林等国家议会首脑访哈并出席第四届欧亚国家议长会议。10月15日，新加坡国务资政兼国家安全统筹部长张志贤访哈并会见总统托卡耶夫、总理马明和上院议长纳扎尔巴耶娃。10月23—24日，哈首任总统纳扎尔巴耶夫访问日本，出席新天皇即位典礼并会见日本首相安倍晋三。

2019年，哈与韩国贸易额65亿美元，与土耳其贸易额为31亿美元，与印度贸易额为18.6亿美元，与印度尼西亚贸易额为3.7亿美元，与巴西贸易额为3.067亿美元，与新加坡贸易额为2.90亿美元。　（师雨涵）

韩　国

国名　大韩民国（Republic of Korea）。

面积　10.329万平方公里。

人口　约5200万。为单一民族，通用韩国语，50%左右的人口信奉佛教、基督教、天主教等宗教。

首都　首尔（Seoul），人口约1000万，面积605平方公里，年均气温11.6℃。

国家元首　总统文在寅，2017年5月当选。

重要节日　春节：阴历正月初一；元旦：1月1日；独立运动纪念日：3月1日；佛诞日：阴历四月初八；显忠日：6月6日；制宪节：7月17日；光复节：8月15日；中秋节：阴历八月十五；开天节：10月3日；圣诞节：12月25日。

简　况

位于亚洲大陆东北部朝鲜半岛南半部。东、南、西三面环海。属温带季风气候，年均气温13℃—14℃，年均降水量约1300—1500毫米。

政　治

1910—1945年，朝鲜半岛沦为日本殖民地。1945年8月日本投降，美苏军队分别进驻半岛南北部。1948年8月15日半岛南半部建立大韩民国，李承晚出任首届总统。1960年李承晚下台，同年8月尹潽善任总统。1961年朴正熙发动军事政变，此后长期执政。1979年朴正熙遇刺身亡，全斗焕发动政变，于1980年出任总统。1987年韩国修改宪法，实行总统直选，同年卢泰愚当选第13届总统。此后金泳三、金大中、卢武铉、李明博、朴槿惠和文在寅先后当选第14届至19届总统。

【宪法】1987年10月全民投票通过现行宪法，1988年2月25日生效。宪法规定，总统享有作为国家元首、政府首脑和武装力量总司令的权力，任期5年，不得连任。

【议会】国会，立法机构。主要职能包括：审议各项法案；审议国家预决算；监察政府工作；批准对外条约以及同意宣战或媾和、弹劾总统和主要政府官员、否决总统的紧急命令等。实行一院制，共300个议席，议员任期4年。第21届国会2020年4月选出。国会设1名议长和2名副议长，由议员投票选举产生，现任议长文喜相，副议长李柱荣、朱昇镕。

【政府】设18部、5处、17厅，总统兼任政府首脑，国务总理辅助总统工作。现任总理丁世均，2020年1月就任。现任内阁主要成员有：经济副总理兼企划财政部长官洪楠基、社会副总理兼教育部长官俞银惠、科学技术信息通信部长官崔起荣、外交部长官康京和、统一部长官金錬铁、法务部长官秋美爱、国防部长官郑景斗、行政安全部长官陈永、文化体育观光部长官朴良雨、农林畜产食品部长官金炫秀、产业通商资源部长官成允模、保健福祉部长官朴凌厚、环境部长官赵明来、雇佣劳动部长官李载甲、女性家族部长官李贞玉、国土交通部长官金贤美、海洋水产部长官文成赫、中小风险企业部长官朴映宣。

【主要网址】总统府：http://www.president.go.kr；外交部：http://www.mofa.go.kr。

【行政区划】全国划分为1个特别市：首尔特别市；2个特别自治市（道）：世宗特别自治市、济州特别自治道；8个道：京畿道、江原道、忠清北道、忠清南道、全罗北道、全罗南道、庆尚北道、庆尚南道；6个广域市：釜山、大邱、仁川、光州、大田、蔚山。

【司法机构】审判机关有大法院、高等法院、地方法院和家庭法院。大法院是最高审判机关，院长由总统任命，须经国会同意，任期6年，不得连任，现任院长金命洙。另设有宪法裁判所，现任所长刘南硕。

检察机关有大检察厅、高等检察厅和地方检察厅，隶属法务部。大检察厅是最高检察机关，检察总长由总统任命，无须国会同意。现任检察总长尹锡悦。

【主要政党】（1）共同民主党：前身为金大中领导

的新政治国民会议。1997年金大中当选总统，该党成为执政党。2003年分裂为开放国民党和民主党，2008年2月合并为统合民主党，7月改名民主党。2011年12月，民主党与市民统合党、韩国劳动组合总联盟合并为民主统合党。2013年5月改名民主党。2014年3月与以安哲秀为代表的政治力量联合组成新政治民主联合党。2015年12月改名共同民主党。2017年5月，该党候选人文在寅赢得大选。2018年6月，该党在国会补缺选举中获胜。2020年4月15日，在韩国第21届国会议员选举中获胜，在国会拥有177个席位。

（2）未来统合党：前身为1990年成立的民主自由党，1995年改名为新韩国党，1997年新韩国党和韩国民主党合并，改称大国家党。2012年2月改名为新国家党，2016年12月该党部分议员退党，2017年2月更名为自由韩国党，2020年2月更名为未来统合党。现为最大在野党，在国会拥有103个席位。

（3）正未来党：2018年2月，由国民之党和正党合并而来，成为韩国第三大党，在国会拥有30个席位。

（4）民主和平党：2018年2月，由国民之党部分成员脱党组建，在国会拥有14个席位。

（5）正义党：前身为进步正义党，2013年7月更名为正义党，在国会拥有6个席位。

【重要人物】文在寅：总统。1953年1月生于韩国庆尚南道巨济市，毕业于韩国庆熙大学法学系。1982年与前总统卢武铉合作，担任人权律师。2003年起历任卢武铉政府的总统民政首席秘书、市民社会首席秘书、总统政务特别助理、总统秘书室长等职。2012年4月当选国会议员，同年参加总统大选，以微弱票差落败。2017年5月9日在大选中获胜，10日宣誓就职。　**丁世均**：国务总理。1950年生于全罗北道。毕业于高丽大学法学系。曾在韩国双龙集团任职17年，担任过常务董事。1996年起6次当选国会议员。2006年2月至2007年1月，任产业资源部长官。2008年7月至2010年8月，任民主党党首。2016年6月至2018年5月，任国会议长。2020年1月任国务总理。

经　济

20世纪60年代，韩国经济开始起步。70年代以来，持续高速增长，人均国民生产总值从1962年的87美元增至1996年的10548美元，创造了“汉江奇迹”。1996年加入经济合作与发展组织（OECD），同年成为世界贸易组织（WTO）创始国之一。1997年亚洲金融危机后，韩国经济进入中速增长期。

产业以制造业和服务业为主，造船、汽车、电子、钢铁、纺织等产业产量均进入世界前10名。大企业集团在韩国经济中占有十分重要的地位，目前主要大企业集团有三星、现代汽车、SK、LG等。

2008年，受国际金融危机影响，韩国经济明显下滑。韩国政府迅速采取包括大规模财政刺激等一系列政策，金融市场全面回暖，实体经济企稳回升，企业和消费者信心不断增强，成为经济合作与发展组织成员国中率先走出谷底的国家。

2019年主要经济数据如下：

国内生产总值：1.64万亿美元。

人均国民收入：3.2万美元。

经济增长率：2.0%。

货币名称：韩元。

汇率：1美元≈1227韩元（实行浮动汇率制）。

【资源】矿产资源较少，已发现的矿物有280多种，其中有经济价值的50多种。有开采利用价值的矿物有铁、无烟煤、铅、锌、钨等，但储量不大。自然资源匮乏，主要工业原料均依赖进口。

【工业】工矿业产值占GDP的30%，半导体销售额居世界第1位，粗钢产量居世界第6位。

【农业】现有耕地面积175.9公顷，主要分布在西部和南部平原、丘陵地区。农业人口约占总人口的6.8%。农业产值（含渔业和林业）占GDP的2.6%。

【旅游业】韩国旅游业较为发达。近年来，韩政府将旅游业确定为战略产业，积极鼓励和发展旅游业，通过对外宣传“韩流”文化、简化热点旅游地区入境手续、完善旅游市场、改善旅游硬件设施、提升服务水平等措施，吸引外国游客。据韩方统计，2019年访韩外国游客1700余万人次，创历史最高。

【交通运输】陆、海、空交通运输均较发达。全国已建成铁路网和高速公路网。

铁路：铁路总长约3900公里。2004年3月，首尔—釜山高速铁路开通，全长412公里，最高时速300公里。

公路：公路总长约10.7万公里，其中高速公路约4200公里。登记的汽车有2200多万辆。

水运：以海运为主。主要港口有：釜山、浦项、仁川、群山、木浦、济州、丽水等。

空运：开通国内航线20余条，国际航线约350条，现有8个国际机场：仁川、金浦、济州、金海、清州、大邱、襄阳、务安。

【财政金融】2019年韩国财政收支情况：财政收入402万亿韩元，财政支出397.3万亿韩元。截至2019年底，韩国外汇储备约为4088亿美元。

【对外贸易】2019年外贸总额1.05万亿美元，贸易收支顺差392亿美元。其中，出口5424亿美元，较上年减少10.3%；进口5032亿美元，较上年减少6.0%。和世界上180多个国家和地区有经贸关系，中国、美国、日本是韩国前三大贸易伙伴国。

主要进口产品有原油、半导体、天然气、石油制品、半导体零部件、钢板、煤炭、通讯器材、电缆等。主要出口产品有汽车及零部件、半导体、有线无线通讯器材、船舶、石油制品、平板液晶显示器、个人电脑、影视器材等。

【外国资本】20世纪60年代和70年代，外国直接投资仅占资本流入的一小部分，80年代起韩国逐步放宽外商投资限制。1997年金融危机后，韩加大引进外资力度。

【经济团体】（1）大韩商工会议所：1948年7月正式成立。是韩国最大的民间经济团体，现有正式会员企业5.5万家，在韩国内有71家分支机构。主要职能是：调查了解企业情况，向政府提出政策性意见和建议。作为民间团体，对国内生产、物价等进行统计调查；组织、领导会员企业的技工培训和技术交流活动；负责与国外经济团体的交流与合作；负责发放原产地证明等。1992年8月成立韩中民间经济协议会，在北京设有代表处。会长朴容晚。

（2）韩国贸易协会：成立于1946年。有会员企业8.6万家。主要职能是：研究韩国的贸易政策，向政府提出意见和建议；向会员企业提供各种贸易咨询和信息服务，促进与世界各国的贸易合作，代培贸易专业人员。多次协助中方在韩举办贸易展，并组织韩企业赴华考察，组派采购团，在北京设有国际事务支部。会长金荣柱。

（3）全国经济人联合会：成立于1961年。由制造业、贸易、金融、建设等各行业67个团体、韩国具有代表性的431家大企业及4个名誉会员组成。主要职能是：代表大企业向政府提出政策性意见和建议；协助会员企业加强与国际经济组织和国外企业的联系；研究交流经营理论和经营方法；调查研究国内外经济动向；加强与社会各界的联系，组织会员企业开展各项公益事业。设有中国委员会，2003年5月成立全经联中国论坛。会长许昌秀。

（4）中小企业中央会：成立于1962年。由中小企业行业协会组成，2006年改用现名，有500多家注册会员企业。主要职能是：维护中小企业利益，代表中小企业向政府提出政策性建议；通过下属行业组织指导中小企业发展，开展中小企业经营研究，向会员企业提供各种信息和咨询；管理赴韩外国劳工事务。会长金基文。

人民生活

人均寿命82.7岁。2020年4月失业率4.2%。2016年固定电话装机每百人55部，移动电话使用每百人120部。

军　事

实行义务兵役制。陆军和海军陆战队服役期为21个月，空军为24个月，海军为23个月。总统为三军最高统帅。国防部长官郑景斗（2018年9月就任），参谋长联席会议主席朴汉基（2018年10月就任）。现有总兵力65.5万，其中陆军52.2万，海军6.8万，空军6.5万。预备役304万。2020年国防预算约50.2万亿韩元，较上年增长7.4%。

文化教育

【教育】1953年起实行小学六年制义务教育，从1993年起普及初中三年义务教育。高等教育机构80%为私立。2020年教育预算约72.5万亿韩元，较上年增长2.6%

全国各类学校（公立、私立）近2万所，学生1100多万人，教师50多万人。著名大学有首尔大学、延世大学、高丽大学等。

【新闻出版】新闻出版业发达。共有新闻机构230多家，从业人员4万多人。报社120多家，杂志种类繁多。《朝鲜日报》（1920年3月创刊）、《中央日报》（1965年9月创刊）、《东亚日报》（1920年4月创刊）是三大全国性韩文日报。

通讯社：联合通讯社，1980年由合同通讯社和东洋通讯社合并而成，1999年兼并内外通讯社。该通讯社在北京、华盛顿、纽约、洛杉矶、东京、巴黎、伦敦、曼谷、莫斯科等地设有分社，同40多家外国通讯社签有新闻交换协定或合作协议。

有10家全国性广播公司，另有地方广播公司59家，有线广播公司81家。

韩国广播公司（KBS）：1927年开始试播，自1953年开始对外广播。政府控股广播公司，拥有全国性广播网，目前用韩、英、汉、法、日等11种语言播音。电视台成立于1961年12月。自1996年7月起开通多频道卫星电视节目。

文化广播公司（MBC）：1961年12月开办，拥有全国性广播网。电视台成立于1969年8月，在各大城市有卫星转播站。

首尔广播公司（SBS）：1991年12月开播。

韩朝关系

朝鲜战争停战后，朝鲜半岛长期处于政治对立、军事对峙、经济隔绝状态。1990年9月至1991年12月，韩朝先后举行5次总理会谈，签署《南北和解、互不侵犯及交流合作协议书》，发表《朝鲜半岛无核化共同宣言》，韩朝关系有所改善。此后受金日成逝世及朝核等问题影响，韩朝关系趋冷。

1998—2008年，韩国金大中和卢武铉两任政府分别奉行对朝“阳光政策”及“和平与繁荣政策”，推进南北和解合作。2000年6月和2007年10月，金大中、卢武铉分别访朝，同金正日举行首脑会晤，发表《南北共同宣言》和《南北关系发展与和平繁荣宣言》。其间韩朝举行多次官方会谈和一系列民间交流活动，签署多项合作协议。

2008—2016年李明博、朴槿惠任韩国总统期间，南北关系时有起伏。2014年2月双方举行高级别会谈和离散亲属会面。2015年8月和10月，双方先后举行高级别磋商和离散亲属会面。2016年2月韩方关闭开城工业园。

2018年韩朝关系取得积极进展。1月，双方重启板门店热线、西海军事热线，举行高级别会谈。2月，朝方派高级别代表团赴韩出席平昌冬奥会开、闭幕式。文在寅总统特使访朝，朝鲜国务委员会委员长金正恩会见。4月，文在寅总统同金正恩委员长在板门店举行首次会晤，发表《板门店宣言》。5月双方再次会晤。9月，文在寅总统访朝，双方第三次会晤，签署《9月平壤共同宣言》。

2019年6月，文在寅总统陪同美国总统特朗普访问韩朝非军事区，在板门店同金正恩委员长再次会面。8月，文在寅总统发表“光复节”讲话，呼吁推进南北对话与和解合作。11月，文在寅总统邀请金正恩委员长参加韩国-东盟特别峰会，朝方拒绝。

2020年3月，文在寅总统同金正恩委员长就抗击新冠肺炎疫情互致信函。

对外关系

二次大战后，韩国长期以对美外交为主。20世纪70年代初开始推行门户开放政策。1988年卢泰愚政府上台后，大力推行“北方外交”，发展与社会主义国家关系。其后历届政府均推行积极外交政策，近年来基本形成了以韩美同盟为基轴，加强美、中、日、俄四大国外交，积极参与地区与国际事务的多层次、全方位外交格局。

韩国与191个国家建立了外交关系，驻外外交机构166个。

【同中国的关系】中韩自1992年8月24日建交以来，两国友好合作关系在各个领域都取得快速发展。政治上，两国领导人经常互访或在国际多边活动中会晤，增进了相互理解和信任，推动了两国关系发展。经济上，两国互利合作不断深化，互为重要贸易伙伴，在文化、教育、科技等领域的交流与合作日益活跃。两国在地区及国际事务中保持密切协调与合作。

2014年7月，习近平主席对韩国进行国事访问。11月，朴槿惠总统来华出席亚太经合组织（APEC）第22次领导人非正式会议。

2015年6月，全国人大常委会委员长张德江访韩。9月，朴槿惠总统来华出席中国人民抗日战争暨世界反法西斯战争胜利70周年纪念活动。10月，李克强总理赴韩出席第六次中日韩领导人会议并对韩国进行正式访问。

2016年6月，韩国国务总理黄教安访华并出席第十届夏季达沃斯论坛。9月，朴槿惠总统来华出席二十国集团领导人杭州峰会。

2017年5月，韩国新任总统文在寅特使李海瓒访华。同月，习近平主席同文在寅总统通电话。7月，习近平主席在德国柏林同文在寅总统举行会晤。11月，习近平主席在越南岘港出席亚太经合组织（APEC）第二十五次领导人非正式会议期间会见文在寅总统。同月，李克强总理在菲律宾马尼拉出席东亚合作领导人系列会议期间会见文在寅总统。同月，韩国外交部长官康京和访华。12月，文在寅总统对华进行国事访问。

2018年1月，习近平主席应约同韩国总统文在寅通电话。2月，中共中央政治局常委韩正、国务院副总理刘延东作为习近平主席特别代表分别出席平昌冬奥会开、闭幕。3月，习近平主席特别代表、中共中央政治局委员、中央外事工作委员会办公室主任杨洁篪应韩国政府邀请访韩。5月，习近平主席应约同韩国总统文在寅通电话。同月，李克强总理在日本东京出席中日韩领导人会议期间会见韩国总统文在寅。8月、9月，王毅国务委员兼外长出席东盟地区论坛外长会、联大期间会见韩国外长康京和。11月，习近平主席和文在寅总统在APEC第二十六次领导人非正式会议期间举行会晤。

2019年3月，韩国总理李洛渊来华出席博鳌亚洲论坛年会并访问重庆，李克强总理会见。4月，韩国经济副总理洪楠基来华出席第二届“一带一路”国际合作高峰论坛。5月，韩国国会议长文喜相访华，栗战书委员长同其会谈，王岐山副主席、杨洁篪主任分别会见。6月，习近平主席在G20大阪峰会期间同文在寅举行会晤。12月，王毅国务委员兼外长访韩并会见文在寅。同月，习近平主席和李克强总理分别会见来华出席第八次中日韩领导人会议的文在寅总统。2020年2月、5月，习近平主席两次应约同文在寅通电话。

2019年，双边贸易额为2845.3亿美元，同比下降9.2%。其中，韩国自华进口额为1109.6亿美元，对华出口额为1735.7亿美元，韩方顺差626.1亿美元。

【同美国的关系】韩美1949年1月建交。1953年10月韩美签署《韩美共同防御条约》，确立军事同盟关系。目前美国在韩国有2.85万驻军，掌握韩军战时指挥权，对韩国负有安全防卫义务。2017年2月，美国防部长马蒂斯访韩。3月，美国务卿蒂勒森访韩。6月，文在寅总统访美，同特朗普总统会晤。11月，特朗普访韩，与文在寅会晤。2018年2月，美国副总统彭斯参加平昌冬奥会开幕式，美国总统顾问伊万卡·特朗普参加平昌冬奥会闭幕式。2018年5月、9月，文在寅两次访美，与特朗普举行会谈。2018年11月，文在寅在APEC领导人非正式会议期间同美国副总统彭斯会晤。2017年6月，文在寅总统访美，同特朗普总统会晤。11月，特朗普总统访韩，同文在寅总统会晤。2018年2月，美国副总统彭斯参加平昌冬奥会开幕式，美国总统顾问伊万卡·特朗普参加平昌冬奥会闭幕式。2018年5月、9月，文在寅总统两次访美，与美国总统特朗普举行会谈。11月，文在寅总统在APEC领导人非正式会议期间同美国副总统彭斯会晤。2019年4月，文在寅总统访美，同美国总统特朗普会晤。6月，特朗普总统访韩，同韩国总统文在寅举行会谈。9月，文在寅总统赴美出席第74届联大会议，并同特朗普总统会晤。

2019年，韩国自美进口额为618.79亿美元，对美出口额为733.44亿美元，韩方顺差114.65亿美元。

【同日本的关系】韩日1965年建交。两国在各领域有着广泛的交流与合作，但历史等问题仍是干扰两国关系的因素。2017年5月，文在寅总统特使文喜相访问日本。同月，文在寅总统同日本首相安倍晋三通电话。7月，文在寅在德国汉堡与安倍晋三会晤。2018年2月，安倍晋三出席平昌冬奥会开幕式，文在寅会见。2018年4月，文在寅与安倍晋三通电话。2018年5月，文在寅赴日本出席第七次中日韩领导人会议，同安倍晋三会晤。2019年7月，日本对3种半导体核心原料加强对韩出口管制。8月，日本决定将韩国剔除出享受出口管理优惠待遇的国家“白名单”。10月，韩国总理李洛渊赴日参加新天皇即位庆典，同安倍晋三首相会晤。11月，文在寅总统同安倍晋三首相在东亚系列峰会期间会晤。12月，文在寅总统来华出席第八次中日韩领导人会议期间同安倍晋三首相会晤。

2019年，韩国自日进口额为475.81亿美元，对日出口额为284.2亿美元，韩方顺差191.61亿美元。

【同俄罗斯的关系】韩国与苏联1990年9月建交。苏联解体后，韩国与俄罗斯继续保持外交关系。2017年5月，韩国总统文在寅同俄罗斯总统普京通电话。7月，文在寅和普京在德国汉堡会晤。9月，文在寅访俄，同普京会晤。2018年6月，文在寅访俄，同普京会晤。9月，韩国国务总理李洛渊赴俄罗斯出席第四届东方经济论坛，并会见普京总统。10月，俄罗斯联邦委员会主席瓦伦缇娜·伊万诺夫娃·马特维延科访问韩国，会见文在寅总统。2018年11月，文在寅在APEC领导人非正式会议期间同普京会晤。2019年6月，韩国外交部长官康京和在莫斯科同俄罗斯外长拉夫罗夫举行会谈。

2019年，韩国自俄进口额为145.67亿美元，对俄出口额为77.74亿美元，韩方顺差67.93亿美元。

（王晓璇）

吉尔吉斯斯坦

国名　吉尔吉斯共和国（Kyrgyz Republic，Кыргызская Республика），简称吉尔吉斯斯坦（Kyrgyzstan，Кыргызстан）。

面积　19.99万平方公里。

人口　截至2019年12月31日，吉常住人口登记数量为645.65万人，男性占比49.2%。有80多个民族，其中吉尔吉斯族占73.5%，乌兹别克族占14.7%，俄罗斯族占5.5%，东干族占1.1%，维吾尔族占0.9%，塔吉克族占0.9%，土耳其族占0.7%，哈萨克族占0.6%，其他为鞑靼、阿塞拜疆、朝鲜、乌克兰等民族。80%以上居民信仰伊斯兰教，多数属逊尼派。

吉尔吉斯语为国语，俄语为官方语言。

首都　比什凯克（Bishkek，Бишкек）。人口105.39万（2020年1月）。1月平均气温–4℃，7月平均气温26℃。

“南都”奥什（Osh，Ош），人口31.25万（2020年1月）。1月平均气温–2℃，7月平均气温28℃。

国家元首　索隆拜·沙里波维奇·热恩别科夫（Сооронбай Шарипович Жээнбеков），2017年11月24日宣誓就职，任期6年。

重要节日　新年：1月1日；纳乌鲁斯节：3月21日；宪法日：5月5日；建军节：5月29日；独立日：8月31日。主要宗教节日有开斋节、古尔邦节、复活节等。

简况

位于中亚东北部，边界线全长约4503公里，北和东北接哈萨克斯坦，南邻塔吉克斯坦，西南毗邻乌兹别克斯坦，东南和东面与中国接壤。境内多山，平均海拔2750米，90%领土在海拔1500米以上，属大陆性气候，1月平均气温–6℃，7月平均气温27℃。

公元前3世纪已有文字记载。6—13世纪曾建立吉尔吉斯汗国。16世纪被迫从叶尼塞河上游迁居至现居住地。1876年被沙俄吞并。1917年11月至1918年6月建立苏维埃政权。1924年10月14日成立卡拉吉尔吉斯自治州。1936年12月5日成立吉尔吉斯苏维埃社会主义共和国，加入苏联。1991年8月31日，吉尔吉斯最高苏维埃通过国家独立宣言，正式宣布独立，改国名为吉尔吉斯共和国，同年12月21日加入独联体。

政治

属政教分离的世俗国家。政治上推行民主改革并实行多党制。第一任总统阿卡耶夫（1990年11月至2005年3月）执政时期政治上推行民主改革，经济上实行以市场为导向的改革方针。2005年春，吉发生非正常政权更迭，阿卡耶夫被迫下台，反对派领导人、前总理巴基耶夫同年7月当选新一届总统。2009年7月23日，巴基耶夫连任成功。2010年爆发“4·7”革命，巴基耶夫政权被推翻，以奥通巴耶娃为总理的临时政府宣告成立。6月27日，吉全民公投通过新宪法，国家政体改为议会制，奥通巴耶娃出任过渡时期总统。

2011年10月30日，吉举行总统大选，过渡时期政府总理阿尔马兹别克·阿塔姆巴耶夫在首轮投票中以62.52%的得票率当选总统，任期6年。

2017年10月15日，吉举行新一届总统选举，11位候选人参选，全国登记选民300万，约169万参加投票。社民党候选人、前总理索隆拜·热恩别科夫（С.Жээнбеков）在首轮投票中以54.77%的得票率获胜，当选新一届总统，任期6年。

【宪法】1993年5月5日，吉议会通过独立后第一部宪法，规定吉是建立在法制、世俗国家基础上的主权、单一制民主共和国，实行立法、司法、行政三权分立，总统为国家元首。此后，宪法几经修改。2010年“4·7”革命后，吉成立临时政府。5月，临时政府公布宪法草案，6月27日举行全民公投通过了新宪法。根据新宪法，吉政体由总统制过渡到议会制。2016年12月11日，吉举行修宪公投，将总统部分职权移交至政府。

【议会】第一届议会于1990年2月25日通过选举产生，1994年9月提前解散。1995年2月，选举产生了由立法会议和人民代表会议组成的新议会。2000年2月，吉选举产生第三届议会，由立法会议和人民代表会议组成。立法会议由60名议员组成，由单一选区和政党比例代表制选举产生。人民代表会议由45名议员组成，实行区域代表制度。2005年议会由两院制改为一院制，议员由105人减少到75人。取消政党比例代表制，全部议员由单一选区选举制选举产生。2007年10月21日，吉全民公决通过新宪法，规定议会完全按政党比例代表制选举产生，由90名议员组成；总统指定在议会选举中获得大多数席位的政党组建政府。2010年“4·7”革命后吉议会解散。2010年6月27日，吉通过新宪法，国家政体改为议会制，实行一院制，由120名议员组成，任期五年。10月举行第五届议会选举，故乡党、社民党、尊严党、共和国党和祖国党进入议会。2015年10月4日，吉举行第六届议会选举，社民党、共和国—故乡党、吉尔吉斯斯坦党、进步党、共同党、祖国党进入议会。10月7日，社民党、吉尔吉斯斯坦党、进步党、祖国党签署协议，组成执政联盟，社民党议员阿·热恩别科夫当选新一届议会议长。第六届议会共设9个委员会。2016年4月，议会执政联盟解散，阿·热恩别科夫议长辞职，社民党、吉尔吉斯斯坦党、共同党组成新一届执政联盟，社民党议会党团领袖图尔松别科夫当选议长。2017年10月，图尔松别科夫议长辞职，吉尔吉斯斯坦党议员朱马别科夫（Д. Джумабеков）当选议长。2018年4月，吉改组政府，议会第二大党，原反对派共和国—故乡党加入执政联盟。现议会执政联盟由社民党、共和国—故乡党、吉尔吉斯斯坦党、共同党四党组成。

【政府】总理库巴特别克·艾厄尔奇耶维奇·博罗诺夫（Кубатбек Айылчыевич Боронов），2020年6月任职。吉现政府由政府办公厅、12个部和4个委员会组成。主要成员包括：博罗诺夫（К. Боронов）总理巴特尔别科夫（А. Баатырбеков），分管实体经济和基础设施建设的第一副总理，分管边境问题的副总理马杜马罗夫（А. Мадумаров），分管社会问题的副总理伊斯梅洛娃（А. Исмаилова，女），分管欧亚经济联盟、金融、经济和投资问题的副总理阿斯兰季耶夫（Э. Асрандиев），政府办公厅主任捷米拉利耶夫（А. Темиралиев），外交部长艾达尔别科夫（Ч. Айдарбеков），内务部长朱努沙利耶夫（К. Джунушалиев），司法部长朱曼库洛夫（М. Джуманкулов），财政部长热恩巴耶娃（Б. Жеенбаева，女），经济部长穆坎别托夫（С. Муканбетов），农业、食品工业与土壤改良部长乔杜耶夫（Э. Чодуев），交通运输与道路部长别伊舍诺夫（Ж. Бейшенов），紧急情况部长阿斯卡罗夫（З. Аскаров），教育与科学部长伊萨科夫（К. Исаков），卫生部长阿布季卡里莫夫（С. Абдикаримов），文化、信息与旅游部长扎曼库洛夫（А. Жаманкулов），劳动与社会发展部长科奇科罗夫（У. Кочкоров），国家安全委员会主席奥普姆巴耶夫（О. Опумбаев），国家国防事务委员会主席捷尔季克巴耶夫（Э. Тердикбаев），国家工业、能源与矿产资源委员会主席奥斯蒙别托夫（Э. Осмонбетов），国家信息技术与通讯委员会主席伊斯梅洛夫（А. Исмаилов）。

【行政区划】全国划分为7州2市：首都比什凯克市、奥什市，楚河州、塔拉斯州、伊塞克湖州、奥什州、贾拉拉巴德州、纳伦州、巴特肯州。

【司法机构】2010年“4·7”革命前有宪法法院、最高法院和地方各级法院等。2010年“4·7”革命后，宪法法院解散。2010年6月通过新宪法，取消宪法法院。

最高法院院长为卡利耶娃（Г. Калиева，女），总检察长为扎姆希托夫（Ө. Джамшитов）。

【政党】目前，在吉司法部正式登记注册的政党约220个，其中主要有：

（1）吉尔吉斯斯坦社会民主党（简称“社民党”，СДПК）。成立于1993年，奉行社会民主主义，主张在吉建立民主法制社会，全面深化政治、经济、社会领域的民主进程。提倡人文、发展和自由。前总统阿塔姆巴耶夫曾任社民党主席。该党现为第六届议会执政联盟成员之一，拥有38个议席，为议会第一大党。议会党团主席为奥穆尔库洛夫（И. Омуркулов）。

（2）共和国—故乡党（Республика–Ата Журт）。由原共和国党、故乡党于2015年合并成立。现为第六届议会第二大党，拥有28个议席。议会党团主席为图鲁斯库洛夫（Ж. Турускулов ）。

（3）吉尔吉斯斯坦党（Кыргызстан）。成立于2010年，致力于促进国家经济和社会发展，创建高效的公民社会，为每个公民幸福生活提供必要条件并予以保护。该党现为第六届议会执政联盟成员之一，拥有18个席。议会党团主席巴特尔别科夫（А. Баатырбеков）于2020年6月卸任，暂未推举新主席。

（4）进步党（Онугуу-Прогресс）。成立于2012年，主张法治、经济发展、社会公正、公民安全、政权与社会平等对话、司法独立、反贪腐、建设强大农业国家。在第六届议会中拥有13个议席。议会党团主席为托罗巴耶夫（Б. Торобаев）。

（5）共同党（Бир Бол）。成立于2010年，主张创新经济发展模式、扩大就业、支持农业发展、教育医疗改革、分散财政预算等。该党现为议会执政联盟成员之一，拥有12个议席。议会党团主席为苏莱曼诺夫（А. Сулайманов）。

（6）祖国党（Ата Мекен）。成立于1992年，主张建立独立、民主、法制的吉尔吉斯斯坦和三权分立的民主国家政体等。在第六届议会中拥有11个议席。议会党团主席为阿·玛玛绍娃（А. Мамашова，女）。

【重要人物】索隆拜·沙里波维奇·热恩别科夫：总统。1958年11月生于奥什州，吉尔吉斯族。1983年毕业于吉农业学院。1983—1996年，在奥什州工作，先后任乌兹根区"阿克—扎尔"国营农场农艺师。1987—1992年，先后任农场畜牧师、农场党委书记、经理等职。1995—2000年，当选议会人民代表会议议员，任农业委员会副主席、主席。2000—2005年，任议会人民委员会副议长。2005年3月至2007年5月，当选吉议会议员，任农业委员会主席。2007年5月至12月，任农业、水利和加工业部长。2008年1月至2010年4月，经商。2010年4月至2015年12月，任奥什州州长。2015年12月至2016年3月，任国家干部局长。2016年3月，任总统办公厅第一副主任。2016年4月至2017年8月，任政府总理。2017年10月15日当选总统，11月24日宣誓就职。　**库巴特别克·艾厄尔奇耶维奇·博罗诺夫**：总理。1964年12月出生于吉尔吉斯斯坦奥什州，1991年毕业于吉尔吉斯斯坦伏龙芝理工学院建筑工程专业。2011年毕业于吉尔吉斯斯坦管理、法务、金融和上午国际学院法律专业。1992—2002年从事商业活动。2003—2010年任吉生态和紧急状态部物资技术保障部门负责人、后勤管理局副局长、北方管理局副局长、楚河州管理局长、预防和消除紧急状态司长等。2010年8月至2011年12月任吉紧急状态部副部长。2011年12月至2018年4月任吉紧急状态部长。2018年4月至2020年6月任吉第一副总理。2020年6月17日，当选吉总理。　**达斯坦别克·阿伊济斯别科维奇·朱马别科夫**：议长。1976年11月生于塔拉斯州，吉尔吉斯族。2001年毕业于吉尔吉斯斯坦国立大学，早年经商。2009年任经济情况部机械化救援队队长。2010年、2015年分别代表"故乡党"和"吉尔吉斯斯坦党"当选议员。2017年10月25日，当选议长。

经　济

国民经济以多种所有制为基础，农牧业为主，工业基础薄弱，主要生产原材料。独立初期，由于同原苏联各加盟共和国传统经济联系中断，加之实行激进改革，经济一度出现大幅下滑。此后，吉调整经济发展方针，推行以私有化和非国有化改造为中心的经济体制改革，经济保持低增长态势，工业生产恢复性增长。2005年"颜色革命"导致的政局不稳和经济环境恶化影响了吉经济的发展。2009年，受国际金融危机影响，吉经济增速减缓。2010年"4·7"革命后，吉经济再次出现下滑。实施2013—2017年国家经济稳定发展战略，经济走势开始趋稳。2015年加入欧亚经济联盟。近2年来，经济保持缓慢增长。

根据吉尔吉斯国家统计委员会公布的数据，按生产法计算，2019年全年吉国内生产总值（GDP）为5900.42亿索姆（约合84.53亿美元），同比增长4.5%。2019年，吉经济增长主要依靠的是采矿业、制造业、建筑业、服务行业等发展的拉动。若不计"库姆托尔金矿"产值，吉国内生产总值为5430亿索姆（约合77.9亿美元），同比增长3.8%。货币为索姆（1美元约合80索姆）。

【资源】自然资源主要有黄金、锑、钨、锡、汞、铀和稀有金属等。其中锑产量居世界第三位、独联体第一位，锡产量和汞产量居独联体第二位，水电资源在独联体国家中居第三位。

【工业】主要工业有采矿、电力、燃料、化工、有色金属、机器制造、木材加工、建材、轻工、食品等。

2019年，吉工业总产值为2780亿索姆（约合39.85亿美元），同比增长6.9%。若不计"库姆托尔金矿"相关产量，则为2310亿索姆（约合33.19亿美元），同比增长2%。

【农业】2019年，吉农林牧业总产值为2199.67亿索姆（约合31.54亿美元），同比增长2.6%。其中，种植业占50.2%，畜牧业占47.3%，农业服务占2.2%，林业、狩猎和渔业占0.3%。

2019年，各类种植业全年种植面积121.67万公顷，比2018年增加0.18万公顷。收获谷物174.2万吨（不包括豌豆、大米和荞麦），同比增长2.3%；其中，小麦60.12万吨，同比减少2.4%；大麦46.59万吨，同比增长8.5%；黑麦250吨，同比减少57%；燕麦2070吨，同比减少21.5%；玉米71.18万吨，同比增长2.7%；粟米160吨，同比增长90.2%；高粱280吨，同比减少46.3%；葵花籽1.53万吨，同比增长23.1%；红花籽1.24万吨，同比增长0.7%。

【服务业】2019年，吉国内各类服务业的总产值为2596亿索姆（约合37.22亿美元），同比增长4.7%，占吉GDP的44%。按地域分，比什凯克市占比47.8%，楚河州13.6%，贾拉拉巴德州11.5%，奥什市9.2%，奥什州7.6%，伊塞克湖州3.6%，塔拉斯州2.7%，巴特肯州2.6%，纳伦州1.4%。

【财政金融】2019年1—12月，吉国家财政预算收入1671.83亿索姆（约合23.97亿美元），同比增长10.7%；支出1676.15亿索姆（约合24.03亿美元）。

2019年1—12月，吉尔吉斯斯坦侨汇收入24.07亿美元，同比减少2.784亿美元。其中从俄罗斯汇到吉尔吉斯斯坦的侨汇金额为23.584亿美元。

截至2019年底，吉尔吉斯斯坦外汇储备为24.241亿美元，与年初相比增加了2.686亿美元。2019年全年美元对索姆平均汇率为1∶69.75。

截至2019年12月31日，吉尔吉斯斯坦的国家债务总额3194.7464亿索姆（约合45.87亿美元）。其中，外债为2681.7979亿索姆，占吉GDP的46%。

【对外贸易】根据吉海关统计数据显示：2019年1—12月，吉外贸总额为68.693亿美元，同比下降3.6%。其中吉出口额为19.655亿美元，同比增长7%；吉进口额为49.038亿美元，同比下降7.3%。外贸逆差为29.383亿美元。

吉与欧亚经济联盟国家的贸易额26.367亿美元，占吉外贸总额的38.38%，其中出口占比31.6%，进口占比41.1%。

出口产品主要为非货币黄金、服装、航空煤油、水果、奶制品等，主要进口石油产品、鞋及服装、药品等。

【外国投资】2019年，吉吸引外国直接投资为8.76亿美元，同比增长2.87%。外国对吉直接投资主要流向制造业、采矿业、科研、金融中介和保险业、通讯。

2019年，来自非独联体国家的对吉直接投资为8.04亿美元，与上年同期相比增长15.5%。中国对吉投资3.01亿美元，加拿大投资1.15亿美元，瑞士投资1.03亿美元，土耳其投资0.75亿美元。另，哈萨克斯坦投资0.37亿美元，俄罗斯投资0.34亿美元，

人民生活

2019年1—12月，吉劳动者平均月工资17166索姆（约合246美元），同比涨幅5.9%。

根据吉劳动和社会发展部统计数据显示：2019年12月，吉全国登记未就业人口数量76100人，失业率3.3%。

军　事

1992年5月，吉接管苏联驻扎在其领土上的军队并在此基础上组建了本国军队。5月29日为吉建军节。目前，吉军总兵力约1万人，主要为合同兵。2014—2015年，吉武装力量进行指挥体制改革，国防部改组为国家国防事务委员会，总参谋部成为吉武装力量统一的作战指挥机关，战时指挥国家国防事务委员会、边防总局、国民卫队等强力部门所属部队。现任吉军总参谋长杜伊申比耶夫（С. Дуйшенбиев），国家国防事务委员会主席捷尔季克巴耶夫（Э. Тердикбаев），边防局局长沙尔舍耶夫（У. Шаршеев），国民卫队司令艾尔格绍夫（Т. Эргешов）。

文化教育

【教育】截至2015年，全国共有各类学校约2500所，在校生共计约140.9万，教师约10万人。其中中等专业学校131所，在校生约9万人。高等院校54所，其中国立高校31所，在校生约22.32万人。著名高校有吉尔吉斯斯坦国立民族大学、比什凯克国立大学、美国中亚大学、吉俄斯拉夫大学、吉土大学、奥什国立民族大学等。

【新闻出版】吉主要报刊有：《比什凯克晚报》《吉尔吉斯斯坦言论报》《自由之山报》《旗帜报》《丝路新观察报》等。

主要通讯社是国家"卡巴尔"通讯社，非国有通讯社有"Akipress"商业信息通讯社、"24小时"通讯社和"吉尔吉斯新闻"通讯社等。

主要广播电台有吉尔吉斯斯坦国家广播电台，于1931年建台，用七种语言（吉、俄、英、东干、德、乌兹别克和维语）广播，每天播音时间为18小时。

主要电视台有：吉尔吉斯电视广播公司"КТРК"（又名"公共电视广播公司"）、国家广播电视台"ЭЛТР"、"第5频道"、НТС等。

对外关系

坚持多元、平衡、务实的外交政策，重视同联合国合作，大力发展经济外交，推进生态外交，巩固同战略伙伴和周边国家友好关系。

吉积极参与地区一体化进程和区域合作，是独联体、集体安全条约组织、上海合作组织、欧亚经济联盟、突厥语国家合作委员会成员。把俄罗斯看作自己重要的战略伙伴和安全依托。高度重视吉中关系，视对华关系为吉外交优先方向。视发展同中亚邻国关系为保障领土完整、国家安全、促进经济发展的必要条件。与伊斯兰国家在相互尊重各自发展道路、互不干涉内政基础上保持友好关系。

吉主张对国际恐怖主义、极端主义及分裂主义予以打击。呼吁国际社会履行在反恐行动中的义务，防止国际恐怖主义行动升级。

【同中国的关系】中吉1992年1月5日建交，双边关系健康顺利发展，彻底解决了历史遗留的边界问题，2002年签署《中吉睦邻友好合作条约》，各领域合作不断扩大，在联合国和上海合作组织等多边领域互相支持，密切配合，维护了两国共同利益。2013年9月，中国国家主席习近平访吉期间，两国元首签署《中吉关于建立战略伙伴关系的联合宣言》。2018年6月，吉尔吉斯斯坦总统热恩别科夫对华进行国事访问，与习近平主席举行会见，两国元首签署《中吉关于建立全面战略伙伴关系联合声明》，标志两国关系实现战略升级。2019年4月，吉尔吉斯斯坦总统热恩别科夫来华出席第二届"一带一路"国际合作高峰论坛和2019年北京世园会开幕式。2019年6月，习近平主席对吉尔吉斯斯坦进行国事访问并出席上海合作组织成员国元首理事会第十九次会议，两国元首签署《中华人民共和国和吉尔吉斯共和国关于进一步深化全面战略伙伴关系的联合声明》，将两国关系提升至新高度。

2019年2月25日至3月1日，吉武装力量总参谋长杜伊申比耶夫来华访问。4月11日，吉第一副总理博罗诺夫赴郑州出席第十三届中国国际投资与贸易论

坛。5月27—28日，吉副议长卡瑟马利耶娃赴广西防城港市出席上海合作组织国际医学创新论坛。7月10日，吉武装力量副总参谋长乔莫耶夫来华进行工作访问。7月17日，吉文化、信息和旅游部副部长伊玛纳利耶夫赴西安参加中国、哈萨克斯坦、吉尔吉斯斯坦三国丝绸之路保护状况联合报告编制协调工作会议。9月25—27日，吉司法部长扎曼库洛夫赴上海出席上海合作组织成员国法律服务论坛。10月9日，吉第一副总理博罗诺夫来华进行工作访问，并出席2019年北京世园会闭幕式。10月17—18日，吉副总理阿斯卡罗夫赴广西南宁出席第七届中国—中亚合作论坛。12月1日，吉国家体育总局局长阿曼库洛夫赴云南昆明出席第四届上海合作组织马拉松赛。

2019年4月1日，国家安全部副部长王裕文访吉。4月12日，外交部涉外安全事务专员程国平率团访吉，筹备成立中吉跨部门跨地区安全合作机制（双跨机制）。4月17—20日，新疆维吾尔自治区副主席赵青率团赴吉出席中吉政府间经贸合作委员会新疆工作组会议。4月18—20日，外交部涉外安全事务专员程国平率团赴吉出席“上合组织—阿富汗”联络组第三次副外长级会议。4月28—30日，国务委员、国防部长魏凤和访吉并出席上海合作组织成员国国防部长会议。5月14—16日，国务委员、公安部长赵克志访吉并出席上海合作组织成员国安全会议秘书会议。5月15日，全国妇联副主席夏杰赴吉出席第二届上海合作组织妇女论坛。5月16日，文化和旅游部党组成员王晓峰赴比什凯克出席上海合作组织文化部长会议。5月20—21日，国务委员兼外交部长王毅访吉并出席上海合作组织成员国外长理事会会议。5月29日，商务部部长助理任洪斌赴吉出席中吉政府间经贸合作委员会第十四次会议。5月29日，国家卫星气象中心副主任魏彩英访吉。6月8日，中宣部常务副部长王晓晖在比什凯克出席《习近平谈治国理政》第一卷吉文版首发式暨中吉治国理政研讨会。6月11日，中国社科院副院长王京清访吉。7月16日，新疆军区政委李伟访吉。9月30日至10月3日，最高人民检察院国际合作局检委会专职委员万春访吉并出席上海合作组织成员国总检察长会议。11月11日，贵州省副省长吴强赴比什凯克出席“贵州山珍·风行天下”贵州生态绿色农产品专题推介会。11月27—30日，外交部涉外安全事务专员程国平赴比什凯克出席中吉跨部门跨地区安全合作机制（双跨机制）首次会议。

根据吉海关统计数据，2019年1—12月，中吉贸易额18.165亿美元，同比下降9.3%。其中吉向中国出口0.815亿美元，同比增长33%；从中国进口17.35亿美元，同比下降10.7%。中国为吉第一大贸易伙伴国和第一大进口来源国。

中国驻吉尔吉斯共和国大使：杜德文。馆址：比什凯克市和平大街299/7号，电话：00996-312-597481；传真：597505；领事咨询电话：00996-312-597483，领保协助电话00996-555-581664（手机）。

吉尔吉斯共和国驻华大使：巴克特古洛娃（К. Бактыгулова，女）。馆址：北京市朝阳区霄云路18号景润水上花园别墅H区10/11号，电话：010-64681295/97，传真：64681291。

【同俄罗斯的关系】2019年2月3—4日，俄外长拉夫罗夫访吉，会见吉总统热恩别科夫，同吉外长艾达尔别科夫举行会谈。2月9日，吉总统热恩别科夫在索契同俄总统普京举行非正式会见。3月28日，俄总统普京对吉进行国事访问，此访是普京当政20年来首次对吉进行国事访问，普京同吉总统热恩别科夫举行小、大范围会谈，两国签署50余份协议。4月29—30日，俄国防部长绍伊古赴比什凯克出席上海合作组织成员国国防部长会议。5月14—16日，俄安全会议秘书帕特鲁舍夫赴比什凯克出席上海合作组织成员国安全会议秘书会议。5月20—21日，俄外交部长拉夫罗夫赴比什凯克出席上海合作组织成员国外长理事会会议。6月14—15日，俄罗斯总统普京赴比什凯克出席上海合作组织元首理事会第十九次会议。7月11日，吉总统热恩别科夫在莫斯科会见俄总统普京。7月24日，俄总统普京在莫斯科会见吉前总统阿塔姆巴耶夫。8月9日，俄总理梅德韦杰夫赴吉出席欧亚经济联盟政府间委员会会议。9月20日，吉总统热恩别科夫赴奥伦堡州观察“中部-2019”军事演习，并会见俄总统普京。11月28日，吉总统热恩别科夫在比什凯克会见俄总统普京。

【同中亚邻国的关系】2019年7月7日，吉外长艾达尔别科夫在比什凯克会见塔吉克斯坦外长穆赫里丁。7月12日，哈萨克斯坦总理马明访吉并出席吉哈政府间委员会第八次会议。7月26—27日，吉总统热恩别科夫同塔吉克斯坦总统拉赫蒙就两国边界问题分别在吉伊斯法拉市和乔蓬阿塔市举行会见、会谈。8月1日，乌兹别克斯坦总理阿里波夫访吉，并会见吉总理阿布尔加济耶夫。9月17日，吉总理阿布尔加济耶夫同塔吉克斯坦总理拉苏尔佐达就两国边境冲突举行会谈。11月27日，哈萨克斯坦总统托卡耶夫对吉进行国事访问。

【同美国的关系】2019年7月31日，美国务院主管南亚中亚事务的副助理国务卿赫尼克赴比什凯克出席吉美年度双边磋商并会见吉外长艾达尔别科夫。9月20日，吉外长在纽约出席“美国+中亚五国”外长会晤，并同美国国务卿蓬佩奥举行简短会见。正在商签吉美新版政府间合作协议。

【同欧安组织和欧盟的关系】2019年4月15—16日，吉总统热恩别科夫访问德国。7月6—7日欧盟外交与安全政策高级代表莫盖里尼访吉并出席“欧盟—中亚”部长级会晤，会见吉总统热恩别科夫和外长艾达尔别科夫。7月9—10日，吉总统热恩别科夫对瑞士联邦进行正式访问，并会见瑞总统毛勒。12月6日，吉外长艾达尔别科夫在斯洛伐克出席第26届欧安组织外长会。12月10日，吉外长艾达尔别科夫在比利时出席欧盟—吉尔吉斯斯坦合作委员会第十七次会议。

【参与地区一体化及区域合作情况】2019年6月14日，上海合作组织成员国元首理事会会议在比什凯克举行，吉总统热恩别科夫主持会议。6月15日，吉总统热恩别科夫在塔吉克斯坦首都杜尚别出席亚洲相互协作与信任措施会议第五次会议。6月27日，集体安全条约组织安全会议秘书会议在比什凯克举行，吉总统热恩别科夫会见俄罗斯、白俄罗斯、哈萨克斯坦、亚美尼亚、塔吉克斯坦等国安秘。8月9日，哈萨克斯坦总理马明赴吉出席欧亚经济联盟政府间委员会会议。9月27日，吉外长艾达尔别科夫在纽约主持召开集体安全条约组织外长会。9月24—25日，吉议长朱马别科夫赴哈萨克斯坦出席第四届欧亚国家议长会议。9月28日，吉外长艾达尔别科夫在纽约出席伊斯兰合作组织成员国外长年度协调会。10月1日，吉总统热恩别科夫赴亚美尼亚埃里温出席欧亚经济联盟最高委员会会议。10月11日，吉总统热恩别科夫赴土库曼斯坦首都阿什哈巴德出席独联体国家元首理事会会议。10月15日，吉总统热恩别科夫在阿塞拜疆首都巴库出席突厥语国家合作委员会第七次会议。10月25日，吉总理阿布尔加济耶夫在莫斯科出席独联体国家政府首脑理事会会议。11月1日，吉总理阿布尔加济耶夫在乌兹别克斯坦首都塔什干出席上海合作组织政府首脑（总理）理事会会议。11月15日，吉外长艾达尔别科夫在塔什干出席中亚五国外长会。11月28日，集体安全条约组织峰会在比什凯克举行，吉总统热恩别科夫主持会议。11月29日，第二届中亚五国元首协商会议在塔什干举行，吉总统热恩别科夫出席。12月18日，吉议会朱马别科夫赴阿塞拜疆出席突厥语国家议会大会第九次会议。12月20日，吉总统热恩别科夫赴俄罗斯圣彼得堡出席欧亚经济委员会最高理事会会议。

【同其他国家的关系】2019年6月12日，蒙古国总统巴特图勒嘎对吉进行正式访问。6月14日，印度总理莫迪对吉进行正式访问。7月17—18日，韩国总理李洛渊对吉进行正式访问。10月15日，吉总统热恩别科夫与土耳其总统埃尔多安在巴库举行双边会见。10月22—23日，吉总统热恩别科夫在日本出席天皇即位仪式并会见日本首相安倍晋三。12月12—13日，吉总统热恩别科夫对阿联酋进行正式访问。12月17日，吉总统热恩别科夫对沙特阿拉伯进行正式访问。

（文中所用数据均援引自吉国家统计委员会发布资料）　（刘新宇）

柬　埔　寨

国名　柬埔寨王国（The Kingdom of Cambodia）。

面积　18.1万平方公里。

人口　约1600万（2019年数据）。有20多个民族，高棉族是主体民族，占总人口的80%，少数民族有占族、普农族、老族、泰族、斯丁族等。高棉语为官方语言。佛教为国教，93%以上的居民信奉佛教，占族信奉伊斯兰教，少数城市居民信奉天主教。华人华侨约110万。

首都　金边（Phnom Penh），人口212万（2019年数据）。

国家元首　诺罗敦·西哈莫尼国王（His Majesty Norodom Sihamoni，King of Cambodia）。

重要节日　独立节（建军日）：11月9日（1953年11月9日，柬埔寨王国摆脱法国殖民统治宣告独立，这天被定为柬埔寨国庆日，也是柬建军日）。国王诞辰：5月14日。佛历新年：4月13—15日。御耕节：佛历六月下弦初四（由国王或其代表在毗邻王宫的王家田或其他选定地点举行象征性耕种仪式，祈祷来年风调雨顺，五谷丰登）。送水节，也称龙舟节：11月13—15日（时值雨季结束进入旱季，来自全国各地的代表队在王宫前洞里萨河上举行龙舟比赛，表达对洞里萨河、湄公河养育之恩的感谢）。

简　况

位于中南半岛南部。东部和东南部同越南接壤，北部与老挝交界，西部和西北部与泰国毗邻，西南濒临泰国湾。海岸线长约460公里。属热带季风气候，年均气温为24℃。

公元1世纪下半叶建国，历经扶南、真腊、吴哥等时期。9—14世纪吴哥王朝为鼎盛时期，国力强盛，文化发达，创造了举世闻名的吴哥文明。1863年沦为法国保护国。1940年被日本占领。1945年日本投降后被法国重新占领。1953年11月9日独立。1970年3月18日，朗诺集团发动政变，推翻西哈努克政权，改国名为“高棉共和国”。3月23日，西哈努克在北京宣布成立柬埔寨民族统一阵线，开展抗美救国斗争。5月5日，成立以宾努亲王为首相的柬埔寨王国民族团结政府。1975年4月17日柬抗美救国斗争取得胜利。1976年1月，柬颁布新宪法，改国名为“民主柬埔寨”。1978年12月，越南出兵柬埔寨，成立“柬埔寨人民共和国”。1982年7月，西哈努克、宋双、乔森潘三方组成民主柬埔寨联合政府。1990年9月成立柬全国最高委员会，西哈努克出任主席。10月23日，柬埔寨问题国际会议在巴黎召开，签署了《柬埔寨冲突全面政治解决协定》，历时13年之久的柬埔寨问题最终实现政治解决。1993年5月，柬在联合国主持下举行首次全国大选。9月，颁布新宪法，改国名为柬埔寨王国，西哈努克重登王位。2004年10月6日，西哈努克国王在北京宣布退位。14日，柬王位委员会9名成员一致推选西哈莫尼为新国王。29日，西哈莫尼在王宫登基即位。

政　治

实行君主立宪制。2008年7月，柬埔寨举行了第四届全国大选，人民党再次赢得选举。9月24日，柬埔寨举行新一届国会首次会议。25日，国会以一揽子表决方式通过了国会领导和内阁成员名单，韩桑林任国会主席，洪森蝉联首相。2013年7月28日，柬埔寨举行了第五届全国大选，人民党再次赢得选举。9月23日，柬埔寨举行新一届国会首次会议。24日，国会以一揽子表决方式通过了国会领导和内阁成员名单，韩桑林连任国会主席，洪森蝉联首相。2018年7月29日，柬埔寨举行第六届全国大选，人民党获得压倒性胜利，包揽国会全部125个议席。9月上旬，新一届国会和内阁顺利组建。韩桑林连任国会主席，洪森蝉联首相。

【宪法】现行宪法1993年9月21日经柬制宪会议通过，由西哈努克国王于同年9月24日签署生效。柬埔寨国会于1994年、1999年、2001年、2005年、2006年分别通过宪法修正案。宪法规定，柬埔寨的国体是君主立宪制，实行多党制和自由市场经济，立法、行政、司法三权分立。国王是终身制国家元首、武装力量最高统帅、国家统一和永存的象征，有权宣布大赦，在首相建议并征得国会主席同意后有权解散国会。国王因故不能理政或不在国内期间由参议院主席代理国家元首职务。王位不能世袭。国王去世、退休或退位后，由首相、佛教两派僧王、参议院和国会正副主席共9人组成的王位委员会在7日内从安东、诺罗敦和西索瓦三支王族后裔中遴选产生新国王。

【国会】国会是柬埔寨国家最高权力机构和立法机构，每届任期5年。下设10个专门委员会。第六届国会成立于2018年9月，由125名议员组成，全部为人民党党籍。人民党名誉主席韩桑林任国会主席，人民党阮涅任第一副主席，人民党昆索达莉任第二副主席。

【参议院】柬宪法规定，法案须经国会、参议院、宪法理事会逐级审议通过，最后呈国王签署生效。参议院主席礼宾顺序排在国王之后、国会主席和政府首相之前，属国家第二号领导人，在国王因故不能视事或不在国内时代理国家元首。任期6年。

首届参议院成立于1999年3月25日，由61名参议员组成，其中人民党31人，奉辛比克党21人，森朗西党7人，其他2人由国王任命。人民党主席谢辛任参议院主席，奉党成员西索瓦·吉万莫尼拉和包本斯瑞分别任第一、第二副主席。2012年1月29日，参议院换届选举，产生第三届参议院61名参议员，其中人民党46人，森朗西党11人，2名由国王直接任命，2名由国会委任。3月24日，柬第三届参议院举行首次全体会议，投票选举产生领导班子，人民党主席谢辛连任主席，人民党成员赛冲和迪翁分别当选第一、第二副主席。2015年6月8日，谢辛亲王逝世，由赛冲接任参议院主席。奈本纳和迪翁当选第一、第二副主席。2018年2月25日，柬举行第四届参议院选举。赛冲连任参议院主席，辛卡接任已故的奈本纳出任第一副主席，迪翁担任第二副主席。

【政府】柬第六届政府于2018年9月成立，洪森为首相。设10个副首相，17个国务大臣，28个部和1个国务秘书处。10位副首相包括：韶肯（兼内政部大臣），迪班（兼国防部大臣），贺南洪，梅森安（女，兼议会联络与监察部大臣），宾成（常务副首相兼内阁办公厅大臣），尹财利，盖金延，布拉索昆（兼外交与国际合作部大臣），安蓬莫尼拉（兼财经部大臣），谢速帕拉（兼国土、城市规划和建设部大臣）。

17位国务大臣包括：蔡唐（兼计划部大臣），波尔沙伦（前王家军总司令），官金（前王家军副总司令兼总参谋长），密索皮（前王家军副总司令兼陆军司令），占蒲拉西（兼工业和科技创新部大臣），宁万达，孙占托（兼公共工程与运输部大臣），翁仁典，殷莫利，瓦金洪，英诺拉，亨柴，金本贤，胡瑟替，昆航，李突，奥斯曼哈桑。

19位大臣包括：农林渔业部大臣翁萨坤，农村发展部大臣乌拉本，商业部大臣潘索萨，矿产能源部大臣瑞赛，教育青年体育部大臣韩春那洛，社会福利、退伍军人和青年改造部大臣旺肃，环境部大臣赛桑奥，水资源与气象部大臣林建河，新闻部大臣乔干那烈，司法部大臣高乐，邮电通讯部大臣谢万迪，卫生部大臣蒙文兴，文化艺术部大臣彭萨格娜（女），旅游部大臣唐坤，宗教事务部大臣陈速昆，妇女事务部大臣甘塔帕薇（女），劳动和职业培训部大臣毅森兴，公共职务部大臣布隆索卡，民航国务秘书处国务秘书毛哈万纳。

【主要网址】www.norodomsihamoni.net（西哈莫尼国王）；www.cambodia.gov.kh（柬埔寨王国政府）；www.mfaic.gov.kh（柬埔寨外交与国际合作部）。

【行政区划】全国划分为24个省和1个直辖市。

【司法机构】法院分初级法院、上诉法院和最高法院三级。最高法官理事会是司法系统的管理部门，负责监督法院工作，拥有遴选、任免法官的职权。最高法官理事会由国王、最高法院院长、总检察长、上诉法院院长和检察长、金边法院院长和检察长以及两位法官共9人组成，西哈莫尼国王任主席。最高法院院长为迪蒙蒂（Dit Munty）。柬无独立检察院，各级法院设检察官，行使检察职能。

【政党】1993年大选时柬共有40多个政党参选。1998年大选时有39个政党参选。2003年大选时有23个政党参选。2008年大选有11个政党参选。2013年大选有8个政党参选，2018年大选有20个政党参选。主要政党有：

（1）柬埔寨人民党（Cambodia People's Party）：该党前身为成立于1951年6月28日的柬埔寨人民革命党。1991年10月改为现名。1993年大选后，人民党作为第二大党与第一大党奉辛比克党联合执政。1998年大选获胜，成为第一大党，洪森出任首相。在2002年初举行的地方选举中，人民党获得绝大多数乡（区）长职位。2003年大选人民党获胜，获73个国会议席。2008年大选人民党再次获胜，赢得90个国会议席。洪森蝉联首相。2013年大选人民党再次获胜，赢得68个国会席位。洪森蝉联首相。该党主张对内维护政局稳定，致力于经济发展和脱贫，建立民主法治国家。对外奉行独立、和平、中立和不结盟政策，支持建立国际政治经济新秩序，主张加强南南合作、缩小贫富差距及加强区域合作，维护地区和平与繁荣。重视同周边邻国的友好合作以及与中日法等大国发展友好关系，积极改善同美及西方的关系。现任党主席洪森，副主席韶肯、赛冲，名誉主席韩桑林。

（2）奉辛比克党（FUNCINPEC Party）：该党前身为“争取柬埔寨独立、中立、和平与合作民族团结阵线”（按法文字母缩写简称“奉辛比克”，Front Uni National Pour Un Cambodge Independent，Neutre，Pacifique，et Cooperatif），由西哈努克于1981年创建，并任主席。1992年改为现名。该党信奉西哈努克主义，对内主张政治民主化、经济私有化，维护君主立宪制。对外奉行独立、和平、中立与不结盟外交政策，主张与世界各国和一切友好政党建立和发展友好合作关系，以和平方式解决与邻国的边界领土争端。2013年3月23日，奉辛比克党举行代表大会，阿伦公主被推选为该党主席。2013年和2018年大选均未获得议席。

【重要人物】**诺罗敦·西哈莫尼**：国王，诺罗敦·西哈努克太皇和莫尼列太后的长子。1953年5月14日生于金边。20世纪60—70年代中期，在捷克首都布拉格学习舞蹈、音乐和戏曲。80年代旅居法国，在巴黎莫扎特音乐学院担任古典舞蹈和艺术教授，并兼任高棉舞蹈学会、芭蕾舞团负责人和艺术指导。1993年，任柬常驻联合国教科文组织大使。2004年10月登基。无党派人士。未婚。 **洪森**：柬埔寨王国首相、人民党主席。1951年4月4日生于磅湛省一个农民家庭。1990年9月参加柬全国最高委员会。1991年10月当选人民党副主席。1993年7月出任柬临时民族政府联合主席，9月出任柬埔寨王国政府第二首相，任高棉王家军联合总司令。1998年任王国政府首相，2003年、2008年、2013年、2018年四次蝉联。近年来，洪森多次来华访问和出席会议。洪森喜钻研理论，著有《柬埔寨十年》和《柬埔寨130年》等书籍，擅长创作民族歌曲。夫人文拉妮·洪森任柬埔寨红十字会会长，有子女5人。 **韩桑林**：柬埔寨国会主席、人民党名誉主席。1934年生于柬磅湛省。1991年任柬人民党名誉主席。1993年被西哈努克任命为国王高级顾问。1998年任国会第一副主席。2004年连任国会第一副主席。2006年3月接任国会主席。2008年9月任第四届国会主席。2013年、2018年连任。多次来华访问和出席会议。有子女4人。 **赛冲**：柬埔寨参议院主席。1945年2月5日出生。长期担任人民党组织工作领导职务。1948年起历任人民党“四大”中央候补委员、“五大”中央委员。1987年起任人民党“五大”中央政治局候补委员、中央书记处书记。1993年起历任人民党中央常委、中央办公厅主任，中央组织委员会主席和中央宣传教育委员会主席。1996年至今任人民党中央日常工作小组组长。2008年9月当选国会第二副主席。2012年1月柬第三届参议院选举后担任参议院第一副主席。2015年6月当选柬埔寨参议院主席。2018年4月连任参议院主席。

经　济

柬埔寨是传统农业国，工业基础薄弱。柬政府实行对外开放的自由市场经济，推行经济私有化和贸易自由化，把发展经济、消除贫困作为首要任务。洪森政府实施以优化行政管理为核心，加快农业建设、基础设施建设、发展私营经济和增加就业、提高素质和加强人力资源开发的“四角战略”，把农业、加工业、旅游业、基础设施建设及人才培训作为优先发展领域，推进行政、财经、军队和司法等改革，提高政府工作效率，改善投资环境，取得一定成效。2019年主要经济数据如下：

国内生产总值：268亿美元。

人均国内生产总值：1679美元。

经济增长率为：7.1%。

货币名称：瑞尔（KHR）。

通货膨胀率：2.8%。

【资源】矿藏主要有金、磷酸盐、宝石和石油，还有少量铁、煤。林业、渔业、果木资源丰富。盛产贵重的柚木、铁木、紫檀、黑檀、白卯等热带林木，并有多种竹类。森林主要分布在东部、北部和西部山区。木材储量约11亿多立方米。洞里萨湖是东南亚最大的天然淡水渔场，素有“鱼湖”之称。西南沿海也是重要渔场，多产鱼虾。近年来，由于生态环境失衡和过度捕捞，水产资源减少。

【工业】被视为推动柬国内经济发展的支柱之一，但基础薄弱，门类单调。1991年底实行自由市场经济以来，国营企业普遍被国内外私商租赁经营。主要出口市场为美国、欧盟、加拿大、日本、韩国和中国。制衣业继续保持柬工业主导地位和出口创汇龙头地位，是柬重要的经济支柱。

【农业】是柬经济第一大支柱产业。农业人口占总人口的85%，占全国劳动力78%。可耕地面积630万公顷。

【旅游业】是柬经济增长的重要支柱产业之一，被柬政府誉为“绿金”，连续多年保持了较好的增长。2018年，共接待外国游客620万人次，其中中国游客220万人次。暹粒的吴哥景区依然是来柬游客的第一大热点旅游目的地，其次为首都金边市，沿海的西哈努克省、白马省、贡布省和国公省四省自2011年加入世界最美海滩俱乐部后，滨海休闲旅游逐渐升温。

【交通运输】以公路和内河运输为主。主要交通线集中于中部平原地区以及洞里萨河流域。北部和南部山区交通闭塞。

公路：公路运输是柬最主要的运输方式，占客运运输总量的65%，货运运输总量的69%。截至2017年底，柬埔寨路网长度约为56261公里，包括国道、省道1.63万公里，农村公路4.35万公里。国道主要是以首都金边为中心的8条公路，沥青路面铺设。

水运：内河航运以湄公河、洞里萨湖为主，主要河港有金边、磅湛和磅清扬。雨季4000吨轮船可沿湄公河上溯至金边，旱季可通航2000吨货轮。西哈努克港为国际港口。

铁路：全国仅有南北两条铁路线，总长655公里，均为单线米轨。北线从金边至西北部城市诗疏风，全长385公里，建于1931年；南线从金边至西哈努克港，全长270公里，建于1960年。由于持续数十年战乱破坏和缺乏维护，柬铁路长期处于年久失修的荒废状态。2009年，柬政府开始复建工作。南线已于2016年4月30日恢复客运。

空运：柬主要航空公司有吴哥航空、百善航空、天空吴哥航空、澜湄航空等。有金边国际机场、暹粒机场、西哈努克省机场三个国际机场。截至2019年，共有16家航空公司开通了中国直飞柬埔寨航班，其中11家为中国航空公司。

【对外贸易】2018年，柬埔寨对外贸易总额约250亿美元。其中，出口额为112.14亿美元，进口额为137.71亿美元。主要出口产品为服装、鞋类、橡胶、大米、木薯和玉米等；主要进口产品为服装原材料、建材、汽车、燃油、机械、食品、饮料、药品和化妆品等。主要贸易伙伴为美国、欧盟、中国、日本、泰国和越南等。

人民生活

2017年人均年度家庭收入1228.51美元，人均年度家庭支出1349.88美元。2016年固定电话装机每百人1.5部，移动电话每百人使用123部。人均寿命64.9岁。

军　事

1993年6月23日，柬三派武装力量组成柬埔寨武装部队，西哈努克为最高统帅。1993年9月24日改名为高棉王家军，总兵力约11万人。陆军划分为5个军区和1个特别军区。1999年，洪森首相辞去柬武装力量总司令的职务，由原王家军总参谋长盖金延四星上将接替，2008年波尔沙伦接替盖金延任王家军总司令。2018年，翁比塞出任王家军总司令，伊萨拉为副总司令兼总参谋长，洪玛奈为副总司令兼陆军司令，迪文为副总司令兼海军司令，森桑南为副总司令兼空军司令。现任国防部大臣迪班。柬开始和平重建后，制订了阶段性裁军计划。

2006年10月25日，柬国会通过《兵役法》草案，规定18—30岁柬籍男性公民均有义务服兵役。

文化教育

【教育】20世纪60年代文教事业有较大发展。自20世纪70年代后，因长期战乱，文教事业遭受严重破坏。近年来政府重视教育，兴建了一些学校。

【新闻出版】发行量较大的报刊有《柬埔寨之光报》（柬文，日报）、《人民报》（柬文，人民党党报）、《和平岛报》（柬文，日报）、《柬埔寨日报》（英文，柬文）、《金边邮报》（英文，双周报）、《柬埔寨时报》（英文，柬文，周报）。柬影响较大的中文报纸有《华商日报》《柬华日报》和《星洲日报》，较有影响的英文报刊有3家，法文报刊1家。

柬新社（AKP）为官方通讯社，成立于1980年。

柬全国目前共有百余家电台和20余家电视台。柬国家电视台是当地最大电视台，由政府出资兴办，其他较具规模的电视台有CTN电视台、BAYON电视台、东南亚电视台、仙女电视台以及柬埔寨有线台和金边有线台。

对外关系

奉行独立、和平、永久中立和不结盟的外交政策，反对外国侵略和干涉，在和平共处五项原则基础上，同所有国家建立和发展友好关系。主张相互尊重国家主权，通过和平谈判解决与邻国的边界问题及国与国之间的争端。柬埔寨新政府成立后，确定了融入国际社会、争取外援发展经济的对外工作方针，加强同周边国家的睦邻友好合作，改善和发展与西方国家和国际机构关系，以争取国际经济援助。

迄今，柬与172个国家建交，其中，62个国家向柬派出大使，常驻金边使馆28家；柬在国外开设60个大使馆，开设16个领事馆。1999年4月30日加入东盟。

【同中国的关系】1955年4月，周恩来总理和柬埔寨国家元首西哈努克亲王在万隆亚非会议上结识，成为中柬友好关系的新开端。1958年7月19日，两国正式建交。20世纪50—60年代，周恩来总理、刘少奇主席访柬，西哈努克亲王六次访华，并两次在华领导柬人民争取国家独立、民族解放的斗争，得到中国政府和人民大力支持。1993年柬新政府成立以来，中柬高层互访频繁。

2018年1月，李克强总理赴柬出席澜湄合作第二次领导人会议并正式访柬。2月，西哈莫尼国王和莫尼列太后来华查体休养。5月，国务委员兼公安部长赵克志访问柬埔寨。6月，国务委员兼国防部长魏凤和访问柬埔寨。9月，西哈莫尼国王和莫尼列太后来华查体休养。洪森首相来华出席第15届中国—东盟博览会。柬埔寨参议院第二副主席迪翁来华出席第17届中国西部国际博览会。10月，柬埔寨参议院主席赛冲访华。柬埔寨副首相兼国防大臣迪班来华出席北京香山论坛并访华。中共中央政治局委员、天津市委书记李鸿忠访问柬埔寨。11月，全国人大常委会副委员长张春贤访问柬埔寨。

2019年1月，洪森首相对华进行正式访问。3月，西哈莫尼国王和莫尼列太后来华查体休养。4月，洪森首相来华出席第二届"一带一路"国际合作高峰论坛和世界园艺博览会开幕式。5月，西哈莫尼国王来华出席首届亚洲文明对话大会。柬埔寨副首相兼外交与国际合作部大臣来华出席首届亚洲文明对话大会。8月，西哈莫尼国王和莫尼列太后来华查体休养。9月，贺南洪副首相来华出席南宁中国—东盟博览会。10月，贺南洪副首相来华出席世界园艺博览会闭幕式。11月，李克强总理在东南亚领导人会议期间会见洪森首相。

据中国海关总署统计，2019年中柬双边贸易额94.3亿美元，同比增长27.6%。其中中方出口额79.8亿美元，同比增长32.7%，进口额14.5亿美元，同比增长0.05%。中国出口商品主要为纺织品、机电产品、五金、建材，从柬埔寨主要进口橡胶、木材制品、水产品等。

中国驻柬埔寨王国大使：王文天。馆址：No.156 Blvd. Mao Tsetung，Phnom Penh，Kingdom of Cambodia。电话：00855–12–810928（值班电话），901923（领事部）；721437（经商处）。传真：00855–23–720922（使馆），720925（领事部），223023（经商处）。

柬埔寨王国驻华大使：凯·西索达（Khek Sysoda）。馆址：北京市朝阳区东直门外大街9号。电话：010–65321889；传真：65323507。

【同东盟的关系】柬埔寨于1999年4月30日加入东盟，成为东盟第10个成员国。入盟后，柬积极参与东盟政治合作机制和经济一体化进程，坚持成员国协商一致和不干涉内政等原则，主张加强合作，缩小新老成员差距。重视国际反恐合作，积极支持建立东亚经济共同体和安全共同体。柬重视加强东盟内部和大湄公河次区域经济合作，积极推动柬越（南）老（挝）经济三角区、柬泰（国）老经济三角区和柬泰老缅（甸）四国经济合作。2008年2月，柬埔寨国会通过《东盟宪章》。2012年，柬埔寨担任东盟轮值主席国。2015年底，柬埔寨与其他东盟国家宣布成立东盟共同体。

【同泰国的关系】柬泰两国1950年建交。2011年2月和4月，柬泰两国在边境地区两度交火，造成较大人员伤亡和财产损失。柬提请国际法院就该院1962年将位于柬泰边境的柏威夏寺判归柬埔寨作出解释。7月18日，国际法庭裁定在柏威夏寺周边4.6平方公里有争议地区设定4个非军事区，要求柬、泰两国军队立即从临时非军事区撤出。柬泰双方均表示支持国际法庭的裁定。2011年8月泰国总理英拉上台后，柬泰两国关系转圜。9月，泰国总理英拉访柬。2014年10月，泰国总理巴育访柬。2015年12月，柬埔寨首相洪森访泰。2016年2月，泰国诗琳通公主访柬。2017年9月，泰国总理巴育访问柬埔寨。10月，洪森赴泰出席普密蓬国王遗体火化仪式。2018年2月，柬国会主席韩桑林访问泰国。6月，洪森赴泰国出席第九届柬埔寨—老挝—缅甸—越南峰会及第六届ACMECS经济合作组织峰会。2019年11月，洪森赴泰国出席东亚领导人合作系列会议。

【同越南的关系】柬越两国1967年建交。近年来双方高层往来频繁。2015年4月，柬副首相梅森安赴越出席越南南方解放40周年纪念活动。6月，越南国会主席阮生雄赴柬吊唁柬人民党主席、参议院主席谢辛。9月，柬副首相梅森安访越。2016年6月，越南国家主席陈大光访问柬埔寨。12月，柬首相洪森访问越南。2017年4月，越南总理阮春福访问柬埔寨。6月，柬国会主席韩桑林访问越南。7月，越共中央总书记阮富仲访问柬埔寨。8月，柬副首相兼内政大臣韶肯访问越南。2018年9月，柬首相洪森赴越南，吊唁越南国家主席陈大光。12月，柬首相洪森访问越南。同月，柬国王西哈莫尼赴越南休假访问。2019年8月，柬埔寨副首相兼外交大臣布拉索昆和越南副总理兼外长范平明在泰国曼谷举行双边会晤。

【同美国的关系】柬美两国1950年建交。2006年，美驻柬使馆宣布恢复为柬埔寨民众办理赴美签证。美参议院宣布撤销对柬军事援助的禁令，承诺向柬提供100万美元援助。2007年向柬提供5580万美元直接援助。2010年9月，柬首相洪森访美并出席第二次东盟与美国领导人峰会。11月，美国务卿希拉里·克林顿访柬。近年美军方频繁访柬，双方多次举行军演。2012年，美国总统奥巴马出席在金边举行的东亚峰会，系在任美国总统首次访柬。2015年3月，美国第一夫人米歇尔访柬。2016年1月，美国国务卿克里访柬。2018年9月，洪森赴美出席联合国大会。

【同日本的关系】日本是柬埔寨最大援助国之一，从1992年起，年均向柬提供1亿美元援助，占外国援柬总额的20%，涉及公路桥梁、水电基础设施及农业、农村发展、医疗保健、教育、人才培训、环保、古迹保护和司法等领域。2010年5月，柬埔寨国王西哈莫尼访日。2012年6月，日本皇太子德仁亲王访柬。2013年11月，日本首相安倍晋三访柬。2015年3月，柬首相洪森率团赴日出席世界减灾大会。7月，洪森赴日出席第七届湄公河流域国家与日本首脑会议。2017年8月，洪森对日本进行正式访问。2018年9月，洪森赴日出席湄公河流域与日本首脑会议。

【同法国的关系】柬埔寨曾遭受法国殖民统治长达90年，两国有较深的传统关系。近年来，双方均重视加强双边往来。法对柬援助领域涉及文化教育、法律、宗教、警察宪兵培训、农业、卫生等。2009年7月，柬埔寨首相洪森访法并出席法国国庆阅兵式。2010年3月，柬国王西哈莫尼访法。2011年7月，法国总理菲永访柬。2013年2月，法国总理艾罗访柬。2015年10月，柬埔寨首相洪森访法。2015年12月，柬埔寨国王西哈莫尼访法，并参加巴黎气候变化大会。（王煜华）

卡 塔 尔

国名　卡塔尔国（The State of Qatar）。

面积　11521平方公里。

人口　274.7万（2019年）。卡塔尔公民约占15%，其他为外籍人，主要来自印度、巴基斯坦和东南亚国家。阿拉伯语为官方语言。居民大多信奉伊斯兰教，多数属逊尼派，什叶派占全国人口的16%。

首都　多哈（Doha），人口15 4万（2018年）。

国家元首　埃米尔兼武装部队总司令塔米姆·本·哈马德·阿勒萨尼（Tamim Bin Hamad Al-Thani），2013年6月25日即位。

重要节日　国庆日：12月18日。

简　况

位于波斯湾西南岸，与沙特接壤。海岸线长563公里。属热带沙漠气候，夏季炎热漫长，最高气温可达50℃以上；冬季凉爽干燥，最低气温7℃。年平均降水量仅75.2毫米。

公元7世纪卡塔尔是阿拉伯帝国的一部分。1517年葡萄牙入侵。1846年萨尼·本·穆罕默德建立了卡塔尔酋长国。1872年被并入奥斯曼帝国版图。1916年成为英国的“保护地”。1971年9月3日卡塔尔宣布独立，艾哈迈德任埃米尔。1972年2月22日艾哈迈德埃米尔被废黜，其堂弟哈利法出任埃米尔，哈利法之子哈马德任王储兼国防大臣。1995年6月27日，哈马德发动宫廷政变，推翻哈利法，出任埃米尔。2013年6月25日，哈马德埃米尔宣布让位给王储塔米姆，塔米姆成为新任埃米尔。

政　治

卡塔尔系君主制国家。埃米尔为国家元首和武装部队最高统帅，掌握国家最高权力，由阿勒萨尼家族世袭。政府适度推进政治改革，保持社会稳定。卡塔尔禁止任何政党活动。

【宪法】1970年颁布的第一部临时宪法规定：卡塔尔为独立主权国家；伊斯兰教为国教；埃米尔在内阁和协商会议的协助下行使权力。宪法承认法官的独立性。2003年4月，卡塔尔全民公投通过《永久宪法草案》，从法律上进一步确立了阿勒萨尼家族的执政地位。2005年6月7日，《永久宪法》正式生效。

【协商会议】成立于1972年，系咨询机构，职能是协助埃米尔行使统治权力，有权审议立法和向内阁提出政策建议。协商会议由45名成员组成，其中15名由埃米尔任命，30名由选举产生，任期4年。现任主席艾哈迈德·本·阿卜杜拉·本·宰德·阿勒马哈茂德（Ahmed Bin Abdullah Bin Zayed Al-Mahmoud）于2017年11月任职。

【政府】本届内阁成立于2013年6月，并经过几次改组，现有内阁成员14人。主要成员有：首相兼内政大臣哈立德·本·哈利法·本·阿卜杜勒阿齐兹·阿勒萨尼（Khalid Bin Khalifa Bin Abdulaziz Al Thani），副首相兼国防事务国务大臣哈立德·本·穆罕默德·阿提亚（Khalid Bin Mohamed Al-Attiyah），副首相兼外交大臣穆罕默德·本·阿卜杜拉赫曼·阿勒萨尼（Mohammed bin Abdulrahman AlThani），财政大臣阿里·谢里夫·厄马迪（Ali Sherif Al-Emadi），能源事务国务大臣萨阿德·本·沙里达·卡阿比（Saad Bin Sharida Al-Kaabi）。

【行政区划】无明确的省级行政区划，以一些主要城市为中心，全国分为9个地区。主要城市有多哈、赖扬、杜罕、豪尔等。

【司法机构】政府设司法部，主管司法、法律事务。

【重要人物】**塔米姆·本·哈马德·阿勒萨尼**：埃米尔兼武装部队总司令。1980年生。1997年毕业于英国桑赫斯特军事学院。2003年8月被任命为王储，同年9月被任命为武装部队副总司令。2013年6月25日接任其父，成为卡塔尔第八任埃米尔。**哈立德·本·哈利法·本·阿卜杜勒阿齐兹·阿勒萨尼**：首相兼内政大臣。1968年生。曾在卡塔尔液化天然气有限公司工作。2002—2006年在卡塔尔副首相兼外交大臣办公室任职，2003年在王储办公室任职，同年7月任王储私人秘书兼办公室主任。2007年1月任王储办公室主任。2014年任埃米尔办公厅主任。2020年1月被任命为首相兼内政大臣。

经　济

石油、天然气产业是国家经济支柱，油气收入占卡塔尔国内生产总值的50%以上，出口收入的85%左右，财政收入的70%。近年来，卡塔尔大力发展石油、天然气产业，制定了开发天然气的中长期发展规划。同时，卡塔尔注意实施经济多元化战略，建立卡塔尔金融中心，对外国人开放证券市场，改善投资环境，吸引外国投资和技术。卡塔尔于1994年成为关贸总协定第121个成员国，1995年加入世界贸易组织。

2019年主要经济数据如下：

国内生产总值：1882亿美元。

人均国内生产总值：6.85万美元。

经济增长率：1.4%。

货币名称：卡塔尔里亚尔（Qatari Rial）。

汇率：1美元=3.64卡塔尔里亚尔。

通货膨胀率：–0.7%

失业率：0.2%

（资料来源：《伦敦经济季评》）

【资源】主要有石油和天然气。已探明石油储量28亿吨，居世界第12位；天然气储量25万亿立方米，居世界第3位。

【工业】主要为石油和天然气部门、相关工业及能源密集型工业，其中包括炼油、石化、化肥、钢铁和水泥厂，同时还建立了一些造纸、洗涤剂、颜料、食品和塑料等工厂。近年来，卡塔尔大力发展能源工业，不断推出石油、天然气和石化大型项目。

卡塔尔是世界第一大液化天然气（LNG）生产和出口国。一段时期来，卡塔尔先后同日本、韩国、印度、意大利、西班牙、比利时及美国等签订了长期供气合同或框架协议，并与阿联酋、阿曼、科威特等周边国家商定输气计划。2019年，卡塔尔液化天然气产量约8000万吨，出口约7800万吨，分别占全球液化天然气总产量和贸易量的三分之一。卡塔尔拥有世界上最大的液化天然气出口码头，并大力发展石油天然气远洋运输船队，希望打造世界最大的液化天然气专业运输船队。卡塔尔还兴建世界级大型化工冶炼厂，并与南非、美国融资兴建气转油（GTL）及高附加值化工原料生产厂。

【农牧渔业】农业基础薄弱，发展较慢。从事农业生产的主要是外籍工人。全国可耕地面积为2.8万公顷，已耕地7000公顷。农牧产品不能自给，粮食、蔬菜、水果、肉蛋奶等主要依赖进口，只有鱼、虾类海产品产量可基本满足本国需求。近年来，政府重视引进国际先进的农业生产设备和技术，推广新型灌溉技术，设计和建立灌溉网络。卡塔尔中北部地区建有一些绿洲，适合种植椰枣、玉米及少量蔬菜等。

【交通运输】无铁路，各主要城市之间由现代化公路网相连。主要海港有多哈港、乌姆赛义德港和拉斯拉凡港，拉斯拉凡港是世界上最新、最大的处理液化天然气的港口。卡塔尔有5个机场。

【财政金融】有14家商业银行，其中5家为卡资银行，分别为：卡塔尔国家银行、多哈银行、卡塔尔商业银行、卡塔尔国民银行和卡塔尔伊斯兰银行。卡塔尔国家银行吸收了卡塔尔近50%的存款，主要经营政府业务。2005年5月，卡塔尔政府设立了卡塔尔金融中心，作为承办商业银行、项目融资和资产管理等业务的在岸金融中心。截至2019年底，卡塔尔外汇储备397.08亿美元。近几年政府预算收支情况如下（单位：亿美元）：

	2017	2018	2019
总收入	475.2	481	579.7
总支出	542.4	558.2	576.9

（资料来源：《经济学人》）

【对外贸易】2019年卡塔尔对外贸易总额为1027亿美元，其中进口额为292亿美元，出口额为735亿美元。主要出口产品为石油、液化天然气、凝析油合成氨、尿素、乙烯等，主要进口产品是机械和运输设备、食品、工业原材料及轻工产品、药品等。主要贸易伙伴有日本、韩国、新加坡、美国及欧盟国家。

人民生活

全国实行免费医疗。全国有主要医院4所，床位1100多张，另有医疗卫生中心近20个。卡塔尔人均寿命76岁。

军　事

埃米尔塔米姆为武装部队总司令。实行志愿兵役制。武装部队总人数为1.2万人，本国人只占30%。其中陆军8500人，空军1500人，海军1800人。武器装备主要来自法国、美国、英国等西方国家。1992年、1994年、1996年卡塔尔分别与美国、法国、英国签订军事合作协议。卡塔尔每年与法国进行联合军事演习，法国负责对卡塔尔部队进行培训。2001年，卡美续签防务协定，美国在卡塔尔建立2个武器弹药储存库，并将沙特苏尔坦空军基地设备移至卡塔尔乌代德空军基地，投入资金近14亿美元。2002年9月，美国中央司令部指挥中心由本土迁往卡塔尔。

文化教育

【教育】政府重视发展教育事业，实行免费教育，为成绩优异的学生提供留学深造机会，并发给奖学金。全国共有学校197所，另有阿拉伯、外国私人学校48所。有中小学生90498人，中小学教师4000多名。1977年建成的卡塔尔大学是一所配有现代化设备的综合性大学，也是卡塔尔唯一的一所高等学府，下设8个学院，在校学生近8000名，教师500多名。此外，每年还有约500多名学生进入专业技术培训学校学习。另通过卡塔尔基金会，引进美国康奈尔、西北、弗吉尼亚、德州、乔治敦、卡耐基—梅隆6所大学建立多哈分校，英、法、加等也有大学在此办分校。

【新闻出版】主要阿文报刊：《多哈月刊》，1969年创刊，新闻部发行；《阿拉伯人日报》，1972年创刊，新闻部发行；《旗帜报》，1979年创刊；《时代周刊》，1974年创刊；《海湾市场》周刊，1980年创刊；《今日海湾》，1985年创刊；《每周消息》周刊，1986年创刊。

此外还有《东方报》《祖国报》等。英文报刊有《海湾时报》，1978年创刊。

卡塔尔通讯社建于1975年，是阿拉伯国家主要通讯社之一。

多哈广播电台用阿拉伯语、英语、法语和乌尔都语广播。有6个中波波段、5个调频波段和1个短波波段。

半岛电视台（AL-JAZEERA CHANNEL）的前身是英国广播公司（BBC）阿拉伯语频道。1996年卡塔尔埃米尔哈马德斥资1.37亿美元将BBC阿语频道的全部设备买下并组建了半岛电视台。该台24小时滚动播出阿拉伯语新闻节目，覆盖整个阿拉伯地区。“9·11”事件后，该台因不断播出对阿富汗的独家报道而名声大振，被称为“中东的CNN”。2006年11月15日，半岛电视台国际（英文）频道正式开播，目前在全球共设4个播报中心（多哈、吉隆坡、伦敦、华盛顿），节目覆盖全球英语地区。卡塔尔另1家电视台多哈电视台建于1970年8月。

对外关系

奉行积极务实的外交政策。重视与美国等西方国家的战略伙伴关系，积极参与地区和国际事务，是联合国、伊斯兰合作组织、阿拉伯国家联盟、海湾阿拉伯国家合作委员会成员国。近年来，卡塔尔外交较为活跃，积极参与解决地区热点问题，承办各类国际会议，包括2012年联合国气候变化框架公约第18次缔约方会议和京都议定书第8次缔约方会议、联合国贸易和发展会议第13届大会等。卡塔尔是2022年足球世界杯承办国。积极斡旋巴以冲突、苏丹达尔富尔问题，参与解决叙利亚问题，调解索马里和乍得冲突、厄立特里亚和吉布提冲突等。2015年3月卡参与沙特等国联军发起的对也门军事行动。卡还加入了美国主导的打击“伊斯兰国”国际联盟和沙特组建的伊斯兰反恐军事联盟。

2017年6月5日，沙特、埃及、阿联酋、巴林四国以支持恐怖主义、干涉内政为由，宣布同卡塔尔断交，并中止同卡的人员、交通往来。

【同中国的关系】1988年7月9日，中国与卡塔尔建交。建交后，两国关系发展顺利。2014年11月，两国建立战略伙伴关系。

中卡各层次交往密切。2014年11月，卡埃米尔塔米姆对华进行国事访问。2016年3月，全国人大常委会副委员长、中国阿拉伯友好协会会长艾力更·依明巴海访卡。同年5月，王毅外长访卡并出席中阿合作论坛第七届部长级会议。2017年7月，卡外交大臣穆罕默德访华。2018年12月，卡塔尔副首相兼外交大臣穆罕默德访华，同王毅国务委员兼外长共同主持中卡战略对话机制首次会议。2019年1月，卡塔尔埃米尔塔米姆对华进行国事访问。

两国经贸合作发展顺利。2019年中卡双边贸易额111.15亿美元，其中中方出口额24.1亿美元，进口额87.05亿美元。中方主要出口商品是机械设备、电器及电子产品、金属制品等，进口商品是液化天然气、原油、聚乙烯等。2019年，中国从卡进口原油85.87万吨，同比下降36.31%；从卡进口液化天然气832万吨，同比下降10%。

2018年7月，中卡签署全面互免签证协定，12月21日生效。

中国驻卡塔尔大使：周剑。馆址：1085 West Bay Lagoon Street，West Bay Area，Doha，Qatar，17200。网　址：http://qa.china-embassy.org。电　话：00974–4934203，4934204；传真：4934201。

卡塔尔驻华大使：穆罕默德·阿卜杜拉·欧贝德·杜希米（Mohamed Abdulla Al-Dehaimi）。馆址：北京市朝阳区亮马桥外交公寓A-7。电话：010–65322231–3。

【同美国等国家的关系】卡美关系密切，保持和发展与美国关系是卡塔尔对外关系的重要支柱。两国军事合作密切，签有防务协定，目前驻卡美军约1万人，美中央司令部指挥中心驻在卡塔尔，卡塔尔乌代德基地是美国在海外的最大军事基地之一。2019年卡塔尔埃米尔塔米姆、副首相兼国防事务国务大臣阿提亚、副首相兼外交大臣穆罕默德等访美，美国国务卿蓬佩奥、总统高级顾问库什纳、美军中央司令部司令麦肯齐、财政部长姆努钦、商务部长罗斯等访卡，塔米姆埃米尔访问韩国、日本、巴基斯坦、科威特、黎巴嫩、法国、英国、马来西亚。伊拉克总统巴尔哈姆、总理阿卜杜勒马赫迪，苏丹总统巴希尔，土耳其总统埃尔多安，巴勒斯坦总统阿巴斯，巴基斯坦总理伊姆兰·汗，法国总理菲利普，意大利总理孔特，马来西亚总理马哈蒂尔，俄罗斯外长拉夫罗夫，伊朗外长扎里夫等访卡。（李群）

科　威　特

国名　科威特国（The State of Kuwait）。

面积　17818平方公里。

人口　477.6万（2019年），其中科威特籍人143.2万，外籍侨民334.4万，分别占科威特人口比例的30%和70%。阿拉伯民族。官方语言为阿拉伯语。伊斯兰教为国教，居民中85%信奉伊斯兰教，其中约70%属逊尼派，30%为什叶派。

首都　科威特城（Kuwait City），人口56.9万。

国家元首　埃米尔萨巴赫·艾哈迈德·贾比尔·萨巴赫（Sabah Al-Ahmed Al-Jaber Al-Sabah），2006年1月29日即位，为第15任埃米尔。

重要节日　国庆日（第11任埃米尔登基日）：2月25日。

简　况

位于亚洲西部波斯湾西北岸。与沙特、伊拉克相邻，东濒波斯湾，同伊朗隔海相望。海岸线长290公里。有布比延、法拉卡等9个岛屿，水域面积5625平方公里。绝大部分土地为沙漠，地势较平坦，境内无山川、河流和湖泊，地下淡水贫乏。属热带沙漠气候，夏长炎热干燥，最高气温可达51℃，冬短湿润多雨，最低气温可达-6℃。年降水量为22—177毫米。

公元7世纪是阿拉伯帝国的一部分。1710年，居住在阿拉伯半岛内志的阿奈扎部落中的萨巴赫家族迁移到科威特，1756年取得统治权，建立科威特酋长国。1871年成为奥斯曼帝国巴士拉省的一个县。1939年沦为英国保护国。1961年6月19日宣布独立，同年成为阿拉伯国家联盟和联合国成员国。1990年8月2日被伊拉克侵吞，1991年2月26日复国。

政　治

君主世袭制酋长国。埃米尔是国家元首兼武装部队最高统帅。一切法律以及与外国签订的条约和协定均由埃米尔批准生效。科威特主张维护民族独立、国家主权与领土完整，发展民族经济，实行高福利制度。海湾战争后，科威特迅速开始战后重建工作，加强国防建设，在政府部门和经济机构中逐步推行科威特化，放松对反对派的限制。科威特禁止一切政党活动。目前，萨巴赫家族统治地位牢固，政局相对稳定，安全形势良好。

【宪法】1962年11月12日正式颁布宪法。宪法规定，科威特是一个主权完整、独立的阿拉伯国家；伊斯兰教为国教，其教义是科威特立法的基础；埃米尔必须由第七任埃米尔穆巴拉克·萨巴赫后裔世袭；立法权由埃米尔和议会行使，埃米尔有权解散议会和推迟议会会期；行政权由埃米尔、首相和内阁大臣行使；司法权由法院在宪法规定范围内以埃米尔名义行使；王储由埃米尔提名，议会通过；埃米尔任免首相，并根据首相提名任免内阁大臣等。

【议会】国民议会于1963年1月23日成立，是立法机构，一院制。主要职能是制定和通过国家的各项法令法规；监督国家财政执行情况；行使各项政治权力。议会通过的法案需经埃米尔批准才能生效，埃米尔有权否决或提请议会复议某项法案，但如议会仍以2/3的多数通过或在以后某届议会以简单多数通过，该法案则自动生效。议会有权就政府内外政策及有关事务向首相和大臣提出质询，要求其解释有关情况；组成调查委员会对任何事务进行调查；自由表达其观点和看法；通过对大臣投不信任票罢免其职务。议会由50名经全国选举产生的议员和现任大臣组成，每届任期4年。第15届议会于2016年12月选举产生，议长马尔祖格·阿里·加尼姆（Marzouq Ali Al-Ghanim）连任。

【政府】本届政府于2019年12月17日成立，为科威特第36届政府。主要成员包括：首相萨巴赫·哈立德·哈马德·萨巴赫（Sabah Al-Khalid Al-Hamad Al-Sabah），副首相兼国防大臣艾哈迈德·曼苏尔·艾哈迈德·萨巴赫（Ahmad Mansour Al-Ahmad Al-Sabah），副首相、内政大臣兼内阁事务国务大臣艾奈斯·哈立德·萨利赫（Anas Al-Khalid Al-Saleh），外交大臣艾哈迈德·纳赛尔·穆罕默德·萨巴赫（Ahmad Nasser Al-Mohammad Al-Sabah）。

【行政区划】全国分为6个省：首都省、哈瓦里省、艾哈迈迪省、贾哈拉省、法尔瓦尼亚省和大穆巴拉克省。

【司法机构】司法机构隶属于司法部。最高法院院长和总检察长由埃米尔任命，法院以埃米尔名义在宪法范围内行使司法权。

【重要人物】**萨巴赫·艾哈迈德·贾比尔·萨巴赫**：埃米尔。1929年出生。曾任外交大臣，后兼任新闻、石油和内政大臣。1992年任第一副首相兼外交大臣。2003年任首相兼外交大臣。2006年1月29日继任科威特第15任埃米尔。对华友好，曾于1977年5月、1988年8月、1990年8月和12月、2004年7月、2009年5月、2018年7月7次访华。　**纳瓦夫·艾哈迈德·贾比尔·萨巴赫**：王储。1937年出生。历任哈瓦里省长、内政大臣、国防大臣、社会事务和劳工大臣、国民卫队副司令。2003年7月任第一副首相兼内政大臣。2006年1月被任命为王储。　**萨巴赫·哈立德·哈马德·萨巴赫**：首相。1953年出生。曾任科威特驻沙特大使。1998年任国家安全机构主席、社会与劳动大臣、新闻大臣等职。2011年任外交大臣，2012年任副首相、外交大臣兼内阁事务国务大臣。2014年至2016年任第一副首相兼外交大臣，2017年至2019年11月任副首相兼外交大臣。2019年12月起任首相。对华友好，曾于2014年1月、2014年6月、2018年7月3次访华。

经　济

石油、天然气工业为国民经济主要支柱，其产值占国内生产总值的45%，占出口收入的92%。近年来，科威特政府在重点发展石油、石化工业的同时，强调发展多元化经济，着力发展金融、贸易、旅游、会展等行业，并提出“2035年发展愿景”，将科威特建设成为地区商业和金融中心，发挥私营企业在科威特经济发展中的核心作用，保障人民生活全面均衡发展，实现社会公正。2019年主要经济数据如下：

国内生产总值：1351亿美元。

人均国内生产总值：2.83万美元。

经济增长率：1.8%。
货币名称：第纳尔。
汇率：1美元=0.303第纳尔。
外汇储备：399亿美元。
通胀率：1.1%
失业率：3%
（资料来源：《伦敦经济季评》）

【资源】石油和天然气储量丰富。已探明石油储量140亿吨，居世界第6位。天然气储量1.78万亿立方米，居世界第18位。

【工业】以石油开采、冶炼和石油化工为主。2019年原油日产量268.3万桶。科威特石油公司（Kuwait Petroleum Corporation）为世界十大石油公司之一，全面负责科威特国内外的原油和成品油销售。科威特原油公司（Kuwait Oil Corporation）负责国内石油生产，是世界第七大石油公司。

【农渔业】可耕地面积约14182公顷，无土培植面积约156公顷。近年来，政府重视发展农业，农业产值占国内生产总值的0.4%。以生产蔬菜为主，农牧产品主要依靠进口。农牧业从业人口1.4万，主要为外籍人。渔业资源丰富，盛产大虾、石斑鱼和黄花鱼。年产量在1万吨左右，产值约1300万科威特第纳尔。

【交通运输】交通运输十分发达。全国公路总长4万公里。汽车拥有量为96.8万辆，其中私家车80万辆。科威特有1个国际民用机场，2个军用机场。机场起降架次3.3万次/年，客流量370万人次/年，运货量14万吨/年。主要港口是舒威赫港和舒艾巴港。

【对外贸易】在经济中占有重要地位。出口商品主要有石油和化工产品，石油出口占出口总额的95%。进口商品有机械、运输设备、工业制品、粮食和食品等。主要贸易对象是：美国、日本、英国、韩国、意大利、德国、荷兰、新加坡等。2019年科威特对外贸易总额为992亿美元，其中出口额为672亿美元，进口额为320亿美元。（资料来源：《伦敦经济季评》）

【对外投资】拥有规模庞大的海外投资，主权财富基金持续扩大。截至2019年底，科威特主权财富基金总资产约5920亿美元，主要投资于欧美国家的股市和房地产，并不断加大在日本、韩国和东南亚国家的投资力度。

【对外援助】每年用其国内生产总值的3.8%来援助发展中国家。1961年成立科威特阿拉伯经济发展基金会，截至2018年底，总资产约182.24亿美元。该基金会代表科威特政府向发展中国家提供财政和技术援助，资助发展中国家基础设施项目的开发与建设。

人民生活

实行高福利制度，免缴个人所得税，实行免费教育和医疗，并提供岗位、物价、房租和结婚等补贴。为解决低收入人群住房问题，政府计划兴建7万套廉价房。共有公立医院23家，诊所1462家，另有私立诊所若干。总床位数共计16908张。全国共有医生总人数8434人，护士人数22469人，医疗技术产业人员9751人。

军　事

实行义务兵役制，义务兵期限2年（大学生1年），预备役期14年。现科威特军总兵力为2.3万人。埃米尔为武装部队最高统帅。

文化教育

【教育】实行免费教育，全国小学、初中、高中均为4年制，小学和初中实行义务教育。全国现有各类学校1288所，其中公立学校788所，私立学校460所，其余为成人教育、职业教育和特殊教育学校等。在校学生共56万多人，教师为6.8万人。教育经费为政府财政预算的10%左右。政府重视扫盲，1982年颁布义务扫盲法，已建立了62个扫盲中心。

【新闻出版】新闻制度相对开放、自由，报刊多为私营。全国主要有8家日报，其中阿拉伯文报5家：《消息报》《舆论报》《政治报》《火炬报》和《祖国报》；英文报3家：《科威特时报》《阿拉伯时报》和《每日星报》。

有3家官方新闻机构：科威特通讯社、科威特广播电台和科威特电视台。科威特通讯社系国家通讯社，建于1956年10月，1980年起用阿拉伯文、英文向国外发稿。

科威特广播电台建于1951年，用阿拉伯语、英语等广播。

科威特电视台建于1962年12月，用4个频道播放阿拉伯语和英语节目。1992年起，租用阿拉伯卫星，对外播放本国节目，还通过卫星接收站转播埃及卫星电视节目。

对外关系

奉行和平、多元、均衡的外交政策。致力于维护阿拉伯国家团结和海湾合作委员会国家的协调合作，积极充当斡旋者和调停人。1990年海湾战争后，科威特同美国等西方国家关系更加密切，科威特境内一直有美军驻扎。同时，科威特高度重视同其他大国关系。近年来，科威特更加积极地发展同中国等亚洲国家的合作。科威特是联合国、阿拉伯国家联盟、海湾合作委员会等国际和地区组织成员国，迄今已同120个国家建立外交关系。

【同中国的关系】1971年3月22日中科建交。2019年，中科战略伙伴关系持续发展，各层级交往不断。2月，国家发展改革委副主任宁吉喆访问科威特并主持召开中科“丝绸城和五岛”建设合作指导委员会首次会议。5月，全国人大常委会副委员长、红十字会与红新月会国际联合会副主席、中国红十字会会长陈竺率中国红十字会代表团访问科威特。7月，中国审计署审计长胡泽君率代表团赴科威特，出席亚洲审计组织理事会第54次会议。9月，科威特首任驻上海总领事来华履职。11月，中科双边合作执行机制首次会议在北京召开。

2019年双边贸易额达172.8亿美元，同比下降7.4%。其中中方进口额为134.4亿美元，同比下降12.4%，出口额为38.4亿美元，同比增长15.8%。1982年至今，科威特阿拉伯经济发展基金会共向中国提供总额约10.31亿美元的优惠贷款，共支持了39个项目建设，涉及基础设施建设、石化、建材、教育、医疗等领域。

中国驻科威特大使：李名刚。馆址：No.82，Street 1，Block 4，Yarmouk，Kuwait。邮政信箱：Embassy of the P.R. China，P.O.Box.2346 Safat，13024 Kuwait。网址：http://kw.china- embassy.org/chn/。电话：00965–25333340，25333342；传真：25333341。电子邮箱：chinaemb_kw@mfa.gov.cn。商务处电话：00965–24822816；传真：24822867。

科威特驻华大使：赛米赫·伊萨·焦哈尔·哈亚特（Sameeh Essa Johar Hayat）。馆址：北京市朝阳区光华路23号。电话：010–65322216，65322374；传真：65329759。

【同美国的关系】科威特同美国关系密切，科境内约有3万美军驻扎。2019年，科埃米尔萨巴赫访美。美国务卿蓬佩奥访科，双方召开第三轮科美战略对话。

【同西方国家的关系】科威特积极推进同西方国家关系，扩大互利合作。2019年，加拿大总督朱莉·帕耶特、奥地利总理库尔茨、爱沙尼亚总统卡柳莱德、丹麦议长皮亚·克贾斯加德、意大利国防部长伊丽莎白、北约秘书长斯托尔腾贝格等访科。科埃米尔萨巴赫出席在埃及举行的首届阿盟—欧盟峰会，科第一副首相兼国防大臣纳赛尔（时任）访问英国、法国。

【同伊拉克的关系】近年来，科伊两国关系继续改善。2019年，科埃米尔萨巴赫、议长马尔祖格访问伊拉克，伊拉克总理阿卜杜勒马赫迪、议长哈勒布希、外长哈基姆访科。

【同阿拉伯国家的关系】2019年，科威特与阿拉伯国家保持高层交往，关系不断巩固。埃及总统塞西，议长阿里，卡塔尔埃米尔塔米姆，约旦国王阿卜杜拉二世，毛里塔尼亚总统穆罕默德，巴林首相哈利法，突尼斯议长穆罕默德，也门外长耶曼尼等访科。科埃米尔萨巴赫出席在埃及举行的首届阿盟—欧盟峰会并会见埃及总统塞西、沙特国王萨勒曼，出席在突尼斯举行的第30届阿盟峰会，出席在沙特举行的第40届海合会首脑会议。首相贾比尔（时任）访问约旦，议长马尔祖格访问埃及、沙特、约旦。科还响应联合国号召，在日内瓦也门认捐大会上宣布向也门提供2.5亿美元援助。

（王颖）

老　挝

国名　老挝人民民主共和国（The Lao People's Democratic Republic）。

面积　23.68万平方公里。

人口　723万（2019年）。分为50个民族，分属老泰语族系、孟—高棉语族系、苗—瑶语族系、汉—藏语族系，统称为老挝民族。通用老挝语。居民多信奉佛教。华侨华人7万多人。

首都　万象（Vientiane），人口94.8万（2019年）。最高平均气温31.7℃，最低平均气温22.6℃。

国家元首　国家主席本扬·沃拉吉（Boungnang VORACHITH），2016年4月当选。

重要节日　老挝人民军成立日：1月20日（1949年）；老挝人民革命党成立日：3月22日（1955年）；老挝新年（宋干节，也叫泼水节）：佛历5月，一般从每年公历4月13日开始，前后共3天；独立日：10月12日（1945年）；塔銮节：佛历12月，公历11月；国庆日：12月2日（1975年）。

简　况

位于中南半岛北部的内陆国家，北邻中国，南接柬埔寨，东临越南，西北达缅甸，西南毗连泰国，边界线长度分别为508公里、535公里、2067公里、236公里、1835公里。湄公河在老挝境内干流长度为777.4公里，流经首都万象，作为老挝与缅甸界河段长234公里，老挝与泰国界河段长976.3公里。属热带、亚热带季风气候，5—10月为雨季，11月至次年4月为旱季，年平均气温约26℃。老挝全境雨量充沛，近40年来年降水量最少年份为1250毫米，最大年降水量达3750毫米，一般年份降水量约为2000毫米。

因缺乏史料，学术界对14世纪前的老挝历史有较多争议，通常认为在现今老挝疆域相继出现过堂明国、南掌国（澜沧国）等国家。1353年，法昂王建立澜沧王国（1353—1707年），定都琅勃拉邦，老挝出现历史上第一个统一的多民族国家。1560年，澜沧王国国王塞塔提腊迁都至万象。1707—1713年，澜沧王国先后分裂为北部琅勃拉邦、中部万象和南部占巴塞三个王国。1778—1893年三国沦为暹罗（今泰国）属国。

1893年，法国与暹罗签订《法暹条约》（又称《曼谷条约》），琅勃拉邦、万象和占巴塞被并入法属印度支那联邦，1940年9月被日本占领。1945年9月15日，琅勃拉邦王国副王兼首相佩差拉在万象宣布老挝

（旧称“寮国”）独立。10月12日，万象群众举行独立庆典，宣布成立伊沙拉（老挝语意为“自由”）政府。1946年，法国势力卷土重来，独立运动失败。1947年4月，在法国扶持下，琅勃拉邦国王西萨旺冯宣布成立老挝王国，实行君主立宪制。法国对外承认老挝是法兰西联邦内的独立国家，但仍掌握老挝国防、外交大权。为争取国家独立，老挝人民开展广泛的游击战争。1950年，苏发努冯组建新老挝伊沙拉，成立寮国抗战政府。1954年，法国在奠边府战役中失败，被迫签署日内瓦协议，承认老挝独立并撤军。

法国撤军后，美国积极在老挝扶植亲美势力，多次策划政变，唆使政府军进攻寮国战斗部队（即巴特寮，英文为“Pathet Lao”，由1956年成立的老挝爱国阵线领导），力图控制老挝。老挝国内一度存在老挝王国政府军、寮国战斗部队、富米·诺萨万军队三股势力，并先后出现富马为首相的第一次联合政府和萨纳尼空政府、富米政府、文翁政府。1962年，《关于老挝问题的日内瓦协议》签订后，老挝成立以富马亲王（中立）为首相、苏发努冯亲王（左派）与富米（右派）为副首相的第二次联合政府。1964年，美国策动亲美势力破坏联合政府并进攻解放区，老挝内战再起。1973年2月，老挝各方签署了《关于在老挝恢复和平与民族和睦的协定》。1974年4月，以富马为首相的第三次联合政府和以苏发努冯为主席的民族政治联合委员会成立。随着印支三国抗美战争节节胜利，老挝人民自1975年5月开始在全国开展夺权斗争。1975年12月2日，在万象召开的老挝全国人民代表大会宣布废除君主制，成立老挝人民民主共和国，组成以苏发努冯为主席的最高人民议会和以凯山·丰威汉为总理的政府。

政　治

老挝实行社会主义制度。老挝人民革命党是老挝唯一政党。1991年老挝党“五大”确定“有原则的全面革新路线”，提出坚持党的领导和社会主义方向等六项基本原则，实行对外开放政策。2001年老挝党“七大”制定了至2010年基本消除贫困、至2020年摆脱不发达状态的奋斗目标。2016年1月18—22日，老挝党“十大”通过了社会发展“八五”规划、十年战略和十五年远景规划。当前，老挝政治稳定、社会安宁。

【宪法】1991年8月，老挝最高人民议会第二届六次会议通过了老挝人民民主共和国第一部宪法。宪法明确规定，老挝人民民主共和国是人民民主国家，全部权力属于人民，各族人民在老挝人民革命党领导下行使当家做主的权利。

【议会】老挝国会（原称最高人民议会，1992年8月改为现名）是国家最高权力机构和立法机构，负责制定宪法和法律。国会每届任期5年，每年召开两次会议，特别会议由国会常委会决定或由2/3以上的议员提议召开。国会议员由地方直接选举产生。本届（第八届）国会于2016年4月选举产生，国会议员149名，主席巴妮·雅陶都（Pany YATHOTU，女）。

【政府】国家最高行政机关。本届政府于2016年4月成立，设18个部及3个直属机构（央行、国家主席府、总理府，其中国家主席府设部长一名，总理府设部长5名）。政府主要成员：政府总理通伦·西苏里（Thongloun SISOULITH），副总理兼国家监察总署署长本通·吉马尼，副总理兼计划投资部部长宋赛·西潘敦，副总理兼财政部部长宋迪·隆迪，国防部部长占沙蒙·占雅拉，公安部部长维莱·坎拉冯，民政事务部部长坎曼·逊维乐，总理府部长扎伦·叶宝合，自然资源与环境部部长宋玛·奔舍那，新闻文化与旅游部部长吉乔·凯坎皮吞，农业与林业部部长连·提乔，司法部部长赛西·山迪冯，劳动与社会福利部部长坎平·赛宋平，国家主席府办公厅部长坎蒙·蓬塔迪，能源与矿产部部长坎玛尼·因提腊，工贸部部长开玛妮·奔舍那，科技部部长波万坎·冯达拉，外交部部长沙伦赛·贡玛西，教育与体育部部长显登·拉占塔本，央行行长宋赛·西帕赛，邮政通讯部部长坦沙迈·贡玛西，公共工程与运输部部长本占·辛塔冯，总理府部长兼总理府办公厅主任派·蓬皮帕，卫生部部长本贡·西塔冯，总理府部长本格·桑松萨，总理府部长阿伦乔·吉提昆，总理府部长苏万萍·布帕努冯。

【行政区划】全国划分为17个省、1个直辖市（万象市）。

【司法机构】老挝最高人民法院为最高司法权力机关。最高人民法院院长坎帕·显达拉，2019年当选；最高人民检察院检察长坎山·苏冯，2011年当选，2016年连任。

【政党】老挝人民革命党（The Lao People's Revolutionary Party）：老挝唯一政党和执政党，前身为印度支那共产党老挝支部。1955年3月22日建立，原称“老挝人民党”，1972年召开“二大”时改为现名。现有党员约31万人，党组织1.9万个。其宗旨是：领导全国人民进行革新事业，建设和发展人民民主制度，建设和平、独立、民主、统一和繁荣的老挝，为逐步走上社会主义创造条件。

本届（第十届）中央委员会于2016年1月产生，由69名中央委员和8名中央候补委员组成。本扬·沃拉吉为党中央总书记。中央政治局委员共11人：本扬·沃拉吉、通伦·西苏里、巴妮·雅陶都、本通·吉马尼（Bounthong CHITMANY）、潘坎·维帕万（Phankham VIPHAVANH）、占西·普西坎（Chansy PHOSYKHA）、赛宋蓬·丰威汉（Saysomphone PHOMVIHANE）、占沙蒙·占雅拉（Chansamone CHANYALATH）、坎潘·蓬马塔（Khamphan PHOMMATHAT）、辛拉冯·库派吞（Sinlavong KHOUTPHAYTHOUNE）、宋赛·西潘敦（Sonexay SIPHANDONE）。

【统一战线】老挝建国阵线成立于1956年1月，原名“老挝爱国战线”，是老挝人民革命党领导下的民族统一战线组织。主席赛宋蓬·丰威汉（Saysomphone PHOMVIHANE）。

【重要人物】**本扬·沃拉吉**：老挝人民革命党中央总书记。1937年生于沙湾拿吉省。1954年3月参加工作。曾任沙湾拿吉省委书记、万象市委书记兼市长，1999年任副总理兼财政部长，2001年任总理，2006年当选国家副主席并于2011年连任。2016年1月在老挝党“十大”上当选中央总书记。2016年4月当选国家主席。 **通伦·西苏里**：老挝政府总理。1945年生于华潘省。曾任副外长、劳动和社会福利部部长、国会外交委员会主任。2001年任副总理兼计划投资委主任，2006年任副总理兼外长和中联部长，2015年7月不再兼任中联部长。2016年4月当选政府总理。 **巴妮·雅陶都**：女，老挝国会主席。1951年出生于川圹省，苗族。长期在金融部门工作，曾任国家银行行长、国会少数民族委员会主任、国会副主席。2010年当选国会主席，2011年、2016年连任。

经济

以农业为主，工业基础薄弱。1986年起老挝推行革新开放，调整经济结构，即农林业、工业和服务业相结合，优先发展农林业；取消高度集中的经济管理体制，转入经营核算制，实行多种所有制形式并存的经济政策，逐步完善市场经济机制，努力把自然和半自然经济转为商品经济；对外实行开放，颁布外资法，改善投资环境；扩大对外经济关系，争取引进更多的资金、先进技术和管理方式。1991—1996年，国民经济年均增长7%。1997年后，老挝经济受亚洲金融危机严重冲击。老挝政府采取加强宏观调控、整顿金融秩序、扩大农业生产等措施，基本保持了社会安定和经济稳定。2019年主要经济数据如下：

国内生产总值：约190亿美元。

人均国内生产总值：2765美元。

货币名称：基普（KIP）。

汇率：1美元≈8800基普（2019年12月）。

【资源】有锡、铅、钾盐、铜、铁、金、石膏、煤、稀土等矿藏。迄今得到开采的有金、铜、煤、钾盐、煤等。水利资源丰富。2012年森林面积约1700万公顷，全国森林覆盖率约50%，出产柚木、花梨等名贵木材。

【农业】农作物主要有水稻、玉米、薯类、咖啡、烟叶、花生、棉花等。全国可耕地面积约800万公顷，农业用地约470万公顷。

【工业】主要工业企业有发电、锯木、采矿、炼铁、水泥、服装、食品、啤酒、制药等及小型修理厂和编织、竹木加工等作坊。

【服务业】老挝服务业基础薄弱，起步较晚。执行革新开放政策以来，老挝服务业取得很大发展。

【旅游业】老挝琅勃拉邦县、巴色县瓦普寺、川矿石缸平原已被列入世界文化遗产名录，著名景点还有万象塔銮、玉佛寺，占巴塞的孔帕萍瀑布，琅勃拉邦的光西瀑布等。革新开放以来，旅游业成为老挝经济发展的新兴产业。近年来，老挝与超过500家国外旅游公司签署合作协议，开放15个国际旅游口岸，同时采取加大旅游基础设施投入、减少签证费，放宽边境旅游手续等措施，旅游业持续发展。2018年老挝共接待游客约420万人次，前三大游客来源国为泰国、越南和中国。2019年是中老旅游年，全年中国赴老游客100万人次，同比增长25%。2013年5月，老挝被欧盟理事会评为“全球最佳旅游目的地”。

【交通运输】老挝是东南亚唯一的内陆国，主要靠公路、水运和航空运输，国内仅有首都万象至老泰边境3公里铁路。连接中老边境磨憨—磨丁口岸至万象的中老铁路正在修建中，预计2021年竣工。湄公河可以分段通航载重20—200吨船只。老挝公路总里程约4.7万公里，承载80%客货运量。

老挝国际航班（截至2019年）主要有：万象市往返昆明、广州、南宁、海口、长沙、台北、曼谷、清迈（泰）、金边、暹粒（柬）、河内、吉隆坡、新加坡、首尔；琅勃拉邦市往返海口、成都、西双版纳、曼谷、清迈、暹罗、乌隆（泰）、暹粒、河内、景洪、胡志明市；巴色市往返曼谷、暹粒；沙湾拿吉往返曼谷。万象瓦岱、琅勃拉邦、沙湾那吉和巴色等机场为国际机场。

【对外贸易】老挝同50多个国家和地区有贸易关系，与19个国家签署了贸易协定，中国、日本、韩国、俄罗斯、澳大利亚、新西兰、欧盟、瑞士、加拿大等35个国家（地区）向老挝提供优惠关税待遇。主要外贸对象为泰国、越南、中国、日本、欧盟、美国、加拿大和其他东盟国家。2012年10月，老挝正式加入世界贸易组织。2018年老挝进出口贸易额112亿美元，同比增长16%，其中出口54亿美元，进口58亿美元。

【外国资本】1994年4月21日，老挝国会颁布新修订的外资法规定，政府不干涉外资企业事务，允许外资企业汇出所获利润；外商可在老挝建独资、合资企业，享5年免税优惠。2004年，老挝继续补充和完善外商投资法，放宽矿产业投资政策。由于暂停审批新的矿业、橡胶及桉树种植特许经营项目政策等影响，2015/2016财年老挝吸引外资12.7亿美元。

【外国援助】主要援助国及组织有：中国、日本、韩国、瑞典、澳大利亚、法国、美国、德国、挪威、泰国及亚洲开发银行、联合国开发计划署、国际货币基金组织、世界银行等。外援主要用于公路、桥梁、码头、水电站、通讯、水利设施等基础建设项目。

人民生活

老挝实行低工资制，职工退休后可领取基本工资的80%。医疗卫生事业逐年发展，国家职工和普通居民均享免费医疗。人均预期寿命约64岁。截至2009年底，全国有医院147所、卫生站823个，私人诊所222家；拥有病床总数6425张，医生1.2万人。

军　事

老挝人民军前身为老挝爱国战线领导的“寮国战斗部队”（即“巴特寮”），始建于1949年1月20日，1965年10月改名为老挝人民解放军，1982年7月改称现名。最高领导机构是中央国防和治安委员会，本扬·沃拉吉任主席，占沙蒙·占雅拉任国防部长。实行义务兵役制，服役期最少18个月。武装部队总兵力约6万人，分为陆军、空军、内河巡逻部队等。

文化教育

【教育】学制分为小学5年，初中3年，高中4年。老挝现有4所大学，学生5.4万人。位于首都万象的老挝国立大学前身为东都师范学院，1995年6月与其他10所高等院校合并设立国立大学，有8个学院。近两年，老挝南部占巴塞省、北部琅勃拉邦省的国立大学分校相继独立，被正式命名为占巴塞大学和苏发努冯大学。另有直属卫生部的医学院。各类专业学院154所（主要为私立学院），学生5.9万人。

【新闻出版】全国各种报刊约有20种。《人民报》为老挝人民革命党中央机关报，创刊于1950年8月13日，用老挝文出版。其他还有《巴特寮报》《新万象报》《人民军报》等。外文报刊有英文报《万象时报》《KPL新闻》和法文刊物《革新周刊》。

巴特寮通讯社：1968年1月成立，为老挝国家通讯社。出版老挝文《巴特寮》日报（1999年12月2日创刊）及英、法文《KPL新闻》。

老挝国家广播电台：设在万象，用老挝语广播，对外用越、柬、法、英、泰语广播。此外，还有老挝人民军广播电台和14个省级广播电台。

老挝国家电视台：建于1983年12月，共3套节目。每天各播放节目18小时左右。

对外关系

奉行和平、独立和与各国友好的外交政策，主张在和平共处五项原则基础上同世界各国发展友好关系，重视发展同周边邻国关系，改善和发展同西方国家关系，为国内建设营造良好外部环境。2016年老党“十大”重申继续坚持“少树敌、广交友”外交政策，保持同越南的特殊团结友好关系，加强与中国全面战略合作，加强与东盟国家睦邻友好，积极争取国际经济和技术援助。于1997年7月正式加入东盟。迄今已同142个国家建交。

【同中国的关系】中老于1961年4月25日建交。老挝政府奉行一个中国政策，支持中国和平统一大业。2009年双方建立全面战略合作伙伴关系。2017年11月，习近平总书记、国家主席同老挝党中央总书记、国家主席本扬一致同意共同构建中老具有战略意义的命运共同体。2019年4月，习近平总书记、国家主席同本扬总书记、国家主席签署关于构建中老命运共同体行动计划。近几年来，中老两党两国领导人互访不断。2017年5月，本扬来华出席“一带一路”国际合作高峰论坛。11月13—14日，习近平总书记、国家主席对老挝进行国事访问。2018年1月，李克强总理在柬埔寨出席澜湄合作第二次领导人会议期间会见通伦。3月，王毅国务委员兼外长在越南出席大湄公河次区域经济合作第六次领导人会议期间会见通伦。5月30日，中共中央总书记、国家主席习近平在北京同来华访问的老挝人民革命党中央总书记、国家主席本扬举行会谈。5月31日，李克强总理会见本扬。11月，通伦来华出席首届中国国际进口博览会，习近平主席予以会见。2019年3月，通伦总理出席博鳌亚洲论坛2019年年会，李克强总理予以会见。老挝建国阵线中央主席赛宋蓬访华。4月，本扬总书记、国家主席出席第二届“一带一路”国际合作高峰论坛并进行国事访问。7月，第八次中老两党理论研讨会在厦门举行。11月，李克强总理在曼谷会见通伦总理。中共中央政治局常委、全国政协主席汪洋对老挝进行正式友好访问。国务委员兼国防部长魏凤和访老。12月，老挝国会主席巴妮访华。

据中国商务部统计，2019年双边贸易额为39.2亿美元，同比增长12.9%，其中中方出口17.6亿美元，同比增长21.2%，进口21.6亿美元，同比增长7.0%。中国主要进口铜、木材、农产品等，主要出口汽车、摩托车、纺织品、钢材、电线电缆、通信设备、电器电子产品等。

中国驻老挝人民民主共和国大使：姜再冬。馆址：Wat Nak Road，Sisattanak，Vientiane，Lao P.D.R.。信箱：P.O.Box 898，Vientiane。电话：00856–21–315100；传真：315104。网址：http://la.china-embassy.org/。电子邮箱：chinaemb_la@mfa.gov.cn。

老挝驻华大使：坎葆·恩塔万女士。馆址：北京三里屯东4街11号。邮政编码：100600。电话：010–65321224；传真：65326748。

【同东盟的关系】1997年7月老挝正式加入东盟后，积极参与东盟事务，发展与东盟的友好合作关系，2004年担任东盟轮值主席国，成功主办东盟峰会及东盟与对话国领导人系列会议，在东盟内发挥积极作用。老挝总理出席历届东盟峰会。2016年，老挝再次担任东盟轮值主席国，主办东亚合作系列会议。

【同越南的关系】1962年9月建交，两国保持特殊团结友好关系。2017年是老越团结友好年，是两国建交55周年暨《老越友好合作条约》签署40周年，两国保持密切高层来往，举行多项庆祝活动。2月，通伦赴越出席老越政府间联合委员会第39次会议并访越。4月，越南总理阮春福携夫人访老。10月，通伦访越。11月，本扬赴越出席APEC领导人非正式会议。12月，本扬访越，双方发表《联合声明》。2018年2月，阮春福赴老出席老越政府间联合委员会第40次会议。3月，通伦赴越出席大湄公河次区域经济合作第六次领导人会议。6月，通伦赴日本出席第24届“亚洲的未来”国际会议期间同越南副总理张和平举行双边会见。10月，本扬就越共中央总书记阮富仲当选国家主席致贺电；越共中央书记处书记、中央检查委员会主任陈锦秀访老，分别会见本扬主席、通伦总理并与本通副总理举行会谈。2019年2月24日，越共中央总书记、国家主席阮富仲对老挝进行正式友好访问，并同老挝人民革命党中央总书记、国家主席本扬·沃拉吉举行会谈。5月，范平明在出席第25届“亚洲未来”国际论坛期间会见老挝总理通伦。应越南政府总理阮春福邀请，老挝政府总理通伦·西苏里率领老挝政府高级代表团于10月对越南进行正式访问。

【同东盟其他国家的关系】老挝与东盟其他国家保持良好关系。2016年5月，缅甸总统廷觉访老，国务资政昂山素季随同访问。8月，老挝国家主席本扬访问缅甸。9月，文莱苏丹哈桑纳尔、柬埔寨首相洪森、印尼总统佐科、马来西亚总理纳吉布、缅甸国务资政昂山素季、菲律宾总统杜特尔特、新加坡总理李显龙、泰国总理巴育、越南总理阮春福来老挝出席东亚合作领导人系列会议。11月，老挝总理通伦赴柬埔寨出席柬老越发展三角区第九届峰会。2017年1月，新加坡总统陈庆炎访老，泰国诗琳通公主访老。4月，通伦赴菲律宾出席第30届东盟峰会，与菲律宾总统杜特尔特举行会谈。5月，通伦赴柬埔寨出席2017年东盟世界经济论坛开幕式，访问新加坡和马来西亚。10月，通伦访问印度尼西亚。11月，通伦赴菲律宾出席东亚合作领导人系列会议。2018年1月，通伦访问缅甸。4月，通伦赴新加坡出席第32届东盟峰会。5月，本扬对新加坡进行国事访问。11月，通伦赴新加坡出席第33届东盟峰会等系列会议。12月，柬埔寨首相洪森访老，分别会见本扬主席、巴妮国会主席并同通伦总理会谈。2019年9月，老挝总理通伦率老挝政府高级代表团对柬埔寨进行正式访问。11月，老挝总理通伦赴泰国出席第35届东盟峰会及东亚合作领导人系列会议，泰国总理巴育同其开展双边会谈。

【同日本的关系】1952年12月建交。日本长期为老挝重要援助国，年均援助数额约1亿美元。双方投资领域合作发展迅速。2012年3月，老挝总理通邢访日。2013年11月，日本首相安倍晋三正式访老。2015年3月，老挝总理通邢访问日本并出席老日建交60周年庆祝活动，老日关系提升为战略合作伙伴关系。7月，通邢赴日本出席湄公河—日本峰会。2016年9月，日本首相安倍晋三赴老挝出席东亚合作领导人系列会议。2017年6月，老挝总理通伦访问日本。2018年4月，日本外相和野太郎首次访老。6月，通伦赴日本出席第24届“亚洲的未来”国际会议并顺访。2019年2月，老挝学者、教师、政府官员和日本专家在万象会晤，讨论老挝的可持续发展。5月，老挝总理通伦赴日本出席第25届“亚洲的未来”国际论坛。8月，老挝授予即将离任的日本驻老大使友谊勋章。日本重申支持老挝促进互联互通、金融稳定、人力资源开发、绿色湄公河和东盟经济一体化。

【同美国的关系】1950年建交。1975年老挝人民民主共和国成立后两国维持代办级外交关系，1991年11月升格为大使级外交关系。1992年8月，双方恢复互派大使。2005年，美给予老方正常贸易关系待遇。近年来双方关系进一步发展，美向老禁毒、清除未爆炸弹、民生等领域提供援助。2010年，老副总理兼外长通伦访美，成为老挝人民民主共和国成立以来访美的最高级别官员。2012年7月，美国国务卿克林顿对老挝进行正式访问。这是美国务卿57年来首次访老。2014年2月，老挝—美国第五次双边全面对话会在万象举行。2015年9月，老挝国家主席朱马里在出席联合国大会期间会见美国总统奥巴马。2016年9月，美国总统奥巴马赴老挝出席东亚合作领导人系列会议并访老，系美国总统首次访老。2017年9月，美国财政部长威尔伯·罗斯访老。2018年2月、4月，美国会高级代表团访老。11月，沙伦赛外长在新加坡会见美国副国务卿约翰·沙利文。

【同俄罗斯的关系】1960年10月同苏联建交。1975年老挝人民民主共和国成立后，苏联一度为老挝最大的援助国。1991年，苏联解体后，原苏联援助全部终止。1991年12月，老挝政府正式宣布承认俄罗斯联邦，愿在和平共处五项原则的基础上发展同俄罗斯的友好关系。1992年3月，两国互派大使。1994年，两国签署友好关系原则协定。近年来，双方保持各领域友好交流合作。2011年，老挝国家主席朱马里访俄。2014年，俄罗斯联邦委员会主席马特维延科赴老出席第35届东盟议会联盟大会。2015年10月，老挝副总理兼外长通伦访俄。2016年9月，俄罗斯总统普京赴老挝出席东亚合作领导人系列会议。2017年9月，老挝政府总理通伦访问俄罗斯。2019年4月，举行第八次莫斯科国际安全会议，其间俄罗斯和老挝国防部就扩大两国军事合作达成一致。12月，老挝与俄罗斯首次联合军演。

【同其他国家的关系】2013年7月，老挝国家主席朱马里正式访问白俄罗斯。8月，新西兰总督麦特帕里对老挝进行国事访问。9月，东帝汶总理夏纳纳·古斯芒正式访老。10月，巴妮访问塞尔维亚，朱马里访问法国；加拿大外长约翰·贝尔德访老，系老加建交以来加访老最高级别官员。11月，朱马里对韩国进行正式访问。2014年3月，新西兰外长麦卡利、白俄罗斯外长弗拉基米尔·马凯访老。2015年10月，老挝国家主席朱马里对古巴进行国事访问。古共中央政治局委员、国务委员会副主席梅萨访老。老党中组部部长占西赴朝出席朝鲜劳动党成立70周年纪念活动。2016年

9月，韩国总统朴槿惠、印度总理莫迪、澳大利亚总理特恩布尔、新西兰总理约翰·基等赴老挝出席东亚合作领导人系列会议。2017年5月，老挝外长沙伦赛访问奥地利、匈牙利。6月，沙伦赛访问阿塞拜疆。8月，澳大利亚国防部长潘恩访老。9月，阿塞拜疆外长访老。11月，沙伦赛访问澳大利亚，阿联酋外长阿卜杜拉访老。2018年11月，潘坎副主席访问法国，古巴国务委员会主席兼部长会议主席迪亚斯访老，印度外长斯瓦拉吉访老。2019年9月，韩国总统文在寅对老挝进行国事访问。

【同欧盟的关系】老挝与各主要欧盟国家保持传统友好关系。其中，德国、瑞典、法国均为老主要援助国，援助集中在基础设施建设、文化、人力资源开发、农业、卫生等领域。2011年8月，欧盟表示将放宽原产地规则，包括老挝在内的最不发达国家可以获得普惠制体系的豁免资格，将作为欧盟的优惠贸易伙伴进口原材料、生产成品并出口欧盟市场。

【同地区和国际组织的关系】老挝是大湄公河次区域经济合作（GMS）成员，2008年举办GMS第三次领导人会议。老挝与联合国、世界银行、亚洲开发银行等国际机构保持良好合作。2012年10月，第七届亚欧议会伙伴会议在老挝召开。11月，第九届亚欧首脑会议在老挝召开。2013年3月，内陆发展中国家《阿拉木图行动纲领》亚欧地区审查会议，第七届柬老越（CLV）峰会，第六届柬老缅越峰会（CLMV），第五届伊洛瓦底江—湄南河—湄公河经济战略合作峰会（ACMECS）在万象举行。2014年1月，国际原子能机构（IAEA）总干事天野之弥访老。2018—2020年，老挝担任澜湄合作共同主席国。（李顺霞）

黎　巴　嫩

国名　黎巴嫩共和国（The Lebanese Republic）。

面积　10452平方公里。

人口　约607万（2019年）。绝大多数为阿拉伯人。阿拉伯语为官方语言，通用法语、英语。居民54%信奉伊斯兰教，主要是什叶派、逊尼派和德鲁兹派；46%信奉基督教，主要有马龙派、希腊东正教、罗马天主教和亚美尼亚东正教等。

首都　贝鲁特（Beirut），人口约200万，7月平均最高气温32℃，1月平均最低气温11℃。

国家元首　总统米歇尔·奥恩（Michel Aoun）。

重要节日　烈士节：5月6日；建军节：8月1日；独立节：11月22日。

简　况

位于亚洲西南部地中海东岸。东、北部邻叙利亚，南界巴勒斯坦、以色列，西濒地中海。海岸线长220公里。沿海夏季炎热潮湿，冬季温暖。

公元前2000年为腓尼基的一部分。以后相继受埃及、亚述、巴比伦、波斯和罗马统治。7—16世纪初并入阿拉伯帝国。1517年被奥斯曼帝国占领。第一次世界大战后沦为法国委任统治地。1940年6月，法向纳粹德国投降后，黎被德、意轴心国控制。1941年6月英军在自由法国部队协助下占领黎巴嫩。同年11月自由法国部队宣布结束对黎的委任统治。1943年11月22日黎宣布独立，成立黎巴嫩共和国。1946年12月，英、法军全部撤离黎巴嫩。1975年4月，黎巴嫩基督教和伊斯兰教两派因国家权力分配产生的矛盾激化，内战爆发。1989年10月，基督教、伊斯兰教各派议员达成《塔伊夫协议》，重新分配政治权力。1990年，黎内战结束。

政　治

黎巴嫩是议会民主共和国。议会实行一院制，现有128个议席，基督教和伊斯兰教议员各占一半。黎党派林立，力量分散，无一党占绝对优势。2007年11月，拉胡德总统任满离职，议会多数派和反对派在总统选举问题上严重对立，选举被19次推迟，总统职位一直空缺。在阿盟和卡塔尔等八国外长组成的阿国调解委员会共同斡旋下，黎各派达成“多哈协议”，于2008年5月选举黎前武装部队总司令米歇尔·苏莱曼（Michel Suleiman）为总统。2009年6月，“未来阵线”领衔的多数派在议会选举中胜选，苏莱曼总统授权多数派领袖萨阿德·哈里里（Saad Hariri）组阁，11月联合政府成立。2011年1月，联合政府因以真主党为主导的“3·8”联盟11名部长集体辞职而解散。苏莱曼总统授命前总理纳吉布·米卡提（Najib Mikati）出任总理并组阁，6月新政府成立。2013年3月22日，因内阁未能就成立黎议会选举监督机构和延长黎治安部队司令任期达成一致，米卡提总理宣布辞职。4月6日，苏莱曼总统授命塔马姆·萨拉姆（Tamam Salam）出任总理，2014年2月完成组建新内阁。苏莱曼总统任期于2014年5月25日到期。2016年10月31日，黎议会举行总统选举，米歇尔·奥恩当选黎总统并随即就职。11月3日，奥恩任命萨阿德·哈里里为总理并组阁，哈里里12月18日组阁成功。2017年11月，哈里里在访问沙特期间宣布辞职，12月宣布收回辞呈。2018年5月6日，黎选举产生新一届议会。5月23日，纳比·贝里（Nabih Barri）连任议长。5月24日，奥恩总统授权哈里里组建新一届政府。2019年1月31日，黎新政府组成，哈里里连任总理。10月18日，因黎巴嫩政府宣布将对手机社交软件进行免费通话的用户征税，黎民众发起大规模抗议示威活动，29日，哈里里辞职。2020年1月21日，黎新政府组成，哈桑·迪亚布（Hassan Diab）任总理。

【宪法】1926年5月23日颁布，后经8次修改。宪法规定黎巴嫩是一个独立、统一和主权完整的国家，是议会民主共和国，具有阿拉伯属性，实行自由贸易政策，任何有悖各教派共处原则的权力均属非法。总统由议会选举产生，任期6年，不得连选连任。1995年10月19日，议会修改宪法第49条，规定“现任总统在（目前）特殊情况下延任3年，延任只准一次”。

【议会】为一院制。主要职能是制定法律、修改宪法、选举总统、批准总理和阁员人选及审议国家财政预算和对外条约及协定。议席按教派间协商后的比例分配，议员由普选产生，任期4年。1992年7月，黎议会通过选举法修正案，议席增至128个，由基督教和伊斯兰教平分。本届议会于2009年6月选举产生，以“未来阵线”为首的黎议会多数派赢得全部128个议席中的71席，以真主党为首的议会少数派获得57席。现任议长纳比·贝里（Nabih Barri）于1992年11月当选，1996年10月、2000年10月、2005年6月 和2009年6月4次连任。黎本届议会于2018年5月6日选举产生。5月23日，纳比·贝里连任议长。

【政府】本届政府于2020年1月21日组成，共20人，主要成员为：总理哈桑·迪亚布，副总理兼国防部长宰娜·阿卡尔（Zaina Akari，女），外交和侨民部长纳绥夫·希提（Nassif Hitti）等。

【行政区划】全国分8个省。

【司法机构】法院分为初审法院、上诉法院、最高法院、行政法院和治安法院。此外还有处理婚丧、遗产继承等问题的宗教法4庭。

【政党】黎主要政党有：

（1）“未来阵线”（Future Movement）：伊斯兰教逊尼派政党。由黎前总理拉菲克·哈里里创建。2005年2月哈遇刺后，其子萨阿德·哈里里接任“未来阵线”领袖。2010年7月，“未来阵线”正式组建政党，萨阿德·哈里里当选主席，其弟艾哈迈德·哈里里（Ahmed Hariri）当选总书记。

（2）黎巴嫩长枪党（The Lebanese Kataeb Party）：基督教马龙派政党。1936年11月成立，创始人为皮埃尔·杰马耶勒。2008年2月，阿明·杰马耶勒（Amin Gemayel）当选长枪党主席。

（3）“黎巴嫩力量”（Lebanese Forces）：基督教派右翼政党，原系长枪党的武装力量，由长枪党创始人皮埃尔·杰马耶勒次子巴希尔·杰马耶勒1976年创建。现任领导人为执行委员会主席萨米尔·贾加（Samir Jaga）。

（4）自由国民党（The National Liberal Party）：基督教马龙派政党。1958年9月成立，现任主席杜里·夏蒙（Dory Chamoun）。

（5）真主党（The Party of God/Hezbullah）：黎穆斯林什叶派政党。1982年以色列入侵黎巴嫩期间成立，与伊朗关系密切。该党拥有民兵约5000人，集中在黎南部地区。1992年2月18日，谢赫·阿巴斯·穆萨维总书记被炸身亡，哈桑·纳斯鲁拉（Hassan Nasrallah）当选总书记。2005年，真主党成员首次担任政府部长。2009年议会选举中该党获得12席。11月，该党宣布放弃建立伊朗式伊斯兰政权，突出该党的黎巴嫩和阿拉伯属性，强调该党将逐步转变为“防卫力量”和建设国家的支柱。本届政府中有两名阁员来自真主党。2013年7月，欧盟通过决议，将真主党军事分支列为恐怖组织。

（6）自由国民阵线（Free Patriotic Movement）：1992年由黎前军政府总理米歇尔·奥恩将军组建。2005年成为议会内最大的基督教党团。2006年4月正式改组为政党。现任领导人为前外交和侨民事务部长纪伯伦·巴西勒。

（7）“阿迈勒”运动（Amal Movement）：伊斯兰教什叶派政党。1974年成立，前身为“被剥夺者运动”，为伊斯兰教什叶派主要组织。主席纳比·贝里（现议长）。

（8）社会进步党（The Progressive Socialist Party）：1949年5月成立，为伊斯兰教德鲁兹派政党。1980年该党加入社会党国际。主席瓦立德·琼布拉特（Walid Joumblatt）。

（9）黎巴嫩共产党（The Lebanese Communist Party）：1924年成立，是中东地区创建较早的共产党之一。1948年被宣布为非法，1970年取得合法地位。总书记哈利德·哈达德（Khalid Haddad）。

【重要人物】米歇尔·奥恩：总统。1935年2月出生于贝鲁特，基督教马龙派。曾在贝鲁特基督兄弟学校、圣心学校、黎军事学校等接受教育，在法国炮兵学校等军事学校受训。1984年6月担任黎军司令并晋升中将。1988年就任黎临时军政府总理兼国防部长。1991年流亡法国，于1996年在法组建自由国民阵线。2005年奥恩返黎，当年当选为议员，其领导的自由国民阵线成为黎议会最大的基督教党团。2015年卸任自由国民阵线主席一职。2016年10月31日，黎举行议会选举，奥恩当选黎总统并随即就职。已婚，有3个子女。 **哈桑·迪亚布**：总理。1959年6月出生于贝鲁特，伊斯兰教逊尼派。毕业于英国利兹贝克特大学，获计算机工程学博士学位。1985年起在贝鲁特美国大学任教，2006年10月起担任该校副校长。2011年6月至2014年2月任教育和高教部长。2020年1月21日被授命出任总理并组建新内阁。已婚，有3个子女。 **纳比·贝里**：议长。1938年出生，伊斯兰教什叶派、阿迈勒运动主席。毕业于黎巴嫩大学法律系，后在法国进修。1963年任黎全国大学生联合会主席，并担任过世界爱国学生联合会执委会委员。后担任黎伊斯兰什叶派最高委员会委员，1980年当选为阿迈勒运动主席。1984年4月30日，担任水、电、司法、南方、重建事务国务部长。1989年11月，担任水、电资源、住房、合作部长。1990年12月至1992年5月，担任国务部长。1992年10月21日当选为议长，1996年10月、2000年10月、2005年6月、2009年6月、2018年5月23日5次连任。有9个子女。

经 济

黎巴嫩实行自由、开放的市场经济，私营经济占主导地位。黎内战前曾享有中、近东金融、贸易、交通和旅游中心的盛名。但16年内战加之以色列入侵，造成直接和间接经济损失约1650亿美元。1991年中东和平进程启动后，黎预期经济利好，大兴土木，后由于地区形势持续动荡，其经济复苏计划受挫，背上了沉重的债务包袱。20世纪90年代后期，黎经济形势渐入困境，财政赤字居高不下，债务攀升。2006年长达月余的黎以冲突造成黎大量基础设施被毁，直接经济损失达32亿美元，间接损失超过70亿美元，使黎经济发展陷入停顿，债务负担加重，战后重建任务艰巨。冲突结束后，黎获得逾100亿美元援助承诺。

2008年底国际金融危机爆发以来，由于黎国内金融体系与国际经济联系较弱，且黎中央银行灵活运用外汇和黄金储备应对得当，黎受影响相对较小，经济逆势增长。近年，黎巴嫩财政状况恶化，经济增长缓慢。2019年主要经济数据如下：

国内生产总值：533亿美元。

人均国内生产总值：8780美元。

经济增长率：0.6%。

货币名称：黎巴嫩镑。

汇率：1美元＝1507黎镑。

外债：337亿美元。

外汇和黄金储备：435亿美元。

通货膨胀率：2.9%。

（资料来源：黎巴嫩财政部、央行、统计局网站）

【资源】矿产资源少，且开采不多。矿藏主要有铁、铅、铜、褐煤和沥青等。

【工业】黎工业基础相对薄弱，以加工业为主。主要行业有非金属制造、金属制造、家具、服装、木材加工、纺织等。从业人数约20万，占黎劳动力的7%，是仅次于商业和非金融服务业的第三大产业。

【农业】农业欠发达。全国可耕地面积24.8万公顷，其中灌溉面积10.4万公顷。牧场36万公顷，林地面积79万公顷。贝卡谷地为黎主要农业区，可耕地面积占黎全国的52%。农产品以水果和蔬菜为主。黎粮食生产落后，主要靠进口，作物有大麦、小麦、玉米、马铃薯等。经济作物有烟草、甜菜、橄榄等。近年来，黎葡萄种植业发展很快，年产葡萄酒600万—700万瓶，出口额约1200万美元。

【旅游业】黎原为中东旅游胜地。内战前，每年入境旅客达200万人次，旅游收入占国民收入的20%以上。内战期间，旅游业一蹶不振。战后黎政府曾将振兴旅游业作为重建计划重要组成部分，但近年黎以冲突及安全形势不稳再次影响了黎旅游业的振兴。黎现有各类星级饭店398家。主要旅游点有腓尼基时代兴建的毕卜鲁斯城、古罗马时代兴建的巴尔贝克城和十字军时代兴建的赛达城堡。此外，北部的雪山有很多滑雪场，吸引了大量游客。

【交通运输】水运：主要港口有贝鲁特港、的黎波里港、赛达港，其中贝鲁特港现有集装箱及集散货码头14个，承担着黎八成以上的进出口货物运输量。

空运：贝鲁特国际机场是著名航空港。1990年黎政府投资4亿美元改造贝鲁特机场，将其吞吐量由每年200万人次提高到600万人次。2005年5月更名为“拉菲克·哈里里国际机场”。

公路：贯穿全境，全长约7300公里，其中高速或快速公路约530公里。公路在内战、黎以冲突期间均遭严重破坏，修复工作进展缓慢。黎车辆总数约为160万辆，平均每2.5人拥有1辆汽车，人均拥有量居世界前列。

铁路：全长402公里，全部为国有，除贝鲁特—谢卡段外，其余因战乱破坏而被废弃。

【财政金融】贝鲁特曾是中东金融中心，外汇和黄金可自由买卖。全国有72家银行，其中商业银行65家。黎银行多为私人所有，其中较大的有奥狄银行、黎巴嫩—法国银行、毕卜鲁斯银行等。

【对外贸易】外贸在黎国民经济中占有重要地位，政府实行对外开放与保护民族经济相协调的外贸政策。出口商品主要有蔬菜、水果、金属制品、纺织品、化工产品、玻璃制品和水泥等。主要贸易对象是美国、中国、法国、意大利、德国等。2018年，黎进口总额180亿美元，出口总额40亿美元。

人民生活

黎巴嫩共有医院161所，床位约13516张，注册医生约5000人，医护人员共约2万人。

军 事

黎巴嫩政府军总兵力约5.6万人，其中陆军约5.4万人、空军约800人、海军约1100人，主要由法国和美国负责提供武器和训练。另有内部治安军约1.7万人。总统为军队最高统帅。实行义务兵役制与志愿兵役制相结合的兵役体制。义务制服役期限为18个月，志愿制至少签3年合同。真主党亦拥有民兵武装约5000人。1978年3月，以色列入侵黎巴嫩后，联合国向黎派驻多国维和部队，并执行任务至今，以监督以色列从黎巴嫩境内撤军，恢复国际和平与安全，并协助黎政府有效管辖以色列撤出的南部地区。

文化教育

【教育】黎巴嫩全国有中小学2704所，在校学生76万余名，教师6万余名。各类高等院校共计41所，其中综合大学4所。黎巴嫩大学是唯一国立综合大学，1953年创建。贝鲁特阿拉伯大学创办于1960年。贝鲁特美国大学由美国教会创建于1866年，用英语授课。圣·约瑟大学1881年建立，用法语授课，设有孔子学院。

【新闻出版】黎巴嫩以中东新闻中心著称。全国各类报刊有600余家。主要日报有《白天报》《旗帜报》《家园报》《安瓦尔报》。主要刊物有《事件周刊》《阿拉伯周刊》《狩猎者》《杂志周刊》《黎巴嫩评论》《星期一早晨》等。

通讯社：黎巴嫩国家通讯社是唯一官方通讯社，成立于1962年，属新闻部领导。每日发阿、英、法3种文字的新闻稿，只报道官方的黎国内消息。中央通讯社为私人通讯社，创立于1982年9月。每日用阿文报道黎国内政治、经济、商业等方面消息。“中东报道”是私人通讯社，1977年创办。除周末外，每日发黎国内、外消息英文通讯稿。周末有综述和新闻分析内容的专刊。在开罗和华盛顿设有分社。

广播电台：黎全国现有140多家广播电台，其中大部分是私营娱乐性电台。其中，黎巴嫩广播电台为国家广播电台，属新闻部领导。其前身是“东方电台”，始建于1938年。内战爆发后，由于经济困难，该台被迫停止对外广播。“祖国之声”电台为黎伊斯兰教逊尼派慈善基金会于1984年创办。除英语新闻节目外，主要用阿语广播。“人民之声”电台为黎巴嫩共产党于1987年创办，在开罗、巴黎、伦敦和莫斯科均派有常驻记者。

电视台：黎巴嫩国家电视台，成立于1978年。属黎巴嫩电视公司所有，政府占一半资本，公司董事长和董事会成员均由政府任命。未来电视台，创办于1992年，由已故前总理哈里里创建，是黎目前第二大电视台。黎巴嫩广播公司电视台（LBC）成立于1985年，系私营电视台。灯塔电视台，由黎真主党开办，创办于1991年。

对外关系

黎巴嫩奉行中立不结盟政策，主张建立公正、合理、平等、均衡的国际政治、经济新秩序。对外强调其阿拉伯国家属性，调整与叙利亚关系，积极发展同埃及、沙特等阿拉伯大国的关系，重视同美国和法国等西方国家的关系。

【同中国的关系】中国与黎巴嫩1971年11月9日建交，双边关系发展平稳。

2008年5月，中国四川汶川发生特大地震灾害后，黎巴嫩总理、议长等致信中国国家领导人表示慰问，黎方向地震灾区提供7.5万美元援助。9月，温家宝总理在纽约出席联合国千年发展目标高级别会议期间会见黎总统苏莱曼。2011年11月，胡锦涛主席、温家宝总理和杨洁篪外长分别与苏莱曼总统、米卡提总理、曼苏尔外长就中黎建交40周年互致贺电。3月，中国中东问题特使吴思科访黎。2012年5月，外交部副部长翟隽访黎，分别会见了苏莱曼总统、米卡提总理、贝里议长，与曼苏尔外长举行会谈。12月，黎新闻部长瓦利德·达欧格访华。2013年4月，国家新闻出版广电总局代表团访黎。2014年6月，黎外长纪伯伦·巴西勒来华出席中阿合作论坛第六届部长级会议。2015年5月，全国政协副主席王正伟访问黎巴嫩。2016年11月，中央军委副主席范长龙访问黎巴嫩。2017年1月，外交部副部长张明访问黎巴嫩。2017年5月，黎巴嫩文化部长加塔斯·扈里、发展和重建委主席纳比勒·基尔来华出席“一带一路”国际合作高峰论坛高级别会议。2017年6月，王毅外长访问黎巴嫩。2018年7月，黎巴嫩经济和贸易部长拉伊德·扈里来华出席中国—阿拉伯国家合作论坛第八届部长级会议。9月，全国政协副主席陈晓光访问黎巴嫩。2019年4月，中国中东问题特使宫小生访黎。8月，黎巴嫩旅游部长乌瓦迪斯·卡迪尼访华。

中国政府自2006年4月起向联合国黎巴嫩临时维和部队派遣维和人员，主要参与联合国在黎维和及扫雷行动。自2007年以来，中国赴黎维和官兵多次受到联合国嘉奖，并得到黎政府和民众的好评。

2019年中黎双边贸易总额为17.05亿美元，同比下降15.5%，其中中方出口额16.79亿美元，同比下降14.7%，进口额0.26亿美元，同比下降46.9%。

1992年，中黎签署文化交流协定。2006年11月，双方签署在黎巴嫩圣约瑟夫大学设立孔子学院协议。2005年12月，黎成为中国公民组团旅游目的地国。

中国驻黎巴嫩大使：王克俭。馆址：P.0.BOX：11-8227 RIAD EL SOLH BEIRUT 11072260 LEBANON。电话：00961–1–856133（办公室），823760（文化处），622493（商务处），850318、853079（武官处）。电传：21344 LE CHINCO。传真：822492。

黎巴嫩驻华大使：米莉亚·贾布尔（Milia Jabbour）。馆址：北京市朝阳区三里屯东六街10号。电话：010–65321560，65323281。

【同美国的关系】黎、美于1943年建交。黎巴嫩重视发展同美国的关系，争取美在政治、经济、军事上的支持和援助。美支持黎独立、主权和领土完整，支持《塔伊夫协议》；敦促叙利亚军队撤出黎境内；要求黎政府解除真主党武装。1997年美解除了长达12年之久的对美公民赴黎禁令。美在“9·11”事件后宣布黎真主党为恐怖组织，并向黎政府提出了冻结该组织武装、资金，双方进行情报合作等一系列要求。黎政府则坚持认为应将民族抵抗运动与恐怖主义区别对待。2005年2月黎前总理拉菲克·哈里里遇害后，美国加大对黎问题的干预力度。4月、10月、12月，美联合法、英推动安理会通过有关哈里里遇害国际调查的1595

号、1636号、1644号决议。

2014年3月，美总统奥巴马与黎总理萨拉姆通电话，祝贺黎新政府通过议会信任投票。5月，美国务卿克里与时任黎总统苏莱曼通电话，对苏在任期间的工作表示赞赏。6月，美国务卿克里访问黎。2015年2月，美国向黎提供的2500万美元军事援助运抵黎。4月，美副国务卿布林肯访黎。2016年4月，美国中央司令部司令约瑟夫·沃特尔访黎。11月，美国务卿克里电话祝贺奥恩当选黎总统。12月，美国参议院军事委员会代表团访黎。2018年2月，美国国务卿蒂勒森访黎。4月，美国总统特朗普发表声明，向在巴黎召开的援助黎巴嫩的“西德尔会议”与会者和黎人们人民致以问候。2019年1月，美国副国务卿黑尔访黎。3月，美国务卿蓬佩奥访黎。5月，美众议院代表团访黎。8月，黎总理哈里里访美。9月，黎总统奥恩赴美出席第74届联合国大会。11月，美民主党代表团访黎。

【同法国的关系】黎巴嫩在1943年独立前曾是法国委任统治地，两国有传统的关系。法为谋求在黎的经济和政治优势，大力投入黎重建市场。法支持哈里里政府主导的经济重建与改革计划，2002年法在第二次国际援黎会议上承诺向黎提供5亿美元援助。2005年2月，黎前总理拉菲克·哈里里遇害，希拉克总统夫妇亲自赴黎参加葬礼，法主张对事件进行国际调查，并支持黎举行议会大选，改组政府。4月、10月、12月，法与美、英共同推动安理会通过有关哈里里遇害国际调查的1595号、1636号、1644号决议。2006年黎以冲突期间，法推动安理会通过要求黎以停火的1701号决议。冲突后，法派兵2000人参加联黎部队。

2014年3月，黎时任总统苏莱曼赴法出席黎“国际支持小组”会议。4月，法议会法黎友好小组访黎。5月，法总统奥朗德与时任黎总统苏莱曼通电话，对苏在任期间的工作表示赞赏。2015年2月，法国总统特使吉鲁访黎。4月，黎马龙派大主教拉伊访法。9月，黎总理萨拉姆在纽约联大期间会见法国总统奥朗德。2016年4月，法国总统奥朗德访黎。7月，法国外长艾罗访黎。11月，法国总统奥朗德致电祝贺奥恩当选总黎统。

2017年3月，法国国防部长勒德里昂访黎。5月，黎总统奥恩与法国新任总统马克龙通电话。9月，黎总统奥恩访法。11月，黎总理哈里里、外长巴西勒分别访法。12月，黎总理哈里里访法。

2018年3月，法国特使、地中海事务代表杜克森访黎。4月，黎总理哈里里访法，出席在巴黎召开的“西德尔会议”。6月，黎马龙派大主教拉伊访法。8月，法参议员代表团访黎。10月，奥恩总统会见法国总统马克龙。11月，看守内阁总理哈里里赴法出席巴黎和平论坛（Paris Peace Forum）开幕式，其间会见法国总统马克龙。

2019年1月、9月，黎总理哈里里两次访法。12月，黎派代表出席在巴黎召开的黎巴嫩国际支持小组会议。

【同叙利亚的关系】黎、叙在法国委任统治时期曾是同一个政治实体。黎巴嫩独立后，叙未予承认，黎叙仍保持“特殊关系”。1976年5月之后，叙军（最初约2.8万人）一直以“阿拉伯威慑部队”的名义驻扎在黎。1991年5月，黎叙签署“兄弟关系合作与协调条约”和“安全与防务条约”，确定两国将进行最高级和最全面的协调。1996年1月，黎叙签订经济一体化、取消双重税、推进和保证投资、建立联合边界哨所和社会领域合作五项协定。同时，双方决定在与以色列谈判中密切配合，决不单独与以媾和。2004年9月2日，美、法等国推动安理会通过1559号决议，要求叙驻黎部队全部撤离。2005年2月黎前总理拉菲克·哈里里遇害后，美等西方国家和黎反叙派指责叙应对此负责。叙于4月宣布撤回其驻黎全部军队、安全人员和军事装备。2006年5月，联合国安理会通过第1680号决议，鼓励叙黎两国划定边界、建立正式外交关系并相互派驻外交代表。2008年7月12日和8月13日，苏莱曼总统和叙总统巴沙尔在巴黎和大马士革两次会晤，双方宣布决定建立大使级外交关系。10月15日，叙黎外长签署建交公报，两国正式建交。

2011年叙局势动荡以来，外溢效应持续发酵，对黎政局稳定和经济发展带来严重负面影响。黎国内亲叙和反叙派别多次发生武装冲突并造成人员伤亡，黎境内曾遭到来自叙境内的炮弹和火箭弹袭击。黎政府主张维护叙的主权、独立和统一，反对外部干涉，安理会应谨慎行事，国际社会应为推进叙国内政治进程创造条件。黎政府对叙问题持“不卷入”政策，对阿盟涉叙决议有关对叙实施制裁等内容持保留态度，并与联合国难民署等机构合作，向在黎的叙难民提供人道主义救助。

【同其他阿拉伯国家的关系】目前在黎巴嫩境内的注册巴勒斯坦难民约有37万，其中26%住在大城市，45%住在得到联合国救济的12个难民营，约7万人生活在没有卫生、教育及社会服务等保障的13个居民点。2006年黎以冲突期间，阿拉伯国家给予黎政治与财政支持。2008年5月，由阿盟和卡塔尔等八国外长组成阿国调解委员会，并促成黎各派达成“多哈协议”，黎因总统选举问题发生的危机结束。

2018年1月，黎总统奥恩访问科威特。2月，奥恩总统访问伊拉克，外长巴西勒访问科威特。3月，黎总理哈里里访问沙特。9月，伊拉克副总统阿拉维访黎。2019年2月，黎总理哈里里访问阿联酋，阿盟秘书长盖特访黎。3月，黎总统奥恩访问突尼斯，议长贝里访问约旦。4月，黎议长贝里访问伊拉克、卡塔尔。5月，黎总理哈里里访问沙特，埃及总理马德布利访黎。6月，黎总理哈里里访问沙特。10月，黎总理哈里里访问阿联酋，外长巴西勒赴埃及出席阿盟外长会。

【同以色列的关系】黎巴嫩南部与以北部接壤。1978年3月，以侵入黎南部打击巴解武装。1982年6月，以大规模入侵黎。1985年，以色列以保卫北部加利利地区为由在黎南部建立了约850平方公里的“安全区”，驻扎了千余人的部队，并扶植由3000名亲以黎基督徒组成的南黎军。2000年5月，以单方面从黎南部撤军，但黎仍坚持1923年国际边界线，要求以结束对谢巴农场、卡弗尔舒巴村、加吉尔村北部等地的占领，并撤至1967年6月4日的边界线。2006年7月，真主党武装越境袭击以色列并俘获两名以军士兵，以军随即对黎展开大规模军事行动。8月，安理会通过1701号决议后双方停火。冲突造成黎逾1000名平民死亡，4000余人受伤，逾100万人流离失所。以色列亦有157人死亡。2007年10月和2008年7月，黎真主党与以色列在联合国和国际红十字会的协助下两次进行“换俘”。2010年4—7月，黎国内安全部门破获多个以色列在黎谍报网，逮捕近百人，并将3人判处死刑。黎以海上边界迄未划定，双方在海上经济权益问题上存在分歧。黎方多次要求联合国帮助双方划定海上边界。2011年7月，以方划定其地中海专属经济区及以黎海上边界，黎方表示反对以方在海上划界问题上作出任何单方面决定。2018年12月，以色列在黎以边境以国土范围内开展“北部屏障”行动，旨在排查和摧毁黎真主党在黎以边境地区挖掘的隧道。（张玉娟）

马尔代夫

国名 马尔代夫共和国（The Republic of Maldives）。

面积 总面积9万平方公里（含领海面积），陆地面积298平方公里。

人口 36.6万。均为马尔代夫族。民族语言和官方语言为迪维希语（Dhivehi），教育和对外交往中广泛使用英语。伊斯兰教为国教，属逊尼派。

首都 马累（Malé），人口24.8万。日平均最高温度31℃，最低温度26℃。

国家元首 总统易卜拉欣·穆罕默德·萨利赫（Ibrahim Mohamed Solih），2018年9月当选。

重要节日 独立日：7月26日（1965年）。

简况

印度洋上的群岛国家。距离印度南部约600公里，距离斯里兰卡西南部约750公里。南北长820公里，东西宽130公里。由26组自然环礁、1192个珊瑚岛组成，分布在9万平方公里的海域内，其中200个岛屿有人居住。岛屿平均面积为1—2平方公里，地势低平，平均海拔1.2米。位于赤道附近，具有明显的热带气候特征，无四季之分。年降水量2143毫米，年平均气温28℃。

1116年建立苏丹国。近400年来，先后遭受葡萄牙和荷兰殖民主义者的侵略和统治，1887年沦为英国保护国。1932年改行君主立宪制。1952年成为英联邦内的共和国。1954年恢复君主立宪制。1965年7月26日宣布独立。1968年11月11日建立共和国。

政治

实行总统制。1978年，加尧姆当选总统，此后5次连任。近年来，马尔代夫民众要求民主和政治改革的呼声增强。2005年6月，马人民议会通过实行多党民主制度的议案，宪政改革启动，主要内容包括：确立三权分立制度、大幅削减总统权力、引入政党制等。2006年3月，马内阁批准加尧姆总统的民主改革路线图计划。2007年8月，全民公投决定继续实行总统制。2008年8月，新宪法正式生效。10月，马举行首次政党制下的总统选举，民主党候选人穆罕默德·纳希德在第二轮投票中击败连续执政30年的时任总统加尧姆，当选马宪政改革后首位总统。2012年初，马政局动荡，纳希德因反对党和民众示威抗议被迫辞职，副总统瓦希德接任总统。2013年9月，马举行宪政改革以来第二次总统选举。11月，进步党候选人亚明当选总统。2015年3月，马民主党领袖、前总统纳希德因非法扣押刑事法院大法官一案被判处入狱13年。9月，亚明总统所乘快艇在马累码头发生爆炸，时任副总统阿迪布因涉嫌与爆炸案有关被逮捕，并被议会弹劾。11月上旬，马尔代夫政府宣布因国家安全受到威胁，全国进入紧急状态，时间持续一周。2016年以来，马尔代夫执政党进步党内部矛盾激化，10月，进步党公开分裂为支持现总统亚明和支持前总统加尧姆的两个派别。2017年3月，加尧姆宣布同民主党、共和党、正义党组成反对党联盟。反对党两次发起针对议长玛斯赫的不信任案，但未获成功。2018年2月1日，马最高法院发布法令，撤销前总统纳希德等9名政治犯罪名，恢复12名反对党议员议席。亚明政府将此举定性为“司法政变”，宣布马进入国家紧急状态，采取多种措施稳定局势。9月，马举行新一轮总统选举，民主党候选人萨利赫击败亚明总统胜选，成为马第七位总统。

【宪法】现行宪法于2008年8月生效。规定马为主权独立和领土完整的伊斯兰教总统内阁制国家。立法、行政、司法权分别归属人民议会、总统和法院。总统为国家元首、政府首脑和武装部队统帅。由全体选民直接选举产生，任期不得超过两届。内阁由副总统、部长和总检察长组成。除副总统以外的内阁成员由总统任命，经议会批准。所有议员通过选举产生，总统不再有任命议员的权力。建立独立的最高法院，总统不再是司法系统的最高长官。

【议会】人民议会（People's Majlis）为马立法机构。实行比例代表制，全国划分为87个选区，每个选区选举产生1名议名，总共87名议员，任期5年，各行政区议员人数由当地人口数决定。本届议会于2019年4月选举产生。议长穆罕默德·纳希德（Mohamed Nasheed），民主党成员，2019年5月当选。

【政府】本届内阁成立于2018年11月，目前主要内阁成员包括：副总统费萨尔·纳西姆（Faisal Naseem），外交部长阿卜杜拉·沙希德（Abdulla Shahid），国防部长玛丽亚·艾哈迈德·迪迪（Mariyam Ahmed Didi），内政部长谢赫·伊姆兰·阿卜杜拉（Sheikh Imran Abdulla），财政部长易卜拉欣·阿米尔（Ibrahim Ameer），国家规划和基础设施部长穆罕默德·阿斯拉姆（Mohamed Aslam），艺术、文化和遗产部长尤姆娜·穆蒙（Yumna Maumoon），旅游部长阿里·瓦希德（Ali Waheed），经济发展部长费亚兹·伊斯梅尔（Fayyaz Ismail）等。

【主要网址】总统办公室www.presidencymaldives.gov.mv；外交部www.foreign.gov.mv。

【司法机构】宪法规定司法权归属最高法院、高等法院和审判法庭。2015年，马颁布新《刑法典》和《反恐怖主义法》，加大力度打击刑事犯罪，预防和打击宗教极端势力。

【行政区划】全国分21个行政区，包括18个行政环礁以及马累、阿杜、福阿穆拉3个市。

【政党】2005年6月马启动宪政改革后，人民议会通过实行多党民主制度的议案。马内政部陆续接受多个政党的注册，包括民主党（Maldivian Democratic Party）、进步党（Progressive Party of Maldives）、共和党（Jumhoree Party）、马尔代夫发展联盟（Maldives Development Alliance）、人民党（Dhivehi Rayyithunge Party）、正义党（Adhaalath Party）等。

【重要人物】**易卜拉欣·穆罕默德·萨利赫**：总统。1962年生，1995年起长期任议员，曾参与起草马2008年宪法。2003年参与创建民主党，2011年起任该党议会党团领袖。2018年11月17日宣誓就职马总统。　**穆罕默德·纳希德**：议长。1967年生。民主党领袖，曾于2008年至2012年任马国家总统。2019年5月当选新一届议会议长。

经　济

旅游业、船运业是主要经济支柱。马尔代夫经济结构单一、资源贫乏、严重依赖进口，经济基础较为薄弱。2011年以前，曾被列为世界最不发达国家。通过多年努力，马经济发展取得一定成就，成为南亚地区人均GDP最高的国家，基础设施和互联互通水平也有较大提升。

2018年主要经济数据如下：

国内生产总值：48.85亿美元。

人均国内生产总值：9541美元（测算含在马常住外国居民）。

国内生产总值增长率：6.1%。

货币名称：卢菲亚（Rf，Rufiyaa）。

汇率：1美元≈15.57卢菲亚。

通货膨胀率：–0.1%。

（资料来源：马尔代夫货币管理局）

【资源】拥有丰富的海洋资源，有各种热带鱼类及海龟、玳瑁和珊瑚、贝壳之类的海产品。

【工业】仅有小型船舶修造以及海鱼和水果加工、编织、服装加工等手工业。

【农业】土地贫瘠，农业较落后。椰子生产在农业中占重要地位，约有100万棵椰子树。其他农作物有小米、玉米、香蕉和木薯。随着旅游业的扩大，蔬菜和家禽养殖业开始发展。

【渔业】渔业资源丰富。盛产金枪鱼、鲣鱼、鲛鱼、龙虾、海参、石斑鱼、鲨鱼、海龟和玳瑁等。鱼类主要出口中国香港、日本、斯里兰卡、新加坡和中国台湾。

【旅游业】旅游业是第一大经济支柱，旅游收入对GDP的贡献率多年保持在25%左右。现有135个旅游岛，4.73万张床位，入住率62.3%，人均在马停留时间6.3天。2017年旅游业产值66.81亿卢菲亚，同比增长3.3%。2019年外国赴马游客170万人次，同比增长14.7%。

【交通运输】主要交通工具为船舶。汽车、摩托车为主要陆上交通工具。海运业主要经营中国香港到波斯湾和红海地区及国内诸岛间的运输业务，中国、斯里兰卡、印度、新加坡、阿联酋、南非及一些欧洲国家有定期航班往返马累。

【财政金融】2018年财政收入213.23亿卢菲亚（包括国际援助），财政支出256.51亿卢菲亚，财政赤字43.28亿卢菲亚，外汇储备115亿卢菲亚。

【对外贸易】主要出口商品为海产品，主要进口商品为食品、家具、石油产品、电子产品、纺织品和生活用品。主要贸易伙伴有阿联酋、新加坡、印度、斯里兰卡、泰国和马来西亚等。

2018年，出口额为3.39亿美元，进口额为27.6亿美元，贸易逆差为24.21亿美元。

人民生活

大部分居民以鱼、椰子和木薯为主食，近年来粮食食品有所增加。马尔代夫医疗卫生较落后，全国有23家医院，最大的医院在马累。1998年世界卫生组织宣布马为无疟疾国家。婴儿年出生率为19‰，人均寿命男士为73岁，女士为74.7岁。

军　事

2006年4月前仅有一支千余人的综合武装力量，统称为国家安全卫队，由国民卫队、警察卫队和海上巡逻队组成。2004年，警察同国家安全卫队分离，接受内政部领导。

2006年4月，国家安全卫队正式更名为马尔代夫国防部队，隶属于国防和国家安全部，总兵力约3000人，职责是捍卫国家主权和独立，保护根据宪法选举产生的政府不受威胁和侵犯，快速应对紧急事件及捍卫宪法和法律权威。

文化教育

【教育】实行从学前到高中毕业的免费教育。成人识字率为98.94%。2017年，马尔代夫共有376所学校，在校学生87788人，教师8957人。马尔代夫国立大学是马唯一大学。各环礁设有一个教育中心，主要向成年人提供非正规文化教育。

【新闻出版】传统纸质媒体逐渐退出市场，主要媒体纷纷转向网络化，影响较大的有Sun Online，Avas，Vnews，Mihaaru，Raajje News，Maldives Independent等，大部分系迪维希语。"马尔代夫之声"电台建于1962年，用英文和迪维希语对全国广播。马尔代夫电视台于1978年3月建成启用，同年修建了卫星通讯站，可通过卫星转播世界各地节目。

对外关系

马尔代夫是英联邦国家。2016年10月，马政府宣布因受到英联邦不公正待遇，决定退出英联邦，2018年马新政府上台后，于2020年2月1日重新成为英联邦一员。同164个国家建立了外交关系。奉行和平、独立和不结盟的外交政策，同所有尊重马独立和主权的国家友好，重视发展与中国、印度、沙特阿拉伯、马来西亚、新加坡、斯里兰卡等国家的关系。大力争取国际组织和其他国家援助。积极参与不结盟运动和南亚区域合作联盟活动，2011年成功举办第17届南盟峰会。

马尔代夫是"小岛屿国家联盟"（AOSIS）主要代表国，2015年起担任联盟轮值主席国。强调气候变化事关小岛屿国家的生存权，高度关注全球气候变暖使海平面上升对马造成的威胁。签署《联合国气候变化框架公约》《气候变化和生物多样性公约》《京都议定书》《保护海洋生物议定书》《巴黎协定》等多边协议。

【同中国的关系】中马两国于1972年10月14日建交，双边关系长期健康稳定发展。马政府奉行一个中国政策，不与台湾当局发展官方关系，在涉藏、涉疆等问题上支持中方立场。

两国保持高层交往。2014年8月，马总统亚明来华出席第二届青奥会开幕式，习近平主席会见。9月，习近平主席对马尔代夫进行国事访问，同马总统亚明一致同意构建中马面向未来的全面友好合作伙伴关系。2015年6月，马总统亚明来华出席第三届中国—南亚博览会。7月，全国人大常委会副委员长沈跃跃作为习近平主席特使赴马出席马尔代夫独立50周年庆典。10月，马副总统阿迪布来华出席亚洲政党丝绸之路专题会议，并同全国人大常委会副委员长沈跃跃共同出席中国—马尔代夫投资论坛。11月，全国政协副主席陈晓光访马。2016年5月，张德江委员长在香港出席"一带一路"高峰论坛期间会见玛斯赫议长。6月，马尔代夫作为主题国参加在昆明举办的第4届中国—南亚博览会，玛斯赫议长率团出席。10月，玛斯赫议长赴重庆出席2016中国共产党与世界对话会。12月，玛斯赫议长正式访华。2017年1月，马外长阿西姆正式访华。12月，马总统亚明对华进行国事访问。2018年8月，中国政府代表、国家国际发展合作署署长王晓涛出席中国—马尔代夫友谊大桥开通仪式。11月，习近平主席特使、文化和旅游部部长雒树刚出席马总统萨利赫就职典礼。2019年9月，马外长沙希德对华进行正式访问。

中马经贸合作关系始于1981年。当前双边经贸合作发展势头良好。中马建有经贸联委会机制，首次会议于2014年12月在北京举行，第二次会议于2015年9月在马举行。中马自贸谈判于2015年12月正式启动，2017年9月结束，12月正式签署中马自贸协定。中国对马出口商品主要包括建材、机械设备、交通工具、通信设备、家具、箱包、纺织品等，从马尔代夫进口商品主要为水产品。2019年，双边贸易额3.8亿美元，同比下降4.1%。其中中方出口约3.5亿美元，同比下降12.3%，进口3372万美元，同比增长32倍。中马大项目合作进展顺利，中马友谊大桥竣工并投入使用，马累国际机场改扩建项目完成跑道铺设和试飞部分，拉穆环礁连接公路项目和住房二期项目均竣工交付。

2002年，马尔代夫成为中国公民出国旅游目的地国。自2010年起，中国已连续9年成为马第一大旅游客源国。2019年，中国赴马游客28.4万人次。目前，中国北京、上海、广州、昆明、成都、重庆、武汉、郑州、香港等地同马累间分别开通了直航或包机往来。2018年7月，中国—马尔代夫旅游合作论坛在马举办。

中国驻马尔代夫大使：张利忠。馆址：H. Nookurikeela，Dhunbugas Magu，MALE，Maldives。电话：00960–3010645；传真：3010642。

马尔代夫驻华大使：阿兹玛。办公处：北京市朝阳区建外秀水街1号建外外交公寓1–5–31。电话：010–85323847。

【同其他国家的关系】近年马尔代夫对外交往活跃，同印度、斯里兰卡等国关系密切。

同印度的关系：地理位置相近，历史、社会、政治联系密切。在联合国、不结盟运动和南盟等多边场合中，马方支持印方立场。马政府强调"印度优先"原则，两国高层互访频繁。2008年，马总统纳希德就职后首次出访目的地即为印度。2011年2月，马总统纳希德对印进行正式访问。2014年1月、2016年4月，马总统亚明两次访问印度。2015年11月，马外长杜妮亚访问印度。2016年8月，马外长阿西姆访问印度。2018年11月，马尔代夫新政府成立后，重申"印度优先"政策、突出马印特殊友好。萨利赫总统将印度作为就职后首个出访国。2019年印度帮助马援建英吉拉·甘地纪念医院、工程技术学院等。

同斯里兰卡的关系：历史、社会、政治联系密切。2010年7月，斯里兰卡总统拉贾帕克萨访问马尔代夫。2011年8月，马总统纳希德访问斯里兰卡。2012年马政局变动后，马副总统瓦希杜丁作为总统特使赴斯访问。8月，马总统瓦希德对斯进行国事访问。2014年9月，马总统亚明访问斯里兰卡。2016年以来，马前总统纳希德多次赴斯里兰卡参加活动。2019年1月，萨利赫总统非正式访问斯里兰卡。（张乃琦）

马来西亚

国名　马来西亚（Malaysia）。

面积　约33万平方公里。

人口　3268万（马来西亚统计局，2019年）。其中马来人69.1%，华人23%，印度人6.9%，其他种族1.0%。马来语为官方语言，通用英语，华语使用较广泛。伊斯兰教为国教，其他宗教有佛教、印度教和基督教等。

首都　吉隆坡（Kuala Lumpur），人口180万。

国家元首　阿卜杜拉·艾哈迈德·沙阿（Al-Sultan Abdullah Ri'ayatuddin Al-Mustafa Billah Shah Ibni Sultan Haji Ahmad Shah Al-Musta'in Billah），2019年1月31日就任第16任最高元首。

重要节日　全国各地大小节日约有上百个，政府规定的全国性节日有10个，即国庆（又称独立日，8月31日）、元旦、开斋节、春节、哈芝节、屠妖节、五一节、圣诞节、卫塞节、现任最高元首诞辰。除少数节日日期固定外，其余节日的具体日期由政府在前一年统一公布。

简　况

位于东南亚，国土被南中国海分隔成东、西两部分。西马位于马来半岛南部，北与泰国接壤，南与新加坡隔柔佛海峡相望，东临南中国海，西濒马六甲海峡。东马位于加里曼丹岛北部，与印尼、菲律宾、文莱相邻。全国海岸线总长4192公里。属热带雨林气候。内地山区年均气温22℃—28℃，沿海平原为25℃—30℃。

公元初，马来半岛有羯荼、狼牙修等古国。15世纪初，以马六甲为中心的满剌加王国统一了马来半岛的大部分。16世纪开始先后被葡萄牙、荷兰、英国占领。20世纪初完全沦为英国殖民地。加里曼丹岛沙捞越、沙巴历史上属文莱，1888年两地沦为英国保护地。第二次世界大战中，马来半岛、沙捞越、沙巴被日本占领。战后英国恢复殖民统治。1957年8月31日，马来亚联合邦宣布独立。1963年9月16日，马来亚联合邦同新加坡、沙捞越、沙巴合并组成马来西亚（1965年8月9日新加坡退出）。

政　治

实行君主立宪联邦制。因历史原因，沙捞越州和沙巴州拥有较大自治权。1957年，东姑·拉赫曼宣誓就职马来西亚第一任总理。此后，以巫统为首的执政党联盟国民阵线（简称“国阵”）长期执政，长达61年。2018年5月9日，马来西亚举行第十四届大选，前总理马哈蒂尔领导的希望联盟赢得国会下议院超过半数的议席。马哈蒂尔宣誓就任总理。7月2日，马新政府完成组阁。

【**宪法**】1957年颁布马来亚宪法，1963年马来西亚成立后继续沿用，改名为马来西亚联邦宪法，后多次修订。宪法规定：最高元首为国家元首、伊斯兰教领袖兼武装部队统帅，由统治者会议选举产生，任期5年。最高元首拥有立法、司法和行政的最高权力，以及任命总理、拒绝解散国会等权力。1993年3月，马议会通过宪法修正案，取消了各州苏丹的法律豁免权等特权。1994年5月修改宪法，规定最高元首必须接受并根据政府建议执行公务。2005年1月，马议会再次通过修宪法案，决定将各州的供水事务管理权和文化遗产管理权移交中央政府。

【**统治者会议**】由柔佛、彭亨、雪兰莪、森美兰、霹雳、丁加奴、吉兰丹、吉打、玻璃市9个州的世袭苏丹和马六甲、槟榔屿、沙捞越、沙巴4个州的州元首组成。其职能是在9个世袭苏丹中轮流选举产生最高元首和副最高元首；审议并颁布国家法律、法规；对全国性的伊斯兰教问题有最终裁决权；审议涉及马来族和沙巴、沙捞越土著民族的特权地位等重大问题。未经该会议同意，不得通过有关统治者特权地位的任何法律。内阁总理和各州州务大臣（有苏丹的州）、首席部长（无苏丹的州）协助会议召开。

【**议会**】国会是最高立法机构，由上议院和下议院组成。下议院共设议席222个，任期5年，可连任。下议长拿督·穆哈迈德·阿里夫·宾·尤索夫（Dato' Mohamad Ariff bin Md Yusof），2018年7月16日就任。上议院共70席，由全国13个州议会各选举产生2名，其余44名由最高元首根据内阁推荐委任，任期3年，可连任2届。现任上议长维尼斯瓦兰（S. Vigneswaran），2016年4月26日就任。

【**政府**】马政府内阁名单如下：总理敦·马哈蒂尔·宾·穆罕默德（Tun Dr. Mahathir Bin Mohamad），副总理兼妇女、家庭及社会发展部长拿督·斯里·旺·阿兹莎（Dato' Seri Dr. Wan Azizah Wan

Ismail)，总理府（宗教事务）部长拿督·斯里·穆加希德·宾·尤索夫（Datuk Seri Dr. Mujahid Bin Yusof），总理府（法律事务）部长拿督刘伟强（Datuk Liew Vui Keong），总理府（国家团结及社会和谐）部长瓦达（Waytha Moorthy Ponnusamy），财政部长林冠英（Lim Guan Eng），内政部长丹·斯里·哈吉·慕希丁·宾·哈吉·穆罕默德·雅辛（Tan Sri Dato' Haji Muhyiddin Bin Haji Muhammad Yassin），国防部长哈吉·穆罕默德·沙布（Haji Mohamad Sabu），外交部长拿督·赛夫丁·阿卜杜拉（Dato' Saifuddin Abdullah），交通部长陆兆福（Anthony Loke Siew Fook），教育部长马智利（Dr. Maszlee Malik），农业及农基工业部长拿督·哈吉·沙拉胡丁·宾·阿育（Dato' Haji Salahuddin Bin Ayub），乡村发展部长拿督·斯里·丽娜·宾蒂·穆罕默德·哈伦（Datuk Seri Rina Binti Mohd Harun），人力资源部长古拉（Kula Segaran Murugeson），经济事务部长拿督·斯里·穆罕默德·阿兹敏·宾·阿里（Dato' Seri Mohamed Azmin Bin Ali），通讯及多媒体部长哥宾星（Gobind Singh Deo），卫生部长拿督·斯里·哈吉·祖基菲里·宾·阿赫迈德（Datuk Seri Dr. Haji Dzulkefly Bin Ahmad），房屋及地方发展部长祖莱达·卡玛鲁丁（Zuraida Binti Kamaruddin），联邦直辖区部长卡立德·宾·阿卜杜拉·萨迈德（Khalid bin Abdul Samad），旅游、艺术及文化部长拿督·穆罕默德丁·哈吉·克达比（Datuk Mohamaddin Haji Ketapi），能源、科技、科学、气候变化及环境部长杨美盈（Yeo Bee Yin），青年及体育部长赛沙迪·赛·阿卜杜拉·拉赫曼（Syed Saddiq Syed Abdul Rahman），国际贸易及工业部长拿督·那图斯·达尔·雷金（Datuk Ignatius Dorell Leiking），国内贸易合作及消费事务部长拿督·斯里·赛弗丁·纳苏迪安·宾·伊斯迈尔（Datuk Seri Saifuddin Nasution Bin Ismail），企业家发展部长拿督·斯里·穆罕默德·里庄·尤索夫（Datuk Seri Mohd Redzuan Md Yusof），初级产业部长郭素沁（Teresa Kok Suh Sim），工程部长巴鲁·比安（Baru Bian），水务、土地及自然资源部长夏维尔·再也古玛（Dr. Xavier Jayakumar a/l Arulanandam）。

【行政区划】全国分为13个州和3个联邦直辖区。13个州是西马的柔佛、吉打、吉兰丹、马六甲、森美兰、彭亨、槟榔屿、霹雳、玻璃市、雪兰莪、丁加奴以及东马的沙巴、沙捞越。另有首都吉隆坡、布特拉再也（布城）和纳闽3个联邦直辖区。

【司法机构】最高法院于1985年1月1日成立。1994年6月改名为联邦法院。设有马来亚高级法院（负责西马）和婆罗洲高级法院（负责东马），各州设有地方法院和推事庭。另外还有特别军事法庭和伊斯兰教法庭。联邦法院首席大法官麦润（Dato' Tengku Maimun binti Tuan Mat）2019年5月就任，是马来西亚首位女性首席大法官。总检察长汤米·汤姆斯（Tommy Thomas），2018年6月4日就任。

【政党】注册政党有40多个。巫统、马华公会和印度人国大党等政党组成国民阵线曾长期执政61年。2018年大选后，由人民公正党、民主行动党、国家诚信党和土著团结党组成的希望联盟取代国民阵线上台执政。

执政党联盟：希望联盟（Alliance of Hope/Pakatan Harapan）成立于2015年9月22日。前身为民主行动党、人民公正党同伊斯兰党于2008年4月1日组成的人民联盟。希望联盟共有4个成员党：人民公正党、民主行动党、国家诚信党及土著团结党。

（1）人民公正党（People's Justice Party/Parti Keadilan Rakyat，PKR）：1999年4月4日成立，前身是1990年注册的伊斯兰教社会联盟。旨在联合各政党和非政府组织力量，抗衡政府，争取公正。党员约84万。现任主席为拿督·斯里·安瓦尔·易卜拉欣（Dato' Seri Anwar bin Ibrahim），署理主席为穆罕默德·阿兹敏·宾·阿里。

（2）民主行动党（The Democratic Action Party/Parti Tindakan Demokratik，DAP）：以华人为主的多民族政党。1966年3月19日成立，前身是新加坡人民行动党在马来半岛的分部。党员约17万。现任主席陈国伟，秘书长为财政部长林冠英。

（3）土著团结党（Malaysian United Indigenous Party/Parti Pribumi Bersatu Malaysia，Bersatu）：以土著和马来人为主的政党，2016年9月9日成立，旨在联合其他反对党推翻“国民阵线”政府。党员约13万。现任主席为穆希丁（Muhyiddin Yassin），名誉主席为总理马哈蒂尔。

（4）国家诚信党（National Trust Party/Parti Amanah Negara）：由伊斯兰党开明派组成，于2015年9月16日宣布成立。党员约10万。现任主席为国防部长穆罕默德·沙布。

主要在野党：

（1）马来民族统一机构（The United Malays National Organiza-tion/Pertubuhan Kebangsaan Melayu Bersatu，简称“巫统”，UMNO）：马来人政党。成立于1946年5月11日。1987年4月因党争而分裂，被法庭判为非法组织。1988年2月马哈蒂尔在原巫统基础上重组“新巫统”（The New United Malays National Organization）。1996年，从巫统分裂出去的“四六”精神党重返新巫统后再次还名为“巫统”。现有党员约350万。现任主席扎希德。

（2）马来西亚华人公会（Malaysian Chinese Association/Persatuan Cina Malaysia，简称“马华公会”，MCA）：最大的华人政党。1949年2月27日成立，原名马来亚华人公会，马来西亚成立后改为现名。党员约110万。现任总会长魏家祥。

（3）马来西亚印度人国大党（Malaysian Indian

Congress/Kongres India Malaysia，简称“国大党”，MIC）：1946年8月2日成立。马来西亚印度、巴基斯坦族政党，旨在争取和维护两族利益。党员约55万人。现任主席维尼斯瓦兰。

（4）伊斯兰教党（Parti Islam Malaysia/Parti Islam Se-Malaysia，简称PAS）：以马来穆斯林为主的宗教政党，1951年8月23日成立，1973—1977年曾加入国民阵线。1959—1978年、1990年至今在吉兰丹州执政，1999—2003年在丁加奴州短期执政。1992年8月决定在吉兰丹州实施伊斯兰刑事法。2018年大选赢得吉兰丹和登嘉楼两州政权。党员约100万。现任主席哈迪·阿旺（Hadi Awang）。

【重要人物】阿卜杜拉·艾哈迈德·沙阿：最高元首。1959年7月30日生于吉兰丹州。曾赴英国留学并接受军事教育。2019年1月15日接任彭亨州第6任苏丹，2019年1月31日就任最高元首。已婚。**敦·马哈蒂尔·宾·穆罕默德**：总理。1925年7月生于吉打州。获新加坡马来亚大学医学学士学位。1946年加入马来西亚民族统一机构（巫统），是巫统早期党员。1964年当选国会下议员。1974年入阁，历任教育部长、副总理兼教育部长、副总理兼贸工部长。1981—2003年任马来西亚第四任总理，期间曾兼任多个部长职务。2016年9月注册成立土著团结党并担任名誉主席。2017年6月率土著团结党加入希望联盟。2018年5月领导希望联盟赢得大选，再次出任总理。已婚，育有7名子女。

经　济

20世纪70年代前，经济以农业为主，依赖初级产品出口。70年代以来不断调整产业结构，大力推行出口导向型经济，电子业、制造业、建筑业和服务业发展迅速。同时实施马来民族和原住民优先的“新经济政策”，旨在实现消除贫困、重组社会的目标。

1987年起，经济连续10年保持8%以上的高速增长。1991年提出“2020宏愿”的跨世纪发展战略，旨在2020年将马建成发达国家。重视发展高科技，启动了“多媒体超级走廊”“生物谷”等项目。1998年受亚洲金融危机的冲击，经济出现负增长。政府采取稳定汇率、重组银行企业债务、扩大内需和出口等政策，经济逐步恢复并保持中速增长。2008年下半年以来，受国际金融危机影响，马国内经济增长放缓，出口下降，马政府为应对危机相继推出70亿林吉特和600亿林吉特刺激经济措施。

2009年纳吉布总理就任后，采取了多项刺激马经济和内需增长的措施，马经济逐步摆脱金融危机影响，企稳回升势头明显。2015年，马公布了第十一个五年计划（2016—2020年），继续推进经济转型，关注改善民生。2016年，马提出2050国家转型计划（TN50），为马来西亚2020—2050年发展规划前景。2019年，马哈蒂尔总理表示“2020宏愿”难以实现，提出“2030愿景”，旨在缩小社会贫富差距，创建新型发展模式，将马来西亚建设成为亚洲经济中心。

2019年马主要经济数据如下：

人均国内生产总值：43467林吉特。

国内生产总值：14205亿林吉特。

国内生产总值增长率：4.3%。

对外贸易总额：18350亿林吉特。

外汇储备：1017亿美元。

汇率：1美元≈4.36林吉特。

（资料来源：马来西亚统计局，下同）

【资源】自然资源丰富。橡胶、棕油和胡椒的产量和出口量居世界前列。曾是世界产锡大国，近年来产量逐年减少。马来西亚石油储量丰富，此外还有铁、金、钨、煤、铝土、锰等矿产。盛产热带硬木。

【工业】政府鼓励以本国原料为主的加工工业，重点发展电子、汽车、钢铁、石油化工和纺织品等。2018年，马制造业领域产值为2833亿林吉特。

【矿业】以锡、石油和天然气开采为主。根据2018版《BP世界能源统计年鉴》，马原油储量为36亿桶，天然气储量为1.2万亿立方米。2017年马来西亚石油日产量为648000桶，天然气日产量为6904百万标准立方英尺。

【农林渔业】耕地面积约485万公顷。农业以经济作物为主，主要有油棕、橡胶、热带水果等。粮食自给率约为70%。盛产热带林木。渔业以近海捕捞为主，近年来深海捕捞和养殖业有所发展。2018年，马农业产值为955亿林吉特。

【服务业】范围广泛，包括水、电、交通、通信、批发、零售、饭店、餐馆、金融、保险、不动产及政府部门提供的服务等。20世纪70年代以来，马政府不断调整产业结构，使服务业得到了迅速发展，成为国民经济发展的支柱性行业之一。就业人数约535.36万，占全国就业人口的50.76%，是就业人数最多的产业。

【旅游业】国家第三大经济支柱，第二大外汇收入来源。拥有酒店约4072家。主要旅游点有：吉隆坡、云顶、槟城、马六甲、兰卡威、刁曼岛、热浪岛、邦咯岛等。据马旅游部统计，2018年赴马游客人数为2583万人次。

【交通运输】全国有良好的公路网，公路和铁路主要干线贯穿马来半岛南北，航空业发达。

水运：内河运输不发达，海运80%以上依赖外航。共有各类船只1008艘，其中100吨以上的注册商船508艘，注册总吨位175.5万吨；远洋船只50艘。共有19个港口。近年来大力发展远洋运输和港口建设，主要航运公司为马来西亚国际船务公司，主要港口有巴生、槟城、关丹、新山、古晋和纳闽等。

空运：民航主要由马来西亚航空公司和亚洲航空公司经营。马航有飞机89架，辟有航线113条。1996年11月，亚洲航空公司投入运营，亚航有飞机188架，辟有航线83条。全国共有机场25个，其中7个国际机场：吉隆坡、槟城、兰卡威、新山、哥打基纳巴卢、新山和古晋。

【财政金融】近几年联邦政府财政收支情况如下（单位：亿林吉特）：

	2016	2017	2018
收入	2124	2204	2328
支出	2508	2607	2870
赤字	384	403	542

【对外贸易】2019年主要出口市场为中国、新加坡、美国，主要进口来源国为中国、新加坡、美国。近年对外贸易情况如下（单位：亿林吉特）：

	2017	2018	2019
总　额	17735.3	18760	18350
进口额	8381.4	8777	8490
出口额	9353.9	9980	9864
差　额	972.5	1203	1374

【外国资本】大力吸引外资。主要外资来源地为日本、欧盟、新加坡、中国、韩国和美国。2018年，马吸引外国直接投资约805亿林吉特。

人民生活

2016年马家庭平均可支配收入为每月6141林吉特。2019年人均寿命男性为72.2岁，女性为77.3岁。（资料来源：马统计局）

军　事

陆军的前身是1935年英国殖民地政府组建的马来兵团。1958年从英国人手中接管原英殖民地海军辅助部队，1963年正式改为马来西亚皇家海军。1958年6月1日正式建立马来皇家空军。最高元首是三军最高统帅。国防决策机构为国家安全委员会，总理任主席。武装部队总司令是军队最高指挥官。总司令卡祖基菲里，2018年6月任职。实行志愿兵役制，服役期为10年。

三军总兵力12.95万人。陆军10.5万人，编成1个军团司令部、4个师、1个快速反应旅、10个步兵旅、5个炮兵团、4个装甲团，装备坦克26辆、装甲车1100余辆、火炮400门。海军1.25万人，编有两个海军司令部，编成10个中队，装备100余艘舰船，有海军基地4处。空军1.2万人，编两个管区（下辖5个营）、12个飞行中队和支援部队，有空军基地3处。另有预备役部队4.66万人，准军事部队20余万人。

文化教育

马、华、印各族都有自己独特的文化。政府努力塑造以马来文化为基础的国家文化，推行“国民教育政策”，重视马来语的普及教育。华文教育比较普遍，有较完整的华文教育体系。

【教育】实施小学免费教育。2018年教育经费预算为616亿林吉特。截至2017年底，马来西亚共有小学7901所，中学2586所。全国有马来亚大学、国民大学等20所高等院校，近年来私立高等院校发展很快，有私立学院500多所。2017年在校大学生67.2万人。

【新闻出版】约有50份报纸，用8种文字出版，发行量从几万到几十万不等。主要报纸有：马来文的《Berita Harian每日新闻》《Sinar Harian阳光日报》；英文的《The Star星报》《New Strait Times新海峡时报》《Malay Mail马来邮报》；华文的《星洲日报》《中国报》《东方日报》《南洋商报》等。

马来西亚国家新闻社：简称“马新社”，半官方通讯社，成立于1968年，在亚太地区设有33家分社。

马来西亚广播电台：官办，简称RTM。马来西亚广播台建于1946年。拥有Radio Klasik、Nasional FM、TraXX FM、Ai FM、Minnal FM、Asyik FM 6个国家电台频道、17个州电台频道，用马来语、英语、华语、泰米尔语和土著语广播。私营广播台有Fly FM、Hot FM、One FM等。马来西亚电视台建于1963年。包括第一电视台（TV1）、第二电视台（TV2）和TV Okey，用马来语、英语、华语等播放。私营电视台有第三电视台（TV3）、NTV7、八度空间（8TV）和TV9。

对外关系

马来西亚政府在和平、人道、公平、平等的基础上，推行独立、有原则、务实的外交政策，与其他国家维持友好关系，并主张根据国际法和平解决争议；视东盟为外交政策基石，优先发展同东盟国家关系；系英联邦成员，与其他成员国交往较多。已同132个国家建交，在84个国家设有110个使领馆。

突出经济在外交政策中的首要地位，推动和保护马对外经济利益，提升马在金融和经济领域的国际地位，优先推动东盟经济一体化，加速实现东盟经济共同体建设。呼吁并推动建立更加公平的多边贸易和金融体系。

1998年主办第六次亚太经济合作组织（APEC）领导人非正式会议。主张APEC保持松散的经济论坛性质，反对其发展为地区性集团。重视东亚合作，倡导建立东亚共同体。1997年主办首届东盟与中、日、韩（10+3）领导人非正式会议，2005年底主办首次东亚峰会。2015年作为东盟轮值主席国主办东盟峰会、东盟与对话伙伴国会议、东亚峰会等。2019年举办首届伊斯兰国家吉隆坡峰会。

积极发展同伊斯兰国家和不结盟国家关系，关注伊斯兰事务。主张伊拉克战后重建应尊重其主权独立和领土完整，并符合伊人民意愿。在中东问题上，认为巴勒斯坦人民的斗争不是宗教对抗，而是捍卫领土主权，独立的巴勒斯坦国应得到国际社会承认。2006年多次以伊斯兰国家会议组织和不结盟运动主席国身份召集会议，并致信联合国秘书长和安理会各常任理事国，寻求对伊拉克问题和中东问题公正合理的解决。

主张维护联合国作为核心国际组织的地位，关注建立国际政治经济新秩序问题。2004年5月当选2005—2007年联合国人权委员会委员。马于2006年5月、2010年5月两次当选人权理事会成员，每届任期3年。马担任了2015—2016年联合国安理会非常任理事国。

支持国际反恐合作，强调反恐应解决恐怖主义产生的根源，否定伊斯兰与恐怖主义的必然联系，推动宗教和文明间对话。

【同中国的关系】两国于1974年5月31日正式建立外交关系。建交后，两国关系总体发展顺利。1999年，两国签署关于未来双边合作框架的联合声明。2004年，两国领导人就发展中马战略性合作达成共识。2013年，两国建立全面战略伙伴关系。

两国高层互访和接触频繁。2014年5月，马总理纳吉布正式访华。6月，马下议长班迪卡访华。9月，马最高元首哈利姆对华国事访问。10月，国务委员杨洁篪访马。11月纳吉布总理来华出席APEC领导人非正式会议。2015年2月，习近平主席特使、中央政治局委员、中央政法委书记孟建柱访马。3月，纳吉布总理来华出席博鳌亚洲论坛年会。5月，马上议长阿布·扎哈正式访华。9月，纳吉布总理对华事务特使黄家定作为马政府特使来华出席“9·3”纪念活动。11月，李克强总理正式访问马来西亚并出席东亚合作领导人系列会议。2016年5月，国务委员杨洁篪访马。10月31日至11月5日，马总理纳吉布正式访华。2017年5月，纳吉布总理来华出席“一带一路”国际合作高峰论坛。2017年5月30日至6月2日，郭声琨国务委员赴马主持中马第三次打击跨国犯罪合作联合工作组会议并访问马来西亚。8月，王勇国务委员赴马出席马来西亚东海岸铁路项目开工仪式。2018年7月，马总理特使、元老理事会牵头人达因访华。8月，国务委员兼外长王毅访问马来西亚，马来西亚总理马哈蒂尔正式访华。2019年4月，马哈蒂尔总理来华出席第二届“一带一路”国际合作高峰论坛。7月，马来西亚副总理旺·阿兹沙访华。

两国外交部建有战略磋商机制，迄今已举行4轮磋商。2019年4月，中马第四轮战略磋商在北京举行。

两国签有《避免双重征税协定》《贸易协定》《投资保护协定》《海运协定》《民用航空运输协定》等10余项经贸合作协议。1988年成立双边经贸联委会。2002年4月成立双边商业理事会。2017年，两国签署《关于通过中方“丝绸之路经济带”和“21世纪海上丝绸之路”倡议推动双方经济发展的谅解备忘录》《中国商务部同马来西亚交通部关于基础设施建设领域合作谅解备忘录》。

据中方统计，2019年中马双边贸易额1239.6亿美元，同比上升14.2%；其中中方出口521.3亿美元，同比增长14.9%，进口718.3亿美元，同比增长13.6%。中国连续11年成为马来西亚最大贸易伙伴。中国自马进口主要商品有集成电路、计算机及其零部件、棕油和塑料制品等；中国向马出口主要商品有计算机及其零部件、集成电路、服装和纺织品等。截至2018年底，马实际对华投资累计达77.9亿美元，中国企业对马累计直接投资58.8亿美元。

两国金融合作成效显著。2000年，中国银行和马来亚银行分别在吉隆坡和上海互设分行。2009年2月，中国人民银行与马来西亚国家银行签署了双边货币互换协议。2012年、2015年、2018年三次续签。2010年4月，中国工商银行马来西亚分行在吉隆坡开业。7月，中国银行在马设立的第三家分行中国银行巴生分行开业。8月，两国批准在各自银行间外汇市场开办人民币兑林吉特即期交易业务。2012年4月，中国人民银行与马来西亚国家银行签署了关于马国家银行在华设立代表处的协议。2013年10月，马国家银行在北京设立代表处。2014年11月，两国央行就在吉隆坡建立人民币清算安排签署合作谅解备忘录。2015年4月，中国银行吉隆坡人民币清算行正式启动。11月，中国向马来西亚提供500亿元人民币合格境外机构投资者投资额度。2016年11月，马来西亚国家银行向中国建设银行马来西亚子行颁发营业执照。2017年1月，建行马来西亚子行正式营业。

两国在农业、科技、教育、文化、军事等领域的交流与合作顺利发展。1992年签署《科技合作协定》，成立科技联委会。双方还签署了《广播电视节目合作和交流协定》（1992年），《促进中马体育交流、提高体育水平的谅解备忘录》（1993年），《教育交流谅解备忘录》（1997年），《文化合作协定》（1999年），《中马航空合作谅解备忘录》（2002年），《空间合作及和平利用外层空间的协定》（2003年），《在外交和国际关系教育领域合作谅解备忘录》（2004年）等合作协议。2005年，双方签署了《卫生合作谅解备忘录》，并续签了《教育合作谅解备忘录》。2009年，两国签署《高等教育合作谅解备忘录》。2011年，两国签署《关于高等教育学位学历互认协议》。2012年，两国签署《打击跨国犯罪的合作协议》。2015年，两国签署《刑事司法协助条约》《在马来西亚设立中国文化中心的谅解备忘录》。2016年，两国签署《农业合作谅解备忘录》，并续签了《教育合作谅解备忘录》。2018年，两国签署了《跨境会计审计执法合作备忘录》《马来西亚冷冻榴莲输华检验检疫要求的议定书》等。新华社、中新社在吉隆坡设立分社，中央电视台在马设立记者站，央视4套和9套节目在马落地，《人民日报》海外版在马出版发行。马新社在北京设立分社，《星报》在华设立办事处。双方签署了《旅游合作谅解备忘录》。2018年，中马双边往来人数423.48万，其中中国公民访马294.41万人次，马方来华129.07万人次。我国已连续7年是马来西亚在东盟国家外最大游客来源国。1995年，两国互设武官处，军事交往增多，两国海军军舰多次互访。2016

年11月，两国签署《防务合作谅解备忘录》。

中国驻马来西亚大使：白天。馆址：229，Jalan Ampang，50450 Kuala Lumpur，Malaysia。邮编：50450。电话：0060–3–21411729，21447652；传真：21414552，21453924；电子邮箱：chinaembmy@mfa.gov.cn。网址：http://my.china-embassy.org/chn/；http://my.chineseembassy.org/chn/。在马来西亚古晋、哥打基纳巴卢和槟城设有总领馆。

马来西亚驻华大使：努西尔万。馆址：北京市朝阳区亮马桥北街2号。电话：010–65322531；传真：65325032。商务处电话：010–84515109；传真：84515110。签证处电话：010–65326544；传真：65326544。电子邮箱：mwbjing@kln.gov.my。在中国上海、广州、昆明、南宁、西安和香港设有总领馆。（郭磊）

蒙古国

国名 蒙古国（Mongolia）。

面积 156.65万平方公里。

人口 约320万（2019年）。喀尔喀蒙古族约占全国人口的80%，此外还有哈萨克等少数民族。主要语言为喀尔喀蒙古语。居民主要信奉喇嘛教。

首都 乌兰巴托（Ulaanbaatar）。常住人口约150万（2019年）。

国家元首 总统哈勒特马·巴特图勒嘎（KHALTMAA BATTULGA），2017年7月当选总统。

重要节日 白月：日期与中国藏历新年相同，以前称"牧民节"（1988年12月，蒙古大人民呼拉尔主席团决定，白月为全民节日）。国庆节—那达慕：7月11日（1922年起，蒙古定期在每年7月11日举行全国性那达慕，成为国庆活动的一个主要组成部分。1997年6月13日，蒙古国庆中央委员会第三次会议决定将蒙古国庆易名为"国庆节—那达慕"）。

简 况

位于亚洲中部的内陆国，东、南、西与中国接壤，北与俄罗斯相邻。属典型的大陆性气候，常年平均气温为1.56℃。冬季最低气温可至–50℃，夏季戈壁地区最高气温达40℃以上。

蒙古国原称外蒙古或喀尔喀蒙古。1911年12月蒙古王公在沙俄支持下宣布"独立"。根据1913年、1915年中蒙及中蒙俄有关协议，蒙古获得"自治权"。1919年放弃"自治"。1921年蒙古人民党领导的人民革命胜利，同年7月建立君主立宪政府。1924年11月26日废除君主立宪，成立蒙古人民共和国。1945年2月，苏、美、英三国首脑签订雅尔塔协定，规定"外蒙古（蒙古人民共和国）的现状须予维持"。1946年1月5日，当时的中国政府承认外蒙古独立。1992年2月改国名为"蒙古国"。

政 治

2016年6月蒙古举行新一届议会选举，人民党获得绝对多数席位，单独组建政府。

【宪法】现为第四部宪法，于1992年1月通过，同年2月12日起生效。宪法规定：蒙古国是独立自主的共和国；视在本国建立人道的公民民主社会为崇高目标；在未颁布法律的情况下，禁止外国军事力量驻扎蒙古国境内和通过蒙古国领土；国家承认公有制和私有制的一切形式；国家尊重宗教，宗教崇尚国家，公民有宗教信仰与不信仰的自由；根据公认的国际法准则和原则，奉行和平外交政策。根据该宪法，改国名为"蒙古国"，建立议会制。

【议会】国家大呼拉尔是国家最高权力机关，行使立法权。国家大呼拉尔可提议讨论内外政策的任何问题，并将以下问题置于自己特别权力之内予以解决：批准、增补和修改法律；确定内外政策基础；宣布总统和国家大呼拉尔及其成员选举日期；决定和更换国家大呼拉尔常设委员会；颁布总统当选并承认其权力的法律；罢免总统；任免总理及政府成员；决定国家安全委员会的组成及权限；决定赦免等。国家大呼拉尔为一院制议会，共76个席位，其成员由蒙古国公民以无记名投票的方式直接选出，任期4年。本届国家大呼拉尔于2016年6月产生，下设8个常设委员会。主席贡布扎布·赞登沙特尔（GOMBOJAV ZANDANSHATAR，人民党）2019年1月就任。

【政府】国家权力最高执行机关，由在议会选举中获胜的政党单独或联合组成，总理系政府首脑。总理乌赫那·呼日勒苏赫（UKHNAA KHURELSUKH，人民党），2017年10月就任。同月，呼领导成立蒙古新一届政府，下设副总理、政府办公厅主任及各部长共15名成员。

【行政区划】全国划分为首都和21个省。

【司法机构】法院行使司法权，由最高法院和各级地方法院构成。最高法院现任大法官钦巴特。检察机构由总检察署和各级地方检察署构成。现任总检察长扎尔格勒赛汗，2019年5月就职。

【政党】实行多党制。截至2019年底，共有33个政党。主要有：

（1）蒙古人民党（Mongolian People's Party）：1921年3月1日成立，1925年3月改称蒙古人民革命党，2010年11月再次更名为蒙古人民党。党员约20万名。1997年2月该党召开的二十二大确定党的性质为“民族民主主义性质的中左翼政党”，理论基础为“民主社会主义思想”。现任主席乌赫那·呼日勒苏赫。

（2）民主党（Democratic Party）：2000年12月6日由蒙古民族民主党、社会民主党、民主复兴党、宗教民主党和民主党合并而成。党员约18万。党的宗旨是重视人的发展、人的权力和自由，并视个人能力大小承担相应的社会责任。党的目标是巩固蒙古政治独立；建立合理、强大的经济体制；建立开放的社会；建立良政；将社会发展与国际社会进步密切接轨。党的全国代表大会每四年召开一次。国家政策委员会（相当于中央委员会）负责日常工作。现任主席索·额尔登。

【重要人物】哈勒特马·巴特图勒嘎：总统。1963年3月生。1982年毕业于蒙古造型艺术中学绘画专业。长期经营酒店、畜牧业等商业，跻身蒙古国富豪前三甲。曾在美国留学。2008—2012年任交通、建筑与城市建设部部长。2012—2014年任工农业部部长。2004年、2008年、2012年3次当选国家大呼拉尔委员。2017年7月当选蒙古国第七任总统。　**贡布扎布·赞登沙特尔**：国家大呼拉尔主席。1970年生于巴彦洪格尔省。1992年毕业于伊尔库茨克市国民经济学院经济学专业。曾任蒙古农牧业部副部长、外交部长和人民党总书记等职。2004年、2008年、2016年三次当选国家大呼拉尔委员。2017年10月任蒙古政府办公厅主任。2019年1月起当选国家大呼拉尔主席。　**乌赫那·呼日勒苏赫**：总理。1968年6月生于乌兰巴托。1989年毕业于蒙古国防大学政治学专业。1994年毕业于国家行政管理学院国家管理学专业。2000年毕业于蒙古国立大学法律专业。政治学硕士学历。2014—2015年、2016—2017年两次出任副总理。2017年10月起任总理，11月起任人民党党主席。

经　济

以畜牧业和采矿业为主，曾长期实行计划经济。蒙古1991年开始向市场经济过渡。1997年7月，政府通过“1997—2000年国有资产私有化方案”，目标是使私营经济成分在国家经济中占主导地位。2019年主要经济数据如下：

国内生产总值：136亿美元。
国内生产总值增长率：6.3%。
货币名称：图格里克（TUGRUG）。
汇率：1美元≈2794图格里克（2020年5月）。

【资源】地下资源丰富。现已探明的有铜、钼、金、银、铀、铅、锌、稀土、铁、萤石、磷、煤、石油等80多种矿产。全国森林覆盖率为8.2%。

【农业】2019年，蒙种植谷物总产量43.3万吨；土豆19.2万吨；蔬菜9.9万吨；饲料作物12.1万吨。

【工矿业】矿业是蒙古国经济发展的重要支柱产业。蒙古国经济基础差、产业基础薄弱，经济增长过度依赖矿业，并受制于国际原材料价格波动的影响。外国对蒙古国的投资超过八成都投入矿业领域。蒙古国矿产资源丰富，部分大矿储量在国际上处于领先地位。因蒙古国在地质勘探方面缺乏专业队伍、技术装备落后，地质勘探水平总体较低。蒙古国基础设施较为落后，水电资源匮乏，很大程度上也制约了矿产业的发展。目前蒙古国已进行开采且出口产品的大中型矿主要有：奥尤陶勒盖铜金矿（OT矿）、塔温陶勒盖煤矿（TT矿）、额尔登特铜钼矿、那林苏海特煤矿、巴嘎诺尔煤矿、图木尔廷敖包锌矿、塔木察格油田等。工业起步较晚，除采矿业和燃料动力工业外，以畜产品为主要原料的轻工业和食品加工业在蒙古国工业部门中占有一定地位，此外还有部分较基础的矿产加工业。

【畜牧业】畜牧业是传统经济产业，国民经济的基础。截至2019年底，蒙牲畜存栏量共计7000万多头，比上年略有增长。

【旅游业】全国有旅游基地、大小宾馆、饭店约800家，主要宾馆有蓝天饭店、香格里拉酒店、图新酒店、成吉思汗饭店、乌兰巴托饭店、巴彦高勒饭店、香格里拉饭店等，主要旅游点有哈尔和林古都、库苏古尔湖、特列尔吉旅游点、成吉思汗旅游点、南戈壁、东戈壁和阿尔泰狩猎区等。从事旅游服务的公司约500家。

【交通运输】以铁路和公路为主。铁路总长约1811公里，公路总长5万多公里。境内有一条连接中、俄的铁路。空运：与北京、呼和浩特、海拉尔、莫斯科、伊尔库茨克、首尔、东京、大阪和法兰克福之间有定期航班。国际机场1个，为乌兰巴托“成吉思汗”机场。

【财政金融】国内金融市场规模较小，资金缺口只能通过政府借款和吸纳外国直接投资等方式解决。2012年末和2013年初，蒙古国政府先后发行两期成吉思汗债券用于筹集资金，其中2012年末发行债券为期5年期，总额10亿美元；2013年初发行债券为期10年，总额5亿美元。此外，蒙古国政府还在2013年发行了10年期、总额2.9亿美元的武士债券。

【对外贸易】实行经济开放政策。近年来，积极发展同西方发达国家和亚洲国家的经贸合作，2019年蒙古国外贸总额137亿美元，其中进口额61亿美元，出口额76亿美元。出口主要为矿产品、纺织品和畜产品等。进口主要有柴油机燃料、汽车、电器、基础金属、机器设备、食品等。主要贸易伙伴为中国、俄罗斯、欧盟、加拿大、美国、日本、韩国等。

人民生活

2017年人均国内生产总值3484.06美元。2017年底，蒙城镇登记失业人口2.55万人，较2016年底减少9%。人均寿命69.9岁。2016年固定电话装机每百人7部，移动电话使用每百人110部。

军 事

蒙古人民军于1921年3月18日创建。总统兼任武装力量总司令。1996年起实行文职国防部长制度。武装力量总参谋部独立于国防部。实行义务兵役制，1997年开始对武装力量组织结构进行调整，其编制体制由师—团制转入了旅—营制。1998年起增加了替代、合同兵役和抵偿服役制。1992年起服役期改为一年。现有总兵力约1.4万人。

文化教育

【教育】实行国家普及免费普通教育制。全国有全日制普通教育学校800余所，63所专业培训中心。全国共有高校113所，其中国立高校16所，主要有国立大学、科学技术大学、教育大学等，私立高校92所，主要有伊赫扎萨克大学、奥特根腾格尔大学等。5所为国外高校分校。根据政府间文化教育科学合作协定，蒙与50多个国家交换留学生。

蒙国内主要文化单位有：国家民间歌舞团、国家话剧院、国家歌剧舞剧院、国家杂技院、国家音乐馆、国家木偶剧院和博格达汗宫博物馆、乔依金喇嘛庙博物馆、造型艺术博物馆、国家历史博物馆、国家自然历史博物馆、文化遗产中心、国家图书馆、国家艺术画廊等单位。

【新闻出版】据蒙方统计，全国公开发行的报纸约126种、杂志92种、76家广播、150家电视台、30多家网络媒体。主要报刊有《日报》《世纪新闻报》《今日报》《真理报》《蒙古新闻报》等。这几种报纸是蒙古国发行量最大的报纸。除《真理报》是蒙古人民党机关报外，其余均是自由刊物。此外还有《索云博报》（军报）《乌兰巴托时报》《人民权利报》等。蒙古通讯社（简称蒙通社）：系官方通讯社，创建于1921年。该社与新华社、路透社、俄罗斯新闻社、塔斯社等有合作关系。

对外关系

国家大呼拉尔1994年通过的《蒙古国对外政策构想》规定，蒙古国奉行开放、不结盟的外交政策，强调“同俄罗斯和中国建立友好关系是蒙古对外政策的首要任务”，主张同中俄“均衡交往，发展广泛的睦邻合作”。同时重视发展同美日德等西方发达国家、亚太国家、发展中国家以及国际组织的友好关系与合作。2011年，蒙古国家大呼拉尔通过新的《对外政策构想》，基本保留原有基础，并根据新形势进行补充，将“开放、不结盟的外交政策”拓展为“爱好和平、开放、独立、多支点的外交政策”，强调对外政策的统一性和连续性。明确对外政策首要任务是发展同俄、中两大邻国友好关系，并将“第三邻国”政策列入构想，发展同美国、日本、欧盟、印度、韩国、土耳其等西方国家和联盟的关系。2012年3月，蒙与北约建立“全球伙伴关系”。11月，蒙加入欧安组织，成为该组织第57个成员国。

【同中国的关系】1949年10月16日中蒙建交。20世纪60年代中后期受中苏关系恶化影响，两国关系经历曲折。1989年两国关系实现正常化以来，两国睦邻友好合作关系发展顺利。1994年，双方重新签署《中蒙友好合作关系条约》，为两国关系健康、稳定发展奠定了政治、法律基础。2003年两国宣布建立睦邻互信伙伴关系。2011年两国宣布建立战略伙伴关系。2013年双方签署《中蒙战略伙伴关系中长期发展纲要》。2014年，双边发表联合宣言，将中蒙关系提升为全面战略伙伴关系。中蒙建交70年来，两国关系虽经历过一些曲折，但睦邻友好始终是主流。尤其是近年来，两国关系发展迅速，成果显著。

近年来重要的互访有：2014年习近平主席对蒙进行国事访问，其间同蒙总统额勒贝格道尔吉举行会谈，会见蒙总理阿勒坦呼雅格、国家大呼拉尔主席恩赫包勒德。2016年7月，李克强总理对蒙进行正式访问并出席第11届亚欧首脑会议，访问期间同蒙总理额尔登巴特举行大小范围会谈，会见总统额勒贝格道尔吉、国家大呼拉尔主席恩赫包勒德。2018年4月，蒙古总理呼日勒苏赫访华并出席博鳌亚洲论坛，分别同习近平主席、李克强总理、栗战书委员长举行会见会谈。6月，蒙总统巴特图勒嘎来华出席上海合作组织青岛峰会，习近平主席同其会见。9月，习近平主席出席俄罗斯东方经济论坛期间同蒙总统巴特图勒嘎举行会见。2019年4月，蒙总统巴特图勒嘎对华进行国事访问并出席第二届“一带一路”国际合作高峰论坛，习近平主席、李克强总理分别同其举行会谈、会见。2020年1月，习近平主席同蒙总统巴特图勒嘎互致新年贺电。2月，蒙总统巴特图勒嘎访华，习近平主席、李克强总理分别同其举行会谈、会见。

中蒙是友好邻邦。多年来，中国政府坚定不移地对蒙奉行睦邻友好政策。中方尊重蒙的独立与主权，尊重蒙人民自己选择的发展道路，尊重蒙的无核区地位。近年来，两国互利合作不断扩大，中国已连续多年成为蒙最大的贸易伙伴和投资国。在国际事务中，双方在许多问题上有着相同或近似的看法，保持密切沟通与合作。

2019年中蒙双边贸易额89亿美元，其中中方出口额为20.6亿美元，进口额为68.4亿美元。

中国驻蒙古国大使：柴文睿。馆址：C. P. O. BOX672 ZALUUCHUUDYN URGUN CHULUU 5, ULAANBAATAR，MONGOLIA。电话：00976–110–320955、323940、311903；传真：311943。

蒙古国驻华大使：冈呼雅格。馆址：北京市朝阳区建国门外大街秀水北街2号。电话：010–65321203，65321810；传真：65325045。商务处电话：010–65321952。

【同俄罗斯的关系】2014年9月，俄罗斯总统普京对蒙古国进行工作访问，会见蒙总统勒贝格道尔吉。双方签署15份合作协议。2016年4月，俄外长拉夫罗夫访问蒙古国。12月，蒙古人民党主席、议长恩赫包勒德访俄。2017年2月，蒙外长蒙赫奥尔吉勒访俄。6月，蒙总理额尔登巴特赴俄罗斯出席第21届圣彼得堡国际经济论坛。双方就进一步落实好战略伙伴关系中期发展纲要达成共识。9月，蒙总统巴特图勒嘎赴俄罗斯出席第三届东方经济论坛。2018年9月，蒙总统巴特图勒嘎再次赴俄罗斯出席东方经济论坛。

【同其他国家的关系】2014年2月，蒙外长包勒德访问韩国。4月，美国国防部长哈格尔访问蒙古。双方签署联合声明，美表示将对蒙提供更多军事训练和援助。7月，蒙总统额勒贝格道尔吉访问日本，会见日本首相安倍晋三，双方发表《联合声明》，并就签署双边经济合作协议达成共识；同月，加拿大外长贝尔德、吉尔吉斯总理奥托巴耶夫访问蒙古国。8月，韩国外长尹炳世访问蒙古国。9月，蒙总统额勒贝格道尔吉访问塔吉克斯坦。10月，蒙总统额勒贝格道尔吉访问意大利、匈牙利、奥地利。

2015年2月，蒙总理赛汗比列格访问日本，两国签署经济伙伴协定（EPA）。同月，蒙议长恩赫包勒德访日。朝鲜外务相李洙墉访蒙。5月，蒙总统额勒贝格道尔吉访日。10月，德国总统高克访蒙。11月，蒙总统额勒贝格道尔吉访问法国。12月，韩国总理黄教安访蒙。

2016年5月，蒙总统额勒贝格道尔吉访问韩国。6月，美国国务卿访问蒙古国。7月，韩国总统朴槿惠访问蒙古国。10月，蒙总理额尔登巴特访问日本。

2017年3月，蒙议长恩赫包勒德访问日本，双方签署《蒙日战略伙伴关系中期发展纲要》。蒙美于3月签署国际贸易、投资透明协议，美方正积极研究向蒙提供“千年挑战基金”第二期援助。6月，蒙外长蒙赫奥尔吉勒访问美国。8月，蒙日举行第四次外交、安全、防务司局级磋商。

2018年1月，蒙总理呼日勒苏赫访问韩国。9月，蒙总统巴特图勒嘎赴俄罗斯出席东方经济论坛，蒙总理呼日勒苏赫访问美国。12月，蒙古总理呼日勒苏赫访问日本。

2019年3月，蒙古国家大呼拉尔主席赞登沙特尔访问瑞士。

【同国际组织的关系】2014年8月，蒙外长包勒德首次应邀参加东盟外长会议。9月，蒙总统额勒贝格道尔吉出席杜尚别上合组织领导人会晤。同月，蒙总统额勒贝格道尔吉出席69届联大会议。10月，蒙总统额勒贝格道尔吉出席第10届亚欧会议。

2015年9月，蒙首都乌兰巴托举行欧安组织议会大会。同月，蒙总统额勒贝格道尔吉出席第70届联大会议。

2016年7月，第11届亚欧首脑会议在蒙首都乌兰巴托举办。

2017年8月，蒙美日三国第二次磋商在乌兰巴托举行。9月，蒙外长出席第72届联合国大会。

2018年9月，蒙总理呼日勒苏赫出席第73届联合国大会。（王强）

孟加拉国

国名 孟加拉人民共和国（The People’s Republic of Bangladesh）。

面积 147570平方公里。

人口 约1.6亿。孟加拉族占98%，另有20多个少数民族。孟加拉语为国语，英语为官方语言。伊斯兰教为国教，穆斯林占总人口的88%。

首都 达卡（Dhaka），人口1600多万。

国家元首 总统阿卜杜勒·哈米德（Abdul Hamid），2013年4月24日就任，2018年2月7日连任。

重要节日 独立日和国庆日：3月26日；国民革命和团结日：11月7日；胜利日：12月16日；烈士日：2月21日；开斋节和古尔邦节（宰牲节）：据回历推算，每年有变化。

简 况

位于南亚次大陆东北部的恒河和布拉马普特拉河冲积而成的三角洲上。东、西、北三面与印度毗邻，东南与缅甸接壤，南临孟加拉湾。海岸线长550公里。全境85%的地区为平原，东南部和东北部为丘陵地带。大部分地区属亚热带季风气候，湿热多雨。全年分为冬季（11月至翌年2月），夏季（3—6月）和雨季（7—10月）。年平均气温为26.5℃。冬季是一年中最宜人的季节。最低温度为4℃，夏季最高温度达45℃，雨季平均温度30℃。

孟加拉族是南亚次大陆古老民族之一。孟加拉地区曾数次建立过独立国家，版图一度包括现印度西孟加拉、比哈尔等邦。16世纪时孟已发展成次大陆上人口最稠密、经济最发达、文化昌盛的地区。18世纪中叶成为英国对印度进行殖民统治的中心。19世纪后半叶成为英属印度的一个省。1947年印巴分治，孟加拉划归巴基斯坦（称东巴）。1971年3月东巴宣布独立，1972年1月正式成立孟加拉人民共和国。

政 治

20世纪90年代以来，孟加拉国主要由民族主义党和人民联盟（简称人盟）轮流执政。2006年10月，孟民族主义党政府结束5年任期。因孟主要政党对选举改革等问题分歧严重，议会解散，成立看守政府。2008年12月，孟举行第9届议会选举，人盟领导的联盟获胜。2009年1月6日，人盟主席谢赫·哈西娜（Sheikh Hasina，女）就任总理。2014年1月5日，孟加拉国举行第十届议会选举。人盟和民族主义党在大选组织形式等问题上立场相去甚远，斗争激烈。执政党人盟在民族主义党等反对党抵制下，组织选举并获得议会绝大多数席位。2018年12月30日，孟加拉国举行第十一届议会选举，哈西娜总理领导的执政党人民联盟再次获得议会绝大多数席位，成功连任。

【宪法】1972年议会通过并生效。1982年3月军管后，宪法中止实行。1986年11月恢复执行宪法。2013年进行了宪法16次修改，主要修正内容是取消看守政府制度。

【议会】实行一院议会制，即国民议会（Jatiya Sangsad）。宪法规定议会行使立法权。议会由公民直接选出的300名议员和遴选的50名女议员组成，任期5年。议会设正副议长，由议员选举产生。议会还设秘书处以及专门委员会等部门。现任议长希琳·沙尔敏·乔杜里（Shirin Sharmin Chowdhury，女），2014年1月29日就任，2019年连任。

【政府】总理谢赫·哈西娜，兼任国防部长、公共管理部长、电力、能源与矿产资源部长、妇女儿童事务部长。主要内阁成员包括：外交部长阿布尔·卡拉姆·阿卜杜勒·莫门（A. K. Abdul Momen），财政部长穆斯塔法·卡马尔（A. H. M. Mustafa Kamal），商务部长提普·孟希（Tipu Munshi），内政部长阿萨杜扎曼·汗·卡马尔（Asaduzzaman Khan Kamal），教育部长迪普·莫妮（Dr. Dipu Moni，女），计划部长曼南（M. A. Mannan），科技部长叶菲希·奥斯曼（Yeafesh Osman）等。

【行政区划】全国划分为达卡、吉大港、库尔纳、拉吉沙希、巴里萨尔、锡莱特和郎故尔7个行政区，下设64个县，472个分县，4490个乡，约6万个村。

【司法机构】最高法院分为上诉法庭和高等法庭。首席大法官及法官若干人均由总统任命。首席大法官和一部分指定的法官审理上诉法庭的案件，其他法官审理高等法庭的案件。达卡有高等法院和劳工上诉法院。此外还有巡回法院，县法院，民事、刑事法院。

【政党】党派众多，主要有：

（1）孟加拉人民联盟（Awami League）：前身是1949年10月建立的巴基斯坦人民穆斯林联盟，1952年改现名。孟独立后至1975年为首任执政党。其宗旨是民族主义、民主、社会主义和世俗主义。1992年9月人盟全国理事会修改了党章，放弃公有制原则，实行市场经济，引进自由竞争机制；实行不结盟外交政策，主张同一切国家建立友好关系。主席谢赫·哈西娜。

（2）孟加拉民族主义党（Bangladesh Nationalist Party，BNP）：1978年9月成立。主张维护民族独立、主权和领土完整，信奉真主、民主、民族主义，保证社会和经济上的公正。基本政策是民主多元化、私营化、取消过多的行政干预和建立市场竞争经济。对外政策坚持中立、不结盟，主张同一切国家友好。代理主席为塔里克·拉赫曼（Tariq Rahman）。

（3）孟加拉民族党（Bangladesh Jatiya Party）：1986年1月1日成立。主张维护独立和主权，建立伊斯兰理想社会，提倡民族主义、民主和社会进步，发展经济。1997年6月底民族党曾发生分裂，前总理卡齐等成立民族党（扎–穆派），后于1998年12月合并。1999年4月，时任交通部长曼久和原民族党副主席米赞成立民族党米曼派，民族党再次分裂。民族党主流派主席为卡德尔（Ghalam Muhammad Quader）。

（4）伊斯兰大会党（Jamaat-e-Islami Party）：1946年成立。曾因反对孟加拉国独立而遭禁。1979年重新开展活动。2001年10月，作为民族主义党领导的四党联盟一员参加大选，成为执政党之一。该党称，最终目标是将孟加拉国变成一个伊斯兰国家，主张废除一切非伊斯兰法律，认为外交政策应反映伊斯兰的理想。主席为马蒂乌尔·拉赫曼·尼扎米（Matiur Rahman Nizami）。

【重要人物】**阿卜杜勒·哈米德**：总统。生于1944年1月1日，毕业于达卡大学，获法律学士、硕士学位。长期从事法律工作。早年从政，先后6次当选议员。曾于2001年7—10月、2009年1月至2013年4月任议长。2013年4月24日接替病逝的前总统齐鲁尔·拉赫曼（Zillur Rahman），宣誓成为孟加拉国第20任总统。2018年2月7日，哈米德当选为孟加拉国第21任总统。　**谢赫·哈西娜**：总理。1947年生。孟加拉达卡大学文学学士。系孟加拉开国总统穆吉布·拉赫曼（Mujibur Rahman）的长女，长期从事政治活动，自20世纪80年代起担任人盟主席。曾于1994—2001年出任总理。2008年12月30日，孟举行第9届议会选举，人盟领导的大联盟胜出，哈西娜再度执政。2014年第三次出任总理，2019年再度连任。

经　济

孟加拉国是最不发达国家之一，经济发展水平较低，国民经济主要依靠农业。孟近两届政府均主张实行市场经济，推行私有化政策，改善投资环境，大力吸引外国投资，积极创建出口加工区，优先发展农业。人民联盟政府上台以来，制定了庞大的经济发展计划，包括建设"数字孟加拉"、提高发电容量、实现粮食自给等，但面临资金、技术、能源短缺等挑战。2018/2019财年（2018年7月1日至2019年6月30日）主要经济数据（源自孟财政部《2019年经济评论》）如下：

国内生产总值：3024亿美元。

人均国内生产总值：1827美元。

国内生产总值增长率：8.13%（连续10年保持6%以

上，连续4年保持8%以上）。

货币名称：塔卡（Taka）。

汇率：1美元≈78塔卡。

【资源】孟矿产资源有限。主要能源天然气已公布的储量为3113.9亿立方米，主要分布在东北几小块地区，煤储量7.5亿吨。森林面积约200万公顷，覆盖率约13.4%。

【工业】以原材料工业为主，包括水泥、化肥、黄麻及其制品、白糖、棉纱、豆油、纸张等；重工业薄弱，制造业欠发达。主要直接投资来源国为美国、英国、马来西亚、日本、中国、沙特阿拉伯、新加坡、挪威、德国和韩国等。

【交通运输】公路：总里程2.16万公里。其中国家公路3570公里，地区公路4323公里，支线公路1.37万公里。76%的货运及73%的客运由公路运输承担。

铁路：总里程2835.04公里。年旅客周转量约46亿人次，货运量为7.6亿吨公里。

水运：内陆水运发达，主要由孟加拉内河运输公司（BIWTC）与孟加拉运输公司（BSC）经营。

空运：孟航（Biman Bangladesh），国内航线3条，国际航线18条。孟现有国际机场3个（达卡、吉大港、锡莱特），国内机场5个。设有达卡飞往广州、昆明、香港的直航航班。

【财政金融】截至2020年2月，孟外汇储备总额约为330亿美元。

【对外贸易】与130多个国家和地区有贸易关系，主要出口市场有美国、德国、英国、法国、荷兰、意大利、比利时、西班牙、加拿大和中国香港，其中美国为第一出口市场。主要出口产品包括：黄麻及其制品、皮革、茶叶、水产、服装等。

主要进口市场有印度、中国、新加坡、日本、中国香港、韩国、美国、英国、澳大利亚和泰国。中国是其第一进口来源国，主要进口商品为生产资料、纺织品、石油及石油相关产品、钢铁等基础金属、食用油、棉花等。

孟2018/2019财年（截至2019年2月）对外贸易情况：出口额为276亿美元，同比增长12.8%；进口额为409亿美元，同比增长5.6%。

【外国援助】国际援助是孟外汇储备的重要来源，也是孟投资发展项目的主要资金来源。日本、美国、加拿大和世界银行、亚洲开发银行等国际机构是主要提供者。

军　事

孟加拉国武装力量由正规军和准军事力量组成。总统是武装部队最高统帅，总理掌握军队实权。陆、海、空三军分立，三军的作战指挥权分别由三军参谋长负责，实行志愿兵役制。三军总兵力约15.5万人。陆军12万人，海军1万人，空军1万人，准军事组织1.5万人。准军事力量包括步枪队、乡村卫队、海岸警卫队、国家学员团和警察部队等。

文化教育

【教育】学制为小学5年、中学7年、大学4年。现政府重视教育，规定8年级以下女生享受免费和义务教育。国立大学29所，私立大学51所。主要高校有达卡大学、孟加拉工程技术大学、拉吉沙希大学等。

【新闻出版】有1660多种报刊获准公开发行，主要孟文报纸有《团结报》《革命报》《人民之声》《新闻日报》。主要英文报纸有：《孟加拉国观察家报》《每日星报》《独立报》和《金融快报》。

通讯社：孟加拉国通讯社（国营）、联合通讯社（私营）和南亚通讯社（私营，1995年12月27日成立）。

广播电台：孟加拉电台建于1982年，除达卡的国家台外，还有8个地方台，每天用英语、乌尔都语、印地语、阿拉伯语、尼泊尔语等7种语言向欧洲、中东、巴基斯坦、印度和尼泊尔等国家和地区广播。

电视台：国家电视台于1964年开办，在达卡和吉大港有2个站点，在全国有11个转播站。设有2个地面卫星转播站。孟还有ATN、Channel-1、N-TV等私营电视台。

对外关系

奉行独立自主、不结盟政策。在平衡发展同大国关系的同时，注重维护与伊斯兰国家的传统关系，努力改善与印度的关系，并加强同西方国家的关系。孟加拉国积极参加联合国、不结盟运动、伊斯兰会议组织、英联邦等国际或地区性组织的活动。孟加拉国注重经济外交，强调建立公正的国际经济新秩序，致力于推动南亚区域合作进程，积极参与次区域和跨区域经济合作。孟主张全面、彻底裁军，反对西方国家利用人权问题干涉别国内政。

【同中国的关系】1975年10月4日两国建交，此后关系发展迅速，双方领导人互访频繁。孟总统拉赫曼、总统艾尔沙德曾多次访华，卡·齐亚和哈西娜出任总理后均首访中国。2010年中孟建交35周年之际，哈西娜总理访华，宣布建立和发展中孟更加紧密的全面合作伙伴关系。2014年6月，哈西娜总理访华。11月，孟总统哈米德来华出席加强互联互通伙伴关系对话会。2015年是中孟建交40周年。5月，刘延东副总理对孟进行正式访问。6月，孟国民议会议长乔杜里赴云南出席第三届中国—南亚博览会开幕式。9月，习近平主席在出席联合国成立70周年系列峰会期间会见孟总理哈西娜。10月，孟国民议会议长乔杜里访华。2016年10月，习近平主席对孟进行国事访问，宣布将中孟关系提升为战略合作伙伴关系。2019年7月，哈希娜总理对华正式访问并出席第十三届夏季达沃斯论坛，习近平主席、李克强总理、栗战书委员长分别同其会见。

中国是孟第一大贸易伙伴，孟是中国在南亚地区第三大贸易伙伴。2019年，中孟贸易额183.6亿美元，同比下降2.0%。其中，中国对孟出口113.3亿美元，同比下降2.4%；自孟进口10.3亿美元，同比增长5.3%。

中国驻孟加拉国大使：李极明。馆址：Plot 2/4，Road No.3，Block-I，Baridhara，Dhaka，Bangladesh。电话：0088–2–8824862，8824164；传真：8823004。电子邮箱：chinaemb@bdmail.net。经商处电话：0088–2–8825272，8823313；传真：8823082。

孟加拉国驻华大使：马赫布卜·乌兹·扎曼（Mahbub Uz Zaman）。馆址：北京市朝阳区光华路42号。电话：010–65322521，65323706；传真：65324346。电子邮箱：embbd@public.intercom.com.cn。

【同美国的关系】孟加拉国政府为摆脱贫困，寻求外援，积极谋求发展同美国的关系。美重视孟"温和穆斯林"人口大国和地区战略地位，一直是孟最大的贸易和投资国，至今已累计向孟提供50多亿美元援助。近年来，两国元首、高官保持密切接触。2012年5月，美国务卿克林顿访孟，两国宣布建立"伙伴关系对话"机制。美承诺未来5年内向孟提供10亿美元援助，并提供数千万美元用于气候变化、卫生、粮食安全等领域。2016年8月，美国务卿克里访孟，双方同意在反恐交流和执法安全等领域加强合作。2019年6月，新一轮孟美伙伴关系对话在华盛顿举行。

【同印度的关系】孟加拉国重视改善和发展与印度的关系。印欢迎哈西娜领导的人盟上台执政，期待与孟进一步加强双边友谊与合作。2010年1月，孟总理哈西娜访印，孟印在基础设施建设、贸易、电力等领域达成具体成果，印度允诺向孟提供10亿美元贷款，孟允许印度使用吉大港和蒙格拉港。2011年9月，印度总理辛格访孟，两国在贸易、教育、交通等领域签署多项合作文件。但在孟关心的跨境河流分水和印关心的跨境交通等方面未能取得进展。2014年6月莫迪政府执政以来重视同孟关系，印外长斯瓦拉吉访孟。2015年6月，印总理莫迪访孟，双方签署22项合作文件，涉及经贸、交通、科技、安全和人文等众多领域。

2017年4月，孟总理哈西娜访印，双方签署了关于防务、贸易投资、能源电子等34项合作文本。2018年4月，孟总理哈西娜在英国出席第25届英联邦政府首脑峰会期间同印总理莫迪会面。5月，孟总理哈西娜访问印度西孟加拉邦，并同莫迪总理会面。2019年5月，哈米德总统赴新德里出席莫迪就职仪式。10月，哈西娜总理访印，双方签订一系列合作协议。

【同日本的关系】近年来，孟日关系升温较快。2014年，哈西娜总理和安倍晋三首相实现互访，双方关系升为全面伙伴关系。日宣布向孟提供60亿美元援助。孟方支持日成为安理会常任理事国。2016年5月，哈西娜总理应邀赴日出席七国集团峰会扩大会议。2019年5月，哈西娜总理对日进行正式访问。（张梁）

缅　甸

国名　缅甸联邦共和国（The Republic of the Union of Myanmar）。

面积　676578平方公里。

人口　5458万（2020年4月），共有135个民族，主要有缅族、克伦族、掸族、克钦族、钦族、克耶族、孟族和若开族等，缅族约占总人口的65%。各少数民族均有自己的语言，其中克钦、克伦、掸和孟等族有文字。华人华侨约250万。全国85%以上的人信奉佛教，约8%的人信奉伊斯兰教。

首都　内比都（Nay Pyi Taw），人口约129万。

国家元首　总统温敏（U Win Myint），2018年3月28日当选为缅甸联邦共和国第三任总统，3月30日正式宣誓就职。

重要节日　独立节：1月4日；建军节：3月27日；泼水节：4月13日。

简　况

位于中南半岛西部。东北与中国毗邻，西北与印度、孟加拉国相接，东南与老挝、泰国交界，西南濒临孟加拉湾和安达曼海。海岸线长3200公里。属热带季风气候，年平均气温27℃。

1044年形成统一的国家后，经历了蒲甘、东吁和贡榜三个封建王朝。19世纪英国发动三次侵略战争后占领了缅甸，1886年将缅甸划为英属印度的一个省。1937年缅甸脱离英属印度，直接受英国总督统治。1942年5月被日本占领。1945年3月全国总起义，缅甸光复。后英国重新控制缅甸。1948年1月4日，缅甸脱离英联邦宣布独立。以吴努（U Nu）为首的政府实行多党民主议会制。1962年，缅国防军总参谋长奈温（Ne Win）将军发动政变，推翻吴努政府，成立革命委员会。1974年1月，颁布新宪法，成立人民议会，组建了"社会主义纲领党"（简称"纲领党"），奈温任"纲领党"主席，定国名为"缅甸联邦社会主义共和国"。1988年9月军队接管政权，成立"国家恢复法律与秩序委员会"（后改为"国家和平与发展委员会"，简称"和发委"），改国名为"缅甸联邦"。

政　治

2010年11月，缅甸举行全国多党民主制大选，联邦巩固与发展党（简称"巩发党"）以绝对优势赢得大选。2011年

1月31日，缅甸联邦议会召开首次会议，正式将国名改为“缅甸联邦共和国”，并启用新的国旗和国徽。2月4日，联邦议会选举登盛（U Thein Sein）为总统。3月30日，组建政府。2012年4月，缅甸议会举行补选，昂山素季领导的全国民主联盟（简称“民盟”）获得45个空缺席位中的43席。2015年11月，缅甸举行新一轮全国大选，民盟赢得大选。2016年2月，缅甸新一届议会正式成立，分别选举民盟中央执委温敏和民盟议员曼温楷丹（Mahn Win Khaing Than）为人民院议长和民族院议长。3月中旬，缅议会选举民盟成员廷觉（U Htin Kyaw）为新总统，选举敏瑞（Myint Swe）、亨利班提育（U Henry Van Thio）为副总统。新一届政府于3月30日宣誓就职。4月，联邦议会批准昂山素季出任国务资政。2018年3月21日，廷觉和温敏分别辞去总统和人民院议长职务。3月22日，联邦议会人民院选举原副议长迪昆妙（U T Khun Myat）为新任议长。

【宪法】1974年缅甸制定了《缅甸社会主义联邦宪法》。1988年军政府接管政权后，宣布废除宪法，并于1993年起召开国民大会制定新宪法。2008年5月，新宪法草案经全民公决通过，并于2011年1月31日正式生效。

【政府】主要成员有：国务资政、外交部长兼总统府部长昂山素季（Daw Aung San Suu Kyi），内政部长梭图中将（Lt-Gen Soe Htut），国防部长盛温中将（Lt-Gen Sein Win），边境事务部长耶昂中将（Lt-Gen Ye Aung），国务资政府部长觉丁瑞（U Kyaw Tint Swe），宣传部长培敏博士（Dr. Pe Myint），联邦政府办公室部长敏都（U Min Thu），宗教事务和文化部长昂哥（Thura U Aung Ko），农业、畜牧和灌溉部长昂都（Dr. Aung Thu），交通和通讯部长丹欣貌（U Thant Sin Maung），自然资源和环境保护部长翁温（U Ohn Win），电力和能源部长温楷（U Win Khaing），劳工、移民和人口部长登瑞（U Thein Swe），商务部长丹敏（Dr. Than Myint），教育部长苗登基（Dr. Myo Thein Gyi），卫生和体育部长敏推（Dr. Myint Htwe），计划、财政和工业部长梭温（U Soe Win），建设部长汉佐（U Han Zaw），社会福利和救济安置部长温妙埃（Dr. Win Myat Aye），饭店和旅游部长翁貌（U Ohn Maung），少数民族事务部长奈岱伦（Nai Thet Lwin），国际合作部长觉丁（U Kyaw Tin），投资与对外经济关系部长当吞（U Thaung Tun）。

【行政区划】全国分7个省、7个邦和联邦区。省是缅族主要聚居区，邦多为各少数民族聚居地，联邦区的首都是内比都。

【司法机构】缅甸法院和检察院共分4级。设最高法院和最高检察院，下设省邦、县及镇区3级法院和检察院。最高法院为国家最高司法机关，联邦大法官吞吞乌（Htun Htun Oo）。最高检察院为国家最高检察机关，联邦检察长吞吞乌（Htun Htun Oo）。

【政党和团体】现有主要政党：

（1）全国民主联盟（National League for Democracy）：简称“民盟”，总部设在仰光，成立于1988年9月29日。在1990年5月大选中，该党获得485个议席中的396席，后因军政府拒绝移交权力而与政府进行了长期斗争。2010年11月缅举行全国多党民主制大选，民盟拒绝重新注册参选。2011年11月，民盟重新申请注册。2012年1月，民盟恢复合法政党地位，在4月1日举行的议会补选中获得43个席位，昂山素季任党主席。2015年11月大选中在联邦议会获得390席，成为新一届议会第一大党。

（2）联邦巩固与发展党（The Union Solidarity and Development Party）：该党由1993年成立的缅甸联邦巩固与发展协会转变而成，2010年5月正式注册成为政党，总部设在内比都，共有党员约1800万人。其宗旨是实现国家永固，主权独立，民族团结，和平稳定，繁荣发展，保护百姓的安全、改善民生，维护人权，实现民主。奉行多党民主制度、市场经济制度和独立、积极的外交政策。2012年10月，选举总统登盛继续担任该党主席。2013年5月登盛正式辞去主席，由人民院议长瑞曼接任。2015年8月，巩发党免去瑞曼的党主席职务，由泰乌担任巩发党联合主席。在2015年11月大选中赢得联邦议会42个席位。2016年8月，选举丹泰为新任党主席。

（3）民族团结党（The National Unity Party）：该党由原执政的缅甸社会主义纲领党于1988年9月24日改组而成。总部设在仰光，各级组织机构健全，在中央、省/邦、县、镇区等各级设有党委会。宗旨是维护民族团结，维护国家独立和主权，为人民服务，为国家政治、经济和社会等各领域发展服务。主席丹丁，秘书长登吞。

（4）掸邦民族民主党（The Shan Nationalities Democratic Party）：总部设在仰光。宗旨是维护民族团结，实现掸邦的经济、交通、教育、农业等领域发展。主席赛埃榜。

（5）掸族民主联盟（Shan Nationalities League for Democracy）：成立于1988年10月21日，为掸邦少数民族政党，主席吞乌（Hkun Htun Oo）。该党在1990年大选中获得23个席位，后因抵制2010年大选而遭解散，2012年恢复注册，在2015年大选中赢得联邦议会15个席位。

（6）若开民族党（Arakan National Party）：2013年7月由若开民族发展党（The Rakhine Nationalities Development Party）和若开民主联盟（Arakan League for Democracy）合并而来，总部设在若开邦实兑市，宗旨是团结全国人民，实现民主，促进国家政治、经济和社会发展，保护若开民族宗教信仰和风俗文化，维护若开民族利益和联邦利益。主席为达吞腊。在2015年大选中获得联邦议会22个席位。

（7）全国民主力量党（The National Democratic Force）：主席为钦貌瑞（原民盟中央执委），副主席为梭温和拉梭纽博士。2010年5月成立，总部设在仰光省淡汶镇区。由原民盟中钦貌瑞、丹宁博士、温奈博士、登纽4名中央执委，盛腊乌、梭温、丹温等3名中央委员在内的28名民盟前成员另立的新党。2011年12月以来，共有3名该党联邦议会议员宣布重返民盟。在2015年大选中未获得议会席位。

其他政党还有：人民党（The People's Party）、联邦改善党（Union Betterment Party）、德昂民族党（Ta'ang National Party）、博欧民族组织（Pa-O National Organisation）、祖密民主大会党（Zomi Congress for Democracy）等。

【重要人物】温敏：总统，1951年11月出生，缅族。1976年毕业于仰光综合大学，获地理学学士学位。1985年进入缅甸最高法院工作，1988年离开高法加入民盟，先后担任民盟德努漂镇区党部新闻负责人和民盟伊洛瓦底省委员会书记。2012年在人民院补选中当选伊洛瓦底省德努漂镇区议员，被任命为民盟议会事务委员会秘书长。2015年11月当选人民院仰光省丹梅镇区议员。2016年2月1日在第二届议会人民院首次会议当选人民院议长。2018年3月28日当选总统，3月30日正式宣誓就职。　**昂山素季**：国务资政兼外交部长，全国民主联盟主席。1945年6月19日出生，系缅甸独立运动领袖昂山将军之女。15岁时随时任驻印度大使的母亲赴印，先后在印度、英国求学，获牛津大学哲学、政治学和经济学学士学位，后又入伦敦大学非亚学院攻读硕士。其间，担任过联合国秘书处行政和预算咨询委员会助理秘书、不丹外交部和印度西姆拉发展研究院研究员，并在日本京都大学南亚研究中心从事过学术研究。1988年回到缅甸，组建全国民主联盟。2012年4月议会补选中当选人民院议员。2013年3月，在民盟全国代表大会上当选民盟主席。2016年3月底缅新政府成立，担任外交部部长，后出任国务资政。　**敏瑞**：副总统，1951年5月出生，孟族。1971年毕业于国防学院第15期。毕业后先后任第十一轻步兵队司令、东南军区司令、仰光军区司令。2001年起先后任缅甸国家和平与发展委员会委员、仰光省和平与发展委员会主席、第五特战局局长。2005年晋升中将，2010年退役，2011年被任命为仰光省行政长官。2016年3月当选副总统。　**亨利班提育**：副总统，1958年8月出生，钦族。曾就读于曼德勒科技大学和仰光科技大学，获硕士学位。毕业后加入缅国防军，曾在葡萄、八安、毛淡棉等地服役21年，官至少校军衔。2000年退役，进入第一工业部工作，先后任曼德勒弗吉尼亚卷烟厂厂长和比林酿酒厂副总经理。2009年起同家人旅居海外，2016年返回缅甸，3月当选副总统。　**迪昆妙**：人民院议长，1950年10月出生，克钦族。长期在缅甸总检察长办公室工作。2010年和2015年两次作为缅甸联邦巩固与发展党候选人当选人民院议员，2011年出任人民院法律草案委员会主席，2016年出任人民院副议长。2018年3月出任人民院议长。

曼温楷丹：民族院议长，1952年4月出生，克伦族。1975年毕业于仰光大学，获法学学士学位。大学毕业后长期从事克伦民族事务，曾担任克伦语言文化协会秘书。1990年加入克伦联邦联盟。2013年加入民盟，2015年11月当选民族院克伦邦妙瓦底镇区议员。2016年2月3日在第二届民族院首次会议上当选民族院议长，同时兼任联邦议会议长。　**敏昂莱**：国防军总司令，缅族。2002年任缅三角军区总司令。2008年任国防军第二特战局局长。2010年8月升任国防军总参谋长。2011年3月出任国防军总司令。2013年3月晋升大将。

经　济

缅甸自然条件优越，资源丰富。1948年独立后到1962年实行市场经济，1962—1988年实行计划经济，1988年后实行市场经济。2011年缅新政府上台后，大力开展经济领域改革，积极引进外资，确立了四项经济发展援助，包括加强农业发展、工业发展、省邦平衡发展、提高人民生活水平等。2013年1月巴黎俱乐部宣布免除缅甸部分外债后，缅外债总额累计50多亿美元。2011/2012财年外汇储备约72亿美元。2012年4月1日起实行有管理的浮动汇率制。2016年7月，缅政府颁布12点经济政策，推行以民族和解为基础的经济政策，努力扩大就业，改善民生，实现全国各地区均衡发展。主要经济数据如下：

国内生产总值：760亿美元。（2019年）

经济增长率：6.2%。（2018年）

货币名称：缅币（Kyat）。

汇率：1美元≈1415缅币（2020年3月）。

（资料来源：世界银行网站）

截至2020年1月，外国直接投资总额约839.64亿美元，外债余额约90.00亿美元。

【资源】矿产资源主要有锡、钨、锌、铝、锑、锰、金、银等，宝石和玉石在世界上享有盛誉。缅商务部数据显示，2018/2019财年缅甸出口矿产品14.7亿美元。石油和天然气在内陆及沿海均有较大蕴藏量。至2013年6月，探明煤储量逾4.9亿吨，探明大陆架石油储量达22.73亿桶，天然气8.1万亿立方英尺，共有陆地及近海油气区块77个。森林、水利资源丰富，伊洛瓦底江、钦敦江、萨尔温江三大水系纵贯南北，水利资源占东盟国家水利资源总量的40%，但由于缺少水利设施，尚未得到充分利用。

【工业】主要工业有石油和天然气开采、小型机械制造、纺织、印染、碾米、木材加工、制糖、造纸、化肥和制药等。

【农牧渔业】农业为国民经济基础。可耕地面积约1800万公顷，尚有400多万公顷的空闲地待开发。农业产值占国民生产总值的四成左右。主要农作物有水稻、小麦、玉米、花生、芝麻、棉花、豆类、甘蔗、油棕、烟草和黄麻等。林地面积近3000万公顷，森林覆盖率41%，原始森林面积逾100万公顷，已发现8000余种植物，主要林产品有柚木、花梨等各类硬木和藤条等。2018/2019财年出口大米229万吨，各种豆类约160万吨。目前，缅出口的主要农产品为豆类和大米，其中豆类主要出口至印度，大米主要出口至中国。

畜牧渔业以私人经营为主。缅甸政府允许外国公司在划定的海域内捕鱼，向外国渔船征收费用。1990年开始同一些外国公司合资开办鱼虾生产和出口加工企业，水产品出口多个国家和地区。2018/2019财年出口海产品7.3亿美元。

【旅游业】风景优美，名胜古迹多。主要景点有世界闻名的仰光大金塔、文化古都曼德勒、万塔之城蒲甘、茵莱湖水上村庄以及额布里海滩等。政府大力发展旅游业，积极吸引外资，建设旅游设施。较著名的饭店有：仰光的喜多娜酒店、茵雅湖酒店、商贸酒店、皇家公园酒店；内比都的妙多温酒店、丁格哈酒店、阿玛拉酒店；曼德勒的喜多娜饭店、曼德勒山酒店；蒲甘的丹岱饭店、蒲甘饭店等。近年来，赴缅外国游客人数逐年递增，根据缅甸饭店和旅游部统计数据，2012年来缅游客近106万人次，2013年近200万人次，2014年近300万人次，2015年约500万人次，2016年约290万人次，2017年约344万人次，2018年约355万人次，2019年约436万人次。其中游客来源国排名前五位分别为中国、泰国、日本、韩国和美国。

【交通运输】交通以水运为主，铁路多为窄轨。近年来，政府大力修筑公路和铁路，陆路运输有了较大发展。

铁路和公路：缅交通和铁道部门数据显示，截至2012年11月，缅甸全国公路里程为2.13万英里，在建1815英里，火车站899个，铁路总长3579英里，在建1778英里，拥有蒸汽机车43台、柴油机车270台、客车厢831节、火车厢3906节。

水运：缅交通部数据显示，截至2012年11月，内河航道约9219英里，目前仅有缅甸五行轮船公司经营远洋运输。主要港口有仰光港、勃生港和毛淡棉港，其中仰光港是缅甸最大的海港。

空运：主要航空公司有缅甸航空公司、缅甸国际航空公司、曼德勒航空公司、仰光航空公司、甘波扎航空公司、蒲甘航空公司、亚洲之翼航空公司、金色缅甸航空公司等。主要机场有仰光机场、曼德勒机场、内比都机场、黑河机场、蒲甘机场、丹兑机场等。仰光、内比都和曼德勒机场为国际机场。仰光目前已开通的主要国际航线有北京、昆明、广州、南宁、香港、曼谷、清迈、新加坡、吉隆坡、河内、胡志明市、东京、首尔、多哈、法兰克福航线。国内大城市和主要旅游景点均已通航。

【财政金融】缅甸有5家国有银行，分别为：缅甸中央银行（1948年成立，前身为缅甸联邦银行，1990年改称中央银行）、缅甸农业银行（1953年成立）、缅甸经济银行（1967年成立）、缅甸外贸银行（1967年成立）和缅甸投资与商业银行（1989年成立）。从1992年起，允许私人开办银行，近年开始允许外国银行在缅设立代表处。主要私人银行19家：妙瓦底银行、甘波扎银行、合作社银行、伊洛瓦底银行、亚洲绿色发展银行、佑玛银行、环球银行和东方银行等。目前已有中国工商银行、越南投资与发展银行等20余家外国银行在缅设有代表处。1993年起，外汇券在缅甸流通，缅币对外汇券汇率与缅币对美元汇率基本相同，截至2012年12月31日，缅甸发行流通的外汇券价值3092万美元。2013年3月20日，缅甸联邦议会通过取消外汇券的议案。

【对外贸易】2018/2019财年，缅对外贸易额351.47亿美元。主要贸易伙伴：中国、泰国、新加坡、日本和韩国。缅甸主要出口商品有：天然气、大米、玉米、各种豆类、水产品、橡胶、皮革、矿产品、木材、珍珠、宝石等，主要进口商品：燃油、工业原料、化工产品、机械设备、零配件、五金产品和消费品。

【外国投资】2018/2019财年缅甸共吸引外资41.58亿美元，主要投资领域为石油和天然气、电力、制造、交通与通讯等。

人民生活

缅甸全国共有医院839所，300张床位以上的大医院114所，农村卫生站1468个。医生2.66万人，牙医2305人，护士2.18万人。

军　事

缅甸军队成立于1942年，由陆海空三军、警察部队、消防部队及民兵组成。国防军总司令部是缅军最高领导决策机构和军事指挥机关，现任总司令敏昂莱大将，副总司令梭温副大将，总参谋长妙吞乌上将。国防军总司令部下设3个军种司令部：陆军司令部、海军司令部和空军司令部，分别负责各军种的作战指挥。现任陆军司令梭温副大将（兼），海军司令丁昂山中将，空军司令貌貌觉。现任国防部长盛温中将。

文化教育

缅甸文化深受佛教文化影响，缅甸多个民族的文字、文学艺术、音乐、舞蹈、绘画、雕塑、建筑以及风俗习惯等都留下佛教文化的烙印。缅甸独立后，始终维护民族文化传统，保护文化遗产。尽管近现代以来，特别是殖民时期，缅甸文化受到西方文化的影响，但传统文化在缅甸仍有广泛影响，占主导地位。缅甸主要文化机构和设施有：国家舞剧团、国家图书馆、国家博物馆、昂山博物馆等。

【教育】缅甸政府重视发展教育和扫盲工作，全民识字率约94.75%。实行小学义务教育。教育分学前教育、基础教育和高等教育。学前教育包括日托幼儿园和学前学校，招收3—5岁儿童；基础教育学制为10年，1—4年级为小学，5—8年级为普通初级中学，9、10年级为高级中学；高等教育学制3—6年不等。普通高校本科自2012年起改3年制为4年制。

现共有基础教育学校4.09万所，大学与学院108所，师范学院20所，科技与技术大学63所，部属大学与学院22所。著名学府有仰光大学、曼德勒大学等。

【新闻出版】全国发行的报纸有3种：《缅甸之光》缅文版、《缅甸新光》英文版和1992年9月复刊的《镜报》。地方性报纸有仰光市出版的《首都报》、曼德勒市出版的《曼德勒日报》和《雅德那榜报》3份。此外，全国还有近180多种期刊，如《妙瓦底》《秀玛瓦》《威达意》《视野》《财富》《缅甸时报》《声音》《七日新闻周刊》《仰光时报》《时尚》等，另有《金凤凰》等中文期刊。

缅甸通讯社为国家通讯社。

现有电视台6个，包括缅甸之声电视台、妙瓦底电视台、MRTV–4、缅甸国际（MRTV–3）、Channel–7、Skynet–TV。广播电台有缅甸之声广播电台和9个调频电台，包括缅甸之声、城市、曼德勒、波达妙、瑞、彬萨瓦底、茄丽、蒲甘、德仁。

对外关系

缅甸奉行“不结盟、积极、独立”的外交政策，按照和平共处五项原则处理国与国之间关系。不依附任何大国和大国集团，在国际关系中保持中立，不允许外国在缅甸驻军，不侵犯别国，不干涉他国内政，不对国际和地区和平与安全构成威胁。是“和平共处五项原则”的共同倡导者之一。1988年军政府执政后，以美国为首的西方国家对缅实施经济制裁和贸易禁运，终止对缅经济技术援助，禁止对缅进行投资。1997年加入东盟后，与东盟及周边国家关系有较大发展。近年来，特别是民盟执政后，缅与西方国家关系缓和。

【同中国的关系】1950年6月8日中缅建交。20世纪50年代，中、缅、印（度）三国共同倡导了和平共处五项原则。1960年两国签订边界条约，圆满解决了历史遗留的边界问题。近年来，中缅两国友好关系继续稳步发展，两国各领域务实合作不断深化。2011年5月，时任缅甸总统登盛访华，双方决定建立全面战略合作伙伴关系。

2016年3月底，缅新政府成立后，习近平主席同缅领导人多次举行会晤。2018年1月，中缅外交国防2+2高级别磋商第三次会议在缅甸内比都举行。3月，全国政协副主席何厚铧访缅。5月，国务委员兼公安部长赵克志和全国政协副主席王正伟分别访缅。6月，国务委员兼国防部长魏凤和访缅，缅甸联邦议会议长兼民族院议长曼温楷丹访华。7月，中共中央政治局委员、中央书记处书记、中宣部部长黄坤明访缅。9月，全国人大常委会副委员长丁仲礼访缅。11月，国务院总理李克强在出席东亚合作系列领导人会议期间会见缅国务资政昂山素季。12月，中缅外交国防2+2高级别磋商第四次会议在昆明举行。2019年4月，缅甸国防军总司令敏昂莱访华，国务资政昂山素季来华出席第二届“一带一路”国际合作高峰论坛和北京世园会开幕式。9月，中共中央政治局常委、国务院副总理韩正会见出席第十六届中国—东盟博览会的缅甸副总统敏瑞。12月，国务委员兼外交部长王毅访缅。

中缅地方交往活跃，已有8对友好城市和省区，分别是扬州市—仰光市（1997年7月）、昆明市—曼德勒市（2001年5月）、昆明市—仰光市（2008年12月），南宁市—仰光市（2009年10月），保山市—密支那市（2010年6月），瑞丽市—木姐市（2012年10月），广西壮族自治区—仰光省（2014年3月），海口市—仰光市（2017年6月）。

中国为缅第一大贸易伙伴。根据中国商务部数据，2019年，中缅双边贸易额187亿美元，同比增长22.8%，其中中方出口额123.1亿美元，同比增长16.7%，进口额63.9亿美元，同比增长36.4%。

目前，缅华人华侨约250万，其中华侨约17万，主要来自云南、福建和广东。

中国驻缅甸大使：陈海。馆址：1 Pyidaungsu Yeiktha Road，Yangon。电话：0095–10–221280，221281；传真：227019。商务处电话：0095–10–222800，222803；传真：220386。

缅甸驻华大使：苗丹佩（U Myo Thant Pe）。馆址：北京市朝阳区东直门外大街6号。电话：010–65320359；传真：65320408。

【同美国的关系】1948年两国建交。缅甸军队接管政权后，美把驻缅使馆降为代办级，停止对缅提供经援和禁毒援助，撤销给缅的贸易普惠制（GSP），对缅实行武器禁运，阻止国际金融机构向缅提供援助，不向缅高官及其家属发放入境签证。2011年以来，缅美关系不断改善，11月，美国务卿希拉里访缅，成为50多年来第一位到访缅甸的美国国务卿。2012年5月，美总统奥巴马提名米德伟出任驻缅大使。11月，美总统奥巴马访问缅甸。2013年5月，缅总统登盛访美，成为47年来首位访问美国的缅甸国家元首。2014年11月，美总统奥巴马赴缅出席东亚合作领导人系列会议。2016年2月，缅副总统年吞赴美出席美国—东盟领导人非正式会议。10月，美总统奥巴马签发政令，宣布终止实施针对缅甸的《国别紧急状态法》，当日，美国财政部发表声明称，美国财政部外国资产管制办公室针对缅甸的经济金融制裁随之失效。2017年11月，美国务卿蒂勒森访缅。

【同其他国家的关系】2016年3月底缅新一届政府成立以来，同周边邻国高层互访频繁。5月，总统廷觉访问老挝。6月，新加坡总理李显龙、蒙古国总统额勒贝格道尔吉访问缅甸，国务资政昂山素季访问泰国。8

月，总统廷觉访问印度。10月，廷觉总统访问越南。11月，国务资政昂山素季访问日本、新加坡。2017年5月，国务资政昂山素季访问意大利、法国、英国和比利时。6月，国务资政昂山素季访问加拿大。10月，国务资政昂山素季访问文莱。12月，总统廷觉访问日本。2018年以来，总统温敏分别访问新加坡、泰国、尼泊尔、印度尼西亚等国，国务资政昂山素季分别访问印度、澳大利亚、越南、日本、新加坡、尼泊尔等国。2019年，总统温敏分别访问越南、印度等国，国务资政昂山素季分别访问柬埔寨、捷克、匈牙利、日本等国。

【同地区和国际组织的关系】2016年5月，总统廷觉赴俄罗斯出席东盟—俄罗斯建立对话关系20周年纪念活动。7月，总统廷觉赴蒙古出席亚欧首脑会议。9月，国务资政昂山素季赴老挝出席东盟峰会。10月，国务资政昂山素季赴印度出席金砖—环孟加拉湾合作峰会并正式访问印度。2017年11月，国务资政昂山素季分别赴越南和菲律宾出席APEC领导人非正式会议和东盟峰会。2018年1月，国务资政昂山素季赴印度出席印度—东盟建立对话关系25周年纪念峰会。3月，国务资政昂山素季赴澳大利亚出席澳大利亚—东盟特别峰会。4月，总统温敏赴新加坡出席第32届东盟峰会。6月，总统温敏赴泰国出席第8届伊洛瓦底—湄南河—湄公河流域经济战略合作峰会和第9届柬老缅越峰会。8月，总统温敏赴尼泊尔出席环孟加拉湾多领域经济技术合作倡议第四届峰会。9月，国务资政昂山素季赴越南出席第27届世界经济论坛东盟会议。10月，国务资政昂山素季赴日本出席日本—湄公河国家峰会，总统温敏赴印尼出席东盟国家领导人会议。11月，国务资政昂山素季赴新加坡出席东亚合作领导人系列会议。2019年11月，国务资政昂山素季赴泰国出席东亚合作领导人系列会议，赴韩国出席东盟—韩国30周年纪念峰会首脑会议。（俞宁）

尼　泊　尔

国名　尼泊尔（Nepal）。

面积　147181平方公里。

人口　约2930万（2017年），有拉伊、林布、苏努瓦尔、达芒、马嘉尔、古隆、谢尔巴、尼瓦尔、塔鲁等30多个民族。尼泊尔语为国语，上层社会通用英语。居民86.2%信奉印度教，7.8%信奉佛教，3.8%信奉伊斯兰教，2.2%信奉其他宗教。

首都　加德满都（Kathmandu），海拔约1400米，常住人口约500万。月平均最高气温29℃（7月），月平均最低气温2℃（1月）。

国家元首　总统比迪亚·德维·班达里（Bidya Devi Bhandari），2015年10月28日就任当选，是尼泊尔历史上首位女性元首。2018年3月14日，班达里总统再次连任。

重要节日　共和日：5月28日；国庆日：9月20日；德赛节：又称大德赛节、十胜节，是民间最大节日，在10月，共15天，全国放假7天。

简　况

内陆山国，位于喜马拉雅山南麓，北邻中国，其余三面与印度接壤。全国分北部高山、中部温带和南部亚热带三个气候区。北部冬季最低气温为-41℃，南部夏季最高气温为45℃。

13世纪初，马拉王朝兴起，大力推行印度教。1768年，沙阿王朝崛起并统一全国。1846年，拉纳家族依靠英国支持夺取军政大权，并获世袭首相地位，使国王成为傀儡。1950年，尼人民掀起声势浩大的反对拉纳家族专政的群众运动和武装斗争。特里布文国王恢复王权，结束拉纳家族统治，实行君主立宪制。1960年，马亨德拉国王取缔政党，实行无党派议会制。1990年，尼爆发大规模“人民运动”，比兰德拉国王被迫恢复君主立宪。1996年，尼共（毛）在尼泊尔远西地区发动武装斗争。2001年，比兰德拉国王在王室血案中遇害，比胞弟贾南德拉继位。2005年，贾在解散政府后亲政。主要政党结成“七党联盟”，与尼共（毛）联手反对国王，并于2006年通过第二次“人民运动”推翻国王统治。2008年，尼举行制宪会议选举，选后产生的制宪会议宣布成立尼泊尔联邦民主共和国。

政　治

2012年4月，尼政府正式接管联合尼共（毛）营地和武器库，整合工作全面展开，历时6年的和平进程接近尾声。由于各党未能就新宪法涉及的联邦划分等关键问题达成共识，制宪会议历经四次延期仍未能完成制宪工作，于5月28日到期解散。2013年3月，尼主要政党同意组建以首席大法官为首的临时政府，领导新的制宪会议选举。

2015年4月25日尼泊尔大地震后，大会党、尼共（联合马列）、联合尼共（毛）推动议会于9月20日通过新宪法。2017年5月至2018年2月，尼泊尔依据新宪法分阶段完成首次联邦、省、地方三级选举。尼共（联合马列）和尼共（毛中心）组成的左翼联盟胜选并组阁。2018年2月15日，卡·普·夏尔马·奥利第二次就任总理。3月，比迪亚·德维·班达里连任总统。

克里希纳·巴哈杜尔·马哈拉当选为众议院议长。加内什·普拉萨德·蒂米尔西纳当选为联邦院主席。5月17日，尼共（联合马列）和尼共（毛中心）正式宣布合并成立尼泊尔共产党，奥利和普拉昌达任新党联合主席。2019年10月，马哈拉辞去议长职务。2020年1月，萨普科塔当选联邦议会众议院议长。

【宪法】2007年1月，颁布临时宪法，组建包含尼共（毛主义）的临时议会。3月，临时议会通过临时宪法第一修正案，规定通过制宪会议选举在尼实行联邦民主制。12月，通过第三修正案，宣布尼为联邦民主共和国，由制宪会议首次会议正式核准。2008年7月，通过第五修正案，规定总统、副总统、总理由制宪会议简单多数选举产生；制宪会议简单多数可弹劾总理，2/3多数可弹劾总统和副总统。此后，临时宪法又经多次修改。制宪会议原定任期两年，主要职责是制定新宪法。虽一再延期，但制宪会议仍未能完成修宪使命，最终于2012年5月27日解散。2013年12月成立了第二届制宪会议，继续履行制宪任务。2015年9月20日，颁布新宪法，将尼全国划为7个省份，是尼历史上第一部民主宪法。

【议会】2015年9月，尼泊尔新宪法颁布后，制宪会议自动转化为立法议会，大会党、尼共（联合马列）、联合尼共（毛）为议会前三大党。2017年10月15日，尼议会解散。2018年2月尼完成首次三级选举后，依照新宪法组建尼泊尔联邦议会，实行两院制，上院为联邦院，下院为众议院。

【政府】截至2019年12月，尼内阁共有23名成员：总理奥利（K. P. Shama Oli），副总理兼国防部长博克瑞尔（Ishwor Pokhrel），内政部长塔帕（Ram Bahadur Thapa），外交部长贾瓦利（Pradeep Kumar Gyawali），联邦事务与总行政部长特里帕蒂（Hridesh Tripathi），教育与科技部长博克瑞尔（Giriraj Mani Pokhrel），能源、水资源与灌溉部长普恩（Barshaman Pun），农业与畜牧业发展部长普萨尔（Ghana Shyam Bhusal），卫生与人口部长达卡尔（Bhanu Bhakta Dhakal），工业、商业与供应部长巴塔（Lekhraj Bhatta），文化、旅游与民航部长巴特拉伊（Yogesh Kumar Bhattarai），森林与环境部长巴斯内特（Shakti Bahadur Basnet），劳工、就业与社会保障部长亚达夫（Rameshwor Rai Yadav），财政部长卡蒂瓦达（Yuba Raj Khatiwada），通讯与信息技术部长巴斯科塔（Gokul Prasad Baskota），青体部长比什瓦卡马（Jagat Bahadur Sunar，Bishwakarma），土地管理、合作与减贫部长阿亚尔（Padma Kumari Aryal），供水部长马加尔（Bina Magar），基础设施与交通部长兼城市发展部长内姆旺（Basanta Kumar Nembang），妇女、儿童与老年人部长古隆（Parbat Gurung），法律、司法与议会事务部长图姆巴汉贝（Shiva Maya Tumbahangphe），工业、商业与供应部国务部长杜加德（Motilal Dugad），卫生与人口部国务部长拉瓦特（Nawaraj Rawat），城市发展部国务部长马南达尔（Rambir Manandhar）。

【行政区划】新宪法规定全国分7个联邦省。

【司法机构】新宪法规定尼法院分为三级：最高法院、高级法院和地方法院。

【政党】有70多个党派，主要包括：

（1）尼泊尔共产党（Nepal Communist Party）：由尼泊尔共产党（联合马列）和尼泊尔共产党（毛主义中心）于2018年5月合并而成。指导思想为马克思列宁主义和以社会主义为导向的人民多党民主。现任联合主席为尼总理、原尼共（联）主席卡·普·夏尔马·奥利和原尼共（毛中心）主席普什帕·卡迈勒·达哈尔（普拉昌达）（Puspa Kamal Dahal “Prachanda”）。

（2）尼泊尔大会党（Nepali Congress）：1947年1月成立。主张巩固多党民主，建立民族团结并保持相互信任与合作，坚持不结盟。1999年7月，组建中央工作委员会，主席吉里贾·普拉萨德·柯伊拉腊（Girija Prasad Koirala）。2002年6月，谢尔·巴哈杜尔·德乌帕（Sher Bahadur Deuba）成立大会党（民主）并自任主席，大会党分裂。2007年9月，大会党与大会党（民主）合并为大会党。现任主席为谢尔·巴哈杜尔·德乌帕（Sher Bahadur Deuba）。

【重要人物】**比迪亚·德维·班达里**：总统。女，1961年出生于尼东部山区农民家庭。早年投身反对国王专制统治学生运动，加入尼共（联），多次当选尼共（联）中央委员。其丈夫马丹·库马尔·班达里是尼共（马列）创始人之一，著名马克思主义理论家，先后担任尼共（马列）和尼共（联）总书记。他提出的人民多党民主思想成为尼共（联）主要理论。马丹于1993年在车祸中去世。在丈夫去世后继续活跃在尼政坛，参与建立基金会、学校和博物馆。曾任尼泊尔国王政府环境与人口部长、过渡政府国防部长。2014年当选尼共（联）副主席，2015年10月28日当选为尼泊尔总统。2018年3月14日，班达里总统连任。 **卡·普·夏尔马·奥利**：总理。1952年生。1970年加入尼泊尔共产党。因反抗国王统治和印度干涉，受到国王当局和印方打压，多次被捕入狱。曾担任尼泊尔王国政府内政大臣、过渡政府副首相兼外交大臣。2015年10月当选总理。2016年7月辞职。2018年2月再次当选总理。5月，同尼共（毛中心）主席普拉昌达共同担任尼泊尔共产党联合主席。 **普拉迪普·库马尔·贾瓦利**：外长。1962年生。1978年加入尼泊尔共产党。1997年任尼共（联）中央委员，先后负责党校和议会事务工作。1999年当选议员。2006—2007年担任文化、旅游与民航部长。2014年在尼共（联）九大上当选尼共（联）中央书记处书记。2017年在联邦众议院选举中当选议员。2018年3月就任外长。

经济

农业国，经济落后，世界上最不发达国家之一。20世纪90年代初，开始实行以市场为导向的自由经济政策，但由于政局多变和基础设施薄弱，收效不彰。严重依赖外援，预算支出四分之一来自外国捐赠和贷款。2018/2019财年主要经济数据如下：

国内生产总值：304亿美元。

人均国内生产总值：1049.0美元。

国内生产总值增长率：7.1%。

货币名称：尼泊尔卢比（Nepalese Rupee）。

汇率：1美元≈120卢比。

（注：尼泊尔财政年度起于本年度7月16日，止于下年度7月15日。）

【资源】有铜、铁、铝、锌、磷、钴、石英、硫磺、褐煤、云母、大理石、石灰石、菱镁矿、木材等，均只得到少量开采。水力资源丰富，水电蕴藏量为8300万千瓦，约占世界水电蕴藏量2.3%。其中经济和技术上开发可行的装机容量约为4200万千瓦。

【工业】基础薄弱，规模较小，机械化水平低，发展缓慢，以轻工业和半成品加工为主，主要有制糖、纺织、皮革制鞋、食品加工、香烟和火柴、黄麻加工、砖瓦生产和塑料制品等。

【农业】农业是第一大产业，总产值约占国内生产总值29.5%，70%人口从事农业，主要农作物有大米、玉米、甘蔗、柑橘、茶叶、烟草等。

【旅游业】地处喜马拉雅山南麓，自然风光旖旎，气候宜人，徒步旅游和登山业比较发达。赴尼旅游的主要为亚洲游客，其中以印度、中国游客居多，其次为西欧和北美游客。

【交通运输】以公路和航空为主。截至2016年，公路约29157公里，有各类机场56个，直升机停机坪约120个。除首都有一国际机场外，其余为地区中心或小规模机场。全国有1家国营的尼泊尔航空公司、6家私营航空公司和1家私营直升机公司。国内主要城镇有班机通航。同中国、印度、巴基斯坦、泰国、孟加拉国、文莱、新加坡、阿拉伯联合酋长国、德国和英国等国家和地区通航。

【对外贸易】主要贸易伙伴有印度、中国、美国、欧盟等。主要进口商品是煤、石油制品、羊毛、药品、机械、电器、化肥等，主要出口商品是蔬菜油、铜线、羊绒制品、地毯、成衣、皮革、农产品、手工艺品等。

【外国援助】主要援助国和国际组织是：美国、英国、日本、印度、挪威、中国、世界银行、亚洲开发银行、联合国和欧盟等。

人民生活

2017年失业率为2.74%。人均寿命71岁。全国有公立医院100余所，1100多个医疗站，2600多个村级医疗站，200多个初级保健中心，110余家私立医院。公立医院医生约2000人，注册护士为11000多名。截至2017年2月，尼泊尔共有电话用户约3420.5万，其中固定电话用户86万，移动电话用户3249万，有限移动电话用户85.5万。

军　事

尼泊尔只有陆军，参谋长为普尔纳·昌德拉·塔帕上将（General Purna Chandra Thapa）。实行志愿兵役制，士兵服役期一般为17年。

文化教育

【教育】有9所综合性大学：特里布文大学、马亨德拉梵文大学、加德满都大学、博克拉大学、普尔阪查尔大学、尼泊尔梵文大学、兰毗尼佛教大学、中西部大学、远西部大学、农业和林业大学。截至2016年，尼共有公立初级和中等教育学校约3.5万所，在校学生约97.3万人；公立的综合及专科高等教育机构13所，在校学生40.6万人。

【新闻出版】发行量最大的2份日报均为官方报纸：《廓尔喀报》，尼泊尔语，1902年创刊；《新兴尼泊尔报》，英文，1965年创刊。此外还有《加德满都邮报》《喜马拉雅时报》《共和报》《康提普尔》等多种日报。

尼泊尔国家通讯社为官方通讯社，成立于1962年4月。

尼泊尔广播电台为唯一官方电台，成立于1951年，用尼泊尔语、英语和印地语广播。

尼泊尔电视台创建于1984年，1985年12月28日在首都开播，自2006年起实现全天24小时播出。尼共有30多家电视台获准开办，近20家开始播送节目。

对外关系

奉行平等、互利、相互尊重和不结盟的外交政策，主张在和平共处五项原则基础上同世界各国发展友好关系，目前已同168个国家建交。高度重视发展同中、印两大邻国友好关系。重视加强同美、英等西方国家关系，争取经援和投资。积极推动南亚区域合作联盟发展，加德满都为南盟秘书处所在地。2004年加入环孟加拉湾多领域经济技术合作倡议（BIMSTEC）。2016年3月，成为上海合作组织对话伙伴国。2018年8月，举办第四届环孟加拉湾多领域经济技术合作倡议（BIMSTEC）峰会。

【同中国的关系】中尼之间有上千年友好交往史。晋代高僧法显、唐代高僧玄奘到过佛祖释迦牟尼诞生地兰毗尼（位于尼南部）。唐朝时，尼公主尺尊与吐蕃赞普松赞干布联姻。元朝时，尼著名工艺家阿尼哥曾来华监造北京白塔寺。

1955年8月1日中尼建交后，两国友好合作关系持续发展。1960年周恩来总理访尼，两国签署《中华人民共和国和尼泊尔王国和平友好条约》。1996年江泽民主席访尼期间，中尼建立世代友好的睦邻伙伴关系。2009年12月，尼总理马达夫·库马尔·尼帕尔正式访华期间，中尼发表《联合声明》，决定在和平共处五项原则基础上，建立和发展世代友好的全面合作伙伴关系。2012年1月，温家宝总理访问尼泊尔。2014年6月，尼总理柯伊拉腊来华出席第二届中国—南亚博览会。2015年3月，尼总统亚达夫来华出席博鳌亚洲论坛2015年年会。2016年3月，尼总理奥利正式访华并出席博鳌亚洲论坛2016年年会。2017年3月，尼总理普拉昌达来华出席博鳌亚洲论坛2017年年会。8月，汪洋副总理访问尼泊尔。2018年4月，尼外长贾瓦利正式访华。6月，尼总理奥利正式访华。9月，尼联邦议会众议院议长马哈拉来华出席第四届西藏旅游文化国际博览会。尼副总统普恩来华出席第17届中国西部国际博览会。10月，尼泊尔副总理兼国防部长博克瑞尔来华出席第八届香山论坛并访华。2019年4月，尼总统班达里对华进行国事访问并出席第二届“一带一路”国际合作高峰论坛及2019北京世园会开幕式。7月，尼外长贾瓦利来华出席2019夏季达沃斯论坛。10月，习近平主席对尼泊尔进行国事访问，此访系中国国家主席时隔23年再次访尼，中尼关系提升为面向发展与繁荣的世代友好的战略合作伙伴关系。

尼方在涉藏、台湾等问题上一贯予以中方坚定支持。中方向尼经济社会发展提供力所能及的帮助。两国在国际和地区事务中保持良好的沟通与合作。

2019年中尼双边贸易额为15.2亿美元，同比增长37.9%。其中，中方出口额为14.8亿美元，同比增长37.6%；进口额为3354万美元，同比增长52.4%。中国对尼出口商品主要有计算机通讯技术产品、非针织钩边服装、塑料底鞋、仪器仪表等；从尼进口商品有皮革、金属制品、小麦粉、小电器等。

中国驻尼泊尔大使：侯艳琪。馆址：BALUWATAR，KATHMANDU，NEPAL。电话：00977–1–4411740（办公室），4416485（政治处），4415383（文化处）。传真：4414045。电传：2545 COCE NP。网址：http://www.chinaembassy.org.np。领事部地址：HATTISAR，NAXAL，KATHMANDU，NEPAL。电话：4440286。传真4438260。经商处地址：HATTISAR，NAXAL，KATHMANDU，NEPAL。信箱：P.O.BOX NO.4234。电话：00977–1–4425949，4434972。传真：4434792。电传：2545 COCE NP。网址：http://www.np.mofcom.gov.cn。

尼泊尔驻华大使：利拉·马尼·鲍德尔（Leela Mani Paudyal）。馆址：北京市朝阳区三里屯路西六街1号。电话：010–65321795，传真：65323251。电传：210408 NEPBJ CN。网址：http://www.nepalembassy.org.cn。

【同印度的关系】1947年6月两国正式建交。印是尼最大贸易伙伴和重要援助国，尼印实行开放边界。2010年1月，印外长克里希纳访尼。2月，尼泊尔总统亚达夫访印。2011年1月，尼总统亚达夫再次访印。2011年10月，尼总理巴特拉伊访印。2012年12月，尼总统亚达夫访印。2014年5月，尼总理柯伊拉腊参加印新任总理莫迪就职典礼。2014年，印总理莫迪两度访尼。2016年2月，尼总理奥利访问印度。8月，尼泊尔总理派副总理兼内政部长尼迪作为总理特使访印。9月，尼外长马哈特\尼总理普拉昌达分别访印。11月，印总统慕克吉访尼，这是印度最高领导人时隔18年后再度访尼。2017年4月，尼总统班达里对印度进行国事访问。8月，尼总理德乌帕访问印度。2018年2月，印外长斯瓦拉吉访尼。4月，尼总理奥利访印。5月，印总理莫迪访尼。8月，印总理莫迪赴尼出席第四届环孟加拉湾多领域经济技术合作倡议（BIMSTEC）峰会。2019年5月，尼总理奥利出席印度总理莫迪就职典礼。8月，印外长苏杰生访问尼泊尔。

【同美国的关系】1947年4月，尼美建交并签订友好和商务条约。近年来，副国务卿奥特罗、副国务卿舍曼、副国务卿布林肯等相继访尼。2018年12月，尼外长贾瓦利正式访问美国。

【同联合国的关系】2007年1月，安理会通过关于尼问题的决议，成立驻尼政治特派团（UNMIN），协助尼各方推进和平进程。UNMIN历经数次延期，于2011年1月撤离。尼泊尔积极参加联合国维和行动，截至2017年8月，尼军共有4500余人参与维和行动，是联合国维和行动第6大出兵国。（宋超、胡博文）

日　本

国名　日本国（Japan）。

面积　陆地面积约37.8万平方公里，包括北海道、本州、四国、九州4个大岛和其他6800多个小岛屿。

人口　约1.26亿（2019年12月）。主要民族为大和族，北海道地区约有1.6万名阿伊努族人。通用日语。主要宗教为神道教和佛教。

首都　东京（Tokyo）。人口约1385.7万（截至2019年12月）。

国家象征　天皇德仁（Akihito），2019年5月1日即位，年号“令和”。

重要节日　建国纪念日：2月11日（系按阳历推算出的公元前7世纪日本第一代天皇神武天皇元年的元旦）。

简　况

位于太平洋西岸，是一个由东北向西南延伸的弧形岛国。西隔东海、黄海、朝鲜海峡、日本海与中国、朝鲜、韩国、俄罗斯相望。属温带海洋性季风气候，终年温和湿润。6月多梅雨，夏秋季多台风。1月平均气温北部-6℃，南部16℃；7月北部17℃，南部28℃。日本位于环太平洋火山地震带，地震、火山活动频繁。全球有1/10的火山位于日本，1/5的地震发生在日本。2011年3月11日，日本发生里氏9.0级特大地震，并引发海啸和核电站泄漏事故，被称为"日本战后以来最严重的危机"。

日本在第二次世界大战中战败，1945年8月15日宣布无条件投降。战后初期，美军单独占领日本，1947年颁布实施新宪法，由天皇制国家变为以天皇为国家象征的议会内阁制国家。战后奉行"重经济、轻军备"路线，20世纪60年代末成为西方第二经济大国。80年代中期以来提出成为政治大国的目标，90年代经济陷入长期低迷，2002年起出现缓慢恢复，复苏时间创战后最长纪录。2008年以来，先后受到国际金融危机和"3·11"特大地震冲击，经济复苏势头受挫。现任首相安倍晋三2012年上台后推出"安倍经济学"，实施了一系列刺激经济政策，一定程度上提振了日本经济。外交上，日本坚持日美同盟，重视亚洲外交，力争在国际事务中发挥重要作用，近来还高调提出"自由开放的印太构想"，推动美日印澳合作升温。

政　治

实行立法、司法、行政三权分立。天皇为国家象征，无权参与国政。国会是最高权力和唯一立法机关，分众、参两院。内阁为最高行政机关，对国会负责，首相（即内阁总理大臣）由国会选举产生，天皇任命。

目前自民党和公明党联合执政。执政党在众议院和参议院均占据稳定多数席位。

【宪法】现行《日本国宪法》于1947年5月3日颁布实施。宪法第九条规定："日本永远放弃把利用国家权力发动战争、武力威胁或行使武力作为解决国际争端的手段，为达此目的，日本不保持陆、海、空军及其他战争力量，不承认国家的交战权。"这成为日本战后走和平发展道路的重要保证，被称为"和平宪法"。同时它也是日本作为和平国家的重要保证。

【议会】泛称国会，由众参两院组成，为最高权力机关和唯一立法机关。众议院定员为465名，任期4年。首相有权解散众议院，举行大选。参议院定员为245名。参议员任期6年，每3年改选半数，不得中途解散。在权力上，众议院优于参议院。每年1—6月召开通常国会，会期150天。其他时间可根据需要召开临时国会和特别国会。现任众议院议长大岛理森（OSHIMA Tadamori），2015年4月当选。议院议长山东昭子（SANTO Akiko），2019年8月就任。

日本主要政党有自民党、公明党、立宪民主党、希望党、民进党、日本共产党、日本维新会、社民党等。

【政府】内阁为最高行政机关，对国会负责。由内阁总理大臣（首相）和分管各省厅的大臣组成。内阁总理大臣由国会提名，天皇任命，其他内阁成员由内阁总理大臣任免，天皇认证。现内阁主要成员为：首相安倍晋三（ABE Shinzo）、副首相兼财务大臣麻生太郎（ASO Taro）、总务大臣高市早苗（TAKAICHI Sanae）、法务大臣森雅子（MORI Masako）、外务大臣茂木敏充（MOTEGI Toshimitsu）、文部科学大臣萩生田光一（HAGIUDA Koichi）、厚生劳动大臣加藤胜信（KATO Katsunobu）、农林水产大臣江藤拓（ETO Taku）、经济产业大臣梶山弘志（KAJIYAMA Hiroshi）、国土交通大臣赤羽一嘉（AKABA Kazuyoshi）、环境大臣小泉进次郎（KOIZUMI Shinjiro）、防卫大臣河野太郎（KONO Taro）、内阁官房长官菅义伟（SUGA Yoshihide）、复兴大臣田中和德（TANAKA Kazunori）、国家公安委员长武田良太（TAKEDA Ryota）、一亿总活跃兼领土问题担当大臣卫藤晟一（ETO Seichi）、IT政策担当大臣竹本直一（TAKEMOTO Naokazu）、经济再生兼社会保障改革担当大臣西村康稔（NISHIMURA Yasutoshi）、地方创生担当大臣北村诚吾（KITAMURA Seigo）、东京奥运会及残奥会担当大臣桥本圣子（HASHIMOTO Seiko）。

【行政区划】分为1都（东京都：Tokyo）、1道（北海道：Hokkaido）、2府（大阪府：Osaka、京都府：Kyoto）和43县（省），下设市、町、村。

【司法机构】司法权属于最高法院及下属各级法院。采用"四级三审制"。最高法院为终审法院，审理违宪和其他重大案件。高等法院负责二审，全国共设八所。各都、道、府、县均设地方法院一所（北海道设四所），负责一审。全国各地还设有简易法院和家庭法院，负责民事及不超过罚款刑罚的刑事诉讼。最高法院长官（院长）由内阁提名，天皇任命，14名判事（法官）由内阁任命，需接受国民投票审查。其他各级法院法官由最高法院提名，内阁任命，任期10年，可连任。各级法官非经正式弹劾，不得罢免。现任最高法院长官大谷直人（OTANI Naoto），是第19任长官，2018年1月就任。

检察机构与四级法院相对应，分为最高检察厅、高等检察厅、地方检察厅、区（镇）检察厅。检察官分为检事总长（总检察长）、次长检事、检事长（高等检察厅长）、检事（地方检察厅长称检事正）、副检事等。检事长以上官员由内阁任命。法务大臣对检事总长有指挥权。现任检事总长稻田伸夫（INADA Nobuo），是第30任检事总长，2018年7月就任。

【政党和团体】战后日本实行"政党政治"，代表不同阶层的各种政党相继恢复或建立。截至2019年12月，主要政党有：执政的自民党、公明党；在野的立宪民主党、国民民主党、日本共产党、日本维新会、自由党、社民党等。

（1）自由民主党（简称"自民党"）：执政党，第一大党。1955年11月由原自由党和民主党合并而成，此后连续单独执政长达38年。1993年沦为在野党，其后数度与别党组联合政权。2000年4月起与公明党、保守党联合执政。2003年11月，自民党吸收原执政三党之一的保守新党，形成与公明党两党联合执政的局面。2009年8月，自民党在众议院选举中遭到惨败，再度成为在野党。2012年12月在众议院选举中获胜，重新执政。自民党总裁安倍晋三于2012年12月26日再次出任首相，组建内阁。2014年11月及2017年10月，安倍两次解散众议院提前举行大选。自民、公明两党执政联盟均获胜，占据众议院三分之二席位并联合执政。自民党是历史较长的传统保守政党，在中小城市和农村势力较强。主张立足民主政治理念，维护自由经济体制，修改宪法，坚持日美安保体制，增强自主防卫力量。对外政策方面强调以日美同盟为基轴，积极参与构筑国际新秩序。有党员约106万人（2018年底）。现任总裁安倍晋三，干事长二阶俊博（NIKAI Toshihiro）。

（2）公明党：执政党。1964年11月成立，其母体为宗教团体创价学会。1970年6月实行政教分离。曾于1993年8月参加非自民联合政权，并历经分裂组合。2000年4月，公明党与自民党、保守党组成联合政权，2009年8月众议院选举后成为在野党，2012年12月众议院选举后重归执政党。该党提倡在和平主义基础上构筑“世界中的日本”，主张坚持“中道路线”，贯彻深入民间的民主主义，尊重地方自主性，推行地方分权。现任党代表山口那津男（YAMAGUCHI Natsuo），干事长齐藤铁夫（SAITO Tetsuo）。

（3）立宪民主党：最大在野党，2017年10月2日由民进党内中左势力脱党发起成立，现任党代表枝野幸男（EDANO Yukio），干事长福山哲郎（FUKUYAMA Tetsuro）。主张权力应建立在宪法基础上（基于立宪主义的民主政治），提倡自下而上、覆盖社会所有阶层的“草根民主主义”。

（4）国民民主党：现为日本第二大在野党。2018年5月7日由原民进党和大部分希望党成员合并成立。现任党代表玉木雄一郎（TAMAKI Yuichiro），干事长平野博文（HIRANO Hirofumi）。

（5）日本共产党：1922年7月15日成立，战后获合法地位。70年代中期步入发展的高峰期，90年代后再次调整政策主张，注重灵活务实。党章规定党的性质为“工人阶级政党”和“全体日本国民的政党”。主张建设社会主义社会乃至共产主义社会；废除日美安保条约，将日本建成独立、民主、和平的自由国家。该党支持阶层比较稳固，基层组织健全。有党员约30万人（2017年）。现任中央委员长志位和夫（SHII Kazuo），中央书记局长小池晃（KOIKE Akira）。

（6）日本维新会：2015年11月成立，以近畿地区为主要势力范围。主张成立大阪都，实现大阪府的副首都化，推进地方分权，打破中央集权。改革统治机构，推动修改宪法，实现首相普选。现任党首松井一郎（MATSUI Ichiro），干事长马场伸幸（BABA Nobuyuki）。

【重要人物】德仁：天皇。生于1960年2月23日，上皇明仁与上皇后美智子的长子。日本第126代天皇，年号令和。御称号为浩宫，徽印为“梓”。1982年毕业于学习院大学历史系，后继续研读，获得硕士学位。2019年5月1日即位，同年10月22日正式登基。 **安倍晋三**：首相。1954年9月21日生于东京。1977年毕业于成蹊大学法学部。1979年进入日本第三大钢铁公司神户制钢工作。1982年辞职担任其父安倍晋太郎秘书，开始涉足政治。1993年继承父亲地盘首次当选众议员。2003年9月就任自民党干事长。2005年10月担任内阁官房长官。2006年9月当选自民党总裁，并就任首相。2007年9月宣布辞职。2012年9月再度当选自民党总裁，12月再次出任首相。2015年9月，再次连任自民党总裁。2018年9月，安倍再度当选自民党总裁，可执政到2021年。

经济

二战后，日本经济经历了恢复、高速增长、稳定增长三个时期，经济取得飞跃发展，迅速跨入世界先进国家行列，并一跃成为仅次于美国的世界第二大经济强国。20世纪90年代初泡沫经济破灭后，经济进入持续衰退期。21世纪初期开始虽有一定改善，但整体经济仍未完全复苏。2010年日本GDP被中国超过，为世界第三大经济体。

安倍上台后，推出“安倍经济学”，实施一系列刺激经济的政策，试图摆脱通货紧缩，实现经济稳定增长。有关措施取得一定成效，但未从根本上解决日本经济的结构性矛盾，日本经济能否彻底走出低谷仍有待观察。近年主要经济数据如下：

（实际）国内生产总值：约534万亿日元（2019年）。

人均国内生产总值：3.84万美元（2018年）。

（实际）国内生产总值增长率：0.8%。

货币名称：日元（Yen）。

汇率：1美元≈107.7日元（2019年12月）。

完全失业率：2.2%（2019年12月）。

【资源】资源贫乏，90%以上依赖进口，其中石油完全依靠进口。日本政府积极开发核能等新能源，截至2011年2月，拥有54所核电机组，总发电装机容量为4946.7万千瓦，位居世界第三位。2011年3月福岛核电站核泄漏事故发生后，福岛第一核电站的4座反应堆宣布废炉。其余核反应堆因进入定期检修期或遭到当地居民和政府反对而停止运转，日本所有核电站全部停运。2012年7月，为了应对电力短缺的问题，位于日本中部的关西电力公司大饭核电站3号和4号机组暂时重启，但于2013年9月进入定期检查，再次停运。2015年8月，日本再次开始重启部分核电站机组。

日本森林面积约为2508万公顷，占国土总面积的近2/3，森林覆盖率约67%，是世界上森林覆盖率最高的国家之一。木材自给率仅为20%左右，是世界上进口木材最多的国家。日本山地与河流较多，水力资源丰富，蕴藏量约为每年1353亿千瓦时。日本的专属经济区面积约相当于国土的10倍，渔业资源丰富。

【工业】高度发达，在国际上拥有较强的竞争力。其工业生产总值曾长期仅次于美国居世界第二位。因国内资源匮乏，市场狭小，日本形成了进口工业原料和燃料，加工成成品后再出口的加工贸易型经济。工业集中分布在太平洋沿岸和濑户内海沿岸的狭长地带，是世界上著名的临海工业带。钢铁、汽车、造船、电子、化学、家用电器等在国际上占有重要地位，以高新技术主导的技术密集型产业发达。

【农业】日本耕地资源少，生产规模较小，粮食自给率低，属于典型的集约型农业，主要农产品有大米、薯类、蔬菜、水果等。近年因老龄化等问题，日本农业人口持续减少，农业总产值在经济中的比重不断下降。

【服务业】服务业发达，占GDP比重高。服务业的主要构成包括：信息服务、运输、不动产、住宿餐饮、娱乐、教育学习、租赁等。

【旅游业】较发达，且近年发展迅速。近年来，日本政府积极鼓励发展旅游业，提出"观光立国"的口号，通过放宽签证、简化入境手续、完善国内旅游市场等政策，吸引国外游客，并取得了巨大成功。2018年，访日的外国游客约为3119.19万人，增长率达8.7%，游客消费金额约为4.51万亿日元，人均消费额达15万日元。

【财政金融】日本的财政年度从每年的4月起至翌年3月底止。2019财年，日本国家财政预算总额为101万亿日元，首次突破100万亿大关。日本的外汇储备包括日本持有的外国有价证券、外汇存款和黄金储备以及日本在国际货币基金组织的特别提款权等。2008年2月底，日本外汇储备首次超过1万亿美元，之后一直保持在1万亿美元左右。截至2019年12月底，外汇储备为1.32万亿美元。

【对外贸易】外贸在国民经济中占重要地位，有贸易关系的国家（地区）数约200个。据日本财务省统计，2019年日本进出口总额约为154万亿日元，其中出口约76万亿日元，进口约76万亿日元。

主要进口商品有：原油、天然气、煤炭等一次能源，服装、半导体等电子零部件、通信器材、医药品、金属及铁矿石原材料等；主要出口商品有：汽车、钢铁、半导体等电子零部件、塑料、科学光学仪器、一般机械、化学制品等。2018年主要贸易对象为中国、美国、东盟、欧盟、韩国等国家和地区。

【对外投资】重点投资的国家及地区为美国、英国、东盟、中国等。日本是中国第四大外资来源地。截至2019年底，日本累计对华投资1157.0亿美元。

【对外援助】日本是世界主要援助大国。2018年政府开发援助预算约为5538亿日元。日本于1979年开始提供对华政府开发援助（ODA）。截至2015年底，利用日元贷款协议金额3.05万亿日元，累计提款2.69万亿日元，累计还本1.31万亿日元，累计付息7634亿日元，债务余额1.38万亿日元。截至2011年底，我国累计接受日本无偿援助1423.45亿日元，用于148个项目建设，涉及环保、教育、扶贫、医疗等领域。根据2005年中日双方达成的协议，日本对华提供日元贷款和大规模无偿援助已经于2008年基本结束。日本对华政府开发援助（ODA）于2018年停止新增项目，正在进行中的现有项目将于2021年全部结束。

【外国资本】日本国内外国直接外资额对经济的影响较小，近年日本政府将外国直接投资视作重振经济的关键，放宽外资进入日本的限制，加大吸引外国投资力度。2014年对日直接投资净流入首次突破20万亿日元。截至2017年底，对日直接投资净流入为28.6万亿美元。

【著名公司】进入《财富》2019年世界500强排行榜前100名的日本公司有：丰田汽车公司，第10名；三菱商事株式会社，第33名；本田汽车公司，第34名；日本邮政控股公司，第52名；日本电话电报公司，第64名；日本伊藤忠商事株式会社，第65名；日产汽车公司，第66名；软银集团，第98名。

人民生活

20世纪60年代初起，日本逐步建立起以全体国民为对象的综合性社会保障制度，即实行全民皆养老、全民皆保险制度。目前日本国民医疗保险覆盖率为99%，为世界之最。但近年来日本着手推进社会保障制度、医疗保险制度等改革，以建立可持续发展的社会保障制度。

根据日本厚生劳动省《医疗设施动态调查》统计，截至2019年10月，日本拥有各类医疗机构约17.84万所，其中医院8412所，一般诊疗所10.15万所，牙科诊疗所6.86万所，共有165.33万张病床。

根据日本厚生劳动省2019年7月公布的调查结果显示，2018年日本女性平均寿命为87.32岁，居世界第二；男性平均寿命为81.25岁，居世界第三。

据日本总务省统计局数据显示，截至2019年9月，日移动电话签约数为1.73亿，普及率高达136.2%。

军　事

日本1945年战败投降后，军队被解散，军事机构被撤销。1950年日本组建"警察预备队"，后改称保安队，1952年成立"海上警备队"，1954年新建航空自卫队，7月颁布《防卫厅设置法》和《自卫队法》，将保安队、海上警备队分别改称为陆上自卫队和海上自卫队，并成立了防卫厅和参谋长联席会议，健全了统帅指挥机构。随着日本经济实力的迅速增强，日本军队建设得到长足发展，在"质重于量"和"海空优先"的建军方针指导下，自卫队已发展成为一支装备精良、训练有素、作战能力较强的武装力量。2007年防卫厅升格为防卫省。2013年12月17日，日本政府在内阁会议上正式通过了第二次世界大战后首部作为外交与安全政策综合方针的《国家安全保障战略》，并以此为依据确定了关于未来十年防卫建设的新《防卫计划大纲》和《中期防卫力量整备计划》（2014—2018年）。2018年12月18日，日本政府内阁会议通过新修订的《防卫计划大纲》和与之配套的《中期防卫力整备计划》（2019—2023年）。新《防卫计划大纲》强调日本面临的安全环境复杂多变，未来5年将大幅增加防卫投入；提出"多次元统合防卫力"概念和"跨域联合作战"构想，拟在传统的陆、海、空作战空间外，强化在太空、网络和电磁等新领域的作战力量；推进"出云"级直升机驱逐舰航母化改装，提升防空反导作战能力；聚焦"应对岛屿攻击"，强化"离岛夺还"能力。2014年7月1日，日本政府通过有限解禁集体自卫权的内阁决议，其核心内容是如果与日本关系密切国家受到武力攻击，日本在必要最小范围内行使实力，作为自卫措施在宪法上应被允许。2015年7月和9月，日本分别在众议院和参议院通过新安保法案，从多方面大幅强化了日自卫队活动能力。2018年12月18日，日本政府在内阁会议上正式通过了新版《防卫计划大纲》及《中期防卫力量整备计划》。新《防卫计划大纲》重申了坚持专守防卫，不成为军事大国的基本原则，同时指出日本周边安保环境"严峻性和不确定性急速增加"。日本自卫队要进一步强化太空、信息等新领域的防卫能力，构建"跨域"作战体制。

自卫队的最高统帅是首相，最高军事决策机构是内阁会议。"安全保障会议"是内阁在军事上的最高审议机构，由首相、外务大臣、财务大臣、内阁官房长官、国家公安委员长、防卫大臣等内阁主要成员组成，负责审议国防方针、建军计划及处理各种突发事件等。防卫省相当于国防部。参谋长联席会议由主席和陆、海、空自卫队参谋长组成，负责拟定和调整三军作战、训练和后勤计划，搜集研究军事情报，在实施两个军种以上的联合作战、演习时，实施统一指挥。

日本标榜的防卫基本政策是：在和平宪法下，实行专守防卫；坚持日美安保体制；确保文官治军；遵守无核三原则；有节制地增强防卫力量；坚持质量建军。

自卫队实行志愿兵役制。截至2019年3月，日本自卫队实际总兵力约为22.7万人，素质较高，装备精良。其中陆上自卫队约13.8万人，海上自卫队4.3万人，航空自卫队约4.3万人，统合幕僚监部（联合参谋本部）、情报本部人员共3600余人。另有即刻应变预备役自卫队员8075人，预备役自卫队员约47900人，预备役自卫队员候补约4600人，书记官、事务官等文职人员2万余人。2020年度防卫预算为5.31万亿日元（约合494亿美元），连续8年增加。

文化教育

【教育】学校教育分为学前教育、初等教育、中等教育、高等教育四个阶段，学制为小学6年、初中3年、高中3年、大学4年，其中小学到初中为9年义务教育。大学有国立大学、公立大学和私立大学。著名的国立综合大学有东京大学、京都大学等，著名的私立大学有早稻田大学、庆应义塾大学等。日本重视社会教育，函授、夜校、广播、电视教育等较普遍。

【新闻出版】新闻事业发达，报刊发行量大，广播电视覆盖面广，在世界各国中位居前列。

全国性报纸有5家《读卖新闻》《朝日新闻》《每日新闻》《日本经济新闻》《产经新闻》，地区性报纸有3家：《中日新闻》《北海道新闻》《西日本新闻》，主要地方报纸100多家。发行月刊杂志约1900种，周刊约1000种。较有影响的杂志有：《中央公论》《东洋经济》《经济学家》《文艺春秋》等。

共同通讯社是日本最大的通讯社，简称"共同社"，其前身是1936年1月成立的同盟通讯社。国内除东京总社外，还设有6个分社和46个分局，国外在41个主要城市设有总局或分局。时事通讯社是第二大通讯社，简称"时事社"，成立于1945年11月。国内除东京总社外，还设有78个分支机构，国外在28个主要城市设有总局或分局。

广播电台有半官方性质的日本广播协会（NHK）和四大系列民营电台100多家，平均每天播音22小时以上。NHK系半官方性质的"公共广播电视台"，创建于1925年3月。

电视台主要有半官方的"公共电视台"NHK和分属于五大报纸的五大系列民营电视台100多家，另有民营卫星电视台、民营有线电视台若干。电视平均每天播放20小时以上。主要电视台：NHK，于1953年开播电视节目；东京广播公司（TBS），1951年成立；日本电视网（NTV），1952年成立。

对外关系

日本外交政策的基本取向是以日美同盟为基轴，以亚洲为战略依托，重视发展大国关系，积极参与地区及全球事务，谋求政治大国地位。

【同中国的关系】1972年9月29日，中日两国政府发表《中日联合声明》，实现邦交正常化。翌年1月互设大使馆。目前，中国在大阪、福冈、札幌、长崎、名古屋、新潟设有总领事馆。日本在上海、广州、沈阳、香港、重庆、青岛设有总领事馆，在大连设有驻沈阳总领馆办事处。

1978年8月12日，两国签署《中日和平友好条约》，同年10月邓小平副总理访日，双方互换《中日和平友好条约》批准书。1998年11月，江泽民主席对日本进行国事访问，双方发表《中日联合宣言》。2008年5月，胡锦涛主席对日本进行国事访问，双方发表

《中日关于全面推进战略互惠关系的联合声明》。这是中日第四个政治文件，文件在继承前三个政治文件基础上，确定了新时期中日关系发展的指导原则和重点合作领域。

2012年9月日本政府对钓鱼岛采取所谓“国有化”措施，对中日关系造成严重冲击。2013年12月26日，日本首相安倍晋三参拜靖国神社，给中日关系改善造成新的重大政治障碍。2014年下半年，我方同日方通过政治、外交渠道进行多轮内部磋商，于11月7日就处理和改善中日关系达成四点原则共识并对外发表。在此基础上，习近平主席在亚太经合组织第22次领导人非正式会议期间应约会见安倍，中日关系迈出改善步伐。此后，两国重启政府、议会、政党、安全等对话，各领域交流合作逐步恢复。

2018年中日双边高层交往主要活动如下：2月23日，中共中央政治局委员、时任国务委员杨洁篪在北京同日本国家安全保障局长谷内正太郎举行会谈。4月15—17日，国务委员兼外交部长王毅应邀对日本进行正式访问，并同日本外相河野太郎共同主持第四次中日经济高层对话。5月3日，全国人民代表大会常委会委员长栗战书会见日本文部科学大臣林芳正率领的日中友好议员联盟代表团。5月4日，国家主席习近平应约同日本首相安倍晋三通电话。5月8—11日，国务院总理李克强赴日出席第七次中日韩领导人会议并正式访问日本。7月24—27日，日本众议长大岛理森访华，李克强总理，栗战书委员长，中共中央政治局委员、全国人大常委会副委员长王晨分别同其举行会见、会谈。8月2日，王毅国务委员兼外长在新加坡出席东亚合作系列外长会议期间会见河野太郎外相。8月30日，中共中央政治局常委、国务院副总理韩正，中共中央政治局委员、国务院副总理刘鹤分别会见来华出席第七次中日财长对话的日本副首相兼财务大臣麻生太郎。8月31日，国家副主席王岐山、王毅国务委员兼外长分别会见日本自民党干事长二阶俊博。9月12日，习近平主席在俄罗斯符拉迪沃斯托克出席东方经济论坛期间应约会见安倍晋三首相。9月25日，中共中央政治局委员、中央外事工作委员会办公室主任杨洁篪在苏州同谷内正太郎局长共同主持第五次中日高级别政治对话。9月27日，王毅国务委员兼外长在纽约出席联合国大会期间应约会见河野太郎外相。10月25—27日，安倍晋三首相对中国进行正式访问。11月30日，习近平主席在出席二十国集团领导人布宜诺斯艾利斯峰会期间会见安倍晋三首相。

2019年中日双边高层交往主要活动如下：4月15日，李克强总理会见出席第五次中日经济高层对话的日本外相河野太郎及部分日本政府内阁成员。4月24日，国家主席习近平会见率团来华出席第二届“一带一路”国际合作高峰论坛的日本首相特使、自民党干事长二阶俊博。6月27日，国家主席习近平在出席二十国集团领导人大阪峰会期间会见日本首相安倍晋三。10月21—25日，国家副主席王岐山作为习近平主席特使出席日本天皇德仁即位庆典并对日本进行友好访问。11月4日，李克强总理出席东亚合作领导人系列会议期间应约会见安倍晋三首相。11月22—26日，王毅国务委员兼外长出席在日本名古屋举行的二十国集团外长会，对日本进行正式访问，并同日本外相茂木敏充共同举行中日高级别人文交流磋商机制首次会议。12月6日，王岐山副主席会见来华访问的新任日本国家安全保障局长北村滋，杨洁篪同志同其举行中日第七次高级别政治对话。12月23—25日，日本首相安倍晋三来华出席第八次中日韩领导人会议，国家主席习近平、国务院总理李克强分别同其举行会见、会谈。

中日防务交流稳妥推进。双方近年来保持防务部门高层交往，带动各兵种、青年军官、退役将领等交往与合作的开展，还实现了军舰互访。2012年以来受钓鱼岛和历史问题影响，两国军方高层交往陷于停滞。2015年1月，中日防务部门重启海空联络机制磋商，经过9轮专家组磋商，双方就建立并启动海空联络机制达成一致。2018年5月，李克强总理访日期间，中日签署防务部门海空联络机制备忘录。2018年6月8日，该机制正式启动。2018年12月，中日防务部门在北京举行首次海空联络机制年度会议。2019年12月18—19日，日本防卫大臣河野太郎访华，中央军委副主席许其亮、国务委员兼国防部长魏凤和分别同其会见、会谈。

日本是中国主要贸易伙伴。截至2003年，日本连续11年为中国第一大贸易伙伴，2004年被欧盟、美国超过，退居第三，2011年被东盟赶超，成为中国第四大贸易伙伴。2012年被中国香港超过，成为中国第五大贸易伙伴，但在贸易对象国中居第二位。2008年7月，中国首次超过美国，成为日本最大出口对象国。

2019年中日贸易总额3150.0亿美元，其中中国出口额1432.3亿美元，进口额1717.6亿美元。

人文交流取得一定成果。2019年，中日双边人员往来1279.5万人次。其中我国赴日本公民1011.9万人次，日本来华人员，267.6万人次。两国目前共缔结友好城市256对。

中国驻日本大使：孔铉佑。馆址：3–4–33 MOTO-AZABU，MINATO-KU，TOKYO，JAPAN，邮编：106–0046。电话：0081–3–34033388；传真：34033345。商务处电话：0081–3–34402011；传真：34468242。领事部签证处电话：0081–3–34035232；传真：34035447。

日本驻华大使：横井裕（YOKOI yutaka），2016年3月到任。馆址：北京市朝阳区亮马桥东街1号，邮编：100600。电话：010–85319800（总机）；传真：65327081。经济部电话：010–885319800转分机；传真：65327081。领事部签证处电话：010–65322007，64106974；传真：65329329。

【同美国的关系】1945年9月至1951年9月，日本处于美国直接军事占领之下。1951年9月8日，美签订片面《对日和平条约》（即《旧金山和约》），结束对日占领。同日，日美签订《日美安全保障条约》，结成军事同盟关系。1960年1月19日，日美修改该条约。1996年4月17日，日美发表《日美安保联合宣言》。1997年6月，日美发表新的防卫合作指针中间报告，提出“周边事态”新概念，同年9月双方批准最终报告并发表联合声明。2006年5月，日美举行安全磋商委员会会议（“2+2”会议），就驻日美军重新部署达成一致，发表日美《关于实施驻日美军重新部署的路线图》以及“2+2”会议联合声明。“9・11”事件后，日全力支持美反恐行动，先后通过《反恐特别措施法》和《伊拉克复兴支援特别措施法》。2005年2月、2005年10月、2006年5月、2007年5月、2011年6月，日美举行“2+2”磋商，发表了题为《日美同盟：面向未来的转型与重组》（2005年10月）、《关于实施驻日美军重新部署的路线图》（2006年5月）、《迈向更加深入、广泛的日美同盟——在50年伙伴关系的基础上》和《驻日美军重组的进展》（2011年6月）等文件。2012年4月，日本首相野田访美，与奥巴马总统举行会晤，日美发表题为《面向未来的共同蓝图》的联合声明。2013年2月，日本首相安倍对美国进行工作访问，双方发表联合声明。9月，安倍与奥巴马在圣彼得堡二十国集团峰会期间再次举行会晤。2014年4月，美国总统奥巴马对日本进行国事访问，双方发表联合声明。2015年4月，日本首相安倍对美国进行国事访问，在美国国会发表演讲。11月，日本首相安倍赴菲律宾出席APEC会议期间，与美国总统奥巴马举行会晤。2016年5月，美国总统奥巴马赴日出席七国集团峰会并访问广岛。2017年2月，日本首相安倍访美，成为与美国新任总统特朗普会见的第一位外国领导人。11月，美国总统特朗普首次访问日本。2018年4月和6月，安倍首相访美。9月，安倍首相在出席联合国大会期间同特朗普总统举行会谈。2019年4月，日本首相安倍访美，与特朗普举行会谈。5月，美国总统特朗普访日，与安倍举行会谈。

【同欧盟的关系】日本重视发展同欧盟的关系，与德、法等欧盟主要国家关系密切。1991年日欧签署《日欧共同宣言》，确立全面发展双边关系的指导原则、共同目标和定期磋商制度。1994年起日欧建立“规则改革对话”机制，每年轮流在东京和布鲁塞尔开会。近年来，伴随欧盟一体化程度提高和国际地位上升，日本不断扩大与欧盟在各个领域的对话与合作。2000年日欧峰会确定从2001年开始的10年是“日欧合作10年”，同意在此10年里，双方在加强经济关系的基础上，努力加强政治、社会、文化等各方面关系。

2011年5月，日本与欧盟举行第20次日欧年度峰会，确定2011年为“日欧纽带之年”。双方一致同意进一步加强日欧政治经济关系。2013年3月，日本首相安倍与欧洲理事会主席范龙佩、欧盟委员会主席巴罗佐通电话，宣布启动日欧经济伙伴关系协定（EPA）谈判。2013年6月17日，日本首相安倍在英国出席八国集团峰会期间与范龙佩、巴罗佐举行会谈，同意加快推进日欧经济伙伴协定谈判。11月，第21次日欧定期首脑会议在东京举行。2014年5月，第22次日欧定期首脑会议在布鲁塞尔欧盟总部举行。2015年5月，第23次日欧定期首脑会议在东京举行。2016年7月，日本首相安倍在出席亚欧首脑会议期间与欧洲理事会主席图斯克、欧盟委员会主席容克举行会晤。2017年3月，日本首相安倍访问欧盟总部，并与图斯克、容克举行会谈。7月，日本首相安倍与欧洲理事会主席图斯克等在布鲁塞尔举行定期首脑磋商，宣布就日欧经济伙伴关系协定（EPA）谈判达成框架协议。

【同俄罗斯的关系】1991年12月苏联解体后，日本立即承认俄罗斯联邦政府。日俄1993年签署《东京宣言》。2003年1月日本首相小泉访俄，双方签署《日俄联合声明》及《行动计划》，确认构筑“符合两国战略和地缘利益的创造性伙伴关系”。2005年普京总统访日。

2008年4月，日本首相福田非正式访俄。2009年2月，日本首相麻生太郎在俄罗斯远东萨哈林州南萨哈林斯克与俄总统梅德韦杰夫举行会谈。2009年5月，俄罗斯总理普京访问日本。2012年6月，俄罗斯国家杜马主席纳雷什金访日。2012年9月，日本首相野田赴俄罗斯出席符拉迪沃斯托克亚太经济合作组织领导人非正式会议期间，与东道主普京总统会面。2013年4月，日本首相安倍访问俄罗斯，双方发表《关于发展日俄伙伴关系的联合声明》。6月，在英国北爱尔兰厄恩湖举行八国集团峰会期间，日本首相安倍晋三与俄罗斯总统普京举行会谈。9月，出席俄罗斯圣彼得堡二十国集团峰会的安倍与普京举行会谈。10月，安倍在出席印尼巴厘岛亚太经合组织首脑会议期间与普京举行2013年的第四次会谈。2014年2月，日本首相安倍赴俄罗斯索契出席冬奥会开幕式，并与普京举行会谈。2014年11月、2015年9月、11月，日本首相安倍分别与俄罗斯总统普京在多边会议场合举行会晤。2016年5月，日本首相安倍访俄，9月赴俄出席经济论坛，11月再次在多边会议场合同普京会谈。12月，俄罗斯总统普京访日。2017年4月，日本首相安倍访俄。7月，日本首相安倍与俄罗斯总统普京在多边会议场合举行会晤。9月，安倍出席在俄罗斯符拉迪沃斯托克举行的东方经济论坛并同普京会谈。2018年5月，安倍访问俄罗斯。9月，安倍出席东方经济论坛。11月，安倍首相在新加坡与俄罗斯总统普京举行会谈。领土问题是日俄关系中的主要问题，日本首相安倍上台后多次就此同俄罗斯总统普京举行会晤，但未有明显进展。2019年1月，日本首相安倍访俄，同普京举行会谈。

【同朝鲜的关系】无外交关系。1991年1月日本政府代表团在朝建国后首次访朝，同朝鲜政府代表团正式开始建交谈判。其后虽经多次谈判均无果而终。2002年日本首相小泉访朝，发表《日朝平壤宣言》，双方同意清算过去，解决有关悬案，尽早实现关系正常化。

六方会谈框架下日朝关系正常化工作组分别于2007年3月和9月在越南河内和蒙古乌兰巴托召开会议，就日朝邦交正常化问题进行接触，未能取得成果。2008年6月11—12日、8月11—12日，日朝在北京、沈阳举行工作磋商，就对绑架问题进行重新调查的具体办法等问题进行了探讨。2012年11月，日朝代表在乌兰巴托举行非正式会谈。

2009年5月朝鲜第二次核试后，日政府于6月通过内阁决议，决定单独追加对朝制裁措施，包括全面禁止对朝出口、限制日朝间人员往来等。2012年4月，日政府决定继续延长对朝单独制裁。2014年3月，新一轮日朝红十字会磋商在沈阳举行，3月底，新一轮日朝外务省局长级磋商在北京举行。双方此后于5月、7月分别在斯德哥尔摩、北京继续举行两轮局长级磋商，就启动朝鲜绑架日本人质问题有关调查取得进展。7月3日，日本政府决定解除部分单独对朝经济制裁。7月4日，朝鲜成立特别调查委员会，宣布对绑架问题展开调查，日本政府宣布解除部分单独对朝制裁。9月29日，日朝外务省局长级磋商继续就绑架问题进行对话。10月末，日本政府为了解朝方调查进度派遣工作组访朝。之后日朝曾就绑架问题进行多次磋商，2015年8月，日本外相岸田文雄在吉隆坡出席东亚合作系列外长会期间与朝鲜外相李洙墉举行双边会见，催促朝方尽快提交绑架问题调查结果，但朝方一再延期，日方至今尚未收到调查报告。2016年1月、2月，朝鲜先后核试和射星，日本再次对朝进行单边制裁，朝方宣布全面中止对被绑架日本受害者的重新调查。2018年以来，随着半岛形势的缓和，日本首相安倍晋三多次表示愿意同朝鲜进行面对面对话，同时仍强调维持制裁，日朝关系未有明显进展。

【同韩国的关系】日韩两国于1965年12月缔结基本关系条约并建交。日韩经济关系和人员往来均十分密切。韩国是与日本人员往来最多的国家之一。

2008年2月，日本首相福田康夫访韩，双方宣布开启“面向未来的日韩关系新时代”。2008年4月，韩国总统李明博访日，双方商定开创“更加成熟的伙伴关系”新时代。2011年，日本外务省发布2011年度《外交蓝皮书》，称韩国是“最重要的邻国”。2011年12月，韩国总统李明博访日。2012年5月，来华出席中日韩领导人会议的日本首相野田佳彦和韩国总统李明博举行日韩领导人会晤。2013年2月韩国总统朴槿惠上台后，日韩因历史、领土等问题关系紧张，始终未能实现首脑会晤。2014年3月，日美韩三国首脑在出席荷兰核安全峰会期间举行三边会晤。2015年11月，日本首相安倍和韩国总统朴槿惠在中日韩首脑会议期间举行了首次双边会晤，商定就解决“慰安妇”问题加快谈判进程。12月28日，日本外相岸田文雄赴首尔与韩国外交部长尹炳世举行会谈，双方宣布就解决“慰安妇”问题达成一致。但其后双方围绕“慰安妇”协议履行出现争议，日方一度召回驻韩大使。2018年1月9日，韩国外长康京和举行记者会，表示2015年签署的《韩日慰安妇协议》不能真正解决“慰安妇”问题，并就该协议宣布了后续措施。日本政府当天下午对此表示反对，并通过外交渠道向韩方提出了抗议。2018年以来，日韩关系因二战强征劳工赔偿、韩国解散“慰安妇”基金会、韩国军舰火控雷达照射日本预警机风波、韩国议长要求日本天皇谢罪等问题龃龉不断。

2016年3月、9月，日本首相安倍晋三两次在多边会议期间同韩国总统朴槿惠举行会晤。2016年11月，日韩签署《军事情报保护协定》。2017年7月，日本首相安倍与韩国总统文在寅在二十国集团（G20）汉堡峰会期间举行会谈。2018年2月，日本首相安倍出席平昌冬奥会开幕式。9月，安倍首相与文在寅总统在出席联合国大会期间举行会谈。2019年，两国关于战时强征劳工赔偿及日本实施出口限制问题矛盾升级，双边关系低迷。

【同东盟国家的关系】日本政府十分重视同东盟国家的关系。双方沟通往来机制较多，有东亚峰会、日本东盟领导人会议、外长会议、经济部长会议等。2012年11月，日本—东盟第15次峰会在金边举行。2013年是日本与东盟缔结友好合作关系40周年，双方举行了一系列纪念活动。2013年1月，安倍首相访问印尼时发表日本东盟外交五原则。2013年10月，日本—东盟第16次峰会在文莱举行。12月，日本与东盟特别峰会在东京举行。2014年11月，日本—东盟第17次峰会在缅甸举行。2015年11月，日本—东盟第18次峰会在马来西亚举行。2016年9月，日本—东盟第19次峰会在老挝举行。2017年11月，日本—东盟第20次峰会在菲律宾举行。2018年11月，日本—东盟第21次峰会在新加坡举行。2019年11月，日本—东盟第22次峰会在泰国举行。

【同印度的关系】日印于1952年建交，两国关系发展平稳。2000年双方决定构筑“面向21世纪的日印全球伙伴关系”。2001年双方发表以促进高层对话、加强IT、反恐、防扩散等领域合作为内容的日印共同宣言。2005年小泉首相访印，双方签署题为《在亚洲新时代的日印伙伴关系：日印全球伙伴关系的战略方向》的共同声明。

2008年10月，印度总理辛格访日，双方发表《关于推进全球战略伙伴关系的联合声明》和《日印安保合作共同宣言》。2009年12月，日本首相鸠山访问印度，两国就加强军事合作达成协议。2010年10月25

日，日本首相菅直人会见来访的印度总理辛格并发表题为《未来10年日印全球战略伙伴关系愿景》的联合声明，签署了《关于缔结日印经济伙伴关系协定的联合宣言》。2011年12月，日本首相野田访问印度，同印度总理辛格签署《关于强化面向建交60周年的全球战略伙伴关系的共同声明》。2012年6月，日印在日本举行首次海上联合军事演习。2013年5月，印度总理辛格访日，与日本首相安倍晋三举行了会晤。11月，日本天皇夫妇时隔53年后再次访问印度。2014年1月，日本首相安倍晋三访问印度。2014年8月底至9月初，印度总理莫迪访问日本。2015年11月，日本首相安倍在出席东盟领导人会议和联合国气候变化大会期间两次与印度总理莫迪会晤。2015年12月，日本首相安倍访问印度。2016年4月、9月，日本首相安倍分别在核安全峰会、东亚合作领导人系列会议期间同印度总理莫迪会晤。2016年11月，印度总理莫迪访日。2017年是“日印友好交流年”。2017年9月，日本首相安倍访问印度。7月和11月，日本首相安倍分别在二十国集团（G20）汉堡峰会和东亚合作领导人系列会议期间同印度总理莫迪会晤。2018年10月，印度总理莫迪访问日本。11月，安倍首相、莫迪总理和美国总统特朗普在二十国集团（G20）布宜诺斯艾利斯峰会期间举行会晤。2019年6月，日本首相安倍及出席G20峰会的美国总统特朗普、印度总理莫迪举行三方会谈。（王菁）

沙特阿拉伯

国名　沙特阿拉伯王国（Kingdom of Saudi Arabia）。

面积　225万平方公里。

人口　3420万（2019年）。沙特公民约占62%。阿拉伯民族。官方语言为阿拉伯语。伊斯兰教为国教，逊尼派约占85%，什叶派约15%。

首都　利雅得（Riyadh），人口619.5万。

国家元首　国王兼首相萨勒曼·本·阿卜杜勒阿齐兹·阿勒沙特（Salman bin Abdulaziz Al Saud），2015年1月23日即位，为沙特第七任国王。

重要节日　国庆日：9月23日；开斋节：回历10月第一天；宰牲节：回历12月10日。

简　况

位于阿拉伯半岛。东濒波斯湾，西临红海，同约旦、伊拉克、科威特、阿联酋、阿曼、卡塔尔、也门接壤。海岸线长2448公里。地势西高东低。西部高原属地中海式气候，其他地区属亚热带沙漠气候。夏季沿海地区气温38℃—39℃，内地有时高达54℃；冬季气候温和。年平均降雨不超过200毫米。

公元7世纪，伊斯兰教创始人穆罕默德及其继承者统一阿拉伯半岛，建立阿拉伯帝国，8世纪为鼎盛时期，版图横跨欧、亚、非三洲。11世纪开始衰落，16世纪为奥斯曼帝国所统治。19世纪英国侵入，当时分汉志和内志两部分。1924年内志酋长阿卜杜勒阿齐兹·沙特兼并汉志，次年自称为国王。经过30年征战，阿卜杜勒阿齐兹·沙特终于统一了阿拉伯半岛，于1932年9月23日宣告建立沙特阿拉伯王国。这一天被定为沙特国庆日。

政　治

沙特是君主制国家，禁止政党活动。无宪法，《古兰经》和先知穆罕默德的圣训是国家执法的依据。国王亦称“两圣地（麦加和麦地那）仆人”，并兼任首相，行使最高行政权和司法权，有权任命、解散或改组内阁，解散协商会议，有权批准和否决内阁会议决议及与外国签订的条约、协议。1992年3月1日颁布《治国基本法》，规定沙特王国由其缔造者阿卜杜勒阿齐兹·拉赫曼·费萨尔·阿勒沙特国王子孙中的优秀者出任国王。萨勒曼国王登基以来，对人事和机构进行大幅调整，重组核心领导层，巩固执政地位，沙特政局保持稳定。

【政府】本届政府于2015年4月组成，经过多次改组，目前共有阁员38人，主要成员是：国王兼首相萨勒曼·本·阿卜杜勒阿齐兹·阿勒沙特，王储兼副首相、国防大臣穆罕默德·本·萨勒曼·本·阿卜杜勒阿齐兹·阿勒沙特（Mohammed bin Salman bin Abdulaziz Al Saud），外交大臣费萨尔·本·法尔汉·阿勒沙特（Faisal bin Farhan Al Saud），能源大臣阿卜杜勒阿齐兹·本·萨勒曼·本·阿卜杜勒阿齐兹·阿勒沙特（Abdulaziz bin Salman bin Abdulaziz Al Saud），财政大臣穆罕默德·本·阿卜杜拉·杰德安（Mohammed bin Abdullah Al-Jadaan），商务大臣马吉德·本·阿卜杜拉·卡斯比（Majid Bin Abdullah Al-Qasabi）。

【议会】1993年12月成立协商会议，是国家政治咨询机构，下设13个专门委员会。协商会议由主席和150名议员组成，由国王任命，任期4年，可连任。现任主席阿卜杜拉·本·穆罕默德·阿勒谢赫（Abdullah Bin Mohammed Al-Sheikh），2009年2月就任，2013年1月、2016年12月两次连任。

【行政区划】全国分为13个地区：利雅得地区、麦加地区、麦地那地区、东部地区、卡西姆地区、哈伊勒地区、阿西尔地区、巴哈地区、塔布克地区、北部边疆地区、吉赞地区、纳季兰地区、焦夫地区。地区下设一级县和二级县，县下设一级乡和二级乡。

【司法机构】以《古兰经》和《圣训》为执法依据。由司法部和最高司法委员会负责司法事务的管理。2007年，阿卜杜拉国王颁布《司法制度及执行办法》和《申诉制度及执行办法》，建立新的司法体系。设立最高法院、上诉法院、普通法院（一级法院）等三级法院，并建立刑事、民事、商业、劳工等法庭。最高法院院长由国王任命。申诉制度规定设立直属于国王的三级行政诉讼机构，即最高行政法庭、行政上诉法庭和行政法庭。

【重要人物】**萨勒曼·本·阿卜杜勒阿齐兹·阿勒沙特**：国王兼首相。生于1935年。自幼接受伊斯兰正统教育。多年担任利雅得省长。2011年11月被任命为国防大臣。2012年6月18日任王储兼副首相和国防大臣。2015年1月23日继任沙特第七任国王。　**穆罕默德·本·萨勒曼·本·阿卜杜勒阿齐兹·阿勒沙特**：王储兼副首相、国防大臣。生于1985年。萨勒曼国王之子。2014年4月任国务大臣、内阁成员。2015年1月被任命为国防大臣、王宫办公厅主任、国王私人顾问，并担任新成立的经济与发展事务委员会主席。2015年4月被任命为王储继承人兼第二副首相、国防大臣。2017年6月被任命为王储兼副首相、国防大臣。

经　济

经济结构单一，石油是支柱产业。依托巨额石油收入促进经济社会平稳发展，成为阿拉伯国家第一经济大国。为摆脱对石油产业高度依赖，推进多元化发展战略，于2016年提出"2030愿景"和"2020国家转型规划"。2005年12月，沙正式加入世界贸易组织。2019年主要经济数据如下：

国内生产总值：7930亿美元。
人均国内生产总值：2.32万美元。
经济增长率：0.3%。
货币名称：沙特里亚尔。
汇率：1美元=3.75沙特里亚尔。
通货膨胀率：–1.2%。
失业率：12%。
（资料来源：《伦敦经济季评》）

【资源】石油剩余可采储量363.5亿吨，占世界储量的16%，居世界第二位。天然气剩余可采储量8.2万亿立方米，占世界储量的4.4%，居世界第六位。此外，还拥有金、铜、铁、锡、铝、锌、磷酸盐等矿藏。沙特是世界上最大的淡化海水生产国，其海水淡化量占世界总量的20%左右。

【工业】石油和石化工业是沙特的经济命脉。石油收入占国家财政收入的87%，占国内生产总值的42%。2019年原油产量5.6亿吨。近年来，沙特政府大力发展钢铁、炼铝、水泥、海水淡化、电力工业、农业和服务业等非石油产业，依赖石油的单一经济结构有所改观。近几年石油产量及收入情况如下：

	2016	2018	2019
产量（万桶/日）	1046	1020	980.9
收入（亿美元）	1087	1206	1346

【农业】沙特70%的面积为半干旱荒地或低级草场，可耕地面积只占土地面积的1.6%，约350万公顷（2015年）。永久性草地约378.5万公顷，占土地面积的1.9%。森林覆盖率很低，林地面积只占到全部土地的0.45%（2015年）。耕地集中分布在降水量较充沛的西南部地区。由于大部分地区降水稀少，沙特农业的发展受到极大限制。尽管沙特在农业生产上不具有优势，但还是取得可喜成绩。目前沙特主要农产品有：小麦、水稻、玉米、椰枣、柑橘、葡萄、石榴等。沙特的谷物自给率比较低，只有20%多，依靠大量进口才能满足国内的需求。沙特是世界上最大的大麦进口国，年均进口约850万吨（2017年）。水果自给率达到60%。畜牧业主要有绵羊、山羊、骆驼等。

【交通运输】公路：公路交通是主要运输方式，沙特道路总长20.97万公里，其中公路总长6.46万公里（2015年）。国际公路网与约旦、也门、科威特、卡塔尔、阿联酋、巴林等国相通。

铁路：阿拉伯半岛唯一的铁路系统在沙特。沙特铁路里程总计5410公里（2016年），客运量131.7万人次，货运量442.2万吨（2014年）。

海运：1976年设立港务局。沙特现有9大工商业港口，总泊位183个，2015年港口卸货总量1.03亿吨，3个主要工业港口总吞吐量达1.4亿吨，其中进口货物0.5亿吨，出口货物0.9亿吨（2016年）。集装箱每年装卸总量200万吨。目前，沙特的港口量及设施的现代化程度在阿拉伯和海湾地区国家中位列第一。

空运：沙特共有机场214座（2013年），包括3座国际机场，23个地区和国内的航空港，都由民航总局管理和运营。沙特航空公司成立于1946年9月，在世界民航公司中名列第15位。

输油管道：沙特的输油管网非常发达。最主要的大型输油管道有两条。一条是东西管道，全长925公里，日输油能力480万桶，将原油输运到沙特西部炼厂及红海港口，出口欧洲，目前运输量只占其能力的一半。另一条从东部加瓦尔油田横穿半岛连接西部延布港，全长1215公里，设计日输油能力为185万桶。

【通信】沙特通讯业发展迅速。沙特固定电话装机容量约349万条，移动电话用户达4793万人。互联网用户2076.8万人（2016年）。通讯业年营业额约400亿里亚尔。沙特于1985年启用了阿拉伯通信卫星，是阿拉伯卫星通信组织的最大投资者。

【财政金融】沙特近几年国家财政预收支状况如下（单位：亿美元）：

	2017	2018	2019
收入	1856	1768	2600

支出	2469	1899	2949
差额	–613	–131	–349

沙特有商业银行12家（2017年），其中国民银行、利雅得银行和拉吉希金融投资公司3家为本国银行，其余为合资银行。沙特银行业发展良好，绝大多数银行实现盈利，净利润增长8%。2019年外汇储备约5000亿美元。

【对外贸易】实行自由贸易和低关税政策。出口以石油和石油产品为主，约占出口总额的90%，石化及部分工业产品的出口量也在逐渐增加。进口主要是机械设备、食品、纺织等消费品和化工产品。主要贸易伙伴是美国、日本、中国、英国、德国、意大利、法国、韩国等。由于大量出口石油，沙特对外贸易长期顺差。2019年沙特进出口总额为3772亿美元，出口额为2463亿美元，进口额为1309亿美元，顺差1154亿美元。

人民生活

沙特是高福利国家，实行免费医疗。沙特卫生部2016年年报显示，沙特全国共有医院470家，卫生部医院274家，私立医院152家，其他医院44家。私营卫生保健中心409家以及超过37万从业人员。另外，武装部队、国民卫队及一些机构设有自己的专属医院，各综合大学设有医学院及附属医院。全国共有210万名沙特籍残疾人（2017年），49家残疾人护理中心。有慈善机构104个。沙特平均寿命男73.4岁、女77.7岁（2017年）。

军　事

沙特奉行防御性的国防政策。武装部队建于1964年，最高国防会议为国防最高决策机关。武装部队由正规军、国民卫队和准军事部队组成。正规军总兵力约23万人，其中陆军8.5万人，海军4万余人，防空军和战略导弹军3万余人，空军6万余人。国民卫队22.5万人。国家安全总机构、内政部下属的各种安全力量总人数约24.7万人。正规军平时实行志愿兵役制，战时实行义务兵役制，一般兵种服役期2年，特殊兵种服役三年。军事花费为GDP的9.85%，占比为世界第三（2016年）。

文化教育

【教育】政府重视教育和人才培养，实行免费教育。包括初等教育、职业培训、各类技术教育和成人教育等，实行强制义务教育。沙特基础教育实行三阶段一贯制。6岁儿童上6年制小学、3年制中间学校（相当于初中）和3年制高中。负责教育发展人才培养的机构有3个：教育部、女子教育最高委员会和技术职业培训总机构。在国内读书的大学生，除免费住宿外，还享受津贴。

【新闻出版】沙特奉行的新闻政策以遵守伊斯兰法规为原则，在思想上和文化上为社会服务。全国发行数十种报纸、上百种杂志。阿拉伯文报纸主要有：《利雅得报》《生活报》《国家报》《欧卡兹报》《中东报》（在伦敦出版）等。英文报刊主要有：《阿拉伯新闻》《沙特公报》《沙特经济概览》等。

沙特通讯社：1971年1月23日成立，系沙特官方通讯社，直接受新闻部领导。用阿、英、法文发稿。设有4个国内分社（麦加、麦地那、吉达、达曼）和6个国外分社（波恩、开罗、巴黎、伦敦、突尼斯、华盛顿）。

广播电台：沙特广播电台由22个电台组成，使用中波、短波和调频播出。吉达广播电台、利雅得广播电台和《古兰经》广播电台是最大的3家电台。

电视台：1964年建立电视网，1965年开始播放黑白节目，1976年开始彩色播映。现有4个电视台。目前全国各地有107个中转站，电视网已覆盖全国98%的地区。

对外关系

沙特奉行独立自主的外交政策。依托政治、宗教影响力及经济实力，积极参与地区事务。重视发展同美国关系，同时开展多元化外交，加强同巴基斯坦、马来西亚等亚洲伊斯兰国家以及中国、日本关系。积极发挥石油大国作用。是二十国集团中唯一的阿拉伯成员。已经同130多个国家建立外交关系。

【同中国的关系】1990年7月21日中国沙特建交。建交后，两国友好合作关系全面深入发展。2008年6月，两国建立战略性友好关系。2012年1月，两国决定在战略框架内进一步提升双边关系水平。2016年1月，两国建立全面战略伙伴关系，并决定成立中沙高级别联合委员会（简称“高委会”）。

2016年1月，习近平主席对沙特进行国事访问；8月，沙特王储继承人兼第二副首相、国防大臣穆罕默德访华，同张高丽副总理共同主持召开中沙高委会首次会议。2017年3月，沙特国王萨勒曼对华进行国事访问。8月，张高丽副总理访沙，同穆罕默德王储共同主持召开中沙高委会第二次会议。2019年2月，沙特王储穆罕默德访华，习近平主席会见，韩正副总理同穆共同主持召开中沙高委会第三次会议。

2008年四川汶川特大地震灾害发生后，沙特向中国提供5000万美元现金和1000万美元物资援助，是中国收到的最大一笔海外单项援助。2020年中国发生新冠肺炎疫情后，沙特政府和社会各界向中国提供了价值5000多万人民币的援助。

中国沙特经贸和能源合作发展迅速。2019年双边贸易额达780.38亿美元，其中中方进口额为541.82亿美元，出口额为238.56亿美元，分别同比增长23.21%、18.07%和37.76%。沙特是中国在西亚非洲地区第一大贸易伙伴。中国从沙特进口商品主要为原油、石化产品等，出口商品主要为机电产品、高新技术产品、服装等。

沙特是中国最大原油供应国之一。2019年中国从沙特进口原油8332.16万吨，同比增长46.87%。

中国驻沙特大使：陈伟庆。馆址：Circle No. 5

Diplomatic Quarter，Kingdom of Sandi Arabia。信箱：P. O. Box 75231 Riyadh 11578。电话：00966–11–4832126；传真：2812070。网址：http://www.chinaembassy.org.sa。商务处电话：00966–11–4655655；传真：4629617。

沙特驻华大使：图尔基·本·穆罕默德·本·阿卜杜拉·艾勒马迪（Turki bin Mohammed bin Abdullah Al Madi）。馆址：北京市朝阳区三里屯北小街一号。电话：010–85316555，65329321，65329322；传真：65325324。

【同美国及西方国家的关系】1943年5月沙特和美国建交，沙特是美国在中东地区传统盟友。“9·11”事件一度使沙特美国关系受到冲击。2017年5月21日，美国总统特朗普首次外访首站访问沙特，并同海湾合作委员会国家、阿拉伯和伊斯兰国家元首举行峰会。2018年3月，沙特王储穆罕默德对美进行长达3周的访问，会见美总统特朗普、副总统彭斯、总统高级顾问库什纳、国防部长、财政部长和贸易代表、参众两院重要议员以及波音、雷神等企业负责人。穆还赴纽约、波士顿、休斯敦、洛杉矶、旧金山、西雅图等地。两国有关部门和企业达成总值达4000多亿美元的82项合作文件。2019年，俄罗斯总统普京，美国国务卿蓬佩奥、中央司令部司令麦肯齐、国防部长埃斯珀、财政部长姆努钦、总统高级顾问库什纳、能源部长佩里，英国外交大臣亨特等访沙。

【同阿拉伯国家的关系】2019年，沙特同阿拉伯国家继续保持密切交往。沙特国王萨勒曼访问埃及并出席首届阿拉伯—欧盟峰会，并访问突尼斯、巴林等国，巴勒斯坦总统阿巴斯、巴林国王哈马德、约旦国王阿卜杜拉二世、黎巴嫩总理哈里里、伊拉克总理阿卜杜勒马赫迪、阿联酋阿布扎比王储穆罕默德、科威特国民议会议长加尼姆、约旦参议长法伊兹、阿联酋联邦国民议会议长古贝茜等分别访沙。沙特王储穆罕默德和阿联酋阿布扎比王储穆罕默德在阿布扎比共同主持召开沙特—阿联酋协调委员会第二次会议。

【同亚洲国家的关系】沙特同亚洲国家关系继续深入发展。2019年2月，沙特王储穆罕默德访问巴基斯坦、印度，6月，穆罕默德王储访问韩国、日本。印尼总统佐科、新加坡总统哈莉玛、印度总理莫迪、巴基斯坦总理伊姆兰·汗、马来西亚最高元首阿卜杜拉、阿富汗总统加尼、日本外相河野太郎等访沙。（李群）

斯 里 兰 卡

<u>国名</u>　斯里兰卡民主社会主义共和国（The Democratic Socialist Republic of Sri Lanka）。

<u>面积</u>　65610平方公里。

<u>人口</u>　2167万（2018年）。僧伽罗族占74.9%，泰米尔族15.4%，摩尔族9.2%，其他0.5%。僧伽罗语、泰米尔语同为官方语言和全国语言，上层社会通用英语。居民70.2%信奉佛教，12.6%信奉印度教，9.7%信奉伊斯兰教，7.4%信奉天主教和基督教。

<u>首都</u>　科伦坡（Colombo），人口75.3万。

<u>国家元首</u>　总统戈塔巴雅·拉贾帕克萨（Gotabaya Rajapaksa），2019年11月当选。

<u>重要节日</u>　独立日：2月4日（1948年）。

简　况

南亚次大陆以南印度洋上的岛国，西北隔保克海峡与印度相望。接近赤道，终年如夏，年平均气温28℃，受印度洋季风影响，西南部沿海地区湿度大。年平均降水量1757毫米（2017年）。风景秀丽，素有“印度洋上的明珠”之称。

2500年前，来自北印度的雅利安人移民至锡兰岛建立僧伽罗王朝。公元前247年，印度孔雀王朝的阿育王派其子来岛弘扬佛教，受到当地国王欢迎，从此僧伽罗人摈弃婆罗门教而改信佛教。公元前2世纪前后，南印度的泰米尔人也开始迁徙并定居锡兰岛。从5世纪至16世纪，岛内僧伽罗王国和泰米尔王国之间征战不断。16世纪起先后被葡萄牙人和荷兰人统治。18世纪末成为英国殖民地。1948年2月获得独立，定国名锡兰。1972年5月22日改称斯里兰卡共和国。1978年8月16日改国名为斯里兰卡民主社会主义共和国。

政　治

总统为国家元首、政府首脑和武装部队总司令，享有任命总理和内阁其他成员的权力。2019年11月17日，戈塔巴雅·拉贾帕克萨以约52.3%的得票率在斯里兰卡第八届总统选举中胜出，当选新任总统。20日，戈塔巴雅任命其胞兄、前总统马欣达·拉贾帕克萨为新任总理。

【宪法】现行宪法于1978年9月7日生效，为斯历史上第四部宪法，废除沿袭多年的英国式议会制，效仿法国和美国，改行总统制。1982年后曾多次修改宪法。宪法规定，斯所有官员，包括议员在内，必须宣誓反对分裂主义，维护国家统一。

【议会】斯议会为一院制，由225名议员组成，任期5年。本届议会于2015年8月选出。席位分布情况为：统一国民党106席，统一人民自由联盟95席，泰米尔全国联盟16席，人民解放阵线6席，穆斯林大会党和伊拉姆人民民主党各1席。本任议长卡鲁·贾亚苏里亚（Karu Jayasuriya），统一国民党党员，于2015年9月1日宣誓就职。

【政府】2019年11月，斯总统组建新内阁。新内阁成员包括总统、总理、部长在内暂为17人。主要成员有：总统兼国防部长戈塔巴雅·拉贾帕克萨，总理兼财政、经济和政策发展，佛教、文化和宗教事务，城市发展、供水和住房设施部长马欣达·拉贾帕克萨（Mahinda Rajapaksa），外交部长迪内什·古纳瓦德纳（Dinesh Gunawardana），社区赋权和种植园基础设施建设部长阿鲁穆加姆·通达曼（Arumugan Thondaman），马哈威利河、农业、贸易部长恰马尔·拉贾帕克萨（Chamal Rajapaksa），道路与高速公路、港口与航运部长约翰斯顿·费尔南多（Johnston Fernando），种植园产业与出口农业部长拉梅什·帕蒂拉纳（Ramesh Pathirana）等。

【行政区划】全国分为9个省和25个区。9个省分别为西方省、中央省、南方省、西北省、北方省、北中省、东方省、乌瓦省和萨巴拉加穆瓦省。

【司法机构】司法机构由三部分组成：法院，包括最高法院、上诉法院、高级法院和地方法院等；司法部，负责司法行政工作；司法委员会，负责法院人事和纪律检查。最高法院首席法官贾扬塔·贾亚苏里亚（Jayantha Jayasuriya），2019年4月29日就任。

【政党】（1）斯里兰卡人民阵线（Sri Lanka Podujana Peramuna），前身为2001年成立的斯里兰卡国家阵线党，2015年更名为“我们斯里兰卡自由阵线党”，2016年更名为“斯里兰卡人民阵线”。2015年自由党分裂后，大量现总理马欣达·拉贾帕克萨的支持者转而加入该党。2018年，该党以较大优势赢得地方议会选举。2019年11月，该党提名的候选人戈塔巴雅·拉贾帕克萨赢得总统选举。现任党领袖马欣达·拉贾帕克萨，主席加米尼·拉克什曼·佩里斯（Gamini Lakshman Peiris）。

（2）斯里兰卡自由党（Sri Lanka Freedom Party）：1951年9月由所罗门·班达拉奈克创建。奉行开放的市场经济政策和不结盟的外交政策。曾于1956年至1960年、1960年至1964年、1970年至1977年、1994年至2001年、2004年至2019年执政。1981年、1984年、1993年和2015年先后四次分裂。目前，主席为前总统西里塞纳。

（3）统一国民党（United National Party）：1946年9月，以森那纳亚克为首的锡兰国民大会党、以班达拉奈克为首的僧伽罗大会党和以贾亚为首的全锡兰穆斯林联盟合并，成立统一国民党。主张自由竞争、对外开放的经济政策和不结盟的外交政策。曾于1948年至1956年、1960年3月至7月、1965年至1970年、1977年至1994年、2001年至2004年先后独立或与其他政党联合执政。党领袖为前总理拉尼尔·维克拉马辛哈。

（4）泰米尔全国联盟（The Tamil National Alliance）：成立于2001年10月，由泰米尔联合解放阵线、伊拉姆人民革命解放阵线、泰米尔伊拉姆解放组织和全锡兰泰米尔大会党四个泰米尔政党组成，总部位于斯北部泰米尔人聚居的贾夫纳。主张泰米尔人具有民族自决权，呼吁政府保护泰米尔人权利。2011年以来该党与斯里兰卡政府就民族问题政治解决方案展开多轮对话。现任党领袖杉潘坦（R. Sampanthan）。

（5）人民解放阵线（Janatha Vimukthi Peramuna, People's Liberation Front）：成立于1970年，主要成员来自当时的锡兰共产党。直至20世纪90年代初，该党一直坚持武装斗争。90年代以来调整政策，选择议会斗争道路。现任党领袖为阿努拉·迪萨纳亚克（Anura Dissanayake），总书记为提尔文·席尔瓦（Tilvin Silva）。

其他政党和组织还有穆斯林大会党、国家传统党、民主党、锡兰工人大会党、伊拉姆人民民主党和斯里兰卡共产党等。

【和平进程与国内局势】斯政府与“泰米尔伊拉姆解放虎”组织（简称“猛虎”）间的冲突持续26年，造成7万多人死亡。2002年2月，在挪威斡旋下，双方签署《永久停火协议》，先后举行6轮和谈。2003年4月，“猛虎”退出和谈，和平进程宣告中断。2006年2月和10月，双方又举行两轮和谈，但未能达成一致。2007年7月，政府军收复东方省并向北部“虎控区”推进。2008年1月，斯政府宣布退出《永久停火协议》。2009年1月，政府军收复“猛虎行政首都”基里诺奇等城镇。5月，斯总统宣布军事行动取得成功，收复所有“猛虎”控制区域，消灭普拉巴卡兰等“猛虎”主要头目。目前，斯政府积极推进战后平民安置和经济社会重建，政治、经济、安全形势总体趋于稳定。

“猛虎”组织被消灭后，西方国家不断在流离失所者（IDP）安置和人权等问题上向斯施压。在一些西方国家和非政府组织推动下，联合国秘书长潘基文于2010年6月宣布成立专家小组，对斯内战期间违反国际人道法和人权法及侵权行为进行调查。西方国家还多次推动在联合国人权理事会通过涉斯决议。斯政府成立教训总结与民族和解委员会，调查2002年以来违反国际人权法原则的行为。2015年10月，由美国提出、斯里兰卡作为共同提案国提出的涉斯人权法案在第30次联合国人权理事会会议上通过，该决议支持斯开展国内调查。

2019年4月21日，斯遭遇内战结束后最为严重的恐怖袭击，造成重大人员伤亡和经济损失。斯政府全力打击恐怖主义，缉捕案犯，逐步恢复国内秩序和稳定。

【主要网址】斯里兰卡政府网：www.gov.lk。斯里兰卡总统办公室：www.president.gov.lk。斯里兰卡外交部：www.mea.gov.lk。

【重要人物】戈塔巴雅·拉贾帕克萨：总统，1949年6月20日生，僧伽罗族，佛教徒。曾就读斯阿南达学院和科伦坡大学，先后获学士、硕士和博士学位。1971年入伍，1992年退伍。2005年至2015年担任斯国防部常秘。2019年11月赢得总统选举并就任斯第7位总统。　**马欣达·拉贾帕克萨**：总理，1945年11月18日生，僧伽罗族，佛教徒。毕业于科伦坡法学院。1970年当选议员。1994年任劳工和职业培训部长。2000年任自由党副主席。2004年4月任总理。2005年11月至2015年1月连任两届总统。2018年10月曾短暂就任总理。2019年11月被戈塔巴雅总统任命为斯总理。　**迪内什·古纳瓦德纳**：外长，1949年3月2日生，僧伽罗族，佛教徒。先后就读于奈耶尔德商学院、俄勒冈大学，获工商管理学学士。1974年当选斯人民联合阵线党总书记。1983年当选议员。曾任运输部部长、环境部部长、城市发展和水资源供应部部长、给排水部部长和议会党鞭。

经　济

以种植园经济为主，主要作物有茶叶、橡胶、椰子和稻米。工业基础薄弱，以农产品和服装加工业为主。在南亚国家中率先实行经济自由化政策。1978年开始实行经济开放政策，大力吸引外资，推进私有化，逐步形成市场经济格局。近年来，斯经济保持中速增长。2005—2008年，斯国民经济增长率连续四年达到或超过6%，为独立以来的首次。2008年以来，受国际金融危机影响，斯外汇储备大量减少，茶叶、橡胶等主要出口商品收入和外国短期投资下降。斯国内军事冲突结束后，斯政府采取了一系列积极应对措施。当前斯宏观经济逐步回暖，但仍面临外债负担重、出口放缓等困难。2019年主要经济数据如下：

国内生产总值：840亿美元。

人均国内生产总值：3852美元。

经济增长率：2.3%

货币名称：卢比（Rupee）

汇率：1美元=178.78卢比（2019年平均值）

通货膨胀率：4.3%

失业率：4.8%

（资料来源：斯里兰卡中央银行）

【**资源**】主要矿藏有石墨、宝石、钛铁、锆石、云母等。石墨、宝石、云母等已开采。渔业、林业和水力资源丰富。

【**工业**】工业主要有纺织、服装、皮革、食品、饮料、烟草、造纸、木材、化工、石油加工、橡胶、塑料和金属加工及机器装配等工业，大多集中于科伦坡地区。2017年工业产值占GDP的26.8%。

【**农业**】可耕地面积400万公顷，已利用200万公顷。主要作物为茶叶、橡胶、椰子等。2019年农业产值约占GDP的7%。

【**服务业**】2019年服务业产值占GDP的比重约为57.4%，贸易、运输、信息通讯等产业增长较快。

【**旅游业**】旅游业是斯经济的重要组成部分。游客主要来自欧洲、印度、中国、东南亚等国家和地区。2003—2005年，斯连续三年到访外国游客数量突破50万人。自2005年底，斯政府军与“猛虎”冲突对旅游业造成一定冲击。2009年，随着斯局势转好，旅游业逐步恢复，呈现快速发展势头。2019年，受“4·21”恐怖袭击事件影响，旅游业发展势头再受影响。2019年入境人数为191.4万人次，同比下降18.0%。

【**交通运输**】全国有公路12390公里，铁路1640公里。主要港口有科伦坡、汉班托塔、高尔和亭可马里。科伦坡机场、汉班托塔（马塔拉）机场为国际机场。斯里兰卡航空公司经营国际航空业务。

【**财政金融**】2019年财政收入为105.84亿美元，财政支出128.52亿美元，财政赤字22.68亿美元。2019年外汇储备76.42亿美元，同比下降1.4%。外债559亿美元，同比增长1.9%。

【**对外贸易**】实行自由外贸政策，除政府控制石油外，其他商品均可自由进口。近年来，出口贸易结构发生根本变化，由过去的农产品为主转变为以工业产品为主。主要出口商品为纺织品、服装、茶叶、橡胶及其制品、珠宝产品。主要出口对象是美国、英国、印度、意大利、德国等，主要进口对象是印度、中国、阿联酋、新加坡、日本等。

近年外贸情况如下（单位：亿美元）：

	2017	2018	2019
出口额	113.6	118.9	119.4
进口额	209.8	222.3	−199.4
差　额	−96.2	−103.4	−80

【**外国资本**】政府实行保护和吸引外资的政策。2019年外国直接投资约11.89亿美元，主要投资于基础设施建设项目、服务业和制造业。

【**外国援助**】外援在斯经济生活中作用突出。斯几乎所有大型项目均依靠外援兴建。向斯提供援助的国家和国际组织有30多个，主要有中国、印度、日本、美国、亚洲开发银行等。2019年外援总额约为0.84亿美元。

人民生活

政府长期以来实行大米补贴、免费教育和全民免费医疗等福利措施。2019年预期寿命75.5岁。

军　事

陆、空军建于1949年，海军建于1950年。总统为武装部队总司令。最高国防决策机构为国家安全委员会，成员有国防部常秘、国防参谋长、陆、海、空三军司令、警察总监等，主席由总统兼任。国防部为最高军事行政机构。武装力量由正规军和警察组成。正规军分陆、海、空三个军种。总统通过国家安全委员会、国防部和陆海空三军司令部对全军实施领导和指挥。国防参谋长维杰古纳拉特纳（Admiral Ravindra Wijegunaratne），陆军司令席尔瓦（Lieutenant General L H S C Silva），海军司令席尔瓦（Vice Admiral Piyal de Silva），空军司令迪亚斯（Air Marshal Sumangala

Dias)。总兵力约28万，陆军18.7万，海军5.5万，空军3.8万。另有警察、国民辅助志愿队和家乡卫队约8万。

文化教育

【教育】民族文化历史悠久，深受佛教影响。政府一贯重视教育，自1945年起实行幼儿园到大学的免费教育。2017年居民识字率达93.1%。全国有学校10194所，私立学校106所，在校学生约430万人，教师约24.8万。2017年政府教育开支达2011.6亿卢比，比上年增长8%。主要大学有佩拉德尼亚大学和科伦坡大学等。

【新闻出版】有报刊200余种，4个报业系统：(1)锡兰联合报业公司：1918年创办，1973年由政府接管。《每日新闻》是斯最大的英文日报。《每日太阳报》是最大的僧伽罗文日报。(2)乌帕里集团报业公司：1981年11月创办。主要报刊《岛报》为英、僧文日报，发行量很大。(3)维贾亚报业公司：1990年创办。主要报刊有僧伽罗文日报《兰卡之光》和英文《每日镜报》和《星期日时报》。(4)快报报业公司：1930年创办，私营。出版泰米尔文报刊，《雄狮报》为最大的泰米尔文日报。

兰卡通讯社：1978年由几家报业公司联合创办的半官方新闻机构。

斯里兰卡电视台：国家电视台，1982年开播，每天用英、僧、泰三种语言播出。独立电视台，1979年开播，主要用僧伽罗语播出。另有地球电视台、MTV电视台等。

对外关系

奉行独立和不结盟的外交政策，支持和平共处五项原则，反对各种形式的帝国主义、殖民主义、种族主义和大国霸权主义，维护斯里兰卡独立、主权和领土完整，不允许外国对斯内政和外交事务进行干涉。关心国际和地区安全，主张全面彻底裁军，包括全球核裁军以及建立国际政治、经济新秩序。坚决反对国际恐怖主义，1998年1月签署了《联合国反恐怖爆炸公约》，成为该公约的第一个签字国。积极推动南亚区域合作。在联合国和南盟等组织内呼吁加强国际反恐合作。已同140多个国家建立了外交关系。

【同中国的关系】中国与斯里兰卡是友好国家，两国人民有着深厚的传统友谊。斯里兰卡史称师（狮）子国或僧伽罗国。公元410年，晋代高僧法显从印度赴斯游学，取回佛教经典并著有《佛国记》一书。明代航海家郑和下西洋时多次抵斯。15世纪，斯一王子访华，回国途中在福建泉州定居，被明朝皇帝赐姓为世，其后代现仍在泉州和台湾定居。斯沦为西方殖民地后，中斯关系一度中断。1950年斯承认新中国 。1952年，斯在两国未建交的情况下，不顾美等西方国家对中国的封锁，同中国签订了《米胶贸易协定》，成为两国友好合作关系史上的佳话。1957年2月7日建交后，两国关系在和平共处五项原则的基础上顺利发展，政治往来不断，经济合作与贸易关系逐步加强。2005年4月，温家宝总理访斯期间，两国宣布建立真诚互助、世代友好的全面合作伙伴关系。2013年5月，斯里兰卡总统拉贾帕克萨访华期间，双方决定将中斯关系提升为真诚互助、世代友好的战略合作伙伴关系。斯政府一贯奉行对华友好政策，长期以来在台湾、涉藏、人权等问题上给予中国支持。两国在许多重大国际和地区问题上拥有共识，合作良好。中国一直在人权问题上坚定支持斯方，多次在国际场合为斯仗义执言。

2012年6月，斯议长恰马尔访华。9月，全国人大常委会委员长吴邦国访斯。

2013年5月，斯总统拉贾帕克萨来华国事访问。6月、8月，斯总理贾亚拉特纳分别来华出席首届中国—南亚博览会和第二届亚洲青年运动会闭幕式。9月，中共中央政治局常委刘云山访斯。

2014年5月，斯总统拉贾帕克萨来华出席亚信第四次峰会。9月，习近平主席对斯里兰卡进行国事访问。

2015年3月，西里塞纳总统对华进行国事访问。

2016年4月，斯里兰卡总理维克拉马辛哈对华进行正式访问。10月，斯里兰卡议长卡鲁对华进行正式访问。

2017年4月，全国政协主席俞正声对斯进行正式访问。5月，斯里兰卡总理维克拉马辛哈来华出席“一带一路”国际合作高峰论坛。10月，斯外长马拉帕纳访华。

2018年2月，全国政协副主席王钦敏赴斯出席斯独立70周年庆典，同月，全国政协副主席韩启德访斯。9月，全国政协副主席李斌访斯。

2019年5月，斯里兰卡总统来华出席亚洲文明对话大会。

目前，中国从斯主要进口产品有橡胶及其制品、红茶、宝石和椰油等，主要出口产品有纺织品、机电产品、建材、小五金、医药等。中国一些名牌产品，如海尔、轻骑摩托车等进入斯市场。2019年，双边贸易额为44.9亿美元，同比下降2.0%。

中国驻斯里兰卡大使：程学源。馆址：381/A BAUDDHALOKA MAWATHA，COLOMBO 7，SRI LANKA。电话：94-11-2688610（办公室），2694494（政治处），2682495（经商处），2694493（文化处）；传真：2693799（办公室），2684579（经商处）。网址：http://lk.china-embassy.org，http://lk.chineseembassy.org。电子邮箱：chinaemb_lk@mfa.gov.cn。

斯里兰卡驻华大使：科迪图瓦库（Karunasena Kodituwakku）。馆址：北京市朝阳区建华路3号。电话：010-65321861，65321862；传真：65325426。电子邮箱：lkembj@slemb.com。

【同美国的关系】美是斯主要援助国和最大的出口市场。1997年，美宣布“猛虎”为恐怖组织。2004年底海啸灾难发生后，美在斯救灾和灾后重建中发挥了积极作用。5月，斯外长佩里斯访美。2015年2月，斯外长萨马拉维拉访美。5月，美国务卿克里访斯。2016年2月，斯外长萨马拉维拉在纽约出席联合国开发计划署部长级会议期间，会见美国务卿克里，并发表《斯里兰卡外交部和美国国务院关于启动斯美伙伴对话的联合声明》。2017年11月，美国务院副国务卿香农访斯。2018年10月，美国务院主管南亚和中亚事务首席助卿帮办爱丽丝·威尔斯访斯。2019年5月，斯外长马拉帕纳访美。

【同印度的关系】斯印有悠久的历史和地缘联系。同印度保持友好关系是斯外交政策的重点。双方重视经济合作，希望借此带动南盟合作的起步。印支持斯和平解决民族冲突。2013年1月，斯外长佩里斯访印。2014年5月，斯总统拉贾帕克萨应邀出席印度总理莫迪的就职仪式。2015年1月，斯外长萨马拉维拉访印。2月，斯总统西里塞纳访印。3月，印度总理莫迪访斯。9月，斯总理维克拉马辛哈访印。2016年2月，印外长斯瓦拉吉访斯。2017年9月，斯外长马拉帕纳访印。2018年3月，斯总统西里塞纳赴印出席国际太阳能联盟成立大会。10月，斯总理维克拉马辛哈访印。2019年6月，印总理莫迪访斯。11月，斯总统戈塔巴雅访印。

【同南盟的关系】斯重视南亚区域合作，积极支持和参与南盟各项活动。1998年7月，南盟第十届首脑会议在斯举行。斯积极推动南盟国家开展合作，强调经济发展是南盟的首要任务，为此需要一个和平、安定的地区环境。2008年，斯成功主办第15届南盟峰会。2011年和2014年，斯总统拉贾帕克萨分别出席在马尔代夫举行的第17届南盟峰会和在尼泊尔举行的第18届南盟峰会。2017年5月，南盟秘书长西亚尔访斯。

（张松）

塔吉克斯坦

国名　塔吉克斯坦共和国（The Republic of Tajikistan，Республика Таджикистан）。

面积　14.31万平方公里。

人口　931.68万（2020年1月）。塔吉克族占79.9%，乌兹别克族占15.3%，俄罗斯族约占1%。此外，还有鞑靼、吉尔吉斯、土库曼、哈萨克、乌克兰、白俄罗斯、亚美尼亚等民族。塔吉克语（属印欧语系伊朗语族）为国语，俄语为族际交流语言。居民多信奉伊斯兰教，多数属逊尼派，帕米尔一带属什叶派伊斯玛仪支派。

首都　杜尚别（Dushanbe，Душанбе），人口86.30万（2020年1月）。夏季最高气温可达40℃，冬季最低气温零下10℃左右。

国家元首　总统埃莫马利·拉赫蒙（Emomali Rahmon，Эмомали Рахмон）1994年11月6日就任总统，1999年11月6日、2006年11月6日　和2013年11月6日三次连任，任期至2020年11月6日。

重要节日　纳乌鲁兹节（春节）：3月21日；战胜德国法西斯纪念日：5月9日；祖国统一日：6月27日；独立日：9月9日；宪法日：11月6日。

简　况

位于中亚东南部的内陆国家。东与中国接壤，南邻阿富汗，西部和北部与乌兹别克斯坦和吉尔吉斯斯坦相连。境内多山，约占国土面积的93%，有“高山国”之称。属大陆性气候，夏季干燥炎热，降水多集中在冬、春两季。1月平均气温-1℃~3℃，7月平均气温27℃~30℃。

公元9—10世纪，塔吉克人建立索莫尼王朝，塔民族文化、风俗习惯基本形成于这一历史时期。13世纪被蒙古鞑靼人征服。14~15世纪属帖木儿后裔统治的国家。16世纪起加入布哈拉汗国。1868年，北部费尔干纳州和撒马尔罕州各一部分并入俄国。1917年11月至1918年2月，北部建立苏维埃政权。1918年底全境建立苏维埃政权。1924年10月14日成立塔吉克苏维埃社会主义自治共和国，属乌兹别克苏维埃社会主义共和国。1929年10月16日改为塔吉克苏维埃社会主义共和国，成为苏联的一个加盟共和国。1990年8月24日起，塔吉克最高苏维埃发表主权宣言。1991年8月底更名为塔吉克斯坦共和国，同年9月9日宣布独立，12月加入独联体。

政　治

塔独立后1992年3月爆发内战，1997年6月27日，在联合国及俄罗斯、伊朗等国斡旋下，拉赫蒙总统和反对派联盟首领努里在莫斯科签署《关于在塔实现和平民族和解总协定》，开始民族和解进程。根据协议，以伊斯兰复兴党为首的反对派联盟在各级政府中获得30%职位，共同参与执政。1999年9月26日，塔就修宪举行全民公决，修改条款包括保持世俗国体，允许建立宗教性质政党、实行议会两院制、总统任期七年等。11月6日，拉赫蒙在独立后第二次总统大选中蝉联总统。2000年2月27日和3月23日，塔分别举行了首次议会下院和上院选举。3月31日，塔总统签署命令，宣布从4月1日起正式停止民族和解委员会活动，民族和解进程结束。2001年6月至8月，塔政府大规模围剿拒绝与政府合作的前反对派残余武装，肃清了盘踞在杜尚别市附近的匪帮。2002年起，塔政府加大打击宗教极端主义、贩毒及各种犯罪的力度，积极争取国际支持和援助。2003年6月22日，塔修宪再次延长总统任期。2005年2月下旬，塔举行议会下院选举，执政党人民民主党赢得下院63个议席中的47席。2006年11月6日，塔在国际社会监督下举行总统选举，包括总统拉赫蒙在内的五名候选人参选，拉以79.3%的得票再次胜出，并于当月18日宣誓就职。2010年2月下旬，塔举行议会下院选举，执政党人民民主党赢得了下院63个席位的43席。2013年11月6日，塔举行总统选举，包括拉赫蒙在内的六名候选人参选，拉以84%的得票再次连任。2015年3月，塔举行议会选举，执政党人民民主党赢得了下院63个席位的51席。2015年9月4日，塔国防部副部长纳扎尔佐达发动武装叛乱，后被平定。当局随即取缔暗中支持叛乱的塔最大反对党伊斯兰复兴党。2015年12月25日，塔颁布《民族领袖法》，赋予拉赫蒙总统“和平与民族统一奠基人、民族领袖”称号。2016年5月22日，塔通过修宪全民公决，规定拉赫蒙总统作为民族领袖连任总统次数不受限制，禁止成立宗教、民族性质政党。2016年，塔政府通过《至2030年国家发展战略》，提出将塔建设成为独立、繁荣、稳定的国家以及实现从农工业国向工农业国转变的发展目标，并确定了保障能源安全、有效利用电能，摆脱交通困境、打造过境通道国，保障粮食安全、提供优质食物以及扩大就业的四大优先发展方向，明确了达到中等收入国家经济社会发展水平、通过实现多元化和提升竞争力保持经济可持续发展以及扩大和巩固中产阶级的三大任务。2017年1月，塔总统拉赫蒙提名其长子鲁斯塔姆为首都杜尚别市市长。2018年12月，塔总统拉赫蒙提出实现工业化战略。2020年3月，塔举行议会选举，执政党人民民主党赢得下院63个席位中的47席。拉赫蒙长子鲁斯塔姆当选议会上院议长。目前，塔政局稳定，国家内外政策得到民众普遍支持。

【宪法】1999年9月26日，以全民公决方式通过新宪法，对1994年11月的宪法做了修改。新宪法规定：在塔建立世俗、民主、法制国家；实行总统制；总统为国家元首、政府首脑和武装部队的统帅，由全民直接选举产生，每届任期七年。2003年6月22日，塔举行全民公决通过宪法修正案，规定新任总统每届任期七年，可连任一届。2016年5月22日，塔举行修宪全民公决，公决投票率为92%，以94.5%的支持率通过宪法修正案。根据该修正案，拉赫蒙总统作为民族领袖连任总统次数不受限制，总统候选人任职年龄门槛由35岁下调至30岁，取消宗教和民族性质政党的合法地位。

【议会】称“马吉利西·奥利”（Маджлиси Оли），意为最高会议，为两院制议会，是国家最高代表机关和立法机关。上院称“马吉利西·米利”（Маджлиси Милли），意为民族院，下院称“马吉利西·纳莫扬达贡”（Маджлиси Намояндагон），意为代表会议。

上院33名议员，任期5年。其中由索格特州、哈特隆州、戈尔诺-巴达赫尚自治州、中央直属区和杜尚别市地方议会各选5人，总统直接任命8人。上院主要职能是：确定、修改、撤销国家行政区划；根据总统提议选举和罢免宪法法院院长、副院长、最高法院院长、副院长、总检察长、副总检察长等。现任上院议长为埃·鲁斯塔姆（Э. Рустам），2020年4月17日当选。

下院设63个议席，其中41个按地方选区由选民选出，22个由党派选举中得票率超过5%的党派推选，任期5年。下院主要职能是：组建选举及全民公决委员会；就法律草案提请全民公决；批准国家经济和社会发展计划；批准获取和发放国家贷款；批准总统令等。现任下院议长为马·佐基尔佐达（М. Зокирзода），2020年3月17日当选。现议会下院中，塔总统领导的人民民主党占47个议席，农业党占7个席位，经济改革党占5个席位，共产党占2个席位，社会主义党和民主党各占1个席位。现议会上、下两院分别于2020年3月27日和3月1日选举产生。

【政府】现政府主要成员有：总理科·拉苏尔佐达（К. Расулзода），第一副总理达·赛义德（Д. Саид），副总理 希·伊斯马图洛佐达（Ш. Исматуллозода）、达·古尔马赫马德佐达（Д. Гулмахмадзода）和阿·伊布拉希姆（А. Иброхим），外交部长西·穆赫里丁（С. Мухриддин），国防部长舍·米尔佐（Ш. Мирзо），内务部长拉·拉希姆佐达（Р. Рахимзода），司法部长穆·阿舒里约恩（М. Ашуриён），经济发展和贸易部长扎·扎夫基佐达（З. Завкизода），财政部长法·卡霍尔佐达（Ф. Каххорзода），交通部长胡·胡多约尔佐达（Х. Худоёрзода），能源和水资源部长乌·乌斯蒙佐达（У. Усмонзода），文化部长祖·达夫拉特佐达（З. Давлатзода），教育与科学部长穆·伊莫姆佐达（М. Имомзода），卫生和社会保障部长纳·奥利姆佐达（Н. Олимзода），工业和新技术部长扎·法伊祖洛佐达（З. Файзуллозода），国家安全委员会主席赛·亚季莫夫（С.Ятимов），国家投资和国有资产管理委员会主席法·哈姆拉利佐达（Ф. Хамрализода），国家银行行长贾·努尔马赫马德佐达（Д. Нурмахмадзода）。

【行政区划】全国分为三州一区一直辖市：索格特州、哈特隆州、戈尔诺—巴达赫尚自治州、中央直属区和杜尚别市。

【司法机构】包括宪法法院（院长马·马赫穆多夫，М. Махмудов）、最高法院（院长谢·绍希延，Ш. Шохиён）、最高经济法院（院长马·卡兰达尔佐达，М. Каландарзода）、军事法院（院长赛·吉约耶夫，С. Гиёев）、总检察院（总检察长尤·拉赫蒙，Ю.

Рахмон）、军事检察院（军事检察长哈·赛义多夫，X. Саидов）及各地方法院和检察院。

【政党】1999年8月初塔联合反对派解散后不久，塔司法部正式解除对反对派政党活动的禁令。9月26日塔以全民公决方式通过的宪法修正案中包括允许建立宗教性质政党内容。2016年5月22日经全民公决修宪，取消宗教和民族主义性质政党的合法地位。目前主要有7个政党：

（1）人民民主党（Народная демократическая партия）：原名人民党，1994年12月10日成立，1997年6月更名为人民民主党。其纲领是团结社会健康力量积极参与国家管理，发展以多种所有制为基础的国民经济，改善人民生活，保障公民权利和自由，建设主权、民主、法制、世俗和统一的国家。其优先任务为巩固民族和解，发展民主社会，进行深刻的政治、经济、社会改革，致力于法制和政治文化建设，重视民族精神发展，坚决打击犯罪、恐怖主义和贩毒，反对政治、文化、地域、民族、种族、地区和宗教等任何形式极端主义，建立友好、平等和互利关系，维护国家利益，与世界各国和国际组织发展经济、政治、文化合作。现有党员超过48万人，在全国各大城市、区均建有分支机构。在议会下院中占有47个议席。拉赫蒙总统1998年4月任党主席至今。

（2）农业党（Аграрная партия）：2005年10月1日在杜尚别成立，同年11月15日在塔司法部登记为合法政党。主张建立公民社会，保障社会公正和人权自由，反对地方主义和分裂主义，维护民族团结和民族和解；主张建立面向社会的市场经济，强调加强国家经济独立性和粮食自给，认为农业应作为国民经济优先领域得到国家全面支持，提高农产品产量和质量，扶持从事农产品加工的中小企业发展，改善农民生活条件；呼吁完善国家土地政策，合理使用土地资源，实现农业可持续发展。目前有党员约5.5万人（2020年1月），主要由政府农业部门官员、农业专家、研究人员、农民代表组成。在本届议会下院中占7个席位。主席为鲁·拉吉夫佐达（Р. Латифзода）。

（3）经济改革党（Партия экономических реформ）：2005年9月在杜尚别成立，同年10月28日在塔司法部登记为合法政党。该党主张提高工业在国民经济中的地位，有效利用矿产和能源资源，大力发展中小企业和私营企业，增强塔产品竞争力，实现经济增长，解决地区发展不平衡问题，保障国民享受应有的生活和自由发展；大幅度提高干部素质和政府工作效率，反对土地私有化，倡议由国家统筹合理分配使用土地资源。该党现有党员约3.1万人，主要由高等院校教师、经济专家和学者及中小企业家组成。在本届议会下院中占5个席位。主席奥·博博耶夫（О. Бобоев）。

（4）共产党（Коммунистическая партия）：1924年成立。1991年“八·一九”事件后停止活动。同年9月21日更名为社会党。1992年1月19日恢复原名。1996年6月塔共召开第23次代表大会，制定新党章，其目标为：在自愿基础上团结以自由平等的社会主义和共产主义为目标的社会各阶层代表，创造性地运用马克思列宁主义等社会进步思想成果，捍卫广大劳动人民利益。进行旨在巩固国有、集体所有和私有等所有制形式的改革，建立面向社会的市场经济，优先发展能源，交通和高新技术，提高就业率，缩小贫富差距，改善人民生活，保障人的权利、自由和全面发展。尊重社会公平和多样性。保证劳动者平等享受劳动权利和免费教育、免费医疗等社会福利。消灭人剥削人的现象。维护国家主权和独立、积极与国家社会发展互利合作。现有党员约3.7万名。在议会下院中占有2个议席。主席为米·阿卜杜拉耶夫（М. Абдуллоев）。

（5）社会主义党（Социалистическая партия）：成立于1996年6月。主张社会平等，保障人权，特别是中下层劳动者的权益，反对人剥削人；促进建立法制国家，加强民主建设，改善国民经济，努力摆脱经济危机，提高人民生活水平；改革人事政策，维护社会公正，打击贪污腐败；尊重塔各民族历史、文化传统，提倡民族团结和共同发展。原主席萨·肯贾耶夫1999年3月遇刺身亡后，舍·肯贾耶夫（Ш. Кенджаев）任代主席。2004年8月，该党分裂为“纳尔基耶夫派”和“加法罗夫派”。“加法罗夫派”在司法部获准注册，主席阿·加法罗夫（А. Гаффаров）。以米·纳尔季耶夫（М. Нарзиев）为代表的“纳尔季耶夫派”未能取得合法地位。目前约有2.1万名党员，在议会下院中占有1个议席。在索格特和哈特隆两州设有分支机构。

（6）民主党（Демократическая партия）：成立于1990年8月。其宗旨为建立塔吉克斯坦民主社会，保障公民自由及政治经济权利，根本任务是通过该党在国家机构中的代表积极参与国家管理，实现国家政治、经济、军事、文化完全独立，促进塔国家统一及民族和解，支持建立多种所有制并存的市场经济。1992年该党同伊斯兰复兴党共同反对政府，内战开始后被宣布为非法，主要领导人逃往国外。1994年9月分裂为支持政府的“德黑兰派”和反政府的“阿拉木图派”，主席分别为阿·阿弗扎利（А. Афзали）和马·伊斯坎达罗夫（М. Искандаров）、1999年塔司法部解除对该党活动禁令。曾参加2005年2月举行的塔议会下院选举但未入围。主席伊斯坎达罗夫在2005年10月被塔最高法院以从事恐怖活动等罪行判处23年监禁。副主席拉赫马图洛·瓦利耶夫（Р. Валиев）曾为实际负责人。2006年4月民主党内部成立以马苏德·索比罗夫（М. Собиров）为首、亲现政权的“祖国”党团，在总统选举期间得到司法部批准，重新登记并承认索为该党合法主席。现任主席为萨·乌斯蒙佐达（С. Усмонзода）。现有成员约2万人（2018年）。在议会下院中占有1个议席。

（7）社会民主党（Социал-демократическая партия）：成立于1998年3月。党训为“理智、公正、发展”，主张促进社会公平，依法治国，建立强有力的民主法制国家，实行多党制，通过与现政权的建设性合作保障稳定发展社会民主和进行政治法制改革，尊重和保障人权和自由；强调保障国家管理和干部选拔制度透明度，推行以社会为导向的市场经济；认为宗教机构不宜参政，反对原教旨主义；主张加强国家和国防安全，为塔民主发展创造良好国家环境。主席拉·佐伊罗夫（Р.Зойиров）。目前约有8100名党员。

【重要人物】埃莫马利·拉赫蒙：总统。1952年10月5日出生于库利亚布州（现哈特隆州）丹加拉镇，塔吉克族。1971—1974年在前苏联太平洋舰队服役。1982年毕业于塔吉克国立大学经济系。1988—1992年任丹加拉区列宁农场场长。1990年当选为塔最高苏维埃人民代表。1992年任库利亚布州人民代表苏维埃执委会主席，同年11月19日当选塔最高苏维埃主席。1994年11月6日，经全民投票当选塔总统。1999年11月6日、2006年11月6日和2013年11月6日三次连任。本届任期七年。2015年12月25日，塔颁布《民族领袖法》，赋予拉赫蒙总统“和平与民族统一奠基人、民族领袖”称号。已婚，有9个子女。 **鲁斯塔姆**：议会上院议长，杜尚别市市长。现总统拉赫蒙长子。1987年12月19日生于库利亚布州（现哈特隆州）丹加拉区。2008年、2011年、2014年先后毕业于塔国立民族大学、俄罗斯总统国家学院、塔内务部学院。2006年至2009年任职于塔经济发展和贸易部世贸组织合作处。2009年至2011年任投资与国有资产管理委员会企业扶助局代局长、局长。2011年至2015年任海关总署打击违法行为局局长、副署长、署长。2013年获少将军衔。2015年至2017年任国家财政监管和反贪污局局长。2017年4月任杜尚别市长。2020年4月17日，当选议会上院议长。通晓俄语、英语、德语。已婚，育有3个子女。 **佐基尔佐达**：议会下院议长。1956年7月24日生于拉什特地区。1985年毕业于土地规划学院土地测绘专业。1985年起任塔国家土地设计学院土地测量工程师、高级工程师、技术监控组组长、总工程师，之后历任塔部长委员会农工综合处首席专家，总统办公厅农工综合处处长，紧急情况和民防委员会主席，国家土地规划、地质测绘和国有资产管理局局长。2010年任国家土地规划和地质测绘委员会主席。2015年3月至2016年3月任塔农业部长。2016年3月至2020年1月任塔副总理。2020年3月17日，第六届议会下院第一次会议当选议会下院议长。已婚，有2个子女。 **科希尔·拉苏尔佐达**：总理。1961年3月8日生于索格特州加弗洛夫区，塔吉克族。1982年毕业于塔吉克斯坦农学院（现称塔吉克斯坦农业大学）水利工程专业。2008年获俄罗斯国家行政学院技术科学副博士学位。1982年参加工作，历任塔波波忠加夫罗夫斯克区建筑实验室技术检验员、生产部工程师、总工程师、负责人。2000—2006年任塔水资源部部长。2006年12月起任索格特州代州长、州长。2007年12月、2010年4月两次当选塔议会上院第一副议长（兼任）。2013年11月起任塔总理。已婚，有3个子女。

经　济

塔经济基础薄弱，结构单一。苏联解体后的政治经济危机以及多年内战使塔国民经济遭受严重破坏，经济损失超过70亿美元。1995年塔开始实施《深化经济改革和加快向市场关系过渡的紧急措施》和《1995年至2000年经济改革纲要》，确立了以市场经济为导向的国家经济政策，并推行私有化改制。1997年塔国民经济开始走出低谷，呈现出恢复性增长。

2000年10月成功发行国家新币索莫尼，初步建立国家财政和金融系统，开始逐步完善税收、海关政策。2003年，塔政府制订国家工业发展政策，有效利用国家资源优势，加大生产技术革新力度，逐步提高产品加工水平和产品竞争力。2005年新一届议会选举之后，经济继续保持着平稳的发展态势，连续多年的通货紧缩局面得到改善，人均收入开始有所增加，各项经济指标均有所回升。2008年全球金融危机对塔经济造成一定冲击，塔政府采取系列应对措施，随后塔经济逐渐增长。但因本国经济规模相对较小，其发展对国际社会援助依赖很重，全面恢复并发展经济任重而道远。

2019年塔继续落实至2030年国家发展战略，采取一系列促进和保障生产措施，经济增长速度较2018年有所加快，失业率继续保持在较低水平，但通胀率有所上升，外债高筑，经济发展仍旧面临诸多困难。2019年主要经济数据如下：

国内生产总值：773.547亿索莫尼（约合79亿美元）。

人均国内生产总值：8136索莫尼（约合840美元）。

经济增长率：7.5%。

货币名称：索莫尼（Сомони）。

汇率：1美元=9.68索莫尼（2019年12月31日）。

通货膨胀率：8%。

失业率：2.1%。

【资源】水力资源位居世界第8位，人均资源拥有量居世界第一位，占整个中亚的一半左右，但开发量不足10%。该国水资源主要来自冰川，记录在册的冰川有1085条，冰川面积为8014平方公里，约占中亚冰川总面积50%。最大的冰川为费琴科冰川（长77公里）。该国有三大水系，分别属于阿姆河流域、泽拉夫尚河流域和锡尔河流域。长达500公里以上的河流有15条。主要河流为阿姆—喷赤河（921公里）、泽拉夫尚河（877公里）、瓦赫什河（524公里）、锡尔河（110公里）。该国湖泊颇多，总面积1005平方公里，约占国土面积的1%，最大的湖泊——卡伊拉库姆水库（380平方公里，即喀拉湖，素有“塔吉克海”之称），最高的湖泊——恰普达拉湖（海拔4529米），也是独联体海拔最高的湖泊。

塔在大河的干、支流修建了30多座大、中、小型水电站，其中建有中亚最大的努列克水电站以及正在建设的罗贡水电站。丰水期时不仅能满足国内电力需求，夏季还可向周边国家出口，但冬季缺电。

塔资源丰富，种类全，储量大。经过1971—1990年大规模的勘探，发掘出400多个矿带，已探明有铅锌、铋、钼、钨、锑、锶和金、银、锡、铜等贵重金属、油气和石盐、硼、煤、萤石、石灰石、彩石、宝石等50多种矿物质，其中有30多处金矿，总储量超过600吨；银矿多为与铅、锌伴生矿，储量10万吨，大卡尼曼苏尔银矿为世界最大银矿之一；锑储量占整个独联体的50%，在亚洲占第3位，仅次于中国和泰国；塔共探明有140多处建材原料矿，其中40处已经开采，多处的储量可维持20年至25年甚至更长的开采，为生产砖、惰性材料、陶瓷石膏、水泥等建材提供原料。

塔油气资源储量为石油1.131亿吨，天然气8630亿立方米，但无法得到有效开发：一是资源埋藏较深，多为7000米以下；二是缺少战略投资商。因此，所需大部分石油及天然气依赖进口。

【工业】2019年工业产值为275.866亿索莫尼，比上年增长13.6%。开采业、能源工业和加工工业分别占19.6%，23.8%，56.6%。各主要工业门类产值都有所增长，主要工业产品产值如下（单位：百万索莫尼）：

	2017	2018	2019
开采工业	4523.5	4685.9	4853.3
食品工业	4296.3	4895.3	5364.8
纺织工业	2346.3	2477.8	2714.8
金属工业	2187.3	2708.4	3873.5

（资料来源：据塔吉克斯坦统计署资料）

【农牧业】2019年塔农业总产值为277.504亿索莫尼，比上年增长7.1%。但影响塔农业发展的资金和技术等问题仍未得到解决。种植业方面，粮食、棉花、蔬菜水果产量普遍上升。畜牧业整体稳定，禽类产量有所上升。近两年主要农产品产量如下（单位：万吨）：

	2017	2018	2019
粮　食	144.7680	129.568	144.483
马铃薯	78.2892	96.4635	99.442
蔬　菜	185.9073	211.9396	218.249
葡　萄	22.8303	24.1790	24.716

（资料来源：据塔吉克斯坦统计署资料）

【交通运输】2019年塔货运总量为8010.16万吨，比2018年上升1.1%，客运总量为6.7亿人次。其中以公路运输为主，超过90%的货运和客运由公路承担。

公路：2019年货运量为7430.9万吨，客运量6.7亿人次。

铁路：2019年货运量为5790.8万吨，客运量55.17万人次。

空运：塔与迪拜（阿联酋）、马什哈德（伊朗）、新德里（印度）、喀布尔（阿富汗）、伊斯坦布尔（土耳其）、法兰克福（德国）、乌鲁木齐（中国）等城市有国际航班，还有至莫斯科、圣彼得堡、阿拉木图、比什凯克、奥什、塔什干、叶卡捷琳堡、新西伯利亚等独联体国家的国际航线。国内有杜尚别至胡占德、霍罗格、库利亚布、彭吉肯特等城市的航班等。

【财政金融】近两年财政收支情况如下（单位：亿索莫尼）：

	2017	2018	2019
收入	194.995	233.863	232.16
支出	196.939	240.655	236.85
差额	–1.944	–6.792	–4.698

（资料来源：同上）

截至2019年底，外债累计29.253亿美元，占当年GDP的37.2%。国家主要银行有：国家银行、农业投资银行、东方银行、外经银行、储蓄银行、复兴和开发银行等。

【对外贸易】近两年外贸情况如下（单位：亿美元）：

	2017	2018	2019
进口额	27.750	31.49	33.49
出口额	11.981	10.73	11.74
差　额	–15.769	–20.76	–21.75

（资料来源：同上）

2019年塔对外贸易总额为45.23亿美元，同比增长7.1%。据塔海关数据，2019年中塔贸易额为6.60亿美元，同比增长1.5%，其中对华出口额0.55亿美元，进口额6.05亿美元。

塔主要出口商品为普通金属、矿石和纺织原料，分别占出口总额的18.6%、39.1%和17.1%；进口以交通工具机械设备、矿石、化工制品为主，分别占进口总额的12.7%，18.8%和9.8%。塔同世界上105个国家有贸易往来，其中主要贸易伙伴是俄罗斯（10.44亿美元）、哈萨克斯坦（9.57亿美元）、中国（6.60亿美元）、土耳其（3.76亿美元）和乌兹别克斯坦（3.61亿美元）。

【外国资本】2019年塔吸引外资共6.07亿美元，自2007年起，至2019年底累计吸引外资98.65亿美元。外资主要投入领域是工业、交通、能源、贵金属矿产开采和加工、金融服务等。

【外国援助】2019年，向塔提供人道主义援助的国家共有55个，共援助物资1.83万吨，约5478.53万美元。主要援助国分别是俄罗斯（36.0%），中国（22%），乌兹别克斯坦（8.3%），瑞士（5.9%），印度

（5.6%），德国（2.8%）。

【著名公司】塔吉克斯坦国家电力控股公司：成立于1963年，注册资本1.5亿美元。主要经营业务是生产和供应热力及电力；设计和建造电站、输变电线及变电站。公司地址：杜尚别市索莫尼街64号。

塔吉克斯坦国家航空公司：塔唯一国有航空公司，成立于1992年，2004年改组。公司地址：杜尚别市迪托瓦大街32/1号。

塔吉克铝业公司：独联体第三大铝厂，1975年建成投产，设计能力51.7万吨/年，近几年年产量近40万吨，其中60%为纯铝，40%为特殊用途铝。工厂占地10平方公里，共有12个主厂房，其工艺和设备均为法国、意大利等欧洲国家设计制造。其产品主要销往荷兰、俄罗斯、土耳其和伊朗。厂址：图尔松扎德市。

塔吉克电信公司：组建于1996年，属国家控股公司，资本额1541.61万美元。公司地址：杜尚别市鲁达基大街57A。

人民生活

2019年月平均工资为1335.52索莫尼。塔工资水平行业差距较大，收入最低的农业为544.37索莫尼，政府机构为1092.80索莫尼，收入最高的行业是金融行业，其月平均工资为3331.78索莫尼。

2019年，塔官方公布全国劳动力人口为236.54万，失业率为2.1%，较2018年下降0.1%。塔就业人口按照部门统计，农业占45.7%，教育19.9%，卫生9.3%，工业4.6%，管理部门3.7%，建筑2.7%。

军　　事

塔武装力量于1993年2月23日组建。由陆军、机动部队、空军防空军三个军种组成总兵力约2.4万人。陆军编为1个师、4个旅和若干独立保障分队；空军防空军编为1个混编直升机大队、1个防空导弹团和1个防空雷达团；机动部队编为1个空降突击旅和多个独立作战与支持保障分队。此外，塔强力部门中边防军隶属国家安全委员会，总兵力约2万人。国民卫队直接隶属总统，总兵力约7500人。根据塔俄军事合作协议，俄在塔部署第201军事基地，总兵力近6000人

文化教育

【教育】2019年，塔吉克斯坦实际教育经费为44.19亿索莫尼，约占国内生产总值的18.7%。全国大中小学校共3884所，在校学生共203.39万人。

塔全国现有各类高等学校39所（包括分校），全国在校大学生22.95万人，其中2019—2020学年招收新生6.04万人，同比增长17.4%，其中女生2.17万，占36.0%。毕业生4.32万人。主要高等院校有：塔吉克斯坦民族大学（1984年建立，4个大系、80个专业、在校生1.8万人，教职工1200人）、塔吉克斯坦技术大学（在校生1.1万人，教职工500人）、塔吉克斯坦师范大学（在校生8000人，教职工585人）、斯拉夫大学（1993年俄、塔联合建立，在校生0.38万人）、胡占德大学（1997年建立，在校生1.3万人）、塔吉克斯坦商业大学（在校生6000人，教职工170人）、塔吉克斯坦农业大学（在校生0.74万人）、塔吉克斯坦医科大学（在校生7500人，教职工631人，教授90人）、库尔干秋别国立大学（在校生1.2万人）等。中等职业技术学校（包括分校）74所，在校学生9.04万人。

【新闻出版】塔国内报社45家，主要报刊有：《人民报》，原为塔共中央报，现为塔政府报；《共和国报》，塔政府机关报；《商业与政治报》，私人媒体；《亚洲快讯报》（Азия-плюс），私人媒体；《杜尚别晚报》，私人媒体；《人民论坛报》，执政党（人民民主党）党报。

通讯社8家，“霍瓦尔（Ховар）”国家通讯社、“亚洲快讯（Азия-плюс）”通讯社和“阿维斯塔（Авеста）”通讯社规模相对较大。“霍瓦尔（Ховар）”国家通讯社于1993年成立，有员工约60人，注册记者17人。“亚洲快讯（Азия-плюс）”通讯社是1996年4月创办的私人通讯社，有员工约30人。“Вароруд”通讯社是2000年宣布成立的私人通讯社，有员工10人，该社由欧安组织资助，主要报道费尔干纳盆地情况，通讯社总部设在胡占德市。Авеста通讯社，2003年成立，私人通讯社。塔吉克所有通讯社中只有塔通社在俄罗斯、德国等地有4名常驻记者。

广播电台15家；主要的有6家，1家国有，5家独立电台。“Ватан国家广播电台”，1993年成立，使用塔吉克语广播；“亚洲之声（Азия-плюс）广播电台”，1996年成立的私人电台，24小时用俄语广播；“自由广播电台”，2004年俄罗斯人投资建立的私人广播电台，24小时用俄语广播。塔所有电台均不使用短波广播，在塔境外无法收听。

全国性电视台2家，独立电视台4—5家。“塔国家电视台”规模最大，1993年建立，每天使用塔吉克语和俄语播放。塔所有独立电视台均租用“国家电视台”的频道播放自己制作的节目，没有自己的发射装置。

对外关系

塔奉行对外开放、大国平衡的外交政策，积极发展与俄罗斯、中亚国家、中国、美国、欧盟以及伊朗、沙特等伊斯兰国家的关系。同时，与世界其他国家发展友好合作关系，积极争取外援，维护塔独立、主权、安全和发展。塔已加入联合国、欧安组织、独联体、上海合作组织、经济合作组织、欧亚经济共同体、伊斯兰会议组织等51个国际和地区性组织。2002年2月20日正式加入北约“和平伙伴关系”计划，积极参与国际反恐、禁毒工作，并在联合国框架内推进解决水资源问题，倡导举办“生命之水”2005—2015十年行动有关会议，2013年在首都杜尚别举办了国际水合作大会，同年塔正式成为世界贸易组织成员。2015年，塔举办独立以来规模最大的国际活动“生命之水”国际高级别会议。2016年，塔方主办的“可持续发展第六目标——实现

供水与卫生普及”国际高级研讨会在杜尚别顺利举行，塔提出的“可持续发展之水”2018—2028国际十年行动倡议在联合国大会获得逾190个国家支持通过。2017年，塔将营造稳定友善的周边环境和争取外部援助作为外交重点，一是密切与大国关系；二是改善与周边国家关系，构建睦邻友好环境；三是加强与中东国家关系，寻求外部支持援助。2018年，塔提出的《2018—2028年水促进可持续发展国际行动十年》倡议正式启动。截至2019年底，塔作为独立主权国家，得到176个国家承认，并建立了外交关系。2019年6月15日塔作为亚洲相互协作与信任措施会议（简称“亚信”）主席国，举办亚信第五次峰会，中国、俄罗斯、哈萨克斯坦等11国领导人出席。

【同中国的关系】2019年1月25日，塔总理拉苏尔佐达向李克强总理致新春贺信。1月29日，塔外长穆赫里丁向王毅国务委员兼外长致新春贺信。3月24—27日，国家安全部副部长王裕文访塔，与塔国家安全委员会主席亚季莫夫举行会谈。3月27—31日，塔内务部长拉希姆佐达访华，国务委员、公安部部长赵克志与其举行会见。4月7—10日，塔国家安全委员会副主席米尔佐耶夫赴华出席“一带一路”国际合作会议，国家安全部部长陈文清与其举行会见。4月14—17日，外交部涉外安全事务专员程国平访塔并分别同塔国家安全会议秘书瓦坦佐达、国家安全委员会主席亚季莫夫、内务部长拉希姆佐达、第一副外长诺济里举行会见。4月25—29日，塔总统拉赫蒙赴华出席第二届“一带一路”国际合作高峰论坛和北京世界园艺博览会开幕式，期间习近平主席与拉举行会见。5月17—20日，“塔吉克斯坦文化日”先后在北京和西安举行，塔文化部第一副部长纳扎罗夫带领近70位塔艺术家出席演出活动。5月20—21日，国务委员兼外交部长王毅对塔进行正式访问，并分别同塔总统拉赫蒙、外长穆赫里丁举行会见。5月27—28日，商务部部长助理任鸿斌访塔，同塔经济发展和贸易部部长希克马图洛佐达举行会见。6月10日，甘肃省社会科学院和塔总统战略研究中心在杜尚别共同举办《中国—塔吉克斯坦友好关系发展史》俄文版首发式。6月11日，《习近平谈治国理政》第一卷塔吉克文版首发式暨中塔治国理政研讨会在杜尚别举行。6月12日，习近平主席在塔政府机关报《人民报》、“霍瓦尔”国家通讯社发表题为《携手共铸中塔友好新辉煌》的署名文章。6月14—16日，习近平主席赴塔出席亚信第五次峰会并进行国事访问，同塔总统拉赫蒙举行会谈，共同规划两国关系发展新蓝图，一致同意深化真诚互信、合作共赢的全面战略伙伴关系，致力于发展全天候友谊，推动构建人类命运共同体；签署《中华人民共和国和塔吉克斯坦共和国关于进一步深化全面战略伙伴关系的联合声明》，强调中塔将致力于逐步构建发展共同体和安全共同体；拉赫蒙总统向习近平主席授予国家最高勋章“王冠勋章”。7月10—13日，新疆军区政委李伟访塔，会见塔国防部长米尔佐。7月18—20日，国务院参事室王京生参事率代表团访塔，分别会见塔文化部长奥鲁姆别克佐达、国家博物馆馆长沙里夫佐达。7月29日，中国驻塔使馆举行庆祝中国人民解放军建军92周年招待会，塔国防部副部长拉吉克佐达少将等高官出席。8月7—14日，“协作–2019”中塔武装力量联合反恐演练在塔戈尔诺–巴达赫尚自治州“哲隆迪”靶场举行，中国西部战区副司令刘小午、塔国防部长米尔佐观演。9月18—19日，陕西省委副书记贺荣访塔，分别会见塔副总理伊布拉希姆、哈特隆州长哈基姆佐达和农业部长萨托利。9月19日，中国援塔第二批军用物资正式交接。9月27日，中国驻塔使馆举行庆祝中华人民共和国成立70周年招待会，塔副总理伊布拉希姆、第一副外长诺济里、紧急状态和民防委员会主席纳扎尔佐达等塔政府高官出席。9月30日至10月2日，广西壮族自治区副主席杨晋柏访塔，分别会见塔交通部长胡多约尔佐达、工业和新技术部长法伊祖洛佐达和工商会主席朱马洪佐达。10月8—19日，塔第一副总理赛义德率团访华，出席第七届中国—中亚合作论坛。10月20—23日，塔国防部副部长拉吉夫佐达少将赴北京出席第九届香山论坛。10月23—26日，厦门市政协主席张健率团访塔。11月3日，中国国家安全部向塔国家安全委员会对口援助的专用技术设备正式移交。11月4—9日，塔工商会副主席鲁斯塔莫娃率塔方经贸代表团参加第二届中国国际进口博览会。11月10—13日，湖北省商务厅厅长秦军赴塔开展经贸推介洽谈活动并出席“我爱塔吉克”华新基金启动仪式。11月22—26日，上海合作组织睦邻友好合作委员会副主席崔丽访塔，会见塔对外友协主席海鲁洛耶夫、塔妇女和家庭事务委员会主席兼塔中友协主席卡西姆佐达。12月2—5日，中国国家国际发展合作署副署长邓波清访塔，分别会见塔经济发展和贸易部部长希克马图洛佐达和内务部长拉希姆佐达。12月18—21日，中联部副部长钱洪山率团访塔，会见塔人民民主党第一副主席阿济济，并就十九届四中全会精神举行专题宣讲会。

据塔海关数据，2019年中塔贸易额为6.60亿美元，同比增长1.5%，其中对华出口额0.55亿美元，进口额6.05亿美元。据中国商务部数据，2019年中塔双边贸易额16.70亿美元，同比增长11.24%；其中，我对塔出口额15.90亿美元，同比增长11.30%，自塔进口额0.85亿美元，同比增长10.12%。

中国驻塔吉克斯坦大使：刘彬。馆址：г. Душанбе, пр. Рудаки，143。电话：00992–93–5710666；传真：00992–37–2510024。经商处电话：00992–37–2214826，传真：2510054。

塔吉克斯坦驻华大使：达夫拉特佐达·帕尔维兹（ДАВЛАТЗОДА ПАРВИЗ）。馆址：北京市朝阳区亮马桥外交公寓A区1–4。电话：010–65322598；传真：

65323039。

【同俄罗斯的关系】2019年2月4—5日，俄罗斯外长拉夫罗夫对塔进行正式访问，并与塔总统拉赫蒙、外长穆赫里丁举行会见。2月25日，俄罗斯向塔无偿援助价值900万美元的防空设备。3月18—20日，俄罗斯第一副总理兼财政部长西卢阿诺夫率团对塔进行工作访问并出席塔俄政府经贸合作委员会第16次会议，并同塔总统拉赫蒙会见。4月16—17日，塔总统拉赫蒙应俄罗斯总统普京邀请对俄进行工作访问，同总统普京、总理梅德韦杰夫、国家杜马主席沃罗金举行会见，并出席商贸论坛。5月27日，俄罗斯国防部长绍伊古访塔，同塔总统拉赫蒙、国防部长米尔佐举行会见。6月18日，塔总统拉赫蒙同俄罗斯总统普京通电话，就亚信第五次峰会成果交换意见。7月3日，塔议会上院议长乌拜杜洛耶夫赴圣彼得堡出席第二届“议会制度发展”国际论坛。10月10日，塔外长穆赫里丁赴俄罗斯参加独联体外长会议。10月19日，俄罗斯国家杜马主席沃罗金对塔进行正式访问，会见塔总统拉赫蒙、议会下院议长祖胡罗夫。10月30日，俄罗斯安全会议秘书帕特鲁舍夫访塔，与塔总统拉赫蒙举行会见。11月19日，塔安全会议秘书瓦坦佐达赴俄罗斯出席独联体安秘年度会议。12月20日，塔总统拉赫蒙赴俄罗斯参加独联体国家元首峰会，并与俄罗斯总统普京举行会见。

【同中亚国家的关系】2019年4月6日，吉尔吉斯斯坦副总理拉扎科夫访塔，并与塔副总理伊布拉希姆共同主持召开塔吉边境问题闭门会议。4月26—29日，塔—乌（兹别克斯坦）两国特种部队在塔法赫拉巴德训练基地进行为期4天的反恐演习。5月13—18日，塔哈（萨克斯坦）两国部队在塔法赫拉巴德训练基地进行联合反恐演习。5月22日，塔外长穆赫里丁出席在吉尔吉斯斯坦首都比什凯克举行的上海合作组织成员国外长会和集体安全条约组织外长会。5月28—29日，塔总统拉赫蒙对哈萨克斯坦进行工作访问并作为特邀客人出席在努尔苏丹举行的欧亚经济委员会最高理事会会议。5月31日，塔第一副总理赛义德赴土库曼斯坦出席独联体国家政府首脑理事会会议，与土总统别尔德穆哈梅多夫举行会见。6月10日，塔总统拉赫蒙与哈萨克斯坦总统托卡耶夫通电话，祝贺其当选并就两国战略伙伴关系下步发展和各领域合作交换意见。6月14日，塔总统拉赫蒙赴吉尔吉斯斯坦参加上海合作组织成员国元首理事会第19次会议。7月11—12日，哈萨克斯坦总理马明访塔，与塔总统拉赫蒙、总理拉苏尔佐达举行会见。7月26—27日，塔总统拉赫蒙和吉尔吉斯斯坦总统热恩别科夫举行工作会晤。9月23—25日，塔议会下院议长祖胡罗夫出席在哈萨克斯坦举行的第四届欧亚议长大会。10月6—9日，塔议会下院议长祖胡罗夫率团访问乌兹别克斯坦，会见米尔济约耶夫总统。10月10—11日，塔总统拉赫蒙赴土库曼斯坦参加独联体国家元首峰会。10月16日，塔副总理伊布拉希姆会见吉尔吉斯斯坦副总理拉扎科夫，就两国边界勘界问题交换意见。10月31日，塔外长穆赫里丁赴土库曼斯坦参加塔土外交部磋商。11月1—2日，塔总理拉苏尔佐达赴乌兹别克斯坦出席上海合作组织政府首脑理事会第十八次会议。11月15日，塔外长穆赫里丁赴乌兹别克斯坦参加中亚五国外长会晤。11月28日，塔总统拉赫蒙赴吉尔吉斯斯坦参加集体安全条约组织安全理事会例行会议。11月29日，塔总统拉赫蒙赴乌兹别克斯坦参加第二届中亚五国元首峰会。12月23日，塔总统拉赫蒙和哈萨克斯坦总统托卡耶夫通电话，就两国关系发展交换意见。12月27日，塔总统拉赫蒙就阿拉木图市飞机坠毁事故向哈萨克斯坦总统托卡耶夫致唁电。12月30日，塔总统拉赫蒙与吉尔吉斯斯坦总统热恩别科夫互致新年贺电。12月30日，塔总统拉赫蒙与乌兹别克斯坦总统米尔济约耶夫互致新年贺电。

【同美国的关系】2019年1月29日，美国向塔提供价值380万美元的地面雷达设备。5月16日，“美国+中亚”对话机制安全工作组会议在杜尚别召开，美国中亚问题助理国务卿帮办穆迪出席会议。6月27日，塔总统拉赫蒙会见到访的美国阿富汗问题特使哈利勒扎德。8月21—22日，塔外长穆赫里丁赴哈萨克斯坦参加“美国+中亚”C5+1外长会，期间会见美国副国务卿大卫·海尔。9月23日，塔外长穆赫里丁出席在纽约举行的“美国+中亚”C5+1外长级会议，并同美国务卿蓬佩奥举行会见。10月17日，美国会致信塔总统拉赫蒙，要求塔政府妥善解决对“自由电台”采取调查、威胁和拒绝向记者发放许可等问题。11月2日，美国驻塔使馆资助塔在哈特隆州沙赫里图斯区建成塔阿（富汗）边境“奥库里图恩”哨所，并向该项目援助90万美元。

【同欧盟国家的关系】2019年2月22日，欧盟向塔援助1000万欧元用于泽拉夫尚河流水利灌溉设施建设。4月19日，法国外交和欧洲事务部国务秘书让-巴普蒂斯特·勒穆瓦耶访塔，同拉赫蒙总统、穆赫里丁外长举行会见。7月7日，塔外长穆赫里丁赴吉尔吉斯斯坦出席第15届“欧盟+中亚”外长会议。11月5日，塔外长穆赫里丁在瑞士会见瑞士外长卡西斯。11月5—12日，塔总统拉赫蒙对瑞士、法国进行正式访问，同瑞士联邦主席毛雷、法国总统马克龙举行会见。

【同伊斯兰国家的关系】2019年6月1日，塔外长穆赫里丁对伊朗进行正式访问，同伊朗总统鲁哈尼、外长扎里夫、能源部长阿达肯举行会见。10月3日，塔第一副外长诺济里同埃及投资和国际合作部部长纳斯尔在开罗举行磋商。11月7日，塔第一副总理赛义德访问阿联酋，会见副总理兼总统事务部长曼苏尔。11月11—12日，塔总理拉苏尔佐达访问科威特，同王储纳瓦夫、首相贾比尔和议长马尔祖格举行会见。

（秦松茂）

泰　国

国名　泰王国（The Kingdom of Thailand）。

面积　51.3万平方公里。

人口　6900万。全国共有30多个民族。泰族为主要民族，占人口总数的40%，其余为老挝族、华族、马来族、高棉族，以及苗、瑶、桂、汶、克伦、掸、塞芒、沙盖等山地民族。泰语为国语。90%以上的民众信仰佛教，马来族信奉伊斯兰教，还有少数民众信仰基督教、天主教、印度教和锡克教。

首都　曼谷（Bangkok），人口800万。

国家元首　国王哇集拉隆功（Maha Vajiralongkorn Bodindradebayavarangkun），拉玛十世王。2016年10月即位。2019年5月4—6日举行加冕仪式。

重要节日　宋干节（公历四月十三日至十五日）；水灯节（泰历十二月十五日）；国庆日（公历十二月五日）。

简　况

位于中南半岛中南部。与柬埔寨、老挝、缅甸、马来西亚接壤，东南临泰国湾（太平洋），西南濒安达曼海（印度洋）。热带季风气候。全年分为热、雨、凉三季。年均气温27℃。

公元1238年形成较为统一的国家。先后经历素可泰王朝、大城王朝、吞武里王朝和曼谷王朝。原名暹罗。16世纪，葡萄牙、荷兰、英国、法国等殖民主义者先后入侵。1896年英法签订条约，规定暹罗为英属缅甸和法属印度支那间的缓冲国。暹罗成为东南亚唯一没有沦为殖民地的国家。19世纪末，拉玛四世王开始实行对外开放。五世王借鉴西方经验进行社会改革。1932年6月，民党发动政变，改君主专制为君主立宪制。1939年更名泰国，后经几次更改，1949年正式定名泰国。二战后军人集团长期把持政权，政府一度更迭频仍。20世纪90年代开始，军人逐渐淡出政坛。

政　治

2001年，泰国爱泰党在全国大选中胜出，塔信担任总理，2005年连任。2006年9月发生军事政变，塔信下台。2007年举行全国大选，人民力量党获胜，党首沙玛出任总理。2008年9月，沙玛被判违宪下台，人民力量党推选颂猜接任总理。12月，宪法法院判决人民力量党、泰国党和中庸民主党贿选罪名成立，予以解散，颂猜下台。12月15日，民主党党首阿披实当选总理。2011年5月，阿披实宣布解散国会下议院，7月举行全国大选，为泰党赢得国会下议院过半议席。8月5日，英拉当选总理。2013年12月，英拉宣布解散国会下议院，重新大选。2014年2月2日，泰国举行下议院选举，因反对派抵制，部分地区投票无法顺利举行。3月21日，宪法法院判决大选无效。5月22日，军方以“国家维稳团”名义接管政权。31日，国家立法议会组成。8月21日，立法议会选举“国家维稳团”主席、陆军司令巴育为新总理。24日，巴育就任总理。2015年8月、2016年12月和2017年11月，巴育三次调整内阁。2016年10月13日，泰国国王普密蓬·阿杜德去世，哇集拉隆功国王即位。2019年3月24日泰国举行新一届大选。6月5日新届国会上下两院投票选举总理，巴育高票当选连任。7月10日国王御准新一届内阁名单，7月16日全体阁员宣誓就职。

【宪法】现行宪法于2017年4月6日经哇集拉隆功国王批准生效，系泰国第20部宪法。

【议会】国会由下议院和上议院组成，下议院500人，上议院250人。本届国会于2019年5月成立。现任国会主席兼下议院议长川·立派，国会副主席兼上议院议长蓬佩·威奇春猜。

【政府】2019年7月10日国王御准新一届内阁名单，7月16日全体阁员宣誓就职。现任内阁成员如下：总理兼国防部长巴育·詹欧差上将（Gen. Prayut Chan-o-cha），副总理巴威·翁素万上将（Gen. Prawit Wongsuwan），副总理颂奇·乍都西披塔（Mr. Somkid Jatusripitak），副总理威萨努·科岩（Mr. Wissanu Krea-ngam），副总理兼商业部长朱林·拉萨那威西（Mr. Jurin Laksanawist），副总理兼卫生部长阿努廷·参威拉军（Mr. Anutin Charnvirakul），国务部长贴万·利巴达攀洛（Mr. Tewan Liptapallop），国防部副部长猜参·昌蒙空上将（Gen. Chaichan Changmongkol），财政部长乌达玛·沙瓦纳永（Mr. Uttama Savanayana），财政部副部长讪迪·蓬帕（Mr. Santi Promphat），外交部长敦·帕马威奈（Mr. Don Pramudwinai），旅游与体育部长披帕·拉吉巴甘（Mr. Phipat Ratchakitprakarn），社会发展与人类安全部长朱迪·盖叻（Mr. Chuti Krairiksh），高等教育与科研创新部长素威·梅信西（Mr. Suvit Maesincee），农业部长查霖猜·西奥（Mr. Chalermchai Sri-on），农业部副部长塔玛纳·蓬抛上尉（Capt. Thamanat Prompow），农业部副部长玛娜雅·泰西（Mrs. Mananya Thaiset，女），农业部副部长巴帕·颇素吞（Mr. Prapat Pothasuthon），交通部长萨沙炎·奇初（Mr. Saksayam Chidchob），交通部副部长阿提拉·拉德纳赛（Mr. Atirat Ratanasate），交通部副部长塔翁·赛年（Mr. Thaworn Senneam），数字经济与社会部长普提蓬·布纳甘（Mr. Buddhipongse Punnakanta），自然资源与环境部长瓦拉乌·信拉巴阿查（Mr. Varawut Slipa-archa），能源部长颂提叻·颂提吉拉翁（Mr. Sontirat Sontijirawong），商业部副部长威拉萨·旺素帕吉格颂（Mr. Weerasak Wangsuphakijkosol），内政部长阿努蓬·抛金达上将（Gen. Anupong Paojinda），内政部副部长尼蓬·汶亚玛尼（Mr. Niphon Bunyamanee），内政部副部长松萨·通西（Mr.Songsak Thongsri），司法部长颂萨·贴素廷（Mr. Somsak Thepsutin），劳工部长扎都蒙空·索拉军亲王（M.R. Chatu Mongkol Sonakul），文化部长易提蓬·坤本（Mr. Itthiphol kunplome），教育部长纳塔蓬·提素宛（Mr. Nataphol Teepsuwan），教育部副部长坤仁甘拉雅·索蓬帕妮（Khunying Kalaya Sophonpanich，女），教育部副部长甘诺婉·薇拉婉（Mrs. Kanokwan Vilawan，女），卫生部副部长萨提·比都德查（Mr. Sathit Pitutecha），工业部长素立亚·曾隆棱吉（Mr. Suriya Jungrungreangkit）共36人。

【行政区划】全国分中部、南部、东部、北部和东北部5个地区，共有77个府，府下设县、区、村。曼谷是唯一的府级直辖市。各府府尹为公务员，由内政部任命。曼谷市长由直选产生。

【司法制度】属大陆法系，以成文法作为法院判决的主要依据。司法系统由宪法法院、司法法院、行政法院和军事法院构成：

宪法法院主要职能是对议员或总理质疑违宪、对已经国会审议的法案及政治家涉嫌隐瞒资产等案件进行终审裁定，以简单多数裁决。由1名院长及14名法官组成，院长和法官由上议长提名呈国王批准，任期9年。

行政法院主要审理涉及国家机关、国有企业及地方政府间或公务员与私企间的诉讼纠纷。行政法院分为最高行政法院和初级行政法院两级，并设有由最高行政法院院长和9名专家组成的行政司法委员会。最高行政法院院长任命须经行政司法委员会及上议院同意，由总理提名呈国王批准。

军事法院主要审理军事犯罪和法律规定的其他案件。

司法法院主要审理不属于宪法法院、行政法院和军事法院审理的所有案件，分最高法院、上诉法院和初审法院三级，并设有专门的从政人员刑事庭。另设有司法委员会，由最高法院院长和12名分别来自三级法院的法官代表组成，负责各级法官任免、晋升、加薪和惩戒等事项。司法法院下设秘书处，负责处理日常行政事务。

【政党】主要政党有：

（1）国家人民力量党（Phalang Pracharat Party）：2018年3月2日成立。党首乌达玛，秘书长颂提叻。注册党员人数约4200人。

（2）民主党（Democrat Party）：1946年4月5日成立，系泰国历史最悠久的政党。党首朱林，秘书长差林猜。注册党员人数约13万。

（3）为泰党（Pheu Thai Party）：2007年9月20日成立。前身是由前总理塔信领导的泰爱泰党。党首颂蓬，秘书长阿努迪。注册党员人数约2万。

（4）自豪泰党（Bhumjaithai Party）：2008年11月5日成立。党首阿努廷，秘书长萨沙炎。注册党员人数约3000人。

（5）泰国发展党（Chart Thai Pattana Party）：2008年4月18日成立。党首甘乍娜，秘书长巴帕。注册党员人数约2万。

【重要人物】哇集拉隆功：国王。拉玛王朝十世王。1952年7月28日生于曼谷。1972年12月受封为王储，2016年10月即位。2019年5月4—6日举行加冕仪式。早年在英国和澳大利亚皇家预备学校学习，后赴澳大利亚堪培拉皇家军事学院学习，获文学学士学位。曾在泰国御林军任职，为陆、海、空三军上将。 **巴育·詹欧差**：总理。1954年3月21日生于泰国呵叻府。曾就读于泰国军官预备学校、陆军指挥参谋学院、国防学院。历任泰国陆军参谋长、副司令等职，2010年任陆军司令，2014年9月底退役。2014年5月22日，泰国军方以“国家维稳团”名义接管政权，巴育任“国家维稳团”主席。8月21日，国家立法议会选举巴育担任总理，巴育于24日就任。2019年3月24日泰国举行新一届大选。6月5日新届国会上下两院投票选举总理，巴育高票当选连任。

经　济

泰国实行自由经济政策。属外向型经济，依赖中、美、日等外部市场。传统农业国，农产品是外汇收入的主要来源之一，是世界天然橡胶最大出口国。20世纪80年代，电子工业等制造业发展迅速，产业结构变化明显，经济持续高速增长，人民生活水平相应提高，工人最低工资和公务员薪金多次上调，居民教育、卫生、社会福利状况不断改善。1996年被列为中等收入国家。1997年亚洲金融危机后陷入衰退。1999年经济开始复苏。2003年7月提前两年还清金融危机期间国际货币基金组织提供的172亿美元贷款。1963年起实施国家经济和社会发展五年计划。2017年开始第十二个五年计划。2019年主要经济数据如下：

国内生产总值：5237.44亿美元。

国内生产总值增长率：2.4%。

货币名称：铢。

汇率：1美元≈32.1铢。

失业率：1.1%。

通胀率：0.7%。

【资源】主要有钾盐、锡、褐煤、油页岩、天然气，还有锌、铅、钨、铁、锑、铬、重晶石、宝石和石油等。

【工业】出口导向型工业。主要门类有：采矿、纺织、电子、塑料、食品加工、玩具、汽车装配、建材、石油化工、软件、轮胎、家具等。工业在国内生产总值中的比重不断上升。

【农业】传统经济产业，全国可耕地面积约占国土面积的41%。主要作物有稻米、玉米、木薯、橡胶、甘蔗、绿豆、麻、烟草、咖啡豆、棉花、棕油、椰子等。

【渔业】海域辽阔，拥有2705公里海岸线，泰国湾和安达曼海是得天独厚的天然海洋渔场。曼谷、宋卡、普吉等地是重要的渔业中心和渔产品集散地。泰国是世界市场主要鱼类产品供应国之一。

【服务业】旅游业保持稳定发展势头，是外汇收入重要来源之一。主要旅游点有曼谷、普吉、清迈、帕塔亚、清莱、华欣、苏梅岛等。据泰国旅游与体育部统计，2019年赴泰外国游客数量3980万人，同比增长4.2%。创收1.93万亿泰铢，同比增长3.05%。

【交通运输】以公路和航空运输为主。各府、县都有公路相连，四通八达。湄公河和湄南河为泰国两大水路运输干线。全国共有47个港口，其中海港26个，国际港口21个。主要包括廉差邦港、曼谷港、宋卡港、普吉港、清盛港、清孔港、拉农港和是拉差港等。海运线可达中、日、美、欧和新加坡等。全国共有57个机场，其中国际机场8个。曼谷素万那普国际机场投入使用后，取代原先的廊曼国际机场，成为东南亚地区重要的空中交通枢纽。国际航线可达欧、美、亚及大洋洲40多个城市，国内航线遍布全国20多个大、中城市。

【财政金融】2019年财政收入2.56万亿泰铢。截至2019年末泰外汇储备2270亿美元。

【对外贸易】对外贸易在国民经济中具有重要地位。工业产品是出口主要增长点。2019年，泰国贸易总额4853.2亿美元，同比下降3%。其中出口额2453.4亿美元，同比下降2.1%；进口额2399.8亿美元，同比下降3.8%。贸易顺差53.6亿美元，增长349.6%。中国、日本、东盟、美国、欧盟等是泰国重要贸易伙伴。

主要出口产品有：汽车及零配件、电脑及零配件、集成电路板、电器、初级塑料、化学制品、石化产品、珠宝首饰、成衣、鞋、橡胶、家具、加工海产品及罐头、大米、木薯等。

主要进口产品有：机电产品及零配件、工业机械、电子产品零配件、汽车零配件、建筑材料、原油、造纸机械、钢铁、集成电路板、化工产品、电脑设备及零配件、家用电器、珠宝金饰、金属制品、饲料、水果及蔬菜等。

【对外投资】主要对美国、东盟、中国大陆及台湾地区投资。2019年泰国新增对华投资额1.058亿美元，同比增长131.3%。在华投资的公司主要有：正大集团、盘谷银行等。

【外商投资】1961年开始实行开放的市场经济政策，采取一系列优惠政策鼓励外商赴泰投资。1987—1990年为外国对泰投资高峰期。1997年受亚洲金融危机冲击，外国对泰投资大幅下降。近年来，泰政府加大投入，大力推进“泰国4.0”和“东部经济走廊”战略，加强基础设施建设，完善立法，创造良好环境吸引外资。

人民生活

泰国实行覆盖全民的医疗保险制度，大约16%的政府预算花在健康领域。

军　事

19世纪中叶仿效西方建立陆、海军，1915年建立空军。宪法规定国王为武装部队最高统帅。国家安全委员会为最高国防决策机构，隶属内阁，总理兼任主席。国防部为最高军事行政机关，负责制定和实施国防政策和计划。最高司令部为军队最高指挥机构，下设陆海空三个军种司令部，负责指挥和协调三军行动。现任武装部队最高司令蓬披帕·本亚西上将（Gen. Pornpipat Benyasri），陆军司令阿披拉·空颂蓬上将（Gen. Apirat Kongsompong），空军司令玛那·翁瓦上将（Acm.Maanat Wongwat），海军司令乐猜·路迪上将（Adm. Luechai Ruddit）。

文化教育

【教育】实行12年制义务教育。中小学教育为12年制，即小学6年、初中3年、高中3年。中等专科职业学校为3年制，大学一般为4年制，医科大学为5年制。著名高等院校有：朱拉隆功大学、法政大学、玛希敦大学、农业大学、清迈大学、孔敬大学、宋卡纳卡琳大学、诗纳卡琳威洛大学、易三仓大学和亚洲理工学院等。此外，还有兰甘亨大学和素可泰大学等开放性大学。

【新闻出版】媒体以私营为主，按市场规则运作。泰文媒体是主流媒体，英文、华文媒体居辅助地位。主要泰文报纸有《民意报》《泰叻报》《经理报》《每日新闻》等。主要华文报纸有《新中原报》《中华日报》《星暹日报》《亚洲日报》《京华中原》和《世界日报》等。主要英文报纸有《曼谷邮报》《民族报》等。泰国广播电台为国家电台，设有国外部，用泰、英、法、中、马（来）、越、老、柬、缅、日等语言广播。无线电视台都设在曼谷，大部分电视节目通过卫星转播。电视网覆盖全国。

对外关系

泰国奉行独立自主的外交政策。重视周边外交，积极发展睦邻友好关系。以东盟为依托，在保持与美国传统盟友关系的同时，注重发展同中国、日本和印度的关系，维持大国平衡。重视区域合作，积极推进东盟一体化和中国—东盟自贸区建设，支持东盟与中日韩合作。重视经济外交，推动贸易自由化。发起并推动亚洲合作对话（ACD）机制，积极参加亚太经济合作组织（APEC）、亚欧会议（ASEM）、世界贸易组织（WTO）、东盟地区论坛（ARF）、博鳌亚洲论坛（BFA）、澜沧江—湄公河合作、大湄公河次区域经济合作等多边合作。积极发展与伊斯兰国家关系。谋求在国际维和、气候变化、粮食安全、能源安全及禁毒合作等地区和国际事务中发挥积极作用。2016年泰国担任77国集团主席国。2018年6月主办“伊洛瓦底江—湄南河—湄公河三河流域经济合作战略”（ACMECS）第八届峰会。2019年担任东盟轮值主席国。

【同中国的关系】1975年7月1日建交，两国各领域友好合作全面发展。2012年4月，中泰建立全面战略合作伙伴关系。2013年10月，两国政府发表《中泰关系发展远景规划》。2017年9月，两国签署《中华人民共和国政府和泰王国政府关于共同推进“一带一路”建设谅解备忘录》。2019年11月，两国发表《中华人民共和国政府和泰王国政府联合新闻声明》。

两国高层保持密切交往。重要的互访有：习近平副主席（2011年）、全国政协主席贾庆林（2012年）、李克强总理（2013年、2014年、2019年）、全国政协主席俞正声（2015年）、张高丽副总理（2017）等中国领导人先后访泰或赴泰出席会议。2000年，泰国诗丽吉王后代表普密蓬国王对中国进行访问。哇集拉隆功王储（时任）、诗琳通公主、朱拉蓬公主等王室成员多次访华，历任总理、国会主席和军队领导人亦曾访华。2019年4月，诗琳通公主访华，巴育总理来华出席第二届“一带一路”国际合作高峰论坛。5月，威萨努副总理访华。7月30日至8月3日，王毅国务委员兼外长赴曼谷出席东亚合作系列外长会并对泰国进行正式访问。9月28日至10月1日，诗琳通公主作为友谊勋章获得者，来华出席中华人民共和国国家勋章和国家荣誉称号颁授仪式及其他新中国成立70周年庆祝活动。11月，李克强总理赴泰出席东亚合作领导人系列会议并正式访问。

中国是泰国最大贸易伙伴，泰国是中国在东盟国家中第三大贸易伙伴。2019年中泰双边贸易额为800亿美元，同比下降0.3%，其中泰对华出口额290.2亿美元，同比下降3.4%，自华进口509.8亿美元，同比增长1.6%，占泰国进口总额的21.2%。泰国对华贸易逆差219.6亿美元。

截至2019年底，中国对泰累计直接投资额68.5亿美元，其中2019年新增非金融类直接投资额9.02亿美元，同比增长40.9%。截至2019年底，泰国对华累计直接投资额43.7亿美元，其中2019年新增投资额1.058亿美元，同比增长131.3%。

2014年12月，两国央行签署《关于在泰国建立人民币清算安排的合作谅解备忘录》，并续签《双边本币互换协议》。2018年8月，王勇国务委员与泰副总理颂奇在曼谷共同主持联委会第六次会议。两国在文化、教育、科技、司法、军事等各领域保持良好交流与合作。两国人员往来密切。2019年中国游客赴泰1100万人次，同比增长4.7%。中泰两国已缔结39组友好城市和省府。

中国驻泰国大使：吕健。馆址：No.57，Rachadapisek Road，Bangkok 10110，Thailand。电话：0066–2–2450088（总机）转3204（办公室）；领事部电话：0066–2–2457033，2457036；商务处电话：0066–2–2457038；传真：2468247。

泰国驻华大使：阿塔育·习萨目。馆址：北京市朝阳区光华路40号。电话：010–65321749；传真：65321748。

【同老挝的关系】1950年12月19日建交。2014年11月，泰总理巴育出访老挝。2016年7月，老挝总理通伦访问泰国。10月，老挝总理通伦赴泰出席亚洲合作对话第二次领导人会议，同月再次赴泰吊唁普密蓬国王。2017年1月，老挝国防部长占沙蒙访问泰国，其间拜会巴育总理并出席第32次泰老边境秩序维护委员会会议。10月，老挝国家主席本扬夫妇赴泰国出席普密蓬国王葬礼。12月，巴威副总理在老挝万象出席泰老边界委员会第24次会议。

2018年1月，泰外长敦与老挝外长沙伦赛在泰国共同主持泰老边界联合委员会第11次会议。同月，敦外长在老挝同沙伦赛外长共同主持泰老第21次双边合作联委会。12月，总理巴育在老挝万象出席第3届泰老内阁联席会议，同老挝主席本扬举行会见，同老总理通伦共同主持第三届泰老内阁非正式联席会议。2019年5月，泰国文化部长威拉访问老挝。6月，老挝总理通伦赴泰出席第34届东盟峰会，其间同巴育总理会见。11月，通伦总理赴泰出席东亚合作领导人系列会议。

【同柬埔寨的关系】1950年12月19日建交。2014年10月泰总理巴育出访柬埔寨。2015年12月柬埔寨首相洪森访泰。2016年10月，柬埔寨首相洪森赴泰出席亚洲合作对话第二次领导人会议，同月再次赴泰吊唁普密蓬国王。2017年3月，泰国副总理兼国防部长巴威与柬埔寨国防大臣迪班共同主持第12次泰柬边境合作管理会议。9月，总理巴育赴柬埔寨出席第三次泰柬内阁联席会议并同柬埔寨首相洪森举行会晤。10月，柬埔寨首相洪森赴泰国出席普密蓬国王葬礼仪式。2019年4月，柬埔寨首相洪森、泰国总理巴育共同出席柬泰友谊大桥落成仪式。6月，洪森首相赴泰出席第34届东盟峰会。11月，洪森首相赴泰出席东亚合作领导人系列会议。

【同马来西亚的关系】1957年8月31日建交。2014年12月，泰总理巴育访问马来西亚。2016年9月，马来西亚总理纳吉布赴泰出席第六次泰马总理年度磋商。10月，纳吉布赴泰出席亚洲合作对话第二次领导人会议，同月再次赴泰国吊唁普密蓬国王。2018年10月，马来西亚总理马哈蒂尔对泰国进行正式访问。2019年1月，马来西亚外长塞夫丁对泰国进行正式访问，其间出席东盟外长非正式会议并同泰外长敦举行会谈。2月，泰外长敦对马来西亚进行工作访问，拜会马哈蒂尔总理，同塞夫丁外长举行会谈。6月，马哈蒂尔总理赴泰出席第34届东盟峰会。11月，马哈蒂尔总理赴泰出席东亚合作领导人系列会议，其间同巴育总理会见。

【同新加坡的关系】1965年9月20日建交。2015年6月，泰总理巴育访问新加坡。2016年10月，新加坡总理李显龙、总统陈庆炎先后赴泰国吊唁普密蓬国王。2017年8月，泰外长敦赴新加坡参加第13次泰新公务员交换项目协调会开幕式，其间拜会新加坡总理李显龙、同新外长维文举行会谈。10月，新加坡总统哈莉玛·雅各布赴泰国出席普密蓬国王葬礼仪式。2019年6月，新加坡总理李显龙赴泰出席第34届东盟峰会，其间同巴育总理会见。8月，新加坡国会议长陈川仁访问泰国，同巴育总理会见。11月，李显龙总理赴泰出席东亚合作领导人系列会议。

【同缅甸的关系】1948年8月24日建交。2014年10月，泰总理巴育访问缅甸。2015年6月，泰总理巴育赴缅甸出席伊洛瓦底江—湄南河—湄公河经济合作第六次领导人会议。2016年6月，缅甸国务资政昂山素季访问泰国。10月，缅甸总统廷觉赴泰吊唁普密蓬国王。2017年10月，泰外长敦访问缅甸，其间分别会晤缅甸国务资政昂山素季、国防军总司令敏昂来，同月缅甸总统廷觉夫妇赴泰国出席普密蓬国王葬礼仪式。2018年6月，缅甸总统温敏对泰国进行正式访问。8月，泰外长敦应邀对缅甸进行正式访问。2019年6月，缅甸国务资政昂山素季赴泰出席第34届东盟峰会，其间同巴育总理会见。11月，昂山素季赴泰出席东亚合作领导人系列会议。

【同菲律宾的关系】1949年9月12日建交。2015年7月、8月，泰总理巴育访问菲律宾。2016年11月，菲律宾总统杜特尔特赴泰国吊唁普密蓬国王。2017年3月，菲律宾总统杜特尔特访问泰国，同巴育总理举行会谈。2019年6月，菲律宾总统杜特尔特赴泰出席第34届东盟峰会，其间同巴育总理会见。11月，杜特尔特总统赴泰出席东亚合作领导人系列会议。

【同越南的关系】1976年8月6日建交。2014年11月，泰总理巴育访问越南。2015年7月，越南总理阮晋勇夫妇正式访泰。2016年10月，越南总理阮春福赴泰国吊唁普密蓬国王。2017年2月，越南国防部长吴春历访问泰国，其间分别会见巴育总理、副总理兼国防部长巴威。11月，巴育总理在越南出席亚太经合组织第二十五次领导人非正式会议，其间，同越南政府总理阮春福举行会见。2018年3月，巴育总理在越南河内出席大湄公河次区域合作第六次领导人会议期间会见越南总理阮春福。2019年6月，越南总理阮春福赴泰出席第34届东盟峰会，其间同巴育总理会见。7月，越南副总理兼外长范平明赴泰出席东亚合作系列外长会，其间同泰国外长敦举行会谈。11月，阮春福总理赴泰出席东亚合作领导人系列会议，其间同巴育总理会见。

【同印尼的关系】1950年3月7日建交。2016年10月，印尼总统佐科赴泰国吊唁普密蓬国王。2017年2月，印尼国防部长里亚米扎尔德访问泰国，其间分别会见巴育总理、副总理兼国防部长巴威。3月，印尼副总统卡拉来泰接受荣誉博士学位，其间拜会巴育总理。2018年7月，泰外长敦在印尼同印尼外长蕾特诺共同主持泰—印尼第九次联委会会议。2019年6月，印尼总统佐科赴泰出席第34届东盟峰会，其间同巴育总理会见。8月，泰外长敦赴印尼首都雅加达出席东盟秘书处新办公大楼落成仪式和第52届东盟纪念日活动。11月，佐科总统赴泰出席东亚合作领导人系列会议。

【同文莱的关系】1984年1月1日建交。2015年3月，泰总理巴育出访文莱。2016年10月，文莱苏丹哈桑纳尔赴泰出席亚洲合作对话第二次领导人会议。2018年1月，泰外长敦应邀访问文莱。2019年6月，文莱苏丹哈桑纳尔赴泰出席第34届东盟峰会。11月，哈桑纳尔赴泰出席东亚合作领导人系列会议。

【同美国的关系】1833年3月18日建交。2015年1月、12月，美国负责亚太事务的助理国务卿拉塞尔两次访泰。2016年2月，巴育总理赴美国出席东盟—美国领导人非正式会议，4月赴美出席核安全峰会，9月赴美出席第71届联大一般性辩论。2017年2月，美国太平洋总部司令哈里斯访问泰国并出席“金色眼镜蛇”军演开幕式。5月，泰外长敦出席在华盛顿举行的美国—东盟外长会。6月，美军太平洋总部陆军司令布朗访泰。8月，美国务卿蒂勒森访泰。10月，巴育总理应特朗普总统邀请访美。同月，美国防部长詹姆斯作为总统特朗普特使赴泰出席普密蓬国王葬礼。2018年2月，美军参联会主席邓福德访问泰国。4月，副总理兼国防部长巴威应美国防长马蒂斯邀请访美。5月，巴威再次访问美国，出席国际执法合作会议。7月，泰外长敦赴美国华盛顿出席首届推动宗教信仰自由部长级会议。2019年4月，美副国务卿黑尔访问泰国。7月，美国务卿蓬佩奥对泰国进行正式访问，其间出席东亚合作系列外长会，拜会巴育总理，同敦外长举行会谈。9月，巴育总理赴纽约出席第74届联合国大会。11月，美总统特使、国家安全事务助理奥布莱恩赴泰出席东亚合作领导人系列会议，其间同巴育总理会见。

【同日本的关系】1887年9月26日建交。2015年2月，泰总理巴育访问日本。3月，泰总理巴育访问日本，出席第三次联合国减灾大会。7月，泰总理巴育访问日本并出席第七次日本—湄公河国家领导人会议。2017年3月，日本明仁天皇、皇后美智子来泰吊唁普密蓬国王。6月，副总理颂奇访问日本。10月，日本皇次子夫妇赴泰国出席普密蓬国王葬礼仪式。2018年2月，颂奇副总理访问日本福冈市。2019年6月，巴育总理作为东盟国家代表率团赴日本大阪出席二十国集团领导人峰会，其间会见日本首相安倍晋三。10月，巴育总理偕夫人赴日本东京出席德仁天皇加冕仪式，其间同安倍晋三首相会见。11月，安倍晋三首相赴泰出席东亚合作领导人系列会议，其间同巴育总理会见。

【同韩国的关系】1958年10月1日建交。2019年9月，韩国总统文在寅对泰国进行正式访问，其间同巴育总理举行会谈，出席泰韩商业论坛并发表主旨演讲。11月，泰总理巴育赴韩国釜山出席第三次韩国—东盟特别峰会和首次韩国—湄公河国家峰会，其间同韩国总统文在寅举行会谈。会后，韩国和东盟国家发表《韩国—东盟关于构建和平繁荣伙伴关系的联合声明》，韩国和湄公河国家发表《汉江—湄公河宣言》。（曾艳）

土耳其

国名 土耳其共和国（Republic of Turkey）。

面积 78.36万平方公里，其中97%位于亚洲的小亚细亚半岛，3%位于欧洲的巴尔干半岛。

人口 8300万（2019年12月）。土耳其族占80%以上，库尔德族约占15%，其余为阿拉伯、亚美尼亚、希腊等少数民族。土耳其语为官方语言。99%的居民信奉伊斯兰教，其中85%属逊尼派，其余为什叶派，少数人信仰基督教和犹太教。人均寿命75岁。

首都 安卡拉（Ankara），人口560万（2019年12月），年平均最高气温30℃，最低气温-3℃。

国家元首 总统雷杰普·塔伊普·埃尔多安（Recep Tayyip Erdogan），2018年6月24日连任。

重要节日 新年：1月1日；国家主权和儿童日：4月23日；青年和体育节：5月19日；民主和国家团结日：7月15日；胜利日：8月30日；共和国成立日：10月29日。

简况

地跨亚欧两洲，邻格鲁吉亚、亚美尼亚、阿塞拜疆、伊朗、伊拉克、叙利亚、希腊和保加利亚，濒地中海、爱琴海、马尔马拉海和黑海。海岸线长7200公里，陆地边境线长2648公里。南部沿海地区属亚热带地中海式气候，内陆为大陆型气候。

土耳其人史称突厥，8世纪起逐渐由阿尔泰山一带迁入小亚细亚，13世纪末建立奥斯曼帝国，16世纪达到鼎盛期，20世纪初沦为英、法、德等国的半殖民地。1919年，凯末尔领导民族解放战争反抗侵略并取得胜利，1923年10月29日建立土耳其共和国，凯末尔当选首任总统。

政治

土建国后长期实行议会制。自2002年11月至2015年6月，正义与发展党（以下简称“正发党”）在土连续单独执政，政绩较为突出，执政地位相对稳固。2015年6月，土举行议会选举，正发党赢得40.8%的选票，连续第四次成为议会第一大党，但因议席未过半数，失去单独执政地位，该党主席达乌特奥卢组建跨党派联合政府失败。11月，土再次举行议会选举，正发党以49.5%的得票率成功获得过半议席，重新获得单独执政权。该党主席达乌特奥卢组建新内阁并于11月30日顺利通过议会信任投票。2016年5月22日，正发党召开特别大会，选举产生新任党主席耶尔德勒姆，总统埃尔多安授权耶尔德勒姆组阁。5月29日，新内阁通过议会信任投票正式就任。2016年7月15日，土部分军人策划发动军事政变，后迅速被土政府挫败，社会基本恢复稳定。2017年4月16日，土耳其修宪公投获得通过，根据宪法修正案，土将改行总统制，允许总统兼任政党职务，并掌握实际权力。废除总理一职，由总统任命副总统、各部部长。5月21日，正发党召开特别大会，埃尔多安总统重新当选党主席。2018年6月24日，土同时进行总统选举和议会选举。埃尔多安赢得52.59%的选票，成功连任总统。正发党与民族行动党组成的“人民联盟”赢得53.66%的选票，占据议会多数。7月9日，埃尔多安总统举行就职典礼，组成新一届政府，并任命福阿德·奥克塔伊（Fuat Oktay）为副总统。

【宪法】土立法体系效仿欧洲模式。现行宪法于1982年11月7日生效，是土第三部宪法。宪法规定：土为民族、民主、政教分离和实行法制的国家。2017年4月16日，土耳其举行总统制修宪改革全民公投并获得通过。

【议会】全称为土耳其大国民议会，是土最高立法机构。共设600个议席，议员根据各省人口比例选举产生，任期5年。实行全民直接选举制，18岁以上公民享有选举权。只有超过全国选票10%的政党或政党联盟才可拥有议会席位。本届议会于2018年7月产生，是土第27届议会。议长穆斯塔法·申托普（Mustafa Sentop）。

【政府】又称“部长会议”。本届政府是土第66届政府，成立于2018年7月9日，共有16名部长，主要包括外交部长迈夫吕特·查武什奥卢（Mevlut Cavusoglu）、国库与财政部长贝拉特·阿尔巴依拉克（Berat Albayrak）、国防部长胡鲁西·阿卡尔（Hulusi Akar）、贸易部长鲁赫萨尔·佩克詹（Ruhsar Pekcan）等。

【行政区划】土耳其行政区划等级为省、县、乡、村。全国共分为81个省。

【司法机构】中央一级的法院有宪法法院、上诉法院、行政事务法院、审计法院等，院长分别为：祖赫图·阿尔斯兰（Zuhtu Arslan）、伊斯马伊尔·鲁什图·吉里特（Ismail Rustu Cirit）、泽林·君格尔（Zerrin Gungor）和赛义特·阿赫迈特·巴什（Seyit Ahmet Bas）。共和国首席检察官为迈赫迈特·阿卡尔扎（Mehmet Akarca）。

【**政党**】土耳其多党制始于1945年。目前主要政党有：

（1）正义与发展党（Justice and Development Party）：议会第一大党。2001年8月14日成立，是具有温和伊斯兰宗教背景的右翼政党，总部设在安卡拉。该党主张建立法律至上、尊重人权与自由的现代共和政体，建立和完善市场经济体系。现任主席雷杰普·塔伊普·埃尔多安。

（2）共和人民党（Republican People's Party）：反对党，议会第二大党。由共和国缔造者凯末尔·阿塔图尔克（Kemal Ataturk）于1923年9月9日创建。该党推崇社会民主和民族主义，总部设在安卡拉。现任主席凯末尔·科勒驰达奥卢（Kemal Kilicdaroglu）。

（3）人民民主党（People's Democratic Party）：反对党，议会第三大党。2012年成立，总部设在安卡拉。主要代表库尔德族利益。2016年11月，该党原联合主席塞拉哈廷·德米尔塔什（Selahattin Demirtas）和菲甘·约克塞达（Figen Yuksekdag）因涉嫌参与或支持恐怖活动被警方逮捕。此后，约克塞达被土最高上诉法院判处取缔议员身份。现任联合主席是米特哈特·桑贾尔（Mithat Sancar）和佩尔文·布尔丹（Pervin Buldan）。

（4）民族行动党（Nationalist Movement Party）：议会第四大党。在2018年6月议会选举中同正义与发展党联合参选。1958年由共和民族党和土耳其农民党合并而成，属民族主义极右政党，总部设在安卡拉。现任主席代弗莱特·巴赫切利（Devlet Bahceli）。

（5）美好党（Good Party）：反对党，议会第五大党。2017年由退出民族行动党的部分反对派成员成立，总部设在安卡拉。现任主席梅拉尔·阿克谢奈尔（Meral Aksener）。

其他政党还有：民主左翼党、民主党、自由团结党、大团结党、爱国党、青年党等。

【**重要人物**】**雷杰普·塔伊普·埃尔多安**：总统。1954年生于伊斯坦布尔，毕业于马尔马拉大学经贸学院。曾任美德党伊斯坦布尔党部主席。1994年3月当选伊斯坦布尔市市长。1998年土国家安全法院以埃发表“煽动宗教仇恨”言论为由剥夺其从政权并判处10个月监禁。2001年8月，埃与美德党主张革新的少壮派共同创建正义与发展党并任主席。2002年11月正义与发展党在土议会选举中获胜后，土最高上诉法院恢复埃从政权。2003年3月9日，埃参加议会补选并当选议员，同月11日，塞泽尔总统任命埃为总理并授权其组阁。2007年7月和2011年6月，埃领导正发党连续赢得议会选举，埃连任总理。2014年8月，埃当选土第12任总统。2018年6月，埃在总统选举中获得连任，7月9日就职。已婚，有二子二女。　**福阿特·奥克塔伊**：副总统。1964年生于约兹加特。毕业于屈库奥瓦大学管理学专业，在底特律韦恩州立大学获制造工程和管理学硕士及产业工程学博士学位。航空和汽车领域专家，先后在福特、通用、克莱斯勒等多家企业任职。2008年至2012年，任土耳其航空公司主管战略规划和事业发展事务的副总经理。2012年至2016年任总理府灾害应急管理署署长。2016年至2018年任总理府办公厅主任，兼任土耳其航空公司董事会成员、土耳其电信公司董事会副主席。2018年7月出任副总统。已婚，有三个子女，懂英语。　**穆斯塔法·申托普**：议长。1968年生于泰基尔达省。本科毕业于伊斯坦布尔大学法学院，硕士和博士毕业于马尔马拉大学公共法专业，先后任马尔马拉大学研究员、副教授、教授。2012年至2015年任正发党副主席。申是土第24、25、26、27届大国民议会议员，第26届大国民议会宪法委员会主席。2018年7月起任大国民议会副议长，2019年2月24日起任议长。已婚，有四个子女。精通英语和阿拉伯语。

经　济

土耳其工农业均有一定基础，轻纺、食品工业发达，粮、棉、蔬菜、水果、肉类等基本自给自足。自20世纪80年代中期起，土开始推行自由市场经济模式，大力发展私营经济，实行国营企业私有化，实现了由传统国家计划经济向自由市场经济的转变，私人资本不断扩大，金融实现完全自由化。土在实现经济高速增长的同时，也出现了高通货膨胀率、高财政赤字、高失业率以及社会收入分配严重不均等问题。主要经济数据如下：

国内生产总值：7550亿美元（2019年）。
人均国内生产总值：9127美元（2019年）。
国内生产总值增长率：0.9%（2019年）。
货币名称：土耳其里拉（Turkish Lira）。
汇率：1美元≈6.75里拉（2020年3月）。
通货膨胀率：11.84%（2019年）。
失业率：13.7%（2019年12月）。
（资料来源：土耳其国家统计署数据）

【**资源**】矿产资源丰富，主要有花岗石、大理石、硼矿、铬、钍和煤等。其中，花岗石和大理石储量占世界40%，品种和数量均居世界第一。三氧化二硼储量7000万吨，价值3560亿美元；钍储量占全球总储量的22%；铬矿储量1亿吨，居世界前列。此外，黄金、白银、煤储量分别为516吨、1100吨和155亿吨。石油、天然气资源匮乏，需大量进口。

【**工业**】工业基础较好，主要有食品加工、纺织、汽车、采矿、钢铁、石油、建筑、木材和造纸等产业。

【**农林业**】农业基础较好，耕地面积24万平方公里，主要农产品有烟草、棉花、稻谷、橄榄、甜菜、柑橘、牲畜等。粮棉果蔬肉等主要农副产品基本实现自给自足。木材加工业发达。森林面积22万平方公里。通过实施新的林业技术并改善基础设施，工业木材产量逐年提高，但每年仍需大量进口。

【旅游业】旅游业是土外汇收入重要来源之一。2019年外国游客总数达5186万人次，旅游收入345亿美元。主要旅游城市有：伊斯坦布尔、伊兹密尔、安塔利亚、布尔萨、安卡拉、科尼亚等。特洛伊、以弗所古城等遗址和卡帕多奇亚、棉花堡是主要风景名胜地。

【交通运输】以陆路运输为主，公路网线广布，运力充足。

公路：截至2018年，国家级和省级公路65174公里，高速公路2842公里。全国各类注册登记机动车总数2315万辆。

铁路：截至2018年，总长10315公里，客运量18.5万人次，货运量3.1万吨。

空运：近年来，土航空业发展迅速。2018年，国内航线运送乘客1.13亿人次，国际航线运送乘客9758万人次。航空货运量共计385万吨。

海运：海运发达，一半以上的对外贸易通过海路运输。主要港口位于伊斯坦布尔、伊兹密尔、梅尔辛、伊斯肯德伦、伊兹密特、萨姆松、特拉布宗、杰姆利克等地。

【对外贸易】随着国民经济的快速发展，对外贸易总值和数量不断增加。2019年，对外贸易总额3741.8亿美元，其中，进口额为2027.0亿美元，出口额为1714.8亿美元。主要出口产品是农产品、食品、纺织品、服装、金属产品、车辆及零配件等。主要进口商品是原油、天然气、化工产品、机械设备、钢铁等。近几年对外贸易情况如下（单位：亿美元）：

	2017	2018	2019
出口额	1570	1680	1715
进口额	2338	2230	2027
差　额	–768	–550	–312

（资料来源：土耳其国家统计署数据）

【外国投资】近年来，外国投资持续增加。土所吸引外资主要来自欧盟、北美和海湾国家，主要投资领域为金融业和制造业。2018年，外国在土直接投资约132亿美元。

人民生活

2019年固定电话装机每百人14部，移动电话使用每百人99部。互联网用户数量约7700万。

军　事

1921年，凯末尔创建国民军。1952年，土耳其加入北约。土武装部队包括陆军、海军（包括海军航空兵和海军陆战队）、空军、海岸警卫队和宪兵。总统是武装力量最高统帅。最高军事委员会是武装部队内部事务最高决策机构。总参谋部是武装部队的最高作战指挥机构。国家安全委员会是最高国防决策机构。国防部是同总参谋部进行合作的最高行政机构。实行义务兵役制，服役年龄为21岁，服役期限6—12个月。2018年8月起，土开始实行有偿免除兵役制度，1994年1月1日前出生者可通过缴纳1.5万里拉免除兵役，仅需接受21天基础培训。实行军队职业化措施，精减指挥机关人员，技术军人文职化，实行军官和技术军人合同制等。

土现役正规军总兵力64.7万。北约在土设有东南欧盟军司令部、战术空军司令部。美国在土设有16个军事基地和设施。土在塞浦路斯土族地区有约3万人的驻军。

文化教育

【教育】2005年6月，土耳其参照欧盟标准，对教育体制进行改革。2012年再次实行改革，现行教育体制为小学4年、初中4年、高中4年的义务教育体制。共有各类学校6万余所，在校学生2531万人，教师103万人。现有大学207所。著名高等学府有安卡拉大学、加齐大学、哈杰泰普大学、中东技术大学、比尔肯特大学、伊斯坦布尔大学、伊斯坦布尔技术大学、海峡大学、爱琴海大学。

【新闻出版】发行报纸约2464份，杂志约3500种。《自由报》《国民报》和《晨报》为土传统三大报。此外，土耳其发行量较大报纸还包括《共和国报》《发言人报》《邮报》《新闻土耳其报》等。《每日晨报》和《每日自由报》是主要的英文报纸。

主要通讯社：阿纳多卢通讯社，半官方，创建于1920年。

土耳其国家广播电视机构成立于1964年，官方，对外用38种语言广播。

全国共有电视台196家，各类广播电台899家。1994年4月，议会通过《私营广播电视机构及节目法》。

对外关系

土耳其外交政策以联美、入欧、睦邻为三大支柱，同时重视发展同包括中国、日本、韩国在内的亚太及中亚、巴尔干和非洲国家关系，注重外交多元化。

目前，土耳其已同174个国家建立了外交关系，在外设有246家驻外使领馆等外交机构。土耳其是北约、二十国集团、伊斯兰合作组织、亚洲相互协作与信任措施会议、欧洲安全与合作组织、发展中国家8国集团、黑海经济合作组织、东南欧合作进程、突厥语国家合作委员会等国际和地区组织成员，上海合作组织、东南亚国家联盟等组织对话伙伴国。

【同中国的关系】1971年8月4日与中国建交。20世纪80年代之后两国高层互访增多，双边关系发展较快。2010年，中土两国建立战略合作关系。

近年来，习近平主席同埃尔多安总统多次会见或通话：2015年11月，习近平主席赴土出席二十国集团安塔利亚峰会，会见土总统埃尔多安。

2016年9月，习近平主席会见来华出席二十国集团领导人杭州峰会的土总统埃尔多安。

2017年5月，土总统埃尔多安来华出席“一带一路”国际合作高峰论坛，习主席同埃举行会谈，双方签署3项合作协议。

2018年4月，习近平主席应约同土总统埃尔多安通话。7月，习近平主席出席金砖国家领导人第十次会晤期间，会见土总统埃尔多安。

2018年11月，习近平主席出席二十国集团领导人布宜诺斯艾利斯峰会期间，会见土总统埃尔多安。

2019年6月，习近平主席在亚信杜尚别峰会期间，会见土总统埃尔多安。7月，土总统埃尔多安访华。

2015年7月，双方签署关于建立副总理级政府间合作委员会机制的谅解备忘录。这是我国同中东地区国家建立的最高级别合作机制之一。2016年11月，汪洋副总理访问土耳其并同土副总理希姆谢克举行中土政府间合作委员会机制首次会议。2017年4月，刘延东副总理访问土耳其，会见土总统埃尔多安、总理耶尔德勒姆，并同土副总理图尔凯什举行会谈。2017年12月，土副总理希姆谢克访华，中共中央政治局常委、国务院副总理汪洋会见。

2015年11月，双方宣布建立外长磋商机制。2016年11月，王毅外长赴土耳其举行两国外长磋商机制首次会议。2017年8月，土外长查武什奥卢来华举行两国外长磋商机制第二次会议。2018年6月，土外长查武什奥卢访华，国家副主席王岐山、国务委员兼外长王毅分别同其会见、会谈。

2018年12月，土大国民议会议长耶尔德勒姆访华，国务院总理李克强、全国人大常委会委员长栗战书分别同其会见、会谈。

2019年中土双边贸易额为210.8亿美元，同比下降10.4%，其中中方出口额184.9亿美元，同比降低10.7%，进口额25.9亿美元，同比下降11.2%。中方主要出口机械设备、电器、电子产品、计算机和通信设备等，主要进口大理石、铬、硼等矿产品及部分化工和纺织原料。两国经贸合作持续发展，交通、电力、能源、金融是双方合作的重点领域。2014年7月，中方企业参与建设的安卡拉—伊斯坦布尔高铁二期顺利建成通车。2015年，中国工商银行完成土纺织银行（Testilbank）75.5%股权交割，成为首家在土设立营业性机构的中资银行；中国企业联合体成功收购土第三大集装箱码头昆波（Kumport）码头。2018年5月，中国银行土耳其子行正式对外营业。

中国驻土耳其大使：邓励。馆址：Ferit Recai Ertugrul Cad. No.18，Oran，Ankara。网址：http://www.fmprc.gov.cn/ce/cetur/chn。电话：0090–312–4360628；传真：4464248。

土耳其驻华大使：阿布杜卡迪尔·埃明·约南（Abdulkadir Emin Onen）。馆址：北京市朝阳区三里屯东五街9号。电话：010–65321715；传真：65325480。网址：http://beijing.emb.mfa.gov.tr/。商务处电话：010–64649538。

【同美国的关系】土耳其重视与美关系，视其为对外关系基石。1997年双方确立新型战略合作关系。2010年土美关系曾因美众议院通过“亚美尼亚大屠杀”议案而出现紧张。2015年，土加入美领导的国际反恐联盟，向反恐联盟开放境内空军基地。2016年以来，土美双方在引渡土方认定的未遂军事政变幕后主使居兰和关于叙利亚库尔德武装等问题上争论不断。

2017年1月，查武什奥卢外长访美。3月，美国国务卿蒂勒森访土。5月，埃尔多安总统访美。9月，埃尔多安总统赴美参加第72届联合国大会。11月，耶尔德勒姆总理访美。2018年1月，查武什奥卢外长访美。2月，美国国务卿蒂勒森访土。

2018年以来，受美拒绝引渡居兰、支持叙利亚库尔德武装以及土坚持购买俄S–400防空反导系统等因素影响，土美关系龃龉不断。8月，土美关系因土拘押美籍牧师布伦森再度紧张。8月1日，美宣布对参与“布伦森案”的土司法部长和内政部长实施制裁。8月10日，美宣布对自土进口的钢铝产品加征一倍关税，导致土货币里拉汇率大幅贬值，引起土经济动荡。10月，土法院释放美籍牧师布伦森，美随即宣布取消对土制裁，并将土列入进口伊朗原油豁免国家名单，土美关系有所缓和。12月，美国总统特朗普宣布美将逐渐自叙利亚撤军，土美双方就叙问题保持密切沟通。2019年1月，埃尔多安同特朗普两度通话，双方就在叙北部建立安全区初步达成共识。11月，埃尔多安访问美国，就土美关系、叙利亚问题展开讨论。

【同欧盟的关系】土耳其重视同欧盟及其成员国的关系，坚持以入盟为导向，推进国内政治、经济、司法、社会等领域改革。2013年土欧签署非法移民遣返条约，并同意就土公民免签前往欧盟成员国的协议展开磋商。2016年3月，土欧就难民问题达成协议，双方决定土方收容赴欧难民，欧方则向土提供援助金并加速土入盟和对土公民免签谈判。但土未遂政变后，欧方对土人权、民主环境恶化多次表示担忧，导致双方谈判进程缓慢。2018年4月，欧盟—土耳其峰会在保加利亚举行，土欧关系随后有所缓和，但未取得重大突破。2019年，土因叙利亚问题、难民问题与欧盟关系再度紧张。

2017年1月，英国首相特雷莎·梅访土。马耳他外长维拉、芬兰外长索伊尼访土。2月，德国总理默克尔、马耳他总理穆斯卡特访土。耶尔德勒姆总理访德并出席第53届慕尼黑安全会议。查武什奥卢外长访问西班牙。5月，斯洛文尼亚副总理兼外长埃里亚韦茨访土。埃尔多安总统访问比利时。查武什奥卢外长访问意大利、斯洛伐克。6月，匈牙利总理欧尔班访土。德国外长加布里尔访土。查武什奥卢外长访问立陶宛。7月，爱沙尼亚外长米克塞尔访土。埃尔多安总统赴德国参加二十国集团汉堡峰会。8月，爱沙尼亚总理拉塔斯访土。9月，法国外长勒德里昂、哥伦比亚外长奥尔古因访土。10月，葡萄牙外长席尔瓦访土。埃尔多安总统访问波兰。11月，耶尔德勒姆总理访问英国。查武什奥卢外长访问意大利。12月，马耳他外长阿贝拉访土。2018年1月，埃尔多安总统访问法国。查武什奥卢外长访问法国。2月，埃尔多安总统访问梵蒂冈、意大利。

【同俄罗斯的关系】土耳其和俄罗斯建有"欧亚大陆合作伙伴关系"，俄是土重要能源供应国、第三大贸易伙伴、第一大蔬果出口市场、第二大游客来源国和第二大海外工程承包市场。土正就购买S-400防空导弹系统同俄方开展合作。

2015年9月，埃尔多安总统访问俄罗斯。11月，土在土叙（利亚）边境击落一架俄战机。俄对土此举表示强烈愤怒，要求土对事件道歉并赔偿，宣布对土实施制裁。土拒绝道歉和赔偿。12月，俄方宣布取消原定于该月举行的两国高级别合作委员会会议。

2016年6月，埃尔多安总统主动就击落俄战机事件向俄总统普京致信道歉，两国元首随后通电话。8月，埃尔多安总统访俄。10月，俄总统普京访土。11月，俄外长拉夫罗夫访土。12月，耶尔德勒姆总理访俄。双方决定重启双边合作。

2017年3月，埃尔多安总统访俄，土俄两国元首宣布，双方已完成两国关系正常化进程。5月，埃尔多安总统访俄。11月，埃尔多安总统访俄并出席土俄伊（朗）三国元首索契峰会。12月，俄总统普京访土。两国元首年内多次就地区和国际问题通电话。

2018年，埃尔多安和普京13次会面，包括2018年1月在安卡拉举行的第六次俄土伊三方峰会，4月的俄土高级别合作委员会，7月的金砖国家约翰内斯堡会晤，9月在德黑兰举行的俄土伊第七次三方峰会，9月在索契举行的俄土伊第八次三方峰会，10月的土俄法德四方叙利亚问题峰会，12月的G20峰会等。此外，两国元首共8次通电话。

2019年1月，土耳其总统埃尔多安访俄，就美国撤军后叙利亚前景同俄总统普京交换意见。2月，两国元首在于索契举行的俄土伊第九次三方峰会上再次会面。9月，俄土伊叙利亚问题峰会在安卡拉召开。10月，埃尔多安总统与俄总统普京会晤。

【同中亚国家的关系】重视同中亚国家的睦邻友好合作关系，认为中亚诸国都是"突厥世界"的一部分，应借助民族、宗教、历史和文化渊源的共通性，大力发展与中亚国家在政治、经济、文化等各领域的全方位关系。土耳其认为，中亚各国正处于重要变革过程中，希中亚各国能在推进民主化与维护稳定、发展经济之间实现平衡。土重视同中亚国家开展在能源领域的合作，同阿塞拜疆、格鲁吉亚合作修建的跨安纳托利亚天然气管道和巴库—第比利斯—卡尔斯跨国铁路于2017年10月正式开通。

【同希腊的关系】1923年土耳其、希腊在《洛桑协议》基础上建交。因爱琴海海域诸岛归属和塞浦路斯等问题，两国关系长期紧张、互不信任。1999年，两国关系出现缓和，定期外长互访、爱琴海问题对话、政治磋商、建立互信谈判等机制相继确立。2000年土希外长实现了40年来的首次互访，双方签署多项合作协议。2004年土总理埃尔多安访希，这是土总理时隔16年后首次访希。2008年希腊总理卡拉曼利斯访问土耳其，这是近50年来希腊总理首次访土。2013年希腊总理萨马拉斯访土。2016年3月，希腊总理齐普拉斯访土。2017年6月，耶尔德勒姆总理访希。10月，希腊外长科齐阿斯访土。12月，埃尔多安总统访希。2019年2月，希腊总理齐普拉斯访土，土耳其总统埃尔多安同其会见。3月，土希外长在安塔利亚会面。

【同亚美尼亚的关系】土耳其与亚美尼亚因纳卡问题和"亚美尼亚种族大屠杀案"等历史问题而关系不睦，双方迄今未建立外交关系。2008年，土总统居尔访问亚美尼亚，并与亚总统萨尔基相一同观看土亚两国足球队世界杯预选赛，土亚关系出现缓和。2009年10月，两国外长签署实现双边关系正常化协定，为两国建交及开发边界确定了时间表，但此后两国议会均未批准该协定预设条件，亚方要求土先承认"亚美尼亚大屠杀"，土方则要求亚方先撤出纳卡地区，协定至今仍未生效。2018年3月，亚美尼亚总统萨尔基相签署法令，宣布终止有关亚土两国实现双边关系正常化协定的核准进程。

【同中东国家的关系】重视发展同伊斯兰和阿拉伯国家的关系，积极参与地区热点问题解决进程。支持中东和平"路线图"，支持巴勒斯坦独立建国，强调巴以和谈不应绕开也绕不开哈马斯，反对以色列滥用军事手段。2009年以前致力于斡旋中东问题，并促成多轮以叙间接和谈。2010年以扣留土赴加沙的"蓝色马尔马拉号"救援船只，并击毙土籍船员，土反应强烈，土以关系恶化，后随着2016年双方签署土以关系正常化有关协议得到缓和。土主张维护伊拉克国家统一、主权和领土完整，强调伊各教派必须坚持统一的国家属性，与各教派均保持密切关系。2015年12月土以培训当地武装反恐为名向伊拉克北部增派军队，引起伊中央政府强烈反应。土与伊朗关系密切，主张维护国际核不扩散体系，反对伊朗发展核武器，但同时承认伊朗拥有和平利用核能的权利，支持解决伊核问题的外交努力，欢迎伊核全面协议达成。土在叙利亚问题上支持叙反对派，要求巴沙尔下台，警惕叙北部库尔德武装发展壮大。同沙特、卡塔尔等国就叙利亚等地区问题深入沟通，加入沙特领导的伊斯兰国家反恐联盟，并向沙特军机开放空军基地。2016年8月，土军方在叙利亚境内开展“幼发拉底河之盾”行动，配合“叙利亚自由军”清剿地区内“伊斯兰国”势力。2018年1月，土军方在叙利亚北部阿夫林地区发起针对库尔德武装的“橄榄枝”行动。2019年10月初，土耳其在叙利亚北部开展“和平之泉”军事行动，10月下旬，土俄达成协议，在叙北部建立“安全区”。

【同巴尔干国家的关系】土耳其同巴尔干地区国家有着深厚的民族、宗教和历史文化联系。土一直致力于发展与巴尔干各国间业已存在的良好合作关系，表示愿与地区国家在双边和多边领域开展内容广泛的互利友好合作，认为巴尔干地区国家早日加入北约和欧盟体系，将有助于该地区的和平与稳定。土关注波黑和科索沃形势，支持波黑成立具有广泛代表性的政府，支持科索沃独立。

【同亚太国家的关系】重视发展同亚太地区国家特别是同中国、日本、印度等大国和东盟的关系，关注亚太国家政治、经济发展模式，希望学习和借鉴各国成功经验。土耳其支持维护阿富汗国家统一和领土完整，认为解决阿问题的关键是尽快实现阿的安全、稳定和发展，强调地区国家是解决阿问题的关键力量，积极参与对阿军队和警察的培训，并在医疗卫生、教育和基建等领域对阿提供大量援助。土同巴基斯坦关系密切，支持一切援巴进程，主张国际社会应加大对巴经援力度。（吕金春）

土库曼斯坦

国名　土库曼斯坦（Turkmenistan，Туркменистан）。

面积　49.12万平方公里。

人口　566万（2019年8月）。主要民族有土库曼族（94.7%）、乌兹别克族（2%）、俄罗斯族（1.8%），以及哈萨克族、亚美尼亚族、鞑靼族、阿塞拜疆族等120多个民族（1.5%）。官方语言为土库曼语，俄语为通用语。绝大多数居民信仰伊斯兰教（逊尼派），俄罗斯族和亚美尼亚族居民信仰东正教。

首都　阿什哈巴德（Ashgabat，Ашхабад）。人口超过100万（2018年8月）。1月平均气温2.1℃，7月平均气温37.6℃。

国家元首　总统库尔班古力·米亚利克古利耶维奇·别尔德穆哈梅多夫（Гурбангулы Мяликгулыевич Бердымухамедов），2007年2月当选，2012年2月连任，2017年2月再次连任，任期7年。

重要节日　新年：1月1日；国际妇女节：3月8日；胜利日：5月9日；宪法日和国旗日：5月18日；独立日：9月27日；哀悼日：10月6日；中立日：12月12日。此外，还庆祝开斋节、古尔邦节、纳乌鲁斯节等伊斯兰传统节日。

简　况

位于中亚西南部，为内陆国家。北部和东北部与哈萨克斯坦、乌兹别克斯坦接壤，西濒里海与阿塞拜疆、俄罗斯相望，南邻伊朗，东南与阿富汗交界。约80%的国土被卡拉库姆大沙漠覆盖。1月平均气温4.4℃，7月平均气温39℃；年降水量从东北部地区的80毫米向南部山麓的300毫米递增，科佩特山区年降水量可达400毫米。

历史上波斯人、马其顿人、突厥人、阿拉伯人、蒙古鞑靼人曾在此建立国家。15世纪基本形成土库曼民族。19世纪60年代末和80年代中，部分领土并入俄国（外里海州）。1917年，土库曼人民参加了二月革命和十月社会主义革命，同年12月建立苏维埃政权。1924年10月27日成立土库曼苏维埃社会主义共和国，并加入苏联。1991年10月27日宣布独立，改国名为土库曼斯坦。1992年3月2日加入联合国。1995年12月12日，第50届联大通过决议，承认土为永久中立国。2015年6月，第69届联大再次通过决议，支持土永久中立地位。

独立后，土始终将捍卫独立、主权和领土完整、发展经济、保持社会稳定作为基本国策；积极探寻适合本国国情的发展道路；提倡民族复兴精神，重视民族团结与和睦；奉行积极中立、和平友好的外交政策，致力于同其他国家发展建设性合作关系；主张宗教信仰自由，禁止宗教干预国家政治生活。

政　治

2018—2019年，土库曼斯坦政局继续保持稳定。土总统别尔德穆哈梅多夫执政能力和地位进一步加强，整饬吏制，加大反腐，强化绩效和问责，严惩渎职官员；严格出入境管理，加强国家强力部门职能，强化舆论监管，维护社会稳定；注重法制建设，修订多项法律法规，完善立法体制；大力改善民生，提升国家预算支出用于社会领域比例，提高居民工资和退休金，兴建学校、民宅、医院等民生设施。

【宪法】1992年5月18日通过第一部宪法，规定土为民主、法制和世俗的国家，实行三权分立的总统共和制。总统为国家元首和最高行政首脑，由全民直接选举产生。人民委员会为国家最高权力代表机关，立法权和司法权分属国民会议和法院。1995年12月，土修改宪法，将永久中立国地位写入宪法。1999年12月再次修宪，对宪法中有关人民委员会、议会职能的条款进行修改和补充，明确规定尼亚佐夫作为首任总统，其任期无时间限制。2003年，土通过第二部宪法，规定人民委员会为常设最高权力代表机构，设立主席一职，同时规定总统当选年龄不得超过70岁。2006年12月26日再次修宪，规定总统候选人年龄在40—70岁之间，总统因故不能行使职权时，根据国家安全会议决议，任命一位副总理临时代理总统职权。2008年9月，土通过第三部宪法，取消人民委员会，将其权力划归总统和议会。2016年9月，土修改宪法，取消总统候选人年龄上限，将总统任期由5年延长至7年。2017年10月，土决定重新组建人民委员会作为国家大政方针最高决策机构，并于2018年9月召开首次会议。2019年9月，人民委员会召开第二次会议，土总统别尔德穆哈梅多夫提出将议会由一院制改组为两院制并就此修改宪法。2020年2月，土修宪委员会公布宪法修正案，拟提交2020年第三次人民委员会会议审议。

【议会】称国民会议，是国家立法机构。现为第六届议会，于2018年3月25日选举产生，议员125名，由三个政党和社会组织成员组成：民主党55人，工业和企业家党11人，农业党11人，其他社会组织和公民团体48人，任期5年。下设8个委员会：保护公民权利和自由委员会，法律和法规委员会，经济问题委员会，社会政策委员会，科学、教育、文化和青年政策委员会，环境保护自然资源利用和农工委员会，国际和议会间交往委员会，与地方政府和自治机构关系委员会。议长古丽莎特·萨赫依耶芙娜·马梅多娃（Гульшат Сахыевна Маммедова，女）。议会主要职能是通过、修改和解释宪法与法律，监督法律的执行，确定总统、议会选举的时间，通过内阁工作纲领，批准国家预算等。2020年2月，土修宪委员会公布宪法修正案，其中规定土议会名称为国家委员会，行使立法权，由两院组成，上院为人民委员会，下院为国民会议。2020年人民委员会第三次会议将审议宪法修正案。

【政府】称内阁，是国家权力执行机关，由总统直接领导。现任内阁副总理有：拉·梅列多夫（Р. Мередов），兼任外交部长，主管外交；恰·阿曼诺夫（Ч. Аманов），主管安全、军事和法律；巴·阿布德耶娃（Б. Абдыева），主管文化、新闻；梅·梅列多夫（М. Мередов），主管油气；沙·杜尔德雷耶夫（Ш. Дурдылыев），主管工业、建筑和能源；布·阿卡梅拉多夫（П. Агамырадов），主管科技、教育、卫生、旅游和体育；恰·格雷卓夫（Ч. Гылыджов），主管贸易；卡·穆什科夫（Г. Мушшиков），主管财政、金融；埃·奥拉兹格尔季耶夫（Э. Оразгелдиев），主管农业；拜·奥韦佐夫（Б. Овезов），主管交通通讯。

主要部长有：贸易和对外经济联系部长奥·库尔班纳扎罗夫（О. Гурбанназаров），体育和青年部长达·古尔格尔季耶夫（Д. Гулгелдиев），能源部长恰·普尔切科夫（Ч. Пурчеков），工业和建筑生产部长谢·别尔德穆哈梅多夫（С. Бердымухамедов），建筑部长拉·岗德莫夫（Р. Гандымов），农业和环保部长马·拜拉姆杜尔德耶夫（М. Байрамдурдыев），卫生和医疗工业部长努·阿曼涅佩索夫（Н. Аманнепесов），教育部长马·格尔季内亚佐夫（М. Гелдиныязов），文化部长阿·沙梅拉多夫（А. Шамырадов），财政和经济部长埃·安纳穆哈梅多夫（Э. Аннамухаммедов），劳动和社会保障部长穆·瑟拉波夫（М. Сылапов），纺织工业部长列·列捷波夫（Р. Реджепов），内务部长马·恰克耶夫（М. Чакыев），司法部长别·穆哈梅多夫（Б. Мухамедов），国家安全部长库·安纳耶夫（Г. Аннаев），国防部长别·贡多格德耶夫（Б. Гундогдыев），边防局长沙·杜尔德耶夫（Ш. Дурдыев），移民局长梅·古尔多夫（М. Гурдов），海关署长马·胡达伊古雷耶夫（М. Худайкулыев），国务部长梅·阿尔恰耶夫（М. Арчаев），税务总局局长萨·贡多格德耶夫（С. Гундогдыев）。

【行政区划】除首都阿什哈巴德市外，全国划分为阿哈尔、巴尔坎、达绍古兹、列巴普和马雷五个州。

【司法机构】设最高法院和检察院。法官由总统任命，任期5年。现任最高法院院长为加·哈雷耶夫（Г. Халлыев）。检察院负责监督法律和总统令的执行情况，现任总检察长巴·阿特达耶夫（Б. Атдаев）。

【政党】（1）土库曼斯坦民主党（Демократическая партия Туркменистана），1991年12月16日由苏联土库曼共产党改组而成，1992年3月在司法部正式登记，现约有党员近15万余人。其宗旨是维护国家独立、主权和中立，建设民主、法制和公正社会，提高人民福利，推动民主进程。主要任务是宣传、解释总统制定的国家内外政策和法令，团结社会各界贯彻执行总统的方针。民主党同工、青、妇等社会组织共同组成“民族复兴运动”，旨在推动国家改革和民族复兴。2012年2月，“民族复兴运动”解散。民主党在全国各州、市、区设有委员会，共有3598个基层组织。2018年4月，阿·谢尔达罗夫（А. Сердаров）当选该党现任主席。

（2）土库曼斯坦工业和企业家党（Партия промышленников и предпринимателей Туркменистана），2012年8月21日成立，宗旨是推动国家经济发展，为企业提供帮助和支持，现有党员约1.4万人，执行机构为中央委员会。2017年12月，萨·奥夫加诺夫（С. Овганов）当选该党现任主席。

（3）土库曼斯坦农业党（Аграрная партия Туркменистана），2014年9月28日成立，宗旨是服务国家经济社会发展战略，支持农业发展，为农民提供扶持和帮助，现有党员约4.5万人，设有中央委员会等机构。2018年1月，比·安纳古尔班诺夫（Б. Аннагурбанов）当选该党现任主席。

【重要人物】库尔班古力·别尔德穆哈梅多夫：总统。1957年生于阿什哈巴德市，土库曼族。毕业于土库曼国立医学院。1979—1987年在阿什哈巴德市医疗系统工作。1987—1990年在莫斯科口腔内科研究生班学习，获副博士学位。1990—1995年在土库曼斯坦国立医学院任教，历任系副主任、主任。1995—1997年任土口腔医学中心主任。1997年任土卫生和医疗工业部长，1998年6月兼任尼亚佐夫国际医学中心总经理，1999年6月兼任土国立医学院代理院长。2001年4月至2006年12月任副总理兼卫生和医疗工业部长，主管教科文卫及新闻。2006年12月尼亚佐夫总统去世后任代总统，并在随后举行的总统大选中获胜。2007年2月14日宣誓就任总统，2012年2月12日连任。2017年2月13日再次连任。　**古丽莎特·萨赫依耶芙娜·马梅多娃**：议长。1964年10月23日生于阿什哈巴德市，土库曼族。1986—1988年任《十月光辉》报社技术人员。1988—2003年历任阿哈尔州阿克—布格代区吉亚米村第4中学土库曼语教师、副校长、土库曼斯坦电视台编辑。2003—2005年任阿什哈巴德市第72中学校长。2005—2007年任阿什哈巴德市教育局局长。2007—2009年任主管中小学和学前教育事务的教育部副部长。2009—2015年任教育部长。2015年4—8月任阿什哈巴德市第38中学主管教学事务的副校长。2015—2016年任国民会议议员、国民会议社会政策委员会主席。2016—2017年任主管文化、媒体事务的副总理。2017年2—6月任国民会议科学、教育、文化、青年政策委员会主任专家。2017年6月至2018年3月任国民会议副主席。2018年3月作为民主党候选人当选第六届国民会议议员、国民会议主席，任期五年。

经　济

石油、天然气工业为支柱产业。农业主要种植棉花和小麦。独立后，土在保持经济稳定发展的同时，逐步向市场经济过渡。在油气产业发展带动下，GDP保持较快增长。近几年来，受国际油气价格低位徘徊影响，土天然气出口额萎缩，经济发展面临困难。政府采取系列举措缓解经济下行压力。在加快油气兴国和能源出口多元化战略同时，注重经济平衡可持续协调发展，加大对交通、建筑、农业、通信、纺织等领域投入；加快私有化进程，扶持中小企业和私营经济；加大招商引资力度；加快数字经济发展；加大对科技和创新领域投入，提升经济增长质量。

2018年国内生产总值同比增长6.2%，外贸额169.7亿美元，同比下降5.6%，其中出口额超过112亿美元，同比增长近50%。

2019年国内生产总值同比增长6.3%，1—9月外贸额123.2亿美元，同比下降3.4%，其中出口额84.3亿美元，同比下降4.3%，进口额38.9亿美元，同比下降1.5%。

【资源】矿产资源丰富，主要有天然气、石油、芒硝、碘、有色及稀有金属等。据BP世界能源统计2015年数据，土石油和天然气储量分别为1亿吨和24.3万亿立方米，天然气储量居世界第四位。据英国著名国际咨询公司“Gaffney，Cline&Associates”统计数据，复兴气田天然气储量达27.4万亿立方米，为世界第二大单体气田。

【工业】主要工业部门为石油和天然气开采加工、电力、纺织、化工、建材、地毯、机械制造和金属加工等。能源产业在整个工业体系中占主导地位。

【农业】现有农业用地3900万公顷，灌溉耕地面积约150万公顷。主要农产品有棉花、小麦、稻米、瓜果和蔬菜等。2018年、2019年土小麦产量分别为100万吨、170万吨左右，棉花产量分别为105万吨、100万吨左右。

【旅游业】1994年成立土国家旅游公司，后改为国家旅游委员会，制订旅游业发展规划，颁布《旅游法》，在阿（联酋）、土（耳其）、巴（基斯坦）、德、英、俄等国设有代表处。目前，全国注册旅行社40余家，开发旅游线路150多条，尼萨古城、梅尔夫古城和库尼亚乌尔根奇均被列为世界文化遗产。近年来，土斥资数十亿美元在里海沿岸的土库曼巴什市建设“阿瓦扎”国家旅游区，大力兴建酒店、度假和疗养设施，积极吸引外国公司参与投资开发。

【交通运输】铁路总长约4000公里，公路总长1.4万公里，内河航道654公里。主要港口有里海沿岸的土库曼巴什港和贝克达什港。阿什哈巴德与20多个城市开通国际直航，全国主要机场有：阿什哈巴德市国际机场、土库曼纳巴特市国际机场、土库曼巴什市国际机场、巴尔坎纳巴特市机场、马雷市机场和达绍古兹市机场。天然气管道有中亚—中央管道（土库曼斯坦—乌兹别克斯坦—哈萨克斯坦—俄罗斯）、土库曼斯坦—伊朗管道（分别为科尔佩杰—库尔特库伊、多夫列塔巴特—谢拉赫斯—汉格兰）和中国—中亚（土库曼斯坦—乌兹别克斯坦—哈萨克斯坦—中国）管道等。

【财政金融】主要商业银行有：土库曼斯坦外经银行、土库曼斯坦银行、土库曼斯坦投资银行、土库曼斯坦总统银行、土库曼斯坦储蓄银行和土库曼斯坦农业银行。

【对外贸易】2019年1—9月外贸总额123.2亿美元。天然气、原油、石油产品、棉花及棉制品是主要出口产品，机械设备、钢铁制品、电器和电子产品、车辆及其零配件是主要进口产品。主要贸易伙伴有中国、土耳其、俄罗斯等。

【外国资本】重视吸引外资，颁布了一系列保护外资的法规和优惠政策。外国投资主要集中在石油天然气生产、纺织、建筑等领域。主要外资来源国包括中国、日本、韩国、土耳其、伊朗、俄罗斯、法国等。

人民生活

土政府多年实行高保障、高补贴政策，但从2017年11月1日起对水、电、天然气、供暖、电话、公交等实行收费新政，逐步减少福利补贴。新政对使用天然气、水等仍设立免费额度，超出额度后收取一定费用。2018年9月人民委员会首次会议决定自2019年1月1日起彻底取消水、电、气免费使用福利政策，改为按优惠价格有偿提供。对民生领域投入仍占国家预算支出75%—80%。工资和退休金每年提高10%。

军事

苏联解体后，土库曼斯坦在原驻土苏军基础上组建了本国军队。武装力量由陆军、空军—防空军和海军组成，近年土又组建了特种兵部队，总统任武装力量最高统帅。实行普遍义务兵役制，年满18岁的男性公民须服役两年。全国总兵力6.6万人。除武装力量外，土还有边防、内务、安全和总统卫队等其他部队。边防军隶属边防总局，兵力约2.5万人。内务部队约4000人，隶属内务部。安全部队1500人，隶属国家安全部。总统卫队1100人，受总统直接指挥。土军武器装备以原苏军装备为主体，近年土军重视武器装备现代化，引进部分先进的防空武器装备，实现了指挥系统信息化改造。最高军事学府为国防部军事学院。

奉行中立性军事学说。2016年1月，土总统别尔德穆哈梅多夫签署总统令，批准土库曼斯坦独立以来第四版军事学说，重申奉行积极中立政策和纯防御性国防原则，以和平手段解决争端；不参加任何军事集团和同盟，不在本国领土部署外国军事基地；不生产或扩散大规模杀伤性武器；优先致力于通过政治外交和其他和平方式解决问题。此外，新军事学说纳入了国家安全构想及21世纪土中立、友好、睦邻、民主外交政策等理念。

文化教育

【教育】实行12年制义务教育。教育体系由学前教育、中等教育、中等职业技术教育和高等教育组成。据土官方2016年统计，全国共有中小学1705所，学生101.86万人，教师6.6万人；中等专科学校21所，在校学生约4000人；高等院校20多所，在校学生近1.4万人。土著名大学有国立马赫图姆库里大学、国立阿扎季世界语言学院、国际石油与天然气大学、土外交部国际关系学院、土农业大学、土国立交通通讯大学、俄罗斯古勃金油气学院分院等。

【新闻出版】公开发行的报纸有30多种。主要报纸有《土库曼斯坦报》（土文）和《中立土库曼斯坦报》（土文、俄文），以上两报为政府机关报。此外有《复兴报》《祖国报》《阿什哈巴德报》（均为土文）等。土库曼斯坦国家通讯社，前身为苏联塔斯社土库曼分社，成立于1925年，1992年改为现名，未向国外派常驻记者。国家广播电台建立于1927年。国家电视台成立于1958年，现有七套节目，主要播放土语节目，其中第四频道同时使用包括中文在内的7种语言播放节目。

对外关系

奉行积极中立和对外开放的外交政策，主张在平等互利原则基础上发展与所有国家的友好合作关系；积极参与国际事务，加入联合国、欧安组织、不结盟运动、经济合作组织、伊斯兰会议组织、国际货币基金组织、世界银行、亚洲开发银行等47个国际和地区组织。截至2020年，土与148个国家建交，在中国、美国、法国、俄罗斯、英国、德国、土耳其、伊朗、阿富汗、沙特、阿联酋、乌克兰、哈萨克斯坦、乌兹别克斯坦、吉尔吉斯斯坦、塔吉克斯坦、阿塞拜疆、亚美尼亚、格鲁吉亚等国家设有40个使领馆，有关国家和国际组织在土设立48个使领馆和代表机构。

【同中国的关系】1992年1月6日建交。2018年，中土战略伙伴关系持续稳定发展。1月31日—2月2日，中共中央委员、中央文献研究室主任冷溶率团访土，向土各界人士宣介十九大精神，并分别会见土副总理兼外长梅列多夫及主要政党领导人。2月2日，土旅游业代表团赴华出席中土旅游发展论坛。2月28日，国家发展改革委副主任、国家能源局局长率团访土，分别与土副总理兼外长梅列多夫、副总理巴巴耶夫举行会谈。3月23—27日，中国外交部大使吴虹滨率中方观选团赴土观察议会选举，并分别会见土中选委主席穆拉多夫及主要政党领导人。3月29日—4月1日，中国国际问题研究院副院长徐坚率学者代表团访土，分别会见土财政经济部和联合国中亚地区预防外交中心代表。4月25—29日，中国马业协会副秘书长张目率团访土，并出席世界阿哈尔捷金马协会代表大会第八次会议及土赛马节系列活动。4月27日—5月1日，北京中医药大学代表团访土，会见土卫生和医疗工业部防治局局长。5月1—3日，丝绸之路国际总商会主席吕建中率团访土，并出席土政府主办的“伟大丝绸之路-迈向新发展”国际交通论坛和土库曼巴什国际港口启用仪式。5月11日，中土政府间合作委员会经贸合作分委会中方主席、中国商务部国际贸易谈判代表兼副部长傅自应与分委会土方主席、土贸易和对外经济联络部副部长库尔班诺夫在北京共同主持召开分委会第五次会议。6月23—26日，中土两国文化部在北京共同举办“土库曼斯坦文化日”。7月16日，土农业和水利部代表团访华，分别与中国商务部和民营经济国际合作商会代表举行会谈。7月23—24日，中国—亚欧博览会秘书处副秘书长樊晓东率团访土，分别会见土国家旅游委员会、贸易和对外经济联络部及工商会、工业家和企业家联盟外联部门负责人。8月17日—9月1日，土库曼斯坦残疾人奥林匹克运动委员会举重队一行8人在华集训。8月31日，在第六届中国—亚欧博览会框架下，中土丝绸之路旅游合作论坛在乌鲁木齐举行。9月4—7日，西部战区司令员赵宗岐上将率团访土，并会见土国防部长贡达格德耶夫、武装力量总参谋长阿卡尼亚佐维奇和国防部副部长纳扎罗夫。9月5日—10月2日，土国立交通通讯大学青年教师赴华研修培训。9月20—21日，中国石油天然气集团公司副总经理侯启军率团访土，同土国务部长兼天然气康采恩总裁阿尔恰耶夫举行会谈。10月2—3日，中国出版业代表团参加在阿什哈巴德举行的土库曼斯坦第十二届图书展销会。10月25日，中国国家能源局副局长李凡荣与土国务部长兼天然气康采恩总裁阿尔恰耶夫在阿什哈巴德共同主持召开中土政府间合作委员会能源分委会第六次会议。10月19—28日，土汉语师生团赴北京、武汉参观访问，并到国家汉办、北京外国语大学、中国地质大学和武汉外国语学校参观交流。10月31日—11月11日，土代表团赴华出席首届中国国际进口博览会。11月1—10日，中国举重队赴土参加2018世界举重锦标赛。11月2日，中土政府间合作委员会人文合作分委会中方主席、中国文化和旅游部党组成员王晓峰与分委会土方主席、土文化部副部长梅拉达利耶夫在阿什哈巴德共同主持召开分委会第六次会议。11月15日，中国财政部副部长余蔚平率团访土，并出席在阿什哈巴德举行的中亚区域经济合作第十七次部长级会议。11月15—16日，中国科学技术部与土科学院在武汉共同举办第二届中土科学创新论坛，土方12家机构和中方相关省市科技管理部门、高校、科研院所、高新技术企业等46家机构的120余名代表与会。11月17—25日，土民主党、农业党和工业企业家党三大政党联合考察团访华，会见中共中央对外联络部部长宋涛和副部长钱洪山，并出席"中国共产党的故事——习近平新时代中国特色社会主义思想在浙江的实践"专题宣介会。11月20—24日，中国石油天然气股份有限公司副总裁、中石油国际勘探开发有限公司董事长王仲才率团出席土石油天然气大会。12月12—13日，土贸易和对外经济联络部副部长马梅多夫率团赴华出席第六届中国—中亚合作论坛。

2019年，中土关系保持良好发展势头。2月20日，国家主席习近平接受土新任驻华大使杜尔德耶夫递交国书。4月7—13日，中国石油大学（北京）国际教育学院院长张永学率团访土，会见土教育部国际司司长和国际石油与天然气大学副校长。4月22—28日，中国马业协会秘书长岳高峰率团访土，出席第九届世界阿哈尔捷金马协会代表大会和2019年土马节系列活动。5月12—14日，山东省日照市政府外办主任吴乃军率团访土，分别会见土库曼纳巴特市市长巴扎罗夫、土工商会副主席列杰波夫和交通物流中心经理。5月10—16日，土文化艺术代表团赴华参加"亚洲文明对话大会"框架下系列文化活动。5月15—17日，中国现代国际关系研究院副院长冯仲平率团访土，分别会见土外交部国际组织局局长阿曼纳扎罗夫、能源部对外经济联络局副局长巴伊拉姆梅拉多夫、国际关系学院副院长萨雷耶夫、前驻华大使鲁斯捷莫娃及联合国中亚地区预防外交中心副主任萨普雷金。5月25—26日，兰州市政协副主席滕耀文率政府代表团访土，分别会见阿什哈巴德市长杜尔德雷耶夫和该市对外经济关系司司长塞季巴耶夫，并出席阿什哈巴德城市日活动。5月20—22日，中国石油国际勘探开发公司总经理叶先灯率团访土，分别同土总统油气事务顾问卡卡耶夫、主管油气事务副总理梅列多夫，以及土国务部长兼天然气康采恩总裁阿尔恰耶夫举行会见、会谈，并出席土方举办的第10届国际天然气大会。6月5—7日，中国上海合作组织研究中心秘书长、国际问题研究院研究员邓浩赴土出席"水外交在中亚地区可持续发展中的作用"国际研讨会。6月9—16日，土残疾人奥林匹克运动委员会举重队一行11人赴华集训。6月5—18日，土国立交通通讯大学教师一行7人赴兰州交通通讯大学研修培训。8月11—12日，中国国家能源局副局长李凡荣率领由国家能源局、外交部、商务部、中石油、国家开发银行、进出口银行、工商银行代表组成的跨部门代表团，出席土方在"阿瓦扎"国家旅游区主办的首届里海经济论坛。8月11—12日，中国石油天然气集团有限公司、华为技术有限公司等中国企业参加土方在里海沿岸城市土库曼巴什举办的里海创新技术展。8月22—25日，土文化部副部长希利莫夫率团访问吉林省，会见吉林省委常委、宣传部长石玉钢，并出席在长春市举办的第12届中国—东北亚博览会和第10届东北亚经贸合作论坛。9月6日，土贸易和对外经济联络部贸易司司长恰雷耶夫与中国商务部欧亚司副司长刘雪松在北京共同主持中土司局级经贸磋商。10月13—16日，中国外交部副部长乐玉成率团访土，分别同土副总理兼外长梅列多夫、副外长哈吉耶夫举行会见、会谈。10月16—19日，土国民会议副议长巴巴耶夫访华，并分别同全国人大常委会委员长栗战书、全国人大常委会副委员长王晨、青岛市人大常委会主任宋远方举行会见会谈。10月18—27日，土首次派团参加在武汉举行的第七届世界军人运动会。10月20—22日，中国石油天然气股份有限公司副总裁、海外勘探开发公司董事长王仲才率团访土，会见土主管油气事务副总理梅列多夫，并出席第24届土库曼斯坦国际石油天然气大会。10月20—27日，土民主党主席谢尔达罗夫率由土工业企业家党主席奥夫甘诺夫、农业党主席安纳库尔班诺夫等参加的议会多党联合考察团访华，分别会见中联部副部长钱洪山和安徽省政协副主席李修松。11月20—26日，土马赫图姆库里青年联盟副主席、国民会议议员克里耶夫率土青年代表团赴新疆、重庆参观访问，分别会见新疆维吾尔自治区团委书记、青联主席买买提江·达吾提和重庆市青联主席叶力娜。12月8—11日，全国政协委员、民建中央文化委员会主任、安徽省政协副主席、民建安徽省委主委李修松率团访土，分别会见马雷州副州长马梅多娃、土外交部驻马雷州代表、土文化部文化遗迹保护与研究局局长、尼萨古城博物馆馆长和梅尔夫古城博物馆馆长，并出席马雷州庆祝土中立24周年暨第3个"国际中立日"研讨会。12月15—18日，中国中联部副部长钱洪山率团访土，分别会见土国民会议副主席巴巴耶夫、民主党主席谢尔达罗夫、工业企业家党主席奥夫甘诺夫、农业党主席安纳库尔班诺夫、外交部副部长哈吉耶夫，向土各界人士宣介十九届四中全会精神。

根据中国海关统计，2018年中土双边贸易额为84.4亿美元，同比增长21.5%。2019年中土双边贸易额为91.2亿美元，同比增长8.1%。中国连续九年成为土最大贸易伙伴。中国主要出口机械产品、电机电气产品、车辆及零附件、钢铁制品等，主要进口天然气、硫磺、甘草、棉短绒等。目前在土运营的中资企业共22家，其中油气企业17家。

中国驻土库曼斯坦大使：孙炜东。馆址：土库曼斯坦阿什哈巴德市别尔津基区阿尔恰比尔大街45号。邮编：744036。电话：00993–12–488105；传真：481813。

土库曼斯坦驻华大使：巴拉哈特·霍马多维奇·杜尔德耶夫（Парахат Хоммадович Дурдыев）。馆址：北京市朝阳区霄云路18号京润水上花园别墅H–5，邮编：100016。电话：010–65326975；传真：65326976。

【同俄罗斯的关系】土俄2017年建立战略伙伴关系。2018年3月7日，土一俄鞑靼斯坦经贸、科技和人文合作联合工作组第五次会议在阿什哈巴德召开。4月18日，土总统别尔德穆哈梅多夫会见到访的圣彼得堡市市长波尔塔夫琴科。4月18日，土俄副外长级领事磋商在阿什哈巴德举行。5月3日，土总统别尔德穆哈梅多夫会见出席国际交通论坛和土库曼巴什港口启用仪式的俄阿斯特拉罕州州长日尔金。5月17日，土副总理兼外长梅列多夫访问俄阿斯特拉罕州。5月22日，俄安全委员会副秘书长赫拉莫夫率团访土，出席土俄国际信息安全政府间磋商。7月6日，土总统别尔德穆哈梅多夫访问俄鞑靼斯坦共和国，会见共和国总统明尼哈诺夫。8月15日，土总统别尔德穆哈梅多夫在索契同俄总统普京举行非正式会晤。10月9日，土总统别尔德穆哈梅多夫会见访土的俄副总理兼政府办公厅主任崔琴科、俄天然气工业公司总裁米勒。11月28日，土总统别尔德穆哈梅多夫会见到访的俄天然气工业公司总裁米勒。

2019年2月5—6日，俄外长拉夫罗夫率团访土，分别同土总统别尔德穆哈梅多夫和副总理兼外长梅列多夫会见会谈。3月27日，土总统别尔德穆哈梅多夫会见到访的俄天然气工业公司总裁米勒。3月28日，土总统别尔德穆哈梅多夫会见到访的俄Areti集团公司总裁马卡洛夫。4月29日，土总统别尔德穆哈梅多夫会见到土出席马节活动的俄鞑靼斯坦共和国总统明尼哈诺夫。5月7日，俄副总理兼政府办公厅主任崔琴科率团访土，会见土总统别尔德穆哈梅多夫，并同土副总理兼外长梅列多夫在阿什哈巴德共同主持召开土俄政府间经济合作委员会第11次会议。5月27—28日，土教育部副部长率团访问喀山。5月30—31日，土总统别尔德穆哈梅多夫会见到土出席独联体国家政府首脑理事会会议的俄总理梅德韦杰夫。6月8日，土副总理兼外长梅列多夫率团参加圣彼得堡国际经济论坛。6月17日，土总统别尔德穆哈梅多夫同俄总统普京通电话。6月24日，土总统别尔德穆哈梅多夫对俄鞑靼斯坦共和国进行工作访问。7月4日，土外交部负责人在阿什哈巴德同俄经济发展部副部长巴比齐举行土俄政府间经济合作委员会贸易和投资高级别工作组第7次会议。8月8日，土总统别尔德穆哈梅多夫会见到土出席首届里海经济论坛的俄Areti集团公司总裁马卡洛夫。8月12日，土总统别尔德穆哈梅多夫会见到土出席首届里海经济论坛的俄总理梅德韦杰夫。8月29日，土总统别尔德穆哈梅多夫会见到访的俄Areti集团公司总裁马卡洛夫。10月10日，土总统别尔德穆哈梅多夫会见到土出席独联体国家元首峰会的俄总统普京。11月26日，土副总理兼外长梅列多夫会见到访的俄独联体事务、俄侨和国际人文合作署署长米特洛凡诺娃。12月20日，土总统别尔德穆哈梅多夫对俄进行工作访问，并出席在圣彼得堡举行的独联体国家元首小范围非正式会晤。

【同独联体国家的关系】土视发展同独联体国家关系为外交优先方向，2017年以来先后同乌兹别克斯坦、哈萨克斯坦、阿塞拜疆、塔吉克斯坦和吉尔吉斯斯坦建立战略伙伴关系。2018年2月1日，土副总理兼外长梅列多夫会见到访的阿塞拜疆外长马梅季亚罗夫。2月23日，土总统别尔德穆哈梅多夫分别会见赴土出席土库曼斯坦—阿富汗—巴基斯坦—印度（TAPI）天然气管道阿境内段动工仪式、土库曼斯坦—阿富汗—巴基斯坦（TAP）光纤通信线路和500千伏输电线路（TAP500）启动仪式，以及土阿边境谢尔赫塔巴特（土）—图尔衮德（阿）铁路修复通车仪式的哈萨克斯坦第一副总理马明、乌兹别克斯坦副总理兼国家石油天然气控股公司董事长苏尔坦诺夫。3月15日，土国民会议主席努尔别尔德耶娃率团赴阿斯塔纳出席首届中亚国家元首峰会。4月9日，乌兹别克斯坦副外长阿卜杜瓦西率团访土，出席在阿什哈巴德举行的土乌外交部政治磋商。4月23—24日，土总统别尔德穆哈梅多夫对乌兹别克斯坦进行国事访问。5月3日，土总统别尔德穆哈梅多夫会见到土出席国际交通论坛和土库曼巴什港口启用仪式的乌兹别克斯坦第一副总理拉马托夫。6月20日，土总统别尔德穆哈梅多夫赴塔吉克斯坦出席“水促进可持续发展”高级别国际会议。6月28日，土总统别尔德穆哈梅多夫会见访土的乌兹别克斯坦第一副总理、国家铁路公司董事长拉马托夫。7月21日，土副外长米亚季耶夫率团赴吉尔吉斯斯坦出席中亚国家外长会议。8月12日，土总统别尔德穆哈梅多夫出席在哈萨克斯坦阿克套市举行的第五届里海沿岸国家元首峰会。8月23—24日，吉尔吉斯斯坦总统热恩别科夫结合出席拯救咸海国际基金会成员国元首峰会对土进行国事访问。8月24日，土总统别尔德穆哈梅多夫分别会见赴土出席拯救咸海国际基金会成员国元首峰会的乌兹别克斯坦总统米尔济约耶夫、塔吉克斯坦总统拉赫蒙和哈萨克斯坦总统纳扎尔巴耶夫。10月9日，土白（俄罗斯）副外长级政治磋商在明斯克举行。10月27日，土塔（吉克斯坦）政府间经贸和科技合作委员会第八次会议在杜尚别召开。10月30日，土副总理恰克耶夫率团访问阿塞拜疆，分别会见阿总统阿利耶夫和经济发展部长穆斯塔耶夫。11月13日，乌兹别克斯坦外长卡米洛夫率团访土，分别会见土总统别尔德穆哈梅多夫和副总理兼外长梅列多夫。11月22日，阿塞拜疆总统阿利耶夫对土进行正式访问。

2019年1月12—13日，土副总理兼外长梅列多夫率团赴乌兹别克斯坦撒马尔罕出席首届“中亚—印度”外长会。2月25日，土总统别尔德穆哈梅多夫同亚美尼亚总理帕希尼安通电话。2月25日，乌兹别克斯坦投资和外贸部副部长古德拉多夫率团访土，同土外交部、国家商品原料交易所、国家石油康采恩和天然气康采恩负责人举行会见。2月26日，土总统别尔德穆哈梅多夫同乌兹别克斯坦总统米尔济约耶夫通电话。3月3日，土格（鲁吉亚）两国外长在布加勒斯特（罗马尼亚）举行会见。3月10—11日，土副总理恰克耶夫访问哈萨克斯坦，会见哈总理马明，并出席土哈政府间经济、科技和人文合作委员会第10次会议。5月7日，土外交部负责人会见到访的吉尔吉斯斯坦国家工业、能源与矿产资源委员会副主席、土吉政府间经贸、科技和人文合作委员会吉方主席萨金巴耶夫。5月9日，土海关总署副署长巴伊雷耶夫率团访问阿塞拜疆，会见阿海关委员会主席迈赫迪耶夫。5月15日，土副总理兼外长梅列多夫会见到土出席第十四届独联体国家创意和科学人士论坛的乌兹别克斯坦文化部长塞弗拉耶夫。5月21日，土外交部负责人同格鲁吉亚副外长乌季阿什维利在阿什哈巴德举行两国外交部政治磋商。5月22日，土副总理恰克耶夫在阿什哈巴德同白俄罗斯副总理利亚申科举行土白政府间经济合作委员会第9次会议。5月23日，土工企联盟负责人会见到访的白俄罗斯工商会明斯克分会副总干事杜波娃。5月28日，土外交部负责人在阿什哈巴德同吉尔吉斯斯坦外交部司长毕博苏诺夫举行政治磋商。5月30—31日，土总统别尔德穆哈梅多夫分别会见到土出席独联体国家政府首脑理事会会议的哈萨克斯坦总理马明、阿塞拜疆总理马马多夫、白俄罗斯总理鲁马斯、乌兹别克斯坦总理阿里波夫、吉尔吉斯斯坦副总理拉扎科夫、亚美尼亚副总理格里戈良、塔吉克斯坦第一副总理萨义德。6月4日，土外交部负责人在阿什哈巴德同亚美尼亚副外长沙瓦尔什举行两国外交部政治磋商。6月28日，土总统别尔德穆哈梅多夫同乌兹别克斯坦总统米尔济约耶夫通电话。7月24日，土总统别尔德穆哈梅多夫同乌兹别克斯坦总统米尔济约耶夫通电话。8月12日，土总统别尔德穆哈梅多夫分别会见到土出席首届里海经济论坛的哈萨克斯坦总理马明、阿塞拜疆总理马马多夫、乌兹别克斯坦外长卡米洛夫。8月16日，土副总理兼外长梅列多夫在阿什哈巴德同乌兹别克斯坦外长卡米洛夫举行政治磋商。9月2日，土乌（兹别克斯坦）政府间划界勘界问题委员会工作组会议在土库曼纳巴特举行。9月13日，土副总理阿卡梅拉多夫同到访的阿塞拜疆第一副总理阿尤博夫在阿什哈巴德共同召开土阿经济合作委员会第5次会议。9月16日，土工业企业家联盟主席达达耶夫和吉尔吉斯斯坦道路交通部副部长诺戈伊巴耶夫在比什凯克共同主持召开土吉政府间经贸、科技和人文合作委员会第4次会议。10月9日，土副总理兼外长梅列多夫分别会见到访的哈萨克斯坦外长阿塔姆库洛夫、塔吉克斯坦外长穆赫里丁、亚美尼亚外长姆纳察卡尼扬、吉尔吉斯斯坦外长艾达尔别科夫。10月10日，土总统别尔德穆哈梅多夫分别会见到土出席独联体国家元首峰会的哈萨克斯坦总统托卡耶夫、摩尔多瓦总统多东、阿塞拜疆总统阿利耶夫、乌兹别克斯坦总统米尔济约耶夫、白俄罗斯总统卢卡申科、吉尔吉斯斯坦总统热恩别科夫、塔吉克斯坦总统拉赫蒙和亚美尼亚总理帕什尼扬。10月25日，土总统别尔德穆哈梅多夫对阿塞拜疆进行工作访问，同阿总统阿利耶夫举行会见。10月30日，土总统别尔德穆哈梅多夫同乌兹别克斯坦总统米尔济约耶夫通电话。10月31日，土副总理兼外长梅列多夫同塔吉克斯坦外长穆赫里丁在阿什哈巴德举行政治磋商。11月1日，土财政经济部部长巴扎罗夫和塔吉克斯坦能源和水资源部部长乌斯蒙佐达在阿什哈巴德共同召开土塔政府间经贸和科技合作委员会第9次会议。11月4日，土国民会议主席马梅多娃在巴库会见阿塞拜疆国民议会主席阿萨多夫。11月13日，土外交部负责人会见到访的格鲁吉亚副外长尼努亚。11月14日，土乌（兹别克斯坦）政府间政府间划界勘界委员会例行会议在土库曼巴什举行。11月15—16日，土副总理兼外长梅列多夫出席在乌兹别克斯坦举行的中亚国家外长会。11月23日，土副总理奥拉兹格尔季耶夫和乌兹别克斯坦第一副总理托玛托夫在阿什哈巴德共同主持召开土乌经贸、科技和文化合作委员会第15次会议。11月28—29日，土总统别尔德穆哈梅多夫对乌兹别克斯坦进行工作访问。11月29日，第二届中亚国家元首峰会在乌兹别克斯坦首都塔什干举行。12月14日，土副外长哈吉耶夫率团出席在塔什干举行的中亚国家副外长级会晤。12月30日，土总统别尔德穆哈梅多夫分别同吉尔吉斯斯坦总统热恩别科夫、乌兹别克斯坦总统米尔济约耶夫通电话。

【同土耳其的关系】土重视同土耳其的传统友谊。2018年2月13日，土总统别尔德穆哈梅多夫会见到访的土耳其商品交易与商会联盟主席希萨尔哲克勒奥卢。

5月3日，土总统别尔德穆哈梅多夫会见出席国际交通论坛和土库曼巴什港口启用仪式的土耳其交通、海事和通信部长阿尔斯兰。11月6日，土总统别尔德穆哈梅多夫会见到访的土耳其商品交易与商会联盟主席希萨尔哲克勒奥卢。11月9日，土总统别尔德穆哈梅多夫会见到访的土耳其外长查武什奥卢。

2019年3月13日，土副外长与土耳其外交部双边关系司司长在安卡拉共同主持两国外交部政治磋商。6月27日，土总统别尔德穆哈梅多夫分别会见到土出席阿哈尔州气制油厂投产仪式的土耳其查里克控股公司董事长查里克、复兴控股公司董事长厄雷扎克和纳塔控股集团董事长塔内克。8月8日，土总统别尔德穆哈梅多夫分别会见到土出席首届里海经济论坛的土耳其查雷克控股公司董事长查雷克、土耳其商会和商品交易所联盟主席希萨尔吉克尼奥卢。12月10日，土总统别尔德穆哈梅多夫分别会见到访的土耳其查里克控股公司董事长查里克、复兴控股公司董事长厄雷扎克。

【同伊朗的关系】伊朗是土重要邻国，两国保持密切交往。2018年3月2日，土总统别尔德穆哈梅多夫会见到访的伊工业、矿业和贸易部长沙利尔特迈达里。3月12日，土伊政府间合作委员会领事、边防、海关问题分委会例行会议在阿什哈巴德召开。3月27—28日，伊总统鲁哈尼对土进行正式访问。5月3日，土总统别尔德穆哈梅多夫会见出席国际交通论坛和土库曼巴什港口启用仪式的伊道路和城市发展部长阿訇迪。9月12—13日，伊总统办公厅主任瓦埃齐率团访土，分别会见土总统别尔德穆哈梅多夫和副总理兼外长梅列多夫。

2019年5月13日，土总统别尔德穆哈梅多夫和副总理兼外长梅列多夫分别会见到访的伊外长扎里夫。7月16日，土外交部负责人会见到访的伊议会伊土友好小组主席兼议会能源委员会委员哈吉吉。8月12日，土总统别尔德穆哈梅多夫会见到土出席首届里海经济论坛的伊第一副总统贾汗吉里。10月15日，土副总理兼外长梅列多夫在阿什哈巴德同伊道路和城市发展部部长艾斯拉米共同召开土伊政府间经济合作委员会第15次会议。

【同美国的关系】土重视同美国合作。2018年6月7日，土总统别尔德穆哈梅多夫会见到访的土美实业家委员会执行委员斯图尔特。9月29日至10月2日，土总统别尔德穆哈梅多夫对美进行工作访问并出席土美商务论坛。10月25日，美负责中亚事务的代理副助理国务卿布玛率团出席在阿什哈巴德举行的土美政治磋商。12月11日，土副总理兼外长梅列多夫会见到访的美新任阿富汗和解事务特别代表哈利勒扎德。

2019年5月2日，土外交部负责人同到访的美国务院南亚和中亚事务局中亚事务主任穆迪举行政治磋商。8月21日，土副总理兼外长梅列多夫赴努尔苏丹出席“中亚+美国”外长会。9月2日，土工企联盟负责人会见到访的美国际开发署中亚区域主任爱德华兹。11月20日，土副总理兼外长梅列多夫在华盛顿同美负责中亚和南亚事务的代理助理国务卿威尔斯举行政治磋商，并分别会见负责经济发展、能源和生态事务的副国务卿克拉奇以及负责政治事务的副国务卿黑尔。

【同欧洲国家的关系】土将欧洲国家视为潜在能源出口对象，双方合作有所加强。2018年1月23日，土代表团赴伦敦出席土英工业贸易委员会第六次会议。3月5—6日，第七届土—德（国）医疗卫生论坛在柏林举行。4月12日，土副总理兼外长梅列多夫会见到访的德国经济东部委员会执行主任哈尔姆斯。4月16日，罗马尼亚经济、贸易与营商环境部部长奥普里亚率团赴土出席土罗政府间经济和科技合作委员会第七次会议。4月29日至5月1日，土—德（国）政府间合作委员会第八次会议在柏林召开。5月23—24日，欧盟中亚事务特别代表布里安率团访土，分别会见土国民会议主席马梅多娃和土外交部负责人。6月4日，波兰副外长帕佩什率团赴土出席两国副外长级政治磋商。6月11日，土—克（罗地亚）政府间经济合作委员会第三次会议在萨格勒布举行。6月21日，土副外长哈吉耶夫率团赴布鲁塞尔出席土欧第十次人权对话。7月2—3日，罗马尼亚外长梅莱什卡努率团赴土出席土罗外交部政治磋商，并分别会见土总统别尔德穆哈梅多夫和国民会议领导。7月20日，土—罗（马尼亚）交通合作工作组第三次会议在土库曼巴什市举行。9月5日，土—奥（地利）投资伙伴论坛和土工企联盟展览会在维也纳同时举行。10月10日，土副总理兼外长梅列多夫会见赴土出席区域联邦电信组织第五十三届通讯部门领导会议的英国政府文化、传媒、体育部及议会副大臣阿什顿男爵和拉脱维亚信息部副部长、副国务秘书莱玛尼斯。10月22日，土国民会议代表团访问罗马尼亚，同土罗议会友好小组罗方成员举行会谈，并分别会见罗参议院副议长祖祖扬、众议院副议长耶乌真和众议院外事委员会主席比罗，礼节性拜会罗外交部国务秘书涅库拉耶斯库。11月15日，土工商会和意大利对外贸易委员会在阿什哈巴德共同举办土意商业论坛。11月23日，土副总理兼外长梅列多夫赴布鲁塞尔出席第十四次“欧盟—中亚”外长会晤。

2019年1月24日，土外交部负责人与法国外交部欧洲司司长在阿什哈巴德举行政治磋商。2月28日，土法（国）两国在巴黎举行经贸合作圆桌会议。3月4日，土副总理兼外长梅列多夫在布加勒斯特同罗马尼亚外长梅莱什卡努举行会晤。3月27日，土外交部负责人同到访的意大利外交与国际合作部副部长在阿什哈巴德共同举行政治磋商。4月25 日，土英工商委员会第7次会议在阿什哈巴德举行。4月15日，土外交部负责人同到访的法国外交部国务秘书勒穆瓦纳举行政治磋商。5月20日，土总统别尔德穆哈梅多夫和副总理兼外长梅列多夫分别会见到访的匈牙利外交与对外经济部长西亚尔托。5月27日，土外交部代表在阿什哈巴德同德国外交部东欧、高加索和中亚事务全权代表西博特举行政治磋商。5月28—30日，土总统油气事务顾问卡卡耶夫率团访问布鲁塞尔。5月30日，土总统别尔德穆哈梅多夫同保加利亚总理鲍里索夫通电话。7月8日，土国民会议和外交部负责人分别会见到访的意大利副众议长罗萨托。8月11日，土总统别尔德穆哈梅多夫同到土出席首届里海经济论坛的保加利亚总理鲍里索夫举行“一对一”小范围和大范围会谈。8月11日，土保政府间经济合作委员会第4次会议在土“阿瓦扎”国家旅游区举行。9月30日至10月1日，土农业和环境保护部、阿哈尔州负责人对英国进行工作访问。10月14日，土副外长米亚季耶夫在罗马同意大利外交与国际合作部副部长迪斯特法诺举行政治磋商。11月6—7日，土总统别尔德穆哈梅多夫对意大利进行正式访问。11月20日，土外交部负责人会见到访的挪威外交部特使诺尔德斯列金。12月4日，土外交部负责人会见到访的罗马尼亚外交部东部邻国局局长。12月10日，土总统别尔德穆哈梅多夫会见到访的法国万喜集团副董事长希尔金。12月13日，土副外长哈吉耶夫率团出席在罗马举行的《意大利和中亚：加强互谅合作》国际研讨会。

【同国际和地区组织关系】土将联合国等国际组织视为提升国际影响的重要平台。2018年3月26日，土总统别尔德穆哈梅多夫会见赴土观察议会选举的独联体执委会主席兼执行秘书列别杰夫。4月6日，土副外长谢尔达尔·别尔德穆哈梅多夫率团赴明斯克出席独联体国家外长会。4月28日，土总统别尔德穆哈梅多夫会见到访的亚奥理事会主席艾哈迈德亲王。4月29日，土总统别尔德穆哈梅多夫会见访土的联合国副秘书长、反恐办公室主任沃龙科夫。5月3日，第九届经济合作组织交通部长会议在土库曼巴什举行。5月7日，土副外长哈吉耶夫出席在日内瓦举行的联合国人权理事会国别人权审查工作组第三十次会议，并会见联合国日内瓦办事处总干事穆勒。6月11日，土副总理兼外长梅列多夫会见到访的世界卫生组织新任驻土代表卡尔沃夫斯卡。6月22日，土副外长哈吉耶夫会见访土的世界海关组织秘书长御厨邦雄。6月22日，土副总理兼外长梅列多夫会见到访的联合国开发计划署欧洲和独联体局副局长维尔别恩斯基。7月2—3日，土副外长谢尔达尔·别尔德穆哈梅多夫对奥地利进行工作访问，分别同联合国副秘书长、联合国毒品和犯罪问题办公室执行主任费多托夫、国家原子能机构总干事天野之弥、欧安组织秘书长雷明格等举行会谈。7月4日，土总统别尔德穆哈梅多夫会见到访的突厥文化国际组织秘书长卡谢伊诺夫。7月4—5日，土副外长谢尔达尔·别尔德穆哈梅多夫对日内瓦进行工作访问，分别同联合国副秘书长、联合国欧洲经济委员会执行秘书阿尔加耶罗瓦、世界贸易组织总干事阿泽维多、各国议会联盟秘书长琼贡等举行会谈。7月16—19日，土副外长谢尔达尔·别尔德穆哈梅多夫赴纽约出席联合国可持续发展问题高级别政治论坛部长级会议，并会见联合国秘书长古特雷斯、联合国副秘书长、联合国反恐办公室主任沃龙科夫和联合国主管经济与社会事务的副秘书长刘振民。8月24日，拯救咸海国际基金会成员国元首峰会在土库曼巴什举行。9月29日—10月2日，土总统别尔德穆哈梅多夫赴纽约出席第73届联合国大会，并分别会见联合国秘书长古特雷斯、第73届联大主席埃斯皮诺萨等。10月1—5日，土移民局副局长伊马姆别尔季耶夫率团赴日内瓦出席联合国难民委员会执委会第六十九次会议。10月4日，第五十五届亚太广播联盟大会在阿什哈巴德市召开。10月14—15日，土国民会议主席马梅多娃率团出席在日内瓦召开的各国议会联盟第139届大会和第28届女议员论坛。11月2日，土副总理梅拉多夫率团出席在阿斯塔纳召开的独联体国家政府首脑理事会会议。11月14日，土总统别尔德穆哈梅多夫会见赴土出席中亚区域经济合作第十七次部长级会议的亚洲开发银行行长中尾武彦。11月15日，中亚区域经济合作第十七次部长级会议在阿什哈巴德召开。11月21日，土总统别尔德穆哈梅多夫会见到访的欧安组织少数民族问题高级专员赞尼尔。12月6日，土总统别尔德穆哈梅多夫出席在俄罗斯举行的独联体国家领导人非正式会晤。

2019年1月16日，土总统别尔德穆哈梅多夫会见到访的世界海关组织秘书长御厨邦雄。1月22日，土外交部负责人会见到访的国际能源宪章组织秘书长鲁斯纳克。2月4日，土外交部负责人会见到访的联合国秘书长阿富汗问题特别代表、联合国阿富汗援助团团长山本忠通。2月4日，土外交部负责人会见独联体国际人文合作基金会副执行主席多利亚。2月12日，土外交部负责人会见到访的国际红十字会与红新月会联合会地区主席伦坦。2月18日，土移民局负责人会见联合国难民事务高级专员办事处中亚地区代表。3月4日，土外交部负责人会见到访的欧盟代表团。3月5日，土外交部负责人会见到访的世界银行中亚地区主任布伦丘克。3月14—15日，土代表团赴奥地利出席联合国麻醉药品委员会第62次会议。3月28日，土工企联盟主席达达耶夫会见到访的国际货币基金组织代表。3月29日，第11轮土欧（盟）人权对话在阿什哈巴德市举行。4月4日，土外交部负责人会见到访的联合国人权事务高级专员中亚地区代表科蒙达。4月4—6日，土副总理兼外长梅列多夫率团赴莫斯科出席独联体国家外长会议。4月9日，土外交部负责人会见到土出席“预防和控制非传染性疾病”欧洲区域高级别会议的世界卫生组织欧洲区域办事处代理主任奥斯特林。4月9—10日，世界卫生组织“预防和控制非传染性疾病”欧洲区域高级别会议在阿什哈巴德举行。4月16日，土总统别尔德穆哈梅多夫会见到访的欧安组织秘书长格雷明格。5月13日，土总统别尔德穆哈梅多夫和土外交部负责人分别会见到访的独联体执委会主席兼执行秘书列别杰夫。5月15—16日，第十四届独联体国家创意和科学人士论坛在阿什哈巴德举行。5月15日，独联体农业育种问题政府间协调委员会会议在阿什哈巴德举行。5月21日，土总统别尔德穆哈梅多夫会见到访的欧安组织轮值主席、斯洛伐克外长莱恰克。5月28日，欧盟与中亚国家政治和安全问题第6次高级别对话会在布鲁塞尔举行。5月31日，独联体成员国政府首脑理事会会议在阿什哈巴德举行。6月10日，土劳动和社会保障部长西拉波夫率团出席在日内瓦召开的第108届国际劳工大会。6月11日，土外交部负责人会见到访的突厥语国家合作委员会秘书长阿穆列夫。6月14日，土外交部负责人会见到访的红十字国际委员会欧洲和中亚事务协调员弗里奥利。7月6日，土副总理兼外长梅列多夫、国民会议主席马梅多娃分别会见到访的欧盟外交与安全政策高级代表兼欧洲委员会副主席莫盖里尼。7月7日，土副外长哈吉耶夫率团赴比什凯克出席欧盟—中亚第15次外交部长会议。7月19日，独联体卫生合作理事会第29次会议在阿什哈巴德举行。7月28日，土国家奥委会负责人会见到访的国际自行车联盟体育部部长马格涅。7月31日，土外交部负责人会见到访的红十字会与红新月会国际联合会副秘书长恰帕岗。8月10日，土总统别尔德穆哈梅多夫会见到土出席首届里海经济论坛的联合国副秘书长兼欧洲经济委员会执行秘书阿尔加耶罗瓦。8月21日，土外交部负责人会见到访的独联体执委会副主席伊万诺夫。9月5日，土外交部负责人会见到访的独联体执委会第一副主席古明斯基。9月11日，土副总理兼外长梅列多夫会见到土出席独联体经济委员会第83次会议的独联体执委会主席列别杰夫。9月13日，独联体经济委员会第83次会议在阿什哈巴德举行。9月18日，土外交部负责人会见到访的欧洲复兴开发银行中亚地区主任马克凯因。9月30日，土副总理兼外长梅列多夫在出席第74届联大期间，分别会见联合国秘书长古特雷斯、副秘书长刘振民、反恐事务副秘书长沃龙科夫、政治与建设和平事务副秘书长迪卡洛。10月10日，独联体外长理事会会议在土首都阿什哈巴德召开。10月10日，土总统别尔德穆哈梅多夫会见到土出席独联体国家元首峰会的独联体执委会主席列别杰夫。10月11日，独联体国家元首峰会在阿什哈巴德举行。10月25日，土总统别尔德穆哈梅多夫出席在巴库举行的第18届不结盟运动峰会。11月8—9日，土副外长哈吉耶夫率团出席在土耳其举办的第24届经济合作组织外长理事会会议。11月20日，土阿哈尔州州长别尔德穆哈梅多夫、副外长哈吉耶夫分别会见到访的欧盟中亚事务特别代表布里安。11月21日，联合国中亚经济体特别方案理事会第14次会议在阿什哈巴德举行。12月3日，土外交部负责人会见到访的世界银行中亚区域主任布伦丘克。12月17—18日，土海关总署署长古尔多夫率团赴日内瓦出席首届全球难民论坛。12月20日，土总统别尔德穆哈梅多夫出席在圣彼得堡举行的独联体国家元首小范围非正式会晤。

【同其他国家的关系】土积极发展同南亚、东亚等地区国家友好关系。

阿富汗：2018年2月23日，阿富汗总统加尼出席土库曼斯坦—阿富汗—巴基斯坦—印度（TAPI）天然气管道阿境内段动工仪式、土库曼斯坦—阿富汗—巴基斯坦（TAP）光纤通信线路和500千伏输电线路（TAP500）启动仪式，以及土阿边境谢尔赫塔巴特（土）—图尔衮德（阿）铁路修复通车仪式。11月2日，土总统别尔德穆哈梅多夫会见赴土出席土阿政府间经济合作委员会第七次会议的阿财政部代部长卡尤米。

2019年2月20—21日，阿富汗总统加尼对土进行正式访问。4月11—12日，土阿水资源问题协调委员会第3次会议在阿什哈巴德召开。6月16—17日，土副总理兼外长梅列多夫率团访问阿赫拉特省，并与阿总统基础设施顾问、代理财政部长、土阿政府间经贸合作委员会阿方主席卡尤米举行会谈。6月25日，土外交部负责人会见到访的阿总统国家安全顾问穆希卜。7月30日至8月2日，阿什哈巴德市市长杜尔德雷耶夫和马雷州州长安纳别尔季耶夫分别会见到访的阿赫拉特省省长拉希米。

巴基斯坦：2018年1月15—16日，土副总理兼外长梅列多夫率团访巴，会见巴总统侯赛因、总理阿巴西和石油国务部长卡马尔，并与巴外长举行政治磋商。2月23日，土总统别尔德穆哈梅多夫会见赴土出席土库曼斯坦—阿富汗—巴基斯坦—印度（TAPI）天然气管道阿境内段动工仪式、土库曼斯坦—阿富汗—巴基斯坦（TAP）光纤通信线路和500千伏输电线路（TAP500）启动仪式，以及土阿边境谢尔赫塔巴特（土）—图尔衮德（阿）铁路修复通车仪式的巴总理阿巴西。

2019年3月12日，土副总理兼外长梅列多夫率团访巴，分别同巴总统阿尔维、总理伊姆兰·汗、外长库雷西等政要，以及巴银行、投资界人士举行系列会见会谈。4月30日，"土库曼斯坦能源"公司总裁杜尔德耶夫率团访巴，会见巴能源部长奥马尔。

印度：2018年2月23日，土总统别尔德穆哈梅多夫会见赴土出席土库曼斯坦—阿富汗—巴基斯坦—印度（TAPI）天然气管道阿境内段动工仪式、土库曼斯坦—阿富汗—巴基斯坦（TAP）光纤通信线路和500千伏输电线路（TAP500）启动仪式，以及土阿边境谢尔赫塔巴特（土）—图尔衮德（阿）铁路修复通车仪式的印外交国务部长阿克巴尔。

日本：2018年10月22—23日，土副总理兼外长梅列多夫率团访日，同日首相安倍晋三及副首相、外相、众议长等多名政要举行会晤。11月26—27日，土代表团赴东京出席第十三次“日本+中亚”高级别对话会。

2019年1月21日，土外交部负责人会见到访的土日经济合作委员会日方主席、日本伊藤忠商事株式会社副社长小林洋一。3月24—28日，土日议员友好小组土方主席、阿哈尔州副州长谢尔达尔·别尔德穆哈梅多夫率团访日，分别同日众议院议长、第一副外相、东京和天童市市长等政要，以及日实业家代表举行会见。5月18日，土副外长在杜尚别出席打击恐怖主义会议期间会见日外相河野太郎。5月22—23日，日伊藤忠商事株式会社副社长小林洋一率团访土，会见土总统别尔德穆哈梅多夫，并同土副总理兼外长梅列多夫共同主持土日经济合作委员会第13次会议。6月27—28日，土总统别尔德穆哈梅多夫分别会见到土出席阿哈尔州气制油厂投产仪式的日经济产业副大臣矶崎仁彦、伊藤忠商事株式会社常务执行董事兼土日经济合作委员会日方新任主席都梅博之、自由民主党外事局局长兼日土议员友好小组秘书长松下新平、川崎重工株式会社常务执行董事渡边达也，以及双日株式会社常务执行董事高浜悟和公司顾问兼土日经济合作委员会日方副主席俊治吉村。8月23日，土外交部负责人会见到访的日经济产业省国际基础设施和水利项目开发局局长。10月23日，土总统别尔德穆哈梅多夫对日本进行工作访问，出席日本德仁天皇登基仪式，并分别同日首相安倍晋三、众议院议长大岛理森举行会见。12月11日，土总统别尔德穆哈梅多夫会见到访的日川崎重工株式会社常务执行董事渡边达也。

韩国：2018年1月19日，韩议会韩土友好小组主席朴德秋访土，并分别会见土副总理兼外长梅列多夫和土国民会议代表。10月16日，土总统别尔德穆哈梅多夫分别会见到访的韩现代工程公司首席执行官宋桑洛和LG国际集团首席执行官宋启赫。11月8日，土代表团赴首尔出席第十一届“中亚—韩国”副外长级合作论坛。

2019年3月1日，土卫生和医疗工业部负责人会见到访的韩国代表团。3月13日，土韩两国副外长级磋商在阿什哈巴德举行。4月16—18日，韩总统文在寅对土进行国事访问。6月20日，土韩“运输、物流和海港管理合作”会议在阿什哈巴德举行。10月27—31日，土国民会议主席马梅多娃率团访韩。

（张晓庆）

文　莱

国名　文莱达鲁萨兰国（Negara Brunei Darussalam）。

面积　5765平方公里。

人口　45.95万（2019年）。其中马来人占65.8%，华人占10.2%，其他种族占24%。马来语为国语，通用英语，华语使用较广泛。伊斯兰教为国教，其他还有佛教、基督教等。

首都　斯里巴加湾市（Bandar Seri Begawan），位于文莱–摩拉区，面积100.36平方公里，人口约14万。从17世纪起成为文莱首都，原称“文莱城”，1970年10月4日改为现名。

国家元首　苏丹·哈吉·哈桑纳尔·博尔基亚·穆伊扎丁·瓦达乌拉（Sultan Haji Hassanal Bolkiah Mu’izzaddin Waddaulah），1967年10月5日继位。

重要节日　独立日：1月1日。国庆日：2月23日。苏丹哈吉·哈桑纳尔·博尔基亚的生日：7月15日。文莱是伊斯兰国家，开斋节是其最盛大的节日，每年日期根据伊斯兰历而定。

简　况

位于加里曼丹岛西北部，北濒南中国海，东南西三面与马来西亚的沙捞越州接壤，并被沙捞越州的林梦分隔为不相连的东西两部分。海岸线长约162公里，有33个岛屿，沿海为平原，内地多山地。属热带雨林气候，终年炎热多雨。年均气温28℃。

古称渤泥。14世纪中叶伊斯兰教传入，建立苏丹国。16世纪初国力最为强盛。16世纪中期起，葡萄牙、西班牙、荷兰、英国等相继入侵。1888年沦为英国保护国。1941年被日本占领。1946年英国恢复对文莱控制。1971年与英国签约，获得除外交和国防事务外的内部自治。1984年1月1日完全独立。

政　治

文莱自1984年1月1日独立之日起即正式宣布“马来伊斯兰君主制”（MIB）为国家纲领。其内涵为：国家维护马来语言、文化和风俗主体地位，在全国推行伊斯兰法律和价值观，王室地位至高无上。该纲领将伊斯兰教确认为文莱国教，反对政教分离。

【宪法】1959年9月29日颁布第一部宪法。1971年和1984年曾二度修宪。宪法规定，苏丹为国家元首和宗教领袖，拥有立法、行政和司法等全部国家权力。国家设有五个委员会，即宗教委员会（Religious Council）、枢密委员会（Privy Council）、行政委员会（Executive Council）、立法委员会（Legislative Council）及王位继承委员会（Council of Succession），协助苏丹理政。2004年第三次修宪，内容涉及政体、司法、宗教、民俗等多个方面，共13项内容，包括赋予苏丹无须经立法院同意而自行颁布紧急法令等法令的权利；制定选举法令，让人民参选从政；伊斯兰教仍为国教，但人民有宗教信仰自由；以马来语作为官方语言，英语可作为法庭办案语言等。

【议会】1962年曾举行选举。1970年取消选举，议员改由苏丹任命。1984年2月，苏丹宣布终止立法会，立法以苏丹圣训方式颁布。2017年1月，苏丹任命本届立法会议员。议长拉赫曼（Pehin Orang Kaya Seri Lela Dato Seri Setia Awg Hj Abdul Rahman Dato Setia Hj Mohamed Taib）获得连任，议员包括苏丹、王储兼首相府高级部长比拉等内阁成员、各区县代表及社会贤达。

【政府】1988 年12月1日，苏丹宣布组成政府。1989年1月、2005年5月、2010年5月、2015年10月和2018年1月，苏丹对内阁进行改组。

现内阁成员如下：苏丹兼任首相、国防部长、财政与经济部长及外交部长，王储兼首相府高级部长比拉（Crown Prince Haji Al-Muhtadee Billah），苏丹特别顾问兼首相府部长丕显·拿督伊萨，（Pehin Orang Kaya Laila Setia Bakti Di-Raja Dato Laila Utama Haji Awang Isa bin Pehin Datu Perdana Manteri Dato Laila Utama Haji Awang Ibrahim），内政部长阿布·巴卡尔[Pehin Orang Kaya Seri Kerna Dato Seri Setia（Dr）Hj Awg Abu Bakar Hj Apong]，宗教事务部长巴达鲁丁（Pehin Udana Khatib Dato Paduka Seri Setia Ustaz Hj Awg Badaruddin Pengarah Dato Paduka Hj Awg Othman），初级资源与旅游部长阿里（Dato Seri Setia Hj Ali Hj Apong），国防事务主管部长哈比尔[Pehin Datu Lailaraja Major General（Rtd）Dato Paduka Seri Haji Awang Halbi bin Haji Mohd Yussof]，卫生部长伊山姆（Dato Paduka Dr Haji Mohd Isham bin Jaafar），首相府部长莫克提（Dato Seri Paduka Awang Haji Abdul Mokti bin Haji Mohd Daud），首相府部长兼财政与经济事务主管部长刘光明（Dato Seri Paduka Dr. Awang Haji Mohd Amin Liew bin Abdullah），外交事务主管部长艾瑞万（Dato Seri Paduka Haji Erywan bin Pehin Datu Pekerma Jaya Haji Mohd Yusof），发展部长苏海米（Dato Seri Paduka Awang Haji Suhaimi bin Haji Gafar），能源、人力与工业部长马特·苏尼（Dato Paduka Dr. Awang Haji Mat Suny bin Haji Mohd Hussein），教育部长哈姆扎（Dato Paduka Awang Haji Hamzah bin Haji Sulaiman），交通部长穆塔里布（Abdul Mutalib bin Pehin Orang Kaya Seri Setia Dato Paduka Haji Yusof），文化、青年与体育部长阿米努丁·伊哈山[Major General（Rtd）Dato Paduka Seri Haji Aminuddin Ihsan bin Pehin Orang Kaya Saiful Mulok Dato Seri Paduka Haji Abidin]。另有5名副部长。

【行政区划】全国划分为4个区：文莱—摩拉区（Brunei-Muara）、马来奕区（Belait）、都东区（Tutong）、淡布隆区（Temburong）。

【司法机构】司法体系以英国习惯法为基础。一般刑事案件在推事庭或中级法院审理，较严重的案件由高级法院审理，民事案件最终可上诉至英国枢密院。最高法院由上诉法院和高级法院组成，现任首席大法官张惠安（Dato Paduka Steven Chong Wan Oon），是文莱首位本土华裔大法官。另设伊斯兰法庭，处理违反伊斯兰教义的案件，现任伊斯兰法庭首席法官为哈吉·萨里姆（Dato Paduka Seri Setia Ustaz Awang Haji Salim Bin Awang Haji Besar）。文自2014年5月起开始实施伊斯兰刑法第一阶段，2019年4月3日开始实施伊斯兰刑法第二阶段和第三阶段，2019年5月5日苏丹哈桑纳尔宣布暂缓适用伊斯兰刑法死刑。现任总检察长海鲁·阿尔尼（Datin Paduka Hairul Arnl bin Abdul Majid）。

【重要人物】**苏丹·哈吉·哈桑纳尔·博尔基亚**：苏丹、国家元首、首相兼国防部长、财政与经济部长、外交部长、皇家武装部队最高统帅、五星级上将和皇家警察部队总督察。掌握立法权。1946年7月15日生于斯里巴加湾市。幼年在国内受宫廷教育，1959年就读于吉隆坡维多利亚学院（中学）。1961年被封为王储。1966年在英国皇家圣赫斯特陆军学院受训，获上尉军衔。1967年10月5日在其父退位后继任第29世苏丹，翌年8月1日加冕。 **阿尔穆塔迪·比拉**：王储，系苏丹与苏丹后长子。1974年2月17日出生于斯里巴加湾市。早年在国内受宫廷教育，曾在文莱理工大学、文莱大学和英国牛津大学学习伊斯兰教、文莱历史、政治、经济、文化和外交课程，后到文莱政府部门和企业广泛学习，以了解文莱国情和政府部门运作，培养治国理政的能力和经验。1998年8月被封为王储。2004年3月被封为皇家武装部队四星上将。2004年7月与王室宗亲之女萨拉完婚。2005年5月被任命为文莱皇家警察部队副总督察，同年5月内阁改组时被任命为首相府高级部长。2018年1月内阁改组，比拉继续担任该职务。

经　济

经济以石油天然气产业为支柱，非油气产业不发达，主要有制造业、建筑业、金融业及农、林、渔业等。近年，因油气产量下降，文莱经济增长出现放缓。

为摆脱单一经济束缚，近年来文政府大力发展油气下游产业、伊斯兰金融及清真产业、物流与通讯科技产业、旅游业等，加大对农、林、渔业以及基础设施建设投入，积极吸引外资，推动经济向多元化方向发展。

2016年，为加快吸引外资，进一步加快经济多元化发展，文莱政府进行了一系列改革，新设了一站式服务平台，优化缩减各项行政审批、决策流程。新成立了达鲁萨兰企业（DARe），并设立外国直接投资行动与支持中心（FAST Center），为外国投资者提供更全面、快速的服务。2019年主要经济数据如下：

国内生产总值：184.4亿文币（约合136.58亿美元）。

人均国内生产总值：29274美元。

国内生产总值增长率：3.9%。

通货膨胀率：–0.4%。

货币名称：文莱元。

汇率：1美元≈1.35文莱元；与新加坡实行1∶1汇率挂钩。

（资料来源：文莱首相府经济计划发展局统计公报）

【工业】文工业基础薄弱，经济结构单一，主要以石油和天然气开采与生产为主。根据2018《BP世界能源统计年鉴》，截至2019年底，文莱已探明石油储量为11亿桶；天然气储量为3000亿立方米，均占全球总量的0.1%。文莱政府一方面积极勘探新油气区，另一方面对油气开采奉行节制政策。近年来，文莱石油日产量控制在20万桶以下，是东南亚第三大产油国；天然气日产量在3000万立方米左右，为世界第四大天然气生产国。

【农林渔业】农业基础薄弱。2016年，在苏丹的高度重视下，文政府提出了完成稻米产量自给并实现出口的战略目标。目前，中国、菲律宾、新加坡、韩国、泰国等国企业不同程度参与了文水稻种植项目试验。

文森林覆盖率为72.11%，其中森林约占陆地面积一半。文限制森林砍伐和原木出口，实行“砍一树、种四树”和每年10万立方米限额伐木政策，主要满足国内市场需要。

文有162公里海岸线，渔业资源丰富，但渔业产值占国内生产总值不足1%，国内市场需求50%依靠进口。文政府鼓励外资进入，与本地公司开展渔业养殖合作。

【旅游业】旅游业是文莱近年大力发展的优先领域之一。文莱政府采取多项鼓励措施吸引游客赴文旅游，主要旅游景点有水村、王室陈列馆、清真寺、淡布隆国家森林公园等。2018年文国际旅客约27.8万人次，比上年增长7.4%。

【交通运输】公路：截至2019年底，总长为3708.4公里。2016年6月，中国公司在文承建的特里塞—鲁木高速公路建成通车，全长18.6公里。主要居民点都有现代化道路网连通，是世界上拥有私车比例较高国家之一。公共交通不发达。

水运：摩拉深水港占地24公顷，码头长861米，泊位8个，吃水深12.5米，另有一个87米长的集料码头，年吞吐量超过10万个集装箱。斯里巴加湾市有93米长的商业码头，141米长的海军和政府船舶使用的泊位和40米长的旅客码头。马来奕港可停靠2条船，有744平方米的货仓，1837平方米的露天存货场。另有诗里亚和卢穆特两港口主要供石油与天然气出口用。

空运：首都斯里巴加湾市有国际机场。文莱皇家航空公司有客机14架，每周有多个航班直达东盟国家、澳大利亚、中东、中国（北京、香港、上海、杭州、南宁、昆明）等国家和地区。此外，与中国东方航空公司、香港航空公司等航空公司开通了代码共享航线。2013年10月1日，新航运大厅建成。2014年底，机场能容纳的旅客数量升至300万人次。

【对外贸易】主要出口原油、石油产品和液化天然气，进口机器和运输设备、工业品、食物、药品等。据文莱官方统计，2019年文莱进出口贸易总额125.16亿美元，其中出口73.46亿美元，进口51.7亿美元。文主要贸易伙伴为日本、韩国、马来西亚、泰国和新加坡。大宗出口产品是原油和天然气，主要出口市场为日本、韩国、印度。主要进口来源地为中国、新加坡、马来西亚和美国。

人民生活

政府重视人民的生活环境和医疗服务，向公民提供免费医疗，包括到国外免费就医，对永久居民和政府部门里的外籍雇员及其家属也仅收取象征性费用。人均寿命为77.3岁，女性为78.3岁、男性为76.3岁。医疗体系分为四级：卫生诊所、卫生中心、医疗中心和医院。目前共有6所医院。

军　事

1961年5月31日建立文莱马来兵团，1965年5月更名为文莱皇家军团。军队指挥权曾长期由英国人控制。1984年独立后，改称文莱皇家武装部队，由陆军、海军、空军、支援司令部和训练学院五部分组成。2009年支援司令部被裁撤，增设联合部队司令部。文军现主要由陆、海、空三军，联合部队司令部和训练学院组成。文实行志愿兵役制。苏丹任国防部长兼武装部队最高统帅、五星上将，王储兼首相府高级部长比拉为四星上将。2018年1月阿米南被任命为武装部队司令。

现有总兵力约6000人，其中陆军约4000人，海军1300人，空军700人。另有一支廓尔喀预备部队（尼泊尔雇佣军）。皇家警察部队约4000人。

文化教育

【教育】政府实行免费教育，并资助留学费用，英文和华文私立学校资金自筹。据文莱经济发展局数据，2018年，文共有学校251所，其中公立学校174所，私立学校77所。在校学生总数为110097人，教师人数为10686人。文公民受教育程度较高，女性识字率为95.3%，男性识字率为97.8%。

【新闻出版】主要英文报纸《婆罗洲公报》（Borneo Bulletin），《文莱时报》（The Brunei Times）于2016年11月停刊。有马来文报纸《PERMATA》。中文报纸由国外进口，马来西亚中文日报《联合日报》、《诗华日报》和《星洲日报》设有文莱新闻版，在文莱发行。

对外关系

奉行不结盟及同各国友好的外交政策。主张国家无论大小、强弱，都应相互尊重。1984年2月24日加入联合国，重视联合国作用。1993年12月9日加入关贸总协定，1994年4月15日成为世界贸易组织成员国。1984年1月7日成为东盟第六个成员国，与东盟各国关系密切。

视东盟为外交基石，主张通过东盟实现地区稳定、繁荣与团结。2006年7月至2009年7月任中国—东盟关系协调国。系亚太经合组织（APEC）和亚欧会议（ASEM）成员，重视维护地区和平、安全与稳定，对区域性经济合作持积极态度，主张各国实行贸易、投资自由化和开展经济技术合作。认为近年来国际形势的变化对国际关系产生了深刻影响，联合国和地区组织应在维护和平、保持稳定和促进发展中发挥作用。支持联合国改革，希望通过改革加强联合国的地位和作用，提高联合国的效率和活力，认为安理会改革应多倾听中小发展中国家的声音，增加发展中国家的代表性。重视同中国、美国、日本等大国关系。积极发展同伊斯兰国家间的关系，是伊斯兰会议组织成员国。系英联邦和不结盟运动等国际组织成员国。2013年担任东盟轮值主席国。截至2019年11月，文与170个国家建交，共设立对外派驻机构（使馆、高专署和总领馆）44个。在沙特吉达、马来西亚沙巴、沙捞越及中国香港设有总领馆，在纽约联合国总部、日内瓦设有常驻代表团，在布鲁塞尔欧盟总部设有代表团，并向日内瓦世贸组织派有常驻代表。

【同中国的关系】中国与文莱于1991年9月30日建立外交关系，双边关系发展顺利，各领域友好交流与合作逐步展开。1999年，两国签署联合公报，进一步发展在相互信任和相互支持基础上的睦邻友好合作关系。2013年，两国建立战略合作关系。2018年，两国关系提升为战略合作伙伴关系。

两国高层交往频繁。钱其琛国务委员兼外长（1992年）、罗干国务委员（1995年），谢非副委员长（1998年）、江泽民主席（2000年）、李鹏委员长（2001年）、朱镕基总理（2001年）、胡锦涛主席（2005年）、吴仪副总理（2005年）、顾秀莲副委员长（2007年）、中央军委副主席、国务委员兼国防部长曹刚川（2008年）、周铁农副委员长（2009年）、戴秉国国务委员（2010年）、李克强总理（2013年）先后访文或赴文出席会议。2018年11月，习近平主席对文莱进行国事访问。

文莱苏丹哈桑纳尔先后11次访华或来华出席国际会议。2017年9月，文莱苏丹哈桑纳尔作为主题国元首来华出席中国—东盟博览会并对华进行国事访问。2019年4月，苏丹哈桑纳尔来华出席第二届“一带一路”国际合作高峰论坛。文莱王储比拉，苏丹胞弟、时任外交和贸易部部长穆罕默德·博尔基亚亲王，苏丹胞妹、外交和贸易部无任所大使玛斯娜公主等王室成员多次访华。

1993年两国外交部建立定期磋商制度，迄已举行16次磋商。

进入21世纪，中文双边贸易额大幅上升。2008年4月、2011年4月、2013年3月和2016年4月，两国分别举行四次经贸磋商。据中方统计，2019年，中文贸易额11亿美元，同比下降40.2%。其中，中方出口6.5亿美元，同比下降59.2%，中方进口4.5亿美元，同比增长81.7%。中方从文进口的商品主要是原油，向文出口的商品主要为纺织品、建材和塑料制品等。两国在投资、承包劳务等方面合作成效显著。截至2019年2月底，我在文累计签订工程承包合同额32.5亿美元，完成营业额33.4亿美元。

两国签有《鼓励和相互保护投资协定》（2000年）、《避免双重征税和防止偷漏税的协定》（2004年）、《促进贸易、投资和经济合作谅解备忘录》（2004年）、《农业合作谅解备忘录》（2009年）、《“一带一路”建设谅解备忘录》（2017年）、《加强基础设施领域合作谅解备忘录》（2017年）、《共建“一带一路”合作规划》（2018年）。

中国驻文莱大使：于红。馆址：No.1，Simpang 462，Kampung Sungai Hanching Baru，Jalan Muara，BC 2115，Negara Brunei Darussalam。电话：00673-20-341034、336077（商务）；传真：2344703、335163（商务）。

文莱驻华大使：拉赫玛尼。馆址：北京市朝阳区亮马桥北街1号，邮编：100600。电话：010-65329773，65329776，65324093；传真：65324097。（郭磊）

乌兹别克斯坦

国名　乌兹别克斯坦共和国（The Republic of Uzbekistan，Республика Узбекистан）。

面积　44.89万平方公里。

人口　3390.58万（截至2020年1月1日）。共有130多个民族。乌兹别克族占83.8%，塔吉克族占4.8%，哈萨克族占2.5%，俄罗斯族占2.3%，卡拉卡尔帕克族占2.2%，吉尔吉斯族占0.9%，鞑靼族占0.6%，朝鲜族占0.6%，土库曼族占0.6%。此外，还有乌克兰、维吾尔、亚美尼亚、土耳其、白俄罗斯族等。乌兹别克语为官方语言，俄语为通用语。主要宗教为伊斯兰教，属逊尼派，其次为东正教。

首都　塔什干（Tashkent，Ташкент）。常住人口257万（2020年1月1日）。1月平均气温0℃，7月平均气温28℃。

国家元首　总统沙夫卡特·米罗莫诺维奇·米尔济约耶夫（Шавкат Миромонович Мирзиёев）。2016年9月8日被推举为代总统，在12月4日举行的总统大选中胜选，12月14日正式就任。

重要节日　新年：1月1日；古尔邦节：伊斯兰历12月10日；纳乌鲁斯节（乌兹别克春节）：3月21日；纪念和荣誉日（原胜利日）：5月9日；独立日：9月1日；宪法日：12月8日。

简　况

位于中亚腹地的"双内陆国"，全部5个邻国均无出海口。南靠阿富汗，北部和东北与哈萨克斯坦接壤，东、东南与吉尔吉斯斯坦和塔吉克斯坦相连，西与土库曼斯坦毗邻。属严重干旱的大陆性气候，7月平均气温25—33℃，1月平均气温–6—3℃。

公元前七世纪开始出现国家。公元前五世纪起先后被纳入古波斯帝国、马其顿帝国、贵霜帝国、萨珊王朝、阿拉伯帝国、萨曼王朝、喀喇汗王朝版图。13世纪被蒙古人征服。14世纪中叶，阿米尔·帖木儿建立以撒马尔罕为首都的庞大帝国。16—18世纪，建立布哈拉汗国、希瓦汗国和浩罕国。19世纪60—70年代，部分领土（现撒马尔罕州和费尔干纳州）并入俄罗斯。1917—1918年建立苏维埃政权，1924年10月成立乌兹别克苏维埃社会主义共和国并加入苏联。1991年8月31日宣布独立，定9月1日为独立日。

政　治

独立之始，首任总统卡里莫夫提出按"乌兹别克斯坦发展模式"建设国家的"五项原则"：经济优先，国家调控，法律至上，循序渐进，社会保障。在该"五项原则"指导下，乌致力于复兴民族精神和宗教传统，提高社会宽容度，增进族际互容，对弱势阶层和群体实施社会保障。同时将保障国家安全作为国家主要任务之一。

米尔济约耶夫当选总统后宣布遵循"乌兹别克发展模式"，同时制定2017—2021年国家发展五大优先方向行动战略，加速推进经济、司法、行政等改革，开通网上受访渠道，及时回应民众关切。2020年1月24日，米向议会两院发表国情咨文，宣布2020年为"科技、教育和数字经济发展年"。

【宪法】1992年12月8日通过第一部宪法，规定乌是主权、民主国家，实行立法、行政、司法分立；总统为国家元首、武装部队最高统帅，每届任期7年，连任不得超过两届；经济以多种所有制为基础。1993年、2003年、2007年、2008年、2011年4月和12月、2014年、2017年4月、5月　和8月、2018年、2019年2月、3月和9月共十四次修改宪法。2011年3月修宪扩大议会和政党权力，规定总理由立法院中占多数席位的政党或党团提名，议会有权对政府提出不信任案，有权就国家政治经济生活的重大问题向总理提出质询，总统无法理政时，由参议院主席直接代行总统权力，直至选出新总统；2011年12月修宪将总统任期由7年减少至5年；2014年修宪规定将部分总统权力移交总理，扩大政府和议会职权，强化中央选举委员会的独立性。2017年5月30日，乌最高会议参议院批准旨在加强国家民主进程的宪法修订案。2019年3月6日，米尔济约耶夫总统签署旨在加强政府组建过程民主化的宪法修订案，其中规定"征求最高会议立法院同意后，政府成员由总理提名、总统批准。"2019年9月4日修宪规定除犯重罪和极重罪行被剥夺自由的人员外，其余服刑人员均可参加选举投票。

【议会】乌兹别克斯坦议会称为最高会议，是行使立法权的最高国家代表机关。实行两院制，由参议院和立法院组成。

参议院为上院，设主席1人、第一副主席1人、副主席2人，下设办公厅，预算和经济改革委员会，立法司法问题和反腐委员会，国防安全委员会，国际关系、对外经济合作、外国投资、旅游委员会，科学、教育及卫生委员会，妇女性别平等委员会，农业、水利及生态委员会，青年、文化及体育委员会。议员100名，其中84名以不记名方式在卡拉卡尔帕克斯坦共和国、12个州和塔什干市选出，16名由乌总统在科学、艺术、文学和生产等领域有杰出贡献的乌公民中选任。参议员须满25周岁，在乌生活不少于5年。每届参议院任期5年。

参议院有权选举本院主席及副主席、各委员会主席及副主席，通过和修改宪法、通过和修改宪法法律，决定是否举行公民公投，确定内外政策及国家战略计划，确定立法、行政和司法权力机构的制度与权力，批准加入和退出国际组织，设立税收和其他强制性付款，通过和监督控制国家预算，批准总统关于组建和废除各部委、国家委员会和其他政府机构的法令，组建中央选举委员会，按总统提名审议并批准总理的候选资格，并听取和讨论总理关于社会经济发展的热点问题的报告、审议审计报告，根据总统提议审议批准国家进入战争状态法令，批准和退出国际条约。本届参议院于2020年1月产生，主席为坦济拉·卡玛洛夫娜·纳尔巴耶娃（Танзила Камаловна Нарбаева，女）。

立法院为下院，设议长1人、副议长5人，下设办公厅、预算和经济改革委员会、立法司法问题和反腐委员会、劳动和社会问题委员会、国防安全委员会、国际事务与议会间交往委员会、工业建筑和贸易委员会、农业水利委员会、科教文体委员会、民主体制、非政府组织和公民自治机构委员会、创新发展、信息政策与通信技术委员会、公民健康委员会、生态环保委员会。议员150名，均由各选区在多党制基础上选举产生。每届立法院任期5年。立法院议员不能从事除科学和教育之外的赢利性职业。立法院主要从事立法工作，有权选举本院主席及副主席、各委员会主席及副主席，有权按照乌总检察长的建议剥夺立法院议员豁免权。

本届立法院于2019年12月选举产生，包括自由民主党议员团43人、“民族复兴”民主党议员团35人、“公正”社会民主党议员团21人、人民民主党议员团18人、生态党11人。立法院议长为努尔丁江·姆伊金哈诺维奇·伊斯莫伊洛夫（Нурдинжон Муйдинханович Исмоилов）。

【政府】称内阁，由乌兹别克斯坦共和国总理、副总理、各部部长及各国家委员会主席组成。根据乌宪法第98条规定，卡拉卡尔帕克斯坦共和国内阁主席进入乌兹别克斯坦共和国内阁担任相关职务。本届政府于2020年1月组成，后续进行微调，为1名总理、1名第一副总理、4名副总理、23个部、10个委员会，其中1个副总理职位和1个部长职位空缺。政府成员包括：总理阿卜杜拉·尼格马托维奇·阿里波夫（Абдулла Нигматович Арипов）；第一副总理兼交通部部长阿奇尔拜·拉马托夫（Ачилбай Жуманиязович Раматов）；副总理扎姆希德·安瓦罗维奇·库奇卡罗夫（Джамшид Анварович Кучкаров）；主管投资和对外经济联系的副总理萨尔多尔·乌克塔莫维奇·乌穆尔扎科夫（Сардор Уктамович Умурзаков）；主管教育和卫生的副总理（空缺）；副总理兼国家旅游发展委员会主席阿济兹·阿卜杜卡哈罗维奇·阿卜杜哈基莫夫（Азиз Абдукахарович Абдухакимов。

外交部长阿卜杜拉齐兹·哈菲佐维奇·卡米洛夫（Абдулазиз Хафизович Камилов）；经济和工业部长博季尔·阿萨季拉耶维奇·霍贾耶夫（Ботир Асадиллаевич Ходжаев）；司法部长鲁斯兰别克·库罗尔塔耶维奇·达弗列托夫（Русланбек Куролтайевич Давлетов）；国防部长巴霍季尔·尼扎莫维奇·库尔班诺夫（Курбанов Баходир Низамович）；内务部长普拉特·拉扎科维奇·博博若诺夫（Пулат Раззакович Бобожонов）；投资和外贸部长萨尔多尔·乌克塔莫维奇·乌穆尔扎科夫（Сардор Уктамович Умурзаков）；农业部长扎姆希德·阿卜杜哈基莫维奇·霍贾耶夫（Ходжаев Жамшид Абдухакимович）；水利部长沙弗卡特·拉希莫维奇·哈姆拉耶夫（Хамраев Шавкат Рахимович）；就业和劳动关系部长诺济姆·巴赫季约罗维奇·胡桑诺夫（Хусанов Нозим Бахтиёрович）；卫生部长阿里舍尔·卡尤莫维奇·沙德曼诺夫（Алишер Каюмович Шадманов）；高等和中等职业教育部长伊诺姆·乌里舍维奇·马吉多夫（Ином Уришевич Маджидов）；国民教育部长谢尔佐德·霍塔莫维奇·谢尔马托夫（Шерматов Шерзод Хотамович）；学前教育部长阿格里宾娜·瓦西里耶夫娜·申（Агриппина Васильевна Шин）；文化部长奥佐德别克·阿赫马多维奇·纳扎尔别科夫（Озодбек Ахмадович Назарбеков）；信息技术和通信发展部长舒赫拉特·穆哈迈贾诺维奇·萨季科夫（Садиков Шухрат Мухамаджанович）；住房和公共服务部长穆扎法尔·霍尔达尔巴耶维奇·萨利耶夫（Музаффар Холдарбаевич Салиев）；创新发展部长伊布罗希姆·尤尔契耶维奇·阿卜杜拉赫莫诺夫（Абдурахмонов Иброхим Юлчиевич）；体育部长季尔穆罗德·哈米杜拉耶维奇·纳比耶夫（Набиев Дилмурод Хамидуллаевич）；建设部长巴季尔·伊尔金诺维奇·扎基罗夫（Батир Иркинович Закиров）；交通部长埃尔约尔·马日罗维奇·加尼耶夫（Эльёр Маджидович Ганиев）；能源部长阿利舍尔·萨伊达巴索维奇·苏尔丹诺夫（Султанов Алишер Саидаббасович）；紧急情况部长（空缺）；社区和家庭事务部长拉赫马特·托什纳扎罗维奇·马马托夫（Рахмат Тошназарович Маматов）。国家海关委员会主席穆罗特容·别尔季阿利耶维奇·阿济莫夫（Муротжон Бердиалиевич Азимов）；国家税务委员会主席别赫佐德·安瓦罗维奇·穆萨耶夫（Бехзод Анварович Мусаев）；国家工业安全委员会主席巴赫季约尔·瓦哈博维奇·古里亚莫夫（Бахтиёр Вахабович Гулямов）；国家国防工业委员会主席奥依别克·奥尔季科维奇·伊斯莫伊洛夫（Ойбек Ортикович Исмоилов）；国家统计委员会主席巴霍季尔·阿卜杜萨洛莫维奇·别加洛夫（Бегалов Баходир Абдусаломович）；国家土地资源、测绘和土地登记委员会主席阿卜杜舒库尔·哈米多维奇·阿卜杜拉耶夫（Абдуллаев Абдушукур Хамидович）；国家生态和环境保护委员会主席巴赫罗姆·图尔金诺维奇·库奇卡罗夫（Бахром Тулкинович Кучкаров）；国家地质和矿产资源委员会主席博比尔·法尔哈多维奇·伊斯拉莫夫（Исламов Бобир Фархадович）；国家兽医和畜牧业发展委员会主席巴赫罗姆容·图拉耶维奇·诺尔科比洛夫（Норкобилов Бахромжон Тураевич）；国家林业委员会主席尼佐米京·扎利洛维奇·巴基罗夫（Бакиров Низомиддин Жалилович）。

【行政区划】全国共划分为1个自治共和国、12个州和1个直辖市：卡拉卡尔帕克斯坦自治共和国、安集延州、布哈拉州、吉扎克州、卡什卡达里亚州、纳沃伊州、纳曼干州、撒马尔罕州、苏尔汉河州、锡尔河州、塔什干州、费尔干纳州、花剌子模州、塔什干市。

【司法机构】乌法院系统包括：宪法法院、最高法院、卡拉卡尔帕克斯坦共和国最高民事刑事法院、各州和塔什干市民事刑事法院，跨区民事法院、区（市）民事刑事法院、军事法院、卡拉卡尔帕克斯坦共和国经济法院、各州和塔什干市经济法院。检察院系统包括：总检察院、卡拉卡尔帕克斯坦共和国检察院、各州检察院、塔什干市检察院、国家军事检察院和国家交通检察院。2017年2月米尔济约耶夫签署总统令，组建最高司法委员会，由1名主席和20名成员组成，主席由参议院根据总统提名任命，委员由总统直接任命。主要职能是保障司法独立。

最高法院院长柯基姆章·卡米洛夫（Козимджан Камилов）；宪法法院院长巴赫季约尔·米尔巴巴耶夫（Бахтиер Шамсутдинович Мирбабаев）；总检察长尼格马杜拉·尤达舍夫（Юлдашев Нигматилла Тулкинович）。

【**政党**】1996年12月颁布《政党法》。现经登记的政党有5个。

（1）人民民主党（Народно-Демократическая Партия）：1991年11月1日成立，创始人为首任总统卡里莫夫。该党在议会立法院中占18个席位。1996年6月卡里莫夫辞去该党主席职务，并退党。该党宗旨：建立公正社会，巩固国家政治体制、经济独立，维护族际间和睦，改善劳动者的物质和文化生活状况，保护人权。2013年4月起主席为霍塔姆江·阿卜杜拉赫曼诺维奇·凯特莫诺夫（Хатамжон Абдурахманович Кетмонов），2019年起主席为乌鲁伯·伊利亚索维奇·伊诺亚托夫（Улугбек Ильясович Иноятов），党报为《乌兹别克斯坦之声报》。

（2）自由民主党（Либерально-Демократическая Партия）：2003年11月15日成立，主要为乌企业家和实业界人士。该党在议会中占43个席位。宗旨：积极参与乌国家、社会体制的改革与发展进程，促进乌政治、经济、社会和精神生活自由民主化，在民主基础上进一步完善国家和社会体制，深化经济改革，切实保护公民、企业家和商人的自由及合法权益。2013年12月至2017年8月主席为索季克容·图尔季耶夫（Содикжон Турдиев）。2018年8月起，该党主席为阿克塔姆·哈伊托夫（Актам Ахмадович Хаитов）。党报为《二十一世纪》。

（3）“民族复兴”民主党（Демократическая Партия “Миллий Тикланиш”）：由“民族复兴”民主党和“自我牺牲者”民族民主党于2008年6月合并而成。该党在议会中占35个席位。宗旨：提高全民民族意识，培养民众特别是青年一代的民族自豪感和爱国主义精神，团结所有爱国人士提高乌国际威望，不惜一切代价捍卫国家独立和价值观，反对任何损害乌利益的企图。2013年5月起主席为萨尔瓦尔·奥特姆拉托夫（Сарвар Садуллаевич Отмуратов），2019年该党中央委员会主席为阿里舍尔·科尔季耶维奇·卡季罗夫（Кадиров Алишер Келдиевич）。党报为《民族复兴报》。

（4）“公正”社会民主党（Социально-Демократическая Партия “Адолат”）：1995年2月18日成立。该党在议会中占20个席位。宗旨：建立符合各民族利益的法治国家，巩固社会公正原则，保护人权。2013年6月起主席为纳利蒙·乌马罗夫（Наримон Умаров），并于2019年连任。

（5）生态党（Экологическая партия）：前身为“乌兹别克斯坦生态运动”（Экологическое Движение Узбекистана），2008年2月成立，既不属政治组织，也不是政党，但却是议员组成部分，作用特殊，在议会中占有15个席位，成员为非政府组织、环保组织、科研机构和医疗机构代表。2019年1月8日，举行成立大会，宣布正式成为生态党，原“乌兹别克斯坦生态运动”中央委员会执委会主席博里·阿里哈诺夫（Борий Ботирович Алиханов）任生态党中央委员会执行主席，并于2019年1月连任。宗旨：促进国家持续发展，为民众生活创造良好条件，动员社会力量保护大自然，制定国家和地区规划，提高社会生态文明。该党高度重视咸海生态问题。

【**重要人物**】**沙夫卡特·米罗莫诺维奇·米尔济约耶夫**：总统。1957年7月24日生于吉扎克州，乌兹别克族。1981年毕业于塔什干农业水利机械工程学院，机械工程师，技术学副博士。1981—1992年在塔什干农业水利机械工程学院工作，历任青年委员会书记、党委书记等职。1992—1996年任塔什干米尔佐—兀鲁伯区区长。1996—2001年任吉扎克州州长。2001年9月起任撒马尔罕州州长。2003年12月10日被任命为总理。2005年2月、2010年3月、2015年1月连任。2016年9月2日首任总统卡里莫夫去世后，在9月8日的议会联席会议上被推举为代总统，在同年12月4日举行的总统大选中以87.73%的投票率高票当选总统，12月14日正式就任。　**坦济拉·卡玛洛夫娜·纳尔巴耶娃**：最高会议参议院主席。1956年生于安集延州，教育科学副博士。1995—2010年在内阁先后任副总理秘书处主任，家庭、妇女儿童扶持事务秘书处主任，教育、卫生和社保问题信息分析部首席专家；2010—2016年任工会联盟委员会主席；2016—2019年任副总理兼妇女委员会主席。2019年6月当选为第一位女性参议院主席。　**努尔丁江·姆伊金哈诺维奇·伊斯莫伊洛夫**：立法院主席。1959年生于乌纳曼干州，法学副博士。人民民主党成员。2005—2012年任最高会议立法院立法和法律问题委员会主席，2012年起任负责与议会、政治和社会团体合作问题的总统顾问。2015年1月当选最高会议立法院主席。已婚，有两女一子。　**阿卜杜拉·尼格马托维奇·阿里波夫**：总理，1961年生于塔什干，1983年毕业于塔什干电子技术通信学院，电子通信工程师，经济学硕士。1983—1992年在塔什干电话电报局工作。1992—1993年任乌通信部高级专家。1993—1995年任乌外贸公司副总裁。1995—1996年任乌通信部处长。1997年任乌邮电通讯署处长。1997—2000年任国家支持邮电通讯发展基金会主任。2000—2001年任乌邮电通讯署第一副主任。2001年8月任乌邮电通讯署主任。2002年任乌主管通信和电信技术的副总理，兼任乌通信和信息化署主任。2009年10月任副总理，其分管领域调整为社会、科教、医疗、文化及与独联体国家合作。2012年8月被解除副总理职务。2016年9月被代总统米尔济约耶夫任命为乌副总理，主管青年政策、文化、信息系统和通讯。2016年12月任乌总理，2020年1月再次当选。已婚，有五女。

经　济

自然资源丰富，是世界上重要的棉花、黄金产地之一。国民经济支柱产业是“四金”：黄金、“白金”（棉花）、“乌金”（石油）、“蓝金”（天然气）。苏联时期是工业原料和农牧业产品供应地。独立以来，乌分阶段、稳步推进市场经济改革，实行“进口替代”和“出口导向”经济发展战略，同时对国有企业进行私有化和非国有化，大力发展中、小企业，基本实现能源和粮食自给，保持了宏观经济和金融形势的稳定，经济实现较快发展。米尔济约耶夫就任总统后，大力推行经济开放和自由化，实行汇率改革，通过吸引外资、扩大出口、发展旅游业等举措为经济发展注入活力，经济保持增长势头。2019年主要经济数据如下：

国内生产总值：511.8万亿苏姆（按汇率1美元=9547苏姆计算，约合583亿美元）。

同比增长：5.5%。

人均国内生产总值：1524.2万（1724美元）。

通货膨胀率：15.2%。

失业率：9%。

（注：2017年9月，乌实行汇率改革，取消双轨制汇率管理制度，苏姆官方汇率贬值约50%。）

【资源】资源丰富，矿产资源储量总价值约3.5万亿美元，探明矿产近百种。其中，黄金探明储量3350吨（全球排名第4），石油探明储量1亿吨，凝析油探明储量1.9亿吨，天然气探明储量1.1万亿立方米，煤探明储量18.3亿吨，铀探明储量18.58万吨（全球排名第12），铜、钨、钾盐、磷灰石、高岭土等储量也较为丰富。森林覆盖率为12%。2018年石油开采量74.6万吨，同比下降8.2%；天然气开采量598.42亿立方米，同比增长6.1%；铀开采量为6100吨，同比增长69.4%；黄金开采量88.5吨，同比下降1.56%。2019年石油开采量69.86万吨，同比下降6.3%；天然气开采量594.6亿立方米，同比下降1.6%；煤炭开采量403.86万吨，同比下降3.0%；铀开采量为6200吨，同比增长1.6%。

【工业】2016年工业总产值111.87万亿苏姆，同比增长6.2%，占国内生产总值比重为32.9%（当年乌经济部数据）。其中制造业产值89.8万亿苏姆，食品业22.4万亿苏姆，纺织业13.3万亿苏姆，采矿业10.9万亿苏姆，冶金业8.0万亿苏姆，化工业7.4万亿苏姆，其他非金属矿物制品6.3万亿苏姆，服装业4.3万亿苏姆，汽车制造业4.1万亿苏姆。发电量590亿度，同比增长4%。2017年工业产值148.82万亿苏姆，同比增长8.8%，占国内生产总值比重为27.2%（国家统计委员会数据）。其中制造业产值117.7万亿苏姆，食品业23.2万亿苏姆，采矿业18.2万亿苏姆，纺织业16.8万亿苏姆，冶金业12.5万亿苏姆，汽车制造业10.5万亿苏姆，化工业9.9万亿苏姆，其他非金属矿物制品7.5万亿苏姆，服装业6.1万亿苏姆。发电600.9亿度，同比增长3%。2018年工业产值95.1万亿苏姆，同比增长10.6%，占国内生产总值比重为23.3%。2019年工业产值331万亿苏姆，同比增长6.4%，占国内生产总值比重为30%。

【农业】总耕地面积430万公顷，棉花种植为支柱产业。2016年农林渔业总产值约为48.43万亿苏姆，同比增长6.9%，占国内生产总值比重为17.6%（当年乌经济部数据），棉花播种面积126.75公顷，减少3.05万公顷，产量约330万吨（居世界第6位），减产约6万吨，籽棉产量330万吨。2017年农林渔业产值43.15万亿苏姆，同比增长1.9%，占国内生产总值比重为19.7%（国家统计委员会数据），生产原棉290万吨，出口棉纤维累计4.77亿美元，同比下降25.2%。2018年农林渔业产值117.3万亿苏姆，同比增长0.3%，占国内生产总值比重为28.8%。2019年农林渔业产值224.3万亿苏姆，同比增长2.5%，占国内生产总值比重为28.1%。

【服务业】2017年服务业产值105.80万亿苏姆，占国内生产总值比重为46.2%（国家统计委员会数据），主要服务门类包括贸易、餐饮住宿服务交通、运输、仓储、信息通讯等。2018年服务业产值128.9万亿苏姆，占国内生产总值比重为31.6%，其中贸易、酒店餐饮业收入26.5万亿，同比增长4.4%；运输、仓储和通信业收入29.9万亿，同比增长6.3%；其他服务业收入72.5万亿，同比增长5.4%。2019年服务业产值190.4万亿苏姆，同比增长12.5%，占国内生产总值比重为35.5%，其中贸易、酒店餐饮业收入32.2万亿，同比增长5%；运输、仓储和通信业收入35.8万亿，同比增长5.6%；其他服务业收入97万亿，同比增长5%。

【旅游业】米尔济约耶夫总统执政以来，将旅游业作为国家经济战略领域，在完善旅游领域法律法规，简化签证、护照、通关手续等方面采取了多项措施，鼓励发展生态游、朝觐游、医疗游，全面挖掘旅游潜力。全国现有4000多处历史、宗教、建筑古迹，主要集中在塔什干、撒马尔罕、布哈拉、希瓦等城市。2017年共接待入境游客284.8万人次，同比增长32.0%，游客主要来自哈萨克斯坦、吉尔吉斯斯坦、俄罗斯、土库曼斯坦、阿塞拜疆、乌克兰等国。2018年共接待入境游客643.3万，是2017年的2.3倍，游客主要来自哈萨克斯坦（占比38.2%）、塔吉克斯坦（26.4%）、吉尔吉斯斯坦（17.1%）、俄罗斯（7.2%）、土耳其（1.2%）、中国（0.6%）、韩国（0.5%）、印度（0.3%）、德国（0.3%）、日本（0.3%）等。2019年共接待入境游客逾674.85万人次，同比增长26%；其中576.75万游客来自中亚，49.56万游客来自其他独联体国家，48.84万游客来自其他国家；旅游服务出口额为13亿美元。

【交通运输】主要运输方式有铁路、公路、航空。2017年铁路总长6100公里，公路总长4.41万公里，客运量56.79亿人次，同比增长2.8%；货运量11.46亿吨，同比增长2.5%，其中航空货运量2.64万吨。有国际机场11个，国际航线45条。2019年铁路总长7400公里，其中约1100公里实现电气化，客运量2290万人次，增长3.5%，货运量7010万吨，增长2.5%；公路总长18.4万公里，其中4.26万公里为公路干线，年客运量5.9995亿人次，增长2.5%；货运量1.1768亿吨，增长6.8%；航空客运量330万人次，同比增长26.3%；货运量9600吨，同比下降26.4%。

最大航空公司为乌兹别克斯坦国家航空公司。主要通航国家为中国、俄罗斯、土耳其、日本、美国、白俄罗斯、韩国、印度、泰国、马来西亚、新加坡、法国、意大利、德国、英国、以色列、沙特阿拉布、拉脱维亚、哈萨克斯坦、吉尔吉斯斯坦、塔吉克斯坦和阿塞拜疆等。中乌之间有直航，分别由双方航空公司运营。塔什干—北京航线每周4个航班，塔什干—乌鲁木齐航线每周4个航班。浙江长隆航空公司于2019年9月27日开通西安—塔什干航线，每周2个航班；于2020年1月10日开通成都—塔什干航线，每周3个航班。

【财政金融】米尔济约夫总统执政以来，实施了一系列旨在提高乌经济竞争力的金融体系改革举措，包括汇率自由化、完善税收体系、与外国机构合作推动金融体系现代化等。据国际货币基金组织2018年11月发布的报告，截至2018年9月，乌实行适当紧缩的货币政策，进出口数据显示有经济过热趋势，消费物价指数反映出通胀有过高趋势，为抑制通胀，须限制贷款增加，建议2019年乌财政政策适度放宽，预算赤字占国内生产总值的2%。截至2020年1月1日，黄金储备286亿美元，同比增长8.3%。2020年3月6日，乌央行将再融资率从14%提高至16%，以应对通胀风险。

2018年国家财政收入74.3万亿苏姆，支出78.5万亿苏姆，其中地方财政可支配额度为5.5万亿苏姆，同比增长5倍，国家预算盈余占国内生产总值的0.02%。根据2019年国家预算，预计财政收入为102.6万亿苏姆，同比增长38%，支出为107.1万亿苏姆，增长36.4%，其中教育支出增长25.5%，达28.4万亿苏姆；医疗支出增长30.5%，达12.1万亿苏姆；贫困家庭社会补贴及资金援助支出增长61.8%，达5.2万亿苏姆。根据2020年国家预算，预计财政收入为128.46万亿苏姆，支出为121.856万亿苏姆，其中教育支出占22.9%，达30.0476万亿苏姆；医疗支出达14.8426万亿苏姆；贫困家庭社会补贴及资金援助支出增长23%，达6.5737万亿苏姆。

截至2019年12月1日，乌共有银行30家，其中13家为国有银行，17家私人银行。

银行名称	性质	资产（亿苏姆）
乌兹别克斯坦国家银行	国有银行	820680
乌兹别克斯坦工业建设银行	国有银行	422530
阿萨卡银行	国有银行	410790
抵押银行	国有银行	262480
农业银行	国有银行	186330
人民银行	国有银行	163590
农村建设银行	国有银行	127500
伙伴银行	私人银行	87610
通信银行	国有银行	74050
图兰银行	国有银行	52880
资本银行	私人银行	52370
小额信贷银行	国有银行	49810
丝路银行	私人银行	48040
韩国发展银行	私人银行	48020
投资理财银行	私人银行	42620
东方金融银行	私人银行	41300
信托银行	私人银行	34070
亚洲联盟银行	国有银行	24460
时间银行	私人银行	12590
突厥斯坦银行	私人银行	10010
商人银行	私人银行	9770
全能银行	私人银行	7120
农作银行	私人银行	7070
繁荣银行	私人银行	5870
高科技银行	私人银行	3610
伊朗萨德拉特银行	私人银行	3540
乌兹别克斯坦农产品出口银行	国有银行	2280
坚戈银行	私人银行	2150
马达投资银行	私人银行	2050
首都银行	国有银行	1350

【对外贸易】鼓励对外贸易，着力扩大农产品出口。2018年4月正式提出加入世界贸易组织申请。2017年对外贸易总额约为270亿美元，其中进口约130亿美元，出口约140亿美元，贸易顺差9.46亿美元，前十大贸易伙伴为中国（占比18.4%）、俄罗斯（18.1%）、哈萨克斯坦（7.7%）、土耳其（5.7%）、韩国（5.0%）、德国（2.3%）、阿富汗（2.2%）、巴西（1.2%）、印度（1.2%）、伊朗（1.2%）。2016年、2017年贸易结构如下：

出口产品种类	2016年（%）	2017年（%）
棉花纤维制品	5.3	3.4
食品	5.7	6.3
化学产品及其衍生品	6.9	6.3
能源类产品	14.2	13.8
黑色金属和有色金属	5.9	6.6
机械装备	1.8	2.5
服务	25.8	25.4
其他	34.4	35.7
进口产品种类	2016年（%）	2017年（%）
食品	11.9	9.8

化学产品及其衍生品	17.5	16.4
能源类产品	4.8	5.7
黑色金属和有色金属	7.6	9.8
机械设备	41.3	38.7
服务	6.7	7.8
其他	10.2	11.8

2018年对外贸易额338.2亿美元，同比增长27.3%。其中进口195.6亿美元，同比增长13.6%；出口142.6亿美元，同比增长39.6%。贸易逆差53亿美元。排名前十的贸易伙伴如下：（单位：亿美元）

国家	贸易额	出口	进口	占外贸总额比重（%）	增幅（%）
中国	64.28	28.69	35.59	19.0	35.2
俄罗斯	57.31	21.93	35.38	16.9	21.2
哈萨克斯坦	30.23	14.58	15.65	8.9	47.0
土耳其	21.72	9.36	12.36	6.4	39.9
韩国	21.37	0.92	20.46	6.3	54.0
德国	7.72	0.47	7.25	2.3	24.5
日本	7.00	0.13	6.87	2.1	321.4
阿富汗	6.01	5.99	0.02	1.8	−2.8
吉尔吉斯斯坦	4.81	3.48	1.33	1.4	89.6
乌克兰	4.30	1.03	3.27	1.3	48.4

2019年对外贸易额422亿美元，同比增长26.2%。其中进口179亿美元，同比增长28%；出口243亿美元，同比增长25%。贸易逆差64亿美元。2016—2019年贸易结构如下：

出口产品种类	2016年（%）	2017年（%）	2018年（%）	2019年（%）
棉花纤维制品	5.3	3.4	1.6	1.6
食品	5.7	6.3	7.7	8.5
化学产品及其衍生品	6.9	6.3	6.3	4.9
能源类产品	14.2	13.8	18.7	14.1
黑色金属和有色金属	5.9	6.6	8.2	5.3
机械装备	1.8	2.5	1.5	2.5
服务	25.8	25.4	21.3	19.9
其他	34.4	35.7	34.7	43.2
进口产品种类	2016年（%）	2017年（%）	2018年（%）	2019年（%）
食品	11.9	9.8	8.1	7.8
化学产品及其衍生品	17.5	16.4	13.1	13.2
能源类产品	4.8	5.7	4.5	3.8
黑色金属和有色金属	7.6	9.8	9.1	7.6
机械设备	41.3	38.7	42.5	43.8
服务	6.7	7.8	11.5	10.0
其他	10.2	11.8	11.2	13.8

排名前十的贸易伙伴如下：（单位：亿美元）

国家	贸易额	出口	进口	占外贸总额比重（%）
中国	76.209	25.190	51.019	18.1
俄罗斯	66.269	24.925	41.344	15.7
哈萨克斯坦	33.678	14.297	19.380	8.0
韩国	27.554	9.35	26.618	6.5
土耳其	25.252	12.036	13.216	6.0
德国	9.801	5.390	9.262	2.3
吉尔吉斯斯坦	8.291	6.790	1.500	2.0
阿富汗	6.180	6.151	0.029	1.5
美国	5.963	0.291	5.671	1.4
土库曼斯坦	5.419	1.451	3.968	1.3

【外国资本】2017年利用外资24亿美元；2018年吸引外资18亿美元，利用外国直接投资17亿美元。主要利用外资领域：油气、电力、信息通信、轻纺工业、汽车工业、基础设施、农业水利等。主要投资来源国：俄罗斯、中国、德国、新加坡、荷兰、英国、阿联酋、土耳其、马来西亚、韩国、日本等。此外，亚洲开发银行、世界银行、伊斯兰开发银行等国际金融机构向乌提供优惠贷款。2019年吸引投资额为220.7万亿苏姆，固定资产投资额为189.9万亿苏姆，同比增长至1.3倍。外国直接投资93亿美元，国际金融机构资金40亿美元。2800个民生、基础设施和生产项目投入使用，包括145个大型生产项目、167个大型地区项目、2500个民生基础设施项目。根据2020年1月9日《2020年国家投资规划总统令》，2020年预计吸引固定资本投资233.2万亿苏姆，其中外国直接投资71亿美元，国家担保投资和贷款27亿美元；将有2000多个项目投入使用，包括206个大型生产项目、240个地区生产项目、1600个民生基础设施项目。

【对外援助】2018年以来，乌向阿富汗提供了一定物资和人员培训方面的援助。2018年6月，乌政府向阿富汗政府提供3000多吨小麦紧急人道主义援助仪式，同年11月，乌外长卡米洛夫表示，乌愿定期向阿提供人道主义援助。

【著名公司】主要大型公司如下：

（1）乌兹别克斯坦纺织集团（Uztex），成立于2009年，主要生产纺纱和服装。

（2）乌兹别克斯坦天然气运输集团（Uztransgaz），成立于1992年，从事天然气、凝析油和石油的运输、储存和销售，拥有近3.65万名员工。

（3）纳沃伊采矿冶金联合企业，包括5个主要的采矿、冶金企业，以及纳沃伊机械制造厂和泽拉夫尚建筑局，占地数十万平方米，拥有近6万名员工。

（4）阿尔马雷克采矿冶金联合企业，乌最大的采矿冶金企业之一，中亚最大的铜生产企业，白银和黄金产量分别约占乌全国产量的90%、20%，旗下有6个矿场、5个采矿选矿综合体和3个冶金企业。

（5）阿泰尔公司，成立于2011年，生产空调、微波炉、迷你烤箱、燃气炉、电视、冰箱、手机等二十多种家用电器，产品出口乌克兰、哈萨克斯坦、吉尔吉斯斯坦、阿富汗、阿塞拜疆、塔吉克斯坦、亚美尼亚、格鲁吉亚、土库曼斯坦和俄罗斯等国。

（6）英国—乌兹别克斯坦烟草合资公司，组建于1994年，拥有1000多名员工，其中撒马尔罕卷烟厂建于1997年，产品满足乌大部分卷烟消费市场。英美烟草集团对乌经济的累计投资超过4亿美元。

（7）通用—乌兹别克斯坦汽车厂，成立于2008年3月，占地72公顷，生产面积19.2万平方米，拥有3个生产基地，生产雪佛兰、拉文（Ravon）等10款车型。

（8）塔什干啤酒厂，成立于1867年，该行业历史最悠久企业之一，位于塔什干郊区的运河沿岸，20世纪60年代是苏联的酒精饮料主要生产商之一，20世纪80年代后开始生产果汁、饮料、果酱等产品。

（9）乌油气公司（Uzbekneftegaz），成立于1992年，主要经营范围是勘探、开采、加工乌油气资源并开展该领域对外合作。

人民生活

乌政府注重社会福利，通过优惠、补贴、津贴等方式对社会弱势阶层进行救助。近两年采取系列举措增强人民体质、改善人民生活、保护低收入阶层、提高工资、退休金和各种补贴。根据乌2019年国家预算，政府拟继续每半年提高一次居民工资、退休金、社保、奖学金，提高幅度不低于前一年通胀率。近四年居民收入如下：

	2017	2018	2019
居民总收入（万亿苏姆）	151.7	182.3	344.7
同比增长（%）	14.9	20.6	21.9
人均收入（万苏姆）	476.25	564.96	1030
同比增长（%）	12.9	18.6	4.5
居民实际收入（亿苏姆）	143.7	167.2	286.3
同比增长（%）	8.8	10.2	10.3
人均实际收入（万苏姆）	451.1	516.1	739
同比增长（%）	6.9	8.4	12
平均月工资（万苏姆）	145.3	182.2	232

截至2017年1月1日，乌共有6542家门诊诊所，比1991年（3027家）翻了一番多；医院1106家，比1991年（1388家）有所下降；平均每1万人拥有医疗工作者106.3人，医生总数为84100人。截至2018年1月1日，乌共有门诊诊所5296家，医院1135家。平均每1万人拥有医疗工作者124.1人。2019年，卫生服务总额增长7103亿苏姆，达2.93万亿苏姆，同比增长13.4%。

军　事

1992年1月建军。总统为武装力量最高统帅。1992年2月和1995年8月分别颁布《国防法》和《武装力量学说》，2000年5月和2001年5月分别颁布修订后的《武装力量学说》和《国防法》，2018年1月，出台新版《国防学说》，提出乌将组建自己的军工复合体。

目前，乌武装力量总员额约6万人，主要装备俄（苏）式武器装备，2018年军费预算约14亿美元。实行义务兵役制和合同制结合的混合兵役制，义务兵服役期为12个月。乌武装力量由陆军、空防军，以及若干在地方院校设立的军事研究室、技术和后勤保障部队等构成。乌军有5所高等军事院校。

文化教育

【教育】有学前教育部、人民教育部（负责初等和普及中等教育）和高等教育部（负责专业中等、高等教育及教育培训等）三个教育部门。近两年大力推行教育改革，包括将9年制义务教育调整为11年制义务教育、将中小学教育从12年缩短为11年、大力引进外国高校分校等。2016/2017学年，拥有学前教育机构5138所，其中2050所在农村地区，学生69.1万；中小学9719所，其中225.3万在农村地区，学生482.5万，教师40.94万；中等专业和职业学校1566所，高校70所（含高校分部）。2017/2018学年，拥有学前教育机构5186所，其中39.5%在农村地区；中小学9774所，其中62%在农村地区，学生585万，教师44.42万。2019/2020学年初，乌共有10090所普通教育机构，其中91所为民办学校，包括37所小学、9963所中学、90所其他学校，共有613.75万名学生。另外，乌有1117所职业教育学校。截至2020年1月，乌共有117所高校（军事学院除外），其中7所研究院、21所外国高校分校、58所大学及5所宗教高校。排名靠前的高校有：乌兹别克斯坦国立大学、塔什干国立东方学院、塔什干灌溉与农业机械化工程学院、塔什干纺织轻工业学院、撒马尔罕国立大学、塔什干医学院、塔什干国立牙医学院、乌兹别克斯坦国立世界语言大学、塔什干铁路交通工程学院、塔什干信息技术大学、世界经济与外交大学。

【新闻出版】截至2017年1月1日，全国共注册新闻媒体1514家，其中691种报纸、309种杂志、15家简讯、4家通讯社、65家电视台、35个广播电台、395家网站。国有媒体占63.4%。共使用7种官方及本国少数民族语言出版或报道。

主要有报刊:《人民言论报》、最高会议和内阁机关报、《东方真理报》、内阁机关报等，主要通讯社：乌兹别克斯坦通讯社，国家通讯社，始建于1924年，前身为“塔斯社”分社，驻外记者主要分布在独联体国家。主要广播公司：乌兹别克斯坦国家广播电视公司，始建于1956年，至2020年1月共开设12个电视频道、4个广播频道，在首都及12个州设有地方台，以乌兹别克语、俄语播出节目；私营电视公司网（HTT），成立于2004年，包括全国各地23家私营电视台，每天以乌兹别克语播出20小时。主要电台：塔什干广播电台，国家广播电台，建于1921年。

对外关系

对外方针是巩固国家独立、维护国家安全与稳定、发展经贸和交通合作、提高在地区和国际上的地位。奉行大国平衡外交。2012年8月30日，乌《外交政策构想》正式生效，规定乌不参加任何军事政治集团，不允许在本国领土上设立外国军事基地和设施。2016年9月，乌总统米尔济约耶夫在议会上下两院联席会议上重申，乌不参加任何军事政治集团、不允许在本国领土上设立外国军事基地和设施、不允许本国军队在外驻扎。目前，共有134个国家同乌建交，在塔什干有44个外国使馆、1个总领馆、8个名誉领事、11个国际组织代表处、6个国际金融机构代表处。乌在海外设有35个使馆、16个总领事馆、1个领馆，在3个国际组织设有常驻代表。乌是联合国、欧洲安全与合作组织、伊斯兰合作组织、独联体、上海合作组织、突厥语国家合作委员会等国际和地区组织成员，已加入亚洲基础设施投资银行、国际货币基金组织、世界银行、欧洲复兴开发银行、亚洲开发银行等国际金融组织。

【同中国的关系】1992年1月2日建交以来，两国关系发展顺利，各领域务实合作不断深化。2012年两国建立战略伙伴关系。2013年两国元首共同签署《中乌关于进一步发展和深化战略伙伴关系的联合宣言》和《中乌友好合作条约》。2016年6月，习近平主席对乌进行国事访问并出席上海合作组织成员国元首理事会第十六次会议，两国宣布建立全面战略伙伴关系。9月，李克强总理赴乌驻华大使馆吊唁逝世的该国首任总统卡里莫夫。9月，国家主席习近平特使、国务院副总理张高丽赴乌出席乌首任总统卡里莫夫葬礼。

2017年1月2—4日，乌总统新闻局、《人民言论报》《东方真理报》全文刊发习近平主席和米尔济约耶夫总统就两国建交25周年互致贺信内容。4月18日，乌副总理兼农业部部长米尔扎耶夫访华。5月14日，乌总统米尔济约耶夫对华进行国事访问并出席在北京召开的“一带一路”国际合作高峰论坛。5月17—20日，全国人大常委会副委员长兼秘书长王晨访乌。8月19日，乌副总理库奇卡罗夫访华。9月9—10日，中共中央政治局委员、中央政法委书记、中乌政府间合作委员会中方主席孟建柱访乌并举行委员会第四次会议。12月19—22日，中国国务委员兼国防部长常万全访乌。

2018年2月6—7日，乌外长卡米洛夫对华进行正式访问。4月23日，乌外长卡米洛夫赴华出席上合组织外长会，王毅国务委员兼外长与其会谈。6月9日，乌总统米尔济约耶夫赴华参加上合组织青岛峰会，习近平主席与其会见。8月28日，乌总统网站及各主要媒体全文刊登习近平主席致米尔济约耶夫总统的独立日贺电。9月18—21日，乌最高会议立法院主席伊斯莫伊洛夫访华。10月12日，李克强总理在杜尚别出席上海合作组织成员国政府首脑（总理）理事会会议期间同乌总理阿里波夫举行会见。10月23—26日，全国政协副主席、国家民委主任巴特尔对乌进行工作访问。

2019年3月22日，乌外交部网站集中刊登外国领导人致米尔济约耶夫总统的“纳乌鲁斯节”贺电，将习近平主席贺电放在首位。3月22日，乌总统网站刊登米尔济约耶夫总统致习近平主席慰问电，对江苏盐城化工厂事故造成重大人员伤亡表示慰问。4月25—27日，米尔济约耶夫总统出席“一带一路”国际合作高峰论坛并同习主席会见。5月3日，中国司法部长傅振华访乌与乌内务部、司法部举行会谈，探讨两国司法合作。5月10日，中国外交部部长助理刘显法对乌进行工作访问并会见乌外交部官员，讨论中国驻乌大使馆新馆舍建设事宜。同日，中国外交部领事司司长与乌外交部领事局局长还进行了双边领事磋商。5月16日，孙春兰副总理会见在北京出席“亚洲文明对话大会”的乌副总理阿卜杜哈基莫夫，双方就实施两国教育、卫生、科学、文化、旅游和体育等领域合作项目交换意见。8月19日，王岐山副主席和王毅国务委员兼外长分别与卡米洛夫外长举行会见会谈。8月29日，乌主要媒体报道习近平主席致电米尔济约耶夫总统祝贺国庆。8月29日，乌创新发展部长阿卜杜拉赫莫诺夫在北京会见了中国科技部长王志刚，双方讨论了中方资助乌青年科学家来华实习并参加科技竞赛，以及合作共建乌中科技园区等问题。9月10日，乌议会参议院第一副主席萨法耶夫会见由中国全国人大农业和农村工作委员会副主任李春生率领的代表团，双方讨论了两国立法机构合作具体问题，决定进一步扩大议会专门委员会间的合作，加强经验交流，为乌改革和社会转型提供参考借鉴。9月27日，乌投资和外贸部长乌穆尔扎科夫会见来乌出席上海合作组织经贸部长第18次会议的中国商务部副部长俞建华，就双边投资、贸易、运输等领域合作交换意见。10月31日，乌主要官方媒体“人民言论报”在头版刊登李克强总理的署名文章“开放合作共同发展”。11月1日，乌总统网站详细报道了李克强总理对乌进行正式访问并出席上海合作组织成员国政府首脑（总理）理事会第十八次会议期间与米尔济约耶夫总统会谈情况。11月18—22日，乌最高会议参议院外委会主席库尔曼诺夫率团访华。11月22日，中乌共建“一带一路”合作研讨会在塔什干举行，中国政府欧亚事务特别代表李辉、乌投资和外贸部第一副部长阿卜杜阿利耶夫、外交部副部长阿哈托夫等出席。各方表示，中乌合作互利共赢，共建“一带一路”合作将进一步促进两国关系发展和人民友好交往。

据中国海关总署统计，2016年中乌贸易额为36.66亿美元；2017年贸易额为42.41亿美元；2018年贸易额为62.63亿美元，同比增长47.7%。2019年贸易额为72亿美元，同比增长15.1%。

中国驻乌大使：姜岩。馆址：塔什干市，古里亚莫夫大街（原果戈里街）79号。电话：00998-71-2331396；传真：2334735，2321519。领侨处电话：00998-71-2334728；领保电话：00998-93-5018574。经商处电话：00998-71-2861865；传真：2861867。

乌驻华大使：巴赫季约尔·赛义多夫。馆址：北京市朝阳区三里屯北小街11号。电话：010–65326305；传真：65326304。

【同中亚邻国的关系】与中亚邻国关系明显改善、互动频繁，对阿富汗问题参与度提升。发展与邻国关系是乌外交优先方向之一。

乌吉（尔吉斯斯坦）关系：2018年2月13日，乌外贸部部长霍贾耶夫访吉。3月4日，吉内务部副部长阿卜德卡罗夫访乌，共同举行两国内务部协调工作组首次会议。3月28日，乌外长卡米洛夫会见来乌出席阿富汗问题国际会议的吉外长阿布德尔达耶夫。3月29日，乌吉边境地区合作政府间合作委员会第一次会议在乌费尔干纳举行，两国总理与会。6月12日，乌国防部长阿济佐夫会见吉武装力量总参谋长杜伊申比耶夫。7月21日，乌外长卡米洛夫参加在吉举行的中亚五国外长会。9月3日，乌总统米尔济约耶夫参加在吉举行的第6次突厥语国家合作委员会峰会。9月5日，乌议会参议院主席尤尔达舍夫访吉。12月19日，乌总理阿里波夫与吉总理阿布尔加济耶夫在吉奥什市共同出席乌吉边境地区州长理事会第二次会议。

2019年1月16日，乌铁路总公司与吉尔吉斯斯坦铁路总公司签署协议，同意继续为吉过境乌铁路运输货物提供30%优惠。4月20日，加尼耶夫副总理与吉副总理拉扎科夫在费尔干纳举行会见，就与两国边境口岸及过境点相关问题交换意见并就近期举行乌吉划界勘界工作组会议达成一致。4月29日，米尔济约耶夫总统与吉总统热恩别科夫通电话，就加强两国各领域合作交换意见，并就中吉乌铁路项目做吉方工作。8月1日，阿里波夫总理对吉进行工作访问，会见吉总统热恩别科夫，就发展两国地方和议会间合作问题交换意见。8月8日，米尔济约耶夫总统与吉总统热恩别科夫通话，就双边关系及吉国内局势交换意见，强调保持吉国内和平与稳定至关重要，希望吉在法律框架下尽快恢复秩序。

乌哈（萨克斯坦）关系：2018年3月15日，乌总统米尔济约耶夫赴哈出席中亚五国元首会晤。5月5日，乌总统米尔济约耶夫会见来乌参加乌哈经贸混委会两主席会晤的哈第一副总理、哈乌经贸合作混委会哈方主席马明。5月22日，乌哈实业业理事会第一次会议及乌哈商业论坛在哈举行。7月5—6日，乌总统米尔济约耶夫赴哈出席阿斯塔纳建都20周年庆典。10月20日，乌总统米尔济约耶夫出席在哈举行的乌、哈、俄三国领导人非正式会晤。11月27日，乌最高会议立法院议长伊斯马伊洛夫访哈，会见哈总统纳扎尔巴耶夫。

2019年1月1日，哈萨克斯坦总统纳扎尔巴耶夫在接受媒体访谈时，提议在哈乌边境建立类似中哈“霍尔果斯”边境国际合作中心的两国边境合作中心。3月19日，乌总统米尔济约耶夫与哈首任总统纳扎尔巴耶夫通电话。双方对当前乌哈友好睦邻战略伙伴关系日益巩固和发展、各领域合作成果丰硕表示十分满意，相信两国和两国人民之间睦邻、信任与伙伴关系将会进一步发展和巩固。3月20日，米尔济约耶夫总统与哈萨克斯坦新任总统托卡耶夫通电话，对托就任表示祝贺。双方就进一步发展两国关系、在乌举行“哈萨克斯坦年”及深化两国各具体领域合作交换意见。4月5日，乌哈第五轮安全会议双边磋商在塔什干举行，乌安全会议秘书马赫姆多夫和哈总统助理兼安全会议秘书卡西莫主持。双方就强两国安全合作、阿富汗局势、应对中亚宗教极端主义威胁、确保地区长期稳定等交换意见。4月14日，应米尔济约耶夫总统邀请，哈萨克斯坦总统托卡耶夫于对乌进行国事访问，双方领导人进行了小、大范围会谈，就进一步加强两国贸易、投资、运输、工业、文化，科学、教育和旅游等领域合作，以及地区和国际问题交换意见。5月23日，米尔济约耶夫总统与哈首任总统纳扎尔巴耶夫通电话，就双边关系及地区和国际热点问题进行讨论。6月6日，哈议会下院议长尼格马图林率团访乌，与乌议会上院主席尤尔达舍夫、下议院议长伊斯莫依洛夫分别举行会谈，讨论加强两国议会间交往问题。

乌土（库曼斯坦）关系：2018年2月23日，乌副总理、乌石油天然气公司总裁苏尔丹诺夫赴土出席土—阿—巴—印天然气管道阿富汗段建设工程启动、土—阿—巴输电线光纤网铺设及库什卡（土）—土尔宏吉（阿）铁路开通仪式，同土总统别尔德穆哈梅多夫会见。3月1日，土副总理安纳梅列多夫访乌，举行乌土政府间经贸、科技及文化合作委员会第十四次会议。4月23—24日，土总统别尔德穆哈梅多夫对乌进行正式访问。6月29日，乌副总理兼国家铁路公司总裁拉马托夫访土，会见土总统别尔德穆哈梅多夫。8月24日，乌总统米尔济约耶夫赴土出席拯救咸海国际基金会成员国会议。

2019年3月1—7日，乌与土边界谈判工作组例会在土举行，双方继续商谈边界走向并就开展部分实地划界工作达成协议。6月28日，米尔济约耶夫总统与土总统别尔德穆哈梅多夫通话，祝贺其生日。双方对乌土战略伙伴关系发展表示满意，强调愿进一步加强贸易、交通、能源、工业、农业等领域合作。8月12日，阿里波夫总理赴土出席首届里海经济论坛，当天会见土总统别尔德穆哈梅多夫，就加强双边交通与人文合作，以及里海经济论坛对促进地区国家经贸合作意义交换意见。10月30日，米尔济约耶夫总统与土总统别尔德穆哈梅多夫通话，就双边合作、地区和国际问题交换意见。12月21—27日，乌兹别克斯坦—土库曼斯坦政府间勘界和划界联合委员会工作组举行例会，总结2019年工作并商定2020年工作进度表。

乌塔（吉克斯坦）关系：2019年1月21—27日，乌塔（吉克斯坦）政府间勘界和划界谈判工作组例会在杜尚别举行，会后签署了会议纪要。4月3日，阿里波夫总理和塔总理拉苏尔佐达在铁尔梅兹主持召开第六次乌塔政府间贸易和经济合作委员会会议，讨论加强两国经贸、投资、能源、交通运输、人文、农业水利、旅游等领域合作。6月14日，米尔济约耶夫总统在杜尚别会见塔总统拉赫蒙，双方强调，得益于共同的政治意愿和努力，两国战略伙伴关系稳步发展，双边贸易额不断扩大，合作项目扎实推进，地方交往日益加强。12月3日，塔吉克斯坦杜尚别市市长鲁斯塔姆·埃莫马利访乌，米尔济约耶夫总统同埃举行会见，高度评价近年来乌塔睦邻友好关系快速发展并达到战略伙伴关系水平。

乌阿（富汗）关系：2018年2月9日，阿总统国家安全问题首席顾问穆哈马德率团访乌。2月14日，乌国防部副部长兼总参谋长埃尔加舍夫访阿。3月25日，乌外长卡米洛夫和阿副外长卡尔扎伊在塔什干共同主持塔什干阿富汗问题会议高官会。3月26日，乌总统米尔济约耶夫会见对乌进行正式访问并出席阿富汗问题高级别国际会议的阿总统加尼。6月9日，乌总统米尔济约耶夫在青岛会见阿总统加尼。6月20日，乌外长卡米洛夫会见阿总统国家安全顾问阿特马尔。7月8—9日、8月27日，乌外长卡米洛夫率团赴阿富汗进行工作访问。

2019年2月14日，在德国慕尼黑出席国际安全会议的乌外长卡米洛夫会见阿富汗总统加尼。加对米尔济约耶夫总统及乌人民在促进阿国内和平进程及社会经济建设中所给予的支持表示感谢。4月1日卡米洛夫外长在喀布尔与阿富汗总统加尼会见时提出，希望阿政府与塔利班在乌进行会谈。5月25日，据乌详实新闻网报道，苏尔汉河州铁尔梅兹进口中心的“乌兹别克斯坦和阿富汗边境贸易区”5月24日正式启用。此外，铁尔梅兹市还开设了阿领事馆、阿公民培训中心。5月27日，乌阿（富汗）贸易论坛在铁尔梅兹市举行，乌阿边境贸易区同时举行启动仪式。7月1日，阿里波夫总理率团访问阿富汗马扎里—沙里夫并与当地行政长官阿卜杜拉举行会谈，讨论双边经济合作事宜。7月9日，乌就阿富汗问题发表立场声明表示，阿各方通过包容性的内部谈判实现持久和平是解决阿问题的唯一可靠办法。乌一贯坚持阿和平进程应包括该国所有政治力量和民族的立场，认为阿人应在其中发挥主导作用，在阿建立期待已久的和平政治进程应在阿人民领导下由阿人自主进行。乌愿继续努力推动实现阿和平。8月8日，塔利班驻多哈政治办事处主任巴拉达尔在乌外交部与乌方举行会谈，讨论推进阿富汗和平政治进程等问题。巴对在撒马尔罕举行下一轮阿富汗对话的提议表示支持，并再次强调阿人民有权决定自己的命运，建设自己的未来。9月23日，乌同阿富汗签署10年期供电协议，初期供电42亿千瓦时，后期将增至60亿千瓦时。12月16日，乌总统阿富汗问题特使伊尔加舍夫会见阿富汗副外长埃萨尔。伊介绍了乌为解决阿问题所作努力以及帮助阿经济重建的优先方向，埃高度评价米尔济约耶夫总统积极吸引阿方融入地区合作进程的政策和乌向阿提供的各项援助，表示愿同乌方进一步加强人员培训等合作。

【同俄罗斯的关系】乌俄2004年签署战略伙伴条约，2005年签署同盟关系条约。发展对俄关系是乌外交优先方向之一，两国关系日益密切。2018年2月22—23日，乌外长卡米洛夫对俄进行工作访问。4月9日，乌总统米尔济约耶夫颁布总统令确定乌外交与对外经济合作中期优先发展方向及主要合作伙伴，表示持续发展和加强与俄的全面战略伙伴关系与友谊具有重要意义。5月22日，俄国防部长绍伊古对乌进行正式访问。6月14日，乌总统米尔济约耶夫赴莫斯科出席足球世界杯开幕式。9月7日，乌总理阿里波夫赴莫斯科出席第19次乌俄政府间经济合作委员会会议，两国总理签署乌俄关于合作建设核电站协议。10月18—19日，俄总统普京对乌进行国事访问。

2019年3月1日，乌驻俄罗斯符拉迪沃斯托克总领馆开馆。4月24日，乌俄第二十次政府间经济合作委员会会议举行，双方就发展包括燃料和能源综合体、核工业、工业、农业与运输在内的经济合作交换意见。4月25日，俄罗斯卢克公司总裁宣布，该公司计划再投资20亿美元以扩展现有在乌项目。5月2日，米尔济约耶夫总统会见来乌进行工作访问并出席中亚区域毒品管制合作谅解备忘录缔约国第11次会议的俄罗斯外长拉夫罗夫，就双边合作以及地区和国际问题交换意见。5月6日，乌核能发展署署长表示，2019年年底前乌俄计划签署建造核电站相关具体合同。5月15日，米尔济约耶夫总统会见俄罗斯国家原子能公司总裁利加乔夫。5月15日，米尔济约耶夫总统会见卢克石油公司总裁阿列克佩罗夫，强调乌俄石油和天然气合作富有成效。5月23日，乌俄政府间军事技术合作委员会第十五次会议在撒马尔罕举行，双方讨论了在2016年11月29日签署的《乌俄发展军事技术合作条约》框架内双边合作情况，确认了下一步合作具体步骤并签署了合作议定书。5月29—30日，俄乌首次总理级联合委员会会议在乌尔根奇举行，阿里波夫总理与俄总理梅德韦杰夫主持。两国总理举行了小、大范围会谈，米尔济约耶夫总统与梅举行会见。5月31日，乌核能署新闻局发布信息，吉扎克州艾达湖区图兹坎湖临近地区将作为未来核电站首选站址。据俄方消息，工程将于2020—2021年动工。6月14日，乌驻俄罗斯喀山总领馆开馆。6月17日，米尔济约耶夫总统和阿里波夫总理分别同俄罗斯总统普京和总理梅德韦杰夫通话，就加强两国务实领域合作、落实上海合作组织峰会和亚信峰会成果及国际和地区问题交换意见。7月10日，乌总理阿里波夫访问俄罗斯，与俄总理梅德韦杰夫举行会谈，就落实今年5月乌俄政府总理级联合委员会第一次会议签署的合作协议交换意见。8月12日，阿里波夫总理在土库曼斯坦会见俄罗斯总理梅德韦杰夫。

阿指出，乌方将用好俄政府对乌农产品实施新增值税率的优惠政策，向俄出口优质农产品。10月1—3日，俄罗斯联邦会议联邦委员会主席马特维延科对乌进行正式访问，米尔济约耶夫总统、乌议会参议院议长纳尔巴耶娃分别与其会见和会谈，访问期间举行了第四次乌最高会议参议院与俄联邦会议联邦委员会合作委员会会议。10月7日，米尔济约耶夫总统与俄罗斯总统普京通话，祝贺其生日。双方对乌俄战略伙伴和联盟关系不断巩固感到满意，并表示要切实落实已签署的协定，提升双边贸易额，扩大投资、科技、运输、能源、农业及其他优先领域合作。12月20日，米尔济约耶夫总统抵达圣彼得堡出席独联体国家首脑非正式会晤，同俄罗斯总统普京举行会见。双方就双边关系和地区合作前景以及重要国际问题交换意见。12月26日，乌外交部长第一副部长涅马托夫在接受俄新社采访时表示，乌高层正认真研究加入欧亚经济联盟问题，与俄罗斯的谈判正在积极进行中，并称乌有必要加入该组织以扩大产品出口和劳务输出。

【同独联体国家的关系】近年来，乌积极参加独联体框架内合作。2018年3月15日，乌总统米尔济约耶夫赴阿斯塔纳出席中亚国家元首会晤。4月6日，乌外长卡米洛夫出席在明斯克举行的独联体外长会议。4月11—13日，乌议会立法院副议长阿里汉诺夫出席独联体议会大会。6月1日，独联体政府首脑峰会在杜尚别举行。7月21日，乌外长卡米洛夫参加在吉尔吉斯斯坦举行的中亚五国外长会。8月22—24日，白俄罗斯副总理鲁瑟访乌。9月13日，白俄罗斯总统卢卡申科访乌，这是近24年来白总统首次正式访乌。9月27日，乌外长卡米洛夫出席在杜尚别举行的独联体外长会议。9月27—28日，乌总统米尔济约耶夫出席在杜尚别举行的独联体国家元首峰会。10月12日，独联体国家国防部长会议在乌举行。11月29日，乌最高会议参议院议长尤尔达舍夫出席在圣彼得堡举行的独联体议会大会理事会会议。

2019年3月5日，米尔济约耶夫总统签署《关于批准独联体成员国议会大会公约法》。4月12日，第比利斯国际航空港宣布，从今年7月16日起乌航空公司将开通塔什干—第比利斯空中直航。4月24日，米尔济约耶夫总统致信泽连斯基，祝贺其在乌克兰总统选举中获胜。6月17—18日，乌白（俄罗斯）政府间合作委员会第七次会议在明斯克举行，双方就加强各领域合作交换意见，并签署了农业、畜牧业、纺织业、制药业、科学技术、教育、旅游和文化等领域合作协议。7月3日，乌副总理阿卜杜哈季莫夫与阿塞拜疆副总理阿赫梅多夫在巴库举行会晤，就加强两国教育、文化、旅游合作交换意见。7月9—10日，首届独联体旅游交易会及独联体旅游理事会例会在撒马尔罕举行，会议支持乌兹别克斯坦和哈萨克斯坦关于实施“丝绸之路”旅游项目的建议。7月31日—8月1日，米尔济约耶夫总统对白俄罗斯进行正式访问，这是乌国家元首首次对白进行正式访问。10月10—11日，米尔济约耶夫总统出席独联体国家首脑峰会。11月7日，米尔济约耶夫总统会见出席独联体成员国安全和情报机关领导人理事会会议的各国代表团团长。11月21日，乌议会代表团出席在圣彼得堡举行的独联体议会大会常委会会议。12月2日，乌最高会议参议院第一副主席萨法耶夫会见独联体议会大会长期观选团。萨表示，即将举行的议会选举将向国际社会展示乌不可逆转的改革进程。12月9日，米尔济约耶夫总统签署文件，申请加入《独联体成员国人文合作理事会协定》和《独联体成员国地区和跨境合作理事会协定》。

【同美国和北约的关系】乌美关系进一步热络。2018年2月1—2日，美负责南亚与中亚事务的副助理国务卿爱丽丝·韦尔斯访乌。3月26日，乌总统米尔济约耶夫会见来乌出席阿富汗问题高级别国际会议的美副国务卿香农。5月12日，美中央司令部司令约瑟夫·沃特尔上将对乌进行工作访问。5月15—17日，乌总统米尔济约耶夫对美进行正式访问。7月23日，乌外长卡米洛夫会见来乌出席中亚五国与美国“C5+1”工作组会议的美负责南亚与中亚事务的代理副助理国务卿恩舍尔。9月19日，乌总统米尔济约耶夫会见来乌进行工作访问的美国密西西比州国民警卫队总司令博伊尔斯和美国众议院议员凯利。10月22日，乌总统米尔济约耶夫会见来乌出席美国商业周的美乌商会主席雷蒙率领的美商业代表团。10月23日，乌总统米尔济约耶夫会见来乌进行工作访问并出席乌美商务论坛的美商务部长罗斯。11月19日，乌总统米尔济约耶夫会见美国国会“乌友好小组”主席克里等众议院代表。12月10日，美阿富汗和解事务特殊代表扎尔梅·哈利勒扎德访乌，乌总统米尔济约耶夫与其会见。

2019年2月20日，米尔济约耶夫总统会见来乌出席中亚和南亚总参谋长会议的美国中央司令部司令约瑟夫·沃特尔，指出该会议首次在乌举行，为解决阿富汗问题提供重要平台。2月26日，米尔济约耶夫总统会见美国南亚和中亚事务代助理国务卿威尔斯，强调乌重视与美国主要企业和银行开展经贸、投资与技术合作。3月23日，美国总统特朗普致电米尔济约耶夫总统，祝贺“纳乌鲁斯节”，表示美方愿继续寻求与乌各种合作可能，并对乌支持“北方通道”表示感谢。4月16—17日，加尼耶夫副总理率团访问美国，与美贸易部长罗斯举行会谈，商讨落实上年10月米尔济约耶夫总统访美成果，并就5月16日—17日在纳沃伊举行的大型乌美商业论坛、6月18日—20日美商务部首次对乌派出认证贸易代表团和10月21—22日在华盛顿举行年度乌美商业论坛等事宜交换意见。5月9日，丹尼尔·罗森布鲁姆宣誓就任美国驻乌大使。罗在华盛顿宣誓仪式上发表讲话称，其在乌的优先工作是实现阿富汗的和平、全面支持乌改革，为美对乌投资创造有利条件。5月15日，据乌每日新闻网报道，美国信贷与发展进出口银行代表将对乌进行工作访问并出席在纳沃伊举行的乌—美—加（拿大）三方实业家论坛。5月17日，首届乌—美—加实业家论坛在纳沃伊举行。6月18日，首个美国商务部认证的贸易代表团抵乌开展活动。7月4日，米尔济约耶夫总统就美国国庆日向特朗普总统致贺。7月17—23日，卡米洛夫外长率领政府代表团在美国参加“促进宗教自由大会”，并对美进行工作访问，以促进双边贸易、经济金融和投资合作。7月17日，正在华盛顿进行工作访问卡米洛夫外长与美众议院国会议员、众议院“乌兹别克斯坦小组”主席凯利会晤，就加强两国议会合作交换意见。7月17日，卡米洛夫外长在华盛顿与美国国家安全顾问博尔顿会晤。7月18日，卡米洛夫外长在美国华盛顿出席第二届“促进宗教自由”部长级会议并发言。7月19日，正在美国访问的卡米洛夫外长会见美国国际开发署署长格林，就落实双方合作项目交换意见。8月21日，据“中亚新闻网”报道，美国国务院8月15日发布了财政透明度2018年年度报告，肯定乌在向社会公开预算草案及决算方面的进步，但仍将其列入67个未达到最低要求的国家名单。8月22日，米尔济约耶夫总统会见对乌进行工作访问的美国副国务卿黑尔。9月11日，卡米洛夫外长会见在乌进行工作访问的主管印度太平洋地区安全事务的美国防部长副助理兰德尔·施莱威尔，就维护地区安全、和平解决阿富汗问题，以及阿参与中亚经济合作等问题交换意见。9月24日，卡米洛夫外长在纽约会见美国国务卿南亚和中亚事务代理助理威尔斯，就“中亚—美国”（“C5+1”）部长级会议成果交换意见，双方讨论了阿富汗和平和解进程问题，强调阿经济、社会和基础设施重建的重要性。10月22日，乌美实业家论坛在华盛顿举行。10月30日，据“翔实网”援引外交部的信息，美国韦伯斯特大学塔什干分校将于1月1日举行正式开学典礼。目前该校已有470多名在校生。

【同欧洲国家的关系】加强与欧洲国家多、双边合作。2018年5月15日，乌总统米尔济约耶夫在前往美国访问途中在英国作短暂技术停留期间，会见英国外交副大臣阿兰·邓肯。6月5—8日，乌外贸部长霍扎耶夫赴布鲁塞尔出席第15次乌欧合作委员会会议和第13次乌欧经贸与投资分委会会议。7月20日，乌副总理霍尔穆拉多夫赴法国出席乌法第七次政府间经贸混委会。8月2日，乌外贸部长霍扎耶夫赴法出席第七次乌法政府间经贸混委会会议。8月22日，乌副总理阿卜杜哈基莫夫访法。9月20日，乌外长卡米洛夫会见来乌进行工作访问并出席“国际运输走廊体系中的中亚：战略前景与未实现的潜力”国际研讨会的德国外交部国务部长安涅恩。10月8—9日，乌总统米尔济约耶夫对法进行正式访问。11月12日，乌最高会议参议院议长尤尔达舍夫赴法出席一战结束100周年庆祝活动。11月21日—23日，乌外长卡米洛夫对布鲁塞尔进行工作访问并出席“乌-欧盟”合作委员会第14次会议、“欧盟—中亚”例行会晤。

2019年1月14日，在德国举行的乌德商业论坛上，双方签署了总额40多亿美元的意向性合同。1月20—22日，米尔济约耶夫总统对德国进行正式访问，与德总统施泰因迈尔、总理默克尔分别举行会谈会见，并赴慕尼黑参观访问。4月16日，米尔济约耶夫总统会见对乌进行工作访问的英国副外交大臣邓肯。4月17日，卡米洛夫外长、投资和外贸部官员分别与来访的法国外交部国务秘书、乌法经贸合作委员会法方主席举行会谈，商讨落实米尔济约耶夫总统上年10月访法成果。5月27—29日，应米尔济约耶夫总统邀请，德国总统施泰因迈尔对乌进行正式访问，双方举行小、大范围会谈，就进一步加强两国政治、经贸、科技、投资、金融以及人文等领域合作进行磋商，并就国际和地区形势交换看法。双方确定了经贸合作优先方向。7月17日，欧盟委员会主席外交政策顾问在与乌驻欧盟代表会晤时表示，欧盟决定拨出500万欧元支持联合国咸海地区多伙伴人类安全信托基金开发项目。8月15日，乌国民教育部与英国文化委员会驻乌代表处签署关于进一步改善乌中学英语教学的协议。10月1日，正在法国访问的卡米洛夫外长会见法国外交和欧洲事务部国务秘书勒莫因，对希拉克去世表示哀悼。10月17—18日，由乌司法部倡议、英格兰和威尔士法律协会协办的“塔什干英国法律日”国际论坛在塔什干举行，研究讨论在乌实施英国法律的可行性。11月12日，乌外长卡米洛夫在布鲁塞尔会见欧盟外交和安全政策代表莫盖里尼。11月20日，第15次乌德（国）政治磋商在乌外交部举行。12月5日，乌政府颁布关于在乌文化部下设法国文化中心活动的命令，明确了该中心主要任务，包括加强同法国人文合作、促进法语教学和法国历史文化研究等。

【同东亚、南亚国家的关系】加强与日韩印等东亚、南亚国家合作。2018年2月11—12日，乌外长卡米洛夫访问印度，会见印外长斯瓦拉吉。2月12日，乌外长卡米洛夫访问巴基斯坦，会见巴外长阿西夫。2月12—13日，韩国副总理兼战略财政部长金东延访乌，举行乌韩商务论坛和首次乌韩经济合作会议。4月17日，乌外贸部部长霍扎耶夫访问巴基斯坦。4月18日，韩外长康京和访乌，乌总统米尔济约耶夫与其会见。4月24日，乌外长卡米洛夫在北京会见巴基斯坦外长阿西夫。5月3日，乌总统米尔济约耶夫会见韩北方经济合作委员会委员长宋永吉。6月9日，乌总统米尔济约耶夫在青岛会见印度总理莫迪。6月10日，乌总统米尔济约耶夫在青岛会见巴基斯坦总统侯赛因。7月16日，乌外长卡米洛夫会见日本副外相中根一幸。8月4日—5日，印度外长斯瓦拉吉访乌，乌总统米尔济约耶夫总统与其会见。8月16日，乌印第11次政府间经贸科技混委会在塔什干举行。9月12日，乌议会参议院第一副议长萨法耶夫访日。9月16日，乌外长卡米洛夫会见来乌出席第五届“印度—中亚”对话会的印外交国务部长阿克巴尔。9月30日至10月1日，乌总统米尔济约耶夫对印进行国事访问。11月1日，乌外长卡米洛夫访问巴基斯坦。11月26—27日，“中亚+日本”高官对话会第13次会议在东京召开。

2019年1月17—18日，米尔济约耶夫总统对印度进行工作访问并出席第九届“快速发展中的古吉拉特邦”投资峰会。期间米与印度总理莫迪举行会谈，就落实已达成的合作共识交换意见。3月12日，卡米洛夫外长会见来乌出席第13轮乌韩政治磋商的韩国副外长尹孙谷，就双边关系发展前景交换意见。4月18—21日，应米尔济约耶夫总统邀请，韩国总统文在寅对乌进行国事访问。双方进行了小、大范围会谈，就加强双边经贸、投资、金融、人文等领域合作交换意见，签署了建立特殊战略伙伴关系联合声明，以及促进和相互保护投资、为和平目的探索空间、在科学、技术和创新领域开展合作、建立乌韩卫生部门合作中心等合作协议。5月15日，米尔济约耶夫总统与土耳其总统埃尔多安通电话，互祝斋月快乐。双方同意进一步加强战略伙伴关系，扩大经贸、投资和人文作，并特别强调认真筹备乌土战略合作理事会首次会议的重要性。6月4日，米尔济约耶夫总统与土耳其总统埃尔多安通话，互祝“开斋节”。双方一致认为，当前两国友好互信战略伙伴关系迅速发展深化，突出表现在政治、经贸与投资领域。6月15日，米尔济约耶夫总统在杜尚别会见土耳其总统埃尔多安和孟加拉总统哈米德，就双边关系发展交换意见。8月7—10日，乌议会参议院主席纳尔巴耶娃率议会代表团访问韩国，会见韩国总统文在寅，与韩国民议会议长尹熙生举行会谈，就加强两国议会间合作交换意见。11月27日至12月5日，乌学前教育部同韩国国际合作署举行系列会议。10月2日，乌投资和外贸部长乌穆尔扎科夫率团访问日本，与日本副首相兼财务大臣麻生太朗举行会晤，讨论加强双边投资和贸易合作前景，着重商讨了吸引日本金融机构投资乌公共基础设施项目并提供技术援助问题。10月22—24日，乌议会参议院主席纳尔巴耶娃率团出席日本天皇即位典礼并访日，其间会见日本国会参议院议长山东昭子。12月2—3日，乌投资和外贸部部长乌穆尔扎科夫率团访问日本，与日经济产业副大臣、国土交通大臣政务官、国际协力机构副理事长、亚洲开发银行行长、日HIS Holdings、三菱、三菱重工、住友商事会社、Digital Knowledge Co., Ltd.等公司高层人士、日本国立大学联合会会长兼筑波大学校长等举行会见，讨论了务实合作领域具体问题。12月17—20日，米尔济约耶夫总统对日本进行正式访问。20日，米会见了日本德仁天皇。12月16日，塔什干市长阿尔特克霍贾耶夫在访问名古屋市期间会见了该市市长和议会主席，就两市政府和议会加强合作交换意见。

【同伊斯兰国家的关系】与伊斯兰国家政治、经济关系发展稳定。2018年3月5日，乌立法院议长伊斯莫伊洛夫会见到访的土耳其大国民议会乌土友好小组主席伊尔基兹。4月9—10日，乌伊朗政府间合作委员会第12次会议在德黑兰举行。4月16日，乌伊朗政府间经贸科技合作委员会第12次会议在德黑兰举行。4月27日，乌总统米尔济约耶夫会见来访的巴勒斯坦陆军总司令。4月29日至5月1日，土耳其总统埃尔多安对乌进行国事访问。7月19日，乌国家安全会议秘书马赫穆多罗夫在德黑兰与伊朗最高国家安全委员会秘书阿里·沙姆哈尼举行会谈。9月20日，乌总统米尔济约耶夫会见伊斯兰开发银行总裁哈扎尔。9月24日乌无总统米尔济约耶夫会见来访的土耳其国民议会议长耶尔德勒姆。

2019年3月1日，卡米洛夫外长率团出席在阿布扎比举行的伊斯兰合作组织第46届外长会议。3月24—26日，米尔济约耶夫总统对阿联酋进行正式访问，双方签署了投资、金融、可替代能源、工业和基础设施发展、农业、海关管理等多项协议，总额超过100亿美元。4月1日，米尔济约耶夫总统主持召开落实访问阿联酋成果会议。4月10日，乌阿（联酋）政府间合作工作组会议在塔什干举行，阿里波夫总理为乌方组长。双方就加强双边合作交换意见，认为相同的宗教价值观是双方互信合作的重要基础。5月1日，卡米洛夫外长会见伊朗伊斯兰共和国最高精神领袖特使、伊朗外交关系战略委员会主席哈罗吉，就加强双方政治、贸易、经济、投资、运输和通讯、文化人文等领域合作交换意见。12月9日，乌与伊朗恢复通航后的第一架来自德黑兰的客机在塔什干降落。

（胡羽乾）

新　加　坡

国名　新加坡共和国（Republic of Singapore）。

面积　724.2平方公里（2019年）。

人口　常住人口570万（2019年6月），公民和永久居民403万。华人占75%，其余为马来人、印度人和其他种族。马来语为国语，英语、华语、马来语、泰米尔语为官方语言，英语为行政用语。主要宗教为佛教、道教、伊斯兰教、基督教和印度教。

首都 新加坡（Singapore）。

国家元首 总统哈莉玛·雅各布（Halimah Yacob），2017年9月14日就任，任期6年。

重要节日 华人新年：同中国春节；泰米尔新年：4、5月间；卫塞节：5月的月圆日；国庆节：8月9日；开斋节：伊斯兰教历10月新月出现之时；圣诞节：12月25日。新加坡法定公共节日共计11天，除上述外，还有元旦、复活节、哈芝节、劳动节等。

简况

热带城市国家。位于马来半岛南面、马六甲海峡出入口，北隔柔佛海峡与马来西亚相邻，南隔新加坡海峡与印度尼西亚相望。由新加坡岛及附近63个小岛组成，其中新加坡岛占全国面积的88.5%。地势低平，平均海拔15米，最高海拔163米，海岸线长193公里。属热带海洋性气候，常年高温潮湿多雨。年平均气温24℃—32℃，日平均气温26.8℃，年平均降水量2345毫米，年平均湿度84.3%。

古称淡马锡。8世纪属室利佛逝王朝。18—19世纪是马来柔佛王国的一部分。1819年，英国人史丹福·莱佛士抵达新加坡，与柔佛苏丹订约，开始在新设立贸易站。1824年，新沦为英国殖民地，成为英在远东的转口贸易商埠和在东南亚的主要军事基地。1942年被日本占领。1945年日本投降后，英国恢复殖民统治，次年划为直属殖民地。1959年实现自治，成为自治邦，英保留国防、外交、修改宪法、宣布紧急状态等权力。1963年9月16日与马来亚、沙巴、沙捞越共同组成马来西亚联邦。1965年8月9日脱离马来西亚，成立新加坡共和国；同年9月成为联合国成员国，10月加入英联邦。

政治

独立以来，人民行动党长期执政，政绩突出，地位稳固，历届大选均取得压倒性优势。李光耀自新加坡1965年独立后长期担任总理，1990年交棒给吴作栋。2004年8月，李显龙接替吴作栋出任总理并于2006年5月、2011年5月和2015年9月三度连任。2015年3月，李光耀逝世。

【宪法】1963年9月，颁布州宪法。1965年12月，州宪法经修改成为新加坡共和国宪法，并规定马来西亚宪法中的一些条文适用于新加坡。宪法规定：实行议会共和制。总统为国家元首。1992年国会颁布民选总统法案，规定从1993年起总统由议会选举产生改为民选产生，任期从4年改为6年。总统委任议会多数党领袖为总理；总统和议会共同行使立法权。总统有权否决政府财政预算和公共部门职位的任命；可审查政府执行内部安全法令和宗教和谐法令的情况；有权调查贪污案件。总统在行使主要公务员任命等职权时，必须先征求总统顾问理事会的意见。2017年2月，新加坡国会通过总统选举修正法案，修改民选总统制度，若某一种族代表连续五届都没有出任总统，下届总统人选将保留给该族候选人。2017年9月，马来族前任国会议长哈莉玛参选总统，成为唯一符合资格的候选人并自动当选，成为保留制总统选举制度下第一位当选总统。

【国会】实行一院制，任期5年。国会可提前解散，大选须在国会解散后3个月内举行。年满21岁的新加坡公民都有投票权。国会议员分为民选议员、非选区议员和官委议员。其中民选议员从全国14个单选区和17个集选区中由公民选举产生。集选区候选人以4—5人一组参选，其中至少一人是马来族、印度族或其他少数种族。同组候选人必须来自同一政党，或均为无党派者，并作为一个整体竞选。非选区议员从得票率最高的反对党未当选候选人中任命，最多不超过6名，从而确保国会中有非执政党的代表。官委议员由总统根据国会特别遴选委员会的推荐任命，任期两年半，以反映独立和无党派人士意见。本届国会2015年9月11日选举产生，现共有议员99人。其中民选议员88人，包括人民行动党82人，工人党6人。另有非选区议员3人，官委议员8人。现任议长陈川仁（Tan Chuan Jin）。

【政府】本届内阁于2015年9月28日组成，2019年5月1日进行新一轮改组，委任多位年轻部长担任要职。主要成员有：总理李显龙（Lee Hsien Loong），副总理兼财政部长王瑞杰（Heng Swee Keat），国务资政兼国家安全统筹部长张志贤（Teo Chee Hean），国务资政兼社会政策统筹部长尚达曼（Tharman Shanmugaratnam），基础设施统筹部长兼交通部长许文远（Khaw Boon Wan），国防部长黄永宏（Ng Eng Hen），外交部长维文（Vivian Balakrishnan），内政部长兼律政部长尚穆根（K. Shanmugam），卫生部长颜金勇（Gan Kim Yong），通讯及新闻部长易华仁（S. Iswaran），文化、社区及青年部部长傅海燕（Fu Hai Yien），贸工部长陈振声（Chan Chun Sing），国家发展部长黄循财（Lawrence Wong），环境及水源部长马善高（Masagos Zulkifli），总理公署部长黄志明（Ng Chee Meng），教育部长王乙康（Ong Ye Kung），人力部长兼内政部第二部长杨莉明（Josephine Teo），社会与家庭发展部部长兼国家发展部第二部长李智陞（Desmond Lee），总理公署部长兼财政部、教育部第二部长英兰妮（Indranee Rajah）。

【司法机构】设最高法院和总检察署。最高法院由高庭和上诉庭组成。1994年，废除上诉至英国枢密院的规定，确定最高法院上诉庭为终审法庭。最高法院大法官由总理推荐、总统委任。大法官梅达顺（Sundaresh Menon），总检察长黄鲁胜（Lucien Wong）。

【政党】已注册的政党共24个。主要有：

（1）人民行动党（The People's Action Party）：唯

一执政党。1954年11月由李光耀等人发起成立。党的纲领是维护种族和谐，树立国民归属感；建立健全的民主制度，确保国会拥有多元种族代表，努力建立一个多元种族、多元文化和多元宗教的社会。人民行动党从1959年至今一直保持执政党地位。党内实际领导者为秘书长，党主席系虚职。李光耀长期任该党秘书长，1991年吴作栋接任，2004年，李显龙接替吴作栋出任该党秘书长。2018年11月，人民行动党中央执行委员会改选，李显龙连任秘书长，王瑞杰、陈振声分别出任第一和第二助理秘书长，颜金勇出任党主席。

（2）工人党（The Worker's Party）：1957年11月创立。主张和平、非暴力的议会斗争。1971年重建领导机构，提出废除雇佣制，修改国内治安法，恢复言论和结社自由。近年来影响有所扩大。1981年起在大选中数次赢得议席。2015年大选中获6席。现任秘书长毕丹星（Pritam Singh）。

【重要人物】哈莉玛·雅各布：总统。1954年8月生于新加坡，马来族，穆斯林。1978年毕业于新加坡大学（新加坡国立大学前身），获法学学士学位，2001年获新加坡国立大学法学硕士学位。大学毕业后加入全国职工总会，担任工业关系兼法律职员，最高职务至助理秘书长。2001年当选裕廊集选区国会议员，2006年和2011年连选连任。任议员期间，曾先后任提名委员会、议事常规委员会、官委议员特别提名委员会、公共陈情委员会等委员会委员。2011年5月，任社会发展、青年及体育部政务部长，2012年11月任改组后的社会及家庭发展部政务部长。2013年1月当选新加坡议会第九任议长，2016年1月连任。2017年8月卸任议长，参选总统。9月，当选新加坡第八任总统，任期6年。　**李显龙**：总理。1952年生于新加坡。1971年入伍，后获奖学金赴英国深造，获英国剑桥大学数学一等荣誉学位和计算机优等文凭。1978年在美国堪萨斯州参加陆军指挥和参谋培训。1979年获哈佛大学肯尼迪行政学院公共行政学硕士学位。回国后任武装部队参谋长兼联合行动与策划司长，1984年6月升准将军衔，同年12月当选国会议员。历任全国经济委员会主席、贸工部代部长、贸工部长和副总理，先后兼任贸工部政务部长、国防部第二部长和金融管理局主席，2001年11月至2011年5月兼任财政部长。2004年8月任总理。2006年5月、2011年5月和2015年9月三度连任。

经　济

新加坡经济属外贸驱动型经济，以电子、石油化工、金融、航运、服务业为主，高度依赖中、美、日、欧和周边市场，外贸总额是国内生产总值（GDP）的3倍。经济长期高速增长，1960—1984年间GDP年均增长9%。1997年受亚洲金融危机冲击，但并不严重。2001年受全球经济放缓影响，经济出现2%的负增长，陷入独立之后最严重衰退。为刺激经济发展，政府提出“打造新的新加坡”，努力向知识经济转型并成立经济重组委员会，全面检讨经济发展政策，积极与世界主要经济体商签自由贸易协定。

2008年受国际金融危机影响，金融、贸易、制造、旅游等多个产业遭到冲击，海峡时报指数创5年内新低，经济增长为1.1%。2009年跌至-2.1%。新加坡政府采取积极应对措施，加强金融市场监管，努力维护金融市场稳定，提升投资者信心并降低通胀率，并推出新一轮刺激经济政策。2010年经济增长14.5%。2011年受欧债危机负面影响，经济增长放缓。2012年经济增长率为1.3%。2013—2016年经济增长率介于1%—2%。2017年2月，新“未来经济委员会”发布未来十年经济发展战略，提出经济年均增长2%—3%、实现包容发展、建设充满机遇的国家等目标，并制定深入拓展国际联系、推动并落实产业转型蓝图、打造互联互通城市等七大发展战略。2017年、2018年经济增长率分别达到3.5%、3.2%。2019年，受全球经济放缓影响，经济增长0.8%，为10年来最慢增速。2019年主要经济数据如下：

国内生产总值：3768亿美元。

人均国内生产总值：6.6万美元。

国内生产总值增长率：0.8%。

贸易总额：7588亿美元。

货币：新加坡元（Singapore Dollar）。

汇率：1美元≈1.347新加坡元。

通货膨胀率：0.57%。

失业率：2.2%。

【资源】自然资源匮乏。

【工业】主要包括制造业和建筑业。制造业产品主要包括电子、化学与化工、生物医药、精密机械、交通设备、石油产品、炼油等产品。新是世界第三大炼油中心。

【农业】用于农业生产的土地占国土总面积1%左右，产值占国民经济比重不到0.1%，主要由园艺种植、家禽饲养、水产养殖和蔬菜种植等构成。绝大部分粮食、蔬菜从马来西亚、中国、印度尼西亚和澳大利亚进口。

【服务业】包括金融服务、零售与批发贸易、饭店旅游、交通与电信、商业服务等，系经济增长的龙头。

【旅游业】外汇主要来源之一。游客主要来自中国、东盟国家、印度、澳大利亚和日本。

【交通运输】交通发达，设施便利。世界重要的转口港，有200多条航线连接世界600多个港口。2019年港口处理货运总量约6.26亿吨，集装箱总吞吐量约3720万标箱。联系亚、欧、非、大洋洲的航空中心，新加坡樟宜机场连续多年被评为世界最佳机场。2019年航班起降约38.2万架次，客运量约6830万人次，货运量约200万吨。（资料来源：新加坡统计局、贸工部）

【财政金融】近几年财政收支情况如下（单位：亿

新元）：

	2017	2018	2019
收入	751	737	885
支出	739	790	891
盈余	12	–53	–6

截至2019年底，外汇储备为2960亿美元。

【对外贸易】为国民经济重要支柱。近几年对外贸易情况如下（单位：亿新元）：

	2017	2018	2019
总　额	9671	10559	10222
出口额	5150	5557	5325
进口额	4521	5002	4897
差　额	639	555	428

主要出口商品为：电子元器件、成品油、原油、计算机及自动数据处理设备、化工品等；主要进口商品为：电子元器件、成品油、计算机及自动数据处理设备、通讯设备元件等。主要贸易伙伴为：中国、马来西亚、欧盟、印尼、美国。

【对外投资】推行"区域化经济发展战略"，大力向海外投资。截至2018年底，对外直接投资累计达8581亿新元，主要集中在金融服务业和制造业。主要直接投资对象国为中国、印尼、马来西亚、澳大利亚、英国。

【外国资本】截至2018年底，新加坡共吸引海外直接投资1.74万亿新元，多集中在金融服务业和制造业。主要直接投资来源国为美国、日本、荷兰、英国、中国。

【著名公司】淡马锡控股私人有限公司（Temasek Holding Pte Ltd.）是世界上最著名的国有资本投资公司之一。成立于1974年，由新加坡财政部完全控股，直接对财政部长负责。拥有政府关联企业1000余家，资本规模超过3000亿新元，涉及交通、船舶修理及工程、电力与天然气、通信、传媒、金融服务、房地产与酒店、房地产管理和咨询、建筑、休闲与娱乐等行业。相继培育出新加坡航空、新加坡电信、星展银行、吉宝集团等一批全球知名企业。近年来，淡马锡公司加速实行私营化、国际化，目前，该公司仅对4家下属企业持有100%的股份，而对其他大多数企业控股均在50%以下。现任公司董事长林文兴，执行董事兼首席执行官何晶。

人民生活

新加坡政府统一修建公共组屋，居民住房拥有率达91%。人均寿命83.2岁，识字率97.5%（15岁以上），每万人拥有24名医生。（2019年数据）

军　事

新加坡武装部队组建于1965年，建军节为7月1日。总统为三军统帅。实行义务兵役制，服役期2—3年，现役部队总兵力约7.2万人。新加坡军队主要在国外训练。1971年与英国、澳大利亚、新西兰和马来西亚组成"五国联防"。重视全民防卫教育。致力于建设第三代"智能"军队。2018年国防预算为112亿美元，2019年为114亿美元。

文化教育

【教育】新加坡的教育制度强调双语、体育、道德教育、创新和独立思考能力并重。双语政策要求学生除了学习英文，还要兼通母语。政府推行"资讯科技教育"，促使学生掌握电脑知识。学校绝大多数为公立，其中包括新加坡国立大学、南洋理工大学、管理大学和科技设计大学4所大学。

【新闻出版】英文报有《海峡时报》《商业时报》《新报》；华文报有《联合早报》《联合晚报》《新明日报》；马来文报有《每日新闻》；泰米尔文报有《泰米尔日报》。

广播电台于1936年开播，1959年起以马来语、英语、华语、泰米尔语广播。电视于1963年开播，1995年开通有线电视网和卫星电视。1999年，经营电视和广播业的数家公司合并而成新传媒集团。另有私营的报业控股集团设立的优频道和电视通频道。

对外关系

立足东盟，致力维护东盟团结与合作，推动东盟在地区事务中发挥更大作用，2018年担任东盟轮值主席国；面向亚洲，注重发展与亚洲国家特别是中、日、韩、印（度）等重要国家的合作关系；奉行"大国平衡"，主张在亚太建立美、中、日、印（度）战略平衡格局；突出经济外交，积极推进贸易投资自由化，与澳大利亚、新西兰、加拿大、越南、马来西亚、日本、墨西哥、秘鲁、文莱、智利10个国家签署"全面和进步跨太平洋伙伴关系协定"（CPTPP）。倡议成立了亚欧会议、东亚—拉美论坛等跨洲合作机制。积极推动《亚洲地区政府间反海盗合作协定》（ReCAAP）的签署，根据协定设立的信息共享中心于2006年11月正式在新成立。新加坡共与175个国家建立了外交关系。

【同中国的关系】1990年10月3日建交以来，两国高层交往频繁。胡锦涛主席（2002年作为国家副主席、2009年）、李岚清副总理（2002年）、吴邦国委员长（2005年）、温家宝总理（2007年）、习近平主席（2010年作为国家副主席、2015年）、李克强总理（2018年）、韩正副总理（2018年）、王岐山副主席（2018年）等先后访新。新加坡纳丹总统（2001年、2008年）、李显龙（副）总理（1995年、2000年、2005年、2006年、2008年、2012年、2013年、2017年、2018年、2019年）、陈庆炎总统（2015年）先后访华。

中新经贸合作发展迅速。2013—2019年，中国连续七年成为新加坡最大贸易伙伴，2013—2019年新加坡连续七年成为中国第一大新增外资来源国。据中国海关统计，2019年双边贸易额为900亿美元，增长

8.5%。其中，中方出口额为548亿美元，增长11.6%；进口额为352亿美元，增长4.5%。截至2019年8月底，中方企业对新各类投资存量累计520亿美元，新企业来华投资存量995亿美元，双向投资额累计1515亿美元。1999年，中新签署《经济合作和促进贸易与投资的谅解备忘录》，建立两国经贸磋商机制。2008年，双方签署双边自贸协定。2018年，李克强总理访新期间，双方签署自贸协定升级议定书。双方还签署了《促进和保护投资协定》《避免双重征税和防止漏税协定》《海运协定》《邮电和电信合作协议》《成立中新双方投资促进委员会协议》等多项经济合作协议。

中国驻新加坡大使：洪小勇。馆址：150 Tanglin Road，Singapore 247969。中国驻新加坡使馆办公室电话：0065–64180135；商务处电话：0065–64121900；领事部电话：0065–64712117。

新加坡驻华大使：吕德耀（Lui Tuck Yew）。新加坡驻华使馆馆址：北京市朝阳区建国门外秀水北街1号。电话：010–65321115。

【同美国的关系】1966年建交。美国是新加坡重要战略和经济伙伴。新加坡支持美国在本地区的军事存在。新美于2003年签署双边自贸协定，2005年签署战略协作框架协议，2012年建立战略伙伴对话机制，2015年签署加强防务合作协议。2016年8月，新加坡总理李显龙应美国总统奥巴马邀请正式访美。2017年10月，新加坡总理李显龙应美国总统特朗普邀请访美。2018年6月，第一次"特金会"在新加坡举行，美国总统特朗普访新。2018年8月，美国务卿蓬佩奥赴新出席东亚合作系列外长会。2018年10月，美防长马蒂斯赴新出席东盟防长扩大会议（ADMM+）。2018年11月，美副总统彭斯访新并出席东亚合作领导人系列会议。2019年9月，新加坡总理李显龙访美。

【同马来西亚的关系】1965年建交。由于历史原因，双方围绕供水、填海、开放领空、新马大桥、白礁岛主权、海空域管辖等问题时有摩擦。2005年新马签署协议，解决了柔佛海峡填海争议。2010年5月，新马就丹戎巴葛火车站搬迁事达成协议并于2011年7月实施。2018年马哈蒂尔再次当选马来西亚总理后，新马围绕柔佛州南部空域管理权和新山港口海域界限、供水协议、新马高铁项目存废等问题争议再起，双方同意保持冷静克制，通过对话协商解决争议。两国建有年度领导人非正式会晤机制。新加坡总理李显龙于2012年10月、2014年4月、2016年12月、2018年5月、2019年4月访马。新加坡总统哈莉玛于2018年9月访马。马来西亚总理纳吉布于2013年2月、2015年5月、2017年12月访新。马来西亚总理马哈蒂尔于2018年11月访新。

【同印度尼西亚的关系】1966年建交。印尼是新加坡最大邻国，两国间战略关系密切，双方互有需要。2018年，新加坡是印尼最大投资来源国，也是印尼第三大贸易伙伴和和游客来源国。独立以来，新始终重视与印尼发展良好关系。两国建有年度领导人非正式会晤机制。2010年5月和2013年4月，印尼总统苏希洛访新。2015年7月和2017年9月，印尼总统佐科访新。2012年3月、2016年11月，新加坡总理李显龙访印尼。2018年10月，李显龙同佐科在巴厘岛举行两国年度领导人非正式会晤。2019年10月，李显龙赴印尼出席佐科总统就职典礼。

【同菲律宾的关系】1969年建交。新加坡是菲律宾重要的贸易伙伴和游客来源国。新菲于1997年签署"新菲行动计划"。2016年12月，菲律宾总统杜特尔特访新。2018年11月，杜特尔特赴新出席东亚合作领导人系列会议。2014年4月，新加坡总统陈庆炎访菲。2017年11月，新加坡总理李显龙赴菲出席东亚合作领导人系列会议。2019年9月，新加坡总统哈莉玛对菲律宾进行国事访问。

【同泰国的关系】1965年建交，双方各领域合作密切，经贸合作、防务合作是两国关系的主要支柱。泰国总理巴育于2015年6月和2016年6月访新。泰国公主诗琳通于2016年1月和2018年1月访新。新加坡总统陈庆炎、总理李显龙于2016年10月分别访泰，新加坡总统哈莉玛于2017年10月赴泰出席普密蓬国王葬礼。新加坡总理李显龙2019年6月赴泰出席东盟领导人会议，11月赴泰出席东亚合作领导人系列会议。

【同越南的关系】1973年建交。两国于2013年建立战略合作伙伴关系，经贸合作和人员往来密切。新加坡自1996年起在越南相继建设5个新越工业园区（VSIP），于2001年在河内建立培训中心，为越南官员提供培训。2012年9月，越共中央总书记阮富仲访新。2016年9月，越南国家主席陈大光访新。2017年11月，越南国会主席阮氏金银访新。2018年4月，越南政府总理阮春福访新。2013年9月、2017年3月、2018年9月，新加坡总理李显龙访越。

【同缅甸的关系】1966年建交。新加坡长期以来是缅甸重要的贸易伙伴和投资来源国。2016年1月，新加坡在缅甸成立职业培训机构，帮助缅甸在工程机械、电力、基础设施建设等方面开展职业技能培训。2016年12月、2018年6月，缅甸国务资政昂山素季访新。2015年8月，缅甸总统登盛赴新出席李光耀葬礼。2013年4月，新加坡总统陈庆炎访缅。2014年11月、2016年6月，新加坡总理李显龙访缅。

【同印度的关系】1965年建交。2015年两国建立战略伙伴关系。2018年，新加坡是印度第五大贸易伙伴，是印度主要的外资来源国之一。2015年11月、2018年11月印度总理莫迪访新。2012年7月、2016年10月、2018年1月，新加坡总理李显龙访印。2015年2月，新加坡总统陈庆炎访印。

【同韩国的关系】1975年建交。2006年签署双边自贸协定。2018年，新韩互为第九大贸易伙伴。2018

年7月，韩国总统文在寅访新。2009年5月、2012年3月、2013年12月、2019年11月，新加坡总理李显龙访韩。

【同日本的关系】1966年建交。2002年签署经贸伙伴协议。2018年，日本是新加坡第七大贸易伙伴和第三大外资来源国。新加坡是日本第四大外资来源国。2014年5月、2018年11月，日本首相安倍晋三访新。2009年10月、2013年5月、2016年9月，新加坡总理李显龙访日。2016年11月，新加坡总统陈庆炎访日。

【同澳大利亚的关系】1965年建交。2003年签署双边自贸协定，2015年两国建立全面战略伙伴关系。2016年两国签署自贸协定升级版。新澳防务合作紧密，新加坡军队长期在澳大利亚驻训。2015年6月，澳大利亚总理阿博特访新。2017年6月，澳大利亚总理特恩布尔访新。2016年10月、2018年3月，新加坡总理李显龙访澳。（冯丽萍）

叙利亚

国名 阿拉伯叙利亚共和国（The Syrian Arab Republic）。

面积 185180平方公里（包括仍被以色列占领的戈兰高地约1200平方公里）。

人口 1827万（2017年）。其中阿拉伯人占80%以上，还有库尔德人、亚美尼亚人、土库曼人等。阿拉伯语为国语，通用英语和法语。居民中85%信奉伊斯兰教，14%信奉基督教。穆斯林中逊尼派占80%，什叶派占20%。什叶派中，执政的阿拉维派占75%。

首都 大马士革（Damascus），人口450万。

国家元首 总统巴沙尔·阿萨德（Bashar Al-Assad），2000年7月就任，2007年5月、2014年7月两次连任。

重要节日 独立日：4月17日。

简况

位于亚洲大陆西部，地中海东岸。北靠土耳其，东南邻伊拉克，南连约旦，西南与黎巴嫩、巴勒斯坦、以色列接壤，西与塞浦路斯隔海相望。海岸线长183公里。沿海和北部地区属亚热带地中海气候，南部地区属热带沙漠气候。沙漠地区冬季雨量较少，夏季干燥炎热。最低气温0℃以下，最高气温达40℃左右。年平均降水量沿海地区1000毫米以上，南部地区仅100毫米。

公元前3000年时有原始城邦国家存在。公元前8世纪起，先后被亚述帝国、马其顿帝国、罗马帝国、阿拉伯帝国、欧洲十字军、埃及马姆鲁克王朝、奥斯曼帝国等统治，1920年4月沦为法国委任统治地，1940年6月被纳粹德国控制。1941年9月27日，“自由法兰西军”总司令贾德鲁将军以同盟国名义宣布叙利亚独立。1943年8月，叙利亚成立自己的政府，舒克里·库阿特利当选叙利亚共和国首任总统。1946年4月17日，英、法两国被迫从叙利亚撤军，叙利亚获得完全独立。1958年2月1日，叙利亚和埃及合并组建阿拉伯联合共和国（简称“阿联”）。1961年9月28日，叙利亚宣布脱离“阿联”，成立阿拉伯叙利亚共和国。1963年3月8日，阿拉伯复兴社会党（简称复兴党）组成叙利亚新政府。1970年11月13日，叙利亚国防部长兼空军司令哈菲兹·阿萨德发动“纠正运动”，改组了党和政府，自任总理。1971年3月，阿萨德当选总统，任至2000年6月10日去世，其次子巴沙尔·阿萨德于同年7月10日继任总统并连任至今。

政治

从2011年3月起，叙利亚局势发生动荡并持续升级。阿盟、联合国等先后介入斡旋，有关各方在瑞士日内瓦召开两次叙利亚问题会议，均无果而终。2015年，叙利亚国内战事激烈，恐怖极端势力坐大，人道形势严峻，难民问题溢出效应凸显。9月底，俄罗斯军事介入，国际促和努力复趋活跃。12月，安理会一致通过第2254号决议，确定政治解决叙利亚问题的主要原则、时间框架和路线图。此后，联合国多番推动叙利亚政府和反对派和谈，但因叙利亚政府地面战场优势不断扩大、美国等西方国家借化学武器等问题向叙利亚政府不断施压，叙利亚政治进程鲜有进展。2017年，联合国推动叙利亚政府和反对派在日内瓦举行六轮和谈，俄罗斯、土耳其、伊朗作为叙利亚停火机制担保国推动叙利亚政府和反对派在哈萨克斯坦阿斯塔纳举行八轮对话会，叙利亚政治进程势头有所复苏。但美国等西方国家于2017年4月和2018年4月两次以疑似化武袭击事件为由对叙利亚空袭，导致叙利亚政治进程再度陷入停滞。2018年12月，美国宣布从叙利亚撤军，阿联酋和巴林恢复驻叙利亚使馆工作。2019年5月，叙利亚政府发起解放西北部伊德利卜省的战役，陆续收复大片国土。9月底，在联合国大力推动下，叙利亚宪法委员会成立，此后举行两次会议，但因叙利亚政府同反对派分歧严重，目前陷于停滞。10月，土耳其在叙利亚东北部实施“和平之泉”军事行动，建立了长120公里、宽32公里的“安全区”。

【宪法】1973年3月12日经全国公民投票通过。宪法规定叙利亚是人民民主社会主义国家，复兴党是国家和社会的领导核心。实行有计划的社会主义经济。2012年2月，叙利亚举行公投，通过新宪法，主要内容包括：国家政治制度以多元化为原则，改一党制为多党制；实行选举民主，总统由人民直接选举产生，任期为7年，只能连任1届等。

【议会】又称“人民议会”，国家立法机构。其职能是：提名总统人选；通过法律；讨论内阁政策；通过国家总预算和发展计划；批准有关国家安全的国际条约和协定；决定大赦；接受和批准议员的辞呈，撤销对内阁成员的信任等。人民议会于1971年2月21日成立。2016年4月，叙利亚举行第11届人民议会选举，复兴党领导的“全国进步阵线”赢得全部250个议席中的200席。6月，议会举行首次例会，哈蒂娅·阿巴斯（Hadiya Khalaf Abbas，女）当选议长。2017年7月，议会通过议案罢免哈蒂娅。2017年9月，哈穆德·萨巴格（Hammoudeh Sabbagh）当选议长。

【政府】本届政府于2016年7月3日成立，2017年3月改组，主要成员包括总理伊马德·哈米斯（Imad Khamis），副总理兼国防部长法赫德·法利杰（Fahed Falijia），副总理兼外交与侨民部长瓦立德·穆阿利姆（Walid Al-Moualem）等。

【行政区划】全国划分为14个省市：大马士革农村省、霍姆斯省、哈马省、拉塔基亚省、伊德利卜省、塔尔图斯省、腊卡省、德尔祖尔省、哈塞克省、德拉省、苏韦达省、库奈特拉省、阿勒颇省和大马士革市。

【司法机构】全国设高等宪法法院，各省、市、县设初级法院和调解法庭。

【政党】2011年8月，叙利亚颁布新的《政党法》和《选举法》，允许实行多党制，但阿拉伯复兴社会党及其领导下的“全国进步阵线”一直在国家政治生活中居于主导地位。

（1）阿拉伯复兴社会党（The Baath Arab Socialist Party）：成立于1947年4月，是一个持泛阿拉伯意识形态的民族主义政党。党纲确定，该党是民族主义和社会主义政党，其任务是复兴阿拉伯民族，建立一个统一的阿拉伯社会主义祖国。对外主张反帝、反殖、反以色列犹太复国主义，遵循不结盟政策。对内实行国有化、土地改革等政策措施。自1963年以来一直为叙利亚执政党。党的最高领导人是阿拉伯复兴社会党地区领导书记、现任总统巴沙尔·阿萨德。

（2）全国进步阵线（National Progressive Front）：1972年3月成立，是复兴党为团结其他政党而组成的统一战线组织。巴沙尔总统兼任阵线中央领导机构主席。除复兴党，参加该阵线的还有9个党派：社会主义统一分子党（Unionist Socialist Party）、阿拉伯社会主义联盟（Arab Socialist Union Party）、叙利亚共产党（巴派）（Communist Party of Syria）、民族誓言党（National Vow Party）、阿拉伯社会主义者运动（Arab Socialist Party）、民主社会主义统一分子党（Democratic Socialist Unionist Party）、统一叙利亚共产党（United Communist Party of Syria）、阿拉伯民主联盟党（Arab Democratic Unionist Party）、叙利亚民族社会党（Syrian Social Nationalist Party）。

【重要人物】**巴沙尔·阿萨德**：总统，已故总统哈菲兹·阿萨德次子，1965年9月生于大马士革。原是眼科医生，其兄巴塞勒死于车祸后，被其父选定为接班人，遂弃医从政。1994年入霍姆斯军事学院学习，1995年晋升少校，1996年1月入参谋指挥学院深造，1998年1月晋升中校，1999年1月晋升上校并担任叙利亚信息协会主席、共和国卫队副司令兼105装甲旅旅长。2000年6月阿萨德总统逝世后，巴沙尔晋升为大将，并任叙利亚武装部队总司令。2000年7月10日，巴沙尔当选总统，2007年5月、2014年7月两次连任。

经　济

2011年叙利亚局势动荡前，经济逐步向市场经济转轨，但受多重因素影响未成功。2011年叙利亚局势动荡后，美国等西方国家、地区国家对叙利亚实施制裁，叙利亚承受石油出口中断、外汇收入锐减、货币贬值、物价上升、失业率高企等多重压力，经济形势更加严峻。主要经济数据如下（因叙局势动荡，暂未见最新经济数据）：

国内生产总值：502.8亿美元（2015年）。

国内生产总值增长率：–9.9%（2015年）。

人均国内生产总值：2900美元（2015年）。

货币名称：叙利亚镑（Syrian Pounds）。

官方汇率：1美元≈436叙利亚镑（2020年1月）。

失业率：15.2%以上（2017年）。

通胀率：25.5%（2017年）。

外汇储备：4.07亿美元（2017年底）。

【资源】主要有石油、天然气、磷酸盐、岩盐、沥青等。已探明的石油储量为25亿桶，天然气储量为6500亿立方米，磷酸盐储量为6.5亿吨，岩盐储量为5500万吨。

【工业】现代工业基础薄弱，只有几十年历史。现有工业分为采掘工业、加工工业和水电工业。开掘工业主要有石油、天然气、磷酸盐、大理石等。加工工业主要有纺织、食品、皮革、化工、水泥、烟草等。

【农业】叙利亚是中东地区农业大国，曾是阿拉伯世界的五个粮食出口国之一。2011年局势动荡前，叙利亚农业耕种面积473.6万公顷，农业人口约440万，主要粮食作物有小麦、大麦、玉米等，主要经济作物有棉花、豆类、甜菜、烟草等，主要畜牧品种有牛、绵羊、山羊、鸡等。2011年局势动荡后，叙利亚农业发展受到严重影响，农产品、畜牧产品产量锐减。

【旅游业】2011年局势动荡前，叙利亚旅游业发展较为迅速，年度赴叙旅游人数一度达600余万人次，旅游收入超过22亿美元，成为叙利亚经济收入重要来源。2011年局势动荡后，叙利亚旅游业发展停滞。

【交通运输】陆、海、空运输比较发达。国内交通运输以公路为主，总长4.59万公里，连接各城镇，并可通往土耳其、伊拉克、约旦和黎巴嫩。铁路总长2798公里。现有拉塔基亚、塔尔图斯等5个港口。除大马士革国际机场外，还有6个省级地方机场。2011年局势动荡后，受外部制裁影响，叙利亚对外航线锐减。

【对外贸易】2011年局势动荡前，叙利亚主要出口产品有石油和石油产品、棉花和棉花制品、磷酸盐、香料、皮革等。主要进口产品有机械、钢材、纺织品、燃料、粮食、罐头、糖、化工原料、文教用品、医药、木材等。主要进口国为法国、意大利、德国、土耳其、中国，主要出口国为德国、意大利、法国、沙特、土耳其。2011年局势动荡后，叙利亚对外贸易锐减，目前主要进口燃料、食品、服装等。

人民生活

人均寿命75.1岁。2016年固定电话装机每百人20部，移动电话使用每百人74部。

军　事

1946年建军，20世纪70年代发展较快，成为中东一支实力较强的武装力量。武装部队总司令部为最高统帅机关，巴沙尔总统任总司令。实行义务兵役制，服役期30个月。2011年局势动荡前，叙利亚武装部队总兵力40.8万人，其中陆军30万人、海军8000人、空军与防空军10万人，另有准军事部队40余万人。武器装备主要来自前苏联和俄罗斯。2011年局势动荡后，叙利亚兵力无详细统计数据。

文化教育

【教育】普及小学义务教育，初中基本实行义务教育。男生从大学毕业后要到军队服役2年才能拿到文凭，女生毕业后即可拿到文凭。全国有4所综合性大学：大马士革大学、阿勒颇大学、十月大学和复兴大学。

【新闻出版】全国性阿拉伯语日报有《复兴报》《革命报》《十月报》等，地方性阿拉伯语日报有《群众报》《献身报》《阿拉伯主义报》《团结报》等。另还发行英文日报《叙利亚时报》等。

阿拉伯叙利亚通讯社是官方通讯社。叙利亚广播电台建立于1936年，在各省、市建立有地方广播电台。电台开办有两套节目，除用阿拉伯语广播，还用英、法、德、俄、土（耳其）、希（伯来）、西（班牙）7种语言播音。

叙利亚电视台建立于1960年7月23日，开办了3个频道。除阿拉伯语节目，还播送英、法语节目。

对外关系

【同中国的关系】中国和叙利亚1956年建交后，双边关系发展平稳良好，两国在贸易、基础设施建设等领域的合作发展较快。2011年叙利亚局势动荡后，双方交往减少，经贸合作受到影响。2019年，中叙双边贸易额有所恢复发展，达13.15亿美元，同比增长3.24%。其中中方出口13.14亿美元，同比增长3.2%，中方进口100万美元，同比增长62.12%。中方对叙方主要出口机电产品、轻工产品等。

中国驻叙利亚大使：冯飚。馆址：83，Rue Ata Ayoubi Damascus，Syria。电话：00963–11–3327968，3339594；传真：3338067。

叙利亚驻华大使：伊马德·穆斯塔法（Imad Mustafa）。馆址：北京市朝阳区三里屯东四街6号。电话：010–65321372；传真：65321575。

【同美国的关系】1946年同美国建交，1967年第三次中东战争爆发第二天（6月6日）同美国断交，1974年6月复交。但叙美关系一直不睦，叙利亚从1979年开始就一直被美国列入支持恐怖主义活动国家名单。2004年，美国将叙利亚、朝鲜、伊朗、古巴四国列为“暴政轴心国家”。2005年2月，黎巴嫩总理哈里里遇刺身亡，美国指责叙利亚是幕后黑手，推动安理会通过一系列决议，要求叙利亚全面配合此案国际独立调查委员会的工作，叙美关系更加紧张。2009年奥巴马担任美国总统后，一度谋求改善同叙利亚的关系。2010年2月，美国副国务卿伯恩斯访问叙利亚。同月，美国重新向叙利亚派驻大使。2011年叙利亚局势动荡后，美国关闭其驻叙使馆，驱逐叙利亚驻美外交官，要求叙利亚总统巴沙尔下台，并对叙利亚实施严厉单边制裁，谋求在叙利亚实现政权更迭。2012年12月11日，美国宣布承认叙利亚反对派组织“叙利亚反对派和革命力量全国联盟”为叙利亚人民的合法代表。2013年后，美国逐步扩大对叙利亚反对派的援助。同年，叙利亚发生“8·21”疑似化学武器袭击事件后，美国对叙利亚的军事打击一度箭在弦上。9月底，禁化武组织和联合国安理会分别通过关于叙利亚化武问题的决定、决议，叙利亚化武问题“软着陆”。2014年3月，美国任命叙利亚问题特使并进一步驱逐叙利亚驻美领事馆外交官。同年9月，美国开始领导所谓的“国际反恐联盟”对叙利亚境内的极端组织实施军事打击。2017年4月和2018年4月，叙利亚两度发生疑似化武袭击事件，美国单独或联合英、法两国对叙利亚实施空袭。2018年12月，美国总统特朗普宣布从叙利亚撤军。2019年3月，特朗普签署总统令，正式承认以色列对原属叙利亚的戈兰高地拥有主权。

【同俄罗斯的关系】1944年与前苏联建交，冷战期间奉行亲苏政策，1980年签署叙苏“友好合作条约”，建立盟友关系。苏联解体后，叙利亚承认苏联各加盟共和国独立，并在互相尊重和互利互惠基础上同这些国家建立外交关系。21世纪以来，随着叙美关系持续恶化，叙俄（罗斯）两国不断走近。2011年叙利亚局势动荡后，俄罗斯在政治层面给予叙利亚坚定支持，多次否决安理会涉叙利亚问题决议草案，还曾于2015年1月和4月在莫斯科两次承办叙利亚政府和反对派对话会。2015年9月30日，应叙利亚政府邀请，俄罗斯军事介入叙利亚问题。2017年11月，叙利亚总统巴沙尔访问俄罗斯。12月，俄罗斯总统普京访问叙利亚。

2018年5月，巴沙尔再次访问俄罗斯。10月，俄罗斯向叙利亚提供S-300防空系统。

【同欧盟国家的关系】1995年11月，欧盟15国与地中海南岸12国外长在巴塞罗那召开“欧洲—地中海会议”后，叙欧关系有所发展，特别是经济领域交往与合作有所增强。2011年叙利亚局势动荡后，欧盟对叙利亚实施多轮单边制裁，英、法、西班牙等国关闭驻叙利亚使馆，驱逐叙利亚驻本国外交官。2012年11月，英、法两国宣布承认叙利亚反对派组织“叙利亚反对派和革命力量全国联盟”为叙利亚人民的唯一合法代表。2013年5月，欧盟决定取消对叙利亚反对派的武器禁运，此后又多次追加对叙利亚政府的单边制裁。2018年4月，叙利亚发生疑似化武袭击事件，英、法两国同美国一道对叙实施空袭。

【同埃及的关系】1958年2月1日，叙利亚同埃及合并，组建阿拉伯联合共和国（简称“阿联”）。后也门王国加入，阿联更名为“阿拉伯合众国”。1961年9月28日，叙利亚国内发生政变，宣布退出阿联。1978年9月，叙利亚因强烈反对埃及同以色列媾和而同埃及断交。1989年12月27日，叙埃两国复交。2000年7月巴沙尔担任叙利亚总统，叙埃往来进一步密切。2005年，黎巴嫩总理哈里里遇刺身亡后，埃及力劝叙利亚从黎巴嫩撤军，但反对对叙利亚施加制裁。2008年10月，埃及对叙利亚和黎巴嫩正式建交表示欢迎。2012年穆尔西担任埃及总统后，宣布支持叙利亚人民诉求，呼吁叙利亚总统巴沙尔下台。2013年6月15日，埃及同叙利亚断交，召回埃及驻叙利亚临时代办，关闭叙利亚驻埃及使馆。7月，埃及政局剧变后，埃及恢复了与叙利亚的领事关系。塞西担任埃及总统后，主张维护叙利亚的国家统一和领土完整，支持通过政治途径解决叙利亚问题，反对对叙利亚进行军事干预。2019年8月，埃及等8个国家在阿盟会议上公开表示支持恢复叙利亚在阿盟的合法席位。

【同黎巴嫩的关系】叙、黎两国在法国委任统治时期曾是同一个国家。1943年黎巴嫩独立后，叙利亚未予承认，同黎巴嫩保持“特殊关系”。1976年5月之后，叙利亚军队一直以“阿拉伯威慑部队”名义在黎巴嫩驻扎。1991年5月，叙黎两国签署《兄弟关系合作与协调条约》和《安全与防务条约》。2004年9月，美、法等国推动安理会通过第1559号决议，要求叙利亚驻黎巴嫩部队全部撤离，2005年4月，叙利亚宣布撤回其驻扎在黎巴嫩的全部军队、安全人员和军事装备。2008年7月和8月，黎巴嫩总统苏莱曼和叙利亚总统巴沙尔在法国巴黎及大马士革两次会晤，双方宣布决定建立大使级外交关系。2008年10月15日，叙黎两国外长签署建交公报，两国正式建交。2011年叙利亚局势动荡后，黎巴嫩政府主张维护叙利亚的主权、独立和领土完整，反对外部干涉，对叙利亚局势采取“不卷入”政策，对多份阿盟涉叙利亚问题决议持保留意见。目前，在黎巴嫩有上百万叙利亚难民。

【同海湾阿拉伯国家的关系】1990年海湾战争中，叙利亚应沙特等国要求派出军队。战后，叙利亚积极参与海湾战后安全安排，同海湾国家关系不断发展。2011年叙利亚局势动荡后，海湾国家在对待叙利亚问题上立场出现分化，沙特、卡塔尔、巴林要求叙利亚总统巴沙尔下台，召回本国驻叙利亚大使，驱逐叙利亚驻本国外交官，对叙利亚施加制裁，并向叙利亚反对派提供支持。阿曼、科威特未同叙利亚断交，未关闭本国驻叙利亚使馆和叙利亚驻该国使馆。2012年11月，海合会承认叙利亚反对派组织“叙利亚反对派和革命力量全国联盟”为叙利亚人民的合法代表。2013年3月，“全国联盟”任命驻卡塔尔大使，并在多哈开设使馆。2015年12月和2017年11月，沙特两度召开叙利亚反对派整合会议。2018年后，随着叙利亚形势发生变化，海湾国家的立场也出现调整。2018年12月，阿联酋和巴林宣布恢复本国驻叙利亚使馆工作。2019年8月，阿联酋、巴林等8个国家在阿盟会议上公开表示支持恢复叙利亚在阿盟的合法席位。（忻晨）

亚美尼亚

国名　亚美尼亚共和国（Republic of Armenia，Республика Армения）

面积　2.97万平方公里

人口　295.9万（截至2020年1月1日），其中亚美尼亚族约占96%，其他民族有俄罗斯人、乌克兰人、亚述人、希腊人、格鲁吉亚人、白俄罗斯人、犹太人、库尔德人、雅兹迪人等。官方语言为亚美尼亚语，居民多通晓俄语，主要信奉基督教。

首都　埃里温（Yerevan，Ереван），是亚政治、经济和文化中心，人口108.4万（截至2020年1月1日）。

国家元首　总统阿尔缅·萨尔基相（Армен Саркисян）。2018年4月9日宣誓就职，任期7年。

重要节日　“种族灭绝”罹难者纪念日：4月24日（亚方纪念1915至1923年奥斯曼土耳其帝国对境内的亚族人实施“种族灭绝”的罹难者）；第一共和国日：5月28日（亚美尼亚1918年5月28日成立第一共和国）；宪法日：7月5日（1995年7月5日亚第一部宪法

付诸公投并获得通过）；独立日（国庆日）：9月21日（1991年9月21日，亚美尼亚正式宣布独立）；1988年大地震死难者悼念日：12月7日（1988年12月7日，亚美尼亚斯皮塔克市发生里氏6.9级地震，2.5万余人遇难）。

简　况

内陆国，位于外高加索南部。全境逾90%的地区海拔1000米以上，平均海拔1800米。温带大陆性气候，1月平均气温-5℃，7月平均气温26℃。西接土耳其，南靠伊朗，北临格鲁吉亚，东邻阿塞拜疆。

公元前9世纪至公元前6世纪，亚美尼亚境内建立了奴隶制的乌拉尔杜国。公元前6世纪至公元3世纪，阿凯米尼德王朝和塞琉古王朝统治亚美尼亚，建立大亚美尼亚国。历史上，亚两次被奥斯曼帝国和波斯帝国瓜分。1804—1828年，两次俄伊战争以伊朗失败告终，原伊朗占领的东亚美尼亚并入沙俄。1918年5月28日，达什纳克楚琼党领导建立了亚美尼亚第一共和国。1920年1月29日，成立亚美尼亚苏维埃社会主义共和国。1922年3月，亚加入外高加索苏维埃社会主义联邦共和国，同年12月30日以该联邦成员国身份加入苏联。1936年12月5日，亚美尼亚苏维埃社会主义共和国成为苏联加盟共和国之一。1990年8月23日，亚美尼亚最高苏维埃通过独立宣言，改国名为亚美尼亚共和国。1991年9月21日，亚美尼亚举行全民公决，正式宣布独立。

政　治

2018年亚政权发生更迭。4月17日，原总统谢尔日·萨尔基相两任届满后，经议会多数党推举当选总理。议会党团“伊尔科”联盟议员尼科尔·帕什尼扬发动大规模游行示威。4月23日，谢尔日·萨尔基相在愈演愈烈的抗议浪潮中被迫辞职。5月8日，帕什尼扬经议会选举出任政府总理。随后，帕于10月16日辞去总理一职，推动提前议会选举。12月9日，亚举行第七届议会选举，共11个政党和政党联盟参选。帕什尼扬领导的“我的行动”政党联盟得票率达70.43%，获132个议席中的88席，成为新一届议会中的第一大政治力量，并单独组阁。“繁荣亚美尼亚党”和“光明亚美尼亚”分获26席和18席。前总统谢尔日·萨尔基相领导的共和党未能进入议会。2019年1月，帕什尼亚再次当选亚政府总理，并完成组阁。2月，新一届政府向议会提交了2019至2023年政府施政纲领并获得通过。

【宪法】1995年7月5日，亚举行全民公投并颁布首部宪法。宪法规定亚实行总统制，立法、行政、司法三权分立。2015年12月6日，亚就宪法改革方案举行全民公决并获得通过。根据新宪法草案，亚政体改为议会制，总统改由议会选举产生，行使代表性职能，任期由5年延长到7年，不得连任。政府为国家最高行政机关，总理行使国家管理职责，对议会负责。总理人选由议会中拥有多数席位的政党或政党联盟推举，由总统任命。

【议会】国民会议，是亚国家最高立法机关。本届议会系亚第七届议会，于2019年1月组成，共设132个议席。“我的行动”联盟、繁荣亚美尼亚党、光明亚美尼亚党进入议会，分别占有88席、25席和17席，另有2名独立议员。现任国民会议主席（议长）为阿拉拉特·米尔佐扬。

【政府】亚本届政府于2019年1月组建。目前政府机构由12个部、11个直属政府的监管机构和委员会以及3个直属总理的部级局（署）组成。

政府内阁组成：副总理季格兰·阿维尼扬（Тигран Авинян）、副总理穆格尔·格里高良（Мгер Григорян）、外交部长佐格拉布·姆纳察卡尼扬（Зограб Мнацаканян）、国防部长达维德·托诺扬（Давид Тоноян）、卫生部长阿尔森·托罗相（Арсен Торосян）、教育科学文化体育部长阿拉伊克·阿鲁秋尼扬（Араик Арутюнян）、环境保护部长埃里克·格里高良（Эрик Григорян）、紧急情况部长菲里克斯·佐拉江（Феликс Цолакян）、国土管理和发展部长苏伦·帕毕强（Сурен Папикян）、劳动和社会问题部长扎鲁伊·巴托扬（Заруи Батоян）、交通通讯和信息技术部长阿科普·阿尔沙江（Акоб Аршакян）、财政部长阿托姆·詹朱加江（Атом Джанджугазян）、经济发展和投资部长季格兰·哈恰图良（Тигран Хачатрян）、司法部长鲁斯塔姆·巴达相（Рустам Бадасян）。

【行政区划】亚全国划分为10个州和1个州级市（首都埃里温）。

【司法机构】设最高审判委员会、宪法法院、上诉法院和总检察院。最高审判委员会根据亚宪法修正案于2018年3月组建，主要负责保障法院和律师的独立性。现任委员会主席鲁本·瓦尔达扎良（Рубен Вардазарян）。宪法法院由9名法官组成，其中4名由总统任命、5名由国民会议任命。现任宪法法院院长格莱尔·托夫马相（Грайр Товмасян）。上诉法院由16人组成，法官为终身制。现任上诉法院院长叶尔旺特·宏特卡良（Ерванд Хундкарян）。现任总检察长阿尔图尔·达夫江（Артур Давтян）。

【政党】截至2020年1月，亚美尼亚登记注册的政党共84个。进入第七届国民会议的政党和政党联盟为：

（1）“我的行动”联盟（“Мой шаг”）：为政治联盟，由“公民协议”党和“使命”党等政治力量于2018年8月组建。2018年12月9日，“我的行动”联盟参加亚第七届议会选举，获得70.43%的选票，取得132个议席中的88席。“我的行动”联盟政治主张：保障法律的权威，建设公民社会；提高社会福祉、促进就业和投资，通过提高教育水平和促进就业减少贫困；坚持和平解决纳卡问题，积极为欧安组织明斯克小组斡旋创造良好氛围；推动国际社会承认一战前后奥斯曼土耳其帝国对境内亚族人实施的大屠杀为“种族灭绝”；加强亚在欧亚经济联盟和集安组织中的作用，巩固与俄罗斯的同盟关系，加强同美国和欧盟的友好合作关系，深化和发展同中、印、日等亚太国家关系等。领导人：尼科尔·帕什尼扬（Никол Пашинян），现任亚总理。

（2）“繁荣亚美尼亚”党（Партия “Процветающая Армения”）：2004年4月30日组建。自2007年以来，“繁荣亚美尼亚”党先后独立或结盟其他党派参加了第四至第七届亚议会选举，都成功进入议会，议席数均居第二位。在第七届议会中，该党获得26个议席，是议会反对党。主要政治主张：公正稳妥解决社会问题，保障亚政治、经济、军事安全，巩固国内民主，改革和完善国家管理体系，建立公民社会。外交上主张巩固与俄罗斯战略盟友关系，发展与美欧的互利合作。在纳卡问题上，认为纳卡的独立地位不容质疑，主张以民族自决为原则解决纳卡争端。领导人：加吉克·察鲁基扬（Гагик Царукян），议员、企业家。

（3）“光明亚美尼亚”党（Партия “Просвещенная Армения”）：成立于2015年12月12日。2017年，该党与“公民协议”党、“共和国”党组成“伊尔科”联盟参加当年4月举行的第六届议会选举，获得9个议席。2019年独立参加第七届议会选举，获得18个议席，为议会反对党。主要政治主张：建设民主、法治的国家；发展公民社会，保障公民权利；确保亚内外安全；发展国家文化、传统、语言等价值体系，实施文化遗产保护；以自由市场思想为基础发展经济，打击影子经济，实施有效的反垄断措施；塑造有竞争力的经济发展环境，增加工作岗位；消除贫困和社会两极分化；刺激人口增长。领导人：埃德蒙·马鲁江（Эдмон Марукян），议员。

【重要人物】**阿尔缅·萨尔基相**：总统，无党派。1953年6月23日生于埃里温市。1981年，毕业于埃里温国立大学物理系，获数学物理学副博士。1984—1985年，在英国剑桥大学任教。1985—1992年，任埃里温国立大学理论物理学教研室主任。1992—1996年，先后任亚美尼亚驻英国、比利时、梵蒂冈、卢森堡大使。1996—1997年，任亚总理。1998—2000年，二度出任亚驻英国大使。2000—2013年，创办“骑士桥”集团，经营范围涉及能源、矿产、科技等领域。2013—2018年，三度出任亚驻英国大使。2018年3月2日，由亚议会选举为亚第四任总统，2018年4月9日就职。已婚，有二子。　**尼科尔·帕什尼扬**：总理，“我的行动”联盟领导人。1975年6月1日生于伊杰万市。1991至1995年，埃里温国立大学新闻系肄业。自1992年起开始积极参与新闻工作，先后在《教育报》《每日通报》等多家媒体任职，1998年，创办《日报》并任主编，1999年，出任《亚美尼亚时报》主编。2008年，帕加入亚总统候选人捷尔·彼得罗相（亚独立后首任总统）竞选总部，捷尔·彼得罗相败选后，组织支持者集会示威，帕参与其中，3月1日，当局强力镇压示威，并将帕列为通缉对象。2009年7月，帕向当局自首，2010年1月，被判7年有期徒刑，2011年，被大赦释放。2012年，作为“亚美尼亚公民大会”党候选人参加议会选举并当选议员。2015年，创立“公民协议”党，2017年，联合“光明亚美尼亚”党和“共和国”党组建“伊尔科”联盟参加亚第六届议会选举，帕再次当选议员。2018年4月，帕发起大规模抗议示威活动，反对卸任总统谢·萨尔基相转任总理。萨辞职后，帕于5月8日出任总理。10月16日，帕辞职，任代总理，推动提前议会选举。12月，帕领导的“我的行动”联盟赢得第七届议会选举。2019年1月，帕出任总理。已婚，有三女一子。　**阿拉拉特·米尔佐扬**：议长，“公民协议”党党员。1979年11月23日生于首都埃里温市。2002年，毕业于埃里温大学历史系，获硕士学位；2005年，毕业于亚科学院，获历史学博士学位。2003—2005年，任亚科学院“种族灭绝”博物馆助理研究员；2005—2007年，任亚国家档案馆社会政治部首席管理员；2007—2010年，任职于汇丰银行亚美尼亚分行；2011—2012年，任俄罗斯“REGNUM”新闻社国际部分析员；2013—2015年，任职于“亚美尼亚发展倡议”慈善基金会；2014—2017年，任“荷兰多党制民主研究院”（NIMD）专家；2016年，参与创建“公民协议”党并任主席团成员；2017年4月，当选亚第六届国民会议议员；2018年5月，出任亚第一副总理；2018年12月，当选亚第七届国民会议议员；2019年1月14日，当选亚第七届国民会议议长。已婚，有两名子女。

经　济

1991年9月亚独立后，由于经济基础薄弱、资源相对贫乏、纳卡战争以及阿塞拜疆、土耳其对亚联合封锁等因素的影响，经济连年下滑。2001年止跌回升，至2007年GDP连续保持两位数增长。受国际金融危机冲击，2008年第四季度起经济增速严重下滑，2009年亚GDP下降14.4%。2010年以来，亚政府积极采取调整产业结构、扩大内需、加快基础设施建设、扶植农业和中小企业等措施，努力消除金融危机的影响，收到一定成效。2018年是亚启用国家货币德拉姆25周年，亚央行于11月22日发行第三版德拉姆，面值分别为1000、2000、5000、10000、20000和50000。第三版德拉姆与现行的第二版同时作为法定货币流通，第二版货币将逐步退出流通。

2019年亚经济全年增幅7.6%，GDP总值为137亿美元。外贸总额81.54亿美元，同比增长10.4%，其中出口26.4亿美元，增长9.4%；进口55.14亿美元，增长10.8%，逆差28.74亿美元。与欧亚经济联盟国家贸易额22.92亿美元，占比28.1%，增长15.1%（其中与俄贸易额22.13亿美元，增长14.9%，俄为亚第一大贸易国）；与欧盟国家贸易额17.33亿美元，占比21.3%，下降5.7%；与中国贸易额9.45亿美元，占比11.6%，同比增长22.5%，中国继续保持亚第二大贸易伙伴国地位。2019年亚主要宏观经济指标如下：

国内生产总值：137亿美元。

人均国内生产总值：4604美元。

年平均汇率：1美元兑480.4德拉姆。

通货膨胀率：0.7%。

外汇储备：26.66亿美元（截至2020年1月）。

【资源】主要有铜矿、钼矿和多金属矿。此外，还有硫磺、大理石和彩色凝灰岩等。

【工业】2019年工业总产值21039.1亿德拉姆（约43.9亿美元），较2017年增长9%。其中，加工业1.5万亿德拉姆（约31.1亿美元），增长7.6%；采矿业3563亿德拉姆（约7.44亿美元）增长23.9%。

【农业】2019年亚农业产值同比下降4.25%，为8527.9亿德拉姆（约17.8亿美元）。

【服务业】2019年服务业实现产值20623.7德拉姆（约43.1亿美元），同比增长15%。主要行业有电信、不动产交易、物流、保险、体育、教育、医疗等。

【建筑业】2019年建筑业产值4346亿德拉姆（约9.02亿美元），同比增长4.6%。

【旅游业】2019年，赴亚旅游人数为189万人次，同比增长14.7%。亚国内主要旅游景点有首都埃里温、宗教中心埃奇米亚津大教堂、塞万湖自然保护区、加尔尼神庙、格加尔德修道院、塔杰夫修道院、察赫卡佐尔高山滑雪场、杰尔穆克矿泉疗养地等。

【交通运输】以铁路、公路和空运为主。2019年货运总量为1472.22万吨，同比下降49.6%，客运总量为1.95亿人次，同比增长4.4%。

铁路总长1252.6公里（截至2020年3月）。2019年铁路货运量321.2万吨，同比增长11.5%；客运量42.67万人，同比增长11.1%。铁路以租让方式由俄罗斯铁路公司全资子公司独立经营管理。

公路总长8140公里（截至2019年底）。2019年公路货运量965.2万吨，同比下降60.6%，客运量4.65亿人次，同比增长3.6%。

空运：已开通与俄罗斯、乌克兰、哈萨克斯坦、土库曼斯坦、法国、奥地利、波兰、希腊、格鲁吉亚、黎巴嫩、阿联酋、伊朗等国的航线。首都建有埃里温兹瓦尔特诺茨国际机场。2018年航空货运量为2.07万吨，较上年增长14.4%，客运量为359.56万人次，同比增长25.9%。

【财政金融】2019年，亚国家财政收入为15590亿德拉姆（约32.45亿美元），同比增长16.3%，支出16231亿德拉姆（约33.78 亿美元），同比增长12.2%，财政赤字639.39亿德拉姆（约1.33亿美元），赤字缩减39.3%。

截至2019年底，亚债务总额为35134亿德拉姆（73.24亿美元），其中外债27773亿德拉姆（约57.9亿美元），内债7361亿德拉姆（约15.32亿美元）。

截至2019年底，亚营业的商业银行有17家，银行分支机构539家。主要银行有HSBC（Armenia）、VTB（Armenia）、AMERIA Bank、ARTSHIN Bank、ABB Bank、Converse Bank等。

【对外贸易】据亚国家统计署数据，2019年，亚对外贸易总额为81.54亿美元，同比增长10.4%。其中，出口26.4亿美元，同比增长9.4%，进口55.14亿美元，同比增长10.8%。亚与独联体国家贸易24.94亿美元，同比增长12.8%，占外贸总额的30.6%。其中，亚乌（克兰）贸易为1.71亿美元，同比下降0.7%，亚白（俄罗斯）贸易额为6753.9万美元，增长33.6%，亚土（库曼斯坦）为781.7万美元，下降74.4%，亚哈（萨克斯坦）贸易额为831.1万美元，下降38.4%。亚与欧盟国家贸易额为17.33亿美元，下降5.7%，占外贸总额的21.3%，与其他国家贸易额为39.26亿美元，增长17.6%，占比48.1%。

前三大贸易伙伴分别为俄罗斯、中国和瑞士。其中，亚俄贸易额22.13亿美元，同比增长14.9%，占外贸总额的27.1%；亚中贸易额9.45亿美元，同比增长22.5%，占外贸总额的11.6%；亚瑞贸易额5.12亿美元，同比增长9.7%，占外贸总额的6.3%。

出口产品中，矿产品7.43亿美元，同比增长15.2%；食品6.39亿美元，同比增长15.6%；宝石、半宝石、贵金属及其制品4.14亿美元，同比增长34.7%。纺织品1.67亿美元，下降25.9%。进口产品中，矿产品8.14亿美元，同比增长12.9%；机械设备8.64亿美元，同比下降7.6%；食品4.36亿美元，同比增长8.9%；纺织品3.01亿美元，下降5.5%。

【外国援助】2019年亚共获得1452.1吨、总价值为11.09亿美元人道主义物资援助，主要为化工制品、各种工业品、机械设备、器械器具、交通工具、纺织品等。

【著名公司】GAZPROM ARMENIA天然气公司、ALEX GRIG零售集团、Armenia Telephone Company通讯公司、ELECTRIC NETWORK OF ARMENIA电网公司、“Multi Group”企业集团、Grand Tobacco烟草公司、Grand Candy糖果公司、Great Valley白兰地酒公司、Ararat白兰地酒厂、NOY白兰地酒厂、FLASH能源公司、CPS能源公司等。

人民生活

亚政府重视提高人民生活水平和福利待遇。2020年1月，亚政府将居民最低退休金由25500德拉姆（约52.6美元）提升至26500德拉姆（约55.2美元）。2019年1—12月，月均名义工资为182673德拉姆（约380.3美元）。2019年月均退休金40424德拉姆（约84.1美元），最低工资标准为55000德拉姆（约114.5美元）。

军　事

亚美尼亚国民军组建于1992年，1月28日为亚建军节。根据1997年6月亚国防法，总统为武装力量最高统帅。国防部是领导武装力量的国家机关，国防部长对武装力量进行直接指挥。根据2015年12月全民公投通过的亚新宪法规定，自2018年4月亚政体完成向议会制转换后，总理在战时为军队最高统帅。现任国防部长大卫·托诺扬，2018年5月任命。

亚军实行全民义务兵役制和合同制相结合的兵役制度。士兵服役期为两年，每年夏冬两季征兵。军官按合同制服役，入伍时签订三年合同，期满可续签，也可退役。服役满二十年以上者可享有领取退休金等福利。

亚军总兵员4万余人（另有文职人员约1.4万人），编制包括步兵军、航空兵基地、防空导弹旅、防空导弹团、雷达团。国防部和总参分别下辖若干直属部、分队。2019年亚国防开支3120亿德拉姆（约6.47亿美元），同比增长26%，占预算总支出的19.1%。

文化教育

【教育】教育体制分学前教育、普通中小学教育、职业技术教育、中等专业教育和高等教育。普通中小学实行免费教育，学制12年。2018年，亚国家教育经费支出1293.27亿德拉姆（约2.64亿美元），同比增长6.3%，占财政预算总支出的7.9%。

全国现有27所国立和26所非国立高等院校。主要院校为：埃里温国立大学、埃里温布留索夫国立语言与社会科学大学、埃里温工学院、埃里温医学院、埃里温师范大学、亚美尼亚—俄罗斯（斯拉夫）大学等。权威的科研机构是创立于1943年的亚国家科学院。

【新闻出版】主要报刊：《亚美尼亚共和国》（Республика Армения，Republic of Armenia），官方报纸，1990年创刊，分别用亚文和俄文出版，发行量3500份；《亚美尼亚时报》（Айкакан Жаманак，Haykakan Zhamanak），用亚文出版，发行量3000份；《亚美尼亚之声》（Голос Армении，Voice of Armenia），社会政治类周刊，1991年创刊，用俄文出版，发行量1200份。

主要通讯社：亚美尼亚通讯社（ARMENPRESS），1918年成立，官方通讯社；ARMNEWS新闻社和网站，综合类信息社，成立于2009年；亚美尼亚信息社（ARMINFO），2001年成立，综合类通讯社；ARKA经济新闻通讯社，1996年成立，私营通讯社。

主要电台：亚公共广播电台，官方广播电台，也是亚最大的广播电台，1926年建立，用亚美尼亚、俄、阿拉伯、波斯、库尔德、英、法、西班牙、格鲁吉亚、阿塞拜疆、土耳其等语言播音。知名度较高的电台还有：Jan广播电台、Van电台、Lav电台等广播媒体。此外，俄罗斯卫星电台亚美尼亚分站Sputnik和美国自由之声电台亚美尼亚分站Azatutyun均用亚文播出节目，在当地也有一定影响。

主要电视台：（1）亚公共电视台，官方电视台，1956年建台，用亚语播出。（2）闪电电视台，1994年创立，私营电视台，用亚语播出。（3）亚美尼亚电视台，1999年成立，私营电视台，用亚语和英语制作节目。（4）“中心”电视台，2002年成立，私营电视台，用亚语播出。

对外关系

亚新一届政府保持外交政策总体框架不变，奉行务实平衡政策，继续发展与俄罗斯的战略盟友关系，重视发展与格鲁吉亚和伊朗的睦邻友好合作关系，加强与美欧友好合作，重视发展同中国等亚太大国的友好关系。亚与邻国阿塞拜疆因“纳卡冲突”处于敌对状态，与土耳其因历史问题等原因迄未建立外交关系。参与联合国、独联体、欧安组织、欧洲委员会、法语国家组织等多边。2019年担任欧亚经济联盟主席国。截至2020年3月，亚已与178个国家建交。

【同中国的关系】1992年4月6日建交。2019年，中亚双边关系健康稳定发展。4月，全国人大常委会副委员长沈跃跃访亚。5月，亚总理帕什尼扬赴华出席亚洲文明对话大会，期间习近平主席、李克强总理分别同其举行会见。同月，王毅国务委员兼外长访亚，同亚总统阿·萨尔基相、总理帕什尼扬、外长姆纳察卡尼扬等分别举行会见、会谈。9月，“中国文化日”在埃里温国家歌剧院举行。10月，亚议会保护人权与社会问题委员会主席佐格拉比扬率团出席在广西南宁举行的“中国—中亚合作论坛”。11月，新疆维吾尔自治区人民政府副主席李冲久率团访亚。同月，亚副总理阿维尼扬出席第二届中国进口博览会，亚教科文体部副部长哈恰图良赴华出席第三届文明古国论坛部长级会议。12月，国家国际发展合作署副署长邓波清率团访亚。

据亚方统计，2019年双边贸易额达9.45亿美元，创历史新高，中国继续保持亚第二大贸易伙伴国地位。两国各领域务实合作取得积极成果。

中国驻亚美尼亚大使：田二龙。馆址：12, MARSHAL BAGHRAMYAN AVE., YEREVAN, ARMENIA。电话：0037410-560067；传真：545761；领事部电话：0037410-560663；商务处电话：0037410-653874，传真：651898。

亚美尼亚驻中国大使：谢尔盖·马纳萨良（Сергей Манасарян）。馆址：北京朝阳区塔园南小街9号。电话：010-65325677，传真：65325654。

【同俄罗斯的关系】亚俄为战略盟友关系。俄是亚最大的贸易伙伴国和投资来源国。2019年亚俄贸易达22.13亿美元，增长14.9%，占亚外贸总额的27.1%。2月，亚议长米尔佐扬访问俄罗斯。4月，在亚举行欧亚经济联盟总理会期间，亚总理帕什尼扬会见俄总理梅德韦杰夫。6月，亚总理帕什尼扬出席第二十三届圣彼得堡国际经济论坛并对俄罗斯进行工作访问，会见俄总统普京。8月，亚总理帕什尼扬会见俄国家安全会议秘书。10月，俄总统普京赴埃里温出席欧亚经济联盟最高理事会会议。11月，亚国民会议与俄罗斯联邦委员会间合作委员会第32次会议在亚美尼亚举行，俄外长拉夫罗夫访亚。12月，亚美尼亚—俄罗斯议会外委会第5次联席会议在亚美尼亚召开。

【同独联体国家的关系】2019年，亚继续加强与独联体国家合作，参与独联体地区一体化进程。1月，亚总理帕什尼扬访问欧亚经济联盟总部。5月，亚总理帕什尼扬对哈萨克斯坦进行工作访问并出席欧亚经济联盟最高理事会会议，亚总统萨尔基相对哈萨克斯坦进行工作访问并会见哈总统托卡耶夫。7月，亚总统阿·萨尔基相对白俄罗斯进行工作访问，期间会见白总统卢卡申科。8月，亚总理帕什尼扬赴比什凯克出席欧亚经济联盟政府间委员会领导人会晤并分别会见吉尔吉斯斯坦总统热恩别科夫、俄总理梅德韦杰夫。9月，亚总理帕什尼扬出席独联体国家元首理事会会议并对土库曼斯坦进行工作访问，亚美尼亚与白俄罗斯举行议会间合作委员会第12次会议，讨论双方在欧亚经济联盟框架下开展一体化合作等问题。10月，亚总理帕什尼扬赴莫斯科出席欧亚经济联盟政府间理事会，白俄罗斯总统卢卡申科访亚出席欧亚经济委员会最高理事会。11月，集体安全条约组织议会大会在亚美尼亚举行，俄罗斯国家杜马主席、哈萨克斯坦下院议长等出席，哈萨克斯坦议会上院议长访亚。同月，亚总理帕什尼扬赴比什凯克出席集体安全条约组织成员国领导人会晤。

【同欧盟的关系】亚高度重视发展对欧盟合作。2019年1月，欧盟委员会邻国和扩员事务专员哈恩访亚。2月、6月、10月，亚总理帕什尼扬三次会见欧盟南高加索和格鲁吉亚危机特别代表克拉尔。3月，亚总理帕什尼扬对比利时进行工作访问并会见欧盟委员会主席容克。5月，亚外长姆纳察卡尼扬出席欧盟东方伙伴关系十周年外长会议。7月，欧洲理事会主席图斯克访亚，会见亚总理帕什尼扬、总统萨尔基相。9月，亚总理帕什尼扬、外长姆纳察卡尼扬出席第74届联合国大会，期间帕发表演讲并会见联合国秘书长安东尼奥·古特雷斯。11月，亚总理帕什尼扬赴巴黎出席巴黎和平论坛以及联合国教科文组织第40届大会。12月，亚美尼亚—欧盟伙伴关系委员会第二次会议在布鲁塞尔举行。

【同欧洲国家的关系】2019年，亚继续加强与欧洲国家的合作。1月，亚总理帕什尼扬对瑞士进行正式访问并出席达沃斯世界经济论坛。2月，亚总理帕什尼扬正式访问德国，期间会见德总统、总理等；亚外长姆纳察卡尼扬访问德国并出席慕尼黑安全会议。5月，亚总理帕什尼扬对卢森堡和比利时进行工作访问。6月，亚议长米尔佐扬访问瑞典，外长姆纳察卡尼扬、希腊外长、塞浦路斯外长举行首次三方会晤。7月，亚总统阿·萨尔基相对法国进行工作访问，亚议长米尔佐扬访问塞浦路斯并会见塞议长等。8月，瑞典议长率团访亚。9月，亚议长米尔佐扬访问荷兰，出席亚美尼亚—荷兰议员友好小组首次会议。10月，意大利众议院议长菲科访亚。11月，亚总理帕什尼扬对意大利进行工作访问，希腊总统帕夫洛普洛斯正式访问亚美尼亚。

【同美国的关系】美国是亚最大的援助来源国。2019年亚美关系继续发展。1月，亚总理帕什尼扬与美国总统国家安全事务顾问博尔顿通电话。5月，亚总理帕什尼扬、外长姆纳哈卡尼杨会见美国负责欧洲和欧亚地区事务的副助理国务卿肯特。7月，亚议长米尔佐扬对美国进行工作访问，会见美参议院共和党领袖麦康奈尔。9月，亚总理帕什尼扬对美国进行工作访问；亚议长米尔佐扬、外长姆纳察卡尼扬先后访美，分别会见美国大西洋理事会副主席、美国国防部副部长等。10月与12月，美国众议院、参议院先后通过决议，承认“奥斯曼土耳其帝国对亚美尼亚实施种族灭绝”。

【同北约的关系】1994年10月，亚加入北约“和平伙伴关系计划”。1997年加入“欧洲—大西洋伙伴关系委员会”。2019年9月，亚总理帕什尼扬出席第74届联合国大会期间会见北约秘书长斯托滕贝格。

【同阿塞拜疆的关系】亚阿两国因“纳卡”冲突处于敌对状态。2019年1月，亚总理帕什尼扬在达沃斯世界经济论坛期间同阿（塞拜疆）总统阿利耶夫举行非正式会晤，亚外长姆纳察卡尼扬在巴黎同阿外长马梅季亚罗夫举行会晤，就“纳卡”冲突调解交换意见。3月，在欧安组织明斯克小组斡旋下，亚总理帕什尼扬与阿塞拜疆总统阿利耶夫在维也纳举行正式会晤。6月，亚外长姆纳察卡尼扬与阿塞拜疆外长马梅季亚罗夫在华盛顿举行会晤。

【同格鲁吉亚和伊朗的关系】亚重视发展与格、伊两国的睦邻友好关系。2019年1月，亚总理帕什尼扬赴格（鲁吉亚）边境城市伯尼斯同格总理巴赫塔泽举行非正式会见。2月，亚总理帕什尼扬应邀正式访问伊朗。3月，格总统祖拉比什维利正式访亚，会见亚总统、总理、议长。10月，伊朗总统鲁哈尼访亚出席欧亚经济联盟最高理事会，格鲁吉亚总理加哈里亚访亚。

（刘孟静）

也　门

国名　也门共和国（The Republic of Yemen）。

面积　52.8万平方公里。

人口　2980万。绝大多数是阿拉伯人。官方语言为阿拉伯语。伊斯兰教为国教。

首都　萨那（Sana'a），人口175万。

国家元首　总统阿卜杜拉布·曼苏尔·哈迪（Abdu-Rabbuh Mansour Hadi），2012年2月21日当选。

重要节日　国庆日：5月22日。

简　况　位于阿拉伯半岛西南端。与沙特、阿曼相邻，濒红海、亚丁湾和阿拉伯海，海岸线长1906公里。境内山地和高原地区气候较温和，沙漠地区炎热干燥，年平均最高气温39℃，最低气温-8℃。

也门有3000多年文字记载的历史，是阿拉伯世界古代文明摇篮之一。公元前14世纪起先后建立麦因、萨巴、希米亚里特等王朝，公元575年并入波斯帝国，7世纪成为阿拉伯帝国的一部分，9世纪建立拉希德王朝，16世纪后先后遭葡萄牙、奥斯曼帝国和英国入侵与占领。1918年，建立独立的也门王国。1934年，英国迫使王国承认英对也门南部的占领，也门被正式分割为南、北两方。1962年9月，以阿卜杜拉·萨拉勒（Abdullah Salal）为首的“自由军官”组织发动革命，推翻北部的巴德尔王朝，成立阿拉伯也门共和国。1967年，南部也门摆脱英殖民统治获得独立并成立也门民主人民共和国。1990年5月22日，北、南也门宣布统一，成立也门共和国。1994年5月，北、南方双方领导人在统一等问题上矛盾激化，爆发内战。7月内战结束，也门社会党领导的南方军队失败，该党主要领导人逃亡国外。9月，议会通过宪法修正案，将总统委员会制改为总统制，10月1日阿里·阿卜杜拉·萨利赫当选总统（Ali Abdullah Saleh）。1999年9月，萨在也门统一后的首次全民大选中当选总统。2006年9月，萨再次当选连任。

政　治　也门实行共和制，人民是权力的来源和主体，通过选举投票直接行使政治权利。也门的政治体制建立在政治多元化和多党制基础之上，通过大选实现政权的和平交替。自2011年初起，也门发生要求萨利赫总统下台的反政府示威。后经海合会、联合国等有关方面斡旋，萨利赫于11月23日正式签署海合会倡议，执政党全国人民大会（简称“全人大”）与反对党联盟同时签署该协议实施机制。根据协议，萨利赫将总统权限移交给副总统哈迪；成立全国军事委员会；组成全国和解政府；提前举行总统选举。2012年2月21日，也门举行总统选举，哈迪作为唯一候选人当选新一任总统。2013年3月18日，全国对话会议启动。2014年1月25日，全国对话会议闭幕，与会各方同意将过渡期延长一年。8月起，胡塞组织以反对政府提高燃油价格为由发起大规模游行示威，并于9月19日起围攻首都萨那，迫使也门有关各派签署“民族和平伙伴协议”。2015年初，也门国内冲突再次升级，胡塞组织占领首都萨那并控制也门大部分地区。3月26日起，沙特等10国发动“决心风暴”军事行动，对胡塞组织和萨利赫势力所控制的地区持续进行空袭。4月21日，沙方宣布结束“决心风暴”行动，开启“恢复希望”行动。近年来，在联军支持下，亲哈迪总统武装逐步收复了亚丁等南方部分地区。在联合国斡旋下，也门各派先后于2015年6月、12月在瑞士，2016年4月在科威特举行三轮和谈，均未能达成实质成果。2018年6月13日，在联军支持下，也政府军对胡塞组织控制的西部港口城市荷台达发起代号“黄金胜利 ”的军事行动，也人道危机因此进一步恶化，引发国际社会高度关注。9月6—12日，联合国推动交战双方在瑞士日内瓦举行磋商，胡塞代表团因无法解决交通安全问题最终未能参会。12月6—13日，联合国推动交战双方在瑞典斯德哥尔摩举行和谈并成功达成《斯德哥尔摩协议》。12月21日，安理会通过第2451号涉也门问题决议，授权联合国派遣观察员工作组监督协议执行，12月23日，工作组抵达荷台达监督停火。为缓解2018年下半年以来急剧恶化的民生状况，10月15日，哈迪总统宣布免去本·达格尔的总理职务并对其进行调查，任命道路与交通部长穆因·阿卜杜勒马利克·赛义德为新总理。2019年1月，安理会通过决议向也门部署特派团。由于严重缺乏互信，也政府及胡塞组织互指对方破坏和平进程，和谈成果迄未得到切实落实。8月下旬以来，主张也门南方独立的南方过渡委员会武装与也门政府军在亚丁多次爆发激烈冲突。9月以来，也政府和过渡委在沙特主持下开展对话，并于11月5日在沙特首都正式签署《利雅得协议》，就组建新政府、整合武装力量等问题达成一致。2019年9月14日，沙特东部两处重要石油设施遭袭击，胡塞组织宣称对事件负责，并于9月20日提出和平倡议。此后胡塞组织与沙特开展接触，2019年底时双方冲突一度大幅减少。

【**宪法**】1989年11月30日，原北、南方领导人萨利赫和比德在亚丁签署了统一宪法草案。1990年5月21日，双方议会通过了宪法，其中规定，伊斯兰法是也门共和国一切立法之本。2001年再次修改宪法，将总统任期由5年延至7年，并赋予总统解散议会的权力。

【议会和协商会议】议会是国家立法机构，负责制定财政预、决算和经济社会发展大纲等国家大政方针；对政府工作进行指导和监督，议员可以向总理、副总理、各部正副部长提出质询；经1/3议员署名，议会可对政府提出不信任案，如获多数通过，总理须向总统提出政府辞呈；总统作出的解散议会的决定，须在30日内举行全民公决，多数赞成才能生效。2009年议会选举因各派分歧严重而延期。2019年4月13日，也门议会召开特别会议，选举全国人民大会党副总书记、议会党团主席巴尔卡尼为议长。

协商会议的前身是1979年成立的原北也门协商会议，是总统的最高咨询机构，负责研究和讨论同国家最高利益有关的国内外重大问题，无立法权。也门统一后，萨利赫总统于1997年5月19日颁布总统令，宣布成立也门协商会议，并任命了59名委员，2001年协商会议扩大为111人。

【政府】本届政府于2018年10月成立，总理为穆因·阿卜杜勒马利克·赛义德（Maeen Abdulmalik Saeed）。主要成员有副总理兼内政部长艾哈迈德·本·艾哈迈德·迈伊斯里（Ahmed Bin Ahmed Al-Maisari），副总理萨利姆·艾哈迈德·赛义德·罕白希（Salem Ahmed Saeed Al Khanbashi），外交部长穆罕默德·阿卜杜拉·哈德拉米（Mohammed A. Al-Hadhrami）。

【行政区划】目前也门划分为21个省和1个直辖市：萨那、亚丁、塔伊兹、拉赫季、荷台达、阿比扬、伊卜、舍卜沃、宰马尔、哈德拉毛、哈杰、迈赫拉、贝达、萨达、迈赫维特、马里卜、焦夫、阿姆兰、达利、利玛、索科特拉和萨那市。

【司法机构】1991年7月，成立最高司法委员会，由1名主席和9名委员组成；最高法院设最高法院院长、第一副院长和副院长各1名、委员45名。

【政党】也门主要政党包括：

（1）全国人民大会党（General People's Congress）：1982年8月成立，曾长期担任执政党，2011年也门政局动荡后同其他党派联合执政。

（2）伊斯兰改革集团党（Islamic Gathering for Reform）：成立于1990年9月，是也门统一后成立的最大反对党。2011年也门政局动荡后，伊斯兰改革集团同也门社会党等反对党组成共同会晤政党联盟。12月，反对党联盟与全人大共同组建全国和解政府联合执政。

（3）也门社会党（the Yemeni Socialist Party）：1978年10月成立。1990年5月，也社党同全人大合作实现了也门统一。1994年5月，两党矛盾激化，爆发内战，也社党败北，成为在野党。2011年也门政局动荡后，也社党同伊斯兰改革集团等反对党组成共同会晤政党联盟，参与联合执政。

其他政党还有纳赛尔人民统一组织、阿拉伯复兴社会党等。

【重要人物】阿卜杜拉布·曼苏尔·哈迪：总统。1944年生于阿比扬省。曾在埃及、英国、苏联学习军事，获埃及纳赛尔高等军事学院硕士和苏联伏龙芝军事学院硕士学位。曾任南也门军队作战训练局局长、供应局局长、后勤事务副总参谋长等职。1986年南也门内战期间逃至北也门。1990年也门统一后任总统委员会顾问。1994年5月任国防部长，同年10月任副总统。1991年加入全国人民大会，1995年任全人大副主席，2008年任全人大副主席兼总书记。2012年2月21日作为唯一候选人当选新一任总统。 **穆因·阿卜杜勒马利克·赛义德**：总理。1976年出生于塔伊兹。开罗大学伊斯兰建筑与设计理论专业博士，曾在扎玛尔大学任区域规划与设计讲师、教授。2004年任也门岛屿发展机构顾问。2013—2014年，在也门全国对话会议中担任机构与专门问题独立小组组长、调解委员会成员。2014年任制宪委员会成员、宪法起草人。2015年至2018年10月，任也门道路与工程部副部长、部长、沙特支持也门重建项目协调与落实委员会也方副主席。2018年10月15日被任命为也门政府总理。

经　济

也门经济落后，是世界上最不发达的国家之一。1991年海湾战争和1994年内战使国民经济严重倒退。1995年，也门政府开始经济、财政和行政改革。1996—2000年，国内生产总值年均增长5.5%，财政收入逐年增加。2001年财政首次实现盈余。2005年，也政府进一步出台削减燃油补贴、降低进口关税等经济改革措施，力求调整经济结构，改善投资环境，减轻政府财政负担，取得了一定成效，使也经济运行基本平稳，主要经济指标良好。2010年受国际金融危机、油价下跌影响，石油出口收益锐减，外汇储备有所减少，失业率上升，经济增速放缓。2011年政局动荡后，经济困难进一步加剧。

也门经济发展主要依赖石油出口收入。目前已探明的石油可采储量约40亿桶，已探明天然气储量18.5亿立方英尺。也门未参加任何石油组织，因而不受国际石油组织配额限制，在生产上较具自主性。政府极为重视石油的勘探和开采，通过出口石油、天然气和开放矿产资源克服经济困难。2019年主要经济数据如下：

国内生产总值：206亿美元。

人均国内生产总值：2093美元。

国内生产总值增长率：–4.3%。

货币名称：也门里亚尔（RIAL）。

汇率：1美元≈567里亚尔。

（资料来源：《伦敦经济季评》）

【资源】除石油外，也门还有铜、铁、铝、铬、镍、钴、金、银、煤、盐、大理石、硫黄、石油、天然气、石膏等。

【工业】工业不发达，有纺织、石油、化工、制铝、制革、水泥、建材、卷烟、食品及加工工业。20世纪80年代中期开始开采石油。南北也门统一后，政府加大对工业投入力度，鼓励私人资本向工业领域投资，建立起一些公私合营和私营加工工业。

【农业】全国有可耕地145万公顷，已耕地面积约137万公顷。农业人口约占全国人口的71%。农产品主要有棉花、咖啡、高粱、谷子、玉米、大麦、豆类、芝麻、卡特和烟叶等。粮食不能自给，一半依靠进口，棉花和咖啡可供出口。

【交通运输】全国无铁路。

公路：总长6.93万公里，其中柏油路1.38万公里，非柏油路5.55万公里。

空运：也门有6个国际机场，分别是萨那、亚丁、塔兹、荷台达、穆卡拉和赛永，7个国内机场。1996年5月，原南、北方的两家国营航空公司合并成立"也门航空公司"，也门政府控股51%，沙特政府占股49%，共有民航飞机约20架，该航空公司有国内航线9条，国际航线24条。另有埃及、约旦、阿联酋、沙特、汉莎等10余家外国航空公司在也经营。

海运：有港口7个。亚丁港是最大港口，有泊位30个，可停靠万吨级货轮。荷台达港年吞吐量150万吨。穆哈港年吞吐量35万吨。此外还有穆卡拉港等。

【财政金融】2018年实际财政赤字约10亿美元。

【对外贸易】实行进口许可证制度。运输工具、机械设备等国内建设所需物资以及大量轻工产品均需进口。出口产品主要有石油、棉花、咖啡、烟叶、香料和海产品等。主要贸易伙伴有中国、美国、阿联酋、意大利、沙特等。2018年对外贸易额118.38亿美元，其中出口额26.55亿美元，进口额91.83亿美元。（资料来源：世界银行）2019年暂无数据。

人民生活

全国有医院282家，卫生中心1261家，卫生所3309家，药房1420家。全国有出租车9.27万辆、私家车28.79万辆，商业运输车42.22万辆。全国有邮局203所。也门的电话普及率较低，电话线有130万条。

军　事

实行义务兵役制。兵役法规定，年满18岁的男性公民须服役两年。总兵力15万人，其中正规军11万人。陆军9万人，海军2800人，有两个海军基地；空军6000人。2012年12月哈迪总统宣布军队重组方案，全国重新划分为7个军区，撤销共和国卫队番号，新成立特种作战部队。此外还有中央治安军和警察、海岸警卫队、部落武装和安全局等。也门武器装备90%以上为俄罗斯提供，少数由美国和西方国家提供。

文化教育

【教育】政府重视教育事业发展，全国中小学实行免费教育并致力于扩大基础、技术、职业教育。有小学和初中9517所（其中宗教小学、初中623所），高中3003所（其中宗教高中615所），公立大学7所，私立大学8所。萨那大学建于1970年，下设9所学院，1个语言中心，在6个地方设有分院。亚丁大学下设9所学院，是一所综合性大学。2005年3月，作为也"基础教育国家战略"的一部分，也门政府启动了"发展基础教育项目"，世界银行、荷兰、英国和也门政府分别出资。

【新闻出版】也门统一后，报纸杂志出版量迅速增长，已达90余种，其中政府发行17种，各党派组织13种，独立报刊39种，还有一些专业性报纸或期刊。《也门时报》《观察家》等以英文出版，其余多为阿拉伯文版。主要报纸有:《革命报》《共和国报》《十月十四日报》《九月二十六日报》。

也门通讯社（简称"萨巴社"）为官方通讯社。1990年5月22日也门统一后，由原北也门萨巴通讯社（创建于1968年）和原南也门亚丁通讯社（创建于1970年）合并而成。每日用阿拉伯文和英文对外发稿。在美国、英国、埃及等9个国家及地区设有驻外记者站。

广播电视总公司为新闻部附属机构。下设电视一台（萨那，建于1975年）、电视二台（亚丁，建于1964年）；国营广播一台（萨那，创建于1948年）、国营广播二台（亚丁，创建于1954年）。目前还有私营电视台和一些地方广播电台。

对外关系

也门统一后，政府重申恪守过去北、南双方分别同各国签署的一切协议和国际条约，遵守《联合国宪章》和《阿拉伯国家联盟宪章》；奉行和平、不结盟政策；坚持睦邻友好、和平共处、不干涉内政，主张以和平方式解决国与国之间的争端与分歧。近年来，也美关系成为也门外交重点，双边互访增多，美对也门经济、军事援助增加。同时，也门还加强了与英法德等欧盟国家的关系。也门进一步恢复和发展与海湾国家关系，加强同埃及、沙特和叙利亚等阿拉伯大国的协调，致力于维护阿拉伯国家团结。积极参与区域性组织，努力增强对地区事务的影响。也门已同100多个国家建立了外交关系。

【同中国的关系】1956年9月24日中国与也门穆塔瓦基利亚王国建立公使级外交关系。1963年2月13日升格为大使级（当时也门已是阿拉伯也门共和国，即北也门）。1968年1月31日中国与也门民主人民共和国（南也门）建立大使级外交关系。1990年也门统一后，将两国建交日期定为1956年9月24日。

中也关系传统友好。2008年6月，国家主席习近平（时任副主席）访也。2013年11月，也门总统哈迪对中国进行国事访问。2018年7月，也门外交部长耶曼尼来华出席中阿合作论坛第八届部长会。2019年4月，也门工业与贸易部长迈伊塔米来华出席第二届"一带一路”国际合作高峰论坛相关活动，中也双方签署共建“一带一路”合作文件。2015年4月6日，鉴于也门安全形势恶化，中国驻也门大使馆、驻亚丁总领馆暂时关闭。2016年1月，中国驻也门使馆留守组赴沙特首都利雅得临时办公。

2019年中也双边贸易额36.86亿美元，其中中国出口额28.19亿美元，进口额8.67亿美元，同比分别增长42.17%、50.36%、20.78%。中国对也出口商品主要是纺织品、机电产品、贱金属、粮油产品等，中国自也进口商品主要是原油。

中国驻也门大使：康勇。馆址：暂时关闭。电子邮箱：chinaem_ye@mfa.gov.cn。网址：http://ye.chineseembassy.org。

也门驻华大使：暂无大使，艾哈迈德·贾比尔·叶海亚（Ahmed Mohamed Jaber Yhya）公使为临时代办。馆址：北京市朝阳区三里屯东三街5号。电话：010–65321688，65321558；传真：65327997。（何婧）

伊 拉 克

国名 伊拉克共和国（The Republic of Iraq）。

面积 43.83万平方公里。

人口 3800万（2018年）。其中阿拉伯民族约占78%（什叶派约占60%，逊尼派约占18%），库尔德族约占15%，其余为土库曼族、亚美尼亚族等。官方语言为阿拉伯语和库尔德语。居民中95%以上信奉伊斯兰教，少数人信奉基督教等其他宗教。

首都 巴格达（Baghdad），人口约664万。

国家元首 总统巴尔哈姆·萨利赫（Barham Salih），2018年10月2日当选。

重要节日 国庆日：伊拉克战争后，新国庆日尚未确定。

简 况

位于亚洲西南部，阿拉伯半岛东北部。北接土耳其，东临伊朗，西毗叙利亚、约旦，南接沙特、科威特，东南濒波斯湾。幼发拉底河和底格里斯河自西北向东南流贯全境。海岸线长60公里。除东北部山区外，属热带沙漠气候。7、8月气温最高，日平均气温24℃—43℃，1月气温最低，日平均气温4℃—16℃，6—9月降水最少，月平均降水量1毫米，3月降水最多，月平均降水量28毫米。

伊拉克所处的底格里斯河、幼发拉底河两河流域具有悠久的文明。公元前3000年中期，两河流域最早的居民苏美尔人创造楔形文字、60进制计数法和圆周分割率。此后，伊拉克经历了古巴比伦王国、亚述帝国、后巴比伦王国、波斯、塞琉西（中国史称“条支”）、安息、波斯萨珊王朝统治。7世纪，阿拉伯帝国兴起，并迅速占领两河流域，先后建立倭马亚王朝（中国史称“白衣大食”）和阿拔斯王朝（中国史称“黑衣大食”），其中阿拔斯王朝定都巴格达。1258年，成吉思汗之孙旭烈兀攻占巴格达，受封以波斯和小亚细亚为中心建立伊儿汗国，辖区包括今伊拉克。1534年起，奥斯曼帝国开始统治两河流域，直到第一次世界大战期间。

1920年，伊拉克沦为英国的“委任统治地”。1921年，英国人从麦加哈希姆王室中选送费萨尔到巴格达建立费萨尔王朝。第二次世界大战后，伊拉克与土耳其于1955年2月23日签订“伊土条约”，随后英国、巴基斯坦和伊朗加入，组成巴格达防御条约组织。1958年，以卡塞姆为首的自由军官集团推翻费萨尔王朝，宣布成立伊拉克共和国。1968年，复兴党上台。1979年，萨达姆全面掌权。1980年，历时8年的两伊战争爆发。1990年8月2日，伊拉克入侵科威特，由此引发海湾战争。此后，联合国对伊实施了近13年制裁。

政 治

2003年3月20日，伊拉克战争爆发。4月9日，美军攻占巴格达，萨达姆政权被推翻。5月1日，美国总统布什宣布伊拉克主要战事结束。2008年12月，美伊双方签署《美伊友好合作战略框架协议》和《驻伊美军地位协议》，并于2009年1月起生效。2009年6月，驻伊美军撤离伊主要城镇，8月31日撤出在伊作战部队，并将驻伊美军人数减至5万人。2011年12月，美国从伊拉克撤出全部作战部队。

2003年7月，美驻伊拉克当局任命25名伊各派人士组成伊临时管理委员会（简称“临管会”）。2004年6月，伊临时政府成立。6月8日，联合国安理会一致通过第1546号决议，决定全面恢复伊主权。2005年12月，伊拉克选举产生战后首届正式议会。2010年3月，伊举行战后第二届国民议会选举。2014年4月，伊举行第三届国民议会选举；9月，伊拉克组建战后第三届政府。2017年9月25日，库尔德地区举行独立公投。伊拉克中央政府强烈反对，联合伊朗、土耳其等邻国采取系列反制措施。12月9日，伊拉克总理阿巴迪宣布收复被恐怖极端组织占领的全部领土，取得反恐战争的重大胜利。

2018年5月，伊拉克举行第四届国民议会选举。10月，前石油部长阿迪勒·阿卜杜勒马赫迪组建新一届政府。2019年12月，阿迪勒·阿卜杜勒马赫迪辞职。2020年5月7日，国家情报局局长穆斯塔法·卡迪米组建新一届政府。

【宪法】2005年8月底，伊出台永久宪法草案，并在10月举行的全民公决中获得通过。该宪法规定，伊拉克实行联邦制，石油资源归全体人民所有，前复兴党成员不得参政。但伊各派在国家生活中的地位、联邦制、资源分配等问题上尚存争议。

【议会】2018年5月，伊拉克举行第四届国民议会选举。9月15日，国民议会选举逊尼派人士穆罕默德·哈勒布希（Mohamed Al-Halbousi）任议长。本届议会共有329名议员，任期4年。

【政府】本届政府于2020年5月7日成立，总理穆斯塔法·卡迪米（Mustafa Al-Kadhimi）。2020年5月7日，议会投票通过卡迪米提名的内政、国防、财政等15名部长人选，外交、石油等7名部长空缺。

【行政区划】全国共分18个省：巴格达、尼尼微、巴士拉、巴比伦、穆萨纳、纳杰夫、安巴尔、瓦西特、米桑、济加尔、卡迪西亚、卡尔巴拉、迪亚拉、萨拉赫丁、基尔库克、苏莱曼尼亚、埃尔比勒、杜胡克。

【政党】伊拉克党派众多，目前约有250余个政党和政治实体。204个政党和政治实体参加了2018年5月举行的议会选举，获得议会席位的主要政党和联盟有：前进者联盟54席、开拓联盟48席、胜利联盟42席、法制国家联盟26席、库尔德民主党25席、爱国联盟21席、全国智慧运动19席、库尔德爱国联盟18席、决定联盟14席，以及安巴尔身份6席、变革运动5席等。

【重要人物】巴尔哈姆·萨利赫：总统。库尔德族，1960年生于伊拉克库尔德地区苏莱曼尼亚省。1976年加入库尔德爱国联盟（库爱盟），1983年获英国卡迪夫大学土木工程学士学位，1987年获英国利物浦大学统计及计算机应用专业博士学位。1992年任库爱盟、库区政府驻美国代表。2001—2004年任库区政府总理，2004年任伊拉克临时政府副总理，2005年任伊拉克过渡政府规划部长，2005—2009年任伊拉克政府副总理，2009—2012年任库区政府总理，2010—2017年任库爱盟第二副总书记。2018年10月2日当选总统。　**穆斯塔法·卡迪米**：总理。什叶派穆斯林，1967年生于巴格达，获得法学学士学位未加入任何伊拉克政党。在国外流亡多年，曾在伊拉克记忆基金会、人道主义对话基金会、Al-Monitor等组织任职。2016年6月，任伊拉克国家情报局局长，2020年5月7日出任总理。　**穆罕默德·哈勒布希**：议长。逊尼派穆斯林，1981年生于安巴尔省，2002年和2006年分别获得伊拉克斯塔绥里亚大学土木工程学士和硕士学位。长期在私营部门任职，2014年当选国民议会议员，曾任议会人权委员会委员、财政委员会委员、主席。2017年任安巴尔省省长。2018年9月15日当选议长。

经　济

伊拉克战争后，经济重建任务繁重。联合国安理会于2003年5月通过第1483号决议，取消对伊除武器禁运以外的所有经济制裁。伊重建重点是恢复和发展能源、教育、卫生、就业、供电、供水、食品等领域。2010年，伊政府制定了2010—2014年2850亿美元的发展规划。但由于安全局势不稳，基础设施严重损毁，伊拉克经济重建进展缓慢。2019年主要经济数据如下：

国内生产总值：2233亿美元。

人均国内生产总值：5876美元。

经济增长率：3.3%。

货币名称：伊拉克第纳尔。

汇率：1美元≈1182第纳尔。

外汇储备：约679亿美元。

（资料来源：《经济学人》）

【资源】石油、天然气资源丰富。伊探明石油储量1530亿桶，居世界第5位。天然气储量约3.6万亿立方米，居世界第12位。磷酸盐储量约100亿吨。

【工业】伊拉克石油生产和出口在国民经济中始终处于主导地位。据国际货币基金组织估计，石油生产和出口约占伊国内生产总值的75%。伊拉克战争结束后，伊石油生产逐渐恢复，迄今已举行多轮能源开发招标。2019年，原油日产量约460万桶，原油总出口量12.87亿桶，销售收入780亿美元，日均出口量约346万桶。

【农业】可耕地面积占国土总面积的27.6%，农业用地严重依赖地表水，主要集中在底格里斯河和幼发拉底河之间的美索不达米亚平原。农业人口占全国总人口的1/3。主要农作物有小麦、大麦和椰枣等，粮食不能自给。

【旅游业】主要旅游点有乌尔城（公元前2060年）遗址、亚述帝国（公元前910年）遗迹和哈特尔城遗址（俗名"太阳城"），位于巴格达西南90公里处的巴比伦是世界著名的古城遗址，"空中花园"被列为古代世界七大奇迹之一。

【交通运输】国内交通运输以公路为主。公路网遍布全国，总长5.96万公里，其中高速公路约2000公里，多数建于1991年之前。海湾战争中伊拉克公路受严重破坏，战后多数得到修复。2003年爆发的伊拉克战争战时不长，没有给伊公路网造成巨大损毁。但后期反美、反驻伊联军的武装袭击破坏了部分道路，特别是巴格达往西通往约旦边境的高速公路。

铁路：总长约2272公里，主要有以巴格达为中心的3条干线：巴格达—基尔库克—埃尔比勒线、巴格达—摩苏尔—土耳其线以及苏联援建的巴格达—乌姆盖斯尔港线。2000年8月，伊叙之间的铁路恢复通车。2001年7月，伊土（耳其）20年来首次开放铁路运输业务。

水运：水道里程5279公里，主要有底格里斯河、幼发拉底河和夏台阿拉伯河及人工运河（萨达姆河）等部分水道。主要港口有乌姆盖斯尔港和贝克尔港，贝克尔港为大型输油港，年输油能力84万吨。2003年伊拉克战争结束后，乌姆盖斯尔港被立即用于接收国际人道主义救援物资。同年6月，该港向商船开放。

航空：巴格达和巴士拉有国际机场，埃尔比勒、基尔库克、摩苏尔有较小的民用机场。伊民航业务因战争曾长期中断。战后，伊拉克航空公司陆续开通了巴格达至安曼、开罗、贝鲁特、大马士革、迪拜、伦敦等地的国际航线和至苏莱曼尼亚、埃尔比勒和巴士拉的国内航班。为提高运力，伊内阁已批准拨款50亿美元，从美波音公司购买40架新飞机，已经于2015年交付。2013年，伊拉克与科威特恢复通航。2017年，伊拉克与沙特恢复通航。

【财政金融】2019年2月，伊拉克通过2019年财政预算法，年财政总收入约893亿美元，同比增长约15%；总支出约1126亿美元，增长27.8%。财政赤字233亿美元，上涨近120%。2020年财政预算尚未出台。

【对外贸易】联合国制裁期间，伊拉克仅被允许在“石油换食品”计划内对外出口原油。随着2003年安理会第1483号决议取消除武器禁运以外的所有制裁，伊拉克的农产品也可向外出口。由于伊拉克国内工业部门不健全，多数生产资料和生活用品需要进口。伊拉克战争后，伊拉克临时管理委员会颁布了《鼓励外国投资法》，实行开放的外贸政策，并决定对大部分进口商品免征关税。近几年外贸进出口情况如下表（单位：亿美元）：

	2017	2018	2019
出口额	596	892	766
进口额	404	462	474

（资料来源：《伦敦经济季评》《经济学人》）

【外国援助】2003年10月，联合国在西班牙马德里召开伊拉克重建国际捐助国会议，与会各方共向伊拉克重建认捐约330亿美元。2004年5月，在卡塔尔多哈举行的国际援助会议上，捐助国同意再向伊重建基金捐赠10亿美元。2006年，伊拉克新政府与联合国共同发起“伊拉克国际契约”，期待各方通过这一平台向伊拉克战后重建提供帮助。2007年5月，“伊拉克国际契约”大会在埃及沙姆沙伊赫召开，与会国家承诺为伊拉克减免300亿美元外债。2008年5月，“伊拉克国际契约”首次续会在瑞典斯德哥尔摩举行，各捐助国表示将继续支持落实伊重建计划。2016年7月，伊拉克援助大会在美国华盛顿举行，与会26国共计承诺向伊拉克提供20亿美元援助。2018年2月，伊拉克重建国际大会在科威特召开，伊方提出大型重建计划，预计资金需求达880亿美元，大会共筹集资金300亿美元。

人民生活

由于20世纪70年代石油收入增长，伊拉克在城乡建立了比较健全的医疗系统，人民生活也有较大幅度提高。海湾战争后，人民生活水平急剧下降。伊拉克战争后，由于经济重建进展较为缓慢、安全局势恶化，人民生活水平提升仍相当缓慢。2016年，伊拉克还有30%人口生活在贫困线（每天2美元）以下，供电能力只有需求的一半，还有20%的地方未通自来水。

军　事

海湾战争期间，伊拉克大部分军事工业和设施被摧毁。战后，联合国通过销毁伊大规模杀伤性武器的决议。在联合国监督下，伊拉克销毁了一些导弹、生化武器和核设施等。由于联合国制裁，伊军队武器装备供给不足，战斗力严重下滑。

伊拉克安全部队实行募兵制，包括军队和警察，分别隶属国防部和内政部。截至2011年5月，伊安全部队共有约76.5万人。2011年底，美撤出全部作战部队，伊安全部队全面接管国内安全事务。

文化教育

教育在伊拉克政府发展计划中占有重要地位，并建立了巴格达、巴士拉、摩苏尔等大学。但是，由于两伊战争、海湾战争以及联合国长期制裁，伊拉克教育状况每况愈下。伊实施6年制义务教育，适龄儿童小学入学率为98%，但中等和高等院校入学率仅为45%和15%。国民识字率为79.7%。全国共有20所大学和44所专科院校。

对外关系

伊拉克战争结束后，伊政府着力恢复与各国尤其是大国和周边国家的外交关系，并逐步获得外界的承认和支持。目前，伊拉克已与近90个国家恢复或建立了外交关系，并恢复了在阿拉伯国家联盟、伊斯兰会议组织、联合国机构、国际货币基金组织、石油输出国组织等地区和国际组织内的活动。2010年12月，联合国安理会通过决议，取消根据《联合国宪章》第七章对伊拉克在大规模杀伤性武器、导弹和民用核活动领域的制裁，结束“石油换食品”（Oil-for-Food）计划。2012年3月，阿盟首脑会议在伊举行。5月，举办伊朗核问题六国对话会。2013年6月，安理会解除根据《联合国宪章》第七章对伊采取的强制性措施。

【同中国的关系】1958年8月25日中伊建交以来，两国关系发展顺利。2003年，伊拉克战争爆发，中伊双边关系受到影响。战后，中伊关系实现平稳过渡和发展。2003年10月，在西班牙马德里举行的伊拉克重建捐助国会议上，中国宣布为伊拉克重建提供2500万美元人道主义援助。2004年7月，中国驻伊拉克使馆复馆，10月两国互派大使。2014年12月，中国驻埃尔比勒总领事馆举行开馆仪式。

伊拉克战争后双方的重要互访有：伊拉克库尔德斯坦爱国联盟主席、伊拉克临时管理委员会领导机构成员贾拉勒·塔拉巴尼（2003年8月）、临时管理委员会轮值主席欧鲁姆（2004年3月）、临时政府副总统沙维斯（2005年1月）、总统塔拉巴尼（2007年6月）、总理马利基（2011年7月）、外交部长贾法里（2015年6月）、总理阿巴迪（2015年12月）、总理阿卜杜拉马赫迪（2019年9月）等先后访华。2014年2月，中国外交部长王毅访问伊拉克。2015年3月，中国国务委员杨洁篪访问伊拉克。2015年12月伊拉克总理阿巴迪访华期间，两国发表关于建立战略伙伴关系的联合声明。2017年4月，中国外交部长王毅和伊拉克外交部长贾法里在“文明古国论坛”首次部长会期间会晤。2018年4月，全国人大常委会副委员长、中国红十字会会长、红十字会与红新月会国际联合会副主席陈竺赴巴格达出席红十字会与红新月会国际联合会中东北非地区会议。

2007年6月，中伊外交部建立政治磋商机制。2008年1月，伊拉克副外长阿巴维访华，并举行两国外交部首次政治磋商。2011年2月，中国外交部副部长翟隽访问伊拉克，并举行两国外交部第二轮政治磋商。

2019年，中国是伊拉克最大贸易伙伴，伊拉克是中国在阿拉伯国家的第三大贸易伙伴，双边贸易额达333.33亿美元，同比增长9.64%。中国从伊进口原油5179.82万吨，同比增长14.97%。

中国驻伊拉克大使：张涛。馆址：Mahala：929，Zukak：25，Building No.：33，Arasat area，Baghdad，Iraq。邮政信箱：P.O. Box 2386，Al-jadryaa Post Office，Baghdad，Iraq。电话：0096-4-7901912315，7901912305。网址：www.iq.chineseembassy.org。电子邮箱：chinaemb_iq@mfa.gov.cn。

伊拉克驻华大使：艾哈迈德·贝尔瓦利（Ahmad Berwari）。馆址：北京市朝阳区建国门外秀水北街25号。电话：010-65323385，65321873。网址：www.iraqembassy.cn。

【同美国的关系】1967年中东战争后伊美断交。两伊战争爆发后，两国于1984年11月复交。1990年8月海湾危机爆发后，美国反对伊拉克吞并科威特，组成以美为首的多国部队对伊发动海湾战争，以武力恢复了科的主权和独立。1991年2月伊宣布与美断交。2003年美以伊拥有大规模杀伤性武器为由发动伊拉克战争，萨达姆政权随即被推翻。战后，伊重视发展同美国关系。2008年12月，美伊签署《美伊友好合作战略框架协议》和《驻伊美军地位协议》，并于2009年1月起生效。2009年6月，驻伊美军完成第一阶段撤军，将伊城镇防务权转交伊方。2010年8月31日，驻伊美军完成第二阶段撤军，从而完成全部作战任务，剩下近5万人作为伊军顾问和执行其他任务。2011年底，驻伊美军撤出全部作战部队。2011年12月，伊拉克总理马利基访问美国。2014年6月和9月，美国国务卿克里两次访问伊拉克。8月，美国总统奥巴马宣布对伊拉克境内的“伊拉克和沙姆伊斯兰国”目标实施定点空袭。2015年4月，伊拉克总理阿巴迪访问美国。2016年，美国国务卿克里、国防部长卡特先后访问伊拉克。2017年3月，伊拉克总理阿巴迪访问美国；11月，伊拉克议长朱布里访问美国。2017年4月，白宫高级顾问、特朗普女婿库什纳在美军参联会主席邓福德陪同下访问伊拉克；2月和8月，美国国防部长马蒂斯两次访问伊拉克。2018年12月，美国总统特朗普突访伊军事基地美军。2019年1月和5月，美国国务卿蓬佩奥两次访伊。2月，美代理国防部长沙纳汉访伊。11月，美副总统彭斯突访伊空军基地，并访问库尔德地区。

【同伊朗的关系】1980年，历时8年的两伊战争爆发。战后，两伊处于敌对状态。海湾危机发生后，1990年10月两伊恢复外交关系，两国关系随即改善。伊拉克战争结束后，两伊关系平稳发展。2012年4月，伊拉克总理马利基访问伊朗，会见伊最高领袖哈梅内伊、总统艾哈迈迪内贾德，双方举行了经济联合委员会会议并签署了多领域合作协议。5月，伊朗核问题对话会在巴格达举行。2014年8月，伊朗外长扎里夫访问伊拉克。12月，伊拉克总理阿巴迪访问伊朗。2015年2月，伊朗第一副总统贾汉吉里访问伊拉克。3月，伊拉克总统马苏姆访问伊朗。6月，伊拉克总理阿巴迪访问伊朗。9月，伊拉克国民议会议长朱布里访问伊朗。2016年，伊拉克议长朱布里、外长贾法里先后访问伊朗。2017年8月，伊拉克总统马苏姆访问伊朗；6月和10月，伊拉克总理阿巴迪两次访问伊朗。2018年11月，伊拉克总统巴尔哈姆访问伊朗。2019年1月，伊朗石油部长赞加内访问伊拉克。1月和5月，伊朗外长扎里夫两次访问伊拉克。3月，伊朗总统鲁哈尼访问伊拉克。4月和7月，伊拉克总理阿卜杜拉马赫迪两次访问伊朗。8月，伊拉克内政部长亚希里访问伊朗。

【同阿拉伯国家的关系】伊拉克战争前，阿拉伯国家普遍要求政治解决伊拉克问题，反对对伊动武。伊拉克战争结束后，阿拉伯国家主张维护伊的独立、主权和领土完整，支持伊经济重建，呼吁伊民族和解。伊寻求同阿拉伯国家开展合作，为国内稳定创造良好的外部环境，并呼吁阿拉伯国家减免其所欠债务。2012年3月，第23届阿盟首脑会议在巴格达召开，共有包括10国元首在内的21个阿拉伯国家代表团与会。此次会议是自海湾战争结束以来伊拉克第一次举办阿盟峰会。2013年2月，伊拉克总理马利基访问埃及。5月，埃及总理甘迪勒访问伊拉克。6月，科威特首相贾比尔访问伊拉克。2013年3月，“2013年阿拉伯文化之都”系列大型文艺活动在巴格达举行。2014年12月，伊拉克总理阿巴迪访问科威特。2015年1月，伊拉克总理阿巴迪访问埃及。2015年12月，沙特重开驻伊拉克使馆。2016年3月，伊拉克总统马苏姆访问埃及。

2017年2月，沙特外交大臣朱贝尔访问伊拉克。2017年5月，伊拉克总统马苏姆访问约旦并参加世界经济论坛中东北非分会，随后赴沙特出席“阿拉伯、伊斯兰国家与美国”峰会；11月，马苏姆总统访问科威特。2017年6月，伊拉克总理阿巴迪访问沙特、科威特；10月，阿巴迪总理年内第二次访问沙特。2017年3月，伊拉克议长朱布里赴摩洛哥出席阿拉伯议会联盟会议。2017年1月和3月，伊拉克外长贾法里分别赴阿联酋、埃及出席阿拉伯国家外长会议。10月，贾法里外长赴阿联酋出席两国联委会第9次会议。11月，贾法里外长访问卡塔尔。2018年9月，伊拉克议长哈勒布希访问科威特。11月，伊总统巴尔哈姆访问科威特、阿联酋、约旦、沙特，哈勒布希议长访问卡塔尔。12月，约旦首相拉扎兹访问伊拉克。2019年1月，伊拉克外长贾法里出席阿拉伯经济和社会发展峰会。2月，伊拉克总理阿卜杜拉马赫迪同约旦首相拉扎兹在两国边境会晤。3月，阿卜杜拉马赫迪总理访问埃及。4月和9月，阿卜杜拉马赫迪总理两次访问沙特。5月，伊拉克总统巴尔哈姆出席在沙特举办的阿盟特别峰会。6月，科威特埃米尔萨巴赫访问伊拉克。10月，伊拉克外长哈基姆出席阿盟外长会。（徐阳）

伊　　朗

国名　伊朗伊斯兰共和国（The Islamic Republic of Iran）。

面积　164.5万平方公里。

人口　8165万（2019年），人口增长率为1.20%（2011—2019年）。人口比较集中的省份有德黑兰、伊斯法罕、法尔斯、呼罗珊拉扎维和东阿塞拜疆。全国人口中波斯人占66%，阿塞拜疆人占25%，库尔德人占5%，其余为阿拉伯人、土库曼人等少数民族。城镇人口占总人口71.8%，农村人口占28.2%，外籍人士占总人口2.3%。官方语言为波斯语。伊斯兰教为国教，98.8%的居民信奉伊斯兰教，其中91%为什叶派，7.8%为逊尼派。

首都　德黑兰（Tehran），人口1400多万，平均海拔1220米。年气温最高的月份为7月，平均最低和最高气温分别为22℃和37℃；年气温最低的月份为1月，平均最低和最高气温分别为3℃和7℃。

最高领袖　赛义德·阿里·哈梅内伊（Seyyed Ali Khamenei），1989年6月4日当选。

国家元首　总统哈桑·鲁哈尼（Hassan Rouhani），2013年6月当选，2017年5月连任。

重要节日　伊斯兰革命胜利日：2月11日；伊历新年：3月21日；伊斯兰共和国日：4月1日。

简　况

位于亚洲西南部，同土库曼斯坦、阿塞拜疆、亚美尼亚、土耳其、伊拉克、巴基斯坦和阿富汗相邻，南濒波斯湾和阿曼湾，北隔里海与俄罗斯和哈萨克斯坦相望，素有“欧亚陆桥”和“东西方空中走廊”之称。海岸线长2700公里。境内多高原，东部为盆地和沙漠。属大陆性气候，冬冷夏热，大部分地区干燥少雨。

伊朗是具有5000年历史的文明古国，史称“波斯”。公元前6世纪，古波斯帝国盛极一时。公元7世纪以后，阿拉伯人、突厥人、蒙古人、阿富汗人先后侵入并统治伊朗。18世纪后期，伊朗东北部的土库曼人恺伽部落统一伊朗，建立恺伽王朝。19世纪以后，伊朗沦为英、俄的半殖民地。1925年，巴列维王朝建立。1978—1979年，霍梅尼领导伊斯兰革命，推翻巴列维王朝。1979年2月11日，霍正式掌权，并于4月1日建立伊斯兰共和国，霍成为伊朗最高领袖。霍梅尼执政后，伊朗实行政教合一制度，推行伊斯兰化。

政　治

1989年6月3日霍梅尼病逝，时任总统哈梅内伊继任最高领袖。7月28日，时任议长拉夫桑贾尼当选总统，1993年6月连任。1997年5月，伊总统文化事务顾问、前文化和伊斯兰指导部长哈塔米当选总统，2001年6月连任。2005年6月，原德黑兰市长艾哈迈迪内贾德当选总统，2009年6月连任。2013年6月，原最高国家安全委员会秘书哈桑·鲁哈尼当选总统，2017年5月连任。

【宪法】伊斯兰革命后于1979年12月颁布第一部宪法，规定伊实行政教合一制度。1989年4月对宪法进行部分修改，突出伊斯兰信仰、体制、教规、共和制及最高领袖的绝对权力不容更改。同年7月，哈梅内伊正式批准经全民投票通过的新宪法。

【议会】伊斯兰议会是伊最高国家立法机构，实行一院制。议员由选民直接选举产生，任期4年。从2000年6月第6届议会开始，议席由过去的270个增加到290个。2016年2月，伊朗举行第10届议会选举，阿里·拉里贾尼（Ali Larijani）连任议长。2020年2月，伊朗举行第11届议会首轮选举，受新型冠状病毒疫情影响，原定于4月举行的第二轮选举预计推迟至9月举行。5月27日，第11届议会首次会议由过渡主席团主持，拉里贾尼不再担任议长。

【政府】实行总统内阁制。总统是国家元首，也是政府首脑，可授权第一副总统主持内阁日常工作，并有权任命数名副总统，协助主管其他专门事务。现任副总统（共12位）有：第一副总统埃斯哈格·贾汉吉里（Es'haq Jahangiri），副总统兼总统府办公厅主任马哈茂德·瓦埃齐（Mahmoud Vaezi），负责经济事务副总统穆罕默德·纳哈万迪扬（Mohammad Nahavandian），副总统兼计划与预算组织主席穆罕默德·巴盖尔·努巴赫特（Mohammad Bagher Nobakht），副总统兼行政与招募组织主席贾姆希德·安萨里（Jamshid Ansari），负责法律事务副总统莱亚·朱内迪（Laaya Joneidi），负责议会事务副总统侯赛因·阿里·阿米里（Hossein-Ali Amiri），负责科技事务副总统索莱纳·萨塔里（Sorena Sattari），负责妇女与家庭事务副总统马苏梅·埃布特卡尔（Masoumeh Ebtekar），副总统兼国家原子能组织主席阿里·阿克巴尔·萨利希（Ali Akbar Salehi），副总统兼烈士基金会主席赛义德·穆罕默德·阿里·沙希迪（Seyyed Mohammad-Ali Shahidi），副总统兼环保组织主席以萨·卡兰塔里（Issa Kalantari）。

本届内阁于2017年8月成立，主要内阁部长有：外交部长穆罕默德·贾瓦德·扎里夫（Mohammad Javad Zarif），石油部长比詹·纳姆达尔·赞甘内（Bijan Namdar Zangeneh），内政部长阿卜杜礼萨·拉赫曼尼·法兹里（Abdolreza Rahmani Fazli），国防部长阿米尔·哈塔米（Amir Hatami），工矿与贸易部长礼萨·拉赫玛尼（Reza Rahmani，2020年5月被免职），财经部长法尔哈德·德吉帕桑德（Farhad Dejpasand），农业圣战部长卡泽姆·哈瓦齐（Kazem Khavazi），文化和伊斯兰指导部长赛义德·阿巴斯·萨利希（Seyyed Abbas Salehi），能源部长礼萨·阿尔达卡尼扬（Reza Ardakanian），劳动和社会福利部长穆罕默德·沙里亚特马达里（Mohammad Shariatmadari），通讯与信息技术部长穆罕默德·贾瓦德·阿扎里·贾赫鲁米（Mahmoud Javad Azari Jahromi），情报部长马哈茂德·阿拉维（Mahmoud Alavi），卫生部长萨义德·纳玛齐（Saeed Namaki），司法部长赛义德·阿里礼萨·阿瓦伊（Seyyed Alireza Avaei），文化与旅游部部长阿里·阿斯加尔·穆奈桑（Ali Asghar Munesan），科技部长曼苏尔·古拉米（Mansour Gholami），道路与城市建设部长穆罕默德·伊斯拉米（Mohammad Islami），教育部长哈吉·米尔扎伊（Haji Mirzayi），体育和青年事务部长马苏德·苏尔坦尼法尔（Masoud Soltanifar）。

【行政区划】全国共有31个省。

【司法机构】司法总监是国家司法最高首脑，由最高领袖任命，任期5年。最高法院院长和总检察长由司法总监任命，任期5年。司法部长由司法总监推荐，总统任命，议会批准，负责协调行政权与司法权的关系。在司法总监领导下，还设有行政公正法庭和国家监察组织，分别审理民众对政府机关的诉讼和监督国家机关的工作。现任司法总监易卜拉欣·莱希（Ebrahim Raisi），最高法院院长莫尔特扎维·穆加达姆（Mortezavi Moghadam），总检察长穆罕默德·贾法尔·蒙塔泽里（Mohammad Jafar Montazeri）。

【专家会议】专家会议是选举最高领袖的权力机构，成立于1982年12月，现有成员88人。专家会议选举每8年举行1次，其成员由选民根据各省市的人口比例从宗教法学家中选举产生，任期8年，期间如有成员死亡或被免职可通过中期补选。每年至少举行1次年会，讨论国家大事，监督最高领袖行为，在最高领袖不称职情况下罢免最高领袖或在最高领袖失去领导能力、去世、辞职或遭罢黜后推举新最高领袖。第五届专家会议于2016年5月成立，现任主席为艾哈迈德·贾纳提（Ahmad Janati）。

【确定国家利益委员会】1988年3月17日成立，1989年7月经宪法确认。主要职责是为最高领袖制定国家大政方针出谋划策，协助最高领袖监督、实施各项大政方针，当议会和宪法监护委员会就议案发生分歧时进行仲裁。现任主席为萨迪克·拉里贾尼（Sadegh Larijani）。

【宪法监护委员会】由12人组成，其中6名宗教法学家由最高领袖直接任命，另6名普通法学家由司法总监在法学家中挑选并向议会推荐，议会投票通过后就任，任期6年。主要负责监督专家会议、总统和伊斯兰议会选举及公民投票，批准议员资格和解释宪法；审议和确认议会通过的议案，裁定是否与伊斯兰教义和宪法相抵触，如有抵触则退回议会重新审议和修改。如与议会就议案发生争议且无法解决，则提交确定国家利益委员会进行仲裁。现任秘书艾哈迈德·贾纳提（Ahmad Janati）。

【政党】伊政党萌芽于现代立宪运动时期（即1905—1911年）。20世纪60年代初，巴列维国王为缓和国内矛盾、显示民主，开始实行多党制，新伊朗党、国民党等相继成立。1975年，巴列维为加强王室统治，宣布实行一党制，成立伊斯兰民族复兴党，下令取缔国内其他政党。1978年反国王独裁运动兴起，巴列维被迫取消一党制，恢复被取消政党合法地位。1988年12月，伊颁布政党法，宣布准许政党活动，但要遵守三项基本原则，即伊斯兰法、宗教最高权威和伊斯兰共和制度。1989—1997年在伊内政部注册的政党共39个。截至2008年底，注册政党约200个，按不同政治主张大致划分为保守派与改革派。其中保守派代表政党有伊斯兰联合党、战斗的宗教人士协会等；改革派政党有伊斯兰参与阵线党、建设公仆党、国家信任党等。2009年总统大选引发社会骚乱和冲突后，保守派当局逮捕大批改革派人士，并下令取缔参与阵线党、国家信任党等改革派政党，致使改革派阵营遭受重挫。

【重要人物】赛义德·阿里·哈梅内伊：最高领袖。1939年生于伊东部圣城马什哈德。1958年赴库姆神学院学习。1963年后因参加反国王活动多次被捕和流放。

1979年伊斯兰革命胜利后，历任革命委员会成员、国防部副部长、革命卫队司令、德黑兰市教长、伊斯兰共和党书记、最高国防委员会主席、总统等职，1989年6月霍梅尼逝世后继任最高领袖，兼武装力量总司令。曾于1989年5月以总统身份访华。 **哈桑·鲁哈尼**：总统。1948年11月出生于伊朗塞姆南省索尔赫市，早年在塞姆南神学院和库姆神学院攻读伊斯兰教法。1972年，获德黑兰大学法学学位，随后前往英国格拉斯哥喀里多尼亚大学攻读法学硕士学位。伊斯兰革命后，于1980—2000年任议会议员，先后出任议会国防委员会主席、外交政策委员会主席和第一副议长。两伊战争爆发后，于1983—1985年任战场副总指挥。1989—1997年拉夫桑贾尼出任总统期间，担任伊朗最高国家安全委员会秘书并持续任职至2005年。哈塔米担任总统期间，于2003—2005年出任伊朗首席核谈判代表。2005年出任确定国家利益委员会战略研究中心主任。2013年6月参选总统并获胜，8月4日宣誓就职。2014年5月，访华并出席亚信上海峰会。2017年5月，连任总统。2018年6月，结合出席上合组织青岛峰会对华进行工作访问。 **萨迪格·拉里贾尼**：确定国家利益委员会主席。1960年出生。受家庭影响，对宗教十分虔诚。1977年，进入库姆神学院学习宗教和教法学，师从多位著名宗教学者，成为伊著名宗教学家，拥有“阿亚图拉”宗教头衔。伊斯兰革命后，曾担任库姆神学院教师、库姆大学学术委员会委员等职。1998年步入政坛，当选第三届专家会议成员，后获连任。2001年被任命为宪法监护委员会成员，2009年8月被任命为司法总监，2014年8月获连任。2019年12月被任命为确定国家利益委员会主席。 **易卜拉欣·莱希**：司法总监。1960年出生于东部圣城马什哈德的一个什叶派圣裔家庭。早年在库姆神学院深造，师从多位宗教名士，在宗教界建立起牢固根基。1980年起投身司法工作，先后担任哈马丹省检察长，德黑兰省副检察长、检察长，国家监察组织主席和第一司法副总监，并于2014年调任总检察长。2016年，被任命为伊玛目礼萨基金会主席。2017年，参加总统大选并惜败于鲁哈尼位居第二。2019年3月，被任命为司法总监并当选专家会议第一副主席。

经济

近年，由于受国际金融危机和美国单边制裁等因素影响，伊朗经济发展缓慢，高通胀、高失业等问题比较突出。主要经济数据如下：

国内生产总值：4585亿美元（2019年估算值）。

人均国内生产总值：5506美元（2019年估算值）。

国内生产总值增长率：下降7.6%（2019年估算值）。

汇率：官方牌价1美元=4.2万里亚尔、市场牌价1美元≈17.5万里亚尔（2020年5月）。

通货膨胀率：29.8%（2019年4月）。

（资料来源：世界银行、伊朗国家数据中心）

【资源】伊朗盛产石油，是欧佩克第三大产油国。石油及石化产业是伊朗经济命脉和外汇收入的主要来源，石油收入占伊外汇总收入的一半以上。石油、天然气和煤炭蕴藏丰富。截至2017年底，伊朗已探明石油储量1572亿桶，占全球总储量的9.3%，位于委内瑞拉、沙特阿拉伯、加拿大之后，居世界第四位；天然气探明储量33.2万亿立方米，占全球总储量的17.2%，居世界第二位。

其他矿物资源也十分丰富，可采量巨大，目前，已探明矿山3800处，矿藏储量270亿吨，其中，铁矿储量47亿吨；铜矿储量30亿吨（矿石平均品位0.8%），约占世界总储量的5%，居世界第三位；锌矿储量2.3亿吨（平均品位20%），居世界第一位；铬矿储量2000万吨；金矿储量320吨。此外，还有大量锰、锑、铅、硼、重晶石、大理石等矿产资源。目前，已开采矿种56个，年矿产量1.5亿吨，占总储量的0.55%，占全球矿产品总产量的1.2%。

【工业】伊朗是中东地区第一大汽车生产国、第一大生物药物生产国、第三大石化产品生产国、第二大钢铁生产国和亚洲第七大钢铁生产国。工业体系以石油开采业为主，另外还有炼油、钢铁、电力、纺织、汽车制造、机械制造、食品加工、建材、地毯、家用电器、化工、冶金、造纸、水泥和制糖等，但基础相对薄弱，大部分工业原材料和零配件依赖进口。根据石油输出国组织（OPEC）发布的数据，2019年4月，伊朗原油日产量196.9万桶。

【农林牧副渔业】农业：伊朗农耕资源丰富，全国可耕地面积超过5200万公顷，占其国土面积的30%以上，已耕面积1800万公顷。农业主产区集中在里海和波斯湾沿岸平原地带。农业人口占总人口的43%。近年来，伊朗政府逐年加大农业扶持力度，重点支持水利灌溉等农田基础设施建设以及农业科研、信贷与自然环境保护。

畜牧业：伊全国有牧场8470万公顷，占国土总面积的52.3%。从事畜牧业的人口约200万，畜牧业产值约21亿美元，占农产品总产值的44%。

森林：总面积为1430万公顷，占国土总面积的8.8%，主要分布在里海沿岸、西部和扎格罗斯山脉、南部波斯湾和阿曼海地区。过去20年间，伊北部森林面积减少17%，现为205万公顷，森林覆盖率3.5%。荒地面积3400万公顷，占国土面积的35%。

渔业：伊朗渔业资源较为丰富，经济鱼类达600种。伊主要有南部、北部、内陆三大渔区。鱼子酱和鲟鱼是伊最主要的出口水产品。

【旅游业】伊朗拥有数千年文明史，自然地理和古代文明遗产丰富。两伊战争使伊旅游业遭到极大破坏。从1991年起，政府开始致力发展旅游业，旅游业逐渐复苏。“9·11”事件对旅游业造成较大冲击，游客锐减。随着地区安全形势转好，赴伊外国游客人数稳步回升。德黑兰、伊斯法罕、设拉子、亚兹德、克尔曼、马什哈德是伊主要旅游地区。传统节日“诺鲁兹节”（伊朗历新年）期间是伊朗国内旅游旺季。

【交通运输】国内运输主要依靠公路、铁路，其中进出口货物80%靠水运。

公路：全国公路总长18万公里。

铁路：总里程9795公里，大部分系标准轨距（1435mm）。

水运：主要港口有波斯湾地区的霍拉姆沙赫尔、布什尔、阿巴斯、霍梅尼、恰巴哈尔港及里海地区的安萨里和诺沙尔港，哈尔克岛是伊朗最大的原油输出港。主要船运公司有伊朗伊斯兰共和国船运公司、伊朗—印度船运公司、瓦尔法加尔船运公司和里海船运公司。

空运：机场97个，其中14个军用机场、83个民用机场，包括13个国际机场。德黑兰、伊斯法罕、设拉子、大不里士、阿巴丹和阿巴斯为6大国际航空港。伊朗航空公司、马汉航空公司是伊境内最大的两家航空公司。

【基础设施】水利建设：伊朗全国共有44座水电站，总装机容量7700兆瓦，新建水电站项目装机容量6500兆瓦。

电站建设：国家电网基本覆盖全国所有人口。2011年9月，伊朗首座核电站——布什尔核电站试运行。2012年8月31日，布什尔核电站达到满负荷运行状态。2014年11月，伊朗与俄罗斯签署协议，俄方将帮助伊方在布什尔核电站内新建两座核反应堆。2016年9月，伊朗与俄罗斯再签署协议，根据协议，俄罗斯将在原有的布什尔核电站新建两座核反应堆，把这一核电站的核反应堆数量最终增加至4座。

荒漠化治理：近年来，伊朗加大治沙力度，成功将3400万公顷沙漠中的2200公顷改造成盐碱地。

【财政金融】2005—2011年，伊朗政府对500多家国有企业进行了私有化改革，实现国有股权转让收入约770亿美元。根据世界银行估算，受美国单边制裁等因素影响，伊朗2019年外汇储备由2018年的860亿美元下降至约700亿美元。

【对外贸易】据伊朗海关统计，伊历1398年前11个月（2019年3月21日至2020年3月20日），伊朗非石油进出口总额约为850亿美元，其中出口额413亿美元，进口额437亿美元，较上一年分别下降9.3%、提高10.2%。中国、伊拉克、土耳其、阿联酋、阿富汗是伊朗产品的主要出口市场；中国、阿联酋、土耳其、印度、德国是伊朗的主要进口产品来源国。出口产品主要包括天然气凝析油、石油化工产品、金属矿石、皮革、地毯、手工制品及农产品；进口产品主要包括粮油食品、药品、运输工具、机械设备、牲畜、化工原料、饮料及烟草等。

人民生活

人均寿命74岁。2016年固定电话装机每百人37部，移动电话使用每百人98部。

军　事

伊朗国家武装力量由军队、伊斯兰革命卫队和治安部队组成。最高领袖是武装力量总司令。最高国家安全委员会是最高军事领导和国防政策的制定机构，由总统、议长、司法总监、武装部队总参谋长、计划与预算组织主席、最高领袖代表、外长、内政部长、情报部长以及军队和伊斯兰革命卫队司令组成。实行义务兵役制，服役期2年。现任总参谋长穆罕默德·侯赛因·巴盖里少将（Mohammad Hossein Bageri）、军队总司令阿卜杜拉希姆·穆萨维少将（Abdolrahim Mousavi），陆军司令基乌马尔斯·海达里准将（Kioumars Heydari）、海军司令侯赛因·汉扎迪准将（Hossein Khanzadi），空军司令阿齐兹·纳希尔扎德准将（Aziz Nasirzadeh）。武装力量总兵力约90万人，动员部队约110万人。军队由陆军、海军、空军和防空部队组成，总兵力约43万人，其中陆军约36.5万人，海军3万人，空军3.5万人。革命卫队总兵力约43.7万人，其中陆军约39.9万人，海军2万人，空军1.8万人。此外，还有治安部队4万人。革命卫队司令侯赛因·萨拉米少将（Hossein Salami），陆军司令穆罕默德·帕克普尔准将（Mohammad Pakvar），空天军司令阿里·哈吉扎德准将（Ali Hajizadeh），圣城旅指挥官伊斯马仪·甘尼（Esmayil Gha'ani）。

此外还有治安部队4万人，总司令侯赛因·阿什塔里准将（Hossein Ashtari）。

文化教育

【教育】伊朗的普通和高等教育分别由教育部和科技部负责。中、小学教育免费。现有学校9万所，6岁以上受教育人口占全国人口的82.5%。伊朗政府于1989年制订高等教育5年发展计划，通过提供贷款和给予物质、政策支持等措施鼓励民办高等教育。截至2013年，全国共有高等院校346所，大学生近340万人。德黑兰大学是伊朗著名的高等学府。

【新闻出版】约有各种报刊1700余种，大部分在德黑兰出版。主要报纸有：《世界报》《消息报》《伊斯兰共和国报》《虔诚者报》《使命报》《和平报》和英文版的《德黑兰时报》《伊朗新闻报》《伊朗日报》国际版。

伊朗的主要通讯社包括：伊朗伊斯兰共和国通讯社（IRNA），简称“伊通社”，唯一的官方通讯社。1979年伊斯兰革命前称“波斯通讯社”。其他还有法尔斯通讯社（FARS）、梅赫尔通讯社（MEHR）和伊朗学生通讯社（ISNA）。

伊朗国家广播电视台成立于1966年，1979年改名为伊朗伊斯兰共和国声像组织。现任主席是阿卜杜阿里·阿里·阿斯加里（Abdulali Ali Asgari）。电台用波斯语、阿拉伯语、英语、法语、德语及汉语等25种语言对外广播。电视有7个台播放节目，并有3个卫星台向海外播出。2007年7月，伊朗开通伊首家英语电视台——伊朗新闻电视台（PRESS TV）。2014年5月7日，中国国际广播电台与伊朗文化电台签署了《关于合作制作和播出广播节目的协议》。

外国新闻社驻伊代表机构有95个，登记外国记者1000多人。

对外关系

伊朗奉行独立、不结盟的对外政策，反对霸权主义、强权政治和单极世界，愿同除以色列以外的所有国家在相互尊重、平等互利的基础上发展关系。

2015年7月，伊朗核问题六国（中国、美国、俄罗斯、英国、法国、德国）同伊朗就伊核问题达成全面协议。2016年1月16日，伊朗核问题全面协议正式付诸执行。2018年5月8日，美国单方面退出伊核协议，全面恢复对伊朗单边制裁，对伊朗进行“极限施压”。作为对美国极限施压的反制，伊朗2019年5月起分阶段减少履行伊核全面协议，先后宣布不再遵守铀浓缩和重水库存限制、突破浓缩铀丰度规定、拓展离心机研发活动、重启在福尔多核设施铀浓缩活动四个阶段减少履约举措。2020年1月6日，伊朗宣布第五阶段减少履约措施，将不再遵守有关离心机数量的限制。

【同中国的关系】中伊交往可追溯至公元前2世纪。班超的副使甘英曾到过伊朗，并打通了中国经伊通往罗马的交通线，即古丝绸之路。1971年8月16日中伊建交。2016年1月建立全面战略伙伴关系，两国各领域友好合作发展顺利。

近年来，中国与伊朗在政治、经贸等领域的友好合作关系保持平稳发展。两国高层交往和各级别交往不断。2013年9月，习近平主席在出席上海合作组织比什凯克峰会期间会见伊朗鲁哈尼总统。2014年5月，习近平主席同来华出席亚信峰会并访华的鲁哈尼总统举行会谈。2015年4月，习近平主席在出席印尼亚非领导人会议期间会见鲁哈尼总统。7月，习近平主席在出席上海合作组织乌法峰会期间同鲁哈尼总统简短交谈。9月，习近平主席在出席联合国成立70周年系列峰会期间会见鲁哈尼总统。2016年1月，习近平主席对伊朗进行国事访问，同鲁哈尼总统举行会谈，分别会见最高领袖哈梅内伊、议长拉里贾尼。双方签署共建“一带一路”、经贸、能源、金融、科技、文化等领域17项合作协议，并共同发表《中华人民共和国和伊朗伊斯兰共和国关于建立全面战略伙伴关系的联合声明》。2018年6月，习近平主席同来华出席上海合作组织青岛峰会并对华进行工作访问的鲁哈尼总统举行会谈。2019年6月，习近平主席在上海合作组织比什凯克峰会期间会见鲁哈尼总统。

此外，2016年10月，李源潮副主席在出席亚洲合作对话领导人会议期间会见伊朗鲁哈尼总统。2014年11月，习近平主席特使、中共中央政治局委员、中央政法委书记孟建柱访伊。2017年4月，国务院副总理刘延东访伊。2016年11月，国务委员兼国防部长常万全上将访伊。2017年11月，全国政协副主席陈元访伊。2017年8月，习近平主席特使、国家发展改革委员会主任何立峰出席伊朗总统鲁哈尼就职仪式。2018年12月，全国人大常委会副委员长陈竺率团出席在伊朗举行的第二次六国议长会议。

伊方重要来访有：2014年5月，鲁哈尼总统来华出席亚信峰会并进行国事访问。2018年6月，鲁哈尼出席上海合作组织青岛峰会并对华进行工作访问。2019年2月，伊朗议长拉里贾尼访华。

经贸合作稳步推进。中国是伊朗最大贸易伙伴和原油出口市场，是中国境外工程项目承包和机电产品出口的主要市场之一。2016年1月习近平主席访伊期间，双方签署关于共同推进“一带一路”建设的谅解备忘录。双方签署关于加强产能、矿产和投资合作的谅解备忘录。2019年双边贸易额达230.3亿美元，同比下降34.3%，其中，中国对伊朗出口额95.9亿美元，自伊朗进口额134.4亿美元，同比分别下降31.2%和36.3%。

两国教育、体育、文化等领域合作成果丰硕。2013—2018年，中国驻伊朗使馆举办5届“欢乐春节走进伊朗”活动。2015年4月，伊朗曙光旬国际电影节举办“中国单元”，中伊双方签署《中伊合拍电影备忘录》。7月，伊朗电影组织主席霍贾图拉·阿尤比访华。8月，中国爱乐乐团访问伊朗并举办“丝绸之路”巡演。10月，中国国家图书馆馆长韩永进访问伊朗。2016年8月22日，由中国国务院新闻办公室、新疆维吾尔自治区人民政府和中国驻伊朗大使馆主办的“2016感知中国——中国西部文化伊朗行·新疆篇”综合文化交流活动在伊朗首都德黑兰开幕。11月，中央电视台《远方的家》栏目组在伊朗拍摄了反映中伊“一带一路”合作的节目。2017年9月，中国驻伊朗使馆举办“中国文化节”系列活动。

中国驻伊朗大使：常华。馆址：No.73rd, Movahed Danesh Ave., Aghdasiyeh, Tehran。电话：0098-21-22291241；传真：22291243。经商处电话：0098-21-22563148；传真：22561567。网址：www.ir.chineseembassy.org。

伊朗驻华大使：穆罕默德·克沙瓦尔兹扎德（Mohammad Keshavarzzadeh）。馆址：北京市朝阳区三里屯东六街13号。电话：010-65322040；传真：65321403。

【同美国的关系】伊朗伊斯兰革命后与美关系长期紧张。1980年伊美断交。

2013年6月鲁哈尼在当选伊朗总统后表示，伊方无意加剧伊美矛盾，但与美方开展对话的前提是，美方应在相互尊重基础上停止干涉伊朗内政，承认伊朗理应享有的所有权利，放弃单边及强权政策。9月，鲁哈尼总统在纽约出席联合国大会期间同美国总统奥巴马通电话。2015年7月，最高领袖哈梅内伊表示，伊对美政策不会因伊核问题全面协议达成而改变。9月，鲁哈尼总统表示，伊核协议达成后，伊朗同美国已向减少敌意的方向迈出步伐，不过双方仍缺乏互信。2016年1月，伊核协议起步执行，美国暂停执行与伊核相关的部分能源、金融领域制裁。同时，伊美对于伊核协议执行问题存在分歧，伊朗指责美国制裁解除措施落实不到位。

2017年1月特朗普就任美国总统后联合地区盟友加大对伊朗遏制力度，多次以弹道导弹计划、人权、支恐为由制裁伊朗，伊美关系进一步趋紧。特朗普政府于2017年10月出台对伊新战略，拒绝确认伊朗履行伊核协议义务，要求修改协议部分条款甚至重新谈判。2017年12月，特朗普政府发布国家安全战略报告，突出伊朗威胁，延续对伊朗强硬的政策。

2018年5月以来，特朗普政府单方面退出伊朗核问题全面协议，全面恢复对伊朗制裁，对伊朗“极限施压”。伊朗则分阶段逐步减少履行伊核全面协议义务。8月7日，美国恢复对伊朗首轮单边制裁。11月5日，美国对伊朗能源、金融等领域制裁全面落地，并要求国际社会各方“清零”自伊朗原油进口。2019年4月8日，美国将伊朗伊斯兰革命卫队（IRGC）列为外国恐怖组织（FTO），此系美国首次将一主权国家正规军事力量列恐。随后，伊朗最高国家安全委员会声明将美国中央司令部所辖军事力量列为恐怖组织。5月8日，美国出台对伊朗铁、钢、铝、铜产业新制裁，加强在中东军事部署。6月20日，伊朗击落一架美军“全球鹰”无人机。6月24日，美国宣布对伊朗最高领袖哈梅内伊及8名军方高层实施制裁。7月，美国提出组建波斯湾“护航联盟”，以应对伊朗在波斯湾地区的攻击。7月31日，美国宣布对伊朗外长扎里夫实施制裁。9月21日，美国对伊朗央行、国家发展基金等机构实施制裁，并称其为有史以来对伊实施的最严厉的制裁。2020年1月，美国在伊拉克对伊朗革命卫队圣城旅指挥官苏莱曼尼实施“斩首”行动。伊朗随后向美国驻伊拉克有关军事基地发动导弹袭击。美伊对抗持续升级。

【同欧洲国家的关系】重视改善和发展同欧洲国家关系。2010年6月，伊朗外长穆塔基在欧洲议会发表讲话，称伊的欧盟政策是在相互尊重和平等的基础上促进对话和互动。伊欧关系的很多挑战可以转化为合作机遇，相信双方可在观点一致的领域建立适当机制，通过相互理解、对话和磋商达成协议。

2011年2月，德国外长韦斯特维勒访问伊朗，会见伊总统艾哈迈迪内贾德，双方强调伊德两国应加强对话与合作。3月，伊朗外长萨利希与欧盟外交和安全政策高级代表阿什顿在日内瓦举行会谈。11月，为抗议英国对伊朗实行敌对政策，以及在“暗杀门”事件爆发后禁止英国金融机构与包括伊朗中央银行在内的金融机构开展业务，伊朗议会通过法案，将与英国外交关系降低至代办级。同月，数千名伊朗高校学生和民众在英国驻伊朗使馆门口举行游行示威，部分示威者冲入使馆打砸抢，并焚烧英国国旗。英国随后撤离驻伊使馆所有外交人员。德国、法国、荷兰、意大利分别召回各自驻伊大使。伊欧关系进一步紧张。

2012年1月，欧盟外长会通过决议禁止成员国自伊进口石油并对伊朗央行实施制裁。对此，伊朗采取了包括主动停止对英、法供油在内的一系列抵制措施，但同时也力求通过加大与欧洲能源联系，改善与欧关系。

2014年2月，伊英宣布恢复代办级外交关系。3月，欧盟负责安全与外交事务的高级代表阿什顿访问伊朗。2015年7月伊核协议达成后，欧洲国家纷纷派出政治、经贸代表团访伊，寻求同伊朗重启合作。7—8月，欧盟外交和安全政策高级代表莫盖里尼、德国副总理兼经济部长加布里尔、法国外长法比尤斯、英国外交大臣哈蒙德先后访问伊朗。伊朗与英国重开驻对方国家使馆。2016年2月，伊朗总统鲁哈尼访问意大利、法国，瑞士联邦主席阿曼、希腊总理齐普拉斯、芬兰总统尼尼斯托等欧洲政要访伊。2017年2月，瑞典首相勒文访伊。6月，伊朗外长扎里夫访问德国、意大利和法国。12月，英国外交大臣约翰逊访伊。2018年1月，扎里夫访问欧盟总部，同欧盟领导人就维护伊核协议交换意见。2月，扎里夫访问塞尔维亚、保加利亚、克罗地亚和波斯尼亚东欧四国。3月，法国外长勒德里昂访伊。5月，美国退出伊核协议，欧盟及英国、法国和德国表示关切并强调将继续维护伊核协议，伊朗要求欧方保障伊朗在协议内应享受的经济红利。9月，欧盟宣布将筹建新的独立支付机制——特殊目的机制（INSTEX），专事对伊朗合作。2019年7月，英国以违反欧盟对叙利亚制裁为由在直布罗陀海峡扣押一艘伊朗油轮。同月，伊朗以违反国际海洋法规为由在霍尔木兹海峡截停一艘英国油轮，后双方均对扣押的油轮予以释放。2020年3月，欧三（英、法、德）通过INSTEX同伊朗完成首笔交易。

【同俄罗斯的关系】伊朗重视发展同俄罗斯的睦邻友好合作关系，双方军工、军贸、核能合作关系密切。近年来，伊俄保持频繁交往势头，两国高官就伊核问题、区域合作以及核能利用等保持密切接触。2011年6月，伊朗、俄罗斯、哈萨克斯坦三国元首在哈萨克斯坦首都阿斯塔纳举行三国元首会晤。2012年3月，普京当选俄罗斯总统，伊总统艾哈迈迪内贾德致电祝贺。6月，两国元首上海合作组织北京峰会期间举行会晤。2013年6月，伊当选总统鲁哈尼发表声明称，其上任后将把发展与俄罗斯的关系置于重要位置。9月，鲁哈尼在比什凯克同俄罗斯总统普京会晤。2014年5月，鲁哈尼同普京在出席亚信峰会期间会晤。2015年11月，普京访问伊朗并出席天然气出口国论坛峰会。2016年8月，普京与鲁哈尼在阿塞拜疆共和国首都巴库举行会谈。2017年3月，鲁哈尼访俄并与普京会晤。同年普京访伊，先后与鲁哈尼和哈梅内伊举行会谈。11月，俄罗斯、土耳其、伊朗三国元首在索契会晤，就叙利亚问题进一步协调立场，伊俄关系日益密切。2018年3月和9月，俄、土、伊三国分别在安卡拉和德黑兰举行叙问题三方会议。2019年9月，俄、土、伊三国首脑在安卡拉举行叙问题三方会议。

【同中亚国家的关系】伊朗愿在相互尊重和睦邻友好的基础上与中亚各国发展关系，特别是经济、文化关系。同土耳其和巴基斯坦一起将中亚五国吸收为“经济合作组织”（ECO）成员，同俄罗斯、阿塞拜疆、哈萨克斯坦和土库曼斯坦组建“里海经济合作区”。伊朗与阿富汗经贸往来密切，伊朗支持“阿人治阿”，反对外国军队在阿富汗驻军。2014年3月，伊总统鲁哈尼出席在阿富汗首都喀布尔举行的第四届国际诺鲁兹节庆祝活动。2016年5月，阿富汗加尼总统访问伊朗。2017年3月，阿塞拜疆总统阿利耶夫访伊。2018年3月，鲁哈尼访问阿塞拜疆。8月，哈萨克斯坦、俄罗斯、阿塞拜疆、土库曼斯坦和伊朗5个里海沿岸国家总统在哈萨克斯坦签署《里海法律地位公约》。2019年6月，鲁哈尼分别赴吉尔吉斯斯坦、塔吉克斯坦出席上合峰会、亚信峰会。10月，赴亚美尼亚出席欧亚经济联盟领导人会议。11月，赴阿塞拜疆出席不结盟运动领导人会议。

【同亚太国家的关系】伊朗积极发展同亚太各国关系。2010年11月，第九届亚洲合作对话部长级会议在德黑兰开幕，伊总统艾哈迈迪内贾德在会议上发言，号召建立亚洲联盟，强调建立世界新秩序的必要性。2011年，受美国等西方国家对伊制裁影响，日本、韩国及印度大幅削减自伊原油进口。2015年7月伊核协议达成后，日本、韩国等国纷纷加强同伊朗的接触，寻找加强经贸合作的机会。2015年10月，日本外相岸田文雄访问伊朗。11月，韩国外交部长官尹炳世访问伊朗。2016年5月，韩国总统朴槿惠访问伊朗，安倍晋三夫人访问伊朗。2017年9月，鲁哈尼与安倍晋三在纽约联合国总部会晤。自2018年美国宣布退出伊核协议并全面恢复对伊朗制裁后，日本、韩国开始大幅削减自伊朗原油进口，企业开始纷纷退出伊朗市场。2019年12月，鲁哈尼访问日本、马来西亚。

【同南亚国家的关系】伊朗重视同南亚各国的关系。2013年2月，议长拉里贾尼率团赴印度访问。期间，拉分别同印度总统穆克吉和总理辛格举行会晤。3月，伊总统艾哈迈迪内贾德和巴基斯坦总统扎尔达里在伊朗东南部城市恰巴哈尔共同出席两国天然气管线巴境内部分开工仪式并发表联合声明。同月，伊朗海军第24舰队“萨巴兰”号驱逐舰和“哈尔克”号直升机运输舰抵达斯里兰卡科伦坡港，对该国进行正式访问。5月，印度外长库尔希德访问伊朗并出席两国第七届经济合作委员会会议。2015年8月，伊朗外长扎里夫访问印度。2016年5月，印度总理莫迪访问伊朗。2018年2月，伊朗总统鲁哈尼访问印度。2019年10月，巴基斯坦总理伊姆兰·汗访问伊朗。

【同中东国家的关系】发展与周边及伊斯兰国家关系是伊对外战略的重要任务。2011年2月，土耳其总统居尔访问伊朗。2012年11月，伊朗议长拉里贾尼访问叙利亚、黎巴嫩和土耳其。2013年2月，伊总统艾哈迈迪内贾德赴埃及参加伊斯兰合作组织首脑会议，埃及总统穆尔西在机场为艾举行欢迎仪式，并与艾会晤。同月，埃及旅游部长扎祖访问伊朗，并与伊方就两国恢复直航达成协议。3月，一架埃及民航客机飞赴伊朗，成为埃伊断交30多年来埃首架直飞伊朗的航班。2014年3月，伊朗总统鲁哈尼访问阿曼，这也是其上任后首次国事访问。6月，鲁哈尼访问土耳其。2016年1月2日，沙特内政部宣布对包括著名什叶派教士尼米尔在内的47名“犯有恐怖主义罪行”的囚犯执行死刑，引起伊朗强烈不满，伊朗示威者冲击打砸沙特驻伊使领馆。1月3日，沙特、苏丹、巴林及吉布提宣布同伊朗断绝外交关系。阿联酋宣布将与伊朗外交关系降至代办级。2017年以来，伊朗与沙特围绕地区热点问题互相攻讦，均指责对方干涉他国内政、支持恐怖主义。伊朗与叙利亚、伊拉克、黎巴嫩真主党等一再走近，与沙特、阿联酋、巴林、以色列等国家则长期关系不睦。2019年9月，沙特石油设施遭无人机袭击，美国称伊朗为幕后主谋。

【同拉美及中、北美洲国家的关系】近年来，伊朗努力推进外交多元化，拓展同多数拉美及中、北美洲国家关系，但同加拿大关系不断恶化。2012年9月，伊朗同加断交。2013年3月，伊总统艾哈迈迪内贾德出席了在委内瑞拉首都加拉加斯举行的委总统查韦斯的葬礼。同月，阿根廷议会众院举行投票，以131票赞成、113票反对的结果通过了有关与伊朗联合调查1994年布宜诺斯艾利斯犹太人中心爆炸案的提案。4月，艾致电祝贺马杜罗当选委内瑞拉总统，并随后出席马杜罗的就职典礼。2016年9月，伊朗总统鲁哈尼访问古巴、委内瑞拉。2018年3月，伊朗外长扎里夫访问巴西。2019年7月，扎里夫访问尼加拉瓜。

【同非洲国家的关系】重视发展与非洲国家的政治、经济和文化关系，主张在互利互惠的基础上与主要非洲国家建立新型伙伴关系。2003年3月9日，伊朗—非洲合作论坛宣告成立，以“挑战与机遇”为主题的首届论坛会议在德黑兰举行。2013年1月，伊朗外长萨利希访问贝宁、加纳和布基纳法索。2月，萨利希出席在亚的斯亚贝巴举行的第20届非盟峰会。4月，艾哈迈迪内贾德总统访问贝宁、尼日尔和加纳。7月，萨利希访问津巴布韦、科摩罗和纳米比亚。2016年7

月，伊朗外长扎里夫访问尼日利亚、加纳、几内亚、马里四国。2017年10月，伊朗外长扎里夫访问乌干达、南非并出席第13次伊南（非）双边对话及经贸合作论坛。2018年3月，扎里夫访问尼日利亚。2019年10月，扎里夫访问南非。（邹扬）

以　色　列

国名　以色列国（The State of Israel）。

面积　根据1947年联合国关于巴勒斯坦分治决议的规定，以色列国的面积为1.52万平方公里。1948年至1973年间，以色列在四次中东战争中占领了大片阿拉伯国家领土，20世纪80年代后陆续部分撤出。目前实际控制面积约2.5万平方公里。

人口　909.2万（2019年9月），其中犹太人约占74.4%，阿拉伯人约占21%，其余为德鲁兹人等。希伯来语为官方语言，通用英语。犹太人多信奉犹太教，其余民族信奉伊斯兰教、基督教等。

首都　建国时在特拉维夫（Tel Aviv），1950年迁往耶路撒冷（Jerusalem），但未获国际社会普遍承认。目前国际社会同以色列建交的国家普遍将使馆设在特拉维夫或其周边城市。

国家元首　总统鲁温·瑞夫林（Reuven Rivlin），2014年7月24日就职，为以色列第10任总统，任期7年。

重要节日　犹太新年：约公历9月；赎罪日：约公历10月；住棚节：约公历10月；逾越节：约公历3、4月；大屠杀纪念日：约公历4、5月；独立日：约公历4、5月。

简　况

位于亚洲西部。东接约旦，东北部与叙利亚为邻，南连亚喀巴湾，西南部与埃及为邻，西濒地中海，北与黎巴嫩接壤，是亚、非、欧三大洲结合处，海岸线长198公里。地中海型气候，夏季炎热干燥，最高气温39℃；冬季温和湿润，最低气温4℃左右。

犹太人远祖是古代闪族支脉，起源于约4000年前的美索不达米亚平原，后因躲避自然灾害迁徙至埃及尼罗河三角洲东部，因而得名“希伯来人”（意为“渡来之人”）。公元前13世纪末开始从埃及迁居巴勒斯坦地区。公元前1000年左右，建立以色列国。此后先后被亚述、巴比伦、波斯、古希腊和罗马帝国征服。公元70年被罗马人赶出巴勒斯坦地区，开始长达近2000年的“大流散”。19世纪末，犹太复国主义运动兴起，犹太人开始大批移居巴勒斯坦地区。第一次世界大战结束后，英国对巴勒斯坦地区实行委任统治。1917年11月，时任英国外交大臣阿瑟·詹姆士·贝尔福致信英国犹太复国主义同盟主席莱昂内尔·罗斯柴尔德，表示英国政府“赞同地看待在巴勒斯坦建立一个犹太人的民族家园”，史称“贝尔福宣言”。1947年11月29日，联合国大会通过决议，决定在巴勒斯坦地区分别建立一个阿拉伯国和一个犹太国。1948年5月14日，以色列国根据该决议正式成立。

政　治

议会制政体。议会是国家最高权力机构，政府由议会中占多数席位的政党或政党联盟组成。由于党派进入议会门槛极低，以色列历届政府均为联合政府。

【宪法】没有正式的成文宪法，仅有《议会法》《国家土地法》《总统法》《政府法》、《国家经济法》《司法制度法》《人的尊严与自由法》《职业自由法》等一系列基本法。

【议会】又称“克奈赛特”（Knesset，原意是“犹太会堂”），实行一院制，设有120个席位，任期4年，拥有立法、修法、对重大政治问题进行表决、批准内阁成员名单、监督政府施政等职权。议会选举采用比例代表制。

议长亚瑞夫·莱文（Yariv Levin），2020年5月17日就职，前旅游部长，利库德集团成员。

【政府】由议会中占多数席位（至少61席）的一个或若干个政党联合组成。议会选举结果揭晓后，总统在综合议会各党派意见基础上提名，授权最有可能赢得议会信任投票的政党（一般为第一大党或第二大党）领导人组建政府。总理由成功完成组阁者担任。2019年4月、9月和2020年3月先后举行第二十一、二十二、二十三届议会选举。前两次选举后，组建新政府均未成功。第三次选举后成功组建联合政府。5月17日，新政府宣誓就职。

总理：本雅明·内塔尼亚胡（Benjamin Netanyahu），利库德集团主席。

【行政区划】全国划分为75个市，265个地方委员会，53个地区委员会。

【司法机构】最高法院、地区法院和基层法院三级制组织系统，此外还有专项法庭、宗教法院和劳资法院。

【政党和组织】以色列政党较多，且不断变化，目前主要有：

（1）利库德集团（Likud）：右翼政党，1973年9月由加哈尔集团、自由中心、拉姆党、人民党、国土完整运动等党派联合组成，现任主席是本雅明·内塔尼亚胡（Benjamin Netanyahu）。1977年首次在大选中击败以色列建国后长期执政的工党，此后数次领衔执政或同工党联合执政。2009年以来一直领衔执政，长期是议会第一大党。2019年4月第二十一届议会选举蝉联第一大党，9月第二十二届议会选举成为第二大党，2020年3月第二十三届议会选举获36席，再次成为第一大党。

（2）蓝白党（实为坚韧以色列党）：中左翼政党，2018年底成立，现任主席是前总参谋长、现任议长甘茨。2019年2月，坚韧以色列党同未来党联合组建蓝白党，前国防部长亚阿隆组建的泰勒姆党后来加入，三党共同以蓝白党名义参加了第二十一、二十二、二十三届议会选举。其中，在2019年9月举行的第二十二届议会选举中，蓝白党成为议会第一大党，2019年4月第二十一届、2020年3月第二十三届议会选举中均为第二大党。2020年3月底，蓝白党因内部政见不和而事实解体。坚韧以色列党沿用蓝白党名称，并同利库德集团等共组联合政府，未来党和泰勒姆党表示反对。目前，蓝白党在第二十三届议会中占有15席。此外，原蓝白党两名议员另组“国家路线党”，依附于现蓝白党，在第二十三届议会中占有2席。

（3）未来党（Yesh Atid）：世俗中间政党，2012年4月成立，主要支持者为中产阶级，现任主席为前财政部长亚伊尔·拉皮德（Yair Lapid）。2015年第二十届议会选举中获11席，未加入执政联盟。该党原是组成蓝白党的三党之一，目前在第二十三届议会中占有13席。

（4）泰勒姆党（Telem）：世俗中间政党，2019年1月成立，现任主席是前国防部长摩西·亚阿隆（Moshe Ya'alon）。“泰勒姆”是希伯来语“全民政治运动”的缩写。该党原是组成蓝白党的三党之一，目前在第二十三届议会中占有3席。

（5）联合名单（Joint List）：阿拉伯左翼政党联盟，2015年1月成立，由新党联盟、联合阿拉伯名单党、阿拉伯复兴运动、民族民主联盟四个阿拉伯政党联合组建，初衷是确保在议会选举中出线。内部关系相对松散，未联合参加2019年4月第二十一届议会选举，后又重新联合参加2019年9月第二十二届和2020年3月第二十三届议会选举。现任领导人是新党联盟主席奥戴。目前在第二十三届议会选举中占有15席。

（6）沙斯党（Shas）：代表东方犹太人的正教派犹太人政党，1984年成立，现任主席是现任内政部长阿里耶·德里（Aryeh Deri）。2015年第二十届议会选举中获得7席，加入利库德集团领衔的右翼—宗教政党阵营。2019年以来的3次议会选举均在组建新政府问题上同阵营各党保持协调。目前在第二十三届议会中占有10席。

（7）犹太教圣经联盟（United Torah Judaism，简称UTJ）：宗教政党联盟，1992年成立，由以色列联合党和圣经旗帜党合并组成。现任主席是现任卫生部长雅科夫·利兹曼（Yaakov Litzman）。2015年第二十届议会选举中获得13席，加入利库德集团领衔的右翼—宗教政党阵营。2019年以来的3次议会选举均在组建新政府问题上同阵营各党保持协调。目前在第二十三届议会中占有7席。

（8）我们的家园以色列党（Yisrael Beiteinu）：右翼政党，1999年成立，主要代表来自苏联、东欧地区的犹太移民，现任主席是阿维格多·利伯曼（Avigdor Liberman）。2009年以来数次加入以利库德集团为首的执政联盟，也数度退出。目前在第二十三届议会中占有7席。

（9）统一右翼党（Yamina）：极右翼政党联盟，2019年7月成立，由新右翼党、犹太家园党和全国联盟党联合组建，2019年9月和2020年3月两次议会选举后均加入了利库德集团领衔的右翼—宗教政党阵营，在组建新政府问题上同阵营各党保持协调。现任领导人是现任国防部长纳夫塔利·本内特（Naftali Bennett）。目前在第二十三届议会中占有6席。

（10）工党—桥党—梅雷兹党联盟（Labor-Gesher-Meretz）：三个政党都是左翼政党。其中，工党是以色列老牌政党，成立于1968年，前身是成立于1930年的“以色列领地工人党”（The Workers Party of the Land of Israel），以色列建国后曾长期执政，本-古里安、梅厄、拉宾、佩雷斯等以色列政坛名宿均出自该党。1977年在议会选举中被利库德集团击败，失去连续执政地位。此后也曾领衔执政，或同利库德集团联合执政。2001年在议会选举中失利，此后未再领衔执政。桥党和梅雷兹党分别成立于1995年和1992年。2019年9月，工党同桥党组成竞选联盟，在第二十二届议会选举中共获6席。梅雷兹党当时在另一竞选联盟“民主联盟”内，该联盟共获5席。2020年3月，三党组成竞选联盟，在第二十三届议会选举中共获7席。选举后不久，三党联盟因政见不和而解体。

【重要人物】鲁温·瑞夫林：总统。1939年生于耶路撒冷。耶路撒冷希伯来大学法学学士学位。1986年至1988年，任以色列右翼政党“自由运动”耶路撒冷支部负责人。1988年，“自由运动”并入利库德集团，以利库德成员身份当选议会议员。曾于1992年落选，但又于1996年再次当选并连任至2014年。2001年至2003年，任通讯部长。2003年至2006年，任议长。2007年，参加总统竞选败北。2009年至2013年再次担任议长。2014年7月起，任以色列第10任总统，任期7年。 **本雅明·内塔尼亚胡**：总理。1949年生于特拉维夫。美国麻省理工学院硕士。曾任以驻美使馆副馆长、常驻联合国代表。1988年当选议员。1993年当选利库德集团主席。1996年当选总理。1999年5月参加总理竞选失败后辞去利库德主席职务，宣布退出政坛。2002年至2005年，先后任外交部长、财政部长。2005

年12月再次当选利库德集团主席。2009年3月出任总理。2013年3月、2015年5月、2020年5月连任。

经　济

混合型经济，工业化程度较高，以知识密集型产业为主。高附加值农业、生化、电子、军工等部门技术水平较高。以色列总体经济实力较强，竞争力居世界先列。主要经济数据如下：

国内生产总值：4071亿美元（2019年）。

人均国内生产总值：约4.4万美元（2019年）。

国内生产总值增长率：3.3%（2019年）。

失业率：3.7%（2019年）。

货币名称：新谢克尔。

汇率：1美元≈3.6新谢克尔（2020年3月）。

【资源】矿产资源较贫乏。主要有钾盐、石灰石、铜、铁、磷酸盐、镁、锰、硫黄等。国土森林覆盖率约5.7%，总面积约11.43万公顷（127万杜纳亩）。

【工业】主要发展能耗少、资金和技术密集型产业，注重对科技研发的投入。工业部门门类集中在高新技术产业及宝石加工行业，在电子技术、计算机软件、医疗设备、生物技术、信息和通讯技术、钻石加工等领域处于世界领先水平。

【农业】农业发达，科技含量较高，其滴灌设备、新品种开发举世闻名。农业组织结构以基布兹（最早形式是集体农庄，其中居民没有私产，没有工资，衣食住行教育医疗等均免费，后逐渐发展成为集体社区，现在也从事一些工业和高科技产业）和莫沙夫（通常是一个约60户人家的村庄，每户人家拥有自己的房屋和土地，自给自足）为主。主要农作物有小麦、棉花、蔬菜、柑橘等。粮食接近自给，水果、蔬菜生产自给有余并大量出口。

【旅游业】旅游业在经济中占重要地位，是外汇的主要来源之一。拥有较多名胜古迹，每年吸引数以百万计的游客游览观光。

【交通运输】陆、海、空运输业发达。其中陆地运输的货物占一半，船舶和航空运输各占四分之一。国内公路运输发达，主要城市之间有高速公路相连。主要港口有海法、阿什杜德、埃拉特港等。主要机场有本-古里安国际机场、埃拉特机场、杜夫机场等。主要航空公司有以色列航空公司（EL-AL）等。

【对外贸易】国内市场相对狭小，经济对外依存度高。以色列是世贸组织和经济合作与发展组织成员国，与美国、加拿大、土耳其、墨西哥及欧盟、欧洲自由贸易联盟、南方共同市场签有自由贸易协定。欧盟是以色列最大贸易伙伴，美国是最大单一贸易伙伴国。

人民生活

2017年预计人口增长率1.51%。2017年固定电话装机每百人39部，移动电话使用每百人127部。

军　事

以色列国防军正式成立于1948年5月26日，其前身是犹太民兵组织“哈加纳”。国防最高决策权和国防军的最高统帅权属于政府。国防部长是国防系统的最高领导，总参谋部是军队最高指挥机关，具体负责全军的作战指挥和军事训练。实行普遍义务兵役制，现役部队18万人，预备役人员45万人。国防预算多年保持在国内生产总值的7%。

文化教育

【教育】政府重视教育事业。3至16岁儿童享受义务教育，免费教育至高中毕业。以色列教育经费长期占国内生产总值的8.5%左右。著名的高等院校有：希伯来大学、特拉维夫大学、海法大学、以色列工程技术学院、魏茨曼科学研究院、巴伊兰大学、本-古里安大学等。

【新闻出版】新闻出版业较发达，主要报刊有:《国土报》(HA'ARETZ)，创刊于1918年，希伯来语日报;《耶路撒冷邮报》(THE JERUSALEM POST)，创刊于1932年，英语日报;《新消息报》(YEDIOTHAHRONOTH)，创刊于1939年，希伯来语日报;《晚报》(MA'ARIV)，创刊于1948年，希伯来语日报;《今日以色列报》(Israel Hayom)，创刊于2007年，希伯来语日报。

以色列广播局（IBA），1948年成立，直接管理国有电视台电视一台和“以色列之声”电台。

以色列电视台：电视一台，国有电视台，1968年开播，每天播放希伯来语和阿拉伯语电视节目。其他主流电视台包括电视二台、十台、十二台、十三台等，均为私营电视台。

以色列电台：除“以色列之声”,“以色列国防军之声”也是最主流电台之一，1951年设立，军方电台，用希伯来语广播。

对外关系

以色列奉行以美国为中心的非平衡外交政策，同欧洲国家联系密切，积极发展同中国、印度等新兴市场国家关系。在中东问题上长期持强势立场，同巴勒斯坦、叙利亚、黎巴嫩的领土争端至今没有解决，经常在多边场合因此遭到批评。受此影响，曾同阿拉伯、伊斯兰国家关系长期紧张，但近一段时间以来同海湾阿拉伯国家关系有所改善。

【同中国的关系】中以两国于1992年1月24日正式建交。2017年3月21日，两国建立创新全面伙伴关系。近年来，中方重要往访有：中共中央政治局委员、国务院副总理汪洋（2015年11月），国家副主席王岐山（2018年10月），中共中央政治局委员、广东省委书记胡春华（2017年6月），全国人大常委会委员长张德江（2016年9月），最高人民检察院检察长曹建明（2017年4月），中共中央政治局委员、书记处书记、中宣部部长刘奇葆（2013年10月），全国政协副主席王正伟（2015年5月），中共中央政治局委员、国务院副总理刘延东（2014年5月、2016年3月），全国人大常委会副委员长向巴平措（2017年7月），全国政协副主席韩启德（2013年6月）等。以方重要来访有：总理内塔尼亚胡（2013年5月，2017年3月），总统佩雷斯（2014年4月），副总理兼内政部长沙洛姆（2015年10月）、议长埃德尔斯坦（2016年4月）。

1992年两国成立经贸联委会，至今已举行5次会议。2005年11月，以色列正式承认中国完全市场经济地位。两国已签署贸易、投资保护协定，避免双重征税，文化交流协定，民用航空协定，劳务输出协议，体育合作备忘录，教育合作协议，旅游合作协定，邮电通讯合作协议，工业技术研发框架协议，技术创新合作协定，中国旅游团队赴以色列旅游实施方案谅解备忘录，促进产业研究和开发的技术创新合作协定，成立两国创新合作联合委员会的备忘录等协议。2018年双边贸易额139.2亿美元，同比增长6.1%，其中中方出口额92.8亿美元，同比增长4%，进口额46.4亿美元，同比增长10.5%。2019年双边贸易额147.67亿美元，同比增长6.1%，其中中方出口额96.13亿美元，同比增长3.63%，进口额51.54亿美元，同比增长11.05%。中国是以色列亚洲第一大、全球第三大贸易伙伴。

中国驻以色列大使:（暂缺）馆址：222 BEN YEHUDA ST. TEL AVIV。电话：00972-3-5467277；传真：5467251。

以色列驻华大使：何泽伟（Zvi Hefeitz）。馆址：北京市朝阳区天泽路17号。电话：010-85320500；传真：85320555。

【同美国的关系】1948年5月14日与美国建交。两国是特殊战略盟友关系，美国每年向以色列提供大约30亿美元的军事援助。奥巴马担任美国总统期间，美以关系不和，以色列总理内塔尼亚胡曾于2015年3月在未受到奥巴马邀请的情况下赴美国国会发表演讲。2017年1月特朗普担任美国总统后，内塔尼亚胡于2月访美并同特朗普会面，美以关系迅速升温，双方高层往来密切。2017年12月6日，特朗普正式宣布承认耶路撒冷是以色列首都。2018年5月14日，美国将其驻以色列使馆由特拉维夫正式迁至耶路撒冷。2019年3月25日，在内塔尼亚胡访美期间，特朗普签署公告，正式承认以色列对原属叙利亚的戈兰高地拥有主权。2020年1月，美方公布“中东和平新计划”政治部分，以方表示欢迎，开始酝酿根据该计划单方面划定以巴两国边界，同时陆续宣布了一批新的定居点建设计划，遭到巴方强烈反对。

【同俄罗斯的关系】1947年，苏联投票赞成联合国大会关于巴勒斯坦分治的决议。以色列建国后，苏联很快与以色列建交。1967年第三次中东战争后，以苏两国断交。1990年10月，以苏两国恢复大使级外交关系。苏联解体后，以色列宣布承认独联体所有国家，并相继同包括俄罗斯在内的独联体15国建交。近年来，以俄关系发展较快，以色列总理内塔尼亚胡于2015年9月，2016年6月，2017年3月和8月，2018年1月和5月，2019年2月、4月和9月9次访问俄罗斯。

【同欧洲国家的关系】以色列与欧洲国家有传统关系。早期犹太复国主义运动的代表人物大多来自欧洲，相似的政体和共同的社会价值观是以色列同欧洲国家发展关系的基础。欧洲也是以色列的重要贸易伙伴，以色列同欧盟于1995年签署自由贸易协定。欧洲各国支持以“两国方案”为基础，通过和平谈判解决巴勒斯坦问题，积极参与中东和平进程。1991年马德里和会后，欧洲在中东问题上发挥作用的趋势有所加强。近年来，欧洲国家在双边层面同以色列关系不断发展。2019年7月，克罗地亚总统基塔罗维奇访问以色列。8月，以色列总理内塔尼亚胡访问乌克兰，这是以色列总理时隔20年后再次访乌。9月，内塔尼亚胡访问英国。11月，以色列总统瑞夫林访问英国。12月，内塔尼亚胡访问葡萄牙。另一方面，欧盟反对以色列采取单边措施改变以巴现状，反对以方兴建定居点。2013年8月底，欧盟决定对以色列定居点出口商品及与其相关的贸易作出限制，是首个采取此类措施的地区组织。以方对此表示反对。

【同埃及的关系】1979年3月，以埃两国正式签订和平条约，结束战争状态，埃及成为首个同以色列媾和的阿拉伯国家。1980年2月，以埃两国互派大使。1989年3月，以方撤出西奈半岛最后一块埃及领土——塔巴地区。此后，以埃关系有所发展，但由于巴勒斯坦问题长期得不到解决，两国关系总体冷淡。2011年1月埃及政局发生变化后，埃及军方承诺继续遵守埃以和约，以方对此表示欢迎。8月，以国防军误杀数名埃及士兵，引发埃及大规模反以示威。9月，埃及示威民众冲击以色列驻埃及使馆，迫使以方人员紧急撤离。此后，以埃双方围绕重新互派大使、重开使馆等问题多有反复。2016年7月，埃及外长舒克里访问以色列。2017年9月，埃及总统塞西在出席联合国大会期间同以色列总理内塔尼亚胡会见。2018年2月，以埃双方签署150亿美元的10年期合同，向埃出口640亿立方米天然气。此外，2015年以来，埃方多次斡旋以方同加沙地带武装组织达成停火协议。

【同巴勒斯坦的关系】1991年马德里中东和会召开，以巴双方结束了长达几十年的武装对抗，开始谋求通过平等对话与协商解决巴勒斯坦问题。1993年至1995年，以巴双方先后签署《临时自治安排原则宣言》（即“奥斯陆协议”）、《加沙和杰里科先行自治协议》、《扩大巴勒斯坦在约旦河西岸自治范围的协议》。1997年1月，巴以双方签署了关于以军在希伯伦重新部署的协议，规定以军从希伯伦80%的地区撤出。1998年10月，巴以双方签署了以色列第二阶段从约旦河西岸撤军协议，即“怀伊协议”。1999年11月8日，巴以双方正式启动最终地位谈判，但未取得进展。2000年7月，美、以、巴首脑戴维营峰会无果而终。同年9月，以色列利库德集团领导人沙龙强行进入耶路撒冷阿克萨清真寺，引发长达四年多的巴以冲突。以军还长期围困巴勒斯坦领导人阿拉法特，直至其病危。2005年阿巴斯成为巴勒斯坦最高领导人后，以巴关系有所改善。同年9月，以方完成从加沙地带和约旦河西岸部分地区撤离犹太人定居点和军队的“脱离计划”。2006年哈马斯执政后，以方开始长期封锁加沙地带，并于2006年6月和11月、2008年2月底至3月初、2008年底至2009年初、2012年11月、2014年7月至8月先后6次对加沙地带实施大规模军事行动。2007年11月安纳波利斯会议后，以巴和谈时断时续，双方矛盾日渐尖锐。2014年4月底，以巴和谈再次陷入僵局，此后未再重启。特朗普担任美国总统后，以巴关系更加紧张，巴方多次表示将中止执行“奥斯陆协议”、暂停同以方安全协调、努力摆脱对以方经济依赖等。2018年3月底开始，加沙地带的巴勒斯坦民众定期在同以色列交界地区举行“回归大游行”，多次同以军发生冲突，迄今已造成300多人死亡、3万多人受伤。2019年5月，以方同加沙地带武装组织再次爆发冲突，后经联合国和埃及斡旋，双方停火。6月，美国公布“中东和平新计划”经济部分，以方表示欢迎。11月，以色列国防军和国家安全总局（辛贝特）联合实施“斩首”行动，定点清除巴勒斯坦伊斯兰圣战组织（杰哈德）指挥官阿布阿塔，杰哈德同以方一度爆发激烈冲突。2020年1月，美方公布“中东和平新计划”政治部分，以方表示欢迎，并开始酝酿根据该计划单方面划定以巴两国边界，同时陆续宣布了一批新的定居点建设计划，遭到巴方强烈反对。

【同约旦的关系】1994年7月25日，以色列和约旦在华盛顿签署和平条约，结束战争状态。同年11月，以、约两国建交并互派大使，实现关系正常化。2017年7月23日，以色列驻约使馆安全官枪杀两名约旦公民，引发以约外交危机。次日，以色列驻约旦使馆人员全部回国。2019年11月，以色列向约旦租借巴古拉和古玛尔两块边界地区（总面积约10平方公里）土地的租约到期，约方宣布不再续约。

【同黎巴嫩的关系】以黎两国长期对立，双方在谢巴农场、卡弗尔舒巴村、加吉尔村北部等地（目前由以色列占领）归属、地中海海上边界划定等问题上仍有较大争议。2006年7月12日，由于黎巴嫩真主党武装率先袭击以色列并击毙、俘虏以色列国防军数名士兵，以方对真主党武装实施大规模军事行动，造成严重人员伤亡。8月11日，联合国安理会通过第1701号决议，呼吁以黎双方停火。8月14日，以黎双方接受该决议并停火。此后，以黎局势总体稳定，但双方小股摩擦时有发生，以色列军机也不时飞越黎巴嫩领空。2018年12月至2019年1月，以色列国防军在以黎边境以方一侧实施“北部屏障行动”，排查和摧毁真主党武装在边境地区挖掘的隧道。2019年9月，以色列和黎巴嫩边境发生小规模冲突，黎巴嫩真主党向一处以军哨所和一辆军用救护车发射反坦克导弹，以军对一座黎方村镇进行报复性打击，双方无人员伤亡。

【同叙利亚的关系】1992年9月，以方首次表明“土地换和平”原则也适用于戈兰高地，之后，以叙和谈时断时续。2008年，以叙双方在土耳其斡旋下进行了4轮非直接谈判，因年底以方对巴勒斯坦加沙地带实施“铸铅”军事行动而终止。2011年叙利亚局势动荡以来，以方多次对叙利亚境内的伊朗伊斯兰革命卫队、黎巴嫩真主党武装、伊拉克民兵组织目标实施空袭。

【同其他阿拉伯国家的关系】1994—1996年，以色列先后与摩洛哥、突尼斯、阿曼互设利益办事处或办公室。1999年11月，毛里塔尼亚与以色列建交，后于2009年3月断交。2010年10月，摩洛哥、突尼斯、阿曼宣布冻结与以色列的关系。近年来，以色列同阿拉伯国家特别是海湾阿拉伯国家关系有所发展。2018年10月，以色列总理内塔尼亚胡访问阿曼，与阿曼苏丹卡布斯举行会晤。以方表示这是加强同中东国家关系的重要一步。2019年6月30日至7月1日，以色列外长卡茨赴阿联酋参加在阿布扎比举行的联合国气候变化会议。

【同土耳其的关系】1949年土耳其宣布承认以色列，是最早承认以色列的国家之一，1950年两国建立公使级外交关系。2010年5月31日，以色列海军突袭向巴勒斯坦加沙地带运送人道主义物资的国际救援船“蓝色马尔马拉号”，造成8名土耳其人和1名美国籍土耳其裔人死亡。土方要求以方道歉、赔偿，遭到以方拒绝，两国关系严重受损。2013年5月，经美国斡旋，以土双方就结束外交危机达成协议草案，双方关系开始恢复，但此后又因巴勒斯坦问题再有反复。2016年6月28日，以土双方在土耳其首都安卡拉签署两国关系正常化协议，但双方仍龃龉不断。

【同其他亚洲国家的关系】以色列同亚洲多国建立了外交关系，但印度尼西亚、马来西亚等伊斯兰国家暂未同以色列建交。随着亚洲各国经济实力的增长，以色列同亚洲各国联系更加紧密。日本与以色列经贸关系密切，是以色列重要贸易伙伴。2015年1月，日本首相安倍晋三访问以色列。印度与以色列建有战略伙伴关系，两国在农业、科技、防务等领域合作不断推进。2013年10月，印度总统慕克吉访问以色列。2017年7月，印度总理莫迪访问以色列。以色列同韩国的关系也较密切。2019年7月，以色列总统瑞夫林访问韩国。8月，以韩两国完成自由贸易协定谈判，这是以色列与亚洲发达经济体达成的首个自贸协定。

【同非洲国家的关系】1967年第三次中东战争战争和1973年第四次中东战争后，非洲多国相继与以色列断交，只有南非、斯威士兰、莱索托、马拉维与以色列保持外交关系。20世纪90年代中东和平进程启动后，以色列陆续与刚果（金）、利比里亚、科特迪瓦、喀麦隆、多哥、肯尼亚、中非、埃塞俄比亚、厄立特里亚、加蓬、刚果（布）、尼日利亚、安哥拉、赞比亚、贝宁、冈比亚、布基纳法索、津巴布韦、博茨瓦纳等国复交或建交。2016年7月，以色列总理内塔尼亚胡访问乌干达、肯尼亚、卢旺达和埃塞俄比亚四国。2017年1月，塞拉利昂总统科罗马访问以色列。2月，赞比亚总统伦古访问以色列。6月，内塔尼亚胡赴利比里亚出席西非国家经济共同体峰会。7月，卢旺达总统卡加梅访问以色列。11月，内塔尼亚胡赴肯尼亚出席肯尼亚总统肯雅塔就职典礼，并会见卢旺达、加蓬、乌干达、坦桑尼亚、赞比亚、南苏丹、博茨瓦纳、纳米比亚总统和埃塞俄比亚总理。2019年1月，内塔尼亚胡对乍得进行历史性访问，以色列和乍得恢复外交关系。2月，利比里亚总统维阿访问以色列。9月，埃塞俄比亚总理阿比访问以色列。

【同拉美国家的关系】自20世纪60年代起，以色列就与拉美国家发展关系，政府要员频繁出访拉美。以色列每年向拉美国家销售军工产品占以方军品出口的一半以上。萨尔瓦多等国还聘用以方军事顾问。2014年7月，巴西、厄瓜多尔、智利、秘鲁等国抗议以色列对巴勒斯坦加沙地带实施大规模军事行动，一度召回本国驻以色列大使。但此后不久，双方关系逐渐恢复正常。2017年9月，以色列总理内塔尼亚胡访问阿根廷、哥伦比亚和墨西哥。12月，在美国总统特朗普宣布承认耶路撒冷是以色列首都并决定将美国驻以使馆迁至耶路撒冷后，危地马拉和洪都拉斯也宣布同样决定。2018年10月，巴西总统博索纳罗在当选后承诺将巴西驻以色列使馆迁至耶路撒冷。12月，内塔尼亚胡访问巴西。2019年4月，巴西总统博索纳罗访问以色列。6月，智利总统皮涅拉访问以色列。9月，洪都拉斯总统埃尔南德斯访问以色列。12月，巴西在耶路撒冷开设贸易办公室。（陈曦）

印度

国名 印度共和国（The Republic of India）。

面积 约298万平方公里（不包括中印边境印占区和克什米尔印度实际控制区等），印度政府自称328.78万平方公里。居世界第七位。

人口 13.66亿，居世界第2位（2019年）。有10个大民族和几十个小民族，其中印度斯坦族46.3%，泰卢固族8.6%，孟加拉族7.7%，马拉地族7.6%，泰米尔族7.4%，古吉拉特族4.6%，坎拿达族3.9%，马拉雅拉姆族3.9%，奥里雅族3.8%，旁遮普族2.3%。官方语言为印地语和英语。约有80.5%的居民信奉印度教，其他宗教有伊斯兰教（13.4%）、基督教（2.3%）、锡克教（1.9%）、佛教（0.8%）和耆那教（0.4%）等。

首都 新德里（New Delhi），人口约2500万。

国家元首 总统拉姆·纳特·科温德（Ram Nath Kovind）。2017年7月就职。

重要节日 共和国日（Republic Day）：1月26日；独立日（Independence Day）：8月15日；洒红节（Holi，也称春节）：每年公历3、4月间，印度教四大节日之一；灯节（Divali）：在10、11月间，是印度教徒最大的节日，全国庆祝3天。

简况

南亚次大陆最大国家。东北部同中国、尼泊尔、不丹接壤，孟加拉国夹在其东北部国土之间，东部与缅甸为邻，东南部与斯里兰卡隔海相望，西北部与巴基斯坦交界。东临孟加拉湾，西濒阿拉伯海，海岸线长5560公里。大体属热带季风气候，一年分为凉季（10月至次年3月）、暑季（4—6月）和雨季（7—9月）三季。降水量忽多忽少，分配不均。与中国时差-2.5小时。

世界四大文明古国之一。公元前2500年至前1500年之间创造了印度河文明。公元前1500年左右，原居住在中亚的雅利安人中的一支进入南亚次大陆，征服当地土著，建立了一些奴隶制小国，确立了种姓制度，婆罗门教兴起。公元前4世纪崛起的孔雀王朝统一印度，公元前3世纪阿育王统治时期疆域广阔，政权强大，佛教兴盛并开始向外传播。公元前2世纪灭亡，小国分立。公元4世纪笈多王朝建立，统治200多年。中世纪小国林立，印度教兴起。1398年突厥化的蒙古族人由中亚侵入印度。1526年建立莫卧儿帝国，成为当时世界强国之一。1600年英国侵入，建立东印度公司。1757年沦为英殖民地，1849年全境被英占领。1857年爆发反英大起义，次年英国政府直接统治印度。1947年6月，英国通过“蒙巴顿方案”，将印度分为印度和巴基斯坦两个自治领。同年8月15日，印巴分治，印度独立。1950年1月26日，印度共和国成立，为英联邦成员国。

政治

印度独立后长期由国大党统治，反对党曾在1977—1979年、1989—1991年两次短暂执政。1996年后印度政局不稳，到1999年先后举行三次大选，产生了五届政府。1999—2004年，印度人民党为首的全国民主联盟上台执政，阿塔尔·比哈里·瓦杰帕伊任总理。2004—2013年，国大党领导的团结进步联盟在左派政党外部支持下，组成联合政府，曼莫汉·辛格任总理。

2014年4月7日至5月12日，印度举行第16届人民院选举，印度人民党赢得人民院过半数席位，成为第一大党，在中央单独执政，纳伦德拉·莫迪出任总理。2019年4月11日至5月19日，印度举行第17届人民院选举，印人党领导全国民主联盟赢得过半数席位，莫迪总理成功连任。

【宪法】宪法于1950年1月26日生效。规定印度为联邦制国家，是主权的、社会主义的、世俗的民主共和国，采取英国式的议会民主制。公民不分种族、性别、出身、宗教信仰和出生地点，在法律面前一律平等。

【议会】联邦议会由总统和两院组成。总统为国家元首和武装部队的统帅，由议会两院及各邦议会当选议员组成选举团选出，任期5年，依照以总理为首的部长会议的建议行使职权。两院包括联邦院（上院）和人民院（下院）。联邦院共250席，由总统指定12名具有专门学识或实际经验的议员，和不超过238名各邦及中央直辖区的代表组成，任期6年，每两年改选1/3。联邦院每年召开4次会议。宪法规定副总统为法定的联邦院议长。现任联邦院议长穆帕瓦拉普·文卡亚·奈杜（Muppavarapu Venkaiah Naidu），2017年8月5日当选，2017年8月11日就职。

人民院为国家主要立法机构，其主要职能为：制定法律和修改宪法；控制和调整联邦政府的收入和支出；对联邦政府提出不信任案，并有权弹劾总统。根据印度宪法规定，人民院议员总数最多不超过552席，其中530席代表各邦，20席代表中央直辖区，2席由总统从英裔印度人中任命。目前，印度人民院共545席，其中543席由选民直接选举产生，每5年举行1次大选。2019年选举产生的第17届人民院得票较多的政党有：印人党获得302席，国大党获52席，德拉维达进步联盟获23席，草根国大党22席，YSR国大党22席。现任人民院议长奥姆·博拉（Om Birla），2019年6月19日当选。

【政府】以总理为首的部长会议是最高行政机关。总理由总统任命人民院多数党的议会党团领袖担任，部长会议还包括内阁部长、国务部长。总理和内阁部长组成的内阁是决策机构，其中内阁部长共24人：总理纳伦德拉·莫迪（Narendra Modi）兼人事、督察和养老金部部长、原子能和空间署署长，国防部部长拉吉纳特·辛格（Raj Nath Singh），内政部部长阿米特·沙阿（Amit Shah），道路交通和公路部、中小微企业部部长尼廷·杰拉姆·加德卡里（Nitin Jairam Gadkari），化工和化肥部部长D. V. 萨达南达·高达（D.V. Sadananda Gowda），财政部、公司事务部部长尼尔玛拉·希塔拉曼（Nirmala Sitharaman，女），消费者事务、食品和公共分配部部长拉姆维拉斯·帕斯万（Ramvilas Paswan），农业和农民福利部、农村发展部、乡村自治组织部（潘查亚特事务部）部长纳伦德拉·辛格·托马尔（Narendra Singh Tomar），司法部、通信部、电子和信息技术部部长拉维·香卡尔·普拉萨德（Ravi Shankar Prasad），食品加工工业部部长哈斯姆拉特·考尔·巴达尔（Harsimrat Kaur Badal，女），社会公平和权利部部长塔瓦尔·昌德·盖洛特（Thaawar Chand Gehlot），外交部长苏杰生（Subrahmanyam Jaishankar），人力资源发展部部长拉梅什·帕克里亚尔·尼香克（Ramesh Pokhriyal Nishank），部落事务部部长阿琼·梦达（Arjun Munda），妇女和儿童发展部、纺织部部长斯姆里蒂·祖宾·伊拉尼（Smriti Zubin Irani，女），卫生和家庭福利部、科技部、地球科学部部长哈什·瓦尔丹（Harsh Vardhan），环境、森林和气候变化部、信息和广播部部长普拉卡什·贾瓦德卡尔（Prakash Javadekar），铁道部、商工部部长皮尤什·高耶尔（Piyush Goyal），石油和天然气部、钢铁部部长达蒙德拉·普拉丹（Dharmendra Pradhan），少数民族事务部部长慕克塔尔·阿巴斯·纳克维（Mukhtar Abbas Naqvi），议会事务部、煤炭部、矿业部部长普拉拉德·乔希（Pralhad Joshi），技能发展和创业部部长马亨德拉·纳特·潘迪（Mahendra Nath Pandey），重工业和公共企业部部长阿温德·甘帕特·萨万特（Arvind Ganpat Sawant），畜牧、乳品和渔业部部长基里拉吉·辛格（Giriraj Singh），水利和安全饮用水部部长加金德拉·辛格·谢卡瓦特（Gajendra Singh Shekhawat）。

独立主持部务的国务部长9人：劳动和就业部国务部长（独立主持）桑托什·库马尔·冈瓦尔（Santosh Kumar Gangwar），统计和项目执行部国务部长（独立主持）、计划部国务部长（独立主持）拉奥·英德吉特·辛格（Rao Inderjit Singh），传统医学部国务部长（独立主持）、国防部国务部长谢利帕德·耶索·纳伊克（Shripad Yesso Naik），东北地区发展部国务部长（独立主持）、总理办公室、人事、督查和养老金部、原子能部、空间部国务部长吉坦德拉·辛格（Jitendra Singh），青年事务和体育部国务部长（独立主持）、少数民族事务部国务部长基兰·利吉居（Kiren Rijiju），文化部国务部长（独立主持）、旅游部国务部长（独立主持）普拉哈拉德·辛格·帕特尔（Prahalad Singh Patel），电力部国务部长（独立主持）、新能源和可再生能源部国务部长（独立主持）、技能发展和创业部国务部长拉吉·库马尔·辛格（Raj Kumar Singh），住房和城市事务部国务部长（独立主持）、民航部国务部长（独立主持）、商工部国务部长哈尔迪普·辛格·普里（Hardeep Singh Puri），船运部国务部长（独立主持）、化工和化肥部国务部长曼苏克·L. 曼达维亚（Mansukh L. Mandaviya）。

【司法机构】最高法院是最高司法权力机关，有权解释宪法、审理中央政府与各邦之间的争议问题等。各邦设有高等法院，县设有县法院。最高法院法官由总统委任。现任最高法院首席法官兰詹·戈戈伊（Ranjan Gogoi），2018年10月3日就任。总检察长由政府任命，其主要职责是就执法事项向政府提供咨询和建议，完成宪法和法律规定的检察权，对宪法和法律的执行情况进行监督等。维奴戈帕尔（K. K. Venugopal），2017年6月任命，任期3年。

【政党】（1）印度人民党（Bharatiya Janata Party）：1980年4月成立，其前身是1951年成立的印度人民同盟。有1.1亿党员。代表北部印度教教徒势力和城镇中小商人利益，具有强烈民族主义和教派主义色彩。1996年首次成为议会第一大党并短暂执政。1998—2004年两度执政。2014年再次赢得人民院过半议席，成为第一大党，在中央单独执政。在2019年人民院选举中席位进一步增加，成功连任。现任主席贾加特·普拉卡什·纳达（Jagat Prakash Nadda）。

（2）印度国民大会党（英迪拉·甘地派）（The Indian National Congress〔Indira Gandhi〕）：简称国大党（英），通常称国大党。据称有初级党员3000万，积极党员150万。国大党成立于1885年12月，领导了反对英国殖民统治和争取印度独立的斗争。印独立后长期执政，1969年和1978年两次分裂。1978年英·甘地组建新党，改用现名。2004年和2009年人民院选举中两次成为议会中第一大党，在2014年人民院选举中遭受重挫，仅获得44个议席。在2019年人民院选举中稍有起色，获52席。现任主席索尼娅·甘地（Sonia Gandhi，女）。

（3）德拉维达进步联盟（（Dravida Munnetra Kazhagam）：1949年9月成立，泰米尔纳德邦地区性政党，主要政治力量在泰邦和本地治理中央直辖区。在2019年人民院选举中位列第三大党，现任党主席斯大林（MK Stalin ）。

（4）草根国大党（Trinamul Congress Party）：1998年1月成立，主要政治力量在西孟加拉邦，主要代表中低阶层利益。在2019年人民院选举中位列第四大党。现任党主席玛玛塔·班纳吉（Mamata Banerjee，女）。

（5）印度共产党（马克思主义）（Communist Party of India〔Marxist〕）：简称印共（马）。1964年以孙达拉雅和南布迪里巴德为代表的一派从印度共产党分出后成立。党员104.8万（2014年），是印度最大的左翼政党。曾在西孟加拉邦长期执政，2011年5月结束在该邦连续34年的执政地位。现任总书记西塔拉姆·亚秋里（Sitaram Yechury）。

（6）印度共产党（Communist Party of India）：1920年成立。1964年分裂，以党主席什·阿·丹吉（Shripad Amrit Dange）为首的一派仍沿用印共名称。1981年4月，丹吉因支持英·甘地与党内发生分歧而被开除出党，该党再次分裂。现任总书记苏拉瓦拉姆·雷迪（Suravaram Sudhakar Reddy）。

【重要人物】**拉姆·纳特·科温德**：总统。1945年10月生于印度北方邦，印度人民党成员。曾当选印度联邦院议员，2015年8月出任比哈尔邦邦长。2017年7月当选为印第14任总统。 **纳伦德拉·莫迪**：总理。1950年出生于印度古吉拉特邦，印度教徒，政治学硕士。1987年加入印度人民党，曾任该党古吉拉特邦分部总书记、全国书记和全国总书记。2001年起连续13年担任古吉拉特邦首席部长。在2014年印第16届人民院选举中率人民党赢得过半数席位。2014年5月26日就任总理。在2019年印第17届人民院选举中率全国民主联盟在大选中获得多数席位，2019年5月30日成功连任。

经　济

独立后经济有较大发展。农业由严重缺粮到基本自给，工业形成较为完整的体系，自给能力较强。20世纪90年代以来，服务业发展迅速，占GDP比重逐年上升。印已成为全球软件、金融等服务业重要出口国。1991年7月开始实行全面经济改革，放松对工业、外贸和金融部门的管制。1992—1996年实现经济年均增长6.2%。“九五”计划（1997—2002年）期间经济年均增长5.5%。

“十五”计划（2002—2007年）期间，继续深化经济改革，加速国有企业私有化，实行包括农产品在内的部分生活必需品销售自由化，改善投资环境，精简政府机构，削减财政赤字。实现年均经济增长7.8%，是世界上发展最快的国家之一。2006年，推出“十一五”计划（2007—2012年），提出保持国民经济10%的高速增长，创造7000万个就业机会，将贫困人口减少10%，大力发展教育、卫生等公共事业，继续加快基础设施建设，加大环保力度。2011年8月，印计划委员会通过“十二五”（2012—2017年）计划指导文件，提出国民经济增速9%的目标。自2018年起，印取消“五年计划”。

根据国际货币基金组织的经济调查数据，2018/2019财年主要经济数据如下（以现价计算）：

国内生产总值：2.72万亿美元。

人均国内生产总值：2038美元。

国内生产总值增长率：6.8%。

货币名称：印度卢比（Rupee）。

汇率：1美元≈71.5卢比（2019年12月数据）。

通货膨胀率：4.62%。（2017/2018年平均值）。

外汇储备：4486亿美元（2019年11月数据）。

【资源】资源丰富，有矿藏近100种。云母产量居世界第一，煤和重晶石产量居世界第三。主要资源可采储量估计为：煤2533.01亿吨，铁矿石134.6亿吨，铝土24.62亿吨，铬铁矿9700万吨，锰矿石1.67亿吨，锌970万吨，铜529.7万吨，铅238.1万吨，石灰石756.79亿吨，磷酸盐1.42亿吨，黄金68吨，石油7.56亿吨，天然气1.08万亿立方米。此外，还有石膏、钻石及钛、钍、铀等。森林67.83万平方公里，覆盖率为20.64%。

【工业】主要包括纺织、食品加工、化工、制药、钢铁、水泥、采矿、石油和机械等。汽车、电子产品制造、航空和空间等新兴工业近年来发展迅速。2017/2018年印度工业生产指数同比增长3.7%，其中电力行业增长5.1%，采矿业和制造业分别同比增长2.8%和3.8%。近年来主要工业产品产量增长率（%）如下：

	2016/2017	2017/2018
煤	1.5	1.3
原油	–3.2	–0.4
天然气	–3.3	4.0
油品	6.7	3.9
化肥	1.2	–0.6
钢材	10.9	6.7
水泥	2.8	2.7
发电量	6.4	4.9
总计	5.3	4.0

【农业】拥有世界1/10的可耕地，面积约1.6亿公顷，人均0.17公顷，是世界上最大的粮食生产国之一。农村人口占总人口72%。近年来，印度主要农副产品产量如下（除棉外，单位：百万吨）：

	2015/2016	2016/2017	2017/2018
稻米	90.6	96.4	94.5
粗粮	27.9	32.7	31.5
豆类	5.6	9.4	8.7
油籽	19.9	23.4	20.7
甘蔗	341.4	306.7	337.7
棉	33.5	33.1	32.3

（注：棉单位为百万包，每包170千克）

【服务业】近年来，服务业实现较快发展。2016/2017财年增长7.7%，2017/2018财年增长8.3%。2017/2018财年，服务业对国民总增加值的贡献率为55.2%，成为印度创造就业、创汇和吸引外资的主要部门。

【交通运输】铁路部门为最大国营部门，拥有世界第四大铁路网。公路运输发展较快，是世界第二大公路网。海运能力居世界第十八位。

铁路：6.6万公里。

公路：548万公里。

水运：主要海港12个，包括孟买、加尔各答、金奈、科钦、果阿等，承担3/4货运量。孟买为最大港口。

空运：经营定期航班的航空公司共14家，包括印度航空公司、靛蓝航空等，有飞机334架。专营非定期航班的空运企业65家，飞机201架。航线通达各大洲主要城市。共有机场345个，其中国际机场5个，分别位于德里、孟买、加尔各答、金奈和特里凡特琅。

【财政金融】中央和地方财政分立，预算有联邦和邦两级。每年4月1日至次年3月31日为一个财政年度。2015/2016财年印度财政预算76.42万亿卢比，财政赤字为3.51万亿卢比，政府总支出为38.39万亿卢比。2017/2018财年财政赤字预计占国内生产总值的3.2%。

【对外贸易】近年外贸情况如下（单位：百万美元）：

	2015/2016	2016/2017	2017/2018
出口额	262291.07	275852.42	303526.15
进口额	381007.47	384356.39	465580.25
总　额	642096.63	658828.66	769057.68
差　额	–118716.40	–108503.97	–162054.10

人民生活

根据联合国公布的新贫困标准（日生活费用1.25美元以下），印度目前有3.55亿贫困人口，占全国总人口的29.8%。印人口出生率21.8‰，新生儿死亡率44.6‰，人均寿命为66.1岁。医院和诊所共3.2万家，各类郊区、基础和社区卫生中心17.2万家。电话用户约9.35亿，固定电话用户约3095万，移动电话用户约9.04亿。

军　事

印军前身为英国殖民主义者的雇佣军。1947年印巴分治后始建分立的三军。1978年创建独立的海岸警卫队。总统是名义上的武装力量统帅，内阁为最高军事决策机构。国防部负责部队的指挥、管理和协调。各军种司令部负责拟定、实施作战计划，指挥作战行动。现陆军参谋长比平·拉瓦特（Bipin Rawat），空军参谋长达诺阿（B. S. Dhanoa），海军参谋长苏尼尔·兰巴（Sunil Lanba）。实行募兵制。陆海空三军现役兵力为127万，其中陆军110万，海军5.3万，空军11.7万。另有50多万预备役军人和100多万准军事部队。2015/2016财年国防支出为2.48万亿卢比，2017/2018财年国防预算2.62万亿卢比，2018/2019财年国防预算2.96万亿卢比，2019/2020财年国防预算3.18万亿卢比。

文化教育

【教育】实行12年一贯制中小学教育。高等教育共8年，包括3年学士课程、2年硕士课程和3年博士课程。还包括各类职业技术教育、成人教育等非正规教育。印有高等院校3.19万所，其中综合性大学544所，著名的包括德里大学、印度理工学院、尼赫鲁大学、加尔各答大学等。印全民识字率74.04%。

【新闻出版】印报刊大多属私人和财团所有。截至2015年3月，共有报刊11.09万种。印地文和英文报刊分别占总数的37%和16%。主要印地文报纸有《旁遮普之狮报》《今天日报》《印度斯坦报》等。主要英文报纸有《印度斯坦时报》《政治家报》《印度教徒报》《印度快报》等。

主要新闻机构和通讯社有：（1）新闻发布署：相当于政府中央通讯社，拥有1100多名国内和180多名国外特派记者，电传网覆盖全国各地，向8000余家新闻单位供稿。设有8个地区总分社和27个分社。（2）印度报业托拉斯：印最大通讯社，半官方性质。成立于1947年8月，后兼并印联合通讯社和路透社印度支社，于1949年元旦开业。现设136个国内分社和11个海外分社，员工1000多名，海外记者30多名。英文日发稿量超过10万字。在北京派驻记者。（3）印度联合新闻社：印第二大通讯社。1959年登记成立。现有分社100多个。目前向四个海湾国家及新加坡、毛里求斯提供新闻服务，在迪拜、华盛顿和新加坡设有分社，向22个国家派驻记者。（4）印度斯坦新闻社：私营，主要编发印地文、马拉地文、古吉拉特文和尼泊尔文的新闻。

全印广播电台隶属政府新闻广播部，广播网覆盖全国人口99.1%。对内使用24种语言和146种方言播音。对外使用27种语言广播。

全印电视台于1959年9月试播，1976年脱离全印广播电台成为独立机构，隶属新闻广播部，是世界最大的电视网络之一。截至2016年11月，全国共有892个电视频道。电视网覆盖全国陆地面积的77.5%和人口的89.6%。

印度有线电视和卫星电视市场兴起于20世纪90年代。电视用户数量从1992年的41万户增长到2013年1.61亿户。据印度信息和广播部2014/2015年度报告显示，印度拥有数量庞大的广播和营销部门，包括近790个电视频道，6000家多系统运营商，6万家当地有线电视运营商，7家直接到户的卫星电视运营商，以及多家网络电视服务商。

对外关系

印为不结盟运动创始国之一，与所有国家积极发展关系，力争在地区和国际事务中发挥重要作用。冷战结束后，印政府调整了过去长期奉行倾向苏联的大国政策，推行全方位务实外交，营造有利于自身发展的持久和平稳定的地区环境。

【对当前重大国际问题的看法和立场】在和平共处五项原则及联合国宗旨和原则的基础上，建立公正合理、考虑到所有国家利益并能为所有人接受的国际政治新秩序，要求进一步加强南南合作和南北对话，呼吁各国共同创造一个有利于第三世界发展的公正合理的国际经济新秩序。积极参加联合国维和行动。2005年，印度与日本、巴西和德国组成“四国集团”，提出安理会改革框架决议草案，要求扩大安理会，同时增加常任理事国与非常任理事国。

在人权问题上，主张推进人权应考虑各国的具体情况，认为最根本的人权是生存的权利；对发展中国家来说，发展问题优于民主和人权，反对将人权问题政治化，反对利用人权干涉他国内政，从而损害别国的主权和统一。

重视全球环境保护问题，认为解决这一问题应与发展中国家的发展要求相联系，环保的主要责任应由发达国家承担，建议发达国家和发展中国家联合从事研究和开发来解决环境问题。在气候变化问题上坚持“共同但有区别的责任”原则，列名支持《哥本哈根协议》，2016年10月签署《巴黎气候变化协定》。

近年来，印政府继续推行全方位大国外交战略，高度重视印中关系，优先发展与美关系，巩固印俄传统关系，推进与欧、日等主要发达国家的关系。积极参加区域合作，重视并引领南亚区域合作，加入东亚峰会和上合组织。继续推行东向政策。重视能源安全，逐步拓展同海湾、中亚等能源供应国的交往与合作。强调外交为经贸服务，注重发展经贸科技合作，吸收外国资金和技术。

【同中国的关系】1950年4月1日中印建交。20世纪50年代，中印两国领导人共同倡导和平共处五项原则，双方交往密切。1959年西藏叛乱后，中印关系恶化。1962年10月，中印边境发生大规模武装冲突。1976年双方恢复互派大使，两国关系逐步改善。

2014年是“中印友好交流年”。5月，李克强总理同印度新任总理莫迪通电话。6月，外交部长王毅作为习近平主席特使访印，印副总统安萨里访华并出席和平共处五项原则60周年纪念活动。7月，习近平主席和莫迪总理在出席金砖国家领导人第六次会晤期间举行双边会见。8月，王毅外长与印外长斯瓦拉吉在东亚合作系列外长会期间会晤。9月，习近平主席对印度进行国事访问，双方发表《关于构建更加紧密的发展伙伴关系的联合声明》。11月，李克强总理在缅甸出席东亚合作领导人系列会议期间与印度总理莫迪会见。

2015年1月31日至2月3日，印度外长斯瓦拉吉访华并出席中俄印外长第13次会晤。5月，印度总理莫迪正式访华。6月，全国人大常委会委员长张德江访问印度。7月，习近平主席在乌法出席金砖国家领导人第七次会晤期间与印度总理莫迪会见。11月，国务院总理李克强在马来西亚出席东亚国家领导人系列峰会期间会见印度总理莫迪，中国国家副主席李源潮访印。

2016年4月，王毅外长赴俄罗斯出席中俄印外长第14次会晤并会见印度外长斯瓦拉吉。5月，印度总统慕克吉访华。6月，习近平主席在出席上海合作组织塔什干峰会期间同印度总理莫迪会见。9月，印度总理莫迪来华出席二十国集团杭州峰会，习近平主席同其会见。10月，习近平主席赴印度出席金砖国家领导人第八次会晤。11月，习近平主席特使、中共中央政治局委员、中央政法委书记孟建柱访问印度，杨洁篪国务委员同印度国家安全顾问多瓦尔在印举行中印边界问题特别代表非正式会晤。

2017年6月，习近平主席在出席上海合作组织阿斯塔纳峰会期间同印度总理莫迪会见。7月，印度国家安全顾问多瓦尔来华出席金砖国家安全事务高级代表第七次会议。9月，印度总理莫迪来华出席金砖国家领导人第九次会晤和新兴市场国家与发展中国家对话会，习近平主席同其会见。

2018年4月，中共中央政治局委员、中央外事工作委员会办公室主任杨洁篪在上海同印度国家安全顾问多瓦尔举行会谈。4月底，习近平主席同印度总理莫迪在武汉举行非正式会晤。6月，印度总理莫迪来华出席上海合作组织青岛峰会，习近平主席同其会见。王毅国务委员兼外长赴南非出席金砖国家外长会晤期间会见印度外长斯瓦拉吉。6月底，中共中央政治局委员、中央外事工作委员会办公室主任杨洁篪赴南非出席第八次金砖国家安全事务高级代表会议期间会见印度国家安全顾问多瓦尔。7月，习近平主席同印度总理莫迪在金砖国家领导人约翰内斯堡会晤期间举行双边会见。11月，习近平主席同印度总理莫迪在二十国集团领导人布宜诺斯艾利斯峰会期间举行双边会见。12月，王毅国务委员兼外长访问印度并同印度外长斯瓦拉吉共同主持中印高级别人文交流机制首次会议。

2019年2月，王毅国务委员兼外长在乌镇会见来华出席中俄印外长第十六次会晤的印度外长斯瓦拉吉。6月，习近平主席同印度总理莫迪在上合组织比什凯克峰会期间举行双边会见。8月，印度外长苏杰生访华并同王毅国务委员兼外长共同主持中印高级别人文交流机制第二次会议。10月，习近平主席同印度总理莫迪在印度金奈举行第二次非正式会晤。11月，习近平主席同印度总理莫迪在金砖国家领导人巴西利亚会晤期间举行双边会见。

中印边界谈判继续向前推进，边境地区总体保持和平与安宁。2012年1月，中印边界问题中方特别代表、国务委员戴秉国同印方特别代表、印度国家安全顾问梅农在新德里举行中印边界问题特别代表第15次会晤。双方签署建立边境事务磋商和协调工作机制的协定。3月，中印边境事务磋商和协调工作机制首次会议在北京举行，第二次会议11月在新德里举行。2013年6月，杨洁篪国务委员同印国家安全顾问梅农在北京举行中印边界问题特别代表第16次会晤。2014年2月，杨洁篪国务委员同印国家安全顾问梅农在印度新德里举行中印边界问题特别代表第17次会晤。2015年3月，杨洁篪国务委员访问印度并与印度国家安全顾问多瓦尔举行第18次中印边界问题特别代表会晤。2016年4月，杨洁篪国务委员与印度国家安全顾问多瓦尔在北京举行第19次中印边界问题特别代表会晤。2017年11月，中印边境事务磋商和协调工作机制第十次会议在北京举行。12月，杨洁篪国务委员与印度国家安全顾问多瓦尔在新德里举行中印边界问题特别代表第20次会晤。2018年11月，王毅国务委员兼外长同印度国家安全顾问多瓦尔在成都举行中印边界问题特别代表第21次会晤。2019年12月，王毅国务委员兼外长同印度国家安全顾问多瓦尔在新德里举行中印边界问题特别代表第22次会晤。

中印双边贸易和经济合作领域不断拓展。2017年，中印双边贸易额844.11亿美元，同比增长20.5%，其中我对印度出口680.67亿美元，同比增长16.5%，我自印度进口163.44亿美元，同比增长38.9%。2018年，中印双边贸易额955.43亿美元，同比增长13.2%，其中我对印度出口767.05亿美元，同比增长12.7%，我自印度进口188.38亿美元，同比增长15.2%。2019年，中印双边贸易额928.1亿美元、同比下降2.8%，其中我方出口额748.3亿美元、同比下降2.4%，进口额179.8亿美元，同比下降4.5%。中国对印度主要出口商品有机电产品、化工产品和贱金属及制品等。中国自印度主要进口商品有矿产品及原料和化工产品等。

目前，我国是印度第一大贸易伙伴和最大进口来源国，印度是我国在南亚最大贸易伙伴。印度是我国重要海外工程承包市场。截至2018年底，中国在印累计签订承包工程合同额734.8亿美元，完成营业额506.2亿美元。2018年1—12月，我国在印度新签工程承包合同额28.9亿美元，完成营业额23.2亿美元。2019年1—12月，我国在印度新签工程承包合同额51.73亿美元、同比增长79.0%，完成营业额25.39亿美元、同比增长9.6%。截至2019年底，我国在印度累计签订承包工程合同额786.5亿美元，完成营业额531.5亿美元，期末在外各类劳务人员2073人。目前，我企业在印执行项目20多个，主要在电力、矿山、地铁、房地产等领域。印度是我国在南亚地区第一大投资目的地。截至2018年底，我国在印度各类投资存量82.3亿美元，2018年1—12月，我对印直接投资1.4亿美元，同比下降55.8%。截至2018年底，印度累计来华直接投资项目1898个，实际投资9亿美元，主要领域有金融、软件、高等教育、制药、贸易、钢铁、化工、清洁能源等。2018年1—12月，印度在华实际投资328个，同比增长16.7%，实际投资4754万美元，同比下降69.9%。2019年1—12月，我对印度直接投资2.42亿美元，同比增长75.4%。截至2019年底，我国在印度各类投资存量84.7亿美元。2019年1—12月，印度在华实际投资2563万美元，同比下降46.1%。截至2019年底，印度累计在华设立企业2343个，累计实际投资9.27亿美元，主要投资项目集中在软件服务、金融租赁等领域。2012年8月，中印经贸科技联合小组第九次会议在新德里举行。11月，第二轮中印战略经济对话在新德里举行。2014年3月，中印第三次战略经济对话在北京举行。9月，中印经贸联合小组第十次会议在北京举行。2016年10月，中印第四次战略经济对话在新德里举行。2018年3月，中印经贸联合小组第十一次会议在印度举行。4月，中印第五次战略经济对话在北京举行。2019年9月，中印第六次战略经济对话在新德里举行。

两国在军事、安全领域的交流与合作进一步发展。

2014年2月，第六届中印防务与安全磋商在印度新德里举行。2015年4月，第七届中印防务磋商在北京举行。11月，中央军委副主席范长龙上将访印，印度内政部长拉吉纳特·辛格访华。12月，印度边防代表团访华。2016年4月，印度国防部长帕里卡尔访华。11月，中央军委联合参谋部副部长孙建国上将同印度国防秘书库玛尔在印举行第8届中印防务与安全磋商，印度陆军参谋长辛格访华，中印在印度举行第6次陆军反恐联合训练。2018年8月，国务委员兼国防部长魏凤和访印。10月，国务委员兼公安部长赵克志访印。2019年12月，中印在印度举行第8次陆军反恐联合训练。双方已举行9次防务和安全磋商、8次陆军反恐联合训练。

两国人文领域的交流与合作不断扩大。2011年是"中印交流年"。4月，"感知中国·印度行—四川周"活动在印度举办。5月，国家新闻出版总署副署长邬书林访印，与印方签署关于编纂"中印文化交流百科全书"的谅解备忘录。7月，印文化关系委员会与上海档案馆共同举办"泰戈尔中国之旅"图片展。9月，印500名青年代表访华，温家宝总理出席中印青年传统文化交流大舞台活动。2012年2月至3月，中国500名青年访印。2017年，两国双向旅游交往规模102万人次，其中印度公民来华81.9万人次，同比增长2.5%，中国公民赴印20万人次。两国现已开通北京、上海、广州、昆明至新德里、孟买、加尔各答等城市的直航航线，每周飞行46个班次。2006年以来，中印百人青年团实现14次互访。2013年10月，北京、成都、昆明分别与印度德里、班加罗尔、加尔各答签署建立友好城市关系协议书。2014年9月，广东省与古吉拉特邦缔结友好省邦协议，上海与孟买、广州与艾哈迈达巴德缔结友好城市协议。2015年5月，首届中印地方合作论坛在北京举行，四川省与卡纳塔卡邦、重庆市和金奈市、青岛市和海德拉巴市、敦煌市和奥朗加巴德市建立友好省邦/城市关系。2017年12月，济南市与那格浦尔市签署建立友好城市关系协议书。2015年6月，中国为印度官方香客开通经乃堆拉山口入出境的朝圣路线。2015年，印度在华举办印度旅游年。2016年，中国在印度举办中国旅游年。2018年12月，王毅国务委员兼外长访问印度并同印度外长斯瓦拉吉共同主持中印高级别人文交流首次会议。2019年8月，印度外长苏杰生访华并同王毅国务委员兼外长共同主持中印高级别人文交流机制第二次会议。

中印在重大国际和地区事务中有着广泛的共识，保持良好的合作。两国在联合国、世界贸易组织、金砖国家、二十国集团、上海合作组织和中俄印等机制中保持沟通与协调，在气候变化、能源和粮食安全、国际金融机构改革和全球治理等领域携手合作，维护中印两国和发展中国家的共同利益。

中国驻印度大使：孙卫东。馆址：50-D, Shantipath，Chanakyapuri，New Delhi-110021，India。电话：0091-11-26112345，签证处：0091-11-24675559，经商处：0091-11-26111101；传真：0091-11-26885486，签证处：0091-11-26111105，经商处：0091-11-26111099。网址：www.in.china-embassy.org，www.in.mofcom.gov.cn（经商处）。电子邮箱：chinaemb_in@mfa.gov.cn。

印度驻华大使：唐勇胜（Vikram Misri）。馆址：北京市朝阳区亮马桥北街5号，邮编：100600。电话：010-85312500/2501/2502/2503；传真：85312515。电子邮箱：hoc@indianembassy.org.cn。

【同美国的关系】2005年7月，印美宣布建立全球伙伴关系。2006年3月，美总统布什访印。双方就印度核设施分离计划达成协议，制定两国贸易三年内翻番的目标，宣布成立科技委员会，探讨民用航天合作。12月，美国会通过印美民用核能合作法案。

2014年7月，美国务卿克里访印主持第五次战略对话。9月，印度总理莫迪访问美国。

2015年1月，美国总统奥巴马访印。9月，印度总理莫迪出席第70届联大并对美国进行顺访，参加联大可持续发展及维和峰会、主持"四国集团"领导人会议、与多国领导人双边会见，并与美商界领袖以及印侨广泛接触。其间，莫迪与美国总统奥巴马会晤，讨论了经贸、气候变化和安全等诸多问题，签署了一系列高科技协议，并发表了联合声明。

2016年3月31日至4月1日，印度总理莫迪赴美出席核安全峰会。4月，美国国防部长卡特访印，与印度国防部长帕里卡尔举行会谈。5月，印美举行第一次海洋安全对话，并在阿拉斯加举行"红旗"军演。6月，印度总理莫迪访问美国，双方发表《美印21世纪的持久全球伙伴关系》的联合声明，确定美印在亚太和印度洋地区互为优先伙伴的地位。8月，美国国务卿克里和商务部长普利茨克访印并与印举行美印战略及商业对话。12月，美国国防部长卡特访问印度，与印度国防部长帕里卡尔举行会谈并发表联合声明，印度国家安全顾问多瓦尔访美并会见拟任特朗普政府国家安全事务助理的米歇尔·弗林，印美军方合作小组在印举行第15次对话。

2017年6月，印度总理莫迪访问美国。7月，印度、美国、日本在孟加拉湾举行"马拉巴尔-2017"联合军演。8月，美国国家安全委员会南亚和中亚事务高级主管科蒂斯访印并会见印度国家安全顾问多瓦尔、外秘苏杰生。印美宣布建立2+2（外长+防长）部长级对话机制。9月，美防长马蒂斯访印。10月，美国务卿蒂勒森访印。12月，印美举行反恐合作对话。

2018年2月，印度总理莫迪同美国总统特朗普通电话。9月，印度外长斯瓦拉吉、防长希塔拉曼与美国国务卿蓬佩奥、防长马蒂斯举行首次印美外长防长"2+2"磋商，进一步深化印美战略伙伴关系。

2019年6月，美国国务卿蓬佩奥访问印度。9月，印度总理莫迪访问美国，并同美国总统特朗普在休斯敦共同出席政治集会。10月，美国国务卿蓬佩奥在华盛顿会见印度外长苏杰生。

【同俄罗斯的关系】印俄双边关系密切。2000年，两国宣布建立战略伙伴关系，并建立年度峰会机制。

2014年7月，俄罗斯副总理罗戈津访印。12月，俄罗斯总统普京访印。

2015年5月，印度总统慕克吉赴俄出席纪念卫国战争胜利纪念活动。7月，印度总理莫迪出席金砖国家领导人乌法峰会并访俄。12月，印度总理莫迪访问俄罗斯，双方发表了《通过信任关系迈向合作新天地》的联合声明，签署了9项双边文件，包括俄印政府间直升机制造合作协议、修改简化两国部分公民往来协议的议定书、两国海关2015—2017年合作规划、两国铁路技术合作备忘录等，涉及经济合作、军事军技合作、能源合作等领域。

2016年7月，印俄在俄罗斯滨海边疆区举行“因陀罗–2016”联合军演。10月，俄罗斯总统普京访问印度并出席金砖国家领导人果阿峰会。12月，印俄第九次“因陀罗”海上军演在孟加拉湾举行。

2017年6月，莫迪访问俄罗斯并出席第18届印俄年度峰会并参加圣彼得堡国际经济论坛。

2018年5月，印度总理莫迪赴俄罗斯同俄罗斯总统普京举行为期1天的非正式会晤。10月，俄罗斯总统普京访问印度并出席印俄第19次领导人年度峰会。

2019年9月，印度总理莫迪赴俄出席印俄第20次领导人年度峰会，并作为主宾参加第五届东方经济论坛。12月，印俄在印境内举行“因陀罗–2019”联合军演。

【同日本的关系】印日关系发展势头良好。2000年，印日建立全球伙伴关系。2004年起，印成为日最大海外开发援助对象。2006年12月，印总理辛格访日，双方宣布建立战略性全球伙伴关系。

2013年3月，印外长库尔希德访日，主持印日第7次战略对话。5月，印总理辛格访日。12月，日本天皇明仁访印。

2014年1月，日首相安倍晋三访印。9月，印度总理莫迪访日。

2015年12月，日本首相安倍晋三访问印度，双方发表了《2025愿景：共同致力于印度洋—太平洋地区和世界和平与繁荣的特殊战略全球伙伴关系》联合声明，并签署了16项合作协议，涉及高铁和投资合作、防务安全、科教人文合作、国际地区合作等领域。双方还就铁路技术研发和建设孟买—艾哈迈达巴德高铁签署了备忘录。

2016年11月，印度总理莫迪访问日本，会见日本首相安倍晋三。双方发表联合声明并签署包括民用核能、基建、铁路在内的10项协议。

2017年9月，日本首相安倍晋三访问印度，同印度总理莫迪进行一年一度的首脑会谈。

2018年5月，日本首相安倍晋三同印度总理莫迪举行电话会谈，就高层互访及东北亚局势等交换意见。

2019年6月，印度总理莫迪同日本首相安倍晋三在二十国集团领导人大板峰会期间举行双边会见。10月，印度总统科温德访问日本，参加日本德仁天皇即位典礼。11月，印度外长苏杰生、防长辛格在新德里会见日本外相茂木敏充和防卫相河野太郎，双方举行了首次印日外长防长“2+2”会谈。

【同欧盟及欧盟国家关系】2000年，印度与欧盟建立首脑会晤机制。2005年双方正式确立印欧战略伙伴关系。欧盟作为整体是印最大贸易伙伴和重要投资来源地。

2013年1月，印外长库尔希德访问德国、比利时、法国。2月，英国首相卡梅伦访印。4月，印总理辛格访问德国，出席印度年活动闭幕式。7月，印外长库尔希德访问挪威。10月，印总统慕克吉访问比利时。10月，匈牙利总理维克多访印。

2014年1月，德国总统高克访印。3月，印外长库尔希德访问英国。7月，法国外长法比尤斯访印。9月，德国外长施泰因迈尔访印。

2015年4月，印度总理莫迪先后访问法国、德国和加拿大。12月，印度总理莫迪访问俄罗斯。11月印度总理莫迪访问英国。30日，莫迪再赴法国，参加巴黎气候变化大会。10月，德国总理默克尔访问印度。

2016年1月，法国总统奥朗德访印。11月，英国首相特雷莎·梅访印，会见印总统慕克吉和总理莫迪，并发表联合声明。

2017年5至6月，印度总理莫迪访问德国、西班牙和法国。

2018年3月，法国总统马克龙访印，并与印度总理莫迪共同出席“国际太阳能联盟”成立大会。3月德国联邦总统施泰因迈尔对印度进行国事访问。4月，印度总理莫迪访问瑞典和英国，出席印度—北欧峰会和英联邦国家首脑会议。6月，印度总统科温德访问希腊。

2019年1月，挪威首相索尔贝格对印度进行国事访问。8月，印度总理莫迪访问法国，并受邀参加七国集团峰会。9月，印度总统科温德对冰岛、瑞士和斯洛文尼亚进行访问。10月，德国总理默克尔访问印度。12月，葡萄牙总理科斯塔访问印度，印度外长苏杰生访问意大利。

【同东盟及东盟国家的关系】印度同东南亚国家地理位置相近，有悠久的历史关系。印积极推行“东向政策”，加强同东盟的政治经济关系，积极参与东亚合作。

2013年1月，印副总统安萨里访问越南。5月，印总理辛格访问泰国。10月，印外长库尔希德访问菲律宾、新加坡、文莱。印总理辛格访问印度尼西亚。11月，越南共产党总书记阮富仲访印。

2014年2月，泰国公主施琳通访印。6月，新加坡外长尚穆根访印。8月，印外长斯瓦拉吉访问越南、新加坡、缅甸。

2015年11月，印度总理莫迪赴马来西亚出席东盟和印度峰会以及东亚峰会等，并访问马来西亚和新加坡。

2016年12月，印度尼西亚总统佐科访问印度，双方发表联合声明，将在战略互动、国防安全合作、全面经济伙伴关系、文化和人文、应对共同挑战等五大领域加强合作。

2017年9月，印度总理莫迪访问缅甸，双方签署了11项谅解备忘录，共涉及电力、文化交流、新闻媒体、信息技术、医药卫生、警务培训、海上安全事务、沿海监测系统等多个领域的合作。11月，印度总理赴菲律宾出席东盟和印度峰会以及东亚峰会并访问菲律宾。

2018年1月，印度总理莫迪邀请东盟十国领导人出席印度共和国日阅兵式。3月越南国家主席陈大光对印度进行国事访问。5月至6月，印度总理莫迪访问印尼、马来西亚、新加坡，出席香格里拉对话会并发表主旨演讲。

2019年9月。印度外长苏杰生访问印度尼西亚和新加坡。10月，泰国外长敦访问印度，印度总统科温德访问菲律宾。11月，印度总理莫迪访问泰国。12月，印度尼西亚外长蕾特诺访问印度。

【同南盟及南盟国家的关系】印度是南盟创始国之一。作为南盟最大国家，印强调加强南亚各国联系，积极推动在南盟范围内实现物流、人员、技术、知识、资金和文化的自由流动，最终建立南亚经济共同体。2010年4月，印度总理辛格出席在不丹举行的第16届南盟峰会。2011年7月，印度总理辛格出席在马尔代夫举行的第17届南盟峰会。2014年11月，印度总理莫迪出席在尼泊尔举行的第18届南盟峰会。

2004年以来，印度和巴基斯坦保持和平对话进程，双边关系继续缓和。3月，应印总理曼莫汉·辛格邀请，巴总理吉拉尼抵达位于印度西北部的旁遮普邦的莫哈里，观看在印巴两队之间进行的板球世界杯半决赛。这是自2008年11月孟买恐怖袭击事件后，印巴两国领导人第一次在印度举行会晤。7月，巴新任外长希娜·拉巴尼·哈尔访印，同印总理辛格、国大党主席索尼娅·甘地、人民党领袖阿德瓦尼、人民院反对党领袖斯瓦拉吉会见，并与印外长克里希纳举行会谈，发表《印巴外长联合声明》。11月，印巴在新德里举行贸易对话，同意携手实现两国贸易正常化，并发表联合声明。12月，印巴重启核及常规安全的“建立信任措施”（CBM）谈判，这是两国CBM对话中断四年后再度恢复。2012年4月，巴基斯坦总统扎尔达里对印进行“私人访问”，同印总理辛格会见。11月，巴基斯坦内政部长马利克首次访问印度。2013年9月，印总理辛格同巴总理谢里夫在出席联合国大会期间举行会见。2014年5月，巴总理谢里夫出席印新总理莫迪就职仪式。2015年3月，印度外秘苏杰生访问巴基斯坦。7月，上海合作组织乌法峰会期间，巴基斯坦总理谢里夫和印度总理莫迪会晤。12月，印度总理莫迪访问巴基斯坦。2016年1月，因印度北部旁遮普邦空军基地遭袭。印巴推迟原定于1月举行的外秘级对话。2016年11月，巴基斯坦总理外事顾问阿齐兹赴印出席阿富汗问题伊斯坦布尔进程外长会。

2012年12月，尼泊尔总统亚达夫对印进行正式访问。2014年7月，印外长斯瓦拉吉访问尼泊尔。8月，印总理莫迪访问尼泊尔。2015年9月，尼泊尔新宪法颁布后，印度收紧边境管控，造成尼国内物资严重短缺，尼印关系紧张。2016年2月，尼泊尔总理奥利访问印度。11月，印度总统慕克吉访问尼泊尔。2018年2月，印度外长斯瓦拉吉访问尼泊尔。4月，尼泊尔总理奥利访印，与印度总理莫迪举行会谈并发表联合声明。5月，印度总理莫迪访问尼泊尔。

2011年2月和10月，阿富汗总统卡尔扎伊两次访问印度，两国签署首份战略合作伙伴关系协议。2012年11月，阿富汗总统卡尔扎伊对印进行国事访问。2013年5月，阿富汗总统卡尔扎伊访印。8月，阿富汗副总统哈利利访印。9月，印外长库尔希德访问阿富汗。2016年2月，阿富汗首席执行官阿卜杜拉访印。11月，阿富汗总统加尼赴印出席阿富汗问题伊斯坦布尔进程外长会。

2012年9月，斯里兰卡总统拉贾帕克萨访问印度。2013年8月，斯里兰卡外长佩里斯访印。2014年5月，斯总统拉贾帕克萨应邀出席印度总理莫迪就职仪式。2015年1月，斯外长萨马拉维拉访印。2月，斯里兰卡总统西里塞纳访印。3月，印度总理莫迪访问斯里兰卡。9月，斯总理维克拉马辛哈访印。

2011年11月，印总理辛格对马尔代夫进行国事访问。2012年2月，印总理辛格特使、外交部西方事务秘书贾纳帕提访问马尔代夫。2014年1月，马尔代夫总统亚明访印。2月，印外长库尔希德访问马尔代夫。2015年11月，马尔代夫外长杜妮亚访问印度。

2011年9月，印总理辛格访问孟加拉国。2013年2月，印总统慕克吉访问孟加拉国。2014年6月，印度外长斯瓦拉吉访问孟加拉国。2015年6月，印度总理莫迪访问孟加拉国。

2013年1月，印外长库尔希德访问不丹，不丹国王吉格梅·凯萨尔·纳姆耶尔·旺楚克访印。2月，不丹首相吉格梅·廷里访问印度。8月，印度国家安全顾问梅农访问不丹，不丹首相策林·托杰访印。2014年1月，不丹第五世国王访问印度。5月，不丹首相策林·托杰访问印度。6月，印总理莫迪访问不丹。

2017年4月，孟加拉国总理哈西娜访问印度。2018年5月，孟加拉国总理哈西娜赴印度西孟加拉邦，出席和平乡国际大学孟加拉国大楼揭幕仪式，分别同印度总理莫迪和西孟邦首席部长班纳吉举行会谈。

2018年5月，印度总理莫迪赴斯里兰卡科伦坡出席联合国卫塞节活动并会见斯里兰卡总统西里塞纳和总理维克拉马辛哈。10月，斯里兰卡总理维克拉玛辛哈访问印度，与莫迪总理举行大小范围会谈。11月，不丹五世王夫妇、斯里兰卡总理维克拉马辛哈访问印度。

2019年6月，印度总理莫迪访问马尔代夫和斯里兰卡。8月，印度总理莫迪访问不丹，印度外长苏杰生访问孟加拉国和尼泊尔。9月，印度外长苏杰生访问马尔代夫。10月，孟加拉国总理哈西娜访问印度。11月，不丹外交大臣丹迪·多吉访问印度，斯里兰卡总统戈塔巴雅·拉贾帕克萨访问印度。

【同非洲国家的关系】印独立后，支持非洲国家反殖民主义和国家民族解放斗争，在非洲国家中赢得了良好声誉。近年来，印加大对非洲的重视和投入。印在非重点推进与南非、毛里求斯、尼日利亚、埃及等国家关系，也借重非盟、东非共同体、“环印度洋地区合作联盟”、“印度—巴西—南非”倡议等区域组织促进对非关系。2011年3月，“印度—巴西—南非对话论坛”部长级会议在新德里举行。10月，“印度—巴西—南非对话论坛”第五届峰会在比勒陀利亚举行，辛格总理出席。5月，第二届印度—非洲论坛首脑峰会在埃塞俄比亚首都亚的斯亚贝巴举行，发表《亚的斯亚贝巴宣言》和《印非加强合作框架文件》。双方确立到2015年印非贸易额达700亿美元的目标。非盟积极评价印非合作，表示将尽快设立驻印办事处。

2012年1月，马里总统杜尔对印进行正式访问。3月，赞比亚总统萨塔对印进行私人访问。4月，印总统帕蒂尔访问塞舌尔和南非。9月，布隆迪总统皮埃尔·恩库伦齐扎对印进行国事访问。

2013年1月，毛里求斯总统拉杰克斯瓦尔·普里亚格访印。3月，印总统慕克吉访问毛里求斯。5月，印副总统安萨里访问埃塞俄比亚。

2014年7月，乌干达外长萨姆·库泰萨访印。

2015年5月，印度外长斯瓦拉吉访问南非。8月，塞舌尔总统米歇尔对印度进行国事访问。10月，第三届印度—非洲论坛峰会在印度首都新德里举行，非洲54个国家参加了本次峰会，包括34位国家元首和政府首脑。

2016年7月，印度总理莫迪访问莫桑比克、南非、坦桑尼亚和肯尼亚四国。

2018年1月，印度外秘苏杰生访问塞舌尔。3月，印度总统科温德访问毛里求斯、马达加斯加。4月，印度总统科温德访问赤道几内亚、斯威尔士和赞比亚。5月，塞舌尔外交部国务秘书、行政负责人巴里·富尔和印度外交秘书顾凯杰在塞共同主持召开印塞联合委员会第九次会议。6月，塞舌尔总统富尔应印度总统科温德的邀请，首次对印进行国事访问。

2019年1月，南非总统拉马福萨对印度进行国事访问。3月，几内亚总理福法纳访问印度。7月，印度总统科温德对贝宁、冈比亚和几内亚进行国事访问。8月，赞比亚总统埃德加对印度进行国事访问。

【同其他国家的关系】2015年5月，印度总理莫迪访问蒙古。7月，印度总理莫迪先后访问乌兹别克斯坦、哈萨克斯坦、土库曼斯坦、吉尔吉斯斯坦和塔吉克斯坦。8月，伊朗外长扎里夫访问印度。印度总理莫迪访问阿联酋。10月，印度总统慕克吉访问巴勒斯坦。

2017年4月，土耳其总统埃尔多安访问印度。6月，印度总理莫迪访问哈萨克斯坦并出席上海合作组织元首理事会第十七次会议。会上，印度成为上合组织成员国。7月，印度总理莫迪访问以色列，此系印度总理对以色列首访。8月，印度内阁部长加德卡里作为印度总理特使访问伊朗，并出席伊朗总统鲁哈尼就职典礼。

2018年1月，以色列总理内塔尼亚胡对印度进行正式访问。2月，印度总理莫迪访问巴勒斯坦、阿联酋、阿曼，并过境约旦。伊朗总统鲁哈尼、加拿大总理特鲁多访印。2月，加拿大总理特鲁多对印度进行长达一周的“马拉松”访问。印度外交国务部长辛格应邀访问莫桑比克。3月，斐济总理姆拜尼马拉马率团赴印度新德里出席由印方主办的国际太阳能联盟成立大会，并与印总理莫迪及其他与会政要举行会见会谈。5月，印度副总统奈杜访问危地马拉、巴拿马和秘鲁。5月，应朝鲜政府邀请，印度外交国务部长辛格对朝进行正式访问。5月，印度人力资源开发部国务部长辛格访问圭亚那，会见圭总统格兰杰、总理纳加穆图、反对党领袖贾格迪奥，并与圭自然资源部长特罗特曼会谈。6月，印度总统科温德访问苏里南和古巴。6月，印度总统科温德率领包括第一夫人、钢铁部长、国会议员、进出口银行行长等在内的70人代表团对苏里南进行国事访问。

2019年2月，阿根廷总统马克里对印度进行国事访问。8月，印度总理莫迪访问阿联酋和巴林。9月，蒙古总统巴特图勒嘎对印度进行国事访问。10月，印度总理莫迪访问沙特阿拉伯。11月，印度总理莫迪访问巴西。12月，印度外长苏杰生访问加拿大、伊朗和阿曼。　（何腾远）

印度尼西亚

国名 印度尼西亚共和国（Republic of Indonesia）。

面积 陆地面积190.4569万平方公里（2018年印尼统计年鉴）。

人口 2.67亿（2019年），世界第四人口大国。有数百个族群，其中爪哇族人口占45%，巽他族14%，马都拉族7.5%，马来族7.5%，其他26%。民族语言共有200多种，官方语言为印尼语。约87%的人口信奉伊斯兰教，是世界上穆斯林人口最多的国家。6.1%的人口信奉基督教，3.6%信奉天主教，其余信奉印度教、佛教和原始宗教等。

首都 雅加达（Jakarta），人口1050万（2019年）。

国家元首 佐科·维多多（Joko Widodo）总统，2014年10月就任，2019年10月就连任，任期至2024年。

重要节日 伊斯兰教开斋节、宰牲节；民族觉醒日（纪念1908年印尼民族运动组织“至善社”成立）：5月20日；独立日：8月17日。

简 况

位于亚洲东南部，地跨赤道。与巴布亚新几内亚、东帝汶、马来西亚接壤；与中国、泰国、新加坡、菲律宾、澳大利亚等国隔海相望。是世界上最大的群岛国家，由太平洋和印度洋之间17504个大小岛屿组成，其中约6000个有人居住。海岸线长54716公里（世界银行数据）。热带雨林气候，年均气温25℃—27℃。

公元3—7世纪建立了一些分散的王朝。13世纪末14世纪初爪哇出现强大的麻若巴歇（满者伯夷）封建帝国。15世纪伊斯兰教王国兴起。16世纪起先后遭葡萄牙、西班牙、英国入侵，1602年荷兰成立具有政府职能的“东印度公司”，逐渐开始对印尼进行长达300多年的殖民统治。1942年日本入侵，1945年日本投降后爆发争取民族独立的8月革命，于8月17日宣告独立，成立印度尼西亚共和国。

1945—1950年，先后武装抵抗英国、荷兰的入侵，其间曾被迫改为印度尼西亚联邦共和国并加入荷印联邦。1950年8月重新恢复为印度尼西亚共和国，1954年8月脱离荷印联邦。

政 治

1997年亚洲金融危机对印度尼西亚造成全面冲击，引起局势动荡。1998年5月，执政长达32年的苏哈托总统辞职，副总统哈比比接任总统。1999年10月，印尼人民协商会议（简称“人协”）选举瓦希德为总统，梅加瓦蒂为副总统。2001年7月23日，人协特别会议以渎职罪罢免瓦希德总统职务，梅加瓦蒂接任总统，哈姆扎·哈兹任副总统。2004年7月，印尼举行历史上首次总统直选，原政治安全统筹部长苏希洛和人民福利统筹部长尤素夫·卡拉（Muhammad Jusuf Kalla）通过两轮直选胜出，10月20日宣誓就任总统和副总统。2009年7月，印尼举行第二次总统直选，苏希洛和原央行行长布迪约诺（Boediono）搭档首轮胜出，10月20日宣誓就任总统和副总统。2014年7月9日，印尼举行第三次总统直选，雅加达省长佐科·维多多（Joko Widodo）和前副总统卡拉搭档胜选，10月20日宣誓就任新一届正副总统，任期至2019年。2019年4月17日，印尼举行历史上首次总统和立法机构同步选举。现任总统佐科和印尼伊斯兰教法学者理事会总主席马鲁夫搭档，普拉博沃和前雅加达副省长桑迪亚加搭档参选总统。佐科组合获得55.5%选票，赢得总统选举，将连任至2024年。

佐科政府提出建设海洋强国战略，提出“全球海洋支点”战略，以维护国家安全、发展经济及反腐倡廉为施政重点，致力于解决长期困扰印尼发展的基础设施条件较差的问题，吸引外资刺激经济发展，加强对政府官员的监督，努力创建廉洁政府。

2005年8月，印尼政府与“亚齐独立运动”分离组织签署和平协议。2006年7月，印尼国会通过亚齐管理法。2006年12月以来，亚齐举行了三次地方选举。

2006年7月，印尼国会通过新《国籍法》，取消部分带有种族歧视和性别歧视的内容。2008年10月，印尼国会通过《消除种族歧视法》。

2002—2005年，印尼连续发生第一次巴厘岛爆炸、雅加达万豪酒店爆炸、澳大利亚驻雅加达使馆爆炸、第二次巴厘岛爆炸等重大恐怖袭击事件。2009年7月，雅加达万豪酒店和丽兹·卡尔顿酒店发生恐怖爆炸。近年来，印尼政府采取坚决措施打击恐怖主义，先后击毙和逮捕了一批恐怖分子，安全形势有所好转。然而，2016年1月，印尼首都雅加达发生恐怖爆炸和枪击事件；2017年2月，印尼第三大城市万隆发生爆炸事件；2018年5月，印尼第二大城市泗水发生恐怖爆炸事件。安全局势再度复杂。

【宪法】现行宪法为《“四五”宪法》。该宪法于1945年8月18日颁布实施，曾于1949年12月和1950年8月被《印尼联邦共和国宪法》和《印尼共和国临时宪法》替代，1957年7月5日恢复实行。1999年10月至2002年8月间先后进行过4次修改。宪法规定，印尼为单一的共和制国家，“信仰神道、人道主义、民族主义、民主主义、社会公正”是建国五项基本原则（简称“潘查希拉”）。实行三权分立，总统为国家元首、行政首脑和武装部队最高统帅。2004年起，总统和副总统不再由人民协商会议选举产生，改由全民直选；每任5年，只能连任1次。总统任命内阁，内阁对总统负责。

【人协】全称“人民协商会议”。国家立法机构，由人民代表会议（国会）和地方代表理事会共同组成，负责制定、修改和颁布宪法，并对总统进行监督。如总统违宪，有权弹劾罢免总统。每5年换届选举。本届人协于2019年10月成立，共有议员711名，包括575名国会议员和136名地方代表理事会成员。设主席1名，副主席4名。现任主席为班邦·苏萨迪约（Bambang Soesatyo）。

【国会】全称“人民代表会议”。国家立法机构，行使除修宪之外的一般立法权。国会无权解除总统职务，总统也不能宣布解散国会；但如总统违反宪法，国会有权建议人协追究总统责任。本届国会于2019年10月成立，共有议员575名，兼任人协议员。任期五年。设议长1名，副议长4名。现任议长为普布安·马哈拉尼（Puan Maharani）。本届国会共有9个派系，即民主斗争党派系（19.33%），大印尼运动党派系（12.57%），专业集团党派系（12.31%），民族觉醒党派系（9.69%），国民民主党派系（9.05%），繁荣公正党派系（8.21%），民主党派系（7.77%），国民使命党派系（6.84%），建设团结党派系（4.52%）。

【地方代表理事会】2004年10月新成立的立法机构，负责有关地方自治、中央与地方政府关系、地方省市划分以及国家资源管理等方面立法工作。成员分别来自全国34个省级行政区，每区4名代表，共136名，兼任人协议员。设主席1名，副主席2名。现任主席为拉·尼亚拉·马塔利蒂（La Nyalla Mattalitti）。

【政府】本届内阁于2019年10月组建。现任阁员34人，任期至2024年，包括：政治法律安全统筹部长默罕默德·马福德（Mohammad Mahfud），经济统筹部长艾尔朗加·哈尔达托（Airlangga Hartato），海洋与投资统筹部长卢胡特·宾萨·班查伊丹（Luhut Binsar Pandjaitan），人类发展与文化统筹部长穆哈吉尔·艾芬迪（Muhadjir Effendy），国务秘书部长普拉蒂克诺（Pratikno），内政部长迪托·卡尔纳维安（Tito Karnavian），外交部长蕾特诺·马尔苏迪（Retno Lestari Priansari Marsudi），国防部长普拉博沃·苏比延托（Prabowo Subianto），法律人权部长亚索纳·劳利（Yasonna Laoly），财政部长丝莉·穆莉亚妮（Sri Mulyani），能源与矿产资源部长阿里芬·达斯里夫（Arifin Tasrif），工业部长阿古斯·古米旺·卡达萨斯米达（Agus Gumiwang Kartasasmita），贸易部长阿古斯·苏巴尔曼托（Agus Suparmanto），农业部长夏赫鲁·亚辛·林波（Syahrul Yasin Limpo），环境与林业部长西蒂·努尔巴亚·巴卡尔（Siti Nurbaya Bakar），土地与空间规划部长索菲安·贾里尔（Sofyan Jalil），交通部长布迪·卡利亚·苏马迪（Budi Karya Sumadi），海洋渔业部长艾迪·普拉博沃（Edhy Prabowo），劳工部长伊达·法吉亚（Ida Fauziah），公共工程与住房部长巴苏基·哈迪穆尔约诺（Basuki Hadimuljono），卫生部长德拉万·阿古斯·普特兰托（Terawan Agus Putranto），教育与文化部长纳迪姆·玛卡里姆（Nadiem Makarim），社会部长朱利亚里·彼得·巴杜巴拉（Juliari Peter Batubara），宗教部长法克鲁·拉齐（Fachrul Razi），旅游与创意经济部长维斯努塔玛（Wishnutama），信息与通讯部长约翰尼·G. 布拉特（Johnny G. Plate），研究技术部长/国家创新研究机构主席班邦·布罗佐内戈罗（Bambang Brodjonegoro），中小企业与合作社部长德登·玛斯杜基（Teten Masduki），妇女与儿童部长古斯蒂·阿玉·槟当·达尔玛瓦蒂（Gusti Ayu Bintang Darmawati），提高国家机构效率与行政改革部长扎赫约·库莫罗（Tjahjo Kumolo），农村、落后地区发展与移民部长阿卜杜勒·哈利姆·伊斯甘达尔（Abdul Halim Iskandar），国家发展规划部长苏哈尔索·莫诺阿尔法（Suharso Monoarfa），国有企业部长艾瑞克·托希尔（Erick Thohir），青年与体育部长扎伊努丁·阿玛里（Zainudin Amali）。

【行政区划】共有一级行政区（省级）34个，包括雅加达首都、日惹、亚齐3个地方特区和31个省。二级行政区（县、市级）共514个。

【司法机构】最高法院独立于立法和行政机构。最高法院院长由最高法院法官选举，现任院长哈达·阿里（Hatta Ali）。

【政党】1975年颁布的政党法只允许三个政党存在，即专业集团党、印尼民主党、建设团结党。1998年5月解除党禁。2019年大选中，共有16个政党参选，9个政党获得国会议席，民主斗争党成为国会第一大党。主要大党包括：

（1）民主斗争党（Partai Demokrasi Indonesia-Perjuangan）：由原印尼民主党分裂出来的人士组成，1998年10月正式成立。系民族主义政党，印尼世俗政治力量代表。以“潘查希拉”为政治纲领，弘扬民族精神，反对宗教和种族歧视。2019年国会选举中获128个议席，国会第一大党。现任总主席为梅加瓦蒂·苏加诺普特丽（Megawati Soekarnoputri）。

（2）专业集团党（Partai Golongan Karya）：1959年组成松散的专业集团联合秘书处，1964年10月由61个群众组织联合成立专业集团，1970年12月扩大为包括291个群众组织的专业组织，1967年至1999年6月为事实上的执政党，但一直自称为社会政治组织。1999年3月7日正式宣布为政党。以“潘查希拉”为政治纲领，主张在民主和民权基础上进行政治体制改革，保障人权，改善民生。2019年国会选举中获85个议席，国会第二大党。总主席为艾尔朗加·哈尔达托

（Airlangga Hartato）。

（3）大印尼运动党（Gerindra）：成立于2008年2月6日，以"潘查希拉"为政治纲领，倡导民族主义、人道主义。2009年大选中力推普拉博沃参选，因实力不济竞选失败。在2019年国会选举中获78个议席。总主席普拉博沃·苏比延托（Prabowo Subianto）。

（4）国民民主党（Partai Nasional Demokrat）：成立于2011年7月，前身是群众组织"国民民主"。以建设独立、统一、公正、繁荣的国家为宗旨，倡导发挥民众集体力量实现印尼复兴。在2014年国会选举中作为参选的唯一新政党，获35个议席。在2019年国会选举中获59个议席。总主席苏利亚·巴洛（Surya Paloh）。

（5）民族觉醒党（Partai Kebangkitan Bangsa）：成立于1998年7月，主张建立民主、开放、廉洁的国家政治体制，反对宗教政治化和宗教歧视，反对一切破坏民族团结统一的行为，反对建立政教合一的国家。在2019年国会选举中获58个席位。总主席穆海敏·伊斯甘达尔（Muhaimin Iskandar）。

【重要人物】佐科·维多多：总统。1961年6月生于中爪哇省梭罗市。信奉伊斯兰教。家境贫寒，本科就读于日惹卡查马达大学林业系。毕业后赴亚齐特区短暂工作。1988年返回梭罗经营家具业，成为当地知名商人。2005年当选梭罗市长，2010年连任。任内政绩卓著，2008年获总统颁发的"功勋之星"奖章，2010年入选世界25位最佳市长。2012年9月当选雅加达省长，2014年10月卸任。2014年7月当选印尼总统，2019年10月就职，本届任期至2024年10月。　**马鲁夫**：副总统。1943年3月11日生于万丹省。12岁进入东爪哇知名经学院学习伊斯兰教，1967年毕业于茂物伊本·卡尔敦大学伊斯兰宗教理论系，获学士学位。先后在印尼经学院、高校任教。20世纪60年代加入伊斯兰教士联合会，1971年当选雅加达地方议会议员。1998年7月加入民族觉醒党并任协商理事会主席。1999年至2004年担任国会议员，任主管经贸投资和企业的第六委员会主席。2004年不再担任议员，历任伊联咨询委员会、顾问委员会、中央理事会教务委员会主席。2007年至2014年任前总统苏希洛顾问委员会成员，负责宗教事务。20世纪90年代加入印尼伊斯兰教法学者理事会（伊学会），先后担任训令委员会副主席。2015年至今担任伊学会总主席。

经　济

印度尼西亚是东盟最大的经济体。农业、工业、服务业均在国民经济中发挥重要作用。1950—1965年国内生产总值（GDP）年均增长仅2%。20世纪60年代后期调整经济结构，经济开始提速，1970年至1996年间GDP年均增长6%，跻身中等收入国家。1997年受亚洲金融危机重创，经济严重衰退，货币大幅贬值。1999年底开始缓慢复苏，GDP年均增长3%—4%。2003年底按计划结束国际货币基金组织（IMF）的经济监管。苏希洛总统2004年执政后，积极采取措施吸引外资、发展基础设施建设、整顿金融体系、扶持中小企业发展，取得积极成效，经济增长一直保持在5%以上。2008年以来，面对国际金融危机，印尼政府应对得当，经济仍保持较快增长。2014年以来，受全球经济不景气和美联储调整货币政策等影响，经济增长有所放缓。近年印尼政府陆续出台一系列刺激经济政策，经济显现加速复苏迹象，保持较快增长。2019印尼主要经济数据如下：

国内生产总值：1.16万亿美元。

人均国内生产总值：4284美元。

国内生产总值增长率：5.02%。

进出口总额：3374亿美元。

汇率：1美元≈15128印尼盾。

通胀率：2.82%。

【资源】富含石油、天然气以及煤、锡、铝矾土、镍、铜、金、银等矿产资源。矿业在印尼经济中占有重要地位，产值占GDP的10%左右。据印尼能矿部统计，印尼石油储量97亿桶（13.1亿吨）、天然气储量4.8万—5.1万亿立方米，煤炭已探明储量193亿吨，潜在储量可达900亿吨以上。

【工业】工业发展方向是强化外向型制造业。主要部门有采矿、纺织、轻工等。锡、煤、镍、金、银等矿产产量居世界前列。

【农渔林业】印尼全国耕地面积约8000万公顷。盛产经济作物，如棕榈油、橡胶、咖啡、可可等。渔业资源丰富，政府估计潜在捕捞量超过800万吨/年。森林面积1.37亿公顷（20世纪50年代为1.62亿公顷），森林覆盖率超过60%。为保护林业资源，印尼宣布自2002年起禁止出口原木。

【旅游业】是印尼非油气行业中仅次于电子产品出口的第二大创汇行业，政府长期重视开发旅游景点，兴建饭店，培训人员和简化入境手续。1997年以来受金融危机、政局动荡、恐怖爆炸、自然灾害、禽流感等不利影响，旅游业发展缓慢。2007年起增速加快，2015年880万人次，2016年1151.9万人次，2017年1404万人次，2018年1581万人次。2019年1611万人次。其中，马来西亚、中国、新加坡、东帝汶和澳大利亚为印尼前五大游客来源国。

主要景点有巴厘岛，龙目岛，雅加达缩影公园，日惹婆罗浮屠佛塔、普拉班南神庙、苏丹王宫，北苏门答腊多巴湖等。

【交通运输】公路和水路系重要运输手段，其中公路担负着国内近90%的客运和50%的货运。铁路设施相对落后，仅爪哇和苏门答腊两岛建有铁路。空运近年发展迅速。

铁路：全国铁路总里程6458公里，其中窄轨铁路5961公里。

公路：全国公路总里程50.27万公里，其中高速公路约1928公里。

水运：全国水运航道21579公里，共有各类港口670个，主要港口25个。河运、海运船只6600艘左右。

空运：各类机场共298个。主要机场有首都雅加达的苏加诺—哈达国际机场、泗水的朱安达国际机场、巴厘岛的伍拉莱国际机场等。主要航空公司有鹰记、狮航、室利佛逝、亚航等。

【财政金融】1997年金融危机前一直实行财政预算平衡政策，决算略有盈余。近二十年来实施赤字预算，近年来财政预算状况如下（单位：万亿盾）：

	2016	2017	2018
总收入	1552	1656	1942
总支出	1859	2002	2202
赤字占GDP百分比（%）	2.46	2.57	1.86

截至2018年底，印尼外债总额约为3768亿美元，同比增长6.98%，负债比率（外债占GDP比重）约达36%。截至2019年第三季度，印尼外债总额约为3956亿美元。截至2019年底，外汇储备为1292亿美元。

1997年亚洲金融危机爆发前，全国共有144家国内商业银行。金融危机中，银行业遭受重创，一大批银行纷纷倒闭。印尼政府成立银行重组机构，对银行业进行重组与整合。之后，印尼商业银行的盈利能力普遍增强，资产质量明显改善。截至2016年底，印尼共有118家商业银行，其中4家国有银行。按总资产排名，2016年前三位的本地商业银行分别是印尼人民银行、曼迪利银行、中亚银行。2003年9月，印尼央行正式加入国际清算银行。2012年银行业总资产4211万亿盾，2011年贷款总额2011万亿盾，不良贷款率（NPL）1.53%。印尼央行与中国、日本和韩国在清迈协议框架下签有双边货币互换协议，分别为40亿、60亿和10亿美元。2009年印尼同中国签署为期3年、总额为1000亿人民币的双边本币互换协议。2013年10月，两国续签该协议。2015年11月，两国同意将本币互换规模扩大至1300亿人民币。2018年11月，两国续签本币互换协议，规模扩至2000亿人民币。2014年11月，印尼正式加入亚洲基础设施投资银行，成为创始成员国之一。

【对外贸易】外贸在印尼国民经济中占重要地位，政府采取一系列措施鼓励和推动非油气产品出口，简化出口手续，降低关税。1997年外贸总额为951亿美元，1998年和1999年连续下滑，2000年受出口和内需推动锐增32%，2001年和2002年受全球经济放缓影响有所下降，2003年和2004年恢复增长，2005—2007年年均增长率在10%以上。2008年国际金融危机后，外贸总额有所下降。2009年以来外贸增长较快。近年外贸状况如下（单位：亿美元）：

	2017	2018	2019
出口额	1676.40	1802.15	1670.03
进口额	1569.25	1879.17	1703.88
差　额	107.15	-77.02	-33.85

（资料来源：商务部）

主要出口产品有石油、天然气、纺织品和成衣、木材、藤制品、手工艺品、鞋、铜、煤、纸浆和纸制品、电器、棕榈油、橡胶等。主要进口产品有机械运输设备、化工产品、汽车及零配件、发电设备、钢铁、塑料及塑料制品、棉花等。主要贸易伙伴为中国、日本、新加坡、美国。

【外国资本】外国资本对印尼经济发展有重要促进作用。印尼政府重视改善投资环境，吸引外资。1997年金融危机前每年吸引外资约300亿美元，金融危机后大幅下降。佐科政府重视改善投资环境，大力吸引外资。2018年吸引外国投资293.1亿美元，2019年吸引外国投资302亿美元。主要投资来源国为新加坡、日本、中国、美国、英国、韩国。

人民生活

【消除贫困】1997年金融危机以后，人民生活水平下降。印度尼西亚政府加大救助力度，研究建立全国社会保障体系，同时采取扩大就业年和加强能力建设等中长期措施，努力解决结构性贫困问题。截至2018年9月，印尼贫困人口约2567万人，贫困率为9.66%。基尼系数降至0.384。失业率降至5.34%。

【卫生】2019年卫生预算约122万亿盾，占财政总预算的5%。据2016年印尼统计年鉴、印尼国家统计局数据，截至2016年，全国共有医院2601所，公共卫生中心9767个。2017年新生儿死亡率为2.51%。人均寿命70.1岁。

军　事

印度尼西亚《国防法》规定，总统对全国武装力量拥有最高领导权，在国防与安全委员会及国防部长协助下就国防与安全事务作出重大决策，通过国民军司令和警察总长对全国武装力量实施领导和指挥。国防部负责制定和执行国防政策，国民军司令部负责全军的管理、教育、训练及战时指挥。国家武装力量由正规军和准军事部队组成。实行义务兵与志愿兵相结合的兵役制度，义务兵服役期2年。

正规军印尼国民军（TNI）1945年10月5日成立，由荷兰殖民时期的“荷印殖民军”和日本占领时期的“国民后备军”改编而成。设陆、海、空三个军种，现役总兵力38.8万人。其中陆军29.9万人，主要编成战略预备部队、特种部队和12个军区。海军6.1万人，主要编成东西两个舰队司令部和海军陆战队、军事海运司令部。空军2.8万人，主要编成第一（西部）、第二（东部）空军作战司令部和维修与物资司令部、特种部队。现任国民军司令哈迪上将（Hadi Tjahjanto）。

陆、海、空三军分别设军种参谋长，负责部队日常管理和训练。军队曾长期拥有国防安全和社会政治双重职能，现主要担负国防安全任务。

准军事部队包括警察和民兵。警察部队曾于1964年纳入武装部队总部领导，与国民军合称“印尼武装部队”（ABRI），2000年7月正式独立并直接由总统领导，负责维护国内安全，目前警力近28万人。现任警察总长伊达姆·阿吉斯（Idham Azis）。

实行积极防御的国防政策，将“全民国防安全体系”作为巩固国防的基础，在国防建设上倡导“军民一体化”的指导方针。2019年军费预算为108万亿印尼盾，约占GDP4.4%。

文化教育

【教育】实行9年制义务教育。2019年教育预算为492.6万亿盾，占财政总预算的20%。2016年小学入学率为98.98%，初中入学率为94.79%，高中入学率为70.83%，15岁以上人口文盲率6.08%。

著名大学有雅加达的印度尼西亚大学、日惹的加查马达大学、泗水的艾尔朗卡大学、万隆的万隆工学院、班查查兰大学、茂物的茂物农学院等。

【新闻出版】共有各类报刊3000多种。主要印尼文报纸有《罗盘报》《专业之声报》《印尼媒体报》《共和国日报等》《革新之声报》和《印尼商报》，英文报纸有《雅加达邮报》《雅加达环球报》《印尼观察家报》等，中文报纸有《国际日报》《商报》《千岛日报》《星洲日报》（原《印度尼西亚日报》）等。

通讯社目前只有安塔拉通讯社系官方通讯社，1937年12月13日创立，在印尼27个省设有分社，约有300名记者。该社2007年3月恢复了北京分社，并派驻常驻记者。

广播电视主要有公立的印尼国家电台和印尼国家电视台。印尼国家电台于1945年9月11日成立，设有53个分台和对外广播的“印尼之声”台（用10种语言广播），现有员工8500人。印尼电视台于1962年8月17日正式运营，共有13个分台，395个转播器，覆盖印尼全境。原为政府经营，2000年后成为公共电视台。现有员工约7200人。

私营电视台有雄鹰电视台、教育电视台、美都电视台等十多家全国性电视台以及众多的地方电视台。各地的电台多达1800多个。

对外关系

奉行独立自主、不结盟的外交政策。1967年8月印度尼西亚参与发起建立东南亚国家联盟，视之为外交基石，积极参与东亚合作。主张大国平衡，重视同美、中、日、俄、澳、印以及欧盟的关系。重视不结盟运动和南南合作。1992—1995年任不结盟运动主席，1998年担任“七十七国集团”主席国。2003年7月至2004年7月担任东盟轮值主席国。2005年4月举行亚非领导人和万隆会议50周年纪念活动。2006年4月举办亚洲及太平洋经济社会委员会第62届会议。5月举办伊斯兰发展中八国集团（D8）首脑峰会，接任D8主席国。2007—2008年度担任联合国安理会非常任理事国。2007年12月在巴厘岛举办联合国气候变化大会，通过“巴厘路线图”。2009年5月在万鸦老召开世界海洋大会。自2008年起，每年举办“巴厘民主论坛”，迄今已举办11次。2011年担任东盟轮值主席国，11月举行巴厘岛东亚领导人系列会议。2013年10月在巴厘岛举行亚太经合组织第21次领导人非正式会议。2015年4月举行亚非领导人会议和万隆会议60周年纪念活动。任2015—2017年环印度洋地区合作联盟主席国，2016年10月在巴厘岛召开环印联盟第16届部长理事会。2017年3月举办环印联盟首次领导人峰会。2018年4月举办首届印尼—非洲论坛。6月，印尼当选2019—2020年度联合国安理会非常任理事国。8月，举办第18届亚运会。10月，举办第3届亚残运会，在巴厘岛召开“我们的海洋”大会。11月，在巴厘岛举行首届世界创意经济大会。12月，在巴厘岛举行2018年世界银行和国际货币基金组织双年会。

【同中国的关系】1950年4月13日中国与印尼建交。1967年10月30日中断外交关系。1990年8月8日恢复外交关系。2005年两国建立战略伙伴关系。2013年两国建立全面战略伙伴关系。

2013年10月，习近平主席对印尼进行国事访问，并赴巴厘岛出席亚太经合组织第21次领导人非正式会议。李克强总理在东亚领导人系列会议期间会晤印尼总统苏希洛。印尼人协主席希达多访华。2014年8月，中央军委副主席范长龙访问印尼。9月，全国政协副主席、中联部部长王家瑞访问印尼。10月，习近平主席特使、全国人大常委会副委员长严隽琪赴印尼出席佐科总统就职仪式。12月，全国政协副主席陈晓光访问印尼。2015年2月，中共中央政治局委员、中央政法委书记孟建柱访问印尼。4月，习近平主席赴印尼出席亚非领导人会议和万隆会议60周年纪念活动。5月，国务院副总理刘延东访问印尼并主持召开中印尼副总理级人文交流机制首次会议。6月，习近平主席同佐科总统通话。7月，全国政协主席俞正声访问印尼。11月，习近平主席赴土耳其出席G20领导人峰会期间会见佐科总统。2016年1月，国务委员王勇赴印尼出席雅加达—万隆高铁项目动工仪式。5月，国务委员杨洁篪赴印尼与印尼经济统筹部长达尔敏共同主持中印尼高层经济对话机制第二次会议。2017年11月，刘延东副总理访问印尼并同印尼人类发展与文化统筹部长布安共同主持中印尼副总理级人文交流机制第三次会议。2018年5月，李克强总理正式访问印尼。8月，习近平主席特使、国务院副总理孙春兰出席在印尼雅加达举行的第18届亚运会开幕式。11月，习近平主席在出席亚太经合组织第二十六次领导人非正式会议期间同印尼总统佐科举行会晤。2019年6月，习近平主席在二十国集团领导人峰会期间会见佐科总统。6月，全国人大常委会副委员长、中国国际交流协会会长吉炳轩访问印尼。10月，习近平主席特使、国家副主席王岐山赴印尼出席佐科总统连任就职仪式并对印尼进行友好访问。

2014年11月，印尼总统佐科来华出席亚太经合组织第22次领导人非正式会议。2015年1月，印尼经济统筹部长索菲安来华主持召开两国高层经济对话首次会议。3月，佐科总统来华国事访问并出席博鳌亚洲论坛2015年年会。9月，印尼人协主席祖尔基弗利访华、人类发展与统筹部长布安来华出席中国人民抗日战争暨世界反法西斯战争胜利70周年纪念活动。2016年3月，印尼副总统卡拉来华出席博鳌亚洲论坛年会。4月，印尼政治法律安全统筹部长卢胡特访华并与杨洁篪国务委员共同主持中印尼副总理级对话机制第五次会议。8月，印尼人类发展与文化统筹部长布安来华出席第九届中国—东盟教育周暨第二届中国—东盟教育部长圆桌会议开幕式并同刘延东副总理共同主持中印尼副总理级人文交流机制第二次会议。9月，佐科总统来华出席二十国集团领导人杭州峰会，其间习近平主席同佐科总统举行会见。2017年5月，习近平主席同印尼总统佐科来华出席“一带一路”国际合作高峰论坛期间举行会见。6月，佐科总统特使、印尼海洋统筹部长卢胡特访华。8月，印尼政治法律安全统筹部长维兰托、经济统筹部长达尔敏访华，杨洁篪国务委员分别同其共同主持中印尼副总理级对话第五次会议和中印尼高层经济对话第二次会议。2018年4月，佐科总统特使、印尼海洋统筹部长卢胡特访华，国务院总理李克强、中央政法委书记郭声琨、国务委员兼外长王毅分别同其会见。10月，卢胡特作为佐科总统特使再度访华，国务委员王勇、国务委员兼外长王毅分别同其会见。2019年4月，印尼副总统卡拉来华出席第二届“一带一路”国际合作高峰论坛，习近平主席、王岐山副主席分别同其会见。6月，习近平主席在二十国集团领导人峰会期间会见佐科总统。7月，王毅国务委员兼外长在曼谷出席东亚合作外长会期间会见印尼外长蕾特诺。9月，佐科总统特使、海洋统筹部长卢胡特来华出席第16届中国—东盟博览会，韩正副总理同其会见。10月，习近平主席特使、国家副主席王岐山赴印尼出席佐科总统连任就职仪式并对印尼进行友好访问。11月，佐科总统特使、海洋与投资统筹部长卢胡特来华出席第二届中国国际进口博览会。12月，国务委员兼外长王毅在马德里出席亚欧外长会议期间会见印尼外长蕾特诺。

中国连续多年成为印尼最大贸易伙伴。2019年中印尼双边贸易额797.1亿美元，同比增长3.1%；其中中国出口额为456.4亿美元，进口额为340.6亿美元。2019年1—9月，中国企业对印尼投资7.5亿美元，同比下降16.5%。中国企业在印尼新签工程承包合同额68.9亿美元，同比增长17.2%；完成营业额49.9亿美元，同比增长28.6%。中国企业积极参与印尼基础设施建设，先后承建泗水—马都拉大桥、加蒂格迪大坝等重大工程。2012年起，两国在印尼逐步推进矿业、农业等领域的综合产业园区建设。中国企业还积极参与印尼第一期1000万千瓦电站和3500万千瓦电站项目建设。2016年1月，两国合作建设的雅加达至万隆高速铁路项目举行动工仪式。2017年4月，项目签署工程总承包合作，5月签署贷款协议。当前项目建设进入全面推进实施新阶段。双方就印尼方提出的“区域综合经济走廊”达成合作共识，签署了《关于推进“区域综合经济走廊”建设合作的谅解备忘录》和《建立“区域综合经济走廊”合作联委会谅解备忘录》，将积极推进务实合作。2018年10月，两国签署《共建“一带一路”和“全球海洋支点”谅解备忘录》。2019年3月举行“区域综合经济走廊”合作联委会首次会议，并在第二届“一带一路”国际合作高峰论坛期间签署走廊合作规划文件。

两国在文化、教育、科技、防务等各领域保持良好交流与合作。两国人员往来密切。我系印尼主要游客来源国，2019年中国内地赴印尼游客达200万人次。我在印尼开设7所孔子学院。印尼在华留学生约1.4万人。

中国驻印尼大使：肖千。馆址：Jalan Mega Kuningan No.2，Jakarta Selatan 12950，Indonesia。电话：0062-21-5761021，5761022；传真：5761034。商务处电话：0062-21-5761049；传真：5761051。领事部电话：0062-21-5761025；传真：5761024。

印尼驻华大使：周浩黎（Djauhari Oratmangun）。馆址：北京市朝阳区东直门外大街4号。电话：010-65325485-88；传真：65325368。

【同美国的关系】1949年建交。2015年，两国建立战略伙伴关系。2006年9月、2008年9月，苏希洛总统两次访美。2009年1月，卡拉副总统访美。2月，美国务卿希拉里访印尼。2010年9月，布迪约诺副总统赴美出席第二次美国—东盟峰会。11月，奥巴马总统访印尼，两国建立全面伙伴关系。2011年7月，希拉里国务卿赴巴厘岛出席东盟地区论坛系列外长会。11月，奥巴马总统赴巴厘岛出席东亚领导人系列会议。2012年8月，希拉里国务卿访印尼，马尔迪外长访美并主持两国联委会第三次会议。2014年10月20日，美国务卿克里出席印尼新任总统佐科就职典礼。2014年11月，佐科总统出席在北京举行的亚太经合组织领导人非正式会议期间同奥巴马总统会晤。2015年10月，佐科总统访美。2016年2月，佐科总统赴美出席美国—东盟特别峰会。11月，印尼空军与美国陆战队在印尼开展为期10天的联合军事演习。2017年4月，美副总统彭斯访印尼。6月，美前总统奥巴马访印尼。5月，蕾特诺外长访美。7月，佐科总统出席在德国汉堡举行的二十国集团峰会期间会见美总统特朗普。2018年1月，美国防部长马蒂斯访印尼。3月，蕾特诺外长访美。6月，蕾特诺外长会见蓬佩奥。8月，蓬佩奥国务卿访印尼。2019年9月，美助理国务卿史迪威访问印尼。

【同日本的关系】1958年建交。2006年建立战略伙伴关系。2007年8月，日首相安倍晋三访印尼，签署《印尼—日本经济伙伴关系联合声明》。2008年7月，两国签署《印尼—日本经济伙伴协议执行协议书》。2009年1月，印尼副总统卡拉访日。12月，鸠山由纪夫首相赴巴厘岛出席第二届巴厘民主论坛。2011年10月，玄叶光一郎外长访印尼。2012年8月，苏延多政治法律安全统筹部长访日。2015年3月，佐科总统访日。12月，印尼与日本在东京举行首次外交与防务部长级（2+2）磋商。2016年12月，印尼与日本举行“日本—印尼海洋论坛”。2017年1月，日首相安倍晋三访印尼。2018年6月，河野太郎外相访印尼。2019年11月，佐科总统和日本首相安倍晋三在曼谷出席东亚合作领导人系列会议期间举行双边会见。同月，印尼海洋与投资统筹部长卢胡特、国企部长艾瑞克、工业部长阿古斯访日。2020年1月，日外相茂木敏充访问印尼。

【同韩国的关系】1956年建交。2006年建立战略伙伴关系，2017年提升为特别战略伙伴关系。2007年7月，印尼总统苏希洛访韩。2009年3月，韩国总统李明博访印尼。2010年3月，印尼经济统筹部长哈达访韩。2011年2月，哈达统筹部长作为印尼总统特使访韩。2012年3月，苏希洛总统访韩并出席在首尔举行的全球核安全峰会。11月，苏希洛总统在巴厘民主论坛期间会见韩国总统李明博。2014年12月，印尼总统佐科访韩并出席韩国—东盟峰会。2016年5月，佐科总统访韩。2017年11月，韩国总统文在寅访印尼。2018年8月，李洛渊总理出席雅加达亚运会开幕式并访印尼。9月，佐科总统访韩。2019年11月，佐科总统赴韩出席东盟—韩国建立伙伴关系30周年纪念峰会。

【同澳大利亚的关系】1950年建交。2005年两国建立战略伙伴关系，2018年提升为全面战略伙伴关系。2005年4月，苏希洛总统访澳2008年6月和12月，陆克文总理分别对印尼进行正式访问和出席首届“巴厘民主论坛”。2009年10月，陆克文总理赴雅加达出席苏希洛总统第二任期就职典礼。2010年3月，苏希洛总统访澳。吉拉德总理访印尼。2011年3月，陆克文外长访印尼。2012年1月，陆克文外长访印尼。3月，两国在澳举行外交、国防双部长对话。7月，苏希洛总统访澳，卡尔外长访印尼。2013年，印尼澳之间发生“监听门”事件，关系一度陷入低估，后逐渐转圜。2014年11月，佐科总统赴澳出席G20峰会。2015年9月，特恩布尔总理访印尼。2016年10月，澳印尼外长、防长双部长会议在印尼举行。2017年2月，佐科总统访澳。7月，佐科总统出席在德国汉堡举行的二十国集团峰会期间会见澳总理特恩布尔。2018年3月，佐科总统访澳，其间举行印尼澳第五次2+2会议。8月，澳总理莫里森访印尼。

【同东盟国家的关系】同马来西亚的关系：1957年印尼同马来亚联邦建交，1963年9月马来西亚成立后断交，1967年复交。2008年1月，苏希洛总统访马。2009年3月，巴达维总理访印尼。4月，纳吉布总理访印尼。10月，纳吉布总理出席苏希洛总统就职典礼。11月，苏希洛总统访马。2010年5月，苏希洛总统访马并出席在吉隆坡举行的第六届世界伊斯兰经济论坛。2011年10月，马最高元首苏丹阿比丁访问印尼，同月，纳吉布首相在巴厘岛见证两国签署关于边界、军事及外劳问题的谅解备忘录。2012年12月，马最高元首苏丹哈利姆访印尼。2013年12月，纳吉布总理访印尼。2015年2月，佐科总统对马来西亚进行国事访问。2016年6月，副总统卡拉赴马出席世界经济论坛东盟峰会并同纳吉布总理会见。2017年8月，阿尼法外长访印尼。2018年6月，马哈蒂尔总理访印尼。2019年8月，佐科总统访问马来西亚。11月，佐科总统赴泰国曼谷出席东亚合作领导人系列会议。

同新加坡的关系：1967年9月建交。2007年4月，新总理李显龙访印尼，其间两国外长、国防部长分别签署引渡条约和国防合作协定，后因印尼国会反对未能生效。2009年10月，李显龙总理出席苏希洛总统就职典礼。11月，苏希洛总统出席在新加坡举行的亚太经合组织第17次领导人非正式会议并访新。2010年5月，苏希洛总统访问新。2012年2月，李显龙总理访印尼。6月，苏希洛总统赴新出席第11届香格里拉对话会。10月，新外长尚穆根访印尼。2014年9月，苏希洛总统访新。10月，李显龙总理出席佐科总统就职典礼。2016年11月，李显龙总理访问印尼。2017年9月，佐科总统访新。2018年11月，佐科总统赴新出席东亚合作领导人系列会议。2019年7月，新加坡外长维文访问印尼。10月，佐科总统访新。

同泰国的关系：1950年建交。2006年10月，泰临时政府总理素拉育访问印尼。2008年3月，沙玛总理访印尼。2009年2月，阿披实总理访印尼。2010年2月和4月，格实外长访印尼。2011年9月，英拉总理访印尼。2012年6月，苏希洛总统访泰。2016年10月，佐科总统赴泰国吊唁普密蓬国王。2019年11月，佐科总统赴泰出席东亚合作领导人系列会议。

同菲律宾的关系：1949年建交。两国在反恐、打击跨国犯罪、划分海域边界、加强经贸投资以及联合国改革等问题上合作顺利。2008年5月，哈桑外长访菲。2009年11月，马尔迪外长访菲。2011年3月，菲总统阿基诺三世访印尼。2014年5月23日，苏希洛总统访菲，其间两国签署海上专属经济区划界协定。

2015年2月，佐科总统对菲进行国事访问。2016年9月，杜特尔特总统访印尼。2017年4月，佐科总统访菲。6月，菲、印尼、马来西亚三国外长和高官在马尼拉研究联合反恐行动。2018年1月，蕾特诺外长访菲。8月，卡亚塔诺外长出席雅加达亚运会开幕式并访印尼。

同越南的关系：1955年建交。2011年9月，阮晋勇总理访印尼。2012年7月，马尔迪外长访越。2013年6月27日，张晋创主席访印尼。2016年6月，卡拉副总统赴马来西亚出席世界经济论坛东盟峰会期间同越南副总理郑廷勇举行会见。2017年7月，佐科总统出席在德国汉堡举行的二十国集团峰会期间会见越南总理阮春福。8月，阮富仲总书记访印尼。2018年4月，蕾特诺外长访越。9月，佐科总统出席世界经济论坛东盟峰会并访越。2019年12月，蕾特诺外长访越。

同缅甸的关系：1949年建交。2007年2月，印尼与缅甸在雅加达举行双边联合委员会部长级会谈。2009年3月，缅总理吴登盛访印尼。2010年3月，印尼外长马尔迪访缅。2011年5月，缅总统吴登盛访印尼。2011年12月，马尔迪外长访缅，其间会见昂山素季。2014年4月，苏希洛总统访缅甸。2017年9月，印尼外长蕾特诺访缅。

同其他东盟成员国家的关系：2007年1月，老挝总理波松访印尼。2009年10月，文莱苏丹哈桑纳尔赴雅加达出席苏希洛总统就职典礼。2011年2月，苏希洛总统访文。5月，老挝总理通邢访印尼。2012年3月，马尔迪外长访柬埔寨。11月，苏希洛总统访老。2008年12月、2009年12月、2010年12月 和2012年11月，文莱苏丹哈桑纳尔四次出席“巴厘民主论坛”。2014年4月，苏希洛总统访缅甸。9月，佐科总统赴老挝出席东亚合作领导人系列会议。2015年2月，佐科总统对文进行国事访问。2017年10月，佐科总统出席文莱苏丹登基50周年庆典。2018年5月，文莱苏丹哈桑纳尔访印尼。7月，艾瑞万外交与贸易部第二外交事务主管部长访印尼。

【同南亚国家的关系】同印度的关系：1951年建交。2005年建立战略伙伴关系。2011年1月，辛格总理访印尼。2016年12月，佐科总统访印。2018年1月，斯瓦拉吉外长访印尼，佐科总统对印度进行工作访问，举行首届印尼—印度安全对话会。5月，莫迪总理访印尼。

同其他南亚国家的关系：2017年4月，阿富汗总统加尼访印尼。11月，蕾特诺外长访阿富汗。2018年1月，佐科总统访斯里兰卡、巴基斯坦、孟加拉和阿富汗。2月，卡拉副总统访阿富汗。2018年10月，巴勒斯坦外长马立利基访印尼。

【同东帝汶的关系】1999年8月，东帝汶通过全民公决脱离印尼。2002年7月，两国正式建交并成立双边联委会。2006年，东在印尼东努沙登加拉省古邦和巴厘岛登巴萨设立领馆。2007年6月，奥尔塔总统访印尼。2008年4月，夏纳纳总理访印尼。7月，奥尔塔总统、夏纳纳总理和苏希洛总统共同出席在巴厘岛举行的“真相和友谊委员会”调查报告提交仪式，并发表联合声明，表示接受报告有关结论和建议。2008年12月、2009年12月、2010年12月和2012年11月，夏纳纳总理4次出席“巴厘民主论坛”。2009年10月，奥尔塔总统出席苏希洛总统的就职典礼。2011年3月，夏纳纳总理访印尼。2012年1月，夏纳纳总理访印尼。5月，苏希洛总统出席东总统鲁瓦克就职仪式和恢复独立10周年庆典并对东进行正式访问。9月，古特雷斯外长访印尼。2015年8月，阿劳若总理访印尼。2016年1月，佐科总统访东。2017年5月，印尼总统特使、海洋统筹部长卢胡特出席东总统卢奥洛就职仪式和东帝汶恢复独立15周年庆典。2018年6月，卢奥洛总统访印尼。2019年8月，印尼总统特使、公共工程部部长巴苏基赴东出席东独立公投20周年庆典系列活动。

【同南太国家的关系】印尼于2001年8月成为“太平洋岛国论坛”对话伙伴。2002年10月倡议成立“西南太平洋对话”（由印尼、澳大利亚、新西兰、菲律宾、巴布亚新几内亚和东帝汶组成）并举行首次部长级会议。印尼为斐济、图瓦卢、基里巴斯等国家提供财政支持、技术援助和人员培训项目。2010年3月，印尼总统苏希洛访巴布亚新几内亚。2011年4月，斐济总理佛勒克访印尼。12月，瓦努阿图总理吉尔曼访印尼。2012年4月，新西兰总理约翰·基访印尼。2015年5月，佐科总统对巴布亚新几内亚进行国事访问。2016年7月，新西兰总理约翰·基访问印尼。2017年5月，新防长马克·米切尔访印尼。（罗婧莹）

约　旦

国名　约旦哈希姆王国（The Hashemite Kingdom of Jordan）。

面积　8.9万平方公里。

人口　1062万（含巴勒斯坦、叙利亚、伊拉克难民，2019年约旦统计局统计）。98%的人口为阿拉伯人，还有少量切尔克斯人、土库曼人和亚美尼亚人。国教为伊斯兰教，92%的居民属逊尼派，2%的居民属什叶派和德鲁兹派。信奉基督教的居民约占6%，主要属希腊东正教派。官方语言为阿拉伯语，通用英语。

首都 安曼（Amman），面积1700平方公里。人口253万。

国家元首 国王阿卜杜拉二世·本·侯赛因（Abdullah II Bin Al-Hussein），1999年2月7日登基。

重要节日 国庆日：5月25日。

简况

位于亚洲西部，阿拉伯半岛西北，西与巴勒斯坦、以色列为邻，北与叙利亚接壤，东北与伊拉克交界，东南和南部与沙特阿拉伯相连，西南一角濒临红海的亚喀巴湾是唯一出海口。西部高地属亚热带地中海型气候，气候温和，平均气温1月为7℃—14℃，7月为26℃—33℃。东部和东南部为沙漠，占全国面积78%。

约旦原是巴勒斯坦的一部分。公元7世纪初属阿拉伯帝国版图。公元1517年归属奥斯曼帝国。第一次世界大战后沦为英国委任统治地。1921年英国以约旦河为界，把巴勒斯坦一分为二，西部仍称巴勒斯坦，东部建立外约旦酋长国。1946年3月22日英承认外约旦独立，5月25日改国名为外约旦哈希姆王国。1948年5月第一次阿以战争中，约占领了约旦河西岸4800平方公里的土地。1950年4月，外约旦同西岸合并，改称约旦哈希姆王国。1967年第三次阿以战争中，以色列占领西岸。1988年7月，侯赛因国王宣布中断同约旦河西岸地区的“法律和行政联系”。1994年10月，约同以色列签署和平条约。1995年2月9日，约收回被以占领的约340平方公里失地。

政治

约旦是世袭君主立宪制国家，国王是国家元首、三军统帅，权力高度集中。议会设参众两院，实行多党制。长期以来，约政局较为稳定，但也存在贫困、失业、巴勒斯坦难民等经济、社会问题。2011年西亚北非局势动荡以来，约推出全国对话、更换内阁、惩治腐败、修改部分法律、提前举行议会选举等一系列举措。目前局势总体平稳。2013年3月，约旦首次以国王同议会协商方式推选首相。现任首相兼国防大臣欧马尔·拉扎兹（Omar Razzaz）

【宪法】1952年1月1日颁布生效。宪法规定，约旦是一个世袭的阿拉伯君主立宪制国家，立法权属国王和议会。国王是国家元首，有权审批和颁布法律、任命首相、批准和解散议会，统率军队。1960年1月，议会通过宪法修正案，授予国王延长众议院任期的权利。1974年1月、1976年2月和1984年1月，议会三次通过宪法修正案，授予国王无限期推迟选举、并在内阁认为有必要修改宪法时召开议会特别会议的权利。2011年修宪的主要内容为成立宪法法院，负责监督现行法律和体制是否符合宪法规定，并享有宪法解释权。

【议会】称国民议会，由众议院和参议院组成。众议院议员130人，由普选产生，凡年满19岁的男女公民均可参加选举。议长每年由议员秘密选举产生，议员任期4年，均可连任。现任众议长阿提夫·塔拉瓦纳（Atef Tarawneh）。参议院议员全部由国王从年龄40岁以上的知名人士中任命，人数不超过众议院的一半。议长任期两年，议员任期4年，均可连任。本届参议院共有参议员65名。现任参议长费萨尔·法耶兹（Faisal Al-Fayez）。

【政府】本届政府2018年6月15日成立，现有阁员26名，主要包括首相兼国防大臣欧马尔·拉扎兹、副首相兼国务大臣拉贾伊·穆阿什尔（Rajai Muasher）、外交与侨务大臣埃伊曼·萨法迪（Ayman Safadi）等。

【行政区划】全国共分12个省：安曼省、伊尔比德省、马安省、扎尔卡省、拜勒加省、马夫拉克省、卡拉克省、塔菲拉省、马德巴省、杰拉什省、亚喀巴省、阿吉隆省。

【司法机构】包括法院和检察院两部分。宪法规定法官独立行使司法权。法官任免由国王依法批准，同时接受高级司法委员会的监督。法院分三类，即民事法院、宗教法院、特别法院。民事法院负责审理有关民事和刑事案件。宗教法院主要负责婚姻、继承、收养等事务。特别法院包括国家安全法院、军事法院、警察法院、重大刑事案法院、海关法院。

【政党】1952年4月9日开始允许建立政党，后均被解散。1991年10月解除党禁。1992年10月颁布政党法，规定约旦实行多党制，各政党重新登记，强调政党必须尊重宪法，不得在军队和安全机构中发展，不得同外国或外部势力有政治、经济联系，各政党须经内政部批准为合法政党后方可开展活动。2008年，约修改政党法，将政党成立的门槛由50名党员提高到500名党员，并要求其党员需来自5个及5个以上省份。约目前有40余个政党，主要是：

（1）伊斯兰行动阵线党（The Islamic Action Front）：最大的反对党，1992年12月由穆斯林兄弟会和穆斯林独立人士组成。该党反对阿以和谈，反对约以和约。

（2）宪章爱国党（National Constitutional Party）：1997年5月由“誓约党”“祖国党”“觉醒党”“约旦全国联盟党”“阿拉伯民主统一党”“进步正义党”“约旦人民运动党”“约旦人民统一党”“约旦阿拉伯群众党”9个政党合并而成。宗旨是“复兴、民主、统一”。

（3）约旦阿拉伯社会复兴党（Jordanian Ba'ath Arab Socialist Party）：1993年1月经内政部批准成立。前身为1948年在约成立的“阿拉伯复兴党”，为泛阿拉伯民族主义政党。

（4）约旦共产党（The Jordanian Communist Party）：该党始建于1948年，1970年分裂成两派。1993年1月获内政部批准登记。1997年12月约共“二大”后，领导层内部再度分裂。该党主张以马克思主义为指南，基本任务是维护民族独立、发展经济、反对帝国主义和犹太复国主义。

（5）民族阵线党（National Front Party）：2009年5月成立。主张实行全面改革，实现社会和谐。由前众议长阿卜杜·哈迪·马贾利（Abdul Hadi Majali）组建。

【重要人物】阿卜杜拉二世：国王。系约前国王侯赛因长子。1962年1月30日生于安曼。自幼在英国和美国接受教育，曾在英国牛津大学和美国乔治敦大学深造。20世纪80年代初在英国军队中服役，1985年返回约旦进入军界，曾任装甲兵营长等职，其间先后赴英国桑赫斯特皇家军事学院、英国步兵学校、英国指挥与参谋学院及美国装甲兵学校学习进修军事。1993年起任约特种部队司令，1998年晋升为陆军少将。1999年1月25日被立为王储。同年2月7日继位，6月9日加冕。爱好军体活动，是专业潜水员、飞行员和伞兵；喜爱赛车，曾获约全国汽车拉力赛冠军。阿曾11次访华（1981年7月、1982年12月、1993年12月、1999年12月、2002年1月、2004年7月、2005年12月、2007年10月、2008年9月、2013年9月、2015年9月，前三次作为王子）。已婚，王后拉妮亚，巴勒斯坦血统。育有二子二女，长子侯赛因2009年被立为王储。**欧马尔·拉扎兹**：首相兼国防大臣。1961年出生，先后在世界银行、约旦社会保障公司、约旦投资审查委员会、国际社会保障协会投资技术委员会、约旦私有化评估委员会、约旦国民银行等机构任职。曾担任约旦教育大臣。2018年6月14日被阿卜杜拉二世国王任命为首相兼国防大臣。

经　济

约旦系发展中国家，经济基础薄弱，资源较贫乏，可耕地少，依赖进口。国民经济主要支柱为侨汇、旅游和外援。阿卜杜拉二世国王执政后，大力推行经济改革，改善投资环境，积极寻求外援，扭转了约经济长期负增长或零增长的局面。1999年约加入世界贸易组织。2004—2008年间经济增长率超过8%。

2009年以来，受国际金融危机影响及西亚北非地区局势动荡冲击，约经济增长速度下滑，约政府加大对经济调控力度，并在金融、基建、招商引资、争取外援等方面采取相应措施，取得一定成效。主要经济数据如下：

国内生产总值：420.1亿美元（2018年）。

人均国内生产总值：约3956美元（2018年）。

经济增长率：2%（2019年）。

外汇储备：120.6亿美元（2019年）。

货币名称：约旦第纳尔。

汇率：1美元=0.708约旦第纳尔（2020年4月）。

【资源】主要有磷酸盐、钾盐、铜、锰、铀、油页岩和少量天然气。磷酸盐储量约20亿吨。死海海水可提炼钾盐，储量达40亿吨。油页岩储量700亿吨，但商业开采价值低。

【工业】多属轻工业和小型加工工业，主要有采矿、炼油、食品加工、制药、玻璃、纺织、塑料制品、卷烟、皮革、制鞋、造纸等。有磷酸盐、钾盐、炼油、水泥、化肥5个规模较大的工业产业。

【农业】农业不发达，农业人口11.04万，约占劳动力的12%。可耕地面积仅占国土面积7.8%，已耕地面积约50万公顷，多集中在约旦河谷，全部私人经营。水资源缺乏是约发展农业的主要障碍。目前建有10个主要水坝，总容量3.27亿立方米，其中91%位于干旱地区。主要农作物有小麦、大麦、玉米、蔬菜和橄榄等。农产品不能满足国内需求，粮食和肉类主要依靠进口。

【旅游业】约旦三大经济支柱之一和主要外汇来源之一。2018年旅游收入37.27亿约第，主要旅游景区有安曼、死海、杰拉什、佩特拉、阿杰隆古堡、亚喀巴、月亮谷等。

【交通运输】公路总长8000公里，已基本建成沟通全国城乡的公路网，国际公路网与伊拉克、叙利亚、沙特、以色列等国相通。年运输量超1000万吨。注册车辆126.4万辆。

铁路：截至2017年，全长730公里，客运量3.13万人次，货运量378.95万吨。

海运：亚喀巴港是约旦唯一港口和进出口贸易集散中心，拥有集装箱码头和散装码头、22个深水泊位、固定航线29条，通往除西非海岸及南美西部海岸的200多个港口，年货物吞吐量可达2200万吨。

空运：约旦皇家航空公司拥有各种飞机35架，国际航线50条。主要机场有：安曼阿丽娅王后国际机场、安曼民用机场（马尔卡机场）、亚喀巴国际机场。2018年，阿丽娅王后国际机场年客运量达842.5万人次，同比增长6.5%，飞机起降7.69万架次，同比增长3.8%。

【电信信息业】近年来，约旦大力发展电信和信息产业。1999年，约启动通讯技术领域发展倡议，该行业投资已达25亿美元。约旦2018年电信和信息技术部门的收入达到22亿美元，同比增长4.5%。

【财政金融】约旦金融系统比较发达。全国有26家银行，全部是上市私有银行。外国银行可在约设分行，但不得为境外实体融资。国际金融危机后，约加强金融监管，暂停外国银行在约设分行的业务。

【对外贸易】与世界100多个国家和地区有贸易往来。主要进口原油、机械设备、电子电器、钢材、化学制品、粮食、成衣等，主要进口国为沙特、中国、美国、德国和埃及。主要出口服装、磷酸盐、钾盐、蔬菜、医药制品和化肥等，主要出口国为美国、伊拉克、印度、沙特、叙利亚和阿联酋。2018年，约旦进口额202.39亿美元，出口额65.81亿美元。

【外国投资】约旦政府致力于改善投资环境，不断制定和完善投资法规，积极吸引外资，尤其鼓励外商在约旦工业区投资办厂。2018年，外国在约投资9.8亿美元。

【外国援助】外援是约经济主要来源之一。海湾战争前，约外援主要来自美等西方国家以及海湾阿拉伯国家。在海湾危机中，约采取同情伊拉克的立场，致使主要援助国中断了对约援助，约经济形势恶化。后约逐渐调整对伊政策，改善与美及海湾阿拉伯国家关系，主要援助国恢复了对约援助。约以媾和后，美对约援助大幅增加。2003年由于伊拉克战争，国际社会向约提供了高达19亿美元的贷、赠款。2018年约旦的外部援助约为30亿美元，其中50%以上用于支持预算，其余金额用于支持就业、卫生、教育、财政改革、基础设施、能源、垃圾处理和赋予妇女权力等。而叙利亚难民的年度费用约为11亿美元。2019年支持预算的援助预计约为6亿美元，其中3.37亿美元来自美国，5839万美元来自欧盟，海湾援助1.13亿美元，麦加峰会（沙特）的承诺3550万美元，麦加峰会（阿联酋）的承诺3550万美元，以及其他援助（加拿大和优惠融资机制）2124万美元。

人民生活

约旦卫生事业发展很快，医疗水平在中东地区名列前茅。全国目前共有99家医院，其中卫生部下属医院30家。另有368所医疗中心和56家私人诊所。全国98%的儿童都接种白喉、破伤风、麻疹、结核病等多种疫苗。约对政府职工和军人及家属实行免费医疗制度，对企业职工实行医疗保险制度。政府工作人员根据职业不同，每月可领取交通、出差、服装、住房、家庭人口、物价等各种补贴。约民众普遍拥有小汽车等。人均寿命73.4岁（2018年）。

军　事

1916年建军，6月10日为建军节。约旦国王为武装部队最高统帅。约军前身是英国当局协助建立的“阿拉伯军团”，在1973年第三次中东战争中遭以色列重创，战后在美、英援助下重建。1976年9月，约开始实行义务兵和志愿兵相结合的兵役制。服役期为两年。1982年7月，侯赛因国王宣布成立人民军，凡在高中和高校就读的男女学生，以及16—55岁的男性公民均应参加。1994年约以和约签署后，约改行志愿兵役制。目前，约正规军总兵力约13万人，其中陆军11.8万人、空军1.35万人、海军850人。另有预备役3.5万人、治安部队2万人、公安部队3万人。

文化教育

【教育】约旦公民文化素质较高。国家重视教育事业，实行10年免费义务基础教育。高中教育为非义务性专业学习，学制两年。全国共有10所公立大学和19所私立大学，主要有约旦大学、雅尔穆克大学、约旦科技大学、哈希姆大学、穆塔大学、艾勒·贝塔大学、侯赛因大学、拜勒加应用大学等。另有51所中专院校。

【新闻出版】主要报刊：《宪章报》《言论报》《市场报》《今日阿拉伯人》。主要英文报刊是《约旦时报》《星报》。2006年7月，约内阁通过《媒体和出版法》，不再允许逮捕或监禁犯有与其职业相关罪行的记者。

佩特拉通讯社：官方通讯社，1969年成立。在贝鲁特设有分社，在开罗、大马士革、波恩、巴黎、哥本哈根、纽约有兼职记者。1995年起向除南非、南美以外的世界各地发送阿、英文消息。

约旦广播电台1959年创建，约旦电视台1968年建立，均系官方机构。1985年9月，合并成立广播电视总局。

对外关系

约旦外交活跃，在地缘政治格局调整中努力发挥平衡作用和灵活优势。强化与美特殊盟友关系，重视发展与各大国关系，推行睦邻友好政策，在中东问题等地区事务中发挥着独特作用。目前已同133个国家建立外交关系。

【同中国的关系】1977年4月7日中国约旦建交。此后，两国在政治、经济、军事、文化等各方面的关系稳步发展，友好往来不断增加。

领导人及各层次政治交往不断。胡锦涛副主席（2001年）、全国政协主席贾庆林（2008年）、中纪委书记贺国强（2009年）等中国领导人访约，约国王阿卜杜拉二世登基后八次访华。2011年6月，约旦参议长米斯里访华。11月，商务部副部长钟山访约，双方签署《中约经济技术合作协定》。2012年2月，全国人大常委会副委员长韩启德访约。5月，中共中央政治局委员、全国政协副主席王刚访约。2013年9月，约旦国王阿卜杜拉二世访华并出席首届中阿博览会开幕式。12月，约旦外交与侨务大臣朱达访华。2014年5月，约旦外交与侨务大臣朱达出席在上海举行的亚洲相互协作与信任措施会议第四次峰会。6月，约旦文化大臣拉娜·麦姆卡出席在北京举行的中阿合作论坛第六届部长级会议。2015年5月，约旦参议长拉瓦比德、高教与科研大臣拉比卜·赫达拉分别访华。9月，约旦国王阿卜杜拉二世来华出席在宁夏银川举行的第二届中阿博览会，国家主席习近平同其会见，中约建立战略伙伴关系。2016年5月，国务委员王勇访问约旦。2017年4月，国务院副总理刘延东访问约旦。2017年6月，外交部长王毅访问约旦。7月，应约旦众议院邀请，全国人大常委会副委员长向巴平措访问约旦。9月，约旦外交与侨务大臣埃伊曼·萨法迪访华，同外交部长王毅举行会谈。2018年7月，约旦外交与侨务大臣萨法迪来华出席中阿合作论坛第八届部长级会议，国务委员兼外长王毅同其会见。9月，应约旦参议院邀请，全国政协副主席陈晓光访问约旦。2019年3月，中国政府叙利亚问题特使解晓岩访问约旦，会见约旦外交与侨务大臣埃伊曼·萨法迪。4月，外交部中阿合作论坛事务大使李成文出席在约旦死海地区举行的“2019世界经济论坛”中东北非峰会。5月，国家市场监督管理总局局长张茅访问约旦。10月，约旦投资委员会秘书长法里东率团参加第二届中国国际进口博览会。

1979年5月，中约两国签订贸易协定。目前中国是约旦第二大贸易伙伴。2019年，双边贸易额41.12亿美元，同比增长29.17%，其中中方出口36.78亿美元，同比增长23.87%；进口4.34亿美元，同比增长102.66%。中方对约主要出口机电产品、通讯器材、纺织服装。从约旦主要进口钾肥。

人文交流丰富多彩。1979年11月，中约签订第一个文化合作协定，此后两国签订多个年度文化合作协定执行计划。2008年9月，孔子学院总部与约旦格扎拉集团签署建立安曼孔子学院的相关协议，2009年4月，安曼孔子学院成立。同年9月，约旦大学中文本科班开始授课。2012年9月，费城大学孔子学院成立。

2003年1月，中国正式将约旦列为中国公民出国旅游目的地国，并于当年10月与约方签署《关于组织中国公民赴约旦旅游实施方案备忘录》。2009年2月，约旦对中国公民提供落地签证。2018年1月，中国与约旦签署《中华人民共和国政府和约旦哈希姆王国政府关于在约旦设立中国文化中心的协定》。

中国驻约旦大使：潘伟芳。馆址：9 Jakarta Street, Rabyah，Amman Jordan。信箱：P.o.box 7365，11118. Amman Jordan。电话：0096–26–5516136，5518896。文化处：0096–26–5519137。网址：http://www.jo.chineseembassy.org。商务处：0096–26–5518195，5516194；使馆传真：5518713。

约旦驻华大使：侯赛尼。馆址：北京市朝阳区三里屯东六街5号。电话：010–65323906。

【同美国的关系】同美国关系密切。约美关系曾因海湾危机约旦支持伊拉克而一度降温，美冻结对约军事、经济援助。海湾战争后，约积极参与美发起的中东和平进程。1994年10月，约旦与以色列签订和约后，美免除约7亿美元的债务，并同意每年向约提供约3亿美元的军事和经济援助。2000年10月，约美签署自由贸易协定。2010年2月，约美签署援助协议，据此美在2010—2013年间每年向约提供3.6亿美元经援和3亿美元军援。2012年1月、7月、9月，阿卜杜拉二世国王三次访美。2012年美对约援助总额达4.77亿美元。2013年3月，美总统奥巴马访约，表示将向约额外提供2亿美元财政援助以应对叙利亚危机，并提供10亿—20亿美元优惠贷款。4月，阿卜杜拉二世国王访美。美向约派遣200名士兵协助应对叙危机。5月，美国务卿克里出席在约举行的世界经济论坛中东及北非会议。2014年2月、3月、5月，约旦国王阿卜杜拉二世访美。2月，美国总统奥巴马会见约国王阿卜杜拉二世时表示，将要求国会批准对约新的财政援助计划，并为约提供额外贷款担保。2014年3月、6月，美国国务卿克里访约。2015年2月，约旦国王阿卜杜拉二世访美。美国宣布，将每年对约旦的援助从6.6亿美元提至10亿美元，主要用于帮助约方安置来自伊拉克和叙利亚难民以及打击“伊斯兰国”。2016年1月、3月，阿卜杜拉二世国王访美。2016年，美国计划对约援助从10亿美元提高至12.75亿美元。2017年2月，阿卜杜拉二世国王访问美国。2018年2月，美国国务卿蒂勒森访问约旦，并承诺将每年对约旦的援助从10亿美元提至12亿美元。4月，美国国务卿蓬佩奥访问约旦。

【同欧盟国家的关系】积极发展同欧盟，特别是英、法、德等国的关系，希望欧盟在中东地区事务中发挥积极作用，并寻求其经济援助。约旦与欧盟的贸易额占约对外贸易总额的35%。2010年5月，约与欧盟签署2011—2013年欧盟对约援助协议，欧盟在此期间将向约提供2.23亿欧元援助，用于民主改革、人权、司法、发展贸易和投资等。2011年12月，双方签署2012—2014年援助协议，欧盟据此将向约政府提供1.03亿欧元援助，其中7800万欧元用于支持约财政预算，其余部分用于支持约水利、地方发展和民主改革等。2020年3月，由于约境内新冠肺炎疫情蔓延，欧盟宣布对约旦弱势群体的援助计划，其中2750万欧元用于为叙利亚难民提供全面、公平和优质的教育，2200万欧元用于改善约旦的公共卫生系统，包括疾病的预防和管理，特别是初级卫生保健。2012年，英国首相卡梅伦、欧盟委员会主席巴罗佐分别访约。阿卜杜拉二世国王访问法、英等国。2013年4月，阿卜杜拉二世国王访问西班牙。2014年5月，阿卜杜拉二世国王访英。6月，阿卜杜拉二世国王访德。2015年5月，阿卜杜拉二世国王访德。2016年2月，阿卜杜拉二世国王访英，10月，阿卜杜拉二世国王访德。2017年1月，阿卜杜拉二世国王访英。2017年4月和11月，英国首相特蕾莎·梅两度访约。6月和12月，阿卜杜拉二世国王两度访法。2018年6月，德国首相默克尔访问约旦，宣布向约旦提供1亿欧元贷款，支持约经济改革。同月，英国威廉王子访问约旦。2019年2月，英国政府在伦敦举办旨在促进约旦经济发展的国际会议。约旦与欧盟国家高层互访不断，阿卜杜拉二世国王每年都要出访欧盟主要国家，欧洲国家领导人也经常访约。

【同俄罗斯的关系】约旦重视前苏联大国地位，侯赛因国王曾先后于1981年、1982年、1987年三次访苏。苏联解体后，约继续发展同俄罗斯关系，希望俄在中东问题上发挥更大作用。20世纪90年代以来，约俄关系续有发展。2009年，约与俄草签一项核能合作协议，双方将在建造核电站、海水淡化、勘探、开采核原料方面展开合作。2010年3月，阿卜杜拉二世国王访俄。2011年1月，俄总统梅德韦杰夫访约。2012年6月，俄总统普京访约。2013年2月，阿卜杜拉二世国王访俄。2014年4月、10月，阿卜杜拉二世国王访俄。2015年3月，约俄签署合作建造约旦第一个核电站的协议。2017年2月，阿卜杜拉二世国王访俄。2017年9月，俄外长拉夫罗夫访约。2018年2月，阿卜杜拉二世国王访俄。

【同日本的关系】20世纪70年代以来，约旦同日本的关系不断发展，高层互访频繁。1976年，日本王储明仁夫妇访问约旦。1989年，侯赛因国王出席日本裕仁天皇葬礼。1990年，哈桑王储参加明仁天皇加冕庆典。2009年4月，阿卜杜拉二世国王访问日本。2010年10月，约首相里法伊访日。目前，日本是约最大的债权国，债务总额约18亿美元。约是中东地区人均获日本援助最多的国家，2007—2011年日对约累计援助达3.16亿美元。2012—2014年，日将向约提供1.56亿美元贷款。2015年1月，日本首相安倍晋三访问约旦，宣布将向约提供约合1.25亿美元的援助。2016年10月阿卜杜拉二世国王访问日本，日方宣布向约旦提供300亿日元（约3亿美元）国家政策性优惠贷款，用于减少约公共债务，并为约基础设施建设优先项目提供融资。2018年5月，日本首相安倍晋三访问约旦，承诺向约提供16亿日元（约合人民币9200万元）无偿资金援助用于完善在约叙利亚难民的相关生活基础设施。

【同巴勒斯坦的关系】巴勒斯坦人占约旦总人口60%，约巴之间有着特殊关系。1988年11月巴勒斯坦国宣布成立后，约旦立即予以承认；1989年1月，约同意巴解组织驻约办事处升格为大使馆。在中东和谈问题上，巴以谈判所涉及的巴难民、水资源、边界划分及安全安排攸关约切身利益，约十分关注，认为巴勒斯坦问题仍是当前中东问题的核心，坚持“两国方案”。2012年1月，在约旦方面斡旋下，巴以双方在安曼就重启和谈进行接触。同月，巴勒斯坦总统阿巴斯、哈马斯领导人迈沙阿勒分别两度访约，12月，阿卜杜拉二世国王访问拉马拉。2013年3月，巴勒斯坦总统阿巴斯访约，双方签署了共同保护“圣城”耶路撒冷及阿克萨清真寺等圣迹的协议，确认哈希姆王室对耶城圣迹的监护权。2014年1月，巴勒斯坦总统阿巴斯访约。4月，约旦首相恩苏尔访巴。2015年5月，巴勒斯坦总统阿巴斯出席在约旦举办的2015年世界经济论坛中东北非峰会，会见约旦国王阿卜杜拉二世。2017年8月，约旦国王阿卜杜拉二世访问巴勒斯坦，与阿巴斯举行会谈。

【同伊拉克的关系】约旦主张维护伊主权、安全、统一，呼吁恢复伊安全与稳定，强烈谴责伊境内针对平民的暴力活动，支持伊各派和解进程。约积极配合伊政治和经济重建进程。2010年1月，里法伊首相访伊。10月，伊过渡政府总理马利基访约。2011年，巴希特首相访伊。2009年2月，约政府就伊拉克人入境作出新规定，将银行存款证明由15万美元降为5万美元。约旦亚喀巴港口决定将给伊转口货物减免40%的转口税，以加强约伊贸易往来。2011年，约伊双方达成协议，将伊对约石油日出口量由1万桶增至1.5万桶。2012年12月，伊拉克总理马利基访约。2014年1月，伊拉克石油部长鲁艾比访约。2014年4月，约旦国王阿卜杜拉二世会见了到访的伊拉克外长兹巴里。2019年1月，约旦国王阿卜杜拉二世访问伊拉克。两国领导人经常互访，双方正在商议重新开放伊约边境，建设从巴士拉到亚喀巴的石油管线。

【同其他阿拉伯国家的关系】约旦重视发展同阿拉伯各国的关系。

海湾危机发生后，由于约支持伊拉克，与埃及、叙利亚、沙特及科威特等国立场相悖，同这些国家的关系一度趋冷。海湾战争后，约主动改善同这些国家的关系。阿卜杜拉二世国王继位后，约与海湾国家关系逐步恢复并续有发展。近年来，约从海湾国家获得大量援助和投资。伊拉克战争后，约获得半年的海湾优惠供油，并提出加入“海湾合作委员会”。目前，沙特是约第一大援助国，科威特是约第一大投资伙伴，在约投资总额超过80亿美元。2011年5月，海湾合作委员会峰会决定，欢迎约旦申请加入海合会，双方将进一步商谈正式加入的相关问题。12月，海合会峰会决定成立海湾基金，未来5年内分别向约旦和摩洛哥提供25亿美元的发展援助。2012年，沙特、科威特、阿联酋承诺向约提供援助7.5亿美元。2012年，阿卜杜拉二世国王访问科威特、卡塔尔等阿拉伯国家。巴林国王哈马德、摩洛哥国王穆罕默德六世、埃及总理甘迪勒等阿拉伯领导人访约。2013年1月，阿卜杜拉二世国王访问巴林，并出席在科威特举行的“叙利亚人道主义问题高级别国际认捐会议”和在沙特举行的“第三届阿拉伯经济社会发展峰会”。2014年2月，约旦首相恩苏尔访问埃及。3月，摩洛哥首相基兰、卡塔尔埃米尔塔米姆访约。6月，阿卜杜拉二世国王出席埃及新总统塞西的就职典礼。2015年5月，埃及总统塞西出席在约旦举办的世界经济论坛中东北非峰会，会见约旦国王阿卜杜拉二世。2017年3月，第28届阿盟峰会在约旦举行。沙特国王正式访约，同约方宣布成立资本额30亿美元的共同投资基金。2017年12月，阿卜杜拉二世访问沙特。同月，阿卜杜拉二世国王前往土耳其伊斯坦布尔，出席因特朗普宣布承认耶路撒冷为以色列首都而举办的伊斯兰合作组织特别峰会。2018年，约旦和沙特计划联通两国电网，预计2022年完成。2019年4月，阿卜杜拉二世国王在胡塞尼亚宫会见卡塔尔外交国务部长阿提亚。

【同叙利亚的关系】约旦呼吁政治解决叙利亚危机，维护叙主权和领土完整，反对外来军事干涉。约是叙国际支持小组和“叙利亚之友”成员，与叙政府保持代办级外交关系，与叙政府军保持联络员机制，并参与设立叙南部冲突降级区有关工作。约接受、安置大量叙难民。2019年，根据联合国难民署统计数据显示，在约登记叙难民人数约67万。

【同以色列的关系】1994年7月25日，约旦以色列在华盛顿签署《华盛顿宣言》，宣布结束敌对状态。10月，约以正式签署和约。11月，两国建立外交关系。1995年2月9日，约收回以占领的340平方公里失地。2001年，由于以巴冲突持续不止，约召回驻以大使，双边高层往来冻结。2004年以来，约以双边交往逐渐恢复。2005年1月，约恢复向以派驻大使。2010年7月，以总理内塔尼亚胡访约。8月，以国防部长巴拉克访约。2013年5月，以总统佩雷斯出席在约举行的世界经济论坛中东北非峰会。2014年1月，以总理内塔尼亚胡访约。2014年11月，约旦国王阿卜杜拉二世、美国务卿克里和以色列总理内塔尼亚胡在安曼举行三方会晤，主要就巴以局势、重启巴以和谈等交换看法。2017年7月23日，以驻约使馆安全官枪杀两名约旦公民，引发以约外交危机。次日，以驻约使馆人员全部撤回以。2018年10月，约旦国王阿卜杜拉二世宣布，约旦收回根据1994年和平协议租借给以色列的两块领土。

（杨光）

越　南

国名　越南社会主义共和国（The Socialist Republic of Viet Nam）。

面积　约33万平方公里。

人口　9620万（2019年12月），有54个民族，京族占总人口86%，岱依族、傣族、芒族、华人、侬族人口均超过50万。主要语言为越南语（官方语言、通用语言、主要民族语言）。主要宗教：佛教、天主教、和好教与高台教。

首都　河内（Ha Noi），面积3340平方公里，人口805万（2019年）。夏季平均气温28.9℃，冬季平均气温18.9℃。

国家元首　国家主席阮富仲（Nguyen Phu Trong），2018年10月当选。

重要节日　越南共产党成立日：2月3日（1930年）；越南国庆日：9月2日（1945年）；越南南方解放日：4月30日（1975年）；胡志明诞辰日：5月19日（1890年）。

简　况

位于中南半岛东部，北与中国接壤，西与老挝、柬埔寨交界，东面和南面临南海。海岸线长3260多公里。地处北回归线以南，属热带季风气候，高温多雨。年平均气温24℃左右。年平均降水量为1500—2000毫米。北方分春、夏、秋、冬四季。南方雨旱两季分明，大部分地区5—10月为雨季，11月至次年4月为旱季。

公元968年成为独立的封建国家。1884年沦为法国保护国。1945年9月2日宣布独立，成立越南民主共和国。同年9月法国再次入侵越南，越南进行了艰苦的抗法战争。1954年7月，关于恢复印度支那和平的日内瓦协定签署，越南北方获得解放，南方仍由法国（后成立由美国扶植的南越政权）统治。1961年起越南开始进行抗美救国战争，1973年1月越美在巴黎签订关于在越南结束战争、恢复和平的协定，美军开始从南方撤走。1975年5月南方全部解放，1976年4月选出统一的国会，7月宣布全国统一，定国名为越南社会主义共和国。

政　治

越共十二大于2016年1月20—28日在河内召开，选举产生以阮富仲为总书记的新一届中央领导集体，通过12大政治报告、11届中央履职评估报告、经济社会发展过去五年情况及未来五年任务报告、落实党建工作决议总结报告。

【宪法】现行宪法是第五部宪法，于2013年11月在越南13届国会第六次会议上通过，2014年1月1日正式生效，是1946年、1959年、1980年、1992年宪法的继承和发展，体现了越南社会主义过渡时期的国家建设纲领。

【议会】称国会，是国家最高权力机关，任期4年，通常每年举行两次例会。现为第十四届国会，共有496名国会代表。现任国会主席阮氏金银（Nguyen Thi Kim Ngan），2016年3月当选，7月连任。

【政府】国家最高行政机关。本届政府于2016年7月组成。总理阮春福（Nguyen Xuan Phuc），副总理张和平（Truong Hoa Binh），副总理（兼外交部长）范平明（Pham Binh Minh），副总理王庭惠（Vuong Dinh Hue，2019年2月担任河内市委书记），副总理武德担（Vu Duc Dam），副总理郑庭勇（Trinh Dinh Dung），国防部长吴春历（Ngo Xuan Lich），公安部长苏林（To Lam），内务部长黎永新（Le Vinh Tan），财政部长丁进勇（Dinh Tien Dung），政府办公厅主任梅进勇（Mai Tien Dung），农业与农村发展部长阮春强（Nguyen Xuan Cuong），卫生部长阮氏金进（Nguyen Thi Kim Tien，2019年7月担任中央保健委主任，2019年11月起不再担任卫生部长），工贸部长陈俊英（Tran Tuan Anh），教育培训部长冯春雅（Phung Xuan Nha），资源环境部长陈红河（Tran Hong Ha），文化体育旅游部长阮玉善（Nguyen Ngoc Thien），民族委员会主任杜文战（Do Van Chien），通信传媒部长阮孟雄（Nguyen Manh Hung），科技部长朱玉英（Chu Ngoc Anh），计划投资部长阮志勇（Nguyen Chi Dung），劳动荣军与社会部长陶玉容（Dao Ngoc Dung），司法部长黎成龙（Le Thanh Long），建设部长范红河（Pham Hong Ha），国家银行行长黎明兴（Le Minh Hung），监察总署总监察长黎明概（Le Minh Khai），交通运输部长阮文体（Nguyen Van The）。

【行政区划】全国划分为58个省和5个直辖市。

【司法机构】由最高人民法院、最高人民检察院及地方法院、地方检察院和军事法院组成。最高人民法院院长阮和平（Nguyen Hoa Binh），2016年4月就任；最高人民检察院检察长黎明智（Le Minh Tri），2016年4月就任。

【政党】越南共产党（Dang Cong san Viet Nam）是唯一政党，1930年2月3日成立，同年10月改名为印度支那共产党，1951年更名为越南劳动党，1976年改用现名。现有党员约450万人，基层组织近5.4万个，同世界上180多个政党建有党际关系。

越共十二届中央总书记为阮富仲（Nguyen Phu Trong）。政治局委员（18人）：阮富仲、陈大光（2018年9月逝世）、阮氏金银、吴春历、苏林、阮春福、阮善仁（Nguyen Thien Nhan）、丁世兄（Dinh The Huynh）、范明政（Pham Minh Chinh）、丛氏放（Tong Thi Phong）、王庭惠、陈国旺（Tran Quoc Vuong）、范平明、张氏梅（Truong Thi Mai）、张和平、阮文平（Nguyen Van Binh）、武文赏（Vo Van Thuong）、黄忠海（Hoang Trung Hai）；中央书记处书记（14人）：阮富仲、丁世兄、陈国旺、范明政、武文赏、张氏梅、阮文平、阮文年（Nguyen Van Nen）、张和平、梁强（Luong Cuong）、潘庭濯（Phan Dinh Trac）、阮春胜（Nguyen Xuan Thang）、陈锦绣（Tran Cam Tu）、陈青敏（Tran Thanh Man）（陈锦绣与陈青敏于2018年5月补选为书记处成员）；中央检查委员会委员（21人）：陈锦绣、裴氏明怀（Bui Thi Minh Hoai）、梅直（Mai Truc）、阮青山（Nguyen Thanh Son）、黎氏水（Le Thi Thuy）、苏光秋（To Quang Thu）、沙如和（Sa Nhu Hoa）、阮文仁（Nguyen Van Nhan）、黄文茶（Hoang Van Tra）、武明姜（Vo Minh Khuong）、阮文营（Nguyen Van Doanh）、阮氏碧娥（Nguyen Thi Bich Nga）、何国治（Ha Quoc Tri）、高文统（Cao Van Thong）、武克雄（Vu Khac Hung）、严富强（Nghiem Phu Cuong）、阮世全（Nguyen The Toan）、阮国协（Nguyen Quoc Hiep）、黄氏春岚（Huynh Thi Xuan Lam）、陈进兴（Tran Tien Hung）。

越南祖国阵线（Mat Tran To Quoc Viet Nam）是越南的统一战线组织，成立于1955年9月，南北方统一后于1977年同越南南方民族解放阵线和越南民族、民主及和平力量联盟合并。第八届祖国阵线中央主席团主席陈青敏，2017年6月当选。

【重要人物】阮富仲：越共中央总书记。1944年生于河内市东英县东会乡。政治学博士。1983—1996年历任《共产主义》杂志党建部副主任、主任、编委会委员、党委副书记、书记、副总编辑、总编辑。1994年1月在越共七届七中全会上补选为中央委员。1996年8月至1998年2月任河内市委副书记。1997年12月在越共八届四中全会上当选越共中央政治局委员。1998年3月任中央理论委员会副主席。1999年8月至2000年4月任中央政治局常委。2001年11月起兼任中央理论委员会主席。2001年4月在越共九大上再次当选中央政治局委员。2006年4月在越共十大上当选连任，同年6月当选国会主席。2007年7月连任国会主席。2011年1月，在越共十一大上当选越共中央总书记。2016年1月，在越共十二大上连任越共中央总书记。2018年10月，越南十四届国会六次会议选举其为新一任国家主席，接替病逝的陈大光。曾于1992年、1997年、2001年访华，2003年10月率团赴北京出席中越两党理论研讨会。2007年4月、2011年10月、2015年4月、2017年1月访华。　**阮春福**：越南政府总理。经济学学士。1954年7月20日出生于越南广南省。历任越南广南省人民委员会主席、政府监察总署副总监察长、政府办公厅常务副主任、主任、副总理。2016年4月当选政府总理，7月连任。越共第十一、十二届中央政治局委员。曾经于2010年10月来华出席第八届中国—东盟博览会，2015年9月访华并出席第12届中国—东盟博览会。2016年9月对华进行正式访问并出席第13届中国—东盟博览会。2018年11月，来华出席首届中国国际进口博览会。2019年4月，来华出席第二届“一带一路”国际合作高峰论坛。　**阮氏金银**：越南国会主席。女，经济学硕士、政治学学士。1954年4月12日出生于越南槟椥省。1981年12月9日入党。历任槟椥省财政厅厅长、财政部副部长、海阳省委书记。2001年4月在越共九大上当选中央委员。2006年任工贸部常务副部长。2007年8月2日起任劳动荣军社会部部长。2011年7月在十三届国会第一次会议上当选为国会副主席。2013年5月在十一届七中全会上补选为中央政治局委员，2016年1月在十二届一中全会上当选连任。2016年3月当选国会主席，7月连任。2008年9月来华出席2008年残奥会开幕式。2015年4月陪同阮富仲总书记访华。2019年7月来华访问。

经　济

越南系发展中国家。1986年开始实行革新开放。1996年越共八大提出要大力推进国家工业化、现代化。2001年越共九大确定建立社会主义定向的市场经济体制，并确定了三大经济战略重点，即以工业化和现代化为中心，发展多种经济成分、发挥国有经济主导地位，建立市场经济的配套管理体制。2006年越共十大提出发挥全民族力量，全面推进革新事业，使越南早日摆脱欠发达状况。2011年越共十一大通过了《2011—2020年经济社会发展战略》，力争2020年GDP总量是2010年的约2.2倍，人均GDP达约3000美元。2016年越共十二大提出经济增长模式要从主要依靠出口、投资转向依靠投资、出口和内需共同拉动，并确定了创造条件、大力推进、提高质量的“三步走”路线图。

革新开放以来，越南经济保持较快增长，经济总量不断扩大，三产结构趋向协调，对外开放水平不断提高，基本形成了以国有经济为主导、多种经济成分共同发展的格局。2019年主要经济数据如下：

国内生产总值：2620亿美元。

人均国内生产总值：2800美元。

国内生产总值增长率：7.02%。

货币名称：越南盾。

【资源】矿产资源丰富，种类多样。主要有煤、铁、钛、锰、铬、铝、锡、磷等，其中煤、铁、铝储量较大。有6845种海洋生物，其中鱼类2000种，蟹300种，贝类300种，虾类75种。森林面积约1000万公顷。

【工业】2019年，越南工业指数增长8.86%。主要工业产品有煤炭、原油、天然气、液化气、水产品等。

【农业】传统农业国，农业人口约占总人口的75%。耕地及林地占总面积的60%。粮食作物包括稻米、玉米、马铃薯、番薯和木薯等，经济作物主要有咖啡、橡胶、胡椒、茶叶、花生、甘蔗等。2019年越南农林渔业总产值占国内生产总值的比重为13.96%，其中农、林、渔业增长率分别为0.61%、4.98%、6.3%。

【服务业】近年越南服务业保持较快增长，2019年服务业占GDP比重为45%，增长率达7.3%。

【旅游业】越南旅游资源丰富，下龙湾等多处风景名胜被联合国教科文组织列为世界自然和文化遗产。近年来旅游业增长迅速，经济效益显著。2019年接待国外游客约1800万人次，比上年增长16.2%。主要客源国（地区）为中国、韩国、日本、美国、俄罗斯、马来西亚、泰国、澳大利亚、英国等。主要旅游景点有：河内市的还剑湖、胡志明陵墓、文庙、巴亭广场；胡志明市的统一宫、芽龙港口、莲潭公园、古芝地道和广宁省的下龙湾等。

【交通运输】近年来，越南交通运输业经过重组，提高服务质量，取得了较好的经济效益。2019年客运量约51.4亿人次，比上年增长11.2%，货运量16.8亿吨，比上年增长9.7%。

【财政金融】2019年越南财政收支基本完成计划。2019年财政总收入1414.3万亿越盾，财政总支出1316.4万亿越盾。

【对外贸易】越南和世界上150多个国家和地区有贸易关系。近年来越南对外贸易保持高速增长，对拉动经济发展起到了重要作用。2019年进出口总额5173亿美元，同比增长7.6%，其中出口额约达2642亿美元，同比增长8.4%，进口额2531亿美元，同比增长6.8%。

越南主要贸易对象为中国、美国、欧盟、东盟、日本、韩国。主要出口商品有：原油、服装纺织品、水产品、鞋类、大米、木材、电子产品、咖啡。主要出口市场为欧盟、美国、东盟、日本、中国。主要进口商品有：汽车、机械设备及零件、成品油、钢材、纺织原料、电子产品和零件。主要进口市场为中国、东盟、韩国、日本、欧盟、美国。

【外国资本】外资的进入对越引进先进生产技术和管理经验，推动经济增长，解决就业起到了重要作用。截至2019年12月20日，新批准外资项目3478个，协议金额达147亿美元。与2018年同期相比，项目数量增长28.2%，协议金额下降7%。

人民生活

2019年，越南居民生活稳定，城市居民的生活水平有所提高。全国贫困户和贫困地区的数量继续减少。2019年失业率为1.89%。

军　事

越南人民军于1944年12月22日建军。实行主力部队、地方部队和民兵组成的三结合“全民国防”体制。越共中央政治局为最高军事决策机构，通过国防部对部队实行统一领导。目前总兵力约为45万，其中陆军26万，海军3.5万，空军4.5万。实行义务兵役制，服役年限2—4年不等。

文化教育

【教育】目前越南已形成包括幼儿教育、初等教育、中等教育、高等教育、师范教育、职业教育及成人教育在内的教育体系。普通教育学制为12年，分为三个阶段：第一阶段为5年小学，第二阶段为4年初中，第三阶段为3年高中。2000年越南宣布已基本实现普及小学义务教育目标。2001年开始普及9年义务教育。全国共有376所高等院校。著名高校有河内国家大学、胡志明市国家大学、顺化大学、岘港大学等。

【新闻出版】越南新闻出版法规定报纸由国家控制。中央及地方新闻单位共450家。主要出版社有国家政治出版社、文化出版社、文学出版社、科技出版社、教育出版社和世界出版社等。各种出版物13515种，年发行量2.18亿册。报社约150家，其余为行业小报。主要报刊有：《人民报》，越共中央机关报，1951年创刊，在国外设有3个分支机构，1998年5月开设电子版；《人民军队报》，越南人民军总政治局机关报；《大团结报》，祖国阵线中央机关报；《西贡解放报》（越文和中文版），越共胡志明市委机关报；《共产主义》月刊，越共中央政治理论刊物，1956年创刊，2001年设电子版；《全民国防》月刊。

越南通讯社：国家通讯社，1945年创立，1976年越南南方解放通讯社与之合并。在全国各省市均设有分社，驻外分社有27个。1998年8月开设互联网（越文、英文、法文、西班牙文）。

“越南之声”广播电台：成立于1954年，有4套对内节目，用越南语及数种少数民族语言播音；对外广播用中国普通话、广东话、俄语、英语、法语、西班牙语、日语、泰语、老挝语、柬埔寨语、印尼语、马来语等。

越南中央电视台：成立于1971年，目前有7套节目。

主要网址：越南通讯社：www.vnanet.vn；越南人民报：www.nhandan.org.vn；越南共产党：www.cpv.org.vn；越南国会：www.na.gov.vn；越南外交部：www.mofa.gov.vn。

对外关系

越共十二大重申继续奉行独立自主、和平合作发展、全方位、多样化的外交路线，要求外交工作服务于捍卫国家和民族利益。

越南多边外交活跃。已与181个国家建交，并同20个国际组织及480多个非政府组织建立合作关系。

【同中国的关系】1950年1月18日中国越南建交。两国高层保持频繁接触，各领域的友好交往与合作日益深化，中越全面战略合作伙伴关系内涵进一步充实。2019年11月，国务院总理李克强同越南政府总理阮春福在曼谷东亚合作领导人系列会议期间举行会晤。8月，国务委员兼外长王毅在东亚合作系列外长会期间同越南副总理兼外长范平明举行会晤。5月，国务委员兼国防部长魏凤和访问越南。4月，越南政府总理阮春福来华出席第二届“一带一路”国际合作高峰论坛。7月，越南国会主席阮氏金银来华访问。越共中央政治局委员、中央书记处书记、中央宣教部部长武文赏来华出席第十五次中越两党理论研讨会。10月，越共中央政治局委员、中央军委副书记、国防部长吴春历访华并出席第九届北京香山论坛。9月，越南副总理武德担来华出席第16届中国—东盟博览会。

中国现为越南第一大贸易伙伴。2019年，双边贸易额达到1620亿美元，同比增长9.6%。截至2019年12月底，中国企业在越累计承包工程合同额577.3亿美元，完成营业额408.6亿美元。

中国驻越南大使：熊波。馆址：So 46 Pho Hoang Dieu，Ha Noi。电话：0084–4–38453736；传真：38232826。领事部电话：0084–4–38235569；传真：37341181。商务处电话：0084–4–38232845；传真：38234286。

越南驻华大使：范星梅。馆址：北京市朝阳区建国门外光华路32号。电话：010–65321125，65321155；传真：65326521。签证处电话：010–65327038；传真：65325414。商务处电话：010–65327035；传真：65325415。

【同美国的关系】1995年7月12日建立外交关系。1997年5月双方首任大使抵任。2006年5月，越美就越加入世界贸易组织达成协议，结束双边市场准入谈判；11月，美国不再把越南列入“宗教特别关注国家”；12月，美国给予越南永久正常贸易关系待遇。近年来两国实质合作进展较快，先后建立副防长级政治、安全和国防战略对话和副防长级防务磋商机制。2019年11月，美国国防部长埃斯珀访问越南。

【同俄罗斯的关系】越南同苏联于1950年1月30日建交。苏联解体后，俄罗斯联邦继承了苏越外交关系。1994年两国签署《友好关系基本原则条约》。2001年建立战略伙伴关系。2019年5月，越南总理阮春福对俄罗斯进行正式访问。

【同东盟的关系】1995年7月，越南加入东盟。2020年，越将再次担任东盟轮值主席国。2013—2018年，前越南副外长黎良明（Le Luong Minh）担任东盟秘书长。

【同老挝的关系】1962年9月5日建交，两国保持特殊团结友好关系。越老高层往来频繁。2019年2月，越共中央总书记、国家主席阮富仲对老挝进行正式访问。2019年10月，老挝总理通伦访问越南。

【同柬埔寨的关系】1967年6月24日建交。2019年2月，越共中央总书记、国家主席阮富仲对柬埔寨进行国事访问。2019年10月，柬埔寨首相洪森对越南进行正式访问。

【同东盟其他国家的关系】越南与东盟其他国家的关系进一步发展。2018年4月，越南政府总理阮春福对新加坡进行正式访问并出席第32届东盟峰会。2018年9月，印尼总统佐科对越南进行国事访问并出席世界经济论坛东盟会议。2019年12月，越南政府总理阮春福对缅甸进行正式访问。

【同日本的关系】1973年9月21日越南同日本建交。2009年，越日建立致力于亚洲和平与繁荣的战略伙伴关系，建立战略伙伴对话、防务对话和合作委员会等机制。2017年3月，越南国家主席陈大光会见日本天皇。2019年6月，越南政府总理阮春福赴日本出席G20峰会并对日本进行访问。

【同其他国家和地区的关系】2019年3月，朝鲜最高领导人金正恩对越南进行正式友好访问。2019年4月，越南总理阮春福对罗马尼亚、捷克进行国事访问。2019年6月，意大利总理孔特对越南进行正式访问。

（林泽惠）

非 洲

阿尔及利亚

国名 阿尔及利亚民主人民共和国（The People's Democratic Republic of Algeria，La République Algérienne Démocratique et Populaire）。

面积 238万平方公里。

人口 4130万（2017年）。多数是阿拉伯人，其次是柏柏尔人（约占总人口20%）。少数民族有姆扎布族和图阿雷格族。官方语言为阿拉伯语，通用法语。伊斯兰教为国教。

首都 阿尔及尔（Algiers），人口376万。

国家元首 总统阿卜杜勒·马吉德·特本（Abdelmajid Tebboune），2019年12月当选。

重要节日 独立日：7月5日；国庆日：11月1日。

简 况 阿尔及利亚是非洲面积最大的国家。位于非洲西北部。北临地中海，东临突尼斯、利比亚，南与尼日尔、马里和毛里塔尼亚接壤，西与摩洛哥、西撒哈拉交界。海岸线长约1200公里。北部沿海地区属地中海气候，中部为热带草原气候，南部为热带沙漠气候。每年8月最热，最高气温29℃，最低气温22℃；1月最冷，最高气温15℃，最低气温9℃。

公元前3世纪，在阿尔及利亚北部建立过两个柏柏尔王国。后遭罗马、拜占庭、阿拉伯、西班牙、土耳其入侵。1830年法国开始入侵，阿逐步沦为法殖民地。1954年11月1日，阿爆发抗法武装起义。1958年9月19日，阿临时政府成立。1962年7月3日正式宣布独立，7月5日定为独立日。1963年9月，本·贝拉当选首任总统。1965年6月，胡阿里·布迈丁政变上台，成立革命委员会，自任主席兼总理。1976年12月，布当选为总统。1979年2月，沙德利·本·杰迪德上校当选总统。1992年1月，杰辞职，以穆罕默德·布迪亚夫为首的5人最高国务委员会成立并行使总统职权。7月，卡菲继任最高国务委员会主席。1994年1月，最高国务委员会主席卸任，拉明·泽鲁阿勒被任命为总统。1995年11月，泽当选总统。1995—1997年，阿完成修宪公投，通过政党法并先后举行总统、立法、地方及民族院（参议院）的选举，各级政权建设基本完成。1998年9月11日，泽宣布提前卸任。1999年4月15日，阿举行总统选举，阿卜杜勒–阿齐兹·布特弗利卡当选总统，并于2004年、2009年和2014年三度连任。

政 治 2019年2月以来，阿爆发多轮大规模民众示威游行，抗议布特弗利卡总统谋求第5任期。4月2日，布特弗利卡总统宣布辞职。9日，阿议会两院全会投票确认总统职位空缺，由民族院（上院）议长本萨拉赫任临时总统。6月2日，阿宪法委员会宣布推迟原定于7月4日举行的大选。12月12日，阿举行大选，前总理阿卜杜勒·马吉德·特本首轮胜出，当选总统。

【宪法】阿独立以来共颁布三部宪法。现行宪法于1989年2月颁布，于1996年11月经全民公投修订。修订后的宪法主要内容是：确定阿的伊斯兰、阿拉伯、柏柏尔属性；禁止在宗教、语言、种族、性别、社团主义和地方主义的基础上成立政党；议会由国民议会和民族院组成；总统在议会产生前及其休会期间可以法令形式颁布法律；如政府施政纲领两次被国民议会否决，则解散国民议会，重新选举等。2008年11月，阿议会通过宪法修正案，取消对总统连任次数的限制。2016年2月，阿议会通过新的宪法修正案，规定总统只能连任一次。

【议会】由国民议会（众议院）与民族院（参议院）组成，两院共同行使立法权。国民议会通过的法案须经民族院3/4多数通过后方能生效。2017年5月，新一届国民议会选举产生462名议员，任期5年，萨义德·布哈贾（Said Bouhadja）当选议长。2018年10月，国民议会召开全会，选举穆阿德·布沙莱卜（Mouad Bouchareb）接替布哈贾担任议长职务。2019年7月，阿国民议会全会投票选举反对党建设运动党主席苏莱曼·谢宁为议长。本届议会各政党所占席位如下：民族解放阵线164席，民族民主联盟100席，争取和平社会运动和变革力量联盟33席，希望联盟19席，复兴运动、正义与发展阵线和建设运动三党联盟15席，未来阵线14席，社会主义力量阵线14席，阿尔及利亚人民运动13席，工党11席，其他席位由其余26个政党和独立人士赢取。民族院议员中，2/3通过间接、无记名投票选出，另1/3由总统任命。议员任期6年，每3年改选其中一半。本届民族院共有144名议员，最近一次改选为2018年12月。目前，阿民族院主要党派为：民阵47席、民盟44席、独立人士6席。现任代理议长为萨拉赫·古吉勒（Salah Goudjil）。

【政府】现政府于2020年1月成立。政府由总理、28名部长等组成。主要成员有：总理阿卜杜勒阿齐兹·杰拉德（Abdelaziz Djerad），外交部长萨布利·布卡杜姆（Sabri Boukadoum），内政和地方行政和土地整治部长卡迈勒·贝勒朱德（Kamal Beldjoud），司法、掌玺部长贝勒卡塞姆·泽格玛提（Belkacem Zeghmati），财政部长阿卜杜勒拉赫曼·拉维亚（Abderahamane Raouya），能源部长穆罕默德·阿尔卡布（Mohamed Arkab）等。

【主要网址】阿尔及利亚总理府：http://www.cg.gov.dz；外交部：http://www.mae.dz。

【行政区划】全国共分为48个省：阿尔及尔、阿德拉尔、谢里夫、拉格瓦特、乌姆布阿基、巴特纳、贝贾亚、比斯卡拉、贝沙尔、布利达、布依拉、塔曼拉塞特、特贝萨、特雷姆森、提亚雷特、蒂齐乌祖、杰勒法、吉杰尔、塞蒂夫、赛伊达、斯基克达、西迪·贝勒·阿贝斯、安纳巴、盖尔马、君士坦丁、梅德阿、莫斯塔加纳姆、姆西拉、马斯卡拉、乌尔格拉、奥兰、贝伊德、伊利齐、布尔吉·布阿雷里吉、布迈德斯、塔里夫、廷杜夫、蒂斯姆西勒特、瓦德、罕西拉、苏克·阿赫拉斯、蒂巴扎、密拉、艾因·德夫拉、纳阿马、艾因·蒂姆沈特、格尔达亚、赫利赞。

【司法机构】设最高司法委员会，主席和副主席分别由总统和司法部长担任。法院分三级：最高法院、省级法院和市镇法庭。不设检察院，在最高法院和省级法院设检察长，均受司法部领导。最高法院院长阿卜杜勒·拉希德·特比（Abdul Rashid Tebbi）。

【政党】根据1996年11月通过的宪法修正案和1997年2月通过的政党法，阿原有30多个合法政党。2012年1月，布特弗利卡总统签署新的《政党法》，阿内政部据此批准了30多个新政党。主要政党有：

（1）民族解放阵线（Front de Libération Nationale）：简称“民阵”。前身为“团结与行动委员会”，成立于1954年8月，同年11月1日发动抗法武装起义，改名为“民族解放阵线”，1977年10月又易名为“民族解放阵线党”，1988年11月恢复“民族解放阵线”的名称。民阵积极倡导建立国际经济新秩序，主张恢复阿的国际地位。阿独立后，民阵长期执政。1992年后成为在野党。1997年6月在首届立法选举时成为议会三大执政党之一。2002年在阿第二届立法选举中重新成为阿第一大党，并在2007年、2012年的立法选举中继续保持第一大党地位。2005年2月，布特弗利卡总统被推举为名誉主席。2013年8月起，阿马尔·萨伊达尼担任该党总书记。2016年10月，萨辞去该党总书记职务，阿贝斯接任。2018年11月，阿贝斯辞去总书记职务，国民议会议长布沙莱卜暂任代理总书记。2019年5月，穆罕默德·杰麦里当选为总书记。9月，阿里·萨迪基（Ali Seddiki）担任代理总书记。

（2）民族民主联盟（Rassemblement National Démocratique）：简称“民盟”。成立于1997年2月，由老战士组织、老战士子女组织、烈士子女组织、退役军官协会、工会、农会、全国妇女联盟七个有影响的全国性团体组成。1997年6月，在首届立法选举中获40%的议席，一度成为阿第一大政党。在2002年、2007年、2012年的立法选举中均居议会第二大党。民盟主张“多样性、轮流执政”的原则，要求深化经济结构改革，推进私有化进程。2013年12月召开第六次全国代表大会，推选前主席、现任民族院议长本·萨拉赫为总书记。2016年5月，乌叶海亚出任总书记。2019年7月，因乌叶海亚被羁押，民盟选举塔兹卡亚·阿兹丁·米胡比为代理总书记。

（3）争取和平社会运动（Mouvement de la Société pour la Paix）：简称“和运”。原名哈马斯，成立于1990年，1997年4月改为现名，系温和伊斯兰主义政党。既倡导伊斯兰化，也主张民主和轮流执政，鼓励推进私有化，努力解决失业和住房等问题。2004年，该党与民阵、民盟组成“总统联盟”，支持布特弗利卡总统连任。2012年，因与另外两党政治分歧宣布退盟，并与民族改革运动、复兴运动两个伊斯兰政党组成“绿色阿尔及利亚联盟”参加国民议会和地方选举，但表现不佳。现任党主席阿卜杜拉扎克·摩克里（Abderrazak Mokri）。

（4）阿尔及利亚人民运动（Mouvement Populaire Algérien）：简称“阿人运”。2012年3月获批成立。主张振兴经济、解放妇女、改善民生，改善地区和国际关系，反对伊斯兰主义，反对外国势力干涉阿内政。在2012年11月举行的地方选举中一跃成为仅次于民阵、民盟的第三大党。总书记阿马拉·本尤奈斯（Amara Benyounes）。

（5）劳工党（Parti des Travailleurs）：1990年3月29日成立，前身是社会主义工人组织。属极端民主派政党，主张一切权力归工人阶级，反对经济私有化，但不反对外国资本进入阿国有经济以外的其他领域。在2007年立法选举中获26席，居第四位。现任总书记露伊莎·哈努娜（Louisa Haroune，女）。

（6）社会主义力量阵线（Front des Forces Socialistes）：1963年成立。主张根据人民的需要和意愿发展国家，尊重言论自由，反对个人专制，建设一个自由、进步、团结的社会。

（7）文化与民主联盟（Rassemblement pour la Culture et la Démocratie）：1989年2月11日成立，由柏柏尔人组成。主张党政教分离；建立国家与私人相互补充的市场经济；全面改革教育制度。党主席穆赫辛·贝勒阿贝斯（Mohcine Belabbas）。

【重要人物】阿卜杜勒·马吉德·特本：总统。1945年出生，阿西北部纳阿马省什丽亚市人。1969年从阿国家行政学院毕业后进入地方政府，任杰勒法省秘书长。1983年起先后担任阿德拉尔、提亚雷特和蒂齐乌祖省省长，1991年任内政部负责地方行政事务部长级代表。1999年起历任新闻部长兼政府发言人、内政部长级代表和住房部长。2012年9月任住房和城市规划部长。2017年5月至8月任总理。2019年12月，特本以独立候选人身份参加总统大选并于首轮胜出。

经　济

阿尔及利亚经济规模在非洲位居前列。石油与天然气产业是阿国民经济的支柱，多年来其产值一直占阿国内生产总值（GDP）的30%，税收占国家财政收入的60%，出口占国家出口总额的97%以上。粮食与日用品主要依赖进口。

阿自1989年开始市场经济改革，1995年通过私有化法案，加快经济结构调整。2005年以来，国际油价走高，阿油气收入大增，经济稳步增长。阿政府对内实施财政扩张政策，全面开展经济重建，在“五年经济社会振兴规划”（2005—2009年）和南部、高原省份发展计划框架下，斥资近2000亿美元用于国企改造和基础设施建设，推动国有企业和金融体系改革，加大对中小企业的扶持；对外扩大经济开放，出台“新碳化氢法”，鼓励外企参与阿油气开发，密切与欧、美的经贸合作，加紧开展“入世”谈判。

2008年爆发的国际金融危机未对阿金融体系造成较大冲击，但随着危机蔓延，阿石油收入锐减。为减弱金融危机影响，阿加强对金融机构的监督和引导，加大对油气领域投资，加快实施能源多元化战略，积极开发核能、太阳能等新能源。2010年、2014年，阿分别启动了旨在振兴经济、加快发展、改善民生的国家投资计划。2018年主要经济数据如下：

国内生产总值：1880亿美元。
人均国内生产总值：4450美元。
经济增长率：2.5%。
货币名称：第纳尔（Dinar）。
汇率：1美元≈114第纳尔。
通货膨胀率：6.5%。
失业率：11.6%。
外贸总额：807亿美元。

【资源】石油探明储量约17亿吨，占世界总储量1%，居世界第15位，主要是撒哈拉轻质油，油质较高；天然气探明可采储量约4.58万亿立方米，占世界总储量的2.37%，居世界第10位。阿油气产品大部分出口。其他矿藏主要有铁、铅锌、铀、铜、金、磷酸盐等。其中，铁矿储量为30亿—50亿吨，主要分布在东部乌昂扎矿和布哈德拉矿。铅锌矿储量估计为1.5亿吨，铀矿5万吨，磷酸盐20亿吨，黄金73吨。阿水利资源较丰富，可开发水资源约172亿立方米，水坝64座，蓄水能力710亿立方米。

【工业】工业以油气产业为主，钢铁、冶金、机械、电力等其他工业部门不发达。油气产业占国内生产总值的45.1%，制造业仅占5.2%。目前，阿工业系统共有员工约43万人，其中国营企业职工33万人，私营企业员工约10万人。

【农林牧渔业】阿现有农村人口1300万。农业产值约占国内生产总值的12%。主要农产品有粮食（小麦、大麦、燕麦和豆类）、蔬菜、葡萄、柑橘和椰枣等。耕地面积约800万公顷，占国土面积的3%。阿农业靠天吃饭，产量起伏较大。阿是世界粮食、奶、油、糖十大进口国之一，每年进口粮食约500万吨。近年来，阿农业发展迅速。

森林覆盖率11%，总面积367万公顷，其中软木林46万公顷，年产木材20万立方米。阿森林总局数据显示，自2000年推出国家绿化计划至今，阿已植树造林50万公顷。

【旅游业】阿旅游资源丰富，全境有7处自然、文化景点被联合国教科文组织列为世界遗产。目前，阿全国有旅游开发区174个，饭店1136家，床位约10万张。

【交通运输】阿陆地运输以公路为主，公路运载量占83%，铁路占17%。

铁路：集中在北部地区，总长4773公里，其中标准轨3683公里，复线345公里，电气化铁路386公里，窄轨1089公里。铁路全线有214个车站，日客运能力约3.2万人次。

公路：总长约12.3万公里，是非洲密度最大的公路网。其中国家级公路2.9万公里，省级公路2.4万公里，村镇级公路5.4万公里，另有高速公路1600公里。

水运：共有45个港口，其中渔港31座，多功能港11座，休闲港1座，水利设施专用港2座。最大的港口是阿尔及尔港，有大小泊位37个。阿30%的货物、70%的集装箱通过阿尔及尔港装载。

空运：全国有53个机场，其中29个投入商业运行，包括阿尔及尔、奥兰、安纳巴、君士坦丁等13个国际机场，每年起降飞机10万架次。现有2家国营航空公司和6家私营航空公司，共有飞机60余架，其中大、中型飞机30余架。目前，已开通20个国家的50多条国际航线。阿尔及利亚航空公司开通了阿尔及尔至北京的定期国际直航航线。

管道运输：国内有9条输气管道，总长4699公里，年输送能力820亿立方米；8条输油管道，总长3604公里，年输送能力6390万吨；3条凝析油管道，总长1330公里，年输送能力2100万吨；2条液化石油气管道，总长1331公里，年输送能力986万吨。另有3条通往欧洲的输气管。其中一条名为"穿越地中海输气管"的管线经突尼斯穿越地中海向意大利和斯洛文尼亚送气，于1987年投入运营，全长2509公里（在阿境内549公里），总输气能力为240亿立方米/年。另一条名为"马格里布—欧洲输气管"的管线，经摩洛哥穿越地中海通往葡萄牙和西班牙，1996年11月投入运营，全长1370公里（在阿境内530公里），输气能力为120亿立方米/年。第三条输气管道"Medgaz"经地中海连接西班牙，2011年正式投入运营，全长757公里，年输气量80亿立方米。

【对外贸易】原由国家控制，国营公司垄断经营。1991年3月，宣布放开对外贸易，主张贸易多元化。主要出口产品为石油和天然气，主要进口产品为工农业设备、食品、生产原料、非食品消费品等。主要贸易伙伴是西方工业国。近几年外贸情况如下（单位：亿美元）：

	2016	2017	2018
进口额	474	485	462
出口额	275	344	412
顺　差	–199	–141	–50

【外国投资】外国投资主要集中在能源、基础设施和消费品生产等领域。主要投资国家是法国、西班牙、美国、科威特等。阿尔及利亚对外国投资限制条件较多，根据世界银行最新公布的《2019年全球营商环境报告》，阿营商环境在189个国家和地区中排名157名。

人民生活

据阿尔及利亚国家发展与人口统计局数字，2006年，阿人口贫困率不到6%。自2011年起，阿政府每年划拨3000亿第纳尔用作大宗消费品补贴。2012年，阿政府再次投入1.3万亿第纳尔用于家庭、退休、粮、油、电等各类补贴，并将国家最低工资标准提升至1.8万第纳尔/月。

军　事

阿尔及利亚武装力量前身为民族解放军，独立后改称"阿尔及利亚国家人民军"。实行义务兵役制和志愿兵相结合的兵役制度。义务兵役制规定，男性公民服役期为18个月。国防部是军队最高领导机构。总统任国防部长和三军统帅。最高安全委员会负责就国家安全问题向总统提出建议。国家人民军参谋部是最高军事指挥机构。人民军参谋长为艾哈迈德·萨拉赫·盖德（Ahmed Salah Gaid）中将。全国划分为6个军区，下设若干军分区。装备主要来自苏联，其余来自美、英、法、意等国。

人民军正规部队20.45万人。其中陆军12.7万人，海军1万人，空军1.4万人。准军事武装（包括宪兵、国家安全部队、共和国卫队、乡镇卫队及合法防卫组织）37.65万人。

文化教育

【教育】阿尔及利亚实行9年制义务教育，小学入学率97%，中学入学率66%。中、小学生教育免费，大学生享受助学金和伙食补贴。2009年，阿中、小学数量增至24795所，全国共有教师近37万人。各类高等院校90所，2012/2013学年，阿在校大学生约140万人。主要大学有：阿尔及尔大学、胡阿里·布迈丁科技大学、君士坦丁大学等。

【新闻出版】1990年前，阿尔及利亚新闻出版由国家垄断，1990年，颁布新的新闻法，实行有条件的新闻自由，一些政党创立了党报，也出现了一些独立的地方报刊。目前，阿有300余种全国性报刊，其中日报65种，32种阿文报刊，33种法文报刊，平均日发行量243万份。主要有《圣战者报》《自由报》《人民报》《消息报》《晚报》《祖国报》《晨报》等；主要刊物有《阿尔及利亚时事周刊》和《非洲革命》等。近年来，阿网络媒体迅速发展，TSA、ALGERIE360等网站影响较大。

阿尔及利亚新闻通讯社（Algerie Presse Service，APS）：官方通讯社，创建于1961年，在国内48个省设有分社，在国外设有15个分社，用阿、法、英三种文字发稿，每年发稿20万条。

阿尔及利亚广播电台：为国营电台，创建于1956年，前身为"战斗的阿尔及利亚之声"。有4套节目。

阿尔及利亚电视台（Canal Algerie）：为国营的电视台，创建于1962年，前身为法国5台，有5套节目。

对外关系

阿尔及利亚奉行独立、自主和不结盟的外交政策，主张尊重国家主权与领土完整、互不干涉内政、互不使用武力，在相互尊重、互利和对话基础上寻求广泛合作，外交为经济建设服务。反对大国强权政治和借口人权干涉别国内政，主张建立公正合理的国际政治、经济新秩序。反对恐怖主义；致力于马格里布联盟建设和地区和平，积极参与阿拉伯事务；促进非洲团结与和平；支持欧盟—地中海合作，谋求发展与西方国家关系。截至2012年底，共与170多个国家建立了外交关系，在60多个国家设立大使馆，外国常驻阿使馆80个。此外，联合国开发署等15个国际组织在阿设有代表处。

【对当前重大国际问题的态度】关于国际形势：国际关系正处在变化和重组之中，世界和平与安全以及各国的发展仍是当前紧迫的课题。世界形势趋向缓和，全球性冲突虽已避免，但地区冲突依然存在。主张多极化，反对单边主义，主张以国际法和联合国宪章的宗旨和原则为基础，建立民主、公正、平等的新型国际关系和国际秩序。

关于联合国及安理会改革：阿是非盟联合国改革十国委员会（C10）成员。主张联合国的改革应以增加其活力和信誉为宗旨，遵循“民主化、合理化和效率化”三原则，正确反映国际关系变化，充分考虑各地区平衡和绝大多数成员国的利益，强调国际社会须通过协商达成共识。坚决主张使所有国家参与联合国所有机构的管理。认为必须改变非洲在联合国安理会代表性不足问题，坚决支持非盟关于联合国改革的共同立场，即非洲应获得两个拥有否决权的安理会常任理事国席位。安理会扩大仅是联合国改革的一部分，联合国改革应包括社会、经济、发展在内的其他方面的改革。

关于气候变化：坚持《联合国气候变化框架公约》和《京都议定书》是气候谈判的唯一基础和原则，坚持“共同但有区别的责任”，呼吁各方严格遵循“巴厘路线图”确定的目标和期限，主张发达国家应率先承担相关责任，切实履行减排承诺，并通过技术转让等方式帮助发展中国家有效应对气候变化。

关于反恐：阿尔及利亚深受恐怖动乱之害，对恐怖主义有切肤之痛。认为应从全球角度分析恐怖主义，将其与争取解放和民族自决的合法斗争区分开来，避免将其与特定地区、文化和文明相挂钩。支持国际反恐合作，呼吁联合国主持召开国际反恐会议，签署国际反恐公约，统一界定恐怖主义。坚决反对向恐怖分子支付赎金。

关于伊朗核问题：阿尔及利亚承认并支持包括伊朗在内的所有核不扩散条约签约国拥有和平利用核能技术的权利。反对在核问题上实行双重标准。认为伊核问题全面协议的达成有利于核裁军、防止核扩散、巩固各国和平利用核能权利，将促进地区和平、稳定、发展与合作。

关于巴以问题：支持建立以东耶路撒冷为首都的巴勒斯坦国。认为中东和平倡议是实现本地区公正、全面、持久和平的合适机制。

关于叙利亚问题：阿尔及利亚尊重叙人民选择，呼吁通过政治对话和平解决危机。阿反对任何外来武力干涉，支持联合国主导的国际斡旋努力。

关于利比亚问题：主张政治解决利比亚危机，呼吁利比亚敌对各方停止一切形式的暴力，建立过渡政府等有效国家机构，维护利比亚主权、独立、完整，反对外部势力干涉利比亚内部事务。

关于马里问题：积极参与斡旋马里问题，是马里问题国际调解方牵头国。在阿尔及尔举行马里各方和谈，获得国际社会肯定。主张坚决执行安理会有关马里问题的决议，在尊重马里主权和领土完整的前提下，由冲突各方通过对话实现政治解决。

关于马格里布联盟建设：阿尔及利亚认为马盟建设符合地区根本利益，有利于马格里布地区各国反恐合作及地区的安全稳定和经济发展。马格里布地区实现政治、经济、社会一体化是该地区年青一代的希望，任何人无权草率行事，也不能置之不理或设置障碍。

【同中国的关系】中阿传统友谊深厚。1958年9月阿尔及利亚临时政府成立后，中国即予以承认，是第一个承认阿的非阿拉伯国家。同年12月20日两国建交后，双方各领域友好合作关系不断发展。2004年2月，胡锦涛主席访阿期间，两国发表《新闻公报》宣布建立战略合作关系。2006年11月，布特弗利卡总统出席中非合作论坛北京峰会并访华，两国元首签署了《中阿关于发展两国战略合作关系的声明》。2014年2月，两国发表《关于建立全面战略伙伴关系的联合公报》。5月，习近平主席和布特弗利卡总统共同签署《关于建立全面战略伙伴关系的联合宣言》。

近年双边高层互访和政治往来不断。2012年7月，阿外交部长级代表梅萨赫勒来华出席中非合作论坛第五届部长级会议。11月，全国人大常委会副委员长、全国妇联主席陈至立访阿。12月，阿外交部部长级代表梅萨赫勒访华。2013年4月，阿民族院议长本萨拉赫代表布特弗利卡总统来华出席博鳌亚洲论坛2013年年会。12月，外交部长王毅访阿。2014年6月，阿外长拉马拉来华出席中阿合作论坛第六届部长级会议，王毅外长会见拉马拉外长并共同签署《中阿全面战略合作五年规划》。11月，全国政协主席俞正声访阿。2015年4月，阿总理萨拉勒对华访问。12月，萨拉勒出席中非合作论坛约翰内斯堡峰会。2016年5月，国务委员王勇访阿。7月，阿马格里布、非盟和阿盟事务部长梅萨赫勒来华出席中非合作论坛约翰内斯堡峰会成果落实协调人会议。12月，阿国民议会议长哈利法访华。2017年12月，全国政协副主席陈元访阿。2018年7月，阿外长梅萨赫勒来华出席中阿合作论坛第八届部长级会议并访华。9月，阿总理乌叶海亚来华出席中非合作论坛北京峰会。2019年6月，阿外交部秘书长布拉德汗来华出席中非合作论坛北京峰会成果落实协调人会议，并于11月来华举行两国外交部政治磋商。

两国经贸往来日益密切。2019年，双边贸易额达80.83亿美元，同比下降11.2%。其中中国出口额为69.42亿美元，同比下降12.4%；进口额为11.41亿美元，同比下降3.1%。

中国驻阿尔及利亚大使：李连和。馆址：34 Boulevard des Martyrs Alger。电话：00213–21–692724，692926；传真：693056，693082。

阿尔及利亚驻华大使：艾哈桑·布哈利法（AHCENE BOUHALIFA）。馆址：北京市朝阳区三里屯路7号。电话：010–65321496，65321120（武官处）；传真：65321648。

【同美国的关系】1962年9月阿美建交，1967年中东“六·五”战争爆发后宣布同美断交，1974年11月两国复交。布特弗利卡总统执政后，美明确支持布的

“全国和解”政策和经济改革政策，多次表示愿在反恐、情报交换、人员培训等方面与阿尔及利亚加强合作。2004年，美国宣布给予阿普通最惠国待遇。2007年6月，阿美签署民用核能合作协议。近年来，阿美高层互访不断。2012年1月，阿外长梅德西赴美出席七十七国集团主席国交接仪式期间赴华盛顿访问。2月，美国国务卿希拉里·克林顿访阿。4月、9月，美军非洲司令部总司令卡特两度访阿。10月，首轮阿美战略对话在华盛顿举行，美国务卿希拉里·克林顿年内再度访阿。2014年4月，美国务卿克里访阿，并将阿美战略对话上升为部长级。8月，阿总理萨拉勒赴美出席美非峰会。目前，美是阿最大的贸易伙伴，阿原油出口一半以上销往美国。2015年3月，阿外长拉马拉访美，与美国务卿克里主持第三轮战略对话。2018年7月，阿外长梅萨赫勒赴美国华盛顿出席首届宗教自由部长会。

【同法国的关系】阿法有传统关系，法是阿尔及利亚最大债权国和最主要的贸易伙伴之一。阿是法在非洲第一大贸易伙伴、重要的能源供应国和商品出口目的地，但两国在殖民历史问题上矛盾未消。阿在法侨民200余万人。2007年7月，法国总统萨科齐访阿，着重探讨两国能源合作和“地中海联盟”计划，双方签署互免外交人员短期签证和在阿共建大学两项协议。2012年12月，法总统奥朗德访阿。2013年3月，法国民议会议长巴尔托洛内访阿。12月，阿总理萨拉勒访法。同月，法总理埃罗访阿，与萨拉勒共同主持阿法第一届政府间高级别委员会。2014年6月，法国外长法比尤斯访阿。7月，阿能源部长尤素菲作为政府代表出席法国举行的纪念一战百年阅兵仪式。2015年6月，法总统奥朗德访阿。2016年4月，法国总理瓦尔斯访阿。2017年12月，法国总统马克龙访阿，阿总理乌叶海亚访法。2018年4月，阿外长梅萨赫勒访法。9月，布特弗利卡总统同法国总统马克龙通电话。11月，乌叶海亚总理赴法国出席第一次世界大战结束百年纪念活动。

【同欧盟的关系】欧盟是阿最大贸易伙伴。阿是欧盟第二大天然气供应国，占据欧盟天然气市场的1/4。2005年，阿与欧盟联系国协议正式实施。双方还签署了涵盖贸易交流、财经合作及阿在欧劳工享受便利等多项合作协议，但在应对非法移民、反恐等问题上存在分歧。2012年8月，阿与欧盟达成一致，决定将联系国协定关于取消关税的时间表由2017年推迟至2020年。2013年7月，欧盟委员会主席巴罗佐访阿。2014年5月、2015年6月，阿外长拉马拉赴欧举行阿欧联合委员会第8、第9次会议。2015年9月，欧盟委员会政治和安全政策高级代表莫盖里访阿。2018年9月，德国总理默克尔访阿。11月，意大利总理孔特访阿。同月，欧盟委员会副主席、外交与安全政策高级代表莫盖里尼访阿。

【同俄罗斯的关系】1962年7月阿尔及利亚独立后与苏联建交，双边关系十分密切。阿大部分武器装备来自苏联，但两国贸易处于较低水平。1991年12月，阿承认俄罗斯联邦和独联体。2001年，布特弗利卡总统访俄，两国签署战略伙伴关系协定并发表联合声明。2012年3月，俄总统特使、外交部负责中东事务的副部长米哈伊尔访阿。11月，阿外交部部长级代表梅萨赫勒访俄。2014年5月，俄联邦议会议长马特维延科访阿。2015年7月，阿尔及利亚—俄罗斯第七届政府间经贸、科技合作混委会在莫斯科召开。2017年10月，俄总理梅德韦杰夫访阿。2018年1月，俄联邦安全会议秘书帕特鲁舍夫访阿。2019年4月，阿外长布卡杜姆出席在莫斯科举行的阿拉伯国家—俄罗斯合作论坛第五届部长级会议。10月，阿临时总统本萨拉赫出席在俄罗斯索契举行的第一届俄罗斯—非洲峰会。

【同摩洛哥的关系】1963年，阿摩曾因边界争端发生武装冲突。1976年，阿尔及利亚承认“西撒国”后，摩宣布与阿断交。1988年，两国复交。布特弗利卡当选总统后，摩国王哈桑二世致电祝贺。哈病逝后，布赴摩参加葬礼，并与新任国王穆罕默德六世建立联系。此后双方电函不断。2003年，两国元首在联大期间举行单独会谈。2004年7月，摩宣布免除阿公民赴摩签证。2005年3月，摩国王赴阿出席阿盟首脑会议并与布特弗利卡总统举行会晤。同月，阿宣布免除摩公民赴阿签证。2007年3月，布特弗利卡总统致电摩国王祝贺国王女儿诞生。11月，摩国王致信布，对阿首都发生爆炸造成人员伤亡表示慰问。此后，两国元首之间信函不断，部长级互访频繁。但两国边境仍处于关闭状态。2011年3月，阿水资源部长萨拉勒访摩。同月，摩能源、环境与水利大臣本·哈德拉访阿。2012年1月，摩新任外交与合作大臣欧斯曼尼访阿，成为自2004年以来首位访阿的摩外交大臣。3月，摩政府发言人、新闻大臣卡勒菲访阿。4月，阿高教科研部长哈拉乌比亚访摩，摩国民教育大臣乌阿法访阿。2013年10月，摩方为抗议阿在西撒问题上的相关表态，一度召回摩驻阿大使，两国关系有所紧张。

【同利比亚的关系】利比亚是阿尔及利亚的重要邻国。阿利关系曾因利与摩洛哥结盟而一度冷淡。2011年2月，利局势陷入动荡，阿撤回了在利侨民，但以“人道理由”接受利前领导人卡扎菲的妻子、女儿和两个儿子入境。阿外长梅德西多次会见利“国家过渡委员会”执行局前主席吉卜里勒，并与利“过渡委”正式建立关系。2012年3月，阿外长梅德西访利。12月，利临时政府总理扎伊丹访阿。2013年1月，阿总理萨拉勒赴利出席阿、利、突三国边境安全会议。4月和8月，扎伊丹两度访阿。12月，萨拉勒访利。2014年利内部武装冲突升级以来，阿主张利各派通过谈判实现停火，恢复和平，反对外部干涉。2015年以来，阿分别召开三轮利比亚内部对话会。5月，利临时政府总理萨尼访阿。2018年11月，乌叶海亚总理赴意大利出席利比亚问题国际会议。

【同突尼斯的关系】阿尔及利亚与突尼斯于1983年3月签署“友好和睦条约”。两国关系友好，经济合作发展较快。阿每年赴突旅游者约200万人次。2011年，突局势剧变后，阿表示尊重突人民的选择，3月，突民族团结政府总理艾塞卜西访阿，阿向突提供1亿美元的财政援助。2012年1月，阿总统布特弗利卡赴突出席突局势剧变一周年纪念活动，对突革命成果予以肯定。2月，突总统马尔祖基访阿。11月，阿外长梅德西访突。12月，突总理贾巴利访阿。2013年4月、5月和8月，突总理拉哈耶德、全国制宪议会议长加法尔、外长贾兰迪分别访阿。2014年2月，突总理朱玛访阿；同月，阿总理萨拉勒代表布特弗利卡总统出席突新宪法庆典。2015年2月，突新任总统埃塞卜西访阿。5月，突总理绥德访阿。2018年2月，阿总理乌叶海亚访突。

【同毛里塔尼亚的关系】两国致力发展睦邻友好关系，签有渔业合作协议。2009年8月，阿尔及利亚民族院议长本·萨拉赫赴毛塔出席当选总统阿齐兹就职典礼。2011年，毛塔总统阿齐兹、外交与合作部长哈马迪相继访阿。2012年，毛塔外长哈马迪、全国人权委员会主席卡瓦塔访阿。2013年3月，阿总理萨拉勒访毛塔；10月，阿外长拉马拉访毛塔。2014年5月，拉马拉再次访毛塔。2016年12月，毛塔总理哈达明访阿。2018年10月，毛塔外长艾哈迈德访阿。2019年8月，贝都依总理代表临时总统本萨拉赫赴毛塔出席毛塔新总统就职典礼。（郑轩铖）

埃　及

国名　阿拉伯埃及共和国（The Arab Republic of Egypt）。

面积　100.145万平方公里。

人口　约1亿。官方语言为阿拉伯语。伊斯兰教为国教，信徒主要是逊尼派，占总人口的84%。科普特基督徒和其他信徒约占16%。另有约600万海外侨民。

首都　开罗（Cairo），面积约3085平方公里，人口2280万（2017年）。夏季平均气温最高34.2℃，最低20.8℃；冬季最高19.9℃，最低9.7℃。

国家元首　总统阿卜杜勒法塔赫·塞西（Abdul Fatah Al-Sisi），2014年6月就职，2018年6月连任。

重要节日　国庆日：7月23日（1952年）。

简　况

埃及跨亚、非两大洲，大部分位于非洲东北部，只有苏伊士运河以东的西奈半岛位于亚洲西南部。西连利比亚，南接苏丹，东临红海并与巴勒斯坦、以色列接壤，北濒地中海。海岸线长约2900公里。全境干燥少雨。尼罗河三角洲和北部沿海地区属地中海型气候，平均气温1月12℃，7月26℃。其余大部分地区属热带沙漠气候，炎热干燥，沙漠地区气温可达40℃。

埃及是世界四大文明古国之一。公元前3200年，美尼斯统一埃及建立了第一个奴隶制国家。当时国王称法老，主要经历了早王国、古王国、中王国、新王国和后王朝时期，30个王朝。古王国开始大规模建金字塔。中王国经济发展，文艺复兴。新王国生产力显著提高，开始对外扩张，成为军事帝国。后王朝时期，内乱频繁，外患不断，国力日衰。公元前525年，埃及成为波斯帝国的一个行省。在此后的一千多年间，埃及相继被希腊和罗马征服。公元641年阿拉伯人入侵，埃及逐渐阿拉伯化，成为伊斯兰教一个重要中心。1517年被土耳其人征服，成为奥斯曼帝国的行省。1882年被英军占领后，成为英“保护国”。1922年2月28日，英国宣布埃及为独立国家，但保留对国防、外交、少数民族等问题的处置权。1952年7月23日，以纳赛尔为首的自由军官组织推翻法鲁克王朝，成立革命指导委员会，掌握国家政权。1953年6月18日，宣布成立埃及共和国。1958年2月，同叙利亚合并成立阿拉伯联合共和国。1961年，叙利亚发生政变，退出“阿联”。1970年，纳赛尔总统病逝，萨达特继任总统。1971年9月1日，改名为阿拉伯埃及共和国。1981年10月，萨达特总统遇刺身亡，副总统穆巴拉克继任，并4次连任直至2011年辞职。

政　治

2011年1月底，埃及发生大规模反政府示威游行。2月11日，穆巴拉克辞职，武装部队最高委员会接管权力。6月，埃及穆斯林兄弟会创立的自由与正义党主席穆尔西赢得总统选举并宣誓就职。2013年6月底至7月初，反对穆尔西的政治力量和民众在穆尔西执政1周年之际举行大规模游行示威活动，引发流血冲突。7月3日，以国防部长塞西为首的埃及军方罢黜穆尔西，废除宪法，公布政治过渡路线图，推出临时总统和政府。12月，临时政府宣布穆斯林兄弟会为恐怖组织。2014年5月26—28日，埃及举行总统选举，塞西以97%的得票率当选总统（投票率为47%）。6月8日，塞西就职。2018年6月，塞西成功连任。

【宪法】原宪法于1971年9月经全民投票通过，1980年、2005年和2007年三次修订，2011年穆巴拉克下台后被废止。2012年12月，埃及全民公投以63.8%的支持率通过新宪法。2013年7月3日，埃及军方宣布中止2012年宪法。2014年1月，新宪法草案以98.1%的支持率（投票率38.6%）通过全民公投。2019年4月，埃及举行全民公投，以88.83%的支持率（投票率44.33%）通过宪法修正案。此次修宪主要内容包括延长总统任期，设立参议院、副总统等。

【议会】目前实行一院制，设有596个席位。埃及议会选举于2015年10月、11月分两阶段进行。2016年1月10日，埃及新议会第一次全体会议在埃及议会大厦举行，议员宣誓就职，并选举阿里·阿卜杜勒阿勒（Ali Abdel-Aal）为议长。

【政府】2014年6月，塞西当选总统并就职后，新一届政府于6月14日成立，马哈拉卜留任总理。2015年9月，埃及政府改组，伊斯梅尔出任总理。2018年6月，新政府成立，马德布利出任总理。2019年12月埃及政府改组，马德布利留任总理。

【行政区划】全国划分为27个省：开罗省、吉萨省、盖勒尤比省、曼努菲亚省、杜姆亚特省、达卡利亚省、卡夫拉·谢赫省、贝尼·苏夫省、法尤姆省、米尼亚省、索哈杰省、基纳省、阿斯旺省、红海省、西部省、艾斯尤特省、新河谷省、亚历山大省、布哈拉省、北西奈省、南西奈省、塞得港省、伊斯梅利亚省、苏伊士省、东部省、马特鲁省和卢克索省。

【司法机构】法院包括最高法院、上诉法院、中央法院和初级法院以及行政法院，开罗还设有最高宪法法院。2016年6月，埃新一届最高宪法法院院长哈桑、最高上诉法院院长沙菲克、行政法院院长马斯欧德、行政检察院院长拉奇格宣誓就职。检察机构包括总检察院和地方检察分院，总检察长萨迪克。

【政党】1952年革命后，曾禁止政党活动。阿拉伯社会主义联盟于1962年10月成立，为埃及唯一合法政党，纳赛尔总统任主席。1977年开始实行多党制。2011年颁布新政党法，现有政党及政治组织近百个，其中经国家政党委员会批准成立的政党约60个。主要政党有：

（1）自由埃及人党（Free Egyptians Party）：2011年7月3日成立。主张建立世俗国家和司法独立，保持原有的社会价值观和习俗，全体公民拥有信仰自由及民主、自由权利。妇女应发挥社会作用，参与各领域建设。2014年4月，该党召开党代会，同意民主阵线党并入，该党实力得到增强。主席伊萨姆·哈利勒（Essam Khalil）。

（2）祖国未来党（Nation's Future Party）：2015年8月成立，前身是组织并参与"1·25革命"和"6·30革命"的祖国未来运动。自称为埃及青年的政党，宗旨是以政党政治替代街头政治，以合法、和平方式使青年参与国家政治生活。主席艾什拉夫·拉沙德（Ashraf Rashad）。

（3）华夫脱党（Wafd Party）：1978年2月成立，是穆巴拉克时期的主要反对党。要求加快政治、经济和社会改革，保障基本自由和人权，密切同阿拉伯和伊斯兰国家的关系，重点发展与非洲国家的关系。主席赛义德·拜达维（Al-Sayyid Al-Badawi）。

【重要人物】阿卜杜勒法塔赫·塞西：总统。1954年出生，1977年毕业于埃及军事学院，获学士学位。1987年在埃及指挥与参谋学院获硕士学位。曾于2005—2006年在美国陆军作战学院学习。曾在陆军步兵部队服役，历任机械化步兵营营长、国防部情报与安全处处长、驻沙特使馆武官、北方军区参谋长、北方军区司令、埃及军事情报局局长。2011年穆巴拉克下台后，塞西进入武装部队最高委员会。2012年8月被任命为国防部长兼武装部队最高委员会主席。2013年7月在临时政府中担任第一副总理兼国防部长。2014年3月辞去所有职务参选总统并最终胜选，6月8日宣誓就职。2018年6月，塞西连任总统。 **穆斯塔法·马德布利**：总理。1966年出生。获开罗大学工程学院博士学位。2000年起在住房部任职，历任城市规划总局技术部长、副局长、局长，2012年任联合国人类住区规划署阿拉伯地区署长，2014年任住房部长，2018年6月出任总理。 **阿里·阿卜杜勒阿勒**：议长。1948年出生，获得埃及艾因·夏姆斯大学法律学士学位、巴黎第一大学法学博士学位。历任艾因·夏姆斯大学法学院公法系讲师、埃及驻法国使馆文化参赞、艾因·夏姆斯大学法学院公法系副教授、人民议会宪法专家、科威特国埃米尔王宫宪法顾问、艾因·夏姆斯大学法学院公法系专职教授等职务。2013年和2014年，两次担任制宪10人宪法专家委员会成员。2014年，担任宪法最终起草委员会成员。曾经担任现行《议会法》《行使政治权利法》《议会选区划分法》起草委员会成员。2016年1月10日，当选埃及议会议长。

经济

属开放型市场经济，拥有相对完整的工业、农业和服务业体系。服务业约占国内生产总值的一半。工业以纺织、食品加工等轻工业为主。农村人口占总人口的55%，农业占国内生产总值的14%。

2011年初以来的埃及动荡局势对国民经济造成严重冲击。2013年7月，临时政府上台后，经济面临较大困难，在海湾阿拉伯国家的大量财政支持下，经济情况较前有所好转。2014年6月新政府成立后，将改善经济作为重点工作加以推进。主要经济数据如下：

国内生产总值：51703亿埃及镑（2018/2019财年）。

人均国内生产总值：53815埃及镑（2018/2019财年）。

经济增长率：5.6%（2018/2019财年）。

通货膨胀率：7.5%（2019年8月）。

失业率：9.9%（2018年）。

外汇储备：445亿美元（截至2018年9月）。

货币名称：埃及镑。

汇率：1美元≈15.7埃及镑（2020年3月）。

【资源】主要有石油、天然气、磷酸盐、铁等。已探明的储量为：石油48亿桶，天然气3.2万亿立方米，磷酸盐约70亿吨，铁矿6000万吨。此外还有锰、煤、金、锌、铬、银、钼、铜和滑石等。埃及平均原油日产量达71.15万桶，天然气日产量达1.68亿立方米，国内消耗的天然气数量占埃及天然气总产量的70%，其余30%供出口。埃及电力供应以火电为主，占86.9%。全国电网覆盖率达99.3%，世界排名第28位。阿斯旺水坝是世界七大水坝之一，全年发电量超过100亿千瓦时。2008年，埃及斥资16亿埃及镑改进阿斯旺大坝发电机组，并斥资150亿埃及镑改进全国电网。2007年，埃及正式启动核电站计划，2010年，宣布将于2025年前建立4个核电站。

【工业】工业以纺织和食品加工等轻工业为主。工业产值约占国内生产总值的36%，工业产品出口约占商品出口总额的60%，工业从业人员274万人，占全国劳动力总数的14%。埃及工业企业过去一直以国营为主体，自20世纪90年代初开始，埃及开始积极推行私有化改革，出售企业上百家。

【农业】埃及是传统农业国，农村人口占全国总人口的55%，农业从业人员约550万人，占全国劳动力总数的31%。埃及政府重视扩大耕地面积，鼓励青年务农。全国可耕地面积为310万公顷，约占国土总面积的3.7%。近年来，随着埃及经济的发展，农业产值占国内生产总值比重有所下降。主要农作物有小麦、大麦、棉花、水稻、马铃薯、蚕豆、苜蓿、玉米、甘蔗、水果、蔬菜等。主要出口棉花、大米、马铃薯、柑橘等。经过改革，农业生产实现了稳定增长，是经济开放首当其冲和见效最快的部门。但随着人口增长，埃及仍需进口粮食，是世界上最大的粮食进口国之一。为扩大耕地面积，增加农业产出，2015年，塞西总统提出“百万费丹”土地改良计划。

【旅游业】埃及历史悠久，名胜古迹很多，具有发展旅游业的良好条件。政府非常重视发展旅游业。主要旅游景点有金字塔、狮身人面像、卢克索神庙、阿斯旺高坝、沙姆沙伊赫等。2014年，埃及旅游收入为75亿美元，同比增长27%，赴埃及游客数量为1000万人次。2015年，埃及旅游收入约61亿美元，赴埃及游客数量为930万人。2016年，埃及旅游收入约34亿美元，赴埃及游客数量为450万人。2017年，埃及旅游收入约53亿美元，赴埃及游客数量为830万人。2018年，旅游收入98亿美元。

【交通运输】交通运输便利，近几年，海、陆、空运输能力增长较快。

铁路：由28条线路组成，总长10008公里，共有796个客运站，日客运量200万人次。开罗目前共有两条地铁线路，总长64公里，共耗资120亿埃及镑。地铁三号线分两段修建，第一段全长4.3公里，第二段全长7.12公里，总成本约64亿埃及镑。

公路：总长约4.9万公里。

水运：有7条国际海运航线；内河航线总长约3500公里。现有亚历山大、塞得港、杜米亚特、苏伊士等62个港口，年吞吐总量为800万标准集装箱，海港贸易量为1.01亿吨。苏伊士运河是沟通亚、非、欧的主要国际航道。近年来，运河进行了大规模扩建，使过运河船只载重量达24万吨，可容纳第四代集装箱船通过。2015年，苏伊士运河收入51.7亿美元，2016年为50.05亿美元，2017年为53亿美元，2018年为57亿美元，2019年为58亿美元。

空运：有民航飞机55架。全国共有机场30个，其中国际机场11个，开罗机场是重要国际航空站。2008年，埃及航空公司正式加入星空联盟。

【财政金融】财政来源除税收外，主要依靠旅游、石油天然气、侨汇和苏伊士运河4项收入。

【对外贸易】埃及同120多个国家和地区有贸易关系，主要贸易伙伴是美国、法国、德国、意大利、英国、日本、沙特、阿联酋等。由于出口商品少，外贸连年逆差。为扩大对外出口，减少贸易逆差，埃及政府采取了以下措施：发展民族工业，争取生产更多的进口替代商品；限制进口，特别是消费性制成品的进口；争取扩大出口，特别是原油、原棉以外的非传统性商品的出口。2018年埃及对外贸易1112亿美元，进口293亿美元，出口819亿美元。

埃及主要进口商品是：机械设备、谷物、电器设备、矿物燃料、塑料及其制品、钢铁及其制品、木材及木制品、车辆、动物饲料等。主要出口产品是：矿物燃料（原油及其制品）、棉花、陶瓷、纺织服装、铝及其制品、谷物和蔬菜。埃及出口商品主要销往阿拉伯国家。

【外国援助】美国是埃及的主要援助国。向埃及提供援助的国家和国际组织还有德国、法国、日本、英国、意大利等国家及世界银行、国际货币基金组织和阿布扎比发展基金等。2015年3月，埃及在沙姆沙伊赫举办埃及经济发展大会，近100个国家和30多个国际和地区组织约2500名代表与会。埃及政府同与会各方签署大量经济合作和投资协议，包括超过500亿美元投资、央行存款、援助（其中沙特、阿联酋、科威特、阿曼四国共提供125亿美元投资、央行存款、援助）以及大量项目融资协议和合作谅解备忘录。2016年2月，非洲开发银行宣布向埃及行政新首都计划提供1.4亿美元贷款，非洲进出口银行向埃及提供5亿美元进出口扶持资金。2016年3月，沙特同意向埃及提供15亿美元用以西奈半岛发展。2016年11月，国际货币基金组织批准未来3年向埃及提供120亿美元贷款。2018年4月，世界银行表示向埃及提供5亿美元贷款以支持其教育改革计划。

【外国投资】1974年6月，埃及政府颁布第一部投资法。1989年颁布新投资法。1997年，埃及政府为进一步吸引外资，颁布了《投资鼓励与保障法》及实施条例，并于1998年、2000年对其实施条例进行了修改和补充。2002年颁布了经济特区法和实施细则。2004年，埃及通过投资法修正案。自20世纪90年代中期以来，埃及吸引外国直接投资的速度加快。2011年初和2013年6月底至7月初的动荡局势导致外国在埃投资额持续下降。2014年下半年以来，埃及局势逐步趋稳，投资环境得以改善，2014年，外国对埃及直接投资总额约180亿美元，位居非洲国家第一。2015年，外国对埃直接投资总额69亿美元。2016年，埃及吸引外国直接投资达81亿美元。2017年6月，埃及颁布新《投资法》，有利于吸引外国投资，在土地出让模式、所得税减免、投资保障、本地雇员数量等方面提供优惠政策。

人民生活

为改善人民生活，埃及政府长期实行家庭补贴，并对大米、面包、面粉、食油、糖和能源等基本生活物资实行物价补贴。2010年，埃及人民议会通过新社会保障养老金法，规定养老金金额为最终工资的80%，并可根据物价进行调整。2011年初埃及政局变化后，政府宣布为600万公务员加薪15%，退伍军人和公私部门员工的退休金同比例增加。2014年6月新政府成立后，努力减少财政开支，宣布削减对面粉、燃油等物资的政府补贴，并开始实施新的阶梯电价。同时，埃政府大力推进保障住房工程，提高养老金标准，确保基本生活物资供应并积极平抑物价。

军　事

埃及实行义务兵和志愿兵相结合的兵役制度，义务兵服役期3年。武装部队总兵力45万，预备役部队25.4万。

文化教育

【教育】实行普及小学义务教育制度。全国共有基础教育（含小学、初中、高中和中等技术教育）学校42184所，其中公立学校37218所，私立学校4966所。共有大学34所，其中公立大学18所，私立大学16所。著名的有开罗大学、亚历山大大学、艾因·夏姆斯大学、爱资哈尔大学等。大学高等教育平均入学率达32%。

【新闻出版】埃及现有报刊500余种，其中报纸180余种，杂志300余种。埃及主要阿拉伯文报刊有：《消息报》、《金字塔报》、《共和国报》、《晚报》、《金字塔经济学家》周刊、《最后一点钟》周刊、《图画》周刊、《鲁兹·尤素福》周刊。主要英文报刊有《埃及公报》。主要私营报刊有:《七日报》《今日埃及人报》《日出报》等。主要门户网站有:《金字塔在线》《七日网》《国家回声》等。

中东通讯社：埃及国家通讯社，是目前中东地区和阿拉伯世界最大的通讯社，1956年2月创立。宣传政府政策，用阿拉伯文、英文、法文3种文字发稿。

广播电台：全国现有269家广播台站，平均每天播报478小时。国家广播电台，创建于1928年。目前每天用80个频率、38种语言向国内、外广播。中东广播电台，建于1964年，主要为商业服务。亚历山大广播电台，建于1960年，用阿拉伯语播音。2000年，埃及开始通过"非洲之星"广播卫星和尼罗河卫星等发射广播节目，能覆盖全世界。

电视台：在埃及传媒中占据突出地位。埃及电视台建于1960年。目前埃及电视频道分中央、地方、卫星、专题四类数十个频道，节目覆盖亚、非、欧、北美等地区。2001年6月，私营卫星电视频道获准开播。

对外关系

埃及奉行独立自主、不结盟政策，主张在相互尊重和不干涉内政的基础上建立国际政治和经济新秩序，加强南北对话和南南合作。突出阿拉伯和伊斯兰属性，积极开展和平外交，致力于加强阿拉伯国家的团结合作，推动中东和平进程，关注叙利亚等地区热点问题。反对国际恐怖主义。倡议在中东和非洲地区建立无核武器和大规模杀伤性武器区。重视大国外交，巩固同美国关系，加强同欧盟、俄罗斯等大国关系，积极发展同新兴市场国家关系。在阿盟、非盟、伊斯兰合作组织等国际组织中较为活跃。目前，埃及已与165个国家建立了外交关系。

埃及在阿拉伯、非洲和国际事务中均发挥着重要作用。开罗为阿拉伯国家联盟总部所在地，埃及前外长盖特为现任阿盟秘书长。埃及担任2016/2017年度安理会非常任理事国，2019年非洲联盟轮值主席国。

【同中国的关系】埃及是第一个承认新中国并同中国建交的阿拉伯、非洲国家。中埃自1956年5月30日建交以来，两国关系一直发展顺利。1999年4月，两国建立战略合作关系。2006年5月，两国外交部建立战略对话机制。2006年6月，两国签署关于深化战略合作关系的实施纲要。2007年5月，中国全国人大和埃及人民议会建立定期交流机制。自2007年1月27日起，中埃两国互免持中国外交和公务护照、埃及外交和特别护照人员签证。2014年12月，中埃两国建立全面战略伙伴关系。2016年1月，两国签署关于加强全面战略伙伴关系的5年实施纲要。

2013年7月埃及政局剧变后，中方通过多个场合强调支持埃及人民自主选择政治制度和发展道路的权利。12月，埃及外长法赫米访华。2014年6月，塞西总统当选后，习近平主席向塞西致电祝贺，并委派工业和信息化部部长苗圩作为特使出席塞西总统就职典礼。同月，法赫米外长来华出席中阿合作论坛第六届部长级会议。8月，王毅外长访问埃及。11月，习近平主席特使、中共中央政治局委员、中央政法委书记孟建柱访问埃及。12月，塞西总统对我国进行国事访问，习近平主席同其会谈，两国元首共同签署了《中埃关于建立全面战略伙伴关系的联合声明》。访问期间，塞西总统还分别会见了李克强总理和张德江委员长。2015年3月，习近平主席特使、商务部部长高虎城出席埃及经济发展大会。6月，杨洁篪国务委员访问埃及。8月，习近平主席特使、文化部部长雒树刚出席埃及新苏伊士运河竣工典礼。9月，塞西总统来华出席中国人民抗日战争暨世界反法西斯战争胜利70周年纪念活动，习近平主席和李克强总理分别同其会见。12月，习近平主席在南非出席中非合作论坛约翰内斯堡峰会期间会见埃及总理伊斯梅尔。2016年1月，习近平主席对埃及进行国事访问，同塞西总统会谈，分别会见伊斯梅尔总理和阿里议长。访问期间，两国元首见证签署了《中埃关于加强两国全面战略伙伴关系的五年实施纲要》等合作文件。3月，国务院副总理刘延东访问埃及。9月，塞西总统作为嘉宾国元首来华出席二十国集团领导人峰会。11月，全国人大常委会副委员长吉炳轩访问埃及。12月，全国政协副主席王家瑞访问埃及。2017年4月，中共中央政治局委员、中央统战部部长孙春兰访问埃及。9月，塞西总统来华出席新兴市场国家和发展中国家对话会。11月，习近平主席特使、教育部长陈宝生赴埃及沙姆沙伊赫参加世界青年论坛。2018年9月，塞西总统来华进行国事访问并出席中非合作论坛北京峰会。10月，国家副主席王岐山访问埃及。11月，马德布利总理来华出席首届中国国际进口博览会。2019年1月，习近平主席特别代表、中共中央政治局委员、中央外事工作委员会办公室主任杨洁篪访问埃及。3月，国务委员兼国防部长魏凤和访问埃及。4月，塞西总统来华出席第二届“一带一路”国际合作高峰论坛。6月，阿里议长访华。11月，全国政协主席汪洋访问埃及。2020年1月，国务委员兼外长王毅访问埃及。

2013年，中埃贸易额首次突破百亿美元。2019年，双边贸易额132亿美元，同比下降4.5%，其中，我国出口额122亿美元、同比增长1.8%，我国进口额10亿美元、同比下降45.5%。我国向埃主要出口机电产品和纺织服装等，自埃主要进口原油、液化石油气和农产品等。中国已成为埃及第一大贸易伙伴和第一大进口来源地。

中埃文教、新闻、科技等领域交流合作活跃。近年来，双方举办了文化周、电影节、文物展、图片展等丰富多彩的活动，深受两国人民欢迎。目前，埃及有10所大学开设了中文专业。2002年，中国文化中心在开罗设立。2007年，开罗大学与北京大学合作成立北非地区第一所孔子学院。2008年，华北电力大学与苏伊士运河大学合建了埃及第二所孔子学院。此外，在埃及还开设了3个孔子课堂。

1983年，两国政府签署科技合作协定，2002年，签署政府间和平利用原子能合作协定和“中国公民组团赴埃及旅游实施方案的谅解备忘录”。2016年，埃及公民来华8.29万人次、同比下降4.2%。两国间现已结成友好省市17对。

中国驻埃及大使：廖力强。馆址：14 Bahgat Aly St. Zamalek Cairo Egypt。电话：00202-27361219；传真：27359459。商务处地址：22 Bahgat Aly Street, Zamalek Cairo 11211 Egypt。电话：00202-27354316；传真：27358729。网址：http://www.eg.china-embassy.org。

埃及驻华大使：穆罕默德·巴德里（Mohamed Elbadri）。馆址：北京市建国门外日坛东路2号。电话：010-65321825/65322541；传真：65325365。商务处电话：010-65329335；传真：65329337。

【同美国的关系】纳赛尔总统时期，埃美关系比较紧张。1967年“六·五”战争后，埃及宣布同美断交。1973年“十月战争”以后，埃美关系明显改善和发展。1974年2月两国复交。穆巴拉克总统执政后两国关系日趋密切，与美有“特殊战略伙伴”关系。美国自1979年起每年向埃及提供21亿美元的援助，其中军援13亿美元。1998年，美埃签署协议，商定美在未来10年内每年减少5%对埃及政府经援，至2008年减至4.07亿美元。但美采取其他方式弥补，美经援总额并未大幅减少。2004年埃美签订“合格工业园区”协定后，双方经济关系进一步加强。2011年，美国宣布向埃及提供1.5亿美元额外经济援助，帮助埃及恢复经济和完成民主过渡。2012年7月，美国国务卿希拉里访埃及，会见穆尔西、坦塔维等埃及领导人，宣布免除埃及10亿美元债务，向埃方提供2.5亿美元贸易信贷担保，并建立6000万美元投资基金。9月，埃及爆发抗议侮辱伊斯兰教的影片的大规模示威活动。同月，穆尔西总统赴纽约出席联合国会议期间会见美国务卿希拉里。11月21日，美总统奥巴马与穆尔西总统通电话，赞赏埃方为促成以色列与加沙巴勒斯坦各武装派别达成停火协议所付出的努力。2013年1月，美国参议院外交委员会主席麦凯恩访埃。3月，国务卿克里访埃，宣布向埃方提供1.9亿美元财政援助。4月，美国国防部长哈格尔访埃。5月，埃及外长阿姆鲁访美。在2013年7月初埃及政局再度剧变后，美国对埃及军方强力镇压穆兄会持批评态度，并暂停对埃及部分军事援助和经济援助。2014年6月塞西就任总统后，奥巴马总统向其致电祝贺，国务卿克里于2014年6月、7月两次访埃，并恢复对埃及部分援助，美埃关系有所缓和。8月，埃及总理马哈拉卜赴华盛顿出席美非峰会。9月，塞西总统赴美国参加第69届联合国大会。2015年3月，美国国务卿克里率团出席“埃及经济发展大会”。3月，奥巴马总统在同塞西总统通话时宣布，美将继续向埃及交付F-16战斗机、“鱼叉”式导弹、M1A1主战坦克等装备。2016年，美中央情报局局长、美军参谋长联席会议主席、美国会代表团、美中央司令部司令、美国务卿克里先后访埃。12月，埃及外长舒克里访美，会见美国务卿克里和候任副总统彭斯。

2017年1月，特朗普总统就任后同塞西总统通电话，就加强双边关系和支持埃及反恐交换意见。2017年4月，塞西总统访问美国。2018年1月，美国副总统彭斯访问埃及。3月，塞西总统同特朗普总统通电话，就双边关系和地区热点问题交换看法。9月，塞西总统在纽约与特朗普总统举行会晤。2019年1月，美国国务卿蓬佩奥访问埃及。4月，塞西总统访美，同特朗普总统举行会谈。

【同欧盟国家的关系】纳赛尔总统时期，埃及同主要西欧国家关系冷淡。萨达特总统上台后开始注意改善同西欧国家关系。1973年“十月战争”后，埃及同西欧国家关系有较大发展。穆巴拉克总统执政以来，频繁出访欧盟国家，双方往来密切。2013年7月初埃政局再次剧变后，欧盟积极斡旋调解埃危机，欧盟外交和安全政策高级代表阿什顿多次赴埃斡旋。2014年，时任埃及外长法赫米先后出访意大利、德国和荷兰，出席欧洲—非盟峰会，埃及与意大利、法国等关系回暖。11月，塞西总统先后访问意大利、法国。2015年2月，埃及与法国签订合同，购买24架“阵风”战机和一艘护卫舰，合同总额达52亿欧元。9月，法国同意向埃及转售2艘“西北风”级直升机航母，合同总额为9.5亿欧元。2016年2月，埃意关系因一名意大利留学生在埃遇害遭受影响，4月，意召回驻埃大使，7月，意议会决定暂停对埃军事援助。2016年3月，埃及和法国在亚历山大举行海陆空联合军演。4月，法国总统奥朗德访问埃及。11月，塞西总统访问葡萄牙。2017年7月，塞西总统访问匈牙利，出席维谢格拉德集团峰会。9月，意大利驻埃大使重返埃及，结束长达1年多的缺位。10月，塞西总统访问法国。11月，塞西总统访问塞浦路斯。2018年3月，塞西总统同法国总统马克龙通话，讨论加强双边各领域合作。4月，塞西总统会见来访的葡萄牙总统马塞洛·德索萨。10月，塞西总统赴希腊参加与希腊、塞浦路斯领导人共同举行的第六轮三方峰会。同月，塞西总统访问德国并出席二十国集团非洲峰会。2019年1月，法国总统马克龙访问埃及。2月，首届阿盟—欧盟峰会在沙姆沙伊赫举行。6月，塞西总统访问罗马尼亚和白俄罗斯。11月，塞西总统访问德国。2020年1月，欧盟理事会主席访问埃及，塞西总统同其会见。

【同俄罗斯的关系】1943年，埃及与苏联建立了公使级外交关系，1954年升为大使级关系。纳赛尔时期，埃苏关系密切。萨达特执政时期，埃苏关系恶化。穆巴拉克总统执政后两国关系逐步改善，1983年双方签署了贸易、文化、渔业合作协定。1984年埃苏恢复互派大使。1991年苏联解体后，埃及承认独联体各国独立，并与大多数独联体国家建立了外交关系。2013年4月，穆尔西总统访问俄罗斯。9月，埃及外长法赫米访问俄罗斯。2013年11月和2014年2月，埃及与俄罗斯先后在开罗和莫斯科举行两次国防部长和外长“2+2”对话会。2014年8月，埃及总统塞西访俄。2015年2月，俄罗斯总统普京访问埃及。5月，塞西总统出席俄罗斯卫国战争胜利70周年庆典。2015年10月一架俄罗斯客机在西奈半岛坠毁后，赴埃度假俄罗斯游客数量锐减。11月，埃俄签署首座核电站建设协议。2016年1月，俄罗斯杜马主席纳雷什金访埃。7月，埃及议长阿里访问俄罗斯。12月，塞西总统同俄罗斯总统普京通电话，对俄驻土耳其大使遇刺身亡表达慰问。2017年12月，俄罗斯总统普京访问埃及。2018年10月，塞西总统访问俄罗斯，两国签署全面合作与战略伙伴关系协议。2019年6月，G20大阪峰会期间，塞西总统同普京会面。12月，塞西总统同普京总统通电话，就利比亚问题进行磋商。

【同沙特等海湾阿拉伯国家的关系】埃及同沙特在经济、人员交往和宗教事务方面有密切的合作关系。1979年埃以和约签订后，沙特同埃及断交。1987年11月，沙、埃恢复外交关系，沙特恢复了对埃及的经援。海湾危机爆发后，埃及应沙特要求派兵驻沙，沙特决定免除埃及所欠债务，并向埃及提供新的无偿经援15亿美元。2011年5月，沙特宣布向埃及提供40亿美元的援助和贷款。2012年4月，沙特逮捕埃及律师吉扎维引发埃及民众抗议示威，沙方一度关闭其驻埃及使领馆并召回大使。7月，穆尔西总统访沙，会见阿卜杜拉国王和萨勒曼王储。8月，穆尔西总统出席在沙特召开的伊斯兰合作组织峰会。2013年1月，穆尔西总统赴沙特出席“第三届阿拉伯经济社会发展峰会”。6月，埃沙签署两国电网联网备忘录。同月，埃沙举行空军联合训练。2013年7月初埃及政局剧变后，沙特、科威特、阿联酋等海湾国家紧急向埃及提供120亿美元经济援助。2014年6月，沙特王储、科威特埃米尔、巴林国王等出席了塞西总统就职典礼。2014年8月，埃及总统塞西访问沙特。2015年1月，塞西访问阿联酋、科威特，赴沙吊唁前国王阿卜杜拉。3月初，塞西再次访问沙特。同月，埃及参加沙特主导的“决心风暴”军事行动，并同阿联酋和科威特举行联合军事演习。同月，沙特、阿联酋、科威特、阿曼四国在“埃及经济发展大会”上向埃及提供125亿美元的投资、央行存款和援助。卡塔尔支持埃及穆斯林兄弟会，埃及卡塔尔关系处于僵冷状态。在沙特调解下，埃卡关系一度有所缓和。2015年2月，因在埃及空袭利比亚境内“伊斯兰国”目标问题上的尖锐分歧，卡塔尔召回驻埃及大使，埃卡关系再度恶化。2016年3月，塞西访问沙特。4月，沙特国王萨勒曼访问埃及，成为首位在埃议会发表演讲的阿拉伯国家领导人，埃内阁宣布将向沙特移交红海两座无人岛屿的主权。同月，巴林国王哈马德访问埃及。12月，塞西总统访问阿联酋。2017年5月，塞西总统访问科威特。11月，埃及政府宣布取消1960年开始实施的对卡塔尔公民免签政策。2018年2月，塞西总统访问阿曼和阿联酋。3月，沙特王储穆罕默德·本·萨勒曼访问埃及。4月，塞西总统会见到访的阿联酋阿布扎比王储、武装部队副总司令穆罕默德。8月，塞西总统访问沙特和巴林。2019年11月，巴林国王访问埃及，同塞西总统会谈。

【同叙利亚的关系】1958年2月1日，埃及、叙利亚联合组成阿拉伯联合共和国（简称“阿联”），后也门王国加入，阿联更名为“阿拉伯合众国”。1961年9月28日，叙利亚因发生政变宣布退出。叙利亚强烈反对戴维营协议和埃以和约并于1978年9月同埃及断交。穆巴拉克总统执政后，主动改善同叙利亚关系。1989年12月27日，埃、叙两国正式复交。2000年7月，叙利亚总统巴沙尔上台后，双方往来进一步密切。2005年，黎巴嫩总理哈里里遇害后，埃及力劝叙利亚从黎巴嫩撤军，但反对对叙利亚实施制裁。2008年10月，埃及对叙利亚和黎巴嫩正式建立外交关系表示欢迎。2012年，穆尔西就任总统后，宣布支持叙利亚人民民主改革诉求，呼吁巴沙尔总统下台，主张政治解决危机，避免叙利亚国家分裂和外部军事干涉。埃及倡议成立由埃及、土耳其、伊朗、沙特组成叙利亚问题“四国委员会”。2013年6月15日，埃及宣布断绝同叙利亚政权的所有外交关系，召回驻叙临时代办，关闭叙利亚驻埃及使馆。7月埃及政局剧变后，埃及恢复与叙利亚领事关系。2015年1月、6月，埃及两次主办叙利亚反对派会议。埃及参加叙利亚国际支持小组外长会，积极推动叙利亚问题政治解决。2016年8月，塞西总统提出结束叙利亚问题的五点倡议，包括尊重叙利亚人民意愿、和平方式解决危机、维护叙利亚领土完整、解除叙利亚民兵和极端组织的武装和加速叙利亚重建。2018年1月，埃及派代表出席在俄罗斯索契召开的叙利亚全国对话大会。

【同约旦的关系】约旦政府曾因反对埃以签订戴维营协议，于1979年4月1日与埃及断交。1984年9月25日，约旦宣布与埃及复交。近年来，埃、约在中东和谈等问题上保持协调，曾促成巴以签署《沙姆沙伊赫备忘录》，并联合提出埃、约和平倡议等。2013年7月初埃及政局再次剧变后，约在政治上大力支持埃及新政权。7月，约旦国王阿卜杜拉二世访埃，成为埃及政局剧变后首位访埃及的外国元首。8月，埃及外长法赫米访问约旦。2014年6月，约旦国王出席塞西总统就职典礼。12月，塞西访问约旦。2015年2月和2016年8月，约旦国王两度访问埃及。2018年5月，塞西总统会见到访的约旦国王阿卜杜拉二世。2019年1月，塞西总统访问约旦，并同约旦国王阿卜杜拉二世会谈。

【同巴勒斯坦的关系】埃是最早支持巴事业的阿拉伯国家之一。巴解组织成立后，埃及即给予坚决支持。埃以媾和后，埃巴关系降到最低点，巴解驻开罗办事处被关闭。1987年11月，埃及重新开放巴解驻开罗办事处。1988年11月巴宣布建国后，埃及即宣布承认，巴解驻开罗办事处也随之升格为大使馆。马德里中东和会后，埃及积极推动巴以和谈，促进巴内部和解，并呼吁国际社会向巴人民提供人道主义援助。2008年12月加沙冲突爆发后，埃及努力斡旋，推动哈马斯与以色列停火，缓解加沙人道主义危机，为联合国安理会通过第1860号决议发挥重要作用。2009年，埃及主办加沙重建国际会议，并召集巴各派在开罗举行多轮内部和解对话会。2013年7月初埃及政局剧变后，巴勒斯坦总统阿巴斯表示支持埃及维护安全稳定，尊重埃及人民意愿。2014年6月，阿巴斯出席了塞西总统的就职典礼。2014年7月，以色列和哈马斯在加沙爆发冲突后，埃及积极斡旋停火。2015年2月，埃及宣布哈马斯为恐怖组织。2016年5月和2017年3月，巴勒斯坦总统阿巴斯两度访问埃及。2017年10月，在埃及积极斡旋下，法塔赫同哈马斯在开罗签署和解协议。12月，巴勒斯坦总统阿巴斯访问埃及，在开罗会见塞西总统，就美国承认耶路撒冷为以色列首都的决定协调立场。2018年11月，塞西总统在沙姆沙伊赫与巴勒斯坦总统阿巴斯举行会晤。2020年2月，针对美国的“世纪交易”，塞西总统在会见巴勒斯坦总统阿巴斯时表示，应根据国际法、国际决议在被占的巴勒斯坦领土上建立一个拥有完全主权、独立的巴勒斯坦国，只有通过冲突双方的直接谈判，恢复巴勒斯坦人民的合法权利，结束巴人民苦难，实现安全、稳定与和平的全面解决，才能彻底解决巴勒斯坦问题。

【同苏丹的关系】苏丹是埃及在非洲的最大邻国，历史联系密切。埃以和约签订后，苏丹是三个未同埃及断交的阿拉伯国家之一。1995年6月，穆巴拉克总统在埃塞俄比亚参加非统首脑会议途中遇刺脱险后，指责苏丹为幕后策划者。1999年12月后，埃苏关系逐渐缓和。埃及为解决苏南北问题和达尔富尔问题积极斡旋，并参加非洲联盟向达尔富尔派出的维和部队。2010年，苏丹副总统塔哈访埃。2011年，埃及总理沙拉夫访问苏丹。苏丹总统巴希尔访埃。同年7月，埃及表示希望南苏丹共和国成立可彻底结束苏丹长期内战，并派外长出席南苏丹成立庆典。2012年8月，苏丹外长库尔提访埃。9月，苏丹总统巴希尔访埃。2013年4月，穆尔西总统访问苏丹。同月，埃及总参谋长萨巴赫访苏。8月，埃及外长法赫米访问苏丹。2014年6月，埃及总统塞西访问苏丹。2016年1月，苏丹外长甘杜尔访埃。1月30日，塞西总统会见苏丹总统巴希尔。3月，埃及外长舒克里访问苏丹。2016年10月，苏丹总统巴希尔访埃，双方举行埃及—苏丹最高联合委员会首轮会议。同月，塞西总统赴苏丹出席苏丹全国对话会闭幕式，并发表主旨演讲。2017年以来，两国摩擦不断。5月，苏丹指责埃及对达尔富尔地区叛军提供支持，但埃及予以否认。2018年1月，苏丹外长甘杜尔取消访埃行程，并于1月4日紧急召回苏丹驻埃及大使。2月，苏丹驻埃及大使返埃。7月和10月，塞西总统两次访问苏丹，会见苏丹总统巴希尔。

【同利比亚的关系】利比亚1969年“九·一”革命后的最初几年埃利关系较为密切。萨达特执政以后，双边关系冷淡，1977年两国发生边界武装冲突。萨达特访以后，双边关系迅速恶化并导致两国于1979年断交。1989年10月两国元首互访，结束了两国长期交恶史。1991年双方正式达成协议，取消边卡和海关，两国人员凭身份证自由往来。2011年8月22日，埃及正式承认利全国过渡委员会为利国家代表。2012年8月，利比亚总理阿卜杜·拉赫曼访埃。2013年4月，利比亚向埃及提供5年期20亿美元无息贷款。7月初埃政局再次剧变后，利比亚政府发表声明称，埃及所发生的一切均属其内政，利接受埃及人民的选择。9月，利比亚总理阿里·扎伊丹访问埃及。2014年8月，利比亚局势再度恶化后，在埃及协调组织下，利比亚及其邻国（埃及、突尼斯、阿尔及利亚、苏丹、乍得等国）外长在开罗就解决利比亚冲突、维护利稳定进行闭门磋商。利比亚外长阿齐兹表示，埃及倡议反映了周边国家政治解决利比亚问题和一致反恐的立场，他同意建立由埃及和阿尔及利亚分别负责的政治和军事委员会。2015年2月，在埃及人质被“伊斯兰国”利比亚分支斩首后，埃及出动战机对利比亚境内的“伊斯兰国”目标进行空袭。2016年5月，塞西总统会见到访的利比亚联合政府总理萨拉吉，强调维护利主权和领土完整，呼吁国际社会解除对利武器禁运。2017年11月，埃及、突尼斯和阿尔及利亚三国外长在开罗举行会议，讨论了重启和谈、修订《利比亚政治协议》等问题。2019年12月，埃及总统塞西呼吁综合解决利比亚危机，制止非法的外国干预，重申对哈夫塔尔领导的利比亚国民军的支持。

【同土耳其的关系】埃土两国在中东、海湾等重大地区问题上有共同利益，两国经济、贸易和军事关系比较密切。埃及—土耳其自由贸易协定于2007年1月正式生效。2011年，土耳其总统居尔、总理埃尔多安先后访埃。2012年9月，穆尔西总统访土。土方承诺提供20亿美元的一揽子经济援助。10月，埃、土举行海上联合军事演习。2013年5月，埃及国防部长塞西访土。7月初埃及政局再次剧变后，土指责埃及军方发动政变，要求国际社会介入。埃土关系恶化，两国均已召回驻对方国大使。2016年4月，埃及外长舒克里出席在伊斯坦布尔举行的第14届伊斯兰合作组织峰会并代表塞西总统发言，这是2013年以来埃首次派团访土。2018年和2019年，因利比亚和东地中海油气管道问题，埃土关系趋于紧张。

【同非洲国家的关系】非洲国家与埃及历史、文化渊源深厚，而且对埃及国家安全特别是水资源安全具有战略意义，非洲国家在埃及对外政策中占据突出位置。穆巴拉克执政后更加强调埃及的非洲属性，重视同非洲国家的友好合作。埃及积极参与非洲事务，致力于非洲联盟建设。2011年，加蓬总统、非盟主席等分别访埃。2012年7月，穆尔西总统出席在埃塞俄比亚召开的非盟首脑会议。2014年7月初，埃及政局再次剧变后，非盟谴责和拒绝“任何非法夺取政权”的行为，暂停埃参加非盟的活动。2014年6月8日，赤道几内亚总统、厄立特里亚总统、乍得总统、马里总统、索马里总统、吉布提总统出席塞西总统就职典礼。6月17日，非盟和平与安全理事会决定恢复埃及参加非盟活动的资格。6月下旬，塞西总统出席在赤道几内亚召开的非盟峰会，并访问阿尔及利亚、苏丹。埃及同埃塞俄比亚等国存在尼罗河水资源争端，2015年3月，埃及、苏丹、埃塞俄比亚三国元首在苏丹喀土穆共同签署《埃塞复兴大坝原则宣言协议》，为三国在复兴大坝问题上确定了政治原则和合作框架。2015年6月，埃及同非洲三大经济组织在沙姆沙伊赫签署建立自贸区协议。2016年1月，塞西总统出席非盟第26届首脑峰会。1月28日，埃及当选非盟和平与安全理事会成员国。2月20日，塞西总统在沙姆沙伊赫主持召开“非洲2016：非洲、埃及和全球的商业机遇”经济大会，尼日利亚、多哥、苏丹、肯尼亚、加蓬、赤道几内亚总统和埃塞俄比亚总理出席。7月，塞西总统出席在卢旺达举行的非盟峰会。12月，塞西总统访问乌干达。2016年，埃及对非洲国家出口额12亿美元，出口最多的国家依次是肯尼亚、南非、埃塞俄比亚和尼日利亚；自非洲国家进口额10.4亿美元，主要是从尼日利亚、肯尼亚、赞比亚和南非进口天然气、茶、铜、煤炭等。2017年1月，塞西总统出席在埃塞俄比亚举行的非盟峰会。2017年8月，塞西总统访问加蓬。11月，赞比亚总统埃德加·隆戈访问埃及。2018年1月，塞西总统出席在埃塞俄比亚举行的非盟峰会，期间塞西总统同苏丹总统巴希尔、埃塞俄比亚总理海尔马里亚姆举行三方会晤，讨论加强三国合作，同意启动联合投资基金以资助基础设施建设，并召开由灌溉部长与外交部长组成的部长级会议，讨论复兴大坝问题。5月，塞西总统会见到访的乌干达总统穆塞韦尼，讨论尼罗河水问题和复兴大坝建设。6月，塞西总统会见到访的埃塞俄比亚总理阿比·艾哈迈德。2019年2月至2020年2月，埃及担任非盟轮值主席国。2019年11月，在美国和世界银行撮合下，埃及、埃塞俄比亚、苏丹重启复兴大坝三方谈判，但因分歧严重，2020年2月谈判破裂。

（张馨心）

埃塞俄比亚

国名　埃塞俄比亚联邦民主共和国（The Federal Democratic Republic of Ethiopia）。

面积　110.36万平方公里。

人口　1.05亿（2017年）。全国约有80多个民族，主要有奥罗莫族（40%）、阿姆哈拉族（30%）、提格雷族（8%）、索马里族（6%）、锡达莫族（4%）等。居民中45%信奉埃塞正教，40%—45%信奉伊斯兰教，5%信奉新教，其余信奉原始宗教。阿姆哈拉语为联邦工作语言，通用英语，主要民族语言有奥罗莫语、提格雷语等。

首都　亚的斯亚贝巴（Addis Ababa），人口逾400万（2016年）。年平均气温16℃，年均降水量1237毫米。

国家元首　总统萨赫勒–沃克·祖德（Sahle-Work Zewde），2018年10月25日当选。

重要节日　阿杜瓦大捷纪念日（Victory of Adwa Day）：3月2日；埃塞俄比亚人民革命民主阵线执政纪念日（Downfall of the Derg）：5月28日；埃历新年（New Year）：9月11日。

简　况

非洲东北部内陆国。东与吉布提、索马里毗邻，西同苏丹、南苏丹交界，南与肯尼亚接壤，北接厄立特里亚。高原占全国面积的2/3，平均海拔近3000米，素有“非洲屋脊”之称。年平均气温13℃。

具有3000年文明史。公元前8世纪建立努比亚王国。公元前后建立阿克苏姆王国，10世纪末被扎格王朝取代。13世纪，阿比西尼亚王国兴起，19世纪初分裂成若干公国。1889年，绍阿国王孟尼利克二世称帝，统一全国，建都亚的斯亚贝巴，奠定现代埃塞俄比亚疆域。1890年，意大利入侵，强迫埃塞接受其“保护”。1896年，孟尼利克二世在阿杜瓦大败意军，意被迫承认埃塞独立。1928年海尔·塞拉西登基，1930年11月2日加冕称帝。1936年，意大利再次入侵，占领埃塞全境，塞拉西流亡英国。1941年，盟军击败意大利，塞拉西于5月5日归国复位。1974年9月12日，一批少壮军官发动政变推翻塞拉西政权，废黜帝制，成立临时军事行政委员会。1977年2月，门格斯图·海尔·马里亚姆中校发动政变上台，自任国家元首。1979年成立以军人为主的“埃塞俄比亚劳动人民党组织委员会”，推行一党制。1987年9月，门格斯图宣布结束军事统治，成立埃塞俄比亚人民民主共和国。1988年3月，埃塞爆发内战。1991年5月28日，埃塞俄比亚人民革命民主阵线（埃革阵）推翻门格斯图政权，7月成立过渡政府，埃革阵主席梅莱斯·泽纳维（Meles Zenawi）任总统。1994年12月制宪会议通过新宪法。1995年5月举行首次多党选举。8月22日，埃塞俄比亚联邦民主共和国成立，梅莱斯以人民代表院多数党主席身份就任总理。在2000年、2005年、2010年三次大选中，埃革阵均获胜。

政　治

埃革阵执政以来，创建以民族区域自治为基础的联邦政体，以发展经济为重点，注重协调稳定、发展和民族团结三者间关系。2001年埃革阵“四大”通过新党章、党纲，确立了各民族平等参与国家事务的“革命民主”和“资本主义自由市场经济”的政治经济发展方向。2012年8月，梅莱斯总理去逝。9月，埃塞副总理兼外长海尔马里亚姆出任埃革阵党主席和总理。2015年5月，埃革阵再次以绝对优势赢得大选。10月，海尔马里亚姆连任总理。2015年11月起，埃塞部分州示威游行和骚乱延宕起伏，造成重大人员伤亡和财产损失。2016年10月至2017年8月，埃塞政府宣布进入国家紧急状态，并采取多项措施维稳。2017年9月起，多地爆发冲突和骚乱。11月，埃塞政府决定实施“国家安全规划”，禁止非法抗议集会。2018年2月中旬，奥罗米亚州多地爆发民众游行、罢工罢市。2月15日，海尔马里亚姆宣布辞去执政党埃革阵党主席和政府总理职务。3月27日，阿比·艾哈迈德·阿里（Abiy Ahmed Ali）当选埃革阵主席。4月2日，阿比就任联邦政府总理。6月5日，埃塞宣布解除国家紧急状态。10月初，阿比在埃革阵十一大上连任主席。

2019年12月，埃革阵的3个成员党和5个盟党在首都亚的斯亚贝巴举行政党合并签字仪式，宣告成立繁荣党，取代埃革阵成为执政党，阿比任党主席。

【宪法】1994年12月8日，埃塞制宪会议通过第四部宪法——《埃塞俄比亚联邦民主共和国宪法》，次年8月22日生效。新宪法共11章106条，规定埃塞为联邦制国家，实行三权分立和议会制。总统为国家元首，任期6年。总理和内阁拥有最高执行权，由多数党或政治联盟联合组阁，集体向人民代表院负责。各民族平等自治，享有民族自决和分离权，任何一个民族的立法机构以2/3多数通过分离要求后，联邦政府应在3年内组织该族进行公决，多数赞成即可脱离联邦。各州可以本族语言为州工作语言。保障私有财产，但国家有权进行有偿征用。城乡土地和自然资源归国家所有，不得买卖或转让。组建多民族的国家军队和警察部队，军队不得干政。保障公民的民主自由和基本权利。

【议会】联邦议会由人民代表院和联邦院组成，系国家最高立法机构。人民代表院系联邦立法和最高权力机构，负责宪法和联邦法律的制定与修订，议员由全国普选产生，每5年改选一次。一般不超过550个议席，其中少数民族至少占20席。本届人民代表院有547个议席，现任议长塔格塞·恰福（Tagese Chafo），2018年10月就职。联邦院拥有宪法解释权，有权决定民族自决与分离，解决民族之间纠纷。议员任期5年，由各州议会推选或人民直选产生，每个民族至少可有1名代表，每百万人口可增选1名代表。本届联邦院有163名议员，现任议长克里娅·易卜拉欣（Keira Ibrahim），2018年4月就职。

【政府】本届政府于2018年10月组成。除阿比总理外，还有21名内阁成员，主要有：副总理德梅克·梅孔嫩（Demeke Mekonnen），国防部长莱马·梅格萨（Lemma Megresa），总检察长贝尔哈努·策加耶（Berhanu Tsegaye），劳工与社会事务部长埃尔戈格·特斯法耶（Ergoge Tsefaye），外交部长格杜·安达尔加丘（Gedu Andargachew），财长艾哈迈德·希德（Ahmed Shide），贸易与工业部长费特莱沃克·加布雷–埃格泽亚贝赫（Fetlework Gebre-Egzeiabeher），农业部长奥马尔·侯赛因（Omer Hussien），交通部长达格玛维特·莫格斯（Dagmawit Mogess），城市发展与建设部长艾莎·穆罕默德（Aisha Mohammed），水、灌溉和电力部长西莱希·贝克莱（Sileshi Bekele），矿业与油气部长塞缪尔·胡尔卡（Samuel Hurka），教育部长蒂拉耶·格特（Tilaye Gete），卫生部长阿米尔·阿曼（Amir Aman），文化与旅游部长希鲁特·卡索（Hirut Kassaw），妇女、儿童与青年部长亚莱姆–策盖·阿塞法（Yalem-Tsegay Assefa），税务部长阿达妮彻·阿贝贝（Adanech Abebe），和平部长穆菲丽哈特·卡米勒（Muferihat Kamil），创新与技术部长格塔洪·梅库里亚（Getahun Mekuria），科学与高等教育部长希鲁特·沃尔德马里亚姆（Hirut Woldemarian），计划与发展委员会部长菲祖姆·阿塞法（Fitsum Assefa）。

【行政区划】全国分为包括首都亚的斯亚贝巴市和商业城市迪雷达瓦在内的2个自治行政区，以及9个民族州。2019年11月，锡达玛地区通过公投宣布独立建州。

【司法机构】联邦最高法院为联邦最高司法机构，院长梅阿扎·阿什娜菲（Meaza Ashenafi），下辖联邦高级法院和初审法院。总检察长格塔丘·安巴耶（Getachew Ambaye）。

【政党】全国现有70多个注册政党。主要有：

（1）埃塞俄比亚繁荣党（Ethiopian Prosperity Party）：执政党。2019年12月，原执政联盟埃革阵的3个成员党和5个盟党在首都亚的斯亚贝巴举行政党合并签字仪式，宣告成立繁荣党，取代埃革阵成为执政党。现任主席阿比。

（2）团结民主联盟党（Coalition for Unity and Democracy Party）：主要反对党。由原反对党联盟团结民主联盟的4个成员党于2005年9月合并而成，在本届人民代表院中没有席位。反对现行联邦制度，主张土地私有化。

【重要人物】**萨赫勒–沃克·祖德**：总统，1950年生。毕业于法国蒙彼利埃大学，获博士学位。有近30年驻外工作经历，曾担任过埃塞驻多国大使及联合国多个职位。1989—1993年任埃塞驻塞内加尔兼驻马里、佛得角、几内亚比绍、冈比亚和几内亚大使，1993—2002年任埃塞驻吉布提大使兼驻伊加特代表，2002—2006年任埃塞驻法国大使兼驻联合国教科文组织代表，兼管突尼斯、摩洛哥，2006—2009年任埃塞驻非盟和联合国非洲经济委员会代表、外交部非洲司司长。2009年起进入联合国系统工作，2009—2011年任联合国中非共和国建设和平综合办公室特别代表、主任，2011—2018年任联合国内罗毕办事处总干事（副秘书长级）。2018年6月任联合国秘书长非盟特别代表及联合国非盟办事处主任。2018年10月当选总统。 **阿比·艾哈迈德·阿里**：总理，1976年生。2001年获埃塞信息技术大学计算机工程学士学位，2005年在南非获密码学硕士学位，2011年获由英国格林尼治大学与埃塞国际领导力学院合作开展的变革型领导专业硕士学位，2013年获美国亚什兰大学工商管理硕士学位，2017年获亚的斯亚贝巴大学和平安全研究所博士学位。曾参加推翻门格斯图政权的武装斗争，2010年起任奥罗莫人民民主组织（奥民组）中央委员、埃塞人民代表院议员，2014—2016年创建埃塞科技信息中心并任主任，2015年起任奥民组执委、埃革阵执委，2016—2017年任科技部部长，2017年任奥罗米亚州城市发展与规划局局长，2017年11月至2018年2月任奥民组书记处书记。2018年2月当选奥民组主席，3月当选埃革阵主席，4月就任联邦政府总理。10月在埃革阵十一大上连任主席。

经 济

世界最不发达国家之一。以农牧业为主，工业基础薄弱。2005年以来，政府实施“以农业为先导的工业化发展战略”，加大农业投入，大力发展新兴产业、出口创汇型产业、旅游业和航空业，吸引外资参与埃塞能源和矿产资源开发，经济保持年均8%以上高速增长，被联合国誉为实现千年发展目标的典范。2010年开始实施第一个“经济增长和转型计划（GTP）”，加强水电站、铁路等基础设施建设，采取深化税收体制改革、加大打击走私力度、加强外汇管制、扶持制造业、实施进口替代和出口导向政策等一系列措施，目标是到2025年成为中等收入国家。2015年，首个5年“经济增长和转型计划”圆满收官。2016年起实施第二个5年“经济增长和转型计划”。2019年主要经济数据如下：

国内生产总值：859亿美元。
经济增长率：7.2%。
货币名称：埃塞俄比亚比尔。
汇率：1美元≈29.07比尔。
通货膨胀率：15.8%。
外债总额：294.11亿美元。
外汇储备：29.93亿美元。
对外贸易额：131.19亿美元。
（资料来源：2020年3月《伦敦经济季评》）

【资源】已探明的矿藏有黄金、铂、镍、铜、铁、煤、钽、硅、钾盐、磷酸盐、大理石、石灰石、石油和天然气。马来西亚、沙特阿拉伯、英国、苏丹、约旦等国公司在埃塞进行油气开发。水资源丰富，号称“东非水塔”。境内河流湖泊较多，青尼罗河发源于此，但利用率不足5%。目前森林覆盖率为9%。

【工业】工业门类不齐全，结构不合理，零部件、原材料依靠进口。工业对国内生产总值的贡献率约为17%。制造业以食品、饮料、纺织、皮革加工为主，集中于首都等两三个城市。皮革是第二大出口产品，每年出口收入约5100万美元。

近年来，埃塞加快推进工业化，积极建设工业园区。根据规划，拟在首都亚的斯亚贝巴和主要城市阿瓦萨、迪雷达瓦、马克雷、孔波查等重点建设10个工业园。目前，亚的斯亚贝巴周边工业园建设已初具规模，阿瓦萨工业园竣工开园。2015年4月，埃塞政府出台《工业园法》。

【农业】农业系国民经济和出口创汇的支柱，产值占国内生产总值约40%。农牧民占总人口85%以上，主要从事种植和畜牧业，另有少量渔业和林业。全国现有农业用地1240万公顷。以小农耕作为主，广种薄收，靠天吃饭，常年缺粮。台麸、小麦等谷类作物占粮食作物产量的84%。近年来，因政府取消农产品销售垄断、放松价格控制、鼓励农业小型贷款、加强农技推广和化肥使用，粮食产量有所上升。经济作物有咖啡、恰特草、鲜花、油料等。其中咖啡产量居非洲前列，年均产量33万吨左右。咖啡出口创汇占埃塞出口总额的约24%，产量占世界产量的15%。畜牧业大国，适牧地占国土一半以上。以家庭放牧为主，抗灾力低，产值约占国内生产总值的20%，吸收约30%的农业人口。牲畜存栏总数居非洲之首、世界第十。其中牛3500万头、绵羊2100万只、山羊1680万只、骆驼100万头。

【旅游业】旅游资源丰富，文物古迹及野生动物公园较多，有7处遗迹被联合国教科文组织列入《世界遗产名录》。政府已采取扩建机场、简化签证手续等措施促进旅游业发展，计划使埃塞到2020年成为非洲10大旅游国之一。

【交通运输与电信】铁路：近年来，为发展本国经济，埃塞政府规划了由八大铁路线路构成的国家铁路网络，总里程为5039公里。其中，由中国提供融资并建设的亚的斯亚贝巴—吉布提铁路于2016年10月竣工通车，2018年1月1日投入商业运营。根据埃塞政府规划，到第二个“增长与转型计划”末期，铁路里程将达到1545公里，运输能力达到每年1200万吨。

公路：公路运输占全国总运量的90%。目前，埃塞政府正实施公路部门发展计划，对公路系统扩建改造。2015年，全国公路通车里程达11万公里。根据埃塞第二个“增长与转型计划”设定的目标，到2019/2020财年末，埃塞全国公路通车里程将达22万公里。

水运：曾以厄立特里亚的阿萨布、马萨瓦港为主要港口。目前，进出货物主要通过吉布提港，使用该港90%的吞吐能力。

空运：共有40多个机场，其中亚的斯亚贝巴、迪雷达瓦和巴赫达尔为国际机场。埃塞俄比亚航空公司现有飞机80多架，包括空客A350、波音787等最先进机型。航线遍布各大洲，国内客运目的地19个、国际客运目的地95个、货运目的地35个。2015/2016财年，埃航运送旅客760万人次，货物27万吨，成为非洲唯一拥有700万以上旅客规模航空公司。首都亚的斯亚贝巴宝利国际机场系非洲年度最佳机场，向15家航空公司提供地勤服务。埃航计划到2020年将机队规模增至113架，国际目的地127个，年乘客运力1800万人次，货运50万吨，创汇增至51亿美元。

电信：国有企业埃塞电信是埃塞唯一一家电信运营商。2002年12月，埃塞电信公司制订了未来20年的发展规划，计划为全国50个城市提供电信服务。截至2015年底，埃塞手机用户达4230万户，网络接入用户为1240万户。目前，全国大部分地区已覆盖3G网络，首都可使用4G网络，每百人手机持有率为50部。

【财政金融】埃塞政府着力改革税收结构，削减赤字，停止国内借贷，改发国债，国家财政状况一度有所好转。埃塞属重债穷国减债倡议和多边债务减免倡议受益国，近年来获美国、俄罗斯及世界银行、国际货币基金组织大幅减债。但因整体出口创汇能力短期内难以提升，近年来国际收支形势趋紧，对外债务压力持续累积。

埃塞有商业银行、开发银行、商业建设银行等3家国有银行和1家国有保险公司。另有12家私营银行，8家私营保险公司。其中私营银行在全国共设有363家分支机构，总资产达423亿比尔。

【对外贸易】目前埃塞进口平均税率为50%。近年出口回升较快，但因进口需求增加，逆差较大。出口商品主要有咖啡、油籽、恰特草、皮革和黄金，进口机械、汽车、石油产品、化肥、化学品等。主要贸易伙伴是中国、德国、日本、意大利、美国、印度、沙特阿拉伯等。

【外国资本】埃塞于1992年颁布《投资法》，1996

年、1998年和2002年几度修订。近年政府采取放宽投资领域、降低投资最低限额、简化投资审批程序、免税等措施加大吸引投资力度，外国直接投资增长较快。目前，外商投资主要分布在房地产、制造业、酒店和旅游业、建筑业、教育和服务业等领域，主要投资来源国为中国、美国、印度和沙特。

【外国援助】1998年埃厄边界冲突爆发后，国际货币基金组织和世界银行暂停向其发放新贷款，2000年12月埃厄签署《全面和平协议》后，恢复对其援助。援款主要来自世界银行、国际货币基金组织、非洲开发银行、世界粮食计划署等多边机构及美国、日本、欧盟、意大利和挪威等。

人民生活

根据联合国《2019年人类发展报告》人类发展指数（HDI）统计，埃塞在全球189个国家和地区中居第173位。人均预期寿命66.2岁。

军　事

武装力量由国防军、安全部队和民兵组成。联邦政府总理为武装部队总司令，统率全国武装力量。国防部为最高军事行政机关，下辖空军司令部和陆军司令部，国防军参谋长为最高军事指挥官。国防军由原埃革阵领导的推翻门格斯图政权的军队组成，1991年革命胜利后成为正规国防军，1996年正式实行军衔制，共分12级，上将是全军最高军衔。埃厄边界冲突结束后，埃塞大规模裁军，国防开支不断下降。国防军总兵力约18万人，其中正规军约15万人，安全部队和民兵预备役约3万人，空军约8000人，有作战飞机130余架。安全防暴部队负责重点警务、维持社会秩序。民兵组织属地方武装组成部分，配合正规部队防卫作战、维持治安。军队装备以苏制武器为主。

文化教育

【教育】埃革阵执政后，将发展教育、提高国民文化素质和培养技术人才作为政府工作重点之一。全国实行10年义务教育制，包括小学8年、初中2年。共有小学2.1万所，适龄儿童入学率达90%，在校生超过1400万人，教师约21.6万人。中学和大学入学率分别为40.5%和17%。综合性大学数量已从2所增至33所，入学人数已达79000人。成年男性识字率为63%，女性为47%。

【新闻出版】全国现有121家报纸杂志。官方有阿姆哈拉语日报《亚的斯泽门》（Addis Zemen）和季刊《泽门》（Zemen），奥罗莫语周报《贝瑞萨》（Beresa），阿姆哈拉语和英文季刊《今日埃塞俄比亚》（Ethiopia Today），英文日报《埃塞俄比亚先驱报》（The Ethiopian Herald），阿拉伯文周报《世界》（Alem）。

官方埃塞俄比亚通讯社（Ethiopian News Agency）成立于1942年，是非洲大陆历史最悠久的通讯社之一，也是埃塞最早的新闻机构。在国内设有38家分支机构。另有私营的瓦尔塔信息中心（Walta Information Center），1993年成立，主要报道国内政治、经济和社会要闻，向国内各广播电台、电视台和主要报刊供稿。

埃塞俄比亚广播电台现有近百名记者，对内用阿姆哈拉等8种民族语言，对外用英、法和阿拉伯语广播。埃塞俄比亚电视台为国内唯一的电视台，1965年开播，目前播放阿姆哈拉、奥罗莫、提格雷语和英语节目。为加强广播电视管理，埃政府于2002年1月通过《广播法》，并在新闻部辖下成立了广播电视局（ERTA）。

对外关系

奉行全方位外交政策，主张在平等互利、相互尊重、互不干涉内政基础上与各国发展关系。强调外交为经济建设服务。重视加强与周边邻国及非洲国家的友好合作，努力发展与西方和阿拉伯国家关系，争取经济援助。重视发展同新兴市场国家关系，注重学习和借鉴中国等亚洲国家的发展经验。重视在非洲特别是东非发挥地区大国作用，积极调解南苏丹、索马里等地区热点问题。是非洲联盟、（东非）政府间发展组织（伊加特）、东部和南部非洲共同市场等组织成员。

【对当前重大国际问题的态度】国际形势：认为和平与发展是当今时代潮流。支持世界多极化和国际关系民主化进程，呼吁发展中国家通过联合自强积极融入全球化进程。非洲应在全球治理问题上拥有更多发言权。

联合国改革：重视联合国作用，认为世界多极化趋势为联合国发挥更大的作用提供了契机。主张促进联合国民主化，支持安理会改革，希望非洲拥有具有否决权的常任理事国席位，坚持非盟共同立场。

非洲发展：呼吁国际社会关注非洲，创新融资方式，增加融资渠道，加大对非援助力度。主张改革国际金融体系，为非洲国家增加相应政策空间，将非洲国家的发展成果和绩效作为提供援助的标准，增加非洲代表性和发言权。认为非洲国家应认真思考自身发展道路和政策，避免被进一步边缘化。

气候变化：坚持“共同但有区别的责任”，认同《联合国气候变化框架公约》和《京都议定书》作为国际谈判主渠道；呼吁非洲国家加强团结与合作，建立气候变化问题非洲集体谈判机制；基本认同全球升温不超过2℃及2050年全球排放减半的长期目标，要求发达国家履行率先减排义务。

【同中国的关系】1970年11月24日两国建交。埃塞政府坚持一个中国立场，重视对华关系，愿学习和借鉴中国改革开放和经济建设的经验。两国签有贸易，经济技术合作，文化合作，互免持外交、公务护照人员签证，民事、商事司法互助等协定和引渡条约。双方高层交往频繁，2013年3月，中国国家主席习近平在南非出席金砖国家领导人第五次会晤期间会见埃塞总理海尔马里亚姆。6月，埃塞总理海尔马里亚姆对中国进行正式访问。11月，中国国务院副总理刘延东访问埃塞。2014年1月，王毅外长访问埃塞。5月，中国国务院总理李克强对埃塞进行正式访问。7月，埃塞总统穆拉图对中国进行国事访问。10月，埃塞人民代表院议长阿卜杜拉访华。11月，埃塞副总理德梅克访华。2015年4月，埃塞联邦院议长卡萨访华。9月，海尔马里亚姆总理来华出席中国人民抗日战争暨世界反法西斯战争胜利70周年纪念活动。12月，海尔马里亚姆总理出席中非合作论坛约翰内斯堡峰会。2016年11月，中国国家副主席李源潮、中央军委副主席范长龙先后访问埃塞。2017年3月，国务委员杨洁篪访问埃塞。5月，海尔马里亚姆总理应邀来华出席"一带一路"国际合作高峰论坛。6月，王毅外长访问埃塞。11月，埃塞副总理德梅克率埃革阵代表团访华，并出席12月初在北京举行的"中国共产党与世界政党高层对话会"。2018年5月，中国全国人大常委会委员长栗战书访问埃塞。9月，埃塞俄比亚总理阿比正式访华并出席中非合作论坛北京峰会。2019年1月，王毅国务委员兼外长访问埃塞俄比亚。4月，阿比总理来华出席第二届"一带一路"国际合作高峰论坛。

中埃两国签有贸易协定、《避免双重征税协定》，设有经贸联委会。中国是埃塞第一大贸易伙伴，2019年，双边贸易额26.7亿美元，同比下降7.3%；其中中方出口额23.2亿美元，进口额3.5亿美元。中方主要出口机电产品和纺织服装等，进口芝麻、皮革、棉花、咖啡等。

中国在埃塞设立了2所孔子学院，为埃塞援建了职业技术学院并派专家和教师协助管理和教学。自1974年开始向埃塞派遣医疗队，迄今已派出22批共343人次，目前有来自河南省的16名医疗队员在埃塞工作。埃塞是中国青年志愿者开展志愿服务的第一个非洲国家。2005年以来，中方共派出3批共72名青年志愿者。中埃现有7对友好省市，分别为江西省和阿姆哈拉州、河南省和奥罗米亚州、宁夏回族自治区和奥罗米亚州、北京市和亚的斯亚贝巴市、海南省和南方州、山东省济南市和阿尔巴门奇市、河北省石家庄市与迪雷达瓦市。埃塞是中国公民出境旅游目的地国。

中国驻埃塞俄比亚大使：谈践。馆址：Jimma Road，Higher 24，Kebbele 13，Addis Ababa。电话：0025111–3711959；传真：3715765。经参处：0025111–3728739。

埃塞俄比亚驻华大使：特肖梅·托加（Teshome Toga），2019年2月到任。馆址：北京建国门外秀水南街3号。电话：010–65325258。

【同美国的关系】埃塞与美国1903年建交。埃塞重视对美关系，是撒哈拉以南接受美援助最多的非洲国家之一，但反对美指责其侵犯人权。美视埃塞为非洲反恐合作伙伴，支持埃塞出兵索马里。两国保持密切军事合作，美在埃塞设有无人机地面站。两国在教育、减贫、传染病防治等领域保持良好合作。2014年4月，美国国务卿克里访问埃塞。8月，埃塞总理海尔马里亚姆赴美出席美非峰会。2015年7月，美国总统奥巴马访问埃塞。2017年10月，美共和党两参议员访埃塞，美常驻联合国代表黑莉受特朗普总统委派访埃塞。2018年3月，美国国务卿蒂勒森访埃。7月，阿比总理访美，分别会晤美副总统彭斯、世界银行行长金镛、国际货币基金组织总裁拉加德。9月，美国共和党众议员史密斯率团访埃。11月，美国负责非洲事务的助理国务卿纳吉访埃，美军非洲司令部司令瓦尔德豪泽随访。

【同英国的关系】19世纪，英国远征军入侵埃塞俄比亚，遭到当地军民顽强抵抗。1973年，埃塞与英国签署经济技术合作协定。门格斯图执政时期，双方因埃塞与索马里领土争端关系疏远。埃革阵执政后，两国关系逐步改善。英在埃塞设有文化中心，是埃塞重要援助国。2005年5月埃塞大选后，两国关系因英国指责选举不符合民主标准而受到一定影响。2006年两国关系有所恢复。埃塞认为英对埃塞减免债务、加强能力建设、消除贫困、建立社会公共服务体系、建立网络信息平台等方面给予了很大帮助。2013年1月，埃塞外长特沃德罗斯访英。2月，英国副首相访问埃塞。7月，英国前首相布莱尔访问埃塞。2017年，国际贸易大臣利亚姆·福克斯访问埃塞。2018年5月，英国首相特丽莎·梅致电阿比总理，祝贺其就职并表示将支持其推行改革举措。11月，英国外交部负责非洲事务的国务大臣鲍德温访问埃塞。2019年5月，英国外交大臣亨特访问埃塞。

【同俄罗斯的关系】冷战结束后，埃塞同俄罗斯交往不多，经贸活动较少。1992年1月，埃塞宣布承认独立的所有苏联加盟共和国。2001年，埃塞总理梅莱斯首次正式访俄。11月，俄埃友好协会成立。2002年9月，俄罗斯总理卡西亚诺夫访埃塞，与梅莱斯总理举行会谈，双方就修复原苏联经援项目、开发天然气等合作达成一致。2004年两国建立直接贸易关系。2011年，埃塞时任副总理兼外长海尔马里亚姆访俄。2007年至2013年11月，俄向联合国世界粮食计划署埃塞办事处提供1300万美元援助。2018年3月，俄外长拉夫罗夫访埃。

【同邻国及其他非洲国家的关系】同厄立特里亚的关系：埃塞与厄特1952年结成联邦。1962年埃塞政府宣布将厄特并为一个州，引发厄特人民武装独立斗争。1993年厄特宣布独立，埃塞予以承认并与之建交。1998年两国因边界冲突爆发战争，2000年签署和平协议。因埃塞对联合国埃厄边界委员会裁决先接受后拒绝，埃厄和平进程陷入僵局。边委会于2007年11月完成"图上标界"后宣布解散。2008年7月30日，联合国安理会通过决议，终止埃厄特派团任期。2009年和2011年，埃塞两次推动联合国安理会对厄特实施制裁。2016年6月，双方在边境中段地区发生交火事件。2018年6月5日，埃革阵执委会发表声明，表示埃方将完全接受并执行2000年同厄方签署的《阿尔及尔和平协议》和埃厄边界委员会关于两国边界划定的决议。7月，阿比总理与厄立特里亚总统伊萨亚斯实现互访，宣布埃厄结束战争状态，恢复外交关系，实现通航、通信。9月，阿比与伊萨亚斯在沙特城市吉达签署《和平友好全面合作协定》。2018年11月，联合国安理会通过决议，解除全部对厄制裁措施。

同吉布提的关系：埃塞和吉布提于1995年建立领事级关系，1996年正式建交。两国铁路和公路相连，签有友好合作条约。埃厄交恶后吉布提港成为埃第一大出海通道。目前，埃塞进出口货物的85%通过该港转运，每年向吉支付7亿美元港口使用费。近年来，双边关系良好，两国领导人多次互访，并签署了安全、港口、贸易、投资等多项合作协议。2017年3月，吉布提总统盖莱访问埃塞俄比亚。2018年4月，阿比总理访问吉布提。

同肯尼亚的关系：埃塞和肯尼亚于1961年建交（1954年建立领事级关系），埃革阵执政后，双边关系进一步发展。2012年3月，埃塞总理梅莱斯、肯尼亚总统齐贝吉和南苏丹总统基尔在肯尼亚拉穆港共同出席拉穆港—南苏丹—埃塞交通走廊项目奠基仪式，该项目包括港口、道路、铁路和输油管道建设，旨在为东部和中部非洲地区的内陆国家提供贸易通道和出海港口。2013年4月，埃塞总理海尔马里亚姆访问肯尼亚，双方就两国关系和索马里和平和重建等问题交换意见。近年来，双方高层互访频繁，重点加强互联互通基础设施建设和政策协调，经济贸易联系持续加强。

同苏丹的关系：埃塞和苏丹1956年建交。20世纪80年代，埃苏因相互支持对方反政府武装交恶。埃革阵执政后，两国关系特别是经贸合作发展较快。开通了公路和微波通信，埃塞开始从苏丹大量进口石油，并使用苏丹港。埃塞支持苏政府在达尔富尔问题上的立场，认为达问题属苏内政。反对国际刑事法院起诉苏总统巴希尔。2008年4月，埃塞向联合国/非盟苏丹达尔富尔混合行动派遣首批警察，目前已在达区部署了1600名步兵和后勤运输及情报信息机构。近年来，两国高层互访不断。2010年4月，埃塞总理梅莱斯致电苏丹总统巴希尔，祝贺巴再次当选苏总统。2011年7月，经联合国安理会授权，埃塞向阿布耶伊地区部署联合国临时安全部队（UNISFA）。

同南苏丹的关系：埃塞是唯一同时与苏丹、南苏丹为邻的国家。在埃塞皇帝海尔·塞拉西推动下，苏丹政府于1972年与南部苏丹当局签署《亚的斯亚贝巴协议》，苏第一次内战结束。门格斯图军政府时期，埃塞与苏丹关系相对较冷淡。1983年苏第二次内战爆发，埃塞加大了对苏南部地区反苏武装的支持。苏政府亦支持埃塞境内的反政府武装，两国由此交恶。1991年埃革阵推翻门格斯图军政府上台执政后，注意平衡发展与两苏关系，并通过多渠道参与调解苏内战。2005年，两苏在肯尼亚签署《全面和平协议》（CPA），埃塞为此发挥了积极作用。此后，埃塞与南苏丹当局分别在朱巴和亚的斯亚贝巴互设领事馆。2011年7月，埃塞与南苏丹建交。同年11月，埃塞将驻朱巴领馆升格为大使馆。建交后，两国互访频繁，双方成立了部长级联合委员会，确立了战略伙伴关系，在交通、运输、贸易、通讯、教育、能力建设、安全等领域加强合作。2013年12月南苏丹爆发武装冲突后，埃塞积极参与斡旋，海尔马里亚姆总理亲赴南调解。2014年1月，在伊加特等各方大力斡旋下，南苏丹冲突双方在埃塞谈判并签署停火协议。5月，南苏丹总统基尔和反对派领导人马夏尔在埃塞总理海尔马里亚姆主持下，在亚的斯亚贝巴举行冲突爆发以来首次会晤，并签署《关于解决南苏丹危机的协议》。2017年底、2018年初以来，伊加特在亚的斯亚贝巴主持召开了三次“重振南苏丹和平协议高级别论坛”会议，斡旋解决南苏丹国内冲突，取得一定进展。埃塞总统萨赫勒–沃克参加了2018年10月31日在南首都朱巴举行的《重振协议》签署庆典。

同埃及的关系：两埃在尼罗河水使用问题上素有分歧。埃革阵执政后，双边关系逐步改善。两国与苏丹在尼罗河水资源使用问题上保持沟通，成立“东尼罗河流域专家委员会办公室”和“三方论坛”，协调合理开发和利用尼罗河水资源问题。2009年6月，两国签署《关于共同开发利用尼罗河的谅解备忘录》。2010年5月，以埃塞为首的尼罗河上游7国单独签署《合作框架协议》，要求尼罗河流域各国享有公平、合理利用尼罗河水资源的权利，埃及对此予以反对。2013年6月，埃及外长访问埃塞，双方发表联合公报，表示将通过对话解决有关问题。2015年3月，在苏丹推动下，埃塞总理海尔马里亚姆、埃及总统塞西和苏丹总统巴希尔在喀土穆共同签署《复兴大坝原则宣言协议》，强调通过协商谈判和平解决分歧，在互利共赢和尊重国际法的基础上进行合作。2018年1月，海尔总理访问埃及，同埃及总统塞西就尼罗河水资源分配和埃塞复兴大坝建设进行直接对话。同月，苏丹总统巴希尔、埃及总统塞西、埃塞总理海尔马里亚姆在第30届非盟峰会期间举行三方会议，就三国关系特别是建设复兴大坝交换看法，宣布成立由三国水利部长参与的技术委员会，就建设复兴大坝面临问题进行探讨。5月，埃塞与埃及、苏丹在亚的斯亚贝巴就复兴大坝问题举行新一轮磋商并达成共识。6月，阿比总理访问埃及，表示复兴大坝不会影响埃及的尼罗河水量份额。2019年，在美国和世界银行斡旋下，埃塞、埃及、苏丹围绕复兴大坝举行多轮磋商，但尚未在关键问题上达成一致。

同索马里的关系：1964年和1977年，两国曾因欧加登争端两度交战，并于1977年断交。1988年两国关系正常化。埃革阵执政后，埃塞积极参与调解索国内冲突，多次在其境内推动索各派召开和会并发起国际援索会议。2002年1月，伊加特首脑会议授权肯尼亚、埃塞俄比亚和吉布提等国联合调解索问题，并召开索新一轮和会。在埃塞等国的推动下，索自2004年以来相继产生过渡联邦议会、总统和政府。2006年12月，埃塞出兵索马里协助过渡联邦政府击败反政府武装伊斯兰法院联盟，现已撤军。2010年3月，索过渡政府与重要武装派别逊尼派联盟达成合作协议，埃塞为此发挥了重要作用。2010年9月和11月，索过渡政府总理和总统分别访埃。2011年12月，埃塞出兵越境打击索反政府武装沙巴布。2012年索新政府成立后，两国高层交往较多，埃塞并促成索政府与朱巴兰地方临时政府达成和解协议。2013年4月，索马里总理希尔敦访问埃塞。2014年1月，埃塞驻索部队正式加入非盟驻索马里特派团。2017年2月，索举行总统选举，前总理穆罕默德当选新一届联邦政府总统并就职，埃塞对穆当选表示祝贺。阿比总理就职以来，埃塞同索马里互访和高层互动频繁。

【同阿拉伯国家的关系】埃塞积极发展同阿拉伯特别是海湾国家的关系，争取经援和投资。2003年1月，埃塞俄比亚、苏丹、也门外长会议在喀土穆召开，三方就加强经济合作等问题进行了讨论，同意建立地区反恐联盟。2005年2月，埃塞总理梅莱斯访问卡塔尔，两国签订了经济技术合作协定。2008年4月，埃塞指责卡塔尔破坏非洲之角稳定，宣布两国断交。2012年11月，卡塔尔首相兼外交大臣访问埃塞，标志着埃卡关系正式恢复正常化。2013年3月，阿联酋外长谢赫·阿卜杜拉访问埃塞。埃塞决定在阿布扎比开设新使馆。11月，埃塞总理海尔马里亚姆赴科威特出席“第三届非洲—阿拉伯峰会”。阿比总理就任后，同沙特、阿联酋交往密切，两国向埃塞经济社会发展提供资金援助，并在埃塞同厄立特里亚关系改善中发挥重要作用。（汝汀汀）

安　哥　拉

国名　安哥拉共和国（The Republic of Angola，República de Angola）。

面积　124.67万平方公里。

人口　3018万（2019年）。主要有奥温本杜（约占总人口的37%）、姆本杜（25%）、巴刚果（13%）、隆达等民族。官方语言为葡萄牙语，有42种民族语言，主要有温本杜语（中部和南部地区）、金本杜语（罗安达和内陆地区）和基孔戈语（北部地区）等。49%的人信奉罗马天主教，13%的人信奉基督教新教，其余人口大多信奉原始宗教。

首都　罗安达（Luanda），人口约250万（2018年）。

国家元首　总统若昂·曼努埃尔·贡萨尔维斯·洛伦索（João Manuel Gonçalves Lourenço），2017年9月就任，任期5年。

重要节日　反殖武装斗争纪念日：2月4日；和平和解纪念日：4月4日；国家奠基者和民族英雄纪念日：9月17日；独立日（国庆日）：11月11日。

简　况

位于非洲西南部。北邻刚果（布）和刚果（金），东接赞比亚，南连纳米比亚，西濒大西洋，海岸线长1650公里。北部大部分地区属热带草原气候，南部属亚热带气候，高海拔地区为温带气候。全年分旱、雨两季，5—9月为旱季，平均气温24℃，相对凉爽，潮湿无雨；10月至次年4月为雨季，平均气温33℃，炎热，温差较大。年降水量约400毫米，从东北高原地区最高1500毫米逐渐向西南沙漠地区50毫米递减。主要由平原、丘陵和高原组成，西部沿海地区地势低，东部内陆地区地势较高，全国65%的土地海拔在1000—1600米。最高峰莫科峰（Monte Moco）高2620米，第二高峰梅科峰（Monte Meco）高2583米。安境内河流密布，水力资源丰富，较大河流约30条，主要河流有刚果河、库内内河、宽扎河、库邦戈河等。

有约700年文明史。历史上曾分属刚果、恩东戈、马塔姆巴和隆达四个王国。1482年，葡萄牙殖民者船队首次抵达，1576年建立罗安达城。在1884—1885年柏林会议上，安哥拉被划为葡萄牙殖民地。1922年，葡占领安全境。1951年，葡将安改为葡的一个“海外省”，派总督进行统治。从20世纪50年代起，安哥拉先后成立了三个民族解放组织：安哥拉人民解放运动（简称“安人运”）、安哥拉民族解放阵线（简称“安解阵”）和争取安哥拉彻底独立全国联盟（简称“安盟”），并于60年代相继开展争取民族独立的武装斗争。1975年1月15日，上述三个组织同葡萄牙政府达成关于安哥拉独立的《阿沃尔协议》，并于1月31日同葡当局共同组成过渡政府。不久，安人运、安盟、安解阵之间发生武装冲突，过渡政府解体。同年11月11日，安人运宣布成立安哥拉人民共和国，阿戈斯蒂纽·内图（Agostinho Neto）任总统。1979年9月，若泽·爱德华多·多斯桑托斯（Jose Eduardo dos Santos）出任总统。

安哥拉独立后长期处于内战状态。在葡萄牙、美国和苏联的推动下，1991年5月31日，安政府与以乔纳斯·萨文比（Jonas Savimbi）为首的反对派安盟签署《比塞斯和平协议》。1992年8月，安议会决定改国名为安哥拉共和国。9月，安举行首次多党大选。安人运获议会选举胜利并在总统选举中领先。安盟拒绝接受大选结果，安重陷内战。1994年11月，安人运政府与安盟签署《卢萨卡和平协议》，但该协议未得到有效落实。为推动和解，安人运于1997年4月组建了以其为主体、有安盟成员参加的民族团结和解政府，但遭到安盟领导人萨文比的抵制，安盟分裂，安内战继续。2002年2月22日，安盟领导人萨文比被政府军击毙。4月4日，安政府与安盟签署停火协议。安结束长达27年的内战，实现全面和平，进入战后恢复与重建时期。

政　治

2002年结束内战以来，安哥拉政局保持稳定。安政府努力推进战后重建事业，采取有力措施巩固国家和平统一局面。2008年9月，安成功举行了自1992年以来的首次多党议会选举，安人运获得80%以上议席。2010年2月，安国民议会通过新宪法。2012年8月31日，安举行修宪后的首次总统和议会选举。安人运以71.84%的得票率赢得选举，多斯桑托斯连任总统，于9月26日宣誓就职。2017年8月23日，安哥拉举行新一届大选，安人运得票率61.08%。该党候选人洛伦索当选总统，并于2017年9月26日就职。

【宪法】1975年11月11日颁布第一部宪法并曾先后四次修改。现行宪法于2010年2月颁布。宪法规定：安哥拉的首要目标是建立一个自由、公平、民主、和平的国家。实行多党制；共和国总统通过选举产生，任期5年，可连任1次；总统为国家元首、政府首脑和武装部队总司令，有权公布或废除法律，宣布战争或和平状态，任免副总统、政府部长、军队高级将领、省长、总检察长、最高法院法官等。

【议会】安哥拉国民议会是国家最高立法机构。主要职能有：修改宪法，批准、修改或取消法律；审批国民议会常务委员会的立法工作；监督宪法和法律的实施；监督国家和政府机关的工作；批准国民经济计划和国家预算并监督执行；批准大赦；宣布戒严和紧急状态法，以及授权总统宣布战争或和平状态。每届任期5年，每年举行两次例会。

本届议会于2017年9月成立。在220个议席中，安人运占150席，安盟51席，广泛救助同盟16席、社会革新党2席、安解阵1席。现任议长为费尔南多·达皮耶达德·迪亚斯·多斯桑托斯（Fernando da Piedade Dias dos Santos）。

【政府】本届政府于2017年9月成立，2019年以来多次进行小幅调整。现任副总统博尔尼托·德索萨·巴尔塔扎尔·迪奥戈（Bornito de Sousa Baltazar Diogo），政府有4名国务部长、28名部长和1名部长委员会秘书，主要为：经济和社会发展国务部长曼努埃尔·若泽·努内斯·儒尼奥尔（Manuel José Nunes Junior），社会国务部长罗琳娜·塞尔凯拉（Carolina Cerqueira，女），国务部长兼总统安全办公室主任佩德罗·塞巴斯蒂昂（Pedro Sebastião），国务部长兼总统民事办公室主任弗雷德里克·卡多佐（Frederico Cardoso），国防部长萨尔维亚诺·塞凯拉（Salviano Sequeira），内政部长欧热尼奥·拉博里尼奥（Eugénio Laborinho），外交部长曼努埃尔·奥古斯托（Manuel Augusto），财政部长薇拉·达韦斯·德索萨（Vera Daves de Sousa，女），国土管理和国家改革部长亚当·德阿尔梅达（Adão de Almeida），公共管理、就业和社会保障部长热苏斯·马亚托（Jesus Maiato），农业和林业部长安东尼奥·阿西斯（António Assis），工业部长贝尔娜达·达席尔瓦（Bernarda da Silva，女），司法和人权部长弗朗西斯科·德凯罗兹（Francisco de Queiroz），能源和水利部长若昂·博尔热斯（João Borges），矿产资源和石油部长迪亚曼蒂诺·阿泽维多（Diamantino Azevedo），交通部长里卡尔多·德阿布雷乌（Ricardo de Abreu），建设和公共工程部长曼努埃尔·德阿尔梅达（Manuel de Almeida），渔业和海洋部长玛丽亚·巴普蒂斯塔（Maria Baptista，女），电信和信息技术部长若泽·达罗沙（José da Rocha），国土规划和住房部长安娜·德卡瓦略（Ana de Carvalho，女），经济和计划部长曼努埃尔·达科斯塔（Manuel da Costa），高等教育、科学、技术和创新部长玛丽亚·桑博（Maria Sambo，女），教育部长安娜·艾利亚斯（Ana Elias，女），卫生部长西尔维娅·卢图库塔（Silvia Lutucuta，女），酒店和旅游部长玛丽亚·布拉干萨（Maria Bragança，女），社会行动、家庭和妇女促进部长福斯蒂纳·阿尔维斯（Faustina Alves，女），文化部长玛丽亚·德热苏斯（Maria de Jesus，女），青年和体育部长安娜·内图（Ana Neto，女），新闻部长努诺·阿尔比诺（Nuno Albino），老战士部长若昂·多斯桑托斯（João dos Santos），贸易部长若弗雷·范杜嫩（Jofre Van-Dunem Junior），环境部长保拉·科埃略（Paula Coelho，女），部长委员会秘书安娜·玛丽亚（Ana Maria，女）等。

1991年2月13日，根据宪法成立了共和国国务委员会。该委员会为总统的政治性咨询机构，旨在听取并集中全国各阶层人士意见，供政府制定政策时参考。共和国国务委员会由总统主持，成员包括副总统、议长、宪法法院院长、总检察长、前任总统、拥有议会席位的各政党或政党联盟领袖以及由总统指定的10位社会知名人士、宗教界人士和大酋长组成。

【行政区划】全国划分为18个省。

【司法机构】设有最高法院、军事法庭、上诉法院和共和国总检察院。军事法庭受国防安全委员会直接领导。上诉法院专门受理上诉案件。总检察院为国家法律监督机关，受总统直接领导。最高法院院长若埃尔·莱昂纳多（Joel Leonardo），2019年10月就职。总检察院总检察长埃尔德·格罗斯（Helder Grós）。

【政党】自1991年起实行多党制。全国现有77个合法政党和8个政党联盟。主要政党有：

（1）安哥拉人民解放运动（Movimento Popular de Libertação de Angola，MPLA）：简称“安人运”，1956年12月成立，安独立后一直为执政党。1990年，安人运“三大”决定放弃马克思列宁主义，将党改为群众党，确定其战略目标是“民主社会主义”，并决定在安实行多党制。2016年8月召开第7次全国代表大会，选举产生新的中央委员会，多斯桑托斯总统再次当选为党主席，若昂·洛伦索和安东尼奥·卡索马（António Paulo Kassoma）分别当选为党的副主席和总书记。2018年9月召开第六次特别代表大会，选举产生新的中央委员会，洛伦索接任党主席，路易莎·佩德罗·达米昂（Luísa Pedro Damião）和阿尔瓦罗·曼努埃尔·德博阿维达·内图（Álvaro Manuel de Boavida Neto）分别当选为党的副主席和总书记。现有500余万正式党员。建有青年、妇女等组织及老战士协会。

（2）争取安哥拉彻底独立全国联盟（União Nacional para a Independência Total de Angola，UNITA）：简称“安盟”，主要反对党。成立于1966年3月，乔纳斯·萨文比为创始人。1967年开始反对葡萄牙殖民统治的武装斗争。1975年初同安人运、安解阵和葡当局组成过渡政府。安内战爆发后，转移到农村和丛林山区，开展反对安人运政府的游击活动。1991年与安政府签署《比塞斯和平协议》。1992年注册成为合法政党并参加当年的大选，后因拒绝接受选举结果而与政府军重开内战。1994年与政府签署《卢萨卡和平协议》。1998年9月，内部分裂，部分高级成员成立安盟革新委员会，公开反对党主席萨文比。2002年2月22日，萨文比被政府军击毙。此后，安盟与政府正式签署停火协议、完成非军事化并宣布放弃武装夺权目标。2003年6月，安盟召开第九届全国代表大会，选举伊萨亚斯·萨马库瓦（Isaias Samakuwa）为党主席。2019年11月，安盟召开第十三届全国代表大会，选举产生新一届领导层，阿达尔贝托·达科斯塔·儒尼奥尔（Adalberto da Costa Júnior）当选党主席。

较有影响的政党/政党联盟还有：安哥拉广泛救助同盟（CASA-CE）、社会革新党（PRS）、安哥拉人民解放阵线（安解阵，FNLA）、新民主竞选联盟（ND）、发展人民党（PAPOD）等。

【重要人物】若昂·曼努埃尔·贡萨尔维斯·洛伦索：总统兼武装部队总司令。1954年3月5日生于洛比托市。中学时期参加反抗葡萄牙殖民统治的斗争并加入安人运。1978—1982年赴苏联列宁高等学院研修军事指挥课程并就读历史学专业，获历史学硕士学位。1983—1989年历任安哥拉莫西科省省委书记兼省长、本格拉省委第一书记兼省长。1989—1991年任安人民解放军政工局长。1991—1998年历任安人运政治局委员兼新闻和宣传书记、安人运议会党团领袖。1998—2003年任安人运总书记，2016年当选安人运副主席。2003—2014年任国民议会第一副议长。2014年任国防部长。2017年8月当选总统，9月就职。　**博尔尼托·德·索萨·巴尔塔扎尔·迪奥戈**：副总统。1953年7月23日出生于马兰热省戈苏阿地区，获内图大学法律学士学位。1969年加入安人运并投身安反殖民斗争。历任卡宾达省第二军区政治委员、海军政治委员、安人民解放军国家政治局副局长，国民议会议员、议会司法委员会主席、外事委员会主席、安人运议会党团领袖。曾任安人运青年团第一书记，安人运中央书记处组织书记、外事书记，现为安人运中央委员、政治局委员。2010年2月至2017年9月任国土资源部部长。2017年8月当选副总统，9月就职。　**费尔南多·达皮耶达德·迪亚斯·多斯桑托斯**：国民议会议长、安人运中央政治局委员。1952年生于罗安达。获法律学士学位。1970年起从事反对殖民统治的斗争。1973年被葡萄牙殖民军强征服兵役，其间曾因民族主义倾向被殖民当局拘押。1974年脱离葡殖民军，加入安人运游击队。安独立后，历任安人民解放军总参谋部政治处干事、警察部队监察员、卡宾达全国人民运动军政委、警察部队处长、内政部副部长、国家安全部副部长、警察总局局长、内政部长等职。2002年12月就任安民族团结和解政府总理。2008年9月就任国民议会议长。2010年2月就任副总统。2012年9月再次当选国民议会议长。2017年9月连任国民议会议长。　**若泽·爱德华多·多斯桑托斯**：前总统、前安人运党主席。1942年8月28日生于罗安达市一个工人家庭。从中学时代起积极参加反对殖民统治、争取民族独立的斗争。1961年加入安人运，1962年任安人运青年组织副主席、安人运驻刚果代表。1963—1970年在苏联学习石化和通信专业，获硕士学位。1975年任安人运中央对外联络部长、卫生部长并当选安人运中央委员、中央政治局委员。安独立后，历任外交部长、第一副总理、计划部长、计委主任、安人运中央文教体育书记、国家重建部书记、经济发展和计划部书记等职。1979年9月起，任共和国总统、安人运主席。2017年9月卸任安总统，2018年9月卸任安人运党主席。

经　济

属最不发达国家。实行市场经济，有一定的工农业基础，2002年内战结束后，政府将工作重点转向国家重建、经济恢复和社会发展，调整经济结构，大力投入基础设施建设，优先解决关系国计民生的社会发展项目；同时积极开展同其他国家的经贸互利合作，努力为国家重建吸引外资。安哥拉现已成为撒哈拉以南非洲第三大经济体和最大引资国之一。石油是国民经济支柱产业。2006年12月，安哥拉加入石油输出国组织。2012年，安哥拉启动了“安哥拉制造计划”，大力推进经济多元化，逐步降低国民经济对石油产业的依赖度，出台多项具体措施支持中小微型企业发展。安哥拉企业收购了葡萄牙电信、银行、能源等领域的资产。2012年10月，安宣布成立主权财富基金，启动金额为50亿美元，主要来自石油和矿业收益，主要为基础设施、金融、工业、农业、旅游业等提供资金支持。2013年7月1日起，新石油汇率法正式实施，石油公司和其他外国机构在安经营所得款项均须使用当地货币宽扎结算。2014年下半年以来，受国际油价波动影响，安哥拉经济发展面临困难增多，财政收入减少，外汇储备下降，从2016年开始经济连年负增长。2019年主要经济数据如下：

国内生产总值：801.57亿美元。

人均国内生产总值：2656美元。

国内生产总值增长率：–2.2%。

货币名称：宽扎（Kz）。

汇率：1美元≈482.23宽扎。

通货膨胀率：17.1%。

外汇储备：163.35亿美元。

外债总额：535.19亿美元。

（资料来源：《伦敦经济季评》）

【资源】石油、天然气和矿产资源丰富。安哥拉已探明石油可采储量超过130亿桶，天然气储量达7万亿立方米。主要矿产有钻石、铁、磷酸盐、铜、锰、铀、铅、锡、锌、钨、黄金、石英、大理石和花岗岩等。铁矿17亿吨，磷酸盐2亿吨，锰矿近1亿吨。安哥拉是非洲第二大林业资源大国，森林面积5300万公顷，森林覆盖率35%，出产乌木、非洲白檀木、紫檀木、桃花心木等名贵木材。水力、农牧渔业资源较丰富。水资源潜力1400亿立方米，水力发电量占全国总发电量的75%，其余25%来自火力发电。

【工矿业】石油和钻石开采是国民经济的支柱产业。为非洲第二大产油国，2018年出口石油5.37亿桶，较2017年减少5900万桶，石油出口财政收入3.33万亿宽扎。2019年出口石油近5亿桶，总产值约313亿美元。钻石储量约1.8亿克拉，为世界第五大产钻国。2019年钻石总产量为911.5万克拉，总产值为13亿美元，同比增长19.8%。主要工业还有水泥、建材、车辆组装和修理、纺织服装、食品和水产加工等。

2016年5月，安政府重组安国家石油公司（Sonangol）。重组后，Sonangol不再负责石油勘探、生产和招标，仅保留石油业特许经营权，对石油合同进行监督管理。安政府设立石油业高级监管委员会行使国家股东职能，设立石油管理局参与石油区块授予和争端解决。

【农业】土地肥沃，河流密布，发展农业的自然条件良好。1975年安哥拉独立前，粮食可以自给自足，并出口周边国家，被誉为“南部非洲粮仓”，剑麻和咖啡出口量曾分别位居世界第三和第四。长达数十年的内战给安农业生产体系造成严重破坏，近一半粮食供给依赖进口。

全国可开垦土地面积约3500万公顷，目前耕地面积为350万公顷。农业人口约占全国人口的65%，人均耕地面积为0.18公顷。北部为经济作物产区，主要种植咖啡、剑麻、甘蔗、棉花、花生等作物。中部高原和西南部地区为产粮区，主要种植玉米、木薯、水稻、小麦、土豆、豆类等作物。2013年咖啡产量为5万袋（约3000吨）。目前，农业产值仅占国民生产总值的6.4%，主要农作物平均单产低，玉米为500千克/公顷，水稻为1000千克/公顷，大豆为200千克/公顷。2013年粮食产量总计150万吨，粮食自给率为30%，粮食缺口为300万吨。

【渔业】渔业资源丰富，盛产龙虾、蟹、各种海洋鱼类。渔场作业条件好，风浪小，可全年作业，多数中、小渔业公司已私有化。渔业为安重要产业，从业人员约5万人。本格拉和纳米贝是安重要捕鱼区。2015年，捕鱼量约40万吨。

【畜牧业】安哥拉牧场面积5400万公顷，南部为传统畜牧饲养区。畜牧业可满足安国内50%左右的牛羊肉和鸡肉供应。

【交通运输】以公路运输为主。自2005年以来，安政府共投入250亿美元，完成12435公里国家道路修复，仍有8570公里道路正在修复，4985公里道路有待修复。

公路：总里程7.5万公里，其中1.8万公里为柏油路面，其余为沙石土路面，干线总长2.5万公里。2010年公路运送旅客2.01亿人次，货物445.9万吨。

铁路：总里程2800公里，有本格拉、纳米贝（又名莫萨梅德斯）和罗安达—马兰热三条主干线。本格拉铁路始建于1903年，全长1350公里，与刚果（金）的铁路连接，曾是南部非洲铁路运输干线之一。纳米贝铁路全长756公里，是非洲最长铁路之一。2010年安全国铁路运送旅客325.3万人次，货物4.1万吨。安政府正在修复在内战中被破坏的全国铁路网，投资约33亿美元。2014年8月本格拉铁路修复工程全线完工，并于2014年正式通车运行，年运送旅客400万人次，货物2000万吨。纳米贝铁路部分路段也已经修复并恢复通车。

水运：海运船队总吨位10万多吨，主要港口罗安达、洛比托、纳米贝、卡宾达等均可停靠万吨级货船，有水运线路约1300公里。罗安达港年处理能力为1500万吨，负责处理全国约80%的进口货物量，2019年货物吞吐量为700万吨。洛比托港被认为是非洲西海岸最佳良港之一。卡宾达新码头长110米，平均水深8.5米。可停靠承载600—800个货柜、长度为130米的轮船。洛比托、纳米贝等港口正在进行改扩建。2010年水运运送货物1580.5万吨。

空运：安哥拉国家航空公司（TAAG）是国际民航组织成员，航空客货运输量居非洲前列，运营数条国内和国际航线。此外，SONAIR航空公司也是安哥拉主要航空公司之一，运营罗安达至美国休斯敦包机直航，以及国内、地区和国际包机。全国共有各类机场193座，其中大型机场5座。首都罗安达国际机场可起降大型客机，有通往葡萄牙、法国、德国、英国、比利时、巴西、阿联酋、美国，以及莫桑比克、南非、纳米比亚、赞比亚、津巴布韦、刚果（布）、刚果（金）、埃塞俄比亚、尼日利亚、喀麦隆、中非、圣多美和普林西比等国航班。卡宾达、本格拉等地机场已相继翻新，首都罗安达新国际机场一期工程正在建设中。新机场可供空客A380型客机起降，设计客流量可达1500万人次/年，货运量60万吨/年，建成后将成为非洲第一大机场。2012年安国航运送乘客225万人次。2013年，安哥拉通过《新民航法》，对非法干扰飞行、威胁民航安全、劫机等行为作出明确规定。

【电信业】电信比较落后。2001年，安哥拉宣布放弃国家对电信业的垄断，私有化比例最高可达40%。主要电信公司有：国营安哥拉电信公司（ANGOLA TELECOM）、联合电信公司（UNITEL）和移动电信公司（MOVICEL）。安哥拉正在逐步升级电信系统，扩大移动信号和宽带覆盖范围，铺设光纤和海底电缆，引入先进的数字系统。2012年4月，移动电信公司推出了新一代LTE服务，标志着安哥拉首个LTE商用网络开始运营。12月，联合电信公司也推出了4G LTE服务。据统计，截至2018年，安固定电话用户数超17万，手机和互联网用户分别有1300余万户和593余万户。

【旅游业】安哥拉建立了国家公园和保护区，如罗安达省奎卡玛国家公园、莱多角旅游区，马兰热省卡兰杜拉旅游区，宽多库帮戈省奥卡万戈旅游区，莫西科省卡米亚国家公园等。安哥拉与赞比亚、津巴布韦、博茨瓦纳和纳米比亚建立了跨境自然环境保护区。大黑羚羊（Black Antelopes）是安哥拉独有的动物，也是安哥拉国家的标志和象征。安共有183家酒店，88家度假村和6家旅行社，总床位数达17855张。根据2014年安旅游统计年报，2014年安接待境外游客59.4万人次，创收5亿美元。

【财政金融】近年来，安政府大力扶持非石油产业，推动国民经济各领域均衡发展，加强经济多元化，实现国家长期可持续发展。同时，将继续调控通货膨胀，实施稳健的债务和货币政策，规范金融行业，维护宏观经济稳定。2019年国家预算总额13.36万亿宽扎。

目前，安哥拉共有20余家商业银行。主要银行有：储蓄和信贷银行（BPC），国际信贷银行（BIC），安哥拉发展银行（BFA），安哥拉投资银行（BAI），太阳银行（Banco Sol），大西洋千禧银行（Banco Millennium Atlântico）等。2018年，安国家银行提高对商业银行的最低资本金要求，Banco Mais和Banco Postal等银行因资本金不足被吊销营业牌照，面临倒闭。

【对外贸易】2019年外贸总额为493.76亿美元。近年对外贸易情况如下（单位：亿美元）：

	2017	2018	2019
出口额	346.13	407.58	340.52
进口额	144.63	157.98	153.24
差　额	201.50	249.60	187.28

（资料来源：《伦敦经济季评》）

主要出口石油、钻石、天然气、咖啡、剑麻、水产品及其他养殖产品、木材、棉花等，主要进口机电设备、交通工具及其零部件、药品、食品、纺织品等。

【外国资本】安哥拉是非洲主要外国直接投资目的地国，2003—2011年外国在安直接投资总额逾580亿美元。外资主要集中在石油工业、钻石开采、液化天然气、公共工程、建筑、电信、渔业和加工工业等。主要投资国有美国、法国、意大利、比利时、英国、葡萄牙、德国、西班牙、日本、巴西、南非、韩国等。首都罗安达是外资最集中的投向地，此外北宽扎、南宽扎、万博、威拉、扎伊尔和卡宾达等省也吸引了较多外资。

2014年3月1日，安哥拉新关税法正式实施。新关税法产品清单涉及6651项产品，其中2942项产品享受免税，1150项产品的关税减至2%。但鸡蛋、大蒜、胡萝卜、卫生纸、非酒精类饮料等关税税率提高至30%，山药、甘蔗、白菜等蔬菜关税税率提高至35%。

2015年8月，安颁布新的《私人投资法》，在简化私人投资审批程序、提高税费优惠和激励力度等方面推出具体措施，以吸引外国在安投资，推进经济多元化进程。

【外国援助】双边援助主要由美国、日本、荷兰、挪威、瑞典、葡萄牙等提供。多边援助主要来自欧盟、联合国儿童基金会、联合国难民署、联合国开发计划署、世界银行、国际货币基金组织、非洲开发银行等组织。

人民生活

全国实行免费医疗。2015年，全国共有各类医疗机构2614家。2017年，平均每万人拥有医生1.4名，床位8张。安哥拉人口供水覆盖率为41%。2018年，安人均预期寿命62岁。联合国发布的《2019年人类发展报告》显示，2018年安哥拉人类发展指数为0.574，位列189个国家中的第149位。（资料来源：安政府、联合国开发计划署）

艾滋病患者约30万人，年新增感染者约2000人。近年来，安哥拉艾滋病流行趋于稳定，感染率约为5%，是非洲国家中艾滋病传染率最低的国家之一。全国疟疾发病率约为10%，农村地区疟疾发病率较城镇高14倍。医疗卫生覆盖率为44%。2015年底以来，安哥拉暴发大规模黄热病疫情，共确诊4599例，死亡病例384例，死亡率8.36%。2017年1月，安发现3例寨卡病毒感染病例。2017年底至2018年1月，安部分地区出现霍乱疫情，死亡6例。

军　事

安哥拉武装力量（FAA）为国家军队，成立于1991年，现有陆军8.4万人，空军1.1万人，海军5000人。国家元首兼任武装部队总司令。武装力量总参谋长热拉尔多·农达（Geraldo Nunda）。国防和公共安全支出占国家预算的18%。

安哥拉文化艺术有多种表现形式，主要有音乐、传统舞蹈、手工艺品、乐器、油画和沙画等。

文化教育

【教育】 教育体系分为基础教育、中等教育和高等教育。基础教育为义务教育，学制8年。儿童从7岁起入学。目前，全国拥有60所高等教育机构，其中公立教育机构20所，阿戈什蒂纽·内图大学是唯一的国立综合性大学，私人教育机构40所。2016年，高等教育在校生24万人，教师8000余人，毕业生约为14000名/年。初等和中等教育系统注册学生775.8万人，其中学前74.4万人，小学510.4万人，中学191万人，教师数量为17.1万人，学校数量3万所，共有教室10.5万间。教育支出占国家预算的5.8%。据政府2016年统计，安识字率为81%。

【新闻出版】《安哥拉日报》（Jornal de Angola）为葡文官方日报，1923年创刊，发行量5万余份，开设政治、经济、体育、文化、社会等版面，信息主要来自安哥拉通讯社、葡通社（LUSA）、法新社、路透社、西班牙埃菲社等，在全国18个省有记者站。葡文《共和国公报》为安哥拉政府官方不定期刊物。《安哥拉北方》《支部》由安人运主办，《劳动者之声》由工人联合会主办。《对外贸易》《能源》为专业性杂志、季刊。

安哥拉通讯社（ANGOP）：国家通讯社，1975年7月在罗安达成立，现有编辑记者数百人，驻外有7个分社。全天24小时播发国内和国际新闻，对内每天发布约300条新闻。对外使用葡萄牙语、法语、英语和西班牙语发布新闻，每天30—35条。

安哥拉国家电台（RNA）：国营，总部在罗安达，在18个省设有分支机构，使用调频、中波和短波播出，信号覆盖全国。拥有6个地级电台，18个省级电台，7个地区电台，30个转播中心，每天播出时间分别为24小时、18小时和12小时。对内使用葡萄牙语和数十种民族语言播出节目，对外使用葡萄牙语、英语、法语播出节目。

安哥拉电视台（TPA）：总部在罗安达，1975年10月18日在罗安达首播。现有TPA-1（综合），TPA-2（娱乐和青年）和TPA国际等频道，对内使用葡语和多种民族语言播出，对外用葡、西、英、法等语言播出。通过卫星和有线电视网播出，与葡萄牙电视台（RTP）建有伙伴关系。

对外关系

奉行和平共处和不结盟的对外政策；主张在相互尊重主权、互不干涉内政、平等互利的基础上，同世界各国建立和保持外交关系；要求建立国际经济新秩序。是联合国、不结盟运动、非洲联盟、南部非洲发展共同体、中部非洲国家经济共同体、葡萄牙语国家共同体、石油输出国组织、七十七国集团、世界银行、国际货币基金组织、国际民航组织、世界贸易组织等国际和地区组织成员。与100多个国家建立了外交关系，在30余个国家设有使馆，并设有驻欧盟、联合国、联合国教科文组织、欧安组织代表处。2002年实现和平后，安哥拉政府外交工作的主要目标是巩固和平和战后重建，把经济外交作为外交工作重点，寻求更多的外援和投资，积极参与国际和地区事务，努力提高在国际和地区事务中的影响力，为地区和平与稳定作贡献。2018年，安政府为节约预算关闭40余家驻外使领馆和代表处。

【同中国的关系】 中国同安哥拉于1983年1月12日建交。建交以来，两国友好合作关系顺利发展，各领域交流与合作不断扩大，在国际和地区事务中保持着良好的协调与配合。2010年11月，中安建立战略伙伴关系。

中方访安的主要有：国务院总理李克强（2014年5月），广西壮族自治区党委书记彭清华（2015年8月），十一届全国政协副主席、中非友协会长阿不来提·阿不都热西提（2016年9月），国务委员王勇（2017年6月），国务委员兼国防部长常万全（2017年7月），习近平主席特使、全国政协副主席陈元（2017年9月），外交部部长王毅（2018年1月），全国人大常委会副委员长王晨（2019年6月），中央军事委员会副主席许其亮空军上将（2019年6月）。

安方访华的主要有：总统多斯桑托斯（1988年10月、1998年10月、2008年12月、2015年6月），副总统费尔南多（2006年11月以总理身份出席中非合作论坛北京峰会，2010年9月出席上海世博会安哥拉国家馆日活动），国防部长范杜嫩（2010年），国民议会外事委员会主席布拉干萨（2010年11月），国务部长兼总统府民事办公室主任费若（2011年10月），内政部长马丁斯（2012年4月），审计法院院长安东尼奥（2012年6月），安人运政治局委员、罗安达省委第一书记、省长本托（2013年5月），外长希科蒂（2013年9月），总参谋长农达（2013年10月），国务部长兼总统府民事办公室主任达科斯塔（2015年4月），国防部长洛伦索（2015年9月），总统洛伦索（2018年9月来华出席中非合作论坛北京峰会，同年10月对华进行国事访问），外长奥古斯托（2019年7月作为总统特使），总参谋长桑托斯（2019年10月），国防部长塞凯拉（2019年10月）。

1984年，中安两国政府签订贸易协定。2011年，两国签署劳务合作协定。安哥拉是中国在非洲第二大贸易伙伴和中国在非洲最大工程承包市场之一。2018年，双边贸易额280.53亿美元、同比增长24.08%，其中中方出口额22.54亿美元、同比下降0.14%，进口额257.99亿美元、同比增长26.76%。2019年，双边贸易额257.1亿美元、同比下降8.35%，其中中方出口额20.56亿美元、同比下降8.78%，进口额236.54亿美元、同比下降8.31%。中国主要从安哥拉进口原油，向安哥拉出口机电产品、钢铁及其制品、鞋类等。中国在安国有、民营企业超过120家，在安人员约4.5万人。

两国签有文化合作协定、航空运输协定、互免持外交和公务护照人员签证协定、引渡条约。2012年4月，中安签署了《中华人民共和国公安部和安哥拉共和国内政部关于维护公共安全和社会秩序的合作协议》。7—8月，中安两国警方在安哥拉联合开展打击侵害在安中国公民权益犯罪专项行动，摧毁在安侵害中国人的绑架、抢劫、敲诈勒索、拐卖等犯罪团伙12个，破获各类重特大刑事案件48起，抓获在安中国籍犯罪嫌疑人37名，解救中国籍受害人14人，与此同时，公安部部署国内公安机关将在安实施侵害中国人犯罪后潜逃回国的24名涉案犯罪嫌疑人抓捕归案。2019年4月，公安部工作组赴安与安警方开展联合执法行动，摧毁一个拐骗中国妇女赴安强迫卖淫犯罪团伙，抓获犯罪嫌疑人6名，解救被拐骗妇女6名。

1988—2019年，中国政府共接收安方奖学金生387名。2018年，安在华有留学生684人，其中我国政府奖学金生168名，自费生516名。2019年，安在华有留学生739人，其中奖学金生188名，自费生551名。

2015年2月，哈尔滨师范大学与安哥拉内图大学合作开办的孔子学院正式揭牌。

2006年10月，两国签署关于中国向安哥拉派遣医疗队的议定书。中国于2009年向安派出首批医疗队，迄今已派遣5批共70人次。目前在安医疗队员12人。

中国驻安哥拉大使：龚韬。馆址：Rua Presidente Houari Boumedienne No.196-200，Miramar，Luanda，ANGOLA。电话：00244–222444658，222441683；传真：222444185。网址：http://ao.chineseembassy.org/。使馆领事部地址：Rua.Eng.Armindo Andrade 188/190，Miramar，Luanda，Angola。领保电话：00244–927769854，222449818；传真：222449866。经商处地址：Rua Francisco Sotto Mayor No.127，Bairro Azul，Luanda，Angola。电话：00244–222350481，222351085；传真：222350980。网址：http://ao.mofcom.gov.cn/。

安哥拉驻华大使：若昂·萨尔瓦多·多斯桑托斯·内图（João Salvado dos Santos Neto）。馆址：北京市朝阳区塔园外交办公楼1单元8层1号。邮编：100600。电话：010–65326968，65326839，65327143；传真：65322882，65326969。经商处地址：北京市朝阳区塔园外交公寓3–2–22。邮编：100600。电话：010–65326564，65326562；传真：65326563。

【同美国的关系】安哥拉内战期间，美国先后支持安解阵和安盟。随着冷战结束以及安盟领导人萨文比不断破坏安哥拉和平进程，美国于1993年停止了对安盟的支持并承认安人运政府。安哥拉和美国1993年正式建立外交关系后，多斯桑托斯总统曾三次访问美国，两国在经贸、能源等领域合作不断扩大，关系发展较顺利。2009年美国同安哥拉签署贸易和投资协定，并于2010年6月在安哥拉首都罗安达召开了首次美安贸易和投资委员会会议。2013年4月，安盟主席萨马库瓦访问美国。5月，安哥拉外长希科蒂访美。2014年5月，美国国务卿克里访安。2014年8月，安哥拉副总统维森特赴美出席首届美非峰会。2017年5月，安国防部长洛伦索访问美国。2019年6月，安贸易部长范杜嫩赴莫桑比克出席美非商业峰会。8月，安哥拉外长奥古斯托访美。9月，洛伦索总统赴美出席联合国大会第74届会议。12月，安外长奥古斯托再次访美。安哥拉是美国《非洲增长与机遇法》受益国。目前，安哥拉是美国在非洲重要的贸易伙伴和石油供应国。2017年两国贸易额为34亿美元。美国主要向安哥拉出口铁路车辆设备、食品、机电产品和飞机等，自安哥拉进口石油、钻石等。

【同欧盟的关系】欧盟是安哥拉最大援助伙伴。2008—2013年，欧盟共向安提供了2.5亿欧元援助，主要用于政府、司法、卫生、教育、人权等领域。欧盟是安重要的经济合作伙伴，欧盟是安最大进口地区和安第三大贸易伙伴。2014年4月，多斯桑托斯总统对法国进行国事访问。2014年4月，维森特副总统作为多斯桑托斯总统的代表出席第四届欧非峰会。2014年多斯桑托斯总统访问法国。2015年7月，法国总统奥朗德访问安哥拉。同月，多斯桑托斯总统访问意大利。2017年11月，洛伦索总统出席第五届欧非峰会。2018年5月和6月，洛伦索总统分别访问法国和比利时。2018年8月，洛伦索总统访问德国。2019年2月，意大利总统马塔雷拉访安。3月，欧盟委员会副主席、罗马尼亚副总理伯查尔访安。5月，安外长奥古斯托访问法国。7月，德国联邦参议院议长、石荷州州长君特访安。9月，英国哈里王子访安。

【同葡萄牙的关系】葡萄牙是安哥拉的前殖民宗主国，同安哥拉在政治、经济、社会各领域一直保持比较深的联系。2010年，两国建立战略伙伴关系。2013年底，安单方面中断双方战略伙伴关系。2014年，葡萄牙副总理和外长相继访安，两国关系由此转圜。2017年2月，葡萄牙外长席尔瓦访安。2018年11月，洛伦索总统访问葡萄牙。2019年2月，葡萄牙外长席尔瓦访安。3月，葡萄牙总统德索萨访安。4月，葡萄牙司法部长范杜嫩和总检察长加戈先后访安。5月，葡萄牙国防部长克拉维纽斯访安。7月，葡萄牙议长罗德里格斯访安。9月，葡萄牙外长席尔瓦再次访安。目前，葡在安有侨民约20万人，是安非石油领域最大投资国。

【同非洲国家的关系】重视并优先发展与非洲国家的关系，与邻国津巴布韦、纳米比亚、刚果（金）等关系密切，并结成共同防务联盟。重视提升在非盟、南共体、西共体、几内亚湾委员会等地区组织中的影响力和话语权，为促进地区和平稳定、解决冲突争端发挥积极作用。2011年向“非洲之角”饥荒提供500万美元援助。2012年，安哥拉与刚果（金）签署了在两国海上争议区域共同开采石油的协议，并就此成立了双边委员会解决有关问题。2013年3月，安哥拉、纳米比亚和南非三国签署了世界第一个大型海洋生态系统法律框架《安哥拉、纳米比亚和南非关于本格拉洋流公约》，旨在共同保护和可持续利用这一大型海洋生态系统。2014年1月至2017年10月，安哥拉担任大湖地区国际会议组织轮值主席国。2017年10月，洛伦索总统出席大湖地区国际会议组织峰会。2017年8月起，安哥拉担任南共体政治、防务和安全机构主席国。2017年11月，安哥拉召开“三驾马车”及主席国峰会，讨论津巴布韦问题。当月，洛伦索总统访问南非。2018年4月，安哥拉召开南共体及其政治、防务和安全机构“双三驾马车”特别峰会，讨论刚果（金）、莱索托和马达加斯加局势。8月，安哥拉举办部分地区国家政治协调会议，讨论刚果（金）、南苏丹、中非、布隆迪局势。2019年2月，刚果（金）总统齐赛克迪、圣多美和普林西比总理热苏斯先后访安。3月，卢旺达总统卡加梅访安。5月，洛伦索总统访问南非、刚果（金），佛得角副总理兼财长科雷亚访安。7月、8月，洛伦索总统两次在罗安达主持召开安、刚果（金）、卢旺达、乌干达四国领导人峰会，讨论刚果（金）局势等。8月，洛伦索总统赴坦桑尼亚出席南共体首脑峰会，加纳总统阿库福-阿多、博茨瓦纳总统马西西、乍得总统代比先后访安。（王海涛）

贝宁

国名　贝宁共和国（The Republic of Benin，La République du Bénin）。

面积　112622平方公里。

人口　1180万（2019年）。共60多个民族，主要有丰族、阿贾族、约鲁巴族、巴利巴族、奥塔玛里族、颇尔族等。官方语言为法语。全国使用较广的语言有丰语、约鲁巴语和巴利巴语。居民中约65%信奉传统宗教，20%信奉基督教，15%信奉伊斯兰教。

首都　波多诺伏（Porto-Novo），国民议会所在地，人口27万。科托努（Cotonou）为政府所在地，人口79万。两地相距较近。最热季节为每年3月，平均气温26℃—28℃，相对凉爽季节为8月，平均气温23℃—25℃。

国家元首　总统帕特里斯·纪尧姆·阿塔纳斯·塔隆（Patrice Guillaume Athanase Talon），2016年3月当选，4月就职，任期5年。

重要节日　独立日（国庆日）：8月1日。

简况

位于西非中南部，东邻尼日利亚，西北、东北与布基纳法索、尼日尔交界，西接多哥，南濒大西洋几内亚湾。海岸线长125公里。沿海平原为热带雨林气候，常年气温在20℃—34℃；中部和北部为热带草原气候，年平均气温26℃—27℃，最高可达42℃。

16世纪前后，贝宁出现许多小王国和酋长国。18世纪，阿波美王国鼎盛时期统一了南部和中部。16世纪后期，西方殖民者入侵贝宁掠奴贩奴。1904年，贝宁并入法属西非，1913年沦为法国殖民地。1958年成为法兰西共同体内的“自治共和国”。1960年8月1日独立，成立达荷美共和国。1972年10月，马蒂厄·克雷库（Mathieu Kérékou）政变上台，宣布“走社会主义发展道路”。1975年11月30日改国名为贝宁人民共和国。1990年3月1日改为贝宁共和国，并开始实行多党制。

1991年3月，尼塞福尔·索格洛（Nicéphore Soglo）在首次多党大选中获胜，当选总统。1996年3月，克雷库在换届选举中获胜，再度出任总统，2001年蝉联。2006年3月，独立候选人、前西非开发银行行长托马·博尼·亚伊（Thomas Boni Yayi）在大选中获胜。2011年3月，亚伊在总统选举中胜选连任。

政治

2016年3月，独立候选人塔隆在新一届总统选举中获胜，4月就职。塔隆执政后，大力推行政府机构改革，精简各部门行政人员，积极惩治腐败，取得一定成效。2019年4月，贝举行新一届议会选举，仅有总统派政党进步联盟和共和阵营参选并获胜，遭反对派抵制，一度导致局势紧张。目前，贝政局总体稳定。

【宪法】现行宪法于1990年12月经公民投票通过，是贝宁历史上第七部宪法，2019年11月进行修正。宪法规定：“建立一个法制和民主多元化的国家”，实行行政、立法和司法分离的原则和总统内阁制。总统为国家元首、政府首脑和武装部队统帅，由直接普选产生，任期5年，可连选连任一次。2019年宪法修正案规定：任何人一生中不能担任两个以上总统任期；增设副总统职务；废除死刑；2026年举行总统、立法、市镇统一选举等。2019年11月，国民议会通过选举法修订法案，确定2021年总统大选同时选举总统、副总统，重新划分全国选区，重新确定国民议会和市议会议员数量分配等。

【议会】称国民议会，最高立法机构，实行一院制，行使立法权并监督政府工作。议员由直接普选产生，任期4年，可连选连任，但不得兼任其他公职。本届议会于2019年4月28日选举产生，共有83名议员，其中进步联盟47人，共和阵营36人。议会领导机构为执行局，由议长、副议长、总务主任、议会书记等7人组成。议会设法律和人权、财贸、生产和计划、教育文化和社会事务以及国防安全和对外合作关系等5个委员会。议长为路易·弗拉沃努（Louis Vlavonou）。

【政府】本届政府于2016年4月组成，2019年9月改组。总统帕特里斯·纪尧姆·阿塔纳斯·塔隆，兼政府首脑。本届政府共25名成员，包括总统塔隆，国务部长1名，部长22名，部长级代表1名。主要为：计划与发展国务部长阿卜杜拉耶·比奥·查内（Aboudoulaye Bio Tchane），掌玺、司法与立法部长塞弗兰·马克西姆·克南（Sévérin Maxime Quenum），外交合作部长奥雷利安·阿贝农西（Aurélien Agbenonci），经济财政部长罗穆亚尔德·瓦达尼（Romuald Wadagni），内政与公共安全部长萨卡·拉菲亚（Sacca Lafia），生活环境与可持续发展部长若泽·迪迪埃·托纳托（Jose Didier Tonato），农业、牧业与渔业部长加斯东·多苏惠（Gaston Dossouhoui），权力下放与地方管理部长阿拉萨内·赛义杜（Alassane Seidou），劳动与公职部长阿迪贾图·马蒂（Adidjatou Mathys，女），社会事务与小额贷款部长韦罗妮克·托尼福德（Véronique Tognifode，女），卫生部长本杰明·洪帕廷（Benjamin Hounkpatin），高等教育与科研部长埃莱奥诺尔·亚伊（Eléonore Yayi，女），中等教育、技术教育与职业培训部长马乌尼翁·卡克波（Mahougnon Kakpo），幼儿与初等教育部长卡里穆·萨利马内（Karimou Salimane），旅游、文化与艺术部长让–米歇尔·埃尔韦·阿宾博拉（Jean-Michel Hervé Abimbola），数字与数码化部长奥雷莉·亚当·苏莱（Aurélie Adam Soule，女），基础设施与交通部长埃尔韦·伊夫·埃奥梅（Hervé Yves Hehomey），工业与贸易部长莎迪娅·阿利玛图·阿苏曼（Shadiya Alimatou Assouman），能源部长多纳·让–克洛德·乌苏（Dona Jean-Claude Houssou），水与矿产部长萨穆·赛义杜·阿当比（Samou Seidou Adambi），中小企业与就业促进部长莫德斯特·克雷库（Modeste Kerekou），体育部长奥斯瓦尔德·奥梅基（Oswald Homeky），通讯与邮政部长阿兰·苏鲁·奥伦拉（Alain Sourou Orounla），负责国防事务的部长级代表福尔蒂内·阿兰·努瓦丁（Fortunet Alain Nouatin）。

【行政区划】全国分为省、县（市）、镇、村四级行政单位，共12个省，77个县（市）（67个县、10个市）。12个省的名称为滨海、大西洋、韦梅、莫诺、库福、高原、祖、丘陵、东加、博尔古、阿黎博里、阿塔科拉。

【司法机构】设有宪法法院、最高法院、高等法院、上诉法院和初级法院。宪法法院独立于最高法院，是最高司法机关，负责审理法律的合宪性，调解国家机关权限纠纷，并对立法选举和总统选举的合法性进行裁决。最高法院是国家行政、司法裁判和国家审计的最高权力机关，由司法、行政、审计3个法庭和1个检察院组成。中央一级设上诉法院，系终审法院，各省设初级法院，县（市）设治安法院，各级法院均委派有共和国检察官。高等法院有权审理总统和政府成员在履行职务时所犯叛国和违法行为。本届宪法法院于2013年6月成立，院长泰奥多尔·奥洛（Théodore Holo）。本届最高法院于2011年1月成立，院长奥斯曼·巴托科（Ousmane Batoko）。2016年2月，贝宁部长特别会议决定，将巴托科任期延长一届，至2021年2月27日结束。本届高等法院于2015年10月成立，院长塞茜尔·德拉沃–津津多惠（Cécile Dravo-Zinzindohoué，女）。

【政党】2003年，贝政府政党宪章规定，合法政党应在每个省至少有10名成员，总人数至少达到120人。2018年7月，贝通过新政党宪章，规定新政党成立时应在每个县至少有15名创始成员，全国至少有1155名创始成员。根据贝内政部公布，目前贝共有10个注册政党，主要有：

（1）进步联盟（Union Progressiste）：2018年11月成立。由团结爱国联盟、贝宁复兴党、民主力量联盟、贝宁联盟、公民选择党等总统派政党合并而成。前议长布鲁诺·阿穆苏（Bruno Amoussou）任党主席。在议会中占47席。

（2）共和阵营（Bloc républicain）：2018年12月成立。由80个政党和100多个政治运动合并而成。前旅游部长让·米歇尔·阿宾博拉（Jean-Michel Abimbola）为党主席。在议会中占36席。

（3）贝宁崛起贝壳力量（Forces Cauris pour un Bénin Émergent）：2007年1月成立。2006年4月，亚伊以“贝壳”作为竞选标志赢得总统选举。此后一批支持亚伊、自称“贝壳派”的政党和政党联盟相继成立。在2007年立法选举前，经亚伊大力整合，组成“贝宁崛起贝壳力量”政党联盟。最初由66个政治团体组成，后不断有党团加入和退出。在2015年立法选举中，该政党联盟赢得33席，占据议会最多席位。2018年2月，该联盟改组为政党，前总统亚伊担任名誉主席，执行书记为瓦伦丁·阿戈苏（Valentin Agossou），前国防部长罗贝尔·亚鲁（Robert Yarou）任第一副书记。

（4）民主复兴党（Parti du Renouveau Démocratique）：1990年9月成立。该党主张多党民主，加强各派政治力量间对话，维护国家统一，实行市场经济，提倡睦邻友好和地区一体化。势力范围主要集中在高原省、韦梅省和科托努市部分地区。主席为前议长阿德里安·温贝吉。

【重要人物】**帕特里斯·纪尧姆·阿塔纳斯·塔隆**：总统、国家元首、政府首脑兼武装部队统帅。1958年5月出生于贝宁维达市。曾在塞内加尔达喀尔大学就读，后长期在法国、贝宁经商。1988年成立洲际派送公司，1990年收购贝宁3家国有棉花脱籽加工厂，发展成为贝宁棉花产业领军人物。2016年3月在总统选举中获胜，4月6日就职，系贝宁共和国第六任总统。

经　济

系最不发达国家和重债穷国。农业和转口贸易是国民经济两大支柱。主要经济作物有棉花、腰果、油棕榈等，其中棉花是主要出口创汇产品。是西非重要转口贸易国，到港货物多转口销往尼日利亚等周边国家。工业基础薄弱，主要为农产品加工及纺织业。资源较贫乏，已探明矿藏有石油、黄金等，但储量有限。2016年4月塔隆执政后，将农业、旅游业、服务业确定为优先发展领域，制订《2016—2021政府行动计划》。重点发展新科技产业，计划建设技术与创新园区，大力发展数字经济。重视棉花生产，加快私有化进程。重视能源领域发展，拟订“人人享有能源”计划。改善投资环境，鼓励外国企业在贝投资，取得一定成效，经济保持增长。目前，贝宁经济运行总体稳定。2019年主要经济数据如下：

国内生产总值：99亿美元。

人均国内生产总值：839美元。

国内生产总值增长率：6.4%。

通货膨胀率：–0.2%

货币名称：非洲金融共同体法郎（FCFA，简称非洲法郎）。

汇率：1美元≈585.5非洲法郎。

（资料来源：2020年第一季度《伦敦经济季评》）

【资源】资源较贫乏。矿藏主要有石油、天然气、铁矿石、磷酸盐、大理石、黄金等。石油已探明储量52.5亿桶，可开采的约9.2亿桶，天然气储量910亿立方米。2000年8月，贝宁与多哥、加纳、尼日利亚就天然气的输出签订了“西非输气管道议定书”。铁矿石储量约10亿吨。渔业资源丰富，海洋鱼类约有257种。森林面积313万公顷，约占国土面积的27%。

【工业】基础薄弱，设备陈旧，生产能力较低。2017年，工业产值占国内生产总值的比率为24%。主要有食品加工、纺织和建材业。工业人口约占全国劳动人口的10.6%。实行结构调整以来，已有部分企业实行了私有化，剩下的大型国有企业也将陆续私有化。

【农业】2018年，农业占国内生产总值的25.5%，以种植业为主，占农业的80%。有可耕地7万平方公里，实际耕种面积不足17%。农业从业人口占总就业人口的70%。粮食基本自给，部分出口次地区。主要粮食作物有木薯、山药、玉米、小米等；经济作物有棉花、腰果、棕榈、咖啡等，其中棉花出口额约占出口创汇总收入的70%—80%。约30万人直接或间接从事渔业生产，年均捕鱼约4万吨。林木年均采伐量2990立方米。2017—2018年，贝宁棉花总产量创历史新高达59.8万吨，腰果产量11万吨，菠萝产量34.5万吨。2018—2019年，贝宁棉花产量超70万吨，跃居西非地区第一大产棉国。

【旅游业】系贝宁新兴产业，是仅次于棉花的第二大创汇产业。近年来政府对旅游业的投入不断加大。主要旅游景点有冈维埃水上村、维达古城、维达历史博物馆、阿波美古都、野生动物园、埃维埃旅游公园、海滩等。现正兴建从科托努至维达渔业之路旅游开发区，以发展海滨旅游。年均接待游客约20万人次。拥有各类宾馆、旅店逾300家，其中科托努海滨宾馆为5星级宾馆。

【交通运输】年产值约占国内生产总值的8%。

铁路：总长685多公里，其中579公里为主干线。最主要路段连接科托努和帕拉库，长约440公里，属“贝宁—尼日尔铁路运输共同组织”共同经营铁路的一部分，年设计运力为70万人次和35万吨物资。由于年久失修，运力严重下降，2005年客运量约11.8万人次，货运量约5.2万吨。

公路：总长约3.1万多公里。其中国家级公路6076公里，省级与市级公路2.5万公里左右。2003年1月，科托努至波多诺伏的高速公路开通，全长27公里。有各类汽车10万辆，用于客运和货运。另有4.3万辆出租摩托车。

海运：科托努港为地区性重要转运港口，水深11—14米，可停泊万吨巨轮。该港年营业额约为3000亿非洲法郎。2016年，货物吞吐量达870万吨。

空运：科托努国际机场是贝宁唯一的国际机场，可起降波音747和空中客车等大型飞机。年客运量约35万人次，货运量4600吨。现有法航、摩洛哥航空、南非航空等十几家航空公司在贝运营。贝宁首家国际航空公司——贝宁非洲航空公司于2002年6月成立，主要经营科托努—巴黎航线，2006年公司宣布解散。此外，贝还有9个国内机场，但不具备夜航条件。

【财政金融】国家财政收入主要靠税收，其中关税占40%。截至2019年，外汇储备为15.6亿美元，外债总额为43亿美元。

【对外贸易】国民经济支柱产业，收入占到国家预算收入60%—80%，转口贸易十分活跃，到港货物70%转销到尼日利亚以及尼日尔、布基纳法索等内陆国家。主要出口棉花、腰果、水泥等产品，进口食品、日用消费品、化学制品等。2019年，贸易总额64.6亿美元，出口额28.3亿美元，进口额36.3亿美元。主要进口对象为泰国、印度、多哥和中国等，主要出口对象是孟加拉国、印度、越南和尼日利亚等。2019年7月，贝宁签署非洲大陆自贸区协定。根据世界银行2019年10月发布的营商环境报告，贝宁全球排名149位，比上年上升4位。

【外国援助】主要援助国家和国际机构为丹麦、法国、德国、中国、美国、日本、世界银行、欧盟、非洲开发基金、西非开发银行及国际货币基金组织等。近年年均获得官方外援约5.8亿美元，约占国内生产总值的8%，主要涉及卫生、教育培训等领域。欧盟出资3000万欧元帮助贝方建设西非电力交换系统信息协调中心，并计划捐赠289亿西非法郎用于支持贝政府改革。联合国对贝宁2019—2023年发展支持规划总金额1766.13亿非洲法郎，主要在卫生、教育、社会安全、食品、可持续发展等领域提供支持。2018年，世界银行通过国际发展协会拨款2.2亿美元，用于支持贝宁农村地区全民接入饮用水项目，将有170万人受益；在“帮助地方市镇和团体扩大社会服务计划”框架下，向贝捐赠220亿非洲法郎，用于帮助贫困人口享受社会服务和社会保障。同年，日本承诺捐赠5790吨大米赞助贝“校园食堂计划”；将在2020年前建立210间教室，支持贝教育发展；贝日合作建设的公立医院正式投入使用，其中日本出资100亿非洲法郎。国际太阳能联盟决定对贝投资130亿非洲法郎，用于在全国550个村镇铺设照明系统。2019年，世界银行国际开发协会宣布将在5年内向贝宁捐赠5000万美元用于改善5岁以下儿童生活状况，并资助1亿美元用于加强科托努市抗洪和应对自然灾害的能力。荷兰将通过世界粮食计划署在2019年7月至2023年12月间捐赠65亿西郎用于贝宁校园食堂计划，主要涉及5个省、294所学校。

人民生活

根据联合国开发计划署《2019年人类发展报告》公布的人文发展指数，贝在189个国家和地区中居163位。2015年，各行业每月最低保障工资为4万非洲法郎。全国各类医疗卫生机构1302家，其中包括5家国家级医院：位于科托努的国家中心医院、肺结核中心医院、精神病中心医院、老年中心医院与泻湖妇幼保健院；5家省级医院：波多诺伏医院、洛科萨医院、阿波美医院、维达医院和纳蒂丹医院。全国共有病床4053张，各类医务人员5833人。2015年，贝人口增长率为2.7%，婴儿死亡率6.4%。人均寿命59.8岁。据贝国家统计局《2017年食品安全》报告，目前贝约有109万人缺少必要的食物。

军　事

1961年建军，1977年改组为国防军、公安军和民兵。1990年实行军队“非政治化”，国防军改称“武装力量”，保留海、陆、空三军、宪兵、共和国卫队。实行义务兵役制。2004年，陆、海、空总兵力约4550人。其中陆军4300余人，海军约100人、空军约150人。全国宪兵和警察等准军事部队约2500人。总兵力约1.1万人。

现任武装力量总参谋长阿瓦尔·基布里尔·布科·纳尼米（Awal Djibril Bouko Nagnimi）准将。陆军参谋长阿卜杜尔·巴吉尔·萨尼·巴沙比上校（Abdoul Bakil Sanni Bachabi），空军参谋长贝尔丹·巴达上校（Bertin Bada），海军参谋长弗朗索瓦·达西斯·贡萨罗海军中校（François d’Assise J. Gonsallo）。

文化教育

【教育】2008年，小学入学率为93%，辍学率为13.9%。2010年，教育经费占国内生产总值的5.4%。有大学2所，分别为阿波美—卡拉维大学（原贝宁国立大学）和帕拉库大学，在校大学生超过8万。技术、专科学校约112所，普通中学约246所，小学约3558所。成人识字率38.4%。

【新闻出版】国家设有最高视听管理委员会，作为新闻和通讯的监察机构，负责有关新闻、通信法律的咨询工作，保证新闻、通信自由。委员会由9名成员组成，由总统、议会和新闻界各推荐3人，任期5年。本届委员会于2014年7月1日成立，现任主席阿当·博尼·特西（Adam Boni Tessi）。

现有报纸28种。其中《民族报》是官方报纸，每周一至周五发行。私营报纸主要有《早报》《晨报》和《每日回声报》等。《民族报》和《早报》发行量最大，约5000份。

贝宁通讯社是国家通讯社，1961年成立，主要以电讯稿方式向本国报社、电台、电视台发布消息。自1990年起出版《贝宁新闻》和《经济新闻》两种日刊，每周一至周五出版。在国内各省设通讯员。国际新闻多来源于法新社。1997年，贝通社与新华社签署了新闻交换合作协议，1998年起可接收新华社消息。

贝宁广播电视局拥有1家国营电视台、4家国营电台和5家地方农业电台。贝宁国家电视台建成于1972年，1978年12月31日正式开播，本国制作的节目约占45%。贝宁国家电台前身为“革命之声”电台，建于1953年，用法语、英语和民族语言广播。自1992年起，用调频转播法国国际广播电台的节目。

对外关系

奉行“实用、灵活和不排他”的多元务实外交政策，积极谋求政治支持和经济援助，主张在和平共处等原则基础上同所有国家发展合作关系。注重保持同法国、美国等西方大国的关系，积极发展同印度等发展中大国关系，重视睦邻友好，主张以和平方式解决同邻国的领土争端。积极参与地区事务，多次派兵参加地区维和行动，是非盟、西非国家经济共同体、西非经货联盟等组织成员国。2012年1月至2013年1月，贝担任非盟轮值主席国。

【同中国的关系】两国于1964年11月12日建交。1966年1月，贝单方面宣布终止两国关系，4月，同台“复交”。1972年12月29日，中贝恢复外交关系。

2014年5月，经济社会理事会主席尼古拉·阿达贝（Nicolas Adagbè）访华。2016年7月，阿贝农西外长来华出席中非合作论坛约翰内斯堡峰会成果落实协调人会。9月，塔隆总统赴广州出席第二届对非投资论坛。10月，阿贝农西外长出席第四届中贝经贸混委会。2017年6月，外交部副部长张业遂访贝。2018年9月，塔隆总统来华出席中非合作论坛北京峰会，习近平主席同其会见。2019年6月，阿贝农西外长来华出席中非合作论坛北京峰会协调人会议。12月，全国政协副主席邵鸿访问贝宁，塔隆总统、弗拉沃努议长分别会见会谈。

2019年，双边贸易额23.1亿美元，同比增长5%。其中中方出口额21.5亿美元，进口额1.6亿美元。中方主要出口纺织、机电产品等，进口棉花。目前，在贝中资企业主要有中兴公司、华为公司等。

中国驻贝宁大使：彭惊涛。馆址：Numéro 2 Zone des Ambassades，Route de l’Aéroport，Cotonou，Benin。电话：00229–21301292，21300765；传真：21300841。经参处电话：00229–21301097。

贝宁驻华大使：西蒙·皮埃尔·阿多韦兰德（Simon Pierre Adovelande）。馆址：北京朝阳区光华路38号。电话：010–65322741，65322302。

【同法国的关系】法是贝前宗主国，两国一直保持着密切关系。1990年，贝实行民主化和自由市场经济后，法大力扶持贝。索格洛执政期间，两国关系陷入低潮。1996年克雷库重新执政后，两国关系得到恢复和发展。法是贝主要出资国和贸易伙伴。克雷库、亚伊均曾多次访法。2010年以来，亚伊每年均曾访法。2011年，法合作部长出席亚伊就职仪式。2014年，亚伊出席在巴黎举行的尼日利亚安全问题峰会。2015年，亚伊赴法出席巴黎气候变化峰会，法国总统奥朗德访问贝宁，奥系贝民主化后首位访贝的法国总统。2016年和2017年，塔隆总统每年三次访问法国。2018年3月，塔隆总统访问法国，双方共签署5份合作协议，总金额逾2.75亿欧元。6月，塔隆总统在巴黎出席联合国教科文组织举办的文化产品和遗产流转与分享新前景大会。11月，法国宣布归还26件贝宁文物。2019年7月，贝宁与法国签署总额400亿西非法郎的融资协议，用于建设贝电力系统，其中欧盟出资100亿西非法郎，法国发展署出资295亿西非法郎。同月，贝宁国家电力公司与法国道达尔公司签署关于进口天然气以及开发浮式液化天然气进口终端的协议，总投入为510亿西非法郎。道达尔公司计划从2021年起15年内向贝宁提供500万吨天然气，以改变贝能源使用结构，并为贝发电厂提供能源动力。

【同美国的关系】1961年贝美建交。1995年两国成立军事合作混委会。美在贝设有文化中心和《非洲增长与机遇法》西非培训中心，并接受贝加入《非洲增长与机遇法》和“迎接千年挑战国家组织理事会”。克雷库和亚伊均曾访美。2012年，应奥巴马总统邀请，亚伊出席八国集团峰会，美国务卿希拉里访贝。2014年，亚伊出席美非峰会。2015年9月，亚伊赴美，与美国副总统拜登签署“千年挑战账户”二期援助协议，获得4.03亿美元支持。2017年，塔隆总统出席在利雅得召开的美国—阿拉伯—伊斯兰国家峰会，美国承诺未来5年向贝提供4亿美元支持。2018年9月，塔隆总统赴纽约出席第73届联合国大会。

【同德国的关系】1961年贝德建交后，两国关系发展顺利。贝是德对非援助的重点国家，两国每两年举行一次政府间磋商。2012年，德国前总理科勒访贝。2013年，亚伊总统对德国进行正式访问。2018年10月，塔隆总统赴德参加二十国集团非洲投资峰会，其间会见德国总统施泰因迈尔。2019年10月，贝宁—德国第二十届政府间磋商在科托努举行并发表联合公报，德国政府决定出资520亿西非法郎（约合8750万美元）支持贝宁农业、饮用水等领域发展。

【同非洲国家的关系】贝重视发展与尼日利亚、阿尔及利亚等地区大国的关系，积极参与地区合作，推动区域一体化进程。2016年，塔隆总统先后访问多哥、科特迪瓦、尼日尔、尼日利亚，并出席第二届地区安全峰会和第四届阿拉伯—非洲峰会。2017年，塔隆总统先后访问科特迪瓦、加纳、肯尼亚、布基纳法索、科特迪瓦，并赴阿比让出席西非经货联盟首脑会议，赴阿布贾出席第52届西共体首脑会议。2018年，塔隆总统访问尼日利亚，并赴亚的斯亚贝巴出席第30届非盟峰会和特别会议。2019年，塔隆总统访问尼日尔，赴塞内加尔首都达喀尔出席西非经货联盟反恐与安全财政会议，赴尼日利亚首都阿布贾出席西共体首脑会议，赴布基纳法索瓦加杜古出席西共体特别首脑会议。

（周颖）

博茨瓦纳

国名　博茨瓦纳共和国（The Republic of Botswana）。

面积　581730平方公里。

人口　230万（2018年,《伦敦经济季评》统计）。绝大部分为班图语系的茨瓦纳人（占人口的90%）。主要民族有恩瓦托、昆纳、恩瓦凯策和塔瓦纳等，其中恩瓦托族最大，约占人口的40%。另有数万欧洲人和亚洲人。官方语言为英语，通用语言为茨瓦纳语和英语。多数居民信奉基督教，农村地区部分居民信奉传统宗教。

首都　哈博罗内（Gaborone），人口约20.8万（2019年）。年均最高气温为28.3℃，年均最低气温为12.9℃，年均气温20.7℃。

国家元首　总统莫克维齐·马西西（Mokgweetsi Masisi），2019年11月1日宣誓连任总统。

重要节日　新年：1月1日；劳动节：5月1日；塞莱茨·卡马爵士日：7月1日；总统日：7月15—16日；独立日：9月30日；圣诞节：12月25日。

简　况

南部非洲内陆国家。平均海拔1000米左右。东接津巴布韦，西连纳米比亚，北邻赞比亚，南界南非。大部分地区属热带草原气候，西部为沙漠、半沙漠气候。年均气温21℃。年均降水量400毫米。

独立前称贝专纳。公元13—14世纪，茨瓦纳人由北方迁居此地。1885年沦为英国殖民地，称“贝专纳保护地”。1966年9月30日宣布独立，定名为博茨瓦纳共和国，仍留在英联邦内，实行多党制，由博茨瓦纳民主党执政，塞雷茨·卡马任总统。

政　治

1980年7月，马西雷接任总统职务。1984年、1989年和1994年，民主党在大选中接连获胜，马西雷三次蝉联总统。1998年，马西雷主动辞去总统职务，莫哈埃接任总统。1999年和2004年，民主党在大选中均以压倒优势胜出，莫哈埃两度蝉联总统。2008年，莫哈埃总统任期届满，原副总统伊恩·卡马接任总统。2009年和2014年，民主党均在大选中获胜，卡马两度蝉联总统。但在2014年大选中，民主党遭遇来自反对党的强力挑战，仅获57个民选议席中的37席。2018年4月1日，原副总统莫克维齐·马西西接替任期届满的卡马总统，就任博独立以来第五任总统。马西西接任总统后，提出促进经济多元化、消除贫困和社会不公、建设开放的现代化国家等执政目标，将发展教育、创造就业作为优先施政方向。马西西在2019年10月23日举行的全国大选中成功连任，11月1日宣誓就职。目前，博政局保持稳定。

【宪法】1966年9月30日生效，后几经修改。宪法规定：博实行多党议会制，立法、司法、行政三权分立；总统为国家元首、政府首脑兼武装部队总司令，由国民议会选举产生，任期5年，自首次履行总统职权之日起，累计任职时间不超过10年；总统死亡或辞职时，副总统自动接任总统职务；国民议会行使立法权；国民议会通过的决议、法案须经总统批准才能生效；总统有权召集和解散议会。

【国民议会】由总统57名民选议员、6名特选议员（由总统提名，议会表决通过）和议长（由议员选出，主持议会会议，无投票权）组成，每届任期5年。议会的主要职权是：选举总统，制定法律，修改宪法，审议国家发展计划和政府财政预算。一般议案半数表决通过，重要议案需2/3赞成通过。本届国民议会于2019年10月大选产生。目前民主党占38席，由民主运动党、民族阵线、人民党组成的民主改革联盟占15席，爱国阵线党占3席，进步联盟党占1席。6名特选议员均为民主党成员。议长潘杜·斯格勒曼尼（Phandu Skelemani，民主党），2019年11月就任。

【酋长院】议会的咨询机构，原由15名成员组成。2005年4月，议会通过对宪法77条、78条和79条的修正案，规定酋长院成员增至35名，其中8大部族酋长为“当然成员”，7名由8位当然成员选举产生，称为“选举成员”，另20名由各地区选举产生，称为“特选成员”。酋长院的职责范围和权力仅限于传统的特定事务，如习惯法、非洲法院、领导职务、民族财产、部落首领的任免、宪法修正案等。每年议会开幕前，酋长院先召开例会，向议会提出动议和议案，但不具有任何约束力。酋长院在必要时可要求有关部长到酋长院说明情况，部长也可到酋长院征询意见。2016年1月，酋长院举行第12届大会，选举产生新一届领导人，特罗夸族大酋长哈博罗内（Kgosi Puso Gaborone）连任主席。

【政府】本届内阁于2019年11月5日产生。主要成员有：总统莫克维齐·马西西，副总统斯伦伯·措格瓦内（Slumber Tsogwane），总统事务、政府治理与公共管理部长卡博·莫尔瓦恩（Kabo Morwaeng），国防、司法与安全部长卡希索·穆西（Kagiso Mmusi），农业发展与粮食安全部长埃德温·迪科洛蒂（Dr. Edwin Dikoloti），国际事务与合作部长尤妮蒂·道（Unity Dow，女），基础教育部长菲德利斯·莫劳（Fidelis Molao），环境、自然资源保护与旅游部长菲尔达·凯伦（Phildah Kereng，女），财政与经济发展部长塔佩洛·马采卡（Dr. Thapelo Matsheka），基础设施与住房发展部长穆西·卡费拉（Mmusi Kgafela），卫生与健康部长莱莫冈·夸佩（Dr. Lemogang Kwape），就业、劳动生产力与技能发展部长姆波·巴洛皮（Mpho Balopi），土地管理、水资源与公共卫生服务部长凯芬采·姆兹温尼拉（Kefentse Mzwinila），地方政府与农村发展部长埃里克·莫拉莱（Eric Molale），矿产资源、绿色科技与能源安全部长莱福科·莫阿希（Lefoko Moagi），投资、贸易与工业部长佩姬·塞拉迈（Peggy Serame，女），交通与通讯部长图拉汉约·塞霍科（Thulaganyo Segokgo），青年赋权、体育与文化发展部长图米索·拉卡雷（Tumiso Rakgare），高等教育、研究与科技部长道格拉斯·莱措拉泰贝（Dr. Douglas Letsholathebe），国籍、移民与性别事务部长安娜·莫凯蒂（Anna Mokgethi，女）。

【政府网址】 http://www.gov.bw。

【行政区划】 全国划分为10个行政区。

【司法机构】 由高等法院、上诉法院和传统法院组成。传统法院相当于初级法院，由各民族酋长担任法律执行人。高等法院院长、首席大法官泰伦泽·兰诺瓦内（Terence Rannowane）。总检察长安塔利亚·莫罗科姆（Athalia Molokomme）。

【政党】 主要政党情况如下：

（1）博茨瓦纳民主党（Botswana Democratic Party）：1962年1月成立。独立后一直执政，主张经济独立和自力更生，在发展经济的同时保持社会公正；对外实行全方位外交，维护并促进民族利益。总裁莫克维齐·马西西，全国主席斯伦伯·措格瓦内。

（2）民主改革联盟（Umbrella for Democratic Change）：2012年成立。由博茨瓦纳民主运动党（Botswana Movement for Democracy，2010年5月29日成立，是从民主党内分裂出来的一支新反对党，口号是“我们的博茨瓦纳”）、博茨瓦纳民族阵线（Botswana National Front，1967年10月成立。主张在博进行民族民主革命，实现社会主义）、人民党（Botswana People's Party，1960年殖民地时期成立，是博成立最早的政党）联合组成，在2014年大选中对民主党形成强有力的挑战。领袖为总裁杜马·博科（Duma Boko）。2017年2月3日，大会党（Botswana Congress Party，1998年6月成立，由民阵中分裂而来，口号是“为了民族自由”）加入民主改革联盟。联盟原三党与大会党正式成立新的反对党联盟，拟以民主改革联盟的名义参加2019年大选，联盟主张社会民主主义，党派颜色为“皇家蓝”。

（3）博茨瓦纳进步联盟党（Alliance for Progressives）：2017年10月成立，是从反对党民主运动党内分裂出来的一支新反对党，致力于带领博人民建设一个全新的博茨瓦纳共和国。总裁恩达巴·赫拉泰（Ndaba Gaolathe）。

（4）博茨瓦纳爱国阵线党（Botswana Patriot Front）：2019年7月6日成立，由从博民主党退党的前总统卡马及其追随者创立，主张加强基础设施建设，重视粮食安全、旅游业发展等领域，表示将致力于为博带来就业和财富。总裁比海·布塔莱（Biggie Butale）。

【重要人物】莫克维齐·马西西：总统。1962年7月生。1984年获博茨瓦纳大学教育学学士学位。曾赴美国佛罗里达州立大学和英国曼彻斯特大学留学，分别获教育学和经济社会学硕士学位。曾在博教育部和联合国任职。2009年当选国民议会议员，任博总统事务与公共管理部副部长。2011—2014年历任总统事务与公共管理部长、教育部长等职，同时担任内阁消除贫困委员会主席。2014年11月起任副总统。2015年7月当选博民主党全国主席，2017年7月连任。2018年4月1日接任总统、民主党总裁。在2019年10月举行的全国大选中胜选连任。　**斯伦伯·措格瓦内**：副总统。1960年生，1999年当选国民议会议员并连任至今。2004—2009年任博财政与经济发展部副部长。2014年至2018年3月任地方政府与农村发展部长。2018年4月1日当选博民主党全国主席，4月4日当选副总统。2019年11月连任副总统。

经　济

博茨瓦纳是非洲经济发展较快，经济状况较好的国家之一。钻石业是其经济支柱，产值约占国内生产总值的1/4三分之一。畜牧业是传统产业，制造业落后。近年来旅游业发展较快，成为新兴产业。独立后，博政府建立了自由市场经济体制，采取优惠措施吸引外资和国外先进技术，先后制定了11个国家发展计划，经济实现了持续快速发展。为了改变经济发展主要依赖钻石的状况，从20世纪80年代后期开始，博政府开始推行经济多元化政策，取得一定成效。

卡马总统执政期间，博政府继续实行积极财政政策和稳健货币政策，加大对基础设施和社会领域的投入，努力扩大内需，创造就业。在继续重视钻石经济和提升附加值的同时，吸引外资开发镍、铜等矿产资源；启动火电站建设，加快电力自给和出口；推动旅游业发展，促进经济多元化。政府加大对主要产业部门扶植力度，确定钻石业、农业、卫生、教育、交通、创新六大重点发展领域。

马西西接任总统后将促进经济多元化、增加就业和改善民生作为施政首要目标，将钻石业、旅游业、畜牧业、采矿业和金融服务业确定为重点产业。根据相关国际机构公布的数据，博经济自由度、国际竞争力、营商环境等多项指标继续位于非洲前列。2019年主要经济数据如下：

国内生产总值：183.41亿美元。

人均国内生产总值：7974美元。

经济增长率：3%。

货币名称：普拉。

汇率：1美元≈13.74普拉。

通货膨胀率：2.8%。

（资料来源：《伦敦经济季评》）

【资源】矿产资源丰富。主要矿藏为钻石，其次为铜镍、煤、苏打灰、铂、金、锰等。钻石储量和产量均居世界前列。已探明的铜镍矿蕴藏量为4600万吨，煤蕴藏量170亿吨。

【工矿业】近年来，博政府积极发展钻石加工业，以提高钻石业利润。2008年钻石产量3260万克拉，产值32.7亿美元，位列世界第一。铜镍是继钻石后重要的出口矿产品，2011年产量为3.2万吨。2012年，博钻石出口额361亿普拉，占出口总额的79.3%，铜镍出口额33.1亿普拉，占出口总额的7.3%。2014年全球原材料价格持续大幅下降，博钻石业遭重创，钻石产量锐减至1223万克拉。得益于全球钻石需求复苏，2015年博钻石产量回升至2037万克拉，2016年为2050万克拉，2017年为2296万克拉，2018年逾2410万克拉。

【农牧业】农业较落后，可耕地占全国面积的15%，2017/2018年耕种面积为26.85万公顷，粮食产量约6.61万吨，只能满足国内粮食需求的22%左右，主要农作物为高粱、玉米、小米、豆类以及水果、蔬菜。政府鼓励农民多种粮，增加粮食自给。

畜牧业约占农业产值的70%，是国民经济传统支柱产业之一，也是农民的主要收入来源。畜牧业以养牛为主，养羊为辅。博有现代化的大型屠宰厂和肉类加工厂，年屠宰能力为40万—50万头牛。2010年，博牛畜存栏量约为255万头。2011年3月，因受口蹄疫疫情影响，欧盟暂停进口博牛肉。2011年博肉类出口额为3.3亿普拉，约占出口总额的0.8%。2014年，欧盟恢复进口博牛肉。2016年牛肉出口占出口总额的1.3%。2017年，博茨瓦纳牛肉出口额为8580万美元，占出口总额的1.31%。家禽养殖业始于1976年，生产的肉鸡和鸡蛋能够满足国内需求。

【旅游业】博是非洲主要旅游目的国之一。旅游资源丰富，是非洲野生动物种类和数量较多的国家。政府把全国38%的国土划为野生动物保护区，设立了3个国家公园，5个野生动物保护区。乔贝国家公园和奥卡万戈三角洲野生动物保护区为主要旅游点。旅游业现为博第二大外汇收入来源，是经济多元化战略的重点发展产业。旅游业是博GDP的第二大贡献行业，容纳了最大的就业增长。目前，在博共有80家有执照的酒店，41家为博公民拥有，21家为非公民拥有，18家为合资企业。酒店业共创造了11604个工作岗位。政府已设立了旅游业培训基金，可用于旅游业员工培训。

【交通运输】以公路运输为主，主要城镇之间有公路相连，总长1.94万公里，其中30%为柏油路面。全国各主要城镇之间以及博与南非、赞比亚、津巴布韦和纳米比亚之间已基本由柏油马路连接，其中干线公路等级较高。

铁路长900公里。主要铁路线跨越弗朗西斯敦、哈博罗内和洛巴策，连接南非和津巴布韦。博铁路公司是负责铁路运输的国有企业。

博航空公司辟有飞往南非的地区航线和国内主要城镇及旅游区之间的航线。现有6个国际机场，首都有卡马国际机场，其余5个机场设在弗朗西斯敦、马翁、卡萨尼、塞莱比—皮奎和杭济。此外有数十个小型机场分散在全国各地。2005年，博成立独立的民用航空管理局。博航空公司年运送旅客近百万人次。

【财政金融】博国家银行于1975年建立，1976年发行本国货币“普拉”。博长期执行审慎的财政政策。前几年受矿业收入下降、普拉对美元升值和政府施行积极财政政策的影响，曾一度出现财政赤字。政府采取了严格控制支出等措施，使财政收支最终处于盈余状态。截至2020年第一季度，博外汇储备为50.15亿美元。2019年，外债余额为17.54亿美元。（资料来源：《伦敦经济季评》）

【对外贸易】实行自由贸易政策。主要出口钻石、铜镍矿产品、机电产品等；进口钻石、机电产品、燃油、食品等。博主要贸易伙伴为南非、纳米比亚、加拿大和比利时。2019年，博对外贸易总额为115.55亿美元，其中进口额为63.19亿美元，出口额为52.36亿美元，贸易逆差10.83亿美元。（资料来源：《伦敦经济季评》）

【外国资本】1997年博成立出口发展与投资局，专门负责推动出口和吸引外国投资的工作。2012年4月，博金融服务中心和出口发展与投资局合并，成立博茨瓦纳投资与贸易中心，以促进投资与出口，并为公众提供服务。2018年度，博吸引外资10.82亿普拉，创造1042个就业机会。2016年，国际评级机构标准普尔（Standard & Poor’s）发布公告，将博茨瓦纳的主权长期信用评级展望由“可持续”下调为“负面”，同时，信用评级仍维持为“A–”。2019年，国际评级机构穆迪对博茨瓦纳主权信用评级为A2。（资料来源：博投资与贸易中心2018年度报告、穆迪官网）

【外国援助】主要援助国和国际组织为日本、美国、瑞典、挪威、德国、联合国开发计划署、非洲开发银行等。博成为中等收入国家后，多数西方国家对博提供的官方发展援助和优惠贷款大幅下降。

人民生活

根据世界银行《2018年世界发展指数》，2017年博茨瓦纳人口城市化率为68.7%。2016年博人口平均预期寿命男性为64岁，女性为69.5岁。84.4%的城市人口能够使用安全饮用水。根据博中央统计局2013/2014年度报告，博全国有医院18所、初级医院17所，带床位的诊所108个，不带床位的诊所180个。全国拥有病床5276张。艾滋病感染率较高，2013年博艾滋病平均感染率为17.6%。博电信网络已全部实现数字化。

军　事

1977年建立国防军。现有军人约9000名。现任国防军司令普拉希德·塞霍科（Placid Segokgo）中将。警察部队约1500人，警察总署署长基贝茨韦·马科佩（Keabetswe Makgophe）。

文化教育

【教育】博茨瓦纳独立后高度重视国民教育事业，成人识字率从1966年的不足10%提高到目前的85.9%。教育体系完备，包括小学、中学和大学的正规教育及职业技术教育、特殊学校教育和业余教育，其学制为小学7年，初中3年，高中2年。小学和初中阶段为义务教育，小学和高等教育免学费，中学教育自2006年起实行学费分担制度，初中生每人年缴费300普拉，高中生600普拉，其余大部分由政府负担。2015年，全国共有826所小学、293所中学和40所高等教育机构。主要公立大学包括博茨瓦纳大学、国际科技大学、农业与自然资源大学、开放大学。

【新闻出版】现有报纸10余种，包括官方日报《每日新闻》（Daily News）和私营日报《报道者》（Mmegi）及私营周报《博茨瓦纳卫报》（Botswana Guardian）、《太阳报》（The Mid-week Sun）、《博茨瓦纳公报》（Botswana Gazette）、《回声报》（Echo）等。《每日新闻》是免费报纸，日发行量约6.5万份，用英文和茨瓦纳语出版。《报道者》和周刊《观察家》为博最大的私人出版公司Dikgang公司发行。《报道者》日发行量约2万份。其他报纸发行量在1.5万—2万份之间。2013年博共刊印报纸758万份。

博茨瓦纳通讯社为官方通讯社，1981年创建，主要报道国内消息，是《每日新闻》和博广播电台的主要供稿者。

博茨瓦纳广播电台系官方电台，1965年创建，用英语和茨瓦纳语广播。

博茨瓦纳国家电视台于2000年7月开播，节目分英语和茨瓦纳语，全部使用数字传输技术，可通过卫星覆盖非洲大部分地区。

对外关系

奉行不结盟的对外政策，积极参与地区政治事务及经济合作。主张国家主权平等和互不干涉内政，通过谈判解决争端。提倡建立公正、平等的国际政治经济新秩序。积极参与非洲和地区事务，促进区域稳定、发展和合作。主张发展中国家尤其是中小国家应加强合作，共同应对全球化挑战。南部非洲发展共同体（南共体）秘书处设在哈博罗内，博担任2019/2020年度南共体轮值主席国政治、防务和安全机构副主席国。博还是联合国、非盟、英联邦、不结盟运动和南部非洲关税同盟成员。

【同中国的关系】中国与博茨瓦纳于1975年1月6日建交，建交以来两国关系平稳、健康发展。2010年，习近平副主席对博进行正式访问。梅拉费副总统来华出席上海世博会博国家馆日活动，执政党民主党主席、国防军司令、首都哈博罗内市长等分别访华。2011年，国务委员刘延东对博进行正式访问，博茨瓦纳议长纳莎访华。2012年，全国人大常委会副委员长桑国卫访博。博总统事务和公共管理部长马西西访华。博外长斯凯莱马尼来华参加中非合作论坛第五届部长级会议。博青年、体育与文化部长肖·卡蒂来华出席中非文化部长论坛。博方派员来华出席第二届中非青年领导人论坛和中非民间论坛。博酋长院主席哈博罗内参加“非洲传统领导人考察团”访华。2015年6月，博外长文松访华。12月，博副总统马西西出席中非合作论坛约翰内斯堡峰会。2016年4月，全国政协港澳台侨委员会主任杨崇汇访博。5月，全国人大常委会副委员长向巴平措访博。2018年7月，博外长尤妮蒂·道访华。同月，中联部副部长徐绿平、中国国际贸易促进委员会会长姜增伟先后访博。2018年8月底9月初，博总统马西西对华进行国事访问并出席中非合作论坛北京峰会。2019年4月，中央委员、吉林省委书记巴音朝鲁率中共代表团访博。同月，博交通与通讯部长马卡托来华出席第二届“一带一路”国际合作高峰论坛及“设施联通”分论坛。5月，商务部副部长钱克明率团访博，并参加首届中博经贸联委会。

2019年，中博双边贸易额为3.19亿美元，同比增长7.67%，其中中国出口额3.02亿美元，同比增长7.03%，进口额0.17亿美元，同比增长20.41%。中方主要出口纺织服装、机电产品、高新技术产品等，主要进口钻石。

中博分别签有教育和文化合作协定。2008年11月，博茨瓦纳大学与上海师范大学合作成立孔子学院。截至2017年中国共接受博奖学金留学生292人。2017年，博在华留学生共计517人。博系中国公民出境旅游目的地国。

2015年，中方第二次援博“光明行”活动实施。

2016年，中国援博独立50周年庆典团体操表演技术合作项目顺利实施。云南省迪庆州藏族自治州民族歌舞团在博成功举办庆祝博独立50周年专场文艺演出。

2017年7月，博智库、媒体、社会名流代表团应中国公共外交协会邀请访华。

2019年1月，“欢乐春节·吉林艺术团”一行30人赴博茨瓦纳访演。

2019年8月，全国对外友协林怡副会长访问博茨瓦纳，并出席由博中友协主办的首届非洲华侨华人民间外交论坛。

中国驻博茨瓦纳大使：赵彦博。馆址：No.3096，3097，North Ring Road Gaborone，P. O. Box 1031。电话：00267-3952209（办公室），3953270（经商处）；传真：3900156。

博茨瓦纳驻华大使：莫图西·帕拉伊。馆址：北京市朝阳区三里屯东三街1号。电话：010–65326898；传真：65326896。

【同欧盟国家的关系】博茨瓦纳与欧盟关系密切，欧盟是博最大的国际援助方之一。2004年欧盟把旨在提高南部非洲国家产品竞争力的“生产力服务中心”设在博。2009年6月，卡马总统访问欧盟委员会，与欧盟签署了临时贸易伙伴协定。2010年，欧盟向博政府提供6.5亿普拉无偿援助，支持博人力资源开发。2012年，欧盟向博提供2.5亿普拉无偿补充发展基金，用于博加强人力资源建设和公共部门改革，并向博非政府组织捐款8000万普拉，用于解决经费紧张问题。2013年1月，欧盟向博政府资助1160万欧元，用于博加快实现联合国千年发展目标中的第四和第五项指标，即将5岁以下儿童死亡率降低2/3和产妇死亡率降低3/4。

同英国有传统密切关系，英是博传统援助国和主要贸易伙伴之一。大批英国人在博政府、金融和教育部门任职，博国防军和警察主要由英国人训练。两国官员互访频繁。英国有70多家企业在博投资。2010年6月，英国威廉王子和哈里王子访博。2011年7月，英国安妮公主访博。2012年2月，英国外交大臣黑格访博。2013年2月，英联邦非洲反腐败中心在哈博罗内成立，英联邦将为中心提供100万英镑以帮助非洲国家惩治腐败。2017年12月，马西西副总统访问英国。2018年4月，马西西总统赴英出席英联邦政府首脑会议。

同德国经贸关系发展较快，德是博主要贸易伙伴和援助国之一，多年来共向博提供各种援助近10亿普拉，派出250名专家帮助博从事职业培训、中学教育、社区发展、农林业和中小企业发展项目等。2012年2月，卡马总统访问德国。2017年3月，卡马总统赴德国柏林出席2017年国际旅游博览会，并与德国总统、总理会面。

瑞典和挪威也是博重要的援助国。近年来，因博被列入中等收入国家，瑞挪两国逐步减少援博数额，改为提供低息贷款或开展政府和企业间的合资、合营和技术合作。2010年5月，博瑞签署《税务合作协定》，瑞将为博提供1250万瑞郎资金援助，以帮助博税务部门培训人员和提高审计能力。2011年3月，瑞典国王对博进行国事访问。2017年6月，卡马总统对瑞典进行国事访问。

法国是博茨瓦纳传统友好国家。在政治领域，两国互信较深，国际问题立场相近。在经济领域，法对博直接投资较少，经贸往来不密切。在人文领域，法通过欧盟、联合国及其非政府组织，向博提供抗击艾滋病、卫生、减贫、人力资源培训等援助，效果较好。2015年6月，卡马总统访问法国。

【同美国的关系】博美关系密切，高层往来不断。2002年，美同意将博茨瓦纳列为最不发达国家，以享受美《非洲增长与机遇法》的优惠政策。美向博派有和平队。1998年，美总统克林顿访博。2003年，布什总统和莫哈埃总统互访。2005年，博与美国成立“非洲增长与机遇法论坛”，以扩大对美出口。同年美国对博防治艾滋病领域的援助达到3500万美元。2007年，莫哈埃总统两次访美。2009年11月，卡马总统赴美出席2009年度“保护国际”理事会议，其间会见美国总统奥巴马。2011年6月，美总统夫人米歇尔·奥巴马访博。同月，卡马总统在美国华盛顿国会国际资源保护考克斯基金会晚宴上被授予罗斯福资源保护奖。2012年7月，美国前总统乔治·布什及夫人劳拉访博，并启动美援博医疗项目。8月，博国防军与美军联合举行军事演习，美军非洲司令部司令卡特·哈姆访博。2017年7月，卡马总统访问美国。2018年5月，美国会众议院外交事务委员会主席罗伊斯访博。2018年9月，马西西总统赴美国纽约出席联合国大会第73届会议并访问佛罗里达州和得克萨斯州。2019年6月，马西西总统赴美国拉斯维加斯、旧金山、纽约、纽黑文等地进行工作访问。

【同亚洲国家的关系】近年来，日本对博援助逐渐增加。2007年，日在博设立使馆。2010年10月，卡马总统对日本进行正式访问。2011年1月，纳莎议长率团访问日本。2011年6月，日本援博教育频道正式启动，定时在博电视台为小学生和偏远地区学生播放教育节目。2012年，日本与博签署协议，向博提供8.85亿普拉政府援助发展贷款，用于博与赞比亚边境卡尊古拉大桥的建设。2013年6月，卡马总统赴日参加第五届东京非洲发展国际会议。2017年1月，马西西副总统访问日本。

博与印度关系友好。在博印度侨民约有9000人，其中1/3加入博籍。两国签有最惠国待遇贸易协定和避免双重征税协定。博印在人力资源培训领域开展了多项合作。2007年，印在博设立高专署。2010年，博副总统梅拉费和印度副总统安萨里实现互访。2015年，博副总统马西西出席印非峰会。2018年10月，印度副总统奈杜对博进行正式访问。2009年，卡马总统率团对新加坡进行正式访问。2012年3月，博与印度尼西亚正式建立外交关系。2015年10月，卡马总统访问韩国。2018年10月，印度副总统奈杜对博进行正式访问。

【同非洲其他国家的关系】博茨瓦纳与邻国保持睦邻友好关系。博与南非、纳米比亚、莱索托和斯威士兰同为南部非洲关税同盟成员国，经济关系密切，与南非在经济、贸易等领域联系尤为紧密。2011年，卡马总统先后访问莫桑比克、尼日利亚、加纳和利比里亚。马拉维总统和毛里求斯总理先后访博。2月，博宣布与利比亚断绝外交关系，并于9月承认利比亚过渡委员会为利合法临时政府。7月，博与南苏丹共和国正式建立外交关系。2012年，卡马总统访问纳米比亚和乌干达。南非、赞比亚、利比里亚、尼日利亚总统及津巴布韦总理先后访博。2013年3月，马拉维总统班达对博进行国事访问。2016年5月，卡马总统访问莫桑比克。2017年2月，赞比亚总统伦古访博。4月，莫桑比克总统纽西访博。5月，南共体轮值主席、斯威士兰国王姆斯瓦蒂三世访博。10月，卡马总统出席赞比亚独立53周年庆典。11月，卡马总统先后赴津巴布韦和肯尼亚出席津总统姆南加古瓦和肯总统肯雅塔的就职仪式。2018年2月，卡马总统访问纳米比亚。4月，马西西总统对纳米比亚、津巴布韦、赞比亚、安哥拉、南非、莫桑比克、莱索托进行工作访问。5月，马西西总统对毛里求斯、马拉维、塞舌尔、科摩罗、斯威士兰进行工作访问。8月，马西西总统赴纳米比亚出席第38届南共体峰会。10月底11月初，马西西总统对莫桑比克进行国事访问。2019年1月，南共体轮值主席、纳米比亚总统根哥布访博。2月，马西西总统赴埃塞俄比亚出席第32届非盟峰会首脑会议，并代表博政府签署非洲大陆自由贸易区协定。同月，马西西总统赴津巴布韦出席博津双边关系委员会首次会议。4月，马西西总统访问赞比亚并与赞总统伦古举行双边会谈。同月，布隆迪外长尼比及拉访博，马西西总统会见。6月，卢旺达总统卡加梅应马西西总统邀请对博进行国事访问。7月，马西西总统应卢旺达总统卡加梅邀请出席卢解放25周年庆典。同月，马西西总统应肯尼亚总统肯雅塔邀请对肯进行国事访问。8月，马西西总统应安哥拉总统洛伦索邀请对安进行工作访问。11月，非盟委员会主席法基抵博访问南部非洲发展共同体总部，马西西总统会见。12月，马西西总统赴肯尼亚出席第九届非洲、加勒比和太平洋地区国家集团首脑会议，会议审议通过《内罗毕宣言》，成立非加太集团捐赠基金。同月，莱索托国王莱齐耶三世抵达哈博罗内，对博开展为期两天的正式访问，并与马西西总统举行会谈。

（孙喆）

布基纳法索

国名 布基纳法索（The Burkina Faso，Le Burkina Faso）。

面积 274122平方公里。

人口 2030万（2019年）。共有60多个部族，主要有沃尔特和芒戴两大族系。沃尔特族系约占全国人口的70%，主要有莫西族、古隆西族、古尔芒则族、博博族和洛比族；芒戴族系约占全国人口的28%，主要有萨莫族、马尔卡族、布桑塞族、塞努福族和迪乌拉族。在北部地区还有一些从事游牧业的颇尔人和经商的豪萨人。官方语言为法语；主要民族语言有莫西语、迪乌拉语和颇尔语。50%的居民信奉原始宗教，30%信奉伊斯兰教，20%信奉天主教。

首都 瓦加杜古（Ouagadougou），人口253万。年平均气温26℃—28℃，最高可达42℃以上。

国家元首 总统罗克·马克·克里斯蒂安·卡博雷（Roch Marc Christian KABORE），2015年11月29日当选，12月29日宣誓就职，任期5年。

重要节日 独立日：8月5日；国庆日：12月11日。

简况

系西非内陆国。东北与尼日尔为邻，东南与贝宁相连，南与科特迪瓦、加纳、多哥交界，西、北与马里接壤。属热带草原气候，年平均气温27℃。

9世纪建立了以莫西族为主的王国，15世纪莫西人首领建立亚腾加和瓦加杜古王国。1895—1896年被法国占领，并成为法属西非的一部分。1957年成为半自治共和国。1958年12月，成为法兰西共同体内的自治共和国。1960年8月5日宣告独立，定国名为上沃尔特共和国。莫里斯·亚梅奥果（Maurice Yaméogo）当选总统。1966年，军队接管政权，陆军参谋长阿布巴卡尔·桑古尔·拉米扎纳（Aboubakar Sangoulé Lamizana）出任总统。1980年11月，塞耶·泽博（Saye Zerbo）上校发动政变上台，任军事委员会主席兼国家元首。1982年11月，让-巴蒂斯特·韦德拉奥果（Jean-Baptiste Ouédraogo）少校和托马斯·桑卡拉（Thomas Sankara）上尉联合发动政变，韦德拉奥果任"拯救人民临时委员会"主席兼国家元首，桑卡拉任总理。1983年8月，桑卡拉发动政变，任全国革命委员会主席兼国家元首。1984年8月4日，改国名为布基纳法索。1987年10月，总统府国务部长兼司法部长布莱斯·孔波雷（Blaise Compaoré）发动政变，解散全国革命委员会，成立人民阵线，自任人民阵线主席、国家元首兼政府首脑。

政治

孔波雷上台后，于1990年实行多党制。1991年，通过选举成为合法民选总统，并于1998年11月连选连任。孔提出"良政治国、廉洁为政"的执政理念，积极推行民族和解政策。2005年、2010年孔先后两次以绝对优势在总统选举中获胜蝉联。

2014年10月底，孔波雷强推修宪谋求连任，引发"宪政危机"。以原总统卫队副指挥官雅各巴·伊萨克·齐达（Yacouba Isaac Zida）为首的布军方接管国家权力，孔被迫辞职，流亡科特迪瓦。经国际社会多方斡旋，布各方推举前外长米歇尔·卡凡多（Michel Kafando）为临时总统，卡任命齐达为总理。11月23

日，布过渡政府成立，过渡期1年。2015年9月，支持孔波雷的原总统卫队发动政变失败。11月29日，总统选举顺利举行，人民进步运动党候选人卡博雷在首轮投票中以53.5%的得票率获胜当选，并于12月29日宣誓就职。卡博雷就任总统以来，重视兑现竞选承诺，同反对派保持对话合作，努力维护民族团结和解局面，执政地位逐步得到巩固。当前，布政局总体稳定，2020年11月布将举行新一轮总统选举。

2012年以来，伊斯兰马格里布基地组织等地区恐怖主义势力向布境内渗透，布部分地区安全形势持续恶化2016年1月，该组织在瓦加杜古市一酒店制造恐怖袭击并绑架上百名人质，造成29人死亡。2017年8月，瓦加杜古市再度发生恐袭事件，造成至少18人死亡。2018年3月，瓦加杜古再次发生恐袭事件，布军总参谋部和法国驻布使馆遭受袭击，造成至少16人死亡。2019年初，布政府宣布东部和北部14个省进入安全紧急状态。

【宪法】1991年6月2日，全民投票通过独立以来第4部宪法。宪法规定：布是一个民主、统一、非宗教的国家。实行三权分立和多党制。共和国总统是国家元首、部长会议主席、最高司法委员会主席、武装力量最高统帅，须从年满35岁的布基纳法索公民中直选产生。2000年4月，国民议会大会通过宪法修正案，规定总统任期5年，可连任1次。总统临时或最终不能行使职权时，由议长代行。解散国民议会时，总统需与议长协商。

【议会】2002年1月，布国民议会修改宪法，撤销代表院，将议会两院制改为一院制。国民议会拥有127个议席，行使立法权，每年举行两次例会，议员经直接普选产生，任期5年。本届议会于2015年11月29日选举产生，议长萨利夫·迪亚洛，2016年1月就任，2017年8月突发心脏病去世。新任议长阿拉萨内·巴拉·萨康德（Alassane Bala Sakandé），2017年9月就任。议会主要政党议席如下：人民进步运动党（MPP）55席、进步变革联盟（UPC）33席、争取民主和进步大会（CDP）18席。

【政府】本届政府于2016年1月成立，2019年1月改组，设有33名成员：总理克里斯托弗·约瑟夫·马里·达比雷（Christophe Joseph DABIRE），国防和退伍军人国务部长穆米纳·谢里夫·西（Moumina Chériff SY），国土管理、权力下放和社会和解国务部长西梅翁·萨瓦多戈（Siméon SAWADOGO），外交与合作部长阿尔法·巴里（Alpha BARRY），安全部长乌塞尼·孔波雷（Ousséni COMPAORE），司法、掌玺部长贝索勒·勒内·巴戈罗（Bessolé René BAGORO），非洲一体化和海外侨民部长保罗·罗伯特·蒂恩德雷贝奥戈（Paul Robert TIENDREBEOGO），国民教育、扫盲和民族语言推广部长斯坦尼斯拉斯·瓦罗（Stanislas OUARO），卫生部长莱奥妮·克劳迪娜·卢盖（Léonie Claudine LOUGUE，女），经济、财政与发展部长拉萨内·卡博雷（Lassané KABORE），高等教育、科研和创新部长阿尔卡苏姆·马伊加（Alkassoum MAIGA），公职、劳动和社会保障部长塞尼·韦德拉奥戈（Seyni OUEDRAOGO），数字经济发展和邮政部长哈吉娅·法蒂玛塔·瓦塔拉（Hadja Fatimata OUATTARA，女），新闻及与议会关系部长雷米·菲尔让斯·当吉努（Rémis Fulgence DANDJINOIL），农业及农业水利治理部长萨利夫·韦德拉奥戈（Salif OUEDRAOGO），水资源和清洁部长尼乌加·安布鲁瓦兹·韦德拉奥戈（Niouga Ambroise OUEDRAOGO），基础设施部长埃里克·文登马内加·布古马（Eric Wendenmanegha BOUGOUMA），能源部长贝希尔·伊斯梅尔·韦德拉奥戈（Bachir Ismaël OUEDRAOGO），矿业和采石业部长奥马鲁·伊达尼（Oumarou IDANI），交通、城市疏导和道路安全部长樊尚·廷宾迪·达比古（Vincent Timbindi DABILGOU），妇女、国家团结、家庭和人道主义行动部长埃莱娜·玛丽·洛朗丝·伊布多（Hélène Marie Laurence ILBOUDO née MARCHAL，女），商业、工业与手工业部长哈鲁纳·卡博雷（Harouna KABORE），畜牧业和渔业部长索马诺戈·库图（Sommanogo KOUTOU），青年和青年创业促进部长萨利弗·蒂姆托雷（Salifo TIEMTORE），城市规划和住房部长莫里斯·迪厄多内·博纳内（Maurice Dieudonné BONANET），人权和公民发展部长玛米娜塔·瓦塔拉（Maminata OUATTARA，女），环境、绿色经济和气候变化部长巴蒂奥·巴西埃（Batio BASSIERE），文化、艺术和旅游部长阿卜杜勒·卡里姆·桑戈（Abdoul Karim SANGO），体育和娱乐部长达乌达·阿祖皮乌（Daouda AZOUPIOU）。

【行政区划】全国分为13个大区、45个省和301个市镇。首都瓦加杜古位于卡迪奥果省。

【司法机构】2002年7月，布对司法制度进行了重大改革。国家最高司法委员会为最高司法机构，主席由国家元首兼任，司法部长为副主席。取消最高法院，设立高等法院、行政法院、审计法院和宪法委员会。高等法院为最高司法机构，由民事、商事、社会和犯罪4个法庭组成。行政法院主要审理国家行政机关之间的纠纷和公民对行政机关的控告，下设两个法庭。审计法院是对国家财政执行情况进行监督的最高专门机构，审理国家企业、中央和地方行政机关财经违法案件，下设三个法庭。宪法委员会监督和保障宪法的实施，解释宪法。

【政党】现有合法政党40余个，主要有：

（1）人民进步运动党（Mouvement du Peuple pour le Progrès）：执政党，2014年1月成立，前争取民主和进步大会党（CDP）主席、现任总统卡博雷因不满孔波雷任人唯亲和谋求修宪连任，联合该党重量级人物萨利夫·迪亚洛、前瓦加杜古市长西蒙·孔波雷等70多名高层人员脱离CDP，并创立追求进步人民运动。主席西蒙·孔波雷（Simon Compaore）。

（2）进步变革联盟（Union pour le progrès et le changement）：2010年3月成立。其宗旨系通过推动布进行政治、经济和社会变革给人民带来进步。主席泽菲兰·迪亚布雷（Zéphirin Diabré）。

（3）争取民主和进步大会（Congrès pour la Démocratie et le Progrès）：1996年2月5日成立。以孔波雷领导的争取人民民主组织—劳动运动为主体，联合其他10多个政党组建而成。目前在国民议会中占18席。主席埃迪·孔博伊戈（Eddie Komboigo）。

（4）争取民主和联合同盟—非洲民主联盟（Alliance pour la Démocratie et la Fédération-Rassemblement Démocratique Africain）：1998年5月成立。2003年6月出现分裂，原主席埃尔曼·亚梅奥果（Hermann Yameogo）退出该党，另立争取民主和发展全国联盟（UNDD）。主席吉尔贝·韦德拉奥果（Gilbert Ouédraogo）。

（5）争取复兴同盟/桑卡拉运动（Union pour la Renaissance-Mouvement Sankariste）：反对党，2000年成立，系从桑卡拉泛非公约党（CPS）分裂而来。目前在国民议会中占4个席位。主席本纳温德·斯塔尼斯拉斯·桑卡拉（Bénéwendé Stanislas Sankara）。

其他政党有：争取共和国联盟（UPR）、民主力量联盟（CFD）、民主和社会主义党—建设者党、争取布基纳发展同盟（RDB）、桑卡拉党联盟（UPS）、社会主义民主运动（PDS）、非洲独立党（PAI）等。

【重要人物】罗克·马克·克里斯蒂安·卡博雷：总统。1957年4月25日生。莫西族，信奉天主教。获法国第戎大学管理学硕士学位。曾任交通运输部长、国务部长兼财政计划部长、总理、国民议会副议长、议长等职。原为前总统孔波雷领导的争取民主和进步大会党重要成员，曾任该党全国执行书记、主席。2014年1月，退党并创立人民进步运动党，2015年11月29日，作为该党候选人当选总统，并于12月29日宣誓就职。 **克里斯托弗·约瑟夫·马里·达比雷：**总理。1971年2月13日出生，经济学硕士。自1992年起，历任布卫生部长、中高等教育及科研部长、国民议会财政和预算委员会主席以及西非经济货币联盟合作专员。2019年1月24日，被卡博雷总统任命为政府总理。

经 济

联合国公布的最不发达国家之一。工业基础薄弱，资源贫乏。国民经济以农牧业为主，棉花是布主要经济作物和出口创汇产品。2019年主要经济数据如下：

国内生产总值：152亿美元。

人均国内生产总值：751美元。

国内生产总值增长率：6%。

货币名称：非洲金融共同体法郎（FCFA，简称非洲法郎）。

汇率：1美元≈582非洲法郎。

通货膨胀率：3.9%。

（资料来源：2020年第一季度《伦敦经济季评》）

【资源】已探明的矿藏：黄金储量150万吨，锰1770万吨，磷酸盐2.5亿吨，锌银合成矿1000万吨，石灰石600万吨。

【工业】全国5%的劳动力从事工业生产。2018年工业产值约占国内生产总值的29%。主要为农牧产品加工和轻工业，包括纺织、屠宰、制糖、皮革、啤酒、塑料制品及少量电力、机械工业等。2018年黄金产量52.6吨。现有矿业公司24家，其中外资公司11家，合资公司8家，本国独资公司5家。建筑业发展迅速。

【农牧业】全国84%的劳动力从事农牧业生产。2018年，农牧业产值约占国内生产总值的27%。全国有耕地327万公顷（占可耕地面积的1/3），可灌溉土地150万公顷。主要粮食作物有稻米、小米、玉米和木薯，主要经济作物有棉花、花生、芝麻和卡利特果等。布系撒哈拉以南非洲第一大棉花出产国，近年来因气候变化等原因有所减产，2018年棉花产量约42.3万吨。畜牧业为国民经济基础部门之一。畜产品在出口产品中占有重要地位。

【旅游业】全国共有旅馆40多家，旅游从业人员1.5万人。年平均收入超过4000万美元。主要旅游点有阿尔利、波城和国家公园。

【交通运输】随着经济的发展，交通运输在国民经济中的地位越来越重要。

铁路：全长622公里。全国45%的进出口货物依靠铁路运输。由于管理不善等原因，铁路运营状况不佳。为摆脱困境，1994年，布政府同科特迪瓦政府和法国博洛莱公司决定共同组建非洲国际交通运输公司，实行私有化，布和科分别占有15%的股份。1995年8月正式运营。2001年，布与科共同设立铁路投资基金，计划每年投资20亿非洲法郎用于改善铁路基础设施和火车提速。2001年，布铁路货运量达31.32万吨。2002年9月科特迪瓦危机爆发后，科布边界关闭，铁路停运。2003年9月恢复运行。目前，非洲国际交通运输公司负责对铁路全线进行修缮，2017年12月，铁路修复项目开工仪式在阿比让举行。

公路：总长约1.4万公里，其中沥青路2300公里，国家级公路3299公里、省级公路1446公里、地区级公路1524公里。目前布基纳法索和科特迪瓦正在积极推进阿比让–瓦加杜古高速公路项目，该项目布境内瓦加杜古–博博迪乌拉索400公里路段目前正在施工。科特迪瓦境内阿比让–亚穆苏克罗段高速公路已于2013年底正式通车，亚穆苏克罗–费尔凯塞杜古250公里路段已进入可研阶段。

空运：瓦加杜古和博博迪乌拉索各有一个可起降大型飞机的国际机场。布有一家合资航空企业“布基纳航空公司”，现有一架福克28型飞机和一架空客A319。法航每周三班从巴黎飞瓦加杜古。

【财政金融】2000年，布被国际货币基金组织和世界银行列入“重债穷国减债倡议”名单。2002年，布达到“重债穷国减债倡议”完成点。2005年12月，国际货币基金组织决定免除布欠其所有债务。2018年，外债总额34亿美元，外汇储备0.5亿美元。2019年，外债总额33亿美元，外汇储备1.2亿美元。

【对外贸易】2018年进出口总额为75.1亿美元，其中进口额39.2亿美元，出口额35.9亿美元。2019年进出口总额为76.3亿美元，其中进口额为37.9亿美元，出口额38.4亿美元。主要进口国为科特迪瓦、法国、加纳、印度，主要出口国为中国、印度尼西亚、日本和泰国。主要出口黄金、棉花和乳油木，主要进口生产工业品所需的生产资料、石油制品和食品等。

【外国援助】外援是布建设资金和弥补预算赤字的主要来源。主要援助国和国际组织为法国、德国、丹麦、荷兰、日本以及世界银行、国际货币基金组织、欧盟、非洲发展基金、联合国开发计划署等。

人民生活

根据联合国开发计划署《2019年人类发展报告》公布的人文发展指数，布在188个国家中排名第182位。目前有公职人员39000人，平均月工资约13万非洲法郎。法定最低工资为每小时143非洲法郎。全国有8家医院，地区级医疗中心11个，县级53个，基层卫生诊所677个。平均每3万人拥有1名医生，每1823人拥有1张病床。新生儿死亡率96‰，平均寿命61.2岁，平均受教育年限8.1年贫困人口占全国人口的27.2%。拥有固定电话10万部，移动电话约100万部，互联网用户6.46万个。

军　事

1960年11月1日建军。全国武装力量由正规军和准军事部队组成。总统为武装部队最高统帅。

正规军6600人，其中陆军6400人，空军200人；警宪部队4200人；民兵45000人。有10架各种型号的飞机。

文化教育

【教育】有小学3368所，在校学生705927人；中学293所，在校学生146850人。高等学府3所，即瓦加杜古大学、博博工科综合大学和库杜古高等师范学校，其中瓦加杜古大学为综合性大学，注册学生约1万人。除本国学生外，还有非洲9个国家的数百名留学生。成人识字率23.6%。此外，还有各种扫盲、培训中心3978个，约11万人学习。

【新闻出版】全国共有报刊40多种，大多数为私营刊物。主要官方报刊有《希德瓦亚报》（发行量3500份）、《非洲十字路口》和《希德瓦亚画报》。主要私营报刊有：日报《帕尔加观察家》（8000份）、《国家》（5000份）、《晚报》（2500份）等；周刊《周四新闻》（1万份）、《独立报》（5000份）等。多数报纸都有电子版。

布基纳新闻社：官方通讯社，成立于1964年。每周出版两期《每日新闻》。

布基纳国家广播电台：1959年落成。每天用法语和民族语言播音约19个小时。

布基纳国家电视台：建于1963年。1978年起开播彩色电视节目，每天播出8小时左右，周末增加播出时间。2006年底电视节目覆盖全国。另有3家私人电视台。1995年3月，宗教和布道团联合会创办的电视台和电台开播。

对外关系

奉行和平、发展和全面开放的外交政策，强调务实的经济外交。同西方国家特别是法国保持密切关系。近年来注重加强同美国及亚洲国家交往，以争取更多外援。积极参与地区事务，努力调解多哥、科特迪瓦、马里等国危机，并向中非、马里等国派遣维和部队。2014年10月“宪政危机”后，布积极争取国际社会理解，国际社会对布过渡进程表示支持。随着近期国内安全形势恶化，布进一步加强同国际社会和周边国家安全合作，积极派兵参与萨赫勒五国集团联合部队建设。2019年2月，布总统卡博雷担任萨赫勒五国集团（G5）轮值主席，任期1年。

【同中国的关系】1973年9月15日两国建交。1994年2月2日，布政府和台湾当局宣布“复交”。2月4日，中布中止外交关系。2018年5月24日，布政府宣布同台湾当局“断交”。5月26日，王毅国务委员同来访的布外长巴里代表各自政府在京签署中布复交联合公报，宣布恢复两国大使级外交关系。7月11日至13日，国务院副总理胡春华访布，同布总统卡博雷、总理帝耶巴分别会见、会谈。8月31日至9月5日，卡博雷总统对中国进行国事访问并出席中非合作论坛北京峰会，习近平主席、李克强总理分别同其举行会谈、会见。2018年10月，布执政党人民进步运动党代主席西蒙·孔波雷访华。2019年1月，王毅国务委员兼外长访布，卡博雷总统、巴里外长分别会见、会谈。3月，布国民议会议长萨康德访华，全国人大常委会委员长栗战书、全国工商联主席高云龙分别会谈、会见。4月，巴里外长来华出席首届中布经贸联委会，王毅国务委员兼外长会见。

2018年中布贸易额为3.18亿美元，同比增长56.44%，其中中方出口额为2.23亿美元，进口额为0.95亿美元。2019年中布贸易额为3.22亿美元，同比增长1.07%，其中中方出口额2.62亿美元，同比增长17.32%，进口额0.6亿美元，同比下降37.04%。我国是布最大进口来源国，主要出口机电产品，进口棉花。

从中布建交到1994年中止外交关系期间，中国共向布派遣9批163位医疗队员，接收23名布留学生。从2018年5月中布复交至2019年12月，中国共向布派遣3批26位医疗队员，组织两批“光明行”义诊行动，在布实施超过400例白内障手术。布在华现有留学生205人，包括68名政府奖学金生。

2018年8月，中布签署互免持外交、公务护照人员签证协定，2018年11月起生效。2019年10月，中布签署两国文化合作协定。

中国驻布基纳法索大使：李健。馆址：Bâtiment 1 Parcelle No.2，lot 38 section F，OUAGA 2000 Zone A，Commune de Ouagadougou，Burkina Faso。电话：00226-25376638。

布基纳法索驻华大使：阿达马·孔波雷（Adama Compaore）。馆址：朝阳区塔园外交公寓办公楼2单元021号。电话：010-65323743。

【同法国的关系】法是布前宗主国、最大的贸易伙伴和援助国，每年向布提供约500亿非洲法郎的援助。2014年10月布“宪政危机”后，法积极参与调解斡旋，支持布过渡进程。2015年，卡凡多总统对法国进行工作访问，会见法国总统奥朗德等领导人。9月，布发生政变后，法国积极斡旋施压。2016年，卡博雷总统访法，接待法国总理瓦尔斯访布。2017年1月，卡博雷总统赴马里出席第27届法国—非洲国家峰会。4月，卡博雷总统访法，法总统奥朗德会见。11月，法总统马克龙访布，同卡博雷总统举行双边会谈。2018年3月，法国外长勒德里昂访布，卡博雷总统会见。12月，卡博雷总统访法，法总统马克龙会见。2019年3月，巴里外长同法国外长勒德里昂在纽约共同主持召开萨赫勒五国集团（G5）联合部队问题部长级会议。9月，法国萨赫勒问题特使访布，卡博雷总统会见。11月，法国国防部长访布，卡博雷总统会见。

【同美国的关系】1962年签署布美合作协定。美每年提供约1800万美元援助支持布经济发展，并多次同布举行联合军演。2014年，孔波雷总统赴美出席首届美非峰会，10月布“宪政危机”后，美积极参与调解斡旋，支持布过渡进程。2015年9月，布发生政变后，美国强烈谴责总统卫队非法夺权，要求恢复过渡进程，并宣布将援助与和平过渡挂钩。2017年5月，卡博雷总统出席在利雅得举办的阿拉伯—伊斯兰—美国峰会，9月，卡博雷总统在纽约出席联合国大会期间简短会见美国总统特朗普。2018年4月，美国参议院代表团访布，卡博雷总统会见。2018年4月、2019年2月，美国两次在瓦加杜古同包括布基纳法索在内的非洲国家举行“燧发枪”联合军事演习。

【同欧盟的关系】布与欧盟保持着良好的合作关系。欧盟在减贫、教育、基础设施建设、司法、国防和安全体系改革等领域向布提供大量援助。2013年，欧盟宣布2014—2020年向布提供6.23亿欧元援助。2015年，卡凡多总统赴比利时参加第26届克莱恩和蒙塔纳论坛，会见欧盟领导人和比利时首相米歇尔。欧盟决定在2015—2016年为布提供1.2亿欧元财政援助。2017年，欧盟委员会国际合作与发展总司长斯特凡诺·曼赛尔维西访布，会见卡博雷总统并宣布欧盟计划向布提供1.17亿欧元财政援助。2018年10月，欧盟对外行动署副秘书长贝利亚访布，会见卡博雷总统。

【同邻国和其他非洲国家的关系】孔波雷执政期间，布积极参与调解几内亚、科特迪瓦、马里等地区热点问题，同尼日利亚、科特迪瓦、加纳等西非国家保持频繁往来，关系密切。2015年，塞内加尔总统访布，临时总统卡凡多先后访问科特迪瓦、多哥、尼日利亚，赴贝宁出席西非国家经货联盟首脑会议、赴埃塞俄比亚出席非盟首脑会议，赴加纳出席西非国家共同体第47届峰会，赴贝宁出席宗教、文化对话促进和平与发展教育会议，赴塞内加尔出席西共体峰会。临时政府总理齐达先后访问摩洛哥、科特迪瓦、塞内加尔，赴南非出席非盟峰会。9月，布发生政变后，非盟、西共体予以强烈谴责，西共体轮值主席、塞内加尔总统萨勒、尼日尔总统伊素福、贝宁总统亚伊、多哥总统福雷等赴布进行斡旋调解。2016年，卡博雷总统先后访问尼日尔和科特迪瓦，赴埃塞俄比亚出席非盟峰会。贝宁总统亚伊、乍得总统代比访布。2017年，卡博雷总统先后访问苏丹、埃及、塞内加尔等国，赴埃塞俄比亚出席第28届、29届非盟峰会，赴马里出席撒赫勒五国集团特别峰会，分别赴利比里亚、尼日利亚出席西共体第51届、52届首脑会议；科特迪瓦总统瓦塔拉、加纳总统阿库福-阿多、几内亚总统孔戴、马里总统凯塔、贝宁总统塔隆等非洲国家元首先后访布。2018年，卡博雷总统先后赴利比里亚出席维阿总统就职仪式，赴尼日尔出席第四届萨赫勒五国集团峰会，赴多哥出席西共体国家领导人特别峰会，赴科特迪瓦出席第七届科布友好合作协定峰会以及赴多哥出席西共体和中共体联合峰会；马里总理马伊加、圣多美和普林西比时任总理特罗瓦达等先后访布。2019年，卡博雷总统访问德国、土耳其、阿联酋，赴埃塞俄比亚出席第32届非盟峰会，赴法国出席七国集团（G7）比亚里茨峰会，赴日本出席东京非洲发展国际会议（TICAD）横滨峰会，赴纽约出席联合国大会，赴俄罗斯出席首届俄非峰会，在首都瓦加杜古召开萨赫勒五国集团（G5）峰会、西共体反恐特别峰会。德国总理默克尔访布。

（凌骏敏）

布　隆　迪

<u>国名</u>　布隆迪共和国（The Republic of Burundi, La République du Burundi）。

<u>面积</u>　27834平方公里。

<u>人口</u>　1150万（2019年）。有胡图（84%）、图西（15%）和特瓦（1%）三个民族。官方语言为基隆迪语和法语，国语为基隆迪语，部分居民讲斯瓦希里语。居民中61%信奉天主教，24%信奉基督教新教，3.2%信奉原始宗教，其余信奉其他宗教或不信教。

<u>首都</u>　经济首都布琼布拉（Bujumbura），人口约130万。政治首都基特加（Gitega），人口约3万。

<u>国家元首</u>　总统皮埃尔·恩库伦齐扎（Pierre NKURUNZIZA），2005年8月19日当选，2010年6月28日胜选连任，2015年8月20日再次连任，任期5年。

<u>重要节日</u>　国庆节（独立日）：7月1日。

简　况

位于非洲中东部赤道南侧，内陆国。北与卢旺达接壤，东、南与坦桑尼亚交界，西与刚果（金）为邻，西南濒坦噶尼喀湖。西部湖滨与河谷及东部为热带草原气候；中西部属热带山地气候。年平均气温为20℃—24℃，最高可达33℃。2—5月为大雨季，9—11月为小雨季，其他月为旱季。

17世纪以前建立了封建王国。1890年成为德属东非的一部分。1922年成为比利时委任统治地。1946年联合国将布交由比利时“托管”。1962年7月1日宣布独立，成立布隆迪王国。1966年11月28日，米歇尔·米孔贝罗（Michel MICOMBERO）发动政变成立布隆迪共和国。1976年11月1日，让-巴蒂斯特·巴加扎（Jean-Baptiste BAGAZA）发动政变成立布隆迪第二共和国。1987年9月3日，皮埃尔·布约亚（Pierre BUYOYA）政变上台就任总统，成立第三共和国。1992年实行多党制。1993年6月，布举行多党总统和立法选举，胡图族最大政党布隆迪民主阵线（简称“民阵”）主席梅尔希奥·恩达达耶（Melchior NDADAYE）当选总统，民阵获议会绝对多数。10月，布发生军事政变，恩达达耶总统被害身亡。政变引发大规模民族流血冲突。1994年1月，国民议会选举民阵成员西普里安·恩塔里亚米拉（Cyprien NTARYAMIRA）为总统。4月6日，恩塔里亚米拉遇空难身亡。9月，民阵同原执政党、图西族政党争取民族进步统一党（又称“乌普罗纳党”，简称“乌党”）等反对党达成权力分配“政府契约”，国民议会选举民阵成员西尔维斯特·恩蒂班通加尼亚（Sylvestre NTIBANRUNGANYA）为总统。1996年7月25日，由图西族控制的军队发动政变，废黜恩蒂班通加尼亚，推举前总统布约亚为总统。2000年8月，在国际社会和周边国家调解下，布政府与各政治派别签署阿鲁沙和平与和解协议。

政　治

2001年11月1日，布隆迪过渡政府成立，布约亚出任过渡期前18个月总统，原民阵总书记、胡图人多米蒂昂·恩达伊泽耶（Domitien NDAYIZEYE）出任副总统。2003年4月30日，根据阿鲁沙和平与和解协议顺利实行政权交接，恩达伊泽耶接任总统，图西人阿尔方斯-马里·卡德盖（Alphonse-Marie KADEGE）出任副总统，布过渡期平稳进入第二阶段。11月，布政府和最大的反政府武装保卫民主力量（FDD）签署一揽子和平协议，FDD加入过渡政府，布和平进程取得重大进展。2005年6—8月，布顺利举行地方、立法和总统选举。FDD在地方、国民议会和参议院选举中分别赢得63%、55%和88%的席位，成为执政党，其领导人皮埃尔·恩库伦齐扎当选总统，8月26日就职，随后组成新政府。2006年9月7日，布政府与最后一支反政府武装全国解放阵线（FNL）签署全面停火协议。但有关落实协议的谈判多次陷入僵局。2008年4月，双方发生较大规模交火。5月，在国际社会的积极斡旋下，双方再次签署停火协议。12月，推动布和平进程地区国家首脑会议在布举行，布政府与FNL就FNL转为合法政党及其在布政权体系内职位分配等问题达成一致，签署了新的和平协议。2009年4月，全国解放阵线正式宣布放弃军事斗争，3500名士兵被纳入布军队和警察系统。2010年6月28日，布举行总统选举，因反对党指责政府和执政党在此前举行的地方选举中舞弊而拒绝参选，恩库伦齐扎作为唯一候选人以91.62%得票率蝉联。2015年初，布各方因大选问题产生严重分歧，国内局势趋于紧张，并于5月发生未遂军事政变。7月21日，布举行总统选举，恩库伦齐扎得票率69.41%，首轮直接胜出。8月20日，恩库伦齐扎宣誓就职。2018年5月，布举行公投高票通过修宪草案。

【宪法】2005年3月18日，布颁布实施《后过渡时期宪法》。宪法规定：实行多党制。胡图和图西两族在政府和国民议会中所占比例分别不超过60%和40%，在参议院中各占50%。政府成员由总统征询副总统意见后任命，由不同政党代表组成，对总统负责。国防和安全力量服从于国家文职权力机关，由专业人员组成，不参加任何党派，任何一族在国防力量中比例不得超过50%。2018年6月，布颁布新宪法，主要内容包括：总统任期从5年延长至7年，可连任一次；政体从总统制变为半总统半议会制；将两位副总统改为一位副总统和一位总理，均由总统任命。

【议会】两院制，由国民议会和参议院组成。本届国民议会和参议院分别于2015年7月、8月成立。国民议会121席，议长帕斯卡尔·尼亚本达（Pascal NYABENDA），第一副议长阿加东·卢瓦萨（Agathon RWASA），第二副议长乔基·尚塔尔·恩库伦齐扎（Jocky Chantal NKURUNZIZA）。参议院共43席，参议长雷韦里安·恩迪库里约（Révérien NDIKURIYO），第一副参议长斯佩·卡里塔丝·恩杰巴里卡努耶（Spès Caritas NJEBARIKANUYE，女），第二副参议长阿尼塞·尼永加博（Anicet NIYONGABO）。

【政府】本届政府成立于2015年8月24日，2018年4月改组，由总统、2名副总统、21名部长组成，名单如下：总统皮埃尔·恩库伦齐扎，第一副总统加斯东·辛迪姆沃（Gaston SINDIMWO），第二副总统约瑟夫·布托雷（Joseph BUTORE），内政、爱国主义教育和地方发展部长帕斯卡尔·巴兰达吉耶（Pascal BARANDAGIYE），公共安全和灾害管理部长阿兰·纪尧姆·本约尼（Alain Guillaume BUNYONI），国防和退伍军人部长埃马纽埃尔·恩塔奥姆武基耶（Emmanuel NTAHOMVUKIYE），司法、民事保护和掌玺部长艾梅·洛朗蒂娜·康亚纳（Aimée Laurentine KANYANA，女），外交部长埃策希尔·尼比吉拉（Ezéchiel NIBIGIRA），财政、预算和经济发展合作部长多米蒂安·恩蒂霍库瓦约（Domitien NDIHOKUBWAYO），总统府东非共同体事务部长伊莎贝尔·恩达哈约（Isabelle NDAHAYO，女），总统府良政部长让娜·达尔克·卡加约（Jeanne D'Arc KAGAYO，女），人权、社会事务和性别平等部长马丁·尼维亚班迪（Martin NIVYABANDI），地方分权和机构改革部长让·博斯科·希蒂马纳（Jean Bosco HITIMANA），公职、劳动和就业部长费利克斯·姆波泽里尼加（Félix MPOZERINIGA），教育、技术和职业培训部长让维埃·恩迪拉希沙（Janvière NDIRAHISHA），高等教育和科研部长卡斯帕·巴尼亚恩基姆博纳（Gaspard BANYANKIMBONA），公共卫生和艾滋病防治部长塔代·恩迪库马纳（Thaddée NDIKUMANA），环境、农业和牧业部长德奥·吉德·鲁雷马（Déo Guide RUREMA），水利、能源和矿业部长科姆·马尼拉基扎（Côme MANIRAKIZA），交通、公共工程、装备和国土整治部长让·博斯科·恩通兹韦尼马纳（Jean Bosco NTUNZWENIMANA），商业、工业和旅游部长让·马里·尼尤金迪（Jean Marie NIYOKINDI），青年、邮政和信息技术部长埃弗利娜·布托伊（Evelyne BUTOYI，女），通信和媒体部长弗雷德里克·纳希马纳（Frédéric NAHIMANA），文化和体育部长佩拉特·尼永库鲁（Pélate NIYONKURU）。

【行政区划】全国划分为1个直辖市（布琼布拉市）和17个省，各省名称如下：布班扎、布琼布拉农业、布鲁里、坎库佐、锡比托克、基特加、卡鲁齐、卡扬扎、基隆多、马康巴、穆朗维亚、穆因加、恩戈齐、鲁塔纳、鲁伊吉、鲁蒙盖、姆瓦罗。

【司法机构】司法权独立于立法权和行政权，由各级法院、法庭依法行使。主要司法机构包括最高法院、宪法法院、特别最高法院、上诉法院、审计院、商业法庭、劳动法庭、省级法院及总检察院、地方检察院等。最高法院和宪法法院成员由总统任命。现任最高法院院长西尔韦斯特·姆帕文纳约（Sylvestre MPAWENAYO），宪法法院院长夏尔·恩达吉日马纳（Charles NDAGIJIMANA），总检察长西尔韦斯特·恩扬德维（Sylvestre NYANDWI）。

【政党】根据《宪法》和2011年9月颁布的《新政党法》，实施多党制，政党依法在内政部注册登记。截至目前，共有30余个合法政党。主要政党有：

（1）保卫民主全国委员会—保卫民主力量（Comité National pour la Défense de la Démocratie-Forces pour la Défense de la Démocratie，CNDD-FDD）：简称保卫民主力量，执政党，以胡图族为主体。曾为布最大反政府武装力量，1994年从民主阵线中分裂出来。随后内部又发生了两次分裂，分成CNDD-FDD主流派及两个少数派。主流派以现任总统恩库伦齐扎为首，少数派分别以莱奥纳尔·尼昂戈马（Léonard NYANGOMA）和让·博斯科·恩达伊岗古鲁基耶（Jean Bosco NDAYIKENGURUKIYE）为首。2003年11月与布过渡政府达成停火协议，于2004年9月正式转为合法政党，并在2005年各级选举中获胜，成为执政党。2007年2月，保卫民主力量召开特别党代会，决定党内最高权力机构为贤人委员会，并选举恩库伦齐扎总统为该委员会主席，前总书记马纳塞·恩佐博尼姆帕（Manassé NZOBONIMPA）担任委员会书记；会议还选举热雷米·恩让达库马纳（Jérémie NGENDAKUMANA）为党的新任主席。2012年3月举行第二届全国代表大会，选举帕斯卡尔·尼亚本达（Pascal NYABENDA）为主席、维克多·布里库基耶（Victor BURIKUKIYE）为第一副主席、约瑟夫·恩塔卡卢蒂马纳（Joseph NTAKARUTIMANA）为第二副主席。2016年8月举行特别党代会，对党内机构进行改组，选举出由5人组成的贤人委员会，恩库伦齐扎总统担任贤人委员会主席和终身成员；会议还决定以总书记取代党主席一职，埃瓦里斯特·恩达伊施米耶（Evariste NDAYISHIMIYE）任党总书记。2015年大选后，该党在国民议会和参议院分别占据85席和33席。

（2）全国自由大会党（Congrès National pour la Liberté）：最大反对党，2019年2月在“布隆迪人民的希望”联盟基础上成立，现在国民议会占30席。党主席阿加东·卢瓦萨曾任全国解放力量党主席，现为国民议会第一副议长，在2015年总统选举中得票率18.99%，位列第二。

（3）争取民族进步统一党（Union pour le Progrès National，UPRONA）：简称乌党，是图西族最大政党，1959年1月成立。布独立以后长期执政。1993年6月多党选举失败后，失去执政党地位。1996年布约亚重新执政后，党内出现分裂。2001年11月，布过渡政府成立，布约亚出任过渡期前18个月总统。2005年大选后，乌党成为第三大党。2010年在国民议会和参议院选举中，乌党成为第二大党。2012年9月召开第四届全国代表大会，夏尔·恩蒂提耶（Charles NDITIJE）当选为党主席。由于乌党内派系矛盾，该选举结果一直未获司法部门认可。2016年8月，乌党举行全国党代会，选举新一届领导班子，阿贝尔·加沙特西（Abel GASHATSI）任党主席。2015年大选后，乌党在国民议会和参议院各占2席。

（4）布隆迪民主阵线（Front pour la Démocratie au Burundi，FRODEBU）：简称民阵，胡图族主要政党之一，成立于1986年。该党的目标是建立一个尊重、捍卫、促进人的基本权利和自由的真正的主权国家。1993年，民阵在总统大选和立法选举中获胜，党主席恩达达耶当选总统，民阵成为执政党。10月，恩遇刺身亡。1994年党内因政见分歧而发生分裂。2001年11月1日过渡政府成立后，民阵前总书记恩达伊泽耶出任副总统，民阵主席米纳尼任国民议会议长。2005年立法选举失败后，米纳尼被罢免主席职务，原总书记莱昂斯·恩冈达库马纳（Léonce NGENDAKUMANA）当选主席，厄弗拉希·比基尔马纳（Euphrasie BIGIRMANA）当选总书记。2006年3月，宣布退出政府，成为反对党。

（5）保卫民主全国委员会（Conseil National pour la Défense de la Démocratie，CNDD），于1994年10月从民主阵线中分裂出来，即CNDD-FDD尼昂戈马派。原主张武装斗争、国际军事干预和改组布军队。1998年6月，尼昂戈马参加阿鲁沙和谈，后签署了阿鲁沙和平与和解协议并加入过渡政府。党主席尼昂戈马现流亡国外。

2015年8月，CNDD与民阵（FORDEBU）、真正民阵（FORDEBU-Nyakuri）、争取和平与发展联盟（UPD）和执政党保卫民主力量中部分成员、公民社会代表等在亚的斯亚贝巴成立反对派联盟“遵守阿鲁沙协议和重建法治国家全国委员会（CNARED）”，要求成立过渡政府，重新组织大选。联合国、非盟、东共体及美西方均要求布政府与以CNARED为代表的反对派开展包容性对话，通过协商以和平方式解决危机，但布当局以CNARED中包含布国内暴力事件策划者为由，拒绝CNARED参与对话。

其他政党还有：公民权利运动（MRC）、盾党（MSP INKINZO）、胡图人民解放党（PALIPEHUTU）、人民和解党（PRP）、人民党（PP）、争取民主和经济社会发展集合运动（RADDES）、布隆迪人民联盟（RPB）、争取权利和发展全国联盟（ANADDES）、自由党（PL）、社会民主党（PSD）、劳动者独立党（PIT）、布非拯救联盟（ABASA）、民族复兴党（PARENA）、远见者同盟（INTWARI）、布隆迪争取民主与和解党（PDR）、布隆迪争取发展自由联盟（ALIDE）、布隆迪争取民主和发展新同盟（NADEBU）、布隆迪争取和平与发展联盟（UPD）等。

【重要人物】皮埃尔·恩库伦齐扎：总统。1963年12月18日出生于布琼布拉，胡图族。曾在布隆迪大学任教。1995年加入反政府武装保卫民主力量，1998年任副总书记，2001年被选为主席。2003年11月该组织加入布过渡政府后，恩出任负责良政和国家总检察事务的国务部长。2005年8月19日当选总统，2010年6月28日、2015年8月20日胜选连任。

经　济

农牧业国家，经济以农业为主。20世纪90年代以来，布隆迪战争频仍，局势动荡。1996年7月政变后遭受长达30个月的经济制裁，西方国家援助基本停滞，加之难民问题和气候因素，经济形势严重恶化，国内生产总值比战前累计下降了22%—25%。2000年布政府与各政治派别达成和平协议后，国际援助逐步恢复，经济形势有所好转。2009年1月，布达到重债穷国减债倡议完成点，获得减免14亿美元的债务。2012年2月，布出台《第二代增长和减贫战略框架》文件。10月，布政府在日内瓦召开“布发展合作伙伴大会”，与会各方承诺提供资金26亿美元。2015年初以来，因国内局势紧张，外援大幅减少，布经济状况急剧恶化。2019年主要经济数据估算如下：

国内生产总值：29亿美元。

人均国内生产总值：252美元。

经济增长率：1.8%。

货币名称：布隆迪法郎（简称布郎）。

汇率：1美元≈1845布郎。

通货膨胀率：–0.8%。

（资料来源：2020年第一季度《伦敦经济季评》）

【资源】矿藏主要有镍、泥炭、钸、钒、锡、金、高岭土等。镍矿储量2.61亿吨，品位为1.5%。泥炭储量约5亿吨。磷酸盐储量3050万吨，品位11.1%—12.6%。钒储量1600万吨。石灰石储量200万吨。金矿分布较广，西北部储量较大，开采于20世纪30年代，多走私国外。1993年森林覆盖率为国土面积的5%，后由于火灾和滥伐而迅速减少至目前的3%。

【工业】工业基础薄弱。从业人数占劳动力人口的2%。2018年工业产值约占国内生产总值的12.5%，主要有农产品加工、化工、纺织、烟酒和发电等，均为中小企业。最大的工业生产企业是啤酒饮料厂。

【农牧业】约有90%的劳动力人口从事农牧业。已耕地面积8851平方公里，占国土面积的31.8%，其中可灌溉面积约200平方公里。2018年农牧业产值约占国内生产总值的32.5%。粮食种植面积占耕地面积的90%，主要有玉米、大米、豆类、薯类、芭蕉等。近年来粮食产量为120多万吨。经济作物占耕地面积的10%，主要有咖啡、茶叶、棉花等。畜牧业原较发达，现逐年衰退。天然牧场7277平方公里，占全国面积的28.2%，畜牧业生产总值占国内生产总值的5%。

【服务业】近年来，服务业发展较快，交通运输、商业、银行、社会服务等行业逐年发展，对国民经济的贡献率不断上升。2018年服务业产值约占国内生产总值的55%。

【交通运输】无铁路。

公路：各类公路总长1.36万公里。经济首都布琼布拉为交通枢纽。陆运主要线路由布琼布拉向北经卢旺达、乌干达至肯尼亚蒙巴萨，全长2025公里。

水运：主要航道为坦噶尼喀湖，航线总长175公里。主要线路系由坦噶尼喀湖南下至坦桑尼亚基戈马港，再转铁路抵达累斯萨拉姆港，全长1428公里。主要港口为布琼布拉港，有500米长码头，可同时停靠5艘货轮。

空运：布琼布拉国际机场可起降波音747客机等大型客机，由布隆迪国家航空管理局（RSA）管理，2012—2014年布琼布拉机场出入境旅客人数稳定在25万人左右。比利时航空公司开通了从布琼布拉直飞布鲁塞尔的航班。布国家航空公司还辟有通往卢旺达、乌干达、肯尼亚、埃塞俄比亚和南非的航线。

【通信设施】世界上电话覆盖率最低的国家之一。国家电信局是布唯一的固定电话运营商，全国共有固话用户3万个。全国有U-Com，Onatel，Africell，Econet，Lacel，Lumitel六家移动电话运营商，用户16万个。全国有互联网用户1.4万个，由U-Com，Onatel，Usan Bu和Cbinet四家网络运营商提供网络支持。

布隆迪布琼布拉城域网2015年初开始运营，连通肯尼亚蒙巴萨、坦桑尼亚达累斯萨拉姆的海底电缆，可以向消费者提供宽带网服务。

【财政金融】财政收入主要靠各种税收和外国、国际组织的贷款和赠款。2017年财政收入7350亿布郎。2018—2019年财政预算收入1.24万亿布郎（约合7.07亿美元），预算支出1.4万亿布郎（约合8亿美元）。主要银行有：布隆迪共和国银行，1964年成立，为中央银行，在政府指导下制定官方汇率。最大的三家商业银行分别是布琼布拉信贷银行、布隆迪商业银行和互助银行。

【对外贸易】主要出口产品有咖啡、茶叶等，主要进口产品为工业制成品和燃料等。2018年主要出口对象国是阿联酋、刚果（金）、巴基斯坦、比利时，主要进口来源国是沙特阿拉伯、中国、阿联酋、印度。

2019年布隆迪进出口额约8.48亿美元，较上年下降0.9%，进口总额约6.57亿美元，较上年下降2.9%，出口总额约1.91亿美元，较上年增加6.1%，全年贸易逆差约4.66亿美元，较上年增加15%。

【外国援助】1996年7月政变后，邻国对布实行经济制裁，外援大量减少。1999年制裁解除，西方援助相继重新启动。主要来自法、比、美、日、挪威、联合国难民署、世界粮食计划署、欧盟、国际开发协会等，主要用于军事、教育、农牧、卫生和技术。因2015年选举危机，西方主要援助伙伴暂停预算和项目援助，仅保留人道主义紧急援助。2017年接受外国无偿援助2.03亿美元，贷款2.28亿美元。

人民生活

90%以上人口生活在农村，50%以上不足17岁，平均每名妇女生育6个孩子，年人口增长率2.5%，2015年平均预期寿命57.1岁，5岁以下儿童死亡率8.17%。贫困人口占人口总数的64.6%。

医疗卫生采用医疗互助基金和医疗证办法，军人就医全部免费，平民实行部分免费医疗，公职人员每月向互助基金交纳工资的6%，政府财政补贴4%。医疗证可全家使用，凭医疗证就医者交纳医药费的20%。2006年，布政府提出实施5岁以下儿童医疗免费和妇女分娩免费政策。平均每2.5万人有一个卫生医疗中心，70%的医生集中在首都。常见病有疟疾、艾滋病、血吸虫病、肝炎、霍乱等。14—49岁人群中，艾滋病病毒携带者为1.0%（2015年）。2013年，布医院和诊所数量分别为68家、851家。

军　事

1967年3月7日建军，2005年结束过渡期后组建新的国防军和警察部队，胡图和图西族官兵各占50%。布隆迪国防军由陆军、空军、水军和宪兵组成。总统为武装部队统帅。军队总参谋部下设海军局和空军局分管水军和空军。总参谋长普里姆·尼勇加博（Prime NIYONGABO）。

全国设1个卫戍区和5个军区，20个兵营。总兵力约4.3万人，其中陆军、水军和空军共2.7万人，警察1.6万人。陆军有步兵、装甲兵、机械兵、炮兵、通讯兵、工兵、建筑工程和侦察营等。空军在布琼布拉和基特加设有空军基地，另有一个伞兵营。士兵服役期为6年，军官为职业军人。国防开支一般占国家预算的20%。战乱期间，军费开支比例较高，一度占财政预算的30%。随着布和平进程的推进，军费开支有所下降。近年来，布积极参与联合国和非盟的维和行动，是派遣维和士兵最多的非洲国家之一。

文化教育

【教育】内战期间许多学校关闭或被毁。2005年9月起实行小学6年免费义务教育制，小学入学新生大幅增加，校舍短缺。2015年布15岁以上人口识字率约85.6%。中学教育分普通中学、中等师范学校和中等技术专业学校3种类型。布隆迪有6所公立大学，24所私立大学。布隆迪大学是唯一的综合性公立大学，2015年在校生达13000余人。此外还有高等农业学院、城市建设规划技术学院、军事干部学院、神学院、国际关系研究中心和高等贸易、新闻、司法警官等大专院校。

【新闻出版】主要报刊有:《新生报》，官方法文日报，1978年4月创刊;《团结》周刊，基隆迪文官方刊物，主要面向农村；此外还有多家私营报纸。

布隆迪新闻社为官方通讯社，1976年6月创建。黑非洲通讯社（AGENCE AZANIA）和新闻社（NET PRESSE）均为民办通讯社。

布隆迪广播电台是国家电台，分一台和二台，一台用基隆迪语对内广播，二台用法语、英语和斯瓦希里语对内对外广播。此外还有数家民办电台。

布隆迪电视台为国家电视台，1982年12月由法国援建，每天17：00—23：00用基隆迪语、法语播放新闻和专题节目。

对外关系

奉行睦邻友好、不干涉别国内政、不结盟及国际合作的外交政策。重视睦邻友好，希望通过地区合作推动本国内部问题的解决，支持非洲经济一体化计划，呼吁国际社会关注布局势并对布提供援助。2015年以来，因大选问题与西方国家持续对抗。目前，布隆迪已与127个国家建立了外交关系。

【同中国的关系】1963年12月21日，中国与布隆迪建交。1965年1月29日布政府单方面宣布中断与中国的外交关系。1971年10月13日两国恢复外交关系。此后两国友好合作关系发展顺利。

近年来中方访布的主要有：外交部长杨洁篪（2008年1月），全国政协副主席罗富和（2011年11月），胡锦涛主席特使、文化部长蔡武（2012年6月出席布独立50周年庆典），全国政协副主席、中国人民银行行长周小川（2014年5月），国家副主席李源潮（2017年5月），全国政协副主席刘奇葆（2018年10月），全国人大常委会副委员长曹建明（2019年4月）等。

布方访华的主要有：总统恩库伦齐扎（2006年11月出席中非合作论坛北京峰会、2008年8月出席北京奥运会开幕式、2014年8月出席南京青奥会开幕式），对外关系和合作部长卡瓦库雷（2012年7月出席中非合作论坛第五届部长级会议、2014年7月出席中布经贸混委会第12次会议），对外关系和合作部长尼亚米特韦（2017年3月），参议长恩迪库里约（2017年9月），第二副总统布托雷（2018年9月出席中非合作论坛北京峰会），外长尼比吉拉（2019年6月出席中非合作论坛北京峰会成果落实协调人会议）等。

据中国海关总署统计，2019年中布双边贸易额为0.79亿美元，同比增长61.07%，其中中方出口额0.66亿美元，同比增长77.87%，进口额0.13亿美元，同比增长8.51%。中方主要出口机电设备、钢铁产品、药品、纺织品等，进口矿产品、咖啡、皮革等。

中国驻布隆迪大使：李昌林。馆址：Sur La Parcelle 675 A VUGIZO，BUJUMBURA BURUNDI。办公室电话：00257–22224307；传真：22224082。电子邮箱：sinoburundi@hotmail.com。政治处电话：22216856；传真：22213735。电子邮箱：sinoburundi@hotmail.com，chinaemb_burundi@mfa.gov.cn；经商处电话：22224246；传真：22221962。电子邮箱：bi@mofcom.gov.cn。

布隆迪驻华大使：马丁·姆巴祖穆蒂马（Martin MBAZUMUTIMA）。馆址：北京市朝阳区光华路25号。电话：010–65322328。

【同比利时的关系】布隆迪曾是比殖民地，两国传统关系较深。1996年布发生政变后，比曾一度中断了与布的合作。近年来，比加大了对布援助力度。2014年4月，恩库伦齐扎总统赴比出席第四届欧非峰会，并顺访比。截至2015年，比在布有侨民700多人。2015年以来，比因反对恩库伦齐扎总统谋求连任，中止了对布除人道主义援助外的其他援助。布随后驱逐了比驻布大使。布政府、执政党保卫民主力量多次公开指责比干涉布内政，支持反对派策划颠覆布政权。2016年10月，比新任驻布大使递交国书。2017年3月，布外长尼亚米特韦访问比利时并会见比外交大臣雷德尔斯。

【同法国的关系】两国签有经济、技术、军事、文化等合作协定，法在布隆迪有专家、技术人员共150余人。1996年7月布发生政变后，法一度停止了与布的合作，仅向布提供人道援助。2000年阿鲁沙和平与和解协议签署后，法逐步恢复了对布援助，并宣布免除布所有债务。2005年10月，布法达成协议恢复两国间军事合作。2013年3月，恩库伦齐扎总统对法国进行国事访问。12月，恩库伦齐扎总统赴法出席在巴黎举行的法非和平安全峰会。2014年6月，恩库伦齐扎总统再度访法。截至2015年底，法在布有侨民370多人。2015年布爆发危机后，法中止了与布军事合作。2016年7月，法提议的关于向布派遣228名联合国警察的2303号决议在联合国安理会通过，布国内爆发大规模反法游行。

【同美国的关系】美在医疗卫生、农业、环保、能源和培训等方面向布隆迪提供援助。2005年12月，美将布纳入《非洲增长与机遇法案》。2007年12月，美宣布将对布年度财政援助由1860万美元上调至2860万美元。2008年2月，恩库伦齐扎总统访美。2012年3月、2013年6月，布第二副总统鲁菲基里两次访美。2014年2月，美同布签署《美军地位协定》。8月，恩库伦齐扎总统赴美出席首届美非峰会。2015年11月，美国认为恩库伦齐扎总统谋求连任违反民主良政原则，将布从《非洲增长与机遇法案》中除名。同月，美国宣布对包括布公安部长在内的4人实施制裁。2018年

11月，美国宣布继续延长对布公安部长等4人制裁。

【同邻国的关系】重视睦邻友好，强调邻国对布和平的重要作用，积极恢复和发展同周边国家关系。1999年1月22日，第7次布隆迪问题大湖地区国际组织首脑会议决定中止对布经济制裁后，布与邻国关系不断改善。2006年4月，大湖地区“三方加”会议在布琼布拉召开，布隆迪、卢旺达、刚果（金）外长和乌干达国防部长，以及美国、欧盟、非盟、联合国等国家和组织与会，会议就打击本地区非法武装，加强安全合作等进行讨论，并发表联合公报。2007年7月，布正式加入东部非洲共同体（东共体）。2012年7月，布举行独立50周年庆典活动，非洲国家中肯尼亚、中非、赤道几内亚、索马里、刚果（金）、坦桑尼亚六国总统以及乌干达副总统、卢旺达总理等出席。2013年7月，卢旺达、肯尼亚总统和加蓬国民议会议长、乌干达副总理等外国政要出席布独立51周年庆典。2016年2月，南非、加蓬、塞内加尔、毛里塔尼亚总统及埃塞俄比亚总理受非盟峰会委托共同访布，参与解决布危机的谈判。2018年4月，加蓬总统邦戈访布。2019年2月，索马里总统穆罕默德访布。

布隆迪同卢旺达独立前同属比利时托管地，两国在民族、宗教、语言、文化和风俗等方面相同或相似，两国在民族、侨民等问题上时有摩擦。1996年7月布发生政变后，卢参加了对布制裁。制裁中止后，两国关系迅速改善。布总统布约亚、恩达伊泽耶、恩库伦齐扎等多次访卢。2008年5月，布第一副总统萨欣古武访卢。7月，卢参议长比鲁塔访布。2010年8月，恩库伦齐扎总统同卡加梅总统互致贺电，祝贺对方成功连任。2011年1月、9月，卢旺达总统卡加梅两次访布。2015年布危机爆发后，布指责卢支持布叛乱分子，卢方予以否认。2016年8月，布政府宣布中止对卢贸易，并停止了两国间公共交通线路运营。12月，布方召回其驻卢大使。

布与刚果（金）在历史、地理、经济、文化方面有着密切联系。1998年刚果（金）冲突爆发后，布政府军进入刚境内清剿本国反政府武装。2001年约瑟夫·卡比拉任刚总统后，刚允诺不再支持布反政府武装，布从刚撤军。2003年2月，布约亚总统与刚（金）和卢旺达外长签署了旨在推动地区和平进程的《布鲁塞尔约定》。2005年2月，布外长西农古鲁扎访刚。2010年3月，布在时隔15年后再次向刚派遣大使。4月，恩库伦齐扎总统访刚，这是布总统25年来首次访刚，双方就布选举、安全合作等问题交换了意见。2012年6月，刚外长奇班达访布。2012年底刚果（金）东部局势再度恶化后，布政府支持刚果（金）政府打击叛军。2017年10月，两国外长、国防部长召开首届部长级磋商，重点讨论加强两国边境地区安全等议题。2019年1月，布第二副总统布托雷赴刚出席齐塞克迪总统就职仪式。6月，齐塞克迪总统访布。

布重视发展同坦桑尼亚关系。布一半以上进出口物资经坦转运。目前仍有大量布难民流落在坦。1996年7月布发生政变后，坦联合其他布邻国对布实施经济制裁，两国关系严重恶化。1999年制裁中止后，布坦关系开始改善，两国总统多次互访。2008年1月，坦国防部长姆维尼访布。同月，恩库伦齐扎总统对坦进行工作访问。6月，布第一副总统萨欣古武赴坦参加次地区发展问题首脑峰会。11月，布第一副总统萨欣古武赴坦出席基奎特总统就职仪式。2015年5月布发生政变时，恩库伦齐扎正在坦参加东共体特别峰会。在坦方协助下，恩顺利回国。2016年2月，坦前总统姆卡帕被东共体任命为布危机调解人，与乌干达总统穆塞韦尼一道就布问题进行调停。2017年7月，恩库伦齐扎赴坦会见马古富力总统。

布同乌干达关系较密切，布大量物资须途经乌进口。1996年7月布发生政变后，乌在对布制裁问题上态度强硬。1998年布启动和平进程后，乌对布制裁终止，两国关系好转。2000—2008年，布总统多次访乌。2010年4月，布第一副总统萨欣古武赴乌出席第三届东共体投资大会。10月，布第二副总统鲁菲基里作为布政府特使访乌，出席在坎帕拉举办的国际商业展及乌独立48周年庆典活动。2012年底刚果（金）东部局势再度恶化后，布在大湖地区国际会议组织（CIRGL）框架下与乌加强沟通与合作，恩库伦齐扎总统多次赴坎帕拉出席CIRGL峰会。2015年布危机爆发后，乌总统穆塞韦尼被东共体任命为布问题调解人，多次赴布斡旋。（包伟）

赤道几内亚

国名　赤道几内亚共和国（The Republic of Equatorial Guinea，República de Guinea Ecuatorial）。

面积　28051平方公里，其中大陆部分26017平方公里，岛屿2034平方公里。

人口　130万（2018年）。主要民族为分布在大陆的芳族（约占人口的85%）和居住在比奥科岛的布比族（约占人口的6.5%）。官方语言为西班牙语，法语为第二官方语言，葡萄牙语为第三官方语言。民族语言主要为芳语和布比语。居民82%信奉天主教，15%信奉伊斯兰教。

首都　马拉博（Malabo），位于比奥科岛，人口约21万。年平均气温26.9℃。

国家元首　总统特奥多罗·奥比昂·恩圭马·姆巴索戈（Teodoro Obiang Nguema Mbasogo），1979年任最高军事委员会主席和国家元首，1982年任总统，1989年、1996年、2002年、2009年、2016年5次连任，任期7年。

重要节日　自由政变日：8月3日；宪法日：8月15日；独立日：10月12日。

简　况

位于非洲中西部，西临大西洋，北邻喀麦隆，东、南与加蓬接壤。海岸线长482公里。属热带雨林气候，年平均气温24℃—26℃。

1471—1778年，葡萄牙先后占领比奥科、科里斯科和安诺本等岛。1778年，葡将包括上述3岛在内的奥戈韦河（今加蓬境内）至尼日尔河沿海地区划归西班牙势力范围。1845年，西班牙在赤几建立殖民统治。1964年1月赤几实行“内部自治”。1968年10月12日正式宣告独立，成立赤道几内亚共和国，马西埃·恩圭马任总统。1979年8月3日，国家革命武装力量部副部长奥比昂中校发动军事政变，推翻马西埃政权，成立以奥为首的最高军事委员会。

政　治

奥比昂执政以来，积极致力于维护国家稳定和发展经济。其领导的民主党先后在1993年、1999年、2004年、2008年和2015年5次议会选举中以绝对优势获胜。近年，奥继续奉行民族和解和政治多元化政策，改组内阁、严惩腐败、整顿吏治，以提高公共行政效率。加快基础设施建设，扩大农业、教育和医疗的投入。2011年11月，赤几举行全民公投，通过了以限制总统任期、设立副总统职位和参议院等为主要内容的宪法改革方案。2012年2月，奥比昂正式签署法令颁布新宪法。5月，赤几政府内阁进行了大幅调整，设立副总统和第二副总统职位，并吸收反对党入阁。2014年11月，召开第五次全国政治对话会议。2015年5月，落实第五次全国政治对话会议成果，修订《政党法》《总统选举法》《全民公决、市政和两院选举法》《游行、集会自由法》《政党融资法》等法律。2016年4月24日，赤几举行总统大选，奥比昂以93.7%的得票率获胜，5月20日宣誓就职，第5次连任总统，任期7年。2017年11月，举行议会和市政选举，执政的民主党领导的竞选联盟以绝对优势赢得选举。2018年1月3日，政府宣布2017年12月24日挫败一起外国雇佣兵越境事件。7月，召开第六次全国政治对话会议。10月，举行独立50周年盛大庆典。

【宪法】1982年6月通过，1991年11月修订，2011年11月再次修订。宪法规定：赤几实行共和制，是一个独立、民主、统一的国家。立法、司法、行政三权分立。共和国总统为国家元首和政府首脑，经全民直接选举产生，任期7年，最多可连任一届。

【议会】原称人民代表院，是国家最高立法机构。根据2011年11月修订的宪法，实行两院制，人民代表院改设为参议院和众议院。参议院议员70名，其中55名由直接选举产生，15名由总统任命，任期5年；众议院议员100名，由直接选举产生，任期5年。2017年11月选举产生新一届两院议员，民主党领导的竞选联盟赢得55个参议院席位、99个众议院席位和全部市政议员席位，反对党创新公民党赢得1个众议院席位。参议长为玛丽亚·特蕾莎·埃弗阿·阿桑戈诺（Maria Teresa Efua Asangono），众议长为高登西奥·穆哈巴·梅苏（Gaudencio Muhaba Mesu）。

【政府】本届政府于2018年2月组成，除总统外，有副总统特奥多罗·恩圭马·奥比昂·曼格（Teodoro Nguema Obiang Mangue）、总理弗朗西斯科·帕斯卡尔·奥巴马·阿苏埃（Francisco Pascual Obama Asue），第一副总理兼内政和地方机构部长克莱门特·恩贡加·恩圭马·翁圭内（Clemente Engonga Nguema Onguene），第二副总理安赫尔·马西埃·米布伊（Angel Masie Mibuy），第三副总理阿方索·恩苏埃·莫库伊（Alfonso Nsue Mokuy），此外还有25位部长：总统府使命国务部长亚历杭德罗·埃武纳·奥沃诺·阿桑戈诺（Alejandro Evuna Owono Asangono），总理府地区一体化事务国务部长巴尔塔萨·恩贡加·埃德霍（Baltasar Engonga Edjo），安全国务部长尼古拉斯·奥巴马·恩查马（Nicolás Obama Nchama），卫生与社会福利部长萨洛蒙·恩圭马·奥沃诺（Salomón Nguema Owono），总统府对外安全事务部长胡安·安东尼奥·比邦·恩楚楚马（Juan Antonio Bibang Nchuchuma），总理府部长巴尔塔萨·埃索诺·奥沃罗·恩福诺（Baltasar Esono Oworo Nfono），外交与合作部长西蒙·奥约诺·埃索诺·安格（Simeón Oyono Esono Angue），司法、宗教与惩戒机构部长萨尔瓦多·翁多·恩库穆（Salvador Ondo Ncumu），国防部长莱安德罗·恩卡莱·恩科戈（Leandro Bacale Ncogo），财政、经济与规划部长卢卡斯·阿瓦加·恩查马（Lucas Abaga Nchama），教育、大学教学与体育部长赫苏斯·恩贡加·恩东（Jesús Engonga Ndong），公共工程、住宅与城市规划部长迪奥斯达多·恩苏埃·梅德哈（Diosdado Nsue Medja），劳动、就业促进与社会保障部长塞莱斯蒂诺·博尼法西奥·巴卡莱·奥比昂（Celestino Bonifacio Bakale Obiang），农业、畜牧业、森林与环境部长尼古拉斯·奥通希·阿卡波（Nicolás Houtonji Acapo），渔业与水资源部长阿多拉西翁·萨拉斯·琼科（Adoración Salas Chonco），矿产与石化部长加夫列尔·姆贝加·奥比昂·利马（Gabriel Mbega Obiang Lima），工业与能源部长米格尔·埃夸·翁多（Miguel Ekua Ondo），新闻、媒体与广播部长欧亨尼奥·恩塞·奥比昂（Eugenio Nse Obiang），社会事务与性别平等部长玛丽亚·孔苏埃洛·恩圭马·奥亚纳（María Consuelo Nguema Oyana），交通、邮政与电信部长欧卡里奥·巴卡莱·安格（Eucario Bacale Anfue），公共职能与行政改革部长福斯蒂诺·恩东·埃索诺·埃扬（Faustino Ndong Esono Eyang），贸易与中小企业促进部长帕斯托尔·米查·翁多·比莱（Pastor Micha Ondo Bile），民航部长莱安德罗·米科·安格（Leandro Mico Angüé），文化、旅游与手工业促进部长鲁菲诺·恩东·埃索诺·恩查马（Rufino Ndong Esono Nchama）。

【主要网址】赤几政府官方网站为http://www.guineaecuatorialpress.com，内容主要为赤几新闻及有关情况。

【行政区划】全国划分为7个省、18个区和30个市。

【司法机构】由最高法院、总检察院、上诉法院、初审法庭、市镇法庭以及最高军事法庭组成。最高法院是全国最高审判机关，下辖民事、刑事、行政和习惯法4庭。总检察院为国家法律监督机关和国务委员会的咨询机构。最高法院院长大卫·恩圭马·奥比昂·埃杨（David Nguema Obiang Eyang）。总检察长安东尼奥·恩查·恩圭马·曼格（Anatolio Nzang Nguema Mangue）。

【政党】共有17个合法政党。主要有：

（1）赤道几内亚民主党（Partido Democratico de Guinea Ecuatorial）：执政党，成立于1986年。创始人及主席为奥比昂总统，总书记赫洛尼莫·奥萨·奥萨·埃科罗（Jeronimo Osa Osa Ecoro）。

（2）社会民主人民联盟党（Convergencia Social Democratica Popular）：1992年成立。现任总书记为圣地亚哥·翁多·恩图古·安格索莫（Santiago Ondo Ntugu Anguesomo）。

（3）社会民主联盟（Union Democratica Social）：1990年成立于加蓬。现任主席为米格尔·姆巴·恩藏·米奎（Miguel Mba Nzang Mikue）。

此外还有自由党（Partido Liberal）、自由民主大会党（Convencion Liberal Democratica）、赤几社会主义党（Partido Socialista de Guinea Ecuatorial）、赤几人民行动党（Accion Popular de Guinea Ecuatorial）、争取社会民主联盟（Convergencia Para la Democracia Social）及社会民主党（Partido Social Democrata）等。

【重要人物】特奥多罗·奥比昂·恩圭马·姆巴索戈：总统、民主党主席、武装部队总司令。1942年6月5日生于大陆地区蒙戈莫县，芳族人。1963年考取国土警卫队士官生，同年9月赴西班牙萨拉戈萨军事学院学习两年。回国后历任比奥科岛驻军司令、国防部供应和计划局长、国家革命武装力量部秘书长和副部长等职。1979年8月3日发动军事政变，任最高军事委员会主席。10月任国家元首和政府首脑。1982年8月就任总统。1986年12月创建民主党并任主席。1989年6月、1996年2月、2002年12月、2009年12月、2016年4月5次连任总统。 **特奥多罗·恩圭马·奥比昂·曼格**：副总统、民主党副主席。1969年生，奥比昂总统长子。早年从军，后涉足商业。20世纪90年代后期开始从政。先后担任总统府森林事务顾问，森林、渔业与环境部长，基础设施与森林部长，农业与森林部长等职。2012年任第二副总统，主管国防与安全事务。2016年6月，任副总统。

经　济

独立后经济曾长期困难。1987年开始实施经济结构调整计划。20世纪90年代商业产油后，经济出现转机，石油和天然气成为经济支柱。1997年制定《经济中期发展战略》（1997—2001年），采取扩大石油开采，增加信贷投放，提高可可收购价格，降低生产资料零售价格等一系列措施刺激经济发展。1997—2007年年均经济增长率达26%，是经济增长最快的非洲国家之一。2007年11月召开第二届全国经济大会，制定了2008—2020年国家经济发展远景规划，在强化油气产业发展的同时，全面启动交通、通信、电力和卫生等基础设施建设，推动经济多元化发展，计划2020年建设成为新兴国家。2014年2月，赤几召开首届经济多元化会议，正式启动经济多元化进程，重点发展农牧业、渔业、石化与矿业、旅游业、金融服务业等五大战略产业。7月，政府成立2020控股公司和共同投资基金，旨在有效利用油气收入，为推行经济多元化提供资金支持。2019年4—5月，赤几举行第三次全国经济会议，推出“2019—2022经济复苏议程”，将大力发展油气产业以及工业、农渔业、旅游业、信息通信技术、金融服务等非石油行业，加强民生建设，改善营商环境。但是由于近年受国际原油价格下跌影响，经济连续负增长，外汇储备大幅减少，财政困难。经济多元化效果不彰，经济转型任重道远。2019年赤几主要经济数据如下：

国内生产总值：132亿美元。

人均国内生产总值：约9800美元。

国内生产总值增长率：-1.8%。

货币名称：中非金融合作法郎，简称“中非法郎”。

汇率：1美元≈588中非法郎。

通货膨胀率：2.2%。

（资料来源：2020年4月《伦敦经济季评》）

【资源】矿藏有石油、天然气、磷酸盐、黄金、铝矾土、锌、钻石等。已探明天然气和原油储量分别为368亿立方米和56亿桶。林、渔业资源丰富，森林覆盖率曾高达80%。20世纪80年代后期90年代前期，木材加工是国家重要创汇来源，后因管理不善、砍伐过度产值不断下降，原木产量从2000年的70.82万立方米下降到2008年的40万立方米，其中约90%用于出口。原木主要出口亚洲，现森林覆盖率46%，海上专属经济区31.2万平方公里。

【工矿业】以石油和天然气为主。近年来由于石油工业快速发展，工业总产值在国内生产总值中所占比重逐年增加，但结构单一。2011年工业总产值占国内生产总值的90%以上。

1998年12月，议会批准了新的《石油开采法》，赤几方获得的石油份额从过去的10%增加到13%—20%。为加强对石油勘探、开采等工作的管理，1999年8月，赤几政府决定成立石油开采工作跟踪委员会，并宣布将今后所有石油收入纳入国家财政预算，石油勘探、开采协议和合同一律由经济财政部签署后交总统批准。2001年成立国家石油公司。2004年9月，召开第一届全国石油工业大会，宣布成立国家石油技术研究院。2014年原油日产量25.4万桶。但近年石油产量下滑，2017、2018年原油日产量分别为17.4万桶、13.5万桶。目前在赤几开采石油的主要是美孚、马拉松、欧菲尔、道达尔等美、英、法石油公司。根据协议，赤几政府以原油偿还上述石油公司的投资；石油公司则向赤几政府支付一定比例的石油收入，作为用地费用和税款。近年，赤几政府加大对石油资源的控制，规定赤几政府须在所有合资石油公司中控股35%以上。

2002年总投资4.15亿美元的甲醇生产基地在首都马拉博建成投产，年产甲醇达92.5万吨，该企业是非洲最大的甲醇生产厂，产量占世界总产量的3%。2005年组建国家天然气公司。2006年12月，颁布《能源和石油天然气法》，重点增强国家对油气资源的控制、管理及国家权益等条款。该法于2007年1月1日起实施。2013年，赤几出口液化天然气、甲醇、丁烷、丙烷等合计6660万桶，同比增长2.0%。目前，全国有十几个中、小型热电厂和水电站（热电80%，水电20%），多为外国援建，最大装机容量为15400千瓦。

【农渔业】随着石油工业的快速发展，农渔业总产值在国内生产总值中所占的比重逐年下降，但农业依然是民众的主要谋生手段。2007年，政府通过《农业森林法》，规定每年木材产量最高限额为54万立方米。2013年实际木材产量为33.4万立方米，同比下降0.1%。目前全国可耕地面积约85万公顷，70%的劳动人口从事农业。粮食不能自给。主要粮食作物为木薯、芋头、玉米等。2013年赤几蔬菜产量约87吨。主要经济作物为可可和咖啡。由于近年来国际市场价格下降，咖啡和可可生产萎缩，特别是可可产量已由过去最高年份的4.5万吨降至目前不足500吨。

赤几拥有30万平方公里的海上专属捕鱼区，盛产金枪鱼、非洲黄鱼和大虾等，年捕获量可达7—10万吨以上，但实际捕捞量不高。目前法国、西班牙等欧盟成员国的近40艘渔船在安诺本岛海域捕捞金枪鱼。2013年捕鱼量2515吨，同比下降4.6%。近年来，赤几政府采取一系列措施支持渔业发展，将其作为实现经济多元化的关键之一。

【建筑业】随着石油天然气产业快速发展以及政府不断加大基础设施投资力度，建筑业在国民生产总值中的比重迅速上升到1.2%，成为仅次于石油与农业的第三大产业。2013年赤几基建投资约49亿美元。政府投入巨资修建公路，改造机场，扩建港口，启动规模庞大的住房计划。近年因国际油价大幅下跌，赤几财政收入锐减，基础设施投资大幅减少。

【交通运输】无铁路。赤几全国公路网约3952公里，其中2469公里分布在大陆地区，253公里分布在岛上，还有1230公里林区公路。国家级公路长1009公里，其中沥青路面约400公里。赤几汽车保有量以大约每年23%的速度增长。

空运：马拉博和巴塔是主要航空港。全国共有4家航空公司，其中1家为国营公司，承运马拉博到巴塔和安诺本两条国内航线，以及马拉博到马德里、杜阿拉、阿布贾、利伯维尔、科托努、巴马科等国际航线。此外，喀麦隆、加蓬、尼日利亚、贝宁、西班牙、德国、法国、肯尼亚、埃塞俄比亚等国航空公司有从马拉博飞往杜阿拉、利伯维尔、阿布贾、科托努、马德里、法兰克福、巴黎、内罗毕、亚的斯亚贝巴等地的航班。

水运：马拉博和巴塔是重要海港。马拉博港吞吐能力150万吨。2007年巴塔港启动改扩建工程，一期工程2012年完工，建成5万吨、3.5万吨、3万吨、2万吨通用泊位各1个，1万吨成品油泊位2个，设计年吞吐能力650万吨，是全国最大港口。2015年、2016年吞吐量分别为122万、138万吨。赤几海运业总体水平落后，近年有一定发展。

【电信业】起步较晚，整体水平仍比较落后。20世纪90年代与法国电信公司合作成立赤几电信公司GETESA，其中赤几持股60%，法方持股40%。近年来，移动电话用户增长迅速，2000—2007年，手机用户平均增长率达80%。2005年5月，赤几电信公司开通宽带互联网（ADSL）。2012年，赤几接入了ACE国际海底光纤网，获得高速互联网国际接口。赤几有固定电话用户1.35万，移动电话用户42.6万，互联网用户4.2万。目前，电话和互联网业务的主要运营商为赤几电信公司。自2010年初起，引入第二家电信运营商沙特阿拉伯公司HITS。2012年，由中国中兴通讯股份有限公司与赤几政府合资成立的赤几通讯公司（GECOMSA），成为赤几第三家电信运营商。2018年6月，连接赤几国内地面光缆和国际海缆的“木棉2号”海底光缆完工启用。

【财政金融】自20世纪90年代以来，石油产业成为赤几最重要的财政收入来源，国家收入大幅增长，财政紧张状况有所缓解。2005年，赤几公布法令，中央政府将把每年财政收入的10%拨给地方政府，用于地方建设项目。受国际原油价格下跌等因素影响，外汇储备近年大幅减少，2018年仅为3300万美元。2019财年财政收入约21.01亿美元，财政赤字占GDP比重1%。

1985年赤几信贷银行倒闭后，赤几一直没有国家银行。2006年4月，菲律宾商业银行和赤几方商定共同组建赤几国家银行。9月，赤几国家银行开业。近年来银行业有较大发展，目前有4家银行经营业务，主要顾客为在赤几的外国公司。保险业发展较慢，全国有3家保险公司和1家再保险公司。

【对外贸易】2018年进出口贸易总额约71亿美元，其中出口约48.2亿美元，进口约22.8亿美元，顺差约25亿美元。2019年进出口贸易总额约67亿美元，其中出口约44亿美元，进口约23亿美元，顺差约21亿美元。生活日用品和生产资料均依赖进口。主要进口国为美国、西班牙、中国、法国等。石油和木材为主要出口产品。主要出口国为中国、日本、英国和法国等。

近年来，随着石油工业的快速发展，石油不仅取代木材成为主要出口创汇产品，而且扭转了外贸长期逆差的局面。

【外国资本】主要投资国为美国、法国和西班牙。投资领域主要集中在石油领域。

【外国援助】援助主要来自西班牙、法国和联合国有关机构等。因赤几对欧盟与非加太集团国家间进行经贸合作的《科托努协定》部分条款持异议，欧盟自2008年起停止通过欧盟发展基金向赤几提供援助。

人民生活

根据联合国开发计划署《2018年人类发展报告》公布的人文发展指数，赤道几内亚在189个国家中排名第141位。全国有2所国家级医院，5所省级医院，11所区级医院，46个医疗中心和399个卫生站。每千人口病床数2.1张。巴塔有1所卫生学校。全国有医生58人、医疗技术人员165人、护士和服务人员800余人。卫生状况较差，疾病易流行。68%的人用不上自来水，63%的人有病得不到及时治疗。人均预期寿命63.85岁。人口出生率33.31‰，死亡率8.19‰，婴儿死亡率69.17‰。平均每个家庭有子女5.6人。

近年来，艾滋病在赤几迅速蔓延，成人艾滋病感染率6.2%（2012年），艾滋病毒携带者约3.1万人（2012年）。2001年成立了由奥比昂总统亲自主持的委员会，并制定了防治艾滋病5年战略。2004年6月，奥比昂总统发布总统令，批准向艾滋病病毒携带者提供药品和免除部分治疗费用的规定。2005年4月，赤几政府批准成立援助艾滋病基金会（AYES）。7月，政府启动社会发展基金，加大力度发展教育和卫生事业。2006年底，赤几政府采取措施，开始为艾滋病患者和病毒携带者免费提供检查和药品。

2007年2月，奥比昂总统签署法令，规定私人行业最低工资为9.54万非洲法郎。卫生部推出希望计划，从2007年2月起，古巴医疗队在周末为低收入群体提供免费手术。2010年2月4日，赤几启动妇女及老龄人口社会经济状况普查。2014年2月，赤几公布赤几全国初级医疗战略（APS）。

军　事

赤道几内亚军队由海、陆、空三军组成，共约3000余人，其中陆军3个营，海军1个营，空军1个连。实行义务兵役制及军官终身制。奥比昂总统是全国武装力量最高统帅。军队装备不足且陈旧落后。近年赤几着力加强军事力量，2014年6月，赤几首艘自造军舰“维勒-恩萨斯”号轻型巡洋舰下水。

文化教育

【教育】教育以西班牙语为基础，分为学前教育、小学、中学或职业教育、大学4个阶段。赤几政府2007年提出发展学前教育计划。全国有学前教育中心300个。小学学制5年，实行义务教育，现有小学校890座。小学入学率为87%。中学学制7年，现有学校40所。职业培训由工作培训和技能培训两阶段组成，每阶段3年。西班牙、法国在马拉博分别设有规模较大的文化中心和语言学校。为适应石油工业高速发展，政府于2005年在马拉博建立“石油技工培训中心”，提供职业教育。全国只有1所大学赤几国立大学，与西班牙的大学有合作协议。赤几国立大学下设5个学院、2个系，共16个专业。政府不提供奖学金。多数石油公司为赤几留学生提供奖学金。在政府7500多名公务员中，仅3.2%的人具有大学学历。据官方统计，赤几5—24岁公民平均受教育率达84.6%。2010年赤几文盲率为6.1%。根据联合国教科文组织2013年度《全民教育全球检测报告》显示，赤几成人识字率达94%，居撒哈拉以南非洲首位。2017—2018学年，全国初等教育学校909所，其中公立学校占61.6%，私立学校38.4%，学生113561名。中等教育学校221所，其中公立学校占20%，私立学校80%，学生50043名。

【新闻出版】目前，赤几只有2份周报和6份刊物。周报为《黑檀木》《坡托坡托》，均由赤几新闻部主办。《加塞塔》是唯一允许发行的民间刊物。此外还有《保险报》《维纳斯》《你好，赤几》《班图》和《木棉》。

政府在马拉博和巴塔各建有1个国家电台，每天下午播音10小时左右，内容为新闻、音乐和政府通知。2005年3月，由中国援建的巴塔电台短波站开播。奥比昂总统儿子曼格开办的私营电台阿松加主要播送新闻和娱乐节目。2005年，赤几国立大学开设了以播送教育节目为主的大学电台。

马拉博和巴塔分别设有国家电视台，内容主要是新闻、报道、讨论会和娱乐节目。2006年，由中国援建的马拉博电视中心建成。奥比昂总统儿子曼格开办了私营电视台阿松加。赤几卡梅利甘公司经营南非卫星电视业务，转播20多套国际电视节目。

对外关系

赤道几内亚奉行不结盟、睦邻友好和多元化的外交政策。主张在和平共处、平等互利的基础上加强与各国的友好合作关系。反对霸权主义和强权政治，要求建立国际政治经济新秩序。反对外国势力干涉非洲国家内部事务，主张非洲国家制定共同战略，争取正常的发展环境。反对西方借人权问题干涉别国内政。积极参与地区政治交往和经济合作。系非洲联盟、中部非洲国家经济共同体和中部非洲经济与货币共同体成员。2017年5月，赤几正式加入石油输出国组织（OPEC）。6月，赤几当选2018—2019年度联合国安理会非常任理事国。2018年2月，赤几担任联合国安理会轮值主席。

【同中国的关系】1970年10月15日建交以来，两国关系发展顺利，双方高层交往密切。2013年9月，中央书记处书记、中央纪委副书记赵洪祝访问赤几。11月，赤几第二副总统曼格访华。2015年4月，奥比昂总统来华进行国事访问。12月，奥比昂总统出席在南非举行的中非合作论坛约翰内斯堡峰会。2016年1月，全国政协副主席王家瑞访问赤几。5月，习近平主席特使、工业和信息化部部长苗圩赴赤几出席奥比昂总统就职典礼。10月，赤几民主党总书记奥萨访华。2017年7月，赤几副总统曼格访华。2018年9月，赤几总统奥比昂来华出席中非合作论坛北京峰会。10月，习近平主席特使、全国人大常委会副委员长张春贤出席赤几独立50周年庆典。2019年1月，习近平主席特别代表、中共中央政治局委员、中央外事工作委员会办公室主任杨洁篪访问赤几。6月，赤几外长奥约诺来华出席中非合作论坛北京峰会成果落实协调人会议。

2018年，中赤几双边贸易额22.9亿美元，同比增长41.78%。其中中方出口额1.45亿美元，同比下降12.28%；进口额21.45亿美元，同比增长47.95%。2019年，中赤几双边贸易额18.36亿美元，同比下降19.83%。其中，中方出口额1.13亿美元，同比下降22%；进口额17.23亿美元，同比下降19.68%。中方主要进口原油、原木，出口机电产品、钢铁制品等。

中国驻赤道几内亚大使：亓玫（女）。馆址：Carretera de Aeropuerto Malabo 2 C.P. No.40，Malabo 2 Guinea Ecuatorial。电话：00240–333093505，333092239，222214057；传真：333092381。经商处电话：00240–333093440。

赤道几内亚驻华大使：贺曼·埃夸·希玛（German Ekua Sima Abaga）。馆址：北京市朝阳区三里屯东四街2号。电话：010–65323679；传真：65323805。

【同西班牙的关系】西班牙为赤道几内亚原宗主国。1977年两国断交。1979年8月奥比昂执政后两国复交。西每年向赤几提供约2500万美元援助，是赤几主要援助国。2012年11月，赤几外长姆巴访西，与西班牙外长签署了两国航空合作协议。2013年4月，赤几外长姆巴访西，会见西班牙国王胡安·卡洛斯一世。2014年3月，奥比昂总统赴马德里出席西班牙前首相苏亚雷斯国葬葬礼。6月，西班牙首相拉霍伊出席在赤几举行的第23届非盟首脑会议。7月，西班牙前首相萨帕特罗访问赤几。2017年6月，赤几外长姆巴访问西班牙。2018年10月，西班牙外交部国务秘书出席赤几独立50周年庆典。

【同法国的关系】近年两国关系发展较快。1985年赤道几内亚加入中部非洲法郎区，1997年正式宣布法语为第二官方语言。法每年向赤几提供约2000万美元的援助，并向总统府、国防部等政府部门派有顾问。两国设有混委会。近年来奥比昂总统多次访法，法国同意向赤几提供新的援助并扩大两国在经贸领域的合作。2015年11月，奥比昂总统赴法国出席气候变化巴黎大会。2017年1月，奥比昂总统出席在马里召开的第27届法非峰会，并会见法总统奥朗德。2011年，法国警方以奥比昂总统长子曼格涉嫌挪用国际社会援助等为由，搜查其在巴黎的住宅并查扣数量豪华轿车。因曼格拒绝到庭，法国法院对其发出通缉令。2014年，法国法官以视频会议形式对曼格进行了审讯。2016年，法国财政检察院以“涉嫌洗钱和挪用公款”起诉曼格，赤几方予以强烈谴责。赤几向海牙国际法院提起诉讼，要求制止法方起诉。海牙国际法院判定赤几方在巴黎房产享有外交机构地位，但以不具管辖权为由，未予受理。2017年，法国巴黎地方法院判处曼格有期徒刑三年缓刑三年，罚款3000万欧元（如不再犯，无须支付），没收涉事房产。赤几方表示将适时就巴黎地方法院没收赤几政府在法资产向海牙国际法庭上诉。2018

年10月，法国总统马克龙派特使出席赤几独立50周年庆典。2019年9月，奥比昂总统夫妇赴法国出席法前总统希拉克葬礼。11月，奥比昂总统赴法国出席巴黎和平论坛并会见法国总统马克龙。

【同美国的关系】1976年两国断交。1979年奥比昂执政后复交。1994年美国将同赤道几内亚的外交关系从大使级降为代办级。1996年美关闭驻赤几使馆。2000年，美在巴塔开设了名誉领事馆。2003年10月，美驻赤几使馆在关闭7年后重新开馆。2010年4月，赤几外长米查访美。2011年2月和12月，奥比昂总统两度访美。5月，美国助理国务卿苏珊·佩吉访问赤几。2012年6月，奥比昂总统访美并在休斯敦举办了赤几投资机遇论坛。2013年4月，奥比昂总统赴纽约出席联合国特别会议。2014年8月和9月，奥比昂总统赴美出席首届美非首脑会议和第69届联合国大会。2015年9月，第二副总理恩奎玛赴纽约出席第70届联合国大会。2016年3月，奥比昂总统会见到访的美国负责非洲事务的助理国务卿帮办沙利文。

【同葡萄牙的关系】赤几积极争取加入葡萄牙语国家共同体。2013年4月，赤几任命首任驻葡萄牙大使。2014年7月，奥比昂总统赴东帝汶首都帝力出席第十届葡萄牙语国家共同体首脑会议，会议批准赤几成为该组织第9个成员国。2017年12月，赤几众议长穆哈巴赴葡萄牙出席第七届葡共体议会大会。

【同邻国的关系】重视同邻国保持睦邻友好关系。20世纪70年代初曾与加蓬发生领土争端，后经非统组织调解，两国签订《友好睦邻协定》和《划分陆、海边界协定》。近年来，随着赤道几内亚近海发现石油，同尼日利亚、加蓬、喀麦隆、圣多美和普林西比4个邻国确定领海疆界日显重要，赤几表示愿以谈判方式解决有关问题。

2008年以来，赤几和加蓬就边界岛屿主权归属争议总体已有所缓和。2012年1月，赤几与加蓬联合举办第28届非洲杯足球赛。2013年1月，奥比昂总统访问加蓬并出席中部非洲经济与货币共同体特别首脑峰会。4月，加蓬外长伊索泽访问赤几。6月，奥比昂总统赴加蓬出席中部非洲经济和货币共同体特别峰会及第二届“纽约—非洲论坛”。2014年5月，奥比昂总统在马拉博会见加蓬总统特使、外交部长伊索泽。2016年1月，加蓬外长伊索泽访问赤几。4月，加蓬总统邦戈对赤几进行国事访问。7月，奥比昂总统访问加蓬。2016年11月，奥比昂总统和邦戈总统在第22届气候变化大会马拉喀什会议期间，在联合国秘书长潘基文见证下签署协议，同意将双方争议岛屿姆巴涅、科科特罗斯、孔卡和争议边界提交国际法院裁决。2017年12月，加蓬总统邦戈访问赤几。2018年2月、8月，邦戈总统两次访问赤几。

赤几与喀麦隆边界争议与喀麦隆、尼日利亚边界争端交织在一起，问题错综复杂。2010年2月，喀麦隆外长访问赤几，就两国边界划定问题进行磋商，双方就两国海洋划界问题达成协议并签署联合公报。5月，奥比昂总统会见喀麦隆第一副总理。同月，奥比昂总统参加喀麦隆独立50周年庆典。2012年9月，赤几与喀麦隆签署互免持外交、公务护照签证协议。11月，奥比昂总统访问喀麦隆。2014年3月，奥比昂总统会见到访的喀总统府民事部长贝林加。

2013年3月，尼日利亚总统乔纳森访赤几，奥比昂向乔纳森颁授赤几最高荣誉——独立大十字勋章。2015年2月奥比昂总统访问尼日利亚。5月，奥比昂总统赴尼日利亚出席新任总统布哈里就职典礼。2016年3月，尼日利亚总统布哈里对赤几进行正式访问，同奥比昂总统会见并签署建立海上安全监控和巡逻联合委员会的协定。2018年1月，奥比昂总统访问尼日利亚。

1999年6月，赤几同圣多美和普林西比签署两国关于划定海上边界的协定。2013年8月，奥比昂总统会见来访的圣普总理加布里埃尔。2015年3月和8月，圣普总统达科斯塔两度访问赤几。10月，奥比昂总统访问圣普。2016年2月，奥比昂总统会见到访的圣普总理特罗瓦达。2017年11月，圣普总理特罗瓦达访问赤几。2018年10月，圣普总统卡瓦略出席赤几独立50周年庆典。

【同其他非洲国家的关系】赤几与加纳关系良好。2013年1月，奥比昂总统出席加纳总统马哈马就职典礼。2015年2月，奥比昂总统访问加纳。2017年8月，加纳总统阿库福—阿多访问赤几。2018年9月，奥巴马总理赴加纳出席联合国前秘书长安南葬礼。

2015年，奥比昂总统访问乍得、阿尔及利亚、贝宁等国，赴埃塞俄比亚出席第24届非盟首脑会议、赴纳米比亚出席新任总统就职典礼、赴加蓬出席中部非洲经济货币共同体峰会、赴埃及出席新苏伊士运河开通仪式、赴刚果（布）出席庆祝独立55周年活动、赴几内亚出席孔戴总统就职典礼，布基纳法索临时总统、尼日尔、津巴布韦等国总统分别访问赤几。2016年，奥比昂总统赴纳米比亚出席非盟安理会改革十国委员会峰会，对津巴布韦进行正式访问，赴埃塞俄比亚出席第26届非盟首脑会议，赴中非、尼日尔、乍得三国出席桑德拉总统、伊素福总统、穆塞韦尼总统就职仪式，访问乍得。贝宁总理津苏、中非总统瓦德拉、佛得角总理佩雷拉、几内亚比绍总理巴希罗·贾、津巴布韦总统穆加贝、布基纳法索总统卡博雷分别访问赤几。2017年1月，贝宁总统亚伊访问赤几，奥比昂总统赴埃塞俄比亚出席第28届非盟首脑会议，其间会见了南苏丹总统、乌干达总统、摩洛哥国王和联合国秘书长古特雷斯。3月，奥比昂总统访问安哥拉。4月，奥比昂总统访问莫桑比克、乌干达。6月，斯威士兰国王姆斯瓦蒂三世访问赤几。7月，中非总统图瓦德拉访问赤几。8月，乌干达总统穆塞韦尼访问赤几。9月，奥比昂总统赴安哥拉出席洛伦索总统就职仪式。2018

年1月，奥比昂总统访问乌干达，曼格副总统赴利比里亚出席维阿总统就职仪式，中非总统图瓦德拉、几内亚总统孔戴访问赤几。2月，奥比昂总统对埃塞俄比亚、突尼斯进行国事访问。3月，非盟轮值主席、卢旺达总统卡加梅访问赤几。4月，奥比昂总统访问吉布提，南非总统特使、副总统马布扎访问赤几。5月，奥比昂总统访问津巴布韦，曼格副总统赴塞拉利昂出席比奥总统就职仪式，奥约诺外长访问南非、莫桑比克。10月，吉布提总统盖莱、斯威士兰国王姆斯瓦蒂三世、佛得角总统丰塞卡、布隆迪总统恩库伦齐扎、津巴布韦总统姆南加古瓦等各国政要出席赤几独立50周年庆典。2019年4月，南非总统拉马福萨访问赤几。6月，奥比昂总统访问埃塞俄比亚。曼格副总统赴莫桑比克出席第12届美非商业峰会。9月，奥比昂总统夫妇赴津巴布韦出席津已故前总统穆加贝葬礼。12月，奥比昂总统对科特迪瓦进行工作访问。

【国际会议】2013年2月，第三届"南美洲—非洲峰会"在马拉博举行。2014年6月，第23届非盟首脑会议在马拉博举行。9月，第二届联合国教科文组织—赤道几内亚生命科学奖颁奖仪式在马拉博举行。11月，第二届土耳其—非洲峰会在马拉博举行。2015年1月，第30届非洲国家杯足球赛在赤几举行。7月，非洲抗击埃博拉国际会议在马拉博举行。2016年11月，第四届阿拉伯—非洲峰会在马拉博举行。2017年5月，非盟安理会改革十国元首委员会第四届峰会在马拉博举行。2018年3月，第四届联合国教科文组织—赤道几内亚生命科学奖颁奖仪式在马拉博举行。2019年4月，非洲产油国组织第七次大会在马拉博举行。6月，非洲团结信托基金筹资圆桌会议和非洲开发银行第54届年会在马拉博举行。9月。第二届非洲基础设施发展规划政策对话会在马拉博举行。11月，第五届天然气出口国论坛在马拉博举行。

2014年4月，奥比昂总统出席在布鲁塞尔举行的第四届欧盟—非洲峰会。7月，奥比昂总统赴东帝汶首都帝力出席第十届葡萄牙语国家共同体首脑会议，会议批准赤几成为该组织第九个成员国。2015年10月，奥比昂总统赴印度出席第三届印非峰会。11月，奥比昂总统赴伊朗出席天然气出口国论坛第三次峰会。2016年5月，赤几总理托米赴巴布亚新几内亚出席第八届非加太集团首脑会议，宣布赤几政府捐资50万欧元作为该集团活动基金。7月，奥比昂总统出席在卢旺达举行的第27届非洲首脑会议。8月，奥比昂总统赴肯尼亚出席第六届东京非洲发展国际会议。11月，奥比昂总统出席在巴西举行的第六届葡语国家共同体元首峰会闭幕式。2017年9月，奥比昂总统赴美国纽约出席第72届联合国大会。11月，赤几总理奥巴马赴尼日利亚出席几内亚湾国家第四次首脑会议。同月，奥比昂总统出席在科特迪瓦举办的第五届欧盟—非盟峰会。2018年3月，奥比昂总统赴印度出席国际太阳能联盟峰会。奥巴马总理出席在卢旺达首都基加利举行的非盟首脑特别峰会，代表赤几签署非洲大陆自贸区协议。7月，奥比昂总统赴毛里塔尼亚出席第31届非盟首脑会议，赴佛得角出席第12届葡萄牙语国家共同体首脑会议。9月，奥比昂总统赴美国纽约出席第73届联合国大会。10月，奥比昂总统赴乍得恩贾梅纳出席中部非洲国家经济共同体特别首脑会议。2019年2月，赤几担任联合国安理会轮值主席期间，奥比昂总统主持联大安理会"雇佣军活动是非洲不安全和不稳定的根源"高级别公开辩论会。同月，奥比昂总统赴埃塞俄比亚出席第32届非盟首脑会议。7月，奥比昂总统赴尼日尔出席非洲大陆自贸区成立特别峰会和非盟与次区域经济体协调会。8月。奥比昂总统夫妇赴日本出席第七届东京非洲发展国际会议。10月，奥比昂总统夫妇赴俄罗斯出席首届俄非峰会。同月，赴阿塞拜疆出席第18届不结盟运动峰会。11月，赤几举办天然气出口国论坛第五次峰会。（王立）

多　哥

国名　多哥共和国（The Republic of Togo，La République Togolaise）。

面积　56785平方公里。

人口　790万（2018年）。全国有41个部族：南部以埃维族和米纳族为主，分别占全国人口的22%和6%；中部阿克波索、阿凯布等族占33%；北部卡布列族占13%。官方语言为法语。民族语言以埃维语和卡布列语较通用。居民中约70%信奉拜物教，20%信奉基督教，10%信奉伊斯兰教。

首都　洛美（Lomé），人口157万，年平均气温约27℃。

国家元首　总统福雷·埃索齐姆纳·纳辛贝（Faure Essozimna Gnassingbé），2005年4月当选，5月就职。2010年3月、2015年4月、2020年3月三次连任，任期5年。

重要节日　解放日：1月13日；国庆日：4月27日。

简　况　位于非洲西部，南濒几内亚湾，东邻贝宁，西界加纳，北与布基纳法索接壤。海岸线长56公里。南部属热带雨林气候，北部属热带草原气候。年平均气温沿海地区为

27℃，北部为30℃。

15世纪起，葡萄牙殖民者侵入多哥沿海地带。1884年沦为德国殖民地。1920年9月，英、法瓜分多哥。第二次世界大战后，英、法继续“托管”多哥。1957年加纳独立时，英托管的西部多哥并入加纳。东部多哥于1956年8月成为法兰西共同体内的“自治共和国”，1960年4月27日宣布独立，定名为多哥共和国，斯尔法纳斯·奥林匹欧（Sylvanus Olympio）出任第一任总统。1963年，奥遇刺身亡，尼古拉·格鲁尼茨基（Nicolas Grunitzky）出任总统。1967年1月13日，纳辛贝·埃亚德马（Gnassingbé Eyadéma）出任总统。埃亚德马执政期间，重视民族团结和经济发展，多政局一直较为稳定。

政　治

1991年实行多党制后，多陷入政局动荡和经济危机。埃亚德马于1993年、1998年和2003年三次蝉联总统。2005年2月，埃亚德马因心脏病突发去世。

埃亚德马去世后，其子福雷接管权力，并通过修宪出任总统。国际社会强烈反对，西非国家经济共同体和非盟先后宣布对多制裁，欧盟、美国、法国予以谴责。迫于压力，福雷于2月25日辞去总统职务，由第一副议长阿巴斯·邦福（Abass Bonfoh）出任临时总统。4月，多举行总统选举，福雷获胜当选。5月4日，福雷正式宣誓就职。福雷总统积极致力于民族和解，在全国范围内开展政治对话。8月，有关各方共同签署一揽子政治协议，就重组政府、立法选举等重要问题达成一致。2010年3月，多哥顺利举行新一届总统大选，福雷获胜蝉联，并于5月宣誓就职。2012年4月，福雷宣布解散联盟党，成立新党——保卫共和联盟，并兼任党主席。2015年4月，多哥总统选举顺利举行，福雷再次胜选连任，开启第三个任期。6月5日，福雷任命科米·塞洛姆·克拉苏（Komi Selom Klassou）为新一届政府总理。2017年8月中旬以来，多反对派要求修宪限制总统任期，尽快实现政权更迭。朝野双方围绕宪改方案相持不下，多次组织示威游行。2018年2至6月，在西共体和周边国家调解推动下，多哥政府与反对派举行了4次政治对话，但未能就宪改方案达成一致。12月20日，多哥议会选举如期举行，执政党保卫共和联盟赢得91席中的59席。激进反对派14党联盟抵制选举进程，未参加选举，上届议会最大反对党全国变革联盟失去全部18席。2019年6月，多哥顺利举行地方选举，执政党保卫共和联盟获得1490个议员席位的895个。2020年2月，多哥举行总统选举，现任总统福雷以70.78%的得票率胜选连任。

【宪法】1992年9月27日，全民投票通过第四共和国宪法。2002年12月30日，议会对限制总统连任等条款进行了修改。宪法规定多哥实行半总统制。总统为国家元首和军队最高统帅，由选民直接选举产生，一轮多数胜出，任期5年，可连选连任；总统有权解散议会、颁布议会通过的法律和实行赦免。总理出自议会多数派，由总统任命，对议会负责。议会可对总理提出不信任案，获议会2/3多数通过即可罢免总理。宪法可根据总统和议会的提议进行修改，由议会或公民投票表决通过。2019年5月，国民议会通过宪法改革法案，对2002年宪法的其中29项条款进行修改，包括总统任期5年维持不变，由无连任限制改为最多连任一次，总统选举由一轮制改为两轮制，前总统不能因其在任期内的行为被指控、逮捕、监禁、审判，所有修改不追溯至已完成与正在执行的任期等。

【议会】宪法规定，多议会实行两院制，由国民议会和参议院组成。国民议会行使立法权并对政府工作进行监督。议员由直选产生，任期5年，可连选连任。本届议会于2018年12月选举产生，共91名议员。议会下设国防和安全、财政和贸易、社会和文化、经济发展和领土整治、对外关系和合作、法律和行政法规以及人权7个委员会。议席分配如下：保卫共和联盟59席，独立候选人18席，变革力量联盟7席，新承诺党3席，民主发展爱国运动2席，泛非民主党1席，共和中间派运动1席。2019年1月23日，执政党保卫共和联盟总司库雅瓦·吉格博迪·采冈（Yawa Djigbodi TSEGAN，女）当选议长。

【政府】本届政府于2019年1月组成，共有包括总理在内的26名成员，主要有：总理科米·塞洛姆·克拉苏（Komi Selom Klassou），基础发展、手工业与青年部长维克图瓦·托梅加–多贝（Victoire Tomégah Dogbé），公职、劳动、行政改革与社会保护部长吉贝尔·巴瓦拉（Gilbert Bawara），邮政、数字经济与技术创新部长西娜·劳森（Cina Lawson），安全与公民保护部长雅克·达梅哈内（Yark Damehane），外交、非洲一体化与海外侨民部长罗贝尔·迪塞（Robert Dussey），领土管理、权力下放与地方机构部长帕亚多瓦·布佩西（Payadowa Boukpéssi），经济和财政部长萨尼·亚雅（Sani Yaya），掌玺与司法部长皮尤斯·阿贝托梅（Pius Agbetomey），矿产与能源部长德德里韦·阿布利·比达蒙（Dèdèriwè Ably Bidamon），健康与公共卫生部长穆斯塔法·米吉亚瓦（Moustafa Mijiyawa），共和国总统事务部长阿鲁纳·巴蒂安·西利·帕布雷（Arouna Batiem Silly Kpabre），商业、工业、私营行业发展与本地消费促进部长科乔·阿德泽（Kodjo Adedze），技术教育、培训与职业融入部长塔伊鲁·巴比耶格（Tairou Babiègue），发展规划与合作部长邓巴·蒂尼奥克帕（Demba Tignokpa），社会行动、妇女促进与扫盲部长查比南迪·科拉尼·延查雷（Tchabinandi Kolani Yentchare），水资源、农村设施与乡村水利部长安托万·莱克帕·贝贝尼（Antoine Lekpa Gbegbeni），人权及共和国机构关系部长克里斯蒂安·特里姆瓦（Christian Trimua），基础设施和交通部长祖雷亚图·查孔多–卡萨·塔拉奥雷（Zouréatou

Tchakondo-Kassa Traoré），高等教育与科研部长科菲·阿帕加纳（Koffi Akpagana），环境、可持续发展与自然保护部长奥拉托昆·沃努·达维德（Olatokoun Wonou David），文化、旅游和休闲部长科西维·埃格贝托尼翁（Kossivi Egbetognon），水资源、农村设施与乡村水利部长部长级代表坎菲蒂纳·伊萨·切德（Kanfitine Issa Tchede），新闻、体育与公民意识和公民责任教育部长福利·巴齐·卡塔里（Foli Bazi Katari），城市、城市化、住房和公共卫生部长科科·阿耶瓦（Koko Ayeva），农业、畜牧业与渔业部长巴塔卡·库特拉（Bataka Koutera）。此外，国防与退伍军人部由总统府代管。

【行政区划】全国有30个省和4个专区。省下设县、乡（镇）、自治村和村。

【司法机构】设最高法院、上诉法院和初级法院。最高法院是最高司法机构，下设司法、行政两个法庭，由庭长和法官组成。最高法院院长必须是职业法官，由总统任命。现任最高法院院长加马多·阿卡波维（Gamatho Akakpovi）。检察权由设在各级法院的检察长行使。

【政党】共有合法政党近70个，主要有：

（1）保卫共和联盟（L'Union pour la République）：执政党。系福雷总统于2012年4月14日宣布成立的新党。以原执政党多哥人民联盟（联盟党）为主体。联盟党曾是多最大政党，福雷在该党第5次特别代表大会上宣布将其解散并与其他政党组织合并成立保卫共和联盟，表示愿吸纳所有认同其施政理念的政党、社会团体和个人。2017年10月，保卫共和联盟召开第一次全国代表大会，大会以“凝聚力量、共创和谐发展”为主题，选举产生了新一届中央领导机构，福雷继续担任党主席，设立7名副主席、1名负责党内日常事务的执行书记和1名总司库。

（2）变革力量联盟（L'Union des Forces du Changement）：参政党。由前总统奥林匹欧之子吉尔克雷斯特·奥林匹欧（Gilchrist Olympio）创建并担任主席。势力主要集中在南部地区。主张建立以多党制为基础、尊重人权的民主法治国家。奥长期流亡加纳，曾在1998年总统选举中获34%的选票，使该党成为影响最大的反对党。2010年5月，该党与执政党多哥人民联盟签署合作协议，成为参政党。7名该党成员入阁担任部长职务。

（3）全国变革联盟（Alliance Nationale pour le Changement）：反对党。成立于2010年10月10日，势力主要集中在洛美至阿内霍的南部沿海地区，支持者主要为埃维族人。由被变革力量联盟全国党主席奥林匹欧开除党籍的前变盟总书记让-皮埃尔·法布雷（Jean-Pierre Fabré）发起成立并担任党主席。该党宗旨为与奥林匹欧领导的变革力量联盟划清界限，坚持斗争路线以实现政权更迭，以建立民主、自由多哥为目标。该党是2017年8月以来反对派示威游行的主要发起者之一。

（4）振兴行动委员会（Le Comite d'Action pour le Renouveau）：反对党。成立于1991年4月30日。主张“法律至上，法官独立，尊重人权”。名誉主席为前总理亚沃维·马吉·阿博伊博（Yaovi Madji Agboyibo），总书记让·基希（Jean Kissi）。2012年8月，振兴行动委员会联合部分反对党成立彩虹联盟。

（5）泛非民族党（Parti National Panafrican）：反对党。成立于2014年11月，创始人和领导人为萨利夫·阿查达姆（Salif Atchadam），支持者主要为中部特姆族人。该党自2017年8月起率先在洛美、索科代等城市多次发起示威游行，呼吁回归1992年宪法，实现政权更迭。

（6）新生力量联盟（La Coordination des Forces Nouvelles）：反对党。成立于1993年6月。主张实现全国和解。主席为科库·约瑟夫·科菲戈（Kokou Joseph Koffigoh）。

（7）泛非爱国统一党（Convergence Patriotique Panafricaine）：反对党。成立于1999年8月15日，由多哥民主联盟（UTD）、民主行动党（PAD）、民主团结联盟（UDS）和争取团结民主党（PDU）四党合并组成。主张改革现行国家机构，建设民主、自由的法治国家，实现全国和解。主席为前总理埃德姆·科乔（Edem Kodjo）。

（8）崛起多哥组织（Sursaut-Togo）：反对党。成立于2010年，以在多哥建立民主、人道社会为目标。其创始人和领导人科菲·扬姆亚尼（Kofi Yamgnane）系法国总统奥朗德前非洲事务顾问。

其他政党还有：新承诺党（NET）、民主发展爱国运动（MPDD）、泛非民主党（PDP）、共和中间派运动（MRC）、全面发展民主联盟（ADDI）、非洲人民民主大会（CDPA）、独立自由人士联盟（ULI）、民主振兴党（PDR）等。

【重要人物】福雷·埃索齐姆纳·纳辛贝：总统。系多前总统埃亚德马第三子，1966年6月6日生于多哥的阿法尼昂。曾就读于法国巴黎第九大学和美国乔治·华盛顿大学，获管理学学士学位和工商管理硕士学位。回国后进入公职部门，并两次当选议员。2003年7月任装备、矿业、邮政和电信部长。2005年2月其父病逝后接掌政权，后迫于内外压力辞去总统职务。4月参加总统大选并胜出，5月宣誓就职。2010年3月、2015年4月两次在总统选举中成功连任。　**科米·塞洛姆·克拉苏：**总理。1960年生于南方高原区。自然地理学家，获法国波尔多第三大学热带地理学硕士和水文气候学博士学位。历任文化、青年和体育部长，国民议会议员，初等和中等教育部长，议会第一副议长等职。2015年6月5日，出任总理。2019年1月25日连任。

经 济

世界最不发达国家之一。农业、磷酸盐和转口贸易是三大支柱产业。近年来，多政府加大农业投入，振兴港口运输，加快推进私有化进程，经济形势有所好转。2011年，多政府实施《国家农业投资和粮食安全计划》，扩大农业生产；加大对磷酸盐产业投入，加强与外资合作开发新矿；加强洛美港、洛美机场等基础设施建设，改善投资环境，经济整体保持上行趋势。2013年，多政府发起“多哥发展通道计划”，努力通过打通南北铁路、公路通道及在沿线建设电站、电信等基础设施，带动周边农业、矿业、物流、通讯和服务等产业综合协调发展，达到拉动多哥经济发展的目的。政府并推动金融体制改革，成立国家投资公司，积极吸引外资。福雷总统2015年再次连任以来，积极推行经济改革举措，致力于改善营商环境，改善小微企业融资条件，经济保持稳步增长。但由于基础薄弱，结构单一，加之2017年8月以来政局不稳冲击营商环境，经济总体仍比较困难。2019年主要经济数据如下：

国内生产总值：56.7亿美元。

人均国内生产总值：约718美元。

国内生产总值增长率：5.3%。

货币名称：非洲金融共同体法郎（FCFA，简称非洲法郎）。

汇率：1美元约585.52非洲法郎。

通货膨胀率：0.3%。

（资料来源：2020年3月《伦敦经济季评》）

【资源】主要矿业资源是磷酸盐，居撒哈拉以南非洲前列。已探明优质矿储量2.6亿吨，含少量碳酸盐的约10亿吨。其他矿藏有石灰石、大理石、铁和锰等。

【工业】工业基础薄弱，约12%的人口从事工业生产，工业产值约占国内生产总值的21%。主要工业门类有采矿、农产品加工、纺织、皮革、化工、建材等，75%以上为中小企业。因投资不足和管理不善，2009年磷酸盐产量降为70万吨。2013年产量90万吨，同比增长3.4%。

【农牧渔业】全国42.2%的劳动人口从事农业。可耕地面积约340万公顷，已开垦土地面积约140万公顷，粮食作物种植面积约85万公顷。农业产值约占国内生产总值的30%。主要作物为玉米、高粱、木薯和稻米，其产值占农业产值的67%；经济作物约占20%，主要为棉花、咖啡和可可。2012年粮食总产量约448万吨，棉花总产量10万吨。畜牧业主要集中在中部和北部地区，产值占农业产值的15%。

【旅游业】近年来，多哥旅游业发展较快。现拥有旅馆52家，客房2100间，床位4163张，其中三星级以上客房923间，从业人员约1300余名。为发展旅游经济，多通过旅游资质评选委员会，引进国际标准，提高服务水平。主要旅游点有洛美、多哥湖、帕利梅风景区和卡拉市。目前，多年均接待游客23万人次，创汇约3000万美元。

【交通运输】以公路为主。转口贸易和陆路运输收入占国民总收入的35%左右，其交通运输网在次地区占有重要地位。

公路：总长12040公里，国家级公路2926公里，其中沥青路1650公里，其余为土路。有4条公路干线，连接布基纳法索、加纳和贝宁等国，国际货运量33万吨。

铁路：总长575公里，主要线路为洛美至布里塔276公里，洛美至帕利梅161公里。由于设施陈旧，铁路运输能力较差，仅395公里铁路能投入营运。

水运：主要港口洛美港水深14—16米，系西非重要港口之一，2016年吞吐量约为1400万吨，能同时停泊4艘2.5万吨级的货轮。90%以上的进出口货物经洛美港运输。到港集装箱满载，离港集装箱大多空置，出口货物仅占吞吐总量的21%。

空运：全国有2个国际机场，6个小型机场。埃亚德马国际机场是主要航空港，可起降大型客机，跑道长3000米。年客运能力70万人次，货运能力1.1万吨。但近几年运输量严重不足。2001年12月，多哥航空公司成立，每周两班直飞巴黎。另外，法航、埃航、布基纳法索航空公司和科特迪瓦航空公司亦有航班经停多哥。ASKY航空公司成立于2007年，总部位于多哥洛美，主要为非洲西部和中部国家提供航班服务，包含阿比让、阿布贾、科纳克里等共计23个目的地城市。

【财政金融】2013年，多哥政府财政预算收入7798亿非郎，支出7863亿非郎，重点用于基础设施建设、教育、卫生等公共服务领域。金融部门包括中央银行、商业银行和非银行性质的中介金融组织（如保险公司等）。主要银行有多哥联合银行（UTB）、多哥经济银行（ECOBANK TOGO）等。2017年外汇储备约为9300万美元。2019年多财政预算为14610亿非洲法郎（约合24.97亿美元），较去年增加11.5%。（资料来源：2019年3月《伦敦经济季评》）

【对外贸易】实行自由贸易政策，鼓励进出口贸易。进出口总额占国内生产总值的60%左右。主要出口商品是棉花、磷酸盐和咖啡，主要进口石油制品、日用消费品和机械设备等。2018年，贸易总额28.23亿美元，出口额10.09亿美元，进口额18.14亿美元。2019年，贸易总额29.04亿美元，出口额10.16亿美元，进口额18.88亿美元。主要出口对象国为布基纳法索、贝宁、尼日尔和科特迪瓦；主要进口国为中国、法国、日本和荷兰（资料来源：2020年4月《伦敦经济季评》）。

【外国援助】双边援助主要来自法国、德国、英国、美国、加拿大、日本、科威特、沙特阿拉伯等国；多边援助主要来自国际货币基金组织、世界银行和欧盟等。2010年12月，多达到“重债穷国”完成点，获免外债18亿美元。2014年1月，欧盟宣布2014—2020年向多哥提供第11期发展基金2.16亿欧元。2017年1月，国际货币基金组织与多哥签署2.38亿美元无息贷款协议；4月，世界银行与多哥签署三项援助和贷款协议，总额度39亿非洲法郎。2018年1月，法国开发署、欧盟、德国复兴信贷银行与多哥签署三项协议，为多提供5780万欧元优惠贷款和补贴。3月，日本驻多哥使馆出资5100万非洲法郎，为多援建一所医疗中心并捐赠医疗物资。3月，伊斯兰发展银行宣布向多哥提供2000万美元贷款。2019年3月，阿联酋与多哥政府签署协议，将向多提供1500万美元援助，用于支持中小企业发展；8月，福雷总统赴日本出席第七届东京非洲发展国际会议。期间，日本三菱商业株式会社承诺将向多哥提供5000万美元融资用于支持多农村电气化发展。

人民生活

根据联合国开发计划署《2019年人类发展报告》公布的人文发展指数，多哥在189个国家中名列第167位。多哥劳动者每周工作40小时，职工最低月工资1.8万非洲法郎，洛美市劳动者平均月工资为2万非洲法郎。家庭补贴为每个子女每月2000非洲法郎。全国共有医疗卫生机构718个，其中3所大学医疗中心、1家专科医院、6所地区医疗中心、26所县级医院、8家综合性诊所、100所社保医疗救治中心、450家门诊和124个医务室。共有病床约7000张，卫生技术人员约7700人。主要疾病有疟疾、结核病和艾滋病等。平均寿命55岁，新生儿死亡率78‰。63%的居民饮用自来水。固定电话用户约33万，手机用户260万，平均每100名居民中有5.4人使用互联网。

军　事

武装部队始建于1961年11月，总统为军队最高统帅，国防部是最高军事决策机构。总参谋长为费利克斯·阿巴洛·卡丹加（Felix Abalo Kadangha）。实行义务兵和志愿兵相结合的兵役制度，义务兵服役期两年。凡年龄在18—25岁的青年均可报名入伍。

总兵力约9300人，其中陆、海、空三军约8550人（包括总统卫队750人）、宪兵750人。陆军装备有战车、轻型坦克、装甲车、野战炮等；海军有巡逻艇2艘；空军有战斗机、运输机18架，直升机3架。

文化教育

【教育】普通教育制度分4级教育：小学、初中、高中和大学。全国小学校5019所，在校学生91.5万人，入学率达88%，小学教师2.3万人；初中686所，学生20.4万人，升学率22%，教师5400多人；高中105所，学生3.9万，教师1700多人。此外，全国技术教育和职业培训学校共有68所（包括公立、私立和教会学校）。据世界银行统计，成人总体识字率为65%。

高等学校有洛美大学，1970年建校，设5个学院、5个系、2个研究所和2个培训中心，现有学生约1.7万人，教师约1000人。1999年初政府决定在埃亚德马总统的家乡卡拉兴建第二所大学，2004年卡拉大学建成，现有学生6000—7000人。

【新闻出版】《多哥新闻报》：官方日报，1962年创刊。1972—1991年曾改称《新征途报》。1991年10月14日恢复原名，发行量约6000份。自1990年以来出现了20多家私营报刊，主要有：《观察家报》《鳄鱼》《非洲回声》《蝎子》《人民战斗》《新时代报道》和《民主人士》等。

多哥通讯社：国家通讯社，成立于1975年，负责采编国内新闻和抄收外国通讯社的国际新闻，每周发行5期《每日新闻》，以国内新闻为主。

洛美广播电台：建于1953年8月，用法、英、德语广播，并用埃维、卡布列等民族语言播送新闻。每天播音18.5个小时。卡拉广播电台：建于1975年，负责对北方地区广播，主要用法语播音，也用埃维语和卡布列语播送新闻、广告，每天播音3次，每次3—7小时不等。

多哥电视台：建于1973年，唯一的官方电视台。主要使用法语播放节目，定时用埃维语和卡布列语播放新闻。卡拉电视台：建于1993年。

对外关系

奉行中立、不结盟和睦邻友好的外交政策，主张在平等互利、互相尊重主权和领土完整的基础上同所有国家建立友好合作关系。重视与西方国家关系，以争取外援及减免外债。积极发展与发展中国家关系，主张发展中国家加强团结，开展区域合作和经济联合。坚持睦邻友好，积极参与非洲地区事务，支持非洲一体化进程，先后派兵参与了非盟在中非、几内亚比绍和科特迪瓦等国的维和行动。近年来大力开展与印度、日本等国合作。是非盟、西非国家经济共同体、西非经货联盟等组织成员国。同70多个国家建立了外交关系。

2011年1月至2013年10月，福雷总统担任西非经货联盟轮值主席。2012年1月至2013年12月，多哥担任安理会非常任理事国。2017年6月至2018年6月，福雷总统担任西非国家经济共同体轮值主席。

【同中国的关系】中多1972年9月19日建交以来，两国关系发展顺利。2015年8月，德拉马尼议长来华出席第四届中非民间论坛。2015年12月，福雷总统出席中非合作论坛约翰内斯堡峰会，其间习近平主席同其会见。2016年5月，福雷总统来华进行国事访问，其间习近平主席同其举行会谈，李克强总理和张德江委员长同其会见。2018年9月，福雷总统来华出席中非合作论坛北京峰会，习近平主席，中共中央政治局常委、中央书记处书记王沪宁分别会见。2016年10月，中国政府非洲事务特别代表许镜湖访问多哥。2017年5月，全国人大常委会副委员长吉炳轩访问多哥。6月，外交部副部长张业遂访问多哥。2019年7月，全国政协副主席辜胜阻访问多哥。

2018年双边贸易总额21.35亿美元（包括转口贸易），同比增长8.95%。其中中方出口额19.89亿美元，同比增长5.45%；进口额1.46亿美元，同比增长99.16%。2019年双边贸易总额23.1亿美元（包括转口贸易），同比增长8.3%。其中中方出口额21.3亿美元，同比增长7.2%；进口额1.8亿美元，同比增长23.8%。中国主要出口摩托车、瓷砖、建材和纺织品等，进口棉花和木材等。

中国驻多哥大使：巢卫东。馆址：B.P.2690，1381 Rue de l'Entente，Cité OUA 2000，Lomé，Togo。电话：00228–22614088；传真：22616370。经商处电话：00228–22262351；22262357；22265640。

多哥驻华大使，暂空缺。临时代办：阿毕纳·内基当（Abina Nesitang）。馆址：北京市东直门外大街11号。电话：010–65322202，65322444。

【同法国的关系】法是多前宗主国，最大的援助国和重要贸易伙伴。两国在各个领域的关系密切，签有外交、财政、文化、军事等11项合作协定。2013年1月，阿胡梅–祖努总理访法。同月，法国开发署与多政府签署协议，将向多政府提供600万欧元，支持多农村医疗卫生、饮用水、教育等项目。10月，多哥外长迪塞访法。11月，福雷总统访问法国。2015年1月，福雷总统访法，会见法国总统奥朗德，并一同参加反恐和平示威游行。5月，法国总统奥朗德电贺福雷总统胜选连任。11月，福雷总统出席巴黎气候变化大会，其间会见法国总理瓦尔斯。2016年4月，多法两国海军在多哥海域举行“NEMO”联合军演。5月，迪塞外长访法，同法国外长艾罗就双边关系、几内亚湾海盗等问题交换了看法。7月，福雷总统就法国尼斯恐怖袭击事件和鲁昂教堂恐袭事件向法国总统奥朗德致慰问电。2017年1月，福雷总统赴马里首都巴马科出席第27届法非峰会。2019年9月，福雷总统赴法国出席法国前总统希拉克葬礼。

【同德国的关系】多曾是德国殖民地，两国传统关系密切。2009年6月，福雷对德国进行15年来的首次访问。2011年5月，洪博总理出席德国慕尼黑经济论坛多哥日活动。2014年2月，迪塞外长访德。6月，德国—多哥政府间经济技术合作磋商会议在洛美举行，德决定2015—2016年向多提供4000万欧元援助。2015年6月，德国联邦议院主席电贺福雷总统胜选连任。同月，德国宣布向多哥提供价值215亿西郎（3300万欧元）的援助。2016年1月，德国经济合作发展部长访多。4月，德国联邦议院副议长赴多哥参加“德国—多哥合作之春”系列活动。11月，迪塞外长访问德国。2017年4月，第二届“德国—多哥合作之春”在洛美举行。10月，德国向多哥提供3700万欧元援助，用于多农村基础设施和职业技术培训等领域。2018年10月，福雷总统赴德国柏林出席20国集团非洲投资峰会。2019年3月，德国承诺未来两年内向多提供6500万欧元资金，用于支持私营部门、职业培训、青年就业等领域发展。9月，德国复兴信贷银行向多哥政府提供800万欧元援助用于修建地区市政大厅。

【同美国的关系】1961年建交。近年来，两国关系发展较快。美在石油开发、港口建设和纺织等经贸领域与多开展合作。2014年8月，福雷赴美出席首届美非峰会。2015年1月和6月，美国国务院助理国务卿帮办吉尔莫和威廉姆斯先后访问多哥。5月，美国国务院发言人祝贺福雷总统胜选连任。同月，多军副总参谋长阿吉托乌上校访问美国。7月，迪塞外长访美。2016年2月，迪塞外长访美。11月，福雷总统电贺特朗普当选美国总统。2017年6月，迪塞外长访美，会见美国国务卿蒂勒森。8月，第16届美国《非洲增长与机遇法》论坛在洛美举行。2019年8月，美国密西西比州州长布莱恩特访问多哥。

【同邻国的关系】多哥同尼日利亚各领域联系与合作广泛，经贸关系尤为密切。2015年5月，福雷总统赴尼日利亚出席布哈里总统就职典礼。12月，福雷总统赴尼日利亚出席西共体成立40周年庆祝大会暨地区反恐峰会。2016年5月，福雷总统赴尼日利亚阿布贾出席第二届地区安全峰会。8月。福雷总统对尼日利亚进行工作访问，会见布哈里总统。12月，福雷总统赴尼日利亚出席西非国家经济共同体第50次首脑会议。2017年6月，福雷总统访问尼日利亚，会见尼副总统奥辛巴乔。

多哥同加纳历史上曾有“西多哥”归属之争。多前总统奥林匹欧之子曾长期流亡加纳，两国关系时有摩擦并曾一度恶化。1994年以来，多加双方均采取一些措施改善两国关系。1995年加纳总统罗林斯访多，实现两国关系正常化。此后双方高层互访频繁。2014年11月，福雷总统访问加纳。2015年4月，西共体轮值主席、加纳总统马哈马访多，敦促多在和平、透明的环境下举行新一届总统选举。同月，福雷总统和贝宁总统亚伊共同访问加纳，签署3国航空合作协议。6月，福雷总统访问加纳。2017年3月，福雷总统赴加纳出席加纳独立60周年庆祝活动，并会见加纳总统阿库福–阿多。5月，阿库福–阿多总统访问多哥。11月，阿库福–阿多总统访多，与福雷总统探讨多危机解决方案；后又派加纳安全部长达帕多次访多斡旋多局势。2018年2月，加纳总统阿库福–阿多访问多哥，调解多政治危机。10月，福雷总统对加纳进行工作访问。

多哥同贝宁关系较密切。两国在莫诺河上合建有南贝托水电站。2014年4月，福雷访问贝宁。2015年1月，福雷总统赴贝宁出席第18届西非经货联盟峰会。12月，福雷总统赴贝宁出席贝宁前总统克雷库葬礼。2016年1月，福雷总统赴贝宁出席第19届西非经货联盟峰会。2017年10月，贝宁总统塔隆两次访多斡旋多哥局势。2018年11月，贝宁总统塔隆访问多哥。

多哥同布基纳法索关系较好。两国总统多次互访。

2014年5月，福雷访问布基纳法索。10月布“宪政危机”后，福雷总统积极参与斡旋，并于11月出席布临时总统卡凡多就职典礼。2015年5月，布过渡政府总理齐达访多。12月，福雷总统赴布基纳法索出席布新总统卡博雷就职仪式。2016年1月，福雷总统致函慰问布总统卡博雷，对瓦加杜古恐怖袭击事件表示强烈谴责。2月，布外长访多。2017年8月，克拉苏总理赴布基纳法索会见布总统卡博雷，转交福雷总统关于布遭受恐袭的慰问信。2018年3月，福雷总统以西共体主席身份赴瓦加杜古视察布3月2日恐袭现场，并会见卡博雷总统。

多哥与非洲其他国家保持良好关系。2014年，福雷总统接待几内亚比绍总统访多，访问刚果（布）、尼日尔、科特迪瓦、加蓬。2015年2月，福雷总统访问几内亚、塞拉利昂、利比里亚、尼日尔、科特迪瓦。4月，科特迪瓦总统瓦塔拉、西共体委员会主席韦德拉奥果先后访多，敦促多在和平、透明的环境下举行新一届总统选举。5—6月，福雷先后访问利比里亚、马里、刚果（布）。9月，福雷总统先后访问津巴布韦、尼日利亚。11月，刚果（布）总统萨苏访问多哥。12月，福雷总统出席几内亚总统孔戴就职典礼。2016年1—6月，福雷总统先后访问科特迪瓦、埃及、津巴布韦，马里总统凯塔、几内亚比绍总统瓦斯先后访问多哥。7月，福雷总统赴尼日尔出席协商委员会成员国首脑会议，并就任委员会轮值主席，同月，赴卢旺达出席非盟首脑会议。2017年，福雷总统先后访问埃及、刚果（布）、利比里亚、几内亚、赞比亚、塞拉利昂等国，并赴安哥拉出席洛伦索总统就职仪式。2018年，福雷总统访问科特迪瓦、尼日利亚、加纳等国。2019年1月，福雷总统访问科特迪瓦。3月，福雷总统访问南非。5月，福雷总统访问加蓬。12月，南非总统拉马福萨对多哥进行工作访问。

多哥积极参与地区与国际合作。2013年2月，福雷出席在科特迪瓦召开的西共体第42届首脑会议。5月，福雷赴纽约主持召开《在维护国际和平与稳定的背景下打击非洲恐怖主义》的安理会高级别公开辩论会并通过主席声明。8月，安理会通过多哥起草的主席声明，呼吁国际社会关注几内亚湾海盗问题，支持区域国家的打击行动。2014年，福雷总统先后出席日本—西共体成员国首脑会议、第22届非盟首脑会议、第24届世界经济论坛非洲峰会、法语国家组织峰会等。2015年5月，福雷总统出席第47届西共体峰会，并赴利比里亚以西共体抗击埃博拉疫情协调人身份宣布利比里亚埃博拉疫情结束。9月，福雷总统出席西共体成员国首脑特别会议，赴纽约出席联合国成立70周年系列峰会并在联大发表讲话。10月，迪塞外长代表多哥出席第三届印非峰会，其间会见印度外长。同月，多哥当选联合国人权理事会理事国。2016年，福雷总统先后出席第26届非盟首脑会议、联合国开发计划署成立50周年纪念活动、联合国人权理事会第31届大会、第71届联合国大会。2017年1月，福雷总统出席第28届非盟首脑会议。6月，福雷总统赴利比里亚首都蒙罗维亚出席第51届西共体峰会，并当选西共体轮值主席。12月，福雷总统以西共体轮值主席身份出席在尼日利亚首都阿布贾举行的第52届西共体峰会。2018年1月，福雷总统出席第30届非盟首脑会议。7月，福雷总统出席第31届非盟首脑会议，并以西共体主席身份赴南非出席金砖国家同非洲国家领导人对话会。2018年4月、7月，多哥分别主办西共体特别峰会、西共体—中共体联合峰会。2019年2月，福雷总统赴加纳出席地区安全问题首脑峰会。4月，福雷总统赴塞内加尔出席萨勒总统就职典礼、赴乍得出席萨赫勒—撒哈拉共同体成员国元首和政府首脑特别峰会。5月，福雷总统赴南非出席拉马福萨总统就职典礼并访问南非。6月，福雷总统赴尼日利亚出席西共体第55届首脑峰会。同月，多哥举办首届多哥—欧盟经贸论坛。8月，福雷总统访问加蓬。9月，福雷总统赴美国出席联合国大会第74届会议、赴布基纳法索出席西共体特别峰会。10月，福雷总统赴日本出席天皇加冕典礼、赴俄罗斯出席首届俄非峰会。同月，迪塞外长赴摩纳哥出席第36届法语国家部长级会议。11月，多哥举行多哥—欧盟第20次政治对话会。同月，福雷总统赴尼日尔首都尼亚美出席西共体特别会议。同月，多哥在联合国教科文组织第40届大会上当选为联合国教科文组织执行局委员，任期4年。12月，福雷出席在达喀尔举行的西非经货联盟特别峰会。同月，福雷总统赴尼日利亚首都阿布贾出席西共体第56届首脑会议。

（张航）

厄立特里亚

国名　厄立特里亚国（The State of Eritrea）。

面积　12.4万平方公里（包括达赫拉克群岛近1000平方公里）。

人口　670万。有9个民族：提格雷尼亚（约占总人口的50%）、提格雷（31.4%）、阿法尔（5%）、萨霍（5%）、希达赖伯（2.5%）、比伦（2.1%）、库纳马（2%）、纳拉（1.5%）和拉沙伊达（0.5%）。各族均有独自语言，全国主要用提格雷尼亚语、阿拉伯语，通用英语、意大利语。国民信仰东正教和伊斯兰教的约各占一半，少数人信奉天主教或传统拜物教。

首都　阿斯马拉（Asmara），人口约71万，海拔2300—2400米；年平均气温16.9℃，降水量525.5毫米。

国家元首　总统伊萨亚斯·阿费沃基（Isaias Afwerki），1993年5月22日当选至今。

重要节日　独立日：5月24日；武装斗争纪念日：9月1日。

简　况

位于东非及非洲之角最北部，扼红海南段。南邻埃塞俄比亚，西靠苏丹，东南与吉布提接壤，东北隔红海与也门和沙特阿拉伯相望。海岸线（包括达赫拉克群岛等355个岛屿）长1350公里。中央高原占国土1/3，海拔1800—3000米；西部为低地丘陵，东部为沿海平原。境内最高峰为中部高原的安姆巴—索依拉峰（Amba Soira），海拔3013米，最低点为东部平原的科巴尔低地（Kobar），低于海平面75米，塞迪特河（Setit）为其境内唯一常流河，全长180公里，最大的季节河马雷布河满水期长达440公里。高原地区气候宜人，年平均气温为17℃，降水525毫米。12月至次年2月日平均气温最低，为15℃，5—6月平均气温最高，为25℃；4—5月为小雨季，6—8月为大雨季，其余为旱季。东部和西部低地气候炎热干燥，年平均气温分别为30℃和28℃，年均降水量不到400毫米。红海沿岸多沙漠，3—10月，白天气温可达40℃以上。

公元前8世纪，闪米特人和库希特人迁徙此地。公元3世纪起沿海地带兴起若干部落联盟。先后被阿克苏姆王国（埃塞俄比亚帝国）、奥斯曼帝国和埃及占领。1869年，意大利殖民者来此拓殖，在阿萨布港建特权区，并不断向厄内陆推进。1889年，意殖民者同绍阿国王签订《乌西阿利条约》，确认意占有阿萨布、马萨瓦、克伦、阿斯马拉等地。1890年，意合并各殖民地，统一立国，始名"厄立特里亚"（拉丁语"红海"）。1941年，意军战败，厄成为英国托管地。1950年12月，联合国将厄作为一个自治体同埃塞俄比亚结成联邦。1952年，厄立法会议选举产生地方政府，埃塞俄比亚皇帝派代表驻厄。1962年，埃塞俄比亚皇帝塞拉西废除联邦，设厄为埃第14个省，厄立特里亚解放阵线（简称"厄解阵"）开始进行武装斗争。1970年，厄立特里亚人民解放阵线（简称"厄人阵"）成立，并主导独立战争。1991年5月，厄人阵同埃塞俄比亚的提格雷人民解放阵线联手推翻门格斯图政权。5月24日，厄人阵解放厄全境，29日成立临时政府，伊萨亚斯·阿费沃基出任临时政府总书记兼武装部队总司令。1993年4月23—25日，厄在联合国监督下举行全民公决，99.8%的民众选择独立。埃过渡政府接受公决结果，承认厄独立。5月22日，厄人阵中央委员会选举伊萨亚斯为厄首任总统；24日，厄正式宣告独立，并举行开国庆典，厄立特里亚国正式成立。

政　治

独立后，厄政府注重政权建设，加紧经济重建，政局保持基本稳定。1998—2000年，厄与埃塞俄比亚发生边界战争。2000年6月和12月，两国先后在阿尔及尔签订《停止敌对行动协定》及《全面和平协议》（合称《阿尔及尔协议》）。2001年上半年，厄公布"选举法"和"政党组织法"草案，拟于当年底举行大选，逐步实行多党制，但随后厄人阵党内发生严重政治分歧，选举无限期推迟。2002年，厄颁布《选举法》，明确提出"多党制不符合厄现状"。近年来，伊萨亚斯总统将巩固政权、维护国家安全作为首要任务，加强地方党政军力量，严控境内外反对派，同时采取利民措施，保持了政局的基本稳定。

【宪法】1994年成立制宪委员会，1996年7月宪法草案出台。1996年12月，厄成立制宪议会。1997年5月23日，制宪议会通过宪法并正式颁布实施。宪法规定：国民议会是国家最高权力机构和立法机关；实行总统内阁制，总统由国民议会选举产生，任期5年；总统拥有任命政府高官、成立或解散有关政府部门和机构等权力；政教分离，宗教平等；民族语言一律平等，不确定国家官方语言；人民享有平等、自由、选举等基本权利。2014年5月，伊萨亚斯总统在独立日庆典上宣布将启动新宪法起草进程。目前，新宪法仍在起草中。

【议会】国民议会设150个议席，包括人阵党中央委员会成员75名、制宪议会成员60名及厄旅外侨胞代表15名，22%为女议员。议长由全体议员选举产生，任期5年，现由伊萨亚斯总统兼任。国民议会负责国家立法，批准预算和选举国家元首。1993—2000年国民议会共召开13次大会，此后一直休会。

【政府】厄实行总统内阁制，总统伊萨亚斯兼任政府首脑。厄首届政府成立于1993年6月7日。此后，伊萨亚斯总统不定期对内阁进行改组，目前内阁成员共有17人：外交部长奥斯曼·萨利赫（Osman Saleh）、能源与矿产部长塞巴特·埃弗雷姆（Sebhat Ephrem）、司法部长法齐娅·哈希姆（Fawzia Hashim，女）、旅游部长阿丝卡露·门克里奥斯（Askalu Menkerios，女）、水土环境部长特斯法伊·格布雷塞拉西（Tesfai Ghebreselassie）、国家发展部长乔治斯·特克勒迈克尔（Giorgis Teklemichael）、农业部长阿雷费恩·贝尔赫（Arefaine Berhe）、教育部长塞梅雷·鲁索姆（Semere Russom）、卫生部长阿明娜·努尔·侯赛因（Amina Nur Hussein，女）、公共工程部长阿布拉哈·阿斯法哈（Abraha Asfaha）、海洋资源部长泰沃尔德·克莱蒂（Tewelde Kelati）、地方政府事务部长沃尔德迈克尔·阿布拉哈（Woldemichael Abraha）、财政部长贝尔哈内·哈布特马里亚姆（Berhane Habtemariam）、劳动与社会福利部长卢勒·加布里卜

（Luul Ghebreab）、交通与通信部长特斯法塞拉西·贝尔哈内（Tesfaselassie Berhane）、贸易与工业部长内斯海丁·贝希特（Nesredin Bekit）、新闻部长耶玛尼·格布雷麦斯克尔（Yemane Ghebremeskel）。国防部长暂时空缺。

【行政区划】厄地方政府分为省、县、乡、村四级。全国共有6个省（Zoba，Region），分别为：南红海省、北红海省、安塞巴省、加什–巴尔卡省、南方省和中央省。

【司法机构】独立后沿用原埃塞俄比亚民法、刑法，略有修改。厄法院分乡、县、省、高等法院四级。高等法院的判决为终审判决，设法官18名，均由总统任命，现任最高法院院长门克里奥斯·贝拉基（Menkerios Beraki）。省级法官由高等法院院长提名经司法部长批准。厄检察机构设在司法部，总检察长由总统任命，现任总检察长阿莱姆塞吉德·海尔·塞拉西（Alemseged Haile Selasie）。

【政党】（1）厄立特里亚人民民主和正义阵线（People's Front for Democracy & Justice，PFDJ）：简称人阵党，执政党，唯一合法政党。成立于1970年，原名"厄立特里亚人民解放阵线"（厄人阵），1994年第三次全国代表大会决定改为现名。现有党员60万人，主席伊萨亚斯。最高领导机构为中央委员会，中央委员会休会期间由中央执行委员会行使中央委员会的职权。

（2）厄立特里亚全国力量联盟（Alliance of Eritrean National Force，ANEF）：反对派联合体。2002年10月由厄14个反对派代表在埃塞俄比亚首都亚的斯亚贝巴成立，选举了28人组成议会并通过联盟章程。该组织囊括了厄大部分反政府组织，主要包括"厄立特里亚解放阵线""伊斯兰救国运动""解放全国委员会"等。厄合作党主席希鲁耶·特德拉·巴伊鲁（Hiruy Tedla Bairu）任秘书长，原"厄解阵"主席阿卜杜拉·伊德里斯（Abdela Edrisse）任议会主席。

【重要人物】伊萨亚斯·阿费沃基：总统，兼任国民议会议长、政府首脑和武装部队总司令，人阵党主席。1946年出生于厄中部原哈马西恩省一小商贩家庭，信仰东正教。1962年中学毕业后考入埃塞俄比亚的海尔·塞拉西大学（今亚的斯亚贝巴大学）工程学系。三年后辍学参加厄解阵。因政见分歧于1969年脱离厄解阵，参与创建厄人阵。1977年当选厄人阵副总书记，1987年任总书记。1991年5月起任厄临时政府领导人，1993年5月22日当选为厄首任总统。精通提格雷尼亚语、阿姆哈拉语、英语和阿拉伯语，懂法语和意大利语。

经　济

以雨育农业为主，80%的人口从事农牧业。生产落后，丰年粮食自给率仅60%—70%。独立后，政府着力经济重建，制定了以私有经济为主导的市场经济发展战略。对内提倡自力更生，积极进行基础设施建设，对外大力争取国外贷款和其他援助，尤重鼓励侨汇。政府先后出台了土地法、投资法和贸易、金融、税收等一系列规定，并积极参与双边和多边经济贸易机制，但经济仍处于恢复和重建时期。

2000年厄埃边界停火后，两国长期"不战不和"，厄政府恢复"战时经济政策"。2005年以来，厄政府采取关闭部分私营企业、限制私营企业进口、取消外汇自由兑换以及统购统销等措施，加强外汇管制。战时体制造成资金和劳动力短缺，阻碍了经济发展。2011年3月，与加拿大合资开发的世界第五大金、铜、锌、银混成矿碧沙金矿投产，铜浮选厂2013年6月按时完工，启动铜矿开采。厄政府采取积极措施扶助农村发展，妥善安置复转军人，改善教育和医疗条件，发展基础设施建设，厄经济社会继续保持基本稳定。2019年主要经济数据如下：

国内生产总值：30.4亿美元。
国内生产总值增长率：5.0%。
货币名称：纳克法。
汇率：1美元≈15.38纳克法。
通货膨胀率：–15.8%。
外贸总额：22.72亿美元。
外汇储备：2.35亿美元。
外债余额：7.79亿美元。

（资料来源：2020年1月《伦敦经济季评》）

【资源】主要矿产有铜、铁、金、镍、锰、重晶石、长石、高岭土、钾碱、岩盐、石膏、石棉、大理石。地热资源丰富，红海沿岸和西部地区可能有石油和天然气，迄未探明储量。目前有16家外资企业与厄政府进行矿业开发合作。厄水资源缺乏，境内河川不多，且多为季节性河流。土地面积10.1万平方公里，森林覆盖率15.8%。

【工业】工业占国内生产总值的22.4%。工业基础薄弱，主要工业有纺织、制革、农畜产品加工、金属加工、塑料制品加工、建材等，年总产值约2亿美元。全国共有大中型企业255家，其中食品、饮料类企业89家，纺织、皮革、服装类企业34家，造纸、印刷出版类企业13家，化工、油漆、制药类企业24家，塑料、橡胶类企业12家，非金属类建材企业34家，金属加工类企业18家，家具类企业31家。

【农林牧渔业】农业占国内生产总值的14.5%。可耕地面积550万公顷，人均0.87公顷。实耕222万公顷，其中水浇地8%，谷物平均产量300公斤/公顷。主要粮食作物有玉米、大麦、高粱、小麦、豆类；经济作物有油菜籽、芝麻、花生、亚麻、剑麻、棉花、蔬菜和水果。2006年政府实施粮食安全战略，兴修水利，推广先进农业技术，40%农田实现机械化耕种。2007年，厄雨水充足，农业增产，粮食自给率破纪录逾70%。2011年在非洲之角国家出现大范围旱情与饥荒之际，厄农业收成良好，市场上各类食品价格虽有上升但供应充足，粮食总产量约为42万吨。2014年粮食总产量达到50.9万吨。农业人口中35%—40%从事畜牧业，年产肉类2.8万吨，主要放牧绵羊、山羊、牛、驴和骆驼等。厄牛羊肉基本可自给，并有少量出口。

目前厄拥有7个渔业捕捞加工站，3300名渔民，鱼类供应不能满足国内需求。厄海洋资源部将在引进新捕鱼设备的同时，加大对渔民培训力度。

【旅游业】旅游业为主要创汇产业。厄历史悠久，境内存有不少古王国遗迹。地貌复杂多样，自然景观丰富。2008年厄特以其“独特地貌和原始珊瑚礁群”被英国旅游网站评为世界7个最佳旅游目的地之一。阿斯马拉、马萨瓦、阿萨布和达赫拉克群岛为有名的旅游点。2017年7月，阿斯马拉在第41届世界遗产委员会大会上被列入联合国教科文组织世界文化遗产名录。厄政府鼓励私营机构投资旅游业，但由于基础设施落后，旅游饭店等配套服务缺乏，旅游市场开发滞后。厄旅游部在马萨瓦、特塞尼、阿迪凯三地开设旅游信息中心，为游客提供旅游咨询服务，并在各主要旅游胜地多次召开旅游行业会议，要求加大旅游配套设施建设力度。厄旅游业从业人员约4000人，年访厄游客数量超过10万人。

【交通运输】公路：目前全国公路总长度约1.5万公里。

铁路：从马萨瓦经阿斯马拉到阿科达特的306公里窄轨铁路建成于1928年，独立战争中遭严重破坏，1995年开始修复，2003年马萨瓦至阿斯马拉段通车，仅限旅游观光。

水运：厄有马萨瓦与阿萨布两大海港。马萨瓦有9个泊位，年均吞吐量为1.6万集装箱、83.5万吨货物，可同时存储2500个集装箱、12万吨货物。阿萨布港有12个泊位，可存储28116个集装箱、36万吨货物。1992—1996年，阿萨布港年均吞吐量2.5万集装箱、203.9万吨货物。厄埃边界战争后，阿萨布沦为“死港”，每年损失4000万美元收入。马萨瓦货运量渐增。厄特政府投资6.6亿纳克法扩建马萨瓦港口，2002年竣工。厄共有3家航运公司，共计7艘货轮。其中厄立特里亚航运公司拥有4艘货轮，航行苏丹、埃及、吉达、也门、卡塔尔、坦桑尼亚等港口。

航空：厄目前有厄特航空和纳赛尔航空2家航空公司，另有埃塞俄比亚航空、埃及航空、德国汉莎航空、苏丹航空、也门航空等5家外国航空公司在厄开展业务。厄有阿斯马拉、阿萨布和马萨瓦等3个国际机场，有达赫拉克、Kurmud等2个沥青跑道国内机场和Tesseney、纳克法、Mahmimet、巴伦图等4个非沥青跑道国内机场。厄目前共拥有5架客机，其中3架波音，2架空客。

【财政金融】政府日常开支严重依赖侨汇和外援。近年厄外债增长不多，几乎全为长期官方债务，2019年外债7.79亿美元。

现有厄立特里亚银行（中央银行，成立于1993年）、商业银行（1991年）、住宅和商业银行、开发和投资银行（1996年）、厄立特里亚国家保险公司、Himbol兑换服务机构等。厄银行在首都设有总部，在马萨瓦设有分行。厄商业银行是厄全国最大银行，在全国各城市有17个分行。住宅和商业银行总部设在阿斯马拉，在主要城市设有分行。开发和投资银行位于阿斯马拉，在其他地区设有3个联络办公室。为支持私营业发展，厄开发和投资银行已累计放贷6亿纳克法。

【对外贸易】厄产品主要出口国为中国、阿联酋、意大利、沙特、肯尼亚、巴基斯坦等，主要进口国为中国、阿联酋、德国、意大利、印度等。中国已成为厄最大贸易伙伴。主要进口商品为机械设备、医药用品、食品、电器和电子产品、建材、文具、家具等；出口产品为纺织品、皮革制品、油菜籽、树胶、烟草、盐、大理石、鱼、酒品、黄金等，主要为原材料和初级产品。2019年，厄进出口贸易总额为22.72亿美元。

【外国援助】外援占厄国民总收入近30%。2004—2008年，挪威共援助10亿纳克法。2006年，欧盟援助4300万欧元的项目。2007年，厄接受国际援助约1亿美元。其中联合国系统对厄提供47个人道主义援助项目，计2483万美元。来自利比亚、苏丹、部分中东国家和中国的援助比重有所上升。截至2008年3月，世界银行援助5个基础设施、卫生与教育项目，近2.1亿美元。欧盟2009—2013年向厄提供1.22亿欧元无偿援助，并另拨762万欧元用于向厄提供紧急援助或弥补厄出口收益损失。2016年，厄与欧盟签署第11期欧洲发展基金实施计划。欧盟将在第11期欧洲发展基金项下向厄援助2亿欧元，重点用于发展太阳能等可再生能源，加强政府财政管理和经济规划等治理能力。

人民生活

【卫生】人均预期寿命64.7岁。新生儿死亡率23‰，5岁以下儿童夭折率43‰。战争和灾害造成国内流离失所人口逾5万，流亡国外难民14.5万。城镇大多数人月工资为1000—2000纳克法（65—130美元），生活相对拮据。全国有固定电话近6万门，手机用户42万户，14%家庭有电视机，0.8%的人有电脑，1%的人用互联网。城镇74%和乡村7%的人口有干净饮用水。全国有28家医院，56个卫生中心，252个卫生站。未来5年，厄政府将新建85个卫生中心。卫生站设计接诊人数为5千人至1万人，卫生中心设计接诊人数为5万人至10万人。医护人员在各卫生机构的分布极不平衡，目前厄医院拥有全国72%的医生，55%的护士，仅7大国家级医院就吸纳了41%的医生和32%的护士。医院的支出占全国卫生总预算的50%以上。厄独立之初，全国只有1500名医务人员，2011年达到了4500人。2011年有1200多名医学专业毕业生取得博士、本专科、进修班文凭。全国平均每1.3万人拥有1名医生，每3400人拥有1名护士。厄卫生部工作人员有60%毕业于医学专业。厄是非洲国家中唯一完成联合国千年发展目标卫生领域三项指标的国家，免疫接种率达100%，艾滋病感染率为0.84%。

军　事

厄立特里亚国防军归人阵党直接领导，有陆、海、空三军。总统任武装部队总司令，国防部长暂时空缺，总参谋长菲利伯斯·沃尔德约翰尼斯（Filipos Woldeyohannes）。独立后开始分阶段裁军，1997年整编保留4万正规军。1994年开始实行国民服务计划，18—40岁的公民均须参加18个月以上军训或后备役服务。1998—2000年厄埃边界战争期间，政府大量扩军，曾达30万人。停火后，政府宣布复员20万军人。目前厄陆军约20万人，海、空军各1000人。空军有4架苏–27战机和数架直升机，海军有2艘护卫舰及数艘巡逻艇。年度国防开支相当于国内生产总值的20%。厄军士兵目前占全国劳动力11%，广泛参与农业生产、修路筑桥等经济建设活动。

文化教育

【**教育**】学制为小学5年，初中3年，高中4年，大学本科为4年。厄实行从小学到大学的免费教育。阿斯马拉大学曾是唯一的高等学府。2006年，厄政府进行高教改革，将阿斯马拉大学拆分为7所学院，分别为厄技术学院、商业和经济学院、卫生学院、人文学院、海洋科技学院、奥罗特医学院及哈默马罗农学院，分布于厄6个省。目前，阿斯马拉大学仅保留研究生院，并与南非、美国的大学合作办班。全国中小学校千余所。2016/2017年度，厄入学人数近70万，小学毛入学率93%，中学为70%，高中为31%，全国识字率80%。

【**新闻出版**】1996年6月颁布新闻法，规定言论自由，但须合法且合乎厄国家发展目标与现实；出版自由，但投资须来自国内。

厄立特里亚通讯社系官方通讯社，隶属新闻部，成立于1991年9月，设有国内新闻、国际新闻、发稿三个编辑部，在全国各省设记者站。2001年，厄有9家私营报纸和5种私营杂志。同年9月，政府取缔所有私营媒体。

现有两份官方报纸，均为政府新闻部主办。《新厄立特里亚报》为官方日报，有阿拉伯文、提格雷尼亚文和提格雷文三种版本；《形象报》是英文报纸，每周三、周六出版。

新闻部主办的“群众之声”电台系全国性广播电台，1979年1月开始播音。1999年起每天使用提格雷尼亚语、阿法尔语、提格雷语、阿拉伯语、阿姆哈拉语等11种语言播音。

厄立特里亚电视台于1993年1月正式开播，亦隶属于新闻部。共有两个频道，通过6个卫星转播非洲、中东、北美和澳洲等地区节目，1频道每周播出70多个小时节目，2频道每周播出45个小时节目。

对外关系

奉行和平、不结盟、睦邻友好的对外政策，主张在和平共处原则基础上发展同其他国家关系，但侧重发展与中东、东亚和西方国家的关系。近年，西方国家减少对厄经济援助。厄高层领导频繁出访利比亚、苏丹、沙特、卡塔尔等国，寻求政治支持和经济合作。是联合国、非盟、东南非共同市场、萨赫勒—撒哈拉国家联合体成员国和阿拉伯联盟观察员，与近百个国家建有外交关系，现有20国在厄设有常驻使馆。厄在30国和联合国总部派驻大使。

【**对当前重大国际问题的态度**】认为当前的单极格局一定程度上影响了国际政治的稳定，呼吁国际关系民主化、法制化，反对国际和地区霸权主义。

关于非洲问题：反对照搬西方民主，认为非洲国家对实行多党民主应持谨慎态度。非盟在解决地区冲突和促进非洲各国经济合作方面仍有许多工作要做，亟须通过改革提高效率。非洲的问题应由非洲人自行解决，反对外部势力插手非洲事务。

【**同中国的关系**】中厄自1993年5月24日建交以来，双边关系稳步发展。1993年5月，中国政府特使、外交部副部长杨福昌出席厄独立庆典，与厄签署两国建交公报、《中厄贸易与经济技术合作协定》等文件。

钱其琛副总理兼外长（1994年）、全国人大常委会副委员长许嘉璐（2002年）、唐家璇外长（2002年）、外交部部长助理吕国增（2004年、2005年）、李肇星外长（2007年）、中联部部长王家瑞（2009年）、外交部副部长翟隽（2010年）、外交部副部长张明（2015年）曾访厄。

伊萨亚斯总统于1994年和2005年正式访华，1997年非正式访华，2006年出席中非合作论坛北京峰会。奥斯曼外长（2011年、2012年、2017年、2019年）、人阵党中央政治部长耶迈尼（2010年、2011年、2013年、2015年、2017年、2019年）、人阵党中央经济部长哈格斯（2010年、2011年、2013年、2015年、2016年、2017年、2019年）等曾访华或来华参会。

2019年，双边贸易额为2.55亿美元，同比下降28.17%，其中中方出口0.49亿美元，同比增长13.27%，进口2.06亿美元，同比下降33.86%。中方主要出口机电、橡胶、塑料制品等，进口铜矿、羊皮等。

中国驻厄立特里亚大使：杨子刚。馆址：No.137 Ribda Street，Administration Tiravollo，Asmara，Eritrea，P.O.Box 204。电话：00291–1–155022；传真：155014。

厄立特里亚驻华大使：泽盖·特斯法齐翁·塞雷克（Tseggai Tesfazion Sereke）。馆址：北京市朝阳区亮马河南路4号，塔园外交人员办公楼1–4–2。邮编：100600。电话：010–65326534；传真：65326532。

【**同美国的关系**】厄独立后同美关系一度密切，伊萨亚斯总统先后6次正式访美。厄埃边界战争爆发后，美8次派总统特使赴厄、埃穿梭调解。1999年8月，美与卢旺达、阿尔及利亚、联合国等共同推动落实非统解决厄埃冲突框架协议。2002年1月，美接纳厄为《非洲增长与机遇法》（AGOA）受益国。“9·11”事件后，厄美加强情报交流等军事合作，双方军事团组往来频繁。2002年初，双方因美欲在厄设军事基地产生严重分歧。2003年底，美以厄民主和人权状况未达标为由，中止厄AGOA受益国地位。2005年8月，厄政府驱逐美国国际开发署（USAID）驻厄人员，并于10月要求联合国埃厄特派团内美欧籍人员离厄。2006年，美非洲事务助理国务卿弗雷泽指示美常驻联合国代表推动安理会“重新审议”2002年边委会裁决未果，随后又提出解决厄埃边界问题的“新倡议”，并希携美方制作的“新地图”访厄，以调解边界问题，遭厄方拒绝。2007年8月，美要求厄关闭其驻奥克兰领馆，并停止美驻厄使馆签证业务。此后，美以厄支持索马里恐怖分子为由，几次威胁将厄列入“支持恐怖主义国家”名单并启动有关制裁法律程序。美驻厄大使公开号召厄民众推翻现政权，助理国务卿弗雷泽两度公开要求厄“更换政权”。2008年1月，美民主党众议员、众院外交委员会非洲分委会主席唐纳德·佩尼访厄。2008年10月，美将厄列入禁止军售国家名单。11月，厄总统伊萨亚斯电贺奥巴马当选美国总统，希美改变对非洲之角政策，实现本地区的和平与公正。2014年以来，厄一直拒绝美派驻大使、恢复正常关系的要求，美未邀请伊萨亚斯出席2014年美非峰会。2018年4月，负责非洲事务的美国副助理国务卿唐纳德·山本访问厄立特里亚，并与厄立特里亚政府官员进行双边磋商。6月，厄外交部长访问美国。12月，负责非洲事务的美国助理国务卿纳吉访问厄立特里亚。2019年3月，美国会议员兼众议院外委会非洲小组委员会主席巴斯率团访厄。

【**同意大利的关系**】厄曾是意大利在非洲的第一块殖民地，在经济、建筑和文化上受意影响较深，独立后保持与意传统关系。意是厄重要贸易伙伴和主要援助国，1993—2005年提供各类援助和贷款3.87亿美元。厄总统伊萨亚斯多次访意。厄重视与意发展关系，但反对其干涉厄内政。2001年9月，因厄没收部分意大利人在厄房产，两国各自召回大使。2002年，两国关系恢复正常，10月重新互派大使。2005年8月，意向厄提供300万欧元援助用于抚养战争孤儿。2006年1月，意副外长公开指责厄现行政策，双方关系再度转冷。3月，两国相互驱逐对方外交官1名。12月，伊萨亚斯总统访意。2009年9月，厄外长访意。2014年7月，意副外长访厄。2018年10月，意大利总理孔特访厄，会见伊萨亚斯总统。同月，厄外长参加在罗马举行的第二届意大利—非洲论坛，会见意大利外交和国际合作部长。

【**同埃塞俄比亚的关系**】厄独立后一度与埃塞保持特殊友好关系，1993年两国签订《友好合作协定》。1997年11月，厄发行本国货币，两国贸易改用美元结算，经贸纠纷不断。同年，厄认为埃塞发行的地图将部分厄领土划入埃版图，双方矛盾激化。1998年5月6日，两国在有争议的边界巴德梅地区爆发大规模武装冲突，引发持续两年的边界战争，关系急剧恶化。

2000年6月，厄埃签订《停止敌对协定》，联合国安理会随后成立联合国埃塞俄比亚和厄立特里亚特派团（UNMEE）。2002年4月13日，独立的边界委员会就厄埃边界作出裁决，双方均表示接受。后埃塞指责边委会将巴德梅划与厄方，要求其“纠正错误裁决”。2003年，埃塞阻止边委会实地标界，并于9月要求安理会另设机制，重新划定有关地段边界。厄坚持边委会裁决为“具有约束力的最终裁决”。2004年11月，埃塞总理提出原则接受边委会裁决，但必须就划界事宜先行“谈判”，遭厄拒绝。2006年11月，边委会公布利用高清晰航拍技术确定的厄埃界桩放置点和地图，要求双方在1年内接受裁决并配合实地标界。埃塞拒绝接受边委会上述决定，厄则重申应由边委会实施标界，拒绝与埃塞双边协商。2007年6月，埃塞表示“无条件”接受边委会裁决，但仍坚持“先谈判，后划界”，厄斥为“文字游戏”。11月30日，因厄、埃未就图上标界达成共识，边委会宣布解散。2008年7月底，特派团任期终止。2009年12月，在埃塞强力推动下联合国安理会通过对厄制裁决议。2011年12月，在埃塞等（东非）政府间发展组织成员国推动下，联合国安理会通过强化对厄制裁的决议。2016年6月，双方在边境中段地区发生交火事件，均发表声明指责对方发动袭击。

2018年6月，埃塞俄比亚发表声明，表示埃方将完全接受并执行2000年同厄方签署的《阿尔及尔和平协议》和边委会关于两国边界划定的决议。此后，两国领导人多次互访，宣布埃厄结束战争状态，恢复外交关系，实现通航、通信，9月在沙特城市吉达签署《和平友好全面合作协定》。11月，联合国安理会一致通过决议，解除对厄制裁措施。近来，厄、埃领导人多次互访或联合出访，探讨地区和平和发展大计。

【**同苏丹的关系**】1994年底，厄指责苏政府支持在苏境内的厄反对派在两国边境活动，并向厄输出原教旨主义，宣布与苏断交。2000年1月，两国复交，并建立两国元首定期磋商机制，商定停止支持各自境内的对方反对派，维护边境安定。2005年以来，两国关系明显改善，两国外长牵头设立联合政治委员会。2006年4月，两国恢复互派大使。5月，苏副总统出席厄独立15周年庆典；6月，伊萨亚斯总统正式访苏。此后两国总统多次在利比亚、卡塔尔等国参加地区会议期间进行磋商。近年来，厄协助调解苏东部及达尔富尔冲突。2006年10月，主持苏政府同苏东部反政府组织间和谈，2007年，协助调解苏南北方分歧及达区冲突。2014年1月，苏丹总统巴希尔访厄。2014年5月和2015年6月，伊萨亚斯总统访苏。2019年4月，厄谴责苏丹、卡塔尔、土耳其三国支持极端伊斯兰反对组织破坏厄埃关系。

【同吉布提的关系】厄在独立之初与吉布提关系较好。1996年两国发生领土纠纷。1997年关系恢复正常。1998年厄埃边界战争爆发，厄指责吉偏袒埃塞，吉随即宣布与厄断交。2000年3月，两国复交，此后政治和经贸合作不断改善。2008年4月，厄吉因边界争端关系再度紧张。6月，与吉发生边界纠纷。安理会先后通过第1862号、1907号决议，要求厄从有争议领土撤军。2010年在卡塔尔调解下，厄从厄吉边界撤军。2016年3月，厄释放4名吉战俘。近年来，两国边境总体平静，人员往来正常。2017年6月，因吉布提降低在卡塔尔外交代表级别，卡撤回部署在厄吉争议边界吉方区域的维和部队，厄吉边境局势一度紧张。7月，吉外长表示，厄特已从争议地区撤军，该地区局势趋缓。2018年9月，伊萨亚斯总统与吉布提总统盖莱在沙特吉达会面，启动两国关系正常化进程。

【同也门的关系】厄独立前，也门支持厄争取独立的斗争。1995年起，两国曾因红海大、小哈尼什岛主权争端发生武装冲突。1998年10月，国际法庭裁决大哈尼什岛等主要岛屿归属也门，厄接受裁决并交还诸岛。11月，两国关系恢复正常。2001年4月，双方签署了贸易、农业、能源、交通、海事及技术合作协议，并就捕鱼权等海上仲裁达成谅解，但双方渔业纠纷依旧。2005年1月，厄外长阿里访也。3月，两国部长级会议在厄首都阿斯马拉召开。2006年7月和2007年8月，也总统两度访厄。双方建有经贸混委会。2009年9月，厄外长访也。

【同联合国的关系】20世纪50年代，联合国处置意大利前殖民地时，先后同意利比亚、索马里独立，但要求厄作为自治体与埃塞结成联邦。厄独立后，于1998年5月28日加入联合国，成为其第182个成员国。

厄埃边界战争结束后，联合国安理会通过第1320号决议，成立厄埃特派团，2001年4月派遣4200名维和人员，在厄境内设立2.8万平方公里临时安全区。2005年10月，厄先后对特派团实行禁飞和车辆限行令。12月，厄指责特派团欧美籍人员在厄境内从事非法活动，要求百余人限期离境。2007年11月，边委会决定“虚拟标界”，联合国未予表态。厄认为边界已定，“特派团已无存在的理由”。2007年底，厄停止向厄埃特派团出售燃油。2008年7月，安理会决定终止特派团任务，特派团随即撤离厄特。

2009年12月，在埃塞等国推动下，联合国安理会通过决议，决定对厄实施武器禁运、对经确认的厄高官实行旅行限制和其他定向制裁等措施，并要求厄从与吉有争议的地区撤军。2011年12月，联合国安理会通过强化对厄制裁的决议。近年来，厄政府为应对安理会制裁，主动开展对外宣传和解释工作，积极推行“接触外交”，在卡塔尔调解下从厄吉边界撤军。2015年、2016年和2017年，联合国安理会分别通过第2244、2317和2385号决议，延长对厄制裁。2016年底，厄与联合国签署《2017—2021战略伙伴合作框架》。2018年11月，联合国安理会通过第2444号决议，解除对厄全部制裁措施。（王晨光）

佛　得　角

国名　佛得角共和国（The Republic of Cabo Verde, República de Cabo Verde）。

面积　4033平方公里。

人口　54.6万（2019年）。绝大部分为克里奥尔人。官方语言为葡萄牙语，通用克里奥尔语。98%的居民信奉天主教，少数人信奉基督教新教。

首都　普拉亚（Praia）。人口15.1万（2013年）。最高气温31℃，最低20℃。

国家元首　总统若热·卡洛斯·德阿尔梅达·丰塞卡（Jorge Carlos de Almeida Fonseca），2011年8月当选，2016年10月连任，任期5年。

重要节日　独立日：7月5日。

简　况

在北大西洋的佛得角群岛上，东距非洲大陆最西点佛得角（塞内加尔境内）500多公里，海岸线长912.5公里。属热带干燥气候，终年盛行干热的东北信风，年平均气温20℃—27℃。

1495年沦为葡萄牙殖民地。1951年成为葡海外省。自1956年起，在几内亚和佛得角非洲独立党（简称“几佛独立党”）领导下，佛得角人民与几内亚比绍人民并肩开展争取民族独立的运动。1975年7月5日佛宣布独立，成立佛得角共和国，几佛独立党总书记阿里斯蒂德斯·佩雷拉任首任总统。1981年，佩雷拉同几佛独立党决裂，另立佛得角非洲独立党（简称“独立党”），结束了佛同几比两国一党的局面。1990年9月，实行多党制。1991年1月和2月，佛相继举行议会选举和总统选举，争取民主运动（简称民运）击败独立党获胜，民运候选人安东尼奥·蒙特罗当选总统。

1995年12月和1996年2月，民运和蒙特罗在议会和总统选举中再次获胜。2001年1月，佛举行议会选举，独立党获胜，并组成以若泽·马里亚·佩雷拉·内韦斯为总理的政府。同年2月，独立党候选人皮雷斯当选总统。2006年1月和2011年2月，独立党在议会选举中连续获胜，内韦斯两次留任总理，皮雷斯在2006年2月总统选举中获胜蝉联。2011年8月，民运支持的独立候选人丰塞卡赢得总统选举，于9月9日宣誓就职。

政　治

2016年3月，民运赢得佛议会选举，重新夺回执政地位。该党主席席尔瓦于4月22日就任总理。同年10月，现总统丰塞卡在总统选举中胜选连任。

【宪法】现行宪法为佛第二部宪法，1992年8月经国民议会通过，9月25日起实施。1995年11月和1999年7月进行了两次修改。宪法规定，佛得角是一个民主法治国家。实行多元民主和议会制。总统为国家元首，经普选产生，任期5年，可连任1次。政府为国家最高行政机关，向议会负责。总理为政府首脑，由赢得议会选举的执政党或执政党联盟提名，总统任命。

【议会】国民议会为最高立法机关，其主要职能是：修改宪法，制定法律，监督宪法和法律的实施，批准国际条约，发起全民公决，决定大赦，批准政令，审议并通过政府的施政纲领、发展计划和预算。本届议会于2016年3月选举产生，任期5年。民运拥有72个议席中的40席，独立党获29席，佛得角民主独立联盟—基督教民主党获3席。议长若热·桑托斯（Jorge Santos），系民运人士，2016年4月当选。

【政府】本届政府于2016年4月22日组成，现主要成员有：总理若泽·乌利塞斯·科雷亚·席尔瓦（José Ulisses Correia e Silva），副总理兼财政与公共管理部长奥拉沃·科雷亚（Olavo Correia），国务部长、部长会议、议会事务兼体育部长费尔南多·埃利西奥·弗莱雷（Fernando Elísio Freire），外交与侨民部长兼国防部长路易斯·菲利佩·塔瓦雷斯（Luís Felipe Tavares），司法与劳工部长雅妮内·莱利斯（Janine Lelis，女），旅游与交通部长卡洛斯·桑托斯（Carlos Santos），海洋经济部长保罗·维加（Paulo Veiga），内政部长保罗·罗沙（Paulo Rocha），工商业与能源部长亚历山大·蒙特罗（Alexandre Monteiro），农业与环境部长吉尔贝托·席尔瓦（Gilberto Silva），教育、家庭与社会融合部长兼高等教育与科技部长玛丽特扎·罗萨巴尔（Maritza Rosabal，女），文化与创意产业部长兼社会传媒部长阿布拉昂·维森特（Abraão Vicente），卫生与社会保障部长阿林多·多罗萨里奥（Arlindo do Rosário），基础设施、土地规划与住房部长尤妮斯·席尔瓦（Eunice Silva，女）等。

【行政区划】全国原划分为16个县，1997年1月改划为17个市，2005年5月增至22个市。

【司法机构】法院分最高法院、地区法院和分区法院三级。最高法院院长由总统任免。现任最高法院院长阿尔灵多·梅迪纳（Arlindo Medina），2009年2月就职。检察院分为三级。总检察长由总统任免。现任总检察长路易斯·若泽·塔瓦雷斯（Luís José Travares），2019年10月就职。

【政党】有两个主要政党：（1）争取民主运动（Movimento para a Democracia）：执政党。1990年3月14日成立，1991—2000年执政，2016年重返执政地位。宗旨是以民主方式发展国家。主张政治多元化和经济私有化，推行市场经济和贸易自由化，在民主基础上同国际上其他政党建立联系。2003年6月，加入中间派民主国际。现任总统丰塞卡系民运创始人之一，后因政见分歧退党成为独立人士，2011年在民运支持下当选总统。2013年6月，时任普拉亚市长、现任总理席尔瓦接替卡洛斯·韦加（Carlos Veiga）当选新一届党主席。

（2）佛得角非洲独立党（Partido Africano da Independência de Cabo Verde）：主要反对党。1981年与几佛非洲独立党分裂后成立。现有党员1.1万余人。1975年佛独立后长期执政，1991年选举失败，后连续赢得2001年、2006年和2011年议会选举，2016年再度败选成为在野党。主张推进民主进程，建立社会正义。1992年加入社会党国际。2014年12月，时任青年、就业和人力资源发展部长贾妮拉·伊莎贝尔·丰塞卡·霍普费尔·阿尔马达（Janira Isabel Fonseca Hopffer Almada，女），接替时任总理内韦斯当选新一届党主席。现任总书记为若昂·多卡尔莫（João do Carmo）。

其他政党还有：佛得角民主独立联盟—基督教民主党（União Cabo-verdiana Independente e Democrática-Partido Democrático Cristão，UCID-PDC）、劳动团结党（Partido de Trabalho e da Solidariedade，PTS）、民主革新党（Partido da Renovação Democrática，PRD）、社会民主党（Partido Social Democrático）等。

【重要人物】若热·卡洛斯·德阿尔梅达·丰塞卡：总统。1950年10月20日生于佛得角圣文森特岛。早年留学葡萄牙里斯本大学，获法学硕士学位。系民运创始人之一。1975—1977年任佛移民局局长，1977—1979年任外交国务秘书，1991—1993年任外长。2001年以独立候选人身份参选总统失败。2011年8月作为民运候选人在总统选举中胜出，9月9日宣誓就职，2016年10月连任。　**若泽·乌利塞斯·科雷亚·席尔瓦：**总理。1962年6月4日生于佛得角圣地亚哥岛普拉亚市。1988年毕业于葡萄牙里斯本科技大学，获企业组织与管理学士学位。1989—1994年在佛得角银行工作，任高级研究员、行政管理部主任等职。1995—1998年任政府财政国务秘书，1999—2000年任财政部长，2006年当选国民议会议员，任议会民运党团领袖、民运副主席。2008年当选普拉亚市市长。2013年当选民运主席。2016年4月出任总理。

经　济

经济以服务业为主，产值占国内生产总值70%以上。粮食不能自给，工业基础薄弱。20世纪90年代初佛得角开始改革经济体制，调整经济结构，推行经济自由化。独立党重新执政后，提出以发展私营经济为核心的国家发展战略，重点发展旅游业、农业、教育、卫生及基础设施建设。2007年12月，佛加入世界贸易组织。2008年，佛正式脱离最不发达国家行列，进入中等收入国家行列。2009年，受国际金融危机和国内自然灾害影响，经济增长放缓。2010年以来，政府大幅增加公共投资，刺激经济发展。2012年下半年以来，国际金融危机和欧洲主权债务危机对佛经济的滞后影响逐步显现，经济发展速度再度趋缓。2016年民运上台后，采取务实经济政策，以支持企业发展、推进私有化为重点，推出一系列经济改革措施。受改革措施拉动和欧元区回暖影响，经济总体向好，但结构性问题仍待改善。

2019年主要经济数据如下：

国内生产总值：19.6亿美元。

人均国内生产总值：3584.4美元。

国内生产总值增长率：5.4%。

货币名称：佛得角埃斯库多（Escudo）。

汇率：1美元=98.5佛得角埃斯库多。

通货膨胀率：1.0%。

失业率：12.30%。

（资料来源：2020年3月《伦敦经济季评》、世界银行数据库）

【资源】矿产资源匮乏，主要矿产有石灰石、白榴火山灰、浮石、岩盐等，开发潜力有限。风能、太阳能和海洋渔业资源丰富，尚未得到完全开发。

【工业】2018年工业产值占国内生产总值19.2%，工人约占劳动总人口的29%。基础薄弱，以建筑业为主。中小建筑公司主要从事商业和民用住宅建筑，几家大公司主要从事基础设施和公共工程建设。制造业不发达，近年来在国内生产总值中的比重不断下降，目前不足1%。有中小工厂150余家，主要从事制衣、制鞋、水产加工、酿酒、饮料装瓶等。

【农牧渔业】2018年农业和渔业产值约占国内生产总值5.3%，全国25%的人口从事农业和渔业。可耕地3.9万公顷，约占国土总面积的10%，其中水浇地3000公顷，旱田3.6万公顷。耕地大部分集中在圣地亚哥和圣安唐两岛。主要产品有玉米、豆类、薯类、甘蔗、香蕉、咖啡等。由于自然条件较差，经常发生旱灾，粮食不能自给，年产仅能满足15%需求。

佛有73.4万平方公里的专属经济区，渔业资源较丰富，尚未完全开发利用。捕鱼业在国民经济中占重要地位，从事渔业人口约1.4万，捕鱼量每年可达3.7万吨，每年出口海产品约1万吨，主要为龙虾、金枪鱼和虾类。2011年渔业出口额占出口总额的56.4%，系佛重要外汇来源之一。2014年8月，佛与欧盟签署2014—2018年渔业合作协议，规定欧盟71艘渔船可在佛领海捕捞金枪鱼等海产，为此欧盟于2014—2015年每年向佛支付55万欧元补偿金，2016—2018年每年支付50万欧元。2019年6月，佛得角与欧盟签署新的可持续捕捞合作伙伴协议，合同期为5年，允许69艘欧盟船只在佛得角领海捕鱼，每年捕鱼量不超过8000吨。佛方每年获得75万美元补偿，其中46%用于可持续渔业管理。

【服务业】在国民经济中占有相当重要位置，主要包括旅游、运输、商务和公共服务。2018年服务业产值约占国内生产总值的75.6%。约50%的劳动人口从事服务业。其中旅游业已成为国家经济增长和就业的主要来源，2018年旅游业产值约占国内生产总值的46.2%，旅游业就业岗位占全国总就业岗位的40.4%（资料来源：世界旅游业理事会2019年国别报告）。旅游基础设施发展迅速，截至2018年底，佛共有各类旅馆284家，客房13187间，每日最多可接待游客2.7万人。2019年佛吸引游客总数约81.9万人次，同比增加7.0%。游客到访最多的岛屿是萨尔岛（45.5%），其次是博阿维斯塔岛（29.4%）和圣地亚哥岛（11.7%）。主要客源地为英国、德国、法国、荷兰等欧洲国家。（资料来源：佛国家统计局）

【交通运输】岛内港口和公路等运输设施较完备。公路总长2250公里，主要是石块路。现有各种机动车辆7.8万辆。

全国共有9个机场。萨尔岛的阿·卡布拉尔国际机场是佛得角最大的国际机场，可供起降波音747客机，年客流量30万人次。首都普拉亚国际机场、博阿维斯塔岛国际机场分别于2005年11月和2007年10月建成并投入使用。佛得角航空公司成立于1958年，辟有通往欧洲、非洲、巴西和美国的国际航线，葡萄牙等欧洲国家航空公司和包机公司有飞往佛得角的航班。2019年2月，佛得角航空公司正式完成私有化进程。佛政府与冰岛航空公司签署股权购买协议，冰岛航空公司占51%股份。2019年佛得角全国机场完成起降架次35202架次，同比增长3.3%，全行业完成旅客运输量277.2万人次，同比增长2.6%。（资料来源：佛国家统计局）

全国共有8个港口，最大港口为位于圣文森特岛明德罗市的大港（Porto Grande）。佛有通往葡萄牙、西班牙、北欧、巴西和非洲大陆的国际班轮。2018年佛得角港口船舶流量7784艘次，同比增长11.7%。全年全国港口完成货物吞吐量260.68万吨，同比增长11.7%。全国港口完成旅客吞吐量97.8万人次，同比增长11.9%。

【财政金融】近年来财政收支情况如下（单位：亿佛得角埃斯库多）：

	2015	2016	2017
收入	426.8	441.1	495.1
支出	499.1	491.4	546.5
差额	–72.3	–50.3	–51.5

（资料来源：国际货币基金组织）

据2020年3月《伦敦经济季评》，截至2019年第3季度，外汇储备（不含黄金）为6.98亿美元。据世界银行公布的《2020年国际债务数据》，佛2018年外债余额为17.35亿美元，同比降低1.5%。

【对外贸易】80%以上的日常生活用品及全部机械设备和建筑材料、燃料等依靠进口。主要出口产品为船用燃料、香蕉、服装、鞋类、金枪鱼罐头、冻鱼、龙虾、食盐、火山灰等。

每年均有巨额贸易逆差。主要贸易伙伴是西班牙、葡萄牙、荷兰、土耳其和阿尔及利亚等。近年货物贸易情况如下（单位：百万美元）：

	2017	2018	2019
出口额	189.6	273.6	265.7
进口额	849.4	959.6	931.2
经常账目余额	–139.6	–96.9	–4.4

（资料来源：2020年3月《伦敦经济季评》）

【外国援助】据经济与合作组织统计，佛2018年共接受官方发展援助1.09亿美元，同比下降25.7%。主要援助方为葡萄牙（2412万美元）、欧盟（2358万美元）、法国（1641万美元）、美国（1445万美元）、卢森堡（1244万美元）、日本（1097万美元）等。援款的41.3%用于社会性基础设施领域，26.6%用于教育领域，18.1%用于医疗健康领域。

【外国资本】据联合国贸易和发展会议公布的《2019年世界投资报告》，佛2018年吸引外国直接投资1亿美元，同比下降9.9%，直接投资存量达19.89亿美元。2019年世界银行发布的《2020年营商环境报告》显示，佛得角的总体排名在全球190个经济体中位列137名。

人民生活

根据联合国开发计划署公布的《2019年人类发展报告》，佛得角人类发展指数在189个国家中排名第126位，较前一年下降1位，人均寿命女性76.0岁，男性69.3岁。2017年农村地区通电率达99%。据世界卫生组织数据显示，佛得角卫生支出占国内生产总值的5.2%（2017年），5岁以下儿童死亡率为20‰（2018年）。根据国际电信联盟2018年6月公布的数据，佛得角全国38.1%的家庭有电脑，69.3%接入互联网，国际互联网用户约占全国人口的57.2%，3G网络人口覆盖率达91.1%。佛得角目前已初步完成4G网络覆盖，佛得角电信公司计划于2020年内启动5G网络部署。

军　事

军队创建于1967年1月15日，原称“人民革命武装部队”，改行多党制后更名为“佛得角人民革命武装力量”。总统为武装力量最高统帅。政府设国防部，下辖总参谋部，总参谋长由总统根据政府建议任免。实行义务兵役制。服役期14个月。目前总兵力约1200人，分为国民卫队和海岸卫队两大军种，各自拥有空中力量。其中国民卫队下辖宪兵队、海军陆战队和步兵营。2018年军费开支达1071.4万美元，占中央政府支出的1.76%。现任总参谋长阿尼尔多·伊玛努埃尔·达格拉萨·莫赖斯少将（Anildo Emanuel da Graca Morais），2016年6月就职。（资料来源：世界银行数据库）

文化教育

【教育】政府重视发展教育事业，佛得角2012—2017年年均教育经费占国内生产总值的平均比例为5.4%。实行中小学义务教育。小学适龄儿童入学率已达100%，小学辍学率为6.5%（2018年），中学入学率为94.4%（2017年）。重视成人教育，设有各类培训中心。全国共有516家幼儿园，419所小学，49家中学。2018年共有小学教师3043名，中学教师3460名。2006年11月，佛成立第一所公立大学——佛得角大学。目前，佛共有11所高等教育机构，其中6所大学，5所高等学院。2018年共有1416名大学教师。2015年全国成人识字率达86.8%，其中15—24岁青年人口中女性识字率达98.7%，男性识字率达97.6%。（资料来源：世界银行数据库、联合国教科文组织数据库）

【新闻出版】主要有《周报》、《岛屿快报》、《民族报》和《佛得角报》4份周报。还有《观点》和《自由》等月刊。

新闻通讯社：1998年2月成立，由原《佛得角新报》、佛通讯社和佛出版社合并组成，向社会提供文字新闻。

有1家国营电视台，即佛得角广播电视台，1997年由佛得角国家电台和佛得角国家电视台合并而成。另外，政府还为1家私人电视台和2家有线电视台颁发了许可证，目前尚未营运。全国有12家广播电台。

对外关系

佛得角奉行和平、中立和不结盟外交政策。主张外交为发展服务。愿在相互尊重主权、互不干涉内政、平等互利的基础上与世界各国发展友好合作关系。现为联合国、世界贸易组织、不结盟运动、葡语国家共同体、法语国家组织、非洲联盟、西非国家经济共同体等组织成员。同110个国家有外交关系。

【同中国的关系】1976年4月25日，中佛建交。建交以来，两国关系始终稳定、健康发展。

两国友好交往密切。2014年5月，中联部副部长于洪君访佛。2015年7月，中国政府特使、国家卫生计生委副主任崔丽出席佛独立40周年庆典，2017年5月，外交部长王毅访佛。2018年11月，全国政协副主席万钢访佛。2014年12月，佛外交部长托伦蒂诺访华。2015年6月，佛旅游、投资与企业发展部长福尔特斯来华出席中佛经贸联委会第二次会议。2016年7月，经济部长贡萨尔维斯来华出席中非合作论坛约堡峰会成果落实协调人会议。2016年10月，总理席尔瓦赴澳门出席中葡经贸合作论坛第五届部长级会议，2016年11月，卫生部长罗萨里奥来华出席第九届世界卫生大会。2017年9月，经济部长贡萨尔维斯来华出席世界旅游组织第22届全体大会和中国—小岛屿国家海洋部长圆桌会议。2017年11月外交兼国防部长塔瓦雷斯访华。2018年9月总理席尔瓦来华出席中非合作论坛北京峰会。2019年6月，佛副总理兼财政部长科雷亚来华出席首届中国—非洲经贸博览会。同月，佛外交部长塔瓦雷斯来华出席中非合作论坛北京峰会成果落实协调人会议。

2019年，中佛贸易额6400万美元，同比下降18.27%；基本均为中方出口。

中国驻佛得角大使：杜小丛。馆址：B.P. 8 Praia，Achada de Santo António，Praia，Cape Verde。电话：00238–2623027（办公室、签证处），2623029（经商处）；传真：2623047（办公室、签证处），2623007（经商处）。

佛得角驻华大使：塔尼亚·罗穆阿尔多（Tania Romualdo，女）。馆址：北京市朝阳区新东路1号塔园外交公寓5–1–71。电话：010–65327547，65320758；传真：65327546。

【同葡萄牙的关系】两国保持着特殊关系。双方高层交往频繁，各领域合作密切。葡是佛得角最大援助国和主要贸易伙伴之一。2012年6月，丰塞卡总统对葡进行国事访问。8月，葡外长波尔塔斯访佛，双方签署合作协议，葡将在2012—2015年间援佛5600万欧元。9月，内韦斯总理访葡。12月，葡萄牙总理科埃略访佛，出席第二届佛—葡首脑会议。2013年2月，内韦斯总理回访葡萄牙。2014年4月，内韦斯总理在出访梵蒂冈后回国途中过境葡萄牙，会见葡总理科埃略。12月，内韦斯总理访葡。2015年7月，葡总理科埃略赴佛出席佛独立40周年庆典。12月，内韦斯总理访葡。2016年1月，葡新任总理科斯塔访佛。2月，内韦斯总理访葡。5月，丰塞卡总统访葡。6月，席尔瓦总理对葡萄牙进行工作访问。9月，葡萄牙外交部宣布，葡政府将向佛提供50万欧元的预算援助。2017年1月，丰塞卡总统与塔瓦雷斯外长赴葡出席葡前总理苏亚雷斯葬礼。2月，葡总理科斯塔访佛出席第四届葡佛峰会，双方签署两国2017/2021战略合作方案，葡将在未来4年向佛提供1.2亿欧元资助和投资。4月，葡总统索萨访佛。6月，塔瓦雷斯外长访葡。11月，丰塞卡总统、席尔瓦总理先后访葡。2018年1月，葡外长席尔瓦访佛，双方签署司法合作协议。2019年6月，葡萄牙总统马塞洛、总理科斯塔、国防部长、教育部长及多位国会议员赴佛得角出席葡萄牙国庆日活动。

【同美国的关系】佛美关系良好。佛得角在美有侨民40万，年均侨汇1000多万美元。佛系《非洲增长与机遇法》受惠国。佛美签有航空运输合作协议。2013年3月，内韦斯总理应邀赴美出席奥巴马总统与非洲4国（佛得角、塞拉利昂、塞内加尔、马拉维）领导人会晤。2014年5月，美国国务卿克里过境佛。8月，丰塞卡总统出席首届美非峰会。2016年5月，美军非洲司令部宣布向佛得角海警捐赠5艘巡逻艇及相关训练设备，用于帮助佛警方提高打击贩毒团伙的能力。6月，丰塞卡总统夫人与过境佛的美国总统夫人米歇尔会面。8月，美国国会代表团访佛。9月，外长塔瓦雷斯出席美非经济论坛。2017年9月，美驻佛使馆与美军非洲司令部在佛共同设立军事合作办公室，隶属美驻佛使馆。同月，美佛签署新的军事合作协议。

【同欧盟的关系】双方关系密切，互派有常驻代表。长期以来，欧盟向佛得角提供了大量援助。2011年9月，丰塞卡总统对葡萄牙、西班牙进行私人访问。12月，欧盟决定免除从佛进口产品关税并取消对佛进口配额限制。2012年4月内韦斯总理对葡萄牙、比利时、卢森堡、德国等欧洲四国进行工作访问。10月，欧盟委员会主席巴罗佐访佛，双方签署了签证便利协议。2013年佛欧签署财政支持协议，欧盟将在三年内向佛提供3100万欧元财政支持，用于医疗卫生等领域。2013年11月，欧洲议会批准了佛欧签证便利协议和非法移民遣返协议。2014年3月，卢森堡首相贝特尔访佛，4月，丰塞卡总统出席第四届欧非峰会。2015年12月，内维斯总理访问欧盟总部。2016年2月，内韦斯总理访问卢森堡。5月，欧盟与佛政府举办“欧盟与佛得角特殊伙伴关系周”，宣布将为佛提供5000万欧元援助，用于文化建设、环境保护和文化遗产保护等领域。同月，欧盟与佛地方政府协会签订协议，将提供50万欧元资助该协会《安全与可持续发展城市建设计划》。6月，卢森堡与佛得角签订援助协议，将向佛提供1000万欧元援助以支持佛落实促进就业政策。10月，席尔瓦总理访问卢森堡、比利时。同月，佛政府与欧盟总部签署援助协议，欧盟将在2020年前向佛提供5000万欧元援助，用于支持佛减贫与促进经济发展工作。12月，欧盟批准资金，将提供700万欧元用于帮助佛圣安唐岛灾后重建，并提供500万欧元用于提升佛政府应对气候变化影响的能力。2017年5月，欧盟驻佛大使宣布，欧盟将向佛机构改革项目提供500万欧元援助，用于审计法院等机构现代化改革计划。同月，欧盟批准对佛渔业产品进口免关税提案。6月，卢森堡合作与人道主义活动部长访佛，双方签署协议，卢方将在2020年前向佛提供4800万欧元援助用于促进佛新能源等领域发展。7月，丰塞卡总统访问比利时。12月，欧盟、卢森堡分别宣布将向佛提供700万、50万欧元用于缓解佛旱灾影响。2018年1月，欧盟宣布将在欧盟提升西非竞争力区域项目下，向佛提供500万欧元援助，用于支持佛政府推进资产与服务市场化、增强工商业实力、改善营商环境。2月，卢森堡宣布将向佛政府提供350万欧元资金，用于未来三年为100所佛中小学修缮供水和卫生设施。同月，席尔瓦总理访问匈牙利和保加利亚，访匈期间，匈方承诺向佛方提供3000万欧元贷款，用于支持佛文化和教育发展。4月，比利时副总理兼外长雷恩戴尔访佛，两国签署贷款协议，比利时将为佛提供700万欧元无息贷款，用于支持佛政府采购医疗设备。5月，卢森堡外长阿塞尔伯恩访佛，宣布卢将向佛提供500万欧元资金，帮助佛加强证件管理和安全工作。7月，欧盟宣布将向佛提供1000万欧元预算支持，用于发展经济，促进青年就业。11月，欧盟研究、科学和创新专员卡洛斯访问佛得角。同月，比利时法语区联邦议长库拉尔德访佛。12月，丰塞卡总统访问荷兰。同月，第九届欧盟—佛得角部长级政治高层对话会在佛举行。

【同葡语国家共同体的关系】1996年7月17日加入葡语国家共同体，为创始国之一。强调葡语国家间“共同文化属性”，主张成员国间加强政治、外交、经济和社会方面的合作。2004年7月，佛得角常驻联合国代表丰塞卡在第五届葡共体首脑会议上当选为葡共体执行秘书。此后，佛多次承办葡语国家和葡共体各类部长级专门会议。2013年4月，葡共体执行秘书穆拉尔基访佛，11月，丰塞卡总统访问安哥拉。2014年6月，内韦斯总理访安。同月，丰塞卡总统赴几比出席瓦斯总统就职仪式后赴安出席非洲葡语国家峰会。7月，博尔热斯外长代表内韦斯总理赴东帝汶出席葡共体峰会，支持赤道几内亚加入葡共体。2015年1月，几比总理佩雷拉访佛，内韦斯总理于7月回访。同年6月，丰塞卡总统访问安哥拉。2016年2月内韦斯总理访问圣多美和普林西比、赤道几内亚。5月，巴西外长访佛。10月，丰塞卡总统赴巴西利亚参加葡共体峰会。2018年，佛得角接任葡共体主席国。2月，塔瓦雷斯外长访问安哥拉。3月，安哥拉总统洛伦索过境佛。4月，席尔瓦总理访问安哥拉。6月，席尔瓦总理访问圣多美和普林西比。7月，葡共体峰会在佛萨尔岛召开。11月，葡共体内政部长会议在佛召开。同月，丰塞卡总统就任葡共体企业联合会指导机构主席和其他相关机构主席，任期为2018年至2020年。2019年1月，葡共体议会大会在佛首都普拉亚召开。2019年7月，葡共体部长理事会会议在佛得角明德卢市举行。（傅子豪）

冈　比　亚

国名　冈比亚共和国（The Republic of The Gambia）。

面积　11295平方公里。

人口　235万（2017年）。主要民族有：曼丁哥族（占人口的42%）、富拉族（又称颇尔族，占16%）、沃洛夫族（占16%）、朱拉族（占10%）和塞拉胡里族（占9%）。官方语言为英语，民族语言有曼丁哥语、沃洛夫语、富拉语（又称颇尔语）以及无文字的塞拉胡里语等。居民90%信奉伊斯兰教，其余信奉基督教新教、天主教和原始宗教。

首都　班珠尔（Banjul），人口3.46万（2017年）。

国家元首　总统阿达马·巴罗（Adama Barrow），2016年12月当选，任期5年。

重要节日　独立日：2月18日。

简　况

位于非洲西部，为一狭长平原嵌入塞内加尔共和国境内。西濒大西洋，海岸线长48公里。属热带草原气候，内地平均气温约27℃。

15—16世纪，葡萄牙人曾入侵。此后，英国和法国殖民者也相继侵入。1783年，《凡尔赛和约》把冈比亚河两岸划归英国，把塞内加尔划归法国。1889年，英、法达成协议，划定当今冈边界。1965年2月18日，冈正式独立。1970年4月24日冈宣布为共和国。独立后人民进步党长期执政，党的领导人贾瓦拉在实行共和制后当选总统并多次连任。1994年7月，叶海亚·贾梅中尉发动兵变，推翻贾瓦拉政权，成立了以贾梅为主席的武装力量临时执政委员会。1996年9月，贾梅当选总统，并于2001年、2006年和2011年三次蝉联。

政　治

2016年12月，冈举行新一届总统选举。最大反对党联合民主党出身的阿达马·巴罗在7个反对党支持下，以独立候选人身份击败贾梅当选总统。贾梅承认失败后又反悔，但很快在西共体军事干预下流亡赤道几内亚。2017年2月18日，巴罗总统宣誓就职。4月6日，冈举行立法选举，联合民主党获得议会53席中的31席，成为第一大党。目前冈局势恢复正常。

【宪法】现行宪法于1996年8月8日经全民公决通过。宪法规定总统为国家元首、政府首脑和武装部队总司令；总统由直接选举产生，每届任期5年，连任次数不限；副总统、各部部长由总统任命；总统可视情宣布“国家紧急状态”。

【议会】为一院制，称国民议会，是全国最高立法机构，每届任期5年。本届议会于2017年4月选举产生，共58席，含民选议员53名和总统委任议员5名。现任议长玛丽亚姆·杰克–登顿（Mariam Jack-

Denton）。

【政府】本届政府成立于2019年8月，主要成员有：总统阿达马·巴罗，副总统伊莎图·图雷（Isatou Touray），总统府秘书长兼国家公务员局局长穆罕默德·贾洛（Mohammed B.S. Jallow），信息和通讯基础设施部长伊布瑞马·西拉（Ebrima Sillah），基础和中级教育部长克劳迪娅·科勒（Claudia Cole），交通、工程与基础设施部长拉明·乔贝（Lamin Jobe），外交、国际合作和侨民事务部长马马杜·坦加拉（Mamadou Tangara），卫生部长阿马杜·拉明·萨马特（Ahmadou Lamin Samateh），旅游和文化部长哈马特·巴（Hamat N.K. Bah），内政部长颜库巴·松科（Yankuba Sonko），高等教育、研究和科技部长贝德拉·朱夫（Badara Joof），农业部长艾米·法布瑞（Amie Fabureh），青年和体育部长哈德拉迈·西迪贝（Hadrammeh Sidibeh），林业、环境、气候变化和自然资源部长拉明·迪巴（Lamin B. Dibba），贸易、地区一体化、工业和就业部长拉明·乔贝（Lamin Jobe），财政和经济事务部长马布瑞·恩杰（Mambury Njie），渔业、水资源和国会事务部长詹姆斯·戈梅斯（James Gomez），土地、地方政府和宗教事务部长阿拉吉·穆萨·德拉梅（Alhajie Musa Drammeh），司法部长兼总检察长阿布巴卡尔·坦贝杜（Aboubacarr Tambedou），能源与石油部长法法·萨尼扬（Fafa Sanyang），妇女儿童和社会福利部长法图·萨尼扬·康特（Fatou Sanyang Kinteh），国防部长谢赫·奥马尔·法耶（Sheikh Omar Faye）。

【行政区划】全国分为首都班珠尔市（含班珠尔市区和卡尼芬市）和5个地方行政区（西部区、下河区、中河区、上河区和北岸区），区以下分43个县，村为基层单位。

【司法机构】分最高法院和地方法院。以英国司法制度为基础，辅以本国制定的法律、伊斯兰教法以及传统习惯法。1997年成立司法服务委员会，负责任命司法官员和法庭人员等，主席由大法官担任。首席大法官哈桑·贾洛（Hassan Jallow），2017年2月就任。司法部长兼总检察长坦贝杜，2017年2月就任。

【政党】1994年军政权上台后禁止党派活动，1996年宣布解除党禁。2016年10月，冈7个反对党结成联盟，共同推举联合民主党出身的巴罗为独立候选人参选，并一举赢得12月大选。目前，冈主要政党有：

（1）联合民主党（The United Democratic Party，UDP）：1996年8月31日成立，成员多为曼丁哥族人。宗旨是民主、自由、安全、正义、和平、进步。总书记为前副总统乌赛努·达博（Ousainou Dabo）。在本届议会中占31席。

（2）民族和解党（The National Reconciliation Party，NRP）：现执政联盟成员。1996年9月成立。主席哈马特·巴（Hamat Bah）。在本届议会占5席。

（3）争取独立与社会主义人民民主组织（People's Democratic Organization for Indenpendence and Socialism，PDOIS）：现执政联盟成员。1986年7月成立，主张社会政治生活不受宗族、宗教和意识形态限制，要求民主、自由、人权。主席哈里发·萨拉（Halifa Sallah）。在本届议会中占4席。

（4）人民进步党（People's Progress Party，PPP）：现执政联盟成员，曾在冈独立后长期执政，创始人为前总统贾瓦拉。主要支持者为曼丁哥族。主张维护冈比亚独立和主权，发展民族经济，实行民主制度，反对大国干涉非洲事务。现任主席奥马尔·伽罗（Omar Jallow）。在本届议会中占2席。

（5）冈比亚争取民主与发展党（Gambia Party for Democracy and Progress，GPDP）：现执政联盟成员，成立于2006年。主席为亨利·哥麦兹（Henry Gomez）。

（6）国民大会党（National Convention Party）：现执政联盟成员，也是首任总统贾瓦拉时期主要反对党。主张发展民族经济、民族工商业，鼓励私人投资，对外主张奉行不结盟政策。主席为谢里夫·迪巴（Sheriff Dibba）。

（7）冈比亚道德大会（Gambia Moral Gongress）：现执政联盟成员，成立于2009年，宗旨是争取人权和经济公平正义，主席为迈·法蒂（Mai Fatty）。

（8）爱国调整与建设联盟（The Alliance for Patriotic Re-orientation and Construction，APRC）：反对党。1996年8月26日成立，成员多为朱拉族人。宗旨是团结、自力更生、进步。主席为前总统叶海亚·贾梅。在本届议会占5席。

（9）冈比亚民主大会党（Gambia Democratic Congress）：反对党。从爱国调整与建设联盟中脱离，2016年成立。主席为前爱国调整与建设联盟党员马马·康蒂（Mama Kandeh）。

【重要人物】**阿达马·巴罗**：总统。1965年出生。早年曾经商，后旅居英国学习房地产专业。回国后创建房地产公司。1996年加入联合民主党，历任该党全国执委会副司库、上河区委员会协调员、全国总司库。2016年12月，在联合民主党总书记达博被监禁的情况下，以独立候选人身份在联合民主党等7个反对党支持下参加大选并获胜。信奉伊斯兰教。已婚。

经　济

系最不发达国家，农业、转口贸易和旅游业为主要收入来源，经济体量小。巴罗上台后，将农业、能源、基础设施和卫生确认为施政重点和优先领域，表示将加大投入，并积极推动制造业、采矿业等发展，促进青年就业，改善人民生活；积极寻求英国、法国、欧盟等经济援助。

2019年主要经济数据如下：

国内生产总值：17.9亿美元。

人均国内生产总值：762美元。

国内生产总值增长率：6.0%。

通货膨胀率：7.1%。

货币名称：达拉西（Dalasi）。

汇率：1美元=51.75达拉西。

（资料来源：2019年12月《伦敦经济季评》）

【资源】资源贫乏。已探明有钛、锆、金红石混生矿（储量约150万吨）和高岭土（50多万吨），正在进行石油勘探。

【工业】2018年工业产值约占国内生产总值的16.9%。基础薄弱，发展缓慢。主要为农产品加工和建筑业，还有少量轻工业。

【农牧渔业】2018年农业产值约占国内生产总值的21.6%。农业人口占全国总劳动力75%。可耕地面积60.5万公顷，半数种植花生。主要粮食作物有玉米、小米、谷子、高粱、大米等。粮食不能自给，大米主要从亚洲国家进口。

近10年来，冈政府对渔业投资较多，渔业产值大幅增加。目前，冈有8家渔业加工厂，15艘注册渔轮，3000多名渔民。产量的90%出口欧洲。近年来，由于外国拖捞船的过度捕捞，深海渔业资源已近枯竭。

【旅游业】冈外汇主要来源之一。近年来，旅游业发展较快，已成为全国第二大就业行业。2018年旅游业产值约占国内生产总值的21%，旅游业就业岗位占全国总就业岗位的17.2%，游客消费相当于当年冈出口总额的90.6%（资料来源：世界旅游业理事会2017年国别报告）。目前，全国共有旅游宾馆40余家，房间约3000个，床位7000张。每年接待外国游客逾20万人次。游客主要来自英国、瑞典、德国等欧洲国家。

【交通运输】无铁路。

公路：总长3742公里，其中沥青路723公里，石子路和土路3019公里。

水运：冈比亚河横贯东西全境，是冈内陆地区的主要运输线。班珠尔港是冈主要的国际海运港口，月处理集装箱800标准箱，年吞吐量为25万吨。

空运：首都班珠尔的云杜姆（Yundum）国际机场可起降各类大型客机，每周有定期航班飞往英国、比利时、摩洛哥、加纳、尼日利亚和塞内加尔等国。年接送旅客能力为100万人次。2014年西非埃博拉疫情暴发后，冈暂时取消了原有至塞拉利昂和尼日利亚的定期航班。

【财政金融】财政困难，连年赤字。收入主要为税收，少量为援款。近年财政收支情况如下（单位：亿达拉西）：

	2015	2016	2017
收入	83.35	84.66	119.80
支出	114.69	125.85	131.83
差额	–31.34	–41.19	–12.03

（资料来源：国际货币基金组织）

截至2018年底，外债总额7.4亿美元，占GDP的比重为45.56%。（资料来源：国际货币基金组织）

冈比亚中央银行建于1971年，负责制定和贯彻执行国家货币和信贷政策以及调控商业银行业务。截至2011年，冈共有13家商业银行，此外还有若干外钞兑换所和非银行金融机构。冈比亚标准银行为最大的商业银行。

【对外贸易】实行自由贸易政策，进口关税较低，向邻国转口贸易活跃。近年货物贸易情况如下（单位：百万美元）：

	2015	2016	2017
出口额	220.4	231.5	217.7
进口额	449.9	404.2	453.9
经常项目余额	–229.5	–172.7	–236.2

（资料来源：国际货币基金组织）

主要进口食品、机械运输设备、工业制成品、矿产品和燃料润滑油等；主要出口花生、花生制品、渔产品等。2017年主要出口对象国有几内亚比绍、越南、塞内加尔、马里、阿联酋等，进口主要来自科特迪瓦、巴西、西班牙、中国、俄罗斯等。

【外国援助】2007年2月，国际货币基金组织批准冈2007—2010年“减贫和增长计划”，2010年2月，国际货币基金组织决定将“减贫和增长计划”在冈延长一年。截至2010年底，冈在“减贫和增长计划”框架内累计收益3438万美元。2017年6月，国际货币基金组织向冈提供1600万美元紧急财政援助。据经济与合作组织统计，冈2017年共接受外援2.69亿美元。主要援助方有欧盟（2832万美元）、英国（1728万美元）、非洲开发银行（1459万美元）、欧佩克国际发展基金（1158万美元）、美国（1055万美元）、伊斯兰发展银行（860万美元）、IMF（809万美元）、国际农业发展基金会（701万美元）等。

【外国资本】据联合国贸易和发展会议（UNCTAD）2018年度《世界投资报告》，冈2017年吸引外国直接投资8700万美元，主要投向旅游领域。

人民生活

根据联合国开发计划署公布的《2019年人类发展报告》，2018年冈的人类发展指数在世界189个国家中排名第174位，与上一年持平。2018年，医疗支出占国内生产总值的6%，人均预期寿命女性63.2岁，男性60.4岁，5岁以下儿童死亡率为64.4‰。48.6%的人口生活在贫困线以下。医疗设施差。全国城镇医疗卫生机构50个（其中医院3所），村庄医疗站291个，妇幼保健站136个。平均每10万人有1.1名医生。疟疾为最大死因，染病率为17.34%，其次是结核和寄生虫病。2013年成人艾滋病感染率约为1.2%。截至2009年，冈全国约有1.8万人感染艾滋病，另有约1000人死于艾滋病。

军　事

1985年议会通过武装部队法。1996年宪法规定实行义务兵役制。军事力量主要包括国民军、海军等。总参谋长马萨内·康特（Masaneh Kinteh）。冈选后危机结束后，巴罗总统重新整饬武装力量，目前国内安全主要依靠西共体部队。

文化教育

【教育】2005—2014年每年教育支出占国内生产总值的平均比例为4.1%。成人识字率占15岁以上人口的55%，初等教育入学率为适龄儿童的87%，小学辍学率为27%。全国设有270个扫盲中心。小学、中学实行免费教育。冈比亚大学为冈最高学府，成立于1999年，设医学、农业与生物、科技、人文、社科、教育及经济学院，年招生约1000名。

【新闻出版】《冈比亚日报》是唯一的官方报纸，每周一、三、五出版，公共假日停刊，发行量约5000份；《观察家日报》，1992年创办的私人报纸，每周出版5期，发行量约5000份。另有《观点报》《冈比亚新闻与报道》和《冈比亚人》等报刊。

冈比亚广播电台：官方电台，1962年5月建立，用英、曼丁哥、沃洛夫、富拉等语言播音。覆盖面为国土的2/3。1994年10月，该电台改由冈比亚电信公司经营管理，新闻节目由政府监管。希德广播电台：瑞典人经营的非政治性私人电台，1970年5月起在班珠尔市播音。另有一家私人经营的立体声广播电台。1990年12月试播，全天播放音乐和商业广告。

冈比亚国家电视台于1995年12月开播。

对外关系

奉行全方位对外友好的外交政策。重视非洲团结、稳定和区域合作，支持非洲经济一体化。巴罗政府上台后，改善同西方国家关系，积极发展与伊斯兰国家的关系，重视同新兴市场国家合作，积极寻求多方支持和援助。现为联合国、世界贸易组织、伊斯兰合作组织、非洲联盟和西非国家经济共同体等组织成员。

曾参与利比里亚、塞拉利昂、科特迪瓦、几内亚比绍等热点问题调解，并派兵参与西非国家经济共同体在利比里亚、科特迪瓦和几内亚比绍的维和行动。

【同中国的关系】1974年12月14日，两国建交。1995年7月13日，冈政府决定和台湾当局恢复“外交关系”，7月25日，中国宣布中止同冈比亚的外交关系。2013年11月14日，冈比亚宣布同台湾当局“断交”，11月18日，台湾当局宣布终止同冈比亚“外交关系”。2016年3月17日，冈比亚外长内纳·麦克道尔–盖伊（Neneh MacDouall-Gaye）访华，同中国外交部长王毅在北京签署中冈复交公报，正式宣布两国复交。2016年9月，两国大使分别递交国书。

中方重要往访有：习近平主席特使、全国政协副主席马培华（2017年2月）、国务委员兼外长王毅（2019年1月）。

冈方重要来访有：外交部长盖伊（2016年3月、7月）、外长达博（2017年8月）、议长登顿（2017年9月）、总统巴罗（2017年12月对华进行国事访问、2018年9月来华出席中非合作论坛北京峰会）、外交部长坦加拉（2019年6月来华出席中非合作论坛北京峰会成果落实协调人会议）等。

中国是冈比亚第一大贸易伙伴。2019年中冈贸易额5.8亿美元，同比增长30.9%。其中，中方出口5.1亿美元，增长20.2%，进口0.7亿美元，增长256.1%。中国向冈主要出口机电产品、鞋靴、茶等，主要从冈进口钛矿砂等。

中国驻冈比亚大使：马建春。馆址：Kombo Coastal Rd.，Bijilo TDA，The Gambia。电话：00220–4465311。

冈比亚驻华使馆临时代办，法托·乔贝（Fatou Kinneh Jobe）。馆址：北京市朝阳区秀水街1号建国门外外交公寓07–2–14。电话：010–85326991，传真：85326061。

【同英国的关系】英国系冈殖民时期宗主国。冈于1965年加入英联邦，同英国关系密切。冈英曾在反走私缉毒等领域合作良好。2010年7月，冈英有关部门联手查获一起价值10亿美元的毒品走私案。2011年冈举行总统选举时，贾梅指责英国支持冈反对派，而英则批评冈政府的人权纪录，两国关系趋冷。2013年10月2日，冈宣布退出英联邦。2017年，巴罗政府上台后宣布将重新加入英联邦。2017年2月，英国外交大臣鲍里斯·约翰逊访问冈比亚。3月，冈外长达博访英。9月，英联邦秘书处代表团访冈，就冈重返英联邦开展评估。9月，英国议会代表团访冈并会见冈副总统坦巴章。2018年1月，冈国民议会议长登顿访英。2月，冈获准重新加入英联邦。4月，巴罗总统赴英出席英联邦政府首脑会议。10月，英国王储查尔斯夫妇访问冈比亚。2019年4月，英国议会代表团访冈。

【同美国的关系】1979年冈美建交。2014年8月，贾梅总统赴美出席美非峰会。12月，美取消冈的《非洲增长与机遇法》受益国资格。2016年12月冈选后危机发生后，美严厉谴责贾梅言行，要求其和平向巴罗交权。2017年2月，美国负责非洲事务的助理国务卿格林菲尔德访冈。3月，美国国务院发表《冈比亚人权实践国别报告》，表示冈正沿着民主道路前进。5月，美国取消对冈官员赴美签证禁令。11月，达博外长出席美国—非洲外长会议。2019年4月，美国国务院代表团访冈。9月，图雷副总统赴美出席第74届联合国大会。

【同邻国的关系】冈独立后与塞内加尔关系友好。1982年2月，两国通过协议正式结成塞冈邦联。1989年9月，邦联解体。1991年5月，冈塞两国签署友好合作条约。冈曾为塞政府与塞南部卡萨芒斯地区武装分裂组织和谈的调解人。2005年，因边境税收问题，两国关系一度紧张。2006年2月，两国决定重启塞内加尔—冈比亚常设秘书处。6月，塞总统瓦德访冈。2007年4月，冈副总统赛义迪赴塞出席瓦德总统就职仪式。11月，两国重启部长级磋商机制。2010年1月，瓦德总统对冈进行工作访问。4月，冈总统贾梅出席塞独立50周年庆典。2011年5月，塞总理恩迪亚耶访冈。2011年8月，塞总统瓦德访冈。2012年5月，塞新任总统萨勒访冈。2013年2月，萨勒总统赴冈出席冈独立48周年庆典活动。2014年底冈发生未遂政变以来，冈方公开对塞收留冈反对派表达不满，两国关系一度紧张。2015年3月，冈同塞边境税收纠纷激烈，冈一度关闭边境。2016年12月巴罗胜选后，萨勒总统率先向巴罗总统表示祝贺。2017年1月，巴罗在冈驻塞内加尔使馆就职。2月，塞内加尔总统萨勒作为特邀嘉宾赴班珠尔出席巴罗总统就职仪式暨冈独立52周年庆典。3月，巴罗总统访塞，两国建立战略伙伴关系，并签署渔业、电力等领域合作协议。8月，冈、塞举行安全合作峰会。10月，塞总统特使、外长卡巴访冈。2018年3月，塞内加尔总统萨勒访问冈比亚。2019年4月，巴罗总统赴塞出席塞总统萨勒就职典礼和塞独立59周年庆典。

冈独立后与尼日利亚关系密切。冈塞邦联解体后，冈尼签署了防务协议。尼曾派大型军训团负责冈国民军的建设和训练，并曾派人出任冈军司令。同时冈与尼在司法、农业、医疗卫生、教育等领域进行广泛合作，尼向冈派有技术人员。2003年8月，冈国民议会批准了冈比亚—尼日利亚友好合作协定。2005年5月，尼总统访冈。2010年1月，尼外长访冈。2013年11月，尼总统乔纳森访冈。2016年1月，贾梅赴尼出席西共体成员国首脑峰会。2016年12月冈选后危机发生后，尼日利亚总统布哈里曾赴冈调解。2018年1月，巴罗总统访尼。

2015年2月，冈举行庆祝独立50周年庆典活动，西共体轮值主席、加纳总统马哈马、几内亚比绍总统瓦斯、毛里塔尼亚总统阿齐兹、尼日利亚副总统桑博、尼前总统奥巴桑乔以及塞内加尔总理迪奥纳等西非国家领导人出席。2017年2月，冈举行巴罗总统就职仪式暨庆祝独立52周年庆典活动，塞内加尔总统萨勒、加纳总统阿多、毛里塔尼亚总统阿齐兹、利比里亚总统瑟利夫、科特迪瓦总统瓦塔拉、布基纳法索总统卡波雷、几内亚比绍总理恩巴洛、塞拉利昂副总统福、尼日利亚副总统桑博、加纳前总统马哈马等西非国家领导人出席。4月，几内亚比绍总理恩巴洛访冈。4月，巴罗总统访问刚果共和国、塞拉利昂、利比里亚和加纳。6月，巴罗总统出席第51届西共体首脑会议。2018年11月和2019年2月，塞拉利昂总统科罗马和新任总统比奥相继访冈。2019年6月，巴罗总统赴尼日利亚出席第55届西共体首脑会议。 （吴芳）

刚果（布）

国名 刚果共和国（The Republic of the Congo, La République du Congo），简称“刚果（布）”。

面积 34.2万平方公里。

人口 524万（2018年）。全国有56个民族，属班图语系。最大的民族是南方的刚果族，包括拉利族、巴刚果族、维利族，约占总人口的45%；北方的姆博希族占16%；中部太凯族占20%；北方原始森林里还生活着少数俾格米人。官方语言为法语。民族语言南方为刚果语、莫努库图巴语，北方为林加拉语。全国居民中一半以上信奉原始宗教，26%信奉天主教，10%信奉基督教，3%信奉伊斯兰教。

首都 布拉柴维尔（Brazzaville），人口160万（2019年），年平均气温约26℃。

国家元首 共和国总统德尼·萨苏–恩格索（Denis Sassou-N’guesso），1997年10月就任，2002年3月正式当选，2009年7月、2016年3月胜选连任。

重要节日 独立日：8月15日。

简　况

位于非洲中西部，赤道横贯中部。东、南两面邻刚果（金）、安哥拉，北接中非、喀麦隆，西连加蓬，西南临大西洋，海岸线长156公里。南部属热带草原气候，中部、北部为热带雨林气候，气温高，湿度大。年平均气温24℃—28℃。

13世纪末至14世纪初，班图人在刚果河下游建立了刚果王国。1880年10月3日，法国人正式占领这片土地，开始殖民统治。1884—1885年，柏林会议上刚果河以西地区被划为法国殖民地，即现刚果（布）。1910年，刚果成为法属赤道非洲四领地之一（另有加蓬、乍得、中非），称中央刚果，布拉柴维尔是法属赤道非洲的首府。1957年取得“半自治共和国”地位。1958年11月成为“自治共和国”。1960年8月15日宣布独立，但仍留在法兰西共同体内，定名刚果共和国。1961年3月27日，菲勒贝尔·尤卢（Fulbert Youlou）出任总统。1963年爆发“八月革命”，尤卢政权被推翻，阿尔方斯·马桑巴–代巴（Alphose Massamba-Débat）当选总统。1968年7月31日，马里安·恩古瓦比（Marien Ngouabi）等联合发动“七·三一运动”，推翻马桑巴–代巴。12月恩古瓦比出任总统，次年12

月改国名为刚果人民共和国。1977年，恩古瓦比遇刺身亡，若阿基姆·雍比–奥庞戈（Joachim Youmby-Opango）出任总统。1979年2月，执政党刚果劳动党（简称“刚劳党”）中央全会罢免雍比，召开特别大会选举德尼·萨苏–恩格索为总统。1990年刚实行多党制。1991年6月重新恢复刚果共和国国名。1992年举行首次多党总统大选，泛非社会民主联盟主席帕斯卡尔·利苏巴（Pascal Lissouba）击败萨苏，当选总统。1997年6—10月，刚发生内战，萨苏武力击败利苏巴后任总统。

政　治

萨苏再度执政后，推行和平、统一、民族和解政策。1998年1月，刚果（布）召开“全国和解、团结、民主和重建论坛”，决定在刚继续实行多元化民主，重建民族间信任和团结，确定3年弹性过渡期后举行总统大选。除普尔地区外，国内局势逐步恢复稳定。2001年3月至4月，刚非排他性全国对话在首都布拉柴维尔举行，通过了政府提交的新宪法草案和和平与重建公约。2002年1月20日，刚全民公投通过新宪法。3月10日，刚举行总统选举，萨苏以压倒多数当选。此后，刚在除普尔省以外的其他地区顺利举行了立法、地方和参议院选举。8月14日，萨苏就任总统，并组成新一届政府，刚过渡期宣告结束。2003年3月，刚政府与普尔省的最后一支反政府武装签署和平协定。2006年8月，颁布《政党法》。2007年和2008年，刚举行立法选举和地方选举，总统派获绝大多数席位。2009年7月12日，刚举行内战后第二次总统选举，萨苏以78.61%高票当选连任，8月14日宣誓就职。2015年10月25日，刚全民公投通过新宪法。2016年3月20日，刚举行总统选举，萨苏以60.39%的得票率获胜连任，4月16日宣誓就职。

【宪法】2015年10月25日全民公投通过的新宪法系刚历史上第9部宪法，规定：国家主权属于人民；共和国总统为国家元首和军队最高统帅，主持部长会议，任免总理、部长；总统由直接普选产生，任期5年，可连选连任2次；议会由国民议会和参议院组成，对政府进行监督；总统可解散议会，议会可弹劾政府。总统职位空缺期间，由参议院议长代行总统之职。

【议会】实行两院制，包括国民议会和参议院，均有立法权。

国民议会议员151名，由直接选举产生，任期5年，可连选连任。本届议会于2017年选举产生。下设经财，司法和行政，外交与合作，防务安全，教育、文化和科技，卫生与社会，计划与领土整治等7个委员会。议长伊西多尔·姆武巴（Isidore Mvouba），刚果劳动党政治局委员。

参议院议员72名，经地区选举团间接选举产生，任期6年，每3年改选1/2。下设法律、行政和人权，经财、生产、装备和环境，外交与合作，防务安全，教育、文化和科技，卫生、就业和社会6个委员会。现任参议院议长皮埃尔·恩戈洛（Pierre Ngolo），2017年9月由新一届参议院选举产生，刚果劳动党政治局委员。

【政府】2017年8月22日，刚果（布）组建新一届政府，共有35名成员。克莱芒·穆安巴（Clément MOUAMBA）总理留任，新设副总理负责公职、国家改革、劳动和社会保障，由菲尔曼·阿耶萨（Firmin AYESSA）担任，其余33人为：农业、畜牧业和渔业国务部长亨利·琼博（Henri DJOMBO），经济、工业和国库国务部长吉尔贝·翁东戈（Gilbert ONDONGO），贸易、供应和消费国务部长阿方斯·克洛德·恩西卢（Alphonse Claude NSILOU），内政和地方分权部长雷蒙·泽菲兰·姆布卢（Raymond Zéphirin MBOULOU），矿业和地质部长皮埃尔·奥巴（Pierre OBA），领土整治、装备和大型工程部长让–雅克·布亚（Jean-Jacques BOUYA），石油天然气部长让–马克·蒂斯特雷·奇卡亚（Jean-Marc THYSTERE TCHICAYA），外交、合作和海外侨民部长让–克洛德·加科索（Jean-Claude GAKOSSO），国防部长夏尔·里夏尔·蒙乔（Charles Richard MONDJO），财政和预算部长卡利斯特·加农戈（Calixte NGANONGO），新闻和媒体部长，政府发言人蒂埃里·蒙加拉（Thierry MOUNGALA），高等教育部长布鲁诺·让–里夏尔·伊杜阿（Bruno Jean-Richard ITOUA），装备和道路养护部长埃米尔·乌奥索（Emile OUOSSO），初中等教育和扫盲部长阿纳托尔·科利内·马科索（Anatole Collinet MAKOSSO），司法、人权和土著民族促进部长安热·艾梅·比南加（Ange Aimé BININGA），中小企业、手工业和非正规部门部长伊沃妮·阿德拉伊德·穆佳妮（Yvonne Adelaïde MOUGANY，女），能源和水利部长塞尔日·布莱斯·佐尼亚巴（Blaise ZONIABA），土地事务和公产管理负责与议会关系部长皮埃尔·马比亚拉（Pierre MABIALA），经济特区部长吉尔贝·莫科基（Gilbert MOKOKI），技术职业教育、专业技能培训和就业部长尼塞福尔·安托万·托马·菲拉·圣–厄德（Antoine Thomas FYLLA SAINT-EUDES），建设、城市规划和住房部长若苏埃·罗德里格·恩古奥宁巴（Josué Rodrigue NGOUONIMBA），林业经济部长罗莎莉·马东多（Rosalie MATONDO，女），运输、民用航空和商船部长兼计划、统计和区域一体化部长安格里德·奥尔加·吉莱纳·埃布卡—巴巴卡斯（女，Ingrid Olga Ghislaine EBOUKA-BABACKAS），卫生和人口部长雅克利娜·莉迪娅·米科洛（Jacqueline Lydia MIKOLO，女），科研和技术创新部长马丁·帕尔费·艾梅·库苏–马翁古（Martin Parfait Aimé COUSSOUD-MAVOUNGOU），邮政、电信和数字经济部长莱昂·朱斯特·伊邦博（Léon Juste IBOMBO），旅游和环境部长阿莱特·苏当·诺诺（Arlette SOUDAN NONAULT，女），体育和体育教育部长于格·恩古埃隆德莱（Hugues NGOUELONDELE），社会事务和人道主义行动部长安托瓦妮特·丹加·迥多（Antoinette DINGA DZONDO，女），妇女促进和参与发展部长伊内斯·内费尔·贝尔蒂耶·安加妮（Inès Nefer Bertille INGANI，女），青年与公民教育部长德斯蒂内·埃尔默拉·杜卡加（Destinée Hermella DOUKAGA，女），文化与艺术部长迪厄多内·莫永戈（Dieudonné MOYONGO），内政和地方分权部负责地方分权的部长级代表夏尔·恩冈富穆（Charles NGANFOUOMO），财政和预算部负责预算事务的部长级代表鲁多维克·恩加塞（Ludovic NGATSE）。

【行政区划】全国共划分12个省，6个直辖市，97个县。

【司法机构】新宪法规定：司法权独立于立法权，不得侵犯行政或立法权权限；司法权由最高法院、审计和预算法院、上诉法院和其他国家司法机构行使；共和国总统主持最高司法会议，通过其确保司法独立；最高法院成员和其他各级法院的法官由总统根据最高司法会议的提名任命；设立宪法法院，负责监督各项法律及国际条约和协定的合宪性，监督总统选举和全民公决程序的合法性并公布其结果。当前，最高法院院长普拉西德·朗加（Placide Lenga），宪法法院院长奥古斯特·伊洛基（Auguste Iloki），总检察长乔治·阿基耶拉（Georges Akiera）。

【政党】独立后长期由刚果劳动党一党执政20余年。1990年实行多党制，目前政党总数约180多个。由执政党"刚果劳动党"领导的多党执政联盟"总统多数派联盟"在刚政坛占据主导地位。2006年8月21日，萨苏总统签署颁布经刚国民议会和参议院通过《政党法》。《政党法》规定，各政党及政治团体须体现民族多样性，并在刚各省会设有分部以体现地区代表性；政党的成立由国家监控；财政上，政党可享受国家资助；政党活动受法律保护，但不得利用宗教进行有政治目的的宣传。主要政党情况如下：

（1）刚果劳动党（Parti Congolais du Travail，PCT）：简称"刚劳党"。1969年12月31日成立，现有约80万党员，执政党。创始人为已故总统恩古瓦比。1969—1992年为刚唯一合法政党。1992年在首届多党选举中失利，成为反对党。1997年10月内战结束后，重新成为执政党。1990年12月，召开"特别四大"修改党纲党章，放弃马列主义和科学社会主义作为党的政治指导，改"先锋队"为群众党。2002年7月，放弃原"镰刀、斧头和棕榈叶"的党徽图案，改用"大象"标志。2004年11月、2005年12月召开了中央委员会第四、第五次特别会议，讨论修改党纲、党章、重组易名事，但党内各派对此存有较大分歧，未达成共识。2006年8月，保守派抛开改革派擅自召开"五大"，使党险些陷于分裂境地。12月召开"特别五大"，决定搁置易名改组的争议，党内团结得以维护。2011年3月，刚果劳动党代理总书记伊西多尔·姆武巴（Isidore Mvouba）主持召开刚劳党第五届中央委员会第二次特别会议。会议决定2011年7月3—7日召开全党特别大会，主题为"在和平、稳定与团结的氛围中，以开放的态度重振刚果劳动党，为刚现代化建设贡献力量"。7月，第六次特别大会召开，选举萨苏总统为中央委员会主席，皮埃尔·恩戈洛（Pierre Ngolo）为总书记。2017年立法选举中获90席。2019年12月，刚果劳动党召开第五届全国代表大会，会议确定萨苏总统为下届总统大选候选人，皮埃尔·穆萨（Pierre MOUSSA）为总书记，政治局由41人增至75人，常务书记处由12人增至15人，中央委员会由412人增至750人。

（2）泛非社会民主联盟（Union Panafricaine pour la Démocratie Sociale，UPADS）：简称"泛非联盟"。前政权执政党，现最大反对党。1991年1月成立，6月获合法地位。有约12万名党员，势力范围主要在南方尼阿里、雷库木和布昂扎三省。创始人、主席为前总统利苏巴。1997年10月，利苏巴在内战失败后流亡国外。12月召开会议，原执行局成员、前国务部长马丁·姆贝里当选为代理第一书记，并组成临时执行局。1998年1月，参加"全国和解、团结、民主和重建论坛"。2000年8月，举行全国委员会特别会议，选举姆贝里为总书记和代理主席。2001年12月，姆贝里因党内矛盾辞职另组新党。2004年9月，利苏巴指定翁加古·达楚（Ongakou Datchou）任主席，保罗·马基塔（Paul Makita）为党的总书记，宣布党员不得进入国家机构，将进入议会的议员开除出党。2006年12月，召开"一大"，帕斯卡尔·马比阿拉（Pascal Mabiala）当选总书记。2007年参加立法选举，获得11个席位，成为议会第二大党，但公开表示在党的领导人仍流亡国外的情况下无意入阁。马比阿拉代表的"白派"与前总书记穆库埃凯（Christophe Moukoueke）代表的"黄派"之间存在很大分歧，党内分裂严重。2010年12月，泛非社会民主联盟召开会议，选举马比阿拉为总书记。2017年立法选举中获8席。

（3）民主与社会进步联盟（Rassemblement pour la Démocratie et le Progrès Social）：简称民进盟（RDPS）。1990年10月19日成立，曾有党员10万人，势力范围主要集中于南方黑角市和奎卢省。创始人为前议长让·皮埃尔·蒂斯特雷·齐卡亚（Jean Pierre Thystere Tchicaya）。自称左翼政党。党的目标是建立一个反对独断专横、专制主义和一党制的社会，反对国家成为少数人致富的机器。内战结束后，该党明确支持萨苏新政权，参与战后重建。现任主席马比奥·马翁古-曾加（Mabio Mavoungou-Zinga），总书记米歇尔·贡戈（Michel Konko）。本届国民议会该党领衔的总统多数派政党占15席。

【重要人物】德尼·萨苏-恩格索：共和国总统、国家元首、政府首脑、武装力量最高统帅。1943年生于刚果北部盆地省奥旺多（Owando），姆博希族人。早年曾先后在阿尔及利亚和法国的军校学习。1961年参军，后历任伞兵营连长、营长、布拉柴维尔军区司令、陆军司令、国家保安局长等职。1963年8月参加推翻尤卢政权的“八月革命”。1968年参加“七·三一运动”，后任全国革命委员会委员。刚劳党创始人之一。1969年刚劳党成立大会上当选中央委员，后历任政治局委员、常设军事委员会常务书记。1975年底任“特别参谋部”成员，兼负责国防和安全工作的部长级代表。1977年3月任革命军事委员会第一副主席，负责党务和国防。1979年3月当选为党中央主席，出任国家元首和部长会议主席。同年8月就任总统。1984年和1989年连任。1989年晋升为上将。1992年8月，竞选总统失利后下野。1997年10月再次就任总统。2002年3月10日，赢得内战后首次多党大选，当选总统。2009年7月、2016年3月在总统大选中胜选连任。

经　济

石油和木材为经济两大支柱。2009年，制订“未来之路”发展战略，提出实现国家现代化和工业化目标。2010年，达到重债穷国减债计划完成点。2000—2014年，经济增长率约5%。2014年下半年以来，受国际油价大幅下跌影响，刚财政收入大幅减少，外债规模扩大，2015年经济增长率下降为1.7%。2016年初，制定“走向发展战略”，提出包括支持创办农业企业、促进生产要素投入、对自然资源进行深加工等举措，从而实现经济多样化、减少贫困、创造就业岗位等目的。2017年被曝出严重债务问题，国际货币基金组织称刚债务占GDP比率高达110%。2020年受新冠肺炎疫情影响，加之石油价格暴跌，刚经济再度受到冲击。

2019年主要经济数据估算如下：

国内生产总值：108亿美元。

人均国内生产总值：2007美元。

经济增长率：-0.9%。

货币名称：中非金融合作法郎（简称“非洲法郎”）。

汇率：1美元≈586非洲法郎。

通货膨胀率：2.2%。

（资料来源：2020年第三季度《伦敦经济季评》）

【资源】石油、天然气资源丰富。已探明可采石油储量约13亿桶，估算储量达37亿桶，天然气储量约1000亿立方米。20世纪70年代初开始在海上进行大规模开采，内陆油田尚处于勘探阶段。近几年年产量在9000万到1亿桶，是撒哈拉以南非洲主要产油国之一。石油产值约占刚国内生产总值的61.2%，石油出口占出口总收入的84.6%（2014年）。目前，刚开采的石油主要来自海上油田，占已开采油田的80%。钾盐矿储量60亿吨，磷酸盐矿600万吨，铁矿约250亿吨。此外还有铝、锌、铜等金属矿。

【工业】独立后，曾建立200多家工业企业。因企业经营不善和战争破坏，原有生产型项目已基本不存在。现生产型企业基本是外国独资或控股。工业以采掘业为主导，食品、纺织、皮革、化工等制造业对经济贡献有限。黑角炼油厂是刚唯一的炼油厂。2017年工业产值约占国内生产总值的54.3%。刚全国发电装机总量为361MW，主要为水电和天然气发电。

【农林渔业】2017年农业产值约占国内生产总值的7.2%。粮食、肉类、蔬菜等均不能自给，90%以上依赖进口。可耕地面积1000万公顷，已耕种面积约20万公顷，主要集中在南方。农村人口约160万。农业生产以个体生产为主，个体农民耕种的土地占已耕面积的68%，国营和外资合营农场占28%，私营农场占2.45%。主要粮食作物有木薯、玉米、稻谷、土豆、花生、香蕉等，经济作物有甘蔗、可可、咖啡、油棕、烟草等，畜产品有牛、羊、猪、鸡等。主要粮食及经济作物有木薯、菜蕉、稻谷、花生、咖啡、可可。

森林资源丰富，面积2200万公顷，约占全国面积的65%。可开采木材多达300余种，主要出口品种有铁木、刺果美等40余种。林业是继石油之后刚政府第二大财政收入来源，对国内生产总值的贡献约占5%。2014年木材贸易占出口总额约3.6%。2015年出口木材93.37万立方米，以原木和未经干燥的锯材为主。

渔业包括海上、淡水捕鱼和养殖业。法国、西班牙等欧盟国家从刚进口水产品。

【服务业】2017年服务业产值约占国内生产总值的38.5%。商业大部分控制在以法资为主的刚果—奎卢·尼阿里贸易公司、刚—法西非贸易公司和桑加·乌班吉贸易公司的手中，零售业主要由马里和黎巴嫩人经营，小型商业服务由西非商人（以塞内加尔、马里人为主）控制。近年来，中国商人增多，大多经营日用百货等小商品。

【交通运输】铁路：大洋铁路是全国仅有的一条铁路，也是非洲最早的铁路之一，1934年由法国殖民者修建。总长886公里，其中主干线长512公里，连接首都布拉柴维尔和港口城市黑角，系刚东西交通命脉。设计年货运量300万吨，因年久失修，目前年货运量仅70万吨，客运量80万人次。

公路：总长2万公里，其中沥青路1200公里。主要有两条干线：1号公路从布拉柴维尔向西至黑角，与大洋铁路平行，长570公里；2号公路从布拉柴维尔向北经奥旺多至韦索，长856公里。2016年，除最北的利库阿拉省外，其他省会城市均与首都布拉柴维尔通柏油路。

水运：内河航线总长约5000公里。黑角港是非洲西海岸3大海港之一，最深水位达16米，可停泊长230米吃水34英尺的巨轮。年吞吐量为1950万吨左右，拥有2个集装箱码头和2个大型木材装卸码头。运量占全国总航运量的90%。

空运：全国有8个机场，其中布拉柴维尔和黑角有国际航空站。刚果航空公司拥有3架波音737–300，3架波音737–200，1架E–120客机和3架中国生产的“新舟60”客机、2架运12飞机，主要经营国内航运。

【电信】共有4家移动通信运营商，分别是ZAIN，MTN，WARID和BINTE。系非洲国家中最晚连接互联网的国家之一，2013年每百人拥有互联网用户为6.6户，主要城市实现宽带网络覆盖。2010年11月，刚移动电话运营商Zain被印度通信公司Airtel收购。

【财政金融】2017年国家财政收入预算为16805.35亿非郎（约合29.23亿美元），财政支出预算为21071.17亿非郎（约合36.65亿美元）。

2000年，刚决定对银行业实施私有化，对刚果国家发展银行和刚果商业银行进行清算。2001年，刚果银行联盟被总部设在科特迪瓦的欧非投资金融机构（COFIPA）收购。2002年法国里昂信贷集团收购了刚果国际银行。2004年，摩洛哥一家私人银行控股刚果农工商信贷银行，改名刚果银行。2005年中部非洲国家银行将刚4家银行整体信誉等级定为资金状况中等脆弱，其中2家良好，1家中等脆弱，1家极差。2015年，由中国农业银行和刚政府合资成立的中刚非洲银行正式对外营业。

据国际货币基金组织统计，2017年刚债务总额91亿美元，占国内生产总值的110%。

【对外贸易】近年来对外贸易情况如下（单位：百万美元）：

	2016	2017	2018
出口额	4356	5294	7211
进口额	5071	3166	3710
差　额	–715	2128	3501

（资料来源：2020年第三季度《伦敦经济季评》）

主要出口产品为石油、木材等。进口成品油、运输设备、机电、建材、纺织原料和食品等。2017年，主要出口目的地国是中国、西班牙、安哥拉、喀麦隆等。主要进口来源国是澳大利亚、纳米比亚、法国、安哥拉等。（资料来源：2019年第一季度《伦敦经济季评》）

【外国资本】外资在刚主要经济部门中占重要地位，约占石油开采业的80%，建筑业的90%，商业的80%。资金主要来自法国、意大利、美国和中国。其中石油领域投资主要来自法国、意大利、美国。外资主要投向采掘业，其中煤炭、石油及天然气领域占68%，金属领域占19%。2015年、2016年外国直接投资总额分别为55亿、37亿美元，其中石油领域投资为36亿、14亿美元。（资料来源：世界银行）

【外国援助】1997年内战后，外国对刚援助一度仅限于人道主义范畴。2000年11月，国际货币基金组织首次向刚提供1400万美元援助用于战后重建。2013年、2014年、2015年，刚分别获得1.51亿美元、1.06亿美元、8890万美元援助。2015年，主要援助方为：法国（5315万美元）、欧盟（2600万美元）、世界银行（1279万美元）、荷兰（588万美元）、非洲发展基金（498万美元）等。（资料来源：经济合作与发展组织）

人民生活

人口自然增长率2.6%，2015年预期寿命62.3岁。平均每个母亲育有5个孩子，新生儿死亡率为4.1‰。刚果（布）是撒哈拉以南非洲城市化程度较高的国家，65%的人口生活在城市。1997年内战后，经济近乎崩溃，失业率高达50%以上。2015年贫困人口降至总人口的32.8%，76.5%的人享有可饮用水。电力覆盖率低，只有51.3%的城市人口和35%的农村人口能用上电。

内战中各地基础医疗设施受到严重破坏，现有综合医院4所，妇幼保健医院2所，区县医院43所，医疗中心146个，医疗所464个，各种防治所215个，共有病床1.1万张，各类医务人员7500人，其中医生567人（包括外国医生约100人）。常见病有疟疾、艾滋病、伤寒、结核、丝虫病、脑膜炎、麻风病、血吸虫病、锥虫病和镰状细胞贫血等。（资料来源：法兰西银行）

军　事

独立后组建军队，称“刚果武装部队”。1966年6月22日，改为“刚果国家人民军”，6月22日定为建军节。1992年3月15日通过的宪法恢复“刚果武装力量”名称。2002年底，萨苏总统对刚军结构作出重大调整，设立总参谋长、三军和国家宪兵总督察，取消陆、海、空军司令，分设陆、海、空军参谋长。

实行义务兵役制，18—35岁的公民必须义务服兵役两年。现有兵力2.2万人，其中陆军1.5万人，海军2000人，空军1500人，宪兵3500人。另有警察等准军事人员5000人。全国划分为9个军区。

文化教育

【教育】撒哈拉以南非洲文化教育水平较高的国家。成人扫盲率79.3%，曾数次在国际上获扫盲奖。刚果（布）历届政府均高度重视教育。1995年9月1日颁布的新教育法规定：小学、初中实行义务教育制，到16周岁为止，中等教育分普通中学和职业技术学校两类。全国教育工作者2.8万人，在校学生总数70多万。小学入学率为82%，初中入学率44%，高中及中等职业技术学校入学率27%。现有1所大学、30所公立学校、200余所私立中学。马里安·恩古瓦比大学是刚果唯一高等学府，下辖12所院校，47个系，14个研究（实验）室，在校学生近1万人。刚目前正在筹建第二所大学德尼·萨苏–恩格索大学。

【新闻出版】主要报刊有：《新共和国报》，1999年创刊的官方周报；《布拉柴维尔快讯》，1998年由中部非洲新闻署创办，现为刚发行量最大的报纸和唯一的日报。另有20余种定期和不定期党报和私人报刊。

刚果新闻社：官方通讯社，1960年创建。内战后经营困难，每日新闻改为每周3期。

刚果电台：官方电台，用法语、英语和刚果语、林加拉语等民族语言广播。创建于20世纪40年代，独立后改名为刚果革命之声，1991年改现名。

刚果电视台：官方电视台，1973年建立。用法语、莫努库图巴语和林加拉语等播出，覆盖范围为首都布拉柴维尔和黑角市。

对外关系

奉行和平、中立和不结盟的外交政策，主张在平等互利、互不侵犯、互不干涉内政的基础上同一切奉行和平、自由、公正、团结的国家发展友好合作关系，反对霸权主义和强权政治。立足非洲，重点发展与周边国家关系，奉行睦邻友好政策，积极推动中部非洲政治、经济一体化进程。近年来，在优先发展同法国关系的同时，积极发展同美国、欧盟以及亚洲国家关系，力求实现外交与合作多元化。

【同中国的关系】1964年2月22日，中国与刚果共和国建交，此后双方友好关系发展顺利。

近年来，中方重要往访有：国务院总理温家宝（2006年），教育部部长袁贵仁（2010年作为胡锦涛主席特使出席刚独立50周年庆典），国务院副总理回良玉（2012年），国家主席习近平（2013年），住房和城乡建设部部长陈政高（2016年4月作为习近平主席特使出席萨苏总统就职仪式），外交部长王毅（2017年1月），全国政协主席汪洋（2018年6月），全国人大常委会副委员长吉炳轩（2019年12月），中共中央政治局委员、中央外事工作委员会办公室主任杨洁篪（2019年12月）等。

刚方重要来访有：萨苏总统（曾经15次来华，其中1980年、1987年、2000年、2005年、2014年、2016年访华，2006年出席中非合作论坛北京峰会，2010年出席上海世博会开幕式，2018年访华并出席中非合作论坛北京峰会），穆安巴总理（2018年7月来华出席第五届中非民间论坛），伊奎贝外长（2011年访华，2012年出席中非合作论坛第五届部长级会议），外交、合作和海外侨民部长加科索（2019年6月出席中非合作论坛北京峰会成果落实协调人会议）等。

2016年7月萨苏总统访华期间，中刚关系提升为全面战略合作伙伴关系。

2019年两国贸易额64.9亿美元，同比下降10.5%，其中中方出口4.4亿美元，同比下降2.2%；进口60.5亿美元，同比下降11%。中方主要出口机电产品、钢材和纺织品，主要进口原油和木材等。

中国驻刚果（布）大使：马福林。馆址：Avenue Auxence Ickonga, Brazzaville, Republique Du Congo。电话：00242–222811132（办公室）；传真：222811135。

刚果（布）驻华大使：达尼埃尔·奥瓦萨（Daniel Owassa）。馆址：北京市朝阳区三里屯东四街7号。电话：010–65321658。

【同法国的关系】刚果（布）系法国前殖民地。法是刚第一大援助国、第一大投资国。目前在刚共有180家法资企业。法国道达尔石油公司自1968年起在刚勘探开发石油，产量占刚石油总产量近60%。近年双边交往主要有：2010年1月，法国外长库什内访刚。4月，萨苏总统访法。2011年8月，两国签署团结发展援助协议。2012年2月、2013年4月、2014年1月，萨苏总统对法国进行工作访问。2013年12月，萨苏总统出席在法国举行的法非和平和安全峰会。2014年2月、2015年7月，法国国防部长勒德里昂访刚。2015年7月，萨苏总统赴法国进行国事访问。2016年3月7日，法国社会党发布公报，指责刚举行大选的民主条件不具备，要求刚推迟大选。25日，法国社会党又发布公报，表示刚大选过程不透明，结果不可信。6月，加科索外长访法，同法国外长埃罗就双边关系和地区形势交换看法。2017年1月，萨苏总统出席在马里举行的第27届法非峰会。2018年6月，法外长勒德里昂访刚。11月，萨苏总统赴法国出席一战结束100周年纪念活动。2019年9月，萨苏总统对法国进行工作访问。同月，萨苏总统赴法国出席法国前总统希拉克葬礼。

【同美国的关系】1977年刚美复交。刚果（布）实行多党制后，美国支持利苏巴政府。萨苏上台后，美一度持观望态度。1999年后，两国关系逐渐改善。2000年，刚被美列为《非洲增长与机遇法》受惠国。2001年美成为对刚第二大援助国。美在刚重点投资石油开发，成为刚石油主要进口国。美雪佛龙公司收购了刚果石油公司25%的股份，还获得了刚和安哥拉边境海上油田的开采权。2004年7月，美刚签署双边债务协议，对刚253.3亿非郎债务作出安排，其中减免债务134亿非郎，其余延期偿还。2006年6月，萨苏总统对美进行工作访问。2009年6月，美免除刚全部共计70亿非郎债务，9月，萨苏赴美出席美非商务峰会。2014年8月，萨苏总统出席在华盛顿举行的首届美非峰会。2016年3月刚大选结束后，美国国务院发表公报，呼吁刚各派通过和平方式解决分歧。7月，美国负责卫生与社会事务的副国务卿访刚。12月，萨苏赴美与美方就利比亚问题交换意见。2017年2月，美众议院代表团访刚。

【同俄罗斯的关系】刚果（布）与苏联于1964年建交。双方签有文化、科学、贸易、航空、经济技术合作协定和友好合作条约。苏在刚曾有相当大的影响。萨苏总统重新执政后，俄同意减免刚部分债务。2002年12月，俄外交部派团访刚，与刚外交部举行政治磋商，并宣布减免刚3亿美元债务，减债幅度达70%。2011年3月，俄罗斯国家杜马副主席率团访刚。2012年11月，萨苏总统访问俄罗斯，双方签署关于在刚建设大型航空器维修站、铺设石油管道等合作备忘录。2014年4月，两国经贸混委会会议在莫斯科召开。

2016年4月，俄罗斯能源部副部长作为总统特使出席萨苏总统就职仪式。2017年3月，加科索外长对俄进行工作访问。2019年10月，萨苏总统出席赴俄出席首届俄非峰会，并与俄总统普京举行双边会晤。

【同非洲国家和地区组织的关系】刚果（布）重视睦邻友好，积极参与地区事务，寻求在次地区发挥作用，是中部非洲经济和货币共同体、中部非洲国家经济共同体成员国。同刚果（金）、加蓬、喀麦隆、中非、乍得等邻国和其他非洲国家均保持友好合作关系。2016年4月，纳米比亚、尼日尔、加蓬、安哥拉、几内亚、塞内加尔、圣多美和普林西比7国总统，阿尔及利亚、摩洛哥、刚果（金）、赤道几内亚4国议长，多哥、乍得、中非3国总理出席萨苏总统就职仪式。

与刚果（金）总体保持睦邻关系。2009年8月，刚（金）总统卡比拉出席萨苏总统就职仪式和刚（布）国庆49周年阅兵式。2010年1月，伊奎贝外长访问刚（金）。2011年2月，卡比拉总统官邸遭武装分子袭击，刚（金）怀疑是流亡在刚（布）的反政府人士所为，两国关系一度紧张，刚（金）政府召回驻刚（布）大使。萨苏总统和伊奎贝外长分别访刚（金）做解释工作，此后两国关系逐步恢复正常。2011年12月，刚（布）国务部长姆武巴以总统特使身份出席刚（金）总统卡比拉就职仪式。2012年3月，刚（布）首都布拉柴维尔发生军火库爆炸事件后，刚（金）外长赴刚果（布）向萨苏总统面交了卡比拉总统的慰问信，并宣布向刚（布）提供医疗物资援助。9月，卡比拉总统访刚果（布），11月，萨苏总统赴刚（金）会晤卡比拉总统。2013年1月至7月，卡比拉总统三度访问刚（布）。2015年9月，卡比拉总统赴刚（布）出席第11届非洲运动会开幕式。2016年1月，加科索外长访刚（金）。2月和6月，卡比拉总统先后两次访刚（布）。2017年12月和2018年2月，萨苏总统、卡比拉总统和安哥拉总统洛伦索两次举行三国元首会晤。2019年2月，刚果（金）新任总统齐塞克迪访问刚果（布）。5月，萨苏总统赴刚果（金）出席齐塞克迪总统之父葬礼。2019年9月，齐塞克迪总统赴刚果（布）出席第五届对非投资论坛。

积极调解利比亚问题。2011年3月，萨苏总统赴毛里塔尼亚参加非盟利比亚问题特别委员会5国首脑会议。4月，萨苏总统出席在毛里塔尼亚召开的非盟利比亚问题特别委员会会议，随后同委员会其他成员国领导人一道赴利比亚斡旋。2016年11月，萨苏总统当选非盟利比亚问题高级委员会主席，并于2017年1月在刚主持召开委员会第二次会议。11月，利比亚城市和部族高级委员会会议在刚果（布）首都布拉柴维尔召开，萨苏总统、利比亚城市和部族高级委员会主席拉日利出席。2018年5月，萨苏总统赴法出席利比亚问题国际会议。2019年6月，利比亚民族团结政府总理萨拉杰访刚并会见萨苏总统。2020年1月，萨苏总统出席利比亚问题柏林峰会。3月，萨苏总统在刚主持召开非盟利比亚问题联系小组会议。

积极调解中非共和国危机。2012年12月中非形势恶化后，萨苏总统出任中非危机行动委员会主席，推动中非政府与反政府武装达成和平协议。2013年5月，中非过渡国家元首乔托迪亚访刚，感谢萨苏参与中非国内危机的调解，并介绍了中非过渡时期路线图的执行情况。2014年2月，中非过渡国家元首庞扎和过渡政府总理恩扎帕耶凯先后访刚，与萨苏总统就中非局势进行了会谈。3月，第四次中非共和国国际联络小组会议在刚首都布拉柴维尔举行，萨苏总统出席开幕式并讲话。5月，庞扎再次访刚。7月，中非和解对话论坛在布拉柴维尔召开，萨苏总统以中非问题协调人身份出席。2015年3月，伊奎贝外长与非盟和安委员谢尔吉在布拉柴维尔主持召开中非问题国际联络小组第七次会议。5月，萨苏总统赴中非出席中非全国和平与和解论坛开幕式。2016年2月和4月，中非新当选总统图瓦德拉访刚，与萨苏总统就中非局势交换意见。3月，萨苏总统赴中非出席图瓦德拉总统就职仪式。2016年8月，图瓦德拉总统赴布拉柴维尔出席刚果（布）独立56周年纪念活动。2018年8月，图瓦德拉总统访问刚果（布）。2019年9月，图瓦德拉总统赴刚果（布）出席第五届对非投资论坛。目前萨苏总统系中非问题后续委员会主席。

与安哥拉签有军事协议，安曾在刚南部有驻军。2016年12月，安哥拉外长希科蒂访刚。2020年3月，安哥拉总统特使、外长奥古斯托访刚。

刚果（布）积极参与大湖地区事务。2017年10月，《刚果（金）和大湖地区和平、安全与合作框架协议》后续机制第八次高级别会议暨大湖地区国际会议第七届峰会在刚召开，萨苏总统在会上接任大湖地区国际会议轮值主席。12月，萨苏总统与安哥拉总统洛伦索、刚果（金）总统卡比拉在布拉柴维尔召开大湖地区国际会议小型峰会。2019年8月，萨苏总统与乌干达、卢旺达、刚果（金）、安哥拉四国元首共同出席在安哥拉举行的大湖地区国际会议小型峰会。

加蓬已故前总统奥马尔·邦戈的夫人为萨苏总统长女，奥马尔·邦戈总统曾积极调解刚各派之间的矛盾和冲突，促成刚政府与反政府各派签署和平协议。2016年6月，阿里·邦戈总统访刚。10月，加总理恩贡戴访刚。2018年2月，加蓬总统邦戈访刚。

积极发展与其他非洲国家的关系。2016年1月，贝宁总统亚伊访刚。4月，萨苏总统出席尼日尔总统优素福就职仪式。同月，多哥总统福雷访刚。5月，萨苏总统出席赤道几内亚总统奥比昂就职仪式。7月，摩洛哥国王特使、外交部部长 级代表访刚。8月，赤道几内亚、贝宁、中非、几内亚、科特迪瓦等国政要出席刚独立庆典。刚总理穆安巴赴乍得出席代比总统就职仪式。9月，几内亚比绍总统瓦斯、多哥总统福雷分别访刚。10月，卢旺达总统卡加梅访刚。12月，多哥总统福雷访刚。2017年3月，萨苏访问阿尔及利亚。4月，冈比亚总统巴罗访刚。5月，多哥总统福雷访刚。2018年7月，马里总统凯塔访刚。2019年6月，萨苏总统赴尼日利亚出席尼民主日暨布哈里总统成功连任庆祝活动。

2016年1月，刚外长加科索代表萨苏总统先后出席在埃塞俄比亚举行的第26届非盟峰会。5月，中部非洲国家经济共同体秘书长阿拉米访刚。6月，萨苏总统出席在安哥拉举行的第六届大湖地区国际会议。7月，萨苏总统先后出席在卢旺达举行的第27届非盟峰会及在赤几举行的中部非洲国家经济货币共同体特别首脑会议。10月，萨苏总统先后出席在多哥举行的非盟海上峰会、在安哥拉举行的大湖地区国家和平安全合作峰会。11月，萨苏总统出席在赤几举行的第四届非洲—阿拉伯峰会。2017年1月和7月，萨苏赴埃塞俄比亚首都亚的斯亚贝巴出席非盟第28次、第29次首脑会议。2018年10月，萨苏总统赴乍得出席中部非洲经济与货币共同体国家领导人特别峰会。2020年2月，萨苏总统赴亚的斯亚贝巴出席第33届非盟首脑会议。

【同其他国家和国际组织的关系】2016年3月，刚外长加科索赴比利时访问欧盟总部，与欧盟外交和安全事务高级代表就刚大选问题进行交流。8月，英国外交部非洲事务国务大臣访刚。同月，日本首相安倍特使访刚，刚外长加科索出席在肯尼亚举行的第六届东京非洲发展国际会议。10月，古巴外长访刚。11月，加科索外长访问韩国。11月，刚领土整治和大型工程部部长布亚访问意大利，与意大利铁路公司等签署了总额为2.2亿美元的合同，涉及铁路建设等项目。12月，萨苏总统赴古巴吊唁古巴领导人卡斯特罗。2017年4月，穆安巴总理访问古巴。5月，加科索外长访问黎巴嫩。2018年7月、2019年8月，世界卫生组织总干事谭德塞两度访刚。

2016年2月，第23届国际刑警组织非洲地区大会在刚首都布拉柴维尔召开，萨苏总统出席并发表讲话。4月，刚签署气候变化《巴黎协定》。11月，萨苏总统出席在摩洛哥举行的联合国气候变化框架公约第22次会议。

（孟亚斐）

刚果（金）

国名　刚果民主共和国（The Democratic Republic of the Congo, La République Démocratique du Congo），简称“刚果（金）”。

面积　2344885平方公里。

人口　约8134万（2017年）。全国有254个民族，分属班图、苏丹和尼洛特三大语系。班图语系各部族占全国人口的84%，主要分布在南部、中部和东部，其中刚果族为全国第一大族；苏丹语系各部族多居住在北部，人口最多的是阿赞德和孟格贝托两族；尼洛特语系各部族是最早生活在刚境内的土著居民，大多已被其他部族同化，仅余俾格米和阿卢尔等少数部族现生活在赤道密林里。法语为官方语言，官方承认的民族语言为林加拉语、斯瓦希里语、基孔果语和契卢巴语。居民50%信奉罗马天主教，20%信奉基督教新教，10%信奉伊斯兰教，10%信奉金邦古教，其余信奉各种本土原始宗教。

首都　金沙萨（Kinshasa），原名利奥波德维尔。面积9965平方公里，人口975.7万，系刚第一大城市和全国政治、经济、文化中心。年平均气温26℃。

国家元首　费利克斯–安托万·齐塞克迪·奇隆博（Félix-Antoine Tshisekedi Tshilombo），2019年1月24日正式就职，任期5年。

重要节日　独立日：6月30日。

简况　地处非洲中部，东邻乌干达、卢旺达、布隆迪、坦桑尼亚，南接赞比亚、安哥拉，北连南苏丹和中非共和国，西隔刚果河与刚果（布）相望。西部有狭长走廊通大西洋。海岸线长37公里。北部属热带雨林气候，南部属热带草原气候。年平均气温27℃，年降水量1500—2000毫米。

13—14世纪是刚果王国的一部分。1884—1885年柏林会议将刚划为比利时国王的“私人采地”，称“刚果自由国”，后改称“比属刚果”。1960年6月30日宣告独立，卡萨武布当选总统，卢蒙巴为总理，定国名刚果共和国，简称“刚果（利）”。1964年8月改国名为刚果民主共和国。1965年11月，国民军总司令蒙博托发动政变推翻卡萨武布，自任总统。1966年5月，首都改名金沙萨，国名简称“刚果（金）”。1971年10月27日，改国名为扎伊尔共和国。1990年4月，实行多党制。1997年5月，洛朗·德西雷·卡比拉推翻蒙博托政权，自任总统，恢复“刚果民主共和国”国名和独立时的国旗、国歌。1998年8月，刚部分军人在乌干达和卢旺达军队的支持下发动叛乱，津巴布韦、安哥拉和纳米比亚等国应刚政府请求出兵相助，形成地区冲突，并造成刚分裂分治局面。1999年，冲突各方在赞比亚首都卢萨卡签署停火协议，联合国安理会决定成立联合国刚果（金）特派团（联刚团，MONUC），向刚果（金）派驻维和部队。2001年1月16日，洛·卡比拉遇刺身亡，其子约瑟夫·卡比拉·卡邦格继任总统。

约瑟夫·卡比拉·卡邦格继任总统后，在国际社会大力推动下，刚果（金）和平进程重新启动并取得重大进展，外国军队相继撤出，联刚团在刚部署总体进展顺利。2003年4月，刚政府和国内各派就过渡期权力分配问题达成一致，签署《全面包容性协议》和《过渡期宪法》，并于6月组成过渡政府，卡比拉继任过渡期总统，两个主要反政府武装"刚果民主联盟—戈马派"（简称"刚民盟/戈马派"）、"刚果解放运动"（简称"刚解运"）、政治反对派和原政府各出一人任副总统，政府各部门及军队系统负责人亦由各方分任。2005年12月，刚举行全民公投通过了《新宪法》。2006年7月和10月，刚举行总统选举，卡比拉当选。2011年11月，卡比拉以48.95%得票率在总统大选中蝉联，并于12月20日宣誓就职。2013年10月，刚召开全国协商会议，决定成立由总统多数派、反对派和公民社会三方组成的全国团结政府。2014年12月，团结政府成立。

政　治

2015年以来，刚大选问题逐渐升温。1月17日，国民议会审议通过包含预先进行人口普查等条款的选举法修正案。反对派指责政府企图借此延长卡比拉执政期限，为其修宪连任创造条件，在首都金沙萨组织游行示威，并演变为大规模骚乱。国民议会随后撤销有关争议条款，骚乱随即平息。2016年9月，刚开启全国政治对话，激进反对派抵制对话。10月，总统多数派、温和反对派、公民社会三方达成协议，决定将大选推迟至2018年4月。12月19日，刚组成由国民议会议员巴迪班加任总理的全国团结政府。此后，在刚全国主教会议斡旋下，激进反对派与总统多数派展开对话，12月31日，达成"全国包容性政治解决方案"，规定总统大选应于2017年底举行，卡比拉继续留任直至新总统选出，但不得谋求第三任期，过渡期总理一职由反对派联盟成员担任。2017年4月，卡任命反对派人士奇巴拉为过渡政府总理，遭激进反对派反对。2017年11月，刚独立选举委员会公布大选时间表，定于2018年12月举行总统、国民议会、省议会"三合一"选举。2018年12月，刚举行总统选举。2019年1月，民主与进步联盟候选人齐塞克迪当选并就职总统。

【刚果（金）东部问题】2008年1月，刚政府在东部北基伍省首府戈马市召开南、北基伍省和平、安全与发展大会，该地区部分非法武装组织与刚政府签署停火协议。8月，刚政府军与该地区反政府武装恩孔达武装发生冲突，大量平民流离失所，引起国际社会广泛关注。2008年12月，刚政府联合乌干达政府、苏丹南方政府对在刚东北部地区活动的乌反政府武装上帝抵抗军（LRA）采取了统一军事行动。2009年1月，根据双方达成的协议，卢旺达派兵进入刚东部参与围剿该地区非法武装，并逮捕了恩孔达。3月，两国政府宣布结束联合军事行动，卢军全部撤离刚境。2009年3月，乌军从刚撤出。之后在各方努力下，刚东部地区局势明显改善。

2010年5月，联合国安理会一致通过1925号决议，决定从同年7月1日起将联刚团更名为联合国刚果（金）稳定特派团（联刚稳定团，MONUSCO），任务重心由监督停火、维持和平转向保护平民、巩固和平与维持稳定。2013年3月，联合国通过决议，决定在联刚稳定团内部设立"干预旅"，目标是协助减轻武装团体对刚东部国家主权和平民安全构成的威胁，干预旅共约3000人，由南非、坦桑尼亚、马拉维等国负责出兵。

2012年4月，刚反政府武装"3月23日运动"（简称M23）在刚东发动战事，与刚政府军形成对峙。11月，M23占领刚东重镇戈马，刚东局势进一步升温。2013年2月，刚、卢、乌等11个地区国家签署《刚果（金）和大湖地区和平、安全与合作框架文件》，肯尼亚、苏丹也于2014年1月签署该框架文件。10月下旬起，刚政府军在联刚稳定团干预旅的支持下，陆续攻占M23所有据点。12月，刚政府与M23在内罗毕以各自声明形式达成11点共识，M23宣布结束武装叛乱，2014年2月，刚政府对除犯有反人类罪的M23前战斗人员实行特赦。2017年，逃往邻国的原M23武装人员回流刚东，后在刚政府军打击下溃散。2014年5月，活动在刚东的卢旺达反政府武装"解放卢旺达民主力量"（FDLR）提出投降，但未在限定时间内完成解武，2015年2月，刚政府开始对其进行军事打击。2017年12月，乌干达反政府武装"民主同盟军"（ADF）袭击联刚稳定团在北基伍省的基地，同维和部队及刚政府军激烈交火，14名维和士兵和5名刚军士兵在交火中身亡。2018年，刚军在东部展开针对非法武装的军事行动，遭到ADF反弹，造成大量军民伤亡。2019年1月齐塞克迪就任总统后，刚军强化对东部非法武装打击力度，取得一定成效。

【宪法】现行宪法于2006年2月18日颁布。宪法规定：国家机构由总统、政府、国民议会、参议院和法院组成。总统为国家元首、三军统帅，由普选产生，任期5年，可连任1届，负责维护宪法尊严、国家独立主权和领土安全，在议会监督和政府参与下，保障国家机构正常运行。总理为政府首脑，政府与总统共同制定国策，政府是国策执行的主要负责机构。政府对议会负责，国民议会可对政府成员提出不信任案；议会两院可对总统和总理向法院提起诉讼；总统有权解散议会。司法权独立于立法和行政权，由宪法法院、最高法院、行政法院、民事法庭、军事法庭和检察院组成。

【议会】国民议会、参议院分别于2018年12月、

2019年3月选举产生，国民议会议员500名，参议院议员108名，任期均为5年。前总统卡比拉领导的“刚果共同阵线”在两院均获得多数席位。国民议会议长为让尼娜·马本达·利奥科（女），参议院议长为亚历克西·坦布韦·姆万巴。

【政府】政府于2019年8月成立，由总理、5位副总理、10名国务部长、31位部长、3位部长级代表和17位副部长组成。主要成员有：总理西尔韦斯特·伊伦加·伊伦坎巴（Sylvestre ILUNGA ILUNKAMBA），副总理兼内政、安全及传统事务部长吉尔贝·坎孔德·马兰巴（Gilbert KANKONDE MALAMBA），副总理兼司法与掌玺部长塞莱斯坦·通达·亚·卡森德（Célestin TUNDA YA KASENDE），副总理兼预算部长让·博杜安·马约·曼贝凯（Jean Baudouin MAYO MAMBEKE），副总理兼计划部长埃莉泽·穆嫩布韦·塔穆库姆韦（Elysée MUNEMBWE TAMUKUMWE，女），副总理兼基础设施与公共工程部长维利·恩古波斯·松泽尔（Willy NGOOPOS SUNZHEL）；国务部长兼外交部长玛丽·通巴·恩泽扎（Marie TUMBA NZEZA，女），国务部长兼国际合作、区域一体化和法语国家事务部长佩潘·纪尧姆·曼乔洛·布瓦基拉（Pépin Guillaume MANJOLO BUAKILA），国务部长兼石油部长吕本斯·米金多·穆希马（Rubens MIKINDO MUHIMA），国务部长兼地方分权与机构改革部长阿扎里亚斯·鲁贝鲁瓦·马尼瓦（Azarias RUBERWA MANYWA），国务部长兼能源与水力资源部长厄斯塔休·穆汉齐·穆本贝（Eustache MUHANZI MUBEMBE），国务部长兼就业、劳动与社会保障部长内内·恩库鲁·伊伦加（Nene NKULU ILUNGA，女），国务部长兼初级、中级与技术教育部长维利·巴孔加·维利马（Willy BAKONGA WILIMA），国务部长兼性别、家庭与儿童部长贝亚特丽斯·洛梅亚·阿蒂利特（Béatrice LOMEYA ATILITE，女），国务部长兼城建与住房部长皮于斯·姆瓦比卢·姆巴尤·穆卡拉（Pius MUABILU MBAYU MUKALA），国务部长兼新闻与媒体部长达维德·若利诺·迪万波韦萨·马凯莱莱·马穆津吉（David Jolino DIWANPOVESA MAKELELE MA-MUZINGI）；国防与退役军人部长艾梅·恩戈伊·穆凯纳（Aimé NGOY MUKENA），公职部长约朗德·埃邦戈·博松戈（Yollande EBONGO BOSONGO，女），财政部长若泽·塞莱·亚拉古利（José SELE YALAGHULI），国民经济部长阿卡西娅·班杜博拉·姆邦戈（Acacia BANDUBOLA MBONGO，女），国企部长克莱芒·屈艾特·尼米·贝穆纳（Clément KUETE NYMI BEMUNA），外贸部长让·吕西安·布萨·通巴（Jean Lucien BUSSA TONGBA），矿业部长维利·基托博·萨姆索尼（Willy KITOBO SAMSONI），邮政、电信与信息通讯新技术部长奥古斯丁·基巴萨·马利巴（Augustin KIBASSA MALIBA），卫生部长埃泰尼·隆贡多（ETENI LONGONDO），人权部长安德烈·利特·阿塞贝亚（André LITE ASEBEA），议会关系部长德奥格拉蒂亚斯·恩库苏·昆齐·比卡瓦（Dégratias NKUSU KUNZI BIKAWA），环境与可持续发展部长克洛德·恩亚穆加博·巴齐布埃（Claude NYAMUGABO BAZIBUHE），农业部长让·约瑟夫·卡松加·穆库塔（Jean Joseph KASONGA MUKUTA），运输与交通部长迪迪埃·马曾古·穆坎祖（Didier MAZENGU MUKANZU），渔业与畜牧业部长若纳唐·比亚洛苏卡·瓦塔（Jonathan BIALOSUKA WATA），乡村发展部长居伊·米库卢·蓬博（Guy MIKULU POMBO），社会事务部长罗丝·博亚塔·蒙卡朱（Rose BOYATA MONKAJU，女），人道主义行动与民族团结部长史蒂夫·姆比卡伊·马布卢基（Steve MBIKAYI MABULUKI），高等教育与大学部长托马斯·卢哈卡·洛森乔拉（Thomas LUHAKA LOSENDJOLA），科学研究与技术创新部长若泽·姆潘达·卡班古（José MPANDA KABANGU），土地部长艾梅·萨孔比·莫伦多（Aimé SAKOMBI MOLENDO），工业部长朱利安·帕卢库·卡洪亚（Julien PALUKU KAHONGYA），职业培训与手工艺部长约翰·恩通巴·帕农帕科莱（John NTUMBA PANUMPAKOLE），领土整治部长阿热·阿杰·马滕博·托托（Aggée AJE MATEMBO TOTO），中产阶级、中小企业和手工业部长朱斯坦·卡伦巴·姆瓦纳·恩贡戈（Justin KALUMBA MWANA NGONGO），青年与新公民意识启蒙部长埃拉斯通·坎巴莱·特松戈（Eraston KAMBALE TSONGO），体育与娱乐部长马塞尔·阿莫斯·姆巴约·基滕盖（Marcel Amos MBAYO KITENGE），旅游部长邦库卢·佐拉·伊夫（Bonkulu ZOLA YVES），文化与艺术部长让·马里·卢昆吉·基库尼（Jean Marie LUKUNDJI KIKUNI），共和国总统府驻节部长安德烈·卡班达·卡纳（André KABANDA KANA），总理府驻节部长雅克琳娜·彭盖·桑加尼伊（Jacqueline PENGE SANGANYOI，女）；国防与退役军人部退役军人事务部长级代表西尔万·穆通博·卡宾加（Sylvain MUTOMBO KABINGA），内政、安全及传统事务部传统事务部长级代表埃罗勒·米歇尔·姆文齐·梅亚（Eyrolles Michel MVUNZI MEYA），社会事务部残疾人及弱势群体事务部长级代表伊雷娜·埃桑博·迪亚塔（Irène ESAMBO DIATA，女）。

【行政区划】2016年2月完成行政区划调整，原11个省被划分成26个省。

【政党】1990年4月前扎伊尔实行多党制后，一度涌现400多个政党。洛·卡比拉执政期间曾禁止政党活动。2001年5月，约·卡比拉总统颁布“政党和政治团体组织活动法”，正式解除党禁，同时规定各党需重新登记。截至2015年9月，在刚内政部注册的政党为477个（现在可能有600多个）。主要政党情况如下：

（1）民主与社会进步联盟（Union Pour la Démocratie et le Progrès Social，UDPS）：成立于1982年2月，曾长期在野，持激进立场，主张实行西方式民主制度。2003年拒绝参加过渡政府。2006年拒绝参加总统和立法选举。前党主席艾蒂安·齐塞克迪（Etienne Tshisekedi），曾在蒙博托时期任总理、部长、大使等职，在2011年11月举行的总统选举中以32.33%选票位列第二。艾蒂安·齐塞克迪拒绝接受选举结果，自行宣布“当选总统”并在家中举行自己的“就职典礼”，被政府宣布无效和违宪。艾蒂安·齐塞克迪还拒绝接受并指示该党当选议员不要履职。艾蒂安·齐塞克迪去世后，其子费利克斯·安托万·齐塞克迪·奇隆博继任党主席。在2018年12月举行的国民议会选举中，其领导的竞选平台“引领变革方向”（CACH）共获得40多个席位。

（2）争取重建与民主人民党（Le Parti du Peuple pour la Reconstruction et la Démocratie，PPRD）：2003年3月31日成立，是支持前总统卡比拉的主要政党。该党党章规定，党的理想目标是通过民主途径执掌国家政权，保障民族团结、领土完整和国家繁荣。主要机构包括全国代表大会和全国执行委员会。总部设在金沙萨。常务书记埃玛纽埃尔·拉马扎尼·沙达里（Emmanuel Ramazani Shadary）。在2018年12月举行的国民议会选举中，其领导的竞选平台FCC共获得330多个席位。

（3）为公民和发展而战斗党（Engagement pour la Citoyenneté et le Développement，ECIDE）：2009年3月7日成立，主张建设繁荣的国家，维护人民权益，推广民主文化。总部设在金沙萨。党主席玛尔丹·马迪迪·法尤卢（Martin Madidi Fayulu），曾当选国民议会议员，2018年11月，刚主要反对派推举其为总统选举反对派共同候选人。在2018年12月举行的国民议会选举中，其领导的竞选平台“觉醒联盟”（LAMUKA）共获得90多个席位。

（4）刚果解放运动（Mouvement pour la Libération du Congo，MLC）：1998年11月10日成立，原为前总统蒙博托旧部成立的政治军事组织，曾长期得到乌干达支持，与卡比拉政府武装对峙。2003年6月宣布转为政党，并参加刚内部政治对话，后加入过渡政府，获得外交、计划、预算等部部长职位，党主席本巴担任过渡期主管经济和财政事务的副总统。该党总部设在赤道省，首都金沙萨及全国主要大城市建有分支机构。该党主席本巴参加总统竞选落败后，于2007年1月当选参议员。3月下旬，刚政府军武力解除本巴卫队武装，本巴赴葡萄牙治病。2008年5月，比利时警方根据国际刑事法院逮捕令在布鲁塞尔逮捕了本巴。目前，刚解运日常事务主要由该党总书记巴扎伊巴主持。该党在2018年底举行的总统大选中同为公民和发展而战斗党结盟。

（5）刚果国家联盟（Union pour la Nation Congolaise，UNC）：成立于2010年。党主席维达尔·卡梅雷（Vital Kamerhe），原执政党重建与民主人民党总书记，2006年12月，当选国民议会议长，2009年3月，因反对刚果（金）与卢旺达就清剿刚东非法武装采取联合军事行动而辞去议长职务，2019年，担任总统办公室主任。2010年6月，UNC在刚内政部登记成立并获官方承认。同年12月卡梅雷正式对外宣布退出重建与民主人民党，辞去国民议会议长职务。2011年7月，UNC召开第一次全国大会，卡梅雷推出自己的竞选纲领，正式宣布参加总统大选。卡在2011年11月举行的总统选举中以7.74%的得票率位居第三。该党在2018年底举行的总统大选中同齐塞克迪领导的民主与社会进步联盟结盟。

【重要人物】费利克斯–安托万·齐塞克迪·奇隆博：总统。1963年6月13日生于金沙萨市，UDPS创始人艾蒂安·齐塞克迪之子。年轻时即追随其父参与政治活动。2011年曾当选国民议会议员，2016年起先后任民主与社会进步联盟副总书记、主席。2019年1月赢得大选并就任总统。

经 济

世界最不发达国家之一。农业、采矿业占经济主导地位，加工工业不发达，粮食不能自给。1996年的内战和1998年的地区冲突，使国民经济雪上加霜，濒于崩溃。2001年卡比拉继任总统及2003年组成临时过渡政府后，刚大幅调整经济政策，推行市场经济，放松经济管制，加强与国际金融机构的合作，经济状况逐步改善。2002年，经济出现拐点，由原来持续负增长转为正增长。2006年12月，卡比拉当选总统后，刚新政府继续奉行稳健的经济政策，并启动国家重建计划和“五大工程”，经济继续保持恢复性增长。2011年卡比拉蝉联总统后提出国家“现代化革命”战略以及到2030年建成新兴国家的战略目标，重点发展农业、矿业、水电开发等。刚外债负担沉重，主要债权方为巴黎俱乐部、国际货币基金组织和世界银行。2010年7月1日，国际货币基金组织和世行宣布刚达到重债穷国减债倡议完成点，截至2011年底，111亿美元外债被减免。2019年，齐塞克迪总统就任后推行“执政百日紧急计划”，大力筹措资金，推进交通、卫生、教育、住房、能源、就业、农渔牧等领域项目实施。

2019年主要经济数据估算如下：

国内生产总值：495.3亿美元。

人均国内生产总值：571美元。

经济增长率：4.4%。

货币名称：刚果法郎（Franc Congolais，FC）。

官方汇率：1美元＝1742刚果法郎。

通货膨胀率：6.1%。
外债：52.5亿美元。
（资料来源：2020年第二季度《伦敦经济季评》）

【资源】自然资源丰富，素有“世界原料仓库”“中非宝石”和“地质奇迹”之称。全国蕴藏多种有色金属、稀有金属和非金属矿，其中铜、钴、工业钻石、锌、锰、锡、钽、锗、钨、镉、镍、铬储量颇为可观，在世界上占有重要地位。铁、煤、黄金、银等储量也很丰富，还有白金、铅、磷酸盐、硅酸盐等。其主要矿产储量为：铜7500万吨（占世界15%）、钴450万吨（占世界1/2）、铌钽3000万吨（占世界80%）、钻石2.06亿克拉（居世界第一）、锡45万吨、黄金600吨、铁10亿吨、锂3100万吨、铬镍2250万吨、锰700万吨、锌700万吨、铝200万吨。已探明的石油海上储量3150.66万桶，陆地储量2000万桶，天然气海上储量200亿立方米，陆地储量100亿立方米。森林覆盖率为53%，约1.25亿公顷，占全非洲森林面积的47%，占世界森林的6.5%。水力资源极为丰富，估计可开发的水电蕴藏量为1.06亿兆瓦，占非洲水电资源的37%，世界的6%。

【工矿业】矿业是刚重要的经济支柱。1990年后，刚果（金）经济持续困难，矿业生产全面滑坡。1997年和1998年两次战争均发生在矿产资源丰富的东部地区，生产遭到严重破坏。近年来随着国内局势不断缓和，矿业生产有所恢复，2015年工矿业产值占国内生产总值的32.5%。2018年3月，刚政府颁布新矿业法，全面提高矿税。

【农业】农业落后，2015年产值占国内生产总值的20.6%。全国可耕地面积约8000万公顷，早期曾开垦耕地600万公顷，目前仅1%熟地得到利用。农村人口占全国人口的70%左右，个体农民是农业生产的主体，多采用刀耕火种的状态。主要粮食作物有玉米、稻米、木薯、豆类等；主要经济作物有咖啡、棕榈、棉花、可可、橡胶、烟草、茶叶等。

【交通运输】内河航运和空运占重要地位，陆路运输落后。

水运：刚果（金）全国河流总长2.3万公里，其中1.5万公里可通航。主要航道为刚果河和开赛河，一般可通行150—400吨船只，有2785公里航道可通行800—1000吨船只。主要河港有马塔迪、博马、金沙萨、伊来博、基桑加尼、姆班达卡、金杜和卡巴洛。另外，东部的坦噶尼喀湖等湖泊均有港口。主要海港为巴纳纳港，有定期通往西非、地中海国家、法国、北欧、美国和日本六条远洋航线。

空运：刚空运相对发达，国内航线约3.9万公里，非洲航线约1.4万公里，洲际航线约2.4万公里，与布鲁塞尔、巴黎、伊斯坦布尔、约翰内斯堡、亚的斯亚贝巴、内罗毕、利伯维尔及杜阿拉等有定期航班。刚共有54个机场，其中6个国际机场。

公路：全国原有公路总长15.2万公里，其中一级公路58165公里，乡村公路8.7万公里，城市公路网7400公里。由于长年战乱破坏和缺乏维护，大部分公路无法正常通行，许多二级公路和乡村公路遭损毁，目前仅剩5万公里的主干道（其中沥青路仅占1.8%），平均每百平方公里只有7公里长的道路。

铁路：全长6111公里，其中电气化线路858公里。

【对外贸易】在国民经济中占有举足轻重的地位。主要出口钴、铜、原油、钻石、农林产品，进口粮食、日用消费品、机电产品、各类原材料供需配件等。主要出口目的地国为中国、赞比亚、意大利、比利时，主要进口来源国有南非、中国、赞比亚、比利时等。近年来，刚对外贸易保持较快增长，进出口基本平衡，统计情况如下（单位：亿美元）：

	2017	2018	2019
出口额	115.48	159.67	150.33
进口额	113.40	149.73	146.33
差　额	2.08	9.94	4.00

（资料来源：2020年第二季度《伦敦经济季评》）

【财政金融】2020年刚财政预算约为109亿美元。收入主要来源为海关、行政税费、矿产、石油出口及外来援助、捐赠、债务减免等。支出主要用于改善民生、机构改革、宏观经济稳定和发展、基础设施建设、国防与安全等方面。

2012年7月，刚央行开始发行1000刚郎、5000刚郎、1万刚郎和2万刚郎大面额新钞。

【外国援助】2016年，刚接受外国援助21.07亿美元，其中双边援助占45.2%。双边援助方主要有美国、英国、比利时、德国等，多边援助方主要有联合国下属组织和机构、欧盟、非洲开发银行等。

人民生活

刚独立之初，基本上继承了殖民时期的医疗保障制度，国家对医疗卫生事业投入所占比重较大。20世纪70年代，前扎政府推行医疗体制改革。1974年，医疗补贴制的试行开非洲之先河。建立中央、省及农村三级医疗体系，分设306个卫生区，由卫生部、省巡视厅分别负责管理。每个卫生区设有10—20个卫生站，保障10万—15万人的医疗。90年代以来，由于资金和人力不足，卫生区濒临瘫痪，民众的卫生状况急剧恶化，各种疾病肆虐，死亡率明显上升。刚婴儿死亡率6.82%（2017年估计），15—49岁的人群中，VIH病毒携带者为0.7%（2016年估计），人均预期寿命为57.7岁（2017年估计）。主要传染性疾病有疟疾、艾滋病、麻风、肺结核、霍乱、昏睡病、伤寒、埃博拉、血吸虫等。

2018年8月，刚第十轮埃博拉疫情在刚东北部暴发，截至2020年5月18日，累计病例已达3462例，造成2262人死亡。2019年7月，世界卫生组织宣布疫情已构成“国际关注的突发公共卫生事件”。

军事

刚政府根据2003年《全面包容性协议》有关规定，对各派武装力量进行整合，重新组建国家武装部队，名为刚果民主共和国武装力量。2003年6月29日，刚有关各方就军队整编及军队领导层权力具体分配达成协议。8月19日，卡比拉总统任命了过渡期军队领导人及各军区司令，各派均分得职位。12月8日，刚新军正式成立。

刚军总兵力现约14万人，其中陆军12.6万人，海军2000人，空军2000人，共和国卫队1万人。另有准军事部队（警察）约8万人。

文化教育

【教育】刚政府采取学校教育与社会教育相结合、国家办学与私人办学并举的教育政策。国家对各类学校进行统一监督和管理。鼓励和支持包括教会在内的各种团体或个人办学，由国民教育部统一对具有办学条件的私立学校进行登记、注册。公立和私立学校的毕业生享受同等待遇，平等参加国家统一考试，合格者方能取得毕业证书。由于政府财政困难，刚大中小学教职员工的工资全部由学生家长承担。刚15岁以上人口文盲率约为22.7%。44.6%的适龄儿童因贫困而失学。80%小学和60%中学为教会学校。

全国共有4所综合性大学，其中2所位于金沙萨市，其他2所分别位于基桑加尼和卢本巴希市。

【新闻出版】新闻传媒较发达，主要集中在首都。截至2017年12月，刚全国有571家纸质媒体，625家广播电台和387家电视台。影响较大的报纸有:《潜力报》《参考报》《光荣榜报》《灯塔报》《观察家报》等。有2家通讯社，其中国营1家（刚果通讯社ACP），私营1家（联合通讯社APA）。

对外关系

刚奉行独立自主的外交政策，反对外来干涉。主张睦邻友好和在互相尊重主权和领土完整、互利互惠的基础上发展同世界各国的友好合作。积极参与和推动地区经济和安全合作，是中部非洲国家经济共同体、南部非洲发展共同体、东部和南部非洲共同市场成员国。

【同中国的关系】1961年2月20日两国建交，9月18日两国关系因故中断。1972年11月24日两国实现关系正常化。

近年来，中方重要往访有：唐家璇外长（2003年1月）、杨洁篪外长（2008年1月）、中联部部长王家瑞（2010年1月）、戴秉国国务委员（2010年7月）、回良玉副总理（2011年1月）、王毅外长（2015年1月）。

刚方重要来访有：洛朗·卡比拉总统（1997年12月）、外交和国际合作部长奥基通杜（2001年12月）、约瑟夫·卡比拉总统（2002年3月、2005年3月、2008年8月出席北京奥运会开幕式、2015年9月出席中国人民抗日战争暨世界反法西斯战争胜利70周年纪念活动）、耶罗迪亚副总统（2006年11月，出席中非合作论坛北京峰会）、奇班达外长（2015年7月、2016年7月来华出席中非合作论坛约翰内斯堡峰会成果落实协调人会议）、奇巴拉总理（2018年9月来华出席中非合作论坛北京峰会）。

据中国海关总署统计，2019年，双边贸易额为65.1亿美元。其中中国从刚进口额44.3亿美元，对刚出口额20.7亿美元。中方主要出口机电产品、纺织品、医药和服装等，进口铜钴产品、原木、锯材等。

中国驻刚果（金）大使：朱京。馆址：NO.447，AVENUE des AVIATEURS-GOMBE，KINSHASA。电话：00243–851474669。

刚果（金）驻华大使：新任大使尚未任命。馆址：北京市朝阳区三里屯东五街6号。电话：010–65323224；传真：65321360。

【同美国的关系】洛·卡比拉夺取政权后，美率先承认。1998年刚武装冲突爆发后，刚果（金）指责美偏袒乌干达、卢旺达。卡比拉执政后多次访美，两国关系有所改善。2009年4月，美军非洲司令部司令沃德访刚。6月，美刚签署军事合作协议，美方将为刚方培训快速反应部队。8月，美国务卿希拉里访刚。12月，美军非洲司令部向刚提供54.7万吨物资援助，并计划对刚士兵和家属进行农耕培训。2010年4月，美负责非洲事务的副国务卿卡尔森访刚，与刚方签署关于向刚提供1.5亿美元用于实施艾滋病防治计划的协议。2011年，美多位助理国务卿、美军非洲总部司令先后访刚。同年4月，美刚签署减债协议，美对刚减债18.23亿美元。2012年4月，美非洲司令部司令哈姆访刚。9月，刚外长奇班达访美。11月，美副国务卿谢尔曼访刚。2013年2月，马塔塔总理访美。2014年5月，美国务卿克里访刚，宣布美方将为刚东重建和2016年大选提供3000万美元的援助资金。8月，卡比拉总统出席在华盛顿举行的首届美非峰会。2017年2月，巴迪班加总理访美。同月，美政府发表声明，呼吁刚各方保持克制，按2016年政治协议尽快组建过渡政府。10月，美驻联合国代表黑莉访刚。2018年6月，美政府以在选举进程中存在贪腐和侵犯人权行为为由，宣布对部分刚高层官员实施制裁。12月，美方谴责刚竞选活动中的暴力事件。2019年4月，齐塞克迪总统访美，会见美国务卿蓬佩奥、能源部长佩里等。7月，美国宣布将向刚拨款9800万美元以应对埃博拉疫情。2020年3月，齐塞克迪总统再次访美。

【同法国的关系】1998年刚果（金）冲突爆发后，法国主张应尊重其主权和领土完整。2010年1月，法外长库什内访刚，2月，刚外长姆万巴访法。2月，法主管外贸的国务秘书伊德拉科访刚。2011年6月，法刚签署减债协议，法对刚减债10亿美元。2012年6月、8月，刚外长奇班达两度访法。10月，法总统奥朗德出席在刚举行的第14届法语国家峰会。11月，刚总理马塔塔访法。2014年5月，卡比拉总统访法。2016年12月刚各方签署政治协议后，法对此表示欢迎，敦促各方切实履行协议内容。2017年1月，刚副总理兼外长奥基通杜赴巴马科参加第27届法非峰会。6月，法总统非洲事务顾问巴里斯访刚。9月，奇巴拉总理访法。11月，法总统马克龙表示支持刚方于2018年根据《宪法》要求举行大选，但要求卡比拉总统不得谋求第三任期。2019年3月，齐塞克迪总统赴肯尼亚出席联合国环境大会期间会见马克龙总统。5月，法外长勒德里昂访刚。11月，齐塞克迪总统赴法出席巴黎和平论坛，并会见马克龙总统。

【同比利时的关系】比系刚果（金）重要援助国和贸易伙伴。2008年，比外交大臣德古赫特对刚内政及双边关系发表不利于刚的言论，两国关系陷入低谷。2009年1月，比刚两国总理签署联合声明，宣布实现两国关系正常化。2010年1月，比新任外交大臣瓦纳克尔访刚。2011年3月，比政府宣布免除刚对比1.2亿欧元债务。5月，比副首相兼外交大臣瓦纳克尔访刚，宣布继续减免刚7.73亿美元债务。2012年3月，比副首相兼外交大臣德雷尔斯访刚，宣布为刚下阶段地方选举提供300万欧元援助。6月，奇班达外长访比。8月，比副首相兼外交大臣雷德尔斯访刚。10月，刚总理马塔塔访比，比众议院议长弗拉奥访刚。2014年6月，马塔塔总理访比。2016年12月刚各方签署政治协议后，比对此表示欢迎，敦促各方切实履行协议内容。2017年2月，刚副总理兼外长奥基通杜访比。4月，比外交大臣雷恩代尔发表声明，认为卡比拉总统任命奇巴拉出任总理不符合2016年政治协议精神。刚方遂宣布暂停同比方军事合作。12月，比方表示如刚确将举行大选，愿向刚方提供500万欧元援助。2018年1月，比政府发表声明谴责刚安全部门暴力执法，并表示在刚举行可信的选举前，暂停双边合作项目。同月，刚方宣布关闭由比驻刚使馆管理的签证代办机构“申根之家”和比开发署驻刚办公室。2月，刚方关闭在比安特卫普的领馆，并要求比方关闭在戈马、卢本巴希的领馆。9月，卡比拉总统和比利时首相米歇尔在纽约举行会见。2019年3月，“申根之家”重新开放，并改名为“欧洲签证中心”。9月，齐塞克迪总统访问比利时。2020年2月，比利时看守政府首相维尔梅斯访刚。

【同德国的关系】刚果（金）和平进程启动后，德恢复1991年以来中止的与刚原有合作项目。2009年10月，刚德签署协议，德国向刚提供6500万欧元用于刚政府优先发展领域以及前武装人员安置和难民遣返。2011年3月，刚国际合作部长访德。2012年10月，刚总理马塔塔访德。2014年9月，马塔塔总理赴德出席德非经济发展论坛并会见德总理默克尔。2015年2月，德外长施泰因迈尔访刚。2019年11月，齐塞克迪总统访德并会见德总理默克尔。

【同欧盟的关系】2003年，根据联合国安理会决议，欧盟曾派出2000人的部队驻扎刚东部地区，以保障刚安全局势并改善人道状况，该军事行动后由联合国驻刚果（金）特派团接管。2009年3月，欧盟与刚果（金）签署协议，计划向刚提供3000万欧元用于森林保护和生物多样化管理。9月，欧盟向刚提供2200万美元现金援助，帮助刚应对国际金融危机冲击，提高其财政能力。2010年1月，欧安组织代表团向刚提供650万美元用于刚政府军建设。2012年3月，欧盟与刚（金）签署协议，向刚提供2.45亿美元，帮助刚实施重建项目和相关民生工程。10月，刚总理马塔塔在访问比利时期间，会晤欧洲理事会主席范龙佩。2016年10月，欧盟外长会通过公报，对刚局势表示担忧，呼吁有关各方尊重宪法，要求刚政府在2017年组织选举。2017年2—3月，欧盟同联合国、非盟和法语国家组织两次发表联合公报，对2016年政治协议落实情况及开赛地区人道主义危机表示关切。11月，欧盟发布公报，呼吁刚各方积极参与大选进程，落实刚独立选举委员会公布的大选时间表。2018年3月，欧盟宣布向刚捐赠6000多万欧元用于缓解人道主义危机。

【同非洲国家及地区组织的关系】刚果（金）重视发展睦邻友好关系，并加强与刚果（布）、南非、安哥拉等非洲国家交往，提升在地区事务中的影响力。

2012年刚果（金）东部安全局势因图西族背景叛军M23再次升温，刚果（金）与卢旺达相互指责对方支持本国反对派，并召回驻对方国家大使。2016年8月，卡比拉总统访问卢旺达并同卢总统卡加梅会谈，就地区局势交换意见，并决定复派大使。2017年8月，刚国民议会议长米纳库赴卢参加卡加梅总统连任就职仪式。2018年2月，刚军在北基伍省鲁丘鲁地区同卢政府军发生边境摩擦。2019年3月，齐塞克迪总统访问乌干达，同月还赴卢旺达出席第七届非洲CEO论坛并会见卡加梅总统。7月，齐塞克迪总统赴安哥拉出席次区域小型峰会，会上刚、安哥拉、卢旺达、乌干达四国发表联合声明，表示将致力于缓解卢、乌关系。8月，齐塞克迪总统赴安哥拉首都罗安达出席卢旺达、乌干达、安哥拉和刚果（金）四国首脑会议，其间，卢、乌签署缓和两国关系的谅解备忘录。2020年2月，卢旺达、乌干达、安哥拉和刚果（金）又两度就缓和卢、乌关系举行四国峰会。

刚果（金）同刚果（布）仅一河相隔，两国各层级人员往来频繁。萨苏总统曾多次调解刚果（金）内部矛盾及其同卢旺达关系。2012年3月，刚果（布）首都布拉柴维尔发生军火库爆炸事件后，刚果（金）外长向萨苏总统面交了卡比拉总统慰问信，并宣布向刚果（布）提供医疗物资援助。2012年9月、2013年1月、2017年9月，卡比拉总统访问刚果（布）。2013年11月、2014年9月、2016年9月、2017年1月，刚果（布）总统萨苏访问刚果（金）。2017年12月，卡比拉总统会见来访的刚果（布）外长加科索。同月，卡比拉总统赴刚果（布）参加刚果（金）、刚果（布）、安哥拉三方会议。2018年2月，上述三国在金沙萨再次举行三方首脑会议。2019年2月、2020年2月，齐塞克迪总统先后访问刚果（布）。

南非与刚果（金）在政治、经济、安全等领域交往密切，并积极斡旋刚东问题。2012年10月，卡比拉总统赴南非出席刚南第八届大混委会。2014年5月，卡比拉总统赴南非出席祖马总统就职典礼。2015年10月，南非总统祖马访刚并出席两国大混委会第九次会议。2017年6月，卡比拉总统赴南非参加两国大混委会第十次会议。10月，南非总统祖马访刚。2018年8月，南非总统拉马福萨访刚。2019年5月，齐塞克迪总统赴南非出席拉马福萨总统就职典礼。

2016年9月，刚国民议会议长米纳库代表卡比拉总统出席加蓬总统邦戈就职仪式。2012年12月，卡比拉总统赴坦桑尼亚首都达累斯萨拉姆出席南部非洲发展共同体峰会。2015年5月，卡比拉总统赴安哥拉首都罗安达出席第九届大湖地区国际会议组织特别峰会。2016年6月，卡比拉总统赴罗安达出席第六届大湖地区国际会议组织峰会。10月，卡比拉总统赴罗安达出席大湖地区国际会议组织特别峰会，会议重点就刚局势进行了讨论。2017年3月，刚总理巴迪班加赴斯威士兰出席南部非洲发展共同体特别峰会。4月，卡比拉总统访问加蓬。2018年2月，加蓬总统邦戈、津巴布韦总统姆南加古瓦先后访刚，卡比拉总统访问赞比亚。8月，卡比拉总统赴津巴布韦出席姆南加古瓦总统就职典礼。2019年2月，齐塞克迪总统先后出席非盟峰会、南部非洲发展共同体特别峰会并访问肯尼亚、纳米比亚。3月，多哥总统福雷、中非总统图瓦德拉先后访刚。8月，齐塞克迪总统赴坦桑尼亚首都达累斯萨拉姆出席南部非洲发展共同体峰会。9月，齐塞克迪总统赴刚果（布）首都布拉柴维尔出席第五届对非投资论坛。12月，齐塞克迪总统出席中部非洲国家经济共同体特别峰会。2020年2月，齐塞克迪总统出席非盟峰会并当选为非盟第一轮值副主席。

【同其他国家和国际组织的关系】英国是刚主要捐助国之一，2015年向刚提供了2.4亿美元援助，主要用于公共卫生、教育、供水等领域。2017年2月，英非洲事务特使埃得伍访刚。10月，英方宣布未来5年将向刚提供1.75亿英镑人道主义援助。2018年4月，英非洲事务外交大臣鲍德温访刚。

2019年10月，齐塞克迪总统赴俄罗斯索契出席俄非峰会，并会见普京总统。

2012年4月，日本宣布向刚提供2470万美元援助，用于支持各国际组织在刚人道主义项目。6月，日本宣布向刚提供2300万美元的无偿援助，用于金沙萨职业技术培训中心改造项目。2017年5月，日本同刚方就3个发展项目签署金额为2700万美元的合作协议。2015年10月，奇班达外长代表卡比拉总统赴印度出席第三届印非峰会。2016年8月，奇班达外长访问韩国、印度。同月，奇班达外长代表卡比拉总统赴肯尼亚出席第六届东京非洲发展国际会议峰会。2019年8月，齐塞克迪总统赴日本出席东京非洲发展国际会议。

2015年8月，卡比拉总统会见来访的巴西外交国务部长维埃拉，双方就巩固和深化两国在教育、能源、国防和航空等领域交流与合作交换意见。2018年2月，刚同委内瑞拉外长实现互访。

2012年9月，卡比拉出席联大第67次会议。10月，第14届法语国家组织峰会在刚召开，法国、加纳、喀麦隆、刚果（布）等多国总统，加拿大、乍得、中非等国总理出席，会议通过《金沙萨宣言》，决定在应对环境与经济挑战、推广法语文化和教育等方面加强合作，与会各方还就非洲地区热点问题进行讨论。2013年2月，马塔塔总理访美期间，会晤联合国秘书长潘基文及国际货币基金组织总裁、世界银行行长等，就刚安全局势、经济发展等交换意见。5月，联合国秘书长潘基文与世界银行行长金墉联袂访刚及大湖地区，推动各方落实《刚果（金）和大湖地区和平、安全与合作框架文件》，世行宣布向刚提供10亿美元援助。2014年4月，法语国家组织秘书长迪乌夫访刚。9月，卡比拉总统赴纽约出席第69届联合国大会并会见联合国秘书长潘基文。11月，卡比拉总统赴塞内加尔出席第15届法语国家组织峰会。12月，联合国教科文组织总干事博科娃访刚并会见卡比拉总统。2015年7月，国民议会议长米纳库赴瑞士出席第41届法语国家议会大会年会，并当选新一届大会主席。8月，国民议会议长米纳库、参议长肯戈赴纽约出席第四届世界议长大会。2017年3月，米纳库议长在刚主持召开法语国家议会大会非洲地区议长会议。6月，联合国负责维和行动事务的副秘书长拉克鲁瓦访刚。7月，联合国负责人道主义事务的副秘书长奥布莱恩访刚。9月，非盟委员会主席法基访刚。2018年9月，卡比拉总统出席第73届联合国大会。2019年3月，齐塞克迪总统赴内罗毕出席联合国环境大会。8月，联合国秘书长古特雷斯访刚并会见齐塞克迪总统。9月，齐塞克迪总统出席第74届联合国大会。12月，齐塞克迪总统赴肯尼亚出席第九届非加太—欧盟首脑峰会。 （邹箐峰）

吉　布　提

国名　吉布提共和国（The Republic of Djibouti, La République de Djibouti）。

面积　2.32万平方公里。

人口　约100万（2019年）。主要有伊萨族和阿法尔族。伊萨族占全国人口的50%，讲索马里语；阿法尔族约占40%，讲阿法尔语。另有少数阿拉伯人和欧洲人。官方语言为法语和阿拉伯语，主要民族语言为索马里语和阿法尔语。伊斯兰教为国教，94%的居民为穆斯林（逊尼派），其余为基督教徒。

首都　吉布提市（Djibouti-ville），人口约62万。热季（4—10月）平均气温31℃—41℃，凉季（11月至次年3月）平均气温23℃—29℃。

国家元首　总统伊斯梅尔·奥马尔·盖莱（Ismail Omar Guelleh），1999年4月就任，2005年4月、2011年4月、2016年4月连续三次胜选连任。

重要节日　独立日：6月27日。

简　况

地处非洲东北部亚丁湾西岸，扼红海进入印度洋的要冲曼德海峡，东南同索马里接壤，北与厄立特里亚为邻，西部、西南及南部与埃塞俄比亚毗连。陆地边界线长520公里，海岸线长372公里。沿海为平原和高原，主要属热带沙漠气候，终年炎热少雨。内地以高原和山地为主，属热带草原气候。全年分凉、热两季。4—10月为热季，平均气温37℃，最高气温达45℃以上；11月至次年3月为凉季，平均气温27℃。

殖民者入侵之前，吉布提由豪萨、塔朱拉和奥博克三个苏丹王统治。法国1850年开始入侵，1888年占领吉全境，1896年法在吉成立“法属索马里”殖民政府。1946年，吉成为法国海外领地，1967年改名为“法属阿法尔和伊萨领地”，法国政府给予其实际上的自治地位。1975年12月31日，法宣布同意吉布提独立。1977年6月27日吉宣告独立，定国名为吉布提共和国，哈桑·古莱德·阿普蒂敦（Hassan Gouled Aptidon）出任首任总统。

政　治

吉独立后，古莱德总统同一些政党组成联合政府。1979年古莱德取消多党制，成立争取进步人民联盟（简称人盟），于1981年确立一党制。此后人盟长期执政，政局保持稳定。1991年，北方阿法尔族因不满伊萨族统治发动内战。1994年底，政府与反对派武装签署和平协议，战乱基本平息。2001年实现全国最终和平。吉于1992年宣布实行渐进式多党制，当年的首次多党立法选举中，人盟囊括所有议席。1999年，古莱德总统退休，盖莱当选总统。2002年9月，实行全面多党制。2003年1月，人盟等四党组成的“总统多数联盟”在立法选举中获得全部议席。2005年4月，盖莱赢得总统选举，蝉联总统；5月，任命迪莱塔连任总理。2008年2月，“总统多数联盟”再次在立法选举中囊括全部议席。2010年4月，人盟推动议会修改宪法，取消总统只能连任一次的限制。2011年4月，盖莱再次赢得总统选举。2013年2月，吉举行立法选举，“总统多数联盟”赢得65个议席中的55席。2016年4月，盖莱第三次蝉联总统。2018年2月，吉举行立法选举，“总统多数联盟”赢得65个议席中的57席。目前吉政局稳定。

【宪法】现行宪法于1992年9月4日经全民公决通过并颁布实施。2010年4月，议会通过宪法修正案，取消了总统连任次数限制，规定总统由直选产生，参选年龄上限为75岁，每届任期5年。宪法还规定废除死刑。政党必须非种族化、非民族化、非宗教化和非地区化。

【议会】2010年4月，宪法修正案决定设立参议院，改一院制为两院制。国民议会是国家最高权力机构，享有立法权。议会每年举行两次年会，主要讨论立法问题和下一年度财政预算。议员共65名，由立法选举产生，任期5年。本届议会于2018年2月选举产生。“总统多数联盟”占据全部65个席位中的57席。议长为穆罕默德·阿里·胡迈德（Mohamed Ali Homed），2015年3月当选，2018年3月连任。

【政府】实行总统制，总统兼任政府首脑，并任命总理，总理负责协调各部工作。本届政府于2016年5月成立，2019年5月小幅改组。主要成员有：总理阿卜杜勒–卡德尔·卡米勒·穆罕默德（Abdoulkader Kamil Mohamed），司法、监狱和人权事务部长阿里·哈桑·巴赫敦（Ali Hassan Bahdon），隶属总统府负责投资事务部长阿里·盖莱·阿卜杜–贝克尔（Ali Guelleh Abdoubaker），外交和国际合作部长马哈茂德·阿里·优素福（Mahamoud Ali Youssouf），国防、议会关系部长哈桑·奥马尔·穆罕默德·布尔汗（Hassan Omar Mohamed Bourhan），内政部长穆明·艾哈迈德·谢赫（Moumin Ahmed Cheikh），经济、财政与工业部长伊利亚斯·穆萨·达瓦莱（Ilyas Moussa Dawaleh），国民教育与职业培训部长穆斯塔法·穆罕默德·马哈茂德（Moustapha Mahmed Mahamoud），卫生部长穆罕默德·瓦尔萨马·迪里耶（Mohamed Warsama Dirieh），高等教育与研究部长纳比勒·穆罕默德·艾哈迈德（Nabil Mohamed Ahmed），妇女与家庭部长穆米娜·胡迈德·哈桑（Moumina Houmed Hassan），农业、水务、渔业、畜牧与水产资源部长穆罕默德·艾哈迈德·阿瓦莱（Mohamed Ahmed Awaleh），装备与交通部长穆萨·穆罕默德·艾哈迈德（Moussa Mohamed Ahmed），穆斯林事务、文化与宗教公产部长穆明·哈桑·巴莱（Moumin Hassan Barreh），社会事务与团结部长穆娜·奥斯曼·亚丁（Mouna Osman Aden），预算部长阿卜杜勒-卡里姆·亚丁·谢尔（Abdoulkarim Aden Cher），能源与自然资源部长尤尼斯·阿里·盖迪（Yonis Ali Guedi），劳动与行政改革部长伊斯曼·易卜拉欣·罗布莱（Isman Ibrahim Robleh），城市规划、环境和旅游部长穆罕默德·阿卜杜勒-卡德尔·穆萨·赫利姆（Mohamed Abdoulkader Moussa Helem），住房部长阿明娜·阿卜迪·亚丁（Amina Abdi Aden），通信、邮政与电信部长拉德万·阿卜杜拉希·巴赫敦（Radwan Abdillahi Bahdon），贸易部长哈桑·胡迈德·易卜拉欣，青年与体育国务秘书哈桑·穆罕默德·卡米勒（Hassan Mohamed Kamil），权力下放国务秘书哈马杜·穆罕默德·阿拉米斯（Hamadou Mohamed Aramis）。

【行政区划】全国共分1个市和5个地区：吉布提市（Djibouti-ville）、塔朱拉地区（Région de Tadjourah）、奥博克地区（Région d'Obock）、阿里萨比赫地区（Région d'Ali-Sabieh）、迪基勒地区（Région de Dikhil）和阿尔塔地区（Région d'Arta）。

【司法机构】实行三权分立、司法独立和法官终身制，总统主持的最高法官会议监督法官的工作。司法机构分为县法院、一审法院、上诉法院和最高法院四级。最高法院院长为阿卜杜拉曼·谢赫·穆罕默德（Abdourahman Cheick Mohamed），上诉法院院长为尼玛·阿里·瓦萨玛（Nima Ali Warsama，女），总检察长为贾玛·苏莱曼·阿里（Djama Souleiman Ali）。吉作为伊斯兰国家，还设有属人法法庭（原称伊斯兰法庭），现任庭长为阿卜杜勒-卡德尔·艾哈迈德·布拉莱（Abdoulkader Ahmed Boulaleh）。

【政党】宪法规定，吉实行多党制。目前主要有9个合法政党：

（1）争取进步人民联盟（Rassemblement Populaire pour le Progrès，RPP，简称人盟）：执政联盟成员党。1979年3月4日成立。主要由原非洲人民争取独立联盟组成。自1981年10月政府取消反对党至1992年吉改行多党制，该党一直是吉唯一合法政党。2012年9月召开中央委员会特别会议，选举阿卜杜勒-卡德尔·卡米勒·穆罕默德任副主席，伊利亚斯·穆萨·达瓦莱任总书记。2014年3月召开第11届全国代表大会，选举盖莱总统连任党主席。2015年12月召开全国代表大会特别会议，推选盖莱连任党主席。

（2）恢复团结和民主阵线（Front pour la Restauration de l'Unité et de la Démocratie—FRUD）：执政联盟成员党。其前身是1991年8月由北方阿法尔族反政府武装建立的政党。1996年被承认为合法政党。1997年举行第一次全国代表大会，决定与执政党"争取进步人民联盟"结盟，通过和平方式捍卫党的宗旨。主席为阿里·穆罕默德·达乌德（Ali Mohamed Daoud），总书记为乌古尔·基弗雷·艾哈迈德（Ougoureh Kifleh Ahmed）。

（3）全国民主党（Parti National Démocratique—PND）：执政联盟成员党。1992年10月成立，宗旨是维护国家统一和民族独立。主张建立真正的民主社会，实行自由选举、司法独立和新闻自由等；实行市场经济；反对种族主义和民族主义。主席为阿卜杜拉曼·穆罕默德·阿拉雷（Abdourahman Mohamed Allaleh）。

（4）社会民主党（Parti Social Démocrate—PSD）：执政联盟成员党，2002年10月成立。目标是维护社会秩序，恢复经济，协调领导政策，规范工资和降低生活物价。主席为穆明·巴东·法拉赫（Moumin Bahdon Farah）。

（5）改革者联盟（Union des Partisans de la Réforme—UPR），执政联盟成员党，2005年3月1日成立。积极参加"总统多数联盟"活动，2007年12月正式签署文件加入该联盟。主张实行和谐政策，建设符合时代发展要求的国家。主席为易卜拉欣·谢希姆·达乌德（Ibrahim Chechem Daoud）。

（6）争取发展共和同盟（Alliance Républicaine pour la Démocratie—ARD）：反对党。原恢复团结与民主阵线分裂后，2002年10月6日成立，现主席为艾哈迈德·尤素福·胡迈德（Ahmed Youssouf Houmed）。

（7）争取民主和正义联盟（Union pour la Démocratie et la Justice—UDJ）：反对党。2002年10月13日成立，主席为伊斯梅尔·盖迪·哈立德（Ismael Guedi Harred）。

（8）吉布提发展党（Parti Djiboutien pour le Développement—PDD）：反对党。2002年9月2日成立，主席为穆罕默德·达乌德·谢希姆（Mohamed Daoud Chechem）。

（9）民主人士联合党（Centre des Démocrates unifiés）：反对党。2012年9月成立，主席为奥马尔·埃勒米·凯勒（Omar Elmi Khaireh）。

【重要人物】伊斯梅尔·奥马尔·盖莱：总统。1947年11月27日出生于埃塞俄比亚，伊萨族，信奉伊斯兰教。1977年吉独立后任总统办公室主任。1978年兼任国家安全局长。1982年任人盟中央委员和政治局委员，1997年3月当选为该党第三副主席。1999年初，由执政的两党联盟正式提名为总统候选人，并于4月当选总统。2000年3月当选人盟主席。2005年4月、2011年4月和2016年4月在大选中获胜连任总统。 **阿**

卜杜勒–卡德尔·卡米勒·穆罕默德：总理。1951年生，在法国接受高等教育，获水务科学专业硕士学位。曾在吉布提水务部门任职，2005—2011年任农业、畜牧、海洋和水利资源部长，2011年任国防部长，2013年3月任现职，2016年5月连任。

经　济

吉是世界上最不发达国家之一。自然资源贫乏，工农业基础薄弱，95%以上农产品和工业品依靠进口。交通运输、商业和服务业（主要是港口服务业）在经济中占主导地位，约占国内生产总值的80%。

2001年，吉政府将吉港口和机场的经营管理权转让给迪拜环球港务公司。2018年2月22日，吉布提政府依据2017年9月颁布的《国家战略基础设施保护法》终止迪拜环球港务公司对吉多哈雷集装箱码头的特许经营权。近年来，吉布提政府积极调整经济政策，争取外援外资，重点发展第三产业，并加紧实施基础设施建设项目，积极参与地区一体化建设。2013年，吉布提政府制定《2035年远景规划》，着力发展交通、物流、金融、电信、渔业等行业。目前，经济保持低速增长。近年来财政赤字保持在3%以内。2019年主要经济数据如下：

国内生产总值：28.97亿美元。

人均国内生产总值：2897美元。

经济增长率：6.7%。

货币名称：吉布提法郎。

汇率：1美元=177.7吉布提法郎。

通货膨胀率：3.3%。

外汇储备：4.45亿美元。

（资料来源：2020年4月《伦敦经济季评》预测）

【资源】资源贫乏，主要有盐、石灰岩、珍珠岩和地热资源。盐矿总储量约为20亿吨，主要分布在阿萨尔盐湖。石灰岩和石膏矿均属埋藏浅、储量大、易开发的优质矿；珍珠岩估算储量达4800万吨；内地四个区均发现含金构造。沿海地区已发现有含油构造。地热资源丰富，但因地下水含盐度太高，开发难度较大。

【工业】2015年，第二产业总产值为3.34亿美元，约占国内生产总值的9.2%。主要工业为电力、水利、房屋及公共工程、盐矿开发等，另有一些建筑业及矿泉水厂、可口可乐饮料厂、面粉厂、制瓶厂、奶品厂、制药厂、水泥厂、机械修配、船舶修理、炼油、制革、发电等小型工业。

【农牧渔业】农业以畜牧业为主。可耕地面积10000公顷，2013年在耕面积为1830公顷。2015年，第一产业总产值为200万美元，约占国内生产总值的2.9%。全国有牧场23万公顷，牧民约10万。2013年，全国约有1600家农户，农业人口3600人。粮食不能自给，大多从埃塞俄比亚进口，每年从欧盟、法国、日本等国接受1.3万吨粮食援助。渔业资源较丰富，预计年捕货量可达5万吨，但目前捕捞业仍比较落后，采用手工作业捕鱼。

【服务业】是吉国民经济的支柱产业，2015年，吉第三产业总产值为11.76亿美元。吉国内生产总值的80%来自于交通服务业为主的第三产业的贡献。自从1998年埃塞俄比亚与厄立特里亚断绝经贸往来后，吉港口服务业收入大幅提高。

【旅游业】有9家旅馆，共850个房间，从业人员约2000人。2013年，吉接待游客约5万人。主要旅游景点有阿萨尔湖、阿贝湖、古拜特·阿尔·卡拉卡魔渊、阿尔都巴火山、达依原始森林、朗达兴奔古瓦莱瀑布、塔朱拉海上乐园等。

【交通运输】港口和铁路运输在国民经济中占重要地位。

水运：吉布提港是东非重要港口之一，现有四个港区，分别为吉布提老港、多哈雷集装箱码头、多哈雷油码头、多哈雷多功能新港。共有16个泊位，其中13个为深水泊位，包括1个20万吨输油码头（3个泊位）和1个集装箱码头（2个泊位）。其航运、停泊和装卸条件完全符合国际标准，可停靠300米长、4万吨级的货轮或14万吨的油轮以及其他各类船舶。大多数码头有淡水和燃料补给设备。近年，吉政府加快港口扩建工程，多哈雷新港第一期工程石油码头已于2006年2月建成启用，可停泊24万吨级的油轮。新港第二期工程集装箱码头于2009年建成投入运营，可停靠1050米长、10万—12万吨级货轮，年吞吐能力为160万标箱。由中国企业投融资并参与运营的多哈雷多功能港口于2017年5月开港运营。

铁路：吉布提与埃塞俄比亚首都亚的斯亚贝巴原有窄轨铁路相通，全长850公里，吉境内长约194公里。2006年，吉布提与埃塞政府决定将此段铁路私有化，交予南非的COMAZAR公司管理25年。因设备老化，铁路货运量逐年下降，2012年停运。由中国融资兴建的吉布提与埃塞俄比亚首都亚的斯亚贝巴标准轨铁路于2016年10月建成通车，2018年1月1日投入商业运营。

公路：全国有公路3067公里，其中沥青路415公里。连接吉布提和埃塞俄比亚边界的吉布提国家1号公路是最重要的运输通道。公路全长910公里，吉布提境内约240公里。两国货运量的90%依靠这条公路。

空运：吉布提国际机场可起降大型客、货机，在吉经营的航空公司有法国航空公司（Air France）、埃塞俄比亚航空公司（Ethiopian Airlines）、肯尼亚地区航空公司（Regional Air）、也门航空公司（AIR Yemenia）、英国航空公司（British Airways）、厄立特里亚航空公司（Eritrea Airlines）、吉布提航空公司（Djibouti Airlines）和索马里达洛航空公司（Dallo Airlines）等。吉航主要经营至埃塞俄比亚、也门和索马里兰航线。目前，英航和法航每周仅有一班航班从其首都飞往吉布提市。年旅客运输量在26万—29万人次。

【外债】2008年巴黎俱乐部对吉债务进行重组，外债增速降为7.5%。2017年，吉布提外债总额为20.57亿美元。多边债权方主要有世界银行、阿拉伯基金、非洲开发银行等。2019年吉布提外汇储备4.45亿美元。

【对外贸易】实行自由贸易政策。港口转口贸易占很大比重。主要进口食品饮料、机械设备、电器产品、运输设备、石油产品、金属制品、纺织品和鞋类等。出口商品包括食盐、牲畜、皮张等。主要贸易伙伴为索马里、沙特阿拉伯、埃塞俄比亚、印度、中国、法国、也门、英国等。近年来吉对外贸易收支平衡情况如下（单位：百万美元）：

	2017	2018	2019
出口额	142.3	168.3	184.5
进口额	767.9	804.4	886.7
差　额	–625.6	–636.1	–702.2

（资料来源：2020年4月《伦敦经济季评》）

【外国援助】吉主要援助国为法国、日本、美国、沙特、中国、意大利等，援助国际组织主要有欧盟、联合国难民署、世界粮农组织和非洲开发基金等。据吉中央银行统计，2015年吉接受官方援助总额约1.07亿美元，2016年约8274.6万美元，同比减少22.6%。

人民生活

据《2019年世界人类发展报告》统计，吉人类发展指数在全世界189个国家中列第171位。人均预期寿命66.6岁。目前，吉手机用户12.8万户，固定电话用户1.68万户，网络用户9000户。

军　事

1977年6月6日建军，实行志愿兵役制。总统为武装部队最高统帅，实际由三军总参谋长负责，国防参谋长为其副手。军队主要职责是国家防务、和平时期参与社会发展和救灾活动。总兵力约5500人，其中空军和海军各约200人，文职人员100人。陆军有一个炮兵营、一个装甲团和3个步兵团。空军有数架米格–8、米格–17直升机。海军拥有几艘巡逻艇和快艇。现任总参谋长为扎卡里亚·谢赫·易卜拉欣（Zakaria Cheik Ibrahim）。

国家安全部队与警察部队于1995年合并后称国家警察部队，内战后复员减编，现约有2000人，主要负责治安、边检、司法、消防等工作。现任警察总监为阿布迪拉伊·阿布迪·法拉赫（Abdillahi Abdi Farah）上校。国际刑警组织吉布提分部成立于1979年2月5日。

国家宪兵队1999年从军队分离，约1200人，主要任务是执行吉国内法律法规，维护公共安全，保证社会稳定。现任宪兵参谋长是扎卡里亚·哈桑·艾登（Zakaria Hassan Aden）上校。

文化教育

【教育】独立初期沿袭法国的教育制度和教科书，2000年教改后教育体系分为基础教育、中等教育和高等教育。学制为小学5年、初中4年，高中3年，对6—15岁的青少年实行免费义务教育。除国立学校外，国家允许设立民办中、小学，二者数量之比约为4∶1。2012年，小学入学率为70%。2012年，全国共有156所小学，1822名教师，63612名学生；共有30所公立初中，819名教师，32549名学生；有9所公立高中，550名教师，14715名学生。此外，吉还有私立初、高中共41所。另有两所高级技术学校和一所师范学校。共有两所大学：吉布提大学和吉布提医学院。2006年1月，吉布提大学在原吉布提高教中心的基础上成立，下设理学院，文学院，经济、法律和管理学院及工程学院，拥有按照国际标准授予学士、硕士和博士学位的资格。吉布提医学院于2007年11月成立，是第一所国家医科大学，具有授予医学博士学位的资格，主要合作伙伴为突尼斯、摩洛哥和法国。吉高中毕业生参加法国统一考试，优良者可赴国外接受高等教育。2014年，人口文盲率30%。

【新闻出版】官方报纸《民族报》以法文每周一、二、三、四、日出版，每期发行1300份,《号角报》以阿拉伯文每周一、四出版，每期发行500份。其他报刊包括:“争取进步人民联盟”党刊《进步报》，每半月出版一期、民主革新党周刊《复兴》、全国民主党周刊《共和》和“争取发展共和同盟”周刊《事实》。

吉布提广播电视台，用法语、索马里语、阿法尔语和阿拉伯语全天24小时播出。电视台每晚播出综合节目。1980年建成的地面卫星通信站可转播法国和邻国电视节目。德国于1983年帮助吉建立无线电发射中心，现有中波、短波和调频广播。1990年日本援建一电视制作中心。在意大利援助下，开始逐步实现广播节目制作和播出的数字化。2002年，美国在吉设立“美国之音”转播站。2012年，中国中央电视台、国际广播电台法语频道在吉落地。

对外关系

奉行中立、不结盟和睦邻友好政策，主张与世界各国在平等的基础上发展合作，反对霸权主义，主张通过和平方式解决争端。保持同法国的传统关系，积极配合美国在非洲之角反恐，与日本关系升温，法、美、日、意等国在吉建有军事基地。注重加强同新兴大国务实合作，发展同阿拉伯国家和邻国关系。积极参与地区合作，支持索马里和平进程，支持国际社会共同打击索马里海盗。与厄立特里亚有边界纠纷，主张通过外交途径解决。重视发展同阿拉伯国家和亚洲国家的关系。吉是非洲联盟、阿拉伯国家联盟、伊斯兰会议组织、（东非）政府间发展组织（伊加特）、东南非共同市场、萨赫勒—撒哈拉共同体等地区组织成员国。为伊加特总部所在地。

【同中国的关系】 1979年1月8日吉布提同中国建交。两国各领域合作顺利发展，在国际事务中相互支持与配合。

2015年9月，吉人盟总书记，经济、财政与工业部长伊利亚斯访华。12月，吉总统盖莱赴南非出席中非合作论坛约翰内斯堡峰会，习近平主席同其会见。2016年5月，习近平主席特使、全国人大常委会副委员长严隽琪出席盖莱总统就职仪式。2016年11月，国家副主席李源潮、中央军委副主席范长龙先后访问吉布提。2017年11月，盖莱总统来华进行国事访问。2018年7月，吉外长优素福来华出席中阿合作论坛第八届部长级会议。9月，盖莱总统来华出席中非合作论坛北京峰会。2019年2月，优素福外长访华。4月，盖莱总统来华出席第二届“一带一路”国际合作高峰论坛。2020年1月，国务委员兼外长王毅访问吉布提。

吉支持中国海军舰队在亚丁湾和索马里海域实施护航任务，并为护航舰队综合补给、应急支援和紧急避险提供便利。

2019年，双边贸易额22.26亿美元，同比增长19.42%，以中方出口为主。中方对吉出口以转口贸易为主，大多通过吉港口保税区转运至埃塞俄比亚和索马里。中吉签有文化合作协定。中国自1986年起向吉提供政府奖学金生名额。中国自1981年起向吉派遣医疗队，迄今已派出19批。

中国驻吉布提大使：卓瑞生。馆址：Lot V Lotissement Du Heron Djibouti。信箱：B.P.2021。电话：00253–21–350404/352247。电传：CHINA DJI，5926，DJ。

吉布提驻华大使：阿卜杜拉·阿卜杜拉希·米吉勒（Abdallah Abdillahi Miguil）。馆址：北京市朝阳区塔园外交公寓1–1–122。电话：010–65327857；传真：65327858。

【同法国的关系】 法是吉原宗主国，也是吉最大援助国和贸易伙伴。吉重视保持同法国的传统关系。法在吉除外交部以外的各政府部门均派有顾问。两国签有防务协定，建有年度例行联合军演机制。法在吉现有驻军约1400人。2009年，法国国防部长、海军将领、欧盟“阿塔兰塔”军事行动指挥官等相继访吉，就在吉设立后勤基地、建立地区反海盗中心、在吉关押审判海盗等问题与吉磋商。2010年1月，萨科奇总统经停吉时会见盖莱总统，就两国防务协定交换了意见。2011年12月，盖莱总统访问法国，与萨科齐总统签署双边防务条约。2013年底，盖莱总统出席在法国举行的法国—非洲和平安全峰会。2015年7月，法国国防部长勒德里昂访问吉布提。2017年2月，盖莱总统对法国进行正式访问。2019年3月，法国总统马克龙访问吉布提。

【同美国的关系】 美自1991年起向吉提供各种经济和军事援助。美在吉设有军事基地。“9·11”事件后，吉积极支持美的反恐行动，允许美在吉长期驻军，并使用其港口和机场运送物资。2012年2月，吉国防部长和美驻吉大使签署新一期吉美军事合作协定。2014年5月，盖莱总统访美，会见奥巴马总统，就教育、能源、卫生、粮食安全、贸易等领域加强合作达成共识，并签署了美军驻吉基地续租协议。8月，盖莱总统出席在美国举行的美非峰会，分别会见美国总统奥巴马、国务卿克里。2015年2月，吉一美部长级论坛在华盛顿召开，双方围绕地区安全、军事合作、贸易投资等议题进行了交流。4月，美军非洲司令部司令罗德里格斯访吉。5月，美国务卿克里访吉，分别会见吉总统盖莱、外长优素福。2016年9月，盖莱出席联合国大会期间会见美国总统奥巴马。2017年4月，美国防部长马蒂斯访问吉布提。5月，吉外长优素福同美国副国务卿在华盛顿共同主持两国论坛部长级会议。2018年3月，美国国务卿蒂勒森访吉。12月，美国负责非洲事务的助理国务卿纳吉访吉。

【同日本的关系】 2003年9月，盖莱总统出席在日举行的第三届非洲发展东京国际会议，日承诺实施“粮食援助计划”，支持吉进行新型水稻种植。2004年，日向吉提供总额为1.5亿日元的粮食援助，并赠吉27800顶蚊帐。2005年，日本副外相访吉。2006年4月，优素福外长访日，日方表示未来20年内拟向吉提供20项无偿援助项目。2008年5月，盖莱总统出席第四届东京非洲发展国际会议，日承诺未来5年将对吉直接投资增加一倍。2009年，日本派海上自卫队赴索马里海域护航以来，吉日关系持续升温。2009年4月，吉外长优素福访日，双方签署换文确定吉港为日海上自卫队后勤补给基地。8月，日在吉设立常驻联络处。2010年12月，盖莱总统对日本进行工作访问。2011年7月，日本在吉军事基地正式启用。2013年6月，盖莱总统赴日出席第五届东京非洲发展国际会议。8月，日首相安倍晋三访吉。2014年5月，日本防卫相小野寺五典访吉。2015年1月，日本防卫相中谷元访吉。5月，吉议长胡迈德访日，出席国际议会联盟青年议员大会。2016年3月，东京非洲发展国际会议高官会在吉召开。5月，日本首相特使、前防卫相小野寺五典赴吉出席盖莱总统就职典礼。8月，盖莱出席在内罗毕召开的东京非洲发展国际会议并会见日本首相安倍晋三。2019年8月，盖莱总统赴日本出席第七届东京非洲发展国际会议横滨峰会并会见安倍晋三。

【同埃塞俄比亚的关系】 两国关系友好，签有友好合作协定和农业科技合作等协议。吉布提港是埃塞对外贸易重要出海口。两国高层交往频繁，定期举行双边磋商，并不断加强在贸易、运输、教育合作和人员自由往来方面的合作。2012年2月，吉、埃塞、南苏丹就加强三国在电信、铁路、输油管道、港口和免税区等领域合作签署谅解备忘录。9月，吉埃签署从埃塞引水至吉布提的谅解备忘录，吉同埃塞、南苏丹签署建设三国跨境输油管道的协议。埃塞总理海尔马里亚姆上任后数次赴吉出席两国间基础设施建设项目的开工典礼。2015年2月，海尔马里亚姆访吉，双方签署边境贸易、人员往来、矿产资源开发、两国商会建立定期磋商机制和亚吉铁路电气一体化等协议。2016年，吉同埃塞召开部长级会议及防务联委会，就加强两国经贸、防务等领域合作进行磋商。2017年3月，盖莱总统访问埃塞俄比亚。7月，吉埃外长共同主持两国混委会会议。2018年4月，埃塞俄比亚总理阿比访问吉布提。

【同索马里的关系】吉支持并深度参与索马里和平进程，2000年，主持召开索马里和会，推动产生索过渡政府，2008年，促成索反政府派别与过渡政府达成吉布提协议。盖莱总统多次参加索马里问题国际会议。2009年1月，索过渡议会在吉召开会议并选举新总统。2012年索新政府成立后，吉派遣1000名士兵参加非盟驻索马里特派团维和行动，并支持国际社会打击索马里海盗。2012年2月，索马里问题国际联络小组第21次会议在吉举行。同月，盖莱总统赴伦敦参加索马里问题国际会议。5月，盖莱总统赴土耳其伊斯坦布尔出席索马里问题国际会议。9月，盖莱总统赴索马里出席索新总统马哈茂德就职仪式。11月，索总统马哈茂德对吉进行国事访问，此系其当选后首次出访。2014年4月，索总统马哈茂德访吉并会见盖莱总统。6月，索议长贾瓦里访吉，双方签署两国议会间合作协议。2015年2月，盖莱总统访索，接受索最高荣誉勋章。2017年3月，盖莱总统出席在内罗毕举行的伊加特索马里难民问题特别峰会。5月，索马里总统穆罕默德访问吉布提。2018年5月，索马里外长阿瓦德访问吉布提。

【同厄立特里亚的关系】两国之间存在领土争端。1998年吉因被厄指责在埃塞、厄特边界冲突中偏袒埃塞而宣布与厄断交，2000年两国复交，并于2001年实现两国元首互访。2008年6月，吉厄边界发生武装冲突，导致两国关系紧张。2009年11月，吉与乌干达、埃塞俄比亚、索马里以厄特破坏索和平进程为主要理由，推动安理会通过制裁厄特的决议草案，包括要求厄特即从吉厄边境撤军并通过对话解决争端等内容。2010年6月，在卡塔尔斡旋下，双方同意从争议地区撤军。2011年10月初，两名在厄特被押战俘逃回吉布提，引起两国关系再度紧张。2011年12月，埃塞俄比亚等推动安理会通过强化对厄特制裁决议，吉对此表示支持。2015年10月，埃塞、吉布提等再次推动联合国延长对厄特制裁决议。2016年3月，厄立特里亚释放4名吉布提战俘。2017年6月，因吉布提追随海湾国家降低在卡塔尔外交代表级别，卡塔尔撤回部署在吉厄争议边界吉方区域的维和部队，导致吉厄边境局势一度紧张。7月，吉外长优素福表示，厄特已从争议地区撤军，该地区局势趋缓。2018年9月，盖莱总统与厄立特里亚总统伊萨亚斯在沙特吉达会面，启动两国关系正常化进程，但领土争端和边界纠纷仍制约两国关系发展。

（汝汀汀）

几内亚

国名　几内亚共和国（The Republic of Guinea, La République de Guinée）。

面积　245857平方公里。

人口　1240万（2018年）。全国有20多个民族，其中富拉族（又称颇尔族）约占全国人口的33.9%以上，马林凯族约占30%以上，苏苏族约占19.1%。官方语言为法语。各民族均有自己的语言，主要语种有苏苏语、马林凯语和富拉语（又称颇尔语）。全国约85%的居民信奉伊斯兰教，5%信奉基督教，其余信奉原始宗教。

首都　科纳克里（Conakry），人口220万。最高气温35℃，最低气温22℃。

国家元首　总统阿尔法·孔戴（Alpha CONDE），2010年11月当选，12月21日宣誓就职。2015年10月连任，12月21日就职，任期5年。

重要节日　独立日：10月2日。

简　况

位于西非西岸，北邻几内亚比绍、塞内加尔和马里，东与科特迪瓦、南与塞拉利昂和利比里亚接壤，西濒大西洋。海岸线长约352公里。沿海地区为热带季风气候，内地为热带草原气候。年平均气温为24℃—32℃。

9—15世纪为加纳王国和马里帝国的一部分。15世纪葡萄牙殖民者入侵，1885年被柏林会议划为法国势力范围，1893年被命名为法属几内亚。19世纪后期，萨摩利·杜尔建立了乌拉苏鲁王国，坚持抗法斗争。20世纪初，阿尔法·雅雅领导了大规模反法武装起义。1958年9月28日，通过全民公决拒绝留在法兰西共同体内。同年10月2日宣告独立，成立几内亚共和国，塞古·杜尔任总统直至1984年3月病逝。同年4月，兰萨纳·孔戴上校发动兵变，宣布成立几内亚第二共和国。1992年4月，政党法实施，改行多党制。1993年12月，举行多党民主制下的首次总统选举，孔戴当选，并于1998年12月和2003年12月两次连选连任。2008年12月22日，孔戴病逝。次日，部分军人发动政变接管国家权力。2009年1月，几军政权组建过渡政府。

2010年1月，几军政权任命反对党几内亚进步同盟主席让–马里·多雷为新过渡政府总理，并宣布于6个月内举行总统选举、还政于民。6月和11月，几先后举行2轮总统选举，几内亚人民联盟主席阿尔法·孔戴胜出。孔戴总统于12月21日宣誓就职，并于2011年初组建新政府。

政　治

孔戴执政以来，实施“变革新政”，推行行政、司法和安全机构改革，政局总体保持稳定。2013年9月，几立法选举顺利举行。2014年1月13日，几新一届国民议会成立。2015年10月11日，总统选举如期举行。10月17日，独立选举委员会公布初步结果，孔戴获得57.85%的选票，反对党民主力量同盟候选人迪亚洛获得31.44%的选票。10月31日，宪法法院正式确认选举结果，孔戴正式连任总统，任期为2015年12月21日至2020年12月21日。12月21日，孔戴举行总统就职仪式。2016年1月4日，孔戴签署总统令，宣布成立新一届政府。2018年2月，举行地方选举。5月，孔戴改组政府，任命易卜拉希马·卡索里·福法纳为总理。

2014年3月，几暴发埃博拉病毒疫情，造成超过3700人感染，2000余人死亡，给几政治、经济、社会各领域造成巨大冲击。2016年6月，世界卫生组织宣布几埃博拉疫情结束。

【宪法】2008年12月几军事政变后，几军政权中止实施1990年宪法。2010年4月，全国过渡委员会（代议会）制定了过渡期宪法。5月，几军政权领导人、代总统科纳特颁布过渡期宪法，规定总统由直接选举产生，任期为5年，可连任一次。无论两个任期是否相连，总统最多只能有两个任期。

【议会】国民议会为最高立法机构。实行一院制，共114席，议员任期5年。本届议会成立于2014年1月，各党在议会中席位分配为：人民联盟—彩虹联盟53席，民主力量同盟37席，共和力量同盟10席，全国发展希望党2席，进步同盟2席，其余10个小党各得1席。议长克洛德·科里·昆迪亚诺（Claude Kory KOUNDIANO），2014年1月当选。

【政府】本届政府成立于2018年5月，成员名单如下：总理易卜拉希马·卡索里·福法纳（Ibrahima Kassory FOFANA），总理易卜拉希马·卡索里·福法纳（Ibrahima Kassory FOFANA），总统事务和国防国务部长穆罕默德·迪亚内（Mohamed DIANE），司法、掌玺和共和国关系部长穆罕默德·拉明·福法纳（Mohamed Lamine FOFANA），旅游、旅馆和手工业国务部长蒂亚诺·奥斯曼·迪亚洛（Thierno Ousmane DIALLO），工业、中小企业国务部长蒂布·卡马拉（Tibou CAMARA），交通国务部长阿布–巴卡尔·西拉（Aboubacar SYLLA），卫生国务部长雷米·拉马（Remy LAMAH），环境、水域和森林国务部长奥耶·吉拉沃吉（Oyé GUILAVOGUI），水务和环卫国务部长哈吉·帕帕·科利·库鲁马（El Hadj Papa Koly KOUROUMA），国土管理和权力下放部长布雷马·孔戴（Bouréma CONDE），外交和海外侨民部长马马迪·杜尔（Mamadi TOURE），计划和国际合作部长坎妮·迪亚洛（Kanny DIALLO，女），经济和财政部长马马迪·卡马拉（Mamadi CAMARA），公民意识和国家团结部长卡利法·加萨马·迪亚比（Kalifa Gassama DIABY），公共工程部长穆斯塔法·奈特（Moustapha NAITE），能源部长谢赫·塔利比·西拉（Cheick Talibé SYLLA），高等教育和科研部长阿卜杜拉耶·耶罗·巴尔德（Abdoulaye Yéro BALDE），矿产和地质部长阿卜杜拉耶·马加苏巴（Abdoulaye MAGASSOUBA），城市和国土整治部长易卜拉希马·库鲁马（Ibrahima KOUROUMA），体育、文化和历史遗产部长塞努西·邦塔马·索乌（Sanoussy Bantama SOW），青年和青年就业部长莫克塔·迪亚洛（Mouctar DIALLO），邮政、电信和数字经济部长穆斯塔法·马米·迪亚比（Moustapha Mamy DIABY），公职、国家改革和行政现代化部长比伊·南库马·敦布亚（Billy Nankouma DOUMBOUYA），预算部长伊斯梅尔·迪乌巴特（Ismaël DIOUBATE），安全和民事保护部长阿尔贝·达芒唐·卡马拉（Albert Damantang CAMARA），贸易部长布巴卡尔·巴里（Boubacar BARRY），社会行动、妇女和儿童促进部长迪亚比·玛丽亚马·西拉（Diaby Mariama SYLLA，女），国民教育和扫盲部长莫里·桑加雷（Mory SANGARE），技术教育、职业培训、就业和劳工部长兰萨纳·科马拉（Lansana KOMARA），投资和公私伙伴关系部长加布里埃尔·屈尔蒂斯（Gabriel CURTIS），合作和非洲一体化部长杰内·凯塔（Djené KEITA，女），农业部长马丽亚马·卡马拉（Mariama CAMARA，女），渔业、水产和海洋经济部长弗雷德里克·洛瓦（Frédéric LOUA），信息和新闻部长阿马拉·松帕雷（Amara SOMPARE），石油天然气部长迪亚卡里亚·库利巴利（Diakaria KOULIBALY），畜牧业部长罗歇·帕特里克·米利莫诺（Roger Patrick MILLIMONO）。

【行政区划】分为大区、省、专区三级，共有7个大区和1个首都科纳克里市（与大区同级）、33个省、304个专区。

【司法机构】分普通法院和特别法院两类。普通法院包括最高法院、上诉法院、初审法院和治安法院。最高法院下设宪法和行政，民事、刑事、商务和社会事务，以及审计三个法庭。特别法院包括特别最高法庭、军事法庭和劳动法庭。2009年3月，军政权撤销最高法院。2010年3月，军政权恢复最高法院，并任命马马杜·西拉（Mamadou SYLLA）担任最高法院院长，阿伊萨图·巴尔德（Aïssatou Balde）担任总检察长。

【政党】1992年4月实行多党制。现有124个合法政党，主要政党情况如下：

（1）几内亚人民联盟（Rassemblement du Peuple de Guinée）：执政党。始建于1963年。1992年4月3日注册登记，成为合法政党。成员多为马林凯族人。政党宗旨：将几内亚人民从一切形式的压迫中解放出来，团结全体人民，以平等、博爱为基础，建设民主自由社会，实现国家统一、民族独立、经济繁荣和社会公正。该联盟候选人阿尔法·孔戴于2010年11月当选总统。2012年4月，几内亚人民联盟联合44个政党组成执政联盟几内亚人民联盟—彩虹联盟（RPG-Arc-en-CIEL）。现任总书记萨卢姆·西塞（Saloum Cissé），2013年9月当选国民议会议员，2014年1月当选副议长。

（2）几内亚民主力量同盟（Union des Forces Démocratiques de Guinée）：反对党。成立于1991年9月。政党宗旨：在实现社会团结和民族和解的基础上，建立民主和法治国家，使国家摆脱贫困，实现可持续发展，保障全体公民的合法权利和自由。主席塞卢·达兰·迪亚洛（Cellou Dalein DIALLO），曾于2004—2006年任总理。在2010年6月首轮总统选举中获43.69%的选票，但在第二轮选举中败选。2013年9月当选国民议会议员。

（3）几内亚共和力量同盟（Union des Forces Républicaines）：反对党。成立于1992年。政党宗旨：实现民族和解，建立民主、多元化社会，改变国家政治、经济和社会三重落后面貌。主席西迪亚·杜尔（Sidya TOURÉ），曾于1996—1999年任总理。2013年9月当选国民议会议员。

（4）几内亚进步复兴联盟（Union du Progrès et du Renouveau）：参政党。由原反对党新共和同盟和复兴进步党于1998年9月15日合并而成。成员多为颇尔族人。政党宗旨：在尊重自由、保障多党民主的基础上，建立三权分立的法治国家，加强民族团结和社会凝聚力，反对一切形式的种族中心主义和地方主义，以实现人的可持续发展和全民福祉的目标，全面推进经济、社会和文化建设。主席奥斯曼·巴（Ousmane Bah），现任总统府部长级特别顾问。

【重要人物】**阿尔法·孔戴**：总统。1938年生，马林凯族，信奉伊斯兰教。早年留学法国，获法学博士学位，后长期在法国大学任教。20世纪60年代在法国留学期间投身政治运动，创建劳动党，1988年改名为几内亚人民联盟并任党主席。曾两次参加总统大选。1995年当选国民议会议员。1998年大选期间被当局逮捕，并被判10年监禁。2001年被提前释放，随即流亡法国。2008年几政变后返几。2010年11月当选总统，2015年10月连任总统。

经　济

系最不发达国家，农业国，工业基础薄弱，粮食不能自给。几新政府重视发展经济，重点保障主要城市的水、电供应，大力发展农业，加强基础设施建设，推进财税金融改革，加强对资源开发的管理与控制，经济恢复增长。孔戴总统第二任期制定《2016—2020年国家经济和社会发展计划》，对内加强宏观经济调控，对外积极寻求国际支持。2019年主要经济数据如下：

国内生产总值：157亿美元。

人均国内生产总值：1227美元。

国内生产总值增长率：6.4%。

货币名称：几内亚法郎（Franc guinéen）。

汇率：1美元=9184几内亚法郎。

通货膨胀率：9.7%。

（资料来源：2020年第一季度《伦敦经济季评》）

【资源】资源丰富，有“地质奇迹”之称。铝矾土贮藏总量估计为410亿吨，其中290多亿吨已探明，占世界已探明储量的30%，居世界第一位。其品位高达58%—62%。铁矿石远景储量超过100亿吨，且品位高达60%。钻石储量为2500万—3000万克拉。此外还有黄金、铜、铀、钴、铅、锌等。水力资源丰富，是西非三大河流尼日尔河、塞内加尔河和冈比亚河的发源地，有“西非水塔”之称。开发后年发电量估计可达630亿度。沿海渔业资源较丰富，近海浅层水域鱼的蕴藏量为23万吨，深海区蕴藏量约100万吨。沿海大陆架已发现有石油。东南部有大片原始森林，出产红木、黑檀木等贵重木材。

【工矿业】工业基础薄弱，制造业不发达。主要工业部门是农产品和食品加工、纺织、家具生产等。矿业是较为重要的经济部门，矿业产值一直占国内生产总值的20%左右。主要矿业公司有：博凯、弗里亚、金迪亚三大铝矿和阿雷多尔黄金钻石开采公司等。近年来，力拓、必和必拓、淡水河谷等国际矿业公司先后进入几内亚，与几方商谈开展铁矿开发合作。2011年9月，几全国过渡委员会批准了新政府修订的《矿业法》，其中规定国家将无偿获得新矿业项目15%的股权，另有出资增股20%的权利。2012年2月，几成立国家矿产委员会，负责在新矿产法基础上参与矿权证签发、延期、更新、吊销等材料的审查工作。2015年，几矿产总收入约3亿美元，其中铝矾土、黄金和铁矿出口收入占比分别为65%、31.5%和2.46%。2017年矿业收入达5.05亿美元，占国民生产总值15%。

【农牧林渔业】农村劳动人口约占全国劳动人口的2/3。可耕地面积约700万公顷，已耕地约140万公顷，主要种植水稻、小米、玉米等粮食作物和咖啡、可可、棉花等经济作物。2012年，农业产值占国内生产总值的20.5%。2011—2013年农业年均增长率为5.2%，在GDP中的比重增长了14%。粮食不能自给。2013年谷物产量达340万吨，较上年增长6%，其中大米产量为190万吨。

全国森林面积65440平方公里，森林覆盖率约26.6%。畜牧业资源可观，中几内亚富塔—贾隆高原、上几内亚萨赫勒草原都是天然牧场。渔业资源丰富，近海渔业资源估计有30万吨，深海约100万吨。此外，几内陆河流多，淡水鱼资源也很丰富。

【旅游业】旅游资源较丰富。全国共有旅游景点201个。位于几与科特迪瓦交界的宁巴山1981年被联合国教科文组织列为世界自然文化遗产。受次地区局势不稳等因素影响，几旅游资源未得到有效开发。每年入境游客数量约为3万人。

【交通运输】内陆交通不发达，以公路运输为主。近年来交通运输情况如下：

铁路：现有4条铁路干线，总长约1046公里。其中3条为通往矿区的专用线，目前运营良好。另1条长661公里的民用运输线已无法运营。

公路：总长超过4.3万公里。其中国家级干道7000公里（其中沥青路面2400公里），省道1.55万公里，县乡道路2.1万公里。

海运：几内亚对外贸易约95%货物通过海运运输。科纳克里港为西非重要海港之一，2010年吞吐总量为700万吨。有集装箱码头、矿产码头、商用码头、渔业码头等，其中集装箱码头可停靠2.5万吨级船只，年装卸能力5万只集装箱。另有卡姆萨深水港，为博凯铝矿专用港，年吞吐量约1000万吨。

空运：几内亚共有14座机场（其中11座对外开放）。科纳克里机场为国际机场，2006年运送旅客35万人次。几内亚航空公司于2002年7月交由私人经营。主要有法国、比利时、摩洛哥和塞内加尔等国航空公司经营国际和地区航班。2017年2月，几私营企业BGM和法国REGOURD航空公司合资组建几内亚航空公司。

【财政金融】2019年，几外汇储备约为12.27亿美元。近几年财政收支情况如下（单位：亿美元）：

	2014	2015	2016
收入	16.37	15.28	13.96
支出	19.14	17.15	16.64

（资料来源：国际货币基金组织2016年7月国别报告和2020年第一季度《伦敦经济季评》）

【对外贸易】近几年对外贸易情况如下（单位：亿美元）：

	2017	2018	2019
出口额	46.0	39.8	40.8
进口额	34.8	33.9	36.3

主要出口产品为黄金、铝矾土、钻石等。主要进口商品为食品、烟草、化工产品、机械设备、石油制品等。2018年，几主要向以下国家出口：中国59.3%，加纳22.1%，阿联酋7.5%，印度3.7%；主要从以下国家进口：中国11.3%，印度10.6%，荷兰10%，比利时7.7%。（资料来源：2020年第一季度《伦敦经济季评》）

【外国投资】2011年，外国直接投资总额为3.67亿美元。

【外国援助】2012年9月26日，几达到重债穷国倡议完成点，国际货币基金组织与巴黎俱乐部分别免除几政府21亿美元、3.56亿美元债务。2014年12月，世界银行行长金墉访问几内亚，表示将继续助几抗击埃博拉疫情并支持几疫后经济恢复。2015年4月，国际货币基金组织宣布，以向几提供2980万美元赠款的形式免除其等额债务。世界银行宣布在未来12—18个月内，向几内亚、利比里亚、塞拉利昂三国提供6.5亿美元资金支持，世行援非抗疫总金额达到16.2亿美元。此外，世行还免除三国21.7亿美元债务，其中几内亚10.985亿美元。5月，西非经济共同体宣布免除几2000万美元债务，支持其疫后经济重建。10月，法国在“抗击埃博拉经验”会议上宣布，法将在未来三年为几疫后重建提供1.74亿欧元援助，用于卫生体系、教育和人力资源培训、供水供电设施等领域。法开发署向几提供1100万欧元援助，用于2015—2017年几教育事业发展。2017年11月，几在法召开《2016—2020年国家经济和社会发展计划》筹资会，共获约200亿美元资金承诺，其中世界银行约16亿美元，伊斯兰开发银行约14亿美元，非洲开发银行约7.25亿美元。2018年9月，世界银行宣布本年度向几提供6000万美元预算支持，帮助几提高行政管理能力，改善投资环境；2018至2023年将向几提供15亿美元，优先推动农业、工业、基础服务、青年就业、技术、金融等领域发展。2018年，法国开发署向几提供各类支持约1亿欧元。

人民生活

根据联合国开发计划署公布的《2019年人类发展报告》，几人类发展指数在全球189个国家中排名第174位。55.2%的人口生活在贫困线以下，240万居民未解决温饱问题，5岁以下儿童和出生婴儿死亡率分别为13.1%和8.1%。2010年全国共有固定电话1.8万部，移动电话400万部，互联网用户9.5万个。

医疗卫生条件落后，是疟疾、霍乱和伤寒等热带传染病高发区。疟疾是导致死亡的首要疾病，2012年全国平均发病率为44%，2017年3月降低至15%。2009年，全国每10万人感染艾滋病人数为789人。全国共有884所卫生服务站，412所卫生中心，43所公立医院，344所私营卫生医疗机构及329家私营药店，母婴死亡率分别为0.61%和11.7%。平均约每10万人拥有8名医生。2016年人均寿命59.2岁。

军　事

1958年11月成立人民军，后改称几内亚武装力量。总统是最高军事统帅，行使任免军事人员、对外宣战等权力。

国防部作为军事行政主管，直接隶属总统府。

几武装力量由野战军、宪兵和共和国卫队组成。野战军总兵力2万人，其中陆军1.8万人、海军1500人、空军500人。宪兵1800人，共和国卫队1600人。现任三军总参谋长纳莫里·特拉奥雷（Namory Traoré）准将。

文化教育

【教育】1984年5月起实行教育改革，规定法语为教学语言，允许私人开办学校。2004年，全国共有小学6140所，教员2.5万人，学生114.7万人；中学615所，教员8886人，在校学生34万人；高等院校13所，在校生2.2万人，教员853人。科纳克里大学是几最高学府，1962年建立，分社会科学、自然科学和生物科学3个学科。2017年教育预算占GDP的2.4%，小学入学率为94%。2016年成年文盲率为68%。

【新闻出版】《自由报》为官方法文报刊。目前有250多种新闻出版物，10余种报纸定期出版，基本上是周刊。发行量较大的私营报纸有《猞猁》《宁巴报》《外交官报》《观察家报》《独立报》等。

几内亚国家广播电台为官方电台，每天用法语、富拉语、马林凯语和苏苏语等对内广播，用法语和英语等对外广播。几内亚国家电视台为官方电视台，1977年开播。

对外关系

奉行睦邻友好、不结盟、全面开放和独立自主的外交政策，强调外交为发展服务。愿在平等互利和相互尊重的基础上与世界各国发展友好合作关系。主张加强非洲国家之间的团结与合作，积极参与非洲联盟建设。重视发展同欧盟、美国等西方国家关系，以争取国际支持和援助。注重发展同中国等亚洲国家和阿拉伯国家的关系。现为联合国、世界贸易组织、不结盟运动、伊斯兰合作组织、法语国家组织、非洲联盟（非盟）、西非国家经济共同体（西共体）、马诺河联盟等组织成员，同110多个国家建立了外交关系。孔戴总统现为“非洲可再生能源倡议”协调人。

【同中国的关系】中几于1959年10月4日建交。几是第一个同中国建交的撒哈拉以南非洲国家。长期以来，两国关系发展顺利。2012年7月，几内亚外长爱德华·尼昂科耶·拉马、国际合作部长穆斯塔法·库图布·萨诺来华出席中非合作论坛第五届部长级会议。2015年8月9—10日，王毅外长访问几内亚，会见几内亚总统孔戴和外长法尔。12月3日，国家主席习近平同几内亚总统孔戴在南非出席中非合作论坛约翰内斯堡峰会期间举行双边会见。2016年10月26日至11月5日，几内亚总统孔戴来华进行国事访问，国家主席习近平同孔戴总统举行会谈，两国元首一致决定将中几关系提升为全面战略合作伙伴关系。国务院总理李克强、全国人大常委会委员长张德江分别同孔戴总统举行会见。2017年3月，国务委员杨洁篪访几。9月，孔戴总统来华出席新兴市场国家与发展中国家对话会，习近平主席同孔戴总统举行会见。孔戴并赴银川出席中国—阿拉伯国家博览会开幕式。2018年9月，孔戴总统来华出席中非合作论坛北京峰会，习近平主席同其会见。2019年11月，全国人大常委会副委员长武维华访问几内亚并出席中几建交60周年庆祝活动，分别会见孔戴总统和福法纳总理，并同孔迪亚诺议长举行会谈。

2019年，双边贸易额约41.8亿美元，同比增长17.6%，其中，中方出口17.2亿美元，增长26.9%，进口24.6亿美元，增长11.9%。

中国驻几内亚大使：黄巍。馆址：DONKA，CITE MINISTERIELLE，CONAKRY。值班和领事保护电话：00224-664006622，664008000。领事业务咨询电话：666008000。大使秘书电话：664008899。经商处秘书：664078025；664078027。电子邮箱：chinaemb_gn@mfa.gov.cn。邮政信箱：B.P.714 CONAKRY。

几内亚驻华大使：萨拉马迪·杜尔（Saramady TOURE）。馆址：北京朝阳区三里屯西六街2号。电话：010-65323649；传真：65324957。

【同法国的关系】1963年同法建交。1965年几政府指责法与“反几阴谋”有牵连，双方宣布断交。1975年两国复交。法为几最大援助国，多年来向几提供了大量投资和援助。2010年3月底，几军政权领导人科纳特赴法出席法非首脑会议，其间与法总统萨科齐会见。11月几总统选举后，法宣布恢复与几正常合作。12月21日，法负责外交、欧盟和合作的部长德兰古出席孔戴总统就职仪式。2011年1月，德兰古再次访几，与几方探讨重启两国合作事宜。2014年11月，法国总统奥朗德访几，是埃博拉疫情暴发后到访的首位非洲以外国家元首。孔戴总统就职以来访问法国10余次。2017年5月，孔戴总统向法新当选总统马克龙致贺电。11月，孔戴总统赴法出席几内亚《2016—2020年国家经济和社会发展计划》筹资会。2018年11月，孔戴总统赴法出席纪念一战结束100周年活动。2019年8月，孔戴总统赴法出席纪念二战盟军普罗旺斯登陆75周年活动。

【同美国的关系】美是几主要援助国之一。1998年以来，美对几援助总额逾2亿美元。2012年4月，几经济和财政部长扬萨内访美。2012年12月，美国与几方签署协议，免除所有几对美双边债务总计9300万美元。2014年8月，孔戴总统赴美出席首届美非领导人峰会。2015年4月，孔戴总统对美国进行工作访问，同塞拉利昂、利比里亚总统共同会见奥巴马总统，介绍了埃博拉疫情形势和疫后重建规划。2017年5月，孔戴总统赴沙特阿拉伯首都利雅得出席美国—伊斯兰国家安全峰会。2018年11月，美国负责非洲事务的助理国务卿纳吉访几。2019年9月，孔戴总统访美，会见美国国务卿彭佩奥。

【同日本的关系】近年来，几日关系发展迅速，日向几提供大量援助。1978—2005年，日累计向几提供各类援助约5.55亿美元。2010年、2011年，日本分别向几提供了580万美元和100万美元粮食援助。2012年4月、8月，日本两次分别向几提供200万美元粮食援助。2014年6月，日本为联合国系统在几援助项目提供总额为280万美元的资金支持。2013年和2016年，孔戴总统分别赴日本和肯尼亚出席第五届东京非洲发展国际会议。2017年6月，孔戴总统对日进行首次正式访问。2019年8月，孔戴总统出席第七届东京非洲国际发展横滨峰会，同日首相安倍晋三举行会谈。

【同邻国的关系】重视发展同邻国的友好合作关系，并在西共体、尼日尔河流域组织、马诺河联盟、冈比亚河开发组织和塞内加尔河流域开发组织中发挥积极作用。

1986年，几同塞拉利昂、利比里亚签订了互不侵犯和安全合作的马诺河联盟条约。1999年4月起，几与利、塞交界地区武装冲突不断，几、塞同利相互指责对方支持本国反政府武装，几利关系一度不睦。利内战结束后，几利关系逐步好转。几同塞拉利昂一直保持良好关系。2010年12月，塞总统科罗马、利总统瑟利夫均赴几出席了孔戴总统就职仪式。2011年7月，孔戴总统访问利比里亚并出席第20届马诺河联盟首脑会议。2011年10月和2013年2月，塞总统科罗马对几进行友好工作访问。2012年1月，孔戴赴利出席瑟利夫总统的就职仪式。5月，孔戴总统会见了来访的塞外长达乌达。8月，利比里亚总统瑟利夫访几。2013年4月30日，孔戴总统赴利比里亚出席马诺河联盟第22届首脑会。2015年3月，孔戴总统率外交、卫生、预算等部长访问利比里亚，与利总统瑟利夫进行会谈。7月，孔戴总统与塞拉利昂总统科罗马在几塞边境城市帕姆拉普（Pamelap）举行会谈。2019年5月，塞拉利昂总统比奥访几。7月，利比里亚总统维阿访几，同月，孔戴总统出席利比里亚独立庆典。

1978年，几分别与塞内加尔和科特迪瓦重新互派大使并签订友好合作条约。2010年12月，塞总统瓦德赴几出席孔戴总统就职仪式。2011年1月，孔戴总统访塞。2012年2月，塞总理恩迪亚耶访几。4月，孔戴赴塞出席新总统萨勒的就职仪式。12月，塞总统萨勒访几。2015年8月，孔戴总统访塞，会见萨勒总统。萨勒总统并授予孔戴总统塞内加尔十字勋章。2019年4月，孔戴总统赴塞出席萨勒总统的就职典礼。

2011年5月，孔戴总统赴科出席瓦塔拉总统的就职典礼。12月，瓦塔拉总统对几进行工作访问。2012年2月，科总理索罗访几。2012年3月，福法纳总理和拉马外长赴科出席西共体特别峰会。4月，孔戴总统会见了来访的科外长敦坎。同月，孔戴总统赴科出席西共体特别峰会。2013年2月，孔戴赴科出席西共体第42届首脑会议。2015年5月，孔戴总统到访几科边境城市，与瓦塔拉总统一起为新建的“博爱桥”揭幕。

积极参与马里、几内亚比绍、冈比亚等地区国家危机斡旋。几积极向马派遣维和部队。2015年5月，孔戴总统访问马里，出席马里全国和平和解协议签署仪式。2017年2月，几总统、非盟轮值主席孔戴赴马出席萨赫勒五国特别峰会。2014年6月，孔戴总统出席几内亚比绍新当选总统若泽·马里奥·瓦斯就职仪式，此后积极促成几比各方达成解决国内政治危机的《科纳克里协议》。2017年5月，几比总统瓦斯访几，双方就协议落实情况交换意见。2016年12月冈比亚选后危机爆发后，孔戴总统积极参与调解。

2015年1月，尼日尔总统伊素福、贝宁总统亚伊联合访几，表达对几抗疫的支持。同月，南非总统祖马访几。2月，多哥总统、西共体抗击埃博拉疫情地区协调人福雷率领西共体代表团访几，支持孔戴总统抗击埃博拉疫情。8月，孔戴总统访问尼日尔，会见尼总统尤素福，就西非地区安全和后埃博拉时期发展进行交流。

【同其他国家的关系】几重视发展同阿拉伯国家的关系。2012年8月，孔戴总统应邀访问沙特阿拉伯并出席伊斯兰合作组织第四次特别首脑会议。10月，孔戴总统再次访问沙特并赴麦加朝觐。2013年12月，第40届伊斯兰合作组织外长会议在几首都科纳克里召开。2014年3月，摩洛哥国王穆罕默德六世率团访几。2014年11月，孔戴总统赴摩出席第五届全球企业家峰会并会见摩企业家。2016年11月，孔戴总统赴摩出席第22届联合国气候变化大会（COP22），会见联合国秘书长潘基文、摩国王穆罕默德六世，主持非洲可再生能源倡议大会（IAER），并出席第一届非洲行动峰会。2017年3月，摩国王穆罕默德六世访几。2015年1月，毛里塔尼亚总统对几进行5小时的工作访问。2017年5月，孔戴总统对埃及进行工作访问。2019年4月，埃及总统塞西对几进行国事访问。

2016年6月16—18日，几内亚总统孔戴访问俄罗斯，出席第20届圣彼得堡国际经济论坛，分别会见了俄总统普京和联合国秘书长潘基文，并出席“俄罗斯与非洲”圆桌对话会。2017年4月，孔戴总统赴土耳其出席土耳其—非洲农业论坛。2019年8月，印度总统科温德访几。10月，孔戴总统赴俄罗斯出席首届俄非峰会。

（郭倩）

几内亚比绍

国名 几内亚比绍共和国（The Republic of Guinea-Bissau，República da Guiné-Bissau）。

面积 36125平方公里。

人口 192万（2019年）。有27个民族，其中巴兰特族占总人口的27%、富拉族占23%、曼丁哥族占12%。官方语言为葡萄牙语，通用克里奥尔语。45%的居民信奉伊斯兰教，10%信奉天主教，其余信奉基督教新教和原始宗教。

首都 比绍（Bissau），人口43万（2017年）。

国家元首 总统若泽·马里奥·瓦斯（José Mário Vaz）（2019年6月后为看守总统），2014年5月当选，6月就职，任期5年。

重要节日 独立日：9月24日。

简况

位于非洲西部，包括比热戈斯群岛等岛屿。大陆部分北接塞内加尔，东、南邻几内亚，西濒大西洋。海岸线长约300公里。属热带海洋性季风气候，全年高温，年平均气温约25℃。

曾为非洲古国桑海帝国的一部分。1879年沦为葡萄牙殖民地。1973年9月24日独立。首任国家元首、国务委员会主席为路易斯·卡布拉尔。独立后，几内亚和佛得角非洲独立党（简称“几佛独立党”）长期一党执政。1980年，部长会议主席维埃拉推翻卡布拉尔政府，成立革命委员会并自任主席。1991年，改行多党制。但此后几比政局一直不稳，发生多次军事政变，最近一次为2012年4月。

政治

在国际社会的大力支持下，几比于2014年4月13日举行总统和立法选举，并于5月18日举行总统选举第二轮投票。前执政党几佛独立党候选人瓦斯赢得总统选举，并于6月23日就职。几佛独立党在立法选举中赢得议会绝对多数，该党新任主席佩雷拉出任总理。国际社会普遍认可选举过程和结果。2015年8月，瓦斯总统宣布解散由佩雷拉总理领导的政府。此后，瓦斯总统先后任命了多位总理，均未获议会认可。2018年4月，几比各方就任命阿里斯蒂德斯·戈梅斯为总理达成共识。4月16日，戈梅斯总理就职。

【宪法】1999年7月通过并颁布的宪法修正案规定，几比实行半总统制。总统是国家元首，总理为政府首脑。总理、政府成员经议会多数党提名后由总统任命。总统每届任期5年，可连任1次。

【议会】全国人民议会行使立法权，每年召开4次例会，就国内外重大问题制定法律，并负责监督国家法律的执行。常设机关为常务委员会，在议会闭会和被解散期间，行使议会职权。议员任期为4年。本届议会于2019年3月选举产生，共有议员102名。其中，几佛独立党47名，民主更替运动—15人小组27名，社会革新党21名，人民团结大会—几比民主党5名，新民主党和变革联盟各1名。4月18日，本届议会选举几佛党人士西普利亚诺·卡萨马（Cipriano Cassamá）担任议长。

【政府】本届政府于2019年7月3日组成，包括16位部长和15位国务秘书。主要成员有：总理阿里斯蒂德斯·戈梅斯（Aristides Gomes），部长会议与议会事务部长兼政府发言人阿曼多·曼戈（Armando Mango），外交与侨务部长苏齐·巴尔博萨（Suzi Barbosa，女），国防与祖国解放战士部长路易斯·梅洛（Luis Melo），内政部长茹利亚诺·奥古斯托·费尔南德斯（Juliano Augusto Fernandes），渔业部长阿迪娅图·贾洛·南迪格纳（Adiatu Djaló Nandigna，女），自然资源与能源部长伊苏福·巴尔德（Issufo Baldé），农业与森林部长内尔维娜·巴雷托（Nelvina Barreto，女），经济与财政部长热拉尔多·若昂·马丁斯（Geraldo João Martins），国家教育与高等教学部长道塔林·蒙泰罗·科斯塔（Dautarin Monteiro Costa），国土与选举管理部长奥德特·科斯塔·塞梅多（Odete Costa Semedo，女），公共管理与国家现代化部长法图玛塔·饶·巴尔德（Fatumata Djau Baldé，女），基础建设、住房与城市发展部长奥斯瓦尔多·阿布雷乌（Osvaldo Abreu），贸易与工业部长亚亚·贾洛（Iaia Djaló），公共卫生部长玛格达·内利·罗巴洛·席尔瓦（Magda Nely Robalo Silva，女），妇女、家庭与社会保护部长卡迪·塞迪（Cadi Seidi，女），司法与人权部长鲁特·蒙泰罗（Rute Monteiro，女）等。

【行政区划】全国划分为8个省和1个自治区（比绍），下辖36个县。

【司法机构】最高法院是最高司法机关，总检察院是最高检察机关。最高法院院长由最高司法委员会选举产生，总统任命。现任最高法院院长保罗·萨尼亚（Paulo Sanhá），2012年12月就职。总检察长由政府提名，总统任命。现任总检察长埃梅内吉尔多·佩雷拉（Hermenegildo Pereira），2014年10月就职。

【政党】现有32个政党，主要有：

（1）几内亚和佛得角非洲独立党（Partido Africano da Independência da Guiné e Cabo Verde，PAIGC）：简称“几佛独立党”。1956年9月19日创立。党的宗旨是

实现民族团结，捍卫和巩固独立，为创建在人民团结一致、社会公正和法治国家基础上的民主社会而战斗。党员约30万人。1973年几比独立后长期执政，1999年沦为在野党。2008年重新执政。2012年4月军事政变后，一度被排除在过渡政权之外。2014年2月，召开第八次全国代表大会，多明戈斯·西蒙斯·佩雷拉接替卡洛斯·戈梅斯当选新一届党主席，阿贝尔·达席尔瓦（Abel da Silva）出任全国总书记。2014年4月该党赢得立法选举，再度执政，党主席佩雷拉出任总理，后于2015年8月被瓦斯总统解职。2015年6月，几佛党中央任命阿里·伊雅齐（Ali Hijazy）为新任全国总书记。2018年2月，该党召开第九次全国代表大会，佩雷拉、伊雅齐分别连任几佛党主席、全国总书记。

（2）社会革新党（Partido da Renovação Social，PRS）：简称“社革党”。1992年1月24日创立。在工人、农民中影响较大。宗旨是一切为了人民。主张优先进行国家建设、建立民主法制、实施良政，倡导民族团结与和解。曾于2000—2003年执政。2012年4月军事政变后，在过渡政府中占据重要地位。2012年12月，该党举行全国代表大会，阿尔贝托·南贝亚（Alberto Nambeia）当选党主席，新任总书记为弗洛伦蒂诺·佩雷拉（Florentino Pereira）。2014年4月，该党创始人、前主席、几比前总统昆巴·亚拉（Kumba Yala）因病逝世。6月，南贝亚当选全国人民议会第二副议长。2017年9月，该党举行全国代表大会，阿尔贝托·南贝亚连任党主席，弗洛伦蒂诺·佩雷拉连任总书记。

（3）民主更替运动—15人小组（Movimento para a Alternância Democrática—Grupo dos 15，MADEM—G15）：2018年6月成立，由15名几佛党议员发起。该15人曾在2015年议会审议几佛党政府施政计划时，投弃权票。该组织声称以恢复几佛党成立之初的原则为己任。主要领导人为布拉伊马·卡马拉。

其他政党包括：民主汇合党（Partido da Convergência Democrático）、变革联盟党（Partido União para a Mudança）、独立和发展共和党（Partido Republicano para Independência e Desenvolvimento）、团结社会民主党（Partido Unido Social Democrata，PUSD）、民主阵线（Frente Democrática）、几内亚比绍抵抗运动（Resistência da Guiné-Bissau）、民主社会阵线（Frente Democrática Social）、国家独立斗争阵线（Frente de Luta pela Independência Nacional）、团结民主运动（Movimento para Unidade e Democracia）等。

【重要人物】若泽·马里奥·瓦斯：总统。1953年12月10日出生。曾留学葡萄牙，获经济学学士学位。1987年自办公司经商，1993年开始供职于政府部门。1994年任几佛独立党总统候选人维埃拉竞选办公室主任，后在党的地方系统任职。2004年出任几比首都比绍市市长，2009—2012年任财政部长。2014年作为几佛独立党候选人参加总统选举，在5月18日举行的第二轮投票中获胜当选，6月23日就职。瓦1989年加入几佛独立党，2014年当选该党中央委员会委员。

经　济

系最不发达国家。农业国，工业基础薄弱，粮食不能自给。渔业资源丰富，发放捕鱼许可证和渔产品出口是其主要外汇收入来源。2005年以来，几内亚比绍政府制定并实施减贫战略，积极发展农业，推行以水稻、腰果为主的多样化种植战略。2009年以来，几比政府改革财政税收政策，加强公共行政管理，减轻债务负担，努力促进经济发展。2010年12月几比达到“重债穷国倡议”完成点，国际货币基金组织等先后宣布免除其90%以上的债务。受国际金融危机影响，几比粮油价格大幅上涨。2011年，几比政府实施第二个减贫战略，腰果出口和财政收入有所增加，全年经济形势好于预期。2012年4月军事政变对国民经济造成冲击，当地油电供应短缺，腰果收成和贸易受到影响。2014年大选后经济略有起色，但此后国内局势动荡，经济发展受到较大影响。2019年主要经济数据如下：

国内生产总值：14.55亿美元。

人均国内生产总值：782美元。

国内生产总值增长率：4.7%。

货币名称：非洲金融共同体法郎，简称“非洲法郎”（FCFA）。

汇率：1美元=585非洲法郎。

通货膨胀率：0.7%。

（资料来源：2020年第一季度《伦敦经济季评》）

【资源】矿产资源尚未开发。主要矿藏有铝矾土（储量约2亿吨），磷酸盐（储量约8000万吨）。沿海正在进行石油勘探（储量约11亿桶）。

【工业】2017年工业产值约占国内生产总值的13.6%。基础薄弱，以农产品和食品加工业为主。

【农牧渔业】2017年，农业产值占国内生产总值的52.9%，农业人口约占全国劳动力的85%。可耕地约90万公顷，已耕地45.4万公顷。主要粮食作物有水稻、木薯、豆类、马铃薯、甘薯等。主要经济作物为腰果。根据联合国粮农组织统计，几比2016年腰果产量约15.4万吨，为世界第八、非洲第五大腰果生产国。

畜牧业产值约占国内生产总值的15%，拥有300万公顷天然牧场，20%的农业人口从事畜牧业。林业资源丰富，森林面积235万公顷，森林覆盖率达56%。木材藏量为4830万立方米，每年可生产10万吨木材。

近年渔业产值增长较快。沿海地区以捕鱼为业的人口约有4000—5000人，每年实际捕捞量约为3万吨。每年发放捕鱼许可证收入约为920万美元。

【交通运输】无铁路，以公路和水运为主，内河和近海航运占有重要地位。

公路：总长4400多公里，其中二级、三级公路（沥青路面）约550公里。

水运：内河和近海航运通航里程达1800多公里；主要港口比绍港是全国最大的驳运港、渔港和对外贸易中心，港区锚地可停泊7—8艘货轮，年货物吞吐量约50万吨。

空运：首都附近有奥斯瓦尔多·维埃拉国际机场，可供中小型飞机起降；每周有定期航班往返葡萄牙、塞内加尔、佛得角和摩洛哥。

【财政金融】财政困难，连年赤字。近几年财政收支情况如下（单位：亿非洲法郎）：

	2015	2016	2017
收入	1250	1120	1271
支出	1433	1445	1412
赤字	–183	–325	–141

截至2018年底，外债总额约为4.21亿美元。截至2019年底，外汇储备（不含黄金）5.53亿美元。

（资料来源：国际货币基金组织、世界银行、《伦敦经济季评》）

【对外贸易】近几年外贸情况如下（单位：亿美元）：

	2017	2018	2019
出口额	3.39	3.39	3.07
进口额	2.91	2.93	2.88

（资料来源：2020年第一季度《伦敦经济季评》）

主要出口产品为腰果、冻虾、冻鱼等，其中腰果出口占出口总额的80%以上。主要进口商品是粮食、燃料、润滑油、运输设备和建材等。2018年主要出口对象有印度、中国、科特迪瓦等，进口主要来自葡萄牙、塞内加尔、中国、巴基斯坦等。

【外国援助】据经济合作与发展组织统计，几比2015年共接受外援1.13亿美元，主要援助方有意大利（5163万美元）、欧盟（2344万美元）、世界银行国际开发协会（1314万美元）、葡萄牙（1180万美元）、美国（969万美元）、国际货币基金组织（775万美元）、非洲开发银行（504万美元）、联合国儿童基金会（342万美元）、联合国开发计划署（309万美元）等。

【外国资本】据联合国贸易和发展会议（UNCTAD）2018年度《世界投资报告》，几比2017年吸引外国直接投资1.28亿美元，主要投向资源开发领域。

人民生活

根据联合国开发计划署公布的《2019年人类发展报告》，几内亚比绍的人类发展指数在189个国家中排名第178位，较前一年下降1位。2013年，医疗支出占国内生产总值的5.5%，人均预期寿命女性57岁，男性53.4岁。5岁以下儿童死亡率为123.9‰。全国有中心医院2所，省、县级医院16所，卫生所130个，病床1187张，医生150名（含国际合作者）。40%的人能享受医疗服务。疟疾、霍乱、腹泻及脑膜炎等传染病较为流行。成人艾滋病感染率为3.9%。全国有劳动人口45万人，其中领国家固定工资的职工有2.5万人，占5.5%。每百人拥有固定电话32部、移动电话29部。全国仅有10%的居民享受水、电供应，87%的居民用木炭做饭。据联合国粮农组织统计，几比仅7%的家庭能够保证基本食品安全，70%家庭长期缺粮，平均每户家庭72%的日常支出用于购买食品。

军　事

军队称人民革命武装部队，创建于1964年11月16日。总统为武装部队最高统帅。政府设国防部，下辖总参谋部，总参谋长由总统根据政府建议任免。几内亚比绍实行义务兵役制，士兵服役期为2—3年，军官为10年以上。现任总参谋长比亚格·纳恩坦（Biaguê Na Ntan），2014年9月就职。目前登记在册军人总数约4500人，警察等安全部门人员总数约3000人。

文化教育

【教育】重视发展教育事业。几内亚比绍教育经费约占国家财政预算的12%，相当于GDP的3.2%。2013年成人识字率为56.7%。全国主要有小学、中学和技术职业培训学校。卡布拉尔大学为几比第一所公立大学，2004年1月成立。科利纳斯德博埃大学为几比第一所私立大学，2003年成立。几比每年向国外派出一定数量的留学生。2012年军事政变以来，因政府拖欠各级公立学校教职员工工资，教师罢工、学生罢课此起彼伏，国家教育事业发展严重受挫。

【新闻出版】现全国发行5种报纸。主要有《前进报》（政府机关报，发行量5000份）、《民主报》（2012年创刊，周刊，发行量500份）、《消息报》等。

几内亚比绍国家通讯社：官方通讯社，创建于1972年3月。无驻外分社或记者。

几内亚比绍国家广播电台成立于1974年9月。用葡萄牙语、克里奥尔语及其他地方语言播音。每天播出14小时。此外还有3家私营广播电台。

几内亚比绍国家电视台：1989年11月14日正式开播，每天均播出电视节目。另有南非数字卫星电视台（DSTV）在几比开展卫星电视业务。

对外关系

奉行独立自主、和平、睦邻友好的外交政策，强调外交为发展服务。坚持平等互利、不干涉内政、和平解决争端的原则，重视与西非国家和葡语国家的传统友好关系，积极同新兴市场国家合作。是联合国、世界贸易组织、不结盟运动、伊斯兰合作组织、西非国家经济共同体、葡萄牙语国家共同体、法语国家组织、萨赫勒—撒哈拉国家共同体等组织成员国。2012年4月军事政变后，联合国、欧盟等国际组织对几比实施制裁，非盟中止几比成员国资格。2014年几比大选后，除联合国未解除对军事政变领导人的旅行禁令外，国际社会纷纷解除对几比制裁。非盟于7月正式恢复几比成员国资格。

【同中国的关系】1974年3月15日，两国建交。1990年5月26日，几内亚比绍与台湾当局建立所谓“外交关系”，31日，中国宣布中止同几比的外交关系。1998年4月23日，中、几比恢复外交关系。此后，两国友好合作关系发展顺利。

2016年2月，几比外长达席尔瓦率几比政党联合干部考察团访华。2016年10月，几比总理巴西罗·贾赴澳门出席中葡论坛第五届部长级会议。2017年3月，几比军队总参谋长比亚格·纳恩坦正式访华。12月，几佛独立党主席佩雷拉、社革党主席南贝阿来华出席中国共产党与世界政党高层对话会。2018年9月，瓦斯总统来华出席中非合作论坛北京峰会。9月，几佛党主席佩雷拉访华。

2019年，中几比双边贸易额4000万美元，同比增长7.66%。其中，中方出口3200万美元，同比增长7.06%，进口800万美元，同比增长10%。主要是机电产品、高新技术品、纺织品等。

中国驻几内亚比绍大使：金红军。馆址：bairro de penha，bissau，C.P.66。电话：00245–3256200（办公室、签证处），3256202(经商处)；传真：3256194(办公室、签证处)，3256196（经商处）。

几内亚比绍驻华大使：马兰·桑布（Malam Sambu）。馆址：北京市朝阳区塔园外交公寓2–2–101。电话：010–65327393；传真：65327106。

【同葡萄牙的关系】同葡保持传统特殊关系。两国签有友好总协定，设有双边混委会。两国高层交往频繁，各领域合作密切。葡是几内亚比绍主要贸易伙伴和援助国之一。2015年7月，葡总理科埃略访问几比，期间双方签署了双边合作五年计划书，葡方将在2015—2020年向几比方提供约4000万欧元的各类援款。2017年1月，瓦斯总统赴葡萄牙出席葡前总统苏亚雷斯葬礼。10月，几比政府发布公告，向葡萄牙森林火灾遇难者家属表示慰问。2018年6月，戈梅斯总理访问葡萄牙。7月，瓦斯总统会见葡萄牙总理科斯塔。2019年7月，葡萄牙外长席尔瓦正式访问几比。10月，几比外长巴尔博萨正式访葡。

【同法国的关系】两国于1975年建交。2011年7月，法资助19.1万欧元用于改善几比医疗卫生、扫盲、加强渔业和手工业。11月法免除几比856万欧元债务。2017年5月，瓦斯总统向法国新任总统马克龙致贺电。2018年6月，戈梅斯总理访问法国。9月，卡萨马议长访问法国。

【同美国的关系】两国于1976年建交。美国国际开发计划署曾在比绍设有代表处，在农业、水利、医疗卫生、教育和沿海安全等方面提供援助，美向几内亚比绍派有和平队。2011年几比总理和外长出席在纽约召开的第66届联大，会见美主管非洲事务副国务卿。12月，国防部长贾日亚访美。2013年4月，美特工以涉嫌贩毒为由抓捕几比前海军参谋长布博·纳·楚托并将其押解至纽约候审，几比过渡政府对此表示不满。几比新政府成立后，美国表示欢迎。2014年8月，瓦斯总统出席首届美非峰会。

【同安哥拉的关系】两国保持着密切的双边关系，近年来，两国在政治经济社会等各领域的交流与合作发展迅速。2015年6月，几比议长卡萨马访问安哥拉。2017年8月，瓦斯总统向安哥拉新当选总统若昂·劳伦索致贺电。9月，瓦斯总统赴安哥拉出席洛伦索的就职典礼。

【同佛得角的关系】几内亚比绍和佛得角人民曾在几佛独立党的统一领导下携手进行了争取民族独立的斗争。两国独立后，继续保持两国一党的局面。1980年，两国关系恶化。佛得角于1981年另立新党——佛得角非洲独立党。1982年两国关系正常化。近年两国关系发展顺利。2015年1月，佩雷拉总理访佛，佛总理内韦斯于7月回访。2017年4月，瓦斯总统特使、国务部长兼能源与工业部长佩雷拉访佛。7月，瓦斯总统向佛得角致国庆贺电。2019年9月，佛得角外长塔瓦雷斯访问几比。

【同其他葡语国家的关系】几内亚比绍重视发展同莫桑比克、圣多美和普林西比和巴西的关系。是非洲葡语五国首脑会议成员、葡语国家共同体创始国之一。2006年7月，几比举办第六届葡共体首脑会议，并担任葡共体轮值主席国至2008年7月。2010年8月，葡共体代表团访几比。12月，萨尼亚总统出席巴西新总统罗塞芙的就职典礼。2012年几比发生政变后，葡共体成员国保持一致立场，呼吁几比尽早举行大选，结束过渡期。2013年1月，东帝汶前总统奥尔塔被任命为联合国秘书长几比问题特别代表兼联合国几内亚比绍建设和平综合办事处（联几建和办）主任。2014年以来，东帝汶积极为几比大选提供援助。6月，东帝汶总理沙纳纳访问几比。同月，葡语国家均派代表出席了瓦斯总统就职仪式。7月，圣多美和普林西比前总统特罗瓦达继任联合国秘书长特代兼联几建和办主任。同月，佩雷拉总理赴东帝汶出席葡共体峰会。2015年1月，瓦斯总统赴巴西出席罗塞夫总统连任就职仪式。2016年11月1日，巴西罗·贾总理前往巴西利亚参加第十一届葡共体国家元首和政府首脑峰会。2018年10月，东帝汶向几比提供12.5万美元资金用于支持选民登记。

【同几内亚的关系】两国关系密切。1998年6月几内亚比绍兵变后，几内亚出兵协助维埃拉政府。2005年8月，维埃拉总统赴几进行私人访问。2007年2月，维埃拉总统访几。2008年3月和10月，维埃拉总统两次访几。12月，几内亚总理苏瓦雷访几比。同月，维埃拉总统赴几出席兰萨纳·孔戴总统葬礼。2009年8月，戈梅斯总理访几。2011年9月，戈梅斯总理在出席第66届联大期间在纽约会见了几内亚总统阿尔法·孔戴。2012年几比发生政变后，孔戴总统出任西共体几比问题调解人，积极参与斡旋。2014年6月，瓦斯总统在正式就职前访几。同月，孔戴总统赴几比出席瓦斯就职仪式。2016年9月，西共体委派几内亚总统孔戴和塞拉利昂总统科罗马赴几比斡旋。10月14日，在孔戴倡议下，几比各方签署关于组建包容性政府的《科纳克里协议》。2017年5月，瓦斯总统访问几内亚。2018年2月，瓦斯总统访问几内亚。5月、7月，戈梅斯总理访问几内亚。

【同塞内加尔的关系】两国签有友好条约。两国对海域划分有争议，曾就此诉诸日内瓦国际仲裁法庭和海牙国际法院。几内亚比绍同塞南部要求独立的卡萨芒斯地区接壤，曾促成塞政府与卡地区反政府武装卡萨芒斯民主力量运动达成停火协议。近年来，双方成立了边境定期接触机制。2005年8月，维埃拉总统对塞进行私人访问。2006年4月，维埃拉总统出席塞独立日庆典暨瓦德总统就职典礼。2008年3月，维埃拉总统出席了在塞首都达喀尔举行的伊斯兰会议组织第11届首脑会议。2009年4月，戈梅斯总理访塞。2009年10月，几比与塞边境地区再次出现纠纷，两国经过协商谈判，达成共识，发表联合公告，决定重启双方中断16年的合作混委会，共同打击边界地区非法活动。2010年5月，萨尼亚总统访塞。2012年几比发生政变后，塞作为西非经济共同体成员积极参与危机的调解，促成有关过渡期安排，并在西共体框架下参与向几比派遣安全部队。2014年6月，瓦斯总统在正式就职前访塞。同月，塞总统萨勒赴几比出席瓦斯就职仪式。2015年几比政局再度动荡后，萨勒总统亦积极参与调解危机。2016年8月13日，巴西罗·贾总理访问塞内加尔。2017年9月，塞内加尔总统特使、外长卡巴访问几比。2018年5月，戈梅斯总理访问塞内加尔。（郭倩）

加　纳

国名　加纳共和国（The Republic of Ghana）。

面积　238537平方公里。

人口　3028万（2019年）。全国有4个主要民族：阿肯族（52.4%）、莫西–达戈姆巴族（15.8%）、埃维族（11.9%）和加–阿丹格贝族（7.8%）。官方语言为英语。另有埃维语、芳蒂语和豪萨语等民族语言。居民69%信奉基督教，15.6%信奉伊斯兰教，8.5%信奉传统宗教。

首都　阿克拉（Accra），人口约234万。最高温度23℃—31℃（3月、4月），最低温度22℃—27℃（8月）。

国家元首　总统纳纳·阿库福–阿多（Nana Akufo-Addo）。在2016年12月的总统选举中获胜当选，2017年1月7日宣誓就职，任期4年。

重要节日　独立日（国庆节）：3月6日；共和国日：7月1日。

简　况

位于非洲西部、几内亚湾北岸，西邻科特迪瓦，北接布基纳法索，东毗多哥，南濒大西洋，海岸线长约562公里。沿海平原和西南部阿散蒂高原属热带雨林气候，沃尔特河谷和北部高原地区属热带草原气候。4—9月为雨季，11月至次年4月为旱季。各地降水量差别很大，西南部平均年降水量2180毫米，北部地区为1000毫米。

古加纳王国建于公元3—4世纪，其版图在今天的马里和布基纳法索一带，10—11世纪时达到鼎盛时期。1471年起葡萄牙、荷兰、法国和英国殖民者相继入侵现加纳沿海地区，掠夺黄金、贩卖黑奴，这一带被称为“黄金海岸”。1897年黄金海岸全境沦为英国殖民地。1957年3月6日，黄金海岸独立，改名加纳，原英国托管的“西多哥”并入加纳。1960年7月1日成立加纳共和国，仍留在英联邦内，首任总统为弗朗西斯·恩威亚·克瓦米·恩克鲁玛（Francis Nwia Kwame Nkrumah）。1966年恩克鲁玛政府被推翻后，加政局曾长期动荡不安，军事政变不断，政权更迭频繁。1981年12月杰里·约翰·罗林斯（Jerry John Rawlings）政变上台后，奉行民族和解和经济复兴政策，政局一直较为稳定。1992年，开始实行多党制，同年底罗当选总统，顺利实现由军政府向民选政府的过渡。1996年12月，罗蝉联总统。2001年1月至2009年1月，新爱国党领导人约翰·阿吉耶库姆·库福尔（John Agyekum Kufuor）连任二届总统。2009年1月，全国民主大会党候选人约翰·埃文斯·米尔斯（John Evans Mills）当选总统。2012年7月24日，米因病去世，时任副总统约翰·德拉马尼·马哈马（John Dramani Mahama）继任总统。同年12月，加举行大选，马哈马获胜蝉联，并于2013年1月7日宣誓就职。

政　治

2016年12月，加纳举行总统和议会选举。新爱国党候选人阿库福–阿多战胜马哈马当选总统。新爱国党并同时赢得议会选举。阿库福–阿多就职后，迅速组建新一届政府。当前，加政局总体稳定。2020年底将举行新一届总统和议会选举。

【宪法】现行宪法于1992年4月26日全民公决通

过，1993年1月7日起生效。宪法规定：加纳是一个民主国家，致力于实现自由和公正，尊重基本人权、自由和尊严；总统是国家元首、政府首脑和武装部队总司令，任期四年，可连任一届；内阁由总统任命，议会批准；议会需在通过法案并得到总统同意后方可行使制宪权；司法独立，有解释、执行和强制执行法律的权力。

【议会】实行一院制，是国家最高权力机构，有立法和修宪的权力。议员经全国选举产生，任期四年。本届议会于2016年12月选举产生，共275个议席。新爱国党169席，全国民主大会党106席。议长为迈克尔·阿伦·奥夸耶（Michael Aaron Oquaye），2017年1月就职。

【政府】本届政府于2017年1月组成，由总统、副总统和36名部长组成。成员包括：总统纳纳·阿库福-阿多（Nana Akufo-Addo），副总统马哈茂杜·巴武米亚（Mahamudu Bawumia），高级部长亚乌·奥萨福-马福（Yaw Osafo-Maafo），财政部长肯·奥福里-阿塔（Ken Ofori-Atta），环境、科技与创新部长夸贝纳·弗林蓬-博阿滕（Kwabena Frimpong-Boateng），贸工部长艾伦·约翰·基耶雷马滕（Alan John Kyerematen），食品与农业部长奥乌苏·阿夫里耶·阿科托（Owusu Afriyie Akoto），国家安全部长艾伯特·坎-达帕（Albert Kan-Dapaah），外交与地区一体化部长雪莉·阿约科·博奇韦（Shirly Ayorkor Botchway，女），青年与体育部长艾萨克·阿夏马（Isaac Asiamah），能源部长约翰·彼得-阿梅乌（John Peter Amewu），国防部长多米尼克·尼蒂武（Dominic Nitiwul），内政部长安布罗斯·德里（Ambrose Dery），司法部长兼总检察长格洛里亚·阿库福（Gloria Akuffo，女），地方政府与农村发展部长阿丽玛·马哈马（Alima Mahama，女），教育部长马修·奥波库·普伦佩（Matthew Opoku Prempeh），卫生部长夸库·阿吉耶曼-马努（Kwaku Agyemang-Manu），工程与住房部长塞缪尔·阿塔·阿基亚（Samuel Atta Akyea），水利与环卫部长塞西莉亚·达帕（Cecilia Abena Dapaah，女），通讯部长厄休拉·奥乌苏·埃库富尔（Ursula Owusu Ekuful，女），道路部长奎西·阿莫阿科·阿塔（Kwesi Amoako Atta），铁路发展部长乔·加蒂（Joe Ghartey），性别、儿童与社会保障部长辛西娅·莫里森（Cynthia Mamle Morrison，女），就业与劳工关系部长伊格内修斯·巴富尔·阿武瓦（Ignatius Bafuor Awuah），交通部长奎库·奥福里·阿夏马（Kweku Ofori Asiamah），国土资源部长夸库·阿索玛-齐雷梅（Hon Kwaku Asomah-Cheremeh），旅游、文化与创意艺术部长芭芭拉·奥滕·贾西（Barbara Oteng Gyasi，女），新闻部长科乔·奥蓬·恩克鲁玛（Kojo Oppong Nkrumah），酋长与宗教事务部长塞缪尔·科菲·扎梅西（Samuel Kofi Dzamesi），航空部长约瑟夫·科菲·阿达（Joseph Kofi Adda），渔业水产部长伊丽莎白·夸耶（Elizabeth Quaye，女），议会事务部长奥塞·凯-门萨-邦苏（Osei Kyei-Mensah-Bonsu），监察与评估部长（总统府）安东尼·阿科托·奥塞博士（Dr. Anthony Akoto Osei），省份重组与特别工程部长（总统府）丹·博特维（Dan Botwe），规划部长（总统府）吉安·巴富尔（Prof. Gyan Baffour），特别发展倡议部长（总统府）梅维丝·哈瓦·库姆森（Mavis Hawa Koomson，女），商业发展部长（总统府）易卜拉欣·阿瓦勒·穆罕默德（Ibrahim Awal Mohammed），内城与穆斯林社区发展部长（总统府）穆斯塔法·阿卜杜勒-哈米德（Mustapha Abdul-Hamid）。

【行政区划】2019年新设6个省，目前全国共16个省，260个市县。

【司法机构】分为司法系统和公共法庭系统。司法系统包括最高法院、上诉法院、高等法院、巡回法院、速审法院、商业法院、少年法庭、检察长办公室等。最高法院为终审法院，由首席法官和6名以上法官组成，首席法官任院长。各级公共法庭是为了确保“人民参加司法程序”，以最终实现司法民主化而于1982年建立的。全国公共法庭为终审法庭。最高法院院长索菲亚·阿库福（Sophia Akuffo）。总检察长由司法部长格洛里亚·阿库福兼任。

【政党】1992年5月加开放党禁后，形成罗林斯派、丹夸—布西亚派和恩克鲁玛派三大政党派系，主要政党有：

（1）新爱国党（New Patriotic Party）：执政党，丹夸—布西亚派，现有党员约400万。1992年6月2日成立。以知识界精英为骨干。2001—2008年执政，重视人权、民主和法制，主张实行政治多元化和市场经济，推动私有化，对外奉行务实外交，以吸引外资，解决经济问题。党主席弗雷迪·布莱（Freddie Blay），总书记约翰·博阿杜（John Boadu）。拥有169个议会席位。

（2）全国民主大会党（National Democratic Congress）：最大在野党，现有党员约300万。1992年6月10日成立。成员多为罗林斯的支持者，也有不少前恩克鲁玛派和丹夸-布西亚派的成员。1993—2000年、2009—2016年执政。主张政治民主化和经济私有化，开展多方位外交。主席萨缪尔·奥福苏-安波福（Samuel Ofosu-Ampofo），总书记约翰逊·阿塞杜·恩凯提亚（Johnson Aseidu Nketia）。拥有106个议会席位。

（3）大会人民党（Convention People's Party）：在野党。恩克鲁玛派。1998年6月15日由人民大会党（People's Convention Party）和全国大会党（National Convention Party）合并而成。成员主要为社会知名人士。主张根据恩克鲁玛思想建立关心社会正义和人民福利的政府，实行混合经济，维护非洲团结与世界和平。主席萨米娅·雅巴·恩克鲁玛（Samia Yaba

Nkrumah），总书记伊瓦尔·科比纳·格林斯特里特（Ivor Kobina Greenstreet）。

（4）人民全国大会党（People's National Convention）：在野党。恩克鲁玛派。1992年5月29日成立。主张捍卫恩克鲁玛思想，造福人民，积极致力于非洲的政治、经济彻底解放。主席阿尔哈吉·阿赫迈德·拉马丹（Alhaji Ahmed Ramadan），总书记贝尔纳德·莫纳赫（Bernard A. Mornarh）。

此外，还有加纳全民党（Every Ghanaian Living Everywhere）、加纳民主共和党（Ghana Democratic Republican Party）、民主人民党（Democratic People's Party）、大联合人民党（Great Consolidated Popular Party）、加纳统一运动党（United Ghana Movement）、全国改革党（National Reform Party）、民主自由党（Democratic Freedom Party）等政党。

【重要人物】纳纳·阿库福–阿多：总统。1944年3月29日出生于加纳首都阿克拉。获加纳大学经济学学位、英国和加纳律师职业资格。1992年与库福尔（2000—2008年任加纳总统）共同成立新爱国党，并在库福尔执政期间先后任司法部长兼总检察长、外长。2016年12月当选总统。2017年1月宣誓就职。　**马哈茂杜·巴武米亚**：副总统。1963年10月7日出生于加纳北部省，获英国白金汉大学学士学位、牛津大学发展经济学硕士学位和加拿大西蒙·佛雷泽大学经济学博士学位。曾任加纳央行副行长。2016年12月，作为阿库福—阿多竞选搭档在总统选举中获胜。2017年1月宣誓就职。

经　济

以农业为主。矿产品、可可和木材为三大支柱产业。1983年开始实行经济结构调整计划，政府把抑制通胀、发展农业、招商引资作为三大工作重点，经济保持持续增长。被誉为非洲国家经济结构调整的“样板”，1994年，被联合国取消最不发达国家称谓。20世纪90年代末期，由于国际市场黄金、可可价格下跌等外部因素的冲击，加经济陷入困境，财政赤字剧增，货币塞地大幅贬值。2002年加入“重债穷国倡议”。2004年，经国际货币基金组织确认达到重债穷国经济完成点，开始获西方国家大幅减债。2007年7月，加央行发行新塞地，1新塞地等于10000旧塞地。按世界银行标准，加自2010年起从低收入国家进入中等偏低收入国家行列。

米尔斯政府上台后采取一系列稳定经济政策，加之创汇支柱产品黄金和可可产销两旺，2010年底，油气资源实现商业开采等利好因素，国际金融机构和投资者对加信心回暖，直接投资呈较快增长趋势。2011年，一度成为非洲乃至世界经济增长最快的国家之一。

马哈马政府基本延续米尔斯政府各项经济政策。但受国际大宗商品价格下跌等因素影响，2013年以来，加宏观经济状况出现下行态势，2016年，经济增速3.6%，创23年来最低。加财政赤字和通胀一路攀升，货币加速贬值，国际货币基金组织警告称加经济面临崩溃的风险。为应对经济困局，马哈马政府采取一系列开源节流措施，加强外汇交易管制，增加税收，抑制通胀，改善财政状况，努力遏制经济下滑势头。

阿库福—阿多2017年1月就任总统后，将促进经济复苏作为第一执政要务，大力推进经济转型和工业化进程。“一县一厂”“一村一坝”“为了粮食和就业而种植”等经济发展旗舰项目相继落地。同时出台大规模减税和刺激就业政策，发行国债，整顿金融业，改善营商环境，吸引国内外投资，努力改变传统受援模式，力图将加纳打造成西非经济和金融枢纽。海上新油气田正式有效拉动经济增长。当前加经济形势有所好转。2019年主要经济数据如下：

国内生产总值：648亿美元。

人均国内生产总值：约2130美元。

国内生产总值增长率：6.1%。

货币名称：塞地（cedi，GHS）。

汇率：1美元≈5.21新塞地。

（资料来源：2020年3月《伦敦经济季评》）

【资源】矿产资源丰富，主要矿物储量：黄金约6万吨；钻石约1亿克拉，居世界第四位；铝矾土约4亿吨；锰4900万吨，居世界第三位。此外还有石灰石、铁矿、红柱石、石英砂和高岭土等。2007年6月，加政府宣布在西部省西海角三点地带发现丰富的轻质原油资源，2010年底实现商业产油。2019年，挪威阿克尔石油公司在加纳发现大型油藏，储量丰富。目前探明储量为15亿桶，日产原油约19万桶、天然气约3亿立方英尺。

【工矿业】工业基础薄弱，原料依赖进口，主要产业为采矿、木材、食品加工、水泥、冶金等。自2000年来，矿业收入是加外汇主要来源，占其外汇收入年均比例38%。阿库福—阿多政府推行的“一县一厂”政策取得早期收获，2018年有79家工厂投入运营。黄金、石油开采等采矿业近年成为最有活力的部门。2017年锰矿产量约300万吨，同比增长50%；钻石产量约8.7万克拉，同比下降39%。2018年黄金产量480万盎司，超过南非成为非洲最大黄金生产国。制造业主要有木材和可可加工、纺织、水泥、食品、服装、皮制品、酿酒和碾米等。有3家钢铁厂，主要以废钢铁为原料生产钢筋，年产量12万吨，可满足加市场需求。为保护本国纺织业，2005年7月政府采取征收惩罚性关税等措施限制纺织品进口。2019年工业部门增长6.4%，其中石油业增长15.1%，制造业增长6.3%，工业对GDP贡献率为34.2%。

【农业】农业是加经济基础。农业人口约1063万，占全国总人口的56.2%。可耕地731万公顷，利用率为30%。可灌溉土地11万公顷，但灌溉面积仅占7.5%。粮食作物主要分布在北部，种植面积约250万公顷，主要作物为玉米、薯类、高粱、大米、小米等。2018年首次实现玉米自给自足，并开始向周边国家出口农产品。可可为主要经济作物，种植于北部省以南所有省份，是传统出口产品。20世纪20—70年代曾居世界之首，2009年，产量达71.1万吨，仅次于科特迪瓦居世界第二位。2018年，产量约88万吨。其他经济作物有油棕、橡胶、棉花、花生、甘蔗、烟草等。2019年，农业增速为4.6%，对GDP贡献率为18.5%。

【林业】木材出口有近百年历史。森林覆盖率曾占国土面积的34%。由于缺乏保护和管理，森林覆盖率逐年递减，据2007年统计，森林面积约5.29万公顷。主要用材林在西南部，面积为8.2万平方公里。有树木360种，可出口的约40多种。为保护森林资源和提高出口附加值，政府规定每年只砍伐1/40的森林，从1996年起禁止原木出口，改为出口木材制成品和高附加值产品。2009年，木材及其制品出口额为1.8亿美元。2004年，林业增长21.7%，木材出口创汇2.117亿美元，此后呈逐年下降趋势。2012年，林牧业负增长18%，出口创汇约1.3亿美元。2014年，林业出口35.6万立方米，创汇约1.38亿欧元。2019年3月，加国土资源部宣布停止出口红木。2019年，林业负增长1.7%，产值20.72亿塞地。

【渔业】渔业资源丰富，分为海上渔业、潟湖渔业和内河渔业。海上渔业居主导地位，但捕鱼设备简陋，渔船燃料短缺，阻碍了渔业发展。50万人从事渔业生产，年均捕鱼量约为40万吨，年需求量为90万吨，仍有50万吨需要靠进口解决。金枪鱼和虾类为主要出口产品。2005年，金枪鱼制品曾出口创汇1亿美元。近年来，海洋渔业资源萎缩，渔业发展出现放缓趋势。2019年，渔业增长1.7%，对GDP贡献率0.9%。

【旅游业】加为非洲十大旅游国之一。政府重视利用自然和人文资源，大力发展旅游业。目前，旅游业已成为增速最快的产业，超过木材成为继黄金、可可后的第三大创汇产业。游客主要来自美国、英国、德国及荷兰，主要旅游点有阿布里植物园、阿科松博、库马西文化中心、海岸角、埃尔米纳奴隶堡及金矿带等。截至2014年底，全国共有宾馆2570家，可提供41331间客房和45507张客床。2016年，旅游业共创造约69万个工作岗位，收入近30亿美元。2017年，接待国际旅游人数约130万人次。

【交通运输】以公路为主。近年来政府重视道路基础设施建设，尤其是铁路建设。

公路：总长6.7万公里，其中干线1.35万公里，支线4.2万公里，乡村公路近1万公里。公路运输担负着全国货运总量的98%，客运的97%。

铁路：总长1300公里，但目前只有64公里铁路能够维持运营，其中54公里连接阿散蒂省和西部省，另外10公里连接阿克拉和特马港。主要担负大批量出口商品，如锰、铝矾土、木材和可可的运输。2009年，铁路货运量为15万吨。阿库福—阿多政府修缮大阿克拉省、东部省、西部省多段铁路，2018年拨款10亿美元用于修建新铁路。

水运：主要有特马港和塔克拉迪港，已实行港口无纸化通关系统。特马港是非洲最大人造海港，目前正在进行扩建，年吞吐能力有望由现在的120万标箱升至300万标箱。2018年，吞吐量达1550万吨，主要用于进口物资。塔克拉迪港2019年吞吐量达990万吨，主要用于出口物资。河运航程168公里，沃尔特湖航程1125公里。2007年有河运船只3万艘，年运输旅客40万人次，年运输货物5万吨。

空运：已成立两家本土航空公司，共有8个民用机场，国际航线37条。首都阿克拉科托卡新国际机场于2004年启用，年接待旅客能力达750万人次，是西非地区重要航空枢纽，可以直飞欧洲、美国、南非和西非各国。2016年、2017年，接待国际旅客约175万、181万人次。塔克拉迪、库马西和塔马利等国内主要城市开设国内航班。2019年4月，国际民航组织报告显示，加纳在全非民航安全评估中获得最高分89.99分。

【财政金融】2001年新爱国党政府上台后，通过宏观经济调控，财政赤字逐步减少。2008年，由于举办非洲足球杯和多场国际会议以及全国大选等因素，政府财政赤字大幅攀升，赤字占国内生产总值比例达14.9%。米尔斯政府实施稳健的财政和货币政策后，加财政状况得到改善，外汇储备从2008年底的12亿美元增至2010年底的47亿美元。2019年，外债总额约246亿美元，外汇储备约74亿美元。（资料来源：2020年3月《伦敦经济季评》）

加共有23家银行及326家支行，央行加纳银行负责管理银行及其他金融部门。1989年，加纳证券交易所（GSE）成立，现有30家上市公司及2种债券。上市公司主要为制造、酿酒、银行、保险、矿业和石油行业。2017年，加政府通过发行22.5亿美元国债及60亿塞地能源债，有效优化债务结构，控制债务风险。2019年3月，加政府发行30亿美元欧债。截至2019年12月，加银行业资产总额1290.6亿塞地，同比增长22.8%。

【对外贸易】20世纪90年代以来，对外贸易逐年增长，外贸收入占国内生产总值的40%左右。实行贸易自由化政策。长期以来近90%的外汇收入来自黄金、可可和木材三大传统出口产品，2015年，黄金、可可出口额分别为7.3亿美元和6.6亿美元。主要贸易伙伴为中国、美国、印度、比利时、瑞士、南非。2018年加接受外国直接投资33亿美元，是西非外国直接投资最大接受国。2019年外贸总额约为289.68亿美元，出口额约156.32亿美元，进口额约133.36亿美元（资料来源：2020年3月《伦敦经济季评》）。

【外国援助】双边援助主要来自日本、美、德、英、法等国；多边援助主要来自世界银行、欧盟及国际货币基金组织等。2014年8月，美国和加纳在《千年挑战计划》框架内签署总额为4.982亿美元的援助协议。2015年4月，国际货币基金组织与加政府签订紧急救助协议，批准向加发放3年期6.642亿美元特别提款权（相当于9.18亿美元）。2017年，双方决定将救助协议延长至2018年12月。2019年4月，加正式退出救助协议。2017年5月，世界银行国际开发协会承诺将在未来3年内提供12亿美元支持加纳政府财政预算和发展项目。2014—2020年，欧盟向加纳提供3.23亿欧元支持。2019年3月，欧盟推出7年农业发展规划，拟筹集9亿塞地帮助加西北部地区发展农业，项目由德国国际合作机构负责实施。2019年10月，世界银行宣布将向加纳提供1.5亿美元，用于帮助加纳提高教育质量。

人民生活

根据联合国开发计划署《2019年人类发展报告》公布的人文发展指数，加纳在189个国家和地区中排名第142位。过去十余年人民生活水平总体得到改善。贫困人口从1991年的52%下降至2006年的28.5%，但减贫人口分布不均。政府职员、工人及其他公务员享有医疗、住房、交通等多种补贴及退休金和退休保险。80%贫困人口分布在农村。人口增长率约2.5%，人口平均寿命为58岁。2012年，加纳被国际电信联盟列为信息化建设进步最快的国家之一。2012年，全国共有28.5万固定电话用户，2561万部手机用户。目前，加纳有14%的人口使用互联网。阿库福－阿多政府推出一系列措施加强数字经济化，如新身份证、新驾照、房地产数字地址、移动支付等。2018年，加电子交易额达2330亿塞地，较上年增长43%；商业银行电子支付账户额达26亿塞地，较上年增长13.48%；移动支付机构39.3万个，较上年增长103%。

首都阿克拉拥有国立医院4所，各省和大区拥有较大国立医院各1所（共13所），此外还有一些小型私人医院及诊所。全国共有医院、卫生中心和诊所近3000个，医生2000余名，护士1.3万名，平均每1万人拥有1名医生。2000年后，政府大力发展国家健康保险计划，目前该计划已覆盖全国48%的人口。2008年起，政府对孕妇实行免费诊治。政府致力于改善全体人民的健康水平，但仍面临严重的传染病及其他疾病、营养不良和妇幼保健等问题。2017年，加政府推出全民医保计划。2017年，艾滋病患病率1.67%。2018年，加纳彻底清除沙眼病，荣获世界卫生大会表彰。

军　事

1957年3月独立时建立陆军，1959年，建立海军、空军，但仍由英国人控制。1961年，加政府收回军队指挥权，任用本国军官，同时聘用英国、加拿大等国顾问和教官参与军队训练。军事装备主要来自英国等西方国家。

2014年，武装部队总人数约1.55万人，其中陆军1.15万人。空军约2000人，分驻阿克拉、库马西、塔克拉迪三个基地。海军约2000人，分驻特马、塔克拉迪两个基地。

加纳从1970年起积极参与联合国和西非地区组织的维和行动，分别向波黑、黎巴嫩、塞浦路斯、伊科边境、西撒哈拉、利比里亚、塞拉利昂、科特迪瓦等国派驻过军队或观察员，是非洲派出联合国维和部队人数最多的国家之一，居世界第8位。此外，加还派兵赴苏丹达尔富尔等地区积极参与非盟在冲突地区的调解维和任务。

文化教育

【文化】文化以本国传统文化为基础，又吸收了欧洲文化。主管官方机构是国家文化委员会，成立于1989年。同教育机构和非官方的文化机构密切合作，执行国家文化政策，保护并促进国家文化的发展。文化委员会下属加纳语言事务局、版权署等机构，在各省区设有分支机构。主要艺术团体有国家交响乐团、加纳舞蹈团和加纳戏剧公司等，主要文化场馆有国家剧院、恩克鲁玛陵园和泛非文化纪念中心等。

【教育】独立初期，恩克鲁玛重视发展教育事业，实行免费教育等政策。1988年，政府提出“普及义务基础教育计划”，到2005年使每个学龄儿童都享受义务基础教育，经费主要来自政府拨款和外国援助。2018年，实现从幼儿园到高中的免费教育。现行学制：小学6年，初中3年（以上两个阶段属义务教育），高中3年（或中等技术学校3—4年），大学2—4年。重要的大学有6所，其中加纳大学、库马西恩克鲁玛科技大学和海岸角大学较为有名。另有38所师范学院、10所地方技术学院、50余所私立大学及学院。2012/2013学年度，在校接受各类高等教育的学生26万人。全国现有公立小学约1.2万所，学生约410万；公立初中6418所，学生约145万人；公立高中近474所，学生约90万人（包括技工学校学生）；私立初高中在校生约5万人。

【新闻出版】主要报纸:《每日写真报》(Daily Graphic)，1950年由英国“每日镜报”集团创办，最大的全国性官方报纸，发行量约18万份。1998年开始采用新华社消息。《加纳时报》(Ghanaian Times)，第二大官方报纸，英文版，1957年由恩克鲁玛创办，日发行量约7.5万份。1998年开始采用新华社消息。

加纳通讯社：官方通讯社，1957年3月5日成立，是国内其他新闻单位主要新闻来源。社长由政府任命，共设有10个省级分社，110个县级分社和1名驻伦敦分社记者。1989年起，开始采用现代化通信设备，通过卫星接收路透社、法新社和新华社新闻并上国际互联网。

加纳广播公司开设两家全国性的广播电台，一台以埃维、阿肯等6种民族语言广播，二台用英语播送新闻、商务、娱乐等节目，每天播放15.5小时（节假日17.5小时），另外还使用英语、法语对外广播。

1965年7月开始播放黑白电视节目，1986年开始播放彩色电视节目，1995年出现私营电视台。全国现有10家电视台，主要有加纳电视台、电视三台、都市电视台、非洲电视台以及两家卫星电视台。全国各地另有40余个调频广播电台。

对外关系

奉行积极中立的外交政策，重视开展经济外交。优先发展与西方发达国家的关系，重视与中国、印度等发展中国家开展互利合作，并与周边国家保持睦邻友好关系。努力维护区域和平与稳定，推动西非和非洲地区经济一体化进程，积极参与地区和国际合作，谋求在西共体、非盟、英联邦、不结盟运动和联合国等国际和地区组织中发挥建设性作用。与国际货币基金组织、世界银行等国际金融机构保持良好关系。是非盟前身非统组织和不结盟运动的创始国之一。与91个国家建立了外交关系，在国外共设50个使领馆或代表团。现有47个国家在加设使领馆，18个国际组织在加设代表处。

【同中国的关系】1960年7月5日中加建交。1966年10月，加军政府单方面与中国断交。1972年2月，两国复交。两国签有友好条约和经济技术合作、贷款、贸易和文化交流等协定。

2013年1月，胡锦涛主席特使、水利部部长陈雷赴加纳出席马哈马总统就职典礼。2014年1月，外交部长王毅访问加纳。2015年7月，特塔赫外长访华。2015年12月，国家主席习近平在出席中非合作论坛约翰内斯堡峰会期间会见马哈马总统。2016年4月，全国政协主席俞正声访问加纳。2017年6月，巴武米亚副总统访华。2018年6月，博奇韦外长访华。8—9月，阿库福-阿多总统来华进行国事访问并出席中非合作论坛北京峰会。2019年6月，博奇韦外长来华出席中非合作论坛北京峰会协调人会议。11月，国务院副总理孙春兰访问加纳。

2019年双边贸易额为74.6亿美元，同比增长2.9%。其中中国出口额为49亿美元，同比增长1.9%；进口额为25.6亿美元，同比增长4.9%。

中国驻加纳大使：王世廷。馆址：No. 6 Agostino Neto road，Airport Residential Area，P.O. Box 3356，Accra，Ghana。电话：00233-30-2777073；传真：2774527。经商处电话：2777462；传真：2772541。

加纳驻华大使：爱德华·博阿滕（Edward Boateng）。馆址：北京朝阳区三里屯路8号。电话：010-65321319；传真：65323602。

【同英国的关系】英为加原宗主国，在加政治、经济、军事、文化等方面存在传统利益和影响。英是加最大投资国和第二大贸易伙伴国。加是英在撒哈拉以南非洲的第三大市场和最大受援国。20世纪70年代及80年代初，两国关系一度较冷，后渐有好转。库福尔和米尔斯总统均曾访英。2011年，英向加提供3600万英镑预算支持。2012年，英为加大选提供1700万塞地援助资金。2013年2月，英国防参谋长访加。3月，英外交大臣黑格访加。6月，马哈马总统访英，英首相卡梅伦会见。2014年和2015年，马哈马总统二度访英。2016年4月，英国国际发展大臣访加，宣布向加选举部门提供400万欧元援助。5月，英国王子爱德华访加。2017年2月，英国外交大臣约翰逊访加。2018年11月，英国王子查尔斯访加。2019年2月，巴武米亚副总统赴英国出席第二届英国—加纳商业委员会会议。4月，英国外交大臣亨特访加。10月，英国—加纳商业论坛在阿克拉举行。

【同美国的关系】美对加经济技术援助始于1955年。加是世界上第一个接受美国和平队的国家。1976年后，两国关系一度冷淡。20世纪80年代后期以来，美支持加经济改革，恢复对加援助。美在加投资主要集中在采矿和金属加工（金矿开采）、电信、化工及批发贸易等部门。根据《非洲增长与机遇法》，加可免税向美出口6000项产品，包括纺织品、服装和木薯淀粉等。美总统布什、奥巴马均曾访加。2011年，美国际开发署承诺向加政府提供3.4亿美元用于实施加热带草原发展计划。2012年3月，米尔斯总统访美，美向加提供7.9亿美元贷款用于基础设施建设。2013年8月，加国防部长会见来访的美国运输司令部司令官。2014年8月，马哈马总统赴美出席美非峰会。2016年6月，美国政府向加纳提供1000万美元，用于提高加纳农产品净度和检疫标准。2017年9月，阿库福-阿多总统赴美出席联大期间会见美总统特朗普。2017年美加贸易额16亿美元。2018年10月，美国第一夫人梅拉尼娅访加。2019年7月，美国众议长佩洛西访加。9月，阿库福-阿多总统赴美出席第74届联大。自1990年以来，美国已投资8500万美元帮助加纳防治艾滋病。

【同德国的关系】德自1961年开始援助加纳，1980年曾为加最大援助国。至1998年德共向加提供22亿马克的发展援助，成为美英之后第三大投资国。2004年1月，德总理施罗德访加，这是加独立47年来德总理首次访加。两国就德取消加纳欠德全部债务（共计1640万美元）达成协议。2012年10月，德国开发银行向加提供4000万美元贷款，用于帮助加应对气候变化等项目。2013年4月，德国外长韦斯特韦勒访加。2015年2月，马哈马总统访德。2016年11月，加纳与德国签署价值4082万欧元贷款协议，用于帮助加发展电力行业和加强政府部门能力建设。2017年12月，德国总统施泰因迈尔访问加纳，双方签署1亿欧元的双边投资协议，德国拟在可再生能源和职业教育领域扩大对加投资。2018年2月，阿库福-阿多总统赴德出席第五届德非经济论坛，并会见德总理默克尔。8月，德国总理默克尔访加。2018年，德加贸易额3000万美元。1994年至2018年，德国累计在加注册登记174个项目，累计投资约7500万美元。2019年2月，第三届德国-非洲商业峰会在阿克拉举行。4月，加议会批准加纳同德意志银行的贷款协议，该行将贷款5500万美元修复库马西100公里道路。11月，阿库福-阿多总统在德国柏林出席“与非洲有约”伙伴计划会议，并会见德国总理默克尔。

【同法国的关系】1999年，法与加签署两国促进投资与保护协定，承诺每年向加提供3400万美元援助，并将加列入优先团结区国家名单。此外，法重视同加在文化、教育等领域的合作。库福尔、米尔斯总统均曾访法。2011年6月，法总理菲永访加，向加提供4000万欧元贷款和50万欧元赠款。2012年，法向加提供900万欧元赠款。2013年和2015年，马哈马总统两度访法。2015年11月，马哈马总统赴法国出席气候变化巴黎大会。2016年6月，加纳财政部与法国国际开发署签署协议，获取3750万欧元用于库马西道路等项目。9月，马哈马总统再度访法。2017年12月，法国总统马克龙访加。2019年6月，法国国际开发署与加纳能源委员会签署3000万欧元技术援助协议，支持加纳可再生能源发展。7月，阿库福-阿多总统访问法国。

【同日本的关系】1983年以来，两国关系迅速发展。近年来，日本将加作为援非重要基地。1998年加接受日提供的官方发展援助1.477亿美元，成为日在非最大援助对象。日首相小泉纯一郎曾几度访加，库福尔、米尔斯总统均曾访日。2013年3月，日政府向加提供1600万美元援助用于电力、食品安全和卫生以及太阳能发电等项目，另提供570万美元赠款用于食品安全和卫生事业，向加纳大学捐赠680万美元用于太阳能发电研究项目。2013年和2016年，马哈马总统两度访日。2014年1月，马哈马总统赴科特迪瓦出席日本—西共体成员国首脑会议。2016年8月，马哈马总统出席在肯尼亚举行的第六届东京非洲发展国际会议。12月，加政府从日本国际协力机构贷款1亿美元，用于沃尔特省钢筋大桥建设。2017年4月，日政府向加提供5840万美元优惠贷款，用于建设特马高速公路环岛和N8公路部分路段。2018年12月，阿库福-阿多总统访日，日允诺向加提供5700万美元援款。2019年8月，阿库福-阿多总统赴日出席东京非洲发展国际会议，其间会见日本首相安倍晋三。10月，加第一夫人瑞贝卡·阿库福-阿多代表加政府赴日本参加德仁天皇即位典礼。12月，加纳—日本商业促进委员会在阿克拉成立。

【同尼日利亚的关系】同尼日利亚关系密切。2008年尼企业赴加投资总额约6亿美元，主要集中于银行、保险和服务行业。两国积极推动西非地区经济一体化进程，并就以“快车道”方式加速地区一体化进程达成协议。两国在调解地区冲突和联合国安理会改革等问题上相互协调，加支持尼“入常”。两国领导人互访频繁。2013年1月，尼总统乔纳森出席马哈马总统就职典礼。2015年9月，尼总统布哈里访加。2016年12月，马哈马总统赴尼日利亚与西非各国领导人共商冈比亚选举危机解决方案。2018年3月，尼总统布哈里访加并出席加纳独立61周年庆祝活动。

【同邻国的关系】重视睦邻友好，与周边国家保持良好的合作关系。2005年6月，西非天然气管道项目开工。该工程始于尼日利亚，经贝宁、多哥至加纳塔克拉迪市，全长678公里，投资5.6亿美元。2007年12月，首批通过西非天然气管道输送的天然气到达加纳。

加同桑卡拉时期的布基纳法索关系密切，1987年10月布发生政变，两国关系降温。1991年布派团访加，两国恢复经济合作。1997年罗林斯访布，同意将特马港作为转口港供布使用，两国关系改善。2001年，库福尔总统对布进行正式访问。2005年7月，两国成立联合铁道委员会，筹备修建北部省塔马利市至布基纳法索帕加市之间的铁路项目。2006年，布取代尼日利亚成为加可可酱、鱼罐头等非传统产品出口第一目的地国。2017年5月，阿库福-阿多总统访布。2018年9月，布基纳法索总统卡博雷访加，阿库福-阿多总统向其授予加纳最高荣誉勋章——“加纳之星”。

加与多哥在“西多哥”归属问题上曾存在争议，长期不睦。1994年加总统罗林斯当选西非国家经济共同体主席后，两国关系趋缓。2001年1月，多总统埃亚德马出席库福尔总统就职仪式，库上台后即对多正式访问，两国关系得到较大改善。2005年2月，库福尔总统参与斡旋多国内政治危机，5月多总统福雷访加。2012年3月，米尔斯总统访多。4月，两国就跨国供水工程达成协议。2014年11月，多总统福雷访加。2015年4月，马哈马总统访多。2017—2018年，阿库福-阿多总统多次访多，积极协调斡旋多宪政危机，督促多朝野展开对话。

加与科特迪瓦关系曾长期处于“冰冻状态”。1997年3月，科总统贝迪埃率团出席加40周年独立庆典，两国关系迅速升温。2001年5月，科总统巴博访加；10月，库福尔总统访科，两国达成24小时开放边界、科向加提供天然气等协议。2002年9月，科发生内乱后，库福尔总统积极致力于科危机的和平解决。科特迪瓦出现选举危机后，加纳明确反对西共体对科进行军事干预。2011年10月，科总统瓦塔拉访加，与加政府、联合国难民署共同签署了关于遣返在加1.8万名科籍难民的三方协议。2012年9月，马哈马总统访科。2014年1月，马哈马总统赴科特迪瓦出席日本—西共体成员国首脑会议。9月，阿瑟副总统在阿克拉会见瓦塔拉总统。2016年3月，马哈马总统访科。2017年5月，阿库福-阿多总统访科，表示加科应当担任推进地区一体化的排头兵。加纳与科特迪瓦曾长期存在海洋划界争议。2009年，科特迪瓦向联合国大陆架界限委员会递交划界申请，将两国争议的海域划为己有，引起加方强烈不满，两国关系由此受到影响。后在联合国等机构调解下，双边关系有所缓和。2014年底，两国将上述争端提交国际海洋法法庭。2017年9月，该法庭作出裁决，划定了两国海洋边界，双方均表示接受裁决结果。

2019年，阿库福-阿多总统接待南非总统拉马福萨访问加纳，赴马达加斯加出席拉乔利那总统就职典礼，赴尼日尔首都尼亚美出席非洲大陆自贸区成立特别峰会和非盟与次区域经济体协调会、西共体特别峰会，赴肯尼亚首都内罗毕出席非洲、加勒比和太平洋国家集团国家元首和政府首脑第九次峰会，赴南非约翰内斯堡出席第二届非洲投资论坛。（周颖）

加　蓬

国名　加蓬共和国（The Gabonese Republic，La République Gabonaise）。

面积　267667平方公里。

人口　210万（2019年）。有40多个民族，主要有芳族（占全国人口40%）、巴普努族（占全国人口20%）、奥米耶内族、赛凯族、巴克勒族、巴科塔族等。官方语言为法语，民族语言有芳语、米耶内语和巴太凯语。居民50%信奉天主教，20%信奉基督教新教，10%信奉伊斯兰教，其余信奉原始宗教。

首都　利伯维尔（Libreville），人口约79.7万，全国政治、经济、文化中心和主要港口。最高气温32℃（4月），最低气温22℃（8月）。

国家元首　阿里·邦戈·翁丁巴（Ali Bongo Ondimba），2009年10月就任，2016年9月连任，任期7年。

重要节日　独立日（国庆日）：8月17日。

简　况

位于非洲中部，跨越赤道，西濒大西洋，东、南与刚果（布）为邻，北与喀麦隆、赤道几内亚交界。海岸线长800公里。属典型的热带雨林气候，全年高温多雨，年平均气温26℃。

公元12世纪，班图人从非洲东部迁入，在奥果韦河两岸建立了一些部落王国。15世纪，葡萄牙航海者抵达该地区。18世纪沦为法国殖民地。1911年被转让给德国。第一次世界大战后复归法国。1958年成为“法兰西共同体”内的自治共和国。1960年8月17日宣告独立。莱昂·姆巴（Léon Mba）任首任总统。1967年，副总统奥马尔·邦戈接替病逝的姆巴任总统。奥马尔·邦戈执政后，推行民主团结政策，加蓬政局长期稳定。1990年改行多党制，政局一度动荡。1993年奥马尔·邦戈蝉联总统后，政局逐渐恢复稳定。1998年、2005年，奥马尔·邦戈两次蝉联总统。

政　治

2009年6月8日，奥马尔·邦戈总统在西班牙病逝。8月30日，加举行新一届总统选举，奥马尔·邦戈之子阿里·邦戈当选总统。选举结果宣布后，反对派质疑选举结果，让蒂尔港等少数城市发动骚乱和暴力示威活动，被当局平息。2010年3月，邦戈当选加执政党民主党主席。2011年底，加举行立法选举，加蓬民主党获得国民议会95%的席位，2013年12月又以较大优势赢得地方选举。2016年8月，加蓬举行总统大选，邦戈胜选，反对派候选人、前非盟委员会主席让·平不接受选举结果，首都等地爆发骚乱，让·平并将选举结果上诉至宪法法院。9月24日，宪法法院确认邦戈胜选。27日，邦戈宣誓就职。2017年3—5月，加蓬举行“全国包容性政治对话”。2019年1月，加蓬选举产生新一届国民议会。

【宪法】现行宪法为第三部宪法，于1991年3月26日颁布后，进行过7次修订。宪法规定加蓬实行三权分立和多党制；总统为国家元首，任期7年，由直接普选产生，可连选连任；总统职位空缺时，由参议院议长或第一副议长代行总统职权，并在30—45天内组织总统选举；总理为政府首脑，由总统任命。

【议会】由国民议会和参议院组成，二者共同行使立法权。其主要职能是制定法律，监督政府工作，批准对外宣战和21天以上的戒严令。每年举行两次例会。两院议员分别由直接普选和间接选举产生，任期分别为5年和6年。本届国民议会于2019年1月选举产生，共143个席位，其中加蓬民主党96席。议长福斯坦·布库比（Faustin Boukoubi）。本届参议院于2014年12月选举产生，共102个席位，其中加蓬民主党82席。参议长吕西·米勒布-奥比苏（Lucie Milebou-Aubusson）。

【政府】本届政府于2019年1月12日组成，最近一次改组为2019年12月2日，包括总理1名、国务部长4名、部长19名和部长级代表7名。主要成员有：总理、政府首脑朱利安·恩科格·贝卡莱（Julien Nkoghe Bekale），国务部长兼内政部长朗贝尔·诺埃尔·马塔（Lambert Noël Matha），国务部长兼外交部长阿兰-克劳德·比利·比·恩泽（Alain-Claude Bilie-By-Nzé），国务部长兼新闻部长，政府发言人埃德加尔·阿尼塞·姆本布·米亚库（Edgard Anicet Mboumbou Miyakou），国务部长兼国防部长罗丝·克里斯蒂亚娜·奥苏卡·拉蓬达（Rose Christiane Ossouka Raponda），与宪法机构和独立行政机构关系部长丹尼丝·梅卡姆内·埃齐齐耶·塔蒂（Denise

Mekam'ne Edzidzie épouse Taty)、促进良政、反腐败和公共政策评估部长弗朗西斯·恩凯亚·恩齐盖(Francis Nkea Nzigue),高等教育、科研和技术转让部长让·德迪厄·穆卡尼·伊旺古(Jean de Dieu Moukagni Iwangou),文化和艺术部长米歇尔·芒加·梅索内(Michel Menga M'essone),经济和财政部长让-马里·奥甘达加(Jean-Marie Ogandaga),就业、公职、劳动、职业培训和社会对话部长玛德莱娜·贝尔(Madeleine Berre),农业、畜牧业、渔业和食品部长比安迪·马甘加·穆萨武(Biendi Maganga Moussavou),能源和水利资源部长帕斯卡尔·乌昂尼·安布鲁埃(Pascal Houangni Ambourouet),司法部长埃琳·安东妮拉·南贝·达马斯(Erlyne Antonella Nembet épouse Damas),交通、装备、基础设施和住房部长莱昂·邦达·巴隆齐(Léon Bonda Balonzi),促进和融合妇女参与发展、打击针对妇女暴力行为、人文投资战略跟进和国家团结部长普丽斯卡·科霍·恩伦德(Prisca Koho épouse Nlend),河湖、森林、海洋、环境、气候计划、可持续发展目标和土地分配计划部长李·怀特(Lee White),旅游、贸易、手工业、中小企业和工业部长于格·姆巴丁加·马迪亚(Hugues Mbadinga Madiya),权力下放、民族团结和领土发展部长马蒂亚斯·奥通加·奥西巴朱奥(Mathias Otounga Ossibadjouo),卫生部长马克斯·利穆库(Max Limoukou),石油、天然气、烃能源和矿业部长樊尚·德保罗·马萨萨(Vincent de Paul Massassa),促进投资、公私合营和改善营商环境部长卡芒·恩达奥特(Carmen Ndaot),体育和社团活动部长弗兰克·恩盖马(Franck Nguema),国民教育和培训部长帕特里克·达乌达·穆吉亚马(Patrick Daouda Mouguiama)等。

【行政区划】全国划分为9个省,下辖48个州、27个专区、150个区、737个镇、2423个自然村。

【司法机构】设宪法法院、司法法院、行政法院、审计法院、初审法院、上诉法院、最高法院等。各级法院依法独立行使审判权。各级法院均设有检察长,行使检察权。最高司法会议为国家最高司法行政机关,决定法官的任命、派遣、升迁和惩戒,总统任主席,司法部长任副主席。

宪法法院是最高法律机构,负责裁定组织法、一般法及国家机构规章制度的合宪性,监督选举和全民公投并宣布结果。现任院长玛丽-玛德莱娜·姆博朗苏奥(Marie-Madeleine Mborantsuo)。

【政党】现有合法政党40多个,主要政党有:

(1)加蓬民主党(Parti Démocratique Gabonais, PDG):执政党,1968年3月成立。党员约30万人。党的宗旨是“对话、宽容、和平”,目标为“巩固民族独立,加强民族团结,发扬民主,促进经济发展和社会正义,维护和平”。全国代表大会为党的最高机构,中央政治局及其常务委员会为党的领导机构,负责执行党的代表大会和中央委员会的决议。已故奥马尔·邦戈总统为该党主席兼创始人。2010年3月,阿里·邦戈总统当选该党主席。总书记埃里克·多多·布恩冈加(Eric Dodo Bounguendza)。

(2)反对派民主联盟(Coalition Démocratique de l'Opposition):前身为民主人士党(Les Démocrates)。民主人士党成立于2017年3月,党主席兼创始人为国民议会前议长恩祖巴·恩达马(Nzouba Ndama)。2019年3月反对派民主联盟成立,恩达马担任党主席。党的目标为建立公正、民主、自由的国家。

(3)保卫加蓬联盟(Rassemblement pour le Gabon, RPG):参政党。前身为伐木者全国联盟(Rassemblement National des Bûcherons), 于1991年获得合法地位。建党初期,曾主张用暴力夺取政权,经济上主张自由竞争,反对国家干预。主席为保罗·姆巴·阿贝索勒(Paul Mba Abessole)。1998年,阿贝索勒与第一书记皮埃尔-安德烈·孔比拉-库姆巴(Pierre-André Kombila-Koumba)决裂,将“伐木者全国联盟”更名为“保卫加蓬联盟”。2002年加入总统多数派阵营。2009年7月,阿贝索勒宣布退出总统多数派,参加总统选举。8月放弃参选,转而支持另一名反对派候选人安德烈·姆巴·奥巴姆(André Mba Obame),败选后再次加入总统多数派。

(4)加蓬民主与发展联盟(Union Gabonaise pour la Démocratie et le Développment, UGDD):反对党。2005年,原加蓬民主党行政书记扎沙里·米博托(Zacharie Myboto)退党后创建,2006年内政部批准其为合法政党。

(5)加蓬人民联盟(Union du Peuple Gabonais, UPG):反对党。1989年7月成立,1991年9月获合法地位。原主席皮埃尔·芒邦杜(Pierre Mamboundou)于1998年、2005年和2009年3次参加总统选举,均居第二位,2011年10月病逝。2014年6月,该党召开第一次大会,选举姆克卡尼·伊万古(Mouckagni Iwangou)为新任主席,任期3年。但该党执行书记拒绝承认选举结果,并将争议提交利伯维尔法院初审法院。8月,利伯维尔法院初审法院判定伊万古组织的党内选举非法,其当选该党主席无效。

此外,其他政党还有:价值复兴联盟(Restauration des Valeurs Républicaines)、加蓬社会民主人党(Sociaux-Démocrates du Gabon)、继承与现代联盟(Rassemblement héritage et modernité)、社会民主党(Parti Social Démocrate)、自由改革者中间党(Centre des Libéraux Réformateurs)、新共和国联盟(Union pour la Nouvelle République)等。

【重要人物】阿里·邦戈·翁丁巴:总统。1959年生于布拉柴维尔,加蓬已故总统奥马尔·邦戈·翁丁巴之子。曾就读于巴黎大学,获法学博士学位。1984

年任总统私人代表。1989—1991年任外长。1990年成为加蓬民主党革新派领袖，并在首次多党立法选举中当选国民议会议员。1999—2009年任国防部长。2009年10月就任总统。2010年3月当选加蓬民主党主席。2016年8月在总统选举中胜选连任。　**朱利安·恩科格·贝卡莱**：总理。1962年1月9日生于利伯维尔。曾在加蓬国立大学、加蓬国立法官学校、巴黎大学经济事务学院以及法国金融和银行研究中心学习进修。历任矿业、石油和烃能源部长，交通和装备部长，农业、畜牧业、渔业和农村发展部长，中小企业和手工业部长，劳动、就业和职业培训部长等职。2019年1月被任命为总理。

经　济

是撒哈拉以南非洲经济状况较好的国家之一，但经济结构单一。以石油为主的采掘业发展较快。工业和农业基础薄弱。近年来，政府积极实施经济多元化战略，着力发展农、林、渔和旅游业，积极开发铁、锰、木材等非石油资源，鼓励发展中小企业，收到一定成效。2008年国际金融危机对加经济造成一定冲击，2009年政府曾被迫两次共削减财政预算总额的40%。2009年阿里·邦戈总统就任后，制定了以“绿色加蓬、工业加蓬、服务业加蓬”为发展方向、2025年成为新兴国家为目标的整体发展战略，出台了增加基础设施投资，提高能源、资源产品就地加工比例，逐步禁止原木出口政策等措施。2014年以来，受国际油价大幅下跌影响，加蓬财政收入锐减，经济下行压力增大。2017年，邦戈总统在“绿色加蓬、工业加蓬、服务业加蓬”基础上提出增加“蓝色加蓬”，以促进海洋经济发展。同年，加政府提出“2017—2019经济振兴计划”，以应对面临的困境。2019年主要经济数据估算如下：

国内生产总值：167.84亿美元。

人均国内生产总值：7992美元。

经济增长率：3.2%。

货币名称：中非金融合作法郎（FCFA，简称“非洲法郎”）。

汇率：1美元≈582非洲法郎。

通货膨胀率：2.1%。

（资料来源：2020年第二季度《伦敦经济季评》）

【资源】石油、锰、铀、森林等自然资源丰富。已探明石油储量约22亿桶，居非洲第七。铌矿储量约40万吨，占世界总储量5%。铁矿储量8亿—10亿吨，品位在60%以上。其他矿藏有磷酸盐、黄金、重晶石、镍、铬、锌等。85%国土覆盖着热带雨林，原木储量4亿立方米，居非洲第二。全国有400余种商业树木，主要有奥库梅木和奥齐戈木，其中奥库梅木的蓄积量为1.3亿立方米，居世界第一。水产资源81.7万吨，其中渔业资源约23.4万吨（海水鱼21万吨，淡水鱼2.4万吨）。

【工矿业及制造业】采掘业、矿业、冶金工业、林业和农副产品加工业等是加蓬的主要支柱产业。工矿业从业人数占就业人口的13.4%，产值约占国内生产总值的55.6%。

以石油为主的采掘业是加重要经济支柱。石油开发始于20世纪60年代初，2018年加原油产量964.6万吨，原油出口870.6万吨。

矿业和冶金业占加出口总值的11%，国内生产总值的4%，非石油财政收入的1.3%，创造1500个就业岗位。加是世界重要锰矿生产国，锰矿产量仅次于南非，居世界第二，2018年锰矿产量达525.9万吨，创历史纪录。

木材行业是排在石油和工矿业之后的第三大出口行业，也是创造就业最多的行业之一，创造1.1万个就业岗位。2010年5月加蓬禁止原木出口后，木材产品出口量暴跌71.6%，大量木材企业经营困难。2011年，木材业占加蓬非石油财政收入0.6%和国内生产总值的1.8%。经过一段时间的调整适应，加蓬境内的木材企业逐步走出困境，并在2012年得到了良好发展。为加快木材加工业发展，加政府在利伯维尔北部设立恩考克经济特区，占地面积1126公顷，其中40%用于建设木材加工厂。2018年全年加工木材总量96.4万立方米，锯材产量61.1万立方米。

除石油冶炼和木材加工外的制造业薄弱。现有一个炼油厂，年加工能力80万吨。此外，还有卷烟厂、制酒厂、制糖厂、饮料厂、面粉与咖啡加工厂等。

【农牧渔业】加拥有500万公顷可耕地，降水充足，年降水量为1800—4000毫米，水热、土壤等农业生产条件良好。但农牧业发展缓慢，已耕地面积不到全国土地面积的2%，粮、肉、菜、蛋、水果均不能自给。目前加蓬60%的食品需从国外进口，每年进口食品2500亿非郎（约合5亿美元）。农产品加工业占国内生产总值比重低于5%。主要农产品有木薯、芭蕉、玉米、山药、芋头、可可、咖啡、蔬菜、橡胶、棕榈油等。渔业资源较丰富，2018年渔业产量4.5万吨。

加蓬热带作物投资公司（SIAT GABON）成立于2004年，由加蓬政府和比利时SIAT集团共同出资700亿非郎成立，主要经营农产品加工业，包括香蕉、油棕榈的种植和加工等。目前，该公司在加农副市场上基本处于垄断地位。

近年来，加农业领域获得大量外资，尤其在橡胶和棕榈油领域。新加坡OLAM公司投资1.4亿欧元，从2013年起在加北部比达姆种植2.8万公顷橡胶，预计2020年可收获，初期产量可达6.2万吨天然橡胶浆。加棕榈油主要由SIAT公司、新加坡OLAM公司生产，目前年产量5万吨，2020年计划增至25万吨，届时加有望取代尼日利亚成为世界第一大棕榈油生产国。

【服务业】20世纪80年代初有所发展，从业人数约占就业人口的17.7%，2013年产值占国内生产总值的6.5%。

【旅游业】阳光、沙滩和多样的动植物生态结构为加发展旅游业奠定了良好的基础。政府重视开发旅游资源，将旅游业列为重点发展产业。从业人员3000多名，全国有5家大规模旅行社、近百家旅馆。世界经济论坛发布的2017年旅游竞争力报告显示，加蓬旅游产业收入占GDP的3%。

【交通运输】陆路运输不发达，主要靠水运和空运，进出口物资90%靠海运。2013年，加政府计划成立一家管理交通运输业的国家控股公司——“加蓬交通运输控股公司”（Gabon Transport Holding），管理加蓬境内的交通运输业，协调该行业各个分支的关系，促进交通运输业的发展。

铁路：仅1条路线，1986年建成，连接奥文多港和弗朗斯维尔市，全长814公里。加政府计划在2025年之前投入2.75万亿非郎（约合41.9亿欧元）新建让蒂尔港铁路（全长300公里）、马永巴—姆比谷铁路（全长300公里）和贝林加—布韦铁路（全长320公里）等3条总长920公里的新铁路。

公路：全长1.05万公里。加政府计划在2025年之前，在全国建设成现代化公路网，连接各主要省市和工业区，促进旅游业和原材料出口物流的发展。其中，2012—2016年投入3万亿非郎（约合45.7亿欧元），修建3320公里公路；2017—2025年投入3.3万亿非郎（约合50.30亿欧元），修建2500公里公路。

水运：内河已通航河道600公里。主要海港有让蒂尔港和奥文多港，年总吞吐量为2500万吨。让蒂尔港主要外运石油；奥文多港主要外运原木和矿石。2017年10月，奥文多港新码头启用，吞吐能力进一步增强。

空运：拥有加蓬航空公司（简称“加航”）、阿维雷克斯航空公司、加蓬快运、航空服务等多家航空公司。其中加航承接国内和国际航运业务，拥有波音747大型客机，辟有通往非洲和欧洲的20多条国际航线。外国航空公司主要有法国航空公司和摩洛哥航空公司等。有利伯维尔、让蒂尔港和弗朗斯维尔3个国际机场和61个国内机场。2017年加航空客运数815938人次，航空货运量12219吨。2018年航空客运数789514人次，航空货运量12742吨。未来几年内，加政府计划投入4500亿非郎（约合6.9亿欧元）用于新建利伯维尔国际机场和让蒂尔港机场的扩建工程。

【电信业】通讯基础设施较先进，主要移动通讯运营商有Libertis、Celtel Gabon和Moov，其中Celtel Gabon市场占有率超过50%。1997年开始提供互联网接入服务，发展较快。2014年，加网民数逾65万人。2012—2016年，加政府投入3800亿非郎（约合5.8亿欧元），用于全国省会城市间光纤网项目、政府行政网项目和移动电话网优化项目。

【财政金融】近几年政府财政收支情况如下（单位：亿美元）：

	2017	2018	2019（估算）
收入	26.3	28.48	27.53
支出	29.8	28.82	30.38
差额	–3.5	–0.34	–2.85

近几年外汇储备及外债情况如下（单位：亿美元）：

	2017	2018	2019（估算）
外汇储备	9.82	13.37	13.64
外债总额	54.00	67.67	71.59

（资料来源：2020年第二季度《伦敦经济季评》）

加蓬共有加蓬法国国际银行（BGFIBANK）、加蓬国际工商银行（BICIG）、加蓬联合银行（UGB）、花旗银行（Citibank）、金融银行（FINANCIAL BANK）和加蓬发展银行（BDG）等6家银行。前5家为商业银行，BDG为国家政策性银行。

加蓬信托局（Caisse des Dépôts et Consignations, CDC）于2010年8月成立，属工商性质的公共金融机构，启动资金100亿非郎，旨在振兴国家经济和金融。

【对外贸易】执行自由贸易政策，与140多个国家和地区建立贸易关系。外贸历年保持顺差，主要出口石油、木材和锰，进口食品、轻工产品、机械设备等。2018年主要出口对象国为中国、印度、特立尼达和多巴哥，主要进口来源国为法国、比利时、中国。近几年对外贸易情况如下（单位：亿美元）：

	2017	2018	2019（估算）
出口额	56.67	65.10	64.67
进口额	28.29	29.42	29.50
差　额	28.38	35.68	35.17

（资料来源：2020年第二季度《伦敦经济季评》）

【外国投资】2018年加蓬吸引外国直接投资15亿美元，较2017年的7亿美元大幅提升，在中部非洲经济与货币共同体中居首位。（资料来源：联合国贸易和发展会议报告）

【外国援助】加蓬外援资金的87%来自优惠贷款，13%来自捐赠及其他形式的援助。2015年，加蓬共获得9880万美元官方发展援助。援加排名前四位的出资方分别是法国、美国、欧盟、日本，援助额分别为9409万、779万、697万、385万美元。（援助额为2014/2015年度平均值；数据来源：经济合作与发展组织）

人民生活

根据联合国开发计划署2018年度《世界人类发展指数》统计，加蓬人类发展指数为0.702，在全球位列第110位。2016年全国平均预期寿命64.9岁。5岁以下儿童死亡率5.08%。15岁以下人口占总人口的35%，城市人口比例为87.2%。全国30%的人口每天可支配收入低于1美元。

医疗卫生水平在中部非洲地区名列前列，公共卫生支出占GDP的比例为2.4%。全国有28所医院、632个医疗中心和诊所，共有病床5329张、医生300多人。人口增长率1.6%。88%的人口能喝上饮用水，卫生覆盖率21%。已有60万人享受到医疗保险，享受医疗保险人口占总人口比例在撒哈拉以南非洲国家中排名居前。艾滋病毒感染率约4%。

军　事

最高防务委员会是国家防务最高领导机构，总统任主席，为武装力量最高统帅。加蓬实行志愿兵役制。武装力量由武装部队、共和国卫队和治安部队组成，共1.3万人。其中武装部队约6000人，包括陆海空三军、轻飞行队和消防营；共和国卫队1500人，由总统亲自指挥和调动；治安部队为准军事力量，包括宪兵和警察，分别有3000人和2500人。全国共有七大军区。利伯维尔和让蒂尔港建有海军基地，利伯维尔和弗朗斯维尔建有空军基地。武器装备80%来自法国，其余来自美国、英国、意大利、德国、巴西等。

文化教育

【教育】平均受教育年限为8.1年。2015年成人识字率83.2%。小学实行免费教育，大中学生享受国家助学金。教育制度与法国相似。全国约有小学1200所，教师4600余人，学生25万人；中学近100所，教师2100多人，学生8.3万余人。加蓬有两所综合性大学：国立奥马尔·邦戈大学和马苏库科技大学，学生约9000人。

【新闻出版】主要报刊：政府发行的《团结报》创刊于1973年12月，是加蓬最有影响的报纸，发行量2万份，在加各大城市及部分中、西非国家有售。1990年，《振兴报》《消息报》《蝉鸣报》等先后创刊。其中《振兴报》系民主党机关报、《消息报》是伐木者全国联盟机关报、《蝉鸣报》为私人报刊，均为法文版。

加蓬新闻社：官方通讯社，创建于1966年11月。

广播电台：国营加蓬广播电台“革新之声”建于1959年，拥有中、短波和调频发射台，全天用法语及当地语播音。第二广播电台于1973年建立，仅有调频发射台。此外，另有莫亚比短波电台（非洲一台）、“团结电台”“思乡电台”“太阳电台”等5家私营电台，其中“非洲一台”建于1981年，为加蓬与法国合营，在非洲较有影响。

电视台：有两个国家电视频道，分别于1963年、1973年开播。1992年开通卫星电视。有非洲电视台、电视加号台等私营电视台。在加还能收到欧洲新闻台、法语电视五台等电视节目。

对外关系

奉行开放、不结盟、国际合作和睦邻友好的外交政策。强调外交为国内经济服务。呼吁非洲团结，推动地区合作。主张通过对话、和解、协商方式解决世界和地区冲突。迄今，加蓬已同101个国家建立了外交关系。2011年3月，联合国在利伯维尔设立驻中部非洲办事处。

【同中国的关系】自1974年4月20日建交以来，两国友好合作关系发展顺利。两国人员交往频繁。近年来，教育部长袁贵仁（2010年8月作为胡锦涛主席特使出席加独立50周年庆典）、外交部长杨洁篪（2011年2月）、全国政协主席俞正声（2016年4月）、全国人大常委会副委员长吉炳轩（2017年5月）、外交部长王毅（2018年1月）、国务委员兼国防部长常万全（2018年2月）、全国政协副主席邵鸿（2019年12月）等先后访加。奥马尔·邦戈总统曾11次来华。2010年4月底5月初，阿里·邦戈总统来华出席上海世博会开幕式。7月，姆巴总理来华出席上海世博会加蓬国家馆日活动。2015年12月，邦戈总统出席中非合作论坛约翰内斯堡峰会，其间习近平主席同其举行双边会见。2016年12月，邦戈总统对中国进行国事访问，习近平主席同其共同决定将双边关系提升为全面合作伙伴关系。2018年8—9月，邦戈总统来华出席中非合作论坛北京峰会并赴湖北省参观访问。2019年6月，外交部长比利来华出席中非合作论坛北京峰会成果落实协调人会议。

2015年12月，中加两国签订《中华人民共和国政府和加蓬共和国政府关于互免持外交、公务护照人员签证的协定》，2016年2月5日生效。

2019年中国与加蓬双边贸易额为50.2亿美元，同比增长49.1%，其中，中方进口额为46.4亿美元，同比增长55.7%，出口额为3.8亿美元，同比下降2.2%。中方主要进口石油、锰矿砂、木材等，出口机电产品、钢材和水泥等。

中国驻加蓬大使：胡长春。馆址：Libreville, B.P.3914。Boulevard Triomphal El Hadj Omar Bongo。地区号：00241。电话：11743207、11743208；传真：11747596。

加蓬驻华大使：恩东。馆址：北京市朝阳区光华路36号。电话：010-65322810，65323824；传真：65322661。

【同法国的关系】同法国保持传统特殊关系，法系加最大的援助国、债权国和主要贸易伙伴，对加内外政策影响大。加70%的投资来自法国，法对加投资主要集中在石油、木材和矿产领域。法主要向加出口机械设备、工业和农副产品，是加第二大进口来源国。法在加有1.5万侨民，在加法企达200多家，涉足加所有经济领域，控制加50%的出口。在加最大的10家企业中，有6家为法资企业。法在利伯维尔设有军事基地，常驻官兵约450人。2011年7月，法总理菲永访加，双方签署了关于建设加北部电网、发展加木材加工业等协议。2012年7月，邦戈总统对法国进行工作访问，与法总统奥朗德举行会谈，双方表达了加强合作的共同意愿。2014年4月，邦戈总统访法。2015年1月，邦戈总统赴法参加反恐大游行，并会见奥朗德总统。11月，邦戈总统赴法出席联合国气候变化巴黎大会。2017年12月，邦戈总统出席在法国巴黎举行的“同一个星球”气候行动融资峰会。2018年11月，外交国务部长伊蒙戈代表邦戈总统出席在法国巴黎举行的一战停战一百周年纪念活动，并出席巴黎和平论坛开幕式。

【同美国的关系】加美1960年建交。奥马尔·邦戈总统曾十余次访美。美多家公司在加蓬从事石油开发。2010年美非洲司令部在加与非洲30国举行联合军演。2011年6月，邦戈总统访美，与奥巴马总统会晤。2012年3月，两国在加举行联合军事演习。2014年8月，邦戈总统赴美出席美非峰会。2014年9月，邦戈总统赴美出席纽约论坛。

【同邻国及其他非洲国家的关系】加蓬与邻国总体保持睦邻友好关系，曾积极参与调解刚果（金）、刚果（布）、乍得、中非、科特迪瓦等非洲国家内乱和国家间冲突，促进地区和平与安全。2012年底至2013年初中非政局动荡后，邦戈总统积极斡旋，多次组织召开或参与中共体成员国峰会。2015年布隆迪发生政治危机后，邦戈总统以中部非洲国家经济共同体轮值主席身份参与斡旋。

加蓬同赤道几内亚、圣多美和普林西比有领土和领海争端。加蓬和赤几边界特设委员会曾多次开会讨论边界问题，并举行边界谈判，迄今未完全解决问题。2011年2月，应联合国秘书长潘基文邀请，邦戈总统和赤几奥比昂总统出席由联合国举办的关于加蓬、赤几边境争端的三方会议，加、赤几两国领导人重申将本着互信、相互尊重和坦诚的原则解决领土争端，表示将尽快将此问题提交海牙国际法院。2012年初，加与赤道几内亚联合举办第28届非洲杯足球赛。

2016年3月，科特迪瓦总统瓦塔拉访加。4月，邦戈总统赴刚果（布）出席萨苏总统就职仪式。7月，赤道几内亚总统奥比昂访加。10月，卢旺达总统卡加梅、乍得总统代比相继访加。11月，摩洛哥国王穆罕默德六世访加。

2017年1月，邦戈总统赴加纳首都阿克拉出席加纳总统阿库福－阿多就职典礼。7月邦戈总统对多哥进行友好工作访问。9月邦戈总统出席安哥拉总统洛伦索就职仪式。

2018年1月，邦戈总统赴利比里亚出席新总统乔治·维阿就职典礼。2月，邦戈总统访问卢旺达、安哥拉、刚果（布）、刚果（金）、赤道几内亚、乍得。3月，中非总统图瓦德拉访问加蓬；邦戈总统访问圣多美和普林西比。4月，邦戈总统对布隆迪进行工作访问。5月，多哥总统福雷对加蓬进行工作访问。6月，中非总统图瓦德拉访问加蓬。8月，邦戈总统对赤道几内亚进行工作访问。10月，邦戈总统赴科纳克里出席几内亚独立60周年庆祝活动。

2019年1月，加蓬总理恩科格代表邦戈总统赴刚果（金）出席当选总统齐塞克迪就职典礼。4月，恩科格总理代表邦戈总统赴达喀尔出席萨勒总统就职典礼。5月，多哥总统福雷、科特迪瓦总统瓦塔拉、塞内加尔总统萨勒先后对加蓬进行工作访问。6月，乍得总统代比、卢旺达总统卡加梅、刚果（金）总统齐塞克迪先后对加蓬进行工作访问。7月，赤道几内亚总统奥比昂对加蓬进行工作访问。8月，多哥总统福雷对加蓬进行工作访问。10月，利比里亚总统访问加蓬。12月，尼日尔总统伊素福对加蓬进行工作访问。

【同其他国家的关系】加蓬推行合作伙伴多元化战略，积极拓展与其他地区大国和新兴国家的务实合作。

2011年3月，邦戈总统访问英国，并出席由《泰晤士报》举办的非洲经济高峰论坛。2012年4月，邦戈总统访问韩国，与韩SK能源公司签署在让蒂尔港建设炼油厂的合作协议。5月，邦戈总统访问英国，双方就在利伯维尔开设英经济办事处达成共识。7月，邦戈总统访问土耳其。11月，邦戈总统赴英出席首届“英国—加蓬投资论坛”。2014年2月，邦戈赴英国出席“打击贩卖野生动物伦敦大会”。2017年5月，邦戈总统访问阿联酋。7月，邦戈总统对古巴进行正式访问。2018年10月，邦戈总统赴沙特阿拉伯出席未来投资倡议大会。

2011年3月，土耳其总统阿卜杜拉·居尔访加，双方签署了关于互免外交签证、建立外交定期磋商机制、加强军事科技交流和旅游合作等一系列协议。2013年1月，土耳其总理埃尔多安访加，两国政府签署涉及医疗、农业、领事等领域合作的两个协议和一个谅解备忘录。

【同联合国的关系】加蓬2010—2011年担任联合国安理会非常任理事国。系2013—2015年联合国人权理事会成员。2011年3月，联合国在加蓬首都利伯维尔设立驻中部非洲地区办事处。2016年4月，邦戈总统赴美国纽约出席联合国大会实现可持续发展目标高级别主题辩论。11月，邦戈总统赴摩洛哥马拉喀什出席第22届联合国气候变化大会。2017年6月，邦戈总统赴纽约出席联合国海洋大会，9月，邦戈总统赴美国纽约出席第72届联大等系列会议和活动。

【同其他地区组织和国际组织的关系】加蓬积极参与地区和国际事务，推动非洲一体化进程。通过中部非洲和平与安全理事会及几内亚湾委员会积极参与几内亚湾安全防务工作，打击几内亚湾内海盗、有组织犯罪、毒品交易、武装非法采掘资源、轻小武器泛滥等。加蓬是2015—2016年度中部非洲国家经济共同体轮值主席国。

2016年3月，邦戈总统赴美国华盛顿出席第4届核安全峰会。5月，邦戈总统赴卢旺达出席世界经济论坛非洲峰会，同月赴尼日利亚出席乍得湖地区安全峰会。7月，邦戈总统赴卢旺达基加利出席第27届非盟峰会。11月，邦戈总统赴赤道几内亚马拉博出席第4

届非洲—阿拉伯国家峰会，同月赴马达加斯加出席第16届法语国家组织峰会。

2017年1月，邦戈总统出席在亚的斯亚贝巴举行的第28届非盟峰会及气候变化非盟国家元首和政府首脑委员会会议并被推选为该委员会主席，任期2年。5月，邦戈总统赴利雅得参加阿拉伯—伊斯兰—美国峰会。10月，邦戈总统参加在英国伦敦举行的气候变化与可持续发展会议。

2018年1月，邦戈总统出席在埃塞俄比亚首都亚的斯亚贝巴举行的第30届非盟峰会。2月，邦戈总统出席在尼日利亚首都阿布贾举行的乍得湖国际会议高级别政治磋商。3月，邦戈总统出席在卢旺达基加利举行的非洲联盟国家元首和政府首脑特别峰会，同月出席在印度新德里举行的国际太阳能联盟首届峰会。4月，邦戈总统出席在布拉柴维尔举行的首届刚果盆地周边国家元首和政府首脑会暨刚果盆地蓝色基金峰会。6月，邦戈总统出席在南非约翰内斯堡举行的“金砖+”领导人对话会，同月出席在多哥首都洛美举行的中共体和西共体联合峰会。7月，邦戈总统出席在毛里塔尼亚首都努瓦克肖特举行的非盟峰会。8月，邦戈总统赴安哥拉首都罗安达出席中部与南部非洲和平安全峰会。10月，邦戈总统赴亚美尼亚出席法语国家组织第十七届峰会闭幕式。11月，外交国务部长伊蒙戈代表邦戈总统出席在亚的斯亚贝巴举行的非盟峰会。

2019年2月，加蓬总理恩科格代表邦戈总统出席非盟首脑峰会。3月，恩科格总理代表邦戈总统出席第14届中非经济货币共同体国家元首会议。6月，法语国家总干事访问加蓬。7月，加蓬外交部长比利代表邦戈总统出席第12届非盟特别峰会。11月，比利外长代表邦戈总统出席达喀尔国际和平安全论坛，恩科格总理代表邦戈总统出席中部非洲国家经济和货币共同体峰会。12月，比利外长代表邦戈总统出席非洲、加勒比和太平洋国家元首和政府首脑峰会，恩科格总理代表邦戈总统出席阿斯旺可持续发展和平与发展论坛。

（潘星彤）

津 巴 布 韦

国名　津巴布韦共和国（The Republic of Zimbabwe）。

面积　39万平方公里。

人口　1690万。主要有绍纳族（占84.5%）和恩德贝莱族（占14.9%）。官方语言为英语、绍纳语和恩德贝莱语。58%的居民信奉基督教，40%信奉原始宗教，1%信奉伊斯兰教。

首都　哈拉雷（Harare），人口187万。

国家元首　总统埃默森·姆南加古瓦（Emmerson Mnangagwa），2017年11月就任，2018年8月当选连任。

重要节日　新年：1月1日；青年日：2月21日；独立日：4月18日；英雄节：8月第二个星期一；建军节：8月第二个星期二；团结日：12月22日；圣诞节：12月25日。

简　况

非洲东南部内陆国。东邻莫桑比克，南接南非，西和西北与博茨瓦纳、赞比亚毗邻。属热带草原气候，年均气温22℃；10月温度最高，平均32℃；7月温度最低，平均13℃—17℃。

公元1100年前后开始形成中央集权国家。13世纪，卡伦加人建立莫诺莫塔帕王国，15世纪初王国达到鼎盛时期。1890年沦为英国南非公司殖民地，1895年被命名为南罗得西亚。1923年英国政府接管该地，给予“自治领”地位。1953年，英国将南罗得西亚、北罗得西亚（今赞比亚）和尼亚萨兰（今马拉维）合组为“中非联邦”。1963年底“联邦”解体。1964年，南罗得西亚白人右翼势力组成以伊恩·史密斯为首的政府，并于1965年11月宣布独立。20世纪60年代，津巴布韦非洲人民联盟（简称“人盟”）和津巴布韦非洲民族联盟（简称“民盟”）先后成立，领导人民进行反对白人种族主义统治的武装斗争。1979年，津巴布韦各派在英国主持下召开伦敦制宪会议。1980年2月底举行议会选举，穆加贝领导的民盟获胜。同年4月18日独立，定国名为津巴布韦共和国。

政　治

独立后，政局曾长期稳定。1999年反对党争取民主变革运动（简称“民革运”）成立。2000—2002年，津巴布韦政府实施“快速土改计划”，征收白人土地，用于安置无地或少地的黑人农民，导致社会矛盾激化，经济下滑，陷入政、经危机，朝野尖锐对立。西方国家对津实施不宣布的经济制裁，对津高官实行禁止入境等一系列“精确制裁”，支持反对党民革运，逼迫穆加贝总统下台。

2008年3月29日，津举行总统、议会和地方政府“三合一”选举。在议会众议院选举中，民盟首次输给民革运茨万吉拉伊派（简称“民革运茨派”），失去多数席位。在总统选举中，民革运茨派候选人茨万吉拉伊得票47.9%，民盟候选人穆加贝得票43.2%。选举结果未及时公布并因此引发争议。由于二人票数均未过半，2008年6月27日津举行第二轮总统选举，茨万吉拉伊在选前退出，穆加贝以85.5%的得票率当选，但反对党和西方国家对此不予承认，津选举争议因而愈演愈烈。9月15日，在南非总统姆贝基的调解下，津民盟、民革运茨派和民革运穆坦巴拉派（简称“民革运穆派”）签署组建联合政府的《全面政治协议》。2009年2月13日，津联合政府正式成立。穆加贝继续任总统，茨万吉拉伊任总理，民革运穆派主席穆坦巴拉、茨派副主席库佩任副总理。在2013年7月举行的大选中，穆加贝以61%的得票率击败茨万吉拉伊再次连任总统，民盟获得众议院2/3以上议席，重回一党执政。

2017年11月，津政局发生突变，穆加贝在各方压力下辞去总统职务，前副总统姆南加古瓦就任总统。2018年7月31日津举行总统、议会和地方政府“三合一”大选，民盟候选人姆南加古瓦以50.8%的得票率当选总统，民盟获得众议院2/3以上议席。

【宪法】1980年独立后使用1979年12月22日在伦敦兰开斯特大厦制宪会议签署的《兰开斯特大厦协议》作为宪法。考虑到这部宪法深受津殖民历史影响，1999年5月，津政府决定制定新宪法。2000年，新宪法草案在全民公投中未获通过。2007年9月，执政党民盟与反对党民革运茨派和穆派共同草拟《卡里巴宪法草案》，但两次遭到全民公投否决。2009年联合政府执政期间，再次启动制宪进程，并于2013年2月就津第一部本土新宪法草案达成一致。新宪法于当年3月16日在公投中获通过，于5月22日颁布。

【议会】本届议会于2018年7月选举产生，9月3日就职。众议院有270个议席，其中民盟占179席，民革运联盟占88席，民革运茨派占1席，爱国先锋党占1席，独立议员1席。众议长雅各布·穆登达（民盟），2013年9月就任，2018年9月连任。参议院共有80个议席，民盟占34席，民革运联盟占25席、民革运茨派占1席，酋长18席，残疾人代表2席。参议长迈布尔·奇诺莫娜（民盟，女），2018年9月就任。

【政府】实行总统内阁制，内阁成员由总统任命。2017年12月组成新一届内阁，2018年9月改组，目前主要成员如下：总统埃默森·姆南加古瓦，副总统康斯坦丁诺·奇温加（Constantino Chiwenga），副总统肯博·莫哈迪（Kembo Mohadi），财政和经济发展部长穆苏利·恩库贝（Mthuli Ncube），国防和老兵部长奥帕·穆欣古里（Oppah Muchinguri），地方政府、公共工程和国家住房部长朱利·莫约（July Moyo），外交和国际贸易部长西布西索·莫约（Sibusiso Moyo），公共服务、劳工和社会福利部长塞克赛·恩曾扎（Sekesai Nzenza），工商部长曼加利索·恩德洛武（Mangaliso Ndlovu），内政和文化遗产部长凯恩·马泰马（Cain Mathema），高等教育和科技发展部长阿蒙·穆尔维拉（Amon Murwira），基础教育部长保罗·马维马（Paul Mavima），土地、农业、水资源、文化和农村重新安置部长佩兰斯·希里（Perrance Shiri），矿业部长温斯顿·奇坦杜（Winston Chitando），能源和电力开发部长乔勒姆·贡博（Jorum Gumbo），交通和基础设施发展部长乔尔·马蒂扎（Joel Matiza），新闻、宣传和广播服务部长莫妮卡·穆茨万古瓦（Monica Mutsvangwa），信息通讯和邮政部长卡赞贝·卡赞贝（Kazembe Kazembe），环境、旅游和接待行业部长普丽斯卡·穆普富米拉（Priscah Mupfumira），青年、体育、艺术和娱乐部长柯丝蒂·考文垂（Kirsty Coventry），卫生和儿童福利部长奥贝迪亚·莫约（Obediah Moyo），司法和议会事务部长齐扬比·齐扬比（Ziyambi Ziyambi），妇女事务、社区和中小企业发展部长西滕比索·尼奥尼（Sithembiso Nyoni）。

【行政区划】全国划分为10个省。

【司法机构】全国司法首脑为首席大法官，由总统任命，也是宪法法院和最高法院的首脑。津司法系统由宪法法院、最高法院、高等法院、劳工法院、行政法院、地方法院和习惯法法院等组成，最高法院是除宪法事务外所有民事和刑事案件的终审上诉法庭。首席大法官卢克·马拉巴（Luke Malaba），2017年3月就职。总检控官托马纳（Johannes Tomana）。

【政党】实行多党制。主要政党有：

（1）津巴布韦非洲民族联盟—爱国阵线（Zimbabwe African National Union-Patriotic Front）：简称“民盟”，津独立以来执政至今。1963年8月8日成立，1987年与津巴布韦非洲人民联盟合并，仍称津巴布韦非洲民族联盟—爱国阵线，约有300万党员。党的宗旨是“建立和保持一个依据我们的历史、文化和社会实际的社会主义社会，并为实现经济独立、繁荣和平均分配国家财富创造条件”。2017年12月，民盟举行全国代表大会，姆南加古瓦出任党主席兼第一书记。同月，奇温加、莫哈迪出任副主席兼第二书记。民盟于2018年、2019年的两次全国代表大会上推举并确认姆南加古瓦为2023年总统选举民盟唯一候选人。

（2）争取民主变革运动（Movement for Democratic Change）：简称“民革运”，最大反对党。约有120万党员。脱胎于津最大工会组织津巴布韦工会大会（Zimbabwe Congress of Trade Unions），1999年9月在哈拉雷成立，得到大部分城镇居民和一些白人的支持。2001年以来，其候选人先后当选马旬戈、布拉瓦约、哈拉雷等市市长。在2002年3月举行的总统选举中，其候选人获得42%的选票。2005年下半年，民革运在是否参加参议院选举问题上陷入内部纷争，并于2006年年初分裂为“参选派”和“抵制派”。“抵制派”主席为摩根·茨万吉拉伊（Morgan Tsvangirai），抵制派也称“茨派”。“参选派”主席为亚瑟·穆坦巴拉（Arthur Mutambara），参选派也称“穆派”。2011年1月，穆派举行全国代表大会，选举该党原秘书长、联合政府工商部部长纽比为新主席。此后，“穆派”改称为“钮派”。2014年10月31日至11月1日，民革运茨派举行第四届全国代表大会，茨万吉拉伊连任党主席。2018年2月，茨万吉拉伊去世，茨派原副主席查米萨联合穆祖瑞等党内大佬，完成党内力量整合。同年3月，查米萨被任命为茨派主席。但另一名茨派原副主席库佩不承认查米萨领导地位，并继续使用茨派党徽。2018年7月大选前，查米萨领导茨派联合钮派等其他6个小党，组成民革运联盟并成为该联盟总统候选人。在总统选举中，查米萨以44.3%的得票率位居第二。选后，查米萨拒绝承认选举结果，向津宪法法院提出起诉，遭到驳回。

【重要人物】埃默森·姆南加古瓦：总统、民盟主席兼第一书记。1942年9月生。早年参加津民族独立斗争。1980年津独立后，历任国家安全部长，司法、法律和议会事务部长，代理财政部长，众议长，农村住房与社会和谐部长，国防部长，司法部长等职。2014年12月起任副总统兼司法部长、民盟副主席兼第二书记。2017年10—11月，先后被解除司法部长、副总统、民盟副主席兼第二书记职务，并被开除党籍。津政局突变后，于11月19日恢复民盟副主席兼第二书记职务，24日接任总统。12月，出任党主席兼第一书记并成为2018年大选民盟总统候选人。曾以不同身份多次访华，2018年4月来华国事访问，9月来华出席中非合作论坛北京峰会。　**康斯坦丁诺·奇温加**：副总统、民盟副主席兼第二书记。1956年7月生。1973年加入民盟。曾在赞比亚和坦桑尼亚接受军事训练。1978年，任民盟最高军事指挥部副政委。1981年起历任津陆军旅长、陆军司令部后勤局局长、陆军参谋长、陆军司令。2004年出任国防军司令，晋升上将。2017年12月卸任国防军司令并退出现役，出任副总统兼国防与老兵部长、民盟副主席兼第二书记。曾多次访华。　**肯博·莫哈迪**：副总统、民盟副主席兼第二书记。1949年11月生。1972年前往赞比亚投身民族解放斗争，加入人盟。随后加入人盟军事组织——非洲人民解放军。曾赴莫斯科接受军事训练。1976年被捕，1980年津独立后获释。1985年当选众议员。1981年起历任贝特桥地区教育官员，民盟青年联盟财政书记，体育、娱乐与文化部副部长，内政部长，国家安全国务部长等职。2017年11月出任国防、安全和老兵部长，12月出任副总统兼国家和平与和解部长、民盟副主席兼第二书记。

经　济

津巴布韦自然资源丰富，工农业基础较好，正常年景粮食自给有余，曾为世界第三大烟草出口国。2000年后，因实施“快速土改计划”受到西方制裁，经济大幅缩水。外汇、燃油和生活必需品短缺，通货膨胀率激增，津元加速贬值，大量人口涌入邻国。2008年3月津发生选举争议后，经济状况进一步恶化，至年底经济基本崩溃，财政、金融和税收等关键部门基本停止运转，水电、通信、医疗、教育等社会公共管理职能几近瘫痪。2009年2月，联合政府成立后，有效控制了恶性通货膨胀，市场供应明显改善，经济形势有所好转。2016年以来，经济困难加剧，流动性严重短缺。2017年12月，姆南加古瓦政府成立后，努力建设“经济新秩序”，但仍面临诸多困难。2019年主要经济数据如下：

国内生产总值：295亿美元。

人均国内生产总值：1621美元。

经济增长率：–10.3%。

货币名称：津自2009年2月起废弃本国货币津巴布韦元，改用美元、南非兰特、人民币等9种外国货币。2016年11月发行债券货币，仅在津国内流通，面额与美元等值。2019年2月将债券货币同电子货币整合为“准津元”（RTGS Dollar），6月宣布“准津元”为唯一法定货币，官方汇率为1美元兑换2.5准津元。

（资料来源：《经济季评》）

【资源】自然资源丰富，有煤、铬、铁、石棉、铂金、金、钻石等。煤蕴藏量约270亿吨。铁蕴藏量约2.5亿吨。铬和石棉的储量均很大。工业用林面积11.5万公顷。

【工矿业】工业门类主要有金属和金属加工、食品加工、石油化工、饮料和卷烟、纺织服装、造纸和印刷等。工业从业人口约占总劳力的15%，矿业从业人口约占4.5%。近年来制造业持续衰退。姆南加古瓦政府成立后，召开矿业投资大会，推进国有企业改革，将矿业和制造业列入优先发展领域，建立黄金加工中心，出台钻石开采措施，增加矿产品出口附加值。

【农牧业】主要生产玉米、烟草、棉花、花卉等，畜牧业以养牛为主。耕地面积3328万公顷，农业人口占全国人口的67%。2000年后，农业持续萎缩。2009年以来，农业生产逐步回复。2014年农业获得丰收。受干旱影响，2015年、2016年粮食作物出现大面积歉收。2017年粮食获得丰产。2018年谷物产量估计下降24%左右，但烟草产量创近年来新高。2019年受飓风“伊代”和旱灾双重影响，农业产值萎缩16%，玉米产量仅77万吨。

【旅游业】曾发展较快，20世纪90年代接待游客人数一度年均增长20%，同期旅游收入增加25%。1999年接待游客240万人次，收入达100亿津元，成为津主要创汇部门。津劳动力总数中有4.5%从事旅游业，另有4%从事与此相关行业。全国有70多家星级旅馆。最著名的风景点为维多利亚瀑布，还有26个国家公园和野生动物保护区。2013年8月，津与赞比亚联合举办第20届联合国旅游组织大会。2018年接待游客258万人次。

【交通运输】以铁路、公路和航空为主，海运主要通过南非的德班港（距哈拉雷1700公里）和莫桑比克的贝拉港（距哈拉雷600公里）。

铁路：通往南非、莫桑比克、赞比亚和博茨瓦纳，总长4300公里，其中哈拉雷至达布卡（Dabuka）的300公里为电气化铁路。2000/2001年度客运量133万人次，货运量884万吨。

公路：总长8.5万公里，其中1.9万公里为国家级公路，1.5万公里为沥青路面。

空运：津有3个国际机场，分别为哈拉雷、布拉瓦约和维多利亚瀑布机场。南非、阿联酋、英国、埃塞俄比亚、肯尼亚等航空公司均在津开设有国际航线。

【财政金融】津自2008年3月发生选举争议后，经济持续下滑，财政状况不断恶化。由于缺少资金，政府公共服务体系曾一度瘫痪。联合政府成立后，财政状况有所改善。截至2019年底，津外债总额约98亿美元。

【对外贸易】1991年开始推行贸易自由化后，外贸有较大幅度增长。但近年来，因经济形势恶化，外贸也深受影响。主要出口烟草、黄金、铁合金，主要进口机械、工业制成品和化工产品。约与27个国家或地区有贸易关系2019年出口额约为41.38亿美元，进口额约为46.24亿美元，逆差4.86亿美元。（资料来源：IMF年度报告）

【外国资本】独立时在津外资约25亿津元（按当时比价，约合40亿美元），占全国资本总额的62.5%。2002年，由于经济形势恶化，资本流动发展为净流出3.47亿美元。2009年联合政府成立后，外国直接投资增加至15亿美元。2014年津吸引外国直接投资4亿美元。姆南加古瓦政府成立后，高举开放、亲商政策旗帜，提高营商便利度，取得一些成效，但仍面临生产投资乏力等挑战。

【外国援助】2000年，欧盟向津小型项目赠款1900万欧元。2001年，津接受外国官方发展援助1.59亿美元。2002年起，国际金融机构和西方主要国家停止向津提供除粮援等人道主义援助外的其他援助。2008年3月津发生选举争议及8月暴发霍乱疫情后，国际社会加大了对津人道援助。2009年，津接受的国际人道主义援助总额为6.16亿美元。2014年11月，欧盟解除对津发展援助限制。2017年12月津新政府成立后，欧盟先后承诺向津提供两笔共3200万美元援助。

人民生活

全国共有各类医院244个，诊所1378个，病床2.1万张，医护人员与病人比例约1∶430。艾滋病问题较严重，感染率为14%。人均寿命43岁。

军　事

津巴布韦国防军于1980年建立，是由原民盟、人盟游击队和白人政权军队整编而成。实行志愿兵役制。最高军事决策机构是国防委员会。总统兼武装部队总司令。津国防军下设陆军和空军两个军种。总兵力4万人，其中陆军3.5万人，空军5000人。现国防军司令菲利普·西班达（Philip Sibanda）上将，陆军司令埃德扎·齐蒙约（Edzai Chimonyo）中将，空军司令埃尔森·莫约（Elson Moyo）中将。

文化教育

【教育】实行中小学低收费普及教育。现有小学4734所，中学1570所，高等学校13所。1996—2002年，小学入学率年平均80%。成人识字率为89%，其中男性为93%，女性为85%。津巴布韦大学是津最著名的综合性大学，始建于1953年。

【新闻出版】《先驱报》为津最大日报，发行量16.5万份，政府拥有该报50%的股份。其他主要报纸有《星期日邮报》《新闻日报》《每日新闻报》《金融公报》《津巴布韦独立报》《标准报》等。

津巴布韦全非通讯社（ZIANA）：成立于1981年10月。为津官方通讯社，现有工作人员57人，其中记者15人。

津巴布韦广播公司（ZBC）：1933年成立，为政府所有。分电台和电视台两部分。电台有4个台，即英语台、非洲台、音乐台和教育台，分别以英语、绍纳语和恩德贝莱语播出；除教育台只在周一到周五每天从10：00—22：00播出外，其余各台每天播出时间为5：00—24：00。电视台建于1960年。

对外关系

奉行不结盟政策。推行睦邻友好方针，以发展同非洲国家特别是南部非洲国家关系为外交重点。近年来津巴布韦大力推行“东向”政策，加强与其他发展中国家尤其是亚洲国家关系。在“民主、人权”等问题上与西方国家存在严重分歧。近年来与西方国家关系紧张，受到美国、欧盟等制裁。积极参与地区和国际事务，是不结盟运动、七十七国集团、非洲联盟、南部非洲发展共同体成员国，同110多个国家建立了外交关系。

【同中国的关系】中国与津巴布韦于1980年4月18日津独立当天建交。建交以来，两国关系发展顺利。2018年两国建立全面战略合作伙伴关系。

中方近年访津的有：北京市委书记郭金龙（2014年），国务委员杨洁篪（2015年），国务委员兼国防部长常万全（2015年），国家主席习近平（2015年），习近平主席特使、全国政协副主席苏辉（2018年），习近平主席特使、全国政协副主席辜胜阻（2019年）等。

津方近年访华的有：总统姆南加古瓦（2018年来华国事访问、出席中非合作论坛北京峰会），外长莫约（2019年出席中非合作论坛北京峰会成果落实协调人会议）等。

2019年中津双边贸易额为13.43亿美元，同比增长0.58%，其中中方出口额为3.69亿美元，同比下降17.25%，进口额为9.74亿美元，同比增长9.51%。中方主要从津方进口烟草等产品，向津方出口机电、高新技术产品。建交以来，中方共为津培训各类人员5100名。

双方签有文化、高等教育等合作协定、引渡条约、互免持外交护照和公务护照人员签证谅解备忘录以及旅游合作谅解备忘录。2018年在华津学生总数为5225名。中方于2006年在津巴布韦大学开设1所孔子学院，中方合作院校为中国人民大学。中方自1985年起向津派遣医疗队，迄今共派出17批次165人次。自2018年7月1日起，津方开始为持普通护照的中国大陆公民办理落地签。迄今两国共有4对友好省（市）。

中国驻津巴布韦大使：郭少春。馆址：No.58, Golden Stairs Road，Mount Pleasant，P. O. Box 4749, Harare。电话：00263–4–332760，332761，332762，334716（传真）。商务处：730516（带传真）。Email：chinaemb_zw@mfa.gov.cn。

津巴布韦驻华大使：马丁·切东多（Martin Chedondo）。馆址：北京市朝阳区三里屯东三街7号。电话：010–65325381/2；传真：65325383。

【同美国的关系】美曾为津巴布韦的主要援助国之一。2013年以来，美国务院负责非洲事务的副助理国务卿布里吉提、前驻联合国代表安德鲁·杨先后访津，美放松对津制裁，但未邀请穆加贝总统出席于2014年8月举行的美非峰会。津新政府上台后，美恢复对津高层接触，但表示将视津2018年大选情况决定是否解除制裁。2018年和2019，特朗普总统两次签署“对津巴布韦的制裁再延长一年”的决议。2019年5月，津总统姆南加古瓦赴莫桑比克出席美非商业峰会，会见美国务院负责非洲事务助理国务卿纳吉。10月，美国增加津受制裁对象，津外长莫约发表声明警告美方勿干涉津内政。

【同英国的关系】津英关系曾十分密切。英国曾是津巴布韦主要贸易伙伴，并在津有大量投资。2000年，由于津政府推行快速土改触动英利益，两国关系恶化。2008年3月津大选后，英公开要求穆加贝承认失败，早日下台，并与美联手强行推动联合国安理会表决制裁津决议草案。2009年2月，津联合政府成立后，英对津政策有所缓和。2014年以来，欧盟大幅减轻对津制裁，目前仅保留对穆加贝夫妇及津国防工业公司的制裁。英国对津制裁与欧盟保持一致。姆南加古瓦就任总统后，英方先后派出3位首相特使访津，推动英津关系正常化。2019年7月，津总统姆南加古瓦致信祝贺约翰逊当选英首相。同月，津外长莫约访英。

【同非洲国家的关系】重视发展同非洲国家的友好合作关系，积极参与地区政治事务和经济合作；与莫桑比克签有友好条约和防务协定；与安哥拉、纳米比亚和刚果（金）关系密切，签有共同防务协定；与南非、赞比亚和马拉维等周边国家保持睦邻关系，重视与南非在经贸领域的合作。

2008年3月津发生选举争议后，非洲联盟和绝大多数非洲国家主张津问题在非洲内部通过对话和谈判解决。南共体多次召开首脑会议讨论津局势，推动政治解决津问题。津联合政府成立后，南共体积极呼吁和协调本地区国家及国际社会向津提供援助，敦促有关国家尽早取消对津制裁，并积极调解津联合政府内部纷争。2012年6月在安哥拉首都罗安达举行的南共体特别峰会肯定津有关方落实《全面政治协议》的努力，建议津于12个月内举行大选。2013年6月15日，南共体特别峰会在莫桑比克首都马普托举行，讨论了津大选形势，要求津各方采取措施，为举行和平、可信、自由、公正大选创造有利条件。2017年11月津局势发生突变后，南非等地区国家及南共体积极开展斡旋，推动有关问题和平、妥善解决。姆南加古瓦就任总统后，即出访南非、安哥拉、纳米比亚、莫桑比克、赞比亚、博茨瓦纳等南部非洲国家。2019年8月，第39届南共体峰会决定将10月25日设定为“反制裁日”，呼吁解除对津制裁。

（孟庆星）

喀　麦　隆

国名　喀麦隆共和国（The Republic of Cameroon, La République du Cameroun）。

面积　475442平方公里。

人口　2587万（2019年）。约有200多个民族，主要有巴米累克族、富尔贝族、赤道班图族（包括芳族和贝蒂族）、俾格米族、西北班图族（包括杜阿拉族）。法语和英语为官方语言。约有200种民族语言，但均无文字。南部及沿海地区信奉天主教和基督教新教（约占全国人口的40%）；内地及边远地区信奉拜物教（约占全国人口的40%）；富尔贝族和西北部一些民族信奉伊斯兰教（约占全国人口的20%）。

首都　雅温得（Yaounde），人口253.8万。年均气温24.9℃，降水量1299毫米，降雨期133天。

国家元首　总统保罗·比亚（Paul Biya），1982年11月6日就任，1984年、1988年、1992年、1997年、2004年、2011年、2018年10月连任，任期7年。

重要节日　国庆节：5月20日；独立纪念日：1月1日；统一纪念日：10月1日。

简　况

位于非洲中部，西南濒几内亚湾，西接尼日利亚，东北接乍得，东与中非共和国、刚果（布）为邻，南与加蓬、赤道几内亚毗连。海岸基准线长360公里。西部沿海和南部地区为赤道雨林气候，北部属热带草原气候。年平均气温24℃—28℃。

公元5世纪起外来部族大量迁入，并先后形成一些部落王国和部落联盟。1884年，沦为德国的“保护国”。第一次世界大战期间，喀东、西部分别被法、英军队占领。1922年，国际联盟将东、西喀麦隆分交法、英“委任统治”。第二次世界大战后，联合国将东、西喀分交法、英“托管”。1960年1月1日，法托管区根据联合国决议独立，成立喀麦隆共和国，阿赫马杜·阿希乔出任总统。1961年2月，英托管区北部和南部分别举行公民投票，6月1日北部并入尼日利亚，10月1日，南部与喀麦隆共和国合并，组成喀麦隆联邦共和国。1972年5月20日，喀公民投票通过新宪法，取消联邦制，成立中央集权的喀麦隆联合共和国。1982年11月，阿希乔辞职，保罗·比亚继任总统。1984年1月，改国名为喀麦隆共和国。

政　治

比亚总统执政以来，实行“民族复兴”纲领，主张“民主化和民族融合”，喀麦隆政局长期稳定。1990年12月，实行多党制。1992年，举行多党立法选举和总统选举，比亚当选总统，组成以执政党“喀麦隆人民民主联盟”（简称“人民盟”）为主体的多党联合政府。1997年和2004年，比亚两度连选连任。2008年4月，喀国民议会以压倒性多数通过宪法修正案，取消对总统任期次数的限制。2011年10月，比亚再度连任。2018年10月7日，喀举行总统选举，比亚以71.28%的得票率第七次当选总统。

【宪法】现行宪法于1972年5月20日经公民投票通过，后进行7次修改。宪法规定，共和国总统是国家元首和武装部队最高统帅，有权任免总理和政府成员，颁布法律和法令，宣布紧急状态，必要时可提前举行总统选举。总统通过直接选举产生，任期7年，可连选连任。总统不能履行职权时，由参议院议长代行总统职务。总理是政府首脑，领导政府工作，负责执行法律，行使制定规章权，任命行政官员。

【议会】宪法规定，立法权由国民议会和参议院组成的两院制议会行使。国民议会每年召开3次例会，主要讨论和批准国家年度财政预算，审议和通过法律草案。议员由直接普选产生，任期5年。本届国民议会于2020年2月选举产生，共180个席位，来自8个政党，其中人民盟152席。议长卡瓦耶·耶吉·贾布里勒（Cavaye Yeguie Djibril）。本届参议院于2018年3月选举产生，由市镇议员投票产生70名参议员，总统任命30名参议员。100名参议员来自7个政党，其中人民盟占87席，社会民主阵线占7席。参议院设参议长1名，副参议长5名。参议长：马塞尔·尼亚特·恩吉芬吉（Marcel Niat Njifenji），人民盟成员。

【政府】本届政府于2019年1月组成，包括总理1人、国务部长4人、部长35人、部长级代表8人、国务秘书10人。主要成员如下：总理迪翁·恩古特·约瑟夫（Dion Ngute Joseph），旅游和娱乐国务部长贝洛·布巴·迈加里（Bello Bouba Maigari），司法国务部长埃索·洛朗（Esso Laurent），高等教育国务部长法姆·恩东戈·雅克（Fame Ndongo Jacques），国务部长兼总统府秘书长费迪南·恩戈·恩戈（Ferdinand Ngoh Ngoh），总统府负责国防事务的部长级代表贝蒂·阿索莫·约瑟夫（Beti Assomo Joseph），总统府负责国家最高监察事务的部长级代表姆巴·阿查·福曼当·罗丝·恩格瓦里（Mbah Achanée Fomundam Rose Ngwari，女），总统府负责公共采购的部长级代表塔尔巴·马拉·易卜拉欣（Talba Malla Ibrahim），总统府负责与议会关系部长级代表瓦卡塔·博尔维纳（Wakata Bolvine），领土管理部长阿坦加·恩吉·保罗（Atanga Nji Paul），社会事务部长恩盖内·肯代克·波利娜·伊雷娜（Nguéné née Kendeck Pauline Irène，女），农业和乡村发展部长姆拜罗贝·加布里埃尔（Mbairobé Gabriel），艺术和文化部长比敦格·姆克帕特·皮埃尔·伊斯梅尔（Bidoung Mkpatt Pierre Ismaël），商务部长姆巴尔加·阿坦加纳·吕克·马格卢瓦尔（Mbarga Atangana Luc Magloire），新闻部长萨迪·勒内·埃马纽埃尔（Sadi René Emmanuel），权力下放和地方发展部长埃兰加·奥巴姆·乔治（Elanga Obam Georges），地产、地籍和土地事务部长埃耶贝·阿伊西·亨利（Eyebé Ayissi Henri），水资源和能源部长埃伦杜·埃松巴·加斯东（Eloundou Essomba Gaston），经济、计划和领土整治部长阿拉明·奥斯曼·梅伊（Alamine Ousmane Mey），基础教育部长埃通迪·恩戈亚·洛朗·塞尔日（Etoundi Ngoa Laurent Serge），畜牧、渔业和畜产工业部长塔伊加（Taiga），就业和职业培训部长伊萨·奇罗马·巴卡里（Issa Tchiroma Bakary），中等教育部长娜洛瓦·莉翁加·波利娜·埃贝（Nalova Lyonga Pauline Egbe，女），环境、自然保护和可持续发展部长海莱·皮埃尔（Hélé Pierre），财政部长莫塔泽·路易·保罗（Motaze Louis Paul），公职和行政改革部长约瑟夫·勒安德森（Joseph Le Anderson），林业和动物资源部长恩东戈·朱尔·多雷（Ndongo Jules Doret），住房和城市发展部长库尔泰斯·克恰·塞莱斯蒂娜（Courtès née Keutcha Célestine，女），青年和公民教育部长穆努纳·富楚（Mounouna Foutsou），矿产、工业和技术开发部长多多·恩多凯·加布里埃尔（Dodo Ndoké Gabriel），中小企业、社会经济和手工业部长巴西莱金·阿希尔（Bassilekin III Achille），邮电部长利博姆·利·利康·芒多莫·米内特（Libom Li Likeng née Mendomo Minette，女），妇女和家庭事业促进部长阿贝娜·翁多阿·奥巴马·马里·泰雷兹（Abena Ondoa née Obama Marie Thérèse，女），科研和创新部长楚恩特·马德莱娜（Tchuinte Madeleine，女），对外关系部长姆贝拉·姆贝拉·勒热纳（Mbella Mbella Lejeune），公共卫生部长马纳乌达·马拉切（Manaouda Malachie），运动和体育部长穆埃勒·孔比·纳西斯（Mouelle Kombi Narcisse），交通部长恩加莱·比贝埃·让·埃内斯特·马塞纳（Ngallé Bibehe Jean Ernest Masséna），劳动和社会保障部长奥沃纳·格雷瓜尔（Owona Grégoire），公共工程部长恩加努·朱梅西·埃马纽埃尔（Nganou Djoumessi Emmanuel）。

【行政区划】全国划分为10个大区（极北、北部、阿达马瓦、东部、中部、南部、滨海、西部、西南、西北），58个省，360个市镇。

【司法机构】司法权由最高法院、上诉法院、各级法庭行使。总统任命法官。最高司法会议协助总统工作。最高法院院长梅科贝·索内·丹尼尔（Mekobe Sone Daniel），总检察长恩乔多·吕克（Ndjodo Luc）。

【政党】共有298个政党。主要政党情况如下：

（1）喀麦隆人民民主联盟（Rassemblement Démocratique du Peuple Camerounais，RDPC）：前身是喀麦隆民族联盟，1966年9月1日成立，1985年3月24日改称现名。现有党员200多万。成立以来一直保持执政党地位。总目标是建立一个以严格、讲道德、自由和民主以及保证人民充分发展为基础的“集体自由主义社会”。恪守的信条是“团结、进步、民主”。当前的任务是促进全国的团结和统一，发展经济和文化，反对部族主义和宗教特权。1984年9月，比亚总统当选喀麦隆民族联盟主席，1985年喀麦隆民族联盟改称喀麦隆人民民主联盟后当选为人民盟党主席。1990年6月、1996年12月、2011年9月，人民盟分别举行第一次、第二次、第三次全国代表大会，比亚均当选党主席。该党在国民议会和参议院中分别占152席和87席。总书记让·恩奎特（Jean Nkuete）。

（2）社会民主阵线（Social Democratic Front，SDF）：反对党。1990年5月26日成立。1991年3月1日成为合法政党。以“民主、正义、发展”为口号，宣称以和平手段实现政权交替是该党的责任和义务，主张恢复联邦制。曾抵制1992年的立法选举和1997年的总统选举，在西部英语区和巴米累克人中影响较大。2004年10月，党主席约翰·弗吕·恩迪（John Fru Ndi）参加总统选举，获得17.40%选票。2011年10月，恩迪再次参加总统选举，获得10.71%选票，排名第二。2018年10月，该党第一副主席奥什·乔舒亚·纳姆邦吉（Osih Joshua Nambangi）参加总统选举，获得3.35%选票，排名第四。该党在国民议会和参议院中分别占16席和7席。

（3）喀麦隆复兴运动（Mouvement pour la Renaissance du Cameroun，MRC）反对党。2012年8月成立，主张发起广泛政治讨论，营造更为开放、民主的政治氛围。主席莫里斯·坎图（Maurice Kamto），曾任联合国国际法委员会委员、喀司法部部长级代表等职，2018年10月参加总统选举，获得14.23%选票，排名第二。该党在国民议会和参议院中各占1席。

（4）喀麦隆民主联盟（Union Démocratique du Cameroun，UDC）：反对党。1991年3月成立，同年4月取得合法地位。寻求建设一个和平、宽容、自由和正义的社会，主张实现在正义、平等、反对部族主义基础上的和平。在西部大区有一定影响。主席恩达姆·恩乔亚（Ndam Njoya），曾任国际关系学院院长、外交部副部长和国民教育部长等职。2004年10月以反对派联盟“民族和解与国家重建联盟”统一候选人身份参加总统选举，获得4.47%选票，居第三位。2011年10月再次参加总统选举，获1.73%选票，居第四位。2018年10月再次参加总统选举，获1.73%选票，居第五位。该党在国民议会中占6席，在参议院中无席位。

（5）全国民主进步联盟（Union Nationale pour la Démocratie et le Progrès，UNDP）：参政党。1990年5月成立，1991年3月25日被批准为合法政党。该党在北方穆斯林居住地区影响较大，领导层中有不少人为前总统阿希乔的支持者。强调喀是公民的国家，支持民族团结和统一，反对分裂。主张经济自由化和地方分权，赞成严格执行经济结构调整计划。1997年曾与社民阵联手抵制总统选举。1998年1月与人民盟达成“政府共同纲领”后加入政府，成为参政党。该党在国民议会和参议院中分别占4席和2席。党主席贝洛·布巴·迈加里现任旅游和娱乐国务部长。

（6）喀麦隆人民联盟（Union des Populations du Cameroun，UPC）：参政党。成立于1948年4月，曾为喀独立作出过贡献。因从事反殖斗争，1955年被法国殖民当局取缔。喀独立后于1960年2月25日成为合法政党，1966年该联盟被当局解散，1991年2月12日再次取得合法地位。该联盟主张加速国家民主变革，鼓励政治自由化，广施民主，分散经济管理权，减少国家干预，提高人民生活水平，建立一个在团结和互相补充基础上的社会。该党多次发生分裂，形成以总书记奥古斯坦·科多克（Augustin Kodock）、主席恩代·恩图马扎（Ndeh Ntumazah）以及亨利·奥科贝·恩朗（Henri Hogbe Nlend）为首的三派。2000年1月前两派宣布和解。目前该党在国民议会和参议院中各占1席。

【重要人物】保罗·比亚：共和国总统、国家元首、全国武装力量最高统帅、人民盟全国主席。1933年2月13日生于南部大区贾埃洛博省。1956—1962年先后在法国路易·勒·克昂公立中学、巴黎大学、海外高等研究学院等攻读法律和政治学，1960年获国际公法学士学位。回国后历任总统府特派员，国民教育、青年和文化部长办公厅主任、秘书长，总统府民事办公室主任，总统府秘书长兼民事办公室主任，总统府国务部长兼秘书长等职。1975年6月出任政府总理。

1982年11月任共和国总统至今。1975年2月当选为喀麦隆民族联盟（喀麦隆人民民主联盟前身）中央委员会副主席，1983年9月任全国主席。1985年3月任喀麦隆人民民主联盟全国主席至今。　**迪翁·恩古特·约瑟夫**：总理。1954年3月出生于喀麦隆西南大区恩迪安省。1977年获雅温得大学法律学士学位，后赴英国伦敦大学和沃里克大学学习，获法律硕士和哲学博士学位。回国后在雅温得第二大学任教。1986—1995年任国家行政机构和官员管理中心主任，1991年起兼任国家行政学院院长。1997年12月任对外关系部负责与英联邦合作事务的部长级代表。2018年3月任总统府部长级特派员。2019年1月出任总理。系喀麦隆人民民主联盟中央委员。

经　济

喀麦隆地理位置和自然条件优越，资源丰富。农业和畜牧业为国民经济主要支柱。工业有一定基础。2000年，喀顺利完成与国际货币基金组织签署的第五期结构调整计划，并被批准加入“重债穷国”减债计划。2006年，世界银行、国际货币基金组织确认喀达到“重债穷国”减债计划完成点，喀外债获大幅减免。2008年，受国际金融危机影响，喀财政关税和出口产品收入骤减，外部投资和信贷收紧，失业人数增多。2009年，喀政府公布《2035年远景规划》以及经济增长和就业战略发展规划（2010—2020年），重点发展农业，扩大能源生产，加大基础设施投资，努力改善依赖原材料出口型经济结构，争取到2035年使喀成为在非洲国家中经济名列前茅的新兴国家。为此积极实施重大基础设施项目，解决能源供应短缺等问题，大力改善投资环境，推动经济平稳增长。由于经济增长未达到年均5.5%的预期目标，喀政府于2014年底出台加快经济增长三年紧急计划（2015—2017年），主要目标是尽快将经济增长率提升至6%，为此要着力改善营商环境，实现生产设施现代化，推动喀国内工业崛起。2016年2月，比亚总统提出耗资1020亿非郎的“三年青年特别计划”，将在工业化、农业和数字经济领域促进青年人就业。2019年主要经济数据估算如下：

国内生产总值：387.9亿美元。

人均国内生产总值：1613美元。

国内生产总值增长率：3.7%。

货币名称：中非金融合作法郎（FCFA，简称“非洲法郎”）。

汇率：1美元≈582非洲法郎。

通货膨胀率：2.5%。

（资料来源：2020年第二季度《伦敦经济季评》）

【**资源**】矿产资源较丰富。已探明的主要矿藏有：铝矾土（储量为11亿吨以上，矾土品位为43%，硅石品位为3.4%）、铁矿（约50亿吨）、金红石（约300万吨，钛含量92%至95%）。此外还有锡石矿、黄金、钻石、钴、镍等以及大理石、石灰石、云母等非金属矿产。森林资源丰富，总面积约2250万公顷，约占国土总面积的46%，可开发面积约1700万公顷，总容积量40亿立方米，主要有非洲梧桐、筒状非洲楝、红铁木、柄桑木及浅黄榄仁等树种。全国水域面积3.96万平方公里。可利用淡水资源总量2855亿立方米。石油储量1亿多吨，天然气储藏量约5000亿立方米。根据喀国家石油公司所发布公告，因国家加大对油气开采业投资，2019年喀预计产油量约2650万桶，较2018年增长5.6%，预计产气量22.3亿立方米，较2018年增长28.29%。

喀政府2001年颁布《矿业法》，2010年7月29日修订其中部分条款，进一步明确了矿产证类型、采矿权益保障等内容。目前，喀政府正在酝酿出台新的《矿业法》。截至2016年，喀政府共向314家手工矿产开发商发放1248份许可证，共批准设立60个矿产资源商业化办公室，此外还登记并发放了167份勘探许可证。

近年喀原油产量如下（单位：百万桶）：

年份	2017	2018	2019
年产量	27.7	25.1	26.5
年增长（%）	–17.8	–9.4	5.6

（资料来源：喀国家石油公司网站）

【**工业**】独立后工业发展较快，已有一定基础和规模，工业水平居撒哈拉以南非洲前列。全国15%的劳动力从事工业，2018年工业产值约占国内生产总值的26%。主要工业部门有食品、饮料、卷烟、纺织、服装、造纸、建材、化工、炼铝、电力、石油开采与加工、木材开采与加工等。近年来，为促进工业发展，增加就业，吸引投资，喀政府积极完善有关法律法规，于2002年颁布新的投资法，大力鼓励中小企业发展，建立了“中小企业援助和贷款担保基金”。自1990年起推行企业私有化政策，目前已完成数十家重点企业私有化。但喀麦隆工业化发展仍面临能源缺乏、基础设施建设落后、加工制造业成本高昂等困难。

【**农林牧渔业**】素有“中部非洲粮仓”之称。可耕地达到720万公顷，占国土面积的15%，目前仅开发180多万公顷。2018年农业产值约占国内生产总值的15%，占出口总额的25%，为60%的劳动人口提供了就业。喀政府重视农业发展，2005—2010年农业投资从265亿非郎增加到600亿非郎，同时增加农业发展管理机构的投资，建设农村基层合作组织，加强农业机械化发展，为年轻农民就业提供帮助。2010年建立农业商会，并积极与国际组织联络，争取世界银行、欧盟、联合国粮农组织、非洲开发银行、伊斯兰开发银行的资助，提高喀麦隆农业产量及竞争力。2012—2015年，喀农业年均增速约3.6%。主要粮食作物有小米、高粱、玉米、稻谷、薯类、芭蕉等。主要经济作物有可可、棉花、咖啡、香蕉、油棕等，是世界第五大香蕉生产国。目前，咖啡年产量2.5万吨，可可豆年产量约20万吨，香蕉产量22万吨，棉花产量35万吨。

林业为喀国民经济支柱产业之一。喀政府重视林业发展，1999年进行林业改革，明令禁止原木出口，并对林地开采权进行公开招标。同年，针对禁止原木出口造成的出口收入下降问题，将树种分为传统树种和推广树种，推广树种原木纳税后准许出口。林业对国民生产总值贡献率为6%。

2015—2018年喀麦隆林木产品产量如下（单位：万立方米）

	2016	2017	2018
原木	296.9	275	295.4
锯木	111.5	96.5	105.7
胶合板	10.4	12.1	15

（资料来源：喀林业部和财政部网站）

喀渔业及相关产业从业者约20万人。海洋捕鱼主要依赖手工作业，水产养殖尚在起步阶段。水产品自给不足，每年生产20万吨水产品，需从国外进口20万吨左右鱼品。全国牧场和草原面积1430万公顷。北部地区畜牧业较发达，主要以传统方式经营。畜牧业年产值占农业产值14%。2013—2015年生产肉类566716吨、牛奶385676吨、食用鸡蛋135965吨、蜂蜜3341吨（其中出口蜂蜜900吨）。喀政府已着手制定旨在促进养鱼业、捕鱼业、养蜂业等产业多样化发展政策，制定有效防治和减少动物流行病的机制，拟定与国际接轨的兽医服务业标准。

【旅游业】旅游资源丰富，有“微型非洲”之称。政府重视发展旅游业，成立了以总理为主席的国家旅游理事会，在国外开设旅游代表处，并鼓励私人投资旅游业。1975年，加入国际旅游组织。1985年9月，建立喀麦隆旅游公司。1989年，成立旅游部。1990年，成立“全国促进旅游委员会”。全国有381个旅游景点，各类保护区45处。主要旅游点有贝努埃、瓦扎和布巴恩吉达等天然动物园。2018年，喀共有1721家宾馆和837个旅游景点，共接待国际游客81.2万人次，国内游客487万人次。2017年，喀旅游业收入6312亿非郎，占国内生产总值的3.2%，旅游业领域就业人口60.45万。

【交通运输】已形成陆海空立体交通网络。公路交通占全国运输总量的90%以上。

铁路：1911年投入使用，总长1000公里，分布在部分大城市，使用单窄轨铁路，至今未能延伸到全国各地。2017年境内铁路运输旅客发送量为85万人次，同比减少近45%。喀政府于2012年推出了“国家铁路指导计划”，作为铁路发展的重要指南。

公路：总长122108公里，其中沥青路总长约7000公里，主干道总长21490公里，乡村道路长为100243公里。根据喀2020—2035年公路发展指导计划，未来15年喀公路建设重点是修建联通区、省首府的道路。

水运：喀麦隆目前有4个港口：杜阿拉、林贝、克里比3个海港和加鲁阿内陆河港。杜阿拉港位于距大西洋50公里的五里河港湾口，地理位置优越，是中非地区的重要港口，中非、乍得等内陆国进出口商品均在此转运。设计吞吐量1000万吨/年，近年来实际吞吐量均超过1000万吨，年吞吐量占喀进出口商品的95%以上。2018年货运量1160万吨，同比增长4.5%。林贝和克里比港规模较小。2014年12月，由中国进出口银行提供贷款建设的克里比深水港一期项目竣工，码头设计年吞吐量120万吨货物和30万TEU集装箱，2018年3月投入运营，2018年货运量640万吨。加鲁阿港为季节港，每年8—9月为运输期，近几年没有承担运量。

空运：目前喀麦隆除雅温得—恩西马兰、杜阿拉、加鲁阿等3大国际机场外，还有马鲁阿—萨拉克、恩冈代雷、贝尔图阿、巴富萨姆—巴姆古姆、巴门达—巴富特等5个二级机场。据喀民航局统计，2015年喀机场共计接送旅客约126.5万人次。目前共有20家商业航空公司和3家货运航空公司在喀开展业务。喀麦隆航空公司在原喀国有航空公司的基础上组建成立，总部位于杜阿拉市，现有两架波音飞机、两架新舟60飞机和一架庞巴迪飞机，经营国际和国内航线，2011年3月28日实现首航，2017年共运送乘客约23.57万人次。此外，喀还有3家仅从事包机业务的小型航空公司。

【电信业】近年来，喀麦隆通信行业呈现快速发展势头。1998年全国仅有6.65万固定电话用户，2015年增至约90.9万户，互联网用户从1998年的3000户增至2010年的近100万户。2015年，移动通信服务覆盖全国领土近80%，用户1861万。目前，喀麦隆移动通讯和固定电话市场共有3家运营商，提供互联网服务的企业近50多家。

【财政金融】2017—2019年政府财政收支情况如下（单位：亿美元）：

	2017	2018	2019（估算）
收入	51.15	60.65	58.96
支出	65.42	73.91	72.53
差额	−14.27	−13.26	−13.58

2017—2019年外汇储备及外债情况如下（单位：亿美元）：

	2017	2018	2019（估算）
外汇储备	27	33.05	34.39
外债总额	84	111.42	119

（资料来源：2020年第二季度《伦敦经济季评》）

喀现有商业银行13家，总体经营状况良好，有支付能力并能赢利。截至2015年12月，三大巨头——非陆第一银行（Afriland First Bank）、喀麦隆兴业银行（Société générale Cameroun）和喀麦隆储蓄信贷国际银行（BICEC）放款总额和吸纳存款分别占喀麦隆银行业的53.9%和50.2%。全国有730家储蓄和信贷合作社。此外还有社会保险银行、国家投资公司、负责管理公共债务的债务自治银行以及邮政储蓄银行等非商业银行或非银行金融机构。

喀杜阿拉证券交易所于1999年挂牌成立，目前有喀矿泉水公司（SEMC）、喀非洲林业与农业公司（SAFACAM）、喀棕榈公司（SOCAPALM）3家股票上市公司和5种债券入场交易。截至2017年2月1日，杜阿拉证券交易所市值达3293亿非郎，其中股票市值1485亿非郎，债券市值1808亿非郎。

【**对外贸易**】实行贸易开放政策，强调贸易伙伴多样化。同120多个国家和地区有贸易往来，与30多个国家签有贸易协定。主要出口原油、碳氢燃料和润滑油、木材、橡胶、棉花、铝矿、香蕉、咖啡等，主要进口原油、冷冻海鱼产品、大米、药品、化肥、旅游车辆、货物运输车辆等。欧盟始终是喀第一大贸易伙伴，占喀对外贸易总额的50%以上。2016年8月，喀麦隆—欧盟经济伙伴关系协议正式生效，8月4日起，喀全部产品进入欧盟市场时继续享受免关税待遇，欧盟80%的产品在进入喀市场时逐步享受免关税待遇。

2018年主要出口对象国为意大利、中国、法国、荷兰等；主要进口来源国为中国、法国、尼日利亚、荷兰等。近年对外贸易情况如下（单位：亿美元）：

	2017	2018	2019
出口额	48.47	42.06	53.63
进口额	48.85	48.80	61.19
差　额	–0.38	–6.74	–8.06

（资料来源：2020年第二季度《伦敦经济季评》）

【**外国援助**】主要援助方为法国、国际开发协会、欧盟、德国、非洲发展基金、英国、美国、日本。2016年喀获得8.54亿美元外援，其中欧盟援助占57%。

人民生活

在联合国2018年公布的189个国家人类发展指数排名中列151位。2014年人均预期寿命57.35岁。城镇人口占56%，15岁以下人口占总人口的41.9%。

医疗卫生状况在中部非洲地区相对较好。2012年，91.4%的城市人口和51.9%的农村居民享有清洁饮用水。儿童死亡率5.51%（2013年）。2014年4月，世界卫生组织将喀列为脊髓灰质炎风险国家。目前，疟疾仍是喀患者住院、婴儿死亡、适龄儿童辍学的首要原因。2018年，喀因疟疾患病致死人数达3263人。喀全国共有2260所公共医疗机构，其中4所普通医院、3所中心医院、14所大区医院、164所县级医院、155所小区医疗中心、1920个综合卫生中心。2018年艾滋病感染率为3.4%。

军　事

1960年独立后建军。武装力量由陆、海、空军和宪兵组成。总统为全国武装部队最高统帅。2001年7月，喀麦隆军队实行重大改革，建立总统—国防部长—大军区司令—省军区司令的垂直领导体制。全国划分为4个诸军种联合区，司令部分别设在雅温得、杜阿拉、加鲁阿和马鲁阿，10个大区内设立10个军分区。

文化教育

【**教育**】国家重视发展教育事业，近年来教育经费在政府预算中保持一定增长。2015年，教育领域财政预算占全年预算的13.1%。喀教育分为学前教育、初等教育、中等教育和高等教育4个阶段，目前，全国共有15123所小学、2413所初中和高中、8所国立大学。据联合国儿童基金会统计，适龄儿童入学率已达90%，全国人口文盲率为24.1%。高等院校有雅温得一大、二大、杜阿拉、德昌、恩冈代雷、布埃亚6所综合性大学以及国家行政司法学校、青年和体育学院、国家高等邮电学校、公共管理高等学院等高等院校。

【**新闻出版**】喀麦隆新闻出版公司成立于1977年7月，下辖喀麦隆通讯社、《喀麦隆论坛报》报社等。登记注册的报刊有500家，其中绝大部分因经营困难不能定期出版发行。主要有：《喀麦隆论坛报》，1974年7月1日创刊，全国性官方报纸（法、英双语版），日发行3万余份；《官方公报》，半月刊，由总统府出版发行，法、英文合刊，主要刊载总统、总理及各部颁布的法令、法律；《信使报》，1979年11月创刊，最有影响的私人报纸，每周出版三期，发行量2万份；《新言论报》，私人报纸，每周3期，发行量约1万份。此外，还有《动荡报》《前景报》《先驱报》等。

喀麦隆广播电台：总台设在首都雅温得，从5时至次日凌晨2时连续播音21个小时，用法、英和多种地方语言广播，覆盖率约为60%。在10个大区的首府设立地区电台，并在雅温得、杜阿拉、布埃亚和巴富萨姆四大城市建立了4个商业性的调频电台。

喀麦隆国家电视台：1986年4月成立，播放彩色电视节目，发射网可覆盖全国领土的约50%。平日播出时间为10个小时，从15时至次日1时；周六和周日延长至13和16个小时。1988年1月，建成全国电视制作中心。

2000年4月政府颁布关于私人视听传媒企业建立和运营条件的法令，允许私人进入视听传媒领域。私人电台在首都和杜阿拉等城市有所增加。喀现有超过600家新闻机构，近200家电台、154家电视台以及为数众多的网络媒体。法国国际广播电台和英国BBC公司均在喀播放调频节目。

对外关系

奉行独立、开放、睦邻友好和多元化的外交政策。主张以和平方式解决国际争端。要求国际社会充分关注发展中国家诉求，建立更加多元、公正的国际关系新秩序。重视发展睦邻友好关系，积极参与地区事务和地区政治、经济一体化进程，努力推动非洲国家的团结和合作。

【同中国的关系】中国与喀麦隆1971年3月26日建交，两国关系发展顺利。近年中方访喀的有：副总理回良玉（2011年1月），国务委员刘延东（2011年12月），外交部长王毅（2015年1月），习近平主席特别代表、中共中央政治局委员、中央外事工作委员会办公室主任杨洁篪（2019年1月）等。

喀方访华的有：总统比亚（2011年、2018年3月，2018年8—9月出席中非合作论坛北京峰会）、外长姆邦乔（2012年7月来华出席中非合作论坛第五届部长级会议，2015年8月来华出席第八届中喀经贸混委会）、总理菲勒蒙（2015年6月）、经济部长莫塔泽（2016年7月来华出席中非合作论坛约翰内斯堡峰会成果落实协调人会议）、外交部长姆贝拉（2019年6月来华出席中非合作论坛北京峰会成果落实协调人会议）。

2016年7月，中喀签订《中华人民共和国政府和喀麦隆共和国政府关于互免持外交、公务护照人员签证的协定》，2017年8月12日生效。

2019年双边贸易额为26.8亿美元，同比减少3.9%，其中中方出口额为16.7亿美元，同比减少1.4%，进口额为10.1亿美元，同比减少7.9%。中方主要进口原油、原木、棉花，出口机电和高新技术产品。

中国驻喀麦隆大使：王英武。馆址：B.P.1307，Nouveau Bastos，Yaounde，Cameroun。电话：00237-222210083（使馆），222206429（经商处）；传真：222214395（使馆），222203191（经商处）。

喀麦隆驻华大使：马丁·姆帕纳（Martin Mpana）。馆址：北京市朝阳区三里屯东五街7号。电话：010-65321828；传真：65321761。

【同法国的关系】法是喀最重要的合作伙伴、最大援助和投资国、第二大进口来源国，每年对喀援助超过1亿欧元，涉及基础设施建设、农业、人力资源培训等领域。2013年1月，比亚总统对法国进行工作访问，同奥朗德总统举行会谈。2013年3月，法国外长法比尤斯访喀。两国签有经济、财政、军事、司法等多个合作协定。法在“减债促发展合同”第一期（2005—2011年）合作项下向喀提供援款3527亿非郎，第二期（2011—2016年）提供2138亿非郎。2012年5月，喀批准两国于2009年签署的《防务伙伴关系协定》生效。2014年4月，《防务伙伴关系协定》后续委员会会议在雅温得召开。7月，比亚总统赴法国出席普罗旺斯登陆70周年纪念活动。2015年2月，法国外长法比尤斯访喀。5月，法国内政部长卡泽纳夫访喀。11月，比亚总统赴法出席联合国气候变化巴黎大会。2016年6月，比亚总统会见到访的法国外交部负责发展和法语国家事务的国务秘书瓦里尼，其间喀法双方签署“减债促发展合同”第三期（2017—2025年），在此框架下法方将向喀方提供4000亿非郎。2018年6月，法国外交和欧洲事务部国务秘书让-巴普蒂斯特·勒穆瓦耶访喀。2019年10月，比亚总统夫妇出席在法国里昂举行的第六届抗艾滋病、结核和疟疾全球基金大会，其间比亚总统同马克龙总统举行会见。同月，法国外长勒德里昂访喀。11月，比亚总统应法国总统马克龙邀请，赴法国出席第二届巴黎和平论坛。

【同美国的关系】美是喀主要贸易伙伴。喀主要向美出口石油和矿石。美企业在喀油气开发、矿业、城市交通、电力等多个领域占有重要地位。两国政府间合作主要集中在军事、农业和教育领域。目前约130名美国和平队队员在喀工作。2007年1月，美免除喀160亿非郎债务。2013年2月，两国在喀北部大区举行代号为“沉默战士”的联合军事演习。2014年8月，比亚总统赴美出席美非峰会。2016年11月，比亚总统向美国新当选总统特朗普致贺电。2019年3月，美国助理国务卿纳吉访问喀麦隆。

【同英国的关系】喀麦隆西部两个大区曾为英国殖民地。1995年11月1日，喀获准加入英联邦。英国及英联邦在人权、良政、扶贫和高教等领域同喀有多个合作项目。2014年5月，英国外交部负责非洲事务的常务次官马克·西蒙斯访喀。同月，菲勒蒙总理赴伦敦出席首届英国—喀麦隆贸易与投资论坛。10月，英联邦议会大会在喀召开。2018年5月，菲勒蒙总理代表比亚总统赴伦敦出席英联邦首脑会议。

【同其他国家和地区组织的关系】喀麦隆重视发展睦邻友好关系，积极参与地区事务，努力推动非洲国家的团结和合作。由于历史原因，喀同尼日利亚曾在一些陆海疆界问题上存有争议。2006年6月，喀尼签署和平协议，尼从巴卡西半岛撤军，半岛争端和平解决。2008年8月，尼正式将巴卡西半岛主权移交喀方。2015年7月，尼总统布哈里访喀。2016年2月，尼内政部长访喀。3月，尼外长访喀。5月，比亚总统对尼进行国事访问。11月，塞内加尔总统萨勒访喀。

2011年6月，比亚总统赴赤道几内亚出席非盟第17届首脑会议。2012年7月，比亚总统赴刚果（布）出席中部非洲经济与货币共同体第11届峰会。10月，比亚总统赴刚果（金）出席第14届法语国家组织峰会。12月，比亚总统赴赤道几内亚出席第七届非加太首脑峰会。2014年6月，比亚总统赴赤道几内亚出席非盟峰会。11月，比亚总统赴塞内加尔出席第15届法语国家组织峰会。2016年9月，比亚总统出席第71届联大会议。12月，比亚总统召集中非、乍得、赤道几内亚、刚果（布）总统在雅温得召开中部非洲经济与货币共同体特别峰会。2017年10月，比亚总统赴乍得出席中部非洲经济与货币共同体特别峰会。2018年10—11月，菲勒蒙总理代表比亚总统赴乍得出席中部非洲经济与货币共同体峰会，赴亚的斯亚贝巴出席非盟特别峰会，赴乍得出席乍得湖盆地委员会特别峰会。2019年3月，恩古特总理代表比亚总统赴乍得出席中非经货共同体领导人峰会，乍得总统代比在会上将轮值主席移交比亚总统。10月，中非经货共同体特别首脑峰会在雅温得召开，比亚总统主持会议。12月，恩古特总理代表比亚总统赴肯尼亚出席第九届非加太集团首脑会议，赴加蓬出席中部非洲国家经济共同体峰会。（潘星彤）

科 摩 罗

国名 科摩罗联盟（Union of Comoros，Union des Comores）。

面积 2236平方公里（包括马约特岛）。

人口 约80万（2018年）。主要由阿拉伯人后裔、卡夫族、马高尼族、乌阿马查族和萨卡拉瓦族组成。通用科摩罗语，官方语言为科摩罗语、法语和阿拉伯语。超过95%的居民信奉伊斯兰教，主要为逊尼教派。

首都 莫罗尼（Moroni），人口约6万。热季为11月至次年5月，平均气温24℃—31℃，凉季为6—10月，平均气温19℃—27℃。

国家元首 总统阿扎利·阿苏马尼（Azali Assoumani），2016年5月就职，2019年4月连任，任期5年。

重要节日 国庆节：7月6日。

简 况

西印度洋岛国，由大科摩罗、昂儒昂、莫埃利、马约特四岛组成。位于莫桑比克海峡北端入口处，东、西距马达加斯加和莫桑比克各约300公里。热带海洋性气候，年平均气温23℃—28℃。

西方殖民者入侵前长期由阿拉伯苏丹统治。1841年，法国入侵马约特岛。1912年，科摩罗四岛沦为法国殖民地。1946年，成为法"海外领地"。1961年，取得内部自治。1975年7月6日独立，成立科摩罗共和国，艾哈迈德·阿卜杜拉（Ahmed Abdallah）任总统。1978年10月22日，改国名为科摩罗伊斯兰联邦共和国。1990年3月，赛义德·穆罕默德·乔哈尔（Said Mohamed Djohar）当选总统，组成科独立以来第一个多党联合政府。1995年9月，德纳尔发动军事政变，乔哈尔总统被囚，卡阿比总理成立过渡政府。乔哈尔获释后被送往留尼汪"治病"期间宣布成立合法政府，科出现两个政府共存局面。1996年1月，总统派和总理派实现和解，并于3月16日组织总统选举，穆罕默德·塔基·阿卜杜勒卡里姆（Mohamed Taki Abdoulkarim）当选。1997年7月，昂儒昂岛要求脱离科摩罗归属法国，10月宣布独立。1998年11月塔基病逝，塔基丁出任代总统。1999年4月19—23日，科各岛和各党派代表在非洲统一组织和马达加斯加等主持下召开岛际会议并达成《塔那那利佛协议》，决定成立科国家联盟，各岛高度自治，但昂儒昂岛代表拒绝签字。4月30日，科军参谋长阿扎利上校发动军事政变上台后，组成文官主导的新政府，吸收更广泛的政党参政，基本稳定科局势，并于2000年8月与昂儒昂岛领导人阿贝德签署《丰波尼共同声明》，原则同意进行民族和解，决定成立带有邦联性质的"科摩罗新集体"。2001年2月，科政府、反对党、昂儒昂岛当局、各岛代表及非统等9方签署《科摩罗和解框架协议》，科全面民族和解进程正式启动。12月23日，科通过新宪法草案，决定成立科摩罗联盟，赋予四岛高度自治权。2002年3—4月，科举行大选，阿扎利当选总统。2006年4—5月，科摩罗联盟举行两轮总统选举，昂儒昂岛独立候选人、宗教领袖桑比以58.14%得票率当选，并于5月26日宣誓就职。2007年6月，昂儒昂岛前领导人非法举行地方选举引发政治危机。2008年2月，非盟峰会发表声明，呼吁成员国对科政府依法在昂岛恢复管辖权予以一切必要支持。2008年3月，科政府军在非洲联盟联军支持下采取军事行动并控制该岛。2009年5月17日，科联盟政府组织全民公投，通过了旨在加强中央权威、削减各自治岛权力的宪法修正案。

政 治

2010年11—12月，科摩罗举行两轮总统选举，原副总统伊基利卢·杜瓦尼纳当选新一任联盟总统。2011年5月26日，伊基利卢就任联盟总统。2016年2月和5月，科摩罗举行两轮总统选举，前总统阿扎利当选新一任联盟总统。2016年5月26日，阿扎利宣誓就职。2018年2月，科摩罗举行全国对话协商大会，在改革总统轮任制、取消副总统职位、取消宪法法院等方面取得共识。2018年7月，科摩罗修宪公投顺利举行，将总统不得连任改为允许现任总统连任一次，并取消副总统职位。2019年3月、4月，科摩罗举行总统选举两轮投票，阿扎利总统成功连任。

【宪法】2001年12月23日，科摩罗通过独立以来第四部宪法，2009年5月进行修正。根据修改后的宪法，科实现行政、立法和司法三权分立体制。联盟设1名总统和3名副总统。总统为国家元首兼政府首脑和军队最高统帅，由各岛轮任，任期5年。各岛政府在尊重国家统一的前提下，实行自治。副总统负责协调和监督各自治岛行政机构依法施政。2018年7月，阿扎利总统推动修订宪法，将总统不得连任、三岛轮任改为允许现任总统连任一次、三岛轮任，并取消副总统职位。8月，阿扎利总统改组政府，取消三位副总统职位。

【议会】国民议会为联盟最高立法机构，共有33名议员，其中24名议员通过直选产生，其他由各岛理事会（地方议会）各指定3人组成，负责讨论通过国家法律法规、国家预算、监督政府行为等，设有常务委员会和4个常设委员会，各委员会均有8名成员。每年召开两次例会，第一次召开时间为4月的第一个星期五，第二次召开时间为10月的第一个星期五。每次例会不超过3个月。

【政府】本届政府于2019年6月成立，目前主要成员有：总统阿扎利·阿苏马尼（Azali Assoumani），农业、渔业和环境部长穆斯塔德鲁因·阿卜杜（Moustadroine Abdou），国土整治、城市规划兼不动产事务和陆地运输部长阿布达拉·赛义德·萨露玛（Abdallah Said Sarouma），经济、投资、能源兼经济一体化、旅游、手工业部长兼政府发言人胡麦德·姆赛迪（Houmed M`saidie），财政、预算和银行业部长赛义德·阿里·赛义德·沙哈尼（Said Ali Said Chayhane），外交与国际合作、海外侨民部长苏艾夫·穆罕默德·艾尔·阿明（Souef Mohamed El Amine），邮政、电信、数字经济部长阿卜杜拉·赛义德·萨鲁马（Abdallah Said Sarouma），卫生、团结、社会保障及促进性别平等部长鲁布·雅库特·赞度（Loub Yacout Zaidou，女），内政、权力下放、领土管理兼协调国家机构关系部长穆罕默德·达乌杜（Mohamed Daoudou），司法、伊斯兰事务、公共行政、人权事务、公正透明及公共管理部长穆罕默德·乌赛尼·贾玛利莱利（Mohamed Housseini Djamalilaili），青年、就业、工作、培训、职业规划、体育、艺术和文化部长努尔迪那·本·阿麦德（Nourdine Ben Ahmed），国民教育、高等教育和科研部长穆安吉·默罕默德·穆萨（Moindjie Mohamed Moussa），海空运输和航空运输部长毕昂里菲·塔米迪（Bianrifi Tharmidhi），司法、伊斯兰事务、公共行政、人权事务、公正透明及公共管理部国务秘书斯瓦里希·默罕默德·朱内德（Soihili Mohamed Djounaid），经济、投资、能源兼经济一体化、旅游、手工业部国务秘书莎米娜·默罕默德（Chamina Mohamed，女），外交与国际合作、海外侨民部国务秘书塔吉迪那·优素福（Takiddine Youssouf）。

【行政区划】分为大科摩罗、昂儒昂和莫埃利3个自治岛。岛下设县、乡、村，三岛分别有7个、5个、3个县，共24个乡。马约特岛现由法国实际控制。

【司法机构】科联盟宪法规定，最高法院是联盟和各岛司法、行政和财政等问题的最高审判机关，法官终身任职。宪法法院负责审查联盟及各岛法律的合宪性，确认选举结果，审判选举争议，裁决联盟机构之间、联盟与各岛间有关权限问题的争议。共8名成员，由联盟总统、副总统、国民议会议长及各岛行政长官各指定一名法官组成。院长由宪法法院法官选出，任期6年，可连任。本届宪法法院成立于2008年7月，院长为阿卜杜拉扎库·阿卜杜勒哈米德（Abdourazakou Abdoulhamid）。2018年4月，科政府将宪法法院职责暂时移交至最高法院。

【政党】科目前有近50多个政党和政治团体。主要有：

（1）科摩罗复兴公约党（Convention pour le Renouveau des Comores，CRC）：2002年7月21日成立。宗旨是捍卫国家统一、领土完整和民族和解成果，支持消除贫困的行动。主要机构有全国理事会、地区理事会、政治理事会、执行局和常设书记处。哈米杜·卡里奇拉（Hamidou Karihila）任总书记。阿扎利总统为该党创始人和名誉主席。

（2）全国争取正义阵线（Front National pour la Justice，FNJ）：伊斯兰教政党。1990年11月19日成立，1992年被国家承认合法。宗旨是争取和平稳定，通过对话解决国家分裂危机。曾派团参加解决昂儒昂岛危机的国际会议，是有关文件签署方之一。总书记阿赫迈德·拉斯德（Ahmed Achid）。前总统桑比是该党创始人之一。

（3）科摩罗民主进步运动（Mouvement pour la Démocratie et le Progrès，MDP）：1988年12月成立，成员多为商人。对内主张实行多党制，经济自由化和私有化；对外主张不结盟，睦邻友好，在相互尊重主权的基础上发展国家间关系。该党在阿卜杜拉、乔哈尔和阿扎利执政时期均为反对党。主席阿巴斯·尤素夫（Abbas Djoussouf）。

【重要人物】**阿扎利·阿苏马尼**：总统。1959年12月31日生。1986年起先后担任科内政部移民局长、总统办公厅军务官、国防军司令、总参谋长等职。1999年4月政变上台。2002年4月当选科联盟总统，2006年5月卸任。2016年5月再次当选总统，2019年4月连任。

经　济

世界最不发达国家之一。经济以农业为主，工业基础脆弱，严重依赖外援。1991年5月开始实行世界银行和国际货币基金组织制订的“结构调整计划”。国际金融危机对科吸引外国援助和投资造成一定消极影响。2011年伊基利卢就任总统以来，加大对基础设施、农业、卫生等领域投入，优化营商环境，广泛争取外援和投资。2012年底，国际货币基金组织宣布科达到“重债穷国倡议”减债计划完成点。阿扎利总统上任后出台多项惠民举措，降低食品、日用品、石油制品价格，重视基础设施建设，积极推动全国公路网改造、新火力发电厂等项目。2017年，科政府提出“2030新兴国家”发展战略，拟重点推进水资源开发和道路、港口等基础设施建设，改善卫生和教育体系，发展数字化和创新技术。2019年主要经济数据如下：

国内生产总值：约12亿美元。

人均国内生产总值：约1333美元。

经济增长率：1.9%。

外汇储备：2.01亿美元。

货币名称：科摩罗法郎。

汇率：1美元≈439.5科法郎。

通货膨胀率：3.6%。

（资料来源：2020年3月《伦敦经济季评》）

【**资源**】无矿产资源。水力资源匮乏。渔业资源较丰富。

【**工业**】基础薄弱、规模小，主要为农产品加工业，另有印刷厂、制药厂、可口可乐瓶装厂、水泥空心砖厂和小服装厂等。2015年工业产值占国内生产总值的12.2%。

【**农牧渔业**】科是农业国家，57.4%的劳动力从事农业生产。全国可耕地面积7万多公顷。2015年，农林牧渔业产值占国内生产总值的48.3%。主要粮食作物为水稻、玉米和薯类。粮食不能自给，需从国外进口。油料、粮食、肉类和牛奶主要从法国、阿联酋、南非和马达加斯加进口。香草、丁香、依兰等经济作物的出口是科外汇收入主要来源。

渔业资源较丰富，主要鱼种为金枪鱼、红鱼和青鱼。但工具落后，仅能在近海捕捞，捕鱼量不能满足国内需要。现有渔民8000余人，年捕鱼量约14300吨。科政府与欧盟签有捕鱼协定。

【**旅游业**】海岛风光秀美，伊斯兰文化特色鲜明，旅游资源丰富，但尚待充分开发。现有客房760间，床位880张。外国游客中68%来自欧洲，29%来自非洲。

【**交通运输**】无铁路，岛上交通工具为汽车，岛际交通工具为轮船和飞机。独立以来，政府用于交通运输方面的投资占全部经济建设资金的一半以上。

公路：总长880公里。

水运：国营的科摩罗港口和海运公司有客货两用轮3艘，港口年吞吐量约10万吨。穆察穆都港为科最大港口，可停靠2.5万吨级轮船。

空运：有赛义德·易卜拉欣王子国际机场（哈哈亚机场），跑道长2400米。也门、毛里求斯、马达加斯加和法国航空公司有班机经停。

【**财政金融**】财政收入主要靠税收和外国援助，赤字居高不下。根据经济结构调整计划，近年来科政府努力削减公共开支。截至2017年底，科外债总额1.9亿美元。多边债权方主要有世界银行、非洲开发银行、阿拉伯非洲发展银行、国际货币基金组织等，法国是科最大双边债权国。

有5家银行：科摩罗中央银行（la Banque Centrale des Comores），1962年成立，1975年科独立后用现名；科摩罗工商银行（la Banque pour l'Industrie et le Commerce），1990年底成为巴黎国民银行在科分行，注册资本600万法国法郎；科摩罗发展银行（la Banque de Développement des Comores），注册资本600万法国法郎，政府拥有50%的资本；科摩罗国家储蓄银行（la Caisse nationale d'épargne）；2008年由坦桑尼亚投资成立进出口银行（EXIM Banque）。

【**对外贸易**】2018年对外贸易总额2.8 亿美元。外贸连年逆差。生活用品几乎全部依靠进口。主要进口石油产品、交通工具和零配件、大米等。主要出口香料等农产品，香草、丁香、依兰为三大出口香料。主要进口国有阿联酋、法国、中国、马达加斯加等，主要出口国有法国、印度、德国、巴基斯坦等。

【**外国援助**】基础设施建设基本依靠外援。联合国系统（含世界银行）援助居科外援首位，约占30%，其他多边援助占24%。法国是科最大援助国。其他援助方有欧盟、沙特、科威特、日本、美国、中国等。2013年9月，世界银行向科提供2730万美元无偿援助，帮助科促进电信和能源领域发展。11月，科和非洲开发银行签署经援协议，非发行将向科提供2010万美元无偿援助，帮助科加快电网建设。12月，国际货币基金组织确认科已达到“重债穷国倡议”减债计划完成点。2015年2月，非洲开发银行向科水电公司提供1800万美元无偿援助。3月，欧盟与科签署合作协议，将在2014—2020年向科提供6800万欧元无偿援助。4月，国际重建和发展银行、国际开发协会与科签署协议，将向科提供1300万美元无偿援助。5月，欧盟与科签署协议，将向科提供600万欧元的无偿援助，为科修缮118公里的道路。同月，非盟与科签署合作协议，将向科提供114万美元无偿援助，用于支持科政府与新西兰、联合国开发计划署共同实施的地热开发项目。2017年2月，非洲发展银行与科签署2000万美元援助协议，用于支持科全国公路修缮计划。3月，世界银行与科签署协议，向科提供250万美元无偿援助，用以执行全国第二次人口普查计划。8月，世界银行宣布将在未来三年内向科政府提供至少2000万美元的援助，用以支持科政府的经济发展计划。2019年12月，科在法国巴黎举办“科摩罗发展伙伴国会议”，为其“2030年新兴国家”战略筹集资金。法国、阿联酋、科威特等国，世界银行、国际货币基金组织等国际金融机构以及有关跨国企业承诺为科提供43亿欧元资金支持。

人民生活

据《2019年世界人类发展报告》统计，科人类发展指数在189个国家中列第156位。

军　事

科武装力量由军队、宪兵、警察和情报机构四部分组成。其中军队于1990年12月由武装部队和原总统卫队合并而成。总兵力约520人，编制为指挥和支援连、两个战斗连和总统安全分队。实行志愿兵役制，军官、士官从高中毕业生中招募，服役年限根据需要而定。士兵不定期招募，无严格年龄限制，一般服役15年。总统为军队最高统帅，总统府国防国务代表（相当于国防部长）和参谋长负责实际工作。法国与科签有“防御协定”，负责科海、空防务，其军舰定期在科海域巡逻。法在马约特岛设有海军基地和驻军司令部。

文化教育

【教育】20世纪90年代中期以来，科教育经费预算一直占国家预算总额的22%左右，教育工作者占工薪人员的40%。科教育分为古兰经式传统教育和现代化教育两大系统。古兰经式传统教育由地方集体办学，国家不干涉。现代化教育采用法国模式，由科教育部管理。学校用法语、科摩罗语和阿拉伯语教学。学制为小学6年，初中3年，高中4年。其中高中分为普通高中和职业技术高中（学制3年）。小学入学率65%，中学17%，成人（15岁以上）文盲率44%。2003年11月，科第一所大学科摩罗大学成立。国外奖学金是科学生接受高等教育的重要途径。

【新闻出版】科无通讯社，国际新闻主要采编自法新社，国内新闻由官方驻各地记者供稿。

法文《祖国报》是官方报纸，时有科摩罗文版面。主要在国内发行，部分在法国销售。

科摩罗广播电台是国家电台，于法国殖民统治时期成立，主要用科摩罗语播音，每天用法语播报三次新闻，有时也用阿拉伯语、马达加斯加语和斯瓦希里语播音。1991年4月，由德国无偿援建的中、短波发射台投入使用，可覆盖全国四岛。中国国际广播电台调频广播在科落地。

2006年5月，中国援建的国家电视台正式开播，并开始每天转播中国中央电视台西法频道节目。2012年，中国中央电视台和中国国际广播电台在科摩罗落地。昂儒昂岛有一家私人电视台，用科摩罗语播送地方新闻并转播法国电视台节目。

对外关系

奉行独立、睦邻友好、不结盟和全方位务实外交政策。优先发展同本地区国家、法国、欧盟和中国的关系，重视与印度洋邻国的团结与合作，主张建立印度洋和平区，积极发展同阿拉伯国家关系。是非盟、阿盟、印委会、东南非共同市场、南部非洲发展共同体成员国。

【同中国的关系】1975年11月13日与中国建交。近年来，中方访科的主要官员有：外交部副部长翟隽（2010年1月）、教育部副部长郝平（2011年5月作为中国政府特使出席伊基利卢总统就职仪式）、全国政协副主席、中联部部长王家瑞（2015年3月）、国家卫生和计划生育委员会副主任王国强（2015年4月）、外交部副部长张明（2017年6月）、全国人大常委会副委员长蔡达峰（2018年11月）等。

科方访华的主要有：外交部长贾法尔（2010年5月来华出席中阿合作论坛第四届部长级会议），副总统兼农业、渔业、环境、能源、工业和手工业部长伊迪·纳杜瓦姆（2010年7月来华出席上海世博会科国家馆日活动），副总统兼财经部长萨利赫、外长巴克里（2012年7月来华出席中非合作论坛第五届部长级会议），副总统兼卫生部长福阿德·穆哈吉（2013年8月来华出席中非部长级卫生合作发展会议等），外长哈桑（2014年6月来华出席中阿合作论坛第六届部长级会议）。2015年9月，副总统兼卫生部长福阿德·穆哈吉来华出席2015年中国—阿拉伯国家博览会和中国—阿拉伯国家部长级卫生合作论坛。10月，穆哈吉副总统出席在南非举行的第二届中非部长级卫生合作发展会议。2016年7月，外长杜萨尔来华出席中非合作论坛约翰内斯堡峰会成果落实协调人会议。9月，副总统兼交通部长阿卜杜拉·萨鲁马来华出席第三届世界互联网大会。2017年9月，副总统兼经济能源部长贾法尔来华参加世界旅游大会。2018年7月，外长阿明来华出席中阿合作论坛第八届部长级会议。9月，总统阿扎利来华出席中非合作论坛北京峰会。2019年11月，国民议会副议长卡马尔来华转交阿扎利总统致习近平主席信函。

中科贸易额较小，基本为中方出口。中方主要向科出口日用百货、纺织品、小农具、电视机等，进口香料。2019年，中科贸易总额为7371.7万美元，同比下降7%。我方出口7368.5万美元，同比下降7%。进口3.2万美元，同比增长13.4%。

两国签署有文化合作协定。中国自1982年起向科提供奖学金名额，截至2017年共接受科奖学金生168名。2017年科在华留学生296名，其中奖学金生52名。

中国自1994年起向科派遣医疗队，已派出12批共128人次，现有广西派出的11名医疗队员在科工作。

中国驻科摩罗大使：何彦军。馆址：Coulee De Lave No.c.109 Moroni Comores。电话：00269–7732521。电传：235 AMBACHIN KO。经商处电话：7732931。

科摩罗驻华大使：暂时空缺。馆址：北京朝阳区新东路1号塔园外交公寓3–1–32。电话：010–85322041。

【同法国的关系】两国有着特殊关系，法国一直是科最大贸易伙伴和援助国。1975年，科独立后同法国关系一度中断。1978年7月1日，两国建交，同年12月，法科签订《友好合作条约》《经济、财政和货币协定》《文化教育协定》和《防务协定》，法全面恢复对科援助。法国总统、总理均曾访科，科总统、总理、议长等均多次访法。法各种顾问、专家遍及科军政各部门。2008年3月，法国支持科政府军对昂岛采取军事行动，并承担了部分运兵任务。科法在马约特岛归属问题上长期存有争议。2009年3月，法国在其实际控制的马约特岛组织“建省公投”并获得通过，单方面宣布马约特岛自2011年起由法“海外领地”正式成为“海外省”，遭到科方强烈反对。2013年6月，伊基利卢总统访法，与法总统奥朗德举行会谈并共同签署《科法友好合作宣言》。2015年9月，法宣布将向科环保组织提供约150万欧元的物资和技术支持。2016年

10月，科总统阿扎利访法，与法总统奥朗德举行会谈。同年12月，法国发展署向科财政部提供80万欧元的援助支持科发展财政金融业。2017年9月，法国发展署向科提供400万欧元的援助支持科发展农业和渔业。2018年11月，阿扎利总统赴法国出席一战结束一百周年纪念日活动，两国元首就双边关系和共同关心的问题交换意见。2019年7月，法允在3年内向科提供共计1.5亿欧元援助，用于支持科医疗卫生、教育、边防等14个优先领域发展。

【同美国的关系】1979年科美建交。1985年8月，美在科建使馆。1990年9月，美向科派出第一位常驻大使，1993年撤馆，由美驻毛里求斯大使兼任驻科大使。美从1988年开始向科派驻和平队，帮助科培训军官和海关人员。美在科有农业合作，并从科进口香料。1999年4月科发生军事政变后，美曾对科实行制裁。2007年昂儒昂岛危机出现后，美支持科联盟政府，并为科军提供药品。2014年7月，科美签署军事和国防合作协议。8月，伊基利卢总统赴美出席美非峰会。2015年9月，科美签署反恐领域合作协议。根据协议，美国将帮助科在机场、海关建设身份鉴定安防系统。

【同阿拉伯和非洲国家的关系】科历届政府重视发展与阿拉伯国家的关系。1993年9月，科加入阿拉伯国家联盟。1998年以来，科历任总统大力推行伊斯兰化，多次出访阿拉伯国家。2003年4月，科加入阿拉伯货币基金组织。阿拉伯国家每年都为科提供军用物资和经济援助。2010年，在多哈联合召开了支持科摩罗联盟发展与投资会议，阿拉伯国家承诺为科提供5.4亿美元的援助和投资项目。2015年1月，科与沙特发展基金签署援助协议。根据协议，该基金将向科提供3000万美元用于实施总长33.5公里的道路建设和修缮工程。4月，科宣布将与摩洛哥、沙特、卡塔尔、毛里求斯、塞舌尔、马达加斯加、肯尼亚、坦桑尼亚等8国建立混委会，以应对恐怖主义、极端势力、海盗的威胁。9月，沙特宣布将为科援建10所中学并向科提供500万美元援助。2016年3月，科总统伊基利卢访问沙特。2016年7月，科总统阿扎利访问沙特，与沙特国王举行会谈，并与沙特政府在能源、水利等方面签署多项合作协议。2017年6月，科政府宣布同卡塔尔断交，中断两国大使级外交关系。同月，科总统阿扎利赴沙特朝觐，受到高规格接待，并同沙特国王萨拉曼会见。

2007年昂儒昂岛危机出现后，坦桑尼亚、利比亚、苏丹、塞内加尔等国对科联盟政府立场表示支持。2008年3月，坦桑尼亚、苏丹等国派兵帮助科政府军对昂儒昂岛采取军事行动。

【同周围岛国的关系】科与马达加斯加关系密切。1975年科马建交。双方签有航空、海运、签证、海关和教育合作等协定。马是非洲统一组织“马约特岛问题特别委员会”成员国，支持科收复马约特岛。科在马达加斯加有4万侨民。1978年，因马发生排科侨事件，两国关系一度中断，1985年恢复正常。马积极推动科民族和解进程，曾于1999年4月在马主持召开科岛际会议。2013年10月和12月，科前总统阿扎利率印度洋委员会观察员代表团两次赴马达加斯加观察大选。2016年3月，科总统伊基利卢访马。同年11月，科总统阿扎利赴马出席第16届世界法语国家峰会。

1984年，科与毛里求斯建交。两国签有卫生和文教合作等协定。近年来，科提出向毛学习经济建设经验，赴毛人员渐增。1999年4月科发生军事政变后，毛对昂儒昂岛采取禁运等制裁措施。2003年，马毛同南非共同协调，推动科联盟政府与三岛达成《科摩罗过渡措施协议》。2004年10月，阿扎利总统访毛。2005年12月，对科援助方圆桌会议在毛举行。2007年11月，毛资助科30万美元偿还其欠非洲开发银行的债务。

2007年昂儒昂岛危机出现后，马达加斯加、毛里求斯、塞舌尔等科邻国举行多次地区外长会议，对科联盟政府立场表示支持。

2014年，印度洋委员会第四届国家元首和政府首脑会议在科举行。

附：

马约特岛问题

马约特岛（Mayotte）位于莫桑比克海峡，与大科摩罗岛、昂儒昂岛、莫埃利岛共同组成科摩罗群岛。马岛面积374平方公里，居民约18.6万人。经济以农业为主，主要生产香子兰等香料。

马岛于1841年沦为法殖民地。1974年12月，科四岛就独立问题举行全民公决，95.96%的居民赞成独立，但大部分马岛居民反对独立。法借此提出科四岛分别就独立问题重新投票。1975年7月6日，科自治政府宣布包括马岛在内的整个科摩罗群岛独立。1975年11月12日，联合国通过第3385号决议承认科领土由大科摩罗、昂儒昂、莫埃利和马约特四岛组成。法虽同意科独立，但坚持马岛前途由马民众自决。1976年12月，马岛就独立问题再次举行公民投票，99.4%的民众选择留在法国，法遂确定马岛为法“海外领地”。法在该岛设有海军基地。

科历届政府要求法归还马岛。联合国、非洲联盟及其前身非洲统一组织多次通过决议，重申马岛是科领土。科法双方多次就马岛争端进行对话协商，但迄未有实质进展。

2009年3月29日，法在马岛就该岛由法“海外领地”转变为“海外省”组织公投，并获得95.2%的选民支持。法遂宣布马岛自2011年起成为其第101个省，第5个“海外省”。科摩罗拒绝承认公投结果，表示绝不允许法将马岛从科分裂出去，非盟亦表示公投无效。法并于2012年推动欧盟理事会批准马约特岛获得欧盟外延区地位，遭到科方强烈反对。近年来，科法关系逐渐转圜，在马约特岛问题上的调门均有所减弱。2017年9月，科外长阿明访问法国，同法国就马约特岛问题进行磋商，双方签订马约特岛与科摩罗人员物资交流往来路线图。2019年7月，阿扎利总统访法，两国签署《关于建立科法新兴合作伙伴关系框架文件》，就处理马约特岛非法移民问题达成一致。

（周如恒）

科特迪瓦

国名　科特迪瓦共和国（The Republic of Côte d'Ivoire，La République de Côte d'Ivoire）。

面积　322463平方公里。

人口　2570万（2019年）。全国有69个民族，分为4大族系：阿肯族系约占42%，曼迪族系约占27%，沃尔特族系约占16%，克鲁族系约占15%。近年来，来自布基纳法索、加纳、几内亚、马里和利比里亚等国的外国侨民人口数目增长较快，约占人口总数的26%。各民族均有自己的语言，全国大部分地区通用迪乌拉语（无文字）。官方语言为法语。居民42%信奉伊斯兰教，34%信奉基督教，16.7%无宗教信仰，其余信奉原始宗教等。

首都　政治首都亚穆苏克罗（Yamoussoukro），人口24万（2019年）。经济首都阿比让（Abidjan），人口446万（2019年）。2—4月气温最高，平均为24℃—32℃；8月气温最低，平均为22℃—28℃。1983年3月12日，科国民议会决定将首都迁往亚穆苏克罗，但至今政府机构和外交使团仍留在阿比让。

国家元首　总统阿拉萨内·德拉马内·瓦塔拉（Alassane Dramane OUATTARA），2011年5月21日正式就职，2015年10月获得连任，11月3日开始其第二个总统任期，任期5年。

重要节日　国庆日：8月7日。

简　况

位于非洲西部。西与利比里亚和几内亚交界，北与马里和布基纳法索为邻，东与加纳相连，南濒几内亚湾，海岸线长约550公里。属热带气候。北纬7°以南为热带雨林气候，年平均气温25℃；北纬7°以北为热带草原气候，年平均气温略高于南部。全年分为四个季节：4月至7月中旬为大雨季，7月中旬至9月为大旱季，9月至11月小雨季，12月至次年3月为小旱季。

中世纪时期境内曾建立过一些小王国。11世纪，塞努弗人在北部建立的宫格城为当时西非南北贸易中心之一。15世纪后半叶，葡萄牙、荷兰、法国殖民者相继入侵。1475年，葡萄牙殖民者将沿海一带命名为“科特迪瓦”。1893年沦为法自治殖民地。1958年12月，成为“法兰西共同体”内的“自治共和国”。1960年8月7日独立，但仍留在“法兰西共同体”内。翌年4月脱离共同体。

政　治

首任总统费利克斯·乌弗埃-博瓦尼，曾7次蝉联，直至1993年12月7日逝世。议长亨利·科南·贝迪埃继任总统。1995年10月，贝迪埃胜选蝉联。1999年12月，前总参谋长罗贝尔·盖伊发动军事政变，推翻贝迪埃总统，自任总统和全国救国委员会主席，并成立了过渡政府。2000年10月，人民阵线候选人巴博当选总统。2002年9月，科部分军人发动兵变，引发内战。2007年3月，巴博总统和叛军领导人、“新生力量”总书记索罗签署《瓦加杜古协议》，宣布进入政治过渡期。2010年10月，科举行首轮总统选举，巴博和反对派领导人瓦塔拉进入第二轮大选。11月底第二轮选举后，科发生严重的选后危机。12月初，科独立选举委员会宣布瓦塔拉当选，而宪法委员会则宣布巴博总统蝉联，二人随后分别宣誓就职并组建各自政府。国际社会多次调解斡旋未果。2011年3月下旬，支持瓦塔拉的“共和武装”自北方发动攻势，迅速控制全国大部分地区，并于3月31日攻入经济首都阿比让。4月11日巴博被捕后，选后危机宣告结束。瓦塔拉于5月21日正式就任总统。瓦塔拉执政后，成立“真相、和解、对话委员会”，积极推进民族和解，努力恢复社会治安，启动安全部门改革，大力开展经济重建。科局势总体稳定，但仍有少数反政府武装分子在边境地区活动。

2012年3月13日，科进行政府改组，瓦塔拉总统任命前掌玺与司法国务部长阿胡苏为总理。11月14日，瓦塔拉总统宣布解散政府，随后任命前外长敦坎为总理组成新政府。2015年10月，现任总统瓦塔拉以83.6%的得票率在首轮总统大选中获胜，11月3日正式开始其第二个总统任期。

2016年1月12日，瓦塔拉总统签署总统令，任命新一届内阁，总理敦坎留任新政府总理。2016年10月，科特迪瓦举行全民公投，以93.4%支持率通过新宪法，决定设立副总统一职，增设参议院。12月，科举行新一届立法选举。2017年1月，瓦塔拉总统任命原总理敦坎为科首任副总统，任命原总统府秘书长阿马杜·戈恩·库利巴利为总理，成立新一届政府。2017年1月和5月，科军人因军饷问题发生小规模骚乱事件，后政府出面解决得以平息。

联合国自2004年4月向科派驻驻科特迪瓦行动团（简称联科团）。2016年4月，联合国安理会通过决议，解除对科所有制裁措施，并决定于2017年撤出联科团。2017年6月，联科团正式从科特迪瓦全部撤出。

【宪法】2016年10月科举行联合公投，通过第三部宪法。宪法规定，科实行共和国总统制，行政、立法和司法三权分立。总统是国家元首，也是武装部队最高统帅，享有最高行政权力，由普选产生，任期5年，可连选连任一次。副总统在总统缺位时履行总统职责，与总统一同选举产生。总理为政府首脑，由总统任命。

【议会】实行两院制，即国民议会和参议院，是国家最高立法机构，每届任期5年。2016年12月科举行新一届国民议会选举，在255个议席中，由共和人士联盟、民主党和未来力量联盟组成的执政联盟获得167席，独立人士76席，争取民主与进步联盟6席，科特迪瓦联盟和人民阵线各3席。2017年1月新一届议会正式成立，原议长索罗·基格巴福里·纪尧姆（SORO Kigbafory Guillaume）连任。2019年2月，国民议会议长索罗辞职。3月，原总统府负责政治事务部长阿马杜·苏马霍罗（Amadou Soumahoro）当选国民议会议长。参议院共有99个席位，其中三分之二通过选举产生，三分之一由总统任命。2018年3月举行参议院选举，执政联盟获得50席，独立参议员获得16席。本届参议院2018年4月成立，原总统府负责政治对话和机构关系部长让诺·阿胡苏—夸迪奥当选首任参议长。

【政府】本届政府于2017年7月成立。现政府成员包括：总理、政府首脑阿马杜·戈恩·库利巴利（Amadou Gon COULIBALY），国防国务部长哈米德·巴卡约科（Hamed BAKAYOKO），外交部长马塞尔·阿蒙–塔诺（Marcel AMON-TANOH），高等教育与科研部长阿布杜拉·阿尔贝·图瓦克斯·马布里（Abdallah Albert Toikeusse MABRI），国民教育、技术教育和职业培训部长坎迪娅·卡米索科·卡马拉（Kandia KAMISSOKO CAMARA，女），掌玺、司法与人权部长桑桑·康比莱（Sansan KAMBILE），国土管理与地方分权部长西迪基·迪亚基特（Sidiki DIAKITE），安全与公民保护部长瓦贡多·迪奥曼德将军（Général Vagondo DIOMANDE），水资源与森林部长阿兰·理查德·东瓦伊（Alain Richard DONWAHI），非洲一体化及海外侨民部长阿利·库利巴利（Ally COULIBALY），农业与农村发展部长科贝纳·夸西·阿朱马尼（Kobenan Kouassi ADJOUMANI），畜牧业和水产资源部长穆萨·多索（Moussa DOSSO），计划与发展部长尼娅雷·卡巴（Nialé KABA，女），交通部长阿马杜·科内（Amadou KONE），就业与社会保障部长帕斯卡·阿比南·夸库（Pascal Abinan KOUAKOU），水稻种植促进部长加乌苏·杜尔（Gaoussou TOURE），经济与财政部长阿达马·库利巴利（Adama COULIBALY），建设、住房与城市化部长布鲁诺·纳巴涅·科内（Bruno Nabagné KONE），健康与公共卫生部长阿韦勒·欧仁·阿卡（Aouélé Eugène AKA），数字经济与邮政部长马马杜·萨诺果（Mamadou Sanogo）城市部长阿尔贝·弗朗索瓦·阿米恰（Albert François AMICHIA），矿业与地质部长让·克劳德·库阿西（Jean Claude KOUASSI），清洁与环境卫生部长安妮·德西雷·乌洛托（Anne Désirée OULOTO，女），行政现代化与公共部门创新部长雷蒙德·古杜·科菲（Raymonde GOUDOU COFFIE，女），文化与法语国家事务部长莫里斯·夸库·班达曼（Maurice Kouakou BANDAMAN），装备与道路养护部长阿梅德·科菲·夸库（Amédé Koffi KOUAKOU），石油、能源与可再生能源发展部长阿卜杜哈曼·西塞（Abdourahmane CISSE），环境与可持续发展部长约瑟夫·塞卡·塞卡（Joseph SEKA SEKA），妇女、家庭与儿童部长哈玛塔·利–巴卡约科（Ramata LY-BAKAYOKO，女），团结、社会融合与扶贫部长玛里亚图·科内（Mariatou KONE，女），商业与工业部长苏莱曼·迪亚拉苏巴（Souleymane DIARRASSOUBA），手工业部长西迪基·科纳特（Sidiki KONATE），总理府负责重大项目协调的部长克洛德·伊萨克·德（Claude Isaac DE），公职部长伊萨·库利巴利（Issa COULIBALY），新闻与媒体部长，政府发言人西迪·蒂莫科·杜尔（Sidi Thiémoko TOURE），旅游与娱乐部长希安杜·福法纳（Siandou FOFANA），体育部长保兰·丹霍（Paulin DANHO），水利部长洛朗·查巴（Laurent TCHAGBA），青年发展与青年就业部长，政府助理发言人马马杜·杜尔（Mamadou TOURE），总理府负责预算和国有资产管理的部长穆萨·萨诺果（Moussa SANOGO），总理府负责促进私人投资的部长埃马纽埃尔·埃斯梅·埃西斯（Emmanuel Esmel ESSIS），中小企业促进部长费利克斯·阿诺布雷（Félix ANOBLE），负责公民服务的国务秘书西亚卡·瓦塔拉（Siaka OUATTARA），负责能力建设的国务秘书埃皮法纳·比·佐罗（Epiphane BI ZORO），交通部负责海事事务的国务秘书菲利普·莱格尔（Philippe LEGRE），掌玺、司法与人权部负责人权的国务秘书艾梅·泽贝尤（Aimée ZEBEYOUX，女），国民教育、技术教育与职业培训部负责技术教育与职业培训的国务秘书布里斯·夸西（Brice KOUASSI），妇女部负责妇女赋权的国务秘书米丝·贝尔蒙德·多果（Mys Belmonde DOGO，女），建设、住房与城市化部负责社会住房的国务秘书科菲·恩盖桑·拉塔耶（Koffi N'GUESSAN Lataille）总统府部长：总统府负责经济与财政事务的部长阿达马·科内（Adama KONE），部长、总统府秘书长帕特里克·阿希（Patrick ACHI），总统事务部长特内·比拉伊马·瓦塔拉（Téné Birahima OUATTARA）。

【行政区划】科政府分别于2011年9月和2012年7月对地方行政区划进行改革，调整后的行政区划分为地区、大区、省三级，共有14个地区（2个自治地区和12个普通地区）、30个大区、95个省。

【司法机构】科司法机构主要包括初审法院、上诉法院、最高法院和特别最高法庭。各级法院设有相应的检察院或总检察院。现任最高法院院长勒内·弗朗索瓦·阿菲–库阿西（René François APHING-KOUASSI），2015年2月就任。现任最高法院总检察长哈达德·苏珊娜（Haddad SUZANNE，女）。

【政党】1990年4月起实行多党制，目前主要政党有：

（1）统一党即"争取民主与和平乌弗埃主义者联盟"（Rassemblement des Houphouëtistes pour la Démocratie et la Paix，RHDP），执政党。前身是以共和人士联盟（Rassemblement des Républicains）为主体的政党联盟，以科开国总统乌弗埃·博瓦尼的治国理念为指导思想，目标是重建团结，服务国家建设，促进政治稳定、经济发展和社会和谐，实现国家繁荣。2018年7月，统一党召开成立大会，定名为"争取民主与和平乌弗埃主义者联盟"，推举瓦塔拉为党主席并负责组建统一党领导委员会和临时机构。2019年1月，统一党召开首届党代会，并正式确认瓦塔拉为党主席。

（2）科特迪瓦民主党（Parti Démocratique de Côte d'Ivoire）：反对党。1946年4月30日成立，是科成立最早的政党，创始人为科首任总统博瓦尼，自科独立后至1999年底军事政变前长期执政。在阿肯族为主的中东部地区特别是亚穆苏克罗和布瓦凯市影响较大。口号是和平、自由、务实、开放和对话，主张对内通过"对话"和"和解"，实现民族团结，对外通过"对话"和"和平"，在正义的基础上建立国际政治经济新秩序。该党曾于科1960年独立后至1999年底执政。2010年该党总统候选人贝迪埃与瓦塔拉结成竞选联盟，该党成员加入了瓦塔拉组成的新政府。2018年9月，民主党主席贝迪埃宣布该党退出执政联盟和统一党建设进程，但仍有不少民主党人士继续留在政府任职。主席亨利·科南·贝迪埃（Henri Konan Bédié），总书记阿尔方斯·马蒂·杰杰（Alphonse Mady DJEDJE）。

（3）科特迪瓦人民阵线（Front Populaire Ivoirien）：简称人阵，反对党。1983年3月，在法国成立。骨干力量为知识分子和青年学生。在克鲁族为主的中西部地区及首都阿比让影响较大。主张平等、自由、公正和多党民主，奋斗目标是建立人人平等的民主制度，实行社会主义。同法国社会党关系密切。1992年2月，曾组织大规模游行示威，遭政府镇压后宣布放弃暴力斗争而通过选举和平夺权。1999年军事政变后，参加过渡政府。2000年10月，该党候选人巴博在总统选举中获胜。2011年4月科大选危机结束后，巴博被科政府移交国际刑事法院，党主席恩盖桑等被羁押，部分骨干流亡加纳。人阵抵制了2011年12月的立法选举。2013年8月，人阵党主席恩盖桑获释。2019年1月，巴博被国际刑事法院有条件释放。目前人阵主席阿菲·恩盖桑（Affi N'Guessan），总书记阿涅·莫奈（Agnès MONNET，女）。

其他政党还有科特迪瓦民主爱国联盟（Union Démocratique et Patriotique de Côte d'Ivoire）、公民民主联盟（Union Démocratique et Citoyenne）、社会民主党（Parti Social Démocrate）等。

【重要人物】**阿拉萨内·德拉马内·瓦塔拉**：总统。1942年1月1日生于科特迪瓦丁博克罗。信奉伊斯兰教。曾留学美国，获经济学硕士、博士学位。长期在国际货币基金组织和西非国家中央银行工作。1990年11月被博瓦尼总统任命为科首任总理，直至1993年12月博瓦尼逝世。此后，瓦重返国际货币基金组织工作。1999年返回科特迪瓦，任"共和人士联盟"主席。2010年10月参加总统选举。2011年5月正式就职。2015年10月连任总统。　**达尼埃尔·卡布兰·敦坎**：副总统。1943年6月30日生，曾留学法国，获国际商学工程师学位。民主党政治局委员。曾任职于科政府财经部、国际货币基金组织、西非国家中央银行。1990—1993年瓦塔拉任总理期间，任总理府负责财经事务的部长级代表。1993—1999年担任科总理。瓦塔拉执政后于2011年6月出任外长。2012年11月任内阁总理兼经济、财政、预算部长。2016年1月任总理兼经济、财政、预算部长。2017年1月出任科首任副总统。　**阿马杜·戈恩·库利巴利**：总理。1959年2月10日出生。曾任科总理办公室技术顾问、政府主管经济发展的国务秘书、农业部长等职。1999年起相继任"共和人士联盟"副秘书长、秘书长级代表，曾于2010年、2015年两次任瓦塔拉总统竞选办公室主任。2011—2016年任总统府秘书长。2017年1月起任总理。

经　济

独立后实行以"自由资本主义"和"科特迪瓦化"为中心内容的自由经济体制。2002年爆发内战后，科经济陷入困境。2007年内战结束后，经济低速回升。2011年4月科大选危机结束后，新政府积极开展恢复重建，大力扶持港口、石油等重点部门，振兴咖啡、可可等支持产业，整顿金融市场，开展基础设施建设，改善投资环境，积极争取外援和外资，取得一定成效。2012—2015年，科经济年均增长率约为9.2%。瓦塔拉连任总统后，提出经济结构转型，制定了2016—2020国家发展规划。2019年国民经济实现较快增长，主要经济数据如下：

国内生产总值：451.81亿美元。

人均国内生产总值：1758美元（按购买力平价计算为4495美元）。

国内生产总值增长率：7.1%。

货币名称：非洲金融共同体法郎（franc de la Communauté financière d'Afrique），简称非洲法郎（FCFA）。

汇率：1欧元＝655.957非洲法郎。

通货膨胀率：–1.5%。

（资料来源：2020年第一季度《伦敦经济季评》）

【资源】主要矿藏有钻石、黄金、锰、镍、铀、铁、铜、铬、铝矾土和石油。已探明的石油储量约2.2亿桶，天然气储量1.1万亿立方米，铁矿石15亿吨，铝矾土12亿吨，镍4.4亿吨，锰3500万吨。森林面积250万公顷。2017年，科石油产量为1244万桶。2014年3月，科国民议会通过新《矿业法》。科矿产资源开发占国内生产总值不到5%，目前仅有黄金和锰实现工业化开采，2019年，产量分别为32吨和118万吨。

【工业】2013年，工业产值约占国内生产总值的21.3%。农产品加工业是主要工业部门。其次是棉纺织业、炼油、化工、建材和木材加工工业。近年来矿产能源业在科工业领域所占比重逐年增加。科曾是西非电力大国，多余电力向贝宁、多哥等国出口。受战乱影响，电力行业一度发展缓慢，2010年，甚至从周边国家进口电力。2012年起，发电量逐步增加，2015年，发电量约为85.27亿千瓦时，同比增加3.79%，并为科创造约1.65亿美元外汇收入。2017年，发电量为2200兆瓦。

【农牧渔业】农业是科经济基础，2013年，产值约占国民生产总值的26.3%。全国可耕地面积为802万公顷。农业从业人口占全国劳动力的49%。主要经济作物是可可和咖啡，种植面积占全国可耕地面积的75%。可可生产和出口居世界第一位，占全球供给量的40%，2017年产量201.5万吨。咖啡生产居非洲第三位，2017年产量14.5万吨。可可和咖啡的出口占外汇收入的40%，国内生产总值的约20%。近年来，科腰果产量增加，现已成为世界第一大的腰果生产国，2019年产量为80万吨。棉花也是科传统重要经济作物。2010—2015年，因棉价回升和良种的使用，产量不断恢复，2015年棉花产量45万吨，2016年受气候影响减产至31万吨，2017年为32.8万吨，2018年为38.7万吨，总产量居非洲第四。科是世界第五大、非洲第二大棕榈油生产国，2018年产量为51.4万吨。粮食不能自给，大米年消费60%需进口。主要作物有玉米、小米、高粱、稻米、木薯、山药等。2016年，科粮食总产量为143.1万吨。近年来热带水果出口量有所增加，主要有香蕉、菠萝、木瓜等。

森林资源丰富，木材一直是科主要出口产品。由于过量采伐、农业开发、干旱和森林火灾等原因，森林面积从1960年的1500万公顷锐减至1991年的250万公顷。当前森林面积约200万公顷，森林覆盖率16%。畜牧业不发达。禽蛋基本自给，肉类一半靠进口。渔业产值占农业生产总值的7%，就业人口7万。年捕鱼量8万—10万吨，仅能满足20%—25%的国内消费需求。

【服务业】服务业以商业和运输业为主。2013年，服务业产值占国内生产总值的52.4%。近年来，在国家的大力扶持下电信业发展迅速。营业额由2007年度的5440亿非郎增至2008年度的6820亿非郎，其中82%的营业额来源于手机通信业务。2008年度，电信业投资额达1220亿非郎，直接创造就业机会4000多个。科固定电话用户近年稳定在30万户左右。2019年手机用户3400万，手机普及率136%，1400万人使用移动网络，1350万人使用手机支付服务，电信领域创造就业岗位20万个。全国共铺设2.5万千米光纤。截至2010年底，科共拥有23家信贷机构，其中22家银行，1家金融机构。储蓄额增长10%，达27330亿非郎，贷款额增长13%，为24680亿非郎。

【旅游业】重视发展旅游业和开发旅游资源。重要的景点有科莫埃国家公园、塔伊国家公园、宁巴山自然保护区和亚穆苏克罗和平圣母大教堂。前三者被列入联合国教科文组织《世界自然遗产名录》，历史城镇大巴萨姆被列入联合国教科文组织《世界文化遗产名录》。经济首都阿比让毗邻几内亚湾，环绕潟湖，风景优美。由于多年战乱，旅游业受到严重影响，自2011年选后危机平息后，科政府将旅游业发展作为农业和工业之后的第三大产业，加大了对旅游业投入。

【交通运输】是非洲交通最发达的国家之一，尤以海运和公路为最。

海运：98%以上的进出口贸易通过海运。阿比让自治港是西非最重要的天然良港和集装箱码头之一，也是布基纳法索、马里和多哥等西非内陆国家的主要出海口和进出口货物的集散地。港口设备较完善，可同时停泊60多艘船只，年装卸标准集装箱约60万只。设计年吞吐量为2000万吨。2011年，受选后危机影响，港口吞吐量为1660万吨，同比下降26%。2012年科局势稳定以来，港口吞吐量稳步增长。2019年，港口吞吐量为2583万吨。2015年10月，由中国港湾工程有限公司承建的阿比让港改扩建工程正式开工。圣佩德罗港是第二大港口，年吞吐量120万吨，装卸标准集装箱8万只。主要承运木材、可可等。

铁路：阿比让—瓦加杜古铁路科境内段为科唯一一条铁路。总长630公里。2008年货运量83万吨，客运量50万人次。

公路：公路网四通八达，系西非地区公路最发达的国家。总长近8.3万公里，占整个西非经货联盟道路里程的45%，其中一级公路6500公里（沥青路面）、二级公路7000公里；全国有5850个货运商行，各种车辆31.1万辆，其中货车1.7万辆。

空运：全国有大小机场28个，其中阿比让、布瓦凯、亚穆苏克罗三个机场可供大型飞机起降。阿比让机场是法语非洲国家最大的机场，年客运量200万人次。受战乱影响，客运量一度下降，但近年来有所恢复，2019年进出港人次达227万。目前20多家航空公司经营30余条国际航线。由法航控股的新科特迪瓦航空公司（NAI）于2001年3月开始运营，2011年9月破产。2012年5月成立新的航空公司科特迪瓦航空公司（Air Côte d'Ivoire），公司资本约为250亿非郎（约合5000万美元）科政府拥有51%股份，阿加汗集团拥有15%股份，法航拥有20%股份。

【财政金融】近几年财政收支占国内生产总值比重如下：

	2017	2018	2019
收入	20.4	19.5	19.8
支出	24.9	23.3	23.1
赤字	4.5	3.8	3.2

外汇储备64.9亿美元（2019年）。

（资料来源：2020年第一季度《伦敦经济季评》）

【对外贸易】外贸连年顺差，在国民经济中占重要地位。主要出口可可、原油、咖啡、木材、腰果、金枪鱼、棕榈油、棉花、橡胶、黄金等，进口石油制品、机械设备、交通工具、化学制品、建筑材料、电器、食品等。近年来，石油制品及原油出口大大增加。

2017年，科主要向以下国家出口：荷兰11.8%，美国7.8%，法国6.5%，比利时6.4%；主要从以下国家进口：尼日利亚15%，法国13.8%，中国11.7%，美国4.4%。近年进出口情况如下（单位：百万美元）：

	2017	2018	2019
出口额	11882	11918	12771
进口额	8508	9463	9218
差　额	3374	2455	3553

（资料来源：2020年第一季度《伦敦经济季评》）

【外国援助】据经济合作与发展组织统计，2013年科获得的官方发展援助为21亿（美元，下同），其中双边援助占50%。主要捐助方为：德国5.1亿，美国3.05亿，日本2.42亿，法国2.39亿，西班牙2.34亿等。

人民生活

2013年1月，科政府启动基础设施复兴计划，该计划由世界银行与科政府共同出资执行，为期3年，包括公路、学校、医院、电力和饮用水工程等14个基础设施项目，投资总额为1000亿非郎（约合20亿美元）。2月，欧盟宣布将向科提供1.15亿欧元（约合756亿非郎）的预算援助，支持科政府巩固和平、减少贫困、实现经济增长。3月，联合国与科方签署联合国援助发展框架计划（2013—2015年），联合国将向科提供3.426亿美元的援助，用于增加就业、保护环境和可持续发展、教育、卫生、防治艾滋病、饮用水安全等。3月，日本政府决定免除2012年6月1日到期的1100亿非郎（约合2.2亿美元）债务，要求科政府将其用于减贫和发展等国家发展战略。6月，德国政府免除科2521亿非郎（约合5.04亿美元）债务，其中2389亿非郎（约合4.78亿美元）立即免除，另131.2亿（约合2624万美元）以转移支付方式免除，希科政府将转移支付部分的资金用于市镇环境保护项目。2014年1月，日本首相安倍晋三访科期间承诺日将向科提供9000万美元援助。2017年国际货币基金组织宣布向科提供1.365亿美元贷款。

根据联合国开发计划署公布的《2018年人类发展报告》，2017年，科人类发展指数在世界188个国家中排名第170位。居民平均寿命56岁，人口增长率3%。科电网覆盖率47.3%，居民用电率73.4%。77%的城市居民和不到15%的农村居民使用电力照明。科是西非地区城市化水平最高的国家，城市人口占总人口的52%（2012年），首都阿比让集中了全国人口的20%。据世界卫生组织《2012年世界卫生统计》数据显示，科每1万人拥有医生1.4名，护士和助产士4.8名，病床数4张。全国60%的人口能饮用干净水。2016年，艾滋病发病率为2.7%。随着近年电信产业的迅速发展，电话、网络普及迅速。

军　事

全国武装力量创建于1960年7月27日，由武装部队、宪兵和共和国卫队组成。国防委员会为最高军事决策机构，总统兼任武装力量总司令，国防部长具体负责武装力量的管理。实行义务兵役制，服役期6个月。武器装备主要由法国提供。2010年12月发生选后危机后，原政府军效忠巴博总统，原北方叛军"新生力量"支持瓦塔拉。2011年3月17日，瓦塔拉以"新生力量"为基础，吸收其他武装力量组建了"科特迪瓦共和武装"（Forces républicaines de Côte-d'Ivoire）。4月巴博被捕后，原政府军已表示效忠瓦塔拉。2012年3月科政府改组后，瓦塔拉总统兼任三军统帅。现任总参谋长塞古·杜尔（Sekou TOURE），2017年1月任职。哈米德·巴卡约科（Hamed BAKAYOKO）现任国防国务部长，2017年7月任职。

文化教育

【教育】沿用法国教育体制。初等教育6年，中等教育分两个阶段共7年，高等教育3—4年。科政府重视教育事业。2014年度全国教育、培训投入占国家预算的20.67%，占GDP的4.7%。根据联合国开发计划署统计，2012年小学入学率60.8%，成人文盲率43.8%。科特迪瓦国立大学是一所综合性大学，设2个分校和12个学院。根据联合国教科文组织统计，2006—2007年科全国教师总数约为6.8万。

【新闻出版】全国有报刊20余种：主要报纸有《博爱晨报》《科特迪瓦晚报》《我们的道路》《爱国者》《民主党人》《今日报》《阵线》和《24小时》等日报。

科特迪瓦通讯社：官方通讯社，1961年6月2日成立。在全国各地设10个分社和6个省级记者站，同法新社、路透社及泛非国家通讯社有业务联系。

科特迪瓦国家广播电台：国家电台，分一台和二台，用法语、英语和当地语言广播。“希望电台”为私营的天主教电台，1991年3月开播。

科特迪瓦广播电视台（RTI）：官方电视台，分电视一台和电视二台。电视一台于1963年8月开播，可覆盖85%的国土。电视二台原为电视一台的第二套彩色节目，1973年8月开播，1991年11月正式独立成台，覆盖面仅限于阿比让市方圆50公里之内。

科特迪瓦电视台（TCI）：2010年12月发生选后危机后，瓦塔拉政府为加强舆论引导工作创办的电视台，于2011年1月开播。

对外关系

奉行独立、主权、平等和不干涉内政的外交政策，强调国际合作伙伴多元化。坚持睦邻友好，重视非洲团结与合作，积极参与次地区和非洲经济一体化，呼吁国际社会增加对非援助，减轻非洲债务负担。瓦塔拉政府重点发展同法、美等西方国家关系。同约90个国家建立外交关系。是联合国、世界贸易组织、不结盟运动、伊斯兰合作组织、法语国家组织、非洲联盟、西非国家经济共同体和西非经济货币联盟等组织成员国，2012年2月至2014年3月瓦塔拉总统担任西非国家经济共同体执行主席。2016年1月起，瓦塔拉总统担任西非经济货币联盟轮值主席。

【同中国的关系】1983年3月2日中科建交。建交以来，两国友好合作关系发展顺利。

2013年3月，中国政府非洲事务特别代表钟建华访问科特迪瓦。2013年5月，中国商务部副部长李金早访问科特迪瓦，访问期间，会见了敦坎总理，与科外交国务部长迪比共同主持召开了两国经贸联委会第二次会议。2013年11月，科特迪瓦国民议会议长索罗访华，全国人大常委会委员长张德江与其会谈，国家副主席李源潮予以会见。2014年11月，科特迪瓦外交部长迪比访华，王毅外长予以会见。2015年3月，外交部副部长张明访问科特迪瓦，会见科总统瓦塔拉，并同科代外长多索举行外交部间政治磋商。2015年12月，瓦塔拉总统在出席中非合作论坛约翰内斯堡峰会期间，出席了习近平主席主持的早餐会。2016年1月，全国政协副主席王家瑞率中共代表团对科特迪瓦进行友好访问。访问期间，王家瑞会见了瓦塔拉总统，同科主要政党共和人士联盟代理总书记苏马奥罗、民主党执行书记班乔举行工作会谈。2016年4月，全国政协主席俞正声对科特迪瓦进行正式访问。访问期间，俞正声会见瓦塔拉总统，并同索罗议长举行会谈。2017年5月，王毅外长访问科特迪瓦，会见瓦塔拉总统，同代外长、非洲一体化及海外侨民部长库利巴利举行会谈。同月，科经社理事会主席迪比访华，全国政协副主席杜青林会见。2018年8月，瓦塔拉总统来华进行国事访问并出席中非合作论坛北京峰会，习近平主席同其举行会谈，李克强总理同其会见。其间，王毅国务委员兼外长会见科外长塔诺。10月，外交部部长助理陈晓东访科，拜会瓦塔拉总统，并会见科外长塔诺。2019年6月，科外长塔诺来华出席中非合作论坛北京峰会成果落实协调人会议，王毅国务委员兼外长同其会见。11月，全国人大常委会副委员长武维华访科，会见瓦塔拉总统，同国民议会议长苏马霍罗、参议院副议长波比举行会谈。

2019年，双边贸易额25亿美元，同比增长16.4%，其中中方出口额20.4亿美元，同比增长7.9%，进口额4.6亿美元，同比增长79.4%。

中国驻科特迪瓦大使：万黎。馆址：LOT 134A，M'Badon，Cocody，Abidjan。电话：00225–22437778，22420102（经商处）。传真：22436569，22426373（经商处）。国家地区号：00225。邮政信箱：01 B.P.3691 Abidjan 01。电子信箱：chinaemb_ci@mfa.gov.cn。

科特迪瓦驻华大使：阿达马·多索（ADAMA DOSSO）。馆址：北京市朝阳区三里屯北小街9号。电话：010–65321482，65323192，65321223。传真：65322407。

【同法国的关系】科法于1961年5月18日建交。两国长期保持特殊关系，签有外交、军事、经济、文化、技术等合作协定。科法高层往来频繁。2013年1月，法国外长法比尤斯赴科出席西共体阿比让特别首脑会议。3月，敦坎总理访法。6月，瓦塔拉总统赴法国出席乌弗埃·博瓦尼和平奖颁奖仪式。9月，瓦塔拉总统赴法国出席第七届法语国家运动会开幕式并与法国总统奥朗德会晤。10月，敦坎总理赴法出席经济合作与发展组织第13届世界非洲经济论坛。11月，法国内政部长瓦尔斯访科。12月，瓦塔拉总统赴法出席非洲和平与安全问题法非峰会。2014年7月，法国总统奥朗德访科。8月，瓦塔拉总统赴法出席纪念二战盟军普罗旺斯登陆70周年活动。2016年3月科特迪瓦大巴萨姆发生恐怖袭击后不久，法国外交部长埃罗和内政部长卡泽纳夫联袂访科表示慰问。2016年11月，法国总理瓦尔斯访科。2017年3月和6月，瓦塔拉总统两次访法。同年10月，法外长勒得里昂访科。11月，法总统马克龙访科并出席在科举行的第五届欧盟—非盟峰会。12月，瓦塔拉总统赴法出席“一个星球”气候变化融资峰会。2018年4月，瓦塔拉总统访问法国。11月，瓦塔拉总统赴法出席纪念一战结束100周年活动。2019年2月和7月，瓦塔拉总统两次访法。12月，法国总统马克龙访科。

法是科最大援助国、投资国和贸易伙伴，在科投资占科外资的60%。科是法在非洲法语区第一大和撒哈拉以南非洲第四大贸易伙伴。科达到国际货币基金组织“重债穷国”减债计划决策点后，法免除科2063.9亿非洲法郎债务。2012年7月，科法签署双边免债协议，法免除科债务37.6亿欧元。2012年12月，法科在阿比让签署了总额4132.5亿非郎的首期减债促发展合同，包含5个合作协议，为期20年，涉及教育、培训、卫生、交通、基础设施及农业等领域。2017年，法宣布未来三年向科提供20亿欧元资金支持。11月，由法国提供融资的阿比让地铁一号线开工。

法对科军援每年约60万美元，在科军事顾问100多名。法在阿比让设有军事基地，常驻海军陆战队员570人。2012年1月瓦塔拉总统访法时双方签订了新的防务协定。2012年8月，法科签署新防务协定下的4个军事合作协定书，法向科提供15亿非郎（约合285万美元）用于军事指挥、军队及海军组编和军官培训等。2013年，法为科赴马里参加"非洲领导的驻马里国际支持特派团"部队提供了培训。2014年1月，"独角兽"部队在科任务结束，法军继续在科驻扎并升格为"驻科法国军事力量"。法军基地升格为"前进行动基地"。

【同美国的关系】科美于1961年11月21日建交。美是科第四大贸易伙伴，对科投资和援助增加较快。2013年2月，瓦塔拉总统会见来访的美国非洲司令部司令卡特·哈姆，就科美军事合作及在马里北方打击恐怖主义等问题交换意见。3月，敦坎总理访问美国，出席世界银行和国际货币基金组织年会。5月，国民议会议长索罗与美国驻科大使分别代表科美政府签署协议，美国将在5年内向科议会提供1350万美元援助，帮助科加强能力建设，更好履行立法机构职责。2014年1月，美国副国务卿威廉姆斯率企业家代表团出席科2014年投资论坛，并会晤了瓦塔拉总统和敦坎总理。8月，敦坎总理代表瓦塔拉总统赴美出席美国与非洲领导人峰会。美重视同科军事合作。2012—2013年，美同科等多国在塞内加尔、佛得角海域连续举行了代号为"撒哈拉快车"的年度海上军事演习。2016年9月，瓦塔拉总统赴美参加第71届联大会议，并出席第二届美非商务论坛。2017年11月，瓦塔拉总统访美。双方签署千年挑战计划一揽子协议，科获得美5.27亿美元援助，涉及教育、培训、交通等领域。2019年2月，美国负责政治事务的副国务卿黑尔访科。8月，第18届《非洲增长与机遇法》论坛在阿比让举行。

【同邻国的关系】重视发展同非洲国家，尤其是西非地区各国的关系。瓦塔拉就职后，先后访问了西非经货联盟的所有成员国和西非经济共同体的大部分成员国。2012年2月17日，瓦塔拉在西共体第40届首脑会议上当选为执行主席。2013年1月、2月，西共体特别首脑会议、第42届首脑会议分别在科经济首都阿比让和政治首都亚穆苏克罗召开。瓦塔拉在第42届首脑会议上当选连任西共体执行主席，并任职至2014年3月。2017年12月，科工业和矿业部长让-克劳德·布鲁出任西共体委员会主席。

同布基纳法索历史上关系密切。布在科侨民约有300万。2013年1月、2月，孔波雷总统赴科出席西共体特别首脑会议和42届首脑会议。2月，布总理蒂奥访科。3月，科外交国务部长迪比访布。7月，布总统孔波雷赴科出席科布友好合作第三届峰会并与瓦塔拉总统会晤。10月，瓦塔拉总统赴布出席非洲经济法协调组织成立20周年庆祝活动并与孔波雷总统会晤。2014年1月，科国民议会议长索罗访布。3月，布总统孔波雷赴科进行工作访问。2014年7月，瓦塔拉总统赴布出席科布友好合作第四次峰会并与孔波雷总统会晤。2014年1月，科国民议会议长索罗访布。3月，布总统孔波雷赴科进行工作访问。7月，瓦塔拉总统赴布出席科布友好合作第四次峰会。10月底布发生大规模抗议活动、孔波雷被迫宣布辞职后，在法军帮助下赴科居留至今。2016年7月，科布两国签署友好合作协议。2017年11月，布基纳法索总理蒂耶巴访科，会见瓦塔拉总统。2017年12月，连接两国首都的阿比让—瓦加杜古—卡亚铁路整修项目开工。

同马里关系密切。2010年4月，巴博总统赴塞内加尔出席塞独立50周年庆典期间会见了马总统杜尔。2011年10月，瓦塔拉总统赴马进行工作访问。2012年3月马里发生军事政变后，瓦塔拉以西共体轮值主席身份积极参与马宪政危机调解。2012年4月，马里过渡期总统特拉奥雷赴科出席西共体特别峰会，5月特拉奥雷访科。2012年9月，科外长敦坎和非洲一体化部长库利巴利拜会马过渡期总统特拉奥雷，就西共体向马派兵等问题交换意见。2012年12月和2013年7月，马里过渡政府总理西索科访科。2013年8月，马新任总统凯塔访科。9月，科总统瓦塔拉出席马总统凯塔就职仪式。2015年5月，瓦塔拉总统访马。2018年5月，马里总统凯塔访科。2019年6月，马里总理西塞访科。

同几内亚关系密切。2011年5月，几内亚总统孔戴赴科出席瓦塔拉总统的就职典礼。12月，瓦塔拉对几进行工作访问。2012年2月，科总理索罗访几。2012年4月，科几合作混委会第二届会议在科纳克里召开。同月，孔戴总统赴科出席西共体特别峰会。2013年1月、2月，几总统孔戴赴科出席西共体阿比让特别首脑会议和42届首脑会议。3月，瓦塔拉总统赴几参加马诺河联盟元首定期会晤。2014年几内亚暴发埃博拉疫情后，科于8月宣布关闭同几边界，但为人道主义援助提供空中走廊，并向几提供100万美元援助。2017年10月，瓦塔拉总统访问几内亚，同孔戴总统举行会谈。

同加纳存在领海争议。两国海岸相邻，但未划定海上边界。2007年，加纳在"西区"海域发现油气资源，科特迪瓦则主张该区域属于科领海。围绕该争端，两国展开多轮谈判，并于2010年设立争端解决委员会，但迄未达成解决方案。2014年9月，加政府根据《联合国海洋法公约》规定提起强制仲裁。科表示不反对通过仲裁解决该争端。2015年5月，应联合国前秘书长安南邀请，瓦塔拉总统赴瑞士日内瓦同加纳总统马哈马就领海争议问题进行磋商。2017年9月，国际海洋法庭作出裁决，科加双方均表示接受。2016年6月，加纳总统马哈马正式访科。2017年11月，瓦塔拉总统访加，同加总统阿库福会谈，双方签署了科加战略伙伴关系协定，合作覆盖可可经济、国防安全、矿产能源、环境交通等领域。（李振平）

肯尼亚

国名 肯尼亚共和国（The Republic of Kenya）。

面积 582646平方公里。

人口 4756.4万（2019年人口普查结果）。全国共有44个民族，主要有基库尤族（17%）、卢希亚族（14%）、卡伦金族（11%）、卢奥族（10%）和康巴族（10%）等。此外，还有少数印巴人、阿拉伯人和欧洲人。斯瓦希里语为国语，和英语同为官方语言。全国人口的45%信奉基督教新教，33%信奉天主教，10%信奉伊斯兰教，其余信奉原始宗教和印度教。

首都 内罗毕（Nairobi），人口约350万。年平均气温17.7℃。

国家元首 总统乌胡鲁·肯雅塔（Uhuru Kenyatta），2013年3月首次当选，2017年10月再次当选，11月28日宣誓就职，任期5年。

重要节日 独立日：12月12日。

简况 位于非洲东部，赤道横贯中部，东非大裂谷纵贯南北。东邻索马里，南接坦桑尼亚，西连乌干达，北与埃塞俄比亚、南苏丹交界，东南濒临印度洋，海岸线长536公里。境内多高原，平均海拔1500米。全境位于热带季风区，沿海地区湿热，高原气候温和，全年最高气温为摄氏22℃—26℃，最低为10℃—14℃。

肯尼亚是人类发源地之一，境内曾出土约250万年前的人类头盖骨化石。公元7世纪，东南沿海地带已形成一些商业城市，阿拉伯人开始到此经商和定居。16世纪，葡萄牙殖民者占领了沿海地带。1890年，英、德瓜分东非，肯被划归英国，英政府于1895年宣布肯为其“东非保护地”，1920年，改为殖民地。1960年3月，肯尼亚非洲民族联盟（简称“肯盟”）和肯尼亚非洲民主联盟成立。1962年2月，伦敦制宪会议决定由上述两党组成联合政府。1963年5月，肯举行大选，肯盟获胜。同年6月1日成立自治政府，12月12日，宣告独立。1964年12月12日，肯尼亚共和国成立，但仍留在英联邦内。乔莫·肯雅塔是肯独立后的首任总统，其1978年病逝后，副总统莫伊继任并担任总统长达24年。

政治 独立以来，肯盟长期一党执政，1991年改行多党制后，肯盟于1992年、1997年连续两次赢得多党大选，莫伊蝉联总统。2002年12月，举行第三次多党大选，反对党联盟全国彩虹联盟击败肯盟，齐贝吉当选总统，全国彩虹联盟获议会多数席位。2007年12月大选后，因执政党民族团结党与反对党橙色民主运动对选举结果存在争议而引发全国性骚乱。在联合国前秘书长安南调解下，争议双方于2008年2月28日，签署《关于联合政府伙伴关系原则的协议》，并于4月13日组建联合政府。执政党领袖齐贝吉任总统，反对党领导人奥廷加任新设的总理职位。在2013年3月大选中，朱比利联盟候选人乌胡鲁·肯雅塔击败改革与民主联盟候选人奥廷加，当选肯尼亚第四任总统。

2017年8月，肯尼亚举行新一届大选，肯雅塔总统击败老对手奥廷加，赢得选举，但总统选举结果被肯尼亚最高法院判决无效。同年10月，总统大选重新举行，肯雅塔再次胜出，成功连任总统，11月28日，肯雅塔宣誓就职。

【宪法】1964年颁布共和国宪法，迄今已历经大小30次修改。1982年6月，肯通过修宪确立实行一党制。1991年12月，修宪改行多党制，规定：肯为多党民主国家，总统为国家元首、政府首脑兼国防军总司令，任期5年，连任不得超过两届；总统拥有最高行政权和任免权，有权召集或解散议会；总统和内阁集体对议会负责；公民享有宗教信仰、言论、集会、结社和迁徙的自由。1997年，肯反对党以宪法不适应多党制要求为由，强烈要求全面修宪。同年9月，肯颁布《修宪委员会法案》草案，开始修宪。2010年4月，肯新宪法草案获议会批准，8月，通过全民公投并正式颁布实施，其主要内容包括：维持总统制政体，不再设总理职位，但总统权力受削弱；议会改为两院制，增设参议院；行政区划由中央、省、地区、分区、乡、村六级改为中央和郡两级。

【议会】最高立法机构，成立于1963年，当时分设有参议院和众议院。1966年，修订宪法，将参议院并入众议院，形成一院制，设立国民议会。2010年8月，颁布的新宪法规定议会恢复设立参议院。2017年8月，选举产生由国民议会和参议院两院构成的第12届议会。议员任期5年。

本届国民议会由议长和349名议员组成，其中包括290名民选议员（代表全国290个选区）、12名政党指定议员（按各政党在国民议会席位比例分配）、47名民选妇女代表（代表全国47个郡）。议长和副议长由各党分别从本党非议员党员和议员中提名，由全体国民议会议员选举产生。现任国民议会议长贾斯廷·穆图里（Justin Muturi）。国民议会主要职能包括：立法、决定国家税收分配、监督政府和国家财政支出、批准战争、延长国家紧急状态、弹劾总统和副总统、批准重要人事任命等。下设32个委员会。

参议院由参议长和67名参议员组成，其中包括47名民选参议员（代表全国47个郡）、16名政党指定的妇女代表（按各政党在参议院议席比例分配）、2名青年代表（参议院最大两党各1人）、2名残疾人代表（参议院最大两党各1人）。参议长和副参议长由各党分别从本党非议员和议员中提名，由全体参议员选举产生。现任参议长肯尼斯·卢萨卡（Kenneth Lusaka）。参议院主要职能包括：参与同各郡相关的立法、税收分配、财政支出、放权以及参与弹劾总统和副总统等。下设20个委员会。

【政府】实行总统制。2019年8月部际分工调整后，目前内阁成员名单如下：总统乌胡鲁·肯雅塔，副总统威廉·鲁托（William Ruto），内务和中央政府协调部长弗雷德·马蒂安吉（Fred Matiang'i），放权及干旱和半干旱地区部长尤金·瓦马卢瓦（Eugene Wamalwa），财政和规划部部长（代理）乌库尔·亚塔尼（Ukur Yatani），国防部长蕾切尔·奥马莫（Raychelle Omamo，女），外交部长莫妮卡·朱马（Monica Juma，女），教育部长乔治·马戈哈（George Magoha），卫生部长西西莉·卡里乌基（Sieily Kariuki，女），交通、基础设施、住房和城市发展部长詹姆斯·马查里亚（James Macharia），信息通讯和技术部长乔·穆切鲁（Joo Mucheru），环境和林业部长凯里亚科·托比科（Keriako Tobiko），土地和实体规划部长法丽达·卡罗尼（Farida Karoney，女），体育、文化和遗产部长阿明娜·穆罕默德（Amina Mohamed，女），东共体和区域发展部长阿丹·穆罕默德（Adan Mohammed），劳工和社会保障部长乌库尔·亚塔尼（Ukur Yatani），农业、畜牧业和渔业部长姆万吉·基温朱里（Mwangi Kiunjuri），工业、贸易和合作部长彼得·穆尼亚（Peter Munya），公共服务、青年和性别事务部长玛格丽特·科比亚（Margaret Kobia，女），旅游和野生生物部长纳吉布·巴拉拉（Najib Balala），能源部长查尔斯·凯特（Charles Keter），石油和矿业部长约翰·蒙耶斯（John Munyes），水、公共卫生和灌溉部部长西蒙·切卢吉（Simon Chelugui），不管部长拉斐尔·图朱（Raphael Tuju）。

【行政区划】全国分为47个郡（County）。

【司法机构】法院分为四级，即地区法院、驻节法院、高等法院和上诉法院。在穆斯林人口占多数的地区设伊斯兰法院。首席大法官威利·穆通加（Willy Mutunga），2011年6月任职。

【政党】目前，肯有注册政党约50个，主要政党和政党联盟有：

（1）朱比利党：2016年9月，执政的原朱比利联盟内部12个党派宣布解散各自政党、联合组建朱比利党。2017年10月，现任总统肯雅塔、副总统鲁托分别以朱比利党总统、副总统候选人身份赢得大选，获得连任。

（2）全国超级联盟：为应对朱比利党强势组建，反对派“三巨头”奥廷加、穆西约卡、韦坦古拉联合阿玛尼全国大会党领袖穆达瓦迪，于2017年初组建成立全国超级联盟。前总理奥廷加、前副总统穆西约卡分别以全国超级联盟总统、副总统候选人身份参加2017年大选，最终败选。

【重要人物】乌胡鲁·肯雅塔：总统、国防军总司令。1961年10月生，基库尤族，开国总统乔莫·肯雅塔之子。曾留学美国，获政治学和经济学学士学位。1999年起任旅游发展局长、地方政府部长等职。2002年当选肯盟副主席，并作为莫伊总统指定接班人被推选为肯盟总统候选人。在2002年大选中不敌齐贝吉，成为议会反对党领袖。2005年当选肯盟主席。2007年带领分裂后的肯盟加入齐贝吉阵营。2008年4月任副总理兼贸易部长，2009年初改任副总理兼财政部长。2012年1月辞去财政部长职务。2012年4月退出肯盟，5月加入新成立的全国联盟党。2013年1月，全国联盟党与联合共和党等结成朱比利联盟，肯雅塔作为该联盟总统候选人参选并赢得大选，成为肯尼亚第四任总统。2017年10月，以朱比利党总统候选人身份参选并当选连任，11月28日宣誓就职。

经　济

肯是撒哈拉以南非洲经济基础较好的国家之一。农业、服务业和工业是国民经济三大支柱，茶叶等农产品、旅游、侨汇是三大创汇来源。工业在东非地区相对发达，门类较齐全，日用品基本自给。

2008年肯政府启动“2030年远景规划”，提出优先发展旅游业、农业、制造业、批发零售业、业务流程外包（BPO）、金融服务业等重点产业，争取年均经济增速达到10%，到2030年将肯发展成为具有全球竞争力、民众享有高质量生活、环境优美、社会安定的新兴工业化中等收入国家。受2008年初大选危机、旱灾及国际金融危机影响，经济发展速度一度放缓。2010年以来，肯政府采取了一系列促进经济增长的政策，经济呈现较好发展势头。但贫困率和失业率仍然较高，均在40%上下。2015年肯出台《国家工业化发展规划》和《经济特区法》，大力加强基础设施建设，重视油气资源以及地热、太阳能等新能源开发，积极推进工业化进程和经济转型。2017年肯政府提出粮食安全、住房保障、制造业发展、医疗保障等“四大发展目标”。2019年主要经济数据如下：

国内生产总值：965亿美元。

人均国内生产总值：1836美元。
经济增长率：5.3%。
货币名称：肯尼亚先令。
汇率：1美元≈101.99肯尼亚先令。
通货膨胀率：5.4%。
外债总额：355.43亿美元。
（资料来源：2020年3月《伦敦经济季评》）

【资源】矿藏主要有纯碱、盐、萤石、石灰石、重晶石、金、银、铜、铝、锌、铌和钍等，除纯碱和萤石外，多数矿藏尚未开发。森林面积8.7万平方公里，占国土面积的15%。林木储量9.5亿吨。2012年初发现石油蕴藏，已经探明石油储量29亿桶。地热、风能、水力等清洁能源丰富。

【工业】独立以后发展较快，门类比较齐全，是东非地区工业最发达的国家。以制造业为主，食品加工业发达。工业主要集中在内罗毕、蒙巴萨和基苏木这3大城市。制造业约占国内生产总值的10%。较大的企业有炼油、轮胎、水泥、轧钢、发电、汽车装配等厂。85%的日用消费品产自国内，其中服装、纸张、食品、饮料、香烟等基本自给，有些还供出口。

【农牧渔业】农业是国民经济的支柱，产值约占国内生产总值的近1/3，其出口占肯总出口一半以上。全国约80%的人口从事农牧业。可耕地面积9.2万平方公里（约占国土面积的16%），其中已耕地占73%，主要集中在西南部。正常年景粮食基本自给，小麦和水稻严重依赖进口。剑麻出口量居全球第二位。非洲最大的鲜花出口国，占据欧盟约1/3的市场份额。2016年，茶叶、园艺产品、咖啡分别出口约12亿、9.9亿、2亿美元；园艺产品中，鲜花、蔬菜、水果分别出口约6.9亿、2.3亿、0.7亿美元。渔业资源丰富，2016年产量为14.6万吨，大多来自境内的淡水湖泊，其中维多利亚湖每年捕鱼量占渔业生产总量的80%以上。

【旅游业】支柱产业，肯第二大外汇收入来源，直接创造就业25万人，间接创造就业55万人。2017年，国际游客数量147万人次，旅游业收入约12亿美元。排名前5位的游客来源国依次为美国、英国、乌干达、中国、印度。主要旅游点有内罗毕、察沃、安博塞利、纳库鲁、马赛马拉等地的国家公园、湖泊风景区及东非大裂谷、肯尼亚山和蒙巴萨海滨等。

【交通运输】以公路运输为主。肯2016/2017财年预算案中，基础设施和信息通信的预算占政府开支总预算的8.93%，仅次于政府用于教育、安全、公共服务三个领域的预算。

公路：肯公路网总长16余万公里。

铁路：总长2885公里，其中约600公里为标准轨铁路（蒙内铁路约480公里，内马铁路约120公里），其余为窄轨铁路。

海运：蒙巴萨港是东非最大港口，有22个深水泊位和2个大型输油码头，可停泊2万吨级货轮，2008年8月起开始24小时运转。蒙巴萨港2013—2016年货物吞吐量分别为2230万、2487万、2671万、2736万吨。

空运：全国共有4个国际机场、100余个国内机场。肯尼亚航空公司开设40余条国际航线，在全球设有98个办事处。

管道运输：1978年建成蒙巴萨—内罗毕输油管，现已扩建至纳库鲁、埃尔多雷特和基苏木。2017年10月，英国图洛等三家西方公司同肯尼亚签订图尔卡纳—拉穆输油管道先期建设合同，预计于2021年建成。

【财政金融】财政收入主要靠税收。截至2018年底，肯政府公共债务总额497.5亿美元。2016/2017财年，肯财政（预算）收入为15698亿肯先令，财政（预算）开支为22594亿肯先令，财政（预算）赤字为6896亿肯先令，财政（预算）赤字占国内生产总值9.3%。2016年，肯金融业、保险业分别增长6.9%和5.3%。

【对外贸易】在国家经济中占有重要地位，但长期逆差。主要出口商品为茶叶、花卉、咖啡、水泥、剑麻、除虫菊酯、纯碱、皮革、肉类和石油加工产品等。主要进口商品是机械、钢铁、车辆、化肥、药品等。2018年肯进出口贸易总额224.47亿美元，其中出口额61.05亿美元，进口额163.42亿美元。非洲、欧洲分别是肯出口第一、第二大目的地。亚洲是肯进口第一大来源地，中国是肯第一大进口来源国。

【外国资本】肯自1963年独立以来，一向重视吸收利用外国资本为本国经济建设服务。1964年政府颁布实施《外国投资保护法》。目前，英、美、德、法等国在肯设有数百家公司，投资领域遍及农业、工业、商业、旅游、金融、交通运输等部门。外国对肯投资主要领域为制造业、农业、能源、建筑、通信和采矿业。2018年，肯吸收外国直接投资16.24亿美元，为近6年来新高。

【外国援助】主要援助国和国际组织有日本、德国、英国、美国、法国以及世界银行、国际货币基金组织、国际开发协会、联合国开发计划署、非洲开发银行、欧洲发展基金和环球基金等。外援主要用于农业、军事、交通运输、教育、卫生、电信及社会发展项目。

人民生活

肯尼亚失业率接近40%，全国贫困率超过40%，人均寿命60岁。肯各地区发展不平衡严重，农村人口贫困率为50%，城镇人口贫困率为30%。2016年居民平均年收入为64.5万肯先令。联合国发布的《2019年人类发展报告》显示，肯人类发展指数在全球189个国家和地区中居第147位。

军　事

1963年独立后建军。总统兼任国防军总司令，拥有最高指挥权。国防军司令部是最高作战指挥机构，总统通过国防军司令统率全军。国防委员会系向总统负责的最高军事决策机构，由国防部长、国防部常务副部长、国防军司令、陆海空三军司令等组成。现任国防部长蕾切尔·奥马莫，国防军司令桑姆森·姆瓦提上将。

奉行积极防御的国防政策，近年积极参与打击恐怖主义及联合国和非盟维和行动。实行志愿兵役制。现役军人3.32万，其中陆军2.5万人，海军3200人，空军5000人。

文化教育

【教育】政府重视发展教育事业，教育经费一直占政府财政支出的20%左右。成人识字率近90%，在非洲国家中名列前茅。教育体制分为正规和非正规教育两类，正规教育实行小学、中学、大学“8—4—4”学制。非正规教育包括成人教育和扫盲活动。2003年起实行8年免费初等教育，计划于2018年实现中小学义务教育完全免费。目前全国有近1000万儿童入读小学，中学、大学数量分别为7000多所与60所，另有30多所职业培训学校、技校等。著名高等学府包括内罗毕大学、莫伊大学、肯雅塔大学、埃格顿大学、肯雅塔农业技术大学和马塞诺大学等。

【新闻出版】主要英文报刊:《民族日报》，发行量约20万份;《东非旗帜报》，日报，发行量约7万份;《肯尼亚时报》，日报，前执政党肯盟机关报，发行量约5.2万份;《每周评论》，肯最大的私营英文周刊，发行量约1.85万份;《东非人报》，周报，1994年11月首次发行，在肯尼亚、乌干达和坦桑尼亚同时出版。斯瓦希里文报以《民族日报》媒体集团创办的《塔伊法》（意为“今日民族报”）最有影响，发行量约5万份。

肯尼亚通讯社为官方通讯社，成立于1963年，向内罗毕的报刊、广播电台、电视台提供新闻和图片。

肯尼亚广播公司，由英国殖民者建立，电台于1927年开播，用英语、斯瓦希里语、印地语和15种非洲语言广播。1963年肯独立后将其收归国有，改名为“肯尼亚之声”。

肯尼亚广播电视公司，1987年成立，系肯目前规模最大、广播电视节目能覆盖全国的广播电视公司。“肯尼亚电视网”，1989年成立，肯第一家私营电视台，用英语播放。截至2004年底，肯政府已为14个电视台的82个频道及42家电台的163个频率发放了经营许可证，目前已有39个电视频道和90个电台频率正式播放，但覆盖范围主要限于内罗毕、蒙巴萨等大城市。

对外关系

奉行和平、睦邻友好和不结盟的外交政策，积极参与地区和国际事务，大力推动地区政治、经济一体化，反对外来干涉，重视发展同西方及邻国的关系，注意同各国发展经济和贸易关系，开展全方位务实外交，强调外交为经济服务。近年来，积极加强同中国等亚洲国家关系。

肯是联合国、非洲联盟、不结盟运动、七十七国集团成员国，洛美协定签字国，也是东非政府间发展组织、东部和南部非洲共同市场、东非共同体和环印度洋地区合作联盟等次地区组织的成员。联合国在内罗毕设有办事处，联合国环境规划署和联合国人类住区规划署总部设在内罗毕。肯同100多个国家建立了外交关系。

【对当前重大国际问题的态度】关于国际政治经济新秩序：认为现存的国际政治经济秩序对广大发展中国家不公正、不合理。西方推行霸权主义和强权政治，并利用现存的国际经济秩序从发展中国家渔利，客观上造成了发展中国家特别是非洲国家的贫困。主张政治上遵守《联合国宪章》，恪守主权平等和互不干涉内政等基本国际关系准则；经济上加大发展中国家在制定“游戏规则”中的参与程度，推动建立公正、合理的国际政治经济新秩序。

关于非洲形势：认为冲突、动荡是阻碍非洲发展最主要的因素，主张维护和促进非洲团结合作，以和平方式解决非洲国家之间的争端。非洲在经济全球化中面临进一步被边缘化的威胁，非洲国家应联合自强，通过经济一体化提高应对全球化挑战的能力。呼吁发达国家大幅度减免非洲债务，增加对非发展援助，向非洲产品开放市场。

关于气候变化问题：肯是非洲气候变化国家元首和政府首脑委员会成员，支持非盟共同立场。坚持共同但有区别的责任原则，要求发达国家率先减排，反对为发展中国家设定强制减排指标。认为发达国家应该向发展中国家提供资金和技术，帮助其提高适应气候变化的能力。主张联合国环境规划署在气候变化谈判中发挥关键作用。

关于人权问题：认为生存权和发展权是基本人权。发展中国家在相对贫穷、落后的状态下，首先应解决生存和发展问题，否则民主、自由及其他政治、经济和社会权利无从谈起。主张通过对话加强国际人权交流，反对在人权领域搞对抗，反对西方国家利用人权问题对别国施压。

关于国际金融危机：认为国际金融危机在出口、外债、外资等领域均对肯尼亚产生负面影响，危机产生的根源是国际金融体系存在严重问题。主张推进国际金融体制改革，重组国际货币基金组织，使之真正成为国际信贷的砥柱。要求非洲等发展中国家在改革过程中享有话语权。

【同中国的关系】1963年12月14日两国建交。1978年中国改革开放后，两国关系日益密切。近年来双方重要互访有：中共中央政治局委员、北京市委书记刘淇（2012年），全国人大常委会副委员长华建敏（2012年），全国人大常委会副委员长张宝文（2013年），全国人大常委会副委员长万鄂湘（2013年），国务院总理李克强（2014年5月），中共中央政治局委员、北京市委书记郭金龙（2014年7月），全国人大常委会委员长张德江（2016年3月），国务委员王勇（2017年5月、2019年12月），全国政协副主席王家瑞（2017年11月），全国政协主席汪洋（2018年6月），中共中央政治局委员、中央外事工作委员会办公室主任杨洁篪（2019年9月）等先后访肯或作为国家主席特使赴肯出席相关活动。

穆西约卡副总统〔2010年8月出席中非农业合作论坛、2012年5月出席首届中国（北京）国际服务贸易交易会〕、奥廷加总理（2012年7月来华出席中非合作论坛第五届部长级会议开幕式）、肯雅塔总统（2013年8月、2017年5月来华出席“一带一路”国际合作高峰论坛、2018年9月来华出席中非合作论坛北京峰会、11月来华出席首届中国国际进口博览会、2019年4月来华出席第二届“一带一路”国际合作高峰论坛）、埃苏罗参议长（2014年5月）、穆图里议长（2015年5月）、鲁托副总统（2016年7月来华出席生态文明贵阳国际论坛2016年年会）等访华或来华参会。

中肯于1978年签订贸易协定，2001年签订投资保护协定，2011年3月成立双边贸易、投资和经济技术合作联合委员会。2019年双边贸易额51.73亿美元、同比下降3.71%。其中中方出口额49.93亿美元、同比下降3.93%，中方进口额1.79亿美元、同比增长2.96%。中方主要出口电子类产品、服装和纺织纱线、钢铁及其制品等，主要进口矿砂、农产品、皮革制品等。

中、肯于1980年9月签署文化合作协定。两国于1994年签订高等教育合作议定书，中方向肯尼亚埃格顿大学提供教学科研仪器，并派遣2名教师。2005年，中方在内罗毕大学建成非洲第一所孔子学院。2008年，中肯建立肯雅塔大学孔子学院。2012年中肯建立埃格顿大学孔子学院和内罗毕广播孔子课堂。2015年3月，中肯建立莫伊大学孔子学院。

2003年12月，中国将肯尼亚列为中国公民自费旅游目的地国。2005年肯尼亚航空公司开通内罗毕至广州的直航。2015年8月，中国南方航空公司开通广州至内罗毕的直航。2019年6月，中国南方航空公司开通长沙至内罗毕的直航。

新华社、中国国际电视台、中国国际广播电台的非洲总部均设在内罗毕。中国国际广播电台首家海外城市调频电台于2006年2月在内罗毕开播，蒙巴萨调频台2011年1月开播，中央电视台非洲分台2012年1月在内罗毕成立并开播。2012年12月，《中国日报非洲版》在内罗毕创刊发行。

中国驻肯大使：吴鹏。馆址：Woodlands Road, Kilimani District, Nairobi。电话：00254–20–2726851（使馆总机），00254–71–7070214（领事证件咨询电话），5141108（经商处）；传真：2726402，2711540，2713451（经商处）。

肯尼亚驻华大使：萨拉·塞雷姆（Sarah Serem）。馆址：北京三里屯西六街4号。电话：010–65323381，65322473；传真：65321770。

【同英国的关系】英国是肯原宗主国，两国在政治、经济和军事上保持着传统的密切关系。英是肯主要双边援助国和投资来源国之一，对肯投资总额超过10亿英镑。英每年向肯提供500个奖学金名额，目前肯有5000多名学生在英国留学。2006年，两国续签了军事合作协议。2007年底肯大选争端引发人道主义危机后，英国宣布向肯红十字会提供100万英镑人道主义援助。2008年7月，奥廷加总理访英，与英首相布朗举行会谈。英宣布向肯提供900万英镑援助，用于重建项目和非政府组织能力建设。2013年5月，肯雅塔总统在出席索马里问题伦敦国际会议期间会见了英国首相卡梅伦。2018年4月，肯雅塔总统赴英国出席英联邦政府首脑会议并访问英国。8月，英国首相特蕾莎·梅访问肯尼亚。

【同美国的关系】近年来，肯为争取美援、美为获得肯配合其在东非地区反恐，两国关系发展较快。肯是接受美援助最多的撒哈拉以南非洲国家之一，近年来每年约5亿美元。肯自2000年成为美国《非洲增长与机遇法》的首批受益国以来，对美纺织品出口激增，近百家美国公司在肯设代表处。2008年3月，美民众为肯人道主义危机捐款2500万美元。同年5月，美军舰访肯并与肯举行了联合训练。同年6月，肯总理奥廷加访美，美宣布再向肯提供9000万美元援助。2009年5月，肯总理奥廷加访美。同年8月、2012年8月，美国务卿希拉里两次访肯。2014年8月，肯总统肯雅塔赴美出席首届美非峰会。2015年7月，美总统奥巴马访肯并出席“全球创业峰会”。2018年3月，美国务卿蒂勒森访问肯尼亚。8月，肯雅塔总统访问美国。2019年5月，肯外长朱马和美非洲事务助理国务卿纳吉共同主持肯美首次双边战略对话。

【同邻国的关系】重视发展同邻国的关系，积极推进地区一体化。同坦桑尼亚、乌干达组建东非共同体，实施地区互联互通基础设施项目。

肯积极推动索马里和平进程。2006年9月齐贝吉总统在出席东非政府间发展组织内罗毕特别首脑会议期间，会见了索过渡联邦政府总统尤素福、埃塞俄比亚总理梅莱斯，共同讨论在索部署东非政府间发展组织和平支助团等议题。2007年8月，齐贝吉总统会见来访的尤素福总统。2009年6月，奥廷加总理会见索过渡联邦政府总理舍马克。2011年10月，肯出兵索马里协助索过渡联邦政府清剿“索马里青年党”（沙巴布），并于2012年6月将在索部队并入非盟驻索马里特派团。2012年8月以来，索产生新领导人和新政府，肯予以大力支持。2013年9月21—24日，多名“沙巴布”恐怖分子对内罗毕西门购物中心发动袭击，劫持人质并与肯军警对峙交火，造成67人死亡、240余人受伤。2015年4月，肯东部与索毗邻的加里萨大学遭“沙巴布”恐怖袭击，造成148人死亡、79人受伤。

2017年2月，肯总统肯雅塔赴索马里出席索新任总统穆罕默德就职典礼。3月，肯总统肯雅塔访问索马里，随后索总统穆罕默德访问肯尼亚并出席在内罗毕举行的索马里难民问题特别峰会。2018年5月，索总统穆罕默德访问肯尼亚。11月，索总统穆罕默德赴肯出席可持续蓝色经济会议。2019年以来，肯索海上划界争端逐渐升温。

南苏丹独立建国前，肯主张和平解决苏丹内部冲突，曾先后十余次主持苏丹和谈。南苏丹独立建国后，肯积极调停南北苏丹冲突。2013年底南苏丹局势动荡后，肯积极参与斡旋，促成南苏丹冲突双方达成和解协议。肯积极参与联合国南苏丹特派团，曾经派有维和士兵和警察约1000人。2019年7月，南苏丹总统基尔对肯进行国事访问。

（马知遥）

莱　索　托

国名　莱索托王国（The Kingdom of Lesotho）。

面积　30344平方公里。

人口　210万（2019年《伦敦经济季评》）。绝大多数人口属班图语系的巴苏陀族和祖鲁族。通用英语和塞苏陀语。约90%的居民信奉基督教新教和天主教，其余信奉原始宗教和伊斯兰教。

首都　马塞卢（Maseru），海拔1500米。人口约33.1万（2016年人口统计估算数字）。

国家元首　国王莱齐耶三世（Letsie III），1996年2月7日登基，1997年10月31日加冕。

重要节日　莫舒舒日：3月11日；英雄日：5月25日；国王诞辰：7月17日；独立日：10月4日。

简　况

非洲南部内陆国家，四周为南非所环抱。国土75%是东部山地，最高海拔3482米。西部25%的狭长地带为地势较平缓的低地，最低海拔1388米。主要山脉是马洛蒂山和德拉肯斯山，主要河流是奥兰治河和卡勒登河。属大陆性亚热带气候。5—9月为旱季，10月至次年4月为雨季，最高气温33℃（1月），最低-7℃（7月）。属东2时区，比北京时间晚6小时，无夏令时。

独立前称巴苏陀兰。19世纪初，巴苏陀族酋长莫舒舒一世统一各族，建立了王国。1868年，英国正式宣布巴苏陀兰为其“保护地”，并于1871年将其并入英国在南非的开普殖民地。1966年10月4日宣布独立，定名为莱索托王国，实行君主立宪制，莫舒舒二世任国王，巴索托国民党领导人乔纳森任首相。

政　治

1970年举行独立后首次大选，巴苏陀兰大会党获胜。1986年，武装部队司令莱哈尼耶少将发动军事政变，接管政权并禁止政党活动。1990年11月，军政府废黜莫舒舒二世，立其长子莱齐耶为国王。1993年3月，军政府“还政于民”，举行莱第二次大选，巴苏陀兰大会党获胜，该党领袖莫赫勒出任首相。1995年1月，莫舒舒二世复位。1996年1月，莫舒舒二世遇车祸身亡。2月，莱齐耶再度登基。1998年5月，举行第三次大选，莱索托民主大会党以绝对优势取胜，该党领袖莫西西利任首相。2002年5月和2007年2月，莱按照混合选举模式顺利举行大选，莱索托民主大会党连续赢得大选，莫西西利均蝉联首相。2012年2月，莱索托民主大会党发生分裂，莫西西利首相另组民主大会党，继续执政。5月26日，莱举行大选，全巴索托大会党领袖莫措阿哈·托马斯·塔巴内（Motsoahae Thomas Thabane）正式就任首相，标志着莱独立以来首个多党联合政府诞生。2014年，联合政府因内部矛盾激化走向解体。2015年2月28日，莱提前举行大选。民主大会党、莱索托民主大会党、人民民主阵线、民族独立党、马里马特卢自由党、巴苏陀兰大会党、莱索托人民大会党7党组成联合政府。民主大会党领袖莫西西利时隔3年再次就任首相。2017年3月，莱国民议会通过对莫西西利首相的不信任动议，莱齐耶三世国王决定提前举行大选。6月3日，全巴索托大会党、民主人士联盟、巴索托国民党、莱索托改革大会党组成的反对党联盟在大选中胜出，组成新一届政府。塔巴内再次出任首相，民主人士联盟领袖莫莱莱基任副首相。

2019年2月，全巴索托大会党选举产生新一届全国执委会，新旧执委会派系分裂加深，政治力量分化组合，莱政局发展不确定性显著增大。11月，莱索托国家改革进程取得重要进展，由对话磋商进入落实阶段。

【**宪法**】现行宪法于1993年3月颁布生效。根据宪法，莱是君主立宪制国家。宪法规定：国王为国家元首和立宪君主，内阁为行政机构，首相为政府首脑，议会选举获胜的政党候选人任首相，任期5年；莱国民议会有权制定法律，产生法案。

【**议会**】实行两院议会制。参议院有31个席位，由国王根据首相意愿指定的10名议员和21名大酋长组成，参议长为玛莫纳恒·莫基提米（Mamonaheng Mokitimi，女）。众议院由120名议员组成，议员通过选区代表制和比例代表制选举产生，任期5年。本届议会于2017年6月根据大选结果组成。全巴索托大会党占48席（同年9月30日补选后占51席），民主大会党30席，莱索托民主大会党11席，民主人士联盟9

席，经济振兴运动6席，巴索托国民党5席，大众民主阵线3席，民族独立党、莱索托改革大会党、巴苏陀兰大会党、莱索托民主党、马里马特卢自由党等各1席。议长塞菲里·伊诺克·莫塔尼亚内（Sephiri Enoch Motanyane）。

【政府】本届政府于2017年6月组成，经过几番2018年2月改组。目前，内阁主要成员有：首相兼国防及国家安全大臣莫措阿哈·托马斯·塔巴内（Motsoahae Thomas Thabane），副首相及议会事务大臣莫尼亚内·莫莱莱基（Monyane Moleleki），公共服务大臣楚库特拉内·阿乌（Tsukutlane Au），劳工大臣凯凯措·兰措（Keketso Rants'o，女），林业及土地保护大臣泰福·马佩塞拉（Tefo Mapesela），通讯及科技大臣泰塞莱·马塞里巴内（Thesele' Maseribane），性别及青体大臣马哈莉·帕莫采（Mahali Phamotse，女），水务大臣萨莫尼亚内·恩采凯莱（Samonyane Ntsekele），教育与培训大臣莫科托·赫洛阿埃莱（Mokoto Hloaele），财政大臣穆凯齐·马乔罗（Moeketsi Majoro），首相府大臣莱硕波洛·莫赫拉乔阿（Leshoboro Mohlajoa），贸工大臣哈莱波诺埃·塞察比（Halebonoe Sets'abi），社会发展大臣莫特洛希·马利赫（Motlohi Maliehe），小企业及市场大臣查莱恩·波里（Chalane Phori），农业及粮食安全大臣利措阿内·利措阿内（Litsoane Litsoane），司法、人权及劳教大臣塞马诺·塞卡特尔（Semano Sekatle），外交及国际关系大臣莱塞戈·马霍蒂（Lesego Makgothi），地方政府及酋长事务大臣马哈拉·莫拉波（Mahala Molapo），矿业大臣泰梅基·措洛（Temeki Ts'olo），公共工程大臣马利赫·普林斯·马利赫（Maliehe Prince Maliehe），交通大臣凯凯措·塞洛（Keketso Sello），国防及国家安全大臣泰福·马佩塞拉（Tefo Mapesela），卫生大臣恩卡库·卡比（NKAKU KABI），发展计划大臣特洛赫朗·奥马内（Tlohelang Aumane），内政大臣莫赫勒·莫莱察内（Mokhele Moletsane），旅游、环境及文化大臣乔昂·莫拉波（Chief Joang Molapo），法律及宪法事务大臣哈博法诺·莱哈纳（Habofanoe Lehana），警察及公共安全大臣莱赫洛霍诺洛·莫拉莫采（Lehlohonolo Moramotse）。

【行政区划】全国划为10个行政区。由社区理事会（Community Council）理事管理地方行政事务。全国成立了129个社区理事会，每个理事会由9—15名理事（人数须为奇数）组成。其中2名理事在酋长中产生，其余理事席位由各党推举的候选人及独立候选人竞争。地方政府任期为4年。2017年9月，在地方政府选举的社区理事会席位中，全巴索托大会党赢得424席，民主大会党251席，民主人士联盟60席，莱民主大会党45席，巴索托国民党25席，经济振兴运动28席，大众民主阵线12席，其他小党和独立候选人共计85席。

【司法机构】司法体系基于罗马—荷兰法。由高等法院、上诉法院、10个行政区级法院和酋长主持下的地方习惯法法庭组成。根据莱宪法，上诉法院和高等法院法官可以由外籍人士担任，但上诉法院法官必须是英联邦国家公民。现任高等法院首席大法官恩托蒙·马贾拉（Nthomeng Majara）。上诉法院院长卡纳奈罗·莫西多（Kananelo Mosito）。

【政党】注册政党共有30个，主要政党有：

（1）全巴索托大会党（All Basotho Convention）：2006年10月成立，由原通讯大臣塔巴内脱离执政党民主大会党（LCD）而成立。2012年大选中获30个议席，并成功与莱索托民主大会党和巴索托国民党结盟，组建联合政府。2015年大选中一举拿下46个议席，但因与结盟政党议席未达到半数以上而成为最大反对党。2017年大选中拿下48个议席，并与民主人士联盟、巴索托国民党、莱索托改革大会党组成四党联合政府。主张反腐败、均贫富、打击犯罪、保护本国人民经济利益等，在城镇居民中有广泛基础。领袖为首相莫措阿哈·托马斯·塔巴内（Motsoahae Thomas Thabane）。

（2）民主大会党（Democratic Congress）：议会最大反对党。2012年2月，时任首相莫西西利脱离莱索托民主大会党（LCD）组建该党并继续执政。在2012年5月大选中获48个议席，为议会第一大党，但因未过总议席数半数且未能成功与其他政党结盟，成为最大反对党。2015年大选再次获得47个议席，并联合其他政党以微弱优势组建七党联合政府。2017年大选中拿下30个议席，再次成为最大反对党。主要代表中下层民众的利益。领袖为现任领袖为马蒂贝利·莫霍图（Mathibeli Mokhothu）。

（3）莱索托民主大会党（Lesotho Congress for Democracy）：议会第二大反对党。1997年6月，巴苏陀兰大会党发生分裂，以莫赫勒为首的"首相派"成立莱民主大会党并执政。在1998年5月大选中获胜并继续执政。2001年，由于该党原副领袖马霍佩另立新党，莱索托民主大会党分裂。在2002年5月的大选中以绝对优势获胜，继续执政。2006年，原通讯大臣塔巴内另立新党，该党再度分裂。2012年2月，时任首相莫西西利另立民主大会党，该党实力大幅削弱。2012年5月大选中，该党获26个议席，与全巴索托大会党、巴索托国民党结盟，共同执政，领袖莫泰乔阿·梅青任副首相。2014年，该党联合反对党攻击全巴索托大会党，执政联盟破裂，引起党内不满并再次分裂。在2015年大选中仅获得12席，与民主大会党等其他政党结盟得以继续执政。2017年大选中获得11个议席，继续与民主大会党保持联合。主张提高社会与卫生服务质量，改革教育制度，提供更多的就业机会，减少贫困。领袖为莫泰乔阿·梅青（Mothetjoe

Metsing）。

（4）民主人士联盟（Alliance of Democrats）：联合执政党。2016年民主大会党内部派系斗争激烈，副领袖莫莱莱基于2016年底脱离民主大会党成立民主人士联盟，任党领袖。2017年莱大选中获得9票，党领袖莫莱莱基任副首相。

【重要人物】莱齐耶三世：国王。1963年7月17日生于莱索托莫里加地区。为已故国王莫舒舒二世的长子。1968—1980年在英国就读小学和中学。1980—1984年在莱索托大学学习并获法学士学位。1984—1986年取得英国布里斯托尔大学英国法律文凭。1986—1987年在剑桥大学和伦敦大学怀伊学院进修发展学和农业经济学。学成归国后，于1989年12月被任命为马欣地区大酋长，并曾在马塞卢市政厅和制宪会议任职。1990年11月即位，1995年1月让位于其父莫舒舒二世。1996年1月莫舒舒二世因车祸身亡后，于2月7日再次登基。1997年10月31日举行加冕典礼。**莫措阿哈·托马斯·塔巴内**：首相。1939年5月28日出生。曾就读于南非大学，获文学学士学位。历任莱外交大臣、首相特别顾问、内政与公共安全大臣、通讯与科技大臣等职务。2006年10月，组建全巴索托大会党并任领袖。2012年5月，莱大选后任首相。2015年2月，卸任首相职务。2017年6月，莱大选后再次就任首相。

经　济

自然资源贫乏，经济基础薄弱，是联合国宣布的世界最不发达国家之一。经济以农牧业和服装加工出口为主，粮食不能自给。侨汇是国民收入的主要来源之一。近年来，受世界经济低迷、南部非洲关税同盟税收分成减少、莱政局不稳等因素影响，莱吸引外资能力下降，经济发展缓慢。莱政府积极实施《2020年国家经济发展远景规划》，改善投资环境，努力扩大就业，发展农业和基础建设，钻石开采业成为新的经济增长点。根据世界经济论坛发布的《2016—2017年全球竞争力报告》，莱竞争力排名第120位。2016年6月，莱索托等南共体国家在博茨瓦纳与欧盟签署经济伙伴协定（EPA）。2018年9月，国际评级机构惠誉将莱经济增长预期调为负面。根据世界银行2018年经商便利性报告，莱在非洲国家中排名第10位，世界排名第104位。2019年主要经济数据如下：

国内生产总值：26亿美元。

人均国内生产总值：约1238美元。

经济增长率：1.8%。

货币名称：洛蒂，复数为马洛蒂（Maloti）。与南非兰特等值挂钩。

汇率（2019年平均值）：1美元≈14.48马洛蒂。

外汇储备（不含黄金）：6.22亿美元。

外贸总额：32.37亿美元。

（资料来源：《伦敦经济季评》）

【工业】以制造业和食品加工为主，生产成衣、制革、食品、饮料、建材、家具、电子等。莱境内的高原水利工程于1991年动工，是非洲最大的水利工程之一，由莱索托和南非共同出资兴建。目前，该工程第一阶段已竣工，莱索托通过向南非输水每年创造可观收入，并可解决自身电力需求。自2000年以来，随着欧美相继向莱开放无关税、无配额的市场，纺织、服装、制鞋等附加值相对较高的出口加工产业发展迅速，成衣业成为莱国民经济第一大支柱产业。莱成为撒哈拉以南非洲地区对美最大服装出口国和美在非第八大贸易伙伴，每年向美出口成衣创汇约5亿美元。2008年以来，受国际金融危机影响，莱服装加工业面临困境，出口下降，多家工厂停产或关闭。2012年，莱纺织服装业由于美国《非洲增长与机遇法》延期至2015年，困难状况有所缓解。2015年，莱向美出口成衣产值3亿美元，对美出口占莱成衣出口总产值80%。2016年4月，美国表示莱索托2016年将继续享受《非洲增长与机遇法》优惠政策，但将继续观察莱落实南共体调查委员会建议情况。随着2025年《非洲增长与机遇法》到期，莱纺织成衣业可持续发展面临着巨大不确定性。

【矿业】以钻石开采业为主，另蕴藏少量煤、方铅、石英、玛瑙及铀矿，但不具商业开采价值。2006年以来，莱先后发现了“莱索托诺言”等多颗特大高等级原钻。2011年莱新开采出的重达550克拉钻石，拍出1650万美元。2015年7月，莱举行首次矿业对话会。2016年莱96%的矿业收入来自于钻石，探明钻石矿405个。9月，卡奥矿完成了矿址扩大，面积达19.8英亩，为南部非洲第四大矿。

【农牧业】农业人口占全国人口的80%，农业劳动力占全国劳动力总数的50%。由于水土流失，可耕地逐年减少，现有可耕地面积18万公顷，约占全国面积的10%。粮食自给率约30%。畜牧业占重要地位，全国66%的土地可供放牧，以养羊业为主，是非洲著名马海毛产地。2015年持续干旱，全国普遍存在饮用水困难，大量牲畜死亡。莫西西利首相宣布国家处于紧急状态，莱正遭受历史上最严重的旱灾，干旱持续影响2016/2017、2017/2018年度的粮食收成。2018/2019年度农耕季节少雨干旱，导致粮食歉收，2019年至少70万人面临粮食短缺。10月，莱政府宣布国家进入旱灾紧急状态。

【服务业】2017年莱服务业总产值占国内生产总值的55.5%。

【旅游业】政府鼓励发展旅游业，近年修建了一些旅馆和山区度假村以及一座国家公园，游客多来自南非。莱索托高水工程极大地促进了莱山区旅游业的发展。滑雪成为近年来新兴旅游项目。莱目前有大小旅店100余家，35%在首都；旅客床位4000多张，其中一半在首都。由于莱被南非环抱的地理特点，绝大多数游客选择陆路交通赴莱旅游，仅有2%的游客选择航空。2017年赴莱外国游客近114万人次。

【交通运输】公路：总长7436公里，其中柏油路1189公里，砂石路3793公里，土路2454公里。

铁路：莱无独立铁路系统，仅有南非延伸至首都马塞卢的2.6公里铁路运送有限的物资。

空运：莱主要机场为马塞卢莫舒舒国际机场，可起降中型民用客机，每日有4个航班来往于马塞卢和南非约翰内斯堡，由南非航空公司运营。全国另有小机场30余个，没有航班，仅以国内运输为主，大多只能起降直升机。

【通信业】莱通信事业近年来发展迅速。移动电话业务主要由南非VODACOM电信公司与莱索托电信公司合资成立的VODACOM LESOTHO（VCL）电信公司提供。2017年莱民众持有手机比率已超过100%。国际互联网服务由南非公司和莱本国公司提供。2017年上网人口约占莱总人口43%。

【财政金融】近几年财政收支状况如下（单位：亿马洛蒂）：

	2016/2017	2017/2018	2018/2019
收入	120.80	149.1	155.615
支出	145.67	155.7	179.646
差额	–24.87	–6.6	–24.030

莱有多家商业银行和专业金融机构，但主要为南非标准银行（Standard Bank）和莱利银行（Ned Bank）垄断。莱索托中央银行负责金融业的监管。银行服务范围目前仅限于城镇地区。

2014年8月，莱成立信贷局，旨在建立和管理信贷市场，交流信贷信息，扩大对当地和外来投资者的信贷规模，促进经济社会发展。信贷局的成立也是落实IMF等国际机构对莱金融改革的举措。

【外国援助】双边援助主要由英国、美国、爱尔兰、德国、日本等国提供；多边援助主要来自世界银行、欧盟、非洲发展基金、世界粮食计划署和国际开发协会。莱政府20%开支来自政府开发援助，最大援助方是美国，其次为欧盟。援款的70%流向社会发展领域，15%支持政府预算，7%投入基础设施建设。

世界银行：2013年6月，世界银行向莱提供1.8亿马洛蒂无偿援助，帮助莱实施首个发展政策执行计划，以提高公共支出效益，改善全国特别是农村地区的投资环境，吸引外国直接投资。7月，世界银行向莱提供2亿马洛蒂（约2000万美元）援款，用于支持莱包容性增长和竞争力发展政策。11月，世界银行向莱提供1.31亿马洛蒂（约合1310万美元）贷款，帮助莱改善经营环境，创造就业机会，促进私营经济多样化发展。2014年2月，世界银行批准了对莱索托一笔550万美元（约6000万马洛蒂）的无息贷款，以支持莱政府在改善公共财政管理体系方面作出的努力。8月，世界银行宣布将资助1.35亿马洛蒂（约合1543.5万美元）用于莱索托水利改造二期项目，包括继续支持莱麦特隆大坝和供水项目，莱高山水利二期项目的准备工程及帮助莱政府吸引投资改善莱低地地区水务服务项目等。2017年10月，世界银行批准一笔约1.36亿马洛蒂资金用来支持莱小规模农业发展项目。2019年6月，世界银行同莱签署低地水利工程贷款协议，总额7800万美元（约合11亿马洛蒂）。9月，世界银行表示将向莱低地水利工程项目二期提供11亿马洛蒂贷款，以帮助低地地区实现可持续稳定供水。

欧盟：2007—2010年，欧盟和联合国儿童基金会向莱提供1.07亿马洛蒂援助，用于抚育艾滋病死者遗孤。2013年7月，莱与欧盟签订协议，欧盟将提供680万欧元，帮助莱修建供、排水系统。2015年12月，欧盟宣布将出资1200万欧元，帮助莱索托等7个南部非洲国家抗击厄尔尼诺现象造成的干旱。2016年，莱同欧盟签订《南部非洲发展共同体（SADC）与欧盟经济合作伙伴协议》（SADC–EU EPA），2018年3月正式生效，莱享受向欧洲出口产品免税、免配额待遇。2016年1月，欧盟宣布2016—2017年度将对莱旱灾提供550万欧元特别援助。3月，欧盟宣布将向莱索托提供价值3000万马洛蒂的粮食援助。2017年9月，欧盟宣布将向莱援助2500万马洛蒂用于加强社会保障体系。2018年1月，欧盟宣布将向莱提供6500万马洛蒂援助，用于莱非政府组织发展。9月，欧盟宣布将向莱提供1.06亿马洛蒂财政援助。2019年11月，欧盟承诺向莱提供4100万欧元无偿援助用于建设莱低地水利工程。

其他：2013年5月，全球基金向莱捐助1700万美元，用于预防和治疗结核病及艾滋病。10月，国际货币基金组织（IMF）批准第六期对莱索托展延信贷安排（ECF，Extended Credit Facility）860万美元，使莱保持7660万美元特别提款权额。同月，俄罗斯向莱政府捐赠价值100万美元的医疗设备，包括实验设备、诊疗设备、手术及重症监护设备等。2016年2月，科威特承诺为莱提供2.33亿马洛蒂资金，用于翻修莱首都莫舒舒一世国际机场。3月，博茨瓦纳政府向莱索托提供60吨食品，美国宣布将向莱提供5万美元援款。2017年11月，印度向莱捐赠500吨大米。2018年1月，美国批准“千年挑战计划”（MCC）第二批对莱援助。2019年2月，莱美签署援助协议，总额578万美元。2019—2020财年，莱将获得美国总统紧急防治艾滋病疫情计划（PEPFAR）援助资金12.5亿马洛蒂。莱首相及国王2019年先后访问日本，获得日政府提供的3950吨小麦面粉援助和5200万美元小型农业发展基金资助。

【对外贸易】2019年外贸总额32.37亿美元，其中出口额13.65亿美元，进口额18.72亿美元。进口商品主要为食品、燃料、机械等。主要出口为纺织品、原材料（羊毛、马海毛等）和牲畜等。2016年1月，世界贸易组织秘书处宣布莱索托获批准加入贸易便利化协议（TFA）。

人民生活

全国劳动力约65万。约有数万名莱劳工在南非工作，侨汇收入在国民收入中占有一定比例。受2008年国际金融危机影响，莱索托在南非矿业务工人员减少，导致侨汇收入大幅减少，直接影响民生。莱人口的80%可享有医疗服务。全国划分为18个医疗服务区。病床2404张，医生与病人的比率为1：960。各类医院211所，其中158个医疗中心，18家区级医院，3家全国性转诊医院。2017/2018财政年度莱医疗预算为22.39亿马洛蒂，占政府财政总预算的12%。联合国开发计划署2013年报告显示，莱人均寿命为48岁。

2019年11月，美国发布莱受艾滋病影响评估报告，报告显示莱成人艾滋病感染率为25.6%，其中女性感染率为30.4%，男性感染率为20.8%。

军　事

莱索托国防军由约3100人组成，包括一支空军中队。2014年6月，塔巴内首相宣布解除国防军司令卡莫利职务，由马豪任国防军司令。2015年大选后，莫西西利首相重新任命卡莫利为国防军司令。2015年6月25日，前国防军司令马豪遭枪杀。2016年12月1日，卡莫利离职，蔻安特勒·莫索莫索（Khoantle Motsomotso）接任国防军司令。2017年9月，莫索莫索被枪杀，莱政府稳妥应对，南共体迅速介入，局势未受冲击。

文化教育

【**教育**】国民受教育程度较高，识字率达89.6%，初级教育普及率达69%，在撒哈拉以南非洲国家中位居前列。从2000年起，小学开始逐步实行免费教育，小学入学率为85%，中学为23%。

近年来职业技术教育发展较快。现有莱索托大学和与马来西亚合作创办的林国荣创意科技大学两所高等学府。另有两所学院和四所技术学校。2017/2018年教育预算为24.22亿马洛蒂，占预算总额的13%。

2016年6月，世界银行投入2500万美元，支持莱基础改革——教育质量与平等项目，用于改善教学环境、加强教学管理、提高教育质量，计划5年内惠及农村地区300所小学和65所初中的8.5万学生。

【**新闻出版**】主要报刊：英文报纸主要有《公众眼报》《时代报》《镜报》《观察家》和《今日莱索托》等。塞苏陀文主要有《摩洛蒂》《摩索托》等10家报刊。《舒舒妇女杂志》为英文季刊，1991年由新闻和广播部创办并发行全国。

莱索托通讯社：1983年由联合国教科文组织资助建立。

莱索托电台和电视台：用塞苏陀语和英语播放，以塞苏陀语为主。全国拥有1.1万台电视机。

对外关系

奉行不结盟和睦邻友好政策。积极参与地区政治事务和经济合作。主张与不同政治、经济制度的国家和平共处。是南部非洲关税同盟、南部非洲发展共同体以及兰特货币区等地区组织成员国。近年来，莱在立足南共体的基础上，加强与欧美、联合国专门机构的关系，大力发展与东南亚和中、日、韩等东北亚及北欧国家的关系，积极参与地区与国际事务，大力引进外资，促进经济发展。

【**同中国的关系**】1983年4月30日，中国与莱索托建交。1990年4月莱军政府与台湾当局“复交”，中国于4月7日中止同莱外交关系。1994年1月12日莱巴苏陀兰大会党政府与中国恢复外交关系。复交以来，两国关系发展顺利。近年中方访莱的主要有：外交部部长助理翟隽（2009年）、商务部副部长钟山（2012年）、卫生部副部长刘谦（2012年）、中国政府非洲事务特别代表许镜湖（2016年）、商务部副部长钱克明（2018年）、国务委员王勇（2019年）等。

莱方访华的主要有：首相莫西西利（2010年出席上海世博会闭幕式）、国王莱齐耶三世（2010年出席上海世博会莱索托国家馆日活动并访问西安）、国民议会议长莫塔尼亚内（2012年出席在长春举行的第二届世界产业领袖大会）、外交大臣采科阿（2009年正式访问、2012年出席中非合作论坛第五届部长级会议）、副首相兼地方政府、酋长及议会事务大臣梅青（2013年）、文化大臣拉德比（2013年）、卫生大臣马纳莫莱拉（2013年）、首相塔巴内（2014年5月对华私人访问、2018年9月出席中非合作论坛北京峰会）、外交大臣马霍蒂（2019年6月出席中非合作论坛北京峰会成果落实协调人会议）等。

自1983年以来，中国完成了国家会议中心、布达布蒂工业园、国家图书馆兼档案馆、议会大厦等援莱成套项目和蔬菜种植、沼气技术指导等技术合作项目。近年，中国多次通过世界粮食计划署向莱提供了粮食援助。

自2005年1月1日起，中方对于从莱索托进口的部分商品给予免关税待遇。

2019年，中国同莱索托贸易额为1.03亿美元，同比增长9.64%，其中中方出口额0.72亿美元，进口额0.31亿美元。中国对莱主要出口轻纺和机电产品，进口马海毛、珠宝、贵金属等。2018年6月，中莱经贸联委会机制正式成立。

双方签有文化协定和高教发展合作项目协议。2011年，中国赠莱陶艺设备，并派专家赴莱开展技术培训。中国首批医疗队于1997年4月赴莱工作，已累计派出13批147人次。截至2017年，中国共接受莱奖学金留学生187人。2017年，全年在华留学生共301人，其中奖学金生62名。中国在莱设有孔子课堂，2016年，开设4个汉语教学班。莱系中国公民出境旅游目的地国。

中国驻莱索托大使：雷克中。馆址：United Nations

Road，P. O. Box 380，Maseru 100，Lesotho。电话：00266–22316521；传真：22310489。E-mail：chinaemb_ls@mfa.gov.cn。

莱索托驻华大使：塞特纳内（Lechoo Daniel Setenane）。馆址：北京市朝阳区东直门外外交办公楼302室。电话：010–65326843，65326844；传真：65326845。

【同南非的关系】莱为南非国中国，囿于特殊的地理关系，莱将发展对南非关系置于对外关系的优先位置。两国拥有相似的历史和文化，且同为多个地区组织成员国。政治和社会经济联系十分紧密。莱大部分产品自南非进口。莱有数万矿工在南非务工，每年为莱创造大量外汇。南非与莱合作的莱高原水利工程，进一步拉近了双方业已存在的紧密关系。2011年8月，莱与南非签署高原水利二期项目协议。2012年10月，塔巴内首相应邀对南非进行工作访问。8月，南非总统祖马访莱，双方签署经济合作谅解备忘录。2014年3月，莱国王莱齐耶三世、首相塔巴内与南非总统祖马共同出席莱南高原水利二期工程启动仪式，本期工程将投入154.71亿兰特，修建一个大坝（22亿立方米储水量）、一座发电站、一条输水隧道及相关附属设施，从2020年7月起向南非输送莱水资源，并向莱当地输送电力。在莱2014—2015年政治安全危机中，南非副总统拉马福萨作为南部非洲发展共同体调解人先后14次访莱，进行调解，祖马总统也亲自参与调解，最终促成和解，莱提前举行大选，祖马与拉马福萨一同出席了莫西西利首相就职仪式。2016年5月，南非总统祖马访莱。2016年6月、8月，2017年2月、8月南共体莱索托政治安全危机协调人、南非副总统拉马福萨访莱。2018年5月，南非驻莱高专表示将恢复已停止工作5年的双边合作联合委员会机制。2019年7月，南非总统拉马福访莱，推动莱朝野各党签署共同推进改革协议。

【同其他非洲国家的关系】莱索托注重发展与非洲国家特别是南部非洲国家的关系，积极参与地区经济合作和一体化进程，参与解决地区热点问题。2010—2012年和2015—2017年在位期间，莫西西利首相先后赴纳米比亚出席新总统就职典礼和纳独立庆典（2010年3月），赴博茨瓦纳出席南共体领导人峰会（2015年8月），赴斯威士兰出席南共体领导人峰会（2016年8月），赴肯尼亚出席东京非洲发展国际会议（TICAD）峰会（2016年8月）。2012—2015年和2017年至今，塔巴内首相先后赴莫桑比克出席第32届南共体首脑会议并访问津巴布韦（2012年8月），赴埃塞俄比亚出席第20届非盟首脑会议（2013年1月），出席非盟峰会（2017年6月），访问苏丹（2018年5月），出席在纳米比亚举行的南共体第38届峰会（2018年8月），出席在坦桑尼亚举行的南共体第39届峰会（2019年8月），访问肯尼亚（2019年11月）。2015—2018年，莱齐耶三世国王先后访问阿尔及利亚（2015年5月），赴法国出席气候变化巴黎大会（2015年6月），赴乌干达出席总统就职典礼（2016年5月），赴博茨瓦纳出席博前总统马西雷葬礼（2017年6月），访问马拉维（2018年6月）。2016年3月，南共体执行秘书塔克斯访莱。2018年4月，博茨瓦纳总统马西西访莱。2019年9月，莱同斯威士兰签署避免双重征税协定。

【同发达国家的关系】莱索托与发达国家保持密切的经济关系。英国每年向莱提供1000万美元援助。2013年2月，英国哈里王子访莱。2013年5月，莱齐耶三世国王访问德国、奥地利、英国及比利时。2016年4月，梅青副首相访问英国。同月，莫西西利首相赴纽约出席联大实现可持续发展目标专题辩论、巴黎气候变化协定签约仪式。6月，莱齐耶三世国王夫妇访问英国杜伦市。2016年10月，由欧盟支持的“绿色国家发展计划及水与能源”研讨会在马塞卢召开。2017年4月，英联邦秘书长苏格兰访莱。2019年8月，塔巴内首相赴日本出席第七届东京非洲发展国际会议。9月，塔巴内首相出席第74届联合国大会。10月，莱齐耶三世国王赴日本出席德仁天皇即位仪式，随后赴意大利以联合国粮农组织粮食和营养问题特别大使身份会见新任总干事。

自莱成为美国《非洲增长与机遇法》受益国以来，莱纺织品对美出口大幅增长，2004年莱成为撒哈拉以南非洲地区对美最大服装出口国和美在非第八大贸易伙伴。美将莱列入有资格获得“千年挑战账户”援助的16个国家之一。2007年7月，美千年挑战公司与莱政府签署协议，未来5年将向莱提供援助3.626亿美元，用于卫生、水利及经济发展等领域，并于2009年2月发放了首笔4800万马洛蒂的合同基金支付款。2015年12月，美千年挑战公司宣布，由于莱政府没有达到“良政、法制”等标准，将推迟与莱签署第二批援助协议。2016年5月，美国负责南部非洲及公共外交助理国务卿帮办哈斯科尔访莱，评估对莱援助项目。2019年12月，美国驻莱使馆发表声明，确认莱已入选美国千年挑战计划二期。

【同其他国家的关系】莫西西利首相于2011年访问马来西亚、土耳其。2015年10月，率团出席第三届印非峰会。2016年5月，出席在巴布亚新几内亚召开的第八届非洲、加勒比地区及太平洋国家组织峰会。莱齐耶三世国王曾出席摩纳哥王子婚礼，访问古巴、西撒哈拉阿拉伯民主共和国。2015年7月，作为非洲营养大使赴埃塞俄比亚出席为期两天的非洲营养战略启动仪式峰会。2017年10月，赴泰国出席已故泰国王普密蓬葬礼并访问澳大利亚。2018年1月，访问印度。塔巴内首相于2013年9月率团出席第68届联合国大会。2014年3月，赴印度出席印进出口银行举办的第十届印非项目合作闭门会议。2017年9月，出席联大一般性辩论。11月，出席第五届非盟—欧盟峰会。2018年4月，赴英国出席第25届英联邦政府首脑会议。

9月，赴纽约出席第73届联合国大会。10月，赴日内瓦出席世界投资论坛并访问印度。2019年9月，率团出席第74届联合国大会。10月，访问塞尔维亚。2011年10月，泰国诗琳通公主访莱。2013年9月，莱外交部常秘梅青与印度外交部辅秘拜阿共同召开莱印双边合作联合委员会第二次会议。2018年3月，莱外交大臣马霍蒂访问土耳其。（张若楚）

利比里亚

国名 利比里亚共和国（The Republic of Liberia）。

面积 111370平方公里。

人口 490万（2019年）。有16个民族，较大的有克佩尔、巴萨、丹族、克鲁、格雷博、马诺、洛马、戈拉、曼丁哥、贝尔以及19世纪自美国南部移居来的黑人后裔。官方语言为英语。较大民族均有自己的语言。居民8.6%信奉基督教，12%信奉伊斯兰教，其余信奉当地传统宗教等其他宗教或无宗教信仰。

首都 蒙罗维亚（Monrovia），人口115万。

国家元首 总统乔治·维阿（George Manneh Weah），2017年12月当选，2018年1月22日就职，任期6年。

重要节日 独立日：7月26日。

简况

位于非洲西部。北接几内亚，西北接塞拉利昂，东邻科特迪瓦，西南濒大西洋。海岸线长537公里。属热带季风气候，年平均气温约25℃。

9—10世纪，靠近撒哈拉沙漠中、西非地区的部分居民移居利比里亚。1820年起，在美国获得解放的黑奴被陆续安置于此，于1839年成立利比里亚联邦，1847年7月26日宣告独立，建立利比里亚共和国。之后百余年均为美国黑人移民后裔统治。1980年，土著克兰族人多伊军士长发动政变，建立军政府，并于1985年当选总统。1989年，流亡国外的前政府官员查尔斯·泰勒率兵返利，引发全面内战。1990年8月，利成立“全国团结临时政府”，索耶出任总统。1994年，利成立国务委员会，由主席和数位副主席集体行使总统权力。1997年，利举行大选，泰勒当选总统。泰勒执政后，利政局持续动荡。2003年8月，迫于内外压力，泰勒向副总统布拉移交权力，并流亡尼日利亚，利内战结束。10月，利各派组成以布赖恩特为主席的全国过渡政府。2005年10月，利举行总统和议会选举，团结党领袖瑟利夫女士当选总统，2011年11月，瑟利夫再次当选总统，并于2012年1月宣誓就职。

瑟利夫总统就任后，致力于推进和平进程，积极寻求外援，努力发展基础设施和社会公共事业，致力于推进改革、权力下放和打击腐败，政局基本稳定。2014年，利遭受严重的埃博拉疫情，经济社会发展受到较大冲击。利政府积极寻求国际社会援助，全力以赴抗击疫情。2015年5月9日，世界卫生组织宣布利正式结束疫情。利政府已启动疫后经济社会重建。2017年10月、12月，利举行两轮总统选举，反对党民主变革联盟候选人、参议员维阿以61.5%的得票率击败执政党团结党候选人、副总统博阿凯当选新总统。

政治

维阿总统就任后，推动实施“扶贫计划”，政局总体稳定。

【宪法】 1986年实施第三部宪法。宪法规定，总统是国家元首、政府首脑和武装部队总司令，任期6年，可连任1次。立法权属议会。总统和议员由直接选举产生。实行多党制。

【议会】 为最高立法机构，分参、众两院。参议院共30席，每州2席，参议员任期9年，可连选连任。众议院席数根据选区数确定，本届议会共73席。众议员任期6年，可连选连任。此届参议长由副总统泰勒（Jewel Howard-Taylor）兼任，临时参议长为阿尔伯特·切（Albert Chie），众议长为布法尔·钱伯斯（Bhofal Chambers）。

【政府】 实行总统制。本届政府于2018年5月组成。主要成员有：外交部长贝宗格·芬德利（Gbehzohngar Findley），国务部长纳撒尼尔·麦吉尔（Nathaniel McGill），财政和发展规划部长塞缪尔·特韦（Samuel Tweah），国防部长丹尼尔·齐安卡恩（Daniel Ziankahn），卫生部长威廉明娜·贾拉（Wilhelmina Jallah，女），教育部长安苏·索尼（Ansu Sonii），内政部长瓦尼·瑟利夫（Varney Sirleaf），土地、矿业与能源部长格斯勒·默里（Gesler Murray），新闻、文化和旅游部长尤金·纳贝（Engene Nagbe），司法部长穆萨·迪安（Musa Dean），公共工程部长莫布图·尼恩潘（Mobutu Nyenpan），农业部长珍妮·库珀（Jeanine M. Cooper，女），交通部长塞缪尔·A. 弗卢（Samuel A. Wlue），邮电部长弗库珀·克鲁阿（Cooper Kruah），商业与工业部长威尔逊·塔尔佩（Wilson Tarpeh），劳工部长摩西·科利（Moses Kollie），性别发展、儿童和社会福利部长威廉梅特·皮索·赛义迪–塔尔（Williametta Piso Saydee-Tarr，女），青年与体育部长佐格·威尔逊（Zeogar Wilson），不管部长特罗康·克普伊（Trokon Kpui）等。

【行政区划】全国划分为15个州。

【司法机构】设最高法院、地方初级法院和特别军事法庭。各级法官由总统任命。最高法院由1名大法官和4名陪审法官组成。现任首席大法官为弗朗西斯·考克普（Francis S. Korkpor），2013年4月上任。总检察长由司法部长兼任，现为穆萨·迪安。

【政党】实行多党制，现有20多个政党，主要有：

（1）民主变革联盟（Congress for Democratic Change）：前身是民主变革大会党，2005年5月成立。2016年12月29日，联合全国爱国党和人民民主党组建民主变革联盟。执政党。主张实现和平与团结，推行民主和良政；强调优先发展教育和基础设施；倡导加强国际合作，寻求国际支持和援助。现任领袖为乔治·维阿，主席为姆巴·莫卢（Mulbah Morulu）。

（2）团结党（Unity Party）：1984年8月成立，主要反对党。主张尊重公民权利，强调团结与和解；倡导建立良好的投资环境，发展私营经济；提倡优先发展教育和基础设施。2010年5月，行动党（LAP）和统一党（LUP）正式并入团结党。现任领袖为约瑟夫·博阿凯（Joseph Boakai），主席为瓦尼·舍门（Varney Sherman）。

（3）自由党（Liberty Party）：2005年5月成立，同年6月与“联合民主党”合并。现任领袖为扬布利·康加·劳伦斯（Nyonblee Kanrnga-Lawrence），主席为斯蒂芬·扎戈（Stephen Zargo）。

此外，还有和平民主联盟（Alliance for Peace and Democracy）、利比里亚全国民主党（National Democratic Party of Liberia）、全利联合党（All Liberia Coalition Party）、全国改革党（National Reformation Party）、自由民主党（Free Democratic Party）等。

【重要人物】**乔治·维阿**：总统，1966年生。曾获得世界足球先生、欧洲足球先生、非洲足球先生等荣誉。1997年任联合国儿童基金会亲善大使。2005年、2011年以民主变革大会党领袖身份参加大选，但均失利。2014年成为参议员。2017年第三次参加总统选举并胜选，2018年1月就职。

经　济

利比里亚系最不发达国家。农业国，粮食不能自给，工业不发达，矿产资源丰富。天然橡胶、木材等生产和出口为其国民经济的主要支柱。维阿政府将振兴经济作为执政重心，推出以“扶贫计划”为主的新政。2019年主要经济数据如下：

国内生产总值：32亿美元。

人均国内生产总值：653美元。

国内生产总值增长率：–1.4%。

货币：利比里亚元（Liberian Dollar）。

汇率：1美元=186.4利元。

通货膨胀率：28.1%。

（资料来源：2020年第一季度《伦敦经济季评》）

【资源】自然资源丰富。铁矿已探明储量超过100亿吨。另有钻石、黄金、铝矾土、铜、铅、锰、锌、钶、钽、重晶石、蓝晶石等矿藏。森林覆盖率约59%。出产红木等名贵木材。全国有2000多种植物、600多种鸟类、125种哺乳动物。

【工业】全国10%的人口从事矿业和制造业。内战期间由于政局持续动荡，生产受到严重影响，产值急剧下降，内战结束后，受益于铁矿开发增长有所恢复。2014年，利暴发严重埃博拉疫情，工矿业再次遭受沉重打击，其中铁矿产值增长率从2013年的56.8%下降为–0.3%。2018年工业总产值占当年GDP12.5%。（资料来源：2020年第一季度《伦敦经济季评》）

2007年联合国解除对利钻石出口制裁后，利钻石生产和出口逐步恢复，当年生产钻石2万克拉，出口创汇近270万美元。2013年，钻石产量约4.4万克拉，比2012年增加29.4%；钻石出口价值1700万美元，比2012年增加37%。2014年钻石出口价值3519.3万美元，比2013年增加105.4%。2017年，钻石出口价值5660万美元。（资料来源：2018年第四季度《伦敦经济季评》）

【农牧渔业】主要农作物是水稻和木薯。曾为大米出口国，但内战后粮食不能自给，严重依赖进口。2009年，大米产量为20万吨。橡胶为主要经济作物，其他还有可可、咖啡和油棕榈等。2013年，橡胶出口收入约为1.2亿美元，较上年减少32%。牧业不发达，禽蛋主要靠进口。2004—2006年，受联合国木材禁运限制，木材生产停止。2006年联合国解除制裁后，开始恢复生产。2009年，实现首批木材出口，林业收入约2300万美元。2018年，农业总产值占当年GDP37.3%。（资料来源：2020年第一季度《伦敦经济季评》）

【船籍注册】是全球第二大方便旗船籍国，截至2011年底，利籍船只注册数量达3900艘，总吨位达1.2亿吨。船籍注册收入一直是利重要的财政来源之一。

【交通运输】铁路：内战前全国只有3条铁路，总长500公里，主要用于运输铁矿砂。内战期间遭到严重破坏。从宁巴州的铁矿区至布坎南港铁路目前已由阿赛洛—米塔尔钢铁公司修复并使用；从邦矿至蒙罗维亚自由港的铁路由中利联投资有限公司进行修复和延长，已可以初步使用。

公路：总长1.1万公里，其中全天候公路2036公里，柏油路739公里。内战期间受损较严重。在国际社会援助下，已开始修复工作。

水运：利国家港务局管辖蒙罗维亚、格林维尔、哈珀、布坎南4个港口。蒙罗维亚自由港是利最大港口，但年久失修，仅部分泊位可用。布坎南港内战前主要用于运输铁矿砂和木材，现港口本身仍可使用，但装卸和仓储设施已基本不复存在。

空运：内战前，利全国共有47个机场，其中大型机场2个。内战后，大多数机场设施被毁坏。位于首都的罗伯茨国际机场是利当前最主要民用机场，目前正在逐步修复和扩建。利尚未有自己的商业航空公司，国际航空业务主要由达美航空公司、尼日利亚航空公司、摩洛哥航空公司、布鲁塞尔航空公司、法国航空公司、肯尼亚航空公司和埃塞俄比亚航空公司经营。2012年，冈比亚、英国航空公司相继在利开通航线。2014年，利暴发埃博拉疫情期间，多家航空公司停航，目前已恢复。

【财政金融】主要财政收入来自税收、船籍注册收入、出口税和国营企业利润。近几年财政收支情况如下（单位：亿美元）：

	2014/2015	2015/2016	2016/2017
收入	5.49	6.46	6.70
支出	5.88	8.14	8.17
差额	–0.39	–1.68	–1.47

（资料来源：利比里亚财政部网站）

2019年利外汇储备为5.27亿美元。

近年来，利在国际社会帮助下积极落实国家减贫战略，加紧推进减债进程，努力减轻政府债务负担，截至2009年6月，累计获得债务减免达30亿美元。2010年6月，利达到世界银行和国际货币基金组织提出的“重债穷国倡议”的完成点。2011年6月，利成功获得巴黎俱乐部成员国25.15亿美元债务减免，外债负担进一步减轻。截至2019年底，外债余额为13.12亿美元。（资料来源：2020年第一季度《伦敦经济季评》）

【对外贸易】主要出口天然橡胶、铁矿、原木、黄金等，进口食品、机械运输设备、制成品、食品等。2018年主要出口国有瑞士、美国、比利时、法国等；主要进口国有中国、印度、科特迪瓦、美国等。近年进出口贸易均为逆差，具体情况如下（单位：百万美元）：

	2016	2017	2018
出口额	279.3	367.8	517.0
进口额	1201.2	997.9	1041.1
差　额	–921.9	–630.1	–524.1

（资料来源：2020年第一季度《伦敦经济季评》）

【外国援助】近年来，外国投资增加迅速，但埃博拉疫情又使这一趋势逆转。根据2019年世界投资报告显示，2017年和2018年，利吸收外国直接投资额分别为2.48亿美元和1.22亿美元。

【外国资本】根据经济合作与发展组织统计，利2016年获得外援8.15亿美元，主要援助方为美国（4.57亿美元）、国际开发协会（1.52亿美元）、国际货币基金组织（6510万美元）、欧盟（6010万美元）、非洲发展银行（4830万美元）等。

人民生活

根据联合国开发计划署公布的《2019年人类发展报告》，利比里亚的人类发展指数在189个国家和地区中名列第176位。62.9%的人口生活在贫困线以下。人均寿命约63.7岁，新生儿死亡率为51.2‰，5岁以下婴幼儿死亡率为67.4‰。15—49岁人口艾滋病毒抽样感染率为1.6%。2010年，全国有469家诊所、47处卫生中心和34所医院。医务人员奇缺，全国合格医生不足200人，一半是外国医生。整体医疗水平低，多数乡村居民处于缺医少药状态。2014年，利暴发严重的埃博拉病毒疫情，全国共报告病例10675例，4809人死亡。利医疗体系遭受巨大冲击。2015年5月，世卫组织宣布利疫情结束。

军　事

1908年2月，组建警察和军事部队。1909年3月，创建利比里亚边防部队。1956年，根据《国防法》正式建立利武装部队。1982年，改称利比里亚国民警卫队。1989年，总兵力曾达5800人。1990年9月多伊政权垮台后，政府军溃散。内战期间，利有多个武装派别，约计6万名战斗人员。2003年全国过渡政府成立后，各派军事力量开始解武工作。2004年11月，解武和复员工作顺利结束。2006年1月，利政府启动武装部队重建计划，美国出资帮助。2009年2月，利新武装部队完成组建。目前，利新军队总人数为2169名。

文化教育

【教育】实行小学、中学12年义务教育制。由于战乱，利比里亚教育长期处于停滞状态，中小学校舍和教师严重不足。2018年成人文盲率为57.1%。大学学制一般为4年。高等院校有利比里亚大学、卡廷顿学院、AME大学、基督教学院、联合卫理会大学等。利比里亚大学为公立综合性大学，全国最高学府，现设6个本科学院、3个专业学院及3个研究生项目。

【新闻出版】全国共有36家媒体机构，其中34家为私营。《新利比里亚报》为官方报纸，此外还有《每日观察报》《调查者报》《新闻报》等20多家私人报纸。

利比里亚通讯社是利官方通讯社，1979年建立，每周一至周五出版新闻稿。

利比里亚广播公司是利官方广播电视机构，建立于1960年，内战中遭到严重破坏，目前只有其所属的ELBC广播电台和ELTV电视台能够运行。其他较大的广播电台有Star Radio、Radio Veritas、Truth FM等。除Star Radio可覆盖周边各州外，其他电台均只能覆盖首都蒙罗维亚地区。此外，蒙罗维亚地区还有多家电视台，如Real TV、Love TV等，均只能覆盖本地区。

对外关系

奉行独立自主、平等互惠的外交政策。遵循确保国家安全、维护领土完整和主权与尊严，互不干涉内政的原则，主张在自由民主基础上实现国际社会的团结，坚定支持非洲一体化进程，主张非洲国家应“以一个声音说话”。现为联合国、不结盟运动、非洲联盟、西非国家经济共同体、萨赫勒—撒哈拉国家共同体和马诺河联盟等组织成员。目前，同140多个国家建立有外交关系。

【同中国的关系】1977年2月17日同中国建交。1989年10月9日，多伊政权与台湾当局签署关于重新建立“外交关系”的联合公报。10日，中国宣布中止同利比里亚的外交关系。1993年8月10日，中国政府和利比里亚全国团结临时政府签署关于恢复两国外交关系的联合公报。1997年9月5日，泰勒政权宣布承认“两个中国”。9日，中国宣布中止与利外交关系。2003年10月11日，中国与利政府签署关于恢复两国外交关系的联合公报和谅解备忘录，两国恢复大使级外交关系。

两国政治交往频繁。2015年11月，瑟利夫总统对华进行国事访问，习近平主席同其会谈，确定两国建立全面合作伙伴关系新定位，国务院总理李克强、全国人大常务委员会委员长张德江分别会见。12月，瑟利夫总统出席中非合作论坛约翰内斯堡峰会，并出席习近平主席同非洲国家领导人早餐会。8月，外交部长王毅访利。5月，中非合作论坛中方特使周欲晓大使访利。两国经贸、人文等领域交流与合作取得显著成果。5月和11月，中方分别向利比里亚移交援建的埃博拉治疗中心、蒙罗维亚职业技术培训中心。7月，由多家中国矿业、能源、高科技企业代表组成的中国商贸代表团访利。中国矿业大学与利斯特拉·玛瑞斯理工学院（Stella Maris Polytechnic）签署合作谅解备忘录，建立包括交换学生在内的学术和专业交流机制，联合进行科学研究及学生培养。2016年7月，不管部长格里斯比来华出席中非合作论坛约堡峰会协调人会议。2017年6月，中非合作论坛事务大使周欲晓访利。11月，外交部长卡马拉来华出席第四届乌镇互联网大会。2018年1月，卫生计生委主任李斌作为习近平主席特使赴利出席利总统就职典礼。9月，维阿总统来华出席中非合作论坛北京峰会。10月，全国政协副主席万钢访利。2019年6月，外交部长芬德利来华出席中非合作论坛北京峰会成果落实协调人会议。7月，临时参议长阿尔伯特·切访华。11月，全国人大常委会副委员长武维华访利。

2019年，中利贸易额为40.3亿美元，同比上升97%，其中中方出口额为39.1亿美元，进口额为1.2亿美元。中国向利主要出口船舶等，进口铁矿砂和原木等。

中国驻利比里亚大使：付吉军。馆址：Oldest Congo Town，Monrovia，Liberia。电话：00231–6–555556（使馆），555855（经商处）；传真：00870–76–3667818，3667818（经商处）。

利比里亚驻华大使：杜德利·麦金利·托马斯（Dudley McKinley Thomas）。馆址：中国北京市朝阳区霄云路18号京润水上花园G36号。电话：010–64403007。

【同美国的关系】两国于1864年建交。利美长期保持着特殊关系。2012年1月，美国国务卿克林顿赴利出席瑟利夫总统就职典礼。9月，美非洲司令部司令卡特·汉姆率团访利。2013年1月，瑟利夫总统赴美出席利美伙伴关系对话会。5月，首届美国—利比里亚伙伴关系对话会在华盛顿举行。同月，瑟利夫总统赴美出席联合国2015年后发展议程高级别名人小组会议，其间会见美副防长艾斯塔·卡特及美参、众两院外委会主席。2014年2月，利美在蒙罗维亚召开第二轮利美合作伙伴对话，美助理国务卿香农出席。7月，利副总统博阿凯率团赴美参加美非峰会。9月，美国国防部次长访利。12月，美国非洲事务助理国务卿和国防部次长访利。2015年2月，瑟利夫总统应邀访美，奥巴马同其会晤。4月，瑟利夫总统再次赴美访问，同塞拉利昂和几内亚总统一同会见奥巴马总统，介绍三国埃博拉疫情形势和疫后重建规划。5月，美前总统克林顿及国际开发署副署长先后访利。7月，瑟利夫总统赴美参加埃博拉疫区国家重建纽约会议。2016年5月，瑟利夫总统赴美国进行正式访问。6月，美国第一夫人米歇尔访利，宣布美国将在利投入2700万美元，用于资助美国和平队“让女孩学习项目”，帮助利农村女童接受教育。9月，瑟利夫总统赴美出席联合国会议期间参加了第二届美非商务论坛。10月，瑟利夫总统赴美出席世界银行高级别小组会议。2017年5月、12月，瑟利夫总统两次访美。1月卡马拉外长赴美参加第三届美利伙伴关系对话会。2019年2月，维阿总统出席美国政府为利海岸警卫队援建的船坞剪彩仪式。9月，芬德利外长赴美参加第四届利美伙伴关系对话会。

2014年西非暴发埃博拉疫情后，美非洲司令部在蒙罗维亚设立联合指挥中心，在机场驻扎多架运输直升机，负责利境内运送医护人员和防疫物资，并派遣3000名军人协助利等国抗疫。美还在利援建多个治疗中心、6个移动检测实验室，并培训1000余名利医务人员。

【同尼日利亚的关系】1957年3月两国建交。尼日利亚作为地区大国在调停利内战、推进和平进程等方面发挥了重要作用。2003年8月，尼总统奥巴桑乔赴利调停内战，并表示愿为泰勒提供避难。8月11日，泰勒流亡尼日利亚，利内战结束。2004年4月，利全国过渡政府主席布赖恩特访问尼日利亚。2005年10月，尼总统奥巴桑乔访利。2005—2006年，瑟利夫总统4次访尼。2010年1月，尼外长马杜埃奎访利。9月，瑟利夫总统赴尼参加西共体成员国领导人小型峰会。2013年6月，瑟利夫总统应尼总统邀请赴阿布贾出席“第二届全球最有影响妇女网络非洲高级别会议”。2014年2月，利总统瑟利夫访尼。2016年8月，博阿凯副总统赴尼日利亚出席非洲民主论坛，并会见了尼副总统奥新巴罗。2018年3月，维阿总统访尼。4月，泰勒副总统访尼。2019年6月，维阿总统应邀出席尼总统布哈里连任就职仪式。

【同加纳的关系】1960年10月两国建交。加纳为利比里亚结束内战、实现和平作出了积极贡献。20世纪90年代，加纳是西共体驻利维和部队的第二大派兵国。2003年，加纳外长率西共体代表团赴利调解内战，并促成利各派最终达成阿克拉和平协定。2012年1月，加纳副总统马哈马赴利出席瑟利夫总统就职典礼。2013年1月，瑟利夫总统赴加纳出席马哈马总统就职典礼。2014年9月，加纳总统马哈马访利。2016年7月，瑟利夫总统对加纳进行工作访问。11月，瑟利夫总统访问加纳并出席西非经济共同体会议。2017年5月，加纳总统阿多访利。11月，瑟利夫总统赴加纳出席非洲性别和发展倡议大会。2018年4月，维阿总统和泰勒副总统分别访加。

【同邻国的关系】利比里亚与塞拉利昂于1973年成立马诺河联盟。1980年几内亚加入该联盟。1986年三国签订《互不侵犯和安全合作条约》。1989年，利内战爆发后，几、塞向利派出维和部队。1999年，利、几、塞三国边境地区爆发武装冲突。2002年，三国元首在摩洛哥首都拉巴特举行会晤，决定重启马诺河联盟。2006年12月，瑟利夫总统访几。2007年5月，瑟利夫总统访塞。9月，塞总统科罗马访利。2010年1月，瑟利夫总统访问布基纳法索。2011年1月，瑟利夫总统访问几内亚。4月，瑟利夫总统出席塞拉利昂独立50周年庆典。5月，瑟利夫总统赴科特迪瓦出席瓦塔拉总统就职仪式。2012年1月，几内亚总统孔戴、科特迪瓦总统瓦塔拉以及塞拉利昂总统科罗马均出席瑟利夫总统就职典礼。5月，塞拉利昂总统科罗马访利。7月，塞拉利昂总统科罗马访利。2013年4月，几内亚总统孔戴、科特迪瓦总统瓦塔拉、塞拉利昂总统科罗马赴利出席马诺河联盟第22届领导人峰会。8月，瑟利夫总统赴几内亚出席马诺河联盟特别峰会，四国元首与世界卫生组织总干事陈冯富珍共同呼吁国际社会援助西非抗击埃博拉疫情。2015年4月，利总统瑟利夫赴科特迪瓦进行工作访问。2016年5月，瑟利夫总统对塞拉利昂、几内亚进行工作访问。7月，瑟利夫总统对尼日尔进行工作访问。7月，科特迪瓦总统瓦塔拉访利。2018年2月，维阿总统访问塞内加尔。5月，塞拉利昂总统比奥访利。同月，维阿总统赴塞拉利昂出席比奥总统就职仪式。7月，维阿总统访问科特迪瓦。2019年1月、4月，维阿总统对塞内加尔进行国事访问。7月，维阿总统对几内亚进行国事访问。（李云蓓）

利　比　亚

国名　利比亚国（State of Libya）。

面积　176万平方公里。

人口　668万（2018年），主要是阿拉伯人，其次是柏柏尔人。阿拉伯语为国语。绝大多数居民信仰伊斯兰教。

首都　的黎波里（Tripoli），人口116万（2018年）。

重要节日　国庆日（独立日）：12月24日。

简　况

位于非洲北部，与埃及、苏丹、突尼斯、阿尔及利亚、尼日尔、乍得接壤。北濒地中海，海岸线长1900余公里。沿海地区属地中海型气候，内陆广大地区属热带沙漠气候。

公元前3世纪，利比亚人在反抗迦太基帝国统治的斗争中曾建立统一的努米底亚王国。7世纪，阿拉伯人打败拜占庭人，征服当地柏柏尔人，带来了阿拉伯文化和伊斯兰教。16世纪，奥斯曼帝国攻占的黎波里塔尼亚和昔兰尼加，控制了沿海地区。1912年，利比亚在意土战争后成为意大利殖民地。1943年初，法、英分别占领利比亚南、北部。二战后，由联合国对利全部领土行使管辖权。1951年12月24日，利比亚宣告独立，成立联邦制联合王国。后改名为利比亚国。1969年9月1日，以卡扎菲为首的“自由军官组织”发动政变，推翻伊德里斯王朝，成立阿拉伯利比亚共和国。1977年3月改国名为阿拉伯利比亚人民社会主义民众国。1986年4月改国名为大阿拉伯利比亚人民社会主义民众国。2011年，卡扎菲政权被推翻。2013年5月，国名定为利比亚国。

政　治

2011年2月，利比亚爆发反对卡扎菲政权的游行示威，民众示威游行遭到当局镇压后，迅速演变为内战。反对派在东部城市班加西成立“国家过渡委员会”，与卡扎菲政权分庭抗礼。“国家过渡委员会”由约45名来自各地区的代表组成，穆斯塔法·阿卜杜勒·贾利勒（Mustafa Abdul Jaril）任主席。联合国安理会先后通过第1970、1973号决议，对利实施制裁，并授权在利设立“禁飞区”。北约随后对利发动军事行动。8月20日，“国家过渡委员会”武装攻占的黎波里。10月20日，卡扎菲被俘身亡。10月23日，“国家过渡委员会”宣布全国解放。11月22日，利过渡政府成立，阿卜杜拉海姆·凯卜任总理。过渡政府致力于恢复国内秩序，开展战后重建，并在2012年7月顺利组织举行国民大会（制宪议会）选举，穆罕默德·尤素福·马格里夫（Mohammed Yousuf Magarief）任国民大会首任议长（临时国家元首）。8月8日，“过渡委”向国民大会和平移交权力。10月14日，国民大会选举阿里·扎伊丹（Ali Zidan）为临时政府总理，11月14日，新政府宣誓就职。2013年5月，国民大会通过《政治隔离法》，该法禁止曾在卡扎菲政权时期担任高官者在新政权中担任要职，马格里夫遂于当月28日宣布辞职。6月25日，国民大会选举努里·阿布萨赫明（Nouri Abusahmin）为新议长。2014年3月，扎伊丹总理被国民大会解职，临时政府国防部长阿卜杜拉·萨尼（Abdullah Thinni）任代总理。6月，利举行国民代表大会（新一届制宪议会）选举，7月，公布最终选举结果，8月，国民代表大会在利东部城市图卜鲁格举行首次会议。2014年5月，利世俗派和伊斯兰势力两大阵营爆发暴力冲突，利局势急剧恶化。国际社会特别是联合国逐步加大斡旋力度，召开多次利问题国际会议。2015年12月，利各派在摩洛哥签署《利比亚政治协议》，成立民族团结政府总理委员会。2016年1月、2月，总理委员会两次向国民代表大会提交政府名单，但均遭否决。民族团结政府迄未正式组建。3月，总理委员会返回首都的黎波里履职，获得国际社会普遍欢迎。2017年，联合国任命加桑·萨拉迈为新任联合国秘书长利比亚问题特别代表。2018年5月，利比亚国内主要派别在法国巴黎召开会议，就年底举行总统、议会选举达成共识，但8—9月数支民兵武装在利比亚首都爆发激烈冲突，大选被迫推迟。11月，由意大利倡议的利比亚问题国际会议在巴勒莫举行。各方总体支持联合国秘书长利问题特别代表萨拉迈提出的“三步走”方案，即先后举行利全国对话、制宪公投、总统和议会选举。2019年4月，利比亚东部国民军以反恐为名进攻民族团结政府控制的首都的黎波里，双方持续在首都周边激烈交战。

【宪法】2011年8月，“国家过渡委员会”公布《宪法宣言》，在政治过渡阶段发挥临时宪法作用。《宪法宣言》规定，利比亚将建立多党制民主国家，实行法治，保障全体人民平等享有基本自由和人权。伊斯兰教为国教，教法是国家立法的主要依据，国家保护非穆斯林民众的宗教信仰自由。因利局势持续动荡，制宪进程处于停滞状态，新宪法草案尚未完成。

【议会】2014年6月，利举行国民代表大会选举，8月，利国民代表大会召开首次会议，选举阿吉莱·萨利赫·以萨·卡维德尔为议长。2015年12月，利各派在摩洛哥正式签署《利比亚政治协议》。根据该协议，国民代表大会履行议会职能，原国民大会更名为国家最高委员会，为利最高咨询和协商机构。

【政府】2012年10月，利国民大会选举阿里·扎伊丹为新政府总理。2013年3月，扎伊丹总理被国民大会解职，临时政府国防部长阿卜杜拉·萨尼任代总理。2014年8月，国民代表大会任命萨尼为临时政府总理。同月，国民大会重启运作，并组建“救国政府”。2015年12月，利各派在摩洛哥签署《利比亚政治协议》，决定成立民族团结政府总理委员会。2016年1月，总理委员会向国民代表大会提交32人政府名单，但遭否决，民族团结政府至今尚未获得议会信任投票。目前，民族团结政府总理为法耶兹·萨拉吉。

【行政区划】利比亚全国划分成28个省及2个地区。

【重要人物】**阿吉莱·萨利赫·以撒·卡维德尔**：国民代表大会议长。出生于利东部古拜地区阿比达特部落，法学学士。曾先后任利司法部助理检察官、绿山省检察长、德尔纳上诉法院案件调查局局长。2011年利内战期间，任利“过渡委”司法委员会委员。2014年7月当选国民代表大会议员。2014年8月起任国民代表大会议长。　**法耶兹·萨拉吉**：民族团结政府总理。出生于利首都的黎波里，企业管理学学士。2011年初利比亚爆发内战后投身政坛。2014年代表的黎波里市当选国民代表大会议员，并任议会建设委员会主席、能源委员会委员。2016年1月就任民族团结政府总理。　**哈里法·哈夫塔尔**：国民军司令，出生于利东部城市班加西，卡扎菲执政时期曾任总参谋长，后长期移居美国。2011年利局势动荡后，哈返回利，组建利国民军。

经　济

利比亚长期实行单一国营经济，依靠丰富的石油资源，曾一度富甲非洲。1992年开始，因洛克比问题而遭受国际制裁，经济状况不断下滑。1999年，联合国中止对利制裁后，随着国际油价走高，利石油收入大幅增加，利经济曾出现较好的发展势头。自2003年起，利开始实行经济改革，尝试建立股票市场，加快部分国营企业和银行的私有化进程。2011年内战爆发前，利原油日产量约160万桶。局势动荡使利石油生产受到严重影响。内战结束后，利石油生产一度恢复至战前水平。由于各武装派别动辄侵占油田设施，导致利比亚石油产量时常波动，近年来日产量约100万桶。2019年4月利再次爆发武装冲突后，石油生产再次面临波动威胁。2019年主要经济数据如下：

国内生产总值：411亿美元。

人均国内生产总值：6153美元。

国内生产总值增长率：3.8%。

货币名称：第纳尔。

汇率：1美元≈1.4第纳尔。

通货膨胀率：–2.3%。

（资料来源：2020年3月《伦敦经济季评》估算）

【资源】以石油为主，探明储量为484亿桶。其次为天然气，探明储量达1.54万亿立方米。其他有铁（蕴藏量20亿—30亿吨）、钾、锰、磷酸盐、铜、锡、硫碘、铝矾土等。沿海水产主要有金枪鱼、沙丁鱼、海绵等。

【工业】石油是利的经济命脉和主要支柱，95%以上的出口收入来自石油。20世纪50年代发现石油后，利石油开采及炼油工业发展迅速。2012年出口石油创汇达516亿美元，主要出口至意大利、德国、西班牙、法国等国。利工业还包括石化、建材、电力、采矿、纺织业、食品加工等。

【农业】农业占国民生产总值约2.6%。农业人口占全国总人口的17%。可耕地面积占全国总面积的1.03%，水浇地不到1%。利农业非常落后，主要农作物有小麦、大麦、玉米、花生、柑橘、橄榄、烟草、椰枣、蔬菜等。畜牧业在农业中占重要地位。全国有牧场850万公顷。养殖的牲畜约1160万头，主要为牛、羊、骆驼，其中牛107万头，羊1038万只，骆驼23万峰。利近一半的粮食和畜牧产品依赖进口。

【交通运输】以公路为主，无铁路。

公路：总长10万公里，其中高级公路5.7万公里，农用路4.2万公里。

水运：主要港口有的黎波里、班加西、图卜鲁格、卜雷加、德尔纳、米苏拉塔、扎维亚、拉斯拉努夫。

空运：拥有利比亚阿拉伯航空公司。各类机场共137个。主要民用机场设在的黎波里、班加西、米苏拉塔、塞卜哈、托卜鲁克、锡尔特和卜雷加。

【对外贸易】主要出口产品是石油（产量80%以上供出口）。主要进口粮食、食品、机械、建材、运输设备、电器、化工和轻工产品以及武器装备。主要贸易对象是意大利、土耳其、德国、埃及、中国等。

近年进出口情况如下（单位：亿美元）：

	2017	2018	2019
出口额	189	298	257
进口额	106	138	165
差　额	83	160	92

（资料来源：2020年3月《伦敦经济季评》）

人民生活

2011年2月局势动荡前，利比亚全国有17所综合医院和88个医疗中心，平均每千人有病床4.8张，医生2名。全国有12.2万人享受社会保险。2009年底，全国共有固定电话用户110万门，手机用户500万，互联网用户35.4万人。

文化教育

【教育】15岁以上接受过教育的人口占人口总数的82.6%，为北非最高。受教育时间女性平均10年，男性平均8年。利比亚局势动荡前，全国各级学校教师总数为30.31万人，在校生人数145.55万人。初级师范学院73所，在校学生1.14万人。全国有15所高等院校。主要有的黎波里大学、纳塞尔大学、卜雷加明星大学、盖尔尤尼斯大学等。

对外关系

2011年利比亚建立新政权后，总体外交政策出现一定变化，主要特点是：坚持阿拉伯、非洲、伊斯兰和发展中国家属性，强调独立自主、平等互利、互不干涉内政等原则，奉行全方位、均衡外交。摒弃卡扎菲时代“个人外交”“非洲领袖”烙印，践行相对务实、温和的“新外交”理念，将本国利益作为外交政策立场的出发点，重视民意和对外民间交往。

【联合国对利比亚制裁】2011年2月利比亚局势动荡后，联合国安理会于2月26日一致通过制裁利政府的第1970号决议，包括对利实行武器禁运、限制利高官旅行、冻结相关人员海外资产、将利局势提交国际刑事法庭等。3月17日，安理会通过第1973号决议，决定在利设立“禁飞区”，要求有关国家采取一切必要措施保护利平民，并对利实施更为严格的武器禁运和财产冻结制裁。9月16日，安理会通过第2009号决议，解除部分对利制裁，并决定成立联合国利比亚支助团。10月27日，安理会通过第2016号决议，决定在10月31日后终止第1973号决议关于保护平民和设立“禁飞区”的授权。为防止利国内武器泛滥可能对周边国家的和平稳定构成威胁，防止武器扩散，安理会于2011年10月31日和2012年3月12日，分别通过第2017号和2040号决议。2013年3月14日，安理会通过第2095号决议，放宽对专供人道主义或防护用非致命军事装备的禁运措施。2014年8月27日，安理会通过第2174号决议，进一步加强对破坏利政治过渡进程的组织和个人的制裁力度。2015年3月5日，安理会通过第2208号决议，将禁止从利境内非法出口原油措施的有效期限延长至3月底。3月27日，安理会通过第2213、第2214号决议，敦促各会员国对利打击恐怖主义提供支持，对破坏利政治进程、从事非法出口原油的个人和团体列入制裁名单。12月，通过第2259号决议，敦促利尽快组建民族团结政府，支持利打击境内恐怖主义。2016年6月，安理会通过第2292号决议，授权成员国在利沿岸公海执行武器禁运，目前延期至2020年6月10日。2020年2月11日，安理会通过2509号决议，呼吁成员国全面遵守对利武器禁运。此外，安理会还通过多项涉利决议，涉及利局势、禁止石油非法出口、资产冻结等内容。目前，联合国尚未解除对利比亚的武器禁运制裁。

【同中国的关系】中国与利比亚于1978年建交。2011年2月，利局势发生动荡，中国从利撤回35860名公民。利“国家过渡委员会”成立后，中方逐步开始与其接触。6月，“过渡委”执行局主席吉卜里勒访华。7月，中国外交部亚非司司长陈晓东访问利比亚班加西。9月1日，外交部副部长翟隽作为中国政府代表以观察员身份出席在巴黎举行的“利比亚之友”国际会议，其间会晤利“过渡委”执行局主席吉卜里勒。9月12日，中国政府宣布承认“国家过渡委员会”为利比亚执政当局和利比亚人民的代表。9月21日，外交部长杨洁篪在纽约出席联合国利问题高级别会议，其间与利“过渡委”主席贾利勒会晤。2012年1月，外交部部长助理张明在埃塞俄比亚出席非盟部长级会议期间会见利外长本·海亚勒。4月，外交部亚非司司长陈晓东访利。5月，利外长本·海亚勒率团出席中阿合作论坛第五届部长级会议。6月，利外长本·海亚勒访华。2014年3月，中国中东问题特使吴思科出席在意大利首都罗马举行的利问题国际援助部长级会议。2015年4月，利临时政府副外长萨基里来华出席亚非法律协商组织第54届年会。9月，利临时政府外长达依里作为利政府代表来华出席中国人民抗日战争暨世界反法西斯战争胜利70周年纪念活动。12月，达依里外长代表利比亚出席中非合作论坛约翰内斯堡峰会。2017年11月，利民族团结政府外交部次长穆格利比来华出席中非合作论坛第十二次高官会。2018年7月和9月，利民族团结政府外交部长希亚莱先后来华出席中阿合作论坛第八届部长级会议和中非合作论坛北京峰会，王毅国务委员兼外长两次同其会见。2019年2月，中共中央政治局委员、中央外事工作委员会办公室主任杨洁篪在出席第55届慕尼黑安全会议期间会见利民族团结政府总理萨拉吉。6月，利民族团结政府外长希亚莱来华出席中非合作论坛北京峰会成果落实协调人会议。11月，利民族团结政府外交部次长鲁特菲访华。

2011年初，利局势出现动荡，中国所有在建项目全部停工。受利国内局势影响，当年中利双边贸易额为27.8亿美元，同比下降57.7%。中方主要出口商品为机电、通讯、纺织品等，进口商品主要是原油。2019年，中利双边贸易额为72.53亿美元，同比上升16.8%，其中中方出口额为24.52亿美元，同比上升71.7%，中方进口额为48.01亿美元，同比上升0.5%。

利局势动荡后，中国向利提供了人道主义物资援助，向埃及、突尼斯共提供了一定金额的现汇及物资援助，用于安置利与两国边境难民。2016年初，习近平主席访问阿盟总部时，宣布再次向利比亚提供新一批人道主义援助。

2014年7月以来，利民兵武装在首都的黎波里和东部城市班加西等多地爆发激烈武装冲突，安全局势不断恶化。在我国驻利比亚、突尼斯、土耳其、希腊和马耳他等国使领馆协助下，1800多名中国在利人员安全撤出。中国驻利比亚使馆同年撤出并在突尼斯留守。

中利1985年签署两国政府间文化合作协定，在协定框架下，两国签署了多个文化、新闻合作执行计划。2006年和2010年，两国互派演出艺术团组赴对方国家展开文化交流。

中国驻利比亚使馆留守组临时代办：王奇敏。电话：00216-29-485624。网址：http://ly.china-embassy.org/chn/。

利比亚驻华使馆临时代办：艾哈迈德·塔布里（Ahmed Tabuli）。馆址：北京市朝阳区三里屯东六街3号。电话：010-65323666，65323980；传真：65323391。

【同美国的关系】卡扎菲执政后，利美关系一直紧张。1980年里根政府上台后，美指责利比亚支持国际恐怖主义，两国关系迅速恶化。1991年，美英指控利两名情报人员策划了1988年洛克比空难事件，推动安理会对利实施制裁。2003年8月，利在洛克比问题上对美英作出重大让步，表示愿支付27亿美元巨额赔偿并为利官员行为承担责任。2004年，利美恢复代办级外交关系，美宣布全面取消对利经济制裁。2006年，美宣布全面恢复与利比亚的外交关系，并将利从支持恐怖主义国家名单中删除。2008年1月，利外长沙勒格姆访美。9月，美国务卿赖斯访利，标志着两国关系实现正常化。

2011年2月利局势发生动荡后，美公开要求卡扎菲下台。3月，美联合多国部队对利实施军事打击。3月31日，美向北约移交对利军事行动指挥权。7月15日，美宣布承认“国家过渡委员会”为利合法执政当局。10月18日，美国务卿希拉里访问的黎波里。12月17日，美国国防部长帕内塔访问的黎波里。2012年7月、9月，美国副国务卿伯恩斯访问的黎波里。2013年3月，利总理阿里·扎伊丹访问美国和联合国。2014年8月，利临时政府总理萨尼赴美出席首届美非峰会。2015年利组建民族团结政府总理委员会后，新政府重视发展与美关系，萨拉吉总理多次访美并出席有关国际会议。2019年4月，利再次爆发武装冲突后，美国多次呼吁停止敌对行动，强调利冲突只能通过政治途径解决，敦促尽快恢复联合国主导的政治进程。6月，利民族团结政府总理委员会副主席马蒂格访美。11月，利民族团结政府内政部长巴夏阿、外交部长希亚莱访美。

美驻利大使遇袭身亡事件：2012年9月11日晚，数百名利民众包围美驻班加西领事馆，抗议电影《穆斯林的天真》上映。部分武装分子纵火焚烧了领馆建筑，并同馆内安全人员发生交火，造成美驻利大使克里斯托弗·史蒂文斯及3名使馆人员身亡。事发后，利予以强烈谴责，国民大会议长马格里夫第一时间赴美道歉，认为此举是宗教极端分子实施的孤立犯罪，不代表利政府和人民立场，承诺保护外国驻利外交机构和人员安全，愿与美国配合开展相关调查。美认定该事件为恐怖袭击，但表示此事不会影响美利关系。2014年6月，美在利抓获袭击事件主谋之一阿布·卡塔莱。

【同欧盟国家的关系】在利比亚局势动荡前，欧盟是利主要贸易伙伴和石油的主要销售地。2007年，欧盟与利签署了全面恢复与利关系的框架协议，并宣布与利建立全面伙伴关系。2011年2月利局势发生动荡后，欧盟于2月28日决定对利政府实施制裁。4月12日，欧盟外长发表声明，呼吁利政府停火，并要求卡扎菲下台。5月22日，欧盟外交与安全政策高级代表阿什顿访问班加西，宣布欧盟驻班加西办事处正式运行。8月29日，欧盟委员会在的黎波里设立人道主义救援办公室。10月10日，欧盟理事会发布会议声明，承认“过渡委”为利国家和人民唯一合法代表与合法临时政府，支持“过渡委”代表利重返联合国。2014年5月利局势再度动荡后，欧洲国家普遍担心利恐怖势力扩散、难民及非法移民浪潮等波及自身，同利方就打击非法移民等问题保持着经常性磋商。2019年4月利再次爆发武装冲突后，欧盟积极调解冲突，敦促停火，推动利问题政治解决，利民族团结政府总理萨拉吉多次访问意大利、德国、法国、英国及欧盟总部寻求支持，利欧双方互动频繁。

与意大利的关系：欧盟国家中意大利与利比亚关系最为密切，是利石油主要进口国。2008年8月，意大利总理贝卢斯科尼访利，与卡扎菲签署《利意友好、合作和伙伴关系条约》。2011年2月利局势动荡后，意大利于2月27日宣布终止上述条约，并参加了之后北约对利发动的军事行动。4月4日，意大利宣布承认“国家过渡委员会”。9月30日，意大利外长佛朗哥·弗拉蒂尼访利。2012年1月21日，意大利总理蒙蒂率外长、国防部长等高官对利进行数小时短暂访问，双方发表了《的黎波里宣言》。2013年1月，利国民大会议长马格里夫访问意大利。2014年3月，意利两国在罗马联合举行利比亚国际援助部长级会议，利总理扎伊丹率团出席。意积极参与斡旋利比亚问题，多次主办利问题国际会议，双方高层往来密切。2018年11月中旬，由意大利倡议的利比亚问题国际会议在巴勒莫举行。2019年4月，利民族团结政府总理萨拉吉同意大利总理孔特通电话；总理委员会副主席马蒂格访意。5月和9月，利民族团结政府总理萨拉吉访意。12月，意外长迪马约访利。

与法国的关系：2011年2月利比亚局势发生动荡后，法国于3月10日承认利反对派“国家过渡委员会”，并建立大使级外交关系。法是最早承认“国家过渡委员会”的国家，也是积极推动安理会通过第1973号决议，并率先发动对利军事行动的国家。9月15日，法国总统萨科齐与英国首相卡梅伦联袂访利。12月14日，法国外长朱佩访利。2012年2月25日，利“过渡委”主席贾利勒、国防部长祖瓦利分别会见了到访的法国国防部长隆盖。11月，法国外长法比尤斯访问的黎波里并在利国民大会发表演讲。2013年1月，法国举办利比亚安全国际会议，利总理扎伊丹率团出席。2014年3月，法国外长法比尤斯出席在意大利首都罗马举行的利问题国际援助部长级会议。当前，法国积极支持联合国秘书长利问题特别代表萨拉迈的斡旋努力。为加快政治解决利问题，法国总统马克龙于2017年7月邀请利国民军司令哈夫塔尔和民族团结政府总理萨拉吉同时访法，推动双方开展对话。2018年5月，法国促成利国内主要派别在巴黎开会并就推进利政治进程发表《巴黎宣言》。2019年5月，利民族团结政府总理萨拉吉访法。11月，利民族团结政府总理委员会副主席马蒂格访法。

与英国的关系：由于英指责利比亚支持爱尔兰共和军恐怖分裂活动，两国于1984年4月断交。1999年利英复交，并互派大使。2007年，英国首相布莱尔访利，双方签署了军事、能源合作协议。2011年2月利局势发生动荡后，英积极主张对利进行制裁和军事打击，并参与了北约对利军事行动。9月15日，英国首相卡梅伦与法国总统萨科齐联袂访利。2012年1月16日，英国国务大臣伍德斯图克访利。7月16日，英国外交大臣黑格访问的黎波里。2013年1月，英国首相卡梅伦再次访利。2014年5月利局势动荡后，英积极参与利问题国际调解，派员参加利各派对话会。英国支持民族团结政府及萨拉迈特别代表的斡旋。2019年5月，利民族团结政府总理萨拉吉访英。8月，利民族团结政府总理萨拉吉同英首相约翰逊通电话。

与德国的关系：2011年2月利比亚局势发生动荡后，德国对军事干预利比亚持谨慎态度，对安理会第1973号决议投了弃权票。2011年6月，德国副总理兼外交部长韦斯特韦勒访问班加西，宣布承认“国家过渡委员会”为利比亚合法代表，并提供援助。2012年1月，德国外长韦斯特韦勒再次率团访利，双方就发展双边关系等达成广泛共识。4月，德国卫生部长访利。2014年5月利局势恶化后，德积极参与斡旋利问题，曾举办利问题国际会议。2019年2月，利民族团结政府总理萨拉吉赴德国出席第55届慕尼黑安全会议。5月，利民族团结政府总理萨拉吉访德。10月，德国外长马斯访利。

【同阿拉伯国家的关系】卡扎菲执政时期，由于卡本人长期推行“个人外交”，常以“非洲领袖”自居，外交政策极富个人色彩，故利比亚与地区及其他阿拉伯国家关系多有不睦。2011年2月利局势动荡后，阿盟遂中止了利在阿盟的席位。8月，阿盟正式承认利“过渡委”为利人民唯一合法代表，并恢复利在阿盟中的席位。

利新政权建立以来，将恢复和发展与阿拉伯国家的关系作为外交重点，积极化解前政权与部分阿拉伯国家结下的历史恩怨，开展与周边及其他阿拉伯国家的友好合作。2019年4月利再次爆发武装冲突后，阿盟秘书长盖特发表声明，敦促有关各方尽快回到政治谈判轨道，推动军事冲突降级并达成长期停火协议。9月，盖特会见利民族团结政府外长希亚莱时强调，任何外部势力对利军事干预只会使形势更加复杂，将受到全体阿拉伯国家的强烈反对。

【同非洲国家的关系】利比亚新政权建立后，坚持自身非洲属性，但明确宣布摒弃卡扎菲政权外交政策，确立务实、平和的对非外交新基调。强调利无意在非洲做与利地位和实力不相称的事，着手大幅度缩减对非洲国家援助，并考虑减少驻非洲国家外交机构。利将发展与邻国的友好合作关系视作外交重点，希望邻国以相互尊重、互不干涉内政的原则妥善处理利前政权要员引渡、限制前政权流亡势力问题。

在打击国内恐怖极端势力和跨界有组织犯罪、加强边界管控问题上，利加强与阿尔及利亚、突尼斯、埃及、苏丹、尼日尔等周边国家的协调配合，推动建立地区和周边安全沟通机制，共同应对安全挑战。目前，阿尔及利亚、突尼斯、埃及、苏丹四国同利比亚建有利周边国家外长会机制，已不定期举行多次会议，商讨利局势进展。非盟亦积极参与利问题国际斡旋，先后举行多次利问题国际联络小组会议。（李林嘉）

卢 旺 达

国名 卢旺达共和国（The Republic of Rwanda, La République Rwandaise）。

面积 26338平方公里。

人口 1260万（2019年）。官方语言为卢旺达语、英语、法语和斯瓦希里语。国语为卢旺达语，部分居民讲斯瓦希里语。居民56.5%信奉天主教，26%信奉基督教新教，4.6%信奉伊斯兰教。

首都 基加利（Kigali），人口113万（2015年）。年平均气温19℃。

国家元首 总统保罗·卡加梅（Paul Kagame），2000年4月17日就任，2003年8月正式当选，2010年8月、2017年8月连任。

重要节日 独立日：7月1日；解放日：7月4日。

简 况

位于非洲中东部赤道南侧，内陆国家。东连坦桑尼亚，南接布隆迪，西与西北和刚果（金）为邻，北与乌干达接壤。大部分地区属热带草原气候。因地处东非高原，气候温和凉爽，年平均气温19℃。

16世纪，图西人建立封建王国。1890年沦为“德属东非保护地”。第一次世界大战后由比利时委任统治。第二次世界大战后改由比利时“托管”。1962年7月1日宣告独立，成立共和国。1973年7月5日，成立第二共和国。1990年10月，侨居乌干达的图西族难民组成卢旺达爱国阵线（简称“爱阵”）与胡图族政府军爆发内战。1991年6月，实行多党制。1993年8月4日，卢政府和爱阵在坦桑尼亚阿鲁沙签署和平协定，决定结束内战。1994年4月6日，胡图族总统哈比亚利马纳因飞机失事遇难身亡引发导致近百万人丧生的大屠杀，内战再度爆发。7月19日，爱阵取得军事胜利，夺取政权后，宣布实行5年过渡期，实行爱阵主导、多党参政和禁止党派活动的政治管理模式。卢政府奉行民族和解和团结政策，接待并安置回国难民，审判1994年大屠杀罪犯，政局逐渐稳定。1999年6月，卢政党论坛讨论决定延长过渡期4年。2000年4月，爱阵领导人保罗·卡加梅在议会和内阁联席会议上被推举为总统。

政 治

卡加梅总统对内积极开展良政建设，集中精力抓国家重建和恢复经济，同时大力倡导民族和解，召开“第一届全国团结与和解大会”，对外逐步调整与西方国家关系，努力争取外援，执政地位逐步巩固。2003年5月，卢全民公决通过新宪法。8月25日，卢举行1994年以来首次多党总统大选，卡加梅正式当选总统，任期7年。9月，举行议会参、众两院选举，爱阵及其联盟获半数议席。10月，组成多党联合政府，独立人士贝尔纳·马库扎出任总理。卢平稳结束过渡期。2008年9月，卢举行议会选举，爱阵及其竞选联盟以78.7%的高票获胜。2010年8月，卢举行总统大选，卡加梅以93%的得票率蝉联。近年来，卢政府积极推行良政建设，促进经济发展，缓和社会矛盾，卢政局保持稳定。2017年8月，卢再次举行总统大选，卡加梅以98.79%的得票率胜选连任。

【宪法】第一部宪法于1962年11月24日颁布，1973年7月废止。第二部宪法于1978年12月17日公民投票通过。1991年5月30日，国民发展议会审议通过了第三部宪法。2003年5月26日，卢全民公决通过新宪法，其主要内容有：总统为国家元首和武装部队最高统帅，由无记名投票直接普选产生，任期7年，可连任1次；总理由总统任命，政府成员根据各党在议会的比例确定；实行多党制和立法、行政、司法三权分立制度。2015年12月，卢以全民公决方式通过宪法修正案。宪法修正案维持总统只能连任1次的规定，将每届任期由7年缩短为5年，同时在新宪法生效前设置7年过渡期，包括卡加梅在内的任何合法候选人均可参选过渡期总统。

【议会】实行两院制，由参议院和众议院组成。参议院由26名参议员组成，任期5年，其中12名由各省选出，2名由高校院士团选出，8名由总统提名，4名由政党论坛协商提名。本届参议院于2019年产生，任期至2024年，现任参议长奥古斯丁·伊亚穆雷米耶（Augustin Iyamuremye）。众议院由80名议员组成，任期5年。本届众议院于2018年9月选举产生，53个席位通过普选选出，其中卢旺达爱国阵线及其联盟共获40个席位，社会民主党和自由党分别获得5个和4个席位，民主绿党和社会真理党各占2席。妇女、青年和残疾人等推举代表占其余27席。现任众议长多娜泰尔·穆卡巴利萨（Donatille MUKABALISA）。

【政府】本届政府于2018年10月成立，共有32人。主要成员有：总理爱德华·恩吉伦特（Edouard Ngirente），地方政府部长阿纳斯塔斯·夏卡（Anastase Shyaka），外交和国际合作部长樊尚·比鲁塔（Vincent Biruta），贸易和工业部长索拉娅·哈基祖穆兰伊（Soraya Hakuziyaremye，女），信息通讯技术和创新部长波拉·因加比雷（Paula Ingabire，女），国防部长阿尔贝·穆拉西拉（Albert Murasira），国内安全部长帕特里克·尼亚姆文巴（General Patrick Nyamvumba），性别和家庭促进部长让内特·巴伊森盖（eannette Bayisenge，女），体育部长奥罗拉·米莫萨·蒙扬加朱（Aurore Mimosa Munyangaju，女），应急管理部长玛丽·索朗热·卡伊西雷（Marie Solange Kayisire女），总统府部长朱迪丝·乌维泽耶（Judith Uwizeye，女），总理府内阁事务部长伊尼斯·曼帕巴拉（Ines Mpambara，女），财政和经济计划部长于齐耶尔·恩达吉吉马纳（Uzziel Ndangijimana），基础设施部长克拉韦尔·加泰特（Claver Gatete），环境部长让娜·达尔克·穆贾瓦马里亚（Dr. Jeanne d'Arc Mujawamariya，女），农业和动物资源部长热拉尔迪娜·穆克希马纳（Geraldine Mukeshimana，女），教育部长瓦伦丁·乌瓦马里亚（Valentine Uwamariya，女），青年和文化部长罗斯玛丽·姆巴巴齐（Rosemary Mbabazi，女），司法部长兼总检察长约翰斯顿·布辛杰（Johnston Busingye，女），公共服务和劳动部长方凡·尔万因多·卡伊兰瓜（Fanfan Rwanyindo Kayirangwa，女），卫生部长达尼埃尔·恩加米杰（Daniel Ngamije），社会事务国务部长伊格娜蒂安·尼拉鲁昆多（Ignatienne Nyirarukundo，女），经济计划国务部长克劳迪娜·乌韦拉（Claudine Uwera，女），国库国务部长里夏尔·图沙贝（Richard Tushabe，女），宪法和法律事务国务部长索利娜·尼拉哈比马纳（Solina Nyirahabimana，女），中小学教育国务部长加斯帕尔·恩瓦吉拉耶祖（Gaspard Twagirayezu），职业教育培训国务部长克劳黛特·伊雷雷（Claudette Irere，女），基层医疗保障国务部长恩潘加·塔尔西塞（Mpunga Tharcisse），外交部负责东共体事务的国务部长马纳西·恩舒蒂（Manasseh Nshuti），负责文化事务的国务部长爱德华·班波里基（Edouard Bamporiki），卢旺达发展署长克莱尔·阿卡曼齐（Clare Akamanzi，女），卢旺达矿业油气署长弗朗西斯·加塔雷（Francis Gatare）。

【行政区划】2006年1月1日起实行新行政区划，全国分为东方、南方、西方、北方四省和基加利市，下设30个县市、416个乡镇。

【司法机构】由最高司法会议、最高法院（包括法院法庭局、终审法院、行政法院、宪法法院、审计法院）、上诉法院、初审法院、县法院组成。最高司法会议由最高法院正副院长及2名法官、各上诉法院1名法官、各上诉法院辖区内的初审法院和县法院法官各1名组成，负责除最高法院正副院长外所有法官的任免、升迁等事宜。初审法院以上各级法院均设检察院，分为初审法院共和国检察院、上诉法院总检察院和终审法院总检察院三级。1994年，内战使卢司法体系遭受严重破坏，直至1996年4月2日最高司法会议成立，司法系统全面恢复，法官由政府任命，但名义上独立。为加速审判1994年大屠杀在押犯（已关12.5万人），卢于2002年6月启动“民间传统法庭”。2012年6月，卡加梅总统宣布法庭使命结束。该法庭10年间共审理大屠杀相关案件近200万起。最高法院院长山姆·鲁吉吉（Sam Rugege），总检察长弗朗索瓦·鲁昆达库伍加（François Rukundakuvuga）。

【政党】1991年实行多党制，当时有17个政党，1994年后仅剩8个。1994年下半年，除爱阵外的其他各党基本停止活动。1998年5月，卢政府同意部分开放党禁，要求各党修正在大屠杀期间所犯错误，改革党的领导机构。2003年6月23日，卢国民议会通过政党法，强调团结和平等的原则，反对民族、地区、宗教分裂。规定成立政党须有全国120名创始成员的签名，法官、检察官、军人、警察及治安人员不得加入政党。目前，重新登记获政府承认的合法政党共有11个。

（1）卢旺达爱国阵线（Rwandan Patriotic Front）：执政党，其前身是20世纪80年代在乌干达成立的卢旺达全国统一联盟，1987年12月改为现名。党员约60万人。1994年成为执政党。2013年12月17日，卡加梅第四次当选党主席，得票率99.5%。2017年12月16日，爱阵举行成立30周年全国代表大会，卡加梅主席和恩加兰贝总书记分别以99.9%和97.3%的得票率再次连任。

（2）社会民主党（Democratic Socialist Party）：参政党。1991年7月1日成立，南方知识分子居多。主席文森特·比鲁塔（Vincent Biruta）。该党在众议院中占5席。

（3）自由党（Liberal Party）：参政党。1991年7月14日成立，以图西人为主。2003年6月8日，该党召开会议选举了新的执行委员会，普罗斯珀·希吉罗（Prosper Higiro）任主席。该党在众议院中占4席。

此外，还有中间民主党（Centrist Democratic Party）、理想民主党（Democratic Ideal Party）、卢旺达社会党（Rwandan Socialist Party）、卢旺达人民民主同盟（Democratic Popular Union of Rwanda）、团

结进步党（Party for Solidarity and Progress）、进步共识党（Party for Progress and Concord）、社会真理党（Social Party Imberakuri）、民主绿党（Democratic Green Party）。

【重要人物】保罗·卡加梅：总统。1957年10月23日生于吉塔拉马省（今南方省）卡蒙伊。1959年11月随父母流亡乌干达。1980年，参加现乌干达总统穆塞韦尼领导的乌反政府武装。1987年，在乌参加卢旺达爱国阵线，1990年10月，任爱阵军事领导人。1994年7月，爱阵执政后，卡出任卢副总统兼国防部长。1998年2月，当选爱阵主席。2000年4月，在议会和内阁联席会议上被推举为总统。2003年8月，正式当选总统。2010年、2017年，胜选连任。

经　济

世界最不发达国家之一。经济以农牧业为主，粮食不能自给。1994年的内战和大屠杀使卢经济崩溃。爱阵上台后，采取了发行新货币、实行汇率自由浮动、改革税收制度、私有化等一系列恢复经济的措施，经济逐步恢复。近年来，卢加快发展现代农业，大力开发信息产业，努力缓解能源短缺困难，经济保持较快速度增长。2002—2012年，卢经济年均增长率达8%。近几年有所回落。2019年主要经济指标估算如下：

国内生产总值：101亿美元。

人均国内生产总值：802美元。

经济增长率：9.2%。

货币名称：卢旺达法郎（简称卢郎）。

汇率：1美元=899.4卢郎。

（资料来源：2020年第一季度《伦敦经济季评》）

【资源】已开采的矿藏有锡、钨、铌、钽、绿柱石、黄金等。锡储藏量约10万吨。铌钽蕴藏量估计为3000万吨。据卢地质和矿业局数据，2013年，卢出口矿石8100万吨，创汇2.28亿美元。基伍湖天然气蕴藏量约600亿立方米。尼亚卡班戈钨矿是非洲最大的钨矿之一。森林面积约62万公顷，占全国面积的24%。

【工业】2018年工业产值占国内生产总值的16%。有各类工业企业200余家，除咖啡、茶叶等农畜产品加工厂外，还有卷烟、饮料、火柴、造纸、肥皂、电池、水泥厂等。绝大部分工业品依赖进口。近年来，卢政府实行新工业政策，加速私有化进程，促进投资，拓展矿业，工业产值恢复较快。卡吕吕马锡冶炼厂已成为非洲最大锡厂之一。2017年矿产出口额3.73亿美元。主要矿业产品产量如下（单位：吨）：

	2011	2012	2013
锡矿	6011	6320	4670
钨矿	1198	1530	1990
铌钽矿	829	980	1750

（资料来源：卢旺达国家银行2013年度报告）

【农牧业】2017年农牧业占国内生产总值的33.2%。从业人口约占劳动力总人口的84%，其中女性为52%。全国可耕地面积约217.3万公顷，已耕地面积120万公顷，农民人均耕地面积为0.12公顷。天然牧场占全国总面积1/3。经济作物主要有咖啡、茶叶、棉花、除虫菊、金鸡纳等，大部分供出口。50%以上的农民自己拥有小于1公顷的土地，其余农民，尤其是战后归来的难民耕种国有土地，向国家纳税。近年来卢政府采取新农业政策，增加农业投入，提高粮食产量，促进畜牧业发展，农、牧业总产值已超过战前水平。2011年，卢渔业年捕捞量15526吨。4%的农民养蜂，蜂蜜年产量3500吨，南方省占41%。2011年农业增长率为4.7%。2018年6月，卢启动第四期农业转型战略，将在未来五年内投资2.7万亿卢郎，以大幅提升农业产量，增加产品附加值。

近年主要经济作物产量如下（单位：千吨）：

	2012	2013	2014
咖啡	19.96	18.35	16.38
茶叶	22.50	22.18	24.75

（资料来源：卢旺达国家统计局2015年度报告）

【服务业】2017年服务业占国内生产总值的49.8%。从业人员占劳动力总人口的6%。通信业发展迅速。目前卢无线通信市场共有MTN、TIGO和AIRTEL三家运营商，其中MTN为卢旺达无线通信市场第一大运营商，市场份额超过59%。目前卢手机普及率为42%，卢是东非地区手机普及率最低的国家之一。卢目前有互联网服务商11家、电信公司3家、手机用户660万户、网络用户70万户，信息通信技术产业年均收入约1.67亿美元。旅游业恢复较快，2011年，被世界经济论坛、世界银行、非洲发展银行评为最具旅游潜力国家之一。2014年，接待游客122万人次。自2018年1月1日起，所有国家公民均可免签赴卢，办理落地签后进行为期不超过30天的旅行。

【交通运输】无铁路，交通运输靠公路和航空。进出口货物通道：一是从基加利经乌干达至肯尼亚的蒙巴萨港，全程1721公里；二是从基加利到布隆迪的布琼布拉，然后由水路经坦桑尼亚的基戈马转铁路至达累斯萨拉姆港，全程1762公里；三是从基加利到鲁苏莫经坦桑尼亚的伊萨卡转铁路至达累斯萨拉姆港，长1638公里。

公路：总长1.31万公里，其中柏油路1100公里。商业运输主要由私人控制。

空运：基加利有国际机场，可起降波音747等大型客机。内战期间卢航空运输一度中断。战后，基加利国际机场很快重新开放。2002年，卢宣布成立卢旺达特快航空公司，该公司拥有1架波音737–600型飞机。2009年3月，更名为Rwandair(卢旺达航空公司)，2015年，被国际民航组织评为全球最安全的航空公司之一。目前拥有包括5架波音737在内的飞机17架，运营20条航线（包括承运和代码共享），通往比利时、南非、乌干达、埃塞俄比亚、肯尼亚、坦桑尼亚、布隆迪、刚果（布）、贝宁、加纳、加蓬、尼日利亚、科特迪瓦、赞比亚、津巴布韦、南苏丹和阿联酋等国。2015年10月，卢政府批准设立航空旅行物流有限公司（ATL Ltd）。

【财政金融】税收是财政收入主要来源之一。2020年2月，卢公布2019/2020财年预算，总额为30171亿卢郎（约33.55亿美元）。

卢旺达主要商业银行有：卢旺达商业银行，基加利银行，卢旺达非洲大陆银行，贸易、发展和工业银行以及人民银行。

截至2018年，外汇储备为11亿美元，外债总额33亿美元。

【对外贸易】外贸长期逆差。近几年进出口情况如下（单位：百万美元）：

	2017	2018	2019
出口额	1050.2	1125.8	1166.7
进口额	1879.4	2040.9	1963
差　额	–829.2	–915.1	–796.3

（资料来源：2020年第一季度《伦敦经济季评》）

主要出口茶叶、咖啡、铌钽矿、锡石，进口石油等燃料及机械设备。2018年主要出口对象国是刚果（金）、阿联酋、肯尼亚、瑞士等；主要进口来源国有中国、阿联酋、印度、乌干达等。（资料来源：2020年第一季度《伦敦经济季评》等）

【外国援助】卢外援主要来源为世界银行、英国、欧盟、非洲开发银行、德国、荷兰、比利时等。卢政府希望逐步减少对国外援助的依赖，政府财政对外国依赖程度已由2000年的85%，降至2015年度的34%。

【外国投资】卢积极鼓励吸引外资，成立投资促进机构，推行一系列引进外资的政策。2017年，卢旺达吸收外国直接投资流量10.4亿美元，同比大幅增长70%。世界银行《2020年营商环境报告》中，卢旺达位列全球第38位，在非洲仅次于毛里求斯。

人民生活

卢是世界上人口密度最高的国家之一，每平方公里约有居民460人，80%人口居住在农村。2014年人口增长率2.7%，是世界上人口增长最快的国家之一。卢约39.1%的人生活在贫困线以下，人均预期寿命64.2岁，新生儿死亡率3.2%。80%的居民能喝上清洁饮用水，艾滋病感染率2.9%。1994年，内战导致近100万人死亡，22万儿童成为孤儿，卫生医疗体系解体。经过多年努力，2011年全国有44家中型以上医院，560所医疗服务站。2013年，政府支出的11%用于卫生医疗事业。2014年，卢失业率为2%。

军　事

卢旺达武装力量原称卢旺达国民军（Rwanda National Army），系1995年在原爱阵武装部队的基础上组建。为实现军队国家化，2002年2月，改称卢旺达国防军（Rwanda Defence Force）。最高军事机构是国防部，下设军队参谋部，总参谋长帕特里克·恩亚姆巴（Patrick Nyamvumba）上将。目前总兵力约3.3万人。此外还有由内政部管辖的警察约2000人。2016年国防预算约857亿卢郎，占国内生产总值的9.2%。

文化教育

【教育】卢教育体系及教育设施因内战严重受损。在国际社会的援助下，教育得到较快恢复。根据2002年人口普查结果，38.2%的卢旺达人为文盲，87.7%的人只上过小学，11.5%上过中学，不足1%的人上过大学。2004年，全国有小学2262所，入学率约92%；中学504所，入学率约73%。自2005年底起，卢政府开始实行小学和初中免费教育，教育经费占政府总支出的16%左右。根据卢教育部2014年数据，卢有小学生239.9万名，小学2711所，入学率96.8%；中学生56.5万名，中学1521所，入学率36.4%。2010年起，卢实行9年义务教育。2014年卢民众识字率为70%，15—24岁人群识字率为83.1%。

卢现有高等院校45所，其中公立院校28所。公立大学有卢旺达国立大学、高等农业和畜牧业学院、基加利卫生学院、基加利科学技术学院、基加利教育学院和公共法语高等学院，其中卢旺达国立大学是卢最大的综合性高等学校。私立大学有基特瓦教育学院、中非基督复临大学、基加利自由大学、尼亚基邦达大神学院、布塔雷神学新教学院、基加利基督复临非教会大学。有研究所2个，分别为农业和科技研究所。2014年有大学生8.7万人。

【新闻出版】目前有41家媒体，包括19家电台和22家报纸，均为战后创设。主要有：《新时代报》是卢唯一日报，此外还有《新接班人报》《大湖地区周刊》《黎明报》等。

卢旺达通讯社为官方通讯社，1975年成立。曾发行《每日新闻》《法文日刊》。1994年后，该社成为自负盈亏的独立通讯社。

卢旺达广播电台：国家广播电台，1961年，由联邦德国援建，在尚古古、基布耶、鲁亨盖里和比温巴四省设有转播站，现用卢旺达语、法语、斯瓦希里语和英语广播，共有2套节目，每天播音14小时。布隆迪电台的节目在卢旺达被广泛收听。

卢旺达电视台：国营电视台，1993年开播，全国覆盖率为70%。1994年战乱期间物资被盗、停播。在德国的援助下，从1997年11月起复播，每晚用卢旺达语、法语、英语播出5个小时的新闻等节目。

1998年2月22日，卢成立国家国内外公众新闻委员会，负责协调向国内外公众提供新闻。

1998年3月27日，英国BBC电台正式在卢开播。2015年2月因在节目中有诋毁卢政府、否认大屠杀之嫌停播。

对外关系 奉行和平、中立和不结盟的外交政策。重视发展同世界和非洲大国的关系。强调外交的务实性，将谋求本国安全和争取外资作为外交的主要任务。积极参与地区事务，寻求在次地区发挥作用，卡加梅受非盟峰会委托，负责牵头制订非盟机构改革方案。2009年，加入英联邦。卢系联合国主要维和出兵国之一，2016年，共向中非、苏丹、南苏丹、马里、海地等7个维和团派出维和部队及警察6000多人，是第五大维和人员派遣国。2013—2014年，卢任联合国安理会非常任理事国。2018年，卢任非盟轮值主席国。

【同中国的关系】中国与卢旺达于1971年11月12日建交，此后两国友好合作关系发展顺利。

近年来中方访卢的主要有：中共中央政治局常委、中央纪委书记吴官正（2006年8月），外交部长杨洁篪（2009年1月），全国政协副主席李兆焯（2011年2月），中央政治局委员、中央书记处书记、中央组织部部长李源潮（2012年1月），外交部副部长张明（2014年4月出席卢大屠杀20周年纪念活动），全国人大常委会委员长张德江（2016年3月），外交部副部长张明（2016年6月），习近平主席特使、全国政协副主席刘晓峰（2017年8月出席卡加梅总统就职仪式），外交部长王毅（2018年1月），国家主席习近平（2018年7月），全国政协副主席郑建邦（2019年4月）等。

卢方访华的主要有：总统保罗·卡加梅（2001年11月、2007年5月、2017年3月访华，2006年11月出席中非合作论坛北京峰会，2012年9月出席天津夏季达沃斯论坛、2018年9月出席中非合作论坛北京峰会），外交和合作部长穆里甘德（2004年7月），参议长比鲁塔（2006年6月），总理马库扎（2010年出席上海世博会开幕式），外交、合作和东共体事务部长路易丝·穆希基瓦博（2012年5月、2015年4月、2016年11月来华参会并出席中卢建交45周年招待会），财政和经济计划部长卢旺戈姆布瓦（2012年7月出席中非合作论坛第五届部长级会议）等。

2013年7月1日，中方给予卢95%输华商品免关税待遇。2014年12月，中方给予卢方97%商品免关税待遇换文，2015年1月起开始实施。

2019年双边贸易额3亿美元，同比增加46.4%，其中中方出口2.65亿美元，同比增长60.03%，进口0.35亿美元，同比下降10.83%。中方主要出口机电产品、车辆等，进口钽铌矿砂和钨矿砂等产品。

中国驻卢旺达大使：饶宏伟。馆址：44, Revolution Avenue, Kigali, Rwanda。电话：00250-784825635。

卢旺达驻华大使：詹姆斯·基莫尼奥（James Kimonyo）。馆址：北京市朝阳区秀水街30号。电话：010-65322193；传真：65322006。

【同比利时的关系】卢曾为比殖民地，两国建有经贸混委会，在卫生、教育、农业、基建、旅游、人员培训等领域合作密切。比利时是卢主要援助国之一。卢内战结束后，比很快恢复援助，并替卢偿还对世界银行的部分欠债。比从2007年起将对卢援助提高至每年3500万欧元。2013年，双方商定比三年内向卢提供2亿欧元用于共同商定的项目。由于比认为卢政府未能满足其提出的人权等政治条件，比政府于2014年末决定停止对卢4000万欧元的援助，卡加梅总统先后于2004年、2006年和2010年多次访比。2010年1月，比外交大臣瓦纳克尔访卢。2012年8月，比副首相兼外交大臣雷德尔斯访卢。2018年6月，卡加梅总统在布鲁塞尔会见比首相米歇尔。

【同法国的关系】1962年卢法建交。1962—1993年8月，法共向卢提供援助2.83亿美元，赠款3655万美元，免除卢债务1417万美元。哈比亚利马纳总统曾9次访法，法总统德斯坦和密特朗曾访卢。1990年卢爆发内战，法曾派兵支持卢前政权。1994年6月22日至8月21日，法通过安理会授权在卢实行“绿松石行动”。战后，卢新政府与法关系一度中断。1995年5月，法恢复驻卢使馆。2006年，因法国司法部门指控卢军政高官策划暗杀卢前总统哈比亚利马纳，卢宣布与法国断交。2009年11月，卢法复交。2010年1月，法国外长库什内访卢；2月，法国总统萨科齐访卢；5月，卡加梅总统赴法参加第25届法非峰会。2011年9月，卡加梅总统正式访问法国。2017年1月，卡加梅总统赴马里出席法非峰会。2017年9月联合国大会期间，卡加梅总统会见法国总统马克龙。2018年5月，卡加梅总统对法国进行工作访问。

【同美国的关系】1963年卢美建交。美向卢经济结构调整计划和战争难民提供援助，并向卢派出和平队员。1994年卢新政权上台后，美很快与其建立外交关系。2006年11月，卢被纳入美“千年挑战账户”援助计划，每年可获5000万美元援助。美总统克林顿、小布什曾访卢。2011年6月，卡加梅总统赴美出席美国国际开发署高级别会议。9月，美参议院通过《美卢双边投资协议》。2013年3月、4月，卡加梅总统两次赴美出席国际会议。2014年4月，卡加梅总统赴美访问麻省理工学院、斯坦福大学等高校，并出席在加利福尼亚举行的卢大屠杀20周年纪念活动。8月，卡加梅总统应邀赴美出席首届美非峰会。2015年1月，美宣布通过其国际开发署（USAID）向卢提供逾1.08亿美元发展援助。2017年2月，美国国际开发署宣布将提供8608万美元帮助卢儿童提高卢旺达语阅读水平。2018年，因卢方宣布禁止进口二手服装，美卢发生贸易摩擦，美方对卢方的《非洲增长与机遇法》（AGOA）受惠国资格启动审查并决定暂停卢在AGOA框架下享有对美出口服装免关税待遇。

【同德国的关系】德国是卢历史上第一个宗主国。

卢独立后同联邦德国一直保持密切关系。从1962年起，德开始援助卢旺达。两国混委会轮流在两国首都举行。2008年2月，德国总统克勒访卢。卡加梅总统分别于2002年、2008年、2009年三次访德。2013年，德国经济合作和发展部长访卢，德政府还率先恢复了价值1750亿卢郎（约2.7亿美元）的对卢援助。2015年2月，德外长施泰因迈尔访卢。2016年8月和10月，德经济合作与发展部长穆勒、内政和体育事务部长德梅齐埃分别访卢。2017年5月，德国与卢旺达签署政府间协议，宣布未来3年向卢提供8100万欧元资助。2019年2月，卡加梅总统赴德国出席慕尼黑安全会议。

【同英国的关系】2009年11月，卢正式加入英联邦，成为其第54个成员国。卡加梅总统先后于2009年、2010年、2011年多次访英。2010年12月、2013年6月，英负责国际发展的国务大臣两次访卢。2011年10月，卡加梅总统赴澳大利亚出席英联邦第21届政府首脑会议。2013年5月，卡加梅总统赴英国出席第五届“牛津大学非洲工商大会”。2003—2013年，英对卢援助累计达3.8亿英镑。2015年2月，英国前首相布莱尔访卢。9月，卢英两国签署价值3050万英镑的援助协定。2016年9月，英国国际开发署向卢提供2350万英镑援款。2017年7月，该署承诺未来两年投入1360亿卢郎（约1.7亿美元）推动卢发展规划与减贫战略。2019年8月，卡加梅总统访英。

【同日本的关系】日在卢主要援助领域为水处理、水土保持、交通运输及能力建设等。2005年，日国际协力机构在卢设立代表处。2006年11月，卡加梅总统应邀访日，会见天皇、外相和协力机构主席。2010年，日在卢设立大使馆。卡于2008年、2013年和2016年，出席东京非洲发展国际会议。日过去对卢援助较少，1998—2011年，共提供援助约500万美元。近年来，大幅加大对卢援助力度：2013年宣布在电力领域投资3200万美元，提供250万美元用于民生项目，2014年，提供1500万美元用于灌溉工程，2015年，宣布提供6000万美元优惠贷款用于公路改造，并提供16个通信领域奖学金名额，2017年，宣布提供1880万美元用于卢东部省修复灌溉工程。2019年1月，卡加梅总统访问日本，同日本首相举行会见。8月，赴日本出席东京非洲发展国际会议。

【同欧盟的关系】欧盟是卢重要捐助方，2003—2008年对卢援助1.89亿欧元，2008—2013年对卢援助2.944亿欧元，2014—2020年计划提供4.6亿欧元援助，其中80%为财政援助。欧盟对卢援助款使用情况十分满意，双方计划在能源、农业等领域加强合作。2017年11月，卡加梅赴科特迪瓦出席第五届欧盟—非盟峰会。2019年6月，卡加梅总统赴布鲁塞尔出席“欧洲发展日”活动。

【同非洲国家的关系】1999年，卢正式加入东部和南部非洲共同市场。2000年11月，卢签署非洲联盟章程。2007年，加入东非共同体。同年退出中部非洲国家经济共同体，2015年重返。2016年7月，第27届非盟峰会在卢召开。卡加梅总统2016年担任非盟机构改革牵头人以来，以及2018年担任非盟轮值主席期间，积极推动非盟机构改革和非洲一体化进程，先后代表非洲出席联合国大会、二十国集团峰会、世界经济论坛等国际会议，同主要大国高层互动密切。

卢与乌干达曾联手介入刚果（金）冲突。因两国军队在刚东部数次发生大规模武装冲突，卢乌关系一度恶化。后两国总统多次会晤，卢乌矛盾逐渐缓解。2011年7月，穆塞维尼总统访卢。12月，卡加梅总统访乌。2012年1月和6月，卡加梅总统两次访乌。2015年2月，乌干达宣布取消对卢旺达及肯尼亚公民的入境签证要求，同时取消对卢、肯特定行业赴乌就业人员的工作许可要求。2018年3月，卡加梅总统访乌并同穆塞韦尼总统举行会谈。2019年2月，卢旺达宣布因卢乌中部边境站施工，自乌入卢的重型卡车需临时转移至其他边境站过境。卢乌双方就此相互指责，两国关系有所紧张。7月，卡加梅总统赴安哥拉参加次区域小型峰会，会上刚果（金）、安哥拉、卢旺达、乌干达四国发表联合声明，表示将致力于缓解卢、乌关系。8月，卢旺达、乌干达、安哥拉和刚果（金）四国峰会在安哥拉首都罗安达举行，其间卢、乌签署缓和两国关系的谅解备忘录。2019年9月、12月和2020年2月，卢、乌先后三次举行落实谅解备忘录特别委员会会议。2020年2月，卢旺达、乌干达、安哥拉和刚果（金）又两度就缓和卢、乌关系举行四国峰会。

1998年8月，卢支持刚果（金）反政府武装发动叛乱并直接出兵，占据刚东部大片领土，与刚政府关系破裂。2002年7月，两国签署和平协议，卢从刚全部撤军。此后，两国总统多次会晤，政府部长实现互访，两国并展开联合军事行动，共同打击刚东部地区非法武装。2009年卢刚恢复外交关系。2010年6月，卡加梅总统赴刚果（金）参加刚独立50周年活动。2011年12月，卢总理赴刚出席卡比拉总统就职仪式。2012年4月，刚东部地区安全局势升温以来，刚卢双方多次举行高级别会谈，并召开副总理级别的大混委会，5月，刚外长两次访卢，6月卢外长访刚。11月，刚果（金）、卢、乌三国总统在乌干达首都坎帕拉举行会晤。2019年3月，卡加梅总统会见来卢出席非洲CEO论坛的刚果（金）总统齐塞克迪。2019年5月，卢总统卡加梅、安哥拉总统洛伦索赴刚果（金）出席刚总统齐塞克迪之父葬礼并与齐塞克迪总统举行三方会谈。

卢同南非建有经贸混委会，在能源、畜牧业、电信等领域合作密切。2006年10月，卡加梅访问南非。2007年5月，卢参议长比鲁塔访南非。2014年3月，因在南非接连发生卢流亡人员遇袭事件，南非与卢相互驱逐外交官，南非停止向卢持普通护照公民发放签证，两国关系有所恶化。卡加梅总统2017年8月胜选连任后，南外交部发表声明表示祝贺，两国关系有所缓和。2018年3月，南非总统拉马福萨表示南卢两国正在努力改善双边关系。2019年5月，卡加梅总统赴南非出席拉马福萨总统就职典礼。

2007年3月，布隆迪总统恩库伦齐扎对卢进行工作访问。2008年2月，布参议长鲁菲基里访卢。2008年8月和2011年1月，卡加梅总统两次访布。2012年7月，卢总理哈布姆兰伊出席布独立50周年庆典活动。2015年初以来，卢布关系趋于紧张，布指责卢暗中参与支持布国内反对派策动武装叛乱，卢方对此予以否认。2016年，布隆迪宣布禁止两国贸易，并中断两国间公共交通。（邹菁峰）

马达加斯加

国名 马达加斯加共和国（The Republic of Madagascar，La République de Madagascar）。

面积 59.2万平方公里（包括周围岛屿）。

人口 约2520万（2017年）。马达加斯加人占总人口的98%以上，由18个民族组成，其中：伊麦利那（占总人口的26.1%）、贝希米扎拉卡（14.1%）、贝希略（12%）、希米赫特（7.2%）、萨卡拉瓦（5.8%）、安坦德罗（5.3%）和安泰萨卡（5%）等。各民族语言、文化、风俗习惯大体相同。在马定居的尚有少数科摩罗人、印度人、巴基斯坦人和法国人，另有华侨和华裔约5万人。民族语言为马达加斯加语（属马来—波利尼西亚语系），官方通用法语。居民中信奉传统宗教的占52%，信奉基督教（天主教和新教）的占41%，信奉伊斯兰教的占7%。

首都 塔那那利佛（Antananarivo），人口约190万。

国家元首 总统安德里·尼里纳·拉乔利纳（Andry Nirina RAJOELINA）。2019年1月19日宣誓就职，任期5年。

重要节日 独立日：6月26日。

简况 位于非洲大陆以东、印度洋西部，是非洲第一大、世界第四大岛。隔莫桑比克海峡与非洲大陆相望。海岸线长约5000公里。东南沿海属热带雨林气候，终年湿热，年平均气温24℃；中部为热带高原气候，温和凉爽，年平均气温18.3℃；西部为热带草原气候，干旱少雨，年平均气温26.6℃。

16世纪末伊麦利那人在中部建立了伊麦利那王国。1794年，伊麦利那王国发展为中央集权的封建国家，并于19世纪初统一全岛，建立马达加斯加王国。1896年沦为法国殖民地，1958年10月14日，成为“法兰西共同体”内的自治共和国。1960年6月26日，宣布独立，成立马尔加什共和国，亦称第一共和国。1975年12月21日，改国名为马达加斯加民主共和国，亦称第二共和国，迪迪埃·拉齐拉卡（Didier RATSIRAKA）就任总统。1990年，实行多党制。1992年8月19日，通过“第三共和国宪法”，改国名为马达加斯加共和国。1993年2月，在马首次多党选举中，阿尔贝·扎菲（Albert ZAFY）战胜拉齐拉卡，当选第三共和国总统。1997年2月，拉齐拉卡在总统选举中获胜，重掌政权。2001年12月16日，马举行总统选举。拉齐拉卡与主要反对派候选人、首都市长马克·拉瓦卢马纳纳（Marc RAVALOMANANA）围绕选举结果展开激烈争斗，马陷入长达半年的政局动荡。2002年4月，马最高宪法法院宣布拉瓦卢马纳纳当选马总统。5月6日，拉瓦卢马纳纳宣誓就职。2006年12月3日，拉瓦卢马纳纳以绝对优势胜选连任，并于2007年1月19日宣誓就职。此后，拉瓦卢马纳纳创建的“我爱马达加斯加党”（TIM）相继赢得众议院选举、市镇选举和参议院选举。

2009年1月下旬，马朝野矛盾激化，首都等地发生严重骚乱和流血冲突。3月17日，拉瓦卢马纳纳总统在部分哗变军队压力下被迫交权并流亡国外，反对派领导人、原首都市长安德里·尼里纳·拉乔利纳（Andry Nirina RAJOELINA）宣布自任总统。非盟、南共体中止马成员国资格，美国、法国、欧盟等谴责拉乔利纳违宪夺权。4月30日，非盟成立国际接触小组主导解决马政治危机。在非盟、南共体等斡旋下，马各政治派别经过多轮和谈签署马普托协议及其补充文件，就过渡期主要安排达成一致。2010年3月，非盟宣布对拉乔利纳及其108名主要支持者实施制裁。11月，拉乔利纳政权单方面举行修宪公投并宣布成立第四共和国，遭到其他各派的抵制。2011年9月，在南共体斡旋下，除前总统拉齐拉卡派外，马主要政治派别先后签署南共体解决马危机路线图及其实施框架。11月，马新过渡政府宣告成立；12月，过渡期国会和最高理事会宣告成立。2012年3月，过渡期独立选举委员会宣告成立。8月，马宣布将于2013年5月和7月分别举行总统和议会选举。2013年初，马宣布总统和议会选举分别推迟至当年7月、9月举行，但拉乔利纳、拉瓦卢马纳纳夫人拉劳宣布参选，引发巨大争议。在非盟、南共体为代表的国际社会压力下，8月，马改组特别选举法庭，取消包括拉乔利纳和拉劳在内的8名候选人资格。10月25日，马举行首轮总统选举。12月20日，举行第二轮总统选举和议会选举。拉乔利纳支持的候选人埃里·马夏尔·拉乔纳里曼皮亚尼纳（Hery Martial RAJAONARIMAMPIANINA）以53.49%得票率击败拉瓦卢马纳纳支持的候选人罗班松，当选马第四共和国首任总统。2014年1月25日，埃里宣誓就职。4月，埃里任命洛朗·罗歇·库卢·克里斯托夫（Laurent Roger KOLO CHRISTOPHE）担任总理，并组建政府。2015年1月，埃里改组政府，任命空军准将拉维卢纳里武（Jean RAVELONARIVO）为总理。由于埃里未依据宪法按时组建参议院和最高司法法院等国家机构，5月，马国民议会以违宪和失职为由通过对埃里的罢免议案，但马高等宪法法院最终以证据不足否决该议案。此后，埃里领导的"马达加斯加新生力量党"（HVM）相继赢得市镇选举和参议院选举。2016年4月，埃里任命原内政和分权部长马哈法利为新总理并再次改组政府。2017年8月，埃里小幅改组政府，任命亨利·拉巴里–恩贾卡（Henry RABARY-NJAKA）为外长。2018年6月4日，根据马达加斯加高等宪法法院裁决并经马主要政治力量协商，马哈法利总理辞职，国民议会多数党派、反对党"支持拉乔利纳总统联盟"（MAPAR）提名的克里斯蒂安·恩蔡（Christian NTSAY）为联合过渡政府总理，负责组织2018年大选。9月7日，埃里按照马宪法规定辞去总统一职，以参加将于11月举行的总统大选。马高等宪法法院随即宣布由参议长里武出任代总统，直至大选产生的新总统就职。

政　治

2018年11月和12月，马分别举行两轮总统选举投票。2019年1月8日，马高等宪法法院公布大选正式结果，拉乔利纳以55.66%的得票率当选新一任总统。

【**宪法**】1992年8月19日通过"第三共和国宪法"，经1995年9月、1998年3月和2007年4月三次修订。宪法赋予总统直接任命总理、解散议会的权力，任期5年，可连任两届，由直接选举产生；国民议会和参议院均需2/3的多数方可中止总统权力；地方政权实行自治。2007年，修宪取消了自治省，设立拥有行政和财政自治权的地区和乡镇。2010年11月，马过渡政权推动通过新宪法，宣布正式成立第四共和国。新宪法主要内容包括将总统任职年龄由40岁降为35岁，并将总统最高连续任职期限由三届改为两届。

【**议会**】马实行两院制，由国民议会（L'Assemblée Nationale）和参议院（Le Sénat）组成。国民议会现有151个席位，议员任期5年，通过普选产生。2019年7月，执政联盟"与拉乔利纳总统一道"候选人、前司法部长克里斯蒂娜·拉扎纳马哈苏瓦（Christine Razanamahasoa）当选马国民议会议长。参议院议员任期5年。三分之二的参议员由地方选举产生，其余三分之一由总统任命产生。2015年12月，马举行参议院选举。2016年2月，前高等宪法法院院长奥诺雷·拉库图马纳纳（Honoré Rakotomanana）当选参议长，2017年10月辞职。11月，原总统府农业和畜牧业部长里武·拉库图沃（Rivo RAKOTOVAO）当选参议长。

【**政府**】政府是国家最高行政机构。本届政府于2020年1月组成，除总理恩蔡外，还有22名内阁成员：国防部长莱昂·让·里夏尔·拉库图尼里纳（Léon Jean Richard RAKOTONIRINA）中将，外交部长雅各巴·利瓦·泰恩德拉扎纳里韦卢（Djacoba Liva TEHINDRAZANARIVELO），掌玺、司法部长约翰尼·里夏尔·安德里亚马海法里武（Johnny Richard ANDRIAMAHEFARIVO），经济和财政部长里夏尔·兰德里亚曼德拉图（Richard RANDRIAMANDRATO），内政和地方分权部长蒂亚纳里韦卢·拉扎菲马海法（Tianarivelo RAZAFIMAHEFA），公共安全部长法努梅赞楚阿·罗德利斯·兰德里亚纳里松（Fanomezantsoa Rodellys RANDRIANARISON），领土整治、住房和公共工程部长哈乔·埃里韦洛纳·安德里亚奈纳里韦卢（Hajo Herivelona ANDRIANAINARIVELO），国民教育、职业和技术教育部长亚里恩赞巴特拉·里雅苏瓦·安德里亚马纳纳·若苏瓦（Iasisambatra Rijasoa ANDRIAMANANA JOSOA），公共卫生部长艾哈迈德·艾哈迈德（Ahmad AHMAD），农业、畜牧业和渔业部长法努梅赞楚阿·吕西安·拉纳里韦卢（Fanomezantsoa Lucien RANARIVELO），能源、碳氢燃料部长克里斯蒂安·拉马鲁拉希（Christian RAMAROLAHY），水务和清洁部长沃阿里·拉库图韦卢马南楚阿（Voahary RAKOTOVELOMANANTSOA），矿业和战略资源部长菲迪尼阿武·拉武卡特拉（Fidiniavo RAVOKATRA），交通、旅游和气象部长若埃尔·兰德里亚曼德兰图（Joël RANDRIAMANDRANTO），劳动、就业、公职和社会法部长吉塞勒·拉南皮（Gisèle RANAMPY），高等教育和科研部长埃利娅·贝亚特丽斯·阿苏马库（Elia Béatrice ASSOUMACOU），工业、商业和手工业部长兰图苏阿·拉库图马拉拉（Lantosoa RAKOTOMALALA），环境和可持续发展部长博米亚武奇·瓦因纳拉·拉海里尼里纳（Baomiavotse Vahinala RAHARINIRINA），邮政、通讯和数字化发展部长安德里亚马诺伊苏瓦·拉马埃里若纳（Andriamanohisoa RAMAHERIJAONA），人口、社会保障和妇女发展部长吕西安·伊尔玛·纳哈里马米（Irmah Lucien NAHARIMAMY），青年和体育部长蒂诺卡·罗贝托·米夏埃尔·拉哈鲁阿里拉拉（Tinoka Roberto Michael RAHAROARILALA），新闻和文化部长拉拉蒂亚娜·安德里亚通加里武·拉库通德拉扎菲（Lalatiana RAKOTONDRAZAFY ANDRIATONGARIVO），领土整治和公共工程部新城和住房副部长米夏埃尔·安热洛·扎西（Michael Angelo

ZASY），国防部宪兵国务秘书里夏尔·拉瓦卢马纳纳（Richard RAVALOMANANA）中将。

【司法机构】设最高法院、最高司法法院、高等宪法法院。最高法院包括终审法院、国务委员会和审计法院。首席院长和总检察长是最高法院首长。最高司法法院由最高法院首席院长、2名终审法庭庭长、2名上诉法院院长、2名国民议会议员、2名参议员组成。高等宪法法院由9名成员组成，任期7年，不得连任。其中3名成员由总统任命，2名由国民议会任命，2名由参议院任命，2名由最高司法委员会选举产生。院长由总统任命。

【政党】实行多党制，政党众多。目前影响力较大的政治派别主要包括：

（1）支持拉乔利纳总统联盟（MAPAR）：执政党。由支持拉乔利纳的"马达加斯加青年准备着"（TGV）、"争取变革民主共和人士联盟"（UDR-C）等政党和政党联盟组成。

（2）"我爱马达加斯加党"（TIM）：前执政党。前身为拉瓦卢马纳纳创建的"我爱马达加斯加协会"，在拉瓦卢马纳纳2001年竞选总统活动中发挥了重要作用。拉瓦卢马纳纳就任总统后于2002年7月将其转变为政党。基层组织较完备。拉瓦卢马纳纳2009年下台并流亡海外后，该党两次发生分裂。

（3）马达加斯加新生力量党（HVM）：前执政党。2014年由埃里组建。2015年赢得市镇选举和参议院选举。

【重要人物】**安德里·尼里纳·拉乔利纳**：总统。1974年5月出生，高原族人，先后创办数字印刷企业、传媒集团，曾当选马年度最佳青年企业家。2007年成立政治组织"马达加斯加青年准备着"，同年当选首都塔那那利佛市市长，其间因私访华，2009年3月，在法国和部分军方人士支持下，迫使时任总统拉瓦卢马纳纳辞职并流亡南非，自任新组建的"最高过渡权力机构"领导人，3月21日宣誓就职过渡期总统。2013年，在国际调解下，与拉瓦卢马纳纳同时放弃参加总统大选，其支持的候选人埃里当选总统。2018年11月和12月参加马总统大选两轮投票。2019年1月8日，以55.66%的得票率当选新一届总统，并于1月19日宣誓就职。 **克里斯蒂安·恩蔡**：总理。1961年出生。塔那那利佛大学经济学本科专业，曾在巴黎财经银行研究中心（CEFEB）研修企业管理。2002年5月至2003年1月任马旅游部长。2008—2018年任国际劳工组织驻马达加斯加、科摩罗、毛里求斯、塞舌尔局局长。2018年6月被任命为联合过渡政府总理。2019年1月，被任命为马新一届政府总理。2019年7月，马政府进行技术性调整，恩蔡总理留任。

经　济

属最不发达国家之一。经济以农业为主，严重依赖外援，工业基础薄弱。拉瓦卢马纳纳执政后提出"快速、持续"发展口号，出台国家10年减贫战略文件，确定中长期社会经济发展目标，推出"马达加斯加行动计划"，鼓励私营部门发展，改善投资环境，吸引外资，经济实现持续增长。2003—2006年，年均经济增长率6.2%。2009年政治危机发生后，马遭遇国际社会停援减援制裁，外国投资锐减，经济每况愈下，农产品加工、纺织品加工、旅游业等支柱产业和基础设施建设遭遇重创。2014年埃里上台后，积极争取国际社会恢复对马援助，制定2年期国家发展紧急计划和2015—2019年国家发展规划，致力于改善投资环境，吸引外资，创造就业。2019年1月拉乔利纳当选总统后，致力于实施"马达加斯加振兴倡议"，推动能源、农业、住房、卫生、基础设施等重点领域建设。2019年主要经济数据如下：

国内生产总值：121.93亿美元。

人均国内生产总值：458.4美元。

经济增长率：5%。

货币名称：阿里亚里。

汇率：1美元＝3644阿里亚里。

通货膨胀率：6.4%。

（资料来源：2019年12月《伦敦经济季评》预测数据）

【资源】矿藏丰富，主要矿产资源有石墨、铬铁、铝矾土、石英、云母、金、银、铜、镍、锰、铅、锌、煤等，其中石墨储量居非洲首位。此外还有较丰富的宝石、半宝石资源以及大理石、花岗岩和动植物化石。河流湍急，水力发电潜力大。森林面积123279平方公里，约占国土面积的21%，珍稀动植物种类繁多，一些动植物为马独有。

【工业】马工业基础十分薄弱，2015年工业产值约占国内生产总值的18.1%。有大小企业约25.8万家，一半以上设在塔那那利佛。主要有炼油、发电、纺织和服装加工、农产品加工、饮料、烟草、造纸、制革、建材等。1989年设立免税区。

【农业】农业人口占总人口80%以上，出口收入的70%来自农业。2015年农业产值约占国内生产总值的24.1%。全国可耕地880万公顷，已耕地280万公顷。土地肥沃，气候适合各种热带、温带粮食和经济作物生长。耕地三分之二以上种植水稻，其他粮食作物有木薯、甘薯、玉米等，粮食不能自给。主要经济作物有甘蔗、香草、丁香、胡椒、咖啡、可可、棉花、花生、棕榈等。其中香草生产和出口量居世界首位，约占世界市场总量的三分之二。全国牧场面积340484平方公里，占国土面积的58%。沿海以及河流、湖泊盛产各类鱼虾、海参、螃蟹等。

【旅游业】旅游资源丰富，但服务设施不足。上世纪90年代以来，马将旅游业列为重点发展行业，鼓励外商投资旅游业。1990年建立一所旅游学校培养专门人才。1991年成立国家旅游开发委员会。1994年实行国内和地区航运自由化，允许留尼汪、毛里求斯和南非的航空公司进入马航运市场。1997年改革签证制度，允许游客申请落地签证，同时取消旅馆对外国游客高收费的做法。马有717家宾馆，其中星级宾馆111家（床位3040张）。游客主要来自法国（50%以上）、留尼汪、美国、英国、瑞士、德国和意大利等。主要旅游点是努西贝岛、圣玛丽岛。马政治危机爆发后，旅游业遭受沉重打击，游客人数急剧减少。2016年，马旅游收入为7亿美元，接待外国游客29.3万人次。

【交通运输】水陆交通不发达。铁路为单轨铁路，总长836公里。公路总里程3.8万公里。拥有7个海港和10个河港，海运集中在东部港口塔马塔夫，年吞吐量约400万吨。拥有2个国际机场。马达加斯加航空公司为国有航空公司，有定期航班飞往欧洲、亚洲、非洲和西南印度洋诸岛国。

【财政金融】政府财政连年赤字，金融业欠发达，全国三分之一以上金融业务由马达加斯加中央银行经营，另有5家商业银行及一些办理储蓄和贷款业务的机构。2018年外债总额45亿美元，外汇储备16.59亿美元。

【对外贸易】1987年开始实行贸易进出口自由化政策，鼓励出口多样化，出口额有所增加。主要进口石油、车辆、机械设备、药品、日用消费品及食品等。主要出口咖啡、虾、铬矿石、香草、丁香、棉纺织品等。主要贸易伙伴有法国、美国、中国、欧盟、南非、南部非洲发展共同体、东南亚部分国家和印度洋诸岛国等。2018年，进出口总额71.2亿美元。

【外国资本】电信、矿产和石油开发是近年外资注入的重点领域。马爆发政治危机后，外国投资锐减。埃里总统就任后，积极致力于吸引外资，创造就业。营商环境在全球190个经济体中排名第162位。

【外国援助】经济发展严重依赖外援。主要援助方有法国、美国、国际货币基金组织、日本、德国、挪威等。2009年马政治危机发生后，国际社会对马采取减援、停援措施，美国取消马"非洲增长与机遇法"受益国地位，欧盟暂停向马提供发展援助。自2011年底以来，随着马过渡期进程逐步推进，特别是2013年马顺利举行总统选举，联合国、世界银行、法国、美国、欧盟等主要合作方恢复对马援助，美国恢复马"非洲增长与机遇法"受益国地位。

人民生活

据《2019年世界人类发展报告》统计，马人类发展指数在188个国家中列第161位。公职部门的职工享受国家的劳保、医疗、住房、子女补贴，其他部门职工由雇主支付社会和医疗保险。65%的居民能得到基本卫生保障，39.6%的居民家庭可获得饮用水，16%的家庭或14%的人口可使用电，2.54%的人口拥有电话。

2017年，女性人均预期寿命67岁，男性为64岁。14岁以下少儿占总人口的41.7%，65岁以上老人占总人口的2.9%。

目前马全国有16名教授级医师，282名专科医师，1580名普通医师，3239名助理医师。全国有105家医院，其中18家在首都；2681家公立和私立医疗中心，其中529家在首都。医生与人口比例为1:10000，病床位1:2000。

军　事

独立后组建人民军。总统为军队最高统帅。国防部为军事行政机构。全国设6个军区。实行义务兵役制，服役期约18个月。

正规军总兵力2.16万人。其中陆军1.25万人，装备有坦克12辆、装甲车100辆以及各种火炮102门；海军500人，其中包括1个海军陆战连，装备有1艘巡逻艇和1艘两栖舰艇；空军500人，装备有各种飞机40余架，其中作战飞机12架、直升机6架；宪兵8100人。

文化教育

【教育】实行5年义务教育。城市地区使用法语教学，农村地区大部分中小学使用马语教学。自1978年起，正式教育分为：五年基础（小学）教育、四年普通初中教育、三年高中教育和高等教育。马有小学18977所，其中公立小学14637所，私立小学4340所；初中学校1596所，其中公立801所，私立795所；高中学校336所，其中公立108所，私立228所。马有6所综合大学，共有28900名大学生，教师900余名，其中塔那那利佛大学规模最大，有学生18500名，教师618名。

【新闻出版】主要报纸有：《马达加斯加午报》（日报，法文，发行量3.5万份）、《快报》（日报，法文）等。

全国通讯社为国家通讯社。马达加斯加国家广播电台建于1931年4月，有两套节目，第一套节目用马语，第二套节目用法语和英语，每天均播出24小时。

全国共有13家电视台。马达加斯加国家电视台建于1967年，用马语、法语每天播出约9小时（周末15小时）。

对外关系

2016年，马先后举办东南非共同市场峰会和法语国家组织峰会。

【同中国的关系】1972年11月6日中马建交。近年两国高层互访有：2013年10月，中国外交学会前副会长程涛大使率团赴马观察首轮总统选举。12月，中国前驻毛里求斯大使高玉琛率团赴马观察第二轮总统选举和议会选举。2014年2月，外交部副部长张明访马。8月，马总理库卢来华出席第二届夏季青年奥林匹克运动会闭幕式。10月，全国人大常委会副委员长向巴平措访马。2015年12月，埃里总统赴南非出席中非合作论坛约翰内斯堡峰会。2016年7月，阿塔拉外长来华出席论坛峰会成果落实协调人会议。11月，马国民议会副议长埃尔松率议会马中友好小组访华。2017年1月，外交部长王毅访马。3月，埃里总统来华出席博鳌亚洲论坛2017年年会并访华。2018年9月，埃里总统来华出席中非合作论坛北京峰会。2019年1月，习近平主席特使、全国政协副主席何维访马。6月，奈纳外长来华出席中非合作论坛北京峰会成果落实协调人会议。11月，国务院副总理孙春兰访马。

2019年全年双边贸易额12.77亿美元，同比增长5.51%，其中中方出口额10.72亿美元，进口额2.05亿美元。中方主要出口纺织原料、服装、机电产品等，进口铬矿砂、水产品等。

1980年两国签订文化合作协定。2008年11月，塔那那利佛大学孔子学院揭牌成立。2015年2月，塔马塔夫大学孔子学院成立。中国自1973年起向马提供奖学金名额。中国自1975年起向马派遣医疗队，现有4个援马医疗点。中马现有两对友好省市，分别为苏州市和塔那那利佛市、甘肃省和塔马塔夫大区。马是中国公民出境旅游的目的地国之一。

中国驻马达加斯加大使：杨小茸。馆址：Nanisana-Ambatobe Antananarivo Madagascar。信箱号：B.P.1658 Nanisana-Ambatobe Antananarivo Madagascar。电话：0026120-2240129、2240856；传真：2240215。

马达加斯加驻华大使：让·路易·罗班松（Jean Louis Robinson）。馆址：北京市朝阳区三里屯东街3号。电话：010-65321353；传真：65322102。

【同法国的关系】法国是马前宗主国，两国有着传统关系。法是马最大贸易国、双边援助国和直接投资国。马65%的直接投资来自法国，法在马拥有500多家企业。法在马侨民约2.6万人，在马文化、教育、卫生等领域具有较大影响。法在马设有文化中心，每年向马提供数量可观的赴法学习、进修或培训奖学金。法国际台在马设有调频转播台。2005年7月，法总统希拉克访马，两国签署航空协定和总额为310万欧元的援助协议。2006年1月，马参议长拉库图马哈鲁访法。5月马总理西拉访法，法参议长蓬斯莱，负责合作、法语国家和发展的部长级代表吉拉尔丹访马，双方签署合作伙伴关系框架文件，规定在2006—2010年，向马提供总值2.49亿—2.78亿欧元的项目援助。2007年2月，拉瓦卢马纳纳出席在法举行的第24届法非首脑会议。2008年6月，拉瓦卢马纳纳短暂访法，与萨科奇总统举行会晤。2011年12月，拉乔利纳首次以国家元首身份访法，与萨科奇总统举行会晤，法方承诺向马提供1000万欧元发展援助。2012年11月，法国发展署同马签署《支持马卫生领域发展计划》，向马提供700万欧元援助。2013年，法国通过欧盟向马大选提供资金援助。2014年1月，埃里当选总统后，法国总统奥朗德当天即致电祝贺，并派法语国家事务部长级代表出席其就职仪式。3月，埃里总统访问法国。2015年9月，拉维卢纳里武总理访问法国。2016年11月，法国总统奥朗德出席在塔那那利佛举行的第16届法语国家组织峰会。2017年6月，埃里总统访问法国。两国在印度洋诸岛主权问题上存在争议。2019年5月，拉乔利纳总统访问法国并同法国总统马克龙举行会见。

【同美国的关系】马美1960年6月建交。2000年，美国将马列入"非洲增长与机遇法案"首批受益国，马向美出口总额由1999年的0.8亿美元增至2001年的2.5亿美元。2002年6月26日，美总统布什致函拉瓦卢马纳纳，率先承认马新政权。2004年3月，马美签署旨在开放民事航空领域的双边协定。2004年5月，美将马列为第一批有资格从美"千年挑战账户"申请资金援助的国家。2005年2月和4月，拉瓦卢马纳纳两度访美，获1.1亿美元援助。2006年1月，美副国务卿埃里克访马。2月拉瓦卢马纳纳赴美休假。美从1993年起向马派遣和平队员，目前在马共有100名和平队员，主要从事基层卫生、教育和环境保护工作。2008年美通过国际开发署和"千年挑战帐户"向马提供1680万欧元援助，用于农村发展和环境保护。6月，拉瓦卢马纳纳赴美进行工作访问。8月，美国际开发署向马提供5700万美元，主要用于母婴健康项目。马政治危机发生后，美国于2009年底取消马"非洲增长与机遇法案"受益国地位。美始终未承认拉乔利纳过渡政权。埃里当选总统后，美国第一时间予以承认，并全面解除对马制裁。2014年4月，埃里总统访问美国，8月赴美出席美非峰会。2014年6月，美国宣布恢复马《非洲增长与机遇法》受益国待遇。2015年7月，美国决定将马《非洲增长与机遇法》受益国待遇延长10年。9月，美国在马达加斯加设立集文化、信息、教育等功能为一体的"马达加斯加美国中心"。2016年4月，美国反恐代表团访问马达加斯加，承诺提供价值200万美元的反恐设备，主要用于塔那那利佛机场安检。

【同邻近印度洋岛国的关系】马系印度洋委员会成员国，积极参与地区事务，推动成员国间经济合作。马向周围岛国供应农产品和海产品，贸易有出超。2004年4月，毛里求斯总理贝朗热访马。双方签署双边合作总体构架协定、促进和互相保护投资协定及旅游技术合作协定三个原则文件，并签订糖业管理合作协议。2005年1月，拉瓦卢马纳纳赴毛里求斯出席小岛屿发展中国家可持续发展会议。7月，印度洋委员会第三届国家元首和政府首脑会议在塔那那利佛举行。11月，拉瓦卢马纳纳访问毛里求斯。2006年3月，印度洋委员会第22届部长理事会在马举行。马政治危机发生后，印度洋委员会参与非盟马问题国际接触小组的调解工作。2011年2月，科摩罗总统桑比访马。5月，拉乔利纳应邀出席科新总统伊基利卢的就职典礼。2012年3月，科摩罗外长巴克里访马。2014年1月，科摩罗、塞舌尔和毛里求斯总统出席埃里总统就职仪式。4月，马接替科摩罗担任印度洋委员会轮值主席国。2015年3月，印度洋委员会粮食安全出资方会议在马举行。4月，拉维卢纳里武总理访问毛里求斯。5月，印度洋委员会第30届部长理事会会议在马举行。10月，埃里总统与科摩罗总统伊基利卢在纽约出席联合国大会期间举行会谈。2016年3月，科摩罗总统伊基利卢访马。同月，埃里总统访问毛里求斯。2019年3月，拉乔利纳总统对毛里求斯进行访问，并作为主宾出席毛独立51周年庆典。（曹志远）

马拉维

国名　马拉维共和国（The Republic of Malawi）。

面积　118484平方公里。

人口　1760万（2019年）。绝大多数为班图语系黑人。主要民族为尼昂加族、契瓦族和尧族。官方语言为英语和奇契瓦语。约82%的居民信奉基督教新教和天主教，13%信奉伊斯兰教，其余信奉原始宗教。

首都　利隆圭（Lilongwe），人口约99万。

国家元首　总统阿瑟·彼得·穆塔里卡（Arthur Peter Mutharika），2014年5月当选，2019年5月连任。

重要节日　英雄纪念日：1月15日；烈士纪念日：3月3日；劳动节：5月6日；自由日：6月14日；国庆节：7月6日。

简况

非洲东南部内陆国家，与莫桑比克、赞比亚、坦桑尼亚为邻。3/4国土海拔1000—1500米。属热带草原气候。雨量适中，气候温和。年平均气温20℃左右，分凉干（5—8月）、热（9—11月）、雨（12月至次年4月）三季。热季最高温度为29℃，凉干季最低温度为7℃。年平均降水量1000—1500毫米。

16世纪，班图人开始大批进入马拉维湖（旧称"尼亚萨湖"）西北一带，并在马拉维及毗邻地区定居。1891年，英国正式宣布这一地区为"英属中非保护地"，又名尼亚萨兰。1953年10月，英国强行将尼亚萨兰同南罗得西亚（今津巴布韦）、北罗得西亚（今赞比亚）组成"中非联邦"。1963年2月1日，中非联邦解体，尼亚萨兰实行内部自治。1964年7月6日独立，改名为马拉维。1966年7月6日，宣布成立共和国。马拉维大会党（大会党）主席海斯廷斯·班达（Hastings Banda）任终身总统。1994年5月17日，举行首次多党制选举，联合民主阵线（联民阵）主席巴基利·穆卢齐（Bakili Muluzi）当选总统，1999年6月蝉联。2004年5月，宾古·穆塔里卡（Bingu Mutharika）当选马第三任总统。宾古·穆塔里卡后脱离联民阵，组建民主进步党，并于2009年5月率民进党胜选连任。2012年4月5日，宾古·穆塔里卡总统突发心脏病逝世。7日，副总统乔伊丝·班达（Joyce Banda，女）接任总统。2014年5月，马举行总统、议会、地方政府三合一大选，民进党领导人、前总统宾古·穆塔里卡胞弟阿瑟·彼得·穆塔里卡当选并就任总统。2019年5月，马拉维举行1994年以来的第六次多党制大选，彼得·穆塔里卡再次当选总统。

政治

实行总统内阁制。总统为国家元首、政府首脑和武装部队总司令，由全国普选产生。议会是马拉维最高立法机构。内阁是马拉维最高行政机构。彼得·穆塔里卡总统执政以来，着力吸引外资，打击腐败，改善民生，马政局保持基本稳定。

【宪法】现行宪法于1994年5月颁布，1995年修订。宪法规定，马实行多党制，总统为国家元首兼政府首脑，任期5年，只能连任1次；保护多党民主和独立的司法权。

【议会】实行一院制。议会由总统、议长、副议长、民选议员等组成，每届任期5年。本届议会于2019年6月组成，共193个议席，执政党民进党62席，大会党55席，独立议员55席。议长凯瑟琳·哈拉（Catherine Hara），来自大会党。

【政府】本届政府于2019年6月组成。目前主要成员有：总统兼国防军和警察总司令、国防部长阿瑟·彼得·穆塔里卡，副总统埃弗顿·奇穆利伦吉（Everton Chimulirenji），财政经济计划与发展部长约瑟夫·姆瓦纳姆韦卡（Joseph Mwanamveka），农业、灌溉与水利发展部长孔德瓦尼·南库姆瓦（Kondwani Nankumwa），劳工、技术与创新部长马塔·钱乔（Martha Chanjo），信息、公民教育与通讯技术部长马克·波托马尼（Mark Botomani），妇女、儿童、残疾人与社会福利部长玛丽·纳维查（Mary Navicha），地方政府与农村发展部长本森·菲利（Benson Phifi），土地、住房与城镇发展部长西蒙·卡温达（Symon Kaunda），外交与国际合作部长弗朗西斯·卡塞拉（Francis Kasaila），工业、贸易与旅游部长易卜拉欣·巴古斯（Ibrahim Bagus），自然资源、能源与矿产部长宾托尼·库察伊拉（Bintony Kutsaira），司法与宪政事务部长布赖特·姆萨卡（Bright Msaka），教育与科技部长威廉·苏苏韦莱-班达（William Susuwele-Banda），国土安全部长尼古拉斯·达乌西（Nicholas Dausi），青年、体育与文化部长弗朗西斯·菲索（Francis Phiso），卫生与人口部长贾皮耶·姆汉戈（Jappie Mhango），交通与工程部长拉尔夫·朱马（Ralph Jooma）。

【司法机构】分最高上诉法院、高等法院和地方法院。

【政党】主要政党有：

（1）民主进步党（Democratic Progressive Party，DPP）：执政党。2005年2月，由马时任总统宾古·穆塔里卡创立。根据该党公布数据，有党员250万。主张团结所有马拉维人，致力于恢复经济增长和减贫。现任主席为彼得·穆塔里卡。

（2）马拉维大会党（Malawi Congress Party，MCP）：1944年成立。原名为尼亚萨兰非洲人国民大会，1959年改称现名。1964年马独立后至1994年为马唯一合法政党，执政时间长达30年。现为马最大反对党。主席为拉扎鲁斯·查克维拉（Lazarus Chakwera）。

（3）人民党（People's Party）：2011年，由时任副总统乔伊丝·班达建立。该党以"团结、平等、发展"为建党理念，主张保障公民宪法权利，推进政治决策民主化、经济自由化与出口产品多元化，大力发展工商业、教育和艾滋病防控，促进就业、保障粮食安全。主席为乔伊丝·班达（Joyce Banda）。

（4）联合民主阵线（United Democratic Front，UDF）：前身为1992年3月在利隆圭成立的联合民主独立党，同年10月改为现名。1994年起执政，2005年，因宾古·穆塔里卡总统脱离该党另立新党执政而沦为反对党。主席为前总统巴基利·穆卢奇之子阿图佩莱·穆卢齐（Atupele Muluzi）。

【重要人物】阿瑟·彼得·穆塔里卡：总统。1940年生。伦敦大学法学学士，耶鲁大学法学硕士、博士。1972年以来，在美国华盛顿大学先后任助教、副教授、教授。曾先后任马拉维司法部长、教育部长、外交部长等职。2014年5月当选马第5任总统，6月就职。2019年5月胜选连任。

经　济

马拉维为农业国，全国约86%人口从事农业，经济十分落后，是联合国确定的最不发达国家，经济发展严重依赖外援。主要种植烟草、棉花、玉米等，是非洲主要烟草生产国之一，烟草出口占国家外汇收入70%。其白肋烟（Burley）质量上乘，在世界烟草界享有盛誉。

2014年5月，彼得·穆塔里卡总统上台后，加大改革力度，出台政策举措吸引投资、促进贸易，经济保持相对稳定。2017年5月，世界银行率先宣布恢复对马直接预算支持。2015年以来，受厄尔尼诺现象影响，马旱涝灾害频仍，传统产粮区损失严重，对马粮食生产及经济发展冲击较大。2019年主要经济数据如下：

国内生产总值：80.69亿美元。
人均国内生产总值：458美元。
国内生产总值增长率：4.1%。
货币名称：克瓦查（Kwacha）。
年均汇率：1美元=736.2克瓦查。
通货膨胀率：11.5%。
外汇储备：5.8亿美元。
进出口额：39.24亿美元。
外债总额：24.72亿美元。
（资料来源：《伦敦经济季评》）

【资源】矿藏有煤、铝矾土、石棉、石墨、磷灰石、铀、铁矿等。2006年，在北部探明了储量为1.16万吨的铀矿。森林面积约73万公顷。水利资源丰富。

【工业】主要是初级产品加工业，包括烟草、茶叶、蔗糖、酿酒、棉纺、菜油、建材和食品加工等。

【农业】是国民经济支柱产业。2019年农业产值占国内生产总值的27%。全国38%的土地为可耕地，主要粮食作物有玉米、高粱、小米、豆类、水稻、木薯等，主要经济作物有烟草、茶叶、甘蔗等，是非洲最大烟草生产国之一。畜牧业以饲养牛、羊、猪、鸡为主。马拉维湖和希雷河上游为主要产鱼区。全国约24万人从事捕鱼业。

【旅游业】近年来，马大力改进旅游设施，旅游业发展较快。2015年，马旅游业实现产值2210亿克瓦查，占GDP比重7.2%。游客主要来自莫桑比克、津巴布韦、南非、坦桑尼亚和英、美等国。主要旅游胜地有马拉维湖、国家公园、狩猎区和自然保护区等。

【交通运输】为内陆国，最近的港口为莫桑比克的纳卡拉港和贝拉港。国内以陆路交通为主。

铁路：总长790公里，与莫桑比克铁路相接。

公路：总长2.49万公里，其中沥青路4073公里，与莫桑比克、坦桑尼亚、赞比亚、津巴布韦、博茨瓦纳及南非的公路连接。

空运：有民用机场4个，其中2个为国际机场，国际航线通往南非、肯尼亚、坦桑尼亚、埃塞俄比亚和赞比亚等国。

水运：2010年，南部恩桑杰国际内陆码头一期竣工，完成与赞比亚铁路连接。

【对外贸易】主要出口烟草、茶叶、蔗糖、咖啡，进口工业及交通运输设备、石油、化肥、化工产品等。主要贸易对象是南非等南部非洲关税同盟成员国，英国等欧洲国家以及中国、印度等新兴发展中国家。近年的进出口额如下（单位：百万美元）：

	2017	2018	2019
出口额	1106	1203	1247
进口额	2144	2484	2608
差　额	1038	1281	1361

（资料来源：《伦敦经济季评》）

【外国援助】英国、欧盟、美国、世界银行、日本等是马的主要援助方。2003年底，西方国家以政府打击腐败不力为由，冻结向马援助款目。2004年5月，宾古·穆塔里卡执政后加大反腐败力度，精兵简政，紧缩开支，获得西方国家认可。2005年起援款逐步解冻。2009/2010年度年获世界银行、英国等援助7.92亿多美元，涉及扶贫、电力、水利建设、投资环境、艾滋病防治等项目。2011年，马与西方国家关系恶化，西方逐渐削减对马援助。2012年4月班达总统就任后，推出一系列经济措施，着力改善与西方关系，西方逐渐恢复并增加对马援助。2013年10月，马政坛曝出公职人员贪污公款的“现金门”丑闻，西方传统援助方再度暂停对马预算援助。2017年5月，世界银行率先宣布恢复对马直接预算支持。2019年11月，国际货币基金组织亦宣布向马提供直接预算支持。

【财政金融】彼得·穆塔里卡总统提出自力更生的口号，大力推进公共服务和财政管理改革，实行从紧的财政政策。2019/2020财年，马预算总额为1.7万亿克瓦查（约合23.1亿美元）。

人民生活

约有劳动力400万人。有4所中心医院、25所地区医院，48个乡村医院，440个医疗中心，101个诊所。平均10000人拥有1.3张床位、0.2名医生。2018/2019年度，用于医疗卫生事业的支出为870亿克瓦查，占马政府开支的第二位。2018年预期人均寿命为63.7岁。联合国发布的《2019年人类发展报告》显示，2018年马拉维人类发展指数为0.485，位列189个国家中的第172位。（资料来源：联合国开发计划署）

军　事

马拉维武装力量包括正规军和警察。总统兼国防军和警察部队总司令。正规军总兵力9000人，由陆、海（马拉维湖）、空三军组成。实行义务兵役制，服役期2年。武器主要由英国、法国等提供。

文化教育

【教育】马拉维沿袭英国教育制度。学校有公立和私立两种。学制小学8年、中学4年。1994年起实行小学免费义务教育。全国共有公立大学4所，即马拉维大学、姆祖祖大学、利隆圭农业与自然资源大学和马拉维科技大学。有多所私立大学。中学近1000所，小学5000余所，教师2万多人。成人识字率为73.6%。

【新闻出版】主要报刊:《每日时报》，1895年创刊，英文，日发行量1.4万份;《马拉维新闻》，1959年创刊，英文、奇契瓦文周刊，发行量1.9万份;《民族报》，1993年创刊，英文日报，民间报刊，日发行量1.6万份。

马拉维通讯社：官方通讯社，1966年创办。

马拉维国家广播公司：2010年马国家电视台与国家电台合并，成立新的马拉维国家广播公司，隶属马政府。两台主要用英语、奇契瓦语编播节目。电台有8个频道。

对外关系

奉行睦邻友好和不结盟外交政策。主张通过谈判解决国际争端和地区冲突。马拉维是非洲联盟、不结盟运动、南部非洲发展共同体、东南部非洲共同市场等国际和地区组织的成员国，与90多个国家建立了外交关系。

【同中国的关系】2007年12月28日，中国外交部长杨洁篪与马拉维总统和议会事务部长卡聪加分别代表各自政府在北京签署中马两国建交联合公报，决定两国自即日起建立大使级外交关系。建交以来，两国关系发展势头良好，双方各领域交往与合作全面展开，两国人民之间的相互了解和友谊不断加深。

近年来双方重要互访有：2015年5月，全国人大常委会副委员长张平访马。2016年1月，王毅外长对马进行正式访问。2017年12月，外交部部长助理陈晓东访问马拉维。2018年9月，中央组织部副部长吴玉访马。

2013年6月，总统班达来华出席首届中国—南亚博览会。2015年8月，马议长姆索沃亚率跨党派联合考察团访华。2015年9月，彼得·穆塔里卡总统来华出席第9届夏季达沃斯论坛。12月，应邀出席中非合作论坛约翰内斯堡峰会。2016年10月，总统夫人、非洲第一夫人抗击艾滋病联合会副主席格特鲁德访华。2018年9月，彼得·穆塔里卡总统来华出席中非合作论坛北京峰会。2019年1月，马议会国际关系委员会主席梅杰率团访华。2019年12月，马总统夫人格特鲁德再次访华。

2019年，双边贸易额2.76亿美元，同比增长10.4%，其中我国出口2.67亿美元，同比增长16.92%，进口0.16亿美元，同比减少42.57%。中方主要出口纺织品、服装、机电产品和家具等，主要进口烟草、棉花等农产品。

建交以来，两国在文化、教育、卫生、体育、新闻、青年、妇女等领域的合作广泛开展。2010年，两国政府签署《中华人民共和国政府和马拉维共和国政府文化协定》。中国向马拉维派出了医疗队和青年志愿者，接收马拉维留学生和各类人员来华学习和培训。2012年以来，中国驻马拉维使馆结合国内团组访演或联合马政府部门连续多次成功举办“欢乐春节”活动。2013年8月，国家汉办和对外经贸大学同马拉维大学签署协议，合作建设1所孔子学院。2016年，孔子学院正式挂牌招生。2015年、2016年，马拉维代表队来华参加汉语桥——世界中学生中文比赛，并两度荣获团体赛非洲区冠军。2017年1月，中超广州富力足球队赴马参加马拉维宾古国家体育场启用仪式暨中马足球友谊赛。2019年5月，马拉维高等教育代表团访华。

2012年1月，马拉维成为中国公民组团出境旅游目的国。2017年，马拉维访华0.28万人次，同比增长34.5%。

中国驻马拉维大使：刘洪洋。馆址：Plot 13/188，Lilongwe，Malawi。信　箱：P.O. Box No. 717，Lilongwe，Malawi。电话：00265-1794751；传真：1794752。电子邮箱：chinaemb_mw@mfa.gov.cn。

马拉维驻华大使：查尔斯·纳蒙德维（Charles E. Namondwe）。馆址：北京市朝阳区东直门外大街23号503。电话：010-65325889；传真：65326022。

【同南部非洲国家的关系】马拉维政府重视改善

和加强同邻国的关系。马于1967年同南非建交，是当时非洲唯一与南非有外交关系的国家。两国签有贸易协议，并在交通、教育、贸易、卫生等方面开展合作。南非是马最大的贸易伙伴。马同赞比亚、津巴布韦、莫桑比克、坦桑尼亚等国也保持着密切关系。2013年8月至2014年8月，马拉维担任南部非洲发展共同体轮值主席国。

【同西方国家的关系】重视发展同西方国家的关系。欧盟、美国、英国和日本是马拉维主要援助方。2013年3月，马拉维总统班达访问美国，参加奥巴马总统集体会见非洲四国领导人。2014年8月，彼得·穆塔里卡总统赴美出席第一届美非商业峰会。2015年12月，彼得·穆塔里卡总统出席英联邦首脑会议和在英国举行的全球非洲投资论坛。2016—2018年，彼得·穆塔里卡总统出席联合国大会等国际会议。2018年10月，美国总统夫人梅拉尼娅访问马拉维。2019年6月，奇穆利伦吉副总统赴莫桑比克出席美非商业峰会。2019年8月，奇穆利伦吉副总统赴日本出席东京非洲发展国际会议（TICAD）横滨峰会。2019年12月，彼得·穆塔里卡总统赴西班牙出席联合国气候大会。

【同新兴市场国家关系】马拉维独立之初即同印度建交，现有印度后裔和侨民约1.15万人。印度企业涉足马拉维农产品加工、矿产能源开发、制造业等多个领域。巴西同马拉维合作较为密切，淡水河谷公司在马拉维投资10亿美元，参与新建和重建铁路。2018年11月，印度副总统奈杜访问马拉维。2019年10月，彼得·穆塔里卡总统赴俄罗斯出席首届俄非峰会。

（周凯良）

马 里

国名 马里共和国（The Republic of Mali，La République du Mali）。

面积 124万平方公里。

人口 1907.7万（2018年）。全国有23个民族，主要有班巴拉（占全国人口的34%）、颇尔（11%）、塞努福（9%）和萨拉考列族（8%）等。各民族均有自己的语言。官方语言为法语，通用班巴拉语（1972年形成文字）。80%的居民信奉伊斯兰教，18%信奉传统拜物教，2%信奉天主教和基督教新教。

首都 巴马科（Bamako），人口199.5万；4月气温最高，平均为34℃—39℃，1月气温最低，平均为16℃—33℃。

国家元首 总统易卜拉欣·布巴卡尔·凯塔（Ibrahim Boubacar KEITA），2013年8月当选，9月4日宣誓就职。2018年8月连任，9月4日就职。

重要节日 独立日：9月22日。

简 况

位于非洲西部撒哈拉沙漠南缘，西邻毛里塔尼亚、塞内加尔，北、东与阿尔及利亚和尼日尔为邻，南接几内亚、科特迪瓦和布基纳法索，为内陆国。北部为热带沙漠气候，干旱炎热。中、南部为热带草原气候。全年分为三个季节：3—5月为热季，6—10月为雨季，11月至次年2月为凉季。热季最高气温达50℃，凉季最低气温为14℃。

历史上曾是加纳帝国、马里帝国和桑海帝国的中心地区。1895年，沦为法国殖民地。1958年，成为“法兰西共同体”内的“自治共和国”。1959年，与塞内加尔结成马里联邦。1960年9月22日独立，莫迪博·凯塔当选首任总统。1968年，穆萨·特拉奥雷发动军事政变上台。1991年3月，阿马杜·图马尼·杜尔发动政变，建立军人过渡政权，改行多党制。1992年4月，马里举行首次多党选举，非洲团结正义党候选人阿尔法·乌马尔·科纳雷当选总统。1997年5月，科纳雷蝉联总统。2002年，杜尔复出政坛，于5月作为独立候选人当选总统，2007年4月连任。杜尔总统执政期间，马里政局总体稳定。

政 治

2012年3月22日，马首都部分军人发动政变，杜尔政府被推翻。马国内主要政党和国际社会一致谴责政变，要求军人立刻恢复宪政、还政于民。经西共体多轮调解，马4月下旬成立过渡政府，5月下旬正式进入为期一年的过渡期，原国民议会议长特拉奥雷任过渡期总统。同时马面临严峻的北方分裂危机。2012年初，马北方图阿雷格族分裂武装发动叛乱，3月以来已控制了马北方三个大区，并于4月6日成立“阿扎瓦德独立国”。“伊斯兰马格里布基地组织”等恐怖和极端力量也借机在马北方扩充势力。2013年1月，马里北方反叛武装南下，向马政府军控制地区发动进攻。应马过渡政府要求，法国和一些非洲国家出兵协助马政府军平叛。此后，马政府基本控制北方地区。6月，马过渡政府与北方图阿雷格族武装就在全境举行大选和包容性对话达成初步协议。8月，马总统选举顺利举行，马里联盟党候选人凯塔当选总统并于9月正式就职，任命奥马尔·塔特姆·利（Oumar Tatam LY）为总理并组建新政府。2014年4月，凯塔总统任命原城市规划和城市政策部长穆萨·马拉（Moussa MARA）为总理，组建新一届政府。2015年1月，凯塔总统任命莫迪博·凯塔（Modibo KEITA）为总理并改组政府。2017年4月，凯塔总统任命阿卜杜拉耶·伊德里萨·马伊加（Abdoulaye Idrissa MAIGA）为总理并组建政府。该政府于同年12月集体辞职，凯塔总统遂于当月任命苏梅卢·布贝伊·马伊加（Soumeylou Boubèye MAIGA）为总理并组建新一届政府。

2018年8月，凯塔总统再次赢得总统选举，成功连任。9月，凯塔总统组建新一届政府，苏梅卢·布贝耶·马伊加继续担任总理。2019年4月，马伊加总理辞职，原财长布布·西塞（Boubou CISSE）出任新总理并于5月组建新政府。

2014年7月以来，马政府与北方图阿雷格族武装在阿尔及尔启动和谈，在国际调解方的共同努力下，经过多轮谈判，于2015年6月正式签署《和平与和解协议》。2017年9月，联合国安理会通过第2374号决议，决定设立马里问题制裁机制，对违反《和平与和解协议》、破坏马里和平进程的人员和实体实施履行禁令、资产冻结等制裁措施。但北方安全形势依然严峻。恐怖组织活动日趋频繁，制造了多起袭击事件。2015年11月，马首都巴马科丽笙酒店发生人质劫持事件，造成包括3名中国公民在内共21人死亡。2017年1月，马北部城市加奥的“联合巡逻机制”军营遭到自杀式汽车炸弹袭击，造成至少60人死亡。6月，马首都巴马科郊区度假村发生恐怖袭击，造成包括1名中国公民在内的多人死亡。2018年3月，1名中国公民在马中部触雷身亡。2019年以来，马中部莫普提大区、东北部梅纳卡地区发生多起部族冲突、军营遇袭事件，造成多名平民、士兵死亡。

2012年12月20日，联合国安理会通过第2085号决议，决定授权向马派遣为期一年的“非洲领导的驻马里国际支持特派团（AFISMA）”（以下简称“非马团”）。2013年4月25日，联合国安理会通过马里问题第2100号决议，授权成立“联合国驻马里综合稳定特派团”（“联马团”），总兵力约为12600人，“非马团”部分人员将并入“联马团”。7月1日，联合国在马维和行动正式启动，此后遭遇多次袭击，其中2016年5月31日，“联马团”驻加奥营地遭遇恐怖袭击，造成中国维和人员1人遇难，多人受伤。6月，安理会通过决议，将“联马团”任期延期一年，并将其兵力上限增至13289人，警务人员增至1920人，同时要求其采取更为主动和强势态势履行职权。2019年6月，联合国通过决议，再次将“联马团”任期延长一年。

2014年10月23日，马出现首例埃博拉病例，后共有7人确诊，其中5人死亡，2人治愈。2015年1月18日，马卫生部长及世界卫生组织驻马代表宣布埃博拉疫情结束。

【宪法】现行宪法于1991年7月制定，1992年6月付诸实施。1999年1月全民公决通过宪法修正案。宪法规定：实行立法、行政、司法三权分立；总统由直接普选产生，任期5年，可连选连任一次；总统是国家元首，拥有任免总理和部长、颁布法令、组织公民投票、解散议会、宣布紧急状态等重要行政权力；国民议会享有立法和监督权；政府是由总统直辖的最高行政机构，向国民议会负责；司法独立；公民享有思想、宗教、信仰、言论、结社、劳动、休息、私人财产不受侵犯、自由经营和社会救助等权利。

【议会】国民议会是最高立法机构，实行一院制。议员由普选产生，任期5年。主要机构由执行局、专门委员会和议会党团组成。本届国民议会（第5届）于2013年12月选举产生，共有147名议员，其中马里联盟党66席、共和民主联盟17席、非洲团结正义党16席、复兴变革力量6席，马里发展共识党5席、非洲民主独立团结党5席、全国民主创议大会党4席，民族复兴党、经济发展和团结党、复兴爱国运动、团结马里联盟分别获3席，其他8个党派共获12席，独立议员4席。议长伊萨卡·西迪贝（Issaka SIDIBE），2014年1月22日当选。

【政府】本届政府成立于2019年5月，总理兼经济和财政部长布布·西塞（Boubou CISSE）。其他内阁成员分别为：卫生和社会事务部长米歇尔·阿马拉·西迪贝（Michel Hamala SIDIBE），司法、人权和掌玺部长马利克·库里巴利（Malick COULIBALY），国防和退伍军人部长易卜拉欣·达希鲁·登贝莱少将（Ibrahim Dahirou DEMBELE），国土管理和地方分权部长布巴卡尔·阿尔法·巴（Boubacar Alpha BAH），安全和公民保护部长萨利夫·特拉奥雷少将（Salif TRAORE），外交和国际合作部长蒂耶比莱·德拉梅（Tiébilé DRAME），非洲一体化部长巴贝尔·加诺（Baber GANO），互助和减贫部长哈马杜·科纳特（Hamadou KONATE），社会融合、和平和民族和解部长拉西内·布瓦雷（Lassine BOUARE），工业和贸易部长穆罕默德·阿格·埃拉夫（Mohamed AG ERLAF），领土整治与人口部长阿达马·蒂耶莫科·迪亚拉（Adama Tiémoko DIARRA），社会对话、劳动和公职部长奥乌尔·哈马敦·迪科（Oumar Hamadou DICKO），基础设施和装备部长特拉奥蕾·赛娜布·迪奥普（Traoré Seynabou DIOP，女），能源和水利部长桑布·瓦格（Sambou WAGUE），运输和城市交通部长易卜拉希马·阿卜杜勒·利（Ibrahima Abdoul LY），文化部长恩迪亚耶·拉马图拉耶·迪亚洛（N'DIAYE Ramatoulaye DIALLO，女），矿业和石油部长勒郎塔·哈瓦·芭芭·巴（LELENTA Hawa Baba BA，女），新闻部长亚雅·桑加雷（Yaya SANGARE），数字经济和社会展望部长卡米莎·卡马拉（Kamissa CAMARA，女），私人投资促进，中小企业和创业部长萨菲娅·博利（Safia BOLY，女），制度改革和公民团体关系部长阿马杜·提亚姆（Amadou THIAM），侨务部长阿马杜·科伊塔（Amadou KOITA），宗教事务和信仰部长蒂埃诺·阿马杜·奥马尔·阿斯·迪亚洛（Thierno Amadou Omar Hass DIALLO），农业部长穆拉耶·艾哈迈德·布巴卡尔（Moulaye Ahmed BOUCACAR），青年和体育部长阿鲁纳·莫迪博·杜尔（Arouna Modibo TOURE），环境、清洁和可持续发展部长侯塞尼·阿米翁·金多（Housseïni Amion GUINDO），国民教育部长泰莫雷·蒂乌伦塔（Témoré TIOULENTA），高等教育和科研部长穆罕默德·法芒塔（Mahamadou FAMANTA），畜牧业和渔业部长卡内·罗基娅·马吉拉加（KANE Rokia MAGUIRAGA，女），手工业和旅游业部长尼娜·瓦雷·因塔卢（Nina WALET INTALLOU，女），妇女、儿童和家庭促进部长迪亚基特·艾莎塔·特拉雷奥（DIAKITE Aïssata TRAORE，女），地产和土地事务部长阿利翁·巴达拉·贝尔特（Alioune Badara BERTHE），住房、城市一体化和社会保障房部长阿马·乌尔德·西迪·穆罕默德·阿尔比（Hama Ould Sidi Mohamed ARBI），就业和职业培训部长让·克劳德·西迪贝（Jean Claude SIDIBE）

【行政区划】全国划分为10个大区和1个中央直辖管区（首都巴马科）。

【司法机构】由最高法院、宪法法院、高级法院、行政法院、上诉法院、重罪法庭、一审法院等机构组成。最高法院系终审法院，下设司法院和行政财务院。高级法院由国民议会议员组成，负责审理涉及国家元首和国家高级官员的诉讼案。一审法院为初审法院，同级的还有巴马科地区法院、商业法院、治安法院和劳动法院等。最高法院院长努乌姆·塔比利（Nouhoum TAPILY），2011年5月18日就职。

【政党】1991年3月，实行多党制，同年7月，召开的全国会议制定并通过了《政党法》。2005年8月，国民议会对《政党法》进行了修改，对政党的组建和运作等作出新的规定。现主要政党有：

（1）马里联盟党（Le Rassemblement pour le Mali）：执政党。系由部分原非洲团结正义党成员于2001年6月成立。宗旨是在多党共和体制下实行社会民主，实现国家团结，全体公民最广泛地参与政治协商和国家管理，相互尊重，共同发展，建立自由、正义、团结、民主的社会。主张实行市场经济，国家对私营经济加以规范，强调社会发展应以人为本。该党成员成分广泛，来自社会各阶层。国内及海外均建有党部。国内党部下设分党部（市镇一级），全国每一个村庄都至少建立了一个基层委员会，党组织在全国的覆盖率超过90%。党的领导机构为全国政治局，共53名成员。在2013年议会选举中获66席，成为议会第一大党。2016年10月，马里联盟党召开第4届全国代表大会，选举博卡里·特雷塔（Bokari TRETA）为新任主席。

（2）非洲团结正义党（Alliance pour la Démocratie au Mali-Parti Africain pour la Solidarité et la Justice）：前身为马里民主联盟，1991年5月成立。宗旨是建立民主、繁荣、独立的新马里和法制、自由、公正、进步的社会，巩固和扩大民主，推动经济、社会和文化的发展，合理分配收入。“自由、劳动、团结”为该党箴言。组织机构有基层委员会、分支部、支部和联合会。下设妇女、青年等群众组织。1992年，该党在议会选举中获绝对多数席位，成为执政党。2001年，原党主席易卜拉欣·布巴卡尔·凯塔（Ibrahim Boubacar KEITA）退党，该党出现较大分裂，力量受到削弱。2002年，该党在议会选举中失去绝对多数地位。2003年，该党再次出现分裂，原党第三副主席苏马伊拉·西塞（Soumaïla CISSE）及其追随者退党。2007年，该党联合其他42个政党组成“民主进步同盟”，支持杜尔总统连任，并在议会选举中获51席，再次成为议会第一大党。该党在2013年议会选举中获16席。主席蒂耶默科·桑加雷（Tiémoko SANGARE）。

（3）共和民主联盟（Union malienne pour la République et la Démocratie）：正式成立于2003年6月。系由原非洲团结正义党第三副主席苏马伊拉·西塞及其追随者脱离非洲团结正义党后创立，最初旨在支持西塞角逐2002年总统选举。该党领导层多出身马里纺织发展公司，属于原非洲团结正义党中的“棉派”。主张建立自由、平等、公正和团结的社会，保障人民自由、民主权利，实现国家的全面发展和繁荣。2007年，该党与非洲团结正义党结盟，支持杜尔总统连任，并在议会选举中获34席，成为议会第二大党。党主席为前总理尤努斯·杜尔（Younoussi TOURE）。2010年12月，马民主和复兴党（PDR）并入共和民主联盟。该党候选人西塞在2013年8月总统选举第二轮投票中以19.7%的得票率负于现任总统凯塔。该党在2013年议会选举中获17席。2015年6月，西塞被内阁会议正式任命为反对党领袖。

其他政党还有复兴爱国运动（Mouvement Patriotique pour le Renouveau）、全国民主创议大会党（Le Congrès National d’Initiative Démocratique）、民族复兴党（Parti pour la Renaissance Nationale）、非洲民主独立团结党（Solidarité africaine de la Démocratie et l’Indépendance）、苏丹联盟—非洲民主联盟（Union Soudanaise-Rassemblement Démocratique Africain）、马里民主党（Parti Démocratique Malien）、复兴公约党（Convention pour la Renaissance）等。

【重要人物】易卜拉欣·布巴卡尔·凯塔：总统。1945年生。曾留学塞内加尔和法国，获政治学和国际关系学硕士学位。1992—1994年，先后任总统外交顾问、马里驻科特迪瓦兼加蓬、布基纳法索和尼日尔大使、外长。1994—2000年任总理。2002—2007年任国民议会议长。2013年8月当选总统，9月就职。2018年8月连任。1994年当选非洲团结与正义党主席，2000年10月辞职。2001年6月创建马里联盟党并任党主席。

经　济

系最不发达国家。经济以农牧业为主，粮食不能自给。是非洲主要产棉国和产金国，受2012年北方危机影响，国民经济下滑。近年来马里政府重点发展农业，加强水利、道路等基础设施建设，加快石油勘探和矿产开发。为增加税收、扩大就业，政府积极招商引资，兴建水泥、汽车组装、食品加工、制糖等一批新兴企业，积极推进《总统紧急救助计划》并设立发展基金，加大基础设施、农业、民生等领域投入，国民经济逐步恢复，但尚未达到危机前水平。世界经济论坛《2019年全球竞争力报告》显示，马里竞争力指数在全球141个经济体中排名第129名，较2018年下降4名。世界银行2019年发布的《世界营商环境报告》中，马里营商便利指数在全球190个经济体排名第148名，较2018年下降3名。2019年主要经济数据如下：

国内生产总值：171亿美元。

人均国内生产总值：896美元。

国内生产总值增长率：5%。

货币名称：非洲金融共同体法郎（Franc de la Communauté financière d'Afrique），简称“非洲法郎”（FCFA）。

汇率：1欧元≈656非洲法郎。

通货膨胀率：–3%。

外汇储备（不含黄金）：8.15亿美元。

（资料来源：2020年第一季度《伦敦经济季评》）

【资源】矿业是马国家经济支柱，占国民收入的25%。现已探明的主要矿藏资源及其储量：黄金900吨，铁13.6亿吨，铝矾土12亿吨，硅藻土6500万吨，岩盐5300万吨，磷酸盐1180万吨，锰1500万吨，铀5200吨。系非洲第四大黄金出口国，黄金是马里第一大出口产品，2018年，黄金产量约61吨，增长达23%，金矿出口额占2018年出口总额约44%，并创造了1.2万余个直接就业岗位。森林面积110万公顷，覆盖率不到1%。水力资源丰富。目前有3个水电站，12个火力发电站，1个太阳能电站。2006年5月，马政府启动了矿产10年规划，总投资1000亿非郎。

【工业】2018年，马工业年产值占国内生产总值的20.6%。马全国共有工业企业489家，绝大多数为私营企业，主要部门有食品加工、出版印刷、纺织、建筑材料等。57%的企业位于首都巴马科，17%位于塞古，50人以下的企业占86%，200人以上的企业仅占3.6%。

【农牧渔业】农业和畜牧业是马经济支柱。2018年，农业产值占国内生产总值的35.6%。农村人口占总人口的68%。从事农业生产的人口占全国人口的40%。全国可耕地面积3000万公顷，已耕地面积350万公顷。主要经济作物有：小米、玉米、稻谷、花生、棉花等。

马是非洲主要产棉国，马每年棉花对国民经济贡献达850亿—1230亿非郎，占国内生产总值的8%，棉花产业从业人口约450万。2017年，棉花产量72.9万吨，居撒哈拉以南非洲国家之首。

畜产品是马在黄金、棉花之后第三大出口产品。畜牧业产值占国内生产总值10%左右，2016年，有牛1100多万头、羊3600多万只。

渔业是马国民经济重要部门。全国有7.3万渔民，约50万渔业从业人员。2017年，全国渔业量为12.8万吨，同比增长17.9%。

【服务业】服务业主要由交通、通信、商业和行政等部门构成。2018年，服务业产值约占国内生产总值的43.8%。

【旅游业】旅游资源丰富，但交通不便。杰内古城、通布图古城、多贡遗迹和加奥阿斯基亚王陵被列入《世界遗产名录》。主要旅游城市有首都巴马科、古城通布图和水城莫普提，最佳旅游季节为11月至次年1月。全国有109家旅行社、439家旅馆饭店、6012套客房。近年来，马旅游业受北方安全形势影响严重下滑。通布图古城遭到极端分子破坏，16座列入世界文化遗产的陵墓中有14座被毁。2012年6月，被联合国教科文组织列入《濒危世界遗产名录》。2014年3月，联合国教科文组织开始修复被毁陵墓。

【交通运输】系内陆国家，国内运输主要靠公路。进出口物资须经邻国港口转运。两条国际公路干线经巴马科通往科纳克里和阿比让，公路总长分别为1110公里和1115公里。

铁路：仅有一条连接库利克罗、巴马科和达喀尔的国际窄轨铁路，总长1287公里，马里境内长641公里。

公路：总长89024公里，其中沥青路面3997公里；各型机动车约12万辆，以摩托车和小型卡车为主。连接邻国的主要交通干线为：巴马科－阿比让公路，长1115公里，是马里最重要的运输通道，承担60%以上的进出口货物运输量。除此之外，还有巴马科－洛美公路（途经布基纳法索），长1600公里；巴马科－科纳克里公路，长1100公里。

水运：内河航线总长1.27万公里；马里航运公司负责内河航运的经营和管理，拥有各种船只数十艘。水路运输并不发达，干旱、沙漠化、河道泥沙淤积等造成年通航时间不断减少，加之马里船运局的船只年久失修，内河运输量极少。

空运：全国大小机场近30个，其中巴马科、加奥、莫普提、锡加索和通布图机场为国际机场。2017年，巴马科机场客运量69.89万人次，抵离港飞机12863架次，运送货物8934吨。2005年2月，马政府和加拿大阿加汗发展经济和促进工业基金会合资成立马里航空公司，以经营国内航线为主。受马北方危机和“3·22”政变影响，马航自2012年6月11日起开始裁员，减少飞机数量，取消部分航线。12月，马航宣布中止营业9个月，并解聘公司核心员工。目前尚未恢复营业。

【财政金融】近年国家财政预算收支情况如下（单位：亿非洲法郎）：

	2016	2017	2018（估计值）
收入	17897	17897	19489
支出	20450	20450	22613
赤字	3394	3394	4269

截至2018年底外债约为48.96亿美元。

（资料来源：2018年5月国际货币基金组织国别报告，世界银行《2020年国际债务数据》）

【对外贸易】实行贸易自由化政策，政府通过发放进出口意向书对贸易进行宏观管理。现同100多个国家和地区有贸易关系。2018年，马主要向以下国家出口：瑞士（43.7%），南非（25.0%），孟加拉国（7.3%），阿联酋（6.8%），科特迪瓦（3.8%）；主要从以下国家进口：塞内加尔（18.2%），中国（15.0%），科特迪瓦（10.1%），法国（8.2%），美国（4.1%）。2019年对外贸易额估计为77.33亿美元，其中进口额39.23亿美元，出口额38.10亿美元。主要出口黄金、棉花、活畜等；进口石油、食品和化工产品等。

【外国援助】据经济合作与发展组织统计，马政府2018年获得官方发展援助15.86亿美元（货币单位下同）。主要捐助方为：欧盟2.23亿，美国2.18亿，国际开发协会1.92亿，法国1.01亿，德国1.00亿，加拿大0.90亿，国际货币基金组织0.89亿，非洲发展基金0.68亿等。2013年1月29日，由非盟、联合国和西共体共同发起的马里问题捐助方会议在亚的斯亚贝巴召开，为马军和“非马团”募集到约4.5亿美元的援助。5月15日，欧盟、法国与马里一道在布鲁塞尔举办了支持马里发展高级别国际捐助方会议，为马里募集到约32.5亿欧元捐款。2013年5月，马里过渡政府与世界银行签署协议，世界银行将向马里3个项目提供总价值为660亿非郎的资助。马里政府、联合国开发计划署、欧盟和比利时签署协议，各国将通过联合国开发计划署成立的一揽子基金为马政府组织大选提供资金，总额达1500万欧元，比利时将向该基金提供150万欧元。国际货币基金组织宣布向马提供1510万美元援助，帮助马满足紧急财政需求。9月，世界银行向马提供5000万美元贷款，用于支持马经济发展。10月，国际货币基金组织宣布向马提供300亿非郎贷款。11月，世界银行决定向马提供8000万美元贷款，用于巴马科城市饮用水供给项目。2015年10月，在马里国际发展会议上，国际合作伙伴承诺2015—2017年向马提供约42.4亿美元援助。2016年1—7月，马共获得各种形式援助1800亿非洲法郎。2018年3月，美国与马签订协议，将出资286亿非洲法郎支持马发展健康、教育事业和改善政府治理。同月，世界银行与马签署1.13亿美元贷款和援助协议，以支持萨赫勒地区农业灌溉项目、尼日尔河环境治理和马畜牧业发展。2019年7月，马里和世界银行签署四项融资协议。通过上述协议，世界银行将向马里提供总金额为2.48亿美元融资，其中贷款约1.68亿美元，无偿援助约0.8亿美元。该笔资金将用于马里“经济振兴和可持续发展框架（CREDD）”所确定的重点领域，具体包括优化电力部门、整治采矿行业、提升公共服务质量和加强气候变化应对能力四个方面。

人民生活

根据联合国开发计划署公布的《2019年人类发展报告》，马里的人类发展指数在189个国家中名列第184位。2018年，马里贫困人口占全国总人口的49.7%。2018年男性平均寿命为58.1岁，女性平均寿命为59.6岁。医疗卫生条件落后，全国共有医疗中心1172个。根据世界卫生组织数据显示，平均每万人拥有1.4名医生和1个床位。卫生开支占国内生产总值的6.9%（2014年），2018年新增艾滋病约1.4万例，感染率为0.78‰。2017年，移动和固话用户总数为4365.6万人次。根据国际电信联盟2018年6月公布的数据，国际互联网用户约占全国人口的12.7%，3G网络人口覆盖率为27%。马农村地区电力覆盖率仅为12.0%。可饮用水覆盖率为78%。

军　事

独立后，马里政府召回在法国外籍军团中的本国青年，并以此为基础组建了马里武装部队。1961年1月20日，马要求法撤走驻军，后将这一天定为建军节。实行义务兵、志愿兵和合同兵相结合的兵役制度，义务兵役期为2年。武装力量由陆军、空军、宪兵、警察、共和国卫队和民兵组成，总兵力约1.5万余人。其中陆军6900人，空军400人，海军50人，宪兵1800人，警察1000人，共和国卫队2000人，民兵3000人。总统是全国武装力量最高统帅。现任军队总参谋长为阿卜杜拉耶·库利巴利，2019年3月就职。马里军队曾参加联合国在安哥拉、海地、利比里亚和塞拉利昂的维和行动。

文化教育

重视保护和发展民族文化，鼓励文学创作。官方文艺团体有国家歌舞团、民族乐团和话剧团等。文化设施集中在首都巴马科，主要有伊斯兰文化中心、国家博物馆和国家图书馆。

【教育】沿用法国教育体制。初等教育实行9年制义务教育，中等教育3年，高等教育4—5年。2015年5月，世界银行向马提供200亿西非法郎，旨在帮助马政府推进高等教育改革，提高马高校竞争力。2015—2016学年，新开设4所职业培训学校。2017年，教育预算占GDP的3.8%。2017年，小学入学率为77%。2018年，文盲人口约为406.6万人

【新闻出版】全国发行报刊共47种，主要有：《发展报》，综合性官方日报，发行量约1万份；《回声报》，非洲团结正义党的周刊。另外还有《独立人报》

《晨报》《巴马科晚报》和《共和国人报》等。

马里新闻和广告社为官方通讯社，创建于1961年。每周发行1期《新闻周刊》，刊登国内外新闻。有近百名记者。

马里广播电台是官方电台，始建于1957年，播音覆盖面占全国人口的98%。用法语、班巴拉语、颇尔语和桑海语等9种语言对内广播；用法语、英语和阿拉伯语对外广播。居民收音机拥有量270万架，全国市镇广播覆盖总数398个。另外还有200余家私营电台。

马里电视台是唯一官方电视台，创建于1984年，使用语言为法语和班巴拉语等其他民族语言。全国建有25个转播站，电视覆盖率占全国人口的85%。每天播放7个小时的节目。

马里出版印刷社是唯一国营出版社，始建于1972年，日常业务以出版小说、儿童读物和学校课本为主，现已私有化。

对外关系

奉行独立、和平、睦邻友好和不结盟的对外政策。主张尊重国家主权，不干涉别国内政，通过和平方式解决国际争端和地区冲突；积极参与地区和国际事务，努力维护地区和平与稳定，推动非洲团结、一体化进程和地区合作。强调外交为发展服务，广泛寻求外援。现为联合国、世界贸易组织、不结盟运动、法语国家组织、伊斯兰合作组织、非洲联盟、西非国家经济共同体、萨赫勒—撒哈拉国家共同体和萨赫勒五国集团等组织成员。同133个国家建立外交关系。

【同中国的关系】1960年10月25日，中马建交。50多年来，两国关系始终健康、稳定发展。

2010年4月29日至5月2日，马里总统杜尔来华出席上海世博会开幕式。其间，国家主席胡锦涛与其会见。9月20—25日，胡锦涛主席特使、交通运输部部长李盛霖赴马出席马独立50周年庆典。9月26日至10月1日，马里国民议会议长特拉奥雷访华并出席上海世博会马里国家馆日活动。2011年11月2—5日，马里外交和国际合作部长马伊加非正式访华。2012年6月，马手工业、文化和旅游部长迪亚洛·法迪玛·杜尔来华参加中非合作论坛文化部长论坛。7月，马国务部长、外交和国际合作部长萨迪奥·拉明·索乌来华参加中非合作论坛第5届部长级会议。2013年9月，习近平主席特使、全国政协副主席、国家民族事务委员会主任王正伟赴马出席马里总统凯塔就职典礼。2014年9月，凯塔总统来华出席天津世界经济论坛2014年新领军者年会，李克强总理会见。2015年12月，习近平主席在中非合作论坛约翰内斯堡峰会期间会见凯塔总统。2016年7月，马里外交和国际合作部长迪奥普来华出席中非合作论坛约翰内斯堡峰会成果落实协调人会议，王毅外长在会议期间同其会见。2017年5月，王毅外长访问马里。11月，马里外交和国际合作部长迪奥普来华出席中马经贸混委会第2次会议。2018年8月，凯塔总统来华参加中非合作论坛北京峰会，习近平主席同其举行双边会见。9月，习近平主席特使、全国政协副主席郑建邦赴马出席凯塔总统就职典礼。11月，马里社会融合、民族和平与和解部长布阿雷访华。

2019年，中马双边贸易额6亿美元，同比增长37.2%。其中中方出口额4.4亿美元，同比增长26%，进口额1.6亿美元，同比增长81%。

中国驻马里大使：朱立英。馆址：No. 2259 Route de Koulikoro，Bamako，Mali。电话：00223-20213597，20206712（经商处）；传真：20213443，20203882（经商处）。邮政信箱：B.P.112。

马里驻华大使：迪迪埃·达科（Didier DACKO）。馆址：北京市朝阳区三里屯东四街8号。电话：010-65321704；传真：65321618。

【同法国的关系】法国是马原宗主国。1960年11月3日，两国关系正常化。双方保持着传统的特殊关系。近年两国高层互访频繁。2010年2月，为解救被基地组织北非分支绑架的法国人质，法外长先后两次访马做工作，经马方调解法人质获释后，法总统萨科齐专程赴马迎接被解救人质。5月，杜尔总统赴法国尼斯出席法非峰会。7月，杜尔总统应邀参加法国庆阅兵仪式。2011年5月，马里外长马伊加访法。10月，法负责国际合作和欧洲事务的部长德兰古赴马出席“法国—马里日”活动，杜尔总统与其会见。11月，法文化和通讯部长密特朗赴马出席在巴马科举行的第9届非洲摄影双年展。2012年1月马北方爆发武装叛乱后，法合作部长德兰古、外长朱佩于2月先后赴马，同杜尔总统商讨如何解决北方危机。“3·22”政变后，法方强烈谴责政变，呼吁政变军人尽快恢复宪法秩序。2012年6月，马过渡总理迪亚拉访法。2013年1月，法军应马过渡政府要求协助马政府军打击北方叛乱武装、收复北方被占领土。2月，法总统奥朗德访马。法外交部发展事务部长级代表康芬访马，宣布恢复与马里的合作。9月，法总统奥朗德出席马新当选总统凯塔就职仪式。此后，凯塔总统访法10余次，双方其他级别往来也较频繁。2017年1月，以“和平与安全”为主题的第27届法非峰会在马里首都巴马科召开，法总统奥朗德及30多个非洲国家元首和政府首脑出席，法重申将继续保持在马军事存在。5月，法总统马克龙到访马北部城市加奥，慰问法“沙丘”行动部队。7月，法总统马克龙出席在巴马科举行的萨赫勒五国与法国领导人特别峰会。12月，法国防部长帕尔利访马。2018年6月，马里总理马伊加访法。2019年2月，法国总理菲利普访马。9月，马里总理西塞访法。11月，马里总统凯塔赴法出席第二届巴黎和平论坛。

【同美国的关系】两国于1960年9月29日建交。近年两国关系发展较快。马系美国“千年挑战账户”援助对象国，两国于2007年9月正式启动有关合作项目，美方提供2300亿非郎，主要用于尼日尔河地区土地整治、巴马科机场扩建等项目，其中机场扩建项目于2009年1月开始实施。2012年3月马里政变后，美国认为马里民主倒退，决定在非洲发展和机遇法案（AGOA）年度规划中取消马里的优先贸易伙伴国地位。两国军事合作近年逐渐增多。2007—2009年，美国连续三年在马里举行联合军事演习，马周边国家参与。2011年4月，美军非洲司令部新任司令卡特·哈姆将军访马。10月，美向马提供了价值9000万美元的军用物资用于支持马里加强反恐行动。11月，马外长马伊加对美进行工作访问。2012年2月，两国再次在马举行联合军事演习，200名美军士兵、150名马军士兵参加。"3·22"政变后，美强烈谴责政变，呼吁政变军人尽快交权，恢复马宪法秩序。5月，美国负责非洲事务的副国务卿卡尔松访马。6月，美国提供1000万美元紧急救助款用于救助马里难民。8月，美国国际发展署民主、冲突和人道援助办公室负责人南希访马，宣布美国将拨款6800万美元用于马人道主义援助，奥巴马总统还将向马里提供1000万美元的专项援助。2012年9月至2017年9月，美国向马里提供的人道主义援助总额已达1.49亿美元。2013年4月，美国共和党参议员、前总统候选人麦凯恩及民主党参议员怀特豪斯访马。7月，美国负责非洲事务的助理国务卿唐纳德访马。2014年8月，马总统凯塔赴美出席美国与非洲领导人峰会。2015年12月，美国与马里签署《安全治理协议》，拟拨款6500万美元帮助包括马里在内的非洲6国建设专业化军事部队。2016年，美国助理国务卿香农、副国务卿休厄尔先后访马。12月，美国非洲司令部司令瓦尔德豪泽访马。2017年5月，马总统凯塔赴沙特阿拉伯首都利雅得出席美国—伊斯兰国家安全峰会。2018年11月，美国负责非洲事务的助理国务卿纳吉访马。2019年3月，马里总理马伊加访美。

【同日本的关系】两国于1960年10月4日建交。自1989—2003年，日本向马提供赠款累计达375亿非郎。2005年3月，日向马提供价值15亿非郎的粮食援助。11月，日向马提供69亿非郎援款。2007年，日本向马提供16亿西非法郎用于资助马里大选。2008年3月，日本驻马里使馆开馆。5月，杜尔总统出席在日本横滨举行的第4届非洲发展东京国际会议。2010年3月，日本援建的法雷梅大桥举行奠基仪式。2011年7月，马里—日本混委会第6次会议在巴马科举行。6月，马过渡期总统特拉奥雷赴日本出席第5届东京非洲发展国际会议。2013年1月，日本驻马使馆撤离，当年9月复馆。2014年3月，日本政府重启对马官方援助。截至2014年5月，已通过人道主义组织向马提供198亿西非法郎援助，主要用于难民救助、农业发展、改善政府治理等领域。2014年5月，日本宣布将向马提供4000万美元用于加强萨赫勒地区安全。6月，日本通过联合国粮农组织向马农村发展部捐赠10亿西非法郎用于改善马北方三大区粮食安全状况。2015年3月，日宣布出资22.5亿西非法郎支持马国家警察学校重建工作。4月，日宣布将在2016/2017学年向马高中毕业生及大学生提供赴日留学奖学金名额。2017年7月，日本宣布提供157万美元帮助马加强边境管理能力。8月，第8届日本—马里混委会在巴马科召开。2019年8月，马里总统凯塔出席东京非洲发展国际会议横滨峰会。

【同邻国的关系】同几内亚关系长期稳定，高层互访频繁。2009年2月，杜尔总统赴几出席悼念孔戴总统逝世有关活动并会见几军政权领导人卡马拉。2010年2月，几代总统科纳特访马。7月，杜尔总统对几进行工作访问。9月，几代总统科纳特赴马出席其独立50周年庆典。12月，杜尔总统赴几出席几新总统阿尔法·孔戴的就职仪式。2012年3月，几总理福法纳访马。2013年1月，马过渡政府总理西索科访几。9月，几总统孔戴出席马新当选总统凯塔就职仪式。2014年3月，马总统凯塔访几。10月，凯塔总统再次访几，表达对几抗击埃博拉疫情的支持。2015年3月，凯塔总统赴几内亚出席第16届塞内加尔河流域开发组织峰会。12月，凯塔总统赴几出席孔戴总统连任宣誓仪式，后赴尼日利亚参加主题为"实施打击恐怖主义策略"的西共体峰会。2017年2月，几总统、非盟轮值主席孔戴赴马出席萨赫勒五国集团特别峰会。2018年10月，凯塔总统赴几出席几独立日庆祝活动。

同阿尔及利亚关系密切。阿曾在调解马里北部图阿雷格族武装分裂问题上发挥重要作用。2009年4月，杜尔总统致电祝贺阿总统布特弗利卡再次连任。12月，两国军事技术合作协议后续委员会会议在巴马科召开。2010年2月，阿政府指责马政府释放4名伊斯兰马格里布基地组织成员，并召回其驻马大使。后经马政府多次做阿政府工作，阿驻马大使于同年8月返马。2011年4月，马外长马伊加作为杜尔总统特使访阿。5月，马阿两国签署协议，阿将提供1000万美元援助，用于支持马北部地区发展。10月，杜尔总统访阿，与布特弗利卡总统举行会谈。2012年6月，马过渡总理迪亚拉访阿。马爆发危机以来，阿向马提供了3000吨粮食和45吨食品，用于救助北方难民。2013年1月，马过渡政府总理西索科访阿。4月，外交和国际合作部长库利巴利对阿尔及利亚进行工作访问。10月，阿外长拉马拉访马。2014年1月，马里总统凯塔访阿。7月16日，马国内包容性对话在阿尔及尔正式启动，马政府、北方武装及国际调解方出席，并与2015年3月在阿尔及尔草签和平与和解协议。2015年3月，凯塔总统对阿进行国事访问。2017年2月，阿总统阿齐兹赴马出席萨赫勒五国集团特别峰会。2019年7月，马外长德拉梅访阿。

同塞内加尔、科特迪瓦有着传统经济、贸易关系。达喀尔港和阿比让港是马主要出海口。2007年4月，杜尔总统出席塞总统瓦德就职仪式。6月，塞总理萨勒出席杜尔总统连任就职仪式。2008年3月，杜尔总统出席在达喀尔举行的第11次伊斯兰国家首脑会议。4月，塞总统瓦德过境访问马里。2009年6月，杜尔总统与瓦德总统在巴马科共同主持召开撒哈拉绿色长城计划会议。2010年3月，塞总统瓦德访马，与杜尔总统共同出席法雷梅大桥奠基仪式。4月，杜尔总统出席塞内加尔独立50周年庆典。2011年4月，杜尔总统访塞。5月，塞外长尼昂访马。2012年5月，塞内加尔总统萨勒访问法国时会见在巴黎治疗的马过渡期总统特拉奥雷，就马里局势交换看法。5月，马过渡政府总理迪亚拉访问塞内加尔。12月，马过渡政府总理西索科访塞。9月，塞总统萨勒出席马新当选总统凯塔就职仪式。2014年4月，马总统凯塔访塞。6月，凯塔总统赴塞出席“非洲发展新伙伴计划”基础设施融资峰会。2017年11月，凯塔总统赴塞出席第4届“达喀尔非洲和平与安全国际论坛”。2019年11月，马总理西塞赴塞出席西非经货联盟高级别会议。

2007年6月，科特迪瓦总理索罗出席杜尔总统连任就职仪式。7月，杜尔总统出席在科布瓦凯市举行的“和平之火”解武焚枪仪式。2008年1月，杜尔与科总统巴博共同出席两国电网联网工程开工仪式。2009年3月，杜尔总统就科特迪瓦发生球迷踩踏事件向巴博总统致电慰问。7月，科总理索罗访马。2011年8月，马外长马伊加访科。10月，科总统瓦塔拉对马进行友好工作访问。2012年5月，科特迪瓦非洲一体化部长库利巴利在巴黎拜会马总统特拉奥雷，就马局势交换看法。9月，科特迪瓦负责国防事务的部长保罗·科菲·科菲和非洲一体化部长阿利·库利巴利访马，协商西共体向马派兵问题。12月，马过渡政府总理西索科访科。2013年2月，马过渡期总统特拉奥雷赴科政治首都亚穆苏克罗出席西共体第42届首脑会议。2013年5月，马外长库利巴利访科。7月，马过渡政府总理西索科访科。8月，马新任总统凯塔访科。9月，科总统瓦塔拉出席凯塔就职仪式。2017年11月，凯塔总统赴科特迪瓦出席第5届非盟—欧盟峰会。2019年6月，马总理西塞对科进行工作访问。

同毛里塔尼亚存在边界纠纷，但未影响双边友好交往。2007年4月，杜尔总统出席毛塔总统阿卜杜拉希就职仪式。6月，毛塔总统阿卜杜拉希出席杜尔总统连任就职仪式。2008年8月，毛塔政变后曾派“国务委员会”委员访马寻求支持。2009年8月，杜尔总统出席毛塔新任总统阿齐兹就职典礼。2010年2月，毛塔政府指责马政府释放4名伊斯兰马格里布基地组织成员，并召回其驻马大使。后经马政府多次做毛塔政府工作，毛塔驻马大使于8月返马。9月，毛塔总统阿齐兹出席马独立50周年庆典。2011年5月，马外长马伊加访毛塔。6月，两国军方开会讨论应对“伊斯兰马格里布基地组织”在两国边境地区的活动。2012年6月，马过渡政府总理迪亚拉访毛塔。2013年1月，马过渡政府总理西索科访毛塔。3月，马过渡期总统特拉奥雷访毛塔。6月，毛塔总理拉格达夫访马。10月，马里外长穆罕默德访毛塔。2014年1月，马里总统凯塔访毛塔。2月，凯塔总统赴毛塔出席萨赫勒地区五国元首峰会。5月，毛塔总统、非盟轮值主席阿齐兹访马进行斡旋，马政府与图族武装达成停火。8月，凯塔总统赴毛塔首都努瓦克肖特出席毛塔总统阿齐兹的就职典礼。2017年2月，毛塔总统阿齐兹赴马出席萨赫勒五国集团特别峰会。2019年8月，凯塔总统赴毛塔出席毛总统加兹瓦尼就职典礼。

同布基纳法索有1100公里的共同边界，曾于1974年和1985年两次发生大规模武装冲突。1986年12月，两国政府接受海牙国际法庭的最终裁决，关系修复，并于同年互设使馆。近年两国关系发展顺利。2007年6月，布总统孔波雷出席杜尔总统连任就职仪式。2008年7月，两国大混委会第8次会议在巴马科举行。2010年3月，杜尔总统对布进行工作访问。9月，布总统孔波雷出席马里独立50周年庆典。2011年4月，马外长马伊加作为杜尔总统特使访布。8月，布外长巴索莱访马。9月，马里—布基纳法索大混委会第9届会议后续委员会会议在马里首都巴马科召开。“3·22”政变后，布总统孔波雷作为西非国家经济共同体马里问题调解人积极调解马宪政危机。2012年5月，布基纳法索外长巴索莱在巴黎拜会马过渡期总统特拉奥雷。5月，过渡政府总理迪亚拉访布，会见孔波雷总统。6月，过渡政府总理迪亚拉访布。12月，马过渡政府总理西索科访布。2013年5月，马外长库利巴利访布。8月，马过渡期总统特拉奥雷、新任总统凯塔相继访布。9月，布总统孔波雷出席凯塔就职仪式。2014年6月，布总统孔波雷访马。10月，凯塔总统赴布出席西非经货联盟成立20周年纪念活动。2017年2月，布总统卡波雷赴马出席萨赫勒五国特别峰会。6月，马总统凯塔赴布基纳法索出席国际防治沙漠化活动。10月，马同布基纳法索、尼日尔在萨赫勒五国联合部队框架下举行首次联合军事演习。2018年4月，两国决定在马布边境建立经济特区。2019年2月，马总统凯塔赴布基纳法索出席第五届萨赫勒五国峰会。9月，凯塔总统赴布出席萨赫勒王国反恐特别峰会。（傅子豪）

毛里求斯

国名　毛里求斯共和国（The Republic of Mauritius）。

面积　2040平方公里（包括属岛面积175平方公里）。

人口　约126万（2019年6月）。居民主要为印度和巴基斯坦后裔（69%）、克里奥尔人（欧洲人和非洲人混血，27%）、华裔（2.3%）和欧洲裔（1.7%）等。官方语言为英语，法语亦普遍使用，克里奥尔语为当地人最普遍使用的语言。居民中52%信奉印度教，30%信奉基督教，17%信奉伊斯兰教，另有少数人信奉佛教。

首都　路易港（Port Louis），人口约12万。热季平均气温27℃，1月气温最高，达23℃—30℃。凉季平均气温18℃，6—8月气温最低，为17℃—24℃。

国家元首　总统普里特维拉杰辛格·鲁蓬（Prithvirajsing Roopun），2019年12月就任。

重要节日　独立日（或共和国日）：3月12日。

简　况

位于非洲大陆以东、印度洋西南部，包括本岛及罗德里格岛、圣布兰登群岛、阿加莱加群岛、查戈斯群岛（现由英国管辖）和特罗姆兰岛（现由法国管辖）等属岛。西距马达加斯加约800公里，距肯尼亚蒙巴萨港1800公里，南距留尼汪160公里，东距澳大利亚4827公里。海岸线长250公里。属亚热带海洋性气候，终年温暖潮湿。沿海地区年平均气温25℃，中央高原20℃。

原为荒岛，16世纪初，葡萄牙探险队占据现在的毛里求斯和留尼汪诸岛，取名为马斯克林群岛。1598年荷兰人占领该岛，并以荷兰君主“毛里求斯”命名。1715年法国占领毛岛并改名为“法兰西岛”。1814年成为英国殖民地，并被重新命名为“毛里求斯”。1961年9月实行自治。1968年3月12日宣布独立，实行君主立宪制，英国女王为国家元首，总督代表其行使权力。1992年3月12日改行共和制。实行议会制。总统为国家元首，系礼仪性职务，总理掌握行政实权。

政　治

毛里求斯独立以来，历届政府均坚持维护民族团结与和睦，实行文化多元化政策，保持了政局的长期稳定。毛独立后一直实行多党制，社会主义战斗党（社战党）、工党、战斗党等主要政党轮流执政或联合执政。2019年11月，由社战党、自由运动党等组成的毛里求斯联盟赢得国民议会选举，总理普拉温德·库马尔·贾格纳特（Pravind Kumar Jugnauth）连任。12月，普里特维拉杰辛格·鲁蓬（Prithvirajsing Roopun）出任总统，马利·西里·艾迪·博塞仁（Marie Cyril Eddy Boissézon）出任副总统。

【**宪法**】1968年颁布，1991年和1996年两次修改。根据现行宪法，毛是议会共和制国家，总统为礼仪性国家元首，由总理提名，经议会批准后产生，任期5年。总理由议会多数党领袖担任，行使国家行政权，有组成和改组政府以及解散议会、提前举行大选的权力。实行多党制及立法、行政、司法三权分立制度。

【**议会**】原为立法议会，1991年12月修宪后，改为国民议会，实行一院制，为国家最高立法机构。负责制定法律、讨论国家政策，批准政府各项法令和财政预算。由70名议员组成，任期5年。其中62人经选举产生，其余8人为官委议员，由总统根据选举委员会的建议在落选人中任命产生。现议会为第13届议会，2019年11月成立，共有议员70名，其中毛里求斯联盟拥有42席；反对党26席（工党、社民党等组成的国民联盟16席、战斗党10席）；罗德里格岛地方议会政党罗德里格人民组织2席。议长由新议会首次会议选举的非议员担任，任期5年，负责召集和主持议会会议，无表决权，但在议会表决出现僵局时有裁决权。现议长苏鲁杰德夫·波基尔（Sooroojdev Phokeer），2019年11月就职。

【**政府**】本届政府成立于2019年11月12日，现有24名成员：总理兼国防、内政、对外交通部长，罗德里格斯岛、外岛和领土完整部长普拉温德·库马尔·贾格纳特（Pravind Kumar Jugnauth），第一副总理兼能源和公共事业部长伊万·莱斯利·科伦达维卢（Ivan Leslie Collendavelloo），副总理兼教育、高等教育和科技部长莉拉·德维·杜昆-卢丘蒙（Leela Devi Dookun-Luchoomun，女），副总理兼地方政府、灾害应急管理部长穆罕默德·安瓦尔·胡斯努（Mohammad Anwar Husnoo），道路交通和轻轨部长艾伦·加努（Alan Ganoo），财政和经济规划与发展部长伦加纳登·帕达亚（Renganaden Padayachy），外交、地区一体化和国际贸易部长南德库马尔·博达（Nandcoomar Bodha），住房和土地使用规划部长路易斯·史蒂芬·奥比加杜（Louis Steven Obeegadoo），社会融合、社会保障和国家团结部长法齐拉·吉娃-道里亚武（Fazila Jeewa-Daureeawoo，女），工业发展、中小企业和合作社部长苏米尔杜特·博拉（Soomilduth Bholah），环境、固体废物处理和气候变化部长卡维达斯·拉马诺（Kavydass Ramano），金融服务和良政部长马亭·库马尔·西鲁通（Mahen Kumar Seeruttun），旅游部长乔治斯·皮埃尔·莱斯琼加德（Georges

Pierre Lesjongard），总检察长，农业和粮食安全部长马尼什·戈宾（Maneesh Gobin），商业和消费者保护部长约吉达·绍米纳登（Yogida Sawmynaden），青年赋权、体育和休闲部长让·克里斯托夫·斯特凡·图桑（Jean Christophe Stephan Toussaint），国家基础设施和社区发展部长马亨德拉努特·沙尔马·胡里拉穆（Mahendranuth Sharma Hurreeram），技术、通讯和创新部长达萨南德·巴尔戈宾（Darsanand Balgobin），劳动、人力资源发展和培训部长苏德什·萨特卡姆·卡利丘恩（Soodesh Satkam Callichurn），卫生和健康部长凯莱什·库马尔·辛格·贾古特帕尔（Kailesh Kumar Singh Jagutpal），蓝色经济、海洋资源、渔业和船运部长苏迪尔·莫杜（Sudheer Maudhoo），性别平等和家庭福利部长卡尔帕娜·德维·昆朱-沙（Kalpana Devi Koonjoo-Shah，女），艺术和文化遗产部长阿维纳什·蒂卢克（Avinash Teeluck），公共服务、行政和机构改革部长蒂鲁特拉杰·胡多亚尔（Teeruthraj Hurdoyal）。

【**行政区划**】全国分为4个大区和5个直辖市，区下设126个村。

【**司法机构**】毛司法独立。最高法院是国家最高司法机构。最高法院由大法官（Chief Justice，即最高法院院长）、次席大法官（Senior Puisne Judge）以及陪席推事（Puisne Judge）组成。大法官由总统与总理协商后任命；次席大法官由总统与大法官协商后任命；陪席推事由总统与司法和法律委员会协商后任命。在法律界工作5年以上才有资格被任命为最高法院法官。现任最高法院院长为马克·法兰西·艾迪·巴朗西（Marc France Eddy BALANCY）。

最高法院下设刑事法庭、中级法庭、地方法庭、劳资关系法庭、常设仲裁法庭等。民事上诉法院和刑事上诉法院是最高法院的两个分支机构，其法官由最高法院当值法官担任。

【**政党**】主要政党有：

（1）社会主义战斗党（Militant Socialist Movement/Mouvement Socialiste Militant，MSM）：简称“社战党”。1983年3月组建，由从原战斗党分裂出来的成员和原社会党部分成员合并而成。曾先后与工党、社民党、战斗党联合执政。1995年12月被工党和战斗党联盟击败，结束12年的执政地位。1999年1月，社战党与战斗党结盟，阿内罗德·贾格纳特任联盟领袖。2000年2月，社战联盟解散。7月，社战党与战斗党再次结盟，并在9月举行的大选中击败工党执政，阿内罗德·贾格纳特出任总理。2003年4月，阿内罗德·贾格纳特辞去社战党领袖职务，普拉温德·贾格纳特继任。根据两党结盟协议，阿内罗德·贾格纳特于2003年9月改任总统。2005年，社战联盟在大选中失败，失去执政地位。2010年，在大选中参加工党领导的“未来联盟”，获胜后参加政府。2011年8月，执政联盟破裂，社战党退出政府，成为反对党。2014年，社战党领导的“人民联盟”在大选中获胜，获得执政地位。2019年11月，社战党同自由运动党等组成的毛里求斯联盟再次赢得国民议会选举。对内主张实行西式民主，进行社会改革，扩大生产性就业，建立一个“更美好公正”的毛里求斯；对外主张务实外交政策，与不同社会制度的国家发展关系，反对种族歧视，支持建立印度洋和平区。领袖普拉温德·库马尔·贾格纳特。

（2）毛里求斯社会民主党（Mauritian Social Democratic Party/Parti Mauricien Social Démocrate，PMSD）：简称“社民党”。前身是毛里求斯人民联盟，1953年易名为毛里求斯人党，1964年改称现名。1983—1988年、2000—2005年、2006年4月至2007年9月参加政府。主要由毛籍法国人后裔、克里奥尔人、少数穆斯林及上层华人组成。代表农场主、资本家特别是白人资本家的利益。2014年，社民党与社战党、自由运动党联合组成的“人民联盟”在大选中获胜，进入政府。2016年12月，社民党退出政府，成为反对党。2019年，同工党等组成中左翼反对党联盟国民联盟在大选中落败。在国际上，与西方一些右翼党派关系密切。领袖沙·杜瓦尔（Charles Gaetan Xavier Luc Duval）。

（3）工党（Mauritius Labour Party/Parti Travailliste，PTr）：1936年2月23日成立，是毛第一个政党，曾为争取毛独立进行积极斗争。独立后长期单独执政。1982年，工党在大选中失败，1983年开始与社战党、社民党、战斗党等联合执政。1990年，联合政府中工党部长因反对实行共和制而被解职，工党成为反对党。1995年，工党与战斗党联盟赢得大选，纳文钱德拉·拉姆古兰出任总理。1997年6月，执政联盟破裂，工党再次单独执政。2000年9月，工党大选失利成为在野党。2005年，以工党为首的社会联盟赢得选举，拉姆古兰再次出任总理。2010年5月，工党联合社战党、社民党组成“未来联盟”赢得新一届大选，拉姆古兰连任总理。2014年，工党与战斗党组成的联盟在大选中落败，成为反对党。2019年，同社民党等组成中左翼反对党联盟国民联盟在大选中再次落败。该党对内主张为工人阶级和小农服务，发展民族经济；对外奉行不结盟政策，主张与东西方国家都发展关系，尤其是加强与非洲各国的团结，主张建立印度洋和平区。领袖纳文钱德拉·拉姆古兰（Navinchandra Ramgoolam）。

（4）毛里求斯战斗党（Mauritian Militant Movement/Mouvement Militant Mauricien，MMM）：简称“战斗党”。1969年成立，主要由知识分子、青年、穆斯林和印度裔组成。曾是毛最大的政党，先后与工党、社战党结盟。2000年9月社战联盟执政后，贝朗热出任副总理兼财长。根据两党结盟协议，贝朗热从2003年9月起担任总理。2005年大选失败，失去执政地位，成为反对党。2010年大选中与国家团结党和社会民主运动党组成“心之联盟”参选，再度失败。2014年与工党结盟参加大选，但依然败选。2019年单独参加大选落败。对内主张政治民主化，实行新闻、结社、工会自由，经济上对外开放，发展民族经济；对外主张不结盟和中立，与各国建立友好关系，反对印度洋军事化，要求英国归还迪戈加西亚岛。领袖保罗·贝朗热（Paul Berenger）。

【重要人物】普拉温德·库马尔·贾格纳特：总理兼国防、内政、对外交通部长，罗德里格斯岛、外岛和领土完整部长。1961年12月25日出生，前总理阿内罗德·贾格纳特之子。曾先后在英国白金汉大学、林肯律师学院和法国普罗旺斯艾克斯大学学习，获法学硕士学位，并担任过律师。1987年加入毛社战党，1999年出任该党副领袖，2003年起担任领袖，曾多次当选国会议员，并在历届政府中担任过农业部长，副总理兼财长，技术、通信和创新部长，财政和经济发展部长等职务。2017年1月，接任总理。2019年11月，连任总理。

经　济

毛里求斯是非洲经济发展较好的国家之一，在世界经济论坛2019年《全球竞争力报告》中，毛位居第52位，在非洲国家中位列第一。独立初期，毛经济结构单一，主要生产和出口蔗糖。20世纪70年代末开始调整经济结构，实行多元化产业政策，逐步形成制造业、金融服务业、旅游业和信息通讯业四大经济支柱，积极开拓国际市场，实现经济快速发展，被誉为“毛里求斯奇迹”。1990年以来，毛积极发展离岸金融业，将路易港建为自由港，服务业在毛经济比重已超70%。2008年，国际金融危机对毛出口加工业、纺织业和旅游业造成一定冲击。“人民联盟”政府2014年上台以来，以实现“第二次经济奇迹”为口号，制订“2030愿景”计划，加大宏观调控力度，推进经济结构调整，重点打造港口发展、高端制造、信息创新、海洋经济等新兴产业支柱，保障经济平稳增长。普拉温德·贾格纳特总理2017年继任后，制定三年发展战略，推行务实经济政策，重点向基础设施建设、吸引外资、减贫惠民等领域倾斜。2019年主要经济数据如下：

国内生产总值：136.73亿美元。

人均国内生产总值：10851.58美元。

经济增长率：3.5%。

货币名称：毛里求斯卢比（Mauritius Rupee，1美元≈35.47卢比）。

通货膨胀率：0.5%。

外汇储备：73.63亿美元。

（资料来源：《伦敦经济季评》）

【工业】以制糖业和出口加工业为主。制糖业是毛传统工业，其外汇收入曾占总收入近一半，正常年景毛糖产量每年可达50万—60万吨，但随着毛经济结构及欧盟糖业配额制度调整，蔗糖业发展逐步萎缩。2019年毛累计产糖30.49万吨，较2018年32.33万吨减少6%。

出口加工业是20世纪80年代初发展起来的新兴工业，主要产品是纺织品、服装、钟表、珠宝首饰、仪表等。毛出口加工区内企业以本国资本为主，其余来自法国、德国、意大利、印度等国和中国香港特区。

【农牧渔业】全国可耕地面积为11.08万公顷，占全国总面积的46%，其中蔗田76186公顷，粮田5262公顷。每年需进口粮食20万吨左右。其他农作物有茶叶、烟草、洋葱、水果等。畜牧业以饲养牛、羊、猪、鹿、鸡等为主。80%的奶制品和90%的牛肉依靠进口，猪肉、鸡和蔬菜基本自给。2018年，毛农业产值增长3.4%。毛海岸线长约250公里，有230万平方公里的专属经济区，经济价值较高的渔业资源主要为金枪鱼。20世纪80年代，毛捕鱼业发展较快。从1992年起，为保护渔业资源，避免过量捕捞，政府开始采取限制措施。海产品不能自给，每年还需大量进口。近年来，毛为加速经济转型，鼓励发展渔产品加工业，将其列为吸引外资的重点产业之一。2018年，毛鱼类产量从2017年的22732吨增加至29255吨，增幅为28.7%。其中，深海鱼（金枪鱼等）的捕捞量增长29.7%，沿海鱼类捕捞量增长16.6%。

【旅游业】为毛重要创汇产业，产值占毛GDP的7.8%左右。作为世界著名旅游胜地，毛具备较强的旅游接待能力，全国拥有56家大型酒店，约有3.1万人为旅游业服务。2019年，旅游收入631亿卢比，较2018年减少约10亿卢比，累计接待外国游客138.35万人次，同比下降1.1%，其中，欧洲游客占60.4%，非洲游客占22.5%，亚洲游客占13.7%，法国、英国和留尼汪为三大游客来源地。

【金融服务业】近年来发展迅速。毛金融保险市场自由、开放。外资银行和保险公司经批准可以在毛注册营业；银行利率放开，由各商业银行自行决定；无外汇管制，当地货币卢比可与外币自由兑换。2017年，毛金融保险业产值增长5.5%。毛央行按英国央行模式设立和运作，直接向议会报告，在监管金融机构以及清算、支付和结算体系管理方面发挥积极作用；毛里求斯商业银行（MCB）和毛里求斯国家银行（SBM）系毛排名前两位的商业银行，分别占国内市场份额40%和30%，经营范围除普通银行业务外，还涉及融资租赁、保险理财、投资管理、基金、证券等，其中MCB在《银行家》杂志评比中，综合排名位居东非地区首位，非洲排名第20位。汇丰、巴克莱、德意志、渣打等10余家外资银行均在毛设立子行或分行，主要经营离岸银行业务，其中以汇丰和巴克莱银行业务量最大。

【交通运输】以公路运输为主。无铁路，毛政府正在推进各大城市间单轨铁路项目建设。

公路：毛公路交通较发达，公路总长达2112公里。截至2018年6月，全国注册机动车54.36万辆，较2017年底增长2.2%。

海运：全国90%以上的进出口物资依靠海运。路易港是毛唯一的国际商港，1993年被宣布为自由港。该港口现代化程度高，集装箱吞吐量大，能停靠最现代的集装箱船，拥有26公顷的集装箱码头和3台现代化集装箱起重机，是撒哈拉以南非洲地区最大集装箱港口之一。毛政府努力把路易港建设成地区海运中心之一。目前有20多条来往亚洲、欧洲、大洋洲和南非的国际班轮经停路易港。

空运：毛现有两个机场，即位于普莱桑斯的拉姆古兰国际机场和罗德里格岛民用机场。前者由中国政府提供优惠贷款并由中资企业建设，航站楼面积3.2万平方米，现代化程度较高，可起降大型客机。毛里求斯航空公司成立于1967年6月。现已开通近30条国际航线，连接10多个欧、亚、非国家，与上海、新加坡、伦敦、巴黎、约翰内斯堡、珀斯等20多个城市有直航。

【对外贸易】外贸是毛国民经济的重要组成部分。主要出口蔗糖和出口加工区产品，进口粮食及其他食品、棉毛原料、机器设备、石油产品等。同100多个国家和地区有贸易往来，主要贸易伙伴国是法国、英国、美国、印度、中国等。2019年，毛进出口总额为76.97亿美元，出口额为22.86亿美元，进口额为54.11亿美元。

人民生活

毛里求斯实行免费医疗、免费教育、失业救济、米面价格补贴等福利政策。全国共有医院15所，地区医疗中心21个，社区医疗中心130个，共有床位4437张。平均每万人拥有医生19.3名。平均预期寿命男性为71.4岁，女性为78岁。2018年，人口出生率为10.2‰，死亡率为8.6‰。新生儿死亡率为13.1‰。

毛拥有现代化的电话网，国内外通信方便。电话普及率较高，截至2017年，共有固定电话41.3万部，移动电话184万部。互联网接入124.8万人。近年来，毛政府加紧发展电信业，投入巨资建设网络城、教育和培训设施、政府网站以及公共区域免费WIFI等。每年有15天公假日。

军　事

毛里求斯无正规作战部队，武装力量由警察、国家安全局、反贩毒和走私部队、直升机部队、海岸巡逻队、特别机动部队组成，共约1万余人，配备有小型飞机、直升机、装甲车、大炮、巡逻艇。宪法规定总统为武装力量总司令，但武装力量实际控制权掌握在总理手中。

毛武装力量系依靠英国、法国和印度建立。三国与毛的军事交流与互访频繁。三国定期派遣军事专家来毛训练特别机动部队，毛警察部队官兵也被派往上述三国接受训练。

文化教育

【教育】毛里求斯承袭英国教育体制，中、小学学制分别为6年。实行大、中、小学免费教育，是发展中国家人口受教育程度较高的国家之一。30岁以下的人口受教育率为95%。1997年起，开始实行9年制义务教育，力争将中学入学率提高到95%。截至2018年3月，毛全国共有学前教育学校846所，在校生2.6万余人；小学318所，在校生约9.0万人；中学178所，在校生约11.1万人；职业学校110所，在校生9000余人。

毛现有2所大学，分别为毛里求斯大学和毛里求斯技术大学，培养本科生、研究生和博士生。另有8所专科学校，其中毛里求斯教育学院是以培训中小学教师为主的专科学院，甘地学院是由印度援建的东方语言艺术学院。

【新闻出版】毛独立后历届政府实行新闻自由政策。现有报纸、杂志数十种。无通讯社，新闻部门通过电传向报界转发西方各大通讯社的国际新闻。发行量最大的日报是《快报》（L'express）、《毛里求斯人报》（le Mauricien）、《挑战报》（Le Défi）。另外还有《华侨时报》四种中文报纸。毛里求斯广播电视公司受总理府直接领导，其前身是创办于1937年的毛广播公司，现广播电视节目大部分用法语，其次是英语、印地语、克里奥尔语等，也有少量的客家话和广东话节目。2002年4月，先后有两家私营电台Radio One和Radio Plus开播。

印度洋出版社是毛出版发行图书的半官方机构，负责出版该国教育学院和甘地学院编写的中、小学教科书，同时进口批发外国图书，不定期举办国际书展。

对外关系

奉行中立、不结盟和全方位外交政策，坚持外交为经济建设服务，主张与所有国家发展友好关系，积极参与地区合作和南南合作，重视发展同东部和南部非洲国家、毛人口来源国和印度洋沿岸国家关系。近年来，毛在本地区积极发挥“小岛大国”作用，倡导减免发展中国家债务，推动非洲区域一体化。以小岛屿国家代言人自居，积极在气候变化等国际问题上发挥作用。

毛是不结盟运动、非洲联盟、东南部非洲共同市场、南部非洲发展共同体、环印度洋联盟、印度洋委员会等组织成员，是环印度洋联盟、印度洋委员会秘书处所在地。

【同中国的关系】1972年4月15日建交。建交以来，两国友好合作关系发展顺利。

2015年10月，毛总统法基姆来华出席2015年科技创新大挑战年会。同月，毛社战党主席苏登访华。12月，法基姆总统出席中非合作论坛约翰内斯堡峰会。2016年1月，外交部长王毅访毛。5月和6月，毛第一副总理兼旅游和对外交通部长杜瓦尔来华出席首届世界旅游发展大会和2016年夏季达沃斯论坛。11月，毛候任总理、财政和经济发展部长、社战党领袖普拉温德·贾格纳特访华。2017年4月，中国政府非洲事务特别代表许镜湖赴毛出席中毛建交45周年庆祝活动。5月，毛外交、地区一体化和国际贸易部长卢切米纳赖杜来华出席“一带一路”国际合作高峰论坛高级别会议并对华进行工作访问。11月，毛社战党总书记兼基础设施和内陆交通部长博达来华出席中国共产党与世界政党高层对话会。2018年2月，毛国民议会议长哈努曼吉访华。3月，中国政府非洲事务特别代表许镜湖赴毛出席毛独立50周年庆典。7月，国家主席习近平过境毛里求斯并进行友好访问，会见了普拉温德·贾格纳特总理。陪同访问的国务委员兼外交部长王毅会见了毛里求斯外长卢切米纳赖杜。9月，毛总理普拉温德·贾格纳特来华出席中非合作论坛北京峰会，习近平主席、李克强总理分别会见。2019年6月，全国人大常委会副委员长王晨访毛。

建交以来，中毛经济技术合作与经贸往来持续发展。两国政府签有税收协定及其议定书、经济技术合作协定等，并于1985年成立经济、技术和贸易合作联合委员会。2019年，中毛贸易总额为8.45亿美元，同比增长0.44%，其中中方出口额为8.06亿美元，同比增长0.28%，进口额为0.39亿美元，同比增长3.82%。2019年10月，中毛签署双边自贸协定。

两国金融合作起步良好。中国“银联”支付已在毛实现全覆盖。中国银行于2016年9月在毛设立子行。

两国政府签有文化合作协定（1980年）。1988年，中方在毛里求斯建立了海外第一个中国文化中心。双方文化演出团组互访频繁。毛是唯一将春节定为法定假日的非洲国家。2003年，中国宣布毛里求斯为中国公民出境旅游目的地国。2013年8月，两国签署全面互免签证协定。目前，两国已开通了香港、上海、成都、广州至毛里求斯的直航航线。自1981—2017年底，中方共接收毛奖学金留学生536名。2016年12月，毛里求斯大学孔子学院正式揭牌。

中国驻毛里求斯大使：孙功谊。馆址：Embassy of People’s Republic of China，Royal Road，Belle Rose，Rose Hill。电话：00230–4674600；4549113（商务处）；4663716（领事部）；2088595（文化处）；传真：4646012。电子邮箱：Chinaemb_mu@mfa.gov.cn。

毛里求斯驻华大使：李淼光（Lee Hon Chong Miao Kwong）。馆址：北京市朝阳区东直门外大街23号，外交办公大楼202号。电话：010–65325695，65325698（领事处）；传真：65325706。

【同印度的关系】毛印关系特殊。印是毛主要人口来源国，其传统文化、宗教、甚至种姓制度均对毛有深远影响。印是毛重要援助国，两国间设有经贸混合委员会，在信息技术、海洋等领域签有合作协定。2015年3月，印总理莫迪访毛期间承诺给予毛5亿美元优惠贷款，并在阿加莱加岛综合开发、毛警卫队建设等方面给予支持。印是毛第一大商品进口来源国。毛是外国投资印度重要金融平台，据印财政部门统计，近15年以来，经毛对印投资占印吸引外资总量1/3。2016年5月，毛印签署新的《避免双重征税》协定议定书。近年来，双边高层交往密切，毛总统法基姆（2015年12月）、总理阿内罗德·贾格纳特（2015年出席印非峰会、2016年11月出席第17届世界大法官大会）、总理普拉温德·贾格纳特（2017年5月）以及印总统穆克吉（2013年3月）、总理莫迪（2015年3月）、人民院（下议院）议长马哈詹（2017年6月）等领导人互访。2018年3月，印总统科温得出席毛独立50周年庆典。8月，印外长斯瓦拉吉赴毛参加世界印地语大会。2019年1月，毛总理普拉温德·贾格纳特赴印出席第15届海外印裔人大会。5月，贾格纳特总理赴印参加印总理莫迪就职仪式。

【同法国的关系】毛法关系密切。法国人后裔掌握毛大多数制糖厂及许多工商界大企业。法是毛重要援助国，截至2017年9月，法国发展署对毛累计援助超过4亿欧元。法是毛最大投资来源国，目前法在毛企业160多家，涉及国民经济各个领域。法是毛第一大出口目的地国，2018年，毛对法出口占毛对外出口的16.6%。法还是毛最大游客来源国，2018年，法国赴毛游客为28.53万人次，同比增长4.35%。毛岛和法属留尼汪岛素有“姐妹岛”之称，交往较多，2018年，留尼旺赴毛游客13.84万。毛法在特罗姆兰岛主权问题上有争议，2010年6月，签署《共同开发特罗姆兰岛框架协议》。2018年3月，法外交国务秘书勒穆瓦纳出席毛独立50周年庆典。9月，毛总理普拉温德·贾格纳特赴巴黎出席经合组织区块链政策论坛。

【同英国的关系】毛是英联邦成员国，同英保持传统关系，在语言文化、立法、行政和司法体系、教育制度等方面均承袭英国体系。英是毛第三大出口目的地国，2018年，毛对英出口占毛对外出口的12%。英是毛第二大游客来源国，2018年，英国赴毛游客为15.18万人次，同比增长6.98%。两国高层交往较多。2015年11月，阿内罗德·贾格纳特总理赴马耳他出席英联邦峰会。2018年4月，普拉温德·贾格纳特总理赴英出席英联邦会议。毛英在查戈斯群岛主权问题上存在争议。2017年6月，第71届联大应毛方要求通过决议，请求国际法院就英将查岛从毛分离并持续管理该岛对毛完成非殖民化进程的影响和有关法律后果发表咨询意见。2019年2月25日，国际法院发表咨询意见，认定英国将查岛从毛里求斯分离造成毛的非殖民化进程未合法完成，英方应尽快结束对查岛的管理，各国应协助联大尽快实现毛的非殖民化。5月22日，联大表决通过非洲组提交的关于执行国际法院查岛咨询意见决议草案。

【同美国的关系】毛美关系密切。美是毛重要出口市场，在《非洲增长与机遇法》项下给予毛出口商品优惠政策。近200家美国公司在毛设立代表处。2018

年，毛对美出口占毛对外出口的12.5%。美在毛英存在主权争议的查戈斯群岛迪戈加西亚岛上驻军是两国关系中的敏感问题。2016年11月，英单方面决定将迪戈加西亚岛租借给美建立军事基地的租约自动延长至2036年，毛对此予以驳斥。

【同南非的关系】1993年12月，毛里求斯同南非建交。毛与南关系密切，在南约有2万名侨民。南是毛主要进口国，两国于1994年签署了新的避免双重征税协定。南非是毛重要游客来源国。2015年5月，毛金融服务、良政和机构改革部长巴丹访问南非并签署毛南避免双重征税协定修订案。

【同邻国的关系】1982年倡议成立地区组织印度洋委员会，1997年倡议成立环印度洋地区合作联盟。2007年10月，毛外长杜卢在塞舌尔出席印度洋委员会特别部长会议，会议决定毛里求斯、马达加斯加、塞舌尔、科摩罗4国成立印度洋岛国（CMMS）地区组，旨在与欧盟商签《经济伙伴协议》的过程中更好地维护地区国家共同利益。毛重视发展与非洲大陆国家关系。2015年，毛总统法基姆、第一副总理杜瓦尔、财长卢切米纳赖杜等赴南非、加纳等非洲多国访问，并接待加纳总统、马达加斯加总理等访毛。2017年10月，塞舌尔总统富尔对毛进行国事访问。2019年1月，莫桑比克总统纽西对毛进行国事访问。3月，马达加斯加总统拉乔利纳赴毛出席毛独立日庆典活动。4月，肯尼亚总统肯雅塔对毛进行国事访问。毛高度重视对非经贸合作，将“向非发展”确定为基本国策，积极谋求与加纳等国共建经济特区，与多个非洲国家签署投资、税收、贸易协定，为毛企业进入非洲铺路。毛积极加强与非洲大陆人文交流，提供政府奖学金，给予非洲近30国免签证待遇。（张俊杰）

毛里塔尼亚

国名　毛里塔尼亚伊斯兰共和国（The Islamic Republic of Mauritania，La République Islamique de Mauritanie）。

面积　103万平方公里。

人口　450万（2019年），总体上分为摩尔族和黑非民族（非洲黑人）两大类。其中白摩尔人（阿拉伯–柏柏尔血统）占30%，具有阿拉伯文化语言传统的哈拉廷人（又称“黑摩尔人”）占40%，非洲黑人占30%。主要黑非民族是图库勒族、颇耳族、索宁克族、沃洛夫族和班巴拉族。阿拉伯语为官方语言，法语为通用语言。民族语言有哈桑语、布拉尔语、索宁克语和沃洛夫语。约96%的居民信奉伊斯兰教。

首都　努瓦克肖特（Nouakchott），人口119万（2019年）。9月为最热的月份，气温约24℃—34℃（内陆地区最高温接近40℃）；12月为最冷的月份，气温约13℃—28℃。

国家元首　穆罕默德·乌尔德·谢赫·艾哈迈德·加兹瓦尼（Mohamed Ould Cheikh Mohamed Ahmed Ghazounai），2019年8月就任。

重要节日　独立日（国庆节）：11月28日。

简　况

位于非洲撒哈拉沙漠西部。与西撒哈拉、阿尔及利亚、马里和塞内加尔接壤。西濒大西洋，海岸线全长667公里。属热带沙漠性气候，高温少雨。年平均气温约25℃。

毛里塔尼亚最早的居民是巴富尔黑人民族。后北非柏柏尔人迁入毛北部。公元7世纪阿拉伯人进入毛并建立封建王朝。1920年毛成为“法属西非洲”管辖下的殖民地。1956年成为“半自治共和国”，1958年9月加入“法兰西共同体”，11月“毛里塔尼亚伊斯兰共和国”宣布成立。

政　治

1960年11月28日宣告独立，达达赫任总统。1978年，军人发动政变，成立了“全国复兴军事委员会”（后易名为救国军事委员会），萨莱克任主席。1980年，海德拉出任军委会主席、国家元首兼政府总理。1984年12月，参谋长塔亚政变上台，任军委会主席、国家元首。1992年、1997年和2003年，塔亚三度当选总统。2005年8月，国家安全局长瓦尔等人发动政变，成立“争取公正与民主军事委员会”接管政权。2007年3月25日举行大选，独立候选人阿卜杜拉希当选总统。2008年8月6日，以总统府特别参谋长阿齐兹为首的军人成立“最高国务委员会”，接管政权。2009年7月18日毛举行总统选举，阿齐兹当选。2014年6月21日，阿齐兹再次当选总统。2019年6月22日，执政党争取共和联盟候选人、前国防部长加兹瓦尼当选毛第10任总统。目前，毛政局总体稳定。

【宪法】1961年5月20日颁布第一部宪法。1991年7月12日通过的宪法确立了“三权分立”原则，被认为是毛第一部民主宪法。主要内容是：实行总统制，总统为国家元首，由普选产生，任期6年，可连选连任；建立议会制和多党制。2005年8月政变后，以瓦尔为首的军政权对1991年宪法进行调整和补充，于2006年6月举行了修宪公投，修宪案以96.97%的支持率获得通过。修改后的宪法规定：毛总统任期从原来的6年缩短为5年，总统只可连任1次，其候选人的年龄不得超过75岁；修宪至少须1/3议员提议，2/3议员赞成才能提交全民公投。2017年8月，毛举行修宪公投，此次公投的投票率为53%，85%的选民投票赞成修宪案。根据公投结果，毛取消了参议院，合并高等法院、伊斯兰高级理事会和共和国调解院，修改了国旗、国歌。

【议会】1991年通过的宪法规定立法权属议会。毛原实行国民议会和参议院两院制，但2017年8月修宪公投通过后，参议院被撤销，国民议会成为国家唯一立法机构。国民议会共155个席位，由直接选举产生，国民议会议员任期5年。2018年10月，谢赫·乌尔德·巴亚（Cheikh Ould Baye）当选国民议会议长。

【政府】2019年8月，伊斯梅尔·乌尔德·贝达·乌尔德·谢赫·西迪亚（Ismail Ould Bedda Ould Cheikh Sidiya）被任命为总理，新政府共25名成员。外交与合作部长伊斯梅尔·乌尔德·谢赫·艾哈迈德（Ismael Ould Cheikh Ahmed），司法部长哈伊穆德·乌尔德·拉马丹（Haimoud Ould Ramadan），国防部长哈纳·乌尔德·西迪（Hanena Ould Sidi）。

【行政区划】现全国划为13个省（Wilaya）、53个县（Moughataa），县下设区（Arrondissement）。全国共有33个行政区和216个市镇（Commune）。13个省为：努瓦克肖特、阿德拉尔、阿萨巴、布拉克纳、达赫莱特-努瓦迪布、戈尔戈尔、吉迪马卡、东霍德、西霍德、因奇利、特拉扎、塔岗、提里斯-宰穆尔。

【司法机构】1991年宪法规定，司法权独立于立法权和行政权。总统保证司法的独立性，并主持最高司法会议。政府设有司法部。毛司法机构由县级法院、省级法院、劳工法院、上诉法院、刑事法院、最高法院组成。最高法院院长由总统任命，任期5年，须信奉伊斯兰教。现任最高法院院长为侯赛因·乌尔德·纳吉（El houssein Ould Naji）。最高法院总检察长西迪·穆罕默德·拉明（Sidi Mohamed Lemine）。

【政党】毛独立初期曾实行过多党制。达达赫执政时期，实行一党制。1978年军人执政后取缔一切政党。塔亚执政时期于1991年8月宣布开放党禁，颁布政党法，实行多党制。2005年8月瓦尔政变后，完全开放党禁。主要政党有：

（1）争取共和联盟（Union Pour la Répubilque，UPR）：现为执政党。2009年3月成立，共有党员约50万人。2009年5月5日至8月2日，阿齐兹曾先后以过渡期"最高国家委员会"主席、国家元首和新当选总统身份担任党主席。阿齐兹辞去党主席职务后，穆罕默德·乌尔德·穆罕默德·拉明（Mohamed Ould Mohamed Lamine）当选为主席。2014年9月，西迪·穆罕默德·乌尔德·马哈姆（Sidi Mohamed Ould Maham）当选为党主席。2016年3月，党主席马哈姆率团访华，两国执政党正式建立关系。2019年12月，西迪·穆罕默德·塔利布·阿玛尔（Sidi Mohamed Ould Taleb Amar）当选为党主席。该党主张推行多元化政治和民主制度，维护民族团结；鼓励私营经济，改善人民生活；发展睦邻友好，捍卫国家领土和主权；主张普及教育，实现经济社会发展。

（2）民主与发展全国同盟（Pacte National Pour la Démocratie et le Développement，PNDD）：2008年1月成立。主席为叶海亚·乌尔德·艾哈迈德·瓦格夫（Yahya Ould Ahmed Waghf）。2010年12月，该党宣布加入总统多数党派，支持阿齐兹现政权。

（3）民主力量联盟（Rassemblement des Forces Démocratiques，RFD）：主要反对党之一。脱胎于毛最早的反对党——民主力量联盟—新时代党（1991年毛实行多党制时成立）。2000年10月被政府解散，其部分领导人于2001年6月成立民主力量联合会，继续作为反对党存在，党主席为艾哈迈德·乌尔德·达达赫（Ahmed Ould Daddah），达达赫于1992年、2003年和2009年三次参加总统竞选，得票率分别为31%、6.89%和13.66%，未能当选。2010年9月，民主力量联盟发表公报承认阿齐兹总统地位。

（4）进步力量联盟（Union des Forces du Progrès，UFP）：1998年初自原民主力量联盟—新时代党分裂而来，核心成员是20世纪60—70年代在毛组成的共产党和劳动党骨干。属原反对党内的温和派，主张通过对话协商解决分歧。党主席穆罕默德·乌尔德·马乌鲁德（Mohamed Ould Maouloud）。主要支持者为知识分子、中层民众。

（5）争取民主与革新共和党（Parti Républicain pour la Démocratie et Renouveau，PRDR）：原民主社会共和党，塔亚时期执政党，1991年8月成立，2005年10月更名。2005年8月瓦尔政变后，该党宣布承认新政权，支持军委会改革措施，表示要与过去决裂。2005年10月，召开第三次全国代表大会，选举了由280人组成的全国委员会。12月，该党选举西迪·穆罕默德·乌尔德·穆罕默德·瓦尔（Sidi Mohamed Ould Mohamed Vall）为总书记。

（6）人民进步联盟（Alliance Populaire Progressiste，APP）：成立于1991年10月，是毛最早的反对党之一。主要支持者为下层民众。党主席马苏德·乌尔德·布勒凯尔（Messaoud Ould Boulkheir）。

（7）全国改革与发展联盟（Rassemblement National Pour La Reforme Et Le Developpement，RNRD或TAWASSOUL），2007年8月成立。前身是中心改革者集团。温和伊斯兰政党，具有穆斯林兄弟会背景。是第一大反对党。在2013年立法选举中，获得16个议会席位。现任党主席穆罕默德·吉米勒·乌尔德·曼苏尔（Mohamed Jemil Ould Mansour），2012年12月当选。

其他主要政党有：民主进步联盟（Union pour la Démocratie et le Progrès，UDP），民主团结联盟（Rassemblement Pour la Démocratie et L'UNI，

RDU）等。

【**重要人物**】**穆罕默德·乌尔德·谢赫·加兹瓦尼**：总统。1956年出生于毛里塔尼亚阿萨巴。1978年参加国民军，2004年任参谋部军情局长，2005年升任国家安全总局长，2008年任总参谋长并晋升少将。2008年10月担任国防部长。2019年6月当选总统。

经　济

1986年毛里塔尼亚被联合国定为世界最不发达国家之一。经济结构单一，基础薄弱，矿业和渔业是国民经济的两大支柱，油气产业是新兴产业。外援在国家发展中起着重要作用。1992年，毛与国际货币基金组织和世界银行达成协议，开始执行经济结构调整计划，推进自由化进程，同时采取国家调控、监督市场和稳定物价等措施。随后，毛实行经济自由化政策和减贫发展战略，制订吸引外资的优惠政策，推进市场经济体制改革，加大对农业和基础设施的投入。2008年，毛继续积极与国际金融机构合作，世界银行、国际货币基金组织及"八国集团"开始实施免债承诺，免去毛每年2500万美元还款。2008年8月政变后，总额达5亿多美元的外援遭冻结，但作为经济支柱的渔业、矿业、石油国际合作未受到制裁影响，毛经济取得低速增长。2009年8月，阿齐兹就任总统后，国际援助、合作逐步恢复。阿大力发展农工业，积极开发矿产资源，吸引外国投资，加大基础设施建设，致力于改善民生和改变国家落后面貌。但近年来受国际原材料价格下跌影响，毛矿产特别是铁矿石收入减少。加之受海水温度上升影响，渔业产量和收入也有所下降。毛经济增长下行压力加大。2019年主要经济数据如下：

国内生产总值：57亿美元。

人均国内生产总值：1266美元。

经济增长率：5.2%。

货币名称：乌吉亚（Ouguiya）。

汇率：1美元≈36.7乌吉亚。

通货膨胀率：2.3%。

（资料来源：The Economist Intelligence Unit）

【**资源**】矿产资源主要有铁矿，探明储量为87亿吨。其他资源储量：铜矿2300万吨，石膏约40亿吨，磷酸盐1.4亿吨，黄金约184吨。渔业资源丰富，储量为400万吨。石油储量约为1.2亿桶。天然气储量约50万亿立方英尺。森林总面积47440公顷。

【**工业**】工业不发达，主要是一些采矿和小型加工业。采矿业以开采铁矿为主，是世界第七大铁矿石供应国。2012年生产铁矿石1200万吨，铁矿出口收入超过10亿欧元。铁矿石主要出口中国、意大利、德国、法国等。2009年，产铜3.54万吨，黄金9.13万盎司。油气生产是新兴产业，2007年日产原油1.6万桶左右，全年出口创汇6.42亿美元。后原油产量逐年下降，目前日产量在6850桶左右。

【**农牧渔业**】毛现有可耕地面积53.5万公顷，其中13.5万公顷为灌溉田，35万公顷为雨水田，5万公顷为绿洲。农业产值占国内生产总值5%，主要农作物有高粱、水稻、小米、玉米、小麦、大麦、豆类、椰枣等。农业靠天吃饭，受自然灾害影响大。毛粮食自给率为35%，每年大量进口粮食，并需国际援助。畜牧业在国民经济中占重要地位，产值占国内生产总值的6%。主要畜养羊、牛和骆驼。目前牲畜总数存栏量羊1633.3万只，骆驼134.2万峰，牛200万头。毛海域是西非渔场重要组成部分，渔业是毛国民经济的支柱产业，年捕捞量超过65万吨，渔业产值占国内生产总值约15%，渔业收入占外汇收入40%。

【**交通运输**】交通不发达。只有一条长675公里的铁路，主要承担铁矿砂运输。每年运载出口的全部铁矿砂、5万名旅客和近400峰骆驼，并为沿途居民每周运送800立方米水。2013年全国公路里程4460公里，其中柏油路3000公里。主要港口城市是努瓦克肖特和努瓦迪布，总吞吐量1670万吨，其中努瓦克肖特友谊港400万吨，努瓦迪布港120万吨，工矿公司矿石码头1200万吨。毛里塔尼亚航空公司于2007年倒闭，现公司由突尼斯航空公司和当地企业家合资组建，有客机3架。毛有机场27个，其中努瓦克肖特、努瓦迪布机场为国际机场。

【**财政金融**】毛1973年前使用西非法郎，为发展民族经济，1973年退出西非法郎区，开始使用本国货币乌吉亚，实行收支平衡的财政政策。2018年1月1日，毛全境发行新货币，回收旧货币，新旧乌吉亚兑换率为1：10。2019年外汇储备1028.7万美元，外债58亿美元。

毛目前有1家中央银行、10家商业银行、4家保险公司、1家租赁公司、若干信用合作社和百余所小型信贷机构。

【**对外贸易**】2019年进出口总额为61.55亿美元，其中出口额为30.25亿美元，进口额为31.3亿美元。主要出口铁矿砂和渔产品，铁矿砂主要出口中国、欧盟，渔产品出口西班牙、日本、尼日利亚等国。主要进口能源与矿产品、食品与农产品、机械设备和消费品等。所需生活资料的80%及大部分生产资料靠进口，其中22.1%为机械设备，16.8%为石油产品，15.8%为粮食，其余为化工、建材、轻纺用品等。进口商品80%来自欧盟，石油来自阿尔及利亚。近几年对外贸易情况如下（单位：百万美元）：

	2017	2018	2019
出口额	1600	1973	3025
进口额	2140	2517	3130
差　额	–540	–544	–105

2018年毛主要贸易伙伴及所占比例情况如下：

出口（%）　　进口（%）

中　国	30.8	韩　国	21
瑞　士	14.3	挪　威	9.4
西班牙	11.8	阿联酋	7
马　里	6.5	西班牙	4.1

人民生活

贫困人口约占全国人口的42%。毛医疗卫生条件十分简陋，缺医少药，医疗人员不足千人。2017年，平均寿命为64.5岁，成人文盲率46%。2018年，人口自然增长率为2.78%，婴幼儿死亡率为5.15%。65岁以上人口占总人口的3.14%。2018年，联合国189国人类发展指数中排名161位。目前固定电话7万户，移动电话331万户。

军　事

独立后建立国民军，指挥官多为法国人。1965年开始启用本国军官，至1973年指挥官全部由本国军官担任。实行义务兵（两年）和志愿兵相结合的兵役制度。总统任武装部队统帅，主持国防会议和最高委员会。国防部设有陆、海、空三军，自1995年起国防部长由文官担任。国民军参谋长直接指挥三军。

文化教育

【教育】毛里塔尼亚政府重视发展教育事业，把提高全民教育水平作为脱贫的重要途径。2004年各级教育平均入学率为46%。全国有5所高等院校：努瓦克肖特大学（建于1980年，是毛第一所综合性大学）、国家行政学校、高等师范学院、高等科学院和高等伊斯兰学院，另外还有5所技术学校。除现代教育外，毛全国各地存在传统的古兰经学校（音译为马哈德拉学校）。

【新闻出版】毛里塔尼亚新闻自由度在阿拉伯国家中排名前列。主要报刊为《人民报》（阿文版）和《视野报》（法文版），日发行量各为1500份。注册的阿、法文独立报刊有100多份，正常出版的报刊仅有20余份。

毛里塔尼亚新闻通讯社：官方通讯社，1975年成立时称“毛新社”，1990年与毛新闻印刷公司合并后改称“毛通社”。无外派记者，所发国外消息主要来源于法新社和路透社。通过阿拉伯联合酋长国通讯社在国外发消息。

毛里塔尼亚电视台：国营电视台，由伊拉克出资，法国承建。1983年试播，1984年正式开播。现有两套彩色节目，用阿拉伯语、法语和黑人少数民族语言播放，平均日播19—20小时。1996年，毛卫星电视接收系统竣工。

毛里塔尼亚广播电台：国家广播电台，1960年建立。现使用的广播设备由德国援建，有2套节目，每日各播出16小时，用阿拉伯语、法语、布拉尔语、索宁克语和沃洛夫语播送。

对外关系

奉行独立、和平、中立的外交政策，强调自身阿拉伯、非洲属性，致力于睦邻友好，积极推动非洲联合及马格里布联盟建设。重视发展与欧盟、海湾国家及国际组织的关系。近年来毛里塔尼亚突出外交为经济服务的方针，努力拓展国际空间，争取更多外援。迄今共与110个国家建立了外交关系。2014年1月至2015年1月，阿齐兹总统曾担任非盟轮值主席。2016年7月至2017年3月，担任阿盟轮值主席国。2018年7月1—2日，毛在首都努瓦克肖特举办第31届非盟峰会。

【对当前重大国际和地区问题的态度】关于经济全球化和国际经济新秩序：经济全球化对发展中国家提出了严峻挑战，但这是世界潮流，不可阻挡。发展中国家迫切需要国际社会更加重视其稳定和发展，特别需要可靠的发展伙伴帮助它们融入全球经济体系。发达国家应对发展中国家进行技术、资金转让，减免发展中国家的债务。发展中国家应加强合作，推动建立一个以所有国家协商、合作与团结为基础的公正的、有助于发展中国家经济增长的国际经济新秩序。

关于联合国改革问题：国际格局的深刻变化要求联合国安理会扩大其代表体制，支持在公正、民主的原则基础上讨论安理会席位问题。坚持非盟共同立场，认为应充分考虑非洲和阿拉伯世界在文明、人口、战略方面的重要性，给非洲和阿拉伯国家各一个常任理事国席位。

关于叙利亚问题：认为政治解决叙问题是实现叙长久和平与安全的唯一途径。呼吁有关各方通过政治途径实现叙危机公正、持久的解决，尊重叙主权和领土完整与民族团结。

关于利比亚问题：认为利问题只能通过政治途径解决，呼吁有关各方同利人民一道，积极通过对话协商解决利问题。同时，应充分发挥非洲国家的重要作用。

关于恐怖主义：反对一切形式的恐怖主义。呼吁加强国际合作与协调，对恐怖活动坚决予以打击。反对将恐怖主义与特定的国家、宗教联系在一起。认为必须首先消除贫困、不公正等滋生恐怖主义的根源。主张秉持包容态度，加强不同文明和宗教间的对话与理解。

关于中东和平进程和巴以局势：认为阿以冲突是世界和平与安全的最大威胁。联合国、安理会以及四方机制（联合国、美国、俄罗斯、欧盟）等应团结一致，努力推动阿拉伯和平倡议的实施。根据马德里和会精神、“土地换和平”原则和路线图计划恢复和谈是实现中东全面持久和平的唯一途径。对联大给予巴勒斯坦观察员身份表示满意，坚定支持巴在1967年边界范围内建立以东耶路撒冷为首都的拥有完全主权的独立的巴勒斯坦国。

关于非盟和非洲局势：实现粮食安全、工农业发展和减贫是非盟最基本的目标。今天的非洲应以一个声音对外，努力实现发展与强盛，消除疾病、贫困、战争和冲突，建设良政，尊重人权，实现整个大陆的可持续发展。对非洲地区安全局势表示关注，呼吁非洲各国本着团结的精神和友好协商的原则，在非盟框架内和平解决存在的问题，尽早实现非洲大陆的和平与发展。认为非洲人的问题应由非洲人自己解决，非盟有能力在维护域内和平、调解有关冲突方面发挥重要作用。呼吁建立非洲快速反应部队，第一时间应对危机。赞成实现非洲一体化，主张更有效地发挥非盟的作用。呼吁发达国家与非洲建立平等合作伙伴关系，加大对非援助和投资，要求国际金融机构协调立场，减免非洲日益严重的债务。

【同中国的关系】1965年7月19日中毛建交后，毛里塔尼亚历届政府均对华友好，两国关系持续稳定发展。

近年来，两国各层次友好往来不断。2013年4月，毛经社理事会主席海默尔访华，全国政协主席俞正声、中国经社理事会主席王刚分别与海默尔会见。11月，毛国民军总参谋长穆罕默德少将访华。2014年6月，毛商业、工业、手工业与旅游部长娜哈来华出席中阿合作论坛第六届部长级会议。8月，国家卫生和计划生育委员会主任李斌作为国家主席习近平特使赴毛出席阿齐兹总统就职典礼。9月，毛文化部长苏维娜来华出席中阿文化部长论坛。2015年4月，毛畜牧业部长哈比卜应邀访问宁夏回族自治区。7月，国家主席习近平与毛总统阿齐兹、外交部长王毅与毛外长苏维娜就中毛建交50周年互致贺电。9月，阿齐兹总统来华进行国事访问并出席2015中阿博览会开幕式。其间，国家主席习近平同阿齐兹举行会谈，国务院总理李克强、全国人大常委会委员长张德江分别会见。2016年3月，毛执政党争取共和联盟党主席马哈姆率团访华，两国执政党正式建立关系。5月，农业部副部长于康震访毛，主持召开中毛渔业混委会新一届会议。12月，中国全国人大常委会副委员长向巴平措率团访毛，同毛国民议会布瓦里勒议长举行会谈，分别会见哈达明总理和哈吉参议长。2017年3月，商务部副部长钱克明访毛，同毛经济与财政部长迪耶共同主持召开第3届中毛经贸混委会会议。5月，外交部长王毅访毛，会见阿齐兹总统，同毛外交与合作部长比赫举行会谈。9月，毛国民议会第一副议长哈尔希来华出席2017中阿博览会。10月，中毛新一届渔业合作混委会会议在北京召开，草签两国政府间海洋渔业协定修订文本。2018年3月，外交部部长助理陈晓东访毛。7月，毛外交与合作部长艾哈迈德来华出席中阿合作论坛第八届部长级会议。9月，阿齐兹总统来华出席中非合作论坛北京峰会。2019年8月，习近平主席特使、全国人大常委会副委员长王东明访毛，出席加兹瓦尼总统就职仪式。9月，毛国民议会第一副议长布瓦迪耶尔来华出席第四届中阿博览会。

2019年，两国经贸合作进一步发展。双边贸易额为19.57亿美元，同比增长3.07%。其中中国进口额为9.31亿美元，同比增长8.03%；出口额为10.26亿美元，同比下降1.06%。

中国驻毛里塔尼亚大使：张建国。馆址：N°33 Bis，IIot K Extention Secteur 1，Tevragh Zeina，Nouakchott，The Islamic Republic Of Mauritania。电话：00222–452–52070；传真：52462。

毛里塔尼亚驻华大使：穆罕默德·阿卜杜拉希·布哈里·维拉利（Mohamed Abdellahi Elboukhary Elvilaly）。馆址：北京市朝阳区三里屯东三街9号。电话：010–65321346，65321703；传真：65321685。

【同法国的关系】毛同法有密切的传统关系，两国签有防务协定。法是毛重要的贸易伙伴和最大投资国。法每年向毛提供各类援助约3000万美元。法在毛侨民和各部门的专家有4000多人。2012年10月，阿齐兹总统在马耳他出席地中海南北岸国家“5+5”对话会议期间，会见了法总统奥朗德。2013年1月，阿齐兹总统在出席阿布扎比可再生能源与水资源峰会期间，会见了法总统奥朗德。4月，毛外交与合作部长哈马迪同法外长法比尤斯在努瓦克肖特签署两国2013—2015年合作伙伴框架文件。2014年5月，法国防部长勒德里昂访毛。法内政部长伯纳德赴毛出席萨赫勒五国内政部长会议。6月，毛大选结果公布后，法总统奥朗德、外长法比尤斯分别致电祝贺阿齐兹当选连任。年内，阿齐兹总统还赴法国出席法非峰会及二战盟军登陆普罗旺斯纪念活动。2015年底，阿齐兹总统出席在巴黎举行的第21届联合国气候变化大会。2016年9月，法国议会代表团、法国家反恐部队中将访毛。2017年4月，法国外长艾罗访毛；阿齐兹总统访法，同奥朗德总统举行会谈；法国经济与财政部长访毛。6月，法国外长勒德里昂访毛。7月，阿齐兹总统在出席萨赫勒五国集团巴马科特别峰会期间，同法总统马克龙会谈。2018年7月，法国总统马克龙访毛；11月，阿齐兹总统赴法国出席第一次世界大战结束100周年纪念活动。2019年4月，阿齐兹总统访法，会见法总统马克龙。

【同美国的关系】1961年毛美建交。美每年向毛提供小额援助。1995年以来，毛美关系不断发展，美逐步加大对毛的人道主义援助。2008年8月毛政变后，美表示谴责，并采取了停止经济援助、限制旅行等制裁措施。美参与国际联络小组，积极调解毛问题。2009年阿齐兹当选总统后，毛美关系得到改善。近年来，两国在反恐方面开展合作。2014年8月，阿齐兹总统以毛总统、非盟轮值主席身份赴美出席第一届美非峰会。2015年，美非洲司令部司令罗德里格斯、美非洲特别参谋部参谋长唐纳德将军、美非洲事务助理副国务卿、美空军驻非洲和欧洲参谋长雷伊将军分别率团访毛。

【同马格里布国家的关系】毛里塔尼亚对马格里布国家采取睦邻友好与平衡政策，努力同马格里布所有国家保持良好关系，加强在经济、文化、科研等方面的友好合作。2013年1月，阿齐兹总统前往突尼斯出席突局势剧变二周年庆祝活动。3月，阿尔及利亚总理萨拉勒访毛。4月，摩洛哥政府首脑班基兰访毛。2014年1月，阿齐兹总统赴突尼斯出席突制宪会议特别大会。提克迪外长出席在摩洛哥举行的第20届东耶路撒冷委员会成员国外长会议。2月，提克迪外长参加在利比亚举行的马格里布地区外长磋商会。5月，提克迪外长率团出席在摩洛哥召开的马格里布联盟国家外长理事会第32次会议。阿尔及利亚外长拉马拉访毛。6月，提克迪外长出席在阿尔及利亚举行的马里对话第三轮高级别磋商。总统大选顺利举行后，摩洛哥国王穆罕默德六世、阿尔及利亚总统布特弗利卡、阿拉伯马格里布联盟秘书长哈比卜相继发电祝贺阿齐兹成功连任。7月，提克迪外长访突，出席在阿尔及利亚举行的马里内部对话第四次高官会。8月2日，阿尔及利亚民族院议长本萨拉赫、摩洛哥众议院议长加拉卜出席阿齐兹总统就职典礼。2015年2月，第14届马盟人力资源部长委员会会议在努瓦克肖特举行。5月，毛外交部负责马格里布、非洲及海外侨民事务部长级代表法尔出席在摩洛哥举行的马盟监督委员会第50次会议及第33届马盟外长会。12月，哈达明总理与突总理绥德在突尼斯共同主持毛突合作高级混委会第17届会议。2016年3月，突尼斯总统特使、外长朱海纳维访毛。4月，阿尔及利亚总统特使、马格里布、非盟和阿盟事务部长梅萨赫勒访毛。5月，毛外长比赫访问阿尔及利亚。6月，阿齐兹总统特使、外长比赫访问摩洛哥。7月，阿尔及利亚民族院议长本萨拉赫访毛。10月，阿齐兹总统在洛美出席非盟特别峰会期间，会见阿尔及利亚总理萨拉勒。12月，阿齐兹总统同摩洛哥国王穆罕默德六世通电话，会见来访的摩政府首脑班基兰；哈达明总理访问阿尔及利亚，出席毛阿高级合作混委会第18次会议，其间会见布特弗利卡总统。2017年7月，阿齐兹总统在出席非盟第29届峰会期间会见阿尔及利亚总理特本。10月，阿尔及利亚总统布特弗利卡特使访毛，会见阿齐兹总统，转交阿总统亲笔信。2018年10月，毛外交与合作部长艾哈迈德访问阿尔及利亚；同月，阿尔及利亚贸易部长杰拉布访毛。11月，突尼斯总理沙海德、摩洛哥外交与国际合作大臣布里达访毛。2019年1月，突尼斯总统埃塞卜西特使访毛，会见阿齐兹总统，转交第31届阿盟峰会请柬。7月，阿齐兹总统代表、总统府部长级秘书长西迪亚访突，出席突总统埃塞卜西葬礼。8月，摩洛哥首相欧斯曼尼、阿尔及利亚总理贝都依访毛，出席加兹瓦尼总统就职仪式。

【同塞内加尔的关系】毛里塔尼亚与塞内加尔有传统关系。两国边民曾经发生流血冲突，并导致两国关系急剧恶化、断交。1992年4月，两国复交，并恢复通航、通邮，重开陆界口岸。1993年，两国实现关系正常化，双边合作发展顺利，影响两国关系的难民问题也逐步得到解决，目前滞留在塞境内的毛难民绝大多数已返回。2013年2月，阿齐兹总统在出席第12届伊斯兰合作组织峰会期间会见萨勒总统。9月，阿齐兹对塞进行友好访问。2014年5月，塞内政部长迪亚鲁赴毛出席萨赫勒五国集团内政部长会议。6月，塞内政部长迪亚鲁访毛。7月，塞总统萨勒致电阿齐兹祝贺其成功连任。8月2日，塞总统萨勒出席阿齐兹总统就职典礼。2015年7月，塞总统萨勒出席在毛举行的泛非绿色长城机构成员国第三次首脑会议。9月，阿齐兹总统在出席第70届联大一般性辩论期间会见出席大会的塞总统萨勒。10月，哈达明总理在达喀尔与塞总理迪奥纳共同主持毛塞合作高级混委会第12次工作会议。2016年4月，塞内加尔总理迪奥纳访毛。12月，塞内加尔总统特使访毛。2017年7月，塞内加尔总参谋长访毛。8月，塞内加尔畜牧业部长访毛。10月，塞内加尔外长访毛，会见阿齐兹总统，转交塞总统萨勒亲笔信。2018年2月，塞内加尔总统萨勒访毛。2019年7月，塞内加尔外长阿马杜·巴访毛，会见阿齐兹总统，转交塞总统亲笔信。8月，塞总统萨勒访毛，出席加兹瓦尼总统就职仪式。（孙岩）

摩 洛 哥

国名　摩洛哥王国（The Kingdom of Morocco, Le Royaume du Maroc）。

面积　45.9万平方公里（不包括西撒哈拉26.6万平方公里）。

人口　3650万人（2019年），阿拉伯人约占80%，柏柏尔人约占20%。阿拉伯语为国语，通用法语。信奉伊斯兰教。

首都　拉巴特（Rabat），人口64.6万。

国家元首　穆罕默德六世国王（S.M. Le Roi Mohammed VI），1999年7月30日登基。

重要节日　国庆日（登基日）：7月30日；独立日：11月18日。

简　况　位于非洲西北端。东部及东南部接阿尔及利亚，南部为西撒哈拉，西濒大西洋，北隔直布罗陀海峡与西班牙相望，扼地中海入大西洋的门户。海岸线1700多公里。

最早的居民是柏柏尔人。公元7世纪，阿拉伯人进入，并于8世纪建立第一个阿拉伯王国。现在的阿拉维王朝建立于1660年，穆罕默德六世国王是该王朝的第22位君主。从15世纪起，西方列强先后入侵。1912年3月30日，沦为法国保护国。同年，法国同西班牙签订《马德里条约》，摩北部地带和南部伊夫尼等地被划为西班牙保护地。1956年独立。1957年8月14日，定国名为摩洛哥王国，苏丹改称国王。1961年2月，穆罕默德五世国王逝世。3月，哈桑二世国王登基。1999年7月23日，哈桑二世国王病逝，王储西迪·穆罕默德于同日即位，7月30日正式登基，称穆罕默德六世。

政 治

摩洛哥实行君主立宪制，国王拥有最高权力。穆罕默德六世国王于1999年即位后，坚持君主立宪制、多党制等既定政策，注重发展经济，强调依法治国，优先解决贫困、就业等社会问题。同时加大反恐力度，积极参与国际反恐合作。2011年，为应对西亚北非政局动荡冲击，穆罕默德六世国王主动进行宪法改革，削减王权，扩大议会和政府权力。2016年10月，摩举行新宪法颁布后的第二次众议院选举，伊斯兰政党公正与发展党再次成为众议院第一大党，该党总书记班基兰连任首相。但因组阁5个月未成，2017年3月，六世国王解除班职务，任命公发党全国委员会主席欧斯曼尼为新首相，4月，欧完成组阁。目前，摩政局基本保持稳定。2019年10月，摩内阁重组，欧斯曼尼首相留任。

【宪法】摩独立以来已颁布六部宪法。现行宪法于2011年7月1日经公投通过。宪法规定：摩为君主立宪制国家，王权源自宪法；国王是国家元首、宗教领袖和武装部队最高统帅，并担任“大臣委员会”和“最高安全委员会”主席，掌握着重大决策的最终决定权；王位世袭；首相是政府首脑，由议会选举中得票最多的政党任命，拥有提名和罢免大臣、解散议会等重要权力，议会拥有唯一立法权，众议院占主导地位。

【议会】议会由众议院和参议院两院组成。众议院议员全部由直接选举产生，共395名，任期5年；参议院议员共120名，由地方行政机构、各行业协会代表选出，原则上任期6年，每3年改选1/3。

本届众议院于2016年10月产生。公正与发展党为议会第一大党，真实性与现代党、独立党分别为第二、三大党。现任众议长哈比卜·埃尔·马尔基（Habib El Malki），2017年1月当选。

本届参议院于2015年组成，独立党为参议院第一大党，真实性与现代党次之，公正与发展党位居第三。现任参议长哈基姆·本希马（Hakim Benchemas），2015年10月当选，2018年10月连任。

【政府】本届政府为摩独立以来第33届政府，成立于2019年10月，共24人，由公发党、全国自由人士联盟、人民力量社会主义联盟、人民运动、宪政联盟5个政党和无党派人士组成。主要成员有：首相萨杜丁·欧斯曼尼（Saad Eddine El Othmani），负责人权事务的国务大臣穆斯塔法·哈密德（Mustafa Ramid），内政大臣阿卜杜勒瓦菲·拉夫提（Abdelouafi Laftit），外交与国际合作大臣纳赛尔·布里达（Nasser Bourita），司法大臣穆罕默德·本阿卜杜勒卡德尔（Mohamed Benabdelkader），宗教基金与伊斯兰事务大臣艾哈迈德·图菲克（Ahmed Toufiq），经济与财政大臣穆罕默德·本查邦（Mohamed Benchaaboun）等。

【主要网址】http://www.maroc.ma。

【行政区划】全国划分为12个大区，62个省和13个省级市，1503个市镇。

【司法机构】司法机构分四级：最高法院、上诉法院（21个）、初级法院（68个）和初级法院派驻的法官处。全国设有最高司法委员会。法院院长和法官由国王任命。

【政党】实行多党制。现有35个政党，各党均宣布拥护国王和伊斯兰教，在大政方针上与国王保持一致。2016年10月立法选举后，共有12个政党在众议院中拥有席位，主要政党有：

（1）公正与发展党（Parti de la Justice et du Développement）：前身是1967年成立的“人民民主宪政运动”，1998年更用现名。温和的伊斯兰政党，拥护君主制，反对暴力和恐怖主义，主张以渐进方式对社会进行变革、实行“轻度”伊斯兰主义。系众议院第一大党，在395个议席中占125席。现任总书记萨杜丁·欧斯曼尼。

（2）真实性与现代党（Parti Authenticité et Modernité）：2008年成立，由5个小党派合并而成。系众议院第二大党、最大反对党，在395个议席中占102席。现任总书记为伊利亚斯·奥马里（Ilyas Omari）（2017年8月辞职，但该党中央政治局驳回其辞职请求）。

（3）独立党（Parti de l'Istiqlal）：1943年成立。系摩最早的民族主义政党，党内领导层多为大企业家、大农场主，在工商界、政界及人民群众中均有较大影响，长期执政或参政。摩众议院第三大党、第二大反对党，在395个议席中占46席。现任总书记尼查尔·巴拉卡（Nizar Baraka）（摩经社理事会主席）。

（4）全国自由人士联盟（Rassemblement National des Indépendants）：1978年成立，属保皇派政党，长期参政，系众议院第四大党，在395个议席中占37席。总书记阿齐兹·阿赫努什（Aziz Akhannouch）。

（5）人民运动（Mouvement Populaire）：1957年成立，传统保皇党，无保留地支持国王的各项政策。在众议院395个议席中占27席。现任总书记穆罕尼德·安索尔（Mohand Laenser）。

（6）人民力量社会主义联盟（Union Socialiste des Forces Populaires）：简称“社盟”，1975年成立，

代表中、小资产阶级及知识分子的利益，在知识分子、青年学生和工人中颇有影响。在众议院395个议席中占20席。现任总书记德里斯·拉什加尔（Driss Lachgar）。

（7）宪政联盟（Union Constitutionelle）：1983年成立，代表新兴资产阶级力量，主要由资本家、高级官员及知识分子和律师等自由职业者组成。在众议院395个议席中占19席。现任总书记穆罕默德·萨吉德（Mohamed Sajid）。

（8）进步与社会主义党（Parti du Progrès et du Socialisme）：1943年成立，是目前北非地区最大的共产党，也是阿拉伯国家中人数较多，且具有一定政治影响的共产党。在众议院395个议席中占12席。现任总书记穆罕默德·纳比尔·本阿卜达拉（Mohamed Nabil Benabdallah）。

【重要人物】穆罕默德六世：国王。1963年8月21日出生，是已故哈桑二世国王的长子。1985年毕业于拉巴特穆罕默德五世大学法学院，获法学学士学位，1993年获法学博士学位。1979年被立为王储。1985年被任命为皇家武装部队总参谋部协调员。1994年晋升少将军衔。1999年7月30日登基。爱好阅读、游泳和赛艇运动，精通阿拉伯语和法语，懂英语和西班牙语。1991年曾以王储身份访华。2002年2月对华进行国事访问，是中摩建交以来首位访华的摩国王。2008年5月私人访华，2015年私人访问中国香港。2016年5月，第二次来华国事访问。2018年私人访问中国香港。已婚，夫人称“拉拉·萨尔玛公主”，有一子一女。　**萨杜丁·欧斯曼尼**：首相。1956年1月生于摩洛哥西南部的伊内兹冈市。1986年获卡萨布兰卡医学院医学博士学位，后又获卡萨布兰卡大学医疗中心心理学文凭和拉巴特文学院伊斯兰研究高等教育文凭。长期从事医生职业。曾任公正与发展党前身组织“改革与复兴运动”“统一与改革运动”“人民民主宪政运动”领导成员。2004—2008年任公发党总书记，2008年任该党全国委员会主席。1997年起连续5次当选众议员，曾任众议院副议长、外交与国防委员会成员。2012—2013年就任外交与合作大臣（随后依法辞去众议员职务）。2017年3月17日被穆罕默德六世任命为首相，接替被撤换的班基兰组阁。2017年12月再度当选公发党总书记。已婚，有3个孩子。　**哈基姆·本希马**：参议长。1963年生于胡塞马。1980年在胡塞马市创立了人民力量社会主义联盟青年组织地方分支。大学毕业后在拉巴特大学担任政治学教授。2004年积极参与公平与和解机构工作。2007年加入全体民主人士运动，先后担任真实性与现代党副总书记，该党参议员议会党团主席。2015年10月当选参议长，2018年10月连任。已婚，有2个女儿。　**哈比卜·埃尔·马尔基**：众议长。1946年生于胡里卜盖省比贾德镇。1998年任农业、乡村发展与海洋渔业大臣，2002年任国民教育与青年大臣，2004年任国民教育、高等教育、干部培训与科学研究大臣。人民力量社会主义联盟党员。自1997年起连续当选众议员至今。2017年1月当选众议长。现为摩科学院院士、拉巴特穆罕默德五世大学经济学教授、地中海研究集团（GERM）主席、摩洛哥形势研究中心（CMC）主席。曾被授予摩王室军官勋章，葡萄牙—阿拉伯合作学院经济贡献奖章和法国荣誉军团军官勋章。

经　济

摩洛哥经济总量在非洲排名第五，北非排名第三。磷酸盐出口、旅游业、侨汇是摩经济主要支柱。农业有一定基础，但粮食不能自给。渔业资源丰富，产量居非洲首位。工业发展势头良好，特别是汽车产业发展迅速且初具规模。2016年出口整车34.5万辆，出口额已超过磷酸盐。纺织服装业是重要产业之一，2016年出口总额约35亿美元。摩1983年开始实行经济改革，推行企业私有化和贸易自由化，1996年同欧盟签署联系国协议后，进一步优化经济结构，改善投资环境，加强基础设施建设，2010年同欧盟建立自由贸易区。近年来，世界经济低迷、国际市场磷酸盐需求降低、西亚北非地区局势动荡等使摩经济遇到较大挑战。摩政府致力于扩大内需，加强基础设施建设，扶持纺织、旅游等传统产业，发展信息、清洁能源等新兴产业，积极吸引外资，经济继续保持增长。2014年启动“2020工业加速发展计划”。2019年主要经济数据如下：

国内生产总值：1156亿美元。

人均国内生产总值：3167美元。

经济增长率：2.4%。

货币名称：迪拉姆（Dirham）。

汇率：1美元≈9.62迪拉姆。

通货膨胀率：0.3%。

失业率：9.8%。

外债：507亿美元。

（资料来源：2020年4月《伦敦经济季评》）

【资源】磷酸盐为主要资源，储量1100亿吨，占世界总储量的75%。其他矿产资源有铁、铅、锌、钴、锰、钡、铜、盐、磁铁矿、无烟煤、油页岩等。其中油页岩储量1000亿吨以上，含原油60亿吨。

【工矿业】工业部门主要有农业食品加工、采矿、纺织服装、皮革加工、化工医药和机电冶金工业等。磷酸盐是摩经济的重要支柱，摩是世界磷酸盐出口第一大国，2016年摩磷酸盐贸易额约达43亿美元。摩有纺织企业约1700家，从业人口超过20万，纺织服装产值约占国内生产总值的16%，出口额占总出口额的30%，主要出口法国、西班牙、英国、德国、意大利等。手工业在国民经济中占重要位置，主要产品有毛毯、皮革制品、金属加工品、陶瓷和木制家具。

【能源】摩洛哥能源资源贫乏，目前超过95%的基础能源依赖进口，18%的电力从西班牙进口，每年能源需求增速达6.5%。风能、太阳能资源较丰富。由于化石燃料缺乏，为保障国家能源安全，摩能源战略正从依赖进口向发展可再生能源转型，计划到2020年前将可再生能源总装机量提高到占其全部电力生产的42%，后进一步提高到2030年的52%。预计电力市场总投入约320亿美元。

【**农牧渔业**】农业产量起伏较大，粮食不能自给，农业人口约占全国总劳力的42%，产值约占国内生产总值的11.6%（2016年），出口（主要为柑橘、橄榄油）占总出口收入的30%。可耕地895万公顷，蓄水坝90余座，可灌溉土地100万公顷，粮食种植面积558万公顷。主要农作物有小麦、大麦、玉米、水果、蔬菜等。2008年，摩推出“绿色摩洛哥”计划，以提高摩农业生产技术。2016—2017年粮食产量达到510万吨，同比增长203%。

畜牧业较发达，草地和牧场2029万公顷，2012年牲畜存栏数2370万头，约有牛470万头，羊1900万只。2016年牛羊肉产量55万吨，禽肉产量60万吨。

渔业资源丰富，是非洲第一大产鱼国，沙丁鱼出口量居世界首位。现拥有近海渔船2539艘，远洋渔船448艘，另有几千艘小船。从业人员40余万。为保护渔业资源，政府规定休渔期长达8个月，2015年捕鱼量约135万吨，出口收益超过10亿美元。摩是非洲最大的渔业产品生产国，世界第十七大渔业产品生产国和世界第一大沙丁鱼出口国。

【**旅游业**】旅游业发达，已成为摩第二大支柱产业、第二大平衡国际收支来源和第二大吸引就业行业。2010年摩提出旅游业发展的“2020愿景”战略。摩是非洲第一大旅游目的地国，2018年共吸引游客1230万人，旅游收入达78亿美元。主要旅游城市有：拉巴特、马拉喀什、卡萨布兰卡、非斯、阿加迪尔、丹吉尔等。

【**交通运输**】陆路交通较发达。在国内运输业中占主导地位，90%的客运和75%的货运通过陆路交通完成。

铁路：摩洛哥在铁路基础设施建设方面位列非洲前列，投入运营线路1907公里，其中复线370公里，50%线路实现电气化。另有765公里磷酸盐运输线。2003年，摩与西班牙达成协议，两国共同修建一条穿过直布罗陀海峡的海底复线铁路。该工程将是连接欧、非两大洲的首条铁路线。摩政府计划在2030年建成两条高铁线路，分别是丹吉尔—卡萨布兰卡—阿加迪尔线和卡萨布兰卡—乌吉达线，这两条高铁线路总长度约为1500公里，造价总额将超过1000亿迪拉姆（约合125亿美元）。摩同法国合作修建丹吉尔—卡萨布兰卡的高铁线路，时速320公里，该项目于2011年启动，系非洲和阿拉伯国家第一个高铁项目，目前已进入测试阶段。

公路：总长42158公里，其中一级公路10119公里，二级公路9253公里，三级公路22768公里。高速公路约1588公里，包括有拉巴特—丹吉尔、拉巴特—卡萨布兰卡—塞达特、拉巴特—梅克内斯—非斯—乌季达、卡萨布兰卡—马拉喀什等多段高速公路。根据摩第二个全国乡村公路10年计划（2005—2015年），每年将新建1500公里公路，届时全国80%的农村地区将通公路。

水运：现拥有港口30个，其中11个为多功能港口，11个为运输、捕鱼用港口。主要港口有卡萨布兰卡、穆罕默迪耶、萨非、丹吉尔、阿加迪尔等，2014年全国总吞吐量11510万吨。其中，卡萨布兰卡为全国最大港口，占全国港口总吞吐量的26%。丹吉尔—地中海港一期已完工，正在扩建二期，将成为非洲和地中海最大港口之一。

空运：全国共有机场28个，其中国际机场12个，如卡萨布兰卡穆罕默德五世机场、拉巴特—萨累机场、阿加迪尔机场、丹吉尔机场等。摩皇家航空公司（Royal Air Maroc）有飞机47架，开通75条航线，航线通往四大洲32个国家，总航线30多万公里。目前，摩皇家航空公司正在制定2016—2025年发展规划，拟通过增设新航线加强对非洲覆盖率，飞机数量将于2025年扩充至105架，投资将达37.89亿美元。2005年12月，摩与欧盟签署“天空开放”协议，摩航空市场对欧洲航空公司开放。

1996年12月，经阿尔及利亚、摩洛哥至西班牙、葡萄牙的马格里布—欧洲天然气管道正式开通。管道全长1385公里，初期每年可输送天然气90亿立方米，摩每年可获10亿立方米天然气。2005年起，摩将该管道的过境天然气截留配额用于发电，可满足全国约17%的电力需求。2017年5月，摩洛哥同尼日利亚签署了连接两国并最终抵达欧洲的天然气管道协议。

【**通讯电信**】摩信息与通信技术使用率位列非洲第四，具有良好的有线和无线通信系统，5条国际海底电缆和3个卫星地面站与国际卫星组织和阿拉伯卫星组织相连。通讯枢纽是卡萨布兰卡和拉巴特。截至2017年3月，摩洛哥移动电话用户为4178万，其中340万实现4G覆盖，互联网用户数为1830万。摩主要电信运营商为摩洛哥电信（Maroc Telecom，MT）和地中海电信（Meditelecom，Meditel）。

【**财政金融**】2019年底外汇储备264.1亿美元。

【**对外贸易**】摩同90多个国家和地区有贸易往来，2019年外贸总额为688.2亿美元，其中进口额为444.8亿美元，出口额为243.4亿美元。主要贸易伙伴为欧洲国家，占摩进出口总额约70%。西班牙是摩最大的贸易伙伴国。2004年，摩与突尼斯、埃及、约旦签署了“阿加迪尔协定”，宣布成立四国自由贸易区。同年，摩分别与美国和土耳其签署双边自由贸易协议。2006年1月，摩美自贸协定正式生效。2008年，摩获得欧盟给予的优先地位（介于成员国与联系国之间），2010年摩与欧盟建立自由贸易区。近年外贸情况如下（单位：亿美元）：

	2017	2018	2019
总　额	600	671	688.2
出口额	210	237	243.4
进口额	90	434	444.8
逆　差	180	197	201.4

2018年主要贸易伙伴：出口：西班牙（23%）、法国（22.1%）、巴西（7.3%）。进口：西班牙（16.2%）、法国（11.8%）、中国（9.9%）。主要出口机电产品、运输设备、非针织服装、肥料、无机化学品、建筑材料等。主要进口矿物燃料、机电产品、机械设备、运输设备、粮食等。

【外国资本】摩鼓励外国投资，尤其是20世纪80年代后，把鼓励和促进外国投资作为优先政策之一，颁布了“投资法”和“投资指南”，放宽外汇管理，简化投资手续，保证外国投资者的利益。法国、阿联酋、西班牙、沙特阿拉伯、美国、德国等在摩均有投资。摩外来直接投资主要集中在工业、房地产、能矿和金融等领域。2019年1—6月，摩吸引外国直接投资83亿迪拉姆，同比下降19.6%；摩对外直接投资42亿迪拉姆，同比增长68.1%。

【外国援助】摩洛哥接受的援助主要来自欧盟、海湾合作委员会、世界银行和非洲开发银行等。近年来，欧盟对摩提供的无偿援助稳定在每年2亿欧元，沙特、阿联酋等海湾国家对摩援助承诺增长迅速。沙特、阿联酋、科威特、卡塔尔四国2012—2016年每年向摩提供10亿美元的无偿援助。摩是法国的第二大受援国，西班牙的第一大受援国。

人民生活

摩洛哥政府执行振兴经济、增加就业、发展医疗卫生、司法及其他社会服务，逐步缩小社会差别，改善低收入者生活水平的政策，对生活必需品给予部分补贴。2014年摩贫困线以下人口160万，城市居民贫困率1.6%，农村人口贫困率9.5%。摩居民人均支出15900迪拉姆。2017年1月起，摩最低工资标准为每小时13.46迪拉姆，月最低工资为2570.86迪拉姆。93%的农村人口能用上电。摩全国有公立医院12所，军医院5所，私立医院102所，医疗中心和医疗诊所1360个，地方医院78所，产院、计划生育中心443个，大学医务中心2所，全国共有病床3万张。每个省均有省级卫生中心。根据联合国开发计划署2010年度人文发展报告，摩在177个国家中排名第114位。

军　事

摩洛哥皇家武装部队建于1956年5月14日，1957年和1960年建立空军和海军。5月14日为建军节。现无国防部，只设国防行政管理机构，主管国防行政事务。陆、海、空三军均设有总监（将军、大臣级），由国王直接指挥。穆罕默德六世国王为军队最高统帅兼总参谋长。1966年7月，开始实行义务兵役制，兵役期为18个月。

三军总兵力19.58万人，宪兵和辅助部队4万人。装备主要来自美国、法国等。其中陆军17.5万人，编有3个司令部，4个机械化旅，2个伞兵旅，11个机械化团等。海军1万人，包括1500人的陆战部队，有4个海军基地，29艘作战舰艇，装备有导弹驱逐舰、护卫舰、海防舰艇、两栖舰艇、支援舰艇。空军1.35万人，有6个中队，96架作战飞机，装备有战斗机、侦察机、武装直升机、教练机、地空导弹、空空导弹等。还有预备役15万人，准军事人员4.2万人。

文化教育

【教育】摩洛哥视教育为国家发展的根基，强调教育普及化，教材统一化，教师摩洛哥化和教学阿拉伯化。每年教育预算约占国家预算总支出的1/4。全国文盲率已从1960年的87%降至2015年的25.4%。现有高校64所，中学1168所，小学4350所。6岁儿童入学率为95%，7—12岁儿童入学率为94.5%，12—14岁少年入学率为73%，小学在校学生410万，教师13.28万；中学生180万，教师8.68万名；大学在校学生28.6万，教师9773名。国立中、小学教师已全部摩洛哥化，大学教师97%为摩洛哥人。大学24所，著名的高等学府有穆罕默德五世大学、哈桑二世大学、穆罕默德一世大学、卡迪伊亚德大学、卡鲁维因宗教大学和穆罕默德·本·阿卜杜拉大学。

【科研】1980年4月，摩设立皇家科学院，由30名摩洛哥常任院士和30名外籍联系院士组成。由穆罕默德六世领导，国王委派常务秘书主持日常工作。2001年，摩洛哥第一颗科学卫星发射升空。2005年，摩加入欧盟“伽利略”卫星导航计划，成为第一个加入该计划的非洲和阿拉伯国家，也是继中国、印度、以色列、乌克兰后第五个加入该计划的非欧盟国家。2017年11月，摩地球观测卫星穆罕默德六世-A号在法属圭亚那成功发射。

【新闻出版】目前出版的报刊共560多种，其中阿拉伯文375种，法文185种。主要报刊及发行量：官方《新闻报》，约3万份；半官方《撒哈拉晨报》，5万份；《舆论报》，7万份，独立党法文机关报；《旗帜报》，5万份，独立党阿拉伯文机关报；《宣言报》，2.5万份，进社党机关报；《马格里布报》，1万份，自由人士联盟机关报；《民族使命报》，2万份，宪政联盟机关报。

马格里布阿拉伯通讯社：成立于1959年，1977年成为国家通讯社。现有记者247名。与阿拉伯国家通讯社间有供稿联系，与法新社、美联社、塔斯社和新华社等签有交换新闻的协定，与亚、非、拉60个通讯社签有合作协定。在12个国家设有分社。

摩洛哥广播电台：建于1928年，1959年归国家掌握，由新闻部领导。在全国设有9个分台，采用阿、法、英、西班牙和柏柏尔语3种方言广播。另有私营的地中海国际广播电台，1980年7月成立，法、阿语广播。

摩洛哥电视台：建于1962年，1972年开始播放彩色电视节目，建有64个转播站，平均每天播放12小时，全国84%的人可收看电视。1989年建立私人电视台摩洛哥电视二台，每天播放10小时左右的节目，1996年被政府收购70%的资本。

对外关系

奉行不结盟、灵活、务实、多元的外交政策，注重对外关系的均衡发展。维护民族独立和国家主权，保持和加强与欧、美等西方国家的传统关系。1996年，摩洛哥与欧盟签署联系国协议。2008年，摩获得欧盟给予的优先地位。2010年，首届欧盟—摩洛哥峰会在西班牙举行。注重加强阿拉伯世界的团结，尤其重视与海湾国家发展关系。努力在国际事务特别是中东和平进程和伊斯兰世界中发挥作用。2011年，海湾合作委员会与摩建立“优先伙伴关系”。穆罕默德六世国王现任伊斯兰合作组织下属的耶路撒冷委员会主席。摩主张非洲国家团结，但1984年因非洲统一组织（非盟前身）接纳“西撒国”而宣布退出该组织。2017年1月，在非盟第28届峰会上，时隔33年，摩洛哥重返非盟。截至目前，摩与近150个国家建立了外交关系。

【对当前重大国际和地区问题的态度】关于国际形势：认为国际关系中紧张和冲突的因素仍未消除。世界经济发展失衡，贫富差距扩大，发展中国家处于极不平等的地位，这是威胁全球稳定的根本因素。主张加强南北对话和南南合作，要求发达国家向发展中国家提供资金和技术援助，大幅削减发展中国家的债务，并通过技术转让缩小南北间日益扩大的数字鸿沟。

关于联合国和安理会改革：认为联合国改革是一个渐进的过程，应本着先易后难的原则，不应为改革预设期限，且不能与联合国整体改革相割裂。应首先考虑协商一致和地域分配公平原则，各地区席位如何分配应由本地区自行决定，有关方案不应从外部强加。

关于气候变化：认为气候变化是对人类生存和发展构成最严重威胁的问题之一。呼吁国际社会采取共同的、团结的、强有力的行动应对气候变化问题，特别要关注非洲国家和小岛屿发展中国家应对气候变化问题的脆弱性。摩制定了到2020年实现可再生资源满足国内42%能源需求的目标，并于2015年正式提交了国家自主贡献行动目标。2016年11月，摩在马拉喀什主办了第22届联合国气候变化大会。

关于反恐问题：认为恐怖主义是对世界和平、稳定与安全的最严重威胁之一。谴责并坚决打击一切形式的恐怖主义活动。反对将恐怖主义归咎于特定宗教，坚决反对歪曲和妖魔化伊斯兰教。支持建立国际反恐中心，呼吁伊斯兰国家加强团结协作，从根源上消灭恐怖主义。

关于宗教极端主义：认为宗教极端主义是对伊斯兰教的歪曲。强调摩信奉温和、开放的伊斯兰教，拒绝一切损害这一宽容宗教同一性的行为，反对无谓的宗教分裂。

关于巴以问题：穆罕默德六世国王担任伊斯兰合作组织下辖的耶路撒冷委员会主席，强烈反对以色列单方面改变耶路撒冷及阿克萨清真寺历史、法律地位的行为。摩认为巴勒斯坦问题是整个伊斯兰世界的核心问题，呼吁以色列归还其占领的所有阿拉伯土地，以实现中东地区的和平。支持巴勒斯坦独立建国，支持巴以完整成员国身份加入联合国，并认为巴独立建国是中东实现和平稳定的重要保证。呼吁国际社会承担责任，为巴以问题寻找新的处理方式。

关于马格里布联盟建设：强调马盟建设不仅是摩必然的战略选择，同时也是摩与其他地区组织加强合作的基础。积极主张加强马盟组织建设，完善其机构设置。

【同中国的关系】中国与摩洛哥1958年11月1日建交以来，两国关系持续、健康发展。双方交往频繁，在国际事务中合作良好。

近年来，中摩友好合作关系继续保持良好发展势头，各层次往来密切。2013年12月，王毅外长访摩；2014年6月，摩外交与合作大臣梅祖阿尔来华出席中阿合作论坛第六届部长级会议，并作为阿方主席与王毅外长共同主持会议。11月，全国政协主席俞正声访摩。2016年5月，穆罕默德六世国王来华进行国事访问，两国元首共同将双边关系提升为战略伙伴关系；9月，中共中央书记处书记、全国政协副主席杜青林访摩。2017年4月，中共中央政治局委员、中央书记处书记、中宣部部长刘奇葆访摩。11月，摩外交与国际合作大臣布里达访华。12月，摩参议长本希马访华。2018年7月，中央统战部部长尤权访摩。9月，欧斯曼尼首相来华出席中非合作论坛北京峰会。11月，习近平主席、李克强总理、王毅国务委员兼外长分别就中摩建交60周年同穆罕默德六世国王、欧斯曼尼首相和布里达外交与国际合作大臣致互致贺信。同月，全国人大常委会副委员长艾力更·依明巴海访摩并出席第二届中阿城市论坛开幕式。2019年4月，全国人大常委会副委员长曹建明访摩。同月，摩外交大臣布里达来华出席第二届“一带一路”国际合作高峰论坛。5月，摩参议院副议长苏依里赴贵州出席国际大数据产业博览会。10月，全国政协副主席梁振英访摩。

经贸合作进一步发展，双边贸易增长较快。2019年，双边贸易总额为46.7亿美元，同比增长6.4%。其中中方出口额为40.35亿美元，同比增长9.6%，进口额为6.35亿美元，同比下降10.1%。

中摩在政党、议会、文化、卫生、新闻、人力资源培训、旅游、教育等领域的交流与合作进一步密切，团组互访不断。2016年2月，水利部部长陈雷访摩，双方签署中摩灌溉领域合作谅解备忘录。3月，中联部副部长刘洪才访摩。9月，摩国王顾问阿祖莱来华出席首届丝绸之路（敦煌）国际文化博览会，教育部副部长杜玉波访摩。2017年3月，中国社会科学院院长王伟光访摩，中国首次以主宾国身份参加在摩得土安举办的第23届地中海国际电影节。由江西科技师范大学和阿布杜·马立克·阿萨德大学合办的孔子学院在摩丹吉尔揭牌，摩成为首个开设3所孔院的阿拉伯国家。5月，中国首次以主宾国身份参加非斯圣乐节。6月，新华社总编辑何平访摩。9月，中国全国人大法律委员会副主任委员张海阳访摩。2016年6月摩对中国公民实施全面免签证政策后，中国赴摩游客人数快速增加。2019年全年超过20万人次。

中国驻摩洛哥大使：李立。馆址：16，Charia Ahmed Balafrej-Souissi，Rabat。电话：00212-53-7754056，7752718（商务处）；传真：7757519，7756966（商务处）。电传：32745 M BCECHINE（商务处）。

摩洛哥驻华大使：梅库阿尔（2018年6月到任）。地址：北京市朝阳区三里屯路16号。电话：010-65321796，65321489；传真：65321453。

中国台湾省在摩卡萨布兰卡市设有贸易发展协会。

【同美国的关系】摩洛哥与美关系密切，两国间高层互访频繁。美在摩建有战略油库为美第六舰队提供补给。美已取代法国成为摩最主要小麦供应国。美还在摩丹吉尔修建了美本土之外最大的“美国之音”转播站。2004年，美总统布什宣布给予摩非北约成员主要盟国地位；同年，摩美签署自由贸易协定。2012年2月，美国务卿希拉里访摩。3月，摩外交与合作大臣欧斯曼尼访美。9月，摩美在华盛顿举行首届战略对话。2014年4月，美国务卿克里访摩，并同摩外交与合作大臣梅祖阿尔共同主持第二轮摩美战略对话。8月，摩首相班基兰赴美出席美非峰会。2015年4月，摩外交与合作大臣梅祖阿尔与美国国务卿克里在华盛顿共同主持了第三轮摩美战略对话。2016年1月，摩美防务咨询委员会第九次会议在拉巴特举行。2月，摩外交与合作大臣梅祖阿尔访美。12月，穆罕默德六世国王与美当选总统特朗普举行电话会谈。2017年9月，摩外交与国际合作大臣布里达访美。2018年4月，第四届摩美经贸论坛在华盛顿召开。同月，美国国会代表团访摩。2019年10月，摩外交大臣布里达赴华盛顿出席第四届摩美战略对话。12月，美国务卿蓬佩奥访摩。

【同法国的关系】摩法有传统关系，两国元首和政府首脑多次互访。法是摩洛哥第二大贸易伙伴、第一大投资国和最大债权国。两国军事关系密切，摩军装备大部分由法提供。在法国支持下，摩与欧盟签有联系国协议，并于2008年获得欧盟给予的优先地位（介于成员国和联系国之间）。2015年2月，穆罕默德六世国王私人访法期间同奥朗德总统举行会谈，同月，法内政部长卡泽纳夫访摩。4月，法三军总参谋长德维利耶、总理瓦尔斯、财政部长萨班分别访摩。6月，穆罕默德六世国王在拉巴特会见法国前总统萨科齐。9月，法总统奥朗德对摩洛哥进行友好工作访问。11月，穆罕默德六世国王访法，同奥朗德总统举行会见。2016年1月，法国民议会外事、国防和军事委员会主席拉法兰访摩。2月，穆罕默德六世国王对法进行工作访问，同奥朗德总统举行会谈。3月，摩内政大臣哈萨德访法。4月，为筹备第22届气候变化大会，摩外交与合作大臣梅祖阿尔访法。5月，梅祖阿尔在巴黎会见了法国外长艾罗。6月，法国民议会主席巴尔托洛访摩。2017年3月，法陆军总参谋长多瑟访摩。4月，法国国民议会议长克劳德·巴托洛尼访摩。5月，穆罕默德六世国王在巴黎会见法国总统奥朗德；穆罕默德六世国王向法当选总统马克龙致贺信并同马通电话。6月，法国总统马克龙携夫人访摩。10月，法国外交部长勒德里昂访摩。11月，法国总理菲利普访摩，同首相欧斯曼尼共同主持两国第13次政府间对话。2018年4月，摩国王穆罕默德六世访法。11月，穆罕默德六世赴巴黎出席第一次世界大战结束100周年纪念活动。2019年6月，法国外长勒德里昂访摩。同月，摩外交大臣布里达赴马赛出席“地中海两岸国家峰会”。

【同西班牙的关系】摩西有特殊传统关系。两国领导人互访不断。西是摩洛哥第一大贸易伙伴和主要援助国，在摩有大量投资。2009年摩在西有71万侨民。摩西有领土纠纷，摩要求收回现为西占领的休达、梅利利亚及地中海沿岸一些小岛，西则认为这些领土主权属西。两国曾因摩北部地中海沿岸雷拉岛主权归属问题发生争端。2007年11月，西班牙国王访问休、梅两市，摩曾短期召回驻西大使。2012年1月，西班牙首相拉霍伊访摩。5月，摩首相班基兰访西。2014年2月，摩外交与合作大臣梅祖阿尔、工贸大臣阿拉米、外交与合作大臣级代表布艾达在马德里共同出席了与西企业家见面活动；同月，西国防部总参谋长桑切斯访摩；6月，西外长马尔加罗访摩；7月，西班牙国王费利佩六世夫妇访摩。11月，西国防部长厄拉特访摩。2015年6月，摩首相班基兰和西首相拉霍伊在马德里共同主持第11届摩—西高层会议。2016年2月，摩外交与合作部大臣级代表布里达访西。3月，摩内政大臣哈萨德和国家安全总局兼国土监察局局长访西。12月，西班牙内政大臣胡安·宰伊德访摩。2月，西班牙外交与合作大臣达斯蒂斯访摩。5月，摩外交与国际合作大臣布里达在马德里会见西班牙外交大臣达斯蒂斯；西班牙国防大臣访摩。8月，西班牙内政大臣伊索多访摩。9月，西班牙众议长帕斯托尔访摩。10月，摩外交与国际合作部发表公报，反对西班牙加泰罗尼亚地区单方面宣布独立，尊重西班牙主权和领土完整。摩现在和将来都不会承认加泰罗尼亚地区独立。2018年12月，西班牙首相桑切斯访摩。

【同阿尔及利亚的关系】摩洛哥与邻国阿尔及利亚历史上存在领土纠纷，曾因边界问题发生武装冲突。

1976年因阿支持西撒人阵，承认西撒国，摩阿断交。1988年5月两国复交。穆罕默德六世国王执政以来摩阿关系有所改善。2005年3月，摩国王与阿总统恢复中断14年之久的元首会晤。2007年12月，摩国王与阿总统布特弗利卡通电话，对阿首都发生恐怖袭击造成多人死亡表示慰问。2009年4月，穆罕默德六世国王致电祝贺布特弗利卡总统连任。2012年1月，摩外交与合作大臣欧斯曼尼访阿。2013年2月，摩外交与合作部秘书长布里达访阿。近两年，摩阿双边往访较少。2017年10月，阿尔及利亚外长梅萨赫勒称，摩向非洲贩卖大麻并洗钱，摩各界强烈反对梅上述言论，摩外交与国际合作部宣布召回摩驻阿大使。2018年11月，摩国王穆罕默德六世发表"绿色进军"日讲话，释放改善摩阿关系信号。2019年7月，穆罕默德六世国王在登基20周年纪念日讲话中再次表达改善摩阿关系的意愿。

【同其他阿拉伯国家的关系】摩洛哥同大部分阿拉伯国家保持良好关系。摩同海湾产油国关系尤为密切，海湾国家是摩外援和能源的重要来源。2014年1月，巴勒斯坦总统阿巴斯赴摩出席伊斯兰合作组织耶路撒冷委员会第20次会议。2月，摩拉希德亲王赴突尼斯出席突新宪法颁布仪式。同月，突总理朱玛访摩。同月，摩首相班基兰访问约旦。3月，摩首相班基兰同卡塔尔首相兼内政大臣阿勒萨尼共同在拉巴特主持召开第五届摩—卡高级混委会会议；同月，摩参议长比耶迪拉访问卡塔尔。5月，沙特国王阿卜杜拉对摩进行私人访问；同月，摩国王穆罕默德六世访问突尼斯。7月，摩外交与合作大臣梅祖阿尔访问埃及；同月，毛里塔尼亚总统特使、外交与合作部长提克迪访摩。9月，摩首相班基兰出席突尼斯国际投资会议。10月，摩外交与合作大臣梅祖阿尔访问毛里塔尼亚。11月，突尼斯总理朱玛访摩。2015年2月，科威特外长萨巴赫访摩，并举行第八届摩—科混委会。6月，摩首相班基兰访问突尼斯，与突总理绥德共同主持第18次摩—突大型混委会会议。11月，摩首相班基兰代表穆罕默德六世国王出席在沙特举行的第四届阿拉伯—拉美国家峰会。12月，穆罕默德六世国王对阿联酋进行工作访问。2016年2月，沙特外交大臣朱拜尔、伊拉克外长贾法里、突尼斯外长朱海纳维访摩。3月，摩众议长阿拉米在巴林会见了巴众议长艾哈迈德；摩首相班基兰赴沙特出席"北方雷霆"军演闭幕式。4月，首相班基兰在多哈同卡塔尔内阁会议主席、内政大臣共同主持两国第六次高级别混委会；穆罕默德六世国王访问沙特并出席摩洛哥—海湾国家峰会，随后对巴林、卡塔尔和阿联酋进行了访问；突尼斯人民代表大会主席纳赛尔访摩；约旦首相恩苏尔访摩，同首相班基兰共同主持两国第五次高级别混委会。5月，突尼斯总理绥德、埃及议长阿里访摩。2017年2月，摩与海合会第3届经济工作组会议在拉巴特召开。3月，摩首相班基兰在多哈出席第4届卡塔尔信息与技术展示大会，会见卡埃米尔塔米姆；第24届阿拉伯议会联盟大会在拉巴特举行，摩众议长马尔基当选该组织主席；约旦国王阿卜杜拉二世访摩，会见摩国王穆罕默德六世；摩外交与合作大臣梅祖阿尔访问卡塔尔。5月，沙特外交大臣朱拜尔访摩；利比亚国民代表大会议长阿吉拉访摩；摩外交与国际合作大臣布里达出席在利雅得举行的伊斯兰国家和美国领导人峰会。6月，巴勒斯坦外长马利基访摩；穆罕默德六世国王特使、摩外交与国际合作大臣布里达先后访问阿联酋、科威特和沙特，寻求卡塔尔断交风波的妥善解决；突尼斯总理沙海德访摩，出席两国第19次高级别混委会；穆罕默德六世国王向沙特国王及新王储致贺，并与新王储通话。9月，摩外交与国际合作大臣布里达在纽约出席第72届联合国大会期间会见了利民族团结政府外长希亚莱。11月，穆罕默德六世国王访问阿联酋、卡塔尔。2018年3月，摩众议长马尔基访问突尼斯。4月，马尔基访问埃及。9月，摩国王穆罕默德六世访问阿联酋。10月，沙特内政大臣纳伊夫访摩。

【同以色列的关系】摩洛哥同以色列有较深的历史渊源。二战中，摩王室为保护犹太人作出贡献。1994年，摩以互设利益代表处，2000年9月底以巴发生冲突后，摩召回驻以代表，关闭以驻摩代表处。2006年2月，以工党领袖佩雷茨访摩，摩国王会见。2007年7月，摩外交大臣本·伊萨与以外长利夫尼在巴黎举行非正式会谈。2014年6—7月，针对巴以形势，摩外交与合作部多次发表公报，谴责以色列在东耶路撒冷建立定居点，呼吁以立刻停止对加沙不可接受的、无理的攻击。2017年7月，穆罕默德六世国王以圣城委员会主席身份致信联合国秘书长古特雷斯，强烈谴责以色列相关宗教政策，要求以方停止单方面决定耶路撒冷命运的行为，并呼吁国际社会予以关注。（朱晓薇）

莫桑比克

国名 莫桑比克共和国（The Republic of Mozambique, A República de Moçambique）。

面积 799380平方公里。

人口 3040万（2019年）。主要民族有马库阿–

洛姆埃族（约占总人口的40%）、绍纳-卡兰加族、尚加纳族、佐加族、马拉维-尼扬加族、马孔德族和尧族等。官方语言为葡萄牙语，各大民族有自己的语言，绝大多数属班图语系。28.4%的居民信奉天主教，17.9%信奉伊斯兰教，其他多信仰原始宗教和基督教。

首都　马普托（Maputo），人口110万（2017年）。

国家元首　总统菲利佩·雅辛托·纽西（Filipe Jacinto Nyusi），2014年10月当选，2015年1月就职，2019年10月再次当选，2020年1月就职，任期5年。

重要节日　莫桑比克英雄日：2月3日；莫桑比克妇女节：4月7日；劳动节：5月1日；国庆节：6月25日；胜利日：9月7日；莫桑比克人民解放力量建军节与革命节：9月25日；和平与和解日：10月4日；圣诞节/家庭日：12月25日。

简　况

位于非洲东南部。南邻南非、斯威士兰，西界津巴布韦、赞比亚、马拉维，北接坦桑尼亚，东濒印度洋，隔莫桑比克海峡与马达加斯加相望，海岸线长2630公里。高原、山地约占全国面积3/5，其余为平原。属热带草原气候，年平均气温20℃（南部）、26℃（北部）。10月至次年3月为暖湿季，4—9月为凉干季。

13世纪，马绍纳人在现津巴布韦和莫桑比克一带建立莫诺莫塔帕王国，16世纪初，国势渐衰。1505年，遭葡萄牙殖民者入侵，1700年，沦为葡萄牙的“保护国”。1752年，由葡总督进行直接统治，当时称“葡属东非洲”。1951年，葡将其改为“海外省”。殖民统治时期，莫人民为争取民族解放进行了顽强的斗争。1974年9月7日，莫桑比克解放阵线（简称莫解阵）同葡政府签署了关于莫桑比克独立的《卢萨卡协议》。9月20日成立以解阵党为主体的过渡政府。1975年6月25日正式宣告独立，成立莫桑比克人民共和国。1990年，改国名为莫桑比克共和国。独立后，莫桑比克全国抵抗运动（简称抵运）长期进行反政府武装活动。1992年10月4日，莫政府和抵运在罗马签署了和平总协议，从而结束了长达16年的内战。

政　治

1992年恢复和平以来，莫政局长期稳定。政府积极维护民族团结，内外政策较为稳妥务实。在1994年、1999年、2004年、2009年、2014年和2019年6次多党议会和总统选举中，解阵党均获胜。但抵运和政府军长期龃龉不断，近年来不时爆发小规模冲突。在2014年10月举行的选举中，解阵党赢得议会250个议席中的144席，纽西以57%的得票率当选总统。2015年4月，纽西政府出台2015—2019五年计划，将巩固国家和平与统一、发展人力资源、促进就业、加强基础设施建设、可持续开发自然资源作为施政重点。纽西总统执政以来，继续执行稳妥务实的政策，将发展经济和消除贫困作为施政的首要任务，严惩腐败并撤换工作不力的官员，积极同抵运开展政治对话，并于2019年8月签署《和平与和解协议》，保持了经济形势和政局的稳定。在2019年10月举行的选举中，解阵党赢得议会250个议席中的184席，纽西以73%的得票率蝉联总统。

【宪法】现行宪法于2004年12月生效。宪法规定：以多党制取代一党制，实行党政分开和司法独立；总统为国家元首和政府首脑，总统和议员均由全民直接选举产生，任期5年，可连任一次；实行多种经济成分并存的市场经济；扩大公民自由与权利，废除死刑等。

【议会】莫桑比克共和国议会是国家最高立法机构。本届议会于2015年1月组成，任期5年。在250个议席中，解阵党占144席，抵运占89席，莫民主运动占17席。上届议会议长韦罗尼卡·纳塔尼埃尔·马卡莫（Verónica Nataniel Macamo，女）再次当选议长。马系解阵党政治局委员和莫历史上首位女议长。

【政府】实行总统内阁制，总统为国家元首和政府首脑，内阁中设总理，受总统委托召集并主持部长会议。部长会议是国家最高执行机关，向共和国议会负责。现部长会议成员包括总统、总理及22名部长。现政府主要成员有：总理卡洛斯·多罗萨里奥（Carlos do Rosário），外交与合作部长若泽·帕谢科（José Pacheco），国防部长阿塔纳西奥·姆图穆克（Atanásio M'tumuke），内政部长雅伊梅·蒙泰罗（Jaime Monteiro），经济和财政部长阿德里亚诺·马莱阿内（Adriano Maleiane），交通和通讯部长卡洛斯·梅斯基塔（Carlos Mesquita），农业和粮食安全部长伊吉诺·马鲁莱（Higino Marrule），海洋、内水和渔业部长阿戈什蒂纽·蒙德拉内（Agostinho Mondlane），矿产资源和能源部长埃内斯托·托内拉（Ernesto Tonela），公共工程、住房和水利部长卡洛斯·马蒂纽（Carlos Martinho），工业和贸易部长拉任德拉·德索萨（Ragendra de Sousa）等。

【行政区划】全国行政区划为省、市、县。现有10个省，53个市（含1个直辖市），151个县。10省：德尔加杜角省（Cabo Delgado）、尼亚萨省（Niassa）、太特省（Tete）、楠普拉省（Nampula）、赞比西亚省（Zambezia）、索法拉省（Sofala）、马尼卡省（Manica）、伊尼扬巴内省（Inhambane）、加扎省（Gaza）、马普托省。直辖市：马普托市（Maputo）。全国主要城市有马普托市、贝拉市（Beira）、楠普拉市（Nampula）等。

【司法机构】设有最高法院及省、县、区级法院及共和国检察院。最高法院院长安德利诺·穆尚加（Adelino Muchanga），2014年7月经议会投票批准，2019年7月经议会投票连任。总检察长比阿特丽丝·布西莉（Beatriz Buchili），2014年7月任命，2019年8月连任。

【政党】1990年改行多党制。1991年《政党法》正式生效。《政党法》规定，各党派必须遵循维护国家统一、发扬爱国主义精神和巩固莫桑比克民主三项原则，强调各政党必须具有全国性质，不得以个别地区、部落、宗教为基础；必须有利于国家的和平与稳定，不得谋求通过暴力改变国家的政治与社会秩序；不得搞分裂主义；每省至少有100名党员方能登记，其总部必须设在首都。全国有20多个合法政党。

（1）莫桑比克解放阵线党（Partido Frelimo）：简称解阵党，执政党。1962年6月25日成立，原名莫桑比克解放阵线，1977年2月改为现名。党员近450万人（2017年）。1977年，解阵党“三大”确定为“马列主义先锋党”。1989年，“五大”改为“全民党”。主张“尊重人权，维护和平与进步，缩小国内社会和地区差别，更加公平地分配财富”，目标是“建立以民主社会主义、平等、自由和团结为基础的莫桑比克社会”。2015年3月，解阵党召开十届四中全会，前总统格布扎辞去党主席职务，纽西当选解阵党主席。2017年9月，解阵党召开第11次全国代表大会，进行了总书记、中央委员会委员和政治委员会委员的换届选举。纽西连任党主席，罗克·席尔瓦（Roque Silva）当选新一任总书记。

（2）莫桑比克全国抵抗运动（Renamo）：简称抵运。系莫第二大党，主要反对党。1976年初成立，其后长期从事反政府武装活动，曾拥有部队1万余人。1994年，抵运正式宣布由军事组织转变为政党。同年被批准为合法政党。在1994年10月举行的首次多党大选中，该党获得37.78%的选票，在议会中占112席，成为莫第二大党。2018年5月3日，抵运前领导人德拉卡马病逝。2019年1月，抵运举行第六届党代表大会，奥苏福·莫马德（Ossufo Momade）当选新任党主席。在2019年10月举行的大选中，抵运党获得60个议席，其总统候选人、党主席莫马德获得21.88%的选票。总书记曼努埃尔·比索波（Manuel Bissopo）。

较有影响的政党还有莫桑比克民主运动党（MDM），和平、民主与发展党（PDD），民主联盟（UD）和工党（PT）。

【重要人物】菲利佩·雅辛托·纽西：总统，解阵党主席。1959年2月9日生。前捷克斯洛伐克布尔诺军事学院机械工程学士，英国曼彻斯特维多利亚大学管理学硕士。历任莫国家港口和铁路公司铁路部主任、经理、执行董事、国防部长等职。2014年10月，当选总统，2015年1月就职，2015年3月，当选解阵党主席。2019年10月，在大选中胜选连任。　**卡洛斯·多罗萨里奥**：总理。1954年生，农业经济学家。莫桑比克蒙德拉内大学农村经济学士，英国伦敦大学农业经济和农村发展硕士。曾任赞比西省省长，农业和渔业部长，国会议员。此后调任莫驻印度高专、驻东帝汶大使、驻马来西亚高专、驻新加坡高专。2015年1月起任现职。　**阿曼多·埃米利奥·格布扎**：前总统，前解阵党主席。1943年1月20日生。1963年，加入解阵党，1966年，当选解阵党中央委员。早年曾参加学生运动，从事地下工作，组织武装斗争，反对殖民统治。莫独立后历任内政部长、国防部副部长兼莫军总政委、总统府部长、交通运输部长等要职。1990—1992年担任解阵党代表团团长，与抵运在罗马进行谈判。2002年6月，在解阵党“八大”上当选该党总书记。2005年2月至2015年1月担任总统，2005年3月至2015年3月担任解阵党主席。

经　济

莫为农业国，是联合国宣布的世界最不发达国家和重债穷国。独立后因受连年内战、自然灾害等影响，经济长期困难。1992年实现和平后，政府大力调整经济结构，改善投资环境，鼓励引进外资，加大对农业和农村地区投入，加快基础设施建设，倡导增收节支，经济恢复性增长较快，年均增长率一度接近10%。

近年来，莫在自然资源勘探开发领域发展较快，煤炭、钛、铁、天然气等均获重大发现，部分已经进入实质开发阶段，为莫经济发展提供了强劲动力。英国《经济学人》杂志预测，莫未来在能源、矿产和基础设施领域有望获得高达900亿美元的投资。2015年以来，受国际大宗商品价格持续走低、旱涝灾害频发、债务负担加大等因素影响，莫经济下行压力增大。针对上述困难，莫政府采取改善投资环境、刺激国内企业发展、维护金融市场稳定等措施积极进行应对。2017年以来，随着莫北部鲁伍马盆地（Rovuma）海上天然气4区块项目正式启动，莫经济形势有所好转，主要大国和国际金融机构普遍看好莫长期发展前景。2019年3月和4月，热带气旋“伊代”“肯尼斯”引发灾害对莫经济造成较大负面影响。2019年莫桑比克主要经济数据如下：

国内生产总值：155亿美元。
人均国内生产总值：510美元。
经济增长率：1.9%。
外汇储备：38.88亿美元。
外债总额：165.91亿美元。
货币名称：梅蒂卡尔（Metical）。
汇率：1美元≈61.5梅蒂卡尔。
（资料来源：《伦敦经济季评》）

【资源】有煤、铁、铜、金、钽、钛、铋、铝、石棉、石墨、云母、大理石和天然气等，其中已发现天然气储量5.5万亿立方米，煤蕴藏量320多亿吨，铁矿5亿多吨，钛600多万吨，钽矿储量居世界首位，约750万吨。大部分矿藏尚未开采。莫51%的国土被森林覆盖，林木资源总量约17.4亿立方米。水利资源丰富，赞比西河上的卡奥拉巴萨水电站（HCB）装机容量207.5万千瓦。南非SASOL公司正在开采莫南部伊尼扬巴内省的天然气，并修建了莫至南非的输气管线。由必和必拓公司、日本三菱商事集团、南非工业发展公司和莫政府共同出资成立的MOZAL铝厂于2000年正式投产，该厂是莫第一家合资企业，也是莫最大企业。巴西淡水河谷公司、澳大利亚Riversdale公司（英国力拓集团控股）在莫中部太特省勘探开发煤炭。意大利、美国、中国、韩国、葡萄牙、加拿大、日本、马来西亚等多家外国石油公司正在北部鲁伍马盆地陆上和近海区域开展石油天然气勘探。

【工业】主要是加工工业，有铝加工、制糖、制茶、粮食及腰果加工、卷烟、榨油、纺织、木材、水泥、炼油、机车车辆制造、电池及轮胎业等，主要集中在马普托、贝拉和楠普拉等市。随着MOZAL铝厂、巴西淡水河谷、澳大利亚Riversdale公司煤炭开采项目等大型合资企业的建成投产，工业产值占国内生产总值的比重近年大幅上升。

【农渔业】莫是农业国，农村人口占总人口的66.6%。国家可耕地面积为3600万公顷，已开发600万公顷，可灌溉耕地330万公顷，仅14%已开发。畜牧面积为1200万公顷。农业产值占整个国内生产总值的25%，占莫出口比重的15%。腰果、棉花、糖、剑麻是传统出口农产品。主要粮食作物有玉米、稻谷、大豆、木薯等。2017—2018年度莫全国棉花种植18.1万公顷，总产量6.6万吨。莫渔业资源发展潜力巨大，潜在渔获量可达200万吨。

【交通运输】莫铁路、港口主要为本国和内陆邻国服务。国际货运曾是主要外汇来源之一。

铁路：总长3372公里。主要是由三条东西走向，互不连接的铁路系统组成。2014年建成的莫阿蒂泽—纳卡拉铁路项目长902公里，连接太特省莫阿蒂泽煤矿区，借道马拉维南部和莫桑比克尼亚萨省，直达楠普拉省纳卡拉港，年均可运1800万吨煤炭，于2016年初开始运营。2017年，莫铁路货运量达2200万吨，同比增长38%。

公路：总长约3.05万公里。其中柏油公路7344公里，南北公路干线（国家公路1号线，EN1）正在分段修复中，东西向公路干线分别为南部的马普托走廊（国家公路4号线，EN4），中部的贝拉走廊（国家公路6号线，EN6）和北部的纳卡拉走廊。2017年，莫道路交通业产值增长32%。

水运：内河航线1500公里，海岸线2600多公里。有马普托、贝拉和纳卡拉等15个港口。其中马普托港始建于1544年，是莫最大港口，东非最大港口之一，也是非洲著名的现代化港口之一，现有25个码头，最大水深14.3米，可停靠12万吨级船只，年吞吐能力为2500万吨，港内有铁路通往南非、津巴布韦和斯威士兰。贝拉港为莫第二大港，有12个码头，水深8—10米，年吞吐能力为500万吨，可容纳5万吨级货轮，港内铁路通往津巴布韦和马拉维。纳卡拉港为莫第三大港，有6个码头，年吞吐能力为220万吨，建有专门煤码头并有铁路通往太特省煤炭产区。2017年，莫港口吞吐量总计4400万吨，同比增长26%。

空运：莫桑比克航空公司（LAM）拥有大小飞机7架。首都与各省均有航线，国际航线通往南非、埃塞俄比亚、卡塔尔、土耳其、肯尼亚、葡萄牙等国。有大小机场20余个，其中国际机场4个。2017年9月，埃塞俄比亚航空和马拉维航空公司中标莫国内航线运营权，成为首批运营莫国内航线的外国航空公司。

【旅游业】莫桑比克建有国家公园和保护区，并正在与南非、津巴布韦建立跨境国家公园。主要国家公园和保护区有：林波波（Limpopo）国家公园、戈隆戈萨（Gorongosa）国家公园、尼亚萨（Niassa）保护区、马普托（Maputo）特别保护区等。2015年，莫桑比克参展了意大利“米兰世博会”和“威尼斯双年展”，并获选为世界旅游组织执行委员会（2015—2019年）委员国。2016年，莫旅游业投资1.078亿美元，共接待国际游客约171.5万人次。2018年，莫旅游业行业收入5亿梅蒂卡尔，共接待280万国际旅客。

【财政金融】全国共有19家商业银行，大部分为葡资参股银行，主要有千禧（莫桑比克）银行、标准银行、贸易和投资银行、巴克莱（莫桑比克）银行、国际贸易银行等。共有5家保险公司，主要有莫桑比克保险公司、Global Alliance、忠诚保险（Fidelidade）等。2018年，莫政府预算收入为2228亿梅蒂卡尔（约合36.8亿美元），预算支出3030亿梅蒂卡尔（约合50亿美元），支出结构中，63.4%用于教育、卫生、水电等民生领域以及农业、基建等国民经济关键领域；行政和债务开支分别占GDP的9.3%和3.8%；预算赤字逾800亿梅蒂卡尔（约合13.2亿美元）。2019年莫政府预算收入为2440亿梅蒂卡尔（约合38.4亿美元），预算支出3240亿梅蒂卡尔（约合50.9亿美元），预算赤字约800亿梅蒂卡尔（约合12.6亿美元）。2019年，莫全年税收总额达2760亿梅蒂卡尔（约合44.9亿美元）。

【对外贸易】随着MOZAL铝厂等几家大型合资企业建成投产，近年来莫外贸出口大幅上升，制造业已取代农业和渔业成为主要出口行业。莫主要出口产品是铝锭、木材、电力、天然气、煤炭、对虾、糖、棉花、烟叶等。主要进口产品为粮食、原材料、石油、机械设备及零配件等。

2019年外贸总额约115.08亿美元。近年对外贸易情况如下（单位：亿美元）：

	2017	2018	2019
出口额	47.25	51.96	47.15
进口额	52.23	61.69	67.83
差　额	4.98	9.73	20.78

（资料来源：《伦敦经济季评》）

【外国资本】1984年8月颁布《外国投资法》，1987年1月颁布《私人投资法》，鼓励国内外私人投资和兴办合资企业。1993年公布的新法规简化了投资审批手续。2017年，莫成立投资和出口促进局。2018年，莫吸引外资金额23亿美元，较2017年下降26%。中国是莫主要投资来源国之一。

【外国援助】莫独立后，国际组织和金融机构多次召开援助莫桑比克捐赠国会议，成立了由19个国家以及国际和地区组织组成的G19援助集团，通过无偿援助、信用贷款及减免债务等途径向莫提供经济援助。双边援助主要由德国、葡萄牙、意大利、瑞典、美国、英国、爱尔兰、日本等国提供。多边援助主要来自国际开发协会、欧盟、世界银行、非洲开发银行、联合国开发计划署、联合国粮食署、联合国难民署等。莫政府已明确提出未来国家发展将逐步降低对外援的依赖，更多依靠自身经济发展。2015年，德国、荷兰、比利时、挪威、丹麦5国退出19国集团。2016年4月媒体披露，莫政府为莫金枪鱼公司举借的8.5亿美元高息商业贷款提供主权担保，另有2笔总额超过10亿美元的主权担保贷款未向国际货币基金组织（IMF）通报，美国、英国、14国集团、IMF等多个西方援助国和国际组织因此暂停对莫国家预算提供直接经济援助，涉及金额近5亿美元。2018年1月，世界银行表示，2018—2021年将每年向莫提供4.1亿美元贷款，但将缩小发展援助规模，主要支持莫社会民生领域。

人民生活

内战结束后，世界银行等国际组织出资帮助莫恢复或重建医院和医疗站。据莫国家统计局资料，2015年，全国共有医疗机构1435个，其中医院64所，卫生中心1307个，卫生所164个。2018年，平均每10000人拥有7张床位、0.6名医生，预期人均寿命为58.9岁。（资料来源：联合国开发计划署）

近年来，莫积极采取措施降低疟疾和肺结核死亡率，控制艾滋病传播。霍乱、腹泻、寄生虫和疟疾等主要传染病发病率降低8.1%。莫绝对贫困人口指数为54%。2014年，莫肺结核病死亡率为0.127%。2015年，莫艾滋病感染率为13.2%，是全球艾滋病感染率最高的10个国家之一。2019年，莫共有220万名艾滋病毒携带者，其中接受逆转录治疗患者人数超过100万。5—49岁人口中艾滋病毒携带者占13.2%。莫疟疾病例由2014年的582.034万例增长至2015年的641.8516万例，涨幅超过10%，患病率超过24.9%。但因疟疾死亡人数由2014年的3245人减少至2015年的2467人，降幅24%。2016年，莫全国140万人粮食安全受到威胁，43%的儿童营养不良。联合国发布的《2019年人类发展报告》显示，2018年莫桑比克人类发展指数为0.446，位列189个国家中的第180位。

军　事

莫军队设有陆、海、空三军和民事服役部队，实际兵力为步兵营7个、特种兵营3个、工兵营2个、运输营1个、炮兵连3个、海军陆战连2个及少量的后勤、通信、管理人员，共13000人左右。总统兼任武装部队总司令。总参谋部是军队的最高指挥机构。总参谋长拉萨罗·梅内特（Lázaro Menete）（2017年10月任命）。国防军下设北部、中部和南部军区，其司令部分别设在楠普拉、贝拉和马托拉。实行义务兵役制，服役期2年。近年来，莫积极参与执行联合国的维和任务。曾先后向东帝汶、刚果（金）、科摩罗及布隆迪派兵参加联合国或非盟的维和部队。

文化教育

【教育】1983年改革教育制度，分为普通教育、成人扫盲教育、职业技术教育、教师培训和高等教育。小学实行义务教育，为7年制。1990年，再度实行教育制度改革，鼓励社会团体和私人办学。全国人均受教育1.6年。蒙德拉内大学是唯一综合性大学。2014年，莫议会通过职业教育法，将职业技术教育作为莫教育系统的子系统。2015年，高校在校生17.48万人。据莫教育部统计，2014年，莫初等教育第一阶段（1—5年级）共有教师76572名，较2010年增加13%，共有学校11742所，学生485.7259万名；初等教育第二阶段（6—9年级）共有学校5086所，较2010年增加40%。2003—2015年，莫未成年女性小学和初中入学率从45.3%和40.1%分别上升至48%和48.1%。据估算，2016学年，莫共有640万名在读学生，14万名教师和1.2万所学校。

【新闻出版】全国性报刊十余种。主要有：《消息报》，1926年4月15日创刊，葡文日报，发行量2万多份，系莫官方背景媒体及全国最大报纸；《国家报》，莫最大传媒集团SOICO旗下报刊，2005年5月28日创刊，发行量2万多份；《莫桑比克日报》，1902年创刊，1981年改为现名，葡文日报，发行量2万份，该报为私营报纸；《星期天报》，1981年创刊，葡文周报；《时代》，葡文周刊，1971年创刊，发行量2.5万份；《挑战报》，葡文体育周报，1987年创刊。

莫桑比克通讯社（AIM）：国家通讯社，1976年成立。使用葡萄牙语和英语发稿。

莫桑比克电台（RM）：官方电台，1975年成立，用葡语、英语和民族语言广播。对内广播19个小时，对外约5个小时。

莫桑比克电视台（TVM）：国营，1981年成立，每周播7天，每天播出18小时，通过卫星在全国播出，在各主要省份设有代表处和播出中心。

STV电视台：私营，2002年成立，全天播出，覆盖莫主要省市，与巴西媒体Rede Globo和Canal Futura建有合作关系。

对外关系

奉行“广交友，不树敌”的独立、不结盟外交政策，主张在相互尊重主权和领土完整、平等、互不干涉内政和互利的原则基础上与其他国家发展友好合作关系。重视睦邻友好和地区经济合作。主张通过谈判解决国家之间的争端。支持在非洲联盟内部建立预防和解决冲突的机制，支持全面裁军的原则。主张南南合作，要求建立国际政治、经济新秩序。强调外交工作的宗旨是为国家发展和安全服务，重视经济外交。是联合国、非洲联盟、南部非洲发展共同体、不结盟运动、英联邦、伊斯兰会议组织、环印度洋地区合作联盟、葡语国家共同体、世界贸易组织、非洲开发银行等国际和地区组织成员国。同119个国家有外交关系。

【同中国的关系】1975年6月25日中莫建交后，两国友好合作关系不断发展。近年中方访莫的主要有：外交部长王毅（2016年），中共中央政治局委员、北京市委书记郭金龙（2017年），国务委员兼国防部长常万全（2017年），中共吉林省委常委、宣传部长王晓萍（2017年），全国人大常委会委员长栗战书（2018年），中央军事委员会副主席许其亮空军上将（2019年）等。

莫方访华的主要有：第一副议长绍梅拉（2014年）、国防部部长姆图穆克（2015年）、总统纽西（2016年、2018年）、总理多罗萨里奥（2016年赴澳门出席中国—葡语国家经贸合作论坛第五届部长级会议）、解阵党总书记马沙瓦（2016年）、议长马卡莫（2017年）、解阵党总书记萨穆埃尔（2019年）、经济和财政部长马莱阿内（2019年）、总参谋长梅内特（2019年）等。

2018年9月，纽西总统来华出席中非合作论坛北京峰会。2019年4月，纽西总统来华出席第二届“一带一路”国际合作高峰论坛。

2019年，双边贸易额为26.7亿美元，同比增长6.99%，其中中方出口额19.58亿美元，同比增长5.15%，进口额7.12亿美元，同比增长12.41%。中方向莫主要出口机电设备、服装及纺织品、车辆及零件、陶瓷产品、家居产品、塑料制品、橡胶制品、玻璃制品、光学仪器、钢铁、矿物燃料、金属制品等，从莫主要进口木材及其制品、矿砂、油料作物、水产品、金属及其制品、首饰等。自2015年1月1日起，中方给予莫方97%输华产品免关税待遇。

两国签有文化合作协定、科学技术合作协定、互免持外交和公务护照人员签证协议等。

2011年4月，中方与莫方合作在首都马普托建立蒙德拉内大学孔子学院。截至2018年底，中方共接收莫奖学金生408名。2018年莫在华留学生659人，其中政府奖学金生226人。自1976年起，中方先后向莫派出22批医疗队，共335人次。目前，中国在莫有医疗队员12人，第6批和第9批医疗队分别被授予莫桑比克国家勋章。

中国已将莫桑比克列为中国公民自费出境旅游目的地国。

中国湖北省与莫加扎省，海南省与楠普拉省为友好省份，上海市与莫首都马普托市，成都市与马普托市为友好城市。2014年9月，莫桑比克在澳门开设总领事馆。

中国驻莫桑比克大使：苏健。馆址：Av. julius Nyerere No.3142，Maputo，Mozambique。电话：00258–21491560；传真：21491196；网址：http://mz.chineseembassy.org。经商处电话：21485454，21494384；传真：21490306。网址：http://mz.mofcom.gov.cn。

莫桑比克驻华大使：玛丽亚·古斯塔瓦（Maria Gustava）。馆址：北京朝阳区塔园外交人员办公楼1单元7楼2号。电话：010–65323664，65323578；传真：65325189。

【同美国的关系】莫桑比克独立后不久即同美国建交。1982年后两国关系得到改善和发展。美国先后取消对莫提供经援和军援的禁令。美曾参与推动莫国内和平进程。目前，莫为撒哈拉以南接受美国援助较多的国家，是美国《非洲增长与机遇法》的受惠国。2004年，美国宣布莫桑比克成为第一批有资格从“千年挑战账户”计划中申请资金援助的16个国家之一。莫桑比克总统多次访美。2015年9月，纽西总统赴美出席第70届联合国大会，其间会见美企业界人士，鼓励美企扩大对莫投资。2016年9月，纽西总统对美国进行工作访问并出席第71届联合国大会。2017年6月，纽西总统访问美国。2019年6月，美非商业峰会在马普托举行，美商务部副部长凯伦·凯利赴莫出席。

【同葡萄牙的关系】葡萄牙原是莫桑比克宗主国，两国政治、经济关系密切。葡曾参与推动莫和平进程，并为莫培训新军及警察。2010年和2014年，格布扎总统两次对葡萄牙进行国事访问。2014年，莫葡贸易额3.53亿美元，葡萄牙对莫投资3.36亿美元。2015年1月，葡萄牙总统席尔瓦、副总理波尔塔斯赴莫出席纽西总统就职典礼。2015年7月，纽西总统对葡萄牙进行国事访问。2016年，葡萄牙总统德索萨访莫。2017年10月，莫议长马卡莫应邀访问葡萄牙。11月，葡萄牙外交与合作国务秘书访莫。2018年6月，葡总理安东尼奥·达科斯塔访问莫桑比克。2019年3月，葡外交与合作国务秘书里贝罗访莫。7月，纽西总统对葡进行国事访问。

【同其他欧洲国家的关系】莫桑比克重视发展同欧洲国家的关系。北欧诸国为莫传统的援助国。英国、法国、瑞士、瑞典、芬兰等国每年对莫都有数千万美元的固定财政和物资援助。英法还曾积极参与莫和平进程，为莫培训国防军。西班牙曾为莫培训警察。2015年7月，纽西总统对法国进行国事访问。2016年，纽西总统访问德国、比利时并到访欧盟总部。2017年5月，纽西总统对荷兰进行国事访问。2018年2月，纽西总统对瑞士进行正式访问。9月，纽西总统对梵蒂冈进行正式访问。11月，纽西总统对挪威进行正式访问。2019年3月，欧盟国际发展与合作事务负责人曼塞维尼访莫。7月，纽西总统对意大利进行国事访问。8月，纽西总统对俄罗斯进行国事访问。9月，教皇方济各访莫。10月，纽西总统赴俄罗斯出席首届俄非峰会。

【同非洲及周边国家的关系】积极发展同非洲国

家特别是南部非洲周边国家的关系，实行睦邻政策。邻国南非是莫主要投资国之一，两国政治、经贸关系密切。莫是非洲联盟、南部非洲发展共同体、非洲开发银行等地区组织成员国。莫与博茨瓦纳、南非、斯威士兰等签署了互免签证协议，便利人员往来。莫于2009—2010年担任南共体政治、防务和安全机构主席国。2011年，莫与科摩罗、坦桑尼亚等签署了《莫桑比克与科摩罗关于确定海上边界的协议》《莫桑比克与坦桑尼亚关于确定海上边界的协议》《莫桑比克、坦桑尼亚和科摩罗关于确定海上边界三方分界点的协议》，并与赞比亚完成了陆地边界的界定。2012年，莫成功举办葡语国家共同体和南部非洲发展共同体峰会，接任两组织轮值主席国，并以轮值主席身份多次召开特别首脑会议，推动解决马达加斯加、津巴布韦和几内亚比绍政治危机。2014年3月，坦桑尼亚、马拉维尼亚萨湖划界争端新一轮调停会在马普托举行，调停小组组长、莫前总统希萨诺主持会议。2015年8月，莫再次担任南共体政治、防务和安全机构主席国。近年来，纽西总统多次出席非盟峰会和南共体首脑会议。2018年，纽西接待博茨瓦纳、南非、肯尼亚、乌干达和津巴布韦等国元首到访，并出访肯尼亚和卢旺达。2019年，南非总统拉马福萨、塞舌尔总统富尔先后访莫。纽西总统先后访问毛里求斯、斯威士兰、埃及，赴津巴布韦出席津前总统穆加贝葬礼，赴南非出席拉马福萨总统就职仪式，赴博茨瓦纳出席马西西总统就职仪式。

【同亚洲国家的关系】近年来，莫积极加强同日本、印度、越南、韩国等亚洲国家在能源和矿产资源开发、人员培训、农业等领域的合作，不断扩大经贸往来，吸引亚洲国家对莫投资港口、铁路等基础设施和能源。日本是莫主要援助国之一，主要投资领域为天然气和矿产开发。2014年，日本首相安倍晋三访莫。2014年7月22—23日，莫前总统格布扎出席在东帝汶首都帝力举行的第十届葡共体领导人会议。印度同莫交往历史悠久，2015年8月，纽西总统访印，10月，多罗萨里奥总理赴印出席印非峰会。2016年3月，越南国家主席张晋创对莫桑比克进行国事访问。2016年，印度总理莫迪访莫。2017年1月，土耳其总统埃尔多安对莫进行国事访问。2017年3月，纽西总统出席环印度洋联盟首届首脑峰会，同月对日本进行访问。2017年8月，莫承办东京非洲发展国际会议部长级会议。2018年2月，印度外交国务部长辛格访莫。2019年7月，印度国防部长拉吉纳特·辛格访莫。8月，莫经济和财政部长马莱阿内作为纽西总统代表赴日本出席东京非洲发展国际会议横滨峰会。11月，莫国防部长姆图穆克访问印度。（王海涛）

纳米比亚

国名　纳米比亚共和国（The Republic of Namibia）。

面积　824269平方公里。

人口　253万。奥万博族是最大的民族，占总人口的50%。其他主要民族有：卡万戈、达马拉、赫雷罗以及卡普里维、纳马、布什曼、雷霍伯特和茨瓦纳族。白人和有色人约占总人口的12%。官方语言为英语，通用阿非利卡语、德语和广雅语、纳马语及赫雷罗语。90%的居民信仰基督教，其余信奉原始宗教。

首都　温得和克（Windhoek），人口34.4万，年最高气温30℃，最低气温7℃。

国家元首　总统哈格·根哥布（Hage Geingob），2014年11月当选，2015年3月21日就职，任期5年。

重要节日　元旦：1月1日；独立日：3月21日；劳动节：5月1日；非洲日：5月25日；英雄日：8月26日；人权日：12月10日；圣诞节和家庭日：12月25日和26日。

简　况

原称西南非洲，北同安哥拉、赞比亚为邻，东、南毗博茨瓦纳和南非，西濒大西洋。海岸线长1600公里。全境大部分地区在海拔1000—1500米。西部沿海和东部内陆地区为沙漠，北部为平原。主要河流有奥兰治河、库内内河和奥卡万戈河。气候燥热少雨，年平均气温18℃—22℃，分春（9—11月）、夏（12月至次年2月）、秋（3—5月）、冬（6—8月）四季。

15—18世纪，葡萄牙、荷兰、英国等殖民者先后侵入。1890年被德国占领。1915年，南非参加协约国对德作战，出兵占领西南非洲。1920年，国际联盟委托南非统治西南非洲。1949年，南非非法吞并西南非洲。1960年4月，西南非洲人民组织（简称“人组党”）成立，开始进行争取民族独立的斗争。1966年，联合国通过决议，取消南非对西南非洲的委任统治。1968年，联合国大会根据西南非洲人民的意愿决定将西南非洲更名为纳米比亚。1978年，联合国安理会通过第435号决议，支持纳实现独立。1989年，在联合国监督下举行制宪议会和总统选举，人组党获胜，其候选人努乔马当选总统。1990年3月21日宣布独立。

政　治

纳米比亚独立后，政局一直保持稳定。人组党政府重视教育、卫生、基础设施建设等，注重人民生活的改善，经济社会事业不断发展。2014年11月，纳举行独立后第5

次议会和总统大选，根哥布作为人组党总统候选人参加竞选，以87%的得票率当选，于2015年3月21日就职。人组党赢得国民议会全部104个议席中的85席。2019年11月，纳举行独立后第6次议会和总统大选，根哥布总统以56.3%的得票率胜选连任，人组党赢得国民议会96个直选议席中的63席。

【宪法】现行宪法于1990年2月制定。宪法规定：纳实行三权分立、两院议会和总统内阁制，总统为国家元首、政府首脑兼武装部队总司令，任期5年，不得超过两任；经内阁建议，总统可以宣布解散国民议会并举行全国大选；同时总统应辞职并在议会解散后的90天内选举新的总统；修改宪法须经议会两院各2/3多数通过等。2014年8月纳议会通过第4次宪法修正案，内容包括增加国民议会和全国委员会席位，设立副总统职位等。

【议会】由国民议会（National Assembly）和全国委员会（National Council）组成。根据2014年新通过的宪法修正案，国民议会由直接选举和按比例代表制产生的96名议员和总统指定的不超过8名议员组成，每届任期5年。本届国民议会于2015年3月组成，共104个议席，在96个直选议席中，人组党占77席。本届国民议会议长彼得·卡贾维维（Peter Katjavivi）。

根据2014年通过的宪法修正案，全国委员会由全国14个区委员会选举的42名代表组成。每年至少举行两次会议。总统无权解散全国委员会。第5届全国委员会于2015年12月成立，任期至2020年12月，主席玛格蕾特·门萨－威廉斯（Margaret Mensah-Williams）。

【政府】本届政府于2015年3月组成。现主要成员有：副总统南戈洛·姆奔巴（Nangolo Mbumba），总理莎拉·库贡盖卢瓦－阿马蒂拉（Saara Kuugongelwa-Amadhila），副总理兼国际关系与合作部长内通博·南迪－恩代特瓦（Netumbo Nandi-Ndaitwah），国防部长彭达·亚·恩达科洛（Penda Ya Ndakolo），司法部长萨克斯·尚加拉（Sackeus Shanghala），内政与移民部长弗兰斯·卡波菲（Frans Kapofi），工业化、贸易和中小企业发展部长切克罗·特韦亚（Tjekero Tweya），财政部长卡勒·施莱特魏因（Calle Schlettwein），教育、艺术和文化部长卡特里娜·汉泽－希马尔瓦（Katrina Hanse-Himarwa），体育、青年与国家服务部长伊拉斯塔斯·乌托尼（Erastus Utoni），安全保卫部长查尔斯·纳莫洛（Charles Namoloh），矿产与能源部长汤姆·阿尔温多（Tom Alweendo），工程和运输部长约翰·穆托尔瓦（John Mutorwa），新闻与通讯技术部长斯坦利·西马塔（Stanley Simataa）等。

【主要网址】http://www.gov.na。

【行政区划】全国划分为14个行政区（Region）。

【司法机构】由最高法院、区法院和地方法院组成。最高法院大法官和总检察长由总统商内阁和司法咨询委员会后任命。区和地方法院法官由司法部长任命。最高法院大法官彼得·希武特（Peter Shivute）。总检察长艾伯特·卡瓦纳（Albert Kawana）。

【政党】有大小政党40多个，其中7个政党在议会有席位。主要政党有：

（1）西南非洲人民组织（South West African People's Organization，SWAPO-PARTY）：简称“人组党”，执政党。1960年4月19日成立，前身是1958年成立的奥万博兰人民组织，得到纳最大民族奥万博族及其他社会阶层的广泛支持，1966年8月，开始武装斗争，1989年11月，在制宪议会选举中获胜，成为执政党。1991年12月，举行了纳米比亚独立后的第1次全国代表大会，决定从民族解放组织转变为群众性政党。2012年11月，召开第5次全国代表大会，选举产生新一届领导集体，波汉巴和哈格·根哥布分别再次当选主席和副主席，南戈洛·姆奔巴当选总书记。2015年4月，波汉巴在中央政治局委员会议上主动辞去党主席职务，副主席根哥布代理党主席。2017年11月，召开第6次全国代表大会，根哥布、内通博·南迪－恩代特瓦分别当选主席和副主席，索菲娅·沙宁瓦（Sophia Shaningwa）当选总书记。

（2）大众民主运动（Popular Democratic Movement）：原称特恩哈尔民主联盟，2018年1月改为现名。由白人共和党联合10个民族集团于1977年11月成立，1989年经重新组合后包括12个政党和派别，宣称“既反对共产主义，也反对种族主义”。2003年，其重要成员共和党和全国团结民主组织相继宣布退盟。现任主席麦克亨利·韦纳尼（McHenry Venaani）。该党在2019年大选中获得16个议席。目前为第一大反对党。

（3）民主与进步大会（Rally for Democracy and Progress）：2007年11月，由前外交部长希迪波·哈穆滕尼亚和前矿业与能源部长杰萨亚·恩亚穆共同组建。在2009年11月举行的大选中首次参选并在国民议会中获8个席位。主张进一步巩固民主、尊重人权，反对独裁和威权体制，反对个人崇拜；加大减贫力度，积极推动社会经济发展。党在2019年大选中获得1个议席。

【重要人物】**哈格·根哥布**：总统。1941年8月3日出生于纳北部奥特宗朱帕省，达马拉族。1964—1974年在美国期间获得政治学学士、硕士学位，2004年获英国利兹大学政治学博士学位。青年时代投身纳解放运动，参与创建人组党，系纳独立宪法起草人之一。1975—2002年担任人组党政治局委员。1990年3月纳独立后出任总理，并连任至2002年。2002年8月退出纳政坛，2003年移居美国，受邀请担任政府间国际组织“非洲事务全球联盟”（GCA）执行书记。2004年重返政坛。2007年重新当选人组党政治局委员，出任人组党副主席、国民议会党团领袖。2008年4月任贸易与工业部长。2012年再次出任总理。在2014年11月举行的大选中当选总统，2015年3月21日就职。2019年11月纳米比亚举行第六次大选，根哥布胜选连任总统。

经　济

世界上海洋渔业资源最丰富的国家之一，铀、钻石等矿产资源和产量居非洲前列。矿业、渔业和农牧业为三大传统支柱产业，种植业、制造业较落后。独立后，人组党政府先后制订了5个五年经济发展计划及2030年远景规划，大力吸引外资发展制造业、矿产品加工业、旅游业和金融服务业，扶持黑人企业发展，同时，注意维护白人合法利益，纳经济保持平稳增长。受国际金融危机影响，经济增速一度有所放缓。为此，纳政府采取加大基础设施建设和矿产资源开发投入、刺激消费等措施，取得良好成效。根哥布总统上任以来，将消除贫困、缩小贫富差距、实现工业化作为施政重点，致力于民生改善和国家经济独立，取得一定实效。近年受旱灾影响，粮食、饮用水、电力短缺问题对纳经济发展形成较大制约。2018年纳失业率为43%。2019年主要经济数据如下：

国内生产总值：125.92亿美元。

人均国内生产总值：约4977美元。

经济增长率：–1.5%。

货币名称：纳米比亚元（简称“纳元”）。

汇率：1美元≈14纳元。

通货膨胀率：3.7%。

外债总额：78.89亿美元。

外汇储备：21亿美元。

【资源】矿产资源十分丰富，素有“战略金属储备库”之称。主要矿藏有：钻石、铀、铜、铅、锌、金等。

【工矿业】制造业不发达，80%的市场由南非控制。制造企业约300家，90%以上为小规模私人企业，主要行业有食品饮料、纺织服装、皮革加工、木材加工和建材化工等。矿业是纳传统支柱产业，90%的矿产品出口，主要生产氧化铀、钻石、黄金等。2018年纳铀产量约3571吨。纳是重要钻石供应国。近年来，纳钻石销售市场扩大，除美国外，还销往中东和日本等地。

【农牧渔业】纳70%的人口生活在农村地区，农业吸纳了纳65%的劳动力。种植业一直较落后。全国可耕地面积6900万公顷，主要粮食作物有玉米、高粱和小米等。由于雨量稀少，土地贫瘠，农作物产出率低且不稳定，粮食不能自给。目前，70%的粮食依靠进口，主要来自南非。政府正在推行“绿色农业计划”，力求增加粮食产量。畜牧业较发达，85%的可耕地被用来发展畜牧业，收入占农牧业总收入的88%，以养牛、羊为主，每年养牛180万—300万头，养羊400万只，大部分出口南非和欧洲。所产紫羔羊皮驰名世界。近年畜牧业作为纳农业支柱地位继续得到巩固。纳渔业资源丰富，捕鱼量位居世界前10名，主产鳕鱼、金枪鱼、沙丁鱼、荚鱼、龙虾和蟹，其中90%供出口。

【旅游业】旅游业较发达，产值占国内生产总值的15%左右。海滩、自然保护区等旅游景点集中在北部和南部地区，其中北部的艾淘沙公园闻名世界。1997年，纳成为世界旅游组织成员。

近年来，赴纳国际游客逐年递增。2016年，共有147万外国游客赴纳观光。纳发展旅游业条件优越，主要有地形地貌丰富多彩，生物多样化特点突出，注重生态保护以及交通基础设施相对完善等。

【交通运输】基础设施较发达。

铁路：总长2600公里；平均每年客运量60.2万人次，货运量68.7万吨公里。

公路：总长约6.4万公里，其中沥青路5000公里；年均客运量5万人次，货运量18万吨。

水运：沃尔维斯湾是纳唯一深水港和西南非地区最大的贸易和渔港，年吞吐量约200万吨。

空运：纳米比亚航空公司经营的国际和地区航线通往法兰克福、开普敦、约翰内斯堡、卢萨卡、哈拉雷和罗安达等城市，国内航线通往纳各主要城市及一些偏远城市。纳各大城市均有机场。

【财政金融】纳是南部非洲关税同盟和兰特货币区成员国。财政金融大权集中于中央，90%财政收入源于税收。从南部非洲关税同盟所得收入占每年财政收入的20%—30%。另据调查，纳65%的银行为外国资本掌握。

【对外贸易】主要出口矿产品、渔产品、畜牧产品及初级加工产品，其中钻石出口占出口收入总额的33%。经济对进口依赖性强，绝大部分生产、生活资料需要进口。接近90%的进口商品来自南非。主要出口市场为南非、英国、美国等。2019年外贸总额为96.34亿美元。

人民生活

纳米比亚虽为中等收入国家，但贫富差距较大。纳政府重视提高人民的医疗卫生条件，医疗卫生经费占财政总预算的9%左右。经过多年努力，纳艾滋病感染率趋于稳定。艾滋病母婴传播比例从2005年的20%降至2013年的4%，新增病例降低了50%。同时实现了85%的治疗覆盖率。

军　事

独立后，政府在整编前纳米比亚解放军和前西南非洲地方军的基础上，建立起一支统一的国防军，总兵力1.5万人，其中空军和海军各约500人，警察特种部队6000人。根据纳财政部向议会提交的2019/20年度财政预算，国防预算为59亿纳元，约占政府财政预算的8.9%。

文化教育

【教育】独立后建立普及教育制度，2012年实现小学免费义务教育。全国拥有1500所中小学校和特种学校。纳米比亚大学是全国唯一的综合性大学，建于1993年，有学生4000多人；另有10多所中等技术学校和师范学校。近年来，纳教育投入持续增加，教育拨款从2000年的

18亿纳元提高到2018年的150.5亿纳元，占预算总额的24%。目前，初等教育入学率达93.6%，高中入学率为49.5%，高等教育普及率为24%。纳全国识字率从独立时不到75%上升至目前的90%。纳还分别与南非、德国、中国等签署了联合研究和科技合作文件，但教育事业发展仍面临辍学率和不及格率过高、教室严重缺乏和教学质量不尽如人意等挑战。

【新闻出版】全国有192家新闻机构和组织。有报刊十余种。主要报刊和发行量为:《纳米比亚人报》(1万份)，1985年创刊;《共和者报》(1万份)，1977年创刊，大众民主运动机关报，有英、德、南非(阿非利卡)文;《新时代报》(7000份)，人组党报;《温得和克广告者报》(1.1万份)。

纳米比亚广播公司为全国性广播和电视机构，成立于1990年，其前身是1979年成立的西南非洲广播公司，产权为国家所有。下设广播电台，用英、德、南非阿非利卡语和13种地方语广播。电视台主要用英语播出节目。纳米比亚通讯社为半官方通讯社。南非在纳设有电视转播站。

近年来，纳国有新闻、通讯产业业绩突出。移动通讯核心骨干网络进行了升级改造。随着信号传送基站建设速度加快，纳广播公司调频广播和电视信号的覆盖范围分别达到全国的98%和68%。纳通社第一次开通全天多媒体新闻服务，并在全国设立了6个分部，地方新闻采访能力明显提高。

对外关系

纳米比亚迄今已与150个国家建立外交关系。奉行不结盟、睦邻友好的外交政策，强调外交为经济建设服务，支持加强非洲国家间的合作，主张建立国际政治经济新秩序、加强南南合作、南北对话。注重周边外交。加强同周边国家、亚洲国家的经贸往来。

【同中国的关系】中纳于1990年3月22日建交，两国关系顺利发展，高层往来频繁。2013年5月，全国政协副主席马飚访纳。9月，纳副总理豪西库来华出席厦门“投洽会”。2014年4月，纳总理哥根布访华并出席博鳌亚洲论坛2014年年会。2014年6月，中国海军第16批护航编队对纳进行友好访问，系中国海军舰艇首次访纳。2015年3月，习近平主席特使、交通运输部长杨传堂赴纳米比亚出席根哥布总统就职仪式。3月，国务委员兼国防部长常万全访纳。8月，波汉巴以前总统身份来华出席第4届中非民间论坛。10月，纳开国总统努乔马来华出席第6届香山论坛并访华。2015年12月，习近平主席同根哥布总统在南非约翰内斯堡共同出席中非合作论坛约翰内斯堡峰会时会面。2016年1月，外交部长王毅访纳。2017年4月，纳副总理兼外长恩代特瓦访华。2017年8月，中共中央政治局常委、国务院副总理张高丽访纳。2018年3月，根哥布总统来华进行国事访问。5月，全国人大常委会委员长栗战书访纳。9月，根哥布总统来华出席中非合作论坛北京峰会。2019年6月，中纳两国外交部举行第四次政治磋商。11月，国务院副总理孙春兰访纳。

2019年双边贸易额7.09亿美元、同比下降14.28%，其中中方出口额1.98亿美元、同比下降38.7%，进口额5.1亿美元、同比增长1.38%。

两国政府签有文化、教育合作协定。2012年5月，中国地质大学同纳米比亚大学合作建立纳米比亚大学孔子学院。2018年，纳米比亚在华留学生总数675名，其中中国政府奖学金生89名。在“中非高校20+20合作计划”框架下，中国地质大学同纳米比亚大学建立了“1+1+N”合作模式，引入中资企业、非方可研单位等第三方机构，共同开展联合科研、高层次人才培养、师资培训等合作。

我国自1996年起向纳米比亚派遣医疗队，迄今共派出12批48人次，目前在纳米比亚有医疗专家4人。2018年5月，国家卫生健康委派遣医疗专家赴纳米比亚开展“光明行”活动，免费为当地208名白内障患者进行复明手术。2019年11月，国家卫生健康委派遣医疗专家赴纳米比亚开展第二次“光明行”活动，免费为当地240名白内障患者进行复明手术。

我国于2005年10月宣布纳米比亚成为中国公民出境旅游目的地国。2018年中国公民首站赴纳0.16万人次。迄今，两国共有12对友好省(市)。中纳还签有引渡条约和司法协助条约。

中国驻纳米比亚大使：张益明。馆址：28 Hebenstreit Street，Windhoek 9000，Namibia，P.O.Box 22777，Windhoek。电话：264–61–402656；传真：402655，402659。

纳米比亚驻华大使：伊莱亚·乔治·凯亚莫(Elia George Kaiyamo)。馆址：北京朝阳区塔园外交人员办公楼2–9–2。电话：010–65324810/11，65322211；传真：65324549。邮编：100600。

【同非洲国家的关系】纳米比亚重视发展同非洲国家、特别是南部非洲发展共同体国家的关系。主张南共体国家建立促进贸易、投资、地区经济发展的共同机制，支持南共体政治、防务与安全机构的工作。支持非盟主导非洲事务。2018年8月至2019年8月，纳担任南部非洲发展共同体轮值主席。

【同西、北欧国家的关系】同西、北欧国家有密切的经贸联系，德国、瑞典、挪威、法国是纳米比亚主要的援助国。纳独立后即加入洛美协定并与西、北欧国家签有多项经贸、文化和技术合作协定。欧盟向纳主要援助领域包括教育、乡村发展、能力和基础设施建设、政府管理和非政府组织活动等，旨在帮助纳促进减贫和实现可持续增长。纳与德国关系特殊，目前在纳有近4万德裔白人，有30所学校教授德语。2014年同欧盟就《经济伙伴协定》达成共识。

【同美国的关系】美是纳米比亚主要援助国之一，每年向纳提供1000万—1500万美元的双边和地区发展基金。美国公司占外国在纳公司的1/3以上。美和平队青年志愿者计划自纳独立伊始即开始实施，目前，约有100名青年志愿者在纳政府机构、中小企业、诊所、学校和社区组织开展志愿服务。2001年，纳获得美《非洲增长与机遇法》受益国待遇。2006年，美接受纳为"千年挑战账户"受惠国。2019年6月，根哥布总统赴莫桑比克出席美非商业峰会。

【同其他国家的关系】近年来，纳米比亚积极推行"东向"政策，加强同亚洲国家的合作。在高度重视对华关系的同时，积极加强同日本、印尼、印度、泰国、越南、马来西亚、新加坡等国在天然气开发、公务员培训、远程教育、农业、海洋渔业、港口建设、人力资源、旅游等领域的合作，扩大经贸往来。2019年8月，根哥布总统赴日本出席东京非洲发展国际会议横滨峰会。2019年10月，根哥布总统赴俄罗斯出席首届俄非峰会。

（张家妮）

南　非

国名　南非共和国（The Republic of South Africa）。

面积　1219090平方公里。

人口　5778万（2018年）。分黑人、有色人、白人和亚裔四大种族，分别占总人口的80.7%、8.8%、8.0%和2.5%。黑人主要有祖鲁、科萨、斯威士、茨瓦纳、北索托、南索托、聪加、文达、恩德贝莱9个部族，主要使用班图语。白人主要为阿非利卡人（以荷兰裔为主，融合法国、德国移民形成的非洲白人民族）和英裔白人，语言为阿非利卡语和英语。有色人主要是白人同当地黑人所生的混血人种，主要使用阿非利卡语。亚裔人主要是印度人（占绝大多数）和华人。有11种官方语言，英语和阿非利卡语为通用语言。约80%的人口信仰基督教，其余信仰原始宗教、伊斯兰教、印度教等。

首都　比勒陀利亚（Pretoria）为行政首都，人口约292万；开普敦（Cape Town）为立法首都，人口约374万；布隆方丹（Bloemfontein）为司法首都，人口约75万（2011年南非人口普查数据）。

国家元首　总统西里尔·拉马福萨（Cyril Ramaphosa）。2018年2月就任，任期至2019年5月大选。时任总统雅各布·祖马（Jacob Zuma）2018年2月被非国大召回后辞职。2019年5月，非国大在南非第六次全国大选中获胜，拉马福萨连任总统。

重要节日　新年（1月1日）；人权日（3月21日）；耶稣受难日（复活节前的星期五）；复活节（每年过春分月圆后第一个星期五至下星期一）；家庭日（复活节后的星期一）；自由日（国庆日，4月27日）；劳动节（5月1日）；青年节（6月16日）；妇女节（8月9日）；传统节（9月24日）；和解日（12月16日）；友好日（12月26日）。

简　况

位于非洲大陆最南端，东濒印度洋，西临大西洋，北邻纳米比亚、博茨瓦纳、津巴布韦、莫桑比克和斯威士兰，另有莱索托为南非领土所包围。海岸线长约3000公里。全国大部分地区属热带草原气候。

最早的土著居民是桑人、科伊人及后来南迁的班图人。17世纪后，荷兰人、英国人相继入侵并不断将殖民地向内地推进。19世纪中叶，白人统治者建立起四个政治实体：两个英国殖民地，即开普、纳塔尔殖民地；两个布尔人共和国，即德兰士瓦共和国和奥兰治自由邦。1899—1902年，英布战争以英国人艰难取胜告终。1910年，四个政治实体合并为"南非联邦"，成为英国自治领。南非当局长期在国内以立法和行政手段推行种族歧视和种族隔离政策。1948年，国民党执政后，全面推行种族隔离制度，镇压南非人民的反抗斗争，遭到国际社会的谴责和制裁。1961年，退出英联邦（1994年重新加入），成立南非共和国。1989年，德克勒克出任国民党领袖和总统后，推行政治改革，取消对黑人解放组织的禁令并释放非洲人国民大会（非国大）主席纳尔逊·曼德拉（Nelson Mandela）等黑人领袖。1991年，非国大、南非政府、国民党等19方就政治解决南非问题举行多党谈判，并于1993年就政治过渡安排达成协议。1994年4—5月，南非举行首次不分种族大选，以非国大为首的非国大、南非共产党、南非工会大会三方联盟以62.65%的多数获胜，曼德拉出任南非首任黑人总统，非国大、国民党、因卡塔自由党组成民族团结政府。

政　治

以非国大为主体的民族团结政府奉行和解、稳定、发展的政策，妥善处理种族矛盾，全面推行社会变革，努力提高黑人政治、经济和社会地位，实现由白人政权向多种族联合政权的平稳过渡。1996年，国民党退出民族团结政府，非国大领导的三方联盟基本实现单独执政。非国大继续奉行种族和解政策，努力保持社会稳定，不断提高黑人社会地位和生活水平，连续赢得1999年和2004年大选。2008年9月21日，总统塔博·姆贝基（Thabo Mbeki）在被非国大召回后宣布辞职。9月25日，国民议会选举非国大副主席卡莱马·莫特兰蒂（Kgalema Mothlante）为新总统。2009年4月22日，南非举行第四次民主选举。非国大以65.9%的得票率再次赢得选举胜利，并在除西开普省以外的八省选举中获胜。反对党民主联盟取得西开普省选举胜利。5月6日，国民议会选举非国大主席祖马为南新总统。2014年5月7日，南非举行第五次大选，非国大以62.15%的得票率再次胜选，祖马连任总统，拉马福萨任副总统。2017年12月16—20日，非国大举行第54次全国代表大会，非国大原副主席、南副总统拉马福萨当选非国大主席。2018年2月14日，祖马总统在被非国大召回后宣布辞职。2月15日，南国民议会选举拉马福萨为南新总统，拉于当日宣誓就职。2019年5月8日，南非举行第六次大选，非国大以57.5%的得票率再次胜选，拉马福萨连任总统，马布扎任副总统。

【宪法】1994年临时宪法是南非历史上第一部体现种族平等的宪法。1996年，在临时宪法基础上起草的新宪法被正式批准，并于1997年开始分阶段实施。宪法规定实行行政、立法、司法三权分立制度，中央、省级和地方政府相互依存，各行其权。宪法中的人权法案（Bill of Rights）被称为南非民主的基石，明确保障公民各项权利。修改宪法序言须国民议会3/4议员和省务院中的六省通过；修改宪法其他条款须国民议会2/3议员通过；如修宪部分涉及省级事务条款，须省务院中的六省通过。

【议会】实行两院制，分为国民议会和全国省级事务委员会（简称“省务院”），任期均为5年。本届议会由2019年5月举行的全国和9省选举产生。国民议会共设400个议席，其中200个席位根据全国选举结果分配，另200个席位根据省级选举结果分配。非国大获230席，民主联盟84席，经济自由斗士44席，因卡塔自由党14席，新自由阵线10席，其余席位由非洲基督教民主党、联合民主运动等政党占有。国民议会议长坦迪·莫迪塞（Thandi Modise，非国大）。省务院共90名代表，每省10名代表，分别由省长、3名特别代表（由省长任命）和6名常任代表（由省议会选派，依各政党在省议会中的比例选出）组成。省务院主席阿莫斯·马松度（Amos Masondo，非国大）。南非国民议会和省务院下设与政府各部门相对应的专门委员会、临时委员会和两院联合委员会。

【政府】分为中央、省和地方三级。现内阁成员名单如下：总统西里尔·拉马福萨（Cyril Ramaphosa），副总统戴维·马布扎（David Mabuza），总统府部长杰克逊·姆坦布（Jackson Mthembu），国际关系与合作部长娜莱迪·潘多尔（Naledi Pandor，女），农业、土地改革和农村发展部长托科·迪迪扎（Thoko Didiza，女），基础教育部长安吉·莫采卡（Angie Motshekga，女），新闻部长丝特拉·恩达贝尼–亚伯拉罕斯（Stella Ndabeni-Abrahams，女），联合执政和传统事务部长恩科萨扎娜·德拉米尼–祖马（Nkosazana Dlamini-Zuma，女），国防和退伍军人部长诺西维韦·马皮萨–恩卡库拉（Nosiviwe Mapisa-Nqakula，女），环境、森林及渔业部长芭芭拉·克里西（Barbara Creecy，女），就业和劳动部长图拉斯·恩克塞西（Thulas Nxesi），财政部长蒂托·姆博韦尼（Tito Mboweni），卫生部长兹韦利·穆凯兹（Zwelini Mkhize），高等教育和科技部长布莱德·恩齐曼迪（Blade Nzimande），内政部长阿伦·莫措阿莱迪（Aaron Motsoaledi），人居、水利和公共卫生部长琳迪韦·西苏鲁（Lindiwe Sisulu，女），司法和狱政部长罗纳德·拉莫拉（Ronald Lamola），矿产资源和能源部长格韦德·曼塔谢（Gwede Mantashe），警察部长贝基·塞莱（Bheki Cele），总统府妇女、青年及残障部长迈特·恩科阿纳–马沙巴内（Maite Nkoana-Mashabane，女），国有企业部长普拉温·戈尔丹（Pravin Gordhan），公共服务及管理部长森佐·姆许努（Senzo Mchunu），公共工程和基础设施部长帕特里夏·德利莱（Patricia De Lille，女），小企业发展部长昆布佐·恩特沙韦尼（Khumbudzo Ntshavheni，女），社会发展部长琳迪韦·祖卢（Lindiwe Zulu，女），体育、艺术和文化部长纳西·姆特特瓦（Nathi Mthethwa），国家安全部长阿扬达·德洛德洛（Ayanda Dlodlo，女），旅游部长恩肯萨尼·库巴伊–恩古巴内（Nkhensani Kubayi-Ngubane，女），贸工部长易卜拉欣·帕特尔（Ebrahim Patel），交通部长菲基莱·姆巴卢拉（Fikile Mbalula）。

【行政区划】全国共划为9个省，设有278个地方政府，包括8个大都市、44个地区委员会和226个地方委员会。

【司法机构】司法体系基本分为法院、刑事司法和检察机关3大系统。法院由宪法法院、最高上诉法院、高等法院、地方法院等组成。宪法法院院长莫洪恩·莫洪恩（Mogoeng Mogoeng）。最高上诉法院代理首席大法官曼迪莎·马亚（Mandisa Maya）。总检察长莎米拉·巴托希（Shamila Batoshi）。

【政党】实行多党制。国民议会现有13个政党。

（1）非洲人国民大会（African National Congress）：简称非国大，主要执政党，最大的黑人政党。主张建立统一、民主和种族平等的新南非，领导了南非反种族主义斗争。创立于1912年，1925年改现名，成员约100万。曾长期主张非暴力斗争。1960年被南非当局宣布为“非法”组织，主要领导人流亡国外。1961年决定开展武装斗争，成立“民族之矛”军事组织，曼德拉任总司令。1962年，曼德拉等人被捕。非国大在极其困难的条件下坚持斗争，获得国内外的广泛同情和支持，逐渐成为南非影响最大的黑人解放组织。20世纪80年代后，调整斗争策略，确定政治解决南非问题和灵活处理制宪谈判的战略，在南非平稳过渡进程中发挥了关键作用。1994年4月，成为执政党。1997年12月，举行第50次全国代表大会，曼德拉辞去主席职务，选举产生以姆贝基为首的新的领导集体。在

1999年6月新南非第二次大选中再次获胜，继续执政。2002年12月，举行第51次全国代表大会，姆贝基蝉联主席。在2004年第三次大选中，非国大赢得69.68%选票，蝉联执政。2007年12月，举行第52次全国代表大会，雅各布·祖马当选党主席。在2009年4月第四次大选中，非国大以65.9%的得票率再次赢得国民议会选举胜利，继续执政。2012年12月，举行第53次全国代表大会，祖马连任主席，拉马福萨当选副主席，全国主席姆贝特和总书记格维德·曼塔谢分别连任。在2014年5月7日南非第五次大选中，非国大以62.15%的得票率再次胜选。2016年8月3日，举行的第五次地方政府选举中，非国大在全国范围内得票率为53.91%，但失去了约翰内斯堡、茨瓦内、曼德拉湾市三大都市的执政权。2017年12月，举行第54次全国代表大会，拉马福萨当选非国大主席。在2019年5月8日南非第六次大选中，非国大以57.5%的得票率再次获胜，继续执政。2019年10月，来自最大反对党民主联盟的约翰内斯堡市市长马沙巴宣布辞职，非国大候选人马库博在随后举行的市长补选中获胜，帮助非国大重新夺回约翰内斯堡市执政权。

（2）民主联盟（Democratic Alliance）：第一大反对党。前身为民主党，2000年6月，与新国民党合并后改为现名。主要成员为白人，代表英裔白人工商金融界利益。是白人“自由派”左翼政党，主张废除种族隔离，积极参与南非和平进程。2001年10月，新国民党退出民主联盟。为壮大力量，民盟实行战略转变，致力于建立包括黑人、白人党员在内的全民政党。2003年9月，与黑人政党因卡塔自由党结成“变革联盟”共同应对2004年大选，并在全国选举中赢得12.37%选票，获国民议会50个议席。在2009年4月第四次大选中，赢得16.66%选票，获国民议会67个议席。在西开普省选举中获得52%的选票，赢得该省执政权。在2014年5月第五次大选中，赢得22.23%选票，获国民议会89个议席，在西开普省支持率升至59%。在2016年8月3日举行的地方选举中得票率为26.9%，继续在开普敦单独执政，并在约翰内斯堡、茨瓦内、曼德拉湾市同其他小党联合执政。在2019年5月第六次大选中，赢得20.77%支持率和84个议员席位，继续在西开普省执政。2019年10月，原领袖穆西·麦马内（Mmusi Maimane）宣布辞去党内职务并退党，目前该党党鞭约翰·斯汀霍森（John Steenhuisen）代理临时领袖。

（3）经济自由斗士党（Economic Freedom Fighters）：由非国大青联前主席朱利叶斯·马莱马（Julius Malema）于2013年6月发起成立。主张采取激进政策，无偿收回所有土地并重新分配，实施矿业国有化政策，承诺为全民提供免费教育和医疗。在2014年5月第五次大选中一跃成为第三大党，获6.35%支持率和国民议会25个议席。在2016年8月3日举行的地方选举中得票率为8.19%。在2019年5月第六次大选中赢得10.79%支持率和44个议员席位。2019年12月，召开第二次全国代表大会，选举产生新一届领导层，尤利乌斯·马莱马成功连任党主席。

（4）因卡塔自由党（Inkatha Freedom Party）：以夸祖鲁—纳塔尔地区祖鲁族为主的黑人民族主义政党。前身是“民族文化解放运动”，成立于1928年，1990年向所有种族开放，改为政党并用现名。以争取黑人解放为宗旨，主张通过和平谈判解决南非问题。1994年4月，在全国大选中得票率居第三位，进入民族团结政府。1996年后，在夸祖鲁—纳塔尔省主政。1999年大选后，继续参加中央政府，与非国大在夸—纳省联合执政。2003年9月，与民主联盟结成“变革联盟”共同应对2004年大选，在大选中赢得6.97%选票，获国民议会28个议席；在其传统势力范围夸—纳省选举中得票率降为36.87%，丧失该省第一大党地位。在2009年4月第四次大选中，赢得4.55%选票，获国民议会18个议席；在夸—纳省选举中得票率进一步降至20.5%。2011年1月25日，因卡塔自由党前全国主席扎内勒·姆西比（Zanele Magwaza-Msibi）宣布脱离该党而另建新党“民族自由党”（National Freedom Party），使因卡塔自由党实力大为削弱。在2014年5月第五次大选中获得10个议席。在2016年8月3日举行的地方选举中得票率为4.25%。在2019年5月第六次大选中赢得3.38%支持率和14个议员席位。主席韦伦科西尼·赫拉比萨（Velenkosini Hlabisa）。

（5）南非共产党（South African Communist Party）：与非国大、南非工会大会结成“三方联盟”。其党员以非国大成员身份参选、入阁。1921年7月成立。1950年被南非当局宣布为“非法”组织。1990年2月重新获得合法地位。始终将实现共产主义作为其最终奋斗目标，坚持“社会主义的工人阶级政党”性质，但认为南非基本上是一个经过特殊殖民主义发展的、依附性较强的资本主义社会，当前的任务仍是推进以黑人彻底解放为目标的民族主义革命。布莱德·恩齐曼迪（Blade Nzimande）担任总书记。2014年5月再次出任高等教育和培训部长。2017年7月召开第14次全国代表大会，恩齐曼迪续任总书记。2019年5月出任高等教育和科技部长。

此外，其他政党还有：新自由阵线（Freedom Front Plus）、人民大会党（Congress of the People）、联合民主运动（United Democratic Movement）、非洲基督教民主党（African Christian Democratic Party）、泛非主义者大会（Pan Africanist Congress）、少数阵线（Minority Front）、非洲转型运动党（African Transformation Movement）、好党（Good Party）等。

【重要人物】西里尔·拉马福萨：总统。1952年生。法学学士。早年从事黑人学生运动，并创立南非全国矿工大会。1991年当选非国大总书记。1994年新南非成立后任国民议会议员、立宪会议主席。1997年角逐非国大主席失利后弃政从商（仍保留非国大全国执委等党内职务）。2012年当选非国大副主席。2014年5月任副总统。2017年12月当选非国大主席。2018年2月14日，祖马总统被非国大召回后被迫宣布辞职，拉马福萨接任总统。2019年5月，非国大在南非第六次全国大选中获胜，拉马福萨连任总统。

经　济

南非属于中等收入的发展中国家，也是非洲经济最发达的国家。自然资源十分丰富。金融、法律体系比较完善，通讯、交通、能源等基础设施良好。矿业、制造业、农业和服务业均较发达，是经济四大支柱，深井采矿等技术居于世界领先地位。但国民经济各部门、地区发展不平衡，城乡、黑白二元经济特征明显。20世纪80年代初至90年代初，受国际制裁影响，经济出现衰退。新南非政府制定了“重建与发展计划”，强调提高黑人社会、经济地位。1996年推出“增长、就业和再分配计划”，旨在通过推进私有化，削减财政赤字，增加劳动力市场灵活性，促进出口，放松外汇管制，鼓励中小企业发展等措施实现经济增长，增加就业，逐步改变分配不合理的情况。1994—2004年经济年均增长3%，2005—2007年超过5%。受国际金融危机影响，2008年南非经济增速放缓，同比增长下滑至3.1%，2009年为-1.8%，一度陷入衰退。南非政府为应对金融危机冲击，自2008年12月以来6次下调利率，并出台增支减税、刺激投资和消费、加强社会保障等综合性政策措施，以遏止经济下滑势头。在政府经济刺激措施、国际经济环境逐渐好转和筹办世界杯足球赛的共同作用下，南非经济逐渐企稳。2010年以来，祖马政府相继推出“新增长路线”和《2030年国家发展规划》，围绕解决贫困、失业和贫富悬殊等社会问题，以强化政府宏观调控为主要手段，加快推进经济社会转型。2013年以来，由于美国退出量化宽松政策等因素影响，南非出现大幅资本外流。近几年来，受全球经济走低，国内罢工频发、电力短缺、消费不振等多重因素影响，南非经济总体低迷，增长乏力。拉马福萨总统先后推出“新投资倡议”“经济刺激与复苏计划”，举办就业峰会和投资大会，致力于恢复经济增长。2014年经济增长率为1.5%，2015年为1.3%，2016年为0.3%，2017年为0.9%，2018年为0.9%。2019年主要经济数据如下：

国内生产总值：约3632亿美元。

人均国内生产总值：约6199美元。

国内生产总值年增长率：0.2%。

货币名称：兰特。

汇率：1美元≈14.43兰特（2019年年均）。

（资料来源：世界银行网站）

【资源】 矿产资源丰富，是世界五大矿产资源国之一。现已探明储量并开采的矿产有70余种。铂族金属、氟石、铬的储量居世界第一位，黄金、钒、锰、锆居第二位，钛居第四位，磷酸盐矿、铀、铅、锑居第五位，煤、锌居第八位，铜居第九位。根据南非矿业部统计数据，2011年已探明的矿藏储量：黄金6000吨（占世界总储量的11.8%，下同），铂族金属6.3万吨（95.5%），锰1.5亿吨（23.8%），钒364万吨（26%），蛭石1400万吨，铬31亿吨（85%），铀29.5万吨（5.5%），煤301.56亿吨（3.5%），钛7130万吨（10.3%），锆1400万吨（27%），氟石4100万吨（17.1%），磷酸盐15亿吨（2.1%），锑2.1万吨（1.2%），铅30万吨（2.1%），锌1400万吨（3.3%），铜1100万吨（1.6%）。

【工业】 制造业、建筑业、能源业和矿业是南非工业四大部门。制造业门类齐全，技术先进，产值约占国内生产总值的17.2%。主要产品有钢铁、金属制品、化工、运输设备、机器制造、食品加工、纺织、服装等。钢铁工业是南非制造业的支柱，拥有六大钢铁联合公司、130多家钢铁企业。近年来，纺织、服装等缺乏竞争力的行业萎缩，汽车制造等新兴出口产业发展较快。

近年来，南非建筑业发展较快，但设备陈旧、技术工人缺乏等问题比较突出。南政府目前正在实施基础设施发展规划，建筑业面临进一步发展的大好时机。

能源工业基础雄厚，技术较先进。电力工业较发达，发电量占全非洲的2/3，其中约92%为火力发电。国营企业南非电力公司（ESKOM）是世界上排名前十的电力生产和第十一大电力销售企业，拥有世界上最大的干冷发电站，供应南非95%和全非60%的用电量。近年来由于电力生产和管理滞后等原因，全国性电力短缺现象严重。在开普敦附近建有非洲大陆唯一的核电站——库贝赫（Koeberg）核电站，发电能力180万千瓦。此外，南非萨索尔（SASOL）公司的煤合成燃油及天然气合成燃油技术商业化水平居世界领先地位，其生产的液体燃油约占南燃油供应总量的1/4。

矿业生产历史悠久，具有完备的现代矿业体系和先进的开采冶炼技术，是南非经济的支柱。2014年，产值约占国内生产总值的8%。矿产品是出口的重要构成部分，2014年，矿产品出口额约占出口总额28%。南非是世界上重要的黄金、铂族金属和铬生产国和出口国。钻石产量约占世界的9%。南非德比尔斯（De Beers）公司是世界上最大的钻石生产和销售公司，总资产200亿美元，其营业额一度占世界钻石供应市场90%的份额，目前仍控制着世界粗钻石贸易的60%。

【农牧渔业】 农业较发达，产值占国内生产总值的3%。可耕地约占土地面积的12%，但适于耕种的高产土地仅占22%。农业、林业、渔业就业人数约占人口的7%，其产品出口收入占非矿业出口收入的15%。农业生产受气候变化影响明显。玉米是最重要的粮食作物。各类罐头食品、烟、酒、咖啡和饮料畅销海外。

盛产花卉、水果，葡萄酒享有盛誉。

畜牧业较发达，主要集中在西部2/3的国土。牲畜种类主要包括牛、绵羊、山羊、猪等，家禽主要有鸵鸟、肉鸡等。主要产品有禽蛋、牛肉、鲜奶、奶制品、羊肉、猪肉、绵羊毛等。所需肉类85%自给，15%从纳米比亚、博茨瓦纳、斯威士兰等邻国和澳大利亚、新西兰及一些欧洲国家进口。绵羊毛产量可观，是世界第四大绵羊毛出口国。

水产养殖业产量占全非洲5%。南非商业捕捞船队有各种船只500多艘。全国约有2.8万人从事海洋捕捞业。主要捕捞种类为淡菜、鳟鱼、牡蛎和开普无须鳕。每年捕捞量约58万吨，产值近20亿兰特。此外，南非养蜂业年产值约2000万兰特。

【旅游业】是当前南非发展最快的行业之一，产值占国内生产总值的9%，从业人员达140万人。旅游资源丰富，设施完善。有700多家大饭店，2800多家大小宾馆、旅馆及10000多家饭馆。旅游点主要集中于东北部和东、南沿海地区。生态旅游与民俗旅游是南非旅游业两大最主要的增长点。2010年6月11日至7月11日，第十九届世界杯足球赛决赛圈比赛在南非举行，有力拉动了南旅游业。2019年到南非旅游的外国游客达1583万人次。

【交通运输】有非洲最完善的交通运输系统，对本国以及邻国的经济发挥着重要作用。以铁路、公路为主，空运发展迅速。近年来加强了城镇及经济开发区交通基础设施建设。

铁路：总长约3.41万公里，其中1.82万公里为电气化铁路，有电气机车2000多辆。年度货运量约1.75亿吨。由比勒陀利亚驶往开普敦的豪华蓝色客车享有国际盛誉。连接行政首都比勒陀利亚和约翰内斯堡奥立弗·坦博国际机场的高速铁路2011年8月通车，总长约80公里。

公路：分为国家、省及地方三级。总里程（含各级公路和街道）约75.5万公里，其中国家级公路16170公里。年客运量约450万人次。

水运：海洋运输业发达，约98%的出口靠海运完成，主要港口有开普敦、德班、东伦敦、伊丽莎白港、理查兹湾、萨尔达尼亚和莫瑟尔湾。有商船990艘，总吨位75.5万吨。年港口吞吐量约为12亿吨。德班是非洲最繁忙的港口及最大的集装箱集散地，年集装箱处理量达120万个。

空运：南非航空公司拥有包括3架波音飞机和44架空中客车在内的各类民航飞机共47架，是非洲大陆最大的航空公司之一，也是世界最大的50家航空公司之一。现约有27个民航机场，其中11个是国际机场。每周有600多个国内航班和70多个国际航班，与非洲、欧洲、亚洲及中东、南美一些国家直接通航。平均年客运量达1200万人次。主要国际机场有奥立弗·坦博国际机场（原约翰内斯堡国际机场）、开普敦国际机场和德班沙卡王国际机场等。

管道运输：南非管道运输网络总长3000公里，输送全国85%的石油加工产品。

【通信网络】南非电讯和信息技术产业发展较快，电信发展水平列世界第20位。共有500万门固定电话。移动电话用户约2900万。因特网用户2858万，普及率约为52%。南非电信公司TELKOM是非洲最大的电信公司，最大的两家信息技术公司DIDATA和DATATEC已在英美市场占有一席之地。其卫星直播和网络技术水平在世界上竞争力较强，南非米拉德国际控股公司（MIH）已垄断了撒哈拉以南非洲的绝大部分卫星直播业务。软件业也开始走向国际市场。

【财政金融】近年来国家收支情况如下（单位：百万兰特）：

	2017/2018	2018/2019	2019/2020
收入	768231	923054	967040
支出	905117	1086167	1216752
赤字或盈余	−136886	−163113	−249712

（资料来源：南非财政部网站）

2019年，官方外汇储备549.72亿美元，外债总额1786亿美元。

南非储备银行（The South African Reserve），系南中央银行，始建于1920年，为股份制银行，除行长与副行长由政府任命外，享有很大的独立决策权。总部设在比勒陀利亚。

目前，南非共有注册银行31家，另有42家外国银行在南非设有代表处。银行业资产29670亿兰特。其中最大的四家银行是：第一兰特银行（First Rand Bank）、南非联合银行集团（Amalgamated Banks of South Africa Group）、标准银行（Standard Bank）、莱利银行（NedBank Limited）。上述四大商业银行总资产约占南商业银行总资产的84.6%。

【对外贸易】南非实行自由贸易制度，是世界贸易组织（WTO）的创始会员国。欧盟与美国等是南非传统的贸易伙伴，但近年与亚洲、中东等地区的贸易也在不断增长。2018年南非货物进出口额为1649.04亿美元，其中，出口849.32亿美元，进口799.72亿美元。

出口产品有：黄金，金属及金属制品，钻石，食品、饮料及烟草，机械及交通运输设备等制成品。主要进口机械设备，交通运输设备，化工产品，石油等。2017年，前十大出口目的地国为：中国、美国、德国、日本、印度、博茨瓦纳、纳米比亚、英国、莫桑比克、荷兰；前十大进口来源国为：中国、德国、美国、印度、沙特阿拉伯、日本、英国、泰国、意大利、法国。

【外国资本】主要来自欧美，尤以欧洲为主。欧洲占对南非累计投资额近70%，美洲占近20%。英国是累计对南非直接投资最多的国家，占2/5左右。外资以证券资本为主，直接投资（FDI）较少。在南非拥有资产的外国公司投资大多集中于采矿、制造、金融、石油加工和销售等部门。2013年，南非吸收外国直接投资83亿美元，2014年为58亿美元，2015年锐减为16亿美元，2016年为22.5亿美元，2017年为32亿美元，2018年为49亿美元，2019年为46亿美元。

【外国援助】1994年以来，各国政府、国际组织承诺向南非政府提供援助，用于支持“重建与发展计划”。主要援助国有美国、英国、德国等。多边组织如世界银行和国际货币基金组织也均向南非提供援助。

人民生活

南非属中等收入国家，但贫富悬殊。2/3的国民收入集中在占总人口20%的富人手中。1994年以来，南非政府先后推出多项社会、经济发展计划，通过建造住房、水、电等设施和提供基础医疗保健服务改善贫困黑人生活条件。1997年，制定《社会保障白皮书》，把扶贫和对老、残、幼的扶助列为社会福利重点。2015年，平均预期寿命为62岁。艾滋病问题是目前南非面临的严重社会问题之一，艾滋病感染率为10.5%。

军　事

总统为武装力量最高统帅。最高国防决策机构是国家安全委员会，下辖国防咨询委员会和国防部。国防部长代表总统处理军队日常事务。国防军司令主持全军的作战、指挥和军事训练等事务，由总统任命，平时对国防部长负责，战时由总统直接领导。国防军总司令索利·肖基上将（Gen. Solly Shoke）。南非国家安全部队包括国防军和警察部队。国防军的陆、海、空军分别建于1912年、1922年和1920年。新南非成立后将原种族隔离时期的国防军同非国大、泛非大、前黑人家园民族解放组织的部分武装进行合并整编，并确定其任务是维护国家主权和领土完整，履行国际义务，协助维护国内治安等。1997年，义务兵役制改为志愿兵役制。现南非国防军总兵力7.94万人，其中陆军约5.43万人，海军约8000人，空军约1.11万人，卫生部队6000人，另有1.5万人分属国防与退伍军人部、联合作战司令部等指挥机关。警察部队13.8万人。警察总监科赫拉·约翰·西托利（Khehla John Sitole）。

文化教育

【教育】因长期实行种族隔离的教育制度，黑人受教育机会远远低于白人。1995年1月，南非正式实施7—16岁儿童免费义务教育，并废除了种族隔离时代的教科书。政府不断加大对教育的投入，着力对教学课程设置、教育资金筹措体系和高等教育体制进行改革。学制分为学前、小学、中学、大学、研究生5个阶段。现有公立高等院校23所，学生75万人；私立高等学院90所，学生3.5万人；继续教育学院和培训学院150所，学生35万人；中小学27850所，学生1214万人。全国有教师36.6万人。2015年成人识字率94.4%，接受过高等教育的人口占总人口约9.1%。2018/2019财年教育预算3397亿兰特，占政府财政总支出的22.5%。著名的大学有：金山大学、比勒陀利亚大学、南非大学、开普敦大学、斯坦陵布什大学、约翰内斯堡大学等。

【新闻出版】定期出版的报刊数量居非洲之首。共有日报、周报50余种，另有200多种省和地方性报纸，600多种各类杂志。发行量较大的有：《星期日时报》（英文）、《每日太阳报》（英文）、《报道报》（阿非利卡文）、《索韦托人报》（英文）、《城市报》（英文）、《星报》（英文）、《公民报》（英文）。其中《星期日时报》《报道报》和《星期日独立报》是全国性报纸。

南非通讯社（South Africa Press Association）曾是非政府、非营利性的唯一全国性通讯社，已于2015年3月底正式停止运营，主要业务由非洲新闻社（African News Agency）取代南非广播公司（SABC）下辖广播电台和电视台。广播电台共有18套国内节目，用11种语言向全国广播，拥有2000万听众；对外节目“非洲频道”用4种语言向国外广播。电视台有4个频道，其中2套公共服务节目，2套商业电视节目。M-NET是非洲最有影响力的收费电视频道。

对外关系

新南非奉行独立自主的全方位外交政策，主张在尊重主权和平等互利基础上同一切国家保持和发展双边友好关系。对外交往活跃，国际地位不断提高。已同186个国家建立外交关系。积极参与大湖地区和平进程以及津巴布韦、南北苏丹等非洲热点问题的解决，努力促进非洲一体化和非洲联盟建设，大力推动南南合作和南北对话。是联合国、非洲联盟、英联邦、二十国集团等国际组织或多边机制成员国。2004年，成为泛非议会永久所在地。2007—2008年、2011—2012年、2019—2020年担任联合国安理会非常任理事国。2010年12月，被吸纳为金砖国家成员，并于2013年3月在德班主办金砖国家领导人第五次会晤，2018年7月，在约翰内斯堡主办金砖国家领导人第十次会晤。2011年11月，承办《联合国气候变化框架公约》第17次缔约方会议。2018年7月在约翰内斯堡主办金砖国家领导人第十次会晤。

【同中国的关系】1998年1月1日建交以来，中国南非双边关系全面、快速发展。2000年，双方建立中南国家双边委员会机制，迄今已举行7次全体会议。2008年1月，两国建立战略对话机制，至今已举行10次战略对话。2010年8月，祖马总统访华期间，两国元首共同签署《中华人民共和国和南非共和国关于建立全面战略伙伴关系的北京宣言》，将双边关系提升为全面战略伙伴关系。2013年3月，习近平主席对南进行国事访问期间，双方发表联合公报，一致同意将中南关系作为各自国家对外政策的战略支点和优先方向。2014年12月，祖马总统对华进行国事访问，双方签署《中华人民共和国和南非共和国5—10年合作战略规划2015—2024》，为中南关系进一步深入发展注入了新的强劲动力。

双方高层保持密切互访和交往。2015年12月，习近平主席对南非进行国事访问并与祖马总统共同主持中非合作论坛约翰内斯堡峰会。2016年9月，祖马总统来华出席在杭州举办的二十国集团领导人第11次峰会，与习近平主席举行双边会见，并赴广州出席第二届对非投资论坛。7月，南非副总统拉马福萨对华进行正式访问。2017年9月，祖马总统来华出席金砖国家领导人厦门会晤，习近平主席同祖马总统举行双边会见。2018年7月，习近平主席对南非进行国事访问并出席金砖国家领导人第十次会晤。9月，拉马福萨总统来华出席中非合作论坛北京峰会并对华进行国事访问。2019年6月，习近平主席在出席二十国集团大阪峰会期间同拉马福萨总统举行双边会见。同月，南非新任外长潘多尔率团来华出席中非合作论坛北京峰会成果落实协调人会议并访华。10月，王毅国务委员兼外长访问南非。10月底11月初，南非副总统马布扎对华进行正式访问并同王岐山副主席共同主持召开中南国家双边委员会第七次全会。11月，习近平主席在出席金砖国家领导人巴西利亚会晤期间同拉马福萨总统举行双边会见。

两国重要合作机制运转良好。2016年11月，双方在南举行中南国家双边委员会第六次全会。同月，全国人大常委会副委员长向巴平措访问南非并同南非国民议会副议长策诺利共同主持中南立法机关定期交流机制第四次会议。2017年4月，刘延东副总理访问南非并同南方共同主持召开中南高级别人文交流机制首次会议。8月，双方在南非举行中南第九次战略对话。2018年6月，双方在南非举行中南联合工作组第二次会议。12月，孙春兰副总理在京同南方共同主持中南高级别人文交流机制第二次会议。2019年11月，双方在华举行中南国家双边委员会第七次全会及中南第十次战略对话。

中国是南非最大贸易伙伴，南非是中国在非洲最大贸易伙伴。2004年6月，南非承认中国的市场经济地位。2019年双边贸易额424.6亿美元，同比下降2.5%；其中，中方进口总额259.2亿美元，同比下降5%；中方出口总额165.4亿美元，同比增长1.8%。中国对南主要出口电器和电子产品、纺织产品和金属制品等，从南主要进口矿产品。2018年11月，南非作为主宾国参加首届中国国际进口博览会。2019年6月，中国政府组织贸易促进团成功访南，双方共签署93项合作协议，协议金额近20亿美元。

两国双向投资规模不断扩大。截至2017年底，中国对南投资存量超过102亿美元，涉及矿业、金融、制造业、基础设施、媒体等领域。截至2016年底，南在华实际投资约6.7亿美元，集中在啤酒、冶金等行业。2018年10月，南非举办投资大会，百余家中资企业参会。

中南两国签有文化合作协定及其执行计划，多层次、多渠道文化交流与合作发展顺利。近年来，“中国文化非洲行”“感知中国·南非行”“欢乐春节”等大型活动在南举行，反响热烈。南多个艺术团组来华参加“国际民间艺术节”“相约北京——非洲主宾洲”等活动。2017年，中南高级别人文交流机制正式启动并在南非举办首次会议。2018年，机制第二次会议在北京举行，期间举办“中国南非相知相亲——庆祝中南高级别人文交流机制第二次会议暨中南建交20周年文艺晚会”。目前，中国已有10余所大学与南非的大学建立合作关系。湖南大学和南非斯泰伦布什大学、东北师范大学和南非比勒陀利亚大学入选中非合作论坛框架内的“中非高校20+20合作计划”，分别结成了合作伙伴。迄今南非接受中国留学生累计逾7100人。2017年，我国在南留学生总数2500人，南在华学习的学生总数2663人。南非有5所孔子学院和3所独立孔子课堂，是非洲大陆建有孔子学院和孔子课堂最多的国家。2015年，南非在非洲国家中率先将汉语教学纳入国民教育体系。

新华社、《人民日报》、《经济日报》、《科技日报》和中央电视台在南设有记者站，《中国与非洲》杂志在南设有代表处，《北京周报》在南成立“中国与非洲传媒出版有限公司”。南非卫星电视五台在华设有分社。

双方已有32对省市建立了友省（市）关系，主要有北京市与豪登省、上海市与夸祖鲁–纳塔尔省、山东省与西开普省、浙江省与东开普省、江苏省与自由州省等。

2002年，南成为中国公民出境旅游目的地国，是目前接待中国游客最多的非洲国家之一。2010年，南非旅游局在华设立常驻代表机构。2012年1月，南非航空公司开通约翰内斯堡至北京直航航线。2015年3月，南非航空公司停飞北京到约翰内斯堡直飞航线。10月，中国国际航空公司开通北京到约翰内斯堡直飞航线，进一步便利了两国人员往来。2019年1月，原北京直飞约翰内斯堡国航航班增加经停深圳。2017年，中国公民首站赴南旅游人数为9.7万人。

中国驻南非大使：林松添。馆址：972 Pretorius Street，Arcadia 0083，Pretoria，Republic of South Africa。P.O.Box 95764，Waterkloof 0145，Pretoria，SA。电话：0027–12–4316500；传真：3424244。电子邮箱：reception@chinese-embassy.org.za。

南非驻华大使：暂空缺。馆址：北京市朝阳区东直门外大街5号。电话：010–85320000；传真：65327319。电子邮箱：embassy@saembassy.org.cn。

【同非洲国家的关系】南非视非洲为其外交政策立足点和发挥大国作用的战略依托，将维护南部非洲地区安全与发展、推动南部非洲地区一体化作为其外交首要考虑，参与制订并积极推动实施“非洲发展新伙伴计划”（NEPAD），积极参与调解津巴布韦、苏丹、马达加斯加等热点问题，在多边场合努力为非洲国家代言。近年积极推动联合国加强与非盟合作，致力于促进非洲地区和平与安全。2012年7月，南内政部长德拉米尼–祖马当选非盟委员会主席，2017年1月卸任。2020年接任非盟轮值主席国，任期一年。

南非与非洲国家高层互访频繁。2016年，祖马总统先后访问尼日利亚斯威士兰、肯尼亚、津巴布韦等国；博茨瓦纳总统卡马、南苏丹总统基尔访问南非。2017年，祖马总统先后访问斯威士兰、坦桑尼亚、赞比亚、刚果（金等国）；刚果（金）总统卡比拉、安哥拉总统洛伦索访问南非。2018年2月接任南非总统后，拉马福萨先后对安哥拉、纳米比亚、博茨瓦纳、莫桑比克、津巴布韦、卢旺达、尼日利亚进行访问，赴安哥拉出席南部非洲发展共同体特别峰会、赴埃塞俄比亚出席非盟峰会。2019年，拉马福萨总统先后访问莫桑比克、斯威士兰、津巴布韦、赤道几内亚、莱索托、几内亚、加纳、多哥，赴埃塞俄比亚出席南共体双三驾马车峰会、非盟峰会，赴尼日尔出席非盟与次区域经济体协调会，赴坦桑尼亚出席南共体峰会。赞比亚总统伦古、尼日利亚总统布哈里访问南非。

【同欧洲的关系】南非与欧洲（主要是西欧、北欧国家）保持着良好的政治、经济关系。欧盟是南非最大的区域贸易伙伴、投资方及援助方。欧盟投资占南非外来直接投资的一半以上。南非与欧盟签有贸易、发展与合作协议，建有合作联委会机制，并于2007年5月建立战略伙伴关系。2013年7月，第六届南非—欧盟峰会在南非举行，祖马总统、欧洲理事会主席范龙佩、欧盟委员会主席巴罗佐等出席。2013年10月，法国总统奥朗德访问南非。2014年4月，莫特兰蒂副总统对英国进行工作访问。2015年11月，祖马总统访问德国。2016年7月，祖马总统对法国进行国事访问。2017年7月，祖马总统赴德国汉堡出席二十国集团峰会。2018年4月，拉马福萨总统赴英国出席英联邦政府首脑会议。2019年1月，拉马福萨总统访问瑞士并出席达沃斯世界经济论坛。8月，拉马福萨总统对法国进行工作访问。10月，拉马福萨总统对英国进行工作访问。

【同美国的关系】两国合作领域广泛。签有“防御互助条约”和军事协定。曼德拉总统和姆贝基总统均曾多次访美。南与克林顿政府设有副总统级国家双边委员会，布什政府上台后代之以部长级双边协调论坛。美是南第二大贸易伙伴国、最大的投资来源国，南是美在撒哈拉以南非洲最大的出口市场，也是美《非洲增长与机遇法》第二大受惠国。南反对美英法军事打击叙利亚，呼吁通过和平方式解决有关冲突。对美退出伊朗核协议表示关注，呼吁其他各方继续履行承诺。反对美将使馆迁往耶路撒冷等偏袒以色列的政策做法。

奥巴马总统上任后，南美关系进一步加强。2008年11月，莫特兰蒂总统就奥巴马当选美总统致函祝贺。同月，莫赴美出席二十国集团世界经济与金融峰会。2009年1月，莫特兰蒂总统应约与奥巴马总统通电话。8月，美国国务卿希拉里·克林顿、国会众议院代表团访南。9月，祖马总统赴美出席第64届联大、联合国气候变化峰会及二十国集团领导人匹兹堡金融峰会。2010年4月，祖马总统赴美出席核安全峰会，其间与奥巴马总统举行双边会晤。双方签署了关于建立外长级战略对话机制的合作备忘录。2013年6月，美国总统奥巴马访问南非。2014年8月，祖马总统出席在美国华盛顿举行的首届美非峰会。2017年6月，第八届美国—南非年度双边论坛在南举行。2018年9月，拉马福萨总统赴美出席第73届联大，其间出席联合国大会举办的“曼德拉和平峰会”，并同美国总统特朗普共进工作午餐。

【同俄罗斯的关系】南非种族隔离政权时期，因苏联支持南非共产党和非国大的反种族隔离斗争，两国于1957年断交，后于1992年复交。双方签有军事合作协议，建有政府间联合委员会。1999年曼德拉总统访俄，双方签署《南非和俄罗斯友好合作伙伴原则声明》，从双边、地区和全球三方面规划两国未来关系发展方向。2006年9月，俄总统普京对南进行国事访问，双方签署《友好伙伴关系条约》，确立了两国战略伙伴关系。2013年3月，俄总统普京出席在南非德班举行的金砖国家领导人第五次会晤并对南进行工作访问。5月，祖马总统对俄罗斯进行工作访问。2015年5月，祖马总统赴莫斯科出席俄罗斯卫国战争胜利70周年大阅兵。7月，祖马总统出席在俄罗斯乌法举行的金砖国家领导人第七次会晤。2019年10月，拉马福萨总统赴俄罗斯出席首届俄非峰会。

【同亚太、中东和拉美地区的关系】南非重视发展与亚太、中东以及拉美国家的关系，合作领域不断拓展。

南非与日本建有部长级“南非—日本伙伴论坛”。两国有传统的贸易关系，日本是南非第四大贸易伙伴，也是南非重要的投资国和援助国之一。2001年日本首相森喜朗访南；姆贝基总统对日本进行了国事访问。2008年5月，姆贝基总统出席在日本举行的第四届非洲发展东京国际会议。2013年6月，祖马总统出席在日本举行的第五届非洲发展东京国际会议并对日本进行工作访问；2015年8月，南非副总统拉马福萨访问日本。2019年6月，拉马福萨总统赴日本出席二十国集团领导人大阪峰会。8月，拉马福萨总统对日本进行工作访问。

南非与亚太地区国家合作不断加强。南与印度有传统友好关系，双方建有双边联合委员会，并于1997年曼德拉总统访印时确立了战略伙伴关系。2006年9月，印度总理辛格对南进行正式访问。2008年4月，姆贝基总统出席在印度举行的印非峰会。2016年7月，印度总理莫迪访问南非。2010年6月，祖马总统对印度进行国事访问。2012年5月，印度总统帕蒂尔对南进行国事访问。2015年10月，祖马总统赴印度出席第三届印非峰会。2005年，南非与印度尼西亚共同主持亚非峰会。2008年3月，印度尼西亚总统苏西诺对南进行国事访问。2017年3月，祖马总统赴印尼出席环印联盟首届领导人峰会并对印尼进行国事访问。2007年5月，姆贝基总统访问越南。2007年4月，新加坡总统纳丹访南。2013年1月，南非与菲律宾在比勒陀利亚举行首次双边咨询论坛。2013年8月，祖马总统对马来西亚进行工作访问。5月，加拿大总督约翰斯顿对南非进行国事访问。2017年3月，祖马总统出席环印联盟峰会并对印尼进行国事访问。2018年6月，拉马福萨总统赴加拿大出席七国集团扩大会议。2019年1月，拉马福萨总统对印度进行国事访问。

南非同所有中东地区国家继续保持友好合作关系。南非与沙特阿拉伯、伊朗等国在国防、能源等领域的合作不断加强，贸易不断增长。关注中东和平进程，希望各方以“土地换和平”原则谈判解决问题；谴责以色列在巴以冲突中滥用武力，杀害无辜的巴勒斯坦平民，并强烈要求以停止使用武力，遵循联合国有关决议，和平谈判解决争端。强烈批评美、英对伊拉克发动战争，认为伊战是“对多边主义的沉重打击”，主张联合国在伊战后重建问题上发挥主导作用。2011年11月，祖马总统访问阿联酋和阿曼。2014年11月，巴勒斯坦总统阿巴斯访南。2016年4月，祖马总统访问伊朗。2017年3月，祖马总统出席环印联盟峰会并对印尼进行国事访问。2018年7月，拉马福萨总统对沙特、阿联酋进行国事访问。

近年来，南非与巴西、阿根廷等拉美国家关系不断发展。2000年12月，南非成为“南方共同市场”的“联系国”。2003年南非、巴西、印度三国成立“印—巴—南对话论坛”（IBSA），2011年10月在南非举办了第5届峰会。2006年9月，姆贝基总统赴古巴参加不结盟运动第14届峰会。9月，委内瑞拉总统查韦斯访南。2009年9月，祖马总统赴委内瑞拉出席第二届非洲—南美峰会，其间与委内瑞拉总统查韦斯、智利总统巴切莱特和乌拉圭总统瓦兹奎斯举行双边会晤。10月，祖马总统对巴西进行国事访问。2010年7月，巴西总统卢拉对南非进行国事访问。2010年12月，祖马总统对古巴进行国事访问，并赴墨西哥出席联合国气候变化公约第16次缔约方会议。2014年7月，祖马总统出席在巴西福塔雷萨举行的金砖国家领导人第六次会晤。2018年11月，拉马福萨总统赴阿根廷出席二十国集团领导人峰会。2019年11月，拉马福萨总统赴巴西出席金砖国家领导人第十一次会晤。（黄健）

南　苏　丹

国名　南苏丹共和国（The Republic of South Sudan）。

面积　约62万平方公里。

人口　约1253万（2017年）。是多部族国家，有丁卡、努维尔、希鲁克、巴里等64个部族。官方语言为英语，通用阿拉伯语。居民大多信奉原始部落宗教，约18%的居民信奉伊斯兰教，约17%的居民信奉基督教。

首都　朱巴（Juba），人口约50万。

国家元首　总统萨尔瓦·基尔·马亚尔迪特（Salva Kiir Mayardit），2011年7月9日南苏丹独立建国后，成为南苏丹首位总统。

重要节日　独立日：7月9日；和平日：1月9日；建军日：5月19日；烈士日：7月30日。

简　况

位于非洲东北部，北纬4°—10°线，内陆国。东邻埃塞俄比亚，南接肯尼亚、乌干达和刚果民主共和国，西邻中非共和国，北接苏丹。地形呈槽状，东部、南部、西部边境地区多丘陵山地，中部为黏土质平原，南部边境的基涅提山（Kinyeti）海拔3187米，为全国最高峰。热带草原气候，每年5—10月为雨季，气温20℃—40℃，11月至次年4月为旱季，气温30℃—50℃。

19世纪以前，南苏丹没有成文历史。一般认为，丁卡族、努维尔族和希鲁克族于10世纪左右进入南苏丹。16—18世纪，阿赞德人与阿凡加拉人相继在该地区建立统治。18世纪初开始，欧洲人在阿拉伯人协助下，在包括南苏丹在内的非洲大陆猎奴。19世纪初，埃及与苏丹侵入南苏丹地区。1899年，英国与埃及共管苏丹，并于1902年将南北作为两个实体分而治之。1955年，苏丹宣布独立前夕，约瑟夫·阿古领导黑人部队发动兵变，南北苏丹第一次内战爆发。1972年，阿古与苏丹政府签署《亚的斯亚贝巴协定》，第一次内战结束。1983年，约翰·加朗发动兵变，成立“苏丹人民解放运动/解放军”，第二次内战爆发。2005年1月，苏丹南北双方签署《全面和平协议》（CPA），第二次内战结束。根据协议，南苏丹于2011年1月举行全民公投，98.83%的选民赞成独立。7月9日，南苏丹共和国成立。

政　治

南苏丹实行立法、行政、司法三权分立体制，中央、州两级政权享有立法权。2013年12月，南苏丹总统基尔与前副总统马夏尔为首的反对派之间爆发武装冲突。2015年8月，南苏丹冲突各方签署《解决南苏丹冲突协议》。

2016年4月，南苏丹组建民族团结过渡政府。7月，南苏丹政府军再度与反对派爆发武装冲突。2018年8月5日，南苏丹冲突各派在苏丹首都喀土穆达成共识，基尔将继续担任总统，马夏尔担任第一副总统。9月12日，南苏丹主要派别在埃塞俄比亚首都亚的斯亚贝巴签署《解决南苏丹冲突重振协议》（简称《重振协议》），就政治权利分配、政治过渡进程、安全安排等达成一致。根据该协议，2018年9月至2019年5月为政治过渡预备期，2019年5月将开始为期三年的政治过渡期。协议签署后，全国过渡预备期委员会、国家修宪委员会、联合防务委员会等政治过渡期机制先后建立，向前推进政治过渡进程。2019年5月，东非政府间发展组织（伊加特）通过决议，同意南苏丹各派将政治过渡预备期延长半年至11月。11月，经苏丹、乌干达斡旋，南苏丹各派将政治过渡预备期再次延长100天。2020年2月，南苏丹成立联合过渡政府。

【宪法】2011年7月9日南苏丹独立当日，原南方自治政府主席基尔签署南苏丹过渡期宪法，宣誓就任南苏丹共和国首任总统。过渡期宪法共16部分201条，分为总章、公民基本权利、国家经济发展战略、国家机构、军队、州及地方政府和土地所有制与自然资源管理等内容。2015年8月，南苏丹冲突各方签署《解决南苏丹冲突协议》，根据协议成立国家修宪委员会，将协议内容纳入宪法，目前尚未完成修宪。

【议会】实行两院制，包括国民议会和州委员会。国民议会议长为安东尼·利诺·马卡纳（Anthony Lino Makana），州委员会议长为约瑟夫·布尔·钱（Joseph Bul Chan）。

【政府】现政府2020年2月成立，由总统直接主持，不设总理职务。总统萨尔瓦·基尔·马亚尔迪特（Salva Kiir Mayardit），第一副总统瑞克·马夏尔（Riek Machar），副总统塔班·邓·盖（Taban Deng Gai），副总统詹姆斯·瓦尼·伊加（James Wani Igga），副总统丽贝卡（Rebecca Nyandeng De Mabior），副总统侯赛因·阿卜杜勒巴吉（Hussein Abdelbagi）。主要部长有：内阁事务部长马丁·埃利亚·罗姆洛（Martin Elia Lomuro），外交与国际合作部长碧翠斯·卡米萨·瓦尼–诺阿（Beatrice Khamisa Wani-Noah），国防和退伍军人事务部长安吉丽娜·简尼·特尼（Angelina Jany Teny），内政部长保罗·马约姆·阿凯奇（Paul Mayom Akec）总统事务部长马伊克·阿伊·邓（Mayiik Ayii Deng），财政与经济规划部长萨尔瓦托·加朗·马比奥迪特·沃尔（Salvatore Garang Mabiordit Wol），石油部长普奥特·康·绰尔（Puot Kang Chol），总统国家安全事务部长奥布图·马穆尔·麦特（Obutu Mamur Mete），信息、通信与邮政服务部长迈克尔·马库埃·鲁埃斯（Michael Makuei Lueth）。

【行政区划】南苏丹独立时，全国共划分为北加扎勒河、西加扎勒河、瓦拉卜、湖泊、团结、上尼罗河、琼格莱、东赤道、中赤道和西赤道10州。2015年10月，基尔总统颁布总统令，撤销原有10州，设立28州。南苏丹反对派指责此举违反宪法及和平协议精神。东非政府间发展组织（伊加特）、联合国安理会等均呼吁南苏丹暂停实施有争议的28州方案。2017年1月，基尔总统颁布总统令，再次调整行政区划，共设32州。2020年2月，南政府公布新的“10+3”行政州划设方案。

【司法机构】由最高法院、上诉法院、高等法院和其他法院等共同构成。过渡期宪法规定，各级行政和立法机构应尊重并保护司法机构的独立性。最高法院由首席法官、副首席法官和不少于9名其他法官组成，皆由总统提名、议会三分之二多数通过。现任首席法官为钱·瑞克·马杜特（Chan Reec Madut）。

【政党和组织】执政党为苏丹人民解放运动（SPLM）政府派，其他主要政治派别包括：苏丹人民解放运动马夏尔派（SPLM-IO）、苏丹人民解放运动前被拘押高官派（SPLM-FDs）、南苏丹反对派联盟（SSOA）、其他反对派（OPP）等。

【重要人物】萨尔瓦·基尔·马亚尔迪特：总统。1951年生，丁卡族人。20世纪60年代加入南方反政府的“阿尼亚尼亚”运动。1972年和平协议签署后加入政府军。1983年与加朗共同创立苏丹人民解放军（SPLA）。1986年出任SPLA副总参谋长。2005年7月担任南方自治政府副主席。2005年8月出任苏丹民族团结政府第一副总统、南方自治政府主席。2010年4月连任。2011年7月9日，南苏丹独立后出任首任总统。

经　济

南苏丹是世界最不发达国家之一，道路、水电、医疗卫生、教育等基础设施及社会服务严重缺失，商品基本依靠进口，价格高昂。国际社会在基础设施建设和公共服务等方面向南苏丹提供了大量援助。2011年7月，南苏丹央行发行新货币南苏丹镑（SSP）。南苏丹经济严重依赖石油资源，主要有1/2/4区、5区、3/7区等开发项目。石油收入约占政府财政收入的98%。2012年初，由于与苏丹就石油利益分配问题矛盾不断升级，南苏丹全面关井停产。2013年4月，经过国际社会斡旋和两苏艰苦谈判，南苏丹石油恢复生产。2013年底南苏丹国内冲突爆发后，石油生产再度受到严重影响。2018年主要经济数据如下：

国内生产总值：200.1亿美元。

人均国内生产总值：1600美元。

经济增长率：–5.2%。

货币名称：南苏丹镑（South Sudanese Pound，SSP）。

汇率：1美元≈130南苏丹镑。

（资料来源：美国中央情报局公开数据）

【资源】自然资源丰富，主要有石油、铁、铜、锌、铬、钨、云母、金、银等，水利资源也很丰富。土地肥沃，适合大规模农林牧业发展。探明石油储量约47亿桶，可采储量为22.6亿桶，剩余可采储量9.3亿桶。

【工业】几乎没有规模化工业生产，工业产品及日用品完全依赖进口。

【农业】可耕地面积约为2500万公顷。适合耕种的作物种类很多，特别是一些热带和亚热带作物。主要作物有棉花、花生、高粱、小米、麦、阿拉伯胶、甘蔗、木薯、芒果、木瓜、香蕉、马铃薯、芝麻等。森林覆盖率超过36%。

人民生活

当地医疗设施落后，普遍缺医少药。

军　事

南苏丹武装力量为“南苏丹人民国防军”。武装部队的使命是捍卫南苏丹宪法，维护领土完整，保卫人民安全。总统基尔兼任武装部队总司令。国防部是军队最高领导机构，总参谋部是最高军事指挥机关。

文化教育

【教育】南苏丹教育水平相对落后，教学设施匮乏。文盲率为73%，6岁以上儿童入学率为37%。全国大中小学学生注册人数分别为2.5万、4.4万和138万，教师约8000名。高等学府有朱巴大学、上尼罗河大学、伦拜克大学、托里特大学、北加扎勒河大学等。

对外关系

南苏丹独立后，迅速获得国际社会广泛承认，已与包括安理会五常在内的90多个国家建交。2011年7月14日，南被接纳为联合国会员国，此后相继被接纳为非盟、东非政府间发展组织（伊加特）和东非共同体等组织成员。南苏丹注重均衡发展与各国的友好合作。目前南苏丹在埃及、埃塞俄比亚、厄立特里亚、肯尼亚、乌干达、刚果（金）、津巴布韦、尼日利亚、南非、澳大利亚、挪威、比利时、英国、加拿大、美国和中国等国设有使馆或代表机构。苏丹、中国、美国、英国、德国、意大利、挪威、荷兰、印度、埃及、埃塞俄比亚、厄立特里亚、肯尼亚、利比亚、尼日利亚、南非、乌干达、津巴布韦、土耳其等国已在南苏丹设立使馆或代表机构。

【同中国的关系】20世纪70年代，中国就派医疗队、农业专家到苏丹南方，向当地人民提供帮助。苏丹南方自治政府成立后，中国与苏丹南方各层次友好交往不断加强，双方合作日益增多。2007年2月，胡锦涛主席访问苏丹期间，在喀土穆会见时任苏丹第一副总统、南方自治政府主席基尔。基尔曾于2005年3月、2007年7月两次访华。2008年9月2日，中国驻朱巴总领馆开馆。2011年7月9日，南苏丹举行独立庆典，中国住房和城乡建设部部长姜伟新作为胡锦涛主席特使应邀参加，代表中国政府与南苏丹外长阿鲁尔签署建交公报。同日，中国驻南苏丹大使馆开馆。2011年8月，外交部长杨洁篪访问南苏丹。2012年4月，应国家主席胡锦涛邀请，南苏丹总统基尔对中国进行国事访问。访华期间，胡锦涛主席与基尔举行会谈，全国人大常委会委员长吴邦国、国务院副总理李克强分别会见基尔。2012年7月，南外长尼亚尔来华出席第五届中非合作论坛部长级会议。2013年7月，南苏丹总统特使、石油和矿产部长德修访华。2014年7月，南苏丹副总统瓦尼，总统事务部长韩万，财政部长萨布尼，石油、矿产和工业部长德修访华。8月，南苏丹外交与国际合作部长本杰明访华。2016年7月，南苏丹外交与国际合作部长阿鲁尔来华出席中非合作论坛约翰内斯堡峰会成果落实协调人会议。2018年6月，南苏丹总统特使、总统事务部部长马伊克访华。9月，南苏丹总统基尔应邀来华出席中非合作论坛北京峰会。2019年6月，南外长尼亚尔来华出席中非合作论坛北京峰会成果落实协调人会议。12月，全国政协副主席刘新成访问南苏丹，南总统基尔会见。

南苏丹冲突爆发后，中方率先向南苏丹提供紧急人道主义援助。中国政府积极参与南苏丹经济社会建设，援建了医院、活动板房学校、打井、提供医疗设备、抗疟药品和紧急人道主义物资、人力资源培训等项目，得到当地民众好评。南苏丹独立建国后，两国经贸关系发展顺利。2011年11月，双方签订两国贸易、经济和技术协定，并成立双边经贸联委会。2019年，中南双边贸易额为16.49亿美元，同比下降1.48%，其中中方出口额1.22亿美元，同比上升57.69%，进口额15.27亿美元，同比下降4.35%。

中国驻南苏丹大使：华宁。使馆电话：00211-912386011。网址：http://www.ss.chineseembassy.org。电子邮箱：chinaemb_ss@mfa.gov.cn。

南苏丹驻华大使：约翰·安德鲁加·杜库。馆址：北京市朝阳区霄云路18号京润水上花园H1-2。电话：010-64649925；传真：64649928。电子邮箱：southsudanembassy.beijing@live.com。

【同美国的关系】南苏丹曾与美国关系密切。1983—2005年苏丹内战期间，美国支持苏丹南方。2001年9月，美国总统布什宣布介入苏丹南北和平进程。“9·11”事件后，美国调整对苏丹政策，加速推动苏丹南北和平进程，并最终促成南北方于2005年1月签署《全面和平协议》，结束了苏丹长达22年的内战。苏丹南方自治政府成立以后，美国在南方首府朱巴设立总领馆，并在自治政府中派遣众多“志愿者”协助工作。2010年后，美国政府每年向南苏丹提供约3亿美元援助。南苏丹独立当日，美国总统奥巴马、国务卿希拉里分别致贺，美方以互换照会方式同南苏丹正式建交。2013年底南苏丹内战爆发后，美国积极介入调解，同英国、挪威共同组建南北苏丹问题“三驾马车”。2016年7月南苏丹再度爆发内战后，美国开始对南施加制裁，于2018年上半年连续推动联合国安理会通过两份对南苏丹制裁决议。2018年11月，美国总统国家安全事务助理博尔顿在阐述对非洲新战略时，公开批评南苏丹领导人，强调美国不会向南苏丹推进政治过渡提供资金支持。2019年12月，南苏丹政府谴责美对南政策阻碍南和平进程，召回南驻美国大使。

【同苏丹的关系】2011年7月9日，南苏丹独立建国，苏丹和平分裂。但由于双方在边界划分、石油利益分配、阿布耶伊地区归属等重大问题上分歧严重，有关谈判进展缓慢，两国龃龉不断，并曾爆发激烈的边境冲突。2012年9月，两苏元首在埃塞俄比亚首都亚的斯亚贝巴就双边合作以及边境安全、经济、公民地位等问题签署一系列协议。但双方在边界划分及阿布耶伊地区归属问题上仍存分歧。在非盟的积极斡旋下，2013年3月，两苏在亚的斯亚贝巴就执行边界安全协议和非盟提出的执行已达成协议的时间表达成一致。9月，南苏丹总统基尔访问苏丹。10月，苏丹总统巴希尔访问南苏丹。2013年底南苏丹内战爆发后，苏丹积极参与东非政府间发展组织（伊加特）的斡旋行动。2016年以来，两苏关系进一步缓和、改善。2018年，经苏丹总统巴希尔大力斡旋，南苏丹国内主要派别于9月在苏丹首都喀土穆签署全面和平协议，开启政治过渡进程。2019年10月，苏丹和平谈判在南苏丹首都朱巴正式启动。2019年11月，经苏丹等国斡旋，南苏丹政治过渡预备期延长100天至2020年2月。

【同埃塞俄比亚的关系】南苏丹与埃塞关系较为密切，南苏丹是埃塞重要的商品出口市场。1972年，在埃塞皇帝海尔塞拉西调解下，苏丹南北双方签署了《亚的斯亚贝巴协议》。埃塞的门格斯图政府是苏丹人民解放运动最重要的外国援助者。2011年7月，埃塞同南苏丹建交。此后双方高层互访频繁，两国成立了部长级联合委员会，建立了战略伙伴关系，在交通、运输、贸易、通讯、教育、能力建设、安全等领域加强合作。2013年底、2016年7月，南苏丹两度爆发内战，埃塞作为伊加特轮值主席国，积极发挥调解、斡旋作用，并于2017年底至2018年上半年在亚的斯亚贝巴倡议召开3次“重振南苏丹和平协议高级别论坛”会议。埃塞还同苏丹、乌干达等国密切配合，促成南苏丹国内主要派别签署全面和平协议。埃塞在南苏丹派有1200余人的维和部队。

【同肯尼亚的关系】肯尼亚是南苏丹重要邻国，双方有200多公里共同边界，长期保持友好关系。肯尼亚积极参与苏丹南北和平进程，南北双方2005年1月达成的《全面和平协议》就是在肯尼亚首都内罗毕签署的。肯尼亚积极帮助南苏丹发展经济，在医疗、教育、基础设施建设和人员培训等方面提供了大量援助。2013年底南苏丹内战爆发后，肯尼亚作为伊加特成员国，在南苏丹问题上发挥积极调解作用，并与其他方一道，促成南苏丹冲突各方签署多份和平协议。

【同乌干达的关系】乌干达是南苏丹重要邻国。2011年7月，乌干达总统穆塞韦尼访问朱巴，参加南苏丹独立庆典。同日，乌干达发表声明承认南苏丹。同月，乌干达和埃塞俄比亚签署协议，成立部级委员会，共同支持南苏丹发展。2013年底南苏丹爆发冲突后，乌干达出兵协助南苏丹政府打击反对派武装。2015年，乌干达宣布从南苏丹撤军。2016年7月南苏丹再度爆发内战后，乌干达再度出兵帮助南苏丹维护社会稳定。2018年，乌干达积极参与促成南苏丹国内主要派别签署全面和平协议。2019年底，乌干达参与斡旋，促成南苏丹政治过渡预备期技术性延长。

（桂家琤）

尼日尔

国名 尼日尔共和国（The Republic of Niger，La République du Niger）。

面积 1267000平方公里。

人口 2240万（2018年）。全国有5个主要民族：豪萨族（占全国人口的56%）、哲尔马–桑海族（22%）、颇尔族（8.5%）、图阿雷格族（8%）和卡努里族（4%）。官方语言为法语；各民族均有自己的语言，豪萨语可在全国大部分地区通用。88%的居民信奉伊斯兰教，11.7%信奉原始宗教，其余信奉基督教。

首都 尼亚美（Niamey），人口106万（2018年）。最高气温41℃（5月），最低气温14℃（1月），平均气温28.9℃。

国家元首 总统穆罕默杜·伊素福（Mahamadou Issoufou），2011年3月当选，2016年3月连任，任期5年。

重要节日 独立日：8月3日；国庆日：12月18日。

简 况

位于撒哈拉沙漠南缘北纬11—23°、东经0—16°。系西非内陆国家，东邻乍得，西界马里、布基纳法索，南与贝宁、尼日利亚接壤，北与阿尔及利亚、利比亚毗连。北部属热带沙漠气候，南部属热带草原气候，全年分旱、雨两季（6—9月为雨季，10月至次年5月为旱季），年平均气温30℃，是世界上最热的国家之一。

历史上未形成过统一的王朝。7—16世纪，西北部属桑海帝国。8—18世纪，东部属博尔努帝国。18世纪末，颇尔人在中部建立了颇尔帝国。1904年成为法属西非领地。1922年沦为法国殖民地。1957年获得半自治地位。1958年12月18日成为法兰西共同体内的自治共和国。1960年7月退出法兰西共同体，8月3日正式宣告独立。哈马尼·迪奥里（Hamani Diori）为首任总统。1974年4月，武装部队总参谋长赛义尼·孔切（Seyni Kountche）中校发动军事政变，推翻了迪奥里政权，成立最高军事委员会，自任主席兼国家元首。1987年11月，孔切病逝，总参谋长阿里·赛义布（Ali Saibou）上校继任。1990年实行多党制。1993年3月，马哈曼·奥斯曼（Mahamane Ousmane）当选总统，组成首届民选政府。1996年1月，武装部队参谋长迈纳萨拉·巴雷（Ibrahim Baré Maïnassara）发动政变上台，同年7月当选总统。1999年4月，总统卫队长瓦拉姆·万凯（Daouda Malam Wanke）发动政变枪杀巴雷，自任国家元首兼全国和解委员会主席。1999年11月，尼举行总统和议会选举，争取社会发展全国运动党候选人马马杜·坦贾（Mamadou Tandja）当选总统，并于2004年12月连任。2009年5月起，为谋求继续执政，坦贾先后解散国民议会和重组宪法法院，并于8月举行全民公投通过第六共和国宪法，将其任期延长3年并取消连任限制，遭到反对派反对和西非国家经济共同体、欧盟等制裁，尼陷入宪政危机。2010年2月18日，尼部分军人发动政变，扣押坦贾，接管国家权力，成立“恢复民主最高委员会”并推举吉博为主席。军政权随后承诺还政于民，成立了过渡政府、全国协商委员会和全国独立选举委员会，确定为期一年的过渡期。10月，尼举行全民公投通过第七共和国宪法。2011年1月，尼举行地方、立法和总统选举。3月，尼日尔争取民主和社会主义党候选人穆罕默杜·伊素福在第二轮总统选举中以58%的得票率获胜当选，并于4月7日宣誓就职。

伊素福执政后，确立实现全国和解与稳定、确保国内安全、改善人文发展状况等施政重点，提出“尼日尔复兴计划”和“尼日尔粮食自给自足倡议”，大力发展经济，改善民生，取得一定成效。2016年2月，尼举行地方、立法和总统选举。3月，现任总统伊素福在第二轮总统选举中以92.49%的得票率成功连任。伊素福政府对反对派阵营保持高压态势，审判反对党领导人哈马“贩婴案”，剥夺其参加2021年总统选举资格。目前尼局势总体稳定。

政　治

2009年底以来，伊斯兰马格里布基地组织等地区恐怖主义势力从尼日尔与马里、阿尔及利亚等国交界的边境地区向尼内地渗透，实施了一系列绑架人质事件，并多次与尼政府军交火。2015年以来，恐怖组织“博科圣地”亦向尼边境渗透并多次袭击迪法大区，造成严重人员伤亡，尼日尔政府宣布迪法大区进入紧急状态。2016年10月以来，蒂拉贝里大区和塔瓦大区多次发生恐怖袭击，尼日尔政府于2017年3月宣布上述两大区靠近马里边境部分省份进入紧急状态。2018年底，尼日尔政府宣布将环首都的蒂拉贝里大区多数省份列入紧急状态。尼安全形势严峻。2019年安全形势恶化。5月中旬，尼日尔马里边境地区一支尼军巡逻队遭不明身份武装分子伏击，造成至少17名尼军士兵死亡；12月上旬西部边境地区一处尼军军营遭不明身份武装分子袭击，造成至少71名尼军士兵死亡。

【宪法】2010年10月31日，经全民公投通过第七共和国宪法。宪法规定尼实行半总统制，总统为国家元首和军队统帅，通过两轮多数选举产生，任期5年，可连选连任1次。总理为政府首脑，领导、组织和协调政府工作，由总统任命，对议会负责。总统任免总理，并根据总理的提名，任免其他政府成员。

【议会】称国民议会，共设171个议席。最高立法机构，行使立法权并监督政府工作。议员由普选产生，任期5年。本届议会于2016年2月选举产生，席次主要分布：尼日尔争取民主和社会主义党75席，争取非洲联合尼日尔民主运动党25席，全国发展社会运动党20席，共和国爱国运动党12席。其余席次由12个政党分获。议长乌赛尼·蒂尼（Ousseini Tinni）2016年3月当选。

【政府】2016年4月成立，后多次调整。目前，共有包括总理、4名国务部长、35名部长、5名部长级代表在内的现有45名成员，名单如下：总理布里吉·拉菲尼（Brigi Rafini），内政、公安、地方分权和习俗与宗教事务国务部长穆罕默德·巴祖姆（Mohamed Bazoum），农业和畜牧国务部长阿尔巴德·阿布巴（Albadé Abouba），石油国务部长富马科耶·加多（Foumakoye Gado），总统府国务部长马苏杜哈苏米（Massoudou Hassoumi），总统府办公厅主任乌·胡穆杜·马哈马杜（Ouhoumoudou Mahamadou），财政部长马马杜·迪奥普（Mamadou Diop），外交、合作、非洲一体化和尼日尔侨民部长卡拉·安库劳（Andourao Kalla），交通部长默罕穆杜·卡里乔（Mahamadou Karidjo），国防部长伊素福·卡坦贝（Issoufou Katembe），水利和清洁部长莫克塔·加多·萨博（Moctar Gado Sabo），司法和掌玺部长马鲁·阿马杜（Marou Amadou），青年和体育部长莫克塔·卡苏姆（Moctar Kassoum），人道行动和灾害处理部长马加吉·拉万（Magagi Laouan），新闻部长哈比·穆罕默杜·萨利苏（Habi Mahamadou Salissou），就业、劳动和社保部长穆罕默德·本·奥马尔（Mohamed Ben Omar），计划部长卡内·艾沙图·布拉马（Kané Aïchatou Boulama，女），地产、城市规划和住房部长瓦齐里·马曼·拉万（Waziri Maman Laouan），商业和促进私营部门发展部长萨杜·赛义杜（Sadou Seydou），初等教育、扫盲、发展民族语言和公民教育部长达乌达·马尔泰（Daouda Marthé），人口部长阿玛杜·艾萨塔（Amadou Aïssata，女），高等教育、研究和创新部长亚胡萨·萨迪苏（Yahouza Sadissou），邮政、电信和数字经济部长萨尼·马伊戈奇（Sani Maïgochi），装备部长卡迪·阿卜杜拉耶（Kadi Abdoulaye），矿业部长哈桑·巴拉泽·穆萨（Hassane Barazé Moussa），能源部长阿明娜·穆穆尼（Amina Moumouni，女），公共卫生部长伊利亚苏·马伊纳萨拉（Illiassou Mainassara），职业和技术教育部长提贾尼·伊德里萨·阿卜杜勒-卡德里（Tijani Idrissa Abdoulkadri），中等教育部长穆罕默德·塞努西·哈吉·萨姆罗（M. Mohamed Sanoussi Elhaji Samro），文化复兴、艺术和社会现代化部长阿苏马纳·马拉姆·伊萨（Assoumana Mallam Issa），旅游和手工业部长艾哈迈德·博托（Ahmed Boto），公职和行政改革部长卡法·蕾基亚图·克里斯泰勒·贾库（Kaffa Rékiatou Christelle Jackou，女），协调与各机构关系部长巴尔卡伊·尤素福（Barkaï Issouf），青年创业部长易卜拉欣·伊西菲·萨杜（Ibrahim Issifi Sadou），促进妇女与儿童保护事业部长埃尔巴科·泽纳布·塔里·巴科（Elback Zeinabou Tari Bako，女），环境、城市卫生和可持续发展部长穆斯塔法·加尔巴（Almoustapha Garba），地方发展和国土整治部长阿马尼·阿卜杜（Amani Abdou），总统府部长里萨·阿格·布拉（Rhissa Ag Boula），工业部长马拉姆·扎内杜·阿米鲁（Mallam Zaneidou Amirou），政府发言人扎卡利亚·阿卜杜勒拉赫曼（M. Zakaria Abdourahamane），内政部长级代表阿尔卡什·阿尔哈达（Alkache Alhada），畜牧部长级代表穆罕默德·布沙（Mohamed Boucha），财政部长级代表艾哈迈德·吉杜德（Ahmat Jidoud），非洲一体化和尼日尔侨民部长级代表拉米多·乌塞尼·萨拉马图·巴拉·戈加（Lamido Ousseini Salamatou Balla Goga，女），地方分权部长级代表迈尊布·哈普萨图·伊德里萨（Maizoumbou Hapsatou Idrissa，女）。

【行政区划】全国划分为蒂拉贝里、多索、塔瓦、马拉迪、津德尔、阿加德兹和迪法7个大区、1个大区级市即首都尼亚美，36个省和265个镇。

【司法机构】根据第七共和国宪法，司法权由宪法法院、最高法院、国家行政法院、审计法院等管辖。宪法法院主管涉及宪法和选举的法律事项。最高法院是最高司法机构。国家行政法院负责对行政权力机构越权进行初审和终审判决，对有关行政行为合法性的上诉进行衡量和解释。审计法院是监管公共财政的最高司法机关。

【政党】1990年11月实行多党制。现有约40个合法政党，主要有：

（1）尼日尔争取民主和社会主义党—塔雷亚（Parti Nigérien pour la Démocratie et le Socialisme–Tarayya）：议会第一大党和执政党。1991年1月8日成立，主要由工人和知识分子组成，集中于塔瓦省。是具有全国影响的左派政党，主张在自由、民主、正义和公平的基础上，建立稳定、现代的民主共和体制，促进非洲大陆的政治、经济一体化。国际联系较广泛，与法国社会党以及科特迪瓦、布基纳法索和塞内加尔等国政党都有联系。1996年成为社会党国际成员。2011年3月，党主席伊素福当选总统并于2016年3月连任。2013年12月，穆罕默德·巴祖姆当选党主席。

（2）争取非洲联合尼日尔民主运动党—卢马纳（le Mouvement Démocratique Nigérien pour une Fédération Africaine–Lumana Africa），反对党。2010年3月成立。成员以西部哲尔马人为主，系从全国发展社会运动党分裂组成。在蒂拉贝里、尼亚美等地影响较大。主张秉持民主和主权在民等原则，维护民族团结以及国家政治、体制的稳定。现任党主席哈马·阿马杜（Hama Amadou）。

（3）全国发展社会运动党—纳萨拉（Mouvement National pour la Société de Développement–Nassara）。前执政党和参政党，2010年2月政变后失去执政地位。前身是赛义布时期的唯一政党“全国社会发展运动”，成立于1989年5月。尼实行多党制后，1991年3月改为现名。该党社会基础广泛，在广大农牧民中有较强的影响力。主张通过对话实现社会团结与稳定，提倡发展经济，保障贫困阶层人民享有基本社会服务。2010年3月，前党主席哈马另立新党，该党力量遭到削弱。现任代理党主席赛杜·塔伊胡（Seydou Tahirou）。

（4）尼日尔争取民主与进步联盟—拉希亚（Alliance Nigérienne pour la Démocratie et le Progrès–Zamanlahiya）：1992年1月由全国发展社会运动党前外联书记杰尔马科耶创建，势力集中于南部多索省，党员大多为哲尔马族人。主张保障民主以求发展，实行自由经济。原为反对党。2002年7月加入总统派“民主力量联盟”。主席穆穆尼·杰尔马科耶·阿达穆（Moumouni Djermakoye Adamou）。

（5）争取民主和进步运动—雅马阿（Rassemblement pour la Démocratie et le Progrès–Jama'a）：1997年8月成立。前身为争取民主复兴全国独立人士联盟（UNIRD）。主张“更新民主”“振兴经济”，对外强调“民族尊严和国家主权”。基本党员50万。主席哈米德·阿尔加比德（Hamid Algabid）。

【重要人物】穆罕默杜·伊素福：总统。1952年生于尼塔瓦大区。豪萨族。曾在法国学习，获数学和基础应用专业硕士学位、概率与统计学博士预备文凭以及矿业土木工程师证书。1980—1992年，历任尼矿业部矿产司司长、尼法合资阿伊尔矿业公司秘书长、开发部经理和技术总监。1990年，参与组建尼日尔争取民主和社会主义党，长期担任党主席。1993—1994年任政府总理。1995—1996年，任国民议会议长。曾四次竞选总统失利。2011年3月当选总统，2016年3月连任。　**布里吉·拉菲尼**：总理。1953年生于尼阿加德兹大区。图阿雷格族。尼日尔国家行政学院高等教育毕业文凭，曾留学法国。1987—1991年，历任内政国务秘书，农业和环境国务秘书、部长，全国发展委员会主席、国民议会秘书长等职。2004—2009年，任国民议会第四副主席。2011年4月，出任政府总理，2016年4月连任。

经　济

以农牧业为主，是联合国公布的最不发达国家之一。坦贾总统执政后，加强宏观调控，开源节流，整顿国家财政，西方国家和国际金融机构陆续恢复对尼援助，尼成为“重债穷国减债计划”和“减贫与增长贷款”达标国，经济状况有所好转。2009年尼宪政危机后，部分国家停止对尼援助，尼财政状况恶化。伊素福总统执政后，出台了2012—2015年经济社会发展规划，并积极推进基础设施建设，初步建成本国石油化工产业，同时在巴黎举办融资圆桌会议，争取外援和投资。2016年伊素福总统连任后，继续推进“粮食自给自足倡议”“复兴计划二期”“2016—2020年经济社会发展规划”，大力发展农业、能源、电力、交通等产业，致力于整顿经济、改善民生，取得一定成效，经济保持小幅增长。但尼经济基础薄弱，受自然灾害、国际市场波动和地区安全形势影响较大，总体仍十分困难。

2019年尼主要经济数据如下：

国内生产总值：89亿美元。

人均国内生产总值：382美元。

国内生产总值增长率：5.5%。

货币名称：非洲金融共同体法郎，简称非洲法郎。

汇率：1美元=586非洲法郎。

通货膨胀率：–2.8%。

（资料来源：2020年4月《伦敦经济季评》）

【资源】已探明铀储量42万吨。磷酸盐储量12.54亿吨，尚未开发。煤储量600万吨。初步探明石油储量4.99亿吨。还有锡、铁、石膏、黄金等矿藏。

【工业】基础薄弱，2016年工业产值占国内生产总值的15.9%。主要有石油炼制、电力、纺织、采矿、农牧产品加工、食品、建筑和运输业等。根据1998—1999年经济改革计划，尼开始对电信、能源、水、燃料等领域的国营企业实行私有化。主要大型铀矿开采合营公司有阿伊尔矿业公司（SOMAIR）和阿库塔矿业公司（COMINAK），尼政府分别占33%和31%的股份。2016年铀产量为3479吨。

【农牧林业】农牧林业等第一产业是最主要的经济部门，2016年农业产值占国内生产总值的45.7%。全国80%以上的居民从事农业，有可耕地1723.89万公顷，已耕地588.29万公顷，有灌溉潜力土地27万公顷，水浇地7万公顷。粮食生产不稳定，主要粮食作物有小米、高粱、薯类和豆类等。2016年，尼再次爆发粮荒，200多万人面临粮食短缺。

全国从事畜牧业的人口超过100万。2010年，全国牲畜存栏数为：牛981.7万头，羊1091.7万只，骆驼167万峰。

森林资源贫乏，林业产值约占国内生产总值的3.8%。由于人口增长、大面积开垦耕地和居民日常生活以柴薪为主要燃料等原因，森林面积以年均递减2.4%的速度日益萎缩，从20世纪70年代初的1600万公顷降至90年代末的800万公顷。

【旅游业】20世纪80年代起步。主要旅游景点：南部的W自然保护区和尼日尔河谷，北部有阿伊尔高地、贾多高原、阿加德兹图阿雷格族城和泰内雷沙漠等。尼日尔非洲国际时装节为尼重要旅游项目，1998年首次举办，两年一届。1997年以来，尼陆续开办“狩猎旅游”“博物馆旅游”等特色旅游项目。

【交通运输】尼为内陆国。进出口物资主要经科托努、拉各斯和洛美等邻国港口转运和空运。

铁路：2016年1月，“科托努—尼亚美—瓦加杜古—阿比让”4国铁路环线项目“尼亚美—多索”段铁路竣工，该段铁路长143公里。根据规划，铁路未来将延长至尼边境城市加亚，然后进入贝宁境内直至科托努港。该段铁路是尼首条铁路。

公路：总长为19500公里，其中沥青路4000公里，占20.5%，其余为土路。

空运：有尼亚美、阿加德兹和津德尔3个国际机场。尼亚美机场可起降波音747大型客机，阿加德兹和津德尔机场可起降波音737客机。另有4个国内民用机场。在尼经营国际航线的航空公司有法国航空公司、阿尔及利亚航空公司、埃塞俄比亚航空公司、摩洛哥皇家航空公司、塞内加尔航空公司、利比亚航空公司、苏丹航空公司、土耳其航空等。尼亚美国际机场年均国际航班起降约1800架次，国内航班起降800架次，客运量8万人次。

水运：尼日尔河横贯尼境内550公里，有小型机动货船通行，雨季可航行较大船只。

【电信】全国各地均可通邮。现有CELTEL、SONITEL和TELECEL三家电信公司，分别与法国、中国和大西洋电信集团公司合营，覆盖全国主要城市。

【财政金融】国家财政预算严重依赖外援。除税收外，缺乏其他手段，2018年外汇储备10.52亿美元，2017年外债总额30.4亿美元。2018年，尼政府预算总额约1.97万亿非洲法郎。2000年，世界银行将尼列入“重债穷国减债倡议”国家名单，尼获减债6860亿非洲法郎，占其外债总额的53.5%。

（资料来源：2019年3月《伦敦经济季评》、尼日尔财政部国家债务局官网）

金融部门包括商业银行、保险公司、邮政储蓄所和全国社会保障基金会等，金融业产值占国内生产总值的12%。主要银行有：尼日尔银行集团（SONIBANK，前国家银行）、非洲国际银行（BIA）、非洲银行（BOA）和尼日尔商业银行（BON）等。

【对外贸易】主要出口铀、石油和黄金等，2016年铀、石油出口分别占当年出口收入额的30%、15.6%。2018年对外贸易额38.19亿美元，其中出口额14.27亿美元，进口额23.92亿美元。2019年对外贸易额37.51亿美元，其中出口额12.65亿美元，进口额24.86亿美元。主要出口国家为法国、泰国、马来西亚和尼日利亚。主要进口国家为法国、中国、美国和尼日利亚。

【外国援助】对外援依赖严重。主要援助国和国际组织有法国、美国、德国、日本及欧盟、世界银行和非洲开发基金等。2010年，欧盟向尼提供98亿非郎的财政援助，用于帮助尼应对财政危机。联合国、欧盟等为尼过渡期各项选举筹措4100万美元。2011年尼结束过渡期后，欧盟、法国、美国等恢复了对尼援助。2012年，欧盟对尼提供1.35亿欧元各类援助。2014年，欧盟向尼提供5375万欧元援助。在第11期（2014—2020年）欧盟发展基金框架下，欧盟计划向尼提供5.96亿欧元援助。2016年，拉菲尼总理访美期间，与世界银行签署7000万美元融资协议，其中6000万美元为无偿援助。2017年12月，尼日尔政府在法国巴黎举办2017—2021年经济社会发展规划筹资会议，共筹得230亿美元。2018年7月，欧盟议会议长安东尼奥·塔亚尼出席在尼亚美召开的萨赫勒五国集团（G5）议长峰会期间，宣布向尼提供3000万欧元援助。2019年2月，联合国与尼日尔政府签署2019—2021年联合国发展援助计划框架协议，宣布将在未来三年向尼提供3.16亿美元资金援助，并筹集4.89亿美元在尼开展人道主义行动。6月，欧盟与尼政府签署协议，计划向尼提供8600万欧元预算援助，帮助尼抵御经济风险和完善金融体系建设。8月，欧盟与尼政府签订协议，计划向尼提供1000万欧元预算援助，支持尼公共财政、安全、司法、移民等领域发展。10月，欧盟宣布向尼政府提供1500万欧元预算援助，支持尼食品安全、农业、水利等领域发展。同月，日本同尼政府签署两项协议共向尼提供75亿西非法郎援助，用于支持尼农业水利等领域发展。

人民生活

根据联合国开发计划署《2019年人类发展报告》公布的人文发展指数，尼日尔在189个国家中排名第189位。全国电话普及率为每千户居民1部。2010年，全国县市、省、国家级医院和医疗中心等共53所，其中国家级医院和医疗中心15所，省级医院6所，县市级32所。平均每4.3万人1名医生，每5203人1名护士，每2702人1张病床。全国医疗普及率为70%，卫生饮用水覆盖率仅73.75%。2010年人口出生率46.1‰，死亡率11.6‰，婴幼儿死亡率198‰，平均预期寿命58.4岁。主要疾病有：脑膜炎、脊髓灰质炎、疟疾、霍乱等。

军　事

武装力量由军队、宪兵、警察、共和国卫队和总统卫队组成。军事力量为陆军和空军，由国防部统辖，总参谋部指挥。准军事力量包括宪兵、警察、共和国卫队和总统卫队，除宪兵归国防部领导外，其余由内政部领导。总统为武装力量最高统帅。实行义务兵和志愿兵相结合的兵役制度。2003年11月成立军事法庭。现任总参谋长：塞尼·加尔巴（Seyni Garba）少将。

正规军兵力约5300人。全国设尼亚美、阿加德兹、津德尔3个军区。准军事力量5400人。2017年国防预算占财政预算15%。尼分别与法国和美国签有军事合作协议。

文化教育

【教育】20世纪90年代以前，国民教育在各年度预算中一直占国家拨款的20%以上，但从90年代中期开始，所占比例不足10%。全国共有小学12623所，中学、师范学校及各类职业学校871所。小学、初中和高中文化普及率分别为76.1%、19.8%和4.1%。成人识字率为29%。有尼亚美综合大学和伊斯兰大学两所高等学府。

【新闻出版】新闻机构由通讯部统管，最高新闻委员会负责制定新闻方面的有关法规和监督新闻自由的落实。全国共有23家报社，其中国有报社2家，其余为私营报社。官方报纸《萨赫勒报》（Le Sahel）为全国唯一的日报，创刊于1974年，每周一至周四出日报，周五出周末版《萨赫勒星期日刊》（Sahel Dimanche），发行量为5000份。私营报纸主要有《民主者》《共和主义者》《人民论坛》《抉择》等，各发行3000份。

尼日尔通讯社：官方通讯社，成立于1987年。在全国设有5个记者站，无驻外记者，主要接收法新社和泛非通讯社的电信。1997年4月与新华社签署了新闻交流合作协定，国际新闻主要采用新华社电讯稿。

萨赫勒之声：国家广播电台，创建于1958年，由法国海外广播公司统一管理。每天播音14小时，除用法语外，还用豪萨、哲尔玛、卡努里、阿拉伯、图布等8种民族语言广播，节目覆盖率为95%。法国国际广播电台在尼亚美建有广播站，每天24小时广播。2007年以来，中国国际广播电台先后在尼亚美、马拉迪、津德尔和阿加德兹市开播调频节目。

萨赫勒电视台：国家电视台，建于1975年。自1988年11月起每天播出，用法语和6种民族语言播放，可覆盖国土面积的70%和全国人口的80%。2001年12月开通TAL-TV数字频道。

对外关系

奉行和平中立的外交政策，主张在平等、互相尊重国家主权和领土完整的基础上发展同一切国家或组织的友好关系。执行外交为国内政治和经济发展服务的方针。重视发展同西方大国、国际金融机构以及发展中国家的关系。坚持睦邻友好，积极参与地区事务。2007年，与阿尔及利亚、马里等签署边界安全协议。针对近年来萨赫勒—撒哈拉地区日益猖獗的恐怖活动和武器、毒品走私问题，加强同马里、毛里塔尼亚、阿尔及利亚等国合作，共同打击恐怖和走私犯罪活动。曾向利比里亚、塞拉利昂、几内亚比绍和科特迪瓦派遣维和部队，向东帝汶派遣民事警察。近年，派兵参与在马里维和行动，并同尼日利亚、乍得等组成多国联合部队，进入尼日利亚打击“博科圣地”；同毛里塔尼亚、马里、布基纳法索、乍得成立萨赫勒五国集团（G5），并组建G5联合部队。2018年2月至2019年2月，尼日尔接任萨赫勒五国集团（G5）轮值主席国。2019年6月，尼日尔当选为2020—2021年度联合国安理会非常任理事国。同月，伊素福总统当选西共体轮值主席，任期一年。

【同中国的关系】1974年7月20日同中国建交。1992年7月22日尼与台湾当局“复交”，中国于7月30日宣布中止同尼的外交关系。1996年8月19日中尼复交，此后两国关系发展顺利。

2014年1月，全国政协副主席、中联部部长王家瑞访尼，分别会见伊素福总统和拉菲尼总理，并同尼执政党主席、外长巴祖姆举行会谈。2015年2月，外交国务部长巴祖姆访华。2017年6月，国务委员王勇访问尼日尔，分别同总统伊素福、总理拉菲尼、议长蒂尼会见、会谈。2018年5月，拉菲尼总理来华出席第三届中非地方政府合作论坛，国家副主席王岐山同其会见。2018年9月，伊素福总统来华出席中非合作论坛北京峰会，国家主席习近平，中共中央政治局常委、中央书记处书记王沪宁分别同其会见。2019年5月，伊素福总统对中国进行国事访问，国家主席习近平、国务院总理李克强、全国人大委员长栗战书分别同其举行会谈、会见。

2019年，中尼贸易额为5.11亿美元，同比上升77.9%。其中中方出口2.87亿美元，同比增长147.2%；进口2.24亿美元，同比增长30.8%。

中国驻尼日尔大使：张立军。馆址：Quartier Issa Beri，Niamey，Niger。电话：00227–20723283；传真：20723285。电子邮箱：chinaemb_ne@mfa.gov.cn。

尼日尔驻华大使：伊努萨·穆斯塔法（INOUSSA MOUSTAPHA）。馆址：北京市朝阳区三里屯外交办公楼公寓1单元21号。电话：010–65324279；传真：65327041。

【同法国的关系】法是尼前宗主国和最大援助国。2011年以来，伊素福总统每年均曾访法。2014年7月，法国总统奥朗德访尼，法国开发署与尼政府签订6项总额为7420万欧元的合作协议。11月，法国总理瓦尔斯访尼。同月，伊素福总统赴塞内加尔出席第15届法语国家组织峰会。2015年1月，伊素福总统赴法参加针对《查理周刊》遭严重恐怖袭击举行的世界各国政要和民众反对恐怖主义大游行。11月，伊素福总统赴法国出席气候变化巴黎大会。2016年4月，法国外交部负责发展和法语国家事务的国务秘书出席伊素福总统就职典礼。5月，法国外长艾罗和德国外长施泰因迈尔联袂访尼，发表欧盟—尼日尔联合声明。6月，伊素福总统对法国进行工作访问。2017年3月和8月，伊素福总统两次访问法国。12月，法国总统马克龙访尼。法国国防部长、内政部长、国民议会议长、总参谋长、装备部长均访尼。2018年3月，法国参议长杰拉尔·拉谢访尼。5月，伊素福总统对法国进行工作访问。6月，伊素福总统对法国进行正式访问，双方签署了总额4750万欧元的合作协议。7月，法国防部长访尼。11月，伊素福总统赴法国巴黎出席第一次世界大战终战100周年系列纪念活动。2019年6月，伊素福总统赴法国进行私人访问。10月，伊素福总统赴法国出席全球防治艾滋病、疟疾和结核病会议。

【同美国的关系】1960年尼美建交。2015年7月，伊素福总统会见美国常务副国务卿布林肯。10月，伊素福总统会见美军非洲司令部司令罗德里格斯。2016年4月，美国非洲司令部司令出席伊素福总统就职典礼。同月，伊素福总统赴美国纽约出席巴黎气候变化协议签署仪式。7月，拉菲尼总理访美，签署总额约为4.37亿美元的援助协议。2018年3月，美国非洲司令部代表团访尼。4月，美国参议院外交事务委员会主席、议员克里斯托弗·昆斯访尼。2019年2月，美国副国务卿黑尔访问尼日尔，向尼移交一批价值约350万美元的抗疟药品等物资。6月，美国向尼日尔国防部捐赠一批价值2100万美元的军事装备。9月，伊素福总统会见美国非洲司令部代表团。10月，伊素福总统会见美国国会代表团。

【同德国的关系】2013年5月，伊素福总统对德国进行工作访问，会见默克尔总理。2016年5月，德国外长施泰因迈尔和法国外长艾罗联袂访尼，发表欧盟—尼日尔联合声明。6月，伊素福总统访德。8月，德经济部长穆勒访尼。10月，德总理默克尔对尼正式访问。2017年6月，伊素福总统赴柏林参加二十国集团领导人汉堡峰会前夕的非洲伙伴关系会议。2018年8月，伊素福总统访问德国。11月，德国防部长访尼，向尼捐赠10辆军车。2019年5月，德国总理默克尔访尼，宣布将向尼提供2500万欧元用于发展教育、卫生等领域。6月，德国与尼日尔国防部签署协议，向尼捐赠一批价值150万美元的军事工程装备。

【同日本的关系】日是尼主要援助国之一。自1976年以来，日对尼无偿援助总额约2400多亿非洲法郎。目前，有近百位日志愿者和专家顾问在尼工作。2014年1月，伊素福总统赴科特迪瓦出席日本与西非国家经济共同体领导人峰会。2015年6月，伊素福总统对日本进行工作访问。2016年，日本国际协力机构向尼农业用品用具中心赠送价值7.79亿非郎的8辆卡车，通过世界卫生组织向尼卫生部赠送价值2.17亿非郎的药品和医疗器材，通过“普及教育计划”向尼初等教育部赠送价值1.35亿非郎的车辆和办公设备，日还向尼提供价值3.3亿日元的大米援助。2017年3月，日承诺向尼提供至少10亿非郎援助用于加强尼安全能力建设。9月，日向尼提供价值5亿日元粮援。2019年6月，日本向尼捐赠价值5亿日元的6503吨大米，并承诺向尼提供总额22.35亿非洲法郎的援助。8月26日至9月1日，伊素福总统赴日本出席第7届东京非洲发展国际会议。10月，伊素福总统赴日本出席天皇加冕典礼。

【同周边国家及地区组织的关系】与邻国长期保持睦邻友好关系。2015年，伊素福总统访问了几内亚、利比里亚、贝宁，赴加纳出席西共体峰会、赴尼日利亚出席布哈里总统就职典礼、赴尼日利亚出席西共体关于布基纳法索政局特别峰会、赴乍得出席萨赫勒五国第二届峰会、赴贝宁出席贝前总统克雷库葬礼、赴布基纳法索出席卡博雷总统就职典礼，赤道几内亚、尼日利亚、几内亚、马里、乍得等国总统分别访问尼日尔。2016年，伊素福总统访问了乌干达、乍得，赴贝宁出席尼日尔河流域管理局成员国第11届峰会，赴尼日利亚出席地区安全峰会、西非国家经济共同体第50次首脑会议，赴刚果（布）出席萨苏总统就职典礼，赴赤道几内亚出席奥比昂总统就职典礼，赴乍得、加蓬出席代比、邦戈总统就职典礼；贝宁总统亚伊、摩洛哥众议长、塞拉利昂副总统、毛里塔尼亚总统府秘书长出席了伊素福总统就职典礼。2017年4月、5月，伊素福总统分别赴科特迪瓦出席西非经货联盟特别首脑会议、赴卢旺达出席第三届非洲转型峰会。阿尔及利亚总理、突尼斯总理、非盟委员会主席法基分别访尼。2018年，伊素福总统访问尼日利亚，赴比利时出席萨赫勒问题高级别国际会议、赴卢旺达出席非盟特别峰会并签署非洲自贸区协议、赴多哥出席联合峰会、赴赤道几内亚出席赤几独立50周年庆典、赴毛里塔尼亚出席萨赫勒五国集团（G5）优先投资计划筹资会议、赴尼日利亚出席乍得湖盆地委员会成员国领导人特别峰会。马里总理、西非经货联盟委员会主席、联合国副秘书长、西共体委员会主席分别访尼。2019年2月，伊素福总统赴布基纳法索出席萨赫勒五国集团（G5）首脑峰会，赴埃塞俄比亚出席第32届非盟峰会。4月，伊素福总统赴塞内加尔出席萨勒总统就职典礼，赴乍得出席萨赫勒-撒哈拉国家共同体成员国首脑特别峰会。5月，伊素福总统访问科特迪瓦，赴布基纳法索出席萨赫勒五国集团（G5）特别首脑峰会。6月，伊素福总统访问多哥，赴尼日利亚出席布哈里总统连任就职庆典，出席第55届西非经济共同体成员国首脑会议。7月，非洲大陆自贸区成立特别峰会和非盟与次区域经济体协调会在尼日尔首都尼亚美召开。9月，伊素福总统访问尼日利亚、刚果（金）、马里，赴加纳出席第九届非洲农业绿色革命论坛、赴布基纳法索出席西共体特别峰会。（张航）

尼日利亚

国名 尼日利亚联邦共和国（The Federal Republic of Nigeria）。

面积 923768平方公里。

人口 2.01亿（2019年）。有250多个民族，其中最大的三个民族是北部的豪萨–富拉尼族（占全国人29%）、西南部的约鲁巴族（占21%）和东部的伊博族（占18%）。官方语言为英语。主要民族语言有豪萨语、约鲁巴语和伊博语。50%居民信奉伊斯兰教，40%信奉基督教，10%信仰其他宗教。

首都 阿布贾（Abuja）。人口约160万。平均最高气温为35℃，平均最低气温为20℃。

国家元首 总统穆罕马杜·布哈里（Muhammadu Buhari）2015年5月就职，2019年2月连任，5月宣誓就职。

重要节日 国庆节：10月1日。

简况

位于西非东南部，东邻喀麦隆，东北隔乍得湖与乍得相望，西接贝宁，北界尼日尔，南濒大西洋几内亚湾。边界线长约4035公里，海岸线长800公里。地势北高南低。境内河流众多。属热带季风气候，全年分为旱季和雨季，年平均气温为26℃—27℃。

尼日利亚系非洲文明古国。公元8世纪扎格哈瓦（Zaghawa）游牧部落在乍得湖周围建立了卡奈姆–博尔努（Kanem-Bornu）王国，该王国延续了1000多年。从10世纪开始，约鲁巴族在尼日尔河下游建立了伊费、奥约和贝宁等王国。11世纪前后，豪萨族在尼北部地区建立了七个城堡王国，史称“豪萨七邦”，16世纪，被西部的桑海帝国所征服。1472年，葡萄牙殖民者入侵。16世纪中叶，英国殖民者入侵。1914年，正式沦为英国殖民地。1960年10月1日宣布独立，并成为英联邦成员国。1963年10月1日，成立尼日利亚联邦共和国。

独立后多次发生军事政变，军人长期执政。1998年6月，军政府首脑萨尼·阿巴查（Sani Abacha）病逝，国防参谋长阿卜杜勒萨拉米·阿布巴卡尔（Abdulsalami Abubakar）接任国家元首，制订还政于民计划。1999年2月人民民主党候选人奥卢塞贡·奥巴桑乔（Olusegun Obasanjo）当选总统，2003年4月蝉联。2007年4月，人民民主党候选人奥马鲁·亚拉杜瓦（Umaru Yar'Adua）当选总统。2010年5月，亚拉杜瓦病逝，时任副总统古德勒克·乔纳森（Goodluck Jonathan）继任总统，2011年4月当选连任。2015年3月28—29日，尼日利亚举行总统、国民议会选举，全体进步大会党获胜，结束了人民民主党连续执政16年的局面。布哈里当选新总统，并于5月29日就职。2019年2月，布哈里在新一届总统选举中胜选连任，并于5月29日宣誓就职。

政　治

近年来，尼政局总体保持稳定，但仍存在较多不稳定因素。在布哈里政府大力打击下，极端组织"博科圣地"在尼东北部据点基本被清除，尼总体安全形势较前改善。但"博科圣地"溃而未灭，恐袭时有发生，南部产油区破坏活动不断，绑架、抢劫等治安案件较多，部分地区存在反政府武装活动，农牧民冲突、宗教纷争时有发生，几内亚湾海盗袭扰不绝，尼安全形势仍复杂严峻。

【宪法】尼日利亚独立以来制定过5部宪法，即1960年、1963年、1979年、1989年（未颁布）和1999年宪法。现行宪法是以1979年宪法为基础修订而成，于1999年5月5日颁布，同年5月29日奥巴桑乔总统执政之日起正式实施。主要内容包括：尼是不可分割的主权国家，实行联邦制；实行三权分立的政治体制，总统为最高行政长官，领导内阁；国民议会分参、众两院，是国家最高立法机构；最高法院为最高司法机构；总统、国民议会均由直接选举产生，总统任期4年，连任不得超过两届。下一届总统及国民议会选举计划于2023年2月举行。

【议会】国民议会由参、众两院组成，议员由直接选举产生，任期4年，可连选连任。2019年2月选举产生第九届国民议会，在参议院109席和众议院360席中，全体进步大会党分别获得62席和206席，占据两院多数，主要反对党人民民主党分获44席和118席。新一届议会于2019年6月正式组成，参议长艾哈迈德·拉万（Ahmad Lawan），众议长费米·格巴贾比亚米拉（Femi Gbajabiamila）。

【联邦执行委员会（The Federal Executive Council）】即内阁。本届内阁于2019年8月21日成立，共有46名成员。由总统、副总统、各部部长和国务部长等组成，包括：副总统耶米·奥辛巴乔（Yemi Osinbajo），石油部长由布哈里总统兼任，司法部长阿布巴卡尔·马拉米（Abubakar Malami），外交部长杰弗里·奥尼亚马（Geoffrey Onyeama），国防部长巴希尔·马加希（Bashir Magashi），教育部长阿达穆·阿达穆（Adamu Adamu），航空部长哈迪·西里卡（Hadi Sirika），财政、预算和国家计划部长扎伊娜卜·艾哈迈德（Zainab Ahmed，女），工业、贸易和投资部长奥通巴·阿德巴约（Otunba Adebayo），劳工和就业部长克里斯·恩吉格（Chris Ngige），卫生部长奥萨吉·埃哈尼尔（Osagie Ehanire），妇女事务部长保利娜·塔伦（Pauline Tallen，女），尼日尔三角洲事务部长戈德斯威尔·阿克帕比奥（Godswill Akpabio），电力部长塞尔·玛曼（Sale Mamman），联邦首都区部长穆罕马杜·贝洛（Muhammadu Bello），内政部长劳夫·阿瑞格贝索拉（Rauf Aregbesola），农业和农村发展部长穆罕默德·萨博·纳诺诺（Mohammed Sabo Nanono），交通运输部长罗蒂米·阿马埃奇（Rotimi Amaechi），通讯部长阿里·易卜拉欣·潘塔米（Ali Ibrahim Pantami），新闻和文化部长穆罕默德·拉伊（Mohammed Lai），环境部长穆罕默德·马哈茂德（Muhammad Mahmoud），水资源部长苏莱曼·阿达穆（Suleiman Adamu），青年和体育部长森迪·达雷（Sunday Dare），矿产和钢铁发展部长奥拉米勒坎·阿德比特（Olamilekan Adegbite），工程和住房部长巴巴通德·法绍拉（Babatunde Fashola），科技部长奥邦纳亚·奥努（Ogbonnaya Onu），警察事务部长穆罕默杜·迈加里·丁亚迪（Muhammadu Maigari Dingyadi），人道事务、灾害管理和社会发展部长萨迪娅·奥马尔·法鲁克（Sadiya Umar Farouk，女），特别与政府职能部长乔治·阿库梅（George Akume），教育部国务部长埃梅卡·努瓦吉乌巴（Emeka Nwajiuba），工业、贸易和投资部国务部长玛利亚姆·卡塔古姆（Maryam Y.Katagum，女），劳工和就业部国务部长欧莫塔约·阿拉索阿杜拉（Omotayo Alasoadura），石油部国务部长蒂米普雷·席尔瓦（Timipre Sylva），电力部国务部长戈迪·杰迪-阿巴（Goddy Jedy-Agba），农业和农村发展部国务部长穆斯塔法·巴巴·谢胡里（Mustapha Baba Shehuri），交通运输部国务部长格贝米索拉·萨拉基（Gbemisola Saraki，女），卫生部国务部长阿德莱克·马默拉（Adeleke O.Mamora），尼日尔三角洲事务部国务部长费斯图斯·凯亚莫（Festus Keyamo），环境部国务部长莎伦·伊凯亚佐尔（Sharon O.Ikeazor，女），矿产和钢铁发展部国务部长乌克舒库·奥加（Ukechukwu Ogah），外交部国务部长祖拜鲁·达达（Zubairu Dada），联邦首都区国务部长拉玛图·提贾尼·阿利尤（Ramatu Tijjani Aliyu，女），财政、预算和国家计划部国务部长克莱门特·阿巴（Clement Agba），工程和住房部国务部长阿布巴卡尔·阿利尤（Abubakar Aliyu），科技部国务部长穆罕默德·阿卜杜拉希（Mohammed H. Abdullahi）。

【行政区划】实行联邦制。设联邦、州和地方三级政府。1996年10月重新划分行政区域，全国划分为1个联邦首都区、36个州以及774个地方政府。

【司法机构】联邦设有最高法院、上诉法院和高等法院，各州设高级法院，地方政府设地方法院。现任首席大法官易卜拉欣·穆罕默德（Ibrahim Mohammad），2019年1月就任。

【政党】1998年6月开放党禁。截至2018年底，共有91个注册政党，主要政党情况如下：

（1）全体进步大会党（All Progressives Congress，APC）：执政党。2013年8月正式注册，由尼日利亚行动大会党（Action Congress of Nigeria，ACN）、进步变革大会党（Congress for Progressive Change，CPC）和全尼日利亚人民党（All Nigerian People's Party，ANPP）合并组成。2014年6月13日，该党举行首次全国代表大会，近7000名党员代表与会。会议选举了全国执行委员会委员并通过党章。现任主席：亚当斯·奥希奥姆霍尔（Adams Oshiomhole）。

（2）人民民主党（People's Democratic Party，PDP）：主要反对党。1998年8月成立，曾长期执政。该党目标是：维护尼统一、团结与主权；主张各民族和睦相处，建立自由、平等和公正的社会；促进和巩固尼日利亚政治、经济和社会独立。在尼北部、中部和东南部地区影响较大。现任主席：乌切·赛根德斯（Uche Secondus）。

【重要人物】**穆罕马杜·布哈里**：总统。1942年出生于北部卡齐纳州，豪萨–富拉尼族，信奉伊斯兰教。1962年进入卡杜纳军事培训学院学习，曾在印度、美国、英国的军事院校留学。20世纪七八十年代曾担任州长、石油部长、最高军事委员会成员、国家石油公司主席等职。1983年军事政变后上台执政至1985年。曾于2003年、2007年、2011年3次参加总统选举。2015年3月在总统选举中获胜当选，2019年2月在新一轮总统选举中胜选连任，5月29日宣誓就职。 **耶米·奥辛巴乔**：副总统。1957年3月8日生于拉各斯，约鲁巴族，信奉基督教。伦敦政治经济学院法学硕士，职业律师。历任拉各斯大学法学讲师、教授，司法部长特别顾问，拉各斯州军政府转民选政府智库及转型工作组成员，拉各斯州总检察长、司法厅长，尼国家内部高级顾问团成员等职，并多次在联合国机构和组织任职。2015年2月当选副总统，2019年2月再次当选副总统，5月29日就职。

经　济

原为农业国。20世纪70年代起成为非洲最大的产油国。80年代后，随着国际市场油价下跌，尼经济陷入困境。1992年，被国际货币基金组织列为低收入国家。1995年起，政府对经济进行整顿，取得一定成效。目前是非洲第一大经济体，2019年，尼经济总量全球排名第26位。石油系支柱产业，其他产业发展滞后，粮食不能自给，基础设施落后。近年来，政府加大对基础设施、农业和制造业的投入，推进电力、石油行业改革，经济实现较快增长。2017年4月，尼发布《2017—2020年经济复苏与增长计划》（ERGP），对尼近中期经济社会发展作出全面规划。2019年主要经济数据如下：

国内生产总值：4753亿美元。

人均国内生产总值：2501美元。

经济增长率：2.2%。

货币名称：奈拉。

汇率：1美元=306奈拉。

通货膨胀率：11.4%。

（资料来源：2020年第一季度《伦敦经济季评》）

【资源】资源丰富。已探明有30多种矿藏。主要有石油、天然气、锡、煤、石灰石等。已探明石油储量372亿桶，居非洲第二、世界第十。2016年成为非洲最大原油生产国。2018年日均产油203万桶。已探明天然气储量达5.3万亿立方米，居非洲第一、世界第八。煤储量约27.5亿吨，为西非唯一产煤国。森林覆盖率为17%。

【工矿业】石油工业是国民经济的支柱。尼联邦政府财政收入的85%、国内生产总值的20%—30%来源于石油行业。2018年，原油出口收入约为348亿美元。因国内炼油能力较低，约85%国内成品油消费需依赖进口。电力供应严重不足，现有装机容量1040万千瓦，实际最大发电能力507万千瓦，仅不足四成家庭通电。全国有3座钢厂，年产量仅1万余吨。主要制造业为纺织、车辆装配、木材加工、水泥、饮料和食品加工，大多集中在拉各斯及其周围地区。制造业发展水平低，多数工业制品仍依赖进口。

【农业】独立初期，棉花、花生等许多农产品在世界上居领先地位。随着石油工业的兴起，农业迅速萎缩，产量大幅下降。近年来，随着尼政府加大对农业投入，农作物产量有所回升，年均增长7%以上。2018年，尼农业在国内生产总值中所占比重为21.2%。全国70%的人口从事农业生产。可耕地6800万公顷，已耕地3400万公顷。农业主产区集中在北方地区。木薯年产量4000万吨，位居世界第一。大米、面粉等粮食不能自给，年均500万吨大米消费量中200万吨依靠进口。

2014—2016年，尼农业领域共吸引外资68亿美元，主要投向化肥、种子、家禽业和棕榈油、水稻生产等领域。2017年公布的《经济复苏与增长计划》中提出要努力实现农业发展和粮食安全，加大对农业投资。2019/2020财年实现小麦自给自足。

【旅游业】旅游资源丰富，但尚未很好开发。主要旅游景点有：夸拉州和高原州的瀑布，博尔诺州的乍得湖寺院，十字河州的大牧牛场，伊莫州的奥古塔湖，翁多州的温泉和包奇州的野生动物园。

【交通运输】运输以公路为主，以水路、铁路运输为辅。交通运输较为紧张。

铁路：总长3557公里，均为1.067米轨距的单轨线。尼国家铁路公司在15个州有268个车站。机动车日运行能力为190辆。但因年久失修，运行能力低。2006年8月，尼政府宣布用25年完成铁路现代化改造，计划到2043年新建铁路6000公里。其中，铁路现代化项目规划南起拉各斯市，途经首都阿布贾，北至北部重镇卡诺市，全长1315公里，建设成后将贯穿南北主要贸易通道。2016年7月，项目一期阿布贾至卡杜纳段投入运营，全长186.5公里。2017年3月，项目二期拉各斯至伊巴丹段开工建设，全长156公里。2018年7月，阿布贾城铁一期开通运营，全长45公里。据尼国家统计局数据，2018年，尼铁路运输业营业额为23亿奈拉，运送旅客290.86万人，运输货物30.56万吨。

公路：总长194394公里（铺装路面60068公里），其中高速公路1194公里。已基本形成一个连接首都阿布贾和各州首府的交通网，利用率逾90%。公路运输分别占国内货运量的93%和客运量的96%。

水运：内河航线总长3000公里，承担内河航运的主要是贝努埃河和尼日尔河。全国有8个主要海港，2011年货物吞吐量为8276万吨，占西非海运贸易的68%。主要港口有拉各斯（阿帕帕）港、廷坎港、科科港、瓦里港、哈科特港、卡拉巴尔港和萨派勒港，其中最大港口为拉各斯（阿帕帕）港，年运力在70万标准箱（TEU）以上。2018年，尼港口货物总吞吐量为1.86亿吨，同比增长30.24%。

空运：尼日利亚国有航空公司曾开设有多条国内和国际航线，但由于经营不善，亏损严重，2005年尼政府将其私有化。目前，尼航空业的主力军为Aero Contractors，Arik Air，Air Peace，Azman Air，Dana Air，First Nation，Med-View和Overland等私营航空公司，主要运营国内航线及少量国际航线。国际航线多为外国航空公司垄断。全国有37个机场，主要分布在联邦首都区和各州首府，其中5个国际机场，分别在拉各斯、阿布贾、卡诺、哈科特港和卡拉巴尔。尼与65家国际航空公司签有航空协议。2018年，尼机场起降航班共约21.4万架次，运送乘客1339万人次。

管道运输：有5000公里长的输油管道，将各炼油厂和部分港口、油井和储油库相连。

【财政金融】尼财政收入主要靠石油出口和税收。地区金融和商业中心，拥有西非第一大证券交易所，西非50强企业中有44家来自尼。2014年以来，由于国际油价持续下跌，尼经济受到较大冲击，财政收入减少。截至2016年底，尼政府外汇储备降至258亿美元，外债余额为114.1亿美元。2017年，国际油价有所回升，尼政府财政收入增加。2019年11月，布哈里总统签署《深海和内陆盆地石油生产分成合同法修正案》，预计每年将为尼政府增加财政收入14亿美元。截至2019年底，尼外汇储备增至506.5亿美元，外债462.4亿美元。2019年4月，国际信用评级机构惠誉发布报告，将尼日利亚长期外币主权信用评级维持在B级，展望"稳定"。

【对外贸易】主要出口产品为石油、可可、橡胶和棕榈仁，主要进口产品是机械设备、交通设施和消费品等。2019年，对外贸易额1271亿美元，出口额为650亿美元；进口额为621亿美元。主要出口国为印度、美国、西班牙和法国等，主要进口国为中国、美国、比利时、英国等。2017年1月，尼正式签署"贸易便利化协定"（TFA），成为世贸组织第107个正式接受该协定的国家。2018年8月，尼加入国际可可协定。2019年7月，尼日利亚签署非洲大陆自贸区协定。

【外国援助】主要援助国和国际组织为美国、英国、加拿大、联合国、欧盟和世界银行等。2011年，世界银行向尼提供5000万美元援助，用于支持发展农业商业化发展项目。2010年和2011年，尼共接受了38.75亿美元的官方发展援助，其中8.56亿美元来自美国。近10年来，美国向尼提供36亿美元用于抗击艾滋病。2017年4月，美国驻尼使馆宣布，将向尼提供价值3000万美元的粮食等紧急援助，用于缓解尼东北部人道主义危机。2017年7月，美国总统特朗普承诺向尼日利亚等非洲国家提供人道主义援助，其中，尼将获得1.21亿美元援助。英国每年向尼提供近5亿英镑发展援助。2012年，欧盟与尼政府签署向尼提供1.97亿欧元援助资金的协议。2014年2月，欧盟与尼政府签署60亿奈拉援助协议，用于帮助尼发展现代能源产业。2017年6月，欧盟与尼签署协议，将向尼提供1.43亿欧元配套援助，帮助尼东北部重建。截至2012年底，日本对尼援助达38亿美元。2017年，日本向联合国难民署驻尼日利亚办事处提供350万美元援助，用于帮助尼东北部重建等。2018年2月，联合国启动2018年尼东北部人道主义计划，援助资金达10.5亿美元。目前，世界银行在尼有30个合作项目，总投资约100亿美元。

【外国资本】外国投资领域主要是石油、银行、制造和建筑业。主要投资来源国为美国、法国和英国。2009年，尼成为世界第19位、发展中国家第6位外资流入国，流入金额约为100亿美元。根据世界经济论坛发布的2013—2014年全球竞争力指数排名，尼位列第120位。据尼日利亚统计局统计，2015年，尼吸引外资约96.4亿美元，2016年，吸引外资51.2亿美元。2018年，尼吸引外资168.12亿美元，同比上升37.49%，对尼投资前五位的国家是：英国、美国、南非、比利时、新加坡。根据世界银行《2019年营商环境报告》和《世界纳税指数2019》，在全球190个经济体中，尼日利亚营商环境排名第146位，较上年下滑一位；纳税便利度排名157位，较上年上升14位。2019年，尼日利亚共吸引146亿美元外国投资。

人民生活

根据联合国开发计划署《2019年人类发展报告》公布的人文发展指数，尼日利亚在188个国家和地区中排名第158位。近年来，尼贫困化现象日益严重，根据非洲开发银行2019年《尼日利亚经济展望》报告，约有1.52亿尼日利亚人每天生活费不到2美元，占全国人口80%。据尼国家统计局统计，2018，尼15—64岁的劳动力中，女性失业率为21.2%，男性失业率为16.5%。医疗条件较差。全国约有2万余名医生，10万张病床，患者与医生的比例为4400：1。截至2016年7月，尼感染艾滋病毒超过340万，人数居全球第二，其中仅有不到50万人得到治疗。疟疾死亡率为40%，艾滋病毒感染率为3.17%。人均寿命55岁，人口增长率为2.7%。尼现有移动电话用户约为1.5亿；网络用户为1亿，居非洲第1位。2019年3月，尼参议院通过法案，将全国最低月工资标准提高到3万奈拉。

军　事

奉行“威慑与防御”相结合的战略方针。自1985年以来，武装部队总司令一直由国家元首兼任。武装部队由陆、海、空三军、联合特遣部队、民兵和预备役部队组成，现役总兵力约8.5万人。实行志愿兵役制，每年征兵一次。1月15日为军队节。

文化教育

【文化】早在两千多年前就有了比较发达的文化。著名的诺克、伊费和贝宁文化使尼享有“撒哈拉以南非洲文化摇篮”的美誉。独立后，尼现代艺术、民间文学、音乐、舞蹈、绘画等都有较快发展，产生了一批著名小说家、戏剧家、诗人和表演艺术家。1986年，著名小说家、诗人和戏剧家沃尔·索因卡获诺贝尔文学奖，是第一位获此殊荣的撒哈拉以南非洲文学家。2009年，联合国教科文组织公布的数据显示，尼日利亚电影产量超过“好莱坞”，成为全球仅次于印度的世界第二大电影生产国，尼电影业遂被称为“尼莱坞”。2013年，“尼莱坞”平均每周生产50部电影，以其为主导的娱乐产业占尼国内生产总值比重1.4%。

【教育】1976年起实行小学免费教育。但由于经济困难，自1985年起改为收费。1999年9月，尼政府出台全国基础教育计划，恢复小学免费义务教育。学制为小学6年，初中3年，高中3年，大学4年。截至2016年，全国共有大学143所，著名大学有艾哈迈德·贝罗大学、拉各斯大学、伊巴丹大学、尼日利亚大学和伊费大学等；共有技术院校近百所，普通高中14555所，初中19244所，小学85286所。大多数学校教学设施陈旧，师资不足，全国文盲率40%。据联合国儿童基金会数据，2018年，尼失学儿童数量上升至1320万。

【新闻出版】新闻和出版业较发达。全国各种期刊杂志上百种，报纸20余种，电台和电视台近百家。联邦和各州政府设有主管宣传事务的新闻部。主要报纸有：《今日报》《卫报》《每日信报》《新尼日利亚人报》《每日时报》《抨击报》《先锋报》等。

通讯社：尼日利亚通讯社（简称NAN）为官方通讯社，1978年10月成立。在国内36个州派有记者300名，在6个国家设有分社并派常驻记者，与新华社、路透社、法新社、塔斯社、美联社等10多个通讯社签订了新闻交换协议或销售协议。泛非通讯社西非地区总分社的工作亦由尼通讯社承担。

广播电台：尼日利亚联邦广播电台（简称FRCN）：前身是尼日利亚广播公司，1990年改为现名，受联邦政府新闻和通信部领导。主要负责对内广播，使用语言为英语。全国各州均有自己的电台，使用当地语言或英语。尼日利亚之声（简称VON）：前身是尼日利亚广播公司对外广播部，1990年，正式脱离尼广播公司改为现名，主要负责用英语、法语、斯瓦希里语、豪萨语、阿拉伯等8种语言每天对外广播。

电视台：尼日利亚国家电视台（简称NTA）成立于1962年，由联邦政府新闻和通信部领导。总部设在阿布贾。全国划为6个电视区。有两套节目，日均播放时间15小时。各州均有电视台通过卫星转收国家电视台节目。目前尼全国共有45个电视台，其中13个为私人有线电视和卫星转播站。部分州的电视台仍为黑白台。

【体育】非洲体育强国，足球运动十分普及。近10年来，尼青年足球队曾3次在世界青年足球锦标赛中夺冠。尼国家足球队获1996年亚特兰大奥运会冠军，2000年非洲杯亚军，2002年、2004年和2006年非洲杯季军，2008年北京奥运会亚军，2013年非洲杯冠军，2016年巴西里约奥运会季军。国家女子足球队在迄今举办的12届非洲杯女子足球赛上先后夺冠10次。此外，在田径、举重等项目上，尼也有一定优势。

对外关系

奉行广泛结好、积极参与国际事务、促进和平与合作的外交政策。长期执行以非洲为中心的外交战略，力图发挥地区大国作用。积极倡导南南合作、南北对话。重视发展与西方、发展中大国关系。积极参加联合国维和行动。与100多个国家建立了外交关系，共设105个驻外机构。是联合国、不结盟运动、77国集团、世界贸易组织、石油输出国组织、非盟和西非国家经济共同体等国际和地区组织成员国，2014—2015年任联合国安理会非常任理事国。2018年7月至2019年7月，布哈里总统担任西共体轮值主席。2019年4月，尼日利亚常驻联合国代表蒂贾尼·穆罕默德-班迪当选第74届联合国大会主席。

【同中国的关系】中尼自1971年2月10日建交以来，友好合作关系发展顺利。2005年4月，奥巴桑乔总统访华，两国元首一致同意建立战略伙伴关系。2009年中尼举行首次战略对话。

近年来，两国高层交往频繁，政治互信加深。2015年5月，习近平主席特使、农业部部长韩长赋赴尼出席布哈里总统就职典礼。2015年9月和12月，习近平主席在纽约出席联合国成立70周年系列峰会期间和在南非出席中非合作论坛约翰内斯堡峰会期间分别会见尼总统布哈里。8月，张德江委员长在纽约出席第四次世界议长大会期间会见尼众议长多加拉。2016年4月，布哈里总统来华进行国事访问。2017年1月，外交部长王毅访尼，中尼签署关于尼方坚持一个中国原则的联合声明。2018年9月，布哈里总统来华出席中非合作论坛北京峰会，习近平主席和李克强总理分别同其会见，双方签署《中华人民共和国政府与尼日利亚联邦共和国政府关于共同推进丝绸之路经济带和21世纪海上丝绸之路建设的谅解备忘录》。2019年9月，习近平主席特使、中共中央政治局委员、中央外事工作委员会办公室主任杨洁篪访尼，分别会见布哈里总统、奥尼亚马外长。

中尼签有贸易、经济、技术、科技合作和投资保护等协定，并设有经贸联委会。尼是中国在非洲的第一大工程承包市场、第二大出口市场、第三大贸易伙伴和主要投资目的地国。2019年，中尼贸易额192.75亿美元，同比增长26.2%，其中中方出口额166.23亿美元，同比增长23.96%，进口26.52亿美元，同比增长42.45%。出口商品主要为机电产品和纺织服装，进口原油和液化天然气等。截至2018年底，中国企业在尼累计签订承包工程合同额1118.2亿美元，主要承包企业有中土公司、中地海外、华为、中兴等20余家，主要涉及铁路、公路、房屋建设、电站、水利、通信、打井等领域。2018年4月，中国人民银行与尼日利亚央行在北京签署了中尼（日利亚）双边本币互换协议。

中尼签有文化合作协定和高校合作议定书。2012年3月，中尼签署互设文化中心的协定。5月，尼日利亚文化中心在北京设立。2013年9月，设在尼首都阿布贾的中国文化中心举行揭牌仪式。近年来，尼日利亚新闻和文化部长拉伊多次访华并出席中国举办的"中非合作论坛文化部长论坛""第四届中国国际非物质文化遗产节"等活动。2019年5月，尼日利亚国家艺术和文化委员会主席伦赛维来华出席"亚洲文明对话大会"。中国自1964年起向尼提供政府奖学金名额，截至2018年共接收政府奖学金生1063名。2018年，尼在华各类留学生6845名，其中政府奖学金生512名。尼日利亚拉各斯大学和阿齐克韦大学各设立了1所孔子学院。中国苏州大学与尼日利亚拉各斯大学在教育部"中非大学20+20合作计划"项下结成合作伙伴。截至2018年底，中国在尼日利亚共开设各类汉语及文化课程280余次，培养注册学员1万余人。中国驻尼日利亚大使：周平剑。馆址：Plot 302，303，Central District，Abuja，Nigeria。电话：00234–9–4618661，4618662；传真：4618660。经商处地址：Plot 2232A，Yedeseram Street，OFF IBB Way，Maitama Abuja，Nigeria。电话：00234–9–4137993，4137994。驻拉各斯总领事馆地址：Plot 161A Idejo Street，Victoria Island，Lagos，Nigeria。电话：00234–1–2715351，2713535；传真：2715583。经商室地址：Plot 161A Adeola Odeku Street，Victoria Island，Lagos，Nigeria。电话：00234–1–2612404；传真：2711631。

尼日利亚驻华大使：巴巴·艾哈迈德·吉达（Baba Ahmad Jidda）。馆址：北京市朝阳区三里屯东五街2号。电话：010–65323631，65323632，65323633；传真：65321650。

【同美国的关系】尼美1960年建交后，两国关系密切。2015年7月，布哈里总统应邀对美进行正式访问。2016年，布哈里总统赴美出席第四届核安全峰会；美国商务部长普利兹克、美国国务卿克里先后访尼；布哈里总统致信祝贺特朗普当选新一任美国总统。尼在美约有100万侨民。美是尼最大的贸易伙伴之一，尼产品的40%销往美国。尼是美国《非洲增长与机会法》框架下向美出口最多的撒哈拉以南非洲国家。2013年，尼美进出口贸易总额为360亿美元，其中尼向美出口额337亿美元。美在尼石油工业中的投资占尼外资的30%，尼约50%的石油出口至美。美连续多年是进口尼石油最多的国家。2012年以来，美由于本国石油产量增加和两座适合尼轻质油炼油厂的关闭，大量削减了从尼石油进口，降幅达70%。2016年3月，美国—尼日利亚双边委员会在华盛顿举行会议。2017年，布哈里总统赴纽约出席第72届联合国大会，并出席美国总统特朗普同部分非洲国家领导人举行的午餐会；美国—尼日利亚双边委员会在阿布贾举行会议；美军非洲司令部司令托马斯访尼；美国批准向尼日利亚出售12架"超级巨嘴鸟"轻型攻击机，总价约6亿美元。2018年3月，美国国务卿蒂勒森访尼。4月，布哈里总统访问美国，会见美国总统特朗普。9月，布哈里总统赴纽约出席第73届联合国大会，其间会见美国国务卿彭佩奥。11月，美国非洲事务助理国务卿纳吉访尼。截至2018年2月，美国政府在对尼五年发展目标援助协议下总援助额达8.085亿美元。2019年6月，奥辛巴乔副总统访问美国，会见美国副总统彭斯。

【同英国的关系】独立后两国关系密切，英国曾是尼日利亚最大投资国。尼在英约有100万侨民。2015年，布哈里总统在联合国成立70周年系列峰会期间会见英国首相卡梅伦，并赴马耳他出席英联邦国家首脑会议；奥辛巴乔副总统访问英国。2016年，布哈里总统赴英出席伦敦国际反腐峰会；英国外交大臣哈蒙德访尼并出席第二届地区安全峰会。2011年，尼对英出口额为13亿英镑，英成为尼第二大出口国。2012年，尼英双边贸易额为64亿英镑。英在尼投资约占尼外资总额的20%，许多英国公司在尼医疗健康、教育和培训、金融、保险、石油和天然气等领域进行投资。英国公司还协助尼方发展太空项目，以提高尼天气和洪水预报能力。2017年，布哈里总统两度赴英国进行医疗休假；第16届英联邦（非洲国家）议长大会在阿布贾举行；英国前首相布莱尔访问卡杜纳州；英国外交大臣约翰逊、国际发展大臣特尔访尼并出席尼英海军联合演习启动仪式。2018年5月和7月，布哈里总统赴英疗养休假。8月，英国首相梅访尼。11月，布哈里总统会见到访的英国威尔士亲王查尔斯。2019年11月，布哈里总统因私访问英国。

【同法国的关系】阿巴查军政府时期，法国曾中止对尼经济援助和军事合作。1999年和2000年，希拉克总统和奥巴桑乔总统实现互访。法国将尼列为开展南北合作和提供援助的优先国家之一。2013年2月，乔纳森总统访法。2014年3月，法国总统奥朗德受邀参加尼建国百年庆典活动，其间双方签署1.7亿美元电力融资协议和在尼建设1.3万千瓦太阳能发电厂协议。5月，在奥朗德总统倡议下，尼日利亚安全问题峰会在巴黎召开，乔纳森总统以及喀麦隆、尼日尔、贝宁、乍得等国总统出席峰会。2015年9月，布哈里总统对法国进行国事访问。12月，布哈里总统赴法出席巴黎气候变化大会，并出席在巴黎举行的乍得湖盆地委员会国家和贝宁安全峰会，讨论共同打击"博科圣地"问题。2016年5月，法国总统奥朗德访尼并出席第二届地区安全峰会。2017年12月，布哈里总统赴巴黎参加"一个地球"峰会。2018年7月，法国总统马克龙访尼。11月，布哈里总统赴巴黎参加首届巴黎和平论坛。

【同俄罗斯的关系】奥巴桑乔政府执政后，尼俄双边交往与合作增多。双方签有《关于友好与伙伴关系联合声明》，在军事技术、和平利用核能合作、外太空探索、石油合作等领域签有合作协议。俄为尼发射3颗人造卫星。2013年7月，俄能源部长诺瓦克与尼石油天然气资源部长杰兹阿尼举行会见并决定成立能源工作组，改善并协调两国间能源合作问题。2017年5月，尼外长奥尼亚马对俄罗斯进行工作访问。2018年11月，尼俄签署双边刑事司法协助条约。2019年10月，布哈里总统赴俄罗斯出席俄非峰会，俄罗斯总统普京会见。

【同德国的关系】尼是德国在非洲的第二大贸易伙伴和主要石油供应国之一，德是尼第六大贸易伙伴。2011年7月，德国总理默克尔访尼。12月，两国外长在柏林签署成立双边委员会的协议。2012年4月，乔纳森总统访德。2015年9月，布哈里总统在联合国成立70周年系列峰会期间会见德国总理默克尔。2016年，布哈里总统访问德国；德国总统高克、外长施泰因迈尔先后访尼；布哈里总统并就慕尼黑枪击事件向德国总理默克尔致慰问函。2018年8月，德国总理默克尔访尼。

【同南非的关系】尼日利亚曾长期支持南非人民反对种族隔离制度的斗争。两国于1994年建交。2015年，祖马总统出席布哈里总统就职仪式；布哈里总统赴南非出席中非合作论坛约翰内斯堡峰会；奥辛巴乔副总统访问南非。2016年3月，祖马总统访尼。2018年7月，南非总统拉马福萨访尼。2019年10月，布哈里总统访问南非，南非总统拉马福萨会见。

【同喀麦隆的关系】两国于20世纪90年代为争夺位于两国边界的巴卡西半岛爆发武装冲突，尼日利亚军队进占巴岛大部分地区。2006年6月，两国元首在安南主持下就和平解决巴卡西半岛领土争端问题达成协议。8月，尼从巴卡西半岛撤军。2008年8月，尼政府正式向喀政府移交巴卡西半岛管理权。2011年7月，尼喀混委会第28次会议在尼举行，会议要求尽快完成两国边界划定，以解决有关巴卡西半岛争端遗留问题。2012年5月，两国宣布计划在年内完成边界立碑工作；10月，尼政府正式宣布放弃上诉国际法院关于半岛归属喀麦隆的判决。2014年4月，两国召开混委会第6届会议，签署了《贸易协定》《科学与技术领域合作协议》《推动文化交流与合作计划备忘录》《青年发展协议》4项协议。7月，喀总统比亚出席了在巴黎举行的尼日利亚安全问题峰会。9月，喀对外关系部长姆邦乔出席了在阿布贾召开的尼安全问题部长级后续会议。两国进一步加大在边境地区的反恐合作。布哈里总统上台后，多次重申将遵守国际法院裁决，承认巴卡西半岛系喀领土，强调将加紧完成尼喀边境划界工作。截至2017年7月，从喀麦隆返尼的难民总数达19257名。

【同非洲其他国家的关系】与邻国贝宁、乍得、尼日尔等经贸往来密切，但2019年8月，尼日利亚政府关闭同尼日尔、贝宁陆上边境口岸，以保护本国大米、纺织业等产业发展。同贝宁、乍得等国在领土或领海划分上存在争端。在非洲和次区域事务中努力发挥主导作用，积极斡旋利比里亚、苏丹达尔富尔、塞拉利昂和科特迪瓦等热点问题。2015年6月，布哈里总统就职后即访问了尼日尔、乍得，并在尼日利亚举行乍得湖盆地委员会贝宁峰会，商讨地区安全问题。12月，布哈里总统赴贝宁出席贝前总统克雷库葬礼。同月，奥辛巴乔副总统分别赴几内亚和布基纳法索出席孔戴总统和卡博雷总统就职典礼。2016年，布哈里总统赴乍得出席代比总统就职典礼，赴冈比亚斡旋冈总统选举后形势，赴塞内加尔出席第三届非洲和平安全国际论坛；贝宁总统塔隆、多哥总统福雷、加纳当选总统阿库福·阿多、摩洛哥国王穆罕默德六世、肯尼亚副总统鲁托分别访尼。2017年，布哈里总统赴加纳出席新总统阿库福·阿多就职典礼，率西共体"冈比亚问题"高级别斡旋团访冈，赴马里出席第27届法非峰会、赴科特迪瓦首都阿比让出席第五届非盟—欧盟峰会，赴塔瓦出席尼日尔独立59周年庆典，并当选几内亚湾委员会主席；塞内加尔总统萨勒、加纳总统阿库福–阿多、尼日尔总统伊素福、乌干达总统穆塞维尼、多哥总统福雷及非盟委员会主席法基等分别访尼。2018年，布哈里总统访问摩洛哥，赴亚的斯亚贝巴参加非盟峰会，赴阿克拉出席加纳独立61周年活动，赴毛里塔尼亚出席第31届非盟峰会，赴洛美出席西共体第53届首脑会议并被推举为西共体轮值主席，并赴尼日尔出席尼独立60周年庆典活动；奥辛巴乔副总统出席达沃斯世界经济论坛年会，赴洛美出席西共体国家领导人特别峰会；冈比亚总统巴罗、赤道几内亚总统奥比昂、利比里亚总统维阿、塞拉利昂总统比奥、多哥总统福雷、非盟委员会主席法基、几内亚比绍总统瓦斯等分别访尼。2019年，布哈里总统赴埃塞俄比亚出席第32届非盟峰会，赴日本、俄罗斯、沙特、布基纳法索出席多边峰会，副总统奥辛巴乔访问德国、美国。

（凌骏敏）

塞拉利昂

国名　塞拉利昂共和国（The Republic of Sierra Leone）。

面积　71740平方公里。

人口　760万（2018年）。全国有20多个民族。南部的曼迪族最大，北部和中部的泰姆奈族次之，两者各占全国人口的30%左右；林姆巴族占8.4%；由英、美移入的"自由"黑人后裔克里奥尔人占10%。官方语言为英语，民族语言主要有曼迪语、泰姆奈语、林姆巴语和克里奥尔语。居民60%信奉伊斯兰教，30%信奉基督教，10%信奉拜物教。

首都　弗里敦（Freetown），人口约100万（2017年），年平均气温25.5℃。

国家元首　总统朱利叶斯·马达·比奥（Julius Maada Bio），2018年3月当选，任期5年。

重要节日　独立日：4月27日。

简　况

位于非洲西部，北、东北与几内亚接壤，东南与利比里亚交界，西、西南濒临大西洋。海岸线长约485公里。属热带季风气候，年平均气温约27℃。

曼迪人于13世纪进入该地区。1462年，葡萄牙殖民者侵入。1808年，沿海地区成为英国殖民地，1896年，沦为英"保护地"。1961年4月27日，宣布独立，但仍留在英联邦内。1971年4月19日，成立共和国，史蒂文斯出任总统。1978年，公民投票通过一党制共和国宪法。在1985年大选中，武装部队司令莫莫少将当选总统。莫莫执政后期，塞通过修宪完成了一党制向多党制政体的转变。1991年，桑科领导的"革命联合阵线"（简称"联阵"）发动叛乱，塞内战爆发。1992年、1996年、1997年发生三次军事政变。1996年2月，塞举行首次多党总统和议会选举，人民党候选人艾哈迈德·泰詹·卡巴当选总统，次年因政变流亡几内亚。1998年2月，西非国家经济共同体维和部队推翻塞军政权。3月，卡巴回国复职。1999年11月，联合国向塞部署维和行动。2002年1月，塞内战结束。5月，卡巴在大选中获胜蝉联。2005年12月，联合国撤出驻塞维和部队，成立联合国驻塞拉利昂综合办事处（2008年10月更名为建设和平综合办事处），继续向塞提供防务和发展方面的帮助。2007年9月，塞举行总统和议会选举，全国人民大会党候选人欧内斯特·巴伊·科罗马获胜，当选新一任总统。

政　治

科罗马政府积极维护国家稳定和团结，大力推行"变革纲领"，努力开展恢复重建。2012年11月，塞举行新一轮总统、立法和地方选举，科罗马总统当选连任，并于11月23日宣誓就职。塞政府积极实施"繁荣纲领"，局势保持总体稳定。2014年3月，联合国驻塞建设和平综合办事处结束任务，象征塞顺利完成和平重建进程。2014年5月，塞暴发埃博拉病毒疫情并不断扩散蔓延，对经济社会发展造成较大冲击。在各方共同努力下，2015年11月，世界卫生组织宣布塞疫情结束。

2018年3月7日，塞拉利昂举行总统选举。在首轮投票中，反对党塞拉利昂人民党候选人比奥得票率为43.3%，执政党全国人民大会党候选人卡马拉得票率为42.7%。在3月31日举行的第二轮选举中，比奥以51.8%得票率获胜当选总统，并于4月4日宣誓就职。比奥总统上台后，提出"新方向"战略，将教育、农业、旅游等作为施政重点，推出发展经济新举措，实现经济多元化。

【宪法】现行宪法于1991年9月24日颁布。宪法规定总统为国家元首、内阁首脑和武装部队总司令，有权任免副总统、内阁部长、军队司令、警察总监、总检察长和首席法官。总统任期五年，可连任，但不得超过两任。

【议会】实行一院制，议员任期5年。本届议会于2018年4月产生，包括14名大酋长议员和132名民选议员（其中塞拉利昂人民党占58席，全国人民大会党占57席）。议长阿巴斯·邦杜（Abass Bundu），2018年4月当选。

【政府】比奥政府内阁成员主要包括：首席部长戴维·弗朗西斯（David Francis），农林业部长丹尼斯·万迪（Denis K. Vandi），能源部长哈吉·西赛（Alhaji Kanja Sesay），财政部长雅各布·萨法（Jacob Jusu Saffa），外交与国际合作部长娜比拉·图尼斯（Nabeela Tunis），国防部长凯利·康特（Kellie Conteh），健康和卫生部长阿尔法·武里（Alpha Wurie），信息通讯部长穆罕默德·斯瓦莱（Mohamed Swaray），内政部长爱德华·索洛库（Edward Soluku），司法部长兼总检察长普丽西拉·施瓦茨（Priscilla Schwartz），劳工和社会福利部长阿尔法·廷博（Alpha Osman Timbo），土地住房部长丹尼斯·桑迪（Denis Sandy），地方政府和农村发展部长坦巴·拉米纳（Tamba Lamina），海洋资源部长埃玛·科瓦-贾洛（Emma Kowa-Jalloh），矿产资源部长福戴·约基耶（Foday Yokie），政治和公共事务部长福戴·尤姆凯拉（Foday Yumkella），计划和经济发展部长弗朗西斯·卡伊卡伊（Francis Kaikai），基础和高中教育教育部长戴维·森格（David Sengeh），社会福利部长班杜·达萨马（Baindu Dassama），技术和高等教育部长阿亚·巴基马（Aiah Gbakima），旅游和文化部长梅穆娜图·布拉德（Memunatu Pratt），贸易和工业部长爱德华·桑迪（Edward Hinga Sandy），交通航空部长卡比内·卡隆（Kabineh Kallon），水资源部长P. K. 兰萨纳（P. K. Lansana），工程和公共资产部长彼得·康特（Peter Bayuku Conteh），青年事务部长穆罕默德·班古拉（Mohamed Bangura），体育部长易卜拉欣·涅凯（Ibrahim Nyehenkeh），性别与儿童事务部长曼蒂·塔拉瓦利（Manti Tarawally），环境部长福戴·贾沃德（Foday Jaward），副总统府国务部长弗朗西斯·奥加利（Francess Piagie Alghali）。

【行政区划】全国分为4个省（即东方省、南方省、北方省、西北省）和西区。

【司法机构】由上级法院和下级法院构成。上级法院有最高法院、上诉法院和高等法院。下级法院包括地区治安法院和酋长领地地方法院。最高司法机关是最高法院。首席法官和上级法院法官由总统直接任命。现任首席大法官为戴斯蒙德·爱德华（Desmond B. Edwards）。总检察长由司法部长普丽西拉·施瓦茨兼任。

【政党】实行多党制，现有27个政党，主要有：

（1）塞拉利昂人民党（The Sierra Leone People's Party，SLPP）：执政党。1951年4月成立，是塞最早成立的政党。宗旨是为巩固、维护和促进民主与人权的基本原则而奋斗。党员主要来自曼迪族，在伊斯兰教信徒中影响广泛。现任党领袖和主席为普林斯·哈丁（Prince Harding），总书记为乌马鲁·科罗马（Umaru Koroma）。

（2）全国人民大会党（All People's Congress，APC）：反对党。1960年9月成立。1967年赢得议会选举后，未及组阁即被军政权推翻，1968年军政权下台后长期执政至1992年。1996年大选失利后成为在野党，2007年大选后再度执政，2018年下台。党的宗旨是促进民主和多党制，保护自由与人权，建立公平社会，实现可持续发展。现任党领袖和主席为前总统科罗马，总书记奥斯曼·福戴·扬桑内（Osman Foday Yansaneh）。

（3）人民民主改革运动党（People's Movement for Democratic Change，PMDC）：参政党。2006年1月成立，系由从人民党中分裂出来的人士组成。宗旨是促进团结、自由、公正和平等，实现良治与发展。现任党领袖为查尔斯·马盖（Charles Margai）。

【重要人物】朱利叶斯·马达·比奥：总统。1964年5月12日生。信奉天主教。军人出身。1996年就任"全国临时执政委员会"主席，掌握国家最高权力，但很快还政于民。2005年加入塞人民党，2018年3月参选总统并获胜。

经济

系最不发达国家。经济以农业和矿业为主，粮食不能自给。长期内战使塞基础设施毁坏严重，国民经济濒于崩溃。内战结束后，塞政府集中精力重建经济。科罗马执政时期经济一度保持两位数增长。2014年埃博拉疫情暴发，加之国际铁矿石价格下跌，经济陷入负增长。2016年以来，经济逐步恢复。比奥总统执政后，大力发展经济，努力增加财政收入，保持宏观经济稳定。2019年主要经济数据如下：

国内生产总值：39亿美元。

人均国内生产总值：513美元。

国内生产总值增长率：4.8%。

货币名称：利昂（Leone）。

汇率：1美元=9010利昂。

通货膨胀率：14.8%。

（资料来源：2020年4月《伦敦经济季评》国别报告）

【资源】矿藏丰富，主要有钻石、黄金、铝矾土、金红石、铁矿砂等。钻石储量2300多万克拉。黄金矿砂发现5处，其中仅南方省包马洪地区储量即达2000万吨，每吨矿砂含金0.2盎司。铝矾土储量1.22亿吨，金红石储量约2.78亿吨，铁矿砂储量近20亿吨。渔业资源丰富，水产储量约100万吨。全国森林面积约32万公顷，占土地总面积的6%，盛产红木、红铁木等，木材储量300万立方米。

【工业】2018年，工业生产总值约占国内生产总值的5.5%。采矿业是主要工业部门，其余有建筑业、食品加工、制鞋、石油提炼、制漆和水泥等。2018年，钻石出口1.57亿美元。

【农牧业】2018年，农业生产总值约占国内生产总值的62.1%。全国60%以上的劳动力从事农业生产。塞可耕地面积占国土面积的75%，但只有24.2%为已耕地。塞土地肥沃，雨量充沛，适宜农作物生长，但生产方式落后，大多以家庭为单位采用传统方法耕作。粮食不能自给。主要农作物有可可、木薯、咖啡、稻米、甘薯、花生、玉米等，畜牧业以饲养牛、羊、猪、鸡为主。

【旅游业】海滨地区风光秀丽，十分适宜发展旅游业。但由于交通不便和缺乏资金，旅游资源一直得不到有效开发。2019年塞旅游与文化部报告称，塞共有

459家酒店，其中拥有100-150间客房酒店占比0.7%，47%酒店房间数少于10间。主要景点有：50公里长、未被污染的原始沙滩、滨图玛尼山脉和铁吉山脉等。受埃博拉疫情影响，2015年，塞全国旅游业收入为1680万美元，同比下降47%。

【交通运输】铁路：20世纪60年代末有600公里，1974年后停用。

公路：总长约11999公里，其中8555公里为等级公路（初级、二级、支线），40%的等级公路路况较差。

水运：有33个大小不等的港口和码头，多由外国公司经营。主要港口弗里敦为深水良港，可停泊万吨轮船，年吞吐量125万吨。佩佩尔、邦特、尼蒂为矿产品和农副产品出口港。内河航线750公里，终年可通航的有600公里，部分河流每年仅3个月可通航。

空运：隆吉机场是唯一的国际机场。另有国内机场12个，可停降小型飞机。目前，塞国际航班均由外国航空公司运营。

【财政金融】根据塞政府统计，2018年度财政预计收支情况如下：总收入5.3亿美元，总支出8.8亿美元，赤字3.5亿美元。根据伦敦经济季评统计，2019年末，外汇储备（不含黄金）5.33亿美元。塞财政部数据显示，2018年塞外债23.18亿美元。

塞拉利昂银行是塞中央银行，负责制定规章制度和监督金融运作。全国共有8家商业银行、2家票据贴现银行以及数十个外汇兑换所。

【对外贸易】主要出口铁矿砂、钻石、金红石、可可、咖啡等，主要进口燃油、机械、食品、工业制成品等。2018年主要出口对象为科特迪瓦、利比里亚、加纳、荷兰、中国等；进口主要来自中国、阿联酋、英国、印度、土耳其等。近年来对外贸易情况如下（单位：亿美元）：

	2016	2017	2018
进口额（离岸价格）	9.73	9.93	12.1
出口额（离岸价格）	6.54	7.43	6.39
差　额	–3.19	–2.50	–5.71

（资料来源：2020年4月《伦敦经济季评》国别报告）

【外国援助】2017年接受外援总额7.3亿美元。排在前三位的援助方依次是：英国1.9亿美元、美国1.1亿美元、欧盟机构6900万美元、国际货币基金组织6100万美元。

人民生活

根据联合国开发计划署公布的《2019年人类发展报告》，塞拉利昂的人类发展指数在189个国家中居第181位。57.9%的人口生活在贫困线以下。2012年人均寿命妇女为50.7岁，男子为47.6岁。儿童死亡率较高，约有18.2%的儿童在5岁前夭折。孕产妇死亡率为0.97%。疟疾、肺结核、伤寒、霍乱和拉沙热等病流行。

军　事

1961年建军，称塞拉利昂皇家部队，1971年改称塞拉利昂共和国武装部队。最高指挥机构为国防部，总统为武装部队总司令。实行志愿兵役制。1997年军事政变后，国家安全防卫和清剿叛军的任务由西非国家经济共同体驻塞维和部队和塞民防部队承担。根据1999年7月7日签订的洛美协议规定，西共体维和部队自1999年8月开始撤出，维和任务由联合国驻塞拉利昂特派团替代；联阵、民防部队、塞拉利昂军队和准军事组织的所有战斗人员的武装将被解除，重新组建塞武装部队。2002年1月，解除武装进程完成，联阵和民防部队共有47000余人被解武。此后，塞重组共和国武装部队。塞现有总兵力9874人，其中陆军9544人，海军298人，空军32人。现任总参谋长为布雷马·西塞中将（Lieutenant General Brima Sesay）。

文化教育

【教育】20世纪90年代初成立国家基础教育委员会，实行9年义务教育制。成人文盲率40.9%，适龄儿童入学率22.8%。目前，塞有小学2773所，中学234所，师范学校6所，大学2所，即塞拉利昂大学和恩加拉大学。

【新闻出版】共发行报刊40种，均为英文，多数为周报，发行量较小。其中《每日邮报》和《自由之声》为官方报纸，另有《阿沃克报》《协和时报》《独立观察家报》和《团结报》等私营报纸。

塞拉利昂新闻社成立于1980年，是隶属于新闻部的官方新闻社，由联合国教科文组织向其提供技术和设备。塞新社是泛非新闻社成员，向泛非社、BBC等国际新闻机构和塞拉利昂广播系统提供新闻稿。每天出版《新闻公报》。

塞拉利昂广播电台始建于1955年，每天用英语、曼迪语、克里奥尔语广播，覆盖全国。塞全国共有约40家私营广播电台，节目内容涉及政治、宗教、文化、音乐、教育等。VOA和BBC在塞设有转播站。

塞拉利昂电视台建于1963年，后因设备破旧停播。1994年2月，获外商援助重新开播，但仅能覆盖首都弗里敦地区。此外，还有1家私营电视台。另有南非数字卫星电视台（DSTV）在塞开展卫星电视业务。

对外关系

奉行不结盟和睦邻友好政策。致力于非洲团结和地区合作；主张南北对话和南南合作，反对外来干涉，呼吁建立国际经济新秩序；重视发展同英、美等国关系，努力改善同欧盟及国际金融机构的关系，以争取对其和平进程及经济重建的支持；继续保持与主要伊斯兰国家的友好交往。现为联合国、世界贸易组织、不结盟运动、伊斯兰合作组织、英联邦、非洲联盟、西非国家经济共同体、马诺河联盟等组织成员，同世界上160多个国家建立了外交关系。现为非盟安理会改革10国元首委员会主席。

【同中国的关系】1971年7月29日，两国建交，此后两国关系发展顺利。

2014年4月，塞副外长斯特拉瑟-金来华参加“亚非国家国际发展合作能力建设部级研讨班”。2015年8月，外交部长王毅访塞。2016年6月，卡马拉外长访华，同年11月30日至12月6日，科罗马总统对华进行国事访问，中国国家主席习近平同其举行会谈并共同决定将两国关系提升为全面战略合作伙伴关系。2018年5月，习近平主席特使、科学技术部长王志刚出席比奥总统就职典礼。2018年8月30日至9月7日，比奥总统来华进行国事访问并出席中非合作论坛北京峰会。2019年1月，卡巴外长访华。2019年6月，图尼斯外长来华出席中非合作论坛北京峰会成果落实协调人会议和首届中国—非洲经贸博览会。2019年9月，习近平主席特别代表、中共中央政治局委员、中央外事工作委员会办公室主任杨洁篪访塞。

2019年，双边贸易额5.1亿美元，同比增长18.4%，其中中方出口额3.1亿美元，进口额2亿美元。中方向塞主要出口机电产品、纺织服装和化工产品等，进口铁矿砂、少量原木和钻石。

中国驻塞拉利昂大使：胡张良。馆址：No.29, Wilberforceloop，Freetown，Sierra Leone。电话：00232-22-231571（使馆），234769（经商处）。传真：231797（使馆），234777（经商处）。邮政信箱：P.O. Box 778。

塞拉利昂驻华大使：欧内斯特·姆班巴·恩多马希纳（Ernest Mbaima Ndomahina）。馆址：北京市东直门外大街7号。电话：010-65322174。传真：65323752。

【同英国的关系】1961年4月与英国建交。塞为英联邦成员，两国关系密切。英系塞主要援助国。2012年5月，英国皇家海军无畏号驱逐舰访塞。10月，英外交部国务部长马克·西蒙斯访塞。塞暴发埃博拉疫情后，英国大力援塞抗疫，在塞建立并运营埃博拉治疗中心。2015年11月，英国驻塞高专表示，已提供4.27英镑用于帮助塞抗击埃博拉疫情和疫后重建。2016年2月22日，英国国际发展事务大臣帕特尔访塞。当月，塞军首次与英军在塞举行联合丛林作战训练。2010—2017年，英前首相布莱尔多次访塞。2017年4月，安妮公主访塞。2018年9月，英国议员代表团访塞。2019年6月，比奥总统赴英出席英国—塞拉利昂贸易和投资论坛。

【同美国的关系】1961年4月同美国建交。2013年3月，应美国总统奥巴马邀请，科罗马总统对美进行工作访问。2014年7月，美国副总统夫人吉尔·拜登访塞。8月，塞外长卡马拉代表科罗马总统赴美出席首届美非领导人峰会。2015年4月，科罗马总统赴华盛顿出席国际货币基金组织和世界银行春季年会。2015年5月，美国国际开发署助理署长波斯特尔访塞。2017年3月，塞首次参加美国非洲司令部在几内亚湾发起的多国海上军演。2017年3月，塞首次参加美国非洲司令部在几内亚湾发起的多国海上军演。

【同尼日利亚的关系】1961年4月同尼日利亚建交。两国签有安全协定。尼曾在塞驻军，负责塞总统府等要地的守卫，并帮助训练塞军队。2011年5月，科罗马总统赴尼出席乔纳森总统就职仪式。2012年10月，乔纳森总统访塞。2013年7月，科罗马总统赴尼出席西共体首脑会议。2014年2月，科罗马总统赴尼出席人类安全、和平与发展国际会议并参加尼创建100周年庆祝活动。2015年5月，科罗马总统赴尼出席布哈里总统就职典礼。2018年，尼向塞选举委员会提供物资支持。2018年5月，比奥总统访问尼日利亚。2019年7月，比奥总统赴尼出席尼日利亚国防学院毕业典礼并发表演讲。

【同利比里亚的关系】1961年4月同利比里亚建交。1973年10月，两国签订关于成立马诺河联盟的宣言。2005年3月，利塞签署难民遣返协议。7月，利全国过渡政府主席布赖恩特赴塞出席马诺河联盟首脑会议。12月，利总统瑟利夫访塞。2012年1月，科罗马总统赴利出席瑟利夫总统就职仪式。5月，科罗马总统访问利比里亚。2013年2月，瑟利夫总统赴塞出席科罗马总统就职仪式。2014年2月，利比里亚副总统博阿凯访塞。2016年5月，利比里亚总统瑟利夫访塞。2018年5月，利比里亚总统维阿出席比奥总统就职仪式。2019年7月，比奥总统赴利出席利独立172周年庆典。

【同几内亚的关系】1961年4月与几内亚建交。1980年，几内亚加入马诺河联盟。1997年塞发生政变后，卡巴总统流亡几内亚。1998年，几总统孔戴陪同卡巴总统回国复职。2014年5月，科罗马总统赴几出席第23届马诺河联盟首脑会议。2015年2月，几内亚总统孔戴访塞，就共同抗击埃博拉疫情进行交流。6月5日，科罗马总统与孔戴总统在两国边境举行会谈，协调抗疫。当月12日，科罗马总统赴几内亚出席马诺河联盟埃博拉问题特别峰会。12月，科罗马总统赴几内亚出席孔戴总统就职仪式。2016年9月，科罗马总统赴几内亚出席西非国家经济共同体几内亚比绍问题和平会议。

（王玉泽）

塞内加尔

国名　塞内加尔共和国（The Republic of Senegal, La République du Sénégal）。

面积　19.67万平方公里。

人口　1585万（2019年）。全国有20多个民族，主要是沃洛夫族（占全国人口的43%）、颇尔族（24%）和谢列尔族（15%）。官方语言为法语，全国80%的人通用沃洛夫语。94%的居民信奉伊斯兰教，5%信奉拜物教，其余信奉天主教。

首都　达喀尔（Dakar），人口273.2万（2019年）。9—10月气温最高，平均为24℃—32℃，1月气温最低，平均为18℃—26℃。

国家元首　总统马基·萨勒（Macky SALL）。2012年3月当选，2019年2月连任，4月2日就职，任期5年。

重要节日　国庆日：4月4日。

简　况

位于非洲西部凸出部位的最西端。北接毛里塔尼亚，东邻马里，南接几内亚和几内亚比绍，西濒大西洋。海岸线长约500公里。属热带草原气候，年平均气温29℃，最高气温可达45℃。11月至次年6月为旱季，7—10月为雨季。

公元10世纪，图库勒尔人建立泰克鲁王国，14世纪和16世纪先后并入马里帝国和桑海帝国。1864年沦为法国殖民地。1909年划入法属西非。1958年11月成为"法兰西共同体"内的"自治共和国"。1959年4月与苏丹（今马里共和国）结成马里联邦。1960年4月4日，同法国签署"权力移交"协定。6月20日，马里联邦宣告独立。8月20日，塞退出联邦，成立独立的共和国，列奥波尔德·塞达·桑戈尔为首任总统。独立后，桑戈尔总统领导的社会党长期一党执政。1974年起实行多党制。1980年12月31日，桑戈尔总统主动引退，总理阿卜杜·迪乌夫接任。此后，迪乌夫于1983年、1988年、1993年三次连选连任。2000年3月，民主党候选人阿卜杜拉耶·瓦德击败迪乌夫当选总统，结束社会党长达40年的执政历史。2007年2月，瓦德连选连任。2012年3月，反对党争取共和联盟领导人萨勒在大选中凭借广泛的反对派联盟支持，击败瓦德当选总统。2019年2月，萨勒再次赢得大选，连任总统。

政　治

塞政局长期稳定。南部卡萨芒斯地区一直存在分裂势力。2004年底，塞政府与该地区分裂组织"卡萨芒斯民主力量运动"在济金绍尔签署和平协议，但此后塞政府军和"卡萨芒斯民主力量运动"仍时有交火。萨勒总统就职后，宣布优先发展卡萨芒斯地区经济，并接受非政府组织圣·艾智德团体和冈比亚、几内亚比绍等邻国帮助调解卡萨芒斯问题。

【宪法】现行宪法于2001年1月经全民公决通过，后经多次修改。宪法规定：总统是国家元首和武装部队最高统帅，由直接普选产生，任期7年，2008年7月，通过的宪法修正案规定，只能连任1次。总统缺位，由国民议会议长代理。总理为政府首脑，由总统任命。2009年5月和6月，塞国民议会和参议院先后通过宪法修正案，增设副总统职位。2012年9月，塞通过宪法修正案，废除参议院和副总统职位。2016年3月，萨勒总统提出的宪法修正案获得全民公投通过，宪法改革措施涉及政治、社会等多个领域，规定自2019年起总统任期将由目前的7年缩短至5年。2019年5月，议会通过政府提交的取消总理职位宪法修正案。

【议会】国民议会由普选产生，任期5年。本届国民议会于2017年9月成立，共165个席位。萨勒总统领导的执政联盟"共同希望联盟"获125席，占绝对多数。现任议长为穆斯塔法·尼亚斯（Moustapha Niasse，参政党进步力量联盟总书记），任期1年。

【政府】本届政府成立于2019年4月，成员包括：国务部长兼总统府秘书长穆罕默德·布恩·阿卜达拉·迪奥纳（Mahammed Boun Abdallah DIONNE），武装力量部长西迪基·卡巴（Sidiki KABA），内政部长阿利·恩古耶·恩迪亚耶（Aly Ngouille NDIAYE），财政和预算部长阿卜杜拉耶·达乌达·迪亚洛（Abdoulaye Daouda DIALLO），外交和海外侨民部长阿马杜·巴（Amadou BA），司法和掌玺部长马利克·萨勒（Malick SALL），基层发展，社会和领土平等部长曼苏尔·法耶（Mansour Faye），石油和能源部长穆赫塔尔·西塞（Makhtar CISSE），公职和改善公共服务部长玛利亚马·萨尔（Mariama SARR，女），基础设施、陆路运输和改善地区交通部长奥马尔·尤姆（Oumar Youm），经济、计划和合作部长阿马杜·奥特（Amadou HOTT），卫生和社会行动部长阿卜杜拉耶·迪乌夫·萨尔（Abdoulaye Diouf SARR），农业部长穆萨·巴尔德（Moussa BALDE），水利和环卫部长塞里涅·姆巴耶·蒂亚姆（Serigne Mbaye THIAM），妇女和家庭部长恩德耶·萨利·迪奥普·迪恩（Ndèye Saly Diop DIENG，女），旅游和航空运输部长阿利翁·萨尔（Alioune SARR），渔业和海洋经济部长阿米娜塔·姆本格·恩迪亚耶（Aminata

Mbengue NDIAYE，女），国民教育部长马马杜·塔拉（Mamadou Talla），地方治理和领土整治部长奥马尔·盖耶（Oumar GUEYE），高等教育、研究和创新部长谢赫·奥马尔·汉恩（Cheikh Oumar HANN），工业和中小工业部长穆斯塔法·迪奥普（Moustapha DIOP），环境和可持续发展部长阿卜杜·卡里姆·萨勒（Abdou Karim SALL），矿业和地质部长索菲·格拉迪马（Sophie GLADIMA，女），体育部长马塔尔·巴（Matar BA），畜牧业和畜牧生产部长桑巴·恩迪奥贝纳·卡（Samba Ndiobène KA），社会对话、职业组织和与国家机构联系部长桑巴·西（Samba Sy），城市化、住房和公共卫生部长阿卜杜·卡里姆·福法纳（Abdou Karim FOFANA），贸易和中小企业部长阿米娜塔·阿索梅·迪亚塔（Aminata Assome DIATTA，女），文化和新闻部长阿卜杜拉耶·迪奥普（Abdoulaye DIOP），青年部长内妮·法图玛塔·塔勒（Néné Fatoumata TALL），小微金融和互助社会经济部长扎拉·伊亚纳·蒂亚姆（Zahra Iyane THIAM，女），就业、职业培训和手工业部长达姆·迪奥普（Dame Diop），数字经济和电信部长恩德耶·蒂克·恩迪亚耶·迪奥普（Ndèye Tické Ndiaye Diop，女）。

【行政区划】目前全国共有14个大区，172个县市，385个乡镇。

【司法机构】现行宪法规定，司法权由宪法委员会、最高法院、审计法院、各级地方法院和法庭行使。1992年，塞进行司法体制改革，成立宪法委员会、行政法院。2001年宪法延续该体制。2008年4月，塞国民议会通过关于成立最高法院的法案，决定将行政法院和上诉法院合并为最高法院，并于8月对宪法相关条款进行了修改。11月，最高法院成立。现任宪法委员会主席帕普·奥马尔·萨科（Pape Oumar SAKHO），最高法院院长马马杜·巴迪奥·卡马拉（Mamadou Badio CAMARA），总检察长谢赫·艾哈迈德·迪迪安·库里巴利（Cheikh Ahmed Tidiane COULIBALY）。

【政党】塞现有超过250个合法政党，主要有：

（1）争取共和联盟（Alliance Pour la République）：执政党。由原民主党二号人物马基·萨勒于2008年12月成立，主要成员为原民主党内萨勒的支持者。纲领是坚定维护共和价值观，将民主进行到底，把塞人民的关切作为行动的中心，箴言是劳动—团结—尊严。党主席为现任总统萨勒。

（2）进步力量联盟（Alliance des Forces de Progrès）：参政党。由部分原社会党成员于1999年8月组建，主张建立民主政治，依靠政治方式维护社会稳定。总书记为国民议会议长尼亚斯。2012年总统选举第二轮与萨勒结盟。

（3）塞内加尔社会党（Le Parti Socialiste du Sénégal）：参政党。党员120万人。前身为塞内加尔民主集团，1958年与塞内加尔行动社会党合并为塞内加尔进步联盟，1976年12月改为现名。纲领是实行“民主社会主义”，即在保留非洲特性的同时，建立一个开放、民主和人道主义的社会。党代理总书记为阿米娜塔·姆本格·恩迪亚耶（Aminata Mbengue Ndiaye）。

（4）塞内加尔民主党（Le Parti Démocratique Sénégalais）：反对党。由前总统瓦德于1974年7月31日创立。以正义、尊严和博爱为箴言，宗旨是通过民主手段建立一个民主、社会主义和全面发展的社会。2000—2012年为执政党，2012年瓦德选举失利后成为主要反对党。党主席为前总统瓦德。

此外，还有非洲争取民主和社会主义党、国家党、民主复兴联盟、独立劳动党、民主联盟（原为民主联盟—争取劳动党运动，2008年12月改为现名）、复兴公民党、塞内加尔共和运动、非洲群众独立党、塞内加尔民主联盟（革新派）、塞内加尔共和党、塞内加尔非洲生态学者党、争取民主和联邦制联盟等。

【重要人物】马基·萨勒：总统。1961年出生。先后在达喀尔大学、法国石油研究院马赛高等物理学院就读。2000年瓦德当选总统后，历任总统顾问、国务部长，2004年4月被任命为总理。2007年10月任国民议会议长。2008年11月，萨勒辞去国民议会议长职务。2009年3月当选法蒂克市市长。2012年3月当选总统，2019年2月再次胜选连任。

经济

系最不发达国家，但经济门类较齐全，现为西非第四大经济体。粮食不能自给，农业以种植花生、棉花为主，是西非地区主要产棉国之一。渔产品、花生、磷酸盐出口和旅游是塞四大传统创汇产业。萨勒总统执政后，优先发展高附加值、劳动密集型的外向型经济，促进中小企业发展，加强农业投入，改善电力供应，重视基础设施建设。2019年主要经济数据如下：

国内生产总值：236亿美元。

人均国内生产总值：1449美元。

国内生产总值增长率：5.5%。

货币名称：非洲金融共同体法郎，简称非洲法郎（FCFA）。

汇率：1欧元=655.96非洲法郎。

（资料来源：2020年第一季度《伦敦经济季评》）

【资源】矿产资源不丰富，主要有磷酸盐、铁、黄金、铜、钻石、钛等。磷酸钙储量约1亿吨，磷酸铝储量约5000万—7000万吨，锆石储量约8亿吨。2003年出台矿业法，对勘探阶段的企业实行减免税收等鼓励政策，矿业开采取得快速发展。近海已发现有石油，计划2021年实现商业开采。内陆有天然气储备。森林面积占国土面积的43.8%。塞同马里、毛里塔尼亚和几内亚成立了“塞内加尔河开发组织”（Organisation pour la Mise en Valeur du Fleuve Sénégal，OMVS），同冈比亚、几内亚、几内亚比绍成立了“冈比亚河开发组织”（Organisation pour la Mise en Valeur du

Fleuve Gambie，OMVG），共同进行相关水域综合开发。

【工业】西非地区工业发展相对较好的国家之一。工业产值约占国内生产总值的25.3%。大部分工厂企业集中在达喀尔。食品加工业、化工业、采矿业等是最主要的工业部门。近年来，汽车装配业、建筑业获得较快发展。

【农牧渔业】农业产值约占国内生产总值的18.1%。农业人口占全国总人口的60%以上。耕地面积占国土面积16.9%。主要经济作物有花生和棉花。除满足国内需要外，绝大部分花生用于出口，是国民经济重要支柱之一。主要农作物有小米、高粱、玉米等。粮食不能自给。近年随着政府加大对农田水利设施投资，耕地面积扩大，水稻等农作物产量有所增加。

畜牧业以饲养牛、羊、猪、马、家禽为主，近年产值在国民生产总值中所占比例约为4.3%。

渔业是塞经济主要支柱之一，是塞第一大创汇产业。全国渔业从业人员约有50多万，占就业人口的15%，是第二大就业产业。近年来，受渔业资源萎缩影响，渔业从业人员数量有所减少。

【旅游业】是塞经济的四大支柱之一，为塞第二大创汇产业，被塞政府列入促进经济快速增长战略中优先发展的产业。旅游点主要集中在达喀尔、捷斯、济金绍尔、圣路易地区。12月至次年2月为旅游旺季。为促进旅游业的进一步发展，塞政府自2007年3月起将旅游业增值税由18%降至10%。2012年塞入境游客首次突破100万人次，主要来自法国、意大利、西班牙等欧美国家和其他非洲、亚洲国家。

【交通运输】国内运输主要靠公路和铁路，有以达喀尔为中心的联结全国各地的陆路交通干线网。

公路：全国公路总长约15000公里，其中柏油路约5300公里。全国共有各类机动车40.2万辆，其中72.8%的车辆集中在首都达喀尔。

铁路：全国铁路网主干线总长达906公里，二级铁路总长151.8公里。连接达喀尔和马里首都巴马科的铁路是最重要的铁路线之一，总长1287公里（其中塞境内646公里）。2003年，加拿大公司Canac-Getma获得该线路25年经营权。

水运：塞内加尔河全年通航距离为220公里，汛期可通航924公里。达喀尔港是西非重要港口之一，境内及对非洲和欧洲的货运往来频繁。港口管理局与迪拜港世界公司合作，正在实施现代化扩建计划，以增强其竞争力。其他港口有圣路易港和济金绍尔港。

空运：达喀尔列奥波尔德·塞达·桑戈尔机场为国际机场，法航、葡航等国际航班起降桑戈尔国际机场。2017年12月，布莱茨·迪亚涅国际机场建成并替代桑戈尔国际机场投入使用。自1998年起，圣路易有包机飞往法国。另有12个二级机场，其中较重要的有济金绍尔机场。塞内加尔航空公司曾与摩洛哥皇家航空公司以股权合作方式组建塞内加尔国际航空公司。2003年塞航曾被评为非洲最佳航空公司。近年来，受巨额债务所累，塞航运营困难。几经波折后，塞政府终止同摩航合作，以塞航为基础组建新的国营航空公司，于2010年下半年恢复营业，但并未改变塞航运营情况。

【财政金融】财政收入的主要来源是各种税收和外国援助。2015—2019年中央财政收支占国内生产总值比重如下：

	2017	2018	2019
收入	24.9%	26.1%	19.1%
支出	28.7%	30.9%	23.2%
差额	–3.8%	–4.8%	–4.0%

（资料来源：2020年第一季度《伦敦经济季评》）

截至2019年，塞外汇储备约为26亿美元，外债总额约134.47亿美元。塞于2000年被国际货币基金组织列入重债穷国减债计划，2003年达到减债计划的完成点，并于2006年被列入多边减债计划。

【对外贸易】主要出口渔业产品、花生、磷酸盐、石油产品、棉花和肥料等，进口粮食、原油、机电和日常消费品等。主要贸易伙伴是法国、马里、印度、尼日利亚、中国、瑞士、荷兰等。近几年进出口贸易情况如下（单位：亿美元）：

	2017	2018	2019
出口额	25.54	28.28	41.38
进口额	60.75	66.69	74.19
差　额	–35.21	–38.41	–32.81

（资料来源：2020年第一季度《伦敦经济季评》）

【外国援助】据经合组织统计，塞政府2018年获得官方发展援助为9.916亿美元。

人民生活

根据联合国开发计划署公布的《2019年人类发展报告》，塞人类发展指数在世界189个国家和地区中排第166位。54.4%人口生活在贫困线以下。人均预期寿命为67.7岁，新生儿死亡率为31.5‰。全国一半以上的综合医院及3/4的医护人员集中在达喀尔和捷斯。15—49岁人口艾滋病毒抽样感染率为0.4%。随着政府投入的增加，近年塞疟疾死亡病例、发病率显著下降。

2019年全国固定电话用户20万户，移动电话用户1788万户。移动电话和数据业务普及率分别为110.31%和74.31%。

军　事

1960年8月22日建军。塞内加尔总统为武装部队最高统帅，最高军事决策机构是国防委员会。政府设国防部，军队设总参谋部，下辖七大军区。实行义务兵役制，服役期两年。

三军总兵力2.3万人，此外还有宪兵5000人。陆军1.19万人，编有步兵部、工兵营、总统卫队、炮兵群、侦察中队、伞兵连等部队；海军950人；空军770人。现任总参谋长谢赫·盖耶（Cheikh GUEYE）。积极参与西非国家经济共同体、非洲联盟、联合国在多国的维和行动，是联合国维和任务第7大出兵国。

文化教育

【教育】塞内加尔教育发展较快。2013年，塞全国有8984所小学，1660所初中，604所高中，300所职业技术学校。2013年，小学入学率为93.1%，初中入学率为88.8%，高中入学率28.6%。成年人识字率为57.7%。全国有公立大学10所，私立大学10余所，私立高等专业院校100余所。其中达喀尔大学（谢赫·安达·迪奥普大学）创立于1957年（前身是“法属黑非洲研究院”），是撒哈拉以南非洲历史最悠久的高等学府之一，设有5个系和21所学院及研究所。目前，在校学生约6万人，教师1150名，行政技术人员1200名。

【新闻出版】全国日报和周报约有15种。1970年创刊的《太阳报》是国内最大的由政府控制的法文日报，日发行量6.5万份。此外，还有反映伊斯兰教派观点的《震旦报》，以及私营报纸《南方日报》《政客》《达喀尔晚报》《经济日报》等。报纸和周刊均用法文出版。

塞内加尔通讯社是国家通讯社，成立于1957年。国内有7个分社，国外无分社。同20个外国通讯社签有新闻交流协定。1999年8月，第一家私营通讯社Ava Presse成立。

1973年建立广播电视局，1992年改为国营公司，名为“塞内加尔广播电视”，统管广播电视工作。从1992年开始，塞与法国合作开办调频台可收听法国国际台和设在加蓬的“非洲第一台”的广播。国家电视台的节目覆盖全国80%的面积。在达喀尔，通过卫星天线，可收到美国CNN、法国国际台、Canal Horizon和TV5等西方电视台的节目。

对外关系

塞内加尔奉行全方位和不结盟政策。认为国际关系民主化和多元化是世界稳定的重要因素。积极主张维护非洲团结，推动非洲经济一体化及南北对话、南南合作和建立国际政治经济新秩序。重点保持与法国传统“特殊关系”，同时积极发展同美国的关系。重视发展同邻国和阿拉伯国家的关系，积极参与国际和地区事务。现为联合国、世界贸易组织、不结盟运动、法语国家组织、伊斯兰合作组织、非洲联盟、西非国家经济共同体和萨赫勒—撒哈拉国家共同体等组织成员国。同世界大多数国家建立了外交关系。

【同中国的关系】1971年12月7日中塞建交。1996年1月3日，塞内加尔政府宣布与台湾当局“复交”。9日，中国宣布中止同塞外交关系。2005年10月25日，中国外交部长李肇星与塞外交国务部长加迪奥在北京签署复交公报，两国恢复外交关系。

2012年7月，外交部部长助理张明访塞。2014年1月，外交部长王毅访塞。2014年5月，中联部副部长于洪君访塞。2016年5月，国务委员杨洁篪访塞。2017年5月，李源潮副主席访塞。2018年7月，国家主席习近平对塞进行国事访问。2019年1月，国务委员兼外长王毅访塞。12月，中共中央政治局委员、中央外事工作委员会办公室主任杨洁篪访塞。

2012年7月，塞外交和海外侨民部长阿利翁·巴达拉·西塞、经济和财政部长阿马杜·卡内来华出席中非合作论坛第五届部长级会议。8月，塞领土整治和地方行政部长谢赫·邦巴·迪耶来华出席首届中非地方政府合作论坛。2014年2月，马基·萨勒总统来华进行国事访问。2014年9月，塞外交和海外侨民部长曼克尔·恩迪亚耶率团来华出席中塞经贸混委会第二次会议。2015年5月，塞经济、社会和环境理事会主席阿米娜塔·塔勒访华。2016年9月，马基·萨勒总统来华出席20国集团领导人杭州峰会。2018年6月，塞外交和海外侨民部长西迪基·卡巴访华。9月，马基·萨勒总统来华出席中非合作论坛北京峰会。2019年6月，塞外交和海外侨民部长阿马杜·巴来华出席中非合作论坛北京峰会成果落实协调人会议。

2019年双边贸易额为25.1亿美元，同比增长10.6%。其中中方出口额22.1亿美元，进口额3亿美元。

中国驻塞内加尔大使：张迅。馆址：Rue 18 Prolongee，Fann Residence，Dakar，Republique Du Senegal。信箱：B.P.342。电话：00221–338647775；传真：338647780。

塞内加尔驻华大使：马马杜·恩迪亚耶（Mamadou Ndiaye）。馆址：北京市朝阳区东直门外大街23号，外交办公大楼303–305。电话：010–65325035；传真：65327330。

【同法国的关系】1960年6月19日建交。两国保持着传统的“特殊关系”。法是塞内加尔最大的投资和贸易伙伴。两国领导人多次互访。2012年2月，塞外长尼昂访法。4月，法外长朱佩赴塞出席萨勒总统就职仪式。同月，萨勒总统访法。7月，萨勒总统再次访法，法向塞提供1.3亿欧元财政援助。10月，法国总统奥朗德对塞进行工作访问，签署对塞援助等4项协定。2013年1月、3月，萨勒总统访法。同月，法国国民议会议长巴尔托洛内对塞进行工作访问。9月，萨勒总统应邀出席在法国举办的第七届法语国家运动会开幕式，并会见奥朗德总统。11月，法国内政部长瓦尔斯及前总理菲永分别访塞。12月，萨勒总统赴法参加法非新型经济伙伴研讨会暨非洲和平与安全峰会。2014年2月，萨勒总统访法，5月，法国国防部长勒得里昂访塞。8月，萨勒总统赴法出席纪念二战盟军普罗旺斯登陆70周年活动。2015年1月，萨勒总统赴法参加巴黎反恐大游行。2月，萨勒总统赴法参加法非峰会。5月，萨勒总统赴法属瓜德罗普参加加勒比奴隶贸易纪念中心开馆仪式。7月，萨勒总统赴法参加艾克斯市经贸洽谈会，迪奥普总理访法。同月，法国环保、可持续发展和能源部长罗亚尔访塞。12月，萨勒总统对法国进行国事访问。2017年6月，萨勒总统过境法国并同法国总统马克龙举行会谈。2018年2月，马克龙总统访塞。2019年5月，萨勒总统访问法国。8月，萨勒总统赴法出席七国集团比亚里茨峰会。

法系塞最重要的双边援助国。2016年法国通过双边、多边渠道共向塞提供援助1.18亿欧元。2018年，法国宣布提供15亿欧元支持“振兴塞内加尔计划”二期项目。

塞法签有军事协定，法在塞有驻军并派有军事顾问。近年来，法逐步减少在塞驻军的同时加大对塞军的技术援助，并多次与包括塞在内的非洲国家举行联合军事演习。2008年11月，法塞举行联合军事演习。2009年，法塞就签署新的防务协定多次谈判。2010年4月，瓦德总统单方面宣布关闭法国驻塞军事基地。后经双方协商，法于当年6月起逐步撤出驻塞军事基地，保留一个350人的地区合作行动基地。该基地为联合国马里维和等地区军事行动提供后勤、培训和指挥支持，发挥重要作用。此外，法国是塞第一大留学目的地，塞在法留学生总数和奖学金生人数居黑非洲首位。达喀尔法国文化中心是法国在非洲最大的文化中心。

【同美国的关系】1960年6月20日建交。近年来，塞美关系有较大发展。两国签有相互鼓励和保护投资协定。美对塞内加尔援助和投资逐年增加，已成为塞主要贸易伙伴之一。2011年8月，美国负责非洲事务的助理国务卿卡森访塞。9月，美国会代表团访塞。2012年8月，美国国务卿希拉里访塞。2013年3月，萨勒总统访美。6月，美国总统奥巴马访塞。2014年8月，萨勒总统赴美出席美国与非洲领导人峰会。2019年8月，美国负责非洲事务的助理国务卿纳吉访塞。美对塞援助近年来逐年递增。2009年9月，两国签署总额达5.5亿美元的“千年挑战账户”援款协议，帮助塞加强农业、道路、水利等基础建设。2017年12月，美国驻塞大使科尔达表示美方将通过“金色计划”在塞投入110亿西非法郎用于发展民生项目。2019年8月，美国负责非洲事务的助理国务卿纳吉访塞。

近年来，美塞不断加强军事合作。2008年9月，美向塞提供了600万美元军事物资，用于支持塞向苏丹达尔富尔地区派遣维和部队。9月，美与塞等多国在塞捷斯举行为期一周的“非洲风2013”联合军演。2011—2014年，美国与包括塞在内的多个国家在塞内加尔、佛得角海域连续举行代号为“撒哈拉快车”的海上军事演习。2016年5月，塞美签署防务协议，塞同意美军在执行地区反恐任务或应对人道主义危机时快速入驻塞军事设施。

【同冈比亚的关系】1965年3月18日建交。1982年2月，塞冈两国结成邦联，塞总统迪乌夫和冈总统贾瓦拉分别任邦联正副总统。1989年9月，邦联解体。1991年，两国签署《塞冈友好合作条约》。1998年以来，冈政府多次出面调解卡萨芒斯问题。瓦德总统曾于2004年、2006年、2010年和2011年四度访冈。2007年4月，冈副总统恩杰-赛义迪出席瓦德总统连任就职仪式。2010年4月，冈总统贾梅出席塞独立50周年庆典。2011年5月，塞总理恩迪亚耶访冈。2012年4月，萨勒总统访冈。2013年2月，萨勒总统赴冈出席冈国庆48周年庆典活动。5月，塞外长恩迪亚耶访冈。7月，第六届塞—冈混委会在班珠尔举行，两国签署关于建设冈比亚河大桥的谅解备忘录。2014年12月冈发生未遂军事政变后，贾梅总统暗指塞牵涉其中，塞方予以明确否认。2016年12月，冈选后危机爆发，塞积极参与并推动冈危机和平解决。2017年1月，冈新当选总统巴罗在冈驻塞使馆举行就职仪式。2月，萨勒出席冈独立日庆典。3月，巴罗总统访塞并同萨勒总统举行会谈。2019年1月，萨勒总统赴冈比亚出席塞冈大桥通车仪式。

【同几内亚比绍的关系】1974年9月24日建交。几比同塞内加尔南部要求独立的卡萨芒斯地区接壤，曾参与调解卡萨芒斯问题，并促成塞政府与卡地区反政府武装“卡萨芒斯民主力量运动”达成停火协议。瓦德总统曾于2003年、2004年和2007年3次访问几比。2009年下半年，因领土纠纷及500名塞渔民非法捕捞被扣事，两国关系一度紧张，后在双方共同努力下得以缓解。2010年1月，塞外长尼昂访问几比。4月，几比总统萨尼亚出席塞独立50周年庆典。2011年7月，塞总理恩迪亚耶访问几比。10月，第9届塞内加尔—几内亚比绍双边混委会在达喀尔举行，塞外长尼昂和几比外长皮雷斯分别率团出席。2012年1月，瓦德总统赴几比出席前总统萨尼亚葬礼。2012年4月，萨勒总统访问几比。2015年5月，几比总理佩雷拉访塞。2015年6月，几比议长卡萨马访塞。2015年8月几比发生政治危机后，萨勒总统以西非国家经济共同体执行主席身份积极参与斡旋工作。2017年11月，瓦斯总统访塞并同萨勒总统举行会谈。

【同毛里塔尼亚的关系】1960年11月28日建交。1989年8月，两国因边民冲突酿成大规模相互驱赶侨民事件而断交。1992年4月，两国复交，此后双边合作发展顺利，影响两国关系的难民问题逐步得到解决。瓦德总统分别于2000年、2003年和2006年3次访毛塔。毛塔总统塔亚，军委会主席瓦尔，总统阿卜杜拉希分别于2005年、2006年和2007年访塞。2009年，瓦德总统两度赴毛塔调解毛塔宪政危机。6月，在非盟和瓦德的主持下，毛塔三大政治派别在达喀尔草签协议，就成立过渡联合政府等问题达成一致，结束了为期近1年的宪政危机。2010年1月，塞外长尼昂访问毛塔。4月，毛塔总统阿齐兹出席塞独立50周年庆典。

2011年7月，塞总理恩迪亚耶访问毛塔。2012年7月，塞外长西塞访问毛塔。9月，萨勒总统对毛塔进行首次国事访问。2013年2月，第11届塞、毛塔双边合作混委会在努瓦克肖特举行。7月，塞、毛塔边境部队开始在塞内加尔河上执行联合巡逻，以应对恐怖主义威胁。9月，阿齐兹总统访塞，两国在能源、基础设施、地区安全等领域达成多项合作协议。2015年7月，萨勒总统赴毛塔出席泛非绿色长城机构国家元首和政府首脑峰会。2018年2月，萨勒总统访问毛塔。2019年8月，萨勒总统访问毛塔并出席毛塔总统加祖瓦尼就职仪式。

（吴芳）

塞舌尔

国名 塞舌尔共和国（Republic of Seychelles）。

面积 陆地面积455平方公里，领海面积约40万平方公里，专属经济区面积约140万平方公里。

人口 约9.76万（2018年6月）。居民主要为班图人、克里奥尔人（欧洲人和非洲人混血）、印巴人后裔、华裔和英法后裔等。官方语言为克里奥尔语、英语和法语，官方行文、报刊多使用英文。居民90%信奉天主教，4%信奉伊斯兰教，其余信奉新教、印度教或其他宗教。

首都 维多利亚（Victoria），人口约3万。热季（12月至次年3月）平均气温30℃，凉季（4—11月）平均气温24℃。

国家元首 总统丹尼·富尔（Danny Faure），2016年10月16日就任，任期4年。

重要节日 国庆节：6月29日。

简况

位于非洲东面的印度洋上，由115个大小岛屿组成。西距肯尼亚蒙巴萨港1593公里，西南距马达加斯加925公里，南与毛里求斯隔海相望，东北距印度孟买2813公里。属热带海洋气候，终年高温多雨。

16世纪，葡萄牙人曾到此地，取名“七姊妹岛”。1756年，法国占领，并以“塞舌尔”命名。1794年，英国取代法国统治塞。后英法多次易手，轮流占领。1814年，英法签订和约，塞舌尔成为英国殖民地，归英国在毛里求斯的殖民当局管辖。1903年改为英直辖殖民地。1970年实行内部自治。1976年6月29日宣告独立，成立塞舌尔共和国，仍留在英联邦内。

政治

塞独立初期，民主党主席曼卡姆任总统，人民联合党主席勒内任总理。1977年6月5日，勒内发动政变推翻曼卡姆，任总统。勒内执政后，实行一党制，推行医疗、教育免费等高福利政策，保持了政局的长期稳定。1991年，塞改行多党制。勒内1993年7月、1998年3月、2001年9月，三次蝉联总统，2004年4月，将总统职务移交副总统米歇尔。米上台后，出台经济社会调整计划，振兴经济、改善民生，缓解社会矛盾。2006年7月，塞举行独立以来第四届总统选举，米歇尔以53.73%的得票率当选总统。2011年5月，米歇尔以55.5%的得票率蝉联总统。2015年12月，经过两轮投票，米歇尔以50.15%的得票率第三次当选总统。2016年9月，反对党联盟赢得议会选举。这是塞自1991年改行多党制以来，人民党（现更名为“联合塞舌尔党”）首次失去议会多数席位。9月27日，米歇尔宣布辞去总统职务，由副总统丹尼·富尔继任并完成本届总统的剩余4年任期。10月16日，富尔宣誓就职。富尔总统接任后，积极推动高端旅游、信息通讯、海洋经济等新兴产业发展，推进重大基础设施项目建设，释放私营部门活力，取得显著成效，经济保持良好增长势头。2017年6月，联合塞舌尔党完成高层换届，副总统梅里顿当选党主席。2019年7月，富尔总统宣布将代表联合塞舌尔党参加2020年大选。

【宪法】 现行宪法于1993年6月制订并生效，截至2017年4月已进行8次修改。宪法规定：塞实行立法、行政、司法三权分立，总统为国家元首兼政府首脑、全国武装部队总司令，由普选产生，任期5年，可连选连任3届。总统可在第一或第二任期就职满一年后的任何时期，以公告形式要求举行下届总统选举，亦可在总统候选人提名日之前将该公告取消。最新修订的宪法对总统权力交接作出新规定：如当选总统去世、辞职或者被罢免，应在90天内重新举行选举，副总统接替总统职位不得超过90天。宪法任命委员会（Constitutional Appointments Committee）是塞重要的独立决策机构，履行宪法和其他法律授予的职权，行使职权时不受任何人或机构指令和控制，由5人组成，其中总统和反对党领导人各提出2名人选，第5名人选由被提名的4人任命。现任主席热雷米·博纳拉姆（Jeremie Bonnelame），2007年就任。司法权属最高法院。

【议会】 称国民议会，一院制，为塞最高立法机构，下设2个常务委员会（议事规则委员会及财政和公共账目委员会）和5个委员会（国际事务委员会、妇女议员委员会、媒体委员会、政府保证委员会及改革和现代化委员会），议员任期5年。本届议会于2016年9月成立。共有33名议员，其中25名由各选区直接选出，8名按各政党得票总数的比例推出，14名议员来自执政党人民党，19名来自反对党联盟（塞舌尔民主联盟）。议长尼古拉斯·普雷亚（Nicholas Prea）。

【政府】实行总统制。内阁为国家最高行政机构，负责制定和执行国家政策。本届政府于2016年10月组成。现有12名成员：总统丹尼·富尔，副总统兼外交部长文森特·梅里顿（Vincent Meriton），指定部长兼内政和地方政府部长马克苏齐·蒙顿（Macsuzy Mondon，女），卫生部长让-保罗·亚当（Jean-Paul Adam），家庭事务部长米齐·拉吕（Mitcy Larue，女），渔业和农业部长查尔斯·巴斯蒂安（Charles Bastienne），旅游、民航、港口和海运部长迪迪埃·多格莱（Didier Dogley），环境、能源和气候变化部长华莱士·科斯格罗（Wallace Cosgrow），财政、贸易、投资和经济规划部长莫里斯·罗斯托-拉兰（Maurice Loustau-Lalane），教育和人力资源发展部长珍妮·西蒙（Jeanne Siméon，女），就业、移民和公民身份部长玛丽亚姆·特勒马克（Myriam Télémaque，女），住房、土地、基础设施和陆路交通部长帕梅拉·夏莱特（Pamela Charlette，女）。

【行政区划】全国共分为25个行政区，其中8个区隶属首都维多利亚市。

【司法机构】由最高法院、上诉法院、治安法院和租赁委员会组成。最高法院由大法官、陪席法官和助理法官组成。上诉法院由院长、两名或两名以上上诉法官和文职法官组成。总检察长为政府的首席法律顾问。总统根据宪法任命委员会提议任命检察长、大法官、上诉法院院长、上诉法官、法官助理等，上述职务任期均为7年，检察长、法官任职期间，不得解除其职务。此外还设有制宪法庭，专门受理违宪诉讼，保证宪法的权威性。总检察长弗兰克·唐纳德·罗伯特·阿里（Frank Donald Robert Ally），最高法院大法官玛蒂尔达·特沃梅（Mathilda Twomey），上诉法院代理院长安东尼·费尔南多（Anthony Fernando）。

【政党】目前，塞舌尔主要政党有：

（1）联合塞舌尔党（United Seychelles）：执政党。前身是塞舌尔人民联合党，成立于1964年，1978年6月更名为塞舌尔人民进步阵线，2009年6月，更名为塞舌尔人民党。2018年12月，更名为联合塞舌尔党。塞最大政党，现有党员约2万人，自1977年执政至今。现任党主席为副总统梅里顿，总书记为指定部长蒙顿，前总统勒内被授予“党的创始领导人”称号，前总统米歇尔被授予荣誉主席称号。

（2）塞舌尔民族党（Seychelles National Party）：反对党。1993年6月成立。1998年7月改现名。由塞舌尔人党、塞舌尔民族运动和塞舌尔民族联盟联合组成。纲领是建立一个崭新的民主政府。1993年、1998年两次任国民议会议员并任议会反对党领袖。总书记为罗杰·曼欣尼（Roger Mancienne）。2015年，拉姆卡拉旺参加总统大选，首轮投票获33.93%选票，在第二轮投票中得到塞舌尔联盟和塞舌尔社会正义与民主党等支持获49.85%选票。

（3）塞舌尔大众民主运动（Seychelles Popular Democratic Movement）：反对党，2011年成立，主席戴维·皮埃尔（David Claude Pierre）。皮埃尔原是民族党副秘书长，由于当年民族党抵制议会选举，辞去民族党职务，并建立大众民主运动，参加2011年9月的议会选举，获10.86%选票，皮埃尔当选为议会反对党领袖。2015年，皮埃尔参加总统大选，在首轮投票中获2.21%选票。

（4）塞舌尔联盟（Lalyans Seselwa）：反对党，2015年4月成立，由几位退休的人民党前部长和人民党成员等组成。主席帕特里克·皮莱（Patrick Pillay），曾任外交部长、教育与文化部长、工业与国际商业部长、卫生部长、驻法国大使和国民议会议长等职。2015年，皮莱参加总统大选，在首轮投票中获14.19%选票，在第二轮投票中与塞社会正义与民主党等结盟，支持塞民族党。

（5）塞舌尔社会正义与民主党（Seychelles Party for Social Justice and Democracy）：反对党，2015年4月成立。主席阿力克西娅·阿姆斯柏瑞（Alexcia Amesbury），现为律师。2015年，阿姆斯柏瑞参加总统大选，在首轮投票中获1.33%选票，在第二轮中全力支持塞民族党主席拉姆卡拉旺。

（6）塞舌尔联合党（Seselwa United Party）：反对党。前身为1964年曼卡姆创立的塞舌尔民主党。2005年1月，曼卡姆辞去民主党主席职务。2011年更名为新民主党，2013年更名为塞舌尔联合党。现任党主席为罗伯特·厄尔奈斯塔（Robert Ernesta）。

（7）一个塞舌尔（One Seychelles）：反对党。2019年4月成立。塞前旅游部长圣·安热（Alain St. Ange）任党主席，人民党前副书记西农（Peter Sinon）任总书记。

塞舌尔民族党、塞舌尔联盟、塞舌尔社会正义与民主党、塞舌尔联合党等联合成立塞舌尔民主联盟（Linyon Demokratik Seselwa），以联合各反对党力量对抗长期执政的人民党（现更名为“联合塞舌尔党”）。

【重要人物】丹尼·富尔：总统，1962年5月8日出生，政治学学士学位。早年加入“塞舌尔人民进步阵线”，后成为该党青年团主席，并当选“人阵”中央委员会委员。2009年6月，任人民党总书记。先后担任教育部长、青年部长、指定部长、财政部长等职务。2010年7月起任副总统。2016年10月16日接任总统。2017年6月起不再担任人民党（现更名为“联合塞舌尔党”）总书记、中央委员。

经　济

旅游业和渔业为两大经济支柱。旅游业创造七成以上的国内生产总值。全境半数地区为自然保护区，享有“旅游者天堂”的美誉。渔业构成经济另一支柱，渔业资源丰富，鱼类产品位居出口商品首位。工农业基础薄弱，粮食、生活用品和生产资料依赖进口，价格昂贵。2008—2013年，塞政府开始实行与国际货币基金组织商定的经济改革方案，主要内容包括重组外债、货币贬值、紧缩货币并鼓励储蓄和投资、精减公职人员、增收节支等。2011年与所有债权国达成债务重组协议。近年来，政府加大推进私有部门发展，加强国企管理，取得显著成效。2019年主要经济数据如下：

国内生产总值：17亿美元。

人均国内生产总值：1.7万美元。

经济增长率：3.9%。

货币名称：塞舌尔卢比。

汇率：1美元≈14.03卢比。

（资料来源：《伦敦经济季评》）

【资源】渔业资源丰富，目前已发现300多种鱼类。森林面积约2000公顷。

【工业】主要是中小型企业，有啤酒厂、香烟厂、金枪鱼罐头厂、鱼粉厂、饮料厂、制茶厂、乳制品厂、饲料厂、涂料厂、混凝土厂、碎石厂等。工业产品有食品、油漆、家具等。

【农牧渔业】农业基础薄弱，耕地面积仅约30平方公里，约占全国土地面积6.21%。主要种植椰子、肉桂、茶叶等经济作物。粮食、肉类和蔬菜多靠进口。金枪鱼产量占世界总产量的10%，金枪鱼罐头和对虾分别为塞第一、第二大出口商品。

【旅游业】塞风景秀丽。主要景点有马埃岛、普拉兰岛、拉迪格岛和鸟岛等。旅游业为塞第一大经济支柱，直接或间接创造了约72%的国内生产总值，每年美元外汇收入约占外汇总收入的70%，并创造了30%的就业机会。2018年，塞接待外国游客36.12万人，同比增长4%。旅游者主要来自德国、法国、阿联酋、意大利、英国和南非等国。近年来，塞旅游部门越来越注重开发中国、印度、海湾国家等亚洲新兴旅游市场。塞拥有较大的星级饭店32家，中小型旅馆62家。加拿大、德国、马来西亚、新加坡、南非和海湾多家公司在塞兴建星级酒店。近年来，塞每年举办国际嘉年华会及克里奥尔节，以吸引更多的国际游客。

【交通运输】以空运和水运为主。

公路：总长532公里，其中沥青路390公里。2016年，登记的机动车共有22499辆，其中包括13839辆私家车，200多辆公交车，250多辆出租车。有30多家租车公司。

空运：塞拥有马埃岛机场、普拉兰岛机场和10多个简易机场，航空交通控制系统先进，其中马埃岛机场跑道约近3000米长，可起降波音、空中客车等大型客机。2012年起，塞舌尔航空公司与阿提哈德航空合作经营。2018年，塞通往欧洲方向的航线有巴黎、伦敦、法兰克福；通往非洲的航线有约翰内斯堡、毛里求斯、马达加斯加、内罗毕；通往亚洲的航线有迪拜、阿布扎比、孟买和科伦坡等。2013年3月，开通塞至中国香港直航。国内航线以马埃岛为中心可通往普拉兰岛、拉迪格岛、鸟岛等10多个岛屿。2014年，塞航空公司实现纯利润320万美元，连续3年盈利，并获世界旅游大奖评比“印度洋最佳公务舱”和“印度洋最佳空乘人员”奖项。

港口：维多利亚港建于1975年，是塞唯一的天然深水良港，位于印度洋国际航道，是印度洋上重要的交通枢纽，且在印度洋台风带外，现分为商业和渔业码头两部分，深水泊位面积2.6平方公里。商业码头内侧水深9.5米，外侧水深13米，可进行集装箱装卸作业。渔业码头长120米。2015年新建一渔业码头，长425米，总投资1800万美元。

【财政金融】塞财政状况良好，外汇储备稳定增长，债务负担持续降低。截至2019年12月，外汇储备为5.806亿美元。截至2019年底，塞舌尔债务余额共9.44亿美元，占其GDP比重为57%。

除中央银行外，塞当地主要商业银行有9家：塞舌尔国际商业银行、塞舌尔开发银行、英国巴克莱银行、塞舌尔新银行、巴基斯坦哈比卜银行、印度巴罗达银行、毛里求斯商业银行、塞舌尔储蓄银行和斯里兰卡锡兰银行等。塞舌尔发展银行系塞政策银行，塞政府拥有55%股份，其他股东为法国发展银行20%，欧洲投资银行15.91%，德国DEG银行5%，英国巴克莱银行2%，塞新银行1.59%。

【对外贸易】基本为净进口国家，生活用品和生产资料等均靠进口。主要出口鱼、椰干、肉桂皮等，进口纺织品、机器设备、车辆、日用品、食品及石油等。英、法、意、德、荷兰、南非、毛里求斯和新加坡等为主要贸易伙伴。塞于2015年3月加入世界贸易组织。2018年，贸易总额为17.84亿美元，其中出口额为5.95亿美元，进口额为11.89亿美元。

【外国援助】塞主要援助国和国际机构是欧盟、阿联酋、中国、日本、印度、世界银行、世卫组织、非洲发展银行等，援助项目主要包括学校、医院、办公大楼、游泳池、电厂、海水淡化、飞机、渔业、环保、能力建设及填海工程等。2011年以来，塞与中国、日本、利比亚、马来西亚、阿联酋、巴黎俱乐部等所有债权国达成债务重组协议。2013年1月遭受强暴雨水灾后，塞先后收到中、日、印、英、法、德、美等国家和联合国粮农组织、非行等机构的援助。2014年，非洲发展银行向塞提供2060万美元贷款和140万美元援助，用于开展“马埃岛可持续水源扩建”项目。2019年8月，日本宣布向塞提供700万美元用于维护塞海上安全。

人民生活

塞政府推行高福利政策，实行免费义务教育、免费医疗、终身保健制度和全面就业计划，向低收入者提供建房贷款、发放各种救济金。

塞政府医疗卫生预算连续多年居政府各部门预算前二位。塞人均寿命男70.3岁，女78.5岁。儿童死亡率为10‰左右。无疟疾、黄热病、痢疾等非洲大陆常见病。艾滋病发病率低。全国共有医院6所，床位302张，保健中心18个，私人诊所9个，牙科诊所6个，医务工作者1551人，牙医18人，护士432人，药剂师7人。塞舌尔医院（前身为维多利亚医院）是塞舌尔主要医院，建于1924年，科室齐全，共有约70名医生和300名护士。2/3的医生来自古巴、印度、巴基斯坦、东欧国家及非洲其他国家。

塞舌尔推行"居者有其屋"计划，向低收入者提供优惠住房贷款。目前绝大多数人拥有自己住房，每7人拥有一辆汽车。2017年，塞固定电话数为19562部，移动电话拥有数为167282，互联网用户为83628户。

军　事

1977年6月创建人民解放军，1980年改称人民国防军，由陆军、海岸警卫队和塞舌尔国民卫队组成。实行志愿兵役制。总统兼任国防部长及武装部队总司令。现任国防军司令克利福德·罗斯林（Clifford Roseline，2019年1月1日上任，任期2年）。总兵力800人（包括陆军、海岸警卫队和总统卫队），国民卫队系民兵，主要负责政府部门、外国驻塞使团、国家领导人和部分部长官邸的安全保卫工作，2004年前，属警察部队，2004年起，编入国防军。1993年，实行党、政、军分离。1994年，为减少国防开支和提高效能，将作战部和后勤部合并。现有警察约800人，分常规警察、机动警察和消防队，由内政部管辖。1977年9月，塞舌尔加入国际刑警组织。

文化教育

【教育】塞政府重视发展教育事业，2018年，教育和人力资源发展部预算为10.65亿卢比，在各部门预算中列第二，约占全年预算的13.4%。塞儿童自6岁开始接受义务教育，包括小学6年、中学6年。塞教育法规定，无故旷课3周以上儿童的父母将被罚款1000卢比或判3个月监禁。根据塞教育部2016年报告，塞现有幼儿园33所，小学28所，中学14所。塞舌尔大学是塞唯一一所综合性大学，成立于2009年，前身是中国援建的综合工艺学院，主要在英国伦敦大学教学指导框架下办学，设有信息技术、工商管理、财会、金融、旅游、教育、英语、法语、法学等专业，在校学生约250人。塞2000年起开始普及中学后教育，陆续建立了数十所教育机构，包括综合工艺学院、艺术学院、商业与会计学院、视觉艺术学院、旅游学院、教育学院、工业培训学院、卫生与社会研究学院、农业学院、海事学院、成人教育与远程教育中心，基本实现全民文化教育。就读大学预科及赴国外留学学生的学费政府负担60%。目前12岁以上人口识字率达94%。

【新闻出版】主要报刊：《塞舌尔民族报》，官方日报，1976年创刊，时称《民族报》，用英、法、克里奥尔文出版，日发行量3200—3500份；《今日报》，第二大日报，2011年创刊，日发行量2500—3000份；《人民报》，系执政党联合塞舌尔党党报，1964年创刊，是塞创办最早、历史最长的新闻报刊，每周发行4500份；《维多利亚时报》，2013年创办，无党派立场；《政府公报》，不定期出版，主要刊登政府政策性文件或新措施等；《印度洋与阿拉伯海之声》，民主党月刊，前身为《塞舌尔评论》，由前总统曼卡姆于1994年4月出资创办，2010年更改为现名；《塞舌尔周（SUP）》，联合党党报，1963年创刊，1977年被取缔，1992年9月复刊，1994年自动停刊，2002年4月再次复刊，曾一度更名为《新塞舌尔周报》；《塞舌尔周报（SNP）》，民族党党报，周报，1991年塞实行多党制后创刊，发行量3000份。

塞舌尔新闻通讯社：官方通讯社，1979年成立，用英文、法文发稿。

塞舌尔广播公司（SBC）：前身为塞舌尔广播电视台，负责塞舌尔所有广播和电视业务，半官方机构，由总统指定的10人董事会负责。塞舌尔广播电台，建于独立前，原为私有，后改为政府电台，每天用克里奥尔语、英语和法语24小时不间断播出，设调幅（AM）和调频立体声（FM）两个广播频道。塞舌尔国家电视台，于1983年投入使用，24小时不间断播出，主要转播BBC、法国电视台、CCTV英语频道、今日俄罗斯、CNN、KBS的节目。当地制作的节目占20%，用克里奥尔语、英语和法语播出。塞舌尔全国电视机拥有量约14000台，即平均约5.8人拥有一台。电视制式：PAL/B。

对外关系

奉行中立、不结盟、睦邻友好和务实外交政策，主张在尊重主权和不干涉别国内政的基础上同所有国家建立和发展关系。强调大小国家一律平等，积极维护中小国家利益，主张加强南南合作和南北对话。近年来，重点加强同西方国家和国际金融机构的关系，积极发展同中国、印度等新兴大国的关系，争取外援外资。重视气候变化和小岛屿发展中国家可持续发展问题，支持国际社会打击索马里海盗，积极参与东部非洲和印度洋地区事务，倡议建立印度洋和平区。是不结盟运动、非洲联盟、南部非洲发展共同体、东南部非洲共同市场、环印度洋联盟、印度洋委员会等组织成员国及印度洋金枪鱼委员会总部所在地。2015年3月，加入世界贸易组织，7月，正式成为南共体自贸区成员。

【同中国的关系】中国与塞舌尔1976年6月30日建交。两国友好合作关系发展顺利。塞舌尔历届政府均重视发展对华关系，奉行一个中国政策，感谢中国援助。

近年来，中方访塞的主要领导人有：中非人民友好协会会长阿不来提·阿不都热西提（2015年5月），外交部副部长张明（2015年5月），外交部长王毅（2015年8月，过境），国务委员杨洁篪（2016年5月，过境），国务院副总理刘延东（2017年4月，过境），中联部部长宋涛（2018年7月），全国政协副主席刘奇葆（2018年10月），国务委员王勇（2019年12月）等。

近年来塞方访华的主要领导人有：副总统富尔（2015年4月），国务秘书拉兰（2016年6月），人民党（现更名为“联合塞舌尔党”）主席、副总统梅里顿（2017年12月、2018年7月出席在成都举行的第五届中非民间论坛），总统富尔（2018年9月出席中非合作论坛北京峰会），旅游、民航、港口和海运部长多格莱（2019年4月出席“一带一路”国际合作高峰论坛），财政、贸易、投资和经济规划部长拉兰（2019年6月出席中非合作论坛北京峰会成果落实协调人会议）等。

建交以来，中塞经济技术合作与经贸往来持续发展。两国签有经济技术合作协定、避免双重征税和防止偷漏税的协定等。中国从1977年起开始向塞提供各种援助。为塞援建了标准局大楼、议会大楼、司法大楼、国家游泳池、安塞罗亚莱医院、综合工艺学院、蒙弗勒利中学、拉扎尔湾小学及幼儿园、奥凯普地区小学校、格拉斯小学和幼儿园等30余个项目。

2019年，双边贸易额6572.2万美元，同比增长7.12%，几乎全部为中方出口。中国对塞主要出口产品为机电产品、高新技术产品、农产品、钢材等，从塞主要进口海产品。

两国签有文化合作协定（1983年）。中方多个文艺团组曾赴塞访问演出，并在塞举办电影周、图片展等活动。截至2017年底，中方共接收塞奖学金生160名。2017年，在华学习的塞留学生共87人。中国向塞派有体育教练和音乐教师。中国从1985年起向塞派遣医疗队，迄今共17批102人次，现有6名医疗队员在塞工作。截至2018年8月，中方已为塞培训了1478名各类人员，向塞派出8批共106名青年志愿者和2名农技专家。塞系中国公民出境旅游目的地国。2013年5月，两国签署互免签证协议。2017年，中国公民赴塞旅游人数达11710人次。2014年起，中塞已连续举办6届塞舌尔“中国日”活动，包括“欢乐春节”文艺演出、庙会等；2014年6月，塞舌尔大学与大连大学合作办学的孔子课堂在塞舌尔大学揭幕。2015年5月，塞旅游学院与北京联合大学签署互派交换讲师和学生的谅解备忘录。

中国驻塞舌尔大使：郭玮（女）。馆址：St. Louis，Victoria，Mahe，Seychelles。电话：00248-4671700（总机），2713988（领保），4266808（经商处）。电传：2398 CHINA EMSZ。传真：4266667。

塞舌尔驻华大使：薇薇安·富克·塔夫（Vivianne Fork Tave，女），馆址：北京朝阳区秀水街1号建国门外外交公寓6号楼2单元121号。电话：010-85325655，传真：85325612。

【同法国的关系】塞法传统关系密切。法国是塞舌尔的主要援助国和重要贸易伙伴。法主要在渔业、农业、卫生、旅游、教育、广播电视和人员培训方面给予塞方援助。勒内总统先后7次访法。双方签有医疗合作计划、文化合作协议、促进和保护双边投资协议、旅游与就业培训协议、海洋划界协定等。法国与塞舌尔军事合作密切，法军舰多次访塞。2012年，法国援助塞舌尔5400万欧元，用于供水和公共卫生项目。2013年6月，法国派徒步方队参加塞国庆阅兵仪式。2017年1月，塞副总统梅里顿出席在马里举行的法国—非洲峰会。同年2月，法国南印度洋军事（FAZSOI）最高指挥官雷耶（Franck Reigier）拜会塞总统富尔。2018年11月，富尔总统赴法出席“巴黎和平论坛”。

【同英国的关系】塞舌尔系英联邦成员国。英国是塞重要贸易伙伴。英每年援塞金额约100万英镑，主要用于提供技术援助和奖学金。2013年2月，英国资助建设的地区反海盗起诉与情报协调中心投入使用。2017年6月，塞总统富尔致电祝贺英国首相特雷莎·梅连任。2018年4月，富尔总统出席在伦敦举行的英联邦政府首脑会议。2019年10月，富尔总统赴英国进行工作访问。

【同欧盟的关系】2014年1月，欧盟海军向塞捐赠血库并同塞举行反海盗联合演习。同月，塞与欧盟签署欧洲发展基金第二项合作协议，欧盟将向塞提供10万欧元的财政与技术支持，推动塞国家发展战略的实施。欧盟同时还向塞提供160万欧元，支持塞教育发展。2015年，欧盟向塞提供76万欧元，帮助加强塞国有和私营经济领域能力建设，进一步实现贸易自由化。2019年10月，第七届塞欧政治对话在塞首都维多利亚举行。

【同美国的关系】勒内执政初期，塞与美国关系冷淡。20世纪80年代后期，两国关系明显改善。美国给予塞舌尔《非洲增长与机遇法》的优惠贸易政策。2016年11月，塞总统富尔向美总统特朗普致贺电。

【同俄罗斯的关系】俄罗斯是塞舌尔第三大外国直接投资国。两国军事、文化、教育、体育及反海盗合作持续深化，塞视俄罗斯为亲密合作伙伴。2013年，俄罗斯海军应邀参加维多利亚国际嘉年华及塞舌尔20周年国庆阅兵。

【同印度的关系】塞印关系密切，印度人后裔和侨民在旅塞外国侨民人数中居第一位。2015年3月，印总理莫迪访塞，8月，塞总统米歇尔访印，双方签署蓝色经济合作、可再生能源、税收情报互换等协议，成立蓝色经济联合工作组。印向塞捐赠7座海岸监控雷达和1架道尼尔飞机。2017年10月，印度总理特使、外交秘书苏杰生访塞。2017年10月，塞议长皮莱出席在新德里举行的英联邦议长和议会主席会议期间，分别会见印度总理莫迪、总统考文德及议长马哈詹。2018

年3月，塞总统富尔出席在印举行的国际太阳能联盟成立大会。6月，富尔总统对印进行国事访问。

【同日本的关系】2019年9月，塞总统富尔在日本出席第七届东京非洲发展国际会议（TICAD）期间，与日本首相安倍举行双边会谈，就日塞未来双边关系交换意见。日本向塞提供8亿日元援款，用于加强海上安全。11月，日本开设驻塞舌尔使馆。

【同阿联酋的关系】塞与阿关系密切。2014年1月，塞与阿在阿布扎比联合举办蓝色经济峰会。2015年，阿援建塞72套住房项目。2016年11月21—23日，塞总统富尔对阿联酋进行工作访问。2017年1月，塞总统富尔出席在阿布扎比举行的2017年世界未来能源峰会。3月，富尔总统对迪拜进行工作访问。6月，富尔总统对阿联酋进行工作访问。2018年2月，塞副总统梅里顿出席在阿联酋迪拜举行的第六届世界政府首脑会议。

【同南非的关系】1992年4月，塞与南非正式建交。南非曾因1981年其雇佣军侵塞赔偿塞300万美元。南非现为塞主要贸易伙伴之一。2007年1月，塞外长皮莱与南非外长祖马在埃塞俄比亚首都亚的斯亚贝巴签订了两国综合合作协议，两国决定成立混委会，每两年召开一次会议，商讨促进双边合作事宜。2009年5月，塞总统米歇尔出席南非总统祖马就职仪式。2012年7月，南非总统祖马访塞。2017年8月，塞总统富尔出席在南非举行的第37届南部非洲发展共同体峰会期间，同祖马总统会见。塞航先后开通了塞至南非开普敦、德班直航。2019年5月，塞总统富尔赴南出席南新任总统拉马福萨就职仪式。

【同邻国的关系】塞重视发展同毛里求斯、马达加斯加等邻国的关系。塞与毛里求斯1988年6月17日建交。2014年6月，首届塞毛商务论坛召开，双方签署了4个贸易和投资备忘录。2015年，塞毛举行第十次大陆架会议和第四届联合委员会会议。2016年11月，塞总统富尔出席在马达加斯加举行的法语国家组织峰会期间会见毛总理贾格纳特。2017年10月，富尔总统对毛进行国事访问。

塞同马达加斯加1989年4月12日建交，关系友好。2014年1月，塞副总统富尔出席马新总统埃里就职典礼。9月，塞马开通直航。

2011年塞主办第8届印度洋岛国运动会，毛里求斯、科摩罗、马达加斯加、法属留尼汪等7个印度洋岛国和地区的1700名运动员参加。2014年1月，塞主办印委会维多利亚宣言签署30周年纪念活动。

【同其他非洲国家的关系】2014年3月，塞外长亚当应邀访问肯尼亚。6月，肯尼亚外长穆罕默德访塞。同月，佛得角总统丰塞卡访塞并出席塞国庆庆典。

2017年4月，塞总统富尔对肯尼亚进行国事访问，同肯总统肯雅塔举行会谈并会见了肯众议长、参议长等重要人物。

2019年5月，塞总统富尔对莫桑比克进行国事访问，同莫总统纽西举行会谈。（徐志扬）

圣多美和普林西比

国名　圣多美和普林西比民主共和国（The Democratic Republic of Sao Tome and Principe; República Democrática de São Tomé e Príncipe）。

面积　1001平方公里。

人口　约21.5万（2019年）。90%为班图人，其余为混血人种。官方语言为葡萄牙语。90%的居民信奉天主教。

首都　圣多美（São Tomé），人口约6.5万。最高气温（3月）23℃—31℃，最低气温（7、8月）21℃—28℃。

国家元首　总统埃瓦里斯托·卡瓦略（Evaristo Carvalho），2016年8月当选，9月宣誓就职，任期5年。

重要节日　独立日：7月12日；建军节（9月6日）。

简　况

非洲中西部几内亚湾东南部岛国，距非洲大陆201公里。由圣多美、普林西比以及罗拉斯、卡罗索等14个小岛组成。东与加蓬、东北与赤道几内亚隔海相望。海岸线长220公里。圣、普两岛均属火山岛。属热带雨林气候，终年湿热。两岛平均气温27℃。1—5月为大雨季，6—9月为旱季，10—12月为小雨季。年均降水量1000—2500毫米。

15世纪70年代，葡萄牙人到达圣普，将其作为奴隶贸易的据点。1522年，沦为葡属殖民地。17—18世纪为荷兰、法国占领。1878年，再度为葡统治。1951年，成为葡的海外省。1960年，圣普解放委员会成立（1972年易名为圣普解放运动，1990年又改名为圣普解放运动—社会民主党，简称“解运”），要求无条件独立。1974年，葡当局同解运达成独立协议。1975年7月12日宣告独立，定国名为圣多美和普林西比民主共和国，曼努埃尔·平托·达科斯塔（Manuel Pinto da Costa）任总统。独立后曾长期由解运一党执政。1990年8月起，实行多党制。1991年1月，民主统一党（简称“民统党”）在议会选举中获多数席位，成为执政党；同年3月，米格尔·特罗瓦达（Miguel Trovoada）当选总统。1996年7月，特罗瓦达蝉联总统。1998年11月，解运重新在议会选举中获胜，并于1999年1月组成新政府。2001年8月，民主独立行动党（简称"民独党"）候选人弗拉迪克·德梅内塞斯（Fradique de Menezes）击败解运候选人达科斯塔当选总统并于9月3日正式就职。2006年7月，德梅内塞斯作为民主运动变革力量/自由党（简称"民运党"）和民统党两党联盟候选人再次当选总统。2010年8月，圣普举行议会选举，民独党获多数席位，该党总书记帕特里斯·特罗瓦达（Patrice Trovoada）出任总理。2011年8月，独立候选人、前总统达科斯塔当选总统。2014年10月，圣普举行议会选举，民独党获得55个席位中的33席，其领导人特罗瓦达单独组建政府，再次出任总理。

政　治

2016年8月，圣普举行总统选举，民独党候选人埃瓦里斯托·卡瓦略（Evaristo Carvalho）当选。2018年10月，圣普举行议会选举，解运党及其友党票数超过议会半数。11月，卡瓦略总统颁布总统令，宣布由解运党组阁，任命解运党主席若热·博姆·热苏斯（Jorge Bom Jesus）为总理。

【宪法】现行宪法于2003年1月颁布，其中规定：圣普是一个独立的主权国家，是建立在基本人权基础上的民主法治国家。政教分离、司法独立。总统是国家元首、武装力量总司令，由普选产生，任期5年，可连任1届。总统有权任免总理、解散议会以及颁布法律、法令和命令等。

【议会】国民议会是国家最高代表和立法机构。议员每届任期4年。本届议会于2018年10月产生，共有议员55名，其中民独党获得25席，解运党获得23席。现任议长德尔芬·内韦斯（Delfim Neves）。

【政府】本届政府于2018年12月成立，包括1位总理、12位部长、2位国务秘书：总理热苏斯，以及外交、合作和海外侨民部长埃尔莎·平托（Elsa Pinto，女），公共工程、基础设施、自然资源和环境部长奥斯瓦尔多·达布雷乌（Osvaldo D'Abreu），计划、财政和海洋经济部长奥斯瓦尔多·瓦斯（Osvaldo Vaz），国防和内政部长奥斯卡·索萨（Óscar Sousa），司法、公共管理和人权部长伊薇特·达格拉萨·科雷亚（Ivete da Graça Correia，女），农业、渔业和农村发展部长弗朗西斯科·马丁斯·多斯拉莫斯（Francisco Martins dos Ramos），内阁和议会事务部长武安多·博尔热斯·卡斯特罗（Wuando Borges Castro），教育和高等教育部长茹列塔·伊西德罗·罗德里格斯（Julieta Izidro Rodrigues，女），旅游、文化、贸易和工业部长玛利亚·达格拉萨·拉夫雷斯（Maria da Graça Lavres，女），卫生部长埃德加·内韦斯（Edgar Neves），劳动、团结、家庭和职业培训部长阿德兰德·科斯塔·德马托斯（Adlander Costa de Matos），青年、体育和创业部长维尼修斯·沙维尔·德皮纳（Vinicius Xavier de Pina），新闻国务秘书阿德利诺·卢卡斯（Adelino Lucas），贸易和工业国务秘书欧热尼奥·安东尼奥·达格拉萨（Eugénio António da Graça）。

【行政区划】全国分为7个大区。

【司法机构】最高司法法院为最高司法机关，负责监督法院对法律的解释和应用，其成员由议会任命；总检察院负责捍卫民主与法制，总检察长由政府提名，总统任命。最高司法法院院长曼努埃尔·席尔瓦·戈麦斯·格拉维德（Manuel da Silva Gomes Gravid），总检察长伊诺迪·克尔维·诺布罗·德·卡瓦略（Inaudy Kelve Nobre de Carvalho）。

【政党】根据1990年9月颁布的政党法规定，一个政党不得少于250人，且在向国家最高上诉法院登记注册后方为合法。主要政党如下：

（1）圣多美和普林西比解放运动—社会民主党（Movimento da Libertação de São Tomé e Príncipe – Partido Social Democrata）：成立于1960年9月，现为执政党。原名圣多美和普林西比解放委员会，1972年改称解放运动，1990年改为现名。现有议席23个。主席若热·博姆·热苏斯（Jorge Bom Jesus）。

（2）民主独立行动党（Acção Democrática Independente）：1993年3月21日正式成立。现为议会第一大反对党，共有25席。该党主席人选有争议〔2019年，费尔南德斯（Agostinho Fernandes）和前主席特罗瓦达（Patrice Trovoada）各自宣布当选党主席，圣普宪法法院不承认特罗瓦达当选的合法性〕。

（3）民主统一党（Partido da Convergência Democrática）：前身为思索小组，成立于1990年11月。现作为民变联成员（共5个议席）参政。主席阿林多·卡瓦略（Arlindo Carvalho）。

（4）公民发展民主联盟党（União dos Democratas para Cidadania e Desenvolvimento）：2005年5月成立，作为民变联成员（共5个议席）参政，现任主席曼努埃尔·纳西门托（Manuel Nascimento）。

此外，还有民主运动变革力量/自由党（Movimento Democrãtico-Força da Mudança/Partido Liberal）、社会民主运动/绿党（Movimento Social Democrata - Partido Verde）、圣普独立公民运动党（Movimento do Cidadão Independente de São Tomé e Príncipe）等政党。

【重要人物】埃瓦里斯托·卡瓦略：总统。1941年10月22日出生。曾担任交通部长、通讯部长、国防部长、总理、议长等职。2016年8月当选总统，9月就职。隶属民主独立行动党。　**若热·博姆·热苏斯**：总理。1962年7月26日出生。曾担任教育和文化部长等职务，2018年11月被任命为总理。隶属解放运动—社会民主党。

经　济

系以种植可可等经济作物为主的农业国，联合国公布的世界最不发达国家之一。独立后曾长期实行以国营经济为主的经济政策。1985年，开始实行经济自由化。1987年，实行经济结构调整计划。此后，与国际货币基金组织签订减债和经济增长计划。2005年，圣普—尼日利亚联合开发局与美国等能源公司签署联合开发区第一区块石油分成合同，圣普获得4920万美元签约金。这是该国取得的第一笔石油美元。近年来，圣普政府积极寻求葡萄牙等国及国际货币基金组织援助，同时采取降低关税、改善投资环境和建立自由贸易区等措施吸引外资，重点投资港口、电力等基础设施，积极发展旅游等新兴产业，经济保持一定增长。但由于外来援助和投资有限，货币持续贬值以及物价上涨等原因，国家财政持续拮据，民众生活水平两极分化严重，超过50%的人口生活在贫困线以下。2019年圣普主要经济数据如下：

国内生产总值：4.82亿美元。

国内生产总值增长率：2.3%。

通货膨胀率：7.2%。

货币名称：多布拉（Dobra）。

汇率：1欧元=24.5多布拉（央行固定汇率）。

（资料来源：2020年第一季度伦敦经济季评）

【资源】1999年，美孚石油公司在圣普近海发现油田。圣普目前探明蕴藏量约60亿—100亿桶，开发尚处起步阶段。法国道达尔、英国BP、美国Kosmos、安哥拉Sonangol等在圣普开展石油勘探开发业务。森林资源丰富。近年来由于破坏性采伐，原始热带雨林覆盖率已下降至28%。拥有16万平方公里的专属经济区，据联合国粮农组织研究报告，2015年圣普渔获量2.3万吨。

【工业】仅有陶瓷、砖瓦、饮料、木材加工、制衣、印刷、汽车修理等小工厂。此外还有两座水电站和一座热电站。

【农业】全国51%的人口从事农业生产。可耕地面积4.8万公顷，已耕地3.8万公顷。1993年开始土地改革，实行包产到户。粮食不能自给，粮食进口占进口总额的17%。主要经济作物有可可、椰干、咖啡、棕榈仁等，其中可可产值占国内生产总值的20%以上，现每年出口3500吨—4000吨可可，占出口总额的77%以上，其中90%出口比利时，10%出口法国和瑞士。

【旅游业】独特的地理位置和优美的自然景观为圣普提供了丰富的旅游资源，但交通不便及基础设施落后影响了旅游业的发展。20世纪90年代以来，旅游设施有了较大改观。2004年2月，议会批准政府提案，允许在圣普开设赌场。2016年，全国共有各类旅馆60多家，床位1400多张。2019年，圣普共接待游客约3.5万人次。

【交通运输】全国有公路380公里，其中250公里为沥青路。2010年3月，国家2号公路修复工程开工，该条公路长52公里，投资2400万欧元。港口和机场各两个。有通往里斯本、罗安达、利伯维尔等港口的海上航线，主要由葡萄牙和荷兰船运公司经营。葡萄牙、安哥拉、加蓬、加纳、佛得角、赤道几内亚和喀麦隆等国均有飞往圣多美的航班。

【财政金融】2007年，圣普获国际货币基金组织、巴黎俱乐部等大幅免债，外债从3亿多美元减至约8000万美元，财政状况有所改观。2019年，外汇储备约6600万美元。

【对外贸易】主要出口产品为可可，此外还有咖啡、椰干、棕榈仁等。主要进口粮食、燃料、工业产品和日用消费品。主要出口对象国为荷兰、西班牙、法国、比利时、德国；主要进口国为葡萄牙、安哥拉、中国、尼日利亚、美国。2019年贸易额为1.361亿美元，其中进口额1.264亿美元，出口额0.097亿美元。

【外国援助】圣普是世界上人均接受外援最多的国家之一，90%的发展资金依靠外援。主要援助国家和地区以及国际机构为葡萄牙、法国、美国、德国、日本及非洲开发银行、欧盟、联合国开发计划署和国际货币基金组织等。2010年，欧盟与圣普签署总额为1500万欧元的援助协议，非洲开发银行决定向圣普提供750万美元的经济援助。世界银行于2011年和2012年分别资助圣普国家总预算420万美元和200万美元，为圣普2011—2014年的电信计划资助1420万美元，为环境和渔业项目资助410万美元；欧盟于2011—2014年援助圣普250万欧元；葡萄牙向圣普提供760万欧元贷款用于道路重建。2012年，日本向圣普提供240万欧元的食品援助，欧盟资助圣普200万欧元用于建设四个供水站，世界银行向圣普提供420万美元财政援助，非洲开发银行向圣普提供800万美元用于减贫项目，俄罗斯免除圣普400多万欧元债务，国际货币基金组织向圣普提供300万美元财政支持。2013年，欧盟资助660万美元用于修复圣普海岸公路，东帝汶提供530万欧元援助用于圣普国家预算和议会项目。2015年，国际货币基金组织向圣普提供444万美元特别提款权的中期贷款。2017年，联合国开发计划署同圣普签署2017—2021年合作协议，向圣普提供1300万美元用于相关援助项目。2018年，世界银行同圣普签署机构能力建设和预算支持协议，为此将提供1500万美元融资。同年，联合国粮农组织向圣普提供460万美元用于实施应对气候变化项目。2019年，世行与圣普签署合作协议，宣布未来5年提供1000万美元用于建设旅游培训学校等减贫民生项目；提供2900万美元无偿援助用于整修1号国道。日本向圣普捐赠3390吨大米和价值150万美元的建材，提供160万欧元援助用于渔业、粮食安全、基础设施建设领域。

人民生活

根据联合国开发计划署《2019年人类发展报告》公布的

人文发展指数，圣普在189个国家中排名第137位。近年来，圣普货币持续贬值，物价上涨，生活在贫困线以下的人口比例已超过50%，其中15%为绝对贫困人口。全国有3所医院，6所产院，3个综合门诊部，1个妇幼保健中心和1个国家卫生教育中心。共有医务人员218名，其中医生76人，病床580张。2014年人口出生率约为35.12‰，死亡率7.4‰，平均寿命69.4岁，为非洲长寿国之一。

军事

武装力量创建于1975年（1991年后称圣普革命武装力量），由武装部队、警察、总统卫队和民兵组成。2001年，由600人精减至300余人，其中陆军2个营、海军1个排、民兵1个营和总统卫队160人。武器装备主要来自葡萄牙、利比亚和南非。总统为武装部队最高司令。总参谋长帕希雷（Brigadeiro Idalécio Pachire）少将。

文化教育

【教育】国家重视教育事业，实行中小学免费教育。全国共有小学95所，中学27所。2004年2月，圣普对教育体制进行改革，基础义务教育由4年改为6年。2013年文盲率约15%，儿童入学率超过95%。2006年，葡萄牙卢斯埃达大学在圣普设分校。2015—2016学年在册小学生为3.64万，中学生2.26万，大学生0.32万。2018年初、高中入学率分别为68%和32%。政府注重师资培训，并聘请葡、英教师在各中学执教。此外，国家每年还选派留学生到国外深造。全国有图书馆6个，藏书1.4万册；档案馆和博物馆各1个。

【新闻出版】新闻国务秘书处为国家新闻单位主管机构。主要有国家通讯社、国家电视台、国家电台等。电视台自1982年起开播。2000年4月，由葡萄牙援建的普林西比自治区电台正式开播。电台每日用葡语播音17小时。另外，法国国际广播电台和美国之音电台等在圣普建有中转站。2007年11月，法国TV5《非洲世界》节目在圣普开播。

对外关系

奉行和平与睦邻友好的对外政策，主张同所有国家建立和发展友好合作关系，以更好地利用国际合作资源，为圣普的经济发展服务；重点发展与周边国家、非洲葡语国家以及西方援助国的关系；维护非洲团结，重视区域合作，支持实现非洲一体化；强调通过对话解决争端，要求建立国际政治、经济新秩序。系非洲联盟、中非国家经济共同体、葡语国家共同体成员国和法语国家组织成员国。

【同中国的关系】中圣普于1975年7月12日建交。1997年5月6日，圣普宣布同台湾“建交”。7月11日，中国政府决定中止同圣普的外交关系。

2013年11月，中国驻圣普联络处挂牌成立。2016年12月20日，圣普宣布同台“断交”。12月26日，外交部长王毅在北京与应邀访华的圣普外长博特略分别代表各自政府签署《中华人民共和国和圣多美和普林西比民主共和国关于恢复外交关系的联合公报》，宣布恢复两国大使级外交关系。2017年4月，圣普总理特罗瓦达来华正式访问。2018年1月，外交部长王毅访问圣普，分别同卡瓦略总统、特罗瓦达总理、博特略外长举行会见、会谈。2018年9月，特罗瓦达总理来华出席中非合作论坛北京峰会。2019年3月，圣普总理热苏斯来华出席博鳌亚洲论坛2019年年会，李克强总理会见。6月，中共中央政治局委员、全国人大常委会副委员长王晨访问圣普，分别会见圣普总统卡瓦略、总理热苏斯，并同议长内韦斯举行会谈。同月，圣普外交、合作和海外侨民部长平托来华出席中非合作论坛北京峰会成果落实协调人会议，王毅国务委员兼外长会见。12月，圣普议长内韦斯访华，全国人大常委会委员长栗战书、副委员长王晨分别同其举行会谈、会见。

1975年中圣普建交至1997年中止外交关系期间，中国帮助圣普援建并移交人民宫、竹草编培训中心等6个项目。1975年，两国签署贸易协定。因圣普方外汇短缺，1980年起，双方中止现汇贸易。1983年，两国签订易货贸易议定书，此后曾进行4次易货贸易，1991年中止。2016年中圣普复交后，两国于2017年4月建立经贸联委会机制，9月，举行首次经贸联委会会议。2018年，中圣普贸易额为730万美元，其中中方出口725万美元，进口5万美元。2019年7月，第14届中国与葡语国家企业经贸合作洽谈会在圣多美成功举办。2019年，中圣普贸易额为893.4万美元，其中中方出口892万美元，进口1.4万美元（中国海关总署数据）。

1975年中圣普建交至1997年中止外交关系期间，中国共向圣普派遣12批171位医疗队员，接收25名圣普留学生。2016年中圣普复交后，中方于2017年2月恢复向圣普派遣医疗队。截至2019年底，已派出4批31位医疗队员。2019年11月，中国援圣普社会住房项目开工。2019年，圣普首家孔子学院圣多美和普林西比大学孔子学院揭牌；湖北大学龙狮团、杭州艺术团先后赴圣普访问演出。2017年4月，中圣普签署《中国旅游团赴圣多美和普林西比旅游实施方案的谅解备忘录》，圣普成为中国公民组团出境旅游目的地。

中国驻圣普大使：王卫。馆址：AVENIDA KWAME N' KRUMA 24 B，SÃO TOMÉ，SÃO TOMÉ E PRÍNCIPE。电话：00239–2221798。

圣普驻华大使：伊莎贝尔·多明戈斯（Isabel Domingos）。馆址：朝阳区秀水街1号建国门外外交公寓4–2–92。电话：85324825/85328971/85321245转8001。

【同葡萄牙的关系】葡萄牙是圣普最大援助国，两国签有友好合作、经贸、文化和科技等多项协定。葡向圣普派有医生、教师及工程技术人员。2014年，达科斯塔出席在东帝汶举行的第10届葡语国家共同体首脑会议。2015年，葡外交国务秘书、国防部长访圣普。2016年，特罗瓦达总理访葡，葡萄牙国防部长、外交事务国务秘书访问圣普期间，双方签署总额5750万欧元的未来5年合作计划，旨在加强双边教育、卫生、军事等领域合作。2017年，卡瓦略总统访葡，葡外交和合作国务秘书、国防部长等访问圣普。2018年，葡萄牙总统、国防部长访问圣普。2019年，葡总统德索萨过境圣普，赴普林西比岛出席天体物理学家爱丁顿到访观测日全食100周年纪念活动，副总检察长维达尔、国防部长克拉维尼、外交和合作国务秘书访问圣普；圣普外交、合作和海外侨民部长平托访葡。

【同法国的关系】两国签有经济文化等合作协定。近年来，双方关系密切，法国是圣普主要援助国之一。2010年，圣普总统德梅内塞斯赴法国出席法国—非洲国家首脑会议，法国在加蓬驻军司令访问圣普。2012年、2015年、2016年，特罗瓦达总理三度访法。

【同美国的关系】美国每年向圣普提供一定数量援助。两国签有军事合作协议。2010年，圣普总理访问美国，美国海军护卫舰访问圣多美，并为圣海岸卫队举办培训班。2012年，美国非洲司令部司令、美国会代表团分别访圣普。2013年，美国海军部长访问圣普。2014年，加布里埃尔总理赴美出席美非峰会。2018年，特罗瓦达总理访美。2018年圣普参加美非洲司令部主导的多国军事演习。

【同尼日利亚的关系】圣普同尼日利亚曾存在海上油田划界问题。2001年，两国正式签署关于共同开发海上混合专属经济区的协议，并于2002年成立石油开发部长级联合委员会。2010年，圣普总理特罗瓦达访问尼日利亚，圣普并与尼日利亚达成协议，同意2011年为两国石油联合开发局提供1200万美元的运作预算。2011年，德梅内塞斯总统出席尼日利亚总统乔纳森就职仪式。2013年，圣普和尼日利亚石油开发联合部际委员会举行会议。2015年，达科斯塔总统赴尼日利亚出席布哈里总统就职典礼。2018年，特罗瓦达总理访问尼日利亚。

【同其他非洲国家的关系】同安哥拉、莫桑比克、几内亚比绍、佛得角四个葡语国家及赤道几内亚、加蓬等邻国关系较密切。与安哥拉建有战略伙伴关系。2014年，安哥拉议长访问圣普。2015年，特罗瓦达总理赴安哥拉并出席安独立庆典，赴喀麦隆出席中非国家打击伊斯兰博科圣地极端组织会议，赴赤道几内亚访问；达科斯塔总统访问安哥拉。2016年，达科斯塔总统访问佛得角、出席刚果（布）总统和赤道几内亚总统就职仪式，特罗瓦达总理访问摩洛哥、赤道几内亚、加蓬、安哥拉，佛得角总理访问圣普。2017年，卡瓦略总统出席安哥拉总统洛伦索就职仪式，特罗瓦达总理出席卢旺达总统卡加梅就职仪式，迪奥戈议长访问赤道几内亚。2018年，卡瓦略总统赴赤道几内亚出席赤几独立50周年庆典，特罗瓦达总理访问赤道几内亚、加蓬、布基纳法索、塞内加尔、马里，加蓬总统、佛得角总理访问圣普。2019年，卡瓦略总统访问赤道几内亚，赴加蓬出席中部非洲国家经济共同体峰会；热苏斯总理两次访问安哥拉、摩洛哥；内韦斯议长赴佛得角、安哥拉出席葡语国家共同体议会会议，对摩洛哥进行正式访问；赤道几内亚议长穆哈巴，加蓬总统特使、外长恩泽访问圣普。（薛爽）

圣赫勒拿

<u>名称</u>　圣赫勒拿、阿森松和特里斯坦-达库尼亚（Saint Helena，Ascension and Tristan da Cunha）。

<u>面积</u>　圣赫勒拿岛122平方公里。

<u>人口</u>　4534人（2016年）。绝大多数是圣赫勒拿人，为欧洲移民与部分印度人和非洲黑人的混合人种。通用英语。居民大部分信奉基督教，多属圣公会。

<u>首府</u>　詹姆斯敦（Jamestown），人口约629人。

<u>总督</u>　菲利普·拉什布鲁克（Philip Rushbrook），2019年5月11日就职。

简　况

位于南大西洋，距非洲大陆西南海岸1930公里。为一火山岛。地处热带，由于受凉爽的南大西洋季风影响，气候温和。詹姆斯敦年均气温21℃。年均降水量沿海200毫米，中部760毫米。

1502年5月21日（圣赫勒拿日），为葡萄牙服务的西班牙航海家诺瓦发现并到达该岛。1633年荷兰人侵占该岛。1659年，英国东印度公司取代荷兰，在此行使管辖权。1815—1821年，法国皇帝拿破仑被放逐、囚禁并死于该岛。1834年4月，英国议会通过决议，规定该岛为英国直属殖民地，由英国派任总督。第二次世界大战期间曾为英国海军基地。1945年英国驻军撤离。1960年以后发展为电信中心。

政　治

1981年英国修订国籍法后，该岛居民失去英国公民身份，无权到英国工作定居、赚取外汇，岛内经济逐步萧条。由于失业率居高不下，岛内的生活及福利水平下降。1998年2月，一些英国属地的代表在伦敦举行会议，探讨这些属地的法律地位及发展经济的措施。2002年，英国政府发布海外领地法，宣布给予包括圣岛在内的属地居民英国公民权及居英权。2009年以前，其名称为圣赫勒拿及属岛，2009年9月通过的新宪法赋予三岛平等地位。

【宪法】1981年10月，总督任命宪法委员会修订宪法。现行宪法于2009年正式生效。圣赫勒拿立法会议由议长、3名官方长官（首席秘书、财政大臣和总检察长）及12名当选议员组成；行政会议（咨询机构）由总督领导，由上述3名官方长官和当选议员中的5名成员组成。作为立法会议和行政会议成员的总检察长没有投票权。立法会议成员中产生政府各委员会主席及大多数成员。属岛的行政和立法职能由总督实施。每4年举行一次立法委员会选举，1997年7月9日，其成员第一次成为领取固定薪水的专职人员。现该岛无政党活动。

【议会】2017年7月26日，举行立法会议选举，12名当选议员均为无党派人士。

【政府】总督菲利普·拉什布鲁克，首席秘书苏珊·奥贝（Susan O'Bey，女），财政大臣达克斯·理查兹（Dax Richards），政府由8个部门组成，包括企业服务部门、机场部门、教育部门、卫生部门、环境与自然资源及规划部门、基础设施及交通部门，警务部门和儿童及成人社会保障部门。

【司法机构】设有最高法院、地方法院、债务法院和少年法院。总检察长总检察长艾伦·坎西克（Allen Cansick）。

经　济

经济很大程度上依赖英国政府提供的发展援助和财政援助。主要经济活动是农业和旅游业。近年来木材加工业得到发展。该岛劳动人口中有相当部分去阿森松和马尔维纳斯群岛等地谋生。全职农业人口不超过20人，70—100人从事农业相关经营活动。主要农业活动有：蔬菜种植、咖啡种植、香蕉种植、牲畜饲养和养蜂。农业年产值约60万英镑。2011年蔬菜和肉类进口额约75万英镑。岛上有40余种特有植物。丰富的动植物资源及曾作为拿破仑流放地的历史，使圣岛旅游业得以发展。2017年抵圣岛游客约为5000人次。2014/2015年度旅游业对经济贡献约80万英镑。

国内生产总值（2017/2018）：4240万英镑。

人均国内生产总值（估计）：9220英镑。

货币名称：圣赫勒拿镑，与英镑等值。

（资料来源：英国外交部网站、圣赫勒拿政府网站）

【交通运输】无铁路，对外联系主要靠海上交通和航空。圣赫勒拿轮船公司每年有四次班轮通往英国，停靠加那利群岛、阿森松岛、开普敦等地，每年一次停靠特里斯坦-达库尼亚。詹姆斯敦港为唯一港口。2011年，英政府投资2.85亿英镑在该岛修建圣赫勒拿机场，已于2016年投入使用。机场旨在为圣赫勒拿岛提供航空通道，履行英国政府保持该岛通航的承诺，同时通过发展旅游业和出口农产品提高圣赫勒拿岛经济增长。

【财政金融】2017/2018年度，政府收入5974万英镑，支出6342万英镑。

【对外贸易】2018/2019年出口额41.9万英镑，进口额1933.7万英镑。主要进口食品、饮料、烟草、燃油、建材、动物饲料、机器设备及汽车等；主要出口鱼，还有少量咖啡、手工艺品。主要贸易对象为英国、美国、坦桑尼亚、日本、西班牙、澳大利亚和南非。

【官方援助】2017年接受来自官方发展援助资金5099万英镑，其中英外交与联邦事务部专项援助款项5073万英镑。

人民生活

2007年，岛上有1所医院，58个床位。还有1所养老院及2个诊所。2018年，平均寿命男74.5岁、女81岁；出生率为8.2‰，死亡率为12.0‰。

文化教育

【教育】实行三级教育制，对5—15岁儿童实行免费义务教育。成人识字率达97%。岛上有3所小学、1所中学和1个社区学院。2009年有各类学生516人，教职员工148人。

【新闻出版】《圣赫勒拿新闻》周刊创刊于1986年，由政府主办，发行1300份。政府广播机构每周播音81小时。全天24小时可收看2个频道的电视节目。1994年7月，1个卫星电视节目中继站投入使用。

附：

阿森松岛（Ascension）：位于圣赫勒拿西北约1131公里的小火山岩岛，面积90平方公里。首府乔治敦（Georgetown）。地处热带，盛行东南信风，气候宜人。年均降水量沿海135毫米，山区635毫米。岛上无原住居民，人口约为870人（2011年），主要是英国和美国的军事人员、圣赫勒拿的行政人员、一些通信公司的工作人员以及为该岛提供公共服务的工作人员。通用货币为圣赫勒拿/阿森松镑。

1501年，葡萄牙海员发现该岛。1815年，英国海军占领该岛。1922年11月由英殖民部接管，管辖权属圣赫勒拿。该岛战略地位重要，二战期间曾是美国空军的加油基地，1965年又改为卫星和导弹追踪站。它不仅是英国在南大西洋的重要供应站，还是国际重要通信中心，通过卫星和电缆向欧洲、南非和其他地区提供电讯服务。1982年英国和阿根廷因马尔维纳斯群岛主权归属问题发生战争后，英国恢复向该岛派驻军队，现有约170人。2016年，美国能源部开始在该岛运营一个移动气候研究设施。

圣赫勒拿轮船公司每两个月有客货船只往来于该岛和英国卡迪夫、南非开普敦之间。英国国防部船只每月来岛一次，美国货船每三个月来岛一次。英国空军飞机每周两次、美国空军飞机每周一次抵离该岛。岛上有人数不多的警察和一所邮局。英国有关组织通过阿森松服务机构为居民提供教育、医疗等公共服务。行政长官是圣赫勒拿政府的代表，在两个顾问组的协助下主持工作。2019年3月，史蒂文·钱德勒（Steven Chandler）出任行政长官。

该岛以盛产“绿色海龟”而闻名。2016年1月，英国政府宣布阿森松岛周围的一个地区成为海洋保护区，以保护其多样而独特的生态系统，包括世界上最大的马林鱼、大量的绿海龟和岛上特有的护卫舰鸟。保护区面积约为23.4万平方公里。

特里斯坦-达库尼亚群岛（Tristan da Cunha）：位于圣赫勒拿岛以南2300公里，东距南非开普敦2800公里，气候温和湿润。由特里斯坦-达库尼亚岛（98平方公里）、戈夫岛（91平方公里）、英纳塞西布岛（10平方公里）和奈丁格尔群岛（2平方公里）等岛屿组成，总面积202平方公里，首府爱丁堡。特里斯坦岛人口260余人，居民多信奉圣公会，少数信奉罗马天主教。戈夫岛有一个南非开设的小气象站，其他岛屿无人居住。特里斯坦-达库尼亚群岛发现于1506年，但在1790—1817年美国捕鲸者来此之前无人居住。1817年英国海军占领该群岛。1938年1月归属圣赫勒拿岛。1961年火山爆发后居民撤离，1963年返居。

渔业税、邮票及手工艺品收入为主要收入来源。小龙虾捕捞业是主要行业。农产品有马铃薯，牲畜和家禽。无机场。圣赫勒拿轮船公司每年有船抵此。来自南非的捕龙虾船每年来此约6次。偶尔也有巡逻船到此。出口渔产品，贸易对象主要为美国、法国和日本。英国对其援助于1980年终止。有1所医院和1所学校（招收15岁以下的儿童）。行政长官由圣赫勒拿政府指派，由1个委员会协助其工作。委员会包括8名选举成员（其中至少有1名妇女）和3名指定成员，具有立法和行政建议权。现任行政长官伯恩斯（Sean Burns）于2016年12月1日任职。

戈夫岛位于南纬40度20分，西经10度，北距特里斯坦岛约350公里。它是世界上最大的海鸟栖息地。1995年，联合国教科文组织将戈夫岛野生生物保护区（Gough Island Wildlife Reserve）列入世界文化与自然遗产名录。（宋建）

斯 威 士 兰

国名　斯威士兰王国（The Kingdom of Eswatini）。

面积　17363平方公里。

人口　115万（2019年，联合国数据）。其中斯威士族占90%，祖鲁族和通加族占6%，白人占2%，其余为欧非混血人种。官方语言为英语和斯瓦蒂语。居民约60%信奉基督教，30%信奉原始宗教，10%信奉伊斯兰教。

首都　姆巴巴内（Mbabane），人口6.3万（2012年估计）。1—2月最热为15℃—25℃；6月最冷为5℃—19℃。1月最湿，月均降水量252毫米；6月最旱，月均降水量18毫米。

国家元首　国王姆斯瓦蒂三世（Mswati III），1986年4月25日登基。

重要节日　英联邦日（3月9日）；国王姆斯瓦蒂三世生日（4月19日）；国旗日（4月25日）；芦苇舞节（每年7、8月间约一周时间）；独立日（9月6日）。

简　况

非洲东南部内陆小国，北、西、南三面为南非所环抱，东与莫桑比克为邻。属亚热带气候，年平均气温西部为16℃，东部为22.2℃。

15世纪后期，斯威士兰人由中部非洲和东非逐渐向南迁移，16世纪，定居于此地并建立起王国。1907年后，成为英国“保护地”。1968年9月6日宣布独立，定名斯威士兰王国。国王索布扎二世在位61年，1982年8月逝世，大王后泽莉维摄政。1983年，“王室委员会”立马科塞蒂韦王子为王储，由王储之母恩通比王后摄政。1986年4月25日，马科塞蒂韦王储登基，称姆斯瓦蒂三世。

斯威士兰是南部非洲唯一迄今仍禁止政党参加选举的国家，也是世界上少数几个仍实行绝对君主制的国家之一。20世纪90年代以来要求解除党禁、实行多党制的呼声逐渐增多。1992年，实施“廷克汉德拉”（Tinkhundla）选举法，也称部落居住区选举法，仍属传统选举法，候选人只能以个人身份参选。此举遭到“多党制”提倡者的强烈反对，多次举行大规模全国罢工，提出解除党禁、实现民主化等政治要求。为缓和局势，成立修宪委员会（后被宪法起草委员会取代）。原定于1999年底完成的修宪工作一再推延。直到2003年5月，宪法起草委员会才向国王递交了新宪法草案。

政　治

斯于2006年2月颁布新宪法，仍然维持了国王对斯司法、行政、议会事务的绝对权力，对政党合法化问题表述模糊，引起斯民间社会极大不满。近年来，斯爆发多起大规模示威活动，要求国王退位、解除党禁、还政于民，遭到当局严厉镇压。2018年9月，斯举行议会选举，11月成立新一届政府。

【宪法】旧宪法于1978年10月制定，规定斯是一个没有种族歧视、不分肤色信仰、人人平等、享有自由和公正的国家；私有财产不可侵犯；禁止一切政党活动；国王为权力至高无上的国家元首，其行政权通过由首相主持的内阁实施。新宪法2006年2月生效，规定保护司法独立、保障人权和言论、结社自由，但并未根本触及解除党禁以及国王对司法、行政、议会事务拥有的绝对权力。国王仍可根据自己的意愿否决法令、解散议会、任命和解职首相、内阁和部分两院议员。

【议会】由参、众两院组成，任期5年，其职能仅限于辩论政府提案并向国王提供咨询。本届议会由2018年9月的选举产生。现有参议院议员30名，其中20名由国王任命，10名由众议院议员选举产生。众议院议员69名，其中10名由国王任命，另59名由选举产生。

【政府】本届政府于2018年11月成立。内阁主要成员有：首相安布罗斯·曼德武洛·德拉米尼（Ambrose Mandvulo Dlamini），副首相腾巴·马苏库（Themba Masuku），财政大臣尼尔·雷肯伯格（Neil Reikenburg），商贸大臣曼科巴·库马洛（Manqoba Khumalo），司法和宪法事务大臣福莱尔·德拉米尼（Pholile Dlamini），信息、通讯和技术大臣西卡妮索公主（Princess Sikhanyiso），自然资源和能源大臣彼得·本贝（Peter Bhembe），内政大臣琳迪韦公主（Princess Lindiwe），公共工程和交通大臣恩德拉卢拉扎·恩德万德韦（Ndlaluhlaza Ndwandwe），住房和城市发展大臣西梅拉内亲王（Prince Simelane），外交和国际合作大臣图利·德拉德拉（Thuli Dladla），卫生大臣莉齐·恩科西（Lizzy Nkosi），体育、文化和青年事务大臣哈里斯·马泽·布伦加（Harries Madze Bulunga），旅游和环境事务大臣摩西·维拉卡蒂（Moses Vilakati），农业大臣贾布拉尼·马布扎（Jabulani Mabuza），传统治理和发展大臣戴维·恩赫赞帕拉拉（David Ngcamphalala），教育和培训大臣霍华德·马布扎（Howard Mabuza），劳动和社会安全大臣马科西·维拉卡蒂（Makhosi Vilakati），公职大臣克里斯蒂安·恩钱加塞（Christian Ntshangase），经济计划和发展大臣坦伯·吉纳（Tambo Gina）。

【行政划区】全国分为4个区：希塞尔韦尼（Shiselweni）、卢邦博（Lubombo）、曼齐尼（Manzini）、霍霍（Hhohho）。

【司法机构】实行罗马—荷兰法和传统习惯法双重法律体系。司法机构由宪法法院、最高法院（前上诉法院）、高级法院、区法院和斯威士（酋长）法庭组成。宪法法院对以上两种法庭体系的判决有最终裁决权。斯威士法庭只负责审理本酋长所管辖地区的民事和刑事案件。

【重要人物】姆斯瓦蒂三世：国王。原名马科塞蒂韦（Makhosetive），意即"各族之王"。1968年4月19日生于姆巴巴内，是已故国王索布扎二世的第67子、恩通比王后的独子。1983年，被推选为王储，随后前往英国求学。1986年4月25日登基。

经　济

斯被世界银行列为中等偏下收入国家。奉行自由市场经济，重视利用私人和外国资本，鼓励出口。经济开放度高，出口以农产品为主，经济增长受气候条件和国际市场变化影响较大。斯在20世纪80年代末期经济发展较快，国内生产总值年增长率曾达7.8%。90年代经济出现回落，年均增长率为6.5%。2003年，推出新的经济增长战略，在增收减支的同时，努力促进农业发展，保障粮食安全，实现农作物种植多样化。斯经济严重依赖南非，自身回旋余地小，出口商品单一，发展不均衡，社会贫富差距悬殊。2019年主要经济数据如下：

国内生产总值：42亿美元。

人均国内生产总值：3652美元。

国内生产总值增长率：0.8%。

货币名称：里兰吉尼（Lilangeni）；复数称埃马兰吉尼（Emalangeni）。

通货膨胀率：2.6%。

汇率：1美元=14.44埃马兰吉尼（2019年年均）。

（资料来源：《经济学人》）

【资源】自然资源较丰富，主要矿藏有石棉、煤、黏土、锡石等，另有少量黄金和钻石储量。森林面积54.1万公顷，约占斯总面积的31.5%。境内有5条主要河流，水力资源较丰富，河流流经斯后进入南非和莫桑比克境内。

【工业】工业产值居国民经济首位。2019年，工业产值占国内生产总值的35%。主要生产石棉、钻石、煤、加工木材、纸浆、水果罐头和棉纺织品等产品。

【农牧业】农牧业在国民经济中占重要地位。斯80%的人口从事农业。2019年，农牧业产值占国内生产总值的9.1%。斯可耕地面积占国土总面积的14.3%，但目前粮食不能自给。草地牧场面积约占国土总面积的67%。主要作物有甘蔗、玉米、棉花等。甘蔗种植是斯就业人口最多的行业。

【旅游业】斯旅游业较发达，但基本由南非财团控制。博彩业是斯旅游业的一大特色，每年访斯外国游客超过70万人，约60%为赌客，游客主要来自欧洲、南非等地。近年来，斯政府通过开发野生动物园和展示斯丰富多彩的礼仪文化招揽游客。礼仪文化包括王宫内的各种庆祝活动、斯传统婚礼以及各种民族舞蹈等。旅店设施较好，太阳国际集团在斯开有数家五星级宾馆。

【交通运输】交通以公路运输为主。

公路：公路总长3800公里，其中约1500公里为沥青路，其余为土路或石路等地区道路。与邻国南非、莫桑比克间有国家公路相连。

铁路：总长370公里，与莫桑比克和南非的铁路相连。铁路货运是斯国内及与周边国家开展贸易的重要运输方式。

空运：曼齐尼（Manzini）国际机场有定期国际航班通往南非等国。斯威士兰航空公司（Swaziland Airlink）是斯唯一的航空公司，系由斯政府和南非航空（SAA）出资成立的合资公司。

【财政金融】斯是南部非洲关税同盟成员国，每年从该组织所获税收份额是其财政收入的最大进项，2019/2020财年预计为4.4亿美元，占预计财政收入总额的36%。近年财政收支状况如下（单位：亿埃马兰吉尼）：

	2016/2017	2017/2018	2018/2019
收入	168.94	162	176
支出	217.34	216	218
差额	–48.40	–54	–42

2019年，外汇储备为4.4亿美元，外债5亿美元。

【对外贸易】外贸在斯国民经济中占有重要地位，主要出口产品包括软饮料浓缩液、纺织品、蔗糖、纸浆等；主要进口产品有食品、活禽、石化产品、仪器、机械、运输设备等。南非是斯最主要的贸易伙伴。2019年，斯对南进出口额分别占其进出口总额的69.9%和68.9%。其他重要贸易伙伴还有中国、印度、美国、坦桑尼亚等。近三年的进出口额如下（单位：百万美元）：

	2017	2018	2019
出口额	1669	1781	1981
进口额	1301	1618	1723

【外国援助】20世纪90年代以来，斯每年从国际社会获得官方发展援助，2017年，获各类官方援助共1.67亿美元。日本是斯最大的双边援助国，欧盟是斯最大的多边援助方。

【外国资本】2017年度外国在斯净投资减少1.37亿美元，总计7.69亿美元。

人民生活

2018年失业率约为22.5%。斯是世界艾滋病感染率最高的国家，2018年达到27.3%。根据世界卫生组织统计，2018年，斯新生儿死亡率43‰，产妇死亡率为4.37‰，人均预期寿命为59岁。联合国2019年度全球人类发展报告显示，斯人类发展指数位于全世界138位。

军　事

斯威士兰国防军于1973年建军，主要负责国家防务和维持国家秩序，国王为法定的武装部队总司令。实行义务兵役制，总兵力约4500人。现任国防军司令为斯坦利·德拉米尼少将（Major General Stanley S. Dlamini），副司令帕特里克·莫察准将（Brigadier General Patrick V. Motsa）。另有警察和王室卫队。

文化教育

【教育】斯政府重视教育，实行小学义务教育制。2019年，教育经费占政府预算总额的15.3%。成人识字率为88.4%。2015年，小学入学率为94.4%，中学为27.7%。斯威士兰大学是全国唯一综合性高等学府，有学生近4000人。另有5所师范和职业培训学校，学生1800多人。

【新闻出版】主要报刊有:《斯威士兰时报》，创办于1897年，英文日报，发行1.1万份;《斯威士兰观察家》，英文日报，发行1万份;《斯威士兰新闻》，英文周刊，发行7000份;《斯瓦蒂日报》，发行4000份;《国家》，新闻杂志，双月刊;《斯威士兰农业》，季刊。

电台和电视台由国家掌控，主要有：斯威士兰新闻广播电台：建于1966年，半官方半商业化管理，用英语和斯瓦蒂语广播。斯威士兰国际广播电台：建于1974年，用29种语言对东、中、南部非洲及远东国家广播。斯威士兰电视台：创建于1978年，国立英语台。

对外关系

奉行不结盟和睦邻友好对外政策。主张各国相互尊重主权和互不干涉内政，并通过和平谈判途径解决国家间的纷争；重视发展同非洲国家的友好合作关系；要求建立国际经济新秩序，赞成南北对话；支持促进人类和平与正义。美国、英国、德国、南非、莫桑比克5国在斯设有常设外交代表机构，斯在布鲁塞尔、哥本哈根、伦敦、比勒陀利亚、马普托、内罗毕、科威特、华盛顿和联合国派驻常驻外交机构。

【同中国的关系】斯威士兰与中国无外交关系。斯1968年独立后即与台湾当局“建交”。

【同西方国家的关系】斯与美国关系较为密切，两国1972年建交。美援助项目主要涉及抗艾滋病、农业、教育、小型企业发展、机构和人力资源发展、军事培训、贸易能力建设等领域。斯每年派遣20名学生及选送一些军官赴美学习深造和受训。2000年底，斯获准成为美国《非洲增长与机遇法》受惠国家。2015年1月，美国以劳工保护不力和侵犯人权等为由，取消斯享受该优惠待遇。2017年12月，美国宣布因斯威士兰在美内部评估中达标，美将恢复斯的AGOA受惠国待遇。2009年6月，两国签署了“美国总统防治艾滋病紧急援助计划”（PEPFAR）援斯协议，将美对斯艾滋病领域援助提高至每年2800万美元。美国志愿者组织“和平队”在撤出斯9年后，于2003年重返斯，并于2009年6月与斯签署了关于“和平队”拓展在斯任务的谅解备忘录。美国每年向斯派遣80名“和平队”志愿人员参与斯经济建设。

斯是英联邦成员国，同英国关系密切。两国签有军事合作协议。英有军事专家在斯常驻，帮助斯培训军官。2012年5月，斯国王应邀赴英出席英女王伊丽莎白二世登基60周年庆典活动。

斯同法国、瑞典等国分别签有烟草种植和贸易协定，德国、丹麦和瑞典也是斯的主要援助国。2016年2月斯因旱灾进入国家紧急状态，美国等一些西方国家向斯提供粮食援助。

西方国家对斯侵犯人权、禁止政党活动等做法表示关切，持续向斯施压，要求其改善人权状况，解除党禁，推进民主改革。

【同南非的关系】斯与南非政治经济关系密切。南非是斯最重要的贸易伙伴，斯85%的进口源自南非，60%的出口销往南非。1993年，两国正式建立外交关系，两国高层往来频繁。2011年8月，南向斯提供了3.5亿美元的贷款，但因南附有政治、财政和对外关系方面条件而落实进展缓慢。南执政党非国大和工会组织要求斯政府推进民主改革、改善人权状况。2019年3月，南非总统拉马福萨访问斯威士兰。5月，姆斯瓦蒂三世国王赴南非出席拉马福萨总统就职典礼。

【同其他非洲国家的关系】斯同南部非洲国家关系友好，是南部非洲发展共同体（SADC）、南部非洲关税同盟（SACU）和东南非共同市场（COMESA）成员国。2008年9月至2009年9月，斯任南共体政治、防务和安全委员会轮值主席，两次主持召开有关解决津巴布韦、马达加斯加问题“三驾马车”峰会。2009年6月，斯国王访问津巴布韦。2009年7月，斯国王访问赞比亚。2010年9月，斯主办东南非共同市场首脑峰会。2012年7月和8月，斯国王先后访问纳米比亚和莫桑比克。2016年8月，南部非洲发展共同体第36届首脑会议在斯威士兰首都姆巴巴内举行，斯威士兰接任主席国，任期至2017年8月，全体南共体成员国国家元首、政府首脑或代表及非盟委员会主席祖马、联合国非经委执行秘书洛佩兹等出席。2017年5月，斯国王以SACU轮值主席身份访问纳米比亚及SACU秘书处。2017年11月，斯国王携王后访问赞比亚，赞比亚总统伦古及赞第一夫人埃斯特分别予以会见。2018年4月，应斯国王邀请，非盟委员会主席法基访问斯威士兰。2019年4月，毛里塔尼亚总统阿齐兹访问斯威士兰。7月，姆斯瓦蒂三世国王回访毛里塔尼亚。

（牟林）

苏　丹

国名　苏丹共和国（The Republic of the Sudan）。

面积　188万平方公里。

人口　约4280万（2019年）。阿拉伯语为官方语言。通用英语。居民大多信奉伊斯兰教，属逊尼派。

首都　喀土穆（Khartoum），人口700万，最热月为7月（26℃—42℃），最冷月为1月（16℃—32℃）。

国家元首　2019年8月20日成立过渡期最高权力机构主权委员会，阿卜杜勒·法塔赫·阿卜杜勒拉赫曼·布尔汉任主席。

重要节日　独立日（国庆节）：1月1日；救国革命日：6月30日；建军节：8月14日。

简　况

位于非洲东北部，红海西岸。北邻埃及，西接利比亚、乍得、中非，南毗南苏丹，东接埃塞俄比亚、厄立特里亚。东北濒临红海，海岸线长约720公里。苏丹全国气候差异很大，自北向南由热带沙漠气候向热带雨林气候过渡，最热季节气温可达50℃，全国年平均气温21℃，常年干旱，年平均降水量不足100毫米。苏丹地处生态过渡带，极易遭受旱灾、水灾和沙漠化等气候灾害。

苏丹历史悠久，早在4000年前就有原始部落居住。公元前2800年至公元前1000年为古埃及的一部分。公元前750年，努比亚人在苏丹建立了库施王国。公元6世纪，苏丹进入基督教时期。13世纪，阿拉伯人征服苏丹，伊斯兰教得以迅速传播。在15世纪出现了芬吉和富尔伊斯兰王国。16世纪，苏丹被并入奥斯曼土耳其帝国势力范围。19世纪70年代，英国开始向苏丹扩张。1881年，苏丹宗教领袖穆罕默德·艾哈迈德领导群众开展反英斗争，于1885年建立了马赫迪王国。1899年，苏丹成为英国和埃及的共管国。1953年建立自治政府。1956年1月1日宣布独立，成立共和国。1969年5月25日，尼迈里军事政变上台，改国名为苏丹民主共和国。1985年4月6日，达哈卜军事政变上台，改国名为苏丹共和国。1986年4月苏丹举行大选，萨迪克·马赫迪出任总理。1989年6月30日，巴希尔军事政变上台，成立“救国革命指挥委员会”（简称“革指会”）。1993年10月，革指会解散，巴希尔改任总统。

巴希尔上台后，解散议会、内阁及地方政府；取缔一切政党，停止一切非官方新闻机构的活动；1991年起在全国范围内（南方部分省除外）实行伊斯兰法，以《古兰经》和《圣训》作为制定政治、经济、社会生活方针和政策的准则。1996年3月，苏丹举行首次总统和议会选举，巴希尔当选总统，原全国伊斯兰阵线（简称“伊阵”）领导人图拉比当选议长。1998年6月，苏颁布新宪法，明确规定言论、结社自由和政治协商等原则，承认宗教平等、信仰自由，确立了独立、开放和不干涉别国内政的外交政策。同年底，政府制定并通过《政治结社组织法》，约30个党派注册成为合法政党。1999年底，巴希尔总统宣布解散议会，图拉比随后宣布退出执政的全国大会党，另组建反对党人民大会党。

政　治

2004年后，苏丹继续奉行全国和解政策。在美国和东非政府间发展组织（简称“伊加特”）的直接参与下，苏政府与南方反政府武装苏丹人民解放运动（SPLM）的和平谈判取得积极进展，双方于2005年1月9日在内罗毕签署《全面和平协议》。至此，长达22年之久的苏丹内战宣告结束。苏丹于2005年7月9日起进入为期6年的过渡期，过渡期内由北南双方联合执政，巴希尔继续任总统，SPLM主席加朗就任苏第一副总统（加于7月31日坠机身亡，其副手基尔继任）。9月，民族团结政府成立。10月，南方成立以SPLM为主的自治政府，基尔任主席。

2010年4月，苏丹举行全国大选。现任总统巴希尔和南方自治政府主席基尔分别当选连任。2011年1月9—15日，苏丹南方就独立问题举行公投。2月7日，苏丹南方公投委员会公布公投最终结果，在有效投票中，98.83%的选民选择分离。7月9日，南苏丹共和国独立建国，苏丹即予承认。2011年以来，受西亚北非地区局势持续动荡、南苏丹独立等影响，苏丹政局受到一定冲击。巴希尔总统依靠全国大会党努力巩固执政地位，维护了局势稳定。2014年以来，巴希尔总统倡议开展全国对话，积极推进国内和解。2015年4月，苏举行大选，巴希尔以94.05%的得票率成功连任，第五次连任总统。

2018年12月，苏丹持续爆发大规模示威游行。2019年2月，巴希尔总统宣布国家紧急状态。4月，军方解除巴希尔总统职务，成立军事过渡委员会接管政权。8月，苏丹成立过渡期最高权力机构主权委员会，主席由原军事过渡委员会主席布尔汉担任。9月，苏丹过渡政府成立。苏政治过渡期为期39个月，前21个月由军方主持委员会工作，后18个月由反对派主持。

【宪法】1973年4月实行首部宪法，1985年4月废止。同年10月颁布过渡宪法，1989年6月30日废止。1998年6月30日，苏颁布并实行新宪法，规定苏丹是多种族、多文化、多宗教国家，国家实行建立在联邦制基础上的非中央集权制；总统是国家主权的最高代表，军队最高统帅，拥有立法、司法、行政最高裁决权，由全民选举产生，任期5年，可连选连任1届；议会为立法机构；司法独立；确立言论、结社自由原则和政治协商原则；宗教信仰自由，各宗教平等相处，南北方公民与义务平等。2002年4月，全国大会党协商会议就修宪问题作出决定，取消总统任期两届的规定，可连选连任。2005年7月，巴希尔总统签署了成立苏丹民族团结政府的过渡期宪法。过渡期为6年，过渡期内苏丹保持统一，实行“一国两制”，建立南北两套立法系统。南方成立自治政府，北方保持建立在伊斯兰法基础上的政府机构，过渡期后南方可行使民族自决权。2011年南苏丹独立建国后，苏丹沿用过渡期宪法，并研究制定新宪法。2019年4月，军方宣布解除巴希尔总统职务，成立军事过渡委员会接管政权，中止宪法。

【议会】根据1998年颁布实施的宪法，国民议会为苏丹国家立法机构，75%的议员由直选产生，25%由社团、组织间接选举产生，议长由第一次议员大会选举产生，每届议会任期4年。第一届苏丹全国议会于1996年4月1日成立，共有议员400人，议长为哈桑·阿卜杜拉·图拉比（Hassan Abudulla Turabi）。1999年12月，巴希尔总统宣布解散议会，罢免议长图拉比。2000年12月，苏选举产生新一届议会，2001年2月，艾哈迈德·易卜拉欣·塔希尔（Ahmed Ibrahim Al-Tahir）当选为议长。2005年8月，苏选举产生新一届过渡期国民议会，塔希尔连任议长。2010年4月，塔希尔再次连任。南苏丹独立后，原南苏丹籍议员自动离职。2013年12月，法提赫·伊扎丁（Al-Fatih Izz alden）当选议长。2015年5月，易卜拉欣·艾哈迈德·奥马尔（Ibrahim Ahmed Omer）当选议长。2019年4月，苏丹军事过渡委员会接管政权，解散议会。

【政府】2019年4月，苏丹军事过渡委员会接管政权，解散原政府。8月，阿卜杜拉·哈姆杜克就任过渡政府总理。9月，哈姆杜克宣布过渡政府部长名单，主要如下：外交部长阿斯玛·穆罕默德·阿卜杜拉（Asmaa Mohamed Abdalla），内政部长伊德里斯·塔里夫（Idriss al-Traifi），内阁事务部长奥马尔·马尼斯（Omar Munis），联邦治理部长优素福·亚当（Yousef Adam），司法部长纳赛尔丁·阿卜杜·巴里（Nasreldin Abdelbari），财政和经济规划部长易卜拉欣·艾哈迈德·巴达维（Ibrahim Elbadawi），贸易和工业部长马达尼·阿巴斯（Madani Abbas），农业和自然资源部长伊萨·奥斯曼·谢里夫（Issa Osman Sharif），能源和矿业部长阿迪勒·易卜拉欣（Adel Ibrahim），文化和新闻部长费萨尔·穆罕默德·萨利赫（Faisal Mohamed Saleh），教育部长穆罕默德·阿敏·托姆（Mohammed al-Amin al-Tom），高教部长因提萨尔·宰因（Intisar al-Zein），宗教事务部长纳赛尔丁·穆弗里赫（Nasr al-Din Mufreh），劳工和社会发展部长丽娜·谢赫·马哈朱卜（Lena al-Sheikh Mahjoub），灌溉和水资源部长亚赛尔·阿巴斯·穆罕默德·阿里（Yasser Abbas Mohammed Ali），卫生部长阿克拉姆·阿里·托姆（Akram Ali Altom），青年和体育部长瓦拉艾·伊萨姆·布什伊（Wala'a Essam al-Boushi），基建和交通部长哈希姆·塔希尔·谢赫·塔哈（Hashim Tahir Sheikh Taha）。

【主要网址】苏丹外交部：http://www.mfa.gov.sd。

【行政区划】全国共设18个州，包括：喀土穆州、北方州、尼罗河州、红海州、卡萨拉州、加达里夫州、杰济拉州、森纳尔州、白尼罗河州、青尼罗河州、北科尔多凡州、南科尔多凡州、西科尔多凡州、北达尔富尔州、西达尔富尔州、南达尔富尔州、中达尔富尔州、东达尔富尔州。

【司法机构】全国设高级司法委员会。下设最高法院和总检察院。首席法官为贾拉勒丁·穆罕默德·奥斯曼（Jalaldin Mohamed Osman）。总检察长欧麦尔·艾哈迈德·穆罕默德（Al-Waleed Sayyed Ahmed），2019年4月16日由军事过渡委员会任命。

【政党和组织】目前，苏丹全国有30余个注册政党。主要有：

（1）人民大会党（Popular Congress Party）：由哈桑·阿卜杜拉·图拉比（Hassan Abdullah Al-Turabi）博士于2000年6月创立。图拉比博士曾任苏丹国民议会议长（1996—1999）。1999年图拉比与总统巴希尔矛盾激化，巴宣布解散议会，图随后宣布退出执政的全国大会党，另组建反对党人民大会党。2001年2月，人民大会党与反政府武装苏丹人民解放军在日内瓦签署了共同推翻巴希尔政权的协定，苏政府迅速作出反应，禁止该党活动，查封其党部。2004年3月，图拉比因涉嫌政变被捕入狱。2007年8月，人民大会党宣布正式恢复与全国大对话。2016年3月，图拉比逝世。2017年3月，人民大会党召开年会，选举原副书记阿里·哈吉（Ali Al-Haji）为新任总书记，审议并通过有条件参加苏丹民族和解政府决议，成为第一个参加政治对话的反对党。2017年5月，人民大会党入阁参政，前总书记塞努西被任命为总统助理。

（2）乌玛党（Umma Party）：由苏丹伊斯兰安萨教派第二任教长阿卜杜-拉赫曼·马赫迪于1945年1月创立。1956年同人民民主党联合执政。该党领袖萨迪克·马赫迪（Sadig Al Mahdi）曾任总理（1985—1989年）。1989年，现任总统巴希尔发动军事政变，推翻了乌玛党主导的政府。1996年12月，萨迪克带领部分乌玛党领导人逃亡厄立特里亚，后转至埃及。2000年11月，萨迪克结束流亡返苏，并开始参与苏政治事务。2011年底，其子阿卜杜拉赫曼·马赫迪被任命为总统助理。2014年5月，萨迪克被苏当局逮捕，获释后宣布退出全国对话，重返反对党联盟阵营。

（3）民主联盟党（Democratic Unionist Party）：成立于1967年，由民族联合党和人民民主党合并组成。现任党主席为穆罕默德·奥斯曼·米尔加尼（Mohamed Othman Al-Mirghani）。2011年底，民联党入阁参政，米尔加尼之子穆罕默德被任命为第一总统助理。

【重要人物】阿卜杜勒法塔赫·布尔汉：主权委员会主席。1960年出生。早年在苏军事学院学习，后赴埃及、约旦军事学院进修。参军后加入苏边防部队，先后任达尔富尔中部边防部队情报部门负责人、总统达尔富尔区代表、苏武装部队陆军总司令等职务。2008—2011年任驻华使馆武官。2018年底任军队总监。2019年4月任临时最高权力机构军事过渡委员会主席。8月任主权委员会主席。

经　济

苏丹是联合国宣布的世界最不发达国家之一，经济结构单一，基础薄弱，工业落后，对自然环境及外援依赖性强。20世纪90年代至21世纪初，随着石油大量出口及高油价拉动，苏丹经济保持快速增长，成为非洲经济发展最快的国家之一。南苏丹独立和近来国际油价持续走低对苏丹经济产生冲击，为消除其消极影响，苏丹政府一方面逐步加大对水利、道路、铁路、电站等基础设施以及教育、卫生等民生项目的投入力度；另一方面，努力改变财政严重依赖石油出口的情况，将发展农业作为长期战略。

2019年主要经济数据如下：

国内生产总值：319亿美元。

人均国内生产总值：782美元。

货币名称：苏丹镑（Sudanese Pound，SDG）。

汇率：1美元≈55.3苏丹镑。

通货膨胀率：57%。

【资源】有金、铁、银、铬、铜、锰、铝、铅、铀、锌、钨、石棉、石膏、云母、滑石、钻石、石油、天然气和木材等丰富的自然资源。

【工业】基础薄弱，主要工业有纺织、制糖、制革、食品加工、制麻、烟草和水泥等。苏政府积极调整工业结构，重点发展石油、纺织、制糖等工业。1999年，苏石油开发取得较大进展，成为石油出口国。2010年生产原油约1.7亿桶。2011年南苏丹独立后，原苏丹58%的石油储量被划归南方，苏石油产量大幅减少。

【农牧业】农业是苏经济的主要支柱。农业人口占全国总人口的80%。农作物主要有高粱、谷子、玉米和小麦。经济作物在农业生产中占重要地位，占农产品出口额的66%，主要有棉花、花生、芝麻和阿拉伯胶，大多数供出口。长绒棉产量仅次于埃及，居世界第二；花生产量居阿拉伯国家之首，在世界上仅次于美国、印度和阿根廷；芝麻产量在阿拉伯和非洲国家中占第一位，出口量占世界的一半左右；阿拉伯胶种植面积504万公顷，年均产量约3万吨，占世界总产量的60%—80%。

【旅游业】由于北南长期战乱，资金严重短缺及遭受安理会制裁，苏旅游业发展受到严重影响。首都喀土穆约有35家星级宾馆，床位约1500张。

【交通运输】铁路：总长5978公里（2017年）。

公路：3.7万公里（2017年）。

水运：有远洋商船10艘，总吨位12.2万吨；内河航线总长5310公里，有轮船300多艘。苏丹港是苏主要商港，年吞吐量850万吨，承担着95%的进出口运输任务。

空运：空运在苏丹运输中占据重要地位，苏国内

90%的运输通过空运进行。苏丹民航局有大型喷气客机10多架，全国共有25个机场，喀土穆、苏丹港、卡萨拉、朱奈纳机场为国际机场。

管道运输：苏丹港至喀土穆建有输油管道，全长815公里，年输油能力80万吨。1999年，苏中南部油田经喀土穆至苏丹港长1640公里的输油管道开始投入使用。2012年1月，南苏丹关井停产后，管道处于停运状态。经过北南苏丹间的艰苦谈判，南苏丹石油于2013年4月复产，管道恢复运营。

【财政金融】苏丹共有银行26家。苏丹银行建于1959年，为苏中央银行。双尼罗河工业发展银行和喀土穆银行属于国有银行，其余为商业银行。

【对外贸易】外贸在苏丹经济中占有重要地位。2018年苏对外贸易总额为113.3亿美元，其中出口额为34.8亿美元，进口额为78.5亿美元。中国、阿联酋、沙特、印度、埃及等国家以及欧盟是其主要贸易伙伴。

人民生活

苏人口增长率5.53%，人均寿命约60岁，14岁以下人口占总人口的45%。一般家庭基本生活费用占工资的66.52%，住房占12.36%。实行全民免费医疗。

军　事

武装部队建立于英国殖民统治时期。独立后，军队实行苏丹化。8月14日为建军节。实行义务兵役制，规定18—30岁的苏丹人必须有两年服役期。武装部队总兵力约为20万人，由陆、海、空3个军种组成。苏还组织和训练军事部队性质的民防军约10万人。军事院校主要有最高军事学院、参谋指挥学院和军事学院。

文化教育

【教育】实行小学免费教育。苏丹各地区教育发展不均衡，北方教育发展较快。全国人口的41%为文盲，25%的学龄儿童不能入学。全国有中小学校13000余所，综合大学6所，独立的高等学院14所，专科院校23所。在校学生约500万人，其中大学生约25万人，教师约13万人。喀土穆大学建于1902年，是苏丹最早建立的高等学府。

【新闻出版】主要报刊有《今日新闻报》《新闻报》《关注报》和《舆论报》，均为阿文日报。《新地平线》为英文报，《今日苏丹》为英文月刊。

官方通讯社为苏丹通讯社，1971年5月成立，在内罗毕、摩加迪沙、恩贾梅纳、开罗、吉布提设有分社。现已同法国、德国、伊朗、伊拉克、摩洛哥等国的通讯社以及中东通讯社、塔斯社、新华社等建立了业务联系。每日出版阿、英文新闻电信稿各400多份。在印度、美国和联合国派有记者。

苏丹国家广播电台，设在喀土穆以北的恩图曼，建于1940年，用阿、英、法、索马里等语言对国内外播音。在国内共有9个发射台，每日除用阿语播放19个小时的节目外，还用英、法等语言广播3个半小时。

苏丹国家电视台，设在喀土穆以北的恩图曼，建于1963年12月，每天用阿、英文播送节目约15个小时，同各阿拉伯国家和一些外国电视台有业务交流关系，收视观众约1000万人。

对外关系

奉行独立自主的外交政策，维护国家主权和统一，反对西方强权政治，主张加强阿拉伯国家团结，密切同非洲国家的合作，重视同中国等国家发展友好合作关系。目前，苏丹同世界上近100个国家建有外交关系。

【同中国的关系】中国与苏丹1959年2月4日建交后，两国友好合作关系不断发展。2011年以来重要互访有：外交部长杨洁篪（2011年8月）、外交部长王毅（2015年1月）、环境保护部部长陈吉宁（2015年6月作为习近平主席特使赴苏丹出席巴希尔总统就职典礼）、国务院副总理张高丽（2017年8月）；苏丹总统巴希尔（2011年6月访华、2015年9月来华出席中国人民抗日战争暨世界反法西斯战争胜利70周年纪念活动、2018年9月来华出席中非合作论坛北京峰会）、副总统哈赛卜（2014年6月）、总统助理贾兹（2016年7月、2017年1月）、议长法提赫（2014年4月）、外交部长库尔提（2012年2月、2013年8月、2014年8月）、外交部长甘杜尔（2016年10月）、外交国务部长乌萨马（2018年7月来华出席中阿合作论坛第八届部长级会议）。

2019年6月，苏丹外交部代理次长助理易卜拉欣来华出席中非合作论坛北京峰会成果落实协调人会议。9月，王毅国务委员兼外长在出席第74届联大会议期间会见苏过渡政府总理哈姆杜克。

2019年双边贸易额为30.33亿美元，同比增长19.2%，其中中方出口额为22.9亿美元，同比增长21.8%，进口额为7.43亿美元，同比增长11.8%。

中国驻苏丹大使：马新民。馆址：Manshia District, Khartoum, Sudan。电话：00249–1–83272730；传真：83271138。商务处电话：00249–1–83227269；传真：83227268。

苏丹驻华大使：（临时空缺）。馆址：北京市朝阳区三里屯东二街1号。电话：010–65323715，65322205；传真：65321280。

【同南苏丹的关系】2011年7月9日，南苏丹独立建国，苏丹和平分裂。但是，由于双方在边界划分、石油利益分配、阿布耶伊归属等重大问题上分歧严重，有关谈判进展缓慢，两国龃龉不断，并曾爆发激烈的边境冲突。2012年4月，非盟提出解决两苏问题“路线图”。其后，两苏在非盟主持下进行多轮谈判。9月27日，两苏元首在亚的斯亚贝巴就双边合作以及边境安全、经济、公民地位等问题签署一系列协议。但双方在边界划分及阿布耶伊地区归属问题上仍存分歧。在非盟的积极斡旋下，2013年3月，两苏在亚的斯亚贝巴就执行边界安全协议和非盟提出的执行已达成协议的时间表达成一致。4月，南苏丹石油复产，9月和

10月，南苏丹总统基尔和苏丹前总统巴希尔互访，两苏关系趋于缓和。2013年底南苏丹爆发冲突后，苏积极参加东非政府间发展组织（伊加特）的斡旋努力。2014年以来，两国元首多次互访，双方关系总体缓和，但在部分未决问题上仍有分歧。2017年以来，两苏关系出现改善势头，两国就石油过境费问题达成共识。苏丹开辟多条陆路、水路通道，运送联合国机构向南苏丹提供的人道主义救援物资。2018年，巴希尔亲自斡旋，促成南苏丹签署全面和平协议。2019年4月巴希尔下台后，苏方延续在南苏丹问题上积极斡旋姿态。9月，苏主权委员会成员哈马达尼同南苏丹主要反对派领导人马夏尔以及南苏丹总统基尔商谈落实和平进程。

【同美国的关系】1952年，美在喀土穆设联络处，苏丹独立后升为大使馆。1967年，苏为抗议美支持以色列对阿拉伯国家发动侵略战争，同美断交。1972年复交。1989年巴希尔政变上台后，两国关系急剧恶化。1993年，美将苏列入支持恐怖主义国家的黑名单，并于1996年推动安理会通过决议，对苏进行外交和航空制裁。1997年，美单方面对苏实施经济制裁。1998年8月，美指责苏卷入美驻坦桑尼亚和肯尼亚使馆爆炸案，并以苏丹希法制药厂生产违禁化学武器为由，炸毁该药厂，苏美关系严重恶化。“9·11”事件后，苏政府在反恐问题上配合美，两国关系较前有所缓和。2007—2008年，苏外交官员与美方多次接触，表示愿与美改善关系，但美坚持将改善美苏关系与苏落实北南《全面和平协议》和解决达尔富尔问题挂钩。2009年10月，美公布对苏新政策，由过去一味施压转为保持压力与进行接触并重，表示将与苏保持对话，并根据苏方表现予以奖惩。2011年2月，苏外长库尔提访美，美表示如苏承认南方独立，将启动把苏从支持恐怖主义国家名单中除名进程。但南苏丹独立后，美仍未将苏从支恐国家名单中除名，同时维持对苏制裁。2015年以来，苏美关系逐渐有所改善。2017年10月，美国宣布解除对苏丹经济制裁。此后，双方在政治、经贸、石油、教育等领域交流增多。2019年9月，苏丹过渡政府成立后，美国第一时间向苏丹表示祝贺。12月，美国宣布将苏丹从“违反宗教自由国家名单”除名。

【同埃及的关系】苏丹与埃及互为邻国，两国关系历史悠久，埃及曾占领或同英国共管苏丹近百年。1956年苏丹独立后，两国关系时紧时缓，在边境哈莱伊卜地区存在领土争端。穆巴拉克任埃及总统时期，苏丹支持埃及穆兄会，两国关系陷入低谷。2016年10月初，两国建立全面战略伙伴关系。在尼罗河水资源问题上，苏丹态度相对中立，但苏丹作为上游国家，同埃及在尼罗河水资源分配上亦存在分歧。2017年以来，两国摩擦不断。5月，苏丹指责埃及对达尔富尔地区北部和东部的叛军提供支持，双方关系紧张。苏丹宣布禁止进口埃及农畜产品。6—8月，两国外长互访，关系有所缓和。11月以来，两国在复兴大坝建设、哈莱伊卜地区领土争端等问题上分歧加剧。2018年1月，苏丹紧急召回苏驻埃及大使。1月底，巴希尔总统同塞西总统在埃塞俄比亚首都亚的斯亚贝巴举行会晤，商定妥善解决两国分歧。2019年，苏丹局势发生变化后，埃及发表声明支持苏丹军方领导推进政治过渡。4月，埃及总统塞西以非盟轮值主席身份召开特别会议，推动非盟放宽苏丹过渡委员会向文官政府交权期限。5月，苏丹军事过渡委员会主席布尔汉访问埃及。

【同埃塞俄比亚的关系】苏丹与埃塞俄比亚曾因相互支持对方反对派而长期交恶。1996年7月非统组织第32届首脑会议期间，巴希尔总统与埃塞总统梅莱斯举行会晤，双方均表示愿意和平共处，和平解决边界争端。近年来，苏与埃塞保持睦邻友好关系，埃塞支持苏和平进程。2017年下半年以来，两国元首互动频繁，实现互访。2018年1月，苏总统巴希尔、埃塞总理海尔马里亚姆、埃及总统塞西在出席非盟峰会期间举行会晤，决定成立由三国外长和情报部门负责人组成的委员会，就三国关系保持沟通。成立由三国水利部长组成的技术委员会商讨解决复兴大坝建设中面临的问题。

【同乍得的关系】苏丹与乍得的关系曾数次因达尔富尔问题紧张。2008年5月，苏达尔富尔地区反政府武装“正义与平等运动”（JEM）袭击苏首都喀土穆，苏指责乍参与策划和实施了这一袭击行动，遂宣布与乍断交。8月，在利比亚斡旋下，苏乍同意恢复外交关系。2009年5月，在卡塔尔和利比亚等国努力下，苏乍双方在卡塔尔首都多哈签署和平协议。此后，乍指责苏支持乍反政府武装，同时多次空袭达区，并派遣地面部队进入苏境内追捕叛军。苏对此予以否认并保持克制。其后双方均有意改善关系，承诺不再支持对方叛军。2010年两国总统互访，双方关系实现正常化。2014年以来，两国总统多次互访，双边关系逐步改善，两国在经济、安全、边境贸易等领域开展多项合作。2019年，苏丹局势发生变化后，乍得总统代比向苏丹军事过渡委员会表示支持。

【达尔富尔问题】达尔富尔地区位于苏丹西部，面积约50万平方公里，分为北达、南达、西达、中达和东达五个州，生活着80多个部落，共750万人。20世纪60年代以来，当地农牧民常因争夺水草、土地资源发生冲突。2003年初，“苏丹解放运动”（SLM）和“正义与平等运动”等反政府武装发动军事行动，造成大量平民死亡和严重的难民问题，达问题引起国际社会广泛关注。美国等西方国家指责苏政府纵容、支持达区阿拉伯民兵组织“金戈威德”滥杀平民，推动联合国安理会先后通过多项决议，对苏进行制裁。近年来，苏丹大力推进达尔富尔政治进程，宣布在达区实施停火，努力维护达区和平稳定。2016年3月，在非盟南北苏丹问题高级别执行小组（AUHIP）斡旋下，苏政府签署了AUHIP提出的旨在结束国内冲突、开展全国对话的和平“路线图”。在国际社会压力下，苏反对党及达区叛军签署“路线图”。4月，达区顺利举行行政地位公投，维持达区当前五个州的划分。10月，苏全国对话顺利闭幕，达区部分反对派宣布加入对话。

2007年7月，安理会通过第1769号决议，设立联合国—非盟驻达尔富尔混合行动（简称联非达团），是目前规模最大、耗资最多的联合国维和行动之一。此后，联非达团与苏政府合作不畅。苏方一直要求联非达团撤出，与联合国、非盟组成三方机制多次商谈。2017年6月，安理会通过关于联非达团授权延期并分阶段裁减规模的第2363号决议，联非达团“撤出战略”正式实施。从2018年1月31日起，联非达团兵力将减至军事人员8735人（裁减44%），民事警察2500人（裁减30%）。2018年7月，安理会通过第2429号决议，决定将联非达团军事维和人员削减至4050人，并将在2020年6月30日前撤出苏丹。2019年10月，安理会通过决议将联非达团授权任期延长至2020年10月31日。

（邱欣宇）

索　马　里

国名　索马里联邦共和国（The Federal Republic of Somalia）。

面积　637660平方公里。

人口　1518万（2018年）。分萨马莱和萨布两大族系。其中萨马莱族系占全国人口的80%以上，分为达鲁德、哈维耶、伊萨克和迪尔四大部族。萨布族系分为迪吉尔和拉汉文两大部族。官方语言为索马里语和阿拉伯语，通用英语和意大利语。伊斯兰教为国教，穆斯林占总人口99%。

首都　摩加迪沙（Mogadishu），人口214万（2016年）。热季平均气温26℃—32℃，凉季平均气温23℃—28℃。

国家元首　总统穆罕默德·阿卜杜拉希·穆罕默德（Mohamed Abdullahi Mohamed），2017年2月8日当选，2月22日宣誓就职，任期4年。

重要节日　独立日：6月26日（索北部独立）；国庆节：7月1日（索南部独立，同日索南、北部合并成立索马里共和国）。

简　况

位于非洲大陆最东部的索马里半岛上，北临亚丁湾，东、南濒印度洋，西邻肯尼亚、埃塞俄比亚，西北接吉布提。海岸线长3300公里。大部分地区属热带沙漠气候，西南部属热带草原气候，终年高温，干燥少雨。

公元前1700多年，非洲之角即出现了以出产香料著称的“邦特”国。公元7世纪起，阿拉伯人和波斯人不断移居于此并建立贸易点和若干个苏丹国。1887年，索北部沦为英国“保护地”（英属索马里）。1925年，索南部沦为意大利殖民地（意属索马里）。1941年，英国控制整个索马里。1960年6月26日索北部独立，7月1日南部独立，同日南、北部合并，成立索马里共和国。1969年，索国民军司令穆罕默德·西亚德·巴雷（Mohamed Siad Barre）政变上台，成立索马里民主共和国。1991年1月，西亚德政权被推翻，索自此陷入内战，多个政权并存。同年2月，阿里·迈赫迪·穆罕默德（Ali Mehdi Mohamed）成立新政府，自任“临时总统”。同年5月，索马里北部宣布“独立”，成立“索马里兰共和国”。1995年6月，索当时最大的武装派别“索马里和解与恢复委员会”领导人穆罕默德·法拉赫·艾迪德（Mohamed Farah Aideed）宣布在摩加迪沙成立临时政府，自任“总统”。1996年8月，艾迪德之子侯赛因·穆罕默德·艾迪德（Hussen Mohamed Aideed）在其病故后继任“临时政府总统”。1998年7月，阿卜杜拉希·优素福·艾哈迈德（Abdullahi Yusuf Ahmed）在索东北部成立“邦特兰”政府并任主席，该自治政权不谋求独立，承认其是索马里的一部分。2000年8月，吉布提主持召开索全国和解会议（阿尔塔和会），选举产生三年期过渡全国政府，阿布迪卡西姆·萨拉特·哈桑（Abdiqasim Salad Hassan）出任总统，但遭索国内派别联合抵制。2002年3月，拉汉文抵抗军（Rahaweyn Resistance Army）宣布成立“索马里西南国”，该势力后并入索过渡联邦政府，不再寻求自治。1991年2月以来成立的上述政权均未获国际社会承认。

政　治

为结束索马里军阀割据状态，国际社会先后召开13次索全国和解会议，均未果。2002年10月，东非政府间发展组织（伊加特）在肯尼亚召开第14次索全国和解会议。2004年2月23日，索各派割据势力、政治集团及民间组织等代表通过索《过渡宪章》。同年10月10日，索过渡议会在肯尼亚首都内罗毕选举阿卜杜拉希·优素福·艾哈迈德（Abdullahi Yusuf Ahmed）为索过渡联邦政府总统，任期5年。2005年1月15日，索过渡联邦政府正式成立，并于同年6月迁回索境内办公。2006年12月，索过渡联邦政府在埃塞俄比亚军队支持下击溃了反政府的“伊斯兰法院联盟”武装，控制了首都摩加迪沙及周边地区，但未能实现对索全境的有效控制。2008年12月29日，阿卜杜拉希·优素福·艾哈迈德总统辞职。2009年1月31日，主要反对派“重新解放索马里联盟”领导人谢赫·谢里夫·谢赫·艾哈迈德（Sheikh Sharif Sheikh Ahmed）当选索新总统，任命奥马尔·阿卜迪拉希德·阿里·舍马克（Omar Abdirashid Ali Sharmarke）为总理并成立了新的过渡政府。反政府武装“索马里青年党”（沙巴布）和伊斯兰党拒绝与过渡政府进行对话，并武装占领摩加迪沙大部分街区和索中南部大部分地区，暗杀多名政府要员，造成大量人员伤亡。过渡政府在非盟驻索马里特派团（AMISOM）的支持下守住了摩加迪沙部分街区和索中部部分地区，双方形成僵持。2010年3月15日，过渡政府与索重要武装派别“逊尼派联盟”达成协议，后者宣布加入政府。2011年6月，索总统谢赫·谢里夫·谢赫·艾哈迈德和议长谢里夫·哈桑·谢赫·阿丹（Sharif Hassan Sheikh Aden）在乌干达的斡旋下就延长过渡期问题达成《坎帕拉协议》，一致同意将过渡期延长至2012年8月。2012年9月10日，哈桑·谢赫·马哈茂德（Hassan Sheikh Mahmud）当选索总统。同年11月，索结束长达8年的政治过渡期，成立内战爆发21年来首个正式政府。2016年9月，索启动新一届议会选举。同年12月27日，第十届联邦议会在摩加迪沙宣誓就职。2017年2月8日，穆罕默德·阿卜杜拉希·穆罕默德在联邦议会两院联席会议举行的总统选举中击败寻求连任的马哈茂德总统，当选索新总统。同月23日，穆罕默德总统任命哈桑·阿里·海尔（Hassan Ali Khayre）为联邦政府总理。3月29日，联邦议会通过海尔总理关于新一届内阁人选的提名。

【宪法】现行宪法为2012年8月1日索全国制宪大会通过的《索马里联邦共和国临时宪法》，规定索实行立法、行政、司法三权分立的政治体制和联邦体制，明确人人平等，公民享有言论、出版、集会、结社等基本权利；总统为国家元首和军队总司令，掌握实权，由联邦议会选举产生，任期4年，无明确任期限制；总理由总统任命，为联邦政府首脑，负责任命副总理、各部部长、国务部长和副部长，非议员也可担任部长级官员；司法独立，建立宪法法院、联邦法院和州法院三级法院体制；国家安全部门由军队、情报、警察和监狱等组成。

【议会】根据临时宪法，联邦议会行使联邦立法权，实行两院制，分别为人民院（House of the People）和上院（Upper House），互不隶属。议员任期4年，可连选连任。人民院设议员275名，上院人数不得超过54名。两院各设议长1名、副议长2名，由本院议员无记名投票产生，议长不得兼任政府和政党职务。在2016年联邦议会选举中，人民院275个席位采用“4.5部族分权模式”，由135名各族长老挑选14025名选举人作为各部族代表，然后每51名部族代表选举本部族1名议员。现任人民院议长为穆罕默德·摩萨尔·谢赫·阿卜迪拉赫曼（Mohamed Mursal Abdirahman）。上院54个席位中的48个被平均分配给6个联邦成员州，其余6个席位由索马里兰和邦特兰平分。现任上院议长为阿卜迪·哈希·阿卜杜拉希（Abdi Hashi Abdullahi）。

【政府】总统穆罕默德·阿卜杜拉希·穆罕默德。内阁除总理哈桑·阿里·海尔外，主要有副总理迈赫迪·穆罕默德·古莱德（Mahdi Mohammed Gulaid），外交与国际合作部长艾哈迈德·伊塞·阿瓦德（Ahmed Isse Awad），内政、联邦事务与和解部长阿卜迪·穆罕默德·萨卜里耶（Abdi Mohamed Sabriye），财政部长阿卜迪拉赫曼·杜阿莱·贝莱（Abdirahman Duale Beyle），国防部长哈桑·阿里·穆罕默德（Hassan Ali Mohamed），教育与高等教育部长阿卜杜拉希·戈达·巴雷（Abdullahi Godah Barre），宪法事务部长萨拉赫·艾哈迈德·贾马（Salah Ahmed Jama），计划、投资与经济发展部长贾迈勒·穆罕默德·哈桑（Gamal Mohamed Hassan），捐赠与宗教事务部长谢赫·努尔·穆罕默德·哈桑（Sheikh Nur Ali Hassan），港口与海上运输部长玛丽安·阿韦斯·贾马（Maryan Aweys Jama），交通与民航部长穆罕默德·阿卜杜拉希·萨拉德（Mohamed Abdullahi Salad），邮政与通讯部长阿卜迪·安舒尔·哈桑（Abdi Anshur Hassan），畜牧部长侯赛因·谢赫·侯赛因（Hussein Sheikh Hussein），商务与工业部长穆罕默德·阿卜迪·哈耶尔（Mohamed Abdi Hayer），公共工程与重建部长阿卜迪·阿丹·霍索（Abdi Aden Hosow），妇女与人权部长德卡·亚辛·哈吉·优素福（Deqa Yasin Haji Yusuf），石油与矿产部长阿卜迪拉希德·穆罕默德·艾哈迈德（Abdirashid Mohamed Ahmed），内部安全部长穆罕默德·阿布卡尔·伊斯洛（Mohamed Abukar Islow），农业部长赛义德·侯赛因·伊德（Said Hussein Iid），卫生与社会保健部长福西亚·阿比卡尔·努尔（Fowsiya Abikar Nur），渔业与海洋资源部长阿卜杜拉希·巴丹·瓦萨米（Abdilahi Bidhan Warsame），青年与体育部长哈迪贾·穆罕默德·迪里耶（Khadija Mohamed Diriye），新闻与国家导向部长穆罕默德·阿卜迪·哈耶尔（Mohamed Abdi Hayir），司法部长哈桑·侯赛因·哈吉（Hassan Hussein Haji），劳工部长萨迪克·赫希·瓦法（Sadik Hirsi Warfa），能源与水资源部长福西亚·穆罕默德·谢赫（Fawziya Mohamed Sheikh），人道主义事务与灾害管理部长哈姆扎·赛义德·哈姆扎（Hamza Said Hamza）等。

【行政区划】全国分为18个州，分别为：奥达勒、西北、托格代尔、萨纳格、索勒、巴里、努加尔、穆杜格、加尔古杜德、希兰、中谢贝利、贝纳迪尔、巴科勒、拜、下谢贝利、盖多、中朱巴、下朱巴。各州又分为若干地区。

2012年，索制定临时宪法，规定两个或多个州可在自愿基础上合并组成联邦成员。2016年，全国联邦成员组建工作结束，共形成6个联邦成员州，分别为：索马里兰（由奥达勒、西北、托格代尔、萨纳格、索勒5个州组成）、邦特兰（主要由巴里州、努加尔州以及穆杜格州北部组成）、加尔穆杜格（由穆杜格州南部和加尔古杜德州组成）、希尔谢贝利（由希兰州和中谢贝利州组成）、西南（由巴科勒州、拜州和下谢贝利州组成）、朱巴兰（由盖多州、中朱巴州和下朱巴州组成）。

【主要反政府势力】“索马里青年党”（沙巴布）（Al-Shabaab）：原为索反政府武装“伊斯兰法院联盟”下属青年武装组织，主要负责保护该组织领导人并实施针对外国人的暗杀行动。2006年底“伊斯兰法院联盟”被击溃后，“沙巴布”继承其衣钵，趁索过渡联邦政府羸弱和埃塞俄比亚撤兵之机迅速壮大，成为索实力最强的反政府武装组织，曾一度控制索中南部大部分地区及首都摩加迪沙部分街区。该组织以在索建立极端伊斯兰政权为目标，主张在索实施严格的伊斯兰教法，向异教徒和外国“侵略者”发动圣战。2008年被美国国务院认定为恐怖主义组织。2012年2月，该组织宣布正式与“基地”组织合流并宣誓效忠“基地”组织领导人扎瓦希里。除与索政府和非盟驻索特派团武装对峙外，“沙巴布”还在索境内以及乌干达、肯尼亚等国频繁制造恐怖袭击。2011年下半年以来，该组织在索安全部队、非盟驻索马里特派团以及肯尼亚、埃塞俄比亚军队的联合打击下遭受重创，活动范围大幅缩小。2015年7月，“沙巴布”对摩加迪沙半岛皇宫酒店发动自杀式汽车炸弹袭击，造成15人死亡、40余人受伤，其中中国驻索使馆负责安全警卫的工作人员1死4伤。2017年10月，摩加迪沙闹市区一家酒店附近发生汽车炸弹袭击，造成570多人死伤，系索历史上单次伤亡人数最多的恐袭事件。

【重要人物】穆罕默德·阿卜杜拉希·穆罕默德：总统。1962年生，有索马里和美国双重国籍。获美国纽约州立大学学士和硕士学位，先后在索马里外交部、索驻美国使馆和美国地方政府部门工作。2010年被任命为索过渡联邦政府总理，2011年辞职。在2012年索总统选举中败选。2017年2月8日当选索总统。**哈桑·阿里·海尔：**总理。1968年生，1991年索马里内战爆发后以难民身份赴挪威。先后在挪威和英国求学，获政治科学学士和工商管理硕士学位。长期在挪威难民理事会工作。2013年同人合伙创建油气公司。2017年2月被任命为索总理。

经　济

索马里是最不发达国家之一。经济以畜牧业为主，工业基础薄弱。20世纪70年代初，由于国有化政策过激，加上自然灾害等因素，经济严重困难。80年代，在世界银行和国际货币基金组织支持下，调整经济政策，经济一度好转。1991年后，由于连年内乱，工农业生产和基础设施遭到严重破坏，经济全面崩溃。2012年索联邦政府成立后，着力发展基础设施、公共服务、制造业、房地产和建材等行业，经济发展初现生机，外资开始进入，大批侨民返乡，人民生活水平有所改善。2016年，索联邦政府制定30年来首个国家发展规划，确定了经济发展优先领域，将加强基础设施建设，发展农、渔、畜牧业，建立健全金融、税收和审计体系等。现任总统穆罕默德上台后，积极落实2017—2019年国家发展规划，加强政府与私营部门合作，就索减债问题做国际社会工作。2017年主要经济数据如下：

国内生产总值：70.52亿美元。

人均国内生产总值：480美元。

国内生产总值增长率：2.3%。

货币名称：索马里先令（Somali shilling）。

汇率：1美元≈23605索马里先令。

（资料来源：2019年2月《伦敦经济季评》）

【资源】主要有铀、铁、锡、石膏、铝土、铜、铅、煤等。此外，还有石油和天然气。多数矿藏未开发。渔业资源丰富，森林覆盖率为13%。

【工业】以中小型企业为主，主要部门有纺织、皮革、制糖、制药、烟草、食品加工、炼油、电力和建材工业等。1991年内战爆发后，工业生产基本停顿。

【农牧渔业】全国有可耕地820万公顷，占国土面积的13%。已耕地仅有100余万公顷。粮食作物主要有高粱、玉米、小麦、木薯和水稻，经济作物主要有棉花、甘蔗、香蕉、椰子、芝麻、芒果、没药等。粮食不能自给，经济作物主要用于出口。

主要经济支柱，畜牧业产值约占国内生产总值的40%，畜牧产品出口收入占到出口总收入的50%以上。主要饲养骆驼、牛、羊等，是世界上饲养骆驼最多的国家。

拥有非洲大陆最长的海岸线，渔业资源丰富。据世界粮农组织估计，年捕捞量可达18万吨，但受捕捞方式落后、市场销量不大等因素限制，实际捕捞量很小。另外，外国渔船在索海域偷捕严重。

【交通运输】交通以公路为主，无铁路。截至2010年，公路总里程2.21万公里，其中2608公里为沥青铺设路面。

海运：主要港口有摩加迪沙港、基斯马尤港、柏培拉港和博萨索港。摩加迪沙港由土耳其公司运营，2016年大宗货物吞吐量近72万吨，到港集装箱船舶128艘，处理94400标箱。1997年、1999年，欧盟两次出资对柏培拉港和博萨索港进行升级改造。2016年，阿联酋开始对柏培拉港进行扩建。

空运：有大小机场62个，绝大部分条件简陋，仅有7个机场拥有铺设路面的跑道。摩加迪沙机场由土耳其公司运营，国际航班可直达内罗毕、吉布提、伊斯坦布尔、迪拜和亚的斯亚贝巴。索马里兰首府哈尔格萨有直飞亚的斯亚贝巴、吉布提和迪拜的国际航班。

通讯：索1991年陷入内战后，通讯业完全瘫痪。近年来，一些私营公司进入该行业。固定电话不发达，2015年仅有约5.1万用户。移动通讯较发达，2015年用户达583.6万，移动支付较普遍。

【财政金融】2017年，索外债总额约30亿美元。近年来，因战乱而停业的银行开始恢复。目前索较大的银行有：索马里兰中央银行、邦特兰中央银行（1999年8月成立）、索马里巴拉卡特银行（设在摩加迪沙，1996年开业；2001年"9·11"事件后，其在美国及欧洲的分支机构被关闭）和索马里—马来西亚商业银行（设在摩加迪沙，1997年4月开业）。

【对外贸易】外贸在经济中占有重要位置，但连年逆差。传统出口商品为活畜、香蕉、木炭、鱼。主要进口物资为食品、燃油和建材。主要出口目的地为阿联酋、也门、阿曼、沙特等中东国家，主要进口来源国为印度、中国、阿曼、肯尼亚等。2017年进口额28.5亿美元，出口额4.5亿美元。

【外国援助】外援主要来自西方国家和国际金融组织以及土耳其，大约有150家机构向索提供人道主义援助。2005年索过渡联邦政府成立后，得到包括中国在内的一些国家援助。美国是索最大援助国。2012年，随着索成立正式政府并结束政治过渡期，国际社会纷纷加大对索的关注和投入。

人民生活

索长期战乱，治安不靖，经济落后，日常生活必需品短缺，是非洲医疗水平最低的国家之一。2015年人均预期寿命55.4岁。产妇死亡率和婴儿死亡率均居全球第3位。痢疾、霍乱、伤寒等食物和水传染疾病多发。用电人口仅占全国人口约15%。首都摩加迪沙仅有一所公立医院。2010—2012年，索发生严重旱灾，造成人道主义灾难。2016—2017年再次发生的旱情导致550万人受灾，其中300万人严重受灾，30万名儿童重度营养不良。

受连年战乱、部族冲突和灾荒影响，大批索公民在国内流离失所、移居海外或涌入别国沦为难民。2016年，索国内流离失所者达110万人。索海外侨民约100万—150万人，主要分布在美国、英国、肯尼亚、加拿大、阿联酋、挪威等国。在肯尼亚、埃及、埃塞俄比亚、吉布提、也门等国境内的索难民约有96万人，其中1/3集中在肯尼亚的达达布难民营。

军　事

1990年，索马里总兵力约为6.45万人。1991年西亚德政权被推翻后长期没有统一的国家军队，各派别和部族武装林立。2005年索过渡联邦政府成立后着手建立国家安全力量。2012年索联邦政府成立后，重组安全部队、警察、情报机构并收编亲政府武装。目前，索国家安全力量由国民军（陆军）、海军、空军和警察部队组成。陆军设定规模1.8万人以上，特种部队"闪电突击队"设定规模4000人，警察部队（含海岸警卫队）设定规模3.2万人。此外，索马里兰和邦特兰各自拥有自己的武装部队、警察等安全力量。

文化教育

【教育】教育事业落后。20世纪70年代初，西亚德政府重视发展教育事业，开展扫盲运动，使识字率从独立前的2%提高到60%。1991年内战爆发后，国家公共教育体系崩溃，文盲率剧增，达76%。在联合国教科文组织及其他一些非政府组织帮助下，许多地区开始重建学校。1998年9月，阿瓦多地区的阿茂德大学建成，成为索1991年以来开学的首家大学。索马里兰首府哈尔格萨也有一所大学。2007年，全民识字率为28%。2015年小学入学率为42%。

【新闻出版】国家级官方通讯社为索马里国家通讯社。官方电视台为索马里国家电视台，2011年4月4日重新建立。官方广播电台为摩加迪沙广播电台，广播是受众最多的信息传播渠道。主要新闻网站有索马里国家通讯社网站、希兰在线、加罗韦在线等。

对外关系

奉行各国平等、尊重各国主权和领土完整、互不干涉内政、加强睦邻友好的外交政策。

【同中国的关系】中索于1960年12月14日建交。1990年底，索内战爆发，中国驻索使馆、医疗队和工程技术人员于1991年1月被迫撤离。此后，由中国驻肯尼亚使馆代管索有关事务。中国一贯支持并积极推动索和平进程，曾于2003—2007年担任联合国安理会索问题协调员。在索过渡联邦政府成立后，中国政府即予承认，并于2005年12月28日接受过渡联邦政府委派的驻华大使。自1992年起，中国政府和中国红十字会多次向索提供药品和一般物资援助，并多次通过世界粮食计划署向索提供人道主义粮食援助。2014年7月，中国向索派出复馆小组。10月12日，中国正式恢复驻索使馆。2015年7月26日，中国驻索使馆所在酒店遭到自杀式汽车炸弹袭击，造成使馆负责安全警卫的工作人员1死4伤。

2006年11月，索过渡联邦政府总统阿卜杜拉希·优素福·艾哈迈德来华出席中非合作论坛北京峰会。2010年5月，索外长贾马来华出席"中国—阿拉伯国家合作论坛"第四届部长级会议。2011年4月，索外长奥马尔访华。2013年8月，索副总理兼外长福西娅访华。2014年6月，索外长贝莱来华出席中阿合作论坛第六届部长级会议。2014年10月，外交部副部长张明访索并出席中国驻索使馆复馆仪式。2015年12月，索总统马哈茂德出席中非合作论坛约翰内斯堡峰会并与习近平主席举行会见。2018年7月，索外长阿瓦德来华出席中阿合作论坛第八届部长级会议。9月，索总统穆罕默德来华出席中非合作论坛北京峰会。2019年6月，索副总理古莱德来华出席首届中非经贸博览会。同月，索外长阿瓦德来华出席中非合作论坛北京峰会成果落实协调人会议。

索政府高度重视发展对华关系，坚持一个中国立场，多次表示愿进一步加强与中国的合作。

2019年，双边贸易额7.5亿美元，同比增长14.9%，其中我国出口7.31亿美元，同比增长15%，进口0.19亿美元，同比增长13%。我国主要出口农产品、机电产品、纺织产品等，主要进口冻鱼、芝麻等。

中国驻索马里大使：覃俭。馆址：Halane，International Airport，Mogadishu，Somalia。电话：00252–617023354。电子邮箱：chinaemb_som@mfa.gov.cn。

索马里驻华大使：阿瓦莱·阿里·库拉内（Awale Ali Kullane）。馆址：北京市朝阳区三里屯路2号。电话：010–65321651。

【同美国的关系】1954年，美国在摩加迪沙开设国际开发署办公室。1962年起，美向索派遣和平队，设立新闻中心。1964年，索对美向埃塞俄比亚提供军事援助不满，1969年西亚德政权上台后采取亲苏联政策，驱逐美和平队，索美关系一度紧张。1977年欧加登战争爆发后，由于苏联支持埃塞俄比亚，索苏关系全面恶化，美借机修复对索关系。1982年，西亚德访美。冷战结束后，索在美外交战略中地位下降。1990年，索国内局势恶化，美停止对索援助。1991年，美驻索外交人员撤离摩加迪沙。1993年，摩加迪沙发生导致19名美军士兵阵亡的美军武装直升机被击落事件，此后，美军事人员撤出索马里。2001年“9·11”事件后，美开始积极支持国际社会调停索国内冲突，支持联合国和伊加特调解索和平进程的努力，为在肯尼亚召开的索全国和解会议提供财政援助，支持索过渡联邦政府在埃塞俄比亚军队支持下打击“伊斯兰法院联盟”武装并提供大量援助，2009年向索新一届过渡政府提供1000万美元武器弹药。美军突击队2009年9月在索南部地区打死“基地”组织在东非地区的重要头目纳卜汉。2010年以来，美在继续向索过渡政府提供支持的同时，加强了与索马里兰、邦特兰等地方政府的关系。2012年9月索成立正式政府后，美多次派高级别代表团访索，2013年1月正式承认索联邦政府。2013年1月，索总统马哈茂德访美，会见美总统奥巴马和国务卿希拉里。2013年10月，美军非洲司令部在摩加迪沙部署军事小组。2014年8月，马哈茂德总统赴美出席首届美非峰会。2014年9月，美军特种部队出动战机和无人机，对“沙巴布”领导人戈达尼实施斩首行动并将其炸死。2015年5月，美国务卿克里访索。2016年，美自1991年以来首次任命专职驻索大使，常驻内罗毕。目前，美是索最大援助国，对索援助主要用于为非盟驻索特派团和索安全部队提供后勤支持及培训、政府能力建设、医疗卫生、食品安全等领域。2018年12月，美宣布向索提供9亿美元，用于人道主义和民生发展。2019年10月，美宣布将向索提供新一轮2.57亿美元人道主义援助，并表示2019财年已向索提供4.98亿美元援助。

【同英国的关系】英国原为索北部地区的宗主国。20世纪80年代，一些索反对派在伦敦组建反政府组织，索英关系一度紧张。西亚德政权在索倒台后，英支持联合国向索派遣维和部队。维和行动失败后，英支持国际社会调停索国内各派矛盾，支持索和平进程，是索重要捐助国。2012年2月，英外交大臣黑格访索，同月，第一次索马里问题伦敦国际会议召开。5月，索总统艾哈迈德访英。2013年4月，英外交大臣黑格访索并与索总统马哈茂德共同主持英驻索使馆复馆仪式，英成为1991年索内乱以来首个恢复驻索使馆的欧洲国家。2013年5月，第二次索马里问题伦敦国际会议召开。2016年，英外交大臣哈蒙德访索。2017年5月，第三次索马里问题伦敦国际会议召开。2018年7月，英国防大臣威廉姆斯访索。

【同意大利的关系】意大利原为索南部地区的宗主国，索意两国传统关系密切。1960年索独立后，意通过与索签订各类协议，对索政治经济保持重要影响。2004年，意积极支持伊加特主导的索和平进程，为索新一轮全国和解会议提供资助，向两届索过渡联邦政府提供大量援助。2012年索联邦政府成立后，意外长特尔兹访索。2018年11月，索总统穆罕默德访问意大利。2019年4月，意大利国防部长特伦塔访问摩加迪沙。

【同欧盟的关系】欧盟是索最大援助方之一，对索援助集中在安全和发展领域，是非盟驻索特派团军饷的唯一资助方。2018年9月，欧盟宣布向索提供1亿欧元财政预算援助。2019年5月，莫盖里尼首次访问索马里以推进索和平重建进程。

【同土耳其的关系】两国历史渊源可以追溯到土耳其奥斯曼帝国时期。2010年以来，土加大对索投入。土先后于2010年5月、2012年5月两次主办索马里问题伊斯坦布尔国际会议。2011年8月，土总理埃尔多安访索，访问后，土发起全国范围向索捐款活动并募得3亿美元捐款。2012年3月，土耳其航空公司开通伊斯坦布尔至摩加迪沙航线。2015年2月，土总统埃尔多安访索。2016年6月，土总统埃尔多安访索并出席土驻索使馆开馆仪式。2017年，土为索建设的军事训练基地落成，用于土军队训练索及其他非洲国家的军队。2018年7月，索总统穆罕默德赴土耳其出席土总统埃尔多安就职典礼。8月，穆罕默德总统赴土耳其出席正义与发展党大会。11月，穆罕默德总统在伊斯坦布尔同土耳其总统埃尔多安举行会谈。目前，土耳其是在索开展经贸合作项目最多、影响最广的国家，土国际合作署、公司、非政府组织、志愿者等近千人在索实施各类项目，涵盖公路、机场、港口、供水、航空、医疗、安全、人道主义救助等领域。索首都摩加迪沙机场和港口由土公司经营。土政府每年向索提供大量留学生名额，并为索培训政府官员、军警、医护人员。

【同阿拉伯国家的关系】索是伊斯兰国家，1974年加入阿拉伯国家联盟，与阿拉伯国家有着悠久的宗教、文化和贸易关系。沙特、科威特、埃及、也门、阿联酋等阿拉伯国家是索重要援助国和贸易伙伴。1991年西亚德政权在索倒台后，埃及、也门等阿拉伯国家及阿盟积极推动索各派和解。阿盟反对埃塞俄比亚和其他外国势力干涉索内政，曾希望国际社会客观看待索反对派“伊斯兰法院联盟”，并斡旋索过渡政府和“伊斯兰法院联盟”于2006年在苏丹首都喀土穆举行两轮和谈。2016年，沙特与伊朗关系恶化，索支持沙特并宣布驱逐伊朗驻索大使，索、伊（朗）两国断交。索在2017年海湾国家同卡塔尔断交危机中保持中立。2018年4月，穆罕默德总统出席在沙特阿拉伯举行的第29届阿拉伯国家联盟峰会。2019年2月，穆罕默德总统赴埃及出席首届欧盟－阿盟峰会。

【同埃塞俄比亚的关系】埃塞俄比亚系索最大邻国，与索存在历史恩怨和领土争端。1977年，索、埃塞两国爆发欧加登战争，同年9月，两国断交。埃塞军队在苏联支持下击败索军队，索于1978年从欧加登撤军。1988年，两国签订关系正常化协议，恢复互派大使。1991年索内战爆发后，埃塞积极参与索和平进程，多次推动召开索全国和解会议。2006年12月，埃塞出兵帮助索过渡政府击溃“伊斯兰法院联盟”，控制了首都摩加迪沙及索大部分地区。2009年1月，埃塞军队撤出索马里。2010年，埃塞促成索过渡联邦政府与索武装派别“逊尼派联盟”达成协议。2011年12月，埃塞再次出兵索协助索过渡联邦政府清剿“沙巴布”。2014年，埃塞入索部队加入非盟驻索马里特派团。2017年2月，埃塞总理海尔马里亚姆赴索出席索新总统穆罕默德的就职典礼。2018年11月，索总统穆罕默德访问埃塞，同埃塞总理阿比、厄立特里亚总统伊萨亚斯举行三方会谈。埃塞与索马里兰关系密切，双方互派代表。

【同吉布提的关系】吉布提原系法国殖民地，独立前被称为“法属索马里”。吉布提人与索马里人同种同源。1977年吉布提独立后，吉对索局势十分关注，希望索政局早日恢复稳定，积极参与调解索问题。2004年11月，索总统阿卜杜拉希·优素福·艾哈迈德访吉。2008年，吉促成索过渡联邦政府和索反政府武装“重新解放索马里联盟”在吉布提举行和谈。2009年，新一届索过渡联邦政府在吉成立。2010年12月，吉驻索使馆复馆。2011年11月，吉向索派遣200名维和士兵，加入非盟驻索马里特派团。2017年2月，吉总统盖莱出席索新总统穆罕默德的就职典礼。2018年8月，索总统穆罕默德访问吉布提。2019年2月，穆罕默德总统访吉。3月，盖莱总统访索。

【同肯尼亚的关系】肯尼亚系索邻国，双方曾有领土纠纷，1984年两国签订协议，索宣布永久放弃对肯境内索马里人聚居区的领土要求。1991年西亚德政权在索倒台后，索国内局势动荡，大量难民拥入肯境内。肯积极推动索和平进程，多年来向索全国和解会议提供大量资金支持。2002年10月，作为伊加特授权联合调解索问题的主席国，肯促成新一轮索全国和解会议在肯召开。肯积极呼吁向索派驻维和部队，并为索培训安全部队。2011年10月，肯出兵索协助索过渡联邦政府清剿“沙巴布”。12月，肯入索部队加入非盟驻索马里特派团。2013年9月，“沙巴布”在肯首都内罗毕西门购物中心制造恐怖袭击，造成67人死亡、240余人受伤。2015年4月，“沙巴布”对肯加里萨大学发动恐怖袭击，造成148人死亡、100多人受伤。2017年2月，肯总统肯雅塔赴索出席索新总统穆罕默德就职典礼。3月，肯总统肯雅塔访索，随后穆罕默德总统访肯并出席在内罗毕举行的索马里难民问题峰会。2018年5月，索总统穆罕默德访问肯尼亚。11月，穆罕默德总统赴肯尼亚出席可持续蓝色经济会议。索肯两国在海域划界上仍存在争端，2016年索将肯告上海牙国际法庭。2019年2月，索总理海尔访肯。3月，穆罕默德总统同埃塞总理阿比一同前往肯尼亚与肯雅塔总统会见，寻求解决索肯海洋划界争端。

【同厄立特里亚的关系】2018年7月，索总统穆罕默德访问厄立特里亚，这是1993年厄立特里亚建国以来索总统到访，两国元首宣布两国将建立外交关系、互派大使。8月，厄立特里亚外长奥斯曼访问索马里。9月，穆罕默德总统再次访问厄立特里亚，同厄立特里亚总统伊萨亚斯、埃塞总理阿比举行三方会谈。10月，厄立特里亚外长奥斯曼、埃塞俄比亚外长沃尔基内联袂访问索马里。12月，厄立特里亚总统伊萨亚斯访问索马里。2019年4月，穆罕默德总统再次访问厄立特里亚并与伊萨亚斯总统会见。同月，厄特外长访索。

（顾璟）

坦桑尼亚

国名　坦桑尼亚联合共和国（The United Republic of Tanzania）。

面积　945087平方公里，其中桑给巴尔2657平方公里。

人口　5910万（2018年），其中桑给巴尔130万。分属126个民族，人口超过100万的有苏库马、尼亚姆维奇、查加、赫赫、马康迪和哈亚族。另有一些阿拉伯人、印巴人和欧洲人后裔。斯瓦希里语为国语，与英语同为官方通用语。坦噶尼喀（大陆）居民中32%信奉天主教和基督教，30%信奉伊斯兰教，其余信奉原始拜物教；桑给巴尔居民几乎全部信奉伊斯兰教。

首都 多多马（Dodoma），人口约41万，占地面积2576平方公里，年平均气温22.7℃（原首都为达累斯萨拉姆，坦迁都至多多马计划正在进行中，目前外国驻坦使馆仍在达累斯萨拉姆）。

国家元首 坦桑尼亚联合共和国总统约翰·蓬贝·约瑟夫·马古富力（John Pombe Joseph Magufuli），2015年10月当选。

重要节日 坦桑尼亚国庆日，又称坦噶尼喀和桑给巴尔联合日：4月26日。

简 况

位于非洲东部、赤道以南。北与肯尼亚和乌干达交界，南与赞比亚、马拉维、莫桑比克接壤，西与卢旺达、布隆迪和刚果（金）为邻，东濒印度洋。大陆海岸线长840公里。东部沿海地区和内陆部分低地属热带草原气候，西部内陆高原属热带山地气候。大部分地区平均气温21℃—25℃。桑给巴尔的20多个岛屿属热带海洋性气候，终年湿热，年平均气温26℃。

人类发源地之一。公元前即同阿拉伯、波斯和印度等地有贸易往来。7—8世纪，阿拉伯人和波斯人大批迁入。阿拉伯人于10世纪末建立过伊斯兰王国。1886年坦噶尼喀内陆被划归德国势力范围，1917年11月英军占领坦全境，1920年坦成为英国"委任统治地"，1946年联合国大会通过决议，将坦改为英"托管地"，1961年5月1日坦取得内部自治，12月9日宣告独立，一年后成立坦噶尼喀共和国。桑给巴尔于1890年沦为英国"保护地"，1963年6月24日获得自治，12月10日宣告独立，成为苏丹王统治的君主立宪国家。1964年1月12日，桑人民推翻苏丹王统治，成立桑给巴尔人民共和国。1964年4月26日坦噶尼喀和桑给巴尔组成联合共和国，10月29日改国名为坦桑尼亚联合共和国，朱利叶斯·坎巴拉吉·尼雷尔任开国总统，后两度连任，直至1985年主动辞职。姆维尼同年10月27日当选联合共和国第四届总统，1990年连任。1995年10月坦举行首次多党大选，姆卡帕当选联合共和国总统，萨勒明以微弱优势连任桑给巴尔总统。2000年10月，姆卡帕蝉联联合共和国总统，革命党候选人卡鲁姆当选桑总统。2005年12月，基奎特当选联合共和国总统，卡鲁姆蝉联桑总统。2010年11月，基奎特蝉联联合共和国总统，革命党候选人、原联合共和国副总统谢因当选桑总统。2015年10月，马古富力当选联合共和国总统。

政 治

曾长期由革命党一党执政，政局稳定。1995年10月举行首次多党大选，反对党公民联合阵线（CUF）指责革命党在大选中舞弊，拒不承认桑给巴尔萨勒明政府。1996年6月，革命党召开全国代表大会，姆卡帕当选党主席，实现党政一元化领导。1997年11月，革命党召开第五次全国代表大会，姆卡帕连任党主席。1999年10月，坦"国父"、前总统尼雷尔去世，姆卡帕在高举尼倡导的联合、团结旗帜的同时，大力加强执政党和政权建设，政局继续保持稳定。2000年10月，革命党在第二次多党选举中以绝对优势胜出。2002年10月，姆卡帕蝉联革命党主席后，继续以发展经济、脱贫减困为施政重点，同时推进反腐、良政，缓解宗教矛盾和朝野矛盾，革命党执政地位进一步巩固。2005年12月，原外长基奎特在第三次多党选举中当选总统，革命党在同期举行的议会选举中赢得232个选区席位中的206席，占88%。2006年6月，基奎特当选革命党主席。基奎特执政以来，提出以"新热情、新活力、新速度"全面推进各项事业，加强党建和党内团结，力主同反对党对话，推动联合政府同桑给巴尔革命政府定期磋商，加大力度惩治腐败，努力塑造亲民、务实的政府形象。2008年1月和2月，基奎特总统先后撤换涉嫌腐败的中央银行行长、责令总理辞职并重组内阁，以表明实施良政的决心。2010年，革命党以较大优势赢得总统和议会选举，反对党在议会席位有所增加。2012年5月，基奎特总统大幅改组政府内阁，并任命大批省、县级年轻官员，表现出提高政府施政水平、打击腐败的决心。2012年11月，革命党召开第八次全国代表大会，基奎特连任党主席。2014年1月，基奎特总统再次改组内阁，撤换部分工作不力和受到贪腐指控的内阁部长。2015年10月，马古富力当选总统。同年12月，马古富力总统任命新一届内阁。2016年7月，革命党召开全国特别代表大会，选举马古富力为党主席。2017年10月，2018年7月和11月，马古富力总统三次改组内阁。

【坦、桑联合问题】坦噶尼喀和桑给巴尔于1964年组成坦桑尼亚联合共和国，此后联合问题时有起伏。1992年12月，桑给巴尔政府擅自加入伊斯兰会议组织，遭联合政府强烈反对，遂于1993年被迫退出，但联合之争并未平息。1996年以后，桑反对党公民联合阵线加紧反对联合的行动。在联合政府的坚决支持下，桑政府采取强硬措施压制反对党活动，坚决维护联合体制。2000年10月，卡鲁姆当选桑总统后，多次表示维护国家联合的立场，进一步打击了桑分裂势力。2001年以来，联合政府继续巩固统一局面，维护联合政体，争取温和力量，打击桑给巴尔分裂势力，并在预算资金分配和其他事关桑给巴尔切身利益的问题上给予照顾，公联阵不再公开主张分离，转而要求给予桑给巴尔更多自治权力。2008年初，革命党曾与公联阵就在桑给巴尔成立联合政府事进行谈判，但未达成一致。2009年，坦、桑联合问题取得一定进展，但大陆与桑岛在桑油气资源归属等问题上的争议有所升温。桑岛革命党与主要反对党公联阵之间的政治和解谈判在年初中断后于年底恢复，桑总统卡鲁姆与公联阵总书记哈马德举行历史性会谈，受到各方普遍关注。2010年初，桑岛政治和解出现新动向，革命党和公联阵就组建桑岛团结政府达成一致。7月，桑全民公投通过了建立民族团结政府体制的新宪法，11月，桑大选顺利举行，桑民族团结政府成立，桑总统、第二副总统和11名部长来自革命党，桑第一副总统和8名部长来自公联阵。2015年10月，桑给巴尔大选，因存在舞弊行为，结果宣布无效。2016年3月，桑给巴尔重新举行总统选举，革命党候选人谢因以91.4%得票率成功连任，公联阵以选举缺乏法律依据为由予以抵制。目前，桑给巴尔局势基本稳定。

【宪法】1977年4月制定联合共和国宪法，后经14次修改。联合共和国分设联合政府和桑给巴尔地方政府。1992年，第8次宪法修正案明确提出，坦桑尼亚是多党民主国家，奉行社会主义和自力更生政策。1994年，第11次宪法修正案规定，联合共和国政府设总统和1名副总统，总统为国家元首、政府首脑和武装部队总司令，由选民直选产生，获简单多数者当选，任期5年，可连任一届。总统与副总统必须来自同一政党，并分别来自大陆与桑给巴尔，副总统不能由桑总统或联合共和国总理兼任，每届任期5年，连任不得超过两届。总统任命总理，由总理主持联合政府日常事务。2000年，第13次宪法修正案重新界定了坦政治体制，确认原宪法中的“社会主义”和“自力更生”等原则代表民主、自立、人权、自由、平等、友爱、团结。2010年大选后，坦国内修宪呼声不断。2011年11月，《宪法修订法案》获议会通过。2012年4月，修宪委员会成立。6月和12月，新宪法一稿和二稿先后出台，提出设立坦噶尼喀、桑给巴尔和联合政府三个政府、缩减联合事务、限制总统权力等重大修改。2014年10月，制宪会议通过新宪法草案，决定维持两政府架构。新宪法草案原定于2015年4月进行公投，但因技术原因被无限期推迟。

桑给巴尔现行宪法于1979年制定，后历经修订。根据2010年修订的桑宪法，桑总统为桑团结政府首脑，取消首席部长设置，新设第一和第二副总统。桑选举与联合共和国总统大选同时举行，桑总统候选人由桑各政党提名，经桑全体选民直选，获1/2以上选票者当选，任期5年，可连任一届。总统对政府事务拥有决定权，第一和第二副总统向总统负责。第一副总统由在大选中获代表会议第二大议席的政党的成员出任。第二副总统由与总统来自同一政党的议员担任，经总统任命，作为总统的主要助手并在代表会议中负责政府事务，在总统逝世或无法履行公务时代行职权。总统和副总统根据各政党的议席比例分配和任命内阁部长。桑团结政府有权处理除外交、国防、警务、税收、银行、货币、外汇、航空、港口和邮电等22项联合事务以外的桑内部事务。

【议会】一院制，称国民议会，是联合共和国最高立法机构。议会选举与总统选举同时进行，每5年举行一次。总统有权任命10名议员。本届议会是独立后的第十一届议会，2015年11月成立。现任议长乔布·尤斯蒂诺·恩杜加伊（Job Yustino Ndugai）。

桑给巴尔人民代表会议为桑立法机构，拥有联合事务以外的桑事务立法权。本届代表会议于2016年3月选出，法定代表共85人，其中革命党81人。议长祖贝尔·阿里·毛利德（Zubeir Ali Maulid）。

【政府】设有联合政府和桑给巴尔地方政府。联合政府实行总统制，内阁由总统、副总统、总理、桑给巴尔总统和各部部长组成。本届联合政府于2015年12月10日成立，现有22位部长、21位副部长。

主要成员有：总统约翰·蓬贝·约瑟夫·马古富力，副总统萨米娅·苏卢胡·哈桑（Samia Suluhu Hassan），总理马贾利瓦·卡西姆·马贾利瓦（Majaliwa Kassim Majaliwa），外交与东非合作部部长帕拉马甘巴·卡布迪（Palamagamba Kabudi），财政计划部部长菲利普·姆潘戈（Philip Mpango）、工业、贸易和投资部部长查尔斯·姆维贾盖（Charles Mwijage）、国防和国民服务部部长侯赛因·阿里·姆维尼（Hussein Ali Mwinyi）等。

本届桑给巴尔政府于2016年5月组成，主要成员有：总统阿里·穆罕默德·谢因（Ali Mohamed Shein），第一副总统暂空缺，第二副总统塞义夫·伊迪（Seif Iddi）。

【行政区划】共有31省，下辖172个县。其中大陆26省，桑给巴尔5省。

【司法机构】设有宪法特别法院、上诉法院、高级法院、地方法院以及检察院、司法人员委员会和常设调查委员会。桑给巴尔岛和奔巴岛各设一伊斯兰教法庭，处理违反伊斯兰教义案件。大法官伊卜拉罕·哈米斯·祖马（Ibrahim Hamis Juma），总检察长乔治·马萨祖（George Masaju）。

桑给巴尔独立行使司法权，但上诉案件由联合共和国上诉法院审理。桑大法官哈米德·马哈姆德·哈米德（Hamid Mahamoud Hamid），总检察长阿德拉德斯·凯兰基（Adelardus Kilangi）。

【政党】坦政党经历了由多党制向一党制、又从一党制向多党制转变的历程。1992年7月，改行多党制，现有正式注册政党24个。其中包括：

（1）坦桑尼亚革命党（Chama Cha Mapinduzi）：执政党，由原坦噶尼喀非洲民族联盟和桑给巴尔非洲设拉子党于1977年合并而成。全国代表大会是最高权力机构，每5年举行一次。全国执行委员会是最高决策机构，中央委员会负责领导和处理日常工作。建有省、县、乡支部百户区（WARD）、十户组（CEU）等各级组织机构，影响深入坦社会的各个层面。主张坚持社会主义和自力更生原则，强调发展经济，在公正、平等和人道的基础上建立一个平等、正义的社会。2000年坦宪法修正案对“社会主义”含义进行了重新界定，但革命党迄未修改党章。主席约翰·蓬贝·约瑟夫·马古富力，总书记巴希鲁·阿里·卡库瓦（Bashiru Ally Kakurwa）。有党员约840万。

（2）民主发展党（Chama Cha Demokrasia na Maendeleo）：现为议会最大反对党，1992年成立。主张单独成立坦噶尼喀政府，反对种族歧视，提倡人人平等。主席弗里曼·姆博维（Freeman Mbowe），总书记温森特·马赛基（Vincent Mashinji）。有党员约100万。

（3）公民联合阵线（The Civic United Front）：亦称人民党（Chama Cha Wananchi），反对党。1992年由桑给巴尔多党促进委员会和人民党合并组成，政治影响主要集中在奔巴岛和桑给巴尔岛。提倡人民共同富裕的原则，在联合问题上极力维护桑给巴尔的民族利益和自主权，主张成立联合政府及坦噶尼喀和桑给巴尔地方政府三个政府。主席暂空缺，总书记塞义夫·哈马德（Seif Hamadi）。有党员约160万。

（4）坦桑尼亚劳动党（Tanzania Labour Party）：反对党，1993年成立。1999年原全国建设和改革会议主席姆雷马率其支持者集体反水加入劳动党后，该党实力大增。主席奥古斯丁·姆雷马（Augustine Mrema），总书记哈罗德·贾夫（Harold Jaffu）。

（5）联合民主党（United Democratic Party）：反对党，1994年成立。主张成立坦噶尼喀政府，重视社会发展，强调应加大对教育和医疗事业投入，推行土地私有化。主席约翰·切约（John Cheyo），总书记穆萨·克维基马（Musa Kwikima）。

（6）全国建设和改革会议（The National Convention for Construction and Reform）：反对党，1991年成立。主要由律师和学者组成，要求扩大民主，保护基本人权和自由，主张在联合体制内建立三个政府，即联合政府、坦噶尼喀政府和桑给巴尔政府，争取坦噶尼喀民族权利。主席詹姆斯·姆巴蒂阿（James Mbatia），总书记博利斯亚·姆瓦伊塞杰（Polisya Mwaiseje）。

其他反对党有：多党民主联盟（The Union for Multi-Party Democracy）、坦桑尼亚民主联盟党（Tanzania Democratic Alliance Party）、全国民主联盟（National League for Democracy）、国家重建同盟（The National Reconstruction Alliance）、联合人民民主党（United People’s Democratic Party）等。

【重要人物】约翰·蓬贝·约瑟夫·马古富力：总统、政府首脑、武装部队总司令。1959年出生于盖塔省。1985—1988年在达累斯萨拉姆大学学习并获化学与数学学士学位，1991—1994年就读于达累斯萨拉姆大学和英国塞福特大学并获化学硕士学位，2006—2009年就读于达累斯萨拉姆大学并获化学博士学位。曾经担任中学化学和数学老师、工业化验师。1995—2000年担任工程部副部长，2000年升任工程部部长。2005—2008年担任土地和人居事务部部长。2008—2010年担任畜牧业和渔业发展部部长。2010—2015年担任工程部部长。2015年10月当选总统，11月5日宣誓就职。2016年7月当选革命党主席。

经　济

联合国宣布的世界最不发达国家之一。经济以农业为主，平年粮食勉强自给。工业生产技术低下，日常消费品需进口。1967年实行国有化和计划经济，以建设集体农庄为中心，开展严重脱离国情的“乌贾马”社会主义运动，致使经济发展严重滞后。1986年起接受国际货币基金组织（IMF）和世界银行的调改方案，连续三次实行“三年经济恢复计划”。近年来，坦政府将脱贫作为政府工作重点，执行以经济结构调整为中心的经济改革政策，推进经济自由化和国有企业私有化进程，坚持适度从紧的财政、货币政策，使国民经济得到缓慢回升。同时，密切与西方捐助国和国际金融机构的关系，谋求吸引外资、减免外债和获得更多援助。2001年以来，坦成立以总统为首的“国家商业协会”和以总理为首的“投资指导委员会”，减免外资企业税费和高科技产品进口税，出台微型信贷政策，扶植中小企业发展。IMF和世行认定坦桑达到重债穷国动议完成点，将于20年内减免其30亿美元外债。2002年10月，IMF将其在非洲的第一个技术援助中心——东非技援中心设在坦。2011年，出台《国家发展规划五年计划（2011—2015）》，确定了农业、基础设施、工业、旅游、人力资源、信息通讯六大优先发展领域。马古富力总统执政后，积极落实竞选承诺，大刀阔斧推进改革，着力改善政府服务水平和民生。2016年出台《国家发展规划五年计划（2016—2020）》，将工业经济成型、经济和人力发展整合、创造良好的营商投资环境和加强监管确定为四大优先发展领域。近十年，坦桑尼亚经济平均增长率约7%，在黑非洲名列前茅，制造业、矿业和旅游业发展强劲，外国直接投资存量持续增长。但经济结构单一、基础设施落后、发展资金和人才匮乏等长期阻碍经济发展的问题仍然存在。2019年主要经济数据如下：

国内生产总值：647.80亿美元。

国内生产总值增长率：6.8%。

人均国内生产总值：1116.9美元。

通货膨胀率：3.4%。

外债总额：196.20亿美元。

外汇储备：55.67亿美元。

对外贸易额：139.68亿美元（其中进口额85.86亿美元，出口额53.82亿美元）。

货币名称：坦桑尼亚先令。

汇率：1美元=2288坦桑尼亚先令。

（资料来源：2020年1月《伦敦经济季评》）

【资源】矿产资源丰富，有8个绿岩带，地层大多属太古代岩石，历史上曾生产过近百吨黄金。已探明的主要矿产及储量为：钻石250万吨（含量6.5克拉/吨），金矿80万吨，煤3.24亿吨，铁1.3亿吨，磷酸盐1000万吨，天然气5.7万亿立方米。近年来，发现世界级氦气田，储量高达15.29亿立方米。2018年，勘探发现钕镨稀土金属矿，目前，已探明储量约1900万吨。目前，除天然气、钻石、宝石、黄金、镍矿、盐矿、磷酸盐、煤、石膏、瓷土和锡矿等被部分国际矿业公司开采外，其他矿藏均未得到开发利用。大陆、桑给巴尔及近海海域有若干储油前景良好的区域。目前，已有多家矿业开采公司在坦注册，主要依靠外国资金和技术，其中大部分从事黄金开发。此外，澳大利亚、加拿大、爱尔兰等国公司在坦从事石油勘探；世界银行、欧洲投资银行等资助坦开发松戈松戈气田（探明储量300亿立方米），由加拿大管道公司负责建设；有美国公司正拟在姆特瓦拉地区建设天然气发电厂和输电线；另有外国公司正与坦方探讨开发姆纳西湾气田项目（探明储量150亿立方米）的可行性。森林面积约4400万公顷，占国土面积的46%，出产安哥拉紫檀、乌木、桃花心木、栲树等。水力资源丰富，发电潜力超过4.78亿千瓦。

【工业】大陆制造业以农产品加工和进口替代型轻工业为主，包括纺织、食品加工、皮革、制鞋、轧钢、铝材加工、水泥、造纸、轮胎、化肥、炼油、汽车装配和农具制造等。桑给巴尔工业以农产品加工为主，主要有椰子加工厂、丁香油厂、碾米厂、糖厂、石灰厂、自来水厂、发电厂和印刷厂等。

【农业】以种植业、林业、渔业、牧业为主，是坦主要经济支柱。农业吸收全国劳动力的2/3。全国可耕地面积4400万公顷，已耕地面积1020万公顷。主要农作物有玉米、小麦、稻米、高粱、小米、木薯等。主要经济作物有咖啡、棉花、剑麻、腰果、丁香、茶叶、烟叶、除虫菊等。近年来，坦政府提出"农业第一"战略和南部经济发展走廊计划，大力推动农业生产，粮食不断增产。目前丰年自给有余并可少量向邻国出口。

【服务业】约占国内生产总值的一半，主要为贸易、酒店、餐饮、交通、金融、房地产等。2017年服务业产值增长7.8%，主要由通讯、交通运输和制造业快速发展拉动。

【旅游业】旅游资源丰富，非洲三大湖泊维多利亚湖、坦噶尼喀湖和尼亚萨湖（马拉维湖）均在坦边境线上，海拔5895米的非洲第一高峰——乞力马扎罗山世界闻名。其他自然景观有恩戈罗恩戈罗火山口、东非大裂谷、马尼亚纳湖等，另有桑岛奴隶城、世界最古老的古人类遗址、阿拉伯商人遗址等历史人文景观。坦1/3国土为国家公园、动物和森林保护区。共有塞伦盖蒂、恩戈罗恩戈罗等15个国家公园、50个野生动物保护区、1个生态保护区、2个海洋公园和2个海洋保护区，超过3万间旅馆客房。2018年，外国游客赴坦人数达149万人次，比2017年增加16万人次。坦央行数据显示，坦旅游业外汇收入24.3亿美元，同比上升7.13%。

【交通运输】以公路运输为主。

公路：总长87581公里，其中2005—2015年新建成公路17762公里。桑给巴尔公路总长982公里。

铁路：总长3667公里，主要有坦赞铁路、中央铁路及东非铁路。连接大陆17个省，并与赞比亚、刚果（金）、布隆迪、卢旺达、乌干达及肯尼亚等国相连，是东非内陆国家重要的出海通道。目前正在新建中央铁路标轨项目，同时对既有中央铁路进行修复改造。

水运：沿海有达累斯萨拉姆、姆特瓦拉、坦噶和桑给巴尔四大港口，正在建设巴加莫约港。达累斯萨拉姆港是进出口贸易的主要通道，同时也是赞比亚、布隆迪、乌干达、卢旺达、刚果（金）和马拉维等内陆国家的出海口。维多利亚湖、坦噶尼喀湖和尼亚萨湖的湖上运输对坦桑和邻国沿湖地区的物资交流和人员作用重要。

空运：现有机场46个，其中达累斯萨拉姆、乞力马扎罗和桑给巴尔为国际机场，达累斯萨拉姆机场和乞力马扎罗机场可停降波音747客机，桑给巴尔机场可停降波音737客机。另有国内商用机场22座，简易跑道通用机场21座。达累斯萨拉姆机场、伊林加、林迪、莫希、姆特瓦拉5座机场具有双跑道。

【对外贸易】出口以初级农产品为主，其中棉花、剑麻、腰果、咖啡、烟草、茶叶、丁香出口占外汇收入的80%。工矿业出口产品主要有钻石、黄金、纺织品、服装、皮革制品、鞋、树胶、铝制品等。进口以工业生产资料和工业品为主，主要有仪器、饮料、机械设备、金属制品、交通运输工具、石油等。2019年，坦对外贸易总额为139.68亿美元，其中出口额53.82亿美元，进口额85.86亿美元。主要贸易伙伴有中国、印度、德国、英国、日本、沙特、荷兰、意大利、新加坡、肯尼亚等。

【外国投资】1990年成立投资促进中心，负责审批投资项目，向国内外投资商提供咨询。1997年颁布《坦桑尼亚1997年投资法》。2002年颁布《出口加工区法案》。截至2017年底，坦吸引外资存量为203.51亿美元。据联合国贸发会议发布的2018年《世界投资报告》显示，2017年，坦吸收外资流量为11.8亿美元。外资主要集中在矿业、旅游业、农业、制造业和通讯业等领域。坦政府鼓励外商更多投资于农业、教育、医疗，以及公路、铁路、机场和旅馆建设等项目。目前，中国、英国、印度、肯尼亚、南非等是坦主要外资来源地，其中来自中国、南非、印度等新兴经济体的投资较为活跃。中国是坦第一大外资来源国。

【外国援助】外国援助在坦国民经济中占有重要地位，近年来坦每年接受外援9亿美元左右，其中发展伙伴（Development Partners）通过总体预算支持（General Budget Support）等方式向坦提供援助。主要发展伙伴有英国、印度、南非、荷兰、肯尼亚、美国、加拿大、意大利、德国和国际货币基金组织、世界银行、欧盟、非洲开发银行等。

人民生活

全国医疗条件较差，共有公立医疗机构3565个，私立医疗机构1959个。全国共有病床26030张。医生与人口比例为1∶64000，远低于世界卫生组织建议的1∶10000。疟情严重，每年约30万人死于疟疾。2011年，坦成人艾滋病感染率5.6%，人口增长率1.96%，婴儿死亡率4.6%。

军　事

武装力量由人民国防军、警察部队、国民服务队和民兵组成。总统兼任武装力量总司令，最高军事决策机构和指挥机构分别为国防与安全委员会和国防军总部。国防军建于1964年，总兵力2.8万。陆军约2.3万人，编成5个步兵旅，另有3个坦克团及若干炮兵团/高炮团（部分配属给步兵旅）、萨姆导弹营、反坦克营、通信团、工兵团等。海军约1900余人，下辖舰队司令部、桑给巴尔、姆万扎、基戈马、坦噶等海军站、训练学校、船舶修理厂、3个岸防雷达中队、1个机动雷达站、岸防营、海军陆战连。海军司令部和舰队司令部均位于达累斯萨拉姆基加姆博尼海军基地。空军约3000余人，编成2个飞行团、直升机中队、飞行学院和其他勤务部队。国防军司令韦南斯·马贝约（Gen. Venance Mabeyo）上将。警察部队隶属内政部，共3万人。国民服务队建于1963年，受国防部和国防军总部双重领导，共4000人。民兵部队建于1966年，隶属国防军总部，共8万人。

文化教育

【文化教育】重视发展民族文化，大力推广斯瓦希里语。设有国家艺术委员会、国家斯语委员会、图书馆服务理事会和民间文化协会等。首都达累斯萨拉姆设有国立中央图书馆和国家博物馆等。

【教育】实行中小学免费义务教育，成人识字率为90.4%，是非洲文盲率最低的国家之一。近年因国家财政拮据，教育经费不足，政府提出教育改革政策，鼓励私人或集体办校。发展伙伴亦将教育作为优先投资领域，投入可观资金。达累斯萨拉姆大学是全国唯一综合性大学，另有10余所大专院校、20多所师范院校。

【新闻出版】主要刊物有英文《每日新闻》，日发行量2万份。斯瓦希里文《自由报》《民族主义者报》和《工人日报》。另有《快报》（每周两期）、英文周刊《商业时报》《东非人报》、斯瓦希里语双周刊《火焰报》。

坦桑尼亚通讯社：国家通讯社，1976年10月成立，大陆各省设有分社，有少数记者驻邻国。

坦桑尼亚电台：国家电台，建于1951年。设在达累斯萨拉姆，分别用英语和斯瓦希里语广播。

桑给巴尔革命之声：桑给巴尔电台，建于1964年，用斯瓦希里语广播，每天播音9小时。

桑给巴尔电视台：国营电视台，1973年建立，用斯瓦希里语播送节目。

海岸电视网（CTN）：大陆的私营电视台，1994年建立。

独立电视台（ITV）：私营电视台，1994年建立。

对外关系

曾是著名的“前线国家”，为非洲大陆的政治解放作出过重大贡献。奉行不结盟和睦邻友好的外交政策，主张在互不干涉内政和相互尊重主权的基础上与各国发展友好合作关系。近年务实倾向增强，强调以经济利益为核心，淡化不干涉内政原则，发展同所有捐助国、国际组织和跨国公司的关系，谋求更多外援、外资。重点营造睦邻友好，全力促进区域经济合作。积极参与调解与其利益相关的地区问题。重视与亚洲国家关系，学习和借鉴亚洲国家的发展经验。是联合国、不结盟运动、英联邦、非洲联盟、东非共同体、南部非洲发展共同体及环印度洋地区合作联盟等组织的成员国。同115个国家建有外交关系。

【同中国的关系】中国于1961年12月9日与坦噶尼喀建交，1963年12月11日与桑给巴尔建交。坦噶尼喀与桑给巴尔联合后，中国自然延续与二者外交关系，将1964年4月26日坦、桑联合日定为与坦桑尼亚联合共和国建交日。建交以来，中坦关系长期健康稳定发展。

两国高层交往密切。2006年6月，国务院总理温家宝访问坦桑尼亚。11月，坦桑尼亚总统基奎特来华出席中非合作论坛北京峰会。2008年4月，基奎特总统应邀对华进行国事访问并出席博鳌亚洲论坛2008年年会。2009年2月，胡锦涛主席对坦桑尼亚进行国事访问，这是中国国家主席首次访坦。2009年11月，中非合作论坛第四届部长级会议期间，温家宝总理会见基奎特总统。2011年8月，全国政协副主席厉无畏访问坦桑尼亚。10月，坦桑尼亚桑给巴尔副总统伊迪来华出席中国西部国际博览会。11月，中共中央政治局委员、中央书记处书记、中宣部部长刘云山访坦。2012年3月，最高人民检察院检察长曹建明赴坦出席国际反贪局联合执委会会议。2012年9月，国务院副总理回良玉访坦。2013年3月，习近平主席对坦桑尼亚进行国事访问，其间与基奎特总统举行会谈，会见桑给巴尔总统谢因和坦前总统姆卡帕，在尼雷尔国际会议中心发表演讲，向中国援坦专家公墓献花圈。5月，桑给巴尔总统谢因来华出席第二届中国（北京）国际服务贸易交易会。10月，坦桑尼亚总理平达来华出席第14届中国西部国际博览会。2014年1月，习近平主席特使、住房和城乡建设部部长姜伟新赴坦出席桑给巴尔革命胜利50周年庆典。2月，坦桑尼亚外长门贝访华。6月，李源潮副主席访坦。7月，常万全国务委员兼国防部长访坦。2014年10月，基奎特总统来华进行国事访问。2015年2月，全国政协副主席、中联部部长王家瑞访坦。5月，比拉勒副总统来华出席中国中部投资贸易博览会并访华。11月，习近平主席特使、全国人大常委会副委员长张平出席坦新总统就职仪式。2016年11月，中央军委副主席范长龙访坦。2017年1月，外交部长王毅访坦。3月，中共中央政治局委员、北京市委书记郭金龙访坦。12月，坦桑尼亚外长马希加访华。2018年9月，马贾利瓦总理来华出席中非合作论坛北京峰会。11月，全国人大常委会副委员长蔡达峰访坦。2019年6月，坦桑尼亚外长卡布迪来华出席论坛北京峰会成果落实协调人会议。7月，坦桑尼亚国民议会议长恩杜加伊访华。12月，全国人大常委会副委员长吉炳轩访坦。

经贸合作成果丰硕。2019年，双边贸易额41.79亿美元，同比增长5.09%，其中中方出口额38.11亿美元，同比增长6.37%，进口额3.67亿美元，同比增长6.53%。中方主要出口机器设备、车辆、日用品等，主要进口木材、剑麻纤维、生牛皮和海产品等。

中国驻坦桑尼亚大使：王克。馆址：No.2, Kajificheni Close, Toure Drive, Dar es Salaam。电话：00255-22-2666817，2668064；商务处电话：2667585；传真：2666353。

坦桑尼亚驻中国大使：姆贝尔瓦·布赖顿·凯鲁基（Mbelwa Brighton Kairuki）。馆址：北京市朝阳区亮马河南路8号。电话：010-65322394。

【同美国的关系】坦美于1961年建交。近年来，两国关系持续改善。美重视坦地区大国作用和发展潜力，支持其经济改革，是坦主要投资和援助国之一，并免除了坦美双边债务。多年来，美在坦实施“总统艾滋病紧急救助计划”“总统防治疟疾行动计划”“全球健康行动计划”“保障未来粮食供给计划”和“千年挑战账户”等项目，每年向坦提供无偿援助近10亿美元。2009年5月，基奎特总统访问美国，美国总统奥巴马与其会见，基成为奥任美国总统后会见的首位非洲国家元首。2010年11月，桑给巴尔民族团结政府成立后，奥巴马总统致函基奎特和谢因表示祝贺。2011年6月，美国国务卿希拉里访坦，承诺向坦提供总计1亿美元的援助用于坦农业发展和粮食安全以及应对艾滋病等项目。2011年，美军非洲司令部司令、国务卿希拉里相继访坦，并承诺向坦提供1亿美元援助。美总统奥巴马专门致电基奎特总统祝贺坦大陆独立50周年。2012年，基奎特总统赴美进行工作访问。2013年7月，美国总统奥巴马访坦，与基奎特总统会谈，出席非洲国家工商业领袖论坛，与美前总统小布什共同悼念1998年美驻坦使馆爆炸案遇难者，参观美企运营的尤邦戈电厂，宣布打击偷猎野生动物的总统令。访坦期间，奥宣布延长实施《非洲增长与机遇法》，宣布美政府将投入70亿美元、私营部门投入90亿美元发展“非洲电力”计划，宣布启动“非洲贸易”计划。奥巴马夫人米歇尔和美前第一夫人劳拉还共同出席了主题为“为妇女投资，使非洲更强大”的非洲第一夫人论坛。2014年8月，基奎特总统赴美出席首届美国和非洲领导人峰会。2015年美国对坦桑尼亚援助预算总额达12亿美元。2016年3月，美国千年挑战集团曾以桑给巴尔选举违背民主、自由和公正原则为由暂缓向坦提供援助。2016年，美向坦提供8.6亿美元援助。2018年2月，美国财政部指责坦允许朝鲜船只注册并悬挂坦国旗航行的做法违反联合国对朝制裁决议，宣布对坦有关实体进行制裁。2019年4月，美国务院助卿帮办访坦，会见坦外长卡布迪。

【同英国的关系】坦英关系密切。英是坦第二大投资来源国、主要贸易伙伴和援助国，每年援助额约8000万美元。英宣布免除了坦所欠全部债务，积极支持国际货币基金组织和世行等国际金融机构减免坦债务。2017年2月，英国首相贸易和投资特使郝立科访坦宣布英国政府对坦贸易融资额将翻番，达到7.5亿英镑，具体将通过出口信贷和政府出口信用机构予以实施。2018年4月，坦副总统哈桑赴英国出席第25届英联邦首脑峰会，其间会见英国剑桥公爵威廉王子。2018年8月，英国国际发展部官员访坦期间宣布英国将向坦提供约1.35亿美元援助，用于教育、医疗和反腐败。2019年2月，英国政府向坦提供5000万美元用于支持坦公民社会组织发展。

【同邻国及其他非洲国家关系】在地区事务中奉行“广交友、不树敌、促和平、谋发展”政策。重视与周边邻国发展睦邻友好关系，马古富力总统上任后仅访问了卢旺达、乌干达和肯尼亚等邻国。重视在地区事务中发挥影响，致力于维护地区和平与稳定。参与调解肯尼亚选后危机、津巴布韦大选政治危机，大力斡旋刚果（金）、马达加斯加问题，关注索马里和平进程，为非盟驻索马里维和部队提供培训，参与调解南苏丹问题和布隆迪问题。参与联合国在向苏丹达尔富尔、刚果（金）、科特迪瓦和南苏丹等维和任务。

【同亚洲国家的关系】坦重视发展与亚洲国家的关系。2011年，印度总统辛格访坦，宣布向坦提供1.9亿美元经济援助。2015年，基奎特访问印度。2016年，莫迪总理访坦，宣布向坦提供约6亿美元信贷。2018年，印度海军三艘军舰访坦，与坦海军举行联合演习。

日本每年向坦提供约1亿美元无偿援款，向坦派出专家和志愿者。2013年5月底、6月初，坦总统基奎特出席第五届东京非洲发展国际会议并与日本首相安倍晋三举行会谈。2018年8月，日本副外相佐藤正久访坦。2019年2月，马古富力总统会见来访的日本国际协力机构高级副总裁。2019年8月，马贾利瓦总理和卡布迪外长赴日出席东京非洲发展国际会议横滨峰会。

2004年12月，姆卡帕总统对越南进行正式访问。2006年9月，坦总理洛瓦萨访问泰国、越南。2016年3月，越南国家主席张晋创对坦进行国事访问。（杨璐）

突尼斯

国名　突尼斯共和国（The Republic of Tunisia, La Républque Tunisienne）。

面积　162155平方公里。

人口　1178万（2019年），90%以上为阿拉伯人，其余为柏柏尔人。阿拉伯语为国语，通用法语。伊斯兰教为国教，主要是逊尼派，少数人信奉天主教、犹太教。

首都　突尼斯市（Tunis），人口260万。

国家元首　凯斯·赛义德（Kais Saied），2019年10月当选。

重要节日　独立日（国庆节）：3月20日。

简　况　位于非洲北端。西与阿尔及利亚为邻，东南与利比亚接壤，北、东临地中海，隔突尼斯海峡与意大利相望，海岸线全长1300公里。北部属地中海型气候，夏季炎热干燥，冬季温和多雨。南部属热带沙漠气候。8月为最热月，日均温21℃—33℃；1月为最冷月，日均温6℃—14℃。

公元前9世纪初，腓尼基人在今突尼斯湾沿岸地区建立迦太基城，后发展为奴隶制强国。公元前146年成为罗马帝国的阿非利加省的一部分。公元5—6世纪先后被汪达尔人和拜占庭人占领。703年被阿拉伯穆斯林征服。13世纪哈夫斯王朝建立了强大的突尼斯国家。1574年沦为奥斯曼土耳其帝国的一个省。1881年成为法国保护领地。1956年3月20日，法国承认突尼斯独立。1957年7月25日突制宪会议通过决议，废黜国王，宣布成立突尼斯共和国，布尔吉巴任第一任总统，1975年经议会批准，布尔吉巴成为终身总统。1987年11月7日，总理本·阿里废黜布尔吉巴，长期任总统。

政　治　2010年底至2011年初，突发生大规模骚乱，政局陷入动荡，本·阿里于2011年1月14日流亡沙特阿拉伯。突进入政治过渡期。2014年12月，埃塞卜西在总统选举中获胜，突结束政治过渡进程。当前，突政局总体稳定，但面临严峻的恐怖主义威胁。2015年3月、6月、11月和2016年3月，首都突尼斯城、最主要旅游城市苏斯和南部城市本加尔丹先后四次发生严重恐怖袭击事件，给突经济、社会带来巨大冲击。2015年11月，埃塞卜西总统宣布突进入为期3个月的全国紧急状态，此后多次延期至今。2016年1月，突多地因青年失业等问题引发骚乱，并发生警民冲突和打砸抢烧事件。2018年1月，突多地因民生问题爆发游行示威，部分地区发生骚乱。10月，突首都发生一起自杀式爆炸袭击。2018年底，突公职人员因涨薪问题多次举行罢工游行。2019年6月，突首都市中心发生两起针对军警部门的自杀式爆炸袭击。7月25日，总统埃塞卜西因病去世。9月、10月，突分别举行总统大选和议会选举。

【宪法】1959年6月1日，制宪议会通过共和国第一部宪法，规定突是自由、独立的主权国家，实行共和制政体。1998年通过修改宪法和选举法，降低总统候选人的参选年龄，扩大参选范围。总统任期5年，可连任两届。2002年，举行独立后首次全民公决，通过宪法修正案，取消对总统连任次数的限制，并将总统候选人的年龄上限增至75岁。2011年3月4日，突过渡政府宣布，废除现行宪法。2014年1月26日，突制宪会议投票通过新宪法，确定突实行共和制，伊斯兰教为国教，总统由直选产生，任期5年，不得超过两届，实行一院制，立法机构称人民代表大会。

【议会】原为一院制，称国民议会。2002年宪法修正案改为两院制，由众议院和参议院组成。2011年3月4日，突过渡政府宣布解散参、众两院。10月23日，突制宪会议选举顺利进行。复兴运动在217个议会席位中获89席，为第一大党。2014年10月，突举行议会选举，世俗派政党“突尼斯呼声”在217席中占据86席，成为议会第一大党，投票选出的人民代表大会取代具有过渡性质的制宪会议。2014年11月，穆罕默德·纳塞尔（Mohamed Ennaceur）当选人民代表大会主席。2016年3月，10余名呼声党议员退出议会，复兴运动取代突尼斯呼声成为议会第一大党。2019年10月6日，突举行议会选举。复兴运动获52席，成为议会第一大党。突尼斯之心党获38席，排名第二。11月13日，复兴运动领导人拉希德·格努希当选议长。

【政府】2015年2月突新一届政府成立，此后多次改组。2020年1月，突新任总统赛义德任命独立人士法赫法赫组阁，2月，突新政府就职。现政府由1位总理、29位部长、10位国务秘书组成。主要成员有：总理埃里亚斯·法赫法赫（Elyes Fakhfakh），内政部长希沙姆·玛基奇（Hichem Mechichi），国防部长伊梅德·哈吉（Imed Hazgui），司法部长苏勒娅·贾丽比·赫米里（Thourya Jeribi Khemiri，女），外交部长努尔丁·拉伊（Noureddine Erray），财政部长穆罕默德·尼扎尔·亚什（Mohamed Nizar Yaiche）等。

【主要网址】http://www.tunisie.gov.tn。

【行政区划】全国划分为24个省，下设262个县，260个市镇。

【司法机构】最高司法委员会是突尼斯司法系统最高机构。委员会行使对法官任命、晋升、调动和纪律处分的职能。总统根据委员会的建议任命法官，委员会2/3成员为选举产生，1/3成员为任命，任期6年。委员会主席在级别最高的成员中选出。全国有1个最高法院，10个上诉法院，24个一审法院，83个地方法庭。每个法院下辖若干民事、刑事法庭。此外，还设有专门审理军事犯罪的军事法庭。最高法院院长为哈迪·卡迪里（Hedi Guediri）。突无独立的检察院，但在每个法院均设有检察机构。现任总检察长为巴希尔·艾克里米（Bechir Akremi）。

【政党】突于1981年4月开始实行多党制，2011年1月本·阿里政权倒台后，过渡政府宣布取缔原执政党“宪政民主联盟”，取消党禁，大量政党涌现。目前，突共有200余个合法政党，主要有：复兴运动、突尼斯之心党、民主潮流党、自由宪政党、人民运动党、祝福突尼斯党、呼声党。

（1）复兴运动（Mouvement Ennahdha）：温和伊斯兰政党，成立于1981年6月，原名伊斯兰倾向运动。20世纪90年代初遭当局打压并取缔。2011年本·阿里政权倒台后，该党获得合法地位并很快成为突政坛影响最大的政治力量。主张基于伊斯兰价值观的民主，强调突的阿拉伯、伊斯兰属性，致力于实现伊斯兰与民主和谐共存。党主席为拉希德·格努希（Rachid Ghannouchi）。在2019年10月议会选举中，该党获52席，为议会第一大党。

（2）突尼斯之心党（Qalb Tounes）：前身为“争取突尼斯社会和平党”，2019年6月更为现名。2019年总统选举候选人纳比勒·卡鲁维任党主席。该党强调人民应决定自己命运，主张消除贫困、吸引投资、振兴科教事业、鼓励人才发展等。在2019年10月议会选举中，该党获38席，位列第二。

（3）民主潮流党（Courant Démocratique）：2013年5月成立，吸纳许多民主人士，发展较快。主张实现全社会公正，注重财富平均分配，致力于实现免费教育、医疗等。党总书记穆罕默德·阿布（Mohamed Abbou），曾任保卫共和大会党总书记，后因党内权力之争退出保卫共和大会党，并建立民主潮流党。在2019年10月议会选举中，该党获22席，排名第三。

（4）自由宪政党（Parti libéral constitutionnel）：该党由本·阿里时期前总理哈米德·卡鲁伊于2013年12月成立，原名宪政运动，旨在吸纳前宪政联盟支持者，坚持布尔吉巴注意，希极右翼政党。2016年8月阿比尔·穆希（Abir Moussi）任党主席，明确党的口号为“保持忠诚，完成使命”并将党名改为自由宪政党。在2019年10月议会选举中，该党获17席。

（5）人民运动党（mouvement du peuple）：突政治变革前与反对本·阿里政权的“突尼斯纳赛尔主义组织”关系密切，2011年3月突政治变革后获得合法地位。该党系民族主义政党，信奉纳赛尔主义，口号为“自由、社会主义、团结”。在2019年10月议会选举中，该党获15席。

（6）祝福突尼斯党（Tahia Tounes）：2019年1月27日成立。该党成员以议会全国联盟党团成员为主，主张以布尔吉巴思想和突改革思想为基础，坚持共和、民主、现代与社会公正的原则，全面推动经济发展、着力反腐、反恐。在2019年10月议会选举中，该党获14席。

（7）突尼斯呼声（Nidda Tounes）：世俗派政党，由时任过渡政府总理的埃塞卜西于2012年6月创建，以世俗精英、前政府要员、中左翼人士为骨干。主张走世俗化道路，建设法治国家，发展自由经济，维护社会公平。曾为议会第一大党。2016年3月，呼声党内讧，10余名呼声党议员退出议会。在2019年10月议会选举中，该党获3席。

【重要人物】凯斯·赛义德：总统。1958年生于首都突尼斯市，宪法专家、教授。先后在突宪法协会秘书长、副主席；苏斯大学普通法系主任；突尼斯大学法学教授；2014年任突尼斯宪法修订专家委员会成员。2019年10月当选突总统。

经　济

突尼斯经济中工、农、服务业并重。工业以石油和磷酸盐开采、制造业和加工工业为主。农业是国民经济重要部门，但粮食不能自给。旅游业较发达，在国民经济中占重要地位。1986年，突经济实行“结构调整计划”，由计划经济向市场经济过渡。1995年，突与欧盟签署联系国协议。2008年，突与欧盟启动自贸区。此后几年，突经济稳步发展，GDP年均增长5%左右。法国和意大利分别为突第一、第二大贸易伙伴。2012年，突获得欧盟给予的优先伙伴地位。突政治过渡期间，经济增长缓慢，高失业、高赤字、高通胀症状明显，旅游、磷酸盐等支柱产业受到冲击。突新政府采取一系列措施应对，广泛寻求国际援助，积极吸引外资，努力振兴经济。2019年主要经济数据如下：

国内生产总值：438亿美元。

人均国内生产总值：3742美元。

经济增长率：1.0%。

货币名称：第纳尔（Dinar）。

汇率：1美元≈2.8第纳尔。

通胀率6.7%。

失业率14.9%。

（资料来源：突国家统计局）

【资源】主要有磷酸盐、石油、天然气、铁、铝、锌等。已探明储量：磷酸盐20亿吨，石油7000万吨，天然气615亿立方米，铁矿石2500万吨。

【工矿业】矿产资源主要以磷酸盐、石油为主。2019年突磷酸盐产量为410万吨，同比增长46%。

【农业】全国可耕地面积900万公顷，已耕地500万公顷，其中7%为水浇地，约34.5万公顷。由于盐碱化、沙漠化等因素，每年约有2万公顷耕地流失。全国有天然和人工牧场29万公顷。

突2015年实现粮食生产自给自足，并有盈余用于出口。2019年3月，突尼斯食品贸易逆差达到2.12亿第纳尔，上年同期为顺差2.23亿第纳尔。造成逆差的主要原因是进口食品的价格上涨，尤其是谷物价格上涨较快。

突是橄榄油主要生产国之一，橄榄油产量占世界橄榄油总产量的4%—9%，橄榄油成为突主要的出口创汇农产品。全国种植橄榄8000万株，占地180万公顷。2019年，突橄榄油产量30多万吨，其20多万吨可用于出口。

【旅游业】旅游业在国民经济中居重要地位，是突第一大外汇来源。全国约800家旅馆拥有23万张床位，居非洲和阿拉伯国家前列。直接或间接从事旅游业人员达35万人，约占全国人口的3.6%，解决了12%的劳动力就业问题。旅游设施主要分布在东部沿海地带，有5大旅游中心，苏斯“康达维”中心是全国最大的旅游基地。突尼斯市、苏斯、莫纳斯提尔、崩角和杰尔巴岛是著名的旅游区。受政局剧变影响，2011年，突接待外国游客约470万人次，同比下降 33.3%；旅游收入约13.6亿美元，同比下降36.2%。2015年，突先后发生2起严重恐怖主义袭击事件，造成大量外国游客伤亡，旅游业受到严重冲击。2016年共接待外国游客540万人次。2017年突旅游业回暖，共接待外国游客670万人次，同比增加23%。2019年突共接待外国游客约942万人次，同比增长13.6%。

【交通运输】交通运输比较发达。

铁路：总长2190多公里，其中轨距1米的窄轨铁路占1713公里，余为轨距1.44米的铁路。

公路：总长2万公里。陆路运输目前占突尼斯货运总量的50%，客运总量的90%。

海运：有30个港口，其中8个为大型商业港口，1个为石油转运港。有2支船队，总吨位22.4万吨。主要港口是突尼斯–古莱特、比塞大、布尔基巴、斯法克斯、加贝斯、苏斯、扎尔西斯、拉迪斯及斯基拉港等。

空运：有两个国营航空公司，主要是突尼斯航空公司。突与国内外44个城市通航。年客运总量为1200万人次。全国有7个国际机场：突尼斯–迦太基、莫纳斯蒂尔–卡奈斯、杰尔巴–扎尔齐斯、斯法克斯–蒂纳、杜泽尔–内夫塔、塔巴卡–11.7和加夫萨–盖斯尔。

【财政金融】2011年以来，突高赤字、高通胀症状明显，外汇储备短缺。据国际货币基金组织统计，突2019年公共债务占国内生产总值比重高达77%。突尼斯中央银行数据显示，截至2019年11月18日，突尼斯外汇储备约合188.346亿突第，可满足106天进口。

突尼斯银行业信贷机构共46家，其中银行23家，包括国有银行7家，私营银行2家。

【对外贸易】突推行贸易自由化政策，迄今自由进口的商品额占进口总额的85%，自由出口的商品额占出口总额的95%。近年来，突尼斯对外贸易情况如下（单位：亿美元）：

	2017	2018	2019
出口	142.2	154	150.0
进口	196.0	210	203.7
差额	–53.8	–56	–53.7

欧盟是突的主要贸易伙伴，其中法国、意大利、德国与突贸易额名列前三。2017年在突进出口中所占比例如下：

	出口（%）	进口（%）
法　国	30.5	15.0
意大利	16.4	15.5
德　国	11.6	8.0

（资料来源：2019年《伦敦经济季评》）

突主要出口产品是机械和电子工业品、矿产、磷酸盐及其衍生产品、纺织品、橄榄油等。进口产品主要是能源、机电设备、汽车、棉花、农业和食品加工产品等。

【外国资本】突外国直接投资主要来自欧盟、美国和阿拉伯国家。法国是第一大投资来源国，投资额5.4亿突第，占外国直接投资总额的34%，其后分别是德国（1.8亿突第）、意大利（1.7亿突第）和卡塔尔（1.5亿突第）。2019年突吸引外国直接投资26.5亿突第，同比下降7.6%。主要集中在工业、能源、服务业等领域。

人民生活

突尼斯自20世纪70年代以来，实行对基本食品实施物价补贴的社会福利政策。90年代后，政府开始缩小补贴范围，减少补贴费用，分期提高基本食品价格，同时采取措施，保护困难户和低工资收入者的购买力。全国78%的人拥有自己的住房，74%的居民享受医疗保险，8%的居民持有免费医疗证。中产阶层和社会保障覆盖率分别达80%和93%。2017年，突最低工资收入为1.72第纳尔/小时（每周48小时）和1.76第纳尔/小时（每周40小时）。

全国卫生系统共有各类医务人员和职工4万人。全国平均每1200人有1名医生，平均每6500人有1名牙医，平均每330人有1名护士。医疗设施分公立医院、私人医院和个人诊所，以公立医院为主，共176所，有17269张床位，私人医院有床位1800张，另有卫生站1050个。全国有21%的家庭拥有汽车，90%的家庭拥有电视机，82%的家庭拥有冰箱，34%的家庭拥有洗衣机，6%的家庭拥有空调，99.9%的家庭拥有固定电话，80%的人拥有移动电话，90%的家庭享有饮用水和供电。

军　事

1956年建立国民军，1959年建立海军和空军。总统为武装部队总司令。1975年起突尼斯实行义务兵役制，服役期1年。总兵力约5万人。陆军3.8万人，包括3个机械化步兵旅、1个撒哈拉旅、2个特种部队群和8个独立团，拥有各类坦克199辆，各型装甲车985辆、各型火炮302门。海军6000人，拥有各类舰艇50艘。空军6000人，有各型军用飞机155余架，直升机88架。有国民警卫队约4万人。军事装备主要来自法国、美国、意大利、土耳其等。

文化教育

【教育】突尼斯实行基础义务免费教育制（至16岁），从1989/1990学年起，将过去的小学6年、初中3年合并为9年一贯制基础教育。全国近1/4的人口在各级学校学习。小学入学率99%，大学入学率为31.7%。各类大专院校178所，学生33.6万，其中大学共16所：宰敦大学（伊斯兰高等学府）、突尼斯大学、突尼斯玛纳尔大学、迦太基11.7大学、玛努巴大学、中部大学、斯法克斯南方大学等。

【新闻出版】主要报刊有：《复兴报》《自由报》和《新闻报》。主要周刊有《现实周刊》等。

突尼斯非洲通讯社（Tunis Afrique Presse）：简称"突通社"，创建于1961年1月，为国家通讯社。现有记者、编辑550余人。在巴黎、波恩、纽约、布鲁塞尔、阿尔及尔、拉巴特、开罗、科威特、达喀尔等地派有常驻记者。

突尼斯广播电视总署：1990年成立，国营，统管全国广播和电视工作，下设主席办、办公厅、电视总局和广播总局。突尼斯国家广播电台于1936年首播，现有3个全国性频道对外广播，1个为国内频道，每天24小时以阿语广播；1个为国际频道，每天18小时，以法、德、意、英和西语对外播音；还有1个青年频道，1995年11月开播。此外还有5个地方台。突尼斯国家电视台于1966年6月1日起开播，现分一台（阿语）和二台（法语），还有突尼斯7台和青年台。突直接转播意大利国家电视台和法国商业电视台节目。1991年始设有线电视台转播法国有线电视台节目。

对外关系

突尼斯奉行温和、务实、平衡的外交政策。坚持外交为经济建设和提升国际地位服务，致力多元外交。重点发展与欧盟特别是法国的关系，注重加强同阿拉伯国家的经济合作，积极推动马格里布联盟和地中海联盟建设，同时致力提升同亚洲国家，特别是中、日、韩的关系。目前，突与世界138个国家建立了外交关系。

【对当前重大国际和地区问题的态度】关于国际形势：当今世界正经历深刻变化，国际关系出现新调整，带来新挑战。各方应共同承担责任，促进世界安全、稳定和发展，维护公正、公平和互助的国际关系。当前科技革命促进了各领域进步，改善了人民生活，但并未能解决地区紧张或冲突、饥饿、贫困等问题，未能阻止波及世界大多数国家的金融危机的爆发。当前国际社会面临的挑战遍及各领域，在全球化大背景下，国际社会应共同努力，推动实现可持续发展及合作、宽容、团结、互助的价值观，促进各国共同发展。

关于安理会改革：赞同对包括安理会在内的联合国进行改革，提高安理会效率。改革应是全面和长期的，应关注发展问题和发展中国家的代表性。安理会改革是一个复杂过程，应寻求一揽子解决方案。突支持并维护非盟共同立场，认为非洲国家应保持团结，反对破坏会员国团结的行动。

关于中东问题：支持巴人民为恢复合法权利、建立独立国家的斗争。呼吁世界上有影响力的大国、中东问题各方应共同努力，重启和平进程，早日结束巴人民苦难。突对美国政府宣布的解决巴勒斯坦问题的倡议深表关切。强调应遵守联合国有关决议，不得撼动东耶路撒冷的历史地位。

【同中国的关系】1964年1月10日，周恩来总理访突尼斯时两国宣布建交。1967年9月中方关闭驻突使馆，1971年10月复馆。近年来中突双边关系不断发展。2011年，突政局发生动荡后，中突友好合作关系实现了平稳过渡，继续保持顺利发展。2015年2月，突新政府成立后，李克强总理向新任总理绥德致就职贺电。3月，突首都巴尔杜博物馆发生严重恐怖袭击事件，王毅外长向巴库什外长致慰问电。6月，埃塞卜西总统就"东方之星"沉船事件向习近平主席致慰问信。同月，汪洋副总理出席在罗马举行的联合国粮农组织特别活动期间，同绥德总理简短寒暄。同月，突主要旅游城市苏斯发生严重恐怖袭击事件，王毅外长向巴库什外长致慰问电。7月，突外交部国务秘书谢勒法来华举行中突两国外交部政治磋商。8月，埃塞卜西总统就天津港爆炸事故向习近平主席致慰问信。9月，突总统代表、国防部长奥沙尼来华出席中国人民抗日战争暨世界反法西斯战争胜利70周年纪念活动。12月，突外交部长巴库什出席中非合作论坛约翰内斯堡峰会。2016年1月，突政府内阁重组后，王毅外长向新任外长朱海纳维致就职贺电。3月，突南部城市本加尔丹发生严重恐怖袭击事件，王毅外长向朱海纳维外长致慰问电。5月，王毅外长访突。同月，突外长朱海纳维出席多哈中阿论坛第七届部长级会议。8月，突政府改组，李克强总理向新任总理沙海德致就职贺电。11月，中国政府非洲事务特别代表许镜湖出席突"经济支持与投资国际会议"。12月，全国政协副主席王家瑞访突。2017年1月，张明副外长访突。7月，突外长朱海纳维访华。

2018年6月，中共中央政治局委员、重庆市委书记陈敏尔访突。7月，突外长朱海纳维来华出席中阿合作论坛第八届部长级会议，两国签署共建“一带一路”谅解备忘录。9月，突总理沙海德来华出席中非合作论坛北京峰会。2019年4月，突外交部国务秘书陶布吉来华出席第二届“一带一路”国际合作高峰论坛。6月，突外交部经济外交国务秘书费尔加尼来华出席中非合作论坛北京峰会成果落实协调人会议。

2019年，中突贸易总额达15.73亿美元，同比下降2.26%。其中，中方出口额为13.64亿美元，同比下降3.56%，进口额为2.09亿美元，同比上升7.18%。

中国驻突尼斯大使：汪文斌。馆址：22，Rue Du Docteur-Burnet-/Tunis。电话：00216–71780064；传真：71792631。经商处电话：718459453，71845805；传真：71841996。网址：www.fmprc.gov.cn/ce/cetn/chn/。

突尼斯驻华大使：迪亚·哈立德（Dhia Khaled）。馆址：北京市朝阳区三里屯东街1号。电话：010–65322435，65322436。

【同法国的关系】突法关系较深，经济合作密切。法国在突尼斯外贸和外资中居首位，也是突旅游业的主要客源。突是人均接受法对外援助最多的国家，法每年向突提供约1亿欧元的援贷款。法是突军事装备的主要来源国之一，每年为突培训近百名中级军官，两国经常举行联合军事演习。2014年1月，法总统奥朗德赴突出席突新宪法颁布仪式；同月，外长哈米迪访法；4月，法外长法比尤斯访突。同月，总理朱玛访法。9月，法总理瓦尔斯及外长法比尤斯赴突出席突国际投资大会。2015年3月，奥朗德总统赴突出席反恐大游行。4月，埃塞卜西总统对法国进行国事访问。11月，巴黎恐袭发生后，埃塞卜西总统赴法国，会见奥朗德总统，强烈谴责恐袭。2017年4月，法总理卡泽纳夫、国防部长勒德里昂相继访突。6月，法外长勒德里昂访突。12月，埃塞卜西总统访法。2018年1月，法总统马克龙访突。2019年2月，沙海德总理访问法国。3月，法国外长勒德里昂外长访突。11月，沙海德总理以赛义德总统特使身份赴法国出席巴黎国际和平论坛。

【同美国的关系】突美关系密切。美较重视突尼斯对马格里布地区稳定的作用。2014年1月，美国副国务卿伯恩斯访突。同月，美国务卿克里访突。4月，总理朱玛访美。5月，突制宪会议议长加法尔访美。同月，突美举行第28届军事混委会会议。8月，马尔祖基总统赴美出席首届美非峰会。2015年5月，埃塞卜西总统对美国进行正式访问。11月，美国务卿克里访突。2016年9月，埃塞卜西总统出席在美国纽约举行的第二届美非贸易论坛。2017年3月，朱海纳维外长访问美国。11月，美副国务卿沙利文访突。2018年7月，朱海纳维外长访美。2019年5月，突国防部长杰比迪访问美国。7月，朱海纳维外长访问美国，与美国国务卿蓬佩奥共同主持第三届突美战略对话。

【同欧盟国家的关系】欧盟是突尼斯最大贸易伙伴和投资方。突同欧盟贸易占其对外贸易总额的80%。1995年7月，突同欧盟正式签署了“欧洲—地中海国家联系国协议”，并在2008年启动了突欧自由贸易区，系首个签署协议并启动自贸区建设的地中海南岸国家。2012年11月，突获得欧盟给予的优先伙伴地位。2014年1月，欧洲理事会主席范龙佩、意大利议长赴突出席突新宪法颁布仪式。同月，突制宪会议议长加法尔访问欧洲议会。2月，意大利总理伦奇访突。4月，德国外长施泰因迈尔访突。6月，朱玛总理访问德国。7月，卢森堡外交大臣阿瑟伯恩、西班牙外交与合作大臣马加略访突。2015年4月，欧洲理事会主席图斯克访突。同月，德国总统高克对突进行国事访问。5月，意大利总统马特雷拉访突。同月，绥德总理访问欧盟总部。11月，埃塞卜西总统访问瑞典，绥德总理访问德国。2016年2月，埃塞卜西总统访问瑞士。3月，绥德总理访问荷兰、卢森堡。12月，埃塞卜西总统访问比利时和欧盟总部。同月，比利时、荷兰和卢森堡三国首相联合访突。2017年1月，意大利外长阿尔法诺访突。2月，埃塞卜西总统访问意大利，沙海德总理访问德国。3月，德国总理默克尔访突。4月，西班牙外交大臣达斯蒂斯、芬兰外长索伊尼、匈牙利外交与对外经济部部长西亚尔托相继访突。5月，英国外交大臣约翰逊访突。11月，葡萄牙总理科斯塔、意大利总理真蒂洛尼相继访突。2018年1月，意大利外长阿尔法诺访突。2月，西班牙首相拉霍伊、葡萄牙议长罗德里格斯、卢森堡外交大臣阿瑟伯恩访突。4月，罗马尼亚外长梅莱什卡努访突。同月，沙海德总理访问比利时、荷兰和卢森堡。6月，纳塞尔议长访问希腊。朱海纳维外长访问意大利。10月，朱海纳维外长访问德国。同月，法国外长勒德里昂、欧盟委员会主席容克访突。11月，意大利总理孔特访突。同月，埃塞卜西总统赴法国出席第一次世界大战结束100周年纪念活动。2019年1月，朱海纳维外长访问西班牙。同月，匈牙利外交和贸易部长彼得·西雅尔多访突。2月，埃塞卜西总统对马耳他进行国事访问。5月，朱海纳维外长赴布鲁塞尔同欧方共同主持突欧联系国理事会第15次会议。7月，朱海纳维外长访问葡萄牙。9月，朱海纳维外长访问荷兰。10月，德国外长马斯访突。11月，沙海德总理访问意大利。

【同马格里布国家的关系】突尼斯积极推动马格里布联盟建设，重视睦邻友好，以维护周边安全。突与地区各国高层互访频繁，并建有高级别混委会。2014年1月，突总理朱玛访问阿尔及利亚。同月，毛里塔尼亚总统阿齐兹赴突出席突新宪法颁布仪式。同月，阿尔及利亚总理萨拉勒访突，与突总理朱玛共同主持两国高级别混委会。同月，朱玛总理访问摩洛哥。5月，朱玛总理访问阿尔及利亚。同月，摩洛哥国王穆罕默德六世访突。9月，阿尔及利亚总理萨拉勒、摩洛哥政府首脑班基兰赴突出席突国际投资大会。2015年2月，埃塞卜西总统对阿尔及利亚进行正式访问。4月，埃塞卜西总统会见利比亚临时政府总理萨尼。5月，绥德总理访问阿尔及利亚。2016年5月，绥德总理访问利比亚。10月，沙海德总理访问阿尔及利亚。11月，阿尔及利亚总理萨拉勒赴突出席“经济支持与投资国际会议”。12月，埃塞卜西总统访问阿尔及利亚。2017年6月，沙海德总理访问摩洛哥。7月，阿拉伯马格里布联盟秘书长巴库什访突。8月，利比亚民族团结政府总理萨拉吉访突。2018年3月，摩洛哥众议长马尔基访突。5月，埃塞卜西总统出席在法国举行的利比亚问题国际会议。朱海纳维外长赴阿尔及利亚出席阿尔及利亚、突尼斯、埃及三国外长会，讨论利比亚和平进程。同月，摩洛哥外交与国际合作大臣布里达访突。6月，朱海纳维外长访问利比亚。7月，朱海纳维外长赴毛里塔尼亚出席第31届非盟峰会。11月，埃塞卜西总统出席在意大利举行的利比亚问题国际会议。沙海德总理访问毛里塔尼亚。2019年2月，毛里塔尼亚总统阿齐兹私人代表穆赫姆访突。10月，摩洛哥参议长本希马和众议长马利基出席突新总统赛义德的就职仪式。11月，沙海德总理受赛义德总统委托访问阿尔及利亚。5月和12月，利比亚民族团结政府总理萨拉吉访突。

【同其他阿拉伯国家的关系】突尼斯坚持相互尊重国家主权、不干涉内政、睦邻友好、通过谈判解决阿拉伯国家间分歧的原则，同所有阿拉伯国家发展友好关系。突支持巴勒斯坦人民正义事业，巴解政治部现仍设在突。突同情伊拉克人民因制裁所遭受的苦难，向伊提供了部分人道主义援助。2013年1月，苏丹外长库尔提、沙特外交大臣费萨尔分别访突。同月，巴勒斯坦民族权力机构主席阿巴斯、埃及参议长法赫米出席突革命两周年庆祝活动。2014年2月，突总理朱玛访问阿联酋、卡塔尔、沙特、巴林、科威特五国。5月，突外长哈米迪赴多哈出席多哈中东经济愿景会议。2015年3月，埃塞卜西总统出席在埃及沙姆沙伊赫举行的第26届阿盟峰会。5月，巴勒斯坦民族权力机构主席阿巴斯访突。9月，埃及总理马哈拉卜访突。10月，埃塞卜西总统访问埃及、约旦。11月，绥德总理访问约旦、卡塔尔。同月，埃塞卜西总统访问沙特。2016年11月，卡塔尔埃米尔塔米姆赴突出席“经济支持与投资国际会议”。2017年1月，埃及外长舒克里访突。3月，埃塞卜西总统赴约旦出席第28届阿盟峰会，沙海德总理访问苏丹，阿尔及利亚总理萨拉勒访突，朱海纳维外长访问阿尔及利亚、伊拉克。5月，沙特外交大臣朱拜尔访突，埃塞卜西总统赴沙特出席阿拉伯—伊斯兰—美国峰会。11月，沙海德总理访问埃及。2018年4月，埃塞卜西总统赴沙特出席第29届阿盟峰会。5月，朱海纳维外长、沙古姆财政部长率团访问沙特。9月，朱海纳维外长赴埃及出席阿盟理事会部长级会议。11月，沙特王储穆罕默德访突。2019年1月，朱海纳维外长作为埃塞卜西总统特使访问埃及、科威特。同月，埃塞卜西总统个人代表顾问谢比及总统特别政治顾问绥德作为特使分别访问约旦、阿曼。2月，埃塞卜西总统赴埃及沙姆沙伊赫出席首届阿盟—欧盟峰会。约旦国王阿卜杜拉二世对突进行国事访问。同月，科威特副首相兼国防大臣哈马德访突。3月，第30届阿拉伯国家联盟首脑理事会会议在突尼斯召开，13名阿拉伯国家元首或政府首脑、阿盟秘书长盖特等出席。同月，沙特国王萨勒曼对突进行国事访问。同月，卡塔尔首相兼内政大臣阿卜杜拉率团访突。5月，埃塞卜西总统赴沙特麦加出席阿盟特别峰会。9月，朱海纳维外长访问约旦。同月，伊拉克外长哈基姆访突。11月，科摩罗总统特使伊利亚斯访突。（刘培智）

乌 干 达

国名 乌干达共和国（The Republic of Uganda）。

面积 241550平方公里（其中陆地面积199807平方公里，水面和沼泽地为41743平方公里）。

人口 4430万（2018年）。全国约有65个民族。按语言划分，有班图人、尼罗人、尼罗-闪米特人和苏丹人四大族群。每个族群由若干民族组成。班图族群占总人口的2/3以上，包括巴干达（占总人口的18%）、巴尼安科莱（占总人口的16%）、巴基加和巴索加等20个民族。尼罗族群包括兰吉、阿乔利等5个民族。尼罗-闪米特族群包括伊泰索、卡拉莫琼等7个民族。苏丹族群包括卢格巴拉、马迪等4个民族。官方语言为英语和斯瓦希里语，通用卢干达语等地方语言。居民主要信奉天主教（占总人口45%）、基督教新教（40%）、伊斯兰教（11%），其余信奉东正教和原始拜物教。

首都 坎帕拉（Kampala），人口166万。年平均气温23℃左右，4月、5月、9月、10月为雨季，其余为旱季。

国家元首 总统约韦里·卡古塔·穆塞韦尼（Yoweri Kaguta Museveni），1986年1月武装夺取政权，并出任总统。1996年5月成为民选总统，2001年3月、2006年2月、2011年2月、2016年2月四次连任总统。

重要节日　独立日：10月9日；抵抗运动胜利日：1月26日；建军节：2月6日。

简　况　位于非洲东部、地跨赤道的内陆国。东邻肯尼亚，南与坦桑尼亚和卢旺达交界，西与刚果民主共和国接壤，北与南苏丹毗连。境内多为海拔1200米左右的高原，丘陵连绵、山地平缓。东非大裂谷的西支纵贯西部，谷底湖泊众多。南部拥有非洲最大的淡水湖——维多利亚湖（面积约6.7万平方公里）近一半的水域，为著名的尼罗河源头之一。属热带草原气候，年平均气温22℃左右，气候温和、雨量充沛。

公元1000年，地处乌南部的布干达地区就建立了王国。19世纪中叶，布干达王国成为东非地区最强盛的国家。1850年后，阿拉伯商人和英国、德国殖民主义者相继进入布干达，布境内爆发了基督教、天主教和伊斯兰教信徒间的连年战争，布干达王国迅速衰落。1890年，英、德签订瓜分东非协议，布干达划为英势力范围。1894年6月，英宣布布干达为其“保护国”。1896年，英将“保护国”范围扩展到乌全境，并于1907年在乌设总督。

1962年10月9日，乌宣布独立，保留布干达等4个自治王国，成立乌干达联邦，仍留在英联邦内。1963年10月，乌修改宪法，取消英派驻乌的总督，由布干达国王穆特萨二世任总统。1966年4月，奥博特任总统。1967年9月，废除封建王国和联邦制，建立乌干达共和国。1971年1月，阿明发动政变，同年3月，就任总统。1979年4月，乌全国解放军攻占首都，卢莱、比奈萨、穆万加先后担任总统或国家元首。1980年12月，奥博特在大选中获胜，再度出任总统。1985年7月，奥凯洛发动政变，推翻奥博特政权，并出任国家元首。1986年1月25日，全国抵抗军攻占首都，推翻奥凯洛军政权，29日，穆塞韦尼就任总统。

自1986年穆塞韦尼执政后，结束了乌连年内战的混乱状态，建立并逐步完善以乌干达全国抵抗运动（1995年后更名为乌干达全国运动，2003年改为全国抵抗运动组织，以下简称“抵运”）为核心的独特的“运动制”政治体制（为乌特有的一种党政合一的政治制度，它包容各政党、民族、教派和各界人士，允许政党存在但限制其活动），力促民族和解，化解宗教矛盾，组成了以“抵运”为主，兼顾各方利益的基础广泛的联合政府，政局日趋稳定。

政　治　2005年，乌政治体制发生重大转变。7月，乌就保留“运动制”或实行多党制举行全民公决，92.5%的民众赞成开放党禁，乌至此进入多党制国家行列。8月，乌议会表决通过以取消总统任期限制为主要内容的宪法修正案。2006年2月，乌举行首次多党大选，“抵运”候选人穆塞韦尼以59.28%的支持率再次当选总统。2011年2月，乌举行第二次多党大选，穆以68.38%的得票率再次胜出。2016年2月18日，乌举行全国大选，穆塞韦尼以60.75%的得票率连任。2017年12月，乌议会通过取消总统候选人年龄限制的宪法修正案，穆塞韦尼总统据此有权参加下届总统竞选。

【宪法】1995年10月8日正式颁布实施新宪法，2005年11月修改。规定总统由直接选举产生，任期5年，无任期限制；议会有权弹劾总统和罢免不称职的部长，总统的重大任命、决定和签署重要条约均应先经议会批准；成立由部分内阁成员和议员组成的国务委员会，负责解决政府与议会之间的矛盾，出现政治危机时充当总统顾问，并代表议会批准总统的任命。

【议会】1986年抵运政府成立后，由“全国抵抗运动委员会”代行临时议会职能。根据1995年新宪法，乌于1996年6月选举产生新的国民议会，“运动制”拥护者获议会多数席位。2016年5月，乌干达第十届议会成立，共有427名议员，其中“抵运”294名，占议员总数的68.9%。议长贝丽卡·阿利图瓦拉·卡达加（Rebecca Alitwala Kadaga，女）。

【政府】本届政府于2016年6月成立，主要成员有：总统约韦里·卡古塔·穆塞韦尼，副总统爱德华·塞瓦努卡·塞坎迪，总理鲁哈卡纳·鲁贡达（Ruhakana Rugunda），第一副总理兼议会政府事务副主管摩西·阿里（Moses Ali），第二副总理兼不管部长阿里·基伦达·基韦金贾（Ali Kirunda Kivejinja），教育和体育部长珍妮特·卡塔哈·穆塞韦尼（Janet Kataaha Museveni，女），总统事务部长埃斯特·姆巴约·姆布拉库布扎（Esther Mbayo Mbulakubuza，女），总理事务部长玛丽·奥库鲁特（Mary Okurut，女），减灾和难民事务部长奥尼克·希拉里（Onek Hilary），政府督导露丝·南卡比鲁瓦（Ruth Nankabirwa，女），东非事务部长卡欣达·奥塔菲雷（Otafiire Kahinda），安全部长埃利·图姆维内（Elly Tumwine），国防和退伍军人事务部长阿道夫·姆韦西杰（Adolf Mwesige），外交部长萨姆·卡汉巴·库泰萨（Sam Kahamba Kutesa），内政部长杰杰·奥东戈（Jeje Odongo），贸易、工业和商业部长阿梅莉亚·基扬巴德（Amelia Kyambadde，女），财政和经济规划部长马蒂亚·卡萨伊贾（Matia Kasaija），能源和矿业部长玛丽·齐图图（Mary Kitutu，女），旅游、野生动物和遗产保护部长：汤姆·布蒂梅（Tom Butime），地方政府部长拉菲尔·纳尼科巴（Rafael Magyezi），工程和交通部长卡图姆巴·瓦马拉（Katumba Wamala），土地、住房和城市开发部长贝蒂·卡姆亚（Betty Kamya，女），坎帕拉市政部长贝蒂·阿蒙吉（Betty Amongi，女），卫生部长简·阿曾（Jane Aceng，女），公共服务部长穆鲁利·穆卡萨（Muruli Mukasa），司法和宪法事务部长伊弗雷姆·卡蒙图（Ephraim Kamuntu），总检察长威廉·比亚鲁汉加（William Byaruhanga），水利和环境部长萨姆·切普托里斯（Sam Cheptoris），卡拉莫贾事务部长约翰·比亚巴甘比（John Byabagambi），科技和创新部长埃利奥达·图姆韦西杰（Elioda Tumwesigye），性别、劳工和社会事务部长弗兰克·托姆韦巴泽（Frank Tumwebaze），新闻和信息通信技术部长纳巴科巴·朱迪斯（Nabakooba Judith，女），农业、牧业和渔业部长文森特·巴穆兰加基·塞姆皮贾（Vincent Bamulangaki Ssempijja），常驻联合国代表阿多尼亚·阿耶贝（Adonia Ayebare）。

【**行政区划**】乌干达行政区划有过多次变迁和调整，现有135个区（District）和1个首都市（截至2019年3月）。

【**司法机构**】全国设高等法院、上诉法院和地方法院。政府设司法和宪法事务部长。首席法官巴尔特·马古恩达·卡图列贝（Bart Magunda Katureebe）。

【**政党**】现有30多个注册政党，主要有：

（1）全国抵抗运动组织（The National Resistance Movement Organization—NRMO）：简称“抵运”，执政党。1981年6月，穆塞韦尼创建反政府组织“全国抵抗运动”，其军事组织为“全国抵抗军”，政治组织为“全国抵抗运动委员会”，下设各级基层委员会。1986年1月，“抵运”夺取全国政权，全国抵委会代行议会职能，各级抵委会取代各级地方行政机构，“运动制”在全国确立。1995年9月，乌制宪议会通过新宪法，规定“运动制”延续到2000年，每五年举行一次全民公决，由全体人民就继续实行“运动制”还是改行多党制作出选择。1996年6月，乌选举产生议会，取代全国抵委会的议会职能。2000年6月，乌举行全民公决，决定保留“运动制”。2005年7月，乌全民公决决定弃“运动制”改行多党制。至此，在乌实行近20年的“运动制”宣告退出历史舞台，“抵运”遂转变为政党。在2006年、2011年和2016年大选中，该党在议会中均获得绝对多数席位。

“抵运”的政治纲领通常被称为“十大纲领”，由穆塞韦尼制定，1984年7月颁布，其宗旨是：建立人民民主制度；恢复和保障人身及合法财产的安全；加强民族团结和消除一切形式的宗派主义；捍卫和巩固民族独立；建立一个独立、一体化、能自我生存的国民经济；恢复和改善社会公益设施，重建被战争破坏的地区；消除腐败和滥用职权；安置无家可归者和改善人民生活；与其他非洲国家携手合作，捍卫非洲人民的民主权利和建立混合经济体制。1999年4月，“抵运”全国执委会在原有“十大纲领”基础上补充了环境保护、就业、扶贫等纲要，使之扩充为“十五大纲领”。

（2）民主变革论坛（The Forum for Democratic Change）：由原改革议程组织、议会鼓动论坛和全国民主论坛于2004年8月8日合并组成，简称“论坛”，最大反对党。口号是“一个国家、一个民族”。该党吸收了乌前军队司令蒙图、前国家安全局长普科尔等曾居运动政府要职的运动元老和重量级政客，并推举比西杰为其临时执委会主席。该党与保守党、正义论坛和社会民主党组成“党际联盟”，推举比西杰为其共同候选人参加2011年大选。比得票率26.01%，仅次于穆塞韦尼。2016年，比代表民主变革论坛再次参加总统选举，获得35.37%的选票。

（3）民主党（The Democratic Party）：反对党，成立于1956年，受天主教派支持，在巴干达族和城市工商界中影响较大，在国际上得到英、美、德、梵蒂冈等西方国家青睐。1961年在大选中获胜，组成第一届乌干达自治政府。翌年在议会选举中败给人大党与卡巴卡耶卡党的联盟。1969年12月被人大党政府取缔。1973年，该党宣传书记保罗·塞莫格雷雷流亡美国，在美重建民主党。后该党加入乌全国解放阵线并参加了阿明下台后的历届政府。1992年5月在坎帕拉等地开始陆续重建支部并恢复活动。信奉自由资本主义，主张议会民主；抨击“运动制”为一党专制，呼吁实行多党民主，并抵制了2000年6月举行的乌政体全民公决。

（4）乌干达人民大会党（The Uganda People's Congress）：简称人大党，反对党，创建于1960年3月，由以奥博特为首的乌国民大会党激进派同民族进步党、乌干达人民联盟党合并而成。1964年至1971年和1980年至1985年，人大党两次成为执政党，奥博特两度出任总统。1986年1月“抵运”执政后，该党部分领导人以个人身份参加了“抵运”政府。该党总体对“抵运”政府采取不合作态度，并抵制了2000年6月的政体全民公决。

（5）保守党（The Conservative Party）：原名卡巴卡耶卡党，成立于1960年9月，1980年5月改为现名。1962年，该党与人大党联手参加大选获胜，布干达国王穆特萨二世出任总统。1964年，该党被人大党排挤出内阁，穆特萨流亡英国。代表布干达封建酋长和王室贵族利益，反对政府集权，主张建立联邦，恢复保障联邦制的1962年宪法，实行多党制与议会上下两院制，但采取与“抵运”政府合作的态度。现任主席约翰·肯·卢克雅木齐（John Ken Lukyamuzi）。

【**主要反政府武装**】（1）上帝抵抗军（Lord's Resistance Army，LRA）。1987年初，一名自称艾丽丝·拉奎娜（Alice Lakwena）的女巫聚集起五六千人，打出“圣灵运动”（The Holy Spirit Movement—HSM）的旗号，活动于乌北部地区。后在政府军围剿下，拉奎娜逃往肯尼亚。1989年后，“圣灵抵抗军”的残余分子由拉奎娜之弟约瑟夫·科尼（Joseph Kony）领导的乌干达人民民主军（UPDA）残部所吸收，改称“上帝抵抗军”，驻扎在苏丹南部、刚果（金）东部地区，在乌北部地区继续作乱，扰乱社会治安。乌政府自1993年起开始了对上帝抵抗军的清剿。2002年3月，在苏丹政府的配合下，乌军进入苏南部对“上帝抵抗军”

进行大规模围剿，北部安全形势得到较大改观。2006年7月起，乌军与上帝抵抗军开始了时断时续的和谈，双方于2006年8月26日签署了20年来首个正式协议《停止敌对状态协议》，但谈判双方在很多议题上仍存在分歧，和谈进程面临不少障碍。2007年，和谈形势趋于好转，乌政府军先后与上帝抵抗军签署新的停火协定和《责任与和解协议》，上帝抵抗军还首次派团赴首都谈判，乌北部安全形势继续改善。2008年3月26日，双方签署了《监督与实施协议》，谈判正式结束。但科尼以国际刑事法院未解除对其通缉、人身安全缺乏保障为由，拒绝签署《最终和平协议》。2008年12月，乌军与刚果（金）、苏丹南方军队对上帝抵抗军采取联合军事行动，重创上帝抵抗军，其残余势力逃窜至中非共和国，已不再对乌北部构成威胁。2011年10月，美国宣布向乌及刚果（金）、中非、南苏丹派遣100名特种兵，协助四国打击上帝抵抗军。2012年3月，乌干达、南苏丹、刚果（金）和中非四国成立5000人的联合部队用于打击上帝抵抗军。2017年，乌干达从中非撤军。

（2）民主同盟军（Allied Democratic Forces，ADF）。其成员多为青年穆斯林极端主义者，声称要从运动制下解放全国并建立伊斯兰国家。领导人姆波扎（Mpoza），原为政府军一名副营长。1997年乌支持卡比拉推翻蒙博托后，与刚果（金）政府达成谅解，刚果（金）协助乌军在两国边境共同围剿ADF，ADF遭毁灭性打击。1998年，乌以追剿西部叛匪为名出兵刚果（金）东部，刚果（金）政府予以强烈谴责。ADF活动一度又趋活跃，以刚果（金）东部地区为依托，频频袭击乌西部有关地区，使乌西部地区安全受到严重威胁。后乌政府军占领刚东部地区，获得较大战略纵深，切断了ADF的补给线，给予其重创。2017年以来，ADF再趋活跃，乌政府加大对其打击力度。

【重要人物】约韦里·卡古塔·穆塞韦尼：总统兼武装部队总司令、全国运动主席。1944年出生，巴尼安科莱人。1966—1969年在坦桑尼亚达累斯萨拉姆大学攻读政治经济学，获学士学位。1970年回国后任奥博特总统府研究助理秘书。1971年阿明上台后流亡坦桑，参加反对阿明的斗争。1979年阿明被推翻后任全国解放阵线执委兼军委会副主席，历任国防国务部长、国防部长和地区合作部长等职。1980年创建“乌干达爱国运动”。1981年6月，穆与卢莱共同创建“乌干达全国抵抗运动”，先后任副主席、临时主席、主席。1986年1月推翻奥凯洛军政府，就任总统兼国防部长、武装部队总司令。1996年5月在乌首次全民大选中当选总统，2001年3月蝉联。2006年乌实行多党选举后，穆于2006年、2011年和2016年三次连任。曾于1989年、1996年和2004年三次访华，2006年11月来华出席中非合作论坛北京峰会。2015年3月来华进行国事访问并出席博鳌亚洲论坛2015年年会，2018年9月来华出席中非合作论坛北京峰会。2019年6月，应邀赴华进行工作访问。已婚，有三女一子。

经　济

自然条件较好，土地肥沃，雨量充沛，气候适宜。农牧业在国民经济中占主导地位，分别占国内生产总值的70%和出口收入的95%，粮食自给有余。工业落后，企业数量少、设备差、开工率低。对外贸易在国民经济中占重要地位。

是联合国公布的世界最不发达国家之一。由于连年战乱，经济一度濒临崩溃。1986年“抵运”执政后，实行务实、稳妥的经济发展政策，积极进行结构调整，优先发展农业，整顿国营企业，扶植私人经济，推行自由贸易等措施。自1991年以来，经济年均增长6%左右。受国际金融危机影响，乌棉花、渔业、咖啡等传统支柱产业出口萎缩，经济增速下滑。2015年6月发布《2015—2020国家发展计划》，为今后5年国家发展确定了总体目标。

2018/2019财年主要经济数据如下：

国内生产总值：295亿美元。

国内生产总值增长率：6.1%。

人均国内生产总值：825美元。

通货膨胀率：3.4%。

货币名称：乌干达先令。

汇率：1美元=3720乌干达先令。

【资源】已探明矿产资源有：铜、锡、钨、绿柱石、铁、金、石棉、石灰石和磷酸盐等。森林覆盖率为12%，产硬质木材。水产资源丰富，维多利亚湖是世界上最大的淡水鱼产地之一。水力发电潜力约2000兆瓦。乌西部阿尔伯特湖附近发现石油，探明可采储量约12亿桶。

【工业】工业落后。主要工业部门有建筑、食品、饮料、烟草、钢铁、五金、金属矿产、纺织、服装、皮革及制鞋等。企业数量少，规模小，设备差且使用率较低。为吸引外资发展工业，“运动”政府于1991年成立投资局，迄今已吸引2000余家外资企业赴乌投资，实际投资额超过25亿美元。乌政府大力推行私有化政策，目前已有122家国有企业实现私有化，尚有36家国企待出售。2015年，工业产值占国内生产总值的20.9%。

【农渔业】农牧业在整个国民经济中居主导地位，农业人口约占全国人口的80%。粮食自给有余。全国可耕地面积占陆地总面积的42%，已耕地面积500万公顷。主要粮食作物有饭蕉、小米、木薯、玉米、高粱、水稻等。主要经济作物有咖啡、棉花、烟草、茶叶等。

河流湖泊面积36902.6平方公里，渔业资源较丰富。渔业是乌经济的一个重要组成部分，渔产品是乌重要出口产品。

【旅游业】主要旅游点有尼罗河源头、伊丽莎白国家公园和基代坡河谷国家公园等。20世纪60—70

年代初，旅游业是仅次于咖啡和棉花的第三大创汇产业。但此后连年不断的内战使旅游业遭到严重破坏。“抵运”执政后，随着国内局势日益稳定，旅游设施逐步恢复，旅游业得以复兴。1992—1996年，旅游业产值年均增长18%。1998年，外国游客达25万人次，旅游收入1.25亿美元，旅游业产值已占国内生产总值的4.5%，成为仅次于咖啡的第二大出口创汇来源。1999年以来，因受治安问题及“9·11”事件影响，赴乌旅游人数有所下降。2002年后旅游业恢复较快，2014年，入选撒哈拉以南非洲十大新兴旅游目的地。2016年，英国机构Rough Guides 公布年度最佳旅游目的地排名，乌名列第四。2017年，美国有线电视新闻网将乌列为世界第五大旅游目的地国。第二十一届联合国教科文组织大会将乌的布恩迪国家公园、鲁文佐里山国家公园、卡苏比王陵列入世界遗产名录。据世界银行估计，乌旅游业产值达10亿美元。乌政府希望2020年来乌旅游人数从目前的150万增至400万。

【交通运输】乌为内陆国家，90%以上的进出口物资经肯尼亚的蒙巴萨港。国内运输以公路为主。2008/2009财年，交通运输产值10080亿先令，占GDP的3.37%。据乌官方统计，近年运输情况如下：

公路：总长约7.8万公里，承担99%的客运和95%的货运。2008年机动车保有量约47万辆。2018年建成坎帕拉至恩德培机场高速公路，拟建设坎帕拉至第二大城市金贾的高速路。

铁路：总长1241公里。自1997年以来，铁路客运停止运营，但铁路运输仍为乌进出口货物的一种方式。货物运输量2005年达18.6万吨公里。乌干达有意将现有铁路升级改造为标轨铁路，分别连接肯尼亚、南苏丹、刚果（金）、卢旺达。

空运：乌干达境内共有34个机场，其中4家有商业航线运营。恩德培国际机场是乌唯一口岸机场，距首都坎帕拉45公里。

【财政金融】乌财政来源主要有三个方面：税收、国外援助和出口。2005年初乌对税务局进行了改革，改进了管理效率，增强了直接税收。2015/2016财年乌预算支出为81亿美元，其中10.8亿美元将用于电力、道路、机场扩建及信息科技等基础设施建设领域，6.8亿美元将用于教育事业，5.4亿美元将用于提升安保力量。2018/19财年乌预算支出为87.7亿美元。

【对外贸易】在国民经济中占重要地位，近年来进出口额总体呈增长趋势。2018年，乌对外贸易总额为91.87亿美元，其中出口额为36.5亿美元，进口额55.37亿美元。主要出口商品有：咖啡、渔产品、烟草、玉米、花卉、皮革等。主要进口商品有：成品油、汽车、钢铁、电讯和声像设备、医疗设备和药品等。

【外国投资】乌投资局极力吸引外资，将外资集中引入园艺、食品加工、纺织和包装业等领域。截至2018年底，乌吸收外资存量达133.33亿美元。据联合国贸发会议发布的2019年《世界投资报告》显示，2018年，乌吸收外资流量为13.37亿美元。

【外国援助】“抵运”执政后，乌政局稳定，经济情况不断好转。尤其是乌政府接受国际货币基金组织和世界银行提出的经济结构调整方案后，乌外援不断增加，美英等西方国家将乌列为对非重点援助国。近年来，乌商业环境改善显著，得到国际社会青睐，外援大幅增长。外援中，多边援助主要来自世界银行、国际货币基金组织、联合国开发计划署和欧盟，双边援助主要来自美国、英国、德国、丹麦和荷兰。2017年，世界银行宣布恢复对乌资助，预计将为乌提供15亿美元融资。美国政府计划于2018财年向乌提供4.36亿美元援助，乌系美国的第七大受援国。

人民生活

近年来，乌医疗卫生事业取得长足进步，人民生活逐步改善。1986—2011年，婴儿死亡率从1986年的122‰降至54‰；孕妇死亡率从9‰降至4.38‰。成人艾滋病感染率已下降至7.3%（2018年）。人口年均增长率为3.582%。人均寿命62岁（2015年）。乌传染病风险较高。2010年，乌北部暴发黄热病疫情，造成数百人感染，50多人死亡。2012年，乌首都附近暴发埃博拉疫情，造成17人死亡。2017年，乌东部地区暴发马尔堡疫情，造成3人死亡。2018年，乌邻国暴发埃博拉疫情，乌政府加大投入阻止疫情输入，取得良好效果。近年来，乌贫困人口比例下降，但贫富分化加剧，贫困人口比例从1992年的56%下降至2015年的16%，基尼指数从1992年的0.36上升至2015年的0.47。

军　事

“乌干达人民国防军”创建于1981年2月，当时称“全国抵抗军”，后称“乌干达人民抵抗力量”，抵运执政后改为政府军。1995年1月起用现名。1987年组建空军。军队统帅为穆塞韦尼总统，现任乌军总司令大卫·穆胡兹上将（Gen David Muhoozi）。

根据乌政府与西方国家的有关协议，乌每年军费开支占国内生产总值的2%以内，乌军费紧缺。

文化教育

【教育】实行英国教育体制：小学7年，初中4年，高中2年。麦克雷雷大学为乌最高学府，始建于1937年，目前，在校本科生约3.5万名，研究生约3000名。此外还有姆巴莱伊斯兰大学、姆巴拉拉科技大学、东非基督教大学、乌干达烈士大学等20余所大学。全国10岁以上人口识字率70%。自1997年起实行免费教育制度，政府为全国每户四个孩子提供免费小学教育。2008年小学校达到14179所，教师13.1万名，在校生747万人；初中1907所，教师40352名，初中在校生83万人。

【新闻出版】共有10余种用英语和卢干达语出版的全国和地区性报刊，发行总量约10万余份。主要报刊：《新愿景报》，唯一的官方英文日报，1986年5月创刊，其前身为奥博特第二届政府时期的官方《镜报》，发行量约4万份;《每日箴言报》，私营英文报纸，1992年创刊，现为日报，发行量约3.8万份;《友人报》，卢干达语日报，1911年创刊，是乌历史最久的报纸，原为天主教报纸，后由“友人”出版公司经营;《东非人报》，英文周报，1994年11月首次发行，在坦桑尼亚、肯尼亚和乌干达同时出版。

乌干达通讯社为国家新闻机构，设有地球卫星转播站。2005年11月，乌干达新闻部成立乌干达广播公司取代该通讯社。

乌现有四家广播电台，其中三家为私人电台。国家广播电台设有中、短、调频等波段，以英语、斯瓦希里语播音为主，另有卢干达语等30个部族语言的广播。2005年与乌干达电视台一起归乌干达广播公司管理，并改称“乌干达广播公司电台”。

乌干达电视台在6个乡镇设有转播台，覆盖全国。

对外关系

奉行独立自主和不结盟的外交政策，主张在平等互惠的基础上同所有国家发展友好关系。重视同西方国家关系，但是反对外部干涉。倡导非洲联合振兴，推动地区一体化，主张非洲联盟和此区域组织在解决地区冲突中发挥主导作用。积极参与地区和国际事务，调解刚果（金）、南苏丹、布隆迪等地区热点问题，是非盟驻索马里特派团最大出兵国，是非洲最大难民接收国之一。

现为非盟安理会改革十国元首委员会和非洲气候变化国家元首和政府首脑委员会成员，是英联邦、不结盟运动、非洲联盟、东非共同体（EAC）、东南非共同市场（COMESA）和政府间发展组织（IGAD）等组织成员国。

【同中国的关系】1962年10月18日中乌建交。建交以来，两国一直保持友好关系。1986年乌干达“全国抵抗运动”执政后，中乌关系发展进入了新阶段，双方在政治、经济、文化等各领域的交流与合作日益深化，同时两国在许多重大国际问题上持相同立场，在众多国际事务中相互支持。

近年来双方重要互访有：2012年1月，中共中央政治局委员、中组部部长李源潮访乌。访问期间，李源潮会见了穆塞韦尼总统、与姆巴巴齐总理举行会谈。3月，全国人大常委会副委员长桑国卫赴乌出席各国议会联盟第126届大会。10月，胡锦涛主席特使、全国人大常委会副委员长韩启德赴乌出席乌独立50周年庆典。2013年3月，习近平主席在出席南非金砖国家领导人第五次会晤期间会见穆塞韦尼总统。6月，姆巴巴齐总理以“抵运”总书记身份访华。9月，中国全国人大常委会委员长张德江对乌干达进行正式友好访问。2015年2月，杨洁篪国务委员访乌。3月，穆塞韦尼总统来华进行国事访问并出席博鳌亚洲论坛2015年年会。7月，乌外长库泰萨以联大主席身份访华。2016年5月，习近平主席特使、全国人大常委会副委员长严隽琪出席穆塞韦尼总统就职仪式。11月，塞坎迪副总统赴重庆出席2016中国国际友好城市大会。2017年8月，乌议长卡加达访华。2018年6月，全国政协主席汪洋访乌。9月，穆塞韦尼总统来华出席中非合作论坛北京峰会。2019年6月，穆塞韦尼总统应邀对我国进行工作访问，作为特邀嘉宾出席中非合作论坛北京峰会成果落实协调人会议并出席首届中非经贸博览会。12月，中共中央政治局委员、中央外事工作委员会办公室主任杨洁篪访乌。

经贸合作成果丰硕。2019年，两国贸易额7.83亿美元，同比上升4.12%。其中中方出口额7.41亿美元，同比上升4.96%，进口额0.42亿美元，同比下降8.53%。中方主要出口机电产品、服装鞋类等，主要进口皮革、芝麻、咖啡、棉花等。

中国驻乌干达大使：郑竹强。馆址：37，Malcolm X Avenue，Kololo，Kampala。电话：256–414–230196、231095；传真：235087。

乌干达驻华大使：克里斯普斯·基永加（Chrispus Kiyonga）。馆址：北京市朝阳区三里屯东街5号。电话：010–65321708；传真：65322242。

【同美国的关系】两国关系密切。乌系撒哈拉以南非洲国家中接受美援最多的国家之一，亦是美《非洲增长与机遇法》受惠国之一。美2010年向乌提供5.26亿美元发展援助，并从总统救助艾滋病应急计划（PEPFAR）中向乌提供2.85亿美元援助。乌支持由美领导的国际反恐行动，美亦将乌国内两支反政府武装——上帝抵抗军和民主同盟军列为恐怖组织。2003年6月，穆塞韦尼访美，会见布什总统，双方签订乌不将美国公民引渡给国际法庭的《国际刑事法庭豁免协定》，美宣布将乌列为首批享受美国150亿美元艾滋病专项基金的非洲国家之一。2003年7月，美国总统布什访问乌干达，双方就地区及国际形势等进行了讨论。2003年11月，穆塞韦尼总统对美进行工作访问。2004年6月，穆塞韦尼总统赴美出席八国集团首脑会议的非洲问题对话会，并出席前总统里根的葬礼。9月，穆塞韦尼总统赴美出席乌干达北美协会组织的年度侨民大会，接受华盛顿州荣誉国民称号。2007年10月，穆塞韦尼访美，会见布什总统，就乌国内安全形势、经贸合作、防疟和艾滋病等问题交换意见。自2007年以来，美已向非盟驻索马里特派团出兵国乌干达和布隆迪提供超过1.85亿美元军事援助。2011年1月，美国国际开发署驻乌代表表示，美将在5年内向乌提供1.5亿美元，在乌建设10个小麦、大豆和咖啡仓库。同月，美国非洲司令部指挥官沃德访乌并会见乌军司令阿隆达。2月，美国副国务卿斯坦伯格访乌并会见穆塞韦尼总统。10月，美派遣100人军事顾问团帮助乌、中非、南苏丹和刚果（金）等国打击上帝抵抗军残余力量，其主要任务是提供情报支持，并不直接作战。2012年1月，美国副国务卿伯恩斯访乌并会见穆塞韦尼总统。8月，国务卿希拉里访乌并会见穆塞韦尼总统。2013年，美国向乌提供7.23亿美元援助。2014年5月，美国政府宣布对乌颁布《反同性恋法》实施进一步的制裁措施，包括限制相关人员进入美国、取消军事演习、消减支持乌警方的资金及将本用于乌医疗机构的援助资金转向其他国家等。2015年7月，美总统奥巴马访问埃塞俄比亚期间集体会见穆塞韦尼总统等。2016年，美国多次公开指责乌干达政府在大选前后侵犯公民和媒体自由，威胁将重新审议乌是否具有享受《非洲增长与机遇法》提供的对美优惠贸易待遇资格。乌政府新闻部长公开发表讲话，反对美方对乌内政指手画脚。2017年9月，穆塞韦尼总统在出席联合国大会期间会见美国总统特朗普。2017年美对乌融资额为9.71亿美元。根据美国驻乌使馆发布的《2018年度美乌合作报告》显示，美政府声称年内为乌提供援助8.96亿美元。

【同英国的关系】英为乌前宗主国，对乌有传统影响，两国关系一直友好。穆塞韦尼总统曾多次访英。英每年向乌提供约6000万美元援助和200多个奖学金名额。1999年12月，英宣布免除乌2250万美元债务。2004年12月，英宣布向乌提供2.57亿美元无偿援助。2005年，英国政府以乌政治过渡进程缺乏透明和民主为由，宣布暂停对乌的500万英镑援助（170亿先令）。但英对乌的援助项目、人道主义救援等方面的实际投入仍在增加。2007年11月，第三十六届英联邦政府首脑会议在乌首都坎帕拉召开，英国女王伊丽莎白二世对乌进行了国事访问。穆塞韦尼总统2014年5月赴英出席英国—乌干达商业论坛；2017年5月赴英出席索马里问题伦敦国际会议；2018年4月赴英国出席第25届英联邦首脑峰会，其间会见英国剑桥公爵威廉王子。

【同法国的关系】"全国抵抗运动"政府执政以来，乌、法关系发展较快。法为乌经济复兴计划、医疗卫生、采矿业和供水工程等提供了大量援助。1992年卢旺达内战爆发后，法因乌插手卢内战曾一度中止对乌援助。1997年，法对乌干涉前扎伊尔内政表示不满。1998年法公开谴责乌出兵刚果（金）。为缓和与法国的矛盾，改善双边关系，穆塞韦尼总统2001年和2002年多次访法，法国外长等官员也多次访乌，双边关系得以快速改善和发展。目前，法是乌重要援助国和乌产品重要出口市场。

【同日本关系】日本长期重视同乌干达关系。两国建交以来，日本为乌干达援建了电力、桥梁等众多基础设施，并为乌方修缮医院。2013年6月，穆塞韦尼总统赴日本出席非洲发展东京国际会议。2015年9月，穆塞韦尼总统赴日本进行工作访问，分别同日本天皇和首相安倍晋三会见、会谈。其间，日本宣布向乌干达提供约2亿美元优惠贷款，用于帮助乌方在首都修建两座立交桥。2018年4月，穆塞韦尼总统会见访乌的日本外务省非洲事务负责人，其间双方签署了总金额约2亿美元的贷款和援助协议。6月，乌外长库泰萨访日。2019年8月，穆塞韦尼总统赴横滨出席第七届东京非洲发展国际会议。

【同苏丹的关系】乌苏关系曾长期不睦，两国相互指责对方支持各自国内的反对派。1995年4月，乌宣布与苏断交。2001年6月，两国宣布恢复代办级外交关系。2002年初，穆塞韦尼总统访苏，两国签署边界和安全协议，苏方允许乌军进入苏丹打击上帝抵抗军，乌政府也宣布不再支持苏人解，并劝说该组织与苏政府达成和平协议。同年，两国正式恢复大使级外交关系。2015年9月，穆塞韦尼总统访问苏丹，两国元首一致决定克服障碍，开启双边关系新篇章。2017年11月，时任苏丹总统的巴希尔访乌，双方重点就南苏丹安全形势交换看法，同意协调配合推进南苏丹和平进程。2019年7月，穆塞韦尼总统在恩德培总统府同苏丹时任过渡军事委员会主席、现任联合主权委员会主席布尔汗举行会谈，双方就苏丹局势进行了探讨。

【同南苏丹的关系】近年来，乌与苏丹南方政府关系密切，基尔主席多次访乌。2011年7月，穆塞韦尼总统访问朱巴，参加南苏丹独立庆典。同日，乌发表声明，承认南苏丹。同月，乌和埃塞俄比亚签署协议，将成立部级委员会，共同支持南苏丹发展。10月，乌、南警方成立联络办公室，共同打击边境犯罪。2012年12月，穆塞韦尼访问南苏丹，会见基尔总统。2013年底南苏丹爆发冲突后，乌出兵协助南苏丹政府打击反政府武装。2015年10月，乌方宣布从南苏丹撤离军队。2016年7月南苏丹再次爆发冲突后，乌方主张增派伊加特国家或非盟领导的地区武装力量入南维和。2017年7月，穆塞韦尼召集南苏丹执政党苏丹人民解放运动三个派别代表在乌签署《恩德培宣言》，推动三派和解进程。目前，有超过15万乌公民在南苏丹工作。

【同刚果（金）的关系】1997年，乌曾支持洛朗·卡比拉推翻前扎伊尔蒙博托政权，乌同刚果（金）关系一度十分密切。后来乌指责卡庇护乌反政府武装，两国关系恶化。1998年8月，乌支持刚反对派与政府开战，并直接出兵参战。1999年7—8月，刚冲突各方签署卢萨卡停火协议后，刚问题转入政治解决阶段。2001年10月，乌开始撤出驻刚军队，并于2002年9月恢复与刚的外交关系。2003年2月，穆塞韦尼总统和刚总统约瑟夫·卡比拉会晤，决定增设伊图里和平委员会，以便在乌从该地区撤军后维护该地区和平与安全。4月，乌、刚和卢旺达总统在南非首都比勒陀利亚举行刚果（金）和平进程地区峰会。5月，乌完成从刚全部撤军。10月，刚地区合作部长访乌，双方决定实现关系正常化，互派大使，并承诺加强安全合作，不准对方的反政府武装在各自领土上活动。11月，两国总统同意就刚指控乌对其进行武装入侵而上诉国际法院案达成庭外和解。2004年5月，两国民航局签署谅解备忘录，决定恢复自1998年以来中断的商业航班。2006年4月，刚果（金）指责乌驻刚果（金）大使曾参与掠夺刚东部资源，乌随即召回驻刚果（金）大使，拟新派的大使则未得到刚认可，而刚也不愿向乌派出大使。2007年3月以来，乌多次要求刚果（金）对清剿其境内的乌反政府武装予以配合。9月，两国总统在坦桑尼亚进行会谈，签署涉及双边安全、外交和经济合作等领域的多个协议，同意尽快恢复两国大使级外交关系。12月，两国外长签署联合公报，决定全面恢复外交关系。2008年12月至2009年3月，乌干达、刚果（金）和苏丹三方对盘踞在刚果（金）贾兰巴公园的上帝抵抗军予以毁灭性打击，科尼率残部逃窜至中非共和国。2009年3月，穆塞韦尼总统和卡比拉总统在乌刚边境会晤。8月，两国互派大使，双边关系全面恢复。2011年3月，乌、刚果（金）国防部长、联合国驻刚果（金）特派团代表在乌举行为期三天的防务与安全会议。刚果（金）和联合国同意乌军继续跨境打击上帝抵抗军和联合民主阵线叛军。2012年，刚果（金）东部局势再度紧张，乌参与斡旋，推动叛军与刚政府和谈。2017年12月，乌干达人民国防军使用火炮和飞机对盘踞在刚果（金）东部北基武省的乌反政府武装民主同盟军8个营地实施跨境打击，打死百余名武装分子。2018年7月，乌刚两国军队因"非法捕鱼"在爱德华湖上发生冲突，造成乌4名士兵死亡、30名渔民死亡或失踪。

【同肯尼亚和坦桑尼亚的关系】乌与肯尼亚、坦桑尼亚关系良好，肯蒙巴萨港和坦达累斯萨拉姆港是乌货物主要进出口港。肯是乌最大贸易伙伴和主要投资来源地之一。三国是东非共同体创始国，并在此基础上于2005年建立关税同盟，2010年建立共同市场，并计划最终建立东非联邦。目前，乌肯正在探讨携手打造连接坎帕拉、内罗毕、蒙巴萨等两国重要城市的东非铁路网北部走廊，乌坦已就建设从乌干达阿尔伯特湖区油田至坦桑尼亚坦噶港的外输石油管线达成共识。2017年2月，穆塞韦尼对坦进行国事访问。同年11月，赴肯出席肯雅塔总统就职仪式。2019年3月，穆塞韦尼对肯尼亚进行国事访问。

【同卢旺达的关系】1994年乌支持卢旺达爱国阵线夺取卢政权后，乌卢关系十分密切。1997年两国共同支持洛朗·卡比拉推翻蒙博托政权，1998年又联合支持刚果（金）反政府武装并出兵刚。但1999年8月后，双方在刚问题上分歧加剧，两国军队曾3次在刚东部发生冲突，致使关系恶化。2001年11月以来，双边关系趋缓。2003年9月，乌总统穆塞韦尼出席卢总统卡加梅的就职典礼。2004年1月，两国总统在伦敦会晤。2月，乌内务部长访卢，同卢方举行第二届两国政府间联合委员会会议。2005年9月29日，两国就遣返在乌的25000多名卢难民进行了商谈。2011年12月22—26日，卢总统卡加梅访乌。其间，卡与穆塞韦尼总统共同出席了欧盟援助的乌卢两国边境公路开工仪式。2012年1月25—27日，卡加梅对乌进行国事访问。其间，乌卢举行两国联合常设委员会第十次会议。12月，穆塞韦尼总统访问卢旺达并出席卢爱国阵线成立25周年庆典活动。2018年3月，卢总统卡加梅访乌。其间，双方否认乌卢关系紧张，同意加强在情报安全及基础设施等发展领域的沟通。2019年11月，乌发表声明谴责卢旺达安全人员在乌卢边境地区枪杀两名乌边民。

【同布隆迪的关系】双方关系良好。1993—2003年，乌干达参与斡旋布隆迪国内和平谈判。布隆迪是乌干达商品主要出口市场之一。两国均系非盟驻索马里特派团出兵国。2015年以来，布隆迪各党派围绕总统恩库伦齐扎"第三任期"问题激烈博弈。穆塞韦尼总统被东共体任命为布隆迪问题调停人，多次赴布斡旋，但未取得实质性进展。乌认为东共体应在布问题上加强协调，坚持协商对话、政治解决。但一旦布局势持续恶化，应考虑向布派遣维和军队。（翟健博）

西撒哈拉

名称　西撒哈拉（Western Sahara）。

面积　26.6万平方公里。

人口　53.9万（2016年）。居民为阿拉伯人和柏柏尔人。通用阿拉伯语和西班牙语。信奉伊斯兰教。

首府　阿尤恩（Laayoune）。

简　况　位于非洲西北部。北接摩洛哥，东、南邻阿尔及利亚和毛里塔尼亚，西濒大西洋，海岸线长约900公里。境内大部分为沙漠和半沙漠地带，属热带沙漠气候。西部沿海气候湿润，东部高原气候干燥。内陆日平均温差11℃—14℃。

公元7世纪，阿拉伯人进入该地区。15世纪中叶，葡萄牙人入侵。19世纪，西班牙人入侵，1886年将西撒划为"保护地"，1958年改划为海外省。西班牙的殖民统治遭到阿尔及利亚、摩洛哥和毛里塔尼亚的反对。1973年5月，萨基亚哈姆拉和里奥德奥罗人民解放阵线（简称"西撒人阵"或"波利萨里奥阵线"）宣布成立，决定通过武装斗争争取西撒独立。1975年11月，摩组织"绿色进军"，35万名志愿者开进西撒。同月，西、摩、毛签订《马德里协议》，规定西于1976年2月26日撤离西撒。摩、毛随即签订分治西撒协定，摩控制北部17万平方公里，毛控制南部9万平方公里。阿谴责摩、毛分治西撒，西撒人阵于1976年2月27日宣布成立“阿拉伯撒哈拉民主共和国”（简称“西撒国”）。此后，摩、毛同西撒人阵之间的武装冲突不断。1979年8月，毛放弃对西撒的领土要求，退出西撒战争。摩遂控制原毛占区，并不断向西撒腹地推进。至1987年，摩几乎控制了西撒全部领土。与此同时，摩在西撒建立起6道总长2720公里的防御墙，派驻数万军队并设立行政管理机构。

政　治

自20世纪70年代以来，非统组织和联合国为和平解决西撒哈拉争端进行了积极斡旋，并通过多项决议，但均未取得任何效果。1984年11月，第20届非统首脑会议接纳“西撒国”为成员国，摩洛哥因此宣布退出非统组织。1989年6月，联合国秘书长德奎利亚尔提出解决西撒争端的和平计划，主要内容是：任命一位秘书长个人特使，全权负责在西撒组织公民投票；成立“联合国西撒哈拉公民投票特派团”，包括民事、军事和治安三个小组，负责监督停火，组织公民投票。该计划得到摩与西撒人阵的积极响应。1990年6月，安理会批准了该计划。

1991年，联合国安理会通过在西撒地区举行公民投票以确定其归属的第690号决议，即《解决计划》。决议规定：自联合国通过特派团预算之日起16周内，宣布在西撒停火；停火后第20周举行公投。9月5日，联合国特派团进驻西撒。9月6日，摩与西撒宣布正式停火，结束了长达16年之久的西撒战争。西撒公投原定于1992年初举行，但因摩在公投问题上立场变化，冲突双方在确定选民资格问题上出现严重分歧，《解决计划》的执行屡陷僵局，联合国驻西撒特派团任期一延再延。

2001年6月，联合国秘书长及其西撒问题个人特使、美国前国务卿贝克提出《框架协议》草案，核心内容是：西撒最终地位由当地居民在协议执行5年内举行公投决定，此前西撒享有高度自治，但外交、国防、安全由摩负责，参加拟议公投的选民必须在投票前一年全年在西撒居住。《框架协议》草案遭到西撒人阵与阿尔及利亚的强烈反对。2003年初，贝克提出《和平计划》草案，7月，提出该计划修正案，主要内容是：自《和平计划》签署生效起4—5年举行全民公决，决定西撒是独立、并入摩还是继续实行权力分治。公决前由西撒行政当局行使管辖权，摩在外交、国家安全、领土完整等方面对西撒拥有绝对权力。西撒人阵和阿均未表异议，摩表示反对。

2004年6月，贝克辞去秘书长西撒问题个人特使职务。2005年7月，联合国秘书长安南任命荷兰籍人士范瓦尔苏姆为其西撒问题个人特使。2005年8月，在美调解下，被西撒人阵关押的最后一批摩战俘404人获释。2006年3月，摩国王穆罕默德六世访问西撒首府阿尤恩。

2006年10月，阿尔及利亚等国在61届联合国大会非殖民化委员会（四委）提出关于西撒问题的草案，主张在联合国关于通过举行公投决定西撒归属的有关决议的基础上解决西撒问题，并在四委经表决通过。同年12月，第61届联大核准该决议。

2007年，摩洛哥提出“西撒自治新方案”，其原则是在西撒地区主权属摩的情况下实行高度自治。2007年2月，摩国王派遣特使遍访安理会常任理事国和摩传统关系国，就西撒自治新方案进行游说，争取支持。阿尔及利亚和西撒人阵随即发表声明，表示“坚决反对任何企图抛弃联合国框架、背离民族自决原则的西撒问题解决方案”。4月11日，摩方正式向安理会提交了“关于谈判西撒地区自治法的倡议”。4月30日，经各方妥协，联合国安理会一致通过了第1754号决议。该决议欢迎摩近来为解决西撒问题所做的努力，确认西撒人民的自决权，并鼓励当事方进行不设条件的谈判。摩、阿和西撒人阵最终均表示接受。

2007年6月、8月，2008年1月、3月，在联合国秘书长个人特使范瓦尔苏姆主持下，摩洛哥与西撒人阵在纽约举行了四轮直接谈判。谈判中，摩方坚持西撒主权属摩，认为其方案是解决冲突的唯一现实和不可分割的解决办法。西撒人阵则坚持前任秘书长个人特使贝克提出的“和平计划”有关原则，要求根据民族自决原则就西撒最终地位举行公投。由于分歧太大，谈判未取得实质性进展。

2008年2月，西撒人阵召开大会，选举产生西撒民族院。摩对此强烈反对。

2009年1月，联合国秘书长任命美国外交官罗斯为其西撒问题个人特使。罗斯主张先举行由各方参加的小型非正式会谈，重建互信，寻求共识，为摩洛哥和西撒人阵举行第五轮直接谈判作准备。为此，罗斯于2月和6月访问摩洛哥、西撒、阿尔及利亚、西班牙、法国和毛里塔尼亚等地。各方均表示支持其倡议。2009年8月至2012年7月，在罗斯的主持下，摩洛哥和西撒人阵代表共举行了9轮非正式会谈，阿尔及利亚和毛里塔尼亚也分别派团出席。会谈中，摩西（撒）双方仍坚守固有立场，均不接受以对方方案作为未来谈判的唯一基础，会谈未取得实质进展，但双方都重申愿依据联合国安理会有关决议，共同努力寻求政治解决方案。2012年12月，罗斯表示将就西撒问题开展“穿梭外交”。2012年底以来，罗斯数次访问地区国家，旨在协调各方立场，为下一阶段磋商做准备。

2014年5月，联合国秘书长潘基文任命加拿大籍金·博尔达克女士为秘书长特别代表兼特派团团长。特派团除监督停火协议执行情况外，还肩负组织和监督公民投票的使命。

2014年6月29日，非盟任命莫桑比克前总统希萨诺任非盟西撒问题特使。7月1日，摩外交与合作部发表公报，反对非盟任命西撒特使，公报指出，西撒问题的政治解决方案应由联合国负责，非盟此举违背了联合国相关决议，呼吁安理会成员国抵制非盟该项决议。

2016年3月，联合国秘书长潘基文访问西撒地区，在阿尔及利亚首都阿尔及尔接受媒体采访时提及西撒地区“40年前被占领”，摩政府强烈抗议，要求潘基文道歉，并要求联合国西撒公投特派团81名民事官员和3名非盟观察员离境。后潘基文就使用“占领”一词向摩方表达“歉意”，摩方同联合国秘书处多次协商后和解，2017年上旬，特派团民事人员已全部返回。

2016年5月31日，西撒人阵领导人阿卜杜拉·阿齐兹因病去世。7月9日，布拉西姆·加利当选西撒人阵总书记和“西撒国”总统。截至目前，约有30多个国家与“西撒国”保持外交关系。

2016年7月，加蓬总统邦戈联名28个非洲国家元首发表声明，呼吁非盟取消承认“西撒国”，中止与“西撒国”的联系。2017年1月，摩洛哥获大多数非洲国家支持，时隔33年顺利重返非盟。

2016年12月，联合国秘书长潘基文任命中国籍王小军少将担任特派团部队指挥官。此前，2007年9月，来自中国的赵京民少将就被任命为联合国西撒特派团指挥官，成为联合国维和部队中首位来自中国的司令。

近年来，联合国安理会多次通过决议延长西撒特派团任期。2017年3月，联合国秘书长西撒问题特使罗斯请辞。4月，安理会通过第2351号决议，决定将特派团任期延至2018年4月30日，同时呼吁阿尔及利亚和毛里塔尼亚为西撒问题政治解决共同努力。5月，罗斯正式结束西撒特使任期。8月，联合国秘书长古特雷斯任命德国前总统、国际货币基金组织前总裁霍斯特·科勒（Horst Kohl）为新任秘书长西撒问题个人特使，接替已经辞职的美国人罗斯。10月，科勒访问了西撒及周边地区，并于12月起走访安理会常任理事国及其他重要相关国家。11月，联合国秘书长古特雷斯任命西撒特派团特别代表博尔杜克为联合国刚果特派团特别代表助理，将任命原联合国驻非盟办事处副主任斯图尔特（加拿大籍）为新任秘书长西撒问题特别代表兼西撒特派团团长。2018年10月、2019年4月、2019年10月，安理会先后通过第2440号、2468号、2494号决议，将西撒特派团授权延期至2020年10月31日。目前，安理会成员均支持科勒重启西撒问题政治进程，寻求双方均能接受的政治解决方案。在科勒主持下，2018年12月、2019年3月，摩洛哥、西撒人阵、阿尔及利亚与毛里塔尼亚在日内瓦举行两轮圆桌会议讨论西撒问题。2019年5月，科勒以健康原因宣布辞职。

2016年8月，摩以维持治安、打击贩毒等名义派员进入西撒南部盖尔盖拉特（Guergerat）缓冲区，西撒人阵派出武装人员同摩方对峙，后在联合国秘书长呼吁下，摩方于2017年2月先行撤出。4月，联合国安理会讨论涉西撒问题决议草案，案文曾包含单方面谴责西撒人阵内容，后西撒人阵撤出缓冲区，草案删除有关内容后协商一致通过。2018年1月，西撒人阵武装人员再度进入盖尔盖拉特缓冲区，摩向联合国秘书处提出抗议，呼吁联合国充分履责，同时吁请安理会成员国支持。

经　济

西撒哈拉磷酸盐矿藏丰富，仅布克拉一地的储量即达17亿吨，建有现代化的磷酸盐开采场。1976年发生战争后，磷酸盐生产陷于停顿，1980年恢复生产。此外，还有钾、铜、石油、铁、锌等资源。

多数居民从事畜牧业，主要饲养羊和骆驼。沿海渔业资源丰富，居民以捕鱼为生。

附：

一、摩洛哥控制区

摩洛哥现实际控制西撒90%以上土地。根据摩2015年最新大区划分，西撒地区被划分为阿尤恩大区和达赫拉—黄金谷地大区。摩还建立各级行政管理机构和地方议会、协商会议。摩十几个政党也在西撒活动，设立支部。

近年来，摩在西撒投资十几亿美元进行基础设施建设。新修和扩建公路2060公里，在西撒首府阿尤恩修建了哈桑二世国际机场，有直升机40架，年客运量可达20万人次。同时还修建了14个诊所和9个康复中心，共有病床400张。2015年11月，在摩“绿色进军”40周年纪念之际，摩国王穆罕默德六世宣布启动“南部地区发展新模式”项目，计划在西撒地区投资约80亿美元，推动该地区经济、社会管理及磷酸盐产业等全面发展。

目前摩洛哥在西撒驻军以及行政人员共15万。

二、西撒人阵控制区

“阿拉伯撒哈拉民主共和国”把西撒分为五大行政区，但实际仅控制与摩洛哥、毛里塔尼亚和阿尔及利亚交界的狭窄地带，自然条件恶劣。西撒人阵难民营设在阿尔及利亚廷杜夫省境内，由奥赛尔德、布支杜尔、达赫拉、阿尤恩、斯马拉5个难民点和拉布尼组成。各难民点有学校、医院、卫生所，并进行生产活动。根据联合国难民署统计，西撒难民总数约为9万人，西撒人阵则称这一数字为16.5万。

联合国难民署自1986年起向西撒难民提供援助。西班牙是西撒难民的最大捐助国，每年通过联合国难民署提供525万美元的捐助。（郑轩铖）

英属印度洋领地

英属印度洋领地（British Indian Ocean Territory）位于马埃岛（塞舌尔群岛的主要岛屿）以东约1，770公里。包含岛屿、礁盘、暗沙等，其中岛屿总称查戈斯群岛（Chagos Archipelago），包括总数达2300个大大小小的热带岛屿，总陆地面积60平方公里，海岸线长698公里，周边水域面积54400平方公里。气候炎热，潮湿，受信风影响。地形平坦低矮，大多数地区海拔不超过两米。无首府。通用英语。英镑和美元为通用货币。

1814年，英根据《巴黎公约》从法国手中得到查戈斯群岛。该群岛位于毛里求斯东北1930公里处，后受毛里求斯总督管辖。1965年11月，英国将原塞舌尔的阿尔达布拉（Aldabra）、德罗什（Desroches）及法夸尔（Farquhar）与查戈斯群岛合并为英属印度洋领地，以满足英国和美国的防务需要。1976年6月塞舌尔独立时，阿尔达布拉、德罗什及法夸尔归还塞舌尔。此后，英属印度洋领地只剩下查戈斯群岛，包括珊瑚岛迪戈加西亚。在冷战期间，查戈斯群岛成为英美重要军事基地，是美军在印度洋的唯一军事基地。基地占地2700公顷、驻有1500名官兵。基地拥有港口、海军航空站、通信站和其他后勤设施，可支援中东和波斯湾，监视和控制印度洋海域。1991年海湾战争、2001年阿富汗战争和2003年伊拉克战争期间，迪戈加西亚岛均作为美军轰炸机发动攻击的出发地。

最初查群岛的主要经济产业是椰子加工业，包括椰子种植园都属私人公司所有。第二次世界大战后，椰子加工业逐渐衰落。20世纪60年代英国王室购买群岛后，不再经营种植业。岛上居民大部分迁到毛里求斯，还有一部分迁到塞舌尔。后毛里求斯在非洲统一组织和印度的支持下，要求索回查群岛。毛还支持原查群岛居民向英国索取迁徙补偿。1999年3月，英国承诺将给予英国海外领地居民国公民权和居英权，但不包括原查群岛居民。2007年5月，英国上诉法院裁决支持英国高等法院2006年5月作出的裁决，允许岛民及其家属返回查戈斯群岛中除迪戈加西亚岛以外的所有岛屿。2015年8月18日，第35届南部非洲发展共同体（南共体）首脑会议在博茨瓦纳首都哈博罗内发表公报，要求英国迅速结束对查戈斯群岛的非法占领。

该领土由女王任命一名专员管理，由一名副专员和行政长官协助，拥有自己的法律和行政管理体系。本·梅里克（Ben Merrick）任领地非常驻专员（2017年8月就任），副专员斯蒂芬·希尔顿（Stephen Hilton），行政长官领地专员代表由驻迪戈加西亚皇家海军指挥官担任。领地的大法官、高级地方法官和法律顾问都是英国居民。1966年，英美两国签订协议，将迪戈加西亚岛租借给美国，租期50年。2016年11月，英国将租期延长20年。（宋建）

赞 比 亚

国名 赞比亚共和国（The Republic of Zambia）。

面积 752614平方公里。

人口 1810万（2019年），大多属班图语系黑人。有73个民族，奔巴族为最大部族，约占全国人口的33.6%，其他较大民族还有嬢家族、通加族。官方语言为英语，另有31种民族语言。以基督教为国教，80%的人信奉基督教和天主教，其他信奉伊斯兰教、印度教、佛教及当地原始宗教。

首都 卢萨卡（Lusaka），人口310万。海拔1280米，10月最热，日平均最高气温31℃，最低18℃；7月最凉，日平均最高气温23℃，最低9℃。

国家元首 总统埃德加·查格瓦·伦古（Edgar Chagwa Lungu），2015年1月25日当选，2016年9月13日连任，任期5年。

重要节日 青年节：3月12、13日；非洲解放日：5月25日；独立日：10月24日。

简况 非洲中南部内陆国家，东界马拉维、莫桑比克，南接津巴布韦、博茨瓦纳和纳米比亚，西邻安哥拉，北靠刚果（金）及坦桑尼亚。大部分地区海拔1000—1500米。属热带草原气候，5—8月为干凉季，气温为15℃—27℃，9—11月为干热季，气温为26℃—36℃，12月至次年4月为雨季。年平均气温18℃—20℃。

公元9世纪，赞境内先后建立过卢巴、隆达、卡洛洛和巴罗兹等部族王国。1889—1900年，英国人罗得斯建立的“英国南非公司”逐渐控制了东部和东北部地区。1911年，英国将上述两地区合并，以罗得斯的名字命名为“北罗得西亚保护地”。1959年，北罗得西亚联合民族独立党（简称“民独党”）成立，发动群众通过“积极的非暴力行动”争取民族独立。1964年1月，北罗得西亚实现内部自治，同年10月24日正式宣布独立，定国名为赞比亚共和国，仍留在英联邦内。民独党领袖卡翁达（Kenneth David Kaunda）任首任总统。

政　治

1973年，卡翁达取消多党制，实行由民独党执政的“一党民主制”。1990年恢复多党制。1991年11月，举行多党选举，多党民主运动（简称“多民运”）领袖奇卢巴当选总统，1996年11月连任。2001年12月，多民运领袖姆瓦纳瓦萨当选总统，2006年10月连任。2008年8月，姆瓦纳瓦萨总统在巴黎病逝。10月30日，赞举行总统补选，多民运候选人、代总统班达当选总统。2011年9月，赞比亚举行总统、议会和地方政府“三合一”大选，爱国阵线领袖萨塔当选总统。2014年10月，萨塔总统在伦敦病逝。2015年1月20日，赞比亚举行总统补选，爱国阵线候选人伦古当选。2016年8月11日，赞比亚举行总统选举，伦古总统获胜并于9月13日宣誓就职。任期至2021年9月。

【宪法】1964年制定第一部宪法，1973年制定第二部宪法。1990年议会修改宪法，恢复多党制。宪法规定：总统为国家元首、政府首脑兼武装部队总司令，由普选产生，任期5年，可连任两届；实行总统内阁制，增设副总统，内阁部长由总统从议员中任命；实行立法、司法和行政三权分立；允许反对党存在等。1996年6月，议会再次修改宪法，增加“总统候选人父母和本人必须是赞比亚人”“酋长不能从政”等条款。2003年，围绕总统选举程序改革，新一轮宪改进程启动。2007年12月，全国修宪会议召开。2010年12月，政府向议会提交宪法修正案。该宪法修正案内容主要包括：实行比例代表选举制，增加妇女、青年和残疾人代表性，提高国家治理参与度；增加全国选区数量；承认国民双重国籍。2011年4月，该宪法修正案在议会表决中未获通过。2011年9月，萨塔总统就任后，宣布将在90天内通过新宪法。2012年4月，赞比亚宪法起草技术委员会秘书处公布了新宪法草案（初稿），公开征求社会意见。2015年12月，赞议会通过赞宪法修正案，规定总统候选人必须获得半数以上选票才能当选，副总统作为总统竞选伙伴参选，承认赞国民双重国籍。2016年1月，赞宪法修正案正式获得总统签署生效。

【议会】国民议会是国家最高立法机关，实行一院制，共设166个席位，任期5年。其中158个席位由直选产生，总统可另指派8位任命议员。本届议会于2016年8月选举产生，是独立后的第12届国民议会。目前，各主要党在议会中的席位分布为：爱国阵线89席、国家发展联合党58席、多民运4席、民主发展论坛1席、独立人士14席。现任议长帕特里克·马蒂比尼（Patrick Matibini）。

【政府】本届内阁于2016年10月组成，由总统、副总统和30名部长组成。2019年7月，伦古总统改组内阁，目前主要成员如下：总统埃德加·查格瓦·伦古，副总统伊农格·维纳（Inonge Wina，女），司法部长吉文·卢宾达（Given Lubinda），国防部长戴维斯·查马（Davies Chama），财政部长布瓦亚·甘度（Bwalya Emmanuel Ng'andu），内政部长斯蒂芬·坎普永戈（Stephen Kampyongo），国家发展规划部长亚历山大·奇泰米（Alexander Chiteme），卫生部长奇塔卢·奇卢菲亚（Chitalu Chilufya），外交部长约瑟夫·马兰吉（Joseph Malanji），农业部长迈克尔·卡坦博（Michael Katambo），渔业与畜牧业部长恩坎杜·卢奥（Nkandu Luo，女），劳动与社会保障部长乔伊丝·西穆科科（Joyce Simukoko，女），商业、贸易与工业部长克里斯托弗·亚卢马（Christopher Yaluma），矿业与矿产发展部长理查德·姆苏克瓦（Richard Musukwa），能源部长马修·恩库瓦（Mathew Nkhuwa），信息与广播部长多拉·西利亚（Dora Siliya，女），高等教育部长布赖恩·穆欣巴（Brian Mushimba），基础教育部长戴维·马本巴（David Mabumba），土地、自然资源与环境保护部长琼·卡帕塔（Jean Kapata，女），地方政府部长查尔斯·班达（Charles Banda），社区发展与社会福利部长坎潘巴·穆伦加（Kampamba Mulenga，女），酋长与传统事务部长劳伦斯·西查卢韦（Lawrence Sichalwe），工程与供应部长西利维娅·查利科萨（Sylvia Chalikosa，女），交通与通信部长穆托特维·卡夫瓦亚（Mutotwe Kafwaya），性别部长伊丽莎白·皮里（Elizabeth Phiri，女），青年与体育部长恩曼努尔·穆伦加（Emmanuel Mulenga），旅游与艺术部长罗纳德·奇托泰拉（Ronald Chitotela），总统事务部长弗里德姆·西卡祖韦（Freedom Sikazwe），水处理与环境保护部长丹尼斯·万钦加（Dennis Wanchinga），住房与基础设施发展部长文森特·姆瓦莱（Vincent Mwale），国民指导与宗教事务部长戈德弗丽达·苏迈利（Godfridah Sumaili，女），副总统办公室部长奥利帕·皮里（Olipa Phiri，女）。

【主要网址】http://www.statehouse.gov.zm。

【行政区划】全国分为10省103区。

【司法机构】由最高法院、高等法院、劳资关系法院、初级法院和地方法庭组成。首席大法官艾琳·曼比利玛（Irene Mambilima）。

【政党】赞目前有注册政党53个。其中主要有：

（1）爱国阵线（The Patriotic Front，PF）：执政党。2001年成立。其纲领是政治上主张分权而治，保障人民的基本权利、自由和社会公平、正义，减少政府行政开支，提高行政效率，反对腐败和滥用公共资源；经济上奉行自由贸易政策，主张实行低税率和低利率刺激经济发展，主张大力发展教育、卫生事业和基础设施，积极创造就业，提高民众收入。党主席埃德加·查格瓦·伦古（Edgar Chagwa Lungu）。

（2）国家发展联合党（United Party for National Development，UPND）：目前最大在野党。1998年12月成立，简称国发党。成立以来发展较快，在南方省和西方省影响较大。经济上以发展农业为主，改变经济结构单一现状。改革选举制度，保证三权分立、相互制衡。主张实行免费教育和医疗服务。扩大就业机会。领袖哈卡因德·希奇莱马（Hakainde Hichilema）。

（3）多党民主运动（The Movement for Multi-Party Democracy，MMD）：1990年12月成立，简称多民运。政治纲领是实行政治多元化、经济自由化、私有化；保护人民参与政治、经济活动的权利；提倡言论、集会、结社自由；党政分开，确保酋长的职能与传统统治。领袖费利克斯·穆塔蒂（Felix Mutati）。

【重要人物】埃德加·查格瓦·伦古：总统。1956年生。赞比亚大学法学学士。曾长期从事法律工作。2011年当选国会议员。2012年出任内政部长。2013年担任国防部长兼任司法部长和爱国阵线总书记。2015年1月当选赞比亚第六任总统，2016年8月在赞比亚大选中获得连任。2015年3月来华进行国事访问并出席博鳌亚洲论坛2015年年会。2018年9月来华出席中非合作论坛北京峰会。　**肯尼思·戴维·卡翁达**：前总统。1924年4月生于北方省钦萨利县，奔巴族人。曾获名誉法学博士学位。1946年参与创建北罗得西亚非洲人国民大会，曾任组织书记和总书记。1958年10月退出该党，组建赞比亚非洲人国民大会并任主席。1959年3月该党被取缔，卡被流放。1960年1月任民独党领袖。1962年12月当选为议员。1964年1月任内部自治政府总理。独立后长期任总统。1991年竞选总统失败。翌年辞去民独党领袖职务，1995年重新当选该党领袖。1997年因支持未遂军事政变罪名被赞警方拘捕。1998年获释。1999年被法庭判为“无国籍人士”。2000年4月正式宣布退出政坛。10月，赞最高法院宣布卡具有赞比亚国籍。曾于1967年、1974年、1980年、1988年、2004年、2007年访华，2009年11月来华接受“中非友好贡献奖”。2011年11月，作为赞总统特使访华，转达了萨塔总统发展两国友好关系的愿望。

经　济

经济主要包括农业、矿业和服务业，其中以铜开采和冶炼为主体的矿业占重要地位。赞比亚独立后至20世纪70年代中期经济发展较快，此后由于国际矿业市场价格下跌，政府国有化政策失误等原因，经济陷入困境。多民运执政以来，大力推行经济私有化和多元化，积极吸引外资，经济保持较快增长。2005年达到重债穷国完成点，获巨额债务减免，外债由2005年底的55亿美元降至2006年底的6.35亿美元。2008年，受国际金融危机影响，矿业遭受较大冲击，经济下滑。班达政府采取降低矿业税率、加速实施经济多元化战略等措施积极应对，取得一定成效，加上国际市场铜价回升，2009年后，经济明显复苏，保持增长势头。2011年，世界银行将赞列入低水平中等收入国家。2014年至2016年，赞货币贬值、债务上升、粮食减产、电力短缺等发展困难和挑战增多，经济内生动力不足问题凸显。2017年以来，赞比亚政府多措并举推进经济复苏，经济发展逐步向好，货币汇率趋稳，通胀持续回落。2017年6月，伦古总统公布第七个国家发展规划，以推进经济多元化、创造就业、削减贫困、提高政府效能为重点，争取于2030年建设成为繁荣的中等收入国家，但受国际市场铜价下跌等因素影响，经济发展面临困难有所增多。2019年主要经济数据如下：

国内生产总值：254亿美元。

人均国内生产总值：1405美元。

国内生产总值增长率：0.8%。

汇率：1美元≈13.13克瓦查。

通货膨胀率：9.2%。

外汇储备：14.2亿美元。

（资料来源：《经济季评》）

【资源】自然资源丰富，以铜为主。铜蕴藏量1900万吨，约占世界铜总蕴藏量的6%，素有“铜矿之国”之称。钴是铜的伴生矿，储量约35万吨，居世界第二位。此外还有铅、镉、硒、镍、铁、金、银、锌、锡、铀、绿宝石、水晶、钒、石墨、云母等矿物。全国森林覆盖率为45%。

【工矿业】采矿业较发达，是国民经济主要支柱之一。其主体是铜矿和钴矿的开采和冶炼。2018年，铜产量为80万吨。

制造业较落后。独立前，工业制成品基本依赖进口。独立后，政府积极致力于发展国有制造业。多民运执政后，对制造业实行私有化。1998年以后，制造业得到较快发展。食品、饮料、烟草、纺织和皮革等行业产值约占整个制造业的75%。

【能源】主要来自水力、石油、木材和煤炭等，除原油依靠进口外，其他基本能自给。赞水力资源丰富，蕴含发电量6000兆瓦，2014年装机容量为2203兆瓦。原为电力出口国。因对主要发电站进行整修，发电量大幅下降，2005年11月开始自南非和刚果（金）进口电力。赞主要从中东、安哥拉进口石油，船运至坦桑尼亚的达累斯萨拉姆港，再通过坦赞输油管道送至恩多拉市的炼油厂。

【农业】农业是赞国民经济的重要部门，产值约占国内生产总值的20%。全国约2/3人口从事农业。目前开发的可耕地面积为620万公顷，只占全部可耕地的14%。土地肥沃，气候温和，适合多种农作物生长。主要农作物是玉米、小麦、大豆、水稻、花生、棉花、烟草等。正常年景玉米可自给。赞耕地普遍缺乏灌溉系统，农作物抗灾能力较弱。

【旅游业】有世界著名的维多利亚瀑布和19个国家级野生动物园，其中卡富埃国家公园占地面积最大。赞还辟有32个狩猎管理区。2013年8月，赞比亚和津巴布韦联合举办了第20届联合国世界旅游组织大会。

【交通运输】以公路为主，铁路次之。

公路：总长3.73万公里，其中柏油路7000公里左右。公路运输量约占赞国内货运总量的83.4%。

铁路：总长2100公里，由坦赞铁路（赞境内为886公里）和其他一些线路组成。赞国内货运15.3%左右依靠铁路。除坦桑尼亚外，赞还与津巴布韦和刚果（金）有铁路相连。

空运：全国有4个国际机场，即卢萨卡、恩多拉、利文斯敦和姆富韦国际机场，5个二级机场和5个简易机场，共有11家航空公司经营国际客货运业务。

【财政金融】赞政府从20世纪70年代起大举借债，财政预算较多依赖国际援助。近年来，赞债务快速积累。根据EIU（英国经济学人智库）数据，截至2019年底，赞负债率、债务率和偿债率分别为85.1%、215.4%和37%。

【对外贸易】主要出口铜、钴、锌、木材、烟草、食糖、咖啡等，其中铜出口是赞主要的外汇来源。主要进口机械设备、石油、化工产品、医药和纺织品等。主要出口国为瑞士、中国、南非、刚果（金）和埃及等，主要进口国为南非、刚果（金）、中国、印度等。2019年，出口额为84.39亿美元，进口额为67.38亿美元。

【外国援助】赞所获外援主要来自世界银行等国际金融机构和巴黎俱乐部国家。2005年4月，赞达到重债穷国计划完成点，获得巨额债务减免。2008年，接受外国援助2.09万亿克瓦查。2009年，因赞卫生部被曝光贪腐案件，荷兰等部分西方捐助国一度暂停向赞提供援助。2011年，爱国阵线政府执政后，与包括西方国家在内的各援助方积极发展关系，努力争取外援。

人民生活

赞比亚国民平均寿命为52岁，婴儿死亡率为10.2%。贫困率较高。赞比亚艾滋病人感染率为14.3%。近年来，赞比亚政府在艾滋病防治方面取得显著成绩，除部分偏远和农村地区外，已经基本实现向所有艾滋病感染者免费发放药物。目前，全国有2.2万名专业医护人员，每千人中有1.4名临床工作者，低于世界卫生组织建议的每千人2.5名临床工作者标准。

军　事

赞比亚正规军3.5万人，其中陆军2.2万人、空军约6000人，另有国民服务队（准军事部队）7000人、警察2.5万人。武器装备主要来自苏联、美国、意大利、加拿大、德国等。

文化教育

【教育】实行9年制普及义务教育。成人识字率约为75%。目前，赞比亚全国有基础学校8801所，高中690所，技术教育和职业培训院校268所，大学3所，即赞比亚大学、铜带省大学和穆隆古希大学。约95%的适龄儿童能入学，其中，有20%可继续升入中学，20—24岁的青年中有2%左右能享受高等教育。近年来，政府利用外国援助，不断加大对教育部门的资金投入。赞比亚政府在各地设有文化村或文化中心，以保留和发展民间传统文化和艺术。

【新闻出版】主要报刊有:《赞比亚时报》，官方最大报纸，发行量1.5万份/日;《赞比亚每日邮报》，官方报纸，发行量1.2万份/日;《邮报》，赞最大私人报纸，发行数量1万份/日。赞比亚新闻通讯社：隶属于赞新闻与广播服务部，2005年由赞比亚新闻署与赞比亚通讯社合并而成。在全国各省均设有分支机构，全面负责对赞境内的新闻报道。

赞比亚国家广播公司：成立于1988年。下设2个电视台和3个广播电台。电视台和广播2台、3台用英语广播，广播1台用7种本国语言广播。

赞是泛非新闻社南部非洲地区分社所在地。该分社负责对安哥拉、博茨瓦纳、莱索托、马拉维、莫桑比克、赞比亚和津巴布韦进行新闻报道。

对外关系

赞比亚奉行不结盟和睦邻友好的对外政策，强调外交多元化，主张在相互尊重、互不干涉内政、平等互利的基础上同世界各国建立并发展友好合作关系；注重经济外交，把争取外援、吸引外资、促进经济发展作为外交工作的重点。重视发展与西方的经济合作，争取援助和投资，同时也注意保持独立性。英国、欧盟、美国和日本及世界银行、国际货币基金组织是赞主要援助、投资伙伴。与非洲国家保持传统友好关系，积极致力于南部非洲政治、经济一体化与和平解决地区冲突，支持非洲联盟建设。重视发展与亚洲国家，特别是中国、日本和印度等大国的关系。

【同中国的关系】1964年10月29日中赞建交。赞比亚是南部非洲第一个与中国建交的国家。中赞传统友谊深厚，两国领导人多次互访，双边友好合作关系发展顺利。近年来双边高层交往主要有：2013年4月，时任总统萨塔来华进行国事访问并出席博鳌亚洲论坛2013年年会。2015年3月，赞比亚新任总统伦古来华进行国事访问并出席博鳌亚洲论坛2015年年会。2017年5月，赞比亚国民议会议长马蒂比尼访华。7月，赞比亚副总统维纳访问四川省，出席"赞比亚中国周"活动。2018年9月，伦古总统来华出席中非合作论坛北京峰会。2019年3月，赞比亚总统特使、财政部长姆瓦纳卡特韦访华。

2014年6月，国家副主席李源潮访问赞比亚。10月，习近平主席特使、全国人大常委会副委员长向巴平措出席赞比亚独立50周年庆典并率全国人大代表团访问赞比亚。2014年11月，习近平主席特使、住房和城乡建设部部长陈政高赴赞出席萨塔总统葬礼。2016

年3月，全国人大常委会委员长张德江访问赞比亚并出席各国议会联盟第134届大会。2016年9月，习近平主席特使、全国政协副主席马飚出席伦古总统就职仪式并访问赞比亚。2017年1月，外交部长王毅访问赞比亚。6月，王勇国务委员访问赞比亚。

1986年，两国成立经贸混委会。1996年，两国签署相互促进和保护投资协定。2010年，两国签署避免双重征税协定。目前，在赞中资企业超过570家，累计投资额超过46亿美元，涉及矿业、农业、建筑等多个领域。各类中国企业在赞创造长期就业岗位超过5万个。2007年2月揭牌成立了中国在非洲的第一个经贸合作区——赞比亚中国经贸合作区。2005年1月1日起，中方对赞部分出口中国产品给予免关税待遇。2014年12月，双方就中国将向赞输华商品免关税待遇范围扩大到97%完成换文。2019年两国贸易额为42.32亿美元，同比减少16.59%，其中中方出口额9.7亿美元，同比增长0.01%；进口额32.62亿美元，同比减少20.52%。中国主要从赞进口铜，向赞出口机电、钢铁制品。

两国签有文化合作协定。2003年，赞成为中国公民组团出境旅游目的地国。1995年11月，四川省泸州市与赞卡布韦市结为友好城市。2012年7月，广西壮族自治区与赞南方省结为友好省份。1978年以来中国共向赞派出医疗队员21批574人次，接收赞奖学金生1062名，为赞培训各类人员5600余人。2010年，河北经贸大学同赞比亚大学合作建成赞比亚大学孔子学院。

中国驻赞比亚大使：李杰。馆址：7430 United Nations Avenue，10101 Lusaka，Zambia。电话：00260–211–253770，251169（使馆）；263876，264123（商务处）。信箱：P.O. Box 31975（使馆），33208（商务处），Lusaka，Zambia；传真：251157。电子邮箱：chinaemb_zm@mfa.gov.cn。

赞比亚驻华大使：温妮·娜塔拉·奇贝萨孔达（Winnie Natala Chibesakunda，女）。馆址：北京市朝阳区三里屯东四街5号。电话：010–65321554，65321778；传真：65321891。电子邮箱：diplomat@zambiaembassy.cn。

【同美国的关系】赞美关系良好。赞比亚是美《非洲增长与机遇法》及“总统防治艾滋病紧急救援计划”受益国。2008年，美向赞提供2.69亿美元艾滋病专项资金援助，并宣布在今后5年内继续提供8.64亿美元用于支持赞艾滋病防治事业。2008年，美非洲司令部副司令耶茨、助理国务卿弗雷泽、教育部长斯佩林斯先后访赞。2010年，赞美签署双方对两国民航飞机相互开放领空的协议。2011年，美国国务卿希拉里·克林顿出席在赞举行的《非洲增长与机遇法》部长级论坛并访赞。12月，美前总统乔治·布什访赞。2012年7月，美前总统乔治·布什再次访赞。2014年8月，赞比亚副总统斯科特赴美出席美非峰会。2019年6月，伦古总统出席在莫桑比克首都马普托召开的第12届美国—非洲商业峰会。

【同英国的关系】赞比亚曾是英国殖民地，独立后与英国保持着传统关系。英是赞主要援助、投资国和贸易伙伴之一。2007年，英、赞签订为期10年、英每年向赞提供4000万美元资金援助的协议，用于减贫、直接预算支持、选举及卫生等项目。2012年6月，萨塔总统赴英出席英国女王登基60周年庆典活动。2018年11月，哈里王子访问赞比亚。

【同日本的关系】赞日关系良好。2012年，萨塔总统访日。2013年，萨塔总统赴日出席东京非洲发展国际会议横滨峰会。2015年，维纳副总统访日。2018年12月，伦古总统对日进行正式工作访问，双方发表联合声明。2019年8月，伦古总统出席在日本横滨举行的第七届东京非洲发展国际会议（TICAD）。

【同邻国的关系】赞比亚努力与周边邻国及其他非洲国家保持良好关系，积极参与地区政治、安全和经济合作。2013年8月，同津巴布韦联合举办第20届联合国世界旅游组织大会。2019年，伦古总统对南非、纳米比亚、卢旺达、坦桑尼亚、博茨瓦纳、刚果（金）等进行国事访问或出席国际会议，接待刚果（金）、津巴布韦等国领导人国事访问。

赞比亚作为非盟、东南部非洲共同市场（总部设在卢萨卡）、南部非洲发展共同体成员国，重视上述地区组织和“非洲发展新伙伴计划”在解决冲突、促进地区团结、实现经济增长等方面的作用。积极参与地区事务，将地区合作和政治、经济一体化置于优先地位，关注非洲地区和平与发展。（刘丹）

乍 得

国名 乍得共和国（The Republic of Chad，La République du Tchad）。

面积 128.4万平方公里。

人口 1590万（2019年）。全国共有民族256个。北部、中部和东部居民主要是阿拉伯血统的柏柏尔族、瓦达伊族、图布族、巴吉尔米族等，约占全国人口的45%；南部和西南部的居民主要为萨拉族、马萨族、科托科族、蒙当族等，约占全国人口的55%。官方语言为法语和阿拉伯语。南方居民通用苏丹语系的萨拉语，北方通用乍得化的阿拉伯语。居民中58%信奉伊斯兰教，18%信奉天主教，16%信奉基督教新教，4%信奉原始宗教，其余信奉其他宗教或不信教。

首都　恩贾梅纳（N'Djamena），原名拉密堡（Fort-Lamy），1973年9月5日改为现名。人口112.6万。最高气温42℃（4月），最低14℃（12月）。

国家元首　总统伊德里斯·代比·伊特诺（Idriss Deby Itno），1990年12月4日任国务委员会主席、国家元首，1991年3月4日就任总统。1996年8月8日、2001年6月18日、2006年5月28日、2011年4月25日、2016年4月10日五次蝉联，任期5年。

重要节日　独立日（国庆日）：8月11日；自由民主日（即代比执政日）：12月1日。

简　况

位于非洲中部，撒哈拉沙漠南缘，内陆国家。东邻苏丹，南与中非、喀麦隆交界，西与尼日利亚和尼日尔为邻，北接利比亚。北部属沙漠或半沙漠气候，中部属萨赫勒热带草原气候，南部属热带稀树草原气候，全年高温炎热。除北部高原山地外，大部分地区年平均气温27℃以上，北部可达29℃。

早期居民为萨奥人，"萨奥文化"是非洲文化宝库的重要组成部分。公元9—17世纪先后建立加涅姆—博尔努帝国、瓦达伊王国和巴吉尔米等穆斯林王国。1902年沦为法国殖民地，1910年成为法属赤道非洲的一个领地。1911年，部分领土被法出让给德国以换取德承认法对摩洛哥的"保护"。第一次世界大战后重归法国。1946年成为法海外领地。1957年初成为"半自治共和国"。1958年11月28日成为"法兰西共同体"内的"自治共和国"。1960年8月11日宣告独立，托姆巴巴耶任国家元首。1975年4月，马卢姆发动军事政变，成立军政府。1978年古库尼反政府武装大举进攻。1979年马卢姆被迫辞职，此后政权几经更迭，政局持续动荡。1982年6月，哈布雷攻占首都，并出任总统。1989年4月，乍武装部队总司令代比等人与哈布雷决裂，并于1990年3月创建爱国拯救运动（简称爱拯运）。同年12月，代比推翻哈布雷政权，出任国务委员会（临时政府）主席、国家元首，1991年3月4日就任总统。

政　治

代比执政后，实行多党制，1993年初，乍得召开了由各党派参加的最高全国会议，确立过渡机制。1996年3月，举行全民公决通过新宪法。6月，举行总统选举，代比胜出。1997年3月，举行立法选举，爱拯运获议会绝对多数。2001年5月和2002年4月，代比和爱拯运分别再度赢得总统大选和立法选举。2005年，反政府武装死灰复燃并迅速发展壮大，活跃在东部与苏丹交界地区，并屡次西进。2006年5月，乍举行总统大选，代比在反对党集体抵制的情况下胜选连任。12月，主要反政府武装之一"变革联合阵线"归顺政府。2007年8月，爱拯运等总统多数派政党与18个反对党签署政治协议，宣布实现和解。2008年1月底至2月初，反政府武装联军自东部发动攻势，曾一度占领首都恩贾梅纳大部分市区。2009年，乍8支主要反政府武装组成反政府武装联军"抵抗力量联盟"并与政府军交战。2011年1月，乍举行独立50周年暨第20个自由民主日纪念活动。2月和4月，乍分别举行议会和总统选举，爱拯运赢得议会绝对多数席位，代比以83.59%得票率再次蝉联总统。2016年4月，代比在总统大选首轮投票中以59.92%得票率第五次胜选连任。2019年1月，乍反政府武装发动自2008年以来最大规模行动，后被击溃。

【宪法】独立后第一部宪法于1962年4月制定。1993年4月4日，乍得最高全国会议通过了《过渡时期宪章》，作为过渡时期临时宪法。1996年3月31日，举行全民公决，通过新宪法，规定总统是国家元首，通过直接普选产生，任期5年，可连任两届。总理为政府首脑，负责执行部长会议通过的国家政策。议会由国民议会和参议院构成，行使立法权。2005年6月，乍得举行全民公决通过宪法修正案，取消对总统连任次数和年龄的限制，将参议院改为由总统任命的经济、社会和文化理事会。2018年5月4日，颁布新宪法，规定总统是国家元首和政府首脑，有权任命政府成员，颁布法律和法令，宣布紧急状态。总统通过直接普选产生，任期6年，可连选连任一次。

【议会】国民议会是最高立法机构。共有188个议席，任期5年。本届国民议会于2011年2月13日选出，5月6日进行补选，6月20日选举爱拯运总书记阿鲁恩·卡巴迪（Haroun Kabadi）为议长。各党派在国民议会中所占席位如下：爱拯运118席，争取发展与革新全国同盟7席，争取民主进步联盟9席，争取革新与民主同盟8席，乍得全国民主同盟8席，争取共和行动阵线4席，争取民主进步全国联盟VIVA派4席。

【政府】本届政府成立于2018年5月，此后数次改组，目前共31人，包括国务部长1人、部长25人、国务秘书4人和政府副秘书长1人。主要有国务部长兼总统府顾问卡西雷·德尔瓦·库马科耶（Kassiré Delwa Coumakoye），外交、非洲一体化、国际合作和海外侨民事务部长谢里夫·穆罕默德·泽内（Cherif Mahamat Zène），司法、掌玺和人权事务部长吉梅特·阿拉比（Djimet Arabi），领土行政、公安和地方管理部长穆罕默德·伊斯梅尔·沙伊布（Mahamat Ismaël chaïbo），总统府负责国防、老兵和战争受害者事务的部长级代表穆罕默德·阿巴利·萨拉赫（Mahamat Abali Salah），高等教育、科研和创新部长达维德·乌德因加尔·恩加里马丹（David Houdeingar Ngarimaden），基础设施、交通和互联互通部长阿卜杜拉曼·穆克塔尔·穆罕默德（Abdramane Mouctar

Mahamat），财政和预算部长哈米德·塔希尔·吉利姆（Hamid Tahir Guilim），经济和发展规划部长伊萨·杜卜拉涅（Issa Doubragne），国民教育和公民促进部长阿布巴卡尔·阿西迪克·楚鲁马（Aboubakar Assidick Tchoroma），公共卫生部长马哈茂德·优素福·哈亚勒（Mahamoud Youssouf Khayal），公职、劳动和社会对话部长阿里·姆博杜·姆博杜米（Ali Mbodou Mbodoumi），职业培训和小手工业部长莎姆萨勒·胡达·阿巴卡尔·卡达德（Chamssal Houda Abakar Kadade，女），新闻部长兼政府发言人奥马尔·亚亚·侯赛因（Oumar Yaya Hissein），邮政和信息通讯新技术部长伊德里斯·萨利赫·巴沙尔（Idriss Saleh Bachar），矿业、工贸发展和私营业促进部长阿莎塔·吉布琳·西（Achata Djibrine Sy，女），石油和能源部长穆罕默德·哈米德·库瓦（Mahamat Hamid Koua），领土整治、住房发展和城市化部长阿什塔·艾哈迈德·布蕾梅（Achta Ahmat Brémé，女），农业生产、灌溉和机械部长玛吉迪昂·帕贾·吕特（Madjidian Padja Ruth，女），民航和国家气象部长穆罕默德·塔希尔·奥罗齐（Mahamat Taher Orozi），畜牧和肉制品部长加扬·苏瓦雷（Gayang Souaré），环境、水利和渔业部长穆罕默德·易卜拉欣·贾马拉丁（Mahamat Ibrahim Djamaladine），旅游发展、文化和手工业部长马德莱娜·阿林格（Madeleine Alingué，女），妇女、儿童保护和民族团结部长贾拉尔·阿尔朱奈·哈利勒（Djallal Ardjoune Khalil，女），促进青年、体育和就业部长穆罕默德·纳苏尔·阿卜杜拉耶（Mahamat Nassour Abdoulaye），负责与国民议会关系部长、政府秘书长玛丽亚姆·穆罕默德·努尔（Mariam Mahamat Nour，女）。

【**行政区划**】根据2018年8月通过的全国行政区划改革方案，全国划分为23个地区、95个省、365个市镇。

【**司法机构**】司法体系由最高法院、上诉法院、初审法院组成。最高法院是最高司法机构，包括司法法庭、行政法庭、宪法法庭、审计法庭和特别法庭，由43名成员组成，院长由总统以法令形式任命，每届任期7年。最高法院院长萨米尔·阿达姆·阿努尔（Samir Adam Annour），总检察长穆罕默德阿卜德拉曼（Mahamat Abderaman）。

【**政党**】1991年9月，乍得实行多党制。目前有240余个合法政党，主要有：

（1）爱国拯救运动（Mouvement Patriotique du Salut，MPS）：简称爱拯运，1990年3月11日成立，执政党。原为反哈布雷的政治、军事组织。政治纲领：主张多党民主，发展混合经济；捍卫民族团结和领土完整；对外奉行独立自主、睦邻友好、不干涉别国内政和不结盟政策，遵守联合国和非盟宪章，同一切爱好和平、正义的国家发展友好合作关系。该党设全国代表大会、中央委员会和执行局，在全国各地均有基层组织。全国代表大会是最高权力机构，每两年举行一次会议。中央委员会是最高执行机构，执行局是中央委员会常设机构，现有40名成员。应2/3以上中央委员要求可召开全国特别代表大会。创始主席为代比总统，现任总书记为穆罕默德·泽纳·巴达（Mahamat Zène Bada）。目前该党在国民议会中拥有118席。

（2）争取发展与革新全国同盟（Union Nationale pour le Développement et le Renouveau，UNDR）：反对党。1992年7月21日取得合法地位。主张维护国家和平、团结，实现民族和解；建立一支真正全国性的职业化军队；发展社会经济、农业、畜牧渔业、水电、交通、旅游和手工业；实行地方分权，让妇女和有能力的人参加国家管理；发展教育卫生事业；实现粮食自给等。主席为萨莱赫·凯布扎博（Saleh Kebzabo），曾任第一届过渡政府的贸工部长、乍新社社长，《恩贾梅纳周刊》的创始人。2007年参与政治和解进程。目前该党在国民议会中拥有7席。凯布扎博在2016年4月总统选举中得票率12.77%，位居第二。

（3）争取民主进步联盟（Rassemblement pour la Démocratie et le Progrès，RDP）：参政党。1992年3月10日取得合法地位。创始人洛尔·马哈马特·舒瓦（Loe Mahamat Choua），曾任国家元首和过渡时期最高委员会主席。1997年12月，该党与爱拯运签署合作协议。2001年总统大选中支持代比。2003年12月，舒瓦宣布解除与爱拯运的联盟关系。2007年8月，参与国内和解进程，签署“8·13和解协议”。现任党主席为穆罕默德阿拉胡塔希尔（Mahamat Allahou Taher）。目前该党在国民议会中拥有9席。

（4）争取共和行动阵线（le Front d'Action pour la République，FAR）：反对党，1990年6月15日在巴黎成立。代表南方地区利益，主张建立联邦共和国，实行政教分离，消除部族主义。2006年5月参与抵制总统大选。近年来，内部矛盾造成严重分裂，又因缺乏资金来源未能组织有效的政治活动，在国内政治生活中影响力下降。党主席恩加尔勒吉·约龙加尔（Ngarlejy Yorongar）对乍国内政治和解进程态度消极。目前该党在国民议会中拥有4席。

（5）争取民主与进步全国联盟VIVA派（VIVA/Rassemblement National pour la Démocratie et le Progrès，RNDP）：参政党。1992年1月29日成立，同年4月2日成为合法政党。主张维护国家统一和稳定；以民主原则建立多党制，保证三权分立；振兴经济，扩大就业。党主席努尔丁·德尔瓦·卡西雷·库马科耶（Nouradine Delwa Kassire Coumakoye），现任国务部长兼总统府顾问，曾任政府总理、经社文理事会主席等职，三度竞选总统。该党自2011年议会选举开始与爱拯运结盟，在本届议会中拥有4席。

（6）争取革新与民主同盟（Union pour le

Renouveau et la Démocr atie，URD）：反对党。1992年1月26日成立。主张国家政治生活民主化，实行半总统制、三权分立，建立享有行政、财政自主权的省或地区，以向联邦制过渡；建立调控和自由竞争相结合的自由经济体制。为抵制代比总统修宪，2004年与包括争取发展和革新全国同盟（UNDR）在内的24个反对党组建“保卫宪法政党联合会”（CPDC），系联合会两大政党之一。2018年因单独加入乍第二届国家政治对话框架（CNDP）与保卫宪法政党联合会决裂。前任党主席卡穆格·瓦达勒·阿卜杜勒卡德尔（Kamougué Wadal Abdelkader）2011年5月病故后，该党因主席一职空缺及内部矛盾严重分裂。2016年2月，罗马杜姆恩加尔·费利克斯·尼阿尔贝（Romadoumngar Félix Nialbé）经乍最高法院行政法庭判决成为新任党主席，结束了党内长期对立的状况。目前该党在国民议会中拥有8席。

【重要人物】伊德里斯·代比·伊特诺：总统。1953年生于比尔廷省。扎卡瓦族人。曾留学法国。1979年加入乍得民族解放阵线—北方武装部队。1982年6月，任北方武装部队副参谋长。同年12月，出任乍得全国武装部队总司令。1984年6月起，任全国独立和革命联盟中央执行局军事和安全书记。1985年11月，被派往法国军事学院进修。回国后任总统府国防与安全顾问。1989年起流亡苏丹。1990年3月，任乍得爱国拯救运动主席。12月，就任乍得国务委员会主席、国家元首。1991年3月就任总统。1996年6月在乍得首次多党总统选举中获胜当选，并于2001年6月、2006年5月、2011年4月、2016年4月四次连任。信奉伊斯兰教。

经 济

农牧业国家，经济落后，系世界最不发达国家之一。代比执政后，接受国际货币基金组织经济结构调整计划，重点整顿棉花公司等国营企业和公职部门；鼓励私人投资和发展中、小企业；宣布实行企业私有化和自由经济；打击走私，保证税收；积极争取国际援助，鼓励外国投资。2000年，乍石油开发计划正式启动。2003年7月，南部多巴油田顺利投产，西方加大对乍投资，乍得—喀麦隆输油管道开通，乍石油生产及出口能力骤增，经济一度高速增长。乍继续执行经济结构调整计划，推进国家减贫战略，加强和改善财政管理，大力促进私营经济发展，并颁布了新能源法。2011年，乍政府将基础设施建设、工业、农牧业作为经济工作重点。2013年，乍政府通过《2013—2015年国家发展规划》，提出“2025年将乍得建设成新兴区域强国”的目标，确立了经济可持续增长、保障粮食安全、发展信息和通信技术、保护环境等主要任务。2014年以来，由于国际油价大跌等原因，乍经济增长势头受挫，财政严重困难。乍政府将远景目标调整为“2030年将乍得建设成新兴区域强国”。2019年经济指标估算如下：

国内生产总值：107亿美元。

人均国内生产总值：673美元。

经济增长率：2.8%。

货币名称：中非金融合作法郎（FCFA，简称非洲法郎）。

汇率：1美元≈586非洲法郎。

通货膨胀率：-1.0%。

（资料来源：2020年第一季度《伦敦经济季评》）

【资源】矿产资源较丰富，但大多尚未开采。主要矿产有天然碱、石灰石、白陶土和钨、锡、铜、镍、铬等。1970年以来，乍得湖塞迪吉地区、多巴盆地和瓦达伊盆地均发现石油。目前，乍已探明石油储量16亿桶，且仍有较大潜力。

【第一产业】乍将农业、牧业、石油和矿产开发列为第一产业，2018年，占国内生产总值的46.4%。2015年，石油日产量14万桶，主要由美国、中国、英国等石油公司开发。全国可耕地面积3900万公顷，已开发450万公顷。乍得湖平原和南部地区是主要农业区。主要粮食作物有高粱、玉米和小米，还有少量稻米和小麦等，粮食大部分依赖进口。农村人口占全国人口的70%以上。主要经济作物为棉花，全国约1/4人口从事棉花种植，是世贸组织框架下非洲“棉花四国”之一，2017年棉花产量3.5万吨。其他经济作物有烟草、花生、芝麻、甘蔗和阿拉伯树胶等。乍得是中部非洲地区主要畜产国，43%的劳动力从事畜牧业。畜牧业约占乍得农业生产总值的40%，占GDP的18%和对外出口的30%。

【第二产业】即工业，主要为炼油业、农牧产品加工、手工业、建筑业、水利电力等。2018年工业产值占国内生产总值14.7%。全国有22家棉花加工厂，总加工能力为18.8万吨。另有一些纺织、卷烟、面粉、饮料、制糖、农机制造等中小企业。乍电力供应不足，2010年发电量9800万千瓦时，电价昂贵，全国仅11%的居民、农村仅2%的家庭能够用电。受电力不足和资金短缺等困扰，乍工业发展困难较多。

【第三产业】20世纪80年代以来，乍商业、交通、电信、金融等服务性行业逐步发展。2018年产值占国内生产总值38.9%。全国20%的人口从事服务业，主要集中于交通运输业和公共领域。

【交通运输】内陆国家，无铁路，主要靠公路运输。公路：总长4万公里，其中柏油路1600公里，多数公路仅能在旱季通行。

水运：主要集中于沙里河和洛贡河，内河航道总长4830公里，其中2000公里河段能四季通航。出海须经喀麦隆杜阿拉港（距恩贾梅纳1970公里）或尼日利亚的哈科特港（距恩贾梅纳1700公里）转运。

空运：恩贾梅纳国际机场可起降波音747等大型飞机，通往欧洲及周边国家。法国、喀麦隆、利比亚、苏丹和埃塞俄比亚航空公司等有定期航班飞往乍得。

2018年，乍得政府和埃塞俄比亚航空公司合作成立乍得国家航空公司，目前该航空公司经营4条国内航线和5条周边航线。

【**通信**】通信业落后，费用高，覆盖率低。主要有三家运营商：乍得电信公司（Sotel Tchad）、Airtel和Millicom。乍得电信公司垄断乍固定电话和国际长话业务，Airtel和Millicom主营移动电话业务。目前，乍手机用户达660万。

【**财政金融**】随着石油开发不断推进，乍得财政收入逐年增加。但近年由于国际油价低迷，反恐支出上升较快，乍得政府财政状况严峻。2019年外汇储备约为1.11亿美元（不包括黄金）。

（资料来源：2020年第一季度《伦敦经济季评》）

货币发行受中部非洲国家银行（BEAC）掌控。金融市场不健全，贷款利率较高，居民储蓄率低。现有乍得发展银行（BDT）、乍得国际农业银行、乍得信贷银行（BTCD）、法国兴业银行乍得分行、子午线银行集团西非国家银行乍得分行（BMBT）、财政银行（FB）、苏丹商业银行乍得分行、乍得阿拉伯利比亚银行（BTAL）和萨赫勒—撒哈拉投资商业银行乍得分行等9家商业银行。

【**对外贸易**】2003年起原油成为第一大出口商品，畜产品和棉花是乍传统出口商品，主要进口石油制品、化工、机电产品、建筑材料、汽车、纺织品、食品、药材等。2018年主要出口对象国是印度、美国、荷兰、阿联酋；主要进口来源国是中国、法国、喀麦隆、美国。近几年外贸情况如下（单位：百万美元）：

	2017	2018	2019
出口额	2462	3374	3470
进口额	2156	2421	2482

（资料来源：2020年第一季度《伦敦经济季评》）

【**外国援助**】外援在财政收入和预算中占很大比重。主要来自美国、法国、德国、瑞士以及联合国、欧盟和非洲开发银行等。近年来，乍得平均每年接受外援4亿—5亿美元。

【**外国资本**】因石油开发前景看好，外国资本近年大量涌入。2000年4月，美国埃克森和雪佛龙两大石油公司和马来西亚国家石油公司组成石油开发集团，参与乍石油开发项目。同年6月，世界银行批准向乍得和喀麦隆两国政府分别提供3950万美元和5340万美元贷款用于乍喀输油管道建设项目，该项目总投资37亿美元。截至2016年底，外国对乍得直接投资存量54.2亿美元。

人民生活

乍得被联合国列为世界最不发达国家之一，2018年人类发展指数在189个国家中排名第186位。人民生活水平较低，超过55%的民众生活在贫困线以下。乍医疗机构及医务人员匮乏。全国共有429个医疗卫生中心，总床位3962张，其中综合性医院仅7所。2012年全国医务人员共6696人。人均预期寿命53.2岁，人口年增长率3%。卫生覆盖率30.6%，饮用水覆盖率45.8%，婴儿死亡率11.5%。常见病有：疟疾、肝炎、脑膜炎、麻风病、淋病等。

军　事

1991年1月，代比总统将全国武装部队改编为乍得国民军。实行义务兵役制，服役期一年半。目前，乍得武装力量共4.5万人，其中国民军约28500人，宪兵7000人，警察和游牧警卫队9500人。全国共划为10个防卫区。代比总统为最高军事统帅。

文化教育

【**教育**】乍得是撒哈拉以南非洲文化教育水平较低的国家。2015年，乍成人识字率为38.2%，低于撒哈拉以南非洲国家的平均指数。小学与中学入学率分别为63.6%和29%。高等教育主要由恩贾梅纳大学、费萨尔国王大学、蒙杜大学、蒙杜商业技校、阿贝歇科技学院、萨尔赫天文和环境学院等提供。全国共有在校大学生约4万人。

【**新闻出版**】全国有35家报社，多数为私人所有。《进步报》为发行量最大的日报，每日发行量约3000份。较有影响的报刊还有《恩贾梅纳半周刊》《观察家》等。

乍得新闻社为国家通讯社，成立于1966年。

乍得国家广播电台1965年成立，主要用法语、萨拉语、阿拉伯语广播。

乍得国家电视台1987年12月成立，节目覆盖首都和乍西南部地区，用法语和阿拉伯语播放节目，定时转播喀麦隆电视节目。

对外关系

奉行独立自主、务实的全方位外交政策，强调维护国家统一、主权和领土完整，保持稳定的周边环境；支持非洲团结，致力于加强同西方大国和国际金融机构关系；重视发展同阿拉伯国家及非洲国家的关系。2013年10月，当选2014/2015年度联合国安理会非常任理事国。2016年度任非洲联盟轮值主席国。2017年1月，时任乍得外长法基当选新一届非盟委员会主席，任期4年。

【**同中国的关系**】1972年11月28日，中乍两国建交。1997年8月12日，乍得政府违背中乍建交公报原则，与台湾当局“复交”，中国政府宣布中止同乍得的外交关系。2006年8月6日，中国外交部长李肇星与乍得外交部长阿拉米在北京签署两国关于恢复外交关系的联合公报。

2013年8月，法基外长访华。2014年1月，全国政协副主席、中联部部长王家瑞访问乍得。2015年5月，全国人大常委会副委员长张平访问乍得。10月，代比总统来华出席“2015减贫与发展高层论坛”。同月，执政党爱国拯救运动总书记埃马纽埃尔·纳丁加尔访华。12月，代比总统出席了中非合作论坛约翰内斯堡峰会，其间出席了习近平主席同部分非洲国家领导人的集体会见。2016年5月，国务委员杨洁篪访问乍得。7月，法基外长来华出席中非合作论坛约翰内斯堡峰会成果落实协调人会议。9月，代比总统来华出席二十国集团领导人杭州峰会。2017年5月，国家副主席李源潮访问乍得。9月，中国政府非洲事务特别代表许镜湖出席在巴黎举行的乍得“2017—2021年国家发展规划”筹资国际圆桌会议，代比总统与其会见。12月，塔哈外长来华出席中乍经贸混委会第二次会议。2018年6月，中共中央政治局委员、重庆市委书记陈敏尔访问乍得。9月，代比总统出席中非合作论坛北京峰会。

2019年双边贸易额为7.26亿美元，同比增长158.97%，其中中方出口额为2.79亿美元，同比增长51.04%，进口额4.48亿美元，同比增长366.61%。中方主要进口原油和棉花，出口机电产品、钢材、鞋类等。

中国驻乍得大使：李津津。馆址：Rue No.1021（Boulvard de Koufra）Quartier Residentiel，Administratif et Commercial，Deuxième Arrondissement，N’Djamena，République du Tchad。通信地址：B.P.735 N’Djamena Tchad。电话：00235-22522949。

乍得驻华大使：迈蒂纳·朱恩贝（Maïtine Djoumbé）。馆址：北京市朝阳区新东路1号塔园外交公寓2号楼2单元10层2号。电话：010-85323822。

【同法国的关系】乍得与法国关系密切，两国签有财政、经济、文化、教育和军事等一系列合作协定。法有100多名专家在乍政府主要部门工作，在乍侨民超过1600人。法在乍设有军事基地，驻军1200人。法军向乍政府军提供情报和后勤支持，并曾协助其击退叛军对首都的进攻。苏丹达尔富尔危机爆发后，法派200名军人赴乍苏边境执行人道救援任务。法公司几乎承包了全部乍喀石油管道建设工程。2014年7月，法国总统奥朗德访问乍得，宣布自8月起启动法军在撒哈拉—萨赫勒地区的反恐行动——“新月沙丘行动”，并将该行动指挥中心设在乍首都恩贾梅纳。11月，法国总理瓦尔斯访乍。2015年1月，德贝总理访法。2月，法国外长法比尤斯访乍。5月，代比总统访法。12月，代比总统出席巴黎气候变化大会。2016年8月，代比总统访法。2017年3月，乍外长塔哈访法。2018年2月，法国参议长拉尔谢访乍。6月，法国外长勒德里昂访乍。7月，代比总统在非盟峰会期间出席萨赫勒五国集团领导人同法国总统马克龙举行的工作会议。10月，法国防长帕利访乍。12月，法国总统马克龙访乍。11月，代比总统赴法出席第一次世界大战结束一百周年纪念仪式。2019年5月，法国外长勒德里昂访乍。11月，代比总统赴法出席第2届巴黎和平论坛。同月，法国防长帕利访乍。

【同美国的关系】乍得与美国1961年建交。美现为乍第一大援助国、第一大出口目的地国。美石油公司参与乍得石油开发，约有2000多名美石油技术人员在乍工作。美不定期向乍派遣军事顾问团为乍进行军事、反恐培训，并在乍派有和平队。美乍签有司法信息管理和人员培训援助协议和民用航空安全司法合作协议。2014年8月，代比总统赴美出席美非峰会。2017年2月，2017年度“燧发枪”联合军演在乍启动。9月，美国将乍列入旅行禁令名单。2018年3月，美国国务卿蒂勒森访乍。4月，美国宣布取消针对乍公民的旅行禁令。

【同苏丹的关系】乍得与苏丹曾长期友好，苏丹达尔富尔问题爆发后，乍苏关系出现波折。两国一度断绝外交关系，并处于“交战状态”。在利比亚等国斡旋下，双方于2010年1月签署两国关系正常化协议。2010年2月，乍得总统代比访苏。7月，苏丹总统巴希尔出席在乍举行的“萨赫勒—撒哈拉国家共同体”首脑会议。2011年12月、2013年2月，代比总统两度访问苏丹。2013年3月，巴希尔总统出席在乍举行的“萨赫勒—撒哈拉国家共同体”首脑会议。2015年6月，代比总统访问苏丹。2017年5月，苏丹副总统哈赛卜访问乍得。8月，乍得总理帕达克访问苏丹。12月，苏丹总统巴希尔访问乍得。2018年4月，代比总统赴苏丹与苏丹总统巴希尔共同出席乍苏边境发展和安全会议闭幕式。2019年1月，代比总统在喀土穆技术经停期间会见苏丹总统巴希尔。同月，苏丹副总统凯比尔访乍。4月，代比总统访问苏丹。5月，代比总统在赴沙特出席第14届伊斯兰合作组织首脑峰会期间会见苏丹过渡军事委员会主席布尔汉。6月，苏丹过渡军事委员会主席布尔汉访问乍得。8月，代比总统赴喀土穆出席苏丹过渡军事委员会同主要反对派签署《政治宣言》等文件仪式。11月，苏丹主权委员会副主席达加洛访问乍得。12月，苏丹过渡政府总理哈姆杜克访问乍得。

【同利比亚的关系】乍得与利比亚因领土争端等问题曾长期不和。1994年2月3日，国际法院将乍利争议领土“奥祖地带”裁决归乍后，乍利关系改善并不断发展。双方签署了《乍利睦邻、友好与合作条约》及多项合作协定。2011年利比亚危机爆发后，乍否认利“国家过渡委员会”关于乍政府帮助卡扎菲的指责。卡扎菲政权倒台后，乍于8月23日宣布承认利“国家过渡委员会”。9月，代比总统出席了在法国召开的“利比亚之友”国际会议。2012年12月，利新政府总理扎伊丹率团对乍进行工作访问。2014年10月，利国民议会主席、国家元首萨利赫·伊萨访乍。2018年7月，利民族团结政府总理萨拉杰访乍。

【同中非关系】1997年1月，乍得派兵参与了在中非的维和行动。2001年11月，中非前总参谋长弗朗索瓦·博齐泽（François Bozizé）流亡乍得后，两国关系持续紧张，多次发生边界冲突。2003年博齐泽武装夺取中非政权后，两国关系迅速改善。博齐泽总统几乎每年均访乍。2012年底中非局势动荡后，乍积极参与调解中非危机。5月，中非过渡国家元首乔托迪亚访乍。2014年2月，中非过渡国家元首桑巴－庞扎访乍。11月，乍外长法基赴中非班吉出席中非问题第六届国际联络小组会议。2015年1月，中非总理卡蒙访乍。2016年2月、5月，中非总统图瓦德拉访乍。2017年11月，中非国民议会议长梅卡苏瓦访乍。2019年4月，乍外长谢里夫赴中非出席中非国际援助组织会议。12月，中非外长拜波赴乍出席两国合作混委会会议。

【同其他非洲国家的关系】乍得是非洲联盟、中部非洲经济与货币共同体、中部非洲国家经济共同体、萨赫勒—撒哈拉国家共同体、尼日尔河流域国家组织、乍得湖盆地委员会等非洲区域性组织的成员。乍得重视发展同邻国及其他非洲国家的友好合作关系，积极参加地区合作。

2016年1月，代比总统赴埃塞俄比亚出席第26届非盟峰会，赴贝宁出席第11届尼日尔河流域管理委员会特别峰会。5月，代比总统赴尼日利亚出席第2届地区安全峰会，赴赞比亚出席非洲开发银行第51届年会。7月，代比总统赴卢旺达出席第27届非盟峰会。10月，代比总统访问尼日利亚并出席打击“博科圣地”和安全问题协商会议，赴多哥出席非盟海上安全和发展特别峰会。11月，代比总统赴埃塞俄比亚出席非盟利比亚问题高级别委员会会议，赴赤道几内亚出席第4届非洲—阿拉伯国家峰会。2017年1月，代比总统赴埃塞俄比亚出席第28届非盟峰会。2月，代比总统赴马里出席萨赫勒五国集团峰会。4月，代比总统赴几内亚出席非盟机构改革会议。7月，代比总统赴埃塞俄比亚出席第29届非盟峰会。8月，埃及总统塞西访问乍得。9月，马里总统凯塔访问乍得。2018年1月，代比总统赴埃塞俄比亚出席第30届非盟峰会。2月，代比总统赴塞内加尔出席世界教育合作伙伴大会开幕式，赴尼日尔出席第4届萨赫勒五国集团峰会和第18届萨赫勒地区国家间抗旱常设委员会会议，赴比利时出席萨赫勒问题高级别会议，赴尼日利亚出席乍得湖问题国际会议。3月，代比总统赴卢旺达出席非盟特别峰会。5月，代比总统赴法国出席利比亚问题和解会议。6月，代比总统赴布基纳法索出席非洲和马达加斯加高等教育委员会50周年庆祝活动。7月，代比总统赴毛里塔尼亚出席第31届非盟峰会，赴多哥出席中共体和西共体联合峰会。9月，代比总统赴马里出席马新当选总统凯塔就职典礼。10月，代比总统赴几内亚出席几独立60周年阅兵式，赴尼日尔出席法语国家国际组织峰会。11月，代比总统赴埃塞俄比亚出席第11届非盟特别峰会。12月，代比总统赴毛里塔尼亚出席萨赫勒五国集团优先投资项目基金出资者与合作者协调会，赴布基纳法索出席水和环境工程国际学院成立50周年庆祝活动，赴尼日利亚出席乍得湖盆地委员会成员国特别峰会。2019年1月，代比总统赴埃塞俄比亚出席刚果（金）大选问题高级别闭门磋商会。2月，代比总统赴布基纳法索出席萨赫勒五国集团首脑峰会，赴埃塞俄比亚出席非盟峰会系列会议。4月，代比总统赴卢旺达出席卢大屠杀25周年纪念活动，赴埃及出席苏丹局势高级别会议。5月，代比总统赴布基纳法索出席萨赫勒五国集团特别峰会。6月，代比总统访问加蓬，赴尼日利亚出席尼民主日庆祝活动。7月，代比总统赴尼日尔出席第12届非盟特别峰会等系列会议。8月，代比总统赴毛里塔尼亚出席毛塔新任总统就职仪式，对安哥拉进行正式访问。9月，代比总统赴布基纳法索出席萨赫勒五国集团首脑峰会和西共体特别峰会。12月，代比总统赴埃及出席阿斯旺可持续和平与发展论坛，赴加蓬出席中部非洲国家经济共同体首脑会议。

（包伟）

中　非

国名　中非共和国（The Central African Republic, La République Centrafricaine）。

面积　622984平方公里。

人口　475万（2019年）。全国共有60多个民族，主要有巴雅、班达、班图、乌班吉、恩格班迪等，其中巴雅族人数最多，班达族分布最广。官方语言为法语、桑戈语。约50%的居民信奉基督教，15%信奉伊斯兰教，其余信奉原始宗教。

首都　班吉（Bangui），人口约110万（2018年10月）。最炎热的月份是2月，气温21℃—34℃。最凉爽的月份为7—8月，气温21℃—29℃。

国家元首　总统福斯坦·阿尔尚热·图瓦德拉（Faustin Archange Touadéra），2016年2月当选，3月30日宣誓就职。

重要节日　独立日：8月13日；国庆日：12月1日。

简　况

位于非洲大陆中部，内陆国家，东接苏丹、南苏丹，南接刚果（布）、刚果（金），西连喀麦隆，北邻乍得。北部属热带草原气候，南部属热带雨林气候，年平均气温26℃。5—10月为雨季，11月至次年4月为旱季。

公元9—16世纪，曾建立班加苏、腊法伊和宰米奥等三个部落王国。1891年沦为法国殖民地。1910

年被划为法属赤道非洲领地，称乌班吉沙立。1958年12月1日，成立自治共和国。1960年8月13日，宣告独立，成立中非共和国。1976年12月成立中非帝国。1979年9月废除帝制，恢复共和。1991年实行多党民主制。1993年9月，昂热–菲利克斯·帕塔塞在首次多党大选中当选总统，帕并于1998年蝉联总统。2003年3月，前总参谋长弗朗索瓦·博齐泽·杨古翁达率部攻占班吉，推翻帕塔塞政权，次日就任总统。2005年当选总统，2011年蝉联总统。

政　治

2012年12月，“争取团结民主力量联盟”等数支反政府武装组成联盟“塞雷卡”，连续攻占北部和中部多座城市，要求中非政府全面遵守和平协议，开展政治对话，中非安全形势恶化。2013年1月11日，在国际社会调解下，中非各派在加蓬利伯维尔举行谈判，并签署了《停火协议》等文件。2013年2月3日，中非全国联合政府成立。3月24日，反政府武装联盟“塞雷卡”再次发动攻击，武力推翻博齐泽政权。根据中部非洲国家经济共同体（CEEAC）特别峰会决议，中非全国过渡委员会于4月12日成立，宣布启动18个月的过渡期，此后举行总统和立法选举。“塞雷卡”领导人乔托迪亚当选为过渡期国家元首，原全国联合政府总理尼古拉·蒂昂盖伊留任。2014年1月，乔托迪亚和蒂昂盖伊在中共体特别峰会上辞职。中非过渡委选举卡特琳娜·桑巴–庞扎（女）为过渡国家元首。7月，中非全国和解与对话论坛在刚果（布）首都布拉柴维尔举行，中非各武装和政治派别、公民社会和宗教团体代表出席并签署停火协议。9月，联合国中非共和国多层面综合稳定团（MINUSCA）接管非盟部队在中非维和任务。2015年12月30日，中非举行总统和立法选举。前总理多罗盖莱和前总理图瓦德拉分获23.74%和19.05%选票，进入第二轮选举。2016年2月20日，中非全国选举委员会宣布，独立候选人、前总理图瓦德拉在2月14日举行的总统大选第二轮投票中，以62.7%得票率当选中非新总统。3月1日，中非宪法法院对上述结果予以确认。3月30日，图瓦德拉宣誓就职。2017年6月，中非政府与13支主要武装派别在罗马签署和平协议。2019年2月，中非政府与境内全部14支武装组织在首都班吉签署和平协议。3月，中非组建包括武装团体成员在内的新一届政府。

【**宪法**】2013年3月博齐泽政权被推翻后，宪法被废除。7月，过渡委员会审议通过《过渡宪法草案》，过渡国家元首乔托迪亚签署法令，宣布《过渡宪法》生效。2015年12月13日，中非举行新宪法全民公投，新宪法以93%支持率获通过。

【**议会**】由国民议会和参议院组成，二者共同行使立法权。参议院迄今尚未成立。国民议会议员由直接普选产生，任期为5年。2016年2月和3月，中非分别举行立法选举首轮和第二轮投票，共选举产生140名国民议会议员，其中主要政党民主进步联盟获13席，中非复兴联盟11席，劳动党9席，中非人民解放运动9席，中非民主联盟8席。5月，阿卜杜勒·卡里姆·梅卡苏瓦（Abdoul Karim Meckassoua）当选新一届国民议会议长。2018年10月，梅卡苏瓦议长遭弹劾去职，洛朗·恩贡–巴巴（Laurent Ngon-Baba）当选新议长。

【**政府**】本届政府于2019年3月改组，共40名成员，包括总理、35名部长和4名部长级代表。政府总理菲尔曼·恩格雷巴达（Firmin Ngrebada），经济、计划和合作部长菲利克斯·莫卢瓦（Felix Moloua），财政和预算部长亨利–马里·东德拉（Henri-Marie Dondra），公共工程和道路养护部长吉斯马拉·哈姆扎（Guismala Amza），能源发展和水力资源部长埃贝尔·戈特兰·乔诺·阿哈巴（Herbert Gotran Djono Ahaba），国防和军队重建部长玛丽·诺埃勒·科亚拉（Marie Noëlle Koyara，女），司法、人权和掌玺部长弗拉维安·姆巴塔（Flavien Mbata），解武、复员、安置、遣返部部长马克西姆·莫克姆（Maxime Mokom），交通和民航部长阿尔诺·朱贝·阿巴泽内（Arnauld Djoubaye Abazene），外交和海外侨民部长茜尔维·拜波·泰蒙（Sylvie Baïpo Témon，女），内政和公安部长亨利·旺泽·林吉萨拉（Henri Wanzet Linguissara），工商部长穆罕默德·塔伊卜·雅各布（Mahamat Taib Yacoub），矿产和地质部长利奥波德·姆博利–法特拉纳（Léopold Mboli-Fatrane），国土行政、权力下放和地方发展部长奥古斯丁·杨加纳·亚霍特（Augustin Yangana Yahote），卫生和人口部长皮埃尔·索姆塞（Pierre Somse），畜牧业和动物卫生部长阿马杜·比·阿利乌（Amadou Bi Aliou），农业和农村发展部长奥诺雷·费祖雷（Honoré Feizoure），邮电部长朱斯坦·古尔纳–扎克科（Justin Gourna-Zacko），新闻和媒体部长兼政府发言人安热·马克西姆·卡扎吉（Ange Maxime Kazagui），河流、森林、狩猎和渔业部长阿明·伊德里斯（Amine Idriss），初级、中级教育部长穆卡达斯·努尔（Moukadas Noure），人道主义行动和民族和解部长维尔日妮·姆拜夸（Virginie Mbaïkoua，女），高等教育部长让–雅克·桑泽（Jean-Jacques Sanze），科研和技术创新部长吉内特·阿马拉（Ginette Amara，女），环境和可持续发展部长蒂埃里·卡马什（Thierry Kamach），劳动、就业、社会保障和职业培训部长于格·切内莱特（Hugues Tchenelet），行政现代化和公共服务创新部长马丁·库姆塔马吉（Martin Koumtamadji），公职部长让–克里斯托夫·恩甘扎（Jean-Christophe Nguiza），妇女、家庭和儿童保护部长阿琳·吉塞勒·帕娜（Aline Gisèle Pana，女），技术教育和扫盲部长苏莱曼·达乌达（Soulemane Daouda），负责政府秘书处事务部长马克西姆·巴拉卢（Maxime Balalou），青年和体育部长雷吉斯·利昂内尔·普里瓦·敦达（Régis Lionel Privat

Dounda），中小企业、手工业和非正规部门部长穆卢德·穆萨·特拉卜（Maouloud Moussa Terab），负责与共和国机构关系部长欧仁妮·吕西安娜·恩格邦多（Eugénie Lucienne Ngbondo，女），艺术、文化和旅游部长迪厄多内·恩多马特（Dieudonné Ndomate），城镇化、城市和人居部长吉娜·劳森·罗萨利姆（Gina Lawson Roosalem，女），负责法语国家和礼宾事务的外交与海外侨民部部长级代表尚塞尔·塞科德·恩德巴伊（Chancel Sekode Ndeugbayi），国土行政、权力下放和地方发展部部长级代表伊萨·比·阿马杜（Issa Bi Amadou），负责政府与武装团体关系的总理府部长级代表吉尔贝·图穆·德亚（Gilbert Toumou Deya），解武、复员、安置、遣返部部长级代表比安弗尼·塞莱松（Bienvenu Selesson）。

【行政区划】全国划分为16个省、1个直辖市（首都班吉），省以下设69个县。

【司法机构】原主要司法机构有宪法法院、最高法院、行政法院、审计法院、仲裁法院、普通法院和法庭等。2013年3月，“塞雷卡”武装夺权后，原司法审判机构被解散，目前正在逐步恢复重建。2015年6月，中非政府成立“中非特别刑事法庭”（Cour pénale spéciale de la Centrafrique），负责调查审理中非2003年以来包括反人类罪和战争罪等严重违反人权的罪行。

【政党】1991年4月起实行多党制。目前全国有合法政党40多个，主要有：

（1）“团结一心运动”政党联盟（Mouvement Coeurs Unis）：2018年11月，支持图瓦德拉总统的20多个政党和非政府组织组建“团结一心运动”（简称“运动”），选举产生由10人组成的全国执行局和20名全国书记，选举时任总理萨兰吉为全国执行书记，行使总书记职权。“运动”规定该组织为中间、民主、世俗和统一的政党联盟。

（2）劳动党（Parti KWA NA KWA，KNK）：原名KNK全国联合会（Convergence Nationale-KWA NA KWA，KWA NA KWA系博齐泽总统竞选口号，在桑戈语中意为“劳动，艰苦地劳动”）。2004年12月为支持博齐泽参加总统选举成立，由支持博参选的中小政党、社会团体、民间协会和独立人士等组成。全国代表大会是最高决策机构，下设全国执行局，为最高领导机构。2009年8月更名为劳动党，博齐泽任党主席。2013年3月，博齐泽政权被推翻后，该党丧失执政党地位。

（3）中非人民解放运动（Mouvement de Libération du Peuple Centrafricain，MLPC）：1978年成立，1981年取得合法地位。1993年党主席昂热–菲利克斯·帕塔塞（Ange-Félix Patasse）在首次多党选举中当选总统，该党成为执政党。2003年帕被博齐泽推翻后流亡国外。2007年6月，该党召开代表大会，前总理马丁·齐盖莱（Martin Ziguélé）当选党主席。2015年12月，齐盖莱在中非总统选举首轮投票中以11.43%投票率位列第四。

（4）中非民主联盟（Rassemblement Démocratique Centrafricain，RDC）：1987年2月成立。创始人为前总统安德烈·科林巴（André Kolingba）。科林巴执政时期，该党曾是中非唯一合法政党。科林巴因病旅居巴黎后，该党分裂为正统派和革新派。2010年2月科林巴逝世后，纳孔波担任党主席。安德烈·科林巴之子德西雷·科林巴（Désiré Kolingba），2015年2月当选党主席，并作为该党候选人在2015年中非总统选举中以12.04%的得票率位列第三。

（5）中非复兴联盟（Union pour le Renouveau Centrafricain，URCA）：2013年10月成立。创始人兼党主席为前总理阿尼塞–乔治·多罗盖莱（Anicet-Georges Dologuélé），属于社会民主党阵营。2015年7月，该党召开第一次代表大会，多罗盖莱被本党推举为总统候选人。12月，多罗盖莱在总统选举第一轮投票中以23.74%的得票率位列第一，但在2016年2月第二轮投票中以37.3%得票率败给图瓦德拉。

（6）民主进步联盟（Union Nationale pour la Démocratie et le Progrès，UNDP）：2014年7月正式成立。党主席米歇尔·阿米那（Michel Amine）于2014年11月在本党第一届代表大会上被推选成为2015年总统选举候选人，但其提名2015年12月被中非过渡宪法法院判定无效。

（7）恢复民主人民军（Armée pour la Restauration de la Démocratie，APRD）：原反政府武装，现反对党。2005年12月成立，系亲前总统帕塔塞武装力量。2008年5月，该武装与政府签署一揽子和平停火协议。12月，成为合法政党。最高领导机构为政治局，党主席为前国防部长德马福特。2008年5月与政府签署一揽子和平停火协议。10月，博齐泽总统特赦德。12月，德参加包容性政治对话，当选解武、复员、重新安置委员会主席，将APRD注册为合法政党。

其他政党还有：争取进步爱国阵线、国家团结党、争取进步爱国阵线、现代民主论坛、民主自由党、公民论坛、争取共和联盟等。

【重要人物】福斯坦·阿尔尚热·图瓦德拉：总统。1957年4月21日出生于班吉，曾获法国里尔第一科技大学和喀麦隆雅温得第一大学数学博士学位。曾任班吉大学理学院数学系助教、理学院副院长、院长、法语及印度洋国家数学计划协调国家间委员会（CIEHPM）成员及主席、班吉大学校长等职。2008年1月被博齐泽总统任命为总理，2013年1月卸任。2016年2月20日当选总统，3月30日宣誓就职。

经 济

联合国公布的世界最不发达国家之一。经济以农业为主，工业基础薄弱，80%以上的工业品靠进口。木材、钻石、棉花、咖啡是经济四大支柱。20世纪90年代初曾3次同国际货币基金和世界银行达成协议，执行结构调整计划。因政局持续动荡，战乱不止，生产无法正常进行，经济形势不断恶化。博齐泽总统上台后，整顿林、矿业，严格审查并重新签发开采许可权，打击偷税漏税，整治贪污腐败，努力争取外援，取得一定成效。受国际金融危机影响，中非木材、钻石出口收入下降。2009年6月，中非达到重债穷国减债倡议完成点，获得7.63亿美元债务减免。2012年底以来，中非局势再次动荡，经济遭受重创，政府财政极度困难。2016年图瓦德拉总统就职以来，重视经济发展，积极争取国际援助，重点发展农业，优先保障饮用水、能源、教育、卫生、交通等基础设施服务，鼓励私营企业发展带动青年就业，总体经济形势有所好转。2019年主要经济数据估算如下：

国内生产总值：22.3亿美元。

人均国内生产总值：437美元。

经济增长率：4.5%。

货币名称：中非金融合作法郎（FCFA，简称非洲法郎）。

汇率：1美元≈586非洲法郎。

通货膨胀率：3.5%。

（资料来源：2020年第一季度《伦敦经济季评》）

【资源】矿产主要是钻石（储量4000万克拉），分布地区占全国面积的1/2。此外还有铀（储量2万吨）、铁（储量350万吨）、黄金、铜、镍、锰、铬、锡、汞和石灰石（储量800万吨）等。北部地区发现有石油。森林面积10.2万平方公里，约占全国面积的16%，可采面积2.8万多平方公里，木材储量约9000万立方米，盛产热带名贵木材。水力资源丰富。北部和东部有大象、犀牛等野生动物。

【工矿业】加工工业十分落后。工业企业主要集中于首都班吉，以生产进口替代产品为主。主要工业有：食品加工、机械组装（自行车、摩托车等）、日用化工、电力、卷烟、啤酒、纺织、皮革等。出口行业主要为农产品及木材加工。矿业目前限于钻石和黄金开采，以手工操作为主。（资料来源：2017年第一季度《伦敦经济季评》，法兰西银行2015年法郎区年度报告）

【农林业】全国可耕地约650万公顷，已耕地约60万公顷。主要种植棉花、咖啡、木薯、花生、玉米、高粱等作物。林业一度发展较快，2000年超过钻石成为第一大出口创汇产业。2016年木材出口额约5630万美元。2008年，中非政府出台《森林法》，要求木材企业在中非加工量必须达到70%，原木直接出口量不得超过采伐量的30%，并对未按期递交月度生产和出口报告的公司实施制裁。

【交通运输】无出海口，亦无铁路，空运规模很小，主要靠公路和河运。

公路：总长24578公里，其中国家级公路5400公里，地方公路3910公里，乡村便道15268公里。由于遭受战乱及长年失修，多数道路状况不佳，在雨季更难以通行。2005年12月，中非政府设立公路维护基金，负责保养和维护国家公路网，资金来源是公路和燃油税及出资者拨款。2006年4月，欧盟提供750万欧元用于修复班吉公路网。2007年，欧盟提供5500万欧元用于修建中非西部至喀麦隆169公里的公路，非洲开发银行提供1.65亿美元用于中非至杜阿拉公路网建设。

水运：内河航运对外贸起重要作用。全国共有内河航道7080公里。进出口物资多由水路经刚果（布）运输，乌班吉河（刚果河支流）是主要的国际运输线，班吉是全国最大的河港，年吞吐量约30万吨。

空运：有12个中型机场和50几个简易机场。年均客流量为10万人次。班吉姆波科为国际机场。有定期航班通往巴黎、杜阿拉、恩贾梅纳等地。

【财政金融】财政收入主要靠税收。局势陷入动荡后政府财政收入大幅下滑，2015年财政收入2.42亿美元，支出2.8亿美元，外汇储备2.08亿美元（不包括黄金）。（资料来源：2015年法兰西银行法郎区年度报告，国际货币基金组织）

【对外贸易】主要出口木材、钻石、咖啡、棉花和烟草，进口轻工、纺织、粮油食品和石油产品。2018年，中非主要出口对象国是法国、布隆迪、贝宁、中国、乍得；主要进口来源国是法国、喀麦隆、中国、美国、英国。近年外贸情况如下（单位：百万美元）：

	2017	2018	2019
出口额	147.1	163.9	180.5
进口额	438.6	503.1	505.2

【外国援助】2009年6月，世界银行、国际货币基金组织宣布中非达到重债穷国计划完成点，获免7.63亿美元债务。2015年，中非共获得4.87亿美元官方发展援助，其中排名前五位的出资方分别是欧盟、美国、国际开发协会、法国、德国，援助额分别为1.44亿、0.65亿、0.49亿、0.44亿、0.33亿美元。（数据来源：经济合作与发展组织）

人民生活

在2019年联合国公布的世界189个国家人类发展指数排名中列188位。人均预期寿命52.8岁。职工最低工资1.3万非洲法郎，公职人员还享受相当于工资10%的补贴。医疗卫生落后，全国仅有医疗机构786个，其中117家为私营，公共卫生从业人员3314名，其中护理人员1915人，平均每1.25万人拥有一名医生。65%的人口能在5公里范围内就医。平均1075人占有一张病床，首都和外省的医患比例分别为1∶6000和1∶90000。产妇死亡率11‰，婴儿死亡率91.5‰。中非为疟疾和艾滋病高发区，2015年15—49岁成人艾滋病感染率为3.7%。

军　事

中非1960年独立后在法国帮助下创建军队，全国划分为4个军区。实行义务兵役制，服役期为2年。2019年，武装力量共约6000人，其中国防军约3000人，由警察和宪兵组成的国家安全力量共约3000人。

文化教育

【教育】2015年成年人文盲率63.2%，教育开支占GDP的1.2%。小学入学率95.2%，中学入学率17.8%，大学入学率2.8%。全国共有6所大学。班吉大学是全国唯一的综合性大学，创办于1969年，有学生7000人，设有法律、经济、文学、人文科学、医学和理科系，以及实用语言和数学教学研究所等，许多毕业生进入行政机构。

【新闻出版】官方日报《桑戈阿非利加报》，1986年7月1日创刊，原称《团结报》，1994年7月17日改为现名。发行约1000份。

中非新闻社1974年5月建立，出版《电讯稿》。

中非广播电台1958年12月创建。

中非电视台建于1972年，每天播放4小时，只有首都班吉和姆拜基市可收看节目。

对外关系

中非奉行睦邻友好、不结盟和多元化外交政策，强调外交为本国利益服务。以争取外援为重点积极展开外交活动，积极发展与周边国家、西方国家及国际与地区组织关系。

【同中国的关系】1964年9月29日两国建交。1966年1月博卡萨上台后，中非同中国断交。1976年8月20日，双方签署两国关系正常化公报。1991年7月8日，中非政府同台湾当局“复交”，中国与中非中止外交关系。1998年1月29日，两国签署联合公报，决定恢复大使级外交关系。复交以来，两国关系不断巩固和加强。

近年，中方访问中非的有：国家民族事务委员会主任杨晶（2010年12月作为胡锦涛主席特使出席中非独立50周年庆典），全国政协副主席罗富和（2011年），国家林业局局长张建龙（2016年3月以习近平主席特使身份出席中非总统就职典礼），外交部中非合作论坛事务大使周欲晓（2017年6月），全国政协副主席郑建邦（2019年4月）。

中非方访华的主要有：博齐泽总统（2004年、2009年访华，2010年出席上海世博会中非国家馆日和中国国家馆日活动，2012年9月来华出席厦洽会和宁洽会），祖马拉外长（2006年出席中非合作论坛北京峰会暨第三届部长级会议），甘比外长（2012年出席中非合作论坛第五届部长级会议），图瓦德拉总统（2018年9月出席中非合作论坛北京峰会）。

2019年双边贸易额0.62亿美元，同比下降15.3%，其中中方出口额0.26亿美元，同比增长35.5%，进口额0.36亿美元，同比下降33.1%。中方主要出口机电产品，进口原木和锯材。

中国驻中非大使：陈栋。馆址：Avenue Des Martyrs，Bangui。地区号：00236。电话：21612760；传真：21613183。信箱：1430 BANGUI。

中非驻华大使：让·皮埃尔·姆巴佐阿（Jean-Pierre Mbazoa）。馆址：北京市朝阳区新东路1号塔园外交办公楼1–1–132。电话：010–65327353；传真：65327354。

【同法国的关系】同法国保持传统的密切关系。独立后与法签订10多个双边合作协定。法是中非主要援助国和经贸伙伴。2003年3月博齐泽执政后，法率先承认博齐泽政权，两国关系持续发展。2014年1月，庞扎当选过渡国家元首后，法总统奥朗德表示祝贺，外长法比尤斯出席庞扎就职仪式。2016年2月，中非总统选举结果公布后，法总统奥朗德祝贺图瓦德拉胜选。3月，法外长艾罗和国防部长勒德里昂出席图瓦德拉总统就职仪式。4月，图瓦德拉总统访法并与法总统奥朗德举行会谈。5月，法总统奥朗德访问中非，与图瓦德拉总统举行会谈并视察了法驻中非部队。法曾在中非设有军事基地，1997年关闭。2006年10月，法派兵帮助中非政府军击退反政府武装，此后约230名法军长期驻扎中非。2012年底中非局势恶化后，法增兵350人。2013年12月，在联合国安理会授权下，法向中非派兵1600人开展“红蝴蝶行动”，协助维持中非安全秩序和解除当地非法武装。2014年3月，法向中非增兵至2000人，2015年6月底缩减至900人。2016年10月，法国防部长勒德里昂访问中非，正式宣布结束“红蝴蝶行动”，但法仍在中非部署约350人部队。2018年11月，法外长勒德里昂访问中非。

【同美国的关系】1961年同美国建交。美在中非有和平队员121人。2002年，美关闭了其驻中非使馆。2005年1月，美驻中非使馆重新开馆。7月，美驻中非使馆临时代办宣布与中非全面恢复合作关系，重开班吉美国文化中心。2007年3月，美负责非洲事务的助理国务卿舒瓦纳访问中非。8月，美向中非派驻大使。2011年11月，美向中非上姆博穆省派遣了特种兵，协助中非打击在中非境内活动的乌干达反政府武装“上帝抵抗军”。2014年1月，庞扎当选过渡国家元首后，美国务卿克里表示祝贺。2016年4月，中非总统图瓦德拉访美并会见美国务卿克里。2017年4月，在中断13年后，中非重返美国《非洲增长与机遇法案》受惠国行列。2019年4月，图瓦德拉总统访问美国。12月，图瓦德拉总统赴美会见美负责非洲事务的助理国务卿纳吉和国际货币基金组织总裁格奥尔基耶娃。

【同俄罗斯的关系】1963年同苏联建交，1990年俄罗斯继承前苏联同中非外交关系。2017年10月，图瓦德拉总统赴俄，会见俄负责国防工业事务的副总理罗津戈和外长拉夫罗夫。2018年5月，图瓦德拉总统赴俄出席圣彼得堡国际经济论坛并会见普京总统。

2018年8月，中非国防部长科亚拉同俄国防部长绍伊古在莫斯科签署军事合作协议。2019年10月，图瓦德拉总统赴俄罗斯索契出席首届俄非峰会并会见普京总统。

【同乍得的关系】同乍得签有卫生、睦邻友好和反偷猎协定。2012年底中非局势动荡后，乍参与调解中非危机。2013年5月，中非过渡期国家元首乔托迪亚访问乍得。2014年2月，过渡国家元首桑巴–庞扎访问乍得。11月，乍外长法基赴中非班吉出席中非问题第六届国际联络小组会议。2015年1月，中非总理卡蒙访乍。2016年5月，中非总统图瓦德拉访乍。8月，图瓦德拉总统赴恩贾梅纳出席乍总统代比就职仪式。11月，图瓦德拉总统访问乍得。2017年6月，图瓦德拉总统访问乍得。

【同利比亚的关系】曾与利比亚关系密切，利在中非曾有驻军。2002年12月，中部非洲经济与货币共同体向中非派驻维和部队，利驻军撤离。博齐泽执政后，重视发展与利关系，利比亚领导人卡扎菲积极调解中非政府与叛军矛盾，促成多支叛军与中非政府签署和平协议。卡扎菲政权倒台后，中非政府于2011年9月宣布承认利比亚“全国过渡委员会”为利合法政权。

【同加蓬的关系】重视发展与加蓬的友好合作关系。加已故总统奥马尔·邦戈曾积极调解中非国内矛盾，推动中部非洲经济与货币共同体向中非派遣维和部队，并派兵参与。博齐泽与中非反政府武装曾多次在加举行谈判。2012年底中非局势动荡后，加积极参与调解中非危机。2013年1月，中非各派在加首都利伯维尔举行会议并签署了利伯维尔协议。6月，中非过渡期国家元首乔托迪亚访问加蓬。2014年3月，过渡国家元首庞扎访问加蓬。2017年10月，中部非洲国家经济共同体中非问题部长级特别会议在加首都利伯维尔举行。2018年3月、6月，图瓦德拉总统两次访问加蓬。

【同苏丹的关系】同苏丹签有贸易、关税、领事和保护边界安全协定。2011年5月，中非、苏丹、乍得三国元首在苏丹首都喀土穆举行会晤，决定联手打击三国交界地区叛军，共同维护边境安全。2013年6月，中非过渡期国家元首乔托迪亚访问苏丹。2014年6月，苏议长芒苏尔访问中非。2016年9月，图瓦德拉总统访问苏丹，并赴北达尔富尔州首府达希尔出席《多哈达尔富尔和平文件》签署5周年纪念仪式。其间，图瓦德拉与苏总统巴希尔、乍得总统代比举行三方会谈，就在边境地区部署联合部队等问题交换意见。2017年12月，图瓦德拉总统访问苏丹。2019年2月，图瓦德拉总统赴喀土穆见证中非政府与境内14支武装组织草签和平协议。

【同刚果（布）的关系】同刚果（布）签有矿产开发协议，2005年8月，刚果（布）矿业部长访问中非，双方签订了共同开采交界地区钻石的协议。2009年1月，博齐泽总统访问刚果（布）。2010年8月，博齐泽总统出席刚果（布）独立50周年庆典。2012年底中非局势动荡后，刚果（布）积极参与调解中非危机。萨苏总统担任中非和平行动后续委员会主席。5月，中非过渡期国家元首乔托迪亚访问刚果（布）。2014年2月，过渡国家元首庞扎访问刚果（布）。2016年4月，中非总统图瓦德拉访问刚果（布），中非总理萨兰吉代表图瓦德拉总统出席刚果（布）总统萨苏就职仪式。8月，图瓦德拉总统赴布拉柴维尔出席刚果（布）独立56周年纪念活动。2018年8月，图瓦德拉总统访问刚果（布）。2019年9月，图瓦德拉总统赴刚果（布）出席第五届对非投资论坛。

【同其他非洲国家的关系】积极发展睦邻友好关系，努力为国家发展争取稳定的周边环境。重视中部非洲地区经济合作，是中部非洲国家经济共同体（CEEAC）、中部非洲经济与货币共同体（CEMAC）和大湖地区国际会议（CIRGL）成员国。同刚果（金）签有双边防务协定。2014年3月，中非过渡国家元首桑巴–庞扎访问刚果（金）。2013年5月，中非过渡期国家元首乔托迪亚访问赤道几内亚。2014年9月，中非过渡国家元首庞扎访问赤道几内亚。2016年5月，中非总统图瓦德拉赴马拉博出席赤道几内亚总统奥比昂就职仪式。2017年1月，图瓦德拉总统对安哥拉进行工作访问。2017年8月，图瓦德拉总统赴基加利出席卢旺达总统卡加梅就职典礼。2017年1月，图瓦德拉总统先后赴马里首都巴马科出席第27届法非峰会、赴亚的斯亚贝巴出席第28届非盟首脑会议。2017年2月，图瓦德拉总统赴马拉博出席第13届中部非洲经济货币共同体峰会。2017年7月，图瓦德拉总统赴亚的斯亚贝巴出席第29届非盟首脑会议。2018年1月，图瓦德拉总统访问赤道几内亚。2018年3月，图瓦德拉总统赴卢旺达出席第18届非盟首脑特别会议。2018年8月，图瓦德拉总统访问安哥拉。2018年9月，非盟委员会主席法基访问中非。2019年5月，图瓦德拉总统赴刚果（金）出席刚总统齐塞克迪之父葬礼。2019年6月，非洲议会联盟第74届会议在中非首都班吉召开。2019年10月，卢旺达总统卡加梅对中非进行国事访问。2019年12月，刚果（金）总统齐塞克迪赴班吉出席中非共和国成立61周年庆祝活动。同月，图瓦德拉总统赴加蓬出席中共体首脑会议第9届特别峰会。2020年1月，图瓦德拉总统访问安哥拉。2月，图瓦德拉总统赴亚的斯亚贝巴出席第33届非盟首脑会议。

【同其他国家和国际组织的关系】2014年9月，联合国秘书长潘基文主持召开中非问题高级别会议，中非过渡国家元首庞扎、刚果（布）总统萨苏及其他多个国家元首、政府首脑、国际和地区组织代表出席会议。2017年1月，国际货币基金组织总干事拉加德访问中非。3月，图瓦德拉总统赴纽约出席安理会中非问题公开会。4月，法语国家组织秘书长米歇尔·让访问中非。5月，第71届联合国大会主席汤姆森访问中非。同月，联合国秘书长古特雷斯访问中非。11月，图瓦德拉总统赴布鲁塞尔出席“欧盟对非新型伙伴关系”高级别会议。2018年3月，葡萄牙总统德索萨访问中非。4月，图瓦德拉总统赴纽约出席建和委中非问题高级别会议及安全部门改革会议。同月，图瓦德拉总统访问比利时，会见比首相米歇尔。2019年8月，图瓦德拉总统赴日本出席第七届东京非洲发展国际会议。

（张硕）

欧 洲

阿尔巴尼亚

国名 阿尔巴尼亚共和国（The Republic of Albania，Republika e Shqipërisë）。

面积 2.87万平方公里。

人口 285万（2019年1月）。其中阿尔巴尼亚族占82.58%，少数民族主要有希腊族、罗姆族、罗马尼亚族、马其顿族等。官方语言为阿尔巴尼亚语。56.7%的居民信奉伊斯兰教，6.75%信奉东正教，10.1%信奉天主教。

首都 地拉那（Tirana），人口90.6万（2020年1月）。

国家元首 总统伊利尔·梅塔（Ilir META），2017年7月就职，任期5年。

重要节日 国庆节暨独立日：11月28日；反法西斯解放日：11月29日。

简 况 位于东南欧巴尔干半岛西部，北和东北部分别同塞尔维亚、黑山、北马其顿接壤，南部同希腊为邻，西临亚得里亚海，隔奥特朗托海峡同意大利相望。境内山地和丘陵占总面积的77%，平原占23%。森林覆盖率36%，可耕地面积24%，牧场15%。海岸线长472公里。属亚热带地中海气候。降水量充沛，年均1300毫米。1月平均气温1℃—8℃，7月平均气温24℃—27℃。

1190年建立封建制公国。1415年起被奥斯曼土耳其帝国统治近500年。1912年11月28日宣布独立。第一次世界大战期间被奥匈、意、法军占领。1925年建立共和国。1928年改行君主制，至1939年4月意大利入侵。第二次世界大战期间，先后被意德法西斯占领。1944年11月29日全国解放。1946年1月11日建立阿尔巴尼亚人民共和国，1976年改称阿尔巴尼亚社会主义人民共和国。1991年改国名为阿尔巴尼亚共和国。

政 治 阿尔巴尼亚政局总体稳定。2017年4月，阿尔巴尼亚举行总统选举，时任议长、争取一体化社会运动党主席伊利尔·梅塔当选。6月，阿举行议会选举，社会党以较大优势赢得胜利，成为阿剧变后首个获得单独组阁权的左翼政党。9月，阿新一届政府成立，社会党主席埃迪·拉马（Edi RAMA）连任总理。2019年6月，阿举行地方选举，社会党赢得包括首都地拉那在内的60个市的选举。

【宪法】1998年11月，阿尔巴尼亚经全民公决通过新宪法。2008年修改宪法。宪法规定，阿尔巴尼亚为议会制共和国，实行自由、平等、普遍和定期的选举。总统为国家元首，由议会以无记名方式选举产生，每届任期5年，可连任一届。总统任命总理，并根据总理提名任命政府成员。

【议会】国家最高权力机关和立法机构，实行一院制，任期4年。本届议会于2017年6月产生。现有议员104人。其中，社会党议员团75人、民主和正义议员团11人、民主党议员团9人、无党派议员团9人。议会下设9个专门委员会。议长格拉莫兹·鲁奇（Gramoz RUÇI）。

【政府】称部长会议，任期4年。2017年9月，阿尔巴尼亚新一届政府成立，社会党单独组阁。成员包括：总理兼欧洲和外交事务部长埃迪·拉马（Edi RAMA），副总理埃里昂·布拉切（Erion BRAÇE），国防部长奥尔塔·扎奇卡（Olta XHAÇKA，女），内务部长桑德尔·莱沙伊（Sandër LLESHAJ），财政和经济部长阿尼拉·代纳伊（Anila DENAJ，女），基础设施和能源部长贝琳达·巴卢库（Belinda BALLUKU，女），教育、体育和青年部长贝萨·沙希尼（Besa SHAHINI，女），司法部长埃蒂尔达·乔纳伊（Etilda GJONAJ，女），文化部长艾尔娃·马加里蒂（Elva MARGARITI，女），农业和农村发展部长布莱迪·楚奇（Bledi ÇUÇI），卫生和社会保障部长奥盖尔塔·马纳斯蒂尔利乌（Ogerta MANASTIRLIU，女），旅游和环境部长布兰迪·克洛西（Blendi KLOSI），负责侨务的国务部长潘代利·马伊科（Pandeli MAJKO），负责企业保护的国务部长埃杜阿尔德·沙尔西（Eduard SHALSI），议会关系国务部长埃莉萨·斯皮罗帕利（Elisa SPIROPALI，女），负责地震灾后重建事务的国务部长阿尔本·阿赫梅塔伊（Arben AHMETAJ）。

【行政区划】全国划分12个州，下辖61个市。

【司法机构】设宪法法院、最高法院、总检察院、上诉法院、地方法院。最高法院和各级法院行使审判权。最高法院院长和总检察院检察长由议会选举产生。宪法法院代院长维托蕾·图沙（Vitore TUSHA）、总检察长奥尔西安·切拉（Olsian ÇELA）。

【政党】目前，阿尔巴尼亚有注册政党近50个。主要政党有：

（1）社会党（Partia Socialiste e Shqipërisë）：执政党。1991年6月12日成立。前身为阿尔巴尼亚劳动党。现有党员约15万人。政治上主张建设民主社会主义，实行政治多元化和议会民主，建立法治国家；经济上主张以所有制多元化为基础的市场经济；外交上主张欧洲一体化，优先发展同美国关系，加强同巴尔干各国之间联系。党主席为埃迪·拉马。

（2）民主党（Partia Demokratike e Shqipërisë）：在野党。1990年12月12日成立。现有党员约10万人。主张民主、人权，全盘私有化和自由市场机制。党主席为卢尔奇姆·巴沙（Lulzim BASHA）。

（3）争取一体化社会运动党（Levizja Socialiste për Integrim）：在野党。2004年9月成立。现有党员3.5万人。政治上主张建立民主法治国家，倡导平等、公正，打击腐败、有组织犯罪和走私贩毒；经济上主张进行合法自由竞争，强调发展生产，提高福利，消除贫穷，繁荣经济，反对经济垄断和灰色经济；外交上以加入欧盟为重点，主张睦邻友好，加强东南欧区域合作，发展同传统友好国家关系。党主席为莫妮卡·克吕埃马齐（Monika KRYEMADHI，女）。

（4）共和党（Partia Republikane e Shqipërisë）：在野党。1991年1月成立。现有党员约2万人。政治上提倡建立法治国家，实行西方民主共和制；经济上主张建立自由市场经济，实行私有化；外交上强调优先发展同巴尔干国家和地中海国家的睦邻友好关系。党主席为法特米尔·梅迪乌（Fatmir MEDIU）。

【重要人物】伊利尔·梅塔：总统。1969年3月24日出生。毕业于地拉那大学经济系。1992年进入社会党全国委员会，1993—1996年任社会党副主席、国际关系书记，1995—2001年任阿尔巴尼亚欧洲社会主义青年论坛主席。1992年起当选历届议会议员。1996—1997年任议会外交政策委员会副主席。1998年任副总理兼协调部长，1999年11月任总理。2002—2003年任副总理兼外长。2004年9月创立争取一体化社会运动党并任党主席。2009年9月任副总理兼外长，2010年9月转任副总理兼经济、贸易和能源部长。2013年9月当选议长。2017年4月当选总统，7月就职。 **埃迪·拉马：**总理。1964年7月4日出生。毕业于地拉那艺术学院。社会党主席。1986年起在地拉那艺术学院任教。1996年任地拉那索罗斯基金会执行董事会成员。1998年任阿尔巴尼亚文化、青年和体育部长。2000年任地拉那市长。2003年加入阿社会党，2005年10月当选社会党主席。2013年9月出任总理，2017年9月连任。 **格拉莫兹·鲁奇：**议长。1951年12月出生。毕业于斯库台和吉诺卡斯特师范学院生化专业。1971—1978年从事教育工作。1978—1991年在阿劳动党和国家机构任职。1991年曾短暂出任内务部长。1991—1996年任社会党总书记，1998—1999年任社会党组织书记，2010年起任社会党全国大会主席、社会党议员团主席，2016—2017年任社会党总书记。2017年9月当选议长。

经　济

经济基础薄弱。自20世纪90年代初起，阿尔巴尼亚从计划经济体制向市场经济体制转轨。近年来，阿尔巴尼亚经济保持稳定增长。2019年主要经济数据如下：

国内生产总值：158亿美元。
人均国内生产总值：5448美元。
国内生产总值增长率：2.9%。
货币名称：列克（Lekë）。
汇率：1美元≈110列克。
通货膨胀率：1.4%。
失业率：11.2%。

（资料来源：阿国家统计局、阿中央银行、世界银行等，下同）

【资源】主要矿藏有石油、铬、铜、镍、铁、煤等。探明石油储量约4.37亿吨，铬矿储量3730万吨。水力资源较丰富。

【工业】主要工业部门有食品、纺织、木材、石油、水泥、采矿等。2018年工业增加值为32.2亿美元，同比增加21.2%，2019年发电量5208吉瓦时，同比下降39.1%。

【农业】近年来，阿以发展有机农业为目标。耕地面积62万公顷。2018年主要农牧业产品产量为：蔬菜116.2万吨，谷物67.9万吨，土豆25.5万吨，芸豆2.5万吨，草料705万吨，橄榄11.8万吨。2018年主要牲畜养殖情况：牛46.7万头，其中73.4%为奶牛。绵羊186.4万头，山羊91.7万头，猪18.4万头。2018年阿农业增加值约合27.82亿美元。截至2019年第四季度，农业私有化部门从业人员数量约46.3万人，占全国劳动力人口38.2%。

【旅游业】近年来，阿尔巴尼亚政府将旅游业作为优先发展的产业。2019年，以旅游和走访亲友为目的的阿尔巴尼亚入境外国游客达610万人次，同比增长8.1%。

【交通运输】以公路运输为主，公路总里程约2.8万公里。实际运营铁路线总长为334公里。2019年，铁路客运量为6万人次、同比下降21%，铁路货运量为71万吨。全国共有都拉斯、发罗拉、萨兰达和申津4个海港。其中，都拉斯港是最大的海港，同意大利的里雅斯特港和巴里港通航。2019年，全国港口货物吞吐量446万吨、同比增长14.5%。地拉那特蕾莎修女国际机场是阿唯一运营的民用机场。2020年1月，共开通航线17条，在该机场起降的航空公司共15家。2019年，外国人入境人数达641万人次，同比增长8.1%。

【**财政金融**】2019年，阿财政支出4919亿列克，财政赤字316亿列克。截至2018年，阿公共债务余额11126亿列克，约占国内生产总值的66%。外汇储备4885亿列克，外债余额424亿列克。

主要银行：阿尔巴尼亚银行为阿中央银行。目前，阿尔巴尼亚共有16家商业银行，均为私有银行，且绝大多数为外资银行。从存款规模看，市场份额最大的4家银行分别为国民商业银行、奥地利中央合作银行、Credins银行和联合圣保罗银行，占全国商业银行吸收存款总额的近70%。

【**对外贸易**】2019年，阿外贸进出口总额9479亿列克，同比下降0.4%。其中出口额2988亿列克，同比下降3.7%，进口额6491亿列克，同比增长1.2%。主要出口商品有为纺织原料及纺织制品、鞋类、矿产品、贱金属及其制品；主要进口商品为机器、机械器具、电气设备及其零件、化工产品。2019年，阿尔巴尼亚前五大进口来源国为意大利（25.3%）、土耳其（9.5%）、中国（9.2%）、希腊（8.4%）和德国（7.2%）。

【**外国投资**】根据阿央行数据，2018年阿吸收外资流量为10.2亿欧元；截至2018年底，阿吸收外资存量为46.6亿欧元，前五大外资来源国分别为瑞士（17.3%），希腊（占比15.9%）、荷兰（12.6%）、加拿大（12.4%）和意大利（8.9%）。

【**外国援助**】2015—2017年，外国向阿提供的政府援助净额共计6.6亿美元，其中2017年约1.57亿美元。主要援助方有欧盟机构、德国、瑞士、美国等。

【**邮政通信**】2016年阿尔巴尼亚全年收发信件和包裹共计2935万件。截至2019年底，阿固定电话用户24.2万，手机活跃用户263万。沃达丰移动公司、阿尔巴尼亚电信公司、Albtelecom电信公司为阿境内主要移动电话运营商。

【**侨汇**】截至2019年初，阿尔巴尼亚旅外侨民约164万人。2018年侨汇收入约15亿美元。

人民生活

2019年公共部门平均月薪约62834列克，约合572美元。最低工资标准为26000列克，约合240美元。

军　事

1992年，阿尔巴尼亚“人民军”改名为“国民军”，建军节为12月4日。阿军实行志愿兵役制，由陆军、海军、空军、支援司令部和条令与训练司令部组成，总员约12500人。2020年，阿尔巴尼亚国防预算275亿列克，约合2.5亿美元。最高军事指挥机关为总参谋部。总参谋长巴尔聚尔·科尔察库（Bardhyl KOLLÇAKU）准将，2017年8月履职。

文化教育

【**教育**】实行9年制义务教育，教育较为普及。全国有超过5000所学校，2018—2019学年学前教育注册学生78942人，9年制基础教育注册学生167104人，注册中学生共116646人，其中高中生95359人，中专生21289人，高等教育注册学生139043人。公立高校15所，私立高校26所，地拉那大学是阿尔巴尼亚著名综合性大学。

【**新闻出版**】各种报刊约200余家，面向全国发行的大报有26家，主要报刊有《全景报》《阿尔巴尼亚报》《当代报》《阿尔巴尼亚人报》《阿尔巴尼亚日报》（英文）《地拉那时报》（英文）等。

阿尔巴尼亚电讯通讯社（ATA）为国家通讯社。阿尔巴尼亚视听媒体管理局和阿尔巴尼亚电信邮政管理局是阿尔巴尼亚媒体通讯业两大主要管理机构。阿尔巴尼亚广播电台为国家广播电台，除对内广播外，还对海外阿籍侨民广播和用英、法、德、意、希、土、塞7种语言对外广播。阿尔巴尼亚电视台为国家电视台，全天24小时播放节目。1996年以来，阿尔巴尼亚私人广播电台和电视台发展较快，目前有全国性私营电视台Top Channel、TV Klan、Ora News，私营电台Top Albania Radio、+2 Radio 以及上百家地方电台、电视台。

对外关系

奉行务实的外交政策。优先发展同美欧等西方国家的关系，将加入欧盟作为战略目标，重视改善和发展同邻国关系，积极参与区域合作。2009年4月，阿尔巴尼亚加入北约。已正式递交加入欧盟申请，2014年6月获得欧盟候选国地位。截至目前，阿尔巴尼亚已同150多个国家建立外交关系，向50多个国家和国际组织派出代表机构。

【**同中国的关系**】中阿两国于1949年11月23日建立大使级外交关系。1954年互设大使馆。近年来，双边关系发展顺利。2019年11月，习近平主席、李克强总理分别同阿总统梅塔、总理拉马就中阿建交70周年互致贺电。4月，李克强总理在克罗地亚杜布罗夫尼克会见出席第八次中国—中东欧国家领导人会晤的阿尔巴尼亚总理拉马。同月，全国政协副主席张庆黎访阿。5月，国家卫生健康委主任马晓伟访阿。10月，阿举办第四届中国—中东欧国家首都市长论坛。

2019年，中阿双边贸易额7亿美元，同比增长8.7%。其中中方出口额6亿美元，同比增长11.3%，进口额1亿美元，同比下降4.7%。

中国驻阿尔巴尼亚大使：周鼎。馆址：SKENDERBEJ STR.57，TIRANA，ALBANIA。电话：00355-4-2232385；传真：2233159。电子邮箱：chinaemb_al@mfa.gov.cn。经商处电话：00355-4-2253505；传真：2232077。电子邮箱：

al@mofcom.gov.cn。

阿尔巴尼亚驻华大使：塞利姆·贝洛尔塔亚（Selim BELORTAJA）。馆址：北京市朝阳区光华路28号。电话：010–65321120，65321116；传真：65325451。电子邮箱：embassy.beijing@mfa.gov.al。

【同美国的关系】阿尔巴尼亚同美国于1922年建交，1946年断交，1991年复交。近年来，阿美关系密切。2018年10月，美国国务院反恐问题协调员塞尔斯访阿。2019年2月，阿总统梅塔访美。9月，阿总理拉马在出席第74届联大会议期间，会见美总统特朗普。

【同欧盟及其成员国的关系】加入欧盟是阿尔巴尼亚外交战略目标之一，阿同欧盟及其成员国交往密切。2006年，阿尔巴尼亚同欧盟签署《稳定与联系协议》。2009年4月，阿尔巴尼亚正式提出入盟申请。2010年12月，欧盟免除阿尔巴尼亚公民赴申根区签证。2014年6月，阿获得欧盟候选国地位。2020年3月，欧盟同意启动阿入盟谈判。2019年4月，阿总统梅塔访问丹麦，总理拉马访问摩纳哥、德国。5月，波兰总统杜达访阿。6月，阿总理拉马访问欧盟总部。9月，阿总统梅塔访问爱沙尼亚，总理拉马访问德国，欧洲理事会主席图斯克访阿。10月，阿总统梅塔分别访问摩纳哥、克罗地亚，总理拉马分别访问欧盟总部和意大利。

【同北约的关系】2002年7月，阿尔巴尼亚开始参加北约主导的阿富汗维和行动。2008年4月，北约布加勒斯特峰会邀请阿尔巴尼亚入约。2009年4月1日，阿尔巴尼亚正式成为北约成员国。2010年7月，阿尔巴尼亚向阿富汗派遣首支海外维和作战部队，至今已派遣3000余名维和官兵。2018年1月，阿军第七批特遣队赴地中海参加北约主导的“海洋保护者”防止非法移民行动。12月，北约副秘书长高特莫勒访阿。2019年6月，北约秘书长斯托尔滕贝格访阿。10月，阿总统梅塔访问北约总部。

【同周边国家的关系】阿尔巴尼亚重视发展睦邻友好关系。

同黑山关系：2019年1月，阿总统梅塔访问黑山。

同北马其顿关系：2019年3月，北马其顿总理扎埃夫访阿。11月，阿总统梅塔访问北马其顿。

同波黑关系：2019年7月，阿总统梅塔访问波黑。

西巴尔干地区多边关系：2019年5月，阿总统梅塔在阿举办布尔多–布里俄尼峰会，塞尔维亚总统武契奇、黑山总统久卡诺维奇、波黑主席团成员多迪克、扎费罗维奇等地区国家领导人出席。10月和11月，阿总理拉马同塞尔维亚总统武契奇、北马其顿总理扎埃夫两次集体会晤。12月，阿总理拉马主持召开西巴尔干领导人会晤，塞尔维亚总统武契奇、黑山总统久卡诺维奇、北马其顿总理扎埃夫等地区国家领导人出席。

【同其他国家的关系】2019年2月，阿总统梅塔访问埃及。3月，阿总统梅塔出席在阿塞拜疆举行的第7届巴库全球论坛。4月，阿总理拉马访问卡塔尔。5月，阿总统梅塔访问土耳其。10月，阿总统梅塔、议长鲁奇分别访问日本。

（王偲骁）

爱 尔 兰

国名 爱尔兰（Ireland）。

面积 7万平方公里。

人口 492万（2019）。绝大部分为爱尔兰人。官方语言为爱尔兰语和英语。天主教徒占84.2%，其余主要信奉基督教新教。

首都 都柏林（Dublin），人口127.3万。

国家元首 总统迈克尔·希金斯（Michael D. Higgins），2011年10月当选，2018年10月连任，任期至2025年。

重要节日 国庆日：3月17日（圣帕特里克节）。

简 况

位于欧洲西部的爱尔兰岛中南部。西濒大西洋，东北与英国北爱尔兰接壤，东隔爱尔兰海同不列颠岛相望。海岸线长3169公里。温带海洋性气候。平均气温2月为3.2℃，8月为16.2℃。

公元前7000年左右，来自不列颠岛的猎户成为爱尔兰最早的定居者。公元前6世纪，凯尔特人陆续从中欧入侵爱尔兰，逐渐形成统一的文字和语言，建立起许多小王国，但未形成统一国家。公元432年，基督教传入爱尔兰 。1169年遭英国入侵。1541年起英王成为爱尔兰国王。1801年爱尔兰正式并入英国。1916年，都柏林爆发抗英的“复活节起义”。1921年，英爱双方签署《英爱条约》，爱南部26郡次年成立“自由邦”。1937年爱通过宪法，并设立总统。1948年，爱宣布脱离英联邦。1949年4月18日英承认爱独立。

政 治

20世纪30年代以来，爱尔兰政坛一直由共和党和统一党轮流坐庄。2020年2月爱举行众议院选举，新芬党一跃成为众议院第二大党，改变了爱议会格局。

【宪法】现行宪法于1937年6月14日经议会通过，同年12月29日生效。宪法规定，爱尔兰为共和国，总统由选民直接选举产生，任期7年，有权召集和解散议会，任命内阁总理及部长，并任军队统帅。1999年12月，根据爱英两国政府及北爱有关各方达成的《贝尔法斯特协议》，爱政府修改宪法，取消了有关要求北爱领土主权的条款。

【议会】由总统和众参两院组成。众议员按比例代表制选举产生，任期5年。本届众议院于2020年2月产生，共有众议员160名，其中统一党35席、共和党38席、新芬党37席、绿党12席、工党6席、其他党派和独立议员32席，众议长肖恩·奥法乔尔（Sean O'Fearghail）。爱新政府尚未成立，由于参议院部分议员需要新任总理提名，因此新一届参议院尚未产生。

【政府】2016年5月，统一党联合独立议员组成少数派政府。统一党领袖恩达·肯尼（Enda Kenny）任总理兼国防部长。2017年6月，肯尼辞任总理，原社会保障部长利奥·瓦拉德卡（Leo Varadkar）接任总理兼国防部长职务。2020年2月，爱举行众议院选举，由于无一党派获得单独组阁所要的80个席位，爱统一党、共和党等主要党派正就联合组阁开展谈判。目前看守政府成员包括：总理利奥·瓦拉德卡（统一党），副总理兼外交贸易部长西蒙·科文尼（Simon Coveney，统一党），财政、公共支出和改革部长帕斯卡尔·多诺霍（Paschal Donohoe，统一党），通信、气候行动和环境部长理查德·布鲁顿（Richard Bruton，统一党），司法和平等部长查尔斯·弗拉纳根（Charles Flanagan，统一党），商业、企业和创新部长希瑟·汉弗莱斯（Heather Humphreays，女，统一党），卫生部长西蒙·哈里斯（Simon Harris，统一党），农业、食品和海洋部长迈克尔·克里德（Michael Creed，统一党），交通、旅游和体育部长沙恩·罗斯（Shane Ross，独立议员），儿童和青年事务部长卡瑟琳·扎波内（Katherine Zappone，女，独立议员），社区和农村事务部长迈克尔·林（Michael Ring，统一党），就业和社会保障部长雷吉娜·多尔蒂（Regina Doherty，女，统一党），住房、规划和地方事务部长奥恩·墨菲（Eoghan Murphy，统一党），文化、遗产和爱尔兰语事务部长约瑟法·马迪根（Josepha Madigan，统一党），教育和技能部长约瑟夫·麦克休（Joseph McHugh，统一党）。

【行政区划】全国分为26个郡、3个郡级市和2个市郡。

【司法机构】最高法院即终审法院为最高司法机关，下设高等法院、巡回法院和地区法院。法官由政府推荐，总统任命。全国共设26个地区法院管辖区、8个巡回法院管辖区。地区法院有法官63名，巡回法官37名，高等法官36名。最高法院由大法官、高等法院院长、上诉法院院长和其他9名法官组成。另设特别刑事法院，由从高等法院、巡回法院和地区法院抽调的11名法官组成，专门审理危害公共安全的案件。大法官弗兰克·克拉克（Frank Clarke），高等法院院长皮特·凯利（Peter Kelly）。总检察长谢默思·沃尔夫（Séamus Woulfe），负责就法律和立法事务向政府提出建议。

【政党】主要政党有：

（1）共和党（FIANNA FAIL）：议会第一大党，成立于1926年，党员约10万人。历史上该党19次单独组阁或联合组阁。传统上较保守，对内主张减税，增加就业机会，对外主张实行中立政策，支持欧洲一体化建设。领袖为迈克尔·马丁（Michael Martin）。

（2）新芬党（Sinn Fein）：议会第二大党，成立于1905年，左翼政党，主张北爱尔兰应摆脱英国统治，尽早实现爱尔兰岛统一，曾借助爱尔兰共和军力量诉诸其政治主张。领袖为玛丽·麦克唐纳（Mary McDonald）。

（3）统一党（FINE GAEL）：议会第三大党。成立于1933年，党员约3.5万人。代表富裕农民、中产阶级和工商业资本家集团利益。对内主张削减公共开支，降低税率和私有化；对外主张经济开放，参与欧洲一体化建设。领袖为利奥·瓦拉德卡。

【重要人物】迈克尔·希金斯：总统。1941年生，曾就读于爱尔兰国立大学、英国曼彻斯特大学和美国印第安纳大学，获社会学学士学位。1973—1977年任参议员，1981年当选众议员，历任戈尔韦市市长，爱政府首任艺术、文化和爱尔兰语区事务部长。2011年11月就任爱第9任总统，2018年10月胜选连任。　**利奥·瓦拉德卡**：总理。1979年出生，毕业于圣三一大学医学院。2007年当选众议员。历任交通、旅游和体育部长，卫生部长，社会保障部长。2017年6月当选统一党领袖并出任总理。

经　济

爱传统经济以农牧业为主。1959年设立的香农开发区是世界上首个经济特区，被誉为区域性开发的成功典范。20世纪80年代以来，大力发展软件和生物工程等高科技产业，以良好投资环境吸引大量海外高新技术投资，经济结构迅速完成由农牧型转向知识型的跨越，实现较快增长，经济增长率一度高居欧盟榜首。2008年国际金融危机发生后，爱成为最早出现经济衰退的欧洲国家之一，2010年陷入主权债务危机，被迫接受欧盟和国际货币基金组织850亿欧元的援款，并厉行财政紧缩政策。2011年在欧盟重债国中率先恢复经济增长，2013年12月宣布从欧盟、欧洲央行和国际货币基金组织的援助计划中无条件退出。2019年爱尔兰国内生产总值3392亿欧元，同比增长5.5%，人均7.05万欧元。

【资源】铅锌矿储量丰富，是欧洲最大的铅锌生产国。锌产量占世界的4.3%，铅产量占世界的2%。泥煤分布占全国面积的13%。天然气储量估计为382亿立方米。所需能源的70%依靠进口。

【工业】主要有电子、电信、化工、制药、机械制造、采矿、纺织、制衣、皮革、造纸、印刷、食品加工、烟草、木材加工等部门。近年来，化工、电子工程、计算机软件产业等突飞猛进，传统的服装、制鞋及皮革业所占比重明显下降。

【农业】以畜牧业为主。家畜及其产品约占农业总产值的70%以上。主要农作物有小麦、燕麦、马铃薯、甜菜等。耕地和林地面积占陆地总面积的75%。2019年农业总产出为81.28亿欧元。

【交通运输】内陆交通运输以公路和铁路为主。

公路：总长9.6万公里。承担96%客运量和90%货运量。

海运：绝大多数国际贸易货物运输由海运承担。主要港口有都柏林、香农、科克等，承担着爱50%的海运任务，与英法等国有定期班船。年吞吐量约为45300万吨。

空运：主要有都柏林、香农和科克3个国际机场。与9个国家的31个城市有定期航班。

【财政金融】2019年前三季度政府赤字为7亿欧元。截至2019年9月底，一般政府总债务为2129亿欧元，一般政府净债务为1756亿欧元。

爱尔兰中央银行（CENTRAL BANK OF IRELAND）：成立于1943年，曾发行爱尔兰镑，2002年1月1日爱开始使用欧元后主要负责为欧洲央行提供金融服务。

【对外贸易】在经济中占有举足轻重的地位。主要贸易伙伴是欧盟其他成员国、美日等国家。2019年爱货物贸易总额2423.1亿欧元，同比增长4.17%，其中出口额为1527.21亿欧元，同比增长8.6%；进口额为898.84亿欧元，同比下降2.6%。

主要出口化学制品、机械和交通设备、食品、饮料、烟草等；主要进口数据处理设备、化学产品、石油（产品）、纺织品、服装、原料、半成品等。

【对外援助】重视对外发展援助，2018年10月，爱政府将2019年官方发展援助拨款预算增加至8.16亿欧元，援助重点包括埃塞俄比亚、马拉维、赞比亚等非洲最贫困国家以及越南、老挝等亚洲国家。

【著名公司】（1）百利公司（R&A BAILEY & CO）：经营世界知名的百利甜酒及其他饮料，销往160多个国家。网站：www.baileys.com。

（2）吉尼斯公司（GUINNESS）：1759年创建于爱尔兰都柏林，创始人阿瑟·吉尼斯，主要生产烈性黑啤酒。1833年发展成为爱最大酿酒厂，吉尼斯黑啤酒从此闻名世界。1886年在伦敦设立分公司。1954年，英国吉尼斯啤酒公司执行董事休·比佛成立专门小组，收集并认证有关世界纪录的资讯，编纂《吉尼斯世界纪录大全》。1955年，第一本《吉尼斯世界纪录大全》出版。截至目前，各语种版本全球累计销量超过4.41亿册。2019年9月，《吉尼斯世界纪录大全2020全球发售》网站：www.guinness.com。

军　事

奉行中立政策，截至2020年5月，拥有国防军5751人，另有预备役人员1778名。总统为武装部队最高统帅。武装部队直接受国防部领导。实行志愿兵役制，服役期3年，预备役期6年。

文化教育

【教育】中小学实行义务教育，大学由国家提供部分经费。主要高等学府有爱尔兰国立大学（在都柏林、科克、戈尔韦和梅努斯分别设有4所学院）、都柏林大学（下设三一学院）等。

【新闻出版】有全国性日报8种。此外还有5种星期日报及许多周报、月报和杂志，地方性报纸90余种。主要报刊有《爱尔兰时报》（日发行量约7.9万份）、《爱尔兰独立报》（日发行量约11万份）、《爱尔兰先驱晚报》（日发行量约5.6万份）和《观察者报》（日发行量约3.7万份）。

无官方通讯社。爱尔兰广播电视总台于1926年成立并开始广播，1961年开始播放电视节目。全年广播时间超过9500小时。另有爱尔兰语广播电台。

对外关系

认为冷战后世界形势的不确定性增加，全球化既给世界带来发展机遇，同时也带来挑战。重视联合国作用，主张以联合国为国际集体安全体系核心，依据国际法和平解决国际争端，以国际合作和多边主义维护各国安全和福祉。主张大小国家在国际事务中平等发挥作用，积极推动联合国改革，通过参与联合国维和与发展援助等扩大自身影响。2001—2002年任联合国安理会非常任理事国。重视人权外交，是“人权无国界”理论首倡国。重视气候变化问题，主张发达国家对气候变化负有历史责任，应率先大幅减排，并在资金和技术转让方面给予发展中国家以支持。

【同中国的关系】1979年6月22日，中爱签署建交公报，1980年两国互派大使。建交后中爱双边关系发展迅速。1998年和2005年，爱政府分别制定了“亚洲战略”和新阶段的“亚洲战略”，其中将中国列为爱在亚洲的重要合作伙伴。2012年，习近平主席（时任国家副主席）访爱。同年，爱总理肯尼访华期间，中爱建立互惠战略伙伴关系。2015年，李克强总理对爱进行过境访问。2003年和2014年，爱总统麦卡利斯和希金斯分别来华进行国事访问。2018年，爱副总理兼外交贸易部长科文尼、众议长奥法乔尔先后访华。2019年，中共中央书记处书记、统战部部长尤权，全国人大常委会副委员长张春贤，全国政协副主席杨传堂先后访爱。

2019年，中爱双边贸易额约167.4亿美元，同比增长15.4%，其中中方对爱出口额为32.9亿美元，同比下降9.8%；中方自爱进口额为134.5亿美元，同比增长23.9%。

中方已在爱开设3所孔子学院，下设13间孔子课堂。2018年全年中国赴爱留学生1650人，来华学习的爱尔兰学生共775人。

2015年，中爱签署《关于互免持外交和公务（官员）护照人员签证的协定》。2018年 3月，爱方宣布对符合条件的中国公民颁发5年多次商务签证和3年多次旅游签证。2019年7月1日起向中国公民颁发5年多次入境商务签证和旅游签证。

两国已有7对友城（省）结好，分别是上海市与科克市、甘肃省和斯莱果郡、北京市和都柏林市、江苏省和科克郡、成都市和芬戈郡、云南省和克莱尔郡、海南省与威克洛郡。

中国驻爱尔兰大使：何向东。馆址：40 AILESBURY ROAD，DUBLIN 4，IRELAND。电话：00353–1–2601119；传真：2839938。网址：http://ie.chineseembassy.org。

爱尔兰驻华大使：李修文（Eoin O'Leary）。馆址：北京市朝阳区日坛东路3号。电话：010–85316200；传真：65326857。

【同英国的关系】对英关系在爱对外关系中占据重要地位。北爱问题是爱英关系中的重要问题。在爱英两国政府合作推动下，北爱有关各方于1998年达成《贝尔法斯特协议》；1999年11月，北爱首次成立由亲英的统一派和亲爱的共和派联合执政的自治政府。但此后由于两派准军事组织在真正解除武装及彻底放弃准军事活动等问题上出现反复，英数次暂时中止自治政府的运作，恢复对北爱直接统治。2005年8月，爱尔兰共和军宣布放弃暴力并完全解除武装。2006年10月，在英爱两国政府主导下，北爱各派政治力量在苏格兰举行会晤并签署《圣安德鲁斯协议》。

爱是欧盟内唯一与英国有陆上边界的国家，英系爱最大贸易伙伴。爱认为英脱欧将对爱边界管理、贸易投资带来诸多不确定性，主张英脱欧后爱尔兰与北爱尔兰原有边境安排保持不变。

【同美国的关系】爱美于1923年建立外交关系。美在爱对外关系中占据特殊地位。美约有3500万爱移民及后裔，美总统肯尼迪、里根、克林顿等均为爱裔。每年爱国庆日（3月17日），爱总理都会赴美同美总统一起出席在白宫举行的盛大庆祝晚会。美是爱最大出口市场和外资来源地。

【同欧盟的关系】1973年加入欧洲共同体，支持欧盟扩大，但力争维护小国利益。1999年1月首批加入欧元区，2002年1月1日起正式使用欧元。分别于2002年、2009年全民公决通过了有关欧盟扩大的《尼斯条约》和有关欧盟一体化的《里斯本条约》。

【同亚洲国家的关系】近年来积极拓展与亚洲的关系，1998年制定“亚洲战略”，重视发展与中国、日本、印度、韩国、东盟等亚洲国家关系。2005年制定并实施第二阶段“亚洲战略”，将中国列为爱在亚洲首要合作伙伴。

【同非洲国家的关系】重视与非洲的关系，积极参与联合国在非维和行动，积极开展对非洲的援助。

（宋建）

爱沙尼亚

国名　爱沙尼亚共和国（The Republic of Estonia）。

面积　4.53万平方公里。

人口　132.8万（2019年12月）。主要民族有爱沙尼亚族、俄罗斯族、乌克兰族和白俄罗斯族。官方语言为爱沙尼亚语。英语、俄语亦被广泛使用。主要信奉基督教路德宗、东正教和天主教。

首都　塔林（Tallinn），面积158.3平方公里，人口约43.5万（2019年12月）。始建于1248年丹麦王国统治时期，1991年恢复独立后成为爱沙尼亚共和国首都。塔林市位于爱西北部，濒临波罗的海，历史上一度是连接中东欧和南北欧的交通要冲，被誉为“欧洲的十字路口”。气候受海洋影响明显，春季凉爽少雨，夏秋季温暖湿润，冬季寒冷多雪，年均气温6.8℃。塔林港是爱最大的港口。

国家元首　总统柯斯迪·卡留莱德（Kersti Kaljulaid，女），2016年10月当选，任期5年。

重要节日　独立日（国庆日）：2月24日；恢复独立日：8月20日；胜利日：6月23日（纪念1919年爱抗击德国军队获胜）。

简　况

位于波罗的海东海岸，东与俄罗斯接壤，南与拉脱维亚相邻，北邻芬兰湾，与芬兰隔海相望，西南濒里加湾，边界线长1445公里，海岸线长3794公里。属海洋性气候，冬季平均气温–5.2℃，夏季平均气温17.7℃，年平均降水量500—700毫米。

爱沙尼亚族形成于12—13世纪。曾先后被普鲁士、丹麦、瑞典、波兰、德国、沙俄和苏联占领统治。1918年2月24日爱宣布摆脱沙俄统治独立，成立爱沙尼亚共和国。同年2月德国乘虚而入占领爱沙尼亚。同年11月，苏维埃俄国宣布对爱拥有主权。1920年2月，苏维埃俄国承认爱独立。1940年6月，苏联出兵爱沙尼亚，同年7月成立爱沙尼亚苏维埃社会主义加盟共和国。1991年8月20日，爱脱离苏联，宣布恢复独立。同年9月17日，联合国宣布接纳爱为成员国。爱于2004年3月29日加入北约，5月1日加入欧盟，2007年12月21日加入申根区，2011年1月1日加入欧元区。

政　治

爱沙尼亚政治局势总体稳定。2019年3月，爱沙尼亚举行第十四届国家议会选举，改革党胜出成为国会第一大党，但最终由中间党、保守人民党和祖国联盟党联合组成新一届政府，中间党主席于里·拉塔斯（Juri Ratas）连任总理。

【宪法】现行宪法于1992年6月28日通过，7月3日生效，除序言部分外共分15章、168条。宪法确定，爱是独立主权的民主国家，国家最高权力属于人民，独立和主权至高无上、不可剥夺。爱实行三权分立的多党议会民主制。

【议会】一院制，共101个议席，任期4年。主要职能：通过法律；决定全民公决；选举共和国总统；批准或宣布废除条约；授权总理组成政府；通过并批准国家预算；决定对共和国政府、总理及部长进行不信任投票；宣布全国处于紧急状态；解决宪法所规定的总统、政府、其他国家机关或地方政府职权以外的所有行政问题等。年满21周岁且有选举资格的公民均可竞选议员。第十四届国家议会由5个政党组成，分别是改革党（34席）、中间党（26席）、保守人民党（19席）、祖国联盟党（12席）、社会民主党（10席）。议长海因·普鲁阿斯（Henn Polluaas，保守人民党副主席），2019年3月当选议长。

【政府】2019年3月国家议会大选后，由中间党、保守人民党和祖国联盟党组成的新一届联合政府于2019年4月29日宣誓就职。中间党主席于里·拉塔斯连任总理，内阁成员包括：外长乌尔玛斯·雷因萨鲁（Urmas Reinsalu，祖国联盟党），国防部长于里·卢伊克（Juri Luik，祖国联盟党），内政部长马特·赫尔梅（Mart Helme，保守人民党），教育与研究部长玛伊丽斯·莱普斯（Mailis Reps，女，中间党），司法部长赖沃·艾格（Raivo Aeg，祖国联盟党），环境部长雷内·高克（Rene Kokk，保守人民党），文化部长托尼斯·卢卡斯（Tonis Lukas，祖国联盟党），外贸与信息技术部长凯马尔·卡鲁（Kaimar Karu，无党籍），农村事务部长阿尔沃·艾勒（Arvo Aller，保守人民党），财政部长马丁·赫尔梅（Martin Helme，保守人民党），经济事务与基础设施部长塔维·阿斯（Taavi Aas，中间党），公共行政部长雅克·阿普（Jaak Aab，中间党），社会事务部长塔诺尔·基克（Tanel Kiik，中间党），人口事务部长瑞娜·索尔曼（Rinna Solman，祖国联盟党）。

【主要网址】政府：http://valitsus.ee；外交部：http://www.vm.ee。

【行政区划】全国共分15个省，大小城镇254个。

【司法机构】分城乡地区法院、上诉法院和最高法院三级。最高法院院长维鲁·科维（Villu Kove），2019年2月上任，任期9年。总检察长拉安德列斯·帕尔马斯（Andres Parmas），2020年2月上任，任期5年。

【政党】主要政党有：

（1）改革党（Estonian Reform Party），成立于1994年，现有党员约1.2万人。属中右自由民主党，党主席为卡娅·卡拉斯（Kaja Kalas，女）。

（2）中间党（Estonian Center Party），成立于1991年，现有党员约1.5万人。属中间自由政党，党主席为于里·拉塔斯（Juri Ratas）。

（3）保守人民党（Estonian Conservative People's Party），成立于2012年，现有党员约8500人，属右翼民粹保守政党，党主席为马特·赫尔姆（Mart Helme）。

（4）祖国联盟党（Isamaa），2006年6月由祖国联盟与共和国党合并而成，现有党员约8800人。属右翼政党，党主席为赫伊尔–瓦尔多·赛德（Helir-Valdor Seeder）。

（5）社会民主党（Social Democratic Party）：原名为温和党（The Moderates），成立于1996年，2004年2月改为现名，2012年2月与爱沙尼亚俄罗斯党（Estonian Russain Party）合并，现有党员约6000人。属中左社会民主政党，党主席为杰夫根尼·奥辛诺夫斯基（Jevgeni Ossinovski）。

较有影响的政党还有：自由党（Free Party）、爱沙尼亚200（Estonia 200）、绿党（Estonian Greens）、生命多样性党（Richness of life）等。

【重要人物】柯斯迪·卡留莱德：女，总统。1969年12月生，毕业于塔尔图大学生物学专业、工商管理硕士。1996—2004年分别任职于爱沙尼亚电信公司、汉莎银行、爱国家能源集团，1999年任总理经济顾问。2004—2016年担任欧盟审计院委员。2001—2004年为祖国联盟党党员（2006年该党与共和国党合并为祖国联盟—共和国党），2016年10月当选总统，任期5年。 **海因·普鲁阿斯**：议长，保守人民党。1960年2月出生于塔林，毕业于塔林大学美术师范专业。1983—2012年先后在爱沙尼亚国家美术馆、爱沙尼亚电视台等文化机构任职。2012年加入保守人民党并当选绍埃市（Saue）市长。2015年首次当选国会议员，2019年4月当选议长。 **于里·拉塔斯**：总理。1978年7月生，毕业于塔林理工大学经济学专业。2000年加入中间党，2002年起历任塔林市市长经济顾问、塔林市副市长、塔林市市长、议会议员、副议长。2016年11月当选中间党主席，11月23日起任总理，2019年4月29日连任。

经　济

自恢复独立以来，爱沙尼亚一直奉行自由经济政策，大力推行私有化，实行自由贸易政策，经济发展迅速，年均经济增速在欧盟成员国内位列前茅。2019年总体经济形势较好，主要经济数据如下：

国内生产总值：280亿欧元。

人均国内生产总值：21163欧元。

国内生产总值增长率：3.9%。

货币名称：欧元。

失业率：4.4%。

【资源】自然资源匮乏。主要矿产有油页岩（已探明储量约60亿吨）、泥煤（储量约40亿吨）、磷矿（储量约7亿吨）、石灰岩等。森林面积244.6万公顷，森林覆盖率达54%，森林蓄积量4.66亿立方米，人均木材拥有量达362立方米。

【工业】主要工业部门有：机械制造、木材加工、建材、电子、纺织和食品加工业。据爱沙尼亚统计局统计。2017年工业生产总值约为125.4亿欧元，同比增长6.8%，其中电力、电气、热水供应同比增长22%，加工业同比增长5.2%，采矿业同比下降26%。

【农业】农林牧渔业中以畜牧业和种植业为主，畜牧业主要饲养奶牛、肉牛和猪，主要农作物有小麦、黑麦、马铃薯、蔬菜、玉米、亚麻和饲料作物。2018年爱农业产值为8.56亿欧元，2019年为10.36亿欧元，同比上升21%。

【交通运输】公路：公路总里程16609公里。2018年公路货运总量28.5百万吨，同比下降2.7%，其中国际货物运输量5.3百万吨，同比下降10.2%。

铁路：铁路总里程2140公里，其中，公共铁路线1508公里，非公共铁路线632公里。2018年铁路客运量为775.9万人次，2019年为837.3万人次，同比增长7.9%；2018年铁路货运量为2782.4万吨，2019年为2134万吨，同比下降23.3%。

空运：2018年航空客运量为105.3万人次，2019年为62.1万人次，同比下降41%；塔林机场（爱沙尼亚唯一国际机场）2018年航空货运量为1.15万吨，2019年为1.09万吨，同比下降5.2%。

海运：2018年港口货物吞吐量为3590万吨，2019年为3760万吨，同比增长4.7%；货物运出量2535万吨（不含过境运输），货物运入量1225万吨。2018年港口客运量1072万人次，2019年1075万人次，同比上升0.2%。主要港口有塔林港（Tallinn）、西由拉迈港（Sillamae）、昆达港（Kunda）、北帕尔迪斯基港（Paldiski）、帕尔努港（Parnu Reid）等。

【财政金融】爱沙尼亚政府重视控制财政赤字，实行较为保守的财政政策。（单位：亿欧元）

	财政收入	财政支出	财政余额
2017	91.7	93.5	–1.8
2018	100.3	101.8	–1.5
2019	108.5	109.4	–0.9

【主要银行】（1）瑞典银行（Swedbank）：成立于1991年4月30日。

（2）SEB银行（SEB）：成立于1992年12月15日。

（3）爱沙尼亚诺底亚银行（Nordeabank Eesti）：成立于1995年2月27日。

【对外贸易】2019年，从出口看，向芬兰出口占其出口总额的16%、瑞典占10%、拉脱维亚占9%；从进口看，从芬兰进口占进口总额的12%，德国、立陶宛分别占10%。电子、通信产品，矿产品，机械设备和木材、木质制品这四大类产品一直是爱最主要的进出口商品。（单位：亿欧元）

	出口额	进口额	总额
2017	128.77	147.70	276.47
2018	144.21	162.18	306.39
2019	143.85	160.96	304.81

【著名公司】（1）瑞典银行股份有限公司（AS Swedbank）：创建于1992年1月10日，主要从事银行及金融业务。公司地址：Liivalaia 8，15040，Tallinn。电话：00372–6310310；传真：6310410。网址：www.swedbank.ee。

（2）爱沙尼亚能源公司（Eesti Energia AS）：创建于1998年8月11日，主要从事生产及分配电能业务。公司地址：24 Laki St. 12915，Tallinn。电话：00372–7152222；传真：7152200。电子邮箱：info@energia.ee。网址：www.energia.ee。

（3）爱沙尼亚电信公司（AS Eesti Telecom）：创建于1991年4月16日，主要从事电信业务。公司地址：Valge 16，19095，Tallinn，Estonia。电话：00372–6111470；传真：6311224。电子邮箱：mailbox@telekom.ee。网址：www.telecom.ee。

（4）塔林港股份有限公司（AS Tallinna Sadam）：创建于1990年11月14日，从事海运业务。公司地址：Sadama 25，15051，Tallinn。电话：00372–6318555；传真：6318166。电子邮箱：portoftallinn@portoftallinn.com。网址：www.portoftallinn.com。

人民生活

2019年，爱沙尼亚居民月平均工资为1407欧元，同比增长7.4%；月平均养老金为459.4欧元，同比增长10.9%。2019年12月登记总失业人数为29000人，失业率为4.4%。爱全国共有医院55家。

军　事

爱沙尼亚总统是全国武装力量的最高统帅。国防委员会是总统国防事务的最高咨询机构。国防部是政府执行和实施国防政策的部门。国防军司令是军队最高指挥官。国家实行义务兵役制，服役期8—12个月。国防军总兵力约6600人。现任国防军司令为马丁·哈雷姆少将（Major General Martin Herem），国防军总参谋长为维哥–维洛·帕尔姆准将（Brigadier General Veiko-Vello Palm）。

文化教育

【教育】实行9年制义务教育。2018年，共有学前教育机构627所，各类中小学校518所，各类技术职业学校38所，高等教育机构20所，其中大学7所（6所国立，1所私立），各类职业高等教育机构13所。2018年，共有22.6万人在各类学校学习，中小学学生15.67万人，各类技校及职业学校学生2.34万人，大学学生4.58万人。

2018年，共有各类公共图书馆528个（含各类学校图书馆及农村图书馆），各类博物馆249个。

著名高等学校：塔尔图大学（University of Tartu），建于1632年瑞典国王阿道夫·古斯塔夫二世（Gustavus II Adoplphus）统治时期，1919年由古斯塔夫学院改称塔尔图大学。塔尔图大学设有神学、法律、医学、哲学、生物和地理、物理和化学、教育、体育、经商管理、数学和信息科学、社会学11个学科，下属13个系和研究所，被尊为“爱沙尼亚的启蒙圣母”，爱沙尼亚许多政要和知名人士均毕业或曾任教于该校。该校师资人员共约1800名，其中教授190名，学生约1.7万人。大学网站：www.ut.ee。联系地址：Ulikooli 18，50090 Tartu，Estonia。电话：00372–7375100。

【新闻出版】2018年共发行1000余种各类报纸杂志，发行量达2700万，其中爱文报刊发行量2400万，主要有《爱沙尼亚晚报》《邮差报》《爱沙尼亚快报》《爱沙尼亚日报》等。

主要通讯社：波罗的海通讯社（Baltic News Service-BNS），成立于1990年4月，私营通讯社，有近220名工作人员。

主要电台：（1）布谷电台，私营电台，成立于1992年，每天24小时用爱沙尼亚语广播。（2）俄罗斯电台，私营电台，1998年建台，每天21小时用俄语广播。

主要电视台：（1）爱沙尼亚国家广播电台与电视台（Estonian Public Broadcasting），由爱沙尼亚电台（Eesti Raadio，1926年建台）与国家电视台（Estonian Television-ETV，1955年建台）于2007年6月合并成立。用爱沙尼亚语和俄语播放节目。（2）TV3，私营电视台，用爱沙尼亚语播放节目。（3）Kanal 2，私营电视台，1993年建台，用爱沙尼亚语和俄语播放节目。

对外关系

以欧盟和北约为经济、安全依托，重视与波罗的海及北欧国家的传统友谊，着力推动和加强区域合作，进一步加大参与国际事务力度，不断巩固与美国关系，对俄罗斯关系积怨较深。

【同中国的关系】1991年9月11日，中爱两国建立外交关系。1992年初中国在爱设立使馆。1993年2月，中国向爱派驻大使。爱方于1997年在华设立使馆并派驻临时代办。2002年4月，爱向中国派驻首任大使。

2018年1月，爱议长内斯托尔随北欧和波罗的海国家议长集体访华，国家主席习近平、全国人大常委会委员长张德江集体会见。7月5—7日，国务院总理李克强在保加利亚索非亚会见了出席第七次中国—中东欧国家领导人会晤的爱总理拉塔斯。7月4—10日，全国政协外委会副主任刘洪才访爱，会见爱总统卡留莱德、第一副议长埃斯玛、爱中友好小组主席库特。9月，爱总统卡留莱德来华出席第12届天津夏季达沃斯论坛，国家主席习近平、国务院总理李克强会见。11月，爱农村事务部部长塔莫·塔姆来华出席首届中国国际进口博览会。爱企业和信息技术部长塔米斯特、经济事务和基础设施部经济发展副部长卢比出席2018年第20届中国国际（深圳）高新技术成果交易会。

2019年4月12日，国务院总理李克强在克罗地亚杜布罗夫尼克会见了出席第八次中国—中东欧国家领导人会晤的爱总理拉塔斯。9月，全国人大中国—爱沙尼亚友好小组组长徐绍史率团访爱，分别会见爱沙尼亚议会第二副议长卡拉斯和外事委员会主席埃斯玛。10月，文化和旅游部部长雒树刚率团访爱，分别与爱沙尼亚文化部长托尼·卢卡斯、旅游局局长玛格斯·萨梅尔、文物保护局局长希姆·拉伊、塔林市市长米哈伊尔·科瓦特、塔尔图市市长乌尔马斯·克拉斯举行会谈会见。10月，民航局局长冯正霖率团访爱，与爱沙尼亚经济事务与通信部副部长库宁格举行会谈并签署了《中爱民航主管部门间谅解备忘录》。11月，爱农村事务部部长马特·雅威克来华出席第二届届中国国际进口博览会。

中爱双边贸易额

	自爱进口	对爱出口	总额	变化幅度
2017	175821	681976	857797	10.4%
2018	161576	679726	841302	–1.9%
2019	205818	634946	840764	0%

（资料来源：中国海关总署。单位：千美元）

据中国海关总署统计，中方对爱出口的主要商品有通信设备及其零部件、机电产品、家具和机动车、非机动车零部件等。自爱主要进口通信设备零部件、木材、光学、计量精密仪器和设备以及铜和铜废料等。

中国驻爱沙尼亚大使：李超。馆址：Narva mnt. 98，15009 Tallinn，Estonia。电话：00372–6015830，6015831；传真：6015833。网址：www.chinaembassy.ee。电子邮箱：mailoffice@chinaembassy.ee；chinaemb@online.ee。经商处电话：00372–6607867，6607868；传真：6607818。电子邮箱：chincoff@online.ee。

爱沙尼亚驻华大使：温康德（Andres Unga）。馆址：北京市朝阳区亮马桥北小街1号，邮政编码：100600。电话：010–85316700；传真：85316701。

【同美国的关系】对美关系在爱总体外交中具有极其重要的位置，爱不断密切与美国关系，保持多层次、多领域的交往。作为北约与俄地缘对抗前沿，爱应对俄“混合战争”现实威胁的危机感不断上升，一方面通过完善法律、采购装备、扩大兵源、频繁演训等措施不断提升自身国防建设；另一方面通过爱美两国总统、总理、外长、防长等高层互动频繁，进一步加大对美国领导的北约力量的借重与协同。近年来，与北约举行多次大规模多国联合军演，并成功推动北约华沙峰会向爱增兵千人。2017年2月，在出席慕尼黑安全大会期间，波海三国（拉脱维亚、立陶宛、爱沙尼亚）总统与美副总统彭斯举行会晤。2018年，波海三国外长和总统先后集体访美。2019年，爱沙尼亚总统、总理、外长先后访美。

【同欧盟的关系】支持欧盟应对欧债危机相关举措。支持欧盟完善单一市场建设，加快发展数字市场。主张欧盟继续实施自由贸易政策，与美国、加拿大、日本及欧盟东部伙伴国签订全面自贸协议。爱国家领导人积极利用欧盟内部会议、国际会议等多边场合，不断扩展、深化同欧盟国家的合作，同时努力为本国在欧盟内争取利益。支持欧盟扩员，积极参与欧洲一体化进程。2017年下半年担任欧盟轮值主席国。

【同俄罗斯的关系】爱俄关系因北约扩大在爱驻军规模、俄乌冲突等问题更趋对立，爱极力推动欧盟保持对俄制裁。

【同波罗的海邻国的关系】爱沙尼亚与立陶宛、拉脱维亚在政治、经济、历史、地理、文化等众多方面有着密不可分的传统联系，三国之间除设有国家元首、政府首脑及部长级定期会晤机制外，还建立了波罗的海大会、波海地区国家经济论坛、三国首都会议机制等。三国还就推动建立波海三国统一能源市场、修建波海联合铁路等问题取得一定进展。

【同其他国家的关系】积极发展与周边国家关系，以加强波罗的海—北欧（NB8）合作为优先方向。高度重视进一步加强与传统贸易伙伴北欧国家的关系，双边和多边合作不断深化，关系日益密切。爱积极拓展同世界其他地区交流合作并加大经贸合作力度，重点加强对亚洲国家及新兴市场国家关系。（魏若朋）

安　道　尔

国名　安道尔公国（The Principality of Andorra）。

面积　468平方公里。

人口　77543人（2019年）。其中安道尔人占48.7%，属加泰罗尼亚族。外国移民中西班牙人占24.8%，其次为葡萄牙人（11.9%）和法国人（4.4%）。官方语言为加泰罗尼亚语，通用西班牙语、法语和葡萄牙语。居民多信奉天主教。

首都　安道尔城（Andorra la Vella），人口22480人。

国家元首　法国总统埃马纽埃尔·马克龙（Emmanuel Macron）和西班牙乌赫尔地方主教胡安·恩里克·比韦斯（Joan Enric Vives）同为国家元首，称为两大公。

重要节日　宪法日：3月14日；国庆节：9月8日。

简　况

位于西班牙和法国之间，地处比利牛斯山脉中部，为内陆国。北部与法国接壤57公里，南部与西班牙接壤64公里。全境为山地，平均海拔高度1996米。属山地气候，年均气温9.9℃。

有关安道尔的记录始于公元839年的《乌赫尔大教堂落成纪要》，该《纪要》称安道尔为乌赫尔伯爵的领地。从11世纪起，乌赫尔主教的权力逐步延伸至整个安道尔，1133年安道尔成为其教区。13世纪，法国弗阿伯爵与乌赫尔主教争夺安道尔主权，双方为此进行了多次战争，最后于1278年和1288年达成两项协议，决定共管安道尔，并对各自在经济、法律、军事等方面的权限进行分工，安道尔由此成为公国，一直延续到1993年。其间，1793年法国因爆发大革命而暂时失去对安道尔的统治权，1806年拿破仑一世收回这一权力。法国实行共和制后，这一权力归总统所有。1982年1月4日实行体制改革，政府取代议会行使行政权。1993年3月14日，安道尔全民公决，通过了有史以来第一部《宪法》。安成为一个独立的主权国家，但继续沿用两大公政治体制。

政　治

1993年12月安首次举行议会选举，由里瓦斯·雷格领导的全国民主联盟在选举中获得相对多数并于1994年初组阁。此后，自由党长期执政。2019年4月，安举行第8次议会选举，以自由党为基础组建的中右联盟安道尔民主主义者党再次获胜，但较上届减少4个议席，失去议会控制权，联合同属右翼的安道尔自由主义党和中间政党公民承诺党组成安历史上首个联合政府。

【宪法】1993年3月14日颁布《宪法》，宣告成立独立、法治、民主和社会福利的国家。宪法明确规定由西班牙乌赫尔主教和法国总统继续分别担任安道尔的两大公，主权属于安道尔人民。宪法共分九章一百零七条，对安道尔的主权、权利与自由、大公、总委员会（议会）、政府、地方机构、司法、宪法法院和机构改革等方面做了规定。

【议会】一院制，称总委员会，1419年成立，代表安道尔人民行使立法权，通过预算，监督政府行为。总委员会由普选产生，共28名委员，其中14名委员系由全国选举产生，其余由全国7个行政区各选2名，任期4年。上届总委员会成立于2015年3月，2019年2月解散。新一届议会于2019年5月成立，由罗瑟·苏妮·帕斯奎特（Roser Suñé Pascuet，女）任议长，成为安史上首位女性议长。安道尔民主主义者党占11席，安道尔社会民主党7席，安道尔自由党4席，第三道路

4席，公民承诺党2席。

【政府】首相为政府首脑，由总委员会选举产生、两大公任命。现任首相夏维尔·埃斯波特·萨莫拉（Xavier Espot Zamora），外交大臣玛利亚·乌瓦奇·丰特（María Ubach Font，女）。

【行政区划】全国划为7个行政区：安道尔城（Andorra la Vella）、卡尼略（Canillo）、马萨纳（Massana）、圣胡利娅·德洛里亚（Sant Julia de Loria）、恩坎普（Encamp）、莱塞斯卡尔德–恩戈尔达（Les Escaldes-Engordany）和奥尔迪诺（Ordino）。

【司法机构】领导机构为司法高等理事会，由5名成员组成，任期6年。司法系统包括初级法院、中级法院和高级法院。另设宪法法院。

【政党】主要有两大党：

（1）安道尔民主主义者党（Demòcrates per Andorra），是由自由党等政党组成的中右联盟，现为执政党，领导人夏维尔·埃斯波特·萨莫拉。

（2）安道尔社会民主党（Partit Socialdemòcrata d'Andorra），最大反对党，领导人佩尔·洛佩兹·阿格拉斯（Pere López i Agràs）。

【重要人物】**胡安·恩里克·比韦斯**：安道尔大公、西班牙乌赫尔地方主教。1949年7月24日生于西班牙巴塞罗那。1974年9月被授予神甫职位，并获神学、哲学和教育科学硕士学位。曾担任巴塞罗那大主教管区代理主教、教区神甫、神学院神甫，加泰罗尼亚神学院及拉蒙·柳利大学教授。1993年6月被任命为诺纳主教和巴塞罗那副主教，2001年6月被任命为乌赫尔地方主教。2003年5月12日被任命为乌赫尔地方大主教和安道尔大公。 **夏维尔·埃斯波特·萨莫拉**：首相，2019年5月16日宣誓就职。1979年10月30日出生，西班牙ESADE商学院法律硕士、西班牙拉蒙尤以大学哲学系人文学士。曾担任安社会、司法与内政事务国务秘书、大臣。

经　济

2019年安国内生产总值（GDP）33.5亿美元，同比增长3.4%，人均国内生产总值4.46万美元，同比增长1.62%（世界银行数据）。2019年财政收入为4.45亿欧元，同比增长4.6%。财政支出为4.58亿欧元，同比增长1.6%。2019年第四季度失业率为2.9%，为近年来较低水平。

【资源】目前农业种植面积8.01平方公里，占全国面积1.7%。主要农产品有烟草和马铃薯等，畜牧业以牛、马、羊为主。主要矿藏有铁、明矾和铅。工业以香烟制造为主，其次有建筑、纺织、木材和食品加工。森林面积178.79平方公里，占全国面积38.2%，归国家所有。水力资源丰富，利用高山融雪建成多座小水电站，可满足全国1/4用电需求，其余从法国和西班牙进口。

【交通运输】没有铁路，公路长度279公里。每千人拥有汽车数量1098辆。有1个私人直升机机场。

【财政金融】2002年1月1日起，使用欧元作为支付货币。1991年7月1日，加入欧洲关税同盟。实行低税制，不征所得税，有“无税天堂”之称。安道尔金融业发达，主要银行有CAIXA银行、安道尔萨巴德尔银行、安道尔信贷银行等，共计45家分行。

【旅游业】旅游业占安道尔GDP的80%。2019年，接待游客累计823.5万人，同比减少1.1%。

【对外贸易】2019年进出口总额14.92亿欧元，其中，安进口额13.78亿欧元，同比增长0.7%；出口额1.14亿欧元，同比增长1.4%。主要贸易伙伴为西班牙和法国，其次是欧洲其他国家以及亚太和北美洲等。主要进口产品是建筑材料、香烟、电器、化妆品、汽油燃料、服装、光学产品、各种加工食品及生活日用品，其中许多供应给外国游客；主要出口产品是羊毛、牲畜、皮革、香烟、木材、黄油、奶酪。

人民生活

社会保险制度创建于1966—1968年，为病人、老人和劳动者提供保险金或养老金。

文化教育

【教育】小学至高中实行免费义务教育。全国有学校33所，实行三种教育体制：（1）安道尔教育，占38%，由安政府负责；（2）西班牙教育，占30%，由西教育部负责发放西班牙语教材；（3）法国教育，占32%，由法国负责，实施法教育部计划，用法语教学。安只有一所大学即安道尔大学。中学生毕业后可选择在国内或到西班牙、法国接受高等教育。

对外关系

1993年独立前，对外关系由西法两国代管，此后开始逐步建立和发展独立的对外关系。1993年6月3日，安道尔与法国和西班牙签署合作协议，法西两国宣布承认安道尔为主权国家并同其建立外交关系。同年7月28日，加入联合国，以后陆续加入了国际电信联盟、国际劳工组织、国际红十字会、世界卫生组织、世界知识产权组织、世界旅游组织、欧洲委员会、欧洲安全和合作组织、国际民航组织、伊比利亚美洲首脑会议等22个国际和地区组织，签署了欧洲社会契约条约等150个多边协议。此外，还不定期列席欧盟有关会议。安奉行和平睦邻友好政策，将发展同西班牙、法国及其他欧盟国家关系作为重点。2017年，安首相马蒂访西。2018年1月，葡萄牙总理科斯塔对安进行正式访问。2019年9月，法国总统兼安道尔大公马克龙访安。同月，安首相埃斯波特赴纽约出席第74届联大一般性辩论期间同葡萄牙总统德索萨和西班牙首相桑切斯会晤。10月，安外交大臣乌瓦齐出席日本天皇即位庆典并与日外相举行会晤。安还于年内当选联合国粮农组织理事会成员，承办联合国儿童基金会全球年会。安同葡萄牙、意大利、阿联酋、欧盟机构等签有税务和投资合作协定。目前与世界上约80个国家签有建交协议，但迄今只在奥地利、比利时、西班牙、法国、葡萄牙和美国设有使馆，在日内瓦设有常驻代表团，在斯特拉斯堡设有常驻代表处。西班牙、法国在安设有使馆。

【同中国的关系】1994年6月29日，安道尔同中国正式建立大使级外交关系。中国驻西班牙大使兼任驻安道尔大使，两国没有互设使馆。

2019年两国庆祝建交25周年，王毅国务委员兼外长同安外交大臣乌瓦奇互致贺电，中国驻西班牙使馆在安道尔城举办庆祝建交招待会。

据中国海关总署统计，2019年，中安双边贸易总额为1905万人民币，同比增长42.9%，其中，中国出口额1757万人民币，同比增长42.1%，中国进口额148万人民币，同比增长53.6%。2012年至今，我国在安直接投资项目76个，累计金额约338万欧元。

2005年2月，中安签署了旅游合作谅解备忘录。2007年1月1日起，安正式成为中国公民出境旅游目的地国。

汉语教学方面，巴塞罗那孔子学院在安设有孔子课堂。

文化方面，中国歌剧舞剧院赴安道尔举行庆祝中安建交25周年音乐会。

中国驻安道尔大使：吴海涛（驻西班牙大使兼任）。地址：C/Arturo Soria，111–113，28043，Madrid，Spain。电话：0034–915194242。　（蔡洋）

奥　地　利

国名　奥地利共和国（The Republic of Austria，Republik Österreich）。

面积　8.3879万平方公里。

人口　890万（2020年1月1日）。其中外国人148.7万人，占16.7%。官方语言为德语。

首都　维也纳（Wien），人口191.2万（2020年1月1日）。

国家元首　联邦总统亚历山大·范德贝伦（Alexander Van der Bellen），2016年12月4日当选，2017年1月26日就职。

重要节日　国庆日：10月26日。

简　况

中欧南部的内陆国。东邻匈牙利和斯洛伐克，南接斯洛文尼亚和意大利，西连瑞士和列支敦士登，北与德国和捷克接壤。属海洋性向大陆性过渡的温带阔叶林气候。平均气温1月为–2℃，7月为19℃。

公元996年，史书中第一次提及“奥地利”。12世纪中叶在巴本堡家族统治时期形成公国，成为独立国家。1278年开始了哈布斯堡王朝长达640年的统治。18世纪初，哈布斯堡王朝领土空前扩大。1815年维也纳会议后成立了以奥为首的德意志邦联，1866年，奥在普奥战争中战败，邦联解散。1867年与匈牙利签约，成立奥匈帝国。1918年第一次世界大战结束后，帝国解体，成立奥地利共和国，即第一共和国。1938年3月被德国吞并。二战后被苏、美、英、法四国占领。1945年4月成立第二共和国。1955年5月，四个占领国同奥签订《重建独立和民主的奥地利国家条约》，宣布尊重奥的主权和独立。10月占领军撤出，奥重获独立。10月26日，国民议会通过永久中立法，宣布不参加任何军事同盟，不允许在其领土上设立外国军事基地。自1965年起，10月26日被定为国庆日。

政　治

实行联邦制和议会民主制下的总理负责制。总统任期6年，无实权。2016年12月4日，独立候选人、前绿党主席范德贝伦在重新举行的总统第二轮选举中当选，于2017年1月26日上任。

总理任期5年，掌实权。2019年5月，奥地利自由党主席、副总理兼公务员和体育事务部长施特拉赫被曝“通俄”视频丑闻，引发内政危机，导致人民党和自由党组成的执政联盟破裂，并决定提前举行国民议会选举。奥国民议会并通过对总理塞巴斯蒂安·库尔茨（Sebastian Kurz）的不信任动议，库尔茨政府被罢免。总统范德贝伦任命以原宪法法院院长布里吉特·比尔莱因（Brigitte Bierlein）为总理的过渡政府。9月，库尔茨领导的人民党在新一届国民议会选举中继续保持第一大党地位并再次牵头组阁。2020年1月7日，由人民党和绿党联合组阁的新一届政府正式宣誓就职。库尔茨重新出任总理，绿党主席维尔纳·科格勒（Werner Kogler）任副总理兼体育、公务员、艺术和文化部长。

【宪法】现行宪法于1920年11月10日生效。1925年和1929年通过两项附则。1934年宪法被废除。1945年奥重建后宣布1920年宪法和两个附则继续有效。宪法规定，奥为联邦制共和国，总统是国家元首，总理为政府首脑。

【议会】由国民议会和联邦议会组成。国民议会制定并通过法律，主持新政府就职仪式，可通过不信任表决罢免联邦政府及其成员。联邦议会代表各州利益，有权将国民议会通过的法律提案驳回，但如国民议会坚持原案，联邦议会不得再提异议。国民议会共183席，按比例代表制产生，任期5年。

本届国民议会产生于2019年9月，其中：人民党

71席，社民党40席，自由党30席，绿党26席，新奥地利党15席，无党派议员1席。议长任期5年，现任议长沃尔夫冈·索博特卡（Wolfgang Sobotka，人民党）。联邦议会共61席，由各州按人口比例选派，议长由各州轮任，任期半年。国民议会和联邦议会联合组成联邦会议，主要职能是接受总统就职宣誓及在必要时决定对外宣战。

【政府】2020年1月7日人民党和绿党组成联合政府，设14个部，成员如下：总理塞巴斯蒂安·库尔茨（Sebastian Kurz，人民党），副总理兼体育、公务员、艺术和文化部长维尔纳·科格勒（Werner Kogler，绿党），社会福利、卫生、护理和消费者保护部长鲁道夫·安朔贝尔（Rudolf Anschober，绿党），就业、家庭和青年部长克里斯蒂娜·阿施巴赫尔（Christine Aschbacher，女，人民党），财政部长格诺特·布吕梅尔（Gernot Blümel，人民党），负责欧盟和宪法事务的总理府部长卡罗琳娜·埃特施塔德勒（Karoline Edtstadler，女，人民党），教育和科研部长海因茨·法斯曼（Heinz Faßmann，无党派，由人民党提名），气候保护、环境、能源、交通、创新和技术部长莱奥诺蕾·格韦斯勒（Leonore Gewessler，女，绿党），农业、地区和旅游部长伊丽莎白·克斯廷格（Elisabeth Köstinger，女，人民党），内政部长卡尔·内哈默（Karl Nehammer，人民党），负责妇女和移民融入事务的总理府部长苏珊娜·拉布（Susanne Raab，女，人民党），欧洲和国际事务部长亚历山大·沙伦贝格（Alexander Schallenberg，无党派，由人民党提名），数字化和经济区位部长玛格丽特·施拉姆伯克（Margarete Schramböck，女，人民党），国防部长克劳迪娅·坦纳（Klaudia Tanner，女，人民党），司法部长阿尔玛·扎迪奇（Alma Zadić，女，绿党），此外，气候保护、环境、能源、交通、创新和技术部以及体育、公务员、艺术和文化部各设1名国务秘书。

【行政区划】全国划为9个州：布尔根兰、克恩滕、上奥地利、下奥地利、萨尔茨堡、施蒂利亚、蒂罗尔、福拉尔贝格、维也纳。州下设市、区、镇（乡）。

【司法机构】全国有三个法院系统：宪法法院，审理涉及宪法，特别是地方与联邦政府纠纷的案件，院长克里斯托弗·格拉本瓦特尔（Christoph Grabenwarter）；行政法院，负责涉及官方机构及其工作人员的行政纠纷案件，院长鲁道夫·蒂内尔（Rudolf Thienel）；最高法院，负责刑事和民事案件，院长伊丽莎白·洛夫雷克（Elisabeth Lovrek）。

【政党】主要政党有：

（1）奥地利人民党（Österreichische Volkspartei）：执政党。前身是1887年建立的基督教社会党，1945年改为现名。主席塞巴斯蒂安·库尔茨，共有党员约50万人。

（2）绿党（Die Grünen）：执政党。前身是“绿色和平组织”。1986年成立。联邦主席维尔纳·科格勒，共有党员约7000人。2019年9月国民议会选举中获得14%选票，与人民党联合组阁执政。

（3）奥地利自由党（Freiheitliche Partei Österreichs）：在野党。1955年成立，前身是“独立者联盟”，曾于1983—1986年和社会党组成联合政府。2000年2月与人民党联合执政，2005年党内发生分裂后失去执政地位。2017年12月同人民党组成联合政府，2019年5月因时任党主席“通俄门”视频丑闻导致执政联盟破裂。现任主席诺贝特·霍菲尔（Nobert Hofer），共有党员约6万人。

（4）奥地利社会民主党（Sozialdemokratische Partei Österreichs）：在野党。1889年成立。1919—1920年执政，1934年被取缔。1945年改名为社会党，1991年改为现名。主席帕梅拉·伦蒂–瓦格纳（Pamela Rendi-Wagner），共有党员约18万人。

（5）新奥地利党（NEOS，Das Neue Österreich）：在野党。由奥地利企业家马蒂亚斯·施特洛尔茨于2012年10月27日创建。主席贝亚特·迈因–赖辛格（Beate Meinl-Reisinger），共有党员约2700人。

【重要人物】**亚历山大·范德贝伦**：总统。1944年1月18日生于维也纳市。1994年当选国民议会议员。1997年起先后任绿党主席、议会党团主席。2016年12月4日当选联邦总统，2017年1月26日就任。 **塞巴斯蒂安·库尔茨**：总理。1986年生于维也纳。大学肄业。曾任人民党联邦青年团主席、维也纳州议员。2011—2013年任内政部国务秘书。2013—2017年任外长。2017年7月接任人民党主席，10月率领该党赢得国民议会选举，于12月18日就任总理，成为欧洲最年轻的政府首脑。2019年5月受执政伙伴自由党“通俄门”视频丑闻牵累被国民议会罢免，同年9月率领人民党赢得国民议会选举，2020年1月再次就任总理。

经 济

奥地利经济稳健，主要经济指标向好。2019年，主要经济数据如下：

国内生产总值：3985亿欧元。

人均国内生产总值：44900欧元。

国内生产总值增长率：3.3%。

货币名称：欧元（Euro）。

通货膨胀率：1.53%。

失业率：4.5%。

（资料来源：奥地利统计局）

【资源】矿产主要有石墨、镁、褐煤、铁、石油、天然气等。森林、水力资源丰富，森林面积375万公顷，森林覆盖率43%。木材蓄积量11.35亿立方米。（资料来源：奥地利统计局和奥地利联邦农林、环境和水利部）

【工业】2019年工业产值1026.3亿欧元，同比增长3.3%。主要门类包括采矿、建筑、机械制造、电子

和汽车制造等。（资料来源：奥地利统计局）

【农业】2019年农、林、渔业产值为45.1亿欧元，同比增长2.1%。2019年农业用地133万公顷，占全国面积的16%。农业发达，机械化程度高。

【旅游业】旅游业发达。2018年接待过夜游客1.5亿人次，其中外国游客1.1亿人次。全国有各类旅馆66400家，共有床位113万张。外国游客主要来自德国、荷兰、英国、意大利、瑞士和比利时等国。

【交通运输】奥地利地处欧洲中部，是欧洲重要的交通枢纽。

铁路：全国铁路总长5650公里。2018年客运量3.1亿人次，货运量约1亿吨。

公路：全国各类公路总长约12.75万公里，其中高速公路和快速路2242公里。2018年奥地利公司货运量3.9亿吨。

水运：多瑙河航线长350公里。2018年多瑙河货运量720万吨。

空运：奥地利航空公司成立于1957年，2009年成为德国汉莎航空公司的子公司。全国有6个机场，主要国际机场是维也纳施威夏特机场。2018年奥地利民用航空客运量3170万人次。（资料来源：奥地利统计局、奥地利航空公司）

【财政金融】近3年财政收支情况如下（占国内生产总值的百分比）：

	2017	2018	2019
收入	48.4	48.8	49.0
支出	49.2	48.6	48.2
赤字/盈余	–0.8	0.2	0.8

2019年，公共负债2804亿欧元，相当于国内生产总值的70.4%。（资料来源：奥地利统计局）

【对外贸易】外贸在经济中占重要地位，近3年外贸情况如下（单位：亿欧元）：

	2017	2018	2019
进口额	1477	1561	1580
出口额	1419	1501	1538
差　额	–58	–60	–42

（资料来源：奥地利统计局）

主要进出口产品是机械与汽车、加工品、化工品、其他制成品。

【对外投资】2019年奥在国外直接投资为2088亿欧元，主要投资对象国是德国、荷兰、卢森堡、捷克、美国等。

【外国资本】2019年外国在奥直接投资为1830亿欧元。主要投资来源国是德国、俄罗斯、瑞士、阿联酋、美国等。

【发展援助】2019年发展援助额10.79亿欧元，占国民收入总值的0.27%。根据《2019—2021年奥地利发展援助政策三年规划》，奥发展援助工作重点包括消除贫困并满足基本生活供给、实现经济可持续发展、保护环境、维护和平与安全、构建包容性社会并提高女性权利5个方面。

人民生活

2018年单位家庭收入36322欧元。2018年，全国共有医生25079名，医院264家。实行全国社会保险和救济制度，主要有医疗、失业、养老和事故四大类保险。

军　事

1955年9月，奥地利颁布《国防法》，创建联邦军。总统为武装力量最高统帅。国家安全委员会为最高安全决策机构，是联邦政府在外交、安全和国防事务上的总咨询机构，由联邦总理、副总理、外交、国防、内政、司法部长及议会各议会党团代表等17名有表决权的正式成员组成，联邦总理任主席，联邦军总参谋长列席。国防部为最高军事指挥机关，平时由联邦政府授权国防部长对联邦军行使指挥权。总参谋长是国防部长的最高军事顾问，代表国防部长对奥军境内外行动实施指挥。联合作战司令部是战略级的指挥机构，统一指挥地面和空中部队。奥军实行义务兵役制，服役期6个月。

奥长期奉行中立政策。自1995年加入欧盟后，积极参与欧盟共同防务建设。自1996年起，多次参加联合国维和行动。2017年1月，奥地利宣布在不影响中立的基础上参加欧盟"永久结构性防务合作"。2019年国防支出23.7亿欧元，占财政总支出的1.2%。

文化教育

【教育】学龄儿童享受9年义务教育，学费、书费和上学交通费由国家负担。凡持有高中毕业文凭可免试上大学。2018/2019年度有各类中小学、职业学校5778所，在校学生110万人，各类高等院校189所，大学生37.7万人。著名的维也纳大学创立于1365年，系德语国家最古老的大学之一。

【新闻出版】2018年全国有各类报纸281种，其中日报29种，周报252种。主要报纸2018年发行量为：《皇冠报》79.3万份，《小报》28.1万，《信使报》14.6万份，《新闻报》7万份，《标准报》7万份。主要杂志发行量为：《新闻周刊》8.9万份，《侧面》周刊6万份，《趋势》经济月刊4.3万份。

奥地利通讯社：1946年建立，以向奥报纸和电台提供世界各大通讯社的消息为主，有时也发布奥官方消息。

1924年9月建立国家广播电台，1958年1月开播电视节目。2017年，国家广播电台下设15个广播电台，四套电视节目。

对外关系

奥地利外交政策的基点是以和平中立为基础，以欧盟为依托，积极推动欧盟深化和扩大，在重大国际问题上与欧盟协调一致。重视加强同周边邻国特别是中东欧国家关系，保持和深化同大国关系，谋求在国际事务中发挥独特作用。

【同中国的关系】1971年5月28日奥地利同中国建立外交关系，建交后两国关系总体发展平稳。

近年来，中奥关系发展顺利。2016年5月28日是中奥建交45周年，王毅外长和奥地利外长库尔茨互致贺电。3月，中国人民对外友好协会在北京举办庆祝中奥建交45周年招待会，全国人大副常委会委员长吉炳轩以及奥地利联邦议会常务副议长温克勒一行参加。5月，全国政协副主席陈晓光应邀访奥。9月，外交部部长助理刘海星赴奥举行两国外交部副外长级磋商。

2017年9月，奥联邦议会议长、奥中友协监事会成员迈耶尔访华。11月，全国政协副主席林文漪应邀访奥。

2018年4月，奥总统范德贝伦偕总理库尔茨和四位联邦部长对华进行国事访问并出席博鳌亚洲论坛年会，双方在此访期间建立中奥友好战略伙伴关系。5月，奥国民议会第一副议长布雷斯率奥中友协高级代表团访华。7月，王毅国务委员兼外长结合出席伊核问题外长会议访问奥地利。8月，奥总理库尔茨率经济、教育和交通部长访问中国香港。10月，全国人大常委会副委员长白玛赤林率团访问奥地利。同月，奥财政部长勒格尔访华。11月，奥经济部长施拉姆伯克率团出席首届中国国际进口博览会。

2019年1月，王岐山副主席在出席达沃斯世界经济论坛2019年年会期间会见奥总理库尔茨。4月，奥总理库尔茨来华出席第二届“一带一路”国际合作高峰论坛并对华进行正式访问。5月，栗战书委员长对奥地利进行正式友好访问。6月，奥联邦议会议长阿佩率奥中友协高级代表团访华。9月，奥中友协主席、奥前总理菲舍尔率奥中友协高级代表团访华。10月，中共中央政治局委员，国家检察委员会主任杨晓渡率团访奥。2020年2月，王毅国务委员兼外长在出席慕尼黑安全会议期间会见奥总理库尔茨和外长沙伦贝格。

两国经济合作继续深化。2019年，双边贸易额106.7亿美元，同比增长9.4%，其中中国出口额30.5亿美元，增长7.7%，进口额76.2亿美元，增长10.1%。截至2019年9月，中方与奥方签订技术引进合同2415个，累计合同金额65.2亿美元。2019年1—12月，中国共批准奥在华投资项目65个，实际利用奥资2.99亿美元；2019年1—12月，中国对奥全行业直接投资1740万美元。

截至2020年3月，中奥两国已建立18对友好省州（市）关系。

中国驻奥地利大使：李晓驷。馆址：Metternichgasse 4，1030 Wien，Austria。电话：0043–1–714314948；传真：7136816。商务处电话：0043–1–714314921；传真：714314922。领事部地址：Neulinggasse 29，Stiege 1，3.Stock，1030 Wien，Austria。电话：0043–1–7103648；传真：7103770。网址：http://www.chinaembassy.at/chn/。

奥地利驻华大使：石迪福（Friedrich Stift）。馆址：北京市朝阳区建国门外秀水南街5号。电话：010–65329869；传真：65321505。商务处电话：010–85275050；传真：85275049。签证处电话：010–65322061；传真：65321505。网址：https://www.bmeia.gv.at/cn/botschaft/peking.html。

【同美国的关系】奥重视对美关系，同美长期保持友好关系，各领域合作密切，但对美保护主义行为感到担忧，认为任何消极举动均会增加欧美贸易不确定性并严重损害双方经济。美如对欧洲汽车产品加征关税，将对欧、奥经济和就业带来巨大冲击。主张气候保护是全球共同责任、关乎所有人利益，认为美退出巴黎气候变化协定是不负责任行为。2019年2月，奥总理库尔茨访美，强调扩大贸易往来符合两国共同利益，认为保护主义非常危险，特朗普总统的贸易政策是奥面临的最棘手问题，首要任务是避免欧美贸易战。2020年2月，奥外长沙伦贝格访美，强调无论在双边关系还是国际问题上美国都是奥地利的重要合作伙伴，双方将大力推进战略伙伴关系建设。

【同俄罗斯的关系】奥俄长期友好，奥重视与俄务实合作。支持欧俄进行对话，愿在西方与俄之间发挥桥梁作用，缓解双方紧张关系。在对俄制裁问题上与欧盟保持一致立场，同时认为在乌克兰和平进程取得进展前提下，可逐步放宽对俄制裁。出于保障能源安全考虑支持“北溪II期”管道建设项目，但认为同时应照顾乌克兰关切。2018年奥总理库尔茨4次会见俄总统普京。2019年3月奥外长访俄，同俄外长就双边关系和地区局势交换意见，两国并建立索契对话机制，促进两国科技、教育、艺术和文化领域民间交流。

【同周边国家的关系】奥地利在东南欧和西巴尔干地区有特殊影响力，注重发挥东西欧间桥梁作用，赞同并积极推动西巴尔干国家加入欧盟，认为西巴尔干国家入盟符合欧盟政治、安全、经济利益，欧盟应在西巴尔干地区发挥更大作用，与相关国家保持对话，推动地区改革、打击腐败及极端化、促进地区合作、解决地区冲突、实现西巴尔干地区政治稳定、经济富强及融入欧盟的共同目标。奥地利积极支持西巴尔干国家抗击新冠肺炎疫情，并向其援助防疫物资。

（王贯州）

白俄罗斯

国名　白俄罗斯共和国（The Republic of Belarus, Республика Беларусь）。

面积　20.76万平方公里。

人口　940.84万人（截至2020年1月）。共有100多个民族，其中白俄罗斯族占83.7%，俄罗斯族占8.3%，波兰族占3.1%，乌克兰族占1.7%，犹太族占0.1%，其他民族占3.1%。官方语言为白俄罗斯语和俄罗斯语。白俄罗斯共有25个教派，宗教团体总人数达340多万。最普遍的宗教是基督教，包括东正教、天主教、东仪天主教和新教，其他还有犹太教、伊斯兰教。东正教为最主要的宗教（70%以上），西北部一些地区信奉天主教及东正教与天主教的合并教派。

首都　明斯克（Минск），面积348.85平方公里，人口202.06万（截至2020年1月），1月平均气温为-4.6℃，7月平均温度为18.5℃（2019年）。

国家元首　总统亚历山大·格里戈里耶维奇·卢卡申科（Александр Григорьевич Лукашенко），1994年7月10日就任，1996年重新当选，2001年9月、2006年3月、2010年12月、2015年10月、2020年8月五次连任。

重要节日　公历新年：1月1日；东正教圣诞节：1月7日；卫国战争胜利日：5月9日；独立日（共和国日）：7月3日，纪念1944年7月3日苏军解放被德国法西斯占领的明斯克；十月革命日：11月7日。

简　况

内陆国，位于东欧平原西部。东邻俄罗斯，北、西北与拉脱维亚和立陶宛交界，西邻波兰，南接乌克兰。温带大陆性气候。1月平均气温为-5.1℃；7月平均气温为17.1℃。

白俄罗斯人是东斯拉夫族的一支。白俄罗斯（"白色罗斯"）一词始见于1135年编年史。公元862年，白俄罗斯土地上建成波洛茨克城堡。9—12世纪，以该城堡为中心形成波洛茨克公国。13世纪上半叶形成白俄罗斯语言文字。13世纪中期至18世纪末，先后归属立陶宛大公国和立陶宛-波兰王国等。18世纪起并入俄罗斯帝国。1918年3月，亲德的白俄罗斯全体会议执行委员会在德占区宣布成立白俄罗斯人民共和国。1919年1月，白俄罗斯苏维埃社会主义共和国成立并于1922年12月30日加盟苏联。1990年7月27日，白最高苏维埃通过国家主权宣言。1991年12月8日，废除1922年加入苏联时签订的条约，12月19日改名为白俄罗斯共和国，简称白俄罗斯。

政　治

1994年开始实行总统制，同年7月，卢卡申科当选首任总统。2001年9月卢以75.2%得票率获得连任。2004年10月，白举行全民公决，废除了宪法中关于总统任期的限制。2006年3月19日，白提前举行总统大选，卢以82.6%的得票率当选。2010年12月19日，卢以79.67%的得票率第四次当选。2015年10月11日，卢以83.5%的得票率第五次当选白总统。2019年，白政局总体稳定。

【宪法】1996年11月24日，全民公决通过总统提出的宪法修正案，11月27日生效。2004年10月17日，全民公决决定取消其中第81条关于总统任期连续不得超过两届的限制。白宪法规定：白俄罗斯实行总统制和三权分立；总统为国家元首和武装力量总司令，由选民直接选举产生，任期5年，可以连选连任，没有限制；总统有权确定全民公决、解散议会、确定各级议会选举、任命政府总理（须经议会下院批准）、任免所有副总理以下政府成员、任免所有司法机构、中央选举和全民公决委员会领导人、决定政府辞职等；在总统缺席或不能履行职务时，由总理代行总统职权。

【议会】称国民会议，由共和国院（上院）和代表院（下院）组成，每届任期4年。本届国民会议为第七届，于2019年12月组成。共和国院共64名代表，其中56名由全国6州1市（明斯克）的地方苏维埃代表会议以秘密投票方式各选举8名产生，另8名由总统任命。主要职能是通过或否决下院通过的法案；批准总统关于司法机构、中央选举和全民公决委员会、中央银行领导人的任命；选举宪法法院的6名法官；决定解散地方代表苏维埃；审议总统关于战争状态和紧急状态的命令；审议下院对总统的弹劾等。主席娜塔利娅·伊万诺夫娜·科恰诺娃（Наталья Ивановна Кочанова，女），2019年12月6日当选。代表院由110名代表组成，以秘密投票方式直接普选产生。代表院主要职能是审议宪法修改补充草案和各类法案；确定总统大选；批准总统关于总理的任命；对政府表示不信任；接受总统辞职等。主席弗拉基米尔·巴甫洛维奇·安德烈琴科（Владимир Павлович Андрейченко），2019年12月6日当选连任。

【政府】称部长会议，并设有部长会议主席团。2020年6月组建新一届部长会议。部长会议主席团成员有：总理罗曼·亚历山大罗维奇·戈洛甫琴科（Роман Александрович Головченко），总统办公厅主任伊戈尔·彼得罗维奇·谢尔盖延科（Игорь Петрович Сергеенко），国家监察委员会主席伊万·斯坦尼斯拉沃维奇·捷尔捷里（Иван Станиславович Тертель），第一副总理尼古拉·根纳季耶维奇·斯诺普科夫（Николай Геннадьевич Снопков），副总理弗拉基米尔·叶夫根尼耶维奇·库哈列夫（Владимир Евгеньевич Кухарев），副总理尤里·维克托罗维奇·纳扎罗夫（Юрий Викторович Назаров），副总理伊戈尔·维克托罗维奇·彼得里申科（Игорь Викторович Петришенко），副总理亚历山大·米哈伊洛维奇·苏博京（Александр Михайлович Субботин），经济部长亚历山大·维克托罗维奇·切尔维亚科夫（Александр Викторович Червяков），财政部长尤里·米哈伊洛维奇·谢里维尔斯托夫（Юрий Михайлович Селиверстов），外交部长弗拉基米尔·弗拉基米罗维奇·马克伊（Владимир Владимирович Макей）等。

【行政区划】全国划分为明斯克、布列斯特、维捷布斯克、戈梅利、格罗德诺、莫吉廖夫6个州和具有独立行政区地位的首都明斯克市。

【司法机构】设宪法法院、最高法院和总检察院。宪法法院院长彼得·彼得罗维奇·米克拉舍维奇（Пётр Петрович Миклашевич），2008年2月就任。最高法院院长瓦连京·奥列格维奇·苏卡洛（Валентин Олегович Сукало），1997年1月就任。总检察长亚历山大·弗拉基米罗维奇·科纽克（Александр Владимирович Конюк），2011年9月就任。2014年1月1日起，原白最高经济法院并入最高法院。

【政党】没有执政党。国民会议选举不按党派按选区原则分配名额，在白议会中没有固定的议会党团。政党在社会政治生活中影响有限。共有15个合法政党，37个合法工会，2335个合法社会团体（其中国际性团体230个）。15个政党中较大的有：白俄罗斯共产党、白俄罗斯联合左派党“正义的世界”、白俄罗斯人民阵线党、联合公民党、自由民主党等。此外，还有白俄罗斯社会民主党（人民大会）、白俄罗斯社会民主大会党、农业党、共和国党、劳动正义党、白俄罗斯爱国党、白俄罗斯社会体育运动党、白俄罗斯绿党、共和党。

【重要人物】亚历山大·格里戈里耶维奇·卢卡申科：总统。1954年8月30日生于白俄罗斯维捷布斯克州奥尔尚斯基区科佩斯村，白俄罗斯族。先后毕业于莫吉廖夫师范学院和白农业科学院，专业为历史学、经济学。1975—1977年，在苏联边防军服役，1979年，加入苏联共产党。曾担任莫吉廖夫州什克洛夫区团委书记、集体农庄党委书记、国营农场场长。1990年当选为共和国最高苏维埃代表。1993年担任白最高苏维埃反腐败临时委员会主席。1994年7月10日就任白俄罗斯共和国首任总统。2001年9月、2006年3月、2010年12月、2015年10月四次连任。作为总统，曾于1995年1月、1997年4月、2001年4月、2005年12月、2008年8月、2010年10月、2013年7月、2015年9月、2016年9月和2017年5月10次访华。2008年8月，赴华出席北京奥运会开幕式，2010年10月，出席上海世博会白俄罗斯国家馆日，2015年9月，出席纪念中国人民抗日战争暨世界反法西斯战争胜利70周年阅兵式活动，2016年9月，对中国进行国事访问，2017年5月，出席“一带一路”国际合作高峰论坛，2018年6月，赴华出席上合组织青岛峰会，2019年4月，赴华出席第二届“一带一路”国际合作高峰论坛。爱好冰球、滑雪等体育运动。已婚，有三子。 **罗曼·亚历山大罗维奇·戈洛甫琴科：**总理。1973年8月10日生于白俄罗斯明斯克州。1996年毕业于俄罗斯莫斯科国际关系学院，2003年毕业于白俄罗斯总统管理学院。1997—2006年，先后在白俄罗斯国家安全会议秘书处、总检察院、总统办公厅任职。2006—2009年，先后担任白俄罗斯国家安全会议国际安全合作处首席顾问、国家安全会议秘书处国际安全局首席顾问。2009年7—12月，任白俄罗斯驻波兰大使馆公使衔参赞。2009—2013年，任白俄罗斯国家军事工业委员会第一副主席。2013—2018年，任白俄罗斯驻阿拉伯联合酋长国兼驻卡塔尔国、科威特国、沙特阿拉伯王国特命全权大使。2018—2020年，任白俄罗斯国家军事工业委员会主席。2020年6月4日，被任命为白俄罗斯政府总理。 **娜塔利娅·伊万诺夫娜·科恰诺娃：**国民会议共和国院主席。1960年9月25日生于白俄罗斯维捷布斯克州波洛茨克市。1982年毕业于白俄罗斯新波洛茨克理工学院。2006年毕业于白俄罗斯总统管理学院。1982—2002年，先后任波洛茨克市企业调度员、工程师、代理总经理、技术生产部门高级工程师。2002—2007年，先后任波洛茨克市执委会住宅及公用设施部主任、执委会副主席、主席。2007—2014年，任新波洛茨克市执委会主席。2014—2016年，任白俄罗斯副总理。2016—2019年12月，任白俄罗斯总统办公厅主任。2019年12月6日，当选第七届国民会议共和国院主席。 **弗拉基米尔·巴甫洛维奇·安德烈琴科：**国民会议代表院主席。1949年1月2日生于白俄罗斯维捷布斯克州。白俄罗斯族。1977年毕业于俄罗斯韦利科卢克斯基农业学院，1988年毕业于明斯克高级党校。白功勋农业工作者。1968—1970年，在苏军服役。1970年开始在里奥兹涅斯基区从事共青团、党务和经济工作。1981—1991年，先后担任区农业局局长、区执委会主席、白俄罗斯共产党上德维纳区委第一书记。1991—1994年，先后担任维捷布斯克州执委会农业和居民粮食保障委员会第一副主席、主席。1994年11月，任维捷布斯克州执委会主席。1996年、2000年、2004年三次当选白国民会议议员。2008年9月，当选国民会议代表院议员，10月，当选第四届国民会议代表院主席，2012年10月18日，当选第五届国民会议代表院主席。2016年10月11日，当选第六届国民会议代表院主席。2019年12月6

日，当选第七届国民会议代表院主席。

经　济

白工业基础较好。机械制造业、冶金加工业、机床、电子及激光技术比较先进；农业和畜牧业较发达，马铃薯、甜菜和亚麻等产量在独联体国家中居于前列。1996年以后，白经济曾持续增长。2016年白经济形势未现好转，未能实现白政府制定的全年GDP增长0.3%的目标。2017年，白经济形势逐渐向好，持续呈正增长的积极态势，GDP同比增长2.4%，超过此前白政府预测。2018年白经济发展形势总体良好，GDP同比增长3%，主要经济指标的完成情况好于预期。2019年，白经济增速放缓，GDP同比增长1.2%，低于年初设定的全年增长4%的目标。据白国家统计委员会数据，2019年白主要经济数据如下：

国内生产总值：1320亿白卢布（约合631.16亿美元）。

人均国内生产总值：6708美元。

国内生产总值增长率：增长1.2%。

货币名称：白俄罗斯卢布（Белорусский рубль）。

汇率（全年平均汇率）：1美元约合2.0914白卢布。

通货膨胀率：4.7%。

登记失业率：0.2%。

（资料来源：白国家统计委员会）

【资源】主要矿产资源有钾盐、岩盐、泥炭、磷灰石等。能源和原材料绝大部分靠进口。大小河流2万多条，总长9.06万公里。有1万余个湖泊，享有“万湖之国”美誉。森林覆盖率39%。境内有3.1万种动物。

【工业】2019年白工业产值为1135亿白卢布，约合542.7亿美元，按可比价格同比增长1%。主要工业部门有机械制造、金属加工、化工、电子、光学仪器、石油加工、木材加工、轻工、食品加工等。

【农业】2019年白农业产值为209亿白卢布，约合99.93亿美元，按可比价格同比增长2.9%。农业用地面积590.19万余公顷。从业人员39万，约占总劳动力的9%。

【交通运输】铁路和公路交通网较发达，是欧洲交通走廊的组成部分。主要国际机场是明斯克国家机场。长途运输以铁路为主，铁路总长5480公里，其中电气化铁路约1228公里。公路总长101100公里。石油运输管道约3000公里，天然气运输管道约7900公里，石油产品运输管道约1100公里。

【财政金融】截至2020年1月1日，白国家债务448亿白卢布，约合214.21亿美元，与2019年1月1日相比减少近6亿白卢布，占GDP比重33.9%；截至2020年1月1日，白国家外债171亿美元，与2019年1月1日相比增加约2亿美元，占GDP比重27.1%。

白国家银行作为中央银行，负责制定有关货币信贷政策，协助政府就宏观经济运行状况进行调节。截至2020年1月1日，白共有29家国有和商业银行，其中5家为外国独资银行。白较大的银行有白俄罗斯银行、白俄罗斯农工银行、白俄罗斯工业建设银行、白俄罗斯外经银行和白俄罗斯投资银行。

【外汇储备】截至2020年1月1日为94亿美元。

【对外贸易】据白国家统计委员会数据，2019年，白对外货物贸易总额714亿美元，同比下降0.2%；其中出口额为322.3亿美元，同比下降2.9%；进口额为391.2亿美元，同比增长2.3%。2019年，白前5大对外贸易国为俄罗斯（49.7%）、乌克兰（8.2%）、中国（6.1%）、德国（4.2%）、波兰（3.7%）。

【外国资本】2019年，白实际引资100亿美元。

【旅游业】白俄罗斯旅游业发展具有一定潜力，境内主要旅游景点包括：4处世界遗产——别洛韦日森林公园、米尔城堡建筑群、涅斯维日拉济维乌家族城堡建筑群和斯特鲁维地理探测弧线，伟大卫国战争历史博物馆，斯大林防线，布列斯特要塞，哈丁村等。休憩疗养是白俄罗斯旅游业的金字招牌，境内有492家疗养休闲机构，其中疗养院77家，2019年共接待869433名顾客，其中外国人241818名。

2019年，白俄罗斯共有1544家旅游机构，597家酒店（其中星级酒店53家）。2019年，白俄罗斯出境游客总数为982935人次，较2018年增长14.7%；入境游客 405472人次，较2018年增长10.9%，外国游客在白平均逗留天数为5天。

白俄罗斯对26个国家和地区的公民实行免签政策。2017年2月，对80个国家持因私普通护照经明斯克国际机场入境的公民实施免签或有条件免签政策，这些国家的公民最长可在白逗留30天。

人民生活

2019年，白居民月平均收入1090.9白卢布，约合521.6美元，同比增长13.9%。2019年，白居民实际可支配收入同比增长6%。

军　事

1991年9月23日，白俄罗斯最高苏维埃通过决定，根据“足够原则”建立本国防御体系和军队。1992年1月11日，白宣布接管其境内苏军的所有常规力量。3月20日，白最高苏维埃通过《武装力量法》，决定从即日起在接管的原苏军部队基础上组建本国军队。1994年，白最高苏维埃决定继承原苏军的传统，将每年的2月23日（原苏联建军节）定为白俄罗斯祖国保卫者和武装力量日（即建军节）。

2016年7月，卢卡申科签署总统令批准了第三部《军事学说》。根据白《军事学说》，白奉行防御性军事战略。白军事安全保障的主要目标是防止针对白俄罗斯的军事威胁，将其控制在局部范围内并最终予以消除。《军事学说》规定，白不参加其它国家间的军事冲突，但在自身遭到侵略或武装入侵并在政治、外交、法律、经济等手段均无效的情况下，将使用军事力量捍卫自己的国家利益；保障国家军事安全的任务由武装力量协同列入国家军事组织的其它军队和军事单位共同完成。同时致力于取得无核地位，主张稳定地裁减常规军备并进行双边、多边裁军对话，以多边或双边国际条约和协议为基础同其它国家合作。白军事政策的基本方向在总统领导下制定，由国民会议下院批准，安全会议和部长会议负责实施。根据白宪法，总统是武装力量总司令并领导安全会议。安全会议统一协调和领导国防部、内务部、国家安全委员会和国家边防委员会等强力部门。安全会议主席由总统担任。现任安全会议国务秘书为斯塔尼斯拉夫·瓦西里耶维奇·扎西中将，国防部长为维克多·根纳季耶维奇·赫列宁少将，总参谋长为亚历山大·格里戈里耶维奇·沃利福维奇少将。

白俄罗斯武装力量于2001年底开始进行大规模精简整编，目前由陆军、空防军两个军种和特种部队一个兵种组成，总兵力约5.7万人。白实行普遍义务兵役制和合同兵役制相结合的兵役制度，未受过高等教育的义务兵服役期为18个月，受过高等教育的义务兵服役期为12个月。

文化教育

【**文化**】文化生活较丰富，文化基础设施较齐全。白俄罗斯共有13000多个文化单位，在册员工47700多人。有国家级剧院29座、博物馆159所、图书馆2589个、俱乐部2674个、电影院99个、文化公园27个、马戏院2个。著名文化设施有白俄罗斯国家图书馆、白俄罗斯国家美术馆、白俄罗斯国家伟大卫国战争历史博物馆、白俄罗斯国家历史博物馆、白俄罗斯国家歌剧芭蕾舞大剧院、共和国宫剧场、白俄罗斯国家马戏团、明斯克音乐厅等。每年定期举办的国际展会及文化节有：2月，举办“明斯克国际图书展销会”；5月，在克里莫维奇市举办“金蜜蜂”国际少儿艺术节；6月，在巴布鲁伊斯克市举办“友谊花环”国际民族艺术节；7月，在维捷布斯克市举办“斯拉夫巴扎”国际文化艺术节和阿列克桑德利亚市举办“阿列克桑德利亚仲夏节”活动；11月，举办“落叶时节”国际电影节等。

【**体育**】白俄罗斯致力于开展全民体育，体育设施较为完善。现全国拥有23 290个体育场地，其中：137座体育场、340座游泳池、51座赛马场、35块人工冰场。国民系统性健身普及率逐年提高。

近年在白俄罗斯举办的大型体育活动有：2014年世界冰球锦标赛、2015年世界青少年冬季两项锦标赛、2019年欧洲花样滑冰锦标赛、2019年第二届欧洲运动会。每年9月在白举办明斯克国际半程马拉松赛。

【**教育**】白基础教育实行11年制免费义务教育，高等院校学制4—5年，分公费和自费两种形式。教育系统由国家财政拨款，其教育投资不少于国内生产总值的5%。白现有3798所学前教育机构，3020所普通中等教育机构，176所职业教育机构，224所中等专业教育机构，51所高等院校（其中国立高等院校42所，非国立高等院校9所，囊括15个领域382个领先专业和331个普通专业，2019年，6万人升入高等院校，5.75万人毕业），430个科研机构中设有119个硕士点和56个博士点。白国家考试评分标准为10分制。

2016年9月29日，卢卡申科总统访华期间，在中白两国元首共同见证下，两国教育部长共同签署《中华人民共和国教育部和白俄罗斯共和国教育部关于联合培养人才的备忘录》。2018年3月2日，明斯克国立语言大学汉语系成立。2019年为中国“白俄罗斯教育年”。双方年内签署32项协议，近40所高校积极开展合作，举办上百场活动，产生积极影响。

白著名大学有：白俄罗斯国立大学、白俄罗斯国立技术大学、白俄罗斯国立文化艺术大学、白俄罗斯国立师范大学、白俄罗斯国立经济大学、明斯克国立语言大学等。截至2020年3月，在白中国留学人员4500多人。白建有6所孔子学院（白俄罗斯国立大学孔子学院、明斯克国立语言大学孔子学院、白俄罗斯国立技术大学孔子学院、白俄罗斯国立体育大学孔子学院、戈梅利国立大学孔子学院、布列斯特国立大学孔子学院）。

【**新闻出版**】共有1627种出版物，其中报纸722种，刊物864种，其他41种，有1192种为私营。主要以白俄罗斯文、俄文为主，有少量英文、波兰文、乌克兰文和德文版。

主要报刊：《苏维埃白俄罗斯报》，总统办公厅机关报。《共和国报》，白俄罗斯政府机关主办，日报，混用俄、白两种文字出版。《人民报》，议会机关报。《祖国荣誉报》，国防部机关报。《我们的田野》，白文版反对派报纸。

主要通讯社：共有9家通讯社（其中私营7家），白俄罗斯国家通讯社（白通社）为最大官方通讯社。成立于1918年12月，曾隶属于苏联塔斯社（白俄罗斯分部），1991年10月正式改称白通社，现隶属总统办公厅。向白及其他独联体国家的220家新闻单位提供白文、俄文和英文新闻及互联网多文种新闻和图片新闻。出版周刊《七日》，发行4万份；俄英双语季刊《白俄罗斯经济》，发行4200份；月刊《白俄罗斯思想库》，发行6000份。除独联体国家外，还与中国、伊朗、马来西亚、古巴等国通讯社建立业务联系。国际文传电讯－西方通讯社，隶属于俄罗斯国际传媒集团“国际文传电讯社”，1994年成立。独立通讯社“别拉潘”（“白俄罗斯非官方新闻社”的俄语缩写）。

【**电子传媒**】全白有265家广播电视台，其中广播电台167家（私营27家），电视台98家（私营54家）。较大的有：白俄罗斯国家广播电视公司，下辖白俄罗斯国家电视1台、2台、3台、4台、5台、24台，公共电视台，首都电视台。白俄罗斯广播电台1台、“首都”广播电台、“白俄罗斯”国际电台。白近年网络媒体发展很快，2010年2月总统签署“关于完善国家互联网使用”的法令，同年在国家电信总公司下成立国家话务交换中心，对网络资源使用统一管理。全白在BY下共注册约134510个域名，有9万余个网站。同时，有线电视迅速普及，通过有线电视可以收看包括“欧洲新闻”“BBC”“欧洲体育”等130多套节目。

对外关系

白推行兼顾平衡的多元化外交政策，致力于与世界各国发展友好合作关系。2019年，白继续发展同俄罗斯战略联盟关系，与俄在联盟国家、欧亚经济联盟、独联体等地区性组织中保持了密切协调与配合，并同俄罗斯、哈萨克斯坦致力于推进地区性组织发挥更大作用。积极参与斡旋乌克兰危机，继续缓和与欧美国家关系，增加对话，提高交往级别，双方合作更趋务实。积极参与联合国等国际和地区组织中的事务。继续加大同亚洲、拉美、中东、非洲等地区国家的交往，争取外部销售市场，吸引外资，扩大务实合作。

【同中国的关系】1992年1月20日中白正式建交。目前，两国已建立起相互信任、合作共赢的全面战略伙伴关系。2019年，两国关系持续平稳向前发展，双方高层往来频繁。4月，全国人大常委会副委员长沈跃跃访白。同月，卢卡申科总统来华出席第二届“一带一路”国际合作高峰论坛，习近平主席同卢卡申科总统举行双边会见。6月，习近平主席同卢卡申科总统在吉尔吉斯斯坦比什凯克出席上合组织成员国元首理事会会议期间举行双边会见。7月，全国政协副主席何维赴白出席“一带一路”区域合作发展论坛和纪念白俄罗斯解放75周年阅兵活动。

人文、教育、科技合作持续发展。明斯克中国文化中心和6所在白设立的孔子学院运行良好。2019年9月，中白政府间合作委员会文化合作分委会第三次会议在明斯克举办。9月1—2日，中国文化日活动在白国家模范歌剧芭蕾舞大剧院举办。期间，中国京剧院在白国家模范歌剧芭蕾舞大剧院演出京剧《杨门女将》。2019年为中国“白俄罗斯教育年”。5月,（白俄罗斯）海外离岸孵化器和白俄罗斯（中国）发明成果转化研究院在白俄罗斯国立技术大学科技园成立。5月，中白政府间合作委员会教育合作分委会第五次会议在白俄罗斯布列斯特举行。

中国驻白俄罗斯大使：崔启明。馆址：г.Минск, ул.Берестянская，22，电话/传真：00375-17-2853683。领事侨务处电话：2853391。经济商务处电话：2340789。

白俄罗斯驻华大使：尼古拉·斯诺普科夫（Николай Снопков）。馆址：日坛东一街1号。电话：65321691/65326426。传真：65326417。武官处电话/传真：65326504。

【同俄罗斯的关系】两国1992年6月25日建交。1997年签订俄白联盟条约，1999年签订《关于成立俄白联盟国家的条约》，2000年条约正式生效。白支持俄推进独联体一体化进程，与俄、哈萨克斯坦成立三国关税同盟，共同推进欧亚经济共同体、集体安全条约组织一体化机制建设，积极推动“欧亚经济联盟”建设。

2019年2月，白总统卢卡申科访俄并同俄总统普京举行会见。5月，俄总理梅德韦杰夫访白并同白总理鲁马斯举行会见。7月，白总统卢卡申科会见俄白联盟国家国务秘书拉波塔。同月，白总统卢卡申科赴圣彼得堡出席第六届俄白地区论坛，并同俄总统普京举行会见。9月，白总理鲁马斯访俄并同俄总理梅德韦杰夫举行会见。同月，白总统卢卡申科会见到访的俄安全会议秘书帕特鲁舍夫。11月，白总理鲁马斯赴俄出席俄白联盟国家部长理事会会议。12月，白总统卢卡申科赴索契同俄总统普京举行会见。

【同独联体国家的关系】2019年，白继续发展与独联体各国友好关系，并积极参加集体安全条约组织、欧亚经济联盟、独联体峰会等机制框架内活动，积极参与斡旋乌克兰危机，继续为解决乌克兰危机问题提供协商对话平台。4月，白总统卢卡申科会见到访的摩尔多瓦总统多东。5月，白总统卢卡申科对塔吉克斯坦进行正式访问并同塔总统拉赫蒙举行会见。同月，白总统卢卡申科赴哈萨克斯坦参加欧亚经济委员会最高理事会会议。6月，白总统卢卡申科对吉尔吉斯斯坦进行工作访问并参加在比什凯克举行的上海合作组织成员国元首理事会第十九次会议。同月，塔吉克斯坦总统拉赫蒙访白。10月，白总统卢卡申科赴亚美尼亚参加欧亚经济委员会最高理事会会议。同月，白总统卢卡申科赴吉尔吉斯斯坦参加独联体国家元首峰会。同月，白总统卢卡申科对哈萨克斯坦进行正式访问并同哈总统托卡耶夫举行会见。11月，白总统卢卡申科赴吉尔吉斯斯坦出席集体安全条约组织理事会会议。12月，白总统卢卡申科赴圣彼得堡出席欧亚经济委员会最高理事会会议和独联体非正式峰会。

【同美国、欧盟等西方国家的关系】2019年白同美国、欧盟等西方国家关系继续缓和，双方交往更趋频繁，合作趋于务实。2月，白总理鲁马斯赴意大利进行工作访问并同意副总理兼经济发展、劳动与社会政策部部长迪玛约举行会见。同月，白总统卢卡申科会见到访的欧盟负责预算和人力资源事务的专员奥廷格。3月，白总统卢卡申科会见到访的奥地利总理库尔茨。6月，白总统卢卡申科会见到访的斯洛伐克议长丹科。7月，白外长马克伊会见到访的美国国务卿帮办肯特。8月，白总统卢卡申科会见到访的美国总统国家安全事务助理博尔顿。9月，白总统卢卡申科会见到访的美国国务院负责政治事务的副国务卿黑尔。10月，白外长马克伊访问德国并同德外长马斯举行会见。11月，白总统卢卡申科对奥地利进行正式访问并同奥总统范德贝伦举行会见。12月，白外长马克伊赴斯洛伐克出席欧安组织第26届外长会议。

【同发展中国家的关系】2019年，白积极开展同亚洲、拉美、中东、非洲等发展中国家交往，扩大经济贸易合作，争取更多国际支持。1月，白副总理利亚申科对委内瑞拉进行正式访问并出席委当选总统马杜罗就职仪式。同月，白总统卢卡申科会见到访的津巴布韦总统南加古瓦。4月，白总统卢卡申科对土耳其进行正式访问并同土总统埃尔多安举行会见。6月，白总统卢卡申科会见到访的埃及总统赛西。同月，白总统卢卡申科会见到访的塞尔维亚总统武契奇。7月，白总统卢卡申科会见到访的叙利亚副总理兼外长穆阿利姆。8月，白总统卢卡申科会见到访的格鲁吉亚总理巴赫塔泽。9月，白总统卢卡申科会见到访的阿联酋阿布扎比王储穆罕默德。10月，白总统卢卡申科赴乌克兰参加在日托米尔举办的第二届白俄罗斯和乌克兰地区论坛。10月，白总统卢卡申科会见到访的古巴总统卡内尔。11月，白总统卢卡申科对阿联酋进行正式访问并同阿布扎比王储穆罕默德举行会见。12月，白总统卢卡申科会见到访的越南国会主席阮氏金银。同月，白总统卢卡申科对塞尔维亚进行正式访问并同塞总统武契奇举行会见。（廖梅寒）

保加利亚

国名 保加利亚共和国（The Republic of Bulgaria，Република България）。

面积 11.1万平方公里。

人口 700万人（2019年）。其中保加利亚族占84%、土耳其族占9%，罗姆族占5%，马其顿族、亚美尼亚族等占2%。保加利亚语为官方语言，土耳其语为主要少数民族语言。居民主要信奉东正教，少数人信奉伊斯兰教。

首都 索非亚（София），人口132.8万人（2018年）。属温带大陆性气候，1月平均气温为−1℃，7月为21℃，年降水量约701毫米。

国家元首 总统鲁门·拉德夫（Румен РАДЕВ），2016年11月当选，2017年1月就职，任期5年。副总统伊莉亚娜·约托娃（Илияна ЙОТОВА，女）。

重要节日 国庆节：3月3日（1878年3月3日摆脱奥斯曼土耳其统治）。保加利亚教育文化和斯拉夫文字节：5月24日。

简　况

位于欧洲巴尔干半岛东南部，北部与罗马尼亚隔多瑙河相望，西部与塞尔维亚、北马其顿相邻，南部与希腊、土耳其接壤，东部临接黑海，海岸线总长378公里。北部属大陆性气候，南部属地中海式气候。平均气温1月−2℃—2℃，7月23℃—25℃。

色雷斯人是保加利亚最古老的居民。公元681年，色雷斯人、斯拉夫人和古保加利亚人在多瑙河流域建立斯拉夫保加利亚王国，史称第一保加利亚王国。1018年被拜占庭占领。1185年建立第二保加利亚王国。1396年被奥斯曼土耳其帝国吞并。1877年俄国对奥斯曼土耳其宣战，土耳其战败，保加利亚于次年摆脱奥斯曼土耳其的统治宣布独立。两次世界大战保加利亚均沦为战败国。1944年9月，成立以保加利亚共产党和农民联盟为主体的祖国阵线政府并宣布建立保加利亚人民共和国。此后保加利亚共产党长期执政。1989年东欧剧变期间，保加利亚政权更迭，改行多党议会民主制。1990年11月，改国名为保加利亚共和国。

政　治

2016年11月，保加利亚举行总统选举，社会党推举的候选人拉德夫胜出。公民党主席博里索夫表示对总统选举失利负责，辞去总理职务。2017年1月25日，拉德夫签署总统令，宣布1月27日解散第43届国民议会，任命看守政府。3月26日，保加利亚举行提前议会选举，公民党在大选中获胜。4月19日，第44届国民议会成立。5月4日，公民党与团结的爱国者联合组建新政府，公民党主席博里索夫再次出任总理。2019年10月，保加利亚举行地方选举，公民党在多数城市胜出，地方施政继续保持强势。

【宪法】现行宪法于1991年7月12日通过，并于次日公布后生效。宪法规定，保加利亚为议会共和制国家，总统象征国家团结并在对外交往中代表国家。

【议会】保加利亚议会称国民议会，议长称国民议会主席。根据宪法，国民议会行使立法权和监督权，并有对内政外交等重大问题作出决定的权力。实行一院制，共240个议席，议员按比例制通过直接选举产生，任期4年。

第44届国民议会240个议席分配情况为：争取欧洲进步公民党95席，以社会党为首的为了保加利亚联盟80席，团结的爱国者27席，争取权利与自由运动26席，意志党12席。议长茨维塔·卡拉扬切娃（Цвета КАРАЯНЧЕВА，女），2017年11月17日当选。

【政府】内阁称部长会议。2017年5月4日，保加利亚新一届政府成立。现内阁成员包括：1位总理、4位副总理（其中2人为副总理兼部长）、15位部长。总理博伊科·博里索夫（Бойко БОРИСОВ），副总理托米斯拉夫·冬切夫（Томислав ДОНЧЕВ），主管经济和人口政策事务副总理玛丽亚娜·尼科洛娃（Марияна НИКОЛОВА，女），主管国内秩序和安全事务副总理兼国防部长克拉西米尔·卡拉卡恰诺夫（Красимир КАРАКАЧАНОВ），主管司法改革事务副总理兼外交部长埃卡特里娜·扎哈里埃娃（Екатерина ЗАХАРИЕВА，女），财政部长弗拉迪斯拉夫·戈拉诺夫（Владислав ГОРАНОВ），内务部长姆拉登·马里诺夫（Младен МАРИНОВ），地区发展和公共事业部长佩蒂娅·阿弗拉莫娃（Петя АВРАМОВА，女），劳动和社会政策部长德尼察·萨切娃（Деница САЧЕВА，女），司法部长达纳伊尔·基里洛夫（Данаил КИРИЛОВ），教育和科学部长克拉西米尔·沃尔切夫（Красимир ВЪЛЧЕВ），卫生部长基里尔·阿纳尼埃夫（Кирил АНАНИЕВ），文化部长博伊尔·巴诺夫（Боил БАНОВ），环境和水利部长埃米尔·迪米特罗夫（Емил ДИМИТРОВ），农业、食品和林业部长德西斯拉娃·塔内娃（Десислава ТАНЕВА，女），交通、信息技术和通讯部长罗森·热利亚兹科夫（Росен ЖЕЛЯЗКОВ），经济部长埃米尔·卡拉尼科洛夫（Емил КАРАНИКОЛОВ），能源部长特梅努日卡·佩特科娃（Теменужка ПЕТКОВА，女），旅游部长尼科莉娜·安格尔科娃（Николина АНГЕЛКОВА，女），青年和体育部长克拉森·克拉列夫（Красен КРАЛЕВ）。

【主要网址】总统府：www.president.bg；议会：www.parliament.bg；政府：www.government.bg；外交部：www.mfa.bg。

【行政区划】共有28个大区和265个市。

【司法机构】设最高司法委员会、最高上诉法院、最高行政法院、总检察院、特别侦察局、最高律师委员会，各行政区、市设有法院与检察院。最高司法委员会代主席博扬·马格达林切夫（Боян МАГДАЛИНЧЕВ），2017年10月就职；最高上诉法院院长洛赞·帕诺夫（Лозан ПАНОВ），2015年2月就职；最高行政法院院长格奥尔基·乔拉科夫（Георги ЧОЛАКОВ），2017年11月就职；总检察长伊万·格舍夫（Иван ГЕШЕВ），2019年12月就职；特别侦察局局长阿塔纳斯·阿塔纳索夫（Атанас АТАНАСОВ），2018年7月就职。

【政党】保加利亚注册政党300多个，主要有：

（1）争取欧洲进步公民党（Граждани за европейско развитие на България–ГЕРБ，简称“公民党”）：2006年12月3日正式注册成立。奉行基督教民主主义原则，努力推行基督教教旨、家庭和民主价值观。希望建立自由、民主、团结、公正的社会，推动保加利亚更好地融入欧洲。2009年7月至2013年2月成为议会第一大党和执政党。2013年5月在议会选举中获得97个议席，系议会最大在野党。2014年10月，在第43届议会选举中获得84个议席，以32.67%得票率成为议会第一大党，并与改革者阵营共同组成联合政府。2017年3月，在第44届议会选举中获得95个议席，以32.6%得票率成为议会第一大党，并与团结的爱国者组成联合政府。党主席为博伊科·博里索夫。

（2）保加利亚社会党（Българска социалистическа партия–БСП）：前身是保加利亚社会民主工党，成立于1891年8月2日。1919年5月25日更名为共产党并加入第三国际。1944年后连续执政47年。1990年2月，保共14大决定走民主社会主义道路，并于同年4月更名为社会党。曾于1994—1997年、2005—2009年执政。党主席为科尔内利娅·妮诺娃（Корнелия НИНОВА，女）。

（3）争取权利与自由运动（Движение за права и свободи–ДПС）：1990年1月4日成立，是土耳其族人的政治组织。1990年4月26日注册为政党。主张民族平等，尊重所有人的权利与自由，通过制定正确的民族政策实现民族和解与团结。1997年4月，同其他小党联合组成救国联盟参加大选，成为议会第三大党。曾于2001—2005年与稳定与振兴国民运动（НДСВ）联合组阁，2005—2009年与社会党、稳定与振兴国民运动党联合组阁。党主席为穆斯塔法·卡拉达伊厄（Мустафа КАРАДАЙЪ）。

（4）团结的爱国者（Обединени патриоти）：2016年7月成立。由拯救保加利亚国民阵线（Национален фронт за спасение на България）、马其顿内部革命组织—保加利亚国民运动（ВМРО-Българско национално движение）和阿塔卡党（АТАКА）组成，民族主义政党联盟。联合党主席：瓦列里·西美奥诺夫（Валери СИМЕОНОВ）、克拉西米尔·卡拉卡恰诺夫（Красимир КАРАКАЧАНОВ）和沃伦·西德罗夫（Волен СИДЕРОВ）。2019年7月，阿塔卡党遭联盟另外两党驱逐，党主席西德罗夫及议员脱离团结的爱国者联盟。

（5）意志党（ВОЛЯ）：2007年7月15日成立。党主席为维塞林·马雷什基（Веселин МАРЕШКИ）。

【重要人物】鲁门·拉德夫：总统。1963年出生于哈斯科沃大区迪米特罗夫格勒市。中学毕业后报考航校，后在保加利亚空军服役。1992年、2002年先后赴美国麦斯维尔军校进修。2014年6月，出任保加利亚空军司令、少将。2016年8月宣布退役，参加总统选举。2016年11月当选总统，2017年1月22日宣誓就职，任期5年。　**茨维塔·卡拉扬切娃：**议长。1968年2月25日生于博利亚罗沃市，新保加利亚大学管理学毕业。历任第41、43届国民议会公民党议员团副主席，第42届国民议会公民党议员团秘书，第43届国民议会农业食品委员会副主席。2017年4月当选第44届国民议会副议长。2017年11月当选国民议会议长，系保加利亚历史上第二位女议长。　**博伊科·博里索夫：**总理。1959年生于班基亚市。毕业于保加利亚内务部高级专业学校消防技术与安全专业。历任内务部秘书长、索非亚市长。2006年创立中右翼的公民党并一直担任党主席。2009年7月至2013年3月、2014年11月至2017年1月担任政府总理。2017年5月再次就任总理。

经济

1989年东欧剧变前，90%国民收入依靠进出口贸易，外贸伙伴主要是经互会国家。1989年后，逐步向市场经济过渡，发展包括私有制在内的多种所有制经济，优先发展农业、轻工业、旅游和服务业。2004年底，大部分国有资产完成私有化。2001—2008年，经济年增长率保持在5%以上。2009年，经济受国际金融危机和欧洲主权债务危机冲击有所衰退。2010年起经济逐步企稳回升。2018年国内生产总值631亿美元、同比增长3.1%。2019年主要经济数据如下：

国内生产总值：681.6亿美元。

人均国内生产总值：9737美元。

国内生产总值增长率：3.4%。

货币名称：列弗（лев）；1列弗=100斯托丁卡（стотинки）。

汇率：1欧元≈1.95583列弗；1美元≈1.741列弗。

通货膨胀率：3.0%。

失业率：5.9%。

（资料来源：保加利亚国家统计局《2019年统计年鉴》、保加利亚国家银行官方网站，下同）

【资源】保加利亚是自然资源较贫乏的国家，在原料供应和能源方面很大程度上依赖进口。主要矿藏有煤、铅、锌、铜、铁、铀、锰、铬、矿盐和少量石油。森林面积412万公顷，占国土面积的34%。

【工业】主要工业部门有机械制造、电子、冶金、食品、轻纺、造纸、化工等。2018年工业产值392.6亿欧元。近年主要工业品产量如下：

	2016	2017	2018
铜矿石（万吨）	3015.8	3055.0	3125.8
铅、锌、锡矿石（万吨）	75.4	79.3	86.8
硅酸盐水泥（万吨）	196.9	210.7	230.8
洗发水（吨）	5711	5562	6206
香烟（百万根）	21087	19733	14242

【农业】农业是保加利亚优势产业。主要农产品有小麦、葵花籽、玉米、烟草等。玫瑰精油、葡萄酒、酸奶并称为“保加利亚三宝”。2018年农业产值37.5亿欧元。

【服务业】20世纪90年代以来，服务业保持快速发展，其中旅游业是保加利亚重要产业之一。2018年服务业产值约占国内生产总值的68.4%。全国有194760家服务类企业，占全国非金融企业总数的47.2%。

【旅游业】保加利亚旅游资源较丰富。2018年接待外国游客1236.8万人次，主要来自罗马尼亚、土耳其、希腊、德国、塞尔维亚、北马其顿、俄罗斯、波兰、英国。截至2018年底，保加利亚有旅馆3458家，床位33.5万张。著名景点有涅夫斯基大教堂、古罗马露天剧场、大特尔诺沃城堡、卡赞勒克玫瑰谷、里拉国家公园、内塞伯尔等。

【交通运输】以陆运为主。2018年货运量1.16亿吨，其中陆运1.14亿吨，水运219万吨，空运2.3万吨；客运量7.21亿人次，其中陆运4.43亿人次，水运11.4万人次，空运247万人次，城市电力交通2.75亿人次。

有4个主要机场：索非亚机场、普洛夫迪夫机场、布尔加斯机场和瓦尔纳机场。

有3个主要港口：瓦尔纳港、布尔加斯港和鲁塞港。

【财政金融】截至2019年底，保外债总额340.7亿欧元，占国内生产总值的56.2%。外汇储备248.4亿欧元。近年财政收支情况如下（单位：亿欧元）：

	2016	2017	2018
收入	173.0	203.5	202.7
支出	166.0	193.5	202.0
盈亏	7.0	10.0	0.7

【主要银行】国家央行：Bulgarian National Bank。私营银行主要有：UniCredit Bulbank，DSK Bank，United Bulgarian Bank，Post Bank，Raiffeisenbank（Bulgaria），Societe Generale Expressbank等。

【对外贸易】2019年保加利亚对外贸易总额631.6亿欧元、同比增长3.9%，其中保方出口额为298.6亿欧元、同比增长4.2%，进口额为333.0亿欧元、同比增长3.6%。近年外贸情况如下（单位：亿欧元）：

	2017	2018	2019
总　额	582.0	608.0	631.6
出口额	279.2	286.5	298.6
进口额	302.8	321.5	333.0

2019年主要进口机电产品、金属矿石、化工材料、燃料、食品，主要出口机械及运输装备、工业制成品、食品、化工产品。主要进口来源国有：德国、俄罗斯、意大利、罗马尼亚、土耳其、西班牙；主要出口目的地国有：德国、意大利、罗马尼亚、土耳其、希腊、法国。

【外国资本】1991年5月17日颁布实施外国投资法，1992年修订后重新公布。允许外商在保加利亚合资或独资经营，军事等特定部门和领域除外。外企利润率为40%，如外资股超过49%和价值10万美元以上者，可按30%的优惠率计征。外国投资者可以将投资所得的外汇利润、利息、红利和其他外汇收入汇出保境。1996年4月，保加利亚宣布吸引外资新举措：对私有股份超过66%的外资和合资企业，在税收方面给予为期5年的优惠，利润税头3年免征，后2年减免50%，条件是这些企业必须将利润的50%进行再投资；

向外资开放部分能源、原材料等重点企业和30%的电信业。2018年，外国对保加利亚直接投资17.4亿欧元，同比减少24.6%。

人民生活

2018年，职工平均月工资580.3欧元。2018年人均消费：肉及肉制品47.9公斤，蛋146个，鲜奶16.8升，酸奶29.3公斤，水果49.5公斤，蔬菜70.7公斤。

军　事

保加利亚军队建立于1944年9月。1990年1月26日国务委员会决定禁止在军队开展党派活动。同年9月成立总统安全委员会，主席由总统担任。安全委员会负责制定与武装力量有关的对内对外政策，战时制定反对外来侵略的方针政策。1991年11月8日，国防部长改由文职官员担任。目前保加利亚总兵力约3万人，2020年国防预算9.92亿欧元。

文化教育

【教育】全国普及12年制义务教育，小学、初中、高中均为4年。2018/2019学年有各类教学单位4699所，在校生1186933人，教师106244人。中小学校1964所，中等专业技术学校及职业技术培训中心847所，高等学校54所。著名高等学府有索非亚大学、普洛夫迪夫大学、大特尔诺沃大学、新保加利亚大学、国民和世界经济大学等。

【文化】受斯拉夫文化影响显著，历史上曾融入拜占庭、奥斯曼土耳其等文化元素。19世纪的保加利亚作家伐佐夫、波特夫在世界文学史上占有一席之地。霍罗舞是保加利亚有代表性的民族舞蹈。2018年，全国有75家剧院，69家电影院，174家博物馆，47家图书馆。

【新闻出版】主要报刊有：《劳动报》，1946年创刊；《24小时报》，1991年4月18日创刊；《言论报》，前身为《工人事业报》，1927年3月5日创刊，1990年4月4日改名；《监视器报》，1998年创刊；《现在报》，1997年10月21日创刊；《标准报》，1992年8月10日创刊；《日志报》，2001年2月12日创刊。

主要通讯社：保加利亚通讯社，国家通讯社，成立于1898年。同世界上许多国家通讯社有合作关系和业务联系，其领导人由议会任免。索非亚新闻社，成立于1967年，国家资助，民间经营，主要负责对外宣传和报道。

保加利亚国家广播电台：国家广播电台，成立于1929年，业务受议会监督，其领导人由议会任免。1958年后开始全天播音。现有2套全国性节目。对外用10种语言广播。

保加利亚电视台：国家电视台，业务受议会监督，其领导人由议会任免。1958年建成，1959年正式开播。现有3套节目。

对外关系

保加利亚于2004年3月29日加入北约，2007年1月1日加入欧盟。保加利亚政府在优先发展与欧美关系的同时，积极参与地区合作，注重睦邻友好，开展多元外交，致力于加入申根区。

【同中国的关系】中国与保加利亚于1949年10月4日建交，保加利亚是世界上第二个同中华人民共和国建交的国家。2014年1月，两国建立全面友好合作伙伴关系。2019年7月，两国建立战略伙伴关系。

两国高层交往密切。2009年10月，习近平主席（时任国家副主席）访保。2014年1月，保总统普列夫内利埃夫对华进行国事访问，双方发表《中华人民共和国和保加利亚共和国建立全面友好合作伙伴关系的联合公报》。2015年11月，保总理博里索夫来华出席第四次中国—中东欧国家领导人会晤，习近平主席集体会见，李克强总理同其举行双边会见。2015年10月，王毅外长访保。2016年6月，保议长察切娃访华。2016—2019年，李克强总理在出席历届中国—中东欧国家领导人会晤期间同保总理博里索夫举行双边会见。2018年5月，王毅国务委员兼外长在布宜诺斯艾利斯出席二十国集团外长会期间会见保副总理兼外长扎哈里埃娃。7月，李克强总理对保进行正式访问并出席在索非亚举办的第七次中国—中东欧国家领导人会晤。10月，全国人大常委会副委员长曹建明赴保出席第四次中国—中东欧国家地方领导人会议。2019年4月，全国政协副主席张庆黎访保。7月，保总统拉德夫结合出席第十三届夏季达沃斯论坛对华进行国事访问，双方发表《中华人民共和国和保加利亚共和国关于建立战略伙伴关系的联合声明》。同月，中共中央政治局委员、天津市委书记李鸿忠访保。10月，两国领导人互致贺电庆祝中保建交70周年。11月，保副总理尼科洛娃来华出席第二届中国国际进口博览会。

两国经贸合作稳步提升。2019年中保双边贸易额27.2亿美元，同比增长5.1%，其中中方出口额为15.6亿美元，同比增长7.9%，进口额为11.6亿美元，同比增长1.5%。

中国驻保加利亚大使：董晓军。馆址：58 JAMES BOURCHIER BLVD，SOFIA 1407，REPUBLIC OF BULGARIA。电话：00359-2-9733873，9733947（领事部）；9710238（商务处）；传真：9711081。网址：www.chinaembassy.bg。电子邮箱：chnemb_bg@live.cn。

保加利亚驻华大使：格里戈尔·波罗扎诺夫（Григор ПОРОЖАНОВ）。馆址：北京市朝阳区建国门外秀水北街4号。电话：010-65321946，65321916；传　真：65324502。　网　址：www.mfa.bg/embassies/china。电子邮箱：Embassy.Beijing@mfa.bg。

【同美国的关系】1903年建交。1941—1947年两国外交关系经历了不同阶段。1950年断交，1959年复交，1966年外交关系由公使级提升为大使级。双边关系曾长期紧张，1989年后逐步改善并恢复正常。2018

年9月，保总理博里索夫在纽约参加联合国大会第73届会议期间会见美国务卿蓬佩奥。11月，保副总理兼外长扎哈里埃娃访美。2019年2月，保总理出席慕尼黑安全会议期间会见美副总统彭斯。7月，保议会批准军购合同，斥资12.56亿美元购买8架美国产F-16战斗机。9月，保总统拉德夫出席第74届联合国大会并对美进行工作访问。10月，保总理博里索夫同美国务卿蓬佩奥通电话。11月，保总理博里索夫对美进行正式访问，双方发表《保美在战略伙伴关系框架下的联合声明》和《保美两国领导人联合声明》。12月，保总统拉德夫在出席北约伦敦峰会期间同美总统特朗普举行双边会见。

【同俄罗斯的关系】1879年建交。两国在文化和历史层面关系密切，俄是保最大能源供应国。2018年5月，保总统拉德夫、总理博里索夫先后访俄。10月，保总理博里索夫在布鲁塞尔出席第十二届亚欧首脑会议期间会见俄总理梅德韦杰夫。2019年1月，保总理博里索夫同俄总统普京通电话。3月，俄总理梅德韦杰夫对保进行正式访问。6月，保总统拉德夫赴俄出席第二十三届圣彼得堡国际经济论坛。8月，保总理博里索夫赴土库曼斯坦出席首届里海经济论坛期间同俄总理梅德韦杰夫举行双边会见。

【同欧洲国家的关系】睦邻周边，积极推动西巴尔干国家入盟。2018年，爱尔兰总理瓦拉德卡、德国总理默克尔、克罗地亚总统基塔罗维奇、塞尔维亚总统武契奇、奥地利总统范德贝伦、波兰总统杜达先后访保。保总统拉德夫先后访问比利时、北马其顿、塞尔维亚、斯洛伐克、罗马尼亚。保总理博里索夫先后访问列支敦士登、北马其顿、斯洛文尼亚、意大利、梵蒂冈、克罗地亚、乌克兰、芬兰。2019年1月，保总统拉德夫对葡萄牙进行国事访问。2月，保总统拉德夫访问瑞士，保总理博里索夫访问塞尔维亚。北马其顿总理扎埃夫访保。3月，保总统拉德夫访问斯洛文尼亚。保加利亚、希腊、罗马尼亚、塞尔维亚四国首脑会晤在罗马尼亚布加勒斯特举行。4月，德国总统施泰因迈尔访保。5月，保总理博里索夫同希腊总理齐普拉斯共同出席两国天然气管道启建仪式。6月，保总统拉德夫访问匈牙利。7月，保总统拉德夫对克罗地亚进行国事访问。8月，保总理博里索夫访问北马其顿。10月，保总统拉德夫对奥地利进行国事访问。11月，保总理博里索夫赴保加利亚—塞尔维亚边境出席两国高速公路通车仪式，同月对克罗地亚进行正式访问。

【同其他国家的关系】强调务实合作和对外关系多元化，重视加强同中东、亚洲等国家合作。2018年1月，保总理博里索夫访问土耳其。2月，保总统拉德夫访问亚美尼亚。同月，佛得角总理席尔瓦访保。3月，保总统拉德夫访问以色列、巴勒斯坦。6月，保总理博里索夫访问土耳其、以色列、巴勒斯坦。9月，印度总统科温德访保。同月，保总理博里索夫在纽约出席联合国大会第73届会议期间分别会见土耳其总统埃尔多安、格鲁吉亚总理巴赫塔泽、越南总理阮轩福、柬埔寨王国首相洪森。10月，保总理博里索夫访问土耳其、阿联酋、埃及。11月，保总理博里索夫访问摩洛哥。12月，保总统拉德夫访问约旦。2019年3月，保总统拉德夫访问埃及。4月，保总统拉德夫访问黎巴嫩和卡塔尔。7月，保总理博里索夫赴波黑出席东南欧合作进程成员国国家元首及政府首脑会议期间会见土耳其总统埃尔多安。9月，保总理博里索夫对韩国进行正式访问。10月，保总统拉德夫访问日本并出席日本新天皇即位庆典，保总理博里索夫访问阿联酋和约旦。同月，柬埔寨首相洪森对保进行正式访问。

【同国际及地区组织的关系】2018年上半年保担任欧盟轮值主席国。2018年1月，保总理博里索夫会见欧洲理事会主席图斯克、欧盟委员会主席容克、欧洲议会主席塔贾尼。同月，保总理博里索夫赴瑞士达沃斯参加2018世界经济论坛年会。3月，欧盟—土耳其峰会在保举行。4月，保总理博里索夫同经济合作与发展组织秘书长古里亚讨论保加入经合组织的问题。5月，欧盟—西巴尔干峰会在保举行。6月，保总理博里索夫赴比利时出席欧盟峰会，同与会各国总理讨论移民、难民政策及欧盟改革问题。同月，保总理博里索夫赴法国出席欧洲议会全体会议。9月，保总统拉德夫赴拉脱维亚出席第14次阿拉约卢什集团元首会议。同月，国际奥委会主席巴赫访保。10月，保总理博里索夫赴比利时参加第12届亚欧首脑会议。12月，保总理博里索夫赴奥地利出席欧盟—非洲高级别论坛。同月，保总理博里索夫赴布鲁塞尔出席欧洲理事会例会。2019年2月，保总理博里索夫赴德国出席慕尼黑安全会议。3月，北约秘书长斯托尔滕贝格访保。5月，联合国教科文组织总干事阿祖莱访保。6月，保总统拉德夫赴斯洛文尼亚出席"三海"倡议第四次首脑峰会，赴日内瓦出席第41届人权理事会。同月，保总理博里索夫同联合国秘书长古特雷斯通电话。7月，保总理博里索夫赴波兰出席欧盟—西巴尔干峰会，赴波黑出席东南欧合作进程成员国国家元首及政府首脑会议。8月，保总理博里索夫赴土库曼斯坦出席首届里海经济论坛。同月，欧盟委员会主席冯德莱恩访保。10月，保总统拉德夫赴雅典出席阿拉努斯集团国家元首峰会，保总理博里索夫赴布鲁塞尔出席欧洲理事会例会。11月，保总理博里索夫先后赴布拉格出席团结之友小组首脑会议，赴日内瓦出席西巴尔干领导人战略对话会，赴希腊出席第四届塞萨洛尼基峰会，同北约秘书长斯托尔滕贝格通电话。12月，保总统拉德夫赴英国出席北约伦敦峰会，保总理博里索夫赴马德里出席第25届联合国气候变化大会。

（马其）

北马其顿

国名　北马其顿共和国（The Republic of North Macedonia，Republika Severna Makedonija）。

面积　2.5713万平方公里。

人口　207.7万（2019年）。主要民族为马其顿族（64.18%），阿尔巴尼亚族（25.17%），土耳其族（3.85%），罗姆族（2.66%）和塞尔维亚族（1.78%）。官方语言为马其顿语；北马其顿修改并通过《语言使用法》后，阿尔巴尼亚语使用范围逐步扩大。居民多信奉东正教，少数信奉伊斯兰教。

首都　斯科普里（Skopje），人口63万。2019年最高气温31.5℃，最低气温-3.8℃，平均气温14.0℃，年降水量618.0毫米。

国家元首　总统斯特沃·彭达罗夫斯基（Stevo PENDAROVSKI），2019年5月当选，任期5年。

重要节日　国庆节：9月8日。

简　况

位于欧洲巴尔干半岛中部。西邻阿尔巴尼亚，南接希腊，东接保加利亚，北部与塞尔维亚接壤。气候以温带大陆性气候为主。

7世纪，斯拉夫人迁居马其顿地区。10世纪下半叶至11世纪初，塞缪尔始建第一个斯拉夫人的国家。此后，该地区长期处于拜占庭和奥斯曼帝国统治之下。1912年第一次巴尔干战争结束后，塞尔维亚、保加利亚、希腊军队占领马其顿地区。经过1913年第二次巴尔干战争，塞尔维亚、保加利亚和希腊重新瓜分马其顿地区。地理上属于塞尔维亚的部分称瓦尔达尔马其顿，属于保加利亚的部分称皮林马其顿，属于希腊的部分称爱琴马其顿。第一次世界大战后，瓦尔达尔马其顿作为塞尔维亚的一部分并入塞尔维亚人—克罗地亚人—斯洛文尼亚人王国（1929年改称南斯拉夫王国）。第二次世界大战后，南斯拉夫联邦人民共和国成立（1963年改称南斯拉夫社会主义联邦共和国）。1991年11月20日，北马其顿宣布独立，定宪法国名为“马其顿共和国”。因希腊反对北马其顿使用宪法国名“马其顿共和国”，1993年4月7日，北马其顿以“前南斯拉夫马其顿共和国”的临时国名加入联合国。

政　治

2016年12月11日，北马其顿举行提前议会大选，获胜的内部革命组织民族统一民主党未能组阁。2017年4月27日，塔拉特·贾菲里（Talat XHAFERI）当选议长。5月31日，议会批准社会民主联盟主席佐兰·扎埃夫（Zoran ZAEV）提交的内阁名单，扎埃夫任总理。2018年6月12日，北马其顿、希腊两国总理宣布就国名问题达成协议，同意北马其顿国名更改为“北马其顿共和国”，并于当月17日签署正式协议。2019年2月12日，政府发布消息，宣布和希腊政府就解决国名争端签署的相关协议以及本国宪法有关修正案即日起生效，“马其顿”正式更名为“北马其顿”。

【宪法】1991年11月17日，北马其顿通过新宪法，规定北马其顿是一个主权、独立、民主和福利的国家，总统以无记名投票方式通过普选产生，任期5年，最多不得超过两任。1992年1月，北马其顿议会修宪，声明北马其顿对邻国没有领土要求。2001年11月，北马其顿议会修宪，扩大阿尔巴尼亚族自治权。2019年1月，北马其顿议会修宪，将国名“马其顿共和国”更改为“北马其顿共和国”。

【议会】国家最高立法机关。议员通过直选产生，任期4年。本届议会于2016年12月选举产生，设120个议席。马其顿内部革命组织竞选联盟获51席，社会民主联盟竞选联盟获49席，阿尔巴尼亚族融合民主联盟获10席，“贝萨”运动获5席，阿尔巴尼亚族人联盟获3席，阿尔巴尼亚族民主党获2席。议长塔拉特·贾菲里，2017年4月27日当选。

【政府】国家权力执行机构。本届政府成立于2017年5月31日，总理佐兰·扎埃夫。2019年10月19日，扎埃夫表示，欧盟拒绝与北马其顿启动入盟谈判，北马其顿遭受了不公正对待，建议北马其顿提前举行议会选举。2020年1月3日，扎埃夫辞去总理职务，北马其顿议会投票一致批准成立临时政府，前内务部长奥利韦尔·斯帕索夫斯基（Oliver SPASOVSKI）担任临时政府总理。政府成员有：副总理兼国防部长拉德米拉·谢凯琳斯卡（Radmila SHEKERINSKA，女），主管经济的副总理米拉·察罗夫斯卡（Mila CAROVSKA，女），主管欧洲事务的副总理布亚尔·奥斯马尼（Bujar OSMANI，阿族），主管政治体制和民族间关系的副总理萨杜拉·杜拉基（Sadula DURAKI，阿族），外交部长尼科拉·迪米特罗夫（Nikola DIMITROV），内务部长纳科·舒莱夫（Nake CHULEV），财政部长妮娜·安吉洛夫斯卡（Nina ANGELOVSKA，女），卫生部长文科·菲利普切（Venko FILIPCHE），司法部长雷纳塔·戴斯科夫斯卡（Renata DESKOVSKA，女），交通与基础设施部长戈兰·苏加雷夫斯基（Goran SUGAREVSKI），经济部长克雷什尼克·贝克特希（Kreshnik BEKTESHI，阿族），农业、林业和水利部长特拉扬·迪姆科夫斯基（Trajan DIMIKOVSKI），信息社会与公共管理部长达米扬·曼切夫斯基（Damjan MANCEVSKI），教育与科学部长阿尔贝尔·阿戴米（Arber ADEMI，阿族），地方自治部长戈兰·米莱夫斯基（Goran MILEVSKI），文化部长胡斯尼·伊斯梅利（Husni ISMAILI，阿族），负责通信、政府问责及提升透明度的不管部长罗贝尔特·波波夫斯基（Robert POPOVSKI），负责侨务的不管部长艾德蒙特·阿戴米（Edmond ADEMI，阿族），负责落实改善罗姆人处境方案的不管部长穆扎非尔·拜拉姆（Muzafer BAJRAM），负责外国投资事务的不管部长佐丽察·阿波斯托洛夫斯卡（Zorica APOSTOLOVSKA，女）、巴尔杜尔·达乌蒂（Bardul DAUTI，阿族）、埃尔文·哈桑（Elvin HASAN，阿族），以及负责改善国内企业投资环境相关法规的希森·热梅利（Hysen XHEMAILI，阿族）。

【主要网址】总统府：www.president.gov.mk；政府：www.vlada.mk；议会：www.sobranie.mk；外交部：www.mfa.gov.mk。

【行政区划】2004年8月，北马其顿议会通过《新行政区划法》，设立80个地方行政单位。

【司法机构】设宪法法院、普通法院和检察院。普通法院分初级（区法院）、中级（地区法院）和最高法院3级。宪法法院院长萨利·穆拉提（Sali MURATI），2019年就任。最高法院代理院长法伊克·阿尔斯拉尼（Faik ARSLANI），2019年就任。检察长留普乔·约韦斯基（Ljupco JOVESKI），2017年就任。另外还设有经济法院和军事法院。

【政党】共有约80个政党。主要政党为：

（1）马其顿社会民主联盟（The Social Democratic Union of Macedonia）：执政党。前身为马其顿共产主义者联盟，1989年改称马其顿共盟—民主改革党，1993年改为现名。党员约6万人。对内主张建立民主的北马其顿国家和遵循市场经济规律的新经济体制，对外执行和平外交政策，致力于加入欧盟和北约，同邻国发展等距离的睦邻友好关系。主席佐兰·扎埃夫。

（2）马其顿内部革命组织民族统一民主党（Internal Macedonian Revolutionary Organization Democratic Party for Macedonian National Unity）：在野党。1990年6月成立。约有党员11万人。主张维护北马其顿国家独立、主权和领土完整，保障少数民族权利，反对国家分裂，通过实行市场经济将北马其顿建成富裕的国家，同邻国发展睦邻友好关系，争取加入欧盟和北约。主席赫里斯蒂扬·米茨科斯基（Hristijan MICKOSKI）。

（3）阿族融合民主联盟（Democratic Union for Integration）：联合执政党。2002年6月成立。主张北马其顿所有公民一律平等，保证阿族人参加政治生活，以彻底改变北马其顿的阿尔巴尼亚族人地位。主席阿里·阿赫麦提（Ali AHMETI）。

（4）阿族人联盟（Alliance for Albanians）：在野党。主张全面落实《奥赫里德框架协议》，保证阿尔巴尼亚族与马其顿族拥有平等权利。主席齐阿丁·塞拉（Ziadin SELA）。

（5）"贝萨"运动（Besa Movement）：在野党。2014年11月建立。主张提升阿尔巴尼亚族权利，与马其顿族实现政治、经济、教育等各领域地位平等，消除民族歧视。主席比拉尔·卡萨米（Bilal KASAMI）。

（6）阿族民主党（Democratic Party of Albanians）：在野党。1994年2月成立。主张遵循欧洲标准，实现公民和多种族间的高度民主平等，法律面前人人平等。主席曼杜赫·塔奇（Manduh THACI）。

【重要人物】斯特沃·彭达罗夫斯基：总统。1963年生。毕业于斯科普里圣基里尔与麦托迪大学法学院，在政治、法律和社会学研究院获得博士学位，无党派人士。曾任内务部部长助理、国家安全顾问兼外交政策首席顾问、国家选举委员会主席。2014年3月参加总统选举落选。2016年当选议员。2017—2019年任北马其顿政府北约事务国家协调员。2019年5月当选总统。已婚，有一子。 **塔拉特·贾菲里**：议长。1962年生，阿尔巴尼亚族。毕业于斯科普里大学法律系。阿族融合民主联盟成员。曾任议员、国防部副部长、北马其顿人民军军官。2017年4月当选议长。 **奥利韦尔·斯帕索夫斯基**：总理。1976年生。毕业于斯科普里圣基里尔与麦托迪大学法学院。2015年11月起担任北马其顿内务部长。2017年、2019年两度当选社民盟副主席。自2020年1月3日任北马临时政府总理。已婚，有两个孩子。

经　济

独立后，北马其顿经济深受前南危机影响，后又因国内安全形势恶化再遭重创。近年来，随着国内外环境的改善和各项改革措施的推进，北马其顿经济有所恢复和发展。2019年北马其顿国内生产总值增长率为3.6%。2019年主要经济数据如下：

国内生产总值：126.9亿美元。

人均国内生产总值：6112美元。

国内生产总值增长率：3.6%。

货币名称：代纳尔（Denar）。

汇率：1美元≈54.95代纳尔；1欧元≈60代纳尔。

通货膨胀率：1.5%。

失业率：17.3%。

（资料来源：北马其顿财政部、国家统计局，下同）

【资源】矿产资源比较丰富，有煤、铁、铅、锌、铜、镍等，其中煤的蕴藏量约9.4亿吨。还有非金属矿产碳、斑脱土、耐火黏土、石膏、石英、蛋白石、长石等。森林覆盖率为38.9%。

【工业】2019年工业产值约占国内生产总值的21.22%。主要工业部门有矿石开采、冶金、化工、电力、木材加工、食品加工等。

【农业】2019年农业产值约占国内生产总值的

10.05%。农业用地面积为126.4万公顷，其中耕种面积为51.9万公顷，畜牧面积74.4万公顷。

近年主要农产品产量如下（单位：吨）：

	2016	2017	2018
小麦	306433	200112	241106
玉米	143823	120156	187676
烟草	25443	22885	25547

牲畜存栏数如下（单位：头/只）：

	2016	2017	2018
牛	254768	255036	256181
绵羊	723295	724555	726990
猪	202758	202197	195538
家禽	1865769	1840173	1828287

【旅游业】有1000余处教堂和修道院，4200余处考古遗址。主要旅游设施有旅店、浴场、家庭旅馆、汽车宿营地等。主要旅游区是奥赫里德湖、斯特鲁加、多伊兰湖、莱森、马弗洛沃山和普雷斯帕湖等地。2019年，旅游直接从业人员2万人，带动就业10万人。2019年游客总人次1 184 963，其中国内游客427 370人次，国外游客757 593人次。

【交通运输】客运以公路为主，货运以公路（约97%）和铁路（约3%）为主。

铁路：2018年铁路总长907公里。2019年铁路客运量54.9万人次，货运量184.0万吨。

公路：2018年公路总长14559公里。2019年客运量647.1万人次，货运量6939.5万吨。

空运：主要机场是斯科普里机场和奥赫里德机场。2019年航空客运量266.7万人次。

【财政金融】近年财政收支情况如下（单位：百万代纳尔）：

	2017	2018	2019
收入	179673	188483	203911
支出	196561	200083	217542
赤字	16888	11500	13631

截至2019年底，外汇储备32.6亿欧元。2018年外债84亿美元。

主要银行：商业银行，成立于1955年。

【对外贸易】2019年北马其顿对外贸易总额166.58亿美元、同比增长4.4%。其中出口额为71.88亿美元、同比增长4.0%；进口额为94.70亿美元、同比增长4.6%。

主要贸易伙伴为德国、英国、希腊、塞尔维亚、意大利、保加利亚、中国等。主要进口产品为未锻造或粉末状铂金及铂金合金、石油及沥青。主要出口产品为含贵金属及其化合物的催化剂、点火接线组等。近几年进出口情况如下（单位：亿美元）：

	2017	2018	2019
出口额	56.71	69.1	71.88
进口额	77.20	90.5	94.70
差　额	–20.49	–21.4	–22.82

【外国资本】2018年外国直接投资存量53.07亿美元。2018年外国直接投资7.25亿美元，2019年外国直接投资3.62亿美元。

人民生活

63.5%家庭拥有汽车，97.7%家庭拥有电视机，68.4%家庭拥有上网电脑。每百人中拥有18部电话机，106部手机。2019年12月，税后平均工资26836代纳尔，约合488美元。

军　事

1992年3月28日，北马其顿创建军队。总统为武装力量最高统帅。国防政策以维护国家的独立主权和领土完整为主要任务，积极要求加入北约。实行职业军人兵役制，职业军人每3年签一次合同。现役军人8133名（满编）。2019年国防预算总额1.35亿欧元。现任总参谋长瓦斯科·古尔齐诺夫斯基（Vasko GJURCINOVSKI）少将。

文化教育

【教育】普及九年制义务教育。2019年，教育经费占财政开支的11%，约占GDP3.7%。2017/2018学年度共有初级学校（小学和初中）在校学生193689人，中等学校（高中、职业学校）在校学生71944人，高等学校在校学生56941人。主要高校有：斯科普里大学、比托拉大学、泰托沃大学等，教职工2961人。

【新闻出版】2019年出版报20种，总发行量947.7万份。主要报纸有:《新马其顿报》《日报》《晚报》《信使报》等。刊物7种，总发行量为72万册。主要刊物有:《论坛》《东方》《马其顿太阳》《马其顿体育》等。通讯社：国家新闻社（MIA），另有马其顿新闻社（MAKPRESS）和马其顿新闻中心（MIC）。

电视台：全国有公共电视台52家，其中中央台13家，地方电视台39家。中央台用马其顿语、阿尔巴尼亚语等7种语言播放。

广播电台：共有61个广播电台，其中国家广播电台3个，地方广播电台58个。国家广播电台用马其顿语、阿尔巴尼亚语、土耳其语、吉卜赛语、弗拉西语、塞尔维亚语、保加利亚语和希腊语广播。

对外关系

对外政策的主要目标是维护国家的独立、主权和领土完整；致力于加入欧盟和北约；优先发展同大国和邻国的关系。截至2019年12月，北马其顿已同172个国家建立外交关系。

【同中国的关系】1993年10月12日，中国同北马其顿建交。1999年1月27日，北马其顿外长迪米特罗夫在台北同台“外长”胡志强签署“建交公报”；2月

8日，北马其顿政府正式批准“建交公报”；2月9日，中方宣布同北马其顿中止外交关系。2001年6月18日，北马其顿正式同台湾地区断绝“外交关系”，中国外长唐家璇和北马其顿外长米特雷娃在北京签署《两国关系正常化的联合公报》，中国同北马其顿关系恢复正常。

近年来，双边关系发展顺利。2015年5月，习近平主席赴俄罗斯出席卫国战争胜利70周年庆典期间同北马其顿总统伊万诺夫寒暄。11月，北马其顿总理格鲁埃夫斯基来华出席第四次中国—中东欧国家领导人会晤，李克强总理同其会见。12月，北马其顿国防部长约莱夫斯基访华。2016年11月，李克强总理在出席第五次中国—中东欧国家领导人会晤期间会见北马其顿总理迪米特里埃夫。2017年5月，人力资源和社会保障部傅兴国副部长访北马其顿，并与北马其顿劳动与社会政策部签署合作备忘录。10月，外交部副部长王超访北马其顿，同北马其顿外交部国务秘书迪莫夫斯基举行两国外交部政治磋商。11月，李克强总理在出席第六次中国—中东欧国家领导人会晤期间会见北马其顿总理扎埃夫。2018年7月，李克强总理在出席第七次中国—中东欧国家领导人会晤期间会见北马其顿总理扎埃夫。同月，全国政协副主席张庆黎应邀访问北马其顿，分别会见北马其顿总统伊万诺夫和第一副总理兼国防部长谢凯琳斯卡，并与北马其顿议长贾菲里会谈。2019年6月，北马其顿议长贾菲里访华。2019年11月，国家副主席王岐山在出席第二届巴黎和平论坛期间会见北马其顿总统彭达罗夫斯基。

2019年中国同北马其顿贸易额2.82亿美元、同比增长83.0%，其中中方出口额为1.34亿美元、同比增长26.4%。进口额为1.48亿美元、同比减少206.8%。

中国驻北马其顿大使：张佐。馆址：Street Lermontova, No.2, 1000, SKOPJE, NORTH MACEDONIA。电话：00389–2–3110390；传真：3107016。

北马其顿驻华使馆临时代办：佐丽察·塔什科夫斯卡。馆址：北京市朝阳区三里屯外交公寓办公楼1–32。电话：010–65327846。传真：65327847。电子邮箱：beijing@mfa.gov.mk。

【同美国的关系】1994年2月，美正式承认北马其顿。1995年9月，美国同北马其顿建交。2018年5月，北马其顿副总理兼国防部长谢凯琳斯卡访美。8月，北马其顿外长迪米特罗夫访美。9月，美国国防部长马蒂斯访问北马其顿。12月，美国驻那不勒斯北约联合部队司令福戈上将访问北马其顿。同月，美国国务院常务副国务卿约翰·苏利文访问北马其顿。2019年2月，北马其顿外长迪米特罗夫访美。

【同俄罗斯的关系】1994年1月，俄罗斯同北马其顿建交。1998年1月，北马其顿总统格利戈罗夫访俄，双方签署友好合作声明。2016年9月，俄向北马其顿提供40吨人道主义物资援助，用于北马其顿暴雨灾后重建和提高危机应对能力。2017年5月，北马其顿总统伊万诺夫访俄。

【同欧盟及欧洲国家的关系】加入欧盟是北马其顿对外政策的战略目标。1996年1月，北马其顿同欧盟建立外交关系。2000年4月，北马其顿同欧盟签署《稳定和联系公约》。2004年3月，北马其顿正式向欧盟递交入盟申请。2005年12月，欧盟首脑会议决定给予北马其顿欧盟候选国地位。2018年4月，欧洲理事会主席图斯克访问北马其顿并出席在斯科普里举行的布尔多—布里俄尼进程峰会（Brdo-Brioni）。5月，北马其顿总理扎埃夫出席在保加利亚举行的欧盟—西巴尔干国家峰会。7月，北马其顿—欧盟稳定与联系委员会在布鲁塞尔举行第14次年度会议。同月，欧盟扩大谈判与睦邻事务专员哈恩访问北马其顿，宣布与北马其顿启动入盟谈判前的审核程序。2019年1月，北马其顿外长迪米特罗夫赴布加勒斯特参加欧盟外长非正式会议。3月，捷克外长佩特日切克访问北马其顿。6月，北马其顿议长贾菲里应邀访问瑞士。10月，欧洲理事会会议未就与北马其顿、阿尔巴尼亚启动入盟谈判达成共识。

【同北约的关系】1998年5月，北马其顿加入北约“和平伙伴关系计划”。2018年1月，北约秘书长斯托尔滕贝格访问北马其顿。7月，北约布鲁塞尔峰会通过决议，邀请北马其顿加入北约。2019年2月，北约成员国代表在布鲁塞尔签署接纳北马其顿共和国加入北约议定书。3月，北马其顿国防部长谢凯琳斯卡赴地拉那参加阿尔巴尼亚加入北约十周年庆祝活动。4月，北马其顿外长迪米特罗夫参加北约成员国外长会及北约成立70周年庆祝活动。12月，北马其顿总理扎埃夫出席北约伦敦峰会暨北约成立七十周年大会。2020年3月27日，北马其顿驻美国使馆临时代办佩特科夫斯卡向美国国务院负责欧洲和欧亚事务的代理助理国务卿里克缴存加入北约批准书，完成了加入北约的全部程序。30日，布鲁塞尔北约总部和美国弗吉尼亚州诺福克北约盟军司令部分别举行升北马其顿国旗仪式，北马其顿正式成为北约第30个成员国。

【同周边国家的关系】北马其顿主张在相互尊重主权、领土完整、互不干涉内政的原则基础上，同邻国保持平等的睦邻友好关系。

同希腊的关系：北马其顿独立后，希腊认为马其顿地理概念广泛，其范围包括希腊的北部地区，坚决反对将“马其顿”或“马其顿”的派生词作为北马其顿国名。1995年9月13日，在联合国秘书长特使万斯的主持下，北马其顿、希腊双方在联合国签署两国关系正常化的《临时协议》，但双方未就北马其顿国名问题的谈判取得实质性进展。2017年12月，北马其顿、希腊双方代表与联合国国名问题特使尼米兹开会讨论国名问题解决方案。2018年6月，在北马其顿总理扎埃夫与希腊总理齐普拉斯见证下，北马其顿外长迪米特罗夫与希腊外长科恰斯在普雷斯帕湖希腊一侧签署最终解决国名问题的普雷斯帕协议。2018年10月，北马其顿举行国名问题全民公投。2019年1月，希腊议会批准国名问题的普雷斯帕协议。2月，北马其顿、希腊联合致函联合国秘书长，通报双方国名问题的协议生效。4月，希腊总理齐普拉斯访问北马其顿。5月，北马其顿外交部与希腊外交部互换照会，将两国设在对方首都的联络办公室升级为大使馆，北马其顿设在萨塞洛尼基和希腊设在比托拉的领事和经商办公室升级为总领事馆。

同保加利亚的关系：1992年1月15日，北马其顿同保加利亚建交，但保不承认马其顿民族和马其顿语。2018年6月，北马其顿总统伊万诺夫访保。8月，北马其顿总理扎埃夫与保加利亚总理博里索夫在保加利亚的布拉戈耶夫格勒共同庆祝伊林顿起义115周年。2019年2月，北马其顿总理扎埃夫访保。8月，保加利亚总理博里索夫访问北马其顿。

同阿尔巴尼亚的关系：1993年4月26日，阿承认北马其顿。12月24日，北马其顿同阿尔巴尼亚建交。2018年9月，阿尔巴尼亚外长布沙蒂访问北马其顿。11月，阿尔巴尼亚总统梅塔访问北马其顿。2019年10月，北马其顿总统彭达罗夫斯基访阿。

同塞尔维亚的关系：1996年4月8日建交。2018年5月，北马其顿议长贾菲里访塞。9月，北马其顿总理扎埃夫和塞尔维亚总统武契奇在北马其顿、塞尔维亚边境举行会见。2019年11月，北马其顿总统彭达罗夫斯基访塞。

同黑山的关系：2017年7月，北马其顿议长贾菲里访问黑山。11月，黑山外长达莫诺维奇访问北马其顿。2018年11月，黑山外长达尔曼诺维奇访问北马其顿。

同斯洛文尼亚的关系：2018年10月，斯副总理兼外长采拉尔访问北马其顿。2019年1月，斯国防部长埃里亚韦茨访问北马其顿。2月，北马其顿议长贾菲里访斯。

同波黑的关系：2018年3月，北马其顿外长迪米特罗夫与波黑外长茨尔纳达克签署互免签证协议。2019年2月，北马其顿议长贾菲里访问黑山。

同克罗地亚的关系：2018年12月，北马其顿总理扎埃夫赴克罗地亚参加中欧倡议成员国政府首脑会议并访克。2019年2月，克副总理兼国防部长科尔斯蒂切维奇访问北马其顿。

（王淞）

比　利　时

国名　比利时王国（The Kingdom of Belgium, Le Royaume de Belgique）。

面积　陆地面积3.0688万平方公里，领海及专属经济区3454平方公里。

人口　1143万（2019年1月）。官方语言为荷兰语、法语和德语。80%的居民信奉天主教。

首都　布鲁塞尔（Brussels, Bruxelles），人口120.8万，其中85%的居民讲法语，15%讲荷兰语，外籍人约占全市人口的1/3。布鲁塞尔为欧盟总部和北约总部所在地，有"欧洲首都"之称。

国家元首　国王菲利普（Phillipe），2013年7月21日即位。

重要节日　国庆日：7月21日；国王日：11月15日。

简　况

位于西欧，北连荷兰，东邻德国，东南与卢森堡接壤，南和西南与法国交界，西北隔多佛尔海峡与英国相望。海岸线长66.5公里。属海洋性温带阔叶林气候。

公元前凯尔特族的比利其人在此居住。公元前57年起长期为罗马人、高卢人、日耳曼人分割统治。9—14世纪被各诸侯国割据。14—15世纪建立了勃艮第王朝。随后又陆续为西班牙、奥地利、法国所统治。1815年并入荷兰。1830年10月4日独立。1867年成为永久中立国。在两次世界大战中均被德国占领。二战后加入北约。1958年加入欧共体，并与荷兰、卢森堡结成经济联盟。1993年完成国家体制改革，正式实行联邦制。

政　治

2019年5月26日，比利时举行联邦、地区、欧洲议会"三合一"选举，共选举150名联邦众议员、313名地区议会议员和21名欧洲议会议员。新弗拉芒联盟党蝉联北部荷语区和全国第一大党，法语社会党保持南部法语区第一大党。选举结果公布后，国王先后任命多位前政要和主要政党领导人为联邦组阁信息协调人，协调各党进行组阁谈判。截至2020年4月，比利时尚未组成新一届联邦政府。

【宪法】1831年制定首部宪法。1994年2月出台新宪法，保留了原宪法有关基本自由、权力分享和国家民主等条款，并规定：比实行世袭君主立宪的联邦制，国王为国家元首、三军最高统帅，与议会共同行使立法权，与政府共同行使行政权，但实权在政府，政府对议会负责。议会实行两院制，主要由众议院行使立法权，参议院只在修宪、外交事务、国家体制改革等方面与众议院享受同等权力，在其他方面仅有立法建议和咨询权。新宪法扩大了地区政府的内政和外交权力。新宪法首次承认女性王室成员的王位继承权。2014年1月，议会对宪法进行最新修订，议会任期从4年延长至5年，参议院改为非常设机构，联邦政府进一步向地方政府下放权力。

【议会】联邦议会由150名众议员和60名参议员组成，任期5年。众议员由全国11个选区直选产生。2014年5月起，联邦参议院为非常设机构，参议员首次由之前71名减少到60名，其中由各大区、语区议会指派50名，参议院宣誓就职后再自行遴选10名。年满18岁的国王子女是法定参议员，但不参加投票。2019年5月，比利时举行联邦议会选举，各党派席位如下：

党派	众议院	参议院
新弗拉芒联盟党	24	9
法语社会党	19	7
法语革新运动党	14	7
荷语基督教民主党	12	5
荷语开放自民党	12	5
荷语社会党	9	4
法语人道主义民主中心党	5	2
法语生态党和荷语绿党	21	9
弗拉芒利益党	18	7
比利时劳动党	12	5
法语民主联邦党	2	—
独立参选人	2	—

联邦议会临时众议长为帕特里克·德瓦尔（Patrick Dewael，荷语开放自民党），临时参议长为沙宾娜·拉鲁尔（Sabine Laruelle，女，法语革新运动党）。

【政府】2014年10月11日，法语革新运动党、荷语新弗拉芒联盟党、荷语基民党、荷语开放自民党联合组成比利时新一届联邦政府。2018年12月，执政联盟第一大党新弗拉芒联盟党宣布退出政府，时任首相夏尔·米歇尔（Charles Michel）宣布辞职，比利时联邦政府随后成为看守政府。2019年5月比利时举行联邦、地区、欧洲议会"三合一"选举后，新一届联邦政府尚未产生，联邦事务继续由看守政府负责。2019年10月，法语革新运动党成员索菲·维尔梅斯（Sophie Wilmès）接替即将出任欧洲理事会主席的夏尔·米歇尔担任比利时看守政府首相。看守政府除首相外，共有3名副首相和9名大臣。

【行政区划】全国分为10个省和581个市镇。10个省：安特卫普、西弗兰德、东弗兰德、林堡、弗拉芒布拉邦、瓦隆布拉邦、列日、埃诺、那慕尔和卢森堡。

【司法机构】全国设229个治安审理所，13个初审法院，5个上诉法院，1个最高法院。10省和布鲁塞尔首都大区各设1个重罪法庭。三级法院均有相应的检察机构。各级法院的法官均由国王直接或根据同级议会的提名任免，终身任职。各级检察长由国王根据政府提名任免。最高法院院长德康尼克（Beatrijs Deconinck）。最高检察院检察长亨克斯（André Henkes）。

【政党】主要政党有：

（1）新弗拉芒联盟党（NVA）：2001年成立，前身为成立于1954年的人民联盟党（Volksunie）。现任主席巴尔特·德维沃（Bart De Wever）。2010年联邦大选中成为荷语区第一大党，赢得众议院最多席位。2019年在联邦、地区、欧洲议会"三合一"选举中蝉联全国、荷语区第一大党。

（2）荷语基督教民主党（CD&V）：前身是1968年从比基督教社会党分裂独立的荷语基督教人民党，1999年改现名。现任党主席约阿希姆·科恩斯（Joachim Coens）。

（3）荷语开放自民党（OPEN VLD）：成立于1992年11月，前身为成立于1972年的荷语自由进步党（Partij voor Vrijheid en Vooruitgang，PVV）。现任党主席赫文德莱恩·吕特恩（Gwendolyn Rutten）。

（4）荷语社会党（SP.A）：1978年，比利时社会党因民族矛盾分裂为荷语社会党（SP）和法语社会党（PS）。2001年，SP更名为SP.A。现任党主席康纳·卢梭（Conner Rousseau）。

（5）弗拉芒利益党（Vlaams Belang）：1978年12月，弗拉芒国家党（VNP）和弗拉芒人民党（VVP）合并为弗拉芒集团（Vlaams Blok），后更名为弗拉芒利益党。现任党主席汤姆·范赫里肯（Tom Van Grieken）。

（6）法语社会党（PS）：南部法语区第一大党。前身是1885年创立的比利时工人党（POB）和1945年成立的比利时社会党（PSB）。1978年，社会党按语言分裂为法语社会党（PS）和荷语社会党（SP）。现任党主席保罗·马涅特（Paul Magnette）。

（7）法语革新运动党（MR）：前身是建于1846年的自由党（PL），是比利时历史最久的政党，后分裂。2002年3月24日，法语革新自由党（PRL）、法语民主阵线（FDF）、国民革新运动（MCC）合并组成法语革新运动党（MR）。现任党主席乔治-路易斯·布歇（Georges-Louis Bouchez）。

（8）法语人道主义民主中心党（CDH）：1968年由基督教社会党分裂而成法语基督教社会党（PSC），2002年改为现名。现任党主席为马克西姆·普雷沃特（Maxime Prévot）。

（9）荷语绿党（Groen）：前身为1982年成立的荷语生态党（Agalev），2003年改为现名。党主席梅莱姆·阿玛琪（Meyrem Almaci）。

（10）法语生态党（Ecolo）：成立于1980年。该党实行集体领导。

此外还有比利时工人党、法语民主联邦党、法语人民党等小党。

【重要人物】菲利普：国王。1960年4月15日出生。

1978—1981年就读于比利时皇家军校，之后到英美高校深造，主修政治学。1993年8月起，菲利普任比外贸局理事会名誉主席，兼任联邦可持续发展委员会名誉主席。1994年6月21日宣誓成为联邦参院参议员。2001年被授予少将军衔。2013年7月21日登基。已婚，有两女两子。　**索菲·维尔梅斯**：首相。1975年1月15日出生。曾任于克勒市议员、任圣海内叙斯–罗德市副市长，2015年9月起任联邦预算大臣，2018年12月起兼任公职大臣。2014年和2019年两度当选联邦众议员。2019年10月27日被国王任命为比利时联邦看守政府首相。

经　济

比利时为发达的资本主义工业国家，经济高度对外依赖，80%的原料靠进口，50%以上的工业产品供出口。2019年主要经济数据如下：

国内生产总值：5302亿美元。

经济增长率：1.4%。

通货膨胀率：1.5%。

失业率：5.4%。

公债率：98.6%。

（资料来源：官方统计数据）

【资源】煤炭曾为比利时经济发展作出突出贡献，但已开发殆尽。全国88.34%的能源需求依赖进口。石油资源主要从俄罗斯、中东、挪威进口。2018年其电力能源的39%来自核电，35.4%来自化石能源，25.6%依靠生物能、太阳能、风能等可再生能源。有少量铁、锌、铅、铜。森林和绿地面积6046平方公里。

【工业】2018年工业附加值825.5亿欧元。主要工业部门有钢铁、机械、有色金属、化工、纺织、玻璃、煤炭等行业。

【农业】2019年农牧渔业附加值为20.28亿欧元，约占国内生产总值0.5%，农业用地面积约为135.8万公顷。2016年农业就业人口7.09万，约占总劳动人口的1.92%。

2019年主要农作物耕地面积如下（单位：万公顷）：

谷物	31.31
经济作物	9.6
蔬菜	4.83
马铃薯	9.82

主要牲畜存栏数如下（单位：万头、万只）：

牛	237.3
其中奶牛	93.9
猪	608.5

（资料来源：比利时统计局网站）

【服务业】第三产业发展迅速，2018年附加值为3100.83亿欧元，约占国内生产总值68.8%，比上年增长2.4%。服务业就业人数约377.89万人，占总劳动人口的78.24%。

【旅游业】2019年接待国内外游客1798.6万人次。主要旅游点是阿登山区、北海海滨和布鲁塞尔市等。

【交通运输】铁路：总长3607公里，2018年全年客运量2.44亿人次，货运量6300万吨。

公路：总长14.9万公里，其中高速公路1763公里。

水运：内河航道总长2043公里，货运吞吐量1.48亿吨（2018年）。有5个海港，7个内河港，2018年海运到港货运量1.48亿吨。

空运：空中运输网络联系49个国家，74个城市。2018年，比利时6个主要机场客运月吞吐量共计3457万。

【财政金融】2019年比联邦政府财政收入为2382.68亿欧元，财政支出2472.97亿欧元，财政赤字90.29亿欧元。公共债务占GDP比重为98.6%。

【主要银行】比利时国家银行（National Bank of Belgium）、比利时联合银行（KBC Bank）、法国巴黎银行富通（BNP Paribas Fortis）、荷兰国际集团比利时银行（ING Belgium）、安盛欧洲银行（AXA Bank Europe）、比弗斯银行（Belfius Bank）、比利时新农业银行（Crelan）、比利时邮政银行（Bpost Bank）、Argenta、Record Bank等。

【对外贸易】贸易立国，出口占国内生产总值比重列全球第19位。自然资源贫乏，经济对外依存度高，80%的工农业原料靠进口，50%以上的工业产品供出口，中小企业为经济主力。安特卫普港是欧洲第二大港。弗拉芒大区出口占全国出口总额近80%。

进出口主要产品是原料制品、运输器材、化工产品和食品。主要贸易伙伴是德国、荷兰和法国，其次是其他欧洲国家及北美、亚洲、非洲。

比利时是世界原钻集散地，控制了世界80%的原钻交易、55%的加工钻、45%的工业用天然钻交易。钻石的主要来源地是刚果（金）、刚果（布）、利比里亚。主要出口方为中国和印度。

【对外投资】重点投资国家：瑞典、西班牙、法国、荷兰、卢森堡、英国、巴西、美国、德国。

【对外援助】2018年提供官方公共发展援助19.76亿欧元，占国民总收入的比例为0.44。主要受援国：刚果（金）、卢旺达、布隆迪、马里等。比政府向阿富汗承诺自2015年起三年内每年援助1200万欧元用于阿富汗民用设施重建。

【外国资本】比利时政府对外国资本采取鼓励政策，其特点以多国或跨国公司形式居多，对解决就业和扩大出口起到促进作用。主要投资部门为工业和服务业。

【著名公司】比利时著名企业情况如下：

	业务范围	所在地
英博啤酒集团	啤酒	布鲁塞尔
苏威集团	化工	布鲁塞尔
贝尔卡特集团	钢丝制品	科特利克

人民生活

2018年，比利时全国共有全科医生1.63万名，专科医生2.89万名，药剂师2.06万名，护士19.6万名，医院病床总数约6.4万张。

军　事

比利时宪法规定国王是武装力量名义上的最高统帅。议会负责批准国防预算和与军事有关的法律。政府负责制定防务政策。内阁防务委员会是最高军事决策机构，同时也是国王的最高防务咨询机构。国防大臣在首相领导下，负责执行防务政策。武装力量由陆、海、空、卫生兵四部分组成。2002年撤销总参谋部，在国防部下设国防参谋部，是最高军事指挥机构。

1995年取消义务兵制度，实行志愿兵制，国内服役期1年，国外服役期10个月。

2012年，比利时军队总人数已裁至3.4万人（含2000名文职），2019年削减至2.67万。2019年国防预算28亿欧元，约占GDP的0.95 %。比利时在北约框架内参与阿富汗维和行动，2018年在阿富汗驻军约90人。

文化教育

【教育】比利时实行6—18岁免费义务教育制。教育由地区政府管理。2018年，教育经费占公共财政支出的12%。全国共有大学12所，高等专科学院45所，高等艺术学院17所。在全国6所综合性大学中，建于1425年的鲁汶天主教大学历史最为悠久。

【新闻出版】有日报30种，周报千余种，其他期刊5000余种，主要用荷文和法文出版，极少数用德文出版。

主要报刊有：《标准报》（荷文）、《自由比利时报》（法文）、《最新消息报》（法文）、《晚报》（法文）。《标准报》发行量30余万份，居首位，其余10万—30万份。

比利时通讯社于1936年创建。国家广播局建于1930年，1960年分为两个独立的广播电视台，分别用法语、荷语播送广播、电视节目，隶属地区政府领导。

对外关系

比利时推行积极的欧洲政策，主张加快欧洲一体化建设步伐；支持参与联合国维和行动和人道主义援助；重视与美国的关系；主张加强与独联体和东欧国家的交往；在积极推动发展中国家民主化进程的同时，注意与其保持平稳关系；重视发展与发展中大国和新兴经济体之间的关系。努力维持或重塑与利比亚、突尼斯等经历过“阿拉伯之春”的中东传统友好国家的关系。突出经济外交的重要性，重视公共外交等“软实力”建设。

比利时现与约160个国家有外交关系，在90多个国家设有使领馆。

【对总体国际形势的看法】主张建立多极化的世界新秩序，反对单边主义。认为世界上各主要力量，特别是欧洲应发挥重要作用，承担更多的责任与义务。联合国是维护世界稳定、保护人权、促进经济发展的最主要机构，支持联合国在冲突地区采取行动，并愿为国际维和行动提供人力和财力支持。联合国应进行机构改革，更好地反映当今世界，公平公正地代表各不同地区的利益。认为促进可持续发展也是联合国的一大任务。主张加速欧洲一体化进程，强调欧洲宪章的重要性，支持欧盟东扩，积极推动欧洲防务建设。认为欧洲防务是北约十分必要的补充，主张欧洲建立与其经济实力相适应的防务，增强军事力量。主张全面禁止生产和使用大规模杀伤性武器，赞成逐步裁减并最终销毁核武器，并建立可靠的裁军核查机制。认为全球化是双刃剑，应赋予全球化一个道德的基础。全球贸易应进一步自由化，为了解决欠发达国家所面临的问题，仍需增加发展援助。认为欧债危机对欧盟经济产生了严重冲击并还将继续持续。主张欧盟成员国施行统一的财政政策，认为欧盟不能只着眼于执行严格的预算纪律，也要注重经济增长和创造就业机会。支持欧洲央行参与应对欧债危机，主张合并欧洲金融稳定基金和欧洲稳定机制。赞成建立统一的欧洲银行监管机制。

【同中国的关系】1971年10月25日，中国与比利时建交。近年来，两国高层交往密切。2016年5月，全国人大常委会副委员长向巴平措访比。同月，中央政法委书记孟建柱访比。6月，杨洁篪国务委员出席中欧高级别战略对话期间同雷德尔斯副首相会见。10月，马凯副总理出席第六次中欧经贸高层对话期间同皮特斯副首相会见。12月，比利时众议长布拉克访华。2017年1月，习近平主席出席达沃斯世界经济论坛期间同菲利普国王会面。5月，比利时参议长德弗莱涅访华。同月，比利时副首相兼就业和经济事务大臣皮特斯来华出席“一带一路”国际合作高峰论坛高级别会议。6月，李克强总理出席第19次中国欧盟领导人会晤并对比利时进行正式访问。9月，比利时副首相兼内政大臣让蓬来华出席第86届国际刑警组织大会并访华。2018年6月，王毅国务委员兼外长出席中欧高级别战略对话期间，会见比利时副首相兼外交大臣雷德尔斯。10月，李克强总理对比利时进行工作访问。2019年4月，李克强总理在出席第21次中国—欧盟领导人会晤期间会见比利时首相米歇尔。11月，阿斯特里德公主访华。

比是中国在欧盟的第七大贸易伙伴。2019年，中比贸易额250.8亿美元，同比增长4.4%。其中中国出口额182.2亿美元，同比增长6.9%；进口额68.6亿美元，同比下降1.5%。中国从比主要进口钻石、机电设备、化工产品等，中国向比主要出口机电产品、纺织品、服装及珠宝、家具等。截至2019年底，比在华实际投资19.9亿美元。

科技交流持续展开。2015年6月24日，菲利普国王访华期间，中比第19届科技合作联委会在北京召开。2015年，比利时微电子研究中心同中方签署协议，共同投资建设中国最先进集成电路研发平台。2017年，首届中比科技创新对话在布鲁塞尔举行。

文化交流蓬勃发展。2014年3月，习近平主席访比期间正式宣布将在比利时设立中国文化中心。2015年9月，文化中心正式揭牌，刘延东副总理和比利时副首相兼外交大臣雷德尔斯共同出席揭牌仪式。2016—2019年春节期间，中国驻比利时使馆同布鲁塞尔、安特卫普等市政府共同举办了四届“欢乐春节”盛装巡游活动。2020年，“欢乐春节”盛装巡游活动首次在列日市举行。

中比开展大熊猫合作研究。2016年6月，大熊猫“好好”产下1只幼崽，取名“天宝”。9月9日，习近平主席夫人彭丽媛和比利时王后玛蒂尔德共同就“天宝”出生百日向比利时天堂公园园长致信祝贺。2019年8月，大熊猫“好好”二度产崽，顺利产下龙凤胎，习近平主席和菲利普国王就此互致贺电。

教育交流进一步深化。2017年，中国在比有留学生2890人，多为硕士或博士生，比在华留学生1602人。中国在比设有6所孔子学院。

中国驻比利时大使：曹忠明。馆址：443–445 AVENUE DE TERVUREN，1150 WOLUWE SAINT-PIERRE。值班电话：0032–478982562，传真：27792895。领事部电话：0032–26633001，476751182（领事保护）。商务处电话：0032–26633003。

比利时驻华大使：马文克（Marc Hugo Therese VINCK）。馆址：北京市朝阳区三里屯路6号。办公室（兼领事）电话：010–65321736，传真：65325097。

【同美国的关系】1832年2月9日建交。比利时重视美国在世界上的领导作用，但反对美单边主义，支持建立多极化国际格局。比重视同美国的盟友关系。保持和发展同美在政治、经济和军事方面的合作关系。认为北约不仅是共同防御组织，而且是欧洲安全的根本保障，也是共同价值观的载体，是维系欧美同盟关系的主要保证，为捍卫欧美共同利益发挥着重要作用。主张继续维持并不断加强北约，支持北约东扩，认为北约的扩大保证了大多数欧洲国家的安全，但同时强调北约东扩无意针对俄罗斯。对美发展国家导弹防御系统（NMD）和退出《反导条约》感到担忧，认为这会引发新一轮核军备竞赛。谴责美国针对欧盟的窃听行为。

【同俄罗斯及东欧国家的关系】比利时关注俄罗斯局势，支持俄国内改革，主张西方国家在政治、经济上帮助俄罗斯，以保持俄的稳定。主张发展同中东欧国家和独联体国家的关系，通过提供援助发展双边经贸关系。

【同邻国的关系】比利时是欧共体创始国之一，与邻国关系密切，同荷兰、卢森堡两国关系尤为特殊。1958年，三国签署《比荷卢经济联盟条约》，共同协商财政、经济和社会事务政策，在欧共体、世界卫生组织等国际机构中采取共同立场。三国之间还有防务协定。1990年6月，比同荷、卢、法、德签署五国商品、资本、人员自由流通协定。

比外贸的主要对象是欧盟国家。2013年，比是欧盟内第六大出口国，对欧盟出口约占出口总额的75.9%。荷兰是比利时从欧盟进口最大来源国，德、法、英次之；德国是比利时向欧盟出口最大对象国，法、荷、英次之。

【同其他国家的关系】重视发展与非洲国家的关系，承认欧洲原宗主国对非洲国家负有巨大的历史责任，希通过向非洲提供发展援助发挥独特影响。比利时确立了优先向非洲提供发展援助的原则，其65%的发展合作援助流向非洲。关注中部非洲局势，提出“大湖地区和平行动计划”，支持南非等非洲重要国家在热点问题上发挥应有作用。支持法国在联合国框架内对马里军事援助，向马里派驻70多名官兵，参与当地军事人员培训。支援法国在中非的军事行动。

重视发展与新兴国家的关系，加强与印度、南非等国接触与合作，开展经济合作。2013年下半年，举办“欧罗巴利亚—印度艺术节”，阿斯特里德公主率经贸代表团访问印度、南非等国。接待印度总统、韩国总统等访问，签署大量经贸投资合作协议。

重视叙利亚人道主义危机，敦促叙冲突各方关注难民问题，积极推动国际社会增加人道主义援助，改善叙医疗卫生状况。关注伊朗问题，2014年，副首相兼外交大臣雷德尔斯访问伊朗，呼吁伊朗尽快与有关各方达成协议，恢复国际社会信任。在乌克兰问题上积极发声，支持欧盟斡旋努力。（张鑫）

冰　岛

国名　冰岛共和国（The Republic of Iceland）。

面积　10.3万平方公里。

人口　36.4万（2019年12月）。绝大多数为冰岛人，属日耳曼族。冰岛语为官方语言，英语为通用语言。85.4%的居民信奉基督教路德宗。

首都　雷克雅未克（Reykjavik），首都地区人口23.3万（2019年12月）。1月平均气温1.4℃，7月平均气温11.7℃。

国家元首　总统古德尼·索尔拉修斯·约翰内松（Guðni Thorlacius Jóhannesson），2016年8月1日　就职，任期4年。

重要节日　国庆节：6月17日。

简　况

位于北大西洋中部，靠近北极圈，为欧洲第二大岛。海岸线长约4970公里。属寒温带海洋性气候，变化无常。因受墨西哥湾暖流影响，较同纬度其他地方温和。夏季日照长，冬季日照极短。秋冬季可见极光。多火山和地热喷泉。

8世纪末，爱尔兰修道士首先移居冰岛。9世纪后半叶，挪威开始向冰岛移民。930年建立议会和冰岛联邦。1262年臣属于挪。1380年冰挪同归丹麦统治。1904年获内部自治。1918年冰丹签订联盟法案（Danish–Icelandic Act of Union），规定冰为主权国家，但外交事务仍由丹负责。1940年丹麦被德国占领，冰丹联盟关系实质性终止。同年英军进驻，次年美军取代英军驻冰。1944年6月16日，冰议会正式宣布解散冰丹联盟，17日成立冰岛共和国。

政　治

政局总体稳定。2016年4月，时任冰总理贡劳格松因隐瞒离岸个人财产事辞职。10月，冰提前1年举行大选，独立党、革新党、光明未来党以议会微弱优势组成执政联盟。2017年9月，冰执政联盟因内部政治互信破裂解体，并于10月再次举行大选。11月，左翼绿色运动党、独立党和进步党组成联合政府。

【宪法】1944年6月17日颁布，后经多次修订。宪法规定，冰岛实行共和制。议会和总统共同执掌立法权，法院执掌司法权，总统和政府共同拥有行政权。总统通过直接选举产生，任期4年，可连选连任。

【议会】议会原分上下两院，1991年10月合并为一院。共有议员63名，任期4年。本届议会于2017年10月28日大选后产生，由8个政党组成，其中独立党16席，左翼绿色运动党11席，进步党8席，社会民主联盟7席，中间党7席，海盗党6席，人民党4席，革新党4席。议长斯泰因格里姆尔·西格富松（Steingrímur J. Sigfússon，左翼绿色运动党）。

【政府】2017年11月，左翼绿色运动党、独立党和进步党组成左、中、右联合政府，共有阁员11人：总理卡特琳·雅各布斯多蒂尔（Katrín Jakobsdóttir，女，左翼绿色运动党），财政与经济事务部长比亚德尼·贝内迪克松（Bjarni Benediktsson，独立党），外交部长格维兹勒于尔·索尔·索尔达松（Guðlaugur Þór Þórðarson，独立党），卫生部长斯万迪丝·斯瓦瓦尔斯多蒂尔（Svandís Svavarsdóttir，女，左翼绿色运动党），教育、科学与文化部长利利娅·阿尔弗雷兹多蒂尔（Lilja Alfreðsdóttir，女，进步党），交通与地方政府部长西于聚尔·英伊·约翰松（Sigurður Ingi Jóhannsson，进步党），旅游、工业与创新部长索尔迪丝·科尔布伦·雷克菲约兹·吉尔法多蒂尔（Þórdís Kolbrún Reykfjörð Gylfadóttir，女，独立党），渔业与农业部长克里斯蒂安·索尔·尤利于松（Kristján Þór Júlíusson，独立党），环境与自然资源部长格维兹门迪尔·英伊·古德布兰松（Guðmundur Ingi Guðbrandsson，左翼绿色运动党），司法部长奥斯勒格·阿尔纳·西于比约斯多蒂尔（Aslaug Arna Sigurbjornsdottir，女，独立党），社会与儿童事务部长奥斯门迪尔·埃纳尔·达达松（Ásmundur Einar Daðason，进步党）。

【主要网址】外交部：www.mfa.is；议会：www.althingi.is。

【司法机构】实行地方法院和最高法院两级审判制。最高法院共有9名大法官，由总统任命，终身任职。最高法院院长由9位法官轮流担任，任期2年。院长索尔盖尔·奥尔利格松（Þorgeir Örlygsson，2017年1月就任）。此外还有2个特别法庭：劳工法庭和国家弹劾法庭。

【政党】（1）独立党（Independence Party）：执政党。1929年成立。主席比亚德尼·贝内迪克松。主张继续将冰美双边防务合作协定作为安全防务政策基石，同时加强与其他北约成员国尤其是北欧和西欧国家的合作；在冰岛获准保留对渔业资源和其他自然资源的控制权之前，不加入欧盟和欧元区；重视环保；主张国有企业私有化。

（2）左翼绿色运动党（The Left-Green Movement）：简称绿党。执政党。1999年成立。主席卡特琳·雅各布斯多蒂尔。主张奉行独立的外交政策，反对加入任何军事组织，反对外国在冰驻军；重视环保和保护低收入者利益；反对加入欧盟和欧元区。

（3）进步党（Progressive Party）：执政党。1916年成立。主席西于聚尔·英伊·约翰松主张继续加强与欧盟的联系，条件成熟时可考虑加入欧盟和欧元区；主张经济私有化，提高社会福利。

（4）革新党（Liberal Reform Party）：在野党。2016年成立。由独立党分离而出。主席索尔杰尔迪·卡特琳·贡纳尔斯多蒂尔（Þorgerður Katrín Gunnarsdóttir）。主张适时加入欧盟。支持农业补贴改革和保护性关税措施。支持绿色经济政策，关注社会福利。

（5）海盗党（Pirate Party）：在野党。2012年成立。主席哈尔多拉·摩根森（Halldóra Mogensen，女）。主张信息革命，呼吁言论自由、互联网政治透明及网络信息分享合法化。

（6）社会民主联盟（Social Democratic Alliance）：

在野党。2000年成立。由社会民主党（Social Democratic Party）、人民联盟（People's Alliance）和妇女组织（Women's List）合并而成。主席罗伊·毛尔·恩纳松（Logi Már Einarsson）。支持改革社会福利制度，主张加入欧盟和欧元区。

（7）中间党（Centre Party）：在野党。2017年成立。由进步党分离而出。主席西格蒙杜尔·戴维·贡劳格松（Sigmundur David Gunnlaugsson）。反对加入欧盟，强调中立，对左右翼政党治国理念均持开放态度，在保护个人权益的同时加强社会保障。

（8）人民党（People's Party）：在野党。2016年成立。主席古兹蒙杜尔·英吉·克里斯丁松（Guðmundur Ingi Kristinsson）。主张消除贫困，对恐怖主义等外来威胁采取强硬态度，强调对冰岛语言和文化的保护。

【重要人物】古德尼·索尔拉修斯·约翰内松：总统。1968年生。冰岛著名历史学家，冰岛大学和牛津大学历史学硕士，伦敦大学历史学博士。曾在冰岛历史学家协会和冰历史学会担任多年主席。长期在冰岛大学、伦敦玛丽女王大学等高校任教，无从政经历。2016年8月出任总统。　**卡特林·雅各布斯多蒂尔**：总理。1976年生。1999年、2004年先后获得冰岛大学冰岛语本科、硕士学位。2007年起任议员，先后任议会教育委员会、经济与税务委员会、环境与通信委员会、外事委员会、经济与贸易委员会委员。2013年起任左翼绿色运动党主席，2009—2013年任教育、科学与文化部长和北欧合作部长。2017年11月起任总理。

经　济

渔业是冰岛的经济支柱，工业以炼铝等高能耗工业和渔产品加工业为主。外贸依存度高。1995—2000年，冰岛经济进入高速增长时期，国内生产总值年均增长近4%，在经济合作与发展组织（OECD）中名列前茅。2001年起经济增长速度放慢，2002年国内生产总值出现负增长。自2003年起，冰政府通过财政紧缩政策使经济重新稳步增长。2006年冰货币贬值，通胀率持续走高，但在政府干预及国际货币组织协助下，金融市场恢复稳定。2008年9月，冰三大银行因高风险投资失败而破产，被收归国有，冰陷入严重经济危机。冰政府实行严格的外汇管制措施，对外积极争取援助，与中国达成35亿元人民币的本币互换协议，获国际货币基金组织20亿美元贷款以及其他北欧国家援助；对内全力应对危机，节约行政开支，努力重建金融体系，稳定经济秩序，鼓励传统行业生产和对外贸易。2011年后，冰经济走出危机阴影并进入恢复阶段。2015年6月，冰政府宣布逐步解除2008年资本管制综合措施，让冰进一步重返国际资本市场。2017年3月，冰政府正式宣布结束所有针对公民、企业及养老基金的资本管制措施，冰重新回归国际金融市场。2019年主要经济数据如下：

国内生产总值：29.66万亿冰岛克朗（约合2.445千亿美元）。

人均国内生产总值：67240美元。

国内生产总值增长率：1.9%。

货币名称：冰岛克朗（Íslensk Krona）。

汇率：1美元≈121.1冰岛克朗。

通货膨胀率：3%。

失业率：3.5%。

（资料来源：冰岛统计局，冰岛中央银行）

【资源】渔业、水利和地热资源丰富，其他自然资源匮乏，石油等产品需要进口。可开发的年水力发电量为640亿度，地热能年发电量可达72亿度。2018年水力发电量为50600兆焦耳，利用地热发电66.5亿度。目前，约90%的冰岛居民利用地热取暖。

【工业】基础较弱。除渔产品加工和针织等轻工业外，主要为炼铝业和制药业。

【农牧业】所处纬度高，日照量少，仅南部几个农场年产400吨—500吨农作物。可耕地面积1000平方公里，占全国总面积的1%。畜牧业占较主要地位，大部分农业用地被用做饲料草场。毛纺业和制革业比较发达。肉、奶、蛋自给有余，粮食、蔬菜、水果基本依靠进口。2017年农业产值约占国内生产总值的5.7%。

【渔业】冰岛的支柱产业。截至2018年，捕鱼总量为126万吨，主要鱼种有鳕鱼、毛鳞鱼、红鱼和黑线鳕；产值占国内生产总值的4.5%；绝大部分渔产品出口，出口额占冰外贸出口总额的34.4%。

【服务业】在国民经济中占重要地位。2017年服务业和零售业产值占国内生产总值的86%。1980年起大力发展旅游事业。2013年以来，旅游业取代渔业成为冰岛最大的创汇产业，2014年外国游客110万人次，首次突破百万大关。2017年再创历史新高，达到220万人次，3年内翻了一倍。2018年外国游客298万人次，增速放缓。主要旅游点有冰川、火山地貌、地热喷泉和瀑布等。

【交通运输】无铁路，海运和空运比较发达。2016年交通运输情况如下：

国家级公路：总长约1.3万公里。截至2018年底，冰岛登记在册机动车31万辆，其中9座以下26.7万辆。

水运：注册船只2300艘。雷克雅未克为主要港口，承担了全国约70%的进出口和中转运输。年货物吞吐量27万个标准集装箱。

空运：共有飞机395架。凯夫拉维克机场为主要航空港，2018年运送旅客约980余万人次。

【财政金融】近几年国家财政情况如下（单位：占GDP的%）：

	2016	2017	2018
收入	57.8	43.4	42.8
支出	45.2	41.9	41.7
盈余	12.6	1.5	1.1

公共债务	52.8	42.3	9.1

（资料来源：冰岛中央银行）

【对外贸易】经济单一，对外贸依赖度高，2019年全年贸易和服务出口额为13440亿冰岛克朗，进口额为12039亿冰岛克朗，主要贸易伙伴为荷兰、德国、挪威、英国和美国等。

【对外援助】对外援助金额约为国民总收入（GNI）的0.24%。主要用于冰岛开发署（Icelandic Development Agency）向非洲国家提供援助以及参与联合国儿童基金项目、联合国妇女发展项目、世界粮食计划署项目等重要的国际援助项目。

【外国资本】外国资本主要来自比利时、卢森堡、美国、瑞士等国。主要投资项目为铝厂、硅铁厂、水电站和滤净剂厂。

人民生活

全国平均每千人有小轿车671辆，电视机450台，电话630部，手机1076部。互联网普及率98%。全国平均每千人有3.7名医生，8.4名护士。女性平均寿命为84.1岁，男性为80.4岁。

军　事

根据宪法，冰不设军队。1949年加入北大西洋公约组织，1951年同美国签订防务协定，由美负责其防务。2006年9月，美撤销驻冰军事基地并将协议区域内土地和设施归还冰岛。冰设有一支海洋巡逻队，约100人，配备3艘巡逻艇、两架直升机和一些小型飞机，负责渔区保护和海上救护工作。全国有警察700余名。2008年，冰议会通过《防务法案》并在外交部下设防务局，负责管理海防、空防系统，参与、协调冰同国际组织的防务合作。2010年3月，冰政府宣布逐步撤销防务局，其职能将分摊至包括海岸警卫队在内的多个部门。

文化教育

【教育】国民受教育程度较高，早在18世纪中叶就已实现全民扫盲。实行10年免费义务教育。教育经费约占政府开支的8.3%。全国共有15所高等院校，冰岛大学是最大的综合性大学。

【新闻出版】全国性报纸有《晨报》《新闻日报》《24小时报》。最大的《晨报》日发行量约5万份。有国家广播电台和电视台各1家，其中国家广播电台有5套节目播出。私人电视台10家，其中3家可覆盖全国，另有数家私人广播电台。

对外关系

作为北约成员与美国进行防务合作并保持与大西洋两岸国家的良好关系是冰外交政策的核心。冷战结束后，为顺应国际形势的变化，冰除继续重点保持与美等西方国家的伙伴关系外，注意加强与亚洲等其他地区国家的关系，并通过联合国积极参与国际事务。目前冰已同139个国家（包括欧盟）建有外交关系，在16个国家设有使馆，4个国家设有总领馆，4个城市设有常驻代表团。

【对当前重大国际问题的态度】关于世界形势：认为冷战结束后直接军事威胁虽已消除，但地区及民族间的冲突有所加剧，建立新安全机制的努力尚未取得重大进展，全球局势仍存在诸多不确定因素，气候变化、环境污染和传染病等全球性问题带来的威胁凸显。

环境和气候变化问题：冰是世界上可再生能源使用比例最高的国家之一，在气候变化问题上态度积极，承诺严格执行《京都议定书》和《巴黎协定》有关环保标准及目标，同时认为环境治理和应对气候变化需要世界共同合作，发达国家在环保方面应发挥更大作用。

中东和叙利亚问题：认为中东局势关键在于以色列和巴勒斯坦的关系，巴勒斯坦人在其主权国家范围内享有安全和生存的权利，以色列的安全应当建立在巴勒斯坦实现建国的基础上。中东地区的稳定可通过巴以两国同时存在和以色列安全得到保证的方式得以实现。支持双方重启和平谈判。主张叙利亚问题应在联合国安理会框架内通过政治对话方式解决，认为使用化学武器不可容忍。

防扩散、朝核问题：认为核扩散是对国际和平与安全的严重威胁，支持一切旨在防止大规模杀伤性武器扩散的国际努力；反对朝鲜拥核，呼吁朝信守其国际承诺，力求以和平方式解决朝核问题，对美朝首脑会晤成果表示欢迎；反对伊朗拥核，支持保留伊核协议，认为该协议对维护国际核不扩散体系和地区安全至关重要。

国际反恐问题：谴责任何形式的恐怖主义行径，认为世界的和平与稳定正在受到极端分子的威胁，主张所有民主国家团结一致，使用一切合法手段打击恐怖主义，大国小国都应为此作出贡献。

北极问题：冰外交优先方向之一。认为北极地区环境的快速变化对当地生态、人类生命和生活产生重要影响，主张加强北极问题国际合作，强调北极可持续发展和环境保护，北极新航道开通和其他活动应避免对该地区生态环境造成破坏，确保土著居民权益得到保障。2019—2021年轮值北极理事会主席国，工作重点将是环境、海洋及土著居民。

【同中国的关系】中冰于1971年12月8日建交。次年5月中国在冰设立使馆并派驻大使。1983年，中国驻冰大使改由中国驻丹麦大使兼任，在冰保留使馆，设临时代办。冰驻华大使则一直由巡回大使或驻第三国大使兼任。1995年1月，冰在华设立使馆并派出首任常驻大使。同年12月，中国恢复向冰派驻大使。2012年4月，温家宝总理对冰进行正式访问，这是中冰建交41年来中国国家总理首次访冰。2017年5月，中共中央书记处书记、中央纪委副书记赵洪祝访冰。2018年7月，全国政协副主席张庆黎访冰。2019年6月，中央书记处书记、统战部长尤权访冰。7月，全国人大常委会副委员长张春贤访冰。

2018年1月，冰议长西格富松同北欧和波罗的海国家议长联合访华。9月，冰外长索尔达松访华。2019年5月，冰教科文部长阿尔弗雷兹多蒂尔访华。

2016年12月8日，中国人民对外友好协会与冰岛驻华使馆共同举办了庆祝中冰建交45周年招待会，全国政协副主席周小川、冰岛前总统格里姆松以及中冰各界代表150余人出席。

2006年以来，我国已连续13年成为冰岛在亚洲最大贸易伙伴。2019年，中冰贸易额为2.6亿美元，同比下降38.9%，其中中国出口额1.2亿美元，同比下降55.1%，进口额1.4亿美元，同比下降13.9%。冰岛是第一个承认中国市场经济地位（2005年）的西欧国家，也是第一个同中国签订双边本币互换协议（2008年）和双边自由贸易协定（2013年）的欧洲国家。

地热合作成果丰硕。2012年，两国签署关于地热和地学合作的谅解备忘录。2015年，两国签署关于中冰地热技术研发合作中心的谅解备忘录。2006年11月，中石化新星石油公司与冰岛极地绿色能源公司合资成立了中石化绿源地热能开发有限公司，开始两国在地热领域的合作。双方迄今共计联合开发了2600万平方米地热供暖，成功建成了河北雄县、容城和陕西武功三个“无烟城”，国内40余个市（县、区）与冰方签订了战略合作协议。2016年12月，中石化新星公司和冰岛国家能源局、冰岛极地绿色能源公司共同组建中冰地热技术研发合作中心。2018年9月，两国签署共建地热合作工作组的协议。

北极合作稳步发展。2014年，中国极地研究中心和冰岛研究中心共同举行了中冰联合极光观测台奠基仪式。2016年，中冰联合极光观测台主体建筑竣工。2013年起，中方派员参加了在冰举行的历届“北极圈论坛”大会。2018年10月第六届北极圈论坛大会期间，驻冰岛使馆举办“中国之夜”活动。

双边人文交流活跃。近年来，两国在对方国家举办了画展、邮票展等多项展览，并互派文艺团体进行演出。2008年5月，冰岛大学“北极光”孔子学院正式成立。同年9月，北京外国语大学也开设冰岛语言文化课程。2019年，“欢乐春节”活动首次走进冰岛，冰总统约翰内松夫妇破例出席该活动。

中国驻冰岛大使：金智健。馆址：Bríetartún 1，105 Reykjavík。电话：00354–5276688；传真：5626110。网址：http://is.china-embassy.org。

冰岛驻华大使：古士贤（Gunnar Snorri Gunnarsson）。馆址：北京朝阳区亮马桥北小街1号。邮编：100600。电话：010–85316900；传真：65907801。电子邮箱：emb.beijing@mfa.is。网址：www.iceland.is/iceland-abroad/cn。

【同北约的关系】视北约为其外交和安全政策的基础。认为北约对维护欧洲和平与稳定起着关键作用。认为在新形势下，冰应更多依靠北约的集体防务安排。支持北约东扩、建立快速反应部队，积极参与北约事务。自2007年开始，与美国联合北约、挪威、丹麦等国在冰举行年度防务和安全演习。

【同美国的关系】冰美关系在冰外交和安全政策中占据重要地位。2006年9月，两国签署《关于美国武装力量撤离冰岛协议区域和设施并将其归还冰岛的协定》及《防务安排共识》。2007年8月起，冰美联合挪威、丹麦、拉脱维亚等北约国家在冰举行年度例行防务和安全演习。经济上，美是冰主要贸易伙伴之一和最大游客来源国。

【同欧洲及欧盟的关系】欧盟是冰最大的贸易伙伴。重视加强与欧盟在经济、外交和安全领域的磋商与合作。在多数重大问题上与欧盟保持一致。认为自身安全和经济利益同欧洲大陆紧密相连。认为欧盟应避免与北约的职能重叠，欧盟不是防务同盟，没有义务保障成员国安全，集体安全问题应由北约来解决。高度关注英国脱欧，在外交部设立英国脱欧事务特别代表，与英欧双方就脱欧谈判保持密切沟通，并积极研究英脱欧后冰英贸易安排。

由于担心欧盟共同渔业和农业政策将损害自身利益及不认同欧盟的管理方式，迄今未加入欧盟。2008年国际金融危机爆发后，冰金融及经济遭受沉重打击，国内入盟呼声渐高，冰政府于2009年递交入盟申请。2012年后，由于国内反对入盟民意增强，于2012年底暂停入盟谈判。2015年3月，冰政府未通过议会直接向欧盟致函，宣布撤销入盟申请，致使入盟进程搁浅。

【同北欧国家的关系】与其他北欧国家保持着传统的密切合作关系。主张北欧国家在欧洲及周边事务中加强内部协调与合作。积极支持并参与北欧理事会和北欧部长理事会活动。

【同俄罗斯的关系】重视发展对俄关系，2015年6月，因冰继续支持欧盟延长对俄经济制裁遭俄反制，俄将冰列入食品禁运名单。2018年初因英国指控俄毒杀其前特工，冰再次追随其他欧美国家参与对俄制裁，宣布暂停一切双边高层交往，不派官员出席俄罗斯世界杯。近期出现缓和态势，2018年底，俄领导人就冰岛独立100周年向冰致贺。

【同波罗的海三国的关系】积极支持波罗的海三国争取独立的努力，并于1991年8月率先与三国建交。积极参与北欧国家与三国在政治、经济等领域的合作，支持波海三国加入北约。在波罗的海委员会、北极理事会、巴伦支海理事会等合作机制内，积极发展同波海三国的关系。（杨迪）

波 兰

国名 波兰共和国（The Republic of Poland）。

面积 32.3万平方公里。

人口 3839万（2019年6月）。其中波兰族约占97.1%（2016年），此外还有德意志、白俄罗斯、乌克兰、俄罗斯、立陶宛、犹太等少数民族。官方语言为波兰语。全国约87%的居民信奉罗马天主教。

首都 华沙（Warsaw），面积517平方公里。人口177.8万（2018年12月）。2018年华沙平均气温10.4℃，降水量433毫米。（1971年起）历史最高气温37℃，历史最低气温–30.7℃。

国家元首 总统安杰伊·杜达（Andrzej Duda），2015年8月就职，任期5年。

重要节日 国庆节：5月3日（宪法日，1791年5月3日波兰颁布第一部宪法）；独立日：11月11日（1918年11月波兰宣布恢复独立）。

简 况

位于欧洲中部，西与德国为邻，南与捷克、斯洛伐克接壤，东邻俄罗斯、立陶宛、白俄罗斯、乌克兰，北濒波罗的海。边界线长3511公里，海岸线长770公里。属海洋性向大陆性气候过渡的温带阔叶林气候。

波兰国家起源于西斯拉夫人中的波兰、维斯瓦、西里西亚、东波美拉尼亚、马佐维亚等部落的联盟。公元9至10世纪建立封建王朝，14至15世纪进入鼎盛时期，18世纪下半叶开始衰落。1772年、1793年和1795年三次被沙俄、普鲁士和奥匈帝国瓜分，1918年11月11日恢复独立。1939年9月1日，法西斯德国入侵波兰，第二次世界大战全面爆发。战后建立波兰共和国，后改名为波兰人民共和国。波兰统一工人党（共产党）执政40余年。1980年，反政府组织——团结工会组织全国大罢工，当局于1981年12月至1983年7月实行战时状态，宣布团结工会为非法组织。1989年4月，议会通过团结工会合法化和实行议会民主等决议。团结工会在当年6月提前举行的议会大选中获胜，成立以其为主体的政府。12月29日，议会通过宪法修正案，改国名为波兰共和国，将5月3日定为国庆日。

政 治

2015年，波兰先后举行总统选举和议会选举。5月，波举行总统选举，法律与公正党候选人安杰伊·杜达战胜谋求连任的前总统布罗尼斯瓦夫·科莫罗夫斯基（Bronislaw Komorowski），于8月宣誓就职。10月，法律与公正党在议会大选中赢得过半席位并独立组阁。2019年10月，波兰举行新一次议会选举。执政党法律与公正党再次获胜并获独立组阁权。11月，以马泰乌什·莫拉维茨基（Mateusz Morawiecki）为首的内阁通过议会信任投票，新政府正式成立。目前，波国内政局总体保持稳定。

【宪法】1997年4月，波兰国民大会（众参两院联席会议）通过新宪法。该宪法于当年10月生效，确立三权分立的政治制度和以社会市场经济为主的经济体制，规定：众议院和参议院拥有立法权，总统和政府拥有执法权，法院和法庭行使司法权；经济体制的基础为经济自由化、私有制等原则；武装力量在国家政治事务中保持中立。根据该宪法，如总统否决议会或政府提交的法案，众议院可以五分之三的多数否决总统的决定。

【议会】由众议院和参议院组成，是国家最高立法机构，任期4年。众议院议员460名，参议院议员100名，均通过直接选举产生。本届议会于2019年10月成立，共5个政党或政党联盟进入议会，分别是：法律与公正党235席，公民联盟（以公民纲领党为主体）134席，左翼联盟（以民主左派联盟为主体）49席，波兰联盟（以波兰人民党、“库奇兹”运动为主体）30席，自由独立联盟11席，少数民族代表1席。众议长埃尔日别塔·维泰克（Elzbieta Witek，法律与公正党，女），2019年11月连任。参议院议席分配情况：法律与公正党48席，公民联盟43席，波兰联盟3席，左翼联盟2席，独立议员4人。参议长托马什·格罗兹基（Tomasz Grodzki，公民纲领党），2019年11月当选。

【政府】本届政府于2019年11月组阁，内阁名单如下：部长会议主席（亦称总理）马泰乌什·莫拉维茨基，第一副总理兼文化和民族遗产部长/公共资产事务委员会主席彼得·格林斯基（Piotr Glinski），副总理兼国有资产部长雅采克·萨辛（Jacek Sasin），副总理兼发展部长雅德维加·埃米莱维奇（Jadwiga Emilewicz，女），基础设施部长安杰伊·阿达姆契克（Andrzej Adamczyk），农业与农村发展部长扬·克里什托夫·阿尔达诺夫斯基（Jan Krzysztof Ardanowski），国防部长马柳什·布瓦什查克（Mariusz Blaszczak），体育部长达努塔·德莫夫斯卡·安德热尤克（Danuta Dmowska-Andrzejuk），内务与行政部长兼特勤部门协调人马柳什·卡明斯基（Mariusz Kaminski），外交部长雅采克·查普托维奇（Jacek Czaputowicz），海洋经济与内河航运部长马莱克·格鲁巴尔契克（Marek Grobarczyk），气候部长米哈乌·库尔蒂卡（Michal Kurtyka），财政部长塔德乌什·科希钦斯基（Tadeusz Koscinski），家庭、劳动与社会政策部长玛尔莱娜·玛隆格（Marlena Malag，女），欧盟事务部长康拉德·什曼斯基（Konrad Szymanski），卫生部长乌卡什·舒莫夫斯基（Lukasz Szumowski），（欧盟）基金与地区政策部长玛乌戈热塔·雅罗欣斯卡–耶德娜克（Malgorzata Jarosinska-Jedynak，女），数字化部长马莱克·扎古尔斯基（Marek Zagorski），国民教育部长达柳什·皮奥恩特科夫斯基（Dariusz Piontkowski），司法部长兹比格涅夫·焦布洛（Zbigniew Ziobro），环境部长米哈乌·沃希（Michal Wos）。

【行政区划】1998年7月，议会通过政府制订的关于地方自治机构改革方案，决定将原有的49个省调整为16个省，同时重新设立县制，由省、乡两级改为省、县、乡三级，共设16个省，314个县，2479个乡。新机制于1999年1月1日启动。

【司法机构】最高法院是国家最高审判机关，主要职责是监督下属法院的审判活动。法官由总统任命，任期6年。现任最高法院院长玛乌格热塔·盖尔斯多夫（Malgorzata Gersdorf，女），2014年12月就职。总检察院是国家最高检察机关，主要职责是领导和监督下属检察院的工作，该职由司法部长兼任。现任总检察长兹比格涅夫·焦布洛（Zbigniew Ziobro），2016年2月就职。

【政党和团体】根据宪法和1997年实施的新政党法，必须收集1000名以上年满18岁的成年人签名方可建立政党。目前波政坛主要政党有：

（1）法律与公正党（Law and Justice）：执政党。2001年6月成立，党员约3.7万人（截至2018年12月）。该党具有保守主义和基督教民主主义性质。政治上，主张实行政治家财产公开制度，建立强有力的反腐机构，严惩犯罪分子；实行向家庭倾斜的政策，特别是为不富裕的多子女家庭提供国家补助，鼓励生育。外交上，主张亲美融欧，同时在欧盟内部强调自主权，坚定维护本国利益，重视拉紧同其他中东欧国家关系，对俄强硬。现任党主席雅罗斯瓦夫·卡钦斯基（Jaroslaw Kaczynski）。

（2）公民纲领党（Civic Platform）：最大在野党。2001年1月成立，党员约3.3万人（截至2018年4月）。该党兼具保守自由主义、新自由主义和基督教民主主义色彩。主要纲领为：实行自由市场经济、大力发展教育，同贪污腐败作斗争，使国家非政治化及对农村进行结构改造。外交上，积极主张全面融欧，与邻国发展睦邻关系。现任党主席鲍里斯·布德卡（Borys Budka）。

（3）人民党（Polish People’s Party）：在野党。原农民党，该党历史可追溯到19世纪。东欧剧变后，于1990年5月重新创立，党员约12.3万人（2016年）。该党在意识形态上具有中间主义，新平均地权主义，基督教民主主义和新凯恩斯主义的性质。主张国家扶持农业，提供免费教育和医疗，放缓私有化步伐，反对单一税制，支持欧洲一体化。现任党主席伏瓦迪斯瓦夫·科希尼亚克–卡梅什（Wladyslaw Kosiniak-Kamysz）。

（4）民主左派联盟（Democratic Left Alliance）：在野党。1999年4月成立。该党为社会民主主义政党，为波主要左翼力量之一。主张将市场经济同国家干预相结合，建立社会市场经济，注重性别平等，主张为女性在社会和家庭提供必要的帮助。现任党主席沃基梅什·查扎斯特（Wlodzimierz Czarzasty）。

（5）“库奇兹”运动（Kukiz’15）：在野党。由波兰摇滚歌手保罗·库奇兹于2015年7月创立的反建制政治团体。其主要政治主张有：改革波兰现行选举体制、以单一选区制替代比例代表制、摧毁政党专制制度等。现任党主席保罗·库奇兹（Pawel Kukiz）。

（6）自由独立联盟（Confederation Liberty and Independence）：在野党。2018年12月成立，原为参选欧洲议会选举而成立的右翼政党联盟，后作为正式党派保留。持欧洲怀疑主义，主张简化司法程序，普遍减税，赋予父母参与决定孩子所接受教育内容的权力，希望通过强化自身国防建设减少对军事联盟的依赖。现任党主席雅努什·科尔温–米克（Janusz Korwin-Mikke）、罗伯特·温尼斯基（Robert Winnicki）、格日哥什·布劳恩（Grzegorz Braun）。

重要团体有：（1）团结工会（NSZZ Solidarność，Independent Self-governing Labour Union “Solidarity”）：1980年成立。有40万—68万成员（截至2010年）。1982年12月波兰当局宣布实行军管时被取缔。1989年4月恢复合法地位，同年6月赢得议会选举并成立以其为主体的政府。1993年9月大选中未进入议会。1996年6月联合基督教民族统一党、中间派协议会等35个右翼政党和团体组成“团结工会选举联盟”（简称“团选联”），赢得1997年议会大选，并与自由联盟联合组阁。2001年，由于执政联盟内部矛盾以及改革措施不力，政府支持率明显下降，不少党派和议员纷纷退出“团选联”。在2001年选举中，“团选联”未进入议会。10月，团结工会召开第14次全国代表大会并做出决议，禁止任何政治组织使用“团结工会”这一名称和标志，禁止工会领导人同时担任政党领导职务。团结工会成为纯工会性质的社会组织。主席彼得·杜达（Piotr Duda），2010年10月当选。

（2）全波工会协议会（All-Poland Alliance of Trade Unions）：1984年11月成立。有约80万会员。系左翼工会组织。主张通过提高超额工资累进税、增加退休人员收入、解决职工住房问题等维护职工权益，反对国有企业私有化和普遍私有化政策。主席扬·古斯（Jan Guz），2004年4月就职，多次连任。

【重要人物】安杰伊·杜达：总统。1972年出生，获雅盖隆大学法律专业博士学位，曾在雅盖隆大学任助教。2005年加入法律与公正党，历任该党议员团司法委员会顾问、司法部副国务秘书、国家检察院检察官、总统府副国务秘书。2011年当选众议员，2013年出任法律与公正党新闻发言人，2014年当选欧洲议会议员。2015年5月当选总统，8月宣誓就职。已婚，有一女。 **马泰乌什·莫拉维茨基**：总理。1968年出生，毕业于波兰弗罗茨瓦夫大学。长期从事财经领域工作，曾供职于德意志银行、西部银行，参与波兰加入欧盟谈判，担任总理经济顾问。2015年11月，任副总理兼经济发展部长，2016年9月起兼任财政部长。2017年12月出任总理，2019年11月连任。已婚，有四个子女。

经 济

1989年剧变后，采取“休克疗法”，开始从中央计划经济向市场经济转型。在经历持续近3年的衰退后，1992年起经济止跌回升，并连续20余年保持增长。特别是国际金融危机爆发以来，经济增幅虽有下滑，但仍好于欧盟多数国家，2009年为欧盟内唯一实现正增长的国家。2019年主要经济数据如下：

国内生产总值：5270.3亿欧元（欧盟统计局数据）。

人均国内生产总值：13730欧元。

国内生产总值增长率：4.1%。

货币名称：兹罗提（ZŁOTY）。1兹罗提=100格罗什（GROSZ）。

平均汇率：1美元=3.840兹罗提，1欧元＝4.299兹罗提。

通货膨胀率（2019年12月）：3.0%。

失业率（2019年12月）：5.2%。

【资源】主要矿产有煤、页岩气、硫磺、铜、锌、铅、铝、银等。截至2018年底，已探明硬煤储量为614.36亿吨，褐煤233.16亿吨，硫磺5.03亿吨，铜银19.06亿吨。截至2018年底，森林（绿地）面积945.95万公顷，森林覆盖率30.9%。（资料来源：2019年波兰统计年鉴）

【工业】2018年工业总产值按现行价格计算为15208.36亿兹罗提（约合3315.42亿欧元），占当年国内生产总值的21.9%。工业部门从业人员323.38万，占就业总数的20.9%。主要工业产品有煤炭、原钢、小轿车、水泥等。

【农牧业】2018年农业用地1466.9万公顷，人均占地面积0.38公顷。2018年农村人口15.3百万，占全国人口的39.8%。农业就业人数232.4万，占就业总数的14.57%。2018年农业总产值按现行价格计算为1131.5亿兹罗提（约合246.7亿欧元），占当年国内生产总值的2.1%。主要粮食农作物有小麦、黑麦、大麦、燕麦、甜菜、马铃薯、油菜籽等，主要出口的农副产品有肉、奶、蔬菜、水果、可可及其加工食品。

【旅游业】2018年接待外国游客1805万人次。游客多来自德国、英国、乌克兰、意大利、法国、俄罗斯、西班牙、以色列、瑞典、白俄罗斯、荷兰、立陶宛等。主要旅游胜地有首都华沙，沿海城市革但斯克、索波特和什切青，以及托伦、奥尔什丁、南部古城克拉科夫、山城扎科帕内、克雷尼察和东部的比亚沃维扎森林区等。

【交通运输】2018年交通运输情况如下：

铁路：铁路总长19235公里，其中标准轨铁路19235公里（包括电气化铁路11894公里）；客运量3.10亿人次，货运量2.49亿吨。

公路：公路总长30.4万公里；有2342.9万辆小轿车，375.8万辆载重汽车；客运量3.37亿人次，货运量18.7亿吨。

水运：内河航运线总长3654公里，内河货运量510.7万吨，内河客运量139.5万人次；海运货运量914.9万吨，海上客运量153.5万人次。共有船只139艘，其中货船92艘，货船载重256.8万载重吨；海运商港6个，货物吞吐量914.9万吨，主要海港有革但斯克、格丁尼亚、希维诺乌西切、什切青等。

空运：波兰开设的定期航班航线的飞机有84架，同43个国家、87个城市有定期航班，国际航线198条；客运量1385.0万人次，货运量6.3万吨。主要国际机场是华沙肖邦国际机场。

管道运输：石油及其产品输送主干管道总长2483公里，管道输送量5529万吨。（资料来源：2019年波兰统计年鉴）

【财政金融】2016—2018年财政预算情况如下（单位：亿兹罗提）：

	2016	2017	2018
收入	3146.8	3800.7	3557.1
支出	3608.4	3905.0	3972.0
赤字	461.6	104.2	414.9

截至2018年底，波兰外债总额为3598.6亿美元，外汇储备1103.9亿美元。（资料来源：波兰统计局、波兰国家银行）

【对外贸易】主要进口石油、汽车、钢铁、合成材料及工业成品油等。主要出口汽车、内燃机、橡胶制品、铝制品、农产品等。

2016—2018年波兰进出口情况如下（单位：亿美元）：

	2016	2017	2018
进口额	1984.21	2310.4	2701.6
出口额	2037.25	2316.0	2647.9
差 额	53.04	55.6	–53.7

2018年，波兰主要进、出口贸易伙伴及占外贸进、出总额的比例如下：

进口：德国（22.6%） 中国（11.6%） 俄罗斯（7.1%）

出口：德国（28.2%）　捷克（6.4%）　英国（6.2%）

（资料来源：2019年波兰统计年鉴）

【外国资本】2018年波兰吸引外国直接投资503.8亿兹罗提（约合120.4亿美元），主要投资国为德国、比利时、卢森堡、荷兰、瑞典、美国、英国等。（资料来源：2019年波兰统计年鉴）

人民生活

2018年国民经济各部门的人均月工资为4598.9兹罗提（约合1097美元），工业部门企业职工的月平均工资为4678.9兹罗提（约合1118美元）。2018年人均住房面积28.2平米；2017年全国有医师89532名，牙医师12927名，药剂师28873名，护士和助产士215844名，每千人有病床4.73张。2018年，人均月消费1186.9兹罗提（约合284美元），其中食品（含非酒精饮料）、衣物、文娱、教育方面花费分别占个人总消费的24.8%、5.0%、6.5%和1.0%。

军　事

1943年10月12日建立波兰人民军。1990年更名为波兰军队，将8月15日定为建军节（1920年8月15日，波兰军队在华沙近郊击退苏俄红军进攻并转入反攻）。总统为武装力量最高统帅。总统任主席的国防委员会是最高国防决策机构。国防部为最高军事行政机关。总参谋部是最高军事指挥机构，负责指定军队发展规划。2013年7月，波总统签署法令，对波军指挥系统进行改革。国防部长领导波军总参谋长、各军种司令。总统可在总理要求下指定战时总指挥。总参谋部负责制订军队发展规划，为总统、总理及国防部长提供防务建议。总参谋长是莱蒙德·安德莱伊查克（Rajmund Andrzejczak）中将，2018年7月就职。

2009年9月，波军最后一批义务兵退役，波军职业化改造初步完成。自此，波军开始根据自愿原则招收士兵。截至2018年，波兰现役军人人数为10.5万人。（资料来源：2019年波兰统计年鉴）2018年国防开支为约403.5亿兹罗提（约合96亿美元），占国内生产总值的1.91%。（资料来源：2018年波兰国家财政及国防部预算）

文化教育

【教育】从2017年9月1日起，波兰实行新的国民教育体制，取消初中，分为小学8年，普通中学4年或职业/技术学校2—5年。高等教育一般为3或5年。2018年，国民基础教育支出约38.89亿兹罗提（约合9.3亿美元），高等教育与科研经费支出约为161.00亿兹罗提（约合38.5亿美元），分别占GDP的0.2%和0.8%。著名高等学府有克拉科夫雅盖隆大学（1364年）、华沙大学（1816年）、波兹南密茨凯维奇大学（1919年）、华沙工业大学等。2018/2019学年各级学校、学生、教师数目如下：

	学校（所）	学生（万人）	教师（万人）
小学	14467	304.0	25.68
初中	1640	35.1	3.36
普通高中	2235	47.0	3.90
技校	1879	50.6	4.57
高等院校	392	123.0	9.31

（资料来源：2019年波兰统计年鉴）

【新闻出版】2018年，全国出版发行各类报纸杂志共7253种，其中主要的综合类报纸及其平均日发行量为:《选举报》，16.1万份;《事实日报》，36.3万份;《超级快讯》，20.4万份;《共和国报》，5.7万份;《法律日报》，4.5万份。此外，还有《政治周刊》《直言周刊》《论坛报》和《新闻周刊》等。

国家主要通讯社有波兰通讯社（PAP）、广播新闻社（IAR）。国家主要电台和电视台是波兰广播电台（Polskie Radio）和波兰公共电视台（TVP）。1990年10月，众议院通过关于允许开办私营电台和电视台的法令。截至2018年底，共有337家广播电台，其中全国性电台8家；电视台22家，其中全国性电视台19家。

对外关系

1999年3月12日加入北约，2004年5月1日加入欧盟，2007年12月加入申根协定。政治和经济上立足欧盟，安全和防务上倚靠北约和美国，积极构建全方位外交格局，力求在欧盟和北约中发挥更大作用。近年来，更加注重维护自身利益，通过次区域合作及域外多元外交提升在地区和国际事务中影响力。现同195个国家保持外交关系。

【同中国的关系】1949年10月7日，中波两国建立大使级外交关系。2004年，国家主席胡锦涛对波兰进行国事访问，两国建立友好合作伙伴关系。2011年12月，波兰总统科莫罗夫斯基对中国进行国事访问，两国关系提升为战略伙伴关系。2016年6月，国家主席习近平对波兰进行国事访问，两国关系提升为全面战略伙伴关系。

2019年是中波建交70周年，10月7日习近平主席、李克强总理、王毅国务委员兼外长分别同波兰总统杜达、总理莫拉维茨基、外长查普托维奇互致建交贺电。2019年4月，李克强总理出席在克罗地亚杜布罗夫尼克举行的第八次中国—中东欧国家领导人会晤期间同波兰总理莫拉维茨基举行双边会见。7月，王毅国务委员兼外长访问波兰并同波兰外长查普托维奇共同主持召开中波政府间合作委员会第二次全会。8月，全国政协副主席李斌访问波兰。9月，波兰企业与技术部国务秘书奥切帕率团来华，作为特邀伙伴国代表出席第16届中国—东盟博览会，其间韩正副总理同其寒暄。

根据中国海关总署统计，2018年中波贸易额为245.2亿美元、同比增长15.5%。其中中方出口额208.8亿美元、同比增长16.8%，进口额36.4亿美元、同比增长8.7%。2019年，双边贸易额278.1亿美元、同比增长13.4%，中方出口238.7亿美元、同比增长14.4%，进口39.4亿美元、同比增长8.1%。

中国驻波兰大使：刘光源。馆址：BONIFRATERSKA 1，00–203。电话：0048–22–8313836；传真：6354211。网址：www.chinaembassy.org.pl。商务处电话：0048–22–8313861。

波兰驻华大使：赛熙军（Wojciech Zajączkowski）。馆址：北京建国门外日坛路1号。电话：010–65321235；传真：65321745。网址：www.beijing.mfa.gov.pl。商务处电话：010–65321888；传真：65324958。领事处电话：010–65321235；传真：65323567。

【同欧盟的关系】致力于依托欧盟促进经济与社会发展，不断加强自身在欧盟内的地位与作用，高度关注欧盟单一市场建设、能源安全、邻国政策等议题。迄未加入欧元区。2015年，法律与公正党政府掌权后，波政府更加强调成员国自主自决，积极推动欧盟体制机制改革，主张限制欧盟机构权力，减少“民主赤字”，提升欧盟全球竞争力。2016年以来，欧盟对波国内司法、媒体等改革表达担忧，2017年底根据欧盟条约第七条正式对波启动审查程序。

【同欧盟大国的关系】视波德关系为波兰最重要的双边关系之一。德国是波兰最大贸易伙伴，也是波兰最大出口国及欧盟预算最大净出资国，双方经济利益捆绑紧密。视法国为传统盟友，双方在安全、政治、经济、人文领域交流活跃。重视“魏玛三角”（德国、法国、波兰）机制。

【同美国及北约的关系】认为波美关系具有特殊重要意义，视美国为特殊盟友。2015年9月，波兰总统杜达赴美出席联合国成立70周年系列峰会。2016年4月，波兰总统杜达赴美出席第四届核安全峰会。2017年7月，美总统特朗普访问波兰并出席第二届“三海（亚得里亚—黑海—波罗的海）倡议”峰会。2018年9月，波兰总统杜达对美进行正式访问。2019年2月，波美在华沙召开“推进中东和平与安全部长级会议”，美副总统彭斯、国务卿蓬佩奥、总统特别顾问库什纳等与会。6月，波兰总统杜达访问美国，双方签署关于加强美在波军事存在的共同声明。9月，波美签署深化军事合作联合声明。同月，美副总统彭斯访波，双方签署《美波关于5G网络问题的联合声明》。

视北约为国家安全重要支柱，支持深化跨大西洋合作和北约东扩。坚持共同防御原则，积极参与制定北约新战略和阿富汗重建，向驻阿国际安全援助部队（ISAF）派兵1000余人，2014年底正式结束维和使命。乌克兰危机爆发后，在增加自身军事投入同时，更加注重强化跨大西洋安全合作，强烈要求北约增加东翼力量，呼吁北约在波境内长期驻军。2016年7月北约峰会在华沙举行。

【同俄罗斯及东部邻国的关系】波俄关系历史错综复杂，纠葛颇多。乌克兰危机使波俄关系在政治与经济层面遭到严重破坏，两国中断高层与政治交往，陷入制裁与反制裁的恶性循环。波在制裁俄问题上立场强硬。俄禁止进口欧盟农产品致波农产品出口损失惨重。

高度重视“东部伙伴关系”，同东部邻国关系密切，领导人互访频繁。推动东部邻国进行政治、经济改革，加强民主体制建设，更好地融入欧洲。2019年作为“柏林进程”轮值主席国举办西巴尔干峰会等系列活动。

【同中东欧国家的关系】视中东欧为其在欧盟内的战略依托，高度重视维谢格拉德集团、“三海倡议”、“布加勒斯特9国”等次区域组织或多边机制合作，认为地区国家国情相近，发展水平相当，应加强立场协调，通过共同发声和一致行动形成合力，维护自身及地区国家共同利益。

【同其他国家的关系】密切关注西亚北非局势发展，大力宣扬自身民主转型经验。支持突尼斯、埃及、利比亚等国现代化、民主化进程。重视同印度、日本、韩国等亚洲国家关系，加大对该地区投入，积极开展与中东、拉美、非洲地区经贸尤其是能源等领域合作。

（吕淑涵）

波斯尼亚和黑塞哥维那

国名　波斯尼亚和黑塞哥维那（Bosnia and Herzegovina，Bosna i Hercegovina），简称波黑。

面积　5.12万平方公里。

人口　353万（2016年），其中波黑联邦约占62.8%，塞尔维亚族共和国约占34.8%，布尔奇科特区约占2.4%。主要民族为：波什尼亚克族，约占总人口50.1%；塞尔维亚族，约占总人口30.8%；克罗地亚族，约占总人口15.4%。三族分别信奉伊斯兰教、东正教和天主教。官方语言为波斯尼亚语、塞尔维亚语和克罗地亚语。

首都　萨拉热窝（Sarajevo），人口约27.6万（2016年）。

国家元首　主席团行使国家元首职责，由波什尼亚克、塞尔维亚和克罗地亚三族各一名代表组成，任期4年。主席团主席为轮值制，由三族代表每8个月轮换一次。本届主席团于2018年11月组成。主席团成员为：舍菲克·扎费罗维奇（Šefik DŽAFEROVIĆ，波族），米洛拉德·多迪克（Milorad DODIK，塞族）和热利科·科姆希奇（Željko KOMŠIĆ，克族）。

重要节日 三族共同庆祝新年（1月1日）、国际劳动节（5月1日）和波黑武装力量日（12月1日）。宗教节日较多，包括开斋节、宰牲节、圣诞节、复活节等。

简　况

位于欧洲巴尔干半岛中西部。南、西、北三面与克罗地亚毗连，东与塞尔维亚相邻，东南与黑山接壤。大部分地区位于迪纳拉高原和萨瓦河流域。南部极少部分濒临亚得里亚海，海岸线长约21.2公里。南部属地中海式气候，北部属温带大陆性气候。南部1月平均气温6.3℃，7月27.4℃；北部1月平均气温-0.2℃，7月22.7℃。年平均气温11.2℃。

6世纪末7世纪初，部分斯拉夫人南迁到巴尔干半岛，在波斯尼亚和黑塞哥维那等地定居。12世纪末，斯拉夫人建立独立的波斯尼亚公国。14世纪末，波斯尼亚进入鼎盛时期。1463年后成为奥斯曼土耳其属地，1878年被奥匈帝国占领。1914年6月28日，奥匈帝国皇储弗朗茨·斐迪南大公在萨拉热窝遭当地青年暗杀，引发第一次世界大战。

政　治

1918年第一次世界大战结束后，南部斯拉夫民族成立塞尔维亚人—克罗地亚人—斯洛文尼亚人王国。1929年改称南斯拉夫王国，波黑是其中的一部分，被划分为4个行政省。1945年，南斯拉夫各族人民取得反法西斯战争胜利，成立南斯拉夫联邦人民共和国（1963年改称南斯拉夫社会主义联邦共和国），波黑成为其中的一个共和国。1992年3月，波黑就国家是否独立举行全民公决，波族和克族赞成独立，塞族抵制投票。此后，波黑三族间爆发历时三年半的战争。1992年5月22日，波黑加入联合国。1995年11月21日，在美国主持下，南斯拉夫联盟共和国塞尔维亚共和国总统米洛舍维奇、克罗地亚共和国总统图季曼和波黑共和国总统伊泽特贝戈维奇签署《波黑和平总体框架协议》（又称“代顿协议”），波黑战争结束。自代顿协议签署以来，波黑民族关系渐趋缓和，政局逐步稳定。

【宪法】1995年11月，波黑根据代顿协议制定宪法。宪法规定：波黑正式名称为“波斯尼亚和黑塞哥维那”；波什尼亚克族、塞尔维亚族和克罗地亚族三个民族为主体民族；波黑由波黑联邦和塞族共和国两个实体组成；波黑设三人主席团，由三个主体民族代表各一人组成，主席团成员分别由两个实体直接选举产生。

【议会】由代表院和民族院组成，任期4年。代表院由三个民族的42名代表组成，其中28名来自波黑联邦，14名来自塞族共和国。代表院设主席团三人，分属三族。主席一职由三族轮流担任，每8个月轮换一次。代表院议员的产生方式是通过大选中参选各政党的具体得票数来分配名额。本届代表院于2018年12月成立，议席分配情况为：民主行动党9席，独立社会民主人士联盟6席，克罗地亚族民主共同体5席，社会民主党4席，民主阵线党4席，塞尔维亚族民主党—民主进步党4席，我们的党—独立阵营4席，塞族俱乐部3席，争取波黑更美好未来联盟—民主行动运动党2席，A—民主活动党1席。博尔娅娜·克里什托（Borjana KRIŠTO，克族）、戴尼斯·兹维兹迪奇（Denis ZVIZDIĆ，波族）和内博伊沙·拉德马诺维奇（Nebojša RADMANOVIĆ，塞族）为主席团成员。

民族院设15个席位，由波黑联邦的10名代表（波族、克族各5人）和塞族共和国的5名塞族代表组成。民族院议员由波黑联邦议会民族院和塞族共和国人民议会根据主体民族比例和大选结果推选产生。主席、副主席轮值方式与代表院相同。本届民族院于2019年2月产生，波族代表中，民主行动党3人，争取波黑更美好未来联盟1人，社会民主党1人；克族代表中，克罗地亚族民主共同体4人，民主阵线党1人；塞族代表中，独立社会民主人士联盟4人，塞尔维亚族民主党1人。巴基尔·伊泽特贝戈维奇（Bakir IZETBEGOVIĆ，波族）、德拉甘·乔维奇（Dragan ČOVIĆ，克族）和尼科拉·什皮里奇（Nikola Špirić，塞族）为主席团成员。

【政府】波黑政府称部长会议，由主席和部长组成，任期4年。部长会议主席由主席团任命，经议会代表院批准。部长由部长会议主席任命。2018年10月，波黑举行大选。2019年12月组建新一届部长会议（政府），主席为佐兰·特盖尔蒂亚（Zoran TEGELTIJA，塞族）。部长会议成员有：副主席兼外交部长比塞拉·图尔科维奇（Bisera TURKOVIĆ，女，波族），副主席兼财政部长弗耶科斯拉夫·贝万达（Vjekoslav BEVANDA，克族），外贸和经济关系部长斯塔沙·科沙拉茨（Staša KOŠARAC，塞族），民政部长安基察·古代列维奇（Ankica GUDELJEVIĆ，女，克族），交通通讯部长沃因·米特洛维奇（Vojin MITOLOVIĆ，塞族），安全部长法赫鲁丁·拉东契奇（Fahrudin RADONČIĆ，波族），司法部长约西普·格鲁贝沙（Josip GRUBEŠA，克族），国防部长西费特·波季奇（Sifet PODIĆ，波族），人权和难民部长待任命。

【主要网址】主席团：www.predsjednistvobih.ba；部长会议：www.vijeceministara.gov.ba；外交部：www.mfa.ba。

【行政区划】波黑由波黑联邦和塞族共和国两个实体组成。波黑联邦下设10个州，塞族共和国下设8个市和56个区。1999年，设立布尔奇科特区，直属国家。

【司法机构】根据宪法，波黑设宪法法院和国家法院。宪法法院是裁决两实体之间以及两实体内部各机构间纠纷的唯一法律授权机构，拥有终审决定权。宪法法院由9名法官组成，法官任期5年，其中4人由波黑联邦议会代表院选出，2人由塞族共和国人民议会选出，其余3人由欧洲人权法院院长推选，但不能是波黑或波黑邻国的公民。宪法法院院长兹拉特科·克内热维奇（Zlatko KNEŽEVIĆ）。国家法院院长兰科·代贝韦茨（Ranko DEBEVEC）。国家检察院检察长戈尔达娜·塔迪奇（Gordana TADIĆ）。两实体分设波黑联邦最高法院和塞族共和国最高法院。

【政党】主要政党有：

（1）民主行动党（Stranka demokratske akcije，简称SDA）：主要执政党。1990年5月成立，系波族第一大党。主张建立完整和统一的波黑。主席巴基尔·伊泽特贝戈维奇。

（2）独立社会民主人士联盟（Savez nezavisnih socijaldemokrata，简称SNSD）：主要执政党。1996年成立，系塞族第一大党。主张执行代顿协议，支持以代顿协议为基础的波黑体制，积极致力于发展和加强同塞尔维亚的特殊关系。主席米洛拉德·多迪克。

（3）克罗地亚族民主共同体（Hrvatska demokratska zajednica BiH，简称HDZ）：主要执政党。1990年8月成立，系克族第一大政党。主张维护波黑克族利益。主席德拉甘·乔维奇。

（4）民主阵线党（Demokratska fronta，简称DF）：执政党。2012年7月成立，系以波、克两族为主的多民族政党。主张建立民主的多元化社会。主席热利科·科姆希奇。

（5）争取波黑更美好未来联盟（Savez za bolju budućnost，简称SBB）：执政党。2009年成立，系以波族为主的多民族政党。主张维护波黑的统一，大力发展经济，改善民生。主席法赫鲁丁·拉东契奇（Fahrudin RADONČIĆ）。

（6）塞尔维亚族民主党（Srpska demokratska stranka，简称SDS）：在野党。1990年7月成立，系塞族政党。主张遵守代顿协议安排，维护塞族共和国实体权力，反对激进分离主义。主席米尔科·沙罗维奇（Mirko ŠAROVIĆ）。

（7）民主进步党（Partija Demokratskog Progresa，简称PDP）：在野党。1999年9月成立。主张维护塞族合法权益，维护波黑领土完整。主席布拉尼斯拉夫·博雷诺维奇（Branislav BORENOVIĆ）。

（8）社会民主党（Socijal demokratska partija，简称SDP）：在野党。1990年成立，系多民族政党，社会党国际成员。倡导建立多民族、多宗教、多元文化的波黑，主张民族和解。主席内尔明·尼克希奇（Nermin NIKŠIĆ）。

（9）克罗地亚族民主共同体1990（Hrvatska Demokratska Zajednica 1990 Bosne i Hercegovine，简称HDZ1990）：在野党。2006年4月成立，由原波黑克族民共体部分成员脱党组成。主张维护克族作为主体民族的合法权益，拥护统一的波黑。主席伊利亚·茨维塔诺维奇（Ilija CVITANOVIĆ）。

【重要人物】**舍菲克·扎费罗维奇**：波黑主席团波族成员。1957年出生于扎维多维契，波黑民主行动党（SDA）副主席。毕业于萨拉热窝大学法学院，曾就职于扎维多维契和泽尼察司法与警务机构。曾任泽尼察—多博伊州议会主席团成员、波黑联邦议会民族院议员、波黑议会民族院议员、代表院议员、代表院主席团成员等。2018年10月当选主席团波族成员。 **米洛拉德·多迪克**：波黑主席团塞族成员。1959年生于巴尼亚卢卡市。塞族共和国独立社会民主人士联盟（SNSD）主席。毕业于巴尼亚卢卡大学政治学院，1986—1990年任南斯拉夫波黑共和国拉克塔希区议会执行委员会主席。在1990年波黑首次多党制选举中当选波黑塞族共和国人民议会议员。1996年创建SNSD并任党主席至今。曾于1997—1998年、2006—2010年任塞族共和国总理，2010—2014年、2014—2018年任塞族共和国总统。2018年10月当选主席团塞族成员。 **热利科·科姆希奇**：波黑主席团克族成员。1964年出生于萨拉热窝。波黑民主阵线党（DF）主席。毕业于萨拉热窝大学法律系和美国乔治敦大学外交学院。波黑战争期间在波黑共和国军队中服役，1995年获波黑共和国军队最高荣誉金百合勋章。1997年加入波黑社会民主党（SDP），曾任波黑新萨拉热窝区区长、驻塞黑大使。2006年和2011年两次当选波黑主席团克族成员。2013年退出SDP，组建DF并任党主席。2014—2018年任国家议会代表院议员，2018年10月再次当选主席团克族成员。 **佐兰·特盖尔蒂亚**：部长会议主席。1961年出生于姆尔科尼奇城，塞尔维亚族。本科毕业于萨拉热窝大学经济学院，研究生就读塞尔维亚贝尔格莱德阿尔法大学。塞族共和国独立社会民主人士联盟（SNSD）主席团成员。1998年加入SNSD，2000年当选SNSD中央委员会成员、SNSD姆尔科尼奇城地委书记、塞族共和国人民议会议员、姆尔科尼奇城议会议员。2004年当选姆尔科尼奇城区长，2010—2018年连任塞族共和国财政部长，2014年和2018年两度当选塞族共和国人民议会议员。2019年11月被波黑主席团提名为部长会议主席，12月议会正式任命。

经　济

波黑战争给波黑经济带来严重破坏，几近崩溃。战后在国际社会援助下，波黑经济恢复取得一定进展。2018年主要经济数据如下：

国内生产总值：186.5亿美元。

人均国内生产总值：5771美元。

国内生产总值增长率：3.7%。

货币名称：可兑换马克（CONVERTIBLE MARK，BAM），或称波黑马克。

汇率：1欧元≈1.95可兑换马克（固定汇率）。

通货膨胀率：1.4%。

失业率：34.7%。

（资料来源：波黑国家统计局，下同）

【**资源**】矿产资源丰富，主要有铁矿、褐煤、铝矾土、铅锌矿、石棉、岩盐、重晶石等，其中煤炭蕴藏量达55亿吨。图兹拉地区食用盐储量为欧洲之最。波黑拥有丰富的水资源，潜在的水力发电量达170亿千瓦。森林覆盖率53%，其中65%为落叶植物，35%为针叶植物。

【**工业**】波黑的主要经济部门有农业及食品加工业、能源业、旅游业、林业和木材加工业、金属加工业等。2018年的工业产值为99.46亿可兑换马克，占国内生产总值的29.74%。

【**农业**】波黑农业的发展目标为：

（1）协调和执行欧盟标准，特别是在食品生产领域；（2）建立和完善食品安全质量监督管理体制，建立管理链条；（3）更有效地利用森林资源；（4）通过多种方式创造商机，以促进农村发展和提高农村生活质量；（5）改善自然资源的保护和有效管理。

从事农业人口约为50万人，耕地面积为100万公顷。2018年，波黑农业产值19.69亿可兑换马克，占国内生产总值的5.89%。

【**服务业**】2018年服务业产值215.28亿可兑换马克，约占国内生产总值64.37%。具体的服务门类包括信息通讯、金融保险、文娱休闲和健康产业等。

【**旅游业**】2019年，波黑共接待游客1640717人次，同比增长12%。其中本国游客442658人次，增长7.3%；外国游客1198059人次，增长13.8%。中国游客102758人次，增长76.5%，列外国游客第2位；中国游客过夜天数为122002天，增长82.9%，列外国游客第5位。

【**交通运输**】波黑位于前南斯拉夫的中心地区，连接前南与欧洲的部分重要交通干线经过波黑。交通运输以铁路和公路为主。截至2018年底，波黑全国注册机动车106.4万辆，其中小汽车91.6万辆，卡车8.9万辆，公共汽车4500辆，摩托车1.5万辆。

公路：根据波黑联邦及波黑塞族共和国道路公司数据，全国公路总长24796公里，其中高速公路207公里。2018年波黑全国公路运输：客运量1.44亿人次，货运量979万吨。铁路：2018年波黑全国铁路运输：客运量55万人次，货运量1351.4万吨。

空运：波黑有4个国际机场，分别位于萨拉热窝、巴尼亚卢卡、莫斯塔尔和图兹拉。2018年，四大机场运送旅客分别为104.7万人次、2.1万人次、2.8万人次、58.5万人次。

【**财政金融**】波黑国家预算在很大程度上依赖于两实体上缴的部分税收，另外一部分收入依靠征收印花税。2018年波黑财政收入144.02亿可兑换马克，占GDP比重43.1%；财政支出127.38亿可兑换马克，占GDP比重38.1%；财政盈余16.64亿可兑换马克；经常账户赤字13.7亿可兑换马克，比上年减少0.9亿可兑换马克，占GDP的4.1%。

波黑设中央银行，主要的私有银行有Addiko Bank（奥地利），Bosna Bank International（沙特阿拉伯），Intesa Sanpaolo Bank（意大利），Komercijalna banka（塞尔维亚），NLB Banka d.d.（斯洛文尼亚），ProCredit Bank（德国），Raiffeisen Bank（奥地利），Sberbank a.d.（俄罗斯），Sberbank BH（俄罗斯），Sparkasse Bank（奥地利），UniCredit Bank（意大利），ZiraatBank BH（土耳其）等。

【**对外贸易**】2019年波黑对外贸易总额310亿可兑换马克、同比减少0.6%，其中波黑出口额为115亿可兑换马克、同比减少3.4%，进口额为195亿可兑换马克、同比增长1.2%，外贸逆差80亿可兑换马克。主要出口商品类别是金属及其制品；机械、电气和机电产品及矿产品。主要进口商品类别是矿产品、机械、电气和机电产品、金属及其制品以及化工产品。

重要贸易伙伴为：德国、意大利、塞尔维亚、克罗地亚、斯洛文尼亚等。

【**外国资本**】根据波黑中央银行统计数据，2018年，外国对波黑直接投资7.834亿可兑换马克，同比增长3.3%，主要投资国为俄罗斯、克罗地亚、荷兰、奥地利、德国。

【**外国援助**】波黑战争后约有50个捐资国、30个国际组织和400多个非政府组织参与了波黑的恢复与重建项目。国际社会共组织5次布鲁塞尔波黑重建国际捐资会议，为波黑筹集55.8亿美元的援助，其中无偿援助占69.56%，优惠贷款占30.44%，主要捐资方为欧盟、世界银行、美国、日本、荷兰、英国等。2001年，国际社会结束对波黑的大规模援助。

人民生活

1992年波黑战争爆发后，人民生活水平急剧下降，食品和医药用品极端匮乏。国际社会向波黑提供大量人道主义援助。1995年“代顿协议”签署后，人民生活有所改善。波黑全国共有大型综合性医院和专科医院29家，医护人员49840人。

军　事

波黑战争期间，波、塞、克三族均拥有自己的武装。战后，根据代顿协议，波黑联邦和塞族共和国两个实体分别成立了国防部和军队，同时开始在北约的监督下大幅裁军。2003年12月，波黑颁布首部《国防法》，决定在国家一级组建国防部。2005年10月，波黑通过《国防法》修正案和《兵役法》，决定组建全国统一的职业化军队。波黑主席团为波黑武装力量最高统帅。波黑国防部为波黑最高军事领导机构。波黑议会在其职责范围内对军队实施监督。截至2018年10月，波黑武装力量总人数为9322人。2019年度国防预算为2.89亿可兑换马克，约占国内生产总值的0.8%。现任国防部长为西费特·波季奇，武装力量联合参谋长为塞纳德·马绍维奇（Senad MAŠOVIĆ）中将。波黑武装力量日为12月1日。

文化教育

【教育】波黑教育体制趋向欧盟教育体制标准。2018/2019学年度，波黑共有28511名儿童就读于359所学前教育机构；小学1803所，学生280018人，教师24175人；中学313所，学生117475人，教师12551人；高校49所，大学生87696人，其中全日制学生75952人。2018年，波黑毕业的本科学生有14220人。主要大学有萨拉热窝大学、巴尼亚卢卡大学、莫斯塔尔大学和图兹拉大学等。

【新闻出版】波黑全国共发行各类报刊138种。主要报刊有:《每日之声报》《解放报》《独立报》和《每日报》等。波黑不设国家通讯社，两个实体最大通讯社为波黑联邦通讯社和塞族共和国通讯社。波黑国家广播电视台包括一个电视频道和一个广播频率，使用波黑三种官方语言。

对外关系

波黑将加入欧盟作为外交中心任务，重点发展与美国、欧盟关系，致力于睦邻修边，加强区域合作。对于加入北约，各族态度不一。截至2020年3月，共有180个国家同波黑建交。

【同中国的关系】1995年4月3日，中国和波黑建立大使级外交关系。2015年9月，波黑主席团轮值主席乔维奇来华出席中国人民抗日战争暨世界反法西斯战争胜利70周年纪念活动，习近平主席同其举行双边会见。2015—2019年，李克强总理在出席中国—中东欧国家领导人会晤期间5次会见波黑部长会议主席兹维兹迪奇。2016年5月，波黑议会民族院轮值主席塔迪奇访华，全国人大常委会委员长张德江、全国政协主席俞正声分别同其会见。11月，波黑塞族共和国总统多迪克率团出席在成都举行的第16届中国西部国际博览会。2017年5月，波黑部长会议副主席兼外经贸部长沙罗维奇来华出席“一带一路”国际合作高峰论坛。9月，全国政协副主席马培华访问波黑。2018年5月，《中华人民共和国政府和波黑部长会议关于互免持普通护照人员签证的协定》生效。11月，波黑主办第三届中国—中东欧国家创新合作大会，李克强总理致贺信。2019年4月，中国担任莫斯塔尔博览会主宾国，李克强总理致贺信。

2019年中波贸易额1.9亿美元、同比增长1.9%，其中中方出口额为1.1亿美元、同比增长3.5%，进口额为0.8亿美元、同比下降0.5%。

中国驻波黑大使：季平。馆址：Braće Begić 17, 71000 Sarajevo。电话：00387–33–215102；传真：215108。电子邮箱：chinaemb_ba@mfa.gov.cn。

波黑驻华大使：塔里克·布克维奇（Tarik BUKVIĆ）。办公地点：北京市朝阳区塔园外交人员办公楼1单元5楼501号。电话：010–65326587；传真：65326418。电子邮箱：ambbhdip@public.bta.net.cn。

【同美国的关系】1992年4月，美国承认波黑独立；同年8月，两国建交。1995年11月21日，在美国主持下，南斯拉夫联盟共和国塞尔维亚共和国、克罗地亚共和国和波黑共和国领导人在美国俄亥俄州代顿空军基地就全面政治解决波黑问题达成协议。波黑停战后，美国对波黑战后重建提供经济援助达10亿美元。2018年12月，美国常务副国务卿沙利文访问波黑。2019年2月，波黑外长茨尔纳达克赴华盛顿出席打击“伊斯兰国”国际联盟外长会。4月，美国中央情报局副局长毕晓普访问波黑。5月，美国助理国务卿帮办帕尔默访问波黑。6月，波黑外长茨尔纳达克访问美国；美国副助理国务卿帮办帕尔默访问波黑；塞族共和国总统茨维亚诺维奇访问美国。

【同欧盟及欧洲国家的关系】欧盟支持波黑融入欧洲一体化，波黑致力于尽早入盟。德国在维护波黑安全、稳定及融入欧洲一体化过程中发挥主导作用。

2003年1月，欧盟特派团正式开始接替联合国特派团在波黑执行维和任务。2004年11月，安理会通过决议，由欧盟部队（EUFOR）取代多国稳定部队。2008年6月，波黑与欧盟签署《稳定与联系协议》。2012年6月，欧盟公布波黑入盟路线图，明确波黑递交入盟申请前必须推行修宪等改革措施。2015年6月，波黑与欧盟《稳定与联系协议》正式生效，波黑取得入盟联系国地位。2016年2月，波黑正式递交入盟申请。9月，欧盟委员会正式接受波黑申请，并于12月向波黑政府发出入盟调查问卷。2019年3月，波黑完成入盟调查问卷和补充问题清单。

2018年4月，欧洲理事会主席图斯克访问波黑。5月，波黑主席团三位成员访问德国。2019年1月，波黑主席团集体访问欧盟总部。6月，波黑主席团轮值主席多迪克访问匈牙利，同月访问白俄罗斯。9月，波黑主席团轮值主席科姆希奇访问英国。12月，波黑主席团集体访问斯洛文尼亚。

【同北约的关系】波黑三个主体民族对加入北约持不同立场，波什尼亚克族和克罗地亚族支持入约，塞尔维亚族反对。2010年，北约有条件地邀请波黑加入“成员国行动计划”。2018年12月，北约同意接受波黑提交首份“年度国别报告”，准备启动波黑加入北约“成员国行动计划”程序。2019年12月，波黑向北约提交“波黑改革计划”。波族称该文件相当于“年度国别报告”，塞族否认。

【同俄罗斯的关系】1992年4月27日，俄罗斯承认波黑。1995年2月建交。1995年代顿协议签署后，俄罗斯派部队参加驻波黑多国稳定部队。2003年4月，俄正式宣布从波黑全部撤军。2018年4月，俄罗斯联邦委员会主席马特维延科访波。9月，俄罗斯外长拉夫罗夫访波。2019年6月，波黑主席团轮值主席多迪克赴俄罗斯出席圣彼得堡经济论坛。10月，波黑主席团塞族成员多迪克和塞族共和国总统茨维亚诺维奇在贝尔格莱德会见俄罗斯总理梅德韦杰夫。

【同伊斯兰国家的关系】波黑是伊斯兰国家会议组织的观察员。2018年2月，波黑部长会议主席兹维兹迪奇访问卡塔尔。5月，土耳其总统埃尔多安访问波黑。2019年5月，波黑主席团（克族成员科姆希奇派代表参加）集体访问土耳其。6月，波黑主席团波族成员扎费罗维奇赴沙特阿拉伯出席伊斯兰合作组织第14次峰会。

【同邻国的关系】波黑奉行睦邻友好政策。2019年5月，波黑主席团轮值主席多迪克访问阿尔巴尼亚；多迪克、波黑主席团波族成员扎费罗维奇和克族成员科姆希奇的代表赴阿尔巴尼亚出席布尔多—布里俄尼进程首脑会议；波黑部长会议主席兹维兹迪奇访问罗马尼亚。10月，波黑主席团塞族成员多迪克同匈牙利总理欧尔班、塞尔维亚总统武契奇在塞尔维亚举行会晤；波黑、塞尔维亚、土耳其三国元首在贝尔格莱德举行会晤，波黑主席团三名成员全部出席。

同塞尔维亚的关系：2000年12月15日，两国建交。2001年互派大使。2018年1月，波黑主席团轮值主席乔维奇访问塞尔维亚；波黑主席团波族成员伊泽特贝戈维奇同塞尔维亚总统武契奇、土耳其总统埃尔多安举行三方会谈。12月，波黑主席团轮值主席多迪克访问塞尔维亚。2019年12月，波黑主席团集体访问塞尔维亚。

同黑山的关系：2006年6月14日，波黑承认黑山独立并宣布两国建交。2015年8月，波黑与黑山签署两国领土划界协议。2019年9月，波黑议会民族院副主席什皮里奇同黑山议长布拉乔维奇举行会晤。

同克罗地亚的关系：1992年7月建交。2018年1月，克罗地亚总统基塔罗维奇访问波黑。7月和8月，波黑主席团克族成员乔维奇访问克罗地亚。2019年8月，波黑议会民族院副主席乔维奇赴克罗地亚会见克总理普连科维奇。（高凯）

丹　麦

<u>国名</u>　丹麦王国（The Kingdom of Denmark，Kongeriget Danmark）。

<u>面积</u>　4.3094万平方公里（不包括格陵兰和法罗群岛）。

<u>人口</u>　582.3万人（2020年3月）。丹麦人约占86.2%，外国移民约占13.8%。官方语言为丹麦语，英语为通用语。约75%的居民信奉基督教路德宗，0.6%的居民信奉罗马天主教。

<u>首都</u>　哥本哈根（Copenhagen，København），人口79.4万人（2020年3月）。

<u>国家元首</u>　女王玛格丽特二世（Margrethe II），1972年1月14日即位。

<u>重要节日</u>　国庆日：4月16日，女王玛格丽特二世生日。宪法日：6月5日，纪念1849年6月5日颁布丹麦王国宪法。

简　况

位于欧洲北部。南同德国接壤，西濒北海，北与挪威、瑞典隔海相望。海岸线长7314公里。地势低平，平均海拔约30米。属温带海洋性气候，平均气温1月0℃，8月16℃。年均降水量约860毫米。

公元985年形成统一王国。公元8—12世纪为强盛的海盗时期，曾征服现英国、挪威、法国诺曼底、莱茵河畔等地区。14世纪走向强盛，并于1397年成立以丹麦女王玛格丽特一世为盟主的卡尔马联盟，疆域包括现丹麦、挪威、瑞典、冰岛、格陵兰、法罗群岛以及芬兰的一部分。15世纪末开始衰落。1523年瑞典脱离联盟独立。1814年将挪威割予瑞典。1849年建立君主立宪政体。第一次世界大战中宣布中立。1940年4月至1945年5月被纳粹德国占领。1944年冰岛脱离丹独立。1949年加入北约，1973年加入欧共体。拥有对格陵兰和法罗群岛的主权。

政　治

政局总体稳定。2019年6月，丹麦社会民主党在社会人民党、红绿联盟、激进党三党支持下组成一党少数政府，施政重点主要涵盖绿色、福利、移民三大领域。

【宪法】宪法于1849年制定，1866年、1915年、1920年、1953年四度修宪。宪法规定，丹实行君主立宪制。经议会5/6多数通过，政府可将一定范围内的主权让渡某种“国际机构”。

【议会】一院制，共179个议席。议员经普选产生，任期4年。本届议会于2019年6月大选后产生，由社民党（48席）、自由党（42席）、丹人党（16席）、激进党（16席）、社人党（14席）、红绿联盟（13席）、保守党（13席）、选择党（5席）、新保守党（4席）、自由联盟（4席）组成。此外，格陵兰和法罗群岛各占2席。议长亨里克·达姆·克里斯滕森（Henrik Dam Kristensen，社民党）。

【政府】本届政府于2019年6月大选后产生。由社民党单独执政，激进党、社人党、红绿联盟在野支持。内阁由包括首相在内的20名成员组成，社民党主席梅特·弗雷泽里克森（Mette Frederiksen，女）任首相，其他阁员为：财政大臣尼古拉·瓦门（Nicolai

Wammen），外交大臣耶珀·科弗德（Jeppe Kofod），司法大臣尼克·海克鲁普（Nick Hækkerup），社会事务与内政大臣阿斯特丽德·克拉格（Astrid Krag，女），税务大臣莫滕·博斯科夫（Morten Bødskov），气候、能源与能效大臣达恩·约恩森（Dan Jørgensen），食品、渔业、平等事务与北欧合作大臣摩根斯·延森（Mogens Jensen），卫生与养老大臣马格努斯·霍伊尼克（Magnus Heunicke），交通大臣本尼·恩格尔布雷希特（Benny Engelbrecht），发展合作大臣拉斯穆斯·普雷恩（Rasmus Prehn），儿童与教育大臣佩妮莱·罗森克兰兹–泰尔（Pernille Rosenkrantz-Theil，女），国防大臣特里娜·布拉姆森（Trine Bramsen，女），高教与科学大臣安妮·哈尔斯博–约恩森（Ane Halsboe-Jørgensen，女），工业、商业与金融事务大臣西蒙·科勒鲁普（Simon Kollerup），移民与融合大臣马蒂亚斯·特斯法耶（Mattias Tesfaye），就业大臣彼得·胡梅尔高（Peter Hummelgaard），住房大臣卡雷·迪布瓦德（Kaare Dybvad），环境大臣莱娅·韦尔梅林（Lea Wermelin，女），文化与宗教事务大臣乔伊·莫恩森（Joy Mogensen，女）。

【主要网址】丹麦王室：www.kongehuset.dk；议会：www.folketinget.dk；首相府：www.stm.dk；外交部：www.um.dk。

【行政区划】2007年1月1日，丹实行新的行政区划。全国设5个大区、98个市和格陵兰、法罗群岛2个自治领（自治领的国防、外交和货币政策由丹麦中央政府负责）。

【司法机构】法院分三级。全国有1所最高法院、2所国家法院和82所地方法院。此外，还有海事与商业法庭、特别诉讼法庭等专门法庭。最高法院由1名院长和18名法官组成，院长和法官由政府（司法大臣）推荐，女王任命，任职到退休。法院独立行使职权。最高法院院长托马斯·洛尔达姆（Thomas Rørdam）。检察机构隶属司法部，设总检察长1名和国家检察官3名。总检察长严·莱肯多尔夫（Jan Reckendorff）。议会监察专员尼尔斯·冯格（Niels Fenger）。

【政党】（1）社会民主党（The Social Democratic Party）：执政党，1871年成立。2019年6月大选支持率25.9%，丹第一大政党。主张发展绿色经济，完善和发展福利制度，积极参与国际合作。主席梅特·弗雷泽里克森。

（2）激进党（The Danish Social-Liberal Party）：政府支持党，1905年成立。2019年6月大选支持率8.6%。重视个人尊严、自由及环境问题，主张参与国际合作。主席莫滕·厄斯特高（Morten Østergaard）。

（3）社会主义人民党（The Socialist People's Party）：政府支持党，1959年从丹麦共产党分裂而成。2019年6月大选支持率7.7%。重视人权、民主和环保，支持裁军，主张在平等、自愿的基础上参与国际合作。主席皮娅·奥尔森·迪赫尔（Pia Olsen Dyhr，女）。

（4）红绿联盟（Red-Green Alliance 或Unity List）：政府支持党，1989年由原丹麦共产党、共产主义工人党及反欧盟势力组建。反对加入欧盟合作、力主裁减军费、降低失业率、加强环境保护等。1994年9月第一次进入议会。2019年6月大选支持率6.9%。采取集体领导制。

（5）自由党（The Liberal Party）：在野党，1870年成立，为丹麦最古老政党。支持欧盟合作，主张自由竞争，反对中央集权。2019年6月大选支持率23.4%，系丹第二大党，主席雅各布·埃勒曼–延森（Jakob Ellemann-Jensen）。

（6）丹麦人民党（The Danish People's Party）：在野党，1995年10月由退出进步党的议员组成。2019年6月大选支持率8.7%。有强烈的民族主义色彩，反对国际合作。主席克里斯蒂安·图勒森·达尔（Kristian Thulesen Dahl）。

（7）保守党（The Conservative People's Party）：在野党，1916年成立。2019年6月大选支持率6.6%，主张坚持私有制和自由贸易，积极参与国际合作。主席索伦·佩普·鲍尔森（Søren Pape Poulsen）。

（8）选择党（The Alternative），在野党，2013年11月由原激进党党员、前文化大臣埃尔贝克（Uffe Elbæk）组建。2015年首次参加大选，2019年6月大选支持率3%。支持环保主义、可持续发展和社会公正。主席约瑟芬·福克（Josephine Fock，女）。

（9）自由联盟（Liberal Alliance）：在野党，原称新联盟，2007年由原激进党议员纳萨·卡德尔（Naser Khader）等三人组建，2008年8月改称现名。2019年6月大选支持率2.3%。主张深化移民的社会融合。主席埃里克斯·万奥普斯拉（Alex Vanopslagh）。

（10）新保守党（The New Right）：在野党，极右翼，2015年由2名原保守党党员发起成立。2019年6月首次参加大选，支持率2.4%。持反移民立场，主张退出联合国难民公约，遣返所有非法移民。主席派尼勒·维尔蒙（Pernille Vermund，女）。

此外，丹还有基督教民主党（The Christian Democratic Party）和强硬党（Hard Line）等两个议会外政党。

【重要人物】玛格丽特二世：女王。1940年4月16日生于哥本哈根。曾就读于丹麦哥本哈根大学、奥胡斯大学、法国巴黎大学、英国剑桥大学和伦敦经济学院。1972年1月14日登基。1967年6月10日与亨里克亲王（Henrik，法国伯爵，2018年2月13日逝世）结婚。有二子，长子腓特烈王储（Frederik），次子约阿希姆王子（Joachim）。女王兴趣广泛，在考古、美术和文学方面颇有造诣。曾于1979年来华进行国事访问，是中国改革开放后第一位访华的西方国家元首。2014年4月对华进行国事访问。 **梅特·弗雷泽里克**

森：首相，社民党人。1977年生，哥本哈根大学非洲研究学硕士。曾任就业大臣、司法大臣等职。2001年起任议会议员，2015年起任社民党主席。2019年6月任首相。离异，有二个子女。是丹历史上最年轻的首相和第二位女首相。

经　济

丹麦是发达的西方工业国家，人均国内生产总值居世界前列。2008年下半年国际金融危机爆发后，丹麦银行业出现银行间市场冻结、流动性不足等问题，房贷市场受影响较大，股市遭重创。2009年经济陷入轻度衰退，工业生产、私人消费、进出口、私营部门投资持续下降，企业破产率和失业率大幅上升，通货膨胀抬头。2010年以来，丹麦经济逐步复苏，但作为外向型经济，经济增长乏力。连续多年被世界银行评为“欧洲最佳营商地”，2019年世界经济论坛全球竞争力报告排名第10位。2019年国内生产总值约合3475亿美元，经济增长率2.4%。2019年主要经济数据如下：

国内生产总值：23215亿丹麦克朗（约合3475亿美元）。

人均国内生产总值：约40万丹麦克朗（约合6万美元）。

经济增长率：2.4%。

货币名称：丹麦克朗（Krone），1丹麦克朗=100欧尔（Øre）。

汇率：1美元=6.86丹麦克朗；1欧元=7.47丹麦克朗。

通货膨胀率：3%。

失业率：4.8%。

（资料来源：国际货币基金组织、丹麦统计局、美国中央情报局。以下除注明外，均来自丹麦统计局）

【资源】自然资源贫乏。除石油和天然气外，其他矿藏很少。石油探明剩余可采储量为9亿桶，居世界第39位。天然气探明剩余可采储量为520亿立方米，居世界第66位。探明褐煤储量9000万立方米。森林覆盖面积48.6万公顷，覆盖率约11.4%。北海和波罗的海为近海重要渔场。（资料来源：美国中央情报局）

【工业】工业在国民经济中占重要地位，但近年来比重逐渐下降，工业总产值约占国内生产总值的21%。主要工业部门有：食品加工、机械制造、石油开采、造船、水泥、电子、化工、冶金、医药、纺织、家具、烟草、造纸和印刷设备等。产品60%以上供出口，约占出口总额的70%。船用主机、水泥设备、助听器、酶制剂和人造胰岛素等产品享誉世界。企业以中小型为主。

【农业】农牧业高度发达，产量和农产品品质不断提升。农牧结合，以牧为主。近年受欧盟共同农业政策影响较深，农业在国民经济中所占份额逐年下降，但在外贸中仍占较大比重。农牧业总产值约占国内生产总值的1%，有耕地2.8万平方公里，农场4.2万个。农业科技水平和生产率居世界先进国家之列。农畜产品除满足国内市场外，大部分供出口，占产品出口总额的约20%，猪肉、奶酪和黄油出口量居世界前列，是世界最大貂皮生产国之一。

【服务业】服务业发达，产值约占国内生产总值的84%。主要包括商业、电信、金融、保险、旅游和技术服务等。

【旅游业】主要旅游点有首都哥本哈根、安徒生故乡欧登塞、乐高积木城及日德兰半岛西海岸和最北角斯卡晏等。

【交通运输】海、陆、空交通发达。

铁路：铁路总长约2650公里，客运量2.7亿人次，货运量924万吨。

公路：公路总长约7.4万公里，其中高速公路1255公里，共有各种汽车约439万辆，其中小轿车246万辆、货车39.8万辆、卡车2.8万辆、拖拉机13.6万辆、摩托车15.6万辆、公共汽车1.3万辆。公路货运量为1.83亿吨。

水运：水路总长400公里，船舶1742艘，总吨位1410万吨，港口装卸集装箱46.7万个，货运量8476万吨，客运量4180万人次。全国有港口137个，奥胡斯港和菲德烈西亚港货运量居前列。

空运：共有23个机场，各类民用飞机千余架。北欧航空公司为瑞典和丹麦共有。哥本哈根卡斯楚普机场是丹最大航空港，也是欧洲北部重要航空枢纽。

【财政金融】近几年中央政府财政收支情况如下（单位：亿丹麦克朗）：

	2017	2018	2019
收入	11398	11549	12365
支出	11142	11442	11516
差额	256	107	849

2018年，中央政府债务占GDP的34.2%。国家银行黄金和外汇储备为557亿美元。有银行103家，雇员3.3万人。其中最大的两家银行为北欧银行（Nordea）和丹麦银行（Danske Bank）。（资料来源：丹麦国家银行、金融管理局）

【对外贸易】外贸是丹经济命脉。主要原料靠进口，产品销售依赖国际市场。政府制定优惠政策，鼓励产品出口。同100多个国家和地区有贸易往来，1987年以来一直保持较大顺差。主要进口产品为运输设备、电信产品、纸张、原油、煤炭、钢铁、机械和饲料等。主要出口产品为乳制品、肉、鱼、家具、医药、电子产品、仪表、船舶、纺织品和服装等。

对外贸易情况如下（单位：亿丹麦克朗）：

	2017	2018	2019
外贸总额	13874	14491	14825
进口额	6406	6789	6835
出口额	7468	7702	7990

差　额	1062	913	1155

2019年丹与主要贸易伙伴贸易情况（单位：亿丹麦克朗）：

	出口额	进口额
德国	1023	1364
瑞典	645	723
英国	424	224
荷兰	329	495
法国	257	199

【对外投资】2019年丹对外直接投资额为1053亿丹麦克朗，外国对丹直接投资额为71亿丹麦克朗。（资料来源：丹麦国家银行）

【对外援助】2018年丹对外经济援助为25.68亿美元，占当年国民总收入的0.72%，主要关注减贫、妇女、教育、健康等领域。（资料来源：丹麦外交部）

【著名公司】（1）A.P.穆勒–马士基集团（A.P. Moller–Maersk Group）：成立于1904年。全球最大集装箱航运公司。总部哥本哈根。还从事石油天然气勘探与开发、航空运输、商品零售等。1984年成为首家获准在华开设办事处的外国船商，在华设立马士基（中国）航运有限公司，现成为国内最大的外国航运公司。

（2）诺和诺德集团（Novo Nordisk）：1923年创建，世界著名医药和生化制品集团公司。2000年，诺和诺德决定将两类核心业务拆分，负责制药业务的公司沿用原名，负责酶制剂业务的公司改名为诺维信（Novozymes）。诺和诺德生产的胰岛素和诺维信生产的酶制剂分别占世界市场份额的50%和40%以上。总部在哥本哈根，在欧美、亚洲均设有生产厂。产品20世纪60年代进入中国市场。

（3）维斯塔斯集团（Vestas）：成立于1989年，国际风力发电技术领域的主导生产企业，全球最大的风电设备生产商之一。全球雇员近19700人，在75个国家装有超过5.6万台风机。2006年在天津设厂，2009年在天津建成其全球最大规模的一体化风电生产基地。

（4）丹佛斯集团（Danfoss）：成立于1933年，丹最大工业集团，在制冷、供热、水处理和传动控制制造领域居世界领先地位，产品注重环保、节能、增效。丹佛斯（天津）有限公司1995年成立，是其在亚洲的最大生产基地。

人民生活

以高福利、高收入、高税收、高消费为特征。2019年社会福利（公共服务及秩序、教育、医疗卫生、社会保障、住房、文化娱乐）开支为10231亿丹麦克朗，约占当年国内生产总值的44%。

军　事

根据丹麦宪法，玛格丽特二世女王是武装力量最高统帅。国防部是武装力量最高行政机关，国防大臣为文职，向议会和首相负责，对武装力量实施行政领导。国防司令部是武装力量最高指挥机构，负责丹三军的作战、训练和后勤保障。现任国防司令比约恩·比瑟卢普（Bjørn I. Bisserup，2017年1月上任）。实行义务兵与职业兵相结合的兵役制。义务兵服役期8—12个月。丹麦武装力量由陆、海、空三军和国民卫队组成，其中陆、海、空三军为现役正规军队。截至2019年底，丹军总员额约2.07万人，2019年国防预算为232亿丹麦克朗。（资料来源：丹麦国防部）

文化教育

【文化】文化教育事业发达。童话作家安徒生、原子物理学家尼尔斯·玻尔、音乐家卡尔·尼尔森等举世闻名；迄有13位丹麦人获诺贝尔奖。在生物学、环境学、气象学、免疫学等方面处于世界领先地位。执行使每个社会成员在文化方面平等发展的文化方针，鼓励地方发展文化事业。

2017年，丹麦有全国公共图书馆435个，总藏书量1874万册。拥有各类博物馆227所，参观人次1503万。拥有163家影院，全年播放国内外电影512部，观影1299万人次。

【教育】教育事业发达。1973年起实行九年制免费义务教育。2016年，全国共有学校2820所，学生约128万人，其中小学2457所，学生71万人；高中168所，学生15万人；职业学校482所，学生27万人；综合性大学8所，学生15万人。最著名的高等学府有哥本哈根大学（建于1479年）、奥胡斯大学（建于1928年）和丹麦技术大学。

【新闻出版】全国有日报32种，发行量约125万份。周报11种，发行量67万份。主要报纸有《日德兰邮报》（1871年）、《政治报》（1884年）、《贝林时报》（1749年）。

丹麦通讯社（Ritzaus Bureau）：1866年创建。丹唯一的全国性通讯社，由各大报纸合办。

丹麦广播公司：1925年创立。丹麦最大的全国性广播电台和电视台。

丹麦电视二台：1988年创立，1989年开播。

对外关系

视联合国、欧盟和北约为其外交三大支柱，视美国为最重要战略盟友，视北约为其安全保障，积极拓展以北欧合作为基础的环波罗的海合作。重视应对全球化挑战，强调发展同中国、印度、巴西等新兴国家关系。积极推行“气候外交”。重视对外发展援助，强调以外援促进人权与民主。

【对当前重大国际问题的态度】关于国际形势：认为国际安全形势趋向严峻，俄罗斯针对乌克兰的行动是冷战结束后欧洲面临的最大安全威胁，恐怖主义、难民、民族和宗教问题等非传统安全因素成为威胁国际安全与稳定的突出问题。认为世界政治朝多极化方向发展，主张各大国加强对话与合作，共同应对气候变化和能源安全等全球性挑战。

关于联合国作用和改革：重视联合国作用，视联合国为国际社会构架的基础和国际和平、安全与稳定的保障。希望安理会进行必要改革，增加效率和效力，曾联署“四国集团”安改方案。反对扩大否决权，建议对新增常任理事国设立任期等时间性限制。赞同优先增加发展中国家特别是非洲国家代表性的主张，但亦认为应增加发达国家代表性。认为当前各国分歧过大，安改问题在短期内难以取得突破。

关于国际反恐：认为恐怖主义已成为国际社会面临的最严重威胁和核心挑战之一，反恐重点应是减少极端主义、恐怖主义和激进行为滋生的土壤，将继续帮助脆弱国家实现稳定，发展民主和人权，改善政府职能和执法能力。积极参与全球反恐行动，与美等盟友就打击“伊斯兰国”保持密切协调，派战机参与打击行动。密切监控本国公民出境参加“圣战”后回流动向。

关于阿富汗问题：曾参与国际安全援助部队在阿行动，2013年正式开始撤军。认为阿局势尚未达到预期目标，拟应美要求进一步加大对阿军事投入，增加驻阿军事人员数量，维持对阿安全部队援助。向阿提供民事援助，支持反腐，推进改革，助阿实现和平、稳定，借此消除恐怖主义土壤，从源头应对难民危机。

关于非洲问题：重视对非关系，支持推动非洲实现联合国2030可持续发展目标。重视对非援助，拟积极开展对非经济外交，推动非洲国家改革以促进包容性和绿色增长，扩大对非出口和投资，并加大对丹麦企业投资非洲的支持力度。

关于北极问题：视北极事务为对外政策重点之一。利用北极理事会成员国身份，积极参与并希在北极事务中发挥主导作用，呼吁各方遵循有关国际法、和平利用北极资源及实现北极地区无核化，反对“北极争夺战”，强调通过磋商解决有关分歧和争议，重视保护北极生态环境，呼吁通过国际、地区、多边和双边合作促进北极发展。2014年12月与格陵兰自治政府共同提交格陵兰北部海域200海里以外大陆架划界案，强调横跨北极的罗蒙诺索夫海岭是格陵兰岛的自然延伸，成为全球第一个对北极点提出正式声索的国家。2016年补充提交三项相关局部提案。支持中国、日本和韩国等成为北极理事会观察员国。

【同中国的关系】1950年1月9日正式承认中华人民共和国，1950年5月11日建交，1956年2月15日由公使馆升格为大使馆。20世纪80年代以来，中丹科技、环保等领域合作发展较好，先后签署科技合作议定书、环境合作协议、关于清洁发展机制项目合作的谅解备忘录、加强双边科技合作谅解备忘录等。2008年，中丹建立全面战略伙伴关系。

2016年3月，习近平主席在第四届核安全峰会期间同丹麦首相拉斯穆森会见。4月，全国政协副主席、科技部部长万钢，国务委员杨洁篪分别访问丹麦。9月，中共中央书记处书记、中央纪委副书记赵洪祝访问丹麦。

2017年3月，丹麦外交大臣萨穆埃尔森访华。5月，丹麦首相拉斯穆森正式访华。9月，丹麦王储腓特烈访华。

2018年6月，丹麦外交大臣萨穆埃尔森访华。9月，丹麦王储腓特烈来华出席“2018北京国际设计周”哥本哈根主宾城市活动。

2019年，中丹双边贸易额达117亿美元，同比增长0.2%。其中，中方出口额67.4亿美元，同比下降7.5%；进口额49.6亿美元，同比增长12.9%。

中国驻丹麦大使：冯铁。馆址：OEREGAARDSALLE 25，2900 HELLERUP，COPENHAGEN DENMARK。电话：0045–39460889，39611013（商务处），39460877（签证处）；传真：0045–39625484，39612913（商务处），39460878（签证处）。网址：www.chinaembassy.dk。

丹麦驻华大使：戴世阁（A. Carsten Damsgaard）。馆址：北京市朝阳区三里屯东5街1号。电话：010–85329900；传真：85329999。网址：www.ambbeijing.um.dk/zh。

【同美国及北约的关系】视美国为重要盟友，高度重视维持和深化同美国的密切关系。在反恐、安全以及地区热点问题上紧跟美国步伐。与美经贸联系紧密，近年来对美出口增长迅速。与特朗普政府在自由贸易、气候变化等问题上存在分歧。1949年以创始成员国身份加入北约，视北约为丹国防与安全政策的基石，支持北约东扩和战略转型，认为北约在集体防御外，还应承担捍卫自由、民主及人权等共同价值观的责任，力求在推进民用警力合作等方面发挥作用。积极参与北约对科索沃、伊拉克、苏丹、亚丁湾、利比亚的军事行动。丹前任首相安诺斯·福格·拉斯穆森于2009年8月至2014年9月出任北约秘书长。积极回应北约要求其成员国增加军费开支的呼吁，计划至2023年将国防预算提升到国内生产总值的1.5%。

【同欧盟的关系】支持欧盟东扩和一体化建设，在重大外交政策上与欧盟保持一致，期待欧盟在国际事务中发挥更大作用。在欧盟合作中仍有“四项保留”（司法、防务、货币、欧洲公民权），2015年12月全民公投否决取消对欧盟司法合作保留。2015年难民潮涌入欧洲后，认为难民问题是欧盟当前面临的最大危机，欧盟一体化和内部融合问题堪忧。

【同中东欧和波罗的海三国关系】重视发展同中东欧和波罗的海国家的关系，认为北约和欧盟双东扩有利于保持欧洲的长期稳定。曾积极支持波海三国独立，同其他北欧国家一起最早承认并同三国建交，强调继续加强同波海三国在经济、社会保障、军事等领域的合作，积极推动环波罗的海地区合作。

【同俄罗斯的关系】对俄发展走向和欧俄关系存在

较多疑虑，认为俄方举动使波罗的海地区、欧洲东部地区安全形势恶化。不承认俄“吞并”克里米亚，支持欧盟继续对俄保持制裁。对俄在北极的军事行动存在关切。但同时重视俄市场，愿与俄在北极等问题上进行合作，寻求改善对俄关系。

【同新兴市场国家的关系】2012年5月出台《新兴市场国家战略》，希未来5年对新兴市场国家出口增长50%，新兴市场国家在丹投资增长1倍，保持和发展丹对新兴市场国家服务出口的领先地位。（赵辰）

附：

法罗群岛

名称 法罗群岛（The Faroe Islands，Foeroyar），丹麦属地。

面积 1393平方公里。

人口 5.23万人（2020年3月）。居民绝大部分为斯堪的纳维亚人后裔。语言主要为法罗语，通用丹麦语。多数人信奉基督教路德宗。

首府 托尔斯港（Thorshavn），人口约2.2万人（2020年3月）。

高级专员 莉娜·莫耶·约翰森（Lene Moyell Johansen），2017年5月15日上任。

简况

位于挪威、苏格兰和冰岛之间的北大西洋海域。由18个小岛（其中17个有人定居）组成。海岸线总长1117公里。平均海拔高度逾300米。属温带海洋性气候。托尔斯港1月平均气温5.9℃，7月10.3℃。年均降水量1321毫米。（资料来源：丹麦气象局）

约公元650年爱尔兰的基督教徒移居此地。约1035年成为挪威属地。1380年丹麦与挪威结成联合王国，法罗群岛从此受丹麦管辖。二战期间曾受英国控制。1948年起成为丹麦的自治领。岛上设有北约雷达设施和丹麦海军基地。有自己的旗帜、邮票、特别护照和货币。丹麦克朗也可流通。1974年与欧共体签署自由贸易协定。1977年宣布渔区由20海里扩至200海里。1984年宣布为无核区。1985年宣布群岛对地下资源拥有主权。1992年，丹麦政府同意将地下矿产主权移交自治政府。1998年，丹麦政府与自治政府签署新的经济关系协议，同意自治政府自行处理经济和金融事务。2000年，法罗群岛自治政府与丹麦政府就独立问题进行了四轮谈判，后因财政补贴年限和减免债务等分歧谈判破裂。2003年11月，法罗群岛与欧盟签署协议，开始享有与其他欧盟国家同等的内部免关税贸易权利。2005年，法罗群岛自治政府与丹麦政府签署了关于提高法罗群岛自治度的联合声明，赋予法罗群岛更多自治权。

政治

设有自治议会和自治政府，在丹麦议会中有2个席位。丹麦中央政府掌管法罗群岛的防务、外交、司法、货币等事务，并派驻高级专员（相当于总督）负责联络、协调和民法领域工作。岛内教育、卫生和社会事务由中央政府和自治政府共同负责，其他事务由自治政府负责。

【议会】自治议会（Løgting）每4年选举一次，共有33个议席，分7个选区按比例代表制普选产生。议会下属财政、外事、贸工、自治事务、文化、司法和发展事务等7个委员会。本届议会于2019年8月大选产生。人民党8席，社会民主党7席，联合党7席，共和党6席，中间党和进步党各2席，新自治党1席。议长：约格万·艾·拉克尤尼（Jógvan á Lakjuni，人民党）。

【政府】本届自治政府于2019年9月由人民党、联合党和中间党组成，共有7名成员：总理贝尔索尔·艾·斯泰格·尼尔森（Bárður á Steig Nielsen，联合党），副总理兼财政部长约根·尼克拉森（Jørgen Niclasen，人民党），外交与教育部长詹尼斯·阿夫·拉纳（Jenis av Rana，中间党），渔业部长雅各布·维斯塔格（Jacob Vestergaard，人民党），卫生部长凯伊·里奥·约翰内森（Kaj Leo Johannesen，联合党），贸易与环境部长赫尔基·亚伯拉罕森（Helgi Abrahamsen，联合党），社会事务部长艾尔瑟白·贡雷斯多蒂尔（Elsebeth Gunnleygsdóttur，女，人民党）。

【政党】（1）人民党（People's Party）：1940年建党，同年进入议会。主张法罗群岛以渐进式自治的方式脱离丹麦王国联合体，在政治和经济上取得独立地位，自治议会拥有完全立法权，支持法罗群岛以独立身份加入北约。主席：约根·尼克拉森（Jørgen Niclasen）。

（2）联合党（Union Party）：1906年建党以来，一直在议会拥有席位。主张法罗群岛继续保留在丹麦王国联合体中，但强调与丹麦及格陵兰三方在联合体中的平等地位，致力于法罗群岛人民在经济、文化等领域稳定、自由的发展。主席：贝尔索尔·艾·斯泰格·尼尔森（Bárður á Steig Nielsen）。

（3）中间党（Center Party）：1992年建党，1994年进入议会。主张继续保留在丹麦王国联合体中，但反对法罗群岛加入欧盟，致力于基督教理念在社会的推广。主席：詹尼斯·阿夫·拉纳（Jenis av Rana）。

（4）社会民主党（Social Democratic Party）：1925年建党，1928年进入自治议会。主张法罗群岛继续保留在丹麦王国联合体中，支持更高程度的自治，支持北欧合作，强调保障人民福利水平。主席：阿克塞尔·约翰内森（Aksel Johannesen）。

（5）共和党（Republican Party）：1948年建党，1950年进入议会。支持法罗群岛完全独立，主张实行共和制。主席：海格尼·霍伊达尔（Høgni Hoydal）。

（6）进步党（Progressive Party）：2011年建党，由原人民党党员组建，在2011年、2015年大选中均获议会两席位。主张法罗群岛独立。主席：保尔·米科尔森（Poul Michelsen）。

（7）新自治党（New Self-Rule）：1906年建党，除1943—1946年外一直在议会拥有席位。主张以渐进式的自治方式获得法罗群岛实际上的独立。强调当地语言与丹麦语地位同等。主席：约格凡·斯格尔海姆（Jógvan Skorheim）。

（资料来源：法罗群岛官方网站）

经　济

20世纪90年代初经济出现困难，1995年起增长较快，1997—2001年经济平均增长率达到5.2%。2002—2004年经济增长放缓，近年有所好转。2008年国际金融危机期间，法罗群岛的经济形势相对稳定。2016年和2017年国内生产总值增长率达6.8%和3.3%。丹麦政府的经济援助占国内生产总值约6.3%。渔业资源丰富。除鱼产品和部分羊肉能自给外，工业品主要靠进口。渔业在经济中占主导地位，产值约占国内生产总值20%，鱼产品占出口总额95%以上。旅游业发展较快，手工业、建筑业、贸易、服务和运输业也在法罗群岛经济中占有一定地位。2017年主要经济数据如下：

国内生产总值：187亿法罗群岛克朗（约合27.3亿美元）。

人均国内生产总值：37.3万法罗群岛克朗（约合5.44万美元）。

国内生产总值增长率：3.3%。

货币名称：法罗群岛克朗（Krone）。

汇率：1美元=6.86法罗群岛克朗，1法罗群岛克朗=1丹麦克朗。

通货膨胀率：1.1%。

失业率：2.2%。

（资料来源：法罗群岛官网、法罗群岛统计局）

【渔业】在经济中占重要地位。主要捕捞鳕鱼、黑线鳕、鲱鱼、鲭鱼、军曹鱼及虾。2018年渔获价值9.2亿法罗群岛克朗。拥有20吨以上渔船150艘，总吨位约10.4万吨。

【农业】由于夏季气温低，仅能种植马铃薯和一些蔬菜。草场茂盛，畜牧业较发达。主要饲养羊、牛和马。农业人口约占人口总数15%。

【交通运输】水运：有港口20余个，多为渔港。岛与岛之间有固定渡轮，岛外有航线直通冰岛、英国和欧洲大陆，到美洲的货运主要通过丹麦、冰岛和荷兰。

空运：位于维格夷岛的维格尔机场是法罗群岛的唯一机场。全年有固定航班直飞丹麦和冰岛，夏季有航班飞往苏格兰和挪威。平均年客运量逾16万人次。

【财政金融】近几年财政收支情况如下（单位：亿法罗群岛克朗）：

	2016	2017	2018
收入	90.6	98.7	104.5
支出	75.2	77.6	97.5
差额	15.4	21.1	7.0

【对外贸易】外贸在国民经济中占主导地位。主要出口鱼产品、钓具、毛线及皮草，进口食品、牲畜、机械、交通工具、化工产品、原料、燃料等。2019年对外贸易总额为176.9亿克朗。

2019年法罗群岛与其主要贸易伙伴进出口情况如下（单位：亿法罗群岛克朗）：

	进口额	出口额
丹麦	28.4	7.0
挪威	6.0	3.8
中国	4.8	6.4
冰岛	3.3	1.4
英国	2.8	8.4
法国	1.7	2.4
俄罗斯	0.8	21.9

人民生活

81.6%的民众是基督教法罗群岛教会成员，有61所教堂，医院3所，影院2家。机动车辆3万辆，其中私人小轿车2.2万辆。

文化教育

实行九年制义务教育。丹麦语为必修课程。有中小学61所，学生7203人；有师范、技术、商业、航海、医护等专业学校13所，学生约1000人。法罗大学是唯一的综合性高等院校。有4家报社，1家广播电视公司。（赵辰）

格陵兰

名称　格陵兰（Greenland，Kalaallit Nunaat），丹麦属地。

面积　216万平方公里（无冰区41万平方公里）。

人口　5.6万（2020年1月）。官方语言为格陵兰语和丹麦语。大多数居民信奉基督教路德宗。

首府　努克（Nuuk），前称戈特霍布（Godthaab）。人口1.8万。

高级专员　米凯拉·英吉尔（Mikaela Engell），2011年4月1日上任。

简　况

世界第一大岛，位于北美洲东北部。全岛约4/5的面积在北极圈以内，近85%的土地终年冰雪覆盖。海岸线长4.4万公里。年平均气温在0℃以下，最低可达-70℃。1月平均气温-5.7℃，7月6.3℃。年均降水量752毫米。

公元前约1000年，加拿大北部因纽特人迁至格岛北部定居，以狩猎为生。1261年成为挪威殖民地。

1397年，丹麦、挪威及瑞典等组成卡尔马联盟，格陵兰转由丹管辖。挪1905年独立后与丹就格陵兰归属发生争议。1933年，海牙国际法庭将格判归丹麦。1953年，丹麦宪法规定格陵兰为丹一部分。1973年格陵兰随丹麦一起加入欧共体，1985年退出。

1978年，丹通过格陵兰内部自治法。1979年5月1日，格正式实行内部自治，通过当地普选产生自治议会和自治政府。2004年，丹格联合成立“格陵兰—丹麦自治委员会”，在丹宪法基础上研究扩大格陵兰自治权。经丹中央政府和自治政府批准和格陵兰公投通过，2009年6月格陵兰获得“充分自治”地位，承认格陵兰人民是国际法定义下享有自决权的民族，明确格陵兰语为格官方语言，进一步扩大格自治权。

政　治

设有自治议会。格陵兰在丹麦议会中有2个议席，有自己的旗帜和邮票。丹中央政府负责格陵兰防务、外交、司法和货币，并派驻高级专员（相当于总督）负责联络、协调和民法领域工作。其他事务均由自治政府负责。政局基本稳定。

【议会】自治议会（Inatsisartut）经普选产生，任期4年，设31个议席。本届自治议会于2018年4月选举产生，议长薇薇安·莫兹菲尔特（Vivian Motzfeldt，女，前进党）。

【政府】自治政府于2018年10月成立，多次改组，目前由前进党和“我们的后代”党组成，民主党在野支持。内阁共有7名成员：总理吉姆·吉尔森（Kim Kielsen，前进党），财政和矿产资源部长维特斯·库贾基克（Vittus Qujaukitsoq，“我们的后代”党），住房和基础设施部长卡尔·弗里德里克·丹尼尔森（Karl Frederik Danielsen，前进党），外交、教育、文化和宗教部长安妮·洛娜·贝尔（Ane Lone Bagger，女，前进党），渔业、捕猎和农业部长延斯·伊曼纽尔森（Jens Immanuelsen，前进党），卫生、社会事务和司法部长玛塔·艾贝森（Martha Abelsen，女，前进党），工业、能源、研究和劳工部长杰斯·斯文（Jess Svane，前进党）。

【行政区划】全岛分为东格陵兰、西格陵兰和北格陵兰三部分。

【政党】主要有：

（1）前进党（Siumut）：1977年7月成立。属温和社会主义民主党派，主张实现更高程度的自治。主席吉姆·吉尔森。

（2）因纽特人共同体党（Inuit Ataqatigiit）：1976年成立。由从前进党分裂出来的左翼人士组成。主张格陵兰脱离丹麦完全独立。主席缪特·鲍鲁普·艾格德（Múte Bourup Egede）。

（3）民主党（Demokraatit）：2002年成立，由2001年从前进党中分裂出来的自治议会议员佩尔·贝斯勒森（Per Berthelsen）发起组建。主张加强格陵兰的民主化，走温和的中间道路。主席尼尔斯·汤姆森（Niels Thomsen）。

（4）基准党（Partii Naleraq）：2014年成立，由从前进党分裂出来的议员汉斯·安诺克森组建，在2014年选举中获得议会3个席位。该党属中间党派，主要关注渔业、农业和偏远地区，反对前进党的渔业政策。主席汉斯·埃诺克森（Hans Enoksen）。

（5）团结党（Atassut）：1978年成立。前身是团结运动，1981年改为现名。倾向保守，主张加强格陵兰与丹麦的关系。主席阿卡鲁·杰里米亚森（Aqqalu Jerimiassen）。

（6）“我们的后代”党（Nunatta Qitornai）：2017年成立，由从前进党分裂出来的前商业，劳工，贸易和外交部长维特斯·库贾基索克发起组建，是主张尽早独立的分离主义政党。该党还主张权力下放，并根据目前的人口分布建立17个市。主席维特斯·库贾基索克（Vittus Qujaukitsoq）。

（7）合作党（Samarbejdspartiet）：2018年成立，由从民主党分裂出来的议员迈克尔·罗欣（Michael Rosing）和蒂莉·马丁努森（Tillie Martinussen）组建。该党主张加强社区合作，追求格陵兰语和丹麦语平等，增加移民数量及融合度，赞成开放经济，支持国有企业私有化。主席蒂莉·马丁努森（Tillie Martinussen）。

经　济

捕鱼业和鱼产品加工业是主要经济部门。1977年建立200海里渔区。主要海产品为北极虾、格陵兰大比目鱼、鳕鱼和鲑鱼。2018年主要经济数据如下：

国内生产总值：192.7亿丹麦克朗（约合28.1亿美元）。

人均国民收入：34.5万丹麦克朗（约合5万美元）。

国内生产总值增长率：3.2%。

货币名称：丹麦克朗（Krone）。

汇率：1美元=6.86丹麦克朗。

通货膨胀率：0.3%。

失业率：5%。

（资料来源：格陵兰统计局，下同）

【狩猎业和牧业】狩猎业是传统行业，2017年有约2000人持有狩猎执照。2017年猎获海豹约8.14吨、鲸鱼3.57吨、鸟类10.6万只。畜牧业以羊和驯鹿为主，2017年养羊1.78万只，驯鹿0.3万只。

【资源与采矿业】地下蕴藏铅、锌、冰晶石、铬、煤、钨、钼、铁、镍、铀和石油等资源。其中，冰晶石已自1987年起被禁采。1989年在该岛东部发现金矿，初步探明储量价值约12亿丹麦克朗，每年可采12吨。近年来，矿业开采前景良好。2014—2018年间的矿业主要项目有格陵兰岛北部的锌铅矿，南部的稀土矿，西南部的钙长石矿等。2014年共申请或批准勘探、开采矿相关许可证共145项。

【交通运输】主要交通工具为船、飞机、直升机和雪橇等，没有铁路交通。同丹麦、加拿大和冰岛有定期航班或客货轮联系，有14个机场和16个港口。

【财政金融】近几年财政预算收支情况如下（单位：亿丹麦克朗）：

	2016	2017	2018
收入	113	116	128
支出	115	112	115
差额	–2	4	13

2018年，丹麦政府对自治政府的拨款为50.3亿丹麦克朗。

【对外贸易】主要出口鱼、虾等水产；进口机械、矿产品、燃料、食品、烟酒和运输工具等。近年来贸易进出口情况如下（单位：亿丹麦克朗）：

	2016	2017	2018
进口额	49.1	46.5	52.9
出口额	38.7	37.6	40.6
差　额	–10.4	–8.9	–12.3

2015年主要贸易伙伴占进出口总额百分比如下（单位：%）：

	出口额	进口额
丹麦	76.0	71.0
冰岛	4.2	5.1

（资料来源：格陵兰统计局）

人民生活

有医院、医疗所18所，病床约450张。2016年有机动车辆8078辆，其中载人汽车4186辆。

军　事

丹在格岛设有格陵兰司令部，具体负责渔区巡逻、海上救援、海洋测量、气象服务及同美军事基地的联络。1941年4月9日，丹美签订《格陵兰防务协定》，美取得在岛上建立军事设施的权利。美国设有图勒军事基地、雷达站和预警系统。2004年8月，格与丹美三方签署了关于升级图勒雷达基地的防务协议，将图勒雷达基地纳入美国国家导弹防御系统。

文化教育

【教育】实行九年制免费义务教育，教学用语为格陵兰语，丹麦语为学生必修课目。有中小学87所、职业学校10所、贸易学院、教育学院、小型大学（格陵兰大学）各1所。绝大多数学生到丹麦高等院校接受高等教育。

【新闻出版】主要报刊有《格陵兰邮报》，前进党党报《前进报》和团结党党报《团结报》。有1家格陵兰广播电视台，2家广播电台和若干地方小电视台。

（赵辰）

德　　国

国名　德意志联邦共和国（The Federal Republic of Germany，Die Bundesrepublik Deutschland）。

面积　35.7582万平方公里。

人口　8314.93万（2019年9月），是欧盟人口最多的国家，每平方公里人口密度为232人（2018年12月），是欧洲人口最稠密的国家之一。主要是德意志人，有少数丹麦人和索布族人。外籍人口1091.54万（2018年12月），占人口总数的12.2%，其中最多的是土耳其人，共147.64万。通用德语。居民中信奉新教和罗马天主教的各占约30%。

首都　柏林（Berlin），人口364.4万（2018年12月），年平均气温约9.5℃（资料来源：2018年12月，德国联邦统计局）。

国家元首　总统弗兰克–瓦尔特·施泰因迈尔（Frank-Walter STEINMEIER），2017年2月12日当选，3月19日就职。

重要节日　新年：1月1日；复活节：每年春分月圆之后第一个周日（3月21日至4月25日之间）；五一国际劳动节：5月1日；德国统一日（国庆节）：10月3日；圣诞节：12月25日。

简　况

位于欧洲中部。东邻波兰、捷克，南毗奥地利、瑞士，西界荷兰、比利时、卢森堡、法国，北接丹麦，濒临北海和波罗的海。陆地边界全长3876公里，海岸线长2389公里。位于北纬47°—55°的北温带，西北部海洋性气候较明显，往东、南部逐渐向大陆性气候过渡。平均气温1月–5℃—1℃，7月14℃—19℃。

公元962年建立德意志民族神圣罗马帝国。1871年建立统一的德意志帝国。1914年挑起第一次世界大战。1919年建立魏玛共和国。1939年发动第二次世界大战。战后被美、英、法、苏四国占领。1949年5月23日西方占领区颁布《基本法》，建立德意志联邦共和国。同年10月7日苏联占领区成立德意志民主共和国。1990年10月3日，德国实现统一。

政　治

实行议会民主制下的总理负责制，总理拥有组阁权，负责制定和实施内外政策，直接对议会负责。总统无实权，任期5年。

在2017年9月举行的第19届德国联邦议院选举中，两大执政党联盟党（基民盟和基社盟）和社民党均遭遇历史性最差成绩，右翼民粹政党选择党以第三大党身份首次跻身联邦议院，联邦议院首次出现“六党共治”局面。大选后，默克尔总理领导的联盟党作为第一大党牵头组阁，一度遭遇1949年建国以来最严重的组阁危机，最终于2018年3月再度同社民党组建大联合政府，同月14日，联邦议院选举默克尔为总理，并举行新政府宣誓就职仪式。

【宪法】《德意志联邦共和国基本法》于1949年5月23日生效。基本法确定了德国五项基本制度：共和制、民主制、联邦制、法治国家和社会福利制度。1956年、1968年曾作过较大修改。1990年8月，两德统一条约对《基本法》部分条款又作了适应性修订，10月3日起适用于全德国。

【议会】由联邦议院和联邦参议院组成。联邦议院行使立法权，监督法律的执行，选举联邦总理，参与选举联邦总统和监督联邦政府的工作等。每届任期4年。参加联邦议院的各党议员分别组成议会党团。本届（第19届）联邦议院于2017年10月组成，共有709席。各党席位分配为：联盟党（基民盟/基社盟）246席，社民党152席，选择党89席，自民党80席，左翼党69席，绿党67席，无党籍6席。议长沃尔夫冈·朔伊布勒（Wolfgang SCHÄUBLE，基民盟）。

联邦参议院参与联邦立法并对联邦的行政管理施加影响，维护各州的利益。按各州人口比例由各州政府指派3—6名州政府成员组成，共69席。参议长由各州州长轮流担任，任期1年，总统因故不能行使职权时代行总统职务。现任参议长由勃兰登堡州州长迪特马·沃伊德克（Dietmar WOIDKE，社民党）担任，2019年11月1日就任，任期至2020年10月31日。

【政府】本届联邦政府由联盟党和社民党于2018年3月14日组成。安格拉·默克尔（Angela MERKEL，女，基民盟）连任总理。政府其他主要成员有：副总理兼财政部长肖尔茨（Olaf SCHOLZ，社民党），内政部长泽霍夫（Horst SEEHOFER，基社盟），外交部长马斯（Heiko MAAS，社民党），经济和能源部长阿尔特迈尔（Peter ALTMAIER，基民盟），司法部长拉姆布莱希特（Christine LAMBRECHT，社民党），劳动和社会福利部长海尔（Hubertus HEIL，社民党），国防部长克兰普-卡伦鲍尔（Annegret KRAMP-KARRENBAUER，基民盟），食品和农业部长克勒克纳（Julia KLÖCKNER，基民盟），家庭部长吉费（Franziska GIFFEY，社民党），卫生部长施潘（Jens SPAHN，基民盟），交通和数字化基础设施部长朔伊尔（Andreas SCHEUER，基社盟），环保部长舒尔策（Svenja SCHULZE，社民党），教研部长卡利切克（Anja KARLICZEK，基民盟），经济合作与发展部长穆勒（Gerd MÜLLER，基社盟），总理府部长布劳恩（Helge BRAUN，基民盟）。

【行政区划】德国行政区划分为联邦、州、市镇三级，共有16个州，13175个市镇。各州的名称是：巴登-符腾堡州、巴伐利亚州、柏林市、勃兰登堡州、不来梅市、汉堡市、黑森州、梅克伦堡-前波莫瑞州、下萨克森州、北莱茵-威斯特法伦州、莱茵兰-普法尔茨州、萨尔州、萨克森州、萨克森-安哈特州、石勒苏益格-荷尔斯泰因州和图林根州。其中柏林、不来梅和汉堡为市州。

【司法机构】联邦宪法法院是德国宪法机构之一，主要负责解释《基本法》，监督《基本法》的执行，并对是否违宪作出裁定。共有16名法官（含正、副院长），由联邦议院和联邦参议院各推选一半，由总统任命，正、副院长由联邦议院和联邦参议院轮流推举，法官任期12年，不得连选连任。现任院长安德烈亚斯·福斯库勒（Andreas VOßKUHLE），2010年3月就任。

此外设有联邦法院（负责民事和刑事案件）、联邦行政法院、联邦财政法院、联邦劳工法院、联邦社会法院等。

联邦和州法院相应设有检察院，但不受法院的管辖，不干预法院的审判工作，其任务主要是领导刑事案件的侦查并提起公诉。检察院受联邦或州政府司法部的领导，在行使职权时相对独立。联邦检察院由联邦总检察长和若干名联邦检察官组成，现任联邦总检察长彼得·弗兰克（Peter FRANK）于2015年10月就任。

【政党】主要有以下政党：

（1）德国基督教民主联盟（Christlich-Demokratische Union Deutschlands）：简称“基民盟”。主要执政党。1945年6月成立。曾于1949—1969年，1982—1998年执政。2005年至今为主要执政党，现有党员40.73万人（2019年11月），党主席安娜格雷特·克兰普-卡伦鲍尔（Annegret KRAMP-KARRENBAUER）。

（2）基督教社会联盟（Christlich-Soziale Union in Bayern e. V.）：简称“基社盟”。执政党。1945年成立。根据与基民盟达成的协议，该党只在巴伐利亚州发展组织并开展活动，在联邦议院与基民盟组成联盟党议会党团。现有党员14.08万人（2019年12月），党主席马库斯·索德尔（Markus SÖDER）。

（3）德国社会民主党（Sozialdemokratische Partei Deutschlands）：简称“社民党”。主要执政党。成立于1863年，是世界上成立最早的工人党之一。1878年，被俾斯麦政府宣布为非法，1890年重新获得合法地位。1933年，社民党被纳粹政权取缔，战后重建。1990年9月，东、西德社民党合并。现有党员41.93万人（2019年12月）。党主席诺贝特·瓦尔特-博尔扬斯（Norbert WALTER-BORJANS）和萨斯基娅·艾斯肯（Saskia ESKEN，女）。

（4）左翼党（Die Linke）：在野党。2007年6月16日由左翼党—民社党（Demokratische Linke–PDS）和劳动与社会公平选举抉择党（Wahlalternative Arbeit und Soziale Gerechtigkeit）合并而成。现有党员6.1万人（2019年12月），党主席卡提亚·基平（Katja KIPPING，女）和贝尔恩德·里克辛尔（Bernd RIEXINGER）。

（5）联盟90/绿党（Bündnis 90/Die Grünen）：简称"绿党"。在野党。德国西部的绿党成立于1980年1月。1993年5月与东部的联盟90/绿党合并。现有党员9.5万人（2019年12月），党主席阿娜蕾娜·拜尔波克（Annalena BAERBOCK，女）和罗伯特·哈贝克（Robert HABECK）。

（6）自由民主党（Freie Demokratische Partei）：简称"自民党"。在野党。成立于1948年12月。现有党员6.55万人（2019年12月），党主席克里斯蒂安·林德纳（Christian LINDNER）。

（7）德国选择党（Alternative für Deutschland）：在野党。2013年2月成立，现有党员3.5万人（2019年12月），现任党主席为提诺·克鲁帕拉（Tino CHRUPALLA）和耶尔格·默尔腾（Jörg MEUTHEN）。

（8）德国共产党（Deutsche Kommunistische Partei）：1968年成立，前身为1956年被禁止的德国共产党，现有党员3500人（2017年），党主席帕特里克·科波勒（Patrik KÖBELE）。

（9）德国海盗党（Piratenpartei Deutschland）：2006年9月成立。现有党员9079人（2018年6月），党主席卡斯滕·萨沃什（Carsten SAWOSCH）。

【重要人物】弗兰克–瓦尔特·施泰因迈尔：联邦总统，1956年生于北莱茵–威斯特法伦州戴特摩尔德。法学博士。1999—2005年任联邦总理府办公厅主任。2005—2009年任联邦外交部长（2007年起兼任副总理）。2009—2013年任联邦议院社民党议会党团主席。2013—2017年再次任外交部长。2017年2月当选第12任联邦总统。已婚。　**安格拉·默克尔**：联邦总理，1954年7月17日生于汉堡。物理学博士。1978—1990年在民主德国科学院物理化学中心研究所工作。1990年8月加入基民盟。1991年任基民盟联邦副主席。1991—1994年任联邦妇女和青年部部长。1994—1998年任联邦环境、自然保护和核安全部部长。1998—2000年任基民盟总书记。2000年4月起任基民盟主席，2002年9月至2005年11月兼任联盟党议会党团主席。2005年11月22日出任总理，是德国第一位女总理，也是德国历史上最年轻的总理。2009年10月28日、2013年12月17日、2018年3月14日连任。已婚。

经　济

德国是高度发达的工业国。经济总量位居欧洲首位，世界第四。2019年外贸总额24319亿欧元，其中出口额13277亿欧元，同比增长0.8%，进口额11042亿欧元，同比增长1.4%，顺差2236亿欧元。2019年，国内资产投资7057亿欧元，私人年均可支配收入44712欧元，私人年均消费支出32448欧元，公共支出6631亿欧元。截至2019年底，国家负债总额18992亿欧元，占国内生产总值55.3%。2019年德国主要经济数据如下：

国内生产总值：34358亿欧元。

人均国内生产总值：41342欧元。

国内生产总值增长率：0.6%。

货币名称：欧元（Euro）。

通货膨胀率：1.7%。

失业率：3.4%。

（资料来源：德国联邦统计局网站）

【资源】德国是自然资源较为贫乏的国家，除硬煤、褐煤和盐的储量丰富之外，在原料供应和能源方面很大程度上依赖进口，约2/3的初级能源需进口。天然气储量约3820亿立方米，能满足国内需求量约1/4。硬煤探明储量约2300亿吨，褐煤约800亿吨；其他矿藏的探明储量为：钾盐约130亿吨，铁矿石16亿吨，石油5000万吨。东南部有少量铀矿。森林覆盖面积1076.6万公顷，占全国面积约30%。水域面积86万公顷，占全国面积2.4%。

【工业】2018年工业企业（不含建筑业）总产值8742亿欧元，占国内生产总值的25.8%。2018年工业就业人数（不含建筑业）833.5万，占国内总就业人数（4620万）的18%。工业结构及特点：（1）侧重重工业。汽车和机械制造、化工、电气等部门是支柱产业，其他制造行业如食品、纺织与服装、钢铁加工、采矿、精密仪器、光学以及航空航天业也很发达。（2）高度外向。主要工业部门的产品一半以上销往国外。（3）中小企业是中流砥柱。约2/3的工业企业雇员不到100名。众多中小企业专业化程度强，技术水平高，灵活性强。（4）垄断程度高。占工业企业总数2.5%的1000人以上的大企业占工业就业人数40%和营业额的一半以上。

【农牧渔林业】农业发达，机械化程度很高。2019年共有农业用地1816万公顷，占德国国土面积的一半，其中农田面积1173.1万公顷。2019年拥有农业企业26.67万家，以中小企业和家庭企业为主，平均占有土地6370公顷，其中生态农业企业1.99万家。2019年农林渔业就业人口94.01万，占国内总就业人数的1.39%。2018年农林渔业产值227.1亿欧元，约占国内生产总值的0.67%。近几年德国主要农牧渔业产品产量如下（单位：万吨）：

	2017	2018	2019
谷物	4555.68	3794.81	4430.24
小麦	2448.16	2026.35	2306.26
水果	671.44	1376.40	1146.34

葡萄酒（亿升）	7.57	10.70	9.04
蔬菜	377.03	—	325.46
猪存栏数（万头）	2760.00	2640.00	2590.00
牛存栏数（万头）	1230.00	1150.00	1160.00
水产品（万吨）	3.62	—	3.18

（资料来源：同上）

【服务业】包括商业、交通运输、电信、银行、保险、房屋出租、旅游、教育、文化、医疗卫生等部门。2018年，服务业就业人数为3335.1万，占总就业人口的72.2%。近几年德国服务业产值如下（单位：亿欧元）：

	2016	2017	2018
服务业总产值	19511	20201	23107
商业、餐饮业、交通	4541	4742	5489
信息通信业	1343	1385	1592
金融保险业	1115	1109	1254
房地产业	3089	3175	3591
企业服务	3126	3239	3659
公共服务、教育、卫生	5146	5365	6167
其他服务行业	1151	1186	1321

（资料来源：同上）

【旅游业】旅游业发达。每年有大量国内外游客在德国旅游，2019年旅游过夜共4.95亿人次。截至2018年底，德国拥有各种旅馆50685家，床位370余万张。著名景点有科隆大教堂、柏林国会大厦、波恩文化艺术展览馆、罗滕堡、慕尼黑德意志博物馆、海德堡古城堡、巴伐利亚新天鹅堡和德累斯顿画廊等。

【交通运输】交通运输业十分发达，公路、水路和航空运输全面发展。特别是公路密度为世界之冠。2018年，德国货运总量40.52亿吨，其中公路运输总量32亿吨，铁路3.49亿吨，内河1.97亿吨，海运2.99亿吨，管道8448万吨，航空493万吨。2018年，客运总量127.63亿人次，其中铁路运输28.81亿人次，公路及城市轨道交通95.83亿人次，航空2.23亿人次。

铁路：截至2019年底，铁路总长3.85万公里，有机车15146辆，客运车厢7861节，货运车皮141143节。

公路：2017年等级以上公路23万公里，其中高速公路1.3万公里。截至2019年7月，全国注册机动车共5730.5万辆，其中小轿车4709.5万辆，卡车314.93万辆。

水运：2018年，全国海港吞吐量为2.99亿吨，其中汉堡港1.19亿吨。内河航道总长7700公里，内河货运总量1.97亿吨。2016年，共有内陆货运商船2003艘，客运商船1000艘。

民航：民航运输业发达。2018年，民航总客运量2.23亿人次，货运量493万吨（不包括转机）。法兰克福机场是世界主要航空港之一，2017年，该机场进出港旅客和货物吞吐量分别为6439万人次和219万吨。

管道：2018年输油管道总长约2400公里，输油总量8448万吨。

【财政金融】2019年，德国公共财政总收入15427亿欧元，总支出14974亿欧元，国家财政预算盈余453亿欧元。截至2019年底，国家负债总额18992亿欧元，占国内生产总值55.3%。近几年联邦政府财政状况如下（单位：亿欧元）：

	2017	2018	2019
收入	4067	3984	4118
支出	3761	3860	3970
差额	306	124	148

（资料来源：德国联邦统计局网站）

截至2019年底，德国联邦银行黄金储备约3367吨，价值1536亿欧元。截至2019年底，德国外汇储备为2051亿欧元，在国际货币基金组织的特别提款权份额为119亿欧元。

【主要银行】（1）德国联邦银行，1948年成立，是德国的中央银行，决定国家货币政策、负责货币发行并管理外汇黄金储备，截至2019年底总资产规模为17798亿欧元。

（2）德意志银行，1870年成立，德国最大的商业银行。1998年11月该行收购美国信孚银行后，资产总额超过瑞士联合银行，一度成为全球最大的商业银行。截至2019年底拥有员工87597名，资产总额为12980亿欧元。

（3）商业银行，1870年成立。2008年9月收购1872年成立的德累斯顿银行，成为德国第二大商业银行。同年12月，该行被德国政府部分国有化。截至2019年底拥有员工48512名，资产总额为4640亿欧元。

（4）巴伐利亚抵押联合银行（又称德国裕宝联合银行），1997年7月，巴伐利亚联合银行和巴伐利亚抵押和汇兑银行合并后总资产达7430亿马克。2005年，被意大利联合信贷银行兼并。截至2019年6月底拥有员工12205名，资产总额为2946亿欧元。

【对外贸易】德国是世界贸易大国，同世界上230多个国家和地区保持贸易关系，全国近1/3的就业人员从事的工作与出口有关。曾于1986—1990年，2003—2008年保持世界第一出口大国的地位。2019年外贸总额为24319亿欧元，其中出口额为13278亿欧元，同比增长0.8%，进口额为11042亿欧元，同比增长1.4%，顺差2236亿欧元。近几年来外贸情况如下（单位：亿欧元）：

	2017	2018	2019
出口额	12790	13174	13278

进口额	10310	10887	11042
差　额	2480	2287	2236

（资料来源：德国联邦统计局网站）

德国出口业素以质量高、服务周到、交货准时而享誉世界。主要出口产品有汽车、机械产品、化工产品、通信技术、供配电设备和医学及化工设备。主要进口产品有化学品、汽车、石油天然气、机械、通信技术和钢铁产品。主要贸易对象是西方工业国和中国，其中进出口一半以上来自或销往欧盟国家。2016年起，中国连续四年成为德国最大贸易伙伴。2019年德国对前十大主要贸易伙伴国出口和进口情况如下（单位：亿欧元）：

	出口额	进口额	差　额
中国	960.13	1096.64	−136.51
荷兰	917.08	986.95	−69.87
美国	1186.69	714.20	472.49
法国	1068.10	660.78	407.32
意大利	681.19	571.05	110.14
波兰	658.30	576.17	82.13
英国	787.03	383.36	403.67
奥地利	659.34	440.21	219.13
瑞士	563.54	463.03	100.51
捷克	448.63	478.58	−29.95

（资料来源：同上）

【对外投资】截至2017年底，德国对外直接投资累计11670亿欧元，绝大多数投往欧美国家，主要投资目的地国是美国、英国、中国、卢森堡以及法国。（资料来源：德国联邦银行）

【对外援助】官方对外援助主要以财政合作（提供优惠贷款）和技术合作（免费派遣专家、提供设备及培训人员等）方式进行。2018年德国官方发展援助支出为250亿美元，按经合组织标准计量居世界第二，占国民生产总值的0.61%。（资料来源：德国联邦经济合作和发展部）

【外国资本】截至2017年底，外国在德国直接投资累计7407亿欧元，主要投资来源国荷兰（累计1568.8亿欧元）、卢森堡（累计1263.6亿欧元）、美国（累计787.4亿欧元）、瑞士（累计706.3亿欧元）和英国（累计651.4亿欧元）。2017年，外国在德国直接投资551亿欧元。外国投资主要集中在金融、商业、食品工业、化工、交通、电子技术和机械制造部门。（资料来源：德国联邦银行）

【著名公司】（1）大众汽车股份公司（Volkswagen AG）：成立于1938年，主要生产销售各式汽车、发动机和有关配件。截至2018年底雇员总数65.57万人，截至2019年底销售额2526亿欧元。现任董事长迪斯（Dr. Herbert DIESS）。地址：Volkswagen AG Berliner Ring 2 38436 Wolfsburg。

（2）戴姆勒股份公司（Daimler AG）：前身为1886年成立的奔驰汽车厂和戴姆勒汽车厂。1998年与美国克莱斯勒汽车公司合并，主要生产各种车辆、飞机发动机和内燃机等。2007年8月，公司将克莱斯勒80.1%的股权出售给美国私募基金泽普世资本管理公司。2009年4月，宣布转让克莱斯勒剩余股份。截至2019年底公司雇员总数30.18万人，总销售额1727亿欧元。董事长康林松（Ola KALLENIUS）。地址：Daimler AG Mercedesstr. 137 70546 Stuttgart。

（3）西门子股份公司（Siemens AG）：1847年成立，主要生产经营各类电气设备、电子元件等，2019年公司雇员总数38.3万人，销售额868.5亿欧元。董事长兼首席执行官凯飒（Joe KAESER）。地址：Siemens AG 80333 München。

（4）巴斯夫集团（BASF）：又称巴登苯胺苏打公司，1865年建立，主要经营石油、化工产品和药品等，2019年公司雇员总数11.8万人，销售额593.2亿欧元。董事长薄睦乐（Martin BRUDERMÜLLER）。地址：BASF AG 67056 Ludwigshafen。

（5）安联保险集团（Allianz Group）：成立于1890年，主要提供保险、风险管理咨询及投资理财服务。2019年公司雇员总数14.7万人，销售额1424亿欧元。董事长奥利弗·拜特（Oliver BÄTE）。地址：ALLIANZ AG Königinstrasse 28 80802 München。

人民生活

2019年德国国民总收入35356亿欧元。全职雇员平均每月毛收入为4012欧元，生产性行业及服务业平均小时工资34.9欧元。2018年，私人家庭平均每月净收入4846欧元。

2019年，每100个家庭拥有耐用消费品数字如下：轿车105.8辆，移动电话183.6部，固定电话107.2部，平板电视147台，DVD机79台，个人电脑223.6台。2019年，互联网接入率88%。

军　事

德国联邦国防军成立于1955年11月。军队在和平时期由国防部长领导，战时由联邦总理任最高统帅。联邦国防军总监察长为军队最高指挥官，现任总监察长艾伯哈德·佐恩（Eberhard ZORN，2018年4月上任）。

2019年度，德国国防预算为432亿欧元，同比增加12.2%，占政府预算的12.1%。目前总兵力约18.4万人，其中陆军约6.4万人，海军约1.7万人，空军约2.8万人（德国联邦国防军网站），其余为中央卫勤、联合支援和网络与信息空间部队三大职能部队。2016年5月，德国宣布将在2023年前扩军14300人、新增军队文职人员4400人，系德统一25年来德军首次扩员。2016年7月，德国政府发布题为《2016白皮书——安全政策与联邦国防军的未来》的国防白皮书，系德10年以来首次更新国防白皮书。2017年2月，国防部宣布将在此前公布的中期规划基础上增大扩军规模，到2024年使现役军人总数增长10%至19.8万人。同月，德国450名机械化步兵营官兵携重型装备进驻立陶宛，主导北约多国部队在立陶宛部署。德国已于2011年7月1日起取消义务兵役制，改为志愿兵役制。

德国国防政策的主要内容是：军事战略从本土防御转向危机处置和冲突预防；推动欧盟独立防务建设，使欧盟和北约在危机处置上成为平等的战略伙伴；拓展德军军事能力建设领域；确保德军在需要时迅速重建其本土防御的能力；积极参与北约传统防区外行动；调整国防开支重点，压缩维持费，稳步提高装备费比例；以欧洲内部和跨大西洋合作为平台，加强军事装备的联合开发。

文化教育

德国教育和文化艺术事业主要由各州负责，联邦政府主要负责教育规划和职业教育，并通过各州文教部长联席会议协调全国的教育工作，在中小学教育、高等教育以及成人教育和进修方面，主要立法和行政管理权属于各州。全国性的文化艺术活动由联邦政府予以资助。对外文化交流由外交部负责协调。

【教育】大、中、小学和职业教育发达。实行12年制义务教育，公立学校学费全免，教科书等学习用品部分减免。小学学制4—6年，中学学制5—9年，高等学校享有一定自主权，对高中毕业生原则上实行自由入学，对部分学科规定名额限制。职业教育实行双元制，即职业学校理论学习和企业中的实践相结合。成人教育和业余教育十分普及。教师为终身公务员，必须受过高等教育。2019年，德国各类中小学4.29万所，高校426所；在校中小学生1091万人，大学生290万人。（资料来源：德国联邦统计局网站）

【新闻出版】新闻出版事业十分发达，报刊种类繁多。2019年，德国各类日报的日发行总量约1350万份，其中发行量最大的日报是《图片报》，日发行量约139万份。其他全国性大报发行量如下：《南德意志报》，33万份；《法兰克福汇报》，22.9万份；《世界报》，10.78万份。有各类杂志近万种，最重要的时事政治周刊《明镜》发行量约69.1万份，《焦点》35万份。

通讯社：德意志新闻社，1949年成立，为私营股份有限责任公司，下设报纸、广播和电视新闻等200多个部门，属于世界最大通讯社之一。总社在汉堡，图片新闻编辑总部在法兰克福，在国内其他50多个城市设有分社或编辑部，在80多个国家派驻记者或聘用撰稿人。是德国大众传媒的主要消息来源，其客户包括500余家国内和750余家国外新闻单位及大量非新闻机构。德新社用德文、英文、西班牙文和阿拉伯文发稿，内容包括国内外政治、经济、科技、文化等各个领域，在德国日报中的采用率达99%。此外还有一些专业性通讯社，如福音教新闻社、体育新闻社、联合经济新闻社等。

全国主要广播电台：（1）德国广播电台，1994年成立，分别在柏林和科隆进行广播，由联邦政府和州广播电台出资兴办，主要负责对国内广播。（2）德国之声电台，1960年成立，总部设在波恩，由联邦政府出资兴办，用包括汉语在内的31种语言向全世界广播，并用德、汉、英等语言播放电视新闻节目。此外还有11家州电台。

全德国主要电视台：（1）德国电视一台（ARD），1950年成立，由各州电台、德国广播电台和德国之声电台组成德国广播协会，共同经营，播放全国性的第一套节目及地方性的第三套节目。（2）德国电视二台（ZDF），是德国最大的电视台，1961年由各州共同组建，总部设在美因兹，播放第二套节目。（3）其他一些卫星电视节目和私营电视台如SAT1、RTL、PRO7也拥有大量观众。

对外关系

德国政府将欧盟和跨大西洋伙伴关系作为外交政策的两大支柱；稳妥应对英国脱欧，继续推进欧盟一体化进程和结构性改革，致力于欧盟团结和联合自强，支持“多速欧洲”；保持与美国的紧密盟友关系，支持北约改革和转型，强调北约应该成为欧美战略对话主要场所；重视对俄罗斯关系，虽因乌克兰问题陷入僵局，参与欧美对俄制裁，但依然致力于同俄对话协商；继续利用自身地缘和政治经济优势，深化与中东欧国家关系，维持在该地区传统影响力；重视新兴市场国家作用，加强与中印等国的协调合作，将中国视为德国和欧洲重要战略伙伴；继续谋求联合国安理会常任理事国席位，担任2019—2020年联合国安理会非常任理事国；通过向非洲、拉丁美洲推广德国政经模式，谋求扩大影响；积极谋求在气候变化、能源安全、伊朗核等国际问题上发挥作用。

【同中国的关系】1972年10月11日，中华人民共和国与德意志联邦共和国建立外交关系。2007年，中德关系因涉藏问题出现重大波折。2008年，德国外交部通过信函方式向中国作出相关承诺，双边关系实现转圜。2010年，中德建立战略伙伴关系，并同意建立政府磋商机制。2014年建立全方位战略伙伴关系，同年双方发表《中德合作行动纲要》。

近年来，双边关系发展顺利，两国高层互访频繁。重要往访：2016年11月，刘延东副总理赴德国出席第七届中欧论坛汉堡峰会及中德人文交流活动。2018年11月，刘鹤副总理访德并出席第八届中欧论坛汉堡峰会。2019年2月，中共中央政治局委员、中央外事工作委员会办公室主任杨洁篪赴德国出席第55届慕尼黑安全会议。2019年3月、6月，习近平主席对法国进行国事访问及赴日本大阪出席G20峰会期间两次同德国总理默克尔举行双边会晤。5月，王岐山副主席访问德国。6月，孙春兰副总理赴德国出席中德职教创新对话论坛。2020年1月，中共中央政治局委员、中央外事工作委员会办公室主任杨洁篪赴德国出席利比亚问题柏林峰会。2月，国务委员兼外交部长王毅访问德国并出席第56届慕尼黑安全会议。

重要来访：2006—2019年，默克尔总理先后12次访华。2007—2010年，时任德国总统克勒3次访华。2016年，时任德国总统高克访华。2018年，德国总统施泰因迈尔访华。

两国立法机构往来密切，中国全国人大同德国联邦议院建有交流合作机制。

多年来，德国一直是中国在欧洲最大贸易伙伴。根据中国海关总署统计，2019年双边贸易额为1848.6亿美元，同比增长0.6%，其中中国对德国出口额为797.5亿美元，同比增长2.9%，进口额为1051.1亿美元，同比下降1.1%，德方对中方贸易顺差253.6亿美元。中国连续四年成为德国全球最大贸易伙伴。中方从德国主要进口汽车、汽车零部件、金属加工机床、医药品、集成电路、纺织机械及零件、医疗仪器等；主要出口自动数据处理设备及其部件、服装及衣着附件、纺织纱线及织物制品、家具及其零件、农产品、鞋类、太阳能电池、打印机、船舶等。

德国是欧洲对华技术转让最多的国家。截至2019年11月底，中国从德国引进技术25368项，合同金额872.1亿美元。德国是欧盟对华直接投资最多的国家，截至2019年底，中国累计批准德国企业在华投资项目10834个，德方实际投入350.5亿美元。德国在华主要投资领域为汽车、化工、发电设备、交通、钢铁、通信等，大部分为生产性项目，技术含量高，资金到位及时。截至2019年底，经中国商务部核准的中国累计在德国非金融类直接投资156.7亿美元。

两国在教育、科技、文化等各领域的交流与合作富有成效。截至2018年底，中国在德国留学生共计52800人，其中2018年赴德留学9188人。在华德国留学生共计8079人（奖学金生754人）。两国合作建立并投入运营19所孔子学院和6所孔子课堂。2013—2014年，两国在对方国家互办语言年。2016年，两国共同举办“中德青少年交流年”。2017年5月，中德高级别人文交流机制首次会议在中国举办。

德国是中国最重要的科技合作伙伴之一。2009—2010年，中德科教年在两国同时举行。2014年，两国建立“创新伙伴关系”。2015年，两国共同举办中德“创新合作年”。2017年6月，两国共同举办“中德论坛——共塑创新”。

2008年5月，中国文化中心在柏林正式投入运营。2012年，中国文化年活动在德国举行。2017年9—10月，德国在华举办“德国8：德国艺术在中国”展览。

地方合作日益加强。截至2019年底，两国已建立97对友好省州（市）关系。

中国驻德国大使：吴恳。馆址：Märkisches Ufer 54，10179 Berlin，Germany。电话：0049-30-275880；27588117（办公室）；传真：27588221。领事部地址：Brückenstraße 10，10179 Berlin。电话：0049-30-27588529；传真：27588520。经济商务处地址：Majakowskiring 66，13156 Berlin，Germany。电话：0049-30-88668282；传真：88668288。

德国驻华大使：葛策（Clemens VON GOETZE）。馆址：北京市朝阳区东直门外大街17号。电话：010-85329000；传真：65325336。法律、领事处电话：010-65325560、65321925（签证预约）。

【同美国的关系】美国是德国最重要盟友之一。德国认为欧美具有共同价值观和诸多共同利益，是世界上相互联系和依赖最为密切的经济伙伴。主张加强德美相互信任和政治协调。2013年曝出的德美“窃听门”事件对两国政治互信造成负面影响。特朗普就任美国总统以来，双方在贸易、货币、欧洲政策、气候变化、全球治理方面的分歧扩大，但德国对美方批评谨慎回应，强调跨大西洋伙伴关系仍是德国外交政策基石，愿在尊重民主、自由、人权等共同价值观基础上与美国密切合作。德美高层保持密集互动。2017年，德国外长、防长、总理外事顾问访问美国。默克尔与特朗普多次通电话并作为首位欧洲大陆国家领导人访问美国。2018年，德新政府组成后积极谋求巩固跨大西洋伙伴关系。2019年5月，美国务卿蓬佩奥访问德国。7月，德经济部长阿特尔迈尔访美。

【同法国、英国的关系】德法特殊关系是德国欧盟政策的核心。二战后，德国主动与法国和解。德法领导人现建有6—8周会晤一次及每年举行两次联合内阁会议的机制，发挥欧洲一体化的发动机作用，共同规划欧盟未来发展大计。欧债危机爆发后，德国主导欧盟应对危机，影响增强。德法轴心面临新一轮调整。但两国领导人均高度重视彼此关系，均选择对方作为当选后的首访国。法国新任总统马克龙当选后，德国领导人均表示欢迎，表示德国将加强德法合作，为欧盟注入正能量和新动能。2017年3月，德法外长对欧委会发布的《欧洲未来白皮书》发表共同声明，呼吁欧盟成员国保持团结，共同维护一体化成果。2018年以来，德法双方就欧盟改革方案保持着密切沟通协调。2019年1月，默克尔总理和法国总统马克龙在德国亚琛签署新的德法合作与融合《亚琛条约》，对外释放德法加强合作、推进欧洲一体化的信号。2019年3月，默克尔应马克龙之邀赴巴黎出席由法、德、欧盟及中国领导人共同参加的中法全球治理论坛闭幕式并同习近平主席会晤。4月，默克尔邀请马克龙赴柏林出席小型西巴尔干峰会，大力展现“欧洲团结”。同月，法外长勒德里昂和德外长马斯在美国纽约出席联合国安理会会议期间，共同倡议建立“多边主义联盟”。

德国重视英国在欧盟内外的实力和影响，视英国为重要伙伴。两国高层互访频繁，2015年默克尔总理首次出访即选择英国。认为英国脱欧是对欧洲一体化进程的重大打击。面对英国正式开启脱欧进程，强调英国脱欧谈判应首先讨论如何解除英欧相互关联，之后再讨论双方未来关系；德国已为英国脱欧做好准备，将尽量减少对在英国的欧盟公民的负面影响；英国在谈判时不能“挑肥拣瘦”，不能在取消义务的同时保留特权。与此同时，德国亦希望与脱欧后的英国继续在应对国际问题和地区冲突等领域保持密切的伙伴关系。2019年1月，英国下议院投票否决了首相梅推行的脱欧协议后，默克尔总理表示有必要确保有序脱欧，同时对英国“无协议”脱欧作好准备。2020年1月，欧洲议会通过英国脱欧协议后，默克尔表示，英国脱欧对欧英双方而言均是一个重大转折，双方拥有共同价值，愿在英脱欧后继续与英保持特殊的伙伴关系。

【同俄罗斯的关系】德国视俄罗斯为政治军事大国，认为从地缘政治角度考虑，德俄关系及欧俄关系具有战略意义。在安全领域主张同俄罗斯合作而非对抗，强调德俄合作不损害第三国利益。两国政府建有政府磋商、民间对话等各种合作机制，致力于继续发展和深化同俄罗斯的现代化战略伙伴关系，扩大双方在经贸和能源领域合作，同时突出对俄罗斯民主、人权等问题的关注。

乌克兰危机爆发后，德国积极介入，在劝和促谈方面发挥重要作用。德国参与欧美对俄制裁，但依然致力于同俄对话，推动俄遵守明斯克协议。2017年5月、10月，默克尔总理和施泰因迈尔总统分别访问俄罗斯，寻求改善德俄关系。2018年8月，俄罗斯总统普京应默克尔邀请对德国进行工作访问。2019年5月以来，德俄双方互动频繁，默克尔、马克龙同普京举行三方通话，德俄外长共同出席在波恩举行的“圣彼得堡对话”，德外长马斯访俄。2020年1月，默克尔总理应俄罗斯总统普京邀请时隔5年再次到访莫斯科。

【同亚洲国家的关系】德国认为亚洲在世界政治经济舞台上迅速崛起，全球影响力上升，是关乎德国和欧洲未来的核心地区，积极谋求通过双边和多边渠道加强同亚洲国家关系，以谋取经济利益。认为中国和印度的崛起不仅对本地区，也将对未来世界格局产生重要影响，先后同中国和印度建立政府磋商机制。重视同日本关系，认为日本是德国在亚洲可以信赖的重要伙伴。看重中国、印度、日本对解决地区冲突的作用，支持亚洲区域合作，并致力于同东盟合作和推动亚欧会议进程。时任外长加布里尔上任后密集宣示“新亚洲政策”，在德国外交部设立亚洲司，并单设中国处。默克尔担任总理以来共访华12次，访问日本6次，访问印度3次。

【同非洲的关系】德国重视发展同非洲关系，增加对非发展援助，努力扩大影响。德国看重非洲发展潜力和能源、原材料资源优势，支持非洲区域经济发展，推动非洲融入经济全球化进程。2014年5月，德国政府出台新版对非洲政策指导方针，全面规划德非在安全、社会、经济领域合作，帮助非洲应对贫困、环境污染、法制不健全、极端主义等问题。2017年2月，德国政府公布《德国与非洲合作新战略文件草案》，被誉为非洲版“马歇尔计划”，拟于2030年前向非洲国家提供总计1200亿欧元人道主义援助，关注非洲国家教育、经济和法治，改善年轻人就业环境和机遇，从根本上解决难民问题。2018年10月，德国举办二十国集团框架内“与非洲伙伴关系”倡议对非洲投资峰会。同时，德国也在欧盟和联合国框架内参与非洲维和事务，认为应该让非洲联盟在维护地区持久稳定方面发挥更大作用。2019年3月，德国联邦议会审议通过新的对非洲政策指导方针，更新了2014年出台的对非政策文件，涵盖在非维护和平、推动可持续发展、管控移民、倡导以规则为基础的国际秩序、建立公民社会伙伴关系五大领域的政策方针。5月，默克尔总理访问布基纳法索、马里、尼日尔非洲三国。11月，德国举办第三次“G20非洲契约”峰会。同月，默克尔再次访问非洲，到访南非和安哥拉，重点亦旨在推动同非洲的经贸、能源和发展合作。2020年2月，德国总统施泰因迈尔对肯尼亚、苏丹进行国事访问。

【同拉美国家的关系】德国看好拉美地区经济发展潜力，认为欧洲和拉美经济互补性强，积极致力于加强同拉美国家在共同价值观基础上的合作。德国政府视拉美为全球治理伙伴。2010年8月，德国政府出台新的拉美战略文件，视拉美为可信赖的伙伴，全面提升21世纪德国—拉美伙伴关系。在二十国集团框架下加强与巴西、阿根廷和墨西哥合作，与巴西同为四国集团成员并建有政府磋商机制。2017年6月，默克尔总理访问墨西哥和阿根廷，表示将推进欧盟和南方共同市场间自由贸易协定谈判。2019年4月，德外长马斯访问巴西、哥伦比亚、墨西哥三国。5月，德外交部举办拉美和加勒比会议，释放出德加大对拉美地区外交投入的信号。

（符旻、陈宁）

俄罗斯联邦

国名　俄罗斯联邦，亦称“俄罗斯”（The Russian Federation，Russia，Российская Федерация，Россия）。

面积　1712.5191万平方公里。

人口　1.467亿（截至2020年1月1日）。民族193

个，其中俄罗斯族占77.7%，主要少数民族有鞑靼、乌克兰、巴什基尔、楚瓦什、车臣、亚美尼亚、阿瓦尔、莫尔多瓦、哈萨克、阿塞拜疆、白俄罗斯等族。俄语是俄罗斯联邦全境内的官方语言，各共和国有权规定自己的国语，并在该共和国境内与俄语一起使用。主要宗教为东正教，其次为伊斯兰教。根据全俄民意研究中心的调查结果，50%—53%的俄民众信奉东正教，10%信奉伊斯兰教，信奉天主教和犹太教的各为1%，0.8%信奉佛教。

首都　莫斯科（Москва），面积为2561平方公里。常住人口约1268万（2020年1月数据）。平均气温：1月-8℃，7月21℃。

国家元首　俄罗斯联邦总统弗拉基米尔·弗拉基米罗维奇·普京（Владимир Владимирович ПУТИН）。2012年3月4日当选，5月7日宣誓就职。2018年3月18日，普京再次赢得大选获得连任，5月7日宣誓就职。

重要节日　公历新年：1月1日；东正教圣诞节：1月7日；俄历新年：1月13日；祖国保卫者日（原苏联建军节）：2月23日；国际妇女节：3月8日；春天与劳动节（原苏联劳动者团结日）：5月1日；伟大卫国战争胜利日：5月9日；国家主权宣言通过日（国庆日）：6月12日；人民团结日（2004年设立，为纪念莫斯科打败波兰入侵者）：11月4日。

简　况

俄罗斯横跨欧亚大陆，北邻北冰洋，东濒太平洋，西接大西洋。东西最长9000公里，南北最宽4000公里。邻国西北面有挪威、芬兰，西面有爱沙尼亚、拉脱维亚、立陶宛、波兰、白俄罗斯，西南面是乌克兰，南面有格鲁吉亚、阿塞拜疆、哈萨克斯坦，东南面有中国、蒙古和朝鲜。东面与日本和美国隔海相望。海岸线长33807公里。俄罗斯大部分地区处于北温带，以大陆性气候为主，温差普遍较大，1月气温平均为-40℃—-5℃，7月气温平均为11℃—27℃。年降水量平均为150毫米—1000毫米。

15世纪末至16世纪初，以莫斯科大公国为中心，逐渐形成多民族的封建国家。1547年，伊凡四世（伊凡雷帝）改大公称号为沙皇。1721年，彼得一世（彼得大帝）改国号为俄罗斯帝国。1861年废除农奴制。1917年2月，资产阶级革命推翻了专制制度。1917年11月7日（俄历10月25日）十月社会主义革命，建立世界上第一个社会主义国家政权—俄罗斯苏维埃联邦社会主义共和国。1922年12月30日，俄罗斯联邦、外高加索联邦、乌克兰、白俄罗斯成立苏维埃社会主义共和国联盟（后扩至15个加盟共和国）。1990年6月12日，俄罗斯苏维埃联邦社会主义共和国最高苏维埃发表《国家主权宣言》，宣布俄罗斯联邦在其境内拥有“绝对主权”。1991年8月，苏联发生“8·19”事件。9月6日，苏联国务委员会通过决议，承认爱沙尼亚、拉脱维亚、立陶宛三个加盟共和国独立。12月8日，俄罗斯联邦、白俄罗斯、乌克兰三个加盟共和国领导人在别洛韦日签署《独立国家联合体协议》，宣布组成“独立国家联合体”。12月21日，除波海三国和格鲁吉亚外的苏联11个加盟共和国签署《阿拉木图宣言》和《独立国家联合体协议议定书》。12月26日，苏联最高苏维埃共和国院举行最后一次会议，宣布苏联停止存在。至此，苏联解体，俄罗斯联邦成为完全独立的国家，并成为苏联的唯一继承国。1993年12月12日，经过全民投票通过了俄罗斯独立后的第一部宪法，规定国家名称为“俄罗斯联邦”，和“俄罗斯”意义相同。

政　治

俄国内政局保持稳定。推进现代化问题成为俄社会政治生活的主线之一。2018年3月18日，普京再次当选为俄罗斯联邦总统，5月7日普京宣誓就职，随即提名梅德韦杰夫出任政府总理。5月8日国家杜马批准梅德韦杰夫的总理提名，当日梅德韦杰夫出任俄罗斯联邦政府总理。2020年1月15日，俄总理梅德韦杰夫宣布俄政府辞职。普京总统同日批准总理梅德韦杰夫提出的政府辞职请求，并向俄国家杜马（议会下院）提名现任联邦税务局局长米哈伊尔·米舒斯京担任新一届政府总理。1月16日，俄总统普京签署总统令，任命米舒斯京为新任总理。另外，增设俄联邦安全会议副主席一职，由前总理梅德韦杰夫担任此职。

2019年俄国内重大事件主要有：俄罗斯退休制度改革2019年开始逐步实施，包括提高退休金和退休年龄。2月20日，俄总统普京向联邦会议发表2019年度国情咨文。3月2日，第29届世界大学生冬季运动会在克拉斯诺亚尔斯克开幕，俄总统普京出席并致辞。4月9日，第五届国际北极论坛在圣彼得堡举行，为期两天，论坛主题为“北极：充满可能性的海洋”。5月5日，俄罗斯航空公司运营的一架从莫斯科飞往摩尔曼斯克的苏霍伊100支线客机在莫斯科谢列梅捷沃国际机场迫降并起火，事件导致41人死亡。6月，俄伊尔库茨克州发生洪灾，造成数千栋民房被淹，部分道路交通中断。6月6—8日，第23届圣彼得堡国际经济论坛在圣彼得堡举行 。7月1日，俄一艘深海科研潜艇在巴伦支海俄罗斯领海潜航时发生爆炸事故，致14人死亡。8月22—27日，第45届世界技能大赛在喀山举行。9月4日，第五届东方经济论坛在符拉迪沃斯托克举行。9月8日，俄罗斯地方选举在俄85个地区举行，选举产生16名地方行政长官、13个地区议会上院议员、22个行政中心城市杜马（议会下院）议员、3个行政中心市市长，并补选国家杜马4名“单席位”选区的议员。10月23—24日，首届俄罗斯—非洲峰会在索契举行。11月1日，《俄罗斯主权互联网法》正式生效。11月3日俄总统普京签署总统令，原属俄西伯利亚联邦区的布里亚特共和国和后贝加尔边疆区划入俄远东联邦区。12月19日，俄总统普京举行年度大型记者会。

【宪法】1993年12月12日经全民投票通过，同年12月25日正式生效。该宪法是俄罗斯独立后的第一部宪法，规定俄罗斯是共和制的民主联邦法制国家，确立了总统制的国家领导体制。

【议会】俄罗斯联邦会议（议会）由联邦委员会（上院）和国家杜马（下院）组成。

（1）联邦委员会目前共170名代表（议员），由每个联邦主体的权力代表机关和权力执行机关各一名代表组成。主要职能是批准联邦法律、联邦主体边界变更、总统关于战争状态和紧急状态的命令，决定境外驻军、总统选举及弹劾、中央同地方的关系问题等。联邦委员会主席瓦莲京娜·伊万诺芙娜·马特维延科（Валентина Ивановна МАТВИЕНКО，女），2011年9月21日当选，2019年9月25日三度当选联邦委员会主席。

（2）国家杜马共450名代表（议员），自2007年12月第五届国家杜马起，议员按比例代表制原则从各党派中选举产生，规定得票率达到7%的政党能参与议员席位分配。2011年12月，俄修订国家杜马代表选举法，在政党进入国家杜马的“门槛”不变情况下，规定得票率超过5%不足6%的政党可获1个席位，得票率在6%—7%的政党可获2个席位；代表任期由4年延长至5年。2013年2月，俄再次修订该法，规定将在2016年举行的第七届国家杜马选举中，恢复实行混合选举制，即225个议席由参选政党按得票比例进行分配，另外225个议席由全国225个选区的获胜代表组成。国家杜马的主要职能是通过联邦法律、宣布大赦、同意总统关于政府首脑的任命等。本届国家杜马为第七届，于2016年9月18日选举产生，包括4个议员团，分别为统一俄罗斯党党团（343席）、俄罗斯共产党党团（42席）、俄罗斯自由民主党党团（39席）、公正俄罗斯党党团（23席），另有无党团议员（3席）。共设30个委员会。2016年10月5日，维亚切斯拉夫·维克多罗维奇·沃洛金（Вячеслав Викторович ВОЛОДИН）当选第七届俄国家杜马主席。第七届杜马席位分布情况时有变动，2019年底，4党团占杜马席位情况为：统一俄罗斯党党团（341席）、俄罗斯共产党党团（43席）、俄罗斯自由民主党党团（40席）、公正俄罗斯党党团（23席）。

【政府】俄罗斯联邦政府是国家权力最高执行机关。2020年1月16日普京签署总统令，任命米舒斯京为政府总理。1月21日，普京批准新政府成立。目前，俄政府共有总理1名、第一副总理1名、副总理8名和部长21个。新任政府成员名单：总理米哈伊尔·弗拉基米罗维奇·米舒斯京（Михаил Владимирович МИШУСТИН），第一副总理：安德烈·莱莫维奇·别洛乌索夫（Адрей Рэмович БЕЛОУСОВ），8名副总理为：副总理兼政府办公厅主任德米特里·尤利耶维奇·格里戈连科（Дмитрий Юрьевич ГРИГОРЕНКО），副总理维克托利亚·瓦列里耶夫娜·阿布拉姆琴科（Виктория Валериевна АБРАМЧЕНКО，女），副总理尤里·伊万诺维奇·鲍里索夫（Юрий Иванович БОРИСОВ），副总理塔季扬娜·阿列克谢耶夫娜·戈利科娃（Татьяна Алексеевна ГОЛИКОВА，女），副总理阿列克谢·洛戈维诺维奇·奥维尔丘克（Алексей Логвинович ОВЕРЧУК），副总理兼俄总统驻远东联邦区全权代表尤里·彼得罗维奇·特鲁特涅夫（Юрий Петрович ТРУТНЕВ），副总理马拉特·沙基尔佳诺维奇·胡斯努林（Марат Шакирзянович ХУСНУЛИН），副总理德米特里·尼古拉耶维奇·切尔内申科（Дмитрий Николаевич ЧЕРНЫШЕНКО）。各部部长为：交通部长叶夫盖尼·伊万诺维奇·迪特里赫（Евгений Иванович ДИТРИХ），民防、紧急情况和消除自然灾害后果部长叶夫盖尼·尼科拉维奇·齐尼切夫（Евгений Николаевич ЗИНИЧЕВ），自然资源与生态部长德米特里·尼古拉耶维奇·科贝尔金（Дмитрий Николаевич КОБЫЛКИН），远东和北极发展部长亚历山大·亚历山德罗维奇·科兹洛夫（Александр Александрович КОЗЛОВ），内务部长弗拉基米尔·亚历山德罗维奇·科洛科利采夫（Владимир Александрович КОЛОКОЛЬЦЕВ），劳动和社会保障部长安东·奥列格维奇·科佳科夫（Антон Олегович Котяков），教育部长谢尔盖·谢尔盖耶维奇·克拉夫佐夫（Сергей Сергеевич КРАВЦОВ），外交部长谢尔盖·维克托罗维奇·拉夫罗夫（Сергей Викторович ЛАВРОВ），文化部长奥尔加·鲍里索夫娜·柳比莫娃（Ольга Борисовна Любимова，女），工业和贸易部长杰尼斯·瓦连京诺维奇·曼图罗夫（Денис Валентинович МАНТУРОВ），体育部长奥列格·瓦西里耶维奇·马特辛（Олег Васильевич МАТЫЦИН），卫生部长米哈伊尔·阿利别尔托维奇·穆拉什科（Михаил Альбертович МУРАШКО），能源部长亚历山大·瓦连京诺维奇·诺瓦克（Александр Валентинович НОВАК），农业部长德米特里·尼科拉耶维奇·帕特鲁舍夫（Дмитрий Николаевич ПАТРУШЕВ），经济发展部长马克西姆·根纳季耶维奇·列舍特尼科夫（Максим Геннадьевич РЕШЕТНИКОВ），财政部长安东·格尔曼诺维奇·西卢阿诺夫（Антон Германович СИЛУАНОВ），科学与高等教育部长瓦列里·尼古拉耶维奇·法尔科夫（Валерий Николаевич ФАЛЬКОВ），司法部长康斯坦丁·阿纳托利耶维奇·崔琴科（Константин Анатольевич ЧУЙЧЕНКО），数字发展、通讯和大众传媒部长马克苏特·伊戈列维奇·沙达耶夫（Максут Игоревич Шадаев），国防部长谢尔盖·库茹盖托维奇·绍伊古（Сергей Кужугетович ШОЙГУ），建设和住房公共事业部长弗拉基米尔·弗拉基米罗维奇·雅库舍夫

（Владимир Владимирович ЯКУШЕВ）。

【行政区划】俄罗斯联邦现由85个联邦主体组成，包括22个共和国、9个边疆区、46个州、3个联邦直辖市、1个自治州、4个民族自治区。另设有8个联邦区，每个联邦区派驻总统全权代表。

【司法机构】俄罗斯联邦司法机关主要有联邦宪法法院、联邦最高法院和联邦总检察院。联邦宪法法院院长瓦列里·德米特里耶维奇·佐尔金（Валерий Дмитриевич ЗОРЬКИН），2003年2月起任该职。联邦最高法院院长维亚切斯拉夫·米哈伊洛维奇·列别杰夫（Вячеслав Михайлович ЛЕБЕДЕВ），1991年1月起任该职（1989—1991年任俄罗斯苏维埃联邦社会主义共和国最高法院院长）。总检察长尤里·雅科夫列维奇·柴卡（Юрий Яковлевич ЧАЙКА），2006年6月23日至2020年1月22日任该职，伊戈尔·维克多维奇·克拉斯诺夫2020年1月22日起继任该职。联邦委员会根据总统提名任命联邦宪法法院院长、联邦最高法院院长和联邦总检察长。

【政党和团体】2012年4月，修改后的《政党法》正式生效，政党登记注册条件放宽，俄政党数量较前大幅增加。截至2019年12月，在俄司法部获准注册的政党为40个，比上年同期有所减少（2018年底，在俄司法部获准注册的政党为63个）。2016年9月，俄举行第七届国家杜马选举，"统一俄罗斯"党、俄罗斯联邦共产党、"公正俄罗斯"党和俄罗斯自由民主党等四个政党进入本届杜马。尽管杜马政党组成情况与上届基本相同，但力量对比情况发生一些变化。俄共、公俄党和自民党所占席位均出现下降，统俄党所占席位大幅上升，占据宪法多数。2011年5月，在时任俄政府总理普京的提议下，"全俄人民阵线"（Общероссийский Народный Фронт）成立，最初目的是支持普京竞选下任总统。2013年6月11—12日，"全俄人民阵线"正式举行成立大会，成为超党派社会运动组织，更名为"人民阵线—为了俄罗斯"，推举普京为最高领导人。

当前俄主要政党有：

（1）"统一俄罗斯"党（Партия "Единая Россия"）：党主席为俄联邦安全委员会副主席（前总理）梅德韦杰夫，2012年5月出任，2017年1月连任。最高委员会主席为格雷兹洛夫（Борис Вячеславович ГРЫЗЛОВ），总委员会主席团书记为图尔恰克（Андрей Анатольевич ТУРЧАК）。该党成立于2001年12月1日，由"统一"党、"祖国"运动和"全俄罗斯"运动合并而成。截至2019年12月，党员人数超过200万人，在本届国家杜马中有341名代表，占三分之二多数。在全国各级立法机构中，议员均占据多数。俄绝大多数联邦主体行政长官由该党党员或其支持者担任。

领导机构包括党的最高委员会、总委员会和中央执行委员会。最高委员会确定党的发展战略，总委员会为党的日常决策机构，中央执委会履行日常党务管理和执行职能。该党拥护总统的各项方针政策，主张将强有力的国家管控与尊重公民自由和人权结合起来，改革国家治理方式，提高政府工作效率，逐步实现国家职能由经营者向调控者转变。主张将市场经济与社会公正结合起来，经济改革和发展以改善人民物质生活水平为宗旨。

2017年1月，"统俄党"召开第十六次代表大会，俄总理兼党主席梅德韦杰夫作党的工作报告。大会对党主席和最高委员会、总委员会、中央监察委员会组成人员进行了改选。党的领导层保持总体稳定，无重大变化。同年12月，该党召开第十七次代表大会，普京在大会上阐述了俄罗斯所面临的主要任务，即保障发展、消除贫困人口、促进经济增长、面向未来。会议还对党的最高委员会和总委员会进行改选，选举图尔恰克为新的总委员会书记。2018年12月，该党召开第十八次代表大会，普京和梅德韦杰夫参加会议并讲话，会议对党的最高委员会和总委员会进行改选，成立新的中央机构—中央道德委员会。2019年9月。该党召开第十九次代表大会，普京和梅德韦杰夫出席会议并发表讲话，大会决定启动统俄党2021年国家杜马选举的筹备工作，成立党的人权中心，并对公众接待和入党形式进行有益创新。此外，还批准了新的总委员会副书记任用名单。

（2）俄罗斯联邦共产党（Коммунистическая партия Российской Федерации）：截至2019年12月，俄共党员人数超16万人，在国家杜马拥有43名议员。俄共成立于1990年6月，当时是苏联共产党的一部分。1991年"8·19"事件后，俄共被当局禁止活动，财产被没收。1993年2月，俄共召开第二次代表大会，重建并恢复活动。

2016年6月，俄共召开党的第十七次代表大会，大会通过了杜马选举竞选纲领并提出候选人名单。2017年12月，俄共召开党的第十七次代表大会第二阶段会议，决定推选莫斯科州企业"列宁国营农场"场长帕维尔·格鲁季宁作为该党总统候选人参加2018年俄总统选举。久加诺夫不再作为候选人参加俄总统选举。中央委员会主席久加诺夫（Геннадий Андреевич ЗЮГАНОВ）。

（3）"公正俄罗斯"党（Партия "Справедливая Россия"）：2006年10月28日，由"祖国"党、退休者党和生活党合并而成。2016年4月，"公俄党"召开第八次代表大会第一阶段会议，党的中央领导机构进行较大改选，米罗诺夫再次当选党主席。2018年10月召开党的第十次代表大会，米罗诺夫再次当选党主席。截至2019年12月，党员人数超过16万人，在国有杜马拥有23名议员。该党主要以俄"祖国"党为班底组建，"祖国"党曾以社会公正和爱国主义为基本理念，自称为"体制内反对派"（системная оппозиция власти）。

“公正俄罗斯”党自称是具有社会民主主义取向的左翼政党，主要目标是建立社会伙伴关系，实现社会民主、团结，在人道主义基础上，达到社会公正。党主席米罗诺夫（Сергей Михайлович МИРОНОВ），自任“公俄党”国家杜马议会党团领导人。

（4）俄罗斯自由民主党（Либерально-демократическая партия России）：成立于1989年12月，是苏联实行多党制后成立的第一个政党。截至2019年12月，党员人数超过30.5万人，在国有杜马拥有40名议员。该党具有较浓厚的民族主义色彩，有较为稳定的选民队伍。对内主张集权，建立单一制国家，对重要部门实行国家垄断。对外主张在苏联时期领土内恢复俄罗斯帝国版图，提出国界“只能外推，不能内缩”；主张加强同东欧的联系以建立斯拉夫国家联盟；推行南下战略，称俄罗斯士兵应“洗靴印度洋”。“9·11”事件后，又主张与西方结盟。日里诺夫斯基本人经常发表轰动性言论，以吸引民众注意力。基本支持当局在各领域的政策。自由民主党经常与“统俄党”议员团合作。在2016年9月举行的第七届国家杜马选举中，自民党得票率为13.3%。党主席日里诺夫斯基（Владимир Вольфович ЖИРИНОВСКИЙ）。

【重要人物】弗拉基米尔·弗拉基米罗维奇·普京：俄罗斯联邦总统。1952年10月7日生于列宁格勒市（今圣彼得堡市）。1975年毕业于列宁格勒大学法律系。曾在苏联克格勃系统工作15年，其中1985—1990年在民主德国工作。1990年回国后，先后任列宁格勒大学校长外事助理、圣彼得堡市市长顾问、市政府外联委主席。1994年任圣市第一副市长。1996年任俄总统事务局副局长。1997年3月任俄总统办公厅副主任兼监察局局长。1998年5月任总统办公厅第一副主任，7月任联邦安全总局局长。1999年3月起兼任联邦安全会议秘书，8月9日被任命为第一副总理、代总理，8月16日就任总理。12月31日叶利钦辞去总统职务，任命普京为代总统。2000年3月26日当选总统。2004年3月14日再次当选，5月7日正式宣誓就职。2008年5月8日其总理提名在国家杜马通过，同日被梅德韦杰夫任命为政府总理。2012年3月4日，普京当选新一届俄罗斯总统，5月7日宣誓就职。2018年3月18日普京再次当选俄罗斯新一届总统，5月7日宣誓就职。酷爱体育，曾获桑勃式摔跤健将、柔道运动健将及功勋教练称号，喜欢游泳和钓鱼。能讲德语。离异，有二女。 **米哈伊尔·弗拉基米罗维奇·米舒斯京**：俄罗斯联邦政府总理。1966年3月出生在莫斯科。1989年毕业于莫斯科机床工具学院（现莫斯科国立技术大学）。1992—1998年，在俄“国际计算机俱乐部”担任多个职位。1998—1999年，任俄联邦税务局副局长。1999—2004年，任俄税收和征税部副部长。2004年3月至2006年12月，任俄联邦不动产地籍管理局负责人。2007—2008年，任俄联邦经济特区管理署署长。2008年，米舒斯京辞去政府职务，并在接下来的两年中担任俄罗斯联合金融集团总裁，负责资产管理和私募股权。在此期间，他还担任俄罗斯高等经济学院房地产经济研究所学术主任。米舒斯京于2010年重返政府部门，于4月起任俄罗斯联邦税务局局长。2020年1月16日，被普京总统任命为俄罗斯政府总理。已婚，有三子。 **瓦莲京娜·伊万诺芙娜·马特维延科**：俄罗斯联邦联邦委员会主席。1949年4月7日生于乌克兰舍佩托夫卡市。1972年毕业于列宁格勒化学制药学院，后从事共青团工作。1986年任列宁格勒市执行委员会副主席。1989年当选苏联人民代表，任苏联最高苏维埃妇幼和家庭事务委员会主席。1991—1998年历任苏联（俄罗斯）驻马耳他大使、俄外交部地方、议会与社会组织局局长、俄驻希腊大使。1998年任负责社会事务的副总理。2003年被任命为总统驻西北联邦区全权代表，同年10月当选圣彼得堡市长。2011年9月21日当选联邦委员会主席。已婚，有一子。 **维亚切斯拉夫·维克多罗维奇·沃洛金**：俄罗斯联邦国家杜马主席，统俄党成员。1964年2月4日生于萨拉托夫州。1986年毕业于萨拉托夫卡利宁农业机械学院；后毕业于俄罗斯联邦国家公务学院。1990年起先后任萨拉托夫市议员、萨拉托夫市办公厅副主任、萨拉托夫州杜马议员、副主席和萨拉托夫州副州长。1999年作为“祖国—全俄罗斯”党成员被选为国家杜马议员。2001年领导该党。2007年作为“统一俄罗斯”党成员被选为国家杜马议员。2010年10月任联邦副总理兼政府办公厅主任。2011年12月27日，任总统办公厅第一副主任。2016年10月5日任国家杜马主席。已婚，有两子一女。

经济

近年来俄政府大力发展基础设施、加工业、服务业和运输业，但俄经济发展仍高度依赖自然资源的出口。2019年俄罗斯主要经济数据为：

国内生产总值：1100461亿卢布（约合16104亿美元，修正值）。

人均国内生产总值：暂无。

国内生产总值增长率：1.3%（初值）。

货币名称：卢布。

汇率：1美元≈64.62卢布（年均）。

通货膨胀率：3%。

失业率：4.7%。

【资源】俄罗斯自然资源十分丰富，种类多，储量大，自给程度高。森林覆盖面积8.67亿公顷，占国土面积51%，居世界第一位，木材蓄积量820亿立方米。主要矿产资源有煤、铁、泥炭、石油、天然气、铜、锰、铅、锌等。储量居世界前列的有：天然气已探明蕴藏量为48万亿立方米，占世界探明储量的21%，居世界第一位；石油探明储量252亿吨，占世界探明储量的5%；煤蕴藏量1570亿吨，居世界第二位；铁矿石蕴藏量650亿吨，居世界第一位，约占40%；铝蕴藏量4亿吨，居世界第二位；铀蕴藏量占世界探明储量的14%；黄金储量1.42万吨，居世界第四至第五位；磷灰石占世界探明储量65%；镍蕴藏量1740万吨，占世界探明储量30%；锡占世界探明储量30%；铜8350万吨。非金属矿藏也极为丰富，石棉、石墨、云母、菱镁矿、刚玉、冰洲石、宝石、金刚石的储量及产量都较大，钾盐储量与加拿大并列世界首位。

【水力和渔业资源】水力资源丰富，境内有300余万条大小河流，280余万个湖泊；贝加尔湖是世界上蓄水量最大的淡水湖。渔业资源相当丰富，生物资源总量2580多万吨，鱼类为2300万吨。

【工业】2018年，俄工业生产增长2.9%。2019年，俄工业发展速度放缓，工业生产增长2.4%。

【农业】2018年俄粮食产量为1.129亿吨，同比减少16.7%，农业总产值同比减少0.6%。2019年俄粮食产量为1.21亿吨，同比增长6.5%，农业总产值同比增长4%。主要粮食作物有小麦、大麦、黑麦、燕麦、玉米、大米、豆类。经济作物以亚麻、向日葵和甜菜为主。畜牧业主要为养牛、养羊、养猪业。

【服务业】据俄财政部数据，2018年俄联邦财政预算收入为19.46万亿卢布（约合3110亿美元），支出为16.71万亿卢布（约合2672亿美元），财政盈余2.75万亿卢布（约合438亿美元），占GDP的2.7%。2019年俄联邦财政预算收入为20.187万亿卢布（约合3118亿美元），支出为18.213万亿卢布（约合2813亿美元），财政盈余1.974万亿卢布（约合305亿美元），占GDP的1.8%。

【旅游业】俄罗斯共有29处地方被列入联合国教科文组织世界遗产名录，数量位列世界第九。

俄罗斯对发展境内和入境旅游的重视程度日益提高。2018年，俄政府通过了2019—2025年发展国内旅游和入境旅游联邦目标计划，计划目标是在2025年，旅游业对国内生产总值的贡献率超过70%。根据俄罗斯旅游署提供的统计数据，2018年1—9月，俄罗斯游客赴华游客数量为144.9万人次，同比减少2%。中国游客赴俄数量为141.3万人次，同比增长13.6%。根据中国旅游统计中心统计，2018年俄罗斯游客赴华人数197.75万人次，同比增长1.4%，2018年中国游客首站出境赴俄人数184.74万人次，同比增长21.1%

【外汇储备】据俄罗斯央行统计，截至2018年1月1日俄罗斯国际储备额为4327.42亿美元。截至2019年1月1日国际储备额为4684.95亿美元。据俄罗斯央行统计，截至2020年1月1日俄罗斯国际储备额为5543.6亿美元。

【外债】近年来俄外债余额持续下降。据俄罗斯央行统计，截至2019年1月1日，俄外债余额为4537亿美元，比上年减少12%。从外债构成看，俄政府举债441亿美元（其中，苏联债为5.1亿美元，俄罗斯新债为434亿美元）；央行举债为121亿美元；商业银行举债为853亿美元；其他部门（企业）为3123亿美元。

截至2020年1月1日，俄外债余额为4914.2亿美元，比上年减少8%。从外债构成看，俄政府举债699.3亿美元（其中，苏联债为4.4亿美元，俄罗斯新债为693.4亿美元）；央行举债为139.1亿美元；商业银行举债为769.5亿美元；其他部门（企业）为3306.2亿美元。根据2020年1月1日最新数据，2020年俄罗斯银行及企业需偿还外债879.29亿美元，其中744.75亿美元为外债本金，134.54亿美元为利息。

【主权债务评级】2018年1月，穆迪国际评级机构将俄罗斯主权信用评级维持在“Ba1”，前景展望“积极”。2019年2月，该机构将俄罗斯主权信用评级上调至“Baa3”，前景展望“稳定”。2019年7月，标准普尔全球评级机构确认俄罗斯的评级为BBB-，前景稳定。2019年8月，国际评级机构惠誉上调了俄罗斯的信用评级，将其主权债信评级升至BBB，前景稳定。2020年1月，标普维持对俄罗斯的主权信用评级其BBB-，前景稳定。

【对外贸易】据俄海关署统计，2019年俄外贸总额为6720亿美元，较2018年下降3%，顺差1772亿美元，同比下降337亿美元；其中出口额4246亿美元，同比下降6%；进口额2474亿美元，同比增长2.7%。

2019年俄主要贸易伙伴排名依次为：（1）中国1109亿美元；（2）德国532亿美元；（3）荷兰488亿美元；（4）白俄罗斯334亿美元；（5）美国262亿美元；（6）土耳其260亿美元；（7）意大利252亿美元；（8）韩国244亿美元；（9）日本203亿美元；（10）哈萨克斯坦196亿美元。中国已连续第十年保持俄第一大贸易伙伴国地位。

从地区看，欧盟仍是俄最大的贸易伙伴，2019年俄与欧盟贸易总额为2778亿美元，较2018年下降5.6%，占2019年俄贸易总额的41.7%。其他依次为：2019年俄与亚太国家贸易总额为2122亿美元，同比下降0.5%，占俄外贸总额31.8%；与独联体国家贸易总额为804亿美元，同比下降1.7%，占俄外贸总额12.1%；与欧亚经济联盟国家贸易额为573亿美元，同比增长1.1%，占俄外贸总额8.6%。

【外贸产品】2019年俄出口商品结构未有明显改善，能源产品仍是其主要出口商品，出口总额为2625亿美元，占俄出口额63.3%。其他各主要出口商品依次为：金属及其制品375亿美元，占比8.9%；机械、设备及交通工具277亿美元，占比6.5%；化工产品270亿美元，占比6.4%；食品及农业原料248亿美元，占比5.9%；木材及纸浆128亿美元，占比3%。

2019年机电产品为俄主要进口商品，进口额为1125亿美元，占俄进口总额46.2%；其他主要进口商品依次为：化工产品478亿美元，占俄进口19.6%；食品及农业原料299亿美元，占俄进口12.2%；金属及其制品178亿美元，占俄进口7.3%，纺织品及鞋151亿美元，占俄进口6.2%；能源类产品21亿美元，占俄进口0.9%。

【石油天然气】石油天然气工业长期以来在俄经济中发挥核心及主导作用，乌拉尔牌石油价格是俄制定国家财政预算的重要依据。2019年俄罗斯石油（包括凝析油）产量为5.6亿吨，同比增长0.8%。出口石油2.67亿吨，同比增长2.7%。当年俄天然气开采量为7376亿立方米，同比增长1.7%，出口量为2199亿立方米，同比下降0.3%。液化天然气出口量为6540万立方米，同比增长78%。本行业主要企业包括：

（1）俄罗斯天然气工业公司（GAZPROM）：成立于1993年2月，主要从事天然气勘探、开采、运输、加工和销售，为俄罗斯营业额和利润最大的公司，也是世界最大的天然气开采企业。2019年《财富》500强第42位。2019年该公司天然气开采量为5003亿立方米，同比增长0.5%。天然气出口量2369立方米，同比下降约1%。

（2）卢克石油公司（LUKOIL）：成立于1991年，俄最大的私人石油公司，2019年《财富》500强第50位，当年石油产量8212万吨，同比下降0.3%。

（3）俄罗斯石油公司（ROSNEFT OIL）：成立于1993年，是俄罗斯最大国有石油公司，2019年《财富》500强第86位，当年石油产量1.95亿吨，同比增长0.5%。

（4）苏尔古特石油天然气股份公司（SURGUTNEFTEGAS）：成立于1993年，2019年石油产量为6080万吨，同比基本持平。

（5）俄罗斯石油运输公司（Transneft）：成立于1992年11月，为俄罗斯国有石油运输公司，垄断俄罗斯国内生产石油的管线运输。

此外，2019年俄罗斯其他大型油气公司产油量为：俄罗斯天然气工业石油公司3915万吨；鞑靼石油公司2980万吨；巴什基尔石油公司1867万吨，俄罗斯石油公司已于2016年取得该公司控股权；罗斯石油公司712万吨。

【冶金】俄罗斯矿产资源丰富，铁、铝、铜、镍等金属矿产的储量和产量都居于世界前列，矿石开采和冶金行业在俄罗斯经济中发挥重要作用，冶金行业是俄罗斯重要的工业部门之一，其产值约占俄罗斯国内生产总值的5%，占工业生产的12%。冶金产品是俄罗斯主要出口商品之一，但受近年来国际冶金产品市场需求低迷、全球部分国家保护主义抬头等因素影响，2019年全年俄罗斯冶金行业出口创汇同比有较大下滑。同时，2019年俄罗斯非原料类商品出口额超过1500亿美元，但未实现《国际合作与出口》国家项目关于“非原料类商品出口额达到1600亿美元”的既定目标。其中，实际出口俄与出口目标相差较大的为冶金业，距既定目标的差距为31亿美元。该行业俄罗斯主要企业包括：

（1）诺里斯克镍业公司（Norisk Nickel's）：成立于1993年，前身为“诺里斯克镍业”康采恩，1997年完成私有化，为世界上最大的贵金属和有色金属生产企业之一，该公司镍产能占全球产量的20%以上，占俄罗斯市场的96%；钴和铜产能分别占全球产能的10%和3%以上，占俄罗斯市场的95%和55%。

（2）俄罗斯铝业联合公司（Rusal）：2006年由俄罗斯铝业公司、西伯利亚乌拉尔铝业公司和瑞士嘉能可公司联合组建，是世界最大的铝和氧化铝生产企业，其铝产量占世界产量12%，氧化铝产量占世界产量15%。2018年4月俄罗斯铝业公司受美国制裁，同期股市出现较大下滑。

（3）北方钢铁公司（Severstal）：1993年成立为股份公司，世界最大的黑色金属冶金公司之一。

（4）欧亚集团（Euroasia）：成立于1992年，世界最大的矿石开采和冶炼企业。

【国防工业】俄罗斯国防工业继承了苏联庞大国防的大部分，从设计、研发、试验到生产体系较为完整，部门较为齐全，是世界上少有的能生产海、陆、空、天武器和装备的国家。在俄罗斯国内装备更新速度有限的情况下，俄罗斯国防工业大力发展对外合作与出口，2019年俄罗斯武器出口超过141.44亿美元，占全球武器贸易总量的15.4%。在俄罗斯出口武器名单中，占据首位的是军用飞机，随后依次为海军舰艇、陆军装备和防空武器。

人民生活

据俄联邦统计局数据，俄居民实际可支配收入（经通货膨胀和强制性缴费调整后的收入）连续五年下降，2014年同比下降0.7%，2015年同比下降3.2%，2016年同比下降5.8%，2017年同比下降1.7%，2018年同比下降0.2%。2019年俄罗斯劳动人口平均月工资为47867卢布（约合760美元），同比增长9.48%；2019年俄失业率降至历史低位，为4.7%。

军　事

俄罗斯军队是在苏联军队基础上组建的。1992年3月16日，俄罗斯总统叶利钦发布关于组建俄罗斯联邦国防部的命令，同年5月7日发布了关于组建俄罗斯武装力量的命令。

俄罗斯联邦总统、俄罗斯联邦会议（包括上院联邦委员会、下院国家杜马）、俄罗斯联邦政府对保障国家安全、国防能力状况，对俄罗斯武装力量和其他部队的战斗准备程度、动员准备程度和战斗力状况负全责。俄罗斯联邦总统是国家元首和武装力量最高统帅，负责确定联邦军事政策的基本方针，批准《俄罗斯联邦军事学说》，对俄联邦武装力量、其他部队、军事单位和机关实施领导等。俄罗斯联邦会议负责审核联邦预算法规定的国防预算开支、通过国防领域的联邦法律、批准俄联邦总统关于在俄全境或部分地区实行战争状态或紧急状态的命令、决定关于在俄境外使用俄联邦武装力量的问题等。俄罗斯联邦政府负责落实其职权范围内对武装力量、其他部队、军事单位和机关的国防保障措施，拟定并向联邦会议提出联邦预算中国防预算开支的建议，组织制定和完成武器和国防工业综合体发展的国家规划等。俄罗斯国防部长通过国防部对武装力量实施全面领导，俄罗斯联邦武装力量总参谋长根据国防部长的命令通过总参谋部对武装力量实施作战指挥。

俄罗斯联邦总统兼武装力量最高统帅普京（2018年5月7日正式就任）。国防部长绍伊古（2012年11月6日任现职），国防部第一副部长兼总参谋长格拉西莫夫大将（2012年11月9日任现职），国防部第一副部长察里科夫（2015年12月任现职），国防部副部长兼常务秘书潘科夫（文职，2005年9月13日任现职），国防部副部长卡尔塔波罗夫上将（2018年7月任现职），国防部副部长萨多文科上将（2013年11月7日任现职），国防部副部长布尔加科夫大将（2010年7月27日任现职），国防部副部长叶夫库罗夫中将（2019年7月任现职），国防部副部长伊万诺夫（文职，2016年5月任现职），国防部副部长克里沃鲁奇科（文职，2018年6月13日任现职），国防部副部长波波夫大将（2013年11月7日任现职），国防部副部长福明上将（2017年1月31日任现职），国防部副部长舍夫佐娃（女，文职，2010年8月4日任现职）（排序以俄国防部网站2020年7月8日内容为准）。

俄联邦武装力量由陆军、空天军、海军3个军种及战略火箭兵、空降兵2个独立兵种组成。根据俄总统普京2017年3月28日签署的命令，自2017年7月1日起，俄武装力量编制员额为1903051人，其中现役军人1013028人，文职人员889423人。目前，俄陆军30万人，空天军18.8万人，海军13万人，战略火箭兵7.5万人，空降兵4.5万人，其余27.5万人分属总部机关、院校和其他部队。此外，俄军还编有89万文职人员。

俄联邦武装力量“三位一体”战略核力量由陆基洲际弹道导弹、战略核潜艇及搭载的潜射弹道导弹、战略轰炸机及搭载的战略巡航导弹组成。截至目前，俄军装备陆基洲际导弹386枚，潜射弹道导弹176枚、战略轰炸机74架，共计核弹头2400颗左右。陆军主要装备各型主战坦克2600余辆；装甲车7600余辆；火炮及火箭炮2500余门；导弹发射车140余辆。空天军主要装备各型飞机直升机3300余架、防空导弹98个营套、各型雷达900多部、军用和军民两用卫星近100颗。海军主要装备各型舰艇840余艘，总吨位230余万吨，其中主要作战舰艇150余艘，包括战略核潜艇13艘、巡航导弹核潜艇9艘、攻击型核潜艇18艘、常规潜艇25艘、航空母舰1艘、导弹巡洋舰4艘、导弹驱逐舰14艘、导弹护卫舰18艘；海军航空兵各型飞机和直升机400余架。空降兵主要装备各型伞兵战车近2000辆、装甲输送车650余辆、步战车200余辆、火炮400余门。

俄陆军由摩托化步兵、坦克兵、导弹兵与炮兵、队属防空兵等兵种，以及专业兵和物资技术保障部队与机构组成。下辖12个集团军和1个步兵军，其中，东部军区下辖第5集团军、第29集团军、第35集团军、第36集团军、第68步兵军；南部军区下辖第8集团军、第49集团军、第58集团军；西部军区下辖第1近卫坦克集团军、第6集团军、第20近卫集团军；中部军区下辖第2近卫集团军、第41集团军。所辖部队编成11个作战师、30个作战旅、近90个支援保障旅。空天军由航空兵、防空反导兵、航天兵三个兵种，以及专业兵种及物资技术保障分队组成。下辖9个集团军：第1防空反导集团军，第15空天集团军，第37战略集团军（远程航空兵），第61战略集团军（军事运输航空兵），第4、6、11、14、45空防集团军。所辖部队共编为8个航空兵师、12个防空师。海军由潜艇兵、水面舰艇兵、海军航空兵、海岸导弹炮兵和海军陆战队等兵种组成。编成北方舰队、太平洋舰队、波罗的海舰队、黑海舰队和里海区舰队，包括5个海军基地、12个舰艇总队、2个海军航空兵师、3个航空兵基地、3个步兵军等。战略火箭兵编成3个导弹集团军，共12个导弹师、47个导弹团。空降兵编成4个空降师、5个空降旅和1个通信旅，以及其他保障兵团和军事院校。

军事区划。西部军区：2010年9月1日正式组建，司令部设在圣彼得堡。辖区包括25个联邦主体，面积约259万平方千米。下辖陆军第1近卫坦克集团军、第6集团军、第20近卫集团军，海军波罗的海舰队，空天军第6空防集团军，驻德涅斯特河沿岸地区战役集团。南部军区：2010年10月4日正式组建，司令部设在罗斯托夫。辖区包括15个联邦主体，面积约59万平方千米。下辖陆军第8集团军、第49集团军、第58集团军，海军黑海舰队、里海区舰队，空天军第4空防集团军，第102军事基地。中部军区：2010年10月12日正式组建，司令部设在叶卡捷琳堡。辖区包括29个联邦主体，面积约690万平方千米。下辖陆军第2近卫集团军、第41集团军，空天军第14空防集团军，第201军事基地。东部军区：2010年10月中旬组建，司令部设在哈巴罗夫斯克。辖区包括11个联邦主体，面积约为691万平方千米。下辖陆军第5集团军、第29集团军、第35集团军、第36集团军、第68步兵军，海军太平洋舰队，空天军第11空防集团军。北方舰队：2014年12月1日正式组建，司令部设在北莫尔斯克。2020年6月5日，普京总统签署第374号总统令“关于俄罗斯联邦军事行政区划”，北方舰队被正式赋予军事行政区划地位。其辖区包括4个联邦主体，面积（含海域面积）约119万平方千米。下辖北方舰队、第45空防集团军及直属部队。

兵役制度：俄武装力量兵员补充实行双轨制，即义务兵役制与合同兵役相结合的混合兵役制。从2008年1月1日起，应征入伍的义务兵服役期缩短至1年。截至目前，俄军约100万编制员额中，军官编制约22万人，合同兵编制约42.5万人，其余为义务兵。

近年军费开支：根据俄联邦国家统计局校正后的数据，俄罗斯近年国防支出为：2013年21014亿卢布（俄总统普京称当年军费实际支出约2.3万亿卢布），2014年24881亿卢布，2015年32860亿卢布，2016年38360亿卢布，2017年28358亿卢布，2018年27291亿卢布，2019年为29140亿卢布。

境外驻军：截至2017年底，俄军驻摩尔多瓦共和国德涅斯特河沿岸战役集群约1600人；驻亚美尼亚久姆里第102军事基地4500人；驻塔吉克斯坦第201军事基地（摩步师）7200人（有俄军事专家称9000人）；驻吉尔吉斯斯坦第999坎特空军基地800人；驻阿布哈兹古达乌塔第7军事基地3800人；驻南奥塞梯茨欣瓦利第4近卫军事基地2600人。在哈萨克斯坦巴尔喀什、塔吉克斯坦努列克、白俄罗斯巴拉诺维奇各驻有1个雷达站。驻越南金兰湾海军补给站约50名工作人员。驻叙利亚塔尔图斯港海军补给站约720名军人及技术保障人员；驻叙利亚拉塔基亚赫梅米姆空军基地约1000—1500名军人。

文化教育

【文化】截至2019年：俄罗斯共有4659所博物馆，其中建筑博物馆589所，自然科学博物馆170所，历史博物馆1549所，艺术博物馆808所，行业博物馆218所，文学博物馆192所，戏剧博物馆28所，音乐博物馆32所，人物纪念博物馆566所，庄园博物馆134所，地方志博物馆1167所。

俄罗斯共有10628所图书馆，其中联邦级图书馆25所，州立图书馆854所，市立图书馆6414所，部属图书馆109所，私人图书馆3所。

根据俄罗斯文化部公布的数据，全俄共有647家剧院，19家联邦级剧院。2018年联邦级剧院共演出6000场，观众340万人，票房收入73亿卢布。2018年观众人数最多的剧院是圣彼得堡的马林斯基剧院，全年观众达160万人。

2018年共举行了4场文化之夜活动，包括4月的“图书馆之夜”、5月的“博物馆之夜”、8月的“电影之夜”和11月的“艺术之夜”。

俄罗斯共有46家马戏团，其中39家隶属俄罗斯国家马戏集团，6家地方马戏团和1家私营马戏团（尼古林马戏团）。2018年马戏观众人数达570万人。

俄罗斯文化外交日益活跃。2012—2018年，俄罗斯与其他国家互办文化年、文化季活动40次，其间31个国家的12万观众参加了近200场文化活动。2017—2019年，俄罗斯文化部先后在日本、意大利、德国举办“俄罗斯季”，包括交响音乐会、电影节、画展、戏剧和芭蕾演出等。

2012—2018年，俄罗斯在文化领域共出台51部联邦级法律，其中2018年出台7部，包括在戏剧博物馆协会意见的基础上制定的文化机构售票和退票规定等。

2018年，俄罗斯主办的大型文体活动有：6月14日至7月15日在俄罗斯11个城市举办的足球世界杯，法国夺得冠军，俄罗斯在时隔48年后再次进入世界杯八强；11月15—17日，第7届圣彼得堡国际文化论坛举办，主题为《文化—国家的战略潜力》，吸引了35000人参加，其中包括13000名专业人员和22000名社会人员。参加论坛的有101个国家的代表，50个外国代表团。论坛框架下在163个文化机构举办了415项活动。

【教育】根据《俄罗斯联邦教育法》，俄罗斯教育主要包括学前教育、基础教育、中等职业教育、高等教育和补充教育。基础教育包括：初级基础教育（小学1—4年级）、基本基础教育（初中5—9年级）、完全基础教育（高中10）—11年级）。职业教育专指中等职业教育（相当于我国的高等职业技术学院）。高等教育包括三个阶段：第一阶段—本科学士、第二阶段—专家和硕士、第三阶段—高技能人才培养。新教育法在高等教育层级引入了一个新的阶段——高技能人才培养（包括临床硕士、表演类副博士和高等军事院校研究生班，他们在通过副博士论文答辩后可授予副博士学位）。

（1）学前教育

截至2018年7月1日，俄罗斯共有幼儿园40260个（其中农村幼儿园15691个），教师66.98万人，其中拥有本科学历的教师37.1万人，在读学生758.2万（其中农村为149.9万人）。经过近几年的建设，俄3—7岁儿童的入园率达到100%，3岁前儿童入园问题也得到有效解决。除传统的幼儿园教育外，俄还建有学龄前儿童个性化教育家长帮助、支持中心，能就儿童教育问题免费为家长们提供教育心理帮助。

（2）基础教育

目前，俄罗斯共有40120所国立和市立基础教育机构（其中23494所分布在农村），以及851所私立学校。2018—2019学年，俄基础教育学生总人数为1594万（其中农村学生389.3万人）。在公立基础教育机构的工作人员213万，其中教师131.1万人（118.6万人为本科毕业）。在私立学校的工作人员为3.33万人，其中教师2.12万人。基础教育阶段（小学到高中）学习期限一般为11年，一些艺术学校为12年。小学入学年龄要求是7岁。基础教育教学计划一学年的时间一般是34周，每周课时量为27—38学时。基础教育阶段课程分为必修课程和选修课程。必修课程分为人文系列（俄语、文学、外语、俄罗斯史、世界史、经济、地理、法律基础、政治学、体育等），自然科学系列（数学、物理、化学、生物、生态学、天文学等）以及“技术类课程”（绘画、制图、家政、裁缝、烹调、金属加工等），选修课主要是一些反映地方特色和学生兴趣的课程。

俄罗斯自2001年起在基础教育毕业阶段试行国家统一考试，考试科目共11门，其中数学、俄语为必考科目，其它为选考科目。选考科目根据所报考大学和专业要求而定，但参加各科奥林匹克竞赛并获奖的学生，其相应科目可以以满分计算甚至免试入学。

2007年国家统一考试推广至全国，2009年起作为中学毕业和大学入学的必须形式，莫斯科国立大学、圣彼得堡国立大学和其他一些符合条件的大学和专业有权加试。

2018年约有73.1万人参加5月底至7月初的高考。

（3）补充教育

补充教育是俄罗斯教育体系的重要特色，起源于苏联时期的校外教育，1992年的俄联邦教育法正式将校外教育的名称变更为补充教育。

根据普京总统2012年发布的命令，俄政府于2014年9月批准了俄联邦《儿童补充教育发展纲要》，其中提出，到2020年俄拟将参加补充教育的儿童比例提高到75%。2017年，俄提供补充基础教育课程的教育机构共计13879所（2014年为10400所），参加补充教育学习的儿童近1092万人（2014年为840万人）。2018年，俄提供补充基础教育课程的教育机构共计12286所，参加补充教育学习的儿童1021万余人。

（4）职业教育

2018年俄联邦有3659所职业教育机构，其中有348所为大学附属的机构，共有在校学生300.6万名，当年招生99万名，毕业70万名。

俄罗斯中等职业教育的办学目标是培养技术工人，分为普通职业教育和双证职业教育两种类型。普通职业教育即在基本基础教育或完全基础教育的基础上进行职业培训，分为9年级毕业后进行3—4年半的职业教育和11年级毕业后进行1—1年半的职业培训；双证职业教育即中学毕业证和职业教育文凭双证教育，毕业生既可持职业教育文凭工作，也可以持中学毕业证参加大学入学考试。学习期限分9年基础教育+至少3年职业教育和11年基础教育+1—1年半职业教育两种。

（5）高等教育

近年来，俄联邦政府加强对高校办学质量的监控，关停并转了一批低效高校。2018年，俄联邦共有741所高等教育机构（其中国立高校496所，非国立高校245所）。2010年时全俄仍有高校1115所，近十年逐年递减，其原因是俄政府根据对高等教育机构办学效益测评的结果，对超过4项指标不合格的高校和分校进行了优化和重组。2010年全俄高校共有705万在校生（其中全日制学生307万余），2018年，在校生人数为416.2万（其中全日制学生近237万）。2018年国立高校教师数量为23.3万余人（2010年共有32.5万人）。

俄高等教育的教学计划一般为36周一学年。大学生一周的最高课时量（包括上课和课外学习）不能超过54学时，上课时数平均为每周27学时，硕士生每周上课时数平均为14学时。

在俄所有高校中，得到俄联邦政府重点支持的高校共41所，分三个层次：2所享有高度自治权的联邦政府直属高校——莫斯科国立大学和圣彼得堡国立大学、10所联邦大学和29所国家研究型大学。

为落实普京总统在2012年5月7日就任时提出的“到2020年俄罗斯应该有不少于5所高校进入世界大学排名榜前100名（即5—100计划）”的要求，2013年共有15所大学获得国家财政重点支持。2015年，“5—100计划”新增6所院校，从而使进入“5—100计划”的院校达到了21所。

2015年10月16日，俄启动了另一项高等教育改革计划，即通过竞争在各联邦主体选拔大学建立支点大学计划，其目标定位于为各地区经济、社会的发展提供智力支撑并培养高技能人才。2016年1月，俄教科部批准了首批11所院校的支点大学建设计划。2017年4月，俄教科部通过了第二批22所支点大学的建设名单。截至目前，俄已建立支点大学33所。

2020年有来自176个国家和地区的近30万留学生在俄罗斯高校留学。2017年5月，俄罗斯政府批准实施《发展俄罗斯教育体系的出口潜力》方案，大力提高俄高校对留学生的吸引力；2018年5月，普京总统的新五月令要求，到2024年，留学俄罗斯人员总数增加2倍以上，达到71万。

【新闻出版】俄罗斯合法注册新闻媒体8万多家。其中，纸制印刷媒体约5.3万家，杂志占37%，报纸占28%；电子媒体约1.3万家，占11%；广播电视媒体占10%；通讯社有1486家；90%为非国有媒体。俄各大新闻媒体在《俄罗斯联邦宪法》和《俄罗斯联邦大众传媒法》规定框架下有序运行。

主要报刊有：（1）《俄罗斯报》，政府机关报，1990年11月11日创刊，在俄全境及独联体国家发行，日发行量13万份。俄国家的各种法律法令文件生效后须在该报全文发表。目前，该报在俄国内设有32个记者站，在独联体和欧洲设有16个分社。2006年，在北京设立分社。（2）《消息报》，私营报业，社会政治类报纸，曾为苏联政府机关报，1917年3月创刊。1991苏联解体后，该报重组为私营报业。每周一至周五出版五期，并在莫斯科和圣彼得堡发行周末增刊。在俄境内的发行量约15万份，在独联体2.8万份，在欧洲4000份。2010年，在北京设立分社。（3）《独立报》，私营报业，1990年12月21日创刊。以报道俄国内及国际重大社会、政治问题，以及文化、体育等新闻为主。（4）《生意人报》，1989年12月创刊，当时为周报，也是苏联第一份私营商业出版物。1992年9月改为日报。目前，旗下有知名社会政治类杂志《星火》、生活类杂志《生意人报周末》，专题月刊《金钱》、汽车类月刊《自动驾驶仪》、面向少年儿童的《生意人儿童》和彩色时尚和生活类月刊《风格》。(5)《共青团真理报》，为苏联时期主要报刊之一，1925年3月13日创刊，在世界上48个国家出版发行。目前，该报分日报和周报两种，是俄普通读者最喜爱的报刊之一。(6)《专家》杂志，创刊于2000年，为周刊，是俄目前较有权威性和影响力的经济和社会政治类题材刊物，在俄国内各个地区和独联体国家均有发行。此外，在俄较有影响的刊物还有《公报》《莫斯科共青团员报》《劳动报》《论据与事实报》《真理报》《议会报》《明日周报》《莫斯科时报》，以及《剖面》《政权》《金钱》《星火》《世界经济与国际关系》《国际生活》《远东问题》《自由思想》《俄罗斯观点》等杂志。

主要通讯社有：(1)塔斯社，官方通讯社，俄三大通讯社之一。其前身是苏联时期的塔斯社及1992年1月成立的俄通社，随后更名为俄通—塔斯社，并于2014年9月1日再次更名为塔斯社。目前，在俄境内拥有8个区域中心和34个分社，在世界各地拥有75个代表机构，包括在中国北京和上海设立的2个记者站。同路透社、美联社、共同社和新华社等70多家世界各地的通讯社建立了信息合作关系。(2)“今日俄罗斯”国际新闻通讯社，官方通讯社，俄三大通讯社之一。根据2013年12月9日俄联邦总统令，俄罗斯新闻社（简称“俄新社”）和“俄罗斯之声”广播电台重组合并而成。目前是俄政府对外宣传的主要通讯社，其通讯网络覆盖了全俄、独联体及世界其他地区的40多个国家，拥有巨大的图片库，库存约100万张，每天以多种文字发布社会、政治、经济、科学和金融方面的消息。该社拥有举办新闻发布会的专业信息平台，为俄总统办公厅、政府、议会、各大部委、地方权力机关及其他社会团体提供信息服务。2004年5月，其前身俄新社在北京设立分社。(3)国际文传电讯社，私营通讯社，俄三大通讯社之一。成立于1989年9月，系苏联时期首家非国有通讯社。是俄目前在现代信息技术领域和其他经济部门中唯一掌握金融市场信息的专业化机构。用多种语言发布各类信息，并专门设有“国际新闻”“中国新闻”以及“中国经贸述评”等栏目。在俄各联邦主体设有19个代表处。先后于1999年、2002年在上海、北京设立分社。

主要广播电台有：(1)“卫星”广播电台，隶属于“今日俄罗斯”国际新闻通讯社，是俄政府主要外宣媒体。其前身为1929年成立的苏联国有广播电台，1989年1月1日更名为“俄罗斯之声”广播电台。目前，用38种语言全时段通过短波、中波、调频、卫星和移动电话网络向160个国家和地区播发信息，听众达到1.09亿人次。(2)“俄罗斯”广播电台，成立于1990年12月10日，是俄国有媒体及唯一联邦级广播电台，隶属于全俄国家电视广播公司。每天24小时全天候通过长波、中波、短波和网络对外广播，包括新闻、社会政治、音乐、文学、科教及儿童类节目。每日听众达1.2亿人次。(3)“灯塔”广播电台，是历史悠久并较有影响的俄国家音乐电台，1964年根据苏联政府的有关决定建立。2011年，该电台被全俄国家电视广播公司收购，成为国有广播电台。该电台每半个小时播发5分钟的新闻内容，其他节目的设置还有音乐、直播、晨间幽默、专访和广播电影等栏目。该广播电台目前拥有3个广播频道。(4)“莫斯科回声”广播电台，私营电台，成立于1990年。全天使用俄语广播，主要受众为俄国内和独联体地区。

主要电视台有：(1)“全俄国家电视广播公司”，俄最大国有电视媒体，成立于1990年7月。旗下设有“俄罗斯–1”综合频道、“俄罗斯–2”社会频道、“俄罗斯—文化”频道等3个联邦级电视频道，“俄罗斯–24”新闻频道，面向海外俄侨俄人的“星球”国际频道，俄语版“欧洲新闻”频道，以及“体育”频道。此外，该公司旗下还有“俄罗斯”“灯塔”“文化”“调频—新闻”“青少年”等5个广播电台。其中，“俄罗斯–1”综合频道成立于1991年5月，覆盖全俄及部分独联体和波罗的海国家，俄境内观众约占全国总人口的98.5%，独联体和波罗的海国家约有5000万观众。“俄罗斯–1”综合频道节目种类多样，包括新闻、电视剧、电影、电视评论、脱口秀、大型文艺和纪录片等，同时直播重要大型活动和社会政治事件。该频道的《消息》节目在俄具有重要影响力，收视率很高，多次获得俄国内电视新闻类节目大奖。“俄罗斯–24”新闻频道，为俄唯一一家全天24小时播发新闻节目的电视频道，以播发俄国内新闻和国际新闻为主，同时以传播迅速、信息量大见长，重要新闻节目连续滚动播出。2006年，在北京设立分社。

(2)“第一频道”电视台，国家参股的综合性电视台，其前身是成立于1939年的苏联中央电视台，受全苏广播电视委员会领导。苏联解体后，1991年在其基础上成立奥斯坦基诺国家电视广播公司。1995年2月28日，奥斯坦基诺国家电视广播公司并入新成立的俄罗斯公众电视股份公司，并改称俄罗斯公众电视台，2002年9月更名为第一电视台。在俄本土覆盖率达到99.8%，观众1.4亿。1994年，在北京设立分社。

(3)RT电视台，是俄主要国有外宣电视媒体，根据普京总统令成立于2005年。下设英语、阿拉伯语、西班牙语和法语4个频道，均为24小时对外播报；RT–America、RT–UK两个电视频道分别设在纽约和伦敦；此外，还有纪录片频道，以及总部设在德国柏林的Ruptly音像图片社。RT电视台于2012年将全部频道升级为高清频道。目前，该台已成为俄5大联邦级电视媒体之一，其在俄境内收视率仅次于俄“第一频道”电视台、全俄国家电视广播公司，并已同全球80多个国家的上万家电视媒体建立了合作关系。2007年，该电视台成功登陆“YouTube”视频网站，目前点击率超50亿次。曾5次获得国际艾美奖新闻奖项提名。

（4）“独立”电视台，成立于1993年，是当时俄政府批准的唯一一家联邦级私营电视台，后被“俄气媒体集团公司”收购。目前，下设有HTB—国际频道、HTB—高清频道、HTB—电视剧频道、HTB—生活频道、HTB—法制频道、HTB—音乐频道等。除俄本土外，还覆盖到独联体国家以及西欧、中东、美国和加拿大等国家和地区。

（5）中心电视台，隶属于莫斯科市政府，成立于1997年。节目覆盖俄大部分地区和部分独联体国家以及欧洲国家。

对外关系

2016年12月1日，普京总统批准新版《俄罗斯联邦外交政策构想》，这是俄独立以来第五次发布该文件，明确俄外交活动所遵循的基本原则，对俄外交政策制定具有指导作用。《构想》指出，俄对外政策的最优先方向依然是与独联体国家进行双多边合作，加强一体化，强调欧亚经济联盟在一体化中的重要作用。《构想》首次提及“伊斯兰国”威胁，认为建立广泛国际反恐联盟、合作打击国际恐怖主义是最重要的国家任务。《构想》强调以政治方式解决叙利亚问题，反对以颠覆政权为目的干涉别国内政。《构想》将欧盟定位为“重要经贸和外交伙伴”，认为未来双方关系需在法律基础和合作机制上不断完善，进一步发展外交和军事政治领域的合作，最终“打造从大西洋到太平洋的共同人文经济空间”。《构想》称，俄愿与美国开展建设性对话，进行全方位合作并在全球发挥独特作用；俄同时指责美及其盟友实施遏俄政策。《构想》突出“向东看”外交新方向，强调亚太地区地位，称俄中两国是地区和全球稳定的主要因素，俄中将共同应对威胁与挑战，在国际组织和多边机构中开展合作，解决全球和地区问题。

2016年12月5日，普京总统批准新版《俄联邦信息安全学说》，这是俄罗斯自独立以来颁布的第二版信息安全学说。新版学说在继承以往国家信息安全战略的基础上，根据新时期信息技术的发展以及信息安全环境的变化，提出了今后一段时期俄在信息领域的国家战略规划。新版学说由俄联邦安全委员会编写，指出了俄在保障国防领域、国家和社会安全领域、经济领域、科技教育领域和网络空间这五个方面的信息安全的战略目标和主要方向，明确对信息领域国家利益的认定、信息威胁的判断进行了补充和扩展，提出发展具有竞争力的本国信息技术产业、提高俄军信息对抗能力、构建国际信息安全体系等保障信息安全的战略目标。此举反映出俄旨在通过新版学说的实施维护国家信息安全，并从战略层面防止和遏制与信息技术相关的军事冲突。

截至2018年12月13日，俄罗斯共与193个国家建有外交关系，设有146个使馆、87个领馆、15个常驻国际组织代表机构、2个驻其他国家代表处。152个国家在俄设有外交代表机构。

2019年，俄立足于世界重要一极，将落实“大欧亚伙伴关系”作为外交管总战略，一方面在独联体地区一体化、亚太外交、叙利亚、俄非及俄拉关系等方向频频发力，影响力不断增强，另一方面在俄欧关系、俄美关系、乌克兰、战略稳定等问题上坚持底线，同美西方接触较前增多。独联体方向，俄加快欧亚经济联盟和集体安全条约组织一体化建设，推动欧亚经济联盟同塞尔维亚、新加坡等国签署自贸协议，启动“俄罗斯+中亚五国”外长会晤机制，促成首届里海经济论坛成功召开。亚太方向，俄同印度全面深化特殊优先战略伙伴关系，同蒙古升级为友好和全面战略伙伴关系，同日本稳步推进《和平条约》谈判，同越南等东盟国家不断扩大合作。中东方向，俄依托阿斯塔纳机制推动叙利亚和平进程，提出波斯湾集体安全构想。普京并访问沙特阿拉伯和阿联酋。非洲和拉美方向，俄召开首届俄非峰会，接待委内瑞拉总统马杜罗访俄。俄美方向，普京和特朗普在G20大阪峰会期间举行双边会晤，俄美举行多轮战略稳定磋商。俄欧方向，俄促成“诺曼底机制”四方会谈重新启动，俄乌、俄欧接触增多。但总体看，俄同美西方关系仍然处于低位，美欧再次延长对俄制裁，北约不断强化对俄防御，俄美、俄欧关系未见实质转圜。

【对当前重大国际问题的态度】国际秩序：俄积极推动形成多极国际秩序，反对单极世界和单边主义，坚持联合国在国际关系中拥有核心地位和最高权威，坚持国际法至上原则，尊重各国主权，尊重各国选择适合本国国情的发展道路，主张建立平等和不可分割的安全架构，主张通过对话谈判和平解决国际争端，反对干涉主权国家内政。

联合国改革：俄认为应合理地改革联合国，以使其更好地适应世界政治和经济形势的变化；应继续提高联合国安理会活动的效率，在保证应有工作效能的前提下，赋予该机构更大的代表性；任何关于建立联合国安理会补充席位的决定，必须在联合国成员国最广泛一致的基础上通过；联合国安理会五个常任理事国的地位应当保留，亚洲、非洲和拉丁美洲的发展中国家应在联合国安理会获得更多席位。支持印度成为联合国安理会常任理事国。

中东问题：作为中东问题国际四方调解成员之一，俄认为巴以矛盾是中东问题的核心，中东长治久安的重要条件是解决长期存在的巴勒斯坦问题。俄与冲突各方及中东有关国家保持密切外交接触，主张坚持公正平衡立场，全力促进政治谈判进程，通过对话与合作解决争端，反对滥用制裁和使用武力，主张建立由国际社会和中东地区各国及有影响的政治力量广泛参与的国际协调机制解决中东问题。2019年，俄继续积极斡旋巴以问题，其中俄总统普京与以色列总理内塔尼亚胡举行3次会晤、8次通话。俄对美国提出被称为“世纪协议”的中东和平计划持谨慎态度，呼吁继续根据国际社会公认的国际准则推动解决巴以问题。

叙利亚问题：俄坚持以2012年6月的《日内瓦公报》为基础，呼吁冲突各方立即停火止暴，坚决反对外国势力对叙局势进行干预，支持叙政府和反对派通过和平谈判方式解决分歧，实现民族和解。2013年俄提出“化武换和平”倡议，成功化解美国可能对叙的军事行动。2015年9月底，俄应叙当局请求派出空军参与打恐。2016年2月，美国与俄罗斯就叙停火达成协议，加速推进叙问题政治解决进程。9月，以美为首的联军空袭叙利亚政府军据点，60多名叙军人死亡，俄方强烈不满，俄美停火协议名存实亡。12月30日零时，俄罗斯、土耳其、伊朗促成叙利亚国内停火协议生效，三方随后推动举行了多轮叙问题阿斯塔纳会谈。2017年4月6日，联军以使用化学武器为由，对叙空军基地发射59枚巡航导弹，俄认为此举侵犯叙主权，违反国际法，严重破坏俄美关系。5月，俄、土、伊三国签署在叙建立4个冲突降级区的合作备忘录，旨在终止暴力、改善人道状况、推动日内瓦和平对话进程。2017年11月至2018年12月，俄土伊领导人共举行3次会晤，讨论叙利亚问题。2018年1月29—30日叙利亚全国对话大会在俄南部城市索契举行，对推动叙国内和解和政治进程发挥了作用。2018年共举行3次叙利亚问题阿斯塔纳进程会议。2018年12月，美国总统特朗普签署从叙利亚撤军的命令。俄方对美方决定表示欢迎，希望美方负责任地撤军。2019年，俄土伊领导人举行2次三方会晤，俄土领导人举行8次会晤、12次通话，叙局势整体朝稳定方向发展，10月，叙宪法委员会在日内瓦举行首次会议。但土耳其仍是叙局势的不稳定因素之一，10月，对叙利亚北部库尔德武装发动军事打击，局势升级引发各方担忧，俄紧急斡旋土耳其，俄土就叙北部停火及启动俄土联合巡逻达成谅解备忘录。

朝鲜核问题：俄坚持朝鲜半岛无核化，支持朝核问题六方会谈进程，支持美朝直接接触对话，呼吁各方共同采取行动缓和半岛紧张局势，通过政治外交手段最终实现朝鲜半岛无核化，经济制裁和武力威胁不会取得效果。2016—2017年朝进行了三次核试，俄明确予以谴责，认为此举严重违反联合国安理会相关决议，支持对朝采取新的制裁，但认为制裁不应使朝鲜经济崩溃和出现人道灾难，同时敦促有关各方保持克制，避免进一步激化半岛紧张局势。俄同时认为，美、韩两国以朝核、导威胁为由，在韩部署“萨德”反导系统，加深了半岛军事政治对立，这种行为企图以牺牲他国安全换取自身安全，不利于朝核问题解决，动摇了全球战略稳定体系。2017年9月，普京表示，对朝鲜制裁不会有用，朝鲜不会放弃核计划。2018年4月20日，朝最高领导人金正恩宣布施行新战略路线，宣布不再进行核试验和洲际导弹试射，集中精力发展国内经济，俄方对此表示欢迎。俄朝高层交往更加密切，俄联邦委员会主席马特维延科、外长拉夫罗夫相继访朝，普京邀请金正恩访俄并出席9月举行的远东经济论坛未成行。朝鲜最高人民会议常任委员会委员长金永南应邀出席了2018年世界杯开幕式。3月20日，俄朝政府间贸易经济和科技合作委员会第八次会议在平壤举行。10月，俄朝两国共同庆祝了俄朝建交70周年，普京与金正恩互致贺电。俄方强调六方会谈是解决朝核问题的重要机制，并提议举行中俄朝三国副外长级磋商，推进俄朝韩三方经济合作项目。俄中双方均主张本着“同步走、分阶段、一揽子”的原则解决半岛问题，逐步缓解或取消对朝经济制裁。作为对普京邀其出席东方经济论坛的回应，2019年4月，金正恩乘火车抵达俄符拉迪沃斯托克首次访俄，普京与其举行首次会晤。

阿富汗问题：2019年俄持续关切阿富汗局势发展，主张寻找调解阿富汗问题的途径，并积极参与调解进程。俄支持阿富汗内部对话，在莫斯科协助举办阿富汗反对派政治人物和塔利班高层对话会，强调“莫斯科模式”在阿富汗问题调解进程中的作用。俄参与推动俄中美三方、俄中美巴四方围绕阿富汗问题磋商。俄对美国与塔利班开展对话持积极态度，呼吁美国从阿富汗有序撤军。俄关切阿境内“伊斯兰国”及恐怖主义势力发展及其威胁扩散。俄对2019年9月28日举行的阿富汗总统选举给予了正面评价。

【同中国的关系】2019年，中俄以庆祝建交70周年为主线，推动双边关系始终保持高水平运行，取得前所未有的大发展。国家主席习近平同俄罗斯联邦总统弗拉基米尔·普京共同宣布发展中俄新时代全面战略协作伙伴关系，推动双边关系迈上更高水平。两国在涉及彼此核心利益问题上继续相互坚定支持，务实合作成果丰硕，人文交流亮点纷呈，国际协作密切高效，共建“一带一路”同欧亚经济联盟对接取得重要早期收获。

（一）两国高层交往密切

两国元首5次交往，对中俄关系进行战略引领。2019年4月25—27日，普京总统来华出席第二届“一带一路”国际合作高峰论坛，两国元首举行年内首次会晤。6月5—7日，习近平主席对俄进行国事访问并出席第二十三届圣彼得堡国际经济论坛，两国元首举行一系列国事活动并出席相关配套活动。6月15日，普京总统在出席亚信会议杜尚别峰会期间向习近平主席祝贺生日。11月13日，习近平主席同普京总统在出席金砖国家领导人巴西利亚会晤期间举行双边会见。12月2日，两国元首通过视频连线见证中俄东线天然气管道投产通气仪式。

两国总理2次会晤，有力推动中俄关系和各领域合作发展。9月16—18日，国务院总理李克强对俄罗斯进行正式访问并同俄罗斯时任总理梅德韦杰夫在圣彼得堡共同举行中俄总理第二十四次定期会晤，发表《中俄总理第二十四次定期会晤联合公报》，见证签署17项双边合作文件。9月18日，俄罗斯总统普京在莫斯科会见李克强总理。11月1日，李克强总理在乌兹别克斯坦首都塔什干出席上海合作组织总理会议期间，同梅德韦杰夫总理举行双边会见。

（二）两国立法机构保持密切交往

2019年9月25—27日，全国人大常委会委员长栗战书访问俄罗斯并出席中俄议会合作委员会第五次会议。栗战书委员长同普京总统举行会见，分别同俄联邦委员会主席瓦莲京娜·马特维延科、俄国家杜马主席维亚切斯拉夫·沃洛金举行会谈，同沃洛金主席共同出席中俄议会合作委员会第五次会议。

（三）两国各领域保持密切高层交往

2019年4月9—10日，全国人大常委会副委员长艾力更·依明巴海赴俄罗斯圣彼得堡出席第五届国际北极论坛。其间，同俄副总理兼总统驻远东联邦区全权代表特鲁特涅夫举行会见。4月23—25日，国务委员兼国防部长魏凤和访问俄罗斯并出席第八届莫斯科国际安全会议。5月15日，国务委员兼公安部长赵克志在出席上海合作组织成员国安全会议秘书会议期间同俄联邦安全会议秘书尼古拉·帕特鲁舍夫举行双边会见。5月23日，王勇国务委员同俄罗斯总统驻伏尔加河沿岸联邦区全权代表卡马罗夫在切博克萨雷共同出席中国长江中上游地区和俄罗斯伏尔加河沿岸联邦区地方合作理事会第三次会议。6月16—19日，中共中央政治局委员、中央书记处书记、中央政法委书记郭声琨赴俄罗斯乌法出席第十届安全事务高级代表国际会议。6月27日，全国政协副主席汪永清赴俄出席第45届世界技能大赛闭幕式，并同俄副总理戈利科娃举行会见。9月4日，中共中央政治局委员、中央军委副主席张又侠访俄，同俄国防部长绍伊古举行会谈。9月4—6日，国务院副总理胡春华赴俄罗斯符拉迪沃斯托克出席第五届东方经济论坛。其间，俄罗斯总统普京会见胡春华副总理，胡春华副总理同俄副总理兼总统驻远东联邦区全权代表特鲁特涅夫举行中国东北地区和俄罗斯远东及贝加尔地区政府间合作委员会双方主席会晤。9月16日，国务院副总理孙春兰同俄副总理戈利科娃在圣彼得堡共同主持中俄人文合作委员会第二十次会议。9月16日，国务院副总理胡春华同俄时任副总理阿基莫夫在圣彼得堡共同主持中俄总理定期会晤委员会第二十三次会议。10月17日，中共中央政治局委员、中央外事工作委员会办公室主任杨洁篪在巴西利亚出席金砖国家安全事务高级代表会议期间同俄联邦安全会议秘书帕特鲁舍夫举行双边会见。

2019年5月31日，全国政协副主席邵鸿同俄罗斯副总理兼总统驻远东联邦区全权代表特鲁特涅夫在黑河市共同出席中俄黑河—布拉戈维申斯克黑龙江界河公路大桥合龙仪式。6月15日，国家副主席王岐山同俄时任副总理阿基莫夫共同出席第六届中俄博览会开幕式并举行会见。9月6日，国务院副总理韩正同俄时任副总理科扎克在北京共同主持中俄能源合作委员会第十六次会议。10月21日，俄国防部长绍伊古来华出席第九届北京香山论坛。11月26日，韩正副总理与俄时任第一副总理兼财政部长西卢阿诺夫在北京共同主持中俄投资合作委员会第六次会议。12月1—4日，俄联邦安全会议秘书帕特鲁舍夫访华并分别同杨洁篪主任、郭声琨书记举行中俄第十五轮战略安全磋商和中俄执法安全合作机制第六次会议，习近平主席会见帕特鲁舍夫。

（四）两国外交部长保持密切接触

2019年2月26日，国务委员兼外交部部长王毅在乌镇出席中俄印外长会晤期间同俄罗斯外交部部长谢尔盖·拉夫罗夫举行双边会见。5月13日，王毅国务委员兼外长访俄，同普京总统举行会见，同拉夫罗夫外长举行会谈。5月22日，王毅国务委员兼外长在比什凯克出席上海合作组织成员国外长理事会会议期间同拉夫罗夫外长举行双边会见。7月26日，王毅国务委员兼外长在里约热内卢出席金砖国家外长正式会晤期间同拉夫罗夫外长举行双边会见。9月27日，王毅国务委员兼外长在纽约出席第74届联合国大会一般性辩论期间同拉夫罗夫外长举行双边会见。11月23日，王毅国务委员兼外长在名古屋出席二十国集团外长会议期间同拉夫罗夫外长举行双边会见。12月18日，王毅国务委员兼外长同拉夫罗夫外长通电话。两国外长还多次互致函电，就重大国际和地区问题深入交换意见，协调立场。

（五）两国务实合作全面推进

两国务实合作继续保持全方位、深层次、多领域发展态势。2019年，中俄双边贸易额达1107亿美元，同比增长3.4%，再创历史新高。中国继续保持俄第一大贸易伙伴国地位。两国元首通过视频连线见证中俄东线天然气管道投产通气。中俄原油管道满额增供，年管道原油贸易量达到4000万吨。中企参与投资的亚马尔液化气项目进展顺利。中石油、中海油入股北极液化气—2项目。中石化投资阿穆尔天然气化工项目。“中俄金融联盟”成员数量不断增加，银联卡在俄受理覆盖率提升至90%。中国与欧亚经济联盟经贸合作协定正式生效。我放开俄产大豆、大麦、小麦及油料作物进口，部分解禁俄口蹄疫疫情。跨中俄界河的同江铁路桥、黑河公路桥相继合龙，中欧班列中俄段运行量保持增长势头。

（六）两国人文交流和地方合作日益密切

两国间各类留学交流人员突破9万人，人员往来规模超过400万人次。中方向俄方提供一对大熊猫开展合作研究。中俄地方合作交流年成功收官，两国地方合作步入全方位高质量发展的新阶段。双方建立友好省州、城市数量达147对，基本实现地域全覆盖。各地方政府、企业、智库、高校等密切交往，合作领域涵盖经贸、投资、基础设施建设、教育、旅游等各方面。“东北—远东”“长江—伏尔加河”两大地方合作机制建设日益完善，相关品牌活动精彩纷呈，为中俄地方合作发展注入新活力。

（七）中俄在国际事务中保持密切沟通配合

习近平主席同普京总统签署并发表《中俄关于加强当代全球战略稳定的联合声明》。双方致力于维护国际法和国际关系基本准则，推动国际秩序朝着更加公正合理方向发展。中俄在联合国、上海合作组织、金砖国家、二十国集团、亚太经合组织等多边框架内密切沟通协作，就朝鲜半岛局势、叙利亚等热点问题及时沟通对表，积极劝和促谈，推动相关政治解决进程。双方就维护国际公平正义、反对单边主义和霸凌行径、维护多边贸易体制、反对保护主义，以及反导、防扩散和反恐等问题保持深入沟通并积极发声。中俄国际协作作为国际形势中压舱石和稳定器的作用更为突出。

中国驻俄罗斯大使：张汉晖。馆址：г. Москва, улица Дружбы，дом 6。电话：007–499–9518443。经商处电话：007–499–9518345。领侨处电话：007–499–9518584。

俄罗斯驻华大使：安德烈·伊万诺维奇·杰尼索夫（Андрей Иванович Денисов）。馆址：北京市东直门内北中街4号。电话：010–65321381。商务处电话：010–65324627。领事部电话：010–65321991。

【同美国的关系】2019年，俄致力于在平等互利、相互尊重基础上同美发展建设性关系。美则延续乌克兰危机之后的遏俄方针，在能源、军工等领域不断扩大对俄制裁。截至2019年底，美共制裁俄288名公民和485家实体。俄美在战略稳定、叙利亚、乌克兰等问题上相互角力，双方关系持续走低，未能实现突破。2月1日，美宣布将于2月2日起暂停履行《中导条约》义务，启动为期6个月的退约程序。2月2日，普京表示，俄将暂停履约，以对等回应美暂停履约行为。2月20日，普京在发表国情咨文时表示，俄不愿同美这样的全球性大国对抗，希同美构建全面、平等和友好的关系。但若美退出《中导条约》，俄将采取对等和非对称还击，对导弹部署地和决策中心所在地均进行打击部署。3月4日，美宣布将2014年3月6日就乌克兰问题对俄实施的制裁延长一年。3月14日，美就俄乌刻赤海峡军事摩擦事件及乌危机问题制裁俄6名公民和8家实体。5月3日，俄总统普京应约同美总统特朗普通话。双方讨论俄美关系现状与前景，一致认为应加强包括战略稳定问题在内的各领域对话。5月14日，美国务卿蓬佩奥访俄，分别同俄总统普京、俄外长拉夫罗夫举行会谈，双方就俄美关系及国际和地区热点问题交换意见。6月28日，俄总统普京同美总统特朗普在G20大阪峰会期间举行会谈，就双边关系、伊朗、叙利亚、委内瑞拉、乌克兰、战略稳定等问题交换意见。7月31日，俄总统普京应约同美总统特朗普通话，特朗普称美方愿协助俄方扑灭西伯利亚森林火灾，普京对此表示感谢。8月1日，美以俄未停止使用化学武器为由，就“斯克里帕尔中毒案”对俄实施第二轮制裁，反对国际金融机构予俄贷款或金融、技术援助，禁止美国银行部门向俄政府提供用于购买食物和其他农产品以外的贷款或信用。8月2日，俄外交部发表声明称，应美方提议，1987年12月8日签署的《苏联和美国消除两国中程和中短程导弹条约》于2019年8月2日失效。12月10日，俄外长拉夫罗夫访美，分别同美总统特朗普、国务卿蓬佩奥举行会谈，双方就俄美关系及国际和地区热点问题交换意见。12月29日，俄总统普京致电美总统特朗普，感谢美情报部门向俄提供情报，助俄挫败境内恐袭图谋。双方商定继续在反恐领域开展合作。12月30日，俄总统普京向美总统特朗普致新年贺电并表示，俄美对维护国际安全与稳定负有重要责任，俄方主张促进俄美关系正常化，愿在尊重彼此利益基础上同美开展平等对话。

【同欧洲国家的关系】2019年俄与欧洲多国互动频繁。1月2日，普京与法国总统马克龙通电话，就叙利亚局势和乌克兰问题交换意见。1月9日，普京与德国总理默克尔通电话讨论叙利亚局势。1月17日，普京对塞尔维亚进行正式访问，与塞总统武契奇举行会谈，就两国经贸、能源、人文、军事等双边合作及地区热点问题交换看法。普京还授予武契奇亚历山大·涅夫斯基勋章，以表彰其对深化两国合作所作贡献。访问期间，普京会见了波黑总统多迪克。1月24日，普京与保加利亚总理鲍里索夫通电话，讨论包括能源问题在内的双边合作情况。2月16日，普京与法国总统马克龙通电话，重点就叙利亚局势和乌克兰问题交换意见。3月20日，普京在克里姆林宫与英国工商界代表举行了会谈。4月9—10日，普京在出席第五届“北极—对话区域”国际北极论坛期间分别会见瑞典首相勒文、挪威首相索尔贝格、芬兰总统尼尼斯托、冰岛总统约翰内松。4月16日，普京致电法国总统马克龙，向其就巴黎圣母院大火表示慰问。4月18日，普京与到访的爱沙尼亚总统卡柳莱德举行会谈。4月26日，普京会见塞尔维亚总统武契奇。5月15日，普京与到访的奥地利总统范德贝伦举行会谈，讨论双边合作以及国际和地区热点问题。5月21日，普京与德国总理默克尔、法国总统马克龙通电话，重点讨论欧洲委员会恢复俄罗斯表决权以及乌克兰、叙利亚局势等。6月6日，普京分别会见前来出席圣彼得堡国际经济论坛的保加利亚总统拉德夫、斯洛伐克总理佩莱格里尼。6月28—29日，普京在出席G20峰会期间，分别会见英国首相特蕾莎·梅、法国总统马克龙和德国总理默克尔，同各方就双边关系以及乌克兰、叙利亚和伊朗等问题交换意见。7月4日，普京对意大利进行正式访问，分别会见意大利总统马塔雷拉和总理孔特。普京高度评价意大利为缓和俄欧关系所作努力，希意方继续就此发挥作用。此外，普京还访问梵蒂冈，并会见教皇方济各。7月8日，普京致电米佐塔基斯，祝贺其出任希腊总理。7月14日，普京向法国总统马克龙致国庆贺电，高度评价俄法关系重要性，表示愿与法国在政治、经贸、科技和人文等各领域开展合作。7月17日，普京电话祝贺德国总理默克尔65岁生日。同日，普京致电冯德莱恩，祝贺其当选欧盟委员会主席。7月18日，普京与法国总统马克龙通电话，邀请马克龙2020年5月来俄出席庆祝伟大卫国战争胜利75周年庆典，马克龙欣然接受。7月24日，普京电话祝贺约翰逊当选英国首相。8月19日，普京对法国进行工作访问，与法国总统马克龙举行会晤，双方就俄法各领域合作以及乌克兰、叙利亚局势等交换意见。8月21日，普京对芬兰进行工作访问，与芬兰总统尼尼斯托讨论了包括“北溪2号”天然气管道项目在内的双边合作与俄欧关系等问题。8月29日，普京与德国总理默克尔通电话，重点就“诺曼底模式”四国峰会筹备情况、叙利亚和利比亚局势以及伊核问题等交换意见。9月8日，普京与法国总统马克龙通电话，就双边关系、“诺曼底模式”四国峰会筹备情况和伊核问题等交换意见。10月3日，普京向德国总统施泰因迈尔和总理默克尔致国庆贺电。10月19日，普京与德国总理默克尔通电话，重点讨论叙利亚、利比亚局势以及“诺曼底模式”四国峰会筹备情况。10月26日，普京与法国总统马克龙通电话，普京向马克龙介绍首届俄非峰会成果。10月28日，普京与德国总理默克尔通电话。10月30日，普京对匈牙利进行工作访问，与匈牙利总理欧尔班讨论经贸、文化、人文等领域双边合作问题，并就国际和地区热点问题交换意见。11月11日，普京与德国总理默克尔通电话，讨论俄天然气过境乌克兰谈判、叙利亚问题和利比亚冲突等。11月18日，普京与法国总统马克龙通电话，重点讨论叙利亚局势和“诺曼底模式”峰会筹备情况。11月21日，普京在莫斯科会见到访的瑞士联邦主席毛雷尔。12月3日，普京致电欧盟委员会主席冯德莱恩祝贺其履新。12月4日，普京在索契会见到访的塞尔维亚总统武契奇。12月9日，“诺曼底模式”四国峰会在巴黎举行，俄总统普京、德国总理默克尔、法国总统马克龙和乌克兰总统泽连斯基出席会议，会后四国发表共同声明，内容涉及落实明斯克停火协议、撤出部队和武器以及未来进一步商讨乌东部地区政治安排等。12月16日，普京与德国总理默克尔通电话，积极评价“诺曼底模式”峰会成果，并就天然气合作和利比亚问题交换看法。12月17日，普京与法国总统马克龙通电话。12月26日，普京与意大利总理孔特通电话，重点讨论利比亚、乌克兰问题。12月29日，普京与德国总理默克尔通电话，双方表示将继续支持“北溪2号”项目建设。12月30日，普京与芬兰总统尼尼斯托通电话，双方就俄芬关系、乌克兰问题等交换意见。

【同独联体国家的关系】俄罗斯总统普京曾不止一次指出，在独联体空间上深化一体化进程属于俄罗斯外交政策的首要方向。2019年俄罗斯继续积极开展独联体域内合作，推动地区一体化机制进程。多边机制层面：5月29日，欧亚经济联盟最高欧亚经济理事会会议在哈萨克斯坦首都努尔苏丹举行，俄罗斯总统普京、哈萨克斯坦首任总统纳扎尔巴耶夫、哈萨克斯坦总统托卡耶夫、白俄罗斯总统卢卡申科、吉尔吉斯斯坦总统热恩别科夫、亚美尼亚总理帕希尼扬出席会议，作为欧亚经济联盟观察员国家的摩尔多瓦总统多东和作为特邀嘉宾的塔吉克斯坦总统拉赫蒙列席会议。10月1日，欧亚经济联盟成员国领导人在亚美尼亚埃里温再次举行会议，俄总统普京、亚总理帕希尼扬、白俄总统卢卡申科、哈总统托卡耶夫、吉总统热恩别科夫、欧亚经济委员会主席萨尔基相进行了小范围会议，之后摩总统多东作为观察员国代表、伊朗总统鲁哈尼和新加坡总理李显龙以贵宾身份与各成员国领导人共同出席扩大会议。12月20日，最高欧亚经济理事会会议在圣彼得堡举行，俄、白、哈、吉、亚五成员国领导人参会。10月11日，独联体国家元首峰会在土库曼斯坦首都阿什哈巴德举行。土总统别尔德穆哈梅多夫主持会议，另有俄、白、哈、吉、乌（兹别克斯坦）、塔、阿、摩等8国元首以及亚美尼亚总理和独联体执行委员会主席与会。会议通过了《独联体国家战略经济合作宣言》《独联体国家元首就苏联人民1941—1945年伟大卫国战争胜利75周年告独联体国家人民及国际社会书》《独联体国家2020—2022年打击恐怖和极端主义及其他暴力行为合作规划》、关于独联体2020年轮值主席国的决定等文件和决议。12月20日，独联体国家元首非正式峰会在圣彼得堡举行，俄罗斯总统普京、白俄罗斯总统卢卡申科、哈萨克斯坦首位总统纳扎尔巴耶夫、吉尔吉斯斯坦总统热恩别科夫、塔吉克斯坦总统拉赫曼、土库曼斯坦总统别尔德穆哈梅多夫、阿塞拜疆总统阿利耶夫、摩尔多瓦总统多东、亚美尼亚总理帕希尼扬出席会议。会议期间，普京向与会领导人展示大量历史资料，指出应维护历史真相、捍卫苏联在“伟大卫国战争”中的贡献和荣誉。11月28日，集体安全条约组织（集安组织）峰会在吉尔吉斯斯坦首都比什凯克举行，成员国就加强国际互动与合作以应对地区和全球安全挑战达成一致。俄总统普京在集安组织集体安全理事会上表示，俄方计划提出集安组织军事合作五年计划（2020—2024年），为接任2020年轮值主席国做预热准备。

双边关系层面俄罗斯注重与独联体地区各国维持关系、加强联系：2019年，俄白两国领导人保持频繁通话交流，并在多边、双边平台进行多次会晤。2月14

日，俄罗斯、土耳其、伊朗围绕叙利亚问题的“阿斯塔纳进程”元首峰会在索契举行，峰会结束之际，普京与卢卡申科及伊朗总统鲁哈尼、土耳其总统埃尔多安进行非正式会晤。2月15日，普京与卢卡申科就俄白人文问题在索契举行会晤。3月26日，普京与卢卡申科通电话谈俄白关系在联盟国家框架内的合作重点及欧亚经济联盟一体化进程中的问题。4月2日，普京给卢卡申科发电庆贺俄白“民族统一日”，庆祝俄白《建立联盟国家条约》签署20周年。4月22日，普京与卢卡申科通电话谈俄白合作问题。6月14日，上海合作组织峰会期间普京与卢卡申科简短会谈，谈及双边问题、一体化、明斯克举办第二届欧洲运动会等问题。6月25日，普京与卢卡申科通电话，谈双边合作和高层联系。7月3日，普京电贺白俄罗斯独立日及白俄罗斯从法西斯德国控制之下解放75周年。7月17日，普京与到俄工作访问的卢卡申科会见，两人于7月18日共同出席了第六届俄罗斯和白俄罗斯地区论坛并发表讲话。8月30日，普京与卢卡申科通电话，并发生日贺电，祝贺卢卡申科65岁生日。12月7日，普京与卢卡申科在索契举行会谈，重点讨论两国一体化的问题。12月30日，普京与卢卡申科通电话，讨论双边关系及联盟国家框架内的合作，包括向白俄供应石油和天然气等问题。12月31日，普京与卢卡申科通电话互致新年问候。

2019年1月30日摩尔多瓦总统多东对俄进行工作访问，在莫斯科与普京会见，双方讨论了经贸和人文合作问题、地区热点问题。9月7日，普京在克里姆林宫与对俄进行工作访问的摩尔多瓦总统多东举行会见。

俄罗斯与中亚国家保持着密切互动。2019年3月20日，俄总统普京致电祝贺托卡耶夫出任哈总统。3月21日，普京与纳扎尔巴耶夫、托卡耶夫通电话。4月3日，普京与首次以哈总统身份访俄的托卡耶夫在莫斯科会晤。5月17日，普京与托卡耶夫通电话。5月28日，普京访问努尔苏丹会见纳扎尔巴耶夫。6月10日，普京与托卡耶夫通电话。7月6日，普京电贺纳扎尔巴耶夫生日。9月7日，普京在莫斯科克里姆林宫会见纳扎尔巴耶夫。10月3日，普京与托卡耶夫在索契会见，托卡耶夫出席第十六届“瓦尔代”国际辩论俱乐部年会并发表讲话。10月11日，普京与托卡耶夫共同出席独联体峰会。11月7日，普京与托卡耶夫共同出席参加了第16届俄罗斯与哈萨克斯坦地区间合作论坛。11月11日，普京与纳扎尔巴耶夫通电话，谈及双边关系和国际问题，包括调解乌克兰问题。12月31日，普京与纳扎尔巴耶夫通电话互致新年问候。

2019年2月7日，普京与吉尔吉斯斯坦总统热恩别科夫通电话，谈双边关系及普京访吉事宜。2月9日，普京与热恩别科夫在索契举行非正式会晤，讨论双边关系，地区问题和普京访吉相关问题。3月28日，普京对吉进行国事访问，两国领导人举行会晤并共同出席了“第八届俄吉区域间会议”。700多名俄罗斯和吉尔吉斯企业代表参加“第八届俄吉区域间会议”，两国在经贸、能源和地矿、军事、人文等领域签署了一系列合作协议。6月11日，普京与热恩别科夫通电话，讨论上合组织峰会事宜及两国关系长远发展问题。6月13日，普京赴比什凯克进行工作访问，与热恩别科夫会见，讨论双边关系和上合组织峰会事宜。7月11日，热恩别科夫对俄进行短暂工作访问，与普京会晤。7月24日，普京会见吉前总统阿坦巴耶夫。8月，吉前总统阿坦巴耶夫被捕事件平稳度过，吉内政问题未对俄吉关系造成重大影响。8月31日，普京致电热恩别科夫，祝贺吉尔吉斯斯坦独立日。9月20日，普京与到俄出席“中央—2019”战略演习的热恩别科夫举行会见，双方强调军事合作重要性。11月16日，普京电贺热恩别科夫生日。11月28日，普京与热恩别科夫在集体安全条约组织成员国领导人会议之前举行单独会见。12月31日，普京与热恩别科夫通电话，互致新年问候。

2019年俄罗斯继续加强对塔吉克斯坦合作。2月5日，俄外长拉夫罗夫表示，鉴于来自阿富汗方向的威胁，俄愿意协助塔吉克斯坦加强边界安全、进行军队改装。4月17日，塔总统拉赫蒙对俄罗斯进行正式访问。6月14—15日，普京赴塔出席亚信峰会，并与塔总统拉赫蒙商讨了进一步发展两国战略伙伴关系问题。6月17日，普京与拉赫蒙通电话，感谢塔成功举办亚信峰会。10月5日，普京与拉赫蒙通电话，并发生日贺电，祝贺拉赫蒙生日。10月26日，俄罗斯中央军区称，S-300PS防空导弹系统首次进入俄罗斯在塔吉克斯坦的第201军事基地装备中。10月29日，俄国防部发布消息称，俄罗斯再向塔吉克斯坦无偿转交价值3.2亿卢布（约合500万美元）的武器和军事技术装备。

2019年6月17日，普京与土库曼斯坦总统别尔德穆哈梅多夫通电话，讨论双边关系、独联体框架内合作以及第一届里海经济论坛筹备工作。9月27日，普京向别尔德穆哈梅多夫总统发生日贺电。10月10日，普京抵达阿什哈巴德对土库曼斯坦进行工作访问，11日，普京与别尔德穆哈梅多夫会晤并于当天出席独联体峰会。12月20日，别尔德穆哈梅多夫应邀出席独联体非正式峰会。

2019年俄罗斯与乌兹别克斯坦领导人保持互动。6月17日，普京与乌总统米尔济约耶夫通电话。6月24日，普京与米尔济约耶夫通电话，并发生日贺电，祝贺米尔济约耶夫生日。9月1日，普京发电祝贺乌兹别克斯坦独立日。12月20日，米尔济约耶夫应邀出席独联体非正式峰会期间与普京会见。

2019年俄罗斯与亚美尼亚关系平稳发展。1月14日，普京致电帕希尼扬祝贺其出任亚美尼亚总理。2月25日，普京与帕希尼扬通电话，讨论双边合作和地区问题。4月1日，普京与帕希尼扬通电话，帕希尼扬通报了其与阿塞拜疆总统阿利耶夫在维也纳就“纳卡”问题的谈判情况，并就俄在谈判进程中的作用表示感谢。6月1日，普京与帕希尼扬通电话并发生日贺电，祝贺帕希尼扬生日。6月6日，普京在出席圣彼得堡国际经济论坛期间会见帕希尼扬。7月5日，普京与帕希尼扬通电话，谈及双方在欧亚经济联盟框架内的合作问题。9月21日，普京致电帕希尼扬祝贺亚美尼亚独立日。10月1日，普京对亚美尼亚进行工作访问，出席“欧亚大陆运输潜力”论坛并会见帕希尼扬。10月12日，普京与帕希尼扬通电话，谈及独联体阿什哈巴德峰会讨论的相关议题。

2019年俄罗斯与阿塞拜疆关系平稳。4月2日，普京与阿塞拜疆总统阿利耶夫通电话，阿利耶夫向普京分享了对阿亚领导人维也纳谈判的看法。普京强调阿亚双方积极对话的重要情。俄将进一步发挥作用，促进寻求问题解决方案。4月26日，普京在北京出席第二届“一带一路”国际合作高峰论坛期间与阿利耶夫举行双边会见。6月3日，普京与阿利耶夫通电话，讨论积极发展双边合作及各层级关系等问题。10月3日，普京与阿利耶夫在索契出席瓦尔代国际辩论俱乐部会议期间举行会见。11月22日，普京会见访俄的阿副总统阿利耶娃，阿利耶娃是首次以副总统身份访俄，期间普京授予其友谊勋章。12月24日，普京与阿利耶夫通电话，并发生日贺电，祝贺阿生日。

2019年，俄罗斯与格鲁吉亚两国关系龃龉不断。6月21日，格总统祖拉比什维利表示，俄有意让格保持内部对抗。6月22日，俄外交部发言人扎哈罗娃指格国内示威活动为挑衅。6月22日，俄总统普京签署命令，从2019年7月8日起，俄罗斯航空公司停飞前往格鲁吉亚的客运航班。7月8日，俄总统新闻秘书佩斯科夫表示，俄方认为格鲁吉亚“鲁斯塔维2”电视频道侮辱俄总统普京的言论不可接受。7月9日，俄国家杜马议员对格不间断的反俄挑衅表示谴责。俄总统普京表示，出于对格鲁吉亚人民的尊重，不会对该国实施制裁。

2019年俄罗斯与乌克兰关系有所缓和。7月11日，应乌方倡议，普京与乌克兰总统泽连斯基通电话，讨论乌东局势。8月7日，应乌方倡议，普京与乌克兰总统泽连斯基通电话，讨论乌东局势。9月7日，应乌方倡议，普京与乌克兰总统泽连斯基通电话，积极评价双方换俘工作。11月25日，应乌方倡议，普京与泽连斯基通电话，就乌军舰被扣及天然气合作问题交流意见。12月9日，诺曼底模式四方会谈之后，普京与泽连斯基在巴黎举行双边会见。12月31日，普京与泽连斯基通电话，互致新年问候并积极评价双边关系在2019年所取得的进展，期待2020年双边关系持续发展。

【同亚太国家的关系】2019年，俄罗斯继续大力发展亚太外交。1月7日，俄罗斯总统普京与印度总理莫迪通电话，普京邀请莫迪作为主宾出席于9月在符拉迪沃斯托克举办的东方经济论坛。两国领导人在通话中确认了共同打击国际恐怖主义以及合作解决其他紧迫国际问题的意愿，双方同意继续保持各个层面的接触。1月9日，因日本方面就俄日争议岛屿问题频繁发表声明，俄外交部召见了日本驻俄大使上月丰久。俄方表示，日方言论严重曲解了两国领导人此前就加快签署和平条约谈判进程所达成共识的实质，使两国民众对谈判内容产生误解。1月14日，俄外长拉夫罗夫会见来俄访问的日本外务大臣和野太郎。双方就两国缔结和平条约等双边事务深入交流。1月22日，日本首相安倍晋三对俄罗斯进行工作访问。普京与安倍晋三就双边关系、国际热点问题深入交换意见。普京在会后表示，俄日在和平条约问题的解决上还需长期耐心工作。2月24—25日，俄外长拉夫罗夫访问越南（胡志明市），会见越共中央政治局委员、胡志明市委书记阮善任并出席“世界格局变革中的国际合作”研讨会。2月27日，俄外长拉夫罗夫赴华（乌镇）出席中俄印外长第十六次会晤，在与中国国务委员兼外交部长王毅、印度外长斯瓦拉吉的会晤中，就当前国际形势以及三方合作深入交流，达成多项重要共识。2月28日，普京与印度总理莫迪通电话，普京在电话中就2月14日针对印度军方的恐怖袭击事件表示哀悼和慰问，并希望印度和巴基斯坦之间的危机能够迅速得到解决。3月1日，俄外长拉夫罗夫应约同巴基斯坦外长库雷希通电话，就南亚地区局势和巴印冲突等问题交换意见。4月26日，俄罗斯总统普京在出席第二届“一带一路”国际合作高峰论坛期间会见缅甸国务资政昂山素季，就俄缅关系等问题交换意见。4月29日，俄外长拉夫罗夫会见来访的孟加拉国外长穆明，双方商定进一步深化双边关系，尤其是在经贸、军技等领域的合作。5月21日，越南总理阮春福抵俄开始正式访问，访问期间俄总统普京、总理梅德韦杰夫分别会见阮。22日，梅德韦杰夫和阮春福共同出席越南俄罗斯年和俄罗斯越南年开幕式。5月22日，俄总统普京向印度尼西亚总统佐科·维多多致贺信，祝贺其再次当选印尼总统。5月23日，俄总统普京与印度总理莫迪通电话，普京向莫就印人民党领导的全国民主联盟在议会选举中获胜表示祝贺。5月24日，俄外长拉夫罗夫会见到访的文莱第二外长艾瑞万，就俄文双边关系及地区热点问题交换意见。5月28日，俄罗斯阿富汗建交100周年庆祝大会在莫斯科举行。塔利班代表受邀出席，俄外长拉夫罗夫出席并致辞，拉表示，俄主张外国军队完全撤出阿富汗，同时呼吁阿各方力量尽快展开会谈。5月30日，日本与俄罗斯在东京举行两国外长和防长“2+2”会谈。日本外务大臣河野太郎、防卫大臣岩屋毅与到访的俄罗斯外交部长拉夫罗夫、国防部长绍伊古举行会谈。双方就亚太地区安全局势等广泛交换意见，并就继续携手推进朝鲜半岛无核化达成共识，但就争议岛屿和安全事务，双方各执己见。这是日俄政府2013年创设该双边机制以来第四次举行“2+2”会谈。6月10日，俄外长拉夫罗夫会见到访的缅甸国务资政府部长觉丁瑞，就双边关系和国际问题交换意见。6月13日，俄总统普京在上海合作组织比什凯克峰会期间会见印度总理莫迪。6月14日，俄总统普京在上合峰会期间，出席中俄蒙元首第五次会晤。6月17日，拉夫罗夫会见来俄访问而的韩国外长康京和，双方就朝鲜半岛局势、双边关系、经贸合作等议题深入交换意见。6月28—29日，普京总统对日本进行工作访问并出席G20大阪峰会。其间，普京会见日本首相安倍晋三，两人在会谈后出席记者会，双方同意按1956年日苏共同宣言的基础下，就北方四岛问题继续磋商。但普京表示，现时两国首要课题是增进互信，为两国关系提升至新阶段，并指出北方四岛最大的难题是达成可让双方同时接受的条件。普京在会晤前接受访问时称无意归还北方四岛。此外，普京还与安倍晋三共同出席了俄日国家年闭幕式。6月28日，俄总统普京在G20大阪峰会期间出席中俄印元首会晤，就当前国际形势、重大国际和地区问题、三方合作深入交换意见。6月28日，俄总统普京在G20大阪峰会期间会见韩国总统文在寅，就朝鲜半岛局势交换意见，两国元首一致认为现在是保障半岛和平进程向前推进的极其重要的时刻。7月1日，俄外长拉夫罗夫与马来西亚外长赛夫丁·阿卜杜拉通电话，就双边关系和年内双方领导人政治交往等问题交换意见。7月30日，俄外长拉夫罗夫访问泰国，会见泰国总理巴育、外长敦·巴穆威奈并出席第52届东盟外长会，期间会见了老挝、马来西亚、越南等国外长。8月14日，俄总统普京向巴基斯坦总统阿里夫·阿尔维致贺电，祝贺巴基斯坦独立日。8月27日，俄安全会议秘书帕特鲁舍夫访问马来西亚，并出席俄马战略安全磋商。俄马双方就防务合作、网络安全、打击非法贩毒、打击有组织犯罪和极端主义等领域深入交换意见。8月28日，俄外长拉夫罗夫会见到访的印度外长苏杰生，就双边关系和邀请莫迪总理出席东方经济论坛事交换意见。8月29日，俄安全会议秘书帕特鲁舍夫访问新加坡，并出席俄新战略安全磋商，其间两国签署俄新执法领域合作备忘录。9月2—3日，应蒙古国总统巴特图勒嘎邀请，俄总统普京对蒙古国进行正式访问。两国领导人会见期间就地区和国际热点问题交换意见。9月3日，普京总统向越共中央总书记阮富仲致贺信，祝贺越南独立74周年。9月4日，普京在符拉迪沃斯托克会见来俄出席东方经济论坛的印度总理莫迪，就双边关系和国际问题深入交换意见。会后，两国总统发表联合声明，呼吁改革联合国安理会。9月5日，普京在符拉迪沃斯托克会见来俄出席东方经济论坛的日本首相安倍晋三，就双边关系交换意见。9月5日，普京在符拉迪沃斯托克会见来俄出席东方经济论坛的马来西亚总理马哈蒂尔，双方就两国经贸、军技、人文等领域合作，国际和地区热点问题深入交换意见。9月25—26日，俄司法部长科诺瓦洛夫访问柬埔寨，两国签订刑事司法协助条约。9月25日，在第74届联合国大会期间，俄外长拉夫罗夫会见日本外相茂木敏充，双方就落实9月5日双方领导人会晤成果、双边关系问题等交换意见。9月26日，在第74届联合国大会期间，俄外长拉夫罗夫会见巴基斯坦总理伊姆兰·汗，双方就双边关系重点问题交换意见。10月1—5日，应俄总统普京邀请，菲律宾总统杜特尔特对俄进行正式访问，其间，普京、梅德韦杰夫分别会见杜。俄菲两国领导人就双边关系、反恐领域合作等问题深入交换意见。10月3日，杜出席在索契举行的“瓦尔代”国际辩论俱乐部会议。10月13日，俄总统普京向日本首相安倍晋三致慰问电，慰问在台风中受灾的日本民众。11月6日，俄罗斯印度政府间军事技术合作委员会第19次会议在莫斯科举行，俄国防部长绍伊古、印度国防部长辛格出席。11月13日，在巴西利亚金砖峰会期间，俄总统普京会见印度总理莫迪，回顾年内印俄关系成果，并邀请莫出席2020年莫斯科纪念卫国战争胜利75周年庆典。11月14日，2019年俄越国际博览会在河内举行，越副总理郑廷勇出席，俄外长拉夫罗夫致贺信。11月20日，俄外长拉夫罗夫会见来俄出席俄朝首轮战略对话的朝鲜外务省第一副相崔善姬。俄朝双方确认两国政治交往快速发展，详细讨论了双边协作的状况和前景。双方还就朝鲜半岛、东北亚局势及其他重大国际问题交换了意见。11月25日，俄外长拉夫罗夫会见来俄进行工作访问的尼泊尔外长贾瓦利，就俄尼关系等问题交换意见。两国外长商定定期举行政治对话并扩大两国务实合作，同时加强两国在联合国、上合等组织内的合作。12月5日，俄总统普京在索契会见蒙古总理乌赫那·呼日勒苏赫，就双边关系问题交换意见。12月19日，俄外长拉夫罗夫会见到访的日本外相茂木敏充，双方就俄日关系（包括在北方四岛共同经济开发）、国际热点问题等交换意见。

【同中东、拉丁美洲及非洲国家的关系】2019年，俄罗斯持续加强与中东、拉丁美洲和非洲国家关系。俄借举办首届俄非峰会和经济论坛之机，同非洲国家积极互动，俄非关系出现较大发展。1月4日，俄总统普京应约同以色列总理内塔尼亚胡通电话，双方讨论了叙利亚局势。1月14—15日，津巴布韦总统姆南加古瓦访俄，俄总统普京同其举行会谈。1月21日，俄总统普京就墨西哥输油管道爆炸造成严重人员伤亡向墨西哥总统洛佩斯致慰问电。1月23日，俄总统普京在莫斯科会见来访的土耳其总统埃尔多安，就俄土关系、叙利亚局势交换意见。1月24日，俄总统普京同委内瑞拉总统马杜罗通电话，对其表示支持。2月14日，俄总统普京在索契分别会见土耳其总统埃尔多安、伊朗总统鲁哈尼，并同二人举行俄土伊元首会晤。2月19日，俄总统普京与沙特国王萨勒曼通电话。2月26日，俄总统普京与土耳其总统埃尔多安通电话。2月27日，俄总统普京在莫斯科对俄进行工作访问的以色列总理内塔尼亚胡，双方就巴以问题、叙利亚局势等问题交换意见。3月26日，俄总统普京在莫斯科会见对俄进行正式访问的黎巴嫩总统奥恩，双方发表《关于进一步发展俄黎友好合作关系的联合声明》。4月1日，俄总统普京应约与以色列总理内塔尼亚胡通电话。4月4日，俄总统普京在莫斯科会见对俄进行短暂访问的以色列总理内塔尼亚胡。4月8日，俄总统普京在莫斯科会见对俄进行工作访问的土耳其总统埃尔多安，举行俄土高级合作委员会第八次会议，共同会见两国企业界代表。4月26日，俄总统普京在中国出席第二届“一带一路”国际合作高峰论坛期间同埃及总统塞西举行会见。5月9日，俄总统普京就以色列独立71周年向以总理内塔尼亚胡致贺电。5月13日，俄总统普京应约与土耳其总统埃尔多安通电话，重点讨论叙利亚局势问题。5月22—23日，刚果（布）总统萨苏访俄，俄总统普京同其举行会谈。5月30日，俄总统普京与土耳其总统埃尔多安再次就叙利亚局势通电话。6月10日，俄总统普京同阿联酋阿布扎比王储穆罕默德通电话。6月14日，俄总统普京出席上海合作组织比什凯克峰会期间会见伊朗总统鲁哈尼。6月29日，俄总统普京出席二十国集团大阪峰会期间会见埃及总统塞西、沙特阿拉伯王国王储兼国防大臣穆罕默德等。7月6日，俄总统普京与土耳其总统埃尔多安通电话，就叙利亚、利比亚局势等问题交换意见。7月8日，俄总统普京应约与以色列总理内塔尼亚胡通电话。7月11日，玻利维亚总统莫拉莱斯对俄进行工作访问，并同俄总统普京举行会谈，双方就双边关系及经贸、投资和人文领域合作交换意见。7月12日，俄总统普京应约同巴勒斯坦总统阿巴斯通电话。8月21—22日，莫桑比克总统纽西访俄，俄总统普京同其举行会谈。8月23日，俄总统普京分别同土耳其总统埃尔多安、以色列总理内塔尼亚胡通电话。8月27日，俄总统普京与到访的土耳其总统埃尔多安共同出席2019年莫斯科航展，举行会谈就军技合作、叙利亚局势等交换意见。9月6日，俄总统普京就津巴布韦前总统穆加贝逝世向津总统姆南加古瓦致唁电。9月12日，俄总统普京在索契会见到访的以色列总理内塔尼亚胡。9月16日，俄总统普京赴土耳其首都安卡拉，分别会见土耳其总统埃尔多安、伊朗总统鲁哈尼，并举行叙利亚问题俄土伊元首会晤。9月18日，俄总统普京应约同沙特阿拉伯王国王储兼国防大臣穆罕默德通电话。9月25日，俄总统普京同到访的委内瑞拉总统马杜罗举行会谈，普京对马杜罗政权表示支持，双方就经贸、军事等领域合作交换意见。10月1日，俄总统普京在埃里温出席欧亚经济联盟最高权力机构欧亚经济委员会最高理事会会议期间，会见伊朗总统鲁哈尼。10月3—4日，俄总理梅德韦杰夫对古巴进行正式访问，并同古巴国务委员会主席兼部长会议主席迪亚斯－卡内尔举行会谈。10月14日，俄总统普京对沙特阿拉伯进行国事访问，与萨勒曼国王举行会谈并出席俄沙经济理事会会议。10月15日，俄总统普京对阿联酋进行国事访问，与阿联酋阿布扎比王储穆罕默德举行会谈，并会见俄阿企业界代表。10月15日，俄总统普京应约与土耳其总统埃尔多安通电话，就土叙边境军事紧张交换意见。10月21日，俄总统普京与以色列总理内塔尼亚胡通电话，并发去生日贺电。10月22日，俄总统普京在索契会见土耳其总统埃尔多安，双方就缓解叙北部军事紧张达成谅解备忘录，普京当日向叙利亚总统阿萨德电话通报有关情况。10月23日，俄总统普京在索契会见了前来出席俄非峰会的埃及总统塞西。10月23—24日，俄在索契举办首届俄非峰会和俄非经济论坛，非洲54个国家代表出席，其中包括43个国家领导人。10月29日，古巴国家主席迪亚斯－卡内尔访俄，并同俄总统普京、总理梅德韦杰夫就双边关系及投资、经贸、能源等领域合作交换意见。11月9日，俄总统普京应约与土耳其总统埃尔多安通电话，讨论双边关系中重要合作进展及叙利亚问题等内容。11月13—14日，俄总统普京出席在巴西举行的金砖国家第11届领导人会晤，并同巴西总统博索纳罗、南非总统拉马福萨举行双边会见。11月15—17日，俄联邦委员会主席马特维延科访问古巴，出席古巴首都哈瓦那建城500周年庆祝活动。12月11日，俄总统普京应约与土耳其总统埃尔多安通电话，重点就叙利亚局势等问题交换意见，埃向普京通报了12月3—4日在伦敦出席北约峰会情况。12月17日，俄总统普京应约与土耳其总统埃尔多安通电话，就利比亚紧张局势、叙利亚局势等交换意见。12月26日，俄总统普京应约与以色列总理内塔尼亚胡通电话。12月27日，俄总统普京同埃及总统塞西通电话，就双边合作及全面恢复两国航班等问题交换意见。

（马青鑫、阮祥坤）

法　国

国名　法兰西共和国（The French Republic，La République Française）。

面积　55万平方公里（不含海外领地）。

人口　6706万（2020年1月，不含海外领地）。语言是法语。约52%居民信奉基督教，约有600万穆斯林（占总人口8.8%左右）和少数新教、犹太教、佛教教徒。

首都　巴黎（Paris），市区人口214万（2020年1月）。年平均气温11℃，较为湿润，年均降水量600毫米。

国家元首　总统埃马纽埃尔·马克龙（Emmanuel Macron），2017年5月7日当选，5月14日就职，任期5年。

重要节日　国庆节：7月14日。1880年议会立法确认，1789年法国资产阶级大革命攻克巴士底狱日为国庆节。

简　况

位于欧洲西部，本土呈六边形，三边临水。与比利时、卢森堡、德国、瑞士、意大利、西班牙、安道尔、摩纳哥接壤，西北隔拉芒什海峡与英国相望。平原占总面积的2/3。主要山脉有阿尔卑斯山脉、比利牛斯山脉、汝拉山脉等。濒临四大海域：北海、英吉利海峡、大西洋和地中海。边境线总长度为5695公里，其中海岸线2700公里，陆地线2800公里，内河线195公里。西部属温带海洋性气候，南部属亚热带地中海气候，中部和东部属大陆性气候。1月平均气温北部1℃—7℃，南部6℃—8℃；7月北部16℃—18℃，南部21℃—24℃。

古称“高卢”，公元1世纪被罗马人占领，5世纪，法兰克人移居到这里，843年建立查理曼帝国，成为独立国家。10—14世纪加佩王朝统治时期改称法兰西王国。17世纪下半叶波旁王朝路易十四统治时期达到鼎盛。1789年7月14日爆发资产阶级大革命，发表《人权宣言》，废除君主制，1792年建立第一共和国。此后历经拿破仑建立的第一帝国、波旁王朝复辟、七月王朝、第二共和国、第二帝国、第三共和国。1871年3月，巴黎人民武装起义，成立世界上第一个无产阶级政权——巴黎公社，当年5月被镇压。第一次世界大战中，法国参加协约国，对同盟国作战获胜。第二次世界大战期间遭到德国入侵，戴高乐将军组织了反法西斯的“自由法国”运动，1944年8月解放巴黎。1946年10月，法兰西第四共和国成立，进入政坛不稳定时期，12年间更迭了20多届政府。1958年，第五共和国成立，戴高乐出任首任总统。此后，蓬皮杜、德斯坦、密特朗、希拉克、萨科齐、奥朗德、马克龙先后出任总统。

政　治

半总统半议会制政体，政局总体稳定。近年来，政治生态发生深刻变化。2017年，以中间派领袖马克龙当选为标志，打破左右翼两大政党对垒和轮流坐庄的传统政治格局。马克龙就任后，积极兑现竞选承诺，对内全面推进政治、经济、教育等领域改革，破除积弊；对外开展全方位外交，推进欧洲一体化，致力重振法国的国际地位和影响，加强法国和欧洲主权，在国际事务中表现活跃。在2019年5月举行的新一届欧洲议会选举中，执政党共和国前进党取得较好成绩，马克龙执政地位进一步巩固。2015—2016年，法国先后3次遭受严重恐怖袭击，安全形势严峻，法国政府强化安全措施，全力加强反恐。近3年来，法国再未发生重大恐袭事件，但小规模独狼式恐怖袭击事件时有发生。

【宪法】现行第五共和国宪法系1958年9月公民投票通过，10月4日生效，是法国历史上第16部宪法。曾进行过多次修改。宪法规定，总统为国家元首和武装部队统帅，任期5年，由选民直接选举产生。总统任免总理并批准总理提名的部长；主持内阁会议、最高国防会议和国防委员会；有权解散议会，但一年内不得解散两次；可不经议会而将某些重要法案直接提交公民投票表决；在非常时期，总统拥有“根据形势需要采取必要措施”的全权。在总统不能履行职务或空缺时，由参议长暂行总统职权。

【议会】实行国民议会和参议院两院制，拥有制定法律、监督政府、通过预算、批准宣战等权力。国民议会共577席，任期5年，采用两轮多数投票制，由选民直接选举产生。本届国民议会于2017年6月选出，议长理查·费朗（Richard Ferrand，共和国前进党）。

参议院共348席，由国民议会和地方各级议会议员组成选举团间接选举产生，任期为6年，每3年改选1/2。本届参议院于2017年9月改选产生，右翼的共和国人党维持多数席位，议长热拉尔·拉尔歇（Gérard Larcher，共和国人党）。各党派在两院中所占席位如下：

国民议会：

共和国前进党党团	297
共和国人党党团	104
民主运动和加盟议员党团	46
社会党和加盟议员党团	30
民主和独立派联盟“建设派”和独立人士党团	27
自由和领土党团	20
不屈的法兰西党团 17	
民主和共和左翼党团	16
无党派人士	20
空缺	1

（资料来源：法国国民议会网站2020年4月更新）

参议院：

共和国人党党团	144
社会与共和党团	71
中间联盟党团	51
共和国前进党党团	23
欧洲社会民主联盟党团	23
共产、共和、公民和生态党团	16
独立人士“共和国与国土”党团	14
无党派人士	6

（资料来源：法国参议院网站2020年4月更新）

【政府】本届政府于2017年6月21日成立，先后5次调整，最近一次改组为2019年3月30日。除总理外，包括部长17名，国务秘书19名。主要成员有：总理爱德华·菲利普（Edouard Philippe）、掌玺和司法部部长妮科尔·贝卢贝（Nicole Belloubet，女）、欧洲和外交部部长让–伊夫·勒德里昂（Jean-Yves Le Drian）、武装力量部部长弗洛朗丝·帕利（Florence Parly，女）、生态转型和团结部部长伊丽莎白·博尔内（Elisabeth Borne，女）、互助和卫生部部长奥利维埃·维朗（Olivier Véran）、经济和财政部部长布鲁诺·勒梅尔（Bruno Le Maire）、劳工部部长米丽埃尔·佩尼科（Muriel Pénicaud，女）、国民教育和青年部部长让–米歇尔·布朗凯（Jean-Michel Blanquer）、行动和公共账目部部长热拉尔德·达尔马宁（Gérald Darmanin）、内政部部长克里斯托夫·卡斯塔内（Christophe Castaner）、高等教育、科研和创新部部长弗雷德丽克·维达尔（Frédérique Vidal，女）、国土协调与地方政府关系部部长雅克丽娜·古罗（Jacqueline Gourault，女）、总理府负责与议会关系的部长马克·费斯诺（Marc Fesneau）等。

【行政区划】分为大区、省和市镇。本土划为13个大区、96个省，还有5个海外单省大区、5个海外行政区和1个地位特殊的海外属地。全国共有36700个市镇。

【司法机构】分为两个相对独立的司法管辖体系，即负责审理民事和刑事案件的普通法院与负责公民与政府机关之间争议案件的行政法院。

普通法院有两类：民事法院、刑事法院。普通法院系统纵向分为四级：初审法院、高等法院、上诉法院和最高法院。最高法院是最高一级司法机关，负责受理对35个上诉法院所作判决的上诉。

行政法院是最高行政诉讼机关，下设行政法庭。行政法院对行政法令的合法性作最后裁决，并充当政府在制定法律草案方面的顾问。行政法院院长名义上由总理担任，后者委托副院长行使管理权。

法国的检察机关没有独立的组织系统，其职能由各级法院中配备的检察官行使。检察官虽派驻在法院内，但职能独立于法院，其管理权属于司法部。最高法院设总检察长1人，检察官若干人；上诉法院设检察长1人，检察官若干人；高等法院设检察官1人，代理检察官和助理检察官若干人。

【政党】法国实行多党制，主要政党有：

（1）共和国前进党（La République en Marche！，缩写LREM）：执政党和国民议会第一大党。前身为马克龙于2016年4月领导创建的“前进”运动（En Marche！）。其核心创始成员大多来自社会党改革派和民间社会，后又陆续吸纳了大量来自右翼温和派、中间派等其他派别成员。2017年5月更名为共和国前进党。6月赢得立法选举，取得国民议会的绝对控制权。号称党员和支持者近40万人。主张超越传统左右翼理念分歧和党派之争，兼容并蓄，博采众长。经济上奉行右翼自由主义，倡导改革创新，推行以促进就业、增强市场活力为核心的经济政策；社会政策上奉行左翼价值观，重视民生教育，维护社会公平正义和稳定；外交政策上坚持以独立自主为核心的“戴高乐—密特朗主义”，以欧盟为重点，努力捍卫欧洲一体化，平衡发展同世界各大国的关系，努力维护法国在欧盟内部和国际舞台上的地位和影响力，维护法国和欧洲主权。现任党主席为克里斯托夫·卡斯塔内。

（2）共和国人党（Les Républicains，简称LR）：主要反对党和参议院第一大党、国民议会第二大党，属中右政党。原人民运动联盟党，2015年5月更名共和国人党。前身系2002年总统大选中的竞选联盟，核心为原保卫共和联盟（戴党），并吸收了自由民主党和法兰西民主联盟的主要力量。党员约23万人，多为职员、官员、自由职业者、商人、农民和工人等。内部存在较多派系，政策主张不尽相同。总体而言，经济上遵循自由主义路线，主张减轻企业税负，增强市场活力；安全上主张加强安全保障，保持社会秩序，严厉打击恐怖主义；社会上主张适度收紧移民政策，强调法兰西身份认同。现任党主席为克里斯蒂安·雅各布（Christian Jacob），2019年10月13日当选。

（3）社会党（Parti Socialiste，简称PS）：反对党，左翼政党。前身是1905年成立的“工人国际法国支部”，1920年发生分裂，多数派另组共产党，少数派则保留原名。1969年改组成立社会党，1971年与其他左翼组织合并，仍用现名。现有党员和支持者约12万人。主张维护劳工利益，同时采取务实的经济政策；对外主张维护法国独立核力量，推动欧洲一体化建设，并加强南北对话。现任总书记为奥利维耶·富尔（Olivier Faure），2018年3月当选，4月正式就任。

（4）国民联盟（Rassemblement National，简称RN）：原名“国民阵线”（Front National），2018年6月1日正式更名“国民联盟”。极右翼政党，成立于1972年10月。党员约7.5万人。1986年议会选举中首次进入国民议会。代表极端民族主义思潮，强调“要把法国从欧洲控制和世界主义中拯救出来”。2017年法国总统大选中，勒庞成功跻身第二轮，支持率创新高。近年来，在欧债危机爆发、法国经济复苏乏力、失业率居高不下、难民危机和恐怖主义接踵而至的影响下，国民阵线借机大打移民、安全、就业牌，民意支持持续冲高。目前号称拥有党员8.3万人。现任主席玛丽娜·勒庞（Marine Le Pen，女），2011年1月当选。

（5）不屈的法兰西（France Insoumise）：极左翼政党。成立于2016年2月。宣扬以公平、公正、开放、包容等理念为核心的左翼传统价值观和政策主张，“反建制”色彩鲜明。反对经济自由化政策，主张“彻底政治变革”。呼吁通过公投制定新宪法，建立第六共和国，号召民众发起“公民革命”，“用选票将执政者扫地出门”。现有党员和支持者约5.5万人。创始人兼主席为让－吕克·梅朗雄（Jean-Luc Mélenchon）。

（6）民主和独立派联盟（Union Des Démocrates Et Indépendants，简称UDI）：中间派政党，成立于2012年9月。现有党员约2万人。该党定位为“开放、富有建设性的反对派”，“平和、可信的替代力量”，欧洲一体化建设、绿色增长和经济竞争力是其首要关切，提出建设“人性化的自由主义”。现任主席让－克里斯托夫·拉加德（Jean-Christophe Lagarde），2014年11月13日当选。

（7）法国共产党（Parti Communiste Français，简称PCF）：现有党员7万—8万人，多为工人、雇员、教员、手工业者等。1920年12月成立。二战后初期达到顶峰，最多时拥有党员80多万，曾是法第一大党。现任全国书记法比安·鲁塞尔（Fabien Roussel）。

（8）其他政党有：

中间派：民主运动（Mouvement démocrate）、我们公民（Nous Citoyens）、共和人民联盟（Union populaire républicaine）等。

右翼：法兰西站起来（Debout la France）、法兰西运动（Mouvement pour la France）、基督教民主党（Parti chrétien-démocrate）、团结共和党（République solidaire）等。

左翼：共和与公民运动（Mouvement Républicain et Citoyen）、欧洲生态—绿党（Europe Ecologie les Verts）、进步主义者运动（Mouvement des progressistes）等。

极右：全国共和运动（Mouvement National Républicain）、南方联盟（Ligue du Sud）、土地和人民（Terre et Peuple）等。

极左：工人斗争党（Lutte Ouvrière）、左翼阵线（Front de Gauche）、独立工人党（Parti ouvrier indépendant）、法国工人共产党（Parti communiste des ouvriers de France）等。

【重要人物】埃马纽埃尔·马克龙：总统。1977年12月21日生于法国亚眠。毕业于巴黎第十大学、巴黎政治学院、国家行政学院。2006年加入社会党，曾任总统府副秘书长。2014—2016年任经济、工业和数字部长。2016年创建政治团体“前进”运动，并以独立候选人身份参加总统选举。2017年5月7日当选法兰西共和国第8位暨第11任总统。5月14日正式就职。 **爱德华·菲利普**：总理。1970年11月28日生于法国鲁昂市。毕业于巴黎政治学院和国家行政学院。2002年加入人民运动联盟（后更名为“共和国人党”），2017年退党，转而加入马克龙团队。曾任阿海珐集团公共事务部总监、美国德普律师事务所律师、滨海塞纳省议员、上诺曼底大区议员、国民议会议员等职。2001—2010年任勒阿弗尔市副市长。2010—2017年任勒阿弗尔市市长和勒阿弗尔城镇共同体主席。2017年5月15日，被新当选的法国总统马克龙任命为总理。

经　济

法国是世界上最发达的工业国家之一，在核电、航空、航天和铁路方面居世界领先地位。主要经济数据如下：

国内生产总值：2.42万亿欧元（2019年）。

经济增长率：1.3%（2019年）。

货币名称：欧元（Euro）。

通货膨胀率：0.7%。

本土失业率：8.1%。

（资料来源：法国国家经济研究与统计局，2020年3月更新）

【资源】铁矿蕴藏量约10亿吨，但品位低、开采成本高，煤储量几近枯竭，所有铁矿、煤矿均已关闭，所需矿石完全依赖进口。有色金属储量很少，几乎全部依赖进口。能源主要依靠核能，约72%的电力靠核能提供。此外，水力和地热资源的开发利用也比较充分。据法国农业部统计：森林面积约1615.4万公顷，覆盖率29.4%。

【工业】工业产值约占国内生产总值的11.2%。主要工业部门有汽车制造、造船、机械、纺织、化学、电子、日常消费品、食品加工和建筑业等，钢铁、汽车和建筑业为三大工业支柱。核能、石油化工、海洋开发、航空和宇航等新兴工业部门近年来发展较快。核电设备能力、石油和石油加工技术仅次于美国，居世界第二位；航空和宇航工业仅次于美国和俄罗斯，居世界第三位。钢铁、纺织业居世界第六位。

【农牧业】法国是欧盟最大的农业生产国，也是世界主要农产品和农业食品出口国，拥有29家全球500强企业。据法国农业部资料：2019年农业产值749亿欧元，政府农业补贴为11亿欧元。农业人口约90万。本土农业用地2884万公顷，约占本土面积的54%。

农业的传统地区结构为：中北部地区是谷物、油料、蔬菜、甜菜的主产区，西部和山区为饲料作物主产区，地中海沿岸和西南部地区为多年生作物（葡萄、水果）的主产区。法国已基本实现农业机械化，农业生产率很高。农业食品加工业是法国对外贸易的支柱产业之一。

2018年主要农产品产量如下：粮食作物6245万吨（其中小麦3401万吨，玉米1267万吨），土豆787万吨，油料作物666万吨，蛋白质作物74万吨。2018年畜牧业存栏数：牛1855万头，猪1332万头，绵羊704万头，山羊130万头。（资料来源：法国农业部，法国国家经济研究与统计局）

【服务业】服务业在法国民经济和社会生活中占有举足轻重的地位，自20世纪70年代以来发展较快，连锁式经营相当发达，已扩展至零售、运输、房地产、旅馆、娱乐业等多种行业。据法国国家经济研究与统计局数据，2019年第二季度服务业用工占总就业人口的77.6%。法国大型零售超市众多，拥有家乐福（Carrefour）、欧尚（Auchan）等世界著名品牌。

【旅游业】世界第一大旅游接待国。2018年，全年接待游客近9000万人次，创历史新高。旅游从业人员约110万人，旅行社6396家。全国有18172家酒店和11727家各类小旅店、野外宿营地、青年之家等。

【交通运输】交通运输发达，水、陆、空运输均极为便利。

铁路：在法国本土，国家铁路网通往除科西嘉岛以外的各个地方，铁路总长31939公里，其中电气化铁路15687公里，高速铁路2024公里。高速火车技术居世界领先地位。2017年铁路客运量为1105亿人/公里，货运量为334亿吨/公里。

公路：法国公路网是世界最密集、欧盟国家中最长的，总长度超过100万公里，其中高速公路11465公里。2017年公路客运周转量为8154亿人/公里，其中使用私家车的客运量为7573亿人/公里，使用公共交通为1840亿人/公里。公路货运量为3077亿吨/公里。

水运：内河航道总长14932公里，其中可通行1500吨级以上船舶的航道约1900公里。巴黎是主要内河港口。2017年货运量为67亿吨/公里。主要海港有马赛港、勒阿弗尔港和敦刻尔克港。

空运：2017年航空旅客周转量近154亿人次。建有494个机场，其中153个为民用，通达134个国家和地区的529个城市。主要航空公司为法航，主要机场有巴黎戴高乐机场和奥利机场、尼斯机场等。（资料来源：法国生态、可持续发展和能源部，法国国家经济研究与统计局）

【财政金融】政府财政收入主要来源于税收，税率高于美日等国。主要税种有增值税、所得税、公司税、社会福利税等。据法国国家经济研究与统计局数据：2018年，法国公共财政支出1.319万亿欧元，财政收入1.260万亿欧元，公共财政赤字为595亿欧元，占全年国内生产总值的2.5%；截至2018年底，法国公共债务约2.315万亿欧元，占国内生产总值的98.4%。2020年1月，法国外汇储备总额为1824.71亿欧元。

据法兰西银行数据：法共有注册金融机构1500多家。巴黎国民银行、兴业银行、农业信贷银行、里昂信贷等八大银行资产占全国银行总资产的一半以上。

【对外贸易】与世界各大地区和100多个国家有贸易往来，世界第五大出口国和第六大进口国。据法国官方数据：2019年出口贸易额5080亿美元，进口贸易额5669亿美元，贸易逆差589亿美元。近年来，法国政府把促进出口作为带动经济增长的重要手段，在保持和扩大原有国际市场的同时，积极开发拉美、亚太等地区的市场。

法国进口商品主要有能源和工业原料等，出口商品主要有机械、汽车、化工产品、钢铁、农产品、食品、服装、化妆品和军火等。法国对外贸易的70%在欧洲国家内部进行。美国是法国在欧盟之外的最大贸易伙伴。2018年法国与主要贸易伙伴货物贸易额如下（单位：亿欧元）：

	出口额	进口额
德国	698	855
美国	388	373
西班牙	377	365
意大利	363	430
比利时	343	394
英国	327	206
中国（不含香港特别行政区）*	210	517
荷兰	177	253
瑞士	161	151

（资料来源：法国国家经济研究与统计局）

（*此为法方统计数据，与中方统计数据存在一定差异）

【对外投资】2018年法国对外直接投资870亿欧元，是自2000年以来的最高水平。法国现排名世界投资者第七位。法国对外投资主要集中在欧盟成员国，对美国和石油输出国组织成员国、非洲、拉美的投资也较高，并以工业、能源、服务部门为主。大多数投资采用企业兼并或购买公司股份的形式。

【对外援助】2018年对外发展援助103亿欧元，援助主要方式为贷款、减债等。主要援助对象包括非洲国家以及越南、黎巴嫩等国。（资料来源：法国外交部）

【外来投资】近年来，外国对法国服务业和工业部门的投资加快，主要领域有机械、汽车、化工产品、钢铁、农产品、食品、服装等。2018年，法国吸引外国投资数量达到1323个，同比2017年增长2%，德、美、比、卢、瑞士、日等国是法国主要外资来源国，中国是在法投资最多的亚洲国家。

人民生活

法国是高福利国家。社会保险制度始建于1945年，现已发展得较为完善。各类社会保障总支出约6000亿欧元，资金主要来源于雇员和雇主交纳的社会分摊金以及对工资外收入征收的普通社会税金，保障范围涵盖退休金、养老金、医疗保险费、家庭津贴、待业金（失业补助和职业培训费）、残疾人补助等。由于人口老龄化等问题，政府财政逐渐不堪重负，多次进行退休制度改革和医疗保险改革以减轻国家财政负担。

法国长期实行最低标准工资制度，2020年1月起最低工资为每月1539.42欧元。2018年人均国民月收入2250欧元。截至2020年2月，全法共有22.69万名医生（包括全科和专科），72.26万名护士、7.38万名药剂师、4.25万名牙医。平均每10万人拥有339位医生。2018年全法共有3036家医疗机构，住院床位39.6万张。根据2017年1月的统计数据，法国58%的家庭拥有自己的产权房，汽车、手机、个人电脑、互联网等普及率居世界前列。

军　事

法国目前的国防体制是在1959年《国防组织法》基础上建

立起来的。1958年宪法规定，总统是武装力量的最高统帅，只有总统本人有使用核打击力量的决定权，在其领导下的国防决策机构包括内阁会议、国防委员会、小范围国防委员会和高级国防委员会，其中内阁会议是最高决策机构，负责制定国防政策、任免将级军官，有权宣布总动员、发布戒严令和紧急状态令等。法国奉行独立自主的防务政策，逐步推进军队职业化改革，以职业兵役制替代义务兵役制；以独立的战略核力量为主要防务手段，由战略航空力量、战略海洋力量、太空力量构成；国防工业实施以合并、推动高科技及真正走上市场为内容的改组。

武装力量由陆、海、空三军和宪兵组成。根据2019年7月公布数据，法国总兵力约20.6万人，其中陆、海、空三军全员和宪兵20.4万（含文职人员）。2019年国防预算占国家当年总体预算的14.05%，为467亿欧元。

陆军编有1个地面作战司令部、1个后勤司令部、8个作战旅、4个专业旅和1个后勤旅。主要装备有：各型坦克222辆、履带装甲车185辆、轮式装甲车6186辆、加农火炮121门、各型直升机286架。

海军编有战略海军司令部和水面、反潜、扫雷、潜艇等各专业作战司令部以及海军航空兵司令部和海军陆战队司令部。主要装备有：核动力航母1艘、弹道导弹核潜艇4艘、攻击型核潜艇6艘、其他各种战舰和支援舰艇共61艘、各类飞机136架、直升机79架。

空军编有1个空军司令部、1个空中防卫和作战司令部、1个战略空军司令部、1个空军支援司令部和人力资源管理部门。主要装备有：歼击机219架、运输机75架、直升机74架以及预警机4架、电子侦察机2架、空中加油机14架、教练机116架。（资料来源：法国国防部2019年7月数据）

三军总参谋长弗朗索瓦·勒康特（François Lecointre，2017年7月19日任命）上将，陆军参谋长蒂埃里·伯克哈德（Thierry BURKHARD，2019年7月31日任命）上将，海军参谋长克里斯托夫·普拉扎克（Christophe Prazuck，2016年7月13日任命）上将，空军参谋长菲利普·拉维尼（Philippe Lavigne，2018年8月31日任命）上将。

国外驻军：海外驻军超3万人，其中约7150人部署在法国海外领地，约780人接受联合国指挥执行维和任务。法国在非洲、印度洋和太平洋等地区拥有军事基地及可使用机场、港口10余处。驻外部队的主要任务是：维护法国海外省和海外领地的主权独立、领土完整及安全利益；执行与法国签有双边军事合作协定国家的驻军任务；参加联合国维和部队。

文化教育

【教育】法国教育在20世纪50—60年代进行了两次重大改革，逐渐形成现今极具特点、复杂多样的教育体制。6—16岁为义务教育。公立小学和中学免收学费，免费提供小学和初中教材。高等学院除私立学校外，一般也只缴纳少量注册费。初等教育学制5年，入学率100%。中等教育包括普通教育和职业技术教育两类。普通中等教育分为初中和高中两个阶段，学制7年各为4年和3年。中等职业技术教育近年来发展较快，主要包括技术高中、职业高中、艺徒培训中心、就业前教育适应班4种类型和层次。高等教育分为综合性大学、高等专业学院、高等技术学校和承担教学任务的科研教育机构4类。2019年，法拥有77所公立综合性大学、200余所工程师学院、150所工商管理院校、120所公立高等艺术学院、22所建筑学院以及2500余所其他类型的专业高等教育机构。2019年教育预算719亿欧元。法著名高校有：巴黎大学、斯特拉斯堡大学、里尔大学、里昂大学以及巴黎综合理工学院、国家行政学院、巴黎政治学院、巴黎高等商业学院、巴黎高等师范学院、巴黎高等矿业学院等。

【新闻出版】全国共有各种报纸杂志4124种，其中日报99种、周报（刊）558种、月刊1157种、季刊2206种（2015年数据）。发行量最大的全国性报纸是《费加罗报》，2016年发行量约31万份，其他发行量较大的全国性报纸主要有《世界报》《回声报》《队报》等。发行量最大的地方报纸是《西部法兰西报》。主要杂志有《快报》《观点》《新观察家》《巴黎竞赛画报》《费加罗杂志》等。法约有6000家出版社，其中51家的图书出版量占全国的83%。（资料来源：法国报刊评价中心）

通讯社：法新社（AFP），世界主要通讯社之一。1835年创立，原名哈瓦斯通讯社，1944年8月改组并改用现名。1957年政府确定法新社的独立地位，但其财政管理仍由国家控制。在国外有201家分社，辐射151个国家，向全球约7000家报纸、2500家电台和400家电视台供稿。

广播电台：法国国家广播公司成立于1975年，下设7个广播电台：国内综合台、新闻台、文化台、音乐台、蓝色台、巴黎联合广播电台、青年摇滚电台。此外，为加强对外宣传，国家广播公司专设独立的法国国际电台RFI，除法语外，以12种语言全天对外广播，几乎覆盖全世界。1982年政府通过法令，取消国家对电台的垄断，允许私人和团体设立电台。2017年，全法共有调频广播电台945家。

电视台：现有5家全国性国营电视台：法国2台、法国3台、法国4台、法国5台（教育台）、法国Ô台（文化交流台）。25家全国性私营台，包括法国1台、法国6台、CANAL+（收费台）等。几十家中央或地方的有线电视台，主要通过ADSL和TNT（数字地面电视）方式播出，另可接收大部分国际卫星电视频道。TV5和法国国际台France24是覆盖世界大部分地区的法国电视台。

对外关系

法国是联合国安理会常任理事国、欧盟创始国及北约成员国；是联合国教科文组织、国际刑警组织、经合组织、欧洲议会等重要国际和地区组织总部所在地，同191个国家建立了外交关系，驻外机构数量居全球第三。（资料来源：法国外交部）

外交具有独立自主、积极进取的鲜明特色。在重大外交问题上敢于坚持原则和自身立场。善用联合国等国际组织和多边机构，积极介入国际和地区热点问题并努力发挥独特作用。马克龙上任以来，外交政策向戴高乐主义传统回摆，日渐成熟清晰。主要特点有：坚持独立自主、多边主义、欧洲振兴三大理念，以维护国家安全稳定、捍卫主权独立、提升国际影响力为三大任务，优先实施大国平衡、欧洲主权、周边伙伴、多边主义、外交创新战略，致力于扮演国际平衡者、热点问题调停者、欧洲振兴领军者角色。

在多边层面，以气候变化、发展援助、全球治理规则等问题为重点，提升话语权。在欧盟层面，全力推进欧洲一体化建设，提出重塑欧盟构想，倡导改革欧元区机制，加快欧盟共同防务建设。在周边方向，继续积极介入叙利亚、利比亚、伊朗核等热点问题，加大军事打击“伊斯兰国”力度，高调推动重启巴以和平进程。

【同中国的关系】法国是第一个同中华人民共和国正式建交的西方大国。1964年1月27日，中法两国建立大使级外交关系。建交后，两国关系总体发展顺利。20世纪90年代初，中法关系因法国政府参与西方对华制裁并批准售台武器一度受到严重影响。1994年1月12日，两国政府发表联合公报，法方承诺不再批准法国企业参与武装台湾地区，双边关系恢复正常。两国在政治、经济、文化、科技、教育等各个领域的合作富有成果。1997年和2004年，法国在西方大国中率先同我国建立全面伙伴关系和全面战略伙伴关系。2008年，中法关系因涉藏问题出现重大波折。2009年4月1日，中法发表新闻公报，中法关系逐步恢复良好发展势头，各领域合作进展顺利。

奥朗德担任总统期间，积极主动发展对华关系，两国政治互信加强，双边关系实现高水平稳定健康发展。2014年3月，习近平主席对法国进行国事访问，双方决定共同开创紧密持久的中法全面战略伙伴关系新时代。奥朗德总统分别于2013年4月、2015年11月两次对我国进行国事访问，并于2016年9月来华出席二十国集团领导人杭州峰会。

马克龙当选总统后，总体延续前任对华政策方针，把发展对华关系作为外交重点之一，积极推进对华合作。2018年1月，马克龙对我国进行首次国事访问。习近平主席同其就全面提升中法全面战略伙伴关系水平达成重要共识。12月，习近平主席在出席二十国集团领导人布宜诺斯艾利斯峰会期间同马克龙举行会晤。2019年3月，习近平主席对法国进行国事访问，开启了中法关系的新篇章。访问期间，两国元首就打造更加富有雄心和活力的中法全面战略伙伴关系达成重要共识，双方还发表《关于共同维护多边主义、完善全球治理的联合声明》。6月，二十国集团领导人大阪峰会期间，两国元首再次成功会晤。11月，法国总统马克龙结合出席第二届中国国际进口博览会对华进行国事访问，双方发表《中法关系行动计划》和《中法生物多样性保护和气候变化北京倡议》。

近年来双方其他高层互访主要有：2015年6月，李克强总理访问法国。法国总理埃罗、瓦尔斯、卡泽纳夫、菲利普分别于2013年12月、2015年1月、2017年2月、2018年6月访华。2016年9月，全国人大常委会委员长张德江访问法国。2014年1月，法国国民议会议长巴尔托洛内访华并出席中法建交50周年庆祝活动。2015年9月，法国外长法比尤斯来华出席中国人民抗日战争暨世界反法西斯战争胜利70周年纪念活动。2017年5月，法国前总理、参议院外交、防务、武装力量委员会主席拉法兰作为法国总统代表来华出席“一带一路”国际合作高峰论坛。12月，马凯副总理作为习近平主席特使出席巴黎气候行动融资峰会，法国总统外事顾问埃蒂安来华同杨洁篪国务委员共同举行中法战略对话。2018年5月，王毅国务委员兼外长访问法国。9月，法国外长勒德里昂来华出席中法经贸混委会第25次会议。10月，李克强总理在出席第12届亚欧首脑会议期间会见法国总统马克龙。11月，全国人大常委会副委员长吉炳轩先后赴法参加巴黎和平论坛及相关活动，出席首次中法二轨高级别对话。12月，胡春华副总理赴法主持第六次中法高级别经济财金对话。同月，全国人大常委会副委员长郝明金赴法出席第六届中法地方政府合作高层论坛。2019年1月，王毅国务委员兼外长赴法举行中法战略对话。2月，马克龙总统外事顾问埃蒂安访华。4月，法国总统特别代表、外长勒德里昂来华出席第二届“一带一路”国际合作高峰论坛。6月，法国经财部长勒梅尔访华。7月，法国总统外事顾问博纳来华同王毅国务委员兼外长举行中法战略对话。10月，王毅国务委员兼外长赴法同法国外长勒德里昂共同主持中法高级别人文交流机制第五次会议。11，王岐山副主席赴法出席第二届巴黎和平论坛。12月，全国人大常委会副委员长陈竺率团访问法国并出席中法议会（参议院）定期交流机制第九次会议。同月，中国政府欧洲事务特别代表吴红波率团访问法国。

法国是中国在欧盟内第四大贸易伙伴、第四大实际投资来源国和第二大技术引进国（英国计算在内）。中国是法国在亚洲第一大、全球第六大贸易伙伴。核能、航空航天、金融、可持续发展、第三方市场等是双方重点合作领域。两国实施了多项战略性合作项目，并向联合生产、联合投资、联合研发和联合开拓国际市场等方向发展。2019年，中法双边贸易额为655.4亿美元、同比增长4.2%，其中，中方出口额为329.6亿美元、同比增长7.4%，进口额为325.8亿美元、同比增长1.2%。法国是最早开展对华投资的西方国家之一。中法双向投资近年来发展较快，同我开展技术合作较为开放。截至2019年底，法国在华实际投资额183.2亿美元，其中2019年当年投资额7.9亿美元。2019年，我国自法国引进技术174项，合同金额4.8亿美元。

中国驻法国大使：卢沙野。馆址：20，Rue Monsieur，75007 Paris。电话：0033-149521950，传真：47205946。领侨处、科技处地址：11，avenue George V，75008 Paris。电话：0033-153758834，传真：47206328/53758806。经商处地址：21，Rue de l'Amiral d'Estaing，75016 Paris。电话：0033-153577000，传真：47234831。教育处地址：29，rue de la Glacière，75013 Paris。电话：0033–144081940。文化处地址：19-21，rue Van Loo，75016 Paris。电话：0033–153922800。

法国驻华大使：罗梁（Laurent Henri Bili）。馆址：北京市朝阳区天泽路60号。电话：010–85312000，传真：85312020。

【同欧盟的关系】欧盟是法国维护自身利益和国际地位的根基。马克龙总统就职以来，提出重塑欧洲构想，主张简化欧盟机构行政程序和去官僚化，加强民主建设；强化法德轴心，2024年前全面统一法德市场；推进多速欧洲，深化欧元区改革，建立欧元区统一财税，设立欧元区财长和欧元区预算；加快欧盟共同防务建设，改革边防管理体系以及难移民政策，新设难民管理机构和欧洲边境警卫队；加强警务司法合作，设立欧盟检察官；强化欧盟主权，对欧盟扩员持谨慎保守态度，推动欧盟在保护成员国及民众利益方面发挥更大作用，加强在国际和地区问题上的协调和合作；加强对外国对欧投资的监管，打击跨国企业避税行为；新设创新机构，推动人工智能等领域联合研究。

【同非洲国家的关系】非洲是法国政治、经济、军事影响最集中的地区，是法国维系大国地位的重要支撑。根据2017年11月马克龙总统首次正式访非阐述的对非政策，法国承诺终结对非特殊政策和法国非洲主义，突出共同安全利益和反恐合作，推动将法非关系纳入欧非关系框架，强调综合施策化解难移民危机，意在重塑法非关系，恢复并加强法在非传统影响。对非安全政策方面，法国对非洲保持较高的反恐安全投入，着力打造中西非反恐安全体系，法国2019年在非兵力投入约3700人，主要分布在塞内加尔、科特迪瓦、加蓬、吉布提。法国从政治、外交、军事、后勤等多方面积极鼓励和支持萨赫勒五国联合反恐。经济政策方面，积极进行非洲经济价值“再开发”。发展援助方面，每年向撒哈拉以南非洲提供援助达31亿欧元。

【同美国的关系】法国视美国为特殊重要伙伴，两国在政治、军事、经济等领域开展了密切合作。在打击恐怖主义方面，美国每年为法国在萨赫勒地区“新月形沙丘”行动投入3500万美元资金。同时，法国坚持独立自主，对美国输出美式标准保持戒备，反对特朗普总统上台以来推行的单边主义措施，对美退出气候变化《巴黎协定》、联合国教科文组织、伊朗核协议等举动反应强烈。马克龙总统就任后，多次同美国总统特朗普会晤。2017年7月，特朗普总统赴法出席美国一战参战100周年纪念活动。2018年4月，马克龙总统在特朗普总统上台后首次对美国进行国事访问。2018年11月，特朗普总统赴法出席一战停战100周年纪念活动。2019年6月，特朗普总统赴法出席诺曼底登陆75周年纪念活动。（江澄阳）

梵蒂冈

国名　梵蒂冈城国（The Vatican City State）。

面积　0.44平方公里。

人口　常住人口约800人，意大利人为主。官方语言为意大利语和拉丁语。信奉天主教。

首都　梵蒂冈城（The Vatican City）。

国家元首　教皇方济各（Francesco），原名豪尔赫·马里奥·贝尔戈里奥（Jorge Mario Bergoglio），阿根廷人，意大利后裔，2013年3月13日当选，19日举行就职仪式。

简　况　位于意大利罗马城西北角的高地上，是世界上国土面积最小的国家。属亚热带地中海型气候，年平均气温16℃，1月平均气温为7℃，7月平均气温为24℃。

公元756年，教皇斯提芬二世获得法兰克国王丕平所赠罗马城及周围区域，拥有宗教和世俗管理权。此后，在意大利中部建立教皇国。1870年被意大利王国吞并。1929年2月，墨索里尼同教皇庇护十一世签订《拉特兰条约》，教皇正式承认教皇国灭亡，另建梵蒂冈城国，意大利承认梵蒂冈为主权国家，主权属于教皇。

梵蒂冈是政教合一的国家。教皇是梵蒂冈的首脑，集最高立法、行政、司法权于一身，是世界各国天主教徒的精神领袖。教皇由80岁以下枢机主教组成的教皇选举团选举产生，终身任职。新任教皇必须获得2/3

以上选票方能当选。教皇之下设有枢机主教团，作为教皇的咨询机构。作为枢机主教团的补充，教皇保罗六世于1965年设立世界主教大会（Sinodo），不定期召开会议，就涉及天主教会发展的重大问题进行研讨。梵蒂冈拥有自己的卫队（由瑞士人担任）、邮电机构、公共事业机构和银行等。发行的邮票可在意大利流通使用。

政　治

20世纪70年代以来，梵蒂冈将保护人的尊严和权利，维护和平，促进民主，推动不同种族、宗教和文化之间和平相处与对话作为基本政策。教皇约翰·保罗二世（Giovanni Paolo II）曾公开为伽利略等在历史上遭到天主教会迫害的著名人物平反。2000年3月，教皇约翰·保罗二世对天主教会在历史上所犯七大罪过（1. 背离福音，强迫教徒忏悔罪恶；2. 进行十字军东征等宗教战争和设立宗教裁判所审判异端；3. 分裂基督教；4. 敌视犹太教，对二战时纳粹分子残害犹太人保持沉默；5. 强行传教；6. 歧视妇女；7. 不关心社会问题）表示忏悔。教皇本笃十六世（Benedetto XVI）重点关注贫困、战争、环保、全球化等问题，于2013年2月宣布退位。

现任教皇方济各出身耶稣会，生活简朴，作风亲民务实，主张强化教会服务大众的意识。坚持天主教传统，在非纯教义问题上持开明态度。主张教会“走出去”，鼓励传教士广泛接触群众，积极传播信仰。反对歧视异教徒，主张世界各宗教开展对话。

截至2020年3月，梵枢机主教团人数为223人，其中教皇选举团成员123人。

【政府】1988年6月，教皇约翰·保罗二世宣布教廷改革，对内部机构进行调整。中央机构设有国务院（Secretariat of State）、圣部（Congregation）、宗座理事会（Pontifical Council）等。

国务院是教皇直接领导的工作机构，协助教皇行使职权，主管内政和外交事务，由枢机主教衔的国务卿（Secretary of State）领导。国务卿由教皇任命，管理梵蒂冈行政。现任国务卿为彼得罗·帕罗林（Pietro Parolin，意大利人），外长为保罗·理查德·加拉格尔（Paul Richard Gallagher，英国人）。

圣部负责处理天主教的各种日常事务，各部由部长（Prefect）负责，下设秘书长（Secretary）和副秘书长（Under-Secretary）。现有信理部、万民福音部、东方教会部、礼仪与圣事部、圣职部、修会部、主教部、册封圣人部、天主教教育部9个圣部。

宗座理事会根据教皇的要求设立，负责处理一些专门事务，包括平信徒理事会、正义和平理事会、家庭理事会、跨宗教对话理事会、新福音推广理事会等12个理事会。各理事会由主席（President）负责，一般由德高望重的枢机主教担任，任期5年，下设秘书长（Secretary）和副秘书长（Under-Secretary）。

梵蒂冈官方网站：www.vatican.va；中文版网址：www.vatican.va/chinese/index.html。

【司法机构】梵蒂冈设有三个法院，分别是圣赦法院、最高法院和圣轮法院。

【重要人物】教皇方济各，豪尔赫·马里奥·贝尔戈里奥：1936年12月17日出生于阿根廷布宜诺斯艾利斯，意大利后裔，耶稣会士。1963年哲学专业毕业，1969年12月晋铎。1973年当选耶稣会阿根廷省会长。1992年5月被教皇约翰·保罗二世任命为天主教布宜诺斯艾利斯总主教区辅理主教，1998年晋升为该教区总主教。2001年2月，教皇约翰·保罗二世擢升其为枢机主教。后曾先后供职于梵礼仪与圣事部、圣职部、修会部并兼任家庭理事会理事、拉美事务委员会委员。2013年3月13日当选为第266任教皇，成为天主教历史上首位南美籍、1300多年来首位来自欧洲以外地区的教皇。

经　济

梵蒂冈自然资源匮乏，没有工农业生产。其财政收入主要依靠旅游业、发行邮票和钱币、不动产出租、宗教银行盈利以及教徒捐款等。

2018年财政赤字达7000万欧元。

梵蒂冈在北美、欧洲许多国家有数百亿美元投资，在意大利涉足银行信贷、房地产等众多行业，仅地产就达46万余公顷。黄金、外汇等储备达100多亿美元。

文化教育

【文化】梵蒂冈在意大利、法国、西班牙、比利时、美国、加拿大、巴西、智利、埃塞俄比亚、菲律宾、日本等国设有大学或神学院，并在世界许多国家和地区设有学校、医院和文化机构。梵蒂冈图书馆世界知名，馆藏典籍十分丰富。梵蒂冈博物馆是世界上最著名的博物馆之一，收藏着无数艺术珍品，每年接待游客超过500万人次。

【新闻出版】《罗马观察家报》是梵蒂冈唯一官方日报，创办于1861年。官方月刊为《教廷文汇》，官方年鉴为《宗座年鉴》。国际信德通讯社为官方通讯社。梵蒂冈拥有广播电台，建于1931年，可用35种语言24小时播音，并建有新闻网站。梵蒂冈印刷厂可将教会文件译成94种文字发行。

对外关系

梵蒂冈同180个国家和地区建立有外交关系。86个国家在罗马建有独立的驻梵蒂冈使馆并派驻使节。梵蒂冈派驻天主教国家的使节享受使团长待遇。梵蒂冈是经合组织成员以及联合国、欧安组织、国际粮农组织等重要国际或地区组织观察员。

【同中国的关系】中华人民共和国同梵蒂冈无外交关系，梵蒂冈与台湾当局保持所谓“外交关系”。中华人民共和国成立后，梵蒂冈拒不承认我国，并对中国内政进行无端指责和粗暴干涉，反对中国天主教徒的爱国运动。中国广大爱国天主教徒对此予以坚决反对和强烈谴责，并决心走独立自主自办教会的道路。

20世纪80年代以来，梵蒂冈一再表示希望同中国改善关系，但仍同台湾当局保持“外交关系”。2000年10月，梵蒂冈不顾中方的强烈反对，将近代史上曾在中国犯下丑恶罪行的一些外国传教士及其追随者封为“圣人”，引起中国政府和人民以及中国天主教会的极大愤慨。2001年10月24日，教皇约翰·保罗二世在有关利玛窦的研讨会致辞中，就天主教会在历史上对中国和中国人民犯下的错误表达歉意。2007年6月30日，梵蒂冈发表教皇本笃十六世致中国天主教界的牧函，这是教皇首次对中国天主教信徒发表牧函，也是首次系统阐述梵蒂冈在中国天主教会问题上的政策和立场。2008年，中国爱乐乐团在梵蒂冈举办专场音乐会，教皇本笃十六世出席并为北京奥运会祝福，这是中国艺术团体首次在梵蒂冈演出。2008年四川汶川大地震和2010年青海玉树地震后，教皇本笃十六世均公开对灾区人民表示慰问和祈祷。2010年11月、2011年7月和2012年7月，梵蒂冈先后发表声明无端指责中国承德、乐山、汕头、哈尔滨教区祝圣主教为“非法”，并对相关主教处以所谓“绝罚”。中国国家宗教事务局发言人就此发表谈话，对梵方无理指责进行了驳斥。

教皇方济各当选后，以不同方式表示希望与中国改善关系，两国关系有所缓和。2014年8月，教皇方济各访问韩国途中，乘坐专机首次飞越中国领空，并在专机上发电向习近平主席和中国人民致以问候。2014年12月，教皇方济各拒绝会见在意大利窜访的达赖喇嘛。

2018年9月22日，中国外交部副部长王超同梵蒂冈代表团团长、教廷与各国关系部副部长卡米莱利在北京举行会谈，并签署关于主教任命的临时性协议。2019年5月，北京故宫博物院与梵蒂冈博物馆合作举办的“传心之美——梵蒂冈博物馆藏中国文物展”亮相故宫博物院神武门展厅。

近年来，双方开展了少量文化、卫生交流活动，为中梵关系改善势头营造了一定气氛。

【同意大利的关系】梵蒂冈同意大利关系密切。两国在修改《拉特兰条约》问题上曾存在矛盾，但通过谈判在1984年2月签署修改条约的新协定。意总统、总理、议长等国家政要同教皇保持经常性会晤，教皇每年对意一些城市进行宗教访问。2013年3月19日，意总统纳波利塔诺率意政要出席教皇方济各就职仪式，6月8日对梵蒂冈进行访问，称意梵关系植根于历史并在跨宗教对话中不断发展。2014年，教皇方济各访问卡塞塔、卡萨诺等地。2015年，教皇方济各访问佛罗伦萨、都灵、那不勒斯等城市。2016年，访问阿西西。2017年访问米兰、卡尔比、热那亚等地。2018年访问莱切、巴里、佛罗伦萨、巴勒莫。2019年访问马尔凯大区、罗雷托市。2020年初访问巴里。近年来，面对世俗化的冲击，天主教会坚持维护传统伦理道德观，教廷同意大利激进党派经常在同性恋婚姻、堕胎、安乐死等敏感问题上爆发激烈论战。意大利普通民众中，教廷特别是教皇本人具有很高威信。

【同美国的关系】1984年1月，梵美在断交117年后复交。教皇约翰·保罗二世和本笃十六世多次访美，美多任总统也曾到访梵蒂冈。2013年3月，美国副总统拜登出席教皇方济各就职仪式。2015年9月，教皇方济各访问美国并出席第70届联合国大会，美国总统奥巴马、副总统拜登偕家人赴机场迎接。教皇方济各在美国与古巴关系正常化过程中发挥重要斡旋作用。2017年5月，美国总统特朗普访问梵蒂冈。

【同欧洲国家的关系】梵同欧洲国家，特别是信奉天主教的国家关系密切，高层互动频繁。2005年8月，教皇本笃十六世访问德国，受到当地政要和信徒的热烈欢迎。2006年5月教皇本笃十六世访问波兰并参观奥斯维辛集中营，发表讲话呼吁维护世界和平。其后，他又先后访问捷克、葡萄牙、塞浦路斯、英国和西班牙。

2013年5月，德国总理默克尔访梵，与教皇方济各就人权、宗教自由等问题交换看法。2014年11月，教皇方济各访问欧洲议会和欧洲理事会，会见了上述机构领导人并在欧洲议会发表演讲。2016年，教皇方济各访问希腊、波兰、瑞典。2018年，教皇方济各访问瑞士、爱尔兰、爱沙尼亚、拉脱维亚、立陶宛。2019年教皇方济各访问保加利亚、北马其顿、罗马尼亚。

【同俄罗斯及独联体国家的关系】梵蒂冈于1992年同乌克兰、亚美尼亚、阿塞拜疆、格鲁吉亚、摩尔多瓦、白俄罗斯、哈萨克斯坦、乌兹别克斯坦、吉尔吉斯斯坦等国建立外交关系。2007年7月，俄罗斯总统普京访问梵蒂冈，与教皇本笃十六世就进一步改善两国关系交换了意见。2009年，俄罗斯总统梅德韦杰夫访梵，两国宣布建立完全外交关系。2015年6月，俄总统普京再次访梵，与教皇方济各举行会晤，教廷授予普京“和平天使”奖章。2016年2月，教皇方济各在古巴首都哈瓦那与俄罗斯东正教大牧首基里尔举行了历史性会晤，这是自1054年以来基督教信仰东西两个分支领导人的首次会面。2016年，教皇方济各还先后访问亚美尼亚、格鲁吉亚、阿塞拜疆。

【同亚非拉国家的关系】非洲和拉美地域辽阔，人口众多，天主教在上述地区的很多国家拥有传统影响力。近年来，当地天主教信徒日益减少，天主教内的解放神学派发展较快，同梵分歧加深。为巩固和扩大天主教影响，历任教皇均重视对非洲、拉美国家的访问，在减贫、禁毒、可持续发展等亚非拉国家关心的问题上给予充分关注。2012年，教皇本笃十六世访问墨西哥、古巴。访古期间，教皇表示希望古政府继续推进改革，建立开放社会，试图巩固天主教会在古巴的地位和影响。2013年1月，梵在马来西亚设立大使馆并派驻大使。2月，梵同南苏丹建交。7月，教皇方济各访问巴西并出席第28届世界青年日活动。2014年教皇方济各访问韩国，与韩国总统朴槿惠举行会晤并出席一系列宗教活动。2015年教皇方济各访问斯里兰卡、菲律宾、厄瓜多尔、玻利维亚、巴拉圭、古巴、肯尼亚、乌干达和中非。2016年，教皇方济各访问墨西哥。2017年，教皇方济各访问缅甸、孟加拉国、哥伦比亚。2018年，教皇方济各访问智利、秘鲁。2019年教皇方济各访问泰国、日本。

【同中东地区国家的关系】1993年12月，梵同以色列签署了实现双方关系正常化和相互承认的协定，次年6月宣布建立大使级外交关系。1994年2月梵同约旦建交。天主教与东正教、犹太教和伊斯兰教的关系逐步改善。教皇本笃十六世主张在宗教和解的背景下保持天主教价值观，鼓吹将犹太人“改造为基督徒”，引起其他宗教人士的不满。2007年，梵宣布与阿拉伯联合酋长国建交。2009年，教皇本笃十六世访问以色列，呼吁巴以和解。2012年访问黎巴嫩，呼吁黎巴嫩国内基督徒与穆斯林和平共处，敦促不同宗教摒弃激进主义，进行真正对话，推动和平。2014年5月，教皇方济各访问以色列、约旦和巴勒斯坦，呼吁巴以领导人为和平共同努力。2017年，教皇方济各访问埃及。

（孙纵横）

芬　兰

国名　芬兰共和国（The Republic of Finland）。

面积　33.8万平方公里。

人口　552.7万（2019年12月）。芬兰族人约占93.4%，瑞典族人约占5.6%，其余为萨米族人等。芬兰语和瑞典语均为官方语言。70.9%的居民信奉基督教路德宗，1.1%信奉东正教。

首都　赫尔辛基（Helsinki），人口65.0万（2019年底）。夏季平均气温17.1℃，冬季平均气温-1.8℃。

国家元首　总统绍利·尼尼斯托（Sauli Niinistö），2012年3月就任，2018年1月连任。

重要节日　12月6日（独立日暨国庆日）。

简　况

位于欧洲北部。与瑞典、挪威、俄罗斯接壤，南临芬兰湾，西濒波的尼亚湾。海岸线长1100公里。地势北高南低。内陆水域面积占全国面积的10%，有岛屿约17.9万个，湖泊约18.8万个，有“千湖之国”之称。全国约1/4的土地在北极圈内。属温带海洋性气候。平均气温冬季-14℃—3℃，夏季13℃—17℃，年均降水量600毫米。

约9000年前冰河末期，芬兰人的祖先从南方和东南方迁居至此。8—9世纪，逐步形成了苏奥米、海门和卡累亚拉三个主要部落。12世纪后半叶开始隶属于瑞典，14世纪中叶正式成为其一部分，被瑞统治长达6个世纪。1809年俄瑞战争后成为俄国的大公国。1917年12月6日独立，1919年成立共和国。1939—1940年芬苏战争（芬称“冬战”）之后，芬被迫同苏联签订芬苏和约，向苏割让领土。1941—1944年纳粹德国进攻苏联，芬参与对苏战争（芬称“续战”）。1947年2月，芬作为战败国与苏联等国签订巴黎和约。1948年4月，芬同苏联签订《友好合作互助条约》，冷战结束后废除。1955年加入联合国。1995年加入欧盟。1999年加入欧洲经货联盟（欧元区），2002年1月欧元正式在芬流通。

政　治

芬兰的政体是内阁制，自1917年12月6日宣布独立以来，芬兰就一直是一个独立的共和国。

【宪法】1919年7月17日颁布生效。宪法规定，国家立法权由议会和共和国总统共同行使；总统拥有任命政府、掌管外交、统帅三军等实权，每六年选举一次。1999年芬议会通过新宪法，加强了议会和政府在国家政治生活中的作用，削减了总统部分权力。

【议会】一院制，国家最高立法机关。由选民直接选举的200名议员组成，任期4年。主要职能是立法、监督政府、监督财政。本届议会于2019年6月选举产生。议长马蒂·万哈宁（Matti Vanhanen，中间党），2019年6月就任。

【政府】2019年12月，芬前总理林内因处理国企劳资纠纷不当引咎辞职。同月，由社民党、中间党、绿党、左翼联盟和瑞典族人民党组成的联合政府正式宣誓就职。本届政府共设11个部、19个内阁席位，桑娜·马林（Sanna Marin，女，社民党）出任总理，佩卡·哈维斯托（Pekka Haavisto，绿党）任外交部长，卡特丽·库尔穆尼（Katri Kulmuni，女，中间党）任财政部长。其他内阁成员还有：国防部长安蒂·凯科宁（Antti Kaikkonen，社民党），经济部长米卡·林蒂莱（Mika Lintilä，中间党），就业部长图拉·哈泰宁（Tulla Haatainen，社民党），内政部长玛丽亚·奥西萨洛（Maria Ohisalo，女，绿党），环境与气候变化部长克里斯塔·米科宁（Krista Mikkonen，女，绿党），教育部长莉·安德松（Li Andersson，女，左翼联盟），发展合作与外贸部长维莱·斯基纳里（Ville Skinnari，社民党），交通通信部长蒂莫·哈拉卡

（Timo Harakka），北欧合作部与平等部长托马斯·布洛姆奎斯特（Thomas Blomqvist，瑞典族人民党），地方政府部长希尔帕·帕泰罗（Sirpa Paatero，女，社民党），社会卫生部艾诺-凯萨·佩科宁（Aino-Kaisa Pekonen，女，左翼联盟），家庭事务与社会服务部长克里斯塔·基乌鲁（Krista Kiuri，女，社民党），司法部长安娜-玛娅·亨里克松（Anna-Maja Henriksson，女，瑞典族人民党），农业与林业部长亚里·莱佩（Jari Leppä，中间党），欧盟事务与资产管理部长蒂蒂·图普赖宁（Tytti Tupurainen，女，社民党）、科学与文化部长汉娜·科索宁（Hanna Kosonen，女，中间党）。

【主要网址】政府网址：www.valtioneuvosto.fi；议会网址：www.eduskunta.fi；外交部网址：www.formin.finland.fi。

【行政区划】芬兰实行两级行政体制，即中央政府及市县政府。中央政府在6个地区设有地区管理署和15个经济发展、交通和环境管理中心，主要负责统筹区域内的服务资源，同市县无行政辖属关系。目前，全国共有311个市县（至2019年底）。

【司法机构】最高司法机关为最高法院和最高行政法院。最高法院由院长和18名法官组成，负责审理民事和刑事案件。最高行政法院由院长和20名法官组成，负责审理政府机构和省、市（县）机构的行政案件。起诉机关是各级检察院。另设有国家法律监察官，有权出席内阁会议，监督总统、内阁和政府各部门的决定是否符合宪法规定。最高法院和最高行政法院院长、法官以及最高检察长均由总统任命。最高法院院长蒂莫·埃斯科（Timo Esko），2016年就任；最高行政法院院长卡里·库西涅米（Kari Kuusiniemi），2018年就任；最高检察长莱雅·托伊维埃宁（Raija Toiviainen），2018年就任；政府法律监察官托马斯·波尔斯蒂（Thomas Pöysti），2018年就任。议会法律监察官佩特里·耶斯基莱宁（Petri Jaaskelainen），2010年就任。

【政党】多党制。主要政党有：

（1）芬兰中间党（Centre Party of Finland）：执政党。1906年成立。以建立平等和公正的社会为目标，对内反对政治经济权力垄断，主张保障农林业在国民经济中的地位，维护中小企业和农业生产者的利益；对外主张实行积极的和平外交政策，重视与北欧和波海地区国家的关系。现有党员十余万人，现任议员31人。主席卡特丽·库尔穆尼，2019年7月当选。

（2）民族联合党（The National Coalition Party）：在野党。1918年成立。一战和二战期间为芬主要执政党。主要代表工商企业界利益，以保障国家独立和维护民族的政治和经济利益、追求经济和精神生活的发展为基本目标。现有党员约4.1万人，现任议员38人。主席佩特利·奥尔波（Petteri Orpo，2016年当选）。

（3）芬兰社会民主党（The Finnish Social Democratic Party）：执政党。1899年成立。对内主张政治、经济民主，实现充分就业和公平分配，保障社会福利，发展社会民主主义；对外主张缓和、裁军，实现国际和平。现有党员5.4万人，现任议员40人。主席安蒂·林内（Antti Rinne，2014年当选）。

（4）芬兰人党（The True Finns）：在野党。1995年成立。主张维护小农、城市贫民和中小企业利益，鼓励创新经济。对外坚持民族主义和疑欧立场。现有党员近1万人，现任议员39人。主席尤西·哈拉-阿霍（Jussi Halla-Aho，2017年当选）。

（5）绿色联盟（The Green League）：执政党。1988年成立。主张保护环境，支持芬和平外交政策，积极参与和平与环保活动。现有党员3800人，现任议员20人。主席玛利亚·奥希萨洛（Maria Ohisalo，2019年当选）。

（6）芬兰左翼联盟（The Finnish Left Alliance）：执政党。1990年成立。主张政府借贷扩大投资，刺激经济发展，保障社会福利，发展可再生能源。对外主张积极参与联合国维和行动，加强国防建设。现任议员16人。主席莉·安德森，2016年当选。

（7）瑞典族人民党（The Swedish People's Party）：执政党。1906年成立。由芬兰的瑞典族人组成。主张维护瑞典族居民的社会地位和权利。现有党员约3万人，现任议员9人。主席安娜-玛雅·亨里克松（Anna-Maja Henriksson，女，2016年当选）。

（8）芬兰基督教民主党（The Finnish Christian Democratic Party）：在野党。1958年成立。以基督教教义为宗旨，主张实行对社会和生态负责的市场经济，注重环保和可持续发展，要求保障平等高效的社会福利。对外主张建立一个开放、安全的欧洲，发展共同防务。现任议员5人。主席萨丽·艾萨叶（Sari Essayah，女，2015年当选）。

（9）现在运动政治团体（Movement Now）：在野党。2018年成立，2019年11月正式注册为政党。目前有8000名党员。关注巴伦支海保护及企业社会安全等问题。现任议员1人。党主席哈里·哈尔基莫（Harry Harkimo，2018年当选）。

【重要人物】绍利·尼尼斯托：总统。1948年生。法律硕士。1987年当选议员。1994年任联合党主席、副总理兼财长。2003年出任欧洲投资银行副行长。2007年3月当选议长。2012年3月当选总统，2018年1月连任。曾多次访华。2013年4月，对华进行国事访问并出席博鳌亚洲论坛年会。2019年1月，对华进行国事访问。已婚，有三子。 **桑娜·马林**：总理。1985年生。管理学硕士，社民党副主席。2015年当选议员。2014年当选社民党第二副主席，2017年当选第一副主席，2019年6月担任交通和信息部部长。2019年12月，前总理林内因处理国企劳资纠纷不当引咎辞职，马林出任总理。

经　济

二战后，芬兰以教育和科技创新为引领，快速实现从农业、林业型经济向后工业经济、知识型经济转化。20世纪80年代，芬兰经济以年均3.7%的速度持续增长。90年代初，经济出现严重衰退，芬政府通过经济结构调整、加大科技投入等措施，使经济走出低谷。90年代中后期经济增长率保持在5%左右。1999年加入欧元区，2002年1月欧元正式流通。

近年来，芬经济逐步走出衰退，呈现积极复苏和稳定发展势头。在生态环保、信息通信、清洁技术、新能源、机械制造等领域居世界前列。在世界经济论坛2019年全球竞争力报告中位居第11。2019年国内生产总值2409亿欧元，同比增长0.9%。其他主要经济数据如下：

人均国内生产总值：4.36万欧元（2019年）。

货币名称：欧元（Euro）。

消费者物价指数：0.9%（2019年12月）。

失业率：6.8%（2019年12月）。

（资料来源：芬兰统计局官方网站，下同）

【资源】森林覆盖率约80%，约2282万公顷，人均4.2公顷，木材储积量21.89亿立方米。矿产资源中以铜为主，还有少量的铁、镍、钒、钴等。泥炭资源丰富，已探明储量约690.94亿立方米，相当于40亿吨石油。有两座核电站（四个核反应堆），第五个反应堆在建。能源供给中，核电约占25%，水电17%，风能5.6%，太阳能0.1%，能源进口24%，其他能源28%。

【工业】工业在20世纪90年代得到快速发展，已从劳动、资金密集型转变为技术密集型。建立在森林基础上的木材加工、造纸和林业机械制造业为经济支柱，并具有世界领先水平，整个森林工业产量占世界总产量的5%，是世界第二大纸张、纸板出口国（占世界出口量的25%）及世界第四大纸浆出口国。工业从业人口为35.5万人，约占总劳动力的14.4%（2017年）。

【信息业】信息产业发达，芬兰是互联网接入比例和人均手机持有量最高的国家之一，网络接入率超过90%，每1000人拥有手机1722部。从事信息通信业的劳动力约10.6万人，占总劳动力的4.3%（2017年）。

【农林业】林业发达，农畜产品自给有余。耕地约229.8万公顷，农林密切结合，几乎所有的农户都经营一定数量的林地。近年来，在传统农林业基础上大力发展生物经济。从事农林业的劳动力为9.9万，约占总劳力的4%（2017年）。

【服务业】服务业发达，分为私人服务业和公共管理服务业两大类。主要包括商业、贸易、旅馆、饭店、银行、保险、社会性服务业和公共服务业。从业人口为172.2万，占总劳力的69.6%（2017年）。

【旅游业】2018年，全国游客总数1197万人次，其中外国游客322万人次，主要来自俄罗斯、瑞典、德国、英国、中国、美国、日本、挪威等。主要旅游目的地有赫尔辛基、罗瓦涅米市、图尔库、东部湖区和奥兰岛。

【交通运输】交通运输业发达，以铁路和公路为主。目前交通运输情况（2018年）：

铁路：总长5926公里，客运量8750万人次，货运量4072万吨。

公路：道路总长15.7万公里，其中公路7.8万公里，高速公路约893公里。各种机动车415.1万辆，其中小汽车约349.5万辆、公共汽车1.85万辆、货车15.7万辆。

水运：商船690艘，总吨位172万吨；内河航线长9818公里；沿海航线长10350公里；水运港口近30个，重要港口有赫尔辛基、图尔库、科特卡和波里。

空运：有76个机场，22家航空公司，注册飞机1476架；客运量2498万人次；货运量2.06亿吨；国际机场有赫尔辛基、图尔库、坦佩雷、罗瓦涅米、奥卢等。

【财政金融】国家财政收支情况（单位：亿欧元）：

	2016	2017	2018
收入（不包括借债）	536	554	576
支出	594	594	604
差额	–58	–40	–28

2018年政府债务1050亿欧元，占国内生产总值的59.0%。

【对外贸易】近几年对外贸易情况如下（单位：亿欧元）：

	2016	2017	2018
出口额	518.8	597.1	636.8
进口额	547.0	624.7	665.8
差　额	–28.2	–27.6	–29.0

芬出口商品主要有机电产品、化工产品、纸张纸板、金属等；进口商品主要有金属、原油、化工产品等。主要贸易对象为欧盟国家，占进出口总额的57%。芬主要贸易伙伴依次为德国、瑞典、俄罗斯、荷兰、中国、美国、法国、比利时、爱沙尼亚、波兰。

【对外投资】芬直接投资国主要为瑞典及其他欧盟国家，外国对芬直接投资主要来自瑞典、荷兰、卢森堡、丹麦等国家。截至2018年底，芬对外直接投资1117亿欧元，吸引外资624亿欧元。

【对外援助】20世纪90年代初芬经济衰退，政府被迫大幅削减外援款项，1996年后有所增加。2018年外援总额约7.25亿欧元，占国民总收入的0.42%。主要受援国为：阿富汗、尼泊尔、埃塞俄比亚、坦桑尼亚、莫桑比克、肯尼亚、缅甸等。对外援助情况如下（单位：亿欧元）：

	2016	2017	2018
总额	9.56	9.61	7.25
占国民总收入（%）	0.44	0.42	0.31

【著名公司】（1）诺基亚集团（Nokia）成立于1865年，早期从事造纸、化工、橡胶行业，20世纪60年代进入电信市场，90年代主要生产移动和固定电信网络设备及移动电话，发展迅速。2013年9月，诺基亚将旗下手机业务出售给微软，并专注于网络研发、设备及服务。2016年1月，诺基亚完成收购阿尔卡特–朗讯，成为全球第二大移动通信网络设备供应商。在美国财富杂志评选的“全球五百强”排行榜（2019年）中位居第466位。

（2）芬欧汇川集团（UPM-Kymmene）是世界最大的纸和纸制品生产商之一，具有百年历史，在芬拥有93万公顷森林，年平均消费林材24万立方米。主要生产纸张纸浆、纸板和包装薄膜，近年加大对生物能源的开发生产。

（3）斯道拉–恩索纸业集团（Stora Enso）由瑞典斯道拉纸业公司和芬兰恩索纸业公司于1998年合并组建而成，芬、瑞分别占股51%、49%，是一家林、纸、包装一体化集团，主要生产文化用纸、包装纸板和木材制品等。1998年在苏州收购紫兴纸业有限公司，年产15万吨铜版纸。2006年与山东华泰纸业有限公司合资兴建山东斯道拉恩索华泰纸业有限公司，年产超级压光纸20万吨。2012年与广西高峰集团签署北海林浆纸一体化项目合资协议。

（4）通力集团（Kone）是全球最大电梯和自动扶梯供应商之一，是开发环保节能产品的先锋，全球无齿轮电梯和无机房电梯的领导者。1998年开始在华业务，投资5800万美元在江苏昆山成立通力电梯有限公司，在华业务包括电梯及自动扶梯的销售、安装、维护和更新改造。承接了国家大剧院、鸟巢、上海虹桥机场扩建等具有影响力的项目。

（5）富腾工程有限公司（Fortum）是欧洲主要能源公司之一，由耐思特（NESTE）工程公司、IVO有限公司等组成。经营范围包括石油和天然气，电力和热能，工程建造、运营和维护，业务几乎涉及所有能源领域。2001年在华投资建立辽河富腾热电有限公司。

人民生活

生活水平较高，社会保障制度完善。人均寿命81岁，全国有医生20970人，每千人拥有3.8名医生；人均住房面积40.3平方米。

军　事

总统为军队最高统帅。国防委员会是最高咨询机构。总理负责领导民政方面的国防活动。国防军总司令负责军事方面的国防活动。现任总司令陆军上将亚尔莫·林德伯格（Jarmo Lindberg）2014年8月上任。实行普遍义务兵役制，服役期6—12个月。常备武装力量2.4万人。

文化教育

【教育】教育事业发达，实施科教兴国政策。1921年起实行义务教育。1980年起在全国实行九年一贯制免费义务教育。连续多年在经济合作与发展组织（OECD）的“国际学生评价体系”（PISA）中列为首位。全国现有各类学校3315所，在校学生超过184万人（包括成人教育及各类业余学校的在校生）。教育支出约占国内生产总值的6.5%，研发投入占国内生产总值的3.3%。著名高等学校有赫尔辛基大学、阿尔托大学、坦佩雷大学等。2018年，芬兰各级学校数、学生人数：

	学校（所）	学生（万人）
基础学校	2234	54.12
普通高中	336	10.99
职业学校	123	23.77
专科学院	25	14.55
综合性大学	14	15.82

2018年，芬兰全国有公共图书馆737家，大学及研究图书馆38家，移动图书馆135家，人均借阅量和人均出版量均居世界前列。

【新闻出版】截止2018年，全国共有报纸177种（其中每周发行4—7期的38种），各种杂志和期刊2673种。主要报刊、创刊年及发行量:《赫尔辛基新闻》，1904年，22.1万份（2018年）;《晨报》，1882年，9.5万份（2017年）;《图尔库新闻》，1904年，6.9万份（2018年）。

有5家通讯社，其中最大的是芬兰通讯社（STT），简称芬通社，1915年成立，属半官方性质，同世界主要通讯社均有业务联系。外国在芬的通讯分社有15家。

芬兰广播公司（YLE）：1926年成立，1934年改为国营。对外用芬兰语、瑞典语、英语、德语和法语广播。1958年开播电视。此外还有赫尔辛基有线电视台、私营广告电视台等。20世纪70年代开始有有线电视。2007年芬兰全面实行数字电视。

对外关系

战后长期奉行同苏联保持睦邻友好关系、不介入大国冲突、同各国发展友好关系的“积极的和平中立政策”。冷战结束、苏联解体后，芬兰对其外交政策进行了重大调整，将发展同欧盟的关系作为外交重点，继续坚持奉行军事不结盟和独立可靠的防务政策。1995年正式加入欧盟，1999年加入欧元区，2001年加入申根协定。芬已与186个国家缔结了外交关系。

【对当前重大国际问题的态度】关于国际形势：认为近年来国际政治和经济力量演变使世界格局和国际关系发生重大变革，各国对全球利益、安全地位的争夺日益激烈，西方国家实力衰落，新兴经济体力量上升，基于规则的国际秩序受到侵蚀。恐怖主义、极端主义、气候变化、环境污染、经济金融风险等全球性安全威胁突出。各国应当加强国际合作，共同应对挑战。

关于联合国的作用：认为联合国原则及发展成就是全球治理的根本支柱，应当加强联合国在国际事务中的核心地位和主导作用。支持安理会改革，认为安理会代表性不足、作用弱化，应当同时增加安理会常任和非常任理事国数量。

关于防扩散、裁军问题：致力于全球军控进程，支持打击核恐怖主义，支持《不扩散核武器条约》，关注《中导条约》未来走向。

关于气候变化：是首个将应对气候变化列为国家战略的国家。支持欧盟等发达国家率先减排，为发展中国家提供技术支持。对美国退出《巴黎协定》感到失望，认为欧洲和中国应当为应对气候变化承担更多责任并开展合作。重点关注北极地区气候变化及黑碳排放问题，呼吁发展中国家改良能源结构，减少黑碳排放。

【同中国的关系】芬兰是最早同中华人民共和国建交的西方国家之一（1950年10月28日建交），也是最早同中国签署政府间贸易协定的西方国家（1953年）。1951年中芬互设公使馆，1954年升格为大使馆。

近年来，中芬关系保持良好发展势头。2013年，尼尼斯托总统对华进行国事访问并出席博鳌亚洲论坛年会，习近平主席同其就中芬构建面向未来的新型合作伙伴关系达成重要共识。2017年4月，习近平主席对芬兰进行国事访问，中芬发表《中华人民共和国和芬兰共和国关于建立和推进面向未来的新型合作伙伴关系的联合声明》。2019年1月，芬兰总统尼尼斯托对华进行国事访问，双方共同发表了《关于推进中芬面向未来的新型合作伙伴关系的联合工作计划（2019—2023）》，两国元首还共同启动了“2019中芬冬季运动年”。

其他重要访问有：2015年6月、7月，刘延东副总理、国务委员兼国防部长常万全分别访芬。同年11月，芬兰议长洛赫拉非正式访华并赴浙江省义乌市出席首届中国—北欧青年领军者论坛。2016年9月，张德江委员长访问芬兰。6月，芬兰总理西比莱来华出席第11届夏季达沃斯论坛。11月，芬兰议长洛赫拉访华。2018年1月，芬兰议长洛赫拉随北欧和波罗的海国家议长代表团访华。2019年7月，全国人大常委会副委员长张春贤访问芬兰。2019年12月，孙春兰副总理赴芬出席“2019中芬冬季运动年”闭幕式。

2019年中芬双边贸易额76.8亿美元，同比下降2.3%。其中，中方出口额30.4亿美元、进口额46.4亿美元，同比分别下降1.3%和3.0%。

中国驻芬兰大使：陈立。馆址：Vanha kelkkamaki 9–11，00570 Helsinki，Finland。电话：00358–922890110（办公室），6848416（商务处）；传真：22890168（使馆），6849595（商务处）。网址：www.chinaembassy-fi.org。

芬兰驻华大使：肃海岚（Jarno Syrjälä）。馆址：北京朝阳区光华路1号嘉里中心南楼26层，邮政编码：100020。电话：010–85198300；传真：85198301。网址：www.finland.cn。

【同欧盟的关系】芬兰视欧盟为对外政策依托。主张欧盟应加强团结、坚持一体化方向，希望欧英双方通过建设性谈判完成脱欧进程。主张欧盟继续扩大影响，在周边和重大全球问题中发挥更大作用。呼吁加快欧盟共同安全和防务政策建设，但不建议组建欧洲军队。目前，芬有13名欧洲议员。

【同美国的关系】重视对美关系，认为美国是芬兰和欧洲的最重要合作伙伴之一，强调巩固跨大西洋战略关系和北约在欧洲安全格局中的核心地位，希通过双边和北约和平伙伴关系等渠道保持对美关系。

【同俄罗斯的关系】始终奉行融俄政策，积极推动改善欧俄关系。乌克兰危机发生后，在对俄制裁问题上同欧盟保持一致，同时保持与俄对话和务实合作。2019年，尼尼斯托总统同普京总统先后在圣彼得堡和赫尔辛基会晤。

【同北欧及波海三国的关系】重视发展同其他北欧国家、波罗的海三国及其他波海地区国家的合作，认为这对促进欧洲北部安全稳定具有重要意义。主张加强地区节能环保、能源开发、文化、教育、军备等方面合作。推动北欧国家在气候变化、节能环保领域整合资源，合作开辟亚洲等新兴市场。（吴卫）

荷　兰

国名　荷兰王国（The Kingdom of the Netherlands，het Koninkrijk der Nederlanden）。

面积　4.1528万平方公里。

人口　1740万人（荷兰统计局，2020年4月）。76.8%为荷兰族，此外还有弗里斯族，摩洛哥、土耳其、德意志、苏里南为较大的少数族裔。官方语言为荷兰语，弗里斯兰省讲弗里斯语。本土居民中23.7%信奉天主教，15.5%信奉新教（荷兰统计局，2019年）。

首都　阿姆斯特丹（Amsterdam），人口87万（荷兰统计局，2020年）。政府所在地海牙（The Hague），人口54.5万（荷兰统计局，2020年）。

国家元首 国王威廉–亚历山大（King Willem-Alexander），2013年4月30日即位。

重要节日 国王日（即国庆日，系现任国王威廉–亚历山大生日）：4月27日；解放日（二战期间盟军解放荷兰日）：5月5日。

简 况

位于欧洲西北部。东邻德国，南接比利时，西、北濒北海。海岸线长1075公里。24%的面积低于海平面，1/3的面积仅高出海平面1米。从13世纪即开始围海造田，增加土地面积约6000平方公里。属海洋性温带阔叶林气候。沿海地区平均气温夏季16℃，冬季3℃；内陆地区夏季17℃，冬季2℃。年平均降水量797毫米。

16世纪前长期处于封建割据状态。1568年爆发为时80年的反抗西班牙统治的战争。1581年北部7省成立荷兰共和国（正式名称为尼德兰联省共和国）。1648年《威斯特伐利亚和约》签署后，西班牙正式承认荷兰独立。17世纪曾为海上殖民强国，经济、文化、艺术、科技等各方面均非常发达，被誉为该国的“黄金时代”。18世纪后，荷兰殖民体系逐渐瓦解，国势渐衰。1795年法国军队入侵。1814年脱离法国，1815年成立荷兰王国。1848年宪法正式确立君主立宪制。第一次世界大战期间保持中立。第二次世界大战初期宣布中立，1940年5月遭德军入侵，王室和内阁成员流亡英国，成立流亡政府。二战后放弃中立政策，加入北约和欧共体（欧盟）。

政 治

2017年3月15日，议会二院举行大选，现任首相吕特带领中右翼自民党赢得大选胜利。由自民党、基督教民主联盟、六六民主党和基督教联盟组成的新政府于2017年10月26日宣誓就职。自民党党首吕特连任首相，新内阁还包括3名副首相、12名大臣和8名国务秘书。

【宪法】1814年3月29日颁布，1848年修改。规定荷兰是世袭君主立宪王国，立法权属国王和议会，行政权属国王和内阁。枢密院为最高国务协商机构，主席为国王本人，其他成员由国王任命。

【议会】由一院和二院组成。两院议员任期均为4年，但改选不在同一年进行。

一院（参议院）主要职责是立法，有权同意或拒绝批准法案，但不能提出或修改法案。议员75名，由省议会间接选举产生。本届一院于2019年5月27日选举产生，6月11日宣誓就职。现任议长为杨·安东尼·布劳恩（Jan Anthonie Bruijn，自民党）。

二院（众议院）主要职责是立法和监督内阁执政。立法权体现在二院可自行提出法案、批准或否决内阁提案和修改法案。监督权体现在二院具有预算核准权、独立调查权和质询权。议员150名，按比例代表制通过直接普选产生。本届二院于2017年3月产生。现任议长哈蒂娅·阿瑞布（Khadija Arib，女，工党），于2017年3月23日当选。

一、二院席位分配如下：

党派	一院	二院
自民党	12	32
自由党	5	20
基民盟	9	19
六六民主党	7	19
社会党	4	14
左翼绿党	8	14
工党	6	9
基督教联盟	4	5
其他党派	20	18
总计	75	150

【政府】内阁首相马克·吕特（Mark Rutte，自民党），副首相兼卫生、福利和体育大臣胡戈·德容赫（Hugo de Jonge，基督教民主联盟），副首相兼内政及王国关系大臣卡伊莎·奥隆格伦（Kasje Ollongren，六六民主党），副首相兼农业、自然和食品质量大臣卡萝拉·斯豪滕（Carola Schouten，基督教联盟），外交大臣斯特夫·布洛克（Stef Blok，自民党）。

【行政区划】荷兰王国由荷兰本土、博纳尔、圣尤斯特歇斯和萨巴3个海外特别行政区以及阿鲁巴、库拉索、圣马丁3个海外属地组成。荷兰本土划分为12个省，省下设380个市镇。

【司法机构】全国设62个基层法院（市镇法院）、19个中级法院（地区法院）、5个上诉法院和1个最高法院。此外还设有军事法庭、行政法庭等若干特别法庭。各级法院法官均系高等院校法律专业毕业，由国王任命，任期终身（实际到70岁）。

地区法院为初审法院，负责审理一般性民事、刑事及行政诉讼，上诉法院专门负责审理上诉、抗诉案件，最高法院是最高司法机构，对不服从上诉法院判决结果的案件进行终审，对下级法院的判决有否决权。最高法院终审不是通过对法律事实的再次认定，而是审查上诉法院在判决过程中是否正确使用了法律。最高法院仅审理民事案件、刑事案件和涉税案件，其他最高审判机关为枢密院下属行政法庭（审理公民、庇护申请者等个体对政府普遍行政行为的诉讼）、交易与工业行政上诉法院（审理经社领域的行政诉讼）和中央上诉法庭（审理涉公务员和社保诉讼）。

【政党】主要政党有8个：自由民主人民党、工党、基督教民主联盟、自由党、社会党、基督教联盟、左翼绿党、六六民主党。荷政党实行领导人负责制，党主席负责日常党务工作。

（1）自由民主人民党（Volkspartij voor Vrijheid en Democratie，VVD）：成立于1948年，现有党员2.8万人。曾多次参政，2006年大选后成为在野党。2010年、2012年、2017年大选均蝉联第一大党并牵头组阁，三度成为执政党。崇尚自由主义，主张充分尊重个人的自由，推动经济自由化和市场化，代表企业主的利益。领导人吕特，主席范德沃尔（Christianne van der Wal，女）。

（2）工党（Partij van de Arbeid，PvdA）：1946年成立，现有党员约4.5万人，历史上曾多次执政。2012年大选中成为第二大党并参与组阁。为传统左翼政党，主张在实现经济发展和社会公正之间保持平衡，合理分配权力、收入和知识财富，代表工人、职员、知识分子和中小企业主利益。领导人阿舍尔（Lodewijk Asscher），主席费德拉尔（Nelleke Vedelaar，女）。

（3）基督教民主联盟（Christen-Democratisch Appèl，CDA）：由历史上的天主教人民党、基督教历史同盟和反对革命党3个党派于1980年合并组成。现有党员约4.7万人。21世纪前十年基本一直是荷兰第一大党，2010年大选位居第四但参与组阁。2012年大选再度失利退居第五大党。2017年大选位居第三并参与组阁。属基督教民主主义政党，既代表垄断资产阶级利益，也得到深受基督教影响的农业地区和小城市选民及商界的广泛支持。反对过分强调政府或市场的作用，主张维护传统价值观和道德观。领导人范海尔斯玛·布玛（Sybrand van Haersma Buma），主席佩特欧姆（Ruth Peetoom，女）。

（4）自由党（Partij voor Vrijheid，PVV）：系2005年从自由党中分裂出来的极右翼政党。2006年首次参加大选即获得9个席位，被誉为“政坛黑马”。2010年大选位居第三，默许支持自由党与基民盟组成少数内阁，但2012年4月反对继续削减财赤撤销默许支持导致内阁倒台。2017年大选跃升为第二大党，但因民粹主张被排除在组阁阵营外。主张降低税收，提高教育质量，反对接收外来移民尤其反对伊斯兰教。主席威尔德斯（Geert Wilders）。

（5）社会党（Socialistische Partij，SP）：成立于1972年，现有党员约3.6万人。主张实现求真、平等、互助的人类社会，强调人人拥有良好的工作、收入、福利、教育和健康权利。领导人玛莱恩尼森（Lilian Marijnissen，女），主席梅耶尔（Ron Meyer）。

（6）六六民主党（Democraten 66，D66）：1966年由工党、自由党中分裂出来的左翼分子组成。现有党员约2.8万人。系中间党派，20世纪70年代以来四度参与组阁。2017年大选并列第三大党并参与组阁。主张对现有的民主模式进行改革，建立开放的民主制度，保障公民的个人权利。领导人贝赫托德（Alexander Pechtold），主席丹梅斯（Letty Demmers，女）。

（7）基督教联盟（Christen Unie）：成立于2000年，2006年首次获得参政权。主张和谐的劳资关系，推迟退休年龄，反对人为堕胎。领导人塞合尔斯（Gert-Jan Segers），主席阿德玛（Piet Adema）。

（8）左翼绿党（GroenLinks，GL）：由四个左翼小党于1990年创建。主张实现社会公正，维护中下层人民的利益，特别强调环境保护。该党规模较小，议会席位极少超过10席。2017年大选成为黑马，获得14席位，成为影响组阁谈判的关键党派之一。领导人克拉维尔（Jesse Klaver），主席梅杰尔（Marjolein Meijer）。

【重要人物】威廉-亚历山大：国王。1967年4月27日生。1987年入莱顿大学学习，1993年获历史硕士学位。2013年4月30日继承王位，为荷兰王国第七代君主。爱好网球、滑雪、登山、驾驶飞机。育有3女。1999年4月以王储身份陪同贝娅特丽克丝女王访华，2005年10月、2007年5月以水利专家身份非正式访华，2008年北京奥运会和2010年上海世博会期间以王储身份访华。2015年10月首次以国王身份对中国进行国事访问。2018年2月7—8日再次来华进行工作访问。2018年10月李克强总理访荷期间同其会见。　**马克·吕特**：内阁首相。自民党党首。1967年2月14日生。毕业于莱顿大学历史系。曾长期担任联合利华公司人力资源经理。2002年步入政坛，当年7月至2004年5月担任社会福利部国务秘书，其间任二院议员4个月。2004年6月至2006年6月担任教科文部国务秘书。2006年5月担任自民党党团主席。2010年6月9日的议会大选中，在其领导下自民党一举成为第一大党，并与基民盟组成少数内阁。同年10月就任首相。2012年4月23日内阁因减赤分歧严重而倒台，吕特留任看守内阁首相。在同年9月举行的议会大选中，自民党再度蝉联第一大党并再度组阁，吕特连任首相。2017年大选中，吕特带领自民党守住第一大党地位并牵头组阁，吕任内阁首相。

经　济

发达资本主义国家。外向型经济，80%的原料靠进口，60%以上的产品供出口。对外贸易的80%在欧盟内实现。商品与服务的出口约占国民生产总值的80%。电子、化工、水利、造船以及食品加工等领域技术先进，金融服务和保险业发达；陆、海、空交通运输十分便利，是欧洲大陆重要的交通枢纽；农业高度集约化，农产品出口额居世界前列。2018年主要经济数据如下：

国内生产总值：9129亿美元。
人均国内生产总值：52750美元。
经济增长率：2.5%。
货币名称：欧元（Euro）。
通货膨胀率：1.7%。
失业率：3.5%。
（资料来源：荷兰统计局网站，下同）

【资源】自然资源贫乏，但北部格罗宁根省天然气储量丰富，2016年开采量477亿立方米。2012年底，在其所属北海海域发现油田。

【工业】工业发达，占国内生产总值17.9%。主要工业部门有食品加工、石油化工、冶金、机械制造、电子、钢铁、造船、印刷、钻石加工等。是世界主要造船国家之一。鹿特丹是欧洲最大的炼油中心。自20世纪80年代以来，荷政府积极鼓励发展新兴工业，特别重视发展空间、微电子和生命科学等高技术产业。

【农牧渔业】农业高度集约化，农业产值约占国内生产总值1.6%，从业人员17.3万，常年位居世界第二大农产品出口国。2019年，农产品出口总额945亿欧元，同比增长4.6%。农业构成中，畜牧业占52.6%，园艺业占33.4%，农田作物占14%。花卉产业发达，世界上最大的花卉生产和出口国。

【服务业】服务业是国民经济支柱产业，占国内生产总值70.2%，主要集中于物流、银行、保险、旅游和法律等行业。

【财政金融】2019年财政盈余占GDP比重预计为0.3%，公共债务占GDP比重将降至50%以下。

主要金融机构：（1）荷兰国际集团（ING）：荷兰第一大金融机构。由荷兰中产-邮政银行集团（NMB POSTBANK GROUP）与荷兰国民人寿保险公司（NATIONALE–NEDERLANDEN）于1991年合并而成。2018年全球500强名列第171位。资产总额为9846.95亿美元。2005年3月，与北京银行签订战略合作伙伴协定。2018年10月，李克强总理访荷期间，北京银行同ING集团签署关于设立合资直销银行的合作协议，总金额30亿人民币，其中ING占比51%。

（2）荷兰银行（ABN–AMRO BANK）：由荷兰通用银行（ABN BANK）和阿姆斯特丹-鹿特丹银行（AMRO BANK）于1991年合并而成，在世界上拥有3000多家分支机构，是世界上拥有银行网络最多的银行之一。集团资产总额4612.7亿美元，世界百大银行中名列第65位。1903年首次进入中国设立分行，进入中国已经百余年，现已发展成为在华最重要的外资金融机构之一。

（3）荷兰农业合作银行（RABO BANK NEDERLAND）：由荷兰数家农村信用社于1973年合并而成，为荷兰第二大银行，资产总额约7118.59亿美元，世界百大银行中居第46位。主要从事农业、农业机械和食品工业等行业的金融交易。在北京、上海等地设有办事处。

【对外贸易】外贸在经济中占重要地位。2018年货物出口总额6520亿美元，占全球出口总额3.7%。进口主要是工业原料、原油、半制成品和机械等；出口主要是食品、机械、化工、石油制品、电子产品、船舶和农产品等。

【对外投资】为世界主要对外投资大国之一，其中约一半流向欧盟成员国，美日是其欧盟以外投资的重点。近年来荷加强了对东欧和东南亚国家的投资。

【对外援助】20世纪80年代以来，荷兰官方外援金额在国内生产总值中所占比重一直保持在0.8%左右，居发达国家前列。受欧债危机影响，2011年、2012年这一比值降至0.7%，2014年更是降至0.4%。2015年预算重新加大发展援助投入，紧急援助预算近6亿欧元，在全球排名前十。2020年对外援助约30亿欧元。本届荷兰政府的发展援助主要针对以下国家：阿富汗、也门、南苏丹、布隆迪、卢旺达、巴勒斯坦地区、孟加拉国、埃塞俄比亚、莫桑比克、乌干达、越南、南非等。

【外国资本】外国对荷直接投资主要来自美国、英国、比利时、卢森堡、德国等国家。主要领域集中在信息、化工、医学设备仪器、电子通信等。自2010年以来，中国成为荷第二大直接投资来源国。

【著名公司】荷兰著名的跨国公司有：

（1）荷兰皇家壳牌集团（Royal Dutch/ Shell Group of Companies）：荷最大的工业公司，2012年、2013年均为《财富》杂志全球500强首位，2019年排名第三。1907年由荷兰皇家石油公司与英国壳牌运输和贸易公司合并而成，实行两总部控股制，其中荷资本占60%，英占40%，两总部分别设在荷兰鹿特丹和英国伦敦。集团公司下设14个分部，分别经营石油、天然气、化工产品、有色金属、煤炭等，其中石油、石化燃料的生产和销售能力居世界第二位。2005年底，公司总投资43.5亿美元的中国广东惠州石化一期项目落成投产。2018年5月，二期项目正式投产。10月，双方签署合作谅解备忘录，决定建设三期项目，总投资数十亿美元。集团现有员工8.6万人（2020年），业务遍及70多个国家和地区。

（2）飞利浦电子公司（Philips Electronic N.V）：成立于1891年，业务遍及100多个国家和地区，共有员工约8万人（2020年）。其股票在9个国家的16个交易所上市。主要生产视听产品、照明、电子元件、半导体、医疗设备、小家电、工业电子及商业电子等，其中照明设备、彩色显像管、电动剃须刀、X光分析仪及音响设备在国际市场居领先地位。总部设在阿姆斯特丹。

（3）联合利华公司（Unilever N.V）：英、荷合资企业，成立于1930年，世界著名日用及食品化工集团。公司在荷兰鹿特丹和英国伦敦各有一个总部。荷兰部分主要生产食品，英国则主要生产日用化工产品。集团现有员工15.5万人（2020年），分布在世界100多个国家和地区。

（4）阿克苏-诺贝尔公司（Akzo Nobel N.V）：跨国化工和医药集团，1994年由荷兰阿克苏公司和瑞典诺贝尔公司合并而成。公司主要有药品、涂料和化学3个部门，共有员工约3.5万人（2020年），分布在全球150多个国家和地区。主营盐、碱、塑料、添加剂、工业及纺织用纤维、各种薄膜、医疗设备、药品及药品生产用原料等。

人民生活

社会保障体系较完备，居民福利水平较高，贫富差距不明显。2019年家庭平均收入为67500欧元。

军 事

二战前为中立国，战后加入北约，并以北约的集体防卫政策作为其国防政策的基础。国王是全国武装力量最高统帅，实际指挥权掌握在内阁手中。国防委员会是荷最高安全决策机构，首相为委员会主席。现任国防大臣安克·拜勒费尔德（Ank Bijleveld，女）。1997年1月1日起军队全面实行职业化，通过与志愿者签订合同形式招募人员。现役部队6.9万人。2020年军费预算约110亿欧元，占GDP的1.35%。

文化教育

【教育】实行12年（5—16岁）全日制义务教育。中小学校分为公立和私立两类。荷全国共有7360所各级各类学校，学生总数320.9万人，教育和科研经费429亿欧元。小学在校生共149万余人，中学在校生98万余人，成人和职业教育学校在校生约49万人。荷高等教育分为大学和高等职业教育。荷现有13所重点大学，其中6所综合性大学、3所理工大学、4所专业类大学，在校生26.79万人。高等职业学校学生44.59万人。著名高等院校有莱顿大学、乌特勒支大学、阿姆斯特丹大学、阿姆斯特丹自由大学、格罗宁根大学、鹿特丹伊拉斯谟大学、代尔夫特理工大学和瓦格宁根农业大学等。高等教育水平位居世界前列，2020年，11所综合大学跻身《泰晤士高等教育》世界著名大学前200名，仅次于美国、英国和德国。

著名院校介绍：

（1）莱顿大学建于1575年，是欧洲历史最悠久的大学之一，治学严谨，综合学术水平享誉全球。这里最早开设了人体解剖课，拥有欧洲大陆最著名的汉学院和中文图书馆，诞生了世界上第一座低温物理实验室和第一台心电图仪，爱因斯坦曾在此担任了26年的客座教授。贝娅特丽克丝女王、威廉-亚历山大国王、吕特首相均毕业于此。现有学生3.09万人，外国留学生超过3000人，教职员工7100人。

（2）代尔夫特理工大学原属1842年建立的“皇家学院”的一个理工分院，1905年正式取得大学地位，世界顶尖理工大学之一。荷兰历史最悠久、规模最大、专业涉及范围最广的理工大学，专业几乎涵盖了所有的工程科学领域，尤其是航空工程、电子工程、水利工程等学科在全球具有领先地位和卓越声望。与瑞士苏黎世联邦工学院、德国亚琛理工大学、瑞典查尔姆斯理工大学、意大利米兰理工大学构成IDEA联盟。现有学生约2.35万人，外国留学生4633名，教职员5189人。

（3）瓦格宁根大学始建于1876年（时为荷兰国家农业大学），是一所研究生命科学的著名高等学府，最近几十年发展为一个国际性的科研机构，致力于向全世界提供充足和优质的粮食作物。在农业实践教育方面首屈一指，是欧洲农业与生命科学领域最好的研究型大学之一，在农业学科方面的研究机构中排名世界第二，在环境科学与生态学方面的研究机构中排名世界第一。现有学生1.28万名，外国留学生2889人，教职员6500余人。

【新闻出版】报刊发行始于1618年。现共有日报近90种（其中全国性日报9种），综合性和专业性期刊约4000种。主要报刊有《人民报》《新鹿特丹商报》《忠诚报》《金融日报》《电讯报》，周刊有《埃尔什维尔》《自由荷兰》《HP时代》《绿色阿姆斯特丹人》等。

荷兰通讯社：半官方新闻机构。

共有5个全国广播电台、10个地区广播电台和150个地方广播电台。电视广播覆盖率100%，其中85%的家庭可接收有线电视。全国有35个广播电视组织，由荷兰广播电视协会根据各组织会员人数分配广播电视的播放时间，其中8大广播电视组织在3套半官方的全国性电视节目中拥有绝大部分播放时间。近年来，商业电视台发展较快。

对外关系

荷兰为欧盟和北约创始成员国。国家安全、经济利益、民主人权是对外政策三大支柱。视美国为传统盟友，积极参与欧盟事务，原外交大臣蒂莫曼斯任欧盟委员会执行副主席。重视联合国等国际组织作用，积极参与多边事务，当选2018年联合国安理会非常任理事国。积极拓展同新兴市场国家关系。支持贸易和投资自由化。

【同中国的关系】1954年11月19日两国建立代办级外交关系，1972年5月18日升格为大使级。

近年来，中荷关系保持良好发展势头。2006年荷兰政府制定首份对华政策文件，强调将一个中国原则作为对华政策的基石，对随后欧盟出台的对华政策文件产生积极影响。2015年3月，荷兰首相吕特出席博鳌亚洲论坛年会，习近平主席予以会见。10月，荷兰国王威廉-亚历山大对华进行国事访问。2016年4月，中国国务委员郭声琨访问荷兰。7月，李克强总理出席乌兰巴托亚欧首脑会议期间，同荷兰首相吕特举行会见。11月，荷兰议会一院议长克诺尔访华。2017年11月，全国政协副主席林文漪访问荷兰，与荷兰议会一院议长克诺尔会谈。2018年2月7—8日，威廉-亚历山大国王偕王后对华进行工作访问，习近平主席会见并宴请，李克强总理会见。4月8—12日，荷兰首相吕特结合出席博鳌亚洲论坛2018年年会正式访华，习近平主席会见，李克强总理举行正式会谈并宴请，全国人大常委会委员长栗战书会见。5月20日，王毅国务委员兼外长在阿根廷出席二十国集团外长会议期间会见荷兰外交大臣布洛克。10月14—16日，李克强总理对荷兰进行正式访问，会见荷兰国王威廉—亚历山大，集体会见两院议长，同荷兰首相吕特举行会谈。2019年5月28—30日，王岐山副主席访问荷兰，会见荷兰国王威廉-亚历山大，同荷兰首相吕特会谈。2019年6月19—22日，荷兰外交大臣布洛克访华，王毅国务委员兼外长同其会谈。2019年6月27日，荷兰首相吕特访华，李克强总理同其会谈。2019年11月23日，王毅国务委员兼外长在日本出席二十国集团外长会议期间会见荷兰外交大臣布洛克。

中荷经贸关系发展较快。荷兰是中国在欧盟的第二大贸易伙伴。据商务部统计，2019年中荷贸易额851.5亿美元，同比下降0.4%。其中，中方出口额739.4亿美元，同比增长1.5%；进口额112.1亿美元，同比下降12.4%。

2018年，共有2352名中国留学生在荷兰学习。荷兰在华留学生2393人，其中145人获得中国政府奖学金。现已有20多所荷兰高等院校与中国有关高校建立了长期交流关系，主要有：莱顿大学、阿姆斯特丹大学和北京大学；乌特勒支大学、代尔夫特理工大学和清华大学等。2006年6月，两国政府签订的相互承认高等教育学位证书及入学的协议生效。目前我国在荷兰设有2所孔子学院，分别位于格罗宁根大学和南方应用科技大学。两国已建立44对友好省市关系。

中国驻荷兰大使：徐宏。馆址：Willem Lodewijklaan 10，2517JT，Den Haag，the Netherlands。电话：0031–70–3065070，传真：3551651。领事部电话：0031–70–3065091，传真：3065085。商务处电话：0031–70–5115559，传真：5111206。

荷兰驻华大使：贺伟民（Wim Geerts）。馆址：北京市朝阳区亮马河南路4号。电话：010-85320203，传真：85320300。

我国于1996年开始派驻常驻荷兰武官。荷兰于2006年在华设立武官处并派驻首任武官。

荷兰在中国上海、广州、重庆、香港设有总领事馆。中国在荷属加勒比地区威廉斯塔德设有总领事馆。

【同美国的关系】荷美关系历来密切。政治上荷主张同美保持平等伙伴关系，军事上依靠美核保护伞，强调美在欧洲的存在是欧洲稳定的重要保证；经济上美是荷在欧盟以外最大的贸易伙伴，双方互为主要投资国。支持美国在伊拉克问题上的立场，向伊派出1300名士兵。2005年3月，荷撤回期限已满的驻伊拉克维和部队，同时派遣近千人的特种部队和多架战机，参加美在阿富汗的反恐军事行动，虽然2010年从阿富汗撤军，但很快通过派遣警察培训人员的方式重返阿富汗。2008年6月，荷兰首相鲍肯内德和外交大臣费尔哈根访美。2009年4月21日，荷兰外交大臣费尔哈根访美。7月14日，荷兰首相鲍肯内德访美。9月14日，荷兰王储威廉–亚历山大访美。2011年11月，荷兰首相吕特访美。2015年6月，荷兰国王威廉–亚历山大访美。2019年7月，荷兰首相吕特访美。

【同欧盟国家的关系】重视加强与西欧国家的关系，与邻国的高层往来密切。1997年上半年，荷轮任欧盟主席国时推动签订了修改《马斯特里赫特条约》的欧盟《阿姆斯特丹条约》。1998年成为首批欧元成员国之一。2004年下半年，再次轮任欧盟主席国，积极推动欧盟政治联合和防务建设取得新的进展，历史上首部《欧洲宪法条约》得以正式签署。2008年6月和7月，议会两院先后审批通过欧盟《里斯本条约》。2016年上半年担任欧盟轮值主席国，推动欧盟与土耳其就难民政策达成协议。2018年10月，荷兰国王威廉–亚历山大访问英国。

【同俄罗斯及东欧国家的关系】密切关注独联体和东欧各国的发展动向，支持和推动其向民主和市场经济体制过渡。重点发展与东欧各国的关系，支持其加入欧盟和北约。2007年10月，荷兰首相鲍肯内德访问俄罗斯。2008年3月4日，荷兰承认科索沃独立。2009年6月，俄罗斯总统梅德韦杰夫访荷。2011年10月，荷兰首相吕特率经贸代表团访俄。2013年4月，俄罗斯总统普京访荷。2013年9月，荷兰国王威廉–亚历山大对俄罗斯进行国事访问。2014年6月，荷兰国王威廉–亚历山大对波兰进行国事访问。2018年9月，荷兰首相吕特访问罗马尼亚。

【同其他国家的关系】对亚太地区经济迅速发展十分关注，认为这对西方既是巨大挑战，同时也带来机遇。努力改善和发展同亚洲国家的关系，扩大和加深同亚洲地区的经贸合作。近年来，同日本、韩国、印尼、马来西亚、澳大利亚、新西兰等国家保持良好关系，高层互访增多。2007年10月，荷兰女王贝娅特丽克丝访问印度。2009年10月，荷兰首相鲍肯内德访问新加坡和日本。2011年10月，越南总理访荷。2012年3月，荷兰外交大臣罗森塔尔访问韩国。2012年4月，土耳其总统居尔访荷。2013年12月，荷兰首相吕特率经贸代表团访问以色列和巴勒斯坦地区。2014年10月，荷兰国王威廉–亚历山大访问日本和韩国。2015年11月，荷兰首相吕特访问日本。2016年9月，荷兰国王威廉–亚历山大访问新西兰。2017年5月，越南国家主席陈大光访荷。2018年2月，荷兰首相吕特访问韩国。2019年1月，日本首相安倍晋三访荷。2019年4月，荷兰首相吕特访问越南。2020年3月，荷兰国王威廉–亚历山大偕王后访问印度尼西亚。

【同苏里南的关系】苏里南原为荷兰殖民地，1975年独立，荷允提供35亿荷盾的发展援助。2004年8月，两国就荷取消对苏发展援助达成一致，宣布今后双方将以更务实的合作关系取代纯援助关系，加强在安全、环境、文化和投资等领域的合作。2012年4月，因苏里南议会通过了一项赦免曾参与谋杀异见人士的现任总统鲍图瑟等人的法案，荷兰召回了驻苏里南大使。2013年1月，荷兰外交大臣蒂莫曼斯同苏里南外长拉金举行会晤，就进一步加强双边合作交换了意见。2013年11月，荷兰再度向苏里南派遣大使。（王碧晗）

黑　山

国名　黑山（Montenegro，Crna Gora）。

面积　1.38万平方公里。

人口　62.2万（2019年1月）。其中黑山族占45%，塞尔维亚族占29%，波什尼亚克族占8.6%，阿尔巴尼亚族占4.9%。主要宗教为东正教。

首都　波德戈里察（Podgorica），人口约15.6万（2018年）。

国家元首　总统米洛·久卡诺维奇（Milo Đukanović），2018年4月当选，任期5年。

重要节日　国庆日：7月13日。独立日：5月21日。

简　况

位于欧洲巴尔干半岛中西部，东南同阿尔巴尼亚为邻，东北同塞尔维亚相连，西北同波黑和克罗地亚接壤。西南濒临亚得里亚海，海岸线长293公里。西部和中部为丘陵平原地带，北部和东北部为高原和山地。气候依地形自南向北分为地中海式气候、温带大陆性气候和山地气候。1月平均气温5℃，7月平均气温25℃。

公元6世纪末和7世纪初，部分斯拉夫人移居到巴尔干半岛。9世纪，斯拉夫人在黑山地区建立"杜克里亚"国家。11世纪，"杜克里亚"改称"泽塔"，并于12世纪末并入塞尔维亚。1356年，"泽塔"脱离塞尔维亚并重获独立。15世纪，奥斯曼土耳其帝国占领现波德戈里察及其以北地区，泽塔王朝陷落。1878年柏林会议承认黑山为独立国家。1918年第一次世界大战后，黑山加入"塞尔维亚人—克罗地亚人—斯洛文尼亚人王国"，1929年改称南斯拉夫王国。1941年第二次世界大战爆发，德意法西斯入侵并占领南斯拉夫王国。1945年，南斯拉夫人民赢得反法西斯战争胜利。同年11月29日，南斯拉夫联邦人民共和国宣告成立。1963年改称南斯拉夫社会主义联邦共和国。

20世纪90年代初，南斯拉夫联邦解体，黑山和塞尔维亚两共和国联合组成南斯拉夫联盟共和国。2003年2月4日，南斯拉夫联盟共和国议会通过《塞尔维亚和黑山宪法宪章》，易国名为塞尔维亚和黑山。2006年5月，黑山就国家独立举行公民投票并获通过。同年6月3日，黑山宣布独立。6月28日，黑山加入联合国。

政　治

独立后，黑山政局稳定。2016年10月，黑山举行议会选举，社会主义者民主党再次赢得最多议席，和社会民主者党、波什尼亚克族党等共同组成执政联盟。2018年4月，黑山举行总统选举，社会主义者民主党主席久卡诺维奇当选。

【议会】国家立法机构，一院制。议员通过直选产生，任期4年。本届议会于2016年10月16日组成，共有81个议席。议长伊万·布拉约维奇（Ivan BRAJOVIĆ）。目前，议会中各党派所占议席数为：执政联盟42席，包含社会主义者民主党35席、社会民主者党2席、波什尼亚克族党2席、阿尔巴尼亚族联盟党1席、克罗地亚族公民倡议党1席、自由党1席。在野党37席，包含民主阵线党18席、民主黑山党8席、社会民主党4席、民主联盟党4席、社会主义人民党2席、联合改革运动党1席。无党派议员2席。

【政府】国家权力执行机构。本届政府于2016年11月组成，由社会主义者民主党、社会民主者党、波什尼亚克族党、阿尔巴尼亚族联盟党、克罗地亚族公民倡议党组成，总理杜什科·马尔科维奇（Duško MARKOVIĆ），现政府成员为：副总理兼农业和乡村发展部长米卢廷·西莫维奇（Milutin SIMOVIĆ），副总理兼司法部长佐兰·帕日因（Zoran PAŽIN），副总理拉菲特·胡索维奇（Rafet HUSOVIĆ），内务部长梅夫卢丁·努霍季奇（Mevludin NUHODŽIĆ），国防部长普莱德拉格·博什科维奇（Predrag BOŠKOVIĆ），财政部长达尔科·拉杜诺维奇（Darko RADUNOVIĆ），外交部长斯尔简·达尔马诺维奇（Srđan DARMANOVIĆ），公共管理部长苏珊娜·普利比洛维奇（Suzana PRIBILOVIĆ，女），教育部长达米尔·舍霍维奇（Damir ŠEHOVIĆ），卫生部长凯南·赫拉波维奇（Kenan HRAPOVIĆ），交通和海运部长奥斯曼·努尔科维奇（Osman NURKOVIĆ），经济部长德拉基察·塞库里奇（Dragica SEKULIĆ，女），科学部长萨妮娅·达姆亚诺维奇（Sanja DAMJANOVIĆ，女），文化部长亚历山大·博格达诺维奇（Aleksandar BOGDANOVIĆ），劳动和社会福利部长凯马尔·普里西奇（Kemal PURIŠIĆ），人权和少数民族权利部长迈赫迈特·赞卡（Mehmet ZENKA），体育和青年部长尼科拉·亚诺维奇（Nikola JANOVIĆ），不管部长玛利娅·武契诺维奇（Marija VUČINOVIĆ，女）。

【主要网址】黑山总统府：http://www.predsjednik.me；黑山政府：www.gov.me；议会：www.skupstina.me；外交部：www.mvp.gov.me。

【司法机构】设宪法法院、最高法院、行政法院、上诉法院、经济法院、中级法院和初级法院。国家检察体系设最高检察长、2个中级检察长和13个初级检察长。宪法法院院长德拉戈柳布·德拉什科维奇（Dragoljub DRAŠKOVIĆ），2017年1月当选。最高法院院长韦斯娜·梅戴尼察（Vesna MEDENICA，女），2014年7月就任。最高检察长伊维察·斯坦科维奇（Ivica STANKOVIĆ），2014年10月当选。

【行政区划】全国共设23个行政区。

【政党】黑山主要政党有：

（1）社会主义者民主党（Demokratska Partija Socijalista Crne Gore）：执政党。原为黑山共产主义者联盟党，1991年6月改为现名。现有党员11万人。主张平等公正、民族团结，坚定走欧洲一体化道路。党主席为米洛·久卡诺维奇。

（2）社会民主者党（Socijaldemokrate Crne Gore）：联合执政党。2015年7月成立，由黑山社会民主党分裂产生。党主席为伊万·布拉约维奇。

（3）波什尼亚克族党（Bošnjačka stranka）：联合执政党。2006年2月成立，主张维护黑山波什尼亚克族权利。党主席为拉菲特·胡索维奇。

（4）民主阵线党（Demokratski front）：在野党。2012年7月成立，主张民族团结、恢复国家经济实力、建设现代化民主机构。党主席为安德里亚·曼迪奇（Andrija MANDIĆ）。

（5）民主黑山党（Demokratska Crne Gore）：在野党。2015年4月成立，主张民族团结、国家繁荣富裕。党主席为阿莱克萨·贝契奇（Aleksa BEČIĆ）。

（6）社会民主党（Socijaldemokratska Partija Crne Gore）：在野党。1993年成立，主要代表劳工利益。致力于建设民主社会主义，主张在改革中实现社会公正和经济繁荣。党主席为兰科·克里沃卡皮奇（Ranko KRIVOKAPIĆ）。

（7）民主联盟党（Demokratski savez，DEMOS）：在野党。2015年4月成立，主张保护价值体系稳定、倡导国家富裕、就业稳定等。党主席为米奥德拉格·莱基奇（Miodrag LEKIĆ）。

【重要人物】**米洛·久卡诺维奇**：总统。1962年2月15日出生。毕业于黑山大学经济学院。1989年进入黑山共产主义者联盟领导层。1991—1998年任南斯拉夫黑山共和国总理。1998年起任黑山社会主义者民主党主席。1998—2002年任南斯拉夫黑山共和国总统。2003—2006年任塞尔维亚和黑山的黑山共和国总理。2008—2010年任黑山总理。2012—2016年再次任黑山总理。2018年4月当选总统，5月20日就任。 **杜什科·马尔科维奇**：总理。1958年7月6日出生。毕业于塞尔维亚克拉古耶瓦茨大学法学院。1998—2005年任南斯拉夫（塞黑）黑山共和国内务部部长助理。2005年任塞黑黑山共和国安全局局长。2010年任黑山不管部长，同年底出任副总理兼司法部长。2015年任副总理并当选社会主义者民主党副主席。2016年曾一度兼任内务部代部长。2016年11月任总理。 **伊万·布拉约维奇**：议长。1962年3月9日出生。毕业于黑山大学建筑学院。曾任南斯拉夫社会主义青年联盟主席团成员、黑山社会主义青年联盟秘书长、南斯拉夫黑山共和国议会副议长、塞黑议会议员等职。2009—2010年任黑山内务和公共管理部长。2010—2012年任交通和海运部长。2015年创立黑山社会民主者党并任主席。2016年11月当选议长。

经　济

旅游和制铝是黑山经济支柱产业。前南斯拉夫解体后，黑山因受战乱、国际制裁影响，经济一路下滑。近年来随着外部环境改善及各项经济改革推进，经济逐步恢复，总体呈增长态势。黑山政府将旅游、能源、农业、基础设施作为重点领域，重视改善投资环境和吸引外资。2018年国内生产总值46亿欧元，同比增长5.3%。人均国内生产总值9100美元。2019年主要经济数据如下：

国内生产总值：48亿欧元（初步计算）。

国内生产总值增长率：4.2%（初步计算）。

货币：欧元（Euro，以欧元为流通货币，但未加入欧元区）。

通货膨胀率：1.6%。

失业率：16.4%。

（资料来源：黑山国家统计局、黑山中央银行，下同）

【资源】森林和水利资源丰富，森林覆盖率为45%。铝、煤等资源丰富，约有3600万吨铝土矿石和3.5亿吨褐煤。

【工业】2018年，工业产值同比增长22.4%。主要工业有采矿、建筑、冶金、食品加工、电力和木材加工业等。

【农牧业】农牧业为黑山重要产业。全国农业用地约为51.6万公顷，占国土总面积的37.4%。农业用地中绝大部分为牧场和人工草场，可耕地面积为18.91万公顷。主要农产品为小麦、大麦、玉米、土豆、李子、橄榄、葡萄。主要畜牧产品为：牛、猪、羊、家禽、马。2017年农林渔业总产值4.8亿欧元，同比增长1.4%。

【服务业】服务业较为发达，其中旅游业为黑山最重要的产业之一。黑山主要服务业包括批发零售、住宿餐饮、房地产、电信、金融等。

【旅游业】旅游业是黑山国民经济重要组成部分和主要外汇收入来源。主要风景区是亚得里亚海滨和国家公园等。2019年，赴黑山游客总数约250万人次，旅游者主要来自塞尔维亚、俄罗斯、波黑、德国等。

【交通运输】以铁路和公路为主。交通运输情况如下：

铁路：总长250公里，共有48个车站。

公路：总长7624公里。由中国企业承建的南北高速公路项目正在进行。

空运：有2个机场，分别是波德戈里察机场和蒂瓦特机场，连接欧洲和中东30多个目的地。

水运：巴尔港为黑山主要港口，可停泊大型远洋轮船。总吞吐量为106万吨。

【财政金融】2019年，公共债务37.1亿欧元，约占国内生产总值的77.2%。

【对外贸易】主要贸易伙伴为：塞尔维亚、意大利、希腊、克罗地亚、中国等。2019年，黑山对外贸易总额30.2亿欧元，同比增长2.1%。其中黑方出口额4.2亿欧元，同比增长3.8%；进口额26亿欧元，同比增长1.8%。

近年对外贸易情况如下（单位：亿欧元）：

	2017	2018	2019
出口额	3.7	4	4.2
进口额	23	25.5	26
差　额	–19.3	–21.5	–22.2

【外国资本】2018年吸引外资3.3亿欧元，同比下降32.3%。2019年吸引外资3.8亿欧元，同比增长14%，主要集中在基建、不动产和金融等领域。

人民生活

2019年，平均月工资516欧元。约有140万移动电话用户。

军　事

总统是武装部队最高统帅。国家安全委员会是黑山最高军事决策机构，成员包括总统、总理、议长、国防部长、总参谋长。2006年取消义务兵役制。

文化教育

【教育】黑山教育体系完备，包括学前教育、初等教育、中等教育、高等教育、成人教育和特殊教育。已经普及8年制义务教育。黑山大学为国立综合性高等学府，另有下戈里察大学和地中海大学两所民办大学。

【文化】2019年，黑山有8家剧院、9家电影院、31家博物馆、35家图书馆。

【新闻出版】主要报纸有《胜利报》《消息报》《昼报》《日报》等。黑山通讯社为该国唯一通讯社。黑山国家广播电视台为国家公共媒体。

对外关系

融入欧洲—大西洋一体化进程是黑山外交战略目标。重视发展同大国的关系，奉行睦邻友好政策。截至2017年12月，181个国家同黑山建立外交关系。

【同中国的关系】中国同黑山2006年7月6日建交以来，双边关系发展顺利。2019年，两国保持高层交往，经贸、人文等各领域交流与合作稳步推进。4月，李克强总理在克罗地亚杜布罗夫尼克会见出席第八次中国—中东欧国家领导人会晤的黑山总理马尔科维奇。6月，黑山前总统、名誉总统武亚诺维奇访华。9月，中国科学院院长白春礼访问黑山。

2019年，双边贸易额1.6亿美元，同比下降28.5%。其中中方出口额1.1亿美元，同比下降36.1%；进口额0.5亿美元，同比增长3.8%。

中国驻黑山大使：刘晋。馆址：波德戈里察市拉多萨瓦·布里察大街4号（Radosava Burica 4, Podgorica Montenegro），邮编：81000。电话：00382–20–609275；传真：609296。

黑山驻华大使：达尔科·帕约维奇（Darko PAJOVIĆ）。馆址：北京市朝阳区三里屯外交公寓3号楼1单元12号，邮编：100600。电话：010–65327610；传真：65327690。

【同美国的关系】2006年8月15日，黑山同美国建交，双方保持密切往来。2019年2月，黑山议长布拉约维奇赴美出席美国国家祈祷早餐会。10月，美国国务卿蓬佩奥访问黑山。

【同欧盟及其成员国的关系】将加入欧盟作为外交优先方向。2019年2月，欧盟委员会扩大和睦邻政策委员哈恩访问黑山。3月，希腊总统帕夫洛普洛斯访问黑山。4月，黑山总理马尔科维奇访问罗马尼亚、奥地利。5月，斯洛文尼亚总统帕霍尔访问黑山。9月，黑山总统久卡诺维奇访问波兰。

【同北约的关系】2017年6月5日加入北约。2019年12月，黑山总理马尔科维奇赴英国出席北约伦敦峰会。

【同周边国家的关系】奉行睦邻修边政策，积极参与区域合作。2019年2月，阿尔巴尼亚总统梅塔访问黑山。10月，黑山总统久卡诺维奇访问北马其顿。12月，久卡诺维奇总统访问阿尔巴尼亚。（戚静思）

捷　克

国名　捷克共和国（The Czech Republic，Česká republika）。

面积　78866平方公里。

人口　1068万（2019年）。其中90%以上为捷克族，斯洛伐克族占2.9%，德意志族占1%，此外还有少量波兰族和罗姆族（吉卜赛人）。官方语言为捷克语。主要宗教为罗马天主教。

首都　布拉格（Prague），496平方公里。人口131万（2019年）。2018年平均气温11.3℃。

国家元首　总统米洛什·泽曼（Miloš ZEMAN），2013年1月当选，3月就职。2018年1月成功连任。

重要节日　国庆日：第一次世界大战导致奥匈帝国瓦解，1918年10月28日，捷克斯洛伐克共和国成立。1993年1月1日，捷克、斯洛伐克各自独立，捷克沿用10月28日为国庆日。

简　况

地处欧洲中部。东靠斯洛伐克，南邻奥地利，西接德国，北毗波兰。四季分明，夏季平均气温约18.5℃，冬季平均气温约-3℃，气候湿润，年均降水量683毫米。

5—6世纪，斯拉夫人西迁到今天的捷克和斯洛伐克地区，公元830年在该地区建立了大摩拉维亚帝国。9世纪末、10世纪上半叶在今捷克地区成立了捷克公国。1419—1437年，捷克地区爆发了反对罗马教廷、德意志贵族和封建统治，要求宗教改革的胡斯运动。1620年，捷克被哈布斯堡王朝吞并。第一次世界大战后奥匈帝国瓦解，捷克与斯洛伐克联合，于1918年10月28日成立捷克斯洛伐克共和国。1938年9月，英、法、德、意四国代表在慕尼黑签署了《慕尼黑协定》，将捷克斯洛伐克的苏台德地区割让给德国。1939年3月捷被纳粹德国占领。1945年5月9日，捷在苏军帮助下获得解放。1948年2月，捷克斯洛伐克共产党开始执政。1960年7月改国名为捷克斯洛伐克社会主义共和国。1968年8月20日，苏、波、匈、保、民德五国出兵捷克斯洛伐克，镇压"布拉格之春"改革运动。1969年4月，胡萨克出任捷共第一书记（后为总书记），1975年任总统。1989年11月，捷政权更迭，实行多党议会民主制。1990年改国名为捷克和斯洛伐克联邦共和国，同年6月举行首次议会选举，捷克地区的"公民论坛"和斯洛伐克地区的"公众反暴力"组织分别在本地区获胜，占据联邦议会中的多数席位，并组成联邦政府。1992年6月，捷联邦举行第二次议会选举，由"公民论坛"演变而来的公民民主党（简称"公民党"）和从"公众反暴力"组织分裂出来的争取民主斯洛伐克运动获胜，成为执政党。1992年12月31日，捷斯联邦解体。1993年1月1日起，捷克和斯洛伐克分别成为独立主权国家。

政　治

2017年10月，捷克举行议会众议院选举，ANO2011运动在选举中获胜。12月13日，捷克新一届政府成立，ANO2011运动主席、上届政府副总理兼财政部长安德烈·巴比什（Andrej BABIŠ）牵头组成少数政府，巴比什担任总理。2018年1月，议会众议院未能通过政府信任案表决，新政府递交辞呈。6月，由ANO2011运动和社民党组成的少数联合政府正式成立，巴比什再次出任总理。7月，议会众议院通过政府信任案投票，新政府正式履行职能。11月，反对党发起政府不信任案投票，最终未能通过，新政府继续执政至今。

【宪法】1960年7月，国民议会通过宪法，改国名为捷克斯洛伐克社会主义共和国。1968年10月，国民议会通过宪法法律，规定捷克斯洛伐克是由捷克族和斯洛伐克族两个平等民族组成的联邦制国家。1989年11月，联邦议会取消宪法中关于捷共在社会中领导作用的条款。1990年4月，联邦议会通过宪法修正案，将国名改为捷克和斯洛伐克联邦共和国，并修改了国徽。1992年11月25日，联邦议会通过了"联邦解体法"。12月15日，捷克民族议会决定接管联邦议会的职能，并于16日通过了新宪法，改国名为捷克共和国，修改了国徽，确定了多党议会民主制和平等、自由、法治的原则。新宪法于1993年1月1日生效。

【议会】国家最高立法机构，实行参众两院制。众议院共有议席200个，任期4年。参议院共有议席81个，任期6年，每两年改选1/3参议员。

本届众议院于2017年10月选举产生，有9个政党进入议会：ANO2011运动78席、公民民主党23席、海盗党22席、自由和直接民主党19席、捷克和摩拉维亚共产党15席、社会民主党14席、另有3个右翼小党基督教民主联盟—捷克斯洛伐克人民党、TOP09党、市长联盟进入议会。主席拉德克·冯德拉切克（Radek Vondráček）。

1996年11月，捷举行了战后首次议会参议院选举。2018年10月举行了1/3参议员换届选举后，议席主要分布情况如下：市长联盟19席、公民民主党18席、基督教民主联盟—捷克斯洛伐克人民党15席、社会民主党13席、ANO2011运动7席、自由民主—参议员21占6席、无党派人士2席。主席米洛什·维斯特奇尔（Miloš Vystrčil）。

【政府】现政府于2018年6月27日正式就职，2019年4月小幅改组。主要成员有：总理安德烈·巴比什（Andrej BABIŠ）、第一副总理兼内务部长扬·哈马切克（Jan Hamáček）、副总理兼财政部长阿莱娜·习莱罗娃（Alena Schillerová）、副总理兼工贸部长卡雷尔·哈弗利切克（Karel Havlíček）、外交部长托马什·佩特日切克（Tomáš Petříček）、国防部长卢博米尔·梅特纳尔（Lubomír Metnar）、司法部长玛丽埃·贝内绍娃（Marie Benešová）、环境部长里哈德·布拉贝茨（Richard Brabec）、劳动和社会事务部长雅娜·玛拉乔娃（Jana Maláčová）、农业部长米罗斯拉夫·托曼（Miroslav Toman）、卫生部长亚当·沃伊捷赫（Adam Vojtěch）、教青体部长罗伯特·普拉加（Robert Plaga）、地方发展部长克拉拉·多斯塔洛娃（Klára Dostálová）、文化部长卢博米尔·扎奥拉莱克（Lubomír ZAORÁLEK）。

【主要网址】总统府：http://www.hrad.cz；议会众议院：http://www.psp.cz；议会参议院：http://www.senat.cz；政府：http://www.vlada.cz；外交部：http://www.mzv.cz。

【行政区划】全国共划分为14个州级单位，其中包括13个州和首都布拉格市。各州下设市、镇。

【司法机构】全国设宪法法院、最高法院和最高监察院，院长均由总统任命。宪法法院院长帕维尔·里赫茨基（Pavel RYCHETSKÝ），2003年就任，任期10年，2013年获连任。最高法院院长帕维尔·沙马尔

（Pavel Šámal），2015年就任，无任期年限。最高检察院院长帕维尔·泽曼（Pavel ZEMAN），2011年就任，无任期年限。州、市（区）均设法院、检察院、公证机关和经济仲裁机关。

【政党】全国目前共有定期开展活动的政党、运动、联盟等政治组织30余个。主要有：

（1）ANO2011运动（“不满意公民运动”）：2011年由捷克亿万富豪、食品制造业巨头巴比什创建。主张增加就业、支持企业经营及降低增值税。2012年，该党曾参加参议院和地方选举，未有斩获。2013年众议院选举中异军突起，一举成为众议院第二大党。上届政府执政联盟成员，2017年众议院选举中以较大优势获胜，获得牵头组阁的权利并与社民党联合执政。党主席安德烈·巴比什。

（2）公民民主党（简称公民党，Občanská demokratická strana）：约有党员2.3万人。成立于1991年4月，其前身为1989年11月成立的“公民论坛”。该党属右翼保守政党，推崇民主、自由，强调继承欧洲基督教传统、捷第一共和国的人道和民主传统，反对马列主义意识形态和任何形式的集体化倾向，主张实行彻底的私有化和市场经济。2017年众议院选举中位列第二。党主席彼得·菲亚拉（Petr FIALA）。

（3）捷克海盗党（České pirátské strany）：成立于2009年6月，成员约500人，系国际与欧洲海盗联盟（PPEU）成员。该党成员多是20—35岁的IT界精英，热衷“网络问政”，主张共享信息、直接民主、通信自由、保护隐私、电子政务等，反对网络审查，要求由公民直选各级政府和管理机构，被称为捷克的“变革力量”，其政策主张具有鲜明的反传统和民粹主义色彩。2017年众议院选举中一举跻身议会第三大党。党主席伊万·巴尔托什（Ivan Bartos）。

（4）自由与直接民主运动（Svoboda a přímá demokracie）：约有党员7000人，成立于2015年6月，由上届议会第六大党曙光党分裂而来，系“欧洲民族与自由运动”组织成员。主张捷克实行“直接民主”，变革现有政治和管理体制，由全民公投决定所有重要事项，扩大民众政治自决权，彻底清除政治腐败。反对《里斯本条约》，抵制欧洲一体化进程，主张捷退出欧盟和北约，反对加入欧元区，反对接收难民，被视为“极右民粹政党”。2017年众议院选举中并列第三大党。党主席冈村富雄（Tomio OKAMURA），日捷混血，为前曙光党主席。

（5）捷克和摩拉维亚共产党（简称捷摩共，Komunistická strana Čech a Moravy）：约有党员9万人，实际参加活动的党员约3万人。由原捷克斯洛伐克共产党演变而来，成立于1990年3月31日。该党在历届议会中一直占有一定席位。2017年众议院选举中位列第五。党主席沃伊杰赫·菲利普（Vojtěch FILIP）。

（6）捷克社会民主党（简称社民党，Česká strana sociálně demokratická）：约有党员1.9万人。最早成立于1878年，1938年解散，1945年恢复活动，1948年6月27日与捷克斯洛伐克共产党合并，1989年11月19日开始独立活动。自称中左党，政治上主张维护工人和其他劳动者的利益，经济上主张实行社会市场经济。1998年6月首次成为执政党。在2002年议会众议院大选中再次获胜并组建以该党为首的联合政府，2006年沦为在野党。2013年在众议院大选中获胜并与ANO2011运动、人民党联合执政至2017年底。2017年众议院选举中大败，位列第六，与ANO2011运动联合执政。党主席扬·哈马切克（Jan HAMAČEK）。

（7）基督教民主联盟—捷克斯洛伐克人民党（简称人民党，Křesťanská a demokratická unie-Československá strana lidová）：约有党员8万人。成立于1918年，1945年加入捷共的民族阵线，1989年11月恢复原党的“非社会主义传统”。自称为中右党，强调基督教传统。上届政府执政联盟成员，2017年众议院选举中位列第七。党主席帕维尔·别洛布拉代克（Pavel BĚLOBRÁDEK）。

（8）TOP09党：成立于2009年6月，右翼政党。T、O、P三字母分别为捷克语中传统、责任和繁荣三个单词的首字母，09代表成立时间为2009年。该党崇尚民主和保守主义，反对民粹主义，2017年众议院选举中位列第八。党主席伊日·波斯皮希尔（Jiří Pospíšil），名誉主席卡雷尔·施瓦岑贝格（Karel SCHWARZENBERG）。

（9）市长与独立者联盟运动（简称市长联盟运动，Starostové a nezávislí）：2004年成立，因其成员大多为全国各地市、镇长而得名。现有成员100余名。政治立场偏右，属欧洲人民党党团成员，2017年众议院选举中位列第九。党主席彼得·卡兹季克（Petr Gazdík）。

【重要人物】**米洛什·泽曼**：总统。1944年9月出生于科林市。1968年加入捷克斯洛伐克共产党。1969年毕业于布拉格高等经济学院，后留校执教。1985—1989年在捷克斯洛伐克科学院经济研究所工作。1989年剧变后，加入“公民论坛”。1990年到捷克斯洛伐克科学院预测研究所工作。同年，加入社会民主党，并当选为联邦议会民族院议员。1990—1991年出任联邦议会主席团委员。从1990年6月起，任联邦议会民族院计划和预算委员会主任。1993年2月当选社会民主党主席。1996年出任众议院主席。1998—2002年任总理。2013年1月当选总统，3月就职。2018年1月成功连任，任期5年。　**安德烈·巴比什**：总理。1954年9月出生于前捷克斯洛伐克的布拉迪斯拉发市。毕业于布拉迪斯拉发经济大学外贸专业。1980年加入捷克斯洛伐克共产党。1985—1991年担任捷克斯洛伐克驻摩洛哥贸易代表。1993年在捷创建爱格富公司（Agrofert），现已连续五年位列捷克第二大富豪。2012

年5月成立ANO2011运动并担任主席。2013—2017年5月任政府副总理兼财政部长。2017年10月领导ANO2011在众议院选举中获胜，成为议会第一大党，获得组阁权利。2017年12月出任政府总理。2018年1月，因议会众议院未能通过对新政府的信任案，巴比什递交辞呈并任看守政府总理。6月，巴比什再次被任命为总理并组成联合政府。

经　济

捷克为中等发达国家，工业基础雄厚，外贸依存度较高。近年来实行积极、平衡、稳健的经济政策，增长势头强劲。

2018年主要经济数据如下：

国内生产总值：2214亿美元。

人均国内生产总值：20729美元。

国内生产总值增长率：2.4%。

货币名称：捷克克朗（Kč），1克朗＝100哈莱士。

年均汇率：1美元≈24.2克朗，1欧元≈26.4克朗。

通货膨胀率：2.8%。

失业率：2.3%。

2019年国内生产总值为2465亿美元，同比增长2.4%，通胀率2.8%，失业率2%。

【资源】褐煤、硬煤和铀矿蕴藏丰富，其中褐煤和硬煤储量约为134亿吨，分别居世界第三位和欧洲第五位。石油、天然气和铁砂储量甚小，依赖进口。其他矿物资源有锰、铝、锌、萤石、石墨和高岭土等。森林面积266.8万公顷，约占全国总面积的34%。伏尔塔瓦河上建有多座水电站。

【工业】主要工业有机械、汽车、化工、冶金、纺织、电力、食品、制鞋、木材加工和玻璃制造等。2018年工业总值同比增长3.0%。近几年主要工业产品产量如下：

	2016	2017	2018
电（亿度）	833	871	880
净煤（万吨）	451	432	418
钢板（万吨）	180	185	188

（资料来源：2019年捷统计年鉴及经济公报）

【农业】2018年粮食产值75762百万克朗，畜牧业产值51678百万克朗。农业用地面积352.3万公顷，其中耕地面积246.1万公顷。森林覆盖率34%。农业人口14.8万，占全国劳动人口的约3.0%。2018年粮食总产697.1万吨。近几年主要农牧产品产量如下：

	2016	2017	2018
甜菜（万吨）	411.8	440	372.4
马铃薯（万吨）	70	63	57
牛肉（万吨）	17.3	16.6	17.3
猪肉（万吨）	31.1	29.4	30.2
禽肉（万吨）	23.9	25.4	25.7
奶（百万升）	2984	2998	3078
蛋（百万个）	1314	1469	1522

近几年主要农畜存栏数如下（单位：万头、万匹或万只）：

	2016	2017	2018
牛	141.6	142.1	141.6
猪	161.0	149	155.7
羊	21.8	21.7	21.9
马	3.2	3.5	3.5
家禽	2131.4	2149.4	2357.3

（资料来源：2019年捷统计年鉴）

【旅游业】2017年捷克旅游业产值约125亿美元。游客主要来自德国、斯洛伐克、波兰、中国、美国、俄罗斯、英国、韩国、意大利等国，近年来，中国游客大幅增长。主要旅游城市有布拉格、捷克克鲁姆洛夫、卡洛维伐利等。据捷方统计，2019年捷克共吸引游客2198.5万人，比2018年增加73.7万人，创历史纪录。其中外国游客1088.3万人，排名第一的是德国游客，207.6万人，同比增长2.2%；第二和第三分别是斯洛伐克74.9万人，同比增长2.6%；波兰67.2万人，同比增长8.4%；中国游客排名第四，61.2万人，同比减少1%。

（资料来源：2019年捷统计年鉴及国家统计局）

【交通运输】以公路、铁路和航空运输为主。

公路：总长56378公里，其中高速公路785公里。2018年客运量总计3.4亿人次，货运量总计4.79亿吨。

铁路：总长9692公里，电气化铁路3280公里。2018年客运量总计1.90亿人次，货运量总计9931万吨。

水运：内河航道345公里，2018年货运量总计137万吨。

空运：2018年客运量总计723.4万人次，货运量总计5474吨。主要国际机场为布拉格瓦茨拉夫·哈维尔机场。

（资料来源：2019年捷统计年鉴）

【财政金融】近几年财政收支情况（单位：亿克朗）：

	2016	2017	2018
财政收入	17667	18608	19938
财政支出	16888	18002	19862
盈余或赤字	779	606	76

据捷国家银行公布数据，截至2018年底，捷国家银行外汇储备为1425亿美元。

（资料来源：2019年捷统计年鉴及经济公报）

【对外贸易】外贸在捷克经济中占有重要位置，国内生产总值85%依靠出口实现。2019年，捷对外贸易总额为3761亿美元，其中捷方出口额为1990亿美元，进口额为1771亿美元。近几年外贸情况（单位：亿美元）：

	2017	2018	2019
出口额	1503	1663	1990
进口额	1433	1618	1771
差　额	70	45	219

进口商品主要有：石油、天然气、计算机、轿车及配件、电信设备、机械设备、医药产品和器械、化工产品、铁矿石、载重汽车和家用电器等。出口商品主要有：轿车及配件、电力、钢材、机械设备、玻璃制品、木材、化工产品、轮胎、家具等。主要贸易对象为：德国、斯洛伐克、波兰、中国、意大利、法国、奥地利、英国和荷兰。捷克著名企业有斯科达汽车、PPF集团等。（资料来源：2019年捷统计年鉴及经济公报）

【外国资本】2018年，捷克实际吸引外资约59.3亿美元。1993—2018年，累计吸引外资1594亿美元。主要投资国为荷兰、德国、奥地利、美国、英国、瑞士。同期，中国在捷克投资份额也在增长。（资料来源：2019年捷统计年鉴及2019年《世界投资报告》）

人民生活

2018年，捷人均月工资为30820克朗。2017年，平均每百家有全自动洗衣机103台，电冰箱114台，彩色电视机149台，个人电脑130台，手机235部，小汽车121辆，摩托车11辆，每235人拥有1名医生。（资料来源：2019年捷统计年鉴及经济公报）

军　事

捷克和斯洛伐克于1993年1月1日各自独立后，原联邦国家军队和武器装备按2:1分割，总统是军队最高统帅。1996年总兵力为6.5万人，2018年减至为3.2万人。捷加入北约后，为满足北约提出的在军队和装备方面与缔约国接轨的要求，按北约各国模式改建了军队。2018年，军费开支为27.4亿美元，占国内生产总值的1.1%。（资料来源：2019年捷统计年鉴）

文化教育

【教育】实行九年制义务教育。高中、大学实行自费和奖学金制，但国家对学生住宿费给予补贴。根据1990年颁布的有关法律，允许成立私立和教会学校。著名大学有查理大学、捷克技术大学、马萨里克大学、布拉格经济大学和帕拉茨基大学。2018／2019年度各类学校数量、学生及教师人数如下：

	学校（所）	学生（万人）	教师（万人）
幼儿园	5287	36.4	3.1
九年制小学	4172	94.1	6.4
高中（含技校）	1290	42.1	3.8

2018年，捷克共有64所大学，其中28所公立大学，36所私立大学。大学在校生29万，其中外国留学生4.5万。位于首都的查理大学是中欧最古老的学府，创办于1348年，现有17个院系（其中3个在外地）。创办于1707年的捷克技术大学，在中欧同类大学中也拥有最悠久的历史。（资料来源：2019年捷统计年鉴）

【新闻出版】2018年捷克全国发行各种报纸、杂志5383种。主要报纸有：《今日青年阵线报》《权利报》《经济报》《人民报》等。

捷克通讯社（捷通社）为国家商业性通讯社，在国外有12个分社，与20多个国家的通讯社有业务联系。

捷克广播电台：2018年，公共电台播音约15.8万小时，私人电台播音约62.6万小时。

捷克国家电视台于1953年5月1日开始试播，1954年正式开播。2018年，捷克国家电视台播放时间约44261小时。私人电视台播放时间约135.3万小时。（资料来源：2019年捷统计年鉴）

对外关系

捷克系北约、欧盟成员国，奉行经济靠欧盟、安全靠美国的对外政策，积极参与欧盟共同外交和安全政策及北约行动并将“经济外交”和“人权外交”作为重点。捷现已与195个国家建立了外交关系并加入了联合国、欧安合作组织、国际货币基金组织及世界银行等国际组织。

【同中国的关系】1949年10月6日，中国同原捷克斯洛伐克建交。1957年3月27日，双方签订了中捷友好条约。1989年11月捷剧变后，中捷两国在和平共处五项原则基础上保持和发展了友好合作关系。1992年底捷联邦议会通过联邦解体法后，中国政府即照会捷方，决定从1993年1月1日起承认捷克共和国，并与其建立大使级外交关系。双方延用1949年10月6日作为建交日。2016年3月，中捷两国元首签署《中华人民共和国和捷克共和国关于建立战略伙伴关系的联合声明》。

2018年1月，捷克总统泽曼当选连任，习近平主席第一时间向其致贺电。3月，捷克总统泽曼来电祝贺习近平主席再次当选中华人民共和国主席。7月，国务院总理李克强出席中国—中东欧国家领导人索非亚会晤期间，同巴比什总理举行双边会见。10月，全国人大常委会副委员长曹建明赴捷克出席“2018中国投资论坛”，其间分别会见捷总统泽曼、副总理兼内务部长哈马切克、众议院副主席菲利普。11月，捷克总统泽曼应邀来华出席首届中国国际进口博览会，习近平主席同其会见，王毅国务委员兼外长会见陪同来访的捷克外长佩特日切克。同月，中共中央政治局委员、国务院副总理孙春兰对捷克进行正式访问，其间分别会见捷克总统泽曼、总理巴比什、第一副总理兼内务部长哈马切克。

2019年4月，捷克总统泽曼应邀来华出席第二届

“一带一路”国际合作高峰论坛和2019北京世界园艺博览会开幕式，习近平主席、王沪宁书记、孙春兰副总理分别同其会见。同月，国务院总理李克强出席中国—中东欧国家领导人杜布罗夫尼克会晤期间，同巴比什总理举行双边会见。11月，捷克议会众议院主席冯德拉切克来华出席第二届中国国际进口博览会，栗战书委员长在京同其会见。

据中国海关总署统计，2018年，中捷双边贸易额163亿美元、同比增长30.6%，其中中方出口额119亿美元、同比增长35.5%，进口额44亿美元、同比增长19%。2019年，双边贸易额176亿美元，同比增长7.9%，其中中方出口额为130亿美元，同比增长8.9%，进口额为46亿美元，同比增长5.2%。

中国驻捷克大使：张建敏。馆址：Pelléova 18，Praha 6，16000，Czech Republic。电话：00420–224311323。传真：224319888。商务处电话：233028872。领事部电话：233028898。使馆网址：www.chinaembassy.cz。

捷克驻华大使：弗拉迪米尔·托姆希克（Vladimir TOMŠÍK，中文名：佟福德），2019年3月到任。馆址：北京市建国门外日坛路。电话：010–85329500。传真：85329590。商务处电话：85329531。领事处电话：85329521。使馆网址：www.mzv.cz/beijing。

【同欧洲国家的关系】捷克是欧盟成员国，与斯洛伐克保持“超国家标准”关系，优先发展同东欧和西巴尔干国家关系，重视与德国、奥地利开展睦邻合作。积极倡导次区域合作，努力加强维谢格拉德集团（波兰、匈牙利、捷克、斯洛伐克）在地区事务中的作用与影响，2019年下半年至2020年上半年任维谢格拉德集团轮值主席国。反对欧盟难民配额计划，支持欧盟恢复边境管控。

【同美国的关系】捷克近年来同美国关系密切，积极参加北约行动。2019年3月，捷克总理巴比什访问美国。5月，同美国共同举办“布拉格网络安全会议”。

【同其他国家的关系】捷克在对俄罗斯制裁中遵循欧盟统一立场和做法，认为俄占领克里米亚地区是“非法的”，不承认克里米亚公投合法性，认为俄罗斯“吞并行为”破坏了国际法，应该寻求政治途径解决乌克兰危机。视亚太地区为本国在欧洲以外的重要经济合作伙伴，希加强同东亚、印度、越南等国关系。

【同国际和区域组织的关系】捷积极参与欧盟事务和重要国际和区域组织活动，重视联合国及其机构的作用。（何超）

克罗地亚

<u>国名</u> 克罗地亚共和国（The Republic of Croatia，Republika Hrvatska）。

<u>面积</u> 5.66万平方公里。

<u>人口</u> 408万（2019年）。主要民族有克罗地亚族（90.4%），其他为塞尔维亚族、波什尼亚克族、意大利族、匈牙利族、阿尔巴尼亚族、斯洛文尼亚族等，共22个少数民族。官方语言为克罗地亚语。主要宗教是天主教。

<u>首都</u> 萨格勒布（Zagreb），人口80万（2018年）。

<u>国家元首</u> 总统佐兰·米拉诺维奇（Zoran MILANOVIĆ），2020年2月就任。

<u>重要节日</u> 国庆节：5月30日（纪念1990年议会成立）。

简　况

位于欧洲中南部，巴尔干半岛西北部。西北和北部分别同斯洛文尼亚和匈牙利接壤，东部和东南部同塞尔维亚、波斯尼亚和黑塞哥维那、黑山为邻，西部和南部濒亚得里亚海，岛屿众多，海岸线曲折，长1880公里。

6世纪末和7世纪初，斯拉夫人移居到巴尔干半岛定居。8世纪末和9世纪初，克罗地亚人建立早期封建国家。10世纪，克罗地亚王国建立。1102—1527年，克罗地亚处于匈牙利王国统治之下。1527—1918年，克罗地亚受哈布斯堡王朝统治，直到奥匈帝国崩溃。1918年12月，克罗地亚同一些南部斯拉夫民族联合成立塞尔维亚人—克罗地亚人—斯洛文尼亚人王国，1929年改称南斯拉夫王国。1945年，南斯拉夫各族人民赢得反法西斯战争胜利，同年11月29日宣告成立南斯拉夫联邦人民共和国，1963年改称南斯拉夫社会主义联邦共和国，克成为南联邦六个共和国之一。1991年6月25日，克议会根据全民公决结果通过决议，宣布脱离南斯拉夫社会主义联邦共和国独立。1992年5月22日，克罗地亚加入联合国。

政　治

2016年9月，克提前举行议会选举，民主共同体党获胜。10月，民主共同体党同桥党联合组阁，民主共同体党主席安德烈·普连科维奇（Andrej PLENKOVIĆ）出任总理。2017年4月，桥党退出联合政府。6月，民主共同体党同人民党结盟，政府重组。2019年7月，政府改组。2020年1月，社会民主党人米拉诺维奇当选新总统，2月19日就职。

【宪法】1990年12月22日，克罗地亚共和国颁布新宪法。宪法规定，总统任期5年，任期不得超过两届。2000年11月，克议会通过宪法修正案，改半总统制为议会内阁制。2001年3月，克议会再度修宪，决定取消省院，改两院制为一院制。2010年6月，克议会第4次修宪，主要确定了克加入欧盟和作为欧盟成员国的法律基础，包括对欧盟的主权让渡、克入盟公投、履行欧盟法律义务和欧盟成员国公民在克权利等。

【议会】国家最高权力和立法机构，一院制。议员通过直选产生，任期4年。本届议会于2016年10月14日成立，由151名议员组成。截至2020年2月，民主共同体党55席，社会民主党29席，桥党10席，米兰·班迪奇365党5席，人民—自由民主党4席，农民党4席，公民自由联盟4席，伊斯特拉民主会议党3席，独立塞尔维亚民主党3席，人墙党2席，退休者党2席，民主党2席，“让我们改变克罗地亚”党1席，人民—改革者党1席，“为了成功的克罗地亚前进”党1席，民主党1席，独立青年党1席，斯拉沃尼亚—巴拉尼亚民主联盟党1席，独立党1席，社会自由党1席，新政党1席，力量—公民活动党1席，“为了克罗地亚社区”党1席，佩尔纳尔党1席，无党派议员16席。议会下设29个专门委员会。议长为民主共同体党总书记戈尔丹·扬德罗科维奇（Gordan JANDROKOVIĆ），2017年5月就任。

【政府】国家权力执行机构。有21名成员，名单如下：总理安德烈·普连科维奇（Andrej PLENKOVIĆ），副总理兼国防部长达米尔·克尔斯蒂切维奇（Damir KRSTIČEVIĆ），副总理兼内务部长达沃尔·博日诺维奇（Davor BOŽINOVIĆ），副总理兼财政部长兹德拉夫科·马里奇（Zdravko MARIĆ），副总理兼建设和空间规划部长普雷德拉格·什特罗马尔（Predrag ŠTROMAR），外交和欧洲事务部长戈尔丹·格尔里奇·拉德曼（Gordan Grlić RADMAN），环境保护和能源部长托米斯拉夫·乔里奇（Tomislav ĆORIĆ），卫生部长维利·贝罗什（Vili BEROŠ），农业部长玛丽亚·武奇科维奇（Marija VUČKOVIĆ，女），司法部长德拉任·博什尼亚科维奇（Dražen BOŠNJAKOVIĆ），人口、家庭、青年和社会政策部长韦斯娜·贝戴科维奇（Vesna BEDEKOVIĆ，女），地方发展和欧盟基金部长马尔科·帕维奇（Marko PAVIĆ），劳动和养老金体系部长约西普·阿拉德罗维奇（Josip ALADROVIĆ），国有资产部长马里奥·巴诺齐奇（Mario BANOŽIĆ），退伍军人部长托莫·梅德韦德（Tomo MEDVED），机构部长伊万·马莱尼察（Ivan MALENICA），海洋、交通和基础设施部长奥莱格·布特科维奇（Oleg BUTKOVIĆ），旅游部长加里·察佩尔利（Gari CAPELLI），科技和教育部长布拉任卡·迪维亚克（Blaženka DIVJAK，女），文化部长妮娜·奥布莲·科尔日奈克（Nina Obuljen KORŽINEK，女），经济、企业和手工业部部长达尔科·霍尔瓦特（Darko HORVAT）。

【主要网址】总统府：www.predsjednik.hr；政府：www.vlada.hr；议会：www.sabor.hr；外交部：www.mvep.hr。

【行政区划】全国设20个省和1个省级直辖市，下辖128个市和428个区。

【司法机构】设宪法法院和最高法院等。宪法法院院长米罗斯拉夫·舍帕罗维奇（Miroslav ŠEPAROVIĆ），2016年就任。最高法院院长久罗·塞斯萨（Đuro SESSA），2017年就任。

【政党】目前共有150多个政党和政治组织登记注册。主要有：

（1）民主共同体党（Hrvatska Demokratska Zajednica，HDZ）：执政联盟第一大党。1989年6月17日成立。现有党员约21万。主张通过民主方式联合所有愿意在社会和政治生活中运用基督教文明和伦理道德价值观的人，争取实现克罗地亚精神和物质生活的全新复兴。党主席为安德烈·普连科维奇。

（2）人民—自由民主党（Hrvatska Narodna Stranka-Liberalni Demokrati，HNS）：执政联盟成员之一。由克人民党和自由民主主义者党于2005年合并组成。现有党员约4.5万人。主张全民平等，依法治国，三权分立，保护少数民族和有特殊需要的社会团体，联合欧洲其他国家共同维护和平，实行建立在平等、自由劳动道德观念上的市场经济，维护个人尊严、宗教信仰和文化艺术创作自由，以民主方式解决各种社会问题，建设现代化的克罗地亚。主席伊万·弗尔多利亚克（Ivan VRDOLJAK）。

（3）社会民主党（Socijaldemokratska Partija Hrvatske，SDP）：主要在野党。1990年11月3日成立。现有党员4万人。主张保护劳动人民、中下层和需要特殊照顾的少数民族利益，建立民主政治和法律社会秩序，促进社会和谐快速发展，为推动地区自治和区域平衡发展创造社会、经济和政治条件。主席达沃尔·贝尔纳尔迪奇（Davor BERNADIĆ）。

（4）桥党（MOST）：在野党。2012年成立于达尔马提亚地区小镇梅特科维奇，最初为地方政党，后逐步吸纳社会各界独立人士加入。主张发扬社会民主，提升公民意识，提倡社会对话、包容，组建专家型政府，对国家政治、经济、金融、教育、卫生等进行全方位改革，实现国家复兴。主席博若·佩特罗夫（Božo PETROV）。

【重要人物】**佐兰·米拉诺维奇**：总统。1966年10月30日出生。毕业于萨格勒布大学法律系，后获比利时布鲁塞尔自由大学欧盟法专业硕士学位。2003—2004年，任外交部部长助理。2006—2007年，任社民党发言人。2007—2016年，任该党主席。2011—2016年，任总理。2020年1月，当选克总统，2月就职。　**安德烈·普连科维奇**：总理。1970年4月8日出生。毕业于萨格勒布大学法学院，法学博士。2010—2011年，任外交部国务秘书。2011—2013年，任议员。2014—2016年，任欧洲议会外事委员会副主席。2016年6月，当选克罗地亚民主共同体党主席。同年10月，出任总理。**戈尔丹·扬德罗科维奇**：议长。1967年8月2日出生。毕业于萨格勒布大学政治学院。2003年起连续当选5届议会议员，2008—2010年，任外长。2010—2011年，任副总理兼外长。2016年，当选副议长和民主共同体党秘书长。2017年5月，当选议长。

经　济

经济基础良好，旅游、建筑、造船和制药等产业发展水平较高。2019年主要经济数据如下：

国内生产总值：604亿美元。

人均国内生产总值：1.5万美元。

国内生产总值增长率：2.9%。

货币名称：库纳（Kuna）、利帕（Lipa），1库纳=100利帕。

年平均汇率：1美元≈6.5库纳；1欧元≈7.4库纳。

通货膨胀率：0.8%。

失业率：6.9%。

（资料来源：克罗地亚统计局、克中央银行等）

【资源】克罗地亚森林和水力资源丰富，2018年全国森林面积250万公顷，森林覆盖率44%。主要矿产资源有石油、天然气、煤、铝矾土、优质泥灰石。此外，还出产铁、锰、石墨等。

【工业】主要工业部门有食品加工、木材加工、造船、建筑、电力、石化、冶金、制药、机械制造和纺织等。食品加工业较发达，是加工业中就业人数最多的行业。近年主要工业产品产量如下：

	2016	2017	2018
发电量（亿度）	127.5	118.0	135.2
天然气（亿立方米）	16.5	14.8	12.3
原油（万吨）	74.3	75.3	74.6

（资料来源：克罗地亚统计局、国际钢铁协会等）

【农业】农业主要包括种植业、畜牧业、林业、渔业等。全国农业可耕地面积为154.6万公顷。近年主要农副产品产量如下（单位：万吨）：

	2016	2017	2018
小麦	96.01	68.23	73.84
玉米	215.45	155.96	214.73
甜菜	116.96	129.55	77.65
土豆	19.39	15.61	18.23
苹果	4.48	5.58	9.03
李子	0.94	0.78	1.25
葡萄	12.37	11.63	14.62
橄榄	3.12	2.89	2.84

主要牧畜存栏总数如下：

	2016	2017	2018
牛（万头）	46.2	45.1	41.4
猪（万头）	116.3	112.1	104.9
羊（万只）	61.9	63.7	63.6
家禽（万只）	985.6	1039.9	1141.3

渔业捕获量如下（单位：千吨）：

	2016	2017	2018
海水鱼	68.34	65.34	67.04
淡水鱼	4.09	3.34	2.95

水产品养殖量如下（单位：千吨）：

	2016	2017	2018
蟹、虾	0.92	1.09	1.18
牡蛎、贝类	2.66	2.41	2.07
其他海鱼	13.10	14.54	16.32

（资料来源：克罗地亚统计局）

【旅游业】旅游业发达，是克罗地亚国民经济的重要组成部分和外汇收入的主要来源。2018年，克罗地亚旅游收入101亿欧元，约占国内生产总值20%。2019年游客数量约2070万人次，同比增加4.9%。游客主要来自德国、斯洛文尼亚、奥地利和波兰等欧洲国家。主要风景区有亚得里亚海海滨、普利特维采湖和布里俄尼岛等。

【交通运输】交通运输业较为发达，以公路和铁路为主。主要情况如下：

公路：2018年总长26690公里，其中高速公路1310公里。2018年，公路客运量为4770万人次，货运量为7400万吨。2018年，拥有小汽车167万辆，货车约17万辆。

铁路：2018年总长2604公里，其中电气化铁路里程970公里，占总里程37%。现有各类铁路站点共计554个。2018年客运量为2027万人次，货运量为1344万吨。

水运：2017年拥有商用客船82艘，总载客量为32845人；商用货船33艘，总吨位为110万吨。2018年海上客运量为1482万人次，货运量为1944万吨。克拥有7个可以停泊大型远洋轮船的海港，分别为里耶卡、普拉、希贝尼克、扎达尔、斯普利特、普洛切和杜布罗夫尼克。其中里耶卡港地位突出，经由此港可通达克全境及整个欧洲。

空运：克罗地亚有7个国际机场（萨格勒布、斯普利特、杜布罗夫尼克、扎达尔、里耶卡、普拉、奥西耶克）和3个小型商用机场（布拉奇、洛什尼、弗尔萨尔），其中主要机场是萨格勒布图季曼机场。2018年客运量为222万人次，货运量为2000吨。2018年有客机21架。

管道运输：2018年输油管道总长610公里，天然气管道总长2693公里。2018年输油855万吨，输气224万吨。

【对外贸易】主要出口商品有石油产品、矿物燃料及润滑剂、药品、电子设备、食品；主要进口商品有原油和天然气、矿物燃料及润滑剂、交通工具、药品、机床设备。

重要贸易伙伴为意大利、斯洛文尼亚、德国等。

近年进出口情况如下（单位：亿美元）：

	2017	2018	2019
出口额	158	172	128
进口额	246	281	212
差　额	–88	–109	–84

【对外投资】主要目的国为波黑、斯洛文尼亚、塞尔维亚、黑山和波兰，对该5国投资占其对外直接投资总额的81%，投资主要集中在焦炭和精炼石油产品、海运、零售贸易和金融等领域。

【外国资本】克罗地亚外资主要来源国为荷兰、奥地利、意大利、德国。上述4国对克投资总额约占克吸引外资额的53%。外资主要集中在金融、制造业、不动产、贸易和电信等领域。

人民生活

截至2016年底，克罗地亚共有140.5万固定电话用户，441.4万移动电话用户，143.4万互联网宽带用户。全国医疗工作者共6.8万人，病床约2.3万张。克罗地亚平均每千人拥有医生1.9人、病床5.4张、小汽车347.2辆。

军　事

克罗地亚于1991年建立军队，5月28日为建军节。克军实行志愿兵役制度，2018年克罗地亚军队总人数16019人，其中现役14506人，占90.6%；文职1513人，占9.4%。2017年克罗地亚国防预算为5.86亿欧元，占国内生产总值的1.21%。宪法规定，总统为克武装力量的最高统帅。克军总参谋长罗贝尔特·赫拉尼上将（Robert HRANJ），2020年3月就职，任期5年。

【文化】2017年，克罗地亚有147家广播电台，27家电视台，95家专业剧院，44支专业乐团和合唱团，166家影院。

文化教育

【教育】克罗地亚文化教育程度较高，具备较为完整的教育体系，包括学前教育、初等教育、中等教育、职业教育、高等教育、成人教育和特殊教育等。全国普及实施8年制小学义务教育。主要有萨格勒布大学、里耶卡大学、奥西耶克大学、斯普利特大学、扎达尔大学、杜布罗夫尼克大学和普拉大学等7所高等学府。2016/2017年度各级学校情况如下：

	学校（所）	学生（人）	教师（人）
学前教育	1727	143878	12396
初等教育（小学、初中）	2118	319204	33345
中等教育（高中）	743	162556	27465

【新闻出版】克罗地亚全国发行的主要报纸有：《24Sata》《晚报》《晨报》；地方性日报有：《自由达尔马提亚报》《新报》等。

克罗地亚通讯社（HINA）为国家通讯社，成立于1990年7月。克罗地亚国家电视台（HTV）成立于1956年，现有4个国内频道和1个卫星频道。克罗地亚国家广播电台成立于1926年。

对外关系

克罗地亚在立足欧盟的同时，重视发展同美国、俄罗斯、中国等大国的关系。致力于睦邻友好和地区合作。截至目前，克罗地亚已同世界上180多个国家建立外交关系。

【同中国的关系】1992年5月13日两国建交。双边关系发展顺利。2005年，两国建立全面合作伙伴关系。2015年10月，克总统基塔罗维奇对中国进行国事访问并出席2015减贫与发展高层论坛，同习近平主席会谈。2016—2018年，李克强总理在出席中国—中东欧国家领导人会晤期间多次会见克总理普连科维奇。2019年4月，李克强总理出席中国—中东欧国家领导人杜布罗夫尼克会晤并访克。5月，国务委员、公安部长赵克志访克。6月，农业农村部长韩长赋访克。10月，国家能源局局长章建华赴克出席中国—中东欧能源合作论坛。5月，克副总理兼国防部长克尔斯蒂切维奇来华出席第二届“一带一路”国际合作高峰论坛。6月，克时任农业部长托米斯拉夫·托卢希奇（Tomislav TOLUŠIĆ）来华出席中国—中东欧国家合作论坛。11月，克议长扬德罗科维奇来华出席第二届中国国际进口博览会。

2019年，中克贸易额15.4亿美元，同比增长0.2%。其中，中方出口额14亿美元，同比增长5.2%；进口额1.4亿美元，同比下降31.6%。

中国驻克罗地亚大使：许尔文。馆址：Mlinovi 132, Zagreb。电话：00385–1–4637011；传真：4637012。

克罗地亚驻华大使：达里欧·米海林（Dario MIHELIN）。馆址：北京建国门外大街9号院，齐家园外交公寓5-2。电话：010–65326241；传真：65326257。

【同美国的关系】1992年4月7日，美国承认克罗地亚。同年8月6日，克美建交。2016年1月，克总统基塔罗维奇对美国进行工作访问。2017年8月，克总理普连科维奇在黑山出席亚得里亚海宪章会议期间会见美副总统彭斯。2018年5月，美司法部长塞申斯访克。7月，美国防部长马蒂斯访克。

【同俄罗斯的关系】1992年5月25日建交。2017年10月，克总统基塔罗维奇访问俄罗斯。2018年7月，克总统基塔罗维奇访俄并观看世界杯足球赛。2019年9月，克副总理兼内务部长博日诺维奇访俄。

【同欧盟及欧盟成员国的关系】2013年7月1日，克加入欧盟。2017年1月，欧洲理事会主席图斯克访克。5月，欧洲议会议长塔亚尼访克。2019年5月，克举行新一届欧洲议会选举，产生11名欧洲议会议员。因英国脱欧，自2020年2月1日，克新增1名欧洲议会议员名额，共计12名。2020年上半年，克罗地亚担任欧盟轮值主席国。2018年，克总统基塔罗维奇分别访问斯洛文尼亚、葡萄牙、保加利亚、拉脱维亚、罗马尼亚，马耳他总统普雷卡、芬兰总统尼尼斯托、奥地利总统范德贝伦分别访克。2020年2月，克总统米拉诺维奇访问斯洛文尼亚。

【同北约的关系】2009年4月，克加入北约。2016年7月，克总统基塔罗维奇出席北约华沙峰会。2019年4月，克与北约共同举行克加入北约10周年联合军事演习。

【同邻近国家的关系】同波黑的关系：1992年7月建交。2016年3月，波黑主席团3位成员集体访克。同年10月，克总理普连科维奇访问波黑。2018年1月，克总统基塔罗维奇访问波黑。

同塞尔维亚的关系：1996年9月建交。2016年6月，克总统基塔罗维奇同塞时任总理武契奇在两国边境城市会晤，发表《关于改善两国关系，解决双边突出问题的声明》。2018年2月，塞总统武契奇访克。

同黑山的关系：2006年7月建交。2017年8月，克总理普连科维奇赴黑山出席亚得里亚海宪章会议。

同北马其顿的关系：1992年3月建交。2018年4月，克总统基塔罗维奇访问北马其顿。 （丁梅竹）

拉脱维亚

国名 拉脱维亚共和国（The Republic of Latvia）。

面积 6.4589万平方公里，其中陆地面积6.2046万平方公里，内水面积2543平方公里。

人口 191.9万（2019年）。拉脱维亚族占62%，俄罗斯族占26.9%，白俄罗斯族占3.3%，乌克兰族占2.2%，波兰族占2.2%。此外还有犹太、爱沙尼亚等民族。官方语言为拉脱维亚语，通用俄语。主要信奉基督教路德教派和东正教。

首都 里加（Riga），人口63.26万（2019年），1月平均气温-4.6℃，7月平均气温21.4℃，全年平均气温6.7℃。

国家元首 总统埃吉尔斯·莱维茨（Egils LEVITS），2019年5月当选，7月就职。

重要节日 新年（1月1日）、复活节（3月末4月初）、劳动节（5月1日）、宣布恢复独立日（5月4日）、夏至节（6月23—24日）、国庆节（11月18日）、圣诞节（12月25—26日）。

简况

位于波罗的海东岸，北与爱沙尼亚，南与立陶宛，东与俄罗斯，东南与白俄罗斯接壤。国界线总长1862公里。平均海拔87米，地貌为丘陵和平原。气候属海洋性气候向大陆性气候过渡的中间类型。1月平均气温-4.6℃，7月平均气温21.4℃，夜晚平均气温11℃。平均年降水量732毫米。

公元10世纪，建立早期的封建公国。12世纪末至1562年，被日耳曼十字军侵占，后归属德利沃尼亚政权。1583—1710年，先后被瑞典、波兰—立陶宛公国瓜分。1710—1795年，被沙皇俄国占领。1795—1918年，拉东部和西部分别被俄罗斯和德国割据。1918年11月18日，拉成为独立的共和国。1939年8月，苏联和德国签订秘密条约，拉被划入苏联势力范围。1940年6月，苏军根据苏拉双边友好协议进驻拉，建立苏维埃政权，同年7月21日成立拉脱维亚苏维埃社会主义共和国，8月5日并入苏联。1941—1945年，被德国侵占。二战结束后，重新并入苏联。1990年5月4日，拉最高苏维埃通过关于恢复拉脱维亚独立的宣言，并改国名为拉脱维亚共和国。1991年8月22日，拉最高苏维埃宣布拉脱维亚共和国恢复独立。同年9月6日，苏联国务委员会承认拉独立。9月17日，拉加入联合国。

政治

政局基本稳定。2018年10月6日，拉脱维亚举行第十三届议会选举。2019年1月23日，拉议会以61票赞成、39票反对通过由新团结党、新保守党、KPV LV党、为了发展党、民族联盟5党组成的联合政府，新团结党成员克里什亚尼斯·卡林什出任总理。

【宪法】1993年7月6日，拉议会通过决议，恢复1922年拉独立初通过的宪法。1994年、1996年和1997年，议会三次对宪法进行了修订。宪法规定拉脱维亚是独立的民主共和国，议会是国家最高立法机构，总统由议会选举产生，任期4年，最多任2届，总任期不超过8年。总统任命总理并授权其组成政府（须经议会简单多数通过）。

【议会】国家最高立法机构，实行一院制，由100名议员组成，任期4年，议员由18岁以上的公民直接选举产生。参选党必须获得5%以上的选票才能进入议会。本届议会是2018年10月6日选举产生的第十三届议会，共有7个党派获得议席：和谐党22席，新保守党16席，为了发展党13席，民族联盟党12席，KPV LV党10席，绿党和农民党联盟10席，新团结党8席，无党派独立议员9席。现任议长伊娜拉·穆尔涅采

（Inara Murniece，女，民族联盟成员），2014年11月当选，2018年11月6日连任。议会领导机构为议会主席团，由主席（即议长）、2名副主席、秘书长和副秘书长5人组成。议会下设16个委员会，每年举行春季和秋季2次会议。

【政府】现政府于2019年1月成立，成员名单如下：总理克里什亚尼斯·卡林什（Krisjanis KARINS，新团结党），副总理兼国防部长阿尔提斯·帕布里克斯（Artis PABRIKS，为了发展党），副总理兼司法部长亚尼斯·博尔丹斯（Janis BORDANS，新保守党），外交部长埃德加斯·林克维奇斯（Edgars RINKEVICS，新团结党），经济部长拉尔夫斯·耐米罗（Ralfs NEMIRO，KPV LV党），财政部长亚尼斯·雷伊尔斯（Janis REIRS，新团结党），内政部长桑迪斯·吉尔根斯（Sandis GIRGENS，KPV LV党），教育和科技部长伊尔嘉·舒普林斯卡（Ilga SUPLINSKA，女，新保守党），文化部长纳里斯·普图里斯（Nauris PUNTULIS，民族联盟），福利部长拉莫纳·帕特雷维察（Ramona PATREVICA，女，KPV LV党），交通部长塔利斯·林凯茨（Talis LINKAITS，新保守党），卫生部长伊尔泽·温凯莱（Ilze VINKELE，女，为了发展党），环境保护和地区发展部长尤瑞斯·普采（Juris PUCE，为了发展党），农业部长卡斯帕尔斯·盖尔哈尔兹（Kaspars GERHARDS，民族联盟）。

【主要网址】总统府：www.president.lv；议会：www.saeima.lv；政府：www.mk.gov.lv；外交部：www.mfa.gov.lv。

【行政区划】设有110个区和9个全国级市，目前正在进行行政区划改革。

【司法机构】最高法院院长伊瓦尔斯·比奇克维奇斯（Ivars BICKOVICS），2008年6月就职。总检察长埃里克斯·卡尔梅耶斯（Eriks KALNMEIERS），2010年7月就职。

【政党】截至2019年，在司法部登记注册政党和政治团体主要有：

（1）新保守党（New Conservative Party）：执政联盟成员。中右翼政党，奉行保守主义、反腐、亲欧路线。2014年5月成立，在第十三届议会中有16个议会席位，首次进入议会。党主席目前空缺，克里斯贾尼斯·费尔德曼斯（Krisjanis Feldmans）和朱里斯·朱拉斯（Juris Jurass）共同担任党副主席。

（2）为了发展党（Development/For）：执政联盟成员。自由主义中右翼政党。2018年4月由拉脱维亚发展党、为了党和发展党三党合并成立。为了发展党在第十三届议会中有13个议会席位，首次进入议会。党主席为丹尼尔斯·帕夫鲁茨（Daniels Pavluts）。

（3）民族联盟——一切为了拉脱维亚、为了祖国和自由/民族保守党联盟（National Alliance "All For Latvia!" – "For Fatherland and Freedom/LNNK"）：简称民族联盟。执政联盟成员。民族主义右翼政党。由极右翼的一切为了拉脱维亚党（All For Latvia!）和右翼的为了祖国和自由/民族保守党联盟（For Fatherland and Freedom/LNNK）于2010年结盟组成。2011年7月23日转为单一政党。民族联盟在第十三届议会中有12个议席。党主席为莱维斯·津塔尔斯（Raivis Dzintars）。

（4）KPV LV党（Who owns the state）：执政联盟成员。民粹主义、反建制中右翼政党。2016年5月由拉独立议员阿尔图斯·凯民什（Artuss Kaimins）发起成立。KPV LV党在第十三届议会中有10个议会席位，首次进入议会。党主席为艾兹·扎卡提斯托夫（Aits Zakatistovs）。

（5）新团结党（New Unity）：执政联盟成员。中右翼政党。前身为2010年由新时代党（New Era）、公民联盟（Civic Union）和政治变革社团（Society for Political Change）合并成立的团结党（Unity）。2018年，团结党先后合并5个地方政党——库尔迪加县党、为了瓦尔米埃拉和维泽梅党、为了图库姆斯市和图库姆斯县党、叶卡布皮尔斯地区党以及拉特加尔党组成新团结党。新团结党在第十三届议会中有8个议席。党主席为艾纳尔·拉特科夫斯基斯（Ainars Latkovskis）。

（6）和谐党（Harmony）：在野党。左翼社会民主党。2010年由人民和谐党合并新中心党、社会民主党成立，原名和谐中心党，2014年更名为和谐党。和谐党在第十三届议会中有22席，仍保持议会第一大党地位。党主席为贾尼斯·厄巴诺维奇斯（Janis Urbanovics）。

（7）绿色农民联盟（Union of Greens and Farmers）：在野党。绿色保守主义、重农主义中右翼政党。由拉脱维亚农民联盟（Latvian Farmers'Union）和拉脱维亚绿党（Green Party of Latvia）于2002年合并成立。在第十三届议会中有10个议席。党主席为乌尔迪斯·奥古里斯（Uldis Augulis）。

其他政党有：拉脱维亚地区联盟党（Latvian Association of Regions）、真心为拉脱维亚党（For Latvia from the Heart）、拉脱维亚俄罗斯族联盟（Latvian Russian Union）、拉脱维亚社会民主工人党（Latvian Social Democratic Workers' Party）、人民控制党（People's Control）、"自由、消除恐惧、仇恨与愤怒"党（Freedom，Free from Fear，Hate and Anger）等。

【重要人物】埃吉尔斯·莱维茨：总统。1955年6月生于拉脱维亚巴尔噶斯市。毕业于汉堡大学法律学院并就职于德国东欧问题研究所。积极参与拉脱维亚恢复独立运动。拉恢复独立后，历任驻德国等国大使、副总理兼司法部长、欧洲人权法院法官等职务。2019年5月当选拉恢复独立以来第六任总统，7月8日宣誓就职。　**伊娜拉·穆尔涅采**：议长，女。1970年12月出生，2007年毕业于拉脱维亚大学经济文化系，进入政坛前担任记者、编辑，2011年辞去记者职务参加议会选举并成功当选第十一届议会议员，2014年9月当选第十二届议会议员，11月4日就任议长，2018年11月6日连任新一届议会议长。 **克里什亚尼斯·卡林什**：总理。1964年12月出生于美国特拉华州威尔明顿市，先后就读于美国圣约翰学院（安纳波利斯分校）、宾夕法尼亚大学，获语言学学士、硕士和博士学位。1994年移居拉脱维亚并参与创办Laci Ice食品冷藏公司。2002年参与创建拉脱维亚新时代党，并当选议会议员，任新时代党议会党团主席。2004年12月至2006年4月任经济部长。2006年连选连任议员并继续担任新时代党议会党团主席。2009年当选欧洲议会议员，并于2014年连选连任欧洲议会议员。2018年初任新团结党共同主席并被推举为新团结党总理候选人。2019年1月7日由总统提名为总理人选并牵头组阁，1月23日经议会多数通过正式就任总理。

经　济

1991年恢复独立后，拉脱维亚按西方模式进行经济体制改革，推行私有化和自由市场经济。1998年被正式接纳为世界贸易组织成员。2008年遭国际金融危机重创，国内生产总值连续2年下降20%。2009年接受国际货币基金组织和欧盟75亿欧元贷款援助，成功实施财政紧缩，2011年起恢复经济增长。近年来，受益于欧盟经济复苏，拉经济发展势头整体向好。拉在农业、木材加工业、交通物流等领域具有一定优势。2019年主要经济数据如下：

国内生产总值：305欧元。

人均国内生产总值：15893欧元。

国内生产总值增长率：2.2%。

通货膨胀率：2.8%。

失业率：6.3%。

（资料来源：拉脱维亚投资发展署、拉脱维亚中央统计局）

【资源】拉脱维亚主要资源有石灰石、石膏、泥炭、白云石、石英砂等少量矿产。拉是东北欧泥炭主要输出国，泥炭可开采量1.9亿吨，位居全球前十。拉有1.4万个野生物种，森林面积349.7万公顷，其中168.6万公顷为国有林，森林覆盖率为49.9%。

【工业】工业支柱产业有采矿、加工制造及水电气供应等。2019年工业产值为60.384亿欧元，同比增长2%，占国内生产总值比重为19.8%，其中制造业同比上升0.8%，采矿、采石业产出下降5%，电力、天然气供应产出下降4.4%。

【农业】主要包括种植业、畜牧业、渔业等行业。2018年农业生产总值9.74亿欧元，占国内生产总值比重为3.8%。2018年拉耕地面积1938公顷。（资料来源：拉脱维亚中央统计局）

近三年主要农业、渔业、林业产品产量分别为（单位：万吨）：

	2017	2018	2019
谷物	269.2	205.73	316.32
马铃薯	40.8	42.69	50.18
蔬菜	15.7	13.91	17.29
捕鱼	11.9	13.64	—

近三年主要牲畜和家禽存栏量（单位：万头/万只）：

	2017	2018	2019
牛	40.58	39.53	39.53
其中奶牛	15.03	14.44	13.84
猪	32.05	30.48	31.42
羊	11.22	10.72	9.98
家禽	4.94	5.4	5.69

（资料来源：拉脱维亚中央统计局）

【服务业】服务业是拉脱维亚的支柱产业。2018年拉服务业产值为187.3亿欧元，占国内生产总值比重为73.1%。

【旅游业】2019年拉接待游客共计285.33万人，同比增长1.58%。游客主要来自立陶宛、爱沙尼亚、俄罗斯、挪威、瑞典、德国等国。2019年中国游客赴拉旅游20233人，较上年下降11%。拉主要旅游城市和风景区有：里加古城、尤尔马拉海滨、希古达和采西斯风景区、露天民俗博物馆、隆达列宫等。全国旅游公司主要有：拉脱维亚旅游公司（Latvia Tours）、里加旅行社（Riga Travel Agency）、塔斯旅游公司（Tas Travel Agency）、大学生青年旅行社（Student and Youth Travel）、波罗的海旅游公司（Baltic Travel Group）等。

【交通运输】铁路：拉脱维亚全国公用铁路总长1860公里，与独联体国家使用相同铁路轨距（1520mm），其中电气化铁路251公里。拉共有152个火车站（包括75个货运站）。自里加乘国际列车可达俄罗斯莫斯科和圣彼得堡、乌克兰基辅和敖德萨，并可经立陶宛和波兰到德国柏林等地。2019年铁路货运量4148.95万吨，客运量1.86万人次。

公路：拉脱维亚铺面公路总长20124公里。从拉脱维亚乘国际巴士可前往莫斯科、圣彼得堡、华沙、明斯克、塔林、维尔纽斯等地。2018年，拉脱维亚公路货运量7670万吨，同比增长12.78%。

水运：内河航线全长350公里。共有10个港口。3大港口为里加、文茨皮尔斯和利耶帕亚，均为全年不冻港。2019年，拉脱维亚港口货运量6237.92万吨，同比下降6.7%。2018年，拉脱维亚港口渡轮客运110万人次，同比增长6.9%。

空运：截至2018年，共有飞机249架，有里加、文茨皮尔斯、利耶帕亚三个国际机场。里加机场是波罗的海三国最大的机场，属于拉脱维亚国营机场。

2019年，里加国际机场客运量为779.7万人次，同比增长10.5%。2018年，里加国际机场货运量2.63万吨，同比增长12.1%。波罗的海航空公司（AIR BALTIC）创建于1995年，是拉唯一的国际航空公司，国家占80.05%股份，丹麦商人Lars Thuesen持有该公司近20%的股份。目前该公司拥有飞机38架，其中22架空客A220-300，4架波音737–300，12架庞巴迪Q400。里加现有直飞莫斯科、伦敦、曼彻斯特、斯图加特、维也纳、巴黎、罗马、米兰、法兰克福、都柏林、慕尼黑、布鲁塞尔、斯德哥尔摩、赫尔辛基、哥本哈根、华沙、特拉维夫、布拉格、塔林、维尔纽斯、基辅、奥德萨、明斯克、塔什干、伊斯坦布尔等地的国际航班。中国与拉脱维亚没有直航，可以在赫尔辛基、维也纳、莫斯科、法兰克福、华沙、柏林、斯德哥尔摩、伊斯坦布尔等城市转机。2016年9月，中国民航局与拉脱维亚交通部签署了《关于航权安排的谅解备忘录》。

管道：输油管道总长766公里，其中原油输送管道437公里，石油产品输送管道329公里。天然气输送管道1242公里。

【财政金融】近三年财政收支情况如下：（单位：亿欧元）：

	2017	2018	2019
收入	100.83	110.1	114.1
支出	102.14	112.24	115.32
差额	–1.31	–2.14	–1.22

（资料来源：拉脱维亚中央统计局）

拉脱维亚银行（央行）成立于1922年9月19日，1991年9月3日拉脱维亚银行恢复了可以发行货币的央行地位，1993年拉脱维亚银行正式发行拉特，2014年拉加入欧元区。截至2019年底，拉共有15家商业银行和1家政策性银行。主要商业银行有：Swed银行（Swed Banka）、SEB联合银行（SEB Banka）、DnB银行（DnB Banka）、Citadele银行（Citadele Banka）、芬兰北欧银行拉脱维亚分行（Nordea Banak Finland Latvia Branch）、Rietumu银行（Rietumu Banka）。（资料来源：拉脱维亚商业银行协会）

【对外贸易】拉脱维亚与世界120多个国家和地区有贸易关系。2019年拉进出口贸易总额为285.2亿欧元，同比上升2.5%。其中进口157.26亿欧元，同比上升1.68%，出口127.94亿欧元，同比上升3.64%。2019年拉对欧盟国家出口额同比增长2%，占拉2019年总出口额的72%。

近三年进出口贸易额情况如下（单位：亿欧元）：

	2017	2018	2019
出口额	113.92	123.4	127.94
进口额	140.30	154.6	157.26
差　额	–26.38	–31.2	–29.32

（资料来源：拉脱维亚中央统计局）

拉脱维亚主要贸易伙伴为周边欧盟成员国和独联体国家，经济发展对周边国家依赖程度较高。2019年拉前五大贸易伙伴国为立陶宛、爱沙尼亚、德国、俄罗斯、波兰。截至2019年12月，中国为拉脱维亚第十九大出口市场和第十一大进口来源地。拉主要出口商品是木材、木制品及木炭、钢铁、矿物燃料；主要进口商品为矿物燃料、机械用具及零配件、车辆及零配件。

【对外投资】截至2019年，拉对外投资累计15.68亿欧元，同比下降10.5%，其中对欧盟国家投资达10.81亿欧元，占对外投资总额68.9%。对外投资主要集中在金融保险业、批发零售、机动车和摩托车修理、制造业、科研和技术活动等领域。

【外国资本】世界银行发布的《2019年营商环境报告》中，拉脱维亚在190个国家和地区的营商便利度排名中排在第19位。世界经济论坛《2019年全球竞争力报告》显示，拉脱维亚在全球最具竞争力的141个国家和地区中排在第41位。2018年外国对拉脱维亚投资存量为152.02亿欧元。截至2019年第三季度，拉脱维亚吸引外资总额为157.11亿欧元。对拉进行投资的主要国家有瑞典、俄罗斯、爱沙尼亚、荷兰。对拉投资主要集中在金融和保险业、房地产、批发零售、机动车和摩托车修理、制造业等领域。拉已同奥地利、保加利亚、白俄罗斯、比利时、加拿大、中国、瑞士、捷克、丹麦、埃及、西班牙、爱沙尼亚、芬兰、法国、英国、希腊、克罗地亚、匈牙利、冰岛、以色列、意大利、韩国、科威特、立陶宛、摩尔多瓦、挪威、荷兰、波兰、葡萄牙、罗马尼亚、新加坡、斯洛伐克、瑞典、土耳其、乌克兰、乌兹别克斯坦、越南等国家和地区签署投资保护协定。

【外国援助】2009年初，欧盟联合国际货币基金组织、世界银行和欧洲复兴开发银行等国际金融机构以及部分东欧和北欧国家向拉脱维亚提供总额75亿欧元紧急援助贷款。由于经济情况有所好转，拉脱维亚政府于2011年12月21日分别与欧盟委员会和国际货币基金组织签署关于结束向拉脱维亚提供国际援助贷款计划的备忘录，标志着该国援助贷款计划正式结束，贷款偿还期将于2025年结束。

【著名公司】（1）“阿尔达利斯”啤酒厂（Aldaris）：拉最大的啤酒酿造企业，有140余年历史。主要生产各种啤酒和无酒精饮料，年销售额近3800万美元。产品出口爱沙尼亚、立陶宛、俄罗斯、哈萨克斯坦等国。

（2）“莱依玛”巧克力厂（Laima）：拉最大的巧克力糖果生产企业，1924年建厂，年销售额3500多万美元。主要产品有：巧克力糖、巧克力糕点、奶糖、水果糖等。产品出口美国、德国、以色列、瑞典、瑞士、爱沙尼亚、立陶宛和独联体等国家和地区。

（3）“格林戴克斯”制药有限公司（Grindex）：波罗的海三国制药行业的龙头企业，经营范围包括药品研发、生产、销售等。生产多种药品，包括几种专利产品，其产品销售到50多个国家。在拉脱维亚、爱沙尼亚和俄罗斯有4家子公司，在10个国家设有办事处。

（4）拉脱维亚黑药酒公司（Latvijas balzams），成立于1900年，现属于琥珀饮料控股集团，是波罗的海地区最大的酒精饮料生产商，旗下130多种品牌产品出口至全球170多个市场，名牌产品为里加黑药酒（Riga Black Balsam），由多种传统草药加入纯伏特加制作而成。

（5）富友联合食品公司（Food Union），是一家全球化的乳制品和冰淇淋制造商，总部设在里加，在拉脱维亚拥有里加牛奶厂、瓦尔米耶拉牛奶厂、里加乳业公司，还在爱沙尼亚、立陶宛、丹麦、挪威、罗马尼亚、俄罗斯、白俄罗斯等国建厂经营，产品出口至全球25个市场。该公司于2018年在中国内蒙古自治区建成日处理740余吨鲜奶、年生产能力近20万吨的乳制品加工基地，生产产品涵盖酸奶及新鲜奶酪。

（6）里加油漆涂料厂（Riga Varnish and Paint Factory），是波罗的海最大的矿物漆和涂料生产工厂，成立于1898年，现为一家私营企业。该工厂生产的矿物漆以其环保、色正、抗菌等优良特性受到中国消费者的欢迎。现已被应用于北京大兴新机场10万平方米的核心区域，并将应用于哈尔滨市老城区改造及新城区建设。

人民生活

2019年，拉人均税前工资1076欧元/月，同比增长7.2%。2018年1月1日起，拉月最低工资标准上调至430欧元。2019年，拉15—74岁的人口中，共有6.13万人失业，较2018年减少1.15万人。拉脱维亚医疗条件较好，截至2018年，拉医院床位数共计10587张，医院实行医药分开制度，药品供应正常，价格合理，药品销售监管严格。拉脱维亚实行强制医疗保险。根据世界卫生组织2018年发布的数据显示，拉脱维亚平均预期寿命为：男性70.0岁，女性79.6岁，总预期寿命为75.0岁。

军　事

1991年8月23日开始组建军队，11月成立国防部。国防力量由陆、海、空军和国民卫队组成。2006年前实行义务兵役，2007年1月开始实行军队职业化。根据本人意愿，军队与士兵签署3—15年的服役合同。军队实力计划维持在5100人左右。在组建军队过程中，特别是2004年4月拉加入北约后，美、英、德、法及北欧国家为拉提供了培训和武器装备等方面的协助。迄今，拉已同40多个国家的军队建立联系，同近30个国家签署了军事合作协议。从1996年4月起，拉军开始参加国际维和行动。目前，拉国防预算已达到北约要求占到GDP2%的水平。

文化教育

拉科教水平较高，曾是苏联多项重要技术的研发中心。加入欧盟后，拉更加重视发展教育及科技创新。拉科研出版物密度指数高于欧盟平均水平，与美国持平。

【文化】截至2018年，拉脱维亚共有115所博物馆、20家电影院、556个文化中心、1597所图书馆和9家剧院。

【教育】拉脱维亚实行九年义务教育，允许私人办学校。大学实行公费和自费两种制度。截至2018年，拉在校学生42.1万人。其中学前班人数为9.9万，职业学校为2.35万，高等院校8.03万人。主要高等院校有：拉脱维亚大学、里加工业大学、拉脱维亚农业大学、波罗的海俄罗斯学院、拉脱维亚医学院、拉脱维亚海洋学院、拉脱维亚音乐学院、拉脱维亚艺术学院等。创办于1919年的拉脱维亚大学是拉建校最早的大学。

【新闻出版】拉报纸和杂志主要用拉文和俄文发行。拉文报纸主要有：《拉脱维亚报》《日报》《独立报》《经济日报》《里加晚报》等。俄文报纸主要有：《今日新闻报》《电讯报》（周报）。英文报纸有《波罗的海时报》（周报）。

主要通讯社有拉脱维亚通讯社（LETA）和波罗的海新闻社（BNS）。拉通社成立于1920年，原为国家通讯社，1997年实行私有化，主要提供波罗的海三国新闻，用拉、俄、英三种文字发稿。波罗的海通讯社1990年成立于爱沙尼亚，于1992年在拉脱维亚和立陶宛成立子公司，主要提供北欧和环波海地区国家新闻，用拉脱维亚文、立陶宛文、爱沙尼亚文、俄文和英文5种文字发稿。拉有20多名驻外记者，主要在俄罗斯、立陶宛、爱沙尼亚、美国、比利时等国进行采访报道。在拉现有100多名外国常驻记者，其中50余名来自俄罗斯各大报纸、通讯社和电视台，其他来自中国、立陶宛、爱沙尼亚、波兰、芬兰、丹麦、德国、加拿大等国。路透社、德通社和新华社在拉设有记者站。有47家全国和地方广播电台，分别用拉语和俄语广播。拉国家广播电台为公共电台，成立于1925年。

全国和地方电视台有25家。拉脱维亚国家电视台（LTV）是拉最大的公共电视台，成立于1954年。商业电视台主要有：拉脱维亚独立电视台（LNT）、电视三台（TV3）和电视五台（TV5）。另有59家有线电视台，Baltcom TV和Telia Multicom用户最多，可收看俄罗斯、美国、英国、德国、法国、波兰等国的电视节目。

对外关系

恢复独立后，拉将加入欧盟和北约作为外交优先方向。2004年4月2日，拉正式加入北约；5月1日，正式加入欧盟；12月30日，拉宣布自2005年1月1日起拉特与欧元正式挂钩，汇率浮动不超过1%。2014年1月1日，拉正式启用欧元，成为欧元区第18个成员国。2015年上半年首次担任欧盟轮值主席国。在对外关系上，拉全力深化与欧盟、美国的关系，谋求发展与俄罗斯的务实合作，拓展外交空间。截至2018年11月，拉与191个国家建立了外交关系。

【同中国的关系】1991年9月12日，中拉两国建立外交关系。1992年1月4日，中国在拉设立大使馆。同年1月底，拉政府与台湾当局签署所谓“建立领事关系的联合声明”，于2月上旬允许台在里加开设“总领事馆”。中国政府决定从拉撤出大使馆。1994年7月，拉政府代表团访华，承诺断绝同台湾的领事关系，中拉签署了两国关于实现关系正常化的联合公报。同年8月，中国大使馆恢复在里加工作。

2019年中拉友好合作关系进一步发展。4月，拉经济部长耐米罗率团出席第二届“一带一路”国际合作高峰论坛高级别会议。10月，拉副总理兼国防部长帕布里克斯来华出席第九届香山论坛和第七届世界军人运动会。同月，我国文化和旅游部部长雒树刚访问拉脱维亚并为里加中国文化中心揭牌。11月，拉经济部长耐米罗来华出席第二届中国国际进口博览会。同月，拉国家警察总局长伊恩茨·库兹访华，并同我国公安部签署《中华人民共和国和拉脱维亚共和国国家警察总局关于加强合作打击跨电信网络等新型有组织犯罪谅解备忘录》。

根据中国海关总署统计，2019年中拉贸易总额为12.89亿美元，同比下降6.5%，其中中方出口额10.93亿美元，同比下降6.2%，进口额1.96亿美元，同比下降8.2%。拉出口商品主要是机械和电子设备、运输工具、金属制品、化工产品、木材及其制品等，进口商品主要是纺织品、机械设备和电子设备、金属制品等。据中国商务部统计，截至2019年底，中国对拉脱维亚直接投资存量1173万美元，拉对华直接投资存量420万美元。中国对拉脱维亚主要投资领域为通信行业、木材加工、建筑、电气设备、房地产和酒店餐饮。中资企业主要有：施丹兰公司、拉脱维亚华大智造有限责任公司、华为技术拉脱维亚子公司、通宇通信（拉脱维亚）有限责任公司。同时，数十家从事食品工业、银行业、信息技术和高科技、翻译、化妆品、木材加工、物流、房地产、机械和矿产生产的拉脱维亚企业已进入中国市场。

近三年中拉贸易额如下（单位：亿美元）：

	2017	2018	2019
中国出口	11.46	11.6	10.93
中国进口	1.77	2.1	1.96
差　额	9.69	9.5	8.97

（资料来源：中国商务部）

中国驻拉脱维亚大使：梁建全。馆址：5 Ganibu Dambis Street，Riga，LV–1045，Latvia。电话：00371–67357023，67357024；传真：67357025。电子邮箱：chinaemb_lv@mfa.gov.cn。经济商务参赞处地址：2 Darba Street，Riga，LV–1046，Latvia。电话：00371–67805475；传真：67805470。电子邮箱：lv@mofcom.gov.cn。

拉脱维亚驻华大使：马尼卡（Maija MANIKA）。馆址：北京市朝阳区东方东路22号亮马桥外交公寓A区02-02别墅。电话：010–85323009；传真：85321925。电子邮箱：embassy.china@mfa.gov.lv。

【同欧盟的关系】拉脱维亚积极发展同欧盟及各成员国的关系，积极参与欧盟决策，重点在预算问题上维护自身利益。支持欧盟通过“财政契约”和银行业监管，赞成欧元区扩大并成为稳定、强大的统一货币联盟。主张欧盟各成员国均衡发展，要求欧盟为拉农村发展拨款，并将对拉农业补贴提高至欧盟平均水平的80%。拉脱维亚于2015年1—6月担任欧盟轮值主席国。欧盟议会中共有8名来自拉脱维亚的议员。2019年11月拉前总理东布罗夫斯基斯出任欧盟委员会副主席兼金融服务委员。

【同波罗的海邻国的关系】拉脱维亚与立陶宛、爱沙尼亚在政治、经济、历史、地理、文化等众多方面有着密不可分的传统联系，三国之间除设有国家元首、政府首脑及部长级定期会晤机制外，还建立了波罗的海大会、波海地区国家经济论坛、三国首都会议机制等。三国还就推动建立波海三国统一能源市场、修建波海联合铁路等问题取得一定进展。

【同美国的关系】拉脱维亚和美国于1991年9月5日建交。同美国的关系是拉脱维亚双边外交重点之一。从2008年11月17日起，美国给予拉公民赴美免签证待遇。2014年4月，在乌克兰危机发生后，为加强北约在波罗的海地区的军事力量，美国向拉脱维亚和其他波罗的海国家派驻了部队。2018年4月，美国总统特朗普在华盛顿集体会晤拉脱维亚总统等波罗的海三国领导人，决定向三国提供价值1.7亿美元的军事援助，并商定举行联合演习。

【同俄罗斯的关系】拉脱维亚和俄罗斯于1991年10月4日建交。两国历史积怨深重，关系时有龃龉。拉在乌克兰问题上态度较为强硬，支持美欧对俄采取制裁措施。2017年拉俄关系出现回暖，8月双方重启暂停近四年的两国政府间委员会，10月签署两国勘界最终文件。但拉俄关系仍未破冰，拉在两国边境继续修建隔离墙。2019年1月，拉脱维亚新一届政府上台后宣布将继续对俄罗斯进行制裁，直至俄罗斯遵守国际法原则。

（杨婧仪）

立陶宛

国名 立陶宛共和国（The Republic of Lithuania）。

面积 6.53万平方公里。

人口 279.4万（2020年）。立陶宛族占84.2%，波兰族占6.6%，俄罗斯族占5.8%。此外还有白俄罗斯、乌克兰、犹太等民族。官方语言为立陶宛语，多数居民懂俄语。主要信奉罗马天主教，此外还有东正教、新教路德宗等。

首都 维尔纽斯（Vilnius），面积401平方公里，人口55.7万（2019年）。1月平均气温-4.9℃，7月平均气温17℃。

国家元首 总统吉塔纳斯·瑙塞达（Gitanas NAUSEDA），2019年7月就职，任期5年。

重要节日 国家重建日（国庆日，1918年2月16日立陶宛宣布国家重建，立陶宛共和国成立）：2月16日；恢复独立日（1990年3月11日立陶宛发表恢复独立宣言）：3月11日；国家日（1253年7月6日立陶宛国王明陶卡斯加冕）：7月6日。

简况

位于波罗的海东岸，北接拉脱维亚，东连白俄罗斯，南邻波兰，西濒波罗的海和俄罗斯加里宁格勒州。国境线总长1644公里，海岸线长90公里。属海洋性向大陆性过渡气候。最高点海拔293.6米。

1009年史书首次提及立陶宛，为历史古国。1240年成立统一的立陶宛大公国。1385年后立陶宛与波兰三次联合，1387年接受天主教为国教。维陶塔斯大公执政期间（1392—1430年）是立鼎盛时期，成为当时欧洲面积最大的国家之一。1795年后逐步被沙俄吞并。第一次世界大战期间，立曾一度被德国占领。1918年2月16日，立宣布独立并建立资产阶级共和国。1920年10月9日，波兰占领维尔纽斯和立东部地区，第二大城市考纳斯成为立临时首都。1939年8月，苏联和德国签订秘密条约，立被划入苏联势力范围，次年初苏军进驻立境内。1941年苏德战争爆发后，立被德国占领。1944年苏联军队进入立，立陶宛苏维埃社会主义共和国成立并加入苏联。1990年3月11日，立通过恢复独立宣言，宣布脱离苏联独立。1991年9月6日，苏联国务委员会承认立独立，9月17日立加入联合国。2004年3月29日立加入北约，5月1日成为欧盟成员国。2015年1月加入欧元区。

政治

立陶宛政局基本稳定。2016年新一届议会选举中，农民与绿色联盟党（农绿党）赢得大选，与原执政联盟中的社会民主党联合组成新一届执政联盟。本届执政联盟几经解散、重组，现由农绿党、社会民主劳动党、波兰人选举运动三党组成。

【宪法】1992年10月25日经全民公决通过，11月2日生效，后多次修订。现行宪法共15章154条。规定立陶宛是独立的民主共和国，主权属于全体人民，公民权利一律平等。立为议会制国家。议会是国家最高立法机关，批准或否决总统提名的总理人选；任命和解除国家领导人的职务；有权弹劾总统，但须经3/5以上议员支持。总统由公民直接投票选举产生，任期5年，最多任2届。凡年龄在40岁以上且近3年在立连续居住的立公民均可竞选总统。如总统病故、辞职、被弹劾或由于健康原因无法履行职务时，其职责由议长代为行使。总统是国家武装力量最高统帅，就重大外交问题作出决策，经议会同意任命和撤换总理，根据总理推荐任命和撤换部长。

【议会】国家最高立法机关，实行一院制，共有141个席位（不含议长），任期4年。凡年满25岁、在立定居的立公民均有权竞选议员。其中71名议员由全国71个选区直接选出，其余70名由进入议会的政党产生，获得5%以上选票的政党和7%以上选票的政党联盟可进入议会，并根据各自获得选票的比例分配议席。本届议会于2016年10月选举产生。主要党团及所占议席分别为：农民与绿色联盟党团48席、祖国联盟—立陶宛基督教民主党团36席、自由运动党团10席、社会民主劳动党团12席、社会民主党团9席、波兰人选举运动党团8席、无党派议员16席以及2个空缺议席。现任议长维克托拉斯·普兰茨凯蒂斯（Viktoras PRANCKIETIS），2016年10月当选。

【政府】本届政府为独立后第17届政府，由农民与绿色联盟党和社会民主党于2016年12月组成，下设14个部。总理萨乌柳斯·斯克韦尔内利斯（Saulius SKVERNELIS）。内阁成员包括：外交部长利纳斯·安塔纳斯·林克维丘斯（Linas Antanas LINKEVIČIUS）、环境部长克斯图蒂斯·马热卡（Kęstutis MAŽEIKA）、能源部长日吉曼塔斯·瓦伊丘纳斯（Žygimantas VAIČIŪNAS）、财政部长维柳斯·沙波卡（Vilius ŠAPOKA）、国防部长赖蒙达斯·卡罗布利斯（Raimundas KAROBLIS）、文化部长明道加斯·克维埃特考斯卡斯（Mindaugas KVIETKAUSKAS）、社会保障与劳动部长利纳斯·库库赖蒂斯（Linas KUKURAITIS）、交通与通信部长亚罗斯拉夫·纳尔克维奇（Jaroslav NARKEVIČ）、卫生部长奥雷利尤斯·韦里加（Aurelijus VERYGA）、教育科学体育部长阿尔吉尔达斯·蒙克维丘斯（Algirdas MONKEVIČIUS）、司法部长埃尔维纳斯·扬克维丘斯（Elvinas JANKEVIČIUS）、经济与创新部长空缺、内务部长丽塔·塔玛舒妮埃内（Rita TAMAŠUNIENĖ）、农业部长安德留斯·帕廖尼斯（Andrius PALIONIS）。

【行政区划】2011年6月，立陶宛进行行政区划改革，取消县制，全国改为由7个城市、43个区、8个自治机构和2个疗养区共60个地方行政单位构成，大小城镇100余座。主要城市有维尔纽斯、考纳斯、克莱佩达、希奥利艾等。

【司法机构】宪法法院院长戴纽斯·扎力马斯（Dainius Zalimas），2014年7月就职。最高法院院长里姆维达斯·诺库斯（Rimvydas Norkus），2014年12月就职。总检察长埃瓦尔达斯·帕西利斯（Evaldas PASILIS），2015年12月就职。

【政党】截至2014年3月，立共有40余个政党和政治组织注册登记，主要政党有：

（1）农民与绿色联盟党（Lithuanian Peasant and Greens Union）：联合执政党之一。2001年创建，现党员人数4850余人。历史上曾多次更名，一度影响了其政党形象和知名度。2012年以来沿用现名。党主席：雷蒙纳斯·卡尔包斯吉斯（Ramunas Karbauskis）。

（2）社会民主劳动党（Social Democratic Labour Party）：联合执政党之一。2018年4月成立，主要成员来自2017年执政联盟分裂后坚持与农绿党继续合作并退党的立陶宛社会民主党前党员。主席为立陶宛议会副议长格迪米纳斯·基尔基拉斯（Gediminas Kirkilas）。

（3）波兰人选举运动（Electoral Action of Poles in Lithuania）：联合执政党之一。成立于1994年8月28日，现有成员1350余人。党主席维尔德玛·托马舍夫斯基（Valdemar TOMASEVSKI）。

（4）社会民主党（Lithuanian Social Democratic Party）：在野党。1896年创建，是该国最古老的政党。1989年8月12日重建，2001年1月27日与立陶宛劳动民主党（前身为立陶宛共产党）合并。现有党员1.5万余人。主席金陶塔斯·帕卢茨卡斯（Gintautas Paluckas）。

（5）祖国联盟—立陶宛基督教民主党（原保守党）（Homeland Union—Lithuanian Christian Democrats "LITHUANIAN CONSERVATIVES"）：在野党。2008年5月成立，现有党员1.8万人。党主席兰茨贝尔吉斯，前总统兰茨贝尔吉斯之孙。

（6）自由运动党（Liberals Movement of the Republic of Lithuania）：在野党。2006年2月25日成立，主要由从自由中间联盟中退出的成员组成，现有党员4900余人。主席埃利吉尤斯·马修利斯（Eligijus MASIULIS），前交通部长。

（7）自由中间联盟（Lithuanian Liberal and Centre Union）：在野党。2003年5月31日创建，由立自由者联盟、中间联盟和现代基督教民主联盟三党合并组成，现有成员4000余人。主席阿尔吉斯·恰普利卡斯（AlgisČAPLIKAS），前副议长。

其他政党有：勇敢之路党（The Way of Courage）、农民党联盟（The Peasants Union）、绿党（Greens Party）等。

【重要人物】吉塔纳斯·瑙塞达：总统。1964年5月19日生于克莱配达市。1989年毕业于维尔纽斯大学产业经济司，获硕士学位。后赴德国深造，1993年获博士学位。1994年至2000年，曾担任立央行货币政策司司长、央行董事会成员等职。2000—2018年，先后担任立维尔纽斯银行、立瑞典银行（SEB）首席经济学家、总裁顾问。2009年起任维尔纽斯大学国际商学院兼职副教授。2019年5月在立总统选举中胜出，7月12日宣誓就职。　**维克托拉斯·普兰茨凯蒂斯：**议长，生于1958年7月26日，农民与绿色联盟党副主席。毕业于立陶宛农业学院，获生物医学博士学位。长期从事教育工作，曾任立农业学院助教、讲师。2008年出任亚历山大·斯图津斯基大学农学院院长。2016年任该校教授。2016年11月当选立第十二届议会议长。　**萨乌柳斯·斯克维尔内利斯：**总理，生于1970年7月23日，农民与绿色联盟党党员。毕业于维尔纽斯理工大学汽车专业，获米科拉斯·罗梅瑞斯大学法学硕士。曾出任立警察总局交管局路巡队队长、巡警队队长、交管局局长。2011年出任警察总监。2014年出任内务部长。2016年11月出任政府总理。

经　济

立陶宛是一个发达的资本主义国家。食品加工、木材加工、交通物流、生物技术、激光技术为其优势产业。2019年，立陶宛主要经济数据如下：

国内生产总值：483亿欧元。

人均国内生产总值：17310.4欧元。

国内生产总值增长率：3.9%。

货币名称：欧元（Euro）。

【资源】森林和水资源丰富。森林面积217.7万公顷，覆盖率为33.4%。有722条河流，长度超过100公里的河流有21条，最长的涅穆纳斯河全长937公里，在立境内长度为475公里。立境内湖泊众多，水域面积超过880平方公里，面积超过0.5公顷的湖泊有2834个，其中最大的德鲁克夏伊湖面积42.26平方公里。此外还有泥炭、矿物建筑材料等资源。

【工业】2019年工业（不含建筑业）产值232.99亿欧元，同比增长3.2%。

近几年主要工业产品产值如下（单位：千欧元）：

	2017	2018	2019
原油和天然气	19091	19713	15715
食品与烟草	3372391	3341416	3570600

饮料	449606	445991	492486
纺织品	445043	451598	470427
皮革及皮革制品	29927	27513	23144
纸张及纸制品	463720	486814	524225
家具	1542661	1701295	1843441

（资料来源：立陶宛统计局）

【农业】2019年农业产值26.2亿欧元，同比增长11.1%。

近几年主要农产品产量及家禽（畜）存栏数如下（单位：千吨、匹、头、只）：

	2017	2018	2019
谷物	5781.5	4379.4	5509.4
马铃薯	237.0	296.2	337.1
油菜	543.5	433.5	688.7
马	16324	14961	12934
牛	694752	676893	653513
猪	663915	611931	572015
羊	176974	184004	178566
家禽	10098885	10405427	11836292

（资料来源：立陶宛统计局）

【旅游业】2018年，立陶宛宾馆、旅店、疗养院等旅游机构共接待境内外游客362万人次，其中外国游客174.4万人次，占48%，主要来自俄罗斯、波兰、德国和拉脱维亚等国。2017年，立公民赴国外旅游93万人次，同比下降0.8%，主要目的国为拉脱维亚、英国、波兰、白俄罗斯。截至2018年底，立共有各类宾馆、酒店等3616家，客房35188间。主要旅游景点：维尔纽斯老城、特拉盖古堡、凯尔纳维遗址、尼达沙丘、帕兰加、希奥利艾十字架山、德鲁斯基宁盖等。

【交通运输】交通体系完备，铁路网与欧洲及独联体国家连成一体，可直接或转车前往有关国家；公路网发达，有E28、E67、E77、E85、E262、E272等6条欧洲公路干线经过；克莱佩达港是立陶宛最大海港，与世界200多个港口通航。国内交通运输以公路、铁路为主。

2018年，立全年货运总量为1.65亿吨，较上年增长10.3%。客运总量为3.80亿人次，同比下降1.5%。

【财政金融】据立陶宛国家统计局数据显示，2019年，立政府财政收入170.2亿欧元、同比增长8.5%，支出168.9亿欧元、同比增长9.6%。

【对外贸易】据立陶宛国家统计局数据显示，2019年进出口总额为614亿欧元，其中出口额296亿欧元，同比增长4.6%，进口额318亿欧元，同比增长2.6%。

主要出口商品为矿产品、机电设备、电气设备、木材等，主要进口商品为矿产品、机电设备、电气设备、化工产品、蔬菜及水果等。主要贸易伙伴为俄罗斯、德国、波兰、拉脱维亚。

近几年进出口贸易额如下（单位：亿欧元）：

	2017	2018	2019
出口额	264	283	296
进口额	285	310	318
差　额	–21	–27	–22

【外国资本】截至2018年底，立陶宛累计吸引外国直接投资170.3亿欧元，较上年增加4.5%。外国投资主要集中在制造业、金融保险业、房地产、批发零售、机动车和摩托车维修、信息通信等领域。

【对外投资】截至2018年底，立陶宛累计对外直接投资40.6亿欧元，较上年上涨17.6%。对外投资总额中90.2%投向欧盟国家。对外投资主要集中在教学、科研和技术活动、制造业、批发零售、机动车和摩托车修理、金融保险业。

人民生活

2018年，立陶宛家庭平均可支配月收入1063.7欧元，较上年增长10.4%。2019年立失业率为6.3%，较上年增长0.2个百分点，总就业人口138.7万，失业人口7.3万人。

军　事

1992年11月19日组建军队，2004年3月29日加入北约。总统为武装力量最高统帅，国家国防委员会是协助总统处理国防事务的决策机构，由总统、议长、总理、国防部长和三军司令组成。现阶段实行行政领导与作战指挥相分离的军政、军令双轨领导体制，即由国防部文职人员控制军队，由三军司令及其领导的国防参谋部指挥部队执行各种作战训练任务。现任三军司令尤纳斯·朱卡斯（Jonas ZUKAS）中将。2017年，立军共有2.1万余人，编为陆军、空军、海军、特种作战部队、后勤保障部队、军事教育训练机构和部队等，其中陆军约8000人，空军约1000人，海军约600人，还有8000余名预备役人员。2017年国防支出7.08亿欧元，同比增长17.4%。

文化教育

【教育】教育管理机构主要是教育和科学部、议会教科文委员会和国家科学委员会。重大教育问题由议会或政府与国家科学委员会协商决定。采取10年基础教育制度，即初等小学（1—4年）、基础中学（5—10年）。基础中学毕业后，学生可选择进入高级中学（2年）、职业学校（3—4年）、音乐学院（6年）或职业教育中心。高级中学毕业后可进入高校进行为期4—5年的本科学习。此外，立陶宛还设立强化高中（通常为私立中学）（4年）、特殊教育学校（为残疾儿童而设）和青年学校等。

2016/2017学年，立共有各类学校1268所，注册学生总数为503898人，教师总数45374人。全国共有公立大学14所，私立大学7所，在校大学生87797名，教师8166名。主要高等院校有：维尔纽斯大学、维尔纽斯师范大学、盖迪米纳斯理工大学、考纳斯维陶塔斯大学、考纳斯理工大学、考纳斯医学院和立陶宛军事学院等。维尔纽斯大学创建于1579年，是立最著名的综合性大学，也是欧洲最古老的高等学府之一，现有学生2.2万名。

【新闻出版】2016年，立陶宛定期出版566种杂志和期刊，年发行总量5008万份；报纸216种，发行量9316万份。主要报刊有：《立陶宛晨报》《共和国报》《晚间消息报》《商业新闻》《考纳斯日报》《西部快报》《人物杂志》等。

主要通讯社有：立陶宛通讯社（ELTA）、波罗的海通讯社（BNS）等，均为私营通讯社。

主要电视台有：国家电视台——立陶宛电视台（LTV）、自由独立频道（LNK）、“TV–3”电视台、“TV–4”电视台等。

主要电台有：国家电台——立陶宛电台、“M–1”电台、“中央电台”、“自由之波”电台、俄语电台“俄罗斯广播”、波兰语电台“ZNAD WILII”等。

对外关系

2004年3月29日加入北约，5月1日加入欧盟。2007年12月21日，正式成为申根协议成员国。奉行务实的对外政策，重视睦邻友好合作，努力扩大在波罗的海地区乃至欧盟的影响力。积极参与国际事务，已先后加入60多个国际和地区组织。大力发展与乌克兰、摩尔多瓦、外高加索和巴尔干地区国家的关系，支持其加入欧盟和北约。2011年，立任欧洲安全与合作组织（OSCE）轮值主席国，积极推动该组织在应对跨国威胁、维护地区安全、发展与地中海国家关系等方面加强对外合作。2012年担任波罗的海与北欧八国区域合作机制协调员。2013年下半年接任欧盟轮值主席国，将促进经济增长、增加就业、推进能源安全与东部伙伴计划作为主要任务。2014—2015年任联合国安理会非常任理事国。截至2019年3月，立陶宛建交国总数为184个。

【同中国的关系】1991年9月14日，中国与立陶宛建立外交关系。2019年，中立关系稳步发展。4月，李克强总理出席中国—中东欧国家领导人杜布罗夫尼克会晤期间与立总理斯克韦尔内利斯举行双边会见。5月，中共中央书记处书记、统战部部长尤权访立。6月和11月，立副总理斯通柴蒂斯先后来华出席中国—中东欧国家博览会暨国际消费品博览会、第二届中国国际进口博览会。

4月，立交通与通讯部副部长德古蒂斯来华出席第二届“一带一路”国际合作高峰论坛高级别会议。5月，立农业部部长苏尔普利斯来华出席第四届中国—中东欧国家农业部长会议，其间会见中国农业农村部部长韩长赋。6月，立经济与创新部部长辛克维丘斯来华出席第五届中国—中东欧国家投资博览会。10月，中国文联副主席、书记处书记陈建文访立。11月，中国人民银行副行长朱鹤新赴立出席中国—中东欧国家高级别金融科技论坛。年内，双方签署关于立青贮饲草、小麦、野生海捕水产品输华议定书。

据中国商务部统计，2019年，中立贸易额21.4亿美元，同比增长2%，其中中方出口额17亿美元，同比下降3.6%，进口额4.4亿美元，同比增长32.3%。

中国驻立陶宛大使：申知非。馆址：Algirdo g.36，LT–03218 Vilnius，Lithuania，电话：3705–2162861；领事部电话：2162972；传真：2162682；网址：www.fmprc.gov.cn/ce/celt/chn/。经商处地址：Blindziug.34，LT–08110 Vilnius，Lithuania。电话：3705–2722375；传真：2722161；网址：http://lt.mofcom.gov.cn。

立陶宛驻华大使：伊娜·玛邱罗尼塔（Ina Marciulionyte，女）。馆址：北京市朝阳区霄云路18号京润水上花园B区30号，邮政编码：100016。电话：010–84518520；传真：65906507。

【同美国的关系】立陶宛独立以来，一直与美保持密切关系，在重大国际问题上基本支持美方立场，积极参与美领导的军事行动。2017年2月，在出席慕尼黑安全会议期间，波罗的海三国总统与美副总统彭斯举行会晤。同年7月，波海三国总统在爱沙尼亚首都塔林同美国副总统彭斯举行会晤。2018年，波海三国总统、外长先后集体访美。

【同俄罗斯的关系】1991年10月9日与俄罗斯建立外交关系，但受历史和现实等因素影响，双边关系时有龃龉。乌克兰危机爆发后，美国和北约加大在波罗的海地区的军事存在，向立陶宛和其他波海国家派驻部队。立政府支持欧盟对俄进行制裁，立俄关系出现倒退。

【同波罗的海邻国的关系】立陶宛与拉脱维亚、爱沙尼亚在政治、经济、历史、地理、文化等众多方面有着密不可分的传统联系，三国之间除设有国家元首、政府首脑及部长级定期会晤机制外，还建立了波罗的海大会、波海地区国家经济论坛、三国首都会议机制等。三国间各级别、各领域交往频繁，寻求维护在欧盟内的共同利益。三国还就推动建立波海三国统一能源市场、修建波海联合铁路等问题取得一定进展。

【同欧盟的关系】支持欧盟应对欧债危机相关举措，呼吁各国严肃财政纪律。认为欧盟应积极解决促进经济增长、就业、改善商业环境、中小企业发展等问题。积极推动波海三国在能源、欧盟财政分配、地区安全等问题上统一立场，力争欧盟内话语权，维护共同利益，反对“多速”欧洲。（宋宏超）

列支敦士登

国名 列支敦士登公国（The Principality of Liechtenstein，Das Fürstentum Liechtenstein）。

面积 160.5平方公里。

人口 38557人（2019年6月），其中外国人13152人（2019年6月），约占34.1%，主要来自瑞士、奥地利、德国和意大利。官方语言为德语。天主教为国教，信奉天主教的居民约79.9%，新教约8.5%，伊斯兰教约5.4%。

首都 瓦杜兹（Vaduz），人口5668人（2019年6月）。

国家元首 汉斯–亚当二世（Hans-Adam II）公爵。2004年8月15日起，王储阿洛伊斯（Alois）摄政，代公爵处理国内、国际事务。

重要节日 国庆节：8月15日；圣诞节：12月25日。

简况

位于阿尔卑斯山中部和莱茵河谷的内陆国。西邻瑞士，东接奥地利。气候温和，平均气温1月1.1℃，7月19.9℃。

列支敦士登人是公元500年以后迁移到此的日耳曼民族的后裔。1719年1月23日以列支敦士登亲王之姓氏建国。1806年列作为主权国家加入"莱茵联盟"，1815年加入"德意志联盟"。1852年，与奥匈帝国签订关税条约，1919年，条约随奥匈帝国崩溃而终止。1923年，列与瑞士签订了关税条约，两国边界开放，建立共同经济区，使用统一货币——瑞士法郎。两次世界大战期间，列均保持中立。

政治

实行议会民主的君主立宪制，公爵拥有最高权力。人民通过选举议员或提出倡议、参加公民投票行使政治权利。2017年新一届政府成立，由激进公民党和祖国联盟联合组成，未来四年的政策基于两党的合作协定。

【宪法】宪法规定国家政体为君主立宪制，国家元首世袭。旧宪法于1921年10月5日制定。公爵与议会自1995年9月起就公爵、政府及议会间权力分配问题进行修宪谈判，经过艰难讨价还价，2003年3月，列公民投票通过公爵汉斯–亚当二世提出的修宪案。2003年8月14日新宪法正式生效。

【议会】实行一院制。人民直接选举议会，议长是人民最高代表，议会参与立法和缔结国家条约、掌管财政，监督政府。议会任期4年。议长及议员均为兼职。本届议会2017年3月产生，有25名议员，激进公民党9席，祖国联盟8席，独立党5席，自由名单3席。现任议长阿尔贝特·弗里克（Albert Frick，激公党），副议长马克瑟–克朗茨·古尼拉（Marxer-Kranz Gunilla，祖国联盟）。

【政府】由5名成员组成，除首相和副首相外，其余3名政府委员均为兼职。根据列宪法规定，政府成员由公爵根据议会的建议任命，任期4年。本届政府2017年3月组成。首相兼财政部长阿德里安·哈斯勒（Adria Hasler），副首相兼基础设施、经济和体育部长丹尼尔·里施（Daniel Risch），政府委员兼社会部长毛罗·佩德拉茨尼（Mauro Pedrazzini），政府委员兼外交、司法和文化部长卡特琳·艾根贝格（Katrin Eggenberger，女），政府委员兼内政、教育、环境部长多米尼克·哈斯勒（Dominique Hasler，女）。

【司法机构】法院分三级：地方法院、中级法院和最高法院。最高法院共有5名法官，由公爵根据议会的推举任命，任期4年，院长胡贝图斯·舒马赫（Hubertus Schumacher，任期至2022年）。

【政党】现有4个主要政党：

（1）激进公民党（Fortschrittliche Bürgerpartei）：1918年成立。主席马库斯·福特（Marcus Vogt）。

（2）祖国联盟（Vaterländische Union），1918年成立。主席君特·弗里茨（Günther Fritz）。

（3）自由名单（Freie Liste），1986年成立，成员为青年知识分子、环保主义者。1993年首次进入议会。联合主席派伯·弗里克（Pepo Frick）和科尼·布依舍尔·布吕维勒（Conny Büchel Brühwiler）。

（4）独立党（Die Unabhängigen），为参加2013年大选成立，由10名独立竞选人组成，首次进入议会即获4席。党主席哈利·克瓦德勒（Harry Quaderer）。

【重要人物】汉斯–亚当二世公爵：国家元首。1945年2月14日生于瑞士苏黎世。曾在维也纳和瑞士圣加仑学习并在伦敦一家银行受过职业培训。获经济学士学位。1984年8月其父弗朗茨·约瑟夫二世将大部分权力授予他，由他负责政府事务。1989年11月13日约瑟夫二世逝世，同日，汉斯–亚当宣布继位，定名汉斯–亚当二世。在金融和经济方面有专长，主张积极参与国际事务。在其执政后，列先后加入联合国、欧洲自由贸易联盟和欧洲经济区。已婚，有四个子女。 **阿洛伊斯王储**：1968年6月11日生于苏黎世。1987年赴英国桑赫斯特皇家军事学院学习，曾在中国香港和伦敦服役。获奥地利萨尔茨堡大学法学硕士学位。1993—1996年，在伦敦一家经济评估公司工作。1990年8月15日，宣誓为公爵继承人。2004年8月15日起摄政。已婚，有三子一女。

经　济

原是贫穷的农业国，大多数人从事畜牧业，只有小规模的纺织和陶瓷等工业。战后逐步发展成为发达的工业国家。工业是国民经济的支柱，工业产品95%以上供出口。低税收政策和银行保密法促进了金融业发展，但同时使列成为“避税天堂”。有14家银行，2018年净收益3.9亿瑞郎，银行管理的资金量为1590亿瑞郎。1912年开始发行邮票，列国邮票闻名遐迩，也是国家财政的重要来源之一。主要经济数据如下：

国内生产总值：67亿瑞郎（2018年）。

人均国内生产总值：20万瑞郎（2017年）。

国内生产总值增长率：4.2%（2018年）。

货币名称：瑞士法郎，1瑞士法郎=100生丁。

汇率：1美元=0.97瑞郎。

通货膨胀率：0.4%（2019年）。

失业率：1.7%（2018年）。

【资源】有大理石矿。森林面积67平方公里，占国土面积的42%。

【工业】工业发达，主要有金属加工、机械、仪表制造、陶瓷、化工、医药、电子、纺织和食品加工等。真空镀膜产品、用于造船工业和建筑业的射钉枪、钻孔机以及假牙产品享有国际声誉。工业产品质量高，有竞争力，主要向欧美国家出口。2018年，全国有工业企业623家，从业人员14835人，占总从业人口的37.4%。

【农业】农业用地面积35.9平方公里，占国土总面积的22.4%。以种植土豆、玉米、葡萄为主。45%的农业毛产值来自牛奶产业，2016年牛奶产量12946吨。2018年，农业从业人员251人，占总从业人口0.6%。

【服务业】服务业发达，主要包括旅游业、金融和保险业。2018年从业人员24549人，占总从业人口的61.9%。

【旅游业】地处欧洲南北交通要道，绮丽的自然风光，“袖珍国家”所独有的魅力以及王室藏画展和高山滑雪场等为发展旅游业创造了有利条件。2019年，列共有30家旅馆，1357张床位，接待过夜游客149598人次。

【交通运输】以公路运输为主，境内无高速公路和铁路。

【财政金融】列政府近年财政收支情况如下（单位：亿瑞郎）：

	2015	2016	2017
收入	16.92	16.89	17.12
支出	14.65	14.93	15.23
盈余	2.27	1.96	1.89

（资料来源：列支敦士登统计局）

【对外贸易】2019年进出口总额为56.76亿瑞郎（不含瑞士），其中进口额19.78亿瑞郎，同比下降1.8%，出口额36.98亿瑞郎，同比增长1.1%。主要贸易伙伴是瑞士、德国、美国。

人民生活

世界上最富有的国家之一。2018年，全国有正式医生122人。邮局服务点12个。2019年，全国拥有固定电话机14032部，移动电话48307部。2019年6月，每千人拥有小汽车785辆。

军　事

1868年废除军队。根据宪法规定，紧急情况下，“每个有持械能力”的公民（60岁以下）都有义务保卫祖国。1933年成立“列支敦士登安全团”，现有警察120余人。

文化教育

【教育】幼儿园2年，小学5年，初中4年，高中4年。中学毕业生大多到瑞士和奥地利上大学。2000年，列第一所高等院校——列支敦士登人文科学大学正式建立，设有心理学和神经学两门学科。与瑞士开展职业教育合作。有一所音乐学校。2018/2019年度，列在校大学生约1184人，中小学及“特殊学校”在校生总数为4736人，教师约866名。

【新闻出版】有3家报纸：《列支敦士登人民报》，创刊于1878年，是列历史最悠久的报纸，日发行量9000份（2017年），每周四为大版，发行量21000份（2017年）；《列支敦士登祖国报》，日发行量8423份（2018年）；《列支敦士登周报》，每周日出版，发行量32000份。1955年建立第一家私营广播电台。1998年3月批准成立第一家私营电视台。

对外关系

永久中立、依附瑞士、根据可能和本国利益积极参与国际活动是列外交政策的三大支柱。列是联合国、欧洲委员会、欧洲自由贸易联盟和欧洲经济区成员国。同70个国家建立大使级外交关系。

与瑞士保持特殊关系。根据1919年两国达成的协议，瑞士驻外机构代表列国在外国的利益，但列保留与其他国家建立外交关系的权利。与奥地利的关系也很密切。1938年以前，列支敦士登的公爵都在维也纳定居。目前，列奥两国除签有国家条约外，在司法合作、教育及社会生活领域也签有一系列协定。

近年来，列积极开展经济和实效外交。深化与欧盟合作，积极寻求加入《申根协定》，但反对加入欧盟。由于低税政策和银行保密法，部分欧洲国家指责列成为邻国企业和富人逃税的“天堂”。列因此多次成为欧盟国家打击逃税和洗钱行为的目标。

【同中国的关系】根据列支敦士登公国与瑞士联邦于1919年签订的协议和1951年瑞士驻华公使馆同中国外交部的换文，中瑞1950年9月14日建交时，中列两国同时建立了外交关系。1988年9月，中国向列国首次委派总领事（由中国驻苏黎世总领事兼任）。

2013年11月，列摄政王储阿洛伊斯、外长弗里克来华出席列王室珍品展开幕式。2014年9月，列摄政王储阿洛伊斯为第20届列支敦士登工商及手工业博览会主宾国中国馆开幕剪彩。2015年9月，列首相哈斯勒来华出席全球妇女峰会。2016年11月，列王室成员康斯坦丁王子访华。2017年1月，外交部部长助理刘海星访列。

2019年，中列双边贸易额为1.84亿美元，同比增长4.4%。其中，中国向列出口额为5307万美元，同比增长2.4%；从列进口额为1.31亿美元，同比增长5.2%。2014年7月1日生效的《中瑞自由贸易协定》自动适用于中列间的货物贸易。

2004年6月，中国与瑞士签署旅游目的地国实施谅解备忘录（包括列），并于9月1日开始执行，列正式成为中国公民出境旅游目的地国。2008年1月，中国证监会与列支敦士登金融管理局在北京签署《证券期货监管合作谅解备忘录》。同年，列出版两套以北京奥运会为主题的邮票。2010年，列出版了以世博会为主题的纪念邮票。2013年11月至2014年2月，列王室珍品展在北京和上海展出。2015年9月，列支敦士登国家邮局发行中列建交65周年纪念邮票及纪念封，庆祝双方建交65周年。2019年12月，中国美术馆与列支敦士登国家博物馆签署战略合作框架协议。

中国驻苏黎世兼驻列支敦士登公国总领事：赵清华。总领馆地址：Bellariastrasse 20，8002 Zürich，Switzerland。电话：0041–44–2011005（办公室），传真：2017712。领事部地址：Mythenquai 100/ Seestrasse 161，8002 Zürich。电话：0041–44–2091500；传真：2091501。网址：zurich.china-consulate.org。

瑞士驻华大使（代表列在华利益）罗志谊（Bernardino Regazzoni）。馆址：北京市朝阳区三里屯东五街3号。电话：010–85328888（总机）；传真：65324353。网址：www.eda.admin.ch/beijing。（胡智达）

卢　森　堡

国名　卢森堡大公国（The Grand Duchy of Luxembourg，Le Grand-Duché de Luxembourg）。

面积　2586.3平方公里。

人口　62.6万（2020年1月），其中卢森堡人占52.1%，外籍人占47.9%（主要为葡、意、法、比、德、英、荷侨民）。官方语言是法语、德语和卢森堡语。法语多用于行政、司法和外交；德语多用于报刊新闻；卢森堡语为民间口语，亦用于地方行政和司法。97%的居民信奉天主教。

首都　卢森堡市（Luxembourg），面积51.2平方公里，人口11.6万。

国家元首　大公亨利（Le Grand-Duc Henri），2000年10月7日即位。

重要节日　国庆日：6月23日。

简　况

卢森堡位于欧洲西北部，东邻德国，南毗法国，西部和北部与比利时接壤。属海洋—大陆过渡性气候，1月平均气温0.8℃，7月17.5℃；年平均气温9℃，年均降水量782.2毫米。

公元前，卢森堡曾是高卢人的居住地。公元400年后日耳曼人入侵，先后成为法兰克王国和查理曼帝国的一部分。公元963—1354年，先后为神圣罗马帝国阿登伯爵、卢森堡伯爵和卢森堡公爵的自治领地。15—18世纪历受西班牙、法国和奥地利统治。1815年维也纳会议决定卢为大公国，由荷兰国王兼任大公，同时又是德意志同盟的成员。1839年伦敦协定承认卢为独立国家。1867年成为中立国。1868年实行君主立宪制。1890年前拿骚公爵阿道夫成为卢大公，彻底摆脱荷兰国王的统治。两次大战中均被德国入侵。1945年成为联合国创始国，1948年放弃中立政策，1949年加入北约，20世纪50年代参与创建欧共体（后成为欧盟），并与荷兰、比利时结成经济联盟。1995年3月26日成为首批申根区国家之一，1999年1月1日成为首批欧元国之一。

政　治

实行君主立宪制。卢森堡政局长期保持稳定，政府推进经济社会体制改革与多元化战略，注重保障民生，经济实现持续发展，外交活跃。

【宪法】1868年10月17日颁布，后经多次修改。宪法规定，大公为国家元首、武装部队统帅，拥有立法权和行政权，有权解散议会。实际上，议会行使立法权，政府行使行政权，对议会负责。

【议会】一院制，为最高立法机构。有议员60名，任期5年。本届议会于2018年10月14日选举产生。议长费尔南·埃特让（Fernand Etgen）。

【政府】本届政府于2018年12月5日由民主党、社工党和绿党联合组成，内阁共17名成员（1名首相、2名副首相、14名大臣）。主要成员有首相兼国务大臣格扎维埃·贝泰尔（Xavier Bettel），副首相兼体育、劳动、就业及社会团结大臣丹·凯尔什（Dan Kersch），副首相兼国防、交通和公共工程大臣弗朗索瓦·鲍什（François Bausch），外交、欧洲事务及移民、避难大臣让·阿瑟伯恩（Jean Asselborn）。

【行政区划】全国划分为12个专区、116个市镇。

【司法机构】全国设1个高等法院、1个行政法院、2个地区法院、3个治安法院。1996年又成立宪法法院。各级法院的法官均由大公任命，终身制。最高法院院长让－克劳德·维维纽斯（Jean-Claude Wiwinius），总检察长玛蒂娜·索罗威夫（Martine Solovieff，女）。

【政党】（1）基督教社会党（Parti Chrétien Social，P.C.S.）：简称“基社党”，1914年成立。原名“右派党”，1944年改用现名。主席马克·斯波茨（Marc Spautz）。

（2）社会工人党（Parti Ouvrier Socialiste Luxembourgeois，P.O.S.L.）：简称“社工党”，1902年成立。原名卢森堡社会民主党，1945年改用现名。主席克洛德·哈根（Claude Haagen）。

（3）民主党（Parti Démocratique，P.D.）：1904年成立。前身是自由党，1945年重建，称民主爱国集团，1955年改用现名。主席科琳娜·卡昂（Corinne Cahen，女）。

（4）绿党（Parti Vert“Dei Greng”）：1983年成立。1986年分裂，1994年12月重新合并。主席克里斯蒂安·科米欧泰（Christian Kmiotek）。

（5）选择民主改革党（Parti réformiste d'alternative démocratique）：1989年成立。原名民主与合理退休金行动委员会，2006年4月改用现名。主席让·斯库（Jean Schoos）。

（6）左派党（La Gauche/Déi Lénk）：1999年由部分来自卢森堡共产党、新左派、社会革命党等党派的成员创建。全国协调委员会为最高领导机构，委员会成员轮流担任党主席和书记等职。

（7）卢森堡共产党（Parti Communiste du Luxembourg，P.C.L）：1921年成立。主席阿里·吕克尔特（Ali Ruckert）。

【重要人物】大公亨利：国家元首，1955年4月16日生。1975年在英国桑赫斯特皇家军事学院学习并获得军官文凭。1978年在瑞士日内瓦大学获政治学学士学位，曾获多项荣誉博士学位。1989年成为卢军上校，并被授予英国伞兵团荣誉少校军衔。1980—1998年任国务委员会成员。1998年以来任国际奥委会委员。2000年10月7日正式即位。曾于1988年、1994年、1998年三度以大公储身份访华，2006年9月以大公身份对华进行国事访问，2008年8月以卢国家元首及国际奥委会委员身份来华出席北京奥运会开幕式及相关活动。2010年10月出席上海世博会卢森堡国家馆日活动。

经　济

发达资本主义国家，国小民富。人均国内生产总值连续多年位居世界前三。自然资源贫乏，市场狭小，经济对外依赖性大。钢铁工业、金融业和卫星通信业是卢森堡经济的三大支柱产业。卢主要经济数据如下：

国内生产总值：711亿美元（2019年）。

经济增长率：2.3%（2019年）。

货币名称：欧元（Euro）。

通货膨胀率：1.7%（2020年2月）。

失业率：5.5%（2020年2月）。

【资源】资源贫乏。森林面积约9万公顷，约占国土面积的1/3。卢98%的能源靠进口，主要是天然气和石油产品。全国电力消费的50%靠自产，其中4%来自可再生能源。卢政府反对发展核能。

【工业】以钢铁为主，化工、机械制造、橡胶、食品工业也较发达。目前90%的工业产品用于出口。工业产值占国内生产总值约11.58%，工业就业人口占全国就业人口的11%。

【农业】农业占国内生产总值比重不断下降。农业用地13.14万公顷，主要位于卢北部、东部，多半由拥有50公顷以上土地的大农场经营。畜牧业占农业生产50%以上，另有葡萄种植、林业、狩猎、渔业等。

【旅游业】2018年接待游客约113.9万人次，拥有各类旅馆228家，共7472张床位；野外宿营地82处。

【交通运输】截至2019年，国家级公路总长2914公里（其中高速公路165公里），铁路271公里。2018年，客运航空公司客运量403.7万人次，货运量89.5万吨。

【财政金融】2019年，卢国家财政收入284.56亿欧元，财政支出270.71亿欧元。卢金融业发达，银行林立。首都卢森堡市被称为“金融之都”，是全球第八大金融投资中心。2018年，在卢注册银行135家，银行总资产7687亿欧元，主要国内银行包括国家储蓄银行（BECC）、通用银行、国际银行、信贷银行等。卢森堡也是仅次于美国的世界第二、欧洲最大的基金管理中心，共管理公共基金约1518支。

【著名公司】（1）阿塞洛尔－米塔尔集团（Arcelor-Mittal）：卢第一大企业，世界第一大钢铁集团。总部设在卢森堡市。2001年，卢阿尔贝德钢铁公司（创建于1882年）与法国北方和西班牙阿塞拉利亚合并，形成阿塞洛尔集团（Arcelor）。2006年7月，阿塞洛尔又与世界第一大钢铁公司米塔尔合并，成立阿塞洛尔－米塔尔集团。目前在全球18个国家进行开采和生产，全球员工超过19万人，产品销往160多个国家。2019年铁矿开采量5710万吨，粗钢产量8980万吨。

（2）欧洲卫星公司（SES GLOBAL）：成立于1985年，总部设在卢森堡。该公司通过运营ASTRA、AMERICOM及NEW SKIES卫星系统为客户提供电视、广播和多媒体直接到户的信息传送服务。拥有卫星数量52颗，居欧洲首位、世界第二，其卫星信号全球覆盖率达99.999%。1.22亿欧洲家庭可接收该公司卫星转播的2400套电视、电台节目。公司还参股SES SIRIUS、QUETZSAT、CIEL等多家卫星运营商。1998年12月参股亚星公司，与中国的中信公司同为亚星公司股东。2015年，美国电视网络Fashion

One Television通过该公司卫星推出世界首个环球超高清（Ultra HD）频道Fashion One 4K。2019年营业额19.84亿欧元，净利润2.96亿欧元。

（3）卢森堡货运航空公司（Cargolux Airlines International）：成立于1970年，是欧洲最大全货运航空公司，拥有波音747货机26架，员工1856人，航线90多条，覆盖全球50多个国家和地区。2018年收入21.12亿美元，货运总量105.36万吨。目前开通至北京、上海、厦门、重庆、郑州、香港、台北航线。

（4）卢森堡广播电视公司（RTL）：该公司系卢与德国联合组建的欧洲最大的视听媒体集团，拥有40个电视台和33个广播电台。

【对外贸易】主要出口产品为机械设备、钢铁制品等。原料和消费品大多靠进口。主要贸易伙伴是欧盟国家，2018年对德、法、比三个邻国出口占出口总额54%，从三国进口占进口总额74%。出口欧盟以外主要是美国和一些亚洲国家。

2019年，进出口总额337亿欧元，其中出口额为134亿欧元，进口额为203亿欧元，逆差69亿欧元。

【对外援助】发展援助是卢外交政策的重要组成部分。对外发展援助约占国民生产总值的1%，位居世界前列，援助重点为非洲国家。

人民生活

连续多年人均收入水平排名世界前三，人均寿命80岁。卢森堡市是世界最安全和生活水平最高的城市之一。

军　事

大公为武装力量最高统帅，实际由国防大臣直接指挥。卢森堡武装力量总兵力2114人，由陆军、宪兵和警察组成。其中陆军930人，编成1个轻步兵营（辖3个连）和1个独立连，主要装备有5辆装甲运兵车和若干反坦克导弹。宪兵682人，警察502人。陆军实行志愿兵役制，服役期3年。宪兵和警察实行招募制。2016年国支出约占国民生产总值约0.5%。

卢森堡是北约成员国，奉行依靠北约的集体安全政策。北约在卢无驻军，但设有1个预警机基地，驻有18架E–3A型预警机。卢同美国签有共同防务协定，同德国签有共同防卫边境地区领土的协定。

文化教育

【教育】法律规定，在卢森堡年满6岁儿童必须接受九年义务教育。2003年建立首所完整的大学——卢森堡大学，2017/2018年度在校生6416人。

卢国家对文化的投入逐年提高。2016教育支出占政府预算约0.6%。举办过欧洲文化年活动。

【科研】2016年科研支出占政府预算约1%。从事科研人数占人口百分比位居世界前10位。重要的科研机构有：卢森堡大学中心，高等技术研究所，大公国研究院，地球动力研究中心等。

【新闻出版】有6家日报：5家德文报，1家法文报，日发行量共约13万份。其中，《卢森堡言论报》（德文）日发行7.5万余份；《日报》（德文）日发行2.5万余份；《新闻》（德文）日发行2万余份；《洛林共和报》（法文）日发行2万余份。卢森堡电视台用法、德、荷、卢语播送，星期日还有意大利语节目。卢森堡广播电台用法、德、英、卢、荷等多种语言广播。

卢森堡广播电视公司（RTL）有40家电视台和33家广播电台，节目覆盖整个欧洲，是欧洲最大的视听媒体集团，美国本土外最大的独立发行商。

对外关系

卢森堡主张在国际关系中应遵循的准则是：平等、不使用武力或以武力相威胁、反对军备竞赛、遵守国际法、尊重人权、尊重小国利益。卢对外政策以欧洲为重点，与比利时、荷兰结成经济联盟，是欧盟和北约成员国。主张在北约、欧盟和欧安会组织的框架内建立欧洲集体安全体系，积极推动欧洲一体化进程。强调美应在欧洲事务中发挥作用，认为俄罗斯和前南斯拉夫地区的稳定对欧洲安全至关重要。主张积极发展和扩大与亚太地区国家的经贸合作，推动欧亚国家间进行政治对话，加强与新兴大国合作关系。发展援助以消除贫困、促进发展、维护安定为目标，重点是非洲。目前卢已同147个国家建立了外交关系。

【同中国的关系】1972年11月16日建交。建交以来中国与卢森堡大公国关系发展良好。两国在金融、航空货运、钢铁等领域合作进展顺利，投资基金、卫生、环保等新领域合作效果良好。2016年4月，杨洁篪国务委员访卢。4月和10月，卢大公储纪尧姆率经贸代表团访华。7月，卢外交大臣阿瑟伯恩访华。10月，马凯副总理访卢。2017年6月，卢首相贝泰尔访华。9月，卢财政大臣格拉梅尼亚访华。2018年1月，卢副首相兼经济大臣施奈德访华。同月，卢财政大臣格拉梅尼亚访华。11月，卢副首相兼经济大臣施奈德来华出席首届中国国际进口博览会。2019年1月，卢财政大臣格拉梅尼亚访问中国香港。2月，中共中央政治局委员、中央外事工作委员会办公室主任杨洁篪出席第55届慕尼黑安全会议期间同卢外交大臣阿瑟伯恩举行双边会见。2019年3月，卢首相贝泰尔来华出席博鳌亚洲论坛2019年年会，李克强总理同其会见。6月，卢副首相兼司法大臣布拉兹访华。9月，卢财政大臣格拉梅尼亚访华。同月，全国政协副主席杨传堂访问卢森堡。10月，卢副首相兼交通大臣鲍什、体育大臣凯尔什率团出席第七届世界军人运动会。11月，卢副首相兼经济大臣施奈德来华出席第二届中国国际进口博览会。

2019年，中卢贸易额18.4亿美元，同比上升63.9%，其中中方出口额15.5亿美元，同比增长92.3%，中方进口额2.9亿美元，同比下降9.5%。

截至2019年底，卢在华直接投资61.7亿美元。中国对卢直接投资共162亿美元。金融、钢铁、航空货运为中卢三大传统合作领域。卢森堡是首个申请加入亚投行的欧洲国家，于2015年12月向中国交存《亚洲基础设施投资银行协定》批准书，正式成为亚投行创始成员国。卢是欧元区三大人民币离岸中心之一。2015年4月，中国人民银行宣布给予卢森堡500亿元人民币合格境外机构投资者（RQFII）额度。目前，卢已超越中国香港成为全球点心债第一大发行市场。2019年3月，中卢签署《中华人民共和国政府与卢森堡大公国政府关于共同推进丝绸之路经济带和21世纪海上丝绸之路建设的谅解备忘录》。

中国驻卢森堡大使：黄长庆。馆址：2，Rue Vander Meulen，Dommeldange L-2152 Luxembourg。电话：00352-436991，传真：422423。电传：2434 Amchin Lu。电子邮箱：AMBCHINE@PT.LU。

卢森堡驻华大使：俞博生（Paul Steirmetz）。办公地址：北京市朝阳区工体北路甲2号盈科中心B座1701室。电话：010-85880900，传真：65137268。电子邮箱：pekin.amb@mae.etat.lu。

【同美国的关系】卢森堡认为跨大西洋关系是国际社会稳定的关键，北约的团结是跨大西洋关系的重要表现。主张欧美在中东、伊拉克、伊朗、反恐等重大问题上加强合作，共同促进民主和人权。

【同俄罗斯及东欧国家的关系】卢森堡认为欧洲的和平与稳定离不开俄，应与俄建立稳定的伙伴关系。俄格冲突爆发后，主张欧盟应释放善意，恢复欧俄战略伙伴关系谈判。认为欧盟与北约应在东扩问题上与俄保持对话和沟通。主张欧盟与东欧国家保持联系，支持中东欧国家转轨进程，认为中东欧人民有权要求加入一个民主的欧洲中来。

【同其他国家的关系】卢森堡同比利时、荷兰有历史传统关系，并结成经济联盟。欧洲是卢外交重点。作为欧共体创始国之一，卢积极主张和推动欧洲一体化建设进程，同时强调兼顾大小国家利益，反对大国支配欧洲事务。支持欧盟深化改革，1992年7月批准《马斯特里赫特条约》，1998年7月批准《阿姆斯特丹条约》。重视发展与亚洲国家及新兴大国的关系，同时注意加强发展与拉美国家的关系。　（李姝媛）

罗马尼亚

国名　罗马尼亚（Romania，România）。

面积　238391平方公里。

人口　1932万（2020年1月）。罗马尼亚族占88.6%，匈牙利族占6.5%，罗姆族（即吉卜赛人）占3.2%，日耳曼族和乌克兰族各占0.2%，其余民族为俄罗斯、土耳其、鞑靼等。城市人口所占比例为53.8%，农村人口所占比例为46.2%。官方语言为罗马尼亚语，主要少数民族语言为匈牙利语。主要宗教有东正教（信仰人数占总人口数的86.5%）、罗马天主教（4.6%）、新教（3.2%）。

首都　布加勒斯特（Bucureşti），人口214万（2019年7月）。平均气温1月为–2.9℃，7月为22.8℃。

国家元首　总统克劳斯·约翰尼斯（Klaus IOHANNIS），2014年11月当选，12月22日就职。2019年11月胜选连任，任期5年。

重要节日　国庆日：12月1日（1918年国家统一日）；建军节：10月25日（1944年全境解放日）。

简　况

位于东南欧巴尔干半岛北部。北和东北分别同乌克兰和摩尔多瓦为邻，南接保加利亚，西南和西北分别同塞尔维亚和匈牙利接壤，东南临黑海。海岸线245公里，温带大陆性气候。年均降水量637毫米。四季分明，平均气温1月为–3℃—5℃，7月为22℃—24℃。

罗马尼亚人的祖先为达契亚人。约公元前1世纪，布雷比斯塔建立了第一个中央集权和独立的达契亚奴隶制国家。公元106年，达契亚国被罗马帝国征服后，达契亚人同罗马人共居融合，形成罗马尼亚民族。14世纪先后建立瓦拉几亚、摩尔多瓦和特兰西瓦尼亚3个公国。16世纪后成为奥斯曼帝国的附属国。1859年，瓦拉几亚公国和摩尔多瓦公国合并，称罗马尼亚，仍隶属奥斯曼帝国。1877年5月9日，罗马尼亚宣布独立。1881年，改称罗马尼亚王国。1918年12月1日，特兰西瓦尼亚公国同罗马尼亚王国合并。至此，罗马尼亚形成统一的民族国家。二战期间，安东尼斯库政权参加德、意、日法西斯同盟。1944年8月23日，罗举行反法西斯武装起义。1945年3月6日，罗成立联合政府。1947年12月30日，成立罗马尼亚人民共和国。1965年，改国名为罗马尼亚社会主义共和国。1989年12月22日，齐奥塞斯库政权被推翻，罗马尼亚救国阵线委员会接管国家一切权力，易国名为罗马尼亚，定国庆日为12月1日。

政　治

2014年11月，罗举行总统选举，时任国家自由党主席、锡比乌市市长约翰尼斯当选。2016年12月，罗举行议会选举，社会民主党、自由民主联盟党联合赢得选举。2017年1月，政府成立，索林·格林代亚努（Sorin GRINDEANU）出任总理。6月，米哈伊·图多塞（Mihai TUDOSE）出任总理。2018年1月，社民党妇女组织主席维奥丽卡·登奇勒（Viorica DĂNCILĂ，女）出任总理。2019年11月，国家自由党组成新政府，党主席卢多维克·奥尔班（Ludovic ORBAN）出任总理。同月，罗举行总统选举，总统约翰尼斯胜选连任。

【宪法】1991年11月21日，罗议会批准新宪法，12月8日全民公决予以通过。罗宪法规定：罗马尼亚是一个主权、独立、统一和不可分割的民族国家；政体为共和制。2003年10月，罗修改宪法，进一步确立政治多元化、三权分立的制衡原则；明确规定保障和保护私有财产；允许少数民族在地方行政及司法程序中使用本民族语言；保障男女平等；取消义务兵役制；增补罗加入欧盟、北约的相关条款，规定罗公民同欧盟公民依法享有同等权利和义务等。

【议会】议会是罗人民最高代表机构和唯一的立法机关，由参议院和众议院组成。任期4年。本届议会于2016年12月普选产生，目前共有465名议员，其中参议员136人，众议员329人。参议院代议长为社会民主党人蒂图斯·科尔勒采恩（Titus CORLĂŢEAN），众议长为社会民主党代主席马切尔·乔拉古（Marcel CIOLACU）。

目前，议会中各党派所占议席数如下：

	参议院	众议院
社会民主党	70	132
国家自由党	31	82
拯救罗马尼亚联盟党	13	27
匈牙利族民主联盟党	9	21
亲欧党	0	21
人民运动党	0	15
少数民族议员	0	17
无党派议员	13	14

【政府】2019年11月成立新政府，有18名成员，名单如下：总理卢多维克·奥尔班（Ludovic ORBAN），副总理拉卢卡·图尔坎（Raluca TURCAN，女），公共财政部长弗洛林·克楚（Florin CÎŢU），内务部长马切尔·维拉（Marcel VELA），外交部长波格丹·奥雷斯库（Bogdan AURESCU），司法部长克特林·普雷多尤（Cătălin PREDOIU），国防部长尼古拉·丘克（Nicolae CIUCĂ），经济、能源和营商环境部长维尔吉尔·波佩斯库（Virgil POPESCU），交通、基础设施和通讯部长卢奇安·博德（Lucian BODE），农业和乡村发展部长阿德里安·欧罗斯（Adrian OROS），环境、水利和森林部长科斯特尔·阿列克谢（Costel ALEXE），公共建设、发展和行政部长扬·斯特凡（Ion ŞTEFAN），欧盟资金部长马切尔·博洛斯（Marcel BOLOŞ），卫生部长内鲁·特塔鲁（Nelu TĂTARU），教育和研究部长莫妮卡·阿妮西娅（Monica ANISIE，女），文化部长波格丹·乔治乌（Bogdan GHEORGHIU），青年和体育部长约努茨·斯特罗埃（Ionuţ STROE），劳动和社会保障部长维奥莱塔·亚历山德鲁（Violeta ALEXANDRU，女）。

【行政区划】1个直辖市和41个省，下设市和乡。

【主要网址】罗马尼亚总统府：www.presidency.ro；政府：www.gov.ro；参议院：www.senat.ro；众议院：www.cdep.ro；外交部：www.mae.ro。

【司法机构】中央设有宪法法院、审计法院、最高法院和最高检察院，省、市、乡设各级法院和检察院。宪法法院院长瓦莱尔·多尔内亚努（Valer DORNEANU），2016年就任。审计法院院长米哈伊·布苏约克（Mihai BUSUIOC），2017年就任。最高法院院长科丽娜·科尔布（Corina CORBU，女），2019年7月就任。最高检察院检察长加布里埃拉·斯库泰亚（Gabriela Scutea，女），2020年2月就任。

【政党】1989年12月22日以后实行多党制。主要政党有：

（1）国家自由党（Partidul Naţional Liberal）：执政党。约有党员25万人。自由党国际和欧洲人民党成员。始建于1864年，1990年1月重建，后几经分化组合。2001年1月，该党主流派同罗马尼亚联盟党合并，保留了国家自由党的名称。2003年4月，该党同右翼力量联盟党合并。2014年7月，国家自由党同民主自由党合并。奉行保守自由主义价值观，主张实行自由主义市场经济，保护企业利益和私有财产。党主席为卢多维克·奥尔班。

（2）社会民主党（Partidul Social Democrat）：在野党。约有党员51万人。社会党国际和欧洲社会党成员。前身为成立于1989年12月的救国阵线。1992年3月救阵分裂，其中左翼力量于同年4月成立民主救国阵线，1993年7月改称社会民主主义党。2001年6月，该党同社会民主党合并，改用现名。2003年7月，社民党同社会主义劳动党合并。主张建立保障公民福利的现代化国家，实施市场经济，广泛开展对外交往。党的代主席为马切尔·乔拉古（Marcel CIOLACU）。

（3）拯救罗马尼亚联盟党（Uniunea Salvaţi România）：在野党。约有党员7万人。欧洲复兴党成员。成立于2015年7月，原称拯救布加勒斯特联盟党，2016年8月更名为拯救罗马尼亚联盟党。主张推动政策公正透明和国家现代化。党主席为达恩·巴尔纳（Dan BARNA）。

（4）匈牙利族民主联盟党（Uniunea Democrată Maghiară din România）：在野党。约有党员25万人。欧洲人民党成员。成立于1989年12月。主要宗旨是代表罗马尼亚境内匈牙利族人利益，保护匈族文化。党主席为凯莱曼·胡诺尔（KELEMEN Hunor）。

【重要人物】**克劳斯·约翰尼斯**：总统。1959年6月13日出生，德意志族。1983年毕业于克卢日巴贝什·博尧伊大学物理系。1983—1997年，在锡比乌中小学任教。1997—2000年，任锡比乌省教育局副总学监、总学监。2000—2014年，任锡比乌市市长。2010年当选罗马尼亚德意志族民主论坛主席。2013年，加入国家自由党并任该党副主席。2014年6月，当选国家自由党主席。11月，当选罗总统，之后辞去国家自由党主席职务。2019年11月，再次当选总统。　**卢多维克·奥尔班**：总理。1963年5月25日出生。1988年毕业于布拉索夫大学机械制造系，后赴罗国家行政学院深造。1999—2000年，任公共信息部国务秘书。2000—2001年，任国家公务员署署长。2002—2007年，任布加勒斯特市副市长。2007—2008年，任交通部长。2008年，当选众议员。2009—2011年，任众议院副议长。2014—2016年，任国家自由党副主席。2016年，再次任众议院副议长。2017年6月，当选国家自由党主席。2019年11月，出任罗总理。　**蒂图斯·科尔勒采恩**：参议院代议长。1968年1月11日出生。1994年毕业于布加勒斯特大学法律系。2010年获该校法学博士学位。2003—2004年，任海外侨民署署长。2004—2005年，任社民党发言人。2005—2006年，任该党副主席。2006—2008年，任该党总书记。2008—2012年，任参议院外事委员会主席。2010—2015年，任社民党副主席。2012—2014年，任外长。2017年，出任欧洲委员会议会大会副主席。2019年，出任参议院副议长。2020年2月，出任参议院代议长。　**马切尔·乔拉古**：众议院议长。1967年11月28日出生。1995年毕业于布加勒斯特生态大学法律系，2012年获罗国家行政学院公共财政管理专业硕士学位。2008—2012年，任布泽乌市副市长。2012年，当选众议员。2015—2017年，任众议院常设局书记。2017年，任众议院社民党议员团主席。2017—2018年，任副总理。2019年5月，出任众议长。11月，出任社民党代主席。

经　济

1989年罗马尼亚剧变后开始由计划经济向市场经济过渡。2000—2008年经济连年增长。受国际金融危机影响，2009年、2010年经济一度负增长。2011年起经济企稳回升，并连年增长。2016年、2017年、2018年经济增长率分别为4.8%、7%、4.1%。2019年罗主要经济数据如下：

国内生产总值：2218亿欧元。

人均国内生产总值：1.1万欧元。

国内生产总值增长率：4.1%。

货币名称：列伊（Leu/RON）。

汇率：1欧元≈4.78列伊；1美元≈4.26列伊（2019年12月31日）。

通货膨胀率：4%。

失业率：3.9%。

（资料来源：罗国家统计局公报）

【资源】矿藏有石油、天然气、煤、铝土矿、金、银、铁、锰、锑、盐、铀、铅等，森林面积为653万公顷，约占全国面积的27.3%，水力资源蕴藏量为625万千瓦。内河和沿海产多种鱼类。

【工业】主要工业部门有冶金、汽车制造、石油化工和仪器加工等。2019年工业产值同比下降2.3%，其中采掘业下降2.7%，加工业下降1.9%，能源业下降4.2%。

近年主要工业产品产量如下：

	2016	2017	2018
钢（万吨）	337	344	362
发电量（亿千瓦时）	651	643	644
煤（万吨）	2323	2602	2378
天然气（亿立方米）	101	111	110
原油（万吨）	369	354	349
化肥（万吨）	79	49	40
小汽车（万辆）	47	36	41
水泥（万吨）	804	844	—

（资料来源：罗国家统计局公报）

【农业】2018年粮食产量3155万吨。全国农业面积1470万公顷，其中耕地面积1000万公顷。

近年主要农产品产量如下（单位：万吨）：

	2016	2017	2018
粮食	2176	2446	3155
玉米	1075	1433	1864
小麦	843	988	1014
蔬菜	336	363	379
马铃薯	269	312	301
甜菜	101	112	97
水果	124	105	181
葡萄	74	107	114
油料作物	360	466	515
向日葵	203	291	306

近几年牲畜存栏数如下：

	2016	2017	2018
牛（万头）	205	201	198
猪（万头）	471	441	393
羊（万只）	988	998	1018
禽（万只）	7569	7329	7399

（资料来源：罗国家统计局公报）

【服务业】2015年、2016年、2017年，罗马尼亚服务业占国内生产总值比重分别为60%、64%、56%，产值分别同比增长21.5%、9.5%、10.8%。

【旅游业】旅游资源较为丰富，主要旅游点包括布加勒斯特、黑海海滨、多瑙河三角洲、摩尔多瓦地区、喀尔巴阡山山区等。2018年接待外国旅游者280万人次。

【交通运输】以公路、铁路运输为主。

铁路：总长10765公里，其中电气化铁路占37.4%。2018年铁路货运量5542万吨，客运量6650万人次。

公路：总长8.62万公里，其中高速公路830公里，国家级公路1.8万公里。2018公路货运量为2.4亿吨，客运量3.6亿人次。

水运：河道长1779公里，拥有港口35个、海港3个。2018内河货运量为2971万吨，客运量12万人次；海运货运量为4911万吨。康斯坦察港现有156个泊位，是黑海第一大港。

空运：已开辟连接首都和国内17个城市、欧洲大多数国家的航线。主要航空公司为罗马尼亚航空公司（TAROM）。有6个国际机场，最重要的是布加勒斯特广达国际机场，还有康斯坦察、蒂米什瓦拉、阿拉德、锡比乌、苏恰瓦等机场。2018年空运货运量为4.9万吨，客运量2181万人次。

（资料来源：罗国家统计局公报）

【财政金融】2015—2018年预算执行情况（单位：亿欧元）：

	2016	2017	2018
收入	226	252	299
支出	290	276	365
赤字	64	24	66

截至2020年2月，外汇储备358亿欧元，另有黄金储备价值103.6吨。外债1099亿欧元。

【对外贸易】罗马尼亚目前同世界180多个国家和地区有经贸往来。2019年贸易进出口总额1553亿欧元，同比增长3.1%。

近年对外贸易情况如下（单位：亿欧元）：

	2017	2018	2019
出口额	626	677	690
进口额	756	829	863
差　额	–130	–152	–173

主要出口产品有：鞋类、服装、纺织品。主要进口产品：机电、家电、矿产品、石油产品。主要贸易国：德国、意大利、法国。

（资料来源：罗国家统计局公报）

【外国资本】1991年罗马尼亚通过《外国投资法》，1994年重新修订。2019年吸引外资53亿欧元，同比增长0.6%。主要投资国为荷兰、奥地利、德国。

人民生活

2019年人均月收入约700欧元。全国有综合性医院524家，病床14万张，医生6万人，平均寿命男性71.6岁、女性78.7岁。居民互联网使用率75.7%。

军　事

1994年10月25日建军。最高国防委员会是罗最高军事决策机构，约翰尼斯总统兼任委员会主席。国防部是罗军领导机构。1994年3月起国防部长改由文职人员担任。现任国防部长为丘克。2003年10月取消义务兵役制。2007年基本实现军队职业化。现有军人7.3万人。2019年国防预算为43亿欧元，约占国内生产总值的2%。

文化教育

【教育】现行教育体制分学龄前、小学、初中、高中、职业教育、高等教育和大学后教育。全国普及11年制义务教育。2018—2019学年，全国共有小学4027所，在校学生165万人，教师11.5万人。中学1497所，在校学生63万人，教师5.4万人。大学95所，在校学生53.4万人，教师2.6万人。全国著名高等学府有：布加勒斯特大学、布加勒斯特理工大学、布加勒斯特经济学院、克卢日巴贝什·博尧伊大学、雅西亚历山德鲁·扬·库扎大学等。2019年教育预算为63亿欧元，约占国内生产总值的2.9%。

【新闻出版】目前主要报刊有:《真理报》《自由罗马尼亚报》《每日事件报》《金融日报》《九点钟报》等。

对外关系

罗马尼亚通讯社：国家新闻通讯社。前身系1889年成立的罗电报通讯社，系罗最早的政府新闻机构。

罗马尼亚广播公司：国家广播电台。1994年在罗广播电台基础上组建，对外用罗马尼亚语和12种外语广播。

罗马尼亚电视公司：国家电视台。创办于1958年，1994年组建为电视公司。1990年后陆续建立的PRO TV电视台、天线电视台、PRIMA电视台、现实电视台、DIGI 24电视台等私人电视台迅速发展，具有较大规模和较高收视率。罗同100多个国家的广播、电视系统有联系。有线电视用户500万户。

罗马尼亚同190多个国家建立了外交关系。对外坚持欧美优先、兼顾周边、重视大国原则。罗于2004年3月29日加入北约，2007年1月1日加入欧盟。

【同中国的关系】中华人民共和国同罗马尼亚于1949年10月5日建立大使级外交关系。长期以来，两国保持密切的友好合作关系。2004年6月，中罗建立全面友好合作伙伴关系。2013年双方共同发表《中华人民共和国政府和罗马尼亚政府关于新形势下深化双边合作的联合声明》。2019年10月，习近平主席、李克强总理、王毅国务委员兼外长分别同罗总统约翰尼斯、时任总理登奇勒、时任外长曼内斯库就中罗建交70周年互致贺电。

两国高层交往密切。2015年9月，习近平主席在出席联合国成立70周年系列峰会期间会见罗总统约翰尼斯。2018年7月和2019年4月，李克强总理分别在出席中国—中东欧国家领导人索非亚会晤、杜布罗夫尼克会晤期间会见罗总理登奇勒。2019年4月，全国政协副主席张庆黎访罗。5月，全国人大常委会预算工作委员会主任史耀斌访罗。10月，中国经济社会理事会副主席王炯访罗，出席经济社会理事会和类似组织国际协会第16次全体会议。2月，罗国家银行行长伊瑟雷斯库访华。5月，罗审计法院院长布苏约克访华。

10月，罗众议院预算委员会主席拉泽尔访华。

两国经贸合作总体保持稳定。据中国海关总署统计，近年中罗双边贸易额情况如下（单位：亿美元）：

	总额	中方出口额	中方进口额	累计比去年同期增减 进出口	中方出口	中方进口
2017	56.0	37.8	18.2	14.2%	9.6%	25.4%
2018	66.8	45.1	21.7	19.2%	19.3%	18.9%
2019	69.0	45.7	23.3	3.4%	1.5%	7.3%

截至2019年10月，中国对罗直接投资总额为3.46亿美元，罗对华直接投资2.93亿美元。2019年5月，中罗农业科技园在罗马尼亚落成。12月，中国银行布加勒斯特分行开业。

中国驻罗马尼亚大使：姜瑜（女）。馆址：布加勒斯特市一区北方路2号（Şos. Nordului nr. 2，Sector 1，Bucureşti，România，codul postal 014101）。电话：0040–21–2328858，传真：2330684。领事证件咨询电话：0040–21–2334188。领事保护电话：0040–722455618。网址：www.chinaembassy.org.ro/chn。

罗马尼亚驻华大使：瓦西利克·康斯坦丁内斯库（Vasilică CONSTANTINESCU）。馆址：北京日坛路东2街。电话：010–65323442，传真：65325728。商务处电话：010–65323315。签证处电话：010–65323879。网址：beijing.mae.ro/cn。

罗马尼亚驻上海总领事：奥雷利安·内亚古（Aurelian NEAGU）。馆址：上海市成都北路199号恒力国际大厦502室。电话：021–62700361；传真：021–62085105。网址：shanghai.mae.ro/en。

罗马尼亚驻中国香港总领馆代理馆长：米尔恰·丘卢（Mircea CIULU）。馆址：香港北角电气道148号21楼3A室。电话：00852–25233813；传真：25233815。网址：hongkong.mae.ro/en。

【同美国的关系】美国于1880年6月14日在罗马尼亚设立办事处，同年8月11日，该办事处升为公使馆。1941年12月，罗美断交。1946年2月，罗美恢复公使级外交关系。1964年6月1日，罗美建立大使级外交关系。2007年8月，美在罗设立军事基地。2011年9月，罗美签署《面向21世纪的战略伙伴关系联合声明》及美在罗部署反导系统协议。2015年11月，美在罗南部德维塞卢空军基地部署“标准–3”导弹拦截装置。2019年2月，罗总统约翰尼斯在出席慕尼黑安全会议期间会见美副总统彭斯。8月，罗总统约翰尼斯访美。3月和9月，罗总理登奇勒两度访美。

【同俄罗斯及独联体国家的关系】俄罗斯：罗马尼亚同俄罗斯于1878年9月建立公使级外交关系。1918年两国断交，1934年6月9日，两国恢复外交关系。1941年6月22日，两国再次断交。1945年8月6日，双方建立公使级外交关系，同年8月24日，两国外交关系升格为大使级。当前罗致力于拓展同俄罗斯互利务实合作。

独联体国家：2019年，格鲁吉亚总理巴赫塔泽、摩尔多瓦总理菲利普访罗。

【同欧洲国家的关系】2019年主要往来有：罗总统约翰尼斯分别访问德国、斯洛伐克。罗总理登奇勒分别访问捷克、斯洛伐克。斯洛文尼亚总统帕霍尔、波兰总理莫拉维茨基、黑山总理马尔科维奇、波黑部长会议主席兹维兹迪奇等分别访罗。罗马尼亚—保加利亚—塞尔维亚—希腊四国领导人会晤等在罗召开。

【同其他国家的关系】2019年主要往来有：罗总统约翰尼斯访问埃及，赴日本出席德仁天皇即位庆典。罗总理登奇勒访问以色列。埃及总统塞西、越南总理阮春福等分别访罗。

【同国际和地区组织的关系】2019年主要往来有：罗总统约翰尼斯赴美国出席第74届联合国大会，访问欧盟总部，赴比利时出席欧盟峰会，赴英国出席北约峰会。罗总理登奇勒访问欧盟总部。欧洲理事会主席米歇尔、北约秘书长斯托尔滕贝格分别访罗。罗于2019年上半年担任欧盟轮值主席国，5月举行欧盟锡比乌非正式峰会。罗前总理达奇安·乔洛什（Dacian CIOLOŞ）出任欧洲复兴党主席。罗前参议长米尔恰·杰瓦讷（Mircea GEOANĂ）出任北约副秘书长。

（朱师逊）

马　耳　他

<u>国名</u>　马耳他共和国（The Republic of Malta）。

<u>面积</u>　316平方公里。主要由5个岛屿组成，其中马耳他岛最大，面积245.73平方公里；第二大岛为戈佐岛，面积67.08平方公里。

<u>人口</u>　49.4万（2019年1月）。主要是马耳他人，占总人口的95%以上，其余为阿拉伯人、意大利人、英国人等。官方语言为马耳他语和英语。天主教为国教，信奉人数占98%，其余主要信奉基督教新教和东正教。

<u>首都</u>　瓦莱塔（Valletta），0.8平方公里，人口约0.7万。

<u>国家元首</u>　总统乔治·威廉·维拉（George

William Vella），2019年4月就职，任期5年。

重要节日 国庆日（独立日）：9月21日。

简况 位于地中海中部的岛国，有"地中海心脏"之称。海岸线长190余公里，多天然良港。属亚热带地中海式气候，年均气温19.7℃，最高气温40℃，最低气温5℃。年均降水量560毫米。

自公元前5000年起，岛上出现人类活动。公元前10至8世纪，腓尼基人到此定居。公元前218年起，受罗马人统治。公元9世纪起，先后被阿拉伯人、诺曼人占领。1530年，耶路撒冷圣约翰骑士团从罗得岛移居这里。1798年，法国军队将骑士团逐出。1800年被英国人占领，1814年沦为殖民地并成为英国重要海军基地。二战后，英于1947年允许马成立内部自治政府，但于1959年1月再次进行直接统治。1964年9月21日，马正式宣布独立，实行君主立宪制，仍保留英联邦成员国身份。1966年，马举行独立后首次大选，国民党获胜执政。1971—1987年，工党连续执政。此后国民党和工党两党长期轮流执政。1979年3月31日，英从马撤出军事基地。

政治 马于2004年5月加入欧盟，2007年12月加入申根区，2008年1月启用欧元。

【宪法】1964年9月21日颁布独立宪法，实行君主立宪制，英女王为国家元首。1974年12月13日通过宪法修正案，成为共和国，总统为国家元首，但仍留在英联邦内。

【议会】一院制，称众议院，经普选产生，任期5年，为立法机构。本届议会于2017年6月选举产生，共67席，其中工党（执政党）占37席，国民党（反对党）占28席，民主选择党2席。议长安杰洛·法鲁贾（Angelo Farrugia）。

【政府】2013年3月，工党赢得大选上台执政，2017年6月再次胜选，约瑟夫·穆斯卡特（Joseph Muscat）连任总理。内阁其他成员包括副总理兼卫生部长克里斯·费恩（Chris Fearne），经济、投资和小企业部长克里斯蒂安·卡尔多纳（Christian Cardona），教育和就业部长埃瓦里斯特·巴尔托洛（Evarist Bartolo），能源和水利部长乔·米齐（Joe Mizzi），欧洲和公平事务部长爱德华·刘易斯（Edward Zammit Lewis），财政部长爱德华·希克卢纳（Edward Scicluna），旅游部长（暂缺），内政事务和国家安全部长迈克尔·法鲁贾（Michael Farrugia），司法、文化和地方政府部长欧文·邦尼奇（Owen Bonnici），环境、可持续发展和气候变化部长何塞·埃拉拉（Jose Herrara），外交和贸易促进部长卡尔梅洛·阿贝拉（Carmelo Abela），交通、基础设施和大型项目部长伊恩·博格（Ian Borg），戈佐部长贾斯汀·卡鲁阿纳（Justyne Caruana，女），家庭、儿童权利和社会团结部长迈克尔·法尔宗（Michael Falzon），金融服务、数字经济和创新国务秘书西尔维奥·斯肯布里（Silvio Schembri），改革、公民资格和简化事务国务秘书朱丽亚·法鲁贾·波尔泰利（Julia Farrugia Portelli，女），青年、体育和志愿者组织事务国务秘书克利夫顿·格里马（Clifton Grima），欧盟资金和社会对话事务国务秘书阿伦·法鲁贾（Aaron Farrugia），地方政府和社区事务国务秘书西尔维奥·帕尔尼斯（Silvio Parnis），消费者保护和2018瓦莱塔欧洲文化之都事务国务秘书德奥·德巴蒂斯塔（Deo Debattista），农业、渔业和动物权益国务秘书克林特·卡米莱里（Clint Camilleri），规划和房地产市场事务国务秘书克里斯·阿吉乌斯（Chris Agius），社会事务国务秘书罗德里克·加尔德斯（Roderick Galdes），残疾人和老年人事务国务秘书托尼·阿吉乌斯·德塞利斯（Anthony Agius Decelis）等。

2019年12月，穆斯卡特宣布将于2020年1月辞任工党领袖，将由党内选举新领袖接任总理。

【行政区划】全国共有68个地方市政委员会，其中马耳他岛54个，戈佐岛14个。

【司法机构】高等法院为最高司法机构，由1名首席大法官和16名大法官组成，由总统根据总理推荐任命，65岁退休。首席大法官约瑟夫·阿佐帕尔迪（Joseph Azzopardi），2018年就任。检察长彼得·格莱克（Peter Grech），2010年就任。

【政党】（1）工党（Partit Laburista，PL）：执政党。1921年成立，党员以工人居多。对内主张"公民第一"，权利一律平等，逐步削弱宗教势力，建立自主经济，工会参与企业管理，出售部分国有企业股份。对外主张中立和不结盟，不参加任何军事集团，反对马加入欧盟，但在马入盟后表示尊重马人民的选择；重视同地中海国家关系。现任领袖约瑟夫·穆斯卡特，2008年6月当选。

（2）国民党（Partit Nazzjonalista，PN）：主要反对党。1880年成立，党员主要是工商业者、教职员、律师、农民。对内主张把马建成信奉天主教、具有欧洲传统和民族精神、自由正义的民主国家；对外主张加强同欧洲国家和地中海各国合作。现任领袖阿德里安·德利亚（Adrian Delia），2017年9月当选。

【重要人物】**乔治·威廉·维拉**：总统。1942年4月生，马耳他大学医学博士。1978年当选议员开始从政，系马政坛资深人物。历任马耳他工党副领袖、议会议事程序委员会和外交事务委员会委员等职务。1996—1998年担任工党政府副总理兼外交和环境部长。1998年后作为反对派议员期间，长期担任影阁外交事务发言人。2013年工党赢得大选上台执政，再度出任外长。2017年议会提前大选后未连任。2019年4月就任马总统。已婚，有二女一子。 **约瑟夫·穆斯卡特**：总理，工党领袖。1974年1月生，马耳他大学商业管理和公共政策学士、欧洲研究硕士，英国布里斯托尔大学管理研究博士。曾长期在工党党媒工作。1994—2001年任工党全国执委会委员。2001—2003年任工党教育书记。2004年当选欧洲议会议员。2008年6月当选工党领袖，10月当选马议会议员。2013年3月起任总理，2017年6月连任。已婚，有一对双胞胎女儿。

经　济

马自然资源贫乏，技术人员短缺，工业基础薄弱，粮食基本依赖进口，对外贸易长期逆差。旅游、造船和修船是其传统产业，其中旅游业是马外汇的重要来源。2004年加入欧盟以来，政府调整经济结构，推出系列改革措施，并获得欧盟大笔援款，宏观经济状况不断改善。受2008年国际金融危机影响，进出口和内需下降，经济陷入衰退。为缓解危机影响，马政府投入约9000万欧元用于刺激经济，采取提高存款准备金率、实施旅游业贷款利息补贴、为企业量身定制资金帮扶等一系列措施，用以稳定市场、保障就业、吸引投资、刺激经济。2010年起经济开始复苏，逐步恢复增长。2019年，马经济增长在欧盟内表现出色。国内生产总值约132.1亿欧元，同比增长6.8%。人均GDP近2.9万欧元，失业率3.4%（2019年12月），通胀率1.64 %。

【资源】除建筑用石灰岩外，无矿产资源，石油、天然气完全依赖进口。太阳能、风能资源丰富，但开发不足，可再生能源使用率低。淡水资源匮乏，55%生活用水依靠海水淡化。

【制造业】近年来制造业产值不断下降，GDP占比低于西方国家总体水平；从业人员占总劳力的比例不足20%。主要产品有电子、化工、机械设备、医药、食品饮料等。

【农业】可耕地仅1.1万公顷，且严重缺水，制约了农业发展。农业、林业、渔业产值占马总体经济产值不足1%，全职农业人口不足2000人。大部分粮食、牛奶、植物油、水果等依赖进口。

【旅游业】旅游业是经济支柱和主要外汇来源。2019年，赴马游客人数约277万人，在马旅游消费约22亿欧元。英国、意大利、德国、法国等欧盟国家为赴马游客的主要来源国。

【交通运输】境内无铁路和内陆水路，与岛外的交通主要依赖航空和海运。卢卡（Luqa）国际机场是唯一机场，年吞吐量约600万人次，与欧、美、北非等主要大城市有多条直飞航线。马耳他航运业发达，马耳他岛南部的自由港系地中海沿岸第三大港，年吞吐量逾300万只20尺标箱，与世界125个港口有货物往来。截至2017年12月，在马耳他注册船只共计8123艘，总吨位7520万吨。按吨位计算，马是欧洲第一大、世界第六大船舶登记国。全国公路约2200 公里，无高速交通系统。全国共有约39.8万辆汽车（2019年），人均车辆保有率居世界前列。

【财政金融】马加入欧盟后公共财政状况总体良好，在GDP增长、降低结构性赤字和公共债务等方面取得积极成果。2018年，政府总财政盈余2.356亿欧元，占GDP的1.9%。政府总债务56.41亿欧元，占GDP的45.8%。2019年，政府财政盈余940万欧元。截至年底，中央政府债务为53.28亿欧元，较上年增加920万欧元。

【对外贸易】马对外贸易长期逆差。欧盟一直保持马最大贸易伙伴地位。马主要进口矿物燃料、非电子机械、交通工具、食品等，主要进口来源国有意大利、英国、德国、法国等。主要出口电子机械、海产品、医药产品等，主要出口国有德国、法国、英国、意大利等。2019年，马货物贸易进出口总额为110.3亿欧元，其中进口额为73.4亿欧元，出口额为36.9亿欧元，贸易逆差36.5亿欧元。

人民生活

实行免费教育、免费医疗及退休保险制度。男性平均寿命79.6岁，女性为83.3岁，总体平均寿命81.5岁，世界排名第20位（2018年）。互联网入户率84%(2018年)。

军　事

武装部队总人数不到2000人。武装部队司令杰弗里·柯米（Jeffrey Curmi）准将，2013年12月就职。根据1980年同意大利签订的双边防务协定，意负责为马提供安全保障。马警察力量约2300人，由内政部管辖。

文化教育

【教育】共有各类学校约340所，在校生约8.4万人，教师近1万人，公立学校均实行免费教育，另有各类私立和教会学校。马耳他大学（University of Malta）系马唯一一所大学，其他高等院校包括旅游学院（Institute of Tourism Studies，ITS）和马耳他人文科技学院（Malta College of Arts，Science & Technology，MCAST）等。

【新闻出版】共有主要日报4份，马耳他文和英文各2份。最大报纸为《时报》(Times of Malta）和《独立报》(The Malta Independent)，发行量分别为3.7万份和1.8万份（2016年），另有多种周刊。

马耳他电视台（TVM）为国家电视台，1962年开始播放电视节目，由政府公共广播服务有限公司运营。国民党和工党分别开设各自电视台Net TV和One TV。

对外关系

独立后一直奉行中立政策，同欧洲大陆和地中海沿岸国家保持友好关系。推动并积极参与地中海议会大会、地中海联盟等欧洲—地中海合作进程，重视并积极发展同美国、俄罗斯、中国、澳大利亚、印度、南非等域外大国和新兴经济体的关系。

重视联合国等多边国际组织作用，赞成联合国改革，支持扩大安理会，但主张应坚持协商一致。积极参与国际反恐合作。重视气候变化问题，支持在联合国气候变化框架公约内就减排尽快采取行动，呼吁重视小岛国受气候变化负面影响的脆弱性。高度关注近年来日益严重的地中海非法移民问题，主张保护难民的人道主义权利，开展国际合作搜救海上遇险难民，倡导在欧盟内部建立强制性“责任分摊”制度，主张加大同难民来源国、中转国的发展合作，从源头解决问题。

【同中国的关系】中马两国关系自1972年1月31日建交以来保持稳定发展。双方高层互访较频繁，习近平主席（时任国家副主席）、全国政协主席俞正声分别于2009年和2016年往访和过境，马耳他总理穆斯卡特先后于2010年、2013年、2014年、2018年四度访华。2018年9月，马外长阿贝拉访华并与中方共同主持召开中马中期合作规划指导委员会首次会议，双方签署《中华人民共和国政府与马耳他共和国政府中期合作规划指导委员会首次会议纪要》。

两国经贸关系不断发展。1997年，中马签署《贸易和经济合作协定》，建立经贸混委会制度，迄今已举行10次会议。2016年1月，马成为亚洲基础设施投资银行创始成员国。2018年11月，马总理穆斯卡特来华出席首届中国国际进口博览会期间，中马双方签署《中华人民共和国政府与马耳他共和国政府关于共同推进丝绸之路经济带和21世纪海上丝绸之路建设的谅解备忘录》。2019年4月，马耳他能源与水利部长米齐来华出席第二届“一带一路”国际合作高峰论坛分论坛；5月，马前总统普雷卡、财政部长希克卢纳来华出席2019年中国（北京）国际服务贸易交易会（京交会）；11月，马外交与贸易部长阿贝拉率团来华出席第二届中国国际进口博览会。

2018年，中国贸促会与马总商会建立战略伙伴关系。2019年，中马双边贸易额15.2亿美元，同比下降14.8%，其中中方对马出口额为11.6亿美元，同比下降19.1%，自马进口额为3.6亿美元，同比增长2.7%。

近年来，中马在文化、卫生、教育、军事、警务、民政、青年等领域的交流与合作不断深化，签有多个合作文件。马在上海设有总领馆。苏州市姑苏区与桑塔露西亚市结好。

中国驻马耳他大使：姜江。馆址：Karmnu Court, Lapsi Street, St. Julian’s, STJ1264, Malta。电话：00356–23798804；传真：00356–21364730。电子邮箱：chinaemb_mt@mfa.gov.cn。网址：http://mt.chineseembassy.org或http://mt.china-embassy.org。

马耳他驻华大使：卓嘉鹰（John Aquilina）。馆址：北京市朝阳区三里屯办公楼1–51。电话：010–65323114；传真：010–65326125。电子邮箱：maltaembassy.beijing@gov.mt。马耳他签证申请中心网址：http://www.vfsglobal.cn/Malta/China/Chinese/。

【同欧盟的关系】坚持欧盟共同外交与安全政策，主张欧盟发挥更大政治影响力，强化跨大西洋关系，促进与非盟和阿盟的关系，支持欧盟进一步扩大。

【同北约的关系】马国民党政府曾于1994年5月加入北约“和平伙伴关系计划”。1996年工党执政后，以违反马宪法关于中立、不结盟规定为由退出。1998年9月，国民党重新执政，与北约保持密切关系，并于2008年4月重新加入北约“和平伙伴关系计划”。

【同意大利的关系】重视同邻国意大利的关系。根据有关双边协定，意大利为马提供防务安全保障，并向马提供一定的财政援助。两国开展联合海上巡逻，并就应对非法移民、联合海上搜救、油气开采等保持沟通与合作。

【同英国的关系】英联邦成员，同英保持传统友好关系。2015年11月，马主办英联邦政府首脑会议，英女王伊丽莎白二世和卡梅伦首相出席。2015—2018年，马担任英联邦轮值主席，任期两年半。

【同美国的关系】同美国关系密切，美军舰经常在马停靠补给。2008年，两国签署避免双重征税协定。2009年12月，马加入美免签计划。

【同北非、中东国家的关系】重视与北非和中东国家的关系，与利比亚、突尼斯、阿尔及利亚等北非阿拉伯国家在投资、金融、侨务等领域有着密切的传统联系，高度关注中东局势，积极利用自身地缘优势发挥斡旋作用，支持通过和平对话解决巴以冲突。

（宋建）

摩尔多瓦

国名 摩尔多瓦共和国（Republic of Moldova）。

面积 3.38万平方公里。

人口 354.27万（截至2019年1月1日，不含“德左”地区和本德尔市）。城市人口152.74万，农村人口201.52万。其中摩尔多瓦族占75.8%，乌克兰族8.4%，俄罗斯族5.9%，加告兹族4.4%，罗马尼亚族2.2%，保加利亚族1.9%，茨冈族0.4%，犹太族0.1%，其他民族0.5%。主要信奉东正教。官方语言为摩尔多瓦语，俄语为族际通用语。

首都 基希讷乌（Chisinau），面积571.6平方公里，人口69.5万。年平均气温12.2℃，年降水量403毫米。

国家元首 伊戈尔·多东（Igor Dodon），2016年12月23日就职。

重要节日 公历新年：1月1日；东正教圣诞节：1月7日；东正教复活节：4月；胜利日：5月9日；独

立日（国庆日）：8月27日；语言节：8月31日。

简　况　摩为内陆国，东、南、北与乌克兰为邻，西连罗马尼亚。属温带大陆性气候。2019年平均气温北部10.6℃，中部12.2℃，南部12.6℃。年均降水量为北部596毫米，中部403毫米，南部448毫米。

摩尔多瓦人的祖先为达契亚人。13—14世纪，蒙古鞑靼人和匈牙利人入侵，达契亚人逐渐分为三支：摩尔多瓦人、瓦拉几亚人、特兰西瓦尼亚人。1359年，摩尔多瓦人在喀尔巴阡山以东至德涅斯特河之间的大部分领土上建立了摩尔多瓦公国。1487年，摩公国沦为奥斯曼帝国附庸，直至18世纪均处于奥斯曼帝国的统治之下。1600年，摩尔多瓦、瓦拉几亚、特兰西瓦尼亚三个公国实现短暂的统一。1812年，沙俄通过对土耳其战争夺取了摩公国部分领土，即比萨拉比亚。1859年，摩尔多瓦与瓦拉几亚合并，称罗马尼亚。1918年1月，比萨拉比亚宣布独立，3月与罗马尼亚合并。1940年6月，苏联占领比萨拉比亚，将其大部分领土与德涅斯特河左岸的摩尔达维亚自治共和国合并，使其成为苏联15个加盟共和国之一。1941年，比萨拉比亚划归罗马尼亚。1944年9月，苏罗停战协定规定恢复1940年的苏罗边界，比萨拉比亚被划归苏联。1990年6月，摩尔达维亚苏维埃社会主义共和国改国名为摩尔多瓦苏维埃社会主义共和国，1991年5月23日更名为摩尔多瓦共和国，1991年8月27日宣布独立。

政　治　2016年11月，社会主义者党主席多东当选总统，并于12月23日正式就职，任期4年。2019年2月，摩举行议会选举，社会主义者党、民主党、ACUM联盟、绍尔党和3位独立候选人进入议会，但均未获得单独组阁所需的简单多数。6月8日，社会主义者党和ACUM联盟组建执政联盟，新一届政府成立，ACUM联盟联合主席玛雅·桑杜出任政府总理，社会主义者党主席齐奈达·格列恰内当选议长。11月，由于桑杜政府未经执政联盟充分协商，修订《总检察官法》，社会主义者党联合民主党通过对桑杜政府不信任案，执政联盟解散。社会主义者党推荐扬·基库为总理候选人，组建少数派技术型内阁，获议会通过。2020年3月，社会主义者党同民主党组建执政联盟，改组政府，民主党推荐的人选担任主管统一事务副总理，外交与欧洲一体化部部长，国防部长，经济与基础设施部部长，教育、文化与研究部部长职务。

【德涅斯特河左岸问题】摩尔多瓦德涅斯特河左岸地区（简称“德左”）位于德涅斯特河东侧并与乌克兰相邻，面积4163平方公里，人口63万，其中摩族占40%，乌克兰族占28%，俄罗斯族占25%。俄在“德左”地区有驻军。2006年9月，“德左”地区就未来地位举行全民公决，97.1%的民众支持独立并加入俄罗斯。2009年3月，摩总统沃罗宁、俄总统梅德韦杰夫、“德左”领导人斯米尔诺夫在莫斯科就“德左”问题签署共同声明，重申“5+2”机制的重要性，同意在“德左”问题解决后将三方维和部队改为由文职人员组成的欧安组织部队。2013年5月，“5+2”谈判在敖德萨举行，就德河两岸自由通行、“德左”地区放射性物质外运、加强德河两岸执法部门合作、德河生态环境保护等问题交换了意见。2016年6月，“5+2”谈判在柏林举行，摩政府与“德左”制订了解决德河两岸民生问题统一行动计划，12月11日，“德左”地区举行“总统”直选，时任“德左最高苏维埃”主席克拉斯诺谢利斯基当选新任“德左”地区领导人。

2017年1月，摩总统多东与“德左”领导人克拉斯诺谢利斯基在本德尔市举行自2008年以来德河两岸领导人首次会晤，双方讨论了教育、交通、通讯、人员通行等合作议题，表示将努力改善双方关系，逐步解决两岸民生问题。2017年11月至2019年11月，“德左”问题“5+2”谈判分别在维也纳、罗马、布拉迪斯拉发举行了3次会议，双方就摩方受理“德左”高校学历证书认证、“德左”为其地区内采用罗语教学的学校提供必要保障、“德左”为在杜伯萨里区拥有耕地的摩公民颁发务农许可，以及建立电话通信网互联等问题达成共识并签署有关议定书，重点评估了“柏林+”一揽子协议关于增强互信措施相关内容。

【宪法】1994年7月29日，摩议会通过了新宪法，其中规定：摩是一个主权、独立、统一和不可分割的国家；坚持在政治多元化条件下的民主，实行三权分立；公有和私有制并存；摩永远为中立国家，不允许在摩领土上驻扎外国军队；国语为摩尔多瓦语。1999年7月25日，摩议会决定将7月29日定为宪法日。2000年7月28日，摩由半议会半总统制改为议会制，摩总统由议会选举产生。2016年3月4日，摩宪法法院做出裁决，恢复实行全民选举总统。

【议会】议会是摩最高立法机关。摩议会实行一院制，共101个议席，任期四年。2019年2月24日举行独立以来第九次议会选举，社会主义者党、ACUM政治联盟、民主党、绍尔党及3名独立候选人进入议会。现任议长为社会主义者党主席齐奈达·格列恰内（Zinaida Greceanii）。2020年2月以来，民主党内部出现分裂，退党议员在议会组成“为了摩尔多瓦”议会小组。目前议会占席情况为：社会主义者党37席，民主党17席，ACUM联盟24席，绍尔党9席，“为了摩尔多瓦”议会小组10席，独立议员4名。

【政府】2017年7月，摩实施政府机构改革，政府原下设16个部门缩并至9个，分别为：外交与欧洲一体化部，内务部，农业、地区发展与环境部，国防部，经济与基础设施部，教育、文化与研究部，财政部，司法部，卫生、劳动与社会保障部。现内阁成员有：总理扬·基库（Ion Chicu），副总理兼财政部长塞尔久·布什古察（Sergiu Puscuta），统一事务副总理克里斯蒂娜·莱斯尼克（Cristina Lesnic），外交与欧洲一体化部长奥列格·楚莱亚（Oleg Tulea），内务部长：帕维尔·沃伊库（Pavel Voicu），农业、区域发展与环境部长扬·佩尔茹（Ion Perju）、国防部长亚历克山德鲁·平扎里（Alexandru Pinzari），经济与基础设施部长塞尔久·莱良（Sergiu Railean），教育、文化与研究部长伊戈尔·萨罗夫（Igor Sarov），司法部长法代伊·纳迦切维斯基（Fadei Nagacevchi），卫生、劳动与社会保障部长维奥丽卡·敦布勒维亚努（Viorica Dumbraveanu），加告兹自治区行政长官伊琳娜·弗拉赫（Irina Vlah，女）。

【行政区划】2003年6月，摩实行新行政区划，全国共分32个区、3个直辖市（基希讷乌、伯尔兹、本德尔）及2个地方行政区（加告兹自治行政区、德涅斯特河左岸行政区）。各区名称如下：新阿内尼、巴萨拉比亚斯卡、布里切尼、卡胡尔、冈代米尔、格勒拉什、格乌舍尼、奇米什利亚、克柳列尼、敦杜舍尼、德罗恰、杜伯萨里、埃迪奈茨、弗洛列什蒂、弗列什蒂、格洛代尼、亨切什蒂、亚洛维尼、辽瓦、尼斯波列尼、奥克尼察、奥尔海、雷齐纳、勒什坎尼、森杰雷、索洛卡、斯特勒舍尼、绍尔德奈什蒂、斯特凡大公、塔拉克里亚、泰莱奈什蒂、温杰尼。

【司法机构】摩主要司法机构有宪法法院、最高法院、最高检察院以及地方法院等。宪法法院院长多姆尼卡·马诺莱（Domunica Manole），2020年4月就职；最高法院临时院长弗拉基米尔·蒂莫夫蒂（Vladimir Timofti），2019年11月就职；最高检察院临时总检察长路易莎·加夫通（Luiza Gafton），2019年11月就职。

【政党】摩主要政党有：

（1）摩尔多瓦社会主义者党（The Party of Socialists of the Republic of Moldova）：成立于1997年6月29日。现有党员14 447人。该党倡导社会民主价值理念，主张摩应保持永久中立地位，加强与俄罗斯友好合作。党主席齐奈达·格列恰内（Zinaida Greceanii，女）。

（2）ACUM政治联盟：该联盟由亲欧右翼政党“团结和行动党”“尊严与真理党”组成，奉行亲西方外交政策，推进融欧进程，联合主席玛雅·桑杜（Maia Sandu）、安德烈·纳斯塔塞（Andrei Nastase）。

（3）摩尔多瓦民主党（Democratic Party of Moldova）：成立于1997年2月8日，前身为“为了民主与繁荣的摩尔多瓦”社会政治运动，2000年4月15日更名为摩尔多瓦民主党，现有党员48742人。以实现欧洲民主为目标，主张在经济持续增长的基础上复兴国家，消除贫困与失业，促进出口，支持本地生产者和中小企业，打击腐败。主张和平解决“德左”问题与融入欧洲。党主席帕维尔·菲利普（Pavel Filip）。

（4）绍尔党（Sor Party）：成立于1998年10月27日，前身为社会政治平等共和运动联盟。代表民粹力量，提倡建全社会保障制度，强调摩尔多瓦民族认同。党主席伊兰·绍尔（Ilan Sor）。

（5）摩尔多瓦共产党人党（Party of Communists of the Republic of Moldova）：成立于1993年10月23日，现有党员11700人，全国共有41个区级组织，基层党组织1465个。曾于2001—2009年执政，成为苏联地区唯一执政的共产党。摩共的目标是实现共产主义，主张的四个战略优先方向：新的生活质量、经济现代化、融入欧洲和加强社会团结。党主席弗拉基米尔·沃罗宁（Vladimir Voronin）。

【重要人物】伊戈尔·多东：总统。1975年2月18日生于斯特勒舍尼区。经济学博士。毕业于摩国立农业大学经济系、摩经济学院企业管理系、国际企业管理学院经济法系。1997—2001年，在摩基金交易所工作。2001—2005年，任摩国家有价证券所主席。2003—2005年，任摩通用期货交易所主席。2005年5月，任经贸部副部长。2006年9月，任经贸部部长。2008年3月，任第一副总理兼经贸部部长。2011年11月4日，脱离摩共，9日加入社会主义者党，同年12月18日当选该党主席。2016年11月17日，因当选总统辞去党主席职务。12月23日，就任总统。已婚，有三子。懂俄语和英语。　**齐奈达·格列恰内**：议长。1956年2月7日出生于俄罗斯托木斯克州。毕业于摩尔多瓦国立大学经济学专业。曾长期在摩财政系统工作。2000—2005年，历任摩财政部副部长、部长。2005—2008年，任摩第一副总理。2008—2009年，任总理。2009年、2014年、2019年，连续三届当选议会议员。2009年5月，曾以摩共产党候选人身份参加总统选举败选。2016年12月，任摩社会主义者党主席。2019年6月8日当选议长。已婚，有二子。懂俄语、英语。　**扬·基库**：总理。1972年2月28日生于摩尔多瓦卡拉什区。毕业于摩经济学院管理系。1994—1996年，任摩经济学院讲师。1994—2005年，任摩尔多瓦国家电信副总经理。2005年起，先后任摩经济部机构改革处处长、摩副总理顾问、欧洲开发银行董事会成员、摩财政部副部长、摩总理首席经济顾问。2015—2017年，任摩总统战略发展顾问委员会委员。2018年1—12月，任摩财政部国务秘书，后升任摩财政部长。2019年8—11月，任摩总统经济顾问。2019年11月，就任摩政府总理。已婚，有三子。懂俄语、英语、法语。

经　济

摩尔多瓦是传统农业国家，葡萄种植和葡萄酒酿造业发达。摩独立后，经济长期困难，主要依赖农业、出口、外援和侨汇。2019年摩宏观经济稳步发展，主要经济数据如下：

国内生产总值：2101亿摩列伊（约合118.23亿美元）。

经济增长率：3.6%。

货币名称：摩尔多瓦列伊（Moldovan Lei），简称摩列伊；1列伊=100巴尼（Bani）。

汇率：1美元≈17.77摩列伊（2020年4月21日）。

【资源】摩境内非金属矿藏较丰富，主要有大理石、石灰岩、硅藻土、磷钙石、褐煤等。地下水资源丰富，约有2200个天然泉。森林覆盖率为12.7%，主要树种有橡树、椴树、榆树、杨树等。野生动物有獐、狐狸和麝鼠等。

【工业】2019年工业生产总值同比增长2.0%。其中，制造业增长3.1%，采掘业减少1.9%，电力、热力、燃气产能减少4.0%。

【农业】2019年农业生产总值343.63亿摩列伊（约合19.33亿美元），同比增长5.02%。其中，种植业产值同比增长6.64%，畜牧业产值同比减少0.68%。

【服务业】2019年零售业同比增长13.2%，机动车交易额增长26.4%，批发业增长14.7%，居民服务业增长14.6%，企业服务业增长8.2%。

【旅游业】2019年摩旅游行业共接待游客37.66万人，同比增长16.4%。其中，入境游人数增长3.0%，出境游人数增长17.6%，国内游人数增长14.9%。

【交通运输】以铁路和公路运输为主。全国铁路1157公里，公路9445.9公里，其中国道3623.8公里，地级公路5822.1公里。2019年，铁路、公路、水路和航空货运量1886万吨，同比增长2.98%，货物周转量为49.48亿吨公里，较去年同期增长1.3%。

【财政金融】2019年，国家财政收入399.7亿摩列伊（约合22.5亿美元），同比增长8.84%；财政支出430.7亿列伊（约合24.24亿美元），同比增长10.12%。截至2020年3月31日，外汇储备29.48亿美元。

【对外贸易】2019年对外贸易总额85亿美元，同比增长1.7%，其中出口额27亿美元，同比增长2.7%，进口额58亿美元，同比增长1.4%，贸易逆差31亿美元，同比增长0.3%。

对欧盟出口额18亿美元，同比减少1.7%，占出口总额65.9%；对独联体国家出口额4.35亿美元，同比增长4.6%，占出口总额15.6%。从欧盟国家进口额29亿美元，同比增长1.4%，占进口总额49.5%；从独联体国家进口额14亿美元，同比减少2.2%，占进口总额24.2%。主要出口商品：蔬菜、水果、粮食及其制品、奶制品、肉制品、食用油、服装、鞋类、机械及运输设备、酒类、烟草、纺织物、金属制品、药品、化学制品等。2019年摩主要出口情况如下：

	出口额（亿美元）	同比增长（%）	所占比重（%）
罗马尼亚	7.65	–3.49	28.50
意大利	2.67	–15.94	11.14
德国	2.46	10.59	7.91
俄罗斯	2.50	12.53	7.86
土耳其	1.75	38.97	3.85
波兰	1.13	13.26	3.53
白俄罗斯	0.80	–8.37	3.14
中国	0.17	–7.23	0.66

主要进口商品：机械设备、电器、纺织品、金属制品、石油、天然气、化学制品、药品、蔬菜、水果、粮食及其制品、鱼、肉及其制品、奶制品、烟、酒等。2019年摩主要进口情况如下：

	进口额（亿美元）	同比增长（%）	所占比重（%）
罗马尼亚	8.41	1.00	14.40
俄罗斯	6.91	–4.17	12.33
中国	6.02	0.33	10.27
乌克兰	5.69	–1.42	9.88
德国	4.84	0.23	8.27
意大利	4.06	4.17	6.66
土耳其	4.00	15.02	5.82

【投资】2019年摩固定资产投资278.17亿列伊（约合15.71亿美元），同比增长9.4%。

人民生活

2019年摩家庭人均月收入2880.6摩列伊（约合162.10美元），同比增长17.27%，人均月支出2786.5摩列伊（约合156.8美元），同比增长13.59%。2019年摩公民月平均工资7356.1摩列伊（约合413.96美元），同比增长14.1%。财政拨款单位平均月工资为6564.1列伊（约合369.39美元），同比增长7，7%，实体经济部门平均月工资为8287.0列伊（约合466.35美元），同比增长12.9%。

军　事

建军时间：1992年9月3日。1992年3月17日摩最高苏维埃通过《国防法》《武装力量法》《摩尔多瓦公民兵役法》《军队和接受军训的公民及其家属的社会保障和法律保障法》。同日，摩总统就任摩武装力量总司令，宣布前苏联驻摩的军队、装备和设施归摩所有，并在此基础上组建摩国防军。现役军人共计6500人。

摩总统为武装力量的最高统帅，即武装力量总司令。武装力量由国防军、边防军和警察部队组成。国防部行使对国防军的领导。此外，军事指挥机关还有边防部队局和属内务部管辖的警察部队总局。在和平时期，国防军总参谋部负责制订武装力量的军事训练计划。如遇战争，总参谋部将在武装力量总司令的领导下，领导军事单位保卫国家。国防政策的主要目标是确保国家和人民的安全，按照国际法的准则预防战争和军事冲突，保卫国家独立和领土完整。摩宪法规定摩为中立国家，不容许外国在摩领土上驻军，也不容许利用摩领土进攻其他国家，摩不首先对他国发动军事行动。

文化教育

【教育】摩实行免费义务教育。教育结构分为：学龄前教育、初级教育、中等教育和高等教育。主要高等院校有摩国立大学、经济学院、国立理工大学、国立医科大学、农业大学、基希讷乌国立师范学院、艺术学院、音乐学院等。

2019/2020学年，摩有1226所初中等教学机构，91所职业教育机构，27所高等教育机构。

【文化】摩有公共图书馆2690座，馆藏书刊约8677.23万册。博物馆127座，剧院16座，交响乐厅1座，电影院11个，公共休闲活动中心1216间。

【新闻出版】共发行报刊杂志331种，其中144种为罗文版，其余为俄文或罗俄双文出版。主要罗文报纸有：《时间报》《卫士报》《基希讷乌新闻》《文学和艺术报》《基希讷乌周刊》；俄文报纸有：《摩尔多瓦共青团真理报》《经济评论》《事实与论据》。主要杂志有：《IT-摩尔多瓦》《银行与金融》《商界》等。

通讯社、广播电台有：摩尔多瓦国家通讯社、Infotag通讯社、摩尔多瓦国家公共广播电视公司下设的摩尔多瓦电视台和电台，其他私营及合资电视台共13家。

对外关系

摩积极发展同美国、欧盟国家的关系，将融入欧洲作为摩内政外交的优先方向，另外，重视发展同俄罗斯及其他独联体国家的关系。摩已加入联合国、世界银行、国际货币基金组织、世界贸易组织、欧洲安全与合作组织、欧洲委员会、欧洲复兴开发银行、国际移民组织等国际组织。2010年，加入欧洲能源共同体协议。2010年1月，与欧盟启动联系国成员协定谈判，同年6月，与欧盟启动签证自由化谈判。2012年6月，与欧盟签署共同航空区协议和农产品地理标志协议。2013年11月，与欧盟草签了联系国协议和自由贸易协定。2014年4月，获欧盟免签待遇，同年6月，与欧盟正式签署了联系国协议和自由贸易协定。

目前，摩同143个国家建立了外交关系，共设立42个驻外使领馆或代表处。

【同中国的关系】1992年1月30日建交。同年6月，中国在基希讷乌设立大使馆。1996年3月，摩在北京设立大使馆。

2019年6月，全国政协副主席刘新成访摩。8月，摩农业部长明库赴华出席第12届中国—东北亚博览会。9月，摩议长格列恰内赴华出席第八届欧亚经济论坛，并访问上海、北京，全国人大常委会委员长栗战书、国务院副总理胡春华同其会见。

2016年12月，中摩启动自由贸易协定联合可行性研究。2017年5月，中国商务部与摩经济部签署了《关于结束中国—摩尔多瓦自由贸易协定谈判联合可行性研究的谅解备忘录》。12月，双方签署《中华人民共和国商务部和摩尔多瓦共和国经济与基础设施部关于启动中国—摩尔多瓦自由贸易协定谈判的谅解备忘录》，正式启动中摩自贸协定谈判，截至2019年底已举行3轮谈判。

根据摩尔多瓦统计局数据，2019年中摩双边贸易额6.19亿美元，同比增长0.08%。其中，中国对摩出口额为6.02亿美元，同比增长0.33%，自摩进口额为0.17亿美元，同比减少7.23%。

中国驻摩尔多瓦大使：张迎红。馆址：Str. Mitropolit Dosoftei，124，Chisinau，Republic of Moldova，邮编：2004。使馆电话：00373–22–210712；传真：295960。领事部电话、传真：00373–22–296104。商务处地址：Str. Anton Crihan 30，Chisinau，Republic of Moldova，邮编：2009。电话：00373–22–222257；传真：223335。

摩尔多瓦驻华大使：杰尼斯·杰利马莱（Denis Jelimalai）。摩尔多瓦驻华大使馆馆址：中国北京市朝阳区塔园外交人员办公楼2–9–1号。电话：010–65325494；传真：65325379。

【同俄罗斯的关系】2019年，摩俄双边关系积极改善。2019年1月，摩总统多东访俄，期间会见俄总统普京，俄同意摩经乌克兰过境运输商品可出口俄市场。6月，俄摩经贸关系特别代表、俄副总理科扎克访摩；摩议长格列恰内访俄，表示摩将奉行平衡外交政策，巩固摩俄战略伙伴关系，重启两国议会间合作。8月，俄联邦委员会副主席卡列洛瓦、国防部长绍伊古先后访摩。9月，摩外长波佩斯库访俄；第15届摩俄政府间经济合作委员会会议、第二届摩俄经济论坛在摩举行。11月，摩总理基库访俄，期间会见俄总理梅德韦杰夫，重启摩俄政府层面对话机制，同俄就输摩天然气问题达成一致，俄初步决定扩大摩输俄免税商品种类。

【同独联体国家的关系】2019年5月，白俄罗斯总统卢卡申科访摩，期间双方签署《关于修订摩尔多瓦共和国政府与白俄罗斯共和国政府国际道路交通协议的议定书》；摩外长乌里扬诺夫斯基出席乌克兰总统泽连斯基就职典礼；摩总理菲利普出席东部伙伴关系10周年纪念活动，期间会见格鲁吉亚总理巴赫塔泽。7月，摩总理桑杜应乌克兰总统泽连斯基邀请对乌克兰进行工作访问。8月，摩外长波佩斯库对乌克兰进行工作访问。9月，摩议长格列恰内出席在哈萨克斯坦举行的欧亚国家议长峰会，期间会见亚美尼亚议长米尔佐扬、吉尔吉斯议长朱马别科夫、阿塞拜疆议长阿萨多夫。10月，摩经济部长布朗赞出席独联体国家政府首脑会议。11月，摩议长格列恰内出席独联体国家议会大会，期间会见哈萨克斯坦议会下院议长尼格马图林。12月，摩总理基库出席古阿姆集团成员国政府首脑会议，期间会见乌克兰总统泽连斯基、总理冈察鲁克；摩总统多东出席欧亚经济联盟元首峰会并参加独联体国家领导人非正式会晤。

【同罗马尼亚的关系】2019年1月，摩总理菲利普致信罗总理登奇勒，祝贺罗担任欧盟理事会轮值主席国；罗马尼亚天然气公司与欧洲投资银行签署温杰尼—基希讷乌天然气管道项目融资协议。2月，罗副总理比尔乔访摩，期间会见摩总理菲利普、摩外长乌里扬诺夫斯基；摩政府批准《摩尔多瓦与罗马尼亚政府间反腐败合作协议》。4月，摩副总理良格赴罗出席“欧盟未来”大会并致辞。6月，摩总理菲利普访罗，期间会见罗总理登奇勒。9月，摩总统多东在出席联大会议期间会见罗总统约翰尼斯。10月，摩外长波佩斯库赴罗出席布加勒斯特论坛；罗外长曼内斯库访摩，期间会见摩总理桑杜、外长波佩斯库。

【同其他欧洲国家的关系】2019年2月，匈牙利外长西亚尔托访摩；摩副总理良格访问塞尔维亚。5月，摩外长乌里扬诺夫斯基访问斯洛伐克并出席维谢格拉德集团与东部伙伴关系成员国外长会议。6月，立陶宛外长林克维丘斯访摩；拉脱维亚外长林克维奇斯访摩。7月，摩总理桑杜对德国进行工作访问；波兰外长查普托维奇访摩。8月，摩总理桑杜对立陶宛进行正式访问。9月，法国欧洲事务国务秘书蒙萨林访摩；摩外长波佩斯库访德。12月，摩议长格列恰内对匈牙利进行正式访问。

【同美国的关系】2019年2月，摩外长乌里扬诺夫斯基对美国进行工作访问，并出席打击“伊斯兰国”国际联盟会议。4月，摩尔多瓦—美国商业论坛在摩首都基希讷乌举行；美国众议院民主伙伴小组组长普莱斯率美国会代表团访摩。5月，美国北卡罗来纳州州务卿马歇尔对摩进行工作访问，期间双方签署《摩尔多瓦共和国与美国北卡罗来纳州关于加强双方合作谅解备忘录》。6月，美国务院东欧局局长弗雷登对摩进行工作访问。7月，美国欧洲与欧亚事务助理国务卿帮办肯特对摩进行工作访问。8月，美国会议员奎格利对摩进行工作访问；总统国家安全顾问博尔顿对摩进行工作访问。9月，摩总理桑杜对美进行正式访问，期间会见美副总统彭斯、总统顾问伊万卡、总统特别助理兼国家安全委员会成员莫里森等；摩总统多东出席联合国大会并对美进行工作访问。10月，摩美贸易委员会第四次会议在基希讷乌召开。12月，美国欧洲与欧亚事务助理国务卿帮办肯特对摩进行工作访问。

【同其他国家的关系】2019年1月，摩外长乌里扬诺夫斯基在出席达沃斯论坛期间会见阿根廷外交部国务秘书雷伊赛尔、加拿大国际贸易多元化部长卡尔。5月，摩尔多瓦与格林纳达正式建立外交关系。9月，摩总统多东访日并出席平成天皇登基仪式。12月，摩议会批准建立摩尔多瓦—土耳其高级别战略合作理事会；土耳其议会土—摩友好小组代表团访摩并出席加高兹自治区成立25周年纪念活动；摩总统多东对土耳其进行正式访问。

【同国际组织的关系】2019年1月，欧洲委员会与世界银行制定《发展跨欧洲交通运输网投资规划》，其中包含在摩尔多瓦境内的优先实施项目；欧安组织轮值主席、斯洛伐克外长莱恰克访摩；摩总理菲利普会见欧洲议会摩尔多瓦友好小组代表团成员；摩外长乌里扬诺夫斯基会见欧安组织议会大会主席采列捷利；摩外长乌里扬诺夫斯基会见联合国人权事务高级专员哈马尔贝格。3月，国际货币基金组织专家团对摩进行工作访问。5月，世界银行批准向摩提供7000万美元贷款用于发展摩电力系统；联合国工业发展组织对摩启动2019—2023年可持续发展计划。6月，欧盟扩大与睦邻政策专员哈恩访摩；欧洲议会副议长豪塔拉对摩进行工作访问。7月，摩外长波佩斯库出席欧盟外事委员会会议；摩总理桑杜对访问布鲁塞尔欧盟总部，期间会见欧洲议会议长萨索利，欧盟委员会主席容克；欧盟对摩实施首批1450万欧元无偿援助；国际货币基金组织专家组完成对摩第四、五次经济项目评估，决定向摩提供4650万美元贷款；摩外长波佩斯库会见北约副秘书长戈特莫勒；摩总理桑杜会见欧洲复兴开发银行副行长比卢；9月，摩总统多东对欧盟进行工作访问，期间会见欧洲议会主席萨索利、欧洲能源委员会副主席舍甫乔维奇、北约秘书长斯托尔滕贝格、欧盟外交与安全事务高级代表莫盖里尼；欧盟扩大与睦邻政策谈判总干事丹尼尔森访摩；世界银行决定向摩中小企业提供价值280万美元赠款；联合国秘书长政治事务助理詹卡访摩；欧安组织秘书长格雷明格尔访摩。10月，欧盟外交和安全政策高级代表莫盖里尼对摩进行工作访问；欧盟委员会批准向摩提供3000万欧元宏观经济援助；国际货币基金组织代表团访摩。12月，摩外长乔科伊出席欧安组织第26届外长会；摩总理基库会见欧洲委员会秘书长佩伊契诺维奇、欧洲人权法院院长西西里亚诺、威尼斯委员会主席布基齐奥；威尼斯委员会主席布基齐奥访摩。（刘紫卉）

摩 纳 哥

<u>国名</u>　摩纳哥公国（The Principality of Monaco, La Principauté de Monaco）。

<u>面积</u>　2.02平方公里，其中约0.5平方公里为填海造地。

<u>人口</u>　38100人，其中摩纳哥籍9486人（截至2019年12月）。其他人口来自100多个国家，以法国人、意大利人居多。官方语言为法语，通用意大利语和英语，另有摩纳哥方言，仅为老人及在初级教育中

使用。91%的人口信奉天主教。

首都 摩纳哥（Monaco）。

国家元首 阿尔贝二世亲王（Prince Albert II），2005年7月12日即位。

重要节日 国庆日：11月19日。

简 况

位于欧洲西南部，三面被法国包围，南濒地中海。边境线长5.47公里，海岸线长3.83公里。地形狭长，东西长约3公里，南北最窄处仅200米。境内多丘陵，最高海拔不足200米。属亚热带地中海式气候，夏季干燥凉爽，冬季潮湿温暖。年均气温15℃—20℃，年均降水量为600—700毫米。

先后有利古利亚人、腓尼基人和迦太基人在此居住。1297年，格里马尔迪家族夺取了摩纳哥城堡，开始了对摩长达700年断断续续的统治。14世纪形成公国雏形，先后成为西班牙、法国的保护国。1861年同法国签署协定，摩放弃对芒通、罗克布伦两大市镇的所有权，领土由20平方公里缩小到现有面积，法承认摩独立。同年，摩法建立关税同盟。1911年首次颁布宪法，成为君主立宪制国家。1918年同法国签署确定两国政治关系的条约，摩承诺在完全尊重法国政治、经济、航海和军事利益的前提下行使主权，法国负责保障摩的独立、主权和领土完整。1954年同法签署睦邻和行政互助协定。

政 治

2002年10月，摩法签署新的双边关系条约，再次确认两国传统特殊友好关系，同时赋予摩更多的主权和权力。

【宪法】现行宪法于1962年12月颁布，2002年4月修改。根据宪法，摩纳哥为世袭君主立宪制国家，亲王为国家元首，王位继承人须是亲王的合法直系子嗣（男性优先）以及亲王的兄妹及其直系子嗣。亲王对外代表国家，拥有最高行政权，有权签署和批准条约。政府首脑，即国务大臣，须为摩纳哥籍或法国籍，由亲王任命并得到法国政府批准，可代表亲王执掌包括外交在内的各项工作并签署政府法令，对亲王负责。立法权和预算权由亲王和议会共同掌管。

【议会】一院制，共有24名议员，通过直接普选产生，任期5年。立法权由亲王和议会共同行使，亲王负责提出法案，议会进行讨论和投票，最后由亲王批准。本届议会于2018年2月选出，议长斯特凡·瓦莱利（Stéphane Valéri）。

【政府】又称政府委员会，由6名大臣组成。由亲王任命并对亲王负责，在亲王领导下行使行政权。现政府成员包括：国务大臣塞齐·泰尔（Serge Telle，2016年2月1日起任职），内政大臣帕特里斯·塞拉里奥（Patrice Cellario），财政与经济大臣让·卡斯特利尼（Jean Castellini），社会与卫生事务大臣迪迪埃·贾梅勒登格尔（Didier Gamerdinger），装备、环境与城市规划大臣玛丽–皮埃尔·格拉马格里亚（Marie-Pierre Gramaglia），对外关系与合作大臣洛朗·安塞勒米（Laurent Anselmi）。

【行政区划】全国设1个市镇单位，下辖4个区（非行政单位）。市镇委员会由15名成员组成，通过直接选举和按名单投票方式产生，任期4年。市长和副市长由市镇委员会从其成员中选出。现任市长为乔治·马桑（Georges Marsan），2003年首次当选，2007年3月、2011年3月、2015年3月三次连任。

【司法机构】亲王拥有司法权，法院以其名义执法，独立审理案件。司法机构包括治安法庭、初审法院、上诉法院、重审法院、重罪法院和最高法院等。此外还有劳工法庭、房租仲裁委员会和高等仲裁法院等专门法庭。最高法院有5名正式法官及2名候补法官，分别由议会、国务委员会、枢密院、法院推荐，并由亲王任命，任期4年，负责审理行政诉讼和裁定援引的法律条文是否适当。最高法院院长由亲王指定。现任最高法院院长为迪迪埃·利诺特（Didier Linotte）。

【枢密院】枢密院为亲王的咨询机构，由7名摩纳哥籍人组成，任期3年，可连任。亲王指定主席和3名成员，其他成员由议会提名、亲王任命。枢密院每年至少召开2次会议，对涉及国家最高利益的问题提出处理意见。亲王在签署重要国际条约，解散议会，审理入籍申请及特赦、大赦等问题上必须咨询枢密院。现任主席米歇尔·博埃利（Michel Boeri）。

【国务委员会】咨询机构，由亲王挑选并任命的12名成员组成，负责对亲王拟订的法律和敕令草案提出咨询性意见。

【政党】无固定政治组织和党派。在议会选举期间，一些政见相同的人临时组成政治团体参加竞选。

【重要人物】阿尔贝二世亲王：国家元首。1958年3月14日生于摩纳哥。美国马萨诸塞州阿姆赫斯特大学毕业，政治学学士，并获爱尔兰梅努斯教皇大学名誉哲学博士学位。自1976年起，曾先后在摩政府部门、法国海军、巴黎和纽约的商业公司、银行、法律事务所工作。1982年任摩红十字会主席。1983年任摩游泳联合会主席。1984年任摩游艇俱乐部主席和摩田径联合会主席。1988年起，任国际奥委会委员兼田径联合会副主席、蒙特卡洛电视节组委会主席。1993年起，任摩出席联合国大会代表团团长。1994年起，任摩奥委会主席。1996年任亚特兰大奥运会协调委员会委员。2005年4月，前任国家元首兰尼埃三世亲王逝世后任摄政，7月即位。主张积极发展对华关系。已先后10次访华。1993年6月和1999年6月分别以国际奥委会委员和摩王储身份访华。2002年11月来华出席摩驻上海名誉领事馆开馆仪式。2004年11月率摩经贸代表团非正式访华。2007年4月对中国进行国事访问。2008年8月来华出席北京奥运会开幕式。2010年10月来华出席上海世博会摩纳哥国家馆日活动。

2014年8月来华出席南京青奥会开幕式。2015年8月来华出席世界田径锦标赛。2018年9月对中国进行国事访问。酷爱体育，曾代表摩参加奥运会比赛。有姐妹两人。2010年6月与南非游泳选手夏琳·威斯托克（Charlene Wittstock）订婚，2011年7月完婚。2014年底，王室龙凤双胞胎诞生，男孩雅克·奥诺雷·兰尼埃（Jacques Honoré Rainier）被立为王储。

经　济

摩纳哥国土面积狭小，自然资源稀少。20世纪50年代以来，摩政府采取多元化、高附加值和无污染的经济发展方针，积极推动第三产业发展，取得显著成就，其中尤以金融业最为突出。除本国银行外，许多世界著名的银行均在摩设有分支机构。摩在房地产、广告、保险、咨询、贸易、服务业等领域发展迅速。摩有少量工业，主要是化工、医药、化妆品等。摩纳哥一年一度的国际汽车“F1（一级方程式）”大奖赛较为著名。摩纳哥是欧洲著名旅游胜地。2018年摩纳哥国内生产总值为60.9亿欧元，同比上升6.1%。摩国民经济统计还习惯使用“国民经济营业额”概念。2018年摩国民经济营业额为141.4亿欧元，同比增长2.9%，其中批发业营业额47亿欧元，零售业营业额15.1亿欧元，住宿和餐饮业营业额7.4亿欧元，工业部门营业额8.3亿欧元，建筑业营业额7.2亿欧元，运输和仓储业营业额4.9亿欧元，科技和行政部门营业额16.6亿欧元，信息和通讯业营业额6.9亿欧元。

【工业】为支持工业发展，政府积极给予企业财政支持，并克服国土狭小的困难，努力为工业发展提供地皮。鼓励建立高附加值、无污染的出口型企业，积极发展高技术产业。2018年工业部门营业额为8.3亿欧元。主要工业部门有橡胶和塑料加工（占2017年工业营业额的34.4%）、化工产品（16.8%）、医药（5.4%）、成衣加工业（5.3%）等。

【银行业】银行业发达，除本国银行外，世界上一些大银行均在摩设有分支机构。2018年，共有银行和营业所31个，金融公司4个，吸收储蓄额达437.8亿欧元。

【旅游业】旅游业是支柱产业之一。摩是欧洲著名旅游胜地，每年都举行许多文体活动吸引游客，其中蒙特卡洛国际杂技节、国际礼花节、一级方程式汽车大奖赛等闻名于世。娱乐、住宿设施完善。2016年有星级旅馆12家，餐馆102家，客房总数2300间，床位4901张。近年来注重发展商业旅游设施，兴建了大型会议中心，吸引一些国际会议在摩召开。2016年接待游客34.8万人次。

【交通运输】公路总长50公里，与欧洲高速公路网连接。铁路总长1.7公里，并入法国铁路网，由法国国营铁路公司管理。有2个港口，主要用于停靠各类游艇，商船则可在锚地短期停泊，有直升机航班往返于法国尼斯和摩纳哥之间。

【财政金融】国民收入主要来自旅游业、不动产、中小企业、银行、保险、邮票、博彩等。烟草、邮票等由国家专卖。税收在国民收入中所占比重逐渐增大。政府不征收个人所得税，对企业征收税率为33.33%的利润税。摩不是欧盟成员国，但根据有关协议，被视作欧盟关税区内的实体。增值税制及税率与法国相同，普通税率为19.6%，优惠税率自2012年起由原来的5.5%升至7%（生活必需品仍维持5.5%）。此外还征收遗产税等。

2018年国家财政收入12.92亿欧元，支出12.54亿欧元，财政盈余3800万欧元。

【对外贸易】2018年进出口贸易总额约30.97亿欧元，其中进口额约为20.28亿欧元（自欧进口占78.6%），出口额约为9.59亿欧元（对欧出口占73.5%），逆差10.69亿欧元。主要进口商品有：化工产品、交通运输设备、电子设备等；主要出口商品有：化工产品、电子设备、交通运输设备、食品等。

人民生活

摩纳哥经济发达，人民生活水平很高，2018年人均国内生产总值70881欧元，位居世界前列。摩政府不征收个人所得税，因此吸引了数量可观的富裕避税移民。

军　事

摩纳哥无军队，根据摩法有关双边条约，法国承诺保护摩独立、主权和领土完整。摩有500名治安警察，人均警察数量排名全球第一。

文化教育

【教育】摩纳哥对6—12岁的儿童实行义务教育，教育体制与法国相同。公立学校包括6所幼儿园及小学、1所初中、1所高中和1所酒店管理学校；私立学校有1所小学和1所小学至高中混合学校。高等院校包括摩纳哥国际大学和造型艺术学院等。课程设置方面，摩纳哥历史是必修课，小学、初中开设摩纳哥语课程。摩纳哥国际大学提供工商管理、金融和奢侈品管理专业学士、硕士和博士的英语课程。

【新闻出版】主要报刊有《尼斯晨报摩纳哥专版》和《摩纳哥周刊》等。蒙特卡洛广播电台和电视台收听、收视率较高，是西欧重要的广播电台和电视台，用36种语言播音。

此外，摩每年都举办蒙特卡洛国际杂技节等文化交流活动。摩海洋博物馆和研究所享誉世界，此外还有拿破仑纪念馆、国家博物馆、卡罗琳图书馆、蒙特卡洛歌剧院等文化设施。

对外关系

摩纳哥主张普遍裁军，维护世界和平、安全、进步、自由、人权，推进经济和社会发展，支持国际人道主义行动，反对国际恐怖主义。十分重视世界环保事业，特别是海洋、生态保护及研究。

1918年摩法条约规定，摩采取外交行动须事先与法国政府达成协议。2002年10月，摩法两国签署新条约，摩首次获得对外正式建交权，摩无须预先征得法国同意，即可自主地与其他国家谈判建立正式外交关系。2005年12月1日该条约生效。2006年1月1日，法国同摩纳哥的领事关系升格为大使级。对法关系是摩外交重心，两国在经济、安全等领域合作密切，摩在国际热点问题上紧随法方立场。

截至2018年底，摩纳哥与135个国家建立大使级外交关系。摩在法国、意大利、中国、西班牙、荷兰、比利时、卢森堡、瑞士、德国和列支敦士登等27个国家和15个国际组织派有常驻或非常驻大使，在全球80个国家和地区设立了138个领事代表处。共有114个国家向摩派驻外交代表，其中法国、意大利、马耳他三国在摩设常驻大使，80个国家在摩设领馆。

摩于1993年5月28日加入联合国，是联合国教科文组织、国际电信联盟、世界卫生组织、世界旅游组织等近70个国际组织的成员国。国际海道测量组织、国际体育总会、国际业余田联等10余个国际机构总部设在摩纳哥。蒙塔纳经济论坛、能源峰会等国际会议常年在摩举行。

摩主张在保护本国经济利益的同时加强与欧盟的关系。2004年10月加入欧洲委员会。持申根签证可赴摩。

【同中国的关系】中国与摩纳哥于1995年1月16日建立领事关系。2006年2月6日，中摩关系升格为大使级。中国驻法国大使兼任驻摩纳哥大使。2008年10月31日，中方向摩首任驻北京名誉领事闫兰女士颁发名誉领事证书。2012年1月16日，摩现任驻华大使（非常驻）冯德琳女士向胡锦涛主席递交国书。现摩在北京、上海和香港各设一名名誉领事。

建交以来，中摩关系平稳发展。近年来重要互访有：2015年1月，习近平主席与阿尔贝二世亲王互致贺电，庆祝中摩建交20周年。8月，阿尔贝二世亲王来华出席世界田径锦标赛，并出席摩在华举办的海洋环保图片展开幕式。2017年7月，翟隽大使作为习近平主席代表，同阿尔贝二世亲王一道出席在摩纳哥格里马尔迪会议中心举办的中国故宫文物展开幕式。2018年9月，阿尔贝二世亲王对中国进行国事访问。2019年3月，习近平主席对摩纳哥进行国事访问。

据中国海关总署统计，2018年中摩贸易额为1.31亿美元，同比增长529.3%。其中，中方出口额1.2亿美元，同比增长806.5%，中方进口额1070万美元，同比增长42%。中国自摩进口产品主要包括化学工业产品、机电音像设备及其零部件、塑料及其制品、橡胶及其制品等；中国向摩出口产品主要包括机电音像设备及其零部件、贱金属及其制品、塑料及其制品、橡胶及其制品等。截至2018年底，摩对华投资项目24个，实际使用金额359万美元。2018年9月摩纳哥元首阿尔贝二世亲王对我国进行国事访问期间，华为公司同摩纳哥电信公司签署在摩纳哥建设5G网络的合作协议。

中摩在文化、艺术、教育、旅游领域开展了一系列交流。自1982年起，中国每年派杂技团参加在摩纳哥举办的蒙特卡洛国际杂技节大赛并多次获奖，2012年1月，上海市杂技团参演杂技节并荣获两尊“金小丑”最高奖。2013年10月，摩纳哥蒙特卡洛芭蕾舞团在国家大剧院上演两部大型舞剧《罗密欧与朱丽叶》和《天鹅湖》，是国家大剧院2013年度国际舞蹈节的开篇之作。2014年2月，中国文联和摩纳哥政府共同在摩纳哥举办2014“今日中国”艺术周暨摩纳哥中国节活动，6月，摩纳哥文化周活动在上海举行。2015年1月，中国国家杂技团在蒙特卡洛国际杂技节荣获金奖。3月，第二届摩纳哥中国艺术节在摩举办，国务大臣罗杰出席开幕式。6月，“摩纳哥周”在上海、北京举办。蒙特卡洛芭蕾舞团、蒙特卡洛爱乐乐团分别来华访演。9月，摩游艇节期间举办“中国之夜”专场活动。2017年7—9月，中国故宫文物展在摩举办，阿尔贝二世亲王和习近平主席代表、中国驻法国大使翟隽出席开幕式。2018年9—11月，作为回访展览，“贵胄绵绵：摩纳哥格里马尔迪王朝展（十三世纪至二十一世纪）”在故宫博物馆午门展厅举办，阿尔贝二世亲王出席开幕式并宣布展览开幕。

自2016年11月1日起，摩纳哥被中国政府纳入适用72小时过境免签政策和144小时过境免签政策适用国家名单。2018年9月，中摩达成互免持外交护照人员签证安排，同年10月5日生效。

中国驻摩纳哥大使：卢沙野。馆址：20，Rue Monsieur，75007 Paris。电话：00331–49521950，传真：47205946。领事部地址（驻马赛总领馆）：20，boulevard Carmagnole，13008 Marseille。电话：00334–91320000，传真：91320008。经商处地址：21，Rue de l’Amiral d’Estaing，75116 Paris。电话：00331–53577000，传真：47234831。

摩纳哥驻华大使：冯德琳（Catherine Fautrier，女）。北京领事馆馆址：北京市朝阳区东大桥路9号侨福芳草地大厦A座3层。电话：010–57069288。上海领事馆馆址：上海市浦东区碧波路690号4号楼3层。电话：021–58314008，传真：50584833。香港领事馆馆址：香港特别行政区湾仔港湾道25号海港中心33楼东方海外（国际）有限公司。电话：852–28930669，传真：28279779。（江澄阳）

挪　威

国名　挪威王国（The Kingdom of Norway，Kongeriket Norge）。

面积　38.517万平方公里（包括斯瓦尔巴群岛、扬马延岛等属地）。

人口　536.8万（2019年底）。86%为挪威人，外国移民约占14%。有萨米族约3万人，主要分布在北部。官方语言为挪威语和萨米语（部分地区）。多数人信奉基督教路德宗，挪威教会成员占人口总数的71%。

首都　奥斯陆（Oslo），人口约102万（2019年底）。年平均气温5.7℃，降水量763毫米。

国家元首　国王哈拉尔五世（Harald V），1991年1月21日即位。

重要节日　宪法日：5月17日（纪念1814年5月17日通过第一部宪法）。

简　况

位于北欧斯堪的纳维亚半岛西部。东邻瑞典，东北与芬兰和俄罗斯接壤，南同丹麦隔海相望，西濒挪威海。海岸线长21192公里（包括峡湾）。大部分地区属温带海洋性气候。

9世纪形成统一王国。9—11世纪进入全盛期。14世纪中叶开始衰落，1397年与丹麦和瑞典组成卡尔马联盟，受丹麦女王玛格丽特一世统治。1814年被丹割让予瑞典。1905年6月7日脱离瑞挪联盟独立，选丹麦王子为国王，称哈康七世。第一次世界大战期间中立。第二次世界大战中被德国占领。1945年5月德占领军宣布投降，挪威光复。1947年接受“马歇尔计划”，经济逐步恢复。1949年加入北约。1959年加入欧洲自由贸易联盟。1972年和1994年，挪两次公民投票分别反对加入欧共体和欧盟。1999年，挪加入申根协定。

政　治

政局稳定。2017年9月，以执政的保守党为首的中右联盟在议会大选中以微弱优势胜出。2018年1月，由保守党、进步党和自由党组成的新一届政府完成组阁。2019年1月，政府小幅改组，基督教民主党进入内阁。本届政府着力推行机构改革，加快经济结构转型，采取税费改革、刺激消费、促进贸易、扩大就业的积极政策，加大基础设施、医疗、教育等民生领域投入；继续收紧移民政策，加大对新移民的社会融合力度，强化国家应急处置能力；巩固挪美同盟，积极适应英国脱欧等欧洲格局调整，加强同中国等新兴大国在国际事务中的沟通协调，拓展同东盟、非盟等区域组织的交往合作，扩大对非洲等地区发展中国家的外援。

【宪法】现行宪法于1814年5月17日通过，后经多次修订。宪法规定挪实行君主立宪制。国王为国家元首兼武装部队统帅，并提名首相人选，但无权解散议会。

【议会】国家最高立法机关，拥有立法权、财政监督权和行政监督权。实行一院制，由169名议员组成。议会大选采用比例代表直选制，每四年举行一次。本届议会于2017年9月选举产生，工党49席，保守党45席，进步党27席，中间党19席，社会主义左翼党11席，基督教民主党8席，自由党8席，绿色环境党1席，红党1席。议长托娜·威廉森·特罗恩（Tone Wilhelmsen Trøen，女，保守党）。

【政府】本届政府于2018年1月17日组成，2019年1月、2020年1月两次小幅改组。内阁大臣共20人，其中保守党12人，自由党4人，基督教民主党4人。成员为：首相埃尔娜·索尔贝格（Erna Solberg，女，保守党），财政大臣扬·托雷·桑纳（Jan Tore Sanner，保守党），教育与融合事务大臣古丽·梅尔比（Guri Melby，女，自由党），儿童与家庭事务大臣谢尔·英古尔夫·罗普斯塔（Kjell Ingolf Ropstad，基民党），司法与公共安全大臣莫妮卡·梅兰（Monica Mæland，女，保守党），卫生与护理大臣本特·霍耶（Bent Høie，保守党），外交大臣伊娜·埃里克森·瑟雷德（Ine Eriksen Søreide，女，保守党），劳工与社会事务大臣托尔比约恩·勒埃·伊萨克森（Torbjørn Røe Isaksen，保守党），地区发展与数字化事务大臣琳达·凯瑟琳·霍夫斯塔德·海勒兰（Linda Cathrine Hofstad Helleland，女，保守党），国防大臣弗兰克·巴克-延森（Frank Bakke-Jensen，保守党），地方政府与现代化事务大臣尼古拉·埃温松·阿斯特鲁普（Nikolai Eivindssøn Astrup，保守党），贸易与工业大臣伊瑟琳·尼伯（Iselin Nybø，女，自由党），交通大臣克努特·阿里尔·哈莱德（Knut Arild Hareide，基民党），农业与食品大臣奥莱于格·韦尔维克·博勒斯塔（Olaug Vervik Bollestad，女，基民党），国际发展事务大臣达格-英厄·乌尔施泰因（Dag-Inge Ulstein，基民党），研究与高等教育大臣亨里克·阿什海姆（Henrik Asheim，保守党），渔业与海产大臣奥德·埃米尔·英厄布里格森（Odd Emil Ingebrigtsen，保守党），文化与平等事务大臣阿比德·卡尤姆·拉贾（Abid Qayyum Raja，自由党），石油与能源大臣蒂娜·布鲁（Tina Bru，女，保守党），气候与环境大臣司文努·卢特瓦滕（Sveinung Rotevatn，自由党）。

【主要网址】政府：www.regjeringen.no；议会：

www.stortinget.no。

【行政区划】全国设1市10郡。

【司法机构】法院独立行使职能，分三级：最高法院，6个高等法院，64个区、市初审法院。此外还设有劳资纠纷法院、社会保障法院、土地认证法院等。最高法院设1名院长和19名大法官，院长为图莉尔·玛丽·厄于耶（Toril Marie Øie，女），2016年就任。检察院隶属司法部，总检察长为约恩·西居尔·马乌吕德（Jørn Sigurd Maurud），2019年就任。

【政党】全国有20多个注册政党。主要有：

（1）保守党（Conservative Party）：执政党，1884年成立。代表金融、航运和工商业大垄断资本利益，强调自由市场竞争，坚定拥护加入欧盟。党员2.9万人。主席埃尔娜·索尔贝格。

（2）进步党（Progress Party）：执政党，1973年成立。对外国移民和申请避难者态度较苛刻，赞成加入欧盟，主张减税。党员1.5万人。主席西芙·延森（Siv Jensen，女）。

（3）自由党（Liberal Party）：执政党，1884年成立。代表中小资产阶级利益，反对极端垄断和社会化，主张国际参与。党员约8000人。主席特里娜·谢伊·格兰德（Trine Skei Grande，女）。

（4）工党（Labour Party）：在野党，1887年成立。挪第一大党。对内主张实行福利社会，实现充分就业、可持续发展、公正分配和加强社会福利。对加入欧盟持积极态度。党员5万人。主席约纳斯·加尔·斯特勒（Jonas Gahr Støre）。

（5）中间党（Centre Party）：在野党，1920年成立。代表农场主和家庭农户利益，坚决反对加入欧盟。党员1.9万人。主席特吕格韦·施拉斯沃德·维杜姆（Trygve Slagsvold Vedum）。

（6）社会主义左翼党（Socialist Left Party）：在野党。1975年成立。奉行激进的社会民主主义路线，反对加入欧盟。主张外交上对美国相对独立，注重环保。党员约1.6万人。主席奥于敦·比约洛·里斯巴肯（Audun Bjørlo Lysbakken）。

（7）基督教民主党（Christian Democratic Party）：在野党，1933年成立。维护基督教传统道德观念，反对加入欧盟，支持向发展中国家提供经援。党员2.7万人。主席谢尔·英古尔夫·罗普斯塔。

其他政党：绿色环境党（The Green Party）、挪威共产党（Norwegian Communist Party）、红党（The Red Party）等。

【重要人物】**哈拉尔五世**：国王。1937年2月21日生于奥斯陆。1940年4月德国入侵挪威后，随其母及两个姐姐应美国总统罗斯福之邀侨居美国，战后回国。1955年入挪威军事学院学习。1960—1962年在英国牛津大学学习社会科学、历史和经济，1984年获英国约克大学荣誉博士学位。1977年获陆海空上将军衔。1957年9月起为挪王储，开始参与国事活动。1991年1月21日即位。1985年4月作为王储首次访华。1997年10月偕宋雅王后对华进行国事访问。2008年8月偕宋雅王后来华出席北京奥运会开幕式。2018年10月偕宋雅王后对华进行国事访问。 **埃尔娜·索尔贝格**：首相，1961年生。社会、政治、统计和经济学硕士。1989年起任议员，历任议会财政、地方事务、选举、卫生与护理、外交与国防事务等委员会委员。2001—2005年任地方政府与地区发展大臣。2004年起任保守党主席。2013年10月起任首相。2006年以议会外交政策委员会副主席身份访华。2017年4月对华进行正式访问。已婚，有一女一子。

经　济

挪威是拥有现代化工业的发达国家。20世纪70年代，近海石油工业兴起，成为国民经济重要支柱，经济快速发展。90年代初因取消石油生产限额，挪石油出口获巨额收益，外贸顺差大幅增加，失业率和通胀率长期维持在较低水平。2008年全球金融危机爆发后，挪政府出台了一揽子应对方案，挪经济未受明显冲击，在较短时间内恢复稳定并重新实现连续增长。2014年以来，受油价下跌影响，挪油气产业投资减少，经济增速放缓，但基本面保持良好。2019年主要经济数据如下：

国内生产总值：3.54万亿挪威克朗（约合4023亿美元）。

人均国内生产总值：65.9万挪威克朗（约合7.5万美元）。

国内生产总值增长率：1.2%。

货币名称：挪威克朗（Norwegian Krone）。

汇率：1美元=8.8挪威克朗。

消费者物价指数（CPI）：2.2%（挪威央行数据）。

失业率：3.9%。

（资料来源：除注明外，均根据挪威国家统计局数据，下同）

为加强对石油收入的合理利用与长远规划，挪于1990年设立“石油基金”，2006年改称“政府养老基金—全球”，由财政部委托中央银行管理。截至2019年底，基金市值10.1万亿挪威克朗（约合1.15万亿美元）。（资料来源：挪威央行数据）

【资源】油气、水力、森林、渔业资源丰富。截至2019年底，原油及天然气预计总储量为157亿立方米（石油当量），已开采48%。水力资源丰富，可开发的水电资源约2140亿度/年，已开发62%。北部沿海是世界著名渔场。（资料来源：挪威石油管理局、挪威水资源与能源管理局）

【工业】在国民经济中占有重要地位，海洋石油、化工、航运、水电、冶金等尤为发达。欧洲重要铝、镁生产国和出口国，硅铁合金产品大部分供出口。现为世界第三大天然气出口国、第八大原油出口国。

【农林渔业】近三分之一国土在北极圈以内，农业面积98.2万公顷，仅占国土面积2.6%，其中牧草地

65万公顷。农业以畜牧业为主，蛋、奶制品基本自给，蔬菜水果主要依靠进口。森林覆盖率占国土面积37%。渔业是重要的传统经济部门，养殖业以三文鱼为主，主要捕捞鱼种为鳕鱼、鲱鱼、鲐鱼、毛鳞鱼等。2019年渔业捕捞量248万吨，总价值212亿挪威克朗；鱼产品总出口量270万吨，总价值1073亿挪威克朗，其中三文鱼110万吨，总价值725亿挪威克朗。

【服务业】包括商业、旅游、运输、通信、金融保险、房地产、建筑、公共服务等。主要旅游城市有首都奥斯陆、第二大城市卑尔根等，西北部地区的峡湾和冰川等自然景观享有盛名。

【交通运输】海运业发达。商船队总吨位1802万吨，国内年客运量约836亿人公里，货运量约543亿吨公里。主要港口有奥斯陆、卑尔根和特隆赫姆，奥斯陆港年吞吐量约577万吨。铁路总长约4200公里，公路总长9.5万公里。1946年与瑞典、丹麦共同成立北欧航空公司（SAS），拥有2/7股份。2018年6月，挪政府出售所持有的全部北欧航空公司股份。主要机场有奥斯陆、卑尔根和斯塔万格。

【财政金融】近年来收支情况（挪财政部数据，单位：亿挪威克朗）：

	2017	2018	2019
收入	12259	13506	14073
支出	12809	13181	13781
盈余	–550	325	292

主要银行有：挪威中央银行（Norges Bank），总资产6390亿挪威克朗（不含政府养老基金—全球，约合726亿美元），国际外汇储备5463亿挪威克朗（约合621亿美元）；国家住房银行、渔业银行、农业银行等国家专业银行；挪威银行（DNB）、北欧银行（Nordea）等商业银行。

【对外贸易】主张自由贸易。外贸在经济中占据重要地位。近几年对外贸易情况如下（单位：亿挪威克朗）：

	2017	2018	2019
出口额	8433	9998	9039
进口额	6834	7118	7556
差　额	1599	2880	1483

主要出口石油与石油制品、天然气、渔产品、金属、机械与运输装备等。主要进口机动车、各类机械与运输装备、各类制成品、金属制品、通信设备等。主要进口国包括瑞典、德国、中国等。主要出口国有英国、德国、荷兰等。

【对外投资】截至2018年底，挪威在国外直接投资总额约1.76万亿挪威克朗，主要集中在欧盟国家和美国等。投资主要集中在采矿业、油气开发、制造业、金融业等。

【对外援助】坚持将国民总收入（GNI）至少1%用于外援，主张推动经济可持续发展和促进人权，致力于加强在环境和气候变化领域的援助。2018年外援总额约346亿挪威克朗，约占GNI的0.94%。主要受援国有叙利亚、阿富汗、南苏丹等。

【外国资本】截至2018年底，外国在挪直接投资总额约1.3万亿挪威克朗。主要投资国有瑞典、荷兰、丹麦、卢森堡等。投资主要集中在采矿业、油气开发、制造业、金融业等。

【经济团体和大公司】（1）挪威工商联合会（NHO）：1989年1月成立，由雇主协会、工业协会和手工业协会合并组成，是挪最大的企业家组织，成员包括全国2.5万多家企业。首席执行官奥勒·埃里克·阿尔姆利德（Ole Erik Almlid）。

（2）挪威国家石油公司（Equinor）：1972年成立，是挪最大石油公司、北海最大原油生产商和西欧最大原油销售商。2006年底与挪海德鲁公司油气部合并，现拥有2.1万名职工。2018年总资产约1125亿美元。首席执行官埃尔达·塞特勒（Eldar Sætre）。

（3）挪威海德鲁公司（Norsk Hydro）：创建于1905年，著名铝制品生产商，挪最大的工业公司。主要经营化工、轻金属、化肥、水电、食品、医药等，34.3%的股本为挪威政府所有。在40个国家和地区共有3.5万雇员。2019年营业额约1468亿挪威克朗。首席执行官希尔德·梅蕾特·奥斯海姆（Hilde Merete Aasheim，女）。

人民生活

人民生活和社会福利水平较高，连续多年位居联合国“人类发展指数”排名之首。2019年，女性平均寿命84岁，男性81岁；平均每千人有小轿车524辆；移动电话用户占全国人口99%，互联网普及率达98%。

军　事

国王为名义上的最高统帅。内阁通过国防大臣掌握全军。最高作战指挥机构为联合司令部，国防司令哈康·布伦-汉森上将（Haakon Bruun-Hanssen，2013年11月上任）。奉行与美国和北约结盟的防务政策，建有北约军事基地。实行义务兵役制，服役期12个月。现役军人和文职人员共约2.3万人。自1947年以来先后参加40余项国际维和行动，参加人员约6万人次。

文化教育

【教育】1998年起实行十年制义务教育。学校大多数为公立，中央负责高等教育，地方负责中等和初等教育。各类在校学生总数约120万人。有高等院校44所，学生约23.5万人。奥斯陆大学是挪威最大的综合性大学，1813年成立，有学生约2.8万人。此外还有卑尔根大学、挪威科技大学、特罗姆瑟大学、挪威生命科学大学、挪威商学院（BI）等著名高等学府。

【科研】科研经费约37%由政府提供，其余由科研单位自筹。主要研究机构为挪威研究理事会，下设六个部门，分别负责工业和能源、生物生产和改良、环境与发展、文化和社会、自然科学和技术方面的研究工作。

【**新闻出版**】全国出版各种日报约60种，日平均发行量约202万份。另有其他报刊100余种。主要报纸有：《晚邮报》《世界之路报》《日报》《卑尔根时报》等。

挪威通讯社（NTB）：1867年成立，非官方。

挪威国家广播公司（NRK）：1933年建立，分广播、电视两部分，隶属文化部。

对外关系

重视联合国作用，积极参与联合国维和行动和国际及地区热点问题斡旋。挪威人赖伊于1946—1953年担任首任联合国秘书长。是北约成员，将北约视为安全政策基石，前首相斯托尔滕贝格为现任北约秘书长。未加入欧盟，但高度重视同欧盟关系。是欧洲自由贸易联盟和申根成员国。认为俄罗斯是最重要的邻国，主张同俄发展建设性关系。主张深化和加强北欧内部协调与合作，在国际事务中“抱团发声”。重视同亚非拉发展中国家的关系，先后制定了“亚洲战略”和“拉美计划”。视北极事务为外交政策的重中之重，是最先出台北极战略和政策文件的北极国家。重视气候变化及减排问题，是最早批准《巴黎协定》的发达国家之一。与140多个国家有外交关系。

【**对当前重大国际问题的态度**】关于国际形势：认为经济全球化进程持续向前，世界经济复苏缓慢，增长动力不足，安全议题日益突出，非传统安全因素对国际关系的影响持续上升。恐怖主义抬头，民粹主义盛行，难民危机发酵，不确定性进一步增强，全球安全政治格局日趋严峻。全球力量对比正发生深刻演变，新兴大国快速进入国际舞台，影响力日趋上升。主张国际社会应建立由联合国主导的新秩序，以维护全球和平与安全、促进经济的可持续发展、确保人权和民主进步。

关于联合国的作用：强调联合国是维护国际和平与安全最重要的组织，积极主张“有效多边主义”。支持安理会改革，认为安理会应更具代表性、合法性和有效性。积极参与联合国维和、重建行动。在全球范围推动落实联合国可持续发展目标。

关于防扩散、裁军问题：主张完全销毁核武器，建立无核世界，认为核扩散严重威胁国际和平与安全。主张国际社会应在联合国框架内就核安全问题进行合作，呼吁拥核国家以建设性姿态参与这一进程。敦促俄罗斯削减战术核武器，对美国倡导的导弹防御计划持谨慎态度。

关于反恐：主张国际社会应在联合国主导下广泛开展反恐合作。积极参与由联合国主导的打击恐怖主义和有组织犯罪的国际合作，认为须加大预防性投入，消除冲突根源。

【**同中国的关系**】1954年10月5日建交。建交以后，两国关系平稳发展。但2010年10月至2016年12月，中挪关系因诺贝尔和平奖问题陷入低谷。2016年12月19日，挪威外交大臣布伦德访华，李克强总理、王毅外长分别同其会见、会谈，两国政府发表《中华人民共和国政府与挪威王国政府关于双边关系正常化的声明》。2017年4月，挪首相索尔贝格正式访华，习近平主席、李克强总理、张德江委员长分别同其会见、会谈。2018年1月，挪威议长托马森随北欧和波罗的海国家议长代表团访华。2018年10月，挪威国王哈拉尔五世对华进行国事访问，习近平主席、栗战书委员长分别同其会谈、会见。2019年5月，全国人大常委会委员长栗战书对挪威进行正式友好访问，分别同挪威国王哈拉尔五世、议长特罗恩、首相索尔贝格会见、会谈。

据中国商务部统计，2019年全年双边贸易额73.4亿美元，同比增长20.9%；其中中国对挪威出口额34.4亿美元，自挪威进口额39亿美元，同比分别增长29.9%和14%。

中国驻挪威大使：易先良。馆址：TUENGEN ALLÉ 2B，0374 OSLO，NORWAY， 电话：0047–22492052；传真：22921978。商务处电话：0047–22449638；传真：22447230。签证处电话、传真：0047–22148908。网址：www.chinese-embassy.no。

挪威驻华大使：白思娜（Signe Brudeset，女）。馆址：北京三里屯东一街1号。电话：010–85319600；传真：65322392。网址：www.norway.no/en/china/。

【**同美国及北约的关系**】视美国为最重要盟友，将发展同美国及北约合作视为其外交和安全政策基石。1949年作为创始成员国加入北约。强调北约在欧洲安全政策上的主导作用，主张加强跨大西洋纽带，积极参加北约行动。挪前首相延斯·斯托尔滕贝格自2014年10月起出任北约秘书长。2017年同美国、英国签署北大西洋海上安全合作意向文件。2018年秋，约4万名北约士兵在挪举行“三叉戟接点2018”联合军演。

【**同俄罗斯的关系**】强烈谴责俄罗斯“非法入侵”克里米亚，在乌克兰问题上同欧盟保持一致立场，但仍保留一定程度政治对话和务实合作。2011年与俄就巴伦支海划界问题达成协议。

【**同欧盟的关系**】两次全民公投否决加入欧盟，但作为欧洲经济区和申根成员国，与欧盟保持密切联系并积极协调立场，支持欧盟一体化建设。支持欧洲各国在维护本国安全利益和社会稳定的基础上，积极协同应对难民问题。关注英国“脱欧”谈判进展，希望继续同欧盟和英国保持密切合作。

【**同亚洲及发展中国家的关系**】日益重视亚洲，认为中国、印度的崛起将进一步提升亚洲的国际影响力，视亚洲发展为机遇。曾于2001年和2007年两度出台全面深化对华合作战略文件。2005年提出“对印度行动计划”。2011年发布“巴西战略”。2015年成为东盟对话伙伴国。2016年同菲律宾签署自由贸易协定。

（郭伯涵）

附：

斯瓦尔巴群岛

名称　斯瓦尔巴群岛（The Svalbard Archipelago）。主权属于挪威王国。

面积　6.1022万平方公里。

人口　2379人（2019年10月）。绝大多数居住在朗伊尔城。主要为挪威人，另有少量俄罗斯及乌克兰人。

首府　朗伊尔城（Longyearbyen），位于斯匹次卑尔根岛（Spitsbergen）。

简　况

位于北冰洋，南距挪威北海岸657公里，由9个主岛和众多小岛组成。近60%的区域被冰川覆盖。年平均气温最高7℃，最低–22℃；年均降水量约200毫米。

12世纪由北欧维京人首先发现，17世纪成为重要的捕鲸中心，20世纪初发现煤炭资源。几个世纪以来，英国、荷兰、丹麦和挪威等国对其提出主权要求。1920年2月，18个国家签署斯瓦尔巴条约。根据该条约，缔约国在承认挪威对斯瓦尔巴群岛拥有完全主权的前提下，可以享有在该群岛地域及其领水内的捕鱼、狩猎权，开展海洋、工业、矿业、商业活动的权利和在一定条件下开展科学调查活动的权利，但严禁将该岛用于战争目的或修建军事设施。1925年，中国等33个国家参加该条约，同年斯瓦尔巴群岛正式并入挪威。中国于2004年在斯瓦尔巴群岛建立北极黄河站，此系中国建立的第一个北极科考站，该站拥有全球极地科考中规模最大的空间物理观测点。此外，挪威、德国、法国、英国、意大利、荷兰、日本、韩国、印度等国也在岛上建有科考站。除科考人员外，目前在岛上定居的人员主要来自挪威、俄罗斯和乌克兰。

政　治

斯瓦尔巴总督既是最高行政长官，也是最高司法长官。总督由挪威政府任命，对挪威司法部极地事务司负责。任期三年，可延长两年。现任总督夏施汀·阿斯克霍尔特（Kjerstin Askholt，2015年10月任命）。挪威极地研究所负责提供政策咨询服务。

经　济

经济活动十分有限，主要为采煤业。

【资源】煤炭资源蕴藏丰富。其他矿藏包括铁、磷酸盐、亚硫酸盐、石棉、硬石膏和石灰石等。

【交通运输】对外交通主要通过空运和海运。朗伊尔城建有机场和深水海港，每日有航班直飞挪威北部城市特罗姆瑟，每周三次航班直飞首都奥斯陆，海运仅限6—8三个月。此外还有俄罗斯修建的直升机站、移动雷达站等少量航空设施。

【旅游业】每年约有6万游客前往观光。

【财政金融】通用挪威克朗。财政预算主要来自挪政府直接拨款。一部分收入来自出售捕鱼许可证。

岛上娱乐、交通、金融和教育设施很少。仅有1所医院。有4所初级学校。

（郭伯涵）

扬马延岛

名称　扬马延岛（Jan Mayen），挪威领地。

面积　373平方公里。

简　况

小火山岩岛，位于北冰洋，与挪威、格陵兰岛、斯瓦尔巴群岛和冰岛隔海相望。气候恶劣，寒冷多雾。1970年9月，岛上火山自19世纪初以来首次喷发。未发现可开采的矿藏，地表也十分贫瘠，目前主要用于气象观察、导航和无线电传输。约有50名居民（通常一次居住时间仅为一年）。没有公共交通和食宿设施。

17世纪曾有捕鲸者和狩猎者在岛上短暂居住。19世纪中期以来成为挪威人重要的海豹捕猎场所。20世纪初，挪气象学会上岛开始气象观察活动并于1922年宣布占据该岛。1929年5月8日，挪威国王颁布法令宣布对扬马延岛拥有主权，1930年正式并入挪威版图。扬马延岛是二战期间唯一未被德军占领的挪领土，挪政府和盟军继续利用该岛的气象站并修建了无线电定位站。1946年，在岛上建立集气象观测站和海岸无线电台于一体的基地，后来成为北大西洋防务合作中远程导航（LORAN）系统的一部分。基地司令兼任该岛最高行政长官。1980年，经与冰岛谈判，挪政府宣布将扬马延岛专属经济区扩大至200海里。2010年，挪政府宣布扬马延岛为挪自然保护区，对域外访客采取更严格的限制措施。

（郭伯涵）

布韦岛

名称　布韦岛（Bouvet Island，Bouvetøya），挪威领地。

面积　49平方公里。

简　况

位于南大西洋，地处南纬54°26′、东经3°24′，好望角西南约2400公里、南极洲以北约1600公里处。布韦岛的本身为一冰川覆盖的火山锥，最高点奥拉夫峰（Olav Peak）海拔780米，四周为陡峭岩石和冰崖，自然资源贫乏。海岸线长29.6公里。属极地气候，年平均气温–1℃。

1739年1月1日，法国探险家布韦（J. B. C. Bouvet de Lozier）率探险船队抵此，该岛因而得名。1930年，挪威宣布该岛为其领地。目前该岛无人居住，挪科学家定期来岛。防务由挪司法和警察部极地司管辖。岛上无经济活动，1970年被宣布为自然保护区，1977年设立了一个自动化气象站。近海岸仅有一个抛锚点。

（郭伯涵）

葡萄牙

国名 葡萄牙共和国（The Portuguese Republic，A República Portuguesa）。

面积 9.2212万平方公里。

人口 1027.6万（2018年）。主要为葡萄牙人。2018年，外国合法居民约48万人，主要来自巴西、佛得角、安哥拉等葡语国家。官方语言为葡萄牙语。2019年，劳动人口为526万.人口密度为111.4人/平方公里。约85%的居民为天主教徒。

首都 里斯本（Lisbon），人口284.6万（2018年），8月气温为17℃—28℃（平均日最低温及最高温），1月气温为8℃—14℃。

国家元首 总统马塞洛·雷贝洛·德索萨（Marcelo Rebelo de Sousa），2016年当选，任期5年。

重要节日 4月25日：纪念1974年4月25日推翻独裁统治；6月10日：国庆日；10月5日：共和国日；12月1日：恢复独立日。

简况

位于欧洲伊比利亚半岛的西南部。东、北与西班牙毗邻，西、南濒临大西洋。海岸线长832公里。地形北高南低，多为山地和丘陵。北部属海洋性温带气候，南部属亚热带地中海式气候。

1143年成为独立王国。15—16世纪成为海上强国，在非、亚、美洲建立大量殖民地。1580年起隶属西班牙王室，1640年摆脱西班牙统治。18世纪末，法国拿破仑军队入侵葡萄牙，1811年，葡萄牙在英国帮助下赶走法国军队。1820—1910年实行君主立宪制。1910年10月成立共和国。1926年5月建立军人政府。1932年，萨拉查就任总理，实行法西斯独裁统治。1949年加入北约。1955年加入联合国。1974年4月25日，一批中下级军官组成的“武装部队运动”推翻统治葡萄牙达40余年的极右政权，开启国家民主化进程，并宣布放弃在非洲的殖民地，葡萄牙正式成为西方民主制度国家。1986年1月1日加入欧共体，1999年1月1日成为欧元区创始成员国之一。

政治

议会制共和国。权力机关包括总统、议会、内阁政府，总统依照议会决定任免政府首脑。

【宪法】现行宪法于1976年制定，后经历6次修订，最近一次修订于2004年完成。宪法规定，总统、议会、政府和法院是国家权力机构；总统为武装部队最高司令，根据政府提名任免总参谋长和三军将领。总统有权在听取各党派、国务委员会意见后解散议会，并在必要时解散政府、罢免总理。

【议会】实行一院制，议员由普选产生，任期4年。本届议会为1974年4月25日民主化进程以来的第14届议会，于2019年10月选举产生。社会党人费罗·罗德里格斯（Ferro Rodrigues）任议长。4位副议长分别为：埃迪特·埃斯特雷拉（Edite Estrela，女，社会党）、费尔南多·内格朗（Fernando Negrão，社会党）、若泽·曼努埃尔·普雷萨（José Manuel Pureza，左翼集团）、安东尼奥·费利佩（António Filipe，共产党）。各党派议席分配如下：社会党108席，社民党79席，左翼集团19席，共产党领导的“民主团结联盟”12席，人民党5席，人、动物、自然党5席，“够了”党2席、自由倡议党与自由党各1席。

【政府】本届政府为第22届宪法政府，于2019年10月26日就职，由社会党执政。主要成员有：总理安东尼奥·科斯塔（António Costa），国务部长兼经济和数字转型部长佩德罗·西扎·维埃拉（Pedro Siza Vieira），国务部长兼外交部长奥古斯托·桑托斯·席尔瓦（Augusto Santos Silva），国务部长兼部长理事会部长玛丽安娜·维埃拉·达席尔瓦（Mariana Vieira da Silva，女），国务部长兼财政部长马里奥·森特诺（Mário Centeno），国防部长若昂·戈麦斯·克拉维尼奥（João Gomes Cravinho），内政部长爱德华多·卡布里塔（Eduardo Cabrita），司法部长弗朗西斯卡·范杜嫩（Francisca Van Dunem，女），国家现代化和公共行政管理部长亚历山德拉·莱唐（Alexandra Leitão女），计划部长内尔松·德索萨（Nelson de Sousa），文化部长格拉萨·丰塞卡（Graça Fonseca，女），科学、技术和高等教育部长曼努埃尔·埃托尔（Manuel Heitor），教育部长蒂亚戈·布兰当·罗德里格斯（Tiago Brandão Rodrigues），劳动、团结和社会保障部长安娜·门德斯·戈迪尼奥（Ana Mendes Godinho，女），卫生部长玛尔塔·特米多（Marta Temido，女），环境和气候行动部长若昂·佩德罗·马托斯·费尔南德斯（João Pedro Matos Fernandes），基础设施和住房部长佩德罗·努诺·桑托斯（Pedro Nuno Santos），国土融合部长安娜·阿布鲁尼奥萨（Ana Abrunhosa，女），农业部长玛丽亚·多塞乌·阿尔布开克（Maria do Céu Albuquerque，女），海洋部长里卡多·塞朗·桑托斯（Ricardo Serrão Santos）。

【主要网址】总统府：www.presidencia.pt；议会：www.parlamento.pt；总理府：www.portugal.gov.pt；外交部：www.portugal.gov.pt。

【行政区划】全国分为18个大区，分别为：里斯本、波尔图、科英布拉、维亚纳堡、布拉加、雷阿尔城、布拉甘萨、瓜达、莱里亚、阿威罗、维塞乌、圣塔伦、埃武拉、法鲁、布朗库堡、波塔莱格雷、贝雅、塞图巴尔。另有马德拉和亚速尔2个自治区。

【司法机构】最高法院是最高司法机构，院长由法官选举产生。最高法院院长在国家领导人中排名第四，位于总统、议长和总理之后，如前三位领导人不在国内或无法履行职责时，最高法院院长可代行国家元首职务。现任最高法院院长为安东尼奥·若阿金·皮萨拉（António Joaquim Piçarra），2018年10月14日就职。总检察院是最高检察机构，总检察长卢西利亚·加戈（Lucília Gago，女），2018年10月12日就职。

【政党】葡实行多党制，主要政党有：

（1）社会党（Partido Socialista）：执政党。1973年4月在"葡萄牙社会主义运动"基础上重建。党员约10万人。曾于1995—2002年上台执政，并于2005年再获执政地位至2011年6月。2015年11月，社会党联合左翼集团和共产党在议会否决社民党—人民党联合政府施政纲领，迫其下台，并与当月组阁执政。2019年10月，社会党赢得议会选举，蝉联执政。总书记安东尼奥·科斯塔，2014年当选，2018年获连任。

（2）社会民主党（Partido Social Democrata）：在野党。1974年5月成立，原名人民民主党，1976年改为现名。党员约11.2万人。曾于1985—1995年10月连续执政10年，2002年4月至2005年3月、2011年6月至2015年10月两度与人民党联合执政。在2015年10月议会选举中执政联盟再度赢得大选，但丧失议会多数优势，因施政纲领未获议会通过而被迫下台。主席鲁伊·里奥（Rui Rio），2018年当选，2020年连任。

（3）左翼集团（Bloco da Esquerda）：在野党。1999年3月成立。党员约1万人。政治委员会常委兼发言人卡塔里娜·马丁斯（Catarina Martins，女）。

（4）葡萄牙共产党（Partido Comunista Português）：在野党。1921年成立。党员约6万人。总书记热罗尼姆·德索萨（Jerónimo de Sousa），2004年就任。

（5）人民党（Partido Popular）：在野党。1974年7月成立。前身是社会民主中心党，1995年2月改名人民党。党员3万人。2002年4月至2005年3月、2011年6月至2015年10月曾两度与社民党联合执政。主席阿松桑·克里斯塔斯（Assunção Cristas），2016年就任。

其他政党包括：人、动物、自然党（Partido Pessoa–Animais– Natureza）、"够了"党（"Chega"）、自由倡议党（Iniciativa Liberal）、自由党（Livre）、联盟党（Aliança）等。

【重要人物】**马塞洛·雷贝洛·德索萨**：总统。1948年12月12日生于葡里斯本市。1971年获里斯本大学法学学士，后获法学硕士和政治法学博士学位。长期在里斯本大学任教，兼任葡天主教大学和里斯本新大学客座教授。1974年加入葡社民党。1975年当选为议会议员。1981—1983年先后出任部长会议助理国秘和议会事务部长。1996—1999年担任社民党主席。创立《快报》和《周报》，并担任主编。2000—2015年担任电视政治评论员。2006—2015年任葡总统最高国务咨询机构国家理事会成员。2016年竞选总统获胜，任期5年。离异，有1子1女。　**安东尼奥·路易斯·桑托斯·达·科斯塔**：总理。1961年生于里斯本。先后获里斯本大学法学学士和葡萄牙天主教大学欧洲学硕士学位。1975年加入社会党青年团，1982—1993年任社会党里斯本市议员，先后于1987—1990年和1994—2011年任社会党书记处书记。1991—1995年当选为国家议员。1995—2002年先后担任议会事务国秘、议会事务部长和司法部长，并担任1998年里斯本世博会政府总负责人。2002—2004年任社会党议会党团主席。2004—2005年任欧洲议会副主席。2005—2007年担任国务部长兼内政部长。2007年当选里斯本市长，后在2009年和2013年的市政选举中高票连选连任。2014年11月，当选社会党总书记。2015年10月议会选举中败于时任总理科埃略。11月联合左翼集团和共产党在议会否决政府施政纲领，迫其下台。同月，科斯塔组阁成功并宣誓就职。2019年10月科斯塔领导的社会党赢得议会选举继续执政，科斯塔连任总理。

经　济

葡萄牙工业基础薄弱。纺织、制鞋、酿酒、旅游等是国民经济支柱产业。软木产量占世界总产量一半以上，出口位居世界第一。2008年以来，受国际金融危机和主权债务危机影响，葡萄牙经济遭受重创，主权信用评级被调降至"垃圾级"。2011年4月，葡萄牙成为继希腊、爱尔兰之后，第三个申请救助的欧盟国家。5月16日和21日，欧盟财长会议和国际货币基金组织分别批准对葡援助方案，同意在之后三年内由欧盟和国际货币基金组织分别向葡提供520亿欧元和260亿欧元、总计780亿欧元援助贷款。作为条件，葡须在2011年、2012年、2013年将财政赤字占国内生产总值比例分别降至5.9%、4.5%和3%。2012年9月，"三驾马车"同意将葡财赤率达标期限延长1年。2013年3月，"三驾马车"再次同意将葡财赤率达标期限延长1年。2013年4月，欧盟财长会批准葡推迟7年偿还欧盟向葡提供的援款，平均偿还期限延长至19—22年。2014年5月，葡按期完成援助备忘录，正式退出"三驾马车"救助。2019年主要经济数据如下：

国内生产总值：2122.5亿欧元。

人均国内生产总值：20654欧元。

经济增长率：2%。

年平均通货膨胀率：1.2%。

年平均失业率：6.5%。

（资料来源：葡萄牙国家统计局）

【资源】矿产资源较丰富，主要有：钨、铜、黄铁、铀、赤铁、磁铁矿和大理石，钨储量在西欧国家中第一位。森林面积347万公顷，覆盖率39%。

【工业】工业包括采掘业、加工业等。主要工业部门有电力、纺织、服装、制鞋、食品、化工、造纸、电子器械、陶瓷、酿酒、软木等。2018年工业产值917亿欧元，同比增长7.1%。

【农渔业】2018年农业产值76.9亿欧元。主要作物包括：油橄榄、葡萄、玉米、燕麦等。年产葡萄酒655.7万升，2018年产橄榄油109万升。2019年捕鱼量为12.84万吨，产值2.9亿欧元。88%以上的水产品为海洋捕捞，以沙丁鱼、鲭鱼、竹荚鱼为主，淡水鱼主要为鳟鱼。注册渔民1.6万人。

【服务业】20世纪90年代以来，服务业快速发展，产值连年增长。20世纪末，服务业占国民经济及全国就业人口比重就已达到欧洲发达国家水平。第三产业从业人口329.59万人，占就业总人口的68.6%。

【旅游业】旅游业是葡外汇收入重要来源。近年来，葡旅游业发展势头良好。2019年接待游客约2700万人次，同比增长7.3%。外国游客主要来自英国、德国、西班牙、法国、荷兰等国家。主要旅游目的地有里斯本、波尔图、阿尔加维大区、马德拉群岛等。

【交通运输】陆路运输总里程数超过8万公里，是葡交通运输的主要方式。

铁路网：铁路总长2546公里。2018年，铁路运送旅客1.47亿人次，运送货物1060万吨。

公路网：由高速公路（AE）、主要公路（IP）、辅助公路（IC）、国道（EN）和地区公路组成。葡大陆部分公路总长为14313公里，其中3065公里是高速公路。2018年公路客运量5.41亿人次，货运量为1.57亿吨。

水运：内陆河运总里程210公里，水运主要为海运。主要港口有里斯本、阿威罗、锡图巴尔、锡奈什、丰沙尔（位于马德拉群岛）和蓬塔德尔加达（位于亚速尔群岛）。2018年国内河运客运量为2140万人次，货运量9334万吨。

空运：全国有15座大型机场，38座小型机场，11座直升机场。大陆部分主要国际机场在里斯本、波尔图和法罗等地，都位于沿海地区。亚速尔自治区有9座机场，马德拉自治区有2座机场。葡萄牙航空公司（TAP Portugal）是葡最大航空公司。2017年，商业航班起降20.8万架次，同比增长11%，运送旅客5271万人次，货运量17.9万吨。

【财政金融】近年葡政府财政收支情况如下（单位：亿欧元）：

	2017	2018	2019
收入	828.4	871.7	910
支出	885.5	886.3	906
盈余	–57.1	–14.6	4

2018年，葡财政赤字占国内生产总值比重为1.8%。截至2019年8月，公债总额为2520亿欧元，占国内生产总值的124.8%。

2018年，葡外汇储备207亿美元。侨汇收入是葡重要经济来源之一，主要来自居住在法国、瑞士、美国、德国、西班牙、英国、卢森堡、安哥拉、加拿大和委内瑞拉等国的葡萄牙侨民。（资料来源：国际货币基金组织、葡萄牙央行、葡萄牙国家统计局）

【对外贸易】近年外贸统计如下（单位：亿欧元）：

	2017	2018	2019
进口额	694.9	783.3	803.1
出口额	550.3	593.2	599.0
差　额	–144.6	–190.1	–204.1

进口主要产品有燃料、农产品、机械设备、仪表、汽车、化工产品和常用金属、塑料、橡胶和食品等；出口主要产品为机械、矿物燃料、普通金属、仪表、汽车、塑料、橡胶、服装、纸浆、矿石、农产品、食品、纺织品、鞋类、木材和软木等，大理石出口居世界前列。

主要出口目的地国家包括：西班牙、德国、法国、英国、美国、荷兰等。主要进口来源地国家包括：西班牙、德国、法国、意大利、荷兰、中国等。（资料来源：葡国家统计局）

【对外投资】20世纪90年代和21世纪初，葡萄牙对西班牙和巴西进行大量投资。2001年以来，对欧盟成员国投资额大幅增加。投资领域主要包括金融保险、加工业、科技咨询、建筑业、零售及批发贸易、电力、天然气、房地产、计算机及通信等。投资目的地主要有荷兰、西班牙、德国、巴西、安哥拉、卢森堡、美国、英国、波兰、莫桑比克等。截至2018年底，葡累计吸引外国直接投资1186亿欧元。（资料来源：葡萄牙投资和外贸促进局）

【对外援助】葡对外发展援助分为单边援助和多边援助两类。单边援助主要针对非洲葡语国家、东帝汶和一些不发达国家，大部分是无息贷款，以及少量专项贷款。多边援助一般通过联合国、欧盟、世界银行和地区发展银行等国际机构实施。对外援助领域包括教育、卫生、工农业生产、人道主义援助和基础设施等。（资料来源：经济合作与发展组织）

【外国援助】2007—2013年，共从欧盟获得结构基金164.2亿欧元、团结基金27.22亿欧元、农村发展基金31.7亿欧元、渔业基金2.2亿欧元。2011年4月，葡看守政府向欧盟请求财政援助。同年5月，“三驾马车”

同意在此后3年内向葡提供总金额为780亿欧元的援助贷款，帮助其应对主权债务危机。2014年5月，葡按期完成援助备忘录，正式退出救助。

人民生活

2019年，葡最低工资为600欧元/月。2016—2019年，预期人均寿命80.8岁，其中男性77.78岁，女性83.43岁。2019年，卫生医疗领域支出109.2亿欧元，同比上涨5%。全国共有各类医院、保健中心1700余所，医生46739名，护士66340名，药剂师8240名，每10万人有203张床位。

军　事

总统为三军最高统帅，国防部长通过总参谋部和各军种参谋部领导武装力量。总参谋长安东尼奥·曼努埃尔·席尔瓦·里贝罗（António Manuel Fernandes da Silva Ribeiro）。武装力量由正规军和国家安全部队组成。实行义务兵、志愿兵、合同兵三结合的兵役制。服役期：义务兵4个月，志愿兵8—10个月，合同兵不定期，但至少一年以上。每年国防预算开支约20亿欧元，约占政府预算总额的1%~2%。正规军总兵力4万人，其中陆军2.2万人，海军1.1万人，空军0.7万人。此外，还有包括共和国卫队和公安警察在内的准军事部队及预备役部队20余万人。

文化教育

【教育】实行12年义务教育，包括基础教育（小学4年，中学预备班2年，初中3年）和中等教育（3年，相当于我国高中）。高等教育为大学4—5年。2019年，教育领域预算64.2亿欧元，同比增长4%。主要高等院校有里斯本大学、科英布拉大学、波尔图大学、里斯本理工大学、米尼奥大学、阿威罗大学、埃武拉大学和国家行政管理学院。

【新闻出版】全国有各种期刊1513种，其中466种除发行纸质版外还有网络版。自20世纪90年代起，葡所有报社皆为私营。目前主要日报有：《新闻日报》《公众报》《新闻报》和《晨邮报》；主要周刊有《快报》《太阳报》。主要商务金融性刊物有：《经济日报》《生意日报》和《经济周刊》。

国家通讯社为卢萨社，1987年由葡萄牙通讯社和葡萄牙新闻社合并而成。

主要电台有葡萄牙广播电台、复兴电台、商业电台等。有葡萄牙国家电视台、SIC电视台和独立电视台等三家电视台。

对外关系

主张在平等互利的基础上同世界各国普遍发展友好合作关系。重点维护同美国、欧盟、葡语国家共同体、葡侨、参与全球化、多边外交六大外交支柱。坚定支持欧洲一体化进程，主张维护欧元区稳定。在反恐、欧洲难民潮等问题上尊重欧盟立场。重视发展跨大西洋关系。同葡语国家交往活跃，积极推动葡语国家共同体扩大规模。大力开展经济外交，扩大同亚洲、非洲、拉美等新兴市场国家合作，是亚洲基础设施投资银行创始成员国。在国际问题上总体与欧盟保持一致，在“伊斯兰国”、乌克兰局势等热点问题上，表态相对谨慎。与世界上180个国家和地区建立有外交关系，共设146个驻外使领馆。其中使馆70个，领馆66个，驻国际组织代表团10个。

【同中国的关系】中葡1979年2月8日建交。同年9月，两国互派大使。1987年4月，中葡两国政府通过协商就解决历史遗留的澳门问题达成协议，并签署关于澳门问题的联合声明，中国于1999年12月20日恢复对澳门行使主权。2005年12月，两国建立全面战略伙伴关系。近年来，两国高层互访频繁，政治互信提升。中方主要往访有（按时间顺序）：国家主席习近平（2014年过境特塞拉岛），中共中央政治局常委、中央书记处书记刘云山（2014年），中共中央政治局委员、中央书记处书记、中宣部部长刘奇葆（2015年），国务院总理李克强（2016年过境特塞拉岛），中共中央政治局委员、北京市委书记郭金龙（2016年），全国政协副主席陈晓光（2016年），全国人大常委会委员长张德江（2017年），最高人民法院院长周强（2017年），全国政协副主席何厚铧（2017年），国务委员兼外交部长王毅（2018年），国家主席习近平（2018年）、中共中央政治局委员、中央政法委书记郭声琨（2019年）。葡方主要来访有（按时间顺序）：总统席尔瓦（2014年），总理科斯塔（2016年）。葡总理苏格拉底、副总理波尔塔斯和总理科斯塔曾分别出席中国—葡语国家经贸合作论坛（澳门）第三届（2010年）、第四届（2013年）和第五届（2016年）部长级会议，外交部长席尔瓦（2018年）、议长罗德里格斯（2018年）、总统德索萨（2019年）。

据中国海关总署统计，2019年中葡双边贸易额为66.43亿美元，同比增长10.43%。其中中方出口额43.25亿美元，同比增长14.77%；进口额23.18亿美元，同比增长3.14%。截至2020年底2月，中国对葡投资累计超过76.75亿欧元。葡累计对华投资项目261个，实际投入2.1亿美元。

双方签有《政府间科技合作协定》，迄今已召开7届中葡科技合作联委会。2012年签署《关于科技创新合作谅解备忘录》，2013年“中葡先进材料联合创新中心”落户浙江大学。2014年签署《关于海洋科学领域研究与创新合作议定书》。两国签有《相互承认高等教育学历、学位证书的协定》。葡萄牙米尼奥大学、里斯本大学、阿威罗大学和科英布拉大学先后开设孔子学院。在司法领域，两国签有《中葡刑事司法协定》《中葡引渡条约》和《中葡移管被判刑人条约》。

近年来，两军保持友好交往。2014年，葡空军参谋长皮涅伊罗上将访华。2015年，葡武装力量总参谋长蒙特罗上将访华，中国海军第20批护航编队访葡。2016年，军委联合参谋部副参谋长王冠中上将访葡。

2017年10月，中国海军新型训练舰戚继光舰访葡。

两国地方和民间交往密切。结有8对友好城市：北京—里斯本、上海—波尔图、深圳—波尔图、无锡—卡斯卡伊斯、珠海—布兰科堡、铜陵—莱利亚、蓬莱—莱里亚、永川—托列斯维德拉斯。2000年12月，中国葡萄牙友好协会在北京成立。全国人大和葡议会互设友好小组。

中国驻葡萄牙大使：蔡润。馆址：Rua do Pau de Bandeira 13，Lapa，1200–756，Lisboa，Portugal。电话：00351–213928430，213928441；传真：213928431。网址：www.fmprc.gov.cn/ce/cept/chn；电子邮箱：chinaemb_pt@mfa.gov.cn。商务处地址：Avenida das Descobertas，8，Restelo，Lisboa，Portugal。电话：00351–213041260；传真：213014950。

葡萄牙驻华大使：杜傲杰（José Augusto de Jesús Duarte）。馆址：北京市三里屯东五街8号。电话：010–65323497，65323220；传真：65324637。商务处电话：010–65320401；传真：65326746。网址：www.portugalembassychina.com；电子邮箱：pequim@mne.pt。

【同欧盟的关系】欧盟是葡对外关系的基础。葡积极支持并参与欧洲一体化进程，赞成欧盟东扩；反对将成员国分为不同等级，反对欧盟决策权过分集中在少数国家手中。2007年下半年，成功担任欧盟轮值主席国，主持完成修订和签署《里斯本条约》，使欧盟走出“制宪”困境，并完成申根区东扩至中东欧9国。保持与西、法、德等欧盟大国的高层交往，促进经济和科技合作；积极推进欧盟能源战略规划，积极发展可再生能源；重视与欧盟各国联合打击非法移民和反对恐怖主义，正式启动电子生物指纹护照和签证制度；成功促成欧洲海洋安全局总部落户里斯本。欧债危机爆发后，葡认为在货币联盟基础上强化经济治理有助于保障欧盟稳定和一体化发展。

【同美国的关系】葡是美国的传统盟国，历来把同美国的关系放在优先地位。1995年，葡美签署《防务合作协定》，葡允许美使用亚速尔群岛的拉日什空军基地。“9·11”事件后，坚决支持美反恐军事行动，在保持发展与美政治、经济关系的同时，进一步加强军事合作。2007年，加强与美在安全防务领域的实质合作，支持美设立非洲司令部。与美签署共同打击恐怖主义协议，接收2名叙利亚籍关塔那摩恐怖嫌犯。2011年11月，葡总统席尔瓦访美，与奥巴马总统举行会谈。2012年5月，葡总理科埃略赴美出席北约芝加哥峰会。2018年6月，葡总统德索萨赴美出席葡国庆日庆祝活动并与特朗普总统举行会谈。葡美设有双边常设委员会，2019年9月和12月分别在华盛顿和里斯本召开第41和42届会议。

【同非洲葡语国家和巴西的关系】由于历史原因，葡同非洲葡语五国（莫桑比克、安哥拉、佛得角、几内亚比绍、圣多美和普林西比）关系较为密切。作为葡语国家最集中的地区和葡石油、天然气的主要供应地，非洲在葡外交中的分量愈加重要。近年来，为发挥在欧、非两个大陆之间的桥梁作用，葡积极发展同五国的合作，高层互访频繁，加大在非能源、军事、金融和商贸等领域投入。积极响应“地中海联盟”倡议，重视同北非马格里布国家的关系，维护南欧地区和平与稳定，保证能源供应多元化，开拓葡出口市场。2018—2019年，德索萨总统和安哥拉总统洛伦索在半年内实现互访。

重视加强与巴西的传统关系。近10年来累计对巴投资超过90亿欧元。2011年4月，巴西总统罗塞芙访葡，表示巴将积极支持葡应对主权债务危机。同年7月，葡外长波尔塔斯访巴，表示葡政府将按期完成援葡备忘录，切实保障巴投资利益。2012年9月至2013年6月，葡巴分别在对方国家举办文化年活动。2013年4月，两国重启葡巴峰会筹备工作。5月，波尔塔斯访巴，加大吸引巴对葡投资。6月，巴西总统罗塞芙对葡进行正式访问。2016年8月，葡总统德索萨对巴西进行国事访问。2018年1月，德索萨总统出席巴西新任总统博索纳罗的就职典礼。

葡还积极利用葡语国家共同体（Community of Portuguese-Speaking Countries，Comunidade dos Países de Língua Portuguesa，简称葡共体），推动葡语国家之间的政治、外交、经贸、文化合作。葡共体于1996年7月由葡萄牙和巴西倡议成立，总部设在里斯本，成员国包括葡萄牙、巴西、安哥拉、莫桑比克、佛得角、几内亚比绍、圣多美和普林西比、东帝汶（2002年加入）。2008年7月至2010年7月，葡担任葡共体轮值主席国。

【同西班牙的关系】葡萄牙1974年“四·二五”革命后，葡西关系一度紧张，1975年末起趋于缓和。1977年11月，两国签订友好和互不侵犯条约。两国政府首脑定期举行会晤。2012年，西首相拉霍伊访葡。2013年，葡总理科埃略访西，双方呼吁欧盟加大投融资力度，促进增长和就业，支持成员国进行财政整顿和经济改革。2014年，西国王费利佩六世和首相拉霍伊分别访葡。2016年，西国王费利佩六世两度访葡并出席德索萨总统就职仪式。2018年2月，葡总理科斯塔访问西班牙。4月，德索萨总统对西班牙进行国事访问。7月，西班牙首相桑切斯访问葡萄牙。

【同东帝汶的关系】东帝汶是葡萄牙前殖民地，1951年名义上改为葡海外省。葡“四·二五”革命后，葡新政权主张非殖民化，允许东帝汶举行公民投票，实行自决。1992—1999年，在联合国秘书长主持下，葡与印度尼西亚就东帝汶问题进行12轮谈判，最终就东帝汶民族自决问题达成共识。1999年8月，东帝汶举行全民公投，78.5%的东帝汶人支持独立。2010年9月，东帝汶总统奥尔塔访葡。2011年9月，东帝汶总理古斯芒访葡。2012年5月，葡总统席尔瓦对东帝汶进行国事访问，出席东建国10周年庆典及新总统就职仪式。葡支持东担任2014—2016年葡共体轮值主席国。（李喆）

瑞　典

国名　瑞典（Sweden，Sverige）。

面积　44.9964万平方公里。

人口　1032万（2019年12月）。81.1%为瑞典人。外国移民约195万人，北部萨米族是唯一的少数民族，约2万人。官方语言为瑞典语。64%的国民为瑞典教会成员（信奉基督教路德宗）。

首都　斯德哥尔摩（Stockholm），市区人口约97.4万（2019年12月），全年平均气温6.7℃。

国家元首　国王卡尔十六世·古斯塔夫（Carl XVI Gustaf），1973年9月15日即位。

重要节日　国庆日：6月6日。

简　况

位于北欧斯堪的纳维亚半岛东半部。西邻挪威，边境线长1619公里；东北接芬兰，边境线长586公里；东临波罗的海，西南濒北海，同丹麦隔海相望，海岸线长2181公里，领海12海里。地形狭长，地势自西北向东南倾斜。北部为诺尔兰高原，南部及沿海多为平原或丘陵。湖泊约10万个，可通航河流较少。大部分地区属温带针叶林气候，最南部属温带阔叶林气候。受北大西洋暖流影响，平均气温1月北部-16℃，南部-0.7℃；7月北部14.2℃，南部17.2℃。

11世纪初开始形成国家。1157年兼并芬兰。1397年与丹麦、挪威组成卡尔马联盟，受丹统治。1523年脱离联盟独立。1654—1719年为强盛时期，领土包括现芬兰、爱沙尼亚、拉脱维亚、立陶宛以及俄国、波兰和德国的波罗的海沿岸地区。1718年对俄国、丹麦和波兰作战失败后逐步走向衰落。1805年参加拿破仑战争，1809年败于俄国后被迫割让芬兰，1814年从丹麦取得挪威，结成瑞挪联盟，1905年挪独立。瑞典在两次世界大战中均保持中立。

政　治

当前政局总体平稳。2018年9月，瑞典举行全国议会选举，中左阵营、中右联盟和极右翼的瑞典民主党三大政治力量均未获过半议席，形成悬浮议会。2019年1月，瑞组建新一届政府，由社民党和环境党联合执政。

【宪法】现行宪法由政府法典（1809年制定，1974年修订）、王位继承法（1810年制定，1979年修订）和新闻自由法（1949年制定）三个基本法组成。此外还有议会组织法（1866年制定，1974年修订）。宪法规定瑞典实行君主立宪制。国王是国家元首，作为国家象征仅履行代表性或礼仪性职责，不能干预议会和政府工作。议会是立法机构，由普选产生。政府是国家最高行政机构，对议会负责。国王的长子女是法定王位继承人。

【议会】一院制，共349名议员，议员经普选产生，任期4年。议会组织法规定，政党在大选中需获得全国选票的4%或一个选区的12%才能进入议会。根据2018年9月大选结果，共有8个政党进入本届议会，其中社民党100席、温和党70席、瑞典民主党获62席、环境党16席、中间党31席、左翼党28席、人民党20席、基督教民主党22席。议长安德烈亚斯·诺尔连（Andreas Norlén，温和党）。

【政府】2019年1月，社民党、环境党组成新一届联合政府，现共有阁员23人。首相斯特凡·勒文（Stefan Löfven，社民党），副首相兼环境与气候大臣伊莎贝拉·勒温（Isabella Lövin，女，环境党），欧盟事务大臣汉斯·达尔格伦（Hans Dahlgren，社民党），外交大臣安·林德（Ann Linde，女，社民党），贸易大臣兼管北欧事务安娜·哈尔贝里（Anna Hallberg，女，社民党），国际发展合作大臣彼得·埃里克松（Peter Eriksson，环境党），国防大臣彼得·胡尔特奎斯特（Peter Hultqvist，社民党），财政大臣玛格达莱娜·安德松（Magdalena Andersson，女，社民党），民事大臣阿达兰·谢卡拉比（Ardalan Shekarabi，社民党），金融市场与住房大臣兼副财政大臣佩尔·博隆德（Per Bolund，环境党），教育大臣安娜·埃克斯特伦（Anna Ekström，社民党），高等教育和科研大臣玛蒂尔达·艾恩克兰斯（Matilda Ernkrans，女，社民党），工商大臣易卜拉欣·巴依兰（Ibrahim Baylan，社民党），农村事务大臣珍妮·尼尔松（Jennie Nilsson，女，社民党），基础设施大臣托马斯·埃内罗特（Tomas Eneroth，社民党），能源与数字化发展大臣安德斯·于格曼（Anders Ygeman，社民党），文化和民主事务大臣兼管体育事务阿曼达·林德（Amanda Lind，女，环境党），社会事务大臣莱娜·哈伦格伦（Lena Hallengren，女，社民党），社会保险大臣安妮卡·斯特兰德赫尔（Annika Strandhäll，女，社民党），劳动市场大臣埃娃·努德马克（Eva Nordmark，女，社民党），性别平等大臣兼管反歧视和反种族隔离事务奥萨·林德哈根（Åsa Lindhagen，女，环境党），司法与移民大臣摩根·约翰松（Morgan Johansson，社民党），内政大臣米卡埃尔·丹贝里（Mikael Damberg，社民党）。

【主要网址】瑞典王室：https://www.kungahuset.se/；议会：www.riksdagen.se；首相府：www.regeringen.se；外交部：www.ud.se；瑞典国际开发署：www.sida.se；瑞典学会：www.si.se。

【行政区划】全国划分为21个省和290个市县。省长由政府任命，市级领导机构由选举产生，省、市均有较大自主权。

【司法机构】法院分三级：最高法院、6所中级（上诉）法院、72所初审法院，此外另设28所行政法院。皇家最高法院由16名政府任命的终身法官组成，现任院长安得士·耶卡（Anders Eka）。全国设国家检察院、6个中级检察院、38个区级检察院和11个专司经济犯罪的检察院。国家检察长由政府任命，现为佩特拉·隆德（Petra Lundh，女）。设有独立监察官，对议会负责，监督各级政府机构和官员。现任总监察官伊丽莎白·吕宁（Elisabeth Rynning，女）。

【政党】主要政党有：

（1）社会民主工党（Socialdemokratiska Arbetarpartiet）：简称社民党，执政党。1889年成立。瑞典第一大政党，曾长期执政。现有党员约9万人。主张保持和发展福利制度，积极参与国际合作。主席斯特凡·勒文。

（2）环境党（Miljöpartiet de Gröna）：执政党。1981年成立。现有党员9000人。强调环保，主张关闭核电站，反对加入欧元区。实行集体领导制，主要领导人伊莎贝拉·勒温和佩尔·博隆德。

（3）温和党（Nya Moderaterna）：亦称保守党，在野党。1904年成立。现有党员约5.5万人。主张坚持私有制和为企业减税，积极参与国际合作，主张加入北约。主席乌尔夫·克里斯特松（Ulf Kristersson）。

（4）自由党（Folkpartiet Liberalerna）：原名人民党，在野党。1934年成立。现有党员约1.8万人。主张自由竞争和宽松的移民政策。主席尼娅姆库·萨布尼（Nyamko Sabuni，女）。

（5）中间党（Centerpartiet）：在野党。1913年成立，原名农民协会，1958年改为现名。现有党员约4.3万人。代表农场主和家庭农户利益。反对加入欧盟和北约、反对中央集权，强调环保。主席安妮·略夫（Annie Lööf，女）。

（6）基督教民主党（Kristdemokratiska Partiet）：在野党。1964年成立，原名基督教社会民主党，1996年改为现名。现有党员约2.3万人。坚持基督教价值观，重视家庭。主席埃芭·布什·托尔（Ebba Busch Thor，女）。

（7）左翼党（Vänsterpartiet）：在野党。1917年成立。原名左翼党—共产党人，1990年改为现名。现有党员约1.1万。要求缩短工时，重视妇女权利，反对加入欧盟。主席尤纳斯·舍斯泰特（Jonas Sjöstedt）。

（8）瑞典民主党（Sverigedemokraterna）：在野党。1988年成立。党员5800余人。具有民粹主义色彩，要求政府实行更加严格的移民政策。2010年首次进入全国议会。主席吉米·奥克松（Jimmie Åkesson）。

【重要人物】**卡尔十六世·古斯塔夫**：国王。1946年4月30日生于斯德哥尔摩。1966年高中毕业后在部队接受军事训练，1968年在乌普萨拉大学和斯德哥尔摩大学进修。1973年9月15日即位。爱好体育运动。1976年6月与德国人希尔维亚结婚。有二女一子，长女维多利亚公主为王储。1981年9月和2006年7月偕王后访华，2008年8月出席北京奥运会闭幕式，2010年5月出席上海世博会，11月随瑞典皇家工程院科技考察团访华，2011年2月与王后对沪进行私人访问。 **斯特凡·勒文**：首相。1957年7月21日生于斯德哥尔摩。1979年进瑞典北部海格隆德兵工厂做电焊工。1995年入瑞典五金工会工作，2001年任副主席，2006年任主席。2012年当选瑞典社民党主席。2014年10月当选瑞典首相，2019年1月连任。2010年作为瑞典五金工会主席访华，2015年3月来华出席博鳌亚洲论坛年会。2017年6月来华出席第11届夏季达沃斯论坛。

经　济

经济发达。20世纪90年代初受世界性经济危机影响出现衰退，1994年经济开始回升，此后大力发展电子和信息技术产业，经济一直保持2%—4%的增长速度。2008年以来，国际金融危机对瑞典实体经济造成冲击。面对危机，瑞典政府采取一系列措施稳定金融市场，刺激经济增长。2009年起瑞经济企稳回升。2019年主要经济数据如下：

国内生产总值：50265亿瑞典克朗（约合5314亿美元）。

人均国内生产总值：48.9万瑞典克朗（约合5.2万美元）。

国内生产总值增长率：1.2%。

货币名称：瑞典克朗（Krona），1瑞典克朗=100奥尔（Öre）。

汇率：1美元=10瑞典克朗。

通货膨胀率：1.0%。

失业率：6.8%。

（资料来源：瑞典统计局，下同）

【资源】铁矿、森林和水力是瑞典三大资源。已探明铁矿储量36.5亿吨，系欧洲最大的铁矿砂出口国。铀矿储量25万至30万吨。森林覆盖率为54%，蓄材26.4亿立方米。可利用的水力资源有2014万千瓦（1760亿千瓦时），已开发81%。此外，北部和中部地区有硫、铜、铅、锌、砷等矿，储量不大。

【工业】工业发达，主要有矿业、机械制造业、森林及造纸工业、电力设备、汽车、化工、电信、食品加工等。

【农业】全国耕地面积共300万公顷，占国土面积的8%。农业产值在国内生产总值的占比较小。粮食、肉类、蛋和奶制品自给有余，蔬菜、水果主要靠进口，农产品自给率达80%以上。

【服务业】服务业发达，从业人员主要分布在医疗护理、商业、运输通信、金融、企业服务、教育、科研、公共行政部门、文化服务及家庭服务等领域。

【旅游业】旅游业稳定发展。主要旅游地有首都斯德哥尔摩，北部自然保护区，南部的哥德堡市和斯科纳省。

【交通运输】铁路：总长1.15万公里。公路：总长42.4万公里，其中有国道、省道13万公里。水运：现有商船约320艘，其中货船约130艘，客船约190艘，总吨位约320万吨。

空运：1946年瑞典、丹麦和挪威共同成立北欧航空公司（SAS），瑞典约占3/7股份；此外瑞还有布拉森航空（Braathens Regional Airlines）等小型从事商业旅行服务和国内短途旅行的航空公司十余个。

【对外贸易】外贸依存度较高，2019年对外贸易额2.9万亿瑞典克朗，同比增长11.5%，进口额约2.194万亿瑞典克朗，同比增长3.8%，出口额约2.361万亿瑞典克朗，同比增长7.6%。出口商品主要有：机械与交通运输设备、木材与纸张产品、化工与塑料制品、工业机械、电子与电信设备、矿产品、道路交通工具等。鼓励自由贸易，积极拓展外贸市场。

2019年主要贸易伙伴（单位：亿瑞典克朗）：

	进口额	出口额
德国	2685	1597
荷兰	1413	800
挪威	1373	1624
丹麦	997	1056
中国	774	716

【对外投资】1989年正式取消外汇管制。主要投资对象是美国和欧洲国家，2018年瑞典对外投资3.432万亿瑞典克朗。

【外国资本】近年来瑞以良好的基础设施和充足的高科技人才吸引了大量外资，瑞典的外国投资者主要来自德国、芬兰、美国、英国、荷兰等国。

【对外援助】2019年瑞外援额为348亿瑞典克朗，约占国民总收入的1%。主要受援对象是阿富汗和撒哈拉以南的非洲国家。（资料来源：openaid.se网站）

【著名公司】2019年排名世界500强的瑞重要公司（单位：亿美元）：

公司名称	营业收入	排名
沃尔沃集团（Volvo）	449.57	253

（资料来源：《财富杂志》网站）

人民生活

生活水平较高。社会保障制度完善，医疗卫生体系发达。共有医生约4万人，护士约10万人。（资料来源：瑞典国家卫生与福利委员会Socialstyrelsen.se网站）

军　事

奉行军事不结盟政策。和平时期注重包括军事防务、民防、经济防务和心理防务的总体国防建设。国王为全国武装力量最高代表。三军总司令负责提出军事战略，领导部队训练，指挥全军作战。全国划分为四个军区。2017年7月1日，瑞典开始实行义务兵役制。常规军总兵力1.46万人，预备役3.25万人。三军总司令米克尔·毕登（Micael Bydén）上将。

文化教育

【教育】实行九年一贯制义务免费教育。小学和初中在校生约95万人，高中在校生约32万人。全国有各类高校48所（其中综合性大学11所，艺术类院校5所），在校学生40万人，教师15万人。国民教育程度高，25—64岁的国民中约40%接受过高等教育。著名高校有斯德哥尔摩大学、乌普萨拉大学、隆德大学、皇家工学院等。

【科研】科研较发达。全国科研力量主要集中在国家资助的全国各级高校、专业研究所、皇家科学院和工程院以及企业资助的下属研发部门。2019年公共科研投入370亿克朗。

【文化】文化生活较丰富。全国有公共图书馆692个，各类博物馆373个，电影院415所。

【体育】全民体育健身活动丰富，网球、冰球、乒乓球、足球、手球、高尔夫球、赛马等竞技项目普及并有较高水平，全国约有2.7万个体育协会和俱乐部。

【新闻出版】年出版图书近1.6万多种，日报170种，总发行量超过450万份。主要报纸有《每日新闻》《瑞典日报》《晚报》等。主要新闻媒体有：瑞典通讯社、瑞典广播电台、瑞典电视台和教育电视台等。

对外关系

将维护国际法和尊重人权作为对外政策两大基石，视北欧周边地区为自身安全基础。加入欧盟、申根协定，但未加入欧元区。未加入北约，但系北约伙伴国，乌克兰危机后加强同北约合作。支持欧盟一体化进程，主张加强跨大西洋合作，重视发展同新兴市场国家关系。重视联合国等国际组织作用，积极推动联合国改革，密切关注国际热点问题，希望通过提供发展援助、参与国际维和行动等方式发挥影响，外援占国民总收入比重超过1%。

【对当前重大国际问题的态度】关于国际形势：认为全球安全形势严峻，俄罗斯针对乌克兰的行动是冷战结束后欧洲和平与安全面临的最大挑战。瑞典社会发展和周边环境正面临冷战结束以来最重大的考验。叙利亚战乱、“伊斯兰国”恐怖势力、难民、网络犯罪等威胁不容忽视。人权、气候变化、贫困等问题仍困扰世界。核扩散引发的恐惧和军备竞争将威胁世界和平，应该坚定推动核不扩散进程。

关于自由贸易：坚定支持自由贸易，反对贸易保护主义。积极通过双边、多边机制和地区性贸易协定推动自由贸易，重视世界贸易组织机制。要求欧盟内部加强市场建设，推动欧盟同重要伙伴国尽快结束双边或地区自由贸易谈判。

关于北极问题：认为北极地区环境脆弱，但发展潜力巨大。应该重点保护北极地区生态和原住民文化。对域外国家参与北极事务原则上持积极开放态度。

关于巴以问题：支持“两国”解决方案，在国际法基础上积极参与中东和平进程，推动欧盟、联合国及其他有关各方加大介入力度，实现持久和平。承认巴勒斯坦国，同时重视同以色列友好关系。

关于阿富汗问题：长期致力于阿富汗经济社会的和平发展，向阿提供援助，参与阿重建进程，支持阿反腐和促进人权和民主的事业，尤其重视维护妇女权益。

【同中国的关系】瑞典于1950年5月9日同中国建交，是第一个与中国建交的西方国家。建交后两国关系稳定发展。1957年两国签署政府间贸易协定，瑞典是最早同中国签署政府间贸易协定的国家之一。20世纪80年代以来，两国科技、教育、环保等领域合作发展较好，先后签署教育与科技合作意向书、高等教育合作框架协议、环境与能源技术合作框架协议、在可持续发展方面加强战略合作框架文件等。

2015年3月，瑞首相勒文来华出席博鳌亚洲论坛年会。4月，瑞副首相兼气候和环境大臣罗姆松访华。2017年6月，勒文首相来华出席第11届夏季达沃斯论坛。

据中国海关总署统计，2019年双边贸易额176.8亿美元，同比增长3.1%。其中，中方出口额85.4亿美元、同比增长4.2%，进口额91.4亿美元、同比增长2.1%。

中国驻瑞典大使：桂从友。馆址：Lidovägen 8, 11525 Stockholm，SWEDEN。电话：0046–8–57936429；传真：57936452，6363305（商务处）。网址：www.chinaembassy.se。

瑞典驻华大使馆馆址：北京东直门外大街3号。电话：010–65329790；传真：65329792。网址：www.swedenabroad.com/beijingcn。

【同欧盟的关系】将对欧政策作为瑞外交政策最重要一环，坚定支持欧洲一体化，对英国脱欧表示遗憾。推动欧盟建立积极的外交与安全政策以及自由公平的贸易政策。认为应通过“永久结构性合作”（PESCO）提升欧盟成员国防御行动力和效力。致力于推动“社会欧洲”建设。

【同美国的关系】将瑞美关系置于瑞对外关系的优先议程，认为欧美有着共同的利益和价值观，应联手推动全球化、应对全球化挑战，实现共赢。

【同俄罗斯的关系】强烈谴责俄罗斯吞并克里米亚，追随欧美共同政策，支持欧盟继续对俄采取制裁。认为处理对俄关系应着眼维护国际法和欧洲安全秩序，推动俄向多元、民主化方向发展。（周学舟）

瑞　士

国名　瑞士联邦（Swiss Confederation）。

面积　4.1284万平方公里。

人口　854.5万人（2018年），其中外籍人约占25%。德语、法语、意大利语及拉丁罗曼语4种语言均为官方语言，居民中讲德语的约占62.8%，法语22.9%，意大利语8.2%，拉丁罗曼语0.5%，其他语言5.6%。信奉天主教的居民占37.2%，新教25.0%，其他宗教7.4%，无宗教信仰24%。

首都　伯尔尼（Bern），市区人口14.3万（2019年12月）。

国家元首　联邦委员会全体成员集体作为国家元首。联邦主席由联邦委员会七名委员轮任，对外代表瑞士，任期一年。2018年联邦主席是阿兰·贝尔塞（Alain Berset，社民党）。2019年联邦主席是于利·毛雷尔（Ueli Maurer，人民党）。2020年联邦主席是西莫内塔·索马鲁加（Simonetta Sommaruga，社民党）。

重要节日　复活节：春分月圆后第一个星期日；国庆节：8月1日；圣诞节：12月25日；元旦：1月1日。

简　况

位于中欧的内陆国。与奥地利、列支敦士登、意大利、法国和德国接壤。地处北温带，受海洋性气候和大陆性气候交替影响，气候变化较大，年平均气温9℃。

1291年8月1日，乌里、施维茨和下瓦尔登三个州在反对哈布斯堡王朝的斗争中秘密结成永久同盟，此即瑞士建国之始。1815年维也纳会议确认瑞士为永久中立国。1848年制定宪法，设立联邦委员会，成为统一的联邦制国家。在两次世界大战中均保持中立。

政　治

自1959年起，一直由议会中的四大党——自由民主党（简称自民党）、社会民主党（社民党）、基督教民主人民党（基民党）和瑞士人民党（人民党）组成联合政府，四党在联邦委员会中的比例为2∶2∶2∶1。这一模式保证了几十年来瑞政局的稳定，被称为“奇妙组合”。2003年联邦议会选举后，人民党赢得联邦委员会的第二个席位，基民党则失去一席，“奇妙组合”发生变化。2007年联邦议会选举后，“奇妙组合”被“五党共治”

替代。联邦委员会中，自民党和社民党各占两席，基民党、人民党和公民民主党各占一席。2015年11月选举后，自民党、社民党和人民党在联邦委员会中各占两席，基民党占一席。2019年11月选举后，联邦委员会中各党派席位格局保持不变。

【宪法】1848年制定通过，1874年以来曾多次修改。瑞士实行“公民表决”和“公民倡议”形式的直接民主。凡修改宪法条款、签订期限为15年以上的国际条约或加入重要国际组织，必须经过公民表决并由各州通过方能生效。1999年瑞士公民表决通过新宪法，明确规定瑞士是联邦制国家，各州有自己的宪法。联邦政府管辖外交、财政、金融、联邦税收、货币、国防、海关、铁路、邮电、能源、电视、广播和社会保障等，其他事务由各州管辖。各州必须遵守联邦的全国性法规并接受联邦的监督。新宪法还确定了国际法高于国内法的原则。

【议会】联邦议会是最高立法机构，由具有同等权限的国民院和联邦院组成。只有两院一致批准，法律或决议方能生效。国民院有200名议员，由公民普选产生，任期4年；联邦院有46名议员，由各州选派，任期因州而异，最长4年。两院议长任期均为1年。2019/2020年度国民院议长伊莎贝拉·莫雷（Isabelle Moret，自民党），联邦院议长汉斯·施托克利（Hans Stöckli，社民党）。

本届议会2019年11月产生，各主要政党在两院所占席位如下：

	国民院	联邦院
瑞士人民党	55	7
社会民主党	39	9
中间党团（基督教民主人民党、公民民主党、新教人民党）	31	13
自由民主党	29	12
绿党	30	5
自由绿党	16	0

【政府】联邦委员会是国家最高行政机构，由7名委员组成，分任7个部的部长，实行集体领导，任期4年。设联邦主席和联邦副主席，由联邦委员轮任，任期1年，不得连任。2020年度联邦委员会组成如下：联邦主席兼环境、交通、能源和通信部长西莫内塔·索马鲁加（Simonetta Sommaruga，女，社民党），联邦副主席兼经济、教研部长居伊·帕默林（Guy Parmelin，人民党），财政部长于利·毛雷尔（Ueli Maurer，人民党），内政部长阿兰·贝尔塞（Alain Berset，社民党），外交部长伊尼亚齐奥·卡西斯（Ignazio Cassis，自民党），司法、警察部长凯勒-祖特尔（Karin Keller-Sutter，自民党），国防、民防和体育部长阿姆赫德（Viola Amherd，基民党）。

【司法机构】联邦法院是瑞最高司法机构。法院内设民事、刑事、公法和社会法法庭，现有联邦法官38名，均由议会选举产生，正、副院长每两年改选一次。现任联邦法院院长为乌尔里希·迈尔（Ulrich Meyer），副院长为妮基勒·马尔塔（Niquille Martha）。

此外，瑞士还设有联邦行政法院和联邦刑事法院，负责审理行政申诉或上诉案件、渎职案件及恐怖袭击、泄密、叛国、洗钱等特殊刑事案件。

【行政区划】瑞士的行政区划分为三级，即联邦、州、市镇。全国由26个州组成（其中6个州为半州）：苏黎世、伯尔尼、卢塞恩、乌里、施维茨、上瓦尔登（半州）、下瓦尔登（半州）、格拉鲁斯、楚格、弗里堡、索罗图恩、巴塞尔城（半州）、巴塞尔乡（半州）、沙夫豪森、外阿彭策尔（半州）、内阿彭策尔（半州）、圣加仑、格劳宾登、阿尔高、图尔高、提契诺、沃州、瓦莱、纽沙泰尔、日内瓦、汝拉。

【政党】大小政党共有30多个，主要政党有：

（1）瑞士人民党（SVP），法语区称中间民主联盟，1971年由农民党和民主党合并组成。党员约9万人。主席阿尔伯特·罗思提（Albert Rösti）。

（2）自由民主党（FDP），法语区称激进民主党，1894年成立。党员约12万人。主席佩特拉·葛斯（Petra Gössi）。

（3）社会民主党（SP），法语区称社会党，1888年成立。党员约3.3万人。主席克里斯蒂安·勒夫拉特（Christian Levrat）。

（4）基督教民主人民党（CVP），法语区称基督教民主党，建于1912年。前身是“人民保守党”，1970年改为现名。党员约10万人。主席格哈德·普菲斯特（Gerhard Pfister）。

（5）公民民主党（BDP），2008年成立，自人民党中分离出来。党员约7000人。主席马丁·兰多尔特（Martin Landolt）。

（6）绿党（GPS），建于1983年。党员约1.1万人。主席蕾古拉·吕茨（Regula Rytz）。

（7）自由绿党（GLP），建于2004年，自2007年起在全国范围内参选。党员约4500人。主席约尔克·格罗森（Jürg Grossen）。

（8）新教人民党（EVP），建于1919年，党员约4600人。主席玛丽安娜·施特莱夫-菲勒（Marianne Streiff-Feller）。

【重要人物】**西莫内塔·索马鲁加**：瑞士联邦主席兼环境、交通、能源和通信部长，60岁，社民党。卢塞恩音乐学院毕业。职业钢琴家。曾先后担消费者保护基金会主席、联邦议会国民院议员、联邦院议员。2010年当选联邦委员，出任联邦司法、警察部长。2019年改任现职。2015年、2020年轮任联邦主席。

经　济

瑞士是高度发达的工业国。实行自由经济政策，政府尽量减少干预。对外主张自由贸易，反对贸易保护主义。

2019年主要经济数据如下：

国内生产总值：6987亿瑞郎。

人均国内生产总值：81600瑞郎。

国内生产总值增长率：0.9%。

货币名称：瑞士法郎（简称瑞郎），1瑞郎=100生丁。

汇率：1美元=0.97瑞郎。

通货膨胀率：0.4%。

失业率：2.5%。

（资料来源：瑞士联邦经济事务秘书处、瑞士联邦统计局网站）

【资源】瑞士矿产资源匮乏，仅有少量盐矿、煤矿、铁矿和锰矿。生产生活所需能源、工业原料主要依赖进口。水力资源丰富。森林面积127.5万公顷，森林覆盖率为30.7%。

【工业】机械制造、化工、医药、高档钟表、食品加工、纺织业是瑞士的主要支柱产业。工业技术水平先进，产品质量精良，在国际市场具有很强的竞争力。除ABB、雀巢、诺华、苏尔寿等著名大公司外，绝大多数为中小企业。2019年第四季度，工业就业人数110万，占总就业人口的21.4%。

【农业】主要农作物有小麦、燕麦、马铃薯和甜菜。肉类基本自给，奶制品自给有余。农业就业人数约16万，占总就业人口的3.1%。

【旅游业】旅游业十分发达，是仅次于机械制造和化工医药的第三大创汇行业。2019年，瑞士拥有旅馆4234家，床位约25万张，接待过夜游客3960万人次，同比增长1.9%。主要旅游地点是苏黎世、日内瓦、卢塞恩和洛桑等。

【交通运输】以公路和铁路运输为主。

铁路：总长5177公里，全部电气化，铁路密度居世界前列。2018年铁路客运周转量达210亿人公里。

公路：总长71555公里，分国道、州道、镇道，其中国道1859公里，为公路交通主干。公路网四通八达，遍及全国。2016年6月，圣哥达基线隧道开通，总长57.1公里。2018年公路客运周转量达1020亿人公里。

水运：水路航线总长562公里，共拥有137艘客运轮船。重要内河港口为巴塞尔。

空运：主要国际机场有苏黎世机场和日内瓦机场。2018年，民航总客运量5860万人次。

管道运输：有输油管道109公里，天然气管道1986公里。

【财政金融】近年联邦财政收支情况如下（单位：亿瑞郎）：

	2017	2018	2019
收入	730.1	725.2	744.7
支出	689.3	696.2	714.1
盈余	40.8	29.0	30.6

（资料来源：瑞士联邦统计局网站）

金融业发达，2018年全国共有银行248家。最大城市苏黎世是国际金融中心之一，是仅次于伦敦的世界第二大黄金交易市场。

瑞士两大银行：（1）瑞银集团（UBS），由原瑞士联合银行和瑞士银行公司于1997年12月合并，资产总计9721亿瑞郎（2019年），拥有员工约6.9万人（2019年），是世界第一大资产管理公司。2019年盈利42亿瑞郎。（2）瑞士信贷银行（CS），成立于1856年，总资产约7873亿瑞郎（2019年），拥有员工4.8万人（2019年）。2019年盈利34亿瑞郎。

保险公司：苏黎世金融服务集团（Zurich Financial Services Group），1872年成立。1997年与英国最大的烟草集团BAT的金融保险业务分部（BASF）合并，组成苏黎世金融服务集团，总部设在苏黎世。2012年更名为苏黎世保险集团（Zurich Insurance Group）。员工约5.4万人。2019年盈利53亿美元。

【对外贸易】外贸在经济中占重要地位。95%的原料、能源和60%的消费品依靠进口；工业产品的70%—90%外销，商品和服务出口占国内生产总值的40%。2019年进出口总额4470亿瑞郎。近年进出口情况如下（单位：亿瑞郎）：（截至目前官方发布临时数据）

	2017	2018	2019
进口额	2655	2730	2050
出口额	2948	3040	2420
差　额	293	310	370

（资料来源：瑞士联邦统计局网站）

主要出口商品是机械设备、化工产品、医药、精密仪器、钟表及食品，主要进口商品是原料、半成品和耐用消费品。主要贸易伙伴是欧盟和美国。

【对外援助】瑞士将帮助战乱国家恢复和平、发展经济、消除贫困作为其发展援助的主要目标，并通过双边和多边途径加以实施。援助对象主要是非洲、亚洲、拉美地区贫穷的中、小发展中国家以及东欧和独联体国家。2018年，瑞士对外援助支出30.22亿瑞郎，占当年国民生产总值的0.44%。

【对外投资】2018年瑞士对外直接投资达742亿瑞郎，投资主要在欧洲地区（610亿瑞郎）。

【外国投资】2018年外国在瑞士直接投资达425亿瑞郎。其中78%来自欧洲国家，13%来自美国。外资企业在瑞共有员工约46.1万人。

【著名公司】（1）雀巢公司（Nestle）：成立于1866年，总部设在沃维，现已发展成为世界最大的食品工业集团。拥有员工30.8万人。2019年营业额926亿瑞郎，盈利129亿瑞郎。公司主要产品有饮料、奶制品、冷冻食品、成品及半成品食物、巧克力和糖果等。董事长保罗·布尔克（Paul Bulcke），首席执行官马克·施耐德（Mark Schneider）。

（2）ABB集团（ABB）：1988年由ASEA公司和BBC Brown Boveri公司合并而成，是一个业务遍及全球的电气工程集团，主要业务包括开发、生产和销售发电设备、高压输电设备及系统、中低压配电设备及安装和电力机车等。总部苏黎世。2019年营业额280亿美元，盈利14.39亿美元，拥有员工14.7万人。集团董事长傅赛（Peter Voser），首席执行官比约恩·罗森格伦（Björn Rosengren）。

（3）诺华公司（Novartis）：总部在巴塞尔，世界第二大医药公司。由瑞士两大化工集团汽巴·嘉基和山度士于1996年3月合并而成。2019年营业额475亿美元，盈利117亿美元。主要经营医疗保健，农用化学品和食品。全球共有员工约13万人。集团董事长约克·雷因哈特（Jörg Reinhardt），首席执行官瓦桑特·纳拉斯罕（Vasant Narasimhan）。

人民生活

瑞士是高工资、高福利、高消费国家。2018年瑞士全国共有医疗卫生从业人员约30万名。全国有281家医疗保健机构、床位37956张，每千人约有床位4.5张。2019年，全国共有机动车约616万辆，其中小轿车462万辆，每千人有小轿车541辆。

军　事

实行民兵制，现役编制兵力14万人，有陆、空军两个军种。凡20—34岁身体健康的男性公民都必须服兵役，服役人员一生中参加军训时间总计280天。服役期间和退役后，单兵武器装备均归个人保管。1995年，瑞士颁布了第一部民役法，规定自1997年起公民可在军役和民役间自由选择。联邦委员会拥有最高指挥权并通过国防部领导军队。总体作战指导思想是防御战。2019年国防开支约48.6亿瑞郎，约占全部财政支出的6.8%。

文化教育

【教育】 教育事业由各州管理，自筹经费，自编教材。全国实行9年义务教育制，各类学校1.1万余所。有30余所高等院校，其中苏黎世联邦理工大学和洛桑联邦理工大学直属联邦。2018/2019年度9年义务教育学生约95.5万人。高等院校学生25.3万人。

【新闻出版】 有1个通讯社：瑞士通讯社。全国有报纸79种，影响较大的是德文报纸《新苏黎世报》《每日导报》和《一瞥报》。瑞士荣格集团（Ringier AG）创立于1883年，是瑞士最大的综合性媒体集团，总部在苏黎世，全球拥有员工7000余人，2018年实现销售额10亿瑞郎。

各语区均有各自语言的广播电视。瑞士公共广播电视公司（SRG），总部设在伯尔尼，1997年开播，享有联邦广播特许权，负责用四种官方语言制作和播送广播和电视节目。瑞士国际广播电台用官方语言和英语、西班牙语及阿拉伯语制作节目，通过无线电短波、卫星向国外传送。

对外关系

瑞士为永久中立国，自1815年以来一直奉行中立政策。近年来，为更好地维护自身利益，瑞士逐步调整外交政策，由传统保守的中立向“积极的中立”过渡，把促进和平共处，尊重人权并促进民主，维护瑞士海外经济利益，减少全球危机与贫困以及维护人类基本生存条件视为其外交政策的五大目标。自2002年9月加入联合国以来，瑞士外交政策更加突出人权和人道主义，大力开展斡旋外交，力图在国际事务中发挥独特作用，扩大瑞士的国际影响。瑞士同世界上192个国家建有外交关系。

【同中国的关系】 1950年9月14日与中国建交。近年来，两国关系继续保持良好发展势头。2016年4月，瑞士联邦主席施奈德–阿曼对华进行国事访问，习近平主席同其共同确立两国创新战略伙伴关系新定位。2017年1月，习近平主席对瑞士进行国事访问、出席在达沃斯举行的世界经济论坛2017年年会并访问瑞士国际组织。5月，瑞士联邦主席兼环境、交通、能源和通信部长洛伊特哈德来华出席“一带一路”国际合作高峰论坛，习近平主席同其会谈。2018年1月，中央政治局委员、中央财经领导小组办公室主任刘鹤出席达沃斯世界经济论坛年会，期间会见瑞士联邦副主席兼财政部长毛雷尔。4月，瑞联邦委员兼外长卡西斯访华，王毅国务委员兼外长同其举行中瑞首轮外长级战略对话。7月，瑞军司令雷博特中将访华。9月，瑞联邦委员兼经济、教研部长施奈德–阿曼访华。2019年1月，王岐山副主席访问瑞士并出席达沃斯世界经济论坛2019年年会。4月，瑞士联邦主席兼财政部长毛雷尔对华进行国事访问并出席第二届“一带一路”国际合作高峰论坛，习近平主席、李克强总理、刘鹤副总理分别同其会谈会见。10月，王毅国务委员兼外长赴瑞同瑞联邦委员兼外长卡西斯举行中瑞第二轮外长级战略对话。2020年1月，中央政治局常委、国务院副总理韩正访问瑞士并出席达沃斯世界经济论坛2020年年会。同月，瑞士联邦议会国民院议长莫雷访华，栗战书委员长同其会谈，全国政协主席汪洋同其会见。

2019年，瑞士是中国在欧洲第七大贸易伙伴国，中国是瑞士全球第三大贸易伙伴国。2013年7月，两国签订《中瑞自由贸易协定》，是中国与欧洲大陆国家和全球经济前20强国家签署的首个双边自贸协定。2014年7月1日，中瑞自贸协定正式生效。2019年，双边贸易额318亿美元，同比下降25.2%，其中对瑞士出口额45.4亿美元，同比增长13%，自瑞士进口额272.6亿美元，同比下降29.2%。中国进口以机电产品、化工医药产品、光学仪器、医疗设备和钟表为主；出口以纺织品、机电产品、化工原料、玩具、体育器材和皮革制品为主。

瑞士是中国在欧洲第六大外资来源国。截至2019

年底，中国累计批准瑞士企业在华投资项目2055个，瑞士实际投入81.8亿美元。中国自瑞士技术引进累计金额129.8亿美元，项目3139个。经过商务部核准的中国对瑞士直接投资额68亿美元。

共建“一带一路”框架内金融、创新、第三方市场合作成为中瑞合作新亮点。瑞士联邦主席连续出席两届“一带一路”国际合作高峰论坛。2018年11月，中国建设银行苏黎世分行同瑞士冯托贝尔银行共同发行“一带一路”金融产品，是中欧间首个由两国银行共同开发的以“一带一路”为投资主题的金融产品。2019年1月王岐山副主席访瑞期间，作为落实两国领导人就建立中瑞高水平创新合作平台重要共识的重要举措，双方举办首届中瑞企业创新大会。2019年4月瑞士联邦主席毛雷尔对华进行国事访问期间，双方签署《关于开展第三方市场合作的谅解备忘录》。2020年1月韩正副总理访瑞期间，双方举行中瑞“一带一路”能力建设论坛暨中瑞第三方市场合作圆桌会。

中国驻瑞士大使：耿文兵。馆址：Kalcheggweg 10，3006 Bern，Switzerland。电话：0041-31-3527333（总机）；3514593（领事部）；传真：3514573。经济商务处地址：J. V.Widmannstrasse 7，3074 Muri Bern，Switzerland。电话：0041-31-5550239-891；传真：9510575。网址：http://ch.china-embassy.org 。

瑞士驻华大使：罗志谊（Bernardino Regazzoni）。馆址：北京市朝阳区三里屯东五街3号。电话：010-85328888（总机）；传真：65324353。网址：www.eda.admin.ch/beijing。

【同欧盟的关系】与欧盟在经济、政治、社会等领域联系紧密，欧盟是其第一大贸易伙伴。认为欧盟作为世界重要经济体，在欧洲发挥主导作用，是欧洲繁荣稳定的支柱，同欧盟保持良好关系意义重大。视欧盟为其外交最优先方向，重视发展和维护同欧盟及其成员国关系，同时注重保持其独立性。瑞欧关系发展以一系列涵盖各领域的瑞欧双边合作协议为基础，被称为“双边道路”模式。2014年2月，瑞士全民公投通过“反对大规模移民”公民倡议，给瑞欧关系带来新的不确定性和挑战，欧盟坚决反对瑞士“坐享欧洲一体化便利”的同时拒不接受欧盟人员自由流动等根本原则的做法。在此背景下，瑞士对内着力凝聚各方共识，务实调整移民政策，对外坚决捍卫瑞士独立自主，同时在欧盟委员会及德国、法国等主要邻国间开展穿梭外交，积极寻求各方支持。瑞士2016年出台的外交战略报告（2016—2019年）提出未来4年对欧关系目标是同欧盟建立新的制度性合作框架，同时寻求同欧盟就实施“反大规模移民”公民倡议的保护条款达成双方满意的解决方案。截至2019年6月，瑞士联邦委员会就瑞欧制度性协议表态称，坚持保持劳资与劳工保护在当前水平系瑞方主要诉求。协议谈判取得进展，但双方需进一步明确劳工与劳资保护、国家援助及欧盟公民准则等问题。

【同美国的关系】同美国关系密切。强调多边主义和通过外交手段解决冲突，期待美重视多极世界的现实。美国是瑞士第一大投资来源国，瑞士是美国第六大投资来源国。10%的海外瑞籍侨民生活在美国。2017年特朗普政府上台后，瑞士对其贸易保护主义倾向可能影响瑞美经贸合作感到担忧。瑞方反对特朗普政府退出气候变化《巴黎协定》、重筑关税贸易壁垒、实施“禁穆令”等做法。2018年1月，特朗普出席世界经济论坛年会，瑞士联邦主席贝尔塞同其会见。3月，美国对包括瑞在内的多国部分钢铝制品进口加征关税，瑞士在世贸组织框架下对美启动争端解决机制。瑞美曾于2016年讨论签署自贸协定可能性，但由于瑞国内农业部门强烈反对而搁浅。2018年12月，瑞士联邦委员兼经济、教研部长施奈德-阿曼访美并提出重启自贸协定谈判，但双方未达成一致。2019年2月，瑞士联邦委员兼外交部长卡西斯访美，与美国国务卿彭佩奥举行会谈。5月，瑞士联邦主席兼财政部长毛雷尔访美，与美国总统特朗普举行会谈，就瑞美自贸协定等交换意见。6月，美国国务卿彭佩奥访瑞，与瑞士联邦委员兼外交部长卡西斯举行会谈，就加强两国双边与经贸关系等交换意见。（胡智达）

塞尔维亚

国名　塞尔维亚共和国（The Republic of Serbia，Republika Srbija）。

面积　8.84万平方公里（含科索沃1.09万平方公里）。

人口　696万（不含科索沃地区，2019年）。主要民族为塞尔维亚族（83%），少数民族有匈牙利族（3.5%）、波什尼亚克族（2%）、罗姆人（2%）和克罗地亚族（0.8%）。主要宗教是东正教。

首都　贝尔格莱德（Belgrade，Beograd），人口约169万（2019年）。1月平均气温2.5℃，7月平均气温24.4℃。

国家元首　总统阿莱克桑达尔·武契奇（Aleksandar VUČIĆ），2017年5月就任，任期5年。

重要节日　国庆节：2月15日。

简　况　位于欧洲巴尔干半岛中北部，东北与罗马尼亚、东部与保加利亚、东南与北马其顿、南部与阿尔巴尼亚、西南与黑山、西部与波黑、西北与克罗地亚相连。以温带大陆性气候为主，四季分明。冬季寒冷，夏季炎热。1月平均气温2.5℃，7月平均气温24.4℃，年平均气温13.5℃。

6—7世纪，部分斯拉夫人越过喀尔巴阡山移居巴尔干半岛。9世纪，塞尔维亚国家形成。14世纪上半叶，塞尔维亚曾是巴尔干最强盛的国家之一。15世纪，奥斯曼土耳其帝国征服包括塞尔维亚在内的巴尔干大部分地区，并统治达500年。1878年，柏林会议承认塞尔维亚独立。1882年，塞尔维亚成为王国。第一次世界大战后，部分南部斯拉夫民族于1918年12月联合成立塞尔维亚人—克罗地亚人—斯洛文尼亚人王国，1929年改称南斯拉夫王国，塞尔维亚成为其中一部分。第二次世界大战期间，南斯拉夫被德意法西斯占领。1945年5月15日，南全国解放，同年11月29日，铁托领导下的南斯拉夫联邦人民共和国成立，塞尔维亚成为6个共和国之一。1963年4月修改宪法，改国名为南斯拉夫社会主义联邦共和国。1991年，斯洛文尼亚、克罗地亚、波黑和北马其顿先后宣布脱离南联邦独立。1992年4月27日，塞尔维亚、黑山两个共和国联合成立南斯拉夫联盟共和国。2003年2月，南斯拉夫联盟议会通过“塞尔维亚和黑山宪法宪章”，南联盟更名为塞尔维亚和黑山。2006年6月3日，黑山宣布独立。6月5日，塞尔维亚共和国宣布独立，继承塞黑国际法主体地位。

政　治　近年来，塞尔维亚政局总体保持稳定。2016年4月，塞举行提前议会选举，组成以塞前进党、社会党为主的联合政府。新政府成立以来，致力于改善民生，维护社会稳定，推进政治、经济改革，取得较好效果。2017年4月，塞举行总统选举，时任总理、塞前进党主席武契奇当选，5月31日就任。6月30日，阿娜·布尔纳比奇（Ana BRNABIĆ，女，2019年10月加入塞前进党）就任总理。

【宪法】2006年11月，塞尔维亚议会通过新宪法。根据新宪法，塞尔维亚是塞民族和所有生活在塞公民的国家，建立在法制和社会公正基础上，奉行民主，尊重人权和少数民族权利，秉持欧洲价值观；科索沃享有高度自治，是塞尔维亚共和国领土的一部分。

【议会】国家最高权力机构，实行一院制。议员通过直选产生，任期4年。本届议会于2016年6月3日成立，共有250个议席。议席分配情况为：前进党联盟137席，社会党联盟26席，激进党22席，“够了”运动党17席，民主党联盟17席，民主党—德维利党联盟11席，社民党—自民党—伏伊伏丁那社民人士联盟11席，伏伊伏丁那匈牙利人联盟4席，正义与和解党2席，桑贾克民主行动党2席，绿党1席。议长玛娅·戈伊科维奇（Maja GOJKOVIĆ，女）。

【政府】最高权力执行机构。本届政府成立于2017年6月30日，系由塞前进党、塞社会党等组成的联合政府。总理阿娜·布尔纳比奇。政府成员有：第一副总理兼外交部长伊维察·达契奇（Ivica DAČIĆ），副总理兼内务部长奈博伊沙·斯特法诺维奇（Nebojša STEFANOVIĆ），副总理兼贸易、旅游和电信部长拉西姆·利亚伊奇（Rasim LJAJIĆ），副总理兼建设、交通和基础设施部长佐拉娜·米哈伊洛维奇（Zorana MIHAJLOVIĆ，女），财政部长西尼沙·马利（Siniša MALI），经济部长戈兰·克奈热维奇（Goran KNEŽEVIĆ），农业、林业和水利部长布拉尼斯拉夫·奈迪莫维奇（Branislav NEDIMOVIĆ），环保部长戈兰·特里万（Goran TRIVAN），矿业和能源部长阿莱克桑达尔·安蒂奇（Aleksandar ANTIĆ），司法部长奈拉·库布罗维奇（Nela KUBUROVIĆ，女），国家管理和地方自治部长布兰科·鲁日奇（Branko RUŽIĆ），国防部长阿莱克桑达尔·武林（Aleksandar VULIN），教育、科学和技术发展部长姆拉登·沙尔切维奇（Mladen ŠARČEVIĆ），欧洲一体化部长亚德兰卡·约克西莫维奇（Jadranka JOKSIMOVIĆ，女），卫生部长兹拉蒂博尔·伦查尔（Zlatibor LONČAR），劳动、就业、退伍军人和社会问题部长佐兰·乔尔杰维奇（Zoran ĐORĐEVIĆ），青年和体育部长瓦尼亚·乌多维契奇（Vanja UDOVIČIĆ），文化和信息部长弗拉丹·武科萨夫列维奇（Vladan VUKOSAVLJEVIĆ），负责人口政策的不管部长斯拉维察·久基奇-德亚诺维奇（Slavica ĐUKIĆ-DEJANOVIĆ，女），负责地区发展和公有企业协调工作的不管部长米兰·克尔科巴比奇（Milan KRKOBABIĆ），负责创新和科技的不管部长奈纳德·波波维奇（Nenad POPOVIĆ）。

【主要网址】总统府：www.predsednik.rs；议会：www.parlament.gov.rs；政府：www.srbija.gov.rs；外交部：www.mfa.gov.rs。

【司法机构】设有最高法院、共和国检察院、宪法法院、地方各级法院和检察院等。最高法院和各级法院行使审判权。最高法院院长和检察院检察长由议会选举产生。最高法院院长德拉戈米尔·米洛耶维奇（Dragomir MILOJEVIĆ），2013年12月就任，任期5年，2019年继续担任代理院长。共和国检察长扎戈尔卡·多洛瓦茨（Zagorka DOLOVAC，女），2010年1月就任，任期6年，2015年提前获得连任。宪法法院院长斯内扎娜·马尔科维奇（Snežana MARKOVIĆ，女），2019年12月当选，2020年1月就任，任期3年。

【行政区划】共有30个州，下辖198个区。

【政党】塞尔维亚主要政党有：

（1）塞尔维亚前进党（Srpska Napredna Stranka）：执政党。成立于2008年10月。系由塞尔维亚激进党分裂出来的党派。主张将塞尔维亚建设成为东、西方间的桥梁和有自尊的欧盟成员国。主席阿莱克桑达尔·武契奇。

（2）塞尔维亚社会党（Socijalistička Partija Srbije）：执政党。成立于1990年7月，由原塞尔维亚共产主义者联盟和塞尔维亚劳动人民社会主义联盟合并而成。主张实行民主社会主义，建立现代法治国家和经济发达、文化繁荣的国家。主席伊维察·达契奇。

（3）塞尔维亚激进党（Srpska Radikalna Stranka）：在野党。成立于1991年2月。民族主义政党，反对塞加入欧盟和北约，主张与俄罗斯、中国及其他不结盟运动国家发展合作。主席沃伊斯拉夫·舍舍利（Vojislav ŠEŠELJ）。

（4）民主党（Demokratska Stranka）：在野党。成立于1990年2月。主张保障议会民主、法治和人权自由。主席佐兰·卢多瓦茨（Zoran LUTOVAC）。

【重要人物】阿莱克桑达尔·武契奇：总统。1970年生。毕业于贝尔格莱德大学法学院。1993年加入塞激进党，1994年当选该党秘书长。2008年加入塞前进党，并任该党副主席。2012年9月，当选塞前进党主席。1998—2000年任南联盟政府信息部长。2012年7月至2013年9月任塞尔维亚国防部长。2013年9月至2014年4月任塞第一副总理。2014年4月27日起任总理。2017年4月当选塞尔维亚总统，5月底就任。 **玛娅·戈伊科维奇**：议长。1963年生。毕业于诺维萨德大学法学院。1998年至1999年任南联盟塞尔维亚共和国政府不管部长，1999—2000年任南联盟副总理。2004年当选诺维萨德市市长。2012年任塞议会议员。2014年4月起任塞议会议长，2016年6月连任。 **阿娜·布尔纳比奇**：总理。1975年生。英国赫尔大学工商管理硕士。曾任美国大陆风能公司塞尔维亚分公司经理。2006年参与创立塞地方经济发展联盟，任管委会主席。2013年被评为“塞尔维亚年度商业女性”。2016年8月任塞国家管理和地方自治部部长。

经　济

近年来，塞尔维亚积极实行经济改革、推进私有化、改善投资环境，经济实现增长。2019年主要经济数据如下：

国内生产总值：459亿欧元。

人均国内生产总值：6557欧元。

国内生产总值增长率：4.2%。

货币名称：第纳尔（DINAR）。

汇率：1美元≈105.11第纳尔，1欧元≈117.51第纳尔。

通货膨胀率：1.9%。

失业率：10.4%。

（资料来源：塞尔维亚国家统计局，下同）

【资源】矿藏有煤、铁、锌、铜等。森林覆盖率31.12%。水力资源丰富。

【工业】主要工业部门有冶金、汽车制造、纺织、仪器加工等。

【农牧业】土地肥沃，雨水充足，农业生产条件良好。农业用地506万公顷，主要集中在北部的伏伊伏丁那平原和中部地区，其中耕地329万公顷，果园24万公顷，葡萄园5.6万公顷，草场62.1万公顷，牧场84.5万公顷。

【服务业】主要包括旅馆、餐厅、咖啡馆和酒吧等。2019年，塞尔维亚共有旅馆400家。

【旅游业】旅游业发展良好。主要旅游区有浴场、滑雪场和国家公园等。2019年共接待外国游客184.7万人次，主要来自德国、中国、土耳其、希腊等，接待国内游客184.3万人次。

【交通运输】以铁路和公路为主。近年交通运输情况如下：

铁路：总长3808.7公里，其中电气化铁路1279公里。

公路：总长45220公里，其中高速公路782公里。共有小轿车1833219辆，公共汽车8900辆。

空运：塞尔维亚航空公司共有20架飞机，1400个客位，航线总长为41.510公里。共有6个机场，主要机场为贝尔格莱德尼古拉·特斯拉机场。

【财政金融】2019年塞尔维亚财政收入12462亿第纳尔，支出12691亿第纳尔，财政赤字229亿第纳尔，占国内生产总值的0.4%。

【主要银行】塞尔维亚设中央银行，其他主要银行有BANKA POŠTANSKA ŠTEDIONICA邮政储蓄银行、Addiko Bank（奥地利），NLB Banka d.d.（斯洛文尼亚），ProCredit Bank（德国），BANK OF CHINA（中国）等。

【对外贸易】近年来，塞尔维亚对外经贸活动日渐活跃，外贸额总体平稳。近几年外贸情况如下（单位：亿美元）：

	2017	2018	2019
出口额	219.5	192.2	196.3
进口额	169.9	258.8	267.3
差额	–49.3	66.6	71.0

2019年主要出口产品为：汽车、电器及电子产品、谷物、蔬菜和水果，主要进口产品为：汽车、石油及其制成品、天然气、电器及电子产品等。前五大出口国是：意大利、德国、波黑、俄罗斯和罗马尼亚，前五大进口国是：德国、俄罗斯、意大利、中国和匈牙利。

人民生活

2019年12月人均工资82257第纳尔，约合778美元，税后工资59772第纳尔，约合565美元。

军　事

塞尔维亚军队是2006年6月在接收原塞尔维亚和黑山军队的基础上组建而成。建军节为4月23日。总统是武装力量最高统帅，国防部是武装力量军事领导机构。总参谋部为武装力量军事指挥机构。总参谋长为米兰·莫伊希洛维奇（Milan MOJSILOVIĆ）将军。2019年国防预算938亿第纳尔。

文化教育

【教育】塞尔维亚实行8年制义务教育。全国主要大学有贝尔格莱德大学、诺维萨德大学、尼什大学、克拉古耶瓦茨大学和普里什蒂纳大学等，教职工共102591人。目前共有初级学校（小学和初中）在校学生802264人，高等学校在校学生256172人。

【新闻出版】2019年，全国共有报纸340种，主要日报有《政治报》《新闻晚报》《快报》《今日报》和《信使报》等，用塞尔维亚文出版。期刊主要有《新闻周刊》《时代》等。贝塔通讯社、FoNet通讯社为主要私营通讯社。电视台主要有：塞尔维亚国家电视台、PINK电视台、N1电视台等。广播电台主要有：塞尔维亚国家广播电台、贝尔格莱德广播电台、B92电台等。

对外关系

塞尔维亚积极争取加入欧盟，全力发展同美国、俄罗斯、中国等大国关系，睦邻修边，积极参与区域合作。

【同中国的关系】近年来双方主要的互访有：2014年12月，李克强总理正式访塞并出席第三次中国—中东欧国家领导人会晤。2015年6月，张高丽副总理访塞。9月，塞总统尼科利奇来华出席“中国人民抗日战争暨世界反法西斯战争胜利70周年”纪念活动。12月，塞总理武契奇正式访华并出席第四次中国—中东欧国家领导人会晤。2016年6月，习近平主席对塞进行国事访问。11月，塞总理武契奇出席第五次中国—中东欧国家领导人会晤。12月，塞第一副总理兼外长达契奇访华。2017年3月，塞总统尼科利奇来华进行国事访问。5月，塞时任总理、候任总统武契奇来华出席“一带一路”国际合作高峰论坛。6月，习近平主席特使、全国人大常委会副委员长吉炳轩出席塞尔维亚总统武契奇就职典礼。7月，全国人大常委会委员长张德江访塞。9月，习近平主席特使、中共中央政治局委员、中央政法委书记孟建柱访塞。11月，塞议长戈伊科维奇访华。2018年5月，全国人大常委会副委员长曹建明访塞。9月，塞总统武契奇来华出席夏季达沃斯论坛。2019年4月，塞总统武契奇来华出席第二届“一带一路”国际合作高峰论坛。塞总理布尔纳比奇出席中国—中东欧国家领导人杜布罗夫尼克会晤。5月，国务委员、公安部部长赵克志访塞。9月，中共中央政治局委员、中央军委副主席张又侠访塞；最高人民法院院长周强访塞。10月，中共中央政治局委员、中央书记处书记、中央纪委副书记、国家监察委员会主任杨晓渡访塞。11月，塞总理布尔纳比奇来华出席第二届中国国际进口博览会。

据中国海关总署统计，2019年中塞双边贸易额13.9亿美元、同比增长46.3%，其中中方出口额为10.3亿美元、同比增长41.8%，进口额为3.6亿美元、同比增长60.9%。

中国驻塞尔维亚大使：陈波。馆址：Užička 25, Beograd。电话：00381-11-3695057；传真：3066001。商务处地址：Jovana Danića 1，Beograd。电话：0038111-2651630；传真：2650726。

塞尔维亚驻华大使：米兰·巴切维奇（Milan BAČEVIĆ）。馆址：北京市朝阳区三里屯东六街1号。电话：010-65323516或65321562；传真：65321207。商务处电话：010-65323616。

【同欧盟的关系】将加入欧盟作为外交首要任务。2014年1月，欧盟同塞正式开启入盟谈判。2018年1月，欧洲议会议长塔亚尼访塞。2月，欧委会主席容克访塞。3月，欧盟外交与安全政策高级代表莫盖里尼访塞。4月，欧洲理事会主席图斯克、欧盟外交与安全政策高级代表莫盖里尼访塞。7月，欧委会睦邻政策与扩大谈判委员哈恩访塞。9月，欧委会数字经济与社会委员加布里尔访塞。2019年3月，欧委会睦邻政策与扩大谈判委员会总干事丹尼尔森访塞；欧洲对外关系委员会代表团访塞。7月，塞总理布尔纳比奇出席在波兰召开的柏林进程西巴尔干峰会。

【同欧洲国家的关系】2018年2月，塞总统武契奇访问奥地利、德国，塞总理布尔纳比奇访问匈牙利。4月，塞总统武契奇访问德国，第一副总理兼外长达契奇访问葡萄牙；比利时首相米歇尔、法国国防部长雷丹、圣马力诺外长伦奇访塞。5月，塞浦路斯总统阿纳斯塔西亚迪斯、立陶宛总统格里包斯凯特访塞。6月，斯洛伐克国民议会议长丹科访塞。7月，塞总统武契奇访问法国；塞浦路斯议长西卢里斯访塞。10月，塞第一副总理兼外长达契奇访问西班牙；奥地利总统范德贝伦、意大利防长特伦塔访塞。11月，塞总统武契奇访问芬兰、塞浦路斯，总理布尔纳比奇访问葡萄牙、德国；奥地利总理库尔茨访塞。12月，塞总理布尔纳比奇访问捷克、斯洛伐克；希腊总理齐普拉斯访塞。2019年3月，意大利总理孔特访塞。塞总统武契奇访问德国。4月，匈牙利总理欧尔班访塞。塞总统武契奇访问意大利。5月，斯洛伐克总理佩列格里尼、卢森堡首相贝泰尔访塞。6月，塞总理布尔纳比奇访问法国；塞议长戈伊科维奇访问捷克。7月，法国总统马克龙、匈牙利总统阿戴尔访塞。8月，塞总理布尔纳比奇访问西班牙。9月，捷克总统泽曼访塞；塞总统武契奇访问匈牙利、梵蒂冈；塞总理布尔纳比奇访问德国。

【同美国的关系】2018年3月，美国务院欧洲及亚洲事务助卿帮办米切尔访塞。7月，塞布尔纳比奇总理访美。9月，美商务部长罗斯、参议院国土安全及政府事务委员会主席约翰逊访塞。11月，美众议院议员波伊访塞。2019年2月，美国家安全委员会欧洲事务高级主任埃拉斯访塞。3月，美副国务卿黑尔访塞。7月，美众议员恩格尔访塞；美军欧洲司令、北约欧洲部队司令沃尔特访塞；塞第一副总理兼外长达契奇在纽约会见美国国家安全事务助理博尔顿。8月，塞总统武契奇在纽约会见美国国务卿蓬佩奥。

【同俄罗斯的关系】2018年4月，塞国防部长武林访俄；俄罗斯对外情报局局长纳雷什金访塞。5月，塞总统武契奇访俄。6月，塞第一副总理兼外长达契奇访俄。8月，塞第一副总理兼外长达契奇、国防部长武林访俄。10月，塞议长戈伊科维奇访俄。2019年1月，俄总统普京访塞。3月，俄罗斯联邦委员会副主席、统一俄罗斯党总委员会书记图尔恰克访塞。10月，俄总理梅德韦杰夫访塞。

【同周边国家的关系】同斯洛文尼亚的关系：2018年12月，斯议长日丹访塞。2019年1月，斯总统帕霍尔访塞。7月，塞议长戈伊科维奇访斯。

同克罗地亚的关系：2018年2月，塞总统武契奇访克。4月，克议长扬德罗科维奇访塞。

同波黑的关系：2018年1月，波黑主席团成员乔维奇访塞。3月，塞总统武契奇赴波黑出席波黑、塞尔维亚、克罗地亚三方会谈。2019年4月，武契奇总统赴波黑出席莫斯塔尔国际经济博览会。10月，波黑主席团全体成员访塞。

同黑山的关系：2017年2月，黑山总理马尔科维奇访塞。10月，黑山议长布拉约维奇访塞。2018年1月，塞第一副总理兼外长达契奇访问黑山。

同阿尔巴尼亚关系：2016年10月，阿总理拉马访塞。2019年5月，塞总统武契奇出席在地拉那举办的布尔多—布尔奥尼倡议峰会。10月，阿尔巴尼亚总理拉马访塞。

同北马其顿的关系：2018年5月，北马其顿议长贾菲里访塞。2019年11月，北马其顿总统彭达罗夫斯基访塞。

同保加利亚的关系：2018年2月，塞总统武契奇访保。6月，保总统拉德夫访塞。9月，塞议长戈伊科维奇访保。

同罗马尼亚关系：2018年3月，塞总统武契奇访罗。6月，罗情报局长海尔维格访塞。2019年3月，塞总统武契奇访罗。

【同其他国家的关系】2018年2月，塞第一副总理兼外长达契奇访问苏里南；冈比亚外长达博、伊朗外长扎里夫访塞。3月，塞第一副总理兼外长达契奇访问摩洛哥；格鲁吉亚副总理兼外长贾内利泽、韩国国民议会副议长朴家旋访塞。4月，布隆迪外长尼亚米特韦访塞。5月，塞总统武契奇访问土耳其、阿塞拜疆，第一副总理兼外长达契奇访问印度；几内亚比绍议长卡萨玛、加纳议长奥夸耶访塞。6月，塞第一副总理兼外长达契奇访问利比里亚；摩洛哥议长马尔基访塞。7月，塞总理布尔纳比奇访问格鲁吉亚，第一副总理兼外长达契奇访问莫桑比克；乌克兰总统波罗申科、埃及议长阿里、以色列总统里弗林访塞。10月，塞总统武契奇访问哈萨克斯坦，第一副总理兼外长达契奇访问莱索托。11月，科摩罗联盟外长苏尔夫、黎巴嫩外长巴希尔访塞。12月，塞总统武契奇访问阿联酋。2019年1月，帕劳总统雷门格绍访塞。2月，摩尔多瓦副总理莱坎访塞。塞议长戈伊科维奇访问乌干达。3月，格鲁吉亚议长科巴希泽访塞。7月，第一副总理兼外长达契奇访问秘鲁，出席巴拿马总统就职典礼并访巴。10月，亚美尼亚总统萨尔基相、土耳其总统埃尔多安访塞。12月，白俄罗斯总统卢卡申科访塞。（邓聪）

塞浦路斯

国名　塞浦路斯共和国（The Republic of Cyprus）。

面积　9251平方公里，其中塞北部土耳其族区面积3355平方公里。

人口　塞浦路斯实际控制区人口87.59万（2018年）。塞浦路斯全境人口约122.7万，其中希腊族占58.66%，土耳其族占16.63%，外籍人占24.71%。主要语言为希腊语和土耳其语，通用英语。希腊族信奉东正教，土耳其族信奉伊斯兰教。

首都　尼科西亚（Nicosia），人口34.17万（2018年）。年均最高气温31℃—37℃，最低气温5℃—15℃。

国家元首　尼科斯·阿纳斯塔西亚迪斯（Nicos Anastasiades），2018年2月28日就任，任期5年。

重要节日　国庆日：10月1日。

简　况　位于地中海东北部，为地中海第三大岛。海岸线全长782公里。属于亚热带地中海型气候，夏季干热，冬季温湿。夏季平均气温28℃—35℃，冬季4℃—10℃。

公元前1500年，希腊人移居塞浦路斯岛。后曾被埃及、波斯等国征服。公元前58年并入罗马帝国。公元395年归属拜占庭帝国。1571年由奥斯曼帝国统治。1878年被割让给英国，1925年成为英“直辖殖民地”。1959年2月19日与英国、希腊、土耳其签订“苏黎世—伦敦协议”。1960年8月16日宣布独立，成立塞浦路斯共和国。1961年加入英联邦。独立后，希、土两族多次发生冲突。1974年后，土族北移，并于1975年和1983年先后宣布成立“塞浦路斯土族邦”和“北塞浦路斯土耳其共和国”，形成两族南北分治局面。目前，“北塞浦路斯土耳其共和国”仅得到土耳其承认。

政　治

2013年2月，民主大会党主席阿纳斯塔西亚迪斯当选总统，并组建以民大党为核心、民主党和欧洲党参与的三党联合政府。2014年2月，因不满民大党在塞浦路斯问题谈判上让步过多，民主党宣布退出联合政府。3月，阿纳斯塔西亚迪斯总统宣布对内阁进行小范围改组。2015年5月，阿纳斯塔西亚迪斯总统与土族新任领导人阿肯基举行首次正式会晤，重启塞浦路斯问题谈判，双方重点就被占财产归还、经济结构等进行磋商。2018年2月，阿纳斯塔西亚迪斯成功连任总统。

【宪法】现行宪法于1960年8月16日公布。宪法规定塞为共和国，总统由希族人担任，土族人任副总统，行政权属总统、副总统，他们对行政方面的重大决定均有最后否决权。由于两族争端，宪法并未得到贯彻实施。

【议会】实行一院制，议会每5年选举一次。独立之初，议会共有50个席位，其中希族35席，土族15席。1964年两族冲突爆发后，土族议员退出议会。1985年通过宪法修正案。议席增至80个，其中希族56席，土族24席。（土族长期以来另立议会，共50个席位，由土族各党派通过选举产生）。现议会2016年5月选出，为塞第11届议会，议长为团结运动党迪米特里斯·西卢里斯（Demetris Syllouris），任期5年。议会56个议席分配情况如下：

民主大会党（右翼）18席，劳动人民进步党（左翼）16席，民主党（中右）9席，社会民主运动党3席，公民联盟3席，团结运动党3席，绿党2席，全国人民阵线2席。

【政府】实行总统内阁制。总统是国家元首、政府首脑。现政府主要成员有：外交部长尼克斯·赫里斯托都利迪斯（Nicos Christodoulides），财政部长康斯坦蒂诺斯·佩特里迪斯（Constantinos Petrides），内政部长尼科斯·努利斯（Nikos Nouris），国防部长萨瓦斯·安格里迪斯（Savvas Angelides），教育与文化部长科斯塔斯·汉比亚乌利斯（Costas Hambiaouris），交通与工程部长雅尼斯·卡鲁索斯（Giannis Karousos），工商旅游部长乔治·拉科特里皮斯（Georgios Lakkotrypis），农业、自然资源与环境部长科斯塔斯·卡迪斯（Costas Kadis），劳工与社会保障部长泽塔·艾米丽娅尼都（Zeta Emilianidou，女），司法与公共秩序部长乔治·萨维迪斯（George Savvidis），卫生部长康斯坦蒂诺斯·约阿努（Comstantinos Ioannou）。

【行政区划】全国划分为6个行政区：尼科西亚、利马索、法马古斯塔、拉纳卡、帕福斯和基雷尼亚。基雷尼亚和法马古斯塔的大部分及尼科西亚的一部分由土族控制。

【司法机构】有最高法院、刑事法院、区级法院、家庭事务法院、军事法院等。最高司法理事会由共和国总检察长和最高法院院长及法官组成。最高法院院长米龙·尼科拉托斯（Myron Nicolatos）。总检察长科斯塔斯·克莱里泽斯（Costas Clerides）。

【政党】主要政党有：

（1）民主大会党（Democratic Rally）：议会第一大党，执政党。1976年7月4日成立。约有党员1万人，多系银行家、工商企业家、律师、医生和高级职员等。该党主张对内发展西方民主，对外同希腊等西方国家及欧盟大力发展政治、经济和文化等关系，主张通过谈判解决塞问题。主席阿维罗夫·奈奥菲多（Averof Neofyto）。

（2）劳动人民进步党（The Working People's Progressive Party）：议会第二大党，在野党。1926年8月成立，前身为塞浦路斯共产党。1941年改组并改用现名。现有党员1.4万人。该党主张各党派合作制定解决塞问题的共同路线和策略。总书记安德罗斯·基普里亚努（Andros Kyprianou）。

（3）民主党（Democratic Party）：议会第三大党，在野党。1976年7月11日成立。约有党员8000人，成员多系中小企业主、职员、自由职业者和富裕农民等。基本目标是实现国家统一和完全独立，争取国家的进步和经济发展。主张维护塞的独立、主权、领土完整、统一和不结盟。坚持土耳其从塞撤军和根据联合国决议寻求解决塞问题。主席尼古拉斯·帕帕多普洛斯（Nikolas Papadopoulos）。

（4）社会民主运动（Social Democratic Movement），在野党。1969年2月成立。党员约3000人。该党目标是促进民族和社会的发展。对内主张机会均等、消灭人剥削人制度，在人民控制生产资料和资源的基础上建设社会主义；对外反对美国和北约对塞的控制，主张积极发展与不结盟国家、社会主义国家和阿拉伯国家的关系。该党曾于1998年参政，1999年由于克莱里季斯总统决定不在塞南部部署俄制地空导弹而退出政府，与中央重组运动（Movement for the Regrouping of the Centre）合并后易名，但很快分裂。主席马利诺斯·西佐普洛斯（Marinos Sizopoulos）。

（5）团结运动党（Solidarity Movement）：2016年1月成立。从民主大会党分裂、原欧洲党解散后并入的右翼政党，主席埃莉妮·塞奥赫鲁斯（Eleni Theocharous，女）。

土族主要政党：（1）民族团结党（National Unity Party）：1975年成立，主席德尔维什·埃尔奥卢（Dervic Eroglu）。（2）共和土族党（Republican Turkish Party）：1970年成立，主席法伦迪·索耶尔（Fernti Soyier）。（3）民主党（Democratic Party）：1992年成立，主席塞达尔·登克塔什（Sedar Denktas）。（4）公共民主党（Communal Democracy Party）：2007年成立，主席穆斯塔法·阿肯基（Mustafa Akinci）。（5）改革党（Reform Party）：2006年成立，主席图尔加伊·阿

夫基（Turgay Avci）。

【重要人物】尼科斯·阿纳斯塔西亚迪斯：总统。1946年9月27日生于利马索，1969年毕业于希腊雅典大学法学系，1971年获伦敦大学航海法硕士学位。1976年任民主大会党青年组织利马索省首任书记，1987年任党青年组织主席。1981年当选该党历史上最年轻议员，并于1986年、1991年、1996年连任。1997年当选党主席，2001年、2006年和2011年自动连任议员，在议会先后任议会人权委员会、外事委员会主席和代议长。2013年2月当选总统，2018年成功连任。2015年来华出席亚洲政党丝绸之路专题会议。2019年4月来华出席第二届“一带一路”国际合作高峰论坛。迪米特里斯·西卢里斯：议长。1953年7月27日生于尼科西亚。毕业于东北伦敦理工学院土木工程系。曾任塞欧洲党主席。2016年6月当选现职。2017年12月访华。2019年11月访华并出席第二届中国国际进口博览会。

经　济

20世纪60年代，国民经济的支柱是农业。自70年代中期塞分裂以来，经济结构发生较大变化。从70年代至80年代中期，经济发展主要依靠制造业。之后，船运、旅游、金融业等服务业取代制造业，成为拉动经济增长的主力。1998年成为欧盟成员候选国后，开始按照入盟要求对经济政策、结构进行调整。2004年5月1日，正式加入欧盟。2008年1月1日顺利加入欧元区，此后经济进一步融入欧洲。2012年6月，受希腊债务减记影响陷入财政危机，不得不向欧盟申请救助。2013年3月25日，塞与“三驾马车”达成100亿欧元救助原则性协议，条件是对境内第一、第二大银行超过10万欧元以上的存款进行重组。2016年3月，塞成功退出“三驾马车”救助计划。2019年主要经济数据如下：

国内生产总值：219.4亿欧元。

人均国内生产总值：2.49万欧元。

国内生产总值同比增长：3.8%。

货币名称：欧元（Euro）。

失业率：7.1%。

通胀率：0.3%。

（资料来源：塞浦路斯国家统计局）

土族当局的人口普查显示，土族区实际人口约35.19万人。土族区经济规模小，以农业和旅游业为主，人均收入逾1万美元。

【资源】矿藏以铜为主，其他有硫化铁、盐、石棉、石膏、大理石、木材和土性无机颜料。近年来矿源开采量逐年下降。森林面积1735平方公里。水力资源贫乏，已建立大型水坝6个，总蓄水量1.9亿立方米。

【工业】2019，工业生产指数约为136.4单元，全年指数同比增长4.2%，为2010年以来最好水平。由于国内市场不大，塞工业产品和加工农产品大部分用于出口。工业企业大多为私企，规模不大，雇用工人在30人以下。主要工业部门有食品、纺织、皮革、木材、金属、机械、运输、电力、光学、化工等。

【农业】2017年农业生产总值7.4亿欧元，主要作物是谷物、稻草和绿色饲料。农产品贸易在对外贸易中仍具有举足轻重的地位。对外出口最多的五种产品中有三种为农产品：柠檬、土豆和奶酪。

【服务业】金融、保险、服务及旅游业等较为发达。注重发展度假旅游产业，近年来旅游业成为国家外汇收入主要来源和拉动经济增长的支柱产业。2019年抵塞旅游397万人次，同比上升1%。旅游收入约为27亿欧元。主要旅游城市有帕福斯、利马索、拉纳卡等。

【交通运输】有公路1.7万公里，其中一半以上是已铺路面道路。北部土族区道路里程占35%。2019年全年共注册机动车46896辆，其中小汽车注册数量为33661辆。主要港口有利马索（年吞吐量60万标准箱）、拉纳卡（年吞吐量25万标准箱）、法马古斯塔（塞岛分裂前的主要港口，现仅土族使用）。海运业发达，在塞注册船舶世界排名第十一。2018年，塞注册船只总吨位超过2400万吨，海运业收入占GDP 7%。

【财政金融】2019年财政盈余6.03亿欧元。其中，财政收入92.58亿欧元，财政支出86.55亿欧元。

【对外贸易】2019年进口额约为82.36亿欧元，出口额为31.46亿欧元。主要出口商品为医药用品、机械用具、柑橘、服装、奶酪、酒类及部分轻工产品和农产品。主要进口矿产品、机械、运输设备、贱金属及其制品、化学工业及相关工业产品等。

【外国援助】欧盟、希腊、美国每年分别向塞提供3600万、2000万和1500万美元的援助。2007年，欧盟批准2007—2013年欧洲渔业基金（EFF）执行准则，向塞提供1750万欧元资助。2011年塞与俄罗斯签订总额为25亿欧元政府贷款，贷款期限4.5年。2013年3月25日，欧盟同意向塞提供100亿欧元金融救助贷款。

人民生活

受2013年银行业危机影响，人民生活水平有所降低。

军　事

武装力量为国民警卫队，建于1964年，分为陆、海、空三军。司令和一些高级军官由希腊军官担任。实行义务兵役制，服役期为24个月，总兵力约1.2万人，另有辅助兵力750人，预备役人员6万人。

希腊在塞驻军约1000人；土耳其在“北塞”驻军约4.75万人；英国在塞有两个主权军事基地，驻军3700人；联合国驻塞浦路斯维和部队900人。自2000年起，参与了欧洲防御能力增强计划19个项目中的5个，为欧盟防务贡献力量。

土族常规部队“保安旅”有5000人，编为7个步兵营和1个装甲连，另外还有武装警察部队1853人。

文化教育

【教育】小学和初中实行义务教育，15岁以上人口受教育率为97%。近年来，教育经费占政府预算的7%左右，列欧盟第二。有各类教育机构约1270所，在校学生约18万人，其中约70%就读于公立学校。各种高等专科学校30所。有一所综合性大学。

【新闻出版】有各种报刊30余种。希族主要有：《自由爱好者报》，1955年创刊，发行量2万份；《黎明报》，1956年创刊，发行量1.4万份；另有《公民报》《斗争报》《今日报》《自由新闻报刊》《真理报》和《新闻报》等。土族主要报刊有：《灰狼报》，1951年创刊，发行量5000份。

塞浦路斯通讯社于1976年4月成立，为非官方通讯社。1997年2月与新华社签署合作协议，开始进行新闻交流与合作。

共有10个覆盖全岛范围的电台。塞浦路斯广播电台建于1952年，除用希腊语广播外，还用土、英、法、阿拉伯和亚美尼亚语广播。土族电台建立于1963年。另有38个地方广播电台。

共有7个覆盖全岛范围的电视台，其中2个国家电视台，3个私人电视台，2个卫星电视台。国家电视台建于1957年。土族电视台建于1976年。另有6个地方电视台。

对外关系

奉行中立的和平外交政策，支持不结盟运动，是不结盟运动25个创始国之一。强调维护国家独立、主权、统一和领土完整，发展同世界各国的友好关系。主张用和平手段解决地区及国际争端，国家不论大小一律平等，关注小国安全。追求全面、平等地参与欧盟事务，申请加入北约"和平伙伴关系计划"，深化同周边国家关系，推动与阿拉伯世界的关系进一步发展，提升与美国、俄罗斯、中国等其他国家的双边关系。认为塞浦路斯问题依然是关乎民族存亡的最大挑战，需要集体的力量来解决。2004年5月加入欧盟，随后宣布退出不结盟运动。与世界上173个国家建立了外交关系。

【同中国的关系】1971年12月14日两国建立大使级外交关系。当前中塞关系发展良好。2016年12月，双方共同庆祝建交45周年，王毅外长和卡素里迪斯外长互致贺电。近年重要来访：总统阿纳斯塔西亚迪斯来华出席亚洲政党丝绸之路专题会议（2015年）、第二届"一带一路"国际合作高峰论坛（2019年）；议长迪米特里斯·西卢里斯访华（2017年）、访华并出席第二届中国国际进口博览会（2019年）；国防部长弗卡伊迪斯（2014年）；交通、通信与工程部长迪米特里亚迪斯（2016年、2018年）；教育与文化部长科斯塔斯·卡迪斯（2017年）；司法与公共秩序部长尼科拉乌（2018年）；农业部长卡迪斯（2018年）。近年重要往访：全国政协副主席、科技部长万钢（2015年），外交部长王毅（2015年），发改委副主任宁吉喆（2016年），中联部副部长王亚军（2018年），商务部国际贸易谈判代表兼副部长傅自应（2018年），外交部副部长王超（2018年）。

2016年商务部国际贸易谈判副代表张向晨访塞并主持召开中塞经济联委会第七次会议。

据中国海关总署统计，2019年双边贸易总额6.36亿美元，同比增长17.8%；其中，中国向塞出口额5.81亿美元，同比增加26%；中国自塞进口额0.55亿美元，同比减少38%。截至2019年12月，塞对华直接投资项目累计263个，累计实际使用1.85亿美元。2017年5月，两国签署《关于相互承认高等教育学位和学历的协议》。2018年6月，中塞签署引渡条约。

中国驻塞浦路斯大使：黄星原。馆址：No.28, Archimidous St. Engomi Nicosia P.O.Box 4531，Nicosia，Cyprus。电话：00357–22352182（办公室）；传真：22353530。商务处地址：No.17，Agapinor St. Nicosia，P.O.Box 7088，Nicosia，Cyprus；电话：00357–22375252；传真：22376699。

塞浦路斯驻华大使：安东尼斯·图马齐斯（Antonis Toumazis）。馆址：北京市朝阳区塔园外交人员办公楼2–13–2。电话：010–65325057；传真：65324244。

【同美国的关系】美国每年向塞提供1500万美元的经济援助。美国支持联合国秘书长为解决塞问题所做的努力，曾多次提出塞问题解决方案，寻求解决塞问题的途径，并同塞保证国希腊、土耳其、英国等保持着密切接触。2014年5月，美副总统拜登对塞进行为期两天的访问，是1962年以来首位访塞的美国副总统。2015年12月，美国务卿克里访塞。2016年，美国国务院更新免签证访美计划（VWP），塞浦路斯成为第39位享有免签访美资格的国家。2018年11月，塞外长赫里斯托都里迪斯访美。2019年10月，美国国务卿彭佩奥访塞。

【同欧盟的关系】塞的历史、文化和经济根系欧洲，加入欧盟是塞基本国策。1971年开始与欧共体（欧盟前身）谈判，1972年签署"联系国协定"，1987年与欧共体签订关税同盟条约。1990年7月，正式申请加入欧共体。1997年，欧盟接纳塞为首批入盟候选国。1998年11月，与欧盟开始入盟谈判。1999年，欧盟赫尔辛基会议正式确认"解决塞问题不是塞入盟的前提条件"。2003年3月，欧洲议会外事委员会通过塞入盟决议，同意塞入盟申请。9月，签署加入欧盟经济区协议。2004年5月，正式加入欧盟并表示，希望欧盟在塞问题上发挥积极作用。2008年7月，议会批准《里斯本条约》。2012年下半年，塞轮任欧盟主席国。2016年2月17日，欧洲投资银行副主席带队访问塞浦路斯，约见塞财政部长讨论双方合作和银行注资等问题来支持塞经济发展。双方签署贷款协议和保证条款帮助中小企业融资。欧洲投资银行向塞银行提供1亿欧元的资金，向RCB银行提供2000万欧元的资金，向塞浦路斯发展银行和无限储蓄银行提供1500万欧元的资金。2016年11月至2017年5月，塞担任欧洲委员会轮值主席国。2019年1月，欧盟委员会副主席卡泰宁访问塞浦路斯。

【同英国的关系】塞是英联邦成员国。英国是塞安全保证国之一，在塞有两个主权军事基地。投资、贸易和旅游人数在塞均居首位。英国支持联合国秘书长为解决塞问题所做的斡旋努力。塞国防部与英方签有年度军事合作计划，在分享专业知识、联合演习、参与研讨会和救援行动等方面开展合作。2014年1月，塞总统阿纳斯塔西亚迪斯率政府代表团对英国进行了为期四天的访问。2015年7月，英外交大臣哈蒙德访塞。

【同希腊的关系】两国关系密切。希族一直保持着希腊的语言、文化传统和宗教信仰。希腊是塞的安全保证国，塞始终将发展和加强同希腊关系置于其对外关系的首位。希腊一贯支持塞在加入欧盟及解决塞问题上的立场，每年向塞提供2000万美元的财政援助。

【同土耳其的关系】与土无外交关系，且矛盾复杂尖锐。1974年，土耳其出兵塞岛。1983年11月"北塞浦路斯土耳其共和国"宣布成立后，土即予以承认，成为国际上唯一承认"北塞"的国家。每年土族近一半的财政支出由土耳其援助。2011年7月，土总理埃尔多安访问塞土族区。

【同俄罗斯的关系】同俄保持着传统的友好合作关系。近年来，两国在军事、旅游等方面关系明显加强。俄支持联合国有关解决塞问题的努力，主张塞岛非军事化及以联合国有关决议为基础通过政治对话解决塞问题。2011年12月，俄罗斯与塞浦路斯签署双边政府贷款协议，俄分批向塞提供总额25亿欧元贷款，年收益率达到4.5%，贷款期限为4.5年。2015年12月，俄外长拉夫罗夫访塞。2017年10月，塞总统阿纳斯塔西亚迪斯访俄。

（潘梓阳）

圣马力诺

国名 圣马力诺共和国（The Republic of San Marino，La Repubblica di San Marino）。

面积 61.16平方公里。

人口 33909人（2020年），其中81.4%拥有圣马力诺国籍。官方语言为意大利语。居民大多信奉天主教。

首都 圣马力诺（San Marino），人口约4065人。

国家元首 由两名权力相等的执政官共同担任，任期半年，不能连任，三年后可再次当选。执政官由大议会选举产生，分别于每年3月和9月改选，4月1日和10月1日就职。执政官既是国家元首，又是议会首脑。2017年4月1日至2017年10月1日为米玛·扎沃利（Mimma Zavoli）和瓦内莎·丹布罗西奥（Vanessa D'Ambrosio）。2017年10月1日 至2018年4月1日 为马泰奥·菲奥里尼（Matteo Fiorini）和恩里科·卡拉托 尼（Enrico Carattoni）。2018年10月1日 至2019年4月1日为米尔科·托马索尼（Mirco Tomassoni）和卢卡·圣托利尼（Luca Santolini）。2019年4月1日至10月1日为尼古拉·塞尔瓦（Nicola Selva）和米凯莱·穆拉托里（Michele Muratori）。2019年10月1日至2020年4月1日为卢卡·博斯基（Luca Boschi）和玛丽耶拉·穆拉罗尼（Mariella Mularoni）。

重要节日 国庆节：9月3日。

简　况

位于欧洲亚平宁半岛东北部的内陆国，距亚德里亚海仅23公里。四周与意大利接壤。境内起伏多山，最高点蒂塔诺山海拔755.24米。属亚热带地中海式气候，年平均气温16℃，冬季最低气温-2℃，夏季最高气温30℃。年均降水量880毫米。

相传公元301年，一位叫马力诺的基督徒石匠为逃避罗马皇帝的迫害，藏身于蒂塔诺山顶。圣马力诺的地名由此而来。最初圣实行族长管理，1243年确立了两个执政官联合执政的制度，成为当今世界上最古老的共和国。在两次世界大战中，圣始终保持中立。战后，圣经济稳定发展，并加入联合国等一些重要国际组织。

政　治

实行多党民主制。2019年12月，圣马力诺举行议会选举。由基督教民主党、RETE运动、自由行动党和未来共和党组成的联盟获得60个席位中的42席，并于2020年1月8日正式组成新一届政府。

【宪法】圣马力诺没有真正的宪法，1974年7月8日通过的法律《公民权利与圣马力诺基本制度原则宣言》行使宪法的职责，该法律源于古代习惯法、1600年通过的《圣马力诺法令》等，2002年2月26日曾进行修订。

【议会】一院制，名为大议会，由两名执政官主持。拥有立法、选举执政官、批准条约、通过财政预算和任命高级官员等权力。本届为第18届议会，由60名议员组成，全国按比例制普选产生，任期5年。议会讨论和通过的法律，需由执政官公布、内政部发表公报后方可生效。

【政府】政府成员由大议会任命。不设总理，外长行使总理职责。本届政府为圣马力诺第30届政府，于2020年1月成立，任期5年。组成如下：外交、国际经济合作和电信部长卢卡·贝卡里（Luca Beccari），内政、公共职能部长埃莱娜·托尼尼（Elena Tonnini），财政、预算和交通部长马克·加蒂（Marco Gatti），文化、大学科研和青年部长罗贝托·奇亚瓦塔（Roberto Ciavatta），国土、环境、农业部长斯特法诺·坎蒂（Stefano Canti），劳动、经济规划、体育和信息化部长泰奥多罗·隆费尼尼（Teodoro Lonfernini），农业、手工业和贸易部长法比奥·里基（Fabio Rghi）、司法和家庭部长马西莫·安德烈·乌戈里尼（Massimo Andrea Ugolini），旅游、邮政和合作部长费德里克·佩蒂尼·阿玛迪（Federico Pedini Amati）。

【行政区划】全国划分为9个行政区，分别是：阿夸维瓦、博尔戈·马乔列、基耶萨诺瓦、多玛尼亚诺、法埃塔诺、费奥伦蒂诺、蒙泰贾迪诺、塞拉瓦莱和圣马力诺城。

【政党】主要政党有：

（1）基督教民主党（Partito Democratico Cristiano Sammarinese）：执政党，中右翼政党，成立于1948年，在议会中拥有21个议席。

（2）RETE运动（Movimento Civico R.E.T.E）：执政党，中左翼政党，成立于2012年，在议会中拥有11个席位。

（3）自由行动党（Domani Motus Liberi）：执政党，中左翼政党，在议会中拥有4个席位。

（4）共和未来党（Repubblica Futura）：执政党，成立于2016年，由中间党派“人民联盟”和“共和国联盟”组成，在议会拥有6个议席。

（5）10号公民运动（Civico 10）：在野党，成立于2012年，将改革政体、促进民生、推动发展的10项主张作为党纲，并积极支持圣马力诺加入欧盟。

（6）左翼社会民主党（Sinistra Socialista e Democratica）：在野党，成立于2016年，由“团结左翼”“激进改良”民主劳动党等左翼政党组成。

（7）社会党（Partito Socialista）：在野党，中左翼政党，成立于2012年，由“新社会党”和“改良社会主义党”组成。

（8）社会民主党（Partito dei Socialisti e dei Democratici）：在野党，左翼政党，成立于2005年。

经　济

20世纪60年代以来，圣旅游业、商业和工业持续发展，经济结构发生根本性变化，逐步由农业国转变为工业和服务业发达的国家，国内生产总值大幅增长。中小企业是经济支柱，以服装、机械制造、电子设备、化工、建筑、酿酒为主。第三产业发展迅速，就业人口中第三产业占40%。此外，旅游业和邮票发行也是圣国民收入的重要来源。近年来，受国际金融危机的影响，以及国际社会要求其增加银行系统透明度和进行税制改革的压力，境内注册企业数量减少，失业率有所上升，经济增长放缓，但总体经济形势稳定，国家预算略有盈余，没有国债。2019年国内生产总值15.91亿美元，同比增长0.8%。

【资源】自然资源贫乏，全部能源从意大利进口。

【工业】主要工业部门有纺织、电子、服装、水泥、制革、造纸、家具、陶瓷、酿酒等。铝制品厂是欧洲最大的铝制品厂之一。

【农牧业】传统农牧业有谷物种植、养羊等。现今农牧业日益衰退，主要集中在谷物、葡萄、果树种植以及牲畜饲养。可耕地面积6000公顷。主要农产品有葡萄、橄榄、小麦、玉米、奶酪和肉类产品等。

【旅游业】旅游业发达，收入占国民生产总值的50%以上。

【邮票】精美绝伦的集邮册、首日封和圣马力诺硬币是其旅游收入的重要来源之一。1894年首次在意大利发行纪念邮票和贴邮票的信封。全国所有10家邮局均出售纪念邮票和可收藏硬币，1979年起，境内使用注名邮戳。

【交通运输】无铁路、机场和港口，公路总长220公里，无高速公路。

【财政金融】财政收入主要来源包括税收、发行邮票和纪念币。

【对外贸易】资源匮乏，国力有限，石油制品、工业原料、电力、粮食和副食品主要依赖从意进口。主要贸易伙伴是意大利、欧盟其他成员国、美国和中国。

人民生活

全体公民享受公费医疗。

军　事

奉行中立政策，无正规军，也不实行义务兵役制，但在遭受外来侵略情况下，所有16—65岁的公民都将应征保卫国家。国防预算主要用于国内安全、治安和执法等非军事项目。

大议会卫队：成立于1740年，当时用于保卫大议会及执政官，目前作为执政官仪仗队。

城堡卫队：主要负责对政府机构常规服务与边境巡逻，保卫议会所在地和执政官的安全，在重大仪式中组成仪仗队炮兵，必要时与宪兵合作。

民兵：成立于1600年，16—55岁的公民均可参加。负责参加官方典礼或仪式，在特殊时期协助宪兵与警察。

宪兵：成立于1842年。负责预防及打击犯罪，维护公共秩序，保护公民及其财产安全，监督法律法规的执行等。由受过专门训练的人员组成。

市政警察：成立于1963年。不属于军队建制，但可与宪兵合作，负责管理交通并维持民事、工业、商业、旅游、金融及税收秩序。

文化教育

【教育】实行小学和中学16年义务教育制。全国有托儿所6所，幼儿园14所，小学14所，初中3所，高中4所，大学1所，以及一些专业培训班和夜校。高中入学率为95%，大学入学率为68%。

境内文化机构包括：公共图书馆5所，国家博物馆5所，私人博物馆5所。

【新闻出版】全国有3家报纸和期刊，其中,《新闻》由外交部主办;《圣马力诺》由基民党主办。共有2个电台，1993年建立圣马力诺广播电视台。主要网站：www.libertas.sm。

对外关系

外交政策的宗旨是维护国家的主权和独立，愿同一切友好的国家发展关系。奉行积极中立的外交政策，主张互相尊重独立、主权和领土完整；反对武装干涉和侵略，维护世界和平；支持裁军与核不扩散条约，主张全面销毁核武器；强调加强南北对话，支持各国开展合作；重视保护人权，支持并遵守有关国际条约；主张大小国家一律平等，致力于促进合作与稳定，为建设和平、公正的世界而努力；认为世界正经历着深刻变化，世界局势由紧张对峙走向安全与合作；主张各国增强相互信任与合作，通过和平方式解决地区冲突。参与了欧洲安全与合作组织的创建，认为该组织具有重大历史意义，是保证未来欧洲和平、安全与合作最有效的机制，必须加强其作用。积极参加国际活动，发展同国际组织的关系。目前是联合国、国际货币基金组织、国际法院、世界卫生组织、世界旅游组织、国际红十字会等24个国际组织的正式成员。同中国、意大利、梵蒂冈、美国、法国、英国、加拿大、俄罗斯、比利时、德国、日本、印度、埃及、古巴等90多个国家建立了正式关系。

【同中国的关系】1971年5月4日中圣达成建交协议，5月6日正式建立领事级外交关系。1991年7月15日起升格为大使级外交关系。1995年7月19日，萨维娜·扎费拉尼被任命为首任驻华大使（非常驻）。

2015年9月，圣中友协主席泰伦齐以前政要身份来华出席中国人民抗日战争暨世界反法西斯战争胜利70周年纪念活动。2016年中圣建交45周年之际，两国外长互致贺电，中国驻圣马力诺使馆和全国对外友协分别举行庆祝招待会。2017年5月，圣中友协主席泰伦齐来华出席“一带一路”国际合作高峰论坛。

中圣两国自1988年开始直接贸易往来，双边贸易额一直较小。2017年中圣双边贸易额为869万美元，其中中方出口额555万美元，同比增长15.9%，中方进口额314万美元，同比下降52.9%。2018年，双边贸易额826万美元，同比减少4.8%，其中中方出口额370万美元，同比减少33.3%，进口额456万美元，同比增长45.5%。2019年，双边贸易额715万美元，同比减少13.5%，其中中方出口额386万美元，同比增长4.3%。进口额329万美元，同比减少27.9%。

中国驻意大利大使李军华兼任中国驻圣马力诺大使。馆址：Via Bruxelles 56，00198 Roma Italy。总机：0039–06–96524200；传真：85352891。

圣马力诺在华未设使馆。2018年6月伊拉里娅·萨利奇奥尼被任命为新任驻华大使（非常驻）。

【同意大利的关系】圣意关系十分密切。圣重视改善和发展同意大利的关系。早在1897年，两国就签有“友好睦邻条约”，1971年签订“友好睦邻条约”的补充协定。1979年两国外交关系由总领事级升为大使级。1990年意总统科西嘉访圣。2002年3月，圣执政官和外长访意，双方签署文化、科学合作以及避免双重征税协定。2010年1月，意经济发展部长斯卡约拉访圣，会见圣执政官并与圣外长穆拉罗尼举行会谈，就两国经贸、金融、投资合作交换意见。2014年6月，意总统纳波利塔诺对圣马力诺进行国事访问。（刘琦）

斯洛伐克

国名 斯洛伐克共和国（The Slovak Republic，Slovenská Republika）。

面积 4.9万平方公里。

人口 545.7万人（2019年）。斯洛伐克族占81.15%，匈牙利族占8.43%，罗姆族（吉卜赛人）占2%，其余为捷克族、卢塞尼亚族、乌克兰族、德意志族、波兰族、俄罗斯族等。官方语言为斯洛伐克语。居民大多（约62%）信奉罗马天主教。人口密度113.5人/平方公里。

首都 布拉迪斯拉发（Bratislava），面积368平方公里，人口43万（2019年）。2018年平均气温11.8℃；最高气温37.9℃；最低气温–15.4℃，年均降水量400.3毫米。

国家元首 总统苏珊娜·恰普托娃（Zuzana Čaputová，女），2019年6月15日就任，任期5年。

重要节日 1992年9月1日，捷克斯洛伐克联邦斯洛伐克民族委员会通过斯洛伐克共和国宪法。1993年1月1日斯洛伐克独立，将1月1日、9月1日定为国庆日。

简况

欧洲中部的内陆国。东邻乌克兰，南接匈牙利，西连捷克、奥地利，北毗波兰。属海洋性向大陆性气候过渡的温带气候。

公元5—6世纪，西斯拉夫人在此定居。公元830年后成为大摩拉维亚帝国的一部分。906年帝国灭亡后，沦于匈牙利人统治之下，后为奥匈帝国的一部分。1918年奥匈帝国解体，10月28日成立独立的捷克斯洛伐克共和国。1939年3月，被纳粹德国占领，后建立傀儡的斯洛伐克国。1945年5月9日，捷克斯洛伐克在苏军帮助下获得解放，恢复共同国家。1948年2月，捷克斯洛伐克共产党执政。1960年改国名为捷克斯洛伐克社会主义共和国。1989年11月，捷克斯洛伐克政权更迭，改行多党议会民主和多元化政治体制。1990年4月，改国名为捷克和斯洛伐克联邦共和国。1992年12月31日，捷克和斯洛伐克联邦解体。自1993年1月1日起，斯洛伐克共和国成为独立主权国家。

政治

2016年3月5日，斯洛伐克国民议会举行选举，中左翼方向党以28%的得票率获胜，蝉联议会第一大党，在国民议会150个议席中占49席，同民族党、桥党和网络党组建联合政府。罗贝尔特·菲佐（Robert FICO）三度出任总理（菲佐曾于2006—2010年、2012—2016年担任总理）。2016年8月，网络党解体退出执联，方向党、民族党、桥党重组三党联合政府。2018年3月，斯政府遭遇执政危机，总理菲佐辞职。3月22日，原副总理彼得·佩列格里尼（Peter Pellegrini）就任总理，政府再次改组。

2020年2月29日，斯洛伐克举行独立后的第八次国民议会选举，共6个政党进入议会。其中，普通公民与独立个人组织（简称普通公民组织）以25.02%的得票率获胜，成为议会第一大党，获得53个议席。其他各党得票率和所获议席数依次为：社会民主—方向党（简称方向党）18.29%、38席；“我们是家庭”党8.24%、17席；我们的斯洛伐克—人民党（简称人民党）7.97%、17席；自由与团结党（简称自团党）6.22%、13席；惠民党5.77%、12席。3月21日，由普通公民组织、“我们是家庭”党、自团党和惠民党四党执政联盟组建的新一届政府宣誓就职。普通公民组织主席伊戈尔·马托维奇（Igor Matovič）任总理。

【宪法】1992年7月17日，斯洛伐克国民议会通过宪法，规定斯实行多党议会民主制。同年9月1日，该法在捷克和斯洛伐克联邦斯洛伐克民族委员会获得通过，并于10月1日生效。

【议会】国民议会为斯洛伐克最高立法机构，实行一院制，共150个席位，每届任期4年。本届议会由2020年2月29日大选产生，3月20日正式成立，共有6个党派，包括普通公民组织、“我们是家庭”党、自由与团结党和惠民党4个执政党，以及方向党和人民党2个在野党。执政联盟四党拥有95个议席，形成超过议席总数五分之三的绝对多数。本届议会设议长和4位副议长，下设特权与豁免委员会、宪法法律委员会、欧洲事务委员会、财政和预算委员会、经济事务委员会、农业和环境委员会、公共管理和地方发展委员会、社会事务委员会、卫生健康委员会、国防与安全委员会、文化和媒体委员会、外交委员会、教育、科学、青年和体育委员会等19个委员会。现任议长为“我们是家庭”党主席博里斯·科拉尔（Boris Kollár）。

【政府】现政府于2020年3月21日正式就职，由总理、4位副总理（其中2人兼任部长）及11位部长组成。主要成员有：总理伊戈尔·马托维奇（Igor Matovič），第一副总理兼经济部长里哈德·苏利克（Richard Sulík），副总理韦罗妮卡·雷米绍娃（Veronika Remišová，女），副总理斯特凡·霍利（Štefan Holý），副总理兼财政部长爱德华·黑格尔（Eduard Heger），外交和欧盟事务部长伊万·科尔乔克（Ivan Korčok），交通和建设部长安德烈·多莱扎尔（Andrej Doležal），农业和农村发展部长扬·米乔夫斯基（Ján Mičovský），内务部长罗曼·米库莱茨（Roman Mikulec），国防部长雅罗斯拉夫·纳吉（Jaroslav Naď），司法部长玛丽亚·科利科娃（Mária Kolíková，女），劳动、社会事务和家庭部长米兰·克拉伊尼亚克（Milan Krajniak），环境部长扬·布达伊（Ján Budaj），教育、科研和体育部长布拉尼斯拉夫·格罗赫林（Branislav Gröhling），文化部长纳塔利娅·米兰诺娃（Natália Milanová，女），卫生部长马雷克·克拉伊奇（Marek Krajčí）。

【行政区划】全国分为8个州，下设140个市、2890个村镇。

【司法机构】宪法法院、最高法院是国家最高司法机关，总检察院是国家最高检察机关，其院长、副院长、总检察长、副总检察长均由议会选举产生，总统任命。宪法法院院长伊万·菲亚昌（Ivan Fiačan），2019年就任，任期12年。最高法院院长暂时缺位，任期5年。总检察长亚罗米尔·齐日纳尔（Jaromír Čižnár），2013年7月就任，任期7年。地方还设有地方法院、检察院。

【政党】注册党派约160个，主要有：

（1）普通公民和独立个人组织（Obyčajní ľudia a nezávislé osobnosti，简称普通公民组织）。执政党。成立于2011年。倡导为民请愿，反对腐败。党主席伊戈尔·马托维奇。

（2）“我们是家庭”党（SME RODINA）：执政党。成立于2011年，原名为斯洛伐克公民党。自称代表每一个普通斯洛伐克家庭的利益，批评一切传统政党，标榜不为任何政治集团站台。党主席博里斯·克拉尔。

（3）自由与团结党（Sloboda a Solidarita，简称自团党）：执政党。成立于2009年2月，主张尊重个人自由和社会团结，推崇自由市场经济和私有制，反对国家干预。党主席里哈德·苏利克。

（4）惠民党（Za ľudí）：执政党。成立于2019年。主张提高政府效率，改革司法，反对腐败。党主席为前总统安德烈·基斯卡（Andrej Kiska）。

（5）社会民主—方向党（SMER–SD，简称方向党）：在野党。1999年11月由脱离斯民主左翼党的菲佐等人创立。2005年1月，与民主左翼党、民主选择党和社会民主党合并，更名为社会民主—方向党。该党首要目标为建立有序、公正和稳定的社会，政策具有明显的社会民主党性质。党主席罗贝尔特·菲佐。

（6）我们的斯洛伐克—人民党（Ľudová strana Naše Slovensko）：在野党。成立于2000年，在2016年议会大选中首次进入议会。反对欧盟，主张斯洛伐克的绝对独立。主席马里安·科特莱巴（Marian Kotleba）。

【重要人物】苏珊娜·恰普托娃：总统。1973年6月出生。毕业于斯洛伐克考门斯基大学法学院。曾在斯洛伐克佩齐诺克市政府及多家非政府组织任职，长期从事律师工作，致力于环保和公益事业。2017年参与筹建斯新兴政党“进步斯洛伐克”，2018年1月当选该党副主席，参选总统后于2019年3月退党。2019年3月30日当选斯总统，6月15日就职，系斯独立以来的首位女性总统。　**博里斯·科拉尔**：议长。1965年8月出生。毕业于斯卡利察中欧学院。曾长期从事商业活动。2015年改组“我们是家庭”党并任主席。2016年3月首次当选国民议会议员，2020年2月连任，3月当选国民议会议长。　**伊戈尔·马托维奇**：总理。1973年5月出生。毕业于考门斯基大学管理学院。毕业后创办地方媒体，开展反腐运动。2010年当选国民议会议员。2011年成立普通公民组织并任主席。2012年、2016年、2020年连续当选三届议员。2020年3月出任总理。

经　济

早年为农业区，基本无工业。捷克斯洛伐克共产党执政期间在斯逐步建立了钢铁、石化、机械、食品加工及军事工业，缩小了同捷在经济上的差距。1989年剧变后，斯根据联邦政府提出的“休克疗法”开始进行经济改革，导致经济大衰退。1993年1月斯独立后，推行市场经济，加强宏观调控，调整产业结构。近年来，斯政府不断加强法制建设，改善企业经营环境，大力吸引外资，逐渐形成以汽车、电子产业为支柱，出口为导向的外向型市场经济。2009年受国际金融危机影响经济下滑，2010年、2011年实现恢复性增长，2012年增速有所放缓。2013年国内生产总值（GDP）为721.3亿欧元，同比增长0.9%。2014年GDP为746.55亿欧元，同比增长2.6%。2015年GDP为781亿欧元，同比增长3.6%。2016年GDP为809.6亿欧元，同比增长3.3%。2017年GDP为812亿欧元，同比增长3.2%。2018年GDP为902亿欧元，同比增长4.1%，人均GDP1.66万欧元。2019年主要经济数据如下：

国内生产总值（现价）：941.8亿欧元。

人均国内生产总值（现价）：1.73万欧元。

国内生产总值增长率：2.3%。

货币名称：欧元（Euro）。

通货膨胀率2.7%。

失业率：5.8%。

【资源】有褐煤、硬煤、菱镁矿。石油、天然气依赖进口。

【工业】2018年工业生产总值为298亿欧元，占国内生产总值的28%。主要工业部门有钢铁、食品、烟草加工、石化、机械、汽车等。从业人员58.89万，约占总劳动力的22.29%。

【农业】2018年农业生产总值为20.48亿欧元，占国内生产总值的2.2%。农业用地192万公顷，可耕地面积为135万公顷。森林覆盖率约41.3%。农业人口约5.89万，占总劳动力的2.3%。粮食总产量403.8万吨。主要农作物有大麦、小麦、玉米、油料作物、马铃薯、甜菜等。

【交通运输】以公路和铁路运输为主，近年来航空运输有所发展。2018年运输情况：

公路：总长18045公里，其中高速公路482公里。客运量总计2.43亿人次，货运量总计1.77亿吨。截至2018年底，斯共有汽车320.3万辆，其中私人汽车232.1万辆。

铁路：总长3627公里，其中电气化铁路1587公里。客运量总计7775万人次，货运量总计5093万吨。

水运：内河航道172公里，客运量总计10.7万人次，货运量总计124万吨。

空运：客运量总计42.4万人次，货运量总计3万吨。（资料来源：斯国家统计局Slovstat数据库）

【财政金融】近几年财政收支情况（单位：亿欧元）：

	2016	2017	2018
收　入	140.27	140.14	154
财政支出	159.97	152.34	166
差　额	–19.70	–12.20	–12

截至2018年底，斯外汇储备为54亿欧元，外债总额1216亿欧元。（资料来源：斯国家统计局、斯央行网站）

【对外贸易】2018年，斯外贸总额1570亿欧元，同比增长7%，其中出口额797亿欧元，同比增长6.7%；进口额为773亿欧元，同比增长7.8%。外贸顺差24亿欧元，较去年同期减少6亿欧元。2019年，斯外贸总额1598.2亿欧元，同比增长2.5%，其中出口额为804.6亿欧元，同比增长1.7%；进口额为793.6亿欧元，同比增长3.3%。外贸顺差11亿欧元，较上年同期减少6亿欧元。主要出口商品有：钢材、电子产品、交通工具、机械产品、化工产品、矿物燃料、金属和金属制品、电力设备等。

主要进口商品有：石油、天然气、机械设备、原材料、食品、化工产品等。主要贸易伙伴为德国、捷克、波兰、匈牙利、法国等。

【外国资本】2018年，斯吸引外国直接资10亿欧元，截至2018年底，斯累计吸引外国直接资510.43亿欧元。外资绝大部分流向汽车产业、工业生产、交通、邮电通信、金融和保险业、商业、建筑业、服务业等领域。主要投资国为荷兰、奥地利、捷克、德国、匈牙利、英国、法国、意大利、韩国等。

人民生活

2018年，人均月工资1013欧元。2019年，人均月工资1092欧元。

军　事

1993年捷克和斯洛伐克联邦解体后，捷与斯按二比一原则分割原捷联邦的军队及其装备。总统是斯全国武装力量最高统帅，国防委员会是国防与安全问题的最高决策机构，国防部是政府主管军事的行政机关，总参谋部是全军最高指挥机构。2005年，斯军队开始职业化，现有兵力约1.6万人。2018年5月7日，丹尼尔·兹梅科（Daniel Zmeko）中将就任斯军总参谋长。

文化教育

【教育】实行十年制义务教育，国家对食宿给予补贴。2018年，全国有3001所幼儿园、2087所小学、460所特殊学校、235所中学、433所职业中学、17所音乐学校、34所大学。2018年高校就读人数10.5万，其中外国留学生9428人。最著名高等院校有考门斯基大学、斯洛伐克技术大学、布拉迪斯拉发经济大学、马杰·贝尔大学等。

【新闻出版】斯报刊实行私有化，2018年全国发行报纸杂志1828余种，主要日报有：《真理报》《存在报》《新时代》《经济报》《N日报》等。

主要通讯社有：斯洛伐克通讯社（斯通社，国家商业性通讯社），斯洛伐克信息通讯社（私营通讯社）。

主要电视台有：斯洛伐克国家电视台，TA3电视台，JOJ电视台，Markiza电视台等。

对外关系

斯外交较活跃，以欧盟和北约为依托，注重睦邻友好，重视发展同大国关系，积极推动地区合作，广泛参与国际事务。外交不断进取，国际地位显著提高。2004年3月和5月分别加入北约和欧盟；2006—2007年担任联合国安理会非常任理事国；2007年12月成为《申根协定》缔约国；2009年1月1日起加入欧元区。

【同中国的关系】1949年10月6日，中国同原捷克斯洛伐克建交。1957年3月27日，双方签订了中捷友好条约。1993年1月1日斯洛伐克共和国独立，双方商定中国同捷斯联邦签署的条约和协定对斯继续有效，并沿用1949年10月6日为两国建交日。

近年来，两国高层保持交往。2016年7月，斯外长莱恰克以联合国秘书长候选人身份来华，同月，王毅外长在老挝万象出席东亚系列外长会期间同莱恰克外长会晤。11月，李克强总理在出席中国—中东欧国家领导人里加会晤期间同斯总理菲佐简短会见。2017年5月，斯经济部长日加来华出席“一带一路”国际高峰论坛高级别会议。7月，斯外长莱恰克以第72届联大候任主席身份访华。11月，李克强总理在出席中国—中东欧国家领导人布达佩斯会晤期间同斯总理菲佐会见。12月，杨洁篪国务委员会见来华经停的斯副总理佩列格里尼。2018年7月，李克强总理在出席中国—中东欧国家领导人索非亚会晤期间同斯总理佩列格里尼举行双边会见，同月，斯外长莱恰克以第72届联大主席身份访华。2019年4月，李克强总理在出席中国—中东欧国家领导人杜布罗夫尼克会晤期间同斯总理佩列格里尼举行双边会见。同月，斯外长莱恰克、经济部长日加等来华出席第二届“一带一路”国际合作高峰论坛有关活动。7月，王毅国务委员兼外长访斯。斯副总理莱希先后于6月和11月率团来华出席在宁波举行的中国—中东欧国家博览会和第二届中国国际进口博览会。

中斯双方在经贸、科技、文化、教育、地方等领域合作富有成效。据中国海关总署统计，2018年，双边贸易额77.8亿美元、同比增长46.4%，其中中方进口额52.4亿美元、同比增长102.9%，出口额25.4亿美元、同比下降7.1%，中方逆差27亿美元。2019年，双边贸易额88.9亿美元、同比增长14.2%，其中中方进口额59.7亿美元、同比增长13.8%，出口额29.2亿美元、同比增长15.2%，中方逆差30.5亿美元。

据中国商务部统计，截至2019年底，中国对斯直接投资1.1亿美元，斯对华直接投资9488万美元，中国企业在斯累计完成工程承包营业额2764万美元。

2015年，两国文化部签署了2015—2019年度文化合作计划，两国教育部签署2016—2019年教育合作计划。11月，国家质检总局同斯农业和农村发展部签署《关于卫生与植物卫生领域合作的谅解备忘录》，国家原子能机构和斯经济部签署《关于民用核工业燃料循环供应链领域合作的谅解备忘录》。2017年11月，双方签署《中华人民共和国国家质量监督检验检疫总局与斯洛伐克共和国国家兽医和食品管理局关于斯洛伐克向中国出口熊蜂的检疫和卫生要求议定书》。2018年6月，中斯经济联委会第12次例会在北京召开；9月，中斯政府间科技合作委员会第八次例会在北京召开。2019年4月，双方签署《中华人民共和国海关总署和斯洛伐克共和国国家兽医和食品监管总局关于斯洛伐克输华乳品动物卫生和公共卫生条件议定书》。10月，双方签署《中华人民共和国文化和旅游部与斯洛伐克交通建设部关于旅游合作的谅解备忘录》。11月，双方签署《中华人民共和国交通运输部与斯洛伐克共和国交通建设部关于交通运输和物流领域合作的谅解备忘录》及《中华人民共和国政府与斯洛伐克共和国政府关于相互承认高等教育学历学位的协议》。

中国驻斯洛伐克大使：孙立杰。馆址：Jancova 8B，81102，Bratislava，Slovak Republic。电话：00421–2–62804291；传真：62804289。商务处电话：52920154。领事部电话：62804283。网址：http://sk.china-embassy.org。

斯洛伐克驻华大使：杜尚·贝拉（Dusan Bella）。馆址：北京建国门外日坛路。电话：010–65321531，65325653（使馆、商务处、签证处）；传真：65324814。

【同欧洲国家的关系】斯高度重视发展同欧洲国家特别是周边国家关系，尤其与捷克保持“超标准国家关系”，同西巴尔干国家交往频繁，支持该地区国家加入欧盟。2019年，时任总统基斯卡先后访问捷克、奥地利、匈牙利；现任总统恰普托娃上任伊始即访问捷克、欧盟、北约、比利时、匈牙利、波兰、法国、德国、奥地利；时任议长丹科先后访问俄罗斯、梵蒂冈；时任总理佩列格里尼访问塞尔维亚、拉脱维亚、梵蒂冈；时任外长莱恰克先后访问奥地利、乌克兰、列支敦士登、摩尔多瓦、格鲁吉亚、俄罗斯、匈牙利、阿塞拜疆、亚美尼亚、塞尔维亚、保加利亚。捷克总统泽曼、罗马尼亚总理登奇勒、乌克兰总理格罗伊斯曼、德国总理默克尔、捷克总理巴比什、波兰总理莫拉维茨基、波黑主席团成员多迪克、波兰参议长卡切夫斯基、捷克参议长库贝拉、法国外长勒德里昂、捷克外长佩特日切克、波兰外长查普托维奇、匈牙利外长西雅尔多、土耳其外长恰武什奥卢、波黑外长兹尔纳达克、俄罗斯外长拉夫罗夫等先后访斯。

【同美国的关系】2019年2月，美国国务卿蓬佩奥访斯，同斯时任总统基斯卡、总理佩列格里尼、外长莱恰克分别会见、会谈。此系过去20年来美国务卿首次访斯。4月，时任外长莱恰克对美进行工作访问。5月，时任总理佩列格里尼访美，同特朗普会谈。10月，时任外长莱恰克再次访美。

【同其他国家的关系】2019年，总统恰普托娃访问日本；时任总理佩列格里尼先后访问以色列和埃及；时任外长莱恰克先后访问哈萨克斯坦、吉尔吉斯斯坦、日本。2020年以来，总统恰普托娃访问以色列。时任外长莱恰克访问土耳其。

【同国际或区域组织的关系】积极参与欧盟和北约事务，2016年下半年担任欧盟轮值主席国。2017年9月，斯外长莱恰克担任第72届联合国大会主席，任期一年。同年9月，时任总统基斯卡赴纽约出席联大会议；12月，时任总理菲佐参访联合国，同联合国秘书长古铁雷斯及联大主席莱恰克会见。注重加强维谢格拉德集团（V4）合作，2018年下半年至2019年上半年任维谢格拉德集团轮值主席国。2019年先后担任欧安组织和经合组织部长理事会主席国，任期一年。

（王瑞祥）

斯洛文尼亚

国名 斯洛文尼亚共和国（The Republic of Slovenia，Republika Slovenija）。

面积 20273平方公里。

人口 209万（2019年10月）。主要民族为斯洛文尼亚族，约占83%。少数民族有塞尔维亚族、克罗地亚族、匈牙利族、意大利族等。官方语言斯洛文尼亚语，主要宗教为天主教。

首都 卢布尔雅那（Ljubljana），人口28.6万（2019年10月）。

国家元首 总统博鲁特·帕霍尔（Borut PAHOR），2012年12月当选，2017年12月连任，任期5年。

重要节日 国庆节：6月25日。

简况

位于欧洲中南部，巴尔干半岛西北端。西接意大利，北邻奥地利和匈牙利，东部和南部同克罗地亚接壤，西南濒亚得里亚海。海岸线长46.6公里。特里格拉夫峰为境内最高山峰，海拔2864米。最著名的湖泊是布莱德湖。气候分山地气候、大陆性气候、地中海式气候。夏季平均气温21.3℃，冬季平均气温–0.6℃，年平均气温10.7℃。

6世纪末，斯拉夫人迁移到现斯洛文尼亚一带。9—20世纪初，斯洛文尼亚一直受德意志国家和奥匈帝国的统治。1918年底，斯洛文尼亚同其他一些南部斯拉夫民族联合成立塞尔维亚人—克罗地亚人—斯洛文尼亚人王国，1929年改称南斯拉夫王国。1941年，德意法西斯入侵南斯拉夫。1945年，南斯拉夫各族人民赢得反法西斯战争胜利，并于同年11月29日宣告成立南斯拉夫联邦人民共和国（1963年改称南斯拉夫社会主义联邦共和国），斯洛文尼亚为其中的一个共和国。1991年6月25日，斯洛文尼亚议会通过决议，宣布脱离南斯拉夫社会主义联邦共和国，成为独立的主权国家。1992年5月，斯洛文尼亚加入联合国。

政治

斯洛文尼亚独立后政局总体保持稳定。2017年11月，举行总统选举，总统帕霍尔胜选连任。2018年6月，举行提前议会选举。9月，组成5党联合政府，沙雷茨名单党主席沙雷茨出任总理。2020年1月，沙雷茨总理辞职。3月，民主党、现代中间党、新斯洛文尼亚党、退休者民主党组成新政府，民主党主席扬沙出任总理。

【宪法】1991年12月23日，斯洛文尼亚议会通过新宪法。1997年和2000年两次修宪。宪法确立立法、行政、司法三权分立原则。

【议会】国家最高立法和监督机构，分为国民议会和国民委员会。国民议会由90名议员组成，通过直接选举产生，任期4年。全国共分8个选区，每个选区选出11名代表，保留2个席位给意大利族和匈牙利族议员。本届国民议会于2018年6月组成。现任议长伊戈尔·佐尔契奇（Igor ZORČIČ）。议会各党派所占议席数为：民主党26席、沙雷茨名单党13席、社会民主人士党11席、现代中间党10席、左翼党8席、新斯洛文尼亚党7席、布拉图舍克党5席、退休者民主党5席、斯洛文尼亚国民党3席、少数民族议员2席。国民委员会由来自社会、经济、专业、地方4个界别40名委员组成，按界别和地方社区划分选区，实行间接选举。本届国民委员会于2017年12月成立，主席阿洛伊兹·科弗什察（Alojz KOVŠCA）。

【政府】国家权力执行机构。2020年3月成立新政府，有17名成员，名单如下：

总理亚内兹·扬沙（Janez JANŠA），副总理兼经济发展和技术部长兹德拉夫科·波契瓦尔舍克（Zdravko POČIVALŠEK），副总理兼国防部长马特伊·托宁（Matej TONIN），副总理兼农业、林业、食品部长阿莱克桑德拉·皮韦茨（Aleksandra PIVEC，女），外交部长安热·洛加尔（Anže LOGAR），内务部长阿莱什·霍伊斯（Aleš HOJS），财政部长安德雷伊·希尔采利（Andrej ŠIRCELJ），司法部长莉莉娅娜·科兹洛维奇（Lilijana KOZLOVIČ，女），公共管理部长博什特扬·科里特尼克（Boštjan KORITNIK），劳动、家庭、社会事务、平等机会部长亚内兹·齐格莱尔·克拉利（Janez Cigler KRALJ），卫生部长托马日·甘塔尔（Tomaž GANTAR），教育、科学、体育部长西蒙娜·库斯特茨（Simona KUSTEC，女），基础设施部长耶尔奈伊·弗尔托维茨（Jernej VRTOVEC），文化部长瓦斯科·西蒙尼蒂（Vasko SIMONITI），环境和空间规划部长安德雷伊·维兹亚克（Andrej VIZJAK），发展和欧盟凝聚政策不管部长兹温科·切尔纳奇（Zvonko ČERNAČ），海外斯洛文尼亚人事务不管部长海伦娜·亚克利奇（Helena JAKLITSCH，女）。

【主要网址】斯洛文尼亚总统府：http://www.up-rs.si；斯洛文尼亚政府：www.vlada.si；国民议会：https://www.dz-rs.si；国民委员会：http://www.ds-rs.si；外交部：http://www.mzz.gov.si。

【行政区划】全国分为12个地区，共有212个市级行政单位。

【司法机构】法院和检察院是国家司法机构。法院分为宪法法院、最高法院、高等法院、地区法院、县级法院，另外设有专业法院：劳动和社会法院（主要负责处理雇佣关系和社会福利方面的法律案件）、行政诉讼法院、审计法院。宪法法院主要负责判定议会有关立法是否同宪法相抵触，由9名法官组成，院长拉伊科·克内兹（Rajko KNEZ），2018年12月就任。最高法院为最高司法机构，院长达米扬·弗洛尔扬契奇（Damijan FLORJANČIČ），2017年2月就任。检察院分为共和国检察院、高等检察院（4个）、地区检察院（11个）。总检察长德拉戈·什凯塔（Drago ŠKETA），2017年3月就任。

【政党】斯洛文尼亚主要政党有：

（1）民主党（Slovenska Demokratska Stranka）：执政党。前身为1989年2月成立的社会民主协会，后更名为社会民主党，2003年9月改为现名。主张民主、自由、尊重人权，建设法治国家，法律面前人人平等，认为经济增长是国家持久繁荣的基础。党主席为亚内兹·扬沙。

（2）现代中间党（Stranka Modernega Centra）：执政党。成立于2014年6月，原名采拉尔党，2015年3月改为现名。主张建设法治国家，实现可持续发展，确保人的尊严，保障社会和经济安全，崇尚宽容、自由、相互尊重、互惠、团结。党主席为兹德拉夫科·波契瓦尔舍克。

（3）新斯洛文尼亚党（Nova Slovenija）：执政党。成立于2000年8月。奉行基督教民主主义和保守主义。党主席为马特伊·托宁。

（4）退休者民主党（Demokratična Stranka Upokojencev Slovenije）：执政党。成立于1991年5月。强调保护人权、自由、个人尊严，建设法治和福利国家，建立社会和卫生安全体制，保护自然环境。党主席为阿莱克桑德拉·皮韦茨。

（5）沙雷茨名单党（Lista Marjana Šarca）：在野党。成立于2014年5月。主张推动社会福利建设，优先发展教育和医疗，改善营商环境。党主席为马尔扬·沙雷茨（Marjan ŠAREC）。

（6）社会民主人士党（Socialni Demokrati）：在野党。成立于1993年5月，原名社会民主人士联合名单党，2005年改为现名。倡导尊重人权，确保人的自由，发展经济，建立安全、平等、经济发展的社会，建设法治国家，保护少数者权利。党主席为戴杨·日丹（Dejan ZIDAN）。

（7）布拉图舍克党（Stranka Alenke Bratušek）：在野党。成立于2014年5月。主张法律面前人人平等，建设法治国家，打击腐败，提倡可持续发展，认为人和人的团结是建立公正社会和成功发展市场经济的条件。党主席为阿伦卡·布拉图舍克（Alenka BRATUŠEK）。

（8）左翼党（Levica）：在野党。成立于2017年6月。主张推动福利社会建设，发展可再生能源，保护环境。党主席为卢卡·梅塞茨（Luca MESEC）。

（9）斯洛文尼亚国民党（Slovenska Nacionalna Stranka）：在野党。成立于1991年3月。主张世俗化，保护国有企业，维护海外斯洛文尼亚族人利益。主席为兹马戈·耶林契奇（Zmago PLEMENITI）。

【重要人物】博鲁特·帕霍尔：总统。1963年11月2日出生。毕业于卢布尔雅那大学社会、政治、新闻系。1993年，当选联合名单党（现社会民主人士党）副主席。1995—1996年，任国民议会外事委员会主席。1997年，当选联合名单党主席。2000—2004年，任国民议会议长。2004年，当选欧洲议会议员。2008—2011年，任斯洛文尼亚总理。2012年12月，当选总统。2017年12月连任。　**亚内兹·扬沙**：总理。1958年9月17日出生。毕业于卢布尔雅那大学社会、政治、新闻系。1990—1994年，任国防部长。1993年，当选民主联盟党主席。1995年，当选国民议会议员。1997年，当选民主党主席。2000年，再次出任国防部长。2004—2008年和2012—2013年，任总理。2020年3月，再次出任总理。　**伊戈尔·佐尔契奇**：国民议会议长。1978年1月9日出生。毕业于卢布尔雅那大学法律系。2009—2014年，任检察官。2014年，当选国民议会议员。2020年3月，当选国民议会议长。　**阿洛伊兹·科弗什察**（Alojz KOVŠCA）：国民委员会主席。1965年9月13日出生。毕业于卢布尔雅那大学社会科学系。长期从事钟表生产，开办相关企业，并担任卢布尔雅那地区手工业商会领导成员。2017年12月，当选国民委员会主席。

经　济

斯洛文尼亚拥有良好的工业和科技基础、现代化的经济和产业结构，在汽车制造、高新技术、电气、制药等领域具有一定优势。2007年1月1日加入欧元区。2019年主要经济数据如下：

国内生产总值：480亿欧元。

人均国内生产总值：2.2万欧元。

国内生产总值增长率：2.4%。

货币名称：欧元（Euro）。

通货膨胀率：1.7%。

失业率：4%。

（资料来源：斯洛文尼亚国家统计局，下同）

【资源】森林和水资源丰富，森林覆盖率为66%。矿产资源相对贫乏，主要有汞、煤、铅、锌等。

【工业】主要工业门类有汽车制造、机械设备和家用电器制造、电气机械和仪表制造、化工（含制药）、电力能源、冶金、橡胶和塑料产品加工、非金属矿物质制品加工、食品饮料加工、木材加工、家具制造、造纸、印刷出版、纺织、成衣和皮革制品加工等。2018年，工业产值约130亿欧元，同比增长4.6%。

【农业】农业在国民经济中比重较小。2018年农业用地48万公顷，农业人口8万人。农业产值约13.7亿欧元，同比增长18%。2019年生产小麦14万吨、大麦10万吨、土豆6.6万吨、甜菜1.1万吨、苹果5.4万吨、葡萄7.4万吨。

【服务业】服务业为国民经济重要组成部分。包括：批发和零售、修理、旅馆饭店、运输、通信、仓储、金融中间机构、房地产、租赁、企业服务、公共管理、社会服务、其他社区或个人服务。从业人口超过全国人口总数的1/5。2018年服务业总值约259亿欧元，同比增长8.5%。

【旅游业】旅游业较为发达。2018年接待游客593万人次，过夜1570万人次。国外游客主要来自意大利、德国、奥地利、克罗地亚。主要旅游区是亚得里亚海海滨和阿尔卑斯山区。主要旅游景点：特里格拉夫山区国家公园、布莱德湖、波斯托伊纳溶洞。主要旅游设施：海滨浴场、滑雪场、温泉、溶洞、旅馆、汽车宿营地等。

【交通运输】地理位置较好，电气化铁路和现代化公路占相当大比重。

铁路：铁路总长1229公里，其中电气化铁路503公里，复线铁路331公里。2018年客运量1355万人次，货运量2132万吨。

公路：公路总长38906公里，其中高速公路746公里。2018年公路客运量8830万人次，货运量8540万吨。

海运：有3个港口，分别是科佩尔港、伊佐拉港和皮兰港。其中，科佩尔港为斯第一大港。该港建成于1958年，港区面积为450公顷，有2000米的海岸可供装卸货物，有25万平方米的仓储面积。2018年海运货运量2310万吨。

空运：2018年航空载客123万人次，卢布尔雅那约热·普奇尼克机场为最大的国际机场。

【财政金融】近年财政收支情况如下（单位：亿欧元）：

	2017	2018	2019
收入	185.9	100	101.4
支出	185.6	94.6	99.0
差额	0.3	5.4	2.4

截至2020年2月，斯洛文尼亚外汇储备4.5亿欧元，累计外债457亿欧元。

【对外贸易】斯洛文尼亚经济为高度外向型，对外贸易在国民经济中占有较高比重。主要贸易伙伴国为：德国、意大利、克罗地亚、奥地利、瑞士。主要出口商品：汽车零部件、药品、石油加工产品、电器等。主要进口商品：机械设备、石油和矿产品、塑料产品、农产品等。

近年对外贸易情况如下（单位：亿欧元）：

	2017	2018	2019
出口额	282	309	335
进口额	275	306	340
差　额	7	3	–5

【对外投资】截至2019年底，对外投资总额为61亿欧元，主要投资对象国为克罗地亚、塞尔维亚、波黑、北马其顿。

【对外援助】斯主要通过欧盟、联合国和世界银行等机构提供对外援助，援助对象主要集中在巴尔干地区。援外数额：2015年为6300万欧元，2016年为8000万欧元。

【外国资本】2019年，吸引外资80亿欧元。主要投资来源国有美国、意大利、奥地利、卢森堡、瑞士、德国、荷兰。

【著名公司】（1）戈兰尼亚家电公司（Gorenje）。主要产品：洗衣机、电冰箱等家用电器。注册资本：1亿欧元。创建于20世纪50年代。2018年，海信集团收购戈兰尼亚家电公司95.42%股权。网址：www.gorenjegroup.com/si。

（2）雷诺轿车组装厂（Revoz）。主要产品：轿车和轿车零部件。注册资本：5500万欧元。创建于20世纪50年代。网址：www.revoz.si。

（3）克尔卡制药公司（Krka）。主要产品：药品。注册资本：5470万欧元。创建于20世纪50年代。网址：www.krka.si。

人民生活

斯政府重视提高和改善人民生活水平，实行覆盖所有纳税人家庭和个人的医疗保障和社会保障制度，包括免费医疗、免费教育、失业保障金、退休金、残疾人福利等。2019年人均月收入1215欧元。斯共有29家医院，其中综合性医院18家，妇产医院2家，肺病专科医院2家，神经疾病医院4家，整形医院2家，康复医院1家，共有病床9294张。全国医生和护士分别有5000多人。每万人拥有30.8名医生、31.2名护士、7名牙医和7.1名药剂师，每10万人拥有3.1家卫生中心、1.3家医院、1.2家药房。

军　事

斯国家武装部队正式成立于1991年6月，原名为领土保卫部队，1993年10月改名为斯洛文尼亚军队。总统为国家武装力量最高统帅。1998年起，斯按照西方标准改组军队体制，分为基本国防部队、加强部队、快速反应部队。截至2020年3月，斯军队总人数7013人，其中常规军人数6353人、预备役660人。2019年国防支出为5亿欧元。斯在以下国家和地区派有军事人员：科索沃、阿富汗、黎巴嫩、叙利亚、波黑、北马其顿、塞尔维亚、马里、伊拉克、拉脱维亚。

文化教育

【教育】2018年斯教育支出24亿欧元，占国内生产总值的5%。斯实行12年义务教育制度。学制：小学8年，中学4年，大学4—6年。2018/2019学年在校学生人数分别为：小学生和初中生18.8万人，高中生7.3万人，大学生6.6万人。各类教师共计3.9万人。全国共有国立综合性大学4所，高中111所，小学和初中772所。

【新闻出版】斯有1000多种纸质媒体。主要报刊有《24小时报》《斯洛文尼亚新闻》《劳动报》《日报》《晚报》等。

电视台：2014年共有55个电视频道。其中国家电视台为斯洛文尼亚广播电视台（RTV，6个频道，1958年成立）。私营商业电视台主要有Kanal A（1989年成立）和POP TV（1993年成立），2000年10月，POP TV的母公司美国Super Plus收购了Kanal A，但仍使用其名称。

广播电台：截至2014年，全国共有76个广播频道。根据2012年统计数据，全国听众人数最多的电台有：Radio 1（20.2万人）、Val 202（16万人）和斯广播电台第一套节目（11.1万人）。

国家通讯社：斯洛文尼亚通讯社，简称STA，成立于1991年6月20日。

对外关系

斯洛文尼亚于2004年3月29日加入北约，同年5月1日加入欧盟。致力于融入欧盟体系。积极发展同德国、法国、美国、俄罗斯、中国等大国关系。注重发展同其他前南斯拉夫国家关系，积极参与协调西巴尔干事务及国际热点问题的解决。截至目前，斯已同180多个国家建立外交关系。

【同中国的关系】1992年5月12日中斯建交。近年来两国关系发展顺利。

2019年，两国保持高层交往，经贸、人文等各领域交流与合作富有成效。4月，李克强总理在克罗地亚杜布罗夫尼克会见出席第八次中国—中东欧国家领导人会晤的斯洛文尼亚时任总理沙雷茨。9月，全国政协副主席杨传堂访斯。12月，国务委员兼外交部长王毅访斯。中方访斯的还有：教育部长陈宝生（11月）、国家体育总局局长苟仲文（10月）等。5月，斯时任副总理兼教育、科学、体育部长耶尔奈伊·皮卡洛访华。6月，斯时任副总理兼基础设施部长阿伦卡·布拉图舍克访华。4月和11月，斯时任经济发展和技术部长兹德拉夫科·波契瓦尔舍克先后来华出席第二届“一带一路”国际合作高峰论坛和第二届中国国际进口博览会。9月，斯举办第六届中国—中东欧国家高级别智库研讨会。

据中国海关总署统计，2019年双边贸易额27亿美元，同比下降17.8%。其中中方出口额23.5亿美元，同比下降19%；中方进口额3.5亿美元，同比增长8.6%。

中国驻斯洛文尼亚大使：王顺卿。馆址：Koblarjeva 3，1000 Ljubljana，Republic of Slovenia。电话：00386–1–4202855；传真：4202859。

斯洛文尼亚驻华大使：苏岚（Alenka SUHADOLNIK）。馆址：北京市朝阳区亮马桥北小街7号亮马桥外交公寓C区别墅LC04–02，电话：0086–10–85326191，传真：85322026。

【同美国的关系】1992年8月，斯洛文尼亚同美国建交。两国关系密切，高层交往较频繁。2019年6月，美国能源部长佩里访斯。

【同俄罗斯的关系】1992年5月，斯洛文尼亚同俄罗斯建交。两国关系发展良好。2019年9月，斯总理沙雷茨访俄。

【同欧盟及其成员国的关系】1992年4月13日，斯洛文尼亚同欧盟建交。2004年5月1日，斯加入欧盟。2019年1月，斯总统帕霍尔访问罗马尼亚，塞浦路斯总统阿纳斯塔夏季斯访斯。2月，帕霍尔总统访问欧盟总部和英国，斯总理沙雷茨访问芬兰。3月，保加利亚总统拉德夫访斯。5月，德国总统施泰因迈尔、芬兰总统尼尼斯托分别访斯。6月，帕霍尔总统访问奥地利。10月，沙雷茨总理访问匈牙利，比利时首相米歇尔访斯。11月，帕霍尔总统访问挪威。

【同西巴尔干国家的关系】斯洛文尼亚重视发展同西巴尔干国家关系，致力于加强合作。2019年1月，斯总统帕霍尔访问塞尔维亚。3月，帕霍尔总统访问阿尔巴尼亚。4月，帕霍尔总统访问波黑。5月，帕霍尔总统访问黑山，北马其顿总理扎埃夫访斯。7月，北马其顿总统彭达罗夫斯基访斯。8月，斯总理沙雷茨访问塞尔维亚。10月，沙雷茨总理访问北马其顿。12月，波黑主席团主席科姆希奇、扎费罗维奇、多迪克访斯。

【同其他国家的关系】2019年9月，印度总统科温德访斯。10月，斯总统帕霍尔赴日本出席德仁天皇即位庆典。

（鲁青）

乌克兰

国名 乌克兰（Ukraine，Украина）。

面积 60.35万平方公里（不含克里米亚为57.66万平方公里）。

人口 4190.2万（截至2020年1月1日，未统计克里米亚人口）。共有130多个民族，乌克兰族约占77.82%，俄罗斯族约占17.28%，其余为白俄罗斯、犹太、克里米亚鞑靼、摩尔多瓦、波兰、匈牙利、罗马尼亚、希腊、德意志、保加利亚等民族。官方语言为乌克兰语。主要宗教为东正教和天主教。

首都 基辅（Kyiv，Киев），人口296.7万（截至2020年3月1日），面积827平方公里，全国政治、经济、文化、教育和科学中心。

国家元首 根据乌宪法，乌为议会总统制国家，总统为国家元首，主要负责外交和军事等事务。第六任总统弗拉基米尔·亚历山德罗维奇·泽连斯基（Владимир Александрович Зеленский），2019年5月20日就任，任期至2024年。

重要节日 公历新年：1月1日；东正教圣诞节：1月7日；统一日（纪念东西乌克兰合并）：1月22日；国际妇女节：3月8日；国际劳动节：5月1日；纪念与和解日：5月8日；胜利日（纪念第二次世界大战胜利）：5月9日；宪法日（纪念1996年颁布乌独立后第一部宪法）：6月28日；独立日（国庆节）：8月24日；乌克兰保卫者日：10月14日。

简况

乌克兰位于欧洲东部，黑海、亚速海北岸。95%国土为平原。东西长1316公里，南北长893公里。北邻白俄罗斯，东接俄罗斯，西连波兰、斯洛伐克、匈牙利，南沿黑海、亚速海并同罗马尼亚、摩尔多瓦毗邻。陆地边界线长5631公里，海岸线长1959公里。最大山系为西部的喀尔巴阡山，最高峰戈尔维拉峰海拔2061米。大部分地区为温带大陆性气候。1月平均气温–7℃，7月平均气温20.5℃。

“乌克兰”一词最早见于《罗斯史记》（1187年）。公元9世纪下半叶建立古罗斯国家—基辅罗斯。后在其境内逐步形成三个主要民族：乌克兰族、俄罗斯族和白俄罗斯族。1240年，蒙古帝国拔都率西征军占领基辅。1654年，哥萨克首领赫梅利尼茨基与沙俄签订《佩列亚斯拉夫和约》，乌俄两国合并。1917年12月，乌克兰建立苏维埃政权。1919年1月，乌克兰苏维埃社会主义共和国成立并于1922年加入苏联（西部乌克兰1939年加入）。1990年7月16日，乌最高苏维埃通过《乌克兰国家主权宣言》。1991年8月24日乌宣布独立。

政治

【乌克兰危机】2013年11月21日，亚努科维奇总统冻结签署《乌克兰—欧盟联系国协定》，导致大量反对者上街示威。“广场革命”由此爆发并愈演愈烈，最终发展为流血冲突。2014年2月22日，亚努科维奇逃往俄罗斯。乌克兰克里米亚自治共和国及东部顿涅茨克、卢甘斯克两州相继发生骚乱。3月18日，俄罗斯归并克里米亚。顿涅茨克州、卢甘斯克州部分地区的地方亲俄武装宣布独立，分别成立“顿涅茨克人民共和国”“卢甘斯克人民共和国”，骚乱演变为乌政府军与地方武装持续不断的武装冲突。

为解决乌克兰危机，在国际社会斡旋调解下，乌克兰、俄罗斯、“顿涅茨克人民共和国”和“卢甘斯克人民共和国”四方先后于2014年9月、2015年2月在明斯克签署《明斯克协议》和《新明斯克协议》。协议规定双方停火、撤军、接受欧安组织监督、释放战俘、通过和平外交手段解决危机等内容。乌、俄、欧安组织三方成立“明斯克三方联络小组”以推动协议落实和商讨有关具体问题。2014年6月，俄罗斯、乌克兰、法国、德国四国元首在诺曼底就乌克兰问题举行会晤，由此开创了解决乌克兰危机的“诺曼底模式”。

近年来，冲突双方时有违反停火协议，死伤不断。乌、俄、德、法四国继续通过“诺曼底模式”推进危机调解工作，乌、俄、欧安组织则保持在“明斯克三方联络小组”模式下举行例行会议，防止危机进一步恶化。美西方国家普遍把对俄制裁与俄是否落实明斯克协议挂钩。

2019年12月9日，“诺曼底模式”四国领导人在巴黎举行峰会并发表共同声明，内容涉及落实《明斯克协议》、排雷、撤军、交换战俘等。各方确认《明斯克协议》是解决冲突的基础。

【宪法】1996年6月28日，乌议会通过独立后首部宪法，确定乌为主权、独立、民主的共和国；总统为国家元首；最高拉达（议会）为立法机关；政府为行政机关；乌克兰语为官方语言。2004年12月8日，乌议会通过宪法修正案，规定自2006年1月1日起乌政体由总统议会制转变为议会总统制。2010年10月1日，乌宪法法院裁定2004年修宪案违宪，全面恢复1996年宪法效力，政体恢复总统议会制。2014年2月17日，乌议会决议恢复2004年宪法，政体再次变更为议会总统制。

【议会】正式名称为“最高拉达”，为一院制议会，由450个议席组成，任期五年。设议长一人，第一副议长、副议长各一人。2019年5月21日，泽连斯基就任总统后的第二天便颁令解散议会。7月21日，乌提前举行议会选举，人民公仆党、反对派平台—为了生活党、欧洲团结党、祖国党、声音党等5个党派进入议会。8月29日，乌第九届议会议员集体宣誓就职，并召开首次全会，选举人民公仆党主席德米特里·拉祖姆科夫（Дмитрий Разумков）为议长，乌总统驻议会代表鲁斯兰·斯捷凡丘克（Руслан Стефанчук）为第一副议长，祖国党成员叶连娜·孔德拉秋克（Елена Кондратюк）为副议长，任命阿列克谢·冈察鲁克（Алексей Гончарук）为总理，批准了冈察鲁克提交的新一届内阁成员名单。

新一届议会下设23个委员会，分别为农业及土地政策委员会，反腐败事务委员会，预算问题委员会，人文与信息政策委员会，生态政策与自然开发事务委员会，经济发展事务委员会，能源与公共服务委员会，民众健康、医疗服务与医保事务委员会，外交与议会间合作委员会，乌欧一体化事务委员会，青年与体育事务委员会，国家安全、国防与侦查事务委员会，国家机关、地方自治地区发展及城市建设委员会，教育、科学与创新委员会，人权、临时被占领土再一体化及少数民族与族际关系问题委员会，法律事务委员会、执法事务委员会，议会章程、议员行为及议会组织工作事务委员会、言论自由事务委员会、社会政策与退伍军人维权事务委员会、交通与基础设施事务委员会，财政、税务及海关事务委员会，数字化转型事务委员会。

【政府】2020年3月4日，乌议会通过新政府组阁名单，包括总理、1名第一副总理、3名副总理、13名部长和3名代部长。总理杰尼斯·什梅加尔（Денис Шмыгаль），副总理兼数字转型化部长米哈伊尔·费奥多罗夫（Михаил Фёдоров），副总理（主管欧洲和欧洲大西洋一体化事务）瓦季姆·普里斯塔伊科（Вадим Пристайко），副总理兼临时被占领土一体化事务部长阿列克谢·列兹尼科夫（Алексей Резников），外交部长德米特里·库列巴（Дмитрий Кулеба），国防部长安德烈·塔兰（Андрей Таран），城镇与领土发展部长阿列克谢·切尔内绍夫（Алексей Чернышов），财政部长谢尔盖·马尔琴科（Сергей Марченко），内务部长阿尔森·阿瓦科夫（Арсен Аваков），基础设施部长弗拉季斯拉夫·克里克利（Владислав Криклий），卫生部长马克西姆·斯捷潘诺夫（Максим Степанов），社会政策部长玛琳娜·拉泽布娜娅（Марина Лазебная，女），退役军人事务部长谢尔盖·别萨拉布（Сергей Бессараб），司法部长杰尼斯·马留斯卡（Денис Малюська），内阁事务部长奥列格·涅姆钦诺夫（Денис Малюська），青年与体育部部长瓦季姆·古采伊特（Вадим Гутцайт），经贸与农业政策部长伊戈尔·别特拉什科（Игорь Петрашко），教育与科学部代部长柳博米拉·曼德济（Любомира Мандзий，女），文化部代部长斯韦特兰娜·福缅科（Светлана Фоменко），环保部代部长维塔利·舒宾（Виталий Шубин）。

【主要网站】总统：http://www.president.gov.ua；政府：http://www.kmu.gov.ua；议会：https://zakon.rada.gov.ua/。

【行政区划】全国原有24个州，1个自治共和国，2个直辖市，共27个行政区划。乌克兰危机爆发后，克里米亚自治共和国和塞瓦斯托波尔直辖市归并入俄罗斯，乌当局实际管辖的行政区划变为25个，具体名称如下：基辅州、文尼察州、沃伦州、第聂伯罗彼得罗夫斯克州、顿涅茨克州（2014年5月12日宣布独立并脱离乌政府管辖，但未获任何国家或地区承认）、日托米尔州、外喀尔巴阡州、扎波罗热州、伊万诺–弗兰科夫斯克州、基洛夫格勒州、卢甘斯克州（2014年5月12日宣布独立并脱离乌政府管辖，但未获任何国家或地区承认）、利沃夫州、尼古拉耶夫州、敖德萨州、波尔塔瓦州、罗夫诺州、苏梅州、捷尔诺波尔州、哈尔科夫州、赫尔松州、赫梅利尼茨基州、切尔卡瑟州、切尔诺夫策州、切尔尼戈夫州和基辅直辖市。截至2020年5月1日，乌共有490个区、459个市、885个镇和28450个村。

【司法机构】2016年6月，乌开启新一轮司法改革。乌克兰法院分为四级：地方法院、上诉法院、高级法院、最高法院。最高法院院长瓦莲京娜·达尼舍夫斯卡娅（Валентина Данишевская），2017年11月当选。司法监督由总检察长及其下属的地方检察长执行，检察长任期五年。总检察长伊琳娜·韦涅季克托娃（Ирина Венедиктова），2020年3月任职。1996年10月18日成立宪法法院，负责审理总统、议会及政府有关法律、法规和法令的合宪性。宪法法院院长亚历山大·图皮茨基（Александр Тупицкий），2019年9月任职。

【政党】截至2020年1月1日，共有349个政党在乌司法部注册登记，其中影响较大的政党有：

（1）"人民公仆"党（Партия «Слуга народа»）：乌克兰执政党。2016年4月13日在乌司法部注册成立，2017年12月2日更名为"人民公仆"党。2019年1月，该党推举弗拉基米尔·泽连斯基为总统选举候选人，泽在总统选举第一轮中以30.24%的得票率名列第一，在第二轮中以73.22%的得票率战胜时任总统波罗申科当选乌第六任总统。2019年7月，该党在提前议会选举中获得254个席位，成为乌历史上首个获得议会半数以上席位的政党。截至目前，该党议会党团共有248名成员。2020年2月15日，该党召开党代会，将党的意识形态确定为"乌克兰中派主义"。现任党首为亚历山大·科尔尼延科，议会党团主席为达维德·阿拉哈米亚。

（2）"反对派平台—为了生活"党（Партия «Оппозиционная платформа — За жизнь»）：亲俄政党，前身为1999年9月成立的"中心"党，2016年7月更名为"为了生活"党，2018年12月14日更名为"反对派平台—为了生活"党。2019年3月，博伊科代表该党参加乌总统选举，并在第一轮中以11.67%的得票率位列第四。2019年7月，该党在提前议会选举中获得44个席位，成为乌第九届议会最大反对党。现任党首为瓦季姆·拉比诺维奇、尤里·博伊科、维克多·梅德韦丘克。

（3）全乌克兰"祖国"联盟（Всеукраинское объединение «Батьківщина»）：简称"祖国"党，1999年9月16日在乌司法部注册成立，该党主张建立民主国家和公民社会，推行市场经济，扩大社会福利，加速私有化进程。2019年3月，季莫申科代表该党参加乌总统选举，并在第一轮中以13.4%的得票率位列第三。同年7月，该党在提前议会选举中获得26个席位。党首为乌克兰前总理尤利娅·季莫申科（Юлия Тимошенко，女）。

（4）"欧洲团结"党（Партия «Европейская Солидарность»）：亲欧政党，前身为2001年11月成立的"团结党"，2014年8月24日在乌司法部重新注册。2014年9月，与"打击党"联合参加第八届议会选举，获得131个席位并成为乌第八届议会最大政党，与"人民阵线"党、"自助"党、激进党、"祖国"党组成"欧洲团结"执政联盟。2015年8月与"打击党"合并，更名为波罗申科集团"团结"党。2019年5月更名为"欧洲团结"党，在同年7月举行的提前议会选举中获得25个席位。现任党首为乌第五任总统彼得·波罗申科（Пётр Порошенко）。

（5）"声音"党（Партия «Голос»）：中右翼亲欧政党，前身为2015年2月10日由中小企业代表组建的"倡议平台"党，2019年5月21日正式在乌司法部重新注册，该党主张民主政治，倡导"人民是国家政治的中心"，主张反腐并消除寡头政治，经济上主张对外流资本征税、建立土地市场、实行企业私有化、打击海关及税收领域非法体系等。2019年7月，该党在提前议会选举中获得20个席位。党首为乌著名歌手斯维亚托斯拉夫·瓦卡尔丘克（Святослав Вакарчук）。

（6）激进党（Радикальная Партия Олега Ляшко）：乌克兰民族主义政党，原名乌克兰激进民主党，成立于2010年8月18日，同年9月28日在乌司法部注册。2011年8月，将党的名称更改为奥列格·利亚什科激进党。该党主张实行大规模经济社会改革，积极向世界宣传乌民族文化；谨慎看待乌"加盟"，反对"入约"；号召人民拿起武器保护自己的自由，加强国防。在2014年议会选举中，该党以7.44%的得票率获得21个席位并加入之执政联盟，2015年退出执政联盟转为反对派。2019年1月，该党推举利为总统选举候选人。现任党主席奥列格·利亚什科（Олег Ляшко）当选党首。

（7）"力量与诚信"党（Партия «Сила и Честь»）：2009年10月26日成立，该党主张提高国家安全及国防水平，铲除腐败，推行农业改革，彻底改变国家外交方针等。该党曾参加2014年、2019年议会选举，但均未获得席位。现任党首为前乌总统情报委员会主席（2014年10月至2015年3月）伊戈尔·斯梅什科。

（8）反对派集团—和平与发展党（Оппозиционный блок — Партия мира и развития）：前身为"反对派集团"党，2014年9月由乌克兰发展党、中心党、新政策党、国家中立党、乌克兰—前进党和劳动乌克兰党联合组成并参加当年议会选举。2018年11月，该党时任联合主席尤里·博伊科与拉比诺维奇"生活"党签署联合参加2019年总统及议会选举协议，脱离该党。2018年12月，该党以“反对派集团—和平与发展”党为名重新注册。2019年1月，该党推选亚历山大·维尔库尔为总统候选人。2019年7月，该党与“我们”党、“复兴”党联合参加提前议会选举。现任联合党首为瓦季姆·诺温斯基（Валим Новинский）、叶夫根尼·穆拉耶夫、鲍里斯·科列斯尼科夫（Борис Колесников）。

（9）自助党（Самопомощь）：2012年12月29日在乌司法部注册。2019年7月，时任党首安德烈·萨多维带领该党参加提前议会选举，得票率仅为0.62%。选举失利后，萨宣布退党。现任党首为乌第八届议会副议长奥克萨娜·瑟罗耶德。

（10）人民阵线（Народный Фронт）：亲欧政党，成立于2014年3月，乌第八届议会执政联盟组成党之一。

此外，还有“乌克兰战略”党（Украинский Стратегия Гройсмана）、“沙里亚”党（Политическая партия Шария）、人民意志党（Воля народа）、复兴党（Возрождение）、乌克兰自由运动（Всеукраинское объединение “Свобода”）、公民立场党（Гражданская позиция）等。现任党首为乌克兰前总理（2014年2月至2016年4月）阿尔谢尼·亚采纽克（Арсений Яценюк）。

【重要人物】**弗拉基米尔·亚历山德罗维奇·泽连斯基**：总统。1978年1月25日生于第聂伯彼得罗夫斯克州克里沃罗格市，就读于基辅国立经济大学克里沃罗格经济研究所法学院。1997年，泽与同伴组建了“第九十五街区”喜剧工作室，并担任队长、演员及编剧。2018年12月31日，泽在乌“1+1”电视台发表新年问候，并正式宣布参加2019年乌总统选举。2019年4月2日，乌中央选举委员会计票结果显示，泽以30.24%的得票率与现任总统波罗申科共同进入总统选举第二轮。4月30日，中选委宣布泽以73.22%得票率战胜波当选乌第六任总统。已婚，有一子一女。　**杰尼斯·阿纳托利耶维奇·什梅加尔**：总理。1975年10月15日生于利沃夫市，先后就读于利沃夫理工大学生产管理专业、乌国家科学院区域研究所经济学专业，获副博士学位。1999—2009年，在有关商业机构任会计师、经理职务。2009—2011年，任利沃夫州经济管理局局长。2014年，任利沃夫州税务局副局长。2017—2019年，任乌克兰西部电力热能公司副总裁、代总裁。2019年8月1日，任伊万诺弗兰科夫斯克州州长。2020年2月4日，任副总理兼城镇与领土发展部部长，3月4日出任总理。已婚，有两女。　**德米特里·亚历山德罗维奇·拉祖姆科夫**：议长。1983年10月8日生于别尔季切夫市，先后就读于基辅舍甫琴科国立大学国际经济关系专业、乌克兰国家税务局大学法学专业。2007—2009年，先后在乌地区发展与建设部、内阁工作。2009—2011年，在有关商业机构任领导职位。2013—2014年，任基洛沃格勒州州长顾问。2015—2019年，任乌克兰政治咨询集团公司经理。2019年，任总统候选人泽连斯基竞选总部发言人兼政治顾问。2019年5月，任“人民公仆”党主席，在当年7月提前举行的议会选举中当选最高拉达议员，8月29日出任议长。其父拉祖姆科夫曾任前总统库奇马第一助理。已婚，有两名子女。

经　济

2019年乌克兰经济保持增长，实际GDP总计36757.3亿格里夫纳（约合1420亿美元），同比增长3.2%；通货膨胀率4.1%，失业率8.6%；汇率总体稳定，美元兑格里夫纳在1：24至1：28区间波动；截至2019年12月31日，国家和国家担保债务总计843.6亿美元。

【资源】乌国土面积的三分之二为黑土地，占世界黑土地面积总量的1/4。境内有100多条流长超过100公里的河流，2万多个湖泊。森林资源较为丰富，森林覆盖率为15.9%，跨越三个植被带：森林沼泽带、森林草原带和草原带。乌已探明80多种可供开采的富矿，主要包括煤、铁、锰、镍、钛、汞、石墨、耐火土、石材等，分布于全国7000多个矿区，其中有4000多个矿区已进行开发。乌已探明铁矿石储量达275亿吨，锰矿石储量超过21亿吨，位居世界前列；煤、陶土、地蜡和石墨的储量也较丰富。乌石油和天然气资源相对匮乏，为摆脱对俄石油和天然气依赖，乌近年来加大油气勘探和开采力度。2019年乌开采天然气207亿方，与2018年基本持平，进口天然气142亿方，同比增长35%，俄罗斯天然气过境量896亿方，增长3%。乌国内所需石油仍需大量进口，2019年乌石油及石油产品进口增长3.1%，达到79万吨，主要进口国为阿塞拜疆、美国、哈萨克斯坦。2019年煤炭开采3121万吨，同比下降6.2%。

【工业】2019年，乌工业产值24808亿格里夫纳，同比下降2%，其中开采业产值3948.5亿格里夫纳，同比增长3.9%；加工业产值15974.5亿格里夫纳，同比下降2.4%；供电、供气、供热及供冷产值4582亿格里夫纳，同比下降1.3%；供水、排水及废料管理产值303亿格里夫纳，同比增长18.5%。

【农业】2019年，乌农业产值4093亿格里夫纳，同比增长3.8%。其中肉产量349.3万吨，同比增加5.3%；奶产量967.7万吨，同比下降3.6%；蛋产量166.8亿个，同比增加3.4%；粮食及豆类产量7514.3万吨，同比增长7.3%；葵花籽产量1525.4万吨，同比增长7.7%；甜菜产量1020.5万吨，同比增长28.2%；土豆产量2026.9万吨，同比下降9.9%；蔬菜产量968.8万吨，同比增长2.6%。截至2020年3月1日，乌共有奶牛178.2万头，同比减少6.4%；羊126.1万只，同比减少5.1%；猪570.2万头，同比减少5.4%；家禽2亿只，同比下降0.4%。

【旅游业】2019年外国人出入乌克兰边境2730万人次。入境最多的外国公民来自波兰和罗马尼亚。入境人数同比增长较大的有奥地利（27%）、比利时（27%）、立陶宛（24%）、卢森堡（20%）、德国（14%）等，入境人数同比下降较大的有孟加拉国（21%）、斯洛伐克（14%）、白俄罗斯（13%）、西班牙（13%）、俄罗斯（7%）。外国公民入乌和乌公民出境主要目的为私人事务及旅游。全乌主要景点分布在基辅、敖德萨、利沃夫、外喀尔巴阡山、切尔尼戈夫等地。

【交通运输】2019年，乌货运量为6.8亿吨，同比上升8.2%；客运量42.6亿人次，同比下降5%。其中，铁路货运量3.1亿吨，同比下降2.9%；客运量1.5亿人次，同比下降2%。公路货运量1.9亿吨，与2018年基本持平；客运量18亿人次，同比下降5.3%。水运货运量610万吨，同比上升9%；客运量70万人次，同比增长1.2%。主要海港有敖德萨、南方港、尼古拉耶夫、赫尔松、马里乌波尔、伊利乔夫斯克等。空运货运量10万吨，同比下降6.6%；客运量1370万人次，同比增长9.4%。主要国际航空港有基辅鲍里斯波尔机场、利沃夫机场、敖德萨机场等。

【财政金融】2019年，乌财政收入为10261.3亿格里夫纳，完成预算收入97.3%；财政支出11121.3亿格里夫纳，完成预算支出96.5%；外汇储备253亿美元（截至2019年12月31日）；国家和国家担保债务总额（截至2019年12月31日）843.6亿美元，其中外债489.4亿美元，内债354.2亿美元。

【对外贸易】2019年，乌对外商品贸易总额为1107.9亿美元，同比增长6%。其中，商品出口额为500.6亿美元，同比增长5.8%；商品进口额为607.8亿美元，同比增长6.3%，逆差107.2亿美元。乌主要商品出口市场分别为中国（7.8%）、俄罗斯（5.8%）、土耳其（5.7%）、波兰（5.6%）等。主要商品进口市场为中国（15.4%）、俄罗斯（11.8%）、德国（9.7%）、波兰（6.5%）等。与2018年相比：肥料、丝绸、铁路机车、羽毛制品、生产用植物材料等出口增幅最大，铜及其制品、镍及其制品、船只、艺术品等出口降幅最大；飞行器、蔬菜、雨伞、针织面料等进口增幅最大，船只、丝绸、铁路机车、锡及其制品等进口量降幅最大。

【吸引外资】2019年乌吸引外国直接投资30.7亿美元，主要外资来源国为荷兰（11.8亿美元）、塞浦路斯（8.2亿美元）、俄罗斯（1.95亿美元）。

【著名公司】（1）克里沃罗格钢铁公司：20世纪30年代成立，位于第聂伯罗彼得罗夫斯克州，主要生产并出口各种冶金制品。联系电话：380–564–785301，传真：928550 。

（2）南方机器制造厂：苏联时期成立，位于第聂伯罗彼得罗夫斯克州，设计生产导弹和宇航产品。联系电话：380–562–344007，传真：399500。

（3）切尔卡瑟氮肥股份公司：苏联时期成立，位于切尔卡瑟州，生产并出口各种矿物肥。联系电话：380–472–396303，传真：640336。

（4）安东诺夫飞机制造厂：1946年成立，位于基辅市郊，集设计、试验和生产于一身，共生产“安”式飞机22000多架，出口50多个国家。联系电话：380–440–4543149，传真：4008144。

人民生活

2019年，乌克兰人均月平均工资为10504格里夫纳（约合390美元）。

军　事

1991年8月24日，乌克兰宣布独立，并在原苏联基辅军区、喀尔巴阡军区、敖德萨军区基础上组建自己的军队，继承大量武器装备及战略储备物资，包括大批核武器和现代化装备。2005年10月，尤先科政府把加入北约列为国家战略目标，并据此制定了《乌武装力量2006—2011年发展规划》。2014年4月，乌东地区冲突爆发，乌军进入顿巴斯地区遂行“反恐作战”；12月，乌放弃“不结盟地位”，视俄为“侵略者”，宣布大力发展军备，深化与北约军事合作。2015年9月，乌新版军事学说（2015—2020年）生效，将俄定性为“军事对手”，确立了“2020年前乌军全面达到北约成员国军队标准”的军事改革目标。2016年3月，乌出台《国防与安全发展构想》，将俄罗斯侵略视为乌面临的主要安全威胁。2017年，乌军总兵力达到25万人，预备役人员约100万。2018年5月，乌将东部的“反恐行动”更名为“联合力量行动”，由总参联合作战司令部负责行动指挥和部队管理。2018年国家安全与国防领域预算为1653亿格里夫纳，占GDP的5%；2019年国家安全与国防预算达2119亿格里夫纳，占GDP的5.38%；2020年国家安全与国防预算达2458亿格里夫纳（约90亿美元），占GDP的5.4%。2020年初，乌出台《未来十年武装力量发展规划构想》，开始在军队建设中全面落实北约标准。

文化教育

【文化】乌克兰文化底蕴深厚，艺术种类丰富多样，绘画、舞蹈、音乐等艺术享誉世界，文化氛围自由，文化艺术教育发达。乌克兰文化政策的宗旨是：国家对文艺组织和艺术家提供法律保障，重视民族文化的传承，支持民族文化的发展，保持文化艺术在其存在和发展过程中所表现出的自身价值和独立性；保证创作自由，保护文化遗产，鼓励文化创意产业发展；国家吸引各方资金，支持文化基层单位和重要文艺机构开展活动，为各民族人民进一步发展其传统文化创造必要条件。截至2020年5月，乌共有各类剧院113所，各级博物馆近5000家（其中国家级博物馆576家），国家级乐队39家，马戏团17家，各类图书馆15916个。

【教育】实行国家管理和社会自治相结合的教育管理体制。教育科技部是国家教育主管部门，参与制定国家教育、科学和干部职业培训法规，制定教育发展纲要、国家教育标准和教育工作的具体政策，统筹全乌教育工作。地方教育由地方权力执行机构及地方自治机构负责管理并建有专门的教育管理机构，学前教育、基础教育、校外教育机构和中等师范学校均隶属上述机构。地方教育管理机构负责向其所属学校拨款，为教育工作者及青少年提供社会保障，为学生就近入学并接受教育创造必要条件。

教育体制主要由学前教育、普通中等教育、职业技术教育、高等教育组成，另外，还包括校外教育、继续教育和自学教育。截至2020年1月，乌克兰共有高校664所，其中私立高校约200所，在校学生约250万。目前有来自158个国家的约8万外国留学生在乌克兰240所高校进行本科、硕士、博士阶段学习。著名高校包括国立基辅大学、国立技术大学（基辅理工学院）、国立哈尔科夫大学、乌克兰音乐学院、国立基辅美术与建筑学院、国立哈尔科夫理工大学、国立敖德萨理工大学、国立利沃夫大学、哈尔科夫国立航空大学、基辅国立航空大学等。

【新闻出版】1992年10月2日乌克兰最高苏维埃通过《乌克兰信息政策法》。乌新闻机构管理部门为乌国家广播电视信息政策委员会，前身为乌信息政策部，隶属乌内阁，主要负责乌新闻机构的政策指导、业务管理和协调。

主要电视台：乌国家电视1台、国际电视台、“新频道”电视台、“1+1”电视台、“ICTV”电视台、“五频道”电视台和基辅电视台等。除国家电视1台由国家财政拨款外，其余电视台均为私营股份制电视台。

主要广播电台：乌国内共有40多个全国广播的电台，100多个地方电台，影响较大的有乌国家广播公司、基辅市广播电台、“自由”电台、“金门”电台等。乌国家广播公司创建于1924年，共4套节目，每天播出94.5小时，覆盖乌全境。

主要报纸：《事实报》《政府信使报》《乌克兰之声》《今日报》《日报》《基辅导报》《镜报周刊》《2000报》《共青团真理报》《生意人报》《工人报》《基辅电讯报》等。

主要通讯社：1家官方通讯社，20余家私营通讯社。乌国家通讯社简称乌通社，创建于1918年，每天用乌克兰语、俄语、英语、德语四种语言发布消息，向乌政府机关、500多家新闻机构、社会团体、企业、驻乌外交使团提供新闻稿，是“欧洲通讯社联盟”成员，在俄罗斯、美国、英国等10多个国家有常驻记者。

对外关系

【同中国的关系】1992年1月4日，中乌正式建立外交关系。建交以来，双边关系稳步健康发展。2011年，中乌宣布建立战略伙伴关系。2019年，中乌政治交往平稳过渡。习近平等党和国家领导人先后向总统泽连斯基、总理、外长当选及乌独立日致贺电。乌方领导人及时就中华人民共和国成立70周年向我国领导人致贺信，表达发展对华关系，与我国开展更广泛深入合作的愿望。杜伟大使成为泽连斯基总统当选后第一位公开会见的外国驻乌使节。杜伟大使主动与乌新政权高官建立联系，先后会见时任乌国家安全与国防委员会秘书、副总理兼数字化转型部部长、“人民公仆党”议会党团主席、外长等乌方高层政要。此外，我驻乌使馆推动阿里巴巴集团创始人马云应邀出席基辅国际经济论坛并会见泽连斯基总统和时任总理冈察鲁克。马云在论坛及会见中宣讲中国改革开放成功经验，分享其在互联网、电商等方面成功经验，在乌克兰掀起一股“中国热”，是一次成功的民间外交。

据乌克兰海关统计，2019年乌克兰与中国的双边货物贸易额为127.5亿美元，增长30.0%。其中，乌克兰对中国出口额为35.9亿美元，增长63.0%，占其出口总额的7.2%，提高2.5个百分点；乌克兰自中国进口额为91.6亿美元，增长20.5%，占其进口总额的15.2%，提高1.8个百分点。乌克兰对中国贸易逆差55.6亿美元，增长3.1%。目前在乌经营的中资企业主要集中在通讯、电子产品、农业、加工业、基础设施、机械行业、制造业等领域。

中国驻乌克兰大使：范先荣。馆址：г.Киев，ул.Грушевского，32。邮编：01901。电话：0038–044–2537371。传真：2533154。领事部电话：0038–044–2531049，传真：2540086。经商处电话：0038–044–2847710，传真：2848040。

乌克兰驻华大使：谢尔盖·卡梅舍夫。使馆地址：北京市三里屯东六街11号，邮编：100600。电话：010–65326359。领事部电话：010–65324114。

【同欧洲的关系】欧洲是乌克兰外交的最优先方向，加入欧盟、融入欧洲是乌的战略目标。2017年，欧洲议会全会以压倒性多数票批准法案，乌克兰公民入境欧盟获得免签待遇。2018年，乌克兰深入推进欧洲一体化进程，乌高层频繁访欧，与德法等国及欧盟领导人保持密切来往，与东欧、北欧国家保持积极互动。欧盟是乌第一大贸易伙伴，乌欧自贸区协议于2017年1月1日起正式生效。乌2018年对欧的主要诉求包括争取更多的政治和经济支持，强烈谴责俄罗斯侵略，呼吁欧加大对俄制裁，游说欧盟支持向乌东地区派遣维和人员，阻拦“北溪–2”天然气管道项目实施等。欧盟对乌的诉求多予以形式上的回应和口头上的支持。欧同时要求乌厉行反腐，建立独立公正的反腐法院，深化各领域改革并推动明斯克进程。此外，匈牙利、波兰等乌克兰邻国因少数民族语言和历史纠葛的原因多次批评乌克兰，匈牙利甚至威胁称要阻止乌加入欧盟。

2019年泽连斯基就任总统后，在力图缓和同俄罗斯关系的同时，继续推动欧洲一体化进程。泽连斯基首访即选择了位于布鲁塞尔的欧盟总部，以期在结束乌东战事、改善与俄罗斯关系、发展经济经济等方面寻求欧盟支持，并表示乌克兰加入北约和欧盟的外交政策不变。欧盟重申继续协助乌克兰打击腐败及稳定经济，推行能源部门改革，坚持继续支持乌克兰主权独立和领土完整。泽上任后还相继访问法国、德国、波兰、拉脱维亚、爱沙尼亚、立陶宛等欧盟成员国。2019年7月8日，第21届乌克兰－欧盟峰会在乌首都基辅举行，乌欧双方就深化合作、乌各领域改革及乌东部冲突等问题交换意见，并签署联合声明及5项合作协议。

2020年新冠肺炎疫情在欧洲暴发以来，乌政府采取一系列隔离措施，关闭边境，中断航班，大批在欧务工乌克兰人返回国内。欧盟决定向乌克兰等国拨款，以抗击新冠肺炎病毒对乌经济造成的影响。

【同美国的关系】美国是乌外交的重中之重，美对乌政策对乌内政外交具有重大影响。2019年乌总统大选期间，反俄入欧已经成为各候选人的一致口号，在这一背景下走马上任的泽连斯基政权基本延续了乌的西进政策，仍视美为重要的战略伙伴和依靠力量，主张继续与美保持密切互动。

美对泽连斯基上台也持欢迎态度，特朗普在泽当选后即对其表示祝贺。2019年5月20日，美能源部长佩里、美国务院乌克兰特别代表沃克尔、美驻欧盟大使桑德兰，美国家安全委员会欧洲事务代表威德曼等人组成的代表团出席乌总统泽连斯基的就职典礼。泽在会见美代表团时表示，美一直是乌可靠的战略伙伴，希望美继续加强对俄罗斯的制裁，以帮助乌应对俄的侵略。美代表团则称美同乌始终站在一起，将共同应对挑战。5月底，美国会众议院开始审议关于《向乌克兰提供支持以保护其独立主权和领土完整》的法案。根据该法案，美可能给予乌克兰非北约主要盟友的特殊地位，且该地位将在乌克兰正式加入北约前持续有效。7月25日，泽连斯基与特朗普举行了电话会谈。特朗普祝贺乌克兰成功举行了议会选举，并对人民公仆党的胜利表示祝贺。双方还讨论了未来双边合作的具体问题。8月，美国总统国家安全事务助理博尔顿访问基辅，与泽连斯基讨论了加强两国之间战略伙伴关系的优先措施，即在国防、能源安全以及乌武装部队国防工业改革等领域加深合作。泽感谢美方“对乌克兰的主权和领土完整的坚决支持，对克里米亚问题的一贯政策以及为顿巴斯问题和平进程作出的努力。”9月25日，泽连斯基赴纽约出席第74届联大会议，其间同特朗普举行双边会晤。特朗普称这是一次成功的对话，并邀请泽在未来访问白宫。

泽连斯基将恢复乌东和平作为最重要的竞选承诺之一，其上台后也确实致力于尽快解决乌东问题，主张同俄进行对话、恢复正常乌俄关系。为此泽推动“诺曼底模式”峰会重启，并实现了双方交换被俘人员等初步进展。然而,《明斯克协议》的固有僵局一时仍难以打破，泽连斯基不得不依赖美对俄制裁，以此作为与俄谈判的筹码。特朗普政府支持乌新政府探索解决乌东问题的方法。美乌克兰问题特别代表沃克尔曾向媒体表示，泽连斯基如试图通过放弃部分领土来解决顿巴斯冲突，将会站在同胞的对立面，解决乌东冲突的最佳方法是拟定一项提案，让联合国维和部队进驻顿巴斯。2019年8月，美国务卿蓬佩奥在华盛顿经济俱乐部会议上表示，克里米亚应重返乌克兰，希望泽找到解决这一问题的更具创造性的方法。

正当泽连斯基津津乐道于赴纽约实现对美“外交首秀”时,“通乌门”事件开始在美发酵，给美乌两国关系蒙上阴影。2015年，乌时任总检察长绍金开始调查乌克兰最大私人天然气公司Burisma Holdings。2014年2月“广场革命”后，该公司创始人兹洛切夫斯基因逃税与洗钱指控逃往俄罗斯。同时，时任美国副总统拜登之子亨特·拜登与Burimas 公司有利益往来，并于2014年4月起在该公司担任董事，2019年初辞职。在此特殊背景下，正全力推动乌反腐和能源改革的拜登却要求波罗申科将绍金撤职，甚至以停止向乌提供10亿美元贷款作为威胁。

特朗普上任后，会同其私人律师朱利安尼不断借上述事件攻击拜登，外界则认为特是在挖拜登的黑材料以打压竞争对手。2019年9月，美众议院情报委员会公开一封长达9页的匿名举报信，称特朗普“利用职权在2020年的美国大选中寻求外国（乌克兰）的干涉”，意指特朗普曾在7月25日同泽连斯基的电话中将对乌军事援助与帮助调查其2020年竞选对手拜登及其儿子相挂钩。9月24日，美国国会众议院议长佩洛西宣布，众议院将对特朗普启动正式弹劾调查，称特的行为是“对就职誓言的背叛，对国家安全的背叛，对选举公正性的背叛”。泽连斯基与特朗普在联大会议期间召开记者会分别对通乌门做了“澄清”，特朗普向媒体强调，他在电话里并没有向乌方施压，泽连斯基也说，他不想卷入美国大选，也没有人对他施压。

此后，在舆论呼声与弹劾压力下，美国白宫公布了特朗普与乌克兰总统泽连斯基的电话记录。在这通持续约30分钟的电话中，特朗普未提出明确的交换条件，也未直接提及对乌克兰的军事援助。只是要求特朗普要求泽连斯基“帮忙”，与美国司法部长和自己的私人律师合作，调查与“通俄门”有关的乌克兰公司以及拜登的儿子。泽表示，会让乌克兰新任总检察长调查相关情况。美国白宫公布两国领导人电话记录一事令乌当局始料未及。泽连斯基向媒体表示，他个人认为两个独立国家的总统之间的谈话并不应这样公开，“我原本以为他们只会公布自己那一部分。”

【同欧亚地区国家的关系】2019年，乌克兰同欧亚地区国家关系呈现分化态势。乌俄高层恢复接触，泽连斯基总统同普京总统通电话，在刻赤海峡冲突中被俄扣押的乌船员归国。2019年12月，“诺曼底模式”四国领导人在巴黎举行峰会，会后发表共同声明，期间泽连斯基总统与普京总统举行首次会晤。乌同摩尔多瓦、格鲁吉亚等与俄罗斯存在争议的国家关系发展较好，均相互支持对方维护主权、独立和领土完整，并积极在各领域谋划合作。12月，古阿姆集团成员国政府首脑会议在基辅举行。摩尔多瓦总理、格鲁吉亚总理、阿塞拜疆副总理出席。10月，第二届乌白地方合作论坛在乌克兰日托米尔市举行，白俄罗斯总统卢卡申科出席。乌同中亚国家关系保持平稳，双边关系未见重大变化。10月，泽连斯基总统在访问日本期间同哈萨克斯坦首任总统纳扎尔巴耶夫举行会晤，就双边关系和恢复乌东部和平等交换意见。

【同西亚中东国家的关系】土耳其和以色列是乌克兰西亚中东外交方向的支点国家。2018年，时任总统波罗申科同土总统埃尔多安多次举行会晤。乌在土安塔利亚市开设领馆。2019年8月7—8日，泽连斯基总统访土并与埃尔多安举行会晤，双方就巩固战略伙伴关系、扩大贸易往来等问题进行了讨论。2020年2月3日，埃尔多安访乌，与泽连斯基举行会晤并出席乌土高层战略委员会会议，双方签署了系列新合作协议。3月5日，泽连斯基称乌土关系迈上新台阶。

2018年5月，时任总统波罗申科对以色列进行正式访问。2019年1月21日，乌以双方签署自贸协定。2019年8月6日，泽连斯基总统签署关于批准乌以自贸协定的法案。2019年8月19日，以色列总理内塔尼亚胡访乌，这是以总理1999年来首次访乌。内在与泽举行会晤时表示，以方将尽快批准双边贸易协定。

土耳其、以色列领导人坚定支持乌主权与领土完整，不承认俄归并克里米亚。

【同亚太国家的关系】乌克兰重视同日本、加拿大、澳大利亚等亚太国家发展关系。2018年，乌日双边关系稳步向前。两国签署防务领域合作备忘录，计划继续简化公民签证手续。波罗申科总统与加拿大总理特鲁多通电话，加表示支持乌主权与领土完整。乌外长克里姆金访加。加还承诺向乌提供资金以保障选举公正透明。乌副总理、国防部长访问了澳大利亚，澳将向乌提供资金用于乌军伤员恢复健康。

2019年，泽连斯基当选总统后出访加拿大、日本，延续了乌重视发展同亚太国家间关系的传统。7月，泽连斯基访问加拿大，与加拿大总理特鲁多举行会见，泽强调乌“加盟入约”方针不变，希就欧洲大西洋一体化加强与加合作。双方就在投资及服务领域扩大双边自贸协定等问题达成共识。10月，泽连斯基对日本进行正式访问。日是泽就职以来出访的首个亚洲国家，泽本人也成为乌首位受邀参加日本天皇即位仪式的总统。在与日本首相安倍晋三举行的会晤中，泽感谢日给予乌政治支持及经济援助，安倍则高度评价乌国内改革成果，承诺将一如既往对乌给予支持。

【同国际组织的关系】国际组织是乌克兰寻求支持和发挥影响的重要平台，联合国、北约和国际货币基金组织等多边机构在乌多边外交中占据重要位置。2018年，波罗申科总统同联合国秘书长古特雷斯会面并通电话。波在联大发表讲话，谴责俄侵略行径，指责俄修建刻赤大桥违法，呼吁国际社会维护乌主权与领土完整，强调应积极推动向乌东部派遣联合国维和团。乌外长克里姆金积极参与联合国框架内有关活动，促成联合国大会通过关于克里米亚、黑海及亚速海部分水域军事化的决议。发展同北约关系对乌安全具有现实意义。尽管乌当前加入北约可能性很低，但乌始终不放弃努力并积极寻求同北约开展安全防务合作。波罗申科赴布鲁塞尔出席北约峰会，同北约秘书长斯托尔滕贝格通电话，及时向其通报乌俄刻赤海峡军事摩擦情况。北约始终坚定支持乌克兰的核心关切。以国际货币基金组织（IMF）为代表的国际金融机构援助和贷款是乌政府维持财政和汇率稳定的重要依靠，也是敦促乌全方位改革的外部力量。2018年，IMF共计向乌贷款14亿美元，促成乌成立反腐法院、提高天然气价格，目前计划将新一笔贷款与进行土地改革等要求直接挂钩。

2019年，乌继续寻求与国际货币基金组织间合作，新政权致力于实施各领域改革以获得IMF贷款。4月，国际货币基金组织代表团赴乌进行评估工作，表示愿在新政府组建完成后再次赴乌讨论后续合作。7月，国际货币基金组织第一副总裁利普敦访乌并与泽连斯基举行会见。泽强调与IMF合作是乌优先方向，邀请IMF代表团在新政府组建后访乌，落实合作规划。泽并表示，新议会将通过改革法案，致力于推行护法、能源、土地市场、私有化等重要领域改革，保障经济稳定发展。12月，泽连斯基与IMF总裁格奥尔基耶娃通电话时商定，IMF将在中期贷款框架下授予乌40亿美元特别提款权（约合55亿美元），乌希尽快商定具体计划。2020年3月11日，乌新任总理什梅加尔同IMF领导层通电话，双方就在不改变政策方针的条件下继续合作达成一致。

“加盟入约”入宪，新政权延续波罗申科外交优先方向。2019年2月，乌克兰议会正式通过宪法修正案，把乌加入欧盟和北约作为国家基本方针写入宪法。4月，北约秘书长斯托尔腾贝格致电乌新任总统泽连斯基，祝贺泽当选并邀请泽访问北约总部，强调北约将继续向乌提供强大的政治和实务支持。10月，斯访乌并与泽连斯基举行会见。泽重申乌将继续密切与北约的联系，积极做好准备加快加入北约的进程，将致力于实行改革以适应北约的标准，乌与北约将以新的形式进行合作，北约将对乌克兰提供新一批的援助。12月，乌与北约签署国防技术合作路线图，审查了2019年武器部门合作及乌国防工业改革成果，确定了2020年合作优先任务。

新政权亮相联合国大会，呼吁国际社会支持乌东和平。2019年9月，泽连斯基率团参加第74届联大会议。泽在演讲中强调，结束乌东战争、收复被占领土并实现和平是其任期主要任务，但绝不能以牺牲乌人民生命及国家独立自主为代价。时任外长普里斯塔伊科就乌被占领土局势发表讲话，呼吁联合国向不受乌控制的乌俄边境地区派遣维和部队。2020年2月，时任外长普利斯塔伊科到访联合国总部并会见联合国秘书长古特雷斯。普称联合国在调解乌俄冲突、收复被占领土等问题上发挥着积极作用。古表示支持联合国关于尊重乌主权和国际公认边境内领土完整的决议。

（张亚卓）

西　班　牙

国名　西班牙王国（The Kingdom of Spain，Reino de España）。

面积　50.6万平方公里。

人口　4710万（2019年）。主要是卡斯蒂利亚人（即西班牙人），少数民族有加泰罗尼亚人、加里西亚人和巴斯克人。官方语言为卡斯蒂利亚语（即西班牙语），少数民族语言在本地区亦为官方语言。96%的居民信奉天主教。

首都　马德里（Madrid），人口340万（2019年）。

国家元首　国王费利佩六世（Felipe VI），2014年6月19日登基。

重要节日　国庆节：10月12日；宪法日：12月6日。

简　况

位于欧洲西南部伊比利亚半岛。西邻葡萄牙，东北与法国、安道尔接壤，北濒比斯开湾，南隔直布罗陀海峡与非洲的摩洛哥相望，东部和东南部濒临地中海。海岸线长约7800公里。中部高原属大陆性气候，北部和西北部沿海属海洋性气候。首都平均气温1月4.9℃，8月22.5℃。

1492年“光复运动”胜利后，西班牙建立统一的封建王朝。哥伦布发现新大陆后西开始海上扩张，逐渐发展为海上强国，在欧、美、非、亚各洲均有殖民地。1588年，以“无敌舰队”被英国击溃为标志，开始衰落。1873年建立第一共和国。1931年建立第二共和国。1936—1939年爆发内战。1947年佛朗哥宣布西为君主国，自任终身国家元首。1975年11月佛朗哥病逝，胡安·卡洛斯一世国王登基。1976年7月胡安·卡洛斯一世国王任命原国民运动秘书长阿道夫·苏亚雷斯为首相，西开始向西方议会民主政治过渡，1978年宣布实行议会君主制。

政　治

2014年6月，胡安·卡洛斯一世国王宣布退位，将王位传给王储，费利佩六世国王登基。

【宪法】现行宪法于1978年12月6日由全国公民投票通过，12月29日生效。宪法规定西班牙是社会与民主的法治国家，实行议会君主制，王位由胡安·卡洛斯一世的直系后代世袭。国王为国家元首和武装部队最高统帅，代表国家。政府负责治理国家并向议会报告工作。宪法承认并保证各民族地区的自治权。

【议会】由参议院和众议院组成，行使立法权，审批财政预算，监督政府工作。立法权以众议院为主，参议院为地区代表院。议员由普选产生，任期4年。议会共有众议员350名，参议员266名。本届议会于2019年12月3日组成，众议长为工社党人梅里特克赛尔·巴泰特·拉马尼亚（Meritexell Batet Lamaña，女），参议长为独立人士皮拉尔·约普·昆卡（Pilar Llop Cuenca，女）。

【政府】2020年1月7日，西班牙工社党与左翼竞选联盟“联合起来我们能”组阁提案通过众议院信任投票，1月8日首相佩德罗·桑切斯·佩雷斯–卡斯特洪（Pedro Sánchez Pérez-Castejón）宣誓就职，内阁有23名成员，包括副首相兼首相府、议会关系与历史记忆大臣玛丽亚·德尔卡门·卡尔沃·波亚托（María del Carmen Calvo Poyato，女），副首相兼社会权利与2030议程事务大臣巴勃罗·伊格莱西亚斯·图里翁（Pablo Iglesias Turrión），副首相兼经济与数字化改造事务大臣纳迪娅·玛丽亚·卡尔维尼奥·圣玛丽亚（Nadia María Calviño Santa María，女），副首相兼生态转型与人口挑战大臣特雷莎·里韦拉·罗德里格斯（Teresa Ribera Rodríguez，女），政府发言人兼财政大臣玛丽亚·赫苏斯·蒙特罗·夸德拉多（María Jesús Montero Cuadrado，女），外交、欧盟与合作大臣阿兰查·冈萨雷斯·拉亚（Arancha González Laya，女）等。

【行政区划】全国划分为17个自治区、50个省、8000多个市镇，在摩洛哥境内另有休达和梅利利亚两块飞地。

【司法机构】司法领导机构是司法总委员会，由20名成员组成，最高法院院长卡洛斯·莱斯梅斯（Carlos Lesmes）兼任主席。司法机构分司法法院和行政法院两大系统。最高检察机构是国家总检察院，下辖各级检察院及派驻各司法部门的检察官。现任总检察长多洛雷丝·德尔加多·加西亚（Dolores Delgado García，女）

【政党】西实行多党制。主要政党有：

（1）西班牙工人社会党（Partido Socialista Obrero Español）：中左翼执政党。成立于1879年，现有党员约62万，1982至2011年曾六度执政，2018年6月2日成功弹劾拉霍伊政府后再度执政，组建少数一党政府。在2019年4月大选中成为议会第一大党，在同年11月大选中蝉联第一大党，2020年1月7日，工社党与左翼竞选联盟"联合起来我们能"组阁提案通过西众议院信任投票。总书记佩德罗·桑切斯·佩雷斯–卡斯特洪。

（2）人民党（Partido Popular）：最大在野党，中右翼。原名人民同盟，1977年创立，1989年易名为人民党。执行"中间改良主义"路线。现有党员约86万。该党成立后不久便在国家的政治舞台上崭露头角，力量不断扩大。1996年5月首次上台执政。2000年3月蝉联执政。2011年11月再次赢得大选。2016年11月，经历两轮大选和数次组阁谈判后，人民党艰难组建政府。2018年6月1日，人民党政府遭弹劾下台，前首相拉霍伊辞去党主席职务。2018年7月21日，巴勃罗·卡萨多·布兰科（Pablo Casado Blanco）当选党主席。在2019年4月、11月大选中均为议会第二大党。

（3）呼声党（Vox）：2013年12月成立，右翼政党。在2019年4月大选中获众议院24个议席，系该党首次在众议院获得议席。在同年11月大选中获52个议席，成为议会第三大党。注册党员约5万，党主席圣地亚哥·阿巴斯卡尔（Santiago Abascal）。

（4）"我们能"党（Podemos）：2014年1月成立，左翼政党。在2016年6月全国大选中赢得43个众议院席位，成为众议院第三大党，在2019年11月大选后成为第四大党。2020年1月7日，工社党与左翼竞选联盟"联合起来我们能"组阁提案通过西众议院信任投票。总书记是该党创始人巴勃罗·伊格莱西亚斯，现任西班牙副首相，注册党员约50万。

（5）公民党（Ciudadanos）：2006年成立，中右翼政党，注册党员约3万。原系加泰罗尼亚自治区地方性政党，在2016年议会选举中成为议会第四大党，在2019年4月大选后一度成为议会第三大党，但在同年11月大选中失利，仅获10个众议院议席，原党主席阿尔伯特·里维拉（Albert Rivera）辞职，目前党主席空缺。

【重要人物】费利佩六世：国王。1968年1月30日生于马德里，是胡安·卡洛斯一世国王和索菲亚王后的幼子。1985年从加拿大雷克菲尔德高中毕业后，在西班牙萨拉戈萨陆军学院、马林海军学院和圣哈维尔空军学院接受为期三年的正规军事教育。结束军校学习后，进入马德里自治大学学习法律、经济、信息技术和历史，随后赴美国乔治城大学深造并获国际关系硕士学位。1986年成为王储，2014年6月登基。喜爱滑雪和打壁球，擅长帆船运动。2004年与平民莱蒂西娅结婚，有二女。　**佩德罗·桑切斯·佩雷斯–卡斯特洪**：首相。1972年2月29日生。经济及企业管理博士。2014年6月当选工社党总书记。2016年10月1日，辞去党总书记职务。2017年5月21日再次当选。2018年5月25日，以涉人民党腐败案为由向西众议院提交对时任首相拉霍伊的弹劾提案。6月1日，众议院以绝对多数通过弹劾案，拉霍伊政府下台，桑切斯于6月2日宣誓成为新任首相。2019年2月，因2019年度国家预算案遭众议院否决，桑切斯宣布于4月提前大选。在2019年4月、11月两次大选中带领工社党成为议会第一大党，但均未达到过半数议席无法单独组阁。此后，与左翼竞选联盟"联合起来我们能"成功进行组阁谈判。2020年1月7日，工社党与左翼竞选联盟"联合起来我们能"组阁提案通过西众议院信任投票。1月8日桑切斯宣誓就职。

经　济

西班牙是中等发达的资本主义工业国，经济总量居欧盟第五位。近年来，西班牙经济受国际金融危机和欧债危机负面影响较大，2014年起实现恢复性增长。2019年主要经济数据如下：

国内生产总值：1.245万亿欧元。

国内生产总值增长率：2%。

人均国内生产总值：2.64万欧元。

通货膨胀率：0.8%。

失业率：13.78%。

（资料来源：西班牙统计局报告）

【资源】主要矿产储藏量：煤88亿吨，铁19亿吨，黄铁矿5亿吨，铜400万吨，锌190万吨，汞70万吨。森林总面积1500万公顷，森林覆盖率30%。

【工业】工业产值产占西班牙GDP比例较高，主要工业部门包括纺织、食品、汽车制造、冶金、化工、能源、电力等。其中，汽车工业是西支柱产业之一，2019年产量达282.24万辆，同比增长0.1%，位居欧盟第二、世界第八。2019年西班牙对外出口汽车230万辆，同比增长0.2%，占汽车总产量的81.5%。（资料来源：西班牙统计局报告）

【农牧业】西班牙农业用地面积占国土面积13.8%，居欧盟第二位。农作物种植种类主要有葡萄、橄榄、柑橘等。畜牧业以猪、牛为主，头数分别占所有畜类的41.5%和28.1%。猪肉、羊肉产量居欧盟第二位。橄榄的种植面积及橄榄油的产量均居世界首位，全世界约一半的橄榄油产自西班牙。葡萄的种植面积居世界首位，达95万公顷，占世界总种植面积的13%。（资料来源：西班牙统计局报告）

【服务业】国民经济的重要支柱之一，包括文教、卫生、商业、旅游、科研、社会保险、运输业、金融业等。其中，旅游业发达，是国民经济的重要支柱之一。2019年西班牙入境旅游人数为8370万人次，仅次于法国居世界第二，同比增长1.2%。入境旅游收入达923.37亿欧元，同比增长2.9%，位列世界第二。旅游总收入占西国内生产总值的12.4%。加泰罗尼亚是吸引外国游客最多的自治区。西班牙的著名旅游胜地有马德里、巴塞罗那、塞维利亚、太阳海岸、美丽海岸等。世界旅游组织总部设在马德里。

【交通运输】以陆路交通运输为主。目前，主要交通运输情况如下（2019年）：

铁路：总里程1.53万公里，其中高速铁路4817公里，居欧洲第一、世界第二，仅次于中国。高铁平均时速达203公里/小时，仅次于中国。

公路：总长166003公里，其中高速公路总长17021公里，居世界第三位，仅次于中国和美国。客运量13.58亿人次，货运车辆550万辆。

水运：客运量和货运量分别为3140万人次和4.7亿吨。主要港口53个，其中最主要的有巴塞罗那、毕尔巴鄂、塔拉戈纳、阿尔赫西拉等，港口吞吐量居欧洲第三位，仅次于德国与荷兰。

空运：飞机班次199万架次，客运量和货运量分别为2.63亿人次和101.1万吨。全国有机场105个。主要机场有马德里巴拉哈斯机场、帕尔马·德马略卡机场和巴塞罗那机场。

【财政金融】受国际金融危机和希腊主权债务危机持续蔓延影响，西财政形势严峻。2019年西班牙公共债务总额达1.19万亿欧元，占国内生产总值的95.5%。财政赤字占国内生产总值2.1%。（资料来源：西班牙央行统计数据）

西班牙主要银行：桑坦德中部西班牙美洲银行（Banco Santander Central Hispanoamericano），市值687.98亿美元，按市值排名为欧洲第二、世界第十二大银行；毕尔巴鄂比斯开对外银行集团（Banco Bilbao Vizcaya Argentaria），市值372.07亿欧元。

【对外贸易】2019年，西对外贸易总额6301.88亿欧元，较上年增长4.36%。其中进口额3322.05亿欧元，出口额2979.83亿欧元，贸易逆差342.22亿欧元。近年外贸情况如下（单位：亿欧元）：

	2017	2018	2019
进口额	3018	3188	3322
出口额	2771	2850	2980
差　额	–247	–338	–342

（资料来源：西班牙对外贸易发展局报告）

主要进口石油、工业原料、机械设备和消费品。主要出口汽车、钢材、化工产品、皮革制品、纺织品、葡萄酒和橄榄油等。主要贸易伙伴是欧盟、亚洲、拉美和美国。（资料来源：西班牙统计局报告）

人民生活

政府福利开支不断增加。职工均可享受社会保险，费用由国家负担34%，企业和个人承担66%。平均寿命约为83.3岁。有公立医院约300家，私立医院约460家。（资料来源：西班牙统计局报告）

军　事

武装力量由正规军和准军事力量（国家安全部队）组成，国王为最高统帅。国防委员会是国防最高决策机构，国王任主席，政府首相主持工作。成员有副首相、国防、外交、内政大臣、国防参谋长、三军参谋长。国防部负责制定防务政策并领导国防工业。三军参谋长联席会议是首相和国防大臣的军事顾问机构。西班牙已取消义务兵役制，实现军队职业化。西班牙陆海空三军撤销了原有建制，并根据职能和任务分工，成立了6个作战司令部、10个部队支援机关，以减少指挥层次、加强作战效率。2019年国防预算为85.37亿欧元，同比增长1.6%，占国内生产总值0.69%。现役军人为12万人，其中陆军7万人，海军3万人，空军2万人。

文化教育

【教育】中、小学实行免费义务教育（6—16岁）。小学为6年，中学为4年，大学4—5年。高等学府主要有：马德里康普顿斯大学、马德里自治大学、萨拉曼卡大学、巴塞罗那大学等。2018/2019学年全国学生人数共计约900万，大学生159万人，职业教育人数79万人。2019年教育预算为27.22亿欧元。（资料来源：西班牙教育部）

【新闻出版】全国共有报纸155种，全国性杂志170种，销售量共420万份。主要报纸平均日发行量：《国家报》，发行量39.19万份；《世界报》，40.87万份；《阿贝塞报》，25.67万份；《先锋报》，24.62万份；《加泰罗尼亚报》，16.78万份；《道理报》14.28万份。

主要通讯社：埃菲社，官方通讯社，1939年1月创办。另外还有私营的欧洲通讯社、罗戈斯通讯社。

广播电视总局统管电台、电视台。全国共有200多家电台，主要有西班牙国家广播电台和私营的西班牙广播公司、洲际电台、西班牙人民广播电台。

电视台：西班牙电视台为国营、全国性电视台，有两个频道。此外还有安达卢西亚、加泰罗尼亚、加里西亚、巴斯克和马德里等地方电视台。1989年政府批准建立了多频道、天线–3和电视5台3家私营电视台。1997年两家数码电视台开始运营。

对外关系

西班牙系欧盟成员国和二十国集团永久嘉宾国，奉行欧洲主义，注重参与欧盟机构建设。高度重视并深化同美国关系，注重维持与伊比利亚美洲传统关系，加强与地中海地区、非洲、阿拉伯国家关系，积极开拓同亚洲新兴国家的合作。重视同联合国等国际组织的配合和协作。将促进经济增长和就业作为外交政策的首要目标，努力整合政治、经济、文体、教育、艺术等多方面积极因素，打造国家形象。

【同中国的关系】1973年3月9日建交。两国政治、经贸、文化、科技、教育、司法等领域的友好合作关系不断发展。双方签有引渡条约、被判刑人移管条约、刑事司法互助条约、航空协定、文化协定、经济和工业合作协定、科技合作基础协定、避免双重征税协定、投资保护协定、打击有组织犯罪合作协定和双边社会保障协定。

近年来，中西关系继续保持良好发展势头。2005年11月胡锦涛主席访西期间，两国建立全面战略伙伴关系。2014年以来中方访西的有：全国政协副主席、中联部部长王家瑞（2014年12月），国务院总理李克强（2015年5月过境），中共中央政治局委员、中央书记处书记、中央宣传部部长刘奇葆（2015年6月），中央军委副主席范长龙（2017年6月），国务委员杨洁篪（2017年9月），国务委员兼外长王毅（2018年5月，2019年12月在马德里出席第十四届亚欧外长会），国家主席习近平（2016年11月过境、2018年11月对西班牙进行国事访问、2019年11月过境）等。西方访华的主要有：2014年10月，首相拉霍伊来华正式访问。2016年9月，首相拉霍伊来华出席二十国集团领导人峰会。2017年5月，首相拉霍伊来华出席首届“一带一路”国际合作高峰论坛。2018年10月，工业、贸易与旅游大臣马罗托访华。2019年4月，外交大臣博雷利以首相特使身份来华出席第二届“一带一路”国际合作高峰论坛。

中西经贸合作持续发展，西是中国在欧盟内第六大贸易伙伴和投资来源国。中国是西班牙在欧盟外第一大贸易伙伴。2019年双边贸易额354.66亿美元、同比增长5.2%，其中中方出口额268.66亿美元，同比增长7.7%，进口额86亿美元，同比减少1.7%。中方进口主要商品有：机械设备、交通运输设备、塑料及其制品、矿产品、医药品等。

中国驻西班牙大使：吴海涛。馆址：C/Arturo Soria，111–113，28043 Madrid。网址：http://es.chineseembassy.org。电话：0034–915194242；传真：915192035；领事部电话：0034–917414728；商务处电话：0034–917161741；商务处网址：http://es.mofcom.gov.cn/index.shtml。中国驻巴塞罗那总领事：林楠。馆址：No. 34，AVDA.Tibibado，08022–Barcelona，Spain。网址：http://barcelona.china-consulate.org。电话：0034–934342950；传真：932127718。

西班牙驻华大使：拉斐尔·德斯卡亚·德马萨雷多（Raræl Dezcallar de Mazarredo）。馆址：北京市朝阳区三里屯路9号。电话：010–65321986、65321445；传真：65323401；领事部电话：010–65320780；商务处电话：010–65322072；驻上海总领馆电话：021–63213543。

【同欧盟的关系】奉行欧洲主义，在英国公投“脱欧”后，坚定支持欧洲一体化进程和欧盟机构建设。视欧洲为其对外政策三大传统支柱之首，融入欧盟并在欧盟内发挥更大作用是西对外政策的根本。认为强大和团结的欧洲是世界进步的保障，欧盟应拥有真正的安全防务政策，在预防和解决国际和地区冲突中发挥积极有效和可信的作用，根据联合国宪章担负起维护世界和平与安全的责任。西积极致力于欧盟一体化建设，严格遵守欧盟财政纪律，支持并推动通过《里斯本条约》，并于2010年上半年担任欧盟轮值主席国。同德国、法国、意大利和葡萄牙建立了政府首脑定期会晤机制。2017年4月，西班牙作为东道国举办第三届南欧国家领导人峰会。2019年12月，西班牙主办第十四届亚欧外长会。

【同美国的关系】视对美关系为西外交格局中重要支点之一。近年来，西美关系不断密切，合作领域不断拓宽。2018年6月，国王费利佩六世访美。

【同北非国家的关系】将近邻北非地区作为西不可忽视的外交重点。愿推动有关国家和平民主进程。在预算大幅削减背景下，西对非发展援助将进一步向医疗卫生等福利项目和“良政工程”倾斜。遵守联合国对解决西撒哈拉主权争端的原则立场，愿积极发展同摩洛哥和阿尔及利亚关系。

【同拉丁美洲国家的关系】与拉美国家有特殊传统关系，把发展与拉美国家的关系作为其战略重点。主张建立伊比利亚美洲共同体，倡导并积极参与伊比利亚美洲首脑会议（常设秘书处设立在马德里）。主张通过建立欧盟—拉美战略伙伴关系，推动欧盟与拉美关系进一步接近。

【同亚洲国家的关系】2018年2月制定新的亚洲战略，将亚太地区作为外交重点，认为亚太新兴国家很好地把握了全球化带来的机遇，并成功抵御全球金融危机冲击，取得了高速经济增长和不断上升的国际地位。愿通过推动经贸合作和文化交流以及增设外交代表机构等方式加强与亚太国家联系。（蔡洋）

希　腊

国名　希腊共和国（The Hellenic Republic）。

面积　13.1957万平方公里，其中15%为岛屿。

人口　1112.8万人（2019年）。98%以上为希腊人，其余为穆斯林及其他少数民族。官方语言为希腊语，东正教为国教。

首都　雅典（Athens），人口315.4万人（2019年）。最高气温（7月）18℃—41℃，最低气温（1月）0℃—18℃。

国家元首　总统卡特里娜·萨克拉罗普卢（Aikaterini Sakellaropoulou，女），2020年3月13日宣誓就职，任期5年。

重要节日　国庆节：3月25日；复活节：春分月圆后第一个星期日；抗击意大利入侵日：10月28日；圣诞节：12月25日。

简　况

位于巴尔干半岛最南端。北同保加利亚、马其顿、阿尔巴尼亚相邻，东北与土耳其的欧洲部分接壤，西南濒爱奥尼亚海，东临爱琴海，南隔地中海与非洲大陆相望。海岸线长约15021公里，领海宽度为6海里。属亚热带地中海气候。平均气温冬季0℃—13℃，夏季23℃—41℃。

希腊是西方文明的发祥地。公元前3000年至前1100年克里特岛曾出现米诺斯文化，公元前1600年至前1050年伯罗奔尼撒半岛出现迈锡尼文化。公元前800年形成奴隶制城邦国家，前5世纪为鼎盛时期。公元前146年并入罗马帝国。15世纪中期被奥斯曼帝国统治。1821年，爆发争取独立的战争。1832年成立王国。1974年通过全民公投改为共和制。此后由新民主党和泛希腊社会主义运动（简称泛希社运）轮流执政。1981年加入欧共体。2001年加入欧元区。

政　治

2015年1月，支持“反紧缩”政策的激进左翼联盟（简称“左联”）在议会选举中胜出，与右翼小党独立希腊人党组成联合政府，左联主席齐普拉斯任总理。8月，由于左联党内就与欧盟、欧洲央行和国际货币基金组织“三驾马车”签署金融救助协议存在分歧，齐普拉斯辞职并解散政府。9月，希腊再次举行议会选举，齐普拉斯再次出任总理。2019年1月，由于在马其顿国名问题上与左联产生分歧，独立希腊人党退出执政联盟，齐普拉斯内阁沦为少数派政府。7月，新民主党在议会选举中成为第一大党并单独组阁，米佐塔基斯出任总理。

【宪法】现行宪法于1975年6月11日生效。国家体制为“总统议会共和制”，总统为国家元首，任期5年，可连任一次；立法权属议会和总统，行政权属总理，司法权由法院行使。1986年通过的宪法修正案使总统的权力缩小。2019年11月再次修宪，将总统选举与议会大选脱钩。

【议会】一院制。议会的主要职能是立法和监督政府工作。议会由全国56个选区普选产生，共有300名议员。本届议会于2019年7月选举产生，任期4年。现议会议席分配如下：新民主党158席，左联党86席，变革运动党22席，希腊共产党15席，希腊解决方案党10席，欧洲抵抗先锋党9席。新民主党人康斯坦丁诺斯·塔苏拉斯（Constantine An. Tassoulas）任议长。

【政府】现政府于2019年7月8日组成。现有部委18个，内阁成员52人。总理基里亚科斯·米佐塔基斯（Kyriakos Mitsotakis），副总理帕纳约蒂斯·比克拉梅诺斯（Panagiotis Pikrammenos），外交部长尼科斯·登迪亚斯（Nikos Dendias）、财政部长赫里斯托斯·斯泰库拉斯（Christos Staikouras）、发展和投资部长斯皮里宗–阿佐尼斯·乔治亚季斯（Spyridon-Adonis Georgiadis）、公民保护部长米哈利斯·赫里索希季斯（Michalis Chrisochoidis）、国防部长尼科斯·帕纳约托普洛斯（Nikos Panagiotopoulos）、教育和宗教事务部长妮基·凯拉梅乌斯（Niki Kerameus）、劳工和社会福利部长扬尼斯·弗鲁齐斯（Giannis Vroutsis）、卫生部长瓦西利斯·基基利亚斯（Vasilis Kikilias）、环境和能源部长科斯蒂斯·哈齐扎基斯（Kostis Chatzidakis）、文化和体育部长莉娜·门佐尼（Lina Mendoni）、司法部长科斯塔斯·齐亚拉斯（Kostas Tsiaras）、内政部长帕纳约蒂斯·塞奥佐里卡科斯（Panagiotis Theodorikakos）、数字治理部长基里亚科斯·皮埃拉卡基斯（Kyriakos Pierrakakis）、基础设施和交通部长科斯塔斯–阿希莱亚·卡拉曼利斯（Kostas Achillea Karamanlis）、海运与岛屿政策部长扬尼斯·普拉基奥塔基斯（Giannis Plakiotakis）、农业发展和食品部长马基斯·沃里季斯（Makis Voridis）、旅游部长哈里斯·塞奥哈里斯（Charis Theocharis）、移民和庇护部长帕纳约蒂斯·米塔拉基斯（Panagiotis Mitarakis）、国务部长乔治·耶拉佩特里蒂斯（Giorgos Gerapetritis）、国务副部长阿基斯·斯凯尔佐斯（Akis Skertsos）、国务副部长斯特里奥斯·佩察斯（Stelios Petsas）。

【司法机构】最高司法机构包括最高法院和最高行政法院及检察机构。法院分初级、上诉及最高法院三级。各级法院设有检察官，初级地方治安法院设有公诉人。

【政党】主要政党是：

（1）新民主党（New Democracy）：1974年10月成立，创始人是康斯坦丁·卡拉曼利斯。该党曾于1974—1981年，1990—1993年、2004—2009年、2012—2014年执政。在2019年7月议会选举中胜选并单独组阁。主席基里亚科斯·米佐塔基斯。

（2）激进左翼联盟（SYRIZA，Coalition of the Radical Left）：简称“左联”，成立于2004年1月，由十余个左翼小党组成，主要是当年希共国内派成员。2012年6月议会选举中，成为第一大反对党。2013年召开首届党大会，正式完成从竞选联盟到政党的转变。于2015年至2019年执政。在2019年7月议会选举中败选，目前为第一大反对党。主席阿莱克西斯·齐普拉斯。

（3）变革运动党（Movement of Change）：2017年11月成立，由泛希社运合并民主左翼中左力量以及河流党组建而成，后两者因在马其顿国名问题上政见分歧先后脱离该党。泛希社运创始人是安德烈·帕潘德里欧，该党于1981—1989年、1993—2003年、2009

年底至2011年执政；2012年6月大选后，与新民主党、民主左翼共同组建联合政府。主席福菲·耶妮马塔（Fofi Gennimata）。

（4）希腊共产党（Communist Party of Greece）：1918年成立。总书记迪米特里斯·古楚巴斯（Dimitris Koutsoumpas）。

（5）希腊解决方案党（Greek Solution）：2016年6月28日成立。创始人是基里亚科斯·维洛普洛斯（Kyriakos Velopoulos），于2019年7月首次进入议会。

（6）欧洲抵抗先锋党（European Realistic Disobedience Front）：成立于2018年的左翼政党。创始人和书记是前左联议员、前财政部长亚尼斯·瓦鲁法基斯（Yanis Varoufakis）。该党是2025年欧洲民主运动、欧洲之春和进步国际（Progressive International）的一部分。

【重要人物】卡特里娜·萨克拉罗普卢：总统。无党派。1956年出生于希腊萨洛尼卡，毕业于雅典大学法学院，并获巴黎第二大学公法及宪法和行政法学位。1982年进入希腊最高行政法院工作，2018年10月当选最高行政法院院长，系该院首位女性院长。2020年1月22日，在议会第一轮投票中当选希腊第8任总统，同时也是希腊历史上首位女性总统，3月13日宣誓就职。懂英语、法语。离异，有一女。　**基里亚科斯·米佐塔基斯**：总理。出生于1968年3月4日。其父为希腊前总理，其长姊为前雅典市长、前外交部长巴戈雅尼。毕业于哈佛大学，获社会研究学士学位和MBA，并获斯坦福大学国际关系硕士学位。早年曾在大通银行、麦肯锡公司任高管。2004年当选希腊议会议员，后连选连任至今。2013年6月至2015年1月任行政改革部部长。

经　济

希腊属欧盟内中等发达国家，经济基础较薄弱，工业制造业较落后。海运业发达，与旅游、侨汇并列为希外汇收入三大支柱。农业较发达，工业主要以食品加工和轻工业为主。近年来，希政府积极推行经济和社会福利改革，鼓励外来投资，取得一定效果。2009年欧洲主权债务危机发生后，希腊深陷债务泥潭。“三驾马车”向希腊提供两轮救助，累计金额近2390亿欧元。2018年8月，希腊正式退出救助机制。2019年9月，希腊取消所有资本管制。11月，希腊提前向国际货币基金组织偿还27亿欧元救助贷款。2019年主要经济数据如下：

国内生产总值：1874.56亿欧元。

人均国内生产总值：17500欧元。

国内生产总值实际增长率：1.9%。

货币：欧元（Euro）。

失业率：16.3%。

（资料来源：希腊国家统计局）

【资源】主要矿产有铝矾土（储藏量约10亿吨）、褐煤（储藏量58亿吨）、镍、铬、镁、石棉、铜、铀、金、石油、大理石等。森林覆盖率为17%。

【工业】工业基础较薄弱，规模较小，技术较落后。2018年工业产值282.05亿欧元，占国内生产总值的15.27%。主要工业有采矿、冶金、食品加工、纺织、造船、建筑等。

【农业】希腊属丘陵地区，可耕种地面积占国土面积的30%，其中灌溉农业面积占37%。64%的耕地面积种植粮食作物，其他为果树、橄榄树和蔬菜等。希主要农产品都能自给自足，水果蔬菜可批量出口欧洲、俄罗斯等地，只进口少量肉、奶及调剂类农产品。希出口的农产品还有烟草、棉花、橄榄油、水果和甜菜等。2018年农业产值占国内生产总值的3.72%。

【服务业】服务业是希经济的重要组成部分。2018年服务业占国内生产总值的81.01%。其中，旅游对国内生产总值的贡献率为20.6%。

【旅游业】旅游业是希获得外汇来源和维持国际收支平衡的重要经济部门。近年来，希政府将旅游业发展重心从增加游客数量转向提高游客消费水平，取得较好经济和社会效益。主要旅游景点有：雅典卫城、德尔菲太阳神庙、奥林匹亚古运动场遗址、克里特岛迷宫、埃皮达夫罗斯露天剧场、维尔吉纳马其顿王墓、圣山、罗得岛、科孚岛等。2004年雅典奥运会为希腊旅游业打下了良好的基础，特别是基础设施得到明显改善。2018年，到访希腊的游客达到3307万人次，同比增长9.6%；希腊旅游收入181.52亿欧元，同比增长12.7%。

【交通运输】国内运输以公路和海运为主，铁路为辅，对外贸易主要靠海运。

铁路：希铁路系统比较落后，利用率低，经济效益不佳。截至2018年，铁路总长2764公里，年货运量135.8万吨，年客运量1679.5万人次。奥运会前后，希政府加大对地铁、市内轻轨建设的投入，取得一定成效，但总里程增长不多。为适应经济发展需要，希政府计划建设南北铁路大动脉，以提高希经济和交通运输的能力。

公路：希腊高速公路里程约为2500公里。近年来，希政府在欧盟支持下，大力发展基础建设，高速公路、机场、桥梁及其他交通枢纽设施建设，高等级公路及城市主干道建设增加较多，城市交通状况明显改善。特别是在奥运会期间，以雅典为中心连接全国的交通网络为奥运会成功举办发挥了重要作用。

海运：希腊是世界航运大国，海运业是国家经济的重要支柱产业。海运业共为19万人提供了就业机会，海运业带动的金融、保险、咨询服务业、船用设备、维修等相关产业吸纳了13万劳动力，仅在比雷埃夫斯港就有1000多家企业开展与海运业相关的经营活动。希有各类港口150个，主要有比雷埃夫斯、萨洛尼卡、沃洛斯、佩特雷、伊拉克里翁，2018年希腊港口总吞吐量约为1.2亿吨。截至2019年，希腊共拥有百吨级以上船只1884艘，总载重吨4297万吨，同比增长3.1%。截至2018年，希腊船东共拥有4936艘超过1000总吨的船舶；总运力约为3.90亿载重吨，居世界第一。注册船员19648人。

空运：爱琴航空（Aegean Airlines）是希腊最大的航空公司，成立于1987年，提供定期及包机服务，由雅典和萨洛尼卡前往其他主要的希腊城市和一些欧洲主要城市。奥林匹克航空公司（Olympic Airlines）是希腊另一大型航空公司，2009年3月将部分股权出售给一私人公司，并改名为Olympic Air。2012年10月，爱琴航空公司宣布与奥林匹克航空公司达成并购协议。2013年10月，有关协议最终获得欧盟竞争委员会通过，爱琴航空公司正式收购奥林匹克航空公司，后者依然以前者子公司的身份存在和运营。全国有39个机场。主要机场有维尼泽洛斯（雅典）国际机场、萨洛尼卡、克里特和罗德岛机场等。

【财政金融】近年财政状况如下（单位：亿欧元）：

	2016	2017	2018
财政赤字/盈余	12.88	14.54	18.26
占国内生产总值（%）	0.50	0.70	1.0
公共债务	3150.09	3174.07	3347.21
占国内生产总值（%）	178.50	176.20	181.2

（资料来源：希腊统计局、希腊央行、欧盟统计局）

希腊共有各类金融机构约60家，其中当地银行22家，外国银行或分行21家，15家合资银行等。四大商业银行有：国民银行（ETHNIKI）、欧元银行（EUROBANK）、阿尔法银行（ALPHA）、比雷埃夫斯银行（PIRAEUS）等。

【对外贸易】希同100多个国家有贸易关系，欧盟成员国是其最大贸易伙伴，占其进出口总额的42%—47%。德国、意大利、英国、塞浦路斯、保加利亚、俄罗斯和中国为其主要贸易伙伴。近年外贸情况如下（单位：亿欧元）：

	2017	2018	2019
出 口 额	320.87	366.37	372.65
进 口 额	533.32	580.8	597.80
外贸赤字	212.45	214.48	225.15

（资料来源：希腊国家统计局）

主要出口商品为石油产品、铝、药品、食品、橄榄油、电信产品、铜铝等。主要进口商品为原材料、石油及石油产品、日用品、交通运输设备、天然气等。

【对外投资】希对外投资主要集中在保加利亚、罗马尼亚、马其顿和阿尔巴尼亚等邻国。截至2019年12月，希对华直接投资项目累计194个，实际投资额1.05亿美元。

人民生活

希腊有健全的医疗保障体系，人均寿命为80.3岁。据欧盟统计局统计，2017年希腊每千人汽车保有量为487辆。

军　事

总统是名义上的武装部队最高统帅。总理负责国防政策和部队建设，任最高国防委员会主席。国防部长在总理领导下实施国防政策并管理武装部队。总参谋长主管作战指挥机构。军队受本国和北约双重指挥。实行义务兵役制，服役期自2010年起由12个月减为9个月。正规军总兵力近15万人，其中陆军9.35万人、海军1.5万人、空军3.3万人。陆军编为1个集团军、4个军、1个装甲师、3个机械化师、9个步兵师、1个支援师、2个机械化旅、1个山地突击团、1个伞兵团和1个海军陆战队团。主要装备有2285辆主战坦克、2364辆装甲车、2279门火炮和205架直升机；海军有8艘潜艇、6艘巡逻艇、57艘其他舰艇和20架武装直升机。空军编为7个战斗机联队、1个防空导弹大队、4个训练联队、2个运输联队，装备各型飞机600余架。除正规军外，准军事部队（国民警卫队、警察、港警等）共5万人。

文化教育

【教育】实行9年义务教育制，公立中小学免费，大学实行奖学金制。全国共有21所大学，著名大学有雅典大学、萨洛尼卡大学、克里特大学、佩特雷大学、雅典工学院。

【新闻出版】希腊发行各类报纸近200种，杂志上千种，但发行量有限。全国发行量较大的主要日报有：《消息报》《每日报》《论坛报》和《自由新闻报》等。

雅典马其顿通讯社：官方通讯社，同世界各主要通讯社均有联系。由1905年成立的雅典通讯社和1991年成立的马其顿通讯社于2008年合并成立。

希腊新公共电视台（NERIT）：2013年6月成立，7月开播。前身为希腊广播和电视公司，于1966年正式开播，2013年受债务危机影响被政府宣布接替，曾受政府新闻部领导，统一管理国营电视台2个、广播电台4个，并依法批准核发地方和私人广播电视台的许可证。首家私营电视台于1988年开播，较有影响的私营电视台有："MEGA""STAR""ANTENNA""SKAI"等。私营电视台近百个，私营广播电台近1000个。

对外关系

致力于发挥扼守欧、亚、非三大洲十字路口的地缘优势，在主要大国间维持平衡，争取自身利益最大化。把欧盟作为外交政策立足点，重视发展同中国、美国、俄罗斯等大国关系，希望借助希独特地缘区位优势，在巴尔干发挥经济、政治和安全引领作用。

【同中国的关系】中希于1972年6月5日建交，于2006年1月建立全面战略伙伴关系。近年来，两国高层交往频繁，各领域友好合作不断扩大。2014年2月，习近平主席在出席索契冬奥会活动期间会见帕普利亚斯总统。6月，李克强总理对希腊进行正式访问，双方共同发表《关于深化全面战略伙伴关系的联合声明》。7月，习近平主席过境访问希腊罗德岛，希总统和总理均亲赴接待。8月2日，79名中国公民搭乘希"萨拉米斯”号护卫舰安全撤离利比亚并顺利抵达希比雷埃夫斯港。此系希政府近年来第四次协助中方大规模撤离海外公民。12月，李克强总理与萨马拉斯总理通电话。2015年1月，李克强总理向希新任总理齐普拉斯致就职贺信。2015年2月、4月和2016年1月，李克强总理三次应约与齐普拉斯总理通电话，就中希关系和两国务实合作交换意见。2016年7月，齐普拉斯总理正式访华，两国共同发表《关于加强全面战略伙伴关系的联合声明》。2017年5月，齐普拉斯总理来华出席第一届“一带一路”国际合作高峰论坛。两国签署《中希重点领域2017—2019年合作计划》，并纳入“一带一路”国际合作高峰论坛成果清单。6月，双方共同庆祝建交45周年，习近平主席与帕夫洛普洛斯总统互致贺电。2018年6月，武齐斯议长应外交学会邀请访华。8月，科齐阿斯外长访华，双方签署《中华人民共和国政府与希腊共和国政府关于共同推进丝绸之路经济带和21世纪海上丝绸之路建设的谅解备忘录》。2019年4月，齐普拉斯总理来华出席第二届“一带一路”国际合作高峰论坛。同月，在中国—中东欧国家领导人杜布罗夫尼克会晤上，希腊成为中国—中东欧国家合作正式成员。5月，帕夫洛普洛斯总统对我国进行国事访问并出席亚洲文明对话大会。11月，米佐塔基斯总理来华出席第二届中国国际进口博览会，希腊任主宾国。同月，习近平主席对希腊进行国事访问取得圆满成功。

近年来，中希双边经贸关系日益密切。2019年中希双边贸易额为84.6亿美元，同比增长19.8%。其中中方对希出口额为77.4亿美元，同比增长19.1%，自希进口额为7.2亿美元，同比增长28.9%。中希双向投资规模不大，主要集中在海运、电信和光伏领域。以中远海运比雷埃夫斯港码头项目为“龙头”的海运务实合作继续深化。2015年是中希海洋合作年，两国在多个领域取得近30项合作成果。2015年11月，希海运部长兹里察斯访华并出席中国与南欧国家海洋合作论坛。2016年7月，李克强总理与齐普拉斯总理共同出席第二届中希海洋合作论坛开幕式。人文、教育领域交流与合作进一步深化。2017年4月，王毅外长访问希腊，同希腊外长科齐阿斯共同发起“文明古国论坛”并出席首次部长级会议。2019年11月，“文明古国论坛”第三届部长级会议在北京召开。2017年9月，中国国际航空公司开通北京—雅典直航。

中国驻希腊大使：章启月。馆址：Demokratias 10–12，Paleo Psychico，15452 Athens，Greece。电话：0030–210–6783840；传真：6723819。网址：http://gr.chineseembassy.org。

希腊驻华大使：乔治·伊利奥普洛斯（Georgios Iliopoulos）。馆址：北京市朝阳区光华路19号。电话：010–85325493；传真：85326858。网址：www.grpressbeijing.com。

【同美国的关系】二战后在政治、经济、军事上与美国关系紧密。两国签有防务合作协定。希军事装备的80%来自美国。美每年向希提供3亿美元的军事援助，主要用于购买军事装备等。目前美在希仍保留一个军事基地。

【同欧盟的关系】将欧盟作为外交政策立足点，支持欧盟扩大和一体化走向深化，认为在全球化条件下，欧盟不应满足于建立货币联盟，必须建成真正的政治联盟，统筹协调区内经济、社会政策，施行全面治理，并在国际事务中发挥更大作用。认为巴尔干国家加入欧盟有利于地区稳定与繁荣，希望在东南欧国家加入欧盟的进程中发挥主导作用。认为债务危机考验欧盟机构能力和政治团结，将推动欧盟一体化走向深入，南欧国家应在欧盟未来进程中发挥更加重要的作用。

【同巴尔干邻国的关系】主张睦邻友好，视巴尔干为重要外交场所，积极推动巴尔干的区域合作，谋求在该地区发挥主导作用。支持邻国加入欧盟和北约，反对科索沃独立。2019年2月与北马其顿解决了存在数十年的国名分歧，在巴尔干地区稳定和发展上发挥更大作用。

【同阿拉伯国家的关系】希同阿拉伯国家有着传统友谊，积极推动中东和平进程。希是最早呼吁黎以冲突停火的国家之一，并利用各种方式及时向黎提供人道主义援助。积极为应对该地区局势和缔造未来中东和平贡献力量。

【同土耳其的关系】希支持土加入欧盟，但把塞浦路斯问题全面解决作为土入盟前提，要求土履行候选国义务，遵守有关原则。希与土保持经济、文化、旅游等方面的交流与合作，努力扩大双边经贸合作，冷静处理双方分歧，保持希土关系总体稳定。

【同塞浦路斯的关系】希是塞独立的三个保证国之一，两国关系十分密切。希支持塞希族在解决塞问题上的立场，主张根据塞希、土两族人的比例建立一个独立、统一和中央集权的联邦国家。继续致力于在联合国有关决议基础上找到一个公正、可行的解决方案。支持塞两族开展直接贸易等交流，改善气氛，使两族关系更加紧密。

（毛翔宇）

匈牙利

国名 匈牙利（Hungary，Magyarország）。

面积 93023平方公里。

人口 976.4万（2019年1月）。主要民族为马扎尔族，约占90%。少数民族有斯洛伐克、罗马尼亚、克罗地亚、塞尔维亚、斯洛文尼亚、日耳曼等族。官方语言为匈牙利语。居民主要信奉天主教（66.2%）和基督教新教（17.9%）。

首都 布达佩斯（Budapest）。人口175万（2019年1月）。2018年平均气温14℃，最高气温29℃，最低气温–7.2℃。

国家元首 总统阿戴尔·亚诺什（ÁDER János），2012年5月10日就职，2017年3月10日连任，任期5年。

重要节日 3月15日：1848年革命和自由斗争纪念日；8月20日：匈牙利国庆节；10月23日：1956年革命和自由斗争纪念日暨1989年共和国成立日。

简况

中欧内陆国。东邻罗马尼亚、乌克兰，南接斯洛文尼亚、克罗地亚、塞尔维亚，西靠奥地利，北连斯洛伐克，边界线全长2246公里。属大陆性气候，凉爽湿润，全年平均气温为10.8℃，夏季平均气温21.7℃，冬季平均气温–1.2℃，年平均降水量约为630毫米。

公元896年，马扎尔游牧部落从乌拉尔山西麓和伏尔加河湾一带移居多瑙河盆地。1000年，圣·伊什特万建立封建国家，成为匈第一位国王。1526年土耳其入侵，匈封建国家解体。1541年匈一分为三，分别由土耳其苏丹、哈布斯堡王朝和埃尔代伊大公统治。1699年起全境由哈布斯堡王朝统治。1848年爆发革命自由斗争，并于1849年4月建立匈牙利共和国，后被哈布斯堡王朝联合沙俄军队镇压。1867年改制为奥匈二元帝国。1919年3月建立匈牙利苏维埃共和国，8月被奥匈帝国海军上将霍尔蒂率军推翻，恢复君主立宪制。1949年8月20日宣布成立匈牙利人民共和国并颁布宪法。1956年10月爆发匈牙利事件。1989年10月23日国名改为匈牙利共和国。2012年1月1日起更名为匈牙利。

政治

2018年4月，匈举行国会换届选举，执政党青年民主主义者联盟（简称青民盟）和基督教民主人民党（简称基民党）组成的竞选联盟第三次连续获胜，并赢得超过2/3议席；尤比克党、社会党、民主联盟和绿党进入国会。新一届国会5月8日成立。5月18日，政府完成组阁，宣誓就职。青民盟主席欧尔班第四次出任总理。

【宪法】1989年10月18日国会通过宪法修正案，对宪法作了重大修改，确定匈实行多党议会民主制，建立独立、民主、法治的国家，执行立法、行政、司法三权分立的原则。2011年4月18日国会通过名为《基本法》的新宪法，将“匈牙利共和国”更名为“匈牙利”，确定基督教为匈牙利历史和文明的基础。

【议会】国会是立法机关和国家最高权力机构，实行一院制。根据匈新《选举法》规定，自2014年起匈国会议席减少至199席，每4年普选一次。本届国会于2018年5月由青民盟、基民党、尤比克、社会党、民主联盟、绿党6党组成。青民盟与基民党共占133席，尤比克占20席，社会党为首的左翼联盟占20席，民主联盟9席，绿党占6席，独立议员10席，匈牙利日耳曼族（少数民族）议员1席。国会下设16个常设委员会。国会每年分春季会期和秋季会期。国会主席格维尔·拉斯洛（KÖVÉR László，青民盟），2018年5月连任。

【政府】国家最高行政机构。按照法律规定，各部部长由总理提名，共和国总统任命。现政府于2018年5月组成，共设10个部门：总理府、总理办公室、财政部、内务部、外交与对外经济部、国防部、司法部、人力资源部、农业部和创新与技术部。另设民族政策不管部部长、国有资产事务不管部部长和帕克什核电站扩建事务不管部部长各1名。政府成员：总理欧尔班·维克多（ORBÁN Viktor）、副总理兼民族政策不管部长谢姆延·若尔特（SEMJÉN Zsolt）、副总理兼财政部长沃尔高·米哈伊（VARGA Mihály）、副总理兼内务部长宾戴尔·山多尔（PINTÉR Sándor）、总理府部长古雅什·盖尔盖伊（GULYÁS Gergely）、总理办公室部长罗甘·安道尔（ROGÁN Antal）、外交与对外经济部长西雅尔多·彼得（SZIJJÁRTÓ Péter）、国防部长班固·蒂博尔（BENKŐ Tibor）、司法部长沃尔高·尤迪特（VARGA Judit，女）、人力资源部长加什勒·米克洛什（KÁSLER Miklós）、农业部长纳吉·伊什特万（NAGY István）、创新与技术部长鲍尔科维奇·拉斯洛（PALKOVICS László）、国有资产事务不管部部长巴尔特法伊–马格尔·安德丽亚（BÁRTFAI-MAGER Andreá，女）、帕克什核电站扩建事务不管部部长舒利·亚诺什（SÜLI János）。[不管部部长（minister-without-portfolio），部长及内阁成员，并无具体主管部委，负责特定领域事务。]

【主要网址】总统府：www.keh.hu；政府门户网站（包括总理府及各中央部委）：www.kormany.hu./

hu/；外交部：www.kormany.hu/hu/ kulgazdasagi-es-kulugyminiszterium。

【行政区划】全国划分为首都和19个州，设有24个州级市。首都是布达佩斯。

【司法机构】法院和检察院是国家司法机构。法院分最高法院、地区法院、州法院和地方法院四级，实行两审终审制；检察机构分最高检察院、地区检察院和州检察院三级。现任最高法院院长道拉克·彼得（Dr. DARÁK Péter），于2012年1月就职，任期9年。最高检察长波尔特·彼得（Dr. POLT Péter），2010年12月当选，2019年12月连任，任期9年。自1990年1月起设宪法法院，现任院长舒尤克·道玛什（Dr. SULYOK Tamás），2016年11月就任，任期9年。

【政党】登记注册的政党有200余个，大部分成立于20世纪80年代末。国会中主要党派有：

（1）青年民主主义者联盟（FIDESZ）：执政党，简称“青民盟”。1988年3月30日成立，主要由青年知识分子组成。主席欧尔班·维克多。

（2）基督教民主人民党（KDNP）：执政党，建成“基民党”。1944年建立，当时称民主人民党。1949年被取缔。1989年3月17日重建。1998年起，该党开始与青年民主主义者联盟合作，2005年两党签署选举合作协议。主席谢姆延·若尔特（SEMJÉN Zsolt）。

（3）匈牙利社会党（Magyar Szocialista Párt）：在野党。1989年10月9日成立，主要由知识分子、职员和企业家组成。主席多特·拜尔道郎（TÓTH Bertalan）。

（4）尤比克党（JOBBIK/Magyarországért Mozgalom）：在野党。2003年10月24日成立，主要由青年人组成。主席施耐德·道马什（SNEIDER Tamás）。

（5）民主联盟（Demokratikus Koalíció）：在野党。2011年11月22日成立，由社会党中分离出来人士组成。主要成员为知识分子。主席久尔恰尼·费伦茨（GYURCSÁNY Ferenc）。

（6）绿党（Lehet más a Politika）：在野党。2009年2月26日成立，主要成员为青年知识分子。联合主席舒马克·伊丽莎白（SCHUMUCK Erzsébet，女）和肯戴尔瑙伊·雅诺什（KENDERNAY János）。

（7）对话党（Párbeszéd Magyarországért Párt）：在野党。2013年2月17日成立，由从绿党中分离出来人士组成，主要成员为青年知识分子。联合主席高拉乔尼·盖尔盖伊（KARÁCSONY Gergely）和萨博·蒂梅奥（SZABÓ Tímea，女）。

国会外的政党主要有：匈牙利共产主义工人党（Magyar Kommunista Munkáspárt）、匈牙利社会民主党（Magyarországi Szociáldemokrata Párt）、匈牙利民主论坛（Magyar Demokraták Forúm）、匈牙利自民盟（Szabad Demokraták Szövetség）等。

【重要人物】**阿戴尔·亚诺什**：总统。1959年5月9日生于久尔—莫松—肖普隆州。1983年毕业于罗兰大学，1988年参与创建青年民主主义者联盟。1990—2009年任国会议员，1998—2002年任国会主席，2009年当选欧洲议会议员，并任欧洲议会环境、公共卫生和食品安全委员会副主席。2012年5月2日当选总统，并于5月10日正式就职。2017年3月连任。　**欧尔班·维克多**：总理。1963年5月31日生于塞盖什白城。毕业于罗兰大学法学院。青民盟创始人之一，1993年起任青民盟主席。1990年起当选国会议员，1998—2002年任总理。2010年、2014年、2018年三次连任总理。　**格维尔·拉斯洛**：国会主席。1959年生于维斯普雷姆州。毕业于罗兰大学法学院。青民盟创始人之一。1990年当选国会议员，1998年任主管情报的不管部部长。2002年任国会国家安全委员会主席、青民盟议员团副主席、全国选举委员会主席等。2010年7月当选国会主席。2014年、2018年两次连任国会主席。

经　济

属中等发达国家，经合组织成员国。东欧剧变后经济转轨顺利，私有化基本完成，市场经济体制已经确立。目前，私营经济的产值约占国内生产总值的86%。据匈牙利中央统计局数据，2019年匈牙利国内生产总值同比增长4.9%。2018年主要经济数据如下：

国内生产总值：1594亿美元。

人均国内生产总值：16315美元。

国内生产总值增长率：4.9%。

货币名称：福林（Forint）。

汇率：1欧元=330福林；1美元=295福林。

通货膨胀率：2.7%。

失业率：3.5%。

（资料来源：欧洲统计局）

【资源】自然资源比较贫乏。主要矿产资源是铝矾土，蕴藏量居欧洲第三位，此外有少量褐煤、石油、天然气、铀、铁、锰等。森林覆盖率为20.8%。

【工业】工业发展较快。2018年工业生产上升3.5%，总产值33.3万亿福林。其中加工工业占91.9%，电力工业占3.9%，矿产工业占0.4%。工业从业人员111.3万，占全国就业人口总数的24.9%。

近几年主要工业产品产量如下（单位：万吨）：

	2016	2017	2018
煤炭	921.7	795.4	788.8
天然气（亿立方米）	18.2	16.5	14.3
原钢	—	190	198.8
电（亿度）	300	307.1	295

（资料来源：匈牙利中央统计局，下同）

【农牧业】农业基础较好。主要种植小麦、玉米、甜菜、土豆、葡萄等。2018年同上年相比增产6.5%，粮食总产量1493.1万吨。2018年小麦平均每公顷产量5100公斤，玉米8440公斤。耕地面积534.2万公顷。农牧林渔业从业人员21.5万，约占全国就业人口总数的4.8%。近几年主要农、畜产品产量如下（单位：万吨）：

	2016	2017	2018
小麦	560.3	524.6	525.8
玉米	873.0	673.9	797.6
甜菜	112.1	117.2	95.8
马铃薯	42.9	34.1	32.8
水果	75.5	72.3	92.5
蔬菜	162.6	165.7	152

近几年主要农畜存栏数如下（单位：万只或万头）：

	2016	2017	2018
肉牛	85.2	87.0	88.5
肉猪	302.6	280.7	287.2
肉羊	114.4	114.6	110.9

【服务业】发展迅速。各种小商店、小饮食店、小旅馆和其他服务网点的私有化已经完成。2018年全国零售商店数130177个，零售总额为110024亿福林。2017年服务业就业人数251.8万，约占全国就业人数的56.1%。

【旅游业】比较发达。2018年旅游外汇收入20667.8亿福林。全年接待外国游客5767万人次。2018年全国共有三星级以上饭店405家，总床位8万余张，其中五星级饭店9家，四星级饭店229家。主要旅游点：布达佩斯、巴拉顿湖、多瑙河湾、马特劳山。

【交通运输】目前已形成以首都为中心、通向全国和邻国的铁路和公路网。

铁路：总长7918公里，其中电气化铁路2627公里。2018年货运量105.8亿吨公里，占货运总量的18%，客运量77.7亿人公里。

公路：总长3.2万公里，其中高速公路1197公里。2018年全国机动车持有量为364万辆。公路货运量379.5亿吨公里，占货运总量的63%，客运量136亿人公里。

水运：水路长1638公里。2018年货运总量16亿吨公里。水运在匈牙利交通运输中起辅助作用，仅占货运总量的3.6%。

空运：2018年全年航班总班次107204次，货运吞吐量101412吨，旅客吞吐量1483万人次。1个国际机场：布达佩斯李斯特·费兰茨机场。

管道运输：管道总长8109公里。2018年总输送量75.9亿吨公里，占货运总量的15%，其中输送石油16.8亿吨公里，输送天然气50.9亿吨公里。

【财政金融】近几年财政收支情况如下（单位：亿福林）：

	2016	2017	2018
收入	124804	131785	136457
支出	132274	149415	150211
赤字	7470	17630	13755

【对外贸易】2018年进出口总额为2042亿欧元。外贸进口额993.4亿欧元，比上年增长7.3%；出口额1048.6亿欧元，比上年增长8.4%；外贸顺差55.2亿欧元。匈同欧盟国家的进出口贸易分别占匈进、出口总额的75.6%和80.8%，同其他国家分别占24.4%和19.2%。近几年进出口情况如下（单位：亿欧元）：

	2016	2017	2018
贸易总额	1762.6	1932.8	2042
出口额	929.9	1006.8	1048.6
进口额	832.7	926.0	993.4
差额	97	80.8	55.2

主要进口产品中机械设备占48.3%，加工产品占36.3%，能源占7.7%，原材料占2.2%，食品、烟、酒占5.4%。主要出口产品中机械设备占55.8%，加工产品占32.1%，能源占2.5%，食品、烟、酒占7.2%，原料占2.4%。2018要贸易国及外贸额如下（单位：亿福林）：

	进口额	出口额
德国	82130	84890
奥地利	19353	15823
意大利	14828	17315
法国	11793	14517
英国	5842	12328
中国	17177	6309
俄罗斯	12425	4921
美国	5754	9522
日本	4034	1903

【外国资本】积极鼓励吸收外资。2018年吸引外资总额64亿欧元。主要集中在加工业、汽车制造业、贸易、运输和通信、金融、房地产等行业。欧洲国家是外资主要来源地。其中，德国为匈牙利第一大外资来源国，其次为卢森堡、荷兰、奥地利和法国。亚洲地区主要对匈投资国为韩国、日本、中国、新加坡和印度。目前，匈牙利全国约有3万多家外商投资企业。

人民生活

重视提高和改善居民生活水平，不断增加退休金、家庭补贴、生育和抚养儿童的补助金等。此外，在医疗、教育、文化、体育和旅游等方面实行优惠补贴。2018年人均年收入134万福林。截至2018年12月，全国退休人员共有203万人，占全国总人口的20.8%。2017年全国有医院154所，医生39132名，平均每万人拥有医生40名，每万人拥有病床69.8张。

军　事

1990年2月匈牙利人民军改名为匈牙利国防军。1999年3月，匈正式成为北约成员国。宪法规定共和国总统是武装力量最高统帅。国防部是最高军事统帅机关。2004年12月取消义务兵役制。2010年，匈军拥有T-72型坦克87辆，装甲车574辆，直升机29架，战斗机31架，其中米格29飞机12架，运输机5架。国防军总人数为3万，其中职业士兵1.2万。2016年派出24支部队参加维和行动，人数为759人。目前国防军司令由共和国总统阿戴尔担任，总参谋长科洛姆·费伦茨（KOROM Ferenc）上将。2019年国防开支为5130亿福林，占国内生产总值的1.16%。

文化教育

【教育】实行12年制义务教育，幼儿免费入托，小学免费教育。学制：小学8年，中学（包括职业中学）4年，大学4—6年，医科大学7年。除公办学校外，还有教会学校、私立学校和基金会学校。1986年9月实施新教育法，扩大各类学校业务上和经济上的自主权，促使学校生活民主化。1993年通过了第一部高等教育法。2017年教育预算支出15528亿福林，约占总预算4.4%。

2018/2019年度各级学校数量、学生及教师人数如下：

	学校（所）	学生（人）	教师（人）
幼儿园	4598	326588	31313
小学	3575	726266	76461
中学	1585	409255	32239
专科学校	714	152793	17535
高等院校	64	200130	22519

【新闻出版】发行量较大的全国性报纸主要有：《匈牙利民族报》，1938年创刊，5.6万份；《匈牙利新闻报》，1968年创刊，2.7万份；《人民之声报》，1873年创刊，3.1万份；《世界经济报》，1969年创刊，1.2万份。

通讯社：匈牙利通讯社，国营，1880年成立。

杂志：主要杂志有《世界经济周刊》《布达佩斯时代周刊》。

主要广播电台：科苏特广播电台、裴多菲广播电台和巴尔托克广播电台均为国营电台。此外还有尤文图斯广播电台、多瑙广播电台，均为商业电台。

主要电视台：国营电视台有匈牙利电视台（MTV），1957年成立；多瑙电视台，1992年成立。私营电视台有RTL Klub电视台，1997年成立；TV2电视台，1997年成立。

对外关系

主要外交目标和任务是：保障国民安全，服务国内经济发展和改善民生；高效应对全球化挑战；加强中欧地区合作，积极参与欧洲一体化建设；加强匈族人团结。提出“向东开放”战略，致力成为亚欧贸易桥梁。将美国、欧盟、俄罗斯、中国及周边邻国列为五大优先方向，重点推进与上述国家的务实合作。

1999年3月加入北约，2004年5月加入欧盟。2007年12月正式加入申根协定。

【同中国的关系】1949年10月6日建交。2004年6月，两国建立友好合作伙伴关系。2017年5月，两国建立全面战略伙伴关系。2017年5月，欧尔班总理来华出席首届“一带一路”国际合作高峰论坛并正式访华，习近平主席、李克强总理、张德江委员长分别同其会见、会谈。6月，国会主席格维尔访华，张德江委员长、全国政协主席俞正声分别同其会谈、会见。11月，李克强总理访匈，并出席第六次中国—中东欧国家领导人会晤。2018年7月中国—中东欧国家领导人索非亚会晤期间，李克强总理同欧尔班总理举行双边会见。11月，欧尔班总理应邀来华出席首届中国国际进口博览会，习近平主席同其会见。2019年4月，欧尔班总理应邀来华出席第二届“一带一路”国际合作高峰论坛，习近平主席、李克强总理同其会见。11月，匈外长西雅尔多应邀来华出席第二届中国国际进口博览会。

据中国海关总署统计，2019年双边贸易额达102.2亿美元，同比下降7.5%。其中中方出口额64.7亿美元、同比下降1%，进口额37.4亿美元、同比下降13.7%。中匈双边贸易以附加值较高的机电和高新技术产品为主，其中，电机、电气设备及零部件，锅炉、机械器具及零部件，车辆及零部件，光学、照相、医疗设备及零部件等四大领域在双边贸易额中的占比超过80%。

截至2019年底，中国对匈牙利各类投资存量36.9亿美元，投资领域涵盖化工、金融、通信设备、新能源、物流等行业。匈对华累计投资3.9亿美元，投资领域涵盖污水处理、水禽养殖、环保建材生产等。华为公司在匈牙利设立了欧洲供应中心和欧洲物流中心，建立了覆盖欧洲、独联体、中亚、北非等地区的物流网络。中方在匈设有中国匈牙利宝思德经贸合作区和中欧商贸物流合作园区两个国家级境外经贸合作区。深圳比亚迪、四川波鸿集团和上海延锋汽车饰件系统有限公司等汽车产业企业均在匈投资设厂。

2018年6月，匈外长西雅尔多来华出席第四届中国—中东欧国家投资贸易博览会。12月，匈发行20亿人民币债券（“熊猫债”）。

中国驻匈牙利大使：段洁龙。馆址：1068 Budapest, Városligeti fasor 20–22。电话：00361–4132401；传真：3229067。经商处电话：00361–4133369。领事部电话：00361–4132415。网址：www.chinaembassy.hu。

匈牙利驻华大使：白思谛（PESTI Máté Imre）。馆址：北京三里屯东直门外大街10号；电话：010–65321431；传真：65325053。商务处电话：010–65323182。网址：https://peking.mfa.gov.hu/eng。

【同欧洲国家的关系】2004年5月1日，匈牙利正式成为欧盟成员国。匈牙利在欧洲议会中占有21个席位。2007年12月21日，匈牙利正式加入申根区。2011年上半年，匈牙利曾担任欧盟轮值主席国。近年来，匈牙利与欧盟其他成员国领导人互访频繁。2017年，总统阿戴尔访问西班牙、罗马尼亚、波兰、克罗地亚、黑山等；总理欧尔班访问格鲁吉亚、斯洛文尼亚、波兰、马其顿等；外长西雅尔多访问斯洛伐克、立陶宛、意大利、罗马尼亚等。爱沙尼亚总理罗伊瓦斯、拉脱维亚议长穆尔涅采、希腊总理齐普拉斯、克罗地亚总统基塔洛维奇等访匈。2018年，总统阿戴尔访问波兰、立陶宛等；总理欧尔班访问德国、奥地利、塞尔维亚、波兰、黑山、捷克、克罗地亚等；外长西雅尔多访问罗马尼亚、马耳他、斯洛伐克、塞尔维亚、塞浦路斯、罗马尼亚、法国等；波兰总理莫拉维茨奇、爱尔兰总理瓦拉德卡、捷克前总统克劳斯、波兰总统杜达、斯洛伐克总理佩列格里尼、阿尔巴尼亚总统梅塔、捷克总理巴比什、塞浦路斯国会主席迪米特里斯、土耳其议会议长耶伊尔德勒姆等访匈。2019年，总统阿戴尔访问奥地利、赴希腊出席欧洲总统论坛、赴德出席柏林墙倒塌30周年活动并会见德总统施泰因迈尔等；总理欧尔班访问塞尔维亚、意大利、法国、出席北约成立70周年峰会、罗马尼亚等；国会主席格维尔访问瑞士；外长西雅尔多访问保加利亚、卢森堡、北马其顿、克罗地亚、立陶宛；欧洲理事会主席米歇尔、捷克总统泽曼、克罗地亚总统基塔罗维奇、保加利亚总统拉德夫、斯洛伐克总统恰普托娃、德国总理默克尔、斯洛文尼亚总理萨雷克、奥地利副总理施特拉赫、爱沙尼亚副总理兼内务部长海尔默、挪威外长访匈。

【同美国的关系】美匈同为北约盟友，匈重视同美方的经贸安全合作。2017年3月，外长西雅尔多赴美出席全球反恐联盟外长会议；6月，美国印第安纳州州长霍尔科姆访匈；7月，外长西雅尔多再度访美。2018年1月，外长西雅尔多访美，会见欧洲及欧亚事务助理国务卿米切尔西；5月，外长西雅尔多访美，会见美国国务卿蓬佩奥；6月，总理欧尔班与美国总统特朗普通电话。2019年1月，总理欧尔班同美国务卿蓬佩奥通电话；2月，匈在美国佛罗里达州开设总领馆，外长西雅尔多赴美出席有关活动；2月，美国务卿蓬佩奥访匈，系美国务卿7年来首次访匈，总理欧尔班、外长西雅尔多分别会见、会谈；4月，总理欧尔班访美，同美总统特朗普会谈；7月，外长西雅尔多访美并会见美商务部长罗斯。

【同俄罗斯及独联体国家的关系】俄为匈石油和天然气主要进口国，匈唯一核电站帕克什核电站主要采用俄罗斯技术。匈重视同俄加强能源合作。2016年，总理欧尔班访俄。2017年2月、8月，俄总统普京两次访匈。7月，外长西雅尔多访俄，会见俄外长拉夫罗夫。阿塞拜疆外长马梅德亚罗夫访匈。2018年7月，外长西雅尔多访问阿塞拜疆；9月，总理欧尔班访俄、访问吉尔吉斯斯坦。2019年1月，外长西雅尔多访问白俄罗斯；10月，俄总统普京访匈，总理欧尔班会见；10月，总理欧尔班访问阿塞拜疆。

【同其他国家的关系】匈重视发展与亚太地区各国的关系和加强同广大发展中国家的往来。2017年，总理欧尔班访问新加坡、越南等；国会主席格维尔访问墨西哥；外长西雅尔多访问澳大利亚、日本、阿尔及利亚、突尼斯等。埃及总统塞西访匈，会见欧尔班并举行V4+埃及总理会晤；以色列总理内塔尼亚胡访匈，举办匈以经贸论坛、V4+以色列总理会晤；蒙古总统哈勒特马、黎巴嫩外长等访匈。2018年，总理欧尔班访问以色列等；国会主席格维尔访问哥伦比亚、厄瓜多尔、秘鲁等；外长西雅尔多访问阿联酋等；越共中央总书记阮富仲、老挝国会主席巴妮·雅陶、土耳其总统埃尔多安等访匈。2019年，总统阿戴尔访问日本、老挝等；总理欧尔班访问巴西、埃及、佛得角、土耳其、日本等；国会主席格维尔访问乌干达；外长西雅尔多访问土耳其、乌干达、以色列、巴西、日本、韩国等；土耳其总统厄尔多安、以色列总理内塔尼亚胡、缅甸国务资政昂山素季、柬埔寨首相洪森、纳米比亚议长卡察维维、菲律宾外长、佛得角外长、乌兹别克斯坦投资与对外贸易部长、老挝外长、印度外长、澳大利亚前总理阿伯特等访匈。

【同国际和地区组织的关系】2017年，总统阿戴尔出席在波兰举行的三海倡议峰会、世界水周斯德哥尔摩会议、V4集团成员国元首峰会、联合国高级别水资源和灾难会议等；外长西雅尔多出席第72届联合国大会、人权理事会第34次会议、V4集团外长会议等。2018年，总统阿戴尔出席布加勒斯特9国集团领导人会晤（波兰）、全球气候行动峰会（美国）、V4集团首脑会议（布达佩斯）；总理欧尔班出席欧非峰会（奥地利）；外长西雅尔多出席联合国大会全球移民契约谈判、第73届联合国大会、亚欧会议。2017年7月至2018年6月，匈担任V4集团轮值主席国，在布达佩斯举办V4总理会晤、V4防务委员会会议、V4议长会、V4+澳大利亚部长级会晤、V4中亚五国外长会晤、V4+奥地利总理会晤、V4+奥地利内务部长会晤；组团来华举行首次中国同维谢格拉德集团（V4集团）副外长级磋商。2019年，总统阿戴尔出席联合国关于气候变化和可持续发展高级别论坛；总理欧尔班出席V4+德国会议（斯洛伐克）、突厥语国家合作委员会第七次峰会（阿塞拜疆）；外长西雅尔多出席欧盟—非洲外长会议、突厥语国家合作委员会外长会议、联合国大会；10月，匈在布达佩斯举办第三届布达佩斯水峰会，总统阿戴尔出席并致开幕辞。　（魏若朋）

意　大　利

国名　意大利共和国（The Republic of Italy，La Repubblica Italiana）。

面积　30.1333万平方公里。

人口　6031万（2019年）。主要是意大利人。讲意大利语，西北部的瓦莱·达奥斯塔、东北部的特伦蒂诺–上阿迪杰和弗留利–威尼斯·朱利亚等少数民族地区分别讲法语、德语和斯洛文尼亚语。大部分居民信奉天主教。

首都　罗马（Roma），人口约300万。最热月份为7月，一般气温在20℃—32℃；最冷月份为1月，一般气温在1℃—10℃。

国家元首　总统塞尔焦·马塔雷拉（Sergio Mattarella），2015年1月31日当选，2015年2月3日宣誓就职。

重要节日　元旦：1月1日；主显节：1月6日；复活节：春分后第一次月圆之后的第一个星期日；解放日：4月25日；劳动节：5月1日；国庆日：6月2日；圣母升天节：8月15日；万圣节：11月1日；胜利日：11月4日；圣诞节：12月25日。

简　况

位于欧洲南部，包括亚平宁半岛及西西里、撒丁等岛屿。北以阿尔卑斯山为屏障与法国、瑞士、奥地利、斯洛文尼亚接壤，东、南、西三面分别临地中海的属海亚得里亚海、爱奥尼亚海和第勒尼安海。海岸线长约7200多公里。大部分地区属亚热带地中海式气候。平均气温1月2℃—10℃，7月23℃—26℃。

意大利半岛史前就有人类活动迹象，最早可追溯到旧石器时代早期。公元前9世纪伊特鲁里亚人曾创造灿烂的文明。公元前754年罗马建城。古罗马先后经历王政（前753—前509年）、共和（前509—前27年）、帝国（前27—476年）三个阶段，存在长达1000年。共和时期，罗马基本完成疆域扩张，帝国时期，成为以地中海为中心，跨越欧、亚、非三大洲的大帝国。西罗马帝国于公元476年灭亡，东罗马帝国于1453年灭亡。962年至11世纪，意大利北部和中部成为“日耳曼民族神圣罗马帝国”的一部分，而南部则为拜占庭领土，直至11世纪诺曼人入侵意南部并建立王国。12—13世纪在意大利的神圣罗马帝国统治瓦解，分裂成许多王国、公国、自治城市和小封建领地。随着经济实力增强，文化艺术空前繁荣。15世纪，人文主义和文艺复兴运动在意大利应运而生，16世纪在欧洲广泛传播。15世纪末，法国和西班牙争夺亚平宁半岛斗争激化，导致了持续数十年的意大利战争。16世纪起，大部分领土先后被法、西、奥占领。18世纪民族精神觉醒。19世纪民族复兴运动兴起。1861年3月建立王国。1870年攻克罗马，完成领土统一。此后，意同其他欧洲列强进行殖民扩张竞争，曾先后占领了厄立特里亚（1885—1896年）、索马里（1889—1905年）、利比亚和爱琴群岛（1911—1912年），并在中国天津取得一块商业租界（1902年）。一战时获得了东北部特伦蒂诺—上阿迪杰、威尼斯·朱利亚和多德卡尼索斯等地区。1922年10月31日墨索里尼上台执政，实行长达20余年的法西斯统治；其间包括入侵埃塞俄比亚（1930—1936年）、帮助佛朗哥在西班牙打内战和与德国结成罗马—柏林轴心（1938年）、随后卷入二战（1939—1945年）并沦为战败国。1946年6月2日全民公投，废除君主立宪，同年7月12日组成共和国第一届政府。二战后，参加马歇尔计划、签署“大西洋公约”并积极参加欧洲一体化进程，系欧盟创始国之一。

政　治

实行议会共和制。总统为国家元首，总理行使管理国家职责。本届政府成立于2019年9月5日，系意战后第66届政府，由五星运动和民主党等组成执政联盟。总理朱塞佩·孔特（Giuseppe Conte）。

【宪法】现行宪法于1947年12月22日由立宪会议通过，1948年1月1日颁布，2001年10月7日，全民公决通过修改后的宪法。总统为国家元首和武装部队统帅，代表国家的统一，由参众两院联席会议选出。总理由总统任命，对议会负责。

【议会】议会是最高立法和监督机构，由共和国参议院和众议院组成。参众两院权力相等，决议、法案等需经过两院都通过方有效。参众两院分别普选产生315名（不包括终身参议员）和630名议员，任期5年。总统有权在任期内任命5位终身参议员，本届参议院共有6名终身参议员。议会的主要职能是：制定和修改宪法和法律，选举总统，审议和通过对政府的信任或不信任案，监督政府工作，讨论和批准国家预算、决算，对总统、总理、部长进行弹劾，决定战争状态和授予政府必要的政治决定权力等。本届为战后第18届议会，于2018年3月选举产生。玛丽亚·伊丽莎白·阿尔贝蒂·卡塞拉蒂（Maria Elisabetta Alberti Casellati，女）和罗伯特·菲科（Roberto Fico）分别当选参、众议长。

【政府】本届政府于2019年9月5日宣誓就职。内阁成员如下：总理朱塞佩·孔特（Giuseppe Conte）。主要部长有：外交与国际合作部长路易吉·迪马约（Luigi Di Maio），内政部长卢恰娜·拉莫尔杰塞（Luciana Lamorgese），司法部长阿方索·博纳费德（Alfonso Bonafede），国防部长洛伦佐·圭尔里尼（Lorenzo Guerini），经济财政部长罗伯托·瓜尔提耶里（Roberto Gualtieri），经济发展部长斯特凡诺·帕图安内利（Stefano Patuanelli），基础设施与交通部长保拉·德·米凯利（Paola De Micheli），农业、食品、林业政策部长特蕾莎·贝拉诺瓦（Teresa Bellanova），环境与领土海洋保护部长塞尔焦·科斯塔（Sergio Costa），劳动与社会政策部长努齐娅·卡塔尔弗（Nunzia Catalfo），教育部长露琪亚·阿佐利娜（Lucia Azzolina），大学和与科研部长盖塔诺·曼弗雷迪（Gaetano Manfredi），文化遗产活动部长达里奥·弗兰切斯基尼（Dario Franceschini），卫生部长罗伯托·斯佩兰扎（Roberto Speranza），议会关系部长费德里科·丁卡（Federico D'Incà），技术创新和数字化部长保拉·皮萨诺（Paola Pisano），公共管理部长法比阿娜·达多尼（Fabiana Dadone），大区及自治区事务部长弗兰切斯科·博恰（Francesco Boccia），南方和地区联络部长朱塞佩·卢恰诺·卡罗杰罗·普罗文扎诺（Giuseppe Luciano Calogero Provenzano），青年政策和体育部长文森佐·斯巴达弗拉（Vincenzo Spadafora），公平机遇和家庭部长艾莲娜·博内蒂（Elena Bonetti），欧洲事务部长文森佐·阿曼多拉（Vincenzo Amendola）。

【行政区划】全国划分为20个行政区，101个省，8003个市镇。20个行政区包括15个普通自治行政区：皮埃蒙特、伦巴第、威内托、利古里亚、艾米利亚–罗马涅、托斯卡纳、翁布里亚、拉齐奥、马尔凯、阿布鲁佐、莫利塞、坎帕尼亚、普利亚、巴西利卡塔、卡拉布里亚，以及5个特别自治行政区：瓦莱·达奥斯塔、特伦蒂诺–上阿迪杰、弗留利–威尼斯·朱利亚、西西里岛及撒丁岛。

【司法机构】最高司法委员会是最高司法权力机构，拥有独立司法体制以及任命、分配、调遣、晋升法官等权力。由33人组成，总统任主席，最高法院院长和总检察长为当然成员。其他成员由议会选举的10名委员（律师和司法教授）和全体法官选出的20名法官组成，任期4年，不得连任和兼职。宪法法院负责处理法律法规的合宪性审查，协调并解决中央政府各部门、中央与地方、地方与地方之间权力划分的争议，并依据宪法处理对总统和内阁部长的指控。由15名法官组成，任期9年，不得兼职，享有豁免权。宪法法院院长马尔塔·卡尔塔比亚（Marta Cartabia），最高法院院长乔瓦尼·马莫内（Giovanni Mammone），总检察长里卡尔多·富齐奥（Riccardo Fuzio）。此外，还设有地方调解法官、初审法院、上诉法院、审计院（主管公共账目和养老金）等机构。

【政党】实行多党制，各主要政党如下：

（1）五星运动（Movimento 5 Stelle）：非传统政党，主要执政党。2009年10月成立，起源于“格里洛朋友运动”，擅长通过街头演讲、微博、脸书等形式进行联络、宣传和开展活动。2020年1月，原党首路易吉·迪马约（Luigi Di Maio）辞去党内职务，由维多·克里米（Vito Crimi）暂代党首。

（2）民主党（Partito Democratico）：中左翼最大政党，主要执政党。2007年10月成立，由雏菊党、左翼民主党等多个左翼党派联合组建。全国书记尼古拉·津加雷蒂（Nicola Zingaretti）。

（3）意大利活力党（Italia Viva）：2019年9月，前总理马泰奥·伦齐（Matteo Renzi）宣布离开民主党，建立意大利活力党，走中间路线。

（4）联盟党（Lega）：中右翼政党，系当前民意支持率最高的单一政党。1989年12月成立，前身是意中北部6个自治运动联盟。全国书记马泰奥·萨尔维尼（Matteo Salvini）。

（5）力量党（Forza Italia）：中右翼政党。2013年，意大利自由人民党（Popolo della Libertà）在是否支持大联合政府的问题上产生内部分歧，形成反对大联合政府的“鹰派”和支持大联合政府的“鸽派”。2013年11月，意大利前总理西尔维奥·贝卢斯科尼（Silvio Berlusconi）及其“鹰派”支持者宣布解散自由人民党，恢复成立意大利力量党，贝卢斯科尼任党主席。

（6）意大利兄弟党（Fratelli d'Italia）：中右翼政党，2012年12月成立。蒙蒂政府期间，意大利自由人民党在是否支持蒙蒂政府的问题上产生内部分歧，以焦尔贾·梅洛尼、伊尼亚齐奥·拉鲁萨和圭多·克罗塞托为代表的反对蒙蒂技术政府的右派人士组建了兄弟党，党主席焦尔贾·梅洛尼任（Giorgia Meloni）。

【重要人物】塞尔焦·马塔雷拉：总统。1941年生于西西里大区巴勒莫市，罗马大学法学专业毕业。1983年，首次以天民党候选人当选众议员，1987年再次当选。1987—1990年先后担任与议会关系部长、公共教育部长。1998—2001年，历任副总理、国防部长。2006年，参与组建民主党。2011年被议会推选为宪法法院法官。2015年1月，当选意第13任总统。 **朱塞佩·孔特**：总理。1964年出生于普利亚大区福贾省，罗马大学法学专业毕业，职业律师。曾任多所大学法学教授和最高法院律师、意大利航天局董事会成员、意大利央行金融仲裁机构成员、国家行政司法理事会主席等职务。2018年6月当选意大利政府总理，2019年9月再次出任总理。 **玛丽亚·伊丽莎白·阿尔贝蒂·卡塞拉蒂**：参议长。1946年出生于威尼托大区。1994年加入力量党。作为贝卢斯科尼的忠实追随者，先后任力量党党团副主席、常务副主席。2004年起先后任卫生部副部长、司法部副部长。2014年当选意最高司法委员会委员。在2018年3月举行的参议长选举中以240票当选，成为意大利战后第一位女参议长。　罗伯特·菲科：众议长。1974年出生于意大利那不勒斯，的里雅斯特大学传媒系毕业。2005年开始接触政治，是五星运动党重要成员。2013年首次当选众议员。在2018年3月举行的众议长选举中以422票当选。

经　济

意大利是发达工业国，欧洲第四大、世界第八大经济体。意人均国内生产总值居欧盟第12位、世界第27位。服务业发达，占国内生产总值的三分之二。中小企业发达，被誉为“中小企业王国”，中小企业数量占企业总数的99.8%以上。地区经济发展不平衡，北方工商业发达，南方以农业为主，经济较为落后。2019年主要经济数据如下：

国内生产总值：1.787万亿欧元。

人均国内生产总值：28，547欧元。

国内生产总值增长率：0.3%。

财政赤字率：1.6%。

就业率：59.2%。

失业率：9.5%。

（资料来源：意大利国家统计局）

【资源】自然资源贫乏，仅有水力、地热、天然气等能源和大理石、黏土、汞以及少量铅、铝、锌和铝矾土等矿产资源。本国石油和天然气产量分别仅能满足4.5%和22%的国内市场需求，能源和主要工业原料供给依赖进口。

【工业】实体经济发达，是欧盟内仅次于德国的第二大制造业强国。各类中等技术含量消费品和投资产品在世界市场上占有相当份额，但高技术产品相对较少。主要工业有：石油化工、汽车制造、家用电器、电子仪器、冶金、机械、设备、纺织、服装、制革、家具、食品、饮料、烟草、造纸、出版、印刷、建筑等。中小企业专业化程度高，适应能力强，传统上以出口为导向，在制革、制鞋、服装、纺织、家具、厨卫、瓷砖、丝绸、首饰、酿酒、机械、大理石开采及机械工业等领域具有较强的国际竞争力。

【农林渔业】农林渔业占国内生产总值比例为2.4%。农业可用土地1780万公顷，其中已利用土地1270万公顷，农业企业约160万家。意大利是欧盟内仅次于法国的第二大农业国，农产品质量享誉世界，239种农产品获得欧盟最高认证，是欧盟国家中拥有该级别认证最多的国家。

【服务业】服务业在国民经济中占有重要地位，产值占国民生产总值2/3，多数服务业与制造业产品营销或供应有关。

【旅游业】旅游业发达，是世界第五大旅游国。主要旅游城市包括罗马、威尼斯、佛罗伦萨等。旅游从业人员约32万人。

【交通运输】交通基础设施完善，但建设时期早，普遍较为陈旧。国内运输主要依靠公路，铁路、水路和航空运输也较发达。全国公路总长66.5万公里，其中高速公路总计6661.3公里，铁路网总长19394公里。全国有352个港口，其中包括热那亚、那不勒斯、威尼斯、的里雅斯特、塔兰托、里窝那、锡拉库扎等19个主要大港。全国共有机场96座。

【财政金融】巨额赤字和公共债务一直是意经济的两大难题。2011年，受国际金融危机和希腊主权债务危机影响，意主权债务形势趋于严峻，经济持续疲软。近10年来，意分别于2008年、2012—2014年、2019年历经三次经济衰退。2019年财赤率1.6%，公债总额约2.41万亿欧元，占国内生产总值的134.8%，公债率之高在欧盟内仅次于希腊。

意大利主要金融机构有：联合圣保罗银行（Intesa Sanpaolo）、裕信银行（Gruppo Unicredit）、卡皮塔里亚集团（Capitalia）、锡耶纳银行（Banca Monte dei Paschi di Siena）、忠利集团（Assicurazioni Generali）等。

【对外贸易】对外贸易是意经济的主要支柱。外贸产值占国内生产总值40%以上。意产品在国际上有较强竞争力，出口商品种类齐全。主要以机械仪器、汽车、农产品加工、钢铁、化工化学、制药、家用电器、服装、制鞋、贵重金属等工业制成品为主。2019年，意大利出口总额5650.04亿欧元，同比增长1.2%；进口总额5100.87亿欧元，同比下降0.4%。

意主要贸易伙伴为欧盟国家，意对欧盟国家贸易占其对外贸易总量的一半以上。近年来，意大利对世界其他地区市场出口份额逐渐增加，美国、中国、土耳其、俄罗斯等国家已成为意大利在欧盟外的重要贸易伙伴。

【著名公司】意大公司情况如下：

（1）莱昂纳多公司（Leonardo S.P.A），前身为意大利芬梅卡尼卡集团（Gruppo Finmeccanica）是意大利规模最大的高科技集团公司，公司总产值占意大利国防工业总产值的70%，国家控股32.4%，涉及航空、航天、能源、电子防务、交通和信息技术等领域。集团主要进行飞机、直升机、卫星、导弹系统、雷达、火车及发电机组的设计和生产。2016年该集团更名为莱昂纳多公司。网址：www.leonardocompany.com。

（2）忠利集团（Gruppo Generali），成立于1831年。欧洲第三大保险集团，世界十大保险集团之一。由297家公司组成，其中107家保险公司，119家金融与房地产公司。忠利集团与50多个国家有业务往来。网址：www.generali.com。

（3）菲亚特–克莱斯勒汽车公司（FCA Fiat Chrysler Automobiles）2014年1月，意大利菲亚特集团与美国第三大汽车工业公司克莱斯勒公司完成并购，宣布成立意美合资并有荷兰资本参与的新公司，菲亚特–克莱斯勒汽车公司（Fiat Chrysler Automobiles），是全球第七大汽车制造商。网址：www.fcagroup.com。

（4）倍耐力集团（Pirelli S.p.A）成立于1872年。

主要经营橡胶轮胎、电缆和通信设备，是全球第五大轮胎制造商。总部设在米兰，目前在全世界12个国家拥有24家子公司。业务遍布全球160多个国家，拥有约1万家经销商及零售商。2005年，倍耐力进入中国。2007年底，倍耐力在山东建立子午线轿车轮胎生产线，正式投产高性能轿车轮胎。2015年8月中国化工集团公司斥资71亿欧元收购倍耐力集团26.2%的股份，成为倍最大的单一股东。网址：www.pirelli.it。

（5）意大利电信公司（Telecom Italia S.p.A），前身是意大利电信集团（Gruppo Telecom Italia），有上百年历史，总部设在米兰。40%股份由意大利和其他一些国家政府控制。公司在9个国家开展业务，共拥有760万宽带客户，其中意境内客户约为610万人。网址：www.telecomitalia.it。

（6）埃尼集团（Ente Nazionale Idrocarburi，ENI），总部在米兰。1953年2月由国家控制的石油、天然气、石油化工企业合并而成。经营范围包括：原油、天然气、化学品和石油化工产品、核燃料、煤、机械设备、采矿业与冶金，并承包工程建筑及贸易。同约70个国家有业务往来，有员工8.4万人。2013年，中国石油天然气集团公司斥资42亿美元收购埃尼集团东非公司28.57%股权。网址：www.eni.it。

（7）国家电力公司（ENEL），1962年成立，国家控股68%，1999年在米兰和纽约上市，拥有230万股民，是意大利第一大电力公司和第二大天然气输送公司。员工人数6.4万人，生产能力42000兆瓦，电力领域拥有3000万用户。网址：www.enel.it。

（8）芬坎蒂尼集团（Fincantieri），前身为成立于1959年的国家控股公司意大利造船金融集团，1984年成为自营公司，是世界最大且造船种类最多的船企之一。拥有20多家造船厂，员工1.9万多人，主要从事军用舰艇、大型民营船舶建造、海洋钻井平台和特种船舶制造、豪华游轮建造和维修等业务。总部位于的里雅斯特，主要设计中心位于的里雅斯特、热那亚。网址：www.fincantieri.com。

人民生活

意大利南北方经济发展不平衡。

南方地区包括阿布鲁佐、莫利塞、坎帕尼亚、普利亚、卡拉布里亚、巴西利卡塔大区，以及西西里岛和撒丁岛。南方地区面积为12.3万平方公里，占意大利国土总面积的40.8%，人口2085万，占全国人口的36%。由于历史原因，南方经济和社会发展严重滞后，某些大区在欧盟中甚至处于最落后水平。南方人均国内生产总值仅占中北部地区的一半。此外，南方“黑手党”等有组织犯罪猖獗，虽然近年来受到警方沉重打击，但仍对南方发展产生消极影响。

意大利的医疗卫生分为：社区公共卫生；家庭医生服务；专业服务；医院治疗；专业治疗和康复。

军　事

总统为武装部队最高统帅，总理对国防政策及军队建设负责。国防部是最高军事行政机关，负责武装力量的建设和管理，实行以国防部长（文官）为首、国防参谋长和国防秘书长分别主管军事和后勤管理的双轨制。国防参谋部是最高军事指挥机构，下辖陆军、海军、空军参谋部和宪兵总部。参谋长委员会为国防部最高咨询机构，成员有国防参谋长、三军参谋长、国防秘书长和宪兵总部司令，由国防参谋长任主席。国防参谋长是最高军事长官，通过国防参谋部、国防秘书厅和军种参谋部对三军实施行政管理，通过三军作战司令部、舰队司令部、空军作战司令部指挥部队的作战和演习。目前是志愿兵与职业军人相结合的兵役制度，志愿兵可通过不同等级考试成为职业军人。意从1997年起开始逐步裁军，目前约30万人，2019年国防预算约214亿欧元。意是北约成员，北约南欧盟军司令部设在那不勒斯。美国在意设有数十处军事基地，在加埃塔、那不勒斯等地设有海军基地，在阿维亚诺设有空军基地，在维琴察、里窝那设有陆军基地。意大利军队曾多次参与联合国、北约、欧盟框架下涉及多个国家的国际维和任务。

文化教育

【教育】意大利教育体系分为三个阶段，即5年初级教育（小学），8年中级教育（3年初中，5年高中），大学、专科院校等高等教育，16岁以下可享受义务教育。著名大学有罗马大学、米兰博可尼大学、米兰理工大学、都灵理工大学、波伦亚大学、帕多瓦大学、那不勒斯大学、比萨大学和佛罗伦萨大学等。

【新闻出版】新闻出版比较发达，全国有各种报纸杂志52种。主要报纸有：《晚邮报》《共和国报》《新闻报》《24小时太阳报》《体育报》《信使报》《赛场体育邮报》《日报》等。此外，还有一些地方报和主要政党的机关报。

主要综合性期刊：《展望》周刊、《快报》周刊、女性周刊《现代妇女》、宗教性期刊《基督教家庭》等。

安莎通讯社：1945年建立，意最大通讯社。

意大利广播电视公司：成立于1954年，属国有。目前有3个主要频道播送综合广播电视节目。意广播电视事业发达，全国有私人广播电视台500余家。

对外关系

对外政策基本点是立足欧洲，积极参加欧盟建设，促进欧洲一体化进程；依靠北约，重视发展跨大西洋盟友关系，主张联合国安理会改革，但坚决反对增加常任理事国，强调联合国在建立国际新秩序和解决地区冲突中的主导作用，积极参加联合国框架下的维和与人道主义救援行动；主张世界多极化和加强地区性合作；认为应对现行国际金融体制进行改革，加强全球经济治理；主张通过对话解决地区冲突和南北差距，减免债务和增加对第三世界国家的援助；关注巴尔干半岛局势和地中海事务，积极推动中东和平进程；拓展同亚太地区国家的关系，强调维护人权。同120多个国家建立外交关系。

【同中国的关系】1970年11月6日中国与意大利建交。2004年5月温家宝总理访意期间，两国建立全面战略伙伴关系，并成立中意政府委员会。迄今已召开9次联席会议，最近一次会议于2019年1月在罗马召开。近年来，中国访意的主要领导人有：国家主席习近平（2019年对意进行国事访问，2016年过境撒丁岛，2011年以国家副主席身份访意并出席“意大利统一150周年”庆典活动），国务院总理李克强（2014年），中共中央政治局委员、中央政法委书记孟建柱（2014年），国务院副总理汪洋（2015年），最高法院院长周强（2015年），全国政协副主席万钢、陈晓光（2016年），中央政治局常委韩正（2017年以中央政治局委员、上海市委书记身份访问意大利）、国务院副总理马凯（2017年），王毅国务委员兼外交部长（2019年）等。意访华的重要人士有：总统那波利塔诺（2010年），总理蒙蒂（2012年），总理伦齐（2014年访华，2016年来华出席二十国集团杭州峰会），参议长格拉索（2015年），总统马塔雷拉（2017年），真蒂洛尼（2017年以总理身份来华出席“一带一路”国际合作高峰论坛，2015年以外长身份作为政府代表来华出席中国人民抗日战争暨世界反法西斯战争胜利70周年纪念活动），总理孔特（2019年来华出席第二届“一带一路”国际合作高峰论坛），迪马约（2018年以副总理兼经济发展部长和劳动与社会政策部长身份来华出席第十七届中国西部国际博览会和首届进口博览会，2019年11月以外长身份来华出席第二届国际进口博览会）等。

目前，意大利是中国在欧盟的第五大贸易伙伴，中国是意大利在亚洲的第一大贸易伙伴。2019年，双边贸易额为549.1亿美元，同比增长1.2%。中意双向投资合作发展迅速。截至2019年底，意在华直接投资项目共计6388个，实际投入75亿美元；中国对意大利直接投资存量30亿美元。

2014年1月，商务部与意大利经济发展部签署《关于成立中意企业家委员会的谅解备忘录》。6月，李克强总理同来访的意大利总理伦齐共同出席中意企业家委员会成立大会暨中意经贸合作论坛。2019年3月，习近平主席访问意大利期间中意企业家委员会第六次会议在罗马召开。

两国于1978年签署中意政府间科技合作协定，成立中意科技合作混委会，双方至今已召开16次混委会会议。2010年11月，首届中意创新合作高层论坛在罗马召开，之后每年在两国轮流举办，成为两国整合双边资源、实现优势互补、开展务实合作的重要政府间创新合作机制。2019年11月，第十届“中意创新合作周”在北京开幕。中意在环境监测、水资源管理、可再生能源等环保领域合作成果丰硕，双方签署项目近百个。

中意在文化、教育等领域的交流与合作密切。2010年10月至2012年2月，“中国文化年”活动在意大利成功举办。2010年10月，中意签署协议，确定中国国家博物馆同罗马威尼斯宫国家博物馆互设长期展馆。2014年6月，两国文化部签署《关于建立文化合作机制的谅解备忘录》，并于2015年4月签署《2015—2019年度文化合作执行计划》。2016年7月双方签署《中意文化合作机制章程》。2017年2月，意大利总统马塔雷拉访华期间，中意文化合作机制第一次全体会议在北京召开。2019年3月，习近平主席访问意大利期间，中意文化合作机制第二次会议在罗马召开，意方并向中方归还查获的796件（套）流失中国文物。2019年4月至6月，“归来——意大利返还中国流失文物展”在中国国家博物馆举办，取得热烈反响。2020年，两国互办中意文化和旅游年，开幕式于1月21日在罗马成功召开，习近平主席同马塔雷拉总统致信祝贺。目前，双方已在意合作建立12所孔子学院，39所孔子课堂。截至2019年底，中意两国已建立98对友好省市和地区关系。两国主管部门签署《中意警务联合巡逻合作谅解备忘录》，并于2016年5月在意大利举行首次联合巡逻，迄今双方已在意大利举行4轮警务联巡，在华举行3轮警务联巡，取得良好效果。

中国驻意大利大使：李军华。馆址：Via Bruxelles, 56 Roma。电话：0039–06–965242；传真：85352891。网址：www.it.china-embassy.org。

意大利驻华大使：方澜意（Luca Ferrari）。馆址：北京朝阳区三里屯东二街2号。电话：010–85327600，商务处：010–85327600–1–2；文化处：010–65322187。网址：www.italianembassy.org.cn；签证申请中心网址：www.italyvisa.com.cn，咨询电话：010–84185417。

【同欧盟的关系】意大利作为欧盟创始成员国之一，高度重视并积极推动欧洲一体化建设。认为欧盟一体化建设是应对全球化挑战的有效手段，只有建立强大团结的欧盟才能最大程度维护意安全和利益。支持欧盟机构改革，积极参与欧盟对外行动署的筹建和运作。欧洲主权债务危机爆发后，倡议在欧盟内部设立应对危机的统一基金，支持欧盟三大经济治理措施，即由欧洲统一发债、赋予欧洲央行更大权力以及加大体制改革协调力度。

【同美国的关系】意大利是美国传统盟友，战后一直与美国保持密切政治、经济和军事关系。重视发展跨大西洋伙伴关系，承认美国在世界新秩序中的主导作用，主张发展与美特殊伙伴关系。意总统马塔雷拉分别于2016年2月和2019年10月两度访问美国。2015年4月，意总理伦齐访美。2017年4月，意总理真蒂洛尼访美。同年5月，美总统特朗普访意。2018年7月，意总理孔特访美。2019年10月，美国国务卿蓬佩奥访意。

【同北约的关系】认为北约仍是欧洲主要防务力量，在保障欧洲和各成员国安全方面发挥核心作用。主张北约与欧盟在危机处理和维和行动方面进行密切合作。支持北约组建快反部队，主张北约和欧盟快反部队互为补充，共同维护跨大西洋联盟。支持北约东扩，倡导北约与俄罗斯建立新型伙伴关系。主张北约转变职能，在解决地区冲突、反恐和防扩散行动中发挥重要作用。

【同俄罗斯的关系】意积极发展与俄罗斯关系，视俄为世界政治、军事和能源大国，重视俄在欧洲政治、安全的合作，率先提出俄与欧洲有着共同的文化和宗教渊源，俄应成为未来大欧洲的一员。支持俄加入世界贸易组织；力促欧盟和北约进一步对俄开放。同俄在经贸、能源、科技和文化等领域的合作不断加深，意是俄在欧洲第二、全球第三大贸易伙伴。在乌克兰问题上，意大利遵循欧盟统一立场，与其他欧盟成员国一道向俄施压。但由于意俄能源、经贸合作密切，意不主张对俄采取大规模制裁措施，呼吁俄乌通过对话解决冲突。2018年10月，意总理孔特访问俄罗斯。

【同巴尔干国家的关系】出于地缘政治考虑，积极参加“中欧倡议”组织活动，促进该地区合作，谋求在中南欧特别是巴尔干地区发挥更大作用。曾负责联合国驻阿尔巴尼亚多国维和部队的指挥工作，为稳定阿局势发挥了重要作用。用于巴尔干重建的投资额在欧盟国家中居第二位，仅次于德国。是中东欧国家的重要贸易伙伴。

【同地中海国家的关系】意认为自己是欧洲和地中海的桥梁，历届政府一直将该地区视为意地缘战略的重点。作为“地中海和平稳定宪章”的倡议国和欧盟—地中海伙伴关系国成员，意积极推动欧盟与地中海国家之间的对话与合作，实施欧盟—地中海战略，支持巴塞罗那进程。强调北约南翼的重要性，呼吁欧盟关注地中海地区局势，支持2010年建立欧盟—地中海自由贸易区。推动北约成立“地中海常设舰队”，与法、西组建“地中海快速反应部队”。2015年12月意在罗马举办首届“地中海对话论坛”，此后每年定期举办。近年来多次举办利比亚问题会议。

【同亚洲、非洲、拉丁美洲国家的关系】意重视同亚太地区国家的关系，加强同东南亚国家的经济合作。主张印巴和解，积极推动朝鲜半岛和平进程，促进印尼的民主进程。意积极参与阿富汗战后重建工作。在与亚洲国家的关系中，意重点发展与中国、日本、伊朗及中亚各国的双边关系。意是第一个同朝鲜建交的西方国家，关注朝鲜半岛局势。认为朝核问题涉及国际安全，主张通过外交手段和平解决；同北非国家有较深历史渊源，近年来积极拓展同广大非洲国家关系，不断深化经贸、文化等合作，扩大发展援助规模。

（吕洋）

英　国

国名　大不列颠及北爱尔兰联合王国（The United Kingdom of Great Britain and Northern Ireland）。

面积　24.41万平方公里（包括内陆水域）。英格兰地区13.04万平方公里，苏格兰7.88万平方公里，威尔士2.08万平方公里，北爱尔兰1.41万平方公里。

人口　6637万（2019年）。官方语言为英语，威尔士北部还使用威尔士语，苏格兰西北高地及北爱尔兰部分地区仍使用盖尔语。居民多信奉基督教新教（占总人口的59.5%），主要分英格兰教会（亦称英国国教圣公会）和苏格兰教会（亦称长老会）。另有天主教会及伊斯兰教、印度教、锡克教、犹太教和佛教等较大的宗教社团。

首都　伦敦（London），人口890.8万（2018年）。最热月份为7月，气温通常在16℃—24℃；最冷月份为1月，气温通常在5℃—9℃。

国家元首　女王伊丽莎白二世（Queen Elizabeth II），1926年4月21日出生，1952年2月6日即位，1953年6月2日加冕。

重要节日　国庆日：每年6月第二个星期六。

简　况

岛国，位于欧洲西部，由大不列颠岛（包括英格兰、苏格兰、威尔士）、爱尔兰岛东北部和一些小岛组成。隔北海、多佛尔海峡、英吉利海峡与欧洲大陆相望。海岸线总长11450公里。属海洋性温带阔叶林气候。通常最高气温不超过32℃，最低气温不低于-10℃。北部和西部的年降水量超过1100毫米，其中山区超过2000毫米，中部低地为700—850毫米，东部、东南部只有550毫米。每年2—3月最为干燥，10月至翌年1月最为湿润。

公元1—5世纪，大不列颠岛东南部受罗马帝国统治。后盎格鲁、撒克逊、朱特人相继入侵。7世纪开始形成封建制度。829年英格兰统一，史称“盎格鲁-撒克逊时代”。1066年诺曼底公爵威廉渡海征服英格兰，建立诺曼底王朝。1536年英格兰与威尔士合并。1640年爆发资产阶级革命，1649年5月19日宣布为共和国。1660年王朝复辟。1688年发生“光荣革命”，确立君主立宪制。1707年英格兰与苏格兰合并，1801年又与爱尔兰合并。18世纪60年代至19世纪30年代成为世界上第一个完成工业革命的国家。1914年占有的殖民地比本土大111倍，是名符其实的“日不落帝国”。1921年爱尔兰南部26郡成立“自由邦”，北部6郡仍归英国。第一次世界大战后英开始衰落，其世界霸主地位逐渐被美国取代。第二次世界大战严重削弱了英经济实力。随着1947年印度和巴基斯坦相继独立，英殖民体系开始瓦解，但英仍是英联邦53个成员国的盟主。目前，英在海外仍有13块领地。

【苏格兰和威尔士地方议会和政府】1999年5月，苏格兰和威尔士选举成立地方议会，分别设129个和60个议席。7月1日，两地议会和政府正式运作。苏格兰议会在地方政务、司法、卫生、教育、经济发展等方面享有一定的立法权和行政权，并享有部分征税权，可将所得税的基本税率浮动3%。经英国中央政府授权，英国苏格兰地区于2014年9月18日就是否脱离英国实现独立举行公投。公投结果显示，55%的民众反对独立，45%支持独立，“苏格兰独立”公投以未获通过告终。现任苏格兰首席部长尼古拉·斯特金（Nicola Sturgeon）。威尔士议会主要在就业、卫生、教育和环境等问题上拥有决策权，但没有调整税率的权力。现任威尔士首席部长马克·德雷克福德（Mark Drakeford）。

【北爱尔兰自治政府】1998年4月10日，英国和爱尔兰政府及北爱尔兰冲突各方签署和平协议，英向北爱移交地方事务管理权，爱尔兰放弃对北爱领土的主权要求，之后选举产生北爱地方议会，推举成立由北爱多党分享权力的北爱自治政府，行使除国防、外交和税收之外的立法和行政权。由于北爱各派在缴械等问题上的争执，英政府先后4次被迫中止北爱政府的运作。经过多次波折，2005年7月28日，爱尔兰共和军发表声明，宣布从即日起放弃武装斗争，不再从事任何非和平活动。随后，英政府拆毁在北爱的部分军事设施并分阶段撤军。2007年3月9日，北爱举行地方议会选举，民主统一党和新芬党得票总数过半。5月8日，北爱各方经过艰苦谈判，就权力分配达成妥协，北爱地方联合政府宣告重启。2010年2月，民主统一党和新芬党就移交警务和司法权问题达成协议，北爱的警务和司法权从英议会移交至北爱地方议会。2015年9月，联合政府因爱尔兰共和军前成员遇刺事件引发危机，北爱地方政府首席部长彼得·罗宾逊（Peter Robinson）率多位部长辞职。12月，阿莱娜·福斯特（Arlene Foster）当选民主统一党新领袖并担任北爱地方政府首席部长，新芬党的马丁·麦吉尼斯（Martin McGuinness）任副首席部长。2017年1月，麦吉尼斯宣布辞职，以抗议福斯特力推的“可再生热能激励项目”。根据1998年和平协议相关安排，副首席部长辞职后，首席部长不能单独完全履职，北爱尔兰政府无法正常运转。3月，北爱尔兰提前举行议会选举。北爱尔兰两大政党民主统一党和新芬党得票领先。在选举产生的90名议员中，民主统一党占28人，新芬党27人，均未过半，两党也未能就组建联合政府达成一致。目前，北爱尔兰地方政府尚未组阁。

政　治

英国是一个在世界范围内有巨大影响力的大国。1973年1月加入欧共体。2016年6月举行公投，脱欧获得51.9%支持，卡梅伦随后宣布辞去首相职务。7月，特雷莎·梅（Theresa May）接任保守党领袖，成为继撒切尔夫人后英国历史上第二位女首相。梅上任后，强调要促进社会公正、维护国家统一、促进经济增长。2017年3月，英正式启动《里斯本条约》第50条规定的脱欧程序。6月，英提前举行大选。2018年11月，英国和欧盟达成《脱欧协议》和《未来英欧关系框架政治宣言》，需经英、欧议会和欧盟理事会批准后生效。2019年以来，《脱欧协议》在英国议会下院三次被否决。4月，欧盟特别峰会决定延迟英脱欧期限至10月31日，其间如《脱欧协议》在英议会通过，英将于次月第一天正式脱欧，启动英欧未来关系谈判。6月，因脱欧方案接连受挫，梅在党内压力下卸任保守党领袖。7月，鲍里斯·约翰逊（Boris Johnson）当选保守党新领袖，就任首相。12月，约翰逊率保守党在大选中以较大优势获胜，连任首相。

【宪法】英国宪法不是一个独立的文件，由成文法、习惯法、惯例组成。主要有大宪章（1215年）、人身保护法（1679年）、权利法案（1689年）、议会法（1911年、1949年）以及历次修改的选举法、市自治法、郡议会法等。政体为君主立宪制。君主是国家元首、最高司法长官、武装部队总司令和英国国教圣公会的“最高领袖”，形式上有权任免首相、各部大臣、高级法官、军官、各属地的总督、外交官、主教及英国圣公会的高级神职人员等，并有召集、停止和解散议会，批准法律，宣战媾和等权力，但实权在内阁。苏格兰有自己独立的法律体系。

【议会】最高立法机构，由君主、上院（贵族院）和下院（平民院）组成。上院议员包括王室后裔、世袭贵族、终身贵族、教会大主教及主教。1999年11月，上院改革法案获得通过，除92人留任外，600多名世袭贵族失去上院议员资格，非政治任命的上院议员将由专门的皇家委员会推荐。2006年7月首次经过选举产生了上院议长，现任议长为福勒勋爵（Lord Fowler）。下院议员由普选产生，采取简单多数选举制度，任期5年，但政府可提议提前大选。本届议会下院于2019年12月选出，在650个议席中，保守党占365席、工党占202席、苏格兰民族党占47席、自民党占11席、北爱尔兰民主统一党占8席，新芬党占7席，其他小党占9席。现任议长为林赛·霍伊尔（Lindsay Hoyle）。（资料来源：英国议会网站）

【政府】实行内阁制。由君主任命在议会中占多数席位的政党领袖出任首相并组阁，向议会负责。内阁主要成员为：首相兼首席财政大臣、文官大臣鲍里斯·约翰逊（Boris Johnson），财政大臣赛义德·贾维德（Sajid Javid），首席大臣兼外交大臣多米尼克·拉布（Dominic Raab），内政大臣普丽蒂·帕特尔（Priti Patel），兰开斯特公爵郡大臣迈克尔·戈夫（Michael Gove），大法官兼司法大臣罗伯特·巴克兰（Robert Buckland），脱欧大臣史蒂夫·巴克利（Steve Barclay），国防大臣本·华莱士（Ben Wallace），卫生和社会工作大臣马特·汉考克（Matt Hancock），商业、能源和产业战略大臣安德烈娅·利德索姆（Andrea Leadsom），国际贸易大臣兼贸易委员会主席伊丽莎白·特拉斯（Elizabeth Truss），就业和养老金大臣兼妇女和平等事务大臣特雷丝·科菲（Thérèse Coffey），教育大臣加文·威廉姆森（Gavin Williamson），环境、食品和乡村事务大臣特雷莎·维利尔斯（Theresa Villiers），住房、社区和地方政府事务大臣罗伯特·詹里克（Robert Jenrick），交通大臣格兰特·沙普斯（Grant Shapps），北爱尔兰事务大臣朱利安·史密斯（Julian Smith），苏格兰事务大臣阿利斯特·杰克（Alister Jack），威尔士事务大臣西蒙·哈特（Simon Hart），上院领袖兼掌玺大臣埃文斯女男爵（Baroness Evans of Bowes Park），数字化、文化、媒体和体育大臣妮基·摩根（Nicky Morgan），国际发展大臣阿洛克·夏尔马（Alok Sharma），不管国务大臣詹姆斯·克莱弗利（James Cleverly）。

【主要网址】英王室：www.royal.uk；中央政府：www.gov.uk；内阁办公室：www.cabinetoffice.gov.uk；首相府：www.number10.gov.uk；议会：www.parliament.uk；财政部：www.hm-treasury.gov.uk；英格兰银行：www.bankofengland.co.uk；外交及联邦事务部：www.fco.gov.uk。

【行政区划】分为英格兰、威尔士、苏格兰和北爱尔兰四部分。英格兰划分为9个地区，下辖伦敦、56个单一管理区政府、201个非都市区和36个都市区政府。苏格兰下设32个区。威尔士下设22个区。北爱尔兰下设11个地方市郡。苏格兰、威尔士议会及其行政机构全面负责地方事务，中央政府仍控制外交、国防、总体经济和货币政策、就业政策以及社会保障等。

伦敦也称“大伦敦”（Greater London），下设独立的32个城区（London Boroughs）和1个“金融城”（City of London）。各区议会负责各区主要事务，但与大伦敦市长及议会协同处理涉及整个伦敦的事务。

【司法机构】有三种不同的法律体系：英格兰和威尔士实行普通法系，苏格兰实行民法法系，北爱尔兰实行与英格兰相似的法律制度。司法机构分民事法庭和刑事法庭两个系统。在英格兰和威尔士，民事审理机构按级分为郡法院、高等法院、上诉法院民事庭、最高法院。刑事审理机构按级分为地方法院、刑事法院、上诉法院刑事庭、最高法院。最高法院是英国所有民事案件的最终上诉机关，也是英格兰、威尔士和北爱尔兰所有刑事案件的最终上诉机关。苏格兰高等法院是苏格兰所有刑事案件的最终上诉机关。

1986年成立皇家检察院，负责受理所有由英格兰和威尔士警察机关提交的刑事诉讼案。总检察长和副总检察长是英政府的主要法律顾问。现任总检察长杰弗里·考克斯（Geoffrey Cox）。

2007年5月，英内政部改组，分为内政部、司法部两个独立部门。内政部专责安全、反恐、移民，打击犯罪、毒品、反社会行为及建立身份证制度等事务；司法部负责法院、监狱、缓刑等事务。

【政党】政党体制从18世纪起即成为英宪政中的重要内容。现英国主要政党有：

（1）保守党（Conservative Party）：议会第一大党。领袖鲍里斯·约翰逊，2019　　年7月当选。保守党前身为1679年成立的托利党，1833年改称现名。1979—1997年曾4次胜出，连续执政18年。2015年5月英国大选后，保守党获单独执政地位，组成保守党政府。支持者一般来自企业界和富裕阶层。主张自由市场经济，严格控制货币供应量，减少公共开支，压低通货膨胀，限制工会权利，加强“法律”和“秩序”等。近年来，提出“富有同情心的保守主义”，关注教育、医疗、贫困等社会问题。强调维护英国主权，反对“联邦欧洲”、欧盟制宪，不加入欧元区。2016年6月，卡梅伦兑现竞选承诺，举行英欧关系公投，51.9%的英选民支持脱欧，卡随后宣布将辞职。7月，梅接任保守党领袖并成为英历史上第二位女首相，强调要维护国家统一，实现民众团结，促进社会公平和正义，有序推进脱欧谈判。2017年6月，英提前举行大选。梅领导保守党在大选中保持议会第一大党地位，但未赢得过半数席位，在北爱尔兰民主统一党支持下组建少数政府。2019年6月，梅卸任保守党领袖。7月，鲍里斯·约翰逊当选保守党领袖并就任首相。12月，约翰逊带领保守党在大选中赢取议会过半席次，成功续任首相且得以组建多数政府。

（2）工党（Labour Party）：议会第二大党。1900年成立，原名劳工代表委员会，1906年改用现名。1997—2010年连续执政13年。2010年、2015年大选失利成为反对党。近年来，工党更多倾向关注中产阶级利益，与工会关系一定程度上有所疏远。主张保持宏观经济稳定增长，建立现代福利制度。外交上主张积极参与国际合作，将英与美国和欧盟关系视为两大外交支柱。接受英公投脱欧结果，主张终止保守党“硬脱欧”计划，同欧盟建立紧密新型关系。2017年6月，英提前举行大选。前工党领袖科尔宾领导工党通过大选赢得更多席位。领袖杰里米·科尔宾（Jeremy Corbyn），2015年9月当选。2019年12月大选，工党席位减少59席，科尔宾宣布将辞去党领袖职务。

英国其他政党还有：苏格兰民族党（Scottish National Party）、自由民主党（Liberal Democrat Party）、

北爱尔兰民主统一党（Democratic Unionist Party）、新芬党（Sinn Fein）、威尔士民族党（Plaid Cymru）、绿党（Green Party）、英国独立党（UK Independence Party）、社会民主工党（Social Democratic and Labour Party）、北爱尔兰统一党（Ulster Unionist Party）等。

【重要人物】伊丽莎白二世：国家元首。全称为"托上帝洪恩，大不列颠及北爱尔兰联合王国以及其他领土和属地的女王、英联邦元首、基督教的保护者伊丽莎白二世"。1926年4月21日生，为已故英王乔治六世的长女。6岁时开始接受治国教育，研读法律、历史和语言，能讲流利的西班牙语，也会法语和德语。二战期间，担任一些社会团体的领导职务，战后担任更多的社会职务，经常巡视英国各地。1952年2月6日即位，1953年6月2日加冕。女王丈夫为菲利普亲王，受封为爱丁堡公爵。生有三子一女，长子查尔斯王子受封为威尔士亲王，是英国王储。女王曾于1986年10月访华。1999年10月、2005年11月和2015年10月分别邀请江泽民主席、胡锦涛主席和习近平主席对英进行国事访问。2014年6月会见访英并举行中英总理年度会晤的李克强总理。　**鲍里斯·约翰逊**：首相。1964年6月19日生，牛津大学贝利奥尔学院古典学专业毕业。曾经在《泰晤士报》及《每日电讯报》两家报社工作，2001年当选保守党下院议员，2005年，卡梅伦成为保守党领袖后，出任保守党"影子内阁"教育大臣。2008年5月，当选英国伦敦市长并于2012年5月连任。2016年7月，担任英国外交大臣，2018年7月辞职。2019年7月就任英国第七十七任首相，2019年12月，约翰逊带领保守党在大选中赢取国会过半席次，成功续任首相且得以组建多数政府。

经　济

英是世界第五大经济体，欧盟第二大经济体，仅次于德国。私有企业是英经济主体，占国内生产总值90%以上，服务业占国内生产总值四分之三以上。2019年主要经济数据如下：

国内生产总值：2.215万亿英镑。经济增长率：1.4%。

人均国内生产总值：26667英镑。

货币：英镑（Pound Sterling），1英镑=100便士。

汇率：1英镑=1.307美元；1英镑=1.405欧元。

通货膨胀率：1.7%。

失业率：3.8%。

（资料来源：英国家统计局网站）

【资源】英是欧盟中能源资源最丰富的国家，主要有煤、石油、天然气、核能和水力等。能源产业在英经济中占有重要地位。近年来，政府强调要提高能源利用效率，发展核能和可再生能源，减少对传统矿物燃料的依赖，建设"低碳经济"，并为此进行了一系列立法保障和政策引导，鼓励高效节能技术开发，培养企业和家庭节能意识，成效显著。以风力发电、生物质能发电、水力发电以及太阳能发电为核心的可再生能源发电在装机和发电量都稳步增长，而传统能源发电量所占比重则缓慢下降。2014年，可再生能源占总发电量的比例达到19.2%，超过核电占比19%。2016年由于三座主要燃煤电厂关闭，燃煤发电量占比从2015年的22.6%锐减至9.2%。2019年第三季度，燃煤发电量占比低于1%，可再生能源发电量攀升至总发电量的40%。

【工业】英主要工业有：采矿、冶金、化工、机械、电子、电子仪器、汽车、航空、食品、饮料、烟草、轻纺、造纸、印刷、出版、建筑等。生物制药、航空和国防是英工业研发的重点，也是英最具创新力和竞争力的行业。目前，英工业产值约占国内生产总值的23%。同许多发达国家一样，随着服务业的不断发展，英制造业自20世纪80年代开始萎缩，80年代和90年代初两次经济衰退加剧了这一态势。英制造业中电子和光学设备、人造纤维和化工产品，特别是制药行业仍保持雄厚实力。

【农牧渔业】英农牧渔业主要包括畜牧、粮食、园艺、渔业，可满足国内食品需求总量的近2/3。目前，农业占英国内生产总值占比不到1%，从业人数约45万，不到总就业人数的2%，低于其他主要工业国家。农用土地占国土面积的70%，其中多数为草场和牧场，仅1/4用于耕种。农业人口人均拥有70公顷土地，是平均水平的4倍。英是欧盟国家中最大捕鱼国之一，捕鱼量占欧盟的20%，满足国内2/3的需求量。

【服务业】服务业包括金融保险、零售、旅游和商业服务等，是英经济的支柱产业，产值约占国内生产总值的3/4。伦敦是世界著名金融中心，拥有现代化金融服务体系，从事跨国银行借贷、国际债券发行、基金投资等业务，同时也是世界最大外汇交易市场、最大保险市场、最大黄金现货交易市场、最大衍生品交易市场、全球第三大保险市场、重要船贷市场和非贵重金属交易中心，并拥有数量最多的外国银行分支机构或办事处。

【旅游业】英国旅游业收入居世界第五位，仅次于美国、中国、德国和日本，是英最重要的经济部门之一，从业人员约330万，占就业人口的10%（2018）。2018以年，赴英游客3801万人次，收入为231.6亿英镑。2019年前三季度来英游客达2866万，收入为183.2亿英镑，较前一年同期增长4.6%。伦敦是外国游客必到之处，且旅馆众多，但旅馆房间多为豪华型，经济型房间较为紧缺；而餐馆在数量和风味上都有很大增长，可满足不同口味的需求。主要旅游地区有：伦敦、爱丁堡、卡迪夫、布赖顿、牛津和剑桥等。主要观光景点有：歌剧院、博物馆、美术馆、古建筑物、主题公园和商店等。

【交通运输】英交通基础设施较齐全。陆路、铁路、水路、航空运输均较发达。英国共有火车站2566个，铁路总长15847公里（2019年）。日均发送旅客

493万人次，日均货物周转量4740万吨公里。全国铁路和伦敦地铁分别承担了铁路系统运输量的50%和40%，其余由轻轨承担。

2019年，英公路总长39.7万公里，其中3701.5公里为高速公路，承担着21%的交通量；4.73万公里为A级公路，承担45%的交通量。截至2019年6月底，注册的机动车辆总数为3870万辆，2019年新增机动车231万辆。

伦敦有十分发达的地铁网。1994年英法海底隧道贯通，将英国与欧洲大陆的铁路系统连接起来。2010年保守党和自民党联合执政后，推出建设高铁计划。2012年1月，英政府批准英国高速铁路2号工程（High Speed 2，简称HS2）。2016年6月，英还提出修建利兹至曼彻斯特的高铁3号线，2019年8月宣布重新评估。

水运：英内河航道共3200公里，其中620公里用于货运。泰晤士河是最繁忙的内陆水运河，其次为福斯河。海运承担了95%的对外贸易运输。英国大小港口众多，其中100个为重要商业港口，有52个港口年吞吐量在100万吨以上。吞吐量超过1000万吨的港口有：格里姆斯比–因明翰、伦敦、蒂斯–哈特浦尔、福斯、米尔福德–黑文、南安普顿、利物浦、萨仑沃、菲利克斯托、多佛等。通过发展航运金融和海事服务，英国保持了全球航运定价中心和管理中心地位。伦敦是国际海事组织、国际海运联合会等国际航运机构总部所在地。

空运：英国所有航空公司和大多数机场均为私营企业。目前，英共有50多家航空公司，460个机场，其中34个机场年客流量在10万人次以上。英国航空公司（British Airways）是世界最大航空公司之一，拥有300多架飞机，航线覆盖90多个国家和地区，约220座城市。2019年，英空运客流量总计2.96亿人次。其中，英最大机场伦敦希思罗机场客流量达8056万人次；第二大机场盖特威克机场客流量达4645万人次。其他重要机场还有曼彻斯特机场、斯坦斯特德机场、卢顿机场等。（资料来源：英国家统计局网站、欧洲统计局网站）

【财政金融】财政年度自每年4月6日开始。政府财政预算支出包括公共支出（中央政府和地方政府开支）、支付债务利息和财务调整。财政预算收入含直接税、间接税和国民保险税收入三项。2018/2019财年，英国公共债务达到18219亿英镑，占GDP的84.0%。政府赤字进一步缩减至387亿英镑，较上财年下降42亿英镑，相当于GDP的1.8%。（资料来源：英国家统计局网站、英财政部网站、英格兰银行网站、欧洲统计局网站）

英央行为英格兰银行（Bank of England），重要银行包括汇丰银行控股公司（HSBC Holding）、劳合社（Lloyds Banking Group）、巴克莱银行（Barclays）、皇家苏格兰银行（Royal Bank of Scotland）、渣打银行（Standard Chartered）等。

【对外贸易】英基础设施完善，政府配套服务措施到位，鼓励自由贸易，重视引进新技术、新产品和新的管理方法，以增加出口，提高就业。英与多个国家和地区有贸易关系，主要贸易对象为欧盟、美国、日本和中国。脱欧公投后，英更加重视拓展与欧盟以外国家的经贸关系，在政府部门增设国际贸易部。截至2019年12月，英政府外汇储备总额为1827亿美元。2019年，英国出口总额达到6986亿英镑，同比增长6.4%。进口总额达到7245亿英镑，同比增长5.6%。

【对外投资】英一直是国际资本的重要输出大国，这一特点随着英1979年取消外汇管制和北海油田的发现更加突出。20世纪80年代上半期英对外投资额可与美、日媲美，但随着90年代初期的经济衰退，英对外投资也随之大幅下降，之后又开始大幅攀升。2003年，英国贸易局更名为“贸易和投资署”，下设英贸易伙伴局和投资局。2018年，英对外直接投资396亿英镑，存量达1.4万亿英镑。

【外国资本】英国政府鼓励吸引外资。2018年，英吸引外国直接投资存量达1.5万亿英镑。外资在英投资项目主要为计算机软件、信息技术、互联网、电子商务、电子和通信、医药和生物技术、管理行业、汽车、食品和饮料等。

【对外援助】根据联合国千年发展目标，英正逐步将援助具体项目改为向落实减贫战略的国家政府直接提供援助。2011年，英宣布停止对俄罗斯、中国、越南、塞尔维亚等16国的直接援助，将援助集中于埃塞俄比亚、孟加拉国、尼日利亚、刚果（金）、巴基斯坦等27个最不发达的国家和地区。2013年，英成为七国集团中首个将国民总收入（GNI）的0.7%用于政府开发援助（ODA）的国家，并在此后持续稳定在0.7%。2019年，英官方发展援助（ODA）共计151.74亿英镑。

【著名公司及经济团体】2019年营业收入进入《财富》全球500强的英国公司和企业为以下17家，分别为：

（1）英国石油（BP）：排名世界第8。主要经营炼油业务。2019年营业收入3037亿美元。

（2）汇丰银行控股公司（HSBC Holdings）：排名世界第99。主要经营金融业务。2019年营业收入861亿美元。

（3）乐购（Tesco）：排名世界第103。主要经营食品及药品业务。2019年营业收入843亿美元。

（4）联合利华（Unilever）：排名世界第167，英国与荷兰联合公司。主要经营食品及洗剂用品。2019年营业收入602亿美元。

（5）沃达丰（Vodafone）：排名世界第217。主要经营电信业务。2019年营业收入505亿美元。

（6）葛兰素史克（Glaxo Smith Kline）：排名世界第296。主要经营制药业务。2019年营业收入411亿美元。

（7）力拓集团（Rio Tinto Group）：排名世界第303，英国和澳大利亚联合公司。主要经营矿产业务。2019年营业收入405亿美元。

（8）森特理克集团（Centrica）：排名世界第311。主要经营能源业务。2019年营业收入396亿美元。

（9）巴克莱银行（Barclays）：排名世界第320。主要经营金融业务。2019年营业收入383亿美元。

（10）森宝利公司（J. SAINSBURY）：排名世界第321。主要经营超市零售业务，2019年营业收入381亿美元。

（11）劳埃德银行集团（LLOYDS BANKING GROUP）：排名世界第353。主要经营金融业务，2019年营业收入353亿美元。

（12）保诚集团（Prudential）：排名世界第372。主要经营保险投资业务。2019年营业收入333亿美元。

（13）英美烟草集团（British American Tobacco）：排名世界第384。主要经营烟草业务。2019年营业收入327亿美元。

（14）康帕斯集团（Compass Group）：排名世界第403。主要经营饮食业务。2019年营业收入309亿美元。

（15）英国电信公司（BT）：排名世界第405。主要经营电信业务。2019年营业收入为307亿美元。

（16）国际航空集团（International Airlines Group）：排名世界第435。主要经营航空业务。2019年营业收入288亿美元。

（17）英美资源集团（Anglo American）：排名世界第450。主要经营采矿和自然资源领域业务。2019年营业收入276亿美元。

（资料来源：2019年《财富》世界500强）

【英中贸易协会（China-Britain Business Council）】 前身是1953年由一批冲破西方对华贸易封锁的英中小企业成立的“48家集团”。后英政府又成立了半官方的“英中贸易协会”。两组织于1991年合并为“英中贸易48家集团”，1998年更名为“英中贸易协会”。现任主席为古沛勤（Sherard Cowper-Coles，英国外交官），2019年就任。该会受英政府资助和指导，现有1000多名会员，核心会员近300家，绝大部分是长期从事对华经贸合作的企业、银行和贸易公司。主要任务是促进中英双边贸易和经济技术合作，主要活动包括组织贸易代表团访华，接待中国到访代表团，举办展览会，为英商提供中英贸易信息和咨询，出版《中英贸易回顾》和《英国工业》等。（资料来源：英中贸协资料）

人民生活

英实行公共保健、社会保险等福利制度，是最早实施福利制度的西方国家。实行五天工作制。2019年第四季度，英16—64岁劳动力人口就业率76.5%，就业人口3293.4万。国民医疗服务体系（National Health Service）是英福利体系的标志。1948年由当时的工党政府创立，并一直延续至今，为全民提供免费医疗服务。由于初级健康保健实施良好，英人均寿命与其他发达国家相当，但正逐步走向老龄化。

军　事

英建军时间约在17世纪中期。女王伊丽莎白二世为英军名义上的最高统帅。最高军事决策机构是“国防与海外政策委员会”，首相任主席，成员有国防大臣、外交大臣、内政大臣和财政大臣等；必要时，国防参谋长和三军参谋长列席会议。国防部为国防执行机构，既是政府行政部门，又是军事最高司令部。现任国防大臣国防大臣本·华莱士（Ben Wallace）。

英是北约集团的创始国和主要成员国，拥有核力量，将北约集体防务力量作为英国安全的基础；积极推动建立欧洲快速反应部队；保持强大的常规部队及核威慑力量；突出强调质量建军和联合快速反应部队的建设，重点提高英军处理各种危机、应付突发事件的快速反应能力，努力维护英在欧洲及海外传统势力范围的战略利益。

英实行正规军与预备役部队相结合的武装力量体制。英军现役军队总人数约24万人，包括现役军人14.65万人，文职人员5.7万人，预备役3.65万人。其中，现役军人为陆军8.14万人，海军3.24万人，空军3.27万人。实行志愿兵役制，服役期3、6、9、12、15年不等，一般最长为22年。目前，英军方共公布了16处海外军事基地，数量多、势力范围广。海外驻军主要部署在伊拉克、科索沃、直布罗陀、德国、加拿大、塞浦路斯、马尔维纳斯群岛（英称福克兰群岛）、波黑和塞拉利昂等地。

英军事工业发达，武器装备的现代水平居世界先进行列。军事工业规模可观、种类齐全、技术力量雄厚，具有独立研制大型武器装备的能力，某些技术和装备居世界一流水平。英是世界武器出口大国，主要出口类别包括军用飞机、战术导弹、作战舰艇和军事电子设备。

2015年11月，英出台《2015年国家安全战略暨国防与安全战略评估报告》，全面规划英未来国家安全与防务建设的优先方向和工作重点。大幅增加对英武装力量、安全和情报机构的投入，未来10年投入1780亿英镑用于英军事装备和支持，向安全和情报机构增加25亿英镑拨款。增加皇家空军和海军编制，组建全新“联合武装力量2025”，同时确保核威慑能力。

2014年9月，英开始参与美主导的打击伊拉克境内“伊斯兰国”军事行动。10月，英结束在阿富汗军事行动。2015年10月，加入军事打击叙利亚境内“伊斯兰国”目标行列。2015年12月，英议会授权英军空袭叙利亚境内“伊斯兰国”目标。2016年7月，英议会通过议案，斥资400亿英镑更新4艘三叉戟核潜艇。2017年12月，英国海军“伊丽莎白女王”号航母正式服役。2019财年，英国防预算为378亿英镑。

文化教育

【教育】英格兰、威尔士和苏格兰实行5—16岁义务教育制度，北爱地区实行4—16岁义务教育制度。义务教育归地方政府主管，高等教育则由中央政府负责。英重视教育和科研水平的提高，目前正进行教育改革，允许高校增收学费，同时继续加大教育投资。中小学公立学校学生免交学费，学生占学生总数的90%以上。私立学校师资条件与教学设备较好，但收费高，学生多为富家子弟，约占学生总数的7%。英文盲率仅为1%。约40%中学毕业生能够接受高等教育。全国有110多所大学和高等教育学院。著名的高等院校有牛津大学、剑桥大学、帝国理工学院、伦敦政治经济学院、圣安德鲁斯大学、伦敦大学学院、华威大学、曼彻斯特大学、爱丁堡大学和卡迪夫大学等。目前有30多万名海外学生在英大专院校学习。

【科技】英是世界高科技、高附加值产业的重要研发基地之一，其科研几乎涉及所有科学领域。英国以0.9%的人口，从事世界5%的科研工作。2015年，英所发表的学术论文引用量达15.2%。2017—2018年，英国是仅次于美国和中国的第三大科研出版物生产国。获国际大奖人数约占世界的10%，迄已涌现130多位诺贝尔奖得主，居世界第二，仅次于美国。英在生物技术、航空和国防方面具有较强的竞争力。

【文化】英国是世界文化大国之一，文化产业发达。全国约有2500家博物馆和展览馆对外开放，其中大英博物馆、国家美术馆等闻名于世。英国皇家芭蕾舞团、伦敦交响乐团等艺术团体具有世界一流水准。每年举行约500多个专业艺术节，其中爱丁堡国际艺术节是世界上最盛大的艺术节之一。当今世界80%的信息以英语传播。（资料来源：英国家统计局网站）

【新闻出版】英国新闻出版业发达，目前全国共有约1300多种报纸，8500种周刊和杂志，其中全国性日报11份，每周日发行的报纸11份。主要报纸、杂志有《泰晤士报》《金融时报》《每日电讯报》《卫报》《独立报》《观察家报》《星期日泰晤士报》和《经济学家》等。英15岁以上人口中有超过2/3的人至少阅读一份全国性日报。英互联网普及率较高，2018年，英国16—74岁的成年人中有95%是近期的互联网用户。2019年，16—44岁的成年人中有99%是近期的互联网用户。

通讯社主要有3家：（1）路透社：1851年成立于德国亚琛，世界重要通讯社之一，总部设在伦敦，在130个国家设有190多个分支机构，拥有编辑、记者和摄影师及各类工作人员约5.5万人。（2）新闻联合社：1868年创办，由PA新闻、PA体育、PA检索和PA数据设计4家公司联合经营，专门为英国和加拿大的企业提供公关和投资信息。（3）AFX新闻有限公司：由法新社与《金融时报》联合经营，向欧洲的金融及企业界提供信息和服务，在欧洲12国、美国及日本设立分支机构，总部在伦敦。

英共有5家通过地面发射的覆盖全国的电视台，即英国广播公司（BBC）、独立电视台（ITV）、第4频道（Channel 4）、第5频道（FIVE）和专门针对威尔士地区并使用威尔士语的S4C。此外还有卫星电视和有线电视，如天空电视等。

英国广播公司除提供电视节目外，还提供无线电广播服务。该公司系由几个无线电制造商于1922年创办，最初只向全英提供有限的无线电广播服务，现成为世界大型广播公司，拥有10多个传统及在线广播电台、10多个传统及数码交互式电视频道。该节目每周在全球约有各类听众和观众2.79亿人，其中1/4年龄在15—25岁。2018年BBC各类听众和观众占英国主要广播电视公司受众总数的30.9%。目前广播电台年播出总量达4万多小时，在英国内拥有60%的听众，其对外广播电台用40多种语言向全世界各国播放节目。

电视台开播于1936年，目前每年播出时间超过5万小时，BBC1主要播放新闻、时事、宗教、体育、歌剧及少儿和娱乐节目，BBC2主要播放音乐、艺术、喜剧、教育及一些特别节目。

独立电视台节目始播于1955年，面向全国提供24小时全天服务，其中1/3时间播放新闻，其他时间播放体育、喜剧、游戏和电影等。经费来源主要靠广告赞助。第4频道自己不制作节目，所播节目主要从独立制片人或包括海外的节目制作商处获取。节目从形式到内容以表现实验性、改革性和创新性为主。第5频道于1997年3月开播，主要播出时政、儿童节目、电影、戏剧和体育节目。

对外关系

英国是联合国安理会常任理事国以及二十国集团、七国集团、欧盟、北约、英联邦等120多个重要国际组织成员，系5个核大国之一，同185个国家建立了外交或领事关系，有14块海外领地。冷战结束后，英努力维护大国地位，利用传统影响和软实力，力求发挥“超出自身实力”的影响力。2009年国际金融危机发生后，英经济受到重创，对外行动能力有所下滑。2016年7月，梅政府成立后将脱欧作为外交首要任务，提出“全球英国”理念，展示英外向型国家形象。英与美国保持特殊关系，重视新兴经济体的影响和作用，在叙利亚、阿富汗、朝鲜核等国际和地区热点问题上积极进取。

【对当前重大国际问题的态度】关于联合国和安理会改革：认为联合国是国际体系的基石、国际集体行动合法性的最有力来源和最具广泛代表性的国际组织。主张在国际问题上更多发挥联合国作用，推动联合国增加对减贫、疾病防治和环境保护的投入，呼吁实现联合国千年发展目标，将人权、安全及发展问题更紧密联系起来，提高联合国预防和解决冲突的能力。主张对联合国安理会进行必要改革，支持安理会同时扩大常任和非常任理事国，支持德国、日本、印度、巴西四国和非洲国家“入常”，但反对新常任理事国享有否决权。

关于全球经济治理和二十国集团：支持积极参与全球经济治理，倡导保持世界经济自由开放、协调各国宏观经济政策和加强金融监管。主张发展议题是二十国集团的主要任务之一，推动建设二十国集团“三驾马车”机制。2016年9月，梅首相出席二十国集团领导人杭州峰会，并对峰会作出高度评价，认为其有力回应了世界经济面临的最紧迫问题。2017年7月，梅首相出席二十国集团领导人汉堡峰会。2018年11月30日至12月1日，梅首相出席在阿根廷布宜诺斯艾利斯举行的2018年二十国集团领导人峰会。2019年6月28—29日，梅首相出席在日本大阪举行的二十国集团领导人第十四次峰会。

关于气候变化：英认为《巴黎协定》意义重大，同时主张各方应更加重视后续落实行动。支持全球减排努力，提出到2030年将英温室气体排放水平在1990年标准上至少减少57%、到2050年至少减少80%。2016年7月梅政府成立后解散能源和气候变化部，将相关职能划入新成立的商业、能源和产业战略部。梅首相表示，英脱欧后会继续积极应对全球气候变化问题。2016年11月，英正式批准《巴黎协定》，成为第111个批约国家。

关于反恐：认为恐怖主义是英面临的主要安全威胁之一，将反恐置于国家安全战略的重要位置。宣布加大打击极端主义和恐怖主义力度。升级反恐战略，成立新的反恐行动中心。通过强化国际合作升级高风险地区反恐和反极端主义专家网络，构建更强大而有效的全球安全情报网。2015年10月，英议会通过决议授权政府空袭叙利亚境内“伊斯兰国”目标。2017年，英国内发生多起恐怖袭击事件，政府一度将恐怖主义威胁等级提至最高级“危急”。2019年11月英国内政部公布英国恐怖主义威胁等级已有所缓解，从“严重”下降到“较大”。

关于伊拉克问题：英关注伊拉克战后重建和人道主义援助。2015年4月成立英国—伊拉克冲突、稳定和安全基金。9月，英国际发展大臣访伊，宣布英将向伊战争难民提供2000万英镑援助。2016年12月，第四次伊拉克—英国部长级贸易理事会在伦敦举行，双方一致同意深化在贸易、投资、安全、移民等领域合作。2016年7月，英官方公布“齐尔考特”调查报告，称2003年美英对伊采取军事行动是英首次完全侵略一个主权国家。时任首相卡梅伦表示，英应从中汲取教训，所有投票支持参战决定的议员都应负责任。2017年11月，前首相梅访问伊拉克，为配合此次访问，唐宁街宣布了一系列与伊拉克的联合安全措施，包括提供1000万英镑的额外援助支持反恐。

关于叙利亚局势：支持通过政治方式解决叙利亚问题，反对巴沙尔继续执政，要求根据“日内瓦公报”及联合国安理会相关决议组建叙过渡政府。重视对叙人道主义援助，2016年2月在伦敦举行叙人道捐助会议。对叙政府在阿勒颇等地空袭反对派、阻碍人道救援表达强烈不满，要求俄停止支持叙空袭行动并利用自身影响缓和当地紧张局势。2018年4月，美国联合英国和法国对叙利亚军事设施实施打击。

关于伊朗核问题：对伊核问题全面协议表示欢迎，并表示协议达成后，工作重点应转向确保协议得到迅速全面的实施。鼓励伊朗在地区事务，特别是打击宗教极端主义中发挥透明、建设性作用。2019年1月底，英法德三国宣布已与伊朗建立“贸易互换支持工具”（Instex），用于与伊朗之间的非美元结算。11月，英国、法国和德国外长发表联合声明，指出伊朗应立即恢复全面遵守在《联合全面行动计划》框架内所承担的义务。

关于朝鲜半岛核问题：关注朝核问题，谴责朝退出《核不扩散条约》，认为此举威胁到地区稳定。敦促朝以“明确和可核查的”方式放弃核武计划，允许国际原子能机构派监督员返朝，并全面、无条件地遵守所有相关国际条约和义务。英强烈谴责朝鲜多次进行核试和射星，支持联合国对朝采取严厉措施。

关于防扩散、核裁军：认为在防扩散领域做发展中国家工作至关重要。认为核裁军与金融危机和气候变化同等重要。支持建立无核武器的世界，愿适时参与多边核裁军谈判。

关于乌克兰问题：视乌克兰危机为冷战结束后欧洲面对的最大安全挑战。与美国、欧盟密切沟通协调，共同应对危机。乌克兰危机爆发后，英积极推动和参与欧美等对俄制裁，并努力推动政治解决乌问题。

关于阿富汗问题：认为阿富汗稳定事关反恐大局，事关北约战略转型，该问题是英外交首要优先内容。表示英并不指望阿富汗拥有“完美民主”，而是希望阿能保持局势稳定并维护自身安全。英作战部队于2014年底撤离阿富汗，但仍将继续为阿提供长期的经济、政治和安全支持。主张联合国应在北约撤军后发挥主导作用，协调国际社会对阿援助。

【同中国的关系】英国于1950年承认中华人民共和国，是最早承认中华人民共和国的西方大国。中英于1954年6月17日建立代办级外交关系，1972年3月13日升格为大使级外交关系。此后30多年，中英关系历经波折，总体上朝着积极稳定的方向发展。1997年香港政权顺利交接后，两国关系进入全面发展的新阶段。

2016年1月，英国外交大臣哈蒙德访华。2月，王毅外长赴伦敦出席叙利亚人道捐助会议。4月，习近平主席在北京会见英国约克公爵安德鲁王子。6月，首次中英高级别安全对话在北京举行。7月，李克强总理向英国新任首相特雷莎·梅致就职贺电。9月，习近平主席会见来华出席二十国集团领导人杭州峰会的梅首相。这是英新政府上台后两国领导人首次会晤，双方再次确认了坚持中英关系“黄金时代”的大方向。11月，马凯副总理赴英同哈蒙德财政大臣主持第八次中英经济财金对话。12月，刘延东副总理同亨特卫生大臣在上海主持中英高级别人文交流机制第四次会议。杨洁篪国务委员访英并与约翰逊外交大臣共同主持第八次中英战略对话。

2017年2月，第二次中英高级别安全对话在伦敦举行。3月，李克强总理、王毅外长分别同梅首相、约翰逊外交大臣互致贺函电，庆祝中英建立大使级外交关系45周年；习近平主席、李克强总理、王毅外长分别就伦敦恐怖袭击事件向英女王伊丽莎白二世、英首相梅、外交大臣约翰逊致慰问电。5月，英国首相特使、财政大臣哈蒙德来华出席“一带一路”国际合作高峰论坛。6月，李克强致电祝贺特蕾莎·梅连任英国首相。7月，习近平主席出席二十国集团领导人汉堡峰会期间同梅首相举行双边会见。9月，习近平主席应约同梅首相通电话，王毅外长与约翰逊外交大臣在纽约联合国大会期间举行双边会见。10月，梅首相就十九大召开向习近平主席致贺信。12月，刘延东副总理访问英国并主持中英高级别人文交流机制第五次会议，分别会见梅首相、约翰逊外交大臣等。李克强总理会见哈蒙德财政大臣，马凯副总理与哈在北京共同主持第九次中英经济财金对话。

2018年1月31日至2月2日，梅首相对中国进行正式访问并举行中英总理年度会晤，习近平主席、李克强总理、张德江委员长分别会见、会谈。3月，梅首相向习近平主席致信祝贺连任。4月，第十届中英政党对话在北京举行，习近平主席、梅首相分别致贺信。习近平主席应约同梅首相通电话。5月，中共中央政治局委员、北京市委书记蔡奇率中共代表团对英国进行友好访问。王毅国务委员兼外交部长在二十国集团外长会议期间会见英国外交大臣约翰逊。习近平主席在北京会见英国约克公爵安德鲁王子。6月，孙春兰副总理在北京会见英国威赛克斯伯爵爱德华王子。胡春华副总理会见访华的英国财政大臣哈蒙德。7月，英国外交大臣亨特访华并同王毅国务委员兼外交部长举行第九次中英战略对话，李克强总理、中央外事工作委员会办公室杨洁篪主任分别会见。8月，胡春华副总理会见访华的英国国际贸易大臣福克斯。9月，王毅国务委员兼外交部长在联大会议期间会见英国外交大臣亨特。10月，习近平主席会见英国四十八家集团俱乐部主席斯蒂芬·佩里。李克强总理在布鲁塞尔出席亚欧首脑会议期间会见梅首相。11月，李克强总理会见英国前首相卡梅伦。12月，英国四十八家集团俱乐部主席斯蒂芬·佩里获颁庆祝改革开放40周年中国改革友谊奖章。

2019年1月，王毅国务委员兼外交部长应约同英国外交大臣亨特通电话。3月，国务委员兼外长王毅在布鲁塞尔简短会见英国外交大臣亨特。4月，中共中央政治局委员、中央外事工作委员会办公室主任杨洁篪，中共中央政治局委员、北京市委书记蔡奇分别会见英国约克公爵安德鲁王子。英国首相特别代表、财政大臣哈蒙德来华出席第二届“一带一路”国际合作高峰论坛，其间，李克强总理、胡春华副总理分别会见。6月，胡春华副总理与英国财政大臣哈蒙德在伦敦共同主持第十次中英经济财金对话。7月，王毅国务委员兼外长在泰国曼谷出席东亚合作系列外长会期间会见英国首席大臣兼外交大臣拉布。11月，胡春华副总理在北京会见英中贸易协会会长詹诚信、主席古沛勤。

英国是中国在欧盟内第二大货物贸易伙伴、第三大出口市场和进口来源地。2019年中英双边贸易额862.7亿美元，同比增长7.3%。其中中国对英出口额623.7亿美元，同比增长10.3%；中国自英进口额239.0亿美元，同比增长0.1%。

2019年中国对英国直接投资总额53.5亿英镑，截至2019年10月底，中国对英国全行业直接投资226亿美元，英在华投资254亿美元。中国对英国主要投资并购领域为金融、通信、汽车、运输、石化、传媒、服装、医药等行业。近年来主要投资项目包括：吉利汽车在考文垂投资建设制造新型电力伦敦出租车的新工厂、腾讯收购英国手机游戏公司Space Ape Games 62%股份、陕西炼石有色收购英国航空零部件制造商Gardner Aerospace、京东收购英国奢侈品电商Farfetch股权、招商局集团旗下联合光伏公司收购英国太阳能发电站、山东济宁如意毛纺织股份有限公司收购雅格狮丹（Aquascutum）、首农股份与中信农业收购英国樱桃谷农场有限公司（Cherry Valley Farm）100%股权、中再集团收购英国侨社保险、中国投资有限责任公司收购伦敦希思罗机场10%的股份、北京建工集团获得曼彻斯特“空港城”的建设参与权等。目前已有超过500家中资企业落户英国。两国经贸合作呈多样化发展趋势，英国在中国优先发展的交通、能源、化工、机械制造领域及信息、生物工程等高新技术方面具有优势，同时也是中国机电、纺织、化工、金属制品、服装以及初级产品的重要市场。英国对参与中国西部大开发态度较积极，对华投资区域正逐渐从沿海向中西部内陆地区扩展。2016年2月，中英经贸联委会第12次会议在英举行，成立了中英地方合作联合工作组，这是中国与欧洲国家建立的首个地方经贸合作机制。

伦敦是世界第一大人民币离岸外汇交易中心和全球第二大人民币离岸清算中心。2016年5月，中国财政部在伦敦发行30亿元人民币国债，这是中方首次在中国之外发行人民币主权债券。2016年11月，第八次中英经济财金对话在伦敦举行，其间发布《中英金融服务战略规划》。2017年5月，财政大臣哈蒙德作为首相特使来北京出席“一带一路”国际合作高峰论坛，中国财政部同英国等26国财政部共同核准了《“一带一路”融资指导原则》。2017年12月，第九次中英经济财金对话在京举行。中英双方在宏观经济政策、贸易、投资、金融、产业战略、“一带一路”和第三方市场等领域合作取得积极进展。双方就深化经济财金合作、为中英关系“黄金时代”注入新动力达成一系列共72项新共识。其间，英方正式签署向亚投行“项目准备特别基金”注资5000万美元的协议。英国财政部任命汇丰集团前主席范智廉担任英“一带一路”金融与专业服务合作特使，并设立英国“一带一路”专家理事会。英国出口融资署宣布计划新增约250亿英镑的业务，支持“一带一路”亚洲项目。2018年6月，范智廉接受中方邀请担任“一带一路”国际合作高峰论坛咨询委员会委员，并于12月参加“一带一路”国际合作高峰论坛咨询委员会第一次会议。2018年11月，英约克公爵安德鲁王子、国际贸易大臣福克斯率团出席首届中国国际进口博览会。2019年6月，第十次中英经济财金对话期间，中方任命朱民为中英经济财金对话机制下中英“一带一路”金融与专业服务合作中方联络人，中英签署第三方市场合作谅解备忘录，“沪伦通”开通。同年，中资银行首次在伦敦公开发行英镑债券。

中英人文交流持续活跃，在卫生、气候变化、可持续城市、人员交往以及野生动物保护等领域合作势头良好。2015年，两国举办首个“中英文化交流年”。2016年，双方举办纪念汤显祖、莎士比亚逝世400周年系列纪念活动。2017年12月，中英高级别人文交流机制第五次会议在英国伦敦举行。2018年2月，《秦始皇和兵马俑》展览在英国利物浦国家博物馆举行。2019年，中国国家京剧院等以中华人民共和国成立70周年为主题在英举办演出。

截至2019年底，中国在英孔子学院和孔子课堂分别达到30所和163间，全英开设汉语教学的中小学达600多所。英国是与我国开展教育合作交流较早的欧洲国家之一，中国赴英各类留学人员约20万人，英在华留学生1万余名。

2016年1月，双方宣布为从事商务、旅游等活动且符合条件的对方国家公民颁发2年有效、多次入境的相应类别签证。双方客运航班增至每周168班，每年人员往来近200万次。

卫生方面，2013年3月，首届中英全球卫生对话在英国伦敦举办。2017年12月，中国医学科学院牛津研究所正式成立，成为牛津大学建校200多年来首个同外国研究机构合作在该校校园内设立的研究机构。2019年1月，第五届中英全球卫生对话在伦敦举办。

截至2019年末，两国已缔结友好省、郡、区69对。中国在英国设有三个总领馆（曼彻斯特、爱丁堡、贝尔法斯特），英国在华设有五个总领馆（香港、上海、广州、重庆、武汉）。

中国驻英大使：刘晓明。馆址：49 PORTLAND PLACE，LONDON W1B 1JL。电话：0044–20–72994049；传真：76362981，76365578。领事部地址：31 PORTLAND PLACE，LONDON，W1B 1QD。电话：0044–20–74368294，24小时领事保护与协助电话：0044–20–74368294；传真：74369178。经商处地址：16 LANCASTER GATE，LONDON W2 3LH。电话：0044–20–70784949；传真：0044–20–77062777。文化处地址：11 WEST HEATH ROAD，HAMPSTEAD NW3 7UX，电话：0044–20–74318830；传真：74318810。教育处地址：50 PORTLAND PLACE LONDON W1B 1NQ。电话：0044–20–76120262；传真：75804474。科技处地址：10，GREVILLE PLACE，LONDON NW6 5JN，电话：0044–20–76250079；传真：76250070。

英国驻华大使：吴百纳（Barbara Janet Woodward）。馆址：北京市光华路11号。电话：010–51924000；传真：65321937/8/9。领事签证处地址：北京市光华路1号嘉里中心21层。电话：010–85296600；传真：85296081（领事），85296080（签证）。文化教育处地址：北京市东三环北路8号亮马河大厦4层。电话：010–65906903；传真：65900977。国际发展处地址：北京市光华路1号嘉里中心南座30层。电话：010–85296882。

【同其他国家的关系】与美国关系：从维护西方世界团结和对多极秩序主导权的目的出发，强调美国的领导地位和国际作用不可或缺，将英美特殊关系作为外交基石，认为这种特殊关系是建立在两国人民的密切接触与广泛的商业联系基础之上，在重大国际和热点问题上与美协调并提供协助，借英美关系提升英的地位，在国际事务中发挥超出自身实力的作用。2017年1月，梅首相访问美国并会晤特朗普总统，成为特就任总统后会见的首位外国领导人。2018年7月，美国总统特朗普对英国进行工作访问。2019年6月，美总统特朗普对英国进行国事访问。12月，特在出席北约伦敦峰会前再次访英。

与法德关系：注重与法德合作，加强与法国的军事合作，支持德国成为联合国常任理事国。

与西巴尔干地区国家关系：看重西巴尔干国家的重要战略位置，与该地区各国均保持了密切联系，并通过欧盟及双边渠道向有关国家提供发展援助。承认科索沃单方面宣布独立，在科设立大使馆并向科当局提供援助。支持北马其顿、塞尔维亚申请加入欧盟。

与俄罗斯关系：认为俄实现民主、保持稳定有利于欧洲和平，鼓励俄进一步改革。英是俄罗斯重要的投资国，俄是英重要的能源供应方，双方经贸关系较密切。乌克兰危机爆发后，英积极推动和参与欧美等对俄制裁，并努力推动政治解决乌问题。2016年梅就任首相后不久即与俄总统普京通电话，表示愿以坦诚的方式就有关问题进行沟通。梅在出席二十国集团领导人杭州峰会期间与普京会面。2017年12月，英外交大臣约翰逊访俄。2018年3月以来，英俄关系因俄前特工斯克里帕尔在英中毒事件陷入低谷。2019年6月G20峰会期间，英首相特雷莎·梅同俄罗斯总统普金会晤。

与中东欧及其他独联体国家关系：欢迎中东欧、独联体国家加入北约和欧盟，关注格鲁吉亚、乌克兰、乌兹别克斯坦、塔吉克斯坦和吉尔吉斯斯坦等国的民主进程及人权状况。

与日本关系：重视在全球化背景下增强与日政治、经济和军事关系，积极发展双方在环境、科技、人道援助、反恐等领域的合作。重视日在朝鲜半岛、伊拉克、中东等地区热点问题上的作用，支持日成为联合国安理会常任理事国，欢迎日积极参与国际维和行动。2016年以来，英日两国举行多次联合军演。2017年5月，安倍晋三访问英国。8月，梅首相访问日本。12月，英日在伦敦举行第三次外交与防务大臣2+2会晤。2018年9月，英日举行第七次外交战略对话。12月G20峰会期间，英日首相在阿根廷布宜诺斯艾利斯举行会晤。2019年1月，安倍晋三访问英国。4月，英外交大臣亨特访问日本，同日本首相安倍晋三举行会谈。

与巴基斯坦关系：对巴基斯坦局势表示高度关切，重视与巴反恐合作，支持打击巴宗教极端主义势力，希巴局势尽快恢复稳定，高度关注阿、巴边境安全形势，在制定对巴援助政策时重点考虑帮助巴减少贫困。

与中东国家关系：支持中东和平进程，重视同该地区国家发展关系。认为阿以冲突是中东问题的症结，支持“以土地换和平”的原则，呼吁阿以双方停止暴力，通过政治途径实现中东问题的全面解决。承认以色列对西耶路撒冷的实际控制，但不承认以对耶城拥有主权。反对扩大犹太人定居点。认为巴勒斯坦享有包括建国在内的自决权，支持向巴提供援助。强调推动中东和平进程对根除国际恐怖主义的重要性。

与英联邦国家关系：英政府主张加强英联邦的作用，积极改善并发展与英联邦国家传统联系，增加对成员国的援助，注重经援与民主、法治、人权和良政挂钩，希以民主自由观念增进英联邦国家的凝聚力，利用英联邦广泛的联系提升英国际影响，实现英外交政策目标。2018年4月，英国在伦敦主办第25届英联邦国家领导人峰会。因印度兼具英联邦成员和重要新兴经济体地位，英尤其强调加强同其关系。2016年11月，梅首相访印。2017年4月，财政大臣哈蒙德赴印度参加英印第九次财经对话。2018，英联邦政府首脑会议在英国伦敦举行，印总理莫迪出席。

与非洲国家关系：英将非洲问题作为外交重点之一。支持“非洲发展新伙伴计划”，支持非盟发挥更大作用，主张国际社会在减债、投资和市场准入等方面为非洲提供更有利的条件，增加对非援助。英大力推动千年发展目标。认为非洲发展的关键是实行西方“民主制度”和“良治”，强调对非援助与之挂钩。关注非洲地区冲突，参与非洲地区的维和行动。呼吁国际社会共同为减贫而努力。英十分关注中国在非行动，愿与中方加强在非洲问题上的合作，开展涉非三方合作。

与拉美国家关系：主张与拉美国家加强双边交往，密切欧洲与拉美地区的联系，重视与西班牙开展拉美地区合作，促进双方在该地区的利益。支持巴西成为联合国安理会常任理事国，主张与古巴发展关系，要求古促进人权和政治自由，呼吁促进委内瑞拉国内政治和解。自2011年起，英国与阿根廷关于马岛归属的争端有所加剧。2013年3月，马岛居民就主权争议举行公投，结果98.8%的选票支持继续保留英国“海外属地”的政治地位，阿根廷政府宣布不承认该公投结果。

（宋建）

直布罗陀

名称 直布罗陀（Gibraltar）。现为英国海外领地（British Overseas Territory）。

面积 6.8平方公里。

人口 34003人（2019年）。主要是直布罗陀人（意大利、马耳他、西班牙人后裔），其次是英国人，其余为摩洛哥人、印度人、葡萄牙人、巴基斯坦人和西班牙人。主要语言为英语，亦通用西班牙语、意大利语和葡萄牙语。72.1%的居民信奉天主教，7.7%的居民信奉英国国教，3.6%的居民信奉伊斯兰教。

总督 爱德华·戴维斯中将（Lieutenant-General Edward Davis），2016年1月19日就职。

重要节日 民族日：9月10日。

简况

位于伊比利亚半岛南端，海岸线长12公里，天气晴好时能自最南端的欧罗巴角灯塔望见对岸的非洲大陆。属地中海气候，冬季平均温度为12℃—18℃，夏季为13℃—29℃。

1501年正式纳入西班牙版图。西班牙国王卡洛斯二世无嗣，嘱由法国波旁王族继承西王位。1700年卡洛斯二世死后，法国王路易十四之孙菲力普被宣布为西国王。但卡洛斯二世的外甥、奥地利查理大公按哈布斯堡王族的血缘关系也要求继承王位。由此引发1701年王位继承战争。英国和荷兰支持查理大公，并于1704年攻占直布罗陀。1713年交战双方签订《乌特勒支和约》，承认了菲力普的西班牙国王地位，但作为交换条件，直布罗陀被割让给英国。英占直布罗陀后，驱逐了原有的西班牙居民，从外地大量移民。1909年英国在直布罗陀与西本土之间的中立地带修筑军事基地和机场并设栅栏，形成现今的边界。

西班牙从未放弃收复直布罗陀的要求。第二次世界大战后，西加强了收复活动。1946年，联合国通过第66（I）号决议，将直布罗陀列入联合国“非自治领土”清单。1964年联合国非殖民化特别委员会认为“联大1960年第1514（XV）号决议《给予殖民地国家和人民独立宣言》的条款完全适用于直布罗陀”，要求英西两国政府谈判解决直布罗陀争端。1966年联合国大会又通过决议，敦促“加快直布罗陀非殖民化”。英国拒绝谈判，并加速推行直布罗陀“自治”，于1967年9月10日在直布罗陀举行了归属问题的公民投票，结果绝大多数人赞成直布罗陀继续归属英国。联大通过决议指出这次公民投票违背了联合国决议，再次敦促英西举行谈判。1969年直布罗陀议会通过新宪法，宣称直“是英国的一部分”，在“没有完全充分表达民意的公民投票的情况下，直布罗陀不应交给他国”。西班牙对此表示强烈不满，于1969年封锁边界，撤走在直工作的工人，中断与直的通信和交通联系，禁止英国飞机飞越西领空，使直布罗陀成为孤岛。

1980年，西英两国商定通过对话解决关于直布罗陀的一切分歧并恢复直布罗陀地区的直接联系。1981年，英国授予直布罗陀居民完全的英国国籍，使西英争端更为复杂。1984年11月，英方首次表示同意谈判包括直主权在内的各种问题。此后西英双方举行了多轮谈判，但进展不大。2000年4月，西英两国政府就直布罗陀问题达成一项协议，明确英政府是处理直涉外事务的唯一政府。2001年11月，西英两国外交大臣举行正式会谈，双方同意今后达成一项涵盖有对外合作与主权等重大问题的全面协议，共同致力于让直享有更大的自治权。2002年11月，直布罗陀就主权归属问题举行公民投票，99%以上的直居民反对西英两国对直主权共享。西英两国都明确表示对直公投结果不予承认。

2004年10月27日，西英两国一致同意成立新的三方对话论坛，直布罗陀首次作为独立一方参加有关会谈。2005—2010年，三方对话论坛举行了一系列会议，包括3次部长级会议。2006年9月18日，西、英、直三方在西南部城市科尔多瓦（Cordoba）市举行的三方对话论坛首次部长级会议上签署了一个“历史性”文件。根据协议，直将在两年内出资建造一个新机场，新机场由一家西班牙和直布罗陀合资公司经营，向西班牙开放。协议还包括英政府支付早年在直工作过的西班牙工人养老金，西承认直的国际电话代码（350），西将为边关通行提供更大方便，以及西在直建立塞万提斯学院等。但协议没有提及直主权问题。

2008年6月，直当地政府首席部长彼得·卡鲁阿纳（Peter Caruan）宣布，直已不再是英国殖民地，他将不再参加联合国反殖民地委员会。他要求委员会给予直殖民地人民自主决定权。他同时说：“直布罗陀从来不曾也永远不会再成为西班牙的一部分。”

2009年7月21日，西班牙外交大臣莫拉蒂诺斯首度访问直布罗陀，这是西班牙部长级官员300多年来首次踏上直布罗陀的土地。他与英国外交大臣米利班德及直首席部长彼得·卡鲁阿纳举行了历史性的会面。

2012年起，英西双方就西班牙船只出现在直布罗陀沿海多次发生争执，主权争端时有激化。

政　治

2015年，直布罗陀首席部长法比安·皮卡多（Fabian Picardo）公开发表文章称：“如果英国退出欧盟，直布罗陀将被西班牙所掌控。只有英国仍旧属于欧盟，才能保护直布罗陀免受这类行为的伤害。”2016年6月23日，英国就脱离欧盟举行全民公投，但96%的直布罗陀民众在公投中反对脱欧。2017年3月29日，英国首相特雷莎·梅致函欧盟，正式启动脱欧程序。4月29日，欧盟27国领导人在英国脱欧问题特别峰会上达成脱欧谈判指导原则，其中规定“英国脱欧后，未经西班牙与英国同意，欧盟与英国间的任何协议不得适用于直布罗陀”。2018年11月13日，英欧就脱欧协议草案达成一致，但未写明直布罗陀不在脱欧谈判范围内，引发西班牙强烈不满，表示如协议不遵守脱欧谈判指导原则第24条规定，将对协议投反对票。24日，西英欧三方达成一致，规定英欧间达成的脱欧协议范围不包含直布罗陀。

为解决英国脱欧后直布罗陀与欧盟关系问题，西班牙主张由其同英国临时共享直布罗陀主权，但遭英国和直布罗陀当局拒绝。

2020年1月31日，英国正式“脱欧”，英欧双方将在11个月过渡期内就未来关系进行谈判。

直当局表示将考虑加入申根区以解决人员自由流动问题。

【宪法】现行宪法于2006年11月经直公民投票通过，2007年1月2日生效。新宪法依旧保留了1969年宪法序言部分的陈述。总督为英国女王的代表，其职责包括防务、外交以及内部安全事务等。

【议会】直布罗陀议会（Gibraltar Parliament）为一院制，有18个席位，其中17席经普选产生，任期4年，议长席位由议会任命。本届议会于2019年10月17日选出，议长为无党派人士梅尔文·法罗尔（Melvyn Farrell），社会主义工党—自由党联盟占7席，自由党占3席，社民党占6席，“共同直布罗陀”占1席。

【政府】直布罗陀作为英国的海外领地，由英国王室委派总督兼驻军司令，负责涉外事务、防务和内部安全事务。政府由总督和部长会议组成。部长会议由议会选举产生，首脑为首席部长。本届政府由社会主义工党—自由党联盟领导，于2019年10月组成，主要成员：首席部长法比安·皮卡多（Fabian Picardo，社会主义工党），副首席部长约瑟夫·加西亚（Joseph Garcia，自由党）。

【政党】主要政党有：

（1）直布罗陀社会主义工党（Gibraltar Socialist Labor Party，GSLP）：成立于1978年。中左翼政党。1988—1996年为执政党。2015年再度执政。领导人法比安·皮卡多。

（2）直布罗陀自由党（Liberal Party of Gibraltar）：成立于1991年，也称直布罗陀国民党（Gibraltar National Party）。中间派政党。与社工党联合执政。领导人约瑟夫·加西亚。

（3）直布罗陀社会民主党（Gibraltar Social Democrats，GSD）：成立于1989年。中左翼政党。1996—2011年执政。2013年，该党领导人、前首席部长彼得·卡鲁阿纳退休，丹尼尔·费萨姆（Daniel Feetham）接任。2017年，前民主进步党主席基思·阿佐帕尔蒂（Keith Azopardi）当选新任党主席。

（4）"共同直布罗陀"（Together Gibraltar，TG）：成立于2018年11月，由部分直布罗陀社会民主党原党员组建，为社会自由主义政党。党首马琳·哈桑·纳洪（Marlene Hassan Nahon）。

【司法机构】司法系统包括上诉法院、最高法院、初审法院和地方法院。

【重要人物】爱德华·戴维斯中将：总督。1963年2月13日出生，1981年起在皇家海军陆战队服役。2011年12月至2014年6月担任皇家海军陆战队总指挥官，参加过阿富汗战争。2014年7月晋升中将，2016年初任直布罗陀总督。 **法比安·皮卡多**：首席部长。1972年2月18日生于直布罗陀。1993年获得英国牛津大学奥里尔学院法学学士学位。他是英国四大律师学会之一的格雷律师学会的成员，并于1994年取得律师资格。他曾是直布罗陀国民党（现称直布罗陀自由党）创始人之一。2003年脱离自由党，加入直布罗陀社会主义工党。2011年4月取代任职多年的乔·博萨诺成为该党领导人。同年12月出任首席部长。2019年10月获得连任。

经　济

直布罗陀缺乏自然资源。主要经济行业是金融业（占地区生产总值22%）、修船业（20%）和零售/旅游业（25%），网络游戏业发展迅猛。

2018年，劳动人口2.99万人，主要其中从事工业的人口占1.8%，从事服务业人口占98.2%，每天有约1.4万名边界工人往返西班牙和直布罗陀边界工作。财政收入主要来自个人所得税、关税、不动产税、邮政和彩票。公路长约50公里，有机场和海港各1个，注册船舶232艘。近年来，直旅游业一直快速增长，2018年抵达直布罗陀的游客约780万人次。直布罗陀是"避税天堂"，6.8平方公里面积内有约3万家注册企业。2002年10月，欧盟委员会决定对直的金融体系进行深入调查，同时敦促英国取消或对直现行的免税体制进行改革。2018年主要经济数据如下：

地区生产总值：23.47亿英镑。

地区生产总值增长率：5.9%

人均地区生产总值：69917英镑。

货币名称：直布罗陀镑，与英镑等值。

汇率：1美元=0.8直镑。

通货膨胀率：1.1%。

（资料来源：直布罗陀政府办公室）

【对外贸易】主要进口产品：燃料、制成品和食品；主要出口产品：转口石油产品（51%）、制成品。直依赖对欧盟国家的贸易，2019年同欧盟国家贸易总额51.6亿欧元，其中自欧盟进口额49.97亿欧元，出口额1.63亿欧元。主要贸易伙伴是英国，其次为西班牙、德国和荷兰。

人民生活

根据2019年估计，直布罗陀居民平均预期寿命为80岁，其中男性为77.1岁，女性为83岁。

军　事

长期以来，直布罗陀的军事防务由英国负责。1991年3月，英国陆军正式将直布罗陀的防务移交给由当地人组成的一个团队，同时还保留了部分驻军，从此结束了英国在直布罗陀长达287年的军事管辖。战略地位重要的军民合用机场直布罗陀机场目前由英国皇家空军管理，是英国重要的空军基地。其附近建有英国皇家海军的军事基地。

文化教育

【教育】直布罗陀对5—15岁少年儿童实行义务教育。

【新闻出版】共有6种报刊，主要报纸杂志是《直布罗陀纪实报》和《见解》杂志。

直布罗陀广播公司（GBC）提供电视和广播服务，有1家电视台和4家广播电台。（毛翔宇）

美　洲

阿　根　廷

国名　阿根廷共和国（The Republic of Argentina, República Argentina）。

面积　278.04万平方公里（不含马尔维纳斯群岛和阿主张的南极领土）。

人口　4494万（2019年）。白人和印欧混血种人占95%，多属意大利和西班牙后裔。印第安人口95.5万，其中人口最多的少数民族为马普切人（Mapuche）。官方语言为西班牙语。76.5%的居民信奉天主教，9%的居民信奉新教。

首都　布宜诺斯艾利斯（Buenos Aires），人口289万。首都气候温和，年平均气温17.4℃，全年降水量1313.1毫米。

国家元首　总统阿尔韦托·费尔南德斯（Alberto Fernández）。2019年12月10日就职，任期4年。

重要节日　国庆节：5月25日；独立日：7月9日。

简　况

位于南美洲东南部，东濒大西洋，南与南极洲隔海相望，西邻智利，北与玻利维亚、巴拉圭交界，东北与乌拉圭、巴西接壤。南北长3694公里，东西宽1423公里。陆上边界线长2.57万公里，海岸线长4725公里。北部属热带气候，中部属亚热带气候，南部为温带气候。年平均气温北部24℃，南部5.5℃。

16世纪前居住着土著印第安人。16世纪中叶沦为西班牙殖民地。1810年5月25日爆发反抗西班牙殖民统治的“五月革命”，成立了首个政府委员会。1812年，民族英雄圣马丁率领人民抗击西班牙殖民军，于1816年7月9日宣布独立。此后阿长期处于动乱和分裂状态。1853年，乌尔基萨将军制定了第一部宪法，建立联邦共和国，乌成为阿制宪后第一任总统。1860年改为共和国。20世纪30年代起，军人多次执政。1943年庇隆总统执政后，阿逐步实现工业化。70年代中后期，军政府曾对左翼反对派人士进行残酷镇压。1982年同英国因马尔维纳斯群岛主权争端爆发战争，战败后军政府倒台。1983年激进党的阿方辛民选政府上台，恢复并大力推进民主化进程，民主政体逐渐巩固。正义党领袖梅内姆自1989年起连续执政10年，经济一度有较大发展。梅执政后期，经济转入衰退，社会问题日益突出。1999年激进党人德拉鲁阿当选总统后，未能遏止持续3年的经济衰退。2001年12月，阿爆发严重的政治、经济和社会危机，德被迫辞职。此后阿形势严重动荡，10日之内数易总统。2002年1月1日，正义党人杜阿尔德被国会推举为总统，仍无法扭转政经颓势。2003年5月，正义党人基什内尔就任总统后，阿经济快速复苏，政局稳定，民生改善，国际和地区影响力重新回升。2007年10月，基什内尔总统夫人克里斯蒂娜作为中左翼跨党派联盟“胜利阵线”候选人赢得大选，成为阿历史上首位民选女性总统。克执政后，基本承袭基什内尔政府各项内外政策。2011年克成功连任。

政　治

2015年11月，反对党联盟“我们改变”候选人马克里当选总统。马克里主张实行自由市场经济，减少政府干预，提升经济竞争力。2018年、2019年，阿根廷经济金融形势多次剧烈波动。2019年10月，阿举行大选，左翼联盟“全民阵线”候选人费尔南德斯击败马克里当选新一届总统，并于同年12月就职。

【宪法】1853年制定第一部宪法。1994年8月22日，宪法经第四次修改后实施。修改后的宪法规定：阿根廷为联邦制国家，实行代议制民主。总统为国家元首和政府首脑，兼任武装部队统帅。总统通过直选产生，任期4年，可连选连任一次。

【议会】国家最高权力机构，由参、众两院组成，拥有联邦立法权。参、众议员均由直选产生，可连选连任。参议院72席，全国24个省区各3席。参议员任期6年，每2年改选1/3。众议院257席，由各省区按人口比例分配。众议员任期4年，每2年改选1/2。

2019年，各主要党派在议会的席位如下：

党团名称	众议院	参议院
全民阵线（Frente de todos）	119	41
我们改变（Juntos por el cambio）	116	25
联邦共识（Consenso Federal）	11	0
发展联盟（Unidad Federal para el desarrollo）	8	0
其他党派	3	6

宪法规定参议长由副总统兼任，现任副总统兼参议长为克里斯蒂娜·费尔南德斯·德基什内尔（Cristina Fernández de Kirchner，女），2019年12月10日就职，任期4年。另常设临时参议长一名，在副总统空缺或代行总统之职时，代行参议长职责。现任临时参议长克劳迪娅·阿夫达拉（Claudia Abdala，女），2019年12月10日就职。现任众议长塞尔吉奥·马萨（Sergio Massa），2019年12月10日就任。

【政府】本届政府于2019年12月10日成立。目前主要阁员如下：内阁首席部长圣地亚哥·卡菲耶罗（Santiago Cafiero），外交部长费利佩·索拉（Felipe Solá），经济部长马丁·古斯曼（Martín Guzmán），内政部长爱德华多·德佩德罗（Eduardo de Pedro），国防部长阿古斯丁·罗西（Agustín Rossi），公共工程部长加夫列尔·卡托波的斯（Gabriel Katopodis），国土发展和住房部长玛丽亚·欧亨尼娅·别尔萨（María Eugenia Bielsa，女），卫生部长希内斯·冈萨雷斯·加西亚（Ginés González García），安全部长萨维纳·弗雷德里克（Sabina Frederic，女），生产发展部长马蒂亚斯·库尔法斯（Matías Kulfas），妇女、性别和多样化部长伊丽莎白·戈麦斯·阿尔科塔（Elisabeth Gómez Alcorta，女），社会发展部长丹尼尔·阿罗约（Daniel Arroyo），教育部长尼古拉斯·特洛塔（Nicolás Trotta），文化部长特里斯坦·鲍尔（Tristán Bauer），司法部长马塞拉·洛萨多（Marcela Losardo，女），旅游和体育部长马蒂亚斯·拉蒙斯（Matías Lammens），科技部长罗伯托·萨尔瓦雷萨（Roberto Salvarezza），环境部长胡安·卡万迭（Juan Cabandié），农业部长路易斯·巴斯特拉（Luis Basterra），交通部长马里奥·梅奥尼（Mario Meoni），劳工部长克劳迪奥·莫罗尼（Claudio Moroni），央行行长米格尔·安赫尔·佩塞（Miguel Ángel Pesce），总统府秘书长（部长级）胡利奥·比托贝略（Julio Vitobello），总统府战略事务国秘（部长级）古斯塔沃·贝利斯（Gustavo Béliz）。

【行政区划】全国划分为24个行政单位。由23个省和联邦首都（布宜诺斯艾利斯市）组成。

【司法机构】由最高法院和各联邦法院组成。最高法院由正、副院长和5名大法官组成，院长和大法官由总统提名后经参议院批准任命，任期3年，可连选连任。另设法官理事会，负责挑选联邦法院法官并管理全国司法事务。现任高法院长卡洛斯·罗森克兰茨（Carlos Rosenkrantz），2018年10月就任。副院长埃莱娜·海顿·德诺拉斯科（Elena Highton de Nolasco，女）。阿宪法中规定设护民官一职，以保障人权及弱势群体权益。现任总护民官由秘书长卡洛斯·哈基姆（Carlos Haquim）代理。总检察长爱德华多·卡萨尔（Eduardo Casal）。

【政党】主要政治力量有：

（1）正义党（Partido Justicialista）：执政党。又名庇隆主义党，基督教民主党国际成员。1945年由庇隆创建，党员主要来自中低收入阶层，以工会力量为支柱。曾8次执政。现有党员350万人。政治民主、经济独立、社会公正是庇隆主义的三大支柱。强调资本为民族经济服务，追求社会福利，主张劳资调和，维护劳工权益。党主席为何塞·路易斯·希奥哈（José Luis Gioja）。

2019年，费尔南德斯以正义党内本派力量为主、联合部分中左政党组建执政联盟——“全民阵线”，成为阿第一大政治力量。

（2）“我们改变”：反对党联盟，2015年3月成立，由共和国方案联盟、激进公民联盟等政党组成：

①共和国方案联盟（Propuesta Republicana）：新兴中右派。2005年由变革承诺党和发展重建党联合成立。主张减少国家干预，实行自由市场经济。现有党员2万余人，影响力主要集中在首都布宜诺斯艾利斯及周边省份。党主席帕特里西亚·布尔里奇（Patricia Bullrich，女）。

②激进公民联盟（Unión Cívica Radical）：亦称激进党，社会党国际成员。1891年成立，是阿历史最悠久的政党，曾6次执政。现有党员250万人。信奉人道主义，主张政治多元化和社会改良。党主席阿尔弗雷多·科尔内霍（Alfredo Cornejo）。

【重要人物】阿尔韦托·费尔南德斯：总统。1959年4月2日生于布宜诺斯艾利斯市，毕业于阿布宜诺斯艾利斯大学法律系。曾担任经济部法律事务局副局长、国家保险监管局局长、布宜诺斯艾利斯市议员、内阁首席部长。2019年10月当选总统，12月10日就职，任期4年。离异，有1子。

经　济

阿根廷是拉美地区综合国力较强的国家。工业门类较齐全，农牧业发达。

自2012年以来，受国际经济金融形势等影响，阿经济增速明显放缓，通货膨胀压力增大，外汇储备下降。2014年7月，阿政府与“秃鹫基金”债务谈判失败，阿在美国部分资金被冻结，阿陷入技术性债务违约。马克里执政后，出台取消外汇管制、放松进出口管制等举措，并解决“秃鹫基金”债务纠纷，重返国际资本市场。2018年，阿经济金融形势多次剧烈波动。政府实行经济改革措施，大力实施紧缩政策，积极争取国际支持，获得国际货币基金组织援助贷款支持。2019年8月，阿金融形势再次剧烈波动，经济下行压力较大。2019年主要经济数据如下：

国内生产总值：4457亿美元。

人均国内生产总值：9116美元。

国内生产总值增长率：–3.1%。

货币名称：比索（Peso）。

汇率：1美元=59.80比索（2019年底）。

通货膨胀率：53.8%。

失业率：8.9%（2019年底）。

外汇储备：447.81亿美元（2019年底）。

【资源】矿产资源丰富，居世界第六位，是拉美主要矿业国之一。主要有石油、天然气、金、铜、铝、铀、铅、锌、硼酸盐、黏土等，大部分位于与智利、玻利维亚交界的安第斯山脉附近。但矿产资源勘探水平较低，预计尚有75%的资源未得到勘探开发。现已探明蕴藏量：石油3.80亿立方米，天然气3715.66亿立方米，可开采页岩气22.71万亿立方米，可开采页岩油270亿桶，煤炭8.25亿吨，铁3亿吨，铀7080吨。水力、渔业资源丰富。森林面积125.3万平方公里，森林覆盖率为45.06%。

【工业】工业较发达，主要有钢铁、汽车、石油、化工、纺织、机械制造、食品加工等，门类齐全。工业地理分布不均衡，主要集中在布宜诺斯艾利斯省和科尔多瓦省，内地省份工业基础薄弱。核工业发展水平居拉美前列，拥有3台运行中的核电机组和较完整的核燃料循环体系，能独立生产浓缩铀。目前正在筹建第四座核电站。食品加工业较先进，主要有肉类加工、乳制品、粮食加工、水果加工、酿酒等行业。生物柴油年产量约250万吨，出口量居世界第一。2019年阿工业生产下降6.4%。

近几年主要工业产品产量如下：

	2016	2017	2018
粗钢（万吨）	412.60	462.40	516.20
铝（万吨）	42.50	42.80	43.60
铁（万吨）	291.40	340.20	379.00
发电量（亿千瓦小时）	1366.00	1364.65	1374.82
水泥（万吨）	1089.80	1196.00	1184.10
原油（万立方米）	2970.80	2783.30	2840.50
天然气（亿立方米）	449.88	446.57	470.140
汽车（万辆）	47.28	47.34	46.66

（资料来源：阿根廷国家统计和普查局、工业部、汽车生产商协会）

【农牧渔业】农牧业发达，是世界粮食和肉类重要生产和出口国，素有“世界的粮仓和肉库”之称。全国大部分地区土壤肥沃，气候温和，适于农牧业发展。东部和中部的潘帕斯草原是著名的农牧业区。全国可耕地和多年生作物用地2720万公顷，占国土面积的9.8%。长期牧场面积1.42亿公顷，占国土面积的51.2%。灌溉面积169万公顷，占可耕地面积的6.8%。人均耕地面积0.77公顷，居世界前列。

主要种植大豆、小麦、玉米、高粱、葵花籽等。近年来，受国际市场大豆价格不断上涨影响，阿大豆种植面积日益扩大，由1997/1998年度的717.6万公顷扩大至2018/2019年度的1700万公顷。马铃薯、棉花、高粱、水稻等作物的种植面积则相应减少。

近几年主要农产品产量如下（单位：万吨）：

	2016/2017	2017/2018	2018/2019
大豆	5497	3760	5530
玉米	4947	4200	5700
小麦	1840	1946	1975
葵花籽	355	380	350
高粱	253	155	160
水稻	133	137	120

（资料来源：阿根廷农业部）

畜牧业历史悠久，牲畜品种及畜牧水平在世界均占先进地位。畜牧业占农牧业总产值的40%。全国牲畜的80%集中在潘帕斯大草原，以牛羊为主。阿是注射疫苗非口蹄疫区和非疯牛病疫区。

阿根廷是牛肉生产、出口和消费大国。2019年全国牛出栏量1391.7万头，出口量84.5万吨，消费量231万吨。2019年主要畜牧产品情况为：

	屠宰量（万头、亿只）	出口量（万吨）	消费量（万吨）
牛	1391.7	84.50	231
猪	683.1	2.56	63.7
羊	266.9	0.37	5.0
家禽	7.57	—	—

（资料来源：阿根廷农牧渔业部）

渔业资源丰富。渔业生产60%在南部，近50%集中在马德普拉塔港口。主要渔产品为鳕鱼、鱿鱼、对虾等。2018年捕鱼量为79.16万吨，同比增长13.0%；其中出口48.9万吨，出口额21.48亿美元，同比分别增长4.9%和44.4%。

【旅游业】旅游业发达，是南美主要旅游国家。近年来，受经济复苏和比索贬值的影响，赴阿根廷游客大幅增加。旅游业成为阿第三大创汇产业。2019年共接待外国游客约740万人次。全国有自然保护区39个，总面积366.41万公顷。有世界自然和文化遗产8处，2009年联合国教科文组织将探戈舞正式列入《人类非物质文化遗产代表作名录》。主要旅游点有巴里洛切风景区、伊瓜苏大瀑布、莫雷诺冰川等。

【交通运输】是交通运输最发达的拉美国家之一，公路、铁路、航空和海运均以首都为中心，向外辐射，形成扇形交通网络。国内交通运输以陆运为主，外贸货物的90%通过水路运输。20世纪90年代，阿政府将交通运输服务业全部实行了私有化。当前，阿政府通过政府和社会资本合作形式募集资金建设高速公路、铁路、能源等项目，大力推行“铁路复兴”计划，重点修理改建老旧的货运铁路线。铁路：总长3.4万公里。但铁路部门长期经营不善，连年亏损，加之缺乏投资，许多设备及2/3的线路老化，大部分路段已停运。

首都布宜诺斯艾利斯是最早修建地铁的南美城市，地铁网络发达，共有六条线路，总长58.8公里，2019年共输送旅客3.26亿人次。

公路：总里程超过50万公里。2017年国道总长3.99万公里，有铺装路面所占比重为92.3%。2017年国家级公路收费站通过车辆1.46亿辆次，收费36.33亿比索。2017年新车上牌数量为90.27万辆，其中国产汽车28.23万辆，进口汽车62.04万辆。2017年全年生产汽车47.34万辆。

水运：全国有海港38个，内河港口25个。2018年港口吞吐量1.5亿吨。重要港口有布宜诺斯艾利斯港、布兰卡港和罗萨里奥港等。巴拉圭—巴拉那河道是阿主要内河航线，全长3302公里。

空运：全国有机场58个，其中23个为国际机场。各省省会、主要城市及重要旅游点每天均有航班往来，国际航线26条。2019年客运量4650万人次，同比增长7.2%，其中国内航线客运量3211万人次，国际航线客运量1440万人次。首都埃塞伊萨（Ezeiza）国际机场是全国最大的航空港。阿根廷航空公司（Aerolíneas Argentinas）是阿最大航空公司。

【财政金融】政府财政收入曾长期赤字。2018年以来，阿政府裁撤政府机构，下调公共投资、财政开支和社会补贴，对出口商品和服务加征税。2019年阿政府初级财政赤字951.22亿比索，相当于国内生产总值的0.44%。截至2019年底，阿外债余额2766.86亿美元，占国内生产总值的60%。

截至2018年第一季度，共有各类银行金融机构和非银行金融机构76家，其中公共银行13家，私有银行48家，非银行金融机构15家。

【对外贸易】对外贸易在国民经济中占有重要地位。近年来，阿政府大力促进出口，积极推动产品出口结构和出口市场多元化。主要出口产品为油料作物、石油、天然气、汽车、谷物、牛肉、皮革、奶制品、钢铁、渔产品和林产品等；进口核反应堆及机械设备、汽车、电子产品、燃料、有机化学品、塑料及其制成品、钢铁、医药产品等。主要贸易伙伴为巴西、中国、欧盟、美国、智利、墨西哥、日本等。2019年，阿对外贸易总额为1142.4亿美元，其中出口额651.15亿美元，进口额491.25亿美元，同比分别增长–10.1%、5.4%和–25.0%，顺差159.9亿美元。

近几年对外贸易情况如下（单位：亿美元）：

	2017	2018	2019
出口额	584.28	616.21	651.15
进口额	668.99	654.41	491.25
差　额	–84.71	–38.20	159.90

（资料来源：阿根廷国家统计和普查局）

【外国资本】阿根廷吸引外资的历史始于19世纪上半叶。第二次世界大战前，英国资本占半数以上。“二战”后，美资后来居上。1990—1999年，外国投资总额达1210亿美元，其中主要来源于西班牙、美国、法国、智利等国家。外国投资主要集中在石油、天然气、汽车制造、医药、化工、金融、民航、电信、服务业等部门。近年吸收外国直接投资额如下（单位：亿美元）：

	2016	2017	2018
投资额	42.29	115.17	118.73

（资料来源：阿根廷国家统计和普查局、联合国拉美和加勒比地区经贸委员会）

人民生活

截至2019年初贫困率和赤贫率分别为35.4%和7.7%。据联合国开发署2019年报告，阿人类发展指数为0.830，超过拉美地区0.759的平均水平。营养不良人口比率4.6%。人均预期寿命76.4岁（2017年），其中男性74岁，女性80岁。出生率16.2‰，死亡率7.6‰，新生儿死亡率为8.8‰（2018年）。阿人均拥有医生比例及医疗占国内生产总值比重均达到发达国家水平。2019年卫生预算为1496.98亿比索，占全年预算支出的3.7%。

军　事

阿根廷总统为武装力量最高统帅，下设国防委员会和危机委员会。国防委员会由副总统、内政部长、外交部长、国防部长和经济部长组成，协助总统制定和评估国防政策和国防战略。危机委员会由国防部长、武装力量联合参谋长和陆、海、空军参谋长组成，协助总统进行军事行动、军事战略评估和决策。国防部长全面主持国防事务，并直接对总统负责。联合参谋长协调各军种工作，并直接对国防部长负责。陆、海、空军参谋长主持各自军种事务，并直接对国防部长负责。

联合参谋长巴里·德尔·瓦列·索萨（Bari del Valle Sosa），陆军少将。陆军成立于1810年5月29日，现任陆军参谋长是里迭戈·苏涅尔（Diego Suñer）陆军少将。海军成立于1814年5月17日，现任海军参谋长是马塞洛·爱德华多·伊波利托·斯鲁尔（Marcelo Eduardo Hipólito Srur）海军中将。空军成立于1912年8月10日，现任空军参谋长是恩里克·维克多·埃姆雷因（Enrique Víctor Amrein）空军少将。

自1995年起由义务兵役制改为志愿兵役制，18—24周岁公民可根据协议期限志愿服兵役，最高服役年龄至28周岁。武装力量由正规军和准军事部队组成，其中正规军由陆、海、空三军组成。现有三军总兵力7.4万人。准军事部队3.1万人。此外，还有预备役部队37.5万人。阿是南美地区军费开支最低的国家之一。2019年国防预算为710.43亿比索，占全年预算支出的1.8%。没有海外基地和驻军。

文化教育

【教育】阿根廷教育水平居拉美国家前列。2006年颁布的《国家教育法》规定，全国实行13年制义务教育，包括学前1年，小学6年，初中3年，高中3年，小学入学年龄为6岁。规定中央及各省市教育专项经费占国内生产总值比重不得低于6%。其他主要教育法规还有：1995年颁布的《高等教育法》、2005年颁布的《职业技术教育法》、2006年颁布的《教育融资法》等。每年9月11日为教师节。

2010年人口普查显示：阿全国文盲64.18万人，文盲率为1.9%。2019年教育和文化预算2293.04亿比索，占全年预算支出的5.7%。

著名大学有布宜诺斯艾利斯大学、拉普拉塔国立大学、科尔多瓦国立大学等。其中科尔多瓦国立大学成立于1613年，是阿历史最悠久的高等学府。2015年全年预算支出中约385.33亿比索将用于发展国立大学教育，占国内生产总值0.8%。

【科研】科研水平位居拉美前列。在科技领域至今共有3位诺贝尔奖获得者，分别获得1947年、1984年医学奖和1970年化学奖。据联合国教科文组织统计，阿每100万人中有713名科学家或工程师，每1000名经济活动人口中有1.9名研究人员，均居拉美前列。全国重要的科研机构包括国家原子能委员会（CNEA，1950年成立）、国家农牧业技术研究院（INTA，1956年成立）、国家工业技术研究院（INTI，1958年成立）、国家科学技术研究委员会（CONICET，1958年成立）等。

2019年政府科技经费预算为462.59亿比索，占全年预算支出的1.1%；全国科研人员为4.69万人。

【新闻出版】主要报纸有：《号角报》（Clarín）：1945年创刊，发行量20.6万份；《国民报》（La Nación）：1870年创刊，发行量10.3万份；《金融界报》（Ambito Financiero）：1976年创刊，金融类报纸，发行量8万份；《新闻报》（La Prensa）：1869年创刊，发行量3000份；《纪事报》（El Cronista）：1963年创刊，以社会新闻为主，发行量8000份。目前各大报均已推出网络版，纸质报纸发行量持续下降。重要周刊有《市场》（Mercado）、《索莫斯》（Somos）、《人物》（Gente）等。

美洲通讯社（Télam）为阿国家通讯社，成立于1945年，属总统府新闻国务秘书处领导，设28处国内记者站，无国外记者站。报联社（DyN）为私人通讯社，是阿最大新闻社，1982年成立，用户为阿全国大多数报社、电台、电视台及一些企业、国家机构和政党。

阿第一家广播电台成立于1920年。全国有调幅电台260个，调频电台1150余个（大部分无许可证），短波电台6个。公共广播电台1台（LRA 1）是阿唯一的全国性国家电台，成立于1937年，有1套调幅节目和3套调频节目。阿根廷对外广播电台成立于1958年，现用7种语言进行对外广播。收听率最高的调幅电台主要有米特雷电台（Radio Mitre，1925年成立，综合电台）、网络电台（Radio La Red，1929年成立，原名“细刨花电台”，1991年更改为现名，主要播放体育、时事新闻类节目）、大陆电台（Radio Continental，1969年成立，主要播放文艺类节目）和美洲电台（Radio América，1948年成立，综合电台）等。

阿全国有线电视公司共8家，有线电视用户580万人，有线电视覆盖率为80.92%，卫星电视覆盖率为4%。阿根廷有线电视集团（Cablevisión）成立于1981年，拥有用户152万人，是阿最大的有线电视公司。2018年集团下属收视率最高的电视台依次为TELEFE电视台（收视率7.7%）、电视13台（Canal 13，收视率6.9%）、美洲电视台（América，收视率2.5%）、电视9台（Canal 9，收视率2.4%）和电视7台（Canal 7，国有电视台，收视率1.0%）。

对外关系

奉行独立自主的多元化外交政策，主张多边主义和国际关系民主化，奉行不干涉内政、保护人权和恪守国际法等原则。实行多元务实均衡的外交路线，积极修复同美欧国家传统关系，重视发展同巴西等新兴大国关系，调整同委内瑞拉等激进左翼国家关系。大力推进南美一体化，密切南方共同市场同拉美“太平洋联盟”经贸合作。致力于恢复行使对马尔维纳斯群岛等领土的主权。同184个国家建有外交关系，是联合国、世界贸易组织、“二十国集团”、“七十七国集团”、美洲国家组织、拉美和加勒比国家共同体、南方共同市场等国际和地区组织及多边机制成员。2018年担任“二十国集团”主席国。

【对当前重大国际问题的看法和立场】关于国际形势：认为和平与发展是时代主流，新兴发展中国家的崛起正在逐步改变国际格局，多极化将占主导地位，但美国仍将发挥重要作用。消除贫困是防止国际和国内冲突的基础。认为发展不足是导致世界经济不平衡的根源，主张加强南南对话，以发展更公正的全球经济。

关于世界经济形势：认为世界经济形势复杂，市场信心没有恢复，各国人民深感不安。应采取加强对金融系统和评级机构的监管、通过政治方式解决经济问题、加强全球金融信息透明、向实体经济注资等措施加以应对。

关于“一带一路”：支持“一带一路”倡议，认为“一带一路”合作有利于促进各国发展战略对接，深化基础设施等领域互联互通，代表了世界和区域经济发展的方向，对中国、沿线国家和世界的发展都具有重要意义，也将为拉美基础设施等领域发展创造机遇。2017年5月，马克里总统来华出席“一带一路”国际合作高峰论坛并进行国事访问。2019年4月，阿根廷外长福列来华出席第二届“一带一路”国际合作高峰论坛。

【同中国的关系】1972年2月19日中国与阿根廷建交。建交以来，两国关系稳步发展，各领域友好合作日益扩大。2013年9月“二十国集团”领导人圣彼得堡峰会期间，习近平主席同克里斯蒂娜总统举行双边会见。5月，国家副主席李源潮访问阿根廷。2014年7月，习近平主席应邀对阿根廷进行国事访问，中阿建立全面战略伙伴关系。

2015年2月，克里斯蒂娜总统应邀对中国进行国事访问。12月，习近平主席特使、全国人大常委会副委员长吉炳轩出席阿总统权力交接仪式。2016年4月和9月，习近平主席和马克里总统分别在华盛顿核安全峰会和“二十国集团”领导人杭州峰会期间举行双边会见。2016年5月，阿根廷外长马尔科拉访华。2017年5月，阿根廷总统马克里来华出席“一带一路”国际合作高峰论坛并进行国事访问。2018年5月，王毅国务委员兼外长赴阿根廷出席“二十国集团”外长会议并正式访问阿根廷。7月，习近平主席同马克里总统在约翰内斯堡金砖国家领导人会晤期间举行双边会见。11月，习近平主席赴阿根廷出席“二十国集团”领导人峰会并对阿进行国事访问。2019年12月，习近平主席特使、全国人大常委会副委员长艾力更·依明巴海出席费尔南德斯总统就职仪式并转交习近平主席亲署函。中阿双方建有23对友好省、市关系。

据中国海关总署统计，2019年双边贸易额为142.75亿美元，其中中方出口额68.84亿美元，进口额73.91亿美元，同比分别增长19.6%、-18.2%、110.1%。两国在基础设施建设、能矿、金融、农业、机械制造、电信等领域的合作开展顺利。

中国驻阿根廷大使：邹肖力。馆址：Av.Crisólogo Larralde 5349，1431–Buenos Aires，República Argentina。电话：005411–45478100，45478199；传真：45451141。商务处电话：005411–45542613，45541258；传真：45538939。领事部电话：005411–45478128。

阿根廷驻华大使：路易斯·玛丽亚·克莱科勒尔（Luis Maria Kreckler）（候任）。馆址：北京市朝阳区三里屯东五街11号。电话：010–65322090，65322142。商务处电话：65322875。签证处电话：010–65322354。

【同拉美国家的关系】奉行睦邻友好政策，将发展同拉美国家尤其是地区大国的关系作为外交优先目标。重视南方共同市场一体化，认为同巴西的战略联盟关系是南方共同市场“战略轴心”。与智利、墨西哥建有战略伙伴关系。费尔南德斯总统重视同地区国家关系，希望委内瑞拉等问题通过朝野对话和平解决，反对外部势力干涉。

【同美国的关系】阿历届政府均将发展同美国关系放在对外政策的重要位置。2003—2015年“胜利阵线”执政期间，不断加强同委内瑞拉等左翼国家关系，阿美关系相对冷淡。2012年以来，阿美就“秃鹫基金”和有关法院围绕拖欠债务问题摩擦不断，关系受到一定影响。马克里当选总统后，积极修复同美国关系，双方互动明显增多。2016年3月，美国总统奥巴马访阿。特朗普当选美总统后，阿方表示希延续同美合作。2017年2月，马克里总统同特朗普通电话。2017年4月，马克里总统访美。8月，美国副总统彭斯访阿。2018年2月，美国国务卿蒂勒森访阿。9月，马克里总统访美。11月，美国总统特朗普赴阿出席“二十国集团”领导人布宜诺斯艾利斯峰会。2019年11月，费尔南德斯当选总统同美国总统特朗普通电话。

【同欧洲国家的关系】欧盟是阿根廷主要经贸伙伴和农牧产品传统出口市场。阿与西欧有共同的文化渊源、宗教信仰和血缘关系，历届政府均重视同欧洲的传统关系，阿积极推动南方共同市场与欧盟合作。2014年以来，阿政府先后就国有化补偿问题、债务问题同西班牙雷普索尔公司、“巴黎俱乐部”达成协议。马克里总统上台后，积极推动南方共同市场同欧盟商签自贸协定。2016年以来，意大利总理伦齐、法国总统奥朗德、德国总理默克尔等先后访阿。马克里总统先后访问意大利、法国、比利时、德国、西班牙、荷兰、俄罗斯等国并出席达沃斯世界经济论坛。费尔南德斯总统重视同欧洲国家关系。

2012年、2013年分别是阿英马岛战争30周年和英国武装占领马岛180周年。2013年3月，马岛当局就是否保持英国海外领地地位进行公投，99.8%的马岛居民投赞成票。阿方对公投强烈反对，不承认公投结果，同英国关系一度紧张。马克里总统上台后重申对马岛的主权诉求，同时强调希改善同英国的关系。2018年5月，英国外交大臣约翰逊赴阿出席“二十国集团”外长会，此系22年来英国外交大臣首次访问阿根廷。10月，阿根廷外长福列对英国进行回访。

【同亚太国家的关系】阿根廷重视拓展与亚太国家关系，看重该地区经济发展速度、市场容量和潜力。把发展同亚太国家关系，特别是同中国的关系置于其外交政策的重要位置，积极寻求扩大与该地区的政治和经贸联系。2011年，作为东亚—拉美合作论坛拉美协调国，阿成功举办论坛第五届外长会。2013年1月，克里斯蒂娜总统先后访问阿联酋、印尼、越南。马克里总统重视亚太地区政治经济影响力，表示将加大战略投入。2016年5月，阿根廷副总统米切蒂访问韩国。11月，日本首相安倍晋三访问阿根廷。2017年5月，马克里总统访问中国和日本。 （曹力）

阿　鲁　巴

名称　阿鲁巴（Aruba）。

面积　180平方公里。

人口　11.21万（2019年），人口增长率为0.69%（2018年）。人口中约75%为欧洲人、印第安人与非洲人的混血。官方语言为荷兰语，通用帕彼曼都语（荷兰语、西班牙语、英语、印度语和西非方言混合而成），也讲西班牙语和英语。居民中75.3%信奉天主教。

首府　奥拉涅斯塔德（Oranjestad）。

总督　胡安·阿方索·博浩特（Juan Alfonso Boekhoudt），2017年1月1日就任。

重要节日　旗帜日（即国庆日）：3月18日。

简　况

鲁巴岛位于加勒比海南部，小安的列斯群岛最西端，南距委内瑞拉北岸28公里，属背风群岛一部分。属热带气候，年平均气温28.6℃，年降水量611毫米。岛上最早居民是印第安部族阿拉瓦克人。1499年西班牙占领该岛。1643年易手荷兰。1807年被英国夺取。1814年重归荷兰管辖，并成为荷属安的列斯一部分。1986年1月1日宣布正式脱离荷属安的列斯，成为荷兰王国一单独政治实体（自治国），荷兰继续负责该岛防务和对外事务。在经济和货币事务方面，阿鲁巴和荷属其他海外领地组成合作联盟。

政　治

【宪法】1986年1月1日施行。荷兰国王为其元首，总督为国王代表。阿鲁巴拥有完全内部事务自治权，实行议会制。

【议会】立法机构，一院制，由普选产生，有21个议席，任期4年。本届议会于2017年9月22日大选产生，阿鲁巴人民党9席（比上届减少4席），人民选举运动9席（增加2席），骄傲和尊敬的人民党2席，民主选举联盟1席。议长胡安·泰森（Juan Thijsen）。

【政府】2017年大选中，阿鲁巴人民党继2009年和2013年大选后第三度赢得大选，但因失去议会多数席位而未能单独组阁，成为在野党。议会第二大党人民选举运动联合骄傲和尊敬的人民党、民主选举联盟组阁，其领导人埃维莉娜·韦弗尔–克罗斯（Evelyna Wever-Croes，女）出任首相兼总务、与本土关系、能源、创新和政府组织部长。本届内阁其他成员为副首相兼空间发展、基础设施和环境部长奥特马尔·奥杜贝尔（Otmar Oduber），财政、经济事务和文化部长西奥马拉·鲁伊兹–马杜罗（Xiomara Ruiz-Maduro，女），教育、科学和可持续发展部长阿曼多·莱姆佩（Armando Lampe），司法、安全和民族融合部长安丁·比克（Andin Bikker），旅游、健康和体育部长丹圭劳穆·奥杜贝尔（Danguillaume Oduber），社会事务和劳工部长格兰贝特·克罗斯（Glenbert Croes），交通运输部长克里斯宾·罗梅罗（Crispin Romero）。

【主要网址】http://www.overheid.aw（政府）；http://cbs.aw/wp（中央统计局）。

【司法机构】本岛设初审法庭，阿鲁巴、荷属圣马丁、博奈尔、圣尤斯特歇斯、萨巴设立联合高级法院（Joint Court of Justice of Aruba，Curaçao，Sint Maarten and of Bonaire，Saint Eustatius and Saba）。

【政党】主要政党有：

（1）阿鲁巴人民党（Arubaabse Volkspartij，AVP）：在野党，属于基督教民主党。1942年成立。赞同阿鲁巴目前的“分离状态”。领袖为前首相迈克·埃曼（Mike Eman）。

（2）人民选举运动党（Movimentu Electoral di Pueblo，MEP）：执政党，属于社会党。1971年成立，有党员1200人。领袖为首相兼总务部长埃维莉娜·韦弗尔–克罗斯。

还有阿鲁巴爱国运动（Movimento Patriotico Arubano，MPA）、骄傲和尊敬的人民党（Pueblo Orguyoso y Respeta，POR）、民主选举联盟（Network of Electoral Democracy，RED）、真正民主党（Democracia Real）、阿鲁巴自由组织（Organisacion Liberal Arubiano，OLA）、阿鲁巴爱国党（Partido Patriótico Arubano）等。

【重要人物】**胡安·阿方索·博浩特**：总督。1965年生于阿鲁巴岛。曾先后担任阿鲁巴海运总局局长、阿鲁巴红十字会主席等职。2013—2016年任阿鲁巴首席大臣。2017年1月出任阿鲁巴第四任总督。　**埃维莉娜·韦弗尔–克罗斯**：首相。女，生于1966年。曾担任阿鲁巴议会议员、人民选举运动党主席。2017年11月7日出任阿鲁巴第四任首相。

经　济

旅游业、芦荟出口、离岸金融是阿鲁巴经济的支柱产业。此前一直作为阿鲁巴主要产业的石油冶炼和存储转运业已经于2009年基本结束。近十年来，旅游业的快速增长也带动了相关经济部门的持续发展，旅游业及相关产业占国内生产总值3/4。主要经济数据如下：

地区生产总值：26.67亿美元（2018年）。

人均地区生产总值：2.39万美元（2018年）。

地区生产总值增长率：3.1%（2017年）。

货币名称：阿鲁巴弗罗林。

汇率：1美元=1.78阿鲁巴弗罗林（2020年）。

通货膨胀率：5.2%（2019年）。

失业率：7.7%（2016年）。

【工业】目前工业除提供船舶转载设施外，仅限于烟草制品、饮料和一些消费品。建有“自由工业区”。海水淡化厂可日淡化海水2080万公升，为世界最大的海水淡化厂之一。

【农业】土质贫瘠，农业不发达。主要农产品有芦荟、活牲畜、鱼。

【旅游业】国民经济支柱之一。该岛终年阳光充足，气候宜人，热带风光独具一格。著名的“棕榈海滨浴场”及早期印第安人岩洞吸引着不少游人。20世纪后期，大力发展旅游业。目前，每年接待游客超过150万人，游客75%来自美国，其他来自荷兰及南美国家。

【交通运输】无铁路。公路长800公里，有全天候的公路网。水路交通发达，主要港口奥拉涅斯塔德可停泊远洋轮。位于首府的贝娅特丽克丝国际机场有通往美国、欧洲、中美洲、南美洲和加勒比国家的航线。

【财政金融】2017年，财政收入6.954亿美元，支出7.94亿美元，财政赤字占GDP3.9%。

【对外贸易】2019年，进口额为13.26亿美元，出口额为0.84亿美元。

主要进口商品有机械和电子设备、原油（用于提炼和再出口）、化工产品、食品等，主要出口商品有活牲畜及其产品、艺术及收藏品、机械和电子设备、运输设备等。2019年，主要进口来源国有美国（53.3%）、荷兰（12.9%），主要出口目的国有美国（32.6%）、荷兰（7.64%）。

【经济团体】阿鲁巴工商会（Aruba Chamber of Commerce and Industry）：成立于1930年。地址：J.E. Irausquin Boulevard 10，P.O. Box 140，Oranjestad，Aruba（Dutch Caribbean）。电话：00297–5821120转分机34或41；传真：5883200。网址：http://www.arubachamber.com。

人民生活

有1所荷兰援建的现代化医院，有床位308张。政府对低收入者、政府公务员及其家庭成员以及参加社会保险的私营企业雇员及家庭提供免费医疗服务。2017年居民平均期望寿命76.9岁。2016年有固定电话3.5万部，移动电话14.1万部，因特网用户10.63万户。

军　事

防务、外交均由荷兰负责。荷兰任命的总督为岛上武装力量总司令。荷兰在阿鲁巴驻扎海军。1999年以来美国海军和空军在岛上设有巡逻基地以对付该地区的非法贩毒活动。

文化教育

【教育】自1999年开始，对4—16岁儿童实行义务教育。教育制度与荷兰类似。初等教育从6岁开始，学制6年。中等教育学制5年。2014年教育开支约占地区生产总值的6.1%。成人识字率约97.5%。有小学68所，中学12所，大学5所，有些学生选择赴北美、南美或欧洲接受高等教育。2007年有全日制学生2.29万人。

【新闻出版】全国有6家日报，主要是：《阿鲁巴朋友报》，1884年创刊，荷兰文日报，发行量为1.1万份（包括在荷属安的列斯）；《新闻报》，英文日报，发行量8228份。

主要通讯社为阿鲁巴通讯社。荷兰通讯社和美联社在该岛设有办事机构。有6家广播电台，除1家为宗教和文化电台外，其余为商业电台。均用荷兰、英、西班牙、帕彼曼都语播音。

阿鲁巴电视台为1963年创立的商业电视台。

对外关系

阿鲁巴为国际劳工组织（ILO）、国际货币基金组织（IMF）、国际刑警组织（Interpol）、国际奥委会（IOC）、万国邮政联盟（UPU）、金融行动特别工作组（FATF）和国际工会联合会（ITUC）成员，联合国教科文组织（UNESCO）、世界旅游组织（UNWTO）和加勒比国家联盟（ACS）联系成员，加勒比共同体（CARICOM）观察员。

【同中国的关系】2007年，阿鲁巴政府授权中国国际技术智力合作公司（中文简称“中智”，英文简称CIIC）的全资子公司中智国际商务发展中心（CIIC International Business Development Center）作为“阿鲁巴中国事务投资促进办公室”（Aruba Investment and Promotion Office），负责阿鲁巴与中国贸易、投资、旅游、文化交流等事务的沟通与联络。2011年1月，中国驻荷兰大使张军访问阿鲁巴，与阿鲁巴首相、外事局长举行会谈。2012年7月，驻荷兰大使张军应约会见阿鲁巴首相。2013年6月，中国外交部部长王毅与荷兰外交大臣蒂默曼斯就中方在威廉斯塔德设立总领馆一事达成一致，领区包括荷属加勒比地区库拉索、阿鲁巴、圣马丁3个自治国以及博奈尔、萨巴、圣尤斯特歇斯3个行政市。2013年10月，中国首任驻威廉斯塔德总领事陈绮曼（女）赴库履新。2014年9月，驻威廉斯塔德总领馆正式开馆。驻荷兰大使陈旭出席开馆仪式并与阿鲁巴议长举行会见。

中国驻威廉斯塔德总领事馆（荷属加勒比地区）总领事：李意钢。地址：Schottegatweg Oost 32，Willemstad，Curaçao，Dutch Caribbean。电话：005999–7385446，传真：7384446。电子邮箱：consulate_cur@mfa.gov.cn。

（王碧晗）

安 圭 拉

名称　安圭拉（Anguilla）。

面积　91平方公里。

人口　约17422人（2018年7月估计），2018年估计人口增长率1.92%，出生率12.4 ‰，死亡率4.7 ‰。主要的居民构成有非洲裔（黑人）85.3%、西班牙裔4.9%、混血种人（穆拉托人）3.8%、白人3.2%。另有4000名侨民常住美属维尔京群岛，1万名侨民常住英国。英语为官方语言。居民中信奉基督教新教的占73.2%，天主教占6.8%。

首府　瓦利（The Valley），人口1000人（2018年）。

总督　蒂姆·福伊（Tim Foy OBE），2017年8月就任。

重要节日　安圭拉日：5月30日（1967年），每年庆祝日期略有不同；宪法日：8月11日。

简　况

安圭拉位于东加勒比海背风群岛的北端，在圣基茨岛西北113公里，包括安圭拉岛、松布雷罗岛等。属亚热带气候。由于受信风影响，气候湿热。月平均气温26.67℃。年平均降水量889毫米（2—3月为旱季，9—10月为雨季）。

安圭拉1650年沦为英国殖民地。1825年6月，英将其划归圣基茨岛管辖。1958年，圣基茨、尼维斯与安圭拉成为西印度联邦的一部分。1962年，该联邦解体。1967年2月，英国将安圭拉与圣基茨、尼维斯合并成为一个单独的英国属地，取名为“圣基茨–尼维斯–安圭拉”，实行内政自治，外交与国防由英国负责。安圭拉不愿接受圣基茨和尼维斯的统治，同年5月举行公民投票，宣布脱离同圣基茨和尼维斯的联合。1969年2月，再次举行公民投票，宣布独立，成立共和国；3月，英国军队占领该岛。1969年英国在安圭拉设专员进行管理，直至1972年。1976年2月，英国为安圭拉制定新宪法。1980年12月19日安圭拉正式脱离圣基茨–尼维斯联邦，重新成为直属英国的自治领。1982年4月1日改由总督管理。现为英国的海外领地（British Overseas Territory）。

政　治

2015年4月，安圭拉议会举行换届选举，安圭拉联合阵线获胜，其领导人维克多·班克斯（Victor Banks）（安圭拉民主党成员）出任首席部长。2017年8月17日，总督克里斯蒂娜·斯科特（Christina Scott，女）卸任，新总督蒂姆·福伊就任。2019年起，政府首脑称谓由“首席部长”（chief minister）改称为“总理”（premier）。

【宪法】现行宪法于1982年4月1日起施行，1990年修订。规定总督由英国女王任命，拥有行政权，负责外事、防务、司法和内部安全。在其他事务上与以首席部长为首的执行委员会协商。执行委员会对议会负责。

【议会】一院制议会（House of Assembly）由11名成员组成，任期5年。其中7名由普选产生，2名由总督与首席部长协商后指定，另2名为财政部长和总检察长。本届议会于2015年4月22日选举产生，参选政党安圭拉联合阵线（AUF）获得6席（得票率54.47%），独立参选人前首席部长帕尔马翁·韦伯斯特（Palmavon Webster，女）获得1席并任反对派领袖。议长勒罗伊·罗杰斯（Leroy Rogers），2015—2018年在任，于2018年10月28日去世；副议长特里·哈里根（Terry Harrigan）接任议长至今。下届议会选举将于2020年进行。

【政府】称执行委员会（Executive Council），总督任主席，通常由在议会中占多数议席的政党组成，包括总理、不超过3名的其他部长和2名当然成员（副总督和总检察长）。本届政府于2015年4月23日组成，主要成员有：总督蒂姆·福伊，总理兼财政、经济发展、商务、土地和体育规划与旅游部长维克多·班克斯，卫生和社会发展部长伊万斯·迈克尼尔·罗杰斯（Evans McNiel Rogers），内政、移民、劳工、文化和青年事务部长科拉·理查森–霍奇（Cora Richardson-Hodge，女），基础建设、通信、公共工程和住房部长柯蒂斯·理查森（Curtis Richardson），副总督培林·布莱德利（Perin Bradley），总检察长鲁伯特·T. 琼斯（Rupert T. Jones）。

【主要网址】http://www.gov.ai。

【司法机构】设高等法院、上诉法院和地方法院。高等法院开庭时，东加勒比最高法院派一名法官参加。最高可上诉至英国枢密院。

【政党】（1）安圭拉联合阵线（Anguilla United Front，AUF）：执政党。2000年1月7日由安圭拉民族联盟（Anguilla National Alliance，ANA）和安圭拉民主党（Anguilla Democratic Party，ADP）组成的保守派联盟。领导人维克多·班克斯。

（2）安圭拉进步运动（Anguilla Progressive Movement，APM）：即前安圭拉统一运动（Anguilla United Movement，AUM），在2019年10月的选举进程中，成立已久的政治团体安圭拉统一运动正式更名为“安圭拉进步运动”。领导人艾利斯·韦伯斯特

（Ellis Webster）。

（3）安圭拉民主、机遇、愿景、赋权党〔俗称“鸽党”Anguilla Democracy，Opportunity，Vision & Empowerment（DOVE）〕：领导人萨特克莱夫·霍奇（Sutcliffe Hodge）。

【重要人物】蒂姆·福伊：总督。供职于英国政府各部门三十余年，获英国官佐勋章。2005—2010年，供职于英国国际发展部，负责在伊拉克和阿富汗的战后重建工作；2010—2012年，任内阁办公厅国家安全秘书处副主任；2012—2017年，在内政部安全与反恐办公室等部门任要职。2017年8月任安圭拉总督。

经　济

安圭拉因其土地干旱贫瘠，基本不适合发展农业，其经济活动属小型开放经济，严重依赖旅游业与境外投资，包括豪华旅游、离岸公司注册管理、专属保险业务、龙虾捕捞和侨汇。旅游业的发展带动了建筑等相关行业对地区生产总值的贡献。政府近年来在努力发展离岸银行业务。2017年9月的超强飓风“艾尔玛”及“玛利亚”对安圭拉岛的破坏较为严重，造成当地经济、社会基础设施和人员的巨大损失。飓风灾害造成安圭拉2017—2018年整体经济下滑。此后，当地积极实施灾后重建和经济复苏计划，再考虑到相关国际机构及英国政府的援助，因此安圭拉政府对未来的经济前景保持乐观，并预计2019年是经济扩张的一年，实体经济将比2018年增长3.8%，与历史平均增长率一致。

主要经济数据如下：

地区生产总值：7.8亿东加勒比元（2018年估计）。

人均地区生产总值：2.95万美元（2014年估计）。

地区生产总值增长率：–2.86%（2018年估计）。

货币名称：东加勒比元；1东加勒比元=100分。

汇率：1美元=2.7东加勒比元（固定汇率，1976年起）。

通货膨胀率（消费价格，估计）：–0.6%（2016年），1.3%（2017年）。

失业率：1.5%（2008年9月）。

【资源】自然资源贫乏，土地贫瘠，饮用水供应不足。盛产盐、龙虾等。

【工业】2017年估计工业产值占地区生产总值的10.5%，工业生产增长率为4%。以建筑业为主，还有晒盐业、造船业和鱼虾加工业等。晒盐业主要生产工业用盐，向特立尼达和多巴哥等国出口。

【农业】主要种植水果和蔬菜，满足岛内需要。2017年估计农业产值占地区生产总值的3%。主要农作物有豌豆、红薯和玉米。家畜养殖是传统的出口创汇来源，20世纪80年代后半期，渔业发展较快，部分鱼、虾（龙虾）用于出口，出口额占出口总额的90%。

【服务业】服务业在安圭拉经济中占有极为重要的地位，2017年估计服务业产值占地区生产总值的86.4%。

【旅游业】旅游业是安圭拉经济的主体，是地区生产总值的最大贡献者，且对其他经济部门有强劲拉动作用。2018—2019年，旅游业全面反弹，将极大地推动经济增长。作为旅游业的代表，酒店和餐饮业是2018年收入最高的行业，总额近1.03亿东加勒比元，比2017年下降了25%，并在2018年第四季度出现强劲反弹。2019年，游客数量持续增长，估计旅游业将占实际经济活动的19.44%，较上年增长20%，产值总额约为1.3亿东加勒比元。由于游客多来自工业发达国家，因此这些国家的经济状况以及本岛的天气状况对旅游收入会有较大影响。

【交通运输】2019年交通运输和通信业产值估计占地区生产总值的9.9%。

公路：总长175公里，其中约100公里为柏油路。2002年注册机动车为5978辆。

水运：主要港口是鼓风角（Blowing Point）、路德港（Road Bay）。

空运：有航线通往圣基茨、英属维尔京和加勒比其他岛屿。安圭拉共有2个机场（2017年），其中，克莱顿·J.劳埃德国际机场（Clayton J. Lloyd International Airport，AXA）是全岛唯一的现代化机场。该机场曾被称为沃尔布莱克机场（Wallblake Airport），2010年7月正式改为现用名。

【财政金融】财政年度从4月1日至翌年3月31日。财政曾数年保持盈余，2000年首次出现60万东加勒比元的赤字，主要与飓风灾害有关，这也暴露了该岛经济的脆弱性。财政收入除来自英国外，大部分来自在国外工作的劳工汇款，此外还有关税和邮票收入。2017年的飓风灾害过后，财政收入再次受到潜在影响。2018年以来，财政收入主要依靠进口关税、海关附加税等。2018年的实际财政收入总额为1.99亿东加勒比元，较上年增长3.92%；经常性支出估计为2.02亿东加勒比元。2019年，经常性收入估计为2.08亿东加勒比元，较上年增长17.39%；经常性支出估计为2.13亿东加勒比元，支出有所增长源于整个公共服务领域的一系列因素，包括债务支付、个人薪酬和培训支付等。

【对外贸易】长期逆差。2016年估计进口额为1.7亿美元，出口额为390万美元；2017年估计进口额为1.86亿美元，出口额为790万美元。主要进口燃料、粮食、机器设备、化工产品、卡车、纺织品等，主要出口龙虾和鱼、家畜、盐、建材、朗姆酒等。主要贸易对象是美国、波多黎各、英国等。截至2017年12月31日，估计外汇和黄金储备额约为0.76亿美元。

【经济团体】安圭拉工商会（Anguilla Chamber of Commerce and Industry）。通信地址：P.O. Box 321，The Valley，Anguilla，British West Indies。电话：001-264-497-283。电子邮箱：acoci@caribcable.com。网址：http://www.anguillachamber.com/index.htm。

人民生活

安圭拉有1家医院和数家诊所。1982年起实行社会保险制度。1998年政府卫生预算开支占地区生产总值的4.92%。2002年估计贫困线以下人口占总人口的23%。2018年估计居民平均期望寿命81.6岁。2016年7月估计有固定电话6000部，手机2.6万部，互联网用户13665户。2019年，电信系统已通过海底电缆连接到加勒比海群岛和美国。

军　事

安圭拉的防务由英国负责。

文化教育

【教育】安圭拉对5—17岁儿童实行免费义务教育。有公立小学6所，学生1460人；公立中学1所，学生1062人。无高等学校。成人识字率为95%。2008年教育开支占地区生产总值的2.8%。

【新闻出版】有《光明》（周刊）、《安圭拉人》（周刊）、《安圭拉生活杂志》（每年三期）等。还有临近岛屿圣马丁出版的《每日先驱报》和《纪事》。有9家电台和1家电视台。

安圭拉电台（Radio Anguilla）：1969年创立。1976年起为政府所有和经营，每天播音17个小时。加勒比灯塔电台：私人商业性和宗教性电台，创建于1981年，每天播音24小时。

对外关系

外交由英国掌管。安圭拉为万国邮政联盟、加勒比发展银行、东加勒比国家组织成员，加勒比共同体准成员，设有国际刑警组织安圭拉支局。

【同中国的关系】安圭拉和中国均属承诺加入境外金融账户共同申报准则（Common Reporting Standard，CRS）体系进行金融涉税信息互换的国家和地区。2017年，安圭拉与中国在《多边主管当局间协议》（Multilateral Competent Authority Agreement，MCAA）框架下实现“配对”，安圭拉已确定会将中国税收居民的金融资产信息提交给中国。2018年9月，安圭拉向中国政府提交中国税收居民在安圭拉金融机构所持有账户的信息。　　（叶雯）

安提瓜和巴布达

国名　安提瓜和巴布达（Antigua and Barbuda）。

面积　442.6平方公里。

人口　9.4万（2019），绝大多数为非洲黑人后裔。英语为官方语言和通用语。多数居民信奉基督教。

首都　圣约翰（St. John's），人口2.9万。

国家元首　英国女王伊丽莎白二世，女王任命总督为其代表。现任总督罗德尼·威廉斯（Rodney WILLIAMS），2014年8月14日就任。

重要节日　独立日：11月1日。

简　况

位于东加勒比。属热带气候，年均气温27℃。年均降水量约1020毫米。

1493年，哥伦布第二次航行美洲时到达该岛，并以西班牙塞维利亚安提瓜教堂的名字命名。1520年至1629年曾先后遭西班牙和法国殖民者入侵。1632年被英国占领。1667年根据《布雷达条约》正式成为英国殖民地。1967年成为英国的联系邦并成立内部自治政府。1981年11月1日宣布独立，为英联邦成员国。

政　治

独立后，安提瓜工党（2012年更名为安提瓜和巴布达工党）长期执政。2004年和2009年，联合进步党两度赢得大选。2014年，工党重新执政。2018年3月，安提瓜和巴布达举行大选，工党赢得众议院17席中的15席，蝉联执政，党领袖贾斯顿·布朗（Gaston BROWNE）连任总理。目前，安提瓜和巴布达政局稳定。

【宪法】1981年11月1日正式生效。宪法规定安提瓜和巴布达是“统一和享有主权的民主国家”；总督必须由本国人担任，由英国女王根据总理的建议任命，并根据内阁的决定行使职权。

【议会】由参、众两院组成，任期5年。参议院17人，由总督任命，其中11人（必须有1名巴布达居民）由总理提名，4人由反对党领袖提名，1人由总督自己决定，1人由巴布达委员会（巴布达地方政府的主要机关，其成员和作用由议会决定）提名。众议院17人，由直接选举产生。本届议会于2018年3月组成，参议长阿琳西亚·威廉斯–格兰特（Alincia WILLIAMS-GRANT，女），众议长杰拉尔德·瓦特（Gerald WATT）。

【政府】本届政府于2018年3月组成。成员包括：总理兼财政部长贾斯顿·布朗，总检察长兼司法、公共安全和劳工部长斯特德罗伊·本杰明（Steadroy BENJAMIN），公用事业、民航和交通事务部长罗宾·耶尔伍德（Robin YEARWOOD），卫生、健康和环境部长莫尔温·约瑟夫（Molwyn JOSEPH），外交、移民和国际贸易部长保罗·格林（Paul GREENE），社会转型、人力资源和青年事务部长萨曼莎·马歇尔（Samantha MARSHALL，女），旅游和经济发展部长查尔斯·费尔南德斯（Charles FERNANDEZ），新闻、广播、电信和信息技术部长梅尔福德·尼古拉斯（Melford NICHOLAS），教育和科技部长迈克尔·布朗（Michael BROWNE），农业、渔业和巴布达事务部长迪安·乔纳斯（Dean JONAS），工程部长兼财政和公司管理国务部长伦诺克斯·韦斯顿（Lennox WESTON），住房、土地和城市发展部长兼司法、公安和劳工国务部长玛丽亚·布朗（Maria BROWNE，女），体育、文化、艺术和国家庆典部长达里尔·马修（Daryll MATTHEW）等。

【行政区划】全国共分为安提瓜、巴布达和雷东达3座岛。安提瓜岛设6个行政区，即圣约翰、圣彼得、圣乔治、圣菲利普、圣玛丽和圣保罗。

【司法机构】全国设地方法院，最高司法机关是东加勒比最高法院（设在圣卢西亚，由高等法院和上诉法院组成，有1名法官常驻安提瓜和巴布达），终审可上诉至英国枢密院。

【政党】主要政党有：

（1）安提瓜和巴布达工党（Antigua and Barbuda Labour Party）：执政党。成立于1946年，1976—2004年，该党长期执政。2014年6月、2018年3月，工党连续两次赢得大选，蝉联执政。党领袖贾斯顿·布朗。

（2）联合进步党（The United Progressive Party）：反对党。1992年3月，由统一国家民主党、进步劳工运动及安提瓜加勒比解放运动合并成立。其中进步劳工运动曾于1971—1976年执政。2004年和2009年，联合进步党两度赢得大选。党领袖哈罗德·洛弗尔（Harold LOVELL）。

此外，还有巴布达人民运动（Barbuda People's Movement）、国家民主联盟（Democratic National Alliance）等政党。

【重要人物】罗德尼·威廉斯：总督。生于1947年，曾就读于安提瓜和巴布达文法学校、西印度大学并获医学学士学位。曾任文法学校教师、西印度大学董事会成员。1984—2004年代表工党连续当选圣保罗选区众议员，历任众议院副议长、政府顾问、经济发展、教育、旅游部长等职。已婚，有3子。**贾斯顿·布朗**：总理兼财政部长。生于1967年。1999年起担任众议员。曾任规划和贸易部长。2012年11月当选工党领袖，2014年6月率领工党赢得大选并出任总理，2018年3月连任。已婚，有2子。

经　济

经济保持持续快速增长，稳居拉美加勒比各国前列。实行旅游立国战略，旅游业是最重要经济部门。经济基础脆弱，门类单一。农业在国民经济中比重逐年下降，粮食不能自给。工业基础薄弱，以制造业、建筑业为主。2019年主要经济数据：

国内生产总值：16.9亿美元。

人均国内生产总值：18110美元。

国内生产总值增长率：4%。

通货膨胀率：1.4%。

货币名称：东加勒比元。

汇率：1美元≈2.7东加勒比元。

（资料来源：国际货币基金组织）

【资源】仅有少量石灰石、黏土、建筑用石料及重晶石。

【农业】包括家畜业、林业和渔业。农业在国民经济中的地位持续下降。粮食不能自给。近年来，安提瓜和巴布达政府鼓励发展农业，减少对进口食品依赖。目前主要农产品有玉米、蔬菜、水果及少量海岛棉等。安提瓜岛捕捞少量鱼和龙虾。

【旅游业】在国民经济中占主导地位。游客主要来自美国、欧洲、加拿大以及加勒比其他国家。安提瓜岛以海滩、国际赛艇比赛和狂欢节而著名，巴布达岛发展较为落后，但岛内各种野生动物每年也吸引大量游客。

【交通运输】全国有干线公路384公里，辅助公路780公里，无铁路。首都圣约翰是天然深水港，有现代化的设施，可停靠万吨级远洋客货轮。维尔·伯德机场位于首都圣约翰东北9公里，有通往北美、欧洲和加勒比地区其他英语国家的航线，安提瓜和巴布达两岛之间每天有定期航班。

【对外贸易】由于工业不发达，从小五金到各类电子产品、汽车等商品几乎全部进口，历来逆差很大。主要进口机械设备、运输工具、生产用原料（含半制成品）、燃料与润滑油、建材、农产品、汽车、食品及日用品等。出口少量朗姆酒、海岛棉、服装、皮棉、加工食品等。

主要贸易对象是美国和加勒比地区国家。2019年，安提瓜和巴布达进出口总额6.5亿美元，其中出口额0.45亿美元，进口额6.05亿美元。（资料来源：世界贸易组织）

【经济团体】安提瓜和巴布达工商会（Antigua and Barbuda Chamber of Commerce and Industry Ltd.）：1944年成立，1991年改为现名。地址：Red Cliffe St, P. O. BOX774，St John's。

人民生活

国家提供免费医疗和养老金，能够保障基本医疗和卫生。2018年，安提瓜和巴布达人均寿命76.9岁，人口增长率为1.2%。

军　事

国防军现役军人350人，预备役2500人。

文化教育

【教育】中小学实行义务教育，小学阶段5—12岁，中学阶段12—16岁。大部分中小学为公立。西印度大学五岛校区（University of the West Indies at Five Islands）提供完整本科学历教育。安提瓜国立学院（Antigua State College）向大学预科学生提供基础教育和部分职业专科教育。安提瓜和巴布达国际技术学院（Antigua and Barbuda International Institute of Technology）、安提瓜和巴布达旅游培训学校（Antigua and Barbuda

Hospitality Training Institute）提供高等职业专科教育。安提瓜美国大学（American University of Antigua）为私立医学院，提供大学本科教育。学生还可通过西印度大学（University of the West Indies）入学考试进入分设在牙买加、特立尼达和多巴哥、巴巴多斯的西印度大学其他三所分校接受高等教育。

【新闻出版】主要报纸有:《观察家日报》(Daily Observer)，网址 www.antiguaobserver.com。

安提瓜和巴布达广播公司（Antigua and Barbuda Broadcasting Service）为安提瓜和巴布达新闻部下属机构，下设电视台和广播电台。另有1家私人商业电视台开设有线电视频道。

对外关系

积极推行务实外交，在主权平等的基础上与各国发展友好合作关系。积极参与地区一体化进程，是加勒比共同体、东加勒比国家组织成员，支持成立加勒比共同体单一市场和经济，将加强与加勒比国家的关系视为外交政策的核心。重视同英美等传统友好国家发展关系，并努力开拓同中国、日本等亚洲国家的关系。关注可持续发展问题，呼吁国际社会照顾小国关切，避免小国在国际社会中日益被边缘化。系小岛屿国家联盟成员，在气候变化问题上要求将全球温升控制在1.5℃以内，要求发达国家提供适应气候变化所需资金和技术。

【同中国的关系】1983年1月1日，中国与安提瓜和巴布达建交。建交以来，两国友好关系顺利发展，双边各层级互访和各领域交流与合作不断加强。

2014年7月，国家主席习近平访问巴西期间，出席中国—拉美和加勒比国家领导人会晤，并会见拉共体“四驾马车”领导人，安提瓜和巴布达总理布朗参加上述活动。8月，布朗总理对华进行正式访问并出席在南京举行的第二届夏季青年奥林匹克运动会闭幕式。

2015年，安提瓜和巴布达总督罗德尼·威廉斯出席第五届中拉民间友好论坛。2018年11月、2019年11月，安提瓜和巴布达外长格林分别出席在上海举行的首届和第二届中国国际进口博览会。

建交以来，中安经济技术合作稳步推进。安巴承认中国完全市场经济地位，是中国公民出境旅游目的地国。2018年6月，中安签署共建“一带一路”谅解备忘录。

据中国海关总署统计，2019年，中安双边贸易额为7200.6万美元，其中中方出口额7193.6万美元，进口额7.0万美元，同比分别增长29.8%、30.0%和59.1%。中方主要向安巴出口钢铁制品、矿物燃料、车辆及其零件、纸及纸板、电器零件、日用家电、家具、塑料橡胶制品和光学仪器等，主要从安巴进口光学仪器、电器零件、日用家电、食品、化学纤维制品等。

两国在教育、文化、医疗和旅游等领域的交流合作进展顺利。安巴单方面允许中国公民免签入境，停留时间不超过30天。2015年、2018年，中国“光明行”眼科专家组两度赴安巴提供白内障义诊。2018年，中国海军“和平方舟”号医院船访安巴，提供免费医疗和人道主义援助。2019年，安巴西印度大学五岛校区孔子学院正式成立。

中国驻安提瓜和巴布达大使：孙昂。馆址：Paradise View，St. John’s，Antigua，W.I.。电话：001–268–4621125；传真：4626425。

安提瓜和巴布达驻华大使（非常驻）：布莱恩·斯图亚特–杨（Brian STUART-YOUNG）。

【同美国的关系】安提瓜和巴布达与美国经贸关系紧密，美国的援助和游客是其外汇收入的重要来源。2008年11月，总理斯潘塞向美国当选总统奥巴马致信祝贺，并将安提瓜和巴布达最高峰命名为“奥巴马峰”。布朗政府同美国关系趋冷，不满美国对安巴博彩业打压，公开反对美国在地区事务中搞霸凌主义，反对外部势力干涉委内瑞拉，要求美国解除对古巴禁运。

【同英国的关系】安提瓜和巴布达是英联邦成员，在政治、司法及教育方面仍承袭英国体制。英每年向安提瓜和巴布达提供相当数量的援助，包括人员培训等。2011年7月，安提瓜和巴布达政府将一块海滩命名为“戴安娜王妃海滩”。

【同加勒比国家的关系】安提瓜和巴布达是加勒比多个地区组织成员，与加共体，尤其是东加勒比国家组织中其他成员保持密切关系，主张实现加勒比一体化和更广泛的区域性合作，加强地区协商对话。2010年6月，安提瓜和巴布达与其他东加勒比国家组织成员共同成立东加勒比经济联盟。2019年6月，安提瓜和巴布达举办第68届东加勒比国家组织政府首脑会议。

（陈皓月）

巴 巴 多 斯

国名　巴巴多斯（Barbados）。

面积　431平方公里。

人口　29.4万（2019年）。其中90%以上为非洲黑人后裔，2%为欧洲后裔。英语为官方语言和通用语。居民多信奉基督教。

首都　布里奇顿（Bridgetown），人口约11.2万。

国家元首　英国女王伊丽莎白二世，女王任命总督为其代表。现任总督桑德拉·普鲁内拉·梅森

（Sandra Prunella MASON，女），2018年1月8日就任。

重要节日 独立日：11月30日。

简　况 位于东加勒比海小安的列斯群岛最东端。海岸线长97公里。热带雨林气候，年均气温23℃—30℃。

16世纪前为印第安人阿拉瓦克族和加勒比族居住地。1518年西班牙人登岛，十余年后葡萄牙人入侵。1624年被英国占领，1627年设总督管辖。1958年加入西印度联邦。1961年10月实现内部自治。1966年11月30日独立，现为英联邦成员国。

政　治 独立后，民主工党和工党交替执政，政局保持稳定。2018年5月24日，巴巴多斯举行大选，反对党工党以绝对优势胜选上台，该党领袖米娅·莫特利（Mia MOTTLEY，女）出任巴历史上首位女总理。

【宪法】现行宪法于1966年巴巴多斯独立时生效。宪法规定，总督任命众议院多数党领袖为总理，并根据总理提名任命部长。内阁由总理和不少于5名部长组成，对议会负责。反对党领袖亦由总督任命。

【议会】分参、众两院，任期均为5年。参议院21席，由总督任命，其中12席由总理提名，2席由反对党领袖提名，另7席由总督在社会名流中选任。众议院30席，普选产生。2018年5月大选中，工党获全部30个议席，选后该党1名议员宣布脱党并成立人民民主发展党，两党在众议院议席为29:1。参议长理查德·切尔特纳姆（Richard CHELTENHAM），众议长阿瑟·霍尔德（Arthur HOLDER），均于2018年5月就任。

【政府】本届政府于2018年5月成立，主要内阁成员有：总理兼财政、经济事务和投资部长米娅·莫特利、总检察长兼法律事务部长戴尔·马歇尔（Dale MARSHALL）、教育、技术和职业培训部长兼众议院政府事务领袖桑蒂娅·布拉德肖（Santia BRADSHAW）、外交和外贸部长杰罗姆·沃尔科特（Jerome WALCOTT）、旅游和国际交通部长克里·西蒙兹（Kerrie SYMMONDS）、国际商务和工业部长罗纳德·托平（Ronald TOPPIN）等。

【司法机构】由上诉法院、高等法院和地方法院组成。首席法官马斯顿·吉布森（Marston GIBSON）2011年9月就任。终审法院为加勒比法院。

【政党】主要政党有：

（1）巴巴多斯工党（Barbados Labour Party）：执政党。1938年成立，曾于1976—1986年、1994—2008年执政，2018年5月再次执政。党领袖米娅·莫特利。

（2）民主工党（Democratic Labour Party）：反对党。1955年由原工党成员创建。曾于1961—1976年、1986—1994年、2008—2018年执政。党领袖维尔拉·德佩萨（Verla DE PEIZA，女）。

（3）人民民主发展党（People's Party for Democracy and Development）：2019年成立，党领袖约瑟夫·阿瑟雷（Joseph ATHERLEY）。

（4）人民自强党（The People's Empowerment Party）：2006年成立，前身为1988年建立的克莱蒙特·佩恩运动（Clement Payne Movement）。党主席大卫·卡米松（David COMISSIONG）。

【重要人物】**桑德拉·普鲁内拉·梅森**：总督。1949年1月17日生。毕业于西印度大学、伦敦皇家公共管理学院、加拿大温莎大学，法学学士。执业律师。1978年任巴青少年和家庭法庭法官，1991—1999年任联合国儿童权利委员会委员、副主席、主席，1992—1994年任巴驻委内瑞拉大使，1994年任巴最高地方法官，1997—2005年任巴最高法院书记员，2008年起任巴上诉法庭大法官、英联邦秘书处仲裁庭成员。2018年1月8日就任总督。 **米娅·莫特利**：总理。1965年10月1日出生。毕业于伦敦政治经济学院，法学学士。1994—2001年任教育、青年事务和文化部长，2001—2003年任总检察长兼内政部长，2003—2006年任副总理，2006—2008年任副总理兼经济事务和发展部长。2018年5月出任总理。

经　济 传统产业为制糖业。20世纪80年代以来推行经济多元化，旅游、离岸金融、轻工业和信息服务业发展迅速，为全球著名离岸金融中心。近年来，巴经济形势低迷。政府2018年起实施经济复苏和转型计划，渐收成效。2019年主要经济数据如下：

国内生产总值：52.1亿美元。

人均国内生产总值：18153美元。

国内生产总值增长率：–0.1%。

货币名称：巴巴多斯元。

汇率：1美元=2巴巴多斯元。

通货膨胀率：4.1%。

（资料来源：巴巴多斯央行、国际货币基金组织）

【资源】石油储量约200万桶，天然气储量1.1亿立方米。石灰石储量约300亿吨。浮石储量13.2亿吨。

【农业】全国土地65%为可耕地。近年来原糖产量大幅下降。政府鼓励发展蔬果种植业以减轻食品进口压力。

【制造业】主要有制糖、饮料、朗姆酒和啤酒酿造、化学药品、电子零部件、服装、家具和食品加工等。

【建筑业】旅游基础设施建设近年来发展迅速，已成为经济增长主要动力之一。巴大型建筑公司还承建加勒比其他国家道路、机场和工业设施。

【旅游业】主要经济支柱之一。游客主要来自欧洲、美国和加拿大。

【交通运输】空运：东加勒比地区重要航运中心。距首都布里奇顿18公里的格兰特利·亚当斯机场是加勒比地区最现代化的国际机场之一，24小时运营，有17个停机泊位和飞往美国、英国、加拿大、南美和多个加勒比国家的直达航班。

水运：首都布里奇顿为全天候深水港，可停靠万吨级远洋客货轮。有8个泊位，能同时为5艘轮船提供燃料补给。

公路：总长约1793公里。

【财政金融】2018/2019财年，巴财政收入30.5亿巴元，支出30.8亿巴元。受国际经济疲软拖累，巴外汇储备锐减，债务率高企。2019年底外汇储备7.4亿美元，外债15.1亿美元。（资料来源：巴巴多斯央行、国际货币基金组织）

【对外贸易】主要出口原糖、朗姆酒、化学制品、食品、饮料等，进口食品、饮料、石油、机械设备、汽车等。主要贸易伙伴为美国、英国、特立尼达和多巴哥、加拿大。2019年，巴巴多斯进出口总额20.4亿美元，其中出口额5.2亿美元，进口额15.2亿美元。（资料来源：国际货币基金组织）

【经济团体】（1）巴巴多斯工商会（Barbados Chamber of Commerce and Industry）：1825年成立。地址：Braemar Court，Deighton Road，St. Michael，Barbados。电话：001–246–4344750；传真：2282907。

（2）巴巴多斯国家石油有限公司（Barbados National Oil Co.，Ltd.）：1982年成立，主要开采原油和天然气。地址：Woodbourne，St Philip。电话：001–246–4201800。

人民生活

实行免费医疗。

军　事

国防军始建于1978年，包括常备军、后备军和学生军训团。1974年成立的海岸警卫队在国防军成立后成为其海上部队。1981年建立空军。

文化教育

【教育】实行大中小学免费义务教育。小学入学率100%，中学入学率89%，全国成人识字率99.7%。设有西印度大学凯夫希尔分校。

【新闻出版】主要报刊有：《主张报》，1895年创刊，发行量1.7万份；《民族报》，1973年创刊，发行量2.5万份；《今日巴巴多斯》，综合网络媒体，2010年创立，电子报刊月浏览量约200万人次。

主要媒体有：加勒比媒体公司，2000年由加勒比通讯社和加勒比广播公司合并成立，业务涵盖广播、电视和因特网服务；巴国营电视台，1964年开始播放黑白电视节目，1971年11月在加勒比地区首播彩色电视节目。

对外关系

奉行独立自主和不结盟的外交政策，主张外交多元化，外交为经济发展服务。是加勒比共同体创始成员国之一，积极推动加勒比地区一体化。在气候变化等国际问题上表现活跃，积极为小岛屿国家发声。在巩固与美国、英国、加拿大等国传统友好关系的同时，积极探索与巴西、中国、印度、日本等国发展平等互利关系。

【同中国的关系】1977年5月30日，中国与巴巴多斯建交。

近年来，两国各层级往来不断，各领域友好合作进一步加强，在国际事务中保持良好沟通与配合。

2013年6月，国家主席习近平在访问特立尼达和多巴哥期间同巴巴多斯总理斯图亚特举行双边会晤。

中方重要往访有：全国人大常委会副委员长陈昌智（2011年11月），中共中央政治局委员、天津市委书记张高丽（2012年6月）等。

巴方重要来访有：首席大法官吉布森（2015年），外长麦克林（2015年出席中拉论坛首届部长级会议），民主工党主席皮尔格林（2015年出席中拉政党论坛首次会议，2017年出席中国共产党与世界政党高层对话会），外长沃尔科特（2019年，出席中国和加勒比建交国外交部间第七次磋商）等。

巴承认中国完全市场经济地位。中巴签有鼓励和相互保护投资协定以及所得税避免双重征税和防止偷漏税协定。2019年2月，中巴签署共建"一带一路"谅解备忘录。

2019年，中巴贸易额为1.8亿美元，其中中方出口额1.6亿美元，进口额0.2亿美元，同比分别增长11.6%、14.2%和–4.8%。中方主要向巴出口纺织品和服装、钢铁或铝制结构体及其部件、塑料制品等，主要进口电阻器等。

巴是中国公民出境旅游目的地国。中巴签有文化协定。2014年，巴文化部长率艺术团访华并参加"相约北京"拉美和加勒比音乐节演出。2015年11月，中国海军"和平方舟"号医院船首次对巴进行友好访问并提供医疗服务。2016年12月，中国首支援巴医疗队抵巴开展义诊。2017年3月，中巴签署互免持普通护照人员签证，实现两国全面互免签证。2019年8月，首届中国电影节在巴举办。

2019年5月，中国—巴巴多斯友好协会（The Association of Barbados-China Friendship）在巴成立。巴央行前行长、著名经济学家沃雷尔（DeLisle WORRELL）任会长，前巴巴多斯驻华大使布拉斯维特（Chelston BRATHWAITE）和西印度大学凯夫希尔校区孔子学院外方院长布尔布里亚（David BULBULIA）任副会长。2018年9月，巴巴多斯中国同学会（Barbados China Returned Scholars Association）在巴成立，科尔宾（Che CORBIN）任会长。

中国驻巴巴多斯大使：延秀生。馆址：NO.17，GOLF VIEW TERRACE，GOLF CLUB ROAD，ROCKLEY，CHRIST CHURCH，BARBADOS。电话：001–246–4356890；传真：4358300/4356607。网址：http://bb.china-embassy.org。电子邮箱：chinaemb_bb@mfa.gov.cn。

巴巴多斯驻华大使：弗朗索瓦·杰克曼（Francois

JACKMAN)。馆址：北京市朝阳区东方东路22号院亮马外交公寓A区09-02号。电话：010-85325404。传真：85325437。

【同美国的关系】巴历届政府均十分重视同美传统友好关系，双方在反恐、禁毒等领域保持密切合作。2013年5月，巴总理斯图亚特在特立尼达和多巴哥参加美国副总统拜登集体会晤加勒比共同体国家领导人。2015年4月，巴总理斯图亚特在牙买加参加美国—加勒比共同体领导人峰会。2017年6月，巴同美国、加拿大及多个加共体国家举行"信风2017"联合军事演习。2018年5月，工党执政后，莫特利总理多次赴美。2019年5月，第7届美国—加勒比安全合作委员会会议在巴举行。

【同英国的关系】英是巴重要贸易伙伴，为巴出口蔗糖、朗姆酒及其他产品提供优惠待遇。英是巴最大旅游客源国之一和巴在海外移民最集中的国家，在英的巴移民约5万余人。2013年5月，巴总理斯图亚特会见到访的英国副外交大臣马克·西蒙兹。2015年9月，巴总理斯图亚特在牙买加参加英国首相卡梅伦集体会见加勒比共同体成员国领导人活动。2019年3月，英国王储查尔斯访巴。2019年6月，巴总理莫特利访问英国。

【同加拿大的关系】加是巴第二大游客来源地和第四大商品出口市场。巴与加保持着密切金融往来，在巴注册的约6000家从事离岸金融或其他离岸业务的银行、国际商务公司、外国代销公司和豁免保险公司大部分来自加拿大。

【同加勒比国家的关系】巴视加强同加勒比各国的友好合作关系为其外交政策核心。巴是加勒比共同体、加共体单一市场首批成员，将加勒比法院作为其终审法院。2015年7月，加共体第36届政府首脑会议在巴首都布里奇顿举行。 （李振宇）

巴 哈 马

国名　巴哈马国(The Commonwealth of The Bahamas)。

面积　陆地面积13878平方公里，国土总面积(含水域)25.9万平方公里。

人口　39万(2020年)，其中黑人占90.6%，欧美白人后裔占4.7%，混血种人占2.1%。官方语言为英语。多数居民信奉基督教。

首都　拿骚(Nassau)。

国家元首　英国女王伊丽莎白二世。女王根据巴总理提名任命总督为其代表。现任总督科尼柳斯·阿尔文·史密斯(Cornelius Alvin SMITH)，2019年6月28日就任。

重要节日　独立日：7月10日。

简　况

巴哈马群岛位于美国佛罗里达州东南、古巴东北海域，由西北向东南延伸，长1223公里，宽96公里。由700多个岛屿及2400多个珊瑚礁组成，其中30个岛屿有人居住。属亚热带气候，8月为最热月份，平均气温30℃；1—2月为最冷月份，平均气温20℃。年平均气温23.5℃。年平均降水量1000毫米。

原为印第安人居住地。1492年哥伦布首航美洲最先到达巴哈马群岛中部的圣萨尔瓦多岛(华特林岛)。1647年首批欧洲移民抵达。1649年为英国人占据。1717年英国宣布巴哈马群岛为其殖民地。1783年英国、西班牙签订《凡尔赛和约》，正式确定该群岛为英属地。1964年1月实行内部自治。1973年7月10日独立，为英联邦成员国。

政　治

巴沿用英国政治体制，实行君主立宪制。1973年独立后，巴进步自由党和自由民族运动党交替执政，政局长期保持稳定。2017年5月10日，自由民族运动党赢得大选，重返执政地位，党领袖休伯特·明尼斯(Hubert MINNIS)出任总理。

【宪法】现行宪法于1973年7月10日生效。宪法规定，巴哈马为主权民主国家，必须保证公民的基本人权和自由。

【议会】由参议院和众议院组成，任期5年。参议院由总督任命的16名议员组成，其中9名由总理提名，4名由反对党领袖提名，另3名由总理和反对党领袖协商提出。众议院由普选产生的39名议员组成。本届众议院于2017年5月组成，自由民族运动党占35席，进步自由党占4席。2019年，一名自由民族运动党议员退党，成为无党派议员。

【政府】总理为政府首脑。本届政府于2017年5月组成。主要内阁成员有：总理休伯特·明尼斯，副总理兼财政部长彼得·特恩奎斯特(Peter TURNQUEST)，总检察长兼司法部长卡尔·贝瑟尔(Carl BETHEL)，外交部长达伦·亨菲尔德(Darren HENFIELD)等。

【行政区划】全国共分31个区、19个岛组，在新普罗维登斯(首都拿骚所在地)、大巴哈马、安德罗斯、阿巴科、伊柳塞拉等主要岛屿上设有地方专员。

【司法机构】设有最高法院、上诉法院和地方法院。均受理刑事和民事案件。英国枢密院为终审法院。

【政党】（1）自由民族运动党（Free National Movement，FNM），执政党。成立于1972年。由从进步自由党分裂出来的议员和联合巴哈马人党（United Bahamian Party）组成。领导层多为中产阶级和知识分子。曾于1992—2002年、2007—2012年执政。2017年5月再次胜选上台。党领袖休伯特·明尼斯。

（2）进步自由党（Progressive Liberal Party，PLP），反对党。成立于1953年10月。1973年7月领导巴哈马取得独立。主要代表黑人和中小资产阶级利益。独立后，该党连续执政至1992年，并于2002—2007年，2012—2017年执政。党领袖菲利浦·戴维斯（Philip DAVIS）。

（3）民主全国联盟（Democratic National Alliance，DNA），在野党。由自由民主运动党前议员布兰威尔·麦卡特尼（Branville MCCARTNEY）于2011年4月组建，在2012年、2017年大选中均未获议席，为巴哈马第三大党。

另有巴哈马民主运动（Bahamas Democratic Movement）等政党，在巴政治生活中影响较小。

【重要人物】**科尼柳斯·阿尔文·史密斯**：总督。1937年4月7日出生于巴哈马，美国迈阿密大学毕业，商务管理硕士学位。史系资深政客、外交官，20世纪70年代从政，执政党自由民族运动的创始人之一。1982年起连续20年当选众议员。历任巴哈马多个内阁部长及巴驻美洲多国大使，2019年6月28日就任总督。

休伯特·明尼斯：总理。1954年4月17日生于巴哈马。曾就读于巴圣奥古斯丁学院、美国明尼苏达大学、西印度大学，获医学博士学位。执业医生。曾任巴医学会主席、酒店公司董事长、西印度大学讲师。2007年5月首次当选众议员，出任卫生部长。2012年5月当选自由民族运动党领袖。2017年5月率领该党赢得大选，出任总理。

经　济

巴是加勒比地区最富裕的国家之一，人均国内生产总值在西半球国家中仅次于美国和加拿大。旅游业和金融业是国民经济支柱产业，船舶服务业是国民经济重要部门。近年来巴政府提出实现经济多样化发展策略，大力吸引外资，重点发展工业和农业，取得一定进展。2019年9月，巴哈马遭受史上最强飓风“多里安”，经济损失高达70亿美元。2019年主要经济数据如下：

国内生产总值：126.64亿美元。

人均国内生产总值：33261美元。

国内生产总值增长率：0.9%。

货币名称：巴哈马元。

汇率：1美元=1巴哈马元。

（资料来源：国际货币基金组织）

【资源】海产资源丰富。有石油、天然气、盐等。可耕地少，淡水不足，农业资源有限。

【制造业】有伐木、小船制造、水泥、食品加工、饮料、酿酒、手工艺品和制药等，主要集中在大巴哈马岛的自由贸易区内。为实施经济多样化战略，巴政府鼓励发展中小企业，并为此制定了优惠政策。

【农渔业】巴土层薄，土壤贫瘠，农业不发达。只种植少量蔬菜、水果，主要农作物有甘蔗、番茄、香蕉、玉米、菠萝、豆类等。食品80%靠进口，部分蔬菜和柑橘类水果能自给并有少量出口，肉类生产基本上满足国内需求。巴政府对农产品和水果产品实行保护政策。

巴海域是世界重要渔场之一，主要出产龙虾、海螺、石斑鱼、马林鱼、旗鱼和金枪鱼等，其中龙虾约占海产总量的60%。

【旅游业】是巴国民经济第一大支柱产业。2019年接待游客720多万人次，旅游业年收入约占国内生产总值的50%左右，为巴提供了约50%的就业机会。游客主要来自美国、加拿大和欧洲。全国共有旅店客房约15000间。坐落在天堂岛的亚特兰蒂斯饭店举世闻名。

【金融服务业】是巴国民经济的第二大支柱产业，由于巴与美国毗邻，国内政治经济形势稳定，有严格的银行保密法，无直接税和外汇管制，巴已成为全球重要的离岸金融中心。据国际货币基金组织估计，巴国际离岸金融服务业资产为9425亿美元，位列世界离岸金融服务业第五位。

【船舶服务业】是巴第三大经济部门，商船注册居世界第三，船舶注册量1400多艘，吨位超过5000万吨。

【交通运输】航空和海运较发达。

公路：公路总长3350公里，其中新普罗维登斯岛上约966公里，其余主要分布在伊柳塞拉岛、大巴哈马岛、长岛以及卡特岛上。

水运：巴是国际海运中心之一，有拿骚和自由港两个主要港口。

空运：有通往美国、加拿大、欧洲、古巴等国的定期航班。有两个主要国际机场（拿骚和自由港），可降大型客机；另有55处国内机场，各主要岛屿间有航班运营。

【财政金融】政府收入主要来自关税和印花税等。2018/2019财年（2018年7月至2019年6月），巴政府财政收入约26.5亿美元，预算财政支出约28.9亿美元，财政赤字约2.4亿美元。

【对外贸易】主要商品长期依赖进口，每年均有巨额贸易赤字，主要靠旅游业收入维持国际收支平衡。

2019年，巴进出口总额为40.33亿美元，其中出口额5.12亿美元，进口额35.21亿美元。巴主要出口海产品、化工产品、药品、朗姆酒、食盐，进口食品、消费品、机械设备和汽车等。主要贸易对象是美国、加拿大、欧盟、日本等。

【经济团体】（1）巴哈马商会（Bahamas Chamber

of Commerce）。地址：Shirley St.，POB N–655。电话：001–242–322–2145；传真：322–4649。

（2）巴哈马农工公司（Bahamas Agricultural and Industrial Corp.）。地址：BAIC Bldg，East Bay St.，POB N-4940，Nassau。电话：001–242–322–3740；传真：322–2123。

人民生活

巴人均GDP在美洲地区仅次于美国和加拿大，但贫富悬殊较严重。家庭居民房屋拥有率为60%。

军事

皇家国防军（海岸警卫队）是巴哈马唯一的安全部队，约1000人，负责国家安全、港口及航行安全、灾害救援、缉毒、遣返非法移民等。

文化教育

【教育】小学6年制，中学6年制。公立学校对5—14岁儿童实行免费义务教育。适龄儿童入学率为小学98%，中学89%。学生多在巴哈马当地就读大学，巴哈马大学为巴最高学府。西印度大学在巴设有旅游分院。

【新闻出版】主要报刊有《拿骚卫报》《巴哈马日报》和《论坛报》。

巴哈马广播公司：国营，1936年建立。

巴哈马电视台：国营，1977年建立，属巴哈马广播公司所有。

此外，还可接收美国电视节目和一些卫星节目。

对外关系

奉行和平合作、尊重各国主权的外交政策。倡导民族自决、独立自主、领土完整和互不干涉内政原则，主张国际合作及和平解决争端。注重外交为经济发展服务。是联合国、加勒比共同体、加勒比国家联盟、美洲国家组织、英联邦以及不结盟运动成员国。

【同中国的关系】1997年5月23日，中国与巴哈马建交。近年来，中巴关系发展顺利，双方保持高层互访势头。

2013年6月，国家主席习近平在访问特立尼达和多巴哥期间同巴哈马总理克里斯蒂举行双边会晤。2015年1月，克里斯蒂总理来华出席中拉论坛首届部长级会议开幕式。

近年来，其他重要互访有：国务院副总理王岐山、外交部长杨洁篪（2011年）、全国政协副主席李兆焯（2013年）等曾访巴；克里斯蒂总理（2004年、2015年，出席中拉论坛首届部长级会议）、霍洛韦斯科参议长、史密斯众议长（2010年）、威尔逊参议长（2014年）、戴维斯副总理（2015年，出席中拉基础设施合作论坛）、米切尔外长（2006年；2014年，非正式）、亨菲尔德外长（2018年，出席首届中国国际进口博览会）等曾访华。

巴承认中国完全市场经济地位。2019年，中巴双边贸易额为4.34亿美元，其中中方出口3.56亿美元，进口0.78亿美元，同比分别增长–11.5%、–25.5%和510.3%。中方主要出口船舶、成品油、钢铁或铝制结构体及其部件、油漆、服装等，进口农产品和机械设备。

两国文化交流内容丰富。巴政府文化代表团、国家青年合唱团、民族歌舞团、巴哈马—中国友好协会代表团等文化团组曾访华。中国杂技团、河北杂技团、山东杂技团、扬州木偶团、天津“华夏未来”少儿艺术团、河南少林武僧团等文艺团组和中国人民对外友好协会代表团曾访巴。巴哈马大学建有孔子学院。2014年5月和2015年11月，中方“光明行”眼科专家组赴巴开展义诊。

2014年2月，《中华人民共和国政府和巴哈马国政府关于互免签证的协定》正式生效实施。根据协定规定，中国公民凭有效的普通、公务普通、公务、外交护照均可免签入出境巴哈马，每次停留不超过30日。

中国驻巴哈马大使：黄亲国。馆址：Shirley Street East，Nassau，The Bahamas，P. O. Box: SS-6389。

电话：1–242–3931415。传真：3930733。网址：http://bs.china-embassy.org/chn/。电子邮箱：chinaemb_bs@mfa.gov.cn。

巴哈马驻华大使：斯特林·匡特（Sterling QUANT）。馆址：朝阳区亮马河南路14号塔园外交办公楼2单元4层。电话：65322922。传真：65322304。网址：www.bahamasembassy.cn。电子邮箱：info@bahamasembassy.cn。

【同美国的关系】同美国保持传统友好关系。美是巴最大的经贸合作伙伴，为巴游客和消费品的主要来源地。巴美在金融、反毒、反恐等方面合作密切，两国签署了反毒、司法互助和税收情报交换协议等政府间协定。2019年3月，巴总理明尼斯赴美出席美总统特朗普与加勒比5国领导人集体会晤，并与特举行双边会见。

【同加勒比国家的关系】与加勒比邻国关系密切。1983年7月加入加勒比共同体，积极参与加共体事务，推动加强地区安全合作，打击非法移民和毒品等，但未加入加共体单一市场与经济。（李振宇）

巴　拉　圭

国名　巴拉圭共和国（Republic of Paraguay, República del Paraguay）。

面积　40.68万平方公里。

人口　715.3万（2019年）。95%为印欧混血种人，其余为印第安人和白种人。官方语言为西班牙语和瓜拉尼语。89.6%的居民信奉天主教。1.8%的居民是土著人。

首都　亚松森（Asunción），人口52万，夏季气温22℃—35℃，冬季气温12℃—22℃。

国家元首　总统马里奥·阿夫多·贝尼特斯（Mario Abdo Benítez），2018年8月就职，任期至2023年8月。

重要节日　独立日：5月14日。

简　况

南美洲内陆国家，与阿根廷、玻利维亚和巴西为邻。地处拉普拉塔平原北部，巴拉圭河从北向南把全国分成东、西两部分。东部为丘陵、沼泽和波状平原，全国90%以上的人口集中于此；西部为原始森林和草原。属亚热带气候，夏季平均气温27℃，冬季平均气温17℃。东部年平均降水量为1500毫米，西部为500毫米。

原为印第安瓜拉尼人居住地。1537年沦为西班牙殖民地。1811年5月14日宣告独立。1865年，洛佩斯政府为扩大地盘，进攻当时巴西的西南地区，巴西、阿根廷、乌拉圭联军对巴宣战。战争历时5年，巴拉圭战败，洛佩斯政府割地赔款，疆域缩小近一半，并失去出海口，成为内陆国家。19世纪70年代后，红党与自由党轮流执政。1932—1935年，巴同玻利维亚为争夺石油资源发生查科战争，双方签订和平协定，巴得到查科地区3/4的土地。1954年5月4日，军人斯特罗斯纳伙同红党右翼发动政变上台，实行军事独裁长达35年。1989年2月2日，巴第一军区司令罗德里格斯发动政变，推翻斯特罗斯纳独裁政权，并于同年5月举行了第一次民主选举，罗本人当选总统。在1993年总统选举中，红党候选人瓦斯莫西获胜，成立1954年后第一届民选文人政府。

政　治

2008年4月21日，反对党“争取变革全国联盟”候选人、前主教卢戈当选总统，结束了红党连续执政61年的历史。2012年6月，巴北部发生警察与占地农民间冲突，红党以卢戈处置不当为由，推动国会通过对卢戈弹劾案。卢戈被迫宣布辞职，副总统弗朗哥接任总统。2013年8月，红党候选人奥拉西奥·卡特斯就任总统。2018年4月，红党候选人马里奥·阿夫多当选总统，并于2018年8月就职。

【**宪法**】现行宪法于1992年6月20日颁布。宪法规定巴为代议制国家。总统由普选产生，任期5年，不得连任。设副总统1名，现任副总统乌戈·阿达尔韦托·贝拉斯克斯·莫雷诺（Hugo Adalberto Velázquez Moreno），红党，2018年8月就职，任期至2023年8月。

【**议会**】分为参、众两院，参议员45人，众议员80人，均由普选产生，任期5年。本届议会于2018年4月选举产生。各党派在议会所占席位如下：

	众议院	参议院
红党	42	17
真正激进自由党（蓝党）	29	14
瓜苏阵线	—	7
亲爱祖国党	3	3
其他	6	4
总计	80	45

参、众议长任期1年，每年改选。现任参议长布拉斯·利亚诺（Blas Llano）。现任众议长佩德罗·阿利亚纳（Pedro Alliana），2019年6月就职。

【**政府**】本届政府主要内阁成员有（2020年4月）：总统府秘书长胡安·埃内斯托·比利亚马约尔（Juan Ernesto Villamayor）、外交部长安东尼奥·里瓦斯·帕拉西奥斯（Antonio Rivas Palacios）、财政部长贝尼尼奥·洛佩斯（Benigno López）、国防部长贝尔纳迪诺·索托·埃斯蒂加里维亚（Bernardino Soto Estigarribia）、内政部长欧克利德斯·阿塞韦多（Euclides Acevedo）、公共工程和通讯部长阿诺尔多·威恩斯（Arnoldo Wiens）、工业和贸易部长利兹·克拉梅尔（Liz Cramer，女）、农牧业部长鲁道夫·弗里德曼（Rodolfo Friedmann）、公共卫生和社会福利部长胡利奥·丹尼埃尔·马佐莱尼（Julio Daniel Mazzoleni）、教育和科学部长爱德华多·佩塔·圣马丁（Eduardo Petta San Martín）、司法部长塞西莉亚·佩雷斯·里瓦斯（Cecilia Pérez Rivas，女）、劳工和社保部长卡拉·巴希加卢波（Carla Bacigalupo，女）、妇女部长妮尔达·罗梅罗（Nilda Romero，女）、社会发展部长马里奥·巴雷拉（Mario Varela）、环境和可持续发展部长阿列尔·奥维耶多（Ariel Oviedo）、儿童和青少年部长特蕾莎·马丁内斯（Teresa Martínez，女）等。

【**行政区划**】全国划分为17个省和1个特别区（首

都亚松森）。

【司法机构】根据宪法，国家设司法委员会，由8人组成。最高法院由9名大法官组成，大法官由司法委员会提名并经政府同意后，由参议院任命。现任最高法院院长阿尔韦托·华金·马丁内斯·西蒙（Alberto Joaquín Martínez Simón）。

【政党】主要政党主要有：

（1）红党（Partido Colorado）：又名全国共和联盟（ANR，Asociación Nacional Republicana）或国家共和党。巴第一大党，执政党。现有党员约200万。1887年9月11日成立，历史上多数时期为执政党。主要代表大地主、大牧场主和大资产阶级利益。对内注重发展民族经济和打击腐败，对外致力于加强南方共同市场和地区一体化建设。现任主席佩德罗·阿利亚纳（Pedro Alliana）。

（2）真正激进自由党（PLRA，Partido Liberal Radical Auténtico）：又称蓝党。最大在野党。有近100万名党员。1977年从激进自由党分裂出来。1989年2月获合法地位。在工人、农民和知识界有一定影响。对内主张实行土改、发展民族经济，要求实行民主开放和国家的全面改造；对外主张维护民族独立、反对外来干涉，同世界各国发展友好关系。现任主席为埃弗拉因·阿莱格雷（Efraín Alegre）。

（3）亲爱祖国党（PPQ，Partido Patria Querida）：在野党。前身为亲爱祖国运动（Movimiento Patria Querida），2000年成立，2003年9月更为现名。主张推进全面变革，认为严惩腐败是首要任务。现任主席为米格尔·卡里索萨（Miguel Carrizosa）。

（4）公民道德全国联盟（UNACE，Unión Nacional de Ciudadanos Éticos）：在野党。2002年3月成立，由从红党分裂出来的红色道德全国团结派组成，自称有31万党员。现任主席为豪尔赫·奥维多·马托（Jorge Oviedo Matto）。

（5）国家团结党（PPS，Partido País Solidario）：在野党。2001年由前全国聚会党领导人之一卡洛斯·阿尔韦托·费利佐拉·帕利亚雷斯（Carlos Alberto Filizzola Pallares）创立并任主席。党员人数约2.5万。

（6）全国聚会党（PEN，Partido Encuentro Nacional）：在野党。1991年成立。党员约18万人。主要由独立派人士组成。政治上主张多元化，改变传统政党长期执政局面；经济上主张改革，实现社会财富公平分配。

【重要人物】**马里奥·阿夫多·贝尼特斯**：总统。1971年出生在亚松森。曾在美国学习并获得管理学学士学位。于2004年从政，2008—2011年担任红党副主席，2013年当选参议员，2015—2016年担任参议长。2018年4月，当选巴拉圭总统，任期至2023年8月。

经　济

国民经济以农牧业为主，工业基础薄弱，是拉美最落后的国家之一。经济活动主要集中在首都亚松森和东方市，经济受气候及国际初级产品价格影响。

近年来，巴经济保持稳定增长势头。主要经济数据如下：

国内生产总值：336.7亿美元（2018年）。

人均国内生产总值：5260美元（2018年）。

国内生产总值增长率：3.7%（2018年）。

货币名称：瓜拉尼（Guaraní）。

通货膨胀率：2.8%。（2019年）

汇率：1美元≈6500瓜拉尼（2020年5月）。

失业率：7.2%（2019年）

（资料来源：国际货币基金组织数据）。

【资源】盐矿和石灰石储量较大，还有少量铁、铜、锰、铁钒土、云母、铌、天然气、铝矾土等。水力资源丰富。出产珍贵的硬质木材。

【工业】工业基础薄弱，以轻工业和农牧产品加工业为主，主要产品有肉类罐头、面粉、饮料、烟草、柴油和石脑油等。

【农牧业】农业是国民经济的主要支柱，农产品出口占出口总额的一半。主要农产品有大豆、棉花、烟草、小麦和玉米等。2016年成为全球第四大大豆生产国和全球第六大肉类产品生产国。

畜牧业在经济中占有重要地位。近年来国际市场对肉类需求增加，巴肉类出口大幅上升。2011年9月和2012年1月，巴国内两次爆发口蹄疫，肉类生产和出口受到严重影响。

【林业】森林覆盖率约40%。70%的森林资源集中在格兰查科地区。

【能源】石油及其衍生品全部依赖进口。近年，在靠近玻利维亚边界的查科地区发现储量丰富的天然气。水力资源丰富，蕴藏量约为5.6万兆瓦。与巴西共同建设伊泰普水电站，装机容量为1400万千瓦。与阿根廷共同建设亚西雷塔—阿皮培水电站，装机总量300万千瓦。

【旅游业】旅游业是外汇收入主要来源之一。游客主要来自阿根廷、巴西、乌拉圭和玻利维亚。

【交通运输】铁路：总长1147公里。共有12条线路，其中中央铁路长441公里，连接首都和阿根廷边境城市安卡尔纳森。

公路：总长1.23万公里，其中柏油路7460公里，石板路1300公里，碎石路1000公里。

水运：全国共有7个港口，主要港口是亚松森。国家商船队主要承担巴至阿根廷和乌拉圭的短途河运。巴拉圭海外船运公司有班轮通往美国和欧洲一些主要港口。内河水路总长3100公里。

空运：具有正规跑道的机场15个，其中两个为国际机场，分别位于亚松森和东方市。巴拉圭航空公司（LAPSA），有定期航班通往阿根廷、乌拉圭、巴西、玻利维亚、美国等。

【财政金融】2018年底，外汇储备为80.1亿美元，外债余额为60.2亿美元。

【对外贸易】2019年，对外贸易总额194.07亿美元，其中出口额76.52亿美元，进口额117.55亿美元，同比分别下降9.6%、15.4%和5.5%。主要贸易对象国为巴西、乌拉圭、智利、阿根廷、美国、日本、荷兰和意大利等。主要出口产品为粮食、植物油和肉类等。近年来对外贸易情况如下：

2017—2019年对外贸易统计表（单位：亿美元）

	2017	2018	2019
出口额	86.80	90.42	76.52
进口额	110.27	124.34	117.55
差　额	–23.47	–33.92	–41.03

（资料来源：巴拉圭中央银行）

2015—2017年主要产品出口额统计表（单位：百万美元）

	2015	2016	2017
大豆	1898.10	1826.90	—
谷物	799.20	688.48	499.38
肉制品	1185.70	1157.11	1214.97
木材	42.36	38.30	68.20

（资料来源：巴拉圭海关）

2014—2016年进口分类统计（单位：亿美元）

	2014	2015	2016
消费品	35.86	31.56	31.56
资本货	37.47	31.15	30.97
中间产品	39.67	32.59	27.89

（资料来源：巴拉圭统计局）

【外国资本】1991年制定《国内外投资法》，对外资实行特别优惠政策，规定5年内免缴95%的赢利税。外资主要来源于美国、巴西、阿根廷，投资集中在食品、加工、纺织和化工行业。

人民生活

社会两极分化较严重。贫困人口占人口总数的24.2%（2018年）。土地高度集中，不到1%的人占有全国75%以上的土地。

军　事

宪法规定，总统为武装部队总司令。国防委员会是最高军事决策机构，由总统、全体内阁部长、武装力量参谋长和陆、海、空三军司令组成，总统任主席，国防部长任副主席。国防部为最高军事行政机关。此外，还设有武装部队资格评判特别委员会，由总司令，武装部队司令，总参谋长，陆、海、空三军司令和后勤部队司令组成，总司令任该委员会主席，主要职能是决定军官晋升和退役。实行义务兵役制，服役期陆军和空军为一年半，海军两年。

文化教育

【教育】实行九年义务教育制。全国有两所公立大学：亚松森国立大学和天主教大学，另有10所私立大学。宪法规定教育预算应占总预算的20%以上。政府自1990年起执行全国教育发展计划，开展扫盲运动。

【新闻出版】主要报纸有:《彩色ABC》《今日报》《最新时刻报》等。

全国广播电台为国家电台，另有11个私营商业电台和五家电视台。

对外关系

实行对外开放和多元化外交政策。主张维护国家主权、人民自决、不干涉别国内政、反对在国际关系中使用武力或以武力相威胁等原则，主张通过谈判解决国际争端。重视与拉美国家，特别是南方共同市场其他成员国的关系，努力参与地区事务和一体化进程。积极发展同美国、西欧国家关系。

是联合国、世界贸易组织、世界卫生组织、美洲国家组织、拉美经济体系、拉美一体化协会、拉美和加勒比共同体、南方共同市场、安第斯共同体（联系国）等国际和地区组织的成员。担任2020年上半年南共市轮值主席国。

2012年6月卢戈总统遭到弹劾并宣布辞职后，多数拉美国家及主要地区组织均对巴国会弹劾程序提出质疑，南共市宣布中止巴成员国资格。卡特斯当选总统后，积极开展周边外交，并出席南美国家联盟首脑峰会等国际会议，南美国家联盟和南共市已分别宣布恢复巴成员国资格。2016年10月，巴当选为2017—2020年度万国邮联理事会成员。2017年1月，巴成为经济合作与发展组织发展中心成员。2018年6月，巴当选2019—2021年度联合国经社理事会成员。

【同中国的关系】中巴无外交关系。巴于1957年同台湾当局“建交”。台在巴首都设有“大使馆”，在巴第二大城市东方市设有“总领馆”。据中国海关总署统计，2019年中国同巴拉圭贸易额为14.47亿美元，其中中方出口额14.31亿美元，进口额0.16亿美元，同比分别下降15.4%、14.4%和59.3%。

【同美国的关系】重视与美关系，在打击国际犯罪、缉毒合作、反恐问题上与美积极配合。2008年10月，卢戈总统访问美国。2009年12月和2010年11月，美国总统奥巴马特使、国务院西半球事务助理国务卿巴伦苏埃拉两度访巴。2017年4月，美国务院负责西半球事务的临时助理国务卿帕尔米耶里访巴。2018年7月，巴拉圭候任总统阿夫多访问美国。2018年9月、2019年12月，阿夫多总统访问美国。

【同巴西的关系】同巴西保持传统友好关系。巴西在政治、经济、文化等方面对巴拉圭有较大影响，是巴拉圭在南方共同市场最重要的贸易伙伴，两国签订有多项双边合作协定。2011年6月，巴西总统罗塞夫访问巴拉圭并出席第41届南共市首脑会议。2013年

9月、2017年8月卡特斯总统访问巴西。2016年8月，卡特斯总统赴巴西出席里约奥运会开幕式。2018年6月，巴拉圭候任总统阿夫多访问巴西。2019年3月，阿夫多总统访问巴西。

【同阿根廷的关系】同阿根廷长期保持睦邻关系。双方经贸关系密切，在水电合作上成果显著。2013年9月、2016年5月，卡特斯总统访问阿根廷。2017年3月，阿根廷总统马克里访问巴拉圭。2018年6月，巴拉圭候任总统阿夫多访问阿根廷。

【同其他拉美国家的关系】同拉美各国关系稳步发展，高层交往频繁。2016年，卡特斯总统赴巴拿马出席巴拿马运河扩建工程竣工仪式，访问墨西哥，并赴哥伦比亚出席哥政府与反政府武装和平协定签字仪式。

【同日本的关系】与日本保持密切的经济合作关系。日本是巴最大援助国。在巴有日侨约7000人。2014年6月，巴总统卡特斯访问日本，与日本首相安倍晋三进行会谈并达成援助协议。2018年12月，日本首相安倍晋三访问巴拉圭。（张凌）

巴 拿 马

国名 巴拿马共和国（The Republic of Panama, La República de Panamá）。

面积 7.55万平方公里。

人口 422万（2019年）。印欧混血种人占65%，其他依次为非裔12%、欧裔10%、华裔7%、印第安人6%。西班牙语为官方语言。85%的居民信奉天主教。

首都 巴拿马城（Panama City, Ciudad de Panamá），人口88万。气温常年保持在21℃—32℃，1—4月为旱季，5—12月为雨季。

国家元首 总统劳伦蒂诺·科尔蒂索·科恩（Laurentino Cortizo Cohen），2019年7月1日就职，任期5年。

重要节日 独立日：11月3日。

简 况

位于中美洲地峡。东连哥伦比亚，南濒太平洋，西接哥斯达黎加，北临加勒比海。巴拿马运河从北至南联通大西洋和太平洋。

原为印第安人居住地。1501年，沦为西班牙殖民地。1821年，独立并加入大哥伦比亚共和国。1903年，在美国支持下"第二次独立"。同年，巴美签订《运河条约》，美取得修建和经营巴拿马运河的永久垄断权及运河区的永久占领和使用权。1914年，美开通运河。1977年，巴美签署《新运河条约》和《关于巴拿马运河的永久中立和经营条约》，统称《托里霍斯—卡特条约》，规定条约正式生效后，运河主权归巴拿马，但运营管理权仍属美国。该条约于1979年10月1日正式生效。1989年美国对巴拿马军事入侵并扶植新的亲美政府。1999年12月31日，巴拿马正式收回运河区主权和经营管理权。

政 治

【宪法】现行宪法于1972年生效，历经1978年、1983年、1994年和2004年4次修改。规定国家三权分立，总统为国家元首，通过直接选举产生，任期5年，不得连任，但可隔届竞选。1994年，巴议会通过宪法修正案，取消军队，建立警察部队。2004年，再次修宪将国民议会更名为国民大会，仅保留1个副总统职位。

【议会】国民大会，一院制，由71名议员组成，任期5年。本届议会于2019年7月1日组成，各党派所占席位如下：民主革命党35席，民主变革党18席，巴拿马主义党8席，民族主义共和运动党5席，无党派人士5席。国会主席：马科斯·恩里克·卡斯蒂列罗（Marcos Enrique Castillero，民主革命党），2019年7月当选，任期1年。

【政府】本届政府于2019年7月1日组成，主要成员有：副总统兼总统府部长何塞·加百利·卡里索（José Cabriel Carrizo），政府部长卡洛斯·罗梅罗（Carlos Romero），外交部长亚历杭德罗·费雷尔（Alejandro Ferrer），教育部长玛鲁哈·戈尔黛·德维拉罗伯斯（Maruja Gorday de Villalobos，女），公共工程部长拉斐尔·萨博赫·维拉尔（Rafael Sabonge Vilar），卫生部长罗萨里奥·艾米利亚·德蒙特内格罗（Rosario Emilia de Montenegro，女），劳工部长多丽丝·雅内丝·萨帕塔·阿赛韦多（Doris Yaneth Zapata Acevedo，女），工商部长拉蒙·爱德华多·马丁内斯·德拉瓜迪亚（Ramón Eduardo Martínez de la Guardia），住房及土地管理部长伊内丝·萨穆迪奥·德格拉西亚（Inés Samudio de Gracía，女），农牧业发展部长奥古斯托·拉蒙·瓦尔德拉玛（Augusto Ramón Valderrama），社会发展部长马尔科娃·康塞普西翁·哈拉米洛（Markova Concepción Jaramillo，女），经济和财政部长埃克托尔·埃内斯托·亚历山大（Héctor Ernesto Alexander Hansell），运河事务部长阿里斯蒂德斯·罗约·桑切斯（Aristides Royo Sánchez），公安部长罗兰多·奥古斯托·米隆内丝·拉米雷斯（Rolando Augusto Mirones Ramírez），环境部长米尔希亚德斯·康塞普西翁（Milciades Concepción），文化部长卡洛斯·阿吉拉尔（Carlos Aguilar）。

【行政区划】全国划为10个省和5个印第安居民区，省下设县（市），县（市）下设区。

【司法机构】司法权由高等法院和国家总检察院行使。高等法院设9名法官，任期10年。高等法院院长路易斯·拉蒙·法夫雷加·桑切斯（Luis Ramón Fábrega Sánchez）。国家总检察长爱德华多·鲁文·乌略亚·米兰达（Eduardo Rubén Ulloa Miranda）。

【政党】主要政党有：

（1）民主革命党（Partido Revolucionario Democrático）：执政党。由托里霍斯将军发起成立。1979年3月建党。现有党员56.1万人。现任主席贝尼西奥·埃纳西奥·鲁宾逊（Benicio Enacio Robinson），现任总书记佩德罗·米格尔·冈萨雷斯（Pedro Miguel González）。

（2）民主变革党（Partido Cambio Democrático）：在野党。1998年5月建党。现有党员34.8万人。现任主席罗慕洛·罗克斯（Rómulo Roux）。

（3）巴拿马主义党（Partido Panameñista）：在野党。1931年10月建党，曾多次更名，2005年起使用现名。历史上曾9次执政。现有党员36万人。现任主席何塞·伊莎贝尔·布兰东（José Isabel Blandón）。

【重要人物】**劳伦蒂诺·科尔蒂索·科恩**：总统。生于1953年1月30日。毕业于美国得克萨斯州立大学，商学博士。曾供职于巴数家私营公司，涉足农牧业和建材业等。1994—2004年担任国民大会议员，其中1998—1999年任国民大会第一副主席，2000—2001年任国民大会主席。2004年加入民主革命党，同年任农牧业发展部部长。2019年5月作为民主革命党候选人参加大选获胜，7月1日就任总统。

经　济

运河航运、金融服务、科隆自贸区和旅游业是巴经济的主要支柱。服务业收入在国民经济中占有重要地位。近年来，巴经济保持温和增长。2019年主要经济数据如下：

国内生产总值：685.36亿美元。

人均国内生产总值：16245美元。

国内生产总值增长率：3.5%。

货币名称：流通美元，另发行巴波亚（Balboa）作为辅币。

汇率：与美元等值。

通货膨胀率：0%。

失业率：7.1%。

（资料来源：国际货币基金组织、巴国家统计局）

【资源】全国70%以上的土地被热带森林所覆盖，林业资源丰富，主要有红木、雪松、棕榈树、橡胶树等。矿产有金、银、铁、铜、钼、铝矾土、盐、汞、硫磺和煤等。

【工业】以食品加工业和轻工业为主，无重工业。2019年制造业、建筑业、采矿业分别增长–0.02%、0.09%、45.43%。

【农业】耕地面积占全国土地面积的22.6%。全国20%以上的劳动人口从事农牧渔业。水稻、玉米、豆类为主要农作物，香蕉、甘蔗、菠萝、香瓜、西瓜和咖啡为主要经济作物。

【旅游业】巴有6处景点被联合国教科文组织列为“世界自然遗产”。著名旅游区有巴拿马运河、孔塔多拉旅游区、桑普拉斯群岛、牛口群岛和雷岛等。2019年巴接待游客240万人次，同比减少2.4%。

【交通运输】公路：巴公路总长为1.53万公里。

铁路：巴铁路网全长355公里，连接巴拿马城和科隆市的巴拿马—科隆铁路是主要客、货运线路，2008年被私营公司收购。总投资18.8亿美元、全长15.8公里的巴拿马城地铁一号线于2014年4月投入运营。

海运：巴是海运大国。巴拿马运河连通大西洋和太平洋，全世界约6%的贸易航运途经巴拿马运河。2016年6月运河扩建工程竣工通航。2019财年（2018年10月至2019年9月），运河货物通行量4.69亿吨，过河费及相关收入33.66亿美元，同比分别增长6.2%和16.15%。

巴波亚港、克里斯托瓦尔港、科隆集装箱码头、曼萨尼略港是最主要的4个港口。2019年巴各港口集装箱吞吐量735万标箱，同比增长4.7%。

空运：巴是拉美和加勒比民航枢纽之一。巴拿马航空公司是拉美主要航空企业之一，航线覆盖西半球31个国家。托库门国际机场是巴最大的国际机场，位于巴拿马城以东11公里处，接待能力1000万人次/年。2019年托库门机场共接待旅客1658万人次，同比增长2.1%，创收2.57亿美元。

【财政金融】巴是拉美地区最重要的金融中心之一，现有银行93家。2019年巴共吸引外国直接投资48.35亿美元，外债242.2亿美元。近年巴中央政府财政收支情况如下（单位：百万美元）：

	2017	2018	2019
收入	8623	12816	12285
支出	10442	14155	14386
差额	–1819	–1339	–2101

（资料来源：巴经济财政部）

【对外贸易】货物贸易历年均有巨额逆差。2019年巴进出口总额320.2亿美元，出口额105.3亿美元（不含铜矿），进口额214.9亿美元，同比分别下降8.1%、10.4%、4%。主要出口产品为香蕉、虾、甘蔗、鱼粉等，主要出口对象为美国、荷兰、哥斯达黎加、中国等。主要进口石油产品、汽车及汽车零部件、机械和电子产品、药品等，进口主要来自美国、科隆自由贸易区、中国、墨西哥等地。（资料来源：巴国家统计局）

科隆自由贸易区位于巴拿马运河大西洋入海口处，建于1948年，是仅次于中国香港的世界第二大自由贸易港。2019年科隆自贸区贸易总额184.69亿美元，其中进口额65.55亿美元，转（出）口额98.14亿美元，同比分别增长-10.3%、-11.4%和-9.2%。（资料来源：巴国家统计局）

人民生活

平均寿命78.4岁（2019年）。2019年全国人口出生率18.8‰，死亡率5.1‰，婴儿死亡率13.8‰。2019年就业人口为206.6万，失业人口为14.6万。（资料来源：联合国经济及社会理事会、巴国家统计局）

军　事

1989年美军入侵巴拿马，逮捕原国防军司令诺列加。1990年，巴决定解散国防军，建立由政府直接领导的警察部队，负责维护国家治安和防务。1994年巴通过宪法修正案，取消军队。2019年国家警察力量3万人。

文化教育

【教育】自1995年起实行11年义务教育，包括2年学前教育、6年小学和3年初中。文盲率为5.5%。著名高等学府有巴拿马大学、技术大学、圣玛丽亚大学和地峡大学。2019年教育事业支出占国内生产总值3%。

【新闻出版】有7份全国性西班牙文日报，分属《新闻报》（LA PRENSA）、《巴拿马美洲报》（PANAMA AMERICA）及《巴拿马星报》（LA ESTRELLA DE PANAMA）三大报社集团。有3份中文日报：《拉美快报》《拉美侨声》《新报》。

较具规模的全国性电视媒体有MEDCOM集团的第13频道、第14频道、第2频道（TVN）、第21频道（NEXTV）及以文教艺术节目为主的国家电视台第11频道（SERTV）等。广播媒体发达，全国性主要电台包括大陆电台（K.W. CONTINENTE）、RPC电台（RPC RADIO）、成功电台（RADIO EXITOSA）、国家电台（RADIO NACIONAL）等。

对外关系

奉行中立、不结盟的外交政策。基本目标是：维护国家的主权与独立，维护民主；保持运河的中立地位；开展有利于国家发展的国际合作，推进与美国、欧盟、日本、俄罗斯、印度等关系；广泛吸引外资，通过商签自由贸易协定扩大出口。在国际事务中，巴倡导对话和解，主张依靠联合国和多边主义化解冲突。

巴是联合国、世贸组织、国际货币基金组织、世界银行、世界卫生组织、“七十七国集团”、不结盟运动、拉美和加勒比国家共同体、美洲国家组织、中美洲一体化体系等重要国际和地区组织的成员。

【同中国的关系】2017年6月13日，中巴两国外长在北京签署《中华人民共和国和巴拿马共和国关于建立外交关系的联合公报》，中巴正式建立大使级外交关系。建交后，两国各层级交往频繁。双方重要互访有：2017年11月，时任总统巴雷拉对中国进行国事访问。2018年11月，时任总统巴雷拉来华出席首届中国国际进口博览会。2018年12月，习近平主席对巴拿马进行国事访问。这是中国国家元首首次访巴。2019年4月，时任总统巴雷拉访问粤、港并出席巴拿马驻广州、香港总领馆开馆仪式。2019年6月，时任国会主席阿夫雷戈访华。2019年7月1日，农业农村部部长韩长赋作为习近平主席特使出席巴拿马总统权力交接仪式。2019年12月，全国政协副主席刘奇葆访问巴拿马。2019年9月，王毅国务委员兼外长在纽约出席联合国大会期间与科尔蒂索总统、费雷尔外长分别进行寒暄和会见。

此外，2019年中方主要往访有：国际发展合作署副署长周柳军访巴（3月、9月）、云南省副省长和良辉访巴（3月）、海关总署副署长胡伟访巴（5月、12月）、江苏省委常委常务副省长冯飞访巴（5月）、科技部副部长李萌访巴（6月）、全国人大常委会委员张志军访巴（6月）、中国侨联副主席李波访巴（7月）、上海市政协主席董云虎访巴（8月）、水利部副部长蒋旭光访巴（9月）、银保监会副主席黄洪访巴（9月）、最高人民检察院副检察长邱学强访巴（9月）、湖南省政协主席李薇薇访巴（10月）、教育部副部长郑富芝访巴（10月）、江苏省副省长王江访巴（10月）。

2019年巴方主要来访有：时任最高法院院长德莱昂访华（1月）、时任工商部长冈萨雷斯访华（4月）、工商部长马丁内斯访华（11月）、民主革命党国际关系书记阿莱曼访华（12月）等。

据中国海关总署统计，2019年中巴贸易额83.87亿美元，其中中方出口额79.42亿美元，进口额4.45亿美元，同比分别增长19.4%、14.4%和444.5%。

中国驻巴拿马大使：魏强。馆址：Edificio P.H. Global Plaza，Piso 22，Calle 50，Ciudad de Panamá。电话：00507-2654058/61/62。传真：2654051。

巴拿马驻华大使：甘林（Leonardo Alfonso Kam Binns）。馆址：北京市朝阳区东直门外新东路1号塔园外交使馆区6-1-11，电话：010-65325981。传真：65326822。

【同美国的关系】20世纪初，巴拿马在美国支持下脱离大哥伦比亚共和国并出让运河开凿权。1914年，美开通运河。1977年，巴美签署《新运河条约》和《关于巴拿马运河的永久中立和经营条约》，统称《托里霍斯-卡特条约》，规定条约正式生效后，运河主权归巴拿马，但运营管理权仍属美国。该条约于1979年10月1日正式生效。1989年美国对巴拿马军事入侵并扶植新的亲美政府。1999年12月31日，巴拿马正式收回运河区主权和经营管理权。巴美签有自贸协定，美是巴拿马运河最大用户和巴最大贸易伙伴。两国在反毒、反洗钱、打击有组织犯罪方面保持密切合作。2017年6月，时任总统巴雷拉访美。8月，美副总统彭斯访巴。2018年10月，美国务卿蓬佩奥访巴。2019年7月，新任总统科尔蒂索访美。

【同拉丁美洲国家的关系】巴积极参与拉美一体化建设，是美洲国家组织、拉美和加勒比国家共同体、中美洲一体化体系、中美洲议会成员和拉美议会所在地。2015年4月，巴成功举办第七届美洲峰会。2017年6—12月，巴担任中美洲一体化体系轮值主席国。2018年4月，时任总统巴雷拉出席第八届美洲峰会。2018年11月，时任总统巴雷拉出席第26届伊比利亚美洲领导人峰会。

【同其他国家的关系】欧盟是巴资金和技术重要来源地，巴重视发展同欧盟国家的传统友好关系。2018年1月，时任总统巴雷拉访问荷兰。5月，时任总统巴雷拉访问英国。近年来，巴同日本、韩国、越南、印度等亚洲国家交往与合作增多。2016年4月，时任总统巴雷拉访问日本。2017年8月，时任副总统兼外长德圣马洛访问韩国和日本。2018年5月，印度副总统纳依度访巴。7月，越南副总理兼外长访巴。（王可）

巴 西

国名 巴西联邦共和国（The Federative Republic of Brazil，República Federativa do Brasil）。

面积 851.49万平方公里。

人口 2.1亿（2019年）。白种人占53.74%，黑白混血种人占38.45%，黑种人占6.21%，黄种人和印第安人等占1.6%。官方语言为葡萄牙语。64.6%的居民信奉天主教，22.2%的居民信奉基督教福音教派。

首都 巴西利亚（Brasília），人口304万（2019年），年平均气温21℃。

国家元首 总统雅伊尔·梅西亚斯·博索纳罗（Jair Messias Bolsonaro），2019年1月1日就任，任期至2022年12月31日。

重要节日 独立纪念日（即巴西国庆日）：9月7日。

简 况

位于南美洲东部。北邻法属圭亚那、苏里南、圭亚那、委内瑞拉和哥伦比亚，西接秘鲁、玻利维亚，南接巴拉圭、阿根廷和乌拉圭，东濒大西洋。海岸线长约7400公里。国土的80%位于热带地区，最南端属亚热带气候。北部亚马孙平原属赤道热带雨林气候，年平均气温27℃—29℃。中部高原属热带草原气候，分旱、雨两季，年平均气温18℃—28℃。南部地区年平均气温16℃—19℃。

1500年4月22日，葡萄牙航海家佩德罗·卡布拉尔抵达巴西。16世纪30年代葡派远征队在巴建立殖民地，1549年任命总督。1808年拿破仑入侵葡萄牙，葡王室迁往巴西。1821年葡王室迁回里斯本，王子佩德罗留巴任摄政王。1822年9月7日，佩德罗王子宣布独立，建立巴西帝国。1889年11月15日，丰塞卡将军发动政变，推翻帝制，成立巴西合众国。1964年3月31日，军人政变上台，实行独裁统治，1967年改国名为巴西联邦共和国。1985年1月，反对党在总统间接选举中获胜，结束军人执政。此后，代议制民主政体日益稳固。2002年10月，以劳工党为首的左翼政党联盟候选人卢拉赢得大选，成为巴西历史上首位直选左翼总统。2010年10月，迪尔玛·罗塞芙作为劳工党候选人赢得大选，成为巴西历史上首位女总统。

政 治

2016年8月31日，巴西参议院表决通过总统弹劾案，罗塞芙总统被罢免职务，代总统特梅尔正式接任总统。2018年10月，巴西举行总统大选，社会自由党候选人博索纳罗当选新任总统，于2019年1月1日正式就职。

【宪法】第一部宪法制定于1882年。1988年10月5日颁布巴西历史上第八部宪法，规定总统由直接选举产生，任期5年，取消总统直接颁布法令的权力。在公民权利方面，宪法保障人身自由，废除刑罚，取消新闻检查，规定罢工合法，16岁以上公民有选举权等。1994年和1997年议会分别通过宪法修正案，将总统任期缩短为4年，并允许总统和各州、市长连选连任1次。设副总统1名，现任副总统安东尼奥·汉密尔顿·马尔丁斯·莫朗（Antônio Hamilton Martins Mourão），工人革新党党员，2019年1月就职，任期至2022年12月31日。

【议会】国会是国家最高权力机构。主要职能是：制定一切联邦法律；确定和平时期武装力量编制及兵力；制订全国和地区性的发展计划；宣布大赦令；授权总统宣布战争或和平；批准总统和副总统出访；批准或撤销总统签署的临时性法令、联邦干预或戒严令；审查总统及政府行政开支；批准总统签署国际条约；决定临时迁都等。

国会由参、众两院组成。两院议长、副议长每2年改选1次，同届议员任期内不可连选连任。参议长兼任国会主席。参议员81人，每州3人，任期8年，每4年改选1/3或2/3。众议员513人，任期4年，名额按各州人口比例确定，但最多不得超过70名，最少不低于8名。现任参议长达维·阿尔科伦布雷（Davi Alcolumbre，民主党），2019年2月当选，任期至2021年2月，现任众议长罗德里戈·马亚（Rodrigo Maia，民主党），2019年2月当选连任，任期至2021年2月。各主要政党席位如下：

	参议院	众议院
劳工党	6	53

社会自由党	2	41
进步党	6	40
巴西民主运动	13	34
民主社会党	12	36
自由党	2	39
社会党	2	30
共和党	2	32
社会民主党	7	32
民主工党	3	28
民主党	6	28
团结党	0	14
我们能党	10	11
其他政党	10	83
共计	81	501

（注：截至2020年5月，因部分众议员退党且尚未加入新政党，巴西众议院实际人数为501人。）

【政府】本届联邦政府于2019年1月1日成立，目前有22个部级单位。内阁成员如下：总统府民事办公室主任布拉加·内托（Walter Souza Braga Netto），总统府总秘书处部长若热·弗朗西斯科（Jorge Francisco），总统府政府秘书处部长路易斯·拉莫斯（Luiz Eduardo Ramos），总统府机构安全办公室主任奥古斯托·埃莱诺（Augusto Heleno），司法和公共安全部长安德烈·门东萨（André Mendonça），国防部长费尔南多·阿泽维多（Fernando Azevedo），外交部长埃内斯托·阿劳若（Ernesto Araújo），经济部长保罗·格德斯（Paulo Guedes），基础设施部长塔西西奥·戈梅斯·德弗雷塔斯（Tarcísio Gomes de Freitas），农业部长特雷莎·克里斯蒂娜（Tereza Cristina，女），教育部长亚伯拉罕·温特劳布（Abraham Weintraub），女性、家庭和人权部长达马雷斯·阿尔维斯（Damares Alves），公民和社会行动部长奥尼克斯·洛伦佐尼（Onyx Lorenzoni），卫生部长内尔松·泰什（Nelson Teich），矿产和能源部长本托·科斯塔·利马（Bento Costa Lima），科技部长马科斯·彭特斯（Marcos Pontes），环境部长里卡多·萨列斯（Ricardo Salles），旅游部长马塞洛·阿尔瓦罗·安东尼奥（Marcelo Álvaro Antônio），地区发展部长古斯塔沃·卡努托（Gustavo Canuto），透明、监察和审计部长瓦格纳·罗萨里奥（Wagner Rosário），联邦大律师局局长安德烈·路易斯·德阿尔梅达（André Luiz de Almeida），央行行长罗伯托·坎波斯·内图（Roberto Campos Neto）。

【行政区划】全国共分26个州和1个联邦区。州下设市，全国共有5564个市。

【司法机构】根据1988年颁布的宪法，司法机构包括联邦最高法院、联邦法院、高等司法法院、高等劳工法院、高等选举法院、高等军事法院和各州法院。联邦最高法院由11名大法官组成，大法官必须是年龄在35岁以上、65岁以下的巴西公民，由总统提名，经参议院批准后任命。联邦最高法院院长迪亚斯·托弗利（Dias Toffoli）2018年9月就任，任期2年。联邦总检察长奥古斯托·阿拉斯（Augusto Aras）2019年9月26日就任，任期2年。

【政党】现登记有33个政党，主要有：

（1）社会自由党（Partido Social Liberal，PSL）：1994年10月成立，党员约34万。对内，主张进行政治改革，严厉打击腐败，实行自由经济政策，扩大市场开放，恪守传统社会观，强力打击犯罪。对外，主张发展有利于提升国家经济科技附加值的双边关系。主席卢西亚诺·卡尔达斯·比瓦尔（Luciano Caldas Bivar）。

（2）自由党（Paritido Liberal，PL）：2006年10月成立，党员约72万。主张贸易保护主义和对市场进行适当干预。主席若泽·塔德乌·坎德拉里亚（José Tadeu Candelária）。

（3）巴西民主运动（Movimento Democrático Brasileiro，MDB）：1965年成立，党员约212万，在军政府时期长期为唯一合法的反对党。对内，主张维护民主制度，实行土地改革和保护民族工业。主张社会公正，缩小贫富差距。对外主张执行独立的外交政策，尊重各国自决权。主席巴莱亚·罗西（Luiz Felipe Baleia Tenuto Rossi）。

（4）劳工党（Partido dos Trabalhadores，PT）：1980年2月成立，主要由城乡劳动者、工会领导人和知识分子组成，现有党员约147万人。该党政治上主张建设真正代表社会群体利益的政党，实行改革，保障劳动者的权益；经济上主张公平分配财富；对外主张各国相互尊重，加强国际合作，维护世界和平。主席格莱西·霍夫曼（Gleisi Hoffmann）。

（5）社会民主党（Partido da Social Democracia Brasileira，PSDB）：1988年6月25日成立，由一批退出民主运动党的人组成，党员约136万。主张完善民主制度，实行经济开放，鼓励外国投资，改革分配制度，消除贫富差别。主席布鲁诺·卡瓦尔坎蒂·德阿劳若（Bruno Cavalcanti de Araújo）。

（6）进步党（Partido Progressista，PP）：1995年9月由改革进步党和进步党合并而成，党员约127万。信奉基督教义，推崇自由、进步与社会正义。主张在不损害国家主权和尊严的基础上，逐步推行改革开放。在保障全国各地区、各阶层均衡发展的前提下，实现社会正义和国家现代化。主席西罗·诺盖拉（Ciro Nogueira）。

（7）社会党（Partido Socialista Brasileiro，PSB）：1947年4月成立，其前身为1946年成立的民主左派党，1947年更为现名。党员约61万，政治上主张国家管理民主化，保障党派活动享有充分自由；经济上主张注重发展工业生产；社会领域主张充分维护工人权利；对外主张遵循国家权利和义务平等的原则，实现国家关系的和谐发展。主席卡洛斯·西凯拉（Carlos Siqueira）。

（8）民主社会党（Partido Social Democrático，PSD）：2011年3月成立，由前圣保罗市市长吉尔贝托·卡萨布联合民主党、进步党和社会民主党部分人士共同组建，党员约31万。政治上主张在现有宪法框架下通过民主选举获取政权，反对独裁，维护社会公正；经济上奉行经济自由主义，主张经济发展和环境保护并重；社会领域主张机会均等，促进就业和社会包容。对外主张世界多极化，积极参与国际事务。主席吉尔贝托·卡萨布（Gilberto Kassab）。

（9）民主党（DEMOCRATA，DEM）：1985年1月成立，原名自由阵线党（Partido da Frente Liberal，PFL），2007年3月更现名，党员97万。主要由原民主社会党内持不同政见者组织的"自由阵线"派成员组成。对内主张维护民主制度，实行社会变革和国营企业私有化，改革分配制度等；对外主张主权自决和平等。主席安东尼奥·卡洛斯·马加良斯·内图（Antônio Carlos Magalhães Neto）。

（10）共和党（Republicanos）：2005年8月成立，由时任副总统若泽·阿伦卡尔组建，党员约42万。信奉基督教义，经济上主张新自由主义。主席马尔克斯·安东尼奥·佩雷拉（Marcos Antonio Pereira）。

（11）民主工党（Partido Democrático Trabalhista，PDT）：1979年成立，党员约112万。前身为巴西工党的一部分，系社会党国际成员。主张实行多党制，工会独立，实行土地改革，消除贫富不均和扶助中小企业。对外主张民族独立，人民自决，各民族和平相处和不结盟。主席卡洛斯·卢皮（Carlos Lupi）。

（12）共产党（Partido Comunista do Brasil，PC do B）：1962年从原"巴西的共产党"中分裂出来，将1922年3月25日作为建党日，党员约41万。主要成员是城乡劳动者、青年学生和自由职业者。1985年7月获合法地位。主席卢西亚娜·桑托斯（Luciana Santos）。

（13）工人革新党（Partido Renovador Trabalhista Brasileiro，PRTB）：1994年成立，党员约13万。奉行民族主义和保守主义。巴副总统莫朗2018年5月加入该党。主席若泽·里维·菲德利什（José Levy Fidelix）。

其他政党还有："我们能"党（Podemos）、巴西工党（Partido Trabalhista Brasileiro）、社会主义自由党（Partido Socialismo e Liberdade）、新党（Partido Novo）、绿党（Partido Verde）、公民党（Cidadania）、基督教社会党（Partido Social Cristão）、民族动员党（Partido da Mobilização Nacional）等。

【重要人物】雅伊尔·梅西亚斯·博索纳罗：总统。1955年3月21日出生，现任巴西联邦共和国总统。1977年毕业于巴西黑针军事学院，后服役于巴西陆军空降兵部队，曾任上尉。1988年当选里约热内卢市议员，1990—2018年担任联邦众议员。2018年10月28日当选巴西总统，2019年1月1日就职，任期4年。2019年11月，博退出社会自由党，筹备成立"巴西联盟"党（Aliança pelo Brasil）。

经　济

巴西经济实力居拉美第一位，世界第九位（2018年）。农牧业发达，是多种农产品主要生产国和出口国。工业门类齐全，石化、矿业、钢铁、汽车工业等较发达，民用支线飞机制造和生物燃料产业具有世界领先水平。服务业产值占国内生产总值近6成，金融业较发达。2010年曾成为世界第七大经济体。近年来，受国际经济复苏乏力，大宗商品价格低迷，以及本国经济结构性问题等影响，巴西经济发展面临一定挑战。主要经济数据如下：

国内生产总值：7.3万亿雷亚尔。（2019年）

人均国内生产总值：31833.5雷亚尔。（2019年）

经济增长率：1.1%。（2019年）

货币名称：雷亚尔（Real）。

汇率：1美元≈5.70雷亚尔（2020年5月）。

基准利率：3%（2020年5月）。

通货膨胀率：–0.31%（2020年4月）。

失业率：12.2%（2020年3月）。

外汇储备：3569亿美元（2019年）。

对外贸易总额：4027亿美元（2019年）。

（资料来源：国际货币基金组织，巴西地理统计局，巴西央行，巴西经济部）

【资源】矿产、土地、森林和水力资源十分丰富。铌、锰、钛、铝矾土、铅、锡、铁、铀等29种矿物储量位居世界前列。铌矿储量已探明455.9万吨，产量占世界总产量的90%以上。已探明铁矿储量333亿吨，占世界总储量9.8%，居世界第五位，产量居世界第二位。已探明石油储量153亿桶，居世界第15位，南美地区第二位（仅次于委内瑞拉）。2007年以来，在沿海陆续发现多个特大盐下油气田，预期储量500亿—1500亿桶，有望进入世界十大储油国之列。森林覆盖率达62%，木材储量658亿立方米，占世界1/5。水力资源丰富，拥有世界18%的淡水，人均淡水拥有量2.9万立方米，水力蕴藏量达1.43亿千瓦/年。

【工业】工业体系较完备，实力居拉美首位。20世纪70年代即建成比较完整的工业体系，工业基础较雄厚。2018年工业产值1.22万亿雷亚尔，占国内生产总值17.9%。主要工业部门有：钢铁、汽车、造船、石油、水泥、化工、冶金、电力、建筑、纺织、制鞋、造纸、食品等。民用支线飞机制造业和生物燃料产业在世界上居于领先水平。20世纪90年代中期以来，药品、食品、塑料、电器、通信设备及交通器材等行业发展较快；制鞋、服装、皮革、纺织等行业萎缩。

【农牧业】农牧业发达，咖啡、蔗糖、柑橘、菜豆产量居世界首位，是全球第一大大豆生产国、第二大转基因作物种植国，是世界上最大的牛肉和鸡肉出口国、第四大猪肉出口国。全国可耕地27亿多亩，尚有15亿亩未开发利用，被誉为21世纪的世界粮仓。2019年粮食总产量2.415亿吨，其中大豆、玉米、大米三大农作物产量分别达1.134亿吨、1.006亿吨和1026.474万吨。（资料来源：巴西农业供给公司、巴西农牧业协会、巴西国家地理统计局）

【能源结构】是使用可再生能源较多的国家，2017年，可再生能源在一次能源生产结构中所占比例高达42.1%。其中甘蔗制乙醇和水力发电分别占到一次能源生产总量的27.8%和12.8%。2018年，可再生能源在一次能源生产结构中所占比例高达42.9%。2019/2020年巴乙醇产量达356亿升，同比增长7.5%，创历史最高纪录。

巴西是世界十大电力大国之一。截至2019年2月，全国共有电站7406座，装机总容量17.15万兆瓦。其中水电站1337座，装机容量10.4万兆瓦，占全国装机总量的60.8%；火电站306座，装机容量4.21万兆瓦，占全国装机总容量的24.8%；风力发电站2462座，装机容量1.99万兆瓦，占全国装机总量11.6%；核电站2座，装机容量1990兆瓦，占全国装机总容量的1.2%。

【服务业】服务业对巴西经济发展举足轻重，它不仅是产值最高的产业，也是创造就业机会最多的行业。主要部门包括不动产、租赁、旅游业、金融、保险、信息、广告、咨询和技术服务等。2018年，巴西服务业产值4.18万亿雷亚尔，同比增长1.3%，占国内生产总值61.5%。

【旅游业】2018年，巴西接待外国游客约662万人。2019年上半年，巴接待外国游客277万人，同比减少5.4%。全国主要旅游城市和景点：里约热内卢、圣保罗、萨尔瓦多、巴西利亚、伊瓜苏大瀑布、马瑙斯、黑金城、巴拉那石林和大沼泽地等。

【交通运输】铁路：铁路运力居拉美首位，目前铁路网总长度约为30374万公里，主要分布在巴西南部、东南部和东北部，其中35%以上建于60年前。除零星旅游线路外，大多为运输铁矿石、农产品等货运线路。

公路：总长175万公里，承担全国逾2/3的货物运输量，柏油路21.9万公里，高速公路1万公里。

水运：全国共有港口37座，年吞吐量7亿吨，桑托斯港为巴西最大港口，吞吐量占全国1/3。位于亚马孙河中游的马瑙斯港为最大内河港口，可停泊万吨级货轮。

空运：全国共有2498个飞机起降点，居世界第二，其中国际机场34个，与世界主要地区有定期航班。2018年航空旅客运量为1.03亿人次。圣保罗国际机场是全国航空枢纽，年运送乘客3500万人次。

【财政金融】2019年，巴西公共初级财政赤字618.72亿雷亚尔，约占国内生产总值0.85%。外汇储备3569亿美元。巴西联邦政府财政税收1.537万亿雷亚尔，同比增长1.69%。巴西公共债务4.25万亿雷亚尔，同比增长9.59%。

巴西银行：成立于1808年，是巴西最大的国家银行，在21个国家设有代表处。2004年10月在上海开设办事处，2014年升格为分行。

巴西经济社会发展银行：成立于1952年，主要职责是为巴西大型基础设施和工程提供资金帮助。

【对外贸易】近年来，巴西政府积极采取措施鼓励出口，实现贸易多样化，对外贸易额增长迅速。近几年巴西外贸情况如下（单位：亿美元）：

	2017	2018	2019
进口额	1507	1812	1773
出口额	2177	2395	2254
顺　差	670	583	481

（资料来源：巴西经济部）

主要进口机械设备、电子设备、药品、石油、汽车及零配件和小麦等。出口汽车及零部件、飞机、钢材、大豆、药品和矿产品（主要是铁矿砂）等。

2019年与各主要贸易伙伴进出口情况如下（单位：亿美元）：

	中国	美国	阿根廷
进口额	355.44	300.90	105.52
出口额	797.98	297.16	97.91
总　额	1153.42	598.06	203.43

（资料来源：巴西经济部、中国海关总署）

【外国资本】目前在巴约有1.14万家外资企业，雇员约170万人。外国在巴主要投资部门为汽车、能源、通信、金融、冶金、化工、交通运输、机械等。据联合国贸易和发展会议数据显示，2019年，巴吸引外国直接投资750亿美元，同比增长26%，成为全球第四大投资目的地国，仅次于美国、中国和新加坡。主要投资国是美国、中国、卢森堡、荷兰、日本、西班牙、法国、澳大利亚和德国等，外资主要投向银行、能源、冶金、机械制造等领域。

【著名企业】（1）巴西石油公司（PETROBRAS）：1953年10月成立，负责国家在石油领域的垄断经营。1997年8月，政府颁布法令，允许私人和外资参与该公司经营，打破国家对石油领域垄断，但巴西石油公司仍为巴境内最大的石油企业。2019年，公司拥有生产平台113个，炼油厂13个，输油（气）管道1.69万公里，各类油轮123艘，定点加油站7665个，火力发电站20座，风力发电站4座，光伏电站1座，生物燃料厂5座，化肥厂3个。公司在世界17个国家经营业务，总部设在里约热内卢。2019年，公司营业收入

765.89亿美元，同比下降9.51%，盈利103.63亿美元，同比增长39.8%。现任总裁罗伯托·卡斯特罗·布兰科（Roberto Castello Branco）。

（2）巴西航空工业公司（EMBRAER）：世界第三大民用飞机制造企业和巴西主要出口创汇企业之一，在生产120座以下支线飞机方面居世界领先地位。成立于1969年，1994年实行私有化。目前国家持股0.8%，但拥有否决权。2018年，同美国波音公司达成并购协议。2020年4月，波音以巴航未满足并购必要条件为由，宣布终止履行并购合同。主要产品为ERJ-145系列和E170/190系列支线喷气客机、“超级大嘴鸟”螺旋桨战斗机等。总部在圣保罗州的圣若泽多斯坎普斯市，同时在美国、英国、法国、荷兰、葡萄牙、爱尔兰、中国、新加坡和阿联酋设有办公机构和客户服务中心等。2019年，公司营业收入56.55亿美元，亏损13.17亿美元。现任首席执行官弗朗西斯科·戈麦斯·内托（Francisco Gomes Neto）。

（3）淡水河谷公司（VALE）：1942年成立，世界第二大矿业公司，最大铁矿石生产和出口商。1997年巴政府将公司私有化后，公司盈利不断上升，经营规模逐步扩大。除传统的铁、铝、镍、锰、铜等矿产品外，还将业务拓展到铁路、水路运输、热力发电和金融证券等领域。公司在上海设有办事处，同上海宝钢在巴西合资开发铁矿砂。2019年，公司营业收入375.70亿美元，亏损21.8亿美元。现任总裁爱德华多·巴托洛梅奥（Eduardo Bartolomeo）。

（4）苏扎诺纸浆和纸张公司（Suzano）：巴西历史最悠久的企业之一，经营纸浆和纸张业务已达96年，是全球最大桉树纸浆生产商和纸张销售商之一。目前，公司生产的桉树纸浆、纸张销往全世界80余国。公司行政总部位于圣保罗，生产工厂分布在圣保罗州、巴伊亚州等内陆城市，在巴西拥有77.1万公顷森林。公司在全球有约3.5万名员工，在美国、瑞士、阿根廷、奥地利设立分公司，在中国、英国拥有销售代表处，在阿根廷设立纸张分拨中心，在以色列建立科研实验室。现任总裁瓦尔特·沙尔卡（Walter Schalka）。

人民生活

巴西实行社会养老保险的福利政策。2019年政府设定的最低月工资为998雷亚尔。中产阶层人口达1.08亿，占总人口的54%。近年来，贫困人口减少3600万。2017年人均预期寿命76.0岁，新生儿死亡率12.8‰。据统计，全国共有医院7580所，平均每千人拥有病床2.1张。还有4.17万个卫生站等卫生服务机构，平均每千人拥有2.1名医生。

军　事

总统为全军最高统帅。军队由海、陆、空三军组成，分别建立于1823年12月11日、1848年8月25日和1940年10月23日。2012年全军总兵力约28.8万人，其中陆军17.1万人、海军5.5万人、空军6.2万人。实行义务兵役制，服役期1年或1.5年。2018年全军总兵力约33.5万人。自1947年起参加联合国维和行动，是十大维和人员派遣国之一。

文化教育

【教育】教育体系分基础教育和高等教育两级，基础教育又分初级教育和中等教育。初级教育相当于我国的小学和初中，中等教育相当于我国的高中。高等教育指各类大学，学制一般为四年。实行9年义务教育制（6—14岁），对贫困生入学实行国家助学金制度。目前，高等教育机构共2199所，其中公立大学252所，私立大学1947所，在校生约640.8万人。著名高等学府有圣保罗大学、坎皮纳斯大学、巴西利亚大学、里约热内卢天主教大学等。

【新闻出版】全国日报有500多种，发行量在15万份以上的主要报纸有:《圣保罗页报》《圣保罗州报》《环球》《号外》《零点》《人民邮报》等。全国杂志有3000余种，主要杂志有:《请看》《时代》《这就是》等，均为周刊。

全国有广播电台4000余家，大多为私人所有。巴西广播公司为官方电台。大型电视台有7家，全国覆盖面达99.77%，并通过卫星向美洲、欧洲主要国家和日本传送节目。“环球台”为全国最大私营电视台，其他较大的私营电视台有“巴西电视网”和“纪录”等。政府管理的有2家，即国家电视台和教育电视台。上述电台和电视台均使用葡萄牙语。

对外关系

奉行国家独立、民族自决、主权平等、不干涉内政、尊重主权和领土完整、和平解决争端的对外政策，主张加强联合国作用，积极推动联合国安理会改革，争当安理会常任理事国。

同192个国家建有外交关系。是联合国、世界贸易组织、美洲国家组织、拉美和加勒比国家共同体、南方共同市场等国际和地区组织以及金砖国家、二十国集团、七十七国集团等多边机制成员国，不结盟运动观察员。

2014年6—7月，巴西先后举办世界杯足球赛和金砖国家领导人第六次会晤。2016年8—9月，巴西举办里约热内卢奥运会和残奥会。2019年11月，巴西举办金砖国家领导人第十一次会晤。

【同中国的关系】1974年8月15日巴西与中国建交。建交以来，中巴在政治、经贸、科技、文化等领域的友好合作关系全面发展。1993年中巴建立战略伙伴关系，2012年提升为全面战略伙伴关系。双方建有中国—巴西高层协调与合作委员会（简称高委会）、立法机构定期交流、外长级全面战略对话等机制。

近年来，两国高层交往频繁。2014年7月，习近平主席应邀出席在巴西举行的金砖国家领导人第六次会晤、中国—拉美和加勒比国家领导人会晤并对巴西进行国事访问。2015年5月，李克强总理对巴西进行正式访问。2015年1月，习近平主席特别代表、国家副主席李源潮出席罗塞芙总统连任就职仪式。6月，汪洋副总理访问巴西并主持召开中国—巴西高层协调与合作委员会第四次会议。2016年8月，习近平主席特别代表、国务院副总理刘延东出席里约热内卢奥运会开幕式。9月，巴西总统特梅尔来华出席“二十国集团”领导人杭州峰会，习近平主席同其举行双边会见。2017年6月，巴西外长努内斯访华并出席金砖国家外长会晤，王毅外长同其举行中巴第二次外长级全面战略对话。9月，特梅尔总统来华进行国事访问并出席金砖国家领导人厦门会晤。2018年7月，习近平主席在金砖国家领导人约翰内斯堡会晤期间同特梅尔总统举行双边会见。2019年1月，习近平主席特使、全国人大常委会副委员长吉炳轩出席博索纳罗总统就职仪式。5月，巴西副总统莫朗来华进行正式访问，举行中国—巴西高层协调与合作委员会第五次会议。7月，王毅国务委员兼外长赴巴西出席金砖国家外长正式会晤并访巴，举行第三次中巴外长级全面战略对话。9月，魏凤和国务委员兼国防部长访问巴西。10月，中共中央政治局委员、中央外事工作委员会办公室主任杨洁篪赴巴西出席第九次金砖国家安全事务高级代表会议。10月，巴西总统博索纳罗来华进行国事访问。11月，习近平主席赴巴西出席金砖国家领导人第十一次会晤，同博索纳罗总统举行会谈。2020年3月，习近平主席应约同巴西总统博索纳罗通电话。

据中国海关总署统计，2019年中巴双边贸易额为1153.42亿美元，其中中方出口额355.44亿美元，进口额797.98亿美元，同比分别增长3.7%、5.6%和2.9%。中国是巴西第一大贸易伙伴，巴西是中国第八大贸易伙伴国和在拉美地区最大贸易伙伴国。据巴方统计，截至2019年第三季度，我国对巴投资存量达805亿美元，系巴第二大投资来源国。2017年5月，中巴扩大产能合作基金正式启动。该基金规模200亿美元，由中巴双方共同出资、共同管理。中国企业在巴西承建了天然气管道、火电厂、港口疏浚等项目。

中巴科技、人文交流成果丰硕。中巴联合研制地球资源卫星项目被誉为南南合作的典范，已成功发射5颗卫星。双方建有农业联合实验室、气候变化和能源创新技术中心以及纳米研究中心、南美空间天气实验室，并正在筹建气象卫星联合中心和生物技术中心。

中国教育部在巴西利亚大学和圣保罗大学建有汉语教学点，孔子学院总部在巴西建有10所孔子学院和3所孔子学堂。中国传媒大学和巴西圣保罗大学亚洲文化中心分别设有葡萄牙语水平考试和汉语水平考试考点。中国社会科学院拉美研究所和北京大学分别设有巴西研究中心和巴西文化中心。中央电视台和中国国际广播电台分别在巴西建有拉美中心站和拉美地区总站。

中国驻巴西大使：杨万明。馆址：SES-Av. das Nações，Lote 51，CEP：70443-900，Brasília DF，Brasil。电话：0055-61-21958200，0055-61-999816188（领保电话）。传真：33463299。商务处电话：32481446。传真：32482139。在圣保罗、里约热内卢和累西腓分别设有总领馆。

巴西驻华大使：保罗·瓦莱（Paulo Estivallet）。馆址：北京市朝阳区光华路27号。电话：010-65322881，65322993（签证处）。在上海、香港、广州设有总领馆。

【同拉美国家的关系】将发展同南美国家关系置于外交政策优先位置。推动南方共同市场提高自贸水平，密切同拉美“太平洋联盟”的经贸合作。主张拉美国家自主解决地区事务。

【同美国的关系】巴西独立后，美国是首个承认巴西的国家。2011年3月，奥巴马总统访巴，双方发表联合公报，将两国关系定位为“全球伙伴关系”，双方建立外长和国防部长定期磋商机制。2019年1月，美国国务卿蓬佩奥出席巴西新总统博索纳罗就职仪式。2019年3月，博索纳罗总统访问美国，双方宣布建立“新型巴美伙伴关系”。2019年7月，美国正式宣布巴西为“非北约主要盟友”。2020年3月，博索纳罗总统访问美国，并同美国总统特朗普举行会见。目前，美是巴第二大贸易伙伴，2019年巴美贸易总额为598.06亿美元。

【同欧盟国家的关系】巴西同欧盟政治、经济、文化关系密切，重视发展同欧盟关系，双方建有峰会、政治磋商机制和战略伙伴关系。积极推动南方共同市场同欧盟达成自由贸易谈判。

【同亚洲国家的关系】认为东亚和东南亚是当今世界最具经济活力的地区，重视发展同亚洲国家，尤其是同中国、日本、印度、韩国和东盟国家的政治和经贸关系。积极参与“东亚—拉美合作论坛”，2011年，与东盟签署《东南亚友好合作条约》，成为拉美首个东盟对话伙伴国。是拉美唯一的亚洲基础设施投资银行创始成员国。

日本同巴西于1895年建交。日在巴拥有最大海外侨社，旅巴日侨和日裔约160万，旅居日本的巴西移民也达到20万人。日是巴西发展与亚太地区国家关系的重点之一，也是巴在亚洲的重要贸易伙伴和投资来源国。2019年10月，博索纳罗总统访问日本。

【同非洲国家的关系】同非洲有种族、文化和历史渊源，高度重视发展同非洲国家，特别是同非洲葡语国家的关系。积极参加联合国在非洲的维和行动，免除部分非洲国家的债务。推动提高对非合作水平。

【同俄罗斯和独联体国家的关系】重视俄罗斯大国地位和对国际事务的影响。2000年，巴俄正式启动两国副总统—总理级高级合作委员会，确立了面向21世纪的两国关系框架。巴与独联体各国都建立了外交关系，主动发展双边经贸和科技合作，其中较为突出的是与乌克兰的空间技术合作。（张楠）

百　慕　大

名称　百慕大（Bermuda）。

面积　54平方公里。

人口　约7.12万人（2018年估计），2018年估计人口增长率0.43%，出生率11.3‰，死亡率8.7‰。居民构成中黑人占53.8%，白人占31%，混血种人占7.5%，其他民族占7.1%（2010年估计）。英语为官方语言和通用语，少数使用葡萄牙语。居民多信奉基督教。

首府　汉密尔顿（Hamilton），位于百慕大岛，人口1万人（2018年）。

总督　约翰·兰金（John Rankin，CMG），2016年12月5日就任。

重要节日　百慕大日：5月24日。

简　况

北大西洋西部群岛，距美国东海岸的南卡罗来纳州917公里。由7个主岛及130余个小岛和礁群组成。气候温和湿润，年平均气温21℃。年平均降水量1470毫米。

1503年西班牙人胡安·百慕大抵达该岛。1609年，英国人在岛上定居。1684年沦为英国殖民地，是英联邦中最早的英国殖民地。1940年3月，英美签订《行政协定》，美以一些旧驱逐舰为代价，租借该群岛中的摩根、特克尔和圣大卫3个岛屿，为期99年。1957年英国军队最后撤出百慕大群岛。1968年百慕大群岛获得内部自治权，实行政党体制。现为英国的海外领地（British Overseas Territory）。

政　治

百慕大进步工党（Progressive Labour Party，PLP）于1998年上台执政，并连续在2003年、2007年的大选中获胜。2012年大选，反对党一个百慕大联盟（One Bermuda Alliance，OBA）获胜后上台执政。2017年7月18日举行大选，反对党进步工党（Progressive Labour Party，PLP）获胜；7月19日，爱德华·戴维·伯特（Edward David Burt）接任总理。

【宪法】1968年6月8日施行。1973年、1979年、1989年、2001年和2003年5次修订。宪法规定，百慕大为英国殖民地，设自治政府；总督代表英国女王，通过总督委员会掌管外事、防务和内部治安；总理由议会多数党领袖担任，由总督任命；其他部长由总理任命；内阁对议会负责。

【议会】分参议院（Senate）和众议院（House of Assembly），任期均为5年。参议院由11人组成，其中3人由总督任命，5人由总理任命，反对党领袖任命3人。众议院由36人组成，普选产生。本届议会于2017年7月18日选举产生，在众议院中，进步工党获得24席；一个百慕大联盟获得12席。现任议长丹尼斯·李斯特（Dennis Lister），进步工党成员，2017年9月8日当选。下届议会选举将在2022年之前进行。

【政府】内阁由总理主持并由在议会中占多数议席的政党组成，包括总理和不少于6名议员。本届政府于2017年7月组成，主要成员：总理爱德华·戴维·伯特，内政部长沃尔顿·布朗（Walton Brown），财政部长爱德华·戴维·伯特（总理兼任）等。

【主要网址】http://www.gov.bm。

【行政区划】有9个教区和2个自治区。

【司法机构】设最高法院、上诉法院和3个地方法院。最高法院对一切严重的刑事、民事案件行使裁判权，并接受地方法院案件的上诉。上诉法院成立于1964年，职权与其他英联邦国家的上诉法院相同。终审权在英国枢密院的司法委员会。

【政党】主要有：

（1）进步工党：执政党。1963年建立，1998—2012年执政。左翼党，党员大多数为黑人。主张经济“百慕大化”，推行更公平的税收制度、健全福利制度以及争取独立。2016年，爱德华·戴维·伯特被选为领导人。2017年7月，该党赢得大选上台执政，爱德华·戴维·伯特就任总理一职。

（2）一个百慕大联盟：在野党。2011年5月17日由百慕大联合党和百慕大民主联盟合并而成。2017年7月，该党在大选中落败，时任领导人，前总理迈克尔·邓克利（Michael Dunkley）随后辞任；11月21日，该党成员珍妮·阿瑟登（Jeanne Atherden，女）被任命为百慕大反对党领导人。

【重要人物】约翰·兰金：总督，2016年12月5日就任。2011—2015年，任英国驻斯里兰卡高级专员；2011—2014年，任英国驻马尔代夫大使；2015年，任英国驻尼泊尔大使；被授予三等勋爵士。　**爱德华·戴维·伯特**：总理，2017年7月19日就任，时年38岁，是百慕大历史上最年轻的总理。

经　济

百慕大是世界人均地区生产总值最高的地区之一。与美国经济联系紧密。国际商务，包括保险及其他金融服务，是百慕大经济的真正基石，一直占地区生产总值约85%。百慕大是世界保险和再保险业中心之一，其资产超过350亿美元，规模仅次于伦敦和纽约。国际商务、金融中介、置业和理财服务收入约占国民生产总值的40%，为外汇收入主要来源。旅游业是该国的第二大产业，占地区生产总值约5%，同时提供了更大占比的就业率。百慕大超过80%的游客来自美国，近年来，随着美国经济走缓，其旅游业受到影响，经济增速减缓。百慕大高度依赖进口，农业和制造业在经济中所占份额很小。政府在继续努力吸引外资，百慕大的人均收入亦仍居世界高位。2018年，百慕大的游客量、建筑活动、国际商业登记等主要经济指标都有所增加，表明其经济有所加强。百慕大的地区生产总值在2017年增长2.5%之后，2018年估计增长了0.5%—1.0%。2019年，百慕大经济尽管面临诸多外部挑战，但当地政府对经济前景保持乐观，认为旅游业、金融服务业等的走强将继续刺激经济增长，地区生产总值预计较上年增长1.0%—1.5%。

主要经济数据如下：

地区生产总值（购买力平价）：61.27亿美元（2016年估计）。

人均地区生产总值（购买力平价）：9.94万美元（2016年估计）。

地区生产总值实际增长率：2.5%（2017年估计）。

货币名称：百慕大元；1元=100分。

汇率：1美元=1百慕大元。

通货膨胀率（消费价格）：1.4%（2016年估计），1.9%（2017年估计）。

失业率：6%（2018年估计）。

【资源】自然资源相对缺乏，石灰岩资源丰富，水资源稀缺。

【工业】由于缺乏自然资源，只有船舶修理、小船制造、制药和手工艺品等小型工业。2014年从业人口约占劳动力总数的15%。近年来，政府积极鼓励发展轻工业生产。建筑业在地区生产总值中的比例上升。2017年估计工业产值占地区生产总值的5.3%。2015年估计发电量为6.62亿千瓦小时。

【农业】有可耕地839英亩，一半用于种植蔬菜和水果，主要有马铃薯、柑橘、香蕉等；另一半为休耕地。90%以上的食品靠进口，奶、蛋基本自给。农业劳动力占就业人口总数的2%（2013年估计）。小规模的渔业生产仅能满足约1/3的当地需求。2017年估计农业产值占地区生产总值的0.9%。

【服务业】金融服务业是第二大经济部门。由于百慕大政局相对稳定，没有外汇管制，并严格遵守金融保密法，该群岛成为世界上最大的境外金融和商业中心之一。金融业已超过旅游业成为百慕大外汇收入的主要来源。保险业相当发达，约占世界意外险种再投保量的1/3。2017年估计服务业产值占地区生产总值的93.8%。2018年，共计约827家新的国际公司和合伙企业在百慕大注册，较2017年的784家增加了5.5%。2018年前9个月，国际公司外汇收入为14.428亿美元，下降2.1%。

【旅游业】最主要的经济部门和第二大产业，收入占地区生产总值的32%、外汇总收入的40%。从业人口占全国劳动力的60%。主要接待高收入游客。2018年，航空旅客增加了4.6%，邮轮游客则增加了15.9%，酒店和餐饮业的产出增长了17.9%。

【交通运输】公路：总长447公里，其中222公里为私有（2010年）。2002年注册车辆4.67万辆，其中包括私人小汽车2.08万辆，客车、出租车819辆。为缓解交通拥挤状况，每个家庭限购1辆客用汽车。

水运：主要港口为汉密尔顿（Hamilton）、爱尔兰岛（Ireland Island）和圣乔治（Saint George）。2019年在百慕大注册的商用船只为148艘。

空运：百慕大国际机场（BDA）是百慕大唯一的机场。有通往英国、美国的航线。

【财政金融】财政年度为每年的4月1日至翌年的3月31日。关税、公司税、印花税和土地税是政府收入主要来源，其中关税占总收入的35%—40%。政府总支出的一半用于支付工资。税收及其他收入占地区生产总值的16.3%，预算赤字占地区生产总值的2.9%。2018年第四季度及2019年全年，政府平均每季度的财政支出约2亿百慕大元。

2018年底，百慕大出台经济实质法案，2019年起实施，其核心是要求在当地注册成立从事特定活动的公司、合伙企业等实体应具备充足的商业实质，否则将面临罚款甚至是注销的风险。

【对外贸易】外贸历年巨额入超，几乎所有商品均依赖进口。2017年，其主要进口来源国为美国、韩国、加拿大；主要出口目的国为牙买加、卢森堡、美国。主要进口产品为服装、燃料、机械和运输设备、建筑材料、化工产品、食品和活畜等。出口产品以药品的再出口为主，其次为化妆品和鲜花。2018年第四季度，商品与服务的进口额为4.56亿百慕大元；出口额为8.36亿百慕大元。2019年第四季度，商品与服务的进口额为4.2亿百慕大元；出口额为8.04亿百慕大元。

人民生活

政府实行社会保险和养老金制度，为所有就业者提供养老金。政府为所有居民提供医疗保险，并为儿童提供免费医疗，为老人提供医疗补贴。2018年估计居民平均期望寿命为81.5岁。2016年7月估计因特网用户6.91万户。2018年固定电话拥有量是每百人31部，移动电话拥有量为每百人92部。

军　事

防务由英国负责，驻有皇家百慕大团。

文化教育

【教育】百慕大公立学校为5—16岁儿童提供免费义务教育，并为高等教育及教师培训提供大量奖学金。2005年识字率为98%。目前有26所中小学，其中小学18所，中学5所，高中2所，特殊教育学校1所。百慕大学院建于1972年，为大专性质；国内无大学。学生中学毕业后一般赴美国、英国或加拿大的大学深造，如学生被这些国家的名牌学校录取，百政府将为每位学生提供奖学金。近年来，政府加大了对教育的投资力度。

【新闻出版】主要报纸有《皇家报》（The Royal Gazette）和《百慕大太阳》（Bermuda Sun）（一周两期）。广播电视公司有2家：百慕大广播公司（Bermuda Broadcasting Company，BBC）和VSB。有3家电视台，另提供有线电视及卫星电视转播服务。约有10家广播电台。

对外关系

外交由英国掌管。百慕大作为英国代表团的成员参加国际劳工组织、世界卫生组织和其他国际组织。百慕大为万国邮政联盟、国际奥委会成员，加勒比共同体准成员，设有国际刑警组织百慕大支局。美国在百慕大派有总领事。百慕大分别派团参加了2012年伦敦奥运会、2014年索契冬奥会、2016年里约奥运会和2018年平昌冬奥会。

【同中国的关系】2017年1月16—17日，应英属百慕大政府邀请，驻英国大使刘晓明赴该地访问；2017年2月6日，驻英国大使刘晓明在使馆会见英属百慕大总理邓克利。2017年，中国中央政府授权香港特区政府与英属百慕大群岛谈判税务资料交换协定。百慕大和中国均属承诺加入境外金融账户共同申报准则（Common Reporting Standard，CRS）体系进行金融涉税信息互换的国家和地区。2017年，百慕大与中国在《多边主管当局间协议》（Multilateral Competent Authority Agreement，MCAA）框架下实现“配对”，百慕大已确定会将中国税收居民的金融资产信息提交给中国。2018年9月，百慕大向中国政府提交中国税收居民在百慕大金融机构所持有账户的信息。

（叶雯）

秘　鲁

国名　秘鲁共和国（The Republic of Peru，La República del Perú）。

面积　128.52万平方公里。

人口　3249.55万（2019年6月）。其中印第安人占45%，印欧混血种人占37%，白人占15%，其他人种占3%。官方语言为西班牙语，一些地区通用克丘亚语、阿伊马拉语和其他30多种印第安语。96%的居民信奉天主教。

首都　利马（Lima），人口912万（2017年1月）。年平均气温18.7℃。

国家元首　总统马丁·阿尔韦托·比斯卡拉·科尔内霍（Martín Alberto VIZCARRA Cornejo），2018年3月23日就职，任期至2021年7月。

重要节日　独立日：7月28日。

简　况

位于南美洲西部。北邻厄瓜多尔、哥伦比亚，东界巴西、玻利维亚，南接智利，西濒太平洋。海岸线长2254公里。山地占全国面积的1/3。安第斯山纵贯南北。全境从西向东分为热带沙漠、高原和热带雨林气候。年平均气温西部12℃—32℃，中部1℃—14℃，东部24℃—35℃。

11世纪，印第安人以库斯科城为首府，在高原地区建立印加帝国。1533年沦为西班牙殖民地。1544年成立秘鲁总督区，成为西班牙在南美殖民统治的中心。1821年7月28日宣布独立。1835年，秘鲁与玻利维亚合并，称秘鲁—玻利维亚邦联，1839年邦联瓦解。1879—1883年，秘鲁联合玻利维亚同智利进行了“太平洋战争”，秘战败割地。

20世纪秘鲁多半遭受内乱外患，军人多年执政。1980年5月，秘鲁举行民主选举，恢复文人政府。1990—2000年，“改革90”领导人藤森（日裔）两次担任总统，2000年11月流亡日本，2007年9月，被秘鲁从智利引渡回国。2009年4月，因“践踏人权罪”被判入狱25年。2001—2006年，“秘鲁可行”党领导人托莱多任总统。2011年7月28日，民族主义党主席乌马拉就任总统，任期5年。

政　治

2016年6月，秘鲁中右政党“为了变革的秘鲁人”党候选人库琴斯基以微弱优势当选总统，并于7月28日就职。2017年12月21日，秘鲁国会以涉腐案为由对库琴斯基总统弹劾表决，支持票未达到总议席的三分之二，弹劾案被否决。12月24日，库琴斯基总统宣布对前总统藤森实行人道主义赦免，这一决定引发争议，库琴斯基总统被迫调整内阁。2018年3月21日，库琴斯基总统在国会准备再次对其弹劾前夕宣布辞职。3月23日，第一副总统比斯卡拉依宪接任总统，任期至2021年7月。比斯卡拉就任后将打击腐败、政治改革、重振经济、地方分权和改善民生作为五大工作重点，如期举办美洲峰会，获各方普遍认可。12月，秘鲁就改革全国法官委员会、规范政党筹资、禁止议员连选连任、恢复国会两院制等重大议题进行公投并举行地方选举第二轮投票，其中前3项议题获得高票通过。2019年3月，秘鲁部长会议主席辞职。4月，秘鲁政府向国会提交政治改革方案，内容包括取消议员豁免权、调整选举程序、强化预防腐败等。国会对取消议员豁免权等不满。前总统库琴斯基因涉嫌贪腐被预防性羁押，前总统、阿普拉党党首加西亚因涉嫌贪腐被预防性羁押前开枪自杀。7月，比斯卡拉总统向国会提交修宪法案，拟推动提前大选并就此公投。9月底，国会否决修宪法案，比斯卡拉总统申请信任投票，后以国会“事实性否决”投票申请为由，宣布立即解散国会，随即重组内阁。2020年1月，提前举行国会选举。当前，秘政局保持稳定。

【宪法】现行宪法于1993年12月31日生效。宪法规定总统可连任一届，隔届可再当选；设第一和第二副总统；国会由两院制改为一院制；对恐怖分子可处极刑等。2000年11月2日，秘国会通过宪法修正案，规定总统不得连任，但可隔届参选。2005年3月11日，秘国会再次通过宪法修正案，正式赋予军人和警察投票权。

【议会】称国会，一院制，由130名议员组成。议员由选举产生，任期5年，可连选连任。国会每年有两次会期，休会期间由常务委员会主持工作。每届国会任期5年。2020年1月26日，秘鲁举行国会选举，选出130名议员完成此前被解散国会的剩余任期，履职至2021年7月。现任国会主席曼努埃尔·阿图罗·梅里诺·德拉马（Manuel Arturo MERINO de Lama，人民行动党）。国会议席分配情况：人民行动党25席、争取进步联盟22席、秘鲁农业人民阵线15席、人民力量党15席、“为了秘鲁联合”党13席、“我们可以”党11席、“我们是秘鲁”党11席、紫党9席、广泛阵线9席。

【政府】本届政府于2018年4月2日成立，由部长会议主席和18名部长组成。总统主持部长会议并任命内阁。部长会议主席比森特·安东尼奥·塞瓦略斯·萨利纳斯（Vicente Antonio ZEBALLOS Salinas），外交部长古斯塔沃·阿道夫·梅萨–夸德拉·贝拉斯克斯（Gustavo Adolfo MEZA-CUADRA Velásquez），国防部长瓦尔特·罗赫尔·马尔托斯·鲁伊斯（Walter Roger MARTOS Ruiz）、财政和经济部长玛丽亚·安东尼埃拉·阿尔瓦·卢佩尔第（María Antonieta ALVA Luperdi，女），内政部长卡洛斯·莫兰·索托（Carlos MORÁN Soto），司法和人权部长安娜·特蕾莎·雷维利亚·贝尔加拉（Ana Teresa REVILLA Vergara，女），教育部长弗洛尔·艾德·巴勃罗·梅迪纳（Flor Aidee Pablo MEDINA，女），卫生部长玛丽亚·伊丽莎白·杰奎琳·伊诺斯特洛萨·佩雷拉（María Elizabeth Jacqueline HINOSTROZA Pereyra，女），农业和灌溉部长豪尔赫·路易斯·蒙特内格罗·查维斯塔（Jorge Luis MONTENEGRO Chavesta），劳动和就业促进部长西尔维娅·卡塞雷斯·皮萨罗（Sylvia Elizabeth CÁCERES Pizarro，女），外贸旅游部长埃德加·曼努埃尔·巴斯克斯·贝拉（Edgar Manuel VÁSQUEZ Vela），能矿部长胡安·卡洛斯·刘·永森（Juan Carlos LIU Yonsen），交通通信部长埃梅尔·特鲁希略·莫里（Edmer TRUJILLO Mori），生产部长罗西奥·英格雷德·巴里奥斯·阿尔瓦拉多（Rocío Ingred BARRIOS Alvarado，女），住房建设和用水部长鲁道夫·欧亨尼奥·亚涅斯·文多夫（Rodolfo Eugenio YÁÑEZ Wendorff），妇女和弱势群体部长格洛丽亚·埃德尔米拉·蒙特内格罗·菲格罗亚（Gloria Edelmira MONTENEGRO Figueroa，女），环境部长法维奥拉·玛尔塔·穆尼奥斯·多德罗（Fabiola Martha MUÑOZ Dodero，女），文化部长弗朗西斯科·恩里克·乌戈·佩德罗西·佛朗哥（Francisco Enrique Hugo PETROZZI Franco），发展与社会融合部长阿列拉·玛丽亚·德洛斯米拉格罗斯·卢纳·弗罗雷斯（Ariela María DE LOS MILAGROS Luna Florez，女）。

【行政区划】全国划分为26个一级行政区，包括24个省（大区）、卡亚俄宪法省和利马省（首都区）。

【司法机构】法院分四级：最高法院、高级法院、一审法院和调解法院。各级法官均通过全国或地方法官委员会考核推荐，由总统任命。最高法院院长从大法官中选举产生，任期2年。现任最高法院院长何塞·路易斯·莱卡罗斯·科尔内霍（José Luis LECAROS Cornejo）。

国家检察院为独立机构，检察长由最高检察团选举产生，任期3年，可连选连任1次，但第二任期不得超过2年。现任国家检察长索拉伊达·阿瓦洛斯（Zoraida ÁVALOS，女）。审计署为独立机构，审计署长由政府提名，国会任命，任期7年。现任国家审计署长内尔松·爱德华多·沙克·雅尔塔（Nelson Eduardo SHACK Yalta）。

【政党】秘鲁政党主要有：

（1）人民行动党（Partido Acción Popular）：1956年由费尔南多·贝朗德（Fernando BELAÚNDE）等人在原“全国青年民主阵线”基础上创建。核心政治主张为民主、民族主义和革命。对内主张实行代议制民主和混合经济模式；对外强调独立自主和不结盟原则，支持拉美一体化。该党曾于1963—1968年、1980—1985年执政，时任党主席贝朗德出任总统。现任党主席哈维尔·阿尔瓦·奥兰迪尼（Javier ALVA Orlandini）。

（2）争取进步联盟（Alianza para el Progreso）：2015年成立，中右翼政党。主张人本主义、地方分权和加强民主，通过增加投资实现社会公平，建设高质量教育、医疗体系和完善的基础设施。党主席为前总统候选人塞萨尔·阿库尼亚·佩拉尔塔（César ACUÑNA Peralta）。

（3）秘鲁人民农业阵线（FREPAP）：前身是20世纪60年代在秘鲁雨林地区成立的传教协会，长期带领偏远地区贫困人民发展基础农业，宣扬基督教福音派教义。20世纪80年代建立组织后力量有所发展，成功注册为政党并获得参选资格，长于基层农业发展和宗教工作。

（4）人民力量党（Fuerza Popular）：2010年藤森庆子（Keiko FUJIMORI，女）为参加2011年大选创建“2011力量”党，后改名为人民力量党。政治立场中右。尊重民主与法制，主张平等和社会正义，促进地区均衡发展。倡导根除腐败、严打各种犯罪行为，维护社会治安。党主席藤森庆子。

【重要人物】马丁·阿尔韦托·比斯卡拉·科尔内霍：总统。1963年3月22日生于利马，工程师。1984年毕业于秘鲁国立工程大学工程系，后在秘鲁艾山工商管理学院进修企业管理专业。历任秘鲁莫克瓜大区工程学院系主任、莫克瓜大区主席等职。2016年7月就任第一副总统兼交通通信部部长。2017年5月辞去交通通信部长职务，9月被任命为驻加拿大大使，同时继续担任第一副总统。2018年3月23日接任总统。已婚，有4子。

经　济

秘鲁为传统农矿业国家，属拉美中等发展水平经济体。传统农矿业国，经济总量居拉美第7位，世界第53位。库琴斯基政府重视发挥市场在经济发展中的主导作用，倡导自由贸易，加大对农业、矿业、基础设施建设等领域投入。2019年主要经济数据如下：

国内生产总值：2304.13亿美元。

人均国内生产总值：7320美元。

经济增长率：2.2%。

货币名称：新索尔（Sol）。

汇率：1美元=3.31新索尔。

通货膨胀率：1.88%。

失业率：6.6%。

外汇储备：683.19亿美元。

外债：224.40亿美元。

（资料来源：秘鲁中央储备银行）

【资源】矿产资源丰富，是世界12大矿产国之一。主要矿产有金、银、铜、锌、锡等。森林覆盖率58%，面积7800万公顷，在南美洲仅次于巴西。渔业资源丰富，鱼粉产量居世界前列。2019年，石油储量4.73亿桶，铁矿储量14.52亿吨，液体天然气储量7.14亿桶，铜矿储量8200万吨。

【工矿业】秘鲁是世界第三大铜、锌和锡生产国，第五大黄金生产国，矿业开采占全球的6%，矿产品出口占秘鲁货物出口总额的60%。工业以加工和装配业为主，石化、冶金、基建、电力、制药等产业发展相对缓慢。2019年，秘铜产量250万吨，同比增长4%；钢铁产量880.64万吨，同比增长14.9%；金产量151.1吨，同比减少1%；锌产量147.3万吨，同比增长10.2%；白银产量4303.5吨，同比减少1.6%；铅产量30.68万吨，同比减少2.4%；锡产量1.78万吨，同比减少5.3%。2017年，秘总发电量为52643吉瓦时，同比增长1.8%。其中，水电和天然气发电分别占55%和42%。（资料来源：秘鲁能源和矿业部）

【农牧渔业】秘是世界十大农产品生产国之一，高原藜麦和芦笋产量居世界第一位。秘是世界主要鱼粉、鱼油生产国。农牧业用地占全国土地总量的30%，达3874.2万公顷，农业人口约占全国人口的1/3。2011—2016年，秘农业年均增长2.9%。2017年，秘鲁农牧渔业产品出口额57.13亿美元。2018年，秘鲁农牧渔业产品出口额64.65亿美元，同比增长13%。主要出口对象国依次为美国、荷兰、西班牙、英国、厄瓜多尔、中国。（资料来源：秘鲁生产部）

【旅游业】秘鲁是印加文明的发祥地，旅游资源丰富。2019年秘共吸引440万人次外国游客来访。主要旅游景点有库斯科城、马丘比丘遗址、利马大广场、黄金博物馆等。

【交通运输】以公路为主，公路货运量占全国运输总量的80%。水上运输较发达，外贸主要依靠海上运输。

铁路：秘是南美最早修建铁路的国家，1851年建成第一条利马至卡亚俄的铁路，长度13.7公里。2019年铁路总里程1940公里，主要有中部铁路、南部铁路和东南部铁路，均为私营。秘铁路长期疏于维护和维修，设备老化严重，行车速度较慢，主要用于山区农产品和矿产品运输。南部铁路主要用于旅游客运。2013年客运量215万人次，货运量766.7万吨。

公路：2019年公路总里程16.54万公里，主要是纵贯南北的泛美公路和横跨东西的中央公路。高速公路约300公里，主要集中在从首都利马向泛美公路南北两端延伸路段。2013年，全国机动车保有量合计约420万辆。

水运：秘鲁濒临太平洋，沿海多优良港口。内陆地区尤其是亚马孙地区河流纵横，水路运输便利。2015年，秘有24个港口，其中海港19个、河港4个和湖港1个。2011年有各类民用船只6053艘，货运量2174万吨。主要港口有：卡亚俄、派塔、钦博特、伊洛、萨拉维里等。

空运：是南美地区空运的枢纽。秘有大小规模不等的14个适于商业运输的机场，有10个国际机场，国际航线可通美国多个城市、欧洲部分国家和拉美各主要国家。最主要国际机场有豪尔赫·查维斯机场和阿雷基帕、奇克拉约、伊基托斯、库斯科机场等。2013年客运量1578.96万人次。

【财政金融】2017年，秘税收收入907.06亿新索尔（约合280.82亿美元），占国内生产总值的12.9%。近几年秘鲁中央政府财政收支情况如下（单位：亿新索尔）：

	2014	2015	2016
收入	1284.96	1397.28	1410.01
支出	1235.43	1310.45	1382.23

差额	49.53	86.83	27.78

（资料来源：秘鲁中央储备银行）

【对外贸易】秘鲁实行自由贸易政策。主要出口矿产品、石油、农牧业产品、纺织品和渔产品等。2018年，秘鲁对外贸易总额908.35亿美元，其中出口489.42亿美元，进口418.93亿美元，同比分别增长8.16%、10.68%和5.36%。2019年，秘鲁对外贸易总额884.91亿美元，其中出口459.85亿美元，进口425.06亿美元，同比分别增长–2.58%、–6.04%和1.46%。主要贸易伙伴为中国、美国、巴西、加拿大等。

【外国资本】1991年3月，秘鲁政府修改外资法，取消了对外国投资的某些限制措施，允许外商在能源、电信、自来水等部门投资，利润自由汇出。2016年，秘鲁吸引外国直接投资额为135.7亿美元，同比增加11.6%。美国、西班牙、英国是秘主要投资来源国。

【外国援助】2007/2013年度，欧盟向秘鲁提供1.32亿欧元援助，主要用于提高政府执政能力和发展社会事业。2010年，秘接受美国援助资金共1.66亿美元，用于打击贩毒、军事合作和加强民主建设。2011年，德国宣布将向秘提供500万欧元援助以支持秘保护雨林及生物多样性，并计划向秘提供总值2亿欧元的援助用于秘开展环保、权力下放和循环饮用水等领域项目。加拿大宣布在未来4年内向秘提供总额为489万美元的援助以解决秘国内因采矿引发的社会冲突。2012年8月，美洲开发银行与秘经济财政部签署协议，向秘提供1.4亿美元的援助，用于支持秘卫生、教育和环境保护。

人民生活

2013年秘鲁全国共有医院511家、医疗中心2096家、卫生所7124个。贫困率从2007年的42.4%下降至2014年的22.7%，累计500万人实现脱贫。通水率从2004年的70%升至2014年的86%（农村地区通水率从36%增至64%）。通电率从76%增至93%（农村地区从32%增至75%）。新生儿死亡率从21‰降至17‰。2014年，每10位居民中7位有医保。2018年，贫困率为20.5%。（资料来源：秘鲁国家统计信息局）

军　事

秘鲁总统为武装力量最高统帅。国防委员会为最高军事决策机构，总统任主席。最高军事指挥机构是武装力量联合指挥部，直属总统领导，成员为三军司令，并轮流担任主席。现任联指司令塞萨尔·阿斯图迪略·萨尔塞多（César ASTUDILLO Salcedo），陆军司令温贝多·拉莫斯·乌梅豪尔赫·奥兰多·塞利斯·孔（Humberto RAMOS HumeJorge Orlando CELIS Kuong），海军司令费尔南多·劳尔·塞尔丹·鲁伊斯（Fernando Raúl CERDÁN Ruiz），空军司令鲁道夫·加西亚·埃斯克雷（Rodolfo GARCIA Esquerre），国民警察司令何塞·路易斯·拉瓦列·圣克鲁斯（José Luis LAVALLE Santa Cruz）。秘鲁实行义务兵役制，服役期两年。2016年秘三军总兵力11.7万人，预备役38.6万人。陆军7.1万人，海军2.7万人，空军1.9万人。另有约10万国民警察组成的警察部队。2019年，国防预算23.75亿美元。

文化教育

【教育】秘鲁政府重视发展教育事业。现行教育体制为：学前教育1—2年，小学6年，中学6年，大学5年。2010年，秘鲁小学入学率为98.7%，初中入学率为91.6%。教育预算4.705亿美元。秘全国著名高等院校大多集中在首都利马。最著名的国立大学是圣马科斯大学（建于1551年），亦是拉美历史最悠久的高等学府。排名前五位的私立大学分别是：天主教大学、利马大学、圣马丁·德彼雷斯大学、里卡多·帕尔马大学和太平洋大学。

【新闻出版】全国共有各种报纸及刊物20余种。主要有:《商报》，发行量约28万份;《快报》，发行量15万份;《共和国报》，发行量15万份;《秘鲁人报》，发行量25万份;《太阳报》，发行量3万份。主要政论期刊有:《假面具》周刊，发行量3.5万份;《请听》和《是》各发行1万份。

秘鲁新闻社和安第斯新闻社为官方通讯社。全国共有广播电台1107家，除1家国家电台外，其余均为私人电台。影响较大的电台有：国家电台、圣罗莎电台、秘鲁节目电台、团结电台和联合电台等。全国共有电视发射台和转播台90家，其中7家有全国广播网。电视七台为国家台，其余均为商业性电视台。影响较大的商业性电视台有拉丁台（电视二台）、美洲台（电视四台）、泛美台（电视五台）、安第斯台（电视九台）、OK台（电视十一台）和全球网台（电视十三台）。

对外关系

秘鲁奉行独立自主的外交政策，强调外交为经济发展服务。主张在国际事务中遵循国际法、联合国宪章和泛美体系准则，维护国际和平与安全。支持联合国改革，主张加强联合国的权威。尊重普世人权观。重视同美国的关系，积极发展同拉美国家关系，支持地区团结和一体化，反对地区军备竞赛，努力拓展同欧盟及亚太国家关系。现与130多个国家保持外交关系。秘是联合国、不结盟运动、“七十七国集团”、亚太经合组织、美洲国家组织、拉美和加勒比国家共同体、南美国家联盟、安第斯国家共同体、拉美一体化协会、拉美经济体系、亚马孙合作条约、太平洋经济合作理事会、南太平洋常设委员会、太平洋联盟等国际和地区组织的成员国。2015年10月，秘鲁举办世界银行和国际货币基金组织年会。2016年11月，秘鲁继2008年后再次主办亚太经合组织领导人非正式会议。

【同中国的关系】1971年11月2日建交。2008年11月胡锦涛主席访秘鲁期间，中秘宣布建立战略伙伴关系。2013年4月，秘鲁总统乌马拉访华期间，两国将双边关系提升为全面战略伙伴关系。2016年9月，库琴斯基总统对华进行国事访问。11月，习近平主席赴秘鲁利马出席亚太经合组织领导人第二十四次非正式会议并对秘鲁进行国事访问。2017年11月，习近平主席在越南岘港出席亚太经合组织领导人第二十五次非正式会议期间，同库琴斯基总统两度交谈。

中方其他主要去访有：全国人大常委会委员长张德江（2014年11月），李克强总理（2015年5月），中共中央政治局委员、中央统战部部长孙春兰（2015年10月），习近平主席特使、环境保护部部长陈吉宁（2016年7月），外交部长王毅（2016年10月），全国人大常委会副委员长、中国人权研究会会长向巴平措（2017年5月），水利部部长陈雷（2017年9月），全国政协副主席、中国和平统一促进会副会长万钢（2018年6月），中共中央政治局委员、上海市委书记李强（2018年7月），全国政协副主席马飚（2018年11月）等。

秘方主要来访有：乌马拉总统（2013年4月，进行国事访问并出席博鳌亚洲论坛2013年年会）、国会主席奥塔罗拉（2014年1月）、乌马拉总统（2014年11月，进行国事访问并出席亚太经合组织第二十二次领导人非正式会议）、库琴斯基总统（2016年9月）、最高法院院长蒂科纳（2016年9月）、国家检察院检察长桑切斯（2017年6月）、外长波波利西奥（2018年8月）、外贸旅游部长巴伦西亚及农业和灌溉部长莫斯塔霍（2018年11月，出席首届中国国际进口博览会）、外贸旅游部长巴斯克斯（2019年4月，出席第二届“一带一路”国际合作高峰论坛“贸易畅通”分论坛；2019年11月，出席第二届中国国际进口博览会）、农业和灌溉部长穆尼奥斯（2019年6月）、副总统阿劳斯（2019年9月，出席北京世界园艺博览会国际马铃薯中心荣誉日活动）、外长梅萨-夸德拉（2019年11月，出席第三届文明古国论坛）等。

两国经贸合作不断深化。2009年4月，两国正式签署自由贸易协定，2010年3月协定生效实施。2016年11月，两国启动自贸协定升级联合研究。2018年11月，两国宣布结束自贸协定升级联合研究并启动自贸协定升级谈判。2019年4月，两国签署共建“一带一路”合作谅解备忘录。11月，秘鲁作为主宾国参加第二届中国国际进口博览会。中秘经济合作发展较快，秘是中国在拉美主要投资对象国之一，主要涉及矿产、石油资源开发等领域。

中国是秘鲁全球第一大贸易伙伴、第一大出口市场和第一大进口来源国，秘鲁是中国在拉美第二大投资目的地国和第四大贸易伙伴。2019年，双边贸易额236.9亿美元，其中中方出口额85.1亿美元，进口额151.8亿美元，同比分别增长2.5%、5.5%和1%。中方主要出口机电、高新技术产品、纺织品、服装等，主要进口鱼粉和铜、铁等矿产品。

中国驻秘鲁大使：梁宇。馆址：Jirón José Granda 150 San Isidro Lima 27, Perú。信箱：Apartado Postal 375。电话：00511–2220842、4429458（办公室、值班），4429466（领事部）。电传：036–25283 PE CHI LIMA。传真：429467。网址：http://www.embajadachina.org.pe。商务处地址：Av. Javier Prado Oeste 2496 Magdalena del Mar，Lima 17，Perú。信箱：Apartado Postal 170140。电话：00511–4619536。传真：4619855。电传：036–25625 PE CHIS LIMA。

秘鲁驻华大使：路易斯·费利佩·克萨达·因乔斯特吉（Luis Felipe Quesada Incháustegui）。馆址：北京市朝阳区三里屯外交人员办公楼1单元91号。电话：010–65322494，65323719。传真：65322178。电传：22278 LEPRU CN。网址：www.embperu.cn.net。

【同美国的关系】秘美1826年建交。美是秘鲁主要贸易伙伴和出口市场。2006年4月，两国政府签署自贸协定，并于次年获美国会通过。2012年，美国务卿希拉里·克林顿、国防部长帕内塔、主管西半球事务的助理国务卿雅各布森分别访秘，秘国防部长奥塔罗拉访美。2013年6月，乌马拉总统对美进行国事访问。11月，秘外长里瓦斯访美。2017年2月，库琴斯基总统访问美国，成为特朗普政府期间首个访美的拉美国家总统；4月，库琴斯基总统同美总统特朗普通电话，特朗普总统对秘近期遭受洪水和泥石流灾害造成重大人员伤亡表示慰问；5月，库琴斯基总统应约同特朗普总统就委内瑞拉形势通电话。2019年4月，美国国务卿蓬佩奥访秘。

【同拉美国家的关系】秘鲁重视同地区内国家特别是邻国的关系，积极推动地区一体化进程，反对地区军备竞赛。2016年11月，库琴斯基总统访问智利、玻利维亚。2017年，库琴斯基总统分别同智利、玻利维亚、厄瓜多尔、哥伦比亚总统举行双边内阁联席会议。2017年8月，秘鲁牵头阿根廷、巴西等国家成立利马集团，协调委内瑞拉问题立场。2018年4月，第八届美洲国家首脑会议在秘鲁首都利马举行。11月，比斯卡拉总统访问智利。

【同独联体国家和东欧国家的关系】苏联解体后，秘鲁政府相继承认独联体各国。1997年，秘先后与哈萨克斯坦、白俄罗斯和立陶宛建立大使级外交关系。2008年11月，俄罗斯总统梅德韦杰夫出席在利马举行的亚太经合组织第十六次领导人非正式会议并对秘进行国事访问，梅系首位访秘的俄最高领导人。2016年11月，俄罗斯总统普京出席在利马举行的亚太经合组织第二十四次领导人非正式会议并对秘进行国事访问。2011年以来，俄罗斯、乌克兰、亚美尼亚等国外长曾访秘。2017年5月，秘副外长波波利西奥对罗马尼亚进行工作访问，并主持两国第四次政治磋商。

【同亚太地区的关系】藤森总统执政期间，秘日关系发展迅速，日本在秘鲁对外关系中的地位明显上升。

秘是拉美国家中接受日援最多的国家。2011年，秘同日本签署经济伙伴协定；秘总统乌马拉访日，日本文仁亲王夫妇访秘。2019年7月，日本真子内亲王访秘。

2011年，秘同韩国自由贸易协定生效。2013年，秘同泰国完成自贸协定谈判。2017年1月，秘与印度启动自贸协定谈判。7月，秘同澳大利亚启动自贸协定谈判，首届秘鲁—印度外交政策混合委员会举行。9月，秘政府宣布朝鲜驻秘大使金学哲为不受欢迎人员。

积极参与亚太经合组织事务及跨太平洋伙伴关系协定（TPP）的谈判。2017年1月特朗普政府退出后，包括秘在内的启动谈判的11个亚太国家于当年11月完成"全面与进步跨太平洋伙伴关系协定（CPTPP）"谈判，并于2018年3月在智利签署。

【同欧盟的关系】欧盟是秘鲁重要贸易伙伴和投资来源地。2010年，秘同"欧洲自由贸易联盟"（EFTA）签署自贸协定。2012年，秘鲁—挪威贸易优惠协定正式生效，至此，秘与欧洲自由贸易联盟所有成员国贸易协定全部生效。

2017年4月，瑞士联邦主席洛伊特哈德访问秘鲁，此系秘瑞建交134年来瑞士联邦主席首次访秘；6月，库琴斯基总统访问法国、西班牙；9月，库琴斯基总统访问梵蒂冈；10月，秘政府表示反对西班牙加泰罗西亚自治区单方面宣布独立；同月，秘同比利时举行外交部间政治磋商；11月，秘与芬兰举行两国第五次政治磋商。2019年2月，比斯卡拉总统访问西班牙、葡萄牙。

【同中东和阿拉伯国家的关系】秘鲁重视发展同该地区国家关系。2012年，秘外长龙卡利奥洛访问摩洛哥和突尼斯，阿联酋外长访秘。10月，第三届南美—阿拉伯国家峰会在利马举行。2014年2月，乌马拉总统访问以色列、巴勒斯坦和卡塔尔。2016年2月，土耳其总统埃尔多安访秘。

（朱晓晖）

波多黎各

名称　波多黎各自由邦（The Commonwealth of Puerto Rico），拥有美国联邦领土地位（US Commonwealth Territory）。

面积　1.38万平方公里，其中陆地面积8870平方公里，海岸线长501公里。

人口　约319万（2019年）。白人（多为西班牙裔）占75.8%，非洲裔占12.4%，混血占3.3%，美洲印第安裔占0.5%，亚裔占0.2%，其他族裔占7.8%。官方语言为西班牙语和英语。居民主要信奉基督教，天主教徒85%，新教及其他15%。

首府　圣胡安（San Juan）。

总督　万达·巴斯克斯（Wanda Vázquez，女），2019年8月就职，任期4年。

简　况

位于加勒比海大安的列斯东部，北临大西洋，南濒加勒比海，东与美属、英属维尔京群岛隔水相望，西隔莫纳海峡同多米尼加共和国为邻。科地勒拉山穿过境内，属热带海洋性气候，雨量充足，1月平均气温24℃，7月平均气温27℃。

原为印第安人居住地。1493年哥伦布第二次去美洲大陆时抵达此岛。1509年沦为西班牙殖民地。1869年，波多黎各人民起义，宣布成立共和国，遭西班牙军镇压。1897年实现内部自治。1898年美西战争后割让给美国。1917年，波多黎各人被赋予美国公民权。波多黎各居民可以参加美国全国的政党初选，但不能参加美国总统大选。1947年开始自行选举总督。1952年通过的宪法规定，在实现内部自治的前提下，保持与美国的联系。美国会通过法律给予波多黎各美国联邦领土地位（即在内部事务方面享有自治地位）。在1993年11月的全民投票中，48%的人赞成保持美国联邦领土地位，46%赞成拥有美国州的地位，4%的人赞成完全独立。在2012年11月的全民投票中，33%的人赞成保持美国联邦领土地位，61%赞成拥有美国州的地位，5%的人赞成完全独立。2017年6月11日，波多黎各举行第五次全民投票，超过97%的选民支持波多黎各成为美国的一个州。

政　治

波多黎各现仍维持美国联邦领土地位，但宪法地位问题（即与美国关系的法律地位问题）仍是内部争执的焦点。目前主要争执点是维持目前美国联邦领土地位还是成为美国之一州。

【宪法】根据1952年通过的宪法，总督为最高行政长官，由选举产生，任期4年。下设部长会议。美国国会有权废止波多黎各议会通过的法律。

【议会】分参众两院。参议员27人，后扩充至30人，众议员51人，任期4年。由于不实行美国税务法律，该岛在美国国会无代表权。该岛人民选举出地方代表常驻美国国会，只在众院各委员会参加表决。

【政府】总督拥有行政权，也是民兵总司令，有权宣布戒严。现任总督万达·巴斯克斯。

【政党】（1）人民民主党（Partido Popular Democratico）：1938年成立。1948年实行选举产生总督以来，该党曾多次执政。主张保持波的美国联邦领土地位。现任主席何塞·托雷斯（Jose Torres）。

（2）新进步党（Partido Nuevo Progresista）：1967年成立。曾数次执政。主张成为美国一州。现任代理主席里维拉·沙兹（Rivera Schatz）。

（3）波多黎各独立党（Partido de la Independencia Puertoriqueno）：1946年成立。主张波从美国独立出来。现任主席鲁本·贝里奥斯（Ruben Berrios）。

其他政党有波多黎各国家民主党、国家共和党、社会党、共产党等。

经　济　波多黎各历史上曾以甘蔗种植业为主，后工业超过农业成为经济支柱。前五大经济部门依次为制造业、金融保险和房地产业、其他服务业、政府机构开支、贸易。主要工业包括制药、电子、石化、食品加工、纺织服装等。美国税收优惠政策和联邦援助项目对波经济至关重要，但最低工资标准等相关制度也成为波经济发展阻力。近年来，波日益注重发展同加勒比地区和拉美国家经济联系，致力于将本岛建成拉美国家面向美加自由贸易区成员的制成品加工中心。受2006年波政府取消美国制造商税收减免政策等影响，波制造业外流严重，经济发展困难增大，失业率达11.17％（2019年），45%人口生活在贫困线以下。随着近年经济衰退加剧，波债务危机日益严重，政府数次宣布无法按时足额偿还债务。目前，波债务总额已突破750亿美元。2017年9月，波遭遇飓风“艾尔玛”和“玛丽亚”重创，基础设施严重受损，财政危机进一步加剧。波多黎各政府正在探寻债务问题的解决方案。2019年主要经济数据如下：

地区生产总值：约1030亿美元。

经济增长率：1.8%。

货币名称：美元。

通货膨胀率：0.3%。

【工业】2017年，工业产值占地区生产总值的50.1%。主要有制药、电子、服装、机械制造、建筑、采矿、化工、塑料、石油、食品加工和饮料等行业。

【农业】2017年，农业产值占地区生产总值的0.8%。主要生产棉花、咖啡、甘薯、烟草、水果等。

【服务业】2017年，服务业产值占地区生产总值的49.1%。从业人口占劳动总人口的79%。

【旅游业】旅游业是国民经济重要支柱产业。每年接待游客约320万人次，绝大多数来自美国大陆。主要名胜有：蓬塞艺术博物馆、圣胡安老城、圣胡安大教堂、云盖雨林和波多黎各16—17世纪家庭博物馆等。

【交通运输】运输业较发达。波为加勒比地区空运中心，圣胡安、蓬塞、马亚古埃斯均为海空良港。

【对外贸易】主要贸易伙伴除美国大陆外，还有日本、英国、多米尼加、爱尔兰、美属萨摩亚等。

军　事　美国联邦政府负责波多黎各防务。实行义务兵役制，拥有主要由美国联邦政府提供预算的国民警卫队1.1万人。

文化教育　【教育】波多黎各对6—16岁儿童实行免费义务教育。授课用西班牙语进行，但所有年级英语都是必修课。约73.9%接受过高中及以上教育。当地著名高校包括圣胡安大学、波多黎各大学等。

【新闻出版】主要报纸：《世界报》《新日报》《圣胡安明星报》等。

对外关系　波多黎各为国际奥委会成员、联合国拉美及加勒比经社理事会准成员，拥有加勒比共同体和共同市场的观察员地位。

（张文）

玻利维亚

国名　多民族玻利维亚国（The Plurinational State of Bolivia，Estado Plurinacional de Bolivia）。

面积　109.8万平方公里。

人口　1121.6万（2019年）。印第安人占总人口的54%，印欧混血种人占31%，白人占15%。官方语言为西班牙语和克丘亚语、阿依马拉语等36种印第安民族语言。多数居民信奉天主教。

首都　政府、议会所在地：拉巴斯（La Paz），人口87.7万，海拔3627米，年平均气温14℃。法定首都（最高法院所在地）苏克雷（Sucre），人口31.2万，年平均气温21.8℃。

国家元首“临时总统”珍妮娜·阿涅斯（Jeanine Añez，女），2019年11月接任，任期至重新大选选出的新总统就职。

重要节日　独立日（即国庆节）：8月6日。

简　况　位于南美洲中部，内陆国。东北与巴西为界，东南毗邻巴拉圭，南邻阿根廷，西南邻智利，西接秘鲁。属温带气候。

13世纪为印加帝国的一部分。1538年沦为西班牙殖民地，史称上秘鲁。1825年8月6日宣布独立，为纪念解放者玻利瓦尔取名玻利瓦尔共和国，后改为现名。1952年4月爆发人民武装起义，民族主义革命运动领导人帕斯·埃斯登索罗就任总统。此后，军事政变频繁，政局长期动荡。1983年10月恢复民主政体。

政　　治

2005年12月18日，玻利维亚提前举行大选，左翼“争取社会主义运动”候选人莫拉莱斯以54%的选票当选，成为玻建国以来首位印第安人总统。莫拉莱斯总统就职后，提出在玻建设“社群社会主义”，在政治、经济、社会等领域推进重大变革，如成立制宪大会、实施油气资源国有化、土改等。2009年1月，玻举行新宪法公投，以约60%的支持率获得通过。3月，莫拉莱斯宣布将原国名“玻利维亚共和国”改为“多民族玻利维亚国”。12月，莫拉莱斯以63%的选票再次当选总统。2014年12月，莫拉莱斯总统在大选中成功连任。2016年2月21日，玻举行修宪公投，决定是否将总统和副总统连选连任次数由一次改为两次。24日，玻选举法院宣布公投未获通过。2017年11月，玻宪法法院通过释法确认莫拉莱斯总统有权参加2019年总统选举。2019年10月，玻大选结果“争议”引发政局突变，总统莫拉莱斯被迫辞职并赴墨西哥寻求政治庇护（后转赴阿根廷庇护）。玻第二副参议长珍妮娜·阿涅斯宣布接任“临时总统”。因新型冠状肺炎疫情流行，原定于2020年5月3日举行的大选推迟，各派力量将视疫情发展协商确定新的日期。

【宪法】1826年颁布。宪法规定，国体为共和制，总统和副总统均由直接选举产生，总统任期为5年，可连任一次。

2009年1月25日，玻新宪法获得公投通过。新宪法对原宪法作了上百处修改，主要有：（1）强调玻多民族国家性质，赋予公民更多权利，政府应承担更多义务。（2）建立四权分立政治体制，印第安人较前更受重视，提出除行政、立法、司法权力机关外，建立多民族选举机构为第四种国家权力机关。（3）规定总统和副总统可连任一次。（4）改变现行行政区划体制，实行符合宪法的自治制度。（5）国家政权在经济中扮演重要角色，采取复合经济模式，限制大地产和双重地契。（6）关于后续立法及未来的宪法修订，若修改整个宪法或涉及根本内容，需由土著人全权制宪会议进行。

【议会】玻多民族立法大会由参、众两院组成，拥有通过和修改法律、审查议员资格、处理违法议员、弹劾政府部长等职权。宪法规定，副总统兼任国会主席。现任立法大会主席空缺。众议院设130席，按各省人口比例分配，其中68位众议员由各区选民直接选举产生，其余在大选中产生。年满25岁、服过兵役、无犯罪记录、由政党或合法团体提出的候选人均可竞选。参议院设36席，每省4席，参议员经大选直接选举产生。年满35岁、具有当选众议员资格的公民方能当选。每届国会任期5年。参、众议长由两院分别选举产生，任期1年，可连选连任。现任参议长科帕（Mónica Eva COPA Murga，女），众议长乔克（Sergio CHOQUE），系在参众议长辞职后，于2019年11月14日重新选举产生。

【政府】总统内阁制。总统为国家元首、政府首脑和武装部队统帅。“临时政府”成员如下：外交部长卡伦·隆加里克·罗德里格斯（Karen LONGARIC Rodríguez）、总统府部长耶尔克·努涅斯·内格雷特（Yerko NUÑEZ Negrete）、内政部长阿尔图罗·穆里略·普列赫（Arturo MURILLO Prijie）、国防部长路易斯·洛佩兹·胡里奥（Luis LOPEZ Julio）、新闻部长玛利亚·费尔南德斯·苏亚雷斯（María FERNANDEZ Suárez）、经济和财政部长何塞·帕拉达·里韦罗（José PARADA Rivero）、环境和水资源部长玛利亚·平克特德帕斯（María PINCKERT DE PAZ）、公共工程部长伊万·阿里亚斯·杜兰（Iván ARIAS Durán）、司法和透明部长阿尔瓦罗·科因布拉·科尔内霍（Alvaro COIMBRA Cornejo）、农村发展部长贝亚特里斯·卡波比安科·桑多瓦尔（Beatriz CAPOBIANCO Sandoval）、能源部长阿尔瓦多·古斯曼（Alvaro GUZMÁN）、教育部长维克多·卡尔德纳斯（Víctor CARDENAS）、卫生部长马尔赛洛·纳瓦哈斯（Marcelo NAVAJAS）。新政府预计将于2020年下半年产生。

【行政区划】全国共分为9省。

【司法机构】2015年11月直选产生新一届司法机构法官。由大法官、农业环境法院法官、宪法法院法官和法官委员会委员等共56人组成，土著人法官占多数。目前，玛利亚·迪亚斯（María Cristina Diaz Sosa，女）任最高法院院长，保罗·弗朗哥（Paul Enrique Franco Zamora）任宪法法院院长。总检察长由多民族立法大会选举产生，任期六年，不得连任。现任总检察长福斯托·胡安·兰奇帕·庞塞（Fausto Juan LANCHIPA Ponce），2018年10月就任。

【政党】全国合法政党23个，主要有：

（1）争取社会主义运动（Movimiento Al Socialismo，MAS）：1997年7月成立。玻左派政党，系广泛参与的全国性民主力量。反对新自由主义经济和经济全球化。玻议会第一大政治力量。党的领导人为前总统埃沃·莫拉莱斯。

（2）民主统一联盟（Unidad Demócrata）：最大反对党，2014年6月由“民族团结党”（Unidad Nacional）和“社会民主运动党”（Movimiento Demócrata Social）合并而成，主张维护中产阶级和企业界利益，党的领导人为玻“水泥大王”萨姆埃尔·多利亚·梅迪那（Samuel Doria Medina）。

（3）基督教民主党（Partido Demócrata Cristiano）：1954年2月成立。主张改革现有经济模式，维护社会稳定，促进生产发展。党的领导人为前总统豪尔赫·基罗加（Jorge Quiroga）。

其他主要政党有：新共和力量党（Nueva Fuerza Republicana）、公民团结阵线（Frente de

Unidad Nacional）、自由玻利维亚运动（Movimiento Bolivia Libre）、左革阵（Movimiento de Izquierda Revolucionaria）、"四·九"革命先锋党（Vanguardia Revolucionaria 9 de Abril）、社会党（Alianza Social）、共产党（Partido Comunista）等。

【重要人物】**胡安·埃沃·莫拉莱斯·艾马**：前任总统。1959年10月26日生于玻利维亚奥鲁罗省一个贫苦印第安人家庭。未受过高等教育。年轻时曾当过矿工、面包工人和泥瓦匠。从20世纪80年代起积极投身古柯农工会组织工作，逐渐成为该组织的主要领导人，曾连续9次当选六大古柯农工会联盟秘书长。1997年当选众议员，2001年因领导古柯农封路、游行活动被罢免。2002年，莫拉莱斯组建争取社会主义运动党，并在议会选举中获得35个议席，成为全国第二大党。同年，莫拉莱斯以该党领袖身份参加大选并进入第二轮，但在议会投票中以微弱差距败北。莫分别在2005年12月、2009年12月、2014年12月举行的3次大选中当选总统。本届任期至2020年。2019年10月，被迫辞职。目前在阿根廷接受政治庇护。

经　济

玻利维亚是世界著名的矿产品、天然气出口国，工业不发达，农牧产品可满足国内部分需求，为南美最贫穷的国家之一。莫拉莱斯上台后，摒弃新自由主义经济政策，大幅提升政府在经济生活中的作用，宣布对油气资源实行国有化，提高天然气出口价格，并推动土地改革，取得积极成效。近年来，玻经济年均增速约4%，财政和外贸保持盈余。2019年主要经济数据如下（截至2019年11月）：

国内生产总值：424亿美元。

人均国内生产总值：3671美元。

国内生产总值增长率：2.8%。

外汇储备：62.13亿美元（截至2020年2月）。

货币名称：玻利维亚诺（Boliviano）。

汇率：1美元=6.86玻利维亚诺。

通货膨胀率：1.47%。

失业率：4.1%。（2018年）

公共投资：55.29亿美元（2017年）

外债总额：112.62亿美元（截至2020年2月29日）。

（资料来源：玻国家统计局，玻中央银行）

【资源】矿产资源丰富，主要有锂、锡、锑、钨、银、锌、铅、铜、镍、铁、黄金等。锂储量1050万吨，居世界第一。锡储量为115万吨，占世界储量的1/4。铁储量约450亿吨，在拉美仅次于巴西。2016年矿产品产量550万吨。石油探明储量为9.29亿桶，天然气为10.7万亿立方英寸。森林覆盖面积50万平方公里，占国土面积的48%。

【工业】工业落后，以小工业及食品、纺织、皮革、酿酒、卷烟等加工业为主。年发电量2014兆瓦，较2005年增长1倍。有色金属冶炼有一定能力，拥有号称世界第三的平托（Vinto）冶炼厂。

【农牧渔业】农业较落后。全国可耕地面积3.4万平方公里，约占国土面积的3%。农产品年产量1600万吨，其中马铃薯、洋葱、番茄等自产量远高于进口量。2017年，牛、羊、猪、羊驼等牲畜存栏总量为2753万头。主要经济作物有棉花、咖啡、烟草、甘蔗、向日葵和古柯等。主要农牧产品为玉米、水稻、小麦、薯类产品和大豆等。

【旅游业】旅游基础设施相对落后。近年来，重视发展旅游业。游客多来自秘鲁、阿根廷、美国、巴西及西欧国家。玻现有具备接待能力的各级旅店836家，床位3万多张。主要旅游景点有的的喀喀湖、印加帝国古城蒂亚瓦纳科和伊利马尼雪山等。

【交通运输】主要铁路和公路网集中在西部，边远地区依靠航空沟通。

公路：2010年各类公路总长9.05万公里，其中柏油路和石子路面分别占7.9%和37.3%，土路占54.8%；有各类机动车辆44.9万辆。截至2017年末，建成柏油路4792公里。

铁路：2018年铁路总长1622公里。

空运：拥有玻利维亚国家航空公司等4家民用航空公司和8家航空运输公司。拉巴斯、圣克鲁斯和科恰班巴各有1个国际机场，国际航线14条。2010年客运量为160.1万人次，货运量3.36万吨。

水运：内河航运线1.4万多公里。2010年水运客货运量分别为1.58万人次和107万吨。

【对外贸易】玻历届政府均重视发展对外贸易，特别是鼓励出口以拉动经济增长。玻积极参与地区一体化进程，与多数拉美国家签有经济互补协定。近年来，玻大力开拓其天然气出口市场，并制定了"南方共同市场能源供应地战略"。现与世界80多个国家和地区保持着贸易关系。

2019年，玻外贸总额186.69亿美元，同比增长2.3%，其中出口额88.85亿美元、进口总额为97.84亿美元，分别同比减少2%、3%。主要进口原材料及中间产品、工业设备、消费品、运输设备和食品。主要贸易对象国为巴西、中国、阿根廷、美国、日本、印度。近几年进出口额如下（单位：亿美元）：

	2017	2018	2019
出口额	78.46	90.65	88.85
进口额	92.88	100.46	97.84
差　额	−14.42	−9.82	−8.99

（资料来源：玻利维亚国家统计局）

人民生活

玻利维亚政府将教育文化、健康营养、卫生设施、城市建设和住房、就业等列为社会发展政策中迫切需要解决的问题。莫拉莱斯执政以来，注重对社会事业的投入和改善民生，玻各项社会发展指标有所好转，社会贫富差距进一步缩小，玻已从低收入国家跨入中低收入国家行列。贫困率由2006年的62.9%下降至2019年的34.6%，赤贫率由2006年的38.2%下降至2019年的15.2%。5岁以下儿童死亡率从2000年的8%下降到2019年的57‰，儿童营养不良率从2008年的32.3%降到2019年的16%；15岁以上人口识字率由2001年的86.4%增至2019年的97.73%。2017年，人均预期寿命73.4岁；最低工资标准约合每月307美元，手机网络覆盖率97%，互联网网民占全国总人口逾80%。

军　事

玻利维亚实行义务兵役制，凡年满18岁的男性公民必须服兵役，服役期1年。自1995年起，军官服役期延长至35年。

总兵力5万人，其中：陆军2.5万人，编为10个师，有各类坦克、装甲车200辆，轻型炮200门；空军8000人，编为4个旅，下辖13个飞行大队，有战斗机25架、运输机30架、直升机30架；海军7000人，编为6个海区，下辖8个陆战队，有内河巡逻艇10艘，美制“波士顿”级救生艇8艘。警察部队总警力3.7万人，归内政部管辖。各军种装备较陈旧落后。

文化教育

【教育】玻利维亚文化教育落后，其文盲率是拉美最高的国家之一。2016年文盲率为2.9%。2017年，教育机构数量16645家，较2005年增长7.2%。国家对6—12岁儿童实行义务教育，但基础设施薄弱，资金缺乏。2017年，儿童辍学率为4.5%，较2005年下降2.5个百分点。著名大学有圣弗朗西斯科·哈维尔大学和圣安德烈斯大学。

【新闻出版】主要报刊有：《日报》，发行量5万份；《责任报》，发行量4万份；《理性报》，发行量约3万份；《时代报》，发行量约2.5万份；《新闻报》，发行量4万份；《变革报》，发行量1.2万份。

有广播电台639家，其中322家设在城市，317家设在农村。多为商业电台，用西班牙语、阿依马拉语和克丘亚语广播。

国家电视台创建于1964年，在拉巴斯等7个省有转播台。另有9家私营电视台及3家有线电视和卫星电视台。

对外关系

玻利维亚奉行一度反帝、反殖、反霸、独立自主、和平和不结盟的对外政策，维护民族独立和主权，坚持各国一律平等、人民自决、不干涉别国内政、和平解决国际争端等原则。以消除贫困、气候变化和地区一体化为外交重点，注重区域外交、务实外交、多元外交，主张外交为经济建设服务，力争提升玻国际地位。玻历届政府均坚持向智利提出恢复太平洋出海口的要求。2018年10月1日，国际法院以12票对3票就玻智主权出海口争端作出最终判决：智没有义务就玻主权出海口诉求同玻谈判，是玻近年来遭遇的最大外交挫折。“临时总统”阿涅斯上台后，迅速恢复同美国、以色列外交关系，并于2019年11月新任驻美大使，表明外交政策转向。

玻系联合国、不结盟运动、世界贸易组织、七十七国集团、美洲国家组织、拉美和加勒比国家共同体、南美国家联盟、美洲玻利瓦尔联盟、安第斯共同体、拉普拉塔河流域组织、亚马孙合作条约组织、南方共同市场等成员国。同80多个国家保持外交关系。

【同中国的关系】中玻于1985年7月9日建交。建交以来，两国关系发展顺利。政治关系不断加强，经贸关系逐步发展，文化、科技和军事等领域的交流与合作不断深化，在一些重大国际和地区问题上立场相同或相似，相互理解和支持。

近年中方去访主要有：习近平主席特使、全国人大常委会副委员长陈竺赴玻参加“七十七国集团”成立50周年纪念峰会（2014年6月），习近平主席特使、国土资源部部长姜大明出席莫拉莱斯总统就职仪式（2015年1月），全国政协副主席马培华（2016年3月），外交部长王毅（2016年10月）。

玻方来访主要有：总统莫拉莱斯（2011年8月）、参议长蒙塔尼奥（2012年12月）、农业部长阿查科略（2013年6月、9月）、总统莫拉莱斯（2013年12月）、副总统加西亚（2015年10月）、外长瓦纳库尼（2017年8月、2018年5月对我国进行正式访问）、总统莫拉莱斯（2018年6月）、新闻部长洛佩斯（2018年10月）、外长帕里（2019年4月）等。

近年来，双方贸易额增长较快，经贸合作发展迅速，在能矿、基础设施和高科技等领域合作成果丰硕。2019年，中玻双边贸易额25.21亿美元，其中中国出口额21.19亿美元，进口额4.02亿美元，同比基本持平。中国成为玻全球第二大贸易伙伴、第一大进口来源国和第七大出口目的地国。中国主要出口汽车、摩托车、轮胎、高新技术产品等，主要进口矿砂、皮革、原木和锯材等。

中国驻玻利维亚大使：黄亚中。馆址：Calle 1，NO.8532，Los Pinos，Calacoto，La Paz，Bolivia。电话：00591-2-2793851（办公室），2792902（值班室），2111011（商务处）。传真：2797121。电传：03093352（CHINALP BV）。

玻利维亚驻华使馆临时代办：毛利西奥·贝尔蒙特（Mauricio Belmonte）。馆址：北京市朝阳区塔园外交人员办公楼2-3-2号。电话：010-65323074-809，65323074-812（领事）。传真：65324686。

【同美国的关系】玻美于1825年6月8日建交。历史上两国保持密切关系。美在玻驻有外交和军事使团，派有帮助培训缉毒部队的军事顾问。玻是接受美援助最多的拉美国家之一。

2008年9月，玻以干涉内政为由驱逐美大使，两国迄未恢复互派大使。2011年11月，玻美签署基于互相尊重主权原则的双边框架协定，玻美关系有所缓和。2013年以来，玻美关系因玻方驱逐美国际发展计划署官员和“棱镜门”事件等再度恶化。2016年2月，莫拉莱斯总统指责美在玻修宪公投前夕支持反对派，干涉玻内政，两国关系再度紧张。2017年初，莫拉莱斯总统表示，愿在相互尊重主权和互不干涉基础上与美新政府实现关系正常化，并重新互派大使；3月，美西半球事务助理国务卿菲茨帕特里克（Michael J. Fitzpatrick）与玻副外长帕洛梅克（Guadalupe Palomeque）举行会谈，此系特朗普就任美总统后玻美最高级别的官方交往。

【同拉美国家的关系】重视同拉美各国，特别是安第斯共同体以及巴西和阿根廷等邻国的传统友好关系，高层往来频繁。玻利维亚与多数拉美国家签有经济互补和投资保护协定，积极参与地区一体化进程，谋求实现成为贯通两大洋的通道。莫拉莱斯总统上台后玻与古巴、委内瑞拉结成“反新自由主义阵营”和拉美“正义轴心”，并推动玻加入委倡导的美洲玻利瓦尔选择（2009年6月更名为“美洲玻利瓦尔联盟”，ALBA）。委、古两国给予玻大量现金、实物和技术援助。玻积极参与地区一体化，努力加强与周边国家的相互信任和合作。2015年7月，玻正式加入南方共同市场。

玻地区外交积极活跃。2019年1月，莫拉莱斯总统出席委内瑞拉总统马杜罗就职仪式。4月，莫拉莱斯总统访问阿根廷。5月，莫拉莱斯总统赴秘鲁参加安第斯共同体会议。6月，莫拉莱斯总统参加萨尔瓦多总统权力交接仪式。7月，莫拉莱斯出席巴拿马总统权力交接仪式；莫拉莱斯总统访问苏里南，并赴阿根廷看望玻侨、出席南方共同市场会议。9月，莫拉莱斯总统赴哥伦比亚出席亚马孙国家多边会议。

【同欧洲国家的关系】玻利维亚重视发展同欧盟各国的关系，争取贷款和援助。2019年3月，莫拉莱斯总统访问希腊、奥地利。7月，莫拉莱斯总统访问俄罗斯，并会见俄总统普京，就能源领域、“两洋铁路”工程等交换意见。

【同其他国家的关系】2019年2月，莫拉莱斯总统出席联合国印第安土著语言大会。4月，莫拉莱斯总统访问土耳其、阿联酋。9月，莫拉莱斯总统出席联合国大会一般性辩论开幕式。（史倩云）

伯　利　兹

国名　伯利兹（Belize）。

面积　22966平方公里。

人口　40.6万（2019年）。混血种人和克里奥尔人分别占总人口的48.7%和24.9%，还有印第安人、印度人、华人和白人。居民中49.6%信奉天主教，25.5%信奉基督教新教，另有少数伊斯兰教徒。英语为官方语言，但近半数居民通用西班牙语或克里奥尔语。

首都　贝尔莫潘（Belmopan），人口约1.8万。

国家元首　英国女王伊丽莎白二世，女王任命总督为其代表。现任总督科尔维尔·诺马·扬爵士（Sir Colville Norma YOUNG），1993年11月就任。

重要节日　独立日：9月21日。

简　况

位于中美洲东北部。北与墨西哥接壤，西和南与危地马拉毗邻，东濒加勒比海。海岸线长386公里。属亚热带雨林气候。年平均气温25℃—27℃。南方降水量高达4550毫米。

原为玛雅人居住地。16世纪初沦为西班牙殖民地。1638年英国殖民者入侵，1862年正式宣布其为英国殖民地，改名英属洪都拉斯。1973年6月改为伯利兹。1981年9月21日独立，为英联邦成员国。

政　治

独立以来，统一民主党和人民统一党轮流执政。2015年11月大选中，执政党统一民主党蝉联执政，党领袖迪安·巴罗（Dean BARROW）连任总理，任期5年。目前，伯政局稳定。

【宪法】现行宪法于1981年9月生效。宪法规定：英国女王为伯利兹国家元首，由女王任命的总督（须是伯利兹公民）代表；总督任命众议院多数党领袖为政府总理，并根据总理提名任命副总理及部长。

【议会】由参、众两院组成，任期均为5年。参议员12名，由总督任命，其中6名由总理提名，3名由反对党领袖提名，伯利兹教会、工商界和工会组织各推荐1名。众议员31名由大选产生。现任参议长郑经纬（Lee Mark CHANG）2015年11月就任。众议长劳拉·朗斯沃思（Laura LONGSWORTH）2017年1月就任。

【政府】本届政府于2015年11月组成，后略有变动。主要成员包括：总理兼财政、劳工、地方政府、农村发展、能源、公共设施、公共服务、选举和边界事务部长迪安·巴罗，副总理兼自然资源部长乌戈·帕特（Hugo PATT），经济发展、石油、投资和贸易部长埃尔温·孔特雷拉斯（Erwin CONTRERAS），住房和城市发展部长米歇尔·芬尼根（Micheal FINNEGAN），渔业、林业、环境、可持续发展部长奥马尔·菲格罗亚（Omar FIGUEROA），旅游和民航部长曼纽尔·埃雷迪亚（Manuel HEREDIA），外交部长威尔弗雷德·埃尔林顿（Wilfred ELRINGTON）等。

【司法机构】设上诉法院、最高法院和区法院。2010年2月，伯利兹宣布将加勒比法院取代英国枢密院作为伯终审法院。上诉法院院长曼纽尔·索萨（Manuel SOSA），最高法院院长肯尼思·本杰明（Kenneth BENJAMIN）。

【政党】主要政党有：

（1）统一民主党（United Democratic Party，"红党"，简称UDP）：执政党，1974年由民族独立党、人民发展运动、自由党和黑人联合发展协会合并组成，主要得到黑人的支持。1984—1989年、1993—1998年执政。2008年2月赢得大选，2012年3月、2015年11月蝉联执政。党领袖迪安·巴罗。

（2）人民统一党（People's United Party，"蓝党"，简称PUP）：反对党。1950年成立，支持者多来自混血种人。曾于1954—1984年、1989—1993年、1998—2008年执政。领袖约翰尼·布里塞尼奥（Johnny BRICENO）。

【重要人物】**迪安·巴罗**：总理。1952年生于伯利兹。获美国佛罗里达大学法学硕士学位。1983年开始从政。1984年当选众议员。1984—1989年担任外交和经济发展部长、总检察长。1990年任统一民主党副领袖。1993—1998年任副总理兼外交和经济发展部长、总检察长、国家安全和移民部长。1998年任党领袖至今。2008年2月任总理，2012年3月、2015年11月连任。

经济

农业为主要产业，产值约占国内生产总值的22%。近年来，旅游业得到快速发展，逐步成为支柱性产业。同时，离岸金融业、渔业、轻工业和建筑业等也有较快的发展。工业不发达，人民生活用品绝大部分靠进口。

统一民主党执政以来，致力于吸引外资，发展旅游业，扩大国有企业在石油行业的份额，加大对教育、住房及医疗卫生等领域投入，以刺激经济增长，增加政府财政收入，改善国家债务状况。2019年主要经济数据如下：

国内生产总值：19.97亿美元。

人均国内生产总值：4914美元。

国内生产总值增长率：2.5%。

货币名称：伯利兹元。

汇率：1美元=2伯利兹元。

通货膨胀率：1.2%。

（资料来源：国际货币基金组织）

【资源】森林和渔业资源丰富。森林面积约1.6万平方公里，覆盖率70%左右。产红木、苏木、染料木等贵重木材，红木被称为国木。盛产龙虾、旗鱼、海牛和珊瑚等。西北地区有石油、重晶石、锡石、黄金等矿藏。伯已证实的石油储量为670万桶。为保护自然环境，伯政府已禁止境内石油开发。

【工业】工业不发达，主要工业部门为制衣、制糖、柑橘加工、啤酒及饮料。工业生产主要为了满足国内消费，出口产品生产集中在制糖、服装以及粮食生产等领域。近年来，服装业发展较快，成为仅次于制糖的第二大创收行业和提供就业机会的主要部门。

【农林渔业】农业是经济支柱，农田占伯国土面积的1/3。农业从业人数约占总劳力的30.5%，农产品出口约占外汇总收入的71%。主要农作物有甘蔗、柑橘、香蕉、水稻、玉米、可可等。

【旅游业】旅游业起步较晚，但发展迅速。拥有世界第二大、北半球第一大堤礁和玛雅遗迹，吸引着越来越多的游客。拥有八大野生动物保护区，包括世界仅存的美洲虎和红足鲣鸟保护区。近几年来政府重视旅游业投资，游客人数迅速增加。

【交通运输】公路：总长为3007公里。主要城镇间有公路相通，全国有4条主要交通干线，其中有2条与邻国墨西哥和危地马拉相通。

水运：伯利兹城是主要港口，可停靠集装箱轮船。有9条主要出入航运线。与牙买加有定期班轮，与美国、英国和欧洲大陆等地有良好的海上运输线。

空运：菲利普·戈德森国际机场（Phillip Goldson International Airport）位于伯利兹城城郊，有通往美国、中美洲邻国的航线。国内有玛雅、热带和岛际等航班。

【财政金融】2019/2020财年，伯政府财政收入11.95亿伯利兹元，财政支出12.63亿伯利兹元。（资料来源：国际货币基金组织）

【对外贸易】高度依赖进口，对外贸易长期逆差。主要出口糖、香蕉、成衣、水果、木材、海产品；主要进口机械和运输设备工业制品、日用品、食品、燃料和药品。主要贸易对象为美国、英国、欧盟、墨西哥、加拿大、加勒比共同体国家。2019年，伯进出口总额为13.9亿美元，其中出口额为4.79亿美元，进口额为9.11亿美元。（资料来源：国际货币基金组织）

【经济团体】（1）伯利兹工商会（Belize Chamber of Commerce and Industry），1920年成立。网址：www.belize.org。

（2）伯利兹贸易与投资发展会（Belize Trade and Investment Development Service），1986年成立。网址：www.belizeinvest.org.bz。

人民生活

政府推行全国卫生计划，门诊病人享受免费治疗。2018年人均寿命74.7岁，人口增长率为1.8%。

军事

国防军建于1978年，包括陆军、空军和海防队，现有正规军

1050人，后备队700人。国防军总司令史蒂文·奥尔特加（Steven Ortega）。

文化教育

【教育】政府一贯对教育部门予以强有力的财政支持，其经常项目开支的1/4用于教育事业，5—14岁儿童享受免费义务教育。教育体系主要由初等、中等及高等教育3个层次组成。初等教育为8年制，中等教育为4年制。

【新闻出版】《伯利兹时报》（Belize Times）：周报，发行量约6000份；《报导者》（The Reporter）：周报，1968年创刊，发行量约6500份；《阿曼达拉报》（Amandala）：周报，发行量约45000份；《今日伯利兹》（Belize Today）：月刊，发行量约7000份；《人民的脉搏》（The People's Pulse）：周报，发行量约5000份。

伯利兹电台：国家电台，建于1937年。每天用英语和西班牙语广播。另有一家私营电台。

伯利兹广播网（BBN）：建于1952年，属国家所有，但独立经营，下设两个电台。用英语和西班牙语播音。还有若干小电视台，24小时播放，主要播放美国卫星电视节目。

对外关系

伯利兹奉行不结盟的对外政策。积极维护和发展与加勒比各国的关系，参与地区一体化进程，强调睦邻友好，努力促进中美洲的和平与稳定，注重发展同英国的传统关系和对美国关系，积极维护和发展与加勒比各国的关系，努力促进中美洲的和平与稳定。1974年5月加入加勒比共同体，1990年成为美洲国家组织成员国。

【同中国的关系】1987年2月6日中伯建交。1989年10月11日，伯与台湾当局“建交”；10月23日，中国政府宣布中止与伯外交关系。

1997年6月，中伯签署了《中华人民共和国政府和伯利兹政府关于将伯利兹驻香港名誉领事馆改为“伯利兹贸易办事处”的协议》。

据中国海关总署统计，2019年中伯双边贸易额为1.17亿美元，其中中方出口额1.17亿美元，进口额15.1万美元，同比分别增长25.7%、25.9%和–41.1%。

【同美、英的关系】伯美关系密切。美国是伯最大的贸易伙伴和经援国。每年向伯派遣约200名和平队员。近200家美国公司在伯投资，总额约为2.5亿美元，主要投资领域为旅游业。伯独立后继续保持与英国的传统关系，英向伯提供经援。

【同加勒比国家的关系】与该地区其他国家在政治、文化、经济以及社会等方面有共性，是加勒比共同体成员，积极支持并参与地区一体化进程，2006年1月加入加共体单一市场。该地区国家支持伯与危地马拉通过外交途径解决两国领土争端。（王学军）

多米尼加

国名　多米尼加共和国（The Dominican Republic, La Repúbilca Dominicana）。

面积　4.87万平方公里。

人口　1044.8万（2020年）。黑白混血种人和印欧混血种人占73%，白人占16%，黑人占11%。官方语言为西班牙语。90%以上居民信奉天主教，少数人信奉基督教新教和犹太教。

首都　圣多明各（Santo Domingo），人口290.6万（2020年）。年平均温度25℃。

国家元首　总统达尼洛·梅迪纳（Danilo Medina），2012年5月当选，2016年5月连选连任，8月16日就职，任期4年。

重要节日　国庆日：2月27日。

简　况

位于加勒比海北部，大安的列斯群岛中的伊斯帕尼奥拉岛东部。东隔莫纳海峡与波多黎各相望，西接海地，南临加勒比海，北濒大西洋。北部、东部属热带雨林气候，西南部属热带草原气候，平均气温25℃。

原为印第安人居住地。1496年西班牙人在岛上建立圣多明各城，成为欧洲殖民者在美洲的第一个永久性居民点。1795年归属法国。1809年复归西班牙。1844年2月27日独立，成立多米尼加共和国。1930年特鲁希略发动军事政变上台，实行长达30年的独裁统治。1965年被美国出兵占领。1966年恢复民主政体。此后，革命党、基督教社会改革党、解放党分别执政。自2004年起，解放党连续执政至今。

政　治

近年来，多政局总体稳定。2012年，解放党候选人梅迪纳当选总统。2016年5月20日，梅以61.7%得票率胜选连任，于8月16日就职。梅执政以来，制订了2016—2030年国家发展计划，实行财税改革，改善投资环境，加大对教育、社保等民生事业及基础设施建设的投入和对小微企业的支持，取得一定成效。多米尼加原定于2020年5月17日举行总统及议会选举，受新冠肺炎疫情影响，中央选举委员会决定将大选日期推迟至7月5日，如大选进入第二轮，则定于7月26日举行；政府换届仍于2020年8月16日举行。

【宪法】根据1966年11月颁布的宪法，多实行总统制，设总统和副总统。总统由直接选举产生，是国家元首、政府首脑和武装部队最高统帅。此后多次修改宪法，规定总统只可连任1次。

【议会】分参、众两院。参议院设32个席位，由各省和首都大区各选1名。众议院设190个席位，其中包括7名海外议员，每个省至少选2名议员。议员任期4年。议长任期1年，可连选连任。本届议会于2016年8月组成。在参议院中，解放党26席，现代革命党2席，革命党1席，基督教社会改革党1席，其他党派占2席。在众议院中，执政联盟方面，解放党106席，革命党16席，改革自由党3席，民主选择运动1席，基督教人民党1席，基督教民主党1席；反对党方面，现代革命党42席，基督教社会改革党18席，广泛阵线1席，国家联合1席。现任参议长雷纳尔多·帕雷德·佩雷斯（Reinaldo Pared Peréz），于2019年8月16日连任。众议长拉达梅斯·卡马乔·奎瓦斯（Radhamés Camacho Cuevas），于2019年8月16日连任。

【政府】本届政府于2016年8月16日组成，后略有变动。主要成员：副总统玛格丽特·塞德尼奥·德费尔南德斯（Margarita Cedeño de Fernández，女），总统府部长古斯塔沃·蒙塔尔沃（Gustavo Montalvo），总统府行政部长何塞·拉蒙·佩拉尔塔（José Ramón Peralta）、国防部长鲁本·达里奥·保利诺（Rubén Darío Paulino），外交部长米格尔·巴尔加斯·马尔多纳多（Miguel Vargas Maldonado），内政和公安部长何塞·拉蒙·法杜尔（José Ramón Fadul），财政部长唐纳德·格雷罗（Donald Guerrero），工商和贸易部长内尔松·托卡·西莫（Nelson Toca Simó），经济、计划和发展部长胡安·阿列尔·希门内斯（Juan Ariel Himénez），教育部长安东尼奥·佩尼亚·米拉瓦尔（Antonio Peña Mirabal），公共工程和通信部长拉蒙·安东尼奥·佩平（Ramón Antonio Pepín），高等教育、科学和技术部长亚历杭德里纳·赫尔曼（Alejandrina Germán，女），旅游部长弗朗西斯科·哈维尔·加西亚·费尔南德斯（Francisco Javier García Fernández），劳工部长温斯顿·安东尼奥·桑托斯·乌雷尼亚（Winston Antonio Santos Ureña），能源和矿业部长安东尼奥·伊萨·孔德（Antonio Isa Conde），公共卫生部长拉斐尔·奥古斯托·桑切斯·卡德纳斯（Rafael Augusto Sánchez Cárdenas），妇女部长詹尼特·卡米洛·埃尔南德斯（Janet Camilo Hernández，女），农业部长奥斯马尔·贝尼特斯（Osmar Benítez），文化部长爱德华多·塞尔曼（Eduardo Selman），环境部长米格尔·安赫尔·埃斯特韦斯（Miguel Ángel Estévez），公共管理部长拉蒙·本图拉·卡梅霍（Ramón Ventura Camejo），体育部长达尼洛·迪亚斯（Danilo Díaz），青年部长鲁维亚姆妮·巴尔卡塞尔·巴斯克斯（Robiamny Balcácer Vásquez，女）等。

【行政区划】全国划分为31个省和1个首都大区（即首都），省下设市和乡。

【司法机构】由最高法院、检察院和司法部门共同行使司法权。最高法院由16名大法官组成，最高法院院长由参议院任命。总检察长由总统任命。全国有11个上诉法院、4个土地法院、6个劳工法院、5个少年儿童法院、1个高等行政法院、税务法院以及治安法院等各类法院33个、法庭50个。全国设11个司法管辖大区、35个司法管辖区。最高法院院长马里亚诺·赫尔曼·梅希亚（Mariano Germán Mejía）。总检察长琼·阿兰·罗德里格斯（Jean Alain Rodríguez）。

【政党】全国有20多个政党，主要包括：

（1）多米尼加解放党（Partido de la Liberación Dominicana）：执政党，又称“紫党”。1973年成立，由从多米尼加革命党脱离出来的已故前总统胡安·博什和前总统莱昂内尔·费尔南德斯等人创建。现有党员260余万人。总书记为现任参议长雷纳尔多·帕雷德·佩雷斯（Reinaldo Pared Peréz），代理党主席为特米斯托克莱斯·蒙塔斯（Temístocles Montás）。

（2）多米尼加革命党（Partido Revolucionario Dominicano）：执政联盟成员，又称“白党”。1939年由胡安·博什等人创建。1973年博什另组解放党后，该党发生分裂，分成布兰科派、马赫卢塔派和戈麦斯派。系社会党国际成员。现有党员50余万人。党主席为现任外长米格尔·巴尔加斯·马尔多纳多（Miguel Vargas Maldonado）。

（3）多米尼加现代革命党（Partido Revolucionario Moderno，PRM）：最大反对党。2014年从多米尼加革命党分裂出来。党主席为何塞·伊格纳西奥·帕利萨（José Ignacio Paliza）。

（4）基督教社会改革党（Partido Reformista Social Cristiano）：反对党，又称“红党”。1961年成立，原称多米尼加改革党，1984年与基督教社会革命党合并改称现名。曾执政多年。前党主席巴拉格尔去世后，该党影响有所下降。党主席为费德里科·安东·巴特耶（Federico Antón Batlle）。

【重要人物】**达尼洛·梅迪纳**：总统。1951年11月10日出生于多圣胡安省。圣多明各自治大学化学学士和圣多明各技术学院经济学硕士学位。1973年加入多解放党。1984年、1990年和1994年连续3次当选众议员。1990年起先后任多米尼加解放党发言人、拉美议会社会事务委员会主席、众议长、总统府国务秘书等职。2000年参加总统选举失利。2012年再次参选获胜。2016年5月胜选连任。2016年8月就职，任期至2020年8月。

经济

旅游业、出口加工业和侨汇是多经济的三大支柱。2012年梅迪纳执政以来出台多项促进社会经济发展的政策措施，加大对基础设施建设、医疗卫生、教育等民生事业投入。多经济保持快速增长。2019年主要经济数据如下：

国内生产总值：889亿美元。

国内生产总值增长率：5.1%。

货币名称：比索（Peso）。

汇率：1美元≈54.06比索（2020年4月）。

通货膨胀率：3.66%。

失业率：5.9%。

（资料来源：多米尼加中央银行）

【资源】矿产资源丰富，主要有金、银、铁、镍和铝矾土等。森林覆盖率39.2%。石油、煤炭和水力资源缺乏，能源主要依靠进口。电力供应不足，输配电损耗较大，近年来有所改善。

【工业】烟草加工、制糖、化肥和水泥生产为主要产业，其次有纺织和食品加工业等。2019年1—9月，制造业、建筑业和矿业等工业产值占国内生产总值27.2%（资料来源：多米尼加中央银行）。

【农业】国民经济的重要部门。以种植甘蔗、烟草、咖啡、可可为主，还有水稻、香蕉、水果等。耕地面积占国土面积26.7%。2019年1—9月，农牧业产值占国内生产总值5.2%（资料来源：多米尼加中央银行）。

【服务业】国民经济的主要支柱部门。2019年1—9月，酒店、餐饮、交通、通信、水、电、金融等服务业产值占国内生产总值60.2%（资料来源：多米尼加中央银行）。

【旅游业】多政府重视旅游业发展。2019年共吸引640万游客，主要来自美国、欧洲及南美国家，旅游收入76.89亿美元，同比增长1.7%。主要旅游景点有圣多明各、蓬塔卡纳、拉罗马纳、银港和金色海滩等。

【交通运输】以公路为主。全国公路总里程约2.3万公里。铁路1784公里，其中80%用于甘蔗运输。有12个港口、30家船运公司。主要港口有圣多明各港、海纳港、博卡奇卡港和圣彼德罗德马科利斯港。全国有圣多明各、拉罗马纳、普拉塔港、蓬塔卡纳、巴拉奥纳、萨马娜和圣地亚哥西瓦奥等7个国际机场。2018年航空客运量约为1450万人次。

【财政金融】2019年多外汇储备87.81亿美元，同比增长15.1%。侨汇收入70.87亿美元，同比增长9.1%。2019年吸收外资30.12亿美元，同比增长18.8%。多是国际货币基金组织、世界银行和美洲开发银行等国际和地区金融机构的援助对象国（资料来源：多米尼加中央银行）。

【对外贸易】主要出口蔗糖、可可、咖啡、烟草、服装和金、银、镍铁合金等，进口石油、燃料、食品、机电产品和化工原料等。主要贸易伙伴包括美国、欧盟、日本、委内瑞拉、墨西哥等。

近几年贸易进出口情况如下（单位：亿美元）：

	2017	2018	2019
出口额	88.31	94.74	101.2
进口额	180.16	205.91	307.4
差　额	−91.85	−111.17	−206.2

（资料来源：多米尼加中央银行）

人民生活

根据联合国和世界银行的贫困标准（按购买力平价每人每天消费不足2美元），2019年多贫困率23%，赤贫率2.9%。2018年出生率19.5‰，死亡率6.15‰。平均寿命73.8岁，其中男性70.8岁，女性77.2岁。多全国共有公立医院和诊所2065所，床位1.01万个，医务人员7.38万人。平均每千人拥有3.3名医生及1张病床床位。

军　事

实行义务兵役制，服役期4年。2020年，全国武装力量人员总数约5.5万人。其中空军5500人，军用飞机75架；海军1.5万人，舰船34艘。2018年国防预算约为6亿美元，占国内生产总值0.7%。

文化教育

【教育】对6—15岁的儿童实行义务教育。2019年全国文盲率5.5%。2018年小学入学率为93.9%，平均每19名小学生有1名教师；中学入学率为71%，平均每27名中学生有1名教师。共有幼儿园9624所，中小学1137所，各类高校46所，其中大学36所，高等专业学院6所，高等技术学院4所。主要大学有圣多明各自治大学、圣多明各科技学院、圣地亚哥科技大学、加勒比大学、圣多明各天主教大学、伊比利亚美洲大学等。

【新闻出版】主要报刊有:《利斯汀日报》（Listín Diario），1889年创刊，发行量12万份;《加勒比报》（Periódico El Caribe），1948年创刊，发行量5万份;《国民报》（El Nacional），1966年创刊，发行量8万份;《今日报》（Hoy），1981年创刊，发行量10万份;《新闻报》（La Información），1915年创刊，发行量2.5万份。还有2份免费日报:《自由日报》（Diario Libre），2001年创刊，发行量15万份;《日报》（El Día），2002年创刊，发行量4.5万份。全国有各类出版社15家。

全国有48家电视台和325家广播电台。多米尼加国家广播电视台（Corporación Estatal de Radio y Televión）为主要电视台，另有安的列斯电视台（Teleantillas）、彩色屏幕电视台（Color Visión）、系统电视台（Telesistema）、国家新闻网（Red Nacional de Noticias，RNN）、新闻网（Cadena de Noticias，CDN）等；主要广播电台有大千广播电台（Radio Mil）、多米尼加教育广播电台（Radio Educativa Dominicana）、商业广播电台（Radio Cadena Comercial）等。

对外关系

奉行尊重领土完整和主权独立、互不干涉内政的外交政策；主张国际和平与安全应建立在尊重国家主权、意识形态多元化和各国人民自决权的基础上；呼吁建立更加合理的国际经济新秩序，反对贸易保护主义；支持联合国改革，认为改革应充分考虑使全球化进程向有利于世界各国人民利益的方向发展；谴责跨国贩毒和恐怖主义。

【同中国的关系】 2018年5月1日，国务委员兼外长王毅同多米尼加外长巴尔加斯在北京签署《中华人民共和国和多米尼加共和国关于建立外交关系的联合公报》，多米尼加政府即日断绝同台湾地区的所谓“外交关系”，中多建立大使级外交关系。建交前，中多分别在对方首都设有商代处。2018年5月21日，双方驻对方国家首都商代处正式变更为使馆。2019年6月，双方先后就多驻香港贸易发展办事处变更为总领馆和多在上海设立总领馆事以互换照会形式达成协议。

中方访多主要有：贸促会副会长张伟（2016年11月）、致公党中央副主席曹洪鸣（2017年3月）、国务委员兼外长王毅（2018年9月）、民用航空局副局长王志清（2018年10月）、国际发展合作署副署长邓波清（2018年10月）、中央统战部副部长谭天星（2019年2月）、国务院副总理胡春华（2019年3月）、全国政协原副主席、中拉友协会长马培华（2019年3月）、故宫博物院前院长单霁翔（2019年4月）、全国人大常委会委员陈国民（2019年6月）、中联部副部长李军（2019年8月）、致公党中央副主席蒋作君（2019年10月）等。

多方访华主要有：多副外长利里亚诺（2015年1月，出席中国—拉共体论坛首届部长级会议）、民航总局局长阿雷翰德罗（2015年5月，出席首届中拉基础设施合作论坛）、公共工程和交通部副部长桑切斯（2016年6月，出席第二届中拉基础设施合作论坛）、公共工程和交通部长桑托斯（2016年6月）、全国私营企业委员会副主席巴斯（2016年10月，出席中拉企业家高峰会）、左派团结运动总书记、政府一体化部长梅希亚（2017年2月）、总统府行政副部长森尼尔（2017年5月，出席第二届中拉基础设施合作论坛）、总统府行政部长佩拉尔塔、外长巴尔加斯（2018年4月，两国建交）、经济、计划和发展部长桑塔纳（2018年6月）、地区一体化政策部长、左翼联盟运动主席梅希亚（2018年9月）、总统梅迪纳（2018年11月，对中国进行国事访问并出席首届中国国际进口博览会）、高等教育、科学和技术部长赫尔曼（2019年3月）、众议长卡马乔（2019年4月）、总统府行政部长佩拉尔塔（2019年4月，出席第二届“一带一路”国际合作高峰论坛）、总统府部长蒙塔尔沃、经济、计划和发展部长邓胡安（2019年9月）、地区一体化政策部长、左翼联盟运动主席梅希亚（2019年11月）等。

据中国海关总署统计，2019年中多贸易额28.4亿美元，其中中方出口额23.9亿美元，进口额4.5亿美元，同比分别增长24.3%、13.4%和152%。

中国驻多米尼加大使：张润。馆址：Av. 27 de Febrero，495，Torre Forum，Piso 11，El Millón，Santo Domingo，República Dominicana。电　话：001809–3733825，传真：7405217。电子邮箱：chinaemb_dom@mfa.gov.cn。网　址：http://do.chineseembassy.org，http://do.china-embassy.org。

多米尼加驻华大使：布里乌尼·加拉维托·塞古拉（Briunny Garabito Segura）。馆址：北京市朝阳区东方东路19号亮马桥外交办公大楼。电话：010–85326145。

【同美国的关系】 同美国关系密切，美是多最大贸易伙伴和投资、援助、侨汇来源国。2019年多50%以上对外贸易、77%的侨汇、21%的外国投资来自美国。两国在反毒、反洗钱、打击有组织犯罪等方面保持密切合作。

【同拉美国家的关系】 同拉美和加勒比国家保持传统友好关系，支持并积极参与地区一体化进程。2013年，多加入中美洲一体化体系，成为太平洋联盟观察员。2016年1月至2017年1月，多担任拉美和加勒比国家共同体轮值主席国。近年，因强行大规模遣返海地移民同海地关系一度紧张。2020年3月起接任加勒比国家联盟轮值主席国，为期一年。

【同其他国家的关系】 欧盟是多米尼加的主要援助方和投资方之一，双方有贸易优惠安排。近年来，多与摩洛哥、卡塔尔、阿拉伯联合酋长国、印度、南非、斯里兰卡、吉尔吉斯斯坦、阿富汗、孟加拉国和图瓦卢等国建立外交关系，并成为非洲联盟观察员。当选2019—2020年度联合国安理会非常任理事国。（高璐）

多米尼克

国名　多米尼克国（The Commonwealth of Dominica）。

面积　751平方公里。

人口　7.04万（2019年）。主要为黑人和黑白混血种人。居民多数信奉天主教，少数信奉新教。官方语言英语。

首都　罗索（Roseau），人口约2万。

国家元首　总统查尔斯·安杰洛·萨瓦林（Charles Angelo SAVARIN），2013年10月就任。2018年10月连任。

重要节日　独立日：11月3日。

简　况

位于东加勒比海向风群岛东北部。东临大西洋，西濒加勒比海，南与马提尼克岛隔马提尼克海峡、北同瓜德罗普隔多米尼克海峡相望。岛内多山，年均气温25℃—32℃，属热带海洋气候。

原为来自南美印第安部落的阿拉瓦克人和加勒比人居住地。1493年哥伦布抵达该岛。1763年《巴黎条约》将该岛划归英国，后被法国两度占领。1805年法国占领者放火烧毁罗索，英国支付8000英镑“赎金”后正式占领该岛。1958年加入西印度联邦。1967年实行内部自治。1978年11月3日独立，现为英联邦成员国。

政治

独立后，自由党曾长期执政。此后，自由党和统一工人党交替执政。2000年1月，工党在大选中以微弱优势获胜，与自由党组成联合政府。2004年1月，查尔斯总理任内病逝，教育部长罗斯福·斯凯里特（Roosevelt SKERRIT）接任总理和工党领袖，并于2005年、2009年、2014年和2019年带领工党连续赢得四届大选，连任总理。

【宪法】现行宪法于1978年独立时生效。宪法规定，总统由议会选举产生，任期5年，不得超过两任。

【政府】本届政府于2019年12月17日组成，内阁主要成员有：总理兼财政、经济、投资、规划、可持续发展、电信和广播部长罗斯福·斯凯里特，住房和城市发展部长雷金纳德·奥斯特里（Reginald AUSTRIE），国家安全和内政部长雷伯恩·布莱克莫尔（Rayburn BLACKMOORE），外交、国际商务和侨民关系部长肯尼思·达鲁（Kenneth DARROUX），蓝色和绿色经济、农业和国家食品安全部长菲德尔·格兰特（Fidel GRANT），旅游、国际运输和海事计划部长丹尼斯·查尔斯（Denise CHARLES，女），青年发展、性别事务、老年人安全和残疾事务部长阿迪斯·金（Adis KING，女），贸易、商业、企业创新和出口发展部长伊恩·道格拉斯（Ian DOUGLAS），治理、公共服务改革、公民赋权、社会公正和教会事务部长格蕾塔·罗伯茨（Gretta ROBERTS，女），环境、乡村现代化和原住民事务部长科齐尔·弗雷德里克（Cozier FREDERICK），卫生、健康和新健康投资部长欧文·麦金太尔（Irving MCINTYRE），公共工程和数字经济部长卡萨尼·拉维尔（Cassani LAVILLE），体育、文化和社区发展部长罗斯林·保罗（Roselyn PAUL，女），教育、人力资源规划、职业培训和国家人才部长奥克塔维娅·艾尔弗雷德（Octavia ALFRED，女），总理府负责电信和广播事务的国务部长奥斯卡·乔治（Oscar GEORGE），财政、经济事务和规划部国务部长格雷戈里·里维埃（Gregory RIVIERE），外交、国际商务和侨民关系部国务部长爱德华·雷吉斯特（Edward REGISTE），旅游、国际运输和海事计划部议会秘书切姬拉·洛克哈特–海波利特（Chekira LOCKHART-HYPOLITE，女），卫生、健康和新健康投资部议会秘书肯特·爱德华兹（Kent EDWARDS）。

【议会】一院制，任期5年。共30席，21席由选举产生，为众议员，9席由总理和反对党领袖提名产生（总理提名5人，反对党领袖提名4人，由总统任命，为参议员）。本届议会于2020年2月组成，21席众议员中，工党占18席，统一工人党占3席。议长约瑟夫·伊萨克（Joseph ISSAC），2020年2月就任。

【司法机构】由东加勒比最高法院和地方初审法院组成。东加勒比最高法院6名陪审法官中须有一位常驻多米尼克，负责即席裁决。地方初审法院处理涉及不超过500东加勒比元的案件。2014年7月，多米尼克议会通过议案，决定以加勒比法院取代英国枢密院作为多终审法院。

【政党】主要政党有：

（1）多米尼克工党（Dominica Labor Party，简称DLP）：执政党。1955年成立，1978—1980年执政。2000年与自由党组成联合政府。2005年、2009年、2014和2019年大选中均获胜。党领袖斯凯里特。

（2）多米尼克统一工人党（United Workers' Party，简称UWP）：反对党。1988年7月成立，1995—2000年执政。党领袖伦诺克斯·林顿（Lennox LINTON）。

（3）多米尼克自由党（Dominica Freedom Party，简称DFP），1968年成立，前身为联合人民党。1980—1995年执政，2000年与工党组成联合政府。2005年和2009年大选中均未获得议席，2014年、2019年均未参加大选。

【重要人物】查尔斯·安杰洛·萨瓦林：总统。1943年10月2日生。英国剑桥大学毕业。从政前曾从事教师、工会工作。曾任旅游、外交、能源、国家安全部长，驻欧盟及联合国日内瓦办事处代表，多国家开发公司总经理。1996—2006年任多自由党领袖。**罗斯福·斯凯里特**：总理。1972年6月8日生。毕业于多国立学院、美国新墨西哥州立大学和密西西比大学，心理学、英文学士。曾任中学教师、公司顾问、国立学院讲师。2000年当选众议员，先后任体育和青年事务部长、教育和人力资源开发事务部长。2004年1月继任总理兼财政、计划和加勒比事务部长。2005年、2009年、2014年和2019年带领多工党连续胜选，蝉联总理。

经济

以农业为主。2017年9月遭史上最强飓风“玛利亚”袭击，全岛基础设施损毁严重，据不完全统计，此次飓风造成损失达10亿美元。2019年主要经济数据如下：

国内生产总值：5.9亿美元。

人均国内生产总值：8380美元。

增长率：9.4%。

通货膨胀率：1.6%。

货币名称：东加勒比元。

汇率：1美元≈2.7东加勒比元。

（资料来源：国际货币基金组织）

【资源】蕴藏大量浮石，年产10万吨。地热、水力资源较丰富，有待开发。森林面积约360平方公里。

【工业】基础薄弱，有小型水果加工、服装、卷烟、酿酒、肥皂、榨油等轻工业。建筑业和制造业占国内生产总值比例较小。

【农业】主要种植香蕉、椰子、柑橘、芒果等。致力于推行农业生产多元化，发展花卉业、水产养殖和蔬菜生产。

【旅游业】旅游资源丰富，热带雨林、温泉、冷泉、瀑布等景观发展潜力较大。近年来，多大力发展生态旅游。游客主要来自美国、加拿大、欧洲和加勒比其他国家。

【金融业】近年来大力发展离岸金融业，但规模尚小。

【交通运输】以公路运输为主，无铁路。公路：岛内有全天候公路1200公里，其他公路200公里。

水运：最大港口为罗索，其次为朴次茅斯。年吞吐量约10万吨。

空运：有两个机场，仅供小型飞机起降。年客运量约2万人。

【财政金融】2018/2019财年，多财政收入5.13亿东加勒比元，支出5.68亿东加勒比元。（资料来源：国际货币基金组织）

【对外贸易】主要出口香蕉等农产品，进口石油、日用品、食品等。2019年，多米尼克进出口总额3.3亿美元，其中出口额0.2亿美元，进口额3.1亿美元。

【经济团体】（1）多米尼克进出口署（Dominica Export & Import Agency，DEXIA）：1986年成立，经营农产品进出口业务。地址：P.O.Box 173，Bayfront，Roseau。电话：1–767–4482780。

（2）多米尼克工商协会（The Dominica Association of Industry & Commerce，DAIC）：1973年成立。地址：P.O.Box 85，14 Church Street，Roseau。电话：1–767–4491962。

人民生活

全国有7所医院、44个卫生所，35名医生、92名护士、252个床位。

军　事

无军队。警察、海岸警卫队约400人。

文化教育

【教育】对5—15岁青少年实行免费义务教育。

【新闻出版】主要报纸有《纪事报》，每周五发行；《太阳报》，每周一发行。主要电视台有政府新闻电视台、玛频有线电视台、萨特有线电视台。主要电台有多米尼克广播公司、凯瑞调频、Q95。主要新闻网站为“多米尼克在线”。

对外关系

推行务实外交，提倡互惠合作。强调发展与美国、加拿大、欧盟、日本等发达国家关系，重视发展与中国、古巴、委内瑞拉等国关系。

【同中国的关系】2004年3月23日，中国同多米尼克建交。近年来，中多高层交往不断，两国关系发展顺利。

2013年6月，国家主席习近平在访问特立尼达和多巴哥期间同多米尼克总理斯凯里特举行双边会晤。7月，斯凯里特总理来华出席生态文明贵阳国际论坛。2018年8月，斯凯里特总理因私访华。

其他重要互访有：外交部副部长杨洁篪（2006年）、全国人大常委会副委员长顾秀莲（2007年）、中联部部长王家瑞（2009年）、全国人大常委会副委员长陈昌智（2012年）；利物浦总统（2006年、2008年、2010年非正式访华）、斯凯里特总理（2005年正式访华；2004年、2007年、2008年、2013年、2014年、2015年、2016年、2017年、2018年非正式访华）、奈茨议长（2006年）、巴伦外长（2015年，出席中拉论坛首届部长级会议；2019年，出席中国和加勒比建交国外交部间第七次磋商）、多米尼克工党主席赛计（2015年，出席中拉政党论坛首次会议）等曾访华。

建交以来，中多经济技术合作稳步推进。多承认中国完全市场经济地位，是中国公民出境旅游目的地国。2018年7月，中多签署共建“一带一路”谅解备忘录。

据中国海关总署统计，2019年，中多贸易额为3422.6万美元，其中中方出口额3374.9万美元，进口额47.7万美元，同比分别增长–1.1%、–2.2%和300.8%。中方主要向多方出口塑料制品、橡胶制品、陶瓷产品、钢铁制品、光学器具、车辆及其零件、电器零件、日用家电和家具等，主要向多方进口服装、鞋靴、电器零件、日用家电、精油香膏、塑料制品等。

多是中国公民出境旅游目的地国。多单方面允许中国公民免签入境，停留时间不超过30天。中国在多派有农业和医疗专家组。2014年8月，中国“光明行”眼科专家组赴多提供白内障义诊。中央电视台英文频道已在多落地。中华全国青年联合会、中国人民对外友好协会、广东省友好代表团、广东省艺术团等曾访多。多新闻记者团、青年代表团、工党干部考察团等曾访华。2010年，多参展上海世博会。2018年10月，中国海军“和平方舟”号医院船访多，提供免费医疗和人道主义援助。

中国驻多米尼克大使：卢坤。馆址：Morne Daniel，Roseau，The Commonwealth of Dominica。信箱：P.O.Box 2247，Morne Daniel，Roseau，The Commonwealth of Dominica。电话：001–767–6177772（值班手机）。传真：4400088。网址：http://dm.chineseembassy.org；http://dm.china-embassy.org。电子邮箱：chinaemb_dm@mfa.

gov.cn。

多米尼克国驻华大使：马丁·查尔斯（Martin CHARLES）。办公处：北京市朝阳区新东路1号塔园外交公寓5号楼1单元22号。电话、传真：010-65322791。电子邮箱：dominica@dominicaembassy.com。

【同加勒比国家的关系】支持并积极参与加勒比地区一体化进程，是加勒比共同体、东加勒比国家组织、加勒比国家联盟、美洲玻利瓦尔联盟等地区组织成员。

（陈皓月）

厄瓜多尔

国名　厄瓜多尔共和国（The Republic of Ecuador，La República del Ecuador）。

面积　25.64万平方公里。

人口　1746万（2020年）。其中，印欧混血种人占77.42%，印第安人占6.83%，白种人占10.46%，黑白混血种人占2.74%，黑人和其他人种占2.55%。官方语言为西班牙语，印第安人通用基丘亚语。87.5%的居民信奉天主教。

首都　基多（Quito），人口270万（2018年）。海拔2818米。全年气温在10℃—23℃。年平均气温13.5℃。

国家元首　总统莱宁·莫雷诺·加尔塞斯（Lenín Moreno Garcés），2017年4月当选总统，5月就职，任期4年。

重要节日　独立日（即国庆节）：8月10日。

简　况

位于南美洲西北部。东北与哥伦比亚毗连，东南与秘鲁接壤，西临太平洋。海岸线长930公里。赤道横贯国境北部（国名即西班牙语"赤道"之意）。东西部属热带雨林气候。山区盆地为热带草原气候，山区属亚热带森林气候。平均气温沿海为23℃—25℃，东部地区23℃—27℃。年平均降水量2000—3000毫米，山区1000毫米。

古代境内居住着印第安部落。15世纪属于印加帝国。1532年沦为西班牙殖民地。1809年8月10日宣布独立，但仍被西班牙殖民军占领。1822年结束西班牙的殖民统治并加入由哥伦比亚、委内瑞拉和巴拿马组成的大哥伦比亚共和国。1830年该共和国解体后，宣布成立厄瓜多尔共和国。第二次世界大战后，厄政局长期动荡，军人多次执政。1979年，军政府还政于民，政局趋于稳定。1996—2006年，由于政治腐败、经济发展迟缓等原因，先后有3位民选总统在任内被罢免或推翻。2006年11月26日，主权祖国联盟运动候选人科雷亚在第二轮总统选举中当选总统，并于2007年1月15日就职。科雷亚执政后，以"美好生活社会主义"为指导思想，全面推行"公民革命"。科雷亚于2009年、2013年两次当选总统。

政　治

2017年4月，执政党主权祖国联盟运动候选人莫雷诺在大选第二轮投票中，以51.16%的得票率当选，并于5月就职。莫雷诺执政以来，调整内外政策，开展全国对话，推出"陪伴一生"国家发展规划。但与前总统科雷亚因执政理念分歧决裂，导致执政党分裂，失去国会多数地位，科雷亚及前政府多名高官卷入贪腐案。

【宪法】现行宪法于2008年9月28日通过。新宪法建立了五权分立的政治体制，在加强行政权、改革立法权和司法权的基础上，增设公民参与社会管理权和选举权。加强政府对国民经济的宏观规划和计划性指导，严格控制涉及国计民生的战略性部门，加强金融监管，取消中央银行自主权。成立债务委员会，严格审查和批准举借外债手续。

【国会】厄瓜多尔国民代表大会实行一院制。议员共137名，其中全国议员15人，省议员116人，海外议员6人。本届国会于2017年5月14日正式成立，任期4年。国会主席、副主席由国民代表大会全体会议选举产生，任期两年，可连选连任。现任主席塞萨尔·利塔尔多（César Litardo），第一副主席塞萨尔·索洛萨诺（César Solórzano），第二副主席帕特里西奥·奇里沃加（Patricio Chiriboga）。

【政府】总统为国家最高行政首脑。现政府于2017年5月组成，多次调整，现组成如下：

战略内阁：总统府内阁秘书长胡安·塞巴斯蒂安·罗尔丹（Juan Sebastian Roldán）牵头负责，包括副总统奥托·松嫩霍尔茨纳（Otto Sonnenholzner），总统府秘书长约翰娜·佩桑特斯（Johana Pesántez，女），政府部部长玛利亚·保拉·罗莫（Maria Paula Romo，女），总统府新闻秘书加夫列尔·阿罗瓦（Gabriel Arroba），外交和移民事务部长何塞·瓦伦西亚（Jose Valencia）以及各领域内阁代表。

社会事务内阁："关爱一生"计划技术秘书伊萨贝尔·马尔多纳多（Isabel Maldonado，女）牵头负责，包括公共卫生部长胡安·卡洛斯·塞瓦略斯（Juan Carlos Zeballos），教育部长蒙塞拉特·克拉梅尔（Monserrat Creamer，女），经济与社会包容部长伊万·格兰达（Iván Granda），城市发展与住房部长吉多·马恰贝略（Guido Macchiavello），文化和遗产部长胡安·费尔南多·贝拉斯科（Juan Fernando Velasco），高等教育、科技和创新国务秘书阿古斯丁·阿尔万（Agustín Albán），体育国务秘书安德烈娅·索托马约尔（Andrea Sotomayor，女），人权国务秘书塞西莉亚·查孔（Cecilia Chacón，女）。

自然资源、环境及基础设施事务内阁：能源与不可再生自然资源部长雷内·奥尔蒂斯（René Ortiz）牵头负责，包括电信和信息化社会部安德列斯·米切莱纳（Andrés Michelena），交通和公共工程部长加夫列尔·马丁内斯（Gabriel Martínez），环境和水资源部长胡安·德奥维特（Juan De Howitt）

安全事务内阁：国防部长奥斯瓦尔多·哈林（Oswaldo Jarrín）牵头负责，包括政府部部长玛利亚·保拉·罗莫（Maria Paula Romo，女），战略情报中心、国家风险和应急事务管理中心和国家监狱管理局负责人等。

经济与生产事务内阁：经济财政部长理查德·马丁内斯（Richard Martínez）牵头负责，包括生产、外贸、投资和渔业部长伊万·翁塔内达（Iván Ontaneda），农业和畜牧业部长哈维尔·拉索（Xavier Lazo），劳动部长路易斯·波维达（Luis Poveda），旅游部长罗萨·普拉多（Rosa Prado，女），央行、国家海关总署和国税局负责人等。

政府治理与政治管理内阁：政府部部长玛利亚·保拉·罗莫（Maria Paula Romo，女）牵头负责。

重大项目内阁：总统府内阁秘书长胡安·塞巴斯蒂安·罗尔丹（Juan Sebastian Roldán）牵头负责。

【行政区划】全国划分为24个省，下设215个市、1081个区。

【司法机构】国家司法法院（Corte Nacional de Justicia）为国家最高司法机关，共有25名法官（包括院长在内）。现任院长为玛利亚·帕乌丽娜·阿吉雷·苏亚雷斯（María Paulina Aguirre Suárez）。总检察长迪亚娜·萨拉萨尔（Diana Salazar，女），总监察长伊尼戈·萨尔瓦多（Inigo Salvador）。

【政党】全国性主要政党有：

（1）主权祖国联盟运动（Movimiento Alianza PAIS）：执政党，厄瓜多尔第一大党，2005年11月由前总统科雷亚建立。莫雷诺总统与前总统科雷亚决裂后，该党分裂。主张通过参与式民主和代议制民主，巩固国家法治和人民自由，反对腐败；致力于满足人民的物质和文化需要，增加人民福祉，实现经济、社会、环境协调发展；维护国家独立和主权，尊重国际法。党主席为莫雷诺总统，在议会拥有42个议席。

（2）公民革命党（原主权祖国联盟运动科雷亚派）：2018年1月，由前总统科雷亚及其支持者脱离主权祖国联盟运动后创立，呼吁捍卫科雷亚执政时期“公民革命”成果，反对莫雷诺总统的“背叛行为”和保守主义。党的领导人为前总统科雷亚，在议会拥有30个议席，但该党尚未获得合法政党身份。

（3）创造机会运动（Movimiento Creo，Creando Oportunidades）：反对党，2012年1月建立。倡导代议制民主，反对国家干预，要求摒弃以原材料出口和举债为动力的发展模式，主张优先同美国发展关系。党主席吉列尔莫·拉索（Guillermo Lasso），拥有19个议席。

（4）基督教社会党（Partido Social Cristiano）：反对党，1945年成立时称基督教民主党，1951年改为现名。1956—1960年和1984—1988年两次执政。代表企业家利益，主张基督教民主。党主席帕斯夸尔·德尔西奥波·阿拉贡第（Pascual del Cioppo Aragundi），拥有16个议席。

（5）帕恰库蒂克多民族团结运动（Movimiento de Unidad Plurinacional Pachakutik）：反对党，1995年6月建立。主张建立团结、公正、平等的新式民主和多元文化国家，在相互尊重和平等基础上发展对外关系，反对全球化。党总书记马隆·桑蒂（Marlon Santi），拥有5个议席。

（6）爱国社团党（Partido Sociedad Patriótica）：反对党，2002年4月建立，曾经于2003—2005年执政。主张建立一个“摆脱殖民主义、落后贫困与愚昧状态”的民主国家，根除腐败，实施立法、司法和监察机构的改革，反对霸权主义。党主席卢西奥·古铁雷斯（Lucio Gutiérrez），拥有2个议席。

【重要人物】莱宁·莫雷诺·加尔塞斯：总统。1953年3月19日生于奥雷亚纳省。厄瓜多尔中央大学公共管理本科学历。身有残疾（因枪伤导致腰部以下瘫痪），使用轮椅。历任厄瓜多尔内政部行政局长、国家旅游总会执行主席、全国残疾人协会主席等职务。2007—2013年担任厄瓜多尔副总统。2013—2016年担任联合国秘书长残疾人和无障碍特使。2017年4月当选总统，5月就职，任期4年。已婚，有3女。

经　济

厄瓜多尔为南美地区经济相对落后的国家，工业基础薄弱，农业发展缓慢，石油业是厄瓜多尔第一大经济支柱。经济发展分为可可、香蕉和石油三个不同发展时期。厄以“香蕉之国”闻名于世，1992年起连续多年香蕉产量和出口量均居世界第一位。

2000年，厄瓜多尔正式实施经济美元化政策。2004年，厄政府同国际货币基金组织等国际金融机构达成外债重组和贷款协议，宏观经济继续保持增长势头。但美元化也带来竞争力下降、出口乏力等弊端。2007年1月科雷亚总统执政后，宣布摒弃新自由主义经济模式，加强国家对经济运行的控制力度，重审与外国签署的投资保护协定。在资源问题上强调国家利益与主权。2013年科雷亚总统连任后，大力推进经济结构转型，提出发展五大基础工业，大力扶持科技创新，实施选择性进口替代措施，通过大规模公共投资和出口拉动经济增长，推动油气产业上中下游一体化，全力推进水电、风能等新能源开发利用。厄经济实现持续较快增长。2016年4月，厄瓜多尔发生里氏7.8级强烈地震，直接损失33.44亿美元，约占国内生产总值3%，重建资金规模大体相当，灾后重建任务艰巨，当年厄经济增长–1.5%，系厄实行经济美元化以来首次出现负增长。

莫雷诺总统执政后，强调减少国家对经济的干预，鼓励私人部门和外国投资，推出“2017—2021年国家发展计划”，严控财政开支，积极向国际多边金融机构寻求融资。2019年主要经济数据如下：

国内生产总值：1073.49亿美元。

人均国内生产总值：6146.75美元。

经济增长率：0.1%

外汇储备：33.97亿美元。

外债余额：378.26亿美元。

货币名称：美元。

通货膨胀率：–0.07%。

失业率：3.8%。

（资料来源：厄瓜多尔中央银行、统计局）

【资源】自然资源较丰富。已探明原油储量为88亿桶，位居拉美第四。天然气储量2250亿立方米。此外，金、银、铜、钯、锌、铅、铁、锰、煤、硫黄等金属和石灰岩、黏土、硅砂、石膏、煤、重晶石、磷、泡沫岩石等非金属矿藏丰富。森林覆盖率68%。水力和渔业资源丰富。

【工业】主要有石油和采矿业、制造业、建筑业、食品加工业、纺织业和电力工业等。2016年，制造业、采矿业产值分别为288亿美元、61.9亿美元。2017年厄石油产量1.94亿桶，其中国有石油企业和私营企业产油量分别是1.52亿桶和0.42亿桶。

【农牧渔业】2016年，全国可耕地面积为1239万公顷，种植面积539万公顷，其中马纳维省种植面积最广，达76.6万公顷。2016年，农业增长5.9%，农业就业人员占比为28.2%。粮食不能自给。香蕉、花卉、可可、咖啡、水产为传统出口农产品。香蕉业作为支柱产业在厄国民经济中地位十分重要。厄香蕉以出口为主，目前保持世界出口第一、种植第四和生产第五的地位。近年来，水产品出口在厄国民经济中比重上升。金枪鱼捕捞量占世界总捕捞量的32.9%，位居世界第一。

【旅游业】历来重视旅游业，旅游业已成为厄第四大创汇行业，约有50万人直接或间接从事旅游业。2015年，接待外国游客156万人次，旅游业收入6.5亿美元，外国游客主要来自哥伦比亚、美国、秘鲁等国。全国共有星级宾馆357家。其中，3星级134家，4星级93家，5星级25家。主要旅游点有基多、瓜亚基尔、昆卡、因巴布拉省、东部亚马孙河流域和加拉帕戈斯群岛（龟岛）。基多市、龟岛和昆卡市被联合国教科文组织列入《世界文化与自然遗产名录》。

【交通运输】交通事业自20世纪80年代起发展较快。

公路：总长4.32万公里，其中沥青路6467公里，硬石路3.7万公里。2016年，保有机动车数量205.6万辆。

铁路：总长812公里，均为单线，车站15个。近20年铁路建设基本处于停滞状态。2016年，客运人数为11.3万人次。

空运：国际机场5个，分别在基多、瓜亚基尔、埃斯梅拉达斯、曼塔和昆卡。国内航线的民用机场有17个，跑道98条；另有350个简易机场，多为军用机场，主要集中在亚马孙地区。厄瓜多尔航空公司为国营，拥有10架大型客机。另有厄军方经营的TAME航空公司、2家国内私人航空公司和8家外国航空公司在厄运营。

海运：拥有一个以8艘油船组成的石油船队、1700余艘渔船和2家较小的私人海运公司。主要港口有瓜亚基尔、埃斯梅拉达斯、玻利瓦尔、曼塔和巴拉奥。其中，瓜亚基尔港是厄最古老也是最主要的港口。

输油管道：从东部阿格略湖至埃斯梅拉达斯港，全长800公里。

【财政金融】2019年税收总额142.69亿美元，同比增长2.8%，增速同比减少3.9个百分点；财政赤字40.43亿美元，同比增长20%，占厄国内生产总值4%，财政赤字上升的主要原因是财政收入减少、债务利息支出和社会支出增加。

【对外贸易】奉行出口商品和市场多样化、保护和发展民族工业、鼓励工业制成品和半制成品出口等政策。主张同世界不同制度和意识形态的国家发展贸易并进一步寻求新市场。与90多个国家和地区有贸易关系。2013年11月以来，为减少进口和平衡贸易逆差，厄政府对293项产品实施进口限制措施。

2019年厄对外货物贸易总额为438亿美元，其中出口额223亿美元，进口额215亿美元。近几年进出口贸易情况如下（单位：亿美元）：

	2016	2017	2018
总　额	323.43	381.5	437.25
出口额	167.98	191.2	216.06
进口额	155.45	190.3	221.19
差　额	12.53	0.9	–5.13

（资料来源：厄瓜多尔中央银行）

厄主要出口石油、香蕉、大虾和鲜花，主要进口机械设备、工业原料、燃料和消费品等。主要贸易伙伴是美国、中国、欧盟、巴拿马、哥伦比亚。

【外国资本】1997年，厄瓜多尔颁布《促进与保障投资法》，规定在国防、安全、广播电视、新闻等领域不能实施外国直接投资，在其他领域的外国投资与本国享受同等待遇。2008年，厄颁布新宪法规定，国内资本优先于外资，外资为本国资本的补充。2018年，厄吸收外国直接投资14.01亿美元。

【外国援助】2007年，厄启动亚苏尼环保项目，希以不开发亚苏尼地区石油资源换取国际社会环保资金支持，但响应者寥寥，截至2013年8月仅到位1330万美元。2013年8月，厄政府决定开发该地区油气资源。

人民生活

2007—2017年，贫困率由38.3%降至21.5%，极端贫困率由16.5%降至7.9%，实现约200万人脱贫。2017年基尼系数0.43，通胀率为–0.09%。2004年，全国共有917家医院，2.87万张病床。2009年，婴儿死亡率15.2‰。2010年，卫生和公共事业开支约13.3亿美元，约占国内生产总值的2.3%。2015年互联网用户总数1212万人。

军　事

厄瓜多尔总统为武装部队最高统帅，通过国防部长和三军联合指挥部统率全军。国防部长由总统任免，可为现役或退役军人。三军联合指挥部由联指司令和陆、海、空三军司令组成，负责从战略层面规划、领导训练和作战计划的制订，并提供国防和战争政策咨商。实行义务兵役制，服役期1年。现任三军联指司令为路易斯·拉腊·哈拉米略（Luis Lara Jaramillo），陆军司令为路易斯·阿尔塔米拉诺·洪克拉（Luis Altamirano Junqueira），海军司令为达尔文·哈林·西斯内罗斯（Darwin Jarrín Cisneros），空军司令为毛里西奥·坎普萨诺（Mauricio Campuzano）。总兵力约5.5万人，其中陆军3.5万人，编有4个师、14个旅，装备轻型坦克111辆、装甲车67辆、装甲运输车350辆、各型火炮1000门、飞机90架。海军1.4万人，设有3个军区，编有1个舰队、1个潜艇分队，装备各型舰艇38艘、各型潜艇30艘、飞机20架。陆战队1500人，编为3个陆战营。海军航空兵250人。空军6000人，设有3个军区、4个司令部，编有7个联队、16个中队，装备飞机200余架，其中作战飞机78架。另有海岸警卫队200人，预备役军人10万。2019年，厄国防支出预算14.58亿美元，占预算总额的4.5%。

文化教育

【教育】厄瓜多尔宪法规定，国民生产总值至少6%用于基础和中等教育。2010年厄全国文盲率为6.8%。2013年基础教育入学率96%，高等教育入学率35%。2014年厄全国文盲率为5.8%。目前国立大、中、小学实行免费教育，大学实行自治，保护私人办学自由。著名高等院校有厄瓜多尔中央大学、天主教大学、瓜亚基尔大学和昆卡大学。

【新闻出版】厄瓜多尔新闻事业比较发达。有50多种报纸和21种杂志，多为私人经营。主要报纸和发行量:《电讯报》，国营报纸，发行量20万份;《商报》，为曼蒂利亚家族的私营报纸，发行量9万份;《宇宙报》，7.5万份;《快报》，6万份。《浏览》是发行量较大的综合性杂志。以上报刊均为西班牙文版。

广播电台：全国电台共460多家，首都有54家。主要有厄瓜多尔电台、天主教电台、基多电台、成就电台和安第斯之声电台。电台绝大多数为私人所有。

全国主要电视台：2台、4台、8台、10台和13台。

对外关系

厄瓜多尔奉行独立、自主、和平的外交政策。主张各国相互尊重主权和领土完整，互不干涉，和平解决国际争端。坚持不结盟政策，认为不结盟运动的任务已由政治转向经济。强调外交为经济建设服务。主张全面裁军，减少核武器，拉美应成为真正的无核区。要求建立国际经济、金融和货币新秩序。赞成债务国采取一致立场和联合行动，以争取合理的偿债条件，强调债权国必须与债务国共同承担责任，政治解决外债问题。主张加强联合国的作用，安理会应具有更广泛的代表性，并增加其工作透明度和决策民主性。主张尊重和捍卫人权，认为在新形势下，拉美国家只有加强团结合作，实行一体化，才能获得发展。主张积极发展同亚太地区国家的政治与经贸关系。同147个国家保持外交关系。

【同中国的关系】中国与厄瓜多尔于1980年1月2日建交。2015年1月，两国建立战略伙伴关系。2016年11月，两国建立全面战略伙伴关系。

近年来，双方高层交往频繁。2013年3月，全国人大常委会副委员长陈昌智访厄并出席第128届各国议会联盟大会。5月，中国政府特使、水利部部长陈雷出席科雷亚总统就职仪式。2015年1月，全国人大常委会副委员长张宝文访厄并出席亚太议会论坛第23届年会。2016年3月，全国政协副主席马飚访厄。10月，外交部部长王毅访厄，中国政府特别代表、住房和城乡建设部部长陈政高赴厄出席联合国第三次住房和可持续发展大会。11月，国家主席习近平对厄进行国事访问。2017年5月，习近平主席特使、教育部长陈宝生赴厄出席总统权力交接仪式。同年9月，外交部长王毅同厄外长埃斯皮诺萨在联大一般性辩论期间举行双边会晤。2013年4月，厄国民代表大会主席科尔德罗访华。2014年1月，厄副总统格拉斯访华。2015年1月，厄总统科雷亚来华出席中拉论坛首届部长级会议开幕式并对华进行国事访问。2015年10月，厄外长帕蒂尼奥访华。2015年12月，厄副总统格拉斯来华出席中拉政党论坛首次会议。2018年12月，厄总统莫雷诺对华进行国事访问。2019年9月，厄国民代表大会主席利塔尔多访华。11月，厄外长瓦伦西亚访华并举行两国外交部第八次政治磋商。

中国是厄瓜多尔第二大贸易伙伴，厄是中国在拉美第九大贸易伙伴。2019年，中厄双边贸易额为72.52亿美元，其中中方出口额36.32亿美元，进口额36.20

亿美元，同比分别增长27.1%、–2.3%、82%。中方主要出口机电产品、高新技术产品、钢材、纺织品、汽车及零配件等，主要进口原油、对虾、香蕉、鲜花、鱼粉等。

中国驻厄瓜多尔大使：陈国友。馆址：Avenida Atahualpa No.349 y Avenida Amazonas，Quito，Ecuador。电话：00593–2–2433337（接待处），2444362（办公室），2433407（领事部），2433474（经商处），2433502（文化处）。传真：2444362。

厄瓜多尔驻华大使：卡洛斯·温贝托·拉雷亚·达维拉（Carlos Humberto Larrea Davila）。馆址：北京市朝阳区三里屯办公楼2–62号。电话：010–85319499；传真：85319415。

【同美国的关系】厄瓜多尔与美国于1848年8月12日建交。两国经济关系密切，厄资金和技术大部分来自美国。美是厄主要石油出口国和第一大贸易伙伴。美政府支持厄政府实行经济美元化。1999年4月厄美签署协议，厄允美租用曼塔空军基地用于反毒。2009年9月租约到期后，厄政府不再续约。2011年4月，美厄两国因“维基解密”事件相互驱逐大使，2012年两国重新互派大使，外交关系恢复正常。2014年，美国驻厄缉毒合作办公室和美国际开发署关闭在厄办公机构。2017年莫雷诺总统执政后，重启同美国际开发署合作，美副总统彭斯、国务卿蓬佩奥等高官先后访厄。2020年2月，莫雷诺总统正式访美，系近17年来厄总统首次访美。

【同拉美和加勒比国家的关系】是拉美和加勒比国家共同体（拉共体）、安第斯共同体等地区组织成员国，重视发展同地区国家，尤其是邻国关系。积极支持哥伦比亚和平进程，在委内瑞拉移民问题上表现活跃。2015年1月，厄出任拉共体轮值主席国，并于2016年1月在基多举办第四届拉共体峰会。2017年1月，科雷亚总统赴多米尼加出席拉共体第五届峰会；5月，科雷亚总统先后访问古巴和阿根廷，当选总统莫雷诺访问哥伦比亚和秘鲁；9月，莫雷诺总统出席第72届联大，分别同与会的智利、乌拉圭、哥斯达黎加总统举行双边会见；10月，洪都拉斯总统埃尔南德斯、智利总统巴切莱特先后访厄；莫雷诺总统访问秘鲁，同秘鲁总统库琴斯基共同主持第11次两国内阁联席会议。2019年6月，莫雷诺总统访问智利，并同智利总统皮涅拉共同主持第五次双边内阁联席会议。

【同欧盟、日本的关系】欧盟和日本是厄瓜多尔所需资金、技术的重要来源，又是厄传统出口产品的重要市场，相互间签有多项经贸和科技合作协定。2010年5月，科雷亚总统赴西班牙出席第六届欧拉峰会并会见希腊总理帕潘德里欧；9月，科雷亚总统访问日本和韩国；11月，西班牙外交大臣希门尼斯访厄。2011年，西班牙王后索菲亚访厄。2012年，西班牙王储费利佩夫妇访厄。2013年4月，科雷亚总统访问德国、意大利和西班牙。2014年4月，科雷亚总统访问西班牙和意大利。2015年6月，科雷亚总统出席在比利时布鲁塞尔召开的第二届“拉共体—欧盟”领导人峰会。2016年4月，科雷亚总统访问梵蒂冈；11月，厄瓜多尔与欧盟签署贸易协定。2017年1月，科雷亚总统访问意大利、西班牙；9月，莫雷诺总统出席第72届联大，分别同与会的奥地利总统、比利时总理举行双边会见；12月，莫雷诺总统访问意大利、梵蒂冈和西班牙。2018年9月，莫雷诺总统访问日本，庆祝两国建交100周年。2019年7月，莫雷诺总统访问意大利、法国和荷兰。

（王腾）

法属圣马丁

名称　圣马丁海外领地（Overseas Collectivity of Saint Martin，Collectivité d’Outre-Mer de Saint-Martin），简称“圣马丁”（Saint-Martin）。

面积　54.4平方公里（包括圣马丁岛北部及邻近一些小岛）。

人口　35746人（2016年12月，法国国家经济研究与统计局）。包括克里奥尔人（也称穆拉托人，指黑人、白人混血儿）、黑人、瓜德罗普梅斯蒂索人（法国人与东亚人混血儿）、白人和东印度人等。法语是官方语言，也使用英语、荷兰语、法语、当地方言、西班牙语、帕皮亚门托语（荷属安的列斯方言）。居民信奉天主教、耶和华见证会、基督教新教、印度教等。

首府　马里戈特（Marigot），地处圣马丁岛中西部沿海，人口3285人。

行政长官　安妮·洛比（Anne LAUBIES，女），2015年5月21日就任。

重要节日　法国国庆日（巴士底日，Bastille Day）：7月14日（1789年）；舍尔歇日（废除奴隶制节，Schoalcher Day）：7月12日（1848年）。1848年，“法国的废除奴隶制之父”维克托·舍尔歇（Victor Schoelcher）在第二共和国时期任海军部副部长，起草废除殖民地奴隶制的著名法令。

简　况

圣马丁岛（法文Saint-Martin，荷兰文Sint Maarten）位于加勒比海东部、波多黎各岛东南300公里，在小安的列斯群岛中向风群岛的北端，它是世界上最小的分属两国的岛屿。地形丘陵起伏。地处北纬18度，属热带气候，气候温和，气温集中在20℃—32℃，年平均气温28℃。7—10月为湿季，有飓风；12月至次年5月为干季。

1493年11月11日（圣马丁节），第二次远航安的列斯群岛的哥伦布登上圣马丁岛。之后，该岛先后成为法国、荷兰和西班牙的殖民地。1648年，法国与荷兰将圣马丁岛瓜分。岛的南部（占全岛1/3，34平方公里）由荷兰管辖，北部（占2/3，56平方公里）由法国统治，两部分之间没有关税壁垒。

荷属圣马丁曾为荷属安的列斯的一部分，2010年10月10日，荷属安的列斯解体，荷属圣马丁成为荷兰王国内单独的政治实体（海外属地）。

法属圣马丁曾长期归瓜德罗普管辖。2003年，法属圣马丁居民公投通过要求脱离瓜德罗普、成为法国直辖海外行政区（Les Collectivités d'Outre-Mer，COM）的决议。2007年2月7日，法国国会通过法案，分别授予其和邻近的圣巴泰勒米岛海外行政区的地位。同年7月15日，法属圣马丁正式成为法国单独的海外领地。

政　治

2017年3月，法属圣马丁举行五年一度的领地议会换届选举，法国前国民议会议员丹尼埃尔·吉博斯（Daniel Gibbes）领导的"吉博斯2017团队"获胜。同年6月，法属圣马丁和圣巴泰勒米共同选举出一名法国国民议会议员——克莱尔·吉永-菲尔曼（Claire Guion-Firmin，女，属共和国人党党团）。

法属圣马丁在法国参议院有1个席位，现任参议员为纪尧姆·阿尔奈（Guillaume Arnell，属欧洲社会民主联盟党团），2014年9月当选，任期6年。

【宪法】实行法国宪法，行政长官（Préfet）为法国总统的代表。

【议会】一院制的领地议会（Le Conseil Territorial）。任期5年，有23个席位，议员由普选产生。本届议会于2017年3月19日和26日选举产生：吉博斯团队18席，公正和繁荣运动4席，争取进步前进运动1席。

【政府】称为执行委员会（Le conseil exécutif），领地议会主席任执委会主席（政府首脑）。执委会主席丹尼埃尔·吉博斯。还设有咨询机构——经济社会和文化委员会（Le conseil économique social et culturel）。

【政党】主要政党有：人民进步运动（Movement for the Advancement of the People，MAP），领导人路易·穆森东（Louis Mussington）；责任成就联盟（Rassemblement Responsabilité Réussite，RRR），领导人阿兰·理查森（Alain Richardson）；吉博斯2017团队（Team Gibbs 2017），领导人丹尼埃尔·吉博斯；进步联盟（Union Pour le Progrès，UPP），领导人路易-康斯坦·弗莱明（Louis-Constant Fleming）；圣马丁成就党（Réussir Saint-Martin），领导人让-吕克·哈姆雷特（Jean-Luc Hamlet）；所有人的圣马丁（Saint-Martin pour tous），领导人马尔特·欧冈德蕾-苔丝（Marthe Ogoundélé–Tessi）。

经　济

2018年主要经济数据如下：

地区生产总值：5.82亿欧元（2014年）。

地区人均生产总值：16572欧元（2014年）。

地区失业率：35.2%（15—64岁人口，2016年）。

（资料来源：法国银行海外发行机构IEDOM）

【服务业】圣马丁岛拥有得天独厚的洁净海滩和宜人的气候。法属圣马丁的经济活动主要领域是第三产业，2018年，近60%的公司和超70%的就业人口集中在第三产业。但受飓风"艾玛"影响，2018年该地区旅游业依然遭受较大打击。2017年该地区共接待游客170万人次，比前一年下降24.9%。

【财政金融】2018年，地区财政收入为1.97亿欧元，地区财政支出为1.85亿欧元，地区财政盈余1100万欧元。截至2016年底，共有7436家企业在该地区注册。其中零售贸易业占18.6%，不动产服务业占11.5%，餐饮业占10.1%。截至2017年底，该地区共有注册金融机构5家，其中2家银行从属法国银行协会，另3家为互助银行。共开设银行账户33165个。

【交通运输】法属圣马丁有2个港口和1个小型机场，国际机场为位于荷属圣马丁的朱丽安娜国际机场。

文化教育

【教育】受飓风"艾玛"影响，2018年该地区公立学校由22座降为19座。其中初等学校（学前班、小学）14座，高等学校（初中、高中）5座。2016年，该地区共有教职人员832人，初等学校共接收学生4581名，高等学校共接收学生4061名。（张衡雨）

哥伦比亚

国名　哥伦比亚共和国（The Republic of Colombia，La República de Colombia）。

面积　114.17万平方公里。

人口　4826万（2019年）。其中印欧混血种人占60%，白人占20%，黑白混血种人占18%，其余为印第安人和黑人。官方语言为西班牙语。多数居民信奉天主教。

首都　波哥大（Bogotá），人口1480万（2019年）。年平均气温14℃。

国家元首　伊万·杜克·马克斯（Iván DUQUE Márquez），2018年8月就任，任期至2022年8月。

重要节日　独立日：7月20日。

简　况

位于南美洲西北部，东邻委内瑞拉、巴西，南接厄瓜多尔、秘鲁，西北与巴拿马相连，北临加勒比海，西濒太平洋。海岸线长2900公里。境内分为东部平原区和西部山地区。哥地处热带，气候因地势而异。东部平原南部和太平洋沿岸属热带雨林气候，海拔1000—2000米的山地属亚热带雨林气候，西北部属热带草原气候。

原为奇布查族等印第安人的居住地。1536年沦为西班牙殖民地。1810年7月20日宣布独立，后遭镇压。1819年，南美解放者西蒙·玻利瓦尔领导的起义军大败西班牙殖民军后，哥重获解放。1821年与现厄瓜多尔、委内瑞拉、巴拿马组成大哥伦比亚共和国。1829—1830年，委内瑞拉、厄瓜多尔先后退出，大哥伦比亚共和国解体。1831年改名为新格拉纳达共和国，1861年称哥伦比亚合众国，1886年改称现名（1903年巴拿马独立）。历史上，自由党和保守党曾长期轮流执政。2002年5月，独立人士乌里韦当选总统并于2006年连任。2010年8月，民族团结社会党候选人桑托斯当选总统，并于2014年连任，任期至2018年8月。

政　治

2018年6月17日，哥伦比亚举行总统选举第二轮投票，最大反对党民主中心党候选人杜克当选，并于8月7日就职。杜克总统在就职演说中表示，新政府将以法治、创新、公平为核心，推动各方弥合分歧，实现团结与共同发展；恢复政府公信力，加强政府在偏远地区存在；将针对性地修改和平协议，维护冲突受害者权益，反对将贩毒、绑架等纳入政治罪范畴；将评估政府与“民族解放军”和谈，以停止一切犯罪、接受国际监督作为和谈前提；推动司法改革，坚决惩治腐败，加大对非法武装和犯罪集团打击力度，维护社会公正与安全；加大科技创新领域投入，通过减税和简税，鼓励中小企业发展，提高经济活力，争取年均增长4%以上；加大教育、医疗、文化体育等领域投入，促进社会事业发展；注重保护环境。

2016年底，哥政府同国内最大反政府武装“哥伦比亚革命武装力量”（简称“哥武”）签署和平协议并正式生效。2017年，“哥武”解除武装工作顺利完成并改制成立政党“大众革命替代力量”。2017年2月，哥政府启动与另一主要反政府武装“民族解放军”（简称“民解”）和谈，迄已完成六轮和谈，目前陷入停滞。2019年1月，“民解”在哥首都波哥大警察学校制造汽车炸弹袭击，造成近200人死伤。2019年8月，前“哥武”二号人物以“政府背弃和平协议为由”，宣布重组“哥武”并与“民解”结盟。

2019年11—12月，哥伦比亚多次举行全国大罢工。杜克总统宣布举行全国对话，以回应民众诉求。经过多回合对话谈判，局势总体恢复稳定。

【宪法】现行宪法是在1886年宪法基础上修改而成的，于1991年颁布。新宪法扩大民主参与范围，并加强司法权力。主要内容有：实行三权分立的代议制民主；总统为国家元首兼政府首脑、武装部队最高统帅，直选产生，任期4年；省长、市长为直选产生；保障公民人身安全、信仰、结社、劳动、思想和教育自由等人权。2004年，哥议会通过允许总统连选连任法案；2005年，宪法法院批准了该法案。2015年通过修宪将总统任期改为不可连选连任。

【议会】国会由参、众两院组成，国会主席兼任参议长。本届国会于2018年7月20日成立，任期4年，其中参议员108名，众议员172名。现任国会主席兼参议长利迪奥·阿图罗·加西亚·图尔瓦伊（Lidio Arturo GARCÍA Turbay）、众议长卡洛斯·阿尔韦托·昆卡·乔克思（Carlos Alberto CUENCA Chaux）均于2019年7月就职，任期1年。主要党派在本届议会中的席位如下：

	参议院	众议院
民主中心党	19	32
激进变革党	16	30
自由党	14	35
民族团结社会党	14	25
保守党	14	21
绿色联盟	9	9
民主选择中心党	5	2
大众革命替代力量	5	4
（原5席，其中1人被取消众议员资格）		
其他政党	12	13

【政府】本届政府于2018年8月组成。现内阁成员为：副总统马尔塔·露西娅·拉米雷斯（Marta Lucía RAMÍREZ，女），内政部长阿莉西亚·维多利亚·阿朗戈·奥尔莫斯（Alicia Victoria ARANGO Olmos，女），外交部长克劳迪娅·布卢姆·德巴韦里（Claudia BLUM de Barberi，女），财政与公共信贷部长阿尔韦托·卡拉斯基利亚·巴雷拉（Alberto CARRASQUILLA Barrera），司法和法律部长玛格丽塔·雷奥诺·卡韦略·布兰科（Margarita Leonor CABELLO Blanco，女），国防部长卡洛斯·奥尔梅斯·特鲁希略·加西亚（Carlos Holmes TRUJILLO García），农业和农村发展部长鲁道夫·恩里克·泽·纳瓦罗（Rodolfo Enrique Zea NAVARRO），卫生和社会保障部长费尔南多·鲁伊斯·戈麦斯（Fernando Ruiz GÓMEZ），劳动部长安赫尔·库斯托迪奥·卡布雷拉（Ángel Custodio CABRERA），矿

业和能源部长玛丽亚·费尔南达·苏亚雷斯（María Fernanda SUÁREZ，女），贸易、工业和旅游部长何塞·曼努埃尔·雷斯特雷波·阿翁达诺（José Manuel RESTREPO Abondano），教育部长玛丽亚·维多利亚·安古洛（María Victoria ANGULO，女），环境和可持续发展部长里卡多·何塞·洛萨诺（Ricardo José LOZANO），住房、城市和国土部长乔纳森·马拉贡·冈萨雷斯（Jonathan MALAGÓN González），信息技术和通信部长西尔维娅·孔斯塔因·伦希福（Silvia CONSTAÍN Regnifo，女），交通部长安赫拉·玛丽亚·奥罗斯科·戈麦斯（Ángela María OROZCO Gómez，女），文化部长卡门·伊内斯·巴斯克斯·卡马乔（Carmen Inés VÁSQUEZ Camacho），科技创新部（2019年底新设）部长梅韦尔·希塞拉·托雷斯·托雷斯（Mabel Gisela TORRES Torres，女）。

【行政区划】全国分32个省和波哥大首都区。

【司法机构】最高法院、行政法院、宪法法院、高级司法委员会和总检察院组成哥司法体系。最高法院是最高司法机关，由23名大法官组成。国家行政法院和宪法法院分别由26名和9名大法官组成。高级司法委员会由13名大法官组成。各法院院长均由大法官选举产生，任期1年。总检察院属哥司法系统的组成部分，但享有行政和预算自治权。最高法院院长何塞·路易斯·巴尔塞洛·卡马乔（José Luis BARCELÓ Camacho），行政法院院长赫尔曼·布拉·埃斯科瓦尔（Germán BULA Escobar），宪法法院院长亚历杭德罗·温贝托·坎蒂略·利纳雷斯（Alejandro Humberto CANTILLO Linares），高级司法委员会主席埃德加·卡洛斯·萨那夫里亚·梅洛（Edgar Carlos SANABRIA Melo），总检察长弗朗西斯科·罗伯托·巴尔沃萨·德尔加多（Francisco Roberto BARBOSA Delgado）。

【政党】全国主要政党如下：

（1）民主中心党（Centro Democrático）：执政党，2014年7月成立，右翼政党，现为国会第一大党。领导人为前总统阿尔瓦罗·乌里韦（Álvaro URIBE），全国领导委员会主席努比亚·斯特拉·马丁内斯·鲁埃达（Nubia Stella MARTÍNEZ Rueda，女）。

（2）民族团结社会党（Partido Social de Unidad Nacional）：中右政党，2005年成立，创始人为前总统桑托斯。该党纲领强调代表广大民众利益，尊重政治发展多元化，重视社会民主建设，监督政府机构，巩固民主宪政，推动建设公正、自由、繁荣的国家和社会。党主席奥雷略·伊拉戈里（Aurelio IRAGORRI）。

（3）激进变革党（Partido Cambio Radical）：1998年成立，中右政党。对内主张实行民主变革，增加公共管理透明度，消除贫困，重建道德，完成国内和平进程，对外主张实行全方位外交，尊重国际法，和平解决争端。胡安·卡洛斯·雷斯特雷波（Juan Carlos RESTREPO）、安东尼奥·格拉（Antonio GUERRA）等担任联合党主席。

（4）自由党（Partido Liberal）：哥历史最悠久的政党，1848年成立，中右政党。现有党员400万左右。主张维护国家主权，发展民族经济，实行政治经济改革。1989年6月，该党加入社会党国际。奥拉西奥·塞尔帕（Horacio SERPA）、比维亚内·莫拉莱斯（Viviane MORALES，女）等担任联合主席。

（5）保守党（Partido Conservador）：哥主要传统政党，1849年成立，中右政党，现有党员160万。1987年曾易名为社会保守党，1992年改回原名。主张维护民族独立和国家主权，发展民族经济和意识形态多样化。党主席奥马尔·耶佩斯·阿尔萨特（Ómar YEPES Alzate）。

（6）民主选择中心党（Polo Democrático Alternativo）：2006年成立。左翼政党，主要支持力量为工会、企业行会和中下阶层人士等。党主席阿尔瓦罗·何塞·阿戈特（Álvaro José ARGOTE）。

（7）绿党（Partido Verde）：2009年9月成立，中右政党。主张"为国家政治生活输氧"，要求尊重宪法体制，追求社会公正，尊重生命，反对暴力，提倡保护环境和生物多样性，实现经济、社会和环境的可持续发展。路易斯·卡洛斯·阿韦利亚内达（Luis Carlos AVELLANEDA）、安东尼奥·桑吉诺（Antonio SANGUINO）等担任联合党主席。

（8）大众革命替代力量（Fuerza Alternativa Revolucionaria Del Común）：2017年8月成立，左翼政党。由反政府武装"哥伦比亚革命武装力量"同政府签署和平协议后转型成立，承诺放下武器、上缴财产，通过和平、合法方式参政，继续为实现哥伦比亚公平、民主、独立、和平而奋斗。现任党主席罗德里格·隆多尼奥（Rodrigo LONDOÑO）。

【重要人物】伊万·杜克·马克斯：总统。1976年8月1日出生于哥伦比亚首都波哥大。毕业于哥伦比亚塞尔西奥·阿沃莱达大学法律专业，后获美利坚大学国际经济法硕士学位和乔治城大学公共管理硕士学位。曾赴哈佛大学商学院进修战略谈判和风险管理专业。曾长期在地区金融组织工作，先后担任拉美开发银行顾问、美洲开发银行文化创新部主任等职务。2014—2017年任全国参议员。2018年6月在总统选举第二轮投票中，作为民主中心党候选人当选总统，8月7日就职，任期4年。与夫人玛利亚·胡利亚娜·鲁伊斯（María Juliana RUIZ）有一子两女。

经　济

哥伦比亚在拉美属中等发展水平，近10余年经济保持连年增长。哥市场化程度较高，国际社会普遍看好哥经济长期发展前景。2019年主要经济数据如下：

国内生产总值：3366亿美元。

人均国内生产总值：6975美元。

经济增长率：3.3%。

货币名称：哥伦比亚比索（COP）。

汇率：1美元≈3328哥伦比亚比索。（2019年12月31日）

失业率10.5%。

通胀率：3.8%。

【资源】自然资源丰富。已探明煤炭储量约70.64亿吨，居拉美第二位。石油储量18亿桶，天然气储量187亿立方米，铝矾土储量1亿吨，铀储量4万吨。此外，还有金、银、镍、铂、铁等矿藏。森林面积约4923万公顷。

【工矿业】采矿业有石油、煤炭、黄金、绿宝石、铀、镍、铝矾土、铁和铂等。20世纪80年代以来，石油业发展迅速，成为哥支柱产业之一。2019年哥工业制造业增长1.9%，能矿业增长2.1%。（资料来源：哥伦比亚国家统计局）

【农业】耕地面积467万公顷，占国土的8.5%。是世界第九大热带水果出口国，共出口433种水果。2019年农林渔牧业产值同比增长2.0%。2019年咖啡出口量为75.32万吨，同比增长5.9%。

【服务业】服务业发展较快。主要包括供电、煤气和水，商业餐饮和旅馆，金融部门，社区、社会与个体服务等。2019年金融保险业增长5.7%，不动产增长3.0%，通讯产业增长1.7%，公共管理支出、国防、教育和卫生增长4.9%，娱乐产业增长3.4%。（资料来源：哥伦比亚国家统计局）

【旅游业】主要旅游区有：波哥大、卡塔赫纳、麦德林、卡利、圣玛尔塔、圣安德烈斯群岛、巴兰基亚和库库塔等。2019年哥共接收外国游客320万人次，同比增长2.7%。

【交通运输】以公路为主。2016年，交通通信业产值下降0.1%。公交系统运输旅客量达21.77亿人次，同比增长5.4%。

铁路：2015年铁路总里程3529公里。1992年停止客运。1995年麦德林市地铁建成运营，地铁长度为31.3公里，系哥国内运营的唯一地铁。

公路：2015年总长20.6万公里，桥梁5097座，机动车辆总数为680万辆，客运量1.89亿人次，货运量13973万吨。

水运：2002年拥有海船23艘，总吨位17.7万吨。主要海港有布埃纳文图拉、圣玛尔塔、卡塔赫纳和巴兰基亚。2015年哥伦比亚内河水运航道总长为24725公里，其中18225公里可供通航。内河客运量550万人次。

空运：共有74个哥伦比亚民航局所属的机场，其中11个为国际机场，主要机场有埃尔多拉多国际机场和何塞·玛丽亚·科尔多瓦国际机场。有3家航空公司，哥伦比亚国家航空公司（Avianca）是拉美最早成立的航空公司，与17个国家通航。2019年1—7月，哥航空客运量为2330万人次，同比增长10%。

管道运输：2015年拥有输气管道4350公里，输油管道6134公里，多用途运输管道3140公里。

【对外贸易】推动外贸出口和自贸战略是哥本届政府施政重点。主要出口产品有石油、化工产品、煤炭、咖啡、农副产品和纺织品等。其中，绿宝石出口居世界第一位，鲜花出口居世界第二位，咖啡出口居世界第三位。主要进口机械设备、化工产品、农副产品、纺织品和金属材料等。主要贸易对象为美国、墨西哥、中国和日本等。近几年外贸情况如下（单位：亿美元）：

	2017	2018	2019
总　额	838.76	907.76	922.05
出口额	378.00	418.31	395.02
进口额	460.76	489.45	527.03
差　额	−82.76	−71.13	−132.01

（资料来源：哥伦比亚国家统计局）

【对外投资】哥伦比亚主要投资对象依次为巴拿马、墨西哥、英国、萨尔瓦多、巴西、秘鲁和洪都拉斯，主要投资领域为工业制造业、金融与企业服务业、交通、仓储与通信业、水电气。据哥央行统计，2019年哥对外投资总额为1.27亿美元。（资料来源：哥伦比亚央行）

【外国资本】哥外资主要来源国为美国、巴拿马、瑞士、英国和西班牙。外资主要投向石油、矿业、制造业、金融、服务业。据哥央行统计，2019年哥共吸收外国直接投资103.66亿美元。（资料来源：哥伦比亚央行）

人民生活

1991年起，哥伦比亚对全国不满周岁的婴儿予以免费医疗，并全面推行医疗保险制，每人每月需缴纳工资5.5%—7%的医疗保险金。全国共有医院和诊所3620所，病床7.41万张。但医生和病床地区分布不平衡，专业不全，护士短缺。1996年，哥专门设立为500万贫困人口提供医疗补贴的卫生体系。2015年，哥出生率为1.55%，死亡率为0.59%。2011年，哥医疗保障覆盖率达到97%。2015年，哥手机用户5732万，互联网用户2680万。

军　事

哥伦比亚总统为武装力量最高统帅。军事力量总司令部是最高军事指挥机构。最高国防委员会为最高军事咨询机构。实行义务兵役制，服役期2年。现任武装力量总司令路易斯·费尔南多·纳瓦罗（Luis Fernando NAVARRO），陆军司令尼卡西奥·德赫苏斯·马丁内斯·埃斯皮内尔（Nicacio de Jesús MARTÍNEZ Espinel），海军司令埃韦利奥·拉米雷斯·加法罗（Evelio RAMÍREZ Gafaro），空军司令拉姆塞斯·鲁埃达·鲁埃达（Ramsés RUEDA Rueda），国家警察局长奥斯卡·阿特奥尔图阿·杜克（Óscar ATEHORTÚA

Duque)。

三军总兵力28.52万人。陆军23.75万人，编有步兵旅、独立机械化营、别动营、伞兵营和高炮营等。海军3.46万人，编为2支舰队、2个陆战营和海军航空队、1支海军陆战队，拥有各型舰艇90余艘，其中潜艇4艘、驱逐舰4艘、护卫舰4艘，装备各型飞机10架。空军1.31万人，装备各型飞机200余架，其中作战飞机72架、武装直升机72架。此外，国民警察14.41万人。2019年，哥国防预算33.4万亿比索（折合101亿美元），同比增长6.3%。

文化教育

【教育】哥伦比亚2011年起实行11年免费义务教育。2015年，文盲率为5.4%。2016年，中小学教育覆盖范围达到97.28%。著名高等学府有：哥伦比亚国立大学、哈维里亚那大学、安第斯大学、国立师范大学等。2019年，哥教育预算为46.8万亿比索（折合141亿美元），同比增长20%。

【新闻出版】全国约有400种报纸杂志。主要报纸有：《时代报》，发行量35万份；《观察家报》，22万份；《新世纪报》，近3万份；《共和国报》，5万多份。主要杂志（均为周刊）有：《星期》《变革》等。以上报刊均为西班牙文。

哥伦比亚新闻社是哥最大的私人通讯社，成立于1981年，向全国近20家报纸和电台提供新闻。

全国共有582座广播电台。"国家电台"是唯一国营电台，创建于1940年。"哥伦比亚广播公司""全国广播公司"和"W电台"为3家较大的私人广播公司，在各地设有广播发射台和转播台。

电视业始于1954年。全国共有15家电视台，其中3家为国家电视台和播放台，但一、二台通过合同向私人电视节目制作台和播放台出租，第三台为国家直接管理，播放文化教育等节目。蜗牛电视台、RCN电视台、CMI电视台等为主要私人电视机构。

对外关系

哥伦比亚奉行独立自主、不结盟和多元化的外交政策。实施外交为国内和平进程和经济发展服务的战略，努力提高哥伦比亚的国际地位，创造有利的国际环境。重视同美国的关系，加强同拉美地区特别是周边国家的合作，巩固同欧盟的传统联系，增进与亚太国家的交流合作。哥现与170个国家保持外交关系。

【同中国的关系】1980年2月7日两国建交。近年来，双边关系继续顺利发展，两国各领域交流合作进一步扩大。2014年7月，习近平主席在访问巴西并出席中国同拉美和加勒比国家领导人会晤期间，同哥伦比亚总统桑托斯进行交谈。2015年11月、2016年11月，习近平主席出席亚太经合组织领导人非正式会议期间均同桑托斯总统举行双边会见。2014年8月，教育部部长袁贵仁作为习近平主席特使出席桑托斯总统连任就职仪式。同年11月，全国人大常委会委员长张德江对哥伦比亚进行正式友好访问。2015年1月，哥伦比亚外长奥尔古因来华出席中国—拉共体论坛首届部长级会议。同年5月，李克强总理对哥伦比亚进行正式友好访问。同年6月，哥伦比亚国会主席兼参议长纳梅访华。2016年10月，外交部长王毅访哥。2017年9月，水利部长陈雷访哥。2018年8月，习近平主席特使、交通运输部部长李小鹏出席杜克总统就职仪式。同年12月，哥伦比亚外长特鲁希略访华。2019年7月，杜克总统对华进行国事访问。

据中国海关总署统计，2019年双边贸易额为155.97亿美元，其中中方出口额92.33亿美元，进口额63.64亿美元，同比分别增长6.8%、5.9%和8.0%。中国是哥伦比亚第二大贸易伙伴，哥伦比亚是中国在拉美第五大贸易伙伴。

中国驻哥伦比亚大使：蓝虎。馆址：Carrera 16 No.98–30，Bogotá D.C，Colombia。 电 话：0057–1–6223235（总机），6223202（值班），6223213（办公室），6222879（经商处），6223228（文化处），6223126（领事部），6223248（武官处）。传真：6223114。

哥伦比亚驻华大使：蒙萨尔韦（Luis Diego MONSALVE Hoyos）。馆址：北京市朝阳区光华路34号。电 话：010–65323367，65323377，65321713，65323166（领事部），65326461（武官处）；传真：65321969。

【同美国的关系】哥美于1822年6月17日建交。两国传统关系密切，美是哥第一大投资国和贸易伙伴。2006年2月，哥美签署双边自贸协定并于2012年5月正式生效。2009年，哥允许美军使用哥境内的7个军事基地。2012年，美总统奥巴马访哥。2013年，桑托斯总统访美。2014年，哥外长奥尔古因、国会主席兼参议长克里斯托分别访美。2015年9月，桑托斯总统赴纽约出席第70届联大会议并访美。2016年2月，桑托斯总统访美，同美总统奥巴马共同庆祝"哥伦比亚计划"实施15周年，美方承诺将继续向哥方提供援助；8月，哥外长奥尔古因与美国务卿克里在华盛顿举行两国第六次高级别对话会；12月，美副总统拜登访哥。2017年8月，美副总统彭斯访哥。2018年2月，美国务卿蒂勒森访哥；4月，桑托斯总统访美；6—7月，哥候任总统杜克两度访问美国；8月，美国防部长马蒂斯访哥；9月，哥外长特鲁希略访美。2019年3月、5月、9月，杜克总统访美；4月，美国务卿蓬佩奥访哥；5月，哥副总统拉米雷斯和外长特鲁希略访美；7月，哥外长特鲁希略访美；9月，美国总统特朗普女儿伊万卡访哥；10月，哥外长特鲁希略访美；12月，哥外长布卢姆访美。2020年1月，美国务卿蓬佩奥访哥并出席第三届西半球反恐部长会议；2月，哥国防部长特鲁希略访美；3月，杜克总统访美。

【同欧洲国家的关系】欧盟是哥重要合作伙伴。2012年，哥伦比亚与欧盟签署自贸协定；西班牙首相拉霍伊、欧盟委员会副主席达哈尼、葡萄牙总理科埃略访哥；桑托斯总统访问葡萄牙。2013年，葡萄牙总统席尔瓦、德国总统高克、荷兰国王威廉·亚历山大夫妇访哥；桑托斯总统访问英国、瑞士；哥外长奥尔古因访问奥地利、德国、葡萄牙；法国外长法比尤斯访哥。2014年，哥总统桑托斯访问西班牙并出席在瑞士达沃斯举行的世界经济论坛；芬兰外长图奥米奥亚、挪威外长布兰德、英国副首相克莱格分别访哥；2月，欧洲议会批准对哥赴欧公民给予90日免申根签证待遇；8月，西班牙太皇胡安·卡洛斯一世、欧盟理事会主席范龙佩应邀出席桑托斯总统连任就职仪式。2015年2月，德国外长施泰因访哥；3月，哥总统桑托斯对西班牙进行国事访问；5月，葡萄牙副总理波尔塔斯、瑞典外长瓦尔斯特伦分别访哥，德国政府宣布设立哥伦比亚和平进程特别代表，为哥提供相关协助。2016年11月、12月，桑托斯总统分别访问英国、西班牙。2018年1月，桑托斯总统访问奥地利；2月，意大利外长阿尔法诺访哥；4月，荷兰外交大臣布洛克访哥，挪威首相索尔伯格访哥；5月，桑托斯总统访问德国、匈牙利、西班牙三国；6月，哥候任总统杜克访问西班牙；7月，法国外长勒德里昂访哥；8月，西班牙首相桑切斯访哥；9月，哥外长特鲁希略访问比利时；11月，杜克总统访问法国，荷兰首相吕特访哥。2019年1月，杜克总统访问瑞士并出席达沃斯论坛；2月，德国总统施泰因迈尔访哥；3月，哥外长特鲁希略访问芬兰、瑞典、挪威和丹麦；6月，杜克总统访问英国、瑞士和法国，哥外长特鲁希略访问俄罗斯；9月，哥外长特鲁希略访问爱尔兰、比利时和西班牙；10月，西班牙外交大臣博雷利访哥；11月，哥外长特鲁希略访问比利时和瑞士。

【同拉美国家的关系】与拉美国家保持密切的传统关系。哥伦比亚是太平洋联盟成员国，同委内瑞拉、厄瓜多尔、智利、秘鲁、墨西哥签有双边自由贸易协定。同中美洲和加勒比地区的自由贸易和经济合作取得显著进展，积极谋求加强同南方共同市场的关系。2014年，桑托斯总统出席洪都拉斯总统埃尔南德斯就职仪式，并赴古巴首都哈瓦那出席拉美和加勒比共同体（CELAC）第二届峰会。秘鲁总统乌马拉对哥进行国事访问。同年2月，哥在卡塔赫纳主办太平洋联盟第八届元首峰会。2015年4月，桑托斯总统赴巴拿马出席第七届美洲峰会；5月，对墨西哥进行国事访问；7月，出席在秘鲁帕拉卡斯举行的太平洋联盟第十届元首峰会；10月，同秘鲁总统乌马拉在哥麦德林市举行会晤，共同主持召开两国第二次内阁联席会议，巴西总统罗塞夫对哥进行国事访问。2016年4月，桑托斯总统亲赴厄瓜多尔，向当地地震灾区提供援助；6月，阿根廷总统马克里访哥；7月，哥成功举办第二十五届伊比利亚美洲首脑会议；8月，桑托斯总统与委总统马杜罗举行会晤，决定结束自上年8月19日以来关闭边境的状态，逐步重开两国边境；10月，桑托斯总统访问巴拿马。2017年，哥继续加强与地区国家友好关系，桑托斯总统、奥尔古因外长分别访问乌拉圭、巴拿马，玻利维亚外长瓦纳库尼访哥。2018年2月，危地马拉总统莫拉莱斯访哥；3月，哥外长奥尔古因访问伯利兹、多米尼加、海地、多米尼克、巴巴多斯、圭亚那六国；4月，哥副总统纳兰霍访问墨西哥；8月，巴西公共安全部长容曼访哥，安提瓜和巴布达外长格林访哥；9月，杜克总统访问巴拿马；10月，洪都拉斯总统埃尔南德斯访哥；11月，哥外长特鲁希略访问智利；12月，杜克总统访问厄瓜多尔。2019年1月，杜克总统访问巴拿马；3月，杜克总统访问智利；5月，杜克总统访问秘鲁；6月，杜克总统访问萨尔瓦多和阿根廷；7月，杜克总统访问巴拿马和秘鲁。2020年1月，杜克总统访问危地马拉；3月杜克总统访问乌拉圭和墨西哥。

【同亚洲国家的关系】近年来，哥伦比亚重视发展与亚太国家的政治关系和经贸合作。2012年，桑托斯总统访问中国、新加坡；奥尔古因外长访问中国、日本、越南。同年，韩国总统李明博访哥，哥伦比亚与韩国建立战略伙伴关系并完成自由贸易协定谈判。2013年，日本经济、贸易和工业部部长茂木敏充访哥。2014年7月，日本首相安倍晋三访哥；2015年1月，哥外长奥尔古因访问韩国；4月，韩国总统朴槿惠访哥；11月，菲律宾举行亚太经合组织第二十三次领导人非正式会议期间，哥总统桑托斯应邀赴马尼拉出席亚太经合组织领导人同太平洋联盟领导人对话会。2016年7月，哥伦比亚与韩国自贸协定生效。2018年8月，日本外相河野太郎访哥；10月，印度国务部长库马尔访哥；12月，哥外长特鲁希略访问中国、韩国、日本，访日期间与日方签署两国避免双重征税协定。2019年10月，哥贸工和旅游部长访问韩国；11月哥外长特鲁希略访问日本。（戴旭煌）

哥斯达黎加

国名　哥斯达黎加共和国（The Republic of Costa Rica，La República de Costa Rica）。

面积　5.11万平方公里。

人口　511.12万（2020年）。白人和印欧混血种人占95%，黑人占3%，印第安土著居民约占0.5%。官方语言为西班牙语。95%的居民信奉天主教。

首都 圣何塞（San José），人口163万（2018年）。最热月（7月）平均气温21℃—27℃，最冷月（1月）平均气温9℃—26℃。

国家元首 总统卡洛斯·阿尔瓦拉多·克萨达（Carlos Alvarado Quesada），2018年5月8日就职，任期4年。

重要节日 独立日，9月15日。

简况

位于中美洲南部。东临加勒比海，西濒太平洋，北接尼加拉瓜，东南与巴拿马毗连。海岸线长1200公里。

原为印第安人居住地。1564年沦为西班牙殖民地。1821年9月15日宣布独立。1823年加入中美洲联邦，1838年退出。1848年8月30日成立共和国。

政治

2018年4月，公民行动党候选人阿尔瓦拉多赢得大选，并于5月就任总统。阿尔瓦拉多执政后，以"实干、实干、再实干"为口号，组建跨党派政府，成立创新与竞争力、基础设施与交通、安全、医疗卫生与社会保障、和谐教育、经济稳定与包容性增长、区域发展等7个协调委员会，加强统筹协调。优先应对财政赤字和公共债务问题，力推立法大会审议财税改革法案。

【宪法】现行宪法于1949年11月7日生效。宪法规定，国家实行立法、司法和行政三权分立的共和制。总审计署和最高选举法院为独立机构。总统为国家元首和政府首脑，可隔届再次当选；总统和副总统由直接选举产生，任期4年；总统缺位时，依次由第一副总统、第二副总统和议长接任。

【议会】称立法大会，一院制，为全国最高立法机构，由57名议员组成。议员由选民直接选举，任期4年，不得连任。本届立法大会于2018年5月组成，其中执政党公民行动党10席、民族解放党17席、基督教社会团结党9席、民族重建党6席、民族融合党3席、基督教社会共和党2席、广泛阵线党1席、独立议员9席。现任主席为民族解放党的卡洛斯·里卡多·贝纳维德斯（Carlos Ricardo Benavides），2019年5月就职，任期1年。

【政府】本届政府于2018年5月成立。主要内阁成员有：第一副总统埃普西·坎贝尔·巴尔（Epsy Campbell Barr，女），第二副总统马文·罗德里格斯·科尔德罗（Marvin Rodríguez Cordero），总统府部长鲁道夫·皮萨·罗卡福特（Rodolfo Piza Rocaford），外交和宗教事务部长鲁道夫·索拉诺·基罗斯（Rodolfo Solano Quirós），财政部长罗德里戈·查韦斯·罗夫莱斯（Rodrigo Chaves Robles），外贸部长迪亚拉·希门内斯·菲格雷斯（Dyalá Jiménez Figueres，女），经济、工业和贸易部长维多利亚·欧亨尼娅·埃尔南德斯·莫拉（Victoria Eugenia Hernández Mora，女），经济协调部长埃德娜·加夫列拉·卡马乔·梅希亚（Edna Gabriela Camacho Mejía，女），规划和经济政策部长玛利亚·德尔皮拉尔·加里多·贡萨洛（María Del Pilar Garrido Gonzalo，女），内政、警察和公共安全部长迈克尔·毛里西奥·索托·罗哈斯（Michael Mauricio Soto Rojas），公共卫生部长丹尼尔·萨拉斯·佩拉萨（Daniel Salas Peraza），科技与电信部长路易斯·阿德里安·萨拉萨尔·索利斯（Luis Adrían Salazar Solís），公共教育部长埃德加·莫拉·阿尔塔米拉诺（Edgar Mora Altamirano），住房部长伊雷内·玛利亚·坎波斯·戈麦斯（Irene María Campos Gómez，女），环境和能源部长卡洛斯·曼努埃尔·罗德里格斯（Carlos Manuel Rodríguez），公共工程与交通部长鲁道夫·门德斯·马塔（Rodolfo Méndez Mata），人类发展部长玛利亚·富尔曼·萨拉萨尔·埃利松多（María Fullmen Salazar Elizondo，女），新闻部长胡安·卡洛斯·门多萨·加西亚（Juan Carlos Mendoza García），劳动和社会保障部长赫安尼娜·迪纳尔特·罗梅罗（Geannina Dinarte Romero，女），文化和青年部长西尔维·杜兰·萨尔瓦铁拉（Sylvie Durán Salvatierra，女），私营领域协调部长乌维尔·安德烈·加涅尔·克鲁泽（Huber André Garnier Kruse），农业和畜牧业部长路易斯·雷纳托·阿尔瓦拉多·里维拉（Luis Renato Alvarado Rivera），司法与和平部长玛西亚·冈萨雷斯·阿吉卢斯（Marcia González Aguiluz，女），旅游部长玛利亚·阿玛莉亚·雷维洛·拉文托斯（María Amalia Revelo Raventós，女），体育和休闲部长埃尔南·索拉诺·维内加斯（Hernán Solano Venegas），妇女权益部长安娜·帕特里西亚·莫拉·卡斯特亚诺斯（Ana Patricia Mora Castellanos，女）。

【行政区划】全国划分为7个省，下设81个县市，421个区。各省名称如下：瓜纳卡斯特、阿拉胡埃拉、埃雷迪亚、卡塔戈、圣何塞、利蒙、彭塔雷纳斯。

【司法机构】最高法院是最高司法机构，由22名法官组成，任期8年。任满时如无立法大会2/3议员的反对，可自动连任。下设4个法庭，第一、第二、第三法庭各由5名法官组成，第四法庭（宪法法庭）由7名法官组成。地方分省、县、区三级法院。最高法院院长费尔南多·克鲁斯·卡斯特罗（Fernando Cruz Castro），2018年8月当选。

【政党】主要政党：

（1）公民行动党（Partido Acción Ciudadana）：执政党。2000年12月由奥通·索利斯·法利亚斯（Ottón Solís Fallas）创建。2014年首次执政。党主席马尔塔·索拉诺·阿里亚斯（Marta Solano Arias，女）。2018年系该党第二次执政。

（2）民族解放党（Partido de Liberación Nacional）：1952年4月成立。曾9次执政。党主席吉列尔莫·孔斯

滕拉·乌马尼亚（Guillermo Constenla Umaña）。

（3）基督教社会团结党（Partido Unidad Social Cristiana）：1983年12月由民主复兴党、民族共和党、基督教民主党和人民联盟党组成。党主席兰达尔·基罗斯（Randall Quirós）。

（4）民族重建党（Restauración Nacional）：2005年成立，2013年成为全国性政党。具有基督教福音派色彩，信仰"社会基督教主义"。党主席卡洛斯·阿文达尼奥·卡尔沃（Carlos Avendaño Calvo）。

（5）广泛阵线（Frente Amplio）：2004年成立。从原共产党中分裂出来的左翼政党。党主席帕特里西亚·莫拉·卡斯特利亚诺斯（Patricia Mora Castellanos，女）。

【重要人物】卡洛斯·阿尔瓦拉多·克萨达：总统。1980年1月14日出生于哥斯达黎加。曾在哥斯达黎加大学攻读新闻专业。长期从事新闻工作。青年时期加入公民行动党，曾任该党议会党团新闻顾问。曾任社会事务部、劳动和社会保障部部长。2018年5月作为公民行动党候选人当选总统，任期至2022年5月。

经　济

经济发展水平在中美洲名列前茅。菠萝、香蕉、咖啡等热带农产品生产和出口国，外贸、旅游、服务业在国民经济中占据重要地位。倡导自由贸易，努力扩大出口。积极吸引外资，对外开放电信、保险等行业。鼓励发展农牧业、旅游业、高科技制造业和创新产业，加大科技、教育、基础设施投入，开发利用可再生能源和清洁能源。有关举措取得一定成效，近年来哥经济保持恢复性增长。2019年主要经济数据如下：

国内生产总值：672.09亿美元。

人均国内生产总值：1.3万美元。

国内生产总值增长率：2.1%。

货币名称：科朗（colón）。

汇率：1美元≈566科朗。

失业率：11.8%。

通货膨胀：1.52%。

【资源】自然资源丰富。铝矾土蕴藏量约1.5亿吨，铁蕴藏量约4亿吨，煤蕴藏量约5000万吨。森林覆盖面积60万公顷。

【工业】以轻工和制造业为主，主要有纺织、电子产品、机械、食品、木材、化工等产业。石油全部进口，主要来自委内瑞拉。2019年制造业总产值为34086.4亿科朗，占国内生产总值11.7%，从业人员22.69万人；建筑业总产值为11555.63亿科朗，占国内生产总值3.97%，从业人员13.5万人。

【农业】系中美洲农业发展水平最高的国家之一。2019年，农牧渔业生产总值13727.1亿科朗，占国内生产总值4.7%，从业人数26.17万人。哥是世界上仅次于厄瓜多尔的第二大香蕉出口国。2018年香蕉种植面积4.29万公顷，出口236.36万吨，创汇9.83亿美元，主要出口对象为美国和欧盟。2018年，菠萝种植面积4.45万公顷，从业人数3.2万人，出口创汇9.89亿美元。哥是咖啡生产国协会和国际咖啡组织的成员。据哥咖啡协会统计，2017年哥咖啡种植面积约8.4万公顷，出口额3.05亿美元。从业人员5万。主要出口对象为美国和欧盟。

【服务业】在国民经济中占有重要地位。主要有金融保险、不动产、企业服务、公共管理、社区服务、中介服务等。2018年，服务业总产值为235756.4亿科朗，占国内生产总值73.6%，从业人数134万人。

【旅游业】旅游业发达，是外汇收入主要来源之一。游客主要来自北美、中美和欧洲等地区。自20世纪90年代以来，哥政府充分利用自然资源，将生态旅游业发展为国家主要经济支柱之一。旅游胜地有伊拉苏火山、波阿斯火山、阿雷纳火山、西班牙殖民文化遗址等。全国有30多个国家森林公园和自然保护区。2019年赴哥旅游的外国游客人数达313.9万人次。

【交通运输】国内交通以公路为主。

公路：国家公路网由国道和地方道路组成，国道由国家公路委员会（CONAVI）管理，地方道路由各地方政府进行运营管理。是中美洲公路里程最长的国家。泛美高速公路贯穿南北。

铁路：总长278公里，由国家铁路局运营。由于缺乏投资和年久失修，自1995年起哥铁路基本处于停运状态，只承运少量货运及往返圣何塞和莫因市的游客。2005年起圣何塞至周边城市的铁路恢复运营，但由于设备老化和客流量少，基本无盈利。

水运：拥有轮船1029艘。4个主要港口为利蒙港、莫因港、蓬塔雷纳斯港、卡尔德拉港。其中利蒙港和莫因港的总吞吐量占全国的80%以上。

空运：两家航空公司经营10条国内航线、15条国际航线。有两个国际机场，首都有胡安·圣玛丽亚国际机场，年客运量200万人次。2001年由美国建筑公司BECHTEL承包经营20年。北部利比里亚市有丹尼尔·奥杜韦国际机场。

【通信业】哥通信业发达，居拉美国家前列。2013年，全国共有电话线153万条，手机用户540万户，互联网使用者为167万人。

【财政金融】2018年外汇储备74.95亿美元，2018年外债286.6亿美元。2019年哥财政赤字2.5万亿科朗，占国内生产总值的6.96%。近年中央政府财政收支情况如下（单位：十亿科朗）：

	2017	2018	2019
收入	4743	4956	5362
支出	6764	6995	7880
差额	2021	2038	2517

（资料来源：哥财政部）

中央银行（1950年成立）和国家银行（1936年成立）为哥斯达黎加主要金融机构。中央银行行长为奥利维埃尔·卡斯特罗·佩雷斯（Olivier Castro Pérez）。

【对外贸易】哥实行贸易开放政策，与中国、美国、欧盟、墨西哥、智利、秘鲁、中美洲五国、多米尼加、新加坡等签有自由贸易协定，与世界50多个国家（地区）有贸易关系。对外贸易在国民经济中占重要地位。主要出口电子芯片、集成电路、纺织品、香蕉、菠萝、咖啡、医疗器械、加工食品、机械和电子配件等，主要出口对象为美国、中国、欧盟、中美洲邻国；主要进口原材料、消费品、燃料、润滑油和资本货物，主要进口来源为美国、欧盟、委内瑞拉、墨西哥。

近几年进出口情况如下（单位：百万美元）：

	2016	2017	2018
进口额	15325	16575	17240
出口额	9933	11069	11680
差　额	–5392	–5506	–5560

（资料来源：哥中央银行）

【外国资本】外资主要来自美国、加拿大、墨西哥和西班牙等国。2018年哥吸引外国直接投资30.07亿美元，同比增长–0.3%。其中旅游业吸引外国直接投资增长3.41亿美元，占投资增量的73%。

【外国援助】主要从国际货币基金组织、世界银行和美洲开发银行获得贷款，用于生产性行业、基础设施建设和经济结构调整。

人民生活

2019年全国贫困率为20.98%，其中极端贫困率为5.7%。2016年共有劳动力227.8万人，就业人口206万人。根据2015年世界人类发展报告，哥人类发展指数排名世界第69位。2019年平均寿命80.9岁，出生率13.91‰，死亡4.7‰，婴儿死亡率8.96‰，基尼系数0.51。

军　事

1948年12月1日宣布废除武装力量，成立国民警卫队，成为世界上第一个没有军队的国家。

文化教育

【教育】高度重视教育。实行中小学义务教育，全国有小学6884所，20.4%的人口接受高等教育。2015年教育支出占国内生产总值7.7%。教育水平居拉美国家前列。主要高等院校有哥斯达黎加大学和国立大学。文盲率3.7%。

【新闻出版】全国有6家日报，主要有：《民族报》，发行8.5万份；《自由新闻》，发行5万份；《共和国报》，发行5.88万份。全国有130家电台、12家电视台。影响较大的商业性电视台有哥斯达黎加电视7台、2台、13台。

对外关系

哥奉行和平中立的外交政策，支持各国人民自决权和不干涉内政原则，重视发展同拉美各国的传统友好关系，积极推动地区一体化进程。三度当选联合国安理会非常任理事国（1974—1975年、1997—1998年、2008—2009年），是2012—2016年联合国人权理事会成员。2014年1月至2015年1月任拉美和加勒比国家共同体轮值主席国。同154个国家保持外交关系。

【同中国的关系】中哥于2007年6月1日建交。建交后，双方重要的互访有：2007年10月，阿里亚斯总统对中国进行国事访问。2008年11月，胡锦涛主席对哥进行国事访问。2012年8月，钦奇利亚总统对中国进行国事访问。2013年6月，习近平主席对哥进行国事访问。2015年1月，索利斯总统来华进行国事访问并出席中拉论坛首届部长级会议开幕式。

近年来，其他中方主要往访有：胡锦涛主席特使、全国人大常委会副委员长陈昌智（2011年3月），全国政协副主席万钢（2011年9月），全国人大常委会副委员长华建敏（2011年11月），全国政协副主席、统战部长杜青林（2012年4月），中共中央政治局委员、天津市委书记张高丽（2012年6月），全国政协主席贾庆林（2012年12月），习近平主席特使、农业部长韩长赋（2014年5月），中央政治局委员、中央统战部部长孙春兰（2015年11月），全国政协副主席马培华（2016年3月），全国人大常委会副委员长张平（2016年12月）。全国政协副主席巴特尔（2019年12月）。

哥方主要来访有：自由运动党主席格瓦拉（2011年3月），立法大会专门委员会主席阿拉亚、索托马约尔和贡戈拉（2011年8月），前总统阿里亚斯（2012年5月），最高法院院长莫拉（2012年6月），第二副总统利伯曼（2012年9月来华出席夏季达沃斯论坛），第一副总统皮瓦（2013年4月过境北京），立法大会主席门多萨（2013年7月），立法大会主席奥尔蒂斯（2015年9月，以基督教社会团结党领导人身份），外长冈萨雷斯（2016年7月）等。2017年是中国同哥斯达黎加建交10周年。国家主席习近平同哥总统索利斯、外长王毅同哥外长冈萨雷斯互致贺电。中国驻哥使馆举办纪念建交10周年招待会。中国集邮总公司发行中哥建交10周年纪念封。中国人民对外友好协会举行庆祝中哥建交10周年招待会。2018年4月，习近平主席致电祝贺阿尔瓦拉多当选总统。王毅国务委员兼外长致电祝贺坎贝尔就任第一副总统兼外长。2018年9月，哥前总统阿里亚斯来华出席国际和平纪念日活动。

2019年9月，阿尔瓦拉多总统发表视频贺词，祝贺新中国成立70周年。2020年初，哥总统、外长、卫生部长等政府高层就新冠肺炎疫情纷纷对中国政府和人民表达慰问和声援。

中国是哥第二大贸易伙伴。2010年4月8日，两国签署自贸协定。2011年8月1日，该协定正式生效。2007年10月，两国签署促进和保护投资协定。2016年10月，该协定生效。

据中国海关总署统计，2019年，中哥贸易总额

22.4亿美元，其中中方出口额15.2亿美元，进口额7.2亿美元，同比分别下降8%、8.4%和7%。

两国人文领域交流日益活跃。2011年8月，广州市与圣何塞市签署加强友好交流与合作备忘录。2017年6月，广东交响乐团赴哥演出；8月，中国残疾人艺术团赴哥演出。2018年，“感知中国哥斯达黎加行”系列文化活动在哥举行。2019年4月，故宫博物院院长单霁翔访哥；6月，哥艺术家来华参加第六届拉美艺术季展览及艺术家交流创作活动。

中国驻哥斯达黎加大使：汤恒。馆址：De la casa de D. Oscar Arias 100 metros al sur y 50 metros al oeste，Rohrmoser，Pavas，San José，Costa Rica。电话：00506–22914811。传真：22914820。信箱：1518–1200；电子邮箱：chinaemb_cr@mfa.gov.cn。领事部、文教科组办公地址：Frente a la casa de D. Oscar Arias，Rohrmoser，Pavas，San José，Costa Rica。电话：00506–22914650。传真：22914654。

哥斯达黎加驻华大使：罗德里戈·德尔加多·索托（Rodrigo Delgado Soto）。馆址：建国门外交公寓1号楼5单元41–42。电话：010–65324157；传真：65324546。领事部电话：65234157–807。

哥斯达黎加驻上海总领事：骆艺斯（Luis Alberto Munoz Madriz）。馆址：上海市南京西路1376号上海商城507室。电话：021–62898368；传真：62898369。领区：上海，江苏，浙江，安徽。

【同美国的关系】哥美于1851年建交。两国关系密切，高层互访不断。美为哥最大贸易伙伴，2019年哥对美出口额50.82亿美元，进口额66.31亿美元。双方在反恐、禁毒、军事等领域保持密切合作。美在哥建有拉美警察学校，美军舰使用哥太平洋和大西洋港口。2013年5月，美总统奥巴马访哥，与钦奇利亚总统会谈，并出席美国与中美洲一体化体系（SICA）特别首脑会议。2016年8月，索利斯总统访美，会见总统奥巴马和副总统拜登，双方同意加强在打击贩毒和有组织犯罪、发展清洁能源等领域的合作。2017年3月，索利斯总统再次访美，会见美副国务卿香农，就移民、安全问题交换看法。2018年6月，阿尔瓦拉多总统访美，与美国会议员等就安全、投资等议题交换看法。2019年3月，阿尔瓦拉多总统再次访美，参访美多家跨国企业，并同其就赴哥开展业务进行交流。4月，本图拉外长访美，会见美国务卿蓬佩奥。

【同拉美国家的关系】重视发展同拉美国家特别是中美洲各国的睦邻友好合作关系，保持密切高层往来，推动中美洲地区一体化进程，并积极协调解决地区冲突。2017年上半年，担任中美洲一体化体系轮值主席国，积极推动中美洲一体化体系机制改革。

2010年10月，哥与尼加拉瓜因边界领土争端关系紧张。2015年12月，海牙国际法院裁决，确定波尔蒂略岛属于哥，尼有疏浚圣胡安河的权力，认为哥在修建圣胡安河沿岸公路前有义务进行环境评估。2017年7月，海牙国际法院再次开庭审理哥尼海陆划界争端，并于2018年2月作出终审判决，确定哥获得约1万平方公里的领海和专属经济区，尼获得在加勒比海一侧的大部分争议海域主权。此外，海牙国际法院还重申了圣胡安河和波尔蒂略岛的主权归属。

2019年1月，委内瑞拉总统马杜罗就职后，哥政府拒绝承认马政府合法性，并正式承认瓜伊多“临时政府”及其任命的“外交代表”。

【同欧洲国家的关系】同欧洲国家有着传统经贸往来。2012年6月，哥与中美洲有关国家同欧盟签署《中美洲—欧盟伙伴关系协议》。2013年7月，哥立法大会批准该协议。2017年5月，索利斯总统访问西班牙、荷兰。2018年8月，西班牙首相桑切斯访哥，双方就加强环保、女性权益等领域合作交换意见。2019年5月，阿尔瓦拉多总统访问德国，与德国总理默克尔和总统施泰因迈尔分别举行会晤，就加强两国关系和各领域合作等交换意见。

【同亚太国家的关系】近年来，哥日益重视开展同亚太国家的经贸合作，主张中美洲与东盟国家建立经常性的政治和经济磋商机制。2015年7月，印度外长辛格访哥；9月，哥与老挝建立外交关系。2016年10月，索利斯总统访问韩国。2019年3月，印度副总统奈杜访哥。4月，古巴外长罗德里格斯访哥。（张音）

格 林 纳 达

国名　格林纳达（Grenada）。

面积　344平方公里。

人口　10.9万（2019年），黑人约占82%，混血人占13%，白人及其他人种占5%。英语为官方语言和通用语。居民多信奉天主教。

首都　圣乔治（St. George’s），人口约1万。

国家元首　英国女王伊丽莎白二世，女王任命总督为代表。现任总督塞茜尔·拉格雷纳德（Cecile LA GRENADE，女），2013年5月就任。

重要节日　独立日：2月7日。

简　况

位于东加勒比海向风群岛最南端，南距委内瑞拉海岸约160

公里。属热带海洋性气候，1至5月为旱季，6—12月为雨季。8—11月天气较热，最高气温35℃。12月至次年3月，天气较凉爽，最低气温18℃。年平均气温26℃。

原为印第安人居住地。1498年被哥伦布"发现"，1650年归属法国，1762年被英国占领。1763年法国根据《巴黎条约》将格转让给英国，1779年被法国重新占领。1783年根据《凡尔赛条约》正式确认为英国所有，从此沦为英国殖民地。1974年2月7日宣布独立，同年加入联合国。1979年3月，"新宝石运动"发动军事政变，成立人民革命政府，毕晓普担任总理。1983年10月，副总理科尔德等人发动政变，杀害毕晓普总理等人。美国遂以保护侨民和应东加勒比国家组织请求干预为由，与牙买加、多米尼克、巴巴多斯等6个加勒比国家联合出兵格林纳达。1984年格恢复大选。

政　治

2018年3月，格林纳达举行大选。执政党新民族党再次获得众议院全部15席，党领袖基思·米切尔（Keith MITCHELL）蝉联总理。目前，格政局稳定。

【宪法】现行宪法于1974年独立时生效。1979年3月13日因内乱停止实施。1984年1月1日恢复实施。

【议会】分参、众两院，本届议会于2018年3月组成，任期为5年。参议院13席，由总督根据总理和反对党领袖提名任命。参议长切斯特·汉弗莱（Chester HUMPHREY）。众议院15席，由普选产生。众议长迈克尔·皮埃尔（Michael PIERRE）。2018年3月大选后，新民族党拥有全部15席。2019年11月，众议员托比亚斯·克莱门特宣布退出新民族党，2020年4月克莱门特被格总督任命为议会反对派领导人并宣誓就职。

【政府】本届政府于2018年3月25日组成，主要成员有总理兼内政、能源、财政、信息通信技术、国家安全和公共事务管理、规划、经济发展和自然资源开发部长基思·米切尔，基础设施发展、公用事业、能源、交通部长格雷戈里·鲍恩（Gregory BOWEN），农业和土地部长约兰德·贝恩—霍斯福德（Yolande BAIN-HORSFORD，女），教育、人力资源开发兼新闻事务部长埃玛琳·皮埃尔（Emmalin PIERRE，女），教育、人力资源开发和宗教事务部负责高等教育、技术培训和教育推广部长帕尔梅拉·摩西（Palmela MOSSES，女），旅游和民航部长克拉丽斯·莫德斯特–柯温（Clarice MODESTE-CURWEN，女），青年发展、体育、文化和艺术部长诺兰德·考克斯（Norland COX），青年发展、体育、文化和艺术部负责青年发展部长凯特·刘易斯（Kate LEWIS，女），卫生、社会保障和国际商务部长尼古拉斯·斯蒂尔（Nickolas STEELS），贸易、工业、合作和加共体事务部长奥利弗·约瑟夫（Oliver JOSEPH），气候变化、环境、林业、渔业、灾害管理和新闻部长西蒙·斯蒂尔（Simon STIELL），气候变化、环境、林业、渔业、灾害管理和新闻部负责林业和渔业部长阿尔文·达布雷奥（Alvin DA BREO），社会发展、住房和社区发展部长德尔玛·托马斯（Delma THOMAS，女），外交和劳工部长彼得·戴维（Peter DAVID），卡里亚库和小马提尼克、地方政府和司法部长肯特·玛瑟琳–斯图亚特（Kindra MATHURINE-STEWART，女），气候变化、环境、林业、渔业和灾害管理部长温斯顿·加罗韦（Winston GARRAWAY）等。

【司法机构】设有最高法院和地方法院。最高法院包括高等法院和上诉法院。1991年格加入东加勒比国家组织后，其司法权移至东加勒比最高法院，但终审机构为英国枢密院司法委员会。

【政党】主要政党：

（1）新民族党（New National Party）：执政党。1984年8月成立后，曾六次（1984年、1995年、1999年、2003年、2013年、2018年）大选获胜组阁。现任领袖基思·米切尔，副领袖格雷戈里·鲍恩。

（2）民族民主大会党（National Democratic Congress）：反对党。1987年10月成立，系由新民族党部分成员和民主劳工大会、格林纳达民主劳工党合并而成。曾于1990年、2008年赢得大选。现任领袖弗兰卡·伯纳丁（Franka BERNARDINE，女），副领袖阿德里安·托马斯（Adrian THOMAS）。

【重要人物】塞茜尔·拉格雷纳德：总督。1952年出生。曾就读于西印度大学、美国马里兰大学，获化学博士学位。长期从事食品科学研究工作。2013年5月7日就任格林纳达总督，为格历史上首位女总督。　**基思·米切尔**：总理。1948年生于格林纳达，早年就读于西印度大学、美国霍华德大学和美利坚大学，先后获数学硕士、博士学位。1984—1989年任公共事务部长，1995—2008年、2013—2018年出任总理。2018年3月，领导新民族党大选获胜，连任总理。

经　济

经济运行态势良好，宏观调控能力较强，政府持续推动建筑业、旅游业、农业发展，大力推动投资移民计划，实现经济连续七年稳健增长。2019年主要经济数据如下：

国内生产总值：12.4亿美元。

人均国内生产总值：11380美元。

国内生产总值增长率：1.1%。

通货膨胀率：0.8%。

货币名称：东加勒比元。

汇率：1美元≈2.7东加勒比元。

（主要资料来源：国际货币基金组织）

【资源】有一定储量的石油，但尚未开采。森林面积40.47平方公里。

【工业】工业不发达。主要为小型加工制造业包括农产品加工、食品、饮料、纺织、轻型组装等。

【农业】农业基础薄弱，主要种植肉豆蔻、香蕉、可可、椰子、甘蔗等。有"香料之国"之称，曾是世界第二大肉豆蔻生产国，肉豆蔻产量曾占世界总产量的三分之一。

【旅游业】格经济重要部门。国际金融危机爆发后，格旅游业遭受巨大冲击。近年来有所恢复。

【交通运输】全国有公路1127公里，无铁路。海空交通便利。首都圣乔治有深水港设施，可停靠大型远洋客货轮。2003年竣工的圣乔治港扩建工程使格具备停泊国际上先进大型货轮的条件。位于首都圣乔治的莫里斯·毕晓普国际机场有通往部分加勒比共同体国家和北美欧洲的客货航班。

【对外贸易】主要出口肉豆蔻、香蕉、可可等；进口食品、机械、交通设备和基本制成品。每年贸易均有巨额逆差。主要贸易伙伴为特立尼达和多巴哥、美国。2019年，格林纳达进出口总额5.02亿美元，其中出口额0.32亿美元，进口额4.7亿美元。

【经济团体】（1）格林纳达工商会（Grenada Chamber of Industry and Commerce，Inc.）1921年成立。地址：Decaul Bldg，Mt Gay，P.O.B.129，St. George's。电话：440–2937。传真：6627。

（2）格林纳达肉豆蔻合作联合会（Grenada Co-Operative Nutmeg Association）：1947年成立。地址：POB 160，ST Geroge's。电话：440–2117。传真：6602。

人民生活

人均寿命74.5岁，人口增长率0.44%，出生率1.55%，死亡率0.82%。全国共有公立医院3家，私立医院3家，平均每1150人拥有一名医生，每170人有一张病床。

军　事

无军队，有警察约900人。

【教育】对5—16岁儿童实行免费义务教育，全国识字率96%。小学和中学学制均是7年。有20所公立中学，有1所医学院、1所艺术学院。首都圣乔治有一免费公共图书馆。每个区都设有职业培训中心。

【新闻出版】有几家周报，主要是：《格林纳达鼓动报》《新今日报》《格林纳达声报》《信息报》。

文化教育

格林纳达广播公司：国营，成立于1972年，包括格林纳达广播公司电视台。

对外关系

奉行"维护国家议会民主及和平友善"的外交政策，反对以武力解决国际争端，愿与世界所有国家发展贸易和文化交往。支持全球反恐斗争，支持打击跨国犯罪，打击毒品、武器走私和洗钱。主张通过解决发展问题消除贫穷、饥饿、失业等问题，发达国家应向发展中国家提供技术、经济以及其他形式的援助。主张改革全球贸易体系，呼吁发达国家停止对农业进行补贴，消除非关税和其他阻碍农产品贸易的技术壁垒。在重大国际问题上主张与本地区组织协调一致立场。曾于2009年至2011年任小岛屿国家联盟主席国，重视气候变化外交，多次在多边场合呼吁国际社会重视小岛国在气候变化问题上的关切。

【同中国的关系】中格于1985年10月1日建交。1989年7月19日，格政府宣布与台湾当局"建交"；8月7日，中国中止了与格的外交关系。2005年1月20日，中格签署了关于恢复外交关系的联合公报，宣布自即日起正式恢复外交关系。

2013年6月，国家主席习近平在访问特立尼达和多巴哥期间同格林纳达总理米切尔举行双边会晤。2015年9月，米切尔总理来华出席第九届夏季达沃斯论坛，李克强总理会见。

复交后双方其他重要互访有：全国人大常委会副委员长陈昌智（2012年）访格。格总理米切尔（2005年，2015年出席夏季达沃斯论坛）、总理托马斯（2009年，2010年出席上海世博会加勒比共同体日活动）、副总理尼姆罗德（2014年，2015年出席中拉政党论坛首次会议，2017年因私访问）、总督拉格雷纳德（2016年非正式访问）、基础设施部长鲍恩（2019年，出席第二届"一带一路"国际合作高峰论坛）、外长戴维（2018年因私访问；2019年，出席第二届"一带一路"国际合作高峰论坛）、国际商业部长斯蒂尔（2018年，出席首届中国国际进口博览会）访华。

建交以来，中格经济技术合作稳步推进。格承认中国完全市场经济地位，是中国公民出境旅游目的地国。2018年9月，中格签署共建"一带一路"谅解备忘录。

据中国海关总署统计，2019年双边贸易额1458.9万美元，其中中方出口额1458.6万美元，进口额2489美元，同比分别增长10.9%、10.9%和–9.6%。中方主要对格方出口铝制品、塑料制品、橡胶制品、家具、机械器具、电器零件和日用家电等，主要向格方进口光学仪器、电器零件、日用家电等。

两国在教育、文化、医疗、农业和旅游等领域的交流合作进展顺利。2015年，格玛丽秀社区大学成立孔子课堂，两国全面互免签证协议正式实施，中国新闻代表团访格并出席加勒比广播联盟（CBU）第46届年会。2015年和2018年，中国海军"和平方舟"号医院船两次访格，向格民众提供免费医疗和人道主义服务。2018年9月，中国与加勒比地区国家反腐败执法合作会议在格举行。2019年1月，中格双边引渡和刑事司法互助条约正式生效。2019年10月，中国和加勒比国家共建"一带一路"国际合作会议在格举行。广东省佛山市与格首都圣乔治建有友好城市关系。中国在格林纳达派有农业专家组。

中国驻格林纳达大使：赵永琛（Zhao Yongchen）。馆址：Azar Villa At Calliste St. George's，Grenada。电话：001–473–4141228。传真：4396231。网址：http://gd.china-embassy.org，http://gd.chineseembassy.org。电子邮箱：chinaemb_gd@mfa.gov.cn。

格林纳达驻华大使：戴艾美（Abbie David）。办公处：北京朝阳区塔园外交公寓5-2-52.电话：65321208、65321209。传真：65321015。电子邮箱：embgrenada@outlook.com。

【同加勒比国家的关系】格重视加勒比地区一体化，主张东加勒比各国应首先联合。积极主张实现加勒比经济一体化和更广泛的区域合作，支持向风群岛一体化。不断加强与邻国的双边交往和经贸往来。2010年6月，格与其他东加勒比国家组织成员共同成立东加勒比经济联盟。2017年7月，格主办第38届加共体政府首脑会议。2019年担任加共体外长理事会轮值主席国。（陈皓月）

古 巴

国名 古巴共和国（The Republic of Cuba，La República de Cuba）

面积 10.99万平方公里

人口 1147.2万（2020年）。城市人口占75%。白人占总人口66%，黑人占11%，混血种人占22%，华人占1%。官方语言为西班牙语。主要信奉天主教、新教、非洲教、古巴教等。

首都 哈瓦那（La Habana），人口213万（2019年）。年平均气温25.6℃。最热月（8月）平均气温24℃—32℃，最冷月（1月和2月）平均气温18℃—27℃。

国家元首 米格尔·迪亚斯-卡内尔·贝穆德斯（Miguel Díaz-Canel Bermúdez），2019年10月当选。

重要节日 国庆日：1月1日（革命胜利纪念日）；起义日：7月26日（攻打蒙卡达兵营纪念日）；建军节：12月2日（“格拉玛”号登陆日）。

简 况

位于加勒比海西北部墨西哥湾入口。北距美国佛罗里达半岛217公里，东与海地和多米尼加隔海相望（77公里），南距牙买加140公里，西离墨西哥尤卡坦半岛210公里。由古巴岛、青年岛等1600多个岛屿组成，是西印度群岛中最大的岛国。古巴岛长1250公里，宽31—191公里。海岸线长5746公里。全境大部分地区属热带雨林气候，年平均气温25℃。5—10月为雨季，11月至次年4月为旱季。6—11月为飓风多发期。

1492年10月27日，哥伦布发现古巴岛。1510年西班牙开始对古巴进行殖民统治。1868年和1895年两次爆发独立战争。1898年美西战争后被美国占领。1902年美国扶植成立“古巴共和国”。1903年美强租两处古海军基地，其中关塔那摩基地迄今仍被美占领。此后，古基本上由亲美独裁政府统治，政局动荡。1953年7月26日，菲德尔·卡斯特罗·鲁斯（Fidel Castro Ruz）率领一批进步青年攻打蒙卡达兵营，失败后被捕入狱，1955年流亡墨西哥。1956年12月，卡斯特罗率领81名起义战士乘“格拉玛”号游艇返古，在马埃斯特拉山区开展游击战。1959年1月1日，卡斯特罗率起义军推翻了巴蒂斯塔独裁统治，建立革命政府。1961年，古巴军民在吉隆滩击败美国雇佣军入侵，卡斯特罗宣布开始社会主义革命。1962年，美宣布对古实行经济、贸易和金融封锁。

政 治

近年来，古政局保持稳定。2006年7月31日，卡斯特罗主席因病将职权移交其胞弟劳尔临时代理。2008年2月24日，在古巴第七届全国人民政权代表大会上，劳尔当选国务委员会主席兼部长会议主席，并接任革命武装力量总司令，正式接替卡斯特罗。这是古巴自1959年革命胜利以来首次实现最高领导人更替。2013年2月24日，在古巴第八届全国人民政权代表大会上，劳尔再次当选国务委员会主席兼部长会议主席，迪亚斯—卡内尔当选国务委员会第一副主席兼部长会议第一副主席。2018年4月，在古巴第九届全国人民政权代表大会上，劳尔主席卸任国家领导人职务，迪亚斯—卡内尔当选新任国务委员会主席兼部长会议主席。2019年10月，在第九届全国人大第四次特别会议上，米格尔·迪亚斯-卡内尔·贝穆德斯当选首任国家主席。

【宪法】现行宪法于2019年4月颁布实施，系1959年古巴革命胜利后制定的第三部宪法。宪法坚持社会主义制度和古巴共产党为国家最高领导力量，明确坚持全民所有制和计划经济的主导地位，坚持国有企业的主体作用，承认市场的客观存在和作用，承认非公有制经济的重要补充作用，重申对外政策基本准则，谴责单边主义、霸权主义、强权政治。

【议会】全国人民政权代表大会为国家最高权力机关，享有修宪和立法权。每届任期5年。每年举行2次例会。全国和省级人大代表候选人由群众和学生组织提名后交市级人民政权代表大会审批，然后由全体选民以无记名方式直选产生。第九届全国人大成立于2018年4月，共有代表614人，埃斯特万·拉索·埃尔南德斯（Esteban Lazo Hernández）连任主席。

根据古巴2019年4月颁布的新宪法规定，国务委员会是全国人民政权代表大会常设机构，在全国人民政权代表大会休会期间行使立法等国家权力，由主席、副主席、1名秘书和18名委员组成。全国人大主席和副主席兼任国务委员会主席和副主席。本届国务委员会成立于2019年10月。现任主席是埃斯特万·拉索·埃尔南德斯（Esteban Lazo Hernández），副主席是安娜·玛丽亚·马里·马查多（Ana María Mari Machado）。

【政府】2019年12月，古巴第九届全国人民政权代表大会第四次会议根据国家主席迪亚斯–卡内尔的提名，表决通过曼努埃尔·马雷罗·克鲁斯（Manuel Marrero Cruz）出任总理。6位副总理：拉米罗·巴尔德斯·梅嫩德斯（Ramiro Valdés Menéndez）、罗伯托·莫拉莱斯·奥赫达（Roberto Morales Ojeda）、伊内丝·玛丽亚·查普曼Inés María Chapman，女）、豪尔赫·路易斯·塔皮亚·丰塞卡（Jorge Luis Tapia Fonseca）、亚历杭德罗·希尔·费尔南德斯（Alejandro Gil Fernández）、里卡多·卡布里萨斯·鲁伊斯（Ricardo Cabrisas Ruíz）。

部长会议是国家最高行政机关。2019年12月产生新一届部长会议成员，主要成员有：部长会议秘书何塞·阿马多·里卡多·格拉（José Amado Ricardo Guerra）、革命武装力量部长莱奥波尔多·辛特拉·弗里亚斯（Leopoldo Cintra Frías）、内务部长胡里奥·塞萨尔·甘达里利亚·贝尔梅霍（Julio César Gandarilla Bermejo）、高等教育部长何塞·拉蒙·萨沃里多·洛伊迪（José Ramón Saborido Loidy）、教育部长埃娜·埃尔莎·贝拉斯克斯·科维埃利亚（Ena Elsa Velázquez Cobiella，女）、财政与价格部长梅斯·博拉尼奥斯·魏茜（Meisi Bolaños Weiss，女）、建设部长雷涅·梅萨·比利亚法尼亚（René Mesa Villafaña）、外贸外资部长罗德里戈·马尔米耶卡·迪亚斯（Rodrigo Malmierca Díaz）、外交部长布鲁诺·罗德里格斯·帕里利亚（Bruno Rodríguez Parrilla）、交通部长爱德华多·罗德里格斯·达维拉（Eduardo Rodríguez Dávila）、科技与环境部长埃尔娃·罗莎·佩雷斯·蒙托亚（Elba Rosa Pérez Montoya，女）、司法部长奥斯卡·曼努埃尔·西尔韦拉·马丁内斯（Oscar Manuel Silvera Martínez）、内贸部长贝齐·迪亚斯·贝拉斯克斯（Betsy Díaz Velázquez，女）、文化部长阿尔皮迪奥·阿隆索·格劳乌（Alpidio Alonso Grau）、通信部长豪尔赫·路易斯·佩尔多莫（Jorge Luis Perdomo）、公共卫生部长何塞·安赫尔·波塔尔·米兰达（José Angel Portal Miranda）、经济计划部长亚历杭德罗·希尔·费尔南德斯（Alejandro Gil Fernández）、农业部长古斯塔沃·罗德里格斯·罗列罗（Gustavo Rodríguez Rollero）、国家水资源委员会主席安东尼奥·罗德里格斯·罗德里格斯（Antonio Rodríguez Rodríguez）、广播电视委员会主席阿方索·诺亚·马丁内斯（Alfonso Noya Martínez）、国家体育运动娱乐委员会主席奥斯瓦尔多·卡里达·本托·蒙蒂列尔（Osvaldo Caridad Vento Montiller）、劳动和社会保障部长玛尔塔·埃莱娜·费托·卡夫雷拉（Martha Elena Feitó Cabrera，女）、旅游部长胡安·卡洛斯·加西亚·格兰达（Juan Carlos García Granda）、中央银行行长玛尔塔·萨维娜·威尔逊·冈萨雷斯（Marta Sabina Wilson González，女）、食品工业部长曼努埃尔·圣地亚哥·索夫里诺·马丁内斯（Manuel Santiago Sobrino Martínez）、工业部长埃洛伊·阿尔瓦雷斯·马丁内斯（Eloy Álvarez Martínez）、能源和矿产部长尼古拉斯·阿龙特·克鲁斯（Nicolás Arronte Cruz）。

【行政区划】全国划分为15个省（包括省级市哈瓦那市），1个特区（青年岛特区）。省下设168个市。

【司法机构】最高人民法院是国家最高司法机构。共和国总检察院负责行使司法监督权。最高人民法院院长、法官、总检察长、副总检察长均由全国人民政权代表大会选举和罢免。最高人民法院院长鲁文·雷米西奥·费罗（Rubén Remigio Ferro），1999年1月就任。总检察长亚米拉·培尼亚·奥赫达，2018年8月就任。

【政党】古巴共产党（Partido Comunista de Cuba，PCC），是古唯一合法政党。宪法规定，古巴共产党是马蒂思想和马列主义先锋组织，是古巴社会和国家的最高领导力量。1961年，"七·二六运动"、人民社会党和"三一三革命指导委员会"合并成"古巴革命统一组织"，1962年改名为"古巴社会主义革命统一党"，1965年改用现名。

古共成立以来共召开7次全国代表大会（1975年12月、1980年12月、1986年2月、1991年10月、1997年10月、2011年4月和2016年4月）。古共四大决定，允许信仰宗教的先进革命分子入党。古共五大通过政治、经济和修改党章3项决议，并选举产生中央委员会和中央政治局。2006年7月，古共五届五中全会决定恢复设立中央书记处。2008年4月，古共五届六中全会决定成立政治局委员会，作为政治局最高决策机构，由国务委员会主席、第一副主席和5名副主席组成，并增补3名政治局委员。2011年4月，古巴共产党第六次全国代表大会召开，劳尔接替卡斯特罗担任古共中央第一书记，何塞·马查多·本图拉（José Machado Ventura）担任第二书记。2016年4月，古共七大召开，选举产生了第七届中央委员会（142人）、中央政治局（17人）和书记处（6人）。劳尔·卡斯特罗连任古共中央第一书记，何塞·拉蒙·马查多连任古共中央第二书记。古共现有党员约80万人。

【重要人物】**劳尔·卡斯特罗·鲁斯**：古巴共产党中央第一书记。菲德尔·卡斯特罗胞弟。1931年6月3日出生。受其兄卡斯特罗影响，青年时代即投身于反对独裁统治的学生运动，加入了古巴人民社会党。1953年参加攻打蒙卡达兵营战斗，失败后被捕入狱。1955年大赦获释，先后前往美国、墨西哥。1956年随卡斯特罗乘"格拉玛"号游艇回到古巴，在马埃斯特拉山区开展游击战争。1958年在克里斯塔尔山区开辟并领导了第二战线。1959年革命胜利后任革命武装力量部长。1965年起任古共中央第二书记。1976年起任国务委员会第一副主席兼部长会议第一副主席，同年被授予大将军衔。1997年在古共五大上被确定为菲德尔·卡斯特罗的接班人。2006年7月，卡斯特罗因病将职权移交劳尔临时代理。2008年2月，在古巴第七届全国人民政权代表大会上，当选国务委员会主席兼部长会议主席和革命武装力量总司令。2011年4月，在古共六大上当选古共中央第一书记。2013年2月，再次当选国务委员会主席兼部长会议主席。2016年4月，在古共七大上连任古共中央第一书记。2018年4月，卸任国家领导人职务，保留党内职务。曾于1997年11月、2005年4月、2012年7月访问中国。 **米格尔·迪亚斯-卡内尔·贝穆德斯**：古巴国家主席。1960年4月20日出生。曾任古巴共产主义青年联盟中央委员会第二书记、比利亚克拉拉省省委书记、奥尔金省省委书记、高等教育部部长、部长会议副主席。2003年起任古共中央政治局委员。2013年起任国务委员会第一副主席兼部长会议第一副主席。2018年4月，接替劳尔·卡斯特罗任国务委员会主席兼部长会议主席。2019年10月，当选古巴国家主席。曾于2013年6月、2018年11月访问中国，2015年9月来华出席中国人民抗日战争暨世界反法西斯战争胜利70周年纪念活动。

经 济

长期实行计划经济体制。旅游、制糖业和镍出口为重要经济支柱。曾长期维持以蔗糖生产为主的单一经济发展模式，从1990年起糖工业逐渐丧失主导地位。20世纪80年代末期，苏东剧变使古经济受剧烈冲击。1990—1993年古巴国内生产总值累计下降超过35%。1993年开始逐步推出“特殊阶段的措施”，允许个人拥有外汇，扩大个体经济，改革农业体制。1994年推出扩大企业自主权，实行财税改革，开放农贸自由市场和小商品市场，向外资开放生产部门等举措。1997年，古共五大首次提出把经济工作摆在优先地位。1998年启动国企改革。2003年收紧外汇管理，禁止本国企业开设美元账户。1994—2003年，古经济年均增长3.6%。2004—2007年，经济进入快速发展时期，年均增长9.2%。2008—2010年，受国际金融危机、严重飓风灾害及美国封锁等影响，古经济形势严峻。2011年古共六大后，古工作重心转向经济建设，加快经济模式更新，出台了一系列经济社会政策调整措施。此后古个体经营规模扩大，经济活力有所增强。2018年主要经济数据如下：

国内生产总值：1000.23亿比索。

人均国内生产总值：8918比索。

国内生产总值增长率：3.3%。

货币名称：比索（Peso）和可兑换比索（Peso Convertible，1995年1月开始流通）。

汇率：1美元=24比索；1美元=1可兑换比索。

失业率：1.7%。

通货膨胀率：2.4%。

（资料来源：古巴国家统计局网站）

【资源】镍储量约1600万吨，居世界第三位，年产量约7万吨，居世界第四位。铁、铬、钴蕴藏量分别为35亿吨、200万吨、80万吨。此外，还有锰、铜等。森林覆盖率29.8%。物种多样，有8000多种植物、1.4万多种动物。

【工业】近年来，工业结构明显调整，采矿、发电、炼油、炼钢、食品加工、机械、轻纺、电子、水泥等行业发展较快，制糖业在国民经济中比重呈下降趋势。制造业以生物技术和制药工业为重点，迄今投入约10亿美元。

【农业】1959年革命胜利后，古政府实行土地改革，建立了大量国营农场和农村合作社，确立了国有制主导的发展模式，农业以甘蔗、烟草种植为主。20世纪90年代初，古再次推行农业改革，允许国营农场将部分土地租借给合作社，以优化农业结构。

2002年糖工业重组后，大量甘蔗田转种其他作物或用于发展林业。2015年古全国耕地273.4万公顷，其中国营农场52.3万公顷，占19.1%；农业生产基层组织、农牧业生产合作社、服务与信贷合作社及个体农民共计拥有耕地221.1万公顷，占80.9%。甘蔗、可可、水稻、烟草、香蕉和酸性水果的种植面积分别为45.02万公顷、0.56万公顷、11.22万公顷、1.87万公顷、11.00万公顷和2.01万公顷。古大米、豆类和小麦等主要依赖进口。

【服务业】从业人员素质高、经验丰富，可在医疗、教育、信息、电信、航空、海上运输、船舶修理等领域提供专业服务。2016年服务业约占国内生产总值的72.7%。

【旅游业】旅游资源丰富。全国有适宜旅游海滩约300处，其中巴拉德罗海滩是著名旅游胜地。近年来，旅游业成为古重点发展方向、第一大创汇产业和重要就业来源。据统计，全国共有旅馆483家，客房8.4万间。2019年接待外国旅客约427.5万人次，同比下降9.3%。游客主要来自加拿大、美国、德国、法国和海外古侨。

【交通运输】以公路为主。

公路：总长4.9万余公里（其中高速公路682公里）。中央公路横贯古巴岛。公路客运量为11.40亿人次，货运总量为4128.64万吨。

铁路：总长1.48万公里，其中一半以上为甘蔗运输专线。另有147公里电气化铁路。客运量870万人次，货运总量为1556.62万吨。

海运：有16个商业港口和23个辅助港口。1980年前是加勒比地区最大海运国家，曾有6家船运公司，商船约100艘，总吨位120万吨。主要港口有哈瓦那港和圣地亚哥港。海运货物总量为672.58万吨。

空运：共有20个机场，其中11个为国际空港，年接待总能力为800万人次。哈瓦那和巴拉德罗国际机场每年入境人数占全国70%。航空客运量为140万人次，货运总量为8800吨。

【财政金融】2018年财政收入573.91亿比索，支出654.98亿比索，实际财政赤字81.07亿比索，占国内生产总值8.1%。

2016—2018年古巴财政收支情况（单位：亿比索）：

	2016	2017	2018
总收入	511.17	556.19	573.91
总支出	578.13	639.06	654.98
赤字	66.96	82.87	81.07
占国内生产总值比重（%）	6.8	8.6	8.1

（资料来源：古巴国家统计局网站）

古巴除中央银行外，有8家商业银行、15家非银行金融机构、12家外资银行代表处和4家外资非银行金融机构代表处。

古巴国民银行是最大商业银行，1948年12月成立。1997年5月起不再承担中央银行职能而改为商业银行，主要承办对国家有重大影响项目的贷款、转贷或担保业务，不办理储蓄业务。

【对外贸易】主要出口镍、蔗糖、蜂蜜、龙虾及对虾、咖啡、浓缩果汁、酸性水果、雪茄烟、朗姆酒等，主要进口石油、粮食、机械、化肥、化工产品等。2018年进出口总额138.6亿比索，其中出口额23.7亿比索，进口额114.8亿比索，同比分别上升10.2%、-1.2%和12.9%。主要出口对象为委内瑞拉、加拿大、中国、荷兰、西班牙等，主要进口来源国为委内瑞拉、中国、西班牙、巴西、墨西哥等。

2016—2018年古巴进出口情况（单位：亿比索）：

	2016	2017	2018
出口额	23.2	24.02	23.73
进口额	102.7	101.7	114.8
差　额	–79.5	–77.7	–91.12

（资料来源：古巴国家统计局网站）

【外国资本】1995年9月，古巴颁布外资法。2014年，古巴出台新的《外国投资法》，鼓励外资进入除医疗、教育、国防以外的所有领域。2016年11月，古巴出台新的《外国投资项目目录》，计划引资90亿美元。外资主要集中在镍矿、石油、旅游和电信等行业，其中50%以上来自欧盟。主要投资来源国为西班牙、加拿大、意大利、法国、英国、墨西哥、中国等。截至2015年，与62个国家签署促进和相互保护投资协定，与8个国家签署避免双重征税协定。

【对外援助】援外对象主要是拉美、加勒比和非洲国家。目前，古巴有7万余名援外人员在上百个国家提供医疗、体育、教育等服务。医务援外人员约5.4万人，分布在60余个国家；通过实施“奇迹计划”，为30多个国家的近50万名患者进行眼科手术；援外教育工作者约1.5万名；接收了来自130多个国家的4.7万名青年留学生；参加了近20个国家的扫盲工作。

人民生活

【医疗卫生】实行全民免费医疗制度。拥有完整的医疗卫生保健网络：家庭医生—门诊医院—综合医院/专门医院，家庭医生保健体系覆盖全国99.1%的人口。2018年，医疗卫生和社会保障支出104.89亿比索，占国内生产总值的10.5%。平均寿命78.45岁，人口出生率11.1‰，死亡率8.9‰，新生儿死亡率4.3‰，人口增长率0.06‰。全国共有医院150所，床位6.1万张，综合门诊部451个，医生8.8万人（其中家庭医生1.29万人），平均每127人就有1名医生，是世界上人均拥有医生率最高的国家之一。每百人拥有电话（含移动电话）41.3部。

【就业】2019年，古全国就业人口约451.5万。国有部门中男性占51%，女性占49%。职工月均工资1067比索，同比增长37.3%。

军　事

实行义务兵役制，服役期2年，每年征兵2次。古巴革命武装力量部前身为起义军，1959年改为现名。12月2日为建军节。国务委员会主席为武装部队总司令。革命武装力量部负责三军的指挥和管理，现任部长莱奥波尔多·辛特拉·弗里亚斯（Leopoldo Cintra Frías）。

国防开支26.87亿比索，占当年国内生产总值的3.1%。全国总兵力：正规部队4.9万人，其中陆军3.8万人，海军3000人（含陆战队550人），空军与防空军8000人。另有预备役部队100多万人、准军事部队2.65万人（其中国家保安队2万人，边防警卫队6500人）、劳动青年军6.5万人、民防卫队5万人、地方民兵100万人。

文化教育

【文化】古巴政府重视发展文化教育，系拉美识字率和平均受教育水平最高的国家之一。拥有较高水准的芭蕾舞团、交响乐团等文艺团体。群众文化普及程度较高，据2018年古官方统计，全国有剧院99家、电影院244家、录像厅304家、图书馆380家、书店305家、艺术馆127家、博物馆230家、文化之家354个。全国有电视频道43个，电视节目播出总时长6.5万小时；广播电台98家，节目播出总时长约53万小时。

【教育】古巴教育水平居世界前列，实行全民免费教育制度，共分3级：第一级为学龄前教育；第二级包括小学、初中和大学预科；第三级为高等教育。全国共有大、中、小学及特殊教育机构共计9433所，在校学生187.84万，教师27.52万。适龄儿童入学率近100%，近85%的高中毕业生可进入大学或专科学校，

15岁以上人口文盲率为0.2%。2018年教育经费投入为80.55亿比索，约占国内生产总值的8%。

哈瓦那大学建于1728年，是古巴最古老、规模最大的高等学府，拥有13个系，30多个专业，下设14家科研所。

【体育】拉美体育强国。全国有5134个体育场所，3.53万名专业体育教师。体育强项有田径、棒球、拳击、排球、柔道、击剑等。在2016年里约奥运会上，古巴体育代表团共获得5枚金牌、2枚银牌和4枚铜牌，名列金牌榜第18位。

【新闻出版】主要报刊:《格拉玛报》，古巴共产党机关报，创办于1965年10月，发行量70万份;《起义青年报》，共青盟中央机关报;《劳动者报》，中央工会机关报;《波希米亚》周刊，创办于1908年5月，发行量30万份。

主要通讯社：拉美通讯社，官方国际通讯社，创建于1961年，在全世界设有37个分社；国家通讯社，创建于1974年，主要负责国内新闻报道。

全国性广播电台5家：时钟电台、进步电台、起义电台、音乐电台和古巴哈瓦那国际电台（用8种语言播音）。

全国性电视台2家：古巴国家电视台（Cubavisión）和起义电视台（TeleRebelde）。

对外关系

主张尊重各国主权和领土完整，尊重民族自决权，反对干涉别国内政。主张世界各国和各国人民一律平等。谴责一切形式的霸权主义、干涉主义、单边主义和歧视政策，反对使用或威胁使用武力，反对包括国家恐怖主义在内的一切形式的恐怖主义。

古巴是联合国创始会员国，世界贸易组织、不结盟运动、拉美和加勒比国家共同体、拉美一体化协会、加勒比国家联盟、美洲玻利瓦尔联盟等国际和地区组织成员国。

【同中国的关系】古巴是西半球第一个与中华人民共和国建交的国家。1960年9月2日，菲德尔·卡斯特罗宣布古巴断绝同台湾关系，并表达了与中华人民共和国建交的意愿。28日，中古两国政府发表建交联合公报。

两国关系良好，两国高层互访频繁，各领域平等互利合作不断扩大。近年来中方访古主要有：习近平主席（2014年7月，2011年6月曾以国家副主席身份访古），国务院副总理汪洋（2015年6月），国务院总理李克强（2016年9月），中纪委副书记赵洪祝（2017年5月），全国政协副主席王正伟（2016年5月）、马培华（2017年6月）、邵鸿（2019年4月）等。

2016年11月，古巴革命领袖菲德尔·卡斯特罗逝世后，中共中央总书记、国家主席习近平向劳尔·卡斯特罗主席致唁电，前往古巴驻华使馆吊唁，并派特使赴古巴出席悼念活动。国务院总理李克强也向劳尔·卡斯特罗主席致唁电。

近年来古方访华主要有：劳尔·卡斯特罗主席（2012年，1997年、2005年以第一副主席身份访华），迪亚斯-卡内尔主席（2018年，2013年、2015年分别以第一副主席身份访华和来华出席中国人民抗日战争暨世界反法西斯战争胜利70周年纪念活动），国务委员会第一副主席巴尔德斯（2018年，2015年、2016年以国务委员会副主席身份访华），全国人大主席拉索（2017年，1996年、2006年以国务委员会副主席身份访华），古共中央政治局委员、革命武装力量部部长辛特拉（2017年），部长会议副主席卡布里萨斯（2018年），古共中央书记处书记、国际部部长巴拉格尔（2017年、2018年），古共中央政治局委员、工人中央工会总书记吉拉特（2018年）、贝赫拉诺（2019年4月以国务委员会副主席兼总审计长身份来华出席第二届“一带一路”国际合作高峰论坛），古共中央政治局委员、外交部长罗德里格斯（2019年）等。

中国是古巴第一大货物贸易伙伴，古巴是中国在加勒比地区第二大贸易伙伴。2019年，中古贸易额12.62亿美元，同比下降14.5%，其中中方出口7.79亿美元，同比下降23.8%，中方进口4.83亿美元，同比增长6.5%。中方主要出口机电、高新技术、轻纺类和化工产品等，主要进口镍、食糖、酒类、废金属等。

古巴支持“一带一路”倡议，2018年11月中古签署“一带一路”合作谅解备忘录。

两国在文教、卫生、科技、新闻、体育、军事等领域互利友好合作进展顺利。2015年12月，中古开通商业直航，这是中国同加勒比国家开通的首条直航航线。2018年，中国公民首站赴古巴0.41万人次；古巴来华0.58万人次。

中国驻古巴大使：陈曦。馆址：Calle 13 No.551 entre C y D，Vedado，Ciudad de La Habana，Cuba。电话：00537-8333005。传真：00537-8333092。领事部电话：00537-8360037。商务处地址：Calle 42 No.313 esq. 5ta. Av. Miramar，Ciudad de La Habana，Cuba。商务处电话：00537-2042585。传真：00537-2041021。

古巴驻华大使：卡洛斯·米格尔·佩雷拉·埃尔南德斯（Carlos Miguel Pereira Hernández）。馆址：北京建国门外秀水南街1号。电话：010-65321855，65326656。传真：010-65322870，65325636。商务处电话：010-65321243。经济处电话：010-65321984。

【同美国的关系】1959年1月，美国宣布承认古巴革命临时政府。1961年1月3日，美古断交。1961年4月，美国雇佣军入侵古巴吉隆滩失败。1962年2月7日，美国宣布对古巴实行全面经济封锁政策。1977年，双方互设“照管利益办事处”。苏联解体后，美国加大对古巴施压力度，先后于1992年和1996年颁布“托里切利修正案”和“赫尔姆斯—伯顿法”，强化对古巴经济封锁。

“9·11”事件后，美国将古巴列为“邪恶轴心”外围国家，指责古巴支持恐怖主义和研发生化武器。2004年，美国宣布中止同古巴移民谈判，再度将古巴列入“支持恐怖主义国家”名单。2009年奥巴马总统就任后，美国对古巴政策有所缓和，但仍将古巴列入“支恐国家”名单。2014年12月，古美启动关系正常化进程。2015年5月，美国将古巴从“支恐国家”名单中删除。2015年7月，双方恢复外交关系并重新相互开设使馆。2016年3月，奥巴马总统访问古巴，实现美国总统时隔88年首次访古。美国出台措施逐步放宽对古封锁，取消对古巴特殊移民政策。双方恢复通邮、通航等基础合作。2017年以来，特朗普政府对古态度较为强硬。古美关系倒退。6月，美国政府出台加强对古封锁政策。11月，美方颁布制裁古巴军方下属企业和个人、限制美国公民赴古等措施。2019年5月2日起，美国允许实施“赫尔姆斯—伯顿法”第三条的全部内容，即美国公民可以向美国法院起诉被美国列入制裁名单的古巴实体和与古巴有经贸往来的外国企业。随后，古巴外交部发表声明，强烈谴责美国执行“赫尔姆斯－伯顿法”第三条的部分内容，认为这是对古巴“侵略行为的新升级”。

【同拉美和加勒比国家的关系】积极推动地区一体化进程，同拉美国家关系总体良好。古巴同拉美国家贸易额占古外贸总额40%以上。古巴向不少拉美国家派有医生、教师和体育教练，每年吸收近千名拉美留学生。

古巴同委内瑞拉、玻利维亚等国家关系密切，共同创建美洲玻利瓦尔联盟。古委在经贸、能源、医疗、金融、通信等领域开展了广泛合作。

【同俄罗斯的关系】1960年5月8日与苏联建交。苏联解体后，古俄关系一度较冷淡。2004年以来，俄罗斯调整对古政策，双边关系逐步恢复。2009年和2012年，劳尔主席两次访俄。2013年1月，时任俄罗斯总理梅德韦杰夫访古。2014年7月，俄总统普京访古，宣布免除古巴在苏联时期积欠的约320亿美元债务（约占积欠债务总额的90%），双方签署能源、工业、医疗、防灾等领域合作文件。2015年，俄外长、防长、国家杜马主席访古。劳尔主席访俄并出席俄“5·9”纪念活动。2016年2月，俄东正教大牧首同罗马天主教教皇在古举行历史性会晤。5月，迪亚斯－卡内尔以第一副主席身份访问俄罗斯。2018年11月，时任国务委员会主席兼部长会议主席迪亚斯－卡内尔访问俄罗斯。2019年10月，时任俄罗斯总理梅德韦杰夫访问古巴并与迪亚斯－卡内尔举行会谈；同月，古巴国家主席迪亚斯－卡内尔访问俄罗斯并与俄总统普京举行会晤。

【同加拿大的关系】1945年3月16日与加拿大建交。加拿大是古巴主要贸易对象和投资国，也是古巴最大旅游客源国，每年有近100万加拿大游客赴古巴旅游。加拿大反对美国“赫尔姆斯—伯顿法”，并于1997年通过“外国治外法权措施法”，允许本国公司反诉美国公司。2000年，卡斯特罗主席赴加参加特鲁多总理葬礼。2005年，加拿大SHERRIT公司与古方签订镍矿合资公司扩大生产规模的协议，协议总金额4.5亿美元，双方各出资50%。2016年11月，加拿大总理特鲁多访问古巴。

【同欧盟国家的关系】欧盟反对美国利用“赫尔姆斯—伯顿法”干涉自由贸易的做法。1996年，发表对古巴“共同立场”政策文件，主张同古巴进行建设性对话，通过加强经贸文化往来促古“向民主转变”。2003年，欧盟谴责古巴审判75名“持不同政见者”和判处3名劫船犯死刑，古欧关系出现倒退。2005年以来，双方恢复官方接触，古欧关系有所改善，但在人权等问题上仍有分歧。2008年，古巴签署联合国人权两公约，欧盟全面解除对古制裁。2010年西班牙担任欧盟轮值主席国期间，积极推动废除欧盟对古“共同立场”，但因古巴异见人士绝食身亡事件而搁浅。2014年2月，欧盟宣布在维持“共同立场”的前提下同古方商签政治对话与合作协议，双方于2016年12月正式签署该协议，2017年11月正式生效。2016年2月，劳尔主席对法国进行国事访问，这是古巴国家元首21年来首次访法。2016年12月，古巴同欧盟正式签署政治对话与合作协议，2017年7月该协议获欧洲议会表决通过。2018年5月，欧古举行首届部长级会议。2019年9月，欧古举行第二届部长级会议。

【同非洲和亚洲国家的关系】古巴同亚非国家保持传统友好关系。古巴革命胜利后曾向部分非洲国家提供军事援助和派出军事人员，并长期向非洲国家提供医疗、人员培训等援助。迄今共有8万多名古巴援外人员曾在28个非洲国家工作过，现仍有4000多名各类专家和技术人员在非工作。迄今，古方共接受了3.3万名非洲留学生，现有非洲留学生2200多名。古巴还在5个黑非洲国家实施扫除文盲计划。

2012年7月，劳尔主席访问越南。2018年11月，迪亚斯－卡内尔主席访问朝鲜、越南、老挝。2016年9月，日本首相安倍晋三访问古巴，实现日本首相历史上首次访古。韩国尚未同古巴建立外交关系。2016年6月，韩国外长尹炳世访问古巴，实现韩国外长历史上首次访古。2017年11月，朝鲜外相李勇浩访问古巴。

（申立迪）

圭 亚 那

国名 圭亚那合作共和国（The Cooperative Republic of Guyana）。

面积 21.5万平方公里。

人口 78.5万（2019年）。其中印度裔占43.5%、非洲裔占30.2%、混血种人占16.7%、印第安人占9.1%。英语为官方语言和通用语，也使用克里奥尔语、乌尔都语、印第安语和印地语。居民34.8%信奉基督教新教，24.8%信奉印度教，7.1%信奉天主教，6.8%信奉伊斯兰教。

首都 乔治敦（Georgetown），人口约25万。

国家元首 总统戴维·格兰杰（David GRANGER），2015年5月就职，任期5年。

重要节日 共和国日：2月23日。独立日：5月26日。

简 况

位于南美洲北部。西北与委内瑞拉交界，南与巴西毗邻，东与苏里南接壤，东北濒大西洋。属热带雨林气候，年降雨量1500—2000毫米，年均气温24℃—32℃。

公元9世纪起为印第安人定居地。15世纪西班牙人入侵，17、18世纪为荷兰占领，1814年荷将其转让给英国，1831年正式成为英殖民地，取名英属圭亚那。1966年5月26日宣告独立。1970年2月23日成立圭亚那合作共和国。

政 治

圭独立以来，人民全国大会党曾长期执政。1992—2015年，人民进步党上台后连续执政。2015年5月11日，圭提前举行大选，由民族团结伙伴联盟（主体是人大党）和变革联盟组成的反对党联盟以微弱优势赢得大选，人大党领袖戴维·格兰杰出任总统。

【宪法】现行宪法于1980年10月6日生效。宪法规定总统为国家元首、政府首脑和武装部队最高统帅，议会多数党领袖出任总统，任期5年，可连选连任两届。总统有权解散议会。

议会一院制，由国民议会和总统组成，任期5年。国民议会设65席，其中40席为不分区议员，按比例代表制在全国范围内选举产生，25席为地区议员，按人口比例和种族构成从全国10个选区中分别选出。

【政府】本届政府于2015年7月组成，后略有调整。主要成员包括总统戴维·格兰杰、总理摩西·纳加穆图（Moses NAGAMOOTOO）、外交部长卡伦·卡明斯（Karen CUMMINGS）、公安部长凯姆拉什·拉姆加谭（Khemraj RAMJATTAN），地方事务部长悉尼·阿利科克（Sydney ALLICOCK）等。

【司法机构】最高法院由上诉法院和高等法院组成。现任上诉法院代院长卡尔·辛格（Carl SINGH），高等法院代院长伊恩·张（Ian CHANG）。终审法院为加勒比法院。

【政党】主要政党：

（1）人民全国大会党（The People's National Congress）：执政联盟成员。伯纳姆等人脱离人民进步党后于1959年组建。领袖戴维·格兰杰，总书记阿姆娜·艾丽（Amna ALLY）。

（2）变革联盟（Alliance for Change）：执政联盟成员。2005年10月成立，被称为“第三势力”，由前人进党和人大党中央执委联合组建。领袖凯姆拉什·拉姆加谭，主席拉斐尔·特罗特曼（Raphael TROTMAN）。

（3）人民进步党（The People's Progressive Party）：1950年1月成立，反对党。党领袖、总书记巴拉特·贾格迪奥（Bharrat JAGDEO）。

【重要人物】戴维·格兰杰：总统。1945年7月15日生于首都乔治敦。曾就读于圭亚那大学和西印度大学，获历史学学士学位、政治学硕士学位和国际关系学硕士学位。1965年加入圭国防军，1979—1990年任国防军参谋长，1990—1992年任总统国家安全顾问，1994年擢升准将并退役。2011年起任议会反对党领袖。2015年5月大选中当选总统。 **摩西·纳加穆图**：第一副总统兼总理。1947年11月30日生于科伦太因地区。曾就读于圭亚那大学和西印度大学。曾任教师、记者、律师。1964年加入人进党。1992—2000年，历任信息部长、地方政府和地区发展部长。2011年10月脱离人进党，加入反对党变革联盟。2015年5月大选后出任第一副总统兼总理。

经 济

圭经济以初级产品生产为主，铝矾土、蔗糖和大米为三大经济支柱。近年来，圭政府执行稳健的宏观经济政策和适度扩张的财政政策，加大对公共设施投入，并进行大规模糖业改造，经济稳中有升。2019年主要经济数据如下：

国内生产总值：38.3亿美元。

人均国内生产总值：4882美元。

国内生产总值增长率：3.8%。

货币名称：圭亚那元。

汇率：1美元≈208圭亚那元。

（资料来源：国际货币基金组织）

【资源】自然资源丰富。矿藏有铝矾土、金、钻石、锰、钼、铜、钽、钨、镍、铀等，其中铝矾土蕴藏量丰富，约3.6亿吨。森林面积16.4万平方公里，占全国土地面积的83%。水力资源丰富。2015年起，圭近海斯塔布鲁克等区块先后发现丰富石油资源，已探明可采储量约80亿桶。

【工业】以采矿业和制糖业为主。主要开采铝矾土、黄金和钻石。

【农林渔业】农林渔业产值约占国内生产总值的30%，出口额约占圭出口总额的一半。主要种植水稻和甘蔗，产量约占圭农业总产量的一半，此外还种植椰子、水果、蔬菜、烟草等。

【旅游业】近年来，圭重视开发旅游资源，但基础设施落后，宾馆业不配套，旅游发展受限。

【交通运输】公路及水运都集中在沿海地区。

铁路：有长约187公里的黄金运输专用铁路。

公路：全长7970公里，其中沥青路面约1300公里。

水运：有5900公里内河航道。首都乔治敦和新阿姆斯特丹为主要港口。

空运：主要为契迪·贾根国际机场，内地有数个小型简易机场。

【财政金融】2019/2020财年圭政府财政收入12.59亿美元，财政支出14.6亿美元。（资料来源：国际货币基金组织）

【对外贸易】主要出口黄金、糖、海产品、铝土、大米、木材等；进口燃油、润滑油和消费品等。主要贸易伙伴为美国、欧盟、加拿大和加共体国家。

【经济团体】主要经济团体：

（1）乔治敦工商会（Georgetown Chamber of Commerce and Industry）：成立于1889年。地址：156 Waterloo Street，North Cummingsburg，Georgetown。

（2）圭亚那制造商协会（Guyana Manufacturers Association LTD）：成立于1967年。地址：157 Walterloo Street，North Cummingburg，Georgetown。

人民生活

国家为老人提供养老金，为工伤事故者提供抚恤金。2016年人均寿命68.6岁，人口增长率0.32%，出生率1.54%，死亡率0.74%。

军　事

圭国防军有现役军人1600人，其中陆军1400人，海空军各100人。实行志愿兵役制，服役期3年。现任国防军参谋长帕特里克·韦斯特（Patrick WEST）准将，2017年1月就任。另外有预备役部队1500人。

文化教育

【教育】对6—15岁青少年实施免费义务教育。成人识字率约88.5%。

【新闻出版】圭亚那四大日报：《圭亚那纪事报》（Guyana Chronicle），1881年由政府创办，官方报纸，日发行量约1.6万份；《圭亚那时报》（Guyana Times），2009年创办，私营报纸，发行量约2.2万份；《凯丘新闻报》（Kaieteur News），1997年创办，私营报纸，目前日发行量居第一位，约2.3万份；《斯塔布鲁克新闻报》（Stabroek News），1986年创办，私营报纸，日发行量1.4万份。

圭亚那共有14个电视频道和6家广播电台。圭亚那电视台（NCN）为国家电视台，主要转播英国BBC和美国CNN新闻，以及美国和印度电影。圭亚那广播公司（GBG）是唯一全国性广播电台，1979年成立。

《圭亚那评论》（Guyana Review）为唯一新闻性杂志，1993年创刊，发行量约2000份。

对外关系

圭亚那奉行独立、不结盟的外交政策，与各国发展友好合作关系。目标是维护国家主权、领土完整和独立，促进国家经济和社会发展，塑造良好国际形象。

【同中国的关系】1972年6月27日，中国与圭亚那建交。

近年来，两国友好合作关系发展顺利，高层往来不断，在国际事务中保持良好配合。

2013年6月，国家主席习近平访问特立尼达和多巴哥期间，同圭亚那时任总统拉莫塔举行双边会晤。2014年7月，国家主席习近平在巴西出席中国—拉美和加勒比国家领导人会晤，圭时任总统拉莫塔参加集体会晤。

中方重要往访有：全国人大常委会副委员长阿沛·阿旺晋美（1981年2月）、陈慕华（1993年6月）和顾秀莲（2007年7月），国务院副总理耿飚（1978年7月）和钱其琛（1998年7月），国务委员吴仪（2003年1月），天津市委书记张高丽（2012年6月）、国务委员兼外交部长王毅（2018年9月）等

圭方重要来访有：总统阿瑟（1977年4月）、贾根（1993年12月）和贾格迪奥（2003年3月、2008年9月出席夏季达沃斯年会、2010年7月出席上海世博会加共体日活动），总理伯纳姆（1975年3月、1984年6月）和海因兹（1996年7月、2005年7月、2011年12月和2014年10月），议长纳拉因（1989年6月）和拉姆克兰（2004年5月），外长卡罗琳·罗德里格斯-伯基特（2015年，中拉论坛首届部长级会议），人民全国大会党中央执委卡罗尔·史密斯-约瑟夫（2015年，中拉政党论坛首次会议），商业部长贾斯金（2018年，首届中国国际进口博览会）等。

圭承认中国完全市场经济地位。2018年7月，中圭签署共建“一带一路”谅解备忘录。两国建有经贸混委会机制，迄已举行11次会议。中圭贸易以中方出口为主。据中国海关总署统计，2019年中圭双边贸易额3.19亿美元，其中中方出口额2.73亿美元，进口额0.46亿美元，同比分别增长20.3%、22.9%和6.7%。中方主要向圭出口机电产品、船舶、纺织品、钢材、高新技术产品、塑料产品、农产品、轮胎等，进口木材、

锯材及农产品等。

两国文化、旅游和教育等领域的合作取得积极进展。中圭签有文化协定。2005年，我国宣布圭为中国公民出境旅游目的地国。中方曾数次向圭派出体育团队、教练，并多次派杂技团、艺术团赴圭访演。圭曾派乒乓球队来华参加亚非拉乒乓球友好邀请赛。2013年，圭亚那大学设立孔子学院，2014年正式揭牌。福建省福州市与圭首都乔治敦市、重庆市南川区与圭林登市分别建有友好城市关系。

中国驻圭亚那大使：崔建春。馆址：Lto 2, Mandela Avenue, Botanic Gardens, Georgetown, Guyana。信箱：P.O. Box 101274, Georgetown, Guyana。电话：00592–2254297；传真：2259228。领事保护值班电话：2274117（座机），6246702（手机）。网址：http://gy.chineseembassy.org，http://gy.china-embassy.org。电子邮箱：chinaemb_gy@mfa.gov.cn。

圭亚那驻华使馆。办公处：北京市建国门外秀水东街1号。电话：010–65321337。传真：65325741。网址：www.guyanaembassybeijing.cn。

【同美国的关系】圭美1966年8月建交。美在基础设施建设、减贫、防治艾滋病、教育、打击犯罪等方面向圭提供经济和技术援助，并给予债务减免，在促进圭经济和社会发展方面起着举足轻重的作用。圭美签有加勒比盆地安全计划一揽子协议、《开放航空服务协定》《毒品防控与执法议定书》等合作文件。

【同委内瑞拉的关系】圭委1966年11月建交。圭委两国对埃塞奎博地区的归属问题有争执，争议地区占圭亚那领土面积三分之二。2011年，圭委就两国领土争端调停交换意见并签署共同声明，一致同意继续通过联合国秘书长代表斡旋双边领土纠纷。2015年5月，圭宣布在斯塔布鲁克区块发现油气资源后，两国争端有所加剧。2018年2月，联合国秘书长古特雷斯表示，鉴于一直以来联合国调解未果，根据圭委签署的《日内瓦协议》授予联合国秘书长的职权，选择将圭委领土争端提交国际法院仲裁，联合国将作为补充机制。2018年4月，圭向国际法院提交仲裁申请书。委对此强烈反对，坚持以双边谈判解决有关争端。

【同苏里南的关系】圭苏于1975年11月建交。圭苏之间存在领土纠纷，主要在科兰太因河上游地区的新河三角洲，涉及面积1.7万平方公里。圭苏多次举行边界委员会会议，商讨在有争议的海域共同开发资源和新河三角洲非军事化问题。2004年，圭将两国海洋边界划分的争端提交国际海洋法法庭进行仲裁。2007年9月，国际海洋法法庭作出裁决，基本采用中间线原则划定两国海洋边界，争议水域略大于三分之二部分划归圭方。

【同加勒比国家的关系】重视同加勒比国家的团结与合作，积极推动加勒比地区一体化进程，2006年1月正式加入加勒比单一市场。为加勒比共同体创始国之一，也是其秘书处所在地。（王学军）

海　地

国名　海地共和国（The Republic of Haiti，La République d'Haïti）。

面积　2.78万平方公里。

人口　1220万（2019年）。95%为黑人。80%的居民信奉天主教，16%的居民信奉新教，农村信奉伏都教。官方语言为法语和克里奥尔语，90%的居民使用克里奥尔语。

首都　太子港（Port au Prince），人口约276万（2019年）。最高气温38℃，最低气温16℃。

国家元首　总统若弗内尔·莫伊兹（Jovenel Moïse）。2016年11月20日当选，2017年2月7日就职，任期5年。

重要节日　独立日：1月1日。国旗日：5月18日。海地发现日：12月5日。

简　况

位于加勒比海北部，伊斯帕尼奥拉岛（即海地岛）西部。东与多米尼加共和国相邻，南临加勒比海，北濒大西洋，西与古巴和牙买加隔海相望。75.8%的国土为山地，其余为平原和高原。海岸线长1080余公里。北部属热带雨林气候，南部为热带草原气候。年平均气温25℃。

原为印第安人居住地，1492年被哥伦布发现，先后沦为西班牙和法国殖民地。1804年1月1日独立，定国名为海地，是拉美和加勒比地区第一个宣布独立的国家。1915—1934年被美国占领。1957—1986年由杜瓦利埃家族统治。1988年举行首次民主选举。2004年爆发动乱，联合国海地稳定特派团（联海团）进驻。2017年10月，联海团结束维和任期，由联合国海地司法支助团接任。11月，海地宣布重建军队。2019年4月，联合国安理会通过决议，将联合国海地司法支助团任期延长至2019年10月；10月，联合国海地司法支助团结束任期，由联合国驻海地综合办公室接任，任期自2019年10月16日起为期12个月。2010年1月12日，海地发生7.3级强烈地震，造成至少22.3万人死亡，近150万人受灾，直接经济损失达140亿美元。10月起暴发霍乱，造成9000多人死亡。2016年10月和2017年9月再遭飓风重创。2018年10月，海地北部发生5.9级地震，造成15人死亡，333人受伤，近7000间房屋被毁。

政　治

2015年10月，海地举行大选首轮投票，执政党光头党候选人莫伊兹和反对党进步与解放党候选人塞莱斯坦胜出，但第二轮投票一再推迟。2016年11月20日，光头党候选人莫伊兹当选总统，2017年2月7日就任。3月21日，海新政府成立，拉丰唐任总理。2018年7月，由于政府大幅上调油价，海地多地爆发打砸抢暴力游行，总理拉丰唐引咎辞职。9月，新总理塞昂正式组阁。2019年3月，海地众议院通过对塞昂不信任案，塞昂随后辞职，莫伊兹总统任命前文化及新闻部长让·米歇尔·拉潘出任临时总理。7月，拉潘辞职，莫伊兹总统提名拉潘临时内阁计划与对外合作部长弗里茨·威廉·米歇尔（Fritz William MICHEL）出任总理。因米歇尔提名一直未获议会通过，2020年3月，莫伊兹总统任命原环境部长兼临时财经部长约瑟夫·茹特（Joseph JOUTHE）为总理。

【宪法】现行宪法于1987年3月29日通过，1988年6月至1989年3月中止实施，其后少数条款被废止。1994年10月，海地恢复法制化。宪法规定：海地是不可分割、主权、独立、自由、民主的共和国；国家主权属全体公民；三权分立是神圣原则，国民议会享有立法权，总统和以总理为首的政府内阁分享行政权；政府向议会负责，议会有权弹劾政府；公民直接选举总统、议员；总统任期5年，不得连任，任期不超过两届。修改宪法须经参议院和众议院各2/3成员的同意。

【议会】国民议会分参、众两院。议员由公民直接选举产生。参议员任期6年，每两年改选1/3成员。众议员任期4年，每4年全部换届。参、众议员均可连选连任。参议长兼任国民议会议长，任期2年。众议长兼任国民议会副议长，任期1年。本届国民议会于2016年1月成立。参议长卡尔—康塔夫（Carl-Cantave），2019年1月17日当选。众议长加里–博多（Gary-Bodeau），2019年1月16日当选。因参众两院均未按照法律规定如期改选任满议员，议会目前处于停摆状态。

【政府】总理由总统提名、经议会批准，内阁由总理商总统组建。每届内阁部长人数不少于10名，总理可酌情增减。本届政府于2020年3月成立，约瑟夫·茹特（Joseph JOUTHE）出任总理兼规划和对外合作部长，主要内阁成员包括：外交和宗教事务部长克洛德·约瑟夫（Claude JOSEPH），财经部长米歇尔·帕特里克·布瓦韦尔（Michel Patrick BOIVERT），司法和公共安全部长吕克马纳·德利勒（Lucmane DELILE），内政部长奥丹·菲斯·贝纳戴尔（Audain Fils BERNADEL），文化新闻部长普拉戴尔·亨利奎（Pradel HENRIQUEZ），贸易和工业部长若纳斯·科菲（Jonas COFFY），妇女地位及权益部长玛丽·吉斯莱娜·蒙普米耶（Marie Ghislaine MONPREMIER，女），旅游部长米丽娅姆·让（Myriam JEAN，女），国民教育和职业培训部长皮埃尔·若苏埃·阿热诺尔·卡代（Pierre Josué Agenor CADET），环境部长阿布内·塞普唐布尔（Abner SEPTEMBRE），农业、自然资源和农村发展部长帕特里·塞韦尔（Patrix SEVERE），国防部长瓦尔纳·多内瓦尔（Walnard DORNEVAL），青年和体育部长马克斯·阿蒂斯（Max ATTYS），公共卫生和人口部长玛丽·格蕾塔·鲁瓦·克莱芒（Marie Grétta Roy CLEMENT，女），社会事务和劳工部长妮科尔·约莱特·阿尔蒂多（Nicole Yolette ALTIDOR，女），海外公民部长路易·冈萨格·埃德内·戴（Louis Gonzague Edner DAY），公共工程、交通和通信部长纳德·若阿瑟（Nader JOASEUS）。

【行政区划】全国划分为10省，省下设区，共42个区，区下设市镇，共144个市镇。

【司法机构】设最高法院、上诉法院、高级法院、治安法院和特殊法庭。最高法院共设12名大法官，其中10名由总统任命，其余2名由参议院选举产生。最高法院目前暂有6位大法官，院长为儒勒–康塔夫（Jules-Cantave）。

【政党】1986年8月海地全国委员会颁布法令规定，合法政党创建者应不少于20人、支持者不少于2000人。目前合法登记的政党逾百个，主要有：

（1）光头党（Parti Haïtien Tèt Kalé，PHTK）：执政党，2012年8月由时任总统马尔泰利组建，现为议会第一大党。总协调人安娜·瓦莱丽·蒂莫泰·米尔福尔（Anne Valérie Thimotée Milfort，女）。

（2）民主团结联盟（Konvansyon Inite Demokratik，KID）：2005年5月成立。总协调人艾诺尔德·约瑟夫（Enold Joseph）。

（3）团结党（Inite）：2009年9月由前总统普雷瓦尔联合其之前领导的“希望平台党”（Plateforeme de l’Espoir）部分成员组建。党主席约瑟夫·朗贝尔（Joseph Lambert）。

（4）拉瓦拉斯之家（Fanmi Lavalas）：1996年10月由前总统阿里斯蒂德组建。2000—2004年执政。总协调人前总统让·贝尔特朗·阿里斯蒂德（Jean Bertrand Aristide）。

（5）进步与解放党（Ligue Alternative pour le Progrès et l’Emancipation Haïtienne，LAPEH）：2011年7月成立。总协调人裘德–塞莱斯汀（Jude-Célestin）。

【重要人物】若弗内尔·莫伊兹：总统。出生于1968年6月26日。自1996年起从商，经营领域涉及农业、饮用水、新能源等。2012年创办Agritrans公司，经营香蕉种植园，产品出口。同年建成海地首个、加勒比最大的农业加工出口区。2016年11月20日在大选中以55.67%的得票率当选总统，2017年2月7日就职。

经　济

属拉美最不发达国家，经济以农业为主，依赖外援。基础设施建设滞后，投资环境不佳。2010年，由于地震的严重破坏，经济负增长7%。2011年以来，政府以灾后重建为工作中心，积极开展国际合作，经济有所恢复，但灾后重建进展未达预期目标。2019年海地主要经济数据如下：

国内生产总值：96亿美元。

人均国内生产总值：854美元。

国内生产总值增长率：1.48%。

货币：古德（Gourde）。

汇率：1美元=97古德。

通货膨胀率：14.9%。

失业率：38%（2019年）。

（资料来源：国际货币基金组织）

【资源】主要矿藏有铝矾土、金、银、铜、铁等，其中铝矾土储量约1200万吨。此外，还有高岭土、大理石、碳酸盐、褐煤等非金属矿藏。森林覆盖率为2.6%。石油主要依赖进口。

【工业】工业基础薄弱。海工业产值占国内生产总值22.1%。近年来，因政局动荡、基础设施落后，招商引资成效有限。海地北部及南部建有两大工业园区。

【农业】主要经济部门。全国500万人从事农业生产。全国可耕地面积90万公顷，其中20万公顷为可灌溉地，但仅8万公顷具有灌溉系统。海农业产值占国内生产总值20.3%。粮食不能自给，严重依赖进口和国际援助。

【旅游业】主要外汇来源之一。但因治安状况较差、基础设施落后，旅游业发展缓慢。旅游业及其附属产业总产值占国内生产总值7.9%。主要旅游景点有北部的海地角和南部的雅克迈尔、莱卡。

【交通运输】以公路运输为主，没有营运铁路。

公路：总长3875公里。其中国家级公路961公里，沥青、水泥公路752公里，碎石路209公里。省级公路1615公里。

空运：客货运市场由外国航空公司控制。目前共有5个机场，首都太子港和海地角建有国际机场，承担全国94%的客运量，杰雷米、雅克迈、莱卡3座城市建有国内机场。

海运：国际港口有太子港、海地角港，沿海还有格纳伊夫港、自由堡港、和平港等14个中小港口及5个小型码头。

【财政金融】2019年财政收入为1238.24亿古德（约合12.77亿美元），支出1417.09亿古德（约合14.61亿美元），财政赤字178.85亿古德（约合1.84亿美元），外债余额22.12亿美元（2018年）。（资料来源：国际货币基金组织、世界银行）

主要银行有：联合银行（UNIBANK），1993年7月成立，2019年资产总额为15.6亿美元；国家信贷银行（Banque Nationale de Crédit），1979年8月成立，资产总额为10.1亿美元；索日银行（Sogebank），1986年4月成立，资产总额为13.05亿美元。

【对外贸易】主要出口咖啡、可可、芒果、香精油和加工制成品等产品，进口食品、燃油、工业制成品、机械设备、运输设备及日用消费品等。主要贸易伙伴是美国和欧盟。

人民生活

75%的国民生活在贫困线（人均日消费不足2美元）以下。仅27.6%的国民享有卫生保健服务，58%的国民享有饮用水。根据2012年海地卫生部和联合国的统计数据，严重营养不良人口占总人口4.1%，营养不良人口占23.4%，体重过轻人口占10.6%。2013年平均寿命62岁，人口出生率25‰，死亡率9‰，新生儿死亡率52‰。2014年，固定电话用户4.1万，手机用户677万，互联网用户占总人口11.4%。

军　事

1994年10月，阿里斯蒂德总统复职后宣布解散国家军队。至2015年，有一支1.2万人的国家警察力量在联合国海地稳定特派团指导下负责维护国内秩序。2010年地震后，海地警察体系遭受严重破坏，联合国安理会决定扩大维和警察规模并加强对海地警察队伍建设的支持和援助。2011年9月，马尔泰利总统成立“军队重建委员会”，拟在海地恢复军队。2015年12月，海地颁布法令宣布军队进入“行政再动员”阶段。2017年11月，莫伊兹总统宣布恢复军队。

文化教育

【教育】6—14岁儿童享受免费义务教育。2013年公共教育支出占国内生产总值的3.5%。2015年成人文盲率为39.3%。全国有小学1.36万所，中学3477所，其中约88%的学校为私立学校。高等学校117所，其中私立大学82所，公立大学16所，专业学院19所。

【新闻出版】海地官方通讯社为海地通讯社，于1981年成立。主要日报为《消息报》（Le Nouvelliste）、《晨报》（Le Matin）、《国家报》（Le National）。全国注册有100多家电视台和300多家广播电台，其中许多已不再运营。官方电视台为海地国家电视台（Télévision Nationale d'Haïti）。

对外关系

海地是世界银行、国际货币基金组织、世界贸易组织、拉美和加勒比国家共同体、美洲开发银行、加勒比共同体成员。30多个国际和地区组织在海设有常驻机构。2010年地震发生后，国际社会展开救援，并向海提供经济援助，有关国家在联合国协调下积极参与海地灾后重建。当前海地外交中心工作是继续争取国际援助，重建国际形象，大力吸引外资。

【同中国的关系】中海无外交关系。1996年9月，两国政府签署互设贸易发展办事处协议。1997年1月和1998年2月，中海相互在对方首都设处。

2010年海地发生强烈地震后，时任外长杨洁篪致电海地外长表示慰问，中方向海派出救援队和医疗队，并向海提供了现汇、物资和医疗救护援助。2004年10月以来，中方向联合国海地稳定特派团（联海团）派遣维和警察共计1100余人次。2012年11月，中方第九支维和警察部队任务到期撤回后，暂停向海派遣维和警察。2016年10月，海地遭受“马修”飓风袭击，中国红十字会向海地红十字会提供紧急人道主义援助。

2012年7月，海地外交部宣布，单方面对中国公民实行免签。

据中国海关总署统计，2019年，中海贸易额5.7亿美元，其中中方出口额5.6亿美元，进口额449.2万美元，同比分别增长–9.3%、–8.9%和–40.1%。中方主要向海出口化工产品、塑料和橡胶制品、服装制品、机电音像设备和汽车零配件等，主要进口废钢铁等。

中国海地贸易发展办事处代表：王向阳。地址：No.8，Impasse Simon，Rue Alamanda，Morne-Calvaire，Pétion-Ville，Pout-au-Prince，Haiti。电话：00509–37132489，48203889。

海地中国贸易发展办事处代表：居伊·拉莫特（Guy Lamothe）。地址：北京市朝阳区霄云路18号D16。电话：010–64608307。传真：64637141。

【同美国的关系】海美关系密切，美是海最大贸易伙伴和最大援助国。2010年1月海地地震后，美国派军进驻海地并已累计提供价值42亿美元的援助。2017年6月莫伊兹总统访美。2019年3月，莫伊兹总统赴美参加美总统特朗普召集的海湖庄园会议。2019年9月，海地外长埃德蒙访美。

【同拉美国家的关系】重视发展同拉美和加勒比国家的关系，是拉美和加勒比国家共同体、美洲国家组织、加勒比共同体、加勒比国家联盟成员。

【同其他国家的关系】加拿大是海地第二大援助来源国。2010年1月海地地震后，加拿大承诺向海提供约7亿美元援助，并为控制霍乱捐款600多万美元。此后，加方又两次向海提供共计3000万美元援助。

欧盟也是海地的主要援助来源方之一。法国和西班牙是欧盟成员中对海援助大国。亚洲国家中，日本是向海提供援助最多的国家。（王学军）

荷属圣马丁

名称　荷属圣马丁领地（Country of Sint Maarten，Land Sint Maarten）。简称“荷属圣马丁”（Sint Maarten）。

面积　34平方公里。

人口　4.06万人（2018年）。官方语言为英语与荷兰语，居民还使用西班牙语、帕彼曼都语（荷兰语、西班牙语、英语、印度语和西非方言混合而成）、法语等。居民中41.9%信奉新教，33.1%信奉天主教。

首府　菲利浦斯堡（Philipsburg）。

总督　尤金·郝利德（Eugene Holiday），2010年10月10日荷属安的列斯解体后就任。

重要节日　圣马丁日：11月11日。

简　况

圣马丁岛（法文Saint-Martin，荷兰文Sint Maarten）位于加勒比海东部、波多黎各岛东南300公里，在小安的列斯群岛中的向风群岛北端，它是世界上最小的分属两国的岛屿。地形丘陵起伏。地处北纬18度，属热带气候，气候温和，气温在24℃—35℃，平均气温约27℃。7—11月有飓风。6—11月为湿季，12月至次年5月为干季。年降水量1140毫米。

圣马丁岛于1493年圣马丁节（11月11日）时被第二次远航美洲途中的哥伦布所“发现”，并宣布此地为西班牙领土。1631年，荷兰人占领该岛。西班牙于1633年重占该岛。1648年，法国与荷兰将圣马丁岛瓜分。岛的南部（占全岛1/3，约37平方公里）由荷兰管辖，北部（占2/3）由法国统治，两部分之间没有关税壁垒。法属圣马丁曾长期归瓜德罗普管辖。2007年7月15日，法属圣马丁正式成为法国单独的海外领地。

荷属圣马丁于20世纪80年代初与邻近的萨巴岛（Saba）和圣俄斯塔休斯岛（St Eustatius，又译为圣尤斯特歇斯岛）一起，组成荷属安的列斯向风群岛选区。2010年10月10日，荷属安的列斯解体，根据各岛公决结果，荷属圣马丁和库拉索（Curaçao）分别成为荷兰王国内单独的政治实体（自治国），而博奈尔岛（Bonaire，又译为博内尔岛）、萨巴岛和圣俄斯塔休斯岛则成为荷兰的3个海外特别行政区〔也被称为加勒比荷兰（Caribbean Netherlands）〕。荷兰继续负责荷属圣马丁的防务和对外事务。

政　治

2017年9月，圣马丁遭受强飓风灾害，经济损失达数十亿欧元。11月初，时任荷属圣马丁首相威廉·马林由于不愿接受荷兰援助的附加条件而遭弹劾，马内阁集体辞职。2018年1月，反对党联合人民党、民主党和独立议员沙诺尔·布朗比尔（Chanel Brownbill）组建临时政府。2月末，荷属圣马丁举行提前大选，联合人民党和民主党合并为联合民主党并胜选。2019年9月，原联合民主党（议会最大党）两位议员宣布成为独立议员，并与原反对派联合成为议会多数，拟组建新政府。时任首相马林援引宪法，要求解散议会重新选举。

2020年1月，第五届议会选举举行，获得多数议席的国家联盟党（NA）与联合人民党（UPP）宣布联合组阁。

【宪法】2010年10月10日起施行基本法（Staatsregeling）。荷兰国王为其元首，总督为国王的代表。荷属圣马丁拥有完全的内部事务自治权，实行议会制。

【议会】一院制议会（Estates of Sint Maarten）有15个席位，任期4年。本届议会于2020年1月9日选举产生。国家联盟党（NA）6席，联合人民党（UPP）4席，联合圣马丁党（USP）2席，进步党（PSP）2席，联合民主党（UD）1席。罗兰多·布里森（Rolando Brison）为议长。

【政府】2020年3月28日，荷属圣马丁新一届内阁宣誓就职。西尔维娅·雅各布斯（Silveria Jacobs，女）出任首相兼总务部长，安娜·理查德森（Anna Richardson，女）任司法部长，阿德韦尔·艾瑞恩（ArdwellIrion）任财政部长，鲁道夫·塞缪尔（Rodolphe Samuel，女）任教育、文化、青年和体育部长，埃格伯特·多兰（Egbert Doran）任公共住房、土地规划、环境和基础设施部长，柳德米拉·德韦弗（Ludmila de Weever，女）任旅游、经济、交通和通讯部长，理查德·潘尼弗莱克（Richard Panneflek）任公共卫生、社会发展和劳工部长，瑞尼·凡利纳斯（Rene Violenus）任荷属圣马丁驻海牙全权公使。

【司法机构】本岛设初审法庭，阿鲁巴、库拉索、荷属圣马丁、博奈尔、圣俄斯塔休斯、萨巴设立联合高级法院（Joint Court of Justice of Aruba，Curaçao，Sint Maarten and of Bonaire，Saint Eustatius and Saba）。

【政党】主要政党有：（1）国家联盟党（National Alliance，NA），领导人为首相西尔维娅·雅各布斯。

（2）联合人民党（United People's Party，UPP），领导人为议长罗兰多·布里森。

经济

经济活动主要集中在旅游业，农业和渔业极其有限，几乎所有食品均需进口，能源和工业制成品也需要进口。人均收入在前荷属安的列斯的五个岛屿中排第一位。

【工业】仅有极少量轻工业、制造业及农业。

【旅游业】国民经济支柱，劳力占总劳力的80%。气候宜人，海滩优美，热带风光独具一格，吸引着不少的游人。每年接待游客数量接近200万人。

【交通运输】无铁路。公路长53公里。圣马丁岛的主要港口和机场均位于荷属部分。主要港口菲利浦斯堡可停靠大型邮轮。朱丽安娜国际机场位于荷属圣马丁西部，是东加勒比地区重要的航空枢纽，其繁忙程度仅次于波多黎各的圣胡安国际机场，2012年共接待了约50万名旅客。由于该机场跑道只有2349米，当飞机到达机场附近的梅霍海滩时，离海滩高度只有10—20米，被视为全球最危险的机场之一。

人民生活

政府对低收入者、政府公务员及其家庭成员以及参加社会保险的私营企业雇员及家庭提供免费医疗服务。2017年居民平均期望寿命男性76岁，女性80.8岁。2001年有固定电话5153部。

文化教育

【教育】教育制度与荷兰类似。初等教育从6岁开始，学制6年。中等教育学制5年。在菲利浦斯堡设有圣马丁大学。加勒比美国大学医学院（原设在蒙特塞拉特）也设在荷属圣马丁。

【新闻出版】有《今日报》（Today Newspaper）等报刊，“圣马丁之声”（Voice of St.Maarten）、“圣马丁有线电视台”（St. Maarten Cable TV）等广播电视台。

对外关系

外交由荷兰负责。圣马丁为万国邮政联盟（UPU）、国际刑警组织（Interpol）和金融行动特别工作组（FATF）成员，联合国教科文组织（UNESCO）、世界旅游组织（UNWTO）和加勒比国家联盟（ACS）联系成员，加勒比共同体（CARICOM）观察员。

【同中国的关系】2011年1月，中国驻荷兰大使张军访问圣马丁，与首相、外事局长举行会谈。2013年6月，中国外交部部长王毅与荷兰外交大臣蒂默曼斯就中方在威廉斯塔德设立总领馆事达成一致，领区包括荷属加勒比地区库拉索、阿鲁巴、圣马丁3个自治国以及博奈尔、萨巴、圣尤斯特歇斯3个行政市。2013年10月，中国首任驻威廉斯塔德总领事陈绮曼（女）赴库履新。2014年9月，驻威廉斯塔德总领馆正式开馆。驻荷兰大使陈旭出席开馆仪式。2017年5月，圣马丁首相威廉·马林来华出席“一带一路”国际合作高峰论坛，其间同中国人民对外友好协会会长李小林举行会见。

中国驻威廉斯塔德总领事馆（荷属加勒比地区）总领事：李意钢。地址：Schottegatweg Oost 32，Willemstad，Curaçao，Dutch Caribbean。电话：005999-7385446，传真：7384446。电子邮箱：consulate_cur@mfa.gov.cn。

（王碧晗）

洪 都 拉 斯

国名　洪都拉斯共和国（The Republic of Honduras, La República de Honduras）。

面积　11.25万平方公里。

人口　974.6万。印欧混血种人占90%，印第安人7%，非裔2%，欧裔1%。官方语言为西班牙语。95.8%的居民信奉天主教。

首都　特古西加尔巴（Tegucigalpa）。宪法规定首都由特古西加尔巴城和科马亚圭拉城（Comayagüela）共同组成，称作中央大区，面积1514平方公里，人口136.3万。最热月（5月）平均气温18℃—30℃，最冷月（1月）平均气温14℃—25℃。

国家元首　总统胡安·奥兰多·埃尔南德斯（Juan Orlando Hernández），2014年1月27日就职，2018年1月连任。任期4年。

重要节日　独立日：9月15日。

简　况

位于中美洲北部。北临加勒比海，南濒太平洋的丰塞卡湾，东、南同尼加拉瓜和萨尔瓦多交界，西与危地马拉接壤。海岸线长1033公里。沿海属热带雨林气候，年平均气温27℃；中部山区凉爽干燥，年平均气温23℃。全年分两季，6—10月为雨季，11月至次年5月为旱季。

原为土著印第安人居住地，16世纪沦为西班牙殖民地。1821年9月15日独立。1823年加入中美洲联邦。1838年联邦解体后成立共和国。

政　治

埃尔南德斯政府执政以来，着力改善民生和投资环境，加大对教育、卫生等领域投入。在2017年11月大选中，埃尔南德斯以微弱优势胜选连任，但反对党指责执政党舞弊，民众大规模游行并一度引发哄抢和宵禁。埃于2018年1月底连任就职。

【宪法】现行宪法于1982年1月20日生效。宪法规定，国家实行立法、司法和行政三权分立的共和制。总统是国家元首、政府首脑和武装力量最高统帅，由直接选举产生，任期4年。

【议会】国民议会实行一院制，为全国最高立法机构，由128名议员组成。议员由选民直接选举，任期4年。本届议会于2018年1月组成，其中执政党国民党61席，自由与重建党30席，自由党26席，其他党派11席。现任议长为国民党的毛里西奥·奥利瓦（Mauricio Oliva），2014年1月当选，任期4年，2018年连任。

【政府】政府机构包括15个部，主要内阁成员有：政府协调部长豪尔赫·拉蒙·埃尔南德斯（Jorge Ramón Hernández）、总统府部长埃巴尔·迪亚斯（Ebal Díaz）、内政部长埃克托尔·莱昂内尔·阿亚拉（Héctor Leonel Ayala）、外交部长利桑德罗·罗萨莱斯·巴内加斯（Lisandro Rosales Banegas）、经济发展部长阿纳尔多·卡斯蒂略（Arnaldo Castillo）、财政部长伊莎贝尔·罗西奥·塔博拉（Isabel Rocío Tábora，女）、自然资源和环境部长何塞·安东尼奥·加尔达梅斯（José Antonio Galdámez）、劳工和社会保障部长卡洛斯·阿尔贝托·马德罗·埃拉索（Carlos Alberto Madero Erazo）、卫生部长阿尔瓦·弗洛雷斯（Alba Flores，女）、教育部长阿纳尔多·布埃索（Arnaldo Bueso）、基础设施和公共服务部长罗尔贝托·皮内达（Roberto Pineda）、农牧部长圣地亚哥·鲁伊斯（Santiago Ruíz）、国防部长弗雷迪·圣地亚哥·迪亚斯（Fredy Santiago Díaz）、安全部长胡立安·帕切科（Julián Pacheco）、社会发展部长雷纳尔多·桑切斯（Reinaldo Sánchez）。

【行政区划】全国划分为18个省：阿特兰蒂达、科隆、科马亚瓜、科潘、科尔特斯、乔卢特卡、埃尔帕拉伊索、弗朗西斯科·莫拉桑、格拉西亚斯·阿迪奥斯、因蒂布卡、海湾群岛、拉巴斯、伦皮拉、奥科特佩克、奥兰乔、圣巴巴拉、巴列、约罗。

【司法机构】由最高法院、上诉法院和地方法院组成。最高法院由15名大法官组成，任期7年。最高法院院长罗兰多·阿格塔·佩雷斯（Rolando Argueta Pérez）。总检察长奥斯卡·阿尔曼多·钦奇利亚（Óscar Armando Chinchilla）。最高法院院长和总检察长均由国民议会选举产生，任期4年，可连选连任。

【政党】主要政党有：

（1）国民党（Partido Nacional）：又称“蓝党”，执政党。1902年从自由党中分离成立。党主席雷纳尔多·桑切斯（Reinaldo Sánchez）。

（2）自由与重建党（Partido Libertad y Refundación）：最大反对党。2011年从自由党中分离成立。党主席马努埃尔·塞拉亚（Manuel Zelaya）。

（3）自由党（Partido Liberal）：又称“红党”，反对党。1881年成立。曾于1981—2010年4次执政。党主席路易斯·塞拉亚·梅德拉诺（Luis Zelaya Medrano）。

【重要人物】**胡安·奥兰多·埃尔南德斯**：总统。1968年10月28日出生。毕业于洪都拉斯国家自治大学。曾担任联邦议员，2010—2014年任议长。2013年11月，埃尔南德斯作为国民党候选人赢得大选，2014

年1月就职，2018年1月连任。

经济

拉美最不发达国家之一。农业系国民经济主导产业，工业基础薄弱。2019年主要经济资料如下：

国内生产总值：244亿美元。

人均国内生产总值：2548美元。

国内生产总值增长率：3.5%。

通货膨胀率：4.2%。

失业率：4.1%。

（资料来源：国际货币基金组织、世界银行）

【资源】主要矿藏有金、银、铜、铅、锌、煤、锑、铁等。林业资源丰富，森林覆盖率70%，盛产松木、杉木、红木等优质木材。

【工业】传统工业以加工制造、矿业、建筑为主。2018年矿业、制造业、建筑业、汽车业分别增长6.1%、3.8%、14.2%和7.8%。近几年主要工业部门产值如下（单位：百万伦皮拉）：

	2016	2017	2018
矿业	2695	3658	3883
制造业	85035	93067	96623
建筑业	27157	31741	36245
汽车产业	67814	74171	79966

（资料来源：洪都拉斯中央银行）

【农业】主要农产品有咖啡、香蕉、果蔬、玉米和豆类等。粮食不能自给。全国可耕地面积270万公顷，占国土面积的24%。农业人口129万。（资料来源：洪国家统计局）

【旅游业】20世纪90年代以来旅游业发展迅速，古老的玛雅文化遗址、风景秀丽的海滩和珊瑚礁吸引了大量游客，旅游收入逐年增加。

【交通运输】铁路：全国铁路总长24公里，多集中在北部沿海地区。其中投入运营的有4公里，为香蕉和甘蔗专用运输线。

公路：全国公路有1.65万公里，其中柏油路为3824公里。主要有泛美公路和南方公路。

水运：有4个海港，分别是科尔特斯、卡斯蒂利亚、圣洛伦索、塞巴、特拉、罗阿坦。

空运：有4个国际机场，分别为特古西加尔巴市的“通孔廷机场”、圣佩德罗苏拉市的“拉蒙·比列达机场”、拉塞瓦市的“戈罗松机场”和罗亚坦市的“胡安·曼努埃尔机场”。有2家航空公司，分别为国家航空运输公司和洪都拉斯航空服务公司。其航线通往美国、墨西哥和中美洲国家。另有19家国内小型机场。（资料来源：洪都拉斯中央银行）

【财政金融】近几年政府财政收支情况如下（单位：百万伦皮拉）：

	2016	2017	2018
总收入	99388.6	110174.6	116255.2
总支出	112981.9	124946.6	128517.1
差　额	–13593.3	–14772.0	–12261.9
财政赤字占GDP比重	2.7%	2.7%	2.1%

（资料来源：洪都拉斯中央银行）

2019年，洪外汇储备为47.69亿美元，同比增长1.3%。外债总额（含公共和私营部门债务）95.16亿美元，同比增长5.5%。（资料来源：世界银行、洪都拉斯中央银行）

【对外贸易】主要出口咖啡、香蕉、棕榈油、虾、食糖、烟草等农作物及金、锌、铅、银等矿产品，主要出口对象国为美国、欧盟和中美洲国家；主要进口电子设备、化工产品、燃料、润滑油、工业制成品和粮食等，主要进口来源国和地区为美国、欧盟、中美洲国家和日本。

近几年对外贸易情况如下（单位：百万美元）：

	2016	2017	2018
出口额	3860	4560	4370
进口额	8900	9680	10490
差　额	–5040	–5120	–6120

2018年主要产品出口额如下（单位：百万美元）：

咖啡	1115.3
香蕉	531.9
棕榈油	336.3
虾类	280.1

2018年主要产品进口额如下（单位：百万美元）：

机械、零件及电子产品	1805.2
矿产品	1743.3
化工产品	1471.1
食品加工品	1093.6

（资料来源：洪都拉斯中央银行）

【外国资本】外资主要来自美国、中美洲及加勒比地区、德国、比利时等国家，用于服务业、加工出口业、运输存储和电子通信等行业。2018年洪吸引外国直接投资12.26亿美元，同比下降3.4%。（资料来源：洪都拉斯中央银行）

人民生活

人口密度为80.1人/平方公里。平均寿命76.2岁，婴儿死亡率16.4‰。全国有120家医院，1639个卫生所，7023张病床。结核病、疟疾、艾滋病患者人数居中美洲国家之首。2019年，洪凶杀致死3996人，同比增加7.1%。（资料来源：洪都拉斯中央银行、洪安全部）

军事

1954年10月21日建军。1995年4月取消义务兵役制，实行志愿兵役制。武装部队共有1.2万人，警察6000人。武器装备均由美国提供，军官大多由美国培训。1997年10月，原由军人控制的警察领导权正式转交给政府。1998年9月，议会修改宪法，废除武装力量总司令一职，职权移交国防部长。

文化教育

【教育】实行13年制免费义务教育。包括学前教育1年，基础教育9年和中学教育3年。城市小学为7年制，农村小学为3年制。全国有10所高等院校，其中洪都拉斯国立自治大学成立于1846年。

【新闻出版】主要有4份全国日报:《新闻报》《时代报》《论坛报》和《先驱报》。有3份新闻周刊:《世界时代》《洪都拉斯周报》和《市场报》。目前全国有181家电台，33个电视频道和74个有线频道。洪都拉斯电台为官方电台。

对外关系

主张各国和平共处，相互尊重领土主权；促进民主，捍卫人权；重视发展同美国、欧盟及日本等发达国家的关系，保持与拉美国家的传统友好；支持地区一体化进程；支持国际反恐合作。系“七十七国集团”、不结盟运动、中美洲一体化体系、拉美和加勒比国家共同体成员国。曾任1995—1996年度联合国安理会非常任理事国、2004—2006年度联合国人权委员会成员国。

【同中国的关系】同中国无外交关系。近年来两国交往不多。中方主要往访有：贸促会副会长董松根（2011年9月）、商务部部长助理张向晨（2014年10月）。洪方主要来访有：财政部长威廉·常·王、能源部长马丁内斯和环境部长奎亚尔（2011年2月，商务考察）、洪多党议员团（2012年6月）、洪前总统洛沃（2014年5月）、洪代外长奥乔亚（2015年1月）。

据中国海关总署统计，2019年中洪贸易额为9.723亿美元，其中中方出口额9.405亿美元，进口额0.318亿美元，同比分别下降6.2%、4.8%和34.2%。

【同美国的关系】洪美关系密切。美是洪最重要的贸易伙伴。洪近40%的出口产品输往美国。两国签有军事合作协定，美在洪驻有军事使团，在帕尔梅罗拉设有军事基地。2004年5月，洪等中美洲国家与美签署自由贸易协定。洪是中美洲最大的侨民输出国，每年约有10万侨民进入美国。近年来，美通过向“中美洲北三角繁荣联盟”拨款援助等方式积极帮助洪解决其安全、移民等问题。2019年9月，埃尔南德斯总统在纽约联合国总部会见美总统特朗普，共同见证洪外长罗萨莱斯与美国土安全部代理部长麦卡利南签署双边移民管控合作协议。

【同拉美国家的关系】重视发展同拉美国家特别是中美洲国家的关系。系拉美和加勒比国家共同体、加勒比国家联盟、中美洲一体化体制、中美洲共同市场等地区机制成员。积极参与地区一体化进程和“中美洲北三角繁荣联盟”合作。

2009年洪发生政变后，被美洲国家组织中止成员国资格。2011年6月，洪重返美洲国家组织。11月与其他中美洲国家一起同墨西哥签署自由贸易协定。12月正式恢复与巴西、阿根廷的大使级外交关系，基本实现与拉美国家关系正常化。2012年，洪担任中美洲一体化组织轮值主席国。2016年5月，同秘鲁签订了自由贸易协定。埃尔南德斯总统就任以来出访巴拿马、萨尔瓦多等国，积极发展同其他拉美国家尤其是中美洲邻国的关系。2019年7月，埃尔南德斯总统出席巴拿马新任总统科尔蒂索就职仪式，访问墨西哥。8月，埃尔南德斯总统赴美出席美洲国家组织美洲药物滥用管制委员会会议，会见美洲国家组织秘书长阿尔马格罗。2019年，洪成功举办第14届中美洲安全会议、第17届图斯特拉对话与协商机制首脑会议、首届美索美洲企业家会议、第7届国家品牌国际论坛。

【同其他国家的关系】洪与欧盟有重要贸易关系。2012年6月，洪与中美洲其他5国共同与欧盟签署伙伴关系协议。2019年5月，埃尔南德斯总统访问西班牙、瑞士。8月，洪与欧盟签署“气候智慧型家庭农业”项目协议，获援120万欧元。近年来，洪同其他国家交往与合作增多。2019年8月，埃尔南德斯总统访问以色列。10月起，洪与韩国签署的自贸协定正式生效。

（刘雪莹）

加　拿　大

国名　加拿大（Canada）。

面积　998万平方公里，居世界第二位，其中陆地面积909万平方公里，淡水覆盖面积89万平方公里。

人口　3789万（2019年12月）。主要为英法等欧洲后裔，土著居民约占3%，其余为亚洲、拉美、非洲裔等。英语和法语同为官方语言。居民中信奉天主教的占45%，信奉基督教的占36%。

首都　渥太华（Ottawa），地处安大略省。首都地区（包括安大略省渥太华市、魁北克省加蒂诺市及周围城镇）人口132.4万，面积4715平方公里。年平均最高气温15℃—26℃，最低气温-16℃—6℃。

国家元首　英国女王伊丽莎白二世。由女王任命的总督代行职权。总督由总理提名，女王任命。现任总督朱莉·帕耶特（Julie Payette），2017年10月就任。

重要节日 国庆日（加拿大日）：7月1日。

简 况

位于北美洲北部。东临大西洋，西濒太平洋，西北部邻美国阿拉斯加州，南接美国本土，北靠北冰洋。海岸线长约24万公里。东部气温稍低，南部气候适中，西部气候温和湿润，北部为寒带苔原气候。中西部最高气温达40℃以上，北部最低气温低至–60℃。

原为印第安人与因纽特人居住地。17世纪初沦为法国殖民地，后被割让给英国。1867年7月1日，英将加拿大省、新不伦瑞克省和诺瓦斯科舍省合并为联邦，成为英国最早的自治领。此后，其他省也陆续加入联邦。1926年，英国承认加的"平等地位"，加拿大始获外交独立权。1931年，加拿大成为英联邦成员国，其议会也获得了同英议会平等的立法权，但仍无修宪权。1982年，英国女王签署《加拿大宪法法案》，加拿大议会获得立宪、修宪全部权力。

政 治

1867年建立联邦以来，加拿大基本上由自由党和进步保守党（保守党前身）轮流执政。1993年，自由党在联邦大选中获胜，让·克雷蒂安（Jean Chrétien）就任总理。1997年、2000年大选中，自由党连续获胜，克雷蒂安蝉联执政。2003年12月，克雷蒂安宣布退休，保罗·马丁（Paul Martin）继任总理。2004年6月，加拿大举行大选，自由党再次获胜，马丁连任总理。2006年1月，保守党在大选中战胜自由党上台，该党领袖斯蒂芬·哈珀（Stephen Harper）出任总理。2008年10月、2011年5月，保守党两次赢得大选并蝉联执政。2015年10月，自由党以较大优势击败保守党赢得加第42届大选。该党领袖贾斯廷·特鲁多（Justin Trudeau）出任总理。2019年10月，特鲁多率领自由党赢得第43届大选并连任总理。

【宪法】加拿大至今没有一部完整的宪法，主要由在各个不同历史时期通过的宪法法案构成，其中包括1867年英国议会通过的《不列颠北美法案》。有关法案规定，加拿大实行联邦议会制，尊英王为国家元首，总督为英女王在加拿大代表，英语、法语均为官方语言。宪法宗旨为和平、秩序和良政。

【议会】由参议院和众议院组成，参众两院通过的法案由总督签署后成为法律。总督有权召集和解散议会。参议院共105席，名额按各省人口比例和历史惯例分配。参议员由联邦总理提名，总督任命。1965年6月2日前任命的为终身制，此后任命的到75岁退休。现任参议长为乔治·富里（George Furey），2015年12月就任。众议院共338席，众议员由按各省人口比例划分的联邦选区直接选举产生，任期4年。2019年10月21日，加举行第43届联邦大选。自由党领袖贾斯廷·特鲁多胜选连任，但未能获得众议院过半议席，组成少数党政府。目前，众议院议席情况为：自由党157席、保守党121席、魁北克集团32席、新民主党24席、绿党3席、独立1席。众议长为自由党人安东尼·罗塔（Anthony Rota），2019年12月就任。

【政府】内阁制。由众议院中占多数席位的政党领袖出任总理并组阁。本届自由党政府于2019年11月就职，现政府主要成员：总理贾斯廷·特鲁多，副总理兼政府间事务部长克里斯蒂娅·弗里兰（Chrystia Freeland），外交部长商鹏飞（François-Philippe Champagne），国防部长哈尔吉特·萨詹（Harjit Sajjan），财政部长比尔·莫诺（Bill Morneau），小企业、出口促进和国际贸易部长伍凤仪（Mary Ng），国际发展部长卡里娜·古尔德（Karina Gould）等。

【行政区划】全国分10省3地区。10省为不列颠哥伦比亚、阿尔伯塔、萨斯喀彻温、曼尼托巴、安大略、魁北克、新不伦瑞克、诺瓦斯科舍、爱德华王子岛、纽芬兰和拉布拉多，3地区为育空、西北、努纳武特。各省设省督、省议长、省长和省内阁。地区也设立相应职位和机构。

【司法机构】设联邦、省和地方（一般指市）三级法院。联邦法院一般受理财政、海事和有关经济方面的案件。最高法院由1名大法官和8名陪审法官组成，主要仲裁联邦和各省上诉的重大政治、法律、有关宪法问题以及重大民事和刑事案件。最高法院的裁决为终审裁决。最高法院法官均由总理提名，总督任命，75岁退休。首席大法官理查德·瓦格纳（Richard Wagner）于2017年12月就任。司法部长兼总检察长大卫·拉梅蒂（David Lametti）于2019年1月就任。各省设有省高等法院和省法院，主要审理刑事案件及其他与该省有关的重要案件，但也有一些省级法院审理民事案件。地方法院一般审理民事案件。

【政党】（1）自由党（Liberal Party）：执政党。1873年成立。代表工业垄断资本集团利益并兼顾中、小企业利益。领袖为贾斯廷·特鲁多，前总理皮埃尔·特鲁多长子，2013年4月当选。

（2）保守党（Conservative Party）：正式反对党，右翼政党。由联盟党和进步保守党于2003年12月合并而成，代表银行保险业、铁路运输业、能源工业垄断资本和大农场主利益。领袖为安德鲁·希尔（Andrew Scheer），2017年5月当选。

（3）新民主党（New Democratic Party）：反对党。1961年由"平民合作联盟"与"加拿大劳工大会"联合而成。属于社会民主党性质，代表中下劳动阶层利益，主张政府提供更多公共产品以弥补市场缺陷。领袖为贾格米特·辛格（Jagmeet Singh），2017年10月当选。

（4）魁北克集团（Bloc Quebecois）：反对党。1990年成立。代表魁北克人的利益，主张魁北克独立。领袖为伊夫—弗朗索瓦·布朗谢（Yves-François Blanchet），2019年1月当选。

其他政党还有：绿党等。

【重要人物】**朱莉·帕耶特**：总督。女，1963年10月生于加拿大蒙特利尔市。英国大西洋联合世界书院国际学士，加拿大麦吉尔大学电子工程学士，多伦多大学计算机工程硕士。1992年成为加拿大航天局航天员，2000—2007年担任加拿大航天局首席航天员。曾于1999年5月和2009年7月两次前往太空执行任务，是首位进入国际空间站的加拿大人，也是加拿大历史上第二位女性航天员。退出航天事业后，先后在美国华盛顿伍德罗·威尔逊国际学者中心、加拿大蒙特利尔科学中心等机构任职。2017年10月就任加拿大第29任总督，成为加拿大历史上第四位女性总督。　**贾斯廷·特鲁多**：总理。1971年12月生于加拿大渥太华市。加拿大麦吉尔大学文学学士、环境地质学硕士，不列颠哥伦比亚大学教育学学士。2008年首次当选加拿大联邦众议员，2011年连选连任。2013年4月当选加拿大自由党领袖。2015年10月率自由党赢得大选并于11月出任加拿大第23任总理。2019年10月，特鲁多率领自由党赢得第43届大选并连任总理。

经　济

加拿大是西方七大工业国家之一。制造业、高科技产业、服务业发达，资源工业、初级制造业和农业是国民经济的主要支柱。加拿大以贸易立国，对外贸依赖较大，经济上受美国影响较深。2019年主要经济数据如下：

国内生产总值：2.09万亿加元。

人均国内生产总值：5.52万加元。

国内生产总值增长率：1.6%。

货币名称：加拿大元。

汇率：1美元≈1.30加元（2019年12月）。

失业率：5.9%。

（资料来源：加统计局网站。如无特殊说明，下同）

【资源】地域辽阔，森林和矿产资源丰富。矿产有60余种，主要有：钾、铀、钨、镉、镍、铅等。原油储量仅次于委内瑞拉和沙特居世界第三，其中97%以油砂形式存在。已探明的油砂原油储量为1732亿桶，占全球探明油砂储量的81%。森林面积4亿多公顷（居世界第三，仅次于俄罗斯和巴西），产材林面积286万平方公里，分别占全国领土面积的44%和29%；木材总蓄积量约为190亿立方米。境内约89万平方公里为淡水覆盖，可持续性淡水资源占世界的7%。

【工业】2019年制造业总产值1985亿加元，占国内生产总值的9.4%，从业人员约173万，占全国就业人口的约9%。建筑业总产值1424亿加元，占国内生产总值的6.8%，从业人员约144万，占全国就业人口的约8%。

【农牧业】2019年，农、林、渔业总产值400亿加元，占国内生产总值的约2%。主要种植小麦、大麦、亚麻、燕麦、油菜籽、玉米、饲料用草等作物。可耕地面积约占国土面积16%，其中已耕地面积约6800万公顷，占国土面积7.4%。渔业发达，75%的渔产品供出口，是世界上最大的渔产品出口国之一。

【服务业】2019年产值为14096亿加元，约占当年国内生产总值的67.4%，从业人员约1500万，占当年全国总劳动力的约79%。

【旅游业】2019年前三季度旅游业产值约297亿加元，接待外国游客约2210万人次，同比增长约1%。主要旅游城市有温哥华、多伦多、渥太华、蒙特利尔、魁北克城等。

【交通运输】水、陆、空运输均十分便利，人均交通线占有量居世界前列。2019年运输业总产值896亿加元，占当年国内生产总值的约4%。共提供约100万个工作岗位，占全国工作岗位的约5%。具体情况如下：

铁路：总长约7.22万公里。

公路：总长约140.89万公里。横贯加拿大的泛加高速公路从太平洋东岸的维多利亚市一直绵延至大西洋西岸的圣约翰斯市，全长约7821公里，是全世界最长的国家级高速公路。

水运：圣劳伦斯运河深水航道全长约3769公里，是世界最长的运河，船舶通航可从大西洋抵达五大湖水系。全加共有25个大型深水港和650个小型港口，温哥华港是其中最大的港口。

空运：主要机场包括多伦多、温哥华、卡尔加里、蒙特利尔等国际机场。

【财政金融】2015年11月特鲁多就任总理后，提出加大政府支出，通过赤字财政刺激经济增长。2019年3月，加财长莫诺公布2019/2020财年预算案，该财年预算赤字198亿加元，将加大对民生、创新、基础设施建设等重点领域投入，并加大对妇女、儿童、学生、原住民和弱势群体的扶持。近年财政预算情况如下（单位：亿加元）：

	2017/2018	2018/2019	2019/2020
收入	3047	3205	3388
支出	3332	3386	3586
盈余	–285	–181	–198

（资料来源：加财政部网站）

截至2019年12月，加外汇储备为870亿美元，加政府自2016年3月起不再储备黄金。截至2019年3月底，加联邦总负债为11852亿加元。

主要银行有：（1）加拿大皇家银行（Royal Bank of Canada）：成立于1864年，最大的民营银行。截至2019年底总资产约1.42万亿加元。

（2）加拿大帝国商业银行（Canadian Imperial Bank of Commerce）：由加拿大商业银行（1867年成立）与加拿大帝国银行（1875年成立）于1961年合并而成。截至2019年底总资产约6516亿加元。

（3）蒙特利尔银行（Bank of Montreal）：成立于1817年。截至2019年10月底总资产约8521亿加元。

【对外贸易】加经济对外贸依赖严重。2019年对外商品贸易额为12085亿加元，贸易逆差约181亿加元。近年外贸情况如下（单位：亿加元）：

	2017	2018	2019
出口额	5492.6	5854	5952
进口额	5732.5	6071	6133
差　额	–239.9	–217	–181

主要出口汽车及零配件、其他工业制品、林产品、金属、能源产品等；主要进口机械设备、汽车及零配件、工业材料、食品等。主要贸易对象是美国、中国、日本、欧盟国家。2019年，对美货物贸易总额8358.2亿加元，占加贸易额的69%，其中对美出口额占加出口总额的74.6%，自美进口额占加进口总额的63.8%。对中国货物贸易总额676.8亿加元，占加贸易额的5.6%，对中国出口额占加出口总额的4.1%，占加进口总额的7%。

【对外投资】2019年，加直接海外投资总额约1016.4亿加元。

【对外援助】加政府2019/2020财年对外援助总额约57.47亿加元。

【外国资本】2019年，外国在加直接投资约667.84亿加元。

【与中国往来较多的著名公司和经济团体】（1）庞巴迪公司（Bombardier Inc）：成立于1942年，总部设在蒙特利尔，主要业务为设计、开发、制造、销售飞机、火车、有轨电车等大型交通运输设备及相关产品，是全球大型交通运输设备领军企业之一。2019年营业收入为157.6亿美元。董事长：埃里克·马泰尔（Eric Martel）。地址：800 Rene-Levesque Blvd. West，Montreal，Quebec，Canada H3B 1Y8。

（2）鲍尔公司（Power Corp. of Canada）：成立于1925年，主要从事人寿和健康保险、广播电视、出版、金融、采矿、房地产等业务，由德马雷家族控股。2019年营业额为371.12亿美元，总资产3112亿美元，位列世界500强第331位。董事长：保罗·德马雷（Paul Desmarais，Jr.）；总裁兼首席执行官：安德烈·德马雷（Andre Desmarais）。地址：751 Victoria Square，Montreal，Quebec，Canada，H2Y 2J3。

（3）加中贸易理事会（Canada-China Business Council）：加拿大非营利性民间机构，成立于1978年。宗旨是推动和促进加拿大与中国之间的贸易和投资。总部设在多伦多。在加拿大温哥华、蒙特利尔、卡尔加里和中国北京、上海设有办事处。董事会主席奥利维耶·德马雷（Olivier Desmarais），也是鲍尔公司副总裁。会长：格雷厄姆·尚茨（Graham Shantz）。网址：http://www.ccbc.com。

人民生活

加拿大社会保险体系涵盖广泛，包括失业保险、失业救济、医疗保险、养老金、家庭津贴和残疾津贴等多项内容，由联邦、省和市三级政府分类负担和管理。

军　事

总督为形式上的武装部队最高司令，总理是实际上的最高统帅，国防部长在国防参谋长的协助下负责武装部队建设并领导全国部队。加以北大西洋公约组织的集体防务、与美国的双边战略和防务合作为其防务政策的两大支柱。积极参加联合国维和行动和国际观察、监督活动，主张军备控制、裁军谈判和销毁生化武器。在保持与美国、西欧国家军事合作的同时，近年来与亚太地区的军事交往有所加强。

文化教育

【教育】联邦政府不设专门机构，教育管理权归省级政府。各省教育经费基本依靠自筹，联邦政府也提供一定资助。普及中、小学教育。著名学府有女王大学、麦吉尔大学、多伦多大学、不列颠哥伦比亚大学、拉瓦尔大学和阿尔伯塔大学等。

【新闻出版】加拿大主流媒体主要有“一社”（加拿大通讯社），“两报”（《环球邮报》《国家邮报》），“三台”（加拿大广播公司电视台、加拿大电视台、环球电视台）。此外，还有一些重要的地区性大报，如《多伦多星报》《蒙特利尔日报》《渥太华公民报》、魁北克《新闻报》等。

加拿大通讯社成立于1917年，是加最大的通讯社。总部设在多伦多，在加13个城市和美国华盛顿设有分社，向加国内约100家日报、逾500家电台和电视台供稿。美联社和路透社与该社有合作关系，是其国际新闻主要来源。

加拿大广播公司是加唯一的国有传媒企业，成立于1936年，初期仅制作广播节目，1952年开始制作电视节目。该公司拥有英语、法语两套电视网和英、法、原住民语言和国际台四套广播，覆盖全国绝大部分地区和人口。其国际广播电台于1942年建立，用包括中文在内的9种语言播音，但受预算削减影响已于2012年6月停用短波广播，仅用互联网广播。

珀斯特新闻网创立于2010年，收购破产的加西环球通信公司的报纸业务后成为加最大的收费报纸报业集团。目前拥有《国家邮报》《渥太华公民报》等10家知名报纸。

对外关系

加拿大外交主要目标是维护国际和平和国家安全，促进经济发展，输出以自由、民主、人权和法治为核心的价值观。加不断巩固同美国的特殊盟友关系，推进与拉丁美洲、亚洲、欧洲国家关系，积极捍卫北极主权，大力拓展海外市场，谋求贸易和能源资源出口多元化，重视同印度、中国等新兴经济体的合作。重视多边外交，积极参与北约、“七国集团”“二十国集团”、亚太经合组织、东盟地区论坛等多边合作机制。

【同中国的关系】1970年10月13日加拿大与中国

建交。建交以来，两国关系取得长足发展。

两国高层及各级别交往频繁。2015年10月13日，习近平主席与加总督约翰斯顿就中加建交45周年互致贺电。2015年10月21日，李克强总理向加当选总理特鲁多致贺电。10月28日，李克强总理应约与特鲁多通电话。11月16日，习近平主席在出席“二十国集团”领导人安塔利亚峰会期间会见加总理特鲁多，双方就新形势下推动中加战略伙伴关系发展达成重要共识。

2016年8月30日至9月6日，特鲁多总理正式访华并出席二十国集团领导人杭州峰会。习近平主席、李克强总理和张德江委员长分别与其会见、会谈。双方发表中加《联合新闻稿》并签署多项政府协议和商业合同。9月21—24日，李克强总理对加拿大进行正式访问。访问期间，李克强总理同特鲁多总理举行会谈并启动中加总理年度对话机制，与总督约翰斯顿、参议长富里、众议长里甘以及有关地方政要举行会见。双方发表中加《联合声明》，涵盖贸易、投资、第三方市场合作、金融服务、航空、农业、旅游、教育、司法执法等广泛领域，并签署多项合作协议。

2017年7月10—14日，加总督约翰斯顿任内第二次访华。习近平主席、李克强总理分别与其会见。12月3—7日，特鲁多总理再次正式访华并出席2017年广州《财富》全球论坛。其间，习近平主席会见，李克强总理同特鲁多总理举行第二次中加总理年度对话，张德江委员长、汪洋副总理分别会见。李克强总理分别于4月18日和6月19日两次应约同特鲁多总理通电话。2018年11月，李克强总理在出席新加坡东亚合作领导人系列会议期间同特鲁多总理举行第三次中加总理年度对话。

此外，2016年以来，中共中央政治局委员、广东省委书记胡春华，中共中央政治局委员、全国人大常委会副委员长王晨，全国人大常委会副委员长陈昌智，全国人大常委会副委员长、中国国际交流协会副会长吉炳轩，全国人大常委会副委员长、中国欧美同学会副会长陈竺，中央纪委副书记吴玉良，外交部部长王毅，中联部部长宋涛，文化和旅游部部长雒树刚，农业农村部部长韩长赋，全国人大常委会香港、澳门基本法委员会主任李飞，全国政协常委、民族和宗教委员会主任朱维群，全国政协人口资源环境委员会副主任、国家林业局国际竹藤中心主任江泽慧以及国土资源部部长姜大明，中央财经办副主任韩俊，外交部副部长郑泽光，商务部国际贸易谈判副代表张向晨，科技部副部长王志刚，教育部副部长林蕙青，民政部副部长宫蒲光，国家铁路总局局长陆东福，国家质检总局副局长吴清海等访加。加参议长富里，前总理克雷蒂安、马丁、哈珀，外交部长弗里兰，财政部长莫诺，国际贸易部长商鹏飞，农业和农产食品部长麦考利，创新、科学和经济发展部长贝恩斯，自然资源部长卡尔，加拿大遗产部长乔利，环境和气候变化部长麦克纳等分别访华。中加经济财金战略对话、中加外长年度会晤、中加高级别国家安全与法治对话、中加议会定期交流机制、中加经贸联委会、中加科技联委会等合作机制成功启动或举行。2019年8月，王毅国务委员兼外长在泰国曼谷出席第九届东亚峰会外长会期间应约会见加外长弗里兰。11月，王毅国务委员兼外长在日本名古屋出席“二十国集团”外长会期间应约会见加外长商鹏飞。

两国在经贸、能源资源、科技、环保等各领域交流与合作取得新进展。双边贸易和投资额持续增长，中国继续保持加第二大贸易伙伴地位。2016年9月，李克强总理访问加拿大期间，双方宣布2025年双边贸易额将在2015年基础上翻一番，并同意启动中加自贸协定探索性讨论。双方迄今已举行四轮中加自贸协定联合可行性研究暨探索性讨论，继续推进中加贸易统计比较联合研究。双方发表《中加气候变化和清洁增长联合声明》，签署《中国国家能源局与加拿大自然资源部能源合作行动计划》，并建立中加环境、清洁能源部长级对话机制。2018年11月，王勇国务委员同加财政部长莫诺、国际贸易多元化部长卡尔在北京共同主持首轮中加经济财金战略对话，加农业与农产品部长麦考利率团来华出席首届中国国际进口博览会。据中方统计，2019年，中加贸易额为650.8亿美元，同比增长2.4%。其中，中国出口额369.2亿美元，进口额281.6亿美元。

两国人员交流更加密切。据加方统计，2019年，中国公民赴加旅游人数为57.1万人次，中国是加第四大旅游客源国。据中方统计，2019年1—10月，加公民来华64.7万人次。2016年9月，双方宣布到2025年实现双向人员往来在2015年基础上翻一番。2018年，双方举办“中加旅游年”。截至2019年底，共有4322余名加留学生在华学习，中国在加留学生约23万人。2017年10月，加拿大作为主宾国成功参加2017年中国国际教育展。中方积极参与庆祝加建国150周年文化活动。中国广播艺术团、北京交响乐团、河南武术团、中国残疾人艺术团等赴加访演。2017年10月，北京市在渥太华成功举办“北京周”活动。2018年3月，“中加旅游年”开幕式在多伦多举行，李克强总理和加拿大总理特鲁多分别为开幕式发来贺词。双方还签署了《中国教育部与加拿大外交贸易发展部关于加拿大留学中国项目的谅解备忘录》《中国国家体育总局与加拿大遗产部（加拿大体育局）关于冬奥会和冬残奥会合作的谅解备忘录》等多项合作文件。双方在联合国安理会改革、应对气候变化、反恐、维和等重大国际和地区问题上保持密切沟通与协调。

两国地方交往活跃。2016年以来，海南省委书记罗保铭、四川省省长尹力、江西省常务副省长毛伟明、上海市副市长翁铁慧、北京市副市长程红等访加，加诺瓦斯科舍省省长麦克尼尔、萨斯喀彻温省省长沃尔、爱德华王子岛省省长麦克劳克伦、阿尔伯塔省省长诺特利、安大略省省长韦恩等访华。截至2019年12月，两国共结成63对友好省市关系。

2018年12月1日，加拿大应美国要求无理拘押中国公民、华为公司副董事长孟晚舟，导致中加关系遭遇困难。

中国驻加拿大大使：丛培武。馆址：515 St. Patrick Street，Ottawa，Ont. Canada K1N 5H3。电话：001–613–7893434。传真：7891911。网址：http://ca.chineseembassy.org。商务处地址：401 King Edward Avenue，Ottawa，Ont. Canada K1N 9C9。电话：2368828。传真：2365078。领事部地址：（同使馆地址）。电话：7893434转232；传真：7891414。

加拿大驻华大使：鲍达民（Dominic Barton）。馆址：北京市朝阳区东直门外大街19号。网址：http://www.canadainternational.gc.ca/china-chine/offices-bureaux/index.aspx。电话：010–51394000。传真：51394449。商务处传真：51394450。移民和签证处传真：51394449。

【同美国的关系】美是加邻国和最重要的盟国，两国在政治、经贸、军事等领域保持着密切关系。加历届政府均视对美关系为外交政策基石。

2016年3月，加总理特鲁多访美，奥巴马总统会见并为其举行国宴，双方承诺加强应对气候变化、反恐、经贸等多领域合作。4月，加总理特鲁多赴美出席核安全峰会。6月，美国总统奥巴马正式访加并出席在渥太华举行的北美领导人峰会。2017年2月，加总理特鲁多访美，特朗普总统会见并为其举行午宴，双方重申加美传统盟友关系并加强在经贸、能源、环保以及防务领域合作。10月，加总理特鲁多访问美国首都华盛顿特区，特朗普总统会见。12月，美国国务卿蒂勒森访加。2018年6月，美国总统特朗普赴加魁北克省出席"七国集团"峰会。2019年6月，加总理特鲁多对美国进行正式访问。

美是加最大投资来源国，加美互为重要贸易伙伴。2019年，对美货物贸易总额8358.2亿加元，占加贸易额的69%，其中对美出口额占加出口总额的74.6%，自美进口额占加进口总额的63.8%。2017年8月，加拿大、美国、墨西哥三方启动《北美自由贸易协定》（NAFTA）重新谈判。2018年9月，加美墨三方宣布NAFTA重谈成功，新协定更名为《美墨加协定》（USMCA）。11月，美总统特朗普、加总理特鲁多、墨总统涅托在阿根廷出席"二十国集团"峰会期间正式签署《美墨加协定》。《美墨加协定》已于2020年7月1日生效。

【同亚洲主要国家的关系】加认为亚洲将成为未来的世界经济中心，重视发展与亚洲的经济和战略关系。加是亚太经合组织成员、东盟地区论坛成员和东盟对话国，亚太地区已成为加重要的贸易伙伴，也是加资金、技术和移民的来源地之一。

日本、韩国、新加坡是加传统贸易伙伴，中国、印度、东盟等也是加重视的新兴市场。加政府制订"亚太门户计划"，重点用于基础设施建设，旨在将不列颠哥伦比亚省打造成连接北美和亚洲的航运枢纽，同时保护港口、货物贸易和人员的安全。

2016年5月，加总理特鲁多访问日本并出席"七国集团"峰会。7月，加外长迪翁赴老挝出席东盟地区论坛外长会并访问老挝、斯里兰卡。9月，加外长迪翁访问柬埔寨和越南。2017年6月，缅甸国务资政昂山素季访加。10月，加总督帕耶特赴曼谷出席泰国国王普密蓬葬礼仪式。11月，加总理特鲁多访问越南，出席在岘港举行的亚太经合组织领导人非正式会议，并出席在菲律宾马尼拉举行的第31届东盟峰会。2018年2月，加总理特鲁多访问印度。11月，加总理特鲁多访问新加坡并出席第33届东盟峰会。2019年4月，日本首相安倍晋三对加拿大进行正式访问。

【同西欧国家的关系】加是北约、英联邦、"七国集团"和法语国家首脑会议的成员国，重视发展同西欧国家的关系，认为加自身的繁荣和安全与西欧国家紧密相关。加与西欧国家在政治、经济、军事和文化等领域保持着传统的密切关系，在重大国际问题上经常与西欧各国协调立场。

2016年2月，加国际贸易部长弗里兰与欧盟委员会贸易委员玛姆斯托姆宣布双方完成对"加欧全面经济贸易协定"的法律复核。5月，加外长迪翁赴布鲁塞尔出席北约外长会。6月，加国际贸易部长弗里兰访问欧盟总部布鲁塞尔，之后赴巴黎出席经济合作与发展组织部长会。7月，加外长迪翁访问荷兰、意大利。9月，英国王子威廉夫妇访加。10月，加总理特鲁多赴布鲁塞尔出席加拿大—欧盟领导人峰会，其间，特鲁多同欧盟委员会主席容克、欧盟理事会主席图斯克共同签署"加欧全面经济贸易协定"。12月，加外长迪翁赴德国柏林出席欧洲安全与合作组织部长级会议，赴比利时出席北约外长会。2017年2月，加总督约翰斯顿对瑞典进行国事访问。5月，加总理特鲁多赴布鲁塞尔出席北约领导人峰会，访问意大利并出席"七国集团"峰会。7月，加总理特鲁多访问爱尔兰首都都柏林、英国爱丁堡，在爱丁堡觐见英国女王伊丽莎白二世，并赴德国汉堡出席"二十国集团"领导人峰会。9月，英国首相特雷莎·梅访加。2018年4月，加总理特鲁多访问法国，并赴伦敦出席英联邦政府首脑会议。5月，葡萄牙总理科斯塔访加。9月，西班牙首相桑切斯访加。10月，荷兰首相吕特访加。2019年8月，加总理特鲁多赴法国出席七国集团峰会。2019年12月，加总理特鲁多赴英国伦敦出席北约领导人峰会。

【同独联体和东欧国家的关系】苏联解体后，加迅速承认独联体各国，并积极发展同它们的双边关系。加向独联体和东欧国家均提供援助。对独联体国家的援助主要用于推动结构性改革和民主进程，以帮助其顺利完成向市场经济的转轨。对东欧国家援助主要集中在政治、司法改革以及技术和管理援助等领域。乌克兰危机爆发后，加坚决支持乌克兰反对派上台执政并召回驻俄大使，推出多轮对俄制裁措施。

2016年7月，加总理特鲁多访问乌克兰，并赴波兰出席北约峰会。波黑外长茨尔纳达克访加。加外长迪翁访问拉脱维亚。加国际贸易部长弗里兰访问乌克兰，双方签署“加乌自由贸易协定”。2017年9月，乌克兰总统波罗申科访加。10月，乌克兰总理格罗伊斯曼访加。12月，加外长弗里兰访问乌克兰。2018年1月，加总督帕耶特访问乌克兰、拉脱维亚。10月，加总理特鲁多访问亚美尼亚，并出席第17届法语国家组织峰会。

【同拉丁美洲国家的关系】拉美国家是加重要贸易伙伴和投资目的地。加是美洲国家组织成员国，与拉美国家建立了“加拿大—拉美国家论坛”，与加勒比国家建立了不定期首脑会晤制度，与智利、哥斯达黎加等国签署了自由贸易协议，与墨西哥同为北美自由贸易区成员。加关注海地局势，在海地派有维和部队。加对古巴奉行接触政策，近年来对古投资增长较快，现有数十家企业在古经营采矿等业务。

2016年6月，墨西哥总统培尼亚正式访加并出席在渥太华举行的北美领导人峰会。11月，加总理特鲁多访问古巴、阿根廷并赴秘鲁出席亚太经合组织领导人非正式会议。6月，加国际贸易部长弗里兰赴墨西哥与太平洋联盟成员国家外长举行会见。10月，加外长迪翁访问墨西哥、危地马拉和洪都拉斯。2017年6月，加外长弗里兰赴墨西哥坎昆出席美洲国家组织第47届大会。10月，加总理特鲁多首次对墨西哥进行正式访问。10月哥伦比亚总统桑托斯访加。2018年4月，加总理特鲁多赴秘鲁出席美洲国家首脑会议。12月，加总督帕耶特赴墨西哥出席墨新任总统奥夫拉多尔就职典礼。

【同非洲国家的关系】近年来，加对发展与非洲国家关系重视程度提高，关注并参与联合国及非洲地区组织主导的非洲地区冲突及内战的调停与斡旋。2016年9月，加国际发展和法语国家联盟事务部长比伯访问塞内加尔、马里、布基纳法索。11月，加总理特鲁多访问利比里亚，并赴马达加斯加出席第16届法语国家组织峰会。加外长迪翁访问尼日利亚、肯尼亚、埃塞俄比亚及非盟总部。2017年3月，加国际发展和法语国家联盟事务部长比伯宣布加政府将提供约1.2亿加元紧急人道主义援助，用于帮助尼日利亚、索马里、南苏丹、也门等国应对粮食危机。12月，加移民、难民和公民身份部长胡森宣布加政府将向索马里、肯尼亚分别提供1040万加元和1500万加元人道主义援助。2018年9月，纳米比亚总统根哥布访加。10月，加总督帕耶特访问布基纳法索、科特迪瓦和尼日利亚。

（崔杰）

开曼群岛

名称　开曼群岛（The Cayman Islands）。

面积　264平方公里。

人口　6.99万人（截至2019年秋季），2018年估计人口增长率1.96%，出生率12‰，死亡率5.9‰。居民构成中混血种人占40%，白人占20%，黑人占20%。英语为官方语言和通用语，少数使用西班牙语和菲律宾语。居民多信奉基督教。

首府　乔治敦（George Town），位于大开曼岛，人口3.5万人（2018年）。

总督　马丁·基斯·罗伯（Martyn Keith Roper OBE），2018年10月19日就任。

重要节日　宪法日：7月的第一个星期一。

简　况

位于加勒比海西北部，距牙买加西北部290公里，主要岛屿为大开曼岛、开曼布拉克岛和小开曼岛。属亚热带气候，受信风影响，平均气温夏季30℃，冬季25.5℃。年平均降水量1433毫米。6—11月有飓风。

1503年哥伦布发现该群岛。1670年根据《马德里条约》，开曼群岛归英国统治，但在1959年前的280年间，群岛实际上为当时英国殖民地牙买加属地，由牙买加总督全权管辖。1962年牙买加独立后，群岛才单独成为英国直辖殖民地，由英女王任命的总督行使管辖权。现为英国的海外领地（British Overseas Territory）。

政　治

2017年大选后，人民进步运动继上届大选后再度获胜成为执政党，其领导人奥尔登·麦克劳克林（Alden McLaughlin MBE）于同年5月31日连任总理。2018年3月5日，总督海伦·基尔帕特里克（Helen Kilpatrick CB，女）卸任，3月26日，新总督安瓦尔·乔杜里（Anwar Choudhury）就任。6月，总督安瓦尔·乔杜里因遭多项指控而被召回伦敦接受调查；9月20日，安瓦尔·乔杜里被免职。10月19日，临时总督马丁·基斯·罗伯到任；2019年1月24日，马丁·基斯·罗伯被正式任命为开曼群岛总督。

【宪法】现行宪法于2009年11月6日生效。

【议会】称立法会议（Legislative Assembly），任期4年，有21个席位，包括由选举产生的1名议长、18名议员和2名来自内阁的当然成员（副总督、总检察长）。本届议会于2017年5月选举产生，议长W.麦基瓦·布什（W. McKeeva Bush）。下届议会选举将于2021年进行。

【政府】内阁（Cabinet）通常由在议会中占多数议席的政党组成，由总督主持，包括2名当然成员（副总督、总检察长）、1名总理和6名部长（其中1名由副总理兼任）。当然成员由总督任命，在议会中无席位；总督根据立法议会多数党当选议员的推荐任命总理并根据总理的建议任命其余6名部长。2017年5月，大选获胜的人民进步运动组成新一届内阁，主要成员有：总理奥尔登·麦克劳克林，副总理兼地方行政、旅游、交通部长摩西·柯克康奈尔（Moses Kirkconnell），金融与经济发展部长罗伊·麦克塔格特（Roy McTaggart），金融服务与民政部长塔拉·里弗斯（Tara Rivers，女），商务与规划建设部长约瑟夫·泽维尔·休（Joseph Xavier Hew），教育、青年、体育、农业与地政部长朱莉安娜·奥康纳–康诺利（Julianna O Connor-Connolly，女），卫生、环境、文化与住房部长德维恩·西摩（Dwayne Seymour），副总督弗兰兹·曼德尔森（Franz Manderson），总检察长塞缪尔·布尔金（Samuel Bulgin）。

【主要网址】http://www.gov.ky。

【行政区划】共6个行政区。

【司法机构】设有即决法院（包括青少年法院）、群岛大法院（相当于最高法院）和上诉法院（在牙买加）。英国枢密院为最高上诉机关。大法院每年开庭6次，审理民事和刑事案件，接受即决法院的上诉。现任首席大法官为安东尼·斯梅利（Anthony Smellie）。

【政党】目前主要有两大政党：

（1）人民进步运动（People's Progressive Movement，PPM）：2002年成立，现执政党。其先后在2005、2013年赢得大选成为执政党，2017年再度获选。现任总理奥尔登·麦克劳克林于2011年2月出任该党领导人至今。

（2）联合民主党（United Democratic Party，UDP）：2001年成立，于2001年11月至2005年5月执政，2009年重新执政。领导人为前总理麦克基瓦·布什（McKeeva Bush）。

【重要人物】**马丁·基斯·罗伯**：总督。经验丰富的英国职业外交官，并因外交成绩获英国官佐勋章。2007—2010年任英国驻巴西使馆公使。2010—2014年任英国驻阿尔及利亚大使。2015—2018年任英国驻华大使馆临时代办、公使（任职期间使用中文名“罗廷”）。2018年就任开曼群岛总督。 **奥尔登·麦克劳克林**：总理。2000年当选为立法会议议员，连任至今。2005—2009年任教育、培训、就业、青年、体育和文化部长。2011年任人民进步运动领袖至今。2013年任总理兼内政和社区事务部长。2017年大选后连任总理至今。获英国员佐勋章（Member of the British Empire，MBE）。 **朱莉安娜·奥康纳–康诺利**：前议长，前总理。1996年当选为议员。1997年任社区事务、体育、妇女、青年和文化部长。2001年联合民主党成立，她是创建者之一。2001—2003年任议长。2012年12月接替布什任总理，同时兼任财政部长。2013—2017年再任议长。她是开曼群岛第一位女议长，第一位女总理，第一位女部长，也是目前在立法会议中任职时间最长的女性。

经　济

金融服务和旅游业是两大经济支柱。由于没有直接税收，开曼群岛成为繁荣的离岸金融中心。2018—2019年，得益于旅游业、建筑业、金融服务业等的较好发展，开曼经济稳健增长，政府未偿债务再次下降，地区生产总值分别增长约3.6%和3.4%。2019年，增长强劲的经济板块包括酒店和餐饮业（6.2%），建筑业（6.1%），批发和零售业（5.9%）。经济增长促使劳动力供应增加，2019年总劳动力增加到49089人，比上年增长6.3%。

主要经济数据如下：

地区生产总值（购买力平价）：25.07亿开曼元（2014年估计）。

人均地区生产总值：4.43万美元（2013年估计）。

地区生产总值增长率：3.4%（2019年估计）。

货币名称：开曼元；1元=100分。

汇率：1美元=0.82开曼元（2019年估计）。

平均通货膨胀率：3.8%（2018年估计），4.7%（2019年估计）。

失业率：3.5%（2019年）。

【资源】自然资源较为贫乏，没有天然淡水资源，盛产水产品，森林覆盖率超过50%。

【工业】工业不发达，规模极小。主要生产建材、首饰、家具、加工食品和化学包装用具。2017年估计工业产值占地区生产总值的7.4%。2019年，水电供应行业的经济增长率为5.3%。

【农业】受土地贫瘠、雨水少、劳动力费用高等因素的制约，农业很不发达，2017年估计农业产值仅占地区生产总值的0.3%。主要作物为蔬菜、热带水果等。90%以上的粮食靠进口。

【金融服务业】经济的重要部门。由于开曼政局稳定，没有外汇限制，不收直接税，并严格遵守金融保密法，该群岛成为世界最大的离岸金融中心之一，并设有证券交易所。2018年，新公司和新合伙企业注册人数较上年分别增长了34.5%和35.0%，在证券交易所上市的股票上涨了39.9%。2019年，金融和保险服务业较上年增长了2.2%。

2018年，随着全球各国联手打击避税的进程一再加快，开曼群岛发布了《2018年国际税务合作（经济实质）法》（“开曼经济实质法”），自2019年起施行。2019年1月1日及之后成立的相关实体须自其开始从事相关活动之日起遵守经济实质法要求，而2019年1月1日之前已经存续并从事相关活动相关实体须从2019年7月1日起遵守经济实质法要求。2019年2月22日，为了推动经济实质法的落实与实施，开曼群岛发布《地理移动活动的经济实质指南（第1版）》，进一步明确经济实质法相关规定。开曼经济实质法的核心是要求在当地注册成立从事特定活动的公司、合伙企业等实体应具备充足的商业实质，否则将面临罚款甚至是注销的风险。这对传统典型的“壳公司”将是巨大挑战，红筹上市、境外投资、海外IP控股公司、发债SPV等架构亦面临严峻考验，也意味着以开曼群岛为首的离岸金融地将从宽松规管的法域演变成合规但略显繁重的法域。

【旅游业】主要经济支柱，以豪华旅游为发展方向，主要面向北美游客。2019年，航空抵达量较上年增长了8.5%，过夜游客数量创纪录地超过50万人，受此提振，酒店和餐饮业表现强劲，旅游业保持增长。

【交通运输】公路：785公里。2000年注册的机动车为2.48万辆。

水运：有船通往佛罗里达、牙买加、哥斯达黎加和海地。主要港口是乔治敦港。2000年国际货运量为2.39亿吨。2019年注册商船数量为170艘。

空运：有通往美国休斯敦、迈阿密和牙买加金斯敦的定期航班。有2个国际机场：欧文·罗伯茨机场（GCM）和查尔斯·科克康奈尔机场（CYB，曾用名为杰勒德·史密斯机场），均可供喷气客机起降，有8个航空公司在此运营。另有一位于小开曼岛的爱德华·博登机场（LYB）。岛屿之间有国内航线。

【财政金融】财政年度从每年的4月1日至翌年的3月31日。政府财政收入主要来自进口税、印花税、注册费、版权税、财产税和旅游者税。开曼未尝债务在2018年约4.3亿美元，在2019年有所下降，约4亿美元。2019年，开曼财政总收入8.6亿美元，增长了3.6%，盈余1.02亿美元。

【对外贸易】每年贸易赤字巨大，90%的食品和消费品均需要进口。但是，旅游和来自境外金融业的收入以及国外汇款大体上将其抵销。2019年，有形贸易从2018年的10.084亿美元增至11.384亿美元。这是由于货物进口增加了13.5%，而出口增长30.5%，抵消了该增长。2019年，估计的商品出口（主要是再出口）增加了1050万美元，进口货物总值达到11.833亿美元，比2018年的10.428亿美元增长1.405亿美元。主要出口产品有海龟肉、皮革和贝壳等；主要进口产品有机械设备、食品、制造业产品、燃料等。主要贸易伙伴是美国、日本。

人民生活

开曼群岛儿童享受免费医疗。平均每千人有2.15名医生。2019年估计人均预期寿命为81.6岁。2018年，移动电话用户数量大幅提高，达到每百人拥有164部，固定电话每百人60部。

军　事

开曼群岛无正规军事部队，由英国负责防务。岛内设皇家警察局。

文化教育

【教育】在开曼群岛公立学校对5—15岁学生实行免费义务教育。识字率98%。政府开设有1所4年制大学——开曼群岛大学和1所法律学校。

【新闻出版】主要报刊有《开曼罗盘》和《开曼网络新闻》（均为每周5天出版）及《开曼观察家》（周刊）。

开曼电台：政府商业电台，1976年起用英语全天播音。开曼群岛国际学院电台：1973年创立，播放文化教育节目。

电视台：开曼电视台，1991年成立，全天播放当地及美国新闻娱乐节目。开曼群岛国际电视网：1992年成立，播放当地、加勒比、国际新闻及美国娱乐节目。

对外关系

外交由英国掌管。开曼群岛为万国邮政联盟、国际奥委会、加勒比开发银行成员，联合国教科文组织、加勒比共同体准成员，设有国际刑警组织开曼群岛支局。开曼群岛分别派团参加了2012年伦敦奥运会、2014年索契冬奥会和2016年里约奥运会。

【同中国的关系】作为离岸金融服务中心之一，一些发达国家（地区）通过开曼群岛对华进行投资。而开曼群岛也已成为中国吸引外资的重要来源地和对外投资的重要目的地，不少知名中国企业与开曼群岛建立了紧密的商业联系。

2017年1月12—13日，应英属开曼群岛政府邀请，驻英国大使刘晓明赴该地访问；2月6日，驻英国大使刘晓明在使馆会见英属开曼群岛总理麦克劳林。2017年，中央政府授权香港特区政府与英属开曼群岛谈判税务资料交换协定。开曼群岛和中国均属承诺加入境外金融账户共同申报准则（Common Reporting Standard，CRS）体系进行金融涉税信息互换的国家和地区。2017年，开曼群岛与中国在《多边主管当局间协议》（Multilateral Competent Authority Agreement，MCAA）框架下实现“配对”，开曼群岛已确定会将中国税收居民的金融资产信息提交给中国。2018年9月，开曼群岛向中国政府提交中国税收居民在开曼群岛金融机构所持有账户的信息。（叶雯）

库　拉　索

名称　库拉索领地（Land Curaçao），简称“库拉索”（Curaçao）。

面积　444平方公里。

人口　158665人（2018年），人口增长率为–0.84%。官方语言英语、荷兰语、帕皮门托语，居民还普遍使用西班牙语。居民中72.8%信奉天主教。

首府　威廉斯塔德（Willemstad）。

总督　露西尔·乔治–沃特（Lucille George-Wout，女），2013年11月4日就任。

重要节日　旗帜日：7月2日。

简　况

包括库拉索岛（Curaçao）和邻近无人居住的小库拉索岛（Klein Curaçao），位于东加勒比海南部，南距委内瑞拉北岸55公里。属热带气候，年平均最高气温31.2℃，最低气温25.6℃。年均降水量553.4毫米。

岛上最早的居民是印第安部族阿拉瓦克人。1634年，荷兰人占领库拉索。1954年，库拉索与阿鲁巴（Aruba）、荷属圣马丁（Sint Maarten）、博奈尔岛（Bonaire）、萨巴岛（Saba）、圣尤斯特歇斯岛（St Eustatius）组成荷属安的列斯（Netherlands Antilles），成为荷兰王国的一个单独政治实体（1986年1月1日，阿鲁巴脱离荷属安的列斯）。2010年10月10日，荷属安的列斯解体，根据各岛公决结果，库拉索和荷属圣马丁分别成为荷兰王国内单独的政治实体（自治国），而博奈尔岛、萨巴岛和圣尤斯特歇斯岛则成为荷兰的三个海外特别行政区，也被称为加勒比荷兰（Caribbean Netherlands）。

政　治

【宪法】2010年10月10日起施行基本法（Staatsregeling）。荷兰国王为其元首。

【议会】一院制议会（Staten），由普选产生，有21个议席，任期4年。本届议会于2017年4月28日选举产生，安的列斯重组党（PAR）6席，新安的列斯运动党（MAN）5席，库拉索未来运动党（MFK）5席，库拉索全民党（KDNT）2席，国家创新党（PIN）1席，主权人民党（PS）1席，进步运动党（MP）1席。议长为威廉·米勒森（William Millersen）。

【政府】本届政府于2017年5月29日成立，由安的列斯重组党、新安的列斯运动党和国家创新党组成。安的列斯重组党尤金·罗荷纳特（Eugene Rhuggenaath）出任首相兼总务部长。齐塔·耶稣–莱托（Zita Jesus-Leito）任交通运输与城市规划部部长，玛丽莲·阿尔卡拉–瓦勒（Marilyn Alcala-Wallé）任教育文化部部长，昆西·吉利高利（Quincy Girigorie）任司法部部长，亨斯利·科伊曼（Hensley Koeiman）任社会发展、劳工和福利部部长，史蒂文·玛蒂纳（Steven Martina）任经济部部长，肯尼思·海斯伯塔（Kenneth Gijsbertha）任财政部部长，阿明·孔凯特（Armin Konket）任政府服务、管理及规划部部长，苏珊·卡梅利亚–罗梅尔（Suzanne Camelia-Romer）任卫生、环境部部长。

【主要网址】www.gobiernu.cw（政府网站）；www.cbs.aw（中央统计局）。

【司法机构】本岛设初审法庭，阿鲁巴、库拉索、荷属圣马丁、博奈尔、圣尤斯特歇斯、萨巴设立联合高级法院（Joint Court of Justice of Aruba，Curaçao，Sint Maarten and of Bonaire，Saint Eustatius and Saba）。

【政党】主要政党有：

（1）安的列斯重组党（Party for the Restructure Antilles，PAR）：成立于2010年荷属安的列斯解体后。2010年议会选举中获得8个议席，成为第一届议会中的最大的政党，2012年第二届议会选举中获得4个议席，2017年大选中获得6个席位，牵头组建政府。党主席为首相兼总务部长尤金·罗荷纳特。

（2）新安的列斯运动党（New Antilles Movement，MAN）：成立于1971年。党主席暂空缺，原为社会发展和劳工福利部长亨斯利·科伊曼（Hensley Koeiman）。2010年和2012年两届议会选举中均获2个席位，2017年大选获得5个席位。2010年、2017年两次入阁。

经　济

旅游、石油提炼（包括石油转运和石油产品）和离岸金融业为库拉索经济的三大支柱。有天然良港，可停泊大型油轮。委内瑞拉国家石油公司从库拉索政府租赁岛上的一个炼油厂，炼油厂的大部分石油从委内瑞拉进口，石油产品大部分出口到美国。几乎所有消费品和资本货物均需进口，主要进口来源国是美国、巴西、意大利和墨西哥。政府正努力推动工业和贸易多样化，已经与欧盟签署有关协议。医疗卫生改革和养老金制度改革因政府预算和人口老龄化等原因难以推进。受国际金融危机及荷兰援助减少影响，库经济近年出现下滑。2018年主要经济数据如下：

地区生产总值：31.28亿美元。

人均地区生产总值：1.95万美元。

地区生产总值增长率：–2.2%。

货币名称：荷属安的列斯盾。

汇率：1美元=1.79荷属安的列斯盾。

通货膨胀率：2.6%。

失业率：13.4%。

【农业】土壤贫瘠和供水不足严重阻碍了农业的发展。主要农产品有芦荟、活牲畜、鱼。2018年农业、渔业和矿业产值下降5.3%。

【工业】以石油提炼为主。2018年制造业（炼油）产值下降14.3%。

【旅游业】国民经济的支柱之一。该岛终年阳光充足，气候宜人，热带风光独具一格。2018年旅游业产值增长8.2%。

【交通运输】无铁路。公路长550公里。水路交通发达，主要港口威廉斯塔德。有一个机场。

【对外贸易】2018年进口额为13.66亿美元，出口额为1.15亿美元。主要进口产品有原油、食品和机械设备等，主要出口产品有石油产品。

人民生活

库拉索是加勒比地区生活水平较高的地区之一，人均GDP居世界第28位（按购买力平价居第46位）。政府对居民提供免费医疗，对低收入者、政府公务员及其家庭成员以及参加社会保险的私营企业雇员和家庭提供免费医疗服务。2017年居民平均预期寿命男性76.2岁，女性80.9岁。

军　事

防务由荷兰负责。荷兰皇家海军在加勒比地区有常驻部队，并在库拉索设有基地。

文化教育

【教育】教育制度与荷兰类似。4—16岁儿童实行义务教育。初等教育从六岁开始，学制六年。中等教育学制五年。

【新闻出版】有政府主办的一家电视台和一家广播电台，另有几家私人电台。

对外关系

外交由荷兰负责。库拉索为万国邮政联盟（UPU）、国际电信联盟（ITU）、国际刑警组织（Interpol）和金融行动特别工作组（FATF）成员，联合国教科文组织（UNESCO）、世界旅游组织（UNWTO）和加勒比国家联盟（ACS）联系成员，加勒比共同体（CARICOM）观察员。

【同中国的关系】2011年1月，中国驻荷兰大使张军访问库拉索，与库总督、首相、经济部长和外事局长举行会谈。2013年6月，中国外交部部长王毅与荷兰外交大臣蒂默曼斯就中方在威廉斯塔德设立总领馆事达成一致，领区包括荷属加勒比地区库拉索、阿鲁巴、圣马丁三个自治国以及博奈尔、萨巴、圣尤斯特歇斯三个行政市。2013年10月，中国首任驻威廉斯塔德总领事陈绮曼（女）赴库履新。2014年9月，驻威廉斯塔德总领馆正式开馆。2015年5月，库拉索首相阿舍斯率团访问苏州。2017年5月，库拉索临时政府首相皮萨斯来华出席"一带一路"国际合作高峰论坛。

中国驻威廉斯塔德总领事馆（荷属加勒比地区）总领事：李意钢。地址：Schottegatweg Oost 32, Willemstad, Curaçao, Dutch Caribbean。电话：005999-7385446，传真：7384446。电子邮箱：consulate_cur@mfa.gov.cn。

（王碧晗）

马尔维纳斯群岛

名称　马尔维纳斯群岛（Islas Malvinas，以下简称"马岛"），英国称福克兰群岛（Falkland Islands）。

面积　1.22万平方公里（马岛地方政府官网公布）。

人口　3398人（马岛地方政府官网公布的2016年人口普查数据），其中60岁及以下人口占82%，90%以上是英国移民及后裔。2016年估计当地居民的主要构成为：岛民占48.3%，英国人占23.1%，智利人占4.6%，混血种人占6%。通用英语，少数人讲西班牙语或其他语言。2016年估计居民中57.1%的人信奉基督教。

首府　阿根廷港（Puerto Argentino），英国称斯坦利（Stanley）。人口2000人（2018年）。

总督　奈杰尔·菲利普斯（Nigel Phillips CBE）。2017年9月12日就任。

简　况

马岛位于阿根廷南端以东的南大西洋水域，西距阿根廷483公里，与巴塔哥尼亚大陆架相连。由索莱达（东福克兰）、大马尔维纳（西福克兰）两大岛和200多个小岛组成。海岸曲折，海岸线长1288公里。北部两条东西走向的山脉贯穿两大岛并延伸到周围岛屿，最高峰705米。岛上多丘陵，河流短小流缓。属海洋性气候，多风、寒湿。1月平均气温（最热月）9.4℃，7月（最冷月）2.3℃，年平均气温5.6℃。全年雨量均衡，年均降水量625毫米，一年中雨雪天气250天左右。岛上植被为浓密矮小的亚灌木干草原，鸟类、企鹅及海豹等海洋哺乳动物繁多。马岛当局专设有自然保护区。

马岛西望南大西洋和南太平洋的交通要道——麦哲伦海峡，战略地位十分重要，历史上是世界海上强国争夺之地。

阿根廷历史学家认为马岛是1520年由葡萄牙人发现的。英国学者则认为是英国航海家戴维斯1592年最先发现马岛。1690年，英国船长约翰·斯特朗最先在西岛登陆。18世纪中叶，法英先后在两大岛上建立居民点并少量驻军。1770年，西班牙开始管辖群岛，1767—1811年共任命了32任总督，但英以最先发现为由，声称仍对群岛拥有主权。阿于1816年独立后即宣布继承西班牙对马岛的主权，马岛为其领土不可分割的一部分，并任命马岛地方官员，拒绝英对马岛的主权要求。1833年1月，英武装占领马岛，驱逐了阿驻岛总督和岛上居民。此后两国对马岛主权之争从未间断。阿历届政府始终将收复马岛主权作为对外政策的重要目标。

第二次世界大战结束后，阿英两国断续进行了多次谈判，但没有结果。1972年，在马岛附近海域发现了丰富的石油和天然气资源，估计储量为英国北海油田的数倍，马岛问题谈判变得更加复杂。1982年2月，谈判再次破裂。同年4月2日，阿政府派兵占领马岛，英宣布与阿断交并派出特遣舰队，"马岛战争"爆发。6月14日，英军攻占马岛首府，驻岛阿军宣布投降。战后，马岛开始使用自己的宪法、货币、旗帜和国徽，以体现岛民"自治"。阿曾提出按"香港租借"方式解决马岛问题和向马岛派遣联合国和平部队等建议，均遭英拒绝。1986年，英宣布马岛周围150海里为"渔业保护区"，并于1993年将"保护区"扩大为200海里，阿方就此提出强烈抗议。几经谈判，阿英于1990年达成复交协议，但英一直拒绝讨论马岛主权问题。

1989年和1990年，阿英两国发表《马德里联合声明》，同意在"搁置主权"的方式下，就开展马岛地区合作进行谈判，并达成一系列谅解。1990年，两国发表关于保护渔业资源的联合声明，并成立南大西洋渔业委员会。1994年，阿将对马岛的主权要求写入宪法，声明"阿根廷对马尔维纳斯群岛、南乔治亚和南桑德韦奇群岛及周边海域拥有合法的、不受时限约束的主权。在尊重国际法和岛上居民生活方式的基础上，收复并完全恢复行使上述地区主权，是阿根廷人民永不改变、永不放弃的目标"。1995年，阿根廷同意不再寻求以武力解决马岛问题。阿根廷转而借助外交手段，欲联合南美和加勒比海国家，对英国施加压力，要求就马岛主权问题谈判。英国政府则一直加以回绝。1995年9月，阿英达成在马岛水域共同勘探开采油气资源的协议，并建立了磋商和信息交流过渡制度，规定双方军队的直接接触必须受两国外交部的监督。1998年10月，梅内姆总统访问英国。1999年3月，英国王储查尔斯访问阿根廷，这是1925年以来第一位访阿的英国王储。同年，两国发表《建立信任、缓解紧张状态》的联合声明，并就阿公民持本国护照赴马岛旅行、石油开采、打击非法捕鱼、通信、巡逻等达成协议，同意在马岛达尔文公墓建立阿根廷阵亡将士纪念碑；两国海军亦在南大西洋举行了马岛战争后首次联合军事演习。

2003年，阿英两国外交部就开通阿根廷至马岛直航航班问题进行了数次接触，但未达成协议。当年11月，阿方停止向非定期飞往马岛的阿旅游包机颁发许可证。2005年以来，英单方面决定将在马岛附近海域捕鱼许可证期限由原来的1年延长至25年，并开始为油气公司在马岛附近海域进行勘探开发活动颁发许可证，阿对此提出强烈抗议，认为英单方面举动违背了联合国的相关决议，无助于为重启谈判创造良好气氛，并于2007年3月宣布中止与英的相关合作，中断南大西洋渔业委员会会议，禁止第三国渔业公司持马岛当局颁发的许可证在马岛海域进行捕捞作业，并停止执行关于油气资源合作的共同声明。2007年12月，《里斯本条约》将马岛列为欧盟海外领地，阿政府就此向欧方提出抗议并重申对马岛的主权。2008年以来，阿政府多次就英方在马岛设立火箭发射场、制定马岛新"宪法"、单方面开采马岛海域油气资源等提出强烈抗议。2011年，英政府宣布将举行"马岛战争"胜利30周年庆祝活动并派威廉王子登岛服役，计划在马岛附近海域建立自然保护区。阿方表示强烈不满，阿政府宣布禁止未经阿方许可的船只通过马岛水域。2013年3月10—11日，马岛行政当局就"是否保持群岛作为英国海外领土的政治地位"举行公投，99.8%的选民表示赞同。阿拒绝承认这一结果，认为岛上居民无权援引民族自决原则来决定马岛政治地位。巴西、委内瑞拉、古巴、智利等拉美国家表示坚决支持阿方立场。英方则要求包括阿在内的世界各国尊重马岛居民的决定。

阿历届政府均重申对马岛的主权要求，呼吁英方早日与阿就马岛主权问题重开谈判，以找到公正、和平、持久的解决办法；同时坚持马岛主权问题只能在阿英两国政府间解决，拒绝接受马岛当局参与主权谈判。

阿对马岛的主权要求得到了世界上大多数国家的支持。1965年，第20届联大通过2065号决议，呼吁阿英通过谈判，和平解决马岛主权争端。1982—1990年，联大每年审议马岛议题，并先后通过7项决议，敦促阿英政府恢复谈判，尽早解决这一主权争端。自1991年起，联大每年将该问题推迟至下届联大审议，未再进行实质性讨论，亦未通过新决议。1983年至今，联合国非殖民化特别委员会会议（英不参加）每年均以协商一致的方式通过与联大关于马岛问题决议内容相似的决议。1999年，联合国秘书长安南表示，将尽一切努力促成阿英谈判，以尽快结束马岛"殖民地状态"。美洲国家组织、南美国家联盟、里约集团、南方共同市场等地区组织和伊比利亚美洲首脑会议、南美—阿拉伯国家会议等多边机制亦多次通过决议或声明，敦促阿英政府依照联合国有关决议就马岛主权重开谈判，尽早和平解决争端。2016年03月29日，联合国大陆架界定委员会宣布接受阿根廷在2009年提交的一份关于阿根廷大陆架范围的认定报告，并判定阿根廷大陆架范围拓展35%。这一事件很快引发了阿根廷各界的关注。阿方认为，这意味着马尔维纳斯群岛已被“划入”阿根廷海域，是一个历史性时刻。英国方面30日表示，联合国大陆架界定委员会给出的只是“建议”，并不具备法律效力。英国方面同时强调，该委员会对马岛的主权“没有管辖权”。

政　治

根据马岛1985年自定的“宪法”，马岛属英海外领地，除外交与军事事务外，由岛民实行“自治”。现行的2009年生效的新“宪法”规定，马岛拥有充分的“内部自治权”，英国只负责外交和军事事务，保留军事力量以“保护英国利益并确保领地整体上得到良好治理”。

马岛总督由英国女王任命并代表英女王行使权力。总督拥有行政权，负责外事、防务等。在其他事务上与以首席部长为首的行政委员会协商，行政委员会对立法会负责。总督和首席部长都是政府首脑。

马岛设立法会和行政委员会。立法会负责制定维护本岛法律、秩序、立法权和行政权的法案，但需提交英国女王，经英外交大臣批准方能生效。行政委员会由立法会组成，每月定期举行会议，负责向总督提出有关行政方面的建议。总督、首席检察官和英在南大西洋岛屿驻军司令有权出席上述两个委员会会议，并有发言权。

2016年，时任首席部长基思·帕吉特（Keith Padgett）宣布退休，同年5月，巴里·罗兰（Barry Rowland）被任命为新一任首席部长。巴里·罗兰于2016年10月3日上任至今。

2017年9月12日，总督科林·罗伯茨（Colin Roberts）卸任，新总督奈杰尔·菲利普斯就任。

【宪法】2008年6月11日，英国政府批准了马岛新“宪法”，以进一步加强岛上居民的民主和“自决”权利，并就总督权力以及立法机构的组成、权力和程序等问题做出了重大修改。新“宪法”于2009年1月1日生效。

【议会】一院制立法会（Unicameral Legislative Assembly）。2009年，马岛新“宪法”生效，一院制立法会取代立法委员会。规定立法会由11名成员组成，任期4年。其中8名由普选产生，2名当然成员（首席部长和财政官），1名议长。本届立法会于2017年11月9日选举产生，任期至2021年11月。本届立法会除8名民选议员外，另3名是：首席部长巴里·罗兰、财政官詹姆斯·威尔逊（James Wilson）、议长基斯·拜尔斯（Keith Biles）。自2013年的普选开始，立法会议员的工作属全职授薪工作，每位议员在就职前需放弃之前的一切工作职位或商业利益。下届议会选举将于2021年进行。

【政府】称行政委员会（Executive Council），由农业、渔业、矿业、教育、卫生和社会福利等22个部门组成。行政委员会由2名当然成员（首席部长和财政官），以及每年从立法会中选出的3名议员一起组成，并由总督担任主席。2016年立法会选出的担任行政委员会成员的3名议员分别是：迈克·萨莫斯（Mike Summers OBE，议员任期至2017年11月）、罗杰·爱德华兹（Roger Edwards，2017年11月连任议员）、简·奇克（Jan Cheek，女，议员任期至2017年11月），行政委员会成员任期至2017年11月。2017年立法会选出的担任行政委员会成员的3名议员分别是：马克·波兰德（Mark Pollard, 2017年11月新任议员）、罗杰·爱德华兹、斯泰西·布莱格（Stacy Bragger, 2017年11月新任议员），新任行政委员会成员任期至2018年11月。

【主要网址】http://www.fig.gov.fk。

【行政区划】马岛唯一城镇即其首府，亦辖南乔治亚和南桑德韦奇群岛。

【司法机构】司法系统沿袭英国，设上诉法院（由最高法院院长、首席法官、非驻地成员及2名上诉法官组成）和最高法院（由首席法官组成），最高可上诉至英国枢密院。

【政党】马岛目前没有政治党派，所有大选候选人均为无党派独立参选人。

【重要人物】奈杰尔·菲利普斯：总督，出生于1963年，是一名英国外交官和英国皇家空军军官。2010—2012年任英国驻波兰大使馆武官；任后在英国国防学院接受俄语培训；2013年，获英国司令勋章；2014—2016年供职于国防部，负责俄罗斯战略研究；2016—2017年任英国常驻欧盟副军事代表；2017年6月，英国外交和联邦事务部宣布任命其为新一任马岛总督兼驻南乔治亚和南桑德韦奇群岛专员。

经　济

马岛经济一向强劲，居民生活水平较高，平均收入高于英国，失业率低。马岛以农业为基础，占地区生产总值的41%（2015年估计），但渔产和羊毛加工业、旅游业是马岛传统支柱产业，也逐渐成为经济活动的主要组成部分，共占地区生产总值的20.6%（2015年估计）。2016年，实际地区生产总值下降了4.3%，主要是由于2015—2016年石油开采相关活动的减少。近年来，海洋石油税收、颁发石油开采许可证和渔业许可证的相关费用成为当地财政收入的重要来源，也用以支持该岛的卫生、教育和福利体系。目前，除国防支出仍由英国负担外，马岛已实现财政自给。英镑在岛上可自由兑换。岛上唯一一家银行——渣打银行马岛分行设在阿根廷港（斯坦利）。

主要经济数据如下：

地区生产总值（购买力平价）：2.83亿“福克兰镑”（2016年估计）。

人均地区生产总值（购买力平价）：9.33万“福克兰

镑”（2016年估计）。

居民人均年收入：2.01万“福克兰镑”（2012年）。

货币名称：“福克兰镑”（与英镑等值）。

通货膨胀率（消费价格）：1.4%（2014年估计）。

失业率：1%（2016年估计）。

【资源】蕴藏丰富的泥炭以及铅、铝、铁和银等矿产资源，近海有丰富的石油和天然气资源。2010年5月首次发现可商业开采的石油，发展潜力巨大。根据英国地理协会的评估，马岛附近海域的石油储量高达600亿桶（2010年），可为马岛地方政府带来近1800亿美元税收（2012年）。目前马岛油气有限公司正与外国公司合作进行相关勘探工作。2010—2012年，已钻探11口测试井，发现丰富的油气储藏。近年来，马岛作为一个潜在的海洋石油基地焕发了生机，油气勘探成为马岛政府收入的主要来源，较大地刺激了当地经济增长。

岛上电力自给自足，其中90%靠矿物燃料发电，燃料全部依赖进口。2016年估计发电量1900万千瓦时，用电量1767万千瓦时。

【农牧渔业】岛上土地超过90%为牧场。全岛农场84家，总面积114.05万公顷。农业以绵羊养殖为主，绵羊数量从1991年的峰值72.9万只到2018年下降到48.4万只，但自2010年以来数量一直相当稳定。羊毛产量也随之下降，由1992年的2773吨下降到2018年的1739吨。其所产高档羊毛主要出口英国等欧盟国家，成为外汇收入的主要来源。

渔业资源丰富，马岛渔场是世界最优良的渔场之一。年均捕鱼量25万—30万吨，主要有鱿鱼、石斑鱼、乌贼、鳕鱼等品种，大部分出口至欧洲和远东市场。2008年捕捞量为27万吨，同比下降10%。自1987年起，马岛当局向在群岛专属区捕鱼的外国渔船出售捕捞许可证，许可费带来的年均收入约4000万美元，是岛上第一大收入来源。2016—2017年，渔业许可证带来的相关收入是2080万“福克兰镑”。

【旅游业】旅游业是马岛第二大产业，年产值约400万“福克兰镑”。近年来，马岛旅游业，特别是生态旅游发展迅速，年均游客数量约6万人次。主要客源国为美国、加拿大和英国。此外，发行邮票和纪念币的收入也是外汇的重要来源。2016/2017财年，邮轮游客为当地带来的收入是100万“福克兰镑”。

【交通运输】公路总长440公里（2008年）。至2017年，马岛有7座中小型机场，其中现代化机场2个。马岛主要岛屿间有不定期小飞机服务。英国皇家空军每月6次从马岛飞往英国，岛上军民均可乘坐。智利航空公司每周有直航班机从智利飞往马岛。主要港口为阿根廷港（斯坦利港）。2019年，在马岛注册的商用船只共3艘。达尔文航运公司提供从英国南海岸开往该港的定期航班服务。敦豪国际航空快递公司提供邮寄服务。

【财政金融】财政年度从4月1日至翌年的3月31日。财政状况良好，当地政府已实现财政自给。此外，英国每年向马岛划拨7000万英镑，用于维护驻马岛军事基地。

【对外贸易】马岛的消费品和工业品依赖进口，主要进口燃料、食品和饮料、建材、服装等，主要进口来源国为英国、西班牙、希腊、荷兰和科特迪瓦。2016年的进口总额为6340万“福克兰镑”，其中进口自英国的商品总价占比达91.9%。马岛的出口产品大部分是渔业产品，主要出口羊毛、皮革、肉类、渔产品等，主要出口对象国为西班牙、纳米比亚和美国。2016年的出口总额为1.94亿“福克兰镑”，2017年为1.53亿“福克兰镑”，较上年减少21%。2018年前三季度，出口额比去年同期增长44%。据经济机构预测，英镑兑美元汇率有望在2019年和2020年升值，这将对此后马岛出口产品的竞争力产生负面影响。

人民生活

全体岛民享受免费医疗，阿根廷港（斯坦利）建有1家医院，共47张病床，1间急诊室，1间产房，1间重症监护室和1间隔离病房。对偏远地区农场实行定期出诊。危重患者需送往智利或乌拉圭等国救治。2017年估计马岛居民平均期望寿命为77.9岁。

2016年7月估计岛上有固定电话2255部，移动电话4674部。2016年估计互联网用户3000户，约98.3%家庭普及互联网。居民拥有车辆总数2058辆，平均每个家庭1.66辆。

马岛治安良好，几乎无犯罪事件发生。

军　事

马岛防务由英国负责。英在马岛有海、陆、空驻军约1300人。马岛政府还提供资金组建了一个额外的连级轻装步兵部队，称为马岛（福克兰群岛）国防军。

文化教育

【教育】实行11年制免费义务教育制度，采用英国教育和考试体系。首府阿根廷港（斯坦利）有中小学各1所，在其他大农场还开设有3所小规模的学校。另设巡回教师和远程教育系统，负责偏远农村学生教育。每年选送学生去英国学习。2005年全岛共有55名教职员工、400名学生。2009/2010财政年度教育经费为530万“福克兰镑”。

【新闻出版】岛上有2家电视台，8个电台，2份周报——《企鹅新闻报》和《冬绿树快报》。

对外关系

马岛外交由英国掌管。马岛为万国邮政联盟成员。

【同中国的关系】在分别于2017年5月17日和2018年12月2日中国和阿根廷两国领导人互访期间发表的《中华人民共和国和阿根廷共和国联合声明》中，中方重申支持阿方在马尔维纳斯群岛问题上的主权要求，以及根据联合国相关决议，通过重启对话谈判，寻求和平解决争端的立场。（叶雯）

美　国

国名　美利坚合众国（The United States of America）。

面积　937万平方公里，本土东西长4500公里，南北宽2700公里，海岸线长2.27万公里。

人口　3.29亿（截至2019年12月）。非拉美裔白人占62.1%，拉美裔占17.4%，非洲裔占13.2%，亚裔占5.4%，混血占2.5%，美国印第安人和阿拉斯加原住民占1.2%，夏威夷原住民或其他太平洋岛民占0.2%（少部分人在其他族群内被重复统计）。通用英语。54.6%信仰基督教，23.9%信仰天主教，1.7%信仰犹太教，1.6%信仰东正教，0.7%信仰佛教，0.6%信仰伊斯兰教，1.2%信仰其他宗教，16.1%无宗教信仰（少部分人群属于多宗教信仰被重复统计）。

首都　华盛顿哥伦比亚特区（Washington D.C.），人口约71万。

国家元首　唐纳德·特朗普（Donald Trump）。2016年11月8日赢得总统选举，于2017年1月20日正式就职。

重要节日　7月4日（美国独立日，1776年）。

简　况

位于北美洲中部，领土还包括北美洲西北部的阿拉斯加和太平洋中部的夏威夷群岛。北与加拿大接壤，南靠墨西哥湾，西临太平洋，东濒大西洋。大部分地区属大陆性气候，南部属亚热带气候。中北部平原温差很大，芝加哥1月平均气温-3℃，7月24℃；墨西哥湾沿岸1月平均气温11℃，7月28℃。

原为印第安人聚居地。15世纪末西、荷、法、英等国开始向北美移民。到1773年，英已建立13个殖民地。1775年爆发独立战争。1776年7月4日通过《独立宣言》，正式宣布建立美利坚合众国。1787年制定联邦宪法，1788年华盛顿当选为第一任总统。在1776年后的100年内，美国领土几乎扩张了10倍。

政　治

美国总统特朗普执政三年来，大力实施税改，推进移民改革，削减经济金融监管，放宽传统能源开发限制，解禁重要油气管线建设，增加防务预算，强化军力建设。

【宪法】1776年7月4日制定了宪法性文件《联邦条例》。1787年5月制定了宪法草案，1789年3月第一届国会宣布生效。它是世界上第一部作为独立、统一国家的成文宪法。宪法的主要内容是建立联邦制的国家，各州拥有较大的自主权，包括立法权；实行三权分立的政治体制，立法、行政、司法各自独立，并相互制约。两个世纪以来，共制定了27条宪法修正案。重要的修改有：1791年9月由国会通过的包括保证信仰、言论、出版自由与和平集会权利在内的宪法前10条修正案，后通称“民权法案”（或“权利法案”）；1865年和1870年通过的关于废除奴隶制度和承认黑人公民权利的第13条和第15条修正案；1951年通过的规定总统如不能行使职权由副总统升任总统的第25条修正案。

【国会】国会是最高立法机构，由参、众两院组成。两院议员由各州选民直接选举产生。参议员每州2名，共100名，任期6年，每2年改选1/3。众议员按各州的人口比例分配名额选出，共435名，任期2年，期满全部改选。两院议员均可连任，任期不限。参众议员均系专职，不得兼任政府职务。第115届国会于2017年1月3日开幕。参议院有共和党人50人，民主党人47人，独立人士2人，空缺1名；众议院有共和党人236人，民主党人196人，空缺3名。参议院议长（副总统兼任）迈克·彭斯（Mike Pence），临时参议长奥林·哈奇（Orrin Hatch，共和党），众议院议长保罗·瑞安（Paul Ryan，共和党）。第116届国会于2019年1月3日开幕。参议院有共和党人53人，民主党人47人（包括参加民主党团会议的2名独立人士）；众议院有共和党人196人，民主党人232人，独立人士1名，空缺6名。参议院议长（副总统兼任）迈克·彭斯（Mike Pence），临时参议长查尔斯·格拉斯利（Charles Grassley，共和党），众议院议长南希·佩洛西（Nancy Pelosi，民主党）。

【政府】总统内阁制。总统是国家元首、政府首脑兼武装部队总司令。总统通过间接选举产生，任期4年。政府内阁由各部部长和总统指定的其他成员组成。内阁实际上只起总统助手和顾问团的作用，没有集体决策的权力。2017年1月20日，唐纳德·特朗普宣誓就任总统，迈克·彭斯（Mike Pence）宣誓就任副总统。内阁除副总统外还有22人：国务卿迈克·蓬佩奥（Mike Pompeo），财政部长史蒂芬·姆努钦（Steven Mnuchin），国防部长马克·埃斯珀（Mark Esper），司法部长威廉·巴尔（William Barr），内政部长大卫·伯恩哈特（David Bernhardt），农业部长索尼·珀杜（Sonny Perdue），商务部长威尔伯·罗斯（Wilbur Ross），劳工部长尤金·斯卡利亚（Eugene Scalia），卫生与公众服务部长亚历克斯·阿扎（Alex Azar），住房与城市发展部长本·卡森（Ben Carson），运输部长赵小兰（Elaine Lan Chao，女），能源部长丹·布鲁耶特（Dan Brouillette），教育部长贝齐·德沃斯（Betsy DeVos，女），退伍军人事务部长罗伯特·威尔基（Robert Wilkie），代理国土安全部长查德·沃尔夫（Chad Wolf），白宫办公厅主任马克·梅多斯（Mark Meadows），代理白宫预算办公室主任拉斯·沃特（Russ Vought），贸易代表罗伯特·莱特希泽（Robert Lighthizer），国家情报总监约翰·拉特克利夫（John Ratcliffe），中央情报局局长吉娜·哈斯佩尔（Gina Haspel，女），环保署长安德鲁·惠勒（Andrew Wheeler），小企业局局长霍薇塔·卡兰萨（Jovita Carranza，女）等。

【行政区划】全国共分50个州和1个特区（哥伦比亚特区），有3144个县。联邦领地包括波多黎各和北马里亚纳，海外领地包括关岛、美属萨摩亚、美属维尔京群岛等。各州名称：亚拉巴马、阿拉斯加、亚利桑那、阿肯色、加利福尼亚、科罗拉多、康涅狄格、特拉华、佛罗里达、佐治亚、夏威夷、爱达荷、伊利诺伊、印第安纳、艾奥瓦、堪萨斯、肯塔基、路易斯安那、缅因、马里兰、马萨诸塞、密歇根、明尼苏达、密西西比、密苏里、蒙大拿、内布拉斯加、内华达、新罕布什尔、新泽西、新墨西哥、纽约、北卡罗来纳、北达科他、俄亥俄、俄克拉何马、俄勒冈、宾夕法尼亚、罗得岛、南卡罗来纳、南达科他、田纳西、得克萨斯、犹他、佛蒙特、弗吉尼亚、华盛顿、西弗吉尼亚、威斯康星、怀俄明。

【司法机构】设联邦最高法院、联邦法院、州法院及一些特别法院。联邦最高法院由首席大法官和8名大法官组成，终身任职。联邦最高法院有权裁定联邦和各州的任何法律违宪而不被采用。现任首席大法官小约翰·罗伯茨（John Roberts Jr.）。

【政党】美国有多个党派，但在国内政治及社会生活中起重大作用的只有共和党和民主党。

（1）共和党（Republican Party）：成立于1854年。1861年林肯就任总统，共和党首次执政。此后至1933年的70多年中，除16年外，共和党一直主政白宫。1933—2017年，曾有艾森豪威尔（1953年1月至1961年1月）、尼克松（1969年1月至1974年8月）、福特（1974年8月至1977年1月）、里根（1981年1月至1989年1月）、乔治·H. W. 布什（1989年1月至1993年1月）、乔治·W. 布什（2001年1月至2009年1月）、唐纳德·特朗普（2017年1月正式就职）先后当选总统执政。现任共和党全国委员会主席为龙纳·麦克丹尼尔（Ronna McDaniel，女）。

（2）民主党（Democratic Party）：1791年成立，当时称共和党。1794年改称民主共和党，1828年改为民主党。1861年南北战争前夕，民主党内部分裂，该党的南方奴隶主策划叛乱。南北战争结束后，民主党在野24年。1885年克利夫兰当选总统。此后该党又大部分时间在野。1933年开始，民主党人罗斯福（1933年3月至1945年4月）、杜鲁门（1945年4月至1953年1月）、肯尼迪（1961年1月至1963年11月）、约翰逊（1963年11月至1969年1月）、卡特（1977年1月至1981年1月）、克林顿（1993年1月至2001年1月）、奥巴马（2009年1月至2017年1月）先后当选总统执政。现任民主党全国委员会主席为汤姆·佩雷斯（Tom Perez）。

【重要人物】唐纳德·特朗普：总统，共和党人。1946年6月生于纽约市。1968年获得宾夕法尼亚大学沃顿商学院经济学学士学位，随后任职于其父创建的房地产公司。1971年接管公司，在纽约从事房地产开发，投资范围逐步延伸至赌场、航运、职业足球和摔跤、选美比赛等行业。2015年6月宣布参选美国总统，此前无担任公职经历。2016年11月8日击败民主党候选人希拉里·克林顿，当选美国第45任总统。2017年1月20日正式就职。　**迈克·彭斯**：副总统，共和党人。1959年生于印第安纳州。1981年获得汉诺威学院历史学学士学位。1983年进入印第安纳大学法学院深造并获法律博士学位。毕业后曾担任律师。2000年当选印第安纳州联邦众议员。2012年当选印州第50任州长。2016年11月当选副总统。

经　济

美国有高度发达的现代市场经济，其国内生产总值和对外贸易额均居世界首位。当前，美国经济总体保持温和增长态势。2019年主要经济数据：

国内生产总值：214271亿美元（按当年价格计算）。

人均国内生产总值：65111美元（国际货币基金组织数据）。

实际国内生产总值增长率：2.3%。

通货膨胀率：1.6%。

【资源】自然资源丰富，矿产资源总探明储量居世界首位。煤、石油、天然气、铁矿石、钾盐、磷酸盐、硫磺等矿物储量均居世界前列。其他矿物有铜、铅、钼、铀、铝矾土、金、汞、镍、碳酸钾、银、钨、锌、铝、铋等。战略矿物资源钛、锰、钴、铬等主要靠进口。森林面积约7.47亿英亩，覆盖率达33%。

【工业】近年来，美国着力优化产业结构，实施“再工业化”战略，振兴实体经济，推动制造业回流，美国工业生产保持稳定。2019年美工业生产下降1.3%；信息、生物等高科技产业发展迅速，利用高科技改造传统产业也取得新进展。美国主要工业产品有汽车、航空设备、计算机、电子和通讯设备、钢铁、石油产品、化肥、水泥、塑料及新闻纸、机械等。

【财政金融】2018、2019财年美联邦财政赤字分别为7790亿美元、9840亿美元。2019年12月，美国债总额23.16万亿美元，约占GDP的109%。在美国经济和就业持续复苏背景下，美联储于2015年12月至2018年12月累计加息9次，将联邦基金利率目标区间升至2.25%—2.5%。2019年，在美国经济增速放缓、全球经济及贸易形势不确定性增加背景下，美联储于该年7月、9月、10月分别降息25个基点。

目前，美国主要商业银行有：

（1）摩根大通（J. P. Morgan Chase）：2000年12月由J.P.摩根公司和大通—曼哈顿公司合并而成，总部设在纽约。

（2）美国银行（Bank of America Corp）：原中文名“美国美洲银行”，创建于1968年10月，总部设在旧金山。

（3）富国银行（Wells Fargo）：创立于1852年，总部设在旧金山，是美国唯一一家获得AAA评级的银行。

（4）花旗集团（Citigroup）：1955年纽约花旗银行与纽约第一银行合并，改名为纽约第一花旗银行，1962年改为第一花旗银行，1967年改为花旗公司。总部设在纽约。1998年与旅行者集团合并组建花旗集团，成为世界上最大的金融服务公司。

【对外贸易】美国主要出口商品为：化工产品、机械、汽车、飞机、电子信息设备、武器、食品、药品、饮料等。主要进口商品是：食品、服装、电子器材、机械、钢材、纺织品、石油、天然橡胶以及锡、铬等金属。

2019年美国前五大货物贸易伙伴为欧盟、墨西哥、加拿大、中国和日本。美国前五大货物出口市场为欧盟、加拿大、墨西哥、中国和日本。美国前五大货物进口来源地为欧盟、中国、墨西哥、加拿大和日本。

2019年，美国货物贸易总额约为41719亿美元，较2018年下降1.5%；其中出口额16528亿美元，同比下降约1.1%；进口额约25190亿美元，下降1.7%；逆差8662亿美元，下降约2.8%。

近年美国对外贸易情况如下（单位：亿美元）：

	2017	2018	2019
商品和服务进口总额	29033	31210	31144
商品和服务出口总额	23510	25000	24980
逆差	5523	6210	6164

（资料来源：美国商务部经济分析局数据）

【对外投资和外国资本】据经济与合作发展组织统计，2018年，美国对外直接投资总额同比减少623亿美元，吸收外国直接投资约3191亿美元。

【对外援助】据美国国际开发署统计，2019财年美国国际开发署净支出120亿美元，包括经济发展援助26.3亿美元，人道主义援助38亿美元，卫生援助10.67亿美元等项目，主要投向非洲、中东、中亚和南亚地区。美国国际开发署、国务院、农业部、国防部和千年挑战公司（MCC）等是执行美双边对外援助的主要机构。

【主要大公司】在《福布斯》网站2019年5月公布的全球企业2000强中，美国公司占据575席，遥遥领先，其中前十位的排序如下：

摩根大通（JPMorgan Chase）

美国银行（Bank of America）

苹果公司（Apple）

富国银行集团（Wells Fargo）

埃克森·美孚公司（ExxonMobil）

电话电报公司（AT&T）

花旗集团（Citigroup）

微软公司（Microsoft）

雪佛龙石油公司（Chevron）

威瑞森电信公司（Verizon Communications）

人民生活

2018年美家庭收入中位数为63179美元，比2017年增长0.88%。美国个人储蓄率一直不高，自20世纪90年代后期以来不断下降，2005年达到大萧条以来的历史最低点2.2%。2007年次贷危机引发经济危机后，美国个人储蓄率有所上升。2019年12月为7.5%。

美国贫富差距较大，2018年反映家庭收入分配差距的基尼系数为0.485，超过警戒水平。美国的社会福利分为社会保险和非社会保险两种。属于社会保险福利项目的有：老残保险、失业保险和其他就业保险；属于非社会保险福利项目的有：对抚养儿童困难家庭的补助、社会保障收入、食品券、医疗补助、住房补助和能源补助。美国的医疗保障体系主要由联邦医疗保险和政府医疗补助两部分组成。联邦医疗保险主要为65岁以上老人、残障人士和晚期肾衰竭患者提供医疗保障，政府医疗补助则是为低收入者及符合特定标准的个人与家庭提供健康保险服务。近年来，美国医疗开支不断攀升，政府财政入不敷出。美国会于2010年3月通过以“全覆盖”和“低成本”为核心的医保改革法案。特朗普总统就职后，宣布将废除并替代该医改法，但相关立法进程在国会受挫。

军　事

美国总统兼任武装部队总司令，掌握最高指挥权。进攻性战略武器和核武器的使用权集中在总统手中。国家军事指挥系统由国家安全委员会、国防部和参谋长联席会议组成。国家安全委员会负责向总统提供与国家安全有关的内政、外交和军事政策的综合咨询建议，其法定成员为总统、副总统、国务卿和国防部长4人。参谋长联席会议主席为首席军事顾问，国家情报总监为首席情报顾问，总统国家安全事务助理负责具体协调落实。国防部是总统领导与指挥全军的办事机构，又是向各联合司令部发布总统和国防部长命令的军事指挥机关。参谋长联席会议是总统和国防部长最高军事咨询机构，由主席、副主席、陆军和空军参谋长、海军作战部长、海军陆战队司令及国民警卫队总局局长组成。国防部长马克·埃斯珀（Mark Esper），参谋长联席会议主席马克·米利（Mark Milley），国家情报总监约翰·拉特克利夫（John Ratcliffe）。

公开资料显示，美国现役官兵人数138万，各类后备役部队87.7万人。美国同世界上50多个国家和地区订有多边和双边军事条约，海外基地与设施共800余个，向40个国家和地区提供军事援助，与90多个国家和地区订有援外军事训练计划。2018、2019、2020财年军费预算分别为7000亿、7160亿、7405亿美元。

文化教育

【教育】中小学教育主要是由各州教育委员会和地方政府管理。学校分公立、私立两类。多数州实行十年义务教育。各州学制不一，大部分为小学6年、初中3年、高中3年。高等教育有两年制的初级学院和技术学院，四年制的大学本科和2—4年的研究生院。

著名高等学府有：哈佛大学、普林斯顿大学、耶鲁大学、宾夕法尼亚大学、杜克大学、斯坦福大学、加州理工学院、麻省理工学院、哥伦比亚大学、达特茅斯学院、华盛顿大学圣路易斯分校、西北大学、康奈尔大学、约翰·霍普金斯大学、布朗大学、芝加哥大学、莱斯大学、圣母大学、范德比尔特大学、艾莫利大学和加利福尼亚大学伯克利分校等。

【新闻出版】美国报业系统庞大，是世界最大报纸发行市场之一，现年均发行各类报刊7000多万份。发行量较大的美国日报有:《今日美国》《华尔街日报》《纽约时报》《洛杉矶时报》《纽约每日新闻》《华盛顿邮报》《纽约邮报》等。

美联社是美国最大的通讯社，1848年在芝加哥成立，1893年成为联营公司，1990年将总部迁到纽约。在国外有3个总分社、60多个分社；与世界上115个国家的新闻机构有交换新闻关系。合众国际社是美国第二大通讯社，1958年由前合众社和国际新闻社合并组成，总部设在纽约。国外有80多个分社，拥有一个世界范围的图片网。

美国有普通电视台1791家，数字节目电视台1682家。全国共有调频广播电台9885家，短波广播电台5036家；地方电视台4994 家。最大的2家对外广播机构为美国之音和美国广播电视网，均属官方电台。美国最大的几家全国性广播网是全国广播公司（NBC）、哥伦比亚广播公司（CBS）、美国广播公司（ABC）、美国有线电视新闻网（CNN）和福克斯（FOX）等。

对外关系

特朗普政府上任后提出“美国优先”理念，维护同传统盟友关系，提出“印太战略”，着力应对朝鲜半岛核、阿富汗、叙利亚、反恐等问题。同时要求北约盟国履行防务开支承诺，宣布退出《跨太平洋伙伴关系协定》、《巴黎气候变化协定》、联合国教科文组织等多边机制。

【同中国的关系】1978年12月16日，中美两国发表建交公报。1979年1月1日，中美两国正式建立大使级外交关系。

2017—2019年，中美交流合作继续，同时分歧摩擦增多。

2017年1月17日，国家主席习近平在出席瑞士达沃斯世界经济论坛2017年年会期间会见美国副总统拜登。1月18日，国务院副总理汪洋应约同美国财政部长雅各布·卢通电话。2月3日，国务委员杨洁篪应约同美国总统国家安全事务助理弗林通电话。2月8日，美国总统特朗普致信国家主席习近平，祝习主席和中国人民元宵节快乐、鸡年兴旺，并表示希望同中方发展建设性关系。2月10日，国家主席习近平应约同美国总统特朗普通电话。2月17日，国务院副总理汪洋、中央财经领导小组办公室主任刘鹤、中国人民银行行长周小川、财政部部长肖捷分别应约同美国财政部长姆努钦通电话。2月17日，外交部部长王毅在德国波恩出席“二十国集团”外长会期间会见美国国务卿蒂勒森。2月27—28日，国务委员杨洁篪访美，分别会见美国总统特朗普、美国国务卿蒂勒森、总统国家安全事务助理麦克马斯特等。3月18—19日，美国国务卿蒂勒森应外交部部长王毅邀请访华，国家主席习近平会见，国务委员杨洁篪会见，外交部部长王毅举行会谈并共同会见记者。3月27日，由国家文物局和纽约大都会博物馆共同举办的“秦汉文明”展在纽约大都会博物馆开幕，国务院副总理刘延东向开幕式致书面贺词，文化部部长雒树刚出席。4月2日，国务委员杨洁篪应约同美国国务卿蒂勒森通电话。4月6—7日，国家主席习近平应邀赴美国佛罗里达州海湖庄园同美国总统特朗普举行会晤，双方就中美关系和共同关心的重大国际地区问题深入交换意见，达成了多项重要共识。4月12日，国家主席习近平同美国总统特朗普通电话，双方就中美关系及共同关心的问题交换意见。4月24日，国家主席习近平同美国总统特朗普通电话。4月28日，外交部部长王毅在出席联合国安理会朝鲜半岛核问题部长级公开会期间会见美国国务卿蒂勒森。5月12日，中美双方对外公布经济合作百日计划早期收获。5月20日，国务委员杨洁篪应约同美国国务卿蒂勒森通电话。6月6日，国家主席习近平在人民大会堂会见美国加利福尼亚州州长布朗。6月8日，国务院副总理张高丽在中南海会见美国能源部长佩里。6月21日，首轮中美外交安全对话在美国华盛顿举行，国务委员杨洁篪同美国国务卿蒂勒森和国防部长马蒂斯共同主持。其间，杨洁篪国务委员分别会见美国总统特朗普、总统国家安全事务助理麦克马斯特等。6月30日，国务院副总理汪洋在中南海会见美国农业部长珀杜，7月3日，国家主席习近平应约同美国总统特朗普通电话，双方就中美关系和“二十国集团”领导人汉堡峰会交换意见。7月8日，国家主席习近平在德国汉堡会见美国总统特朗普，就中美关系及共同关心的重大国际和地区问题深入交换意见。7月12日，国家主席习近平在人民大会堂接受美国新任驻华大使布兰斯塔德递交国书。7月19日，首轮中美全面经济对话在美国华盛顿举行，国务院副总理汪洋同美国财政部长姆努钦、商务部长罗斯共同主持。其间，汪洋副总理出席美国工商界欢迎午餐会，会见参加中美企业家峰会的中美双方代表。8月6日，外交部部长王毅在菲律宾马尼拉出席东亚合作系列外长会期间会见美国国务卿蒂勒森。8月12日，国家主席习近平应约同美国总统特朗普通电话。8月23日，国务委员杨洁篪应约同美国国务卿蒂勒森通电话。9月6日，国家主席习近平应约同美国总统特朗普通电话。9月12—13日，国务委员杨洁篪在出访牙买加、西班牙期间途经美国华盛顿，会见美国国务卿蒂勒森，共同会见总统国家安全事务助理麦克马斯特和总统高级顾问库什纳等。9月18日，国家主席习近平同美国总统特朗普通电话。9月18—20日，外交部部长王毅在纽约出席第72届联大期间会见美国副总统彭斯。9月24—26日，美国商务部部长罗斯访华，国务院总理李克强、副总理汪洋分别会见，商务部部长钟山举行工作会谈。9月28日，首轮中美社会和人文对话在美国华盛顿举行，国务院副总理刘延东同美国国务卿蒂勒森共同主持。其间，刘延东副总理会见美国总统特朗普。9月30日，美国国务卿蒂勒森访华，国家主席习近平会见，国务委员杨洁篪会见，外交部部长王毅同蒂勒森举行会谈。10月2日，国家主席习近平就美国拉斯维加斯枪击事件向美国总统特朗普致慰问电。10月4日，首轮中美执法及网络安全对话在美国华盛顿举行，国务委员、公安部部长郭声琨同美国司法部长塞申斯和代理国土安全部长杜克共同主持。10月12日，国务委员杨洁篪应约同美国国务卿蒂勒森通电话。10月25日，国家主席习近平应约同美国总统特朗普通电话。11月8—10日，应国家主席习近平邀请，美国总统特朗普对中国进行国事访问。8日，习近平主席和夫人彭丽媛同美国总统特朗普和夫人梅拉尼娅参观故宫博物院。9日，习近平主席为美国总统特朗普举行欢迎仪式。之后，两国元首举行会谈，共同出席中美企业家对话会闭幕式并致辞，共同会见记者。当晚，习近平主席和夫人彭丽媛为美国总统特朗普和夫人梅拉尼娅举行欢迎宴会。同日，国务院总理李克强会见美国总统特朗普。访问期间，双方就中美关系和共同关心的重大国际与地区问题坦诚、深入交换意见，就新时代中美关系发展达成了多方面重要共识，会晤取得重要、丰硕成果。美国总统特朗普访华期间，两国企业共签署合作项目34个，金额达到2535亿美元。11月29日，国家主席习近平应约同美国总统特朗普通电话。

2018年，中美两国高层及各级别保持交往。双方在经贸、两军、执法、禁毒、人文、地方等领域的交流与合作取得新进展，并就朝鲜半岛、伊朗核、阿富汗等国际地区问题以及气候变化、公共卫生、发展等全球性挑战保持沟通与协调。1月16日，国家主席习近平应约同美国总统特朗普通电话。2月8—9日，中共中央政治局委员、国务委员杨洁篪访问美国。访问期间，杨洁篪会见美国总统特朗普，同美国国务卿蒂勒森举行会谈并共进工作午餐，会见美国总统国家安全事务助理麦克马斯特和总统高级顾问库什纳，并与美国各界重要人士举行座谈。2月27日至3月3日，中共中央政治局委员、中央财经领导小组办公室主任、中美全面经济对话中方牵头人刘鹤应邀访问美国。访问期间，刘鹤同美国财政部长姆努钦、白宫国家经济委员会主任科恩、贸易代表莱特希泽就中美经贸合作及其他共同关心的重要问题举行磋商，并同美工商界重要人士和知名专家学者分别进行座谈交流。3月9日，国家主席习近平应约同美国总统特朗普通电话。3月16日，美国总统特朗普祝贺习近平当选中华人民共和国主席。4月26日，国务院总理李克强、国务委员兼外交部长王毅分别会见来华出席中美交通论坛第九次会议的美国运输部长赵小兰。5月3—4日，美国总统特使、财政部长姆努钦率美方代表团访华。中共中央政治局委员、国务院副总理、中美全面经济对话中方牵头人刘鹤同姆努钦就中美经贸问题交换意见。5月5日，中共中央政治局委员、中央外事工作委员会办公室主任杨洁篪应约同美国国务卿蓬佩奥通电话。5月8日，国家主席习近平应约同美国总统特朗普通电话。5月15—19日，习近平主席特使、中共中央政治局委员、国务院副总理、中美全面经济对话中方牵头人刘鹤应邀访问美国。访问期间，刘鹤同美国财政部长姆努钦率领的美方经济团队就两国经贸问题进行磋商，会见美国总统特朗普。5月23日，国务委员兼外交部长王毅结束访问阿根廷回国途经华盛顿，同美国国务卿蓬佩奥举行会晤。6月2—4日，美国商务部长罗斯率团访华。中共中央政治局委员、国务院副总理、中美全面经济对话中方牵头人刘鹤同罗斯就中美经贸问题进行磋商。6月13—16日，中共中央政治局委员、全国人大常委会副委员长王晨率全国人大代表团应邀访问美国。访问期间，王晨在华盛顿分别会见美国国会众议长瑞安、临时参议长哈奇、众议院少数党领袖佩洛西，同众议院美中工作小组拉森等众议员会谈，集体会见戴安斯等参议员，并会见美国代理国务卿沙利文。6月14日，美国国务卿蓬佩奥访华。国家主席习近平会见，中共中央政治局委员、中央外事工作委员会办公室主任杨洁篪会见，国务委员兼外交部长王毅会谈并共同会见记者。6月29日，国务委员兼外交部长王毅应约同美国国务卿蓬佩奥通电话。8月3日，国务委员兼外交部长王毅在新加坡出席东亚合作系列外长会期间同美国国务卿蓬佩奥举行双边会见。9月23—28日，国务委员兼外交部长王毅出席第73届联大一般性辩论期间，在纽约分别会见美国前国务卿基辛格、美中关系全国委员会和美中贸易全国委员会负责人，以及对外关系委员会会长哈斯，并在对外关系委员会发表演讲。10月8日，美国国务卿蓬佩奥访华。中共中央政治局委员、中央外事工作委员会办公室主任杨洁篪、国务委员兼外交部长王毅分别会见。11月1日，国家主席习近平应约同美国总统特朗普通电话。

国务院总理李克强会见美国联邦参议员亚历山大率领的美国参、众两院访华代表团。11月7日，中共中央政治局委员、中央外事工作委员会办公室主任杨洁篪在白宫会见美国总统国家安全事务助理博尔顿。11月8—10日，国家主席习近平、国家副主席王岐山、国务院副总理刘鹤、中央军委副主席许其亮、国务委员兼外交部长王毅分别会见来华访问的美国前国务卿基辛格。11月9日，中共中央政治局委员、中央外事工作委员会办公室主任杨洁篪同美国国务卿蓬佩奥、国防部长马蒂斯在华盛顿共同主持第二轮中美外交安全对话，国务委员兼国防部长魏凤和参加。12月1日，国家主席习近平应邀同美国总统特朗普在阿根廷布宜诺斯艾利斯共进晚餐并举行会晤。12月29日，国家主席习近平应约同美国总统特朗普通电话。

2019年，中美两国高层及各级别保持交往。双方在两军、禁毒、执法、人文、地方等领域交流合作取得新进展，并就朝鲜半岛、中东、阿富汗等重大国际地区问题保持沟通与协调。

1月1日，国家主席习近平与美国总统特朗普就中美建交40周年互致贺信。

1月10日，国家副主席王岐山出席纪念中美建交40周年招待会并致辞。

1月17日，国务委员兼外交部长王毅就中美建交40周年接受《人民日报》记者专访。

1月30—31日，中共中央政治局委员、国务院副总理、中美全面经济对话中方牵头人刘鹤在华盛顿同美国贸易代表莱特希泽、财政部长姆努钦举行第五轮中美经贸高级别磋商，并会见美国总统特朗普。

2月14—15日，中共中央政治局委员、国务院副总理、中美全面经济对话中方牵头人刘鹤在北京同美国贸易代表莱特希泽、财政部长姆努钦举行第六轮中美经贸高级别磋商。

2月15日，国家主席习近平会见美国贸易代表莱特希泽和财政部长姆努钦。

2月21—24日，习近平主席特使、中共中央政治局委员、国务院副总理、中美全面经济对话中方牵头人刘鹤在华盛顿同美国贸易代表莱特希泽、财政部长姆努钦举行第七轮中美经贸高级别磋商，并会见美国总统特朗普。

3月1日，中共中央政治局委员、中央外事工作委员会办公室主任杨洁篪应约同美国国务卿蓬佩奥通电话。

3月28—29日，中共中央政治局委员、国务院副总理、中美全面经济对话中方牵头人刘鹤在北京同美国贸易代表莱特希泽、财政部长姆努钦举行第八轮中美经贸高级别磋商。

4月3—5日，中共中央政治局委员、国务院副总理、中美全面经济对话中方牵头人刘鹤在华盛顿同美国贸易代表莱特希泽、财政部长姆努钦举行第九轮中美经贸高级别磋商，并会见美国总统特朗普。

4月30日—5月1日，中共中央政治局委员、国务院副总理、中美全面经济对话中方牵头人刘鹤在北京同美国贸易代表莱特希泽、财政部长姆努钦举行第十轮中美经贸高级别磋商。

5月9—10日，中共中央政治局委员、国务院副总理、中美全面经济对话中方牵头人刘鹤在华盛顿同美国贸易代表莱特希泽、财政部长姆努钦举行第十一轮中美经贸高级别磋商。

5月18日，国务委员兼外交部长王毅应约同美国国务卿蓬佩奥通电话。

6月18日，国家主席习近平应约同美国总统特朗普通电话，就中美关系和中美经贸问题深入交换意见。

6月29日，国家主席习近平同美国总统特朗普在日本大阪举行会晤。两国元首就事关中美关系发展的根本性问题、中美经贸问题以及共同关心的国际和地区问题深入交换意见，为两国关系发展定向把舵，同意推进以协调、合作、稳定为基调的中美关系。

7月30—31日，中共中央政治局委员、国务院副总理、中美全面经济对话中方牵头人刘鹤在上海同美国贸易代表莱特希泽、财政部长姆努钦举行第十二轮中美经贸高级别磋商。

8月1日，国务委员兼外交部长王毅在泰国曼谷东亚合作系列外长会期间会见美国国务卿蓬佩奥。

8月13日，中共中央政治局委员、中央外事工作委员会办公室主任杨洁篪同美国国务卿蓬佩奥在纽约就中美关系交换意见。

9月24—29日，国务委员兼外交部长王毅出席第74届联大一般性辩论期间，在纽约会见美国前国务卿基辛格，出席美中关系全国委员会、美中贸易全国委员会、美全国商会和美对外关系委员会联合举办的晚餐会并发表主旨演讲。

9月25日，美国总统特朗普致电国家主席习近平，祝贺中华人民共和国成立70周年。

10月1日，国家主席习近平复电美国总统特朗普，感谢特朗普致电祝贺中华人民共和国成立70周年。

10月10—11日，中共中央政治局委员、国务院副总理、中美全面经济对话中方牵头人刘鹤在华盛顿同美国贸易代表莱特希泽、财政部长姆努钦举行第十三轮中美经贸高级别磋商，并会见美国总统特朗普。

10月23日，李克强总理会见美前财政部部长鲍尔森。

11月4日，国务院总理李克强在泰国曼谷东亚合作领导人系列会议期间会见美国总统特使、总统国家安全事务助理奥布莱恩，就中美关系和共同关心的问题交换意见。

11月22日，习近平主席、中央军委许其亮副主席、王毅国务委员兼外长分别会见来华访问的美国前国务卿基辛格。

11月23日，王岐山副主席会见美国前国务卿基辛格。

12月7日，中共中央政治局委员、中央外事工作委员会办公室主任杨洁篪同美国国务卿蓬佩奥通电话。

12月20日，国家主席习近平应约同美国总统特朗普通电话，就中美关系、中美经贸问题以及朝鲜半岛问题深入交换意见。

受两国经贸摩擦影响，中美双边贸易和投资有所回落。2017年，中美双边货物贸易额5837亿美元，同比增长12.3%，中国顺差2758.2亿美元，同比增长9.9%。据中方统计，2017年美国是中国第一大贸易伙伴国、第一大出口市场和第六大进口来源地。2018年，中美双边货物贸易额6335.2亿美元，同比增长8.5%，中国顺差3233.2亿美元，同比增长17.2%。据中方统计，2018年美国是中国第一大贸易伙伴国、第一大出口市场和第六大进口来源地。2019年，中美双边货物贸易额5412.2亿美元，同比下降14.6%，中国顺差2958亿美元，同比下降8.5%。据中方统计，2019年美国是中国第一大贸易伙伴国、第一大出口市场和第六大进口来源地。

2017年，中国企业在美国非金融类直接投资78.1亿美元，中美双向投资累计超过2000亿美元。根据中国商务部统计，截至2017年底，美国累计在华设立外商投资企业6.84万家，实际投入金额约825亿美元。2018年，中国企业在美国非金融类直接投资50.6亿美元，中美双向投资累计超过2400亿美元。根据中国商务部统计，截至2018年底，美国对华投资项目累计达70181个，实际投入金额约852亿美元。2019年，中国企业在美国非金融类直接投资33.3亿美元，中美双向投资累计接近2500亿美元。根据中国商务部统计，截至2019年底，美国对华投资项目累计71914个，实际投入金额约878.8亿美元。

中美两军关系总体稳定。2017年6月12—16日，美国海军“斯特雷特号”驱逐舰访问湛江。美军太平洋舰队司令斯威夫特上将来华参加军舰访问活动，海军司令员沈金龙、南海舰队司令员王海等分别会见。7月20日，海军司令员沈金龙应约同美国海军作战部长理查德森进行视频通话。8月14—17日，美军参联会主席邓福德访华，国家主席习近平礼节性会见，中央军委副主席范长龙、国务委员杨洁篪分别会见。11月29—30日，中美联合参谋部对话机制首次会议在华盛顿举行。2018年6月26—28日，美国国防部长马蒂斯访华。国家主席习近平会见，中共中央政治局委员、中央军委副主席许其亮，中共中央政治局委员、中央外事工作委员会办公室主任杨洁篪分别会见，国务委员兼国防部长魏凤和会谈并宴请。10月18日，国务委员兼国防部长魏凤和在新加坡出席东盟防长扩大会期间应约会见美国国防部长马蒂斯。11月8—12日，国务委员兼国防部长魏凤和应邀访问美国并参加第二轮中美外交安全对话。12月18日，中国人民解放军海军司令员沈金龙应约与美国海军作战部长理查德森进行视频通话。6月、11月，中美两军在南京先后举行人道主义救援减灾桌面推演和联合实兵演练。2019年1月13—16日，美国海军作战部长理查德森应邀访华，中央军委委员、军委联合参谋部参谋长李作成，海军司令员沈金龙分别与其会见。5月21日，中央军委国际军事合作办公室主任慈国巍在华盛顿同美国助理国防部长薛瑞福举行第三届中美国防部亚太安全对话。5月31日，国务委员兼国防部长魏凤和在新加坡出席第18届香格里拉对话会期间，会见时任美国代理国防部长沙纳汉。10月21—22日，美国助理国防部长帮办施灿德出席第九届香山论坛。11月5日，国务委员兼国防部长魏凤和与美国国防部长埃斯珀通电话。11月18日，国务委员兼国防部长魏凤和在泰国曼谷东盟防长扩大会期间会见美国国防部长埃斯珀。11月14—24日，中美两军人道主义救援减灾联合演练在美国夏威夷州举行。

中美在教育、科学、文化、卫生、体育、旅游、执法等领域务实交流与合作持续。2017年1月9日，国家禁毒委员会副主任、公安部反恐专员刘跃进会见来华访问的美国缉毒署代理署长罗查克。9月12日，第22届国际检察官联合会（IAP）在北京召开，最高人民检察院检察长曹建明会见美国司法部助理部长帮办布鲁斯·斯沃茨。9月25—27日，美国司法部常务副部长罗森斯坦来京出席国际刑警组织第86届全体大会，国务委员、公安部部长郭声琨，最高人民检察院检察长曹建明等分别会见。两国立法机关交流稳步进行。2018年6月，中共中央政治局委员、全国人大常委会副委员长王晨率领的全国人大代表团访美。美国国会多名议员和议员助手访华。3月，蒙大拿州共和党联邦参议员戴安斯率议员团访华；同月，马萨诸塞州民主党联邦参议员沃伦访华。5月，阿拉斯加州共和党联邦参议员沙利文访华。8月，得克萨斯州共和党联邦众议员亨萨林率议员团访华。10月，田纳西州共和党联邦参议员亚历山大率议员团访华。

2018年7月11日，经中美两国执法等部门通力合作，外逃美国17年的职务犯罪嫌疑人许超凡被强制遣返回国。10月30—31日，中美两国教育部在华盛顿成功举办第四届中美省州教育厅长对话。2018年，中美两国人员往来515万人次，其中中国赴美282万人次，美国来华233万人次。截至2018年底，中国在美各类留学人员42.5万人。2018年中国赴美留学人员18.3万，美国来华留学人员2.1万。2019年1月14日，国家文物局局长刘玉珠与美国驻华大使布兰斯塔德在北京签署《中华人民共和国政府和美利坚合众国政府对旧石器时代到唐末的归类考古材料以及至少250年以上的古迹雕塑和壁上艺术实施进口限制的谅解备忘录》，有效期5年。3月1日，中国流失文物艺术品返还交接仪式在美国印第安纳波利斯市举行，美国政府向中国返还361件（套）非法流失文物。3月20日，国家主席习近平会见访华的美国哈佛大学校长巴科。9月19—20日，第13届中美旅游高层对话在美国西雅图举行。9月23—26日，美国白宫禁毒政策办公室主任卡罗尔访华，国务委员兼公安部长、国家禁毒委员会主任赵克志，国家禁毒委员会副主任刘跃进分别与其会见会谈。11月21日，中美留学40周年纪念活动在美国华盛顿举行。2019年1至10月，中美两国人员往来455.5万人次，其中中国赴美252.1万人次，美国来华203.4万人次。截至2019年底，中美两国已经建立了50对友好省州和227对友好城市。

2019年3月，国会众议院"美中工作小组"共同主席拉森、拉胡德率国会议员代表团访华，期间全国人大常委会委员长栗战书、副委员长王晨分别会见。4月，加利福尼亚州副州长康伊莲来华出席第二届"一带一路"国际合作高峰论坛。4月，特拉华州民主党联邦参议员孔斯、新罕布什尔州民主党联邦参议员哈桑率团访华。5月，第五届中美省州长论坛在美国肯塔基州列克星敦市举行。5月，西弗吉尼亚州共和党联邦众议员米勒访华。7月，华盛顿州副州长哈比卜率团来华参加2019年夏季达沃斯论坛。7月，第四届中美友城大会在得克萨斯州休斯敦市召开。7月，加利福尼亚州民主党联邦众议员高野率团访华。8月，内华达州民主党联邦众议员蒂特斯率团访华。9月，蒙大拿州共和党联邦参议员戴安斯率团访华，期间全国人大常委会委员长栗战书、副委员长王晨分别会见。9月，印第安纳州州长霍尔科姆率团访华。10月，李克强总理会见美中贸易全国委员会董事会代表团。11月，阿肯色州州长哈钦森率团访华。11月，第四届中美省州立法机关合作论坛在河北省石家庄市召开。

另一方面，美国对华政策两面性突出，在台湾、经贸、涉港、涉疆、涉藏、海上、人权宗教、人文交流等一系列问题上多次采取干涉中国内政、损害中方利益的错误行径。2017年，美方允许蔡英文两次"过境"美国，6月，宣布售台总额约14亿美元的武器装备。美国会提出多项涉华消极议案。美方8月对中国发起"301条款"调查，拒绝履行《中国加入世界贸易组织议定书》第15条条约义务，11月，对自中国进口的通用铝合金板等多项产品发起"双反"调查。美方炒作中国南海岛礁建设问题，多次派美军舰机进入中国南沙群岛有关岛礁邻近海空域，重申《美日安保条约》第五条适用于钓鱼岛，损害中国的主权和安全利益。美方推进在韩国部署"萨德"反导系统，并多次对中国涉朝实体和个人实施"长臂管辖"和单边制裁。美国国务院发表"国别人权报告"，继续对中国人权状况说三道四。美国国际宗教自由委员会和美国国务院先后发表年度"国际宗教自由报告"，对中国宗教状况和宗教政策等进行无端指责。此外，美方多次就所谓"人权个案"对中国说三道四。

2018年以来，美方对华连续采取"201、232、301条款"调查等单边保护主义措施，对中国输美产品加征多轮关税，将中国列为所谓"汇率操纵国"，动用国家力量打压中国企业。2018年10月，美国副总统彭斯在哈德逊研究所发表讲话，诬蔑中方干涉美国内政和选举，对中国内外政策进行无端指责。3月，美方签署"与台湾交往法"；8月，美方执意允许蔡英文"过境"美国；9月，美方宣布总额约3.3亿美元的售台武器计划；美方还对中国与萨尔瓦多、布基纳法索等国建复交说三道四。12月，美方签署所谓"2018年对等进入西藏法案"。美方继续炒作中国南海岛礁建设，多次派军舰机擅闯中国西沙领海和南沙岛礁邻近海空域。1月，美方公布《2018美国国防战略报告》摘要，指称中国为美国的战略竞争者；2月，美方发布《核态势审议报告》，妄加揣测中国发展意图，渲染中国核力量威胁；9月，美方以中国同俄罗斯开展相关军事合作为由，宣布对中央军委装备发展部及其负责人实施制裁。12月，美方以所谓"网络窃密"为由对两名中方人员进行"起诉"，在网络安全问题上对中方进行无端指责。

2019年4月，美方宣布向台湾出售总额约5亿美元的F-16战机飞行员培训及保养后勤服务。7月，美方执意允许蔡英文"过境"美国。7月，美方宣布总额约22.2亿美元的售台武器计划，包括M1A2坦克、"毒刺"导弹等武器装备。8月，美方宣布总额约80亿美元的售台武器计划，向台出售66架F16-V战机。美方还对中国与有关国家建交、复交说三道四。

香港修例风波发生后，美国高官多次会见反中乱港头目，公然纵容、支持香港激进势力和极端分子的暴力犯罪行径。2019年11月，美方签署所谓"香港人权与民主法"。

美方密集炒作涉疆、涉藏问题，执意推进审议"2019年维吾尔人权政策法案""2019年西藏政策及支持法案"等反华议案，宣布对中方有关涉疆实体和个人实施制裁，诋毁抹黑新疆维吾尔自治区采取的预防性反恐和去极端化举措。美方还插手干预达赖转世问题。

2019年3月，美国国务院发布所谓"2018年国别人权报告"，继续对中国的人权状况进行无端指责。美国国务院6月发布所谓2018年度"国际宗教自由报告"，7月举行第二届"促进宗教自由"部长级会议并发表涉华声明，诋毁抹黑中国的宗教政策和宗教信仰自由状况。

2019年，美方持续炒作南海问题，9次派军舰擅闯中国南海岛礁领海和邻近海域。

美国高官多次发表攻击抹黑中国政治制度和内外政策的错误言论。美方继续对中国涉朝鲜、伊朗实体和个人滥施"长臂管辖"和单边制裁。

美方还对中美正常人文交流、科技合作、人员往来等无端设限。

针对美方一系列消极错误行径，中方进行了坚决斗争和有力反击，坚定捍卫了国家主权、安全、发展利益。

中国驻美国大使：崔天凯。馆址：3505 International Place，NW，Washington，D.C.，20008，U.S.A. 电话：001–202–4952266。网址：http://www.china-embassy.org；http://us.chineseembassy.org；http://us.china-embassy.org。经商处电话：6253358；传真：3375845。签证处电话：3371956；传真：5889760。

美国驻华大使：布兰斯塔德（Terry Branstad）。馆址：北京市朝阳区安家楼路55号。电话：010–85313000。网址：http://china.usembassy-china.org.cn。商务处电话：85313000；传真：85313701。签证处电话：非移民签证处电话：010–5679–4700（从中国拨打），703–665–1986（从美国拨打），+1–703–665–1986（从第三国拨打）。移民签证：仅美驻广州总领馆受理。电话：020–8390–9000。

【同日本的关系】2017年1月，日本防卫大臣稻田朋美访问关岛并考察美军“末端高空区域防御”系统。2月，美国特朗普政府新任国防部长马蒂斯访问日本，与日本首相安倍晋三、外相岸田文雄、防卫大臣稻田朋美等会见会谈。日本首相安倍晋三访美，与美国总统特朗普会谈、共见记者，并赴佛罗里达州海湖庄园举行活动。双方发表《联合声明》，并确认建立由日本副首相兼财务大臣麻生太郎和美国副总统彭斯牵头的新的经济对话机制。日国家安全保障局局长谷内正太郎在华盛顿与美国国务卿蒂勒森、美总统国家安全事务助理麦克马斯特分别举行会谈。3月，美国国务卿蒂勒森访日，分别会见日本首相安倍晋三与日本外相岸田文雄。4月，美国副总统彭斯访日，同日本首相安倍晋三会晤，与日副首相兼财务大臣麻生太郎主持“高层经济对话”首次会议。美国国务卿蒂勒森、韩国外长尹炳世、日本外相岸田文雄在纽约举行三国外长会晤。5月，美国总统特朗普与日本首相安倍晋三在“七国集团”意大利峰会前举行会晤。7月，美国总统特朗普同日本首相安倍晋三在“二十国集团”汉堡峰会期间会晤。美国会参议院通过对威廉·哈格蒂担任美驻日本大使的任命。8月，美国国务卿蒂勒森、国防部长马蒂斯与日本外相河野太郎、防卫大臣小野寺五典在华盛顿举行外长和防长“2 + 2”磋商。9月，美国、日本、韩国三国领导人在第72届联合国大会期间举行三边会晤。10月，日本副首相兼财务大臣麻生太郎同美国副总统彭斯在华盛顿举行第二轮“高层经济对话”。11月，美国总统特朗普就任后首次访问日本。美国、日本、澳大利亚三国领导人在菲律宾东亚合作领导人系列会议期间举行三边会晤。

2018年2月，美副总统彭斯访日。3月，美总统特朗普同日首相安倍晋三通电话。4月，美总统特朗普会见访美的日首相安倍晋三。5月，美、日防长就朝鲜问题举行会谈。6月，美、日、澳防长以及美、日、韩防长分别在新加坡“香格里拉对话会”期间举行三边会晤。美、日、印在关岛附近举行“马拉巴尔”联合军演。美防长马蒂斯访日并同日本首相安倍晋三会见。7月，美国务卿蓬佩奥访日，同日首相安倍晋三会见，并同日、韩外长举行三边会晤。8月，美国务卿蓬佩奥赴新加坡出席东亚合作系列外长会期间会见日外相河野太郎，并同日、澳外长举行三边会晤。9月，美总统特朗普出席第73届联合国大会期间会见日首相安倍晋三。10月，美国务卿蓬佩奥访日，同日首相安倍晋三、外相河野太郎会见。11月，美总统特朗普在出席“二十国集团”布宜诺斯艾利斯峰会期间同日首相安倍晋三、印度总理莫迪举行首次美日印领导人会晤。美副总统彭斯访日，同日首相安倍晋三会晤。

2019年1月，日本首相安倍晋三会见访日的美国海军作战部长理查德森。日本防卫大臣岩屋毅同美国代理防长沙纳汉在华盛顿会晤。2月，美总统特朗普在美朝领导人第二次会晤结束后同日首相安倍晋三通电话。4月，美国务卿蓬佩奥、代理防长沙纳汉同日外相河野太郎、防卫大臣岩屋毅在华盛顿举行美日外长防长安全磋商委员会会议（“2+2”）。美总统特朗普在华盛顿会见到访的日首相安倍晋三。5月，美国务卿蓬佩奥、代理防长沙纳汉在华盛顿分别会见日内阁官房长官菅义伟。美总统特朗普对日本进行国事访问，会见日本新天皇德仁，并同日首相安倍晋三举行会晤。6月，美、日、澳防长以及美、日、韩防长在新加坡“香格里拉对话会”期间举行三边会谈。美代理防长沙纳汉访日并分别会见日首相安倍晋三、日外相河野太郎。美总统特朗普同日首相安倍晋三通电话，此后在出席“二十国集团”领导人大阪峰会期间会见安倍。7月，美总统国家安全事务助理博尔顿访日并分别会见日外相河野太郎、防卫大臣岩屋毅。8月，美国务卿蓬佩奥赴泰国出席东亚合作系列外长会期间分别同日、澳外长以及日、韩外长举行三边会谈。美防长埃斯珀访日，分别会见日首相安倍晋三、内阁官房长官菅义伟、防卫大臣岩屋毅。美总统特朗普同日首相安倍晋三在法国比亚里茨“七国集团”峰会期间举行会晤。9月，第74届联大期间，美副总统彭斯会见日副首相兼财务大臣麻生太郎。美总统特朗普同日首相安倍晋三举行会晤。美国务卿蓬佩奥同日本、印度和澳大利亚外长举行四边机制部长级会议。10月，美贸易代表莱特希泽同日驻美大使杉山晋辅在华盛顿签署《美日贸易协议》及《美日数字贸易协议》。美交通部长赵小兰率团出席日本德仁天皇即位典礼。11月，美参联会主席米莱访日，同日首相安倍晋三会见。美常务副国务卿沙利文在日本出席“二十国集团”外长会期间会见日外相茂木敏充。12月，美国务院对朝政策特别代表比根访问日本。

【同韩国的关系】2017年2月，美国新任国防部长马蒂斯上任后首访韩国，与韩国代理总统黄教安举行会晤。3月，2017年度韩美“鹞鹰”联合军演正式开启。美国总统特朗普与韩国代总统黄教安通话。韩美举行“关键决断”联合军演。韩国国家安保室长金宽镇与美国总统国家安全事务助理麦克马斯特在白宫举行会谈。美国国务卿蒂勒森访韩，会见韩国代总统黄教安、韩外长尹炳世。4月，美国副总统彭斯访韩，分别会见韩代总统黄教安、韩国会议长丁世均，并视察韩朝非军事区，出席美国商会会议。5月，韩国新任总统文在寅与美国总统特朗普通电话。6月，韩国防部长韩民求、美国防部长马蒂斯、日本防卫大臣稻田朋美在新加坡举行三边会谈。6月28日至7月1日，韩国总统文在寅访美，文同美国会领导人及政界核心人士座谈，并与美国总统特朗普举行正式会谈，双方签署并发表《韩美联合声明》。7月，针对朝鲜试射洲际弹道导弹，韩国总统文在寅紧急召开国家安全保障会议，韩国联合参谋本部议长李淳镇与美军参谋长联席会议主席邓福德、美军太平洋司令部司令哈里斯通话，美方重申对韩坚定防御承诺。8月，韩美举行“乙支自由卫士”联合军演。9月，美、日、韩三国领导人在第72届联合国大会期间举行三边会晤。10月，美国防部长马蒂斯访问韩国。11月，美国总统特朗普对韩国进行国事访问，同韩国总统文在寅举行双边会谈并在韩国国会发表演讲。

2018年2月，美副总统彭斯访问韩国并出席平昌冬奥会开幕式。4月，美韩启动“鹞鹰”“关键决断”联合军演。5月，韩总统文在寅访美并同美总统特朗普举行双边会晤。6月，美韩防长在新加坡“香格里拉对话会”期间会晤。美防长马蒂斯访韩并同韩防长宋永武会谈。美国会参议院通过对前美军太平洋司令部司令哈里斯任驻韩国大使的提名。8月，美国务卿蓬佩奥出席新加坡东亚合作系列外长会期间会见韩国外长康京和。9月，美总统特朗普出席第73届联合国大会期间会见韩国总统文在寅。10月，美国务卿蓬佩奥访韩并同韩总统文在寅会见。11月，美总统特朗普在出席“二十国集团”布宜诺斯艾利斯峰会期间同文在寅总统会晤。美副总统彭斯访问新加坡期间同文在寅总统会见。

2019年2月，美总统特朗普在美朝领导人第二次会晤结束后同韩总统文在寅通话。3月，韩联合参谋本部议长朴汉基和驻韩美军、美韩联军司令艾布拉姆斯发表联合声明，宣布以“同盟”演习取代“关键决断”“鹞鹰”军演。美国务卿蓬佩奥在华盛顿会见韩外长康京和。4月，美总统特朗普、副总统彭斯、国务卿蓬佩奥、国家安全事务助理博尔顿在华盛顿分别会见访美的韩总统文在寅。6月，美、日、韩防长在新加坡“香格里拉对话会”期间举行三边会谈。美代理防长沙纳汉访韩并礼节性拜会韩总统文在寅。6月底，美总统特朗普出席“二十国集团”大阪峰会后访韩并会见韩总统文在寅，在板门店同朝、韩领导人举行会晤。7月，美总统国家安全事务助理博尔顿访韩并分别会见韩国家安保室长郑义溶、防长郑景斗、外长康京和。8月，美国务卿蓬佩奥赴泰国出席东亚合作系列外长会期间同日、韩外长举行三边会谈。美防长埃斯珀访韩，同韩防长郑景斗会晤。美国务卿蓬佩奥同韩外长康京和通电话。9月，美总统特朗普在出席第74届联大期间同韩总统文在寅举行会晤。11月，美参联会主席米莱访韩，出席第44次美韩军事委员会会议。美防长埃斯珀访韩，出席第51次美韩安保会议并同韩防长郑景斗会晤。韩总统文在寅集体会见埃斯珀、米莱。美国务卿蓬佩奥同韩外长康京和通电话。美常务副国务卿沙利文在日本出席“二十国集团”外长会期间会见韩外长康京和。12月，美总统特朗普同韩总统文在寅通电话。美国务院对朝政策特别代表比根访问韩国，分别会见文在寅、国家安保室长郑义溶。

【同朝鲜的关系】2019年2月，美国总统特朗普同朝鲜国务委员会委员长金正恩在越南河内举行会晤。美国白宫发言人表示，双方举行了具有建设性的会晤，讨论了推进无核化的各种方式和发展经济的理念，会晤未达成协议，但双方团队期待未来继续会面。6月，正在韩国访问的美国总统特朗普前往板门店，同朝鲜国务委员会委员长金正恩举行会晤。会晤前，特朗普越过军事分界线同金正恩在朝方一侧合影，成为首位进入朝鲜的美国总统，随后两人再次越过军事分界线进入韩方一侧举行闭门会晤。10月，美国国务院对朝政策特别代表比根同朝鲜外务省巡回大使、对美谈判代表金明吉在瑞典斯德哥尔摩举行会晤。

【同东南亚国家的关系】2017年1月，美国国务卿克里访问越南。4月，美国副总统彭斯同印尼总统佐科在雅加达举行会谈，并在雅加达东盟秘书处发表讲话。美国总统特朗普分别同菲律宾总统杜特尔特、新加坡总理李显龙和泰国总理巴育通话。5月，国务卿蒂勒森在华盛顿同东盟10国外长或代表举行会晤。美国和菲律宾在马尼拉开始举行“肩并肩”联合年度军演。美国总统特朗普同越南总理阮春福在华盛顿举行会晤。6月，美国国防部长马蒂斯参加在新加坡举办的香格里拉对话会，就美亚太政策发表演讲，并同东盟国防部长在新加坡举行会谈。7月，美国总统特朗普同印尼总统佐科、新加坡总理李显龙在汉堡举行会晤。8月，国务卿蒂勒森访问菲律宾、泰国和马来西亚，并出席马尼拉东亚合作系列外长会。9月，美国总统特朗普在白宫会见马来西亚总理纳吉布。10月，美国总统特朗普在白宫先后会见泰国总理巴育、新加坡总理李显龙。11月，美国总统特朗普访问越南、菲律宾，并在越南和菲律宾分别参加亚太经合组织领导人非正式会议和美国—东盟峰会。

2018年1月，美防长马蒂斯访问印尼和越南。2月，美总统特朗普同越南国家主席陈大光通话。3月，美海军“卡尔·文森”号航母战斗群访问越南岘港。6月，美总统特朗普在新加坡美朝领导人会晤期间会见新加坡总理李显龙。7月，美国务卿蓬佩奥访问越南。8月，美国务卿蓬佩奥访问马来西亚、新加坡、印尼并赴新加坡出席东亚合作系列外长会。11月，美副总统彭斯在新加坡出席美国—东盟峰会和东亚峰会期间同新加坡总理李显龙、缅甸国务资政昂山素季会晤。

2019年2月，美国总统特朗普在越南河内美朝领导人第二次会晤期间会见越领导人。3月，美国务卿蓬佩奥访问菲律宾，会见菲总统杜特尔特。6月，美代理国防部长沙纳汉赴新加坡出席香格里拉对话会。7月底8月初，美国务卿蓬佩奥赴泰国出席东亚合作系列外长会并对泰国进行正式访问。9月初，美国—东盟举行首次海上联合军演。9月下旬，美总统特朗普在第74届联大期间会见新加坡总理李显龙。11月初，美总统国家安全事务助理奥布莱恩作为总统特使出席在泰国举行的美国—东盟峰会和东亚峰会，商务部长罗斯陪同并出席第二届“印太商业论坛”。罗并率贸易代表团访问泰国、印度尼西亚、越南。11月中旬，美防长埃斯珀赴泰国出席东盟防长扩大会并访问泰国、菲律宾、越南。

【同南亚国家的关系】2019年1月，美国同阿富汗塔利班在卡塔尔举行新一轮谈判。6月，美国务卿蓬佩奥访问印度。蓬并突访阿富汗。美塔在卡塔尔举行第七轮和谈。7月，美国总统特朗普会见到访的巴基斯坦总理伊姆兰·汗，讨论双边关系、阿富汗局势、印巴克什米尔争端等问题。阿富汗问题第三次中、俄、美三方磋商和首次中俄美巴四方会议在华举行。美国同印度举行经贸磋商，未就关税争端和保护措施问题取得突破。8月，美同阿塔结束新一轮谈判。9月，美国总统特朗普和印度总理莫迪在休斯敦共同出席政治集会。美国务卿蓬佩奥在纽约同日本、印度和澳大利亚外长举行四边机制部长级会议。10月，美国务卿蓬佩奥在华盛顿会见印度外长苏杰生。中国、俄罗斯、美国、巴基斯坦代表在莫斯科举行第二次阿富汗问题四方会议。11月，美国总统特朗普访问阿富汗，并会见阿总统加尼。

【同俄罗斯的关系】2019年2月，美国总统特朗普宣布停止履行美俄《中导条约》义务，启动6个月的退约程序。俄随即宣布暂停执行该条约。3月，美国、欧盟、加拿大共同就俄罗斯与乌克兰在刻赤海峡冲突对俄方有关人员实施制裁。美单独对六家俄防务企业和造船厂、在克里米亚运营的两家俄能源和建筑公司、与乌东地区选举有关的俄方人员实施制裁。4月，美以违反人权为由制裁俄罗斯联邦车臣共和国政府主席。5月，美总统特朗普与俄罗斯总统普京通电话。美国务卿蓬佩奥访问俄罗斯。6月，美俄领导人在“二十国集团”大阪峰会期间会晤。美以违反美对朝金融制裁为由制裁俄罗斯金融机构。7月，美俄领导人通电话。美常务副国务卿沙利文与俄副外长里亚布科夫在日内瓦举行副外长级战略安全对话。8月，美宣布正式退出《中导条约》。美就2018年俄特工中毒案对俄实施第二轮制裁。9月，美国务卿蓬佩奥在纽约联大期间会见俄罗斯外长拉夫罗夫。美常务副国务卿沙利文与俄常务副外长瑟罗莫洛托夫举行美俄第二次高级别反恐对话。12月，俄罗斯外长拉夫罗夫访美。美《2020财年国防授权法》提出对俄欧天然气管道“北溪二号”项目参建企业和人员实施制裁。美财政部以网络金融犯罪为由，对一家俄罗斯企业和数名俄公民实施制裁。

【同欧洲国家的关系】2019年2月，美国副总统彭斯出席德国慕尼黑安全会议。美国务卿蓬佩奥访问匈牙利、斯洛伐克、波兰、比利时、冰岛。代理防长沙纳汉出席布鲁塞尔北约防长会和慕尼黑安全会议。3月，美德举行首次副外长级战略对话。4月，北约在华盛顿举行外长会，纪念成立70周年。5月，美国务卿蓬佩奥访问英国、德国、布鲁塞尔欧盟总部，赴芬兰出席北极理事会外长会议。6月，美总统特朗普对英国进行国事访问，赴法国出席纪念诺曼底登陆75周年活动。美总统特朗普出席“二十国集团”大阪峰会期间会见德国总理默克尔。美国务卿蓬佩奥访问瑞士、荷兰。8月，美总统特朗普出席法国“七国集团”峰会期间与英、法、德等领导人会晤。美贸易代表与欧盟驻美大使、欧盟代表在白宫签署关于美加大对欧盟出口牛肉的协议。9月，美总统特朗普出席纽约联大期间会见英国首相约翰逊。美副总统彭斯赴波兰出席“二战”爆发80周年纪念活动并访问爱尔兰、冰岛和英国。美国务卿蓬佩奥访问布鲁塞尔北约和欧盟总部。美防长埃斯珀访问英国和法国。10月，美国务卿蓬佩访问意大利、梵蒂冈、黑山、北马其顿、希腊和布鲁塞尔北约总部。11月，美国务卿蓬佩奥出席布鲁塞尔北约外长会、德国柏林墙倒塌30周年纪念活动。12月，美总统特朗普出席伦敦北约峰会。美国务卿蓬佩奥访问葡萄牙。

【同中东国家的关系】2019年1月，美国务卿蓬佩奥访问约旦、埃及、巴林、阿联酋、卡塔尔、沙特、阿曼，并在埃及首都开罗发表中东政策演讲。2月，美国与波兰在华沙合办“促进中东和平与安全的未来”部长级会议。美代理防长沙纳汉突访伊拉克。3月，美承认以色列对戈兰高地的主权。4月，美将伊朗伊斯兰革命卫队列为外国恐怖组织。5月，美宣布不再对进口伊朗石油的国家和地区提供“大幅减量豁免”。美制裁伊金属行业。美继续对伊核协议框架内的核不扩散项目予以90天豁免。美向中央战区增派“林肯”号航母战斗群、轰炸机特遣队和地面部队，加强对伊朗威慑。美国务卿蓬佩奥突访伊拉克。美总统国家安全事务助理博尔顿访问阿联酋。6月，美军一架无人机在霍尔木兹海峡上空被伊朗导弹击落。美国总统特朗普批准对伊进行打击，但在最后时刻叫停。美制裁伊朗最高领袖哈梅内伊及其助手和伊斯兰革命卫队8名高级指挥官。美国务卿蓬佩奥访问沙特、阿联酋。美在巴林举办“和平促繁荣”经济研讨会。7月，美国总统特朗普宣布美海军“拳师”号两栖攻击舰在霍尔木兹海峡击落一架伊朗无人机。美发起波斯湾海上安全倡议，希组建军事联盟，确保霍尔木兹和曼德海峡航行自由。美制裁伊外长扎里夫。美对伊核协议框架内的核不扩散项目制裁豁免再延长90天。8月，美国司法部发布对一艘伊朗油轮的逮捕令。9月，美国总统特朗普同沙特王储穆罕默德就沙特石油设施遇袭事件通话。10月，美国白宫宣布已击败“伊斯兰国”领土意义上的哈里发国。美国国防部长埃斯珀决定向沙特增兵3000名，并部署萨德导弹防御系统等装备。美国总统特朗普下令从叙利亚北部地区撤出大部分美军地面部队。美国总统特朗普宣布“伊斯兰国”首领巴格达迪遇袭死亡。11月，美国务卿蓬佩奥宣布，美不再认为以色列在约旦河西岸定居点非法。美国财政部对伊朗信息和通信技术部长贾赫鲁米实施制裁。

【同美洲国家关系】2019年1月，美国白宫发布声明宣布承认委内瑞拉全国代表大会主席瓜伊多为委内瑞拉“临时总统”。2月，美副总统彭斯访问哥伦比亚并出席利马集团会议。3月，巴西总统博索纳罗访问美国。特朗普集体会见巴哈马、多米尼加、海地等加勒比国家领导人。4月，美国务卿蓬佩奥访问智利、巴拉圭、秘鲁和哥伦比亚。5月，美副总统彭斯访问加拿大。6月，美国与墨西哥就应对非法移民问题达成一致并发表《美墨联合声明》。7月，美国务卿蓬佩奥访问阿根廷、厄瓜多尔、墨西哥和萨尔瓦多。8月，美商务部长罗斯访问阿根廷、秘鲁和巴西。美国务卿蓬佩奥访问加拿大。9月，美国务卿蓬佩奥会见来访的巴西外长阿劳诺，双方启动美巴战略伙伴对话。11月，美国总统特朗普同阿根廷当选总统费尔南德斯通电话。美国总统特朗普接待危地马拉总统莫拉莱斯访美。美国务卿蓬佩奥会见哥伦比亚外长布鲁姆、厄瓜多尔外长瓦伦西亚。

【同非洲国家的关系】2019年1月，美国务卿蓬佩奥访问埃及。2月，美副国务卿黑尔访问科特迪瓦和尼日尔。3月，美副国务卿沙利文访问南非和安哥拉。4月，埃及总统塞西访问美国。特朗普同利比亚国民军司令哈夫塔尔通电话。5月，美国和肯尼亚举行首次战略对话。6月，美国在莫桑比克举行第12届美非商业峰会。8月。美国在科特迪瓦举行第十八届《非洲增长与机遇法案》论坛。9月，美国务卿蓬佩奥会见几内亚总统孔戴。10月，美国务卿蓬佩奥同埃塞俄比亚总理阿比通电话。11月，美国和非盟举行第七届美非高级别对话。

（刘运贤、燕灵芝、蔡达夫、张欢、张俊杰、李素云、林菁、陈肖龙）

美属维尔京群岛

名称　美属维尔京群岛（The United States Virgin Islands），美国海外属地，为美国“未合并领土”（unincorporated territory）。

面积　1910平方公里，其中陆地面积为346平方公里，水域面积1564平方公里，海岸线长188公里。

人口　10.6万。主要分布在圣克鲁斯岛和圣托马斯岛。黑人占76.2%，白人占13.1%，亚裔1.1%，其他6.1%。居民主要是西印度群岛人，还有美国人和波多黎各人等。英语为官方语言，广泛使用西班牙语、法语和克里奥尔语。居民多信奉基督教（浸信会教徒42%，天主教徒34%，圣公会教徒17%，其他7%）。

首府　夏洛特·阿马里（Charlotte Amalie），位于圣托马斯岛。

总督　小阿尔伯特·布莱恩（Albert Brian，Jr.），2019年1月7日就职，任期4年。

简　况

位于大西洋和加勒比海之间，在加勒比海小安的列斯群岛东部，西距波多黎各64公里，由圣托马斯（215平方公里）、圣约翰（80平方公里）、圣克鲁斯（52平方公里）3个主岛和约50个小岛组成。属亚热带海洋气候，一年温差变化不大，年均气温26℃。

原始土著居民为加勒比地区的卡鲁比（Carib）和阿拉瓦克（Arawak）印第安人。1493年欧洲人到达该群岛，土著居民几乎全被屠杀。16世纪起先后受西班牙、荷兰、英国、法国和马耳他控制。1670年丹麦将圣托马斯和圣约翰两岛据为殖民地。1733年圣克鲁斯岛被法国卖给丹麦后形成丹麦的西角印度群岛。1917年，美国用2500万美元向丹麦买下该群岛，由美国海军部管辖。该群岛居民从1927年起成为美国公民，但不能在本岛参加美国总统选举。1954年美国政府修订了1936年通过的《维尔京群岛组织法》，规定该岛居民享有一定限度的选举权，成立了经选举产生由15人组成的参议院。自1970年始，行政权被交给民选总督。从1973年起，普选产生1名驻美国众院代表，但只在众院的委员会有表决权。该群岛有自己的旗帜。

政　治　1970年以前，维尔京群岛民主党执掌地方行政权。总督执掌行政权，原由美国总统任命，1970年起改由普选产生，任期4年。在1970年的总督选举中，海尔文·伊文思当选为第一任民选总督。

【宪法】1936年制定《维尔京群岛组织法》，1954年修订，1968—1972年曾多次尝试通过宪法（须经美国总统和国会批准），以确立最后法律地位，获取更大自治权，但均被全民否决。1980年7月，该岛第四次制宪会议通过一部宪法草案，并于1981年7月获得美国国会批准。在同年11月3日举行的全民公决中，80.3%居民赞成维持目前地位，14.2%赞成与美国合并，4%赞成终止美国对群岛的主权。但此次公决因投票率太低（仅27.4%）而无效。

【议会】维尔京群岛参议院，为一院制。由15名议员组成，任期2年。议会法案生效须经总督批准。本届议会于2018年11月选举产生。

【政府】本届政府于2018年产生。由总督、副总督和地方行政官员等组成，并有1名派驻美国众议院的代表。

【政党】主要政党有：

（1）维尔京群岛民主党（Democratic Party of the Virgin Islands）：源于1936年成立的各种俱乐部。1962年该党正式得到法律承认，并加入美国民主党全国委员会。从20世纪60年代起一直控制着议会。主席西塞尔·本杰明（Cecil Benjamin）。

（2）维尔京群岛共和党（Republican Party of the Virgin Islands）：前身是一个政治俱乐部。受当地白人地主、实业家和某些富有的有色人种团体支持。主席约翰·卡内加塔（John Canegata）。

（3）独立公民运动（Independent Citizens' Movement）：1968年成立。主要得到下层有色人种群众的支持。领导人戴尔·布莱登（Dale Blyden）。

经　济　维尔京群岛经济十分倚重美国，对美国商品的进口依赖严重，90%的贸易同波多黎各和美国进行。尚未探明自然资源。旅游业收入约占地区生产总值的80%，游客主要来自美国。2018年地区生产总值为39.84亿美元，GDP增长率2.34%。流通货币为美元。

【工业】主要工业部门有炼油、酿酒、手表制造、纺织、电子工业等。圣克鲁斯岛有世界上最大的炼油厂（之一），日处理原油能力为545万桶。朗姆酒是主要出口产品之一，但由于北美自由贸易协定于1994年生效，墨西哥已成为该群岛朗姆酒出口的有力竞争者。

【农业】养牛、捕鱼、蔬菜及水果种植为主要行业。近年来政府鼓励粮食作物的生产。

【旅游业】是主要经济活动，产值约占地区生产总值的80%，从业人员约占全部就业人口的80%。主要旅游名胜有：圣约翰群岛的维尔京群岛国家公园、海滨浴场、印第安古迹和丹麦移民史迹等。

【交通运输】海空运输较发达。圣托马斯和圣克鲁斯岛均有国际机场。

【对外贸易】外贸主要面向波多黎各和美国市场，主要进口原油，出口石油制品。2018年，出口总额21.4亿美元，进口总额40.43亿美元，逆差19.03亿美元。

军　事　维尔京群岛防务由美国负责。1967年美国政府将设在圣托马斯岛的海军基地移交给维尔京群岛管理。目前，美国在圣克鲁斯岛西岸保持1个雷达声呐追踪站和1个海岸追踪控制中心。

文化教育　【教育】维尔京群岛对16周岁以下青少年实行义务教育（小学8年、中学4年）。

【新闻出版】主要报刊有：《商业公报》（双周刊）《维尔京群岛新闻日报》《信风》及《自豪》杂志。

（张文）

蒙特塞拉特

<u>名称</u>　蒙特塞拉特（Montserrat）。

<u>面积</u>　102平方公里（陆地面积）。

<u>人口</u>　5315人（2018年7月估计），2018年估计人口增长率0.43%，出生率10.5‰，死亡率6.2‰。主要的居民构成有：非洲裔（黑人）占88.4%，混血种人占3.7%。通用英语。居民67.1%信奉基督教新教，11.6%信奉天主教。

<u>首府</u>　普利茅斯（Plymouth），1997年毁于火山爆发。临时政府所在地为该岛北部的布莱兹（Brades）。

<u>总督</u>　安德鲁·约翰·皮尔斯（Andrew John Pearce OBE），2018年2月1日就任。

<u>重要节日</u>　英国女王诞辰：6月的第二个星期六。

简　况　蒙特塞拉特岛位于加勒比海东北、小安的列斯群岛中部。东北、东南分别与安提瓜岛和瓜德罗普岛隔水相望。属热带气候，平均气温夏季32℃，冬季24℃。年降水量1250—2000毫米。6—11月有飓风。1493年哥伦布到达该岛。1632年沦为英国殖民地，后曾两次被法国占

领。1783年再度沦为英国殖民地。1871—1956年为背风群岛联邦的一部分。1958—1962年为西印度联邦成员。1962年联邦解体，它成为单独的领地。1967年1月举行公民投票，仍继续为英国殖民地。1971年由英国女王任命总督直接统治。现为英国海外领地（British Overseas Territory）。

该岛南部的苏弗里耶尔火山在沉寂350年后，于1995—1997年不断喷发，造成严重灾难，半数以上的居民迁移出世代居住的家园。科学家预言，苏弗里耶尔火山活动还将持续数十年。2009年、2010年、2013年，该火山仍有大规模喷发。

政　治

2010年10月，蒙特塞拉特新宪法生效，鲁本·米德（Reuben T. Meade）成为蒙特塞拉特第一任总理。2018 年1月2日，总督伊丽莎白·卡里尔（Elizabeth Carrier，女）卸任，安德鲁·约翰·皮尔斯被任命为新总督，同年2月1日就任。2019年11月19日，约瑟夫·法雷尔（Joseph Farrell）宣誓就任蒙特塞拉特第三任总理。

【宪法】2010年新宪法的修订工作基本完成后，宪法草案提交英国议会。2011年9月1日，新宪法（Montserrat Constitution Order 2010）生效。总督由英国女王任命，副总督由蒙特塞拉特人担任。

【议会】一院制立法机关（unicameral Legislative Assembly），任期5年，设11个席位：9名普选产生的议员、2名当然议员（总检察长和财政司司长）。本届议会于2019年11月18日选举产生，下届议会选举将于2024年进行。

【政府】称为内阁〔新宪法生效前称为执行委员会（Executive Council）〕，通常由在议会中占多数议席的政党组成，成员包括总理（原称首席部长）、3名其他部长以及2名当然成员（总检察长和财政司司长）。本届政府于2019年11月22日产生，组成人员有：总理兼财经管理部长约瑟夫·法雷尔，副总理兼通信、工程、劳工和能源部长塞缪尔·约瑟夫（Samuel Joseph），教育、卫生、社会服务、体育、青年和教会事务部长查尔斯·基农（Charles Kirnon），农业、土地、住房和环境部长克伦斯顿·布芬格（Crenston Buffonge），总检察长雪莉·杰莫特–罗德尼（Sheree Jemmotte-Rodney，女），财政司司长科林·欧文（Colin Owen）。

【行政区划】共设有3个教区。

【司法机构】设有即席裁决法院和地方法院。最高终审机构为东加勒比最高法院（设在圣卢西亚），该法院驻蒙陪席推事和地方法官。

【政党】（1）争取变革和繁荣运动（Movement for Change and Prosperity，MCAP）：执政党。其前身是1991年成立的国家进步党，2006年改为现名。2009年，鲁本·米德任领导人。2019年11月，该党赢得大选，获议会9个席位中的5席。现任领导人即现任总理约瑟夫·法雷尔。

（2）人民民主运动（People's Democratic Movement，PDM）：2014年成立。2019年大选中该党赢得3席，现任领导人保罗·刘易斯（Paul Lewis）在大选后宣誓就任反对党领袖。

（3）蒙特塞拉特国民大会（Montserrat National Congress，MNC）：2019年成立，领导人是曾任蒙特塞拉特民主党（Montserrat Democratic Party，MDP）的洛威尔·刘易斯（Lowell Lewis）。

【重要人物】安德鲁·约翰·皮尔斯：总督。从政前从事科学研究工作，1988年进入英国外交和联邦事务部；自1992年起，先后被派往特拉维夫、比勒陀利亚、布加勒斯特、曼谷和维尔纽斯等地任职；2013年获英国官佐勋章；2017年，任英国驻立陶宛大使馆临时代办，同年12月，被宣布为蒙特塞拉特新任总督；2018年2月1日就任。

经　济

蒙特塞拉特以旅游业、服务业和农业为主，同时大力发展轻工业，减少经济对旅游业和农业的依赖。近年来，通信业和金融业发展迅速，正逐渐成为政府的主要收入来源之一。为实现农产品自给的目标，政府重视发展农业，制订了一系列发展计划。20世纪90年代中期开始的火山活动曾使经济基本停滞，而其影响至今仍未消除。2006年起，火山活动有所增强，给该岛经济恢复带来不利影响。蒙官方与英国就有关援助达成《国家政策计划》（Country Policy Plan）（每三年一期）。2018年以来，蒙政府实施了稳健的经济转型政策，意在恢复地区经济和实现自身可持续发展。2019年，蒙政府提出继续实施经济增长战略并制订了以在未来十年内保持每年5%左右的经济增长率为目标的执行计划。目前岛上有限的经济活动包括采矿、建筑、金融及服务业、旅游。

主要经济数据如下：

地区生产总值：4350万美元（2018年估计）。

人均地区生产总值：8500美元（2018年估计）。

经济增长率：3.2%—3.5%（2019年估计）。

货币名称：东加勒比元。

汇率：1美元=2.7东加勒比元（固定汇率，1976年起）。

通货膨胀率（消费价格）：1.2%（2017年估计）。

失业率：5.6%（2017年估计）。

【工业】目前规模较小。从业人数占劳动人口的23%。主要生产轻工产品，如朗姆酒、纺织品、电子零件等。2016年估计发电量2400万千瓦小时。

【农牧渔业】可耕地较少。从业人数占劳动人口的1.6%。主要种植棉花、土豆、红薯、辣椒、热带水果和蔬菜等，其中土豆、红薯、芒果和酸橙可向邻岛出口。

【旅游业】重要经济部门，占地区生产总值的3%。游客主要来自北美。2019年，蒙政府积极开发生态旅游产品，并开始电子营销。受欧盟对旅游业投资计划的积极影响，该地区旅游业未来增长空间巨大。

【交通运输】1997年火山爆发后，公路大部被毁。目前，岛屿北部的公路设施已经建成。

水运：原主要港口普利茅斯在1997年损毁于火山活动。目前在北部的里特尔湾已经建成一个新的港口，有渡轮通往安提瓜岛。

空运：主要机场——布莱克伯恩机场于1997年毁于火山活动。在北部修建的现代化机场——杰拉尔德机场（Gerald's Airport）于2005年开始启用，2008年更名为约翰·奥斯本机场（John A. Osborne Airport），以示对其的纪念。

【财政金融】财政年度为4月1日至翌年3月31日。2018/2019财年的经常性收入约为1.29亿美元，经常性支出约为1.31亿美元，均较上一财年有所增加。估计2019/2020财年经常性预算收支总额约1.38亿美元，比上一财年增长了4.81%。

【对外贸易】长期严重入超。主要出口产品有电子元器件、塑料袋、服装、辣椒、柠檬、牲畜等。主要进口产品有机械和运输设备、食品、工业制成品、燃料、润滑油等。2017年主要出口国为美国、法国、圣基茨和尼维斯，主要进口国为美国、特立尼达和多巴哥、英国。2016年和2017年，估计外贸出口额分别为520万美元和440万美元，估计进口额分别为3610万美元和3944万美元。

【外国援助】援助来自英国、加拿大、欧盟、联合国、加勒比开发银行和美国国际开发署。1997年蒙特塞拉特火山大规模爆发，使岛上2/3土地无法居住，居民集中到北部“安全区”。1995年至今，英国提供的财政援助和项目基金已至数亿英镑。2013年1月，为了促进蒙特塞拉特的经济复苏，欧盟公布了5520万美元的对蒙一揽子援助计划。尽管英国正在退出欧盟，但该援助不会受到影响，因为蒙与欧盟在援助问题上签有直接协议，英国的预算支持仍然是蒙收入的最大贡献者。2018—2019年，英国对其的拨款约为7790万美元。

人民生活

蒙特塞拉特北部有1所医院。2018年估计居民平均期望寿命为74.8岁。2018年估计固定电话拥有量为每百人57部，移动电话为每百人95部。

军　事

设蒙特塞拉特皇家保卫部队，防务由英国负责。

文化教育

【教育】2009年蒙特塞拉特教育支出占地区生产总值的5.8%。对入公立学校的5—14岁儿童实行免费义务教育。成人文盲率低于5%。高等教育则由西印度群岛大学（在巴巴多斯、牙买加、特立尼达和多巴哥设有校园）提供。2018/2019财年，蒙政府批准的教育经费预算约为75.4万美元。

【新闻出版】出版英文周刊《蒙特塞拉特记者》。蒙特塞拉特电台：政府电台，1952年创立，1957年首次播音。安的列斯电台：地区商业性电台。1963年创立，用英法两种语言播音。明珠广播网络：商业性电台，1984年创立。

安的列斯有线电视台：有两个频道。另有蒙特塞拉特有线电视台。

对外关系

外交由英国掌管。蒙特塞拉特为万国邮政联盟、加勒比共同体、加勒比开发银行、东加勒比国家组织成员，设有国际刑警组织蒙特塞拉特支局。

【同中国的关系】蒙特塞拉特和中国均属承诺加入境外金融账户共同申报准则（Common Reporting Standard，CRS）体系进行金融涉税信息互换的国家和地区。2017年，蒙特塞拉特与中国在《多边主管当局间协议》（Multilateral Competent Authority Agreement，MCAA）框架下实现“配对”，蒙特塞拉特已确定会将中国税收居民的金融资产信息提交给中国。2018年9月，蒙特塞拉特向中国政府提交中国税收居民在蒙特塞拉特金融机构所持有账户的信息。（叶雯）

墨　西　哥

国名　墨西哥合众国（The United Mexican States，Los Estados Unidos Mexicanos）。

面积　196.44万平方公里。

人口　1.29亿（2017年），印欧混血人和印第安人占总人口的90%以上。官方语言为西班牙语，88%的居民信奉天主教，5.2%信奉基督教新教。

首都　墨西哥城（Ciudad de México），面积1525平方公里，人口约2200万（含卫星城），海拔2240米。最热月（5月）平均气温12℃—26℃；最冷月（1月）平均气温6℃—19℃。

国家元首　总统安德烈斯·曼努埃尔·洛佩斯·奥夫拉多尔（Andrés Manuel López Obrador），2018年12月1日就职，任期6年。

重要节日　独立日：9月16日。

简　况

位于北美洲南部。北邻美国，南接危地马拉和伯利兹，东临墨西哥湾和加勒比海，西南濒太平洋。海岸线长1.11万公里，其中太平洋海岸7828公里，墨西哥湾、加勒比海岸3294公里。有300万平方公里专属经济区和35.8万平方公里大陆架。东、西、南三面为马德雷山脉所环绕，中央为墨西哥高原，东南为地势平坦的尤卡坦半岛，沿海多狭长平原。墨气候复杂多样。高原地区终年温和，平均气温10℃—26℃；西北内陆为大陆性气候；沿海和东南部平原属热带气候。大部分地区分旱（10月至翌年4月）、雨（5—9月）两季，雨季集中了全年75%的降水量。

美洲文明古国。玛雅文化、奥尔梅克文化、托尔特克文化和阿兹特克文化均为墨印第安人创造。1519年西班牙殖民者入侵。1810年9月16日伊达尔戈神父发动起义，开始独立战争。1821年墨宣告独立。1824年10月成立联邦共和国。1910年爆发资产阶级民主革命。1917年颁布资产阶级民主宪法，宣布国名为墨西哥合众国。革命制度党自1929年起连续执政71年。2000年、2006年国家行动党连续两次赢得大选。2012年革命制度党重新执政。2018年，国家复兴运动党赢得大选。

政　治

洛佩斯总统就职后，表示将和平、有序、深入推进墨西哥历史上“第四次变革”，取消特权、打击腐败、纠正不公，重塑墨西哥政治生态，实现国家全面复兴。

【宪法】1824年颁布独立后第一部宪法。1917年2月5日颁布《墨西哥合众国宪法》并执行至今，历经多次修改。宪法规定立法、行政、司法三权分立；总统通过直接普选产生，任期6年，终身不得再任；土地、水域及其他一切自然资源归国家所有；工人有权组织工会、罢工等。联邦各州制定本州宪法，但州政府权力受国家宪法约束。

【议会】联邦议会分为参、众两院，行使立法权。主要职权有：批准条约和总统对司法、财政、外交及军队高级官员的任命；修改宪法；批准总统出访；必要时任命临时总统等。两院均设“领导委员会”和“政治协调委员会”。两院议员不得连选连任，但可隔届竞选。

参议院128名议员，由32个州各选4名组成，任期6年。本届参议院于2018年9月选举产生，国家复兴运动党60席，国家行动党24席，革命制度党14席，公民运动党9席，其他党派21席。现任参议长为国家复兴运动党的莫妮卡·费尔南德斯·巴尔沃亚（Mónica Fernández Balboa），2019年9月1日就职，任期至2020年8月31日。

众议院500名议员，其中300席通过多数票选举产生，200席按政党比例代表制产生，任期3年。本届众议院于2018年9月产生，国家复兴运动党257席，国家行动党78席，革命制度党46席，劳动党36席，公民运动27席，社会共识党27席，其他党派29席。现任众议长为国家行动党的劳拉·安赫莉卡·埃尔南德斯（Laura Angélica Rojas Hernández），2019年9月1日就职，任期至2020年8月31日。

【政府】本届政府于2018年12月1日成立。主要内阁成员有内政部长奥尔加·桑切斯·科尔德罗（Olga Sánchez Cordero，女），外交部长马塞洛·埃布拉德·卡绍冯（Marcelo Ebrard Casaubón），国防部长路易斯·克雷森西奥·桑多瓦尔（Luis Cresencio Sandoval），海军部长何塞·拉斐尔·奥赫达·杜兰（José Rafael Ojeda Durán），公共安全部长阿方索·杜拉索·蒙塔尼奥（Alfonso Durazo Montaño），财政和公共信贷部长阿图罗·埃雷拉（Arturo Herrera），福利部长玛利亚·路易莎·阿尔沃雷斯·冈萨雷斯（María Luisa Albores González，女），环境和自然资源部长维克托·曼努埃尔·托莱多（Víctor Manuel Toledo），能源部长诺尔玛·罗西奥·纳莱·加西亚（Norma Rocío Nahle García，女），经济部长格拉谢拉·马尔克斯·科林（Graciela Márquez Colín，女），农业和农村发展部长维克多·比利亚洛沃斯·阿兰布拉（Víctor Villalobos Arámbula），交通通信部长哈维尔·希门尼斯·埃斯普里乌（Javier Jiménez Espriú），公共职能部长伊尔玛·埃伦迪拉·桑多瓦尔·巴列斯特罗斯（Irma Eréndira Sandoval Ballesteros，女），公共教育部长埃斯特万·莫克特苏马·罗尔丹（Esteban Moctezuma Barragán），卫生部长豪尔赫·阿尔科塞尔·巴雷拉（Jorge Carlos Alcocer Varela），劳动和社会保障部长路易莎·玛利亚·阿尔卡德·卢汉（Luisa María Alcalde Luján，女），农村、国土和城市发展部长罗曼·吉列尔莫·梅耶尔·法尔孔（Román Guillermo Meyer Falcón），文化部长亚力杭德拉·弗劳斯托·格雷罗（Alejandra Frausto Guerrero，女），旅游部长米格尔·托鲁科·马尔克斯（Miguel Torruco Márquez）等。

【行政区划】全国划分为32个州（首都墨西哥城已由联邦区改为州），州下设市（镇）和村。32州名称如下：墨西哥城、阿瓜斯卡连特斯州、下加利福尼亚州、南下加利福尼亚州、坎佩切州、恰帕斯州、齐瓦瓦州、科阿韦拉州、科利马州、杜兰戈州、瓜纳华托州、格雷罗州、伊达尔哥州、哈利斯科州、墨西哥州、米却肯州、莫雷洛斯州、纳亚里特州、新莱昂州、瓦哈卡州、普埃布拉州、克雷塔罗州、金塔纳罗奥州、圣路易斯波托西州、锡那罗亚州、索诺拉州、塔巴斯科州、塔毛利帕斯州、特拉斯卡拉州、韦拉克鲁斯州、尤卡坦州、萨卡特卡斯州。

【司法机构】分为最高法院、大区法院（巡回法院）和地区法院3级。最高法院大法官由总统提名18名候选人，参议院任命其中11人，任期15年。最高法院每4年从其法官中选举1人任院长，不得连任。现任最高法院院长阿图罗·萨尔迪瓦·莱罗·德拉雷亚（Arturo Zaldívar Lelo de Larrea），任期至2022年12月31日。

大区法院和地区法院的法官由最高法院指派，任期4年。

设有总检察院和联邦区检察院。总检察长由总统提名，参议院任命。现任联邦总检察长亚力杭德罗·赫尔茨·马内罗（Alejandro Gertz Manero）。此外，还设有联邦劳动保护检察院、联邦消费者检察院、保护儿童和家庭检察院等。

【政党】近年来，墨多党制民主政体进一步发展，主要政党有：

（1）国家复兴运动党（Movimiento Regeneración Nacional）：执政党。2014年7月9日成立。临时党主席阿方索·拉米雷斯·奎利亚尔（Alfonso Ramírez Cuéllar）（2020年3月），总书记耶德科尔·波列文斯基（Yeidckol Polevnsky）。2018年7月，该党候选人安德烈斯·曼努埃尔·洛佩斯·奥夫拉多尔（Andrés Manuel López Obrador）赢得大选，于12月1日正式就职总统。

（2）革命制度党（Partido Revolucionario Institucional）：反对党，社会党国际成员。1929年3月4日成立，1929—2000年连续执政71年，时隔12年后于2012年至2018年再度执政。党主席拉斐尔·亚历杭德罗·莫雷诺·卡德纳斯（Rafael Alejandro Moreno Cardenas），总书记卡罗利纳·维吉亚诺（Carolina Viggiano，女）。

（3）国家行动党（Partido Acción Nacional）：反对党。1939年9月15日成立。基督教民主国际成员。2000年至2012年执政。党主席马尔科·科尔特斯·门多萨（Marko Cortés Mendoza），总书记埃克托尔·拉里奥斯·科尔多瓦（Héctor Larios Córdova）。

此外，还有民主革命党（Partido de la Revolución Democrática）、劳动党（Partido del Trabajo）、绿色生态党（Partido Verde Ecologista）、公民运动党（Partido Movimiento Ciudadano）等。

【重要人物】安德烈斯·曼努埃尔·洛佩斯·奥夫拉多尔：总统。1953年11月13日生于墨西哥塔瓦斯科州。墨西哥国立自治大学政治学和公共管理学学士。1976年投身政坛，早年为革命制度党成员，从事竞选筹备和印第安事务等基层工作。1989年参与创建民主革命党，并于1996—1999年任该党主席。2000—2006年，洛佩斯辞去党主席职务，当选墨西哥城市长。2006年首次参选总统，以不足1%的微弱劣势惜败于国家行动党候选人卡尔德龙。2012年二度参选总统，又以微弱劣势惜败革命制度党候选人培尼亚。2014年，脱离民主革命党，组建左翼的国家复兴运动党。2018年三度参选总统，作为国家复兴运动党、社会共识党和劳动党组成的“我们共同创造历史”联盟总统候选人赢得大选。2018年12月就职，任期6年。

经　济

墨是拉美经济大国，《美墨加协定》（原北美自由贸易区）成员，世界最开放的经济体之一，同50个国家和地区签有自贸协定。工业门类齐全，石化、电力、矿业、冶金和制造业较发达。传统农业国，是玉米、番茄、甘薯、烟草的原产地。旅游业发达，侨汇收入丰富。

国家货币基金组织数据显示，2018年国内生产总值1.22万亿美元，人均国内生产总值9796.98美元。2019年主要经济数据如下：

国内生产总值：1.21万亿美元。

国内生产总值增长率：–0.1%。（墨西哥银行）

货币名称：比索（Peso）。

汇率：1美元≈23.9比索（2020年3月）。

通货膨胀率：3.2%。

失业率：3.4%。

（资料来源：国际货币基金组织、墨西哥银行）

【资源】世界能源和矿产大国。矿产资源丰富，是世界主要石油生产国和出口国之一。据墨西哥国家油气委员会统计，截至2017年底，墨西哥原油可采储量为255亿桶，其中84.83亿桶为证实储量。天然气可采储量为279.5万亿立方英尺。据墨西哥国家统计局统计，2018年墨西哥原油日均产量162.1万桶，同比下降20%；出口265.1亿美元，增长32.4%。天然气日均产量48.76亿立方英尺，下降3.9%；出口2799万美元。墨是全球最大的白银生产国，铜、萤石、铋、天青石、砷、硅灰石、镉、钼、铅、锌、石墨、重晶石和金等16种矿物产量居世界前列。拥有8个世界级矿山，其中铜矿2个、盐矿、银矿、金矿、萤石矿、锰矿、石膏矿各1个。森林面积1.39亿公顷，水力资源约1000万千瓦。

【工业】门类齐全，石化、能源、矿业、冶金和制造业较发达。2018年工业产值占GDP总量的18.3%。

【农业】传统农业大国。1994年加入北美自由贸易协定后农业生产受冲击，严重萎缩。全国可耕地面积415.5万公顷，其中常用耕地面积137.9万公顷。主要种植玉米、高粱、小麦、大豆、水稻、棉花等。剑麻产量居世界前列。2018年农业产值占GDP总量的3.6%。

【服务业】服务业是墨产值最高、创造就业机会最多的部门。2018年产值占GDP总量的63.7%。墨服务业主要包括商业、金融业、电信产业、不动产、旅游、保险、广告、传媒等。

【旅游业】旅游资源丰富，旅游服务业发达。近年来，墨政府积极促进旅游业发展，如开辟旅游新线路和增设旅游项目等。2018年接待外国游客4131.3万人次，全年旅游业收入225.26亿美元，同比分别增长5.09%和5.63%。2019年接待外国游客4502.4万人次，全年旅游业收入245.63亿美元，同比增长9.02%和9.04%。

【交通运输】交通运输业较发达，以公路交通和航运为主。

公路：总长38.93万公里。注册车辆3802.4万辆。2014年全国公路客运量34.59亿人次，货运量5.11亿吨。

铁路：总长2.67万公里。2014年铁路客运量4788.7万人次，货运量1.17亿吨。

水运：墨西哥国内码头各种设施较为先进，同欧洲、美国、中南美洲和加勒比地区、远东地区、地中海地区和斯堪的纳维亚半岛的许多国家设有客货运班轮。墨全国共有大小港口和码头198个，其中海港140个，内河港口29个，内湖码头29个。主要港口有墨西哥湾的阿尔塔米拉港、韦拉克鲁斯港、太平洋沿岸的曼萨尼略港和拉萨罗—卡德纳斯港。2014年全国港口货运集装箱载重2.86亿吨，同比减少0.69%。

空运：截至2016年底，墨西哥共有机场76个，其中由主要的17个机场运送将近88%的乘客，这些机场主要分布于墨西哥城、坎昆、瓜达拉哈拉、蒙特雷和蒂华纳等城市。2016年，全国航空客运量8640万人次，货运74.7万吨。

【财政金融】近几年公共财政收支预算情况如下（单位：亿比索）：

	2017	2018	2019
总收入	49476	51151	53843
总支出	51826	55894	57864
差　额	–2350	–4743	–4021

（资料来源：墨西哥财政部）

截至2018年12月底，墨外汇储备1746.1亿美元；2019年12月底，墨外汇储备1830.3亿美元。截至2018年底，墨政府内债余额70362.7亿比索，外债余额2023.6亿美元；2019年底，内债余额75706.5亿比索，外债余额2046.8亿美元。2018年墨侨汇收入总额334.8亿美元，2019年侨汇收入总额360.5亿美元。

主要银行有：墨西哥银行（Banco de México），墨中央银行，成立于1925年。墨西哥外贸银行（Banco Nacional de Comercio Exterior），成立于1937年。

【对外贸易】同200多个国家和地区建立了贸易关系，与50个国家和地区签订了自由贸易协定。近几年墨对外贸易情况如下（单位：亿美元）：

	2017	2018	2019
进口额	4203.95	4643.02	4552.95
出口额	4094.33	4506.85	4611.16
差　额	–109.62	–136.17	58.21

（资料来源：墨西哥银行）

墨主要出口原油、机电产品、运输设备、矿产品、医疗设备、植物产品等。主要进口机电产品、通讯器材、矿产品、塑料橡胶、贱金属及制品等。

【外国资本】墨是拉美吸引外资最多的国家之一。据墨经济部统计，2018年墨吸引外国直接投资347.46亿美元，同比增加1.7%；2019年墨吸引外国直接投资329.21亿美元，同比下降5.25%。投资主要领域为制造业、水电气、贸易、金融服务业和矿业。主要投资来源地为美国、西班牙、加拿大和德国。

【著名公司】墨西哥石油公司（PEMEX）：隶属墨能源部，是墨最大、拉美第二大企业，也是世界第十大石油生产企业。成立于1938年，现有员工11.7万人。当前日产原油215.4万桶，日出口119.4万桶，日生产天然气57.9亿立方英尺。总裁：奥克塔维奥·罗梅罗·奥罗佩萨（Octavio Romero Oropeza）。公司总部：Torre Ejecutiva Piso 44，Marina Nacional 329，Col. Huasteca Miguel Hidalgo，Ciudad de México。

墨西哥电话公司（TELMEX）：成立于1947年，现为墨最大通信服务公司，有员工4.6万人。主要经营电话、宽带、数字电视及数据传输业务，占有墨国内90%以上的固话市场份额。总裁：卡洛斯·斯利姆（Carlos Slim）。公司总部：Parque Vía 190，Col. Cuautemoc，Ciudad de México。

墨西哥水泥公司（CEMEX）：成立于1906年，现为墨最大、世界第三大水泥公司，全球最大的白水泥生产商。主要从事水泥及熟料、商品混凝土的生产和销售，在全球50多个国家和地区设有分支机构，入选美国《财富》杂志企业500强。总裁费尔南多·冈萨雷斯（Fernando González）。公司总部：Av. Constitución 444 Pte. Monterrey，Nuevo León，México。

人民生活

贫富分化严重。据墨官方2016年统计报告显示，墨贫困人口占总人口的43.6%。

军　事

墨军队建于1821年，始称国民军，1913年改称宪制军。根据宪法，总统为武装力量最高统帅，有权宣布“紧急状态”和“战争状态”，决定兵力调动、国防开支和将级以上将领任命等。最高国防决策机构为“国家安全内阁会议”，由总统领导，成员包括国防部长、海军部长、内政部长、外交部长及其他有关政府部长。

国防部和海军部是最高军事行政机关和军事指挥机构。国防部领导指挥陆军和空军，海军部领导指挥海军。长期以来，墨军基本上没有对外作战，主要担负维护国内安定的任务。墨实行义务兵和志愿兵相结合的兵役制度。规定18—45岁的男性公民均需服兵役。义务兵服役期1年，志愿兵服役期3—9年。现役总兵力26.7万人。

文化教育

【教育】墨是教育大国，公共教育基本为免费教育。2014—2018年平均教育支出占国内生产总值的5.4%。墨现行教育体制分为：

基础教育：学前（3年）、小学（6年）和初中（3年），宪法规定从2008年开始实行从学前到初中的12年义务教育制。义务教育阶段的教材免费。

高中教育：墨称为准高等教育（3年）。

高等教育：本科4—5年，技术大学2—4年，硕士3年，博士2年。高等院校分4类：国立大学（含自治大学）、私立大学、科技院校和研究机构中的教学机构等。

非学校教育：成人教育、远距离教育及职业培训等。

目前，墨全国有小学9.88万所，初中3.86万所，高中1.84万所，大学和科技院校4389所，职业技术院校763所。

墨西哥国立自治大学是墨规模最大、历史最悠久的大学。根据西班牙高等科学理事会CSIC评定，系拉美地区最好的大学之一。学校成立于1551年，1929年实行自治，称墨西哥国立自治大学并沿用至今。2015—2016年在校学生34.67万人，教师员工3.95万人。全校有15个系、4所学院、5个多学科中心、26个博物馆、9所预科学校及47个科研机构。墨自大还在全国32个州及美国、加拿大、西班牙、中国、哥斯达黎加、法国和英国设有分校。墨西哥25%的科学家在墨自大工作，承担全国近一半的科研任务。

【科研】墨有较完整、系统的科研体系。全国科学技术理事会是最高科技领导机构，1970年成立，主席由总统任命。全国高级科研人员近万名。科研领先优势为：环境和气候、生物医药研究和卫生、农林渔业、工业和制造技术、电子、材料和度量学、非核能源、生物技术、航空、空间研究及应用等。主要科研机构有：科学院、石油研究所、农业研究所、核能研究所以及国际玉米和小麦中心等。

【新闻出版】全国约有300家报纸和100多种全国性刊物。主要报刊有：《宇宙报》（El Universal），发行量15万份；《每日报》（La Jornada），发行量10.6万份；《改革报》（Reforma），发行量14万份；《至上报》（Excelsior），发行量4.5万份；《金融家报》（El Financiero），财经类报纸，发行量约8.1万份。

墨西哥通讯社为官方通讯社，隶属内政部。墨转载国际新闻90%来源于美联社、合众社和法新社。

特莱维萨和阿兹特克为墨两大电视集团，拥有全国95%以上的电视观众。

墨每年出版1.2万种书刊，总发行量2.5亿册，是世界上出版西班牙语刊物最多的国家之一。

【文化艺术】美洲著名文明古国，曾孕育了玛雅、奥尔梅克、托尔特克和阿兹特克等古代印第安文化。玛利雅奇音乐和萨巴特奥舞蹈融合了西班牙和印第安音乐的特色，成为墨西哥独特的民族艺术形式。

墨西哥文学在拉美独树一帜。作家奥克塔维奥·帕斯（1990年获诺贝尔文学奖）、胡安·鲁尔福和卡洛斯·富恩特斯都是现代西班牙语文坛巨匠。墨西哥壁画举世闻名，里维拉、奥罗斯科、西凯罗斯为杰出壁画家。

对外关系

长期奉行独立自主的外交政策，主张维护国家主权与独立，尊重民族自决权，推行对外关系多元化。主张和平解决国际争端。

墨是联合国、世贸组织、“二十国集团”、亚太经合组织、经济合作与发展组织、美洲国家组织、拉美和加勒比国家共同体、太平洋联盟等机制成员和不结盟运动观察员。同193个国家有外交关系。

【同中国的关系】1972年2月14日与中国建交。建交以来，两国关系发展顺利。2003年12月，温家宝总理访墨，中墨建立战略伙伴关系。2013年习近平主席访墨期间，两国领导人共同宣布将中墨关系提升为全面战略伙伴关系。2004年8月，中墨成立政府间双边常设委员会，迄已召开6次会议。2008年7月，中墨建立战略对话机制，迄已举行5次对话。

建交以来，墨历任总统均在任内访华。中国国家主席、全国人大常委会委员长、国务院总理等领导人先后访墨。2018年7月，墨西哥大选结果出炉后，习近平主席第一时间向安德烈斯·曼努埃尔·洛佩斯·奥夫拉多尔当选总统致贺电。10月，王毅国务委员兼外长应约同墨西哥外长路易斯·比德加赖·卡索就《美墨加协议》涉华“毒丸”条款通电话，墨方作出积极承诺。11月，洛佩斯当选总统指派候任外长马塞洛·路易斯·埃布拉德·卡绍冯（Marcelo Luis Ebrard Casuabón）代表其来华出席首届中国国际进口博览会，王毅国务委员会见。12月，习近平主席特使、全国人大常委会副委员长沈跃跃赴墨西哥城出席墨西哥总统权力交接仪式，会见总统洛佩斯和外长埃布拉德。2019年7月，外长埃布拉德访华。10月，参议院农牧渔业与农村发展委员会主席纳瓦罗率团来华出席中墨议会对话论坛第四次会议。11月，经济部长马克斯来华出席第二届中国国际进口博览会。

据中国海关总署统计，2018年中墨贸易总额达580.6亿美元，其中中方出口额440.1亿美元，进口额140.4亿美元，同比分别增长21.8%、22.6%、19.3%。2019年中墨贸易总额达607.1亿美元，其中中方出口额463.8亿美元，进口额143.4亿美元，同比分别增长4.6%、5.4%、2.3%。中方对墨出口的主要商品有电器及电子产品、计算机与通信技术产品、交通工具、光电技术设备、机械设备等；从墨主要进口电器及电子产品、电子技术产品、矿产品、交通工具、仪表类产品等。

据墨西哥经济部统计，2018年中国对墨西哥直接投资共计2.5亿美元，占比0.8%，与2017年相比增长9.7%。1999—2018年中国投资存量11.45 亿美元，占比0.2%。截至2018年12月底，在中国驻墨西哥大使馆经济商务处注册登记的中资企业近一百家，经营领域涉及矿业、能源工程、电子通信、制造业、金融等。

文化、教育交流：2018年，“北京文创周”“西藏文化周”等系列活动在墨西哥成功举行。

中国驻墨西哥大使：祝青桥。馆址：Avenida Río Magdalena No.172，Colonia Tizapán，C.P. 01090，México，D.F.。电话：0052-55-56160609。传真：0052-55-56165731。商务处地址：Calle Platón No.317，Colonia Polanco，C.P.11560 Ciudad de México。电话：0052-55-52811853/52811073；传真：0052-55-52821867。

驻蒂华纳总领馆总领事：于波。馆址：Av. Lomas del Monte 1614. Frace. Lomas de Agua Caliente，Primera Sección Tijuana，B.C. 22440 México. 信箱：Apartado Postal 2830。邮编：22440。电话：0052-664-6816771。传真：6219762。电子邮箱：chinagct@hotmail.com。

墨西哥驻华大使：何塞·路易斯·贝尔纳尔（José Luis Bernal）。馆址：北京朝阳区三里屯东五街5号。电话：010-65322574；传真：65323744。商务处电话：010-65322272，签证处电话：010-65322070。

【同美国的关系】1825年与美建交。1846年美入侵墨，1848年双方签订和约，墨被迫将230万平方公里的领土割让给美国。1994年，墨加入北美自由贸易区。美是墨最大贸易伙伴、投资国和债权国。对美关系是墨历届政府的外交重心。2018年，美副总统彭斯访墨出席总统洛佩斯就职仪式。

特朗普就任美国总统后，围绕重谈北美自由贸易协定、征收钢铝重税、收紧移民政策、修建边境隔离墙向墨频频发难，墨美关系经历波折。2018年7月洛佩斯当选总统后，墨美高层互动频繁。墨美加三方就北美自由贸易协定升级谈判达成一致，新版协议更名为《美墨加协定》并于11月30日正式签署。同时，墨进一步推进外交多元化，深化同拉美、欧洲、亚太地区合作。2019年4月，总统洛佩斯与美国会外委会主席率领的美国会访墨代表团举行会晤。6月，外长率团与美国副总统彭斯在白宫举行磋商。7月，美国国务卿访墨。

据美国商务部统计，2018年墨美贸易总额为6115亿美元，其中墨对美出口额3461亿美元，从美进口额2654亿美元，墨顺差807亿美元。2019年墨美双边贸易额为6145亿美元，同比增长0.48%，其中墨对美出口额3581.26亿美元，从美进口额2563.74亿美元，墨顺差1017.5亿美元。墨对美出口增长3.5%，成为美第一大贸易伙伴，占比14.8%。

【同拉美国家的关系】墨政府重视同地区国家传统友好关系，主张加强在中美洲一体化进程中的主导地位，充分发挥连接南美和北美国家的桥梁作用。2018年，时任总统培尼亚访问巴拉圭、智利、秘鲁，赴阿根廷出席“二十国集团”领导人第十三次峰会。接待智利、哥伦比亚、秘鲁总统访墨，出席第十三届太平洋联盟峰会。古巴、玻利维亚、厄瓜多尔、委内瑞拉、秘鲁、哥伦比亚、洪都拉斯、危地马拉、多米尼加、伯利兹、海地元首出席总统洛佩斯就职仪式。2019年，总统洛佩斯接待来访的萨尔瓦多、洪都拉斯、危地马拉、古巴、哥斯达黎加、巴拿马元首和阿根廷候任总统。7月，外长和经济部长代表总统洛佩斯出席第十四届太平洋联盟峰会。12月，内政部长代表总统洛佩斯出席阿根廷当选总统费尔南德斯就职仪式。2020年墨将担任拉共体轮值主席国。

【同欧洲国家的关系】墨政府重视发展同欧盟关系，视欧洲为世界政治力量的重要平衡因素，将对欧关系作为对外关系多元化战略的重要组成部分。2008年，墨与欧盟建立战略伙伴关系。2018年，时任总统培尼亚访问荷兰、西班牙，接待挪威首相访墨。西班牙首相、葡萄牙总理出席现总统洛佩斯就职仪式。2019年，总统洛佩斯接待来访的西班牙首相和比利时公主。12月，常务副外长赴巴黎同法国外交部秘书长举行墨法双边政治协商机制会议，同访墨的波兰副外长举行两国第七届外交部间政治磋商。

【同亚太国家的关系】认为亚太地区是当今世界最具经济活力的地区。墨前十大贸易伙伴中，五个是亚太国家。重视并优先发展同中国、日本、印度等国家关系。2018年，朝鲜最高人民会议常任委员会委员长出席洛佩斯总统就职仪式。2019年，总统洛佩斯接待到访的新加坡总理。外长与12个亚太国家外长会面。常务副外长同来访的日本副外相、越南外交部副部长分别举行墨日第八次政治磋商会议和墨越外交部间第五次政治磋商，率团出席在日本举行的“二十国集团”外长会议。

（姚星）

南乔治亚和南桑德韦奇群岛

名称　南乔治亚和南桑德韦奇群岛（South Georgia and South Sandwich Islands）。

面积　3903平方公里。

人口　全岛无常住居民；南乔治亚岛有一英国南极考察队永久性科学家小组驻留；南桑德韦奇群岛目前无人居住。

首府　位于南乔治亚岛爱德华国王角。

专员　奈杰尔·菲利普斯（Nigel Phillips CBE）。

2017年9月12日就任。

简　况　南乔治亚和南桑德韦奇群岛地处南大西洋，靠近南极，由荒凉的岛屿组成，是英属海外领地。南乔治亚岛位于马尔维纳斯群岛（英国称福克兰群岛）东南1390公里处，面积约3592平方公里，山脉常年被冰雪覆盖，多贫瘠陡峭。南桑德韦奇群岛距南乔治亚岛东南约750公里，面积约311平方公里。该群岛地理位置靠近南极大陆，气候较恶劣，终年大风，几乎所有降水都是雪，阳光稀少，年平均气温为零下4.4摄氏度，有活火山存在。

1775年，英国船长库克抵达南乔治亚和南桑德韦奇群岛，自此该群岛被英国据为己有。1908年，该群岛成为马尔维纳斯群岛（福克兰群岛）的组成部分。1927年和1948年，阿根廷分别正式向南乔治亚和南桑德韦奇群岛提出主权要求。1955年，英国单方面将此主权纠纷提交国际法庭处理，但由于阿根廷的坚决反对，国际法庭未予受理。在1976年12月，约50名阿根廷科研人员来到南桑德韦奇群岛，此前该地一直无人定居。在英阿马岛战争之前，南乔治亚岛一直是英国南极考察基地。1982年阿根廷曾短暂占领该群岛。马岛战争后由英国驻马岛总督兼任驻南乔治亚和南桑德韦奇群岛专员。1993年5月，鉴于阿根廷政府将出售附近水域的捕鱼许可证，英国政府宣布其控制领域由群岛周围12海里扩展到200海里以内，以保护珍贵的渔业资源。1995年，阿根廷宣布同意不再以武力解决该群岛主权问题。英国于2001年增加了岛上的科研力量。近年来，当地主要致力于岛内的建设和可持续发展；开展保护环境，减少人类影响，恢复生物多样性和鸟类栖息地的工作；与挪威政府合作对岛内文化遗产进行修缮保护；开发相关旅游项目。

政　治　南乔治亚和南桑德韦奇群岛无常住居民，故不任命总督，只设专员，专员均由时任马尔维纳斯群岛总督兼任。专员拥有与总督相同的权力，拥有行政权，负责岛内事物及外事、防务等。此外，设首席执行官1名，负责政策事务及渔业许可证的发放，现由海伦·哈弗克罗夫特（Helen Havercroft，女）担任；设运营主管1名，负责岛内各方面的行政管理，现由史蒂夫·布朗（Steve Brown）担任，另下设4名官员；设渔业与环境主管1名，现由马克·贝尔奇（Mark Belchier）担任，另下设2名官员；设财务、行政和后勤官员1名，现由贝基·哈尼伯恩（Bekki Honeybone，女）担任。各官员均由马尔维纳斯群岛（福克兰群岛）政府任命。南乔治亚和南桑德韦奇群岛适用英国法律。

经　济　当地经济以渔业、旅游业为主。政府主要收入来源为发放渔业许可证、邮票发行，以及旅游船只的港口停靠费用等，临近水域进行的捕捞活动也是潜在的收入来源。近年来，涉及该群岛的邮轮旅游业亦发展迅速，许多邮轮游线路是将古利德维肯（Grytviken）与南极之旅结合，从而成为当地另一大收入来源。2018年，南乔治亚和南桑德韦奇群岛的营业收入达800余万英镑，盈余180万英镑，仍主要源自南乔治亚渔业许可的相关费用。此外，游客登岛观光带来的收入也在持续增长。2019年，南乔治亚和南桑德韦奇群岛附近海域分别于4月6日发生6.5级地震，11月3日发生6.1级地震，目前尚未有财产损失报告。2019年11月，该群岛正式实施海关新规，不再将游艇与其他船只相区别，游艇应付的报关费将增加。古利德维肯港是全岛最大的停泊海港。当地通用货币是英镑，与英国本土使用的纸币和硬币完全相同。

军　事　英国于2001年3月从南乔治亚岛撤出驻扎军队，由英驻马尔维纳斯群岛（福克兰群岛）皇家军队负责南乔治亚和南桑德韦奇群岛的安全。

对外关系　南乔治亚和南桑德韦奇群岛是万国邮政联盟成员。（叶雯）

尼加拉瓜

国名　尼加拉瓜共和国（The Republic of Nicaragua，La República de Nicaragua）。

面积　13.04万平方公里。

人口　633.5万（2019年）。印欧混血种人占69%，白人占17%，黑人占9%，印第安人占5%。官方语言为西班牙语，在大西洋沿岸也使用苏莫语、米斯基托语、英语。居民多信奉天主教。

首都　马那瓜（Managua），人口222.3万（2016年）。最高气温32℃，最低气温23℃。

国家元首　总统丹尼尔·奥尔特加·萨阿韦德拉（Daniel Ortega Saavedra）。2006年当选，2011年和2016年两次连选连任。2017年1月10日就职，任期5年。

重要节日　独立日：9月15日。

简　况　位于中美洲地区中部。北靠洪都拉斯，南连哥斯达黎加，东临加勒比海，西濒太平洋。海岸线长约820公里。属热带气候。1—5月为旱季，6—12月为雨季。年平均气温25.5℃。

原为印第安人居住地。1524年沦为西班牙殖民地。1821年宣告独立。1823年加入中美洲联邦。1839年建立共和国。在美国的支持下，索摩查家族自1936年起对尼进行长达40余年的独裁统治。1979年，桑地诺民族解放阵线推翻独裁政权并开始执政。1990年，桑解阵下台。1996年起制宪自由党连续两届执政。2006年起，桑解阵重新执政至今。

政 治

2006年11月，曾于20世纪80年代执政的桑解阵领导人奥尔特加再次当选总统并于2007年1月10日就职。2011年和2016年奥尔特加两次连选连任。2017年1月就职，任期至2022年。

【宪法】1986年8月18日由国民议会通过，1987年1月生效。1995年2月、2000年1月和2004年12月3次修改宪法。规定尼是独立、自由、自主、统一和不可分割的国家。国家中央权力机构由总统、国民大会、最高法院和最高选举委员会组成；总统为国家元首、政府首脑和武装部队最高司令。总统和议员由选举产生，任期5年。总统任命内阁部长须经国民议会批准，议会有权罢免政府官员和再否决总统对法案的否决。

【议会】国民议会为一院制，由92名议员组成，任期5年。议长任期1年，可连选连任。本届议会于2017年1月组成，其中桑解阵71席，制宪自由党14席，独立自由党2席，尼加拉瓜自由联盟2席，保守党1席，共和国联盟1席，“土地母亲的孩子”党1席。现任议长为桑解阵成员古斯塔沃·爱德华多·波拉斯（Gustavo Eduardo Porras）。

【政府】本届政府于2017年1月成立。主要成员有：副总统罗萨里奥·穆里略（即总统夫人，Rosario Murillo），内政部长玛丽亚·阿梅莉亚·科罗内尔（María Amelia Coronel，女），外交部长丹尼斯·蒙卡达（Danis Moncada），财政和公共信贷部长伊万·阿科斯塔·蒙塔尔万（Iván Acosta Montalván），国防部长鲁特·埃斯佩兰萨·塔皮亚（Ruth Esperanza Tapia，女），发展、工业和贸易部长奥尔兰多·索洛萨诺（Orlando Solórzano），农牧和林业部长爱德华德·森特诺（Edward Centeno），交通与基础设施部长阿马德奥·桑塔纳·罗德里格斯（Amadeo Santana Rodríguez），卫生部长索尼娅·卡斯特罗·冈萨雷斯（Sonia Castro González，女），劳动部长赫阿尔瓦·托雷斯（Alba Torres，女），环境与自然资源部长胡安娜·阿赫尼亚尔（Juana Argeñal，女），能源和矿产部长萨尔瓦多·曼塞尔·卡斯特里略（Salvador Mansell Castillero），家庭和社区经济部长玛丽亚·古铁雷斯（María Gutiérrez，女），教育部长米利亚姆·劳德斯（Miriam Ráudez，女），家庭和青少部长马尔西亚·拉米雷斯·梅尔卡多（Marcia Ramírez Mercado，女），妇女部长安赫拉·梅萨·巴尔加斯（Ángela Meza Vargas，女），青年部长博斯科·卡斯蒂略（Bosco Castillo）。

【行政区划】全国划分为16个省和两个自治区，下设153个市镇。

【司法机构】设最高法院、上诉法院和共和国法院。最高法院由国民议会选举产生的16名大法官组成，大法官任期5年。最高法院院长阿尔瓦·卢斯·拉莫斯·巴内加斯（Alba Luz Ramos Vanegas，女）。

【政党】主要政党有：

（1）桑地诺民族解放阵线（Frente Sandinista de Liberación Nacional，FSLN）：执政党。1961年7月23日成立，主要由工人、农民和知识分子组成，为推翻索摩查军人独裁统治进行了长期的武装斗争。1979年7月至1990年4月执政。2006年11月在大选中获胜，时隔16年再度执政，连任至今。总书记为现总统丹尼尔·奥尔特加·萨阿韦德拉。

（2）独立自由党（Partido Liberal Independiente，PLI）：反对党。1944年成立，主要由自由民族主义党中不满索摩查家族而分裂出来的成员组成。党主席何塞·德尔卡门·阿尔瓦拉多（José del Carmen Alvarado）。

（3）制宪自由党（Partido Liberal Constitucionalista，PLC）：反对党。1968年成立。1996年首度执政。2001年11月在大选中再度获胜。2006年11月在大选中败北。党主席为玛利亚·阿伊德·奥苏那（María Haydeé Osuna，女），总书记为玛尔塔·麦考伊（Martha Mccoy，女）。

（4）尼加拉瓜自由联盟（Alianza Liberal Nicaragüense，ALN）：反对党。2006年由前内政部长蒙特亚莱格雷创建，从制宪自由党中分离产生。党主席为亚历杭德罗·梅希亚·费雷蒂（Alejandro Mejía Ferreti）。

（5）桑地诺革新运动（Movimiento Renovador Sandinista，MRS）：反对党，1995年5月18日成立。主要由从桑解阵分离出来的部分干部、知识分子和艺术家组成，主张维护社会民主、法制、公平。党主席为苏严·巴拉奥纳（Suyen Barahona，女）。

【重要人物】丹尼尔·奥尔特加·萨阿韦德拉：总统。1945年出生。1963年加入桑解阵。1981年任民族复兴政府执行委员会协调员（相当于政府首脑）。1984年当选总统，1985—1990年执政。1991年起任桑解阵总书记。1990年、1996年和2001年3次竞选总统失利。2006年，再次竞选获胜；2011年，竞选连任成功；2016年，再次连选连任。2017年1月就职，任职5年。

经 济

以农牧业为主。主要生产棉花、咖啡、甘蔗、香蕉、肉类等。2018年主要经济数据如下：

国内生产总值：131.2亿美元。

人均国内产值：2028.2美元。

国内生产总值增长率：–3.8%。

货币：科多巴（Córdoba）。

汇率：1美元=31科多巴。

通货膨胀率：6.13%。（2019年）

失业率：6.2%

（资料来源：尼加拉瓜中央银行，下同）

【资源】拉美主要产金国之一，已探明有106条金矿脉，年产量居世界第13位。其他矿藏有银、锑、锌、铜、铅等。地热资源丰富，有两处石油矿藏。森林面积占国土面积的43%。有动物1.23万种，植物5700多种。

【工业】基础薄弱，以制造业为主，近年来，出口加工业发展迅速。主要有食品、饮料、烟草、纺织、木材、化工、金属、黑色金属产品等。设有拉斯梅塞德斯等工业开发区。2019年制造业、建筑业和采矿业同比分别增长0.2%、–38.1%和14.7%。

【农牧业】主要出口创汇部门。主要农作物有咖啡、甘蔗、香蕉、玉米、水稻、高粱等。可耕地和牧场面积共计625.5万公顷，其中20%未开发。农牧业劳动人口占全国总人口的42.6%。2019年农业产值同比增长3.7%。

【服务业】商业、交通运输、保险、水电等服务业从业人员约40万。2019年商业产值同比下降9%。

【旅游业】旅游资源丰富。近年来，旅游业发展较快，同咖啡、糖构成尼经济的三大支柱产业。目前尼全国共有酒店近900家，2018年共接待外国游客141.2万人次，旅游外汇收入5.44亿美元，同比下降35.2%。著名旅游景点有尼加拉瓜湖、圣地亚哥火山等。

【交通运输】主要为陆路和水路运输。

铁路：总长345公里，1994年起因损毁严重而停运。

公路：总长2.47万公里，其中柏油路1500公里。通往洪都拉斯和哥斯达黎加段泛美高速公路长368.5公里。

水运：位于太平洋岸的科林托港和位于大西洋岸的布卢菲尔兹港是国际商港。国内5条河流中部分可通航。

空运：国际航线通往迈阿密、墨西哥城、哈瓦那和中美洲各国首都。马那瓜的塞萨尔·奥古斯托·桑地诺机场为主要国际机场。

【财政金融】2018年侨汇收入15.01亿美元，吸收外国直接投资3.59亿美元。2019年尼外汇储备为23.97亿美元，外债总额66.2亿美元（2019年8月）。

【对外贸易】尼是世贸组织成员，同50多个国家和地区有贸易关系。与墨西哥、多米尼加、美国、中美洲其他国家、欧盟签有自由贸易协定，与哥伦比亚、委内瑞拉、加拿大、日本等签订关税优惠协议。2018年尼外贸总额为73.46亿美元，其中出口额25.16亿美元，进口额48.29亿美元，同比分别增长–9.8%，–1.2%和–13.7%。2019年出口额27.82亿美元，同比增长6.3%。主要出口咖啡、肉类、黄金、乳制品、蔗糖、花生等，主要出口对象国为美国、萨尔瓦多、哥斯达黎加、委内瑞拉和危地马拉。进口原材料、消费品、石油等，主要进口来源国为委内瑞拉、美国、中国、哥斯达黎加和墨西哥。

【外国援助】国际社会每年向尼提供大量援助。日本、瑞士是给予尼援助较多的国家。多边援助主要来自欧盟、联合国开发计划署和联合国儿童基金会。2000年12月，世界银行批准尼成为“重债穷国计划”（HIPC）的受益国。世界银行、国际货币基金组织、美洲开发银行、石油输出国组织国际发展基金、巴黎俱乐部大幅减免尼债务。

人民生活

尼发展水平在拉美和加勒比地区相对较低。平均寿命74.7岁。2010—2015年人口增长率1.2%，出生率23.2‰，死亡率4.6‰，新生儿死亡率18.1‰。劳动人口约423万人。2018年贫困率23.5%，2017年极端贫困率8.4%。2018年平均月工资约合168美元，基尼系数0.43。全国共有医院或诊所62家，平均每万人拥有病床9张。

军　事

1961年桑解阵成立后领导游击斗争。1979—1990年桑解阵执政期间将游击队定名为桑地诺人民军。1990年宣布裁军并废除义务兵役制。1995年2月，桑地诺人民军改称尼加拉瓜国民军。尼宪法规定：军队必须服从政府指挥，总统为武装部队最高司令；国民军总司令从军事委员会提名的候选人中产生，由总统任命，任期5年，不得连任。

文化教育

【教育】实行中小学义务教育。小学学制6年，中学5年，大学4—7年。全国有4所大学，其中最著名的是马那瓜国立大学。2007年起，尼取消公立学校学生注册费和学费。目前实行免费教育。

【新闻出版】全国共有私营电视台16家，广播电台280家。主要日报为《新闻报》和《新日报》。

对外关系

奉行不结盟的外交政策，强调在主权平等、民族自决和相互尊重的原则下与各国建立和发展关系。主张和平解决国际争端，保护人权，支持所有旨在缓和国际紧张局势、推动裁军和制止军备竞赛的行动。主张加强南南合作，改善南北经济关系，支持联合国改革。奥尔特加政府执政后，尼加入美洲玻利瓦尔联盟（ALBA），同委内瑞拉、古巴、玻利维亚加强关系。尼积极推动中美洲一体化进程，是中美洲一体化体系（SICA）成员国。

【同中国的关系】1985年12月7日中尼建交。1990年11月6日，尼台“复交”。11月9日，中国政府宣布中止与尼的外交关系。

中尼断交后双方往来较少。2015年1月，尼副外长蒙卡达来华出席中国—拉共体论坛首届部长级会议。2019年中尼贸易额5.48亿美元，其中中方出口额5.02亿美元，进口额0.46亿美元，同比分别增长–5.5%、–5.9%、56.9%。中方主要向尼出口轻工和纺织品、计算机和通信设备、摩托车和自行车零件等产品，进口农产品、食糖、皮革和木材等。

【**同美国的关系**】20世纪80年代桑解阵政权受到美国制裁。1990年桑解阵下台后，尼美关系恢复。2007年奥尔特加再度执政后，表示愿与美发展关系，但多次公开指责美干涉尼内政。两国在反毒、打击有组织犯罪等方面保持较密切合作。

【**同中美洲邻国的关系**】尼重视同邻国的关系，主张中美洲政治经济一体化，建立中美洲关税联盟，积极推动中美洲加入拉美地区一体化进程。

尼与哥斯达黎加存在边境地区领土主权争议。2015年12月，海牙国际法庭裁决，确定卡莱罗岛（波尔蒂略岛）属于哥，尼有疏浚圣胡安河的权力，哥在修建圣胡安河沿岸公路前有义务进行环境评估。2017年7月，海牙国际法庭再次审理哥尼海陆划界争端，并于2018年2月作出终审判决，确定哥获得约1万平方公里的领海和专属经济区，尼获得在加勒比海一侧的大部分争议海域主权。

【**同古巴的关系**】1979年桑解阵取得革命胜利后即同古巴复交。古曾向尼派出军事顾问、医生、教师及其他专业技术人员。1990年3月，尼右翼政府上台后，古停止对尼军援，但保留在尼专业技术人员。1998年12月，古免除尼5010万美元外债。奥尔特加总统再次执政后，尼古关系恢复较高水平。

【**同其他拉美国家的关系**】重视加强同拉美其他国家的友好合作关系。奥尔特加总统再次执政后，尼同委内瑞拉等美洲玻利瓦尔联盟成员关系密切，委向尼提供大量经援。同哥伦比亚因圣安德列斯群岛等7个岛屿的主权归属及领海等问题存在争议。（陆雅萍）

萨尔瓦多

国名 萨尔瓦多共和国（The Republic of El Salvador, La República de El Salvador）。

面积 2.072万平方公里。

人口 642.1万（2018年），印欧混血种人占86%，欧洲人后裔占13%，印第安人占1%。官方语言为西班牙语。75%以上的居民信奉天主教。

首都 圣萨尔瓦多市（San Salvador），面积72.25平方公里，人口206万。最热月（5月）平均气温19℃—33℃，最冷月（12月）平均气温16℃—32℃。

国家元首 总统纳伊布·布克尔（Nayib Bukele），2019年6月1日就任，任期5年。

重要节日 独立日：9月15日（1821年《中美洲独立议定书》签订日）。

简况

位于中美洲北部。东北和西北分别与洪都拉斯和危地马拉接壤，西濒太平洋，东南邻丰塞卡湾。除南部沿岸狭长平原外，其余为山地高原。境内多火山，被称为“火山之国”。

原为印第安人居住地。1524年沦为西班牙殖民地。1821年独立。1823年加入中美洲联邦。1841年脱离中美洲联邦，成立共和国。此后多次与邻国交战。1907年中美洲6国签署《和平友好协定》。20世纪30年代起，军事政变频发，政局长期动荡。1979年爆发内战，左翼游击队同军政府激烈冲突。1989年恢复民主体制，右翼连续20年执政，其中1992年右翼政府同左翼游击队签署《和平协定》并结束内战。

政治

2009年源自左翼游击队的马蒂阵线首次赢得大选并上台执政，2014年大选再度获胜。2019年2月3日，新生代政治人物、民族团结大联盟候选人布克尔以超过53%的得票率当选总统，打破了萨政坛左右翼轮流执政的局面，并于6月1日就职，任期至2024年5月。

【**宪法**】现行宪法于1983年12月23日生效。规定国家实行三权分立的代议制民主共和体制，总统、副总统由直接选举产生，不得连选连任。

【**议会**】国民议会实行一院制，共有议员84名，其中64名按各省人口比例分配，其余20名不分省籍，按得票数确定。议员任期3年，可连选连任。本届议会于2018年5月成立，任期至2021年4月。其中，执政党民族团结大联盟占10席，左翼反对党马蒂阵线占23席，右翼反对党民族主义共和联盟占37席、民族和解党占9席，其他党派占5席。根据议会主要右翼政党所达成的协议，本届议长任期由两位议员平分，现任议长为民族和解党议员马里奥·庞塞（Mario Ponce），2019年11月1日就职。

【**政府**】本届政府于2019年6月组成。主要内阁成员有：副总统费利克斯·乌略亚（Félix Ulloa），外交部长亚历杭德拉·希尔（Alexandra Hill，女），内政和国土发展部长马里奥·杜兰（Mario Durán），司法和公共安全部长罗赫略·里瓦斯（Rogelio Rivas），财政部长内尔松·富恩特斯（Nelson Fuentes），经济部长玛利亚·鲁伊萨·阿耶姆（María Luisa Hayem，女），教育部长卡尔拉·阿纳尼亚（Karla Hananía，女），国防部长雷内·弗朗西斯·梅里诺（René Francis Merino），劳动和社会保障部长奥斯卡·罗兰多·卡斯特罗（Óscar Rolando Castro），农业和畜牧业部长巴勃罗·恩里克尔（Pablo Anliker），卫生部长安娜·奥雷亚纳·本德克（Ana Orellana Bendek，女），公共工程、交通、住房和城市发展部长埃德加·罗梅罗·罗德里格斯（Edgar Romero Rodríguez），环境和自然资源部长费尔南多·洛佩斯（Fernando López），旅游部长莫雷纳·巴尔德斯（Morena Valdez，女），文化部长苏埃西·加列哈斯（Suecy Callejas，女），住房部长米切尔·索尔（Michelle Sol，女），地区发展部长玛利亚·奥菲利亚·纳瓦莱特（María Ofelia Navarrete，女）。

【行政区划】全国划为14个省，省下设262个市。

【司法机构】司法权由最高法院、总检察院等行使。最高法院由15名大法官组成（含院长），由议会选举产生，任期9年，每3年改选1/3。最高法院院长任期3年，可连选连任。现任院长奥斯卡·阿曼多·皮内达·纳瓦斯（Oscar Armando Pineda Navas），因前任院长任命违宪，于2014年8月接替其就职，2015年和2018年两次连任。总检察长由议会选举产生，任期3年，可连选连任。现任总检察长劳尔·梅拉拉（Raúl Melara），2018年12月就职。

【政党】主要政党：（1）民族团结大联盟（Gran Alianza por la Unidad Nacional）：执政党。2010年建党。由民族主义共和联盟分裂而来。自称中左翼政党，但政治基调相对保守，贴近右翼。现为议会第三大党团。党主席何塞·罗维拉（José Rovira）。

（2）法拉本多·马蒂民族解放阵线（Frente Farabundo Martí para la Liberación Nacional）：左翼反对党。1980年10月，"法拉本多·马蒂人民解放军"、"全国抵抗武装力量"、"人民革命军"、中美洲劳工革命党、萨尔瓦多共产党联合组成反政府武装阵线。1992年1月，该阵线与政府签署《和平协定》，12月成为合法政党。此后多次参加大选失利，但2009年、2014年该党候选人富内斯、桑切斯先后赢得大选。现为议会第二大党团。总书记奥斯卡·奥尔蒂斯（Oscar Ortiz）。

（3）民族主义共和联盟（Alianza Republicana Nacionalista）：右翼最大反对党。1981年建党。初期成员多为庄园主，1989年后吸纳大量工商企业家，政治主张趋于温和务实，倡导新自由主义和开放政策。曾于1989—2009年连续执政。现为议会第一大党团。党主席古斯塔沃·洛佩斯（Gustavo López）。

（4）民族和解党（Partido de Concertación Nacional）：右翼政党。1961年建党。1962—1979年连续4次执政，与军队关系密切。1979年后影响力下降。现为议会第四大党团。党主席曼努埃尔·罗德里格斯（Manuel Rodríguez）。

（5）"新思想"党（Nuevas Ideas）：中间道路政党。2017年10月建党。2018年8月完成注册。总书记费德里科·恩里克尔（Federico Anliker）。目前无议会席位。

【重要人物】纳伊布·布克尔：总统。1981年7月24日出生于首都圣萨尔瓦多。巴勒斯坦后裔。2012年代表马蒂阵线当选新库斯卡特兰市市长，2015年当选圣萨尔瓦多市市长。2017年10月自行组建"新思想"党并宣布参加2019年总统选举。因"新思想"党未按时完成注册程序，于2018年7月作为议会第三大党民族团结大联盟候选人参加大选。2019年2月当选总统，6月1日就职，任期5年。

经　济

以农业为主，工业基础薄弱。近年来受国际金融危机影响，萨经济增长缓慢。2018年主要经济数据如下：

国内生产总值：260.6亿美元。

人均国内生产总值：3920美元。

国内生产总值增长率：2.5%。

货币名称：科朗（Colón），目前主要流通美元。

固定汇率：1美元=8.75科朗。

通货膨胀率：1.1%。

失业率：6.3%。

（资料来源：萨尔瓦多中央储备银行，下同）

【资源】矿藏有金、银、铜、铁、石油、煤、锌、铅、水银、硫磺等，还有较丰富的地热和水力资源。森林面积约占国土面积的12.6%。

【工业】主要有制糖、食品加工、纺织、成衣制作、卷烟、水泥、炼油、医药、汽车装配等部门。从业人口占劳动人口的21.6%。

【农业】农业是国民经济的支柱之一。农村人口179.6万。农业从业人口约占劳动人口的18.5%。农业出口收入占出口总额的1/3。全国可耕地面积73.7万公顷。主要农作物有玉米、菜豆、大米、高粱。

【旅游业】萨尔瓦多是古代玛雅文化发祥地之一。火山、高原湖泊及太平洋沿岸的海滨浴场景色宜人。旅游业从业人员10.3万人。2018年接待外国游客250余万人次，2019年达260万人次。2018年旅游业创汇15.32亿美元，2019年旅游业创汇17.61亿美元，同比增长15%。布克尔政府大力推行"冲浪城市"计划，意图以沿海地区旅游业发展为依托，带动全国基建和服务业发展。

【交通运输】以公路为主。

公路：总长1.22万公里。主要公路为泛美公路和滨海公路。

铁路：总长283公里。因经营不善，自2005年起停运。

水运：主要港口有阿卡胡特拉港、圣萨尔瓦多港、圣安娜港等，其中阿卡胡特拉港是中美洲重要港口之一。

空运：位于首都以南40公里处科马拉帕（COMALAPA）的萨尔瓦多国际机场是中美洲现代化水平最高的国际机场之一。此外，还有伊洛潘戈国际机场。萨尔瓦多航空公司有通往中美洲各国以及美国迈阿密和洛杉矶的国际航线。

【**财政金融**】2001年起实行经济美元化政策。2018年外汇储备33.54亿美元，2019年为39.36亿美元。2018年外债余额95.65亿美元，2019年为99.81亿美元。2018年侨汇收入53.91亿美元，2019年为56.50亿美元，同比增长4.8%。

【**对外贸易**】对外贸易占国内生产总值一半以上。主要出口咖啡、棉花、蔗糖、虾类、纺织品等，主要出口对象国为美国、洪都拉斯、危地马拉和尼加拉瓜；主要进口原材料、燃料、工业制成品和日用消费品，主要进口来源国为美国、中国、危地马拉和墨西哥。2019年，萨进出口总额为179.6亿美元，其中进口额120.2亿美元，出口额59.4亿美元，同比分别增加1.3%、1.6%、0.7%。

【**外国资本**】美国是萨最大的投资来源国，控制着萨全部空运、2/3的铁路及大部分咖啡生产。美在萨私人投资主要涉及银行、炼油、机械制造等部门。2018年萨吸引外国直接投资8.4亿美元，居中美洲倒数第二位，主要集中在制造业。其中40%来源于美国，其他来源于巴拿马（22%）、墨西哥（9%）等。

人民生活

2018年人口多维贫困率33.8%，基尼系数0.389，城镇化率72%。2017年平均寿命73.75岁，出生率18.37‰，死亡率6.76‰。

军　事

1992年，萨政府根据《和平协定》颁布新的征兵法，实行志愿兵役制。总兵力为1.68万，其中陆军1.5万人、海军700人、空军1100人。另有预备役部队4200人、警察和准军事部队1.2人。

文化教育

【**教育**】实行9年制义务教育。2017年中、小学入学率分别为71%和96%，成人识字率88%。大学有圣萨尔瓦多大学和中美洲何塞·西蒙·坎纳斯大学等。

【**新闻出版**】主要报刊有：《图片新闻报》《今日报》《世界报》《拉丁日报》等。

全国有51家电台。国家电台隶属总统府新闻局。有8家电视台，其中1家为国家电视台。

对外关系

强调维护国家主权和领土完整；尊重人权和基本自由；各国人民自决，互不干涉内政；依据国际法和平解决争端；寻求和维护国际和平与安全；不威胁使用武力；支持在平等、公正与合作基础上建立国际新秩序，主张国际关系民主化。重视发展同美国和中美洲邻国的传统关系，积极参与中美洲地区一体化进程。

【**同中国的关系**】中萨于2018年8月21日建立大使级外交关系。2018年11月，萨尔瓦多总统桑切斯对华进行国事访问并出席首届中国国际进口博览会开幕式。

2019年1月、4月，我驻萨使馆、萨驻华使馆分别开馆。

6月1日，中国政府特使、外交部副部长秦刚出席新总统布克尔就职仪式并同其会见。

9月26日，王毅国务委员兼外长同布克尔总统在第七十四届联合国大会一般性辩论期间举行会见。9月30日，布克尔总统就中华人民共和国成立70周年向习近平主席致函祝贺。

12月1日至6日，布克尔总统对华进行国事访问。习近平主席同其会谈，李克强总理、栗战书委员长分别会见。两国发表联合声明，双方签署9项合作协议。

2019年中方主要往访有：中联部副部长李军（8月），国家国际发展合作署副署长周柳军（9月），浙江省副省长朱从玖（9月）等。

2019年萨方主要来访有：圣萨尔瓦多市市长埃内斯托·穆伊松特（Ernesto Muyshondt）（3月、7月），国民议会第一副议长何塞·塞拉芬·奥兰特斯（José Serafín Orantes），外委会秘书长雷伊纳多·安东尼奥·洛佩兹（Reynaldo Antonio López）分别率领议员团访华（4月），体育总局名誉局长亚米尔·布克尔（Yamil Bukele）（8月），联合市长代表团（11月），最高法院代表团（12月）等。

据中国海关总署统计，2019年中萨贸易额11.14亿美元，其中中方出口额10.01亿美元，进口额1.13亿美元，同比分别增长2.1%、8.0%和–31.1%。中方主要出口机电产品、纺织品、高新技术产品等，进口食糖、电子产品、服装等。萨尔瓦多已参加两届中国国际进口博览会。

中国驻萨尔瓦多大使：欧箭虹。馆址：Blvd. Hipódromo No. 685，San Benito，San Salvador，El Salvador。电话：00503–22834079，传真：22834079。

萨尔瓦多驻华使馆临时代办：胡里奥·弗洛雷斯（Julio Flores）。馆址：朝阳区秀水街1号建外外交公寓15楼1单元101。电话：010–85326057，传真：65320036。

【**同美国的关系**】美是萨主要投资来源国和贸易伙伴。目前，萨美贸易占萨外贸总额的36%。290多万萨侨定居在美，自美侨汇收入约占萨GDP近20%。美在萨设有军事基地。布克尔上台后，将对美关系作为外交优先方向。美国国务卿蓬佩奥等高官密集访萨，布克尔4度访美，并在第七十四届联合国大会一般性辩论期间会见美国总统特朗普。美国宣布恢复对萨尔瓦多援助，双方签署涉及边境安全、身份识别信息交换、共同安全3份合作文件。美国宣布将予萨在美移民的“临时保护状态”由2020年1月延长至2021年1月，并在到期后给予额外1年宽限期。萨尔瓦多成为唯一获得宽限期待遇的国家。

【同欧洲国家的关系】重视发展同欧洲国家的关系，积极参与中美洲国家同欧盟伙伴关系协议谈判。

【同拉丁美洲国家的关系】重视发展与拉美国家的关系，积极推动中美洲一体化进程。萨是拉美和加勒比国家共同体、中美洲共同市场、中美洲经济一体化银行、中美洲议会、中美洲一体化体系和加勒比石油计划成员国。与墨西哥、多米尼加、智利、巴拿马、哥伦比亚等国分别签订了自由贸易协定。（陈婷）

圣巴泰勒米

名称　圣巴泰勒米海外领地（Overseas Collectivity of Saint-Barthélemy，Collectivité d'Outre-Mer de Saint-Barthélemy），简称“圣巴泰勒米”（Saint-Barthélemy）。也称“圣巴特”（“Saint Barts”、“Saint Barths”或“Saint Barth”）。

面积　25平方公里，包括圣巴泰勒米岛及邻近一些小岛。

人口　9625人（2015年估计）。有白人、克里奥尔人（也称穆拉托人，指黑人、白人混血儿）、黑人、瓜德罗普梅斯蒂索人（法国人与东亚人混血儿）等。法语为主要语言，也使用英语。居民信奉天主教、基督教新教、耶和华见证会等。

首府　古斯塔维亚（Gustavia），位于圣巴泰勒米岛西岸。

行政长官　安妮·洛比（Anne LAUBIES，女），2015年5月21日就任（由法属圣马丁行政长官兼任）。

重要节日　法国国庆日（巴士底日，Bastille Day）：7月14日（1789年）；圣巴泰勒米日（St. Barthelemy Day）：8月24日。

简　况

圣巴泰勒米岛（面积21平方公里）位于加勒比海最东北部，圣马丁岛西南25公里，瓜德罗普岛西北230公里。周围有一些小岛礁。地处北纬17.9度，属热带气候，终年气温变化不大，平均气温约27℃。7—10月为湿季（被称为“hivernage”），12月至翌年5月为干季（被称为“carême”）。年降水量1140毫米。

圣巴泰勒米岛于1493年被第二次远航美洲途中的哥伦布所“发现”，以与其兄长同名的圣人而命名，并宣布此地为西班牙领土。1648年，法国人到此殖民。1784年，法国将该岛出售给瑞典。瑞典的统治在该岛留下不少印记，首府古斯塔维亚即是纪念瑞典国王古斯塔夫三世而得名。1878年3月16日，瑞典将该岛回售给法国。法国随即将其划归瓜德罗普管辖。2003年，该岛居民公投通过要求脱离瓜德罗普、成为法国直辖海外行政区（Les Collectivités d'Outre-Mer，COM）的决议。2007年2月7日，法国国会通过法案，分别授予该岛和邻近的法属圣马丁海外行政区的地位。同年7月15日，圣巴泰勒米正式成为法国单独的海外领地。

政　治

2017年3月，圣巴泰勒米举行五年一度的领地议会换届选举，圣巴特第一党继续执政。同年6月20日，圣巴泰勒米和法属圣马丁共同选举出一名法国国民议会议员，即克莱尔·吉永–菲尔曼（Claire Guion-Firmin，女，属共和国人党党团）。

圣巴泰勒米在法国参议院有一个席位。

【宪法】实行法国宪法，行政长官（préfet）为法国总统的代表。

【议会】一院制的领地议会（Le Conseil Territorial），任期5年，有19个席位，议员由普选产生。本届议会于2017年3月选举产生：圣巴特第一党16席，圣巴特团结党2席，圣巴特运动1席。领地议会主席布律诺·马格拉斯（Bruno Magras，圣巴特第一党），2007年7月16日当选，2012年3月、2017年3月两次连任。

【政府】称为执行委员会（Le conseil exécutif），领地议会主席任执委会主席（政府首脑）。执委会主席布律诺·马格拉斯。还设有咨询机构——经济社会和文化委员会（Le conseil économique social et culturel）。

【政党】（1）圣巴特第一党（Saint-Barth d'abord）：议会第一大党，领导人布律诺·马格拉斯。

（2）圣巴特团结党（Tous pour Saint-Barth）：领导人伯努瓦·肖万（Benoît Chauvin）。

（3）圣巴特运动（Saint-Barth en mouvement）：领导人马克西姆·德索什（Maxime Desouches）。

经　济

圣巴泰勒米岛是典型的热带岛屿，向以风光明媚、不受污染的海滩闻名，是全球名人和富豪的度假天堂。11月至次年4月为旅游旺季，旅游业是其主要收入支柱，游客主要来自北美和欧洲。目前其经济立足于高端旅游和免税奢侈品消费。该岛曾被财经杂志《福布斯》选为全球十大购物天堂之一，这里一直是富豪乐园，亦是好莱坞明星的度假天堂。岛上拥有众多天然沙滩，首府有多个购物中心，其滨海大道更是国际名牌林立，加上是免税岛，吸引名人富豪到此购买珠宝、香水、名牌服饰等奢侈品。岛上住宿以别墅和酒店为主，别墅式客房1200间。2010—2014年，游客数量年均增长

6%。2014年，空运旅客171051人次，同比增长4.5%；海运同比增长8.3%，到港旅客184350人次。使用欧元。据统计，2014年地区生产总值为3.75亿欧元，人均生产总值3.9万欧元。（张衡雨）

圣基茨和尼维斯

国名 圣基茨和尼维斯联邦（The Federation of Saint Kitts and Nevis），原国名圣克里斯托弗和尼维斯联邦（The Federation of Saint Christopher and Nevis）仍沿用。

面积 267平方公里，其中圣基茨岛174平方公里，尼维斯岛93平方公里。

人口 5.4万（2019年）。黑人占94%，另有少量英国、葡萄牙和黎巴嫩裔。官方语言为英语。居民多为英国圣公会教徒，也有新教徒和天主教徒。

首都 巴斯特尔（Basseterre），人口1.3万。

国家元首 英国女王伊丽莎白二世，女王任命总督为其代表。现任总督塞缪尔·韦茅斯·塔普利·西顿（Samuel Weymouth Tapley SEATON），2015年9月1日就任。

重要节日 独立日：9月19日。

简况

位于东加勒比海背风群岛北部，由圣基茨、尼维斯等岛屿组成。热带海洋性气候，平均气温26℃。年均降水量圣基茨1400毫米，尼维斯1220毫米。

1493年哥伦布到达圣基茨岛，1623年被英国占领，后法国一度占领该岛两端。1783年《凡尔赛条约》将该岛正式划归英国。尼维斯岛1628年成为英国殖民地。1983年9月19日圣基茨和尼维斯宣告独立，为英联邦成员国。

政治

2015年2月，反对党联盟获议会11席中的7席赢得大选，联盟领袖蒂莫西·哈里斯（Timothy HARRIS）出任总理。

【宪法】现行宪法于1983年独立时生效。宪法规定圣基茨和尼维斯实行联邦制。尼维斯有自己的立法、政府机关，享有高度自治。

【议会】一院制，共14席，11席由选举产生（8名自圣基茨岛选出，3名自尼维斯岛选出），另3名经提名产生（2名由总理提名，1名由反对党领袖提名），任期5年。

【政府】本届政府于2015年2月组成。内阁主要成员有：总理兼财政、可持续发展部长蒂莫西·哈里斯，副总理兼教育、青年和体育部长肖恩·理查兹（Shawn RICHARDS），外交部长马克·布兰特利（Mark BRANTLEY），旅游和国际贸易部长林赛·格兰特（Lindsay GRANT）等。

【司法机构】由东加勒比最高法院行使司法权力，终审机构为英国枢密院。

【政党】主要政党有：

（1）执政党联盟

① 人民工党（People's Labour Party，PLP）：2013年成立。党领袖蒂莫西·哈里斯。

② 关心市民运动（Concerned Citizen's Movement，CCM）：由4个党派联合组成。主要势力在尼维斯岛。党领袖马克·布兰特利。

③ 人民行动运动（People's Action Movement，PAM）：1965年成立。代表中产阶级利益。党领袖肖恩·理查兹（Shawn RICHARDS）。

（2）工党（Labour Party）

反对党，1932年成立。主要势力在圣基茨岛。圣联邦独立后，该党曾于1995年上台，并连续3次赢得大选，2015年2月败选下台。

【重要人物】蒂莫西·哈里斯：总理兼财政、可持续发展部长。1964年1月14日出生。曾就读于西印度大学、加拿大康考迪亚大学，获会计学博士学位。曾是工党党员，历任农业、教育、外交部长等职。2013年成立人民工党并与关心市民运动党、人民行动运动党结成联盟，赢得2015年大选并出任总理。

经济

制糖业和旅游业是国民经济两大支柱。近年来，为实现经济多样化，重视发展轻工业和旅游业。2019年主要经济数据如下：

国内生产总值：10.9亿美元。

人均国内生产总值：18011美元。

国内生产总值增长率：3.5%。

货币名称：东加勒比元。

汇率：1美元≈2.7东加勒比元。

通货膨胀率：2.04%。

（资料来源：国际货币基金组织）

【工业】建筑业和制造业发展较快，主要有农产品加工、轧棉、服装、电子元件、食品生产和酿酒等。尼维斯致力于发展小型离岸金融业。

【农业】以种植甘蔗和棉花为主，其他农产品有椰子、水果、香蕉等。尼维斯岛农业规模较小，主要生产海岛棉、水果和蔬菜。

【旅游业】增长较快，为外汇收入重要来源。游客主要来自美国、加拿大和英国。

【交通运输】铁路：窄轨，总长58公里，在圣基茨主要用于运输甘蔗。

公路：总长383公里，其中163公里为沥青路。

水运：主要港口为巴斯特尔深水港，可停靠豪华游轮并提供集装箱业务。有国营商业客轮进行各岛间客运。

空运：罗伯特·卢埃林·布雷德肖机场为圣基茨岛上国际机场，尼维斯也建有一个机场，有通往北美、英国和加勒比其他国家的航班。

【对外贸易】主要出口蔗糖，进口机械、食品和化工产品。主要贸易伙伴为美国、英国、特立尼达和多巴哥、波多黎各。2019年，进出口总额为3.84亿美元，其中出口额0.53亿美元，进口额3.31亿美元。（资料来源：世界银行）

【经济团体】主要经济团体有：

（1）圣基茨和尼维斯工商会（St. Kitts-Nevis Chamber of Industry and Commerce）：成立于1949年。通信地址：P O Box 332 Horsford Road Fortlands，Basseterre。电话：001–869–4652980；传真：4654490。

（2）圣基茨投资促进署（St.Kitts Investment Promotion Agency，SKIPA）：成立于1987年。地址：CAP Southwell Industrial Park，Basseterre，St. Kitts。电话：001–869–4651153；传真：4651154。

人民生活　2019年人均寿命76.6岁，人口增长率0.67%。

军　事　有一支约300人的正规国防军（含步兵及海岸警卫队）。

文化教育　【教育】对5—17岁青少年实行义务教育。全国有30所国立学校、8所私立学校、5所教会学校和1所技术学校。2000年由私人出资在尼维斯创办美洲医科大学。成人识字率97.8%。

【新闻出版】主要报刊有：《民主者》，每周六出版；《劳动者发言人》，每周三、六出版；《观察者》周刊。总发行量约4.4万份。全国有3家广播电台、两家广播电视台和有线电视广播。

对外关系　主张在互相尊重主权、基本权利和自由的基础上，扩大同世界各国的关系，反对“任何大国对小国的操纵和胁迫”。是加勒比共同体和共同市场、东加勒比国家组织、英联邦和联合国等组织成员。重视加勒比地区一体化，支持东加勒比地区合作。

【同中国的关系】中圣无外交关系。

据中国海关总署统计，2019年两国双边贸易额为0.1亿美元，其中中方出口额0.097亿美元，进口额约为0.003亿美元，同比分别下降19.8%，15.8%和64.3%。

【同其他国家和地区的关系】同英国、美国、加拿大、委内瑞拉、哥伦比亚、特立尼达和多巴哥，尤其与东加勒比地区的安提瓜和巴布达、蒙特塞拉特的关系较为密切。（李慧）

圣卢西亚

国名　圣卢西亚（Saint Lucia）。

面积　616平方公里。

人口　17.8万（2019年）。85.3%为黑人，10.9%为黑白混血人种，另有少数白人。英语为官方语言和通用语。当地居民普遍讲帕图阿语（Patois，亦称克里奥尔语）。居民多信奉罗马天主教。

首都　卡斯特里（Castries），人口6.8万。

国家元首　英国女王伊丽莎白二世。女王任命总督为代表。现任总督伊曼纽尔·内维尔·塞纳克（Emmanuel Neville CENAC），2018年1月12日就任。

重要节日　国庆日（哥伦布抵达圣卢西亚岛纪念日）：12月13日；独立日：2月22日。

简　况　位于东加勒比海向风群岛中部，山地岛国，多短小河流、肥沃河谷。最高山峰为莫基米山，海拔959米。热带气候，年均气温26℃。

最早居民为印第安人。1639年遭英国入侵，1651年被法国占领，此后被英法长期争夺。1814年，《巴黎和约》正式将该岛划为英国殖民地。1979年2月22日宣告独立，现为英联邦成员国。

政　治　独立后，工党和统一工人党交替执政。2016年6月6日，圣举行议会选举，反对党统一工人党胜选上台，党领袖艾伦·沙塔内（Allen CHASTANET）出任总理。

【宪法】现行宪法于1979年独立时生效，规定国家元首为英国女王，女王任命总督为其代表。议会有权修改宪法。

【议会】分参、众两院，任期均为5年。参议院11席，由总督任命，其中6席由总理提名，3席由反对党领袖提名，2席为独立人士。参议长珍妮·米歇尔·吉劳德–麦金太尔（Jeannine Michele GIRAUDY-MCINTYRE）。众议院17席，由选举产生，总检察长为当然成员。目前，执政党统一工人党在议会占11席，反对党圣工党占6席。众议长安迪·丹尼尔（Andy

DANIEL）。

【政府】本届政府于2016年6月组成。内阁主要成员有：总理兼财政、经济、就业、外交和公众事务部长艾伦·沙塔内，平等、社会公义、授权、青年发展、体育、文化和地方政府部长莱纳尔·蒙图特（Lenard MONTOUTE），农业、渔业、规划、自然资源和合作社部长埃策希尔·约瑟夫（Ezechiel JOSEPH），基础设施、港口、能源和劳工部长斯蒂芬森·金（Stephenson KING）等。

【司法机构】由东加勒比最高法院和地方初审法院组成，司法终审权归属英国枢密院。

【政党】主要政党有：

（1）统一工人党（The United Workers Party）：执政党。1964年由人民进步党和全国劳工运动合并而成。党领袖艾伦·沙塔内。

（2）圣卢西亚工党（St. Lucia Labour Party）：反对党。1946年成立。党领袖菲利普·皮埃尔（Phillip PIERRE）。

【重要人物】**伊曼纽尔·内维尔·塞纳克**：总督。1939年11月24日生。1961—1975年历任圣公务员协会秘书、总理法务秘书、卡斯特里市议会主席。曾任圣工党领袖。1987年加入圣统一工人党并出任外交部长。1993—1997年任圣参议长。2006年退出政坛，从事法律研究与著述。2018年1月12日就任圣第7任总督。 **艾伦·沙塔内**：总理兼财政、经济、就业、外交和公众事务部长。毕业于加拿大主教大学和美国美利坚大学，分获经济和政治学学士、发展银行硕士学位。曾长期经商。2006—2011年任圣旅游和民航部长、参议员。2013年7月当选统一工人党领袖。2016年6月带领该党赢得议会选举，出任总理。

经　济

旅游业和农业为国民经济支柱。近年来旅游业发展迅速。2019年主要经济数据如下：

国内生产总值：19.7亿美元。

人均国民生产总值：11089美元。

国内生产总值增长率：3.3%。

货币名称：东加勒比元。

汇率：1美元≈2.7东加勒比元。

通货膨胀率：1.9%。

（资料来源：国际货币基金组织）

【资源】无重要矿藏，地热、森林资源丰富，南部有硫磺矿。

【工业】主要生产出口型轻工业产品，如肥皂、椰油、朗姆酒、饮料、电子装配和服装等。近年来建筑业发展较快，为促进工业发展，将圣南部维约堡建成自由工业区。

【农业】约1/3就业人口从事农业，主要种植香蕉、椰子、可可、香料等，香蕉主要出口欧盟。

【旅游业】重要外汇来源。游客主要来自北美和欧洲。

【交通运输】无铁路。公路总长约1210公里。首都卡斯特里和南部城市维约堡为重要进出口岸。北部有一个地区性机场，南部有一个国际机场，有飞往多个加勒比国家和定期直飞北美、英国和法国的航班。

【财政金融】金融业在国民经济中占重要地位，政府计划建立国际金融服务中心。2019/2020财年政府财政收入为12.68亿东加元，财政支出15.2亿东加元。

【对外贸易】主要出口初级农产品，进口粮食、食品、石油、机械及其他工业品、日用品。主要贸易伙伴为美国、英国、加拿大及加勒比共同体成员国。2019年，进出口总额为8.39亿美元，其中出口额1.91亿美元，进口额6.48亿美元。

【经济团体】圣卢西亚农工商会（Saint Lucia Chamber of Commerce, Industry and Agriculture），1884年成立。地址：1st Floor, American Drywall Building, Vide Boutielle, Castries。电话：001–758–4523165。

人民生活

有两家综合医院、一家精神病院和一个吸毒酗酒康复中心，435张病床、64名医生和256名护理人员。社区共有33个保健中心、一家联合诊所、两家地区医院。

军　事

无常备军。有1支约300人的皇家警察部队（包括特种服务部队）和海岸警卫队。

文化教育

【教育】对5—15岁青少年实施义务教育。成人识字率为90.1%。有两位诺贝尔奖得主：阿瑟·刘易斯（1979年经济学奖）、德雷克·沃尔科特（1992年文学奖）。

【新闻出版】主要报纸有：《声报》（The Voice）、《星报》（The Star）、《远征军报》（The Crusader）、《一个加勒比》（One Caribbean）、《镜报》（The Mirror）、《先锋》（The Vanguard）。

主要广播电视台有：圣卢西亚广播电台（Radio Saint Lucia）、海伦电视台（Helen Television System）、达哈电视台（Daher Broadcasting System）等。

对外关系

强调外交为经济服务，主张同所有国家保持和谐关系，通过双边和多边协定深化地区和次区域一体化。是东加勒比国家组织秘书处所在地。同美国、英国、法国、加拿大等国保持良好关系。

【同中国的关系】1997年9月1日，中国与圣卢西亚建交。2007年4月30日，圣与台湾当局"复交"；5月5日，中国政府宣布中止同圣的外交关系。

2019年，中圣双边贸易额为2174.9万美元，其中中方出口额2156.1万美元，进口额18.8万美元，同比分别增长15%、14.3%和215.9%。

【同美国的关系】圣美关系密切，两国签有反毒协定、共同打击犯罪条约和引渡条约。圣允许美军舰进入圣领海及专属经济区，追捕、搜查涉嫌贩毒船只。2019年3月，圣总理沙塔内赴美参加美总统特朗普召集的海湖庄园会议。

【同古巴的关系】圣呼吁解除对古经济封锁，允许其重返泛美体系，主张接纳古为加勒比共同体成员。古向圣提供医疗卫生领域援助。

【同加勒比国家的关系】圣是加勒比共同体、东加勒比国家组织等地区组织成员国，是东加勒比国家组织秘书处所在地。　（王学军）

圣皮埃尔和密克隆

名称　圣皮埃尔和密克隆海外领地（Overseas collectivity of Saint Pierre and Miquelon，Collectivité d'Outre-Mer de Saint-Pierre-et-Miquelon），简称“圣皮埃尔和密克隆”（Saint-Pierre-et-Miquelon）。

面积　242平方公里，其中圣皮埃尔岛25平方公里，密克隆岛（大密克隆岛）110平方公里，朗格拉德岛（小密克隆岛）91平方公里，后两岛之间有狭长地峡相连。

人口　6021人（2018年），人口密度为25人/平方公里。居民多为法国移民后裔。语言官方语言为法语。99%的居民信奉天主教。

首府　圣皮埃尔市（Saint-Pierre），人口约5600人（2018年）。

行政长官　蒂里·德维姆（Thierry Devimeux），2018年1月就任。

重要节日　7月14日（法国国庆）。

简况

位于北美洲加拿大纽芬兰岛以南25公里的北大西洋中。全境由圣皮埃尔、密克隆、朗格拉德等八个岛屿组成。拥有120公里的海岸线。气候阴冷多风，年平均气温5.6℃，冬季最低气温达-20℃，夏季平均气温10℃—20℃。年降水量1400毫米。

1520年，葡萄牙人航行到此。1536年，被法国人雅克·卡蒂耶起用现名。1604年，法国渔民在此建立第一个永久性居民点。此后200年中，英法交替占领该群岛。1816年被法国占领。1946年10月成为法国海外领地（Territoire d'Outre-Mer，TOM）。1976年7月改为法国海外省（Département d'Outre-Mer，DOM）。1985年6月成为法国的享有特殊地位的地方行政单位（集合领地）（collectivité territoriale）。2003年3月成为法国的海外地方行政区（Collectivités d'Outre-Mer，COM），但其正式名称仍为圣皮埃尔和密克隆海外领地。法国政府任命一名行政长官为其代表。防务由法国负责。

政治

2012年3月，圣皮埃尔和密克隆领地议会举行六年一度的换届选举，“群岛明天”执政。2018年3月，领地议会再次举行换届选举，“群岛明天”继续执政。

圣皮埃尔和密克隆在法国国民议会和参议院各拥有一个议席。现任国民议会议员为斯塔夫·克莱尔奥（Stéphane Claireaux，属激进、共和、民主和进步党团），2014年6月29日当选。现任参议员为阿尔塔诺·斯蒂芬（Artano Stéphane，属社会和共和党团），2017年9月24日当选。

【宪法】实行法国宪法，行政长官（Préfet）为法国总统的代表。现任行政长官蒂里·德维姆，2018年1月起任职。

【领地议会（Conseil territorial）】地方议会，原称省议会（Conseil général），2007年2月根据法国相关法律改为现名，其权力有所增加。领地议会由19名议员组成，任期六年，其中圣皮埃尔岛15名，密克隆岛4名。本届议会于2018年3月选出，“群岛明天”占15席，“未来之路”4席。领地议会主席斯蒂芬·勒诺尔芒（Stéphane Lenormand，“群岛明天”），2018年3月任职。

【政府】由行政长官、19名领地议会议员以及当地选出的法国国民议会议员和参议员共同组成。议会主席为地方政府首脑。

【司法机构】在圣皮埃尔设初审法庭、高等上诉法庭和行政法庭。初审法庭庭长帕斯卡尔·玛蒂斯（Pascal Mathis），高等上诉法庭庭长弗朗索瓦·比龙（François Billon）。

【政党】主要政党均与法国本土政党联系密切，有“群岛明天”（Archipel Demain—AD，与原人民运动联盟有联系），“未来之路”（Cap sur l'Avenir，与左翼激进党有联系）等党派。

经济

传统经济以渔业及其加工业为主。后因与加拿大发生海域和捕鱼定额之争，渔业生产受到严重影响。1992年经国际仲裁法庭裁决，圣皮埃尔和密克隆获得专属经济区12348平方公里（只相当于法国主张面积的25%）。为来往船只、主要是拖网渔船提供给养服务也曾是重要的经济收入之一，但受渔业不景气影响而趋于萧条。政府将开发港口和扩大旅游业作为保持经济发展的主要手段。因土质和气候条件不适宜农业生产，只有少量的蔬菜种植、养猪及蛋禽生产。在财政方面相当依靠法国政府给予的资助。2018年主要经济数据如下：

地区生产总值：2.4亿欧元。

人均地区生产总值：3.98万欧元。

货币名称：欧元，也使用加拿大元。

汇率：1美元=0.928欧元（2020年4月）。

通货膨胀率（消费价格）：1.3%（2018年）。

失业率：4.9%（2018年）。

（资料来源：法国银行海外发行机构IEDOM）

【工业】主要为渔产品加工业，从业人员占就业总人口12%，主要生产鱼子酱、腌鳕鱼等。2018年发电量估计为3944万千瓦小时。

【渔业】为传统经济支柱。近年来注重在法属经济区开发多样化资源，大力发展扇贝和鳕鱼的人工养殖。2014年总渔获量2579吨。

【旅游业】为重要经济部门。有一家旅行社，15家旅馆，138间客房。2014年接待游客约为12720人次。游客主要来自加拿大。

【交通运输】以海空运输为主。

公路：117公里（其中80公里铺设路面）。平均每个家庭拥有2.6辆车。

海运：有两艘轮船，满足圣皮埃尔港和密克隆港、朗格拉德岛间的通航。2014年进港旅客13497人，同比增长23.1%。

空运：有两个机场，圣皮埃尔机场能起降大型飞机，和法国本土间没有直飞航线。法航班机从巴黎经伦敦或蒙特利尔达圣皮埃尔。圣皮埃尔航空公司辟有通往加拿大哈利法克斯、新斯科舍、蒙特利尔、魁北克、蒙克顿、西德尼等地的直航航线。地方航空公司航线通往纽芬兰岛。2014年货运量202吨，客运量35951人次。

【财政金融】财政支出常年大于收入，主要依靠法国政府援款填补赤字。

2018年财政支出：9610万欧元。

主要银行为始建于1889年的圣皮埃尔和密克隆群岛银行（Banque des Iles Saint Pierre et Miquelon）和1962年成立的圣皮埃尔信贷银行（Crédit Saint Pierrais）。

【对外贸易】2018年出口额为590万欧元，同比增长48.9%；进口额为8190万欧元，同比下降6.5%。主要出口鱼和鱼产品，主要进口制成品、石油产品、食品等。主要贸易对象是加拿大、法国及其他欧盟国家。

人民生活

居民享受与法国公民同等的社会福利待遇。圣皮埃尔和密克隆有一所综合性医院，35张病床，可提供去往加拿大和法国本土的转院服务；此外，还设有养老院和残疾人中心。2013年平均每1万人拥有33名医生。人均预期寿命80.9岁。2018年最低时薪为9.88欧元。

文化教育

【教育】实施与法国相同的教育制度，对6—16岁儿童实行免费义务教育。2014年公立学校有小学四所，各类中等学校五所（包括技术学校1所），总在校生799人；私立学校有小学四所，中学一所，总在校生436人。

【新闻出版】主要报刊有：《政府公报》，月刊，1866年创办；《回声报》，周刊，1982年创办，发行量2500份；《自由之风》，周刊，发行量350份；《纽带》，人民运动联盟机关报，一年发行10期。

法国海外广播电视台在圣皮埃尔和密克隆设有分台。电台有两个频道，电视台有三个频道。

大西洋电台：私人电台，每天播音24小时。

（张衡雨）

圣文森特和格林纳丁斯

国名　圣文森特和格林纳丁斯（Saint Vincent and the Grenadines）。

面积　389平方公里。其中圣文森特岛344平方公里。

人口　11万（2019年）。其中黑人占66%，混血人种占19%。英语为通用语言。居民多信奉基督教新教和天主教。

首都　金斯敦（Kingstown），1.6万人。

国家元首　英国女王伊丽莎白二世。女王任命总督为其代表。现任总督苏珊·道根（Susan DOUGAN），2019年8月就任。

重要节日　独立纪念日：10月27日。

简　况

位于小安的列斯群岛南部。热带气候，年均气温26℃。

原为印第安加勒比部落居住地。1489年哥伦布到达圣文森特岛。1627年被英国占领，后被英国、法国长期争夺。1783年根据《凡尔赛条约》沦为英国殖民地。1979年10月27日宣告独立，现为英联邦成员国。

政　治

独立以来，新民主党和联合工党交替执政。政局总体稳定。2015年12月，联合工党领袖拉尔夫·冈萨维斯（Ralph GONSALVES）率联合工党赢得大选，连续第四次出任总理。

【宪法】现行宪法于1979年10月27日独立时生效。

【议会】一院制，任期5年。共有21名议员。15名议员由普选产生，6名议员由总督根据总理和反对党领袖提名任命，任期均为5年。现任议长乔莫·桑加·托马斯（Jomo Sanga THOMAS），2015年12月就职。

【政府】本届政府于2015年12月组成。内阁主要成员有：总理兼财政、国家安全、格林纳丁斯事务和司法部长拉尔夫·冈萨维斯，教育部长圣克莱尔·普林斯（St. Clair PRINCE），外交、外贸和商务部长路易斯·斯特雷克（Louis STRAKER），交通、工程、城市发展和地方政府部长朱利安·弗朗西斯（Julian FRANCIS）等。

【行政区划】全国分为六个区。

【司法机构】由东加勒比最高法院行使司法权，终审权归属英国枢密院。

【政党】主要政党有：

（1）联合工党（United Labour Party）：执政党。1994年9月由圣文森特工党与全国统一运动党合并而成。2001年上台执政至今。党领袖拉尔夫·冈萨维斯。

（2）新民主党（New Democratic Party）：反对党。1975年12月由詹姆斯·米切尔创建。曾于1985—2001年执政。党领袖戈德温·弗雷迪（Godwin FRIDAY）。

经　济

农业和旅游业为国民经济支柱。2019年主要经济数据如下：

国内生产总值：8.3亿美元。

人均国内生产总值：7361美元。

国内生产总值增长率：2.47%。

货币名称：东加勒比元。

汇率：1美元≈2.7东加勒比元。

通货膨胀率：2.04%。

（资料来源：国际货币基金组织）

【工业】有少量农产品、服装、皮革、榨油和肥皂加工。小型制造业发展缓慢，主要生产水泥、面粉和家具等。

【农业】可耕地约占土地总面积的18%。主要种植香蕉、葛根、甘薯、甘蔗和椰子等。是世界上最大的葛粉生产国。

【旅游业】旅游区主要集中在有优质海滩的格林纳丁斯群岛。

【交通运输】公路长约829公里，其中柏油路580公里，非柏油路249公里。

水运：首都金斯敦有1个深水港。

空运：共有6个机场。首都金斯敦的约书亚（ET JOSHUA）国际机场有通往加勒比共同体各国和欧美国家的客货航班。

【对外贸易】主要进口食品、机械等，出口香蕉、蔬菜和葛粉。主要贸易伙伴为新加坡、特立尼达和多巴哥、美国。

人民生活

2019年人均寿命76.2岁，人口增长率为–0.22%。

军　事

无正规军，国防由总部在巴巴多斯的地区安全体系负责。

文化教育

【教育】实行小学义务教育。成人识字率为96%。教育支出约占国民生产总值的7%。

【新闻出版】主要报纸有《圣文森特人周报》《星报》《圣文森特之声》《正义报》《政府公报》《新时代》。有9个调频电台，其中圣文森特和格林纳丁斯电台为唯一国营电台。有电视广播站、有线电视运营商各1家。

对外关系

奉行维护民族尊严和地区团结的外交政策。同美国、英国、加拿大及加勒比地区其他国家关系密切。主张加勒比一体化。为联合国、加勒比共同体、东加勒比国家组织、加勒比国家联盟、美洲玻利瓦尔联盟等国际和地区组织成员。

【同中国的关系】中圣无外交关系。

据中国海关总署统计，2019年，中圣双边贸易额为2129.3万美元，其中中方出口额2129.2万美元，进口额0.1万美元，同比分别下降42.8%、42.4%和99.4%。（李慧）

苏　里　南

国名　苏里南共和国（The Republic of Suriname）。

面积　16.4万平方公里（包括同圭亚那有争议的1.6万平方公里）。

人口　60.9万（2019年）。其中印度裔占33%，克里奥尔人占31%，印尼裔占15%，丛林黑人占10%，其余为印第安人、华人、白人等。荷兰语为官方语言，通用苏里南语。居民的42%信奉基督教，20%信奉印度教，13%信奉伊斯兰教。

首都　帕拉马里博（Paramaribo），人口25.9万。

国家元首　总统德西·鲍特瑟（Desire BOUTERSE），2010年8月就任，2015年7月再次当选总统，任期5年。

重要节日　独立日：11月25日。

简　况

位于南美洲北部。东邻法属圭亚那，南界巴西，西连圭亚那，北濒大西洋。属热带雨林气候。年均气温23℃—27℃。

原为美洲印第安人居住地。1593年被西班牙探险者宣布为其属地。1602年荷兰人开始到此定居。1630年英国移民迁入。1667年英、荷签订条约，苏成为荷兰殖民地。1815年《维也纳条约》正式确立荷对苏的宗主国地位。1954年实行内部自治。1975年11月25日宣告独立，成立共和国。

政治

2015年5月25日，苏举行新一届议会选举。议会51席中，民族民主党获27席，反对党V7联盟获17席，大众解放发展党领导的A联盟获5席，进步工农联盟获1席，统一民主发展党获1席。7月14日，苏国民议会举行总统选举，民族民主党候选人、主席鲍特瑟当选总统并于8月12日宣誓就职。

【宪法】1987年国民议会通过新宪法草案并生效。宪法规定：立法权由国民议会和总统共同行使，国民议会经由全民选举产生。总统和副总统由国民议会2/3以上多数选举产生，如果未达2/3，将由国民议会和地方议会共同组成的国民大会选举产生。总统是国家元首、政府首脑、国务委员会主席、武装部队总司令，行使行政权，任命内阁；政府由总统、副总统及各部部长组成，副总统兼任总理，领导内阁，对总统负责，政府部长不是国民议会的议员；国务委员会监督政府执行国民议会的决定，成员由总统和工会、企业、立法机构及军方等主要政治力量的代表组成，有权否决它认为违背宪法的法案，最终否决权在总统手中，总统在1个月内考虑同意或反对国务委员会的决定。法院司法独立，不受任何干涉。

【议会】国民议会为一院制，设51个席位，任期5年。本届议会2015年6月成立。议长珍妮弗·西蒙斯（Jennifer SIMONS），2010年7月 就 职，2015年7月连任。

【政府】本届政府于2015年8月12日组成。主要成员有：总统德西·鲍特瑟，副总统阿斯温·阿德欣（Ashwin ADHIN），外交部长伊尔迪兹·波拉克–拜赫勒（Yldiz POLLACK-BEIGHLE），财政部长吉尔摩·霍夫德拉德（Gilmore HOEFDRAAD），贸工旅游部部长曾锦荣（Stephen TSANG）等。

【行政区划】全国划为1市（即帕拉马里博市）和9大区：瓦尼卡、尼克里、萨拉马卡、科摩维纳、马罗维纳、巴拉、勃洛克彭都、西帕里维尼、科罗尼。

【司法机构】设最高法院、检察院和3个地方法院。最高法院法官任职终身制，院长埃瓦尔德·翁布勒（Ewald OMBRE），2010年6月就任。总检察长索巴肖德尔·彭瓦西（Soebhaschaudre PUNWASI）。

【政党】主要政党有：

（1）民族民主党（Nationale Democratische Partij，简称NDP）：执政党。成立于1987年6月，主张建立以民族、民主为基础的社会经济秩序。党主席德西·鲍特瑟。

（2）进步改革党（Vooruitstrevende Hervormings Partij，简称VHP）：反对党。1949年成立，1974年改为现名。党员主要为印度裔。主要维护印度裔利益。党主席昌德利卡波萨德·单多吉（Chandrikapersad SANTOKHI）。

【重要人物】德西·鲍特瑟：总统。1945年10月13日生于苏里南多姆堡。职业军人，曾在荷兰皇家军校学习，后在荷兰和北约军队服役。1975年加入苏国防军。1980年参与发动军事政变，先后出任国防军总司令和全国军事委员会主席等职。1987年创立民族民主党，并任党主席。1987年和1991年两次参加大选，均失利。1996年至2000年，民族民主党赢得大选，鲍出任国家顾问。2010年8月就任总统，2015年7月再次当选并于8月宣誓就职。

经济

自然资源丰富，铝矿业、加工制造业和农业为经济主要产业。2019年主要经济数据如下：

国内生产总值：36亿美元。

人均国内生产总值：8048美元。

国内生产总值增长率：1.9%。

货币名称：苏里南元。

汇率：1美元=7.46苏里南元。

通货膨胀率：5.98%。

（资料来源：国际货币基金组织）

【资源】铝土矿资源丰富，探明蕴藏量约为5.8亿吨。其他矿产有石油、铁、锰、铜、镍、铂、黄金等。近年来在近海发现石油。森林和水力资源丰富，森林覆盖率达93%。

【工业】以铝矾土开采、加工为主，为世界第9大铝矾土生产国。此外，还有粮食加工、香烟、饮料、化工产品生产等。

【农林渔业】耕地面积占国土面积的0.36%。农林渔业产值约占国内生产总值的4.3%。主要农作物为稻米、水果、蔬菜、甘蔗、棕榈、咖啡和可可。稻米播种面积约占可耕地面积的50%。43%的稻米用于出口，占出口总值的8%。原木年产量约16万立方米。渔业是重要创汇来源，年捕捞量约3万吨，其中约2万吨出口。

【交通运输】以公路和水运为主。

铁路：总长225公里，用来运输木材和铝矾土。无公用客运铁路。

公路、桥梁：总长约1万公里（2012年）。1999年7月竣工的哥本南大桥将首都帕拉马里博和西部尼克里地区联结起来。2000年5月竣工的苏里南河大桥将首都和东部地区连接起来。

水运：可航行的河流总长约1500公里。首都帕拉马里博为主要港口。轮渡可通往圭亚那和法属圭亚那。

空运：有1个国际机场、4条国际航线。其他机场及简易机场只能供小型短距离起落飞机使用。

【财政金融】2018/2019财年财政收入9.1亿苏元，财政支出12.24亿苏元。（资料来源：国际货币基金组织）

【对外贸易】主要出口氧化铝，其次为大米、虾、水果、木材等，进口燃料、工业原材料和半制成品、机械、交通和生活用品。主要贸易伙伴为美国、加拿大、挪威等。2019年，苏进出口总额为38亿美元，其中出口额21亿美元，进口额17亿美元。（资料来源：世界银行）

【经济团体】主要经济团体有：

（1）工商会（Chamber of Commerce and Industry），1910年成立。地址：P.O.BOX 139，Mr. J.C. De Miranda Straat 10，Paramaribo，Suriname。电话：00597–473527。传真：470802。

（2）苏里南工贸协会（Suriname Trade and Industry Association）：1950年成立。地址：P.O.Box 111，Prins Hendrikstraat 18，Paramaribo，Suriname。

人民生活

拥有现代化医疗设施，但医疗卫生系统人才流失极为严重。2019年，苏人均寿命73.3岁，人口增长率为0.95%。

军　事

国防军由海、陆、空三军组成，总兵力约2500人。

文化教育

【教育】对6—12岁儿童实行义务教育，大中小学免费。苏里南大学是全国唯一高等学校。成人识字率为94.7%。

【新闻出版】主要报纸有：《真理时报》，发行量约8000份；《西方晚报》，发行量约1.8万份。主要通讯社为苏里南通讯社，同西方、拉美、加勒比各大通讯社有业务联系，每天出版荷文、英文新闻稿。

主要广播电台有：苏里南广播基金会，创建于1965年，由政府经营，用荷兰语和当地语言播音；苏里南国际广播电台，创建于1984年，由政府经营，用荷兰语、英语和苏里南语播音，每周两次；K.B.C.电台，创建于1985年，用当地语言和英语广播；帕拉马里博电台，创建于1957年，用当地语言、英语和西班牙语广播；鼓声电台：创建于1958年，用荷兰语、当地语广播。

主要电视台有：苏里南电视台，建于1965年，由政府经营，用当地语言、荷兰语和英语广播；阿波尼电视台，1985年建立，由政府经营，用荷兰语、英语、葡萄牙语、西班牙语及当地语言广播。

对外关系

奉行不结盟的外交政策，维护国家主权、民族自决和不干涉内政等原则。重视发展同邻国圭亚那、巴西和法属圭亚那的关系。保持与美国、荷兰以及其他欧盟国家的务实关系。促进地区一体化，加强同南美大陆特别是亚马孙条约国家间的合作。近年来，努力开拓同中国、日本、印尼、马来西亚和韩国等亚太国家的关系。苏是加勒比共同体、加勒比开发银行、伊斯兰会议组织和美洲开发银行成员。与约100个国家建立了外交关系。

【同中国的关系】中苏于1976年5月28日建交。近年来，两国高层交往不断，各领域务实合作顺利开展，在国际事务中保持良好配合。2019年10月，双边关系提升为“战略合作伙伴关系”。

2013年6月，国家主席习近平访问特立尼达和多巴哥期间，同苏里南总统鲍特瑟举行双边会晤；当月，鲍特瑟总统来华出席第二届世界和平论坛并访华。2014年7月，习近平主席访问巴西期间，出席中国—拉美和加勒比国家领导人会晤，鲍特瑟总统参加会见。2019年11月，鲍特瑟总统对华进行国事访问，习近平主席、李克强总理分别与鲍会谈、会见。

双方其他重要互访有：全国人大常委会副委员长陈慕华（1993年）、蒋正华（2004年）和陈昌智（2011年），国务委员吴仪（2003年），中共中央政治局常委李长春（2007年），中共中央政治局委员、天津市委书记张高丽（2012年）、国务委员兼外长王毅（2018年）、全国政协副主席邵鸿（2019年）等访苏。苏总统费内西恩（1994年、2004年）和韦登博斯（1998年），副总统萨灸（2007年），议长拉奇蒙（1995年）和索靡哈尔乔（2007年），外长拉金（2012年和2013年，2015年，出席中拉论坛首届部长级会议），民族民主党中央执委潘卡（2015年，出席中拉政党论坛首次会议），国民议会议长西蒙斯（2016年，出席国际和平日纪念活动），外长拜赫勒（2017年，出席首届“南南人权论坛”），贸易、旅游和工业部长曾锦荣（2018年，出席首届中国进口博览会），财政部长霍夫德拉德（2019年，出席第二届“一带一路”国际合作高峰论坛）等访华。

据中国海关总署统计，2019年中苏双边贸易额为2.9亿美元，其中中方出口额2.3亿美元，进口额0.5亿美元，同比分别增长7.5%、9.2%和0.9%。中方主要向苏出口机电产品、钢材、家具及其零件、纺织品、塑料制品、农产品、轮胎和服装等，进口原木和锯材等。

中国驻苏里南大使：刘全。馆址：Anton Dragtenweg 154，P.O.Box 3042，Paramaribo，Suriname。电话：00597–451570，451210；传真：00597–452540。

苏里南驻华大使：陈家慧（Patty CHEN）。馆址：北京建国门外大街外交公寓2–2–22，邮政编码：100600。电话：010–65322939，65322938；传真：65322941。

华侨华人组织：1853年，荷兰殖民者招募的首批华工抵达苏里南。目前旅居苏里南华侨华人总数已近5万，约占苏里南总人口10%，其中华侨约3万，华人约1.8万。大多数居住在首都，主要从事商业活动。部分华裔曾在美国、荷兰接受高等教育后担任政府部门要职。主要侨团有广义堂、中华会馆、华侨商会等。

友好组织：苏中友好协会于1974年成立，现任主席伦纳德·约翰斯（Leonard JOHANNS）。

【同荷兰、美国等西方国家关系】同荷兰、美国等西方国家关系龃龉不断。1999年，荷兰法院指控鲍特瑟犯有走私毒品罪，缺席判处其11年监禁，欧洲刑警组织发出通缉令，至今有效。2012年，鲍特瑟推动议会通过修正案，将“12月谋杀案”（1982年12月，苏里南发生严重骚乱，15人遇难，被称为“12月谋杀案”。西方国家指责鲍特瑟对此负责）相关人员纳入赦免范围，遭到荷兰、美国等西方国家严厉谴责。荷兰停止对苏里南援助，召回驻苏里南大使，两国外交关系由大使级将为代办级。2013年，美国以涉恐、贩毒、洗钱等罪名逮捕鲍特瑟独子迪诺并判处16年监禁。2014年，苏荷恢复大使级外交关系，但未有实质性转圜。2016年，苏里南军事法庭宣布重启“12月谋杀案”审判。苏里南认为荷兰是幕后推手，撤回对候任驻苏里南大使的任命同意书，苏荷关系再度趋紧。

【同圭亚那的关系】苏圭于1975年11月25日建交。圭与苏里南之间存在领土纠纷，主要在科兰太因河上游地区的新河三角洲，涉及面积1.7万平方公里（现在圭实际控制范围内）。苏圭多次举行边界委员会会议，商讨在有争议的海域共同开发资源和新河三角洲非军事化问题，但迄今无进展，制约了两国在其他领域的合作关系。2004年，圭政府将两国海洋边界划分的争端提交国际海洋法法庭进行仲裁。2007年9月，国际海洋法法庭作出裁决，基本采用中间线原则划定两国海洋边界。2011年3月，苏总统鲍特瑟访圭，同圭总统贾格迪奥举行会谈，双方均表示希遵循国际法原则以和平方式解决两国领土争议。

【同加勒比国家的关系】重视加勒比地区的团结与合作，支持地区一体化，积极呼吁国际社会关注地区国家面临的气候变化、减灾救灾等问题。（李慧）

特克斯和凯科斯群岛

名称 特克斯和凯科斯群岛（The Turks and Caicos Islands）。

面积 948平方公里。

人口 5.37万人（2018年7月估计），2018年估计人口增长率2.09%，出生率14.9‰，死亡率3.3‰。主要的居民构成：黑人占87.6%，白人占7.9%，混血种人占2.5%。官方语言是英语，但当地人通用特克斯和凯科斯群岛克里奥尔语。居民72.8%信奉基督教新教，11.4%信奉天主教。

首府 科伯恩城（Cockburn Town），位于特克斯群岛北部的大特克岛上，人口5000人（2018年估计）。

总督 奈杰尔·达金（Nigel Dakin），2019年7月15日就任。

重要节日 宪法日：8月30日（1976年）。

简况

位于巴哈马群岛东南端，距海地北部约145公里。东部濒临大西洋，西部同古巴隔水相望，由特克斯和凯科斯两组群岛组成（所含大小岛屿众多，仅其中8座主要岛屿常年有人居住）。属亚热带气候。8月为最热月，气温26℃—32℃，1—2月为最冷月，气温21℃—27℃。6—11月有飓风。

特克斯和凯科斯群岛原为印第安人的阿拉瓦克部族和卢卡约斯部族居住地。1512年西班牙人抵此。1766年成为英国殖民地。1799年归英国巴哈马总督区管辖。1873—1959年归英国牙买加总督区管辖。1962年牙买加独立后，该群岛成为英直属殖民地。1972年英女王第一次任命主管该群岛的总督。现为英国海外领地（British Overseas Territory）。

政治

2016年12月，人民民主运动赢得大选，其领导人夏琳娜·卡特莱特–鲁滨逊（Sharlene Cartwright-Robinson，女）于12月20日就任新一任总理。2019年7月14日，总督约翰·弗里曼（John Freeman CMG）卸任，15日，新总督奈杰尔·达金上任。

【宪法】2006年8月9日新宪法生效。规定英国女王为元首，总督代表英国女王并由女王任命，掌管外交、防务等事务。2009年，特克斯和凯科斯群岛暂停自治，内阁解散，总督接管政府权力，宪法因此进行了临时修订[The Turks and Caicos Islands Constitution（Interim Amendment）Order 2009]。

【议会】一院制议会（House of Assembly），任期4年。共设19个议席：15名普选产生的议员、4名由总督任命的指定议员（总督亲自任命2人并同意由总理和反对党领袖各自提名1人）。此外，议会成员还包括1名无表决权的当然成员（总检察长）和1名议长。本届议会于2016年12月选举产生，议长是德韦恩·泰勒（Dwayne Taylor）。下届议会选举将在2020年进行。

【政府】曾称行政会议（Executive Council），2006年新宪法生效后称内阁（Cabinet）。2009年内阁解散，2012年大选后内阁重组。内阁由各部部长组成，由总理主持。2016年12月大选后，新一届政府成立，现内阁成员包括总理兼财政部长夏琳娜·卡特莱特–鲁滨逊，副总理兼边境管制部长肖恩·阿斯特伍德（Sean Astwood）和另外5位部长，共7人。

【主要网址】http://www.gov.tc。

【司法机构】设最高法院。首席法官常驻巴巴多斯，首席法官不在期间由一位地方法官代理。上诉法院设在巴哈马的拿骚。英国枢密院为其最高上诉法院。现任首席法官是玛格丽特·拉姆塞-黑尔（Margaret Ramsay-Hale，女）。

【政党】主要政党有：

（1）人民民主运动（People's Democratic Movement，PDM）：执政党。主张成立内部自治政府并最终取得独立。曾于1976—1980年、1988—1991年、1995—2003年执政。2012年12月，夏琳娜·卡特莱特-鲁滨逊被选为该党领导人。2016年12月，人民民主运动赢得大选，获得15席中的10席，成为现执政党。

（2）进步民族党（Progressive National Party，PNP）：在野党。主张成立全面自治政府。曾于1980—1988年、1991—1995年、2003—2009年执政。2012年，鲁福斯·尤因（Rufus Ewing）任该党领导人。2012年底再次成为执政党。2016年的大选中，该党赢得15席中的5席。该党成员，前政府首席部长查尔斯·华盛顿·米西克（Charles Washington Misick OBE）任反对党领袖。

【重要人物】**夏琳娜·卡特莱特-鲁滨逊**：总理，也是该地区第一位女性总理和第一位女性政党领袖。1972年出生在巴哈马，6岁时随父母返回特克斯和凯科斯群岛生活。除政治头衔外，她还是位律师。2012年，先后任人民民主运动副领袖、领袖，并于2016年领导该党赢得大选，同年就任总理至今。

经　济

该群岛自然资源缺乏，无制造业，主要生产部门是渔业和盐业，地区收入主要来自旅游业、渔业、离岸金融活动的相关费用以及海关收入。大部分消费品和食品都靠进口。2017年9月，超强飓风“玛利亚”对特克斯群岛，主要是大特克岛造成严重破坏，当地经济、社会基础设施和人员遭受巨大损失，通讯和电力中断，房屋和商业受损严重，邮轮码头被摧毁导致邮轮旅游被迫暂停。2017年估计在地区生产总值中，服务业占90.6%，工业占8.9%，农业占0.5%。2018—2019年，为提振地区经济，政府积极开展重建工作，制定中短期复苏战略，包括修订财政政策、免除相应关税等，政策效果明显，使得相关企业和行业得以恢复。

主要经济数据如下：

地区生产总值：7.95亿美元（购买力平价）。

人均地区生产总值：2.33万美元（2018/2019财年）。

地区生产总值增长率：3.2%（2018/2019财年）。

货币名称：使用美元；1美元=100分。

通货膨胀率（消费价格）：0.7%（2016年估计），4%（2017年估计）。

失业率：7%（2019年）。

【资源】天然淡水资源有限，主产龙虾、贝类等水产品。

【农渔业】农业规模很小，种植少量玉米、豆类、热带水果和蔬菜。渔业是重要经济部门，有世界上最大的海螺养殖场，渔业产品是主要出口产品。农业和渔业人口占全部劳动力的1/5。

【金融服务业】金融服务业是近几年新兴产业，由于没有外汇管制和不收税，发展较快，成为主要经济部门。至2000年在该群岛注册的公司共有8000家，该岛公司注册费收入达270万美元。

【旅游业】政府重视发展旅游业，旅游业是财政和外汇收入的主要来源之一。游客主要来自美国和加拿大。在2013年入境的100多万游客中，超过3/4来自美国。其主要景点索尔特珊瑚礁，被联合国教科文组织列为世界遗产。

【交通运输】公路：总长121公里，其中铺设路面的仅24公里。

水运：有通往伦敦、迈阿密和佛罗里达的货运航班。大特克岛、普罗维登西亚莱斯和南凯科斯有港口。2019年共有商船4艘，包括1艘货船。

空运：有8个机场，其中现代化机场6个。在大特克岛、普罗维登西亚莱斯、南凯科斯和北凯科斯都有国际机场。航班通往迈阿密、海地、多米尼加和巴哈马。

【财政金融】财政年度为日历年度。关税是政府财政收入的主要组成部分。此外英国每年继续提供大量资金，用于基础建设工程和技术合作。2017年估计财政预算收入为2.47亿美元，支出为2.24亿美元。

【对外贸易】历年严重入超且逐年增加。主要进口食品、饮料、制成品、原材料和燃料；出口龙虾、海螺和渔业产品。渔业产品出口年收入为400万美元。主要贸易伙伴是美国、英国以及邻国。2017年飓风灾害过后，政府对指定的飓风救济项目、建筑材料、家具和燃料实行免除进口关税的政策。截至2018年3月31日，岛内公众已获得共计790万美元的关税减免。

【外国援助】英国是最大的援助国。2000年英国提供1120万美元，各类多边组织提供援助170万美元。

人民生活

大特克岛有1所综合医院。每个岛上有1个诊所。2018年特克斯和凯科斯群岛居民平均期望寿命为80.1岁。特克斯和凯科斯群岛建有国际卫星通信地面站以及连接中南美洲、加勒比部分地区和美国的海底光缆。2018年特克斯和凯科斯群岛已全方位覆盖全球移动通信系统（GSM）并实现光纤入户（FTTP）。

军　事

特克斯和凯科斯群岛防务由英国负责。

文化教育

【教育】公立学校实行13年免费义务教育（从4岁开始）。识字率为98%。2005/2006学年，特克斯和凯科斯群岛对政府教育开支3100万美元，有小学生3560人，中学生

1704人。设有1所社区学院，科伯恩城有温莎大学。

【**新闻出版**】岛上没有日报，主要报刊有《特克斯和凯科斯新闻》（周报）《特克斯和凯科斯自由新闻》（周报）等。

特克斯和凯科斯广播电台为政府所有。岛上可以收看到巴哈马的电视节目。在大特克岛和普罗维登西亚莱斯岛可收看有线电视。

对外关系 外交由英国掌管。特克斯和凯科斯群岛为万国邮政联盟、加勒比开发银行成员，加勒比共同体准成员，设有国际刑警组织特克斯和凯科斯群岛支局。

【**同中国的关系**】特克斯和凯科斯群岛是单方面允许中国公民免签入境的国家或地区之一。特克斯和凯科斯群岛和中国均属承诺加入境外金融账户共同申报准则（Common Reporting Standard，简称CRS）体系进行金融涉税信息互换的国家和地区。2017年，特克斯和凯科斯群岛与中国在《多边主管当局间协议》（Multilateral Competent Authority Agreement，简称MCAA）框架下实现"配对"，特克斯和凯科斯群岛已确定会将中国税收居民的金融资产信息提交给中国。2018年9月，特克斯和凯科斯群岛向中国政府提交中国税收居民在特克斯和凯科斯群岛金融机构所持有账户的信息。（叶雯）

特立尼达和多巴哥

国名 特立尼达和多巴哥共和国（The Republic of Trinidad and Tobago）。

面积 5128平方公里，其中特立尼达岛4828平方公里，多巴哥岛300平方公里。

人口 137.5万（2019年）。印度裔和非洲裔为两大主要族裔，分别占总人口约35.4%和34.2%，其余为混血人种、欧洲人、阿拉伯人后裔及华人。英语为官方语言和通用语。居民多信奉基督教新教、天主教、印度教，少数信奉伊斯兰教等。

首都 西班牙港（Port of Spain），人口49万。

国家元首 总统葆拉–梅·威克斯（Paula-Mae WEEKES），2018年3月就任，任期5年。

重要节日 独立日：8月31日；狂欢节：每年2月。

简　况 位于加勒比海小安的列斯群岛的东南端，西与委内瑞拉隔海相望。热带海洋性气候，气温在20℃—34℃。

特立尼达岛原为印第安人阿拉瓦克族和加勒比族居住地。1498年哥伦布经过该岛，宣布其为西班牙所有。1781年被法国占领。1802年根据《亚眠条约》划归英国。多巴哥岛历经西班牙、荷兰、法国、英国多次争夺，1814年根据《巴黎条约》沦为英国殖民地。1889年两岛均成为英国殖民地。1956年实行内部自治。1962年8月31日独立。1976年8月1日改为共和国，现为英联邦成员国。

政　治 议会民主制。总统为国家元首，由议会选举产生。总理为政府首脑，由议会多数党领袖担任。独立以来，代表非洲裔利益的人民民族运动党曾先后执政长达40年。2015年9月，反对党人民民族运动党以23席比18席的微弱优势战胜以联合民族大会党为主的执政联盟，赢得选举。

【**宪法**】现行宪法于1976年8月1日生效。宪法规定特多为共和国；总统为国家元首，由议会选举产生，任期5年；每5年举行大选，政府由大选中获众议院多数席位的政党组成，对议会负责。多巴哥设有多巴哥议会，享有有限的税收自主权以及卫生、教育、住房及行政事务权力。

【**议会**】分参、众两院，任期均为5年。参议院31席，由总统任命，其中总理提名16人，反对党领袖提名6人，另9人由总统在社会名流中选任。现任参议长克里斯蒂娜·坎加卢（Christine KANGALOO），2015年9月就任。众议院41席，普选产生。众议长布丽吉德·安尼塞塔—乔治（Bridgid ANNESETTE-GEORGE），2015年9月就任。

【**政府**】本届政府于2015年9月成立，2016年10月改组。目前内阁主要成员有：总理基思·罗利（Keith ROWLEY），外交和加共体事务部长丹尼斯·摩西（Dennis MOSES），贸易和工业部长葆拉·戈皮–斯库恩（Paula GOPEE-SCOON），农村发展和地方政府事务部长卡奇姆·侯赛因（Kazim Hosein），教育部长安东尼·加西亚（Anthony GARCIA），能源和能源工业部长富兰克林·卡恩（Franklin KHAN），财政部长科尔姆·英伯特（Colm IMBERT），卫生部长特伦斯·德亚尔辛格（Terrence DEYALSINGH），农业、土地和渔业部长克拉伦斯·拉巴拉特（Clarence RAMBHARAT），劳工和小微企业发展部长珍妮弗·巴普蒂斯特–普赖默斯（Jennifer BAPTISTE-PRIMUS），总理办公室事务部长兼国家安全部长斯图亚特·杨（Stuart YOUNG），总检察长法里斯·阿尔拉维（Faris AL-RAWI），住房和城市发展部长埃德蒙·狄龙（Edmund DILLON）等。

【**行政区划**】全国分为9个郡、2个市、3个区和1

个半自治行政区（多巴哥岛）。

【司法机构】设最高法院（由高等法院和上诉法院组成）和地方法院。地方法院和高等法院均对民事和刑事案件享有初审权。上诉法院受理地方法院和高等法院审理过的上诉案件。英国枢密院为终审法院。

【政党】主要政党有：

（1）人民民族运动党（People's National Movement，PNM）：执政党。1956年1月成立。曾于1956年至1986年、1991年至1995年、2001年至2010年执政。2015年再次执政。主要代表非洲裔利益，属温和民族主义政党。主张政治自由、社会平等和种族博爱。政治领袖基思·罗利。

（2）联合民族大会党（United National Congress，UNC）：反对党。1989年4月成立。曾于1995年至2001年执政。2010年5月，与人民大会党等4个政党组成人民伙伴联盟赢得大选。主要代表印度裔利益。主张在权力分配和种族问题上实行平等。政治领袖卡姆拉·佩萨德–比塞萨尔（Kamla Persad-Bissessar）。

【重要人物】**葆拉–梅·威克斯**：总统。1958年生于特多。毕业于西印度大学、休伍丁法学院，法学学士。1982年至1993年任特多刑事检控专员办公室法律顾问、高级法律顾问。1993年至1996年任刑事执业律师。1996年至2005年任特多最高法院刑事庭大法官。2005年至2016年任特多上诉法院大法官，其间曾于2012年短暂代理最高法院大法官。2017年任特克斯和凯科斯群岛上诉法院法官。2018年1月当选特多总统，3月19日就任。　**基思·罗利**：总理。1949年生于特多。西印度大学地理学博士。1987年至1990年任反对党人民民族运动党参议员，1991年当选众议员并连选连任至今。曾任农业、土地和海洋资源部长、计划和发展部长、住房部长、贸易和工业部长。2010年6月出任议会反对党领袖。2015年9月率领人民民族运动党赢得大选并担任总理。

经　济

以能源开发和加工为主。能源产业产值占国内生产总值约40%。近年来，建筑、旅游和金融保险业等发展较快。2019年主要经济数据如下：

国内生产总值：210亿美元。

人均国内生产总值：15289美元。

增长率：0.9%。

货币名称：特立尼达和多巴哥元。

汇率：1美元=6.79特元。

通货膨胀率：4.35%

（资料来源：国际货币基金组织）

【资源】为世界最大的天然沥青产地之一，重要液化天然气、氨肥、甲醇生产国，为英语加勒比地区重要石油输出国。天然沥青湖面积约41公顷，已探明储量1000万—1500万吨。已探明可开采天然气储量4474亿立方米，石油储量为7.3亿桶。

【工业】以石油、天然气开采和炼油为主，其次为建筑业和制造业。加工制造业门类较齐全，主要生产化肥、钢铁、食品、烟草等。

【农业】主要种植甘蔗、咖啡、可可、柑橘、椰子和水稻等，其中可可质量上乘。约75%食品靠进口。全国可耕地约23万公顷。

【旅游业】政府大力发展旅游业，游客主要来自美国、英国、加拿大及加勒比其他国家。

【交通运输】以公路运输为主。公路总长9592公里，全天候公路5000余公里。

【水运】主要港口有西班牙港、利萨角、查瓜拉马斯和塔巴拉多角。其中西班牙港规模最大，有通往世界各大港口的海运线。

【空运】特立尼达岛和多巴哥岛各有一个机场可停降波音747等大型客机。位于首都西班牙港的皮亚科国际机场是英语加勒比地区最现代化的机场，有飞往欧洲、美国、加拿大、拉美多国的直达航班。

【财政金融】2018/2019财年，特多财政收入477.24亿特元，财政支出517.76亿特元。（资料来源：国际货币基金组织）

【对外贸易】主要出口石油、化工产品、制成品、原材料和牲畜，进口燃料、润滑油、运输设备和食品等。主要贸易伙伴有美国、哥伦比亚、委内瑞拉、俄罗斯、巴西、中国。

【经济团体】（1）特立尼达和多巴哥工商会（Trinidad & Tobago Chamber of Industry & Commerce）：成立于1891年。地址：Columbus Circle，Westmoorings，Port of Spain。

（2）特立尼达和多巴哥粮农有限公司（Food and Agriculture Corporation of Trinidad and Tobago Ltd.）。地址：Arena Road，Port of Spain。

人民生活

社会福利较为完备。政府向老年人和失业者分别发放养老金和失业救济金。2019年，特多人均寿命73.9岁，人口增长率为–0.3%。

军　事

国防军始建于1962年，由陆军、空军和海岸警卫队组成。总统为国防军司令，总参谋长负责军队日常事务。

文化教育

【教育】中小学实行免费义务教育。大学有西印度大学特多圣奥古斯丁分校、特立尼达和多巴哥大学，另有东加勒比农学院和一所教师培训学院。

【新闻出版】主要报纸有《特立尼达和多巴哥快报》《特立尼达卫报》《新闻日报》。主要新闻机构有加勒比新媒体集团（拥有3个电视频道和3家电台）、加勒比通讯网（私营）和特立尼达广播有限公司。有广播电台30余家，多为私营。主要电台有国营的中波610电台和特立尼达电台。有8家电视台，主要有TV6，CNC3和CNMG。

对外关系 奉行独立自主和不结盟的外交政策，维护民族独立和国家主权，坚持不干涉别国内政原则，反对殖民主义和种族主义，主张建立国际经济新秩序，开展平等互利的国际经济合作。外交以促进特多经济发展为核心任务。积极推进加勒比一体化进程，参与加勒比共同体、美洲国家组织、联合国等国际和地区组织事务。同西方传统盟友保持密切关系的同时，注重加强与中国、印度等主要发展中国家的联系。

【同中国的关系】1974年6月20日，中国同特立尼达和多巴哥建交。2005年，两国建立“互利发展的友好合作关系”。2013年，两国建立“相互尊重、平等互利、共同发展”的全面合作伙伴关系。建交以来，两国在政治、经贸和文化等领域进行了卓有成效的合作，在国际事务中相互理解和支持。

2013年6月，国家主席习近平对特多进行国事访问，此系中特建交以来，中国国家主席首次访特。2018年5月，特多总理罗利来华进行正式访问，习近平主席、李克强总理分别同其会见、会谈。

其他重要互访有：国务院副总理耿飚（1978年），全国人大常委会副委员长阿沛·阿旺晋美（1981年），国务院秘书长罗干（1992年），全国人大常委会副委员长布赫（1997年），国务院副总理钱其琛（1998年），全国政协主席李瑞环（2000年），中央军委副主席、国务委员兼国防部长迟浩田（2001年），国务委员吴仪（2003年），国家副主席曾庆红（2005年），中共中央政治局常委贺国强（2008年），国务院副总理王岐山（2011年），中央政治局委员、全国人大常委会副委员长王兆国（2012年），全国人大常委会副委员长陈昌智（2016年），全国政协副主席马培华（2017年），全国政协副主席刘奇葆（2019年）。特多总理威廉斯（1974年；1975年，工作访问），总理钱伯斯（1985年），总统理查兹（2010年，非正式访华），众议长马克和参议长哈梅尔–史密斯（2012年），总理比塞萨尔（2014年），外长杜克兰（2015年，出席中拉论坛首届部长级会议），人民民族运动党总书记福特（2015年，出席中拉政党论坛首次会议），司法与总理办公室事务部长杨（2017年，出席“一带一路”国际合作高峰论坛；2019年，出席第二届“一带一路”国际合作高峰论坛），总理罗利（2018年），贸易和工业部长戈皮—斯库恩（出席首届中国国际进口博览会），外交和加共体事务部长摩西（2019年出席第二届“一带一路”国际合作高峰论坛）等曾访华。

特多承认中国完全市场经济地位。2018年5月，中特签署共建“一带一路”谅解备忘录。近年来，两国经贸合作发展较快。2019年，双边贸易额10.3亿美元，进口额3.6亿美元，出口额6.7亿美元，分别同比增长41%、4.7%、73.6%。中方主要出口钢材、纺织品、服装、农产品、塑料制品和汽车，进口天然沥青、液化石油气、废金属和废塑料。

中国驻特多大使：宋昱旻（Song Yumin）。馆址：No. 76 Long Circular Road，Maraval，Port of Spain。电话：001–868–6286417。传真：6227613。

特多驻华大使：斯蒂芬·西丹辛格（Stephen SEEDANSINGH Jr.）。办公处：北京市朝阳区亮马桥北小街7号亮马桥外交公寓C区别墅04–03。电话：010–85323432。传真：85321410。

【同美国的关系】特美两国交往密切。美是特多第一大贸易伙伴，在特多有大量投资。特多对美经济依存度较高，双方在税收、医疗卫生、人力资源等领域合作密切。2019年，特多总理罗利前往华盛顿访问并会见部分美国会议员。

【同加勒比国家的关系】积极推动地区一体化进程，是加勒比共同体以及加勒比国家联盟创始国之一。是加勒比国家联盟总部所在地、加共体单一市场成员国。 （李慧）

危地马拉

国名　危地马拉共和国（The Republic of Guatemala，La República de Guatemala）。

面积　10.89万平方公里。

人口　1758万（2019年）。土著印第安人占41%，其余为印欧混血种人和欧洲移民后裔。官方语言为西班牙语。70%的居民信奉天主教，20%的居民信奉基督教新教。

首都　危地马拉城（Ciudad de Guatemala），面积996平方公里，人口353万。海拔1480米。亚热带气候，最热月（5月）气温为16℃—29℃，最冷月（1月）气温为12℃—23℃。

国家元首　总统亚历杭德罗·贾马特（Alejandro Giammattei），2020年1月14日就任。任期4年。

重要节日　独立日：9月15日。

简　况 位于中美洲西北部。西部和北部与墨西哥、东北与伯利兹、东南与洪都拉斯和萨尔瓦多接壤，东临加勒比海的洪都拉斯湾，南濒太平洋。海岸线长约500公里。境内多山地和火山，沿海平原土壤肥沃，北部森林覆盖率较高。以亚热带气候为主，年平均气温16℃—20℃，

5—10月为雨季，11月至次年4月为旱季。

危地马拉是古代玛雅文化的中心之一。1524年沦为西班牙殖民地。1821年9月15日宣布独立。1823年加入中美洲联邦。1839年成立共和国。后长期实行独裁统治。1944年起开始民主化进程。1954年起进入右翼军政府和文人政府交替执政时期。1960年出现左派军事组织。1982年1月，危全国各左派游击队合并成立“危地马拉全国革命联盟”，左派武装斗争遍布全国各地。1996年12月，阿尔苏政府（全国先锋党）与“危地马拉全国革命联盟”达成《最终和平协定》，结束长达36年的内乱。

政　治

危是拉美最贫困的国家之一，多年内战造成社会发展滞后。长期以来，高凶杀率和高贫困率构成危两大痼疾。2015年国家融合阵线候选人吉米·莫拉莱斯以较大优势赢得大选，并于2016年1月14日就任总统。莫将反腐作为施政重点，赢得较高民众支持。但反对派的掣肘对莫施政造成一定负面影响。目前，危政局总体稳定。2019年6月及8月，危先后举行两轮大选，“为争取一个不同的危地马拉而前进”党（Vamos por una Guatemala diferente）候选人亚历杭德罗·贾马特（Alejandro Giammattei）最终胜选，于2020年1月就职。

【宪法】现行宪法于1985年5月经国民议会通过，1986年1月14日生效，1994年1月30日通过宪法修正案。宪法规定：总统为国家元首、政府首脑和武装部队总司令；总统、副总统由直接选举产生，任期4年，不得连选连任；军人退役满5年后才能竞选总统。

【议会】国民议会为一院制，行使立法权，议员任期4年，可连选连任。设议长和3名副议长，任期1年。本届国民议会于2020年1月成立，共160席，各党所占席位如下：全国希望联盟52席，前进党17席，国家变革联盟12席，其他16个党团共占79席。现任议长为前进党议员阿伦·埃斯德华多·罗德里格斯·雷耶斯（Allan Estuardo Rodríguez Reyes），于2020年1月就职，任期1年。

【政府】本届政府于2020年1月组成。主要内阁成员有：副总统塞萨尔·吉列尔莫·卡斯蒂略·雷耶斯（César Guillermo Castillo Reyes），外交部长佩德罗·布罗洛·比利亚（Pedro Brolo Vila），内政部长埃德加·戈尔伊·萨马约亚（Edgar Godoy Samayoa），财政部长阿尔瓦罗·冈萨雷斯·里奇（Álvaro González Ricci），国防部长胡安·卡洛斯·阿莱曼·索托（Juan Carlos Alemán Soto），通信、基础设施和住房部长霍苏埃·埃德孟多·莱穆斯·西富恩特斯（Josué Edmundo Lemus Cifuentes），教育部长克劳迪亚·鲁伊斯·卡萨索拉·德埃斯特拉达（Claudia Ruíz Casasola de Estrada，女），公共卫生和社会福利部长乌戈·罗伯托·蒙罗伊·卡斯蒂略（Hugo Roberto Monroy Castillo），能源和矿业部长阿尔维托·皮门特尔·马塔（Alberto Pimentel Mata），经济和贸易部长罗伯托·安东尼奥·马卢夫·莫拉莱斯（Roberto Antonio Malouf Morales），劳工和社会保障部长拉斐尔·阿尔维托·洛沃·马德里（Rafael Alberto Lobos Madrid），农业、畜牧业和食品部长何塞·安赫尔·洛佩兹（José Ángel López），社会发展部长劳尔·罗梅罗·塞古拉（Raúl Romero Segura），环境和自然资源部长马里奥·罗哈斯（Mario Rojas），文化和体育部长利迪特·席尔瓦纳·马丁内斯·卡特亚诺（Lidiette Silvana Martinez Cayetano，女）。

【行政区划】全国划分为22个省，下设338个市镇。

【司法机构】由最高法院、宪法法院、总检察署、国家公诉专署、内务部等组成国家司法委员会。设最高法院、上诉法院、初级法院。最高法院有13名大法官，任期5年，由议会选举产生，可连任；最高法院院长兼任国家司法委员会主席，由大法官以2/3多数票选举产生，任期1年，不得连任。现任最高法院院长内斯特尔·巴斯克斯·皮门特尔（Néstor Vásquez Pimentel），2018年10月13日就职。

【政党】主要政党有：

（1）“为争取不同的危地马拉而前进”党（Vamos por una Guatemala diferente）：执政党。现任总统贾马特为参与选举于2017年创立该党。在2019年6月议会选举中夺得17个议席，为议会第二大党。2020年1月，贾马特就职当日宣布脱离该党，以超脱党派利益更好服务人民。

（2）全国希望联盟（Unidad Nacional de la Esperanza）：反对党。2002年9月由前总统科洛姆组建，现有党员9万余名，系危第一大党。总书记为科洛姆前妻桑德拉·托雷斯（Sandra Torres）。在2019年6月议会选举中夺得52个议席，为议会第一大党，亦是拥有市长数量最多的党派。

（3）国家变革联盟（Unión del Cambio Nacional）：2006年建党。现任总书记、创始人马里奥·埃斯特拉达（Mario Estrada）。在2019年6月议会选举中夺得12个议席，为议会第三大党。

【重要人物】亚力杭德罗·贾马特：总统。1956年3月9日生于危地马拉城。曾先后在医疗机构、最高选举法院、危地马拉城市政府、总统府和银行等任职，并担任私营企业顾问。2002—2007年任全国监狱系统负责人，2010年受监狱暴乱牵连入狱，10个月后无罪释放。2017年创建“为争取一个不同的危地马拉而前进”党，2019年8月作为该党总统候选人赢得大选，于2020年1月14日就任，任期4年。

经　济

以农业为主，工业基础薄弱。受内战影响，经济长期停滞。1996年《最终和平协定》生效后，危经济恢复增长。

2003—2008年，年均增长率达4%。2009年，受国际金融危机影响，危经济低迷，财政状况恶化。2010年起，危经济恢复增长。2019年主要经济数据如下：

国内生产总值：813.2亿美元。

人均国内生产总值：4620美元。

国内生产总值增长率：3.4%。

货币名称：格查尔（Quetzal）。

汇率：1美元=7.6格查尔。

通货膨胀率：4.2%。

失业率：2.8%（2018年）。

（资料来源：国际货币基金组织、危国家统计局）

【资源】矿产有铅、锌、铬、锑、金、银、水银、镍等；石油储量为14.3亿桶。林业资源丰富，森林和湿地面积占国土面积的33.6%。

【工业】以轻工业为主。传统工业有制造业及采矿、纺织、食品加工、制药和造纸等行业。近年来以纺织业为主的客户加工业、电力、通讯业等发展较快。2018年工业产值占国内生产总值的20.3%。

【农业】在国民经济中占有重要地位。2016年，全国可耕地面积为86.2万公顷。农业以种植咖啡、甘蔗、香蕉、小豆蔻等为主。农业人口占全国人口的1/3。2018年第一产业产值占国内生产总值的13.4%。

【旅游业】旅游业是危主要外汇来源。丰富的生态环境和文化古迹是危重要的旅游资源。主要旅游景点有：危地马拉城老城区，蒂卡尔、奇奇卡斯特南戈、亚柯哈和纳库穆等玛雅文明遗址，阿蒂特兰湖、火山风光等。每年1月、7月、8月、12月和复活节是旅游旺季。游客主要来自美国、加拿大、墨西哥、中美洲国家和欧盟。2019年外国游客人数达250万，同比增长3.9%。

【交通运输】以公路运输为主。

公路：总长1.71万公里，其中沥青或水泥公路占44%，其余为乡村公路。2019年全国共铺设道路6517公里。主要干线有泛美公路、太平洋公路和大西洋公路。各类机动车约273万辆。

铁路：曾有一条铁路，现已停运。

水运：主要港口有5个，分别为大西洋沿岸的巴里奥斯和圣托马斯·德卡斯蒂利亚港及太平洋沿岸的格查尔港、圣何塞港和钱佩里科港。

空运：有2个国际机场，分别为危地马拉城拉奥罗拉机场和弗洛雷斯市玛雅世界机场；1个巴里奥斯港国内机场。危地马拉国际航空公司经营通往中美洲各国、多米尼加、墨西哥、美国、西班牙、荷兰等国的航线。2018年拉奥罗拉国际机场客运量为276.3万人次。

【财政金融】当前，危政府大力压缩财政支出，减少财政赤字。近几年中央政府财政收支情况如下（单位：百万格查尔）：

	2017	2018	2019
收入	59984	62339	66541
支出	67275	72711	79836

（资料来源：财政部）

2019年外汇储备140亿美元。侨汇收入104.95亿，较去年同期增长13%，创历史新高。

【对外贸易】主要出口香蕉、蔗糖、咖啡、小豆蔻等传统农产品。主要出口对象国为美国、中美洲国家、欧盟、墨西哥等国家和地区；主要进口消费品、原料及半成品、资本品和燃油等，主要进口来源国为美国、墨西哥、中美洲国家、中国、欧盟、哥伦比亚等国家和地区。

近几年进出口贸易情况如下（单位：亿美元）：

	2017	2018	2019
进口额	183.9	198.7	201.6
出口额	109.8	109.7	111.8
差　额	–74.0	87.0	89.8

（资料来源：危地马拉央行）

【外国资本】在危外国公司主要有哥伦比亚麦德林公共服务公司控股的危地马拉电力公司等。2018年外国直接投资10.32亿美元，同比下降11.8%。外资主要来自美国、墨西哥、哥伦比亚、秘鲁、西班牙、卢森堡、以色列等国，用于贸易、制造业、电力、银行与保险业、电子通信、农业、石油、采矿等行业。

【外国援助】1996年底危和平协议签署后，国际社会承诺向危提供19亿美元的援助，用于国家重建。1997年，美洲开发银行向危提供1.83亿美元贷款。2002年2月，咨询小组华盛顿会议筹措13亿美元资金支持危和平进程。2009年美洲开发银行、国际货币基金组织、世界粮食计划署等多边组织和西班牙等国向危提供约21亿美元贷款。2010年，美国、欧盟分别宣布907万美元和3512万欧元的援助承诺，用于帮助危消除饥饿与贫困。2012年9月，美洲开发银行向危提供2.37亿美元贷款，用于帮助危进行财政改革。10月，世界银行向危提供2亿美元贷款，用于帮助危重组公共债务。2015年12月，美国国会决定拨款7.5亿美元，用于帮助“中美洲北三角繁荣联盟”的洪都拉斯、危地马拉、萨尔瓦多三国推进国内发展，解决对美非法移民问题。2008年，联合国在危成立“反对危地马拉有罪不罚国际委员会（CICIG）”，以帮助危政府打击腐败。截至2017年1月，美国共向该机构捐赠4350万美元。2016年，中美洲经济一体化银行向危提供3亿美元援助，用于基础设施项目建设；2019年11月，该银行批准对危提供2.85亿美元贷款，用于重振危咖啡产业。

人民生活

人口密度为162人/平方公里。2019年平均寿命为72.5岁，出生率25.27‰，死亡率4.83‰。截至2018年，城市人口占总人口的51.1%。贫富悬殊，最上层1%的人口占有全国40%的财富，最底层10%的人口只占有全国0.9%的财富，基尼系数0.63。

军　事

实行义务兵役制，服役期为2年。现役总兵力为3.9万人。2018年，国防支出占国内生产总值0.4%。

文化教育

【**教育**】实行小学义务教育。小学6年，中学6年。截至2015年底，有公立初级教育机构2.93万所，学生约238.1万人；公立中学3659所，学生约81.9万人；大学15所，其中圣卡洛斯大学为国立大学，2016年有学生20万人，其余14所为私立大学。2014年文盲率为14.46%。2018年教育经费占国内生产总值的2.9%。

【**新闻出版**】发行量较大的报纸有:《写真报》，1863年创刊，发行量6万份;《自由新闻报》，1951年创刊，发行量13万份;《时报》，1920年创刊，发行量1万份;《中美洲日报》，官方日报，1880年创刊，发行量1.5万份。此外，还有《21世纪报》和《新闻报》。

全国有95家广播电台，其中“危地马拉之声”等5家电台由政府经营，其余90家为私营电台。全国有26家电视台，其中5家为国家电视台，1家军队电视台，6家教育电视台，其余为私营商业电视台。

对外关系

主张维护国际和平与安全，尊重民族自决和不干涉别国内政，以和平手段解决国际争端。重视加强与美国、欧盟、墨西哥和日本的经贸关系，积极参与国际事务和推动地区一体化进程。系联合国、不结盟运动、美洲国家组织、拉美和加勒比国家共同体、拉美议会、加勒比国家联盟、中美洲共同市场、中美洲一体化体系、中美洲议会等国际和地区组织成员国。曾任2012—2013年度联合国安理会非常任理事国，2019年上半年中美洲一体化体系轮值主席国。

【**同中国的关系**】中危无外交关系。

近年中方主要往访有：贸促会副会长董松根（2011年9月），外交学会副会长黄星原（2012年6月），贸促会副会长张伟（2018年9月）。

危方主要来访有：危爱国党代表团（2010年9月），外长卡雷拉（2013年5月来华出席联合国教科文组织举办的“文化：可持续发展的关键”国际会议），外长莫拉莱斯（2015年1月来华出席中国—拉共体论坛首届部长级会议）。

2018年6月，危火山爆发成灾，中国红十字会向危红十字会提供10万美元紧急人道主义援助。

据中国海关总署统计，2019年中危贸易额为25.97亿美元，其中中方出口24亿美元，进口1.97亿美元，同比分别增长7.3%、2.9%、128.2%。中方主要出口石化、纺织、机械设备、金属制品等，进口水果、糖等。

【**同美国的关系**】同美保持密切的政治、经济和军事关系，美在危派有军事使团、军事顾问，设有两处军事基地。2004年，危加强与美在打击洗钱、走私和贩毒领域方面的合作，危国会批准美直接参与危国内反毒的“猎豹”计划。2006年，危外长布里斯访美，美向危提供250万美元的缉毒经费，危美自贸协定生效。2007年，美总统布什访危。2008年，危总统科洛姆访美。2010年2月，危总统科洛姆再度访美，美国务卿克林顿访危并出席在危举行的中美洲国家首脑会议。2011年12月，危总统科洛姆对美进行工作访问。2014年6月、2015年3月和2016年1月，美副总统拜登3次访危，其中2016年1月还出席莫拉莱斯总统就职仪式。2016年，莫拉莱斯总统4次访美。2019年，危美商签“安全第三国”协议，11月危美移民庇护协议开始实施。12月，莫拉莱斯总统访美并同特朗普总统举行会晤，危成为中美洲首个签署移民庇护协议国家。截至2019年7月中旬，美国通过国际开发署向危提供超过8200万美元援助，用于推动危安全、农业和教育领域的发展。

【**同欧洲国家的关系**】重视发展与欧洲国家的关系。2006年，贝尔赫总统出席欧盟与拉美加勒比国家峰会，危与奥地利签署投资保护协定，与黑山共和国建交。2007年，西班牙国王卡洛斯、第一副首相德拉维加先后访危。2008年，西班牙王储费利佩出席科洛姆总统就职仪式。2011年，欧盟宣布向危提供650万欧元，以改善危儿童营养不良状况。2012年6月，包括危在内的中美洲国家与欧盟伙伴关系协议生效。2013年2月，佩雷斯总统访问西班牙和梵蒂冈。2016年1月，西班牙老国王胡安·卡洛斯访危，出席莫拉莱斯总统就职仪式。2019年11月，危国会批准同英国伙伴关系协议。

【**同墨西哥的关系**】历史上两国曾发生边境冲突。2006年，墨总统福克斯和当选总统卡尔德龙先后访危。2007年，危外长罗森塔尔访墨。2008年，危总统科洛姆访墨。2009年，墨总统卡尔德龙访危，两国签署相互承认学历、促进性别平等及合作打击腐败等协议，并宣布进行两国电网并网。2011年11月，危与其他中美洲国家联合同墨签署自贸协定。2013年4月、5月和7月，佩雷斯总统与墨西哥总统多次会晤，就两国边界争议、双边经贸合作、社会安全、非法移民和走私等问题交换看法。2015年11月，危当选总统莫拉莱斯访墨。2016年1月，墨外长马谢乌访危，出席莫拉莱斯总统就职仪式。2019年11月，危墨签署《行政互助和海关信息交换协定》，旨在促进贸易便利化并打击走私；两国还达成畜牧业出口协议，就打击非法转运牛群现象、活牛出口和屠宰卫生标准等签署谅备。

【**同拉美其他国家的关系**】积极参与中美洲一体化进程，斡旋哥斯达黎加同尼加拉瓜边界纠纷，重视加强与南美国家关系。2004年11月，危同萨尔瓦多实现两国人员和商品自由流通。2006年7月起，危地马拉、萨尔瓦多、尼加拉瓜、洪都拉斯4国实行统一签证。2007年8月，危地马拉、萨尔瓦多、洪都拉斯3国同哥伦比亚签署自贸协定。2010年2月，智利总统访危，两国签署自贸协定。2011年，科洛姆总统访问厄瓜多尔，多米尼加总统费尔南德斯访危，危与秘鲁签署自贸协定。2012年，萨尔瓦多总统富内斯访危，危副总统巴尔德蒂访问哥斯达黎加，危继续同特立尼达和多巴哥谈判自贸协定。2013年5月，佩雷斯总统赴哥斯达黎加出席中美洲一体化峰会。2015年4月，佩雷斯总统赴巴拿马出席第七届美洲峰会。2016年1月，厄瓜多尔总统科雷亚、洪都拉斯总统埃尔南德斯、萨尔瓦多总统桑切斯访危，出席莫拉莱斯总统就职仪式。2016年，莫拉莱斯总统访问萨尔瓦多、古巴、多米尼加、哥伦比亚、洪都拉斯。危地马拉同洪都拉斯成立关税同盟。危地马拉同萨尔瓦多、洪都拉斯成立联合部队，共同打击有组织犯罪和贩毒。2019年6月，第53届中美洲一体化体系首脑会议在危举行，莫拉莱斯总统出席；危副总统卡夫雷拉访问厄瓜多尔。7月，莫拉莱斯总统出席巴拿马新任总统科尔蒂索就职仪式、访问阿根廷。8月，危副总统卡夫雷拉和外长霍韦尔出席图斯特拉会议，就加强同中美洲国家和墨西哥的合作交换意见。

【**同伯利兹的关系**】2002年2月，危总统波蒂略参加在伯举行的中美洲—加勒比首脑会议，成为第一位访伯的危总统。2004年5月，两国外长在美洲国家组织总部举行会晤并发表联合公报，表示将在美洲国家组织框架下寻找适当机制，以公正、平等、和平的方式永久解决领土争端。2005年9月，两国签署有关谈判框架协议。2006年2月，双方在华盛顿启动边界谈判。2008年，双方同意于2013年10月分别举行全民公投，以决定是否将领土争端提交国际法庭。2016年4月，伯利兹军人在危伯界河附近射杀1名危儿童，危伯关系再度紧张，危政府多次表示将在国际法庭起诉伯。2018年4月、2019年5月，危伯分别通过全民公投的方式，决定将两国之间绵延近两个世纪的领土争端交由国际法院进行最终裁决。

【**同亚洲其他国家的关系**】近年来，日益重视发展同亚洲国家的关系。积极开展与日本、印度、韩国等国的经贸合作关系。2004年6月，危与文莱建交。2005年5月，危外长布里斯访问印度。9月，韩国总统卢武铉访危并出席韩国与中美洲一体化峰会。2006年2月，布里斯外长访问日本和韩国；7月，危与蒙古建交；8月，危与尼泊尔、塔吉克斯坦建交；2007年2月，危与卡塔尔、乌兹别克斯坦建交；9月，危与朝鲜建交。2008年2月，危与老挝建交；5月，埃斯帕达副总统访问韩国。2009年12月，以色列副总理亚阿隆访危。2011年9月，危与哈萨克斯坦建交；10月，危与巴基斯坦建交。2013年2月，危与斯里兰卡建交；12月，佩雷斯总统访问以色列。2016年，莫拉莱斯总统访问以色列，外长访问俄罗斯，危同韩国签署自贸协定。2019年10月，莫拉莱斯总统赴日本出席天皇即位仪式；11月，莫拉莱斯总统访问阿联酋、土耳其。

（刘雪莹）

委内瑞拉

国名 委内瑞拉玻利瓦尔共和国（The Bolivarian Republic of Venezuela，La República Bolivariana de Venezuela）。

面积 91.64万平方公里。对现在圭亚那管辖之下约15.9万平方公里的埃塞奎博地区有主权要求。

人口 3222万（2019年）。印欧混血种人占58%，白人29%，黑人11%，印第安人2%。官方语言为西班牙语，居民98%信奉天主教，1.5%信奉基督教。

首都 加拉加斯（Caracas），人口322万，年均气温21℃。

国家元首 总统尼古拉斯·马杜罗·莫罗斯（Nicolás MADURO Moros），2018年5月胜选连任，2019年1月就职，任期至2025年1月。

重要节日 独立日：7月5日。

简况

位于南美洲大陆北部。东与圭亚那为邻，南同巴西接壤，西与哥伦比亚交界，北濒加勒比海。海岸线长2813公里。全境除山地外基本上属热带草原气候。气温因海拔高度不同而异，山地温和，平原炎热。每年6—11月为雨季，12月至次年5月为旱季。

古代为印第安人阿拉瓦克族和加勒比族的居住地。1567年沦为西班牙殖民地。1811年7月5日宣布独立。1819—1829年同哥伦比亚、巴拿马和厄瓜多尔组成“大哥伦比亚共和国”。1830年建立委内瑞拉联邦共和国。1864年改名为委内瑞拉合众国。1953年改为委内瑞拉共和国。1999年改称委内瑞拉玻利瓦尔共和国。1958年实行宪政，建立文人政权。此后，民主行动党和基督教社会党交替执政。1998年12月，查韦斯作为“爱国中心”总统候选人参加大选并获胜，打破了两大传统政党长期交替执政的政治格局。

政治

2013年4月14日，委举行总统选举。马杜罗以1.49个百分点的微弱优势击败反对党联盟“民主团结圆桌会议”候选人卡普里莱斯赢得选举，并于4月19日宣誓就职。

2014年2月，委国内爆发大规模游行示威，引发暴力冲突和人员伤亡。马杜罗政府同反对派举行对话，基本控制局势。2015年12月6日，委举行全国代表大会选举。执政党统一社会主义党获得55席，由主要反对党组成的“民主团结圆桌会议”赢得112席。这是自1999年以来反对派首次赢得该选举。2016年1月5日，委新一届全代会成立，委“府院之争”迅速升温。2017年4月，委爆发大规模游行示威，持续百余日；7月底，委举行制宪大会代表选举；8月，成立制宪大会；10月和12月，委分别举行州长和市政选举，执政党赢得绝大多数州、市长职位。2018年5月，马杜罗在大选中获胜连任总统，2019年1月10日宣誓就职，开启新一任期。2019年1月15日，委全代会通过决议宣布马杜罗篡权。1月23日，委全代会主席、人民意愿党领袖瓜伊多宣誓就任委“临时总统”，美国、“利马集团”国家、欧盟多数成员国等50多个国家予以承认。俄罗斯、中国、伊朗、古巴等国家承认马杜罗政府。

【**宪法**】现行宪法于1999年12月颁布。2009年2月，委内瑞拉通过全民公投修改宪法，取消对包括总统在内的民选公职人员连选连任次数的限制。

【**议会**】全国代表大会（简称“全代会”）是全国最高立法机构，一院制。全代会主要职能为制定法律、修改宪法、依法监督政府和公共管理部门、宣布大赦和审批国家预算等。全代会代表由全国大选直接选举产生，任期5年；主席任期1年，可连选连任。本届全代会于2016年1月成立，由163名代表组成（另有4名代表因舞弊被最高法院停职）。执政党统一社会主义党及其盟党占据54个代表席位，“民主团结圆桌会议”占据109席。2020年1月，全代会举行领导层换届选举，瓜伊多和正义第一党（反对派）议员帕拉分别宣布当选新任主席。

【**制宪大会**】2017年5月1日，委内瑞拉总统马杜罗宣布，为解决国内朝野分歧、搭建对话平台、促进国家发展，根据宪法第340—350条有关规定，决定召开制宪大会。新宪法主要内容包括建立新型参与式民主制度、“后石油”经济体系等，完成后将提交全民公投表决。7月30日，委举行制宪大会代表选举，执政党赢得全部席位。8月4日，委制宪大会成立。制宪大会成立后，先后通过《反仇恨、促和平共处与包容法》《反经济战法》等法律。

【**政府**】总统是政府首脑，副总统和内阁部长由总统任命。本届政府于2013年4月成立，多次调整。现内阁成员有：副总统德尔西·罗德里格斯（Delcy RODRÍGUEZ，女），人民政权总统府部长豪尔赫·马尔克斯（Jorge MÁRQUEZ），人民政权外交部长豪尔赫·阿雷亚萨（Jorge ARREAZA），人民政权内政和司法部长内斯托尔·雷韦罗尔（Néstor REVEROL），人民政权国防部长弗拉迪米尔·帕德里诺·洛佩斯（Vladimir PADRINO López），人民政权新闻通讯部长豪尔赫·赫苏斯·罗德里格斯·戈麦斯（Jorge Jesús RODRIGUEZ Gómez），人民政权经济与财政部长西蒙·塞尔帕·德尔加多（Simón ZERPA Delgado），人民政权工业和生产部长塔雷克·埃尔·艾萨米（Tareck El AISSAMI），人民政权外贸外资部长约玛娜·科太奇（Yomana KOTEICH，女），人民政权农业和土地部长维尔马·阿尔弗雷德·卡斯特罗·索特尔多（Wilmar Alfredo CASTRO Soteldo），人民政权城镇农业部长加布里埃拉·佩妮亚（Gabriela PEÑA，女），人民政权渔业水产部长丹特·里瓦斯（Dante RIVAS），人民政权食品部长卡洛斯·莱亚尔·特耶里亚（Carlos Leal TELLERÍA），人民政权旅游部长菲利克斯·普拉森西亚（Félix PlASENCIA），人民政权石油和矿业部长兼国家石油公司总裁曼努埃尔·萨尔瓦多·克韦多·费尔南德斯（Manuel Salvador QUEVEDO Fernández），人民政权生态矿业发展部长吉尔伯托·平托（Gilberto PINTO），人民政权计划部长里卡多·何塞·梅嫩德斯（Ricardo José MENÉNDEZ），人民政权卫生部长卡洛斯·阿尔瓦拉多·冈萨雷斯（Carlos ALVARADO González），人民政权印第安人事务部长阿洛阿·努涅斯（Aloha Núñez，女），人民政权妇女和性别平等部长阿西亚·比列加斯（Asia VILLEGAS，女），人民政权水资源保护部长艾维琳·巴斯克斯（Evelyn VÁSQUEZ，女），人民政权青年和体育事务部长佩德罗·因方特（Pedro INFANTE），人民政权监狱服务部长伊里斯·巴雷拉（Iris Varela，女），人民政权劳动与社会保障部长爱德华多·皮尼亚特（Eduardo PIÑATE），人民政权文化部长埃尔内斯托·比列加斯（Ernesto VILLEGAS），人民政权教育部长阿里斯托沃洛·伊斯图里斯（Aristóbulo ISTÚRIZ），人民政权高等教育部长加布里埃尔·特隆比斯（Gabriel TRÓMPIZ），人民政权科学技术部长加布里埃拉·希门尼斯·拉米雷斯（Gabriela JIMÉNEZ Ramírez，女），人民政权生态部长奥斯瓦尔多·拉斐尔·巴尔贝拉·古铁雷斯（Oswaldo Rafael BARBERA Gutiérrez），人民政权住房部长伊德马洛·毕亚罗尔·阿里斯门迪（IIdemaro VILLARROEL Arismendi），人民政权公社和社会主义运动部长布兰卡·埃库特（Blanca EEKHOUT，女），人民政权交通部长伊波利托·阿夫雷乌（Hipólito ABREU），人民政权公共工程部部长劳尔·阿方索·帕雷德斯（Raúl Alfonzo PAREDES），人民政权电力部长弗莱迪·布里托·马埃斯特雷（Freddy BRITO Maestre），人民政权边境事务部长赫拉多·伊斯基耶多（Gerardo IZQUIERDO）。

【**行政区划**】全国划分为21个州，2个边疆地区（亚马孙和阿马库罗三角洲边疆区），1个首都区和1个联邦属地（由311个岛屿组成）。

【司法机构】最高法院为全国最高司法机构，由院长、两名副院长和32名大法官组成，下设宪法、政治行政、选举、民事审判、社会审判和刑事审判6个法庭。大法官由司法推选委员会推荐，由全国代表大会任命，任期12年，不得连任。院长任期2年，可连选连任一次。现任最高法院院长迈克尔·莫雷诺·佩雷斯（Maikel MORENO Pérez）。司法系统还包括总检察署、护民署、刑事调查机构和司法辅助机构。国家总检察长塔雷克·威廉·萨博（Tarek William SAAB），总审计长埃尔维斯·爱德华多·伊德洛沃·阿莫罗索（Elvis Eduardo Hidrobo Amoroso），护民官阿尔弗雷多·鲁伊斯（Alfredo RUIZ）。

【政党】主要政党有：

（1）委内瑞拉统一社会主义党（Partido Socialista Unido de Venezuela，PSUV）：执政党。2008年1月成立。现有正式党员763万人。2009年11月至2010年4月，统社党召开第一次特别代表大会，确定《党章》《原则宣言》和《基础纲领》3个文件。该党主张反对资本主义和帝国主义，奉行社会主义、人道主义和国际主义，捍卫玻利瓦尔革命果实，维护劳动阶级和人民利益，致力于建设公平、自由、人道的“21世纪社会主义”。2018年7月，统社党召开第四次代表大会，马杜罗总统连任党主席。

（2）正义第一党（Primero Justicia）：反对党。2000年成立，2003年成为全国性政党，主张人道主义中间路线。反对党联盟“民主团结圆桌会议”领导人卡普里莱斯为其创始人。党主席胡里奥·博尔赫斯（Julio BORGES），总书记托马斯·瓜尼帕（Tomás GUANIPA）。

（3）一个新时代党（Un Nuevo Tiempo）：反对党。1999年成立，2006年成为全国性政党。社会党国际成员。全国协商委员会为党的最高权力机构。党的主席曼努埃尔·罗萨莱斯（Manuel ROSALES），执行主席奥马尔·巴尔博萨（Omar BARBOSA）。

（4）民主行动党（Partido de Acción Democrática）：反对党。1941年9月13日成立，有党员150万人。社会党国际成员。全国代表大会为党的最高权力机构。党的主席伊萨贝尔·卡尔莫纳（Isabel CARMONA），发言人亨利·拉莫斯·阿留普（Henry RAMOS Allup）。

（5）人民意愿党（Partido de Voluntad Popular）：反对党。2009年成立。社会党国际成员。主张尊重人的政治和公民权利，推动建立自由、进步、民主、包容的社会。全国总协调人莱奥波尔多·洛佩斯（Leopordo LÓPEZ）。

（6）争取社会主义运动（Movimiento al Socialismo）：反对党。1971年1月19日成立，党员47万人。社会党国际成员。由脱离委内瑞拉共产党的一部分中央委员组成，主张革新马克思主义理论，建社有委内瑞拉特色的民主、多元、主权、人民自治的社会主义。2001年，党内分裂为反对政府和支持政府两派。总书记费利佩·穆希卡（Felipe MUJICA），发言人何塞·安东尼奥·埃斯帕尼亚（José Antonio ESPAÑA）。

（7）基督教社会党（Partido Socialcristiano）：反对党。1946年1月成立，党员约45万。基民党国际和美洲基民组织成员。党的主席罗贝托·恩里克斯（Roberto ENRIQUEZ），总书记赫苏斯·阿尔贝托·巴里奥斯（Jesús Alberto BARRIOS）。

（8）进步党（Avanzada Progresista）：反对党。2012年6月成立。由统社党、大家的祖国党（Patria Para Todos）退党人员组成。主张通过民主参选上台，全面实施经济美元化，改善同美国等西方国家关系。党主席为亨利·法尔孔（Henri FALCON Fuentes）。

【重要人物】**尼古拉斯·马杜罗·莫罗斯**：总统。1962年11月出生，中学毕业。青年时期为学生运动领袖，曾担任加拉加斯地铁工会领导。历任“玻利瓦尔革命运动200”全国领导人、“玻利瓦尔劳动者力量党”协调员和“第五共和国运动”动员部主任。2008年参与创建执政党委内瑞拉统一社会主义党。1998年当选众议员，2005—2006年担任全国代表大会主席。2006年8月被任命为外长。2012年10月，被任命为副总统兼外长。2013年1月起不再兼任外长。3月8日，就任代总统。4月14日在重新举行的总统选举中击败反对党联盟候选人卡普里莱斯当选总统，并于4月19日就职。2014年7月26日，当选统社党主席。2018年5月，马杜罗在大选中获胜连任总统，2019年1月10日宣誓就职，开启新一任期。

经　济

自然禀赋优越，能源资源丰富。石油业为国民经济命脉，冶金、矿业、电力、制造、建筑、石化和纺织等工业部门发展较快。农业发展缓慢，粮食不能自给。查韦斯总统上台后摒弃“新自由主义”经济模式，大力发展民族产业及国有、集体经济，实施农业、工业和旅游业发展综合计划，鼓励生产和刺激内需，调整收入分配，经济取得恢复性增长。马杜罗总统执政后，全面延续查韦斯经济政策。2015年，马杜罗提出“经济复苏计划”，加大生产领域投入，启动经济特区建设，努力确保物资供应和市场稳定。同时，受国际油价持续低迷等因素影响，委经济遭遇较严重困难。2016年2月，马杜罗政府推出经济改革新政，宣布提高汽油价格、改革汇率制度，并积极推动各主要产油国限产提价。2016年底，马杜罗总统宣布建立15个经济发展引擎，致力于发展生产型经济。但受国际油价持续低位徘徊等因素影响，委经济形势依旧十分困难。2018年，马杜罗政府推出“国家经济复苏、稳定和繁荣计划”，实施一系列经济金融改革，但成效不彰。据国际货币基金组织预测，2019年委国内生产总值（GDP）下滑35%。

【资源】矿产资源丰富。委石油探明储量为3000

亿桶，居世界第一位。天然气探明储量5.58万亿立方米，铁矿石探明储量36.3亿吨，煤炭探明储量7.3亿吨，铝土矿地质储量34.8亿吨，黄金可开采储量792吨。此外，还有金刚石、铀、石灰岩等矿产资源。水力资源丰富，装机容量超过2600万千瓦。境内有105条河，最长的为奥里诺科河，全长2200公里，系南美洲第三大河流。

【工业】主要工业部门有石油、铁矿、建筑、炼钢、炼铝、电力、汽车装配、食品加工、纺织等。其中石油部门为国民经济支柱产业，2019年底，委石油日产量降至约70万桶。

【农牧渔业】委共有2707万公顷土地用于农林业生产，其中耕地面积268万公顷，天然和人工放牧草场面积1379万公顷，森林覆盖率为56%。

【服务业】2013年商业产值占GDP的10.12%；通信业产值占GDP的6.99%；金融保险业产值占GDP的6.63%。（资料来源：委内瑞拉中央银行）

【旅游业】全国共有旅游接待设施2461个，客房7.74万间，星级饭店483家，其中五星级饭店23家、四星级28家、三星级127家。著名游览景点为安赫尔瀑布和玛格丽塔岛等。2013年共接待外国游客64.38万人次，比2012年下降17.7%，游客主要来自哥伦比亚、巴西和美国等国。国内旅游人数超过1400万人，同比增加14.4%。旅游业收入30亿玻利瓦尔，同比增加83%。

【交通运输】2013年，运输仓储业产值占国内生产总值的3.4%。

公路：委内瑞拉公路网相对发达。目前全国共有公路总里程约9.34万公里，其中硬化路面3.5万公里，高速公路约2500公里。全国公路网密度为10.2公里/百平方公里。汽车运输量占全国总货运量的70%和客运量的90%。全国共有机动车约600万辆。

铁路：除了为矿区专门服务的市郊铁路专线之外，委内瑞拉已建成铁路约41公里，年客运量约3200万人。在建（含改建）铁路5条，里程共约1354公里。首都加拉加斯共有5条开通运营或正在建设的城市轨道交通线路，开通运营里程总长约83公里。

水运：委内瑞拉海岸线长约2800多公里，商贸港点220处以上。全国有9个国际港口，34个石油、铁矿砂港和5个渔港。主要港口为拉瓜伊拉港、卡贝略港、马拉开波港和奥尔达斯港，其中卡贝略港的货物吞吐量占全国公共港口总吞吐量的60%以上，是最大的公共性商贸港口。全国共有1000吨以上各类民用船舶60艘，总吨位63万吨。

内河航线总长1000多公里，奥里诺科河和阿普雷河是委内瑞拉境内的最主要通航河流，是委内瑞拉中部地区铁矿、铝土矿和冶金产品主要的运输通道，沿岸分布有众多货主码头。

空运：全国共有61个商业机场，其中11个为国际机场。主要国际机场为西蒙·玻利瓦尔机场，集中了全国90%的国际航班。

管道运输：目前拥有原油运输管道约6370公里，成品油运输管道480公里，天然气管道4010公里，重油管992公里，其他管道（油/水）141公里。

【对外贸易】现与世界100多个国家和地区有贸易关系。主要出口原油、石油化工产品、铝锭、钢材、铁矿砂和金属制品等，进口机电设备、化工和五金产品、汽车配件、建筑材料及农产品等。主要贸易对象为美国、中国、哥伦比亚、巴西和墨西哥。

【外国资本】2001年11月，查韦斯总统颁布《石油法》，规定将石油开采主权税率由原来的16.66%提高到30%，所得税率由67.7%降至50%；在新成立的合资公司中，委国家石油公司需控股50%以上。2014年11月，委政府颁布新修订的《外资法》，以加快经济特区建设，加大吸引外资力度。2016年2月，委政府开放石化和矿产等核心产业，鼓励各国投资。2017年，委制宪大会通过新的外资法。

人民生活

2018年委内瑞拉贫困人口占全部人口的17.3%。2011年人均预期寿命74.3岁。2016年人口出生率19.2‰，死亡率5.2‰，婴儿死亡率12.5‰。截至2013年底，全国互联网用户1282万，手机用户3172万，固定电话用户776万，有线电视用户210万。（资料来源：委内瑞拉国家统计局）

军　事

总统是军队的最高统帅。国家安全与防务委员会是总统在国家安全与防务战略和政策方面的最高咨询机构，由副总统、国防部长、内政部长、财政部长以及武装力量总监、联合参谋长等人组成。最高军事指挥部是军队的最高领导机构，是总统和国家安全与防务委员会的最高军事顾问机构，由国防部长、武装力量总监、联合参谋长及4个军种司令7人组成，由国防部长负责领导。实际指挥机构是国防部下属的联合参谋部和联合指挥部。

委军实行义务兵役制。根据兵役法规定，凡年满18—50岁身体健康的公民，必须依法在兵役局注册登记服兵役。陆、海、空军和国民警卫队的服役期限均为24个月。委内瑞拉武装力量由正规军，即陆军、海军、空军和国民警卫队四个军种以及玻利瓦尔国家民兵等后备役部队组成。武装力量总兵力约418万人。其中，陆军6.3万人、海军1.75万人、空军1.15万人、国民警卫队2.3万人、国家玻利瓦尔民兵380万人。2019年12月，马杜罗总统宣布委民兵扩展到380万人。

人民政权国防部长弗拉迪米尔·帕德里诺·洛佩斯（Vladimir PADRINO López）；武装部队战略作战司令部司令雷米西奥·赛瓦略斯（Remigio CEBALLOS），武装部队战略作战司令部副司令兼参谋长何塞·奥尔内亚（José ORNELLA），陆军司令阿莱克西斯·罗德里格斯·卡韦略（Alexis Rodríguez CABELLO），海军司令埃德格里斯·埃雷拉（Edglis Herrera），空军司令佩德罗·阿尔贝托·胡里亚克·拉尔蒂格斯（Pedro Alberto JULIAC Lartíguez），国民警卫队司令法比奥·萨瓦尔瑟·帕翁（Fabio Zavarse PABÓN），玻利瓦尔国家民兵司令曼努埃尔·贝尔纳尔·马丁内斯（Manuel Bernal MARTÍNEZ）。

文化教育

【教育】对6—15岁儿童实行义务教育，已被联合国教科文组织宣布为无文盲国家。全国有48所大学，其中23所公立大学、25所私立大学，另有103所专科学院。著名大学有委内瑞拉中央大学、西蒙·玻利瓦尔大学、安德烈斯·贝略天主教私立大学。委内瑞拉政府规定，全国所有学校都必须在教育部备案，并按统一规定课程教学。2009年修改教育法，将“21世纪社会主义”纳入中小学教学大纲。2012年，学前班人数122万，9年制基础教育普及率为93%，中等教育普及率为75.1%，注册大学生263万人。

【新闻出版】有100多种报纸杂志，其中日报75种。主要报纸均为私营：《国民报》，1943年创刊，在知识界较有影响，发行量17.5万份；《宇宙报》，1909年由努涅斯家族创办，无党派报纸，在金融企业界较有影响，发行量14万份；《最新消息报》，1941年创办，以社会新闻为主，发行量约35万份。主要杂志有《塞塔》《波希米亚人》等，属综合性杂志。以上报刊均为西班牙文版。2010年发行《奥里诺科邮报》，系执政党统一社会主义党机关报。

委内瑞拉通讯社为国营通讯社，1977年5月成立。后改为玻利瓦尔通讯社。

2010年初，在国家通讯委员会注册登记的电台、电视台有391家，除国家广播电台、国家电视台外，其余均为私营和商业性质。

对外关系

奉行反帝、反殖、反霸、独立自主的外交政策。提倡南南合作。积极推动拉美地区一体化，注重同古巴、玻利维亚、巴西等拉美国家开展合作。重视同俄罗斯、伊朗等国家发展关系。坚决反对外部干涉内政。

委同160多个国家保持外交关系，是不结盟运动、“七十七国集团”、石油输出国组织、世界贸易组织、拉美和加勒比国家共同体、南美国家联盟、美洲玻利瓦尔联盟、拉美经济体系、加勒比石油计划、拉美开发银行等国际和地区组织成员国，是美洲玻利瓦尔联盟、加勒比石油计划的创始国。拉美经济体系和加勒比石油计划总部设在加拉加斯。2016年9月，委成功举办第17次不结盟运动峰会，并接任轮值主席国（至2019年10月）。

【同中国的关系】中委于1974年6月28日建交。建交以来，中委在政治、经贸、科技、文化等领域的友好合作关系全面发展。2001年4月，江泽民主席对委内瑞拉进行国事访问，同查韦斯总统共同宣布两国建立共同发展的战略伙伴关系。2004年12月，委内瑞拉宣布承认中国完全市场经济地位。2014年7月，习近平主席对委内瑞拉进行国事访问，同马杜罗总统共同宣布将中委关系提升为全面战略伙伴关系。2015年1月，马杜罗总统来华出席中拉论坛首届部长级会议开幕式；9月，马杜罗总统来华出席中国人民抗日战争暨世界反法西斯战争胜利70周年纪念活动。2018年9月，马杜罗总统对华进行国事访问。

此外，近年中方访委的有：国家副主席李源潮（2013年5月）。委方访华的有：总统马杜罗（2013年9月），副总统阿雷阿萨（2013年7月），统一社会主义党第一副主席、全国代表大会主席卡韦略（2013年7月），统社党第一副主席卡韦略（2019年10月），外长阿雷亚萨（2020年1月）。

2019年，中委双边贸易额63.98亿美元，同比下降25.4%；其中中方出口额15.4亿美元，同比增加34.4%，中方进口额48.58亿美元，同比下降34.6%。

中国驻委内瑞拉大使：李宝荣。馆址：Av. Orinoco con la Calle Monterrey，Urbanización Las Mercedes，Municipio Baruta，Caracas，Venezuela。电话：0058–212–9931171（值班电话），9754022，9761678（商务处）；传真：9935685，9770611（商务处）。

委内瑞拉驻华大使：伊万·安东尼奥·塞尔帕·格雷罗（Iván Antonio Zerpa Guerrero）。馆址：北京市朝阳区三里屯路14号。电话：010–65321295，65323521。

【同美国的关系】委美于1835年6月30日建立外交关系。查韦斯总统上台执政后，美批评委政府侵犯人权，指责其支持哥伦比亚反政府武装并与哥贩毒集团有联系。为此，美对委国家石油公司采取制裁措施。查韦斯总统批驳美方有关指责，反对美以人权、反毒为借口干涉委内政，明确反对美政治、经济和贸易制度。2010年，委美相互驱逐对方大使。2013年6月，委外长豪阿（Elías Jaua）同美国务卿克里举行会晤，决定就恢复正常关系和互派大使等重启对话；9月，双方中止有关对话并相互驱逐包括代办在内的三名外交官。2014年2月委国内爆发大规模游行冲突后，马杜罗总统指责美是幕后推手，双方再次相互驱逐多名外交官，但委方同时宣布提名新任驻美大使。2015年2月，美以“侵犯人权和进行政治迫害”为由对委官员进行制裁；3月，奥巴马总统颁布政令，宣布委为美“国家威胁”，委方对此表示强烈反对。2015年4月，马杜罗总统在出席美洲峰会期间同奥巴马总统举行简短会见，双方重申愿在相互尊重的基础上发展关系。此后，两国高级别官员就改善双边关系进行了一系列接触。2017年，美对委实施多轮人员及金融制裁。

委美经贸联系紧密。2019年1月，美承认委全代会主席瓜伊多为“临时总统”，委宣布与美断交，美对委石油业施加制裁；8月，美国总统特朗普签发行政令，宣布冻结委政府及其关联实体和个人或在美公民名下的资产和孳息，限制有关人员进入美境内，并禁止任何人向已被美列入制裁名单或根据该行政令资产受冻结的委实体和个人提供捐助或资金、货物、服务等支持。2020年3月以来，美方起诉并悬赏抓捕马杜罗等委高官，抛出委“民主过渡”框架。

【同欧洲国家的关系】欧盟是委内瑞拉主要贸易伙伴和投资来源地。委重视发展同欧盟国家的关系，以求引进资金、技术和增加出口。委与欧盟成员国签有多项经贸和科技合作协定。2012年6月，白俄罗斯总统卢卡申科访委。2013年6月，马杜罗总统访问意大利、葡萄牙、法国。7月，马杜罗总统访问俄罗斯、白俄罗斯，并出席在俄举行的天然气输出国论坛峰会。2015年1月，马杜罗总统先后访问俄罗斯和葡萄牙，并与俄总统普京举行会见；5月，马杜罗总统赴俄罗斯出席纪念卫国战争胜利70周年庆典。2017年，欧盟对委实施武器、防暴品禁运及人员制裁；10月，马杜罗总统出席“2017年俄罗斯能源周”论坛，并对俄罗斯、白俄罗斯进行工作访问。2019年1月，欧盟牵头成立由部分欧洲和拉美国家组成的委内瑞拉问题“国际接触小组”，要求委重新举行大选，支持委朝野对话；同月，俄罗斯、白俄罗斯等国政府代表赴委出席马杜罗总统就职仪式；3月、8月，委副总统罗德里格斯访问俄罗斯；5月起，在挪威政府斡旋下，委朝野举行数轮对话，后中断；9月，马杜罗总统对俄罗斯进行国事访问。

【同拉美和加勒比国家的关系】委内瑞拉重视同拉美国家关系，积极参与地区事务，大力推动美洲玻利瓦尔联盟等拉美一体化战略。2013年4月，马杜罗总统访问古巴；5月，访问乌拉圭、阿根廷、巴西，出席厄瓜多尔总统科雷亚就职仪式并访问玻利维亚。2014年1月，马杜罗总统赴古巴出席拉美和加勒比国家共同体第二届峰会；6月，马杜罗总统赴玻利维亚出席“七十七国集团”成立50周年纪念峰会；8月，马杜罗总统访问哥伦比亚。2014年1月，玻利维亚总统莫拉莱斯访委。2015年5月，马杜罗总统访问古巴。2015年8月以来，委内瑞拉一度同邻国哥伦比亚、圭亚那分别爆发边境和争议海域纠纷，后在联合国秘书长调停下缓解。2016年1月，马杜罗总统赴厄瓜多尔出席第四届拉美和加勒比国家共同体峰会。3月，马杜罗总统访问古巴，并出席双边混委会；5月，马杜罗总统分别访问牙买加和特立尼达和多巴哥，与牙总理霍尔尼斯、特多总理罗利举行会谈。加勒比石油计划（Petro Caribe）第16届部长会议在委召开，马杜罗总统出席开幕式并致辞；6月，马杜罗总统赴古巴参加第7届加勒比国家联盟领导人峰会；7月，马杜罗总统出席尼加拉瓜桑地诺革命胜利37周年纪念活动；8月，马杜罗总统出席多米尼加总统梅迪纳连任就职仪式；11月，马杜罗总统赴古巴参加古革命领袖菲德尔·卡斯特罗吊唁活动。2018年12月，马杜罗总统访问墨西哥，出席墨西哥总统洛佩斯就职仪式。2019年1月，玻利维亚总统、尼加拉瓜、萨尔瓦多、古巴、苏里南、圣基茨和尼维斯、圣文森特和格林纳丁斯、安提瓜和巴布达等拉美和加勒比国家国家元首或政府首脑和代表赴委出席马杜罗总统就职仪式。哥伦比亚、巴西、秘鲁等拉美国家宣布承认瓜伊多为委“临时总统”。哥委断交。

【同亚洲、太平洋及非洲国家的关系】委内瑞拉看重亚太及非洲地区发展前景，逐步加强与上述地区的经贸合作，把发展与亚太及非洲国家的关系作为实现外交多元化的重要目标。2012年1月和6月，伊朗总统艾哈迈迪-内贾德两次访委。委支持伊朗、土耳其和巴西关于伊朗和平利用核能的协议，反对国际社会制裁伊朗。2014年5月，巴勒斯坦总统阿巴斯访委。2015年1月，马杜罗总统先后访问伊朗、沙特、卡塔尔、阿尔及利亚等国，并与伊总统鲁哈尼举行会见。2016年4月，几内亚比绍总理科雷亚访委，马杜罗总统与科举行会谈；10月，马杜罗总统出访阿塞拜疆、伊朗、沙特和卡塔尔，就双边关系、提升油价等议题与上述4国元首举行双边会谈。2017年9月，马杜罗总统访问哈萨克斯坦并出席首届伊斯兰合作组织科技峰会；10月，马杜罗总统对土耳其进行工作访问。2018年12月，土耳其总统埃尔多安访问委内瑞拉。2019年1月，土耳其、伊朗、巴勒斯坦、阿尔及利亚等国政府代表赴委出席马杜罗总统就职仪式。（史宇龙）

乌　拉　圭

__国名__　乌拉圭东岸共和国（The Oriental Republic of Uruguay，República Oriental del Uruguay）。

__面积__　17.62万平方公里。

__人口__　350.6（2018年，乌拉圭国家统计局），其中白人占90.8%，印第安人占4.9%，亚裔占0.4%。官方语言为西班牙语。66%的居民信奉天主教。

__首都__　蒙得维的亚（Montevideo），面积530平方公里，人口138.2万（2018年），年平均气温16.5℃。

国家元首 总统路易斯·阿尔韦托·拉卡列·波乌（Luis Alberto Lacalle Pou），2020年3月1日就职，任期5年。

重要节日 国庆日：8月25日。

简况

位于南美洲东南部，乌拉圭河与拉普拉塔河的东岸。北邻巴西，西界阿根廷，东南濒大西洋。位于南纬30°—35°及西经53°—58°。海岸线长660公里。地势平坦，丘陵和草原相间，平均海拔116.7米，最高海拔为513.66米。属温带气候。1—3月为夏季，气温17℃—28℃，7—9月为冬季，气温6℃—14℃。年降水量由南至北从950毫米递增到1250毫米。

早期为查鲁亚印第安人居住地。1516年西班牙探险队到达。1726年西班牙殖民者建立蒙得维的亚城，开始殖民统治。1810年何塞·阿蒂加斯发起独立运动。1825年8月25日，胡安·安东尼奥·拉瓦耶哈等一批爱国者收复蒙得维的亚城，宣告乌拉圭独立。1903年，红党的何塞·巴特列·奥多涅斯当选总统后，以畜牧业为依托，大力发展对外贸易和服务业，奠定了国民经济发展基础。20世纪上半叶，乌拉圭政治稳定、福利优厚、社会安宁，被誉为“南美瑞士”。60年代末经济出现困难，社会矛盾激化，局势动荡。1973年2月军人政变上台，实行独裁统治。1984年，军政府还政于民，同年11月红党候选人胡利奥·玛丽亚·桑吉内蒂当选总统，乌拉圭恢复民主宪制。1989年，白党的路易斯·拉卡列当选总统。1994年，桑吉内蒂再次当选总统。2000年3月，红党的豪尔赫·巴特列上台执政。2004年10月，左翼政党联盟广泛阵线总统候选人巴斯克斯在大选中获胜。2009年11月，广泛阵线总统候选人穆希卡当选总统。2014年11月，广泛阵线候选人、前总统巴斯克斯再次当选总统。

政治

2019年11月，民族党候选人路易斯·阿尔韦托·拉卡列·波乌在总统选举第二轮投票中战胜执政联盟“广泛阵线”候选人马丁内斯当选总统，于2020年3月1日就职。

【**宪法**】1830年7月18日颁布首部宪法，后经多次修改。1951年宪法废除了总统制，设立国务会议（最高行政权力机构）。1966年修宪恢复总统制。1973年军人政变后废除宪法。1985年民选政府执政后恢复。目前实施的是1996年修改并经全民公决通过的宪法。宪法规定：乌拉圭实行民主共和制，三权分立。设总统和副总统各1名。总统是国家元首和政府首脑，兼武装力量最高统帅。总统、副总统和各省省长均由公民直选产生，任期5年。总统不能连任，可隔届再次参选。现任副总统为贝亚特里斯·阿希蒙（Beatriz Armigón，女），2020年3月就职。

【**议会**】两院制。参、众两院分别由31名参议员和99名众议员组成，任期5年，可连选连任。国会主席兼参议长由副总统兼任。众议长由众议员选举产生，任期1年。每年3月15日至12月15日为国会会期。闭会期间，由参、众两院组成常设委员会主持日常工作。现任众议长为民族党议员马丁·莱马（Martin Lema），2020年2月就职。本届国会于2020年2月15日组成。各党派在国会中所占席位：

	参议院	众议院
广泛阵线	13	42
民族党	11	30
红党	4	13
公开市政党	3	11
其他党派	0	3
总计	31	99

【**政府**】本届政府于2020年3月1日成立，设13个部。总统为政府首脑。除总统、副总统外，内阁主要成员包括（截至2020年4月）：内政部长豪尔赫·拉腊尼亚加（Jorge Larrañaga），外交部长埃内斯托·塔尔维（Ernesto Talvi），经济和财政部长阿苏塞娜·阿韦莱切（Azucena Arbeleche，女），国防部长哈维尔·加西亚（Javier García），社会发展部长巴勃罗·巴尔托尔（Pablo Bartol），教育和文化部长巴勃罗·达西尔韦拉（Pablo da Silveira），交通和公共工程部长路易斯·阿尔维托·埃韦尔（Luis Alberto Heber），工业、能源和矿业部长奥马尔·帕加尼尼（Omar Paganini），劳动和社会保障部长巴勃罗·米耶雷斯（Pablo Mieres），旅游部长赫尔曼·卡多索（Germán Cardoso），公共卫生部长丹尼尔·萨利纳斯（Daniel Salinas），牧农渔业部长卡洛斯·玛丽亚·乌里亚特（Carlos María Uriarte），住房、土地规划和环境部长伊雷妮·莫雷拉（Irene Moreira，女）。

【**行政区划**】全国共分19个省。

【**司法机构**】最高法院由5名大法官组成，须经国会批准。大法官任期10年，退休年限为70岁。院长由5人轮流担任，任期1年。现任最高法院院长为贝纳德特·明维列（Bernadette Minvielle，女）。

【**政党**】主要政党有：

（1）民族党（Partido Nacional）：又称白党（Partido Blanco）。执政党，议会第二大政治力量。1836年成立。代表农牧业主利益，在内地特别是农村影响较大。政治上主张维护国家主权、公民自由和宪法，追求正义的民主社会。主张改革经济、社会和国家体制。奉行独立自主、多元化外交政策，在自决和不干涉原则基础上同世界各国发展关系。1973年被军政府取缔，1982年恢复合法地位，曾于1990至1995年执政。2002年10月退出与红党的执政联盟。党内有“勇往直前”（Todos Hacia Adelante）和“全国联盟”（Alianza Nacional）等派系。党的最高领导机构是全国领导委员会。现任主席巴勃罗·伊图拉尔德（Pablo Iturralde）。

（2）广泛阵线（Frente Amplio）：在野党，中左

翼政党执政联盟，议会第一大政治力量。成立于1971年，包括人民政府运动、社会党、基督教民主党、共产党等派别。1973年被军政府取缔，1982年恢复合法地位。1989年、1994年两度竞选首都市长成功。1994年同其他左翼政党组成进步联盟—广泛阵线。2004年，新多数派加入，改名为进步联盟—广泛阵线—新多数派。2005年再次改名为广泛阵线。1994年、1999年和2004年均推举联盟主席巴斯克斯参加总统选举，前两次未获成功，第三次在大选首轮投票中胜出。2005—2020年连续执政15年。该党以社会民主主义为指导思想，认为民主应包括政治、经济、社会内涵：追求政治民主，反对集权统治；追求经济民主，反对贫困；追求社会民主，主张经济与社会协调发展。在对外交往中主张通过对话和平解决争端，捍卫自决，反对干涉、封锁、以大欺小。现有20多个左派政党和派别，主要有"人民参与运动"（Movimiento de Participación Popular）、"乌拉圭大会"（Asamblea Uruguay）、"新空间"（Nuevo Espacio）等。现任主席哈维尔·米兰达（Javier Miranda）。

（3）红党（Partido Colorado）：执政联盟成员，议会第三大政治力量。1836年成立。传统中右翼政党，代表工商资产阶级、社会民主主义者和自由职业者利益。信奉民主、自由、参与、社会公正原则。对内主张建立合理的国民经济体系，发展社会福利事业，公平分配收入。对外强调民族自决和不干涉政策，主张和平解决国际争端，积极参与和推动多边合作及拉美地区一体化。历史上曾执政100多年，1973年被军政府取缔，1982年恢复合法地位，在1984年、1994年和1999年3次大选中均获胜。党内主要派别有加油乌拉圭（Vamos Uruguay）、巴特列主义方案（Propuesta Batllista）等。全国执行委员会为该党领导机构，由15名委员按每半月轮值主席。现任总书记胡里奥·玛丽亚·桑吉内蒂（Julio María Sanguinetti）。

【重要人物】路易斯·阿尔韦托·拉卡列·波乌：总统。1973年8月11日出生于蒙得维的亚。毕业于乌拉圭天主教大学法律系。1999年当选众议员，并于2004和2009年两次连任，于2011年担任众议长。2014年作为民族党候选人参加大选，在第二轮投票中败选。2019年再度参选并于11月当选总统，于2020年3月1日正式就职，任期5年。已婚，有2子1女。

经　济

在拉美处于中等发展水平。经济规模较小，产业结构单一，依赖出口。农牧业较发达，主要生产并出口肉类、羊毛、水产品、皮革和稻米等。工业以农牧产品加工业为主。服务业占国民经济比重较高，以金融、旅游、物流、交通业为主。

长期实行稳健的自由市场经济政策，加强宏观调控和金融监管，稳步调整经济结构，严格控制财政支出，推动基础设施建设，着力吸引外资，努力扩大出口，积极参与地区经济一体化。截至2019年，乌经济连续17年保持增长。拉卡列政府执政后，总体延续上届政府经济政策，主张提高政府运行效率，提升竞争力并改善就业，同时采取一系列财政、货币和金融举措缓解新冠肺炎疫情对经济的冲击。当前乌经济总体运行平稳。但受疫情影响，经济下行压力加大，出口下滑，货币贬值，财政赤字居高不下，失业率和通胀率攀升。2019年主要经济数据如下：

国内生产总值：559.95亿美元。

人均国内生产总值：15914美元。

国内生产总值增长率：0.2%。

货币名称：乌拉圭比索（Peso Uruguayo）。

汇率：1美元=35.3乌拉圭比索。

通货膨胀率：8.79%。

失业率：8.9%。

（资料来源：国际货币基金组织、乌拉圭中央银行）

【资源】盛产大理石、紫水晶石、玛瑙和乳白石等。已探明有铁、锰等矿藏。林业和渔业资源丰富，盛产黄鱼、鱿鱼和鳕鱼。

【工业】以农牧产品加工为主，包括肉类加工、榨油、酿酒、制糖、罐头、面粉、牛乳和干酪加工等，其次是纺织业，主要加工羊毛、生产棉纺和化纤产品。2018年全国共有工业企业1.66万家，工业部门劳动力12.85万人，占总劳动人口13.8%。2019年工业总产值65.51亿美元，约占国内生产总值的11.7%。

【能源】2018年能源消耗总量为482.1万吨石油当量，其中石油、电力和木材木炭分别占36.4%、20.5%和11.1%。原油全部依赖进口，2018年进口原油252.1万吨。2018年发电量为1.46万千兆瓦时。2018年乌超过98%的能源来自可再生能源。

【农林牧渔业】农牧业在国民经济中占重要地位，农牧产品大部分供出口。2018年农林牧渔业产值32.5亿美元，占国内生产总值的5.8%。2018年农林牧渔业从业人口12.7万人，约占总就业人口的1.3%。2017年全国农业用地1636.3万公顷，其中可耕地面积215.4万公顷。牧业用地面积646.7万公顷，牧场4.47万家，肉类、羊毛、皮革等传统产品出口占出口总额的23%，是世界第八大稻米出口国。

2018年度乌牛存栏量1146.8万头，羊存栏量639.9万头，加工牛奶206万吨，生产羊毛2.66万吨，捕鱼6.97万吨。

2018年，乌共出口羊毛及毛纺织品4万吨，同比下降2%；出口创收2.46亿美元，同比增长17%。主要销往中国、德国、意大利、土耳其、保加利亚。

2018年全国森林面积163.6万公顷，森林覆盖率约10%，天然林场面积56.3万公顷。2008年原木采伐量944万立方米。近几年主要水果产量如下（单位：吨）：

	2016	2017	2018
橙子	139100	131972	106864
柑橘	95095	93015	71227
柠檬	35688	37933	37884
柚子	1231	1074	886
苹果	37675	—	—
梨	4986	—	—

（资料来源：乌拉圭国家统计局及乌拉圭农牧渔业部网站）

2018年，全国共有渔船571条，其中工业捕捞船53条，渔民捕捞船518条，年捕鱼量为6.41万吨，其中海鱼5.92万吨，甲壳类0.36万吨，软体鱼0.06万吨，淡水鱼0.4万吨。

【矿业】2018年产矿994.2万吨。

【旅游业】旅游业发达且受乌政府重视。境外游客主要来自阿根廷、巴西、巴拉圭、智利、欧盟、美国等地。埃斯特角和首都蒙得维的亚是主要旅游地。2019年乌接待外国游客322万人次，同比下降13.2%，旅游外汇收入17.54亿美元，同比下降18.6%。

【交通运输】交通运输业以公路运输为主，大部分由政府控制。

公路：总长8729公里，其中水泥路416公里，沥青路7638公里，沙砾路676公里。2011年全国机动车保有量为160.45万辆，生产汽车1.39万辆。2018年销售新车4.6万辆。

铁路：总里程2993公里，除11公里复轨铁路外，其余均为窄轨铁路。2018年全国铁路客运量24.7万人次，货运量51.9万吨。

水运：内河航运为重要运输手段，航线总长1250公里。海运不发达。蒙得维的亚港是乌拉圭最大港口。此外，还有科洛尼亚、派桑杜、埃斯特角、萨尔托等港口。2018年蒙得维的亚港进港船只4241条，货物吞吐量6439.7万吨，全国港口货物吞吐量323.78万吨，客运量280.4万人次。

空运：无国内航空公司。首都的卡拉斯科国际机场是国内最大机场，埃斯特角、派桑杜、里韦拉、萨尔托、梅洛、阿蒂加斯及杜拉斯诺等地均有机场。2018年全国航空客运量224万人次，货运量2.6万吨。

【财政金融】2019年乌外债427.1亿美元。乌外汇储备148.56亿美元。2019年政府财政赤字为26.32亿美元，约占国内生产总值的4.7%。

【对外贸易】在国民经济中占有重要地位，外贸总额超过国内生产总值的1/3。乌历届政府均强调以外贸带动经济发展，采取鼓励出口及市场多元化政策。现政府除加强与本地区国家经贸关系外，积极开拓北美和亚太市场。2018年乌主要出口目的地为中国、巴西、欧盟和美国；主要进口来源地为中国、巴西和阿根廷。主要出口产品为纸浆、大豆、肉类、乳制品、木材和大米；主要进口产品为汽车、服装、鞋、塑料、汽车配件和电话等。近年外贸情况如下（单位：亿美元）：

	2017	2018	2019
出口额	80.76	90.88	91.46
进口额	76.16	76.35	72.00
差　额	4.60	14.53	19.46

（资料来源：乌拉圭中央银行、国家统计局网站资料）

【对外投资】2018年，乌外国直接投资总额2700万美元。

人民生活

国内城镇化率较高。2018年，全国城镇人口334.1万，占总人口95.3%；农村人口16.5万，占总人口4.7%。社会福利较高。政府对失业、退休、残疾、妇孺、工伤、疾病等均提供福利补贴，并实行满30年工龄退休制。政府开支的相当一部分用于文教卫生领域。2018年，贫困率为8.1%；赤贫率0.1%。2011年侨汇收入为1.23亿美元，同比增长3.3%。

2018年全国劳动人口占14岁以上人口的62.4%。

2018年，第一、第二、第三产业平均劳动时间分别为每周42.2小时，39.5小时和36.2小时。2018年退休总人数44.16万人，其中22—54岁退休人数6755人，55—59岁9207人，60—64岁6.21万 人，65—69岁8.71万人，70—79岁16.54万人，79岁以上11.1万人。2018年失业率为8.3%，全国享受失业保险人数为10.7万人。

2018年，人口出生率11.4‰，死亡率9.7‰，人口自然增长率3.6‰。平均预期寿命为77.7岁，男性74.2岁，女性80.9岁。

2018年全国共有医生1.28万名，平均275名居民拥有1名医生，用于医疗公共开支占国内生产总值的3.6%，医疗体系覆盖率98.8%。2018年新增艾滋病患者988人，累计共11400人。

2018年全国座机使用量115.4万部，移动电话558.5万部，2012年全国共有居民住房138.98万套。

军　事

实行志愿兵役制。服役期1—2年，可延长。现总兵力2.1万人，占人口的0.6%。其中陆军1.62万人，海军5403人，空军2984人，准军事部队（特警）920人。2018年国防经费开支为122.43亿比索，占国内生产总值的0.66%。自1992年起参加联合国维和行动，是十大维和人员派遣国之一，目前有2595名乌拉圭士兵在海外执行任务，约占拉美国家参加维和行动人数的40%。军队高级将领有：陆军司令克劳迪奥·费奥拉（Claudio Feola），海军司令卡洛斯·阿维莱拉上将（Carlos Abilleira），空军司令乌戈·马伦科准将（Hugo Marenco）。

文化教育

【教育】教育事业发达。实行9年制免费义务教育，公立大学和专科学校免收学费。2018年全国文盲率为1.3%，农村人口文盲率2.1%大学及以上文化程度人口占总人口的12.4%。2018年乌教育经费开支为898.37亿比索，占国内生产总值的4.9%。位于首都的共和国大学是全国最大的公立综合性大学，有22个院系。另有蒙得维的亚大学、天主教大学、乌拉圭大学、企业家大学等5所私立大学。2018年乌各类学校数量及在校师生人数如下：

	学校（所）	在校生（人）	教师（人）
学龄前教育	1376	187852	—
小学	2344	294291	—
中学	833	269457	22567
技校	391	85126	15536
公立大学	2	39736	12120
私立大学	5	25946	6409

（资料来源：乌拉圭国家统计局、乌拉圭文化教育部）

【新闻出版】全国有各类报刊374种，其中日报31种。主要报纸有:《国家报》，1918年创刊，发行量10万份。此外，还有《共和国报》《观察家报》等。2017年全国出版物发行量共4798种。2011年全国共有电台100多家，电视台20家。

对外关系

奉行独立自主的外交政策，强调不以政治制度或意识形态画线，主张世界多极化和国际关系民主化，加强南南合作。

外交多元务实，积极参与地区事务，以南方共同市场为依托，支持南美及拉美一体化，注重发展同美国和欧盟国家的传统关系，重视扩大同包括中国在内的亚太国家合作。

同176个国家保持外交关系，在其中49个国家设有大使馆。是联合国、美洲国家组织、拉美和加勒比国家共同体、南美国家联盟、拉美一体化协会、拉美经济体系、“七十七国集团”、南方共同市场成员国和不结盟运动观察员。2016—2017年度任联合国安理会非常任理事国。

【同中国的关系】1988年2月3日中乌建交。建交以来，两国关系发展顺利。自20世纪90年代以来，中国国家主席、全国人大常委会委员长等相继访乌。中乌建交以来历任总统均曾访华。双方迄已举行9次外交部间政治磋商、19次经贸混委会。

近年来，中乌两国高层交往频繁。2011年6月，时任国家副主席习近平访乌，与穆希卡总统、阿斯托里副总统兼国会主席分别举行会谈，双方签署经济技术、文化和旅游等领域合作文件。7月，全国人大常委会副委员长路甬祥访乌。2012年6月，温家宝总理对乌拉圭进行正式访问，与穆希卡总统会谈，分别会见阿斯托里副总统兼国会主席和奥里科众议长，双方签署经济技术、农业、环保、质检合作协议，并发表联合声明。2013年5月，穆希卡总统来华进行工作访问，习近平主席、张德江委员长分别会谈、会见，双方签署两国经贸合作5年发展规划、经济技术、教育、质检等合作协议。2014年7月，习近平主席同穆希卡总统共同出席在巴西利亚举行的中拉领导人会晤。2016年10月，巴斯克斯总统访华，中乌宣布建立战略伙伴关系。2017年5月，全国政协副主席王正伟访问乌拉圭。11月，全国政协主席马培华访问乌拉圭并出席第11届中拉企业家高峰会。2018年1月，王毅外长对乌拉圭进行正式访问。8月和11月，乌外长尼恩两次访华。9月，乌副总统、国会主席兼参议长托波兰斯基访华。10月，全国人大常委会副委员长郝明金访乌。2019年3月，胡春华副总理访乌。4月，乌外长尼恩访华并出席第二届“一带一路”国际合作高峰论坛。9月，国务委员兼国防部长魏凤和访乌。2020年3月，国家主席习近平特使、时任生态环境部部长李干杰出席乌拉圭总统权力交接仪式。

两国经贸合作保持快速增长。据中国海关总署统计，2019年中乌双边贸易额为49.2亿美元，其中中方出口额19.5亿美元，进口额29.7亿美元，同比分别增长6%、–5.3%和13.8%。中国是乌拉圭第一大贸易伙伴和乌羊毛、大豆、牛肉最大进口国，乌是我国进口大豆第五大来源国。

中国驻乌拉圭大使：王刚。馆址：Av. Miraflores 1508，esq. Pedro Blanes Viale，Carrasco，Montevideo，Uruguay。电话：005982–6001419，6043899（经商处）。

乌拉圭驻华大使：费尔南多·卢格里斯（Fernando Lugris）。馆址：北京市朝阳区塔园外交人员办公楼1–11–2。电话：010–65324445，65324413。

【同其他拉美国家的关系】优先发展同拉美国家的关系，特别是同巴西、阿根廷、巴拉圭等南共市成员国的关系。积极参与拉美地区事务，以南共市为优先方向，支持南美及拉美一体化。积极倡议加强区域合作，应对金融市场震荡，维护地区经济稳定。重点推进同巴西、阿根廷等邻国、大国关系，加强同墨西哥等其他地区重点国家合作。2019年2月，委内瑞拉问题“国际接触小组”首次会议在乌拉圭举行。乌拉圭同其他国家一道建立“蒙得维的亚机制”，积极斡旋委内瑞拉局势。

【同美国的关系】同美国自1830年建交以来一直保持传统友好关系。2010年3月，美国务卿希拉里出席乌总统权力交接仪式。2011年3月，美国防部西半球事务部长助理莫拉访乌，举行美乌首次防务战略对话。2012年，阿斯托里副总统兼国会主席访美。2014年5月，穆希卡总统访美并同奥巴马总统举行会谈。2014年7月，乌应美方要求接收6名美关塔那摩嫌犯。2015年3月，巴斯克斯执政以来，乌美关系总体稳定发展。2020年3月，美国总统特朗普派特使出席乌总统权力交接仪式。同月，拉卡列总统同特朗普通电话。

【同欧盟的关系】重视保持同欧盟的传统关系，但反对欧盟农业保护主义政策，希通过谈判推动乌拉圭对欧盟出口产品多元化。2010—2014年，穆希卡总统先后访问西班牙、瑞典、德国、比利时、芬兰、梵蒂冈和布鲁塞尔欧盟总部。乌同瑞士、西班牙、马耳他等国签署避免双重关税协定和引渡协定。2015年10月，巴斯克斯总统访问法国。2016年，巴斯克斯总统访问西班牙、梵蒂冈、奥地利、法国。2017年2月，巴斯克斯总统访问德国、芬兰和俄罗斯。（谭旻星）

牙买加

国名　牙买加（Jamaica）。

面积　10991平方公里。

人口　287.5万（2019年）。黑人和黑白混血种人占90%以上，其余为印度人、白人和华人。多数居民信奉基督教，少数人信奉印度教和犹太教。官方语言为英语。

首都　金斯敦（Kingston），人口97万。

国家元首　英国女王伊丽莎白二世，女王任命总督为其代表。现任总督帕特里克·林顿·艾伦（Patrick Linton ALLEN），2009年2月26日就任。

重要节日　独立日：8月6日。

简　况

位于加勒比海西北部。东隔牙买加海峡与海地相望，北距古巴约145公里。属热带雨林气候，年平均气温为27℃。

原为印第安人阿拉瓦克族居住地。1494年哥伦布来到此地，1509年沦为西班牙殖民地。1655年被英国占领。1866年成为英直辖殖民地。1962年8月6日宣告独立，为英联邦成员国。

政　治

独立以来，牙买加工党和人民民族党长期交替执政，政局稳定，但失业、贫困、贩毒和暴力犯罪等社会问题突出。2016年2月，牙买加工党赢得大选，党领袖安德鲁·霍尔尼斯（Andrew HOLNESS）出任总理。

【宪法】现行宪法于1962年8月6日生效。宪法规定总督任命众议院多数党领袖为政府总理，并根据总理提名任命部长。内阁由总理和不少于11名的部长组成，对议会负责。

【议会】由参、众两院组成，任期5年。参议员21名，由总督任命，其中总理推荐13名，反对党领袖推荐8名。众议员63名，普选产生。参议长汤姆·芬森（Tom FINSON）、众议长皮尔内尔·查尔斯（Pearnel CHARLES）于2016年3月10日就职。

【政府】本届政府于2016年3月7日组成。主要内阁成员有：总理兼国防、发展和就业部长安德鲁·霍尔尼斯，外交和外贸部长卡米娜·约翰逊-史密斯（Kamina JOHNSON-SMITH），财政和公共服务部长奈杰尔·克拉克（Nigel CLARKE），工业、商业、农业和渔业部长奥德利·肖（Audley SHAW），国家安全部长霍拉斯·郑（Horace CHANG），交通和矿业部长罗伯特·蒙塔古（Robert MONTAGUE），司法部长德尔罗伊·卓（Delroy CHUCK），卫生部长克里斯托弗·塔夫顿（Christopher TUFTON），旅游部长埃德蒙·巴特利特（Edmund BARTLETT），劳动和社会保障部长莎西妮·罗宾逊（Shahine ROBINSON），娱乐、体育、文化和性别事务部长奥利维娅·格兰奇（Olivia GRANGE），能源和科技部长安德鲁·惠特利（Andrew WHEATLEY），地方政府部长戴蒙斯·麦肯齐（Desmond MCKENZIE），教育、青年和新闻部长罗尔·里德（Ruel REID）等。

【行政区划】全国划分为3个郡，下设14个区。

【司法机构】有上诉法院、最高法院、初审法院和各专门法院，英国枢密院为终审司法机构。各法院院长均由总理提名，经反对党同意后由总督任命，任期不限。上诉法院院长丹尼斯·莫里森（Dennis MORRISON），2016年1月就职。最高法院院长扎拉·麦克卡拉（Zaila MCCALLA），2007年6月就职。

【政党】主要政党有：

（1）牙买加工党（Jamaica Labour Party，JLP）：执政党。1943年7月成立。曾于1962—1972年、1980—1989年、2007—2011年执政。2016年2月赢得大选并再次执政。党领袖安德鲁·霍尔尼斯。

（2）人民民族党（People's National Party，PNP）：反对党。1938年9月成立，社会党国际成员。曾于1972—1980年、1989—2007年、2011—2016年2月执政。党领袖彼得·菲利普斯（Peter PHILIPS）。

【重要人物】帕特里克·林顿·艾伦：总督，1951年2月7日生于牙波特兰区。曾就读于牙莫尼格师范学院，在美国安德鲁斯大学获历史和宗教学学士、系统神学硕士和教育行政管理学博士学位。1986年起从事神职工作，曾先后担任西班牙城基督复临安息会（简称“安息会”）教堂牧师、牙中部安息会联合会教育和联络事务主管、西印度群岛安息会联盟教育和家庭生活事务主管、牙中部安息会联合会主席、西印度群岛安息会联盟主席。2006年被授予牙政府“杰出勋章”。2009年2月26日就任牙独立后第六任总督。　**安德鲁·霍尔尼斯**：总理，1972年7月22日出生。毕业于西印度大学。曾在牙非政府组织“鼓励儿童志愿机构”工作。1995年加入工党，2007年任教育部长。2011

年10月接替辞职的牙前总理戈尔丁，成为牙历史上最年轻的总理，同年12月败选下野，担任议会反对党领袖。2016年2月，带领牙工党赢得大选并出任总理。

经　济

旅游业、矿业、农业和新兴的信息技术服务业是牙国民经济支柱。以旅游业为核心的服务业收入占牙GDP总值的60%以上。2019年主要经济数据如下：

国内生产总值：161.5亿美元。

人均国内生产总值：5618美元。

国内生产总值增长率：1.7%。

货币：牙买加元。

汇率：1美元=134牙买加元。

通货膨胀率：3.6%。

（资料来源：国际货币基金组织）

【资源】主要有铝矾土，储量约25亿吨，居世界第四位。其他矿藏有钴、铜、铁、铅、锌和石膏等。森林面积26.5万公顷。

【工业】铝矾土的开采冶炼是最重要的工业部门。此外还有食品加工、饮料、卷烟、金属制品、电子设备、建筑材料、化学制品和纺织服装等工业。

【农牧渔业】具有悠久的农业传统。全国耕地面积约27万公顷，森林覆盖率为20%。主要种植甘蔗和香蕉，其他还有可可、咖啡和红胡椒等。

【旅游业】重要经济部门，主要外汇来源。近年来旅游业发展迅速。游客主要来自美国、欧洲和加拿大。

【交通运输】以公路为主，有良好的公路网。

公路：总长17925公里，约4991公里为柏油路面，其中786公里为一级公路。

铁路：总长339公里。1992年起停止客运，现几乎完全用于运输铝矾土和氧化铝。

水运：沿海有13个港口。金斯敦为世界第七大天然港，占地25公顷，是加勒比海主要的中转站，有现代化的集装箱码头和仓库，每年集装箱吞吐能力为150万个标准箱。

空运：有首都金斯敦的诺曼·曼利和蒙特哥贝的唐纳德·萨格斯特两个国际机场。牙买加航空公司有通往北美、欧洲和加勒比国家的航线。

【财政金融】2019/2020财年，牙政府财政收入6279.87亿牙元，财政支出6132.29亿牙元。（资料来源：国际货币基金组织）

【对外贸易】主要出口铝矾土、氧化铝、蔗糖和香蕉等，进口石油、食品、机械产品等。主要贸易伙伴为美国、英国和加拿大等。2019年，牙进出口总额为77.61亿美元，其中出口额为17.92亿美元，进口额为59.69亿美元。（资料来源：国际货币基金组织）

【经济团体】经济团体主要有：

（1）牙买加商会（Jamaica Chamber of Commerce），地址：7–8 East Parade，POB 172，Kingston。电话：001–876–922–0150。

（2）牙买加投资贸易促进署（Jamaica Promotions Corporation，简称：JAMPRO）。地址：35 Trafalgar Rd，Kingston 10。电话：001–876–929–7190；传真：001–876–924–9650。

人民生活

政府部门工作人员和企业职工退休后享受养老金。全国有公费医疗服务，公立医院30所，病床7648张，医生759人。2018年人均寿命74.5岁，人口增长率为–0.05%。

军　事

牙买加国防军成立于1962年7月31日，前身为英国陆军西印度步兵团，由现役和预备役人员组成，其中现役部队约2500人，包括2个步兵营、1个飞行大队、1个海岸警卫队、1个工兵团、1个后勤保障营和1个总部情报科；预备役部队（即国防军第三步兵营）约有1000人。

文化教育

【教育】公办中小学校实行免费教育，经费主要由政府承担，同时吸纳教育组织、私营企业和非政府组织的贷款和捐赠。全国共有高等院校17所，其中西印度大学莫纳分校为加勒比地区著名综合性高等学府，设有人文与教育学、伦理与应用科学、社会学、医学和研究生院等五个学院共30多个学科，现有学生约1.1万人。

【新闻出版】牙买加新闻署：1962年成立，是政府新闻机构。

牙买加通讯社：1979年成立，是官方通讯社，隶属新闻部。

广播电台和电视台主要有：（1）牙买加广播公司，1959年政府拨款建立，由政府任命董事会领导。设有广播电台和电视台。广播电台一台及二台全天播音。电视台为商业性，每星期播出140个小时。（2）牙买加电台，1950年建立，由21个团体合资开办，全天播音。（3）牙买加电视台（TVJ），为牙收视率最高的电视台，系牙广播媒体集团公司的控股子公司，市场占有率约60%，日均观众约100万人。（4）CVM电视台，牙第二大电视台，市场占有率约35%，主要以时事、体育和娱乐节目为主。（5）LOVE电视台，为宗教服务电视台。

对外关系

奉行独立、不结盟的外交政策，主张国家主权平等、互不干涉内政原则，主张在联合国框架内解决国际争端，反对使用武力，致力于维护国家主权，吸引外资和游客，开拓国际市场，促进国际合作。积极发展同加勒比国家的团结与合作，优先发展与美国等西方主要发达国家关系，努力发展与拉美、亚洲、非洲等发展中国家的友好合作。在国际和多边事务领域表现活跃，曾分别两度当选联合国安理会非常任理事国和“七十七国集团”主席，积极利用联合国、世界贸易组织、美洲国家组织、英联邦首脑会议、小岛屿国家联盟等国际和地区平台阐述政治立场，寻求外来支持。目前，牙同147个国家建立了外交关系。

【同中国的关系】1972年11月21日中国同牙买加建立外交关系。2005年2月，两国建立“共同发展的友好伙伴关系”。2019年11月，两国建立“战略伙伴关系”。近年来，两国友好合作关系发展顺利，高层往来不断，在国际事务中保持良好配合。

2013年6月，国家主席习近平在访问特立尼达和多巴哥期间同牙买加总理辛普森–米勒举行双边会晤。8月，辛普森–米勒总理正式访华。2019年11月，牙总理霍尔尼斯正式访华并出席第二届中国国际进口博览会。访问期间，两国领导人共同将中牙关系提升为战略伙伴关系。

中方重要往访有：全国政协主席李瑞环（1995年），国务委员吴仪（2003年），国家副主席曾庆红（2005年），全国人大常委会副委员长成思危（2007年），国家副主席习近平（2009年），国务院副总理回良玉（2011年），全国人大常委会副委员长张宝文（2015年），国务委员杨洁篪（2017年）等。

牙方重要来访有：总理曼利（1991年），总督库克（1999年），总理帕特森（1998年和2005年），总理戈尔丁（2010年），科技、能源和矿业部长鲍威尔（2015年，出席中拉论坛首届部长级会议开幕式），国家安全部长蒙塔古（2017年，参加第86届国际刑警组织大会），经济增长和就业部不管部长瓦兹（2018年，出席首届中国国际进口博览会），交通和矿业部长蒙塔古（2019年，出席第二届“一带一路”国际合作高峰论坛设施联通分论坛）。

牙买加承认中国完全市场经济地位，是中国在英语加勒比国家中最大的贸易伙伴之一。据中国海关总署统计，2019年，中牙双边贸易额为7亿美元，其中中方出口额6.7亿美元，进口额0.3亿美元，同比分别增长6.2%、15%和–61.2%。中方主要出口纺织品、服装、食品、化学品、轻工产品和机电产品等，进口铝矾土和氧化铝等。

中国驻牙买加大使：田琦。馆址：8 Seaview Avenue Kingston 10 Jamaica。电话：001–876–9273871；传真：9273919。网址：http://jm.chineseembassy.org。

牙买加驻华大使：丘伟基（Antonia HUGH）；馆址：北京建国门外秀水街1号建外外交公寓6号楼2单元7层2号。电话：010–65320670，65320671；传真：65320669。网址：http://www.jamaicagov.cn。

【同美国的关系】牙美关系密切，美国是牙买加最大的贸易伙伴。美在牙铝矿业、旅游业、金融保险业等方面有大量投资。牙在美有大量侨民。两国签有投资保护和知识产权保护等协定。牙对美政策重在促进官方往来和交流，提高对美国商品和服务出口，吸引更多美国游客与投资，争取更多发展援助。近年来两国在打击毒品犯罪方面合作增多。2020年1月，美国国务卿蓬佩奥访牙。

【同英国的关系】牙与英国保持着传统的友好关系。英在牙投资较多，对牙经济有较大影响。

【同加拿大的关系】牙与加关系密切。加在牙总投资1.4亿多美元，并有4家银行。牙买加航空公司中有加拿大股份和技术人员。加每年向牙提供援助。每年有不少加拿大游客赴牙旅游。牙向加派出大量劳务人员，从事农业、服务业等方面工作。近年来，两国在缉毒、司法协助和移民等方面的合作不断加强。

【同日本的关系】1964年牙日建交，两国关系发展顺利。两国间有外长级磋商机制。日本主要通过提供捐款、贷款、债务减免、实物捐赠和投资等方式对牙进行援助，并派青年志愿人员赴牙服务，两国文化、艺术和教育交流项目不断发展。日本是牙蓝山咖啡和朗姆酒的最大海外市场。2015年9月，日本首相安倍晋三访牙。

【同加勒比国家的关系】重视加勒比地区的团结与合作，努力促进地区一体化进程，是加勒比共同体创始国之一。牙在促进加共体各成员间政治团结、经济合作等方面发挥着积极作用。2006年初，牙成为加共体单一市场首批成员。2009年1月，牙开始在全国颁发加勒比共同体护照。2011年4月，牙通过《外国人和英联邦公民就业法》，放开加共体公民在牙从事护士、教师等职业，无须申请工作许可。

【同古巴的关系】1972年12月牙古建交。1981年与古巴断交。1990年7月27日，牙古恢复外交关系。牙古关系近年来发展较快，双方交往日益增多。

（王学军）

英属维尔京群岛

名称 英属维尔京群岛（The British Virgin Islands）。

面积 151平方公里。

人口 3.6万人（2018年7月估计），2018年估计人口增长率2.2%，出生率11.1‰，死亡率5.2‰。主要的居民构成有：非洲裔（黑人）76.3%，拉丁裔5.5%，白人5.4%，混血种人5.3%等。英语为官方和通用语言。居民中70.2%信奉基督教新教，8.9%信奉天主教，极少数信奉印度教或其他宗教。

首府 罗德城（Road Town），位于托托拉岛（Tortola），人口约1.5万人（2018年）。

总督　奥古斯都·雅斯佩特（Augustus Jaspert），2017年8月22日就任。

重要节日　领地日（Territory Day）：7月1日（1956年），每年纪念时间略有不同。

简　况

位于大西洋和加勒比海之间，背风群岛的北端，距波多黎各东海岸100公里，与美属维尔京群岛毗邻。约有60个岛屿（其中16个有人居住），领海面积1489平方公里，最大岛屿是托托拉岛（55.7平方公里）。属亚热带气候，平均气温28℃，年降水量1000毫米。7—10月常遭受飓风和热带风暴袭击。

原始土著居民为加勒比地区的印第安人。1493年哥伦布航行到此。1672年被英国兼并。1872年成为英国殖民地背风群岛（the Leeward Islands）的一部分，受背风群岛总督管辖。1956年拒绝加入西印度联邦（the West Indian Federation），7月1日成为单独领地。1967年获得自治。1971年设总督管理。英属维尔京群岛现为英国海外领地（British Overseas Territory）。

政　治

英属维尔京群岛政局基本稳定。在2015年大选中民族民主党继上届大选后再度赢得选举，党首奥兰多·史密斯（Orlando Smith OBE）连任总理。2019年2月，新一届大选举行，维尔京群岛党赢得选举，党首安德鲁·费伊（Andrew Fahie）当选新一任总理。

前总督约翰·邓肯2014—2017年在任，2017年8月8日卸任。同年8月22日，新总督奥古斯都·雅斯佩特就任。

【宪法】2007年6月15日施行新宪法（The Virgin Islands Constitution Order 2007），取代1976年宪法。英国女王为英属维尔京群岛元首，总督为女王代表，负责其外事、防务、治安、司法等事务。

【议会】议会（House of Assembly）由13名直接选举成员、议长和1名当然成员（总检察长）组成，任期4年。最新一届议会于2019年2月选出，维尔京群岛党8席，民族民主党3席。新任议长是朱利安·威洛克（Julian Willock），于2019年3月12日宣誓就任。

【政府】包括总理、4名其他部长和1名当然成员（总检察长），通常由在议会中占多数议席的政党组成，其领袖担任总理。内阁成员由总理提名，总督任命。本届政府于2019年3月组成，成员包括：总督奥古斯都·雅斯佩特，总理兼财政部长安德鲁·费伊，副总理兼教育和文化部长纳塔里奥·惠特利（Natalio Wheatley），自然资源和劳动部长文森特·欧·惠特利（Vincent O. Wheatley MHA），卫生和社会发展部长卡文·马隆（Carvin Malone），通信和工程部长凯·莱默（Kye Rymer），总检察长巴巴·阿齐兹（Baba Aziz）。

【主要网址】http://bvi.gov.vg。

【司法机构】受辖于东加勒比最高法院（Eastern Caribbean Supreme Court，由高等法院和上诉法院组成，均设在圣卢西亚）。法律体系是参照英国普通法律体系设立的，也增加了一些别的法律条款。每个岛上设1个初审法庭。终审可上诉至英国枢密院。

【政党】主要政党有：

（1）维尔京群岛党（Virgin Islands Party，VIP）：现执政党，20世纪70年代初成立，1986—2003年、2007—2011年执政，在2019年新一届大选中获胜。现任领导人安德鲁·费伊（Andrew Fahie）。

（2）民族民主党（National Democratic Party，NDP）：现反对党，成立于1998年5月，分别在2011年和2015年的大选中获胜。现任领导人麦伦·沃尔温（Myron Walwyn）。2019年2月28日，该党成员马龙·佩恩（Marlon Penn）被任命为反对党领袖。

【重要人物】奥古斯都·雅斯佩特：总督。供职于英国内阁国家安全与情报办公室，曾任前首相卡梅伦内政秘书，于2017年8月21日到达英属维尔京群岛，并于第二天宣誓就职。　**安德鲁·费伊**：总理。2007—2011年担任教育和文化部长，2000—2003年担任卫生、教育和福利部长，2016年成为维尔京群岛党领导人，该党大选获胜后于2019年2月26日就任总理。

经　济

英属维尔京群岛主要依靠旅游业和金融服务业，有少量农业与渔业。进入21世纪后，经济稳定发展，年增长率维持在3%以上。2017年估计地区生产总值，服务业占93.1%，工业占6.8%，农业占0.2%。2017年9月，该地区遭受了超强飓风“艾尔玛”及“玛利亚”的破坏，通信、公路以及80%的房屋和商业受毁，经济、社会基础设施和人员的损失巨大。此后，政府一直致力于灾后重建工作并积极采取恢复经济的措施。随着政府推出的全面发展方案，2018年后，经济出现复苏，游客量回升。2019年，旅游业实现产值增长，随着公共服务和基础设施投资的增加，估计地区生产总值增长2.2%。政府预计自2019年开始，地区经济将实现每年小幅正增长。

主要经济数据如下：

地区生产总值（购买力平价）：10亿美元（2018年估计）。

人均地区生产总值（购买力平价）：4万美元（2018年估计）。

地区生产总值增长率：2.3%（2018年），2.2%（2019年估计）。

货币名称：美元。

通货膨胀率（消费价格）：2.1%（2018年）。

失业率：2.9%（2015年估计）。

【资源】渔业资源丰富，淡水资源有限，托托拉岛上有有限的泉水资源，一些季节性河流也可作为水源。

【工业】制造业规模较小。主要生产朗姆酒、旅游品、印刷品等。2016年发电量为1.26亿千瓦小时。

【农牧渔业】以畜牧业为主，约有耕地800公顷，草场4000公顷。主要种植水果、蔬菜和甘蔗。水果和蔬菜供国内消费并出口美属维尔京群岛，甘蔗主要用于酿造朗姆酒。有畜牧养殖业和渔业。土地较贫瘠，粮食无法自给自足，大部分食品靠进口。

【服务业】离岸金融服务业和房地产业是新兴产业，近年来发展很快。政府进行立法促进保险业务以加强金融业并使其多元化。离岸金融业收入等占政府直接收入的50%。作为世界重要离岸金融中心之一，曾有超过70万家离岸公司在此注册，目前仍有活动的约45万家。但2017年欧盟建立的税务审核不合作黑名单和灰名单制度对该岛的金融服务业造成一定负面影响。

2018年底，英属维尔京群岛发布了经济实质法案，即《2018年经济实质（公司和有限合伙）法》（“BVI经济实质法”），2019年1月1日起实施。2019年10月9日，BVI经济实质法实施细则发布。该法案核心是要求在当地成立从事特定活动的公司、合伙企业，来满足经济实质性要求；若虚假申报或者申报不合格就会面临罚款，税务局有权考虑申请相关实体注销，或者为了达到法案规定的要求，公司或也要付出较为高昂的成本。英属维尔京群岛这一理想的离岸金融地将从宽松规管的法域演变成合规但略显繁重的法域。

【旅游业】最重要的经济部门和发展基础，当地第二大经济支柱，在经济上被高度依赖，约占地区收入的45%。2018年，过夜游客量继续稳步回升，第四季度中邮轮旅游产业强劲反弹。旅游业正在全面复苏并带动2019年经济实现正增长。

【交通运输】岛内以公路运输为主。2007年公路总长约200公里。

水运：有直达英国、美国和荷兰的轮船。罗德港（Road Harbor）为一深水港。主岛间有渡船往来。2019年，在英属维尔京注册的商用船只共计29艘。

空运：共有4个机场，其中现代化机场2个。航线通往迈阿密、美属维尔京群岛以及圣基茨等附近岛国。主要机场是距罗德城约16公里的特伦斯·巴克利·莱瑟姆国际机场（Terrance B. Lettsome International Airport，EIS），也曾被称为牛肉岛机场（Beef Island Airport），航班经波多黎各和安提瓜连接北美及欧洲。

【财政金融】财政年度为1月1日至12月31日。2018年，估计财政收入为3亿美元，较上年下降7.3%；经常性支出为3.5亿美元，其中债务偿还占较大比重。2019年，估计财政收入为3.62亿美元，经常性支出为3.31亿美元。

【对外贸易】历年均为入超。2016年估计进口额为2.1亿美元。2017年估计进口额为3亿美元，出口额为2300万美元。主要进口产品有建筑材料、汽车、食品、机械等，主要出口产品有朗姆酒、鲜鱼、水果、动物、砾石等。主要贸易对象为美属维尔京群岛、美国等。

【外国援助】援助主要来自英国和加勒比开发银行。

人民生活

托托拉岛有1所医院，其他岛屿有诊所。2018年居民平均期望寿命估计为78.9岁。2018年全岛固定电话拥有量为每百人17部，移动电话拥有量为每百人112部。

军　事

英属维尔京群岛防务由英国负责。

文化教育

【教育】2015年英属维尔京群岛教育支出占地区生产总值6.3%。15岁以上人口识字率为98.2%。中小学实行免费义务教育（12年，从5岁开始）。2005年小学与中学的入学率分别为95%和88%，学生与教师之比分别为15：1和9：1。有1所以前首席部长斯托特命名的社区学院。

【新闻出版】有3种周刊:《英属维尔京灯塔》，1984年创刊，发行量3000份;《维岛太阳》，1962年创刊，发行量2850份;《维尔京群岛观点》，周刊。

有5家商业电台。维尔京群岛广播有线公司创立于1965年，设ZBVI电台，进行商业性广播。英属维尔京群岛有线电视台，主要通过电缆收看美属维尔京群岛和波多黎各的电视节目。ZBTV西印度有线电视台为商业性电视台。

对外关系

外交由英国掌管。英属维尔京群岛为万国邮政联盟、国际奥委会、加勒比开发银行、东加勒比国家组织成员，联合国教科文组织、加勒比共同体联系成员，设有国际刑警组织英属维尔京群岛支局。

【同中国的关系】作为离岸金融服务中心之一，一些发达国家（地区）通过英属维尔京群岛对华进行投资。而英属维尔京群岛也是中国对外直接投资主要流向地之一。英属维尔京群岛长期重视对华合作，并在香港设立了除驻英国外的唯一海外代表处。

2017年1月10日至11日，应英属维尔京群岛政府邀请，驻英国大使刘晓明赴该地访问，这是中国驻英大使首次访问英属维尔京群岛，对进一步推进双方在各领域的合作具有重要意义；2月6日，驻英国大使刘晓明在使馆会见英属维尔京群岛总理史密斯。2017年，中央政府授权香港特区政府与英属维尔京群岛谈判税务资料交换协定。英属维尔京群岛和中国均属承诺加入境外金融账户共同申报准则（Common Reporting Standard，CRS）体系进行金融涉税信息互换的国家和地区。2017年，英属维尔京群岛与中国在《多边主管当局间协议》（Multilateral Competent Authority Agreement，MCAA）框架下实现“配对”，英属维尔京群岛已确定会将中国税收居民的金融资产信息提交给中国。2018年9月，英属维尔京群岛向中国政府提交中国税收居民在英属维尔京群岛金融机构所持有账户的信息。

（叶雯）

智　利

国名　智利共和国（The Republic of Chile，República de Chile）。

面积　75.67万平方公里。

人口　1805万。其中城市人口占86.9%。白人和印欧混血种人约占89%，印第安人10.3%。官方语言为西班牙语。在印第安人聚居区使用马普切语。15岁以上人口中信仰天主教的占67%，信仰福音教的占15.0%。

首都　圣地亚哥（Santiago），人口731.42万。1月最热，平均气温为12℃—19℃。6月最冷，平均气温为3℃—14℃。年均最高气温22.6℃，最低气温9.3℃。

国家元首　总统塞瓦斯蒂安·皮涅拉·埃切尼克（Sebastián Piñera Echenique），2018年3月11日就职，任期4年。

重要节日　独立日：9月18日。

简　况

位于南美洲西南部，安第斯山脉西麓。东邻阿根廷，北界秘鲁和玻利维亚，西濒太平洋，南与南极洲隔海相望。海岸线总长约1万公里。是世界上最狭长的国家，南北长4352公里，东西宽96.8—362.3公里。境内多火山，地震频繁。气候地区差异大：北部是常年无雨的热带沙漠气候，中部是冬季多雨、夏季干燥的亚热带地中海式气候，南部为多雨的温带阔叶林和寒带草原气候。年均最低和最高气温分别为8.6℃和21.8℃。

早期境内居住着阿劳干人、马普切人、火地人等印第安民族，16世纪初以前属于印加帝国。1535年，西班牙殖民者从秘鲁侵入智利北部。1541年建立圣地亚哥城，智利沦为西班牙殖民地。1810年成立执政委员会，实行自治。1818年宣告独立。1970年社会党人阿连德当选总统，组成"人民团结"政府。1973年以皮诺切特为首的军人推翻阿连德政府，开始了长达17年的军政府统治。1989年，社会党、基督教民主党等组成"争取民主联盟"（后称执政联盟）参加议会选举和总统大选，基民党人艾尔文当选总统，于次年3月11日开始执政，代议制民主恢复。1994年3月基民党人弗雷继任。1998年皮诺切特交出军权，智"民主过渡"进程基本完成。

政　治

自军人"还政于民"以来，智政局保持稳定。中左政党组成的执政联盟连续执政20年，历经4届政府。2010年1月，中右翼联盟总统候选人皮涅拉在大选第二轮投票中当选总统，于2010年3月11日就职，任期4年。2013年12月，中左翼"新多数派联盟"候选人、前总统巴切莱特在大选第二轮投票中以较高得票率当选总统，于2014年3月11日就职。2017年12月，中右翼联盟"智利前进"候选人、前总统皮涅拉在大选第二轮投票中当选总统，于2018年3月11日就职。

【宪法】现行宪法于1981年3月11日生效，后经过1989年、1991年、1993年、2005年4次修改。宪法规定，总统是国家元首和政府首脑，不能连任，可隔届再次参选。2005年修宪将总统任期改为4年，并取消了终身参议员和指定参议员。

【议会】国民议会（Congreso Nacional）实行参、众两院制。议会由直接选举的50名参议员、155名众议员组成。参议员任期8年，每4年改选其中1/2；众议员任期4年。1973年军事政变后议会被解散，1990年3月11日恢复。本届议会成立于2019年3月11日。现任参议长为海梅·金塔纳（Jaime Quintana），众议长为伊万·弗洛雷斯（Iván Flores García），均于2019年3月当选，任期1年。主要党派在议会中所占席位如下：

	参议院	众议院
基督教民主党	6	14
社会党	7	19
争取民主党	7	7
民族革新党	8	34
独立民主联盟	9	30
社会民主激进党	1	6
共产党	0	8
政治演进党	2	9
广泛针线各党派	1	20

【政府】本届政府于2018年3月11日组成，共设24个部委。主要成员有：内政部长冈萨罗·布卢梅尔（Gonzalo Blumel），外交部长特奥多罗·里韦拉（Teodoro Ribera），国防部长阿尔韦托·埃斯皮纳（Alberto Espina），财政部长伊格纳西奥·布里奥内斯（Ignacio Britones），总统府秘书部部长费力佩·沃德（Felipe Ward），政府秘书部部长卡尔拉·鲁维拉尔（Karla Rubilar），经济部长卢卡斯·帕拉西奥斯（Lucas Palacios）。

【行政区划】全国共分为16个大区（Región），下设56个省（Provincia）和346个市（Comuna）。大区主席和省长由总统任命，市长由选民直接选举产生，任期4年，可连任。

【司法机构】司法独立。全国设最高法院、17个上诉法院和1个军事法庭。最高法院院长阿罗德·克鲁斯（Haroldo Cruz），2018年1月8日任职。1999年成立检察院，国家检察长为豪尔赫·阿博特·恰尔梅（Jorge Abbott Charme），2015年12月就任。

【政党】实行多党制，主要政党分为中右翼执政联盟“智利前进”和中左翼反对党两大阵营。

1. 中右翼“智利前进”：执政联盟，由民族革新党和独立民主联盟等组成。

（1）民族革新党（Renovación Nacional，RN）：1987年2月由右翼的民族联盟、独立民主联盟和全国劳动阵线合并而成。后独立民主联盟脱离该党。党员7.7万人。主张维护和发展西方文明和历史传统，建立“以人为中心，充分尊重个人自由”的社会。2018年，该党领袖皮涅拉就任总统。现任党主席马里奥·德斯博尔德斯（Mario Desbordes）。

（2）独立民主联盟（Unión Demócrata Independiente，UDI）：成立于1983年。党员8万。由独立人士和1979年成立的“新民主”组织组成。该党自2001年起成为议会第一大党。主张多元民主和权力下放，实施私有制基础上的市场经济。现任党主席杰奎琳·范里塞尔伯格（Jacqueline Van Rysselberghe）。

2. 中左翼主要反对党：

（1）基督教民主党（Partido Demócrata Cristiano，PDC）：成立于1957年。智利议会第一大中左翼政党。党员10.8万。基督教民主党国际成员。主张实现真正的基督教主义，建立民主制度，尊重人权，与不同思想派别共处。该党在智民主化进程中发挥了重要作用，其领导人艾尔文、弗雷先后担任后军政府时代第一、二任民选总统。现任党主席卡罗莉娜·戈伊克（Carolina Goic）。

（2）社会党（Partido Socialista，PS）：成立于1933年。党员约10.9万。社会党国际成员。曾长期自称为马克思主义党，苏联解体后把党的发展目标改为民主社会主义，主张建立一个自由、民主、人道的社会。1970—1973年与共产党等组成“人民团结”政府，该党领导人阿连德任总统。1979年发生分裂。1989年12月阿拉特和阿尔梅达两大派宣布联合。1989年、1993年和1999年与争取民主党、基民党等结盟参加大选获胜。现任党主席阿尔瓦罗·埃利萨尔德（Álvaro Elizarde）。

（3）争取民主党（Partido por la Democracia，PPD）：成立于1987年。党员8.4万。社会党国际成员。其主张与社会党基本相同，但更为自由化。对内主张积极推动宪法改革，根除军政府建立的法制体系。对外主张以国际主义、人道主义、和平主义和拉美主义原则同世界各国建立外交、贸易和文化关系。2000—2006年，党领袖拉戈斯担任总统。现任党主席冈萨洛·纳瓦雷特（Gónzalo Navarrete）。

（4）社会民主激进党（Partido Radical Social Demócrata，PRSD）：成立于1863年。党员约9万。社会党国际成员。其前身为激进党。1987年激进党内发生分裂，原副主席安塞尔莫·苏莱等另组社会民主激进党。1994年两党合并定为现名。其意识形态来源于欧洲社会民主主义和拉美改良主义，主张在人道主义原则基础上建立自由和民主的社会。现任党主席埃内斯托·贝拉斯科·罗德里格斯（Ernesto Velasco Rodríguez）。

（5）共产党（Partido Comunista，PC）：成立于1912年。党员4.7万。原名社会主义工人党，1922年改为现名。1970—1973年与社会党等联合执政。1979年提出“人民造反”路线，要求立即结束军政权。1983年同社会党阿尔梅达派等组成“人民民主运动”。1985年被宪法法庭宣布为非法。1990年10月恢复合法地位。2010年首次进入国会。现任党主席吉列尔莫·泰列尔（Guillermo Tellier），总书记劳塔罗·卡蒙娜（Lautaro Carmona）。

【重要人物】塞瓦斯蒂安·皮涅拉·埃切尼克：总统。1949年12月1日生于智利首都圣地亚哥，美国哈佛大学经济学博士，智著名企业家。1990—1998年任参议员。2001—2004年任智民族革新党主席。2010年3月至2014年3月担任总统。2017年12月再次当选总统，2018年3月11日就职。

经　济

智利属于拉美经济较发达的国家之一。矿业、林业、渔业和农业是国民经济四大支柱。1974年皮诺切特军政府执政后实行经济改革，调整产业结构，全面开放市场，拓展全方位自由贸易。此后，文人政府基本延续这一政策。智利经济多年保持较快增长，其综合竞争力、经济自由化程度、市场开放度、国际信用等级均为拉美之首，被视为拉美经济发展样板。近年来，受全球经济低迷、中美贸易摩擦、国际铜价波动等因素影响，智利经济发展面临一定挑战。2019年主要经济数据如下：

国内生产总值：2942亿美元。

人均国内生产总值：15399美元。

货币名称：比索（peso）。

汇率：1美元=753比索（2019年12月）

通货膨胀率：3.7%（截至2019年）。

失业率：7.3%（截至2019年12月）。

外汇储备：377.9亿美元（截至2019年）。

外债余额：1981亿美元（截至2019年）。

（资料来源：世界银行、智利中央银行、国际货币基金组织）

【资源】矿藏、森林和水产资源丰富，以盛产铜闻名于世，素称“铜之王国”。已探明的铜蕴藏量达2亿吨以上，居世界第一位，约占世界储藏量的1/3。铜储量、产量和出口量均为世界第一。铁蕴藏量约12亿吨，煤约50亿吨。此外，还有硝石、钼、金、银、铝、锌、碘、石油和天然气等。盛产温带林木，木质优良，是拉美第一大林产品出口国。渔业资源丰富，是世界上人工养殖三文鱼和鳟鱼的主要生产国。

【工业】工矿业是智国民经济的命脉。近几年铜产量如下：

	2017	2018	2019
铜（万吨）	550.3	583.16	578.74

（资料来源：智利矿业部，国家铜委员会，智利中央银行）

【农林牧渔业】2016/2017财年主要农作物播种面积68.46万公顷。水果种植面积约30.01万公顷，年产量415.20万吨。主要水果有苹果、葡萄、油梨、李子、桃、梨等。

林业：森林覆盖面积约16.20万平方公里，约占国土面积22%。其中天然林13.18万平方公里，人工林2.90万平方公里。主要树种是辐射松（64.9%）和桉树（29.3%），主要林产品为木材、纸浆、纸张等。

畜牧业：牧场面积12.93万平方公里。年产牛肉约76.18万吨，猪肉约25.92万吨，禽类约64.37万吨，牛奶约51.2亿升。

渔业：捕鱼量约443.5万吨。

【旅游业】智利政府重视发展旅游业。2010年全国有旅行社1246家，其中33.3%在首都大区，19.3%在瓦尔帕莱索，共有星级酒店、宾馆、别墅等住宿设施4126处。2019年共接待外国游客408万人次，主要来自巴西、阿根廷等周边国家，北美和欧洲。

【交通运输】铁路：总长6000公里。2013年客运量为2862万人次，货运量26.4万吨。首都圣地亚哥地铁全长103公里，2013年客运量为4.66亿人次。

公路：总长10万公里。其中泛美公路长达3600公里。2013年全国有各种机动车417万辆。

海运：2012年国内外船只货物总吞吐量达1.02亿吨。全国共有70多个沿海港口，主要港口有：瓦尔帕莱索港、塔尔卡瓦诺港、安托法加斯塔港、圣安东尼奥港和彭塔阿雷纳斯港等。

空运：有5家航空公司，6个国际机场。2013年国内航线年客运量947万人次，货运量2.85万吨。国际航线客运量700万人次，货运量27.08万吨。全国有大小机场325个，主要国际机场有首都的阿图罗·梅里诺·贝尼特斯机场和北部阿里卡市的查卡柳塔机场。

【主要银行】智利银行，成立于1893年。

【对外贸易】智利经济在很大程度上依赖对外贸易。出口总额占国内生产总值的60%左右。实行统一的低关税率（2003年起平均关税率为6%）的自由贸易政策。目前同世界上170多个国家和地区有贸易关系。近几年贸易情况如下（单位：亿美元）：

	2017	2018	2019
出口额	668.11	754.82	673
进口额	599.09	741.89	646
差　额	69.02	12.93	27

（资料来源：智利海关）

【对外投资】根据智利外交部经济总司报告，目前智利超过1000家企业在海外投资项目达2500个，分布于全球70多个国家。

【对外援助】据智利外交部国际合作署统计，主要受援对象为拉美和加勒比国家。

【外国投资】根据智利央行数据，2019年智利吸收外国直接投资107.97亿美元。

【外国援助】据智外交部国际合作署统计，对智提供合作项目援助的主要国家有德国、日本、西班牙等。国际组织主要包括欧盟、联合国和美洲国家组织等。援助项目涉及环境保护、能源开发、国家建设、公共管理、科技创新等领域。

【著名公司】（1）智利国家铜公司（Corporacion Nacional del Cobre de Chile，CODELCO）：成立于1976年4月1日，是世界最大的铜生产企业，经营铜矿的开发、开采、提炼、加工及销售等。2013年产量162.1万吨，占智全国总产量的28%。现任董事长奥斯卡·兰德莱特切·莫雷诺（Oscar Landerretche Moreno）。地址：Huerfanos 1270，Santiago，Chile。

（2）智利化工、矿业公司（Sociedad Quimica y Minera de Chile S.A.，SQM）：成立于1968年，经营化肥、化工产品、碘、锂的生产及销售。2013年资产总额47.67亿美元，纯收入4.7亿美元。董事长胡利奥·庞塞·勒鲁（Julio Ponce Lerou），首席执行官帕特里西奥·孔特塞·冈萨雷斯（Patricio Contesse Gonzalez）。地址：El Trovador 4285，Las Condes，Santiago，Chile。

（3）智利钼金属公司（Molibdenos y Metales S.A.，Molymet）：成立于1975年，是世界上钼的主要生产企业，占有全球1/3的市场份额，从事钼及相关产品的生产及销售。2013年资产总额17.58亿美元，销售额9.1亿美元。总裁卡洛斯·乌尔塔多·鲁伊斯–塔格莱（Carlos Hurtado Ruiz-Tagle）。地址：Camino Nos a Los Morros N°　66，San Bernardo，Chile。

（4）南美船运公司（Compania Sudamericana de Vapores S.A.，CSAV）：成立于1872年，拉美最大的船运公司，经营船运及相关配套服务。2013年资产总额23.77亿美元，销售额32.06亿美元。董事长吉列尔莫·卢克希奇·克雷格（Guillermo Luksic Craig）。地址：Valparaíso，Chile。

人民生活

2019年智利最低月工资标准为30万比索，全国共有劳动力837.9万人。智利中产阶级约为1100万人，占全国人口的69.8%。贫困人口占全国人口的14.4%。近10年智医疗卫生事业发展迅速，建立了完善的医保体系。智利的医保体系由公共、私营两部分组成，其中公共医保占66%，私营部分占34%。医疗保障金占收入的7%。全国有公立医院213家，床位2.91万张；私人医院105家，床位7053张。全国共有医生约2.64万人，平均659人拥有1个医生。医疗卫生支出约占GDP的5.6%。人口普查显示，智最近10年人口增长率0.99%。人均寿命79.1岁，其中60岁以上的人口占全国人口的14%。

军　事

智利武装部队分为陆、海、空三军，三军实行分权独立，无统一的军事指挥机构，各军种总司令为本军种最高军事长官。宪法规定，总统是最高国防领导人，战时担任武装力量最高统帅，经国会授权对外宣战。国家安全委员会是国家安全问题的最高决策机构。国防部是最高军事行政机关，国防部长由文人担任，是总统最直接的军事助手。国防部下辖联合参谋部，负责协调和制定三军的作战、训练、情报、军事预算和军购等事宜。实行志愿兵与义务兵相结合的兵役制，陆、空军士兵服役期为12个月，海军士兵服役期为18个月。2010年智利国防白皮书规定智执行威慑性、积极防御的国防政策。

陆军3.5万人，海军1.63万人，空军0.78万人。智利没有统一的军区划分，各军种根据防务需要划分为不同的军区。陆军编为6个师、1个特种作战旅和一个陆航旅，海军设5个海区，空军编成5个航空旅。

文化教育

【教育】实行12年义务基础教育。中等学校分为两种：（1）科学—人文学校，即普通中学，学生毕业后绝大部分报考大学；（2）技术—职业学校，分为工业、商业、技术和农业等门类。从这类学校毕业的学生既可参加工作，也可升大学。有各类学校1.08万所，其中高等教育院校298所，职业学校82所，技术培训中心156个。著名大学有：智利大学、智利天主教大学、圣地亚哥大学。人均受教育时间为9.25年。在校学生人数约465.52万，其中中学生104.42万，大学生112.71万。15岁以上人群的识字率为98.6%（男性98.5%，女性98.6%）。

【科研】主要科研机构有科学院、全国科学技术研究委员会和核能委员会。科学工作者人数占全国总人数的3.68%，居拉美第四位。

【新闻出版】全国有报社87家。共发行824种报纸杂志，其中日报124种，杂志463种，简报69种。主要报纸有：《信使报》，1827年创刊，发行量平日13万份，星期六18万份，星期日31万份；《民族报》，1980年创刊，发行量3万份；《三点钟报》，1950年创刊，发行量平日18万份，周末23万份；《二点钟报》（晚报），1931年创刊，发行量4万份；《最后消息报》，1902年创刊，发行量15万份。主要杂志有：《事件》，1971年创刊，发行量3万份；《新情况》，1976年创刊，发行量2.5万份；《今日》，1977年创刊，发行量3万份。除《民族报》为官方报纸外，其他均为独立发行。

主要通讯社为私营的环球通讯社。

主要有国家电台、合作电视台、波塔莱斯电台、农业电台和矿业电台。

电视台9家，其中影响较大的是国家电视台、智利大学电视台、天主教大学电视台、大视野电视台和瓦尔帕莱索天主教大学电视台。

【文化艺术】智是拉美文化艺术水准较高的国家之一。全国有图书馆1999家，总藏书量为1790.7万册。有电影院305家。首都圣地亚哥是全国文化活动中心，有25个美术馆。诗人加夫列拉·米斯特拉尔获1945年诺贝尔文学奖，成为第一个获此奖的南美洲作家。诗人巴勃罗·聂鲁达获1971年诺贝尔文学奖。

对外关系

智利奉行独立自主的多元化务实外交政策。主张尊重国际法，和平解决争端，捍卫民主和人权。推行全方位的外交战略，对外交往十分活跃。智优先发展同拉美邻国和南共市国家的关系，重视与美、欧的传统关系，积极拓展同亚太国家的关系，同世界上172个国家建立了外交关系。重视双边自由贸易谈判，已同绝大多数拉美国家及美国、加拿大、欧盟、韩国、中国、日本等65个国家和地区签署了27个自由贸易协定。

智利积极参与国际和地区事务，是南美进步论坛、美洲国家组织、拉美和加勒比国家共同体、亚太经合组织、太平洋经济合作理事会、太平洋盆地经济理事会、不结盟运动、"十五国集团"等国际和地区组织的成员国和南方共同市场的联系国。曾连续当选联合国经社理事会成员国，安理会2003—2004年、2014—2015年度非常任理事国，人权委员会2002—2004年度成员国，南美国家联盟2008—2009年度轮值主席国、南美进步论坛2019—2020年度轮值主席国。同新加坡一起倡议并推动成立了"东亚—拉美合作论坛"，并成功主办了论坛第2届、第3届高官会和首届外长会。

【同中国的关系】智利于1970年12月15日同中国建交，是第一个同中国建交的南美洲国家。2004年中智建立全面合作伙伴关系。2012年双方建立战略伙伴关系。2016年11月，双方建立全面战略伙伴关系。建交以来，中智关系发展顺利，双方高层接触频繁，经贸合作日益扩大，在国际多边领域保持良好合作。

2014年7月，习近平主席在巴西利亚会见出席中国—拉美和加勒比国家领导人会晤的智利总统巴切莱特。11月，巴切莱特总统来华出席亚太经合组织领导人第22次非正式会议并进行工作访问。2015年1月，智利外长穆尼奥斯来华出席中拉论坛首届部长级会议。5月，李克强总理对智利进行正式访问。2016年11月，习近平主席对智利进行国事访问，两国建立全面战略伙伴关系。2017年5月，巴切莱特总统对华进行国事访问并出席"一带一路"国际合作高峰论坛。2017年4月，中智政府间常设委员会（两国委员会）第一次会议在北京召开，外交部副部长王超与智利副外长里韦罗斯共同主持会议。8—9月，智利周在中国举行。11月，亚太经合组织第二十五次领导人非正式会议期间，习近平主席同巴切莱特总统共同出席中智自贸协定升级议定书签字仪式。2018年1月，王毅外长赴智利出席中拉论坛第二届部长级会议，并对智利进行正式访问。3月，习近平主席特使、十二届全国政协副主席马培华赴智利出席智利总统权力交接仪式。9月，智利外长安普埃罗对我国进行正式访问。11月，习近平主席同皮涅拉总统在亚太经合组织第二十六次领导人非正式会议期间举行双边会见。11月，全国政协副主席马飚访智。2019年4月，皮涅拉总统对华进行国事访问并出席第二届“一带一路”国际合作高峰论坛。7月，国务委员兼外交部长王毅对智利进行正式访问。

据中国海关总署统计，2019年双边贸易额为409亿美元，其中中方出口额147亿美元、进口额262亿美元，同比分别减少3.9%、7.4%和1.9%。智是中国在拉美的第三大贸易伙伴，中国是智在全球的第一大贸易伙伴、第一大出口目的地、第一大进口来源地和智利铜最大买主。

中国驻智利大使：徐步。馆址：AV. PEDRO DE VALDIVIA 550，SANTIAGO，CHILE。电话：00562–2339880（办公室），2339898（领事部），2339886（文化处）；传真：2341129，3352755。商务处地址：AV. PEDRO DE VALDIVIA 1032，SANTIAGO，CHILE。电话：00562–2239988；传真：2232465。

智利驻华大使：路易斯·施密特（Luis Schmidt）。馆址：北京市朝阳区三里屯东四街1号。电话：010–65321591；传真：65323170。

【同拉美和加勒比国家的关系】智政府强调立足拉美，优先巩固和加强同拉美国家，特别是周边邻国的关系。重视地区国家间的政治磋商与协调以及经贸技术合作，积极推动地区一体化，维护地区民主与和平。2011年4月，与秘鲁、哥伦比亚、墨西哥宣布成立拉美“太平洋联盟”，以推动实现沿太平洋国家经贸合作和一体化。2011年12月，拉美和加勒比国家共同体成立，智利担任首任轮值主席国，任期1年。2012年6月和9月，智先后成功举办拉美太平洋联盟第4届峰会和拉美和加勒比国家共同体外长会。2016年7月，智举办第11届拉美太平洋联盟首脑峰会，并接任轮值主席国，任期1年。2018年1月，在圣地亚哥举办中拉论坛第二届部长级会议。2019年，智利、哥伦比亚提议建立南美进步论坛，并于3月在圣地亚哥举行南美进步论坛首次峰会。

【同美国的关系】智美1823年建交。美国一直是智最主要的经贸伙伴和投资国之一。智民选政府执政后同美关系实现正常化，把对美关系视为外交重点，美亦把智视为在拉美优先考虑的国家之一，恢复给予智“普惠制”待遇，允智重新加入美海外投资保险体系，取消了禁止向智出口武器和提供军援的“肯尼迪修正案”。智美建有政治、国防等磋商机制。2003年6月，智美签署双边自由贸易协定。2013年6月，皮涅拉总统访问美国，双方签署免签协议，使智利成为首个赴美旅游免签的拉美国家。2018年、2019年，皮涅拉总统赴美国出席联合国大会一般性辩论，其间同特朗普总统进行会晤。

【同欧盟的关系】巩固和加强同欧盟的传统关系是智的既定方针。智欧高层互访频繁。2010年，皮涅拉总统访问西班牙，并出席欧拉领导人峰会。欧盟是智重要的贸易伙伴和出口市场。1999年，智欧开始商谈自由贸易协定。2002年双方签署政治、经济伙伴与合作协议，智成为同欧盟签署自贸协定的第二个拉美国家。协议于2003年1月1日起生效。2010年，智与欧盟签订发展和创新伙伴关系协议。2013年1月，智成功举办拉美和加勒比国家共同体和欧盟国家第一次首脑会议。2017年11月，欧盟同意和智利谈判，以更新现有的自由贸易协定，在气候变化、可持续发展、教育政策和贸易等问题上加强合作。

【同亚太国家的关系】智政府把加强同亚太地区的关系放在其外交的重要位置，认为加强同亚太国家的经贸关系符合其外交多元化和多样化的总目标，对智当前和长远经济发展都具有重要战略意义。亚太地区国家是智最大的贸易伙伴。智积极参与亚太区域经济安排，分别于2007年3月、2008年7月、2010年11月同日本、澳大利亚、马来西亚签署自贸协议。2017年3月，智利主办亚太经济一体化高级别对话会，邀请跨太平洋伙伴关系协定成员国和中国、韩国、哥伦比亚参加，共同探讨新形势下亚太区域经济一体化走向。2015年10月，由智利、新加坡、文莱、新西兰发起的跨太平洋战略经济伙伴协定（TPP）在美国达成。2017年11月亚太经合组织第25次领导人非正式会议期间，协定11国宣布就协定核心内容达成一致，并改名为“全面与进步跨太平洋伙伴关系协定”（CPTPP）。2018年3月，11国在智利正式签署CPTPP。

【同俄罗斯和东欧国家的关系】近年来，智同俄罗斯和东欧国家双边政治交往有所增加，经贸领域的互惠合作有所发展。智将东欧地区视为进一步开拓出口产品市场的重点地区之一。与匈牙利签署了鼓励和相互保护投资协定，与乌克兰和俄罗斯签署了空间技术合作协定。2010年，智同俄罗斯建立战略合作伙伴关系。

（陈翔）

大洋洲

澳大利亚

国名 澳大利亚联邦（The Commonwealth of Australia）。

面积 769.2万平方公里。

人口 2569万（2020年5月）。英国及爱尔兰后裔占74%，亚裔占5%，土著人占2.7%，其他民族占18.3%。官方语言为英语。约63.9%的居民信仰基督教，5.9%的居民信仰佛教、伊斯兰教、印度教等其他宗教。无宗教信仰或宗教信仰不明人口占30.2%。

首都 堪培拉（Canberra），人口约42.7万，年平均气温20℃。

国家元首 英国女王伊丽莎白二世。女王根据澳大利亚总理提名任命总督为其代表，任期5年。现任总督戴维·赫尔利（David Hurley），2019年7月1日就任。

重要节日 澳大利亚日（国庆日）：1月26日。

简　况

位于南太平洋和印度洋之间，由澳大利亚大陆、塔斯马尼亚岛等岛屿和海外领土组成。东濒太平洋的珊瑚海和塔斯曼海，北、西、南三面临印度洋及其边缘海。海岸线长3.67万公里。北部属热带气候，大部分属温带气候。年平均气温北部27℃，南部14℃。

最早居民为土著人。1770年英国航海家詹姆斯·库克抵澳东海岸，宣布英国占领这片土地。1788年1月26日，英向澳流放的第一批犯人抵悉尼湾，开始在澳建立殖民地，后来将1月26日定为澳国庆日。1900年，英议会通过“澳大利亚联邦宪法”和“不列颠自治领条例”。1901年1月1日，澳6个殖民地区联合成为澳大利亚联邦。1926年成为英帝国自治领。1931年成为英联邦内独立国家。1986年，英议会通过“与澳大利亚关系法”，澳获得完全立法权和司法终审权。1999年11月澳全民公决决定维持君主立宪制政体。

政　治

【议会】联邦议会是立法机构，成立于1901年，由女王（澳总督为其代表）、众议院和参议院组成。众院有151名议员，按各州（地区）人口比例选举产生，任期3年。现任众议长托尼·史密斯（Tony Smith，自由党），2015年8月就职，2016年8月连任，2019年6月连任。参院有76名议员，6个州每州12名，2个地区各2名。各州参议员任期6年，每3年改选一半，各地区参议员任期3年。现任参议长斯科特·瑞恩（Scott Ryan，自由党），2017年11月就职，2019年6月连任。

【政府】政府由众议院多数党或政党联盟组成，任期3年。2013年9月，自由党—国家党联盟在联邦大选中战胜原执政党工党组建新政府，自由党领袖托尼·阿博特（Tony Abott）出任总理。2015年9月，前通讯部长马尔科姆·特恩布尔（Malcolm Turnbull）取代阿博特成为自由党领袖，并就任澳联邦总理。2016年7月，特恩布尔领导自由党—国家党联盟赢得大选，特恩布尔再次就任总理。2018年8月，原国库部长斯科特·莫里森（Scott Morrison）在自由党内部选举中取代特恩布尔当选该党领袖，并出任澳新一届总理。2019年5月，自由党—国家党联盟赢得大选，莫里森连任。莫里森政府主要内阁成员有：总理斯科特·莫里森，副总理兼基础设施、交通和地区发展部长迈克尔·麦科马克（Michael McCormack），外长玛丽斯·佩恩（Marise Payne，女），财政和公共服务、政府驻参议院领袖兼行政委员会主席马赛厄斯·科尔曼（Mathias Cormann），国库部长兼自由党副领袖乔希·弗莱登伯格（Josh Frydenberg），国防部长琳达·雷诺兹（Linda Reynolds，女），国防工业部长梅莉莎·普莱斯（Melissa Price，女），内政部长彼得·达顿（Peter Dutton），总检察长、产业关系部长兼众议院领袖克里斯蒂安·波特（Christian Porter），贸易、旅游与投资部长兼政府驻参议院副领袖西蒙·伯明翰（Simon Birmingham），卫生部长格雷格·亨特（Greg Hunt），教育部长丹·提恩（Dan Tehan）。

【行政区划】全国划分为6个州和2个地区。6个州分别是新南威尔士、维多利亚、昆士兰、南澳大利亚、西澳大利亚、塔斯马尼亚；2个地区分别是北方领土地区和首都地区。各州有州督、州议会、州政府和州长。

【司法机构】最高司法机构是联邦最高法院，对其他各联邦法院、州法院、地区法院具有上诉管辖权，并对涉及宪法解释的案件作出决定，由1名首席大法官和6名大法官组成。现任首席大法官苏珊·基菲尔（Susan Kiefel），2017年1月就职。除高等法院外，全国还设有联邦法院和家庭法院。各州设最高法院、区法院和地方法院。首都地区和北领地只设最高法院和地方法院。

【政党】有大小政党几十个，主要政党有：

（1）自由党（Liberal Party）：1944年成立，前身是1931年成立的澳大利亚联合党。主要代表工商业主利益，多次执政。2019年5月，自由党—国家党联盟在联邦大选中胜出连任执政。现任领袖斯科特·莫里森。

（2）国家党（National Party）：成立于1918年，原称乡村党，后称国家乡村党，1982年改用现名。其影响主要在农村地区，代表农场主利益，1996—2007年与自由党联合执政，2013年与自由党再度联合执政。现任领袖迈克尔·麦科马克。

（3）澳大利亚工党（Australian Labour Party）：成立于1891年，为澳最大政党，同工会关系密切，工会会员多为其集体党员。自1940年以来曾11次执政。2013年9月7日，陆克文（Kevin Rudd）领导的工党在澳联邦大选中失利，结束了6年的执政期。现任领袖安东尼·阿尔巴尼斯（Anthony Albanese）。

其他小党有绿党、澳大利亚民主党和澳大利亚共产党等。

【重要人物】**戴维·赫尔利**：总督。1953年8月生于澳大利亚新南威尔士州，毕业于澳皇家军事学院。1993年率澳陆军第一营赴索马里参加维和军事行动。2011年任澳国防军司令。2014年退役后就任新南威尔士州州督。2019年7月就任澳第27任联邦总督。**斯科特·莫里森**：总理。1968年5月出生于澳大利亚悉尼市，新南威尔士大学荣誉理学学士。曾任澳大利亚旅游局常务董事。2007年当选澳大利亚联邦众议员。2013年9月起历任移民与边境保护部长、社会服务部长、国库部长。2018年8月当选自由党领袖，并出任澳总理，2019年5月胜选连任。

经　济

澳大利亚是一个后起的工业化国家。农牧业发达，自然资源丰富，盛产羊、牛、小麦和蔗糖，也是世界重要的矿产品生产和出口国。农牧业、采矿业为其传统产业。近年来，制造业和高科技产业发展较快。服务业已成为国民经济主导产业。20世纪70年代以来，进行了一系列经济改革，大力发展对外贸易，经济保持较快增长。2008年之前的17年，经济年均增长率为3.5%，在经合组织国家中名列前茅。受国际金融危机影响，2009年经济增幅有所放缓。但由于澳金融体系稳健，监管严格，宏观经济政策调整空间大，在危机中表现好于其他西方国家。21世纪以来经历了矿业繁荣期，但对其他行业造成挤压。近两年来，矿业繁荣明显降温，公共财政压力上升，经济增长有所放缓。迄今澳经济已连续29年保持正增长。主要经济数据如下：

国内生产总值（2018/2019财年）：1.85万亿澳元。

人均国内生产总值（2018/2019财年）：约7.2万澳元。

经济增长率（2018/2019财年）：1.9%。

货币：澳元（1澳元≈0.66美元，2020年5月）。

失业率：5.2%。

外汇储备：679亿澳元（2019年10月）。

【资源】矿产资源丰富，至少有70余种。其中铅、镍、银、铀、锌、钽的探明经济储量居世界首位。澳是世界上最大的锂、锆生产国，黄金、铁矿石、煤、锰矿石、镍、银、铀、锌的产量也居世界前列。澳还是世界最大的烟煤、铝矾土、钻石、锌精矿出口国，第二大氧化铝、铁矿石、铀矿出口国，第三大铝和黄金出口国。已探明的有经济开采价值的矿产蕴藏量包括：铝矾土约53亿吨，铁矿砂146亿吨，黑煤403亿吨，褐煤300亿吨，铅2290万吨，镍2260万吨，银4.14万吨，钽4.08万吨，锌4100万吨，黄金5570吨。原油储量2270亿升，天然气储量2.2万亿立方米。2018/2019财年澳矿业产值占澳GDP的8.5%，对GDP增长的贡献率达35%，吸纳23万就业人口。森林覆盖率21%，天然森林面积约1.63亿公顷（2/3为桉树）。渔业资源丰富，捕鱼区面积比国土面积多16%，是世界上第三大捕鱼区，有3000多种海水和淡水鱼以及3000多种甲壳及软体类水产品，其中已进行商业捕捞的约600种。最主要的水产品有对虾、龙虾、鲍鱼、金枪鱼、扇贝、牡蛎等。

【工业】以建筑业、制造业和矿业为主。2016/2017财年，建筑业产值3783.06亿澳元，同比增长0.9%。制造业产值3639.69亿澳元，同比下降2.3%。矿业产值2149.84亿澳元，同比增长13.4%。

【农牧业】农牧业发达，在国民经济中占有重要地位。2017/2018财年，农业产值约600亿澳元，占同期GDP的3%，70%的农产品出口海外，吸纳27.8万就业人口。

【服务业】服务业为澳经济最重要和发展最快的部门。经过30余年的经济结构调整，已成为国民经济支柱产业。2017/2018财年，服务业产值1.45万亿澳元，占澳国内生产总值的76%，服务业中产值最高的五大行业是金融保险业、医疗和社区服务业、专业科技服务业、公共管理和安全服务、教育培训服务。澳是亚太地区最大、最发达的金融服务市场之一。2017/2018财年，金融业产值为1583.61澳元，金融服务业对澳

GDP贡献约为8.8%。2017/2018财年，澳服务贸易出口共880亿澳元。

【旅游业】旅游业是澳经济重要部门。2018年，赴澳外国游客852万人次，同比增长5%。游客消费439亿澳元，同比增长7%。主要游客来源国有中国（132万人）、新西兰（126万人）、美国（74.4万人）、英国（68.8万人）。澳旅游资源丰富，著名的旅游城市和景点有悉尼、墨尔本、布里斯班、阿德莱德、珀斯、黄金海岸、达尔文、大堡礁、艾尔斯岩（乌鲁鲁）等。

【交通运输】国际海、空运输业发达。悉尼是南太平洋主要交通运输枢纽。交通运输情况如下：

铁路：自20世纪90年代以来，铁路行业进行了公司化和私有化改革。截至2018年9月，全国铁路总长度约33221公里，其中10%为电气化铁路。共有铁路机车2025台。2015/2016财年，铁路系统共运送货物13亿吨，城市轻轨系统运送乘客6.8亿人次。

公路：2018年，全国公路总长近88万公里。2019年全国注册机动车辆总数约1950万辆，客车占74.7%。其中，汽油动力车辆占73.6%，柴油动力车辆占24.4%。

水运：港口超过100个，其中墨尔本港为全国第一大港。2015/2016财年，全国港口货物吞吐量约16亿吨，同比增长3.1%。

空运：2017/2018财年，运行国内航班63.5万架次，运送国内旅客6076万人次，其中墨尔本—悉尼、布里斯班—悉尼、布里斯班—墨尔本航线为最重要的三条国内航线。主要国内航空公司有“澳洲航空”（Qantas）、“维珍澳洲”（Virgin Australia）和“捷星”（Jetstar）。2017/2018财年，共有62家各国航空公司承运抵/离澳国际航班，运送国际旅客4062万人。客流量排名前十的机场有：悉尼、墨尔本、布里斯班、珀斯、阿德莱德、黄金海岸、凯恩斯、堪培拉、霍巴特和达尔文。

【财政金融】财政年度为每年7月1日至次年6月30日。2018/2019财年，政府财政赤字大幅缩减至6.9亿澳元，经济增长率1.9%，通货膨胀率1.7%。

金融业成熟完善，监管严格。拥有全球第五大金融体系和资本市场。澳储备银行（RBA）为中央银行。国民银行、联邦银行、西太银行、澳新银行为主要的四大银行，总资产占全部银行资产的50%以上。金融监管框架由澳审慎金融监管局（APRA）、澳证券和投资委员会（ASIC）、澳储备银行三大独立机构组成。

股票市场发达，由澳股票交易所（ASX）运作，三种传统主要股票指数包括综合普通股指数（All Ordinaries）、综合工业股指数（All Industrials）和综合资源股指数（All Resources）。自2000年4月起，澳股票交易所和标准普尔公司联合推出全新股票指数，以更好地反映投资市场的新变化。新股指主要包括S&P/ASX100、S&P/ASX200和S&P/ASX300三种，其中S&P/ASX200代表本地市场88.2%的资金，被视为衡量澳股票市场运行状况的最重要指标。

【对外贸易】澳对国际贸易依赖较大。澳与130多个国家和地区有贸易关系。目前，澳主要贸易伙伴依次为中国、日本、美国、韩国、新加坡、新西兰、英国、印度、马来西亚、泰国、德国等。进出口总额（2018/2019财年）：8915.64亿澳元，同比增长11.6%。其中，出口额4701.70亿澳元，同比增长16.6%；进口额4213.94亿澳元，同比增长6.5%。贸易顺差487.76亿澳元。近年来，商品和服务贸易进出口情况如下（单位：亿澳元）：

	2016/2017	2017/2018	2018/2019
出口额	3732	4032	4702
进口额	3622	3954	4214
逆顺差	110	78	488

澳出口主要包括铁矿石、煤、教育旅行服务、个人旅行服务等。进口主要包括个人旅行服务、机动车辆、精炼石油、通信器材、原油等。

【外国投资】澳重视吸引外国投资。截至2018年底，外国对澳投资存量共计3.51万亿澳元。其中主要来源为美国（9395亿澳元）、英国（5748亿澳元）、比利时（3169亿澳元）、日本（2293亿澳元）、中国香港（1188亿澳元）、新加坡（854亿澳元）等。主要外国投资领域为能矿业、制造业、财政金融业和房地产业等。

【对外投资】20世纪80年代以来，澳在海外投资持续增长。截至2018年底，澳在海外投资累计达2.54万亿澳元。主要投资对象为美国（7189亿澳元）、英国（4080亿澳元）、日本（1130亿澳元）、新西兰（967亿澳元）、德国（773亿澳元）、加拿大（773亿澳元）、中国（753亿澳元）等。

【对外援助】澳对外援助主要集中于南太平洋岛国、东南亚国家。近年来援助总额变化情况如下（单位：亿澳元）：

	2016/2017	2017/2018	2018/2019
援助额	38.28	40.75	43.79
占GDP（%）	0.23	0.23	0.24

【著名公司】澳主要上市企业有：

（1）国民银行（National Australia Bank Ltd.）：澳最大的商业银行，成立于1858年。1893年公司化，1982年成为有限公司。2019年，总资产5834.3亿美元，雇用员工3.3万人。董事会主席菲利普·克罗尼肯（Philip Chronican），首席执行官罗斯·麦克尤恩（Ross McEwan）。地址：700 Bourke Street，Docklands，Melbourne，Victoria 3000。

（2）澳大利亚联邦银行（Commonwealth Bank of Australia）：澳第二大商业银行，也是澳客户人数最多的银行。成立于1912年。2019年，总资产7203.5亿美元，雇用员工4.6万人。董事会主席凯瑟琳·利文斯通（Catherine Livingstone），首席执行官马特·科明（Matt Comyn）。地址：Level 7，48 Martin Place Sydney NSW 1155。

（3）西太银行（Westpac Banking Corporation）：澳最老的银行。前身新南威尔士银行（Bank of New South Wales）成立于1817年，1982年更名。2019年，总资产约为6363.0亿美元，雇用员工3.5万人。董事会主席约翰·麦克法兰（John McFarlane），首席执行官彼得·金（Peter King）。地址：Level 25，60 Martin Place，Sydney，New South Wales 2000。

（4）澳新银行（ANZ BANK）：澳主要商业银行之一，创始于1835年。2019年，总资产6818.9亿美元，雇用员工4万人。董事会主席大卫·冈斯基（David Gonski），首席执行官廖贤志（Shayne Elliott）。地址：833 Collins Street，Docklands，Melbourne，Victoria。

（5）必和必拓公司（BHP BILLITON LTD.—Broken Hill Proprietary Billiton Ltd.）：以经营石油和矿产为主的著名跨国公司。BHP于1885年在墨尔本成立。必拓于1860年成立。2001年6月，两公司合并。2019年，总资产1119.9亿美元，净利润约37亿美元，雇用员工2.7万人。董事会主席肯·麦肯齐（Ken MacKenzie），首席执行官迈克·亨利（Mike Henry）。地址：180 Lonsdale Street，Melbourne，Victoria 3000。

（6）麦格里集团（Macquarie Group Limited）：成立于1969年，是一家多元化国际金融机构，提供银行、金融顾问及投资服务。2019年，营业收入53.5亿澳元，雇用员工1.4万人。董事会主席皮特·沃纳（Peter Warne），首席执行官谢默拉·薇克拉马纳雅克（Shemara Wikramanayake）。地址：50 Martin Place，Sydney，New South Wales。

（7）澳电信公司（TELSTRA）：澳最大电信企业，成立于1901年，1991年成为有限公司。澳政府分别于1997年、1999年和2006年出售该公司股票，逐渐将其私有化，目前澳政府控股17%。2017年，营业收入271亿澳元，利润58亿澳元。董事会主席约翰·马伦（John Mullen），首席执行官安迪·潘（Andrew Penn）。地址：Level 41，242 Exhibition Street，Melbourne，Victoria 3000。

（8）西农集团（Wesfarmers Limited）：澳最大的零售公司之一。前身为西澳州农民合作社，成立于1914年，1984年上市。业务涉及零售、家装、煤矿、保险等广泛领域，2007年收购当时澳最大的零售公司科尔斯公司（Coles）。2019年，营业收入539.9亿澳元，总资产272.8亿澳元，雇用员工21.7万人，是澳雇员人数最多的私人企业。董事会主席迈克尔·钱尼（Michael Chaney），首席执行官罗布·斯科特（Rob Scott）。地址：40 The Esplanade，Perth 6000，Western Australia。

（9）力拓集团（Rio Tinto Group）：世界第二大矿业公司，成立于1873年。在全球拥有60多家子公司。2019年，总资产909.5亿美元，利润136.4亿美元，雇用员工4.7万人。董事会主席西蒙·汤普森（Simon Thompson），首席执行官让-塞巴斯蒂安·雅克（Jean-Sébastien Jacques）。集团包括力拓股票上市公司（Rio Tinto plc，总部在英国伦敦）和力拓有限公司（Rio Tinto Limited，总部在墨尔本）。地址：Level 33，55 Collins Street，Melbourne，Victoria 3000。

人民生活

澳是一个高福利国家，福利种类多而齐全，主要包括：失业救济金、退伍军人及家属优抚金、残疾人救济金、退休金以及家庭补贴等。截至2019年11月，全职成年职工人均周工资1658.7澳元。澳医疗卫生事业发达。2016/2017财年，澳共有全科医生3.59万人，医疗保险支出共计220亿澳元。截至2017年末，约45.6%的人参加各种私人医疗保险。

军　事

总督为武装部队总司令。国防部为军队行政管理机构。国防委员会为三军最高决策机构，主席由国防部长担任。国防军司令为国防部长的首席军事顾问。现任国防军司令马克·宾斯金（Mark Binskin）上将。

2016年，澳国防系统总人数9.67万人，其中现役5.92万人，预备役约1.91万人，文职人员1.84万人。常规军中，陆军3.04万人，编成第一师司令部（Headquarters 1st Division）、部队司令部（Forces Command）和特种作战司令部（Special Operations Command）3个司令部；海军1.44万人，编成舰队、战略2个司令部，下辖14个主要海军基地；空军1.44万人，下辖11个主要空军基地，装备F/A-18、F-111、AP-3C等各类飞机。

	2016/2017	2017/2018	2018/2019
国防预算（亿美元）	257	256	265
占GDP（%）	1.9	1.9	1.9

文化教育

【教育】教育主要由州政府负责。各州设教育部，主管本州的大、中、小学和技术教育学院。联邦政府只负责给全澳大学和高等教育学院提供经费，制定和协调教育政策。学校分公立和私立2种，实行学龄前教育、中小学12年义务教育和高等教育，重视并广泛推行职业教育。2016年，澳共有小学6234所，中学1404所，中小学连读学校1315所，特殊学校461所。中小学教职员工约48万人。2016年，澳共有37所公立大学，2所私立大学。著名高等院校有澳国立大学、莫纳什大学、阿德莱德大学、墨尔本大学、新南威尔士大学、昆士兰大学、悉尼大学、西澳大利亚大学等。

【新闻出版】有四大报业集团:《先驱报》和《时代周刊》杂志集团、默多克新闻公司、费尔法克斯公司和帕克新闻联合控股公司。其中，默多克新闻公司发展最快，近年来买下了英国的《泰晤士报》和美国的《纽约邮报》，已成为国际性报业集团。主要报刊有:《澳大利亚人报》，发行量约41万份;《每日电讯报》，发行量39.7万份;《悉尼先驱晨报》，发行量约26万份;《世纪报》，发行量约20.2万份;《金融评论报》，发行量约8.5万份;《堪培拉时报》，发行量约4万份。有期刊1400多种，《澳大利亚妇女周刊》是发行量最大的刊物，达80多万份。《公报》周刊（1880年创刊）是最老的刊物之一。

澳大利亚联合新闻社（AAP）是最大通讯社，总部在悉尼，1964年起与路透社结为联社。

有3个广播电视管理机构。（1）澳大利亚广播公司（ABC）：有4个电台网，通过州和地区首府的制作设备向全国播放非商业性广播和电视节目，并为边远地区提供卫星服务；澳大利亚广播电台（Radio Australia）和澳大利亚国际电视台（Australia Television International）向海外播放。年度预算大部分由联邦议会拨款。（2）澳大利亚通讯和媒体局（Australian Communications and Media Authority）：管理电信、互联网、商业性电台和社区广播，收费并发放许可。全国有商业电台270多家，商业电视台55家。（3）澳大利亚特别节目广播事业局（Special Broadcasting Service，SBS）：主管SBS电视台和SBS广播电台，由联邦政府资助。SBS电视台是一个多元文化电视台，1980年10月24日联合国日开始工作，除新闻、体育和部分纪录片用英语播送外，其余节目均用澳各移民族裔的语言配英文字幕播送，为非英语背景人士提供了解世界的媒体渠道。

对外关系

【同中国的关系】中澳于1972年12月21日建交以来，双边关系总体发展稳定。2012年10月，澳政府发布《亚洲世纪中的澳大利亚白皮书》，强调澳应抓住亚洲特别是中国发展的重要机遇，致力于发展更加全面、紧密的对华合作关系。2013年4月澳总理吉拉德访华期间，双方一致同意建立中澳相互信任、互利共赢的战略伙伴关系，建立两国总理年度定期会晤机制，并由两国外长举行年度外交与战略对话，中国国家发展与改革委员会主任与澳国库部长、贸易部长举行年度战略经济对话。

2014年11月，国家主席习近平出席“二十国集团”领导人布里斯班峰会并对澳大利亚进行国事访问，两国关系提升为全面战略伙伴关系。访问期间，习主席会见澳大利亚总督科斯格罗夫，同总理阿博特会谈，分别会见澳反对党工党领袖、昆士兰州州长、新南威尔士州州长、塔斯马尼亚州代州督及州长等，在澳大利亚联邦议会发表演讲，出席首届中澳省州负责人论坛及中澳工商界首席执行官圆桌会等，并为悉尼中国文化中心、堪培拉“北京花园”、悉尼科技大学“中国馆”揭牌。同月，澳总理阿博特来华出席亚太经合组织领导人非正式会议。

2015年3月，澳大利亚总督科斯格罗夫对华进行国事访问并出席博鳌亚洲论坛2015年年会。国家主席习近平、国务院总理李克强、全国人大常委会委员长张德江分别会见。11月，国家主席习近平在土耳其安塔利亚出席“二十国集团”领导人第十次峰会期间会见澳总理特恩布尔，国务院总理李克强在马来西亚吉隆坡出席第十次东亚峰会期间与澳总理特恩布尔举行中澳总理年度定期会晤。

2016年4月，澳总理特恩布尔对中国进行正式访问。9月，国家主席习近平在“二十国集团”领导人杭州峰会期间会见澳总理特恩布尔。同月，国务院总理李克强在老挝东亚合作领导人系列会议期间会见澳总理特恩布尔。

2017年3月，国务院总理李克强对澳进行正式访问，同澳总理特恩布尔举行第五轮中澳总理年度会晤，会见澳总督科斯格罗夫、参议长帕里、众议长史密斯、反对党工党领袖肖顿、新南威尔士州州长贝雷吉克利安等，与特恩布尔总理共同出席中澳经贸合作论坛、第六届中澳工商界首席执行官圆桌会、第二届中澳省州负责人论坛等。5月，澳贸易、旅游与投资部长乔博代表澳政府来华出席“一带一路”国际合作高峰论坛有关活动。6月，澳众议长史密斯访华，其间全国人大常委会委员长张德江会见，双方举行中澳立法机关定期交流机制第六次会议。11月，国务院总理李克强在菲律宾马尼拉东亚合作领导人系列会议期间会见澳总理特恩布尔。

2018年11月，国务院总理李克强在新加坡东亚合作领导人系列会议期间同澳总理莫里森举行第六轮中澳总理年度会晤。同月，澳外长佩恩访华，其间王毅国务委员兼外长同佩恩举行第五轮中澳外交与战略对话。2019年11月，国务院总理李克强在泰国曼谷出席东亚合作领导人系列会议期间，同澳总理莫里森举行第七轮中澳总理年度会晤。

中国为澳大利亚第一大贸易伙伴、出口市场和进口来源地。澳是中国第八大贸易伙伴。《中澳自贸协定》于2015年12月20日生效。据中国海关总署统计，2018年中澳双边贸易额1527.9亿美元，同比增长12.0%。其中中国对澳出口额473.4亿美元，同比增长14.2%，从澳进口额1054.5亿美元，同比增长11.2%。中国对澳主要出口产品为机电产品、纺织品、家具、玩具、金属制品、化工制品等，从澳主要进口能矿产品、纺织品及原材料、畜牧产品、谷物等。

澳是中国境外投资重要目的地，涉及能矿资源开发、基础设施、房地产、交通运输、金融等领域。澳是中国重要的外资来源地。

中澳两国在科技、文化、教育、旅游等领域开展了广泛交流与合作。目前，中国是澳第三大国际科技合作伙伴。2011年4月，澳总理吉拉德访华期间，双方宣布成立中澳科学与研究基金，中澳签署《教育交流备忘录》和《相互承认高等教育文凭和学位证书协议》等文件。同年6月，中澳旅游峰会在澳举行。双方于2010年6月至2012年6月互办文化年活动。2014年11月，悉尼中国文化中心正式揭牌。目前，汉语已成为澳第二大语言。中国已在澳开设14所孔子学院。2016年4月，澳宣布在上海设立澳大利亚海外创新基地。5月，中国首个海外火炬创新园区落户澳新南威尔士大学。12月，澳面向符合条件的中国公民发放10年多次往返签证。2017年中澳双方共同举办"中澳旅游年"。2017年3月国务院总理李克强访澳期间，双方宣布建立中澳创新对话机制。截至2018年底，中国在澳留学生总数24.7万人，是澳最大的海外留学生群体。据中方统计，2018年，中国赴澳游客达159万人次。截至2020年5月，两国已建立110对友好省州和城市关系。

中澳两军保持友好交往。2014年7月，中央军委副主席范长龙访澳。12月，澳大利亚国防军司令马克·宾斯金和国防部秘书长丹尼斯·理查森来华参加中澳第17次防务战略磋商。2015年8月，中方派员赴澳参加"科瓦里–2015"中澳美三边陆军联训和"熊猫袋鼠–2015"中澳双边联训。10月，中国海军医院船访澳。同月，澳两艘军舰访问湛江，并与中国海军舰船举行海上联演。11月，"合作精神–2015"中澳新（西兰）美（国）四边人道主义救援减灾联合室内推演在澳举行。2016年5月，澳国防军副司令格雷格斯访华。8月，"合作精神–2016"中澳新（西兰）美（国）四边人道主义救援减灾室内联合推演在新西兰举行。同月，中方派员赴澳参加"熊猫袋鼠–2016"中澳双边联训。11月，海军"郑和"号训练舰访澳。2017年8月，中央军委联合参谋部副参谋长邵元明访澳，与澳国防部副秘书长斯金纳、国防军副司令格雷格斯共同主持第20次中澳防务战略磋商。同月，"科瓦里–2017"中澳美三边陆军联训在凯恩斯举行。9月，"熊猫袋鼠–2017"中澳双边联训联演在昆明举行。12月，"合作精神–2017"中澳新（西兰）美（国）四边人道主义救援减灾室内联合推演在南京举行。2018年8月，中国海军应邀派舰艇赴澳参加"卡卡杜–2018"多国联合军演。9月，中澳两军在悉尼举行"熊猫袋鼠–2018"陆军联合训练。同月，澳海军"墨尔本"号护卫舰访问广东湛江。10月，澳国防军司令坎贝尔、国防部秘书长莫里亚蒂访华，中央军委联合参谋部参谋长李作成同澳方共同主持第21次中澳防务战略磋商。2019年1月，澳防长派恩访华。4月，澳海军"墨尔本"号护卫舰访问青岛，参加人民海军成立70周年海上阅兵活动。6月，中国海军第31批护航编队访问澳大利亚悉尼。11月，中央军委联合参谋部参谋长李作成访问澳大利亚并主持中澳两军第22次中澳防务战略磋商。

中国驻澳大利亚大使：成竞业。馆址：15 Coronation Drive，Yarralumla，ACT 2600。电话：0061–2–62283999。传真：62283990。

澳大利亚驻华大使：傅关汉（Graham Fletcher）。馆址：北京市朝阳区东直门外大街21号。电话：010–51404111。传真：51404162（移民处）；51404292（领事和行政处）；51404230（新闻和文化处）。

【同美国的关系】澳美于1940年3月6日建交。1951年澳、新（西兰）、美三国签订《澳新美安全条约》后，澳美结成同盟关系。"9·11"事件后，澳启动《澳新美安全条约》，派兵参加美对阿富汗和伊拉克战争。2005年7月，澳美签署澳参与美导弹防御计划谅解备忘录，澳同意美在澳北部建立联合军事训练中心。11月，两国签署《澳美联合训练中心备忘录》。2014年6月，澳总理阿博特访美。8月，美国务卿克里、国防部长哈格尔访澳，与澳外长毕晓普、国防部长约翰斯顿举行第28次年度双部长磋商。11月，美国总统奥巴马访澳并参加"二十国集团"峰会。2015年1月，澳外长毕晓普访美。10月，澳美双部长磋商在美举行。11月，澳总理特恩布尔与美国总统奥巴马在亚太经合组织（APEC）领导人第23次非正式会议期间举行会见。2016年1月，澳总理特恩布尔访美。7月，美副总统拜登访澳。7月、9月，澳外长毕晓普访美。2017年1月、2月，澳外长毕晓普访美。4月，美副总统彭斯访澳。5月，澳总理特恩布尔在纽约会见美总统特朗普。同月，澳外长毕晓普访美。6月，澳外长毕晓普、国防部长佩恩与美国务卿蒂勒森、国防部长马蒂斯在悉尼举行年度国防、外交双部长磋商。9月，澳外长毕晓普访美。2018年1月，澳外长毕晓普访美。2月，澳总理特恩布尔访美。10月，澳外长佩恩在纽约出席第73届联合国一般性辩论期间与美国务卿蓬佩奥会面。2019年1月，澳外长佩恩访美。8月，澳美外交、国防双部长磋商在澳举行。9月，澳总理莫里森访美。

澳美经贸关系密切。2004年5月，澳美正式签署双边自由贸易协定（FTA）。该协定于2005年1月正式生效。2018/2019财年，澳美双边贸易额为763.9亿澳元。美是澳第三大贸易伙伴。

【同日本的关系】自1996年起，澳日开始年度首脑会晤并建立"政治、军事"年度磋商机制。2006年3月，日外相麻生太郎访澳期间，两国宣布建立"全面战略关系"，商定今后每年各举行一次外长会晤、副外长级政策对话和高官级战略磋商。2014年7月，日首相安倍晋三访澳，其间双方签署了军事设备及技术转让协议。11月，日本首相安倍晋三访澳并参加"二十国集团"峰会。2015年5月，澳外长毕晓普访日。11月，澳日外长和防长在澳举行第6次双部长会议。12月，澳总理特恩布尔访日。2017年1月，日首相安倍晋三访澳。4月，澳日外长和防长在日举行第7次双部长会议。2018年1月，澳总理特恩布尔访日。2019年11月，澳外长佩恩访日。

2003年7月，澳日签署双边贸易与经济框架协定。2007年4月，澳日启动双边自由贸易协定谈判。2014年7月，日本首相安倍晋三访澳期间，与澳总理阿博特签署经济伙伴关系协定（EPA），即两国之间的自由贸易协定。2018/2019财年，澳日双边贸易额为885.3亿澳元。日是澳第二大贸易伙伴。

【同朝鲜及韩国的关系】澳朝曾于1974年建交，次年断交。2000年5月复交。2010年5月、11月，“天安号”事件、延坪岛炮击事件发生后，除执行联合国对朝制裁外，澳还实施推迟对朝援助等单方面制裁措施。金正日去世后，澳代总理斯旺和外长陆克文联合发表声明，呼吁朝保持冷静和克制，以符合本国人民利益的方式行事，同国际社会保持建设性接触。2012年12月，朝鲜发射卫星后，澳总理吉拉德发表声明，对朝予以谴责。2013年2月朝进行核试验后，澳支持并执行联合国安理会第2094号决议决定的对朝制裁。近年来，澳支持并执行联合国安理会历次决议决定的对朝制裁。

澳重视与韩国的经济和安全关系。2013年10月，澳外长毕晓普访韩。2014年4月，澳总理阿博特访韩，其间双方签署自由贸易协定。2015年5月，澳外长毕晓普访韩。11月，澳韩外长、防长双部长会议在悉尼举行。2016年8月，澳总理特恩布尔与韩总统朴槿惠在老挝东亚峰会期间会晤。2017年2月，澳外长毕晓普访韩。10月，澳韩外长、防长双部长会议在首尔举行。2019年11月，澳外长佩恩访韩。12月，澳韩外长、防长双部长会议在悉尼举行。2018/2019财年，澳韩双边贸易额为413.9亿澳元。韩是澳第四大贸易伙伴。

【同印尼的关系】2002年10月，印度尼西亚巴厘岛爆炸事件后，澳大利亚与印尼加强反恐合作，两国签订了双边反恐合作协定。2005年4月，印尼总统苏西洛访澳，与澳签署全面发展两国伙伴关系框架协议。2012年3月，首届澳—印尼外交国防双部长会议在澳举行。7月，印尼总统苏西洛访问澳达尔文，与吉拉德举行澳—印尼领导人峰会，并发表联合公报，重申两国“全面战略伙伴关系”。2014年6月，澳总理阿博特访问印尼。8月，澳外长毕晓普访问印尼期间，双方就同意恢复两国间情报与军事合作签署谅解备忘录。2015年11月，澳总理特恩布尔访问印尼。2016年10月，澳—印尼外长、防长双部长会议在印尼举行。2017年2月，印尼总统佐科访澳。3月，澳总理特恩布尔和外长毕晓普赴印尼出席环印度洋联盟峰会和外长会。2018年8月，澳外长毕晓普访问印尼。同月，澳总理莫里森访问印尼。2019年10月，澳总理莫里森访问印尼出席印尼总统佐科就职仪式。12月，澳—印尼外长、防长双部长会议在印尼举行。2018/2019财年，澳与印尼双边贸易额为178.4亿澳元，印尼是澳第13大贸易伙伴。印尼也是澳主要的发展援助接受国之一。2017/2018财年，澳向印尼提供官方发展援助约3.52亿澳元。

【同东盟其他国家的关系】澳大利亚于1974年同东盟正式建立对话伙伴关系。2005年，澳加入《东南亚友好合作条约》，澳总理霍华德于12月获邀参加吉隆坡首届东亚峰会。2010年1月，东盟—澳大利亚—新西兰自贸协定正式生效。2014年10月，澳总理阿博特出席在缅甸内比都市举行的第九届东亚峰会。2015年3月，越南总理阮晋勇访澳，双方决定加强全面伙伴关系。5月，澳外长毕晓普访问泰国、新加坡。7月，阿博特总理访问新加坡。11月，澳总理特恩布尔赴菲律宾马尼拉出席亚太经合组织（APEC）领导人第23次非正式会议，赴马来西亚吉隆坡出席第10届东亚峰会。2016年3月，澳与新加坡在悉尼举行第9届部长级委员会。9月，澳总理特恩布尔赴老挝万象出席东亚峰会。10月，新加坡总理李显龙访澳。11月，澳越南签署双边行动计划，旨在深化双方全面伙伴关系。2017年3月，澳外长毕晓普访问新加坡、马来西亚、菲律宾。6月，澳总理特恩布尔赴新加坡出席香格里拉对话会。8月，澳外长毕晓普访问泰国，并赴菲律宾马尼拉出席东亚合作系列外长会。同月，澳外长毕晓普，国防部长佩恩，贸易、旅游与投资部长乔博赴新加坡举行第10届澳新（加坡）部长级委员会。11月，澳总理特恩布尔赴越南出席亚太经合组织（APEC）领导人第25次非正式会议，并赴菲律宾马尼拉出席东亚合作领导人系列会议。2018年3月，东盟—澳大利亚特别峰会在悉尼举行。5月，澳外长毕晓普访问越南。11月，澳总理莫里森赴新加坡出席东亚峰会。12月，澳外长佩恩访问缅甸、印尼。2019年1月，澳外长佩恩访问泰国、印度。澳与东盟的经贸关系发展良好，签署了《紧密经济伙伴关系》协议。3月，澳外长佩恩访问印尼出席由印尼政府主办的“印太合作高层对话”。同月，第11届澳新（加坡）部长级委员会在悉尼举行。6月，澳外长佩恩访问新加坡、越南。7月底至8月初，澳外长佩恩访问泰国并出席东亚合作系列外长会。11月，澳总理莫里森访问泰国并出席东亚合作领导人系列会议。2003年3月，澳与新加坡正式签订双边自由贸易协定（FTA）。2004年7月，澳与泰国正式签订双边自由贸易协定（FTA）。2018/2019财年，澳与东盟双边贸易额为1236.6亿澳元。

【同太平洋岛国的关系】澳大利亚认为维护南太地区稳定、促进岛国经济发展符合其利益。2013年3月，澳总理吉拉德访问巴新，两国发表《巴布亚新几内亚澳大利亚新伙伴关系联合声明》。9月，澳精神卫生与老龄部长柯林斯代表澳政府赴马绍尔群岛出席第44届太平洋岛国论坛。2014年11月，澳外长毕晓普访问巴新。2015年1月，巴新总理访澳。3月，澳外长毕晓普访问瓦努阿图、库克群岛、基里巴斯和汤加。2016年3月，澳外长毕晓普访问斐济。9月，澳总理特恩布尔赴密克罗尼西亚出席第47届太平洋岛国论坛首脑会议。2017年3月，澳外长毕晓普、移民与边境保护部长达顿等赴巴新举行第25届澳—巴新部长论坛。4月，澳总理特恩布尔访问巴新。7月，澳总督科斯格罗夫赴瓦努阿图出席瓦总统朗斯代尔葬礼。8月，所罗门群岛总理索加瓦雷访澳。同月，澳外长毕晓普赴斐济出席第二届太平洋岛国论坛外长会议。9月，澳总理特恩布尔赴萨摩亚出席第48届太平洋岛国论坛首脑会议。2018年4月，第26届澳—巴新部长级会议在布里斯班举行。6月，澳外长毕晓普访问帕劳、密克罗尼西亚联邦和马绍尔群岛。同月，所罗门群岛总理霍尼普韦拉、瓦努阿图总理萨尔维访澳。9月，澳外长佩恩赴瑙鲁参加第49届太平洋岛国论坛。10月，澳外长佩恩访问巴新。11月，澳外长佩恩赴巴新出席亚太经合组织（APEC）部长级会议。同月，澳总理莫里森赴巴新出席亚太经合组织（APEC）第26次领导人非正式会议。2019年1月，澳总理莫里森访问斐济。6月，澳总理莫里森访问所罗门群岛。同月，澳外长佩恩访问斐济、巴新。7月，澳外长佩恩访问库克群岛。10月底至11月初，澳外长佩恩访问所罗门群岛、瓦努阿图。

【同新西兰的关系】新西兰是澳大利亚盟国，两国领导人有半年度定期互访机制，安全和经贸关系密切。2015年2月，澳总理阿博特访新，外长毕晓普访新。4月，澳总理阿博特再次访新。6月，澳外长毕晓普再次访新。10月，澳总理特恩布尔访新。2016年2月，新西兰总理约翰·基访澳。10月，澳外长毕晓普访新。2017年2月，澳总理特恩布尔访新。5月，新西兰外长布朗利访澳。11月，新总理阿德恩访澳。2018年3月，新总理阿德恩访澳并举行两国领导人年度会晤。2019年7月，新西兰总理阿德恩访澳。10月，澳新外长磋商在悉尼举行。12月，澳外长佩恩访新。2018/2019财年，澳新双边贸易额为306.0亿澳元，新是澳第六大贸易伙伴。

【同欧盟及英国的关系】澳与欧盟有传统的经济、安全和人文联系。双方不断加强在安全、经贸、教育、科技、交通、环保等领域合作。欧盟是澳重要贸易伙伴，澳最大的投资来源地和第二大投资目的地。欧盟对澳投资占澳外资总额的1/3，澳对外投资的1/4在欧洲。2015年1月，挪威国王访澳。4月，澳总理阿博特访问法国，澳外长毕晓普访问法国、德国和比利时。4月，英国哈里王子访澳。7月，英国威尔士亲王访澳。11月，澳总理特恩布尔访德，赴土耳其出席“二十国集团”峰会。12月，澳总理特恩布尔赴法国出席气候变化大会。2016年9月，澳外长毕晓普访问德国，并举行澳德外长、防长双部长会议。11月，荷兰国王威廉·亚历山大夫妇访澳。2017年2月，澳外长毕晓普访问英国、爱尔兰。4月，澳外长毕晓普访问爱沙尼亚。7月，澳总理特恩布尔访问法国、德国。同月，英国外交大臣约翰逊、国防大臣法伦访澳，与澳外长毕晓普、国防部长佩恩举行双部长会议。8月，克罗地亚总统科琳达·格拉巴尔-基塔罗维奇访澳。同月，爱尔兰总统希金斯访澳。2018年4月，澳总理特恩布尔访问英国、德国、比利时、法国。5月，法国总统马克龙访澳。10月，英国哈里王子夫妇访澳。同月，澳外长佩恩赴布鲁塞尔出席第12届亚欧首脑会议。2019年2月，澳外长佩恩访问法国、英国。2018/2019财年，澳与欧盟双边贸易额为1142.7亿澳元。

【同俄罗斯的关系】澳大利亚重视与俄罗斯的关系，在能源开发、防扩散等领域与俄合作。2006年6月，澳、俄就俄加入世界贸易组织（WTO）签署双边协议。2007年，俄总统普京访澳并出席亚太经合组织领导人峰会，此为俄国家元首首次访澳。2012年2月，俄外长拉夫罗夫访澳。2013年9月，澳外长卡尔代表澳政府出席俄罗斯圣彼得堡“二十国集团”峰会。2014年11月，俄罗斯总统普京出席澳大利亚布里斯班“二十国集团”峰会。2015年11月，澳总理特恩布尔与俄总统普京在土耳其安塔利亚出席“二十国集团”峰会期间简短交谈。

【同中东国家的关系】澳大利亚关注中东安全问题，派兵参与海湾战争、伊拉克战争。希望阿以通过和平方式结束冲突。反对伊朗发展核武。2012年6月，澳外长卡尔访问阿尔及利亚、沙特、阿曼、利比亚等国。2015年1月，伊拉克外长贾法里访澳。2016年1月，澳总理特恩布尔访问阿富汗、伊拉克并慰问澳驻伊士兵。11月，澳外长毕晓普访问卡塔尔。同月，约旦国王阿卜杜拉二世访澳。2017年2月，以色列总理内塔尼亚胡访澳，成为首位访澳的以色列总理。10月，澳总理特恩布尔访问以色列。2018年12月，澳政府承认西耶路撒冷为以色列首都，但决定暂时不把澳驻以使馆迁至西耶路撒冷。

澳重视中东市场潜力，积极推动农牧产品和制成品向中东地区出口，沙特阿拉伯和阿拉伯联合酋长国是澳在中东的主要贸易伙伴。

【同拉美国家的关系】近年来积极加强同拉美国家在政治、经贸、人文等领域的交流与合作以及在联合国、“二十国集团”等多边机制中的协调。2010年12月，澳外长陆克文出席在巴西举行的南方共同市场领导人会议并发表演讲，宣布将在四年内向拉美提供1亿澳元发展援助。2012年6月，澳总理吉拉德访问巴西，出席“里约+20可持续发展会议”，并会见巴西总统罗塞夫。2014年12月，澳贸易部长罗布访问巴西、秘鲁、智利。2015年6月，澳外长毕晓普访问智利、秘鲁、巴西。2016年11月，澳总理特恩布尔赴秘鲁出席亚太经合组织第24次领导人非正式会议。2017年6—7月，澳外长毕晓普访问哥伦比亚、巴拿马与古巴。11月，澳总理特恩布尔在出席越南岘港亚太经合组织

（APEC）领导人第25次非正式会议期间会见秘鲁总统库琴斯基，两国签署自由贸易协定。2018年11月，澳总理莫里森出席在阿根廷举行的“二十国集团”领导人第十三次峰会。（谭艳秋）

巴布亚新几内亚

国名　巴布亚新几内亚独立国（The Independent State of Papua New Guinea）。

面积　陆地面积46.28万平方公里，海洋专属经济区面积310万平方公里。

人口　约800万。城市人口占15%，农村人口占85%。98%属美拉尼西亚人，其余为密克罗尼西亚人、波利尼西亚人、华人和白人。官方语言为英语，地方语言820余种。皮金语在全国大部分地区流行，南部巴布亚地区多讲莫土语。居民中93%为基督教徒，传统拜物教也有一定影响。

首都　莫尔斯比港（Port Moresby）。

国家元首　英国女王伊丽莎白二世。女王任命总督为其代表，任期6年。鲍勃·达达埃（Bob Dadae）2017年2月就任巴布亚新几内亚第10任总督。

重要节日　独立日：9月16日。

简　况

位于太平洋西南部。西与印度尼西亚的伊里安查亚省接壤，南隔托雷斯海峡与澳大利亚相望。属美拉尼西亚群岛。全境共有600多个岛屿。主要岛屿包括新不列颠、新爱尔兰、马努斯、布干维尔和布卡等。海岸线全长8300公里。海拔1000米以上属山地气候，其余属热带气候。5—10月为旱季，11月至次年4月为雨季，沿海地区年均气温21.1℃—32.2℃，山地地区比沿海地区低5℃—6℃。年平均降水量2500毫米。

新几内亚高地地区早已有人定居。1511年葡萄牙人发现新几内亚岛。18世纪下半叶，荷兰、英国、德国殖民者接踵而至。1906年英属新几内亚交澳大利亚管理，改称澳属巴布亚领地。德属部分在第一次世界大战中被澳军占领，1920年12月17日国际联盟委托澳管理。1942年被日本占领。1945年联合国将其重新交澳托管。1949年澳将原英属和德属两部分合并为一个行政单位，称“巴布亚新几内亚领地”。1973年12月1日实行内部自治。1975年9月16日独立。迈克尔·索马雷为首任总理。

政　治

2017年6—7月，巴新举行新一届国民议会选举，人民全国代表大会党领袖彼得·奥尼尔（Peter O’Neill）连任总理。2019年5月，奥尼尔总理辞职，议会选举詹姆斯·马拉佩（James Marape）为新任总理。

【关于布干维尔和平进程】巴新布干维尔自治区原系北所罗门省，是巴新最大铜矿潘古纳铜矿所在地。由于巴新中央政府、地方政府、开发公司和矿区土地主之间的相互矛盾不断激化，当地民众于1988年开始诉诸武力，关闭了铜矿，并于1990年宣布独立，布干维尔危机爆发。2001年6月22日，巴新政府与布干维尔各派就全面解决布问题达成协议。8月30日，布干维尔和平协议正式签署，标志着长达12年的战争结束，布开始走上恢复和重建道路。协议规定该地区于2020年之前举行独立问题公投。2005年1月，巴新中央政府批准《布干维尔宪法》。5月，布举行自治政府选举。6月，布自治政府正式成立。2010年6月，新布干维尔党候选人约翰·莫米斯（John Momis）当选布自治政府主席，2015年6月连任。2019年11月23日，布干维尔自治区举行公投，在18万多张选票中，约97.7%选择“独立”。公投结果不具有约束力，巴新政府和布干维尔自治区政府将在此基础上进行谈判，最终是否独立须报巴新国民议会批准。

【宪法】1975年8月15日制定，同年9月15日生效。2013年2月，巴新议会通过延长“政治稳定期”的宪法修正案，规定议员在新政府成立30个月内不得对政府提出不信任案。9月，巴新议会通过宪法修正案，提出对政府不信任案须由1/5以上的议员联署并在表决前公示3个月。2015年9月，巴新宪法法院裁定上述延长“政治稳定期”的宪法修正案违宪无效。

【议会】称“国民议会”，一院制。议员111人，任期5年。本届议会于2017年8月选出。现任议长乔布·庞马特（Job Pomat）。

【政府】由议会中占多数的政党或政党联盟组阁。内阁对议会负责。除马拉佩总理外，现内阁其他主要成员有：副总理兼司法部长、总检察长史蒂文·戴维斯（Steven Davis），国库部长伊恩·林–斯塔基（Ian Ling-Stuckey），国家计划与监控部长萨姆·巴西尔（Sam Basil），财政与农村发展部长伦博·佩塔（Rainbo Paita），石油与能源部长克伦加·库阿（Kerenga Kua），商业与工业部长威廉·杜马（William Duma），外交与国际贸易部长帕特里克·普鲁埃奇（Patrick Pruaitch），国防部长萨基·索洛马（Saki Soloma），住房与城市发展部长贾斯廷·特卡琴科（Justin Tkatchenko）。

【行政区划】全国划分为20个省，另设布干维尔自治区及首都行政区（莫尔斯比港市）。

【司法机构】设有最高法院（又称上诉法院、国家法院）和地方法院。现任最高法院首席大法官为吉布斯·萨利卡（Sir Gibbs Salika）。

【政党】现执政党为潘古党。总理马拉佩为该党领袖。其他联合执政党包括：人民全国代表大会党（People's National Congress Party）、人民的党（People's Party）、美拉尼西亚联盟党（Melanesian Alliance Party）、我们的发展党（Our Development Party）、人民进步党（People's Progress Party）。

【重要人物】**鲍勃·达达埃**：总督。1961年生于巴新莫罗贝省。获巴新大学商学学士、澳大利亚格里菲斯大学商务管理硕士学位。长期从事财务会计等职业。1999—2002年任莫罗贝省议会议员，2002年当选巴新国民议会议员并连任至今。2004年6月至2007年8月任巴新国民议会副议长。2007年8月至2011年8月任国防部长。2017年2月28日就任巴新第10任总督。**詹姆斯·马拉佩**：总理。1971年4月生。获巴新大学学士学位。曾在巴新医学研究院和企业任职。2007年当选议员并连选连任至今。2008年任教育部长，2012年任财政部长。2019年5月当选巴新第8任总理。

经　济

资源丰富，经济发展不平衡。许多山区居民仍过着原始部落自给自足的生活。全国人口中近37%生活在国际贫困线（人均1.25美元/天）以下。2019年联合国开发计划署人类发展指数显示，巴新在189个国家中列第155位。矿产、石油和农业经济作物是巴新经济的支柱产业。近年来，巴新政府集中精力发展经济，制订了《2010—2030年发展规划》《2050年远景规划》等发展战略规划，为巴新经济社会发展提供了相对稳定的外部政策环境，使巴新经济连续多年实现正增长。政府加大吸引外资的力度并取得一定成效，液化天然气项目、瑞木镍矿等投资项目均取得重要进展，为推动巴新经济持续增长发挥了重要作用。但近年来随着国际能源市场价格下跌，巴新经济增速有所放缓，政府财政困难增多。人口增长较快，大量农村人口流向城市，失业率居高不下，社会治安有待改善，广大民众生活依旧艰难。2019年主要经济数据如下：

国内生产总值：236亿美元。

人均国内生产总值：2742美元。

经济增长率：5%。

货币名称：基那。

汇率：1美元≈3.4基那。

（资料来源：国际货币基金组织）

【资源】金、铜产量分别列世界第11位和第10位，石油、天然气蕴藏丰富。已探明铜矿储量2000万吨，黄金储量3110吨，原油储量6亿桶，铜金共生矿储量约4亿吨。此外，还有富金矿、铬、镍、铝矾土、海底天然气和石油等资源。库土布和弋贝两大油田储量即达4亿桶。南高地省油田储量达1700万桶。天然气探明储量7万亿立方英尺，预测储量15万亿立方英尺。

【林业】热带原始森林覆盖面积3600万公顷，约占国土面积的86.4%，林木总蓄积量为12亿立方米，可采蓄积量为3.6亿立方米。主要出口原木，深加工产品包括家具、胶合板及地板等建筑材料。

【农业】农业人口占全国人口的85%。主要农产品为椰干、可可豆、咖啡、天然橡胶和棕榈油。

【渔业】1978年巴新宣布200海里专属经济区，捕鱼区扩大至240万平方公里，渔业资源丰富，盛产金枪鱼、对虾和龙虾，其中金枪鱼资源占世界储量的20%。

【旅游业】旅游资源丰富，开发潜力较大。每年接待外国游客约7万人次。

【交通运输】公路：总长约3万公里。

水运：与澳大利亚、日本、新加坡、其他太平洋岛国等国家和地区及中国台湾和中国香港等地有海运联系。主要港口有莫尔斯比港、莱城和拉包尔等。

空运：巴新最大航空公司为国营的新几内亚航空公司，设有飞往国内主要城市及澳大利亚、新加坡、日本、菲律宾、中国香港及所罗门群岛的航线。此外，巴新还有6—7家私营航空公司，多经营直升机等小型飞机运输。共有注册机场500多个，大多数为设在偏远地区的小型机场，只有少数机场可停降大型飞机。其中国际机场有首都杰克逊国际机场、芒特哈根机场、达鲁机场和阿洛陶机场。

【财政金融】财政收入主要来源是税收和国际援助。2018年财政收入为41.84亿美元，支出47.92亿美元，财政赤字6.08亿美元。截至2018年底，巴新外债为29.64亿美元。

主要银行有：

（1）巴布亚新几内亚银行（Bank of Papua New Guinea）：巴新中央银行，成立于1973年，负责制定货币政策、监管其他商业银行并发行货币等职能。

（2）南太银行（BSP）：占全国市场的60%，政府拥有其25.3%的股份。

此外，巴新还有澳大利亚的澳新银行、西太银行以及马来西亚的五月银行等商业银行。

【对外贸易】贸易在巴新经济中占重要地位。2018年进出口总额120亿美元，同比下降11.8%，其中进口额为39.32亿美元，同比下降14.34%，出口额为80.69亿美元，同比下降10.51%。主要进口石油精炼产品、柴油、工程机械等，出口天然气、铜、金、矿砂、原木、原油、椰干、椰油、可可、咖啡、棕榈油等初级产品。主要贸易对象国有澳大利亚、中国、日本、新加坡、新西兰、马来西亚等。

【外国资本】积极鼓励外国投资。主要投资来源国有澳大利亚、马来西亚、新西兰、韩国、日本和美国等。巴新工、矿、林、农、渔各业几乎均为澳、日、英、美等国公司所控制。

【外国援助】外援主要来自澳大利亚。2018/2019

财年，澳大利亚对巴新援助约5.78亿澳元。提供援助的还有中国、新西兰、日本、美国、英国、韩国、欧盟、联合国开发计划署、世界银行、国际货币基金组织和亚洲开发银行等。

【著名公司】（1）新几内亚航空公司（Air Niugini）：巴新国营航空公司，成立于1973年，资产总额为1.15亿基那。辟有自莫尔斯比港飞往悉尼、布里斯班、凯恩斯、霍尼亚拉、马尼拉、新加坡、东京、中国香港等多条国际航线和20多条国内航线。

（2）轮船贸易公司（Steamships Trading Company Ltd.）：巴新最大的私营综合性商业公司，创立于1919年。现从事商品批发零售、海运、旅馆、房地产、汽车及配件、肥皂生产和工程施工等业务。

人民生活

国有19家医院，240余家诊所。人均寿命63岁，65岁以上人口21.5万人，约占全国人口的3%。人口自然增长率为27‰，婴儿死亡率为48‰。主要流行病有霍乱、痢疾、肺炎和疟疾等。目前，巴新的性传播疾病和艾滋病发病率在亚太地区居首位。巴新1987年发现首例艾滋病患者，病例年增长率为0.9%。截至目前，巴新艾滋病病毒携带者达3.6万人。

军　事

巴新军队创建于1940年，称巴新国防军，现有编制2000人。巴新与澳大利亚签有防务合作协议，澳每年向其提供约2500万澳元军援，并提供军事培训。

文化教育

巴新教育体制分中央、省、地三级。国民识字率为57.8%。全国有登记中、小学约1.05万所，在校生约180万人。现有6所大学，主要有巴新大学和巴新科技大学，学生约8000人。另有21所私营城乡国际学校，在校生6000余人。

【新闻出版】主要通讯社为官方的巴新国际通讯社。主要报刊有：英文报纸《国民报》（日报，发行量约7万份）、《信使邮报》（日报，发行量约4万份）、《星期日纪事报》（周报，发行量约1万份）和皮金文报纸《同乡报》（周报，发行量约1万份）。

巴新国家广播公司（NBC）成立于1975年，下设3个主要电台。

EMTV电视台（私营）创建于1987年。巴新国家电视台（NTS）于2008年9月17日开播，主要报道巴新经济社会发展成就和政府在农业、林业、渔业等方面的政策。

对外关系

对外奉行中立政策，主张各国和平相处，增加经济往来与合作，致力于南太平洋地区的和平与稳定。支持联合国在国际事务中发挥积极作用。积极参与国际和地区事务。近年来，巴新政府在继续与澳大利亚、新西兰等南太平洋国家和欧美国家发展传统关系的同时，对东亚和东南亚各国重视程度不断提高。2012年奥尼尔担任总理后，继续奉行“广交友、不树敌”和“向北看”政策，重点发展与周边主要国家关系，积极参与地区事务，谋求地区大国地位。巴新已同70余个国家建交，是联合国、不结盟运动、亚太经合组织、东盟地区论坛、太平洋岛国论坛、太平洋共同体、美拉尼西亚先锋集团等组织成员，有18个驻外使馆（团）。

近年来，巴新外交特别是多边外交更加积极、活跃。主办了第5届南太旅游组织（SPTO）大会、南太旅游组织部长理事会会议、第16届非加太—欧盟联合议会大会、2015年太平洋运动会、第46届太平洋岛国论坛会议、第8届非加太领导人峰会、2018年亚太经合组织第26次领导人非正式会议。

【同中国的关系】1976年10月12日两国建交。2014年11月，国家主席习近平在斐济楠迪同巴新总理奥尼尔会晤，双方建立相互尊重、共同发展的战略伙伴关系。2018年11月，国家主席习近平对巴新进行国事访问，双方一致同意将两国关系定位提升为相互尊重、共同发展的全面战略伙伴关系。

近年来，巴新同中国关系稳定发展，双边高层交往频繁。2013年11月，奥尼尔总理来华出席第2届中国—太平洋岛国经济发展合作论坛。2014年11月，奥尼尔总理来华出席第22次亚太经合组织领导人非正式会议。2015年9月，奥吉奥总督来华出席中国人民抗日战争暨世界反法西斯战争胜利70周年纪念活动。2016年7月，奥尼尔总理正式访华。2016年9月，全国人大常委会副委员长张宝文访问巴新。2017年12月，奥尼尔总理来华出席2017年广州《财富》全球论坛。2018年6月，奥尼尔总理来华工作访问。2019年4月，奥尼尔总理来华出席第二届“一带一路”国际合作高峰论坛。

两国经贸、经济技术、文化、农业、卫生、渔业等各领域合作不断加强。中冶集团与巴新方合作开发的瑞木镍钴矿项目于2012年12月正式竣工并投产。2007年11月，两国签署《关于中国旅游团队赴巴布亚新几内亚旅游实施方案的谅解备忘录》。2008年7月，首届巴新—中国贸易投资洽谈会在巴新首都莫尔斯比港举行。2018年6月，双方签署《中华人民共和国政府与巴布亚新几内亚独立国政府关于共同推进丝绸之路经济带和21世纪海上丝绸之路建设的谅解备忘录》。2019年4月，双方签署《中华人民共和国政府与巴布亚新几内亚独立国政府关于共同推进“一带一路”建设的合作规划》。

据中国海关总署统计，2019年双边贸易额38.33亿美元，同比增长6.03%。其中中方出口额8亿美元，同比增长1.9%；中方进口额30.33亿美元，同比增长7.2%。截至2017年底，中国对巴新直接投资存量约21亿美元。

巴新现有华侨、华人约2万人。

中国驻巴布亚新几内亚大使：薛冰。馆址：Sir

John Guise Drive，Waigani，Papua New Guinea，P.O. Box 1351，Boroko，PNG。电话：00675-3259903（值班）；传真：3258247，3211208（商务处）。网址：www.chinaembassy.org.pg。电子邮箱：chinaemb_pg@mfa.gov.cn。

巴新驻华大使：暂时空缺，临时代办苏马雷（Vincent Sumale）。馆址：北京市朝阳区塔园外交人员办公楼2单元11层2号。电话：010-65324312，65324709。网址：www.pngembassy.org.cn。

【同澳大利亚、新西兰的关系】巴新同澳一直保持着特殊关系，两国领导人互访频繁，每年举行部长级磋商。澳是巴新最大援助国，年援助额逾5亿澳元。澳也是巴新最大贸易与投资伙伴，澳投资占外国在巴新投资的近2/3。在两国“防务合作计划”下，澳向巴新提供包括培训和技术咨询在内的军事援助，双方定期举行联合军演。2015年3月，澳总理阿博特访问巴新，双方签署《经济合作协议》。5月，澳外长毕晓普访问巴新。2019年7月，巴新总理马拉佩访问澳大利亚。

巴新同新西兰关系密切。巴新是新西兰最大的援助对象国和在南太地区第三大出口市场。2020年2月，巴新总理马拉佩访问新西兰。

【同美国的关系】两国签有防务合作和联合军事演习等协议，巴新允许美军舰停靠其港口。根据与美的《国防安排规划》，巴新派军官赴美进行培训。美向巴新提供大量人道主义援助，为巴新布干维尔重建等提供帮助。2015年6—7月，美军“仁慈号”医院船访问巴新布干维尔地区和东新不列颠省，为当地居民提供医疗服务，并开展防灾减灾合作演练与培训。2016年12月，美军太平洋司令部司令哈里斯访问巴新。2018年11月，美副总统彭斯赴巴新出席亚太经合组织第26次领导人非正式会议。

【同东盟国家的关系】加强与东盟国家的关系是巴新对外工作的重点之一。近年来，巴新外长一直以观察员身份出席东盟外长会议。1994年，巴新成为东盟地区论坛成员。马来西亚是巴新第二大投资国。印尼、新加坡、菲律宾也有许多私营企业在巴新投资。2015年3月，印尼外长蕾特诺访问巴新。5月，印尼总统佐科访问巴新。

【同日本的关系】日本是巴新第三大贸易伙伴和援助国。1975年建交以来，日向巴新提供的援助共约1517.49亿日元。近年来，两国政治和经贸关系发展迅速，人员往来增多。2011年3月日本发生强烈地震并引发海啸后，巴新向日捐款1000万基那用于灾后重建。2013年3月，奥尼尔总理赴日进行工作访问。2014年7月，日首相安倍晋三访问巴新。2015年5月，奥尼尔总理赴日出席第七届日本—太平洋岛国领导人峰会，10月对日进行正式工作访问。2016年5月，奥尼尔总理赴日出席“七国集团”扩大会议。2018年5月，巴新总理奥尼尔赴日本出席第八届日本—太平洋岛国领导人会议。

【同欧洲国家的关系】巴新是英联邦成员，同英国签有防务合作协定，英每年向巴新提供约10万美元的援助。法国于1996年12月同巴新签订友好合作框架协议。2015年6月，奥尼尔总理赴英、比、法等欧洲三国访问，其间受到英国女王伊丽莎白二世接见。2015年7月，英国约克公爵安德鲁王子赴巴新出席太平洋运动会开幕式。

（丁栋）

北马里亚纳群岛

名称 北马里亚纳群岛（The Northern Mariana Islands），拥有美国联邦领土（U.S. Commonwealth Territory）地位。

面积 464平方公里。

人口 5.14万。多数属密克罗尼西亚人种，另有少数西班牙人、德国人和日本人。官方语言为英语、查莫罗语、加罗林语。居民主要信奉罗马天主教。人均寿命76.1岁。

首府 塞班岛（Saipan Island）。

总督 拉尔夫·托雷斯（Ralph Torres），2015年12月29日就任。

重要节日 国庆日：1月8日。

简　况

位于北太平洋马里亚纳群岛北部，东距檀香山5300公里，距日本东京2400公里。由14个岛屿组成，其中6个有人居住，主要聚居在塞班岛、罗塔岛和提尼安岛3个大岛上。塞班岛最大，人口3.89万人。最高峰是位于阿格里汗岛的无名峰，海拔965米。北部9个岛火山活动频繁，有几个为活火山。热带海洋气候，温度较高且变化不大，年均气温27℃。

3500年前就有人居住。葡萄牙航海家麦哲伦1521年首次发现该岛，1565年被西班牙占领。1899年被西班牙卖给德国。“一战”爆发后被日本占领，“二战”期间（1944年）被美军攻占。联合国1947年将北马里亚纳交美国托管。1972年与美国就未来政治地位进行谈判。

1975年同美签署《关于建立北马里亚纳群岛与美利坚合众国政治联盟的条约》（简称《自由联邦条

约》)，并于同年6月由公民投票通过了该条约。根据该条约，北马里亚纳在政治上同美国合并，享有一定的内政自主权，国防由美国负责。1978年第一位民选总督和第一届政府就职。1986年11月，美国宣布北马里亚纳获得美国联邦地位，居民获得美国公民权。1990年12月，联合国安理会通过终止部分太平洋托管领土托管协定的决议，结束了北马里亚纳群岛的托管地位，北马里亚纳正式成为美国的一个联邦领土，使用美国国旗。

政　治　主要党派是民主党、共和党和契约党。独立人士格雷格里奥·萨博兰（Gregorio Sablan）任驻华盛顿代表。北马里亚纳群岛在夏威夷和关岛设有联络处。政府下设领土和国际事务办公室。北马里亚纳现为南太平洋委员会成员和联合国亚太经社理事会准成员（Associate Member）。

【宪法】1978年1月1日起实施自由联邦宪法。实行行政、立法和司法三权分立。国家元首是美国总统，由普选产生的总督和副总督主持政府，另外选举产生驻华盛顿代表。

【议会】议会拥有立法权，分参众两院。参议员9人，任期4年；众议员20人，任期2年。

【司法】基本上以美国法律为模本，但在海关、工资、移民、税收等方面另行制定了法律法规。法院分为联邦领土最高法院、高级法院和地区法院。

经　济　经济主要受益于美国的财政资助。服务业尤其旅游业是最重要的产业。成衣制造由于享受美国免税待遇和无配额优惠，自20世纪80年代中期以来已成为最大的制造业和出口部门。80年代的经济增长导致外国劳工大量涌入。1990年外来人口首次超过常住居民，该岛议会随即通过限制外籍劳工法令。经济发展的优势是同美国的特殊关系和地理上同日本的邻近，主要制约因素是基础设施不足和对外籍劳工的依赖。同时，该自由邦联还可享受美国政府向各州提供的联邦资助。流通货币为美元。度量衡除个别实行英制外，正逐渐转向实行公制。

2018年GDP为13.23亿美元，同比下降17%。游客消费，尤其是赌博业发展，是其经济增长的主要来源。

【农渔业】可耕地约占总面积69.6%，以小农庄为主，从事畜牧养殖，生产蔬菜、水果等。海岸线长1482公里，渔业资源丰富。

【旅游业】旅游业受到重视，是其主要外汇收入来源。游客主要来自日本、韩国和中国。2018年接待游客51.7万人次，下降21.2%。

【交通运输】海上交通方便，塞班、罗塔和提尼安3个岛上都有港口。有3个机场，350公里高速公路。

【对外贸易】2017年，出口额为7.12亿美元，进口额为7.26亿美元。

文化教育　【教育】北马里亚纳群岛学校按美国方式运作。

【新闻出版】主要有《马里亚纳观察家》《马里亚纳评论》等几种周刊和《马里亚纳面面观》《太平洋每日新闻》等报纸。　（张文）

法属波利尼西亚

名称　法属波利尼西亚海外领地（Overseas Collectivity of French Polynesia，Pays d'Outre-Mer de la Polynésie francaise），简称“法属波利尼西亚”（French Polynesia，Polynésie française）。

面积　4167平方公里，其中可居住面积3521平方公里。

人口　281674人（2018年11月法波统计局数据），人口密度为67.6人/平方公里。向风群岛210831人，背风群岛36216人，马克萨斯群岛9835人，南方群岛7233人，土阿莫土群岛17559人，人口增长率0.6%。其中多数为波利尼西亚人，其余为波一欧混血种人、欧裔、华裔等。官方语言为法语和塔希提语，通用波利尼西亚语。居民中54%信奉基督教新教，30%信奉罗马天主教，6%无宗教信仰。

首府　帕皮提（Papeete），1818年建城，人口约为27400人（2018年）。

高级专员　多米尼克·索兰（Dominique Sorain），2019年就任。

重要节日　法国国庆日：7月14日。

简　况　位于太平洋的东南部。西与库克群岛隔海相望，西北临莱恩群岛。由社会群岛（包括向风群岛和背风群岛）、土阿莫土群岛、甘比尔群岛、南方群岛、马克萨斯群岛等组成，共有118个岛屿，其中76个岛屿有人居住，位于社会群岛的塔希提岛（又译大溪地）最大。属热带雨林气候，11月至次年4月为雨季，年均降水量1625毫米。3月为气温最高月，达28℃，8月为气温最低月，达20℃，年均气温26℃。历史上曾多次受到飓风袭击。

公元300年已经有人在此居住。1595年，西班牙人蒙达那首先登上马克萨斯群岛。此后的300年间，葡萄牙人、英国人、法国人先后发现了这些群岛并开始争夺所有权。1880年，塔希提岛沦为法国殖民地。至19世纪末，其他岛屿亦被法占领。1946年成为法国海外领地（Territoire d'Outre-Mer，TOM）。1956年与法国政府达成自治框架协议，1957年正式命名为法属波利尼西亚，由总督管理，领地议会和政府委员会协助其工作。1977年开始实行地区自治，1984年实行内部自治，但法国仍掌管外交、国防、财政和司法权，政府委员会的权力，尤其是商务方面的权力有所增强。法国委派高级专员（Haut commissaire de la République）取代总督为最高行政首脑，管理政府委员会。1984年9月改政府委员会为部长会议，主席由领地议会选出。加斯东·弗罗斯（Gaston Flosse）当选为首任主席。1991年4月、1996年5月和2001年5月弗罗斯连任主席。1999年10月，法国参议院提出宪法修正条款，允许该岛增加自治权，并首次就该岛的未来达成协议。波利尼西亚的地位也将从海外领地变成海外属地，法波也将有权与其他太平洋国家签署国际条约。2000年1月，该修正款提交参众两院联合会议通过；2004年2月，法国国民议会和参议院通过法案，将波利尼西亚提升为高度自治的海外属地（Pays d'Outre-Mer au sein de la République，POM），享有自主选举领导人、议会立法、管理经济社会事务及组织公投等权力。法中央政府保留外交、国防、司法、边防、海关、教育等涉及主权事务的权力。

2013年5月17日，联合国第67次大会一致通过一项决议，将法属波利尼西亚重新列入联合国非自治领土名单。

政　　治

自治政府主席由议会选举产生，由于在议会内各党团实力相近，故近年来政府更迭频繁。

法波在法国国民议会有三个席位、在法国参议院有两个席位。现任国民议会议员：莫艾泰·布拉德森（Moetai Brotherson），属于民主和共和左翼党团；玛雅娜·萨热（Maina Sage，女），属于民主联盟和独立人士党团；妮可·桑盖（Nicole Sanquer，女），属于民主联盟和独立人士党团。现任参议院议员：尼奥·洛雷（Nuihau Laurey），拉娜·特图妮（Lana Tetuanui，女），均于2015年5月当选，均属于民主联盟和独立人士党团。

【宪法】实行法国宪法。共和国高级专员是法国总统的代表。

【议会】领地议会（Assemblée de la Polynésie française）为属地权力立法机构，由各群岛在地方选举中选出57名成员组成，任期五年。领地议会选出七个与政府各部对应的常设委员会，各委员会主席均由执政党议员担任。本届议会于2018年5月组成，议员任期五年。现任议长为佟桑·加斯通（Tong Sang Gaston），2018年5月17日当选。据法波议会网站2020年3月更新显示，各党派在议会中所占席位如下：

多数自治联盟党	39
人民联盟党	9
民主联盟党	8
无党派人士	1

【政府】主席（Président de Polynésie française）由议会选举产生，主席提交政府成员名单经过议会批准。

本届政府于2018年5月组成，主要成员有：政府主席爱德华·弗里奇（Edouard Fritch），政府副主席兼经济、财政、重大工程和蓝色经济部部长特瓦·罗弗里奇（Teva Rohfritsch），住房、城建和岛际交通部部长让–克里斯托夫·布伊苏（Jean-Christophe Bouissou），旅游、工作和机构关系部部长妮可·布多（Nicole Bouteau，女），绿色经济、地产、矿产和研究部部长泰阿里·阿尔法（Tearii Alpha），管理现代化、能源和数字部部长普利丝叶·特弗洛桥（Priscille Tea Frogier，女），文化、环境和手工业部部长贺雷摩纳·马图埃塔普（Heremoana Maamaatuaiahutapu），家庭、团结和机会平等部部长伊莎贝尔·萨舍（Isabelle Sachet，女），卫生、预防和社保推广部部长雅克·雷纳尔（Jacques Raynal），教育、青年和体育部部长克里斯泰尔·勒阿尔泰勒（Christelle Lehartel，女），装备和运输部部长勒内·泰梅阿罗（René Temeharo）。

【行政区划】分为向风群岛（塔希提岛等）、背风群岛（腊亚特阿群岛等）、南方群岛、马克萨斯群岛、甘比尔—土阿莫土群岛等五个区域。

【司法机构】设初审法庭、上诉法院和行政诉讼法庭。

【政党】主要政党有：（1）人民联盟（Tahoeraa Huiraatira/Rassemblement Populaire）：1977年成立。支持同法国保持密切联系，承认法国属性，政治上主张自治；主席加斯东·弗罗斯。

（2）民主联盟党（Tavini Huiraatira/l'Union pour la Démocratie）：1977年成立。主张独立，反对核试验；认为经过多年自治，社会没有什么变化，唯有独立，社会才能发展；在党主席的努力下，2013年5月17日，联合国第67届会议通过一项决议，将波利尼西亚再列入联合国非自治领土名单。主席奥斯卡·特马鲁（Oscar Temaru）。

（3）多数自治联盟党（Rassemblement pour une majorité autonomiste，RMA）：2015年12月成立，由Tapura和A Tia Porinetia两党成员合并组成；政治上主张自治，认同法国属性，支持政府行动。

【重要人物】多米尼克·索兰：高级专员。生于1955年7月。曾在法国海军部门、海外事务部门任职。曾任沃日、留尼汪等省省长。2019年就任现职。　爱

德华·弗里奇：政府主席。1952年1月4日生于帕皮提。1984年9月当选为装备部长，并先后担任海洋、群岛、电信、就业部长。1995—2005年5月任法波副主席。2000年5月至2008年3月担任皮拉埃市长。2007年4月当选为法波议会议长。2014年9月12日当选为法波主席。2018年5月18日再次当选法波主席。

经　济

法属波利尼西亚是大洋洲地区排在澳大利亚、新西兰、夏威夷和新喀里多尼亚之后的第五大经济体。传统经济以农业为主，工业基础薄弱。20世纪90年代，法国在南太平洋进行核试验导致驻军增加，促使当地建筑业和服务业急剧发展，外来劳务人员大量涌入塔希提岛，自给自足的传统农业经济遭到破坏。旅游业已成为主要经济支柱。经济增长主要得益于法国的财政支持和旅游业的发展。作为太平洋共同体成员，法波政府正努力寻求与亚太国家发展紧密的经贸关系，以促进其出口能力的增长。2018年的主要经济数据估计如下：

地区生产总值：6240亿太平洋法郎。

人均地区生产总值：216万太平洋法郎。

经济增长率：2.6%。

货币名称：太平洋结算法郎（Comptoirs Français du Pacifique francs，CFP或XPF）。

汇率：1欧元=119.33太平洋法郎（固定汇率），1美元=107.44太平洋法郎（2019年12月）。

通货膨胀率：0.4%。

失业率：21%（2017年）。

（资料来源：法波统计局）

【资源】矿藏主要有磷酸盐和钴。渔业资源丰富，盛产金枪鱼和珍珠。拥有森林1万公顷。

【工业】主要有采矿业、制造业、建筑业。2018年工业产值占地区生产总值的12.4%。2018年共有工业企业2730家，总营业额为1129.4亿太平洋法郎，从业人口占总劳动力的15%。制造业产品主要有农产品、纺织、服装、皮革、鞋类等。

火力发电为主要能源，占总发电量的2/3，另有水力和太阳能发电。波利尼西亚用电量主要来自塔西提。2018年塔西提发电总量5.01亿千瓦时，其中火力发电3.26亿千瓦时，同比上升2.3%；水力发电1.65亿千瓦时，同比下降6.5%。

【农业】截至2017年11月，法波农业从业人员占总人口的2.6%。

2017年法波种植业产值47.93亿太平洋法郎，占农业收入的70%，其中椰子15亿太平洋法郎、水果11.98亿太平洋法郎、蔬菜12.46亿太平洋法郎。2017年，主要农产品出口增加，水果产量上升26%。

2017年，法波畜牧业产值共计22.46亿太平洋法郎，主要来自塔西提。其中鸡蛋10.8亿太平洋法郎，猪肉6.23亿太平洋法郎，奶制品1.12亿太平洋法郎。由于奶制品和鸡蛋产量下降，畜牧业产量同比下降0.8%。

【服务业】旅游业为主要经济部门，2018年有3317家企业，占地区总企业数的12%，营业额占法波全年营业额的15%。2019年接待游客23.66万人次，同比增长9.4%。游客主要来自美国、法国、澳大利亚、意大利和日本。酒店和家庭旅店共有客房5071间。主要旅游点为塔希提岛、波拉波拉岛以及茉莉亚岛。

【交通运输】公路：总长2590公里，其中柏油路1735公里，石面路855公里。

水运：主要港口帕皮提，远洋轮船定期在此停泊。塔希提国际海运代理公司及其他几家海运公司的航线通达新西兰、智利、斐济及其他欧洲和亚洲国家。

空运：2017年各岛共有54个机场（其中46个为硬面跑道），直升机场1个。距帕皮提6公里的法阿机场是唯一的国际机场，7家国际航空公司承担往返于当地和法国巴黎、美国、智利、日本、新喀里多尼亚、新西兰和库克群岛间的运输，两家当地航空公司承担各岛间的运输。2018年国际航线客运量694213人次，货运量10983吨；本地区航线客运量721636人次，货运量1955吨。

【财政金融】2018年财政收入1287亿太平洋法郎，支出1030亿太平洋法郎。截至2013年底，公共债务为832.49亿太平洋法郎，人均负担30万。2014年，法国政府援助额为1722亿太平洋法郎。不设收入税、遗产税。

2014年共有13家银行和金融公司。主要银行有：（1）波利尼西亚银行（Banque de Polynésie SA）：1973年成立。法国兴业银行占72%股份。截至2014年底，总资产1240亿太平洋法郎。下设18个分行。

（2）塔希提银行（Banque de Tahiti SA）：1969年成立，为法国人民—储蓄银行集团（Groupe BPCE）所有。截至2014年底，总资产2008亿太平洋法郎。下设18个分行。

（3）太平洋社会发展信贷银行（Banque SOCREDO）：1959年成立，国家占50%股份。截至2014年底，总资产2531亿太平洋法郎，吸收存款1598亿太平洋法郎。下设27个分行。

【对外贸易】主要从法国、中国、美国等国进口大米、糖、面粉、水泥、石油产品及机械等商品，向中国香港、法国、美国、日本等出口椰油和人工养殖珍珠（占其出口额的83%）。2019年进口额和出口额分别为2242亿太平洋法郎和142亿太平洋法郎。

人民生活

法属波利尼西亚居民享受免费医疗，公立机构包括位于帕皮提的法属波利尼西亚医疗中心（Centre hospitalier de Polynésie française，524张病床）以及公共卫生局（Direction de la santé publique）下属的医疗机构。私立机构均位于塔希提岛，共有244张病床。2018年平均每10万人拥有210名医生。2018年人口增长率为

6‰，自然增长率为8‰；人口出生率为13.6‰，死亡率为5.7‰，婴儿死亡率为7.7‰；预期寿命男为74.1岁，女为78.1岁。2018年最低工资标准为15.3万太平洋法郎/月。2016年有移动电话254547部，互联网接入率达73%。2015年法波贫困人口接近20%，贫困线即每月收入仅为4.6万法郎。

军 事

法属波利尼西亚防务由法国负责，法国在塔希提岛设有海军基地。2000年，法国驻军3100人，宪兵队600人，法国在该岛的军费预算为343.43亿太平洋法郎。1966年起，法国一直在穆鲁罗瓦岛和土阿莫土群岛进行核试验。1975—1992年，法国在该岛共进行135次地下核试验和52次大气核试验。1995年，法国总统希拉克宣布继续于一年内在该岛进行8次核试验。1996年初，波利尼西亚独立科学家小组发表了关于法国核试验场有放射性化学物质渗漏到该岛海域的报告。法国政府对此予以承认，但否认这些化学物质对环境造成威胁。1997年底，世界基督教联合会在日内瓦发表一篇有关穆鲁罗瓦岛核试验场情况的报告，指出从1963—1996年在核试验场雇用的1万—1.5万人员中，18岁以下的占10%，16岁以下的占60%以上，因而掀起一场轩然大波。因此，法国政府于1997年着手拆除核试验场设施，1998年7月完成拆除工作。1999年，法国政府被行政法院判决向波利尼西亚赔偿2.04亿太平洋法郎。2010年法国议会通过有关法案，承认并同意对相关损害进行核实后进行赔偿。法国驻军和有关部门每年进行一次科考，调查核试验对海洋造成的影响。截至目前，法国驻军人数已下降约1000人，根据法国2013年国防白皮书，由于军费等原因，驻军人数不会增加。

文化教育

【教育】法属波利尼西亚对6—14岁儿童实行8年义务教育。教育预算约为600亿太平洋法郎。2018/2019学年共有小学220所，初中26所，高中11所，在校中、小学生65400名。主要高校有法属波利尼西亚大学、波利尼西亚私立高等教育学院、法波综合师范学校等。2017/2018学年，法波大学注册生为3148人（法波大学官网2019年1月数据）。

【新闻出版】主要报刊有:《塔希提快报》，法文日报，1964年创刊，发行量1.5万份;《塔希提海滨快报》，1980年创刊，英文周刊，发行量3500份;《塔希提新闻》，法文日报，1956年创刊，发行量6500份;《今日塔希提》，英文季刊，发行量3000份。

塔希提新闻社：成立于2001年，用英法双语向外发布新闻文字和图片。

法新社、美国报业联合会、路透社在塔希提设有代表处。

塔希提广播电视台：1951年建立，1965年开播电视节目，每天用法语和塔希提语播放节目。另有一家私人电视公司和六家私人广播电台。

对外关系

外交由法国掌管。法属波利尼西亚是太平洋共同体（SPC）、国际工会联合会（ITUC）和太平洋岛国论坛（PIF）成员。

【同中国的关系】法属波利尼西亚素以“南太明珠”著称于世，与中国有着悠久的友好交往。早在19世纪，就有中国人到塔希提创业、定居，积极融入法波社会，参与当地经济发展，成为连接法波与中国友好合作关系的桥梁。从2008年9月15日起，法属波利尼西亚正式成为中国公民组团出境旅游目的地。双方人员往来日益频繁。中国“远望”号科学考察船多次在法波停靠补给，受到当地热情友好接待。

近年来，在中法关系深入发展的背景下，中国与法波的关系日益密切。双方人员往来增多，经济、文化、旅游等领域合作取得较快发展。

2011年6月11日，时任中国国家副主席习近平在出访回国途中经停塔希提岛，会见了法属波利尼西亚高级专员迪迪埃和自治政府主席特马鲁。9月25日，时任中国国务院副总理回良玉在出访途中经停法属波利尼西亚首府帕皮提。同年6月，深圳艺术团应邀赴法属波利尼西亚进行了慰侨演出。

2015年6月，法属波利尼西亚自治政府主席爱德华·弗里奇访华，李源潮副主席同其会见。

2007年9月13日，中国驻帕皮提领事馆开馆。驻帕皮提领馆是中国在法国海外领地的第一个外交机构。馆长：沈智良领事。地址（临时办公地址）：B01, Résidence Taina Bellevue，Punnauia，BP 4495，Papeete，Polynésie Française。电话：00689-40456179，传真：40456201。电子邮箱：consulatderpc@hotmail.com。网址：http://papeete.chineseconsulate.org。

目前法属波利尼西亚华裔有2万人左右，约占总人口的10%，还有持中国护照的中国公民300余人。华人最早于1865年到塔希提种植棉花，主要聚集在首府帕皮提，绝大多数居民信奉基督教。华人祖籍大多为来自广东龙岗、惠阳、宝安等地区的客家人，多系第二、第三、第四代并已加入法国国籍，部分为混血华裔，多数不谙中文，少数长者会讲客家话。当地华侨华人社会地位和经济状况较好，多以经商为主，在当地经济领域中起着重要作用。华人社会地位较高，融入程度高，受到当地政府的重视。

侨团活动较为活跃，近年来积极开展华文教育，举办中国特色文化的活动。国内艺术团组多次到访该地，该地有十余个具有影响力的华人社团。（张衡雨）

斐　济

国名　斐济共和国（The Republic of Fiji）。

面积　陆地面积1.83万平方公里，海洋专属经济区面积129万平方公里。

人口　88.4万（2017年统计）。官方语言为英语、斐济语和印地语，通用英语。53%的人信奉基督教，38%的人信奉印度教，8%的人信奉伊斯兰教。

首都　苏瓦（Suva）。

国家元首　总统乔治·孔罗特（Jioji Konrote），2015年10月就任，2018年9月连任。

重要节日　独立日：10月10日。

简　况

位于西南太平洋中心，由330余个岛屿组成，其中约1/3有人居住。多为珊瑚礁环绕的火山岛，主要有维提岛和瓦努阿岛等。属热带海洋性气候，常受飓风袭击。年平均气温22℃—30℃。

斐济人世居岛上。1643年荷兰航海者塔斯曼首先来到斐济。19世纪上半叶欧洲人开始移人。1874年沦为英国殖民地。1879—1916年，大批印度人作为英国“殖民制糖公司”的合同工到此种植甘蔗。1970年10月10日独立，并成为英联邦成员。1987年政变后改为共和国并脱离英联邦。1990年通过新宪法确立国名为“斐济主权民主共和国”。1997年通过宪法修正案，改国名为“斐济群岛共和国”，同年重新加入英联邦。2009年国名改为“斐济共和国”。

政　治

2006年12月5日，军队司令乔萨亚·沃伦盖·姆拜尼马拉马（Josaia Voreqe Bainimarama）宣布接管国家行政权力，并解散政府和议会。2007年1月，斐成立临时政府，姆拜尼马拉马任总理。2014年9月17日，斐济举行大选，姆领导的斐济优先党获胜。2018年11月14日，斐济举行新一届大选，姆领导的斐济优先党再次获胜。

【宪法】2009年4月，伊洛伊洛总统宣布废除宪法；7月，斐临时政府总理姆拜尼马拉马宣布“恢复民主路线图”，提出将于2013年9月前完成制定新宪法。2013年9月，奈拉蒂考总统批准新宪法。

【议会】斐议会为一院制，共设51个议席。2018年大选后，斐济优先党在议会占27席，社会民主自由党21席，民族联盟党3席。现任议长为前总统埃佩利·奈拉蒂考（Epeli Nailatikau）。

【政府】内阁现有21名成员，主要包括：总理兼外交、土著事务、糖业部长姆拜尼马拉马，总检察长兼经济、公共企业、公共服务和通讯部长艾亚兹·赛义德–海尤姆（Aiyaz Sayed-Khaiyum），工业、贸易、旅游、交通运输部长法亚兹·科亚（Faiyaz Koya），地方政府、住房和社区发展部长普瑞米拉·库马尔（Premila Kumar），农业、水利、环境部长马亨德拉·雷迪（Mahendra Reddy），国防、国家安全、警务、乡村和海洋发展、灾害治理部长伊尼亚·塞鲁伊拉图（Inia Seruiratu），教育、遗产和文化部长罗茜·索菲娅·阿克巴尔（Rosy Sofia Akbar），就业、生产力和产业关系、青年和体育部长帕尔文·库马尔（Parveen Kumar），渔业部长塞米·科罗伊拉维萨乌（Semi Koroilavesau），林业部长奥塞亚·纳因加穆（Osea Naiqamu），卫生和医疗服务部长伊费雷伊米·瓦卡伊纳贝特（Ifereimi Waqainabete），基础设施、气象服务、土地和矿产资源部长乔恩·乌萨马特（Jone Usamate），妇女、儿童和减贫事务部长梅雷塞伊妮·武尼万加（Mereseini Vuniwaqa）。

【主要网址】www.fiji.gov.fj。

【行政区划】全国分为两个直辖市（苏瓦、劳托卡）、四大行政区（下辖奈塔西里、纳莫西、雷瓦、塞鲁阿、泰莱武、布阿、卡考德罗韦、马库阿塔、坎达武、劳、洛迈维提、姆巴、拉、那德罗加诺沃萨14个省）和罗图马岛。

【司法机构】设最高法院、上诉法院、高等法院和地方法院。最高法院由首席大法官和不超过7名法官组成。2009年4月，伊洛伊洛总统解除了斐所有法院法官职务，后陆续任命了一些高等法院法官（包括首席大法官）和地方法院法官，并从斯里兰卡等国聘用了一些法官。首席大法官为安东尼·盖茨（Anthony Gates）。

【政党】2013年1月，斐政府颁布《2013年政党法令》，规定任何政党须登记才合法。目前，经登记注册的合法政党共8个，分别为：斐济优先党、社会民主自由党、斐济工党、民族联盟党、人民民主党、统一斐济党、自由联盟、希望党。主要政党基本情况如下：

（1）斐济优先党（Fiji First Party）：执政党。2014年6月成立。党领袖为现总理姆拜尼马拉马。该党主张族裔平等，重视发展经济、改善民生，提出“要为全体斐济人建设一个更好的斐济”，主要支持者包括广大印族民众、斐族基层民众以及商界名流、知识分子和青年人等。

（2）社会民主自由党（Social Democratic Liberal Party，SODELPA）：反对党。前身为前总理莱塞尼亚·恩加拉塞（Laisenia Qarase）于2001年5月成立的团结斐济党（United Fiji Party，斐济语缩写为SDL），

2013年5月被迫根据新政党法令重组并改用现名，党领袖为西蒂维尼·兰布卡（Sitiveni Rabuka）。该党主张在促进民族和解的同时更多地照顾斐济族和罗图马族的利益，主要支持者包括传统斐族酋长和部分斐族基层民众。

（3）民族联盟党（National Federation Party）：反对党。1964年成立，最早称“联盟党”，与其他政党合并后改用现名，曾参与斐争取独立的努力，是目前斐成立时间最早的政党。2013年5月根据新政党法令重新登记。党领袖为比曼·普拉萨德（Biman Prasad）。该党是印族裔蔗农为争取权益而组建的首个印族人政党，主要依靠印族民众支持。该党历史上仅于1987年短暂参加联合执政，不足一个月即被政变推翻。

（4）斐济工党（Fiji Labour Party）：1985年7月成立，2013年5月根据新政党法令重新登记。党领袖为马亨德拉·乔杜里（Mahendra Chaudhry）。该党是在各大工会支持下以印族为主体的政党，主要代表中下层印族人利益，在印族蔗农、工会成员和部分知识分子中有一定影响力。曾于1987年和1999年两次组建联合政府，但均被政变推翻。2006年5—12月、2007年1月至2008年8月曾先后参与恩加拉塞政府和姆拜尼马拉马领导的临时政府。

【重要人物】乔治·孔罗特：总统。1947年12月生。罗图马族，1966年起在斐军队任职，曾赴澳大利亚、新西兰军校受训，历任斐军参谋长、少将。曾三次赴中东执行联合国维和任务，因表现出色，被任命为联合国驻黎巴嫩临时部队司令官和负责黎巴嫩事务的联合国秘书长助理。2000年，孔卸甲从政，先后任斐内政部常秘。斐驻澳大利亚、新加坡高专。2006年以独立议员身份当选议员，并任移民与退伍军人事务部国务部长。2006年斐政变后，孔重返家乡罗图马岛任当地政府顾问。2014年，孔加入斐济总理姆拜尼马拉马创建的斐济优先党并成功当选议员，出任就业、生产力及产业关系部长。2015年10月，当选斐济第五任总统，2018年9月连任。 **乔萨亚·沃伦盖·姆拜尼马拉马**：总理。1954年4月27日生于斐济。1975—1988年在海军任职，先后被授予少尉、中尉和中校军衔。其间，姆指挥海军完成了汤加、图瓦卢和基里巴斯三国专属经济区的标识工作，在澳大利亚、新西兰、智利和美国等国接受军事培训，并赴西奈半岛执行联合国军事观察员任务。1988—1997年先后任斐海军指挥官、海军司令和上校。1997—2006年先后任斐军参谋长和斐军司令，并被授予准将衔。2006年12月5日发动政变。2007年1月起任临时政府总理。2014年3月辞去军队司令职务并宣布退役，获少将军衔。2014年9月当选总理，2018年11月连任。

经　济

斐济是太平洋岛国中经济实力较强、经济发展较好的国家。渔业、森林资源丰富，有金、银、铜、铝土等矿藏。制糖业、旅游业是国民经济支柱。斐重视发展民族经济，强调发展私营企业，建立宽松的政策环境，促进投资和出口，逐步把斐经济发展成“高增长、低税收、富有活力”的外向型经济。近年来，由于国际市场价格下跌和国内产业结构调整等原因，制糖业发展面临较多困难。此外，斐经济易受飓风、干旱等极端灾害天气影响。

近年来，斐旅游业发展较好，2019年接待境外游客约89.4万人次，创历史新高。同时，斐政府正大力推进公路、港口、电力等基础设施建设。受上述因素影响，斐经济已连续9年保持增长。2019年主要经济数据如下：

国内生产总值：约55亿美元。

人均国内生产总值：6180美元。

经济增长率：0.7%。

货币名称：斐济元（Fiji Dollar）。

汇率：1美元≈2.20斐元。

（资料来源：亚洲开发银行）

【资源】森林覆盖面积93.5万公顷，约占全国土地面积的一半，有开采价值的约25万公顷，出产优质硬木和松木。有两个金矿，还有铜、银、铝矾土、石油资源等。渔业资源丰富，盛产金枪鱼。

【工业】以榨糖为主，其次是矿业开采、渔产品加工、木材和椰子加工。

【农业】可耕地面积约28.8万公顷，主要产甘蔗、椰子、香蕉、芋头和木薯等。小麦全靠进口，大米自给率仅20%。近年来，斐政府努力发展多种经营，推广水稻种植。

【旅游业】旅游业较发达，旅游收入是斐最大的外汇收入来源。2018年斐共接待境外游客约89.4万人次。全国约有4万人在旅游部门工作，占就业人数的15%。游客主要来自澳大利亚、新西兰、北美、西欧、中国、日本等国。

【交通运输】斐济为南太地区交通枢纽，水、陆、空交通较发达。首都苏瓦港系重要国际海港，可泊万吨轮船。苏瓦的瑙苏里机场可起降波音737飞机，楠迪机场可起降波音747等大型客机。

空运：斐济太平洋航空公司系国际航空公司，经营澳大利亚、新西兰、美国、瓦努阿图、萨摩亚、汤加、所罗门、基里巴斯及中国香港、新加坡、日本等航线。澳大利亚、新西兰、韩国等国航空公司有定期班机停降楠迪国际机场。瑙苏里机场主要是国内民航机场，并有奥克兰和周边部分岛国等国际航线业务。

【对外贸易】长期贸易逆差。主要出口对象为美国、英国、澳大利亚和日本，主要进口来源地为新加坡、澳大利亚、新西兰和中国。主要进口燃料、运输设备、化工产品、食品等，出口原糖、糖蜜、服装、黄金、木材、椰油等。

【外国资本】外资在斐济国民经济中占有重要地

位。斐国内市场商业网点主要控制在两家澳跨国公司手中。银行、保险、海运、电信、汽油供应等亦为外资所控制。

【外国援助】外援主要来自澳、日、新、英、法、美、欧盟、联合国开发计划署。

人民生活

斐济公立医院对本国公民和持斐工作签证的外国人提供免费医疗，但医疗条件一般。私立医院条件较好，但是收费较高。

军　事

斐济军队全称为“斐济共和国武装力量”（Republic of Fiji Military Forces，RFMF），定名于斐1990年宪法。总统兼任军队统帅，履行仪式性职能，军队总司令由总统根据宪法机构委员会与负责军队事务的内阁部长协商后建议任命。现任军队总司令维利阿米·瑙波托（Viliame Naupoto），2015年8月就任。

斐军设陆军和海军，由正规军和预备役组成，目前正规军3100人，预备役4000人。海军330人，装备有5艘各类舰艇和巡逻船。斐曾先后派遣士兵和警察参与中东、科索沃、东帝汶、巴新、伊拉克、苏丹等地维和任务。

文化教育

【教育】斐济适龄儿童入学率达98%以上，每年教育经费约占政府总预算支出的15%。2011年提出建设“知识型社会”的目标，重视发展农村边远地区教育事业。斐政府于2014年起开始实施中小学阶段免费教育政策。南太平洋大学由12个太平洋岛国政府合办，主校区位于斐首都苏瓦市。另有斐济国立大学、斐济大学等高等院校。

【新闻出版】英文报纸《斐济时报》（Fiji Times）和《斐济太阳报》（Fiji Sun）发行量较大，平均日发行量约4万份。主要杂志有《岛国商务》和《太平洋岛屿》月刊，在南太地区发行，发行量约1万册。中文报纸有《斐济日报》。

斐济广播有限公司（Fiji Broadcasting Corporation Limited，FBC），前身是成立于1954年“斐济广播委员会”，1999年6月改称现名，由斐政府独资拥有，是斐全国性广播网。旗下有6个电台，以斐济语、印地语和英语播出。2011年11月，该公司的免费电视频道“FBC TV”正式开播。

斐济电视公司（Fiji Television Limited，Fiji TV），成立于1994年6月，由斐政府和私营企业合资控股，是斐主要电视网。1996年起，在南太平洋证交所上市。旗下“斐济一台”（Fiji One）是斐主要免费电视频道，长期以转播澳大利亚电视节目为主。该公司还经营太平洋天空卫星电视（Sky Pacific）等收费电视服务。

麦电视台（Mai TV），成立于2006年，2008年6月正式开播，是完全私营的免费电视频道。

对外关系

斐济是太平洋岛国中外交较为活跃的国家，重视与澳大利亚、新西兰等西方发达国家的关系，同时保持与太平洋岛国的传统关系。近年来，斐积极发展同亚洲各国以及非洲和美洲国家的关系。已与130多个国家建交。是联合国、英联邦、世界贸易组织、太平洋岛国论坛、太平洋共同体、美拉尼西亚先锋集团、非加太集团、“七十七国集团”成员，斐积极参与国际和地区事务，现为太平洋岛国论坛（PIF）秘书处所在地。2013年，斐济倡议成立太平洋岛国发展论坛（PIDF）。2016年6月，斐济常驻联合国代表汤姆森当选第71届联大主席。2016年11月，斐济当选《联合国气候变化框架公约》第23次缔约方大会主席国。

【同中国的关系】中斐1975年11月5日建交。建交以来，两国关系发展较顺利。1976年中国在斐设大使馆。2001年，斐在北京设立大使馆。2009年2月，国家副主席习近平过境斐济。2014年11月，国家主席习近平对斐济进行国事访问，双方建立相互尊重、共同发展的战略伙伴关系。2018年11月，双方一致同意将两国关系定位提升为相互尊重、共同发展的全面战略伙伴关系。

近年中方访问斐济的有：全国人大常委会委员长吴邦国（2012年9月），中共中央政治局委员、广东省委书记胡春华（2015年6月），中共中央政治局委员、广东省委书记李希（2018年9月），全国人大常委会副委员长严隽琪（2017年12月），国务委员兼外交部长王毅（2018年10月），全国政协副主席齐续春（2015年）、马培华（2015年）等。

近年来斐方访华的主要有：总理姆拜尼马拉马2010年5月过境北京、7月底至8月上旬出席上海世博会斐济国家馆日活动，2011年10月来华非正式访问，2012年6月出席第十四届浙江投资贸易洽谈会，2013年5月来华工作访问并出席第二届中国（北京）国际服务贸易交易会，2015年7月来华正式访问，2017年5月来华出席“一带一路”国际合作高峰论坛；总统奈拉蒂考2010年9月底10月初出席中国（宁夏）国际投资贸易洽谈会和上海世博会中国国家馆日活动，2011年8月出席深圳大运会开幕式，2014年8月出席南京青奥会开幕式。

中方主要出口机械设备、水海产品、电器及电子产品、计算机与通信技术、汽车和船舶等，进口铝土、冻鱼、原木及锯材。2015年3月，中斐互免签证谅解备忘录正式生效。2015年7月，中斐启动自贸协定谈判联合可行性研究。2018年11月，双方签署《中华人民共和国政府和斐济共和国政府关于共同推进丝绸之路经济带和21世纪海上丝绸之路建设的谅解备忘录》。

中国驻斐济大使：钱波。馆址：183 Queen Elizabeth Drive，Suva，Fiji。电话：00679-3300215；传真：3300950。

斐济驻华大使：马纳萨·坦吉萨金鲍（Manasa Tagicakibau）。馆址：北京市朝阳区塔园外交人员办公楼1–15–2。电话：010–65327305；传真：65327253。

【同澳大利亚、新西兰的关系】斐同澳新有着传统的密切关系。澳新是斐最重要的贸易伙伴。根据《南太平洋区域贸易和经济合作协定》，除糖和服装等少数商品外，斐向澳新出口单方面享受免税或无限制市场准入待遇。

2006年12月斐济解散政府和议会后，澳新宣布对斐实施制裁。2014年9月斐济大选后，澳大利亚、新西兰同斐济关系逐步改善。2014年10月和2016年2月，澳外长毕晓普访斐。2016年6月，新西兰总理约翰·基对斐济进行正式访问。2016年10月，斐济总理姆拜尼马拉马对新西兰进行正式访问，并访问澳大利亚。2017年，姆先后三次赴澳出席活动并两次会见澳总理特恩布尔。2018年9月，姆在出席第73届联合国大会活动期间会见新西兰总理阿德恩。2019年1月，澳大利亚总理莫里森访斐。2020年2月，新西兰总理阿德恩访斐。

【同欧盟、美国的关系】欧盟和美国是斐原糖与农产品的主要出口市场以及斐游客与投资的重要来源地。根据《洛美协定》和《科托努协定》，欧盟以3倍于国际市场的价格购买斐糖（2017年10月到期）。斐在比利时和英国设有使馆，法国、英国、欧盟在斐设有使馆。

1970年10月，美承认斐独立。斐美互设使馆。斐重视与美关系，认为美的援助对斐的市场准入和地区竞争具有重要意义。斐是美军在太平洋主要补给点之一。

【同日本的关系】近年来，斐日关系发展较快。自1983年日向斐派出志愿者以来，共有约500人到斐提供志愿服务。斐在旅馆业方面吸收了大量日资。2018年5月，斐总理姆拜尼马拉马赴日本出席第八届日本—太平洋岛国领导人会议。

【同印度的关系】斐济很大一部分人口是印度裔，双方历史上联系紧密，印在斐独立后即与其建交。斐印关系在斐1987年政变后恶化。1997年，斐修改1990年宪法中对印族人的歧视性条款，斐印关系好转。2014年11月，印度总理莫迪访问斐济。2015年8月，姆拜尼马拉马总理赴印度出席印度—太平洋岛国领导人会议。2018年3月，斐总理姆拜尼马拉马赴印度出席国际太阳能联盟会议并会见印度总理莫迪。

【同其他太平洋岛国的关系】斐重视同其他太平洋岛国的传统关系，是太平洋岛国论坛创始会员国，与其他太平洋岛国领导人互访频繁。2006年，太平洋岛国论坛中止斐参加论坛活动资格。斐政府遂于2011年起转而在斐举办“接触太平洋”会议，并于2013年起改为举办太平洋岛国发展论坛峰会（PIDF），聚焦岛国经济建设和可持续发展问题。2016年7月，第四届太平洋岛国发展论坛在所罗门群岛举行。2014年，太平洋岛国论坛恢复斐济成员资格。2019年，姆拜尼马拉马总理赴图瓦卢出席第50届太平洋岛国论坛首脑会议。（*姜君*）

关岛

名称 关岛（Guahan），原称Guam，美国海外属地，2010年2月，关岛总督卡马科签署政令，将该岛官方名称改为查莫罗语Guahan。

面积 544平方公里。

人口 16.85万。其中查莫罗人（为西班牙人、密克罗尼西亚人和菲律宾人的混血后裔）约占37.3%，菲律宾人26.3%，其他太平洋岛民11.3%，其他混血后裔9.8%，白人7.1%，其他亚裔6.2%，其他种族2%。人均寿命78.66岁。英语为官方语言，通用查莫罗语及菲律宾语。85%的居民信奉罗马天主教。1996年，曾有2000多名库尔德难民被暂安置到该岛。

首府 阿加尼亚（Agana）。

总督 洛德丝·格雷罗（Lourdes Guerrero），2019年1月就任，任期至2023年1月。

重要节日 国庆日（Discovery Day）：即“发现日”，3月的第一个星期一。

简　况

位于西太平洋马里亚纳群岛最南端（为该群岛最大岛屿），夏威夷以西5300公里处，是通向密克罗尼西亚（西太平洋诸岛总称）的门户。热带雨林气候，年均气温26℃。年降水量2000毫米。常有地震。

1521年麦哲伦环球旅行时抵达关岛。1565年被西班牙人占领。欧洲人在此大肆迫害当地土著（密克罗尼西亚人），使土著人口从1521年的10万多人锐减至1741年的5000多人。1898年美西战争后被割让给美国。1941年被日本占领，1944年美军夺回后成为主要海空军基地，归美海军部管辖。1950年美国通过《关岛组织法》，宣布关岛为美“未合并领土”，赋予关岛地方政府自治权力，归美国内政部管辖。关岛居民有美国公民权，但不能在全美选举中投票。1976年的一项公民投票支持关岛维持与美国密切联系的地位。目前关岛正与美国政府就关岛获得美国联邦领土地位问题进行谈判。1994年，美军将3200英亩土地归还民用，1995年位于中央位置的布里菲尔德空军基地也被交还民用。

政　治

国家元首是美国总统，政府首脑是总督。1969年美众议院通过选举关岛总督的法令，1970年第一任民选总督产生。总督拥有行政权，每4年普选产生。政府由总督和副总督领导，下设48个行政部门。政党有民主党（现控制议会）和共和党，分属美国的民主党和共和党。一院制议会，普选产生，任期2年，从1998年11月起，议会由21人缩减至15人。上次选举于2018年11月举行，共和党获得5个议席，民主党获得10个议席。1972年美国会通过法案，同意关岛派遣1名常驻美国会众议院代表，在众院委员会有表决权，但在众院全院大会无表决权。

法院系统包括联邦地区法院和地方高等法院，其中联邦地区法院法官由美总统任命，地方高等法院法官由总督任命（任期8年）。宪法为1950年8月1日生效的组织法案（Organic Act），使用美国国旗。关岛现为国际奥林匹克委员会、南太平洋委员会、万国邮政联盟成员。

经　济

货币使用美元。关岛收入主要依靠旅游业和美军在该岛海空基地的开支。连续三年接待游客150万人次以上，其中48%来自韩国，36%来自日本，剩余多来自美国本土、中国、菲律宾等。服务业是当地的主要产业，其次分别为农业和工业。主要农作物有烟草、水果等。主要工业有建筑、轻工、食品加工、炼油等。2018年关岛地区生产总值为59.2亿美元，增长率1.2%。

【对外贸易】2018年，出口总额11.6亿美元，进口总额31.8亿美元，逆差20.2亿美元。

军　事

美重要军事基地。美军在关岛建有马里亚纳群岛联合区，由美海军关岛基地和安德逊空军基地组成，全部军事用地约3.9万英亩（160平方公里），约占关岛陆地总面积的29%。安德逊空军基地是美国在太平洋地区的一个重要战略空军基地。美海军在阿加尼亚设有海军航空站，在阿卜拉港有核潜艇基地。美军在关岛驻军人数约7000人。2013年，美国在岛上部署末段高空区域防御系统（THAAD）。2018年，美空军在岛上部署3架B–2隐形战略轰炸机。

文化教育

关岛共有各类公立中小学36所，以及若干所私立学校，在校学生约3.2万人。有2所公立大学和2所私立大学，以公立关岛大学规模最大，有学生3000多人。有约20家电台、约12家电视台。

（张文）

赫德岛和麦克唐纳群岛

名称　赫德岛和麦克唐纳群岛（Heard Island and the McDonald Islands）。

面积　412平方公里。海岸线长101.9公里。

人口　无常住居民。曾有波利尼西亚人在岛上居住过。

简　况

位于印度洋南部，东北距澳大利亚西澳州珀斯约4099公里，以南约1600公里达南极洲边沿。由赫德岛、沙格岛（Shag Island）和麦克唐纳群岛组成。

赫德岛是一座直径约为25公里的圆形岛，面积390平方公里。最高点为莫森峰（Mawson Peak），海拔2745米。岛上有一座名为大笨钟（Big Ben）的活火山，是澳大利亚唯一的两座活火山之一，最近一次在2016年2月喷发。1947年12月26日，英国将该岛主权转交给澳大利亚，该岛成为澳大利亚海外领地。

赫德岛70%被冰雪永久覆盖，是少数几个未被外来物种影响的南极地区动植物栖息地之一，具有一定科研价值，动物学和地质学探险队多次到此探险。岛上气候寒冷、多风、湿润，年温差4℃左右，冬季气温0℃左右。1991年，关于全球变暖的国际研究在此开展。海滩上有大量企鹅和海豹，是野生动物最佳观赏地。

麦克唐纳群岛面积约2.5平方公里，位于赫德岛以西43.5公里处，由费拉特岛（Flat Island）和麦克唐纳岛（the McDonald Island）组成。地势陡峭，多岩石。岛上有一座活火山，最近一次在2005年8月喷发。赫德岛和麦克唐纳群岛渔资源丰富，澳大利亚政府允许在岛周围进行有限度捕鱼活动。

1997年，赫德岛和麦克唐纳群岛被联合国教科文组织定为“世界遗产”。2002年11月，赫德岛和麦克唐纳群岛被纳入《环境和生物多样化保护法案》。澳大利亚联邦政府环境和能源部负责管理赫德岛和麦克唐纳群岛。2014年5月13日，澳大利亚南极局颁布了进入赫德岛和麦克唐纳群岛的禁令，以保护该区域的生物多样性。

（马爱杰）

基里巴斯

国名　基里巴斯共和国（The Republic of Kiribati）。

面积　陆地面积811平方公里，海洋专属经济区面积350万平方公里。

人口　11.6万（2018年）。其中90%以上属密克罗尼西亚人种，其余为波利尼西亚人和欧洲移民。官方语言为英语，通用基里巴斯语和英语。居民多信奉罗马天主教和基里巴斯新教。

首都　塔拉瓦（Tarawa），人口约6万。

国家元首　总统塔内希·马茂（Taneti Maamau），2016年3月当选，任期4年。

重要节日　独立日：7月12日。

简　况

位于太平洋中部，由33个大小岛屿组成（其中21个岛有常住居民），分属吉尔伯特、菲尼克斯和莱恩三大群岛；是世界上唯一纵跨赤道且横越国际日期变更线的国家。属热带海洋气候，年均气温32℃，年均降水量1600毫米。

3000年前已有马来—波西尼亚语系人定居。公元14世纪左右，斐济人和汤加人入侵，与当地人通婚，形成基里巴斯民族。1892年吉尔伯特群岛与埃利斯群岛部分岛屿沦为英国“保护地”。1916年被划入“英属吉尔伯特和埃利斯群岛殖民地”（1975年埃利斯群岛分出，改称“图瓦卢”）。第二次世界大战期间曾被日本侵占。1977年1月1日实行内部自治。1979年7月12日独立，改称基里巴斯。

政　治

【宪法】现行宪法是以1977年《吉尔伯特法》为基础制定的，1979年独立后正式生效，故又名“独立宪法”。宪法规定，总统由议会提名，经公民投票选举产生，任期4年，连任不得超过3届。

【议会】一院制，议员任期4年，除总检察长和雷贝岛（Rabi Island）的1名议员由指定产生外，其余议员均由选举产生。各选区议员数量根据选区人口数量决定。本届议会于2020年5月组成，共45个议席。

【政府】总统既是国家元首，又是政府首脑。内阁称部长委员会，由总统在执政党议员中提名产生。现任总统塔内希·马茂，副总统特韦亚·托阿图（Teuea Toatu）。

【主要网址】www.parliament.gov.ki、www.president.gov.ki、www.mfa.gov.ki。

【行政区划】共有23个行政区，每个行政区设有委员会，委员会主席为行政机构最高领导人，拥有行政、财政、法院诉讼等权力。

【司法机构】设有高级法院和地方法院。高级法院由首席法官和陪席推事组成。每年有澳大利亚、新西兰法官组成南太平洋巡回高级法官团赴基受理上诉案件。

【政党】主要政党有：关爱基里巴斯党（Tobwan Kiribati Party，TKP），领袖为马茂总统。支持基里巴斯优先党（Boutokean Kiribati Moa Party，BKMP），由基里巴斯优先党（Kiribati Moa Party，KMP）和真理支柱党（Boutokean Te Koaua Party，BTK）于2020年5月联合成立。

经　济

基里巴斯经济落后，被联合国列为最不发达国家之一。大部分地区为自给自足的原始经济。磷酸盐被开采殆尽后，渔业资源成为基主要经济来源。近年来，基政府不断拓宽外汇收入来源，努力实现经济多样化，鼓励发展小型私人企业、渔业、小规模加工制造业和椰子种植，商品经济有所发展。2019年主要经济数据如下：

国内生产总值：1.84亿美元。

人均国内生产总值：1574美元。

国内生产总值增长率：2.3%。

货币：通用澳元，圣诞岛地区也通用美元。

通货膨胀率：2.2%。

（资料来源：世界银行、亚洲开发银行）

【资源】有丰富的渔业资源。1979年以前产磷酸盐，由英国、澳大利亚、新西兰合股开采，现已枯竭。近海海底有锰、镍等矿藏。

【工业】有一些小规模椰子加工、腌鱼、食品、工艺品、家具、服装和皮革制品厂。

【农业】大部分陆地被珊瑚沙层覆盖，仅能生长椰子、香蕉、木瓜、面包果等少数作物。

【渔业】渔业资源丰富，主要有金枪鱼、鲷鱼、鲣鱼、海虾等。基捕捞业落后，当地居民只能进行小规模捕捞。基国内有一家渔业公司——基里巴斯渔业有限公司，成立于2010年，是基里巴斯政府、斐济金洋渔业公司和中国上海远洋捕捞公司的合资企业，核心业务是金枪鱼捕捞和海产品出口加工。2012年9月该公司在首都塔拉瓦比休岛建成一座渔品加工厂。目前，美国、日本、韩国、澳大利亚、新西兰、中国分别有数十艘渔船在基海域捕捞金枪鱼，这些渔船向基政府缴纳的捕鱼执照费成为基政府主要外汇来源之一。

【旅游业】全国有7家旅馆，其中首都5家：欧申泰旅馆，80张床位；比休旅馆，30张床位；梅瑞旅馆，22张床位；乌瑟瑞瑞旅馆，20个床位；乔治旅馆，20

个床位。基利用其跨越国际日期变更线的地理优势，发展旅游业，提高国际知名度。基最大岛屿圣诞岛是世界上最大的环状珊瑚岛，拥有世界著名的鸟类保护区和潜水场，每年有来自美国、欧洲、澳大利亚和新西兰等地游客来此观光。

【交通运输】基全国有2个国际海港，分别位于比休岛和圣诞岛。比休岛港最早于1998—2000年扩建，集装箱堆场用地由填海而成。2012—2014年，利用日本政府发展援助对该港进行升级，以满足中型集装箱船停靠需求。圣诞岛目前的两个港口只能停靠小型渔船。基外岛没有海港，只有通过礁坪的狭窄的航道。大多数情况需要在离岸几公里之外停下，再用小船接驳。

基政府正努力发展岛上公路运输，2010—2016年，基通过道路改造项目重修首都塔拉瓦南部的32公里主路，升级6公里辅路。改造后的路段有步行道（57公里），安装了太阳能路灯，竖立了路牌。

基目前有20个机场，其中2个国际机场，分别是位于首都塔拉瓦的邦里基国际机场（Bonriki International Airport），圣诞岛的卡西迪国际机场（Cassidy International Airport），其余均为小型机场，15个在吉尔伯特群岛（只有巴纳巴没有），3个在菲尼克斯和莱恩群岛（Canton、Washington，Fanning）。基里巴斯航空有限公司（Air Kiribati Limited）是基目前唯一运营国内岛际航线的公司，同时运营飞往图瓦卢的国际航线（2018年3月开通，2020年4月停运），机队有5架螺旋桨飞机。此外还有一家私人公司——珊瑚太阳航空（Coral Sun Airways），只有一架飞机，仅提供基国内包机服务。斐济航空公司、所罗门航空公司和瑙鲁航空公司分别运营基首都塔拉瓦至斐济、所罗门群岛、瑙鲁的国际航线。圣诞岛有斐济航空公司经营的飞往斐济楠迪和美国夏威夷的航班。

【财政金融】实行“量入为出、节俭财政”政策。国家财政预算收入主要依靠1956年建立的从磷矿开采所得的预算平衡储备基金（RERF）进行平衡。

（1）基里巴斯银行：成立于1984年，与澳大利亚西太银行合资经营，2001年改为与澳新银行合资经营，基占49%股份，澳新银行占51%的股份。

（2）基里巴斯开发银行：成立于1987年，系基国家银行，主要向私营企业提供小微贷款。

【对外贸易】主要贸易对象有澳大利亚、新西兰、斐济、日本、美国、中国和欧盟等。1979年以来，由于磷矿枯竭，出口锐减，外贸呈逆差。目前主要出口金枪鱼、椰干、海藻及热带观赏鱼。

【外国援助】澳大利亚、新西兰、日本等发达国家每年向基提供大量赠款，帮助基进行基础设施建设及教育培训等技术合作项目。澳大利亚为基最大外援国，澳方援助主要集中在改善基础教育、提升劳动者技能、加强经济治理、改善基础设施方面。新西兰向基提供援助主要集中在基里巴斯国际机场建设、劳动者技能培训、城市可持续发展等方面。2011—2015年，日本每年向基提供120万澳元无偿援助。

人民生活

太平洋岛国地区最贫穷的国家之一。全国部分地区还未通电。收入较低，失业率较高。人民生活贫困，医疗水平低，人均寿命为男性63岁，女性68岁。人口增长率约为1.8%（2017年）。

军　事

基里巴斯无军队，仅有警察约500名。国防由澳大利亚和新西兰负责。

文化教育

【教育】小学和初中实行免费教育。儿童入学率为93%。有公办小学约90所，中学约20所（包括私立学校），技校6所，中等专业学校2所（基里巴斯师范学院和基里巴斯技术学院）。另有1所与德国人合办的海员培训学校。基每年向国外派留学生和进修生约170人。

【新闻出版】《乌凯拉》（UEKERA）系政府主办的全国性报纸，内容以基里巴斯文本地新闻为主，另有部分英文国际新闻，每周二、五出版。《新星报》（Newstar）内容以基文本地新闻为主，另有部分英文国际新闻。

基里巴斯电台（建于1984年）用基语和英语播音，每天播3次，并出版新闻稿。

基里巴斯电视台（KTV1）于2004年12月建成，2005年4月正式开播，只有两个频道。每晚播放两个小时的基当地节目，其他时间播放澳大利亚电视台节目。

对外关系

强调维护国家主权和领土完整，反对别国干涉内政和掠夺资源；作为低海拔岛礁国家，尤其重视气候变化，呼吁国际社会采取有效措施帮助其应对气候变化带来的负面影响。重视发展对外关系，尤其与南太各国的友好关系。经济因素常为基政府外交决策的首要考虑。基同30多个国家建交，但只在斐济、美国设有外交代表机构，在少数国家设有名誉领事。

基里巴斯是联合国、英联邦、太平洋共同体、太平洋岛国论坛及论坛渔业局、瑙鲁协定等地区组织成员，积极参与相关组织活动，与太平洋岛国论坛合作较密切。

【同中国的关系】中基曾于1980年6月25日建交。2003年，阿诺特·汤当选总统后于11月7日宣布基台“建交”。11月29日，中国中止与基外交关系。

2019年9月27日，国务委员兼外交部长王毅在纽约中国常驻联合国代表团同基里巴斯总统兼外长马茂签署《中华人民共和国与基里巴斯共和国关于恢复外交关系的联合公报》，两国正式恢复大使级外交关系。

2019年10、11月，中国—太平洋岛国论坛对话会特使王雪峰访基。2019年11月，基妇女、青年、体育、社会事务部部长凯亚率全国运动会男女冠军足球队访问浙江。2020年1月4—11日，基总统马茂对华进行国事访问，双方签署了共建“一带一路”谅解备忘录等合作协议。马茂一行还赴上海、浙江、广东访问。

2019年中基贸易额为2110.1万美元，同比增长17.6%。其中中方出口额为2016万美元，同比增长13%；进口额94.1万美元，同比增长815.7%。

中国驻基里巴斯大使：唐松根。馆址：Chinese Embassy，Bairiki，Tarawa。

【同美国的关系】1979年9月20日，美基签订《友好条约》，并于1983年9月23日交换条约批准书。据此，美放弃对基14个岛屿的主权要求，基允许美保留对其军事设施的排他性使用权和在基经济区的捕鱼权。美有捕鱼船在基作业，并向基派有40多名和平队员。

【同澳大利亚、新西兰的关系】澳新分别于1981年、1989年在基开设高专署。基十分重视同澳、新，尤其是同澳的关系。基每年从澳进口占基进口总额的一半左右。澳在基一些政府、经济部门派有顾问。澳每年向基提供项目援助，主要用于基础教育、人力资源开发和公共部门管理等领域。2010—2016年，澳大利亚出资1640万美元参与基道路改造项目。2012年3月，澳总督昆廷·布赖斯访问基里巴斯。2013年2月澳外长鲍勃·卡尔访基。2012年12月，新西兰外长默里·麦卡利访基。2015年3月，澳外长毕晓普访基。2016年6月，新西兰外交部长默里·麦卡利访基。2017年7月，澳国际发展和太平洋事务部长康斯塔·费拉万蒂–韦尔斯访基。

【同英国的关系】基受英殖民统治达87年。英原在基设有常驻高专署，1993年撤销，改设管理协调办事处，1998年8月撤销。2002年1月，英重开驻基高专署，2005年3月再次撤销。

【同日本的关系】日本是基最大援助国之一。日在圣诞岛设有卫星地面站，每年向基政府支付35万澳元租金。1986年，日本出资为基修建连接首都南塔拉瓦拜里基和比休岛的堤道。1996年，日向基提供2200万美元援建基比休码头。1998年1月，日提供600万美元援建一所中学。1999年，日援基3000万澳元用于修建新比休港口、集装箱码头工程，900万澳元承建基议会大厦。日本援建的南塔拉瓦岛发电厂于2002年底竣工投产，基本解决了基首都的供电难题。2016—2019年，日本为基出资重修比休岛堤道，该堤道全长6.4公里，项目总造价5100万澳元，其中日本政府捐助4400万澳元，基政府出资700万澳元。（*姜君*）

科科斯（基林）群岛

名称 科科斯（基林）群岛［Cocos（Keeling）Islands］。

面积 陆地面积15.6平方公里。

人口 544人（2016年）。其中，58%为科科斯马来人，主要在主岛（Home Island）居住；26%为欧洲人，主要在西岛（West Island）居住，多数为短期居住的政府官员。官方语言为英语。当地岛民主要讲英语和马来语的混合方言——科科斯马来语。80%的岛民都是信奉逊尼派的穆斯林。

行政中心 西岛。

行政长官 娜塔莎·路易斯·格里格斯（Natasha Louise Griggs），2017年10月上任，任期3年。

重要节日 澳大利亚国庆日：1月26日。

简 况

位于距澳大利亚珀斯西北2768公里的印度洋中，由27个岛屿组成，形成两个海拔较低的环形珊瑚礁。热带气候，湿度大，温度在21℃—32℃，年均降水量2000毫米，主要集中在1—8月。属澳大利亚海外领地。

原本无人居住，1609年被东印度公司威廉·基林（William Keeling）船长发现。1826年，亚历山大·黑尔（Alexander Hare）在岛上建立第一个定居点。1857年，英国宣布拥有科岛主权。1878年起被锡兰（现称斯里兰卡）统治。1886年划入海峡殖民地（现新加坡和马来西亚的一部分）。同年，英王把科岛的土地赠予约翰·克卢尼斯–罗斯（John Clunies-Ross）及其继承人。1946年，科岛成为新加坡的属地。

1955年11月，科岛的行政权被移交给澳大利亚联邦政府，划入澳北方领土地区，由来自澳大利亚的代理人担任官方代表。1975年起，澳政府任命一名行政官员，与澳地区服务、领土和地方政府部长一起负责管理科岛。1978年，澳政府买下约翰·克卢尼斯–罗斯在岛上除房产外的全部股权后，公布了对科岛的新政策。1984年10月，澳高等法院裁定，澳政府为获得克卢尼斯–罗斯剩余财产所采取的行动不符合宪法。1993年，克卢尼斯–罗斯家族宣布破产，其财产归澳政府所有。

政 治

1979年7月，科岛成立议会。1984年4月6日，澳政府举行了有联合国观察员参加的公民投票，决定科岛未来的政治地位。大部分岛民赞成科岛并入澳大利亚联邦。从此，岛上居民享有与澳大利亚公民同等的权利和义务。1992年，根据澳西澳州法律成立科岛地方议会。议会每2年召开一次。1993年第一届地方议会经选举产生，成员7人，任期为2或4年。任期澳总检察部以社区公告（Community Bulletins）和政府公告（Government Gazettes）的方式向科岛居民发布信息。2007年3月，澳政府各部门根据“提供服务安排”（Service Delivery Arrangements）向该岛居民提供政府服务。

行政长官由澳总督任命，向澳基础设施与地区发展部长负责。

经　济　渔业资源丰富。岛民饲养家畜，种植蔬菜、香蕉和巴婆果，但不能自给自足，其他食品、燃料和日用消费品需从澳大利亚进口。椰子是岛上唯一的经济作物。使用澳大利亚货币，1澳元约合0.64美元（2020年5月）。

【工业】工业以椰干肉生产为主。旅游业规模较小，但增长较快。

【农业】农产品有蔬菜、香蕉、木瓜和椰子。

【对外贸易】出口产品以椰干肉为主。进口主要面向澳大利亚。贸易赤字由澳联邦财政拨款、补助和邮票销售收入（科岛于1979年9月开办邮政业务）来抵销。

【交通运输】每周有1架客运航班经圣诞岛往返于西岛和澳大利亚珀斯之间，运送旅客和邮件。2010年建成首个机场。每2周有一架货运航班从珀斯运送补给。每隔4—6周有货船从西澳州弗里曼特尔市运送补给。岛上有22公里公路。

人民生活　【医疗】诊所工作日开放，除紧急情况外需预约就诊，病情严重者将被送往西澳州首府珀斯救治。

军　事　无军事设施和现役军人，澳大利亚国防军负责该岛防务。澳军方正准备升级该岛机场设施以部署P-8反潜巡逻机。

澳大利亚联邦警署负责提供岛上一般性警务服务，处理移民、检疫等事务。未经许可，禁止进口枪支和弹药。

文化教育　【教育】有2所公立学校分别位于主岛和西岛，主要提供初等教育，西岛为16岁及以上的公民提供中等教育。科科斯马来青少年可依靠奖学金去澳大利亚本土完成高等教育。

【新闻媒体】有1家当地广播电台，由岛上志愿者负责运营，播放本地和澳大利亚电台节目。另有1家电视台，1992年成立，播放澳大利亚卫星电视节目。

（马爱杰）

库克群岛

国名　库克群岛（The Cook Islands）。

面积　陆地面积240平方公里。

人口　2.18万（2019年），另有约6.2万人居住在新西兰。毛利人（属波利尼西亚人种）占92%，欧洲后裔占3%。通用语为库克群岛毛利语和英语。居民69%信奉基督教新教，15%信奉罗马天主教。

首都　阿瓦鲁阿（Avarua），位于拉罗汤加岛（Rarotonga）。

国家元首　英国女王伊丽莎白二世。女王代表汤姆·马斯特斯（Tom Marsters），2013年8月9日就任，2016年7月、2019年8月两次连任，任期3年。

重要节日　宪法日（国庆日）：8月4日。

简　况　位于南太平洋，南纬8°—23°，西经156°—167°，属波利尼西亚群岛，由15个岛屿和岛礁组成。属热带海洋性气候。年均气温24℃，年均降水量2000毫米，12月至次年3月为雨季。

毛利人为原住民。1773年英国海军上校库克船长探险到此地，以“库克”命名。1888年成为英国保护地。1901年成为新西兰属地。1964年在联合国监督下举行全民公决，通过宪法。1965年宪法生效，实行内部完全自治，享有完全的立法权和行政权，同新西兰保持自由联系，防务和外交由新西兰负责，但只有应库政府要求，新西兰方可采取行动。

1989年，新西兰政府致函联合国，声明库有完全宪法能力自主处理对外关系和签署国际协定，希望国际社会视库为主权国家。

政　治　【宪法】1964年立法院批准库克群岛宪法。1965年宪法生效。1981年和1991年先后修改宪法。1994年大选时对国名、国旗、国歌、议会任期和是否保留海外选区进行全民公决，投票结果为维持原状不变。2004年9月大选宣布取消海外议席并将议会任期由原来的5年缩短为4年。

【议会】一院制，由普选产生的24名议员组成立法会议，任期4年。现任议长为尼基·拉特尔（Niki Rattle）。此外，1966年成立酋长院，由代表各岛的20名酋长组成，就土地使用和传统习俗向议会和政府提出建议。现任院长为托乌·特拉维尔·阿里基（Tou Travel Ariki）。

【政府】由议会多数党组成，每届任期4年。2010年11月，库克群岛党领袖亨利·普那（Henry Puna）

领导该党赢得议会选举，出任总理。2014年7月，库克群岛举行大选，经数次补选，库克群岛党于2015年2月确认赢得连任。2018年6月，库克群岛举行大选，库克群岛党于同年9月确认再次赢得连任。普那总理继续连任总理。内阁共有6名阁员。

【司法机构】设高等法院和上诉法院。高等法院由首席法官和另5名法官组成，设民事庭、刑事庭和土地庭。上诉法院有3名法官，其中1名须为新西兰上诉法院或高等法院法官。上诉法院的上诉呈递英国枢密院。1993年5月起，有关土地和首领头衔的案件由岛内法院自行审理，民事和刑事案件仍上诉枢密院。另设有儿童法院审理少年犯罪案。

【政党】主要政党为：

（1）库克群岛党（Cook Islands Party）：执政党。1964年成立，现领袖为亨利·普那。

（2）民主党（Democratic Party）：反对党。1971年成立，现领袖为蒂娜·布朗（Tina Browne）。

【重要人物】亨利·普那：总理。生于1949年7月。历任库克群岛政府贸易、劳工、交通和旅游部秘书长。2005年当选马尼希基选区议员，2006年出任库克群岛党领袖，同年落选议员席位。2009年连任该党领袖，2010年重新当选马尼希基选区议员并出任库政府总理。2015年、2018年两次连任总理。

经　济

库克群岛主要经济来源是旅游业。农业和海洋资源丰富，黑珍珠养殖业发展较快。其他出口商品有：木瓜、鲜鱼、服装等。主要进口商品为机器设备、食品和活畜、工业制成品、燃料和化学品。财政收入较依赖外援。2018年国内生产总值为5.24亿新元。使用新西兰元，1新元约合0.60美元（2020年5月）。

【工业】有水果加工及生产香皂、香水、旅游纪念品的小型工厂若干家，以及加工纪念硬币、邮票、贝壳和手工艺品的作坊。

【农渔业】出产椰干、香蕉、柑橘、菠萝、咖啡、芋头、芒果和木瓜等。饲养猪、山羊和家禽等。海洋资源丰富，黑珍珠养殖业发展较快。

【旅游业】为支柱产业。是库第一大收入来源。新西兰为最大客源国。

【离岸金融业】有4家信托公司为外国资产提供保护，并向外国银行发放银行营业许可证。年获益约1000万新元。

【交通运输】公路：全长约295公里。拉罗汤加岛有环岛公路，陆路交通工具主要是汽车和摩托车等。

海运：有3个海港，分别在拉罗汤加岛、艾图塔基岛和彭林岛。拉罗汤加岛的阿瓦蒂乌港可停泊3000吨货轮。拉罗汤加船运公司和库克群岛国家船运公司经营库克群岛与纽埃、新西兰、萨摩亚、汤加之间的定期货运业务。库克群岛水运委员会与另一船运公司负责各岛之间的运输。

空运：拉罗汤加岛上的阿瓦鲁阿国际机场可供波音747飞机起降。艾图塔基岛有1个国内机场，另外7个岛仅有飞机跑道。拉罗汤加航空公司经营国内航线。新西兰航空公司、萨摩亚波利尼西亚航空公司有定期航班从拉罗汤加岛飞往奥克兰、洛杉矶、夏威夷等地。

【对外贸易】2019年出口额为2650.8万新元，进口额为2.44亿新元。前三大出口市场为新西兰、日本、中国，前三大进口来源地为新西兰、斐济、澳大利亚。主要出口商品为鱼类、珍珠、木瓜等。主要进口商品为燃料和化学品、机器设备、工业制成品、食品和活畜。

【外国援助】财政收入主要靠外援，接受外援的60%来自新西兰和澳大利亚。自2004年起，两国联合执行对库克群岛援助，由新西兰国际开发署负责协调。2018/2019财年，新西兰、澳大利亚分别援助库克群岛2165万新元、330万澳元。2019/2020财年，新西兰、澳大利亚对库克群岛援助预算分别为2141万新元、370万澳元。

欧盟自2002年起援助库克群岛。截至2016年，亚洲开发银行向库提供优惠贷款逾8690万美元。此外，库还与联合国开发计划署、联合国粮农组织等国际组织开展合作。

人民生活

库克群岛实行免费医疗。有8所政府医院，150多张病床。

军　事

根据1965年宪法，新西兰负责库克群岛国防事务，但需要征得库政府同意。根据《互助行动纲领》，新西兰国防军支持库太平洋巡逻艇行动、潜水训练、小武器使用和安全以及相关搜救协助。该项目年度预算为16.2万新元。新西兰国防军还对库专属经济区进行例行巡逻。库克群岛全国共有警力110人，但不配备枪支。

文化教育

【教育】库克群岛对4岁儿童进行学龄前教育，对6—15岁儿童实行义务教育。有中、小学39所，学生5000多人，教师300多人。有1所师范学院。南太平洋大学拉罗汤加分校进行成人高等教育和函授教学。全国受过高等教育的有约400人。全国文盲率仅1%。新西兰为库克群岛学生提供到新西兰、斐济等国学习的奖学金。

【新闻出版】《库克群岛新闻》日报，用英文和毛利文出版。《库克群岛先驱报》，周六出版。库克群岛电台用英语和毛利语广播，转播澳大利亚、新西兰电台的国际和地区消息。拉罗汤加还有一家私人电台。库克群岛电视台除转播新西兰电视新闻外，主要播放美澳电视节目。

对外关系

库克群岛与中国、新西兰、澳大利亚、日本、法国、德国、印度、意大利等30个国家及欧盟建立外交关系。库是联合国开发计划署、联合国粮农组织、联合国教科文组织、世界卫生组织、世界气象组织、国际民航组织、国际海事组织、亚洲开发银行、国际红十字会等国际组织成员，是英联邦和联合国亚太经社理事会准成员国，是太平洋共同体、太平洋岛国论坛、非加太集团等地区组织成员。

【同中国的关系】自1997年7月25日中国与库克群岛建交以来，两国关系发展顺利，各领域交流与合作不断拓展。2014年11月，中国国家主席习近平在斐济楠迪同普那总理会晤，双方建立相互尊重、共同发展的战略伙伴关系。2018年11月，中国国家主席习近平在巴布亚新几内亚莫尔斯比港同普那总理会晤，双方建立相互尊重、共同发展的全面战略伙伴关系。

2015年8月，中国驻新西兰兼驻库克群岛大使王鲁彤作为中方代表出席库宪法日50周年庆典。10月，中国—太平洋岛国论坛对话会特使杜起文访问库克群岛。

2016年9月，库克群岛副总理兼文化、基础设施部长希瑟访问广东省。6月，广东省政协副主席林木声率广东省艺术团、汕头杂技团访问库克群岛并举行专场文艺演出。

2017年7月，中国—太平洋岛国论坛对话会特使杜起文访问库克群岛。8月，文化部派遣的艺术团赴库克群岛举行文艺演出。

2018年11月，中国和库克群岛签署《中华人民共和国政府与库克群岛政府关于共同推进丝绸之路经济带和21世纪海上丝绸之路建设的谅解备忘录》。

2019年4月，库克群岛副总理兼财政和经济发展部长布朗来华出席第二届“一带一路”国际合作高峰论坛。10月，中国驻新西兰兼驻库克群岛大使吴玺在库克群岛首都阿瓦鲁阿举行庆祝中华人民共和国成立70周年招待会和交响音乐会。

新冠肺炎疫情发生后，中库积极加强疫情防控交流和合作。2020年3月，库克群岛参加中国—太平洋岛国卫生专家视频会议。5月，库克群岛参加中国和太平洋岛国应对新冠肺炎疫情副外长级特别会议。

中库自1997年建交以来，经贸关系发展较快。建交当年，中库双边贸易总额为14.5万美元。2019年，中库双边贸易额为4440.9万美元，同比增长477.6%。其中，中国出口额4265.3万美元，同比增长722.4%；进口额175.6万美元，同比下降29.8%。中国出口商品主要为机电产品和高新技术产品。进口商品主要为农产品。

2014年2月，中国、库克群岛、新西兰三方合作在拉罗汤加岛实施的供水项目举行开工仪式，中国驻新西兰兼驻库克群岛大使王鲁彤、中国—太平洋岛国论坛对话会特使李强民以及库克群岛女王代表马斯特斯、总理普那、新西兰外长麦卡利等出席。2017年2月，库克群岛拉罗汤加岛供水项目中方援建工程竣工交接仪式在库举行，中国商务部国际贸易谈判副代表张向晨、库克群岛总理普那、新西兰外交贸易部副秘书长金斯等出席。

2018年5月，中国援建库克群岛阿皮尼考学校移交仪式在库举行，驻新西兰兼驻库克群岛大使吴玺、库克群岛女王代表马斯特斯夫妇、总理普那夫妇、财政部长布朗、教育部秘书长柯克兰等出席。

库克群岛是中国公民出境旅游目的地国。

中国驻新西兰兼驻库克群岛大使：吴玺。馆址：2–6 Glenmore Street，Wellington，N. Z.。电话：00644–4749631；传真：4990419。经商处电话：00644–4714101；传真：4714104。

库克群岛未在华设立使馆。

【同其他国家的关系】2013年2月，库克群岛总理普那、财政部长布朗和海洋资源部长毕晓普在新西兰皇后镇同新西兰外长麦卡利举行两国第2届联合部长级论坛。3月，库克群岛总理普那赴汤加和新西兰出席太平洋岛国领导人能源峰会和太平洋能源峰会。

2014年2月，新西兰外长麦卡利访问库克群岛，出席新西兰、中国、库克群岛三方合作供水项目开工仪式。5月，太平洋岛国论坛闭门峰会在库克群岛拉罗汤加岛举行，讨论重振以“太平洋计划”为蓝图的区域合作和一体化战略。

2015年2月，库总理普那访问新西兰。3月，澳大利亚外长毕晓普访问库克群岛。8月，库总理普那访问新西兰。

2016年4月，库总理普那访问新西兰，考察当地渔业。

2017年2月，库总理普那访问新加坡，新西兰外长麦卡利访库。6月，新西兰总理英格利希访库。同月，库克群岛签署加入《太平洋更紧密经济关系协定》。10月，库总理普那访问马耳他、欧盟。12月，库总理普那访问新西兰。

2018年3月，新西兰总理阿德恩访库。同月，新西兰副总理兼外长彼得斯访库。4月，库总理普那率团访新。

2019年3月、5月，库克群岛总理普那访问新西兰。7月，新西兰副总理兼外长彼得斯赴库克群岛出席第7届新西兰—库克群岛联合部长级磋商。同月，澳大利亚外长佩恩访问库克群岛。8月，库克群岛总理普那出席在图瓦卢举行的第50届太平洋岛国论坛首脑会议。11月，库总理普那访澳。

库克群岛与新西兰签有防务、民航等协定，与韩国、挪威签有渔业协定，与美国、法国签有海域边界条约，与法国签有友好合作协定，与斐济签有双边贸易协定。2000年6月，库加入“非加太集团”，与欧盟15国在贝宁签署经济贸易伙伴关系文件《科托努协定》（原洛美协定）。2000年，为加强与欧盟关系，库任命了首任驻欧盟特别代表。8月，库正式签署《中西太渔业公约》。

（马爱杰）

马绍尔群岛

国名　马绍尔群岛共和国（The Republic of the Marshall Islands）。

面积　陆地面积181.3平方公里（包括比基尼环礁、埃尼威托克环礁和夸贾林环礁等），海洋专属经济区面积213.1万平方公里。

人口　5.43万（2017年，不含移居美国人口），多属密克罗尼西亚人种。马绍尔语、英语为官方语言。80.5%的居民为新教徒，8.5%为天主教徒。

首都　马朱罗（Majuro）。

国家元首　总统戴维·卡布阿（David Kabua），2020年1月当选。

重要节日　宪法日：5月1日。

简　况

位于中太平洋密克罗尼西亚地区。由29个环礁岛群和5个小岛共1225个大小岛屿组成。东南面岛礁统称为日出群岛，西北面的统称为日落群岛，两部分中间相隔约208公里。绝大多数人口集中在首都马朱罗和夸贾林环礁（Kwajalein）的埃贝耶岛。海岸线长370.4公里。属热带气候，年均气温27℃，年均降水量为3350毫米，5—11月为雨季，12月至次年4月为旱季。

16世纪初西方航海者抵此。1788年英船长约翰·马绍尔到此勘察，该群岛由此得名。1886年成为德国的保护领地。“一战”之初被日本占领，“二战”中成为日本在太平洋的作战基地。1944—1947年美国对其实行军管。1947年7月，马绍尔群岛被联合国交给美国托管，成为太平洋岛屿托管地的一部分。1983年6月25日与美国正式签署《自由联系条约》（1986年10月21日生效）。根据该条约，马获得内政、外交自主权，安全防务15年内由美国负责，可参加地区组织，但不能参加联合国。1990年12月22日，联合国安理会通过终止部分太平洋托管领土托管协定决议，结束马的托管地位。1991年9月17日，马成为联合国成员。

政　治

2019年11月，马举行议会选举。2020年1月，新一届议会召开首次会议，选举戴维·卡布阿为马第九任总统。

【宪法】1979年3月通过，5月1日生效。宪法规定马绍尔群岛实行总统制。总统为国家元首，也是政府首脑，由议会选举产生。

【议会】称国会，一院制，由33名议员组成，任期4年。本届议会于2020年1月就职，议长肯尼思·凯迪（Kenneth Kedi）。此外，马传统领袖（Iroji）在涉及土地、传统文化、社会风俗等问题上有重要发言权。

【政府】内阁由总统任命的10名部长组成。本届内阁于2020年1月产生，成员为：总统助理与环境部长克里斯托弗·洛亚克（Christopher Loeak），外交与贸易部长卡斯藤·内姆拉（Casten Nemra），卫生与大众服务部长布鲁斯·彼里蒙（Bruce Bilimon），财政、银行与邮政部长阿尔弗莱德·阿尔弗莱德（Alfred Alfred，Jr.），交通、通信与信息技术部长唐纳德·卡贝勒（Donald Capelle），文化与内政部长杰米·纳逊（Jemi Nashion），工程、基础设施与公共事业部长吉贝·卡布阿（Jiba Kabua），司法、移民与劳工部长凯撒·诺特（Kessai H. Note），教育、体育与训练部长基特兰·卡布阿（Kitlang Kabua），自然资源与商务部长桑迪·阿尔弗莱德（Sandy Alfred）。

【行政区划】全国分为24个市政区域，主要城镇包括马朱罗、埃贝耶等。

【司法机构】设最高法院、高等法院、地区法院、社区法院和传统权利法院等。

【重要人物】戴维·卡布阿：总统。马绍尔群岛开国总统阿玛塔·卡布阿次子，曾长期担任议员，2012—2013年任卫生部长，2014—2016年任内政部长。2020年1月13日就任马绍尔群岛第九任总统。

经　济

马绍尔群岛经济落后，严重依赖外援，财政预算的60%以上依靠美国及其他国家和地区财政捐助。2006年以来，政府积极推行国有企业私有化政策，减轻政府债务水平，加大对教育的投入，加强基础设施建设，经济取得一定发展。2019年主要经济数据如下：

国内生产总值：2.3亿美元。

国内生产总值增长率：3.8%。

货币名称：美元。

（资料来源：亚洲开发银行）

【资源】海域面积广大，海底有钴壳和锰结核等矿产资源。部分岛屿蕴藏磷酸盐，渔业资源丰富，海产养殖及捕鱼业有较大发展潜力。

【农渔业】产椰子、香蕉、芋头、面包果等。近年来，渔业生产增幅较大，椰干产量略有增加，由于收购价格提高，产值增幅较大。

【交通运输】岛屿间交通依靠海运和空运。

公路：硬化路面75公里。

水运：马绍尔群岛是仅次于巴拿马的世界第二大船舶注册国，在马注册船舶总吨位达24574.5万吨。马朱罗为主要港口。

空运：有15个机场，其中4个机场有硬化跑道。主要机场在马朱罗，能起降波音737客机。马绍尔航空公司有定期航班飞往国内主要岛屿。美国联合航空公司和瑙鲁航空公司每周有班机来往于檀香山、关岛、马朱罗及邻近太平洋岛国。

【财政金融】主要收入来源为海外援款。

主要银行：马绍尔群岛银行（Bank of Marshall Islands），系商业银行，成立于1982年11月。

【对外贸易】出口产品结构单一，对外贸易连年赤字，且居高不下。主要贸易伙伴为美国、日本、澳大利亚和中国，其中马美贸易额占马贸易总额的80%以上。

主要出口冷冻鱼、椰油、椰饼、手工艺品，进口食品、燃料、烟草、建材、汽车和机械设备。主要进口来源有美国、日本、澳大利亚、新西兰、中国等。

【外国援助】主要援助方有美国、日本、欧盟和中国台湾地区，其中美国援助最多。

人民生活

首都和埃贝耶岛各有一所医院，共有病床113张，医护人员约120名。2010年初，马接通海底光缆，开通了高速网络服务。

军　事

根据与美国协议，马绍尔群岛国防由美国负责。

文化教育

【教育】对6—14岁的儿童实行义务教育，公立学校学费全免。马绍尔群岛学院（专科），有全日制学生400余名。政府向符合条件的学生提供奖学金。

【新闻出版】主要报纸为私人办的《马绍尔群岛周报》。政府不定期出版公报。有4个广播电台。

对外关系

支持民族自决，重视气候变化问题，主张保护海洋资源和环境，发展地区合作，建立南太平洋无核区，积极寻求与周边国家发展关系，开展平等互利的友好合作，以促进本国经济发展。

1996年9月，马绍尔群岛在全面禁核试条约上签字。2010年7月，在巴西举行的联合国教科文组织第34届年会表决通过将马绍尔群岛比基尼环礁核试遗址（1946—1958年美在此共进行67次核试验）列入《世界文化遗产名录》。

同70多个国家建交，系联合国、国际民航组织、太平洋岛国论坛、亚洲开发银行等20多个国际和地区组织成员。在美国、斐济、日本设有使馆，在纽约和日内瓦设有常驻代表团。

【同中国的关系】中国与马绍尔群岛曾于1990年11月16日建交。1998年11月20日，马绍尔群岛与台湾当局签署所谓“建交”公报；12月11日，中国宣布中止与马的外交关系。

2008年，马绍尔群岛体育代表团参加北京奥运会。2010年，马绍尔群岛同其他太平洋岛国以太平洋联合馆形式参加上海世博会。2019年，中马双边贸易额为24.25亿美元，同比增长10.3%。其中中方出口额23.8亿美元，同比增长9.97%；进口额4469万美元，同比增长31.87%。

【同美国的关系】受美托管多年，与美关系密切。根据1986年生效的马美《自由联系条约》，马享有内政、外交自主权，但防务由美负责，马公民可以自由出入美国。2003年5月，马美续签该条约，美承诺将在20年内继续向马提供经济援助，同时为马建立信托基金。1986—2002年，美向马提供的经济援助超过10亿美元。2019年5月，马总统海因访美，同密克罗尼西亚联邦总统帕努埃洛、帕劳总统雷门格绍共同会见美总统特朗普。

【同日本的关系】曾被日本占领。马日关系密切。日每年向马提供约400万—500万美元援款。1997年，日在马设使馆并派大使。日自1991年起向马派志愿者。2018年5月，马总统海因赴日本出席第八届日本—太平洋岛国领导人会议。

（王策）

美国本土外小岛屿

根据国际标准化组织有关标准（ISO 3166），美国本土外小岛屿（United States Minor Outlying Islands）包括太平洋上的贝克岛、豪兰岛、贾维斯岛、约翰斯顿岛、金曼礁、中途岛、巴尔米拉环礁、威克岛及加勒比海上的纳瓦萨岛。

豪兰和贝克群岛（Howland and Baker Islands）由两个无潟湖珊瑚礁岛组成，为美国无建制领土。位于太平洋中部靠近赤道处，东北距夏威夷3300公里。赤道气候，少雨，多风。地势低平，四周有暗礁环绕。无淡水资源。豪兰岛长2.4公里，宽0.9公里，陆地面积1.6平方公里，海岸线长6.4公里，陆地最高点为海平面以上3米。贝克岛长1.6公里，宽1.1公里，陆地面积1.4平方公里，海岸线长4.8公里，陆地最高点为海平面以上8米。

19世纪下半叶，美国人和英国人开始在此采集鸟粪。1935年，美国人在两岛建立居民点（“二战”期间撤废），并在贝克岛修建了一座灯塔。翌年，以上两岛划归美国内政部管辖。1937年，美国在豪兰岛修建了一个简易机场（现已不用）。1942年，美国人在遭日军攻击后撤离。1943年美军在贝克岛建立了空军基地（战后废弃）。1990年，美国会曾立法建议将两岛置于夏威夷州管辖。现在两岛是美国国家野生动物保护体系的一部分，由美国内政部鱼类和野生动物服务组织负责管理。无常住居民，一般只对科学家和研究人员开放。

豪兰岛为夏威夷和澳大利亚之间的航空中间站。美国海岸警卫队每年巡视两岛。两岛无港口，仅有小船停泊区。

贾维斯岛（Jarvis Island）位于太平洋中部檀香山以南2417公里处，是美国无建制领土。全岛长约2.8公里，宽1.6公里，面积4.5平方公里，海岸线长8公里，陆地最高点为海平面以上7米。为沙岛和珊瑚岛，四周有暗礁环绕。无淡水资源。热带气候，少雨，多风。

美国人曾于1935年在此建立了名为米勒什维尔的定居点，作为气象站使用，"二战"期间撤废，1957年国际地球物理年时曾被科学家再度使用过。现岛上无常住居民。1974年，美国宣布该岛为野生动物保护地，由美国内政部管辖。1990年，美国国会有关立法建议将该岛置于夏威夷州管辖。目前仍由美国内政部鱼类和野生动物服务机构管理，每年巡视，一般只对科学家和研究人员开放。美国海岸警卫队每年巡视此岛。岛上无港口，仅有海面停泊所。西海岸中部有一灯塔。

约翰斯顿环礁（Johnston Atoll）属波利尼西亚群岛，为美国无建制领土。位于北太平洋中部，东北距夏威夷檀香山1328公里，有重要战略地位。主要由约翰斯顿、萨德两岛及北岛、东岛两个人工小岛组成。面积2.8平方公里，海岸线长34公里。热带气候，干燥，持续东北信风。地势平坦，陆地最高点为海平面以上10米。无淡水资源。

1807年，英国海军舰长查尔斯·詹姆斯·约翰斯顿发现该岛。1858年，夏威夷王国和美国对该岛归属发生争议。1898年美吞并夏威夷后，该岛属美国。1934年起由美海军部管辖，并在岛上修建了基地。1941年宣布为美海军防务区，建立海军航空兵站。1948年改由美空军管辖。20世纪50—60年代该岛为核武器试验区和飞机加油站，直到2000年一直是化学武器的储存及处理地。1983年，美国曾计划在此建立化学武器处理设施，但引起南太论坛及环保组织的抗议。1996年从德国转运至该岛的神经毒气炮弹在该岛完成销毁，有关化学武器设施的清理和关闭工作于2004年完成。该岛现由美国太平洋空军希卡姆空军基地（Hickam AFB）和内政部的鱼类及野生动物服务机构管理。

岛上有20条声讯数据线路，一定量的电信设施，可提供互联网服务；有商业卫星电视系统，可接收30个频道，有7个电台。有1个飞机场，但已关闭。岛上曾有1100名美国军事人员和承包商，2005年美政府人员全部撤离。经济活动仅限于为岛上人员提供服务。所有食品和制成品依赖进口。

中途岛（Midway Island）属波利尼西亚群岛，为美国无建制领土。位于太平洋北部，地处太平洋东、西两岸的中途，东南距檀香山约2334公里。由沙岛、东岛和斯皮特岛组成，为珊瑚礁岛，陆地面积6.2平方公里，海岸线长15公里。地势低平，陆地最高点为海平面以上13米。亚热带气候，盛行东风。岛上无本土居民。

1859年，美国人布鲁克斯抵达该岛。1867年美占领该岛。1903年建成海军基地，并因其所处美国加州及日本中途的地理位置而被美海军改为现名。1905年在沙岛上建成夏威夷与菲律宾之间的海底电缆连接站。1935年建成民用航空站。1940年美国海军修建了航空和潜艇基地。1942年6月3—6日，美日曾激战于此。"二战"后，其商业航空站的地位下降，1950年取消了定期航班。现岛上有潜艇和空军基地，还设有野生动物保护区，对公众开放游览。1990年的一项美国国会立法要求将该岛包括在夏威夷州的范围之内。1993年，海军基地关闭。1996年10月，该岛从美国国防部转为美国内政部管辖，现由内政部鱼类和野生动物服务机构管理。岛上大约有40位美国鱼类和野生动物服务机构工作人员。目前，岛上的国家野生动物保护区因机构重组暂时关闭。经济活动仅限于为岛上的国家野生动物保护活动提供服务。所有食品和制成品依赖进口。

岛上有7.8公里的管道，1个港口（沙岛），3个机场（只有1个正常运营）。

威克岛（Wake Island）美国无建制领土。位于北太平洋，关岛以东约2060公里，由3个小礁岛组成，形成于水下的火山之上，中央的潟湖即原来的火山口。面积6.5平方公里，海岸线长19.3公里。陆地最高点为海平面以上6米。热带气候，偶有台风。

该岛地处关岛和夏威夷之间，战略地位重要，被称为"太平洋的踏脚石"。1940—1941年，美国在岛上建立了重要的空军与海军基地。1941年12月，日本占领此岛直至"二战"结束。1962年，美国在岛上建成了现代化机场，1964年完成了新的海底电缆的敷设。该岛还是檀香山和关岛海底电缆的连接点。1972年，该岛交由美国防部管辖。1974年用作导弹试验基地。20世纪70年代中期至今，成为美空军紧急降落基地，也是美民航和军用飞机从檀香山到东京和关岛的加油站。1990年美国国会有一项立法建议将该岛置于关岛管辖范围内。目前该岛由美国内政部管辖，美国空军管理岛上活动。

岛上无本土居民，只有约75名美军事人员和承包商。经济活动仅限于为岛上的军事人员和承包商提供服务。所有的食品和制成品依赖进口。岛上有电话系统和卫星通信系统。无港口，有2个大型船只近海停泊区；有1个飞机场，供美军和商业货运飞机使用。

马绍尔群岛共和国（南距该岛500公里）以该岛在传统宗教仪式上的重要性为理由，对该岛提出主权要求。

金曼礁（Kingman Reef）为美国无建制领土。位于太平洋中部的莱恩群岛北部，檀香山以南1778公里，面积1平方公里。陆地最高点不到海平面以上2米。1922年属美国。1934年曾为美国海军基地。现无人居住。

巴尔米拉环礁（Palmyra Atoll）为美国无建制领土。位于莱恩群岛北部、金曼礁以南。面积11.9平方公里。陆地最高点为海平面以上3米。无常驻居民，有1个私人机场。岛上有4—20位大自然保护协会、美国鱼类和野生动物服务机构工作人员。

纳瓦萨岛（Navassa Island）位于加勒比海，在海地和牙买加之间。面积5.4平方公里。无人居住，岛上有灯塔。美国将其列为无建制领土，由内政部管辖。海地对该岛有主权要求。

（王鸷南）

美属萨摩亚

名称　美属萨摩亚（American Samoa），又称“东萨摩亚”。

面积　陆地面积199平方公里。

人口　5.85万（2019年）。多属波利尼西亚人种，还有少数韩国人和华人。讲萨摩亚语，通用英语。居民多信奉基督教公理会教派和天主教。

首府　帕果帕果（Pago Pago）。

总督　莫里加（Lolo Matalasi Moliga），2012年11月当选，2016年11月连任，任期4年。

重要节日　旗日：4月17日。

简　况

位于中太平洋南部国际日期变更线东侧，属波利尼西亚群岛。包括萨摩亚群岛的土土伊拉、奥努乌、罗斯岛、马努阿群岛的塔乌、奥洛塞加、奥福岛及斯温斯岛。70%的土地为丛林覆盖，主岛土土伊拉岛最高峰拉塔山海拔964米。属热带海洋性气候。5—10月为旱季，11月至次年4月为雨季。年平均气温21℃—32℃，年平均降水量5000毫米。

大约公元前1000年已有人居住。1722年荷兰人抵此。后法、英、德、美国人相继到此。1899年，根据美、英、德3国协定，美德分治萨摩亚群岛。1900年，东萨摩亚成为美国殖民地。1922年成为美国非建制领土。1951年以前是美国海军基地，由美国海军部管辖。1951年7月划归美国内政部岛屿事务办公室管辖。总督为最高行政官。

政　治

1977年11月，彼得·塔里·科尔曼在首次普选中当选美属萨摩亚总督，并于1980年连任。1984年11月，阿菲奥格·鲁塔里当选总督。1988年11月，科尔曼击败鲁塔里，重新当选为总督。1992年11月，鲁塔里再次当选总督。1996年11月，塔乌埃塞·皮塔·苏尼亚当选总督，2000年11月再次当选。2003年4月，托吉奥拉任代理总督。2004年11月，托吉奥拉当选总督，2008年连任。2012年11月莫里加当选总督，2016年11月连任。

【议会】有参众两院。参院有18个席位，参议员用从选区酋长中推选的传统方法产生，任期4年。众议院有21个席位，其中20席由选举产生，另1席为斯温斯岛代表，任期2年。

美属萨摩亚在美国会众议院中有1席，由该岛居民选出，无投票权。现任众议员阿玛塔·科尔曼·拉德维根（Amata Coleman Radewagen，共和党），2014年在选举中击败伊尼·法里奥马维加，2015年1月正式接任美属萨摩亚国会众议院代表之职。

【政府】政府首脑为总督莫里加。

【司法机构】有高级法院。法官由美国内政部任命。

【政党】两党制：民主党和共和党。

经　济

属传统波利尼西亚经济，90%的土地为公有地。美属萨摩亚土地贫瘠，多山，仅出产少量香蕉、椰子、薯类和蔬菜，粮食、水果和日用品不能自给。经济以金枪鱼捕捞和加工业为支柱，金枪鱼罐头是其主要出口产品。财政严重依赖美国联邦政府财政转移支付。2018年，该地区生产总值为6.36亿美元，同比增加5.65%。货币为美元。

【工业】主要工业为鱼类加工业，2015年雇用员工2579人。38.1%劳动力在美属萨摩亚政府工作。

【农业】以传统作物为主，如椰子、香蕉、芋头、面包果、蔬菜等。

【旅游业】政府致力于发展旅游业，但由于资金缺乏及交通不便，东萨旅游业目前发展缓慢。

【交通运输】共有5个港口和口岸，首都帕果帕果是天然良港，可泊万吨轮船。共3个机场，主要机场为帕果帕果国际机场，可起降大型客机。公路241公里。

【财政金融】财政年度始自当年10月1日，止于次年9月30日。2020财年预算总额4.2亿美元，比上一财年减少4%。

主要银行有：美属萨摩亚银行（American Samoa Bank）和美属萨摩亚开发银行（Development Bank of

American Samoa）。

【对外贸易】2018年，进口额为6.32亿美元；出口额为4.38亿美元，贸易逆差为1.94亿美元。

人民生活

2018年人均GDP约1.1万美元。东萨人享受免费医疗，住院每天只象征性交7美元。有中心医院1所，卫生中心2所。

文化教育

【教育】美属萨摩亚中小学全部实行12年义务教育，共有公、私立各类学校115所，其中学龄前儿童学校59所、幼儿园30所、小学32所、中学9所、社区学院1所，还有1所特别教育学校。

【新闻出版】报刊有《萨摩亚新闻》日报和《美属萨摩亚政府通讯》。有3家电台（其中WVUV电台为商业电台，1975年由政府租借给萨摩亚广播公司，用英语和萨摩亚语播音）有1家有线电视台，即KVZK电视台：建于1964年，为政府所有。（张文）

密克罗尼西亚联邦

国名 密克罗尼西亚联邦（The Federated States of Micronesia）。

面积 陆地面积702平方公里，海洋专属经济区面积约298万平方公里。

人口 10.55万（2017年）。密克罗尼西亚人占97%，亚洲人占2.5%，其他人占0.5%。官方语言为英语。天主教徒占50%，新教徒占47%，其他教派和不信教者占3%。

首都 帕利基尔（Palikir），位于波纳佩州（Pohnpei）。

国家元首 总统戴维·帕努埃洛（David W. Panuelo），为密联邦第九任总统，2019年5月11日当选，任期4年。

重要节日 独立日（国庆日）：11月3日；宪法日：5月10日。

简　况

位于中部太平洋地区，属加罗林群岛，东西延伸2500公里。海岸线长6112公里。岛屿为火山型和珊瑚礁型，多山地。由607个大小岛屿组成，其中4个主要大岛为：波纳佩（Pohnpei）、丘克（Chuuk）、雅浦（Yap）和科斯雷（Kosrae）。属热带海洋性气候。12月至翌年3月为旱季，4月至11月为雨季。年均气温27℃，年降水量约2000毫米，其中波纳佩年降水量超过7000毫米，是世界上降水量最多的地方之一。

4000年前就有人居住。16世纪被西方航海者发现。19世纪中期英、美、德先后在此设立贸易点，1885年遭西班牙占领，1899年被转让给德。第一次世界大战后（1914—1945年）被日占领，第二次世界大战后被美占领。1947年，联合国将密交美托管，后与马绍尔群岛、北马里亚纳群岛和帕劳构成太平洋岛屿托管地的4个政治实体。1965年1月成立议会，此后不断要求自治。1969年，密开始就未来政治地位同美国谈判。1979年5月10日通过宪法，密克罗尼西亚联邦成立。1982年与美正式签订《密美自由联系条约》，1986年11月3日生效，密联邦正式独立。根据《密美自由联系条约》，密获得内政、外交自主权，安全防务15年内由美负责。1990年12月，联合国安理会召开会议，结束密联邦的托管地位，1991年9月17日接纳密为联合国正式成员国。2003年密美双方就《密美自由联系条约》续约事达成协议，将该条约延长20年，2004年5月起生效至2023年。

政　治

2019年3月，密克罗尼西亚联邦举行议会选举。2019年5月，新一届议会召开首次会议，选举帕努埃洛为总统。

【宪法】1979年5月10日通过并生效。宪法规定，总统为国家元首，也是政府首脑，由国会议员从来自4个州的4位4年期议员中选举产生。

【议会】称联邦国会，一院制，由14名议员组成，其中每州1名任期4年的“全任期”议员，其余10名议员任期2年，按人口比例在各州分配。第21届国会于2019年5月11日正式就职。现任议长为韦斯利·西米纳（Wesley W. Simina），副议长为埃斯蒙德·摩西斯（Esmond B. Moses）。

【政府】内阁部长由总统提名，国会批准后组成联邦内阁。现内阁成员主要有：副总统尤斯沃·乔治（Yosiwo P. George），外交部长坎迪·埃利伊萨（Kandhi A. Elieisar），资源与发展部长马里恩·亨利（Marion Henry），交通、通信与基础设施部长卡尔森·阿皮斯（Carlson D. Apis），财政与行政事务部长尤金·阿莫尔（Eugene Amor），卫生与社会事务部长利文森·托朗（Livinson A. Taulung），司法部长约瑟·盖伦（Joses R. Gallen），教育部长卡尔文·凯法斯（Kalwin Kephas），环境、气变与突发事件管理部长安德鲁·亚提曼（Andrew Yatilman）等。

【行政区划】全国共分为4个州：从西往东依次为雅浦、丘克、波纳佩和科斯雷。

【司法机构】设最高法院、州法院。联邦首席大法官为终身制，现任大法官丹尼斯·雅马斯（Dennis K.

Yamase），2015年7月就任。

【重要人物】戴维·帕努埃洛：总统。1964年4月13日生于波纳佩州。毕业于美国东俄勒冈大学。1987年起就职于密外交部，历任密驻斐济使馆副馆长、常驻联合国代表团副代表、外交部副部长等职。2003年辞职经商，成功创办多家建筑、设计、零售等企业，并积极投身公益。2011年当选密联邦国会议员并于2013年、2015年和2019年3次连任。2019年5月当选密联邦第9任总统。

经　济

密克罗尼西亚联邦经济落后，绝大多数人的经济生活以村落为单位。产椰子、胡椒、芋头、面包果等农产品。渔业资源丰富，尤以金枪鱼著名。粮食及生活日用品大多靠进口。严重依赖外援，国内缺乏有效的市场机制和良好的投资环境，经济发展缓慢。密将农业、渔业、旅游业作为经济的“三大支柱”。2019年主要经济数据如下：

国内生产总值：4.18亿美元。

经济增长率：3%。

货币名称：美元。

（资料来源：亚洲开发银行）

【资源】密海域是世界著名的金枪鱼产地。蟹、贝类、龙虾以及淡水鳗、虾等资源待开发。

【工业】工业落后，只有少量加工业，如渔产品加工厂、制皂厂、椰油加工厂和成衣加工厂。建筑和机械修理行业部分由外国人经营。

【农业】农业落后，无粮食种植。椰子、香蕉、面包果、木瓜、木薯等热带果木到处可见。出产优质黑胡椒，出口国外。

【旅游业】旅游资源较为丰富，不仅热带风光秀丽，而且保存着独特的民族传统文化和风俗，还有“纳马杜”古城堡、“石币银行”等古迹以及太平洋战争战场遗址。

【通信】设有电话、电报、互联网、邮政和地面卫星设施。2010年3月关岛与波纳佩州间海底光缆接通。目前密联邦各州已通过铺设海底光缆开通4G网络。

【交通运输】岛屿之间交通主要有空运和海运。境内机场可供波音737飞机起降。公路运输较为落后。无铁路。

公路：全国公路长约240公里。

水运：联邦政府拥有3艘800吨级以上轮船定期来往于各州。各州政府共有4艘600吨左右的客货两用船。中国政府分别于2004年10月和2007年2月向密丘克州和雅浦州各提供1艘客货两用船。各州的港口均可停靠远洋级货轮。主要港口：波纳佩港（Pohnpei Port）、科洛尼亚（Colonia）、莱莱（Lele）、莫恩（Moen）。

空运：各州均有小型国际机场。美国联合航空公司、巴布亚新几内亚航空公司、瑙鲁航空公司每周有数次航班往来于关岛、夏威夷、马绍尔群岛、莫尔斯比港、波纳佩、丘克、雅浦和科斯雷。

【对外贸易】2018年对外贸易总额2.65亿美元。主要进口产品为食品、柴油、机械产品、电子产品、汽车等。主要进口来源为美国、日本、中国大陆、韩国、菲律宾、澳大利亚、中国台湾。出口产品以鱼类为主，主要出口市场为泰国、中国、日本、菲律宾、墨西哥、韩国。密产品可优惠向美出口。

【外国援助】密克罗尼西亚联邦接受的外援主要来自美国。根据《密美自由联系条约》，美国在1986—2001年，共向密提供13.4亿美元的援助。根据2003年续签后的《密美自由联系条约》，美将在20年内向密提供总额约18.5亿美元的援款，其中部分用于设立信托基金。2023年后，美将停止援助，密靠信托基金自力更生。密同时也积极寻求外部援助。

人民生活

2006—2013年，平均每万人拥有医生2人、护理和助产人员34人、牙医4人；2006—2012年，平均每万人拥有医院床位32张。

军　事

根据《密美自由联系条约》，密国防由美国负责。密无军队，只有少量警察。

文化教育

【教育】密克罗尼西亚联邦政府重视发展教育事业，宪法规定对5—14岁儿童实行强制性义务教育，政府每年在教育上投入经费占密年度预算的22%左右。密有1所专科学院密克罗尼西亚联邦学院，在密4个州各有1所分校。该校共有在校学生约2400名，教师约100名，雇用部分外籍教师。密有公立学校218所，私立学校25所，在校学生约3万人。文盲率11%。

【新闻出版】波纳佩州现有一份私人出版、在全国4个州销售的双周刊报纸《你好通讯》（The Kaselehlie Press）。科斯雷、丘克和雅浦州政府分别定期发行时事通讯。雅浦州政府设有网站。

密各州均设有广播电台，政府电台每天广播16—18小时。有1家联邦电信公司控股的有线电视台，转播美国有线新闻网、英国广播公司、日本广播协会、澳大利亚广播公司、半岛电视台等频道的电视节目。

对外关系

密克罗尼西亚联邦以“和平、友谊与合作”为其发展对外关系的指导原则。政治上积极争取国际社会的广泛承认，树立独立自主形象；经济上谋求国际经济技术援助，促进经济自立的进程。目前，密已同86个国家建交。

密克罗尼西亚联邦是联合国、太平洋岛国论坛、太平洋共同体、太平洋岛屿发展计划、太平洋椰子共同体、亚太广播联盟、亚太经社理事会、亚洲开发银行、国际民航组织、世界卫生组织和国际奥委会等19个国际和地区组织成员。1991年7月、1998年8月和2016年9月，密成功举办了3次太平洋岛国论坛会议。

1997年9月，密主办了太平洋区域环境署（SPREP）第六次会议。《中西部太平洋高度洄游鱼类养护和管理公约》委员会总部设在密联邦波纳佩州。

【同中国的关系】1989年9月11日建交。2014年11月，国家主席习近平在斐济楠迪同密克罗尼西亚联邦总统莫里会晤，双方一致同意建立相互尊重、共同发展的战略伙伴关系。2018年11月，国家主席习近平在巴布亚新几内亚莫尔斯比港同密克罗尼西亚联邦总统克里斯琴会晤，双方一致同意将两国关系定位提升为相互尊重、共同发展的全面战略伙伴关系。

中方访密的主要有：国家主席习近平特使、全国政协副主席杨传堂出席密总统帕努埃洛就职仪式（2019年7月）。全国政协副主席王家瑞（2017年8月），外交部副部长郑泽光（2017年8月）。

密方访华的主要有：莫里总统（2008年8月出席北京奥运会开幕式，2010年4月底至5月初进行国事访问并出席上海世博会开幕式，2012年9月来华出席宁治会，2013年出席第二届中国—太平洋岛国经济发展合作论坛并访问深圳、香港），阿利克副总统（2009年7月和11月、2010年8月底至9月初出席上海世博会密国家馆日活动并访问宁夏和山东、2011年10月出席第12届中国西部国际博览会、2014年10月），副议长普里莫（2010年10月底至11月初出席上海世博会闭幕式并访问云南和湖北），西米纳议长（2015年11月、2018年4月），乔治副总统（2016年10月出席2016广东21世纪海上丝绸之路国际博览会、2018年9月出席第3届丝绸之路国际文化博览会），克里斯琴总统（2017年3月来华出席博鳌亚洲论坛年会并访华），帕努埃洛总统（2019年12月进行国事访问）。

山东省和密科斯雷州、浙江省和密波纳佩州、广东省和密丘克州、宁夏回族自治区和密雅浦州已分别建立友好省（区）州关系。2018年，海南省和密雅浦州建立友好省州关系。2007年，密克罗尼西亚联邦学院与浙江海洋学院结为友好院校。

2019年，中密贸易总额为3122万美元，同比减少22.7%。其中，中方出口额1864.6万美元，同比增长0.56%；进口额1257.5万美元，同比减少42.4%。

中国驻密克罗尼西亚联邦大使：黄峥。馆址：Embassy of the People's Republic of China in the Federated States of Micronesia，Palikir，Pohnpei，FM96941。电话：00691–3205575；传真：3205578。网址：http://fm.china-embassy.org。

密克罗尼西亚联邦驻华大使：文森特·西瓦斯（K.S. Vincent Sivas）。馆址：北京市朝阳区建国门外外交公寓#1–1–11，邮编：100600。电话：010–65324708；传真：65324609。网址：www.fsmembassy.cn。

【同美国的关系】密受美托管多年，同美有特殊关系。根据1986年生效的《密美自由联系条约》，密享有内政、外交自主权，但防务15年内由美负责，密不得允许其他国家利用密领土和海域从事军事目的的活动。密公民可自由出入美国。2003年5月，密美续签该条约，美承诺将在20年内继续向密提供经济援助，同时逐步为密建立信托基金。密在华盛顿设有使馆，在夏威夷、关岛和波特兰设领馆。美在密设使馆。美国每年向密出口的商品占密进口总额的2/3。密产品可优惠向美出口。2019年5月，密总统帕努埃洛访问美国，同马绍尔群岛总统海因、帕劳总统雷门格绍共同会见美总统特朗普。

【同日本的关系】密日于1988年8月5日建交。密曾被日本占领，日在密有较多后裔和移民，双方政治和经济关系密切。两国互设使馆。2008年，日本向密派驻首任常驻大使。日本是密最大出口市场和主要援助国之一，密出口商品的60%输往日本。密日之间签有捕鱼协定。日向密提供的无偿援助主要用于在各州修建公路、码头、冷冻设施和垃圾处理设施。日在密派有志愿队员。2015年5月密总统克里斯琴出席第七届日本—太平洋岛国领导人会议。2017年10月，密总统克里斯琴对日本进行工作访问。2015年、2016年，密国会议长西米纳赴日本出席长崎原子弹爆炸及东日本大地震纪念活动。2018年5月，密总统克里斯琴赴日本出席第八届日本—太平洋岛国领导人会议。

【同澳大利亚的关系】密澳于1987年7月建交。澳是最早向密派出常驻大使的国家，澳系密主要援助国之一。2018年6月，澳外长毕晓普访密。（王策）

瑙　鲁

__国名__　瑙鲁共和国（The Republic of Nauru）。

__面积__　陆地面积21.1平方公里，海洋专属经济区面积32万平方公里。

__人口__　1.27万人（2018年），58%为瑙鲁人，属密克罗尼西亚人种，其余为其他太平洋岛国人、华人、菲律宾人和欧洲人后裔。另有约2000瑙鲁人居住在澳大利亚。英语为官方语言，通用瑙鲁语。居民多数信奉基督教新教，少数信天主教。

__首都__　不设首都。行政管理中心在亚伦区（Yaren District）。

国家元首　总统莱昂内尔·安吉米亚（Lionel Aingimea），2019年8月就任。

重要节日　独立日：1月31日；宪法日：5月17日；返乡日（Angam Day）：10月26日。

简　况

位于中太平洋、赤道以南约60公里处，由一独立的珊瑚礁岛构成，全岛长6公里，宽4公里，海岸线长约30公里，最高点海拔61米。全岛3/5曾为磷酸盐所覆盖。属热带雨林气候，年均气温24℃—38℃，年均降水量1500毫米。

瑙鲁人世居岛上。1798年英国船"猎手"号首抵瑙鲁。1888年被并入德国马绍尔群岛保护地。20世纪初英国人获准在此开采磷酸盐。1920年，国际联盟将瑙鲁划归英国、澳大利亚和新西兰共管，但由澳代表行使职权。1942—1945年被日军占领。1947年成为联合国托管地，仍由澳、新、英共管。1968年1月31日独立。

政　治

【宪法】1968年1月29日通过，5月17日生效。实行总统制。

【议会】一院制，由18名议员组成，任期3年。议长由议员推举产生。总统由议会选举产生。本届议会于2019年8月组成。议长马可斯·斯蒂芬（Marcus Stephen）。

【政府】政府由总统及其任命的部长组成，对议会负责。本届政府于2019年8月产生。现政府主要成员有：总统兼内阁会议主席，公共服务、外交与贸易、警察和应急事务、教育部长莱昂内尔·安吉米亚；总统助理、财政与可持续发展、司法部长和瑙鲁航空公司事务负责人马丁·亨特（Martin Hunt）；卫生与医疗服务部长伊莎贝拉·达戈（Isabella Dageago，女）；气候变化部长雷吉·戈达布（Rennier Gadabu）；司法与边境管理部长马福里克（Maverick）；渔业与海洋资源管理局长瓦尼·乔-格兰特（Wawani Joe-Grant）。

【主要网址】www.naurugov.nr。

【行政区划】全国划分14个区。

【司法机构】设最高法院，下设地区法院和家庭法院。在大多数情况下，以澳大利亚高等法院为终审法院。现任大法官斐济人乔尼·马德瑞维维（Joni Madraiwiwi）2014年9月任现职。

【重要人物】**莱昂内尔·安吉米亚**：总统。在澳大利亚获得法学学士学位。2016年6月当选瑙鲁议会议员，任财政部法务秘书，公共服务、司法、边界管理、文化事务部助理副部长。2019年8月连任议员并当选总统。

经　济

主要依靠磷酸盐出口、发放捕鱼证和外销热带水果，严重依赖外援和举债。2019年主要经济数据如下：

国内生产总值：1.18亿美元。

人均国内生产总值：10639美元。

经济增长率：1.0%。

货币：通用澳元。

（资料来源：亚洲开发银行）

【资源】磷酸盐资源丰富，向澳大利亚、新西兰出口磷酸盐是主要收入来源。2008年产量达40万吨，目前产量估计为60万吨。据称瑙磷酸盐最多还可开采20年。（资料来源：英联邦秘书处数据）

1989年，瑙鲁向国际法院起诉澳大利亚，要求澳对在瑙独立前开采磷酸盐造成生态破坏予以赔偿。1993年，瑙澳达成庭外和解，澳同意赔偿瑙1.07亿澳元，以现金支付其中5700万澳元建立信托基金，另5000万澳元分20年逐年拨付（每年平均250万澳元），用于双方商定的项目。

【农渔业】农产品十分有限，主要是椰子、香蕉、菠萝等。几乎所有食品和饮用水都依赖进口。

渔业资源较丰富，多金枪鱼，每年潜在捕鱼量约为4万多吨，待开发。每年政府通过发放捕鱼证方式获得的收入600万—800万澳元。

【交通运输】铁路：全长3.9公里，用来连接岛屿中部的磷酸盐矿区和西南岸的加工厂。

公路：有环岛沥青公路，全长24公里，其他公路6公里。

水运：有货船定期来往于澳大利亚和瑙鲁。瑙渔业局有2条捕鱼船。有2个小码头，其中1个货运码头，可通过驳船转运装卸货物，另一个为供渔船出入的小码头。

空运：瑙鲁航空公司靠从澳大利亚诺福克航空公司租借的1架旧波音737-300型客机维持经营，并更名为OUR航空公司。每周沿澳大利亚布里斯班—瑙鲁—基里巴斯塔拉瓦—斐济楠迪航线往返一次。

【对外贸易】主要贸易伙伴有澳大利亚、新西兰、斐济、日本、美国等国家和地区。主要出口磷酸盐，进口食品、家电、日用品、五金、建材等。

【外国援助】主要来自澳大利亚。2001年12月，瑙澳签署难民问题备忘录，澳在瑙建立难民甄别中心，并向瑙提供1000万澳元援助，用于教育、卫生、基础设施建设等领域。2002年和2004年，瑙澳签署难民问题第二、第三期备忘录，澳允诺向瑙提供合计3700万澳元援助，并向瑙派出高级财政和警务官员协助管理。但迫于社会舆论的压力，澳大利亚陆续关闭了其在海外的难民甄别中心。2008年2月瑙难民甄别中心关闭，2012年8月重新开始运营。澳近年来每年向瑙提供援助约2500万澳元左右。

人民生活

实行免费医疗，有1所医院，医疗卫生水平有限，糖尿病、癌症等非传染性疾病高发。

军　事

无军队，防务由澳大利亚协助。有警察约100名。

文化教育

【教育】实行免费义务教育。少数学生在斐济接受高等教育，政府提供奖学金。另接受澳大利亚、泰国、太平洋岛国论坛等提供的奖学金。

【新闻出版】政府不定期出版《公报》，免费赠阅。瑙鲁广播电台、瑙鲁电视台为官方机构，播放议会会议情况、瑙鲁新闻等。瑙鲁广播电台转播澳大利亚广播公司（ABC）节目。瑙鲁电视台转播ABC、卫视体育台（STAR-SPORTS）等外国电视节目。

对外关系

奉行不结盟政策，主张同各国友好相处。是联合国、英联邦、国际展览局、亚洲开发银行、太平洋岛国论坛和太平洋共同体等组织成员。与英、美、法、日、澳、新（西兰）、加、俄、泰以及其他太平洋岛国等50多个国家建立外交关系。目前，在墨尔本、曼谷设有总领馆，在苏瓦设有高专署，在纽约设有常驻联合国代表团（兼驻美国大使馆），在新德里和伦敦分别设有名誉领事。

【同中国的关系】1968年瑙独立时，台湾当局即予“承认”。1975年，瑙在台设办事机构。1980年，瑙台建立“领事关系”，同年台在瑙设“总领馆”。1990年8月，瑙台建立“全面外交关系”，台在瑙机构升格为“大使馆”。

2002年7月21日，瑙鲁同中国建交，同时与台“断交”。2005年5月14日，瑙总统斯科蒂在台北签署“复交公报”，宣布瑙台“复交”，5月27日，中国宣布中止与瑙鲁的外交关系和两国政府间的一切协议。

2008年，瑙体育代表团参加北京奥运会。2010年，瑙与其他太平洋岛国以太平洋联合馆形式参加上海世博会。目前在瑙华人华侨约300多人。

2019年中瑙贸易额为125.3万美元，同比下降38.3%。其中中方出口额122.7万美元，同比下降35.8%；进口额2.6万，同比下降32.9%。

【同澳大利亚的关系】近年来，瑙外交重点主要放在寻求外援上。由于澳在瑙临时安置非法移民，澳对瑙援助有所增加。澳在瑙派有总领事和移民局官员。2009年8月，澳将总领馆升格为高专署。2012年4月，澳大利亚总督昆廷·布赖斯率团访瑙。 （马腾腾）

纽 埃

国名 纽埃（Niue）。

面积 陆地面积260平方公里。

人口 1620人（2018年），另有约3.1万人居住在新西兰（2018年），约5000人居住在澳大利亚（2017年）。属波利尼西亚人种。通用语为纽埃语和英语。75%的居民信奉埃克利西亚纽埃教，10%信奉摩门教，5%信奉罗马天主教。

首都 阿洛菲（Alofi），居民约900人。

国家元首 英国女王伊丽莎白二世。女王代表系新西兰总督帕齐·雷迪（Patsy Reddy）。2016年9月28日就职，任期5年。

重要节日 国庆日（宪法日）：10月19日。

简 况

位于南太平洋国际日期变更线东侧，属波利尼西亚群岛。纽埃岛是世界第二大正在上升的环形珊瑚礁，被称为“波利尼西亚之礁”。位于新西兰东北方向2400公里。北距萨摩亚约550公里，西距汤加约480公里，东距库克群岛拉罗汤加岛约900公里。属热带气候，年平均气温27℃。

1000多年前波利尼西亚人到此定居。1774年英国人发现纽埃岛。1900年成为英国保护地。1901年作为库克群岛的一部分归属新西兰。1904年单独设立行政机构。1974年10月实行内部自治，同新西兰保持自由联系。

政 治

纽埃政府享有完全的行政权和立法权。应纽埃政府要求，新西兰政府可协助处理防务和外交事务。新西兰政府与纽埃政府互派高级专员。纽埃人同时享有纽埃和新西兰双重公民身份。

【宪法】1974年10月19日，实行内部自治并颁布宪法。宪法规定，由内阁制定政策和管理纽埃，总理由议会推选，任期3年，可连任。

【议会】一院制。1984年3月31日成立立法会议，由20名议员和1名委任的议长组成，议长无最终一票决定权，每届任期3年。20名议员中，14名由14个村选区推选，其余6名由普选产生，任期3年。选举后产生的新一届议会首次会议通常由议长主持，从20名议员中选举出总理。总理从其余19名议员中挑选3名组成内阁。本届议会于2017年5月选举产生，议长为托吉亚·皮希吉亚（Togiavalu Pihigia）。总理为托克·塔拉吉（Toke Talagi）。

【政府】本届政府内阁成员包括：总理兼财政、发展计划、公务员、旅游、住房、燃料事务部长托克·塔拉吉，基础设施建设、运输、通信部长波科托亚·希佩利（Pokotoa Sipeli），自然资源、农林渔业、环境、气象事务部长多尔顿·塔格拉吉（Dalton Tagelagi），社会服务、司法、卫生、教育、体育、妇女事务部长比利·塔拉吉（Billy Talagi）。

【行政划分】岛上共有14个村落。

【司法机构】设高级法院，由首席法官和陪审推事负责，有向新西兰高等法院上诉的权力。另设土地法院，处理土地纠纷。

【政党】纽埃人民党（Niue People's Party）：1994年由扬·薇薇安（Vivian）与拉卡塔尼（lakatani）共同建立，系纽埃第一个政党。

【重要人物】**托克·塔拉吉**：总理。生于1951年1月，1975年毕业于新西兰梅西大学，获农业学学士学位。1981年起先后任纽埃驻奥克兰总领事、纽埃经济事务办公室主任。1999年当选议员。2002年任负责财政、邮政、电信、教育和环境等事务的副总理。2005年起任纽埃巡回大使和驻非加太—欧盟协定代表。2008年6月当选总理。2011年5月、2014年4月、2017年5月三度胜选连任。

经　济

纽埃自然资源贫乏。主要产业为农业、旅游业和渔业。严重依赖新西兰援助和侨汇。人口外流严重。近年来，政府致力于国家经济和金融独立，积极发展旅游业和渔业，平衡政府开支，鼓励私营部门发展，取得一定成效。2017/2018财年，国内生产总值（GDP）为2971.3万新元，人均GDP为17640新元。使用新西兰货币，1新元约合0.60美元（2020年5月）。

【工业】仅有小型水果加工厂。年产锯木几百立方米，用于当地建设。

【农业】拥有可耕地2.1万公顷。主要产芋头、椰子、薯类和水果等。饲养家禽、猪和牛。

【旅游业】将旅游业作为经济发展龙头。1996年设立旅游局，并投资增设旅游点及旅店，目前有1家酒店和若干小旅馆。年最大游客承载量2万人。2018年来访游客逾9898人，较上年增长21%。

【交通运输】公路：全长128公里，1996年开通一条长38.2公里、贯穿全岛的柏油公路。丛林卡车道106公里。私人汽车591辆，摩托车197辆，政府车辆100辆。

空运：2005年10月，纽埃政府与新西兰航空公司签署协议，新航于2005年11月开始执行新纽通航。每周有两班皇家汤加航空公司班机，一班往返于努库阿洛法和纽埃，另一班路线为奥克兰—纽埃—努库阿洛法—奥克兰。哈南国际机场建于1970年，1995年扩建，柏油跑道长2335米，可降落波音737和767飞机。2013年3月，纽埃政府与新西兰航空公司签署协议，新航在4—10月的旅游旺季每两周增加一班飞往纽埃的航班。

海运：纽埃到新西兰、库克群岛和塔希提岛的航运业务由新西兰航运公司经营，每隔3—4周有往返于新纽的海运服务。小型的库克集装箱船每月两次抵达纽埃。此外，还有不定期客轮。

【对外贸易】主要出口芋头和蜂蜜，主要进口食品、饮料、机械和建筑材料。主要贸易对象是新西兰。2018年，出口额258.3万新元，进口额2582.1万新元。

【外国援助】新西兰是纽埃最大援助国，对纽埃援助额占纽埃GDP的50%以上，主要援助领域为旅游、卫生、教育、林业及私营部门。2018—2021年新西兰对纽埃援助预算共计8711万新元。此外，纽还接受澳大利亚、日本、欧盟、中国、印度、韩国、联合国开发计划署等国家和国际组织的援助。2006年，纽埃、新西兰和澳大利亚共同成立纽埃国际信托基金，为纽埃政府提供长期、可靠的收入来源，鼓励其自力更生并减少对官方发展援助的依赖。2019/2020财年，澳大利亚对纽埃官方发展援助为290万澳元。2014年1月，欧盟、澳大利亚及全球环境基金共同援助的5000个储水罐项目完工。

人民生活

纽埃实行免费医疗，医疗费用由新西兰资助。有1所医院和1个牙医诊所，24张床位。

军　事

根据1974年《宪法法案》，应纽埃政府要求，新西兰负责纽埃国防事务。新西兰任命1名顾问负责纽埃的国防事务。新西兰皇家空军定期在纽埃专属经济区巡逻。2005年5—7月，新西兰军队在纽埃举行了代号为“热带黎明行动”的军事演习，内容包括风灾后救援和重建。

文化教育

【教育】纽埃对5—14岁儿童实行义务教育。有1所小学，20名教师，350名学生；1所中学（含高中），28名教师，310名学生。教师主要从当地挑选，每年还从新西兰或其他国家聘请15—20位教师。目前，纽埃学校引进新西兰课程设置，其高中教育受到新西兰教育认证机构的承认。

【新闻出版】政府新闻处出版英文和纽埃文周刊《托希塔拉纽埃》。纽埃广播公司为政府所有，下设“阳光”广播电台和纽埃电视台，纽埃电视台主要播放新西兰电视节目。1998年，纽埃建成第一家电影院，有120个座位。

纽埃电信公司提供国际直拨电话及传真服务。1999年纽埃电信公司完成国内移动电话网络改造工程。

对外关系

纽埃同新西兰自由联系。如纽方要求，新西兰有义务帮助纽埃处理其外交。双方互派高级专员，新西兰设在纽埃的高专署系唯一的驻纽埃外交机构。新西兰也是纽埃唯一设立驻外代表机构的国家，纽埃分别在惠灵顿设立高专署、在奥克兰设立总领事馆。

2013年3月，纽埃总理塔拉吉出席在新西兰奥克兰举行的太平洋能源峰会。2014年6月，新西兰总理约翰·基访问纽埃，宣布新方将为纽埃旅游发展和可再生能源项目提供135万新元无偿援助，并与塔拉吉总理共同为刚修缮的纽埃机场候机楼剪彩。8月，纽埃总理塔拉吉出席在帕劳举行的第45届太平洋岛国论坛首脑会议。9月，纽埃总理塔拉吉赴萨摩亚出席联合国第3届小岛屿发展中国家国际会议。11月，纽埃总理塔拉吉赴新喀里多尼亚参加法国总统奥朗德同部分太平洋岛国领导人的会晤。同月，纽埃总理塔拉吉赴斐济苏瓦参加印度总理莫迪同太平洋岛国领导人会晤。2015年2月，纽埃总理塔拉吉访问新西兰。10月，新西兰外长麦卡利访问纽埃。2017年3月，女王代表、新西兰总督雷迪访问纽埃。6月，新西兰总理英格利希访问纽埃。同月，纽埃代表在汤加签署加入《太平洋更紧密经济关系协定》。2018年3月，新西兰总理阿德恩访问纽埃。2019年7月，纽埃总理塔拉吉访问新西兰。

纽埃不是联合国成员国，是联合国教科文组织、世界卫生组织、世界粮农组织、太平洋岛国论坛、太平洋共同体、南太旅游组织等机构成员及英联邦准成员国。2002年，纽埃正式加入《太平洋紧密经济关系协定》。2008年12月，纽埃决定加入联合国碳平衡网络。2009年4月，纽埃在太平洋岛国能源部长会议期间签署地区燃料合作协定。2011年6月，纽埃宣布自愿接受《凯恩斯契约》框架下的发展援助同行审议。2012年4月，纽埃签署《全面禁止核试验条约》。

【同中国的关系】2007年12月12日，纽埃总理维维安同中国驻新西兰大使张援远在新西兰首都惠灵顿签署建交公报，中纽建立大使级外交关系。2014年11月，中国国家主席习近平在斐济楠迪同塔拉吉总理会晤，双方建立相互尊重、共同发展的战略伙伴关系。2018年11月，中国国家主席习近平在巴布亚新几内亚莫尔斯比港同塔拉吉总理会晤，双方建立相互尊重、共同发展的全面战略伙伴关系。

2014年7月，中国—太平洋岛国论坛对话会特使杜起文出席在帕劳科罗尔举行的第26届太平洋岛国论坛会后对话会期间会见塔拉吉总理。2015年10月，中国—太平洋岛国论坛对话会特使杜起文访问纽埃，会见纽总理塔拉吉。2016年10月，纽埃—中国友好协会代表团访问广东省。12月，纽埃驻新西兰高专雅各布森访问广东省。2017年7月，中国—太平洋岛国论坛对话会特使杜起文访问纽埃。同月，珠海市代表团访问纽埃。

2018年7月，中国和纽埃签署《关于共同推进丝绸之路经济带和21世纪海上丝绸之路建设的谅解备忘录》。

2019年10月，中国驻新西兰兼驻纽埃大使吴玺应邀出席纽宪法日暨独立纪念日45周年庆祝活动，并在纽埃首都阿洛菲举行庆祝中华人民共和国成立70周年招待会和专场音乐会。

新冠肺炎疫情发生后，中纽积极加强疫情防控交流和合作。2020年3月，纽埃参加中国—太平洋岛国卫生专家视频会议。5月，纽埃参加中国和太平洋岛国应对新冠肺炎疫情副外长级特别会议。

中国驻新西兰兼驻纽埃大使：吴玺。馆址：2-6 Glenmore Street，Wellington，N. Z.。电话：00644-4721382；传真：4990419。经商处电话：00644-4714101；传真：4714104。

纽埃未在华设立使馆。（马爱杰）

诺福克岛

名称 诺福克岛（Norfolk Island）。

面积 34.6平方公里。

人口 1756人（2018年）。主要为来自皮特凯恩岛的英国人后裔，其余为澳大利亚、新西兰、波利尼西亚移民。79.5%为澳公民，13.3%为新西兰公民。官方语言为英语，当地居民也讲诺福克语（18世纪英语和古代塔希提语相混合的语言）。60%的居民信奉基督教。

行政中心 金斯敦（Kingston）。

行政长官 埃里克·哈钦森（Eric Russell Hutchinson），2017年4月1日宣誓就职，任期2年，2019年2月连任。

重要节日 皮特凯恩人登陆纪念日：6月8日（1856年）。

简况 位于太平洋西南部，为火山岛，距澳大利亚悉尼1676公里，距新西兰640公里。主岛诺福克岛长8公里，宽4.8公里，海岸线长32公里。领土还包括无人居住的菲利浦岛和尼皮恩岛（分别位于主岛以南7公里和1公里）。属亚热带海洋性气候。气温一般在10℃—26℃。年均降水量1328毫米。

1774年由英国库克船长发现并命名。19世纪初被英国政府用作犯人流放地。1856年，部分皮特凯恩岛居民（英国船员后裔）来此定居。1897年成为英属澳大利亚新南威尔士殖民地的一部分。1914年移交澳大利亚，由澳总督任命的行政长官负责管理。1979年澳大利亚内务部和诺福克岛委员会协商制定的《1979年诺福克岛法案》进一步明确澳大利亚与该岛关系。

政　治　根据《1979年诺福克岛法案》，该岛主权属澳大利亚，但享有包括立法权和行政权在内的很大自治权。行政管理由行政长官和立法会议共同负责。

2015年，通过诺福克岛立法修订法案（the Norfolk Island Legislation Amendment Act 2015），将建立地区议会（Norfolk Island Regional Council）取代立法会议，由选举产生的地区议会负责各项地区事务，由联邦政府承担移民、生态保护、海关等国家职能。

【议会和政府】诺福克岛立法会议和行政委员会于2015年6月18日停止运行，诺福克岛咨询委员会于7月1日成立并承担过渡职能。2016年5月28日举行选举并于7月1日成立地区议会。议会由5名议员组成，每届任期4年。2020年9月将举行新一届议会选举。

【司法机构】设有最高法院和小型议事法庭，上诉权仍属澳大利亚联邦法院。

经　济　旅游业是诺岛的经济基础。每年接待约3万名游客，其中80%来自澳大利亚。财政收入主要来源于关税和发行邮票。渔业资源丰富。土地肥沃，可耕地约400公顷，农产品有棕榈树籽、谷物、蔬菜、水果及家禽等。粮食不能自给，需从澳大利亚、新西兰进口。当地货币为澳大利亚元，1澳元约合0.64美元（2020年5月）。

【交通运输】空运：岛上有1个机场。新西兰航空公司和诺福克喷气特快公司开通可直达澳大利亚悉尼、墨尔本、布里斯班和新西兰奥克兰的航线。每周有两架航班分别从悉尼和布里斯班飞往诺福克岛。2018年10月，新西兰航空公司和澳大利亚政府签订协议，决定在旅游旺季（9月中旬至4月底）增加一架航班往返于悉尼和诺福克岛。2019年9月，新西兰查塔姆航空公司（Chatham Airlines）开通一架航班每周往返于奥克兰和诺福克岛。

海运：有3家航运公司经营至该岛的航线。另有小油轮定期向该岛运送所需石油和液态丙烷气。

公路：总长约80公里，其中53公里铺设路面。

【对外贸易】主要出口产品有邮票、棕榈树籽及少量鳄梨，绝大部分商品需进口。主要贸易伙伴为澳大利亚、新西兰及其他太平洋岛国。

文化教育　**【教育】**有一所公立学校，对6—15岁儿童实行免费教育。澳大利亚新南威尔士州教育部门负责提供支持与协助。愿意赴澳接受高等教育的青少年可获奖学金。2019年1月2日起，《诺福克岛职业教育培训财政援助计划》为15岁以上的澳大利亚籍岛上居民接受职业教育培训提供奖学金。岛上有1座图书馆，数个博物馆。

【新闻出版】有《诺福克岛政府公报》和《诺福克岛人报》，均为周刊。有电台4家，电视台1家，可接收卫星电视，主要播放澳大利亚广播和电视节目。1998年设立了2家互联网服务供应商。

【环境保护】20世纪80年代中期，澳联邦政府和诺福克岛联合设立面积465公顷的诺福克岛国家公园，以保护原始森林及岛上绿鹦鹉、树蕨等独有的动植物物种。菲利浦岛也被辟为自然保护区。　（马爱杰）

帕　劳

国名　帕劳共和国（The Republic of Palau）。

面积　陆地面积459平方公里，海洋专属经济区面积约62.9万平方公里。

人口　2.18万（2018年）。多属密克罗尼西亚人种。官方语言为帕劳语，通用英语。全国73%居民信奉基督教，其中41.6%信奉罗马天主教，28.3%信奉基督教新教。

首都　梅莱凯奥克（Melekeok）。2006年10月1日自科罗尔（Koror）迁至此。

国家元首　小汤米·雷门格绍（Tommy E. Remengesau Jr.），2012年11月当选，2013年1月就职，2016年11月获连任，任期4年。

重要节日　独立日：10月1日。宪法日：7月9日。

简　况　位于西太平洋，关岛以南700多英里处，属加罗林群岛，是太平洋进入东南亚的门户之一。海岸线长1519公里。由300多个火山岛和珊瑚岛组成，分布在南北长640公里的海面上，其中只有9个岛有常住居民。最大岛屿为巴伯尔岛（Babeldaob），面积352平方公里，在本地区仅次于关岛。属热带气候，年均气温27℃。5—11月为雨季，12月至次年4月为旱季。年均降水量3000毫米以上。

1710年被西班牙探险家发现。1885年被西班牙占领。1898年被西班牙卖给德国。“一战”中被日本占领。“二战”期间被美国攻占。1947年，联合国将其交美国托管，与马绍尔群岛、北马里亚纳群岛和密克罗尼西亚联邦构成太平洋岛屿托管地的4个政治实体。1969年，帕劳开始就未来政治地位同美国谈判。1982年8月，帕与美签订《自由联系条约》，该条约在帕1993年11月举行的公民投票中获得通过。根据该条约，帕劳于1994年10月1日结束其托管地位，成为独立的主权国家，但仍与美国保持特殊关系。同年12月，帕劳加入联合国。

政　治

实行总统制，总统既是国家元首，又是政府首脑。部长由总统任命。大酋长委员会参政议政，在帕政治中发挥较大影响。帕两位最高酋长分别称作Ibedul和Reklai，享有与总统相当的声望。全国分成16个州，各州自行立宪。2013年1月，小汤米·雷门格绍就任总统，2016年11月大选获连任，2017年1月就职。

【**宪法**】1980年7月9日通过，1981年1月1日生效。

【**议会**】由参众两院组成。参议院较众议院权力大，具有对总统候选人提出建议和表决的权力。参院有13名参议员，众院有16名众议员，任期均为4年。两院均设正副议长职位。本届议会于2016年11月大选产生。参议长霍肯斯·鲍勒斯（Hokkons Baules），众议长萨比诺·阿纳斯塔西奥（Sabino Anastacio）。

【**政府**】总统和副总统经普选产生，任期4年。本届内阁成员主要有：总统小汤米·雷门格绍，副总统兼司法部长雷纳德·奥伊洛克（Raynold Oilouch），国务部长弗斯蒂娜·莱胡尔–玛拉格（Faustina K. Rehuher-Marugg），财政部长艾尔布彻·萨当（Elbuchel Sadang），卫生部长伊麦斯·罗伯茨（Emais Roberts），公共基础设施、工业和商业部长查尔斯·奥比昌（Charles Obichang），自然资源、环境及旅游部长乌米奇·森盖鲍（Umiich Sengebau），教育部长辛顿·索阿拉布莱（Sinton Soalablai），社区和文化事务部长巴克莱·泰门吉尔（Baklai Temengil）。

【**主要网址**】www.palaugov.pw，www.visit-palau.com/kor.html。

【**行政区划**】全国分16个州。

【**司法机构**】设最高法院、全国法院和下属法院3级法院及土地法院。高法大法官为亚瑟·恩吉拉克尔松（Arthur Ngiraklsong），1992年就职，终身制。

【**重要人物**】**小汤米·雷门格绍**：总统。1956年2月生于帕劳，毕业于美国密歇根大峡谷州立大学，1984年当选帕劳参议员，1992—2000年任副总统，2000—2008年任总统。2012年11月再次当选总统，2016年11月再获连任，2017年1月宣誓就职。为帕第七、九、十任总统。

经　济

近年来经济保持增长。目前帕劳是太平洋岛国中人民生活水平较高国家之一。旅游业发展较快。服务业对国内生产总值（GDP）贡献率超过80%。服务业就业人数占全国就业总数的一半。2010年，政府修订外来投资法，在能源、旅游和民用航空等领域积极引进外资，为经济发展注入了活力。近年来，受接待能力不足、航线减少等因素影响，帕经济发展挑战增多。2019年主要经济数据如下：

国内生产总值：3亿美元。

人均国内生产总值：16233美元。

经济增长率：–3.1%。

货币名称：美元。

（资料来源：亚洲开发银行）

【**农渔业**】主要农产品有鸡蛋、水果、蔬菜、猪肉、槟榔果等。粮食不能自给。产有贝类、金枪鱼及其他鱼类。

【**旅游业**】是帕支柱产业之一，占GDP总量约50%。2019年入境游客约8.9万人，同比下降22.6%。2019年中国游客赴帕劳2.8万人，是帕劳最大游客来源国。“岩石岛”（Rock Islands）拥有太平洋地区最好的海洋生态系统。

【**交通运输**】境内无铁路。有机场、港口和卫星通信系统。

公路：总长61公里。无公共交通设施。

水运：科罗尔为主要港口。

空运：共有3个机场。与美国关岛、日本、韩国、菲律宾、中国台湾地区有定期航班往返。

【**对外贸易**】主要进口机械、汽车、燃油、工业制成品、食品等，主要出口贝类、金枪鱼和椰干。

【**外国援助**】根据帕美《自由联系条约》，美国向帕劳提供大量援助。美以租金形式在条约生效的前15年内（1994—2009年）向帕提供超过8亿美元的援助，其中7000万美元存入帕信托基金。该基金已超过1.44亿美元，供条约结束后补贴帕财政之用。美还将在2010—2024年向帕提供2.29亿美元的援助。美援款约占帕GDP的20%。日本为帕劳第二大援助国。

人民生活

有1所医院和13所诊疗所。约有医生20名。人口平均寿命约为70岁。

军　事

根据帕美《自由联系条约》，1994—2044年，帕劳国防由美国负责。美海岸警卫队负责巡逻帕海域。帕为无核区。

文化教育

【**教育**】有小学25所，中学6所，大专1所，即帕劳社区学院（Palau Community College）。文盲率为8%。

【**新闻出版**】主要报纸有一周双刊报纸《帕劳报》（Tia Belau）和《岛屿时报》（Island Times）。有2家广播电台。有卫星地面接收站和有线电视台，可接收美国有线新闻网（CNN）等节目。

对外关系

帕劳致力于同各国发展友好关系，重视加强同亚太地区国家合作，积极参与地区事务。为联合国、国际货币基金组织、世界银行、太平洋岛国论坛、太平洋共同体、各国议会联盟和世界卫生组织成员。与60个国家建交。在联合国派大使级常驻代表，在荷兰派名誉领事。

【**同中国的关系**】中国与帕劳无外交关系。2008年，帕体育代表团参加北京奥运会。2010年，帕劳同其他太平洋岛国以太平洋联合馆形式参加上海世博会。

2015年起，中国成为帕最大游客来源国。2019年，中帕贸易额为1869万美元，几乎全为中方出口。

1996年5月18日，帕劳在台湾地区设“名誉领事馆”。1999年12月29日帕台建立“外交关系”。台湾当局于2000年3月在帕设“使馆”。

【同美国的关系】帕美《自由联系条约》于1994年10月1日生效，有效期50年。根据该条约，帕劳有内政、外交自主权，美国负责其国防及战略安全事务，提供天气预报、医疗和自然灾害救助等，并对帕航道具有独家使用权。帕美互设使馆。2010年，美向帕派出首任常驻大使（此前一直为代办）。帕还设有驻关岛总领馆、驻夏威夷领馆、驻塞班领馆。

【同日本的关系】日本是帕劳第二大援助国，是帕金枪鱼和鲭鱼主要出口市场。1999年，帕日互设使馆。

【同澳大利亚的关系】1994年10月1日，帕与澳大利亚建交。澳驻密克罗尼西亚联邦大使兼驻帕大使。

（崔杰）

皮特凯恩群岛

名称　皮特凯恩群岛（Pitcairn Islands）。

面积　47平方公里（陆地面积），包括皮特凯恩岛及附近的3个环礁：汉德森（Henderson）、迪西（Ducie）和奥埃诺岛（Oeno）。其中皮特凯恩岛长3.2公里，宽1.6公里，海岸线长51公里。1992年宣布周围370平方公里海域为专属经济区。汉德森岛占群岛陆地总面积的86%，拥有种类丰富的植物、昆虫和海鸟，1988年被列入世界遗产名录。

人口　约50人（2019年），均居住在皮特凯恩岛。系英国船员与塔希提人的后代。官方语言为英语，本地语为英语和塔希提语的混合语。信奉基督复临安息日会（新教），是除梵蒂冈外唯一的完全基督徒国家。

首府　亚当斯敦（Adamstown）。

总督　国家元首为英女王，女王代表为总督，非常驻，由英国驻新西兰高专兼任。现任总督为罗拉·克拉克（Laura Clarke），2018年1月就任。

重要节日　英女王官方诞辰日：每年6月第二个星期六；发现日：每年7月2日。

简　况

位于东南太平洋，属波利尼西亚群岛。皮特凯恩岛为死火山岛，地势陡峭，最高海拔347米。无河流。森林覆盖率74.5%。属亚热带气候，气温13℃—33℃。年平均降水量为1629毫米。11月至次年3月为雨季和台风季。近海已探明有锰、铁、铜、金、银和锌等矿产。

1767年英国探险家菲利普·卡特莱发现此岛。1790年英国“邦蒂”号哗变船员和一些塔希提岛居民到此定居。1838年成为英在太平洋岛国地区第一个殖民地。1898年起受英国西太平洋高级专员管辖。1952年行政权转归英属斐济殖民地总督。1970年斐济独立后，英国驻新西兰高级专员兼任皮特凯恩群岛总督。国歌为《我们来自皮特凯恩岛》（We from Pitcairn Islands）。作为英国领地，英国国歌《天佑女王》（God save the Queen）亦是其正式官方国歌。

政　治

根据《1964年地方政府法》，皮特凯恩群岛上成立岛屿委员会，为立法机构，共10个席位。其中市长、副市长和5席由普选产生，总督、副总督和专员为当然委员。市长是政府首脑，负责管理岛上日常事务，现任市长为莎琳·瓦伦-裴（Charlene Waren-peu）。专员负责主持岛屿委员会、岛屿法院，并担任总督与皮特凯恩群岛本土的联络员。现任专员兼岛屿委员会主席是保罗·沃伦（Paul Warren）。

【宪法】历史上曾经有过几部宪法。最近一部于2010年2月制定和通过，3月生效。

【主要网址】www.government.pn，www.visitpitcairn.pn。

经　济

皮特凯恩群岛无税收，财政收入来自邮票、钱币销售、出售域名和英国不定期赠款，旅游业和给外国渔船颁发捕鱼许可权也获得一定收入。此外，过往船只一般都停靠该岛补水和补充日常供给，购买岛上居民种植的粮食、蔬菜和水果。岛上通过柴油发电机组发电，每天供电10小时。现重点发展电力、通信及港口、道路建设。货币为新西兰元，1新元约合0.60美元（2020年5月）。

【工业】以邮票、手工艺品制造为主。

【农业】土地肥沃，生产各种水果、蔬菜和薯类。家庭养蜂、捕鱼和饲养家禽较为普遍。

【交通运输】无港口，无铁路，无机场，通过少量不定期船只来往保持与外界的联系。岛上公路总长约6.4公里，无公共交通，四轮摩托车是主要的出行交通工具。

【财政金融】每年4月1日至次年3月31日为一个财年。2017/2018财年，财政收入657.2万新元。

【对外贸易】出口硬币、邮票、果脯、蜂蜜、咖啡、手工珠宝、木骨雕刻等，进口燃料、建材、机械、面粉、糖和其他食品。

人民生活 皮特凯恩群岛有1家诊所，仅有1名护士。岛上不定期雇用外地医务人员。一般情况下，居民生病去新西兰或塔希提就医，政府负担2/3费用。

岛上自2006年起可使用卫星电视和卫星电话，可上网。有博物馆、图书馆、文化中心、游客中心各一所。

军　事 皮特凯恩群岛由英国负责对外防务。

文化教育 【**教育**】岛上雇用1名新西兰教师，当地5—16岁学龄儿童享受免费小学教育。13—16岁中学生可前往新西兰寄宿中学接受免费教育。

【**新闻出版**】皮特凯恩教育官员每月编辑出版名为《皮特凯恩杂集》（The Pitcairn Miscellany）的新闻报纸。岛上有1个电台。

对外关系 皮特凯恩群岛系联合国非自治领土，属英国海外领地。现为太平洋共同体（Pacific Community）成员。（马爱杰）

萨　摩　亚

国名　萨摩亚独立国（The Independent State of Samoa）。

面积　陆地面积2934平方公里，海洋专属经济区面积12万平方公里。

人口　19.6万（2018年统计）。绝大多数为萨摩亚人，属波利尼西亚人种；还有少数其他太平洋岛国人、欧洲人和华裔以及混血人种。官方语言为萨摩亚语，通用英语。多数居民信奉基督教。

首都　阿皮亚（Apia）。

国家元首　图伊马莱阿利法诺·瓦莱托阿·苏阿劳维二世（Tuimaleali'ifano Va'aletoa Sualauvi II），2017年7月21日就任，任期5年。

重要节日　国庆日（又称“独立日”）：6月1日。

简　况 位于太平洋南部，萨摩亚群岛西部，由乌波卢（Upolu）、萨瓦伊（Savaii）两个主岛和附近的马诺诺、阿波利马、努乌泰雷、努乌卢瓦、纳木瓦、法努瓦塔普、努乌萨菲埃、努乌洛帕（Manono、Apolima、Nuutele、Nuulua、Namua、Fanuatapu、Nuusafee、Nuulopa）等8个小岛组成。境内大部分地区为丛林覆盖。属热带雨林气候。5—10月为旱季，11月至次年4月为雨季。年均气温28℃，年均降水量2000—3500毫米。

3000年前已有萨摩亚人在此定居。约1000年前被汤加王国征服。1250年马列托亚家族赶走汤加入侵者，萨摩亚成为独立王国。1722年荷兰人发现萨摩亚。19世纪中叶，英、美、德相继侵入，1899年英美德签订条约，西萨摩亚沦为德国殖民地，东萨摩亚由美国统治。第一次世界大战爆发后，新西兰对德宣战，占领西萨摩亚。1920年，国际联盟把西萨交新西兰管理。1920—1936年，西萨发生了著名的反对殖民统治的“马乌”（MAU）运动，提出了“萨摩亚人的萨摩亚”的斗争口号。

政　治 1954年开始实行内部自治。1962年1月1日，西萨在太平洋岛国中率先独立，定国名为“西萨摩亚独立国”。独立后，马列托亚与原传统首领共同履行国家元首职责。1963年4月该传统首领去世，马列托亚成为唯一的元首。自1963年起改6月1日为独立日。1997年7月4日，西萨摩亚独立国更名为萨摩亚独立国。

2016年3月，萨摩亚举行大选，人权保护党再次获胜，赢得绝对多数议席，以较大优势组成政府，该党领袖图伊拉埃帕·萨伊莱莱·马利埃莱额奥伊（Tuilaepa Sailele Malielegaoi）连任总理。

【**宪法**】1960年制定，1962年1月1日生效。

【**议会**】一院制，称立法大会，共有49名议员，任期5年。原规定除独立选区外，仅“马他伊”即酋长才有选举权和被选举权，1991年3月改为普选后，凡年满21岁的萨摩亚公民均有选举权，仍只有“马他伊”享有被选举权。本届议会于2016年3月产生，目前50名议员（本届议会因女性议员未达选举法规定最小比例而多补1名女性，因此共50名议员）中，执政的人权保护党有35席，反对党服务萨摩亚党有3席，另有12名独立议员。

【**政府**】内阁由总理、副总理和11名部长组成，任期5年。总理由议会选出并经元首确认。总理从议员中提名组阁。

【**行政区划**】首都阿皮亚为全国唯一城市。全国分为11个行政区（Political Districts），其中乌波卢岛5个，萨瓦伊岛6个，其余小岛都划归乌波卢岛。

【**司法机构**】设最高法院、地方法院、上诉法院和土地头衔法院。首席大法官是最高法院、地方法院和上诉法院的院长。地方法院有2名法官，土地头衔法院有13名法官。最高法院和上诉法院审理案件时要从新西兰请法官。首席大法官萨提乌·斯马提瓦·佩罗西（Satiu Simativa Perese），2020年就职。

【政党】主要政党为：

（1）人权保护党（The Human Rights Protection Party）：执政党，成立于1979年5月。对内主张坚持国家宪法，保护公民权利和自由，提高人民的文化和生活水平。对外奉行同各国友好的政策，加强同南太平洋邻国的关系。1982年和1985年大选获胜。1985年党内发生分裂后下台。1988年大选获胜，重新执政。后连选连胜，执政至今。领袖为总理图伊拉埃帕。

（2）服务萨摩亚党（Tautua Samoa Party）：反对党，成立于2008年12月，主要为原萨摩亚民主联合党议员和议会独立议员。领袖为阿沃·雷阿瓦赛埃塔（Aeau Peniamina Leavaise'eta）。

【重要人物】**图伊马莱阿利法诺·瓦莱托阿·苏阿劳维二世**：国家元首。生于1947年4月29日。获澳大利亚国立大学学士学位、萨摩亚马卢阿神学院和圣经学院神学文凭。曾从事教师、警察、律师等职业。后曾在萨总检察长办公室、司法部等机构任职。1993—2001年任国家副元首，2004年再任国家副元首，2017年7月任国家元首，任期5年。　**图伊拉埃帕·萨伊莱莱·马利埃莱额奥伊**：总理兼外交贸易部长。1945年4月14日生于乌波卢岛。信奉罗马天主教。1969年毕业于新西兰奥克兰大学，获商业硕士学位。1971—1973年任经济局副局长。1973—1978年任财政部副秘书长。1978—1980年在非洲、加勒比和太平洋委员会秘书处供职。1981年当选为人权保护党议员。1982—1985年任经济事务、交通和民航部长，并兼任副财长。1984年任财长。1988年任亚洲开发银行董事会董事。1990年任非加太部长理事会主席。1991—1998年任副总理兼财政、旅游、贸易、商业和工业部长。1998年11月当选总理。2001年、2006年、2011年、2016年连选连任。

经　济

萨摩亚是农业国，资源少，市场小，经济发展缓慢。目前萨政府主要致力发展农业、旅游、私营经济、基础设施、交通运输、通信、教育和医疗等。2014年1月1日，萨从联合国最不发达国家行列"毕业"。2019年主要经济数据如下：

国内生产总值：9.05亿美元。

人均国内生产总值：4500美元。

经济增长率：3.4%。

货币名称：塔拉（Samoan Tala）。

汇率：1美元≈2.78塔拉。

（资料来源：国际货币基金组织）

【资源】森林资源逐年减少，目前森林面积占全国面积的46.3%，其中39.4%（约11万公顷）为非生产性森林，可采林只有1.36万公顷，仅占全国面积的4.8%。其余2.1%（约0.6万公顷）为国家级保护林和部落传统所有林地。专属经济区水域12万平方公里。

【工业】工业基础十分薄弱。独立后，萨摩亚初步建立了一批消费工业和农产品加工业，主要生产食品、烟草、啤酒和软饮料、木材家具及椰油，还有印刷、日用化学业。

【农业】全国现有耕地6万多公顷。全国农业人口为12.4万，占全国总人口的77%。主要种植椰子、可可、咖啡、芋头、香蕉、木瓜、卡瓦和面包果。由于抵抗飓风等自然灾害的能力差，农业生产严重依赖气候条件。

【渔业】盛产金枪鱼。目前，全国有各种渔船约2200艘，其中机动船200艘。因萨专属经济区较其他岛国小，萨政府禁止外国渔船单独作业，只允许外国渔船公司与萨方合作，外资不得超过40%。

【服务业】主要有旅馆餐饮业、交通电信业、金融服务业、个人及其他服务业，从业人数约为2000人。萨系世界知名的离岸金融中心之一。

【旅游业】旅游业是萨摩亚主要经济支柱之一和第二大外汇来源。萨政府致力于发展旅游硬件设施及其他与旅游相关的行业。游客主要来自美属萨摩亚、新西兰、澳大利亚、美国和欧洲。萨现有客房900多间，但多数条件较差。主要旅馆有：塔乌美西那酒店（Taumeasina Island Resort），104间客房；艾吉·格雷旅馆（Aggie Grey's Hotel），156间客房；艾吉·格雷海滩度假村（Aggie Grey's Lagoon，Beach Resort & Spa），140间客房；辛纳雷海滩度假村（Sinalei Beach Resort），29间客房；塔诺阿饭店（Tanoa Hotel）；梅莱尼雅饭店（Mellenia Hotel）。

【交通运输】全国公路总长976公里，其中柏油公路332公里。

水运：阿皮亚港为萨主要对外港口，可泊5万—6万吨级轮船。

空运：法莱奥洛机场为萨唯一国际机场，可起降波音747客机。2017年11月，萨政府和澳大利亚维珍航空公司合资的维珍萨摩亚航空公司不再运营，萨政府自主成立了萨摩亚航空公司并首航成功。目前，新西兰航空公司每天一个航班往返奥克兰和萨摩亚首都阿皮亚，澳大利亚维珍、萨摩亚航空、斐济航空公司每周2—3个航班往返萨摩亚和悉尼、奥克兰、楠迪等城市。

【财政金融】2018/2019财年，财政预算收入6.958亿塔拉，支出6.354亿塔拉，财政盈余0.604亿塔拉。

截至2019年12月，外债累计为10.3亿塔拉，约占GDP的48%。

主要银行有：（1）萨摩亚中央银行（Central Bank of Samoa）：1954年成立。资本2687万塔拉。资产1.7亿塔拉。地址：Private Bag，Apia，Samoa。电话：00685-34100；传真：20293。

（2）澳新银行萨摩亚分行[ANZ Bank（Samoa）LTD]：前身为萨政府拥有的萨摩亚银行，1997年政府将其出售给澳新银行集团，成为澳新银行萨摩亚分行。地址：POB 1855，Apia，Samoa。电话：00685–22422；传真：24595，23807。

（3）西太平洋银行（WESTPAC BANK）：前身太平洋商业银行，是夏威夷银行的分行，成立于1977年。现夏威夷银行和澳大利亚的西太银行各占42.7%的股份，其余为萨摩亚人拥有。资本1670万塔拉，资产1.287亿塔拉。2015年已被南太平洋银行（BSP）收购。

【对外贸易】主要出口渔产品、啤酒、椰奶、诺丽果、诺丽果汁、芋头等产品。市场主要是澳大利亚、新西兰、美国、日本和中国。主要进口机械和运输设备、食品、石油、建筑材料等产品，来源主要是新西兰、澳大利亚、美国、日本和中国。

【外国援助】外援主要来自澳大利亚、新西兰、日本、欧盟、中国及国际组织等。

人民生活

全国有2所国家级医院，7所地区医院，23个卫生所。共有医生60人，牙医14人，护士200多人，病床300张。

军　事

萨摩亚没有军队，有500多名警察。

文化教育

【教育】实行中小学义务教育，入学率85.7%。文盲率4.3%。有157所小学，44所中学，4所职业学校，36所教会学校，2所师范学校。大专院校有萨摩亚国立大学和阿拉富阿农学院（南太平洋大学分校）。每年约有4800名大中学毕业生需要就业。

【新闻出版】主要报纸：《萨瓦利》（SAVALI），政府周报，1904年创刊，分萨文版和萨、英文混合版两种，萨文版主要向农村发行，混合版在首都地区发行，发行量4500—5000份。《萨摩亚观察家报》（SAMOA OBSERVER），私营日报，发行量2000—3000份。另有《新闻》（NEWSLINE）等小报，发行量不大。

萨摩亚现有3家电视台（TV1，TV3和STAR TV），均为私营。除播送自制的新闻和教育节目外，主要转播澳、新电视台和BBC节目。此外，还有几个宗教台。中国国际电视台（CGTN）已在萨落地。

"萨摩亚广播公司"电台部（又称"2AP STATION"）为国家电台。波利尼西亚电台（Radio Polynesia Ltd.，又称"Magic 98"）为私人电台，现有3个频道。萨电台主要播放欧美流行音乐、萨摩亚音乐以及轻音乐。此外，还包括自制的萨语节目和英语节目。另有一些宗教电台，主要播放基督教节目。中国国际广播电台已在萨落地。

对外关系

萨摩亚主张维护民族独立，发展民族经济，认为国家不分大小，均应受到平等对待。萨将外交重点放在南太地区。在保持同新西兰传统友好关系的同时，重视发展同亚太国家的关系。要求建立国际经济新秩序，重视全球和地区环境保护。萨是联合国、英联邦、太平洋岛国论坛、太平洋共同体和太平洋区域环境署等组织的成员。太平洋区域环境署秘书处、联合国粮农组织、教科文组织及开发计划署太平洋地区代表处都设在阿皮亚。现已同60国建交。2011年11月，萨联合汤加、图瓦卢、库克群岛等波利尼西亚国家和地区成立次区域组织"波利尼西亚领导人集团"。2012年5月，萨正式成为世贸组织成员。2014年9月，萨主办联合国第三届小岛屿发展中国家国际会议。

【同中国的关系】1975年11月6日两国建交。2014年11月，国家主席习近平在斐济楠迪同萨摩亚总理图伊拉埃帕会晤，双方建立相互尊重、共同发展的战略伙伴关系。2018年11月，国家主席习近平在巴布亚新几内亚莫尔斯比港同萨摩亚总理图伊拉埃帕会晤，双方一致同意将两国关系定位提升为相互尊重、共同发展的全面战略伙伴关系。

近年来，中方访萨的主要有：中央政治局委员、上海市委书记韩正（2014年6月），习近平主席特使、外交部副部长张业遂（2014年9月出席第三届联合国小岛屿发展中国家国际会议），全国政协副主席齐续春（2015年8月），全国人大常委会副委员长张宝文（2016年9月），外交部副部长郑泽光（2017年5月），中共中央政治局委员、国务院副总理胡春华（2019年10月）等。

萨方访华的主要有：总理图伊拉埃帕2013年11月赴广州出席第二届中国—太平洋岛国经济发展合作论坛并访问深圳、西安和上海，2018年9月赴天津出席第十二届夏季达沃斯论坛并访问北京、广东，首席大法官萨波鲁2016年11月来华出席第三届世界互联网大会，副总理福诺托2011年9月出席在厦门举行的中国国际投资贸易洽谈会并访问广东、2012年5月出席在北京举行的中国国际服务贸易交易会，副总理兼自然资源与环境部长菲亚梅出席在福建平潭举行的中国—小岛屿国家海洋部长圆桌会议（2017年9月），议长拉乌利2012年5月参加太平洋岛国政治家联合考察团访华、2014年5月访华，工商劳工部长珀赛尔来华出席第二届中国国际进口博览会（2019年11月）等。

2019年中萨贸易额为8828万美元，同比增长25.6%。其中，中方出口额为8784万美元，同比增长25.8%；进口额为44万美元，同比下降13.1%。

中国驻萨摩亚大使：巢小良。馆址：Embassy of the People's Republic of China in Samoa，Vailima，Apia，Samoa。电话：00685–22474；传真：21115。

萨摩亚驻华大使：塔普萨拉伊·特里·托欧玛塔（Tapusalaia Terry Toomata）。馆址：北京市朝阳区塔园外交办公楼2–7–2。电话：010–65321673；传真：65321642。

华侨华人：19世纪末就有中国人赴萨，20世纪20—30年代成批华工赴萨种植椰子、香蕉，最多时达数千人，后在新西兰统治时期华人数量开始减少，最后留下数百人，多与当地人通婚。目前，纯血统的华人约300人，混血华裔超过3万，约占萨人口20%，数量在外来血统中居首位。

【同新西兰的关系】新西兰曾为萨摩亚的宗主国，两国关系密切。萨在惠灵顿设有高专署，在奥克兰设有总领事馆。新在萨设有高专署。两国间签有友好条约。新是萨第三大援助国，萨是新在南太地区第四大受援国。新是萨主要贸易对象，新对萨商品出口约占萨进口总额的1/3，萨对新出口占萨出口总额的10%左右。新公司是萨建筑市场的主要承包者。根据《相互支援协定》，新帮助萨培训警察人员，进行海上巡逻等。新每年向萨提供1100人的移民配额，萨在新西兰的移民总数超过10万人。2014年6月，新西兰总理约翰·基访萨。2014年7月，萨摩亚总理图伊拉埃帕赴新出席“新西兰季节雇工项目”会议。2015年7月，新西兰总理约翰·基访萨。2017年6月，新西兰总理比尔·英格利希访萨。2018年3月，新西兰总理阿德恩访萨。

【同澳大利亚的关系】澳大利亚在萨摩亚有高专署。澳为萨第一大援助国，援助主要用于提高当地政府办事效率、增加就业和投资、加强司法执法、提高教育水平和改善卫生医疗条件。澳为萨的第二大进口来源国。旅居澳的萨摩亚人有4万—5万人，另有萨公派留学生数十名。澳在萨有侨民200多人。萨澳间有“防务合作计划”，由澳方帮助巡逻萨专属经济区，并为萨培训警察。2017年6月，澳总督科斯格罗夫访萨。

【同日本的关系】萨摩亚重视同日本的关系。从1972年起日本向萨派遣志愿人员，至今已有600多人在萨服务过。近年来，日本成为萨最大援助国之一，对萨援助占萨受援总额的40%左右。平均每年向萨提供近1000万美元援助，主要用于教育、环保、卫生、基建等。日每年还向萨提供10余个奖学金和约50个短期培训机会。2015年5月，萨总理图伊拉埃帕赴日本出席第七届日本—太平洋岛国领导人会议。2017年，萨总理图伊拉埃帕赴日本出席日本—太平洋岛国外长会议。2018年5月，萨总理图伊拉埃帕赴日本出席第八届日本—太平洋岛国领导人会议。

【同美国的关系】萨摩亚重视同美国的关系。1988年11月，美在萨设使馆，大使由美驻新大使兼任。萨在美设使馆，大使由其常驻联合国代表兼任。受美国内立法限制，美对萨不提供直接经济援助，只通过多边渠道和地区组织提供少量援助。美自1976年起向萨派遣和平队员。萨与美属萨摩亚之间的贸易较多。美属萨摩亚和美国是萨第一和第二大出口市场。2016年2月，美国助理国务卿拉塞尔访萨。　（马腾腾）

圣　诞　岛

名称　圣诞岛（Christmas Island）。

面积　135平方公里。

人口　1843人（2016年）。其中华人占60%，马来人25%，欧洲人占15%。官方语言为英语。伊斯兰教、佛教、天主教为居民主要宗教信仰。

简　况

位于印度洋东北部，北距巽他海峡南口的爪哇海岬约380公里，东南距澳大利亚西岸的西北角约1565公里。为火山岛。海岸线长80公里。沿岸大多为悬崖峭壁，最高处有20米；仅有浅滩约13处，最大处名为飞鱼湾（Flying Fish Cove），是岛内唯一港口和人口主要聚居地。属热带气候，气温21℃—32℃，湿度达80%—90%。气候温和，但湿季11月至次年4月偶有暴风雨，岛周围风浪较大。年均降水量2000毫米。

英国威廉·迈纳斯船长于1643年圣诞节发现该岛并命名。1888年并入英国版图。1942年被日本军队占领。1946年成为新加坡属地。1958年1月移交英国管辖，同年10月，依据《1958年圣诞岛法案》，移交澳大利亚联邦管理，成为澳海外领地。

政　治

圣诞岛主权属澳大利亚。1958年起由澳政府派行政长官管辖。1984年成立圣诞岛自治机关，协助行政长官管理岛内事务。1992年自治机关由圣诞岛地方委员会（地方委员会由9名成员组成，任期4年）取代。1994年岛内举行决定该岛地位的全民投票，否决了脱离澳大利亚的提案，但85%的投票者希望扩大岛内自治权。

难民问题突出，沉船、伤亡事件频发。曾是澳海外难民收容安置中心之一，澳霍华德政府通过法案将圣诞岛排除在澳移民区域之外，到达该岛者不能自动获得向澳政府申请避难的资格。目前，大部分难民已从该岛转移至别处，该岛现仅有难民250名。

新冠肺炎疫情发生伊始，澳大利亚将圣诞岛指定为隔离区，所有海外撤回公民需被送往该岛隔离14天。

【政府】由澳大利亚总督任命的行政长官和地方委员会组成。现任行政长官娜塔莎·路易斯·格里格斯（Natasha Louise Griggs），2017年10月上任，任期3年。

【司法机构】设有最高法院和地方法院3级司法

系统。

经　济

磷酸盐工业是圣诞岛经济支柱。1998年磷酸盐资源公司与澳大利亚联邦政府签订了为期21年的矿产租约，负责勘探和开发。此外，旅游业也是圣诞岛的主要收入来源之一。当地货币为澳大利亚元，1澳元约合0.64美元（2020年5月）。

【**交通运输**】空运：有1个国际机场。维珍航空公司经营从珀斯至圣诞岛的航线，每周2班。圣诞岛航空公司经营印尼雅加达至该岛的航线，每周1班。

海运：澳大利亚国家航运公司经营由澳大利亚大陆至该岛的航线。每2周有一架货运航班从珀斯运送补给。每4—6周有货轮从澳大利亚弗里曼特尔（Fremantle）运送补给。有私营公司经营由圣诞岛至附近其他岛屿的船运业务。

公路：总长140公里，其中30公里铺有路面。

铁路：总长18公里，主要用于磷酸盐运输。

【**对外贸易**】主要贸易伙伴为澳大利亚、新西兰。磷酸盐为圣诞岛主要出口商品。绝大部分商品需进口，主要来源国为澳大利亚。

【**旅游业**】为保护自然环境和稀有动植物，该岛约70%的面积被辟为国家公园。独特的动植物资源及良好的潜水、捕鱼设施及全球独有的红蟹大迁徙景观等吸引众多游人前来观光。旅游正日益成为重要产业。岛上约有90家旅馆。

人民生活

岛上有一所小型医院，拥有现代化医疗设备，时常有儿科、妇科、整形等特殊医疗人员上岛提供服务。病情严重者将被送往珀斯就诊。

文化教育

【**教育**】澳大利亚西澳大利亚州教育部在岛上办有圣诞岛区学校，提供学龄前至中学12年级教育。学生可接受英语、马来语和汉语课程，参加当地的实习项目。建有1个公共图书馆。

【**广播电视**】转播澳大利亚西澳州数字电视频道。岛上唯一一家电台进行英语、汉语、马来语广播。

（马爱杰）

所罗门群岛

国名　所罗门群岛（The Solomon Islands）。

面积　陆地面积2.84万平方公里，海洋专属经济区面积160万平方公里。

人口　61.4万（2017年），其中美拉尼西亚人占94.5%，波利尼西亚人占3%，密克罗尼西亚人占1.2%，白人占0.4%。全国有87种方言，通用皮金语，官方语言为英语。居民中95%以上信奉基督教新教和天主教，圣公会拥有的信教徒占全国人口2/3以上。

首都　霍尼亚拉（Honiara）。

国家元首　英国女王伊丽莎白二世。女王任命总督为其代表。现任总督戴维·武纳吉（David Vunagi），2019年7月就任，任期5年。

重要节日　独立日（即国庆日）：7月7日。

简　况

位于太平洋西南部，属美拉尼西亚群岛。西南距澳大利亚1600公里，西距巴布亚新几内亚485公里，东南与瓦努阿图隔海相望。全境有大小岛屿900多个，最大的瓜达尔卡纳尔岛面积6475平方公里。境内多火山、河流。属热带雨林气候，终年炎热，无旱季。首都霍尼亚拉年均气温28℃，年均降水量3000—3500毫米。

早在3000年前已有人在此居住。1568年被西班牙人发现并命名。后荷兰、英国、德国等殖民者相继而至。1885年北所罗门成为德国保护地，同年转归英国（布卡与布干维尔岛除外）。1893年成立“英属所罗门群岛保护地”。“二战”期间曾被日本占领。1975年6月更名为所罗门群岛。1976年1月2日实行内部自治。1978年7月7日独立。系英联邦成员。

马莱塔与瓜达尔卡纳尔两大部族曾长期武装冲突。2000年10月，相关各方在澳大利亚汤斯维尔市签署《汤斯维尔和平协议》。2001年底所罗门群岛大选后再次陷入混乱。2003年7月，由澳大利亚、新西兰及其他太平洋岛国组成的“地区驻所援助团”（RAMSI）军警部队进驻所首都，协助维持治安，2017年6月结束任务后从所撤出。

政　治

【**宪法**】1978年6月8日英国议会通过所罗门群岛新宪法，同年7月7日生效。

【**议会**】一院制，称国民议会，是所最高国家权力机关，由50名议员组成，任期4年。现任议长帕特森·奥蒂（Patteson Oti），2019年5月当选，为所第11任议长。

【**政府**】2019年4月，所罗门群岛举行大选，梅纳西·索加瓦雷（Manasseh Sogavare）领导的政党联盟赢得议会多数席位，索加瓦雷当选总理并组阁执政。

现政府于2019年4月组成，主要成员包括：总理梅纳西·索加瓦雷，副总理兼基础设施和发展部长梅纳西·梅兰加（Manasseh Maelanga），通讯和民航部长彼得·阿格瓦卡（Peter Agovaka），财政和国库部长哈里·库马（Harry Kuma），外交和外贸部长杰里迈亚·马内莱（Jeremiah Manele），矿业、能源和电气化部长布拉德利·托沃西亚（Bradley Tovosia）等。

【行政区划】全国划分为首都霍尼亚拉市和西部、瓜达尔卡纳尔、马莱塔、中部、伊萨贝尔、马基拉–乌拉瓦、特姆突、雷纳尔与贝罗纳、乔伊索9省。

【司法机构】沿用英国的司法制度，高等法院（又称国家法院）由大法官和1名陪审推事组成。1978年设上诉法院。各行政区设有区法院和地方法院。现任大法官艾伯特·帕尔默（Sir Albert Palmer）。

【政党】所政党较多，各政党在议会力量经常消长。目前主要政党有“我们的党”（Our Party）、卡德里党（Kadere Party）、民主联盟党（Democratic Alliance Party）、联合民主党（United Democratic Party）、人民第一党（People First Party）等。

【重要人物】**戴维·武纳吉**：总督。1950年9月生。毕业于斐济南太平洋大学、巴布亚新几内亚大学、新西兰圣约翰学院等，分获教育学、神学等多个学位。曾在所罗门群岛担任教职和神职人员。2009—2015年任美拉尼西亚大主教和美拉尼西亚中央教区主教。2019年7月7日就任总督。　**梅纳西·索加瓦雷**：总理。1955年1月生。1997年当选所罗门群岛议会议员后连任至今。曾于2000—2001年、2006—2007年、2014—2017年3次担任总理，并担任过财政部长，商业、工业和就业部长等多个职务。2019年4月，所罗门群岛举行大选，索加瓦雷第4次当选总理并组阁执政。

经　济

所罗门群岛自独立以来，经济由过去的单一经济逐步转变为包括农、渔、矿、林和旅游业等在内的多样化经济。牛肉、粮食和蔬菜基本自给。近年来，所政府采取多项发展措施，推动土地改革，改善管理方式，积极吸引外资，有效控制通货膨胀，经济出现复苏势头，2011年经济增长达到10.7%，后逐渐放缓。2019年主要经济数据如下：

国内生产总值：15亿美元。

人均国内生产总值：2357美元。

经济增长率：2.9%。

货币名称：所罗门群岛元（简称所元）。

汇率：1美元≈8所元。

【资源】有铝土、镍、铜、金、磷酸盐等矿藏。已探明铝土矿储量5800万吨，磷酸盐1000万吨。水利资源丰富。森林覆盖面积占陆地总面积90%，约263万公顷。林木总蓄积量为1.27亿立方米，商品木材蓄积量为4810万立方米。近年来，林业发展迅速，已成为主要经济支柱和出口产业。但因过度采伐，面临林业资源可能在数十年内枯竭的危险。

【工业】有渔产品、家具、塑料、服装、木船、香料、食品和饮料等小工厂和采矿业。工业仅占国内生产总值的5%。

【农业】农业人口占全国人口的90%以上。农业收入占国内生产总值的60%。主要农作物是椰干、棕榈油和可可等。

【渔业】盛产金枪鱼，是世界上渔业资源最丰富的国家之一，金枪鱼年捕鱼量约8万吨。海产品是第三大出口产品，主要出口到日本。2011年1月，所启动珊瑚礁和渔业安全计划，以有效保护海洋和渔业资源。

【旅游业】沿海地势较平坦，海水没有污染，被视为世界上最好的潜水区之一，旅游业潜力较大。但所基础设施落后，交通不便，社会治安较差，严重制约所旅游业的发展。

【交通运输】公路：陆路交通不发达。各岛共有公路干线1900公里。其中首都地区柏油路面公路100公里，农村土路1770公里。

空运：除霍尼亚拉国际机场外，还有35个小机场。国际航班运营商主要有巴布亚新几内亚航空公司和瑙鲁航空公司，澳大利亚航空公司与所罗门航空公司也有联营的国际航班。

水运：与澳大利亚、日本、新加坡、其他太平洋岛国等国家及中国台湾和中国香港等地区有海运联系。有定期的海上运输货轮通往澳大利亚、新西兰、巴新、日本、中国香港和欧洲。霍尼亚拉是主要港口。

【财政金融】财政严重依赖外援。截至2019年底，所外汇储备5.94亿美元，政府负债1.34亿美元。

中央银行和开发银行为所2家大银行。另外，澳新银行、西太银行等在所设有分行。

【对外贸易】主要出口木材、椰干、鱼类、棕榈油及可可，进口交通运输工具、机械、食品、燃料和化工品等。主要贸易伙伴为中国、澳大利亚、新加坡、马来西亚、新西兰等。2018年进出口总额为11.7亿美元，其中进口额6.01亿美元，出口额5.69亿美元。主要出口产品为木材、海产品、棕榈油、铝矿石等。主要进口产品为石油制品、大米、船舶、工程机械等。

【外国援助】争取多边援助，强调外援使用权必须由所决定。主要援助方为澳大利亚、欧盟、日本、新西兰、英国和亚洲开发银行等。2018/2019财年，澳向所提供1.98亿澳元援助。

【著名公司及经济团体】（1）矿产与勘探公司协会（Association of Mining and Exploration）：成立于1988年。地址：C/O POB G24，Honiara，Solomon Islands。

（2）所罗门群岛开发信托公司（Solomon Islands Development Trust）。　地　址：POB 147，Honiara，Solomon Islands。

人民生活

全国有9所医院、900多张病床、135家诊所和农村医疗站。人均寿命58岁。

军　事

所罗门群岛无军队，仅有800多名警察。

文化教育

【教育】保持美拉尼西亚的传统文化。文盲约占人口的49%。全国有小学52所，中学20所，技术学院和师范学校各1所。中小学生占适龄儿童和少年的1/3左右。

【新闻出版】有私人经营的英文日报《所罗门星报》《所罗门之声》。政府办的所罗门广播电台用英语和皮金语广播。

对外关系

所罗门群岛强调国际和睦、友谊、相互尊重、和平及人类尊严等外交原则。奉行不与任何大国结盟的政策，坚持在谨慎并有选择的基础上发展与各国的政治和经贸关系，有选择地利用外资和外援。支持南太无核区主张，重视与英国、澳大利亚、新西兰等传统友好国家的关系，同时注重与其他太平洋岛国发展友好合作关系，积极发展同日本、欧盟、美国、古巴、伊朗、阿联酋和以色列等国家的关系。

目前已同30多个国家建交，系联合国、英联邦、太平洋岛国论坛、太平洋共同体、美拉尼西亚先锋集团等国际和地区组织成员。在联合国、澳大利亚、欧盟和巴新等设有外交机构。

【同中国的关系】2019年9月21日，国务委员兼外交部长王毅在北京同所罗门群岛外长马内莱举行会谈并签署《中华人民共和国和所罗门群岛关于建立外交关系的联合公报》，两国正式建立大使级外交关系。2019年10月，所罗门群岛总理索加瓦雷对华进行正式访问并出席2019年北京世界园艺博览会闭幕式，双方签署《中华人民共和国政府与所罗门群岛政府关于共同推进丝绸之路经济带和21世纪海上丝绸之路建设的谅解备忘录》。2019年10月，所罗门群岛教育和人力资源发展部长傅桂访华。

2019年，中所贸易额为5.6亿美元，同比下降25%，其中中方出口额为0.98亿美元，同比下降16.9%，进口额为4.6亿美元，同比下降26.75%。

2020年9月2日，中国首任驻所罗门群岛大使李明到任。

中国驻所罗门群岛大使：李明。馆址：Mendana Avenue，P.O. Box 655，Honiara，Solomon Islands 。电话：00677-7264566。网址：http://sb.chineseembassy.org。

【同英国的关系】所罗门群岛与英国关系密切。所原是英国的殖民地，被英统治85年。1978年所独立后，政府部门的顾问等仍由英国人担任。英是所重要的援助国及贸易伙伴。2005年4月，所总督维纳访英。2006年10月，英联邦秘书长麦金农访所。2011年4月，所总督卡布伊夫妇赴英国出席威廉王子婚礼。6月，卡布伊总督夫妇赴英国出席女王登基60周年庆典活动。2012年9月，英国威廉王子夫妇访所。2013年4月，英国外交与联邦事务副大臣斯维尔访所。

【同澳大利亚、新西兰的关系】所罗门群岛与澳大利亚关系密切，澳在所经营银行、航运和锯木厂。2009年1月，澳与所签署发展伙伴计划。2012年4月，澳国防部长史密斯访所。2012年7月，所与澳签署“季节性工人计划”。2015年12月，澳国际发展与太平洋事务部部长乔博访所。新西兰对所罗门群岛积极开展外交、贸易活动并为所提供援助。2010年2月和11月、2012年1月，新西兰外长麦卡利访所。2013年2月，新贸易部长格罗泽访所。2016年12月，澳大利亚外长毕晓普访所。2017年2月，新西兰外长麦卡利访所。6月，澳大利亚总督科斯格罗夫、新西兰副总理贝内特等赴所出席“地区驻所援助团”撤离仪式。2019年6月，澳大利亚总理莫里森访所。

【同其他太平洋岛国的关系】1988年3月，所罗门群岛与巴新、斐济、瓦努阿图在瓦首都维拉港签署“美拉尼西亚国家合作原则声明”及互免签证协议。2007年3月，所总理索加瓦雷在瓦努阿图首都维拉港与瓦总理利尼、巴新总理索马雷、斐济临时政府外长奈拉蒂考签署《美拉尼西亚先锋集团宪章》。2015年6月，第20届美拉尼西亚先锋集团领导人峰会在所首都霍尼亚拉举行。2016年7月，所总理索加瓦雷接任太平洋岛国发展论坛主席；同月，第四届太平洋岛国发展论坛首脑峰会在所首都霍尼亚拉举行。

【同日本的关系】早在所罗门群岛独立前，日本就与所签订了渔业协定，合办“所罗门大洋渔业公司”。该公司的出口值占所出口总值的1/4以上。日还在所经营木材加工和伐木厂，勘探铝矾土矿，并为所提供援助、人员培训等。2012年5月，所总理利洛赴日出席第六届日本—太平洋岛国领导人会议。2015年5月，所副总理埃特赴日出席第七届日本—太平洋岛国领导人会议。2018年5月，所总理霍尼普韦拉赴日出席第八届日本—太平洋岛国领导人会议。

【同欧盟的关系】2010年2月底至3月初，所总理西库阿访问欧盟并出席第三届所罗门群岛—欧盟对话会。欧盟将通过第11期欧洲发展基金在2014—2020年向所提供4000万欧元援助。　　（丁栋）

汤　加

国名　汤加王国（The Kingdom of Tonga）。

面积　陆地面积747平方公里，海洋专属经济区面积70万平方公里。

人口　10.3万（2018年）。98%是汤加人，属波利尼西亚人种，其余为其他太平洋岛国人、欧洲人、亚洲人及其后裔。华人华侨约有2000人。通用汤加语和英语。居民多信奉基督教。

首都　努库阿洛法（Nuku'alofa）。

国家元首　国王图普六世（Tupou VI），2012年3月18日继位，2015年7月4日正式加冕。

重要节日　独立日：6月4日；国庆日：11月4日（宪法日）。

简　况

位于南太平洋西部、国际日期变更线西侧，西邻斐济。由汤加塔布、瓦瓦乌、哈派三大群岛和埃瓦、纽阿等170多个岛屿组成，其中36个有人居住，无河流。属热带雨林气候，5—8月为旱季，12月至次年4月为雨季。年均气温南部23℃，北部27℃。年均降水量1793毫米。11月至次年3月常有飓风和暴雨。

3000多年前已有人在此定居。约从公元950年起至今经历四个王朝，现为1845年乔治·图普一世建立的陶法阿豪王朝。17、18世纪，荷兰、英国、西班牙探险家先后抵达。19世纪基督教传入。1900年成为英国保护国。1970年6月4日独立，并成为英联邦成员。

政　治

汤加是太平洋岛国地区唯一的君主制国家。社会分王族、贵族和平民3个阶层。全国有33个世袭贵族头衔。国王为国家元首，长期执掌大权，首相由国王任命。汤加近年来推进政治改革，还政于民，国王让渡国家行政管理大权和部分人事权，保留武装部队统帅、解散议会、否决议会提案等权力；枢密院不再是最高行政决策部门，改为国王个人的咨询机构。

2019年9月12日，汤首相波希瓦因病去世。9月27日，汤议会选举图伊奥内托阿为新任首相。

【宪法】现行宪法由国王乔治·图普一世于1875年颁布，2010年修订。

【议会】即立法会。一院制。由9名贵族议员和17名平民议员组成。每4年选举一次。贵族议员由其所在选区贵族选举产生，平民议员由所在选区普选产生。议长由议员推选，国王任命。本届议会于2017年11月选举产生，现任议长为法卡法努阿（Lord Fakafanua）。

【政府】内阁由包括首相、副首相在内的内阁大臣组成。首相从26名议员中选举产生，由国王任命；内阁大臣由首相提名，由国王任命。首相可从议员之外提名4名内阁大臣。目前内阁成员主要包括：首相兼公共企业大臣波希瓦·图伊奥内托阿（Pohiva Tu'ionetoa），副首相兼司法和监狱大臣西奥内·法奥图西亚（Sione Fa'otusia），土地、自然资源和国防大臣马阿富（Lord Ma'afu，贵族），财政和海关、税收大臣特维塔·拉维马奥（Tevita Lavemaau），气象、能源、信息、减灾、环境、通讯和气变大臣波阿西·泰伊（Poasi Tei），教育和培训大臣肖西·索瓦莱尼（Siaosi Sovaleni），贸易和经济发展大臣萨缪·瓦伊普卢（Samiu Vaipulu），基础设施和旅游大臣阿科西塔·拉乌拉乌（Akosita lavulavu），内政大臣瓦塔乌·胡伊（Vatau Hui），警察、消防和应急事务大臣努库（Lord Nuku，贵族），农业、食品、林业和渔业大臣图伊拉凯帕（Lord Tu`ilakepa，贵族），卫生大臣阿梅利亚·图伊普洛图（Amelia Tu`ipolotu）。

【司法机构】设最高法院、上诉法院、土地法院和地方法院。上诉法院院长、最高法院首席大法官和其他法官均由国王任命。现任上诉法院院长兼最高法院首席大法官为欧文·鲍尔森（Owen Paulson）。

【政党】（1）汤加"友谊之岛民主党"，2010年9月成立，在同年11月的大选中赢得12个议席，在2014年11月大选中赢得10个议席，2017年11月大选中赢得14个议席。

（2）人权和民主运动，1992年成立（2010年该党部分党员另组"友谊之岛民主党"）。

（3）人民民主党，2008年4月成立。

（4）可持续建设国家党，2007年8月成立。

（5）人民国家党，2018年6月成立。

【重要人物】图普六世：国王，图普四世国王之子、图普五世国王胞弟。1959年7月12日生于努库阿洛法。毕业于美国海军学院、澳大利亚军事学院和澳大利亚邦德大学。1998年10月任外交国防大臣。2000年1月任首相兼外交、国防、农林、渔业、海事和港务大臣。2006年2月辞去首相职务。2006年9月被敕封为王储。随后任汤驻澳大利亚高专。2012年3月18日继承图普五世的王位。2015年7月正式加冕。**波希瓦·图伊奥内托阿**：首相。1951年6月30日生。毕业于美国华盛顿福音路德神学院，获神学博士学位。2014年11月当选议员，同年12月任劳工商业大臣兼警察大臣。2017年3月，转任税收和海关大臣兼商业、消费者、贸易、创新、劳工大臣。2017年11月再次当选议员。2018年1月任财政和国家规划大臣。2019年9月当选首相。 **法卡法努阿**：议长。1985年3月出生于新西兰。2006年继承贵族头衔，有王室血统，其胞妹为王储妃。2004—2007年先后就读于新西兰维多利亚大学和奥克兰大学，但因家庭原因未完成学业。2008年、2010年两次当选贵族议员。2012年7月当选议长，成为汤历史上最年轻的议长。2014年卸任议长之职后赴印度留学，攻读国际关系专业。2017年12月18日再次当选议长。

经 济

生产力水平低，经济发展落后，严重依赖外援。农业、渔业和旅游业是国民经济的三大支柱，但长期以来未能有效开发。2019年主要经济数据如下：

国内生产总值：约4.88亿美元。

人均国内生产总值：约4862美元。

经济增长率：3.5%。

货币名称：潘加（PA'ANGA）。

汇率：1美元≈2.38潘加。

（资料来源：国际货币基金组织）

【资源】渔业和森林资源较丰富。2008年5月，加拿大诺梯勒斯（Nautilus）矿业公司开始在汤加海域进行矿产勘探。2010年2月，美国摩多勒斯（Modulus）能源公司与汤签署协议，于2015年开始在汤海域开始勘探性钻井作业。为保护境内资源，2014年8月汤出台《海底矿产法》。

【工业】重视发展工业，主张产品多样化。1975年在首都郊区设立小型工业区，区内只有一些小企业从事组装、来料加工、进口成品改小包装及简单的农产品和食品加工业。

【农业】农业为汤主要产业之一，以小农场为主，作物品种单调，耕作方式原始，技术落后，产量不高。汤加全国耕地面积179.3平方公里，占土地总面积的24%，人均耕地约0.15公顷。从事农业生产的人数占总就业人数的40%。主要农产品有芋头、木薯、南瓜、香草、卡瓦等，还生产香蕉、菠萝、椰子、西瓜、木瓜等热带水果及少量蔬菜。大米、面粉、部分蔬菜和水果及肉类等依赖进口。农产品和鱼类在汤出口中占绝对主导地位。

【渔业】汤海域辽阔，渔业资源较丰富，以金枪鱼出口为主。近年来，由于气候原因和过度捕捞，鱼类资源不断减少，加之运输成本的不断增加，金枪鱼等主要渔产品出口下降，发展低于预期。渔业产值约占汤GDP的3%。

【旅游业】旅游业是汤政府力图大力发展的经济行业之一，被视为增加民众收入和解决就业的新的增长点。汤加具有较有特色的历史文化传统和旅游资源，但由于开发能力有限，旅游业尚未实现快速发展。目前，全国共有各类酒店110余家，房间1100余个。2017年赴汤外国游客总数约6.2万人，同比增长5.6%。汤加现为中国公民旅游目的地国。2017年在汤停靠游轮数量达21艘。酒店餐饮业是汤主要产业之一，是政府收入和解决就业的重要行业，约占汤GDP总量的3%。

【交通运输】公路：总长约950公里；小汽车4万辆。

水运：以各岛轮渡运输为主。共有6个海港。汤加塔布岛的努库阿洛法港和瓦瓦乌岛的纳阿夫港可停靠远洋货轮。同澳大利亚、斐济、新西兰、萨摩亚和日本等国之间有定期班轮。

空运：共有大小6个机场，包括位于主岛的法阿穆图国际机场（Fua'amotu International Airport，TBU），与悉尼、奥克兰、楠迪、苏瓦等城市间有直航。国内航线主要由里尔汤加（Real Tonga）航空公司运营。澳大利亚（Pacific Blue）、新西兰（Air New Zealand）、斐济（Air Pacific）有航班飞经汤加。

【财政金融】2018/2019财年，汤加财税收入5.78亿潘加，支出4.56亿潘加。汤政府债务约4.75亿潘加，占GDP的44%。全国金融系统由汤加国家储备银行、汤加发展银行和南太银行汤加分行等商业银行组成。

（1）汤加国家储备银行（National Reserve Bank of Tonga）：成立于1989年。核准资本为200万潘加。是汤中央银行，负责发行货币、调节汇率及管理国家外汇储备等。

（2）汤加发展银行（Development Bank of Tonga）：成立于1977年。是促进投资的金融机构。主要负责向私营部门提供金融贷款。其权益资本主要由澳大利亚和新西兰政府捐赠。

（3）南太银行（Bank of South Pacific）汤加分行：2015年7月南太银行收购西太银行汤加分行（Westpac Bank of Tonga）后成立。

（4）马来西亚银行（MBF Bank Limited）：成立于20世纪90年代初，为较小的商业银行。

（5）澳新银行（Australia and New Zealand Banking Group Limited）汤加分行：成立于1993年，商业银行。

【对外贸易】长期以来，外贸逆差巨大。主要出口南瓜、鱼类、卡瓦、檀香木、香草和根茎作物。主要进口食品、服装、日用品、机械、运输设备、燃料和建筑材料等。主要贸易伙伴为新西兰、澳大利亚、斐济、美国和日本。

【外国援助】外援主要来自澳大利亚、新西兰、日本、中国、欧盟、世界银行、亚洲开发银行等。近年来，汤加接受外援的资金额度不断增加。

人民生活

实行全国免费医疗制度。

军 事

国王陛下武装部队（His Majesty's Armed Forces），原名"汤加国防军"，2013年9月改现名，由陆军、海军和皇家卫队组成，共600多名官兵。国王为武装部队最高统帅。总参谋长为费埃拉凯帕准将（Lord

Fielakepa）。共有警察400多名。

文化教育

【教育】公办学校对6—14岁儿童实行免费教育。南太平洋大学在汤设有分校，另有一所私立工科大学。汤加法律规定教会可参与办学。小学约90%由政府创办，中学约75%由教会创办。澳大利亚、新西兰及中国、日本等国向汤提供留学奖学金。

【新闻出版】全国共有4种主要报纸，多数用汤加文出版，分别是：《汤加时报》（Taimi）、《螺号报》（Ke'lea）、《宣告报》（Talaki）和《汤加日报》（Tonga Daily News）。主要网站是《汤加风》（Matangi Tonga）。此外，还有部分宗教报纸和不定期出版的杂志。

全国共有5家广播电台和1家电视台，主要以汤加语播出，也播放少量英语新闻、体育比赛与影视剧等节目。中国中央电视台英语新闻频道和英国BBC节目可免费收看。中国国际广播电台已在汤落地。

对外关系

汤加是联合国、英联邦、太平洋岛国论坛、太平洋共同体、国际民航组织、亚洲开发银行、世界银行、国际货币基金组织、世界贸易组织等成员国。汤加关心地区安全与稳定；积极参加地区合作，主张建立南太平洋无核区。2014年7月，汤加当选国际海底管理局理事会成员，成为继斐济之后第二个当选理事会成员的小岛屿发展中国家。2016年2月，汤加入国际劳工组织。

2013年3月，汤加举办太平洋岛国领导人能源问题峰会，探讨本地区各国新能源发展规划和利用。2013年5月，汤加举办南太平洋防长会议。2014年10月，汤加主办南太旅游部长会议。2017年4月，汤加主办地区能源和交通部长会议、保护鲸鱼会议。

【同中国的关系】中国与汤加于1998年11月2日建交。2014年11月，国家主席习近平在斐济楠迪同汤加首相图伊瓦卡诺会晤，中汤建立相互尊重、共同发展的战略伙伴关系。2018年11月，国家主席习近平在巴布亚新几内亚莫尔斯比港同汤加首相波希瓦会晤，双方一致同意将两国关系定位提升为相互尊重、共同发展的全面战略伙伴关系。

近年来，中方访汤的主要有：2014年3月，全国政协副主席、中联部部长王家瑞访汤。2015年7月，习近平主席特使、国家旅游局局长李金早赴汤出席图普六世国王加冕典礼。2017年1月，全国人大常委会副委员长艾力更·依明巴海对汤加进行友好访问。2019年8月，全国政协副主席郑建邦对汤加进行友好访问。2020年1月，全国人大常委会副委员长丁仲礼访汤。

汤方访华的主要有：2013年7月，首相图伊瓦卡诺来华出席生态文明贵阳国际论坛并访问广东，11月，来华出席第二届中国—太平洋岛国经济发展合作论坛。8月，副首相瓦伊普卢访华。2014年5月，副首相瓦伊普卢率汤加政府议会联合考察团访华。12月，汤加王储乌卢卡拉拉访华。2015年4月，副首相索瓦莱尼率汤加政府议会联合考察团访华。10月和11月，索瓦莱尼副首相分别来华出席广东21世纪海上丝绸之路国际博览会、第二届世界互联网大会。2016年9月，图伊瓦卡诺议长赴宁夏出席2016年国际和平日纪念活动。11月，副首相索瓦莱尼来华出席第三届世界互联网大会。2018年3月，汤加国王图普六世来华进行国事访问。11月，副首相兼基础设施和旅游部长西卡来华出席首届中国国际进口博览会。2019年4月，副首相兼基础设施和旅游部长西卡来华出席第二届“一带一路”国际合作高峰论坛贸易畅通分论坛并访问福建。4月，法卡法努阿议长访问广东。

2019年，中汤贸易额为2957.3万美元，同比增长17.9%。其中，中方出口额为2944.2万美元，同比增长18.0%；进口额为13.1万美元，同比增长9.7%。

中国驻汤加大使：曹小林。馆址：Vuna Road, Nuku'alofa，Kingdom of Tonga。电话：00676–24554；传真：24595。信箱：P.O.Box877。

汤加驻华大使：陶阿伊卡·乌塔阿图（Tauaika Utaatu）。馆址：北京市朝阳区建国门外外交公寓1–2–11。电话：010–65327203；传真：65327204。

【同新西兰的关系】1970年建交。两国关系密切。新是汤主要援助国之一，1976年开始向汤提供援助，后逐年增加。新是汤最大贸易伙伴和进口市场。现有逾7万汤加侨民生活在新西兰。

【同澳大利亚的关系】1970年建交。两国关系密切。澳是汤主要援助国之一，1976年开始向汤提供援助。澳是汤重要贸易伙伴。现任汤驻澳大利亚高专为图普六世女儿安格里卡·拉图福伊皮卡公主。

【同美国的关系】近年来，两国关系有所加强。美对汤援助包括军事支持、派遣和平队志愿者等。目前，汤共有约4万名侨民旅居美国。

【同日本的关系】1970年建交。日汤互设有大使馆。日是汤重要贸易伙伴和援助国，是汤南瓜、金枪鱼主要出口市场。2018年5月，汤副首相兼基础设施和旅游大臣西卡赴日本出席第八届日本—太平洋岛国领导人会议。

【同英国的关系】同英国保持传统关系。英国曾在汤设高专署近百年，2006年4月1日，因调整其驻外机构关闭驻汤高专署，由英驻新西兰高专署代管汤事务。

【同法国的关系】两国早在1855年就签署了《法国—汤加友好条约》。法国在汤设有名誉领事。法不定期向汤提供一些军事物资援助，法军舰时常访汤。

【同欧盟的关系】欧盟在汤有若干援助项目。欧盟通过2008—2013年第10个欧盟援助计划向汤提供1500万欧元援助，通过2014—2020年第11个欧盟援助计划向汤提供1100万欧元援助，主要用于可再生能源开发。

（马腾腾）

图瓦卢

国名 图瓦卢（Tuvalu）。

面积 陆地面积26平方公里，海洋专属经济区面积约75万平方公里。

人口 1.1万（2018年）。97%为图瓦卢人，属波利尼西亚人种。其余为基里巴斯人、欧洲裔等。英语为官方语言，图瓦卢语为通用语言。居民信奉基督教。

首都 富纳富提（Funafuti）。

国家元首 英国女王，总督是女王的代表。现任总督亚科巴·塔埃阿·伊塔莱利（Iakoba Taeia Italeli），2010年4月16日就任。

重要节日 图瓦卢日：10月1日。

简况

位于中太平洋南部，在国际日期变更线西侧。由9个环形小珊瑚岛群组成，其中8个有人居住，富纳富提为主岛。海岸线长15英里。无河流。属热带海洋性气候。年均气温29℃，年均降水量3000毫米。陆地最高点不超过海平面5米。

图瓦卢人世居岛上。1892年英宣布图瓦卢和附近的基里巴斯为英“保护地”。1916年被划入“英属吉尔伯特和埃利斯群岛殖民地”。1975年10月在法律上同基里巴斯分离，改用旧名图瓦卢（意为“八岛之群”）。1978年6月实行自治，10月1日独立。

政治

2019年9月，卡乌塞亚·纳塔诺（Kausea Natano）在大选后胜出并就任总理。

【宪法】1978年10月1日独立时生效。宪法规定，图为英联邦成员国。英女王根据图总理推荐任命总督。总理由议员选举产生。内阁对议会负责，由总理和数名部长组成。总检察长为政府的主要法律顾问。1986年6月修改宪法，总督丧失对政府所提建议的否决权。

【议会】一院制，由16名议员组成，各岛根据登记选民数量产生1—2名议员，任期4年。本届议会于2019年9月产生，现议长为萨穆埃卢·特奥（Samuelu Teo）。

【政府】图选举制度采用“威斯敏斯特”模式。由于图国内无政党，选民选出议员组成新一届议会后，议员内部投票选举新总理。2019年9月19日，卡乌塞亚·纳塔诺当选总理。纳塔诺任命新内阁成员，包括：副总理兼渔业与贸易部长米努特·阿拉帕蒂·塔乌波（Minute Alapati Taupo），司法、通讯与外交部长西蒙·考夫（Simon Kofe），教育、青年与体育部长蒂米·麦雷（Timi Melei），公用事业与环境部长阿姆佩洛萨·泰赫卢（Ampelosa Tehulu），财政部长赛维·派纽（Seve Paeniu），卫生、社会福利与性别部长以赛亚·塔佩（Isaia Taape），内政与农业部长卡特普·罗伊（Katepu Laoi），交通、能源与旅游部长涅鲁·梅塞克（Nielu Meisake）。

【司法机构】设最高法院、地区法院和岛法院（共8个）。最高法院由1名大法官主持受理下级法院的上诉案。如要进一步上诉则由斐济上诉法院代理或呈请英国枢密院司法委员会审理。

【主要网址】www.tuvaluislands.com，www.tuvalu-news.tv，www.timelesstuvalu.com。

【重要人物】卡乌塞亚·纳塔诺：总理。1950年1月1日出生，长期在政府部门任职，从政经历丰富。2002年当选议员，在2006年、2010年、2015年的大选中均连任。曾任图瓦卢公共设施和工业部长、通讯部长、副总理等职。2019年9月大选后连任议员并当选总理。

经济

图瓦卢资源匮乏，土地贫瘠，农业落后，几乎无工业。被联合国列为最不发达国家之一。家族是生产和生活的最基本单位。集体劳动，主要从事捕鱼和种植椰子、香蕉、芋头。买卖主要是以物易物。外汇收入主要靠外援、捕鱼证、邮票、椰干等出口，“.tv”网络域名出售，外国在图海域的捕鱼费以及海员汇款和在瑙鲁磷矿工作的侨民汇款。2019年主要经济数据如下：

国内生产总值：约4863万美元。

人均国内生产总值：约4421.2美元。

经济增长率：约4.1%。

货币名称：图瓦卢币；通用澳元。

（资料来源：世界银行、国际货币基金组织）

【农渔业】农业主要靠种植椰子、香蕉、芋头及饲养家禽、猪等。渔业资源丰富，但无开发能力。图与日本、韩国和中国台湾地区签有渔业协定。

【交通运输】以水运为主。首都富纳富提有深水港。图瓦卢有通往斐济等国的不定期班轮。斐济航空公司经营自楠迪经苏瓦飞富纳富提的航班。

【财政金融】2013年政府财政收入约为2800万澳元，财政支出为3400万澳元（IMF世界经济展望资料）。收入主要来自“图瓦卢信托基金”、侨汇、出售捕鱼许可证和因特网电信协议。自1990年起，“图瓦卢信托基金”收入每年为图政府预算作出约15%的贡献。

【对外贸易】2015年进口总额约为1291万美元，主要为食品、动物及动物产品、矿物燃料、机械、制成品等，进口来源国包括澳大利亚、斐济、日本和新西兰。主要出口为椰干、鱼产品，出口市场主要为新西兰、斐济。

【外国援助】主要来自英、澳、新、日以及欧洲发展基金和联合国开发计划署。1987年起，英国对图财政预算援款每年减少7.5万美元。为解决由此带来的困难，图政府制订了一项发展基础设施计划，并于同年6月设立图瓦卢信托基金。澳、新、英、日、韩为主要捐助国，2000年信托基金达4500万美元。图还游说其他国家捐款。作为最不发达国家之一，图可从世界银行得到特许贷款，出口商品可获特别关税待遇。澳大利亚为其最大援助国，2019年向图提供930万澳元援助。新西兰2012/2013年度向图提供的援助包括双边援助400万新元，奖学金和培训项目援助121万新元，其他途径援助170万新元。

人民生活

图瓦卢政府为国民免费提供医疗保健服务。

军　事

图瓦卢无正规军队。设海上巡逻警察，负责海上搜救及监察。

文化教育

【教育】普及小学教育，实行免费教育。全国有11所小学，70多名教师，约1500名在校生；有1所中学，31名教师，约350名学生。另有1所海员训练学校，约50名学生。

【新闻出版】图瓦卢电台为官方电台，用图瓦卢语和英语播音。政府出版的唯一一份报纸《图瓦卢回声》（Tuvalu Echoes），可通过富纳富提图瓦卢传媒公司（Tuvalu Media Corporation）订阅。

广播电台：2006年，图瓦卢天空—太平洋电视台（Sky Pacific television）开播。

电信：富纳富提岛上有固定电话设施和移动通讯服务，邮政服务连通其他岛屿。图政府拥有唯一的互联网服务供应商（ISP）。

对外关系

图瓦卢奉行与所有国家友好合作的政策，外交重点在太平洋地区，同英国、澳大利亚关系较深。同斐济关系密切，在斐设有高专署，在纽约、布鲁塞尔、伦敦等设有外交机构。图与英联邦成员国和比利时、智利、荷兰、法国、德国、日本、韩国等有外交关系。1979年初与美国签订了友好条约（1983年9月生效）。根据这一条约，美放弃对图瓦卢南部4小岛的主权要求。系联合国、联合国教科文组织、英联邦、世界卫生组织、万国邮政联盟、太平洋岛国论坛、太平洋共同体、太平洋区域环境署、亚洲开发银行等组织成员。在气候变化问题上立场激进。

【同中国的关系】中国与图瓦卢无外交关系。2008年，图体育代表团参加北京奥运会。2010年，图与其他太平洋岛国以太平洋联合馆形式参加上海世博会。2011年1月，图工会主席瓦瑞克·诺基斯和外籍海员工会书记费普瓦里·基迪塞尼来华出席“中国—南太平洋国家工会领导人研讨会”。2018年中图贸易额为1243.4万美元，同比下降32.3%，中方出口额1242.5万美元，同比下降32.3%；进口额0.9万美元，同比增长43.3%。

1979年图瓦卢与台湾当局建立“外交关系”。

（王宝丰）

托　克　劳

<u>名称</u>　托克劳（Tokelau）。

<u>面积</u>　12.2平方公里。

<u>人口</u>　1647人（2019年12月），另有约7000名托克劳人居住在新西兰。主要是波利尼西亚人，有少数欧洲人。讲托克劳语和英语。居民58.2%信奉基督教新教公理教，26.6%信奉罗马天主教。托克劳人同时具有英国和新西兰国籍。

<u>行政中心</u>　无固定，随政府首脑办公室轮流设于3个环礁岛。

<u>行政长官</u>　由新西兰外长任命新政府资深官员担任。现任行政长官罗斯·阿德恩（Ross Ardern），2017年12月就任。

简　况

位于太平洋东南部，处在夏威夷和新西兰的中间位置。由相距几十公里的努库诺努（Nukunonu，4.7平方公里）、法考福（Fakaofo，4平方公里）、阿塔富（Atafu，3.5平方公里）3个环礁岛组成，平均海拔3米。主岛努库诺努南距萨摩亚500公里，西为图瓦卢，东和北为基里巴斯。海岸线长101公里。热带气候，年平均气温28℃，年均降水量2800毫米。

1889年正式成为英国保护地。1916年被并入英国殖民地吉尔伯特·艾利斯群岛，称作联合群岛（Union Group），1926年英国将行政权移交新西兰，1946年称托克劳群岛。1948年主权移交新西兰并划入新西兰版图，为新西兰非自治领地。1976年改称托克劳。后根据新西兰—托克劳所达成协议，托克劳向新西兰自治领过渡。

政　治

国家元首为英国女王，女王代表为新西兰总督。原由行政长官掌握行政权。2004年，行政权移交托克劳前进政府理事会（Council for the Ongoing Government of Tokelau），由3位村领袖和3位村长组成。3位村领袖轮流担任政府首脑，每人任期1年。2020年3月，弗弗·图伊萨诺（Fofo Tuisano）接替卡利亚诺·卡洛洛（Kelihiano Kalolo）担任政府首脑。

托克劳代表大会为托立法机构，一院制，由村领袖、村长和岛代表组成，岛代表根据各岛人口数确定，每100人产生1位代表，每3年召开1次会议，决定政策和预算。2020年1月具体议席分配为：努库诺努8席、法考福7席、阿塔富7席。村领袖、政府理事会和代表大会均为3年改选1次。公民年满18岁具有选举权，年满35岁方才具有被选举权。

1994年6月，托克劳代表大会通过了托克劳第一个国民战略计划，内容包括开发人力与自然资源、发展对外关系等。2006年、2007年，托克劳2次就是否实行内部自治举行全民公决，未获规定所需的2/3多数。2009年9月，时任新西兰总督萨特亚南德向托克劳颁授首面官方旗帜。

【宪法】历史上曾有多部宪法，最近一部系1949年1月1日生效的《托克劳岛法》，曾历经多次修订，最新修订是在2012年。

【司法机构】根据1986年《托克劳修正案》，新西兰高等法院对托克劳行使司法权，新西兰总督任命的3名司法专员和各岛选举产生的村长依法处理民事和刑事案件。上诉法院位于新西兰，由院长和8名法官组成，法院系由司法委员会提名，获议会3/4赞成票方能通过。

经　济

托克劳经济落后，土地贫瘠。2017/2018财年，托克劳地区生产总值为1770.6万新西兰元。出产椰子、面包果、木瓜、芋头和香蕉等。产鱼，饲养少量猪和家禽。拥有专属经济区面积30万平方公里。主要经济来源是出口椰子、邮票、纪念币、手工艺品以及出售在托克劳专属经济区捕鱼的许可。新西兰经济援助约占托克劳政府预算的80%。2004年，新西兰与托克劳共同发起并建立"托克劳国际信托基金"。截至2018年6月30日，该基金余额9030万新元。托克劳还接受联合国开发计划署、南太平洋委员会、联合国教科文组织、联合国人口基金、世界卫生组织、联合国儿童基金会、英联邦青年发展计划等机构的援助。货币为新西兰元，1新元约合0.60美元（2020年5月）。

【交通运输】交通运输不发达，无公路和航空运输，进出托克劳均需通过海运经萨摩亚中转。

【通信】托克劳与新西兰和萨摩亚之间有卫星通信联系。托克劳各岛之间靠无线电通信设备联系，有2069个互联网主机。

人民生活

托克劳每个岛屿各有1个医院，护士大多由斐济和萨摩亚培训。

军　事

托克劳无军队，防务由新西兰负责，仅有9名警察。

文化教育

【教育】托克劳每个岛屿各有1所学校，对5—16岁儿童实行免费教育。一般受教育年限为12年（小学至职业教育）。共有400多名学生，43名教师和13名辅导员。新西兰教育部进行管理并提供教学设备。部分成绩优秀学生获得奖学金赴新西兰、萨摩亚和纽埃等地深造。

【新闻出版】由政府首脑办公室定期就托克劳事务发布1份托克劳文和英文的新闻通讯。3岛均设有广播电台，主要用于气象预报和商船联络。

对外关系

【同新西兰的关系】2019年8月，新西兰总理杰辛达·阿德恩访问托克劳。这是新西兰总理第4次访问托克劳，此前有3位总理和3位部长到访。同月，时任政府首脑卡洛洛在图瓦卢举行的第50届太平洋岛国论坛首脑会议期间与新西兰总理阿德恩会谈。（熊喆）

瓦利斯和富图纳

名称　瓦利斯和富图纳海外领地（Overseas Collectivity of the Wallis and Futuna Islands, Collectivité d'Outre-Mer des îles Wallis-et-Futuna），简称"瓦利斯和富图纳"（Wallis-et-Futuna）。

面积　陆地面积274平方公里，水域面积约30万平方公里。

人口　11558人（2018年7月）。人口结构十分年轻，20岁以下人口占34%。人口密度为86人每平方公里。绝大多数为波利尼西亚人，其余为欧洲人。官方语言为法语，多数人（58.9%）使用瓦利斯语，部分人（30.1%）使用富图纳语。居民中99%信奉天主教。

首府　马塔乌图（Mata-Utu），位于乌韦阿岛（Ile Uvea），人口约1100人（2018年）。

高级行政官　蒂埃里·克弗雷克（Thierry Queffelec），2019年1月上任。

重要节日　法国国庆：7月14日。

简　况

位于太平洋西南部国际日期变更线西侧，新喀里多尼亚（la Nouvelle-Calédonie）和法属波利尼西亚（la Polynésie française）之间，距斐济（Fidji）和萨摩亚群岛（Samoa）距离相等，是距法国本土最远（16000公里）的海外领地。由瓦利斯（Wallis）和富图纳–阿洛菲

（Futuna-Alofi）两个群岛构成，相距约230公里。东北部的瓦利斯群岛包括主岛瓦利斯（当地语称乌韦阿，面积77.9平方公里）及附近的22个小岛，主岛最高点海拔151米。西南部的富图纳–阿洛菲群岛亦称霍恩群岛（îles Horn），由富图纳（面积46.3平方公里）和阿洛菲（面积17.8平方公里）两个小岛组成，富岛最高点海拔524米，阿岛最高点海拔417米。属热带气候，终年炎热潮湿，但6—9月降水偏少。群岛靠近赤道，气温通常为24℃—31℃，年平均气温超过25.5℃。年降水量超过3290毫米。11月15日至4月15日常有旋风。

15世纪以前，瓦利斯群岛就有人居住。1767年，英国航海家塞缪尔·瓦利斯（Samuel Wallis）发现该岛并命名。1837年，第一批玛利亚会传教士到瓦利斯群岛和富图纳群岛传教。瓦利斯群岛和富图纳群岛分别于1887年4月和11月成为法保护地。1961年正式成为法国海外领地（Territoire d'Outre-Mer，TOM）。当地居民为法国籍。

政治

由法国派驻的高级行政官（Administrateur supérieur du territoire）和领地议会（Assemblée Territoriale）管理瓦利斯和富图纳。由于党派林立，没有一个党派能够长期单独执政。

瓦利斯和富图纳在法国国民议会和参议院各有一个席位。国民议会议员由普选产生，现任国民议会议员西勒万·布里阿尔（Sylvain Brial），属于独立人士"共和国与国土"党团。参议员由领地议会选举产生，现任参议员罗贝尔·洛福奥吕（Robert Laufoaulu，共和国人党），1998年9月当选，2008年9月和2014年9月两次连任。

【宪法】实行法国宪法。法国总统任命高级行政官为其代表。

【议会】一院制的领地议会有20个席位（瓦利斯群岛13席，富图纳群岛7席），成员由普选产生，任期五年，来自五个选区。本届议会于2017年3月选举产生。大卫·维尔日（David Verge）出任领地议会主席。

【政府】由高级行政官和领地委员会（Conseil territorial）联合执政，领地议会协助高级行政官管理地方事务。领地议会主席为政府首脑。

领地委员会有6名成员，其中有3名为国王〔拉夫罗王国（瓦利斯岛）、阿洛王国（富图纳岛东部）、西加韦王国（富图纳岛西部）〕，另3名成员经领地议会选举，由高级行政官任命。国王在当地享有一定的权力。

【司法】司法由高级行政官依法国法律进行管理，但国王和酋长依传统法进行管理。马塔乌图有地方法官。上诉法庭设在新喀里多尼亚的努美阿。

【政党】政党多与法国本土政党有联系，主要有：瓦利斯和富图纳—人民运动联盟（Rassemblement pour Wallis et Futuna-Union pour un Mouvement Populaire，RPWF-UMP）、瓦利斯和富图纳社会党联盟（Union socialiste pour Wallis et Futuna，USPWF）等。

经济

瓦利斯和富图纳以传统的自给自足农业为主。2018年，农业劳力约占总劳力的66%，工业约占6%，服务业约占28%。主要收入来自法国政府的援助、在新喀里多尼亚镍矿工作的侨民（约1.7万名瓦利斯人在新喀工作）汇款和捕鱼执照费。2018年主要经济数据如下：

地区生产总值：1.5亿欧元。

人均地区生产总值：10100欧元。

货币名称：太平洋结算法郎（Comptoirs Francais du Pacifique francs，CFP或XPF）。

汇率：1欧元＝119.3317太平洋法郎（固定汇率），1美元＝107.44太平洋法郎（2019年12月）。

通货膨胀率：1%。

失业率：17.4%。

（资料来源：法国银行海外发行机构IEOM）

【工业】主要产品有：椰干、手工艺品、渔产品、木材等。

【农业】主要产品有：椰子、面包果、薯蓣、芋头、香蕉、猪、山羊、鱼等。

【交通运输】以海运为主。

公路：瓦利斯岛和富图纳岛分别有环岛公路。

水运：瓦利斯航运公司有两艘船，经营瓦、富两岛之间及驶往新喀里多尼亚、斐济和瓦努阿图的航线。

空运：有两个机场，其中瓦利斯岛有一个国际机场，喀里多尼亚航空公司每周有一班飞机飞往努美阿，每周有三班飞机往返于瓦、富两岛间。

【财政金融】2018年外债为380万美元，公共债务占国内生产总值的6%。2018年收入43亿太平洋法郎（20%依靠法国政府补贴），支出40亿太平洋法郎。

【对外贸易】2018年出口额为2580万太平洋法郎，进口额为57亿太平洋法郎。主要进口商品有农产品、食品、能源、中间品、消费品等。主要贸易伙伴为法国、新加坡、欧盟、斐济、澳大利亚、新西兰、中国和新喀里多尼亚。

人民生活

实施免费医疗制。瓦利斯和富图纳现有2所公立医院和3个公立诊所。2018年人口增长率为-1.05%，自然增长率为6.6‰；人口出生率为11.7‰，死亡率为5.1‰；预期寿命为76.9岁，男性为68.1岁，女性为78.9岁。2018年平均每1万人拥有12名医生。2018年最低月收入为9万太平洋法郎。

军事

由法国负责防务。瓦利斯和富图纳是太平洋共同体（SPC）成员和太平洋岛国论坛（PIF）观察员。

文化教育

【教育】瓦利斯和富图纳对6—16岁儿童实行10年义务教育。

截至2018年，有14所小学，6所初中和2所高中。中小学共有486名教职人员和4769名学生。

【新闻出版】双语杂志Fenua Magazine创刊于2002年，取代法文和瓦利斯文周刊Te Fenua Fo'ou。

法兰西海外广播电台每天24小时用瓦利斯语、富图纳语和法语播音。1986年9月开始播放电视节目，每天播7—10小时的法语节目。（张衡雨）

瓦努阿图

国名 瓦努阿图共和国（The Republic of Vanuatu）。

面积 陆地面积1.22万平方公里，海洋专属经济区面积68万平方公里。共有82个岛屿。

人口 约31万（2019年）。其中98%为瓦努阿图人，属美拉尼西亚人种，其余为法、英、华裔和越南、波利尼西亚移民以及其他太平洋岛国人。2/3人口集中在埃法特、桑托、马勒库拉、塔纳4个岛屿。官方语言为英语、法语和比斯拉马语，通用比斯拉马语，全国共有100多种方言。84%的人信奉基督教。

首都 维拉港（Port Vila），年均气温25.3℃。

国家元首 总统塔利斯·奥贝德·摩西（Tallis Obed Moses），2017年7月6日就任，任期5年。

重要节日 独立日：7月30日。

简况

位于太平洋西南部。属美拉尼西亚群岛，由约82个岛屿（其中68个岛有人居住）组成。最大的桑托岛（又称圣埃斯皮里图岛）面积3947平方公里。属热带海洋性气候。

数千年前瓦努阿图人即在此生息。1606年被西班牙探险家发现。1768年法国人到此。1774年英国库克船长到此并将该地命名为“新赫布里底”。1906年10月，英法签署了共管公约，该地沦为英法共管殖民地。1963年土著人成立了第一个政党——乡村党，要求收回土地和实现独立。1978年1月实行内部自治。1980年7月30日独立。独立后，新赫布里底民族党（后改名为瓦努阿库党，简称瓦库党）领袖沃尔特·利尼（Walter Lini）出任首任总理，索科马努任总统。

政治

2020年3月，瓦努阿图举行议会选举。4月，瓦新一届议会召开首次会议。瓦努阿库党、温和党联盟、民族联合党等组成执政联盟，鲍勃·拉夫曼（Bob Loughman）任总理。

【宪法】1979年制定，1980年生效。宪法规定：总统由议会和地方委员会主席组成的选举团（总计58人）选举产生，任期5年。立法权归议会，行政权归部长理事会。总理由议会选举产生，内阁部长由总理任命。瓦努阿图所有土地属土著人及其后裔所有。10月5日为宪法日。

【议会】一院制，共52席，任期4年。每年举行2次例会，应议员多数、议长或总理的请求，议会可举行特别会议。本届议会于2020年4月正式成立，现任议长为格雷西亚·查德拉科（Gracia Chadrack）。

【政府】内阁又称部长理事会（Council of Ministers）。总理鲍勃·拉夫曼，副总理兼内政部长阿拉托伊·伊什梅尔·卡尔萨考（Alatoi Ishmael Kalsakau），外交、国际合作与对外贸易部长马克·阿蒂（Marc Ati），财政部长约翰尼·科纳坡（Johnny Koanapo），卫生部长塞拉斯·布莱（Silas Bule），旅游、商贸和土著事务部长詹姆斯·布莱（James Bule），教育部长瑟尔·西米恩（Seoule Simeon），农林畜渔及生物安全部长威利·丹尼尔·卡罗（Willie Daniel Kalo），气候变化部长布鲁诺·兰肯（Bruno Lengkone），青年和体育发展部长威利·萨蒂尔罗托·帕科阿（Willie Satearoto Pakoa），司法部长埃斯蒙·赛蒙（Esmon Saimon），土地部长杰克·诺里斯·卡尔米特（Jack Norris Kalmet），基础设施部长杰伊·尼维利（Jay Ngwele）。

【行政区划】瓦全国分为托尔巴、桑马、帕纳马、马兰帕、谢法和塔费阿6个省以及维拉港、卢甘维尔2个市。

【司法机构】设上诉法院、最高法院和负责传统事务的地方法院。首席法官由总理提名、总统任命。现任首席法官文森特·吕纳贝克（Vincent Lunabeck）。

【政党】主要政党有：

（1）瓦努阿库党（Vanuaaku Party）：执政联盟。原名新赫布里底民族党，1971年成立，是瓦努阿图历史最悠久的政党。1977年改为现名。该党自1980年瓦独立以来在已故国父沃尔特·利尼带领下连续执政至1991年。1991年瓦库党分裂，沃尔特·利尼出走成立民族联合党。1999年4月，瓦库党与中国共产党正式建立党际关系，是太平洋岛国第一个与中共建立党际关系的政党。主席鲍勃·拉夫曼。

（2）温和党联盟（Union of Moderate Parties）：执政联盟，部分议员加入反对党阵营。成立于1974年，是瓦最有影响的法语政党之一。1991年在时任主席马克西姆·科尔曼带领下首次执政并持续至1998年。2001年，正式与中国共产党建立党际关系。主席瑟奇·沃霍尔，副主席阿拉托伊·伊什梅尔·卡尔萨考。

（3）民族联合党（National United Party）：执政

联盟。1991年成立，由已故国父沃尔特·利尼从瓦库党出走组成。2004年3月与中国共产党正式建立党际关系。主席哈姆·利尼，副主席塞拉斯·布莱。

（4）土地和正义党（Land and Justice Party）：2010年成立。宣称尊重土地和传统，认为酋长、教会、妇女和儿童是瓦国家的四大支柱，要通过保护本国土地和商业促进国家发展。主席拉尔夫·雷根瓦努。

（5）统一变革运动党（Reunification of Movement for Change）：2012年成立。由时任温和党联盟副主席萨尔维出走组成。2016年萨尔维来华出席中共与世界对话会期间与中共建立党际关系。主席夏洛特·萨尔维。

（6）领袖党（Leaders Party of Vanuatu）：2015年成立。由前气候变化部总司长纳帕特创立。该党高举反腐败旗帜，并呼吁瓦努阿图经济、环境、社会可持续发展。主席约坦·纳帕特。

（7）人民进步党（People's Progressive Party）：2001年成立，由基尔曼从美拉尼西亚进步党出走组成。2005年，该党与中国共产党正式建立党际关系。主席萨托·基尔曼。

【重要人物】塔利斯·奥贝德·摩西：总统。1954年生于瓦努阿图中部省份马兰帕，毕业于澳大利亚悉尼神学院和瓦努阿图塔卢阿圣经学院，获神学专业毕业证书。1987年后长期从事牧师工作，在瓦国内有较高声望。2009年当选为基督教长老会会议主席，任期4年。2017年7月当选为瓦第九任总统。**鲍勃·拉夫曼**：总理，瓦努阿库党主席。1961年生。曾就读于南太平洋大学，自2004年起担任瓦议员。曾任教育部长、副总理兼旅游商务部长等职，2020年4月当选瓦总理。

经　济

经济落后，被联合国列为最不发达国家之一。农业和旅游业是瓦经济支柱。以旅游业为主的服务业和建筑业是拉动经济的主要动力。2019年主要经济数据如下：

国内生产总值：9.47亿美元。
人均国内生产总值：3260美元。
经济增长率：3.4%。
货币名称：瓦图。
汇率：1美元≈110瓦图。
（资料来源：国际货币基金组织）

【资源】原有锰矿开采已尽，新探明资源有少量锰矿、铁矿、镍、铜和铝矾土等，还有大量的白硫火山灰，目前没有采矿作业。森林覆盖率为36%，其中只有20%具有商业开采价值。渔业资源丰富，盛产金枪鱼。

【工业】由于瓦物价和生产成本高，工业产品缺乏出口竞争力，外商投资的工业产品主要是替代进口商品，在瓦本国销售。瓦只有食品、木材加工、肥皂等小工厂。

【农业】瓦气候和地形适宜农业和牧草开发，国土41%为肥沃的可耕地，但已开发耕地仅占18%。农村人口占全国人口的80%。主要农产品是椰干、卡瓦、可可、咖啡、芋头、木薯、红薯、香蕉等。瓦农业生产方式落后，发展缓慢。

【渔业】目前有70多条外国渔船与瓦合作，在瓦专属经济区捕鱼。按瓦有关规定，外国渔船经瓦方同意后，可在12—200海里的海域进行捕捞作业。只有瓦公民和本国公司可以在12海里内的海域捕鱼，6海里内的捕鱼事宜由当地省政府管辖。本国公民商业性渔业规模小。

【服务及旅游业】旅游业是瓦支柱产业之一和最大的外汇收入来源，产值约占国民生产总值的1/3。多数游客来自澳大利亚、新西兰和新喀里多尼亚。主要游览胜地有维拉港、塔纳、桑托、马勒库拉和彭特考斯特岛。

【交通运输】交通设施落后，费用昂贵。以海运为主。公路总长约1900公里，大部分为土路。

水运：水路总长780公里。岛间运输船舶的最大吨位为200多吨，现有船舶多破旧落后。首都维拉港和桑托港为国际海港，都可停靠万吨商船。

瓦努阿图是新兴的船旗国，目前有约600条船悬挂瓦国旗。中瓦海运航线有天津/上海—釜山—维拉港，广州—香港—悉尼—维拉港。

空运：各主要岛屿都有机场。维拉港有国际机场，可直飞澳大利亚、新西兰、斐济、新喀里多尼亚。瓦努阿图航空公司是瓦唯一经营国际航线的公司，国内有近10条航线。

【通信】近年来电信业长足发展。瓦电信业过去由政府授权瓦努阿图电信公司（TVL）垄断经营，提供固定电话、手机、数据通信、因特网服务。2008年瓦政府打破垄断，授予总部设在牙买加的电信公司迪捷讯（Digicel）手机业务经营许可，刺激瓦移动通信市场快速增长。

【财政金融】2019年政府财政收入约3.61亿美元，支出约2.97亿美元。2019年内外债总额4.06亿美元，占国内生产总值约42.9%。

主要银行有：（1）瓦努阿图储备银行（Reserve Bank of Vanuatu）：1981年成立，是瓦中央银行。前称瓦努阿图中央银行，1989年改为现名。

（2）瓦努阿图国家银行（National Bank of Vanuatu）：1991年接管瓦努阿图合作储备银行后成立。1998年11月，同瓦努阿图开发银行合并，属国有银行。

【对外贸易】瓦商品贸易年年逆差，主要出口椰干、可可、牛肉和卡瓦等。瓦产品主要出口欧盟、日本、澳大利亚、新西兰、巴布亚新几内亚等国，并从日本、澳大利亚、新加坡、德国、新西兰等国进口食品、机械、化工产品、燃料等。2019年瓦外贸总额约4亿美元，其中出口额约5800万美元，进口额约3.45亿美元。2012年4月，瓦正式成为世界贸易组织（WTO）成员国。近年来，因西方一些国家以卡瓦对人体健康有害为由禁止进口卡瓦，瓦卡瓦出口量锐减。

【外国资本】外资主要投资在信托保险、法律、会计、金融、旅游等服务业以及电力、通信、商业等。2019年外国直接投资额占瓦国内生产总值约4.2%。

【外国援助】瓦年均接受外援占国内生产总值的17%左右。外援主要来自澳大利亚、新西兰、欧盟、法国、英国、日本、亚洲开发银行、联合国机构等，一般用于工业、农业、教育、医疗卫生、防务、司法和行政管理等具体项目。

【著名公司】（1）瓦努阿图电力公司（UNELCO）：1939年成立。资本额3.5亿瓦图。年营业额10亿瓦图。经营城市供电、供水业务。该公司由法国ELYO公司和瓦努阿图政府合资经营，双方股份分别占85.61%和14.39%。负责人让·弗朗索瓦·巴尔波（Jean François Barbeau）。地址：P.O.Box 26，Port Vila，Vanuatu。电话：00678-22211；传真：00678-25011。

（2）瓦努阿图电讯公司（Telecom Vanuatu Ltd.）：前称瓦尼特尔国家电讯公司（Vanitel National Telecoms），成立于20世纪70年代后期，1992年12月改为现名。现由法国电讯公司、英国电缆无线电公司和瓦努阿图政府合资经营，各占1/3股份。资本额7.57亿瓦图。年营业额10亿瓦图。经营电信业务。负责人菲利普·里查兹（Philip Richards）。地址：P.O.Box 146，Port Vila，Vanuatu。电话：00678-22185；传真：00678-22628。

（3）迪捷讯瓦努阿图公司（Digicel Vanuatu Ltd.）：迪捷讯集团是加勒比地区最大的移动通讯运营商，公司由爱尔兰人拥有，在百慕大注册，总部设在牙买加。迪捷讯于2006年进入南太地区，于2008年成立瓦努阿图分公司，打破了瓦努阿图电讯公司在瓦移动通讯领域的垄断格局。迪捷讯在瓦发展迅速，大幅降低了瓦移动通信费用，增加手机使用率，并在许多偏远外岛设立基站，扩大移动通信覆盖率。地址：PMB9103，Digicel House，Ellouk Plateau，Port Vila，Vanuatu。电话：00678-5556001；传真：00678-27865。

（4）阿宝公司（Au Bon Marche）：1974年9月成立。经营超级市场、五金店、加油站和批发商店等业务。负责人张连仲（Rene Ah Pow）。地址：P.O.Box 64，Port Vila，Vanuatu。电话：00678-22945；传真：00678-22576。

人民生活

瓦政府规定最低月工资为2.6万瓦图（约240美元）。商品供应齐全，但价格相对昂贵。

2006年和2010年，瓦努阿图两度被英国新经济基金会评为全球幸福指数最高的国家。

军　事

无正规军队。有警察和机动部队约900人，由内政部管辖。瓦与澳大利亚、新西兰和巴布亚新几内亚签有防务协定。瓦警察和机动部队人员参与了联合国在东帝汶、波斯尼亚的维和行动、巴新布干维尔和平监督团以及地区驻所罗门群岛援助团。

文化教育

【文化】瓦内政部为瓦文化工作最高领导机构，由该部任命组成的“全国文化理事会”（National Culture Council）领导文化工作。瓦文化中心为具体组织开展文化活动的机构，下设国家博物馆、国家图书馆、文化遗址登记处、国家音像档案处。

【教育】瓦教育制度规定，小学6年，初中4年，高中3—4年。小学入学率达到95%，但中学入学率很低。中等职业学校有：国立技术学院、师范学院、护士学校、警察学校等。南太平洋大学法律分校设在维拉港。

【新闻出版】主要报刊有：《每日邮报》（Daily Post），私营，每天（除周日外）用英文出版，发行量为3000—5000份。

瓦努阿图广播电视总公司（Vanuatu Broadcasting and Television Corporation）：为官方新闻机构，拥有瓦努阿图广播公司（Radio Vanuatu）和瓦努阿图电视台（TV Blong Vanuatu）。中国国际电视台（CGTN）、中国国际广播电台（CRI）分别于2005年和2007年在瓦落地。已在瓦落地的付费国际频道还包括：RFO/Tele Nouvelle Caledonie，TBN，ABC Australian Network，TV NZ，Telsat Pay TV，LPF Pay TV。

对外关系

瓦积极参与国际事务，加强传统双边和多边伙伴关系。瓦是联合国、不结盟组织、英联邦、法语国家共同体、太平洋岛国论坛、美拉尼西亚先锋集团以及世界贸易组织、国际货币基金组织、世界银行和亚洲开发银行成员。强调在亚太地区扮演建设性的角色，致力于创造和平、和谐、无核及地区有效合作的发展环境。2018年3月，瓦正式成为亚洲基础设施投资银行成员。

【同中国的关系】1982年3月26日与中国建交。2014年11月，国家主席习近平在斐济楠迪同瓦努阿图总理纳图曼会晤，双方一致同意建立相互尊重、共同发展的战略伙伴关系。2018年11月，国家主席习近平在巴布亚新几内亚莫尔斯比港同瓦总理萨尔维会晤，双方一致同意将两国关系定位提升为相互尊重、共同发展的全面战略伙伴关系。

近年来中方访瓦的主要有：商务部副部长钟山（2013年1月），文化部部长蔡武（2013年8月），解放军副总参谋长王冠中（2013年12月），全国政协副主席陈元（2014年1月），中共中央政治局委员、上海市委书记韩正（2014年6月），中联部副部长徐绿平（2015年7月）中联部副部长郭业洲（2016年3月），全国人大常委会副委员长艾力更·依明巴海（2017年1月），外交部副部长郑泽光（2017年5月），农业农村部部长韩长赋（2019年3月），国际发展合作署副署长周柳军（2019年7月）等。

瓦方访华主要有：总理卡凯塞斯（2013年9月来华出席中阿博览会并访问海南和上海、11月出席第二届中国—太平洋岛国经济发展合作论坛并访问深圳）、总理纳图曼（2014年8月来华出席南京青奥会开幕式并访问江苏），总理基尔曼（2015年9月来华出席中国人民抗日战争暨世界反法西斯战争胜利70周年纪念活动），总理萨尔维（2016年9月来华出席中国共产党与世界对话会、2019年5月对中国进行正式访问），副总理纳图曼（2016年5月出席世界旅游发展大会、10月率瓦议会考察团访华，2017年9月来华出席联合国世界旅游组织国第22届全体大会），外长雷根瓦努（2018年11月来华出席首届中国国际进口博览会、2019年11月来华出席第二届中国国际进口博览会），副总理拉夫曼（2019年2月率瓦库党高级别代表团访华）等。

2019年中瓦贸易额为9182万美元，同比增长16%，其中中方出口额7725万美元，同比增长22%；进口额1457万美元，同比下降7%。

中国驻瓦努阿图大使：周海成，馆址：Private Mail Bag：9071，Elluk Road，Nambatri，Port Vila，Vanuatu。电话：00678–23598；传真：24877。

瓦努阿图驻华大使：赖岳洋（H.E Dennis Nai），馆址：北京市朝阳区三里屯外交公寓办公楼2单元11号。电话：010–65320337；传真：65320336。

【同美国的关系】瓦美1986年建交。美驻巴布亚新几内亚大使兼任驻瓦大使。1989年，瓦美签署美向瓦派和平队的协议。此后美每年派出数十名和平队员赴瓦，帮助瓦发展教育事业。美还资助瓦警察和机动部队赴美进行专业培训。2005年，美将瓦列为其千年挑战计划援助国家之一，并于2006年3月与瓦签署协议，承诺此后5年向瓦提供6569万美元，用于瓦基础设施建设。美主要通过“和平队”在教育、医疗和人道主义等方面向瓦提供援助。此外，美还通过世界银行、联合国儿童发展基金会、世界卫生组织等机构向瓦提供发展援助。2018年12月，美国防部亚太事务助理部长薛瑞福访瓦。

【同澳大利亚的关系】瓦澳于1980年建交。澳是瓦最大援助国，援助重点为改善教育、健康、法治状况及促进良政，包括提供资金、材料、顾问、奖学金等。瓦澳签有防务协定。澳是瓦最大贸易伙伴和进口产品来源。澳是瓦旅游业主要客源国之一，瓦2/3的长期游客来自澳。2015年3月，澳大利亚外长毕晓普访问瓦努阿图。2018年6月，瓦总理萨尔维访问澳大利亚。2019年1月，澳总理莫里森访瓦。2019年2月，瓦外长雷根瓦努访澳。

【同新西兰的关系】瓦新于1980年建交。1991年两国签署防务合作协定。新是瓦主要援助国之一，从2007年开始允许瓦季节性工人前往新从事果园管理等工作。瓦从新主要进口药物、飞机零件、木材、钢铁、冷冻剂和成品油等，向新主要出口鱼和鱼产品、金属废品和碎料、椰子和棕榈油和咖啡等。新是瓦旅游业主要客源国之一。新在瓦设有高专署。2016年6月，新西兰外长麦卡利访瓦。8月，瓦总理萨尔维对新西兰进行正式访问，同新西兰总理约翰·基、外长麦卡利、气候变化事务部长贝内特等举行会见、会谈。2017年12月，瓦任命首任瓦驻新西兰高专，并在惠灵顿设馆。2018年2月，瓦外长雷根瓦努访新。8月，新西兰副总理兼外长彼得斯访瓦。2019年5月，瓦总理萨尔维任内第二次对新进行正式访问。6月，新西兰副总理兼外长彼得斯访瓦。

【同英国和法国的关系】英法原为瓦的共管宗主国。瓦英关系近几年来发生重大变化，英减少对瓦援助，目前只向教育领域提供援助。2005年英国关闭驻瓦高专署。法是瓦的主要援助国之一，在瓦设有使馆。近年来，法国对瓦援助主要涉及教育、卫生、文化、军事和司法等领域。法国通过驻扎在新喀里多尼亚的法国军队与瓦努阿图有一定的防务合作。2017年1月，瓦总理萨尔维访问法国。2018年4月，瓦总理萨尔维赴伦敦出席英联邦政府首脑会议。5月，瓦总理萨尔维在新喀里多尼亚会见法国总统马克龙。

【同日本的关系】瓦日1981年建交。日驻斐济大使兼任驻瓦大使。20世纪90年代以来，瓦日关系发展迅速。双方在渔业、肉类加工、旅游业等方面建立了合资关系。日为瓦援建了维拉港机场扩建项目、桑托水电站工程、埃法特部分环岛公路、维拉港港口改建项目、维拉港中心医院扩建项目。日本同时向瓦派遣志愿者和专家在教育、技术和社会经济发展等领域对瓦进行援助。2015年瓦总理纳图曼出席在日本福岛举行的第七届日本—太平洋岛国领导人会议。2017年1月，瓦外长兰肯赴日本出席日本—太平洋岛国外长会议。双方商定于2018年互设使馆。2018年5月，瓦总理萨尔维赴日本出席第八届日本—太平洋岛国领导人会议。

【同欧盟的关系】瓦与欧盟关系密切。瓦系欧盟在太平洋岛国中唯一的政府财政受援国。根据欧盟第11届欧洲发展基金，2014—2020年，欧盟将向瓦提供约3100万欧元的援助。2014年10月，欧盟与瓦在维拉港举行政治磋商，双方就人权、治理和法制等进行深入讨论。2016年6月，欧盟委员会负责国际合作与发展的委员米米卡访瓦。2017年1月，瓦总理萨尔维率团出席在布鲁塞尔举行的第四次欧盟与瓦高级政治对话年会。

【同其他太平洋岛国的关系】瓦与巴布亚新几内亚、所罗门群岛和斐济同是“美拉尼西亚先锋集团”成员。该集团每年举行一次会议，协调在地区事务上的立场。集团秘书处现设在瓦努阿图首都维拉港。2017年9月，瓦总理萨尔维正式签署《太平洋更紧密

经济关系协定》。（李焱）

新喀里多尼亚

名称 新喀里多尼亚海外领地（Territory of New Caledonia and Dependencies，Pays d'Outre-Mer des Nouvelle-Calédonie et Dépendances），简称“新喀里多尼亚”（New Caledonia，Nouvelle-Calédonie）。

面积 18575平方公里。其中新喀里多尼亚岛16372平方公里，洛亚蒂群岛1981平方公里。

人口 282200人（2018年）。人口结构非常年轻，一半以上人口年龄在25岁以下。根据1996年统计，美拉尼西亚人占44.1%，欧洲人34.1%，瓦利斯和富图纳人9%，塔希提人2.6%，印度尼西亚人2.5%，越南人1.4%，瓦努阿图人1.1%。官方语言为法语，通用美拉尼西亚语和波利尼西亚语。居民中60%信奉天主教，30%信奉基督教新教。

首府 努美阿（Nouméa），人口99926人（2014年）。

高级专员 洛朗·普雷沃斯特（Laurent Prévost），2019年8月就任。

重要节日 7月14日（法国国庆），9月24日（新喀里多尼亚日）。

简况 位于南太平洋，距澳大利亚昆士兰东岸1500公里处。属美拉尼西亚群岛。由新喀里多尼亚岛、洛亚蒂群岛和无人居住的切斯特菲尔德群岛组成。主岛新喀里多尼亚为一狭长岛屿，崎岖的山脉将该岛分为东西两部分，少平地。属热带草原气候，年均气温24℃，12月至来年3月为雨季。东部地区年降水量为2000毫米，西部地区为1000毫米。

最早的居民来自巴布亚和波利尼西亚群岛。1774年，英国的詹姆士·库克船长航行到此。1843年，英国在该岛派驻专员。1853年沦为法国殖民地，后与塔希提岛合并。1860年成为独立行政区。1946年成为法国海外领地（territoire d'outre-mer，TOM）。1956年成立第一届领地议会。1976年12月成立政府委员会，享有部分处理内部事务的自治权。法国委派的总督改为高级专员（Haut commissaire de la République）。1979年法国政府解散政府委员会，将新喀置于中央政府直接统治下。此后几年，新喀政党与法政府就新喀独立问题进行多次协商。1986年12月，联合国大会通过决议，新喀被列入联合国非自治领土名单，从而确定了新喀居民享有自治权。1988年6月，共和党（保卫喀里多尼亚在共和国内联盟）和卡纳克社会主义民族解放阵线同法国政府在巴黎签订《马提翁协议》，规定一年后新喀实行有限的地方自治，成立北方、南方和洛亚蒂群岛三个自治省，并于1998年举行全民公投以决定是否独立。从1989年7月起，法国逐步把大部分权力交给了新选出的三个省议会。2003年法议会通过宪法修正案，新喀成为地位特殊的海外属地。

政治 1998年4月21日，法国政府同卡纳克社会主义民族解放阵线及保卫喀里多尼亚在共和国内联盟就新喀里多尼亚未来地位问题达成《努美阿协议》，主要内容有：法国逐步向新喀移交教育、税收、外贸、交通运输等权力，但仍掌握防务、司法、警察等部门；在今后15—20年内，新喀将就独立问题举行全民公投，如3/5的人选择独立，法国则交出其余权力，如独立被否决，可在随后四年中再举行两次投票，如独立在第二次投票中仍被否决，将重新商议该群岛的前途；承认“法兰西共和国内的新喀里多尼亚公民身份”，日后新喀若选择独立，这一身份即变成“国籍”。同年11月8日，新喀举行公民投票通过了《努美阿协议》。在2018年11月4日举行的公投中，56.67%的人反对新喀独立。

新喀里多尼亚在法国国民议会和参议院各拥有两个席位。现任国民议会议员：菲利普·杜诺瓦耶（Philippe Dunoyer）和菲利普·高麦斯（Philippe Gomès）均属民主联盟和独立人士党团。现任参议员：皮埃尔·弗罗吉尔（Pierre Frogier），属共和国人党党团，2011年9月当选，2017年9月连任；希拉克·波阿加（Gerard Poadja），属中间联盟党团，2017年9月当选。

【宪法】实行法国宪法。共和国高级专员是法国总统的代表。

【议会】议会（Congrès de la Nouvelle Calédonie）为立法机构。本届议会于2018年7月30日选举产生，共54席，任期5年。各省所占席位：南方省32席、北方省15席、洛亚蒂群岛省7席。各党席位如下：共和国人党10席，共同喀里多尼亚16席，全国独立联盟8席，卡纳克社会主义民族解放阵线16席，其他4席。议会主席罗什·瓦密唐（Roch Wamytan），2019年5月24日当选。

1999年8月设立协商参议院（Sénat coutumier），共有16名成员。协商参议院下设8个习惯协商委员会，就有关影响当地和卡纳克传统的事务提供咨询。现任主席希波里特·西纳瓦米（Hippolyte Sinewami-Htamumu），2019年当选。

【政府】政府由议会选举产生。政府主席蒂埃里·桑塔（Thierry Santa），副主席让–路易·唐格尔贝曼（Jean-Louis d'Anglebermes），来自卡纳克社会主义民族解放阵线，根据《努美阿协议》，如政府主席为反独立人士，则副主席应由主张独立人士担任。

北方省省长保尔·内阿胡蒂纳（Paul Néaoutyine，卡纳克解放党）；南方省省长菲利普·米歇尔（Philippe Michel，共同喀里多尼亚党）；洛亚蒂群岛省省长内高·内佩于纳（Néko Hnépeune，喀里多尼亚联盟）。

【司法机构】设有上诉法院、初审法庭、联合商业仲裁法庭和少年法庭。

【政党】主要政党有：

（1）人民运动联盟（Rassemblement-Union pour un Mouvement Populaire，R-UMP）：1977年建立，原名保卫喀里多尼亚联盟（Rassemblement Pour la Calédonie）；1978年更名为保卫喀里多尼亚在共和国内联盟（Rassemblement pour la Calédonie dans la République）。由于同原法国人民运动联盟关系密切，2004年取用现名。主张维持新喀现状。领导人皮埃尔·弗罗吉尔。

（2）共同喀里多尼亚党（Calédonie Ensemble）：2008年10月成立，由以菲力浦·高麦斯为首的一些原共同未来党成员组成。为中间派政党，反对独立。

（3）卡纳克社会主义民族解放阵线（Front de Libération Nationale Kanak et Socialiste，FLNKS）：1984年建立。最大的两个党派是卡纳克解放党（Parti de libération kanak，Palika）和喀里多尼亚联盟（Union Calédonienne，UC），还包括全国独立联盟（Union Nationale pour l'indépendance，UNI）、美拉尼西亚进步联盟（Union Progressiste Melanesienne，UPM）等。成员有一万多人，主要为卡纳克人。主张新喀独立。主席暂缺，由政治局代行主席职权。

（4）喀里多尼亚共和运动（Mouvement Républicain Calédonien，MRC）：2011年成立，反对独立。领导人菲力浦·布莱兹（Philippe Blaise）。

【重要人物】**洛朗·普雷沃斯特**：高级专员。1967年生。2008年任负责海外事务国务秘书办公室主任，2009年任上马恩省省长，2011年任马提尼克省省长，2017年任马恩河谷省省长。2019年8月任现职。**蒂埃里·桑塔**：新喀里多尼亚政府主席。2019年7月任现职。

经　济

新喀里多尼亚是大洋洲地区排在澳大利亚、新西兰和夏威夷之后的第四大经济体。镍矿开采业和旅游业是两大经济支柱。主要工业品和粮食需进口。2018年主要经济数据如下：

地区生产总值：10100亿太平洋法郎。

人均地区生产总值：363万太平洋法郎。

地区生产总值增长率：1%。

货币名称：太平洋结算法郎（Comptoirs Francais du Pacifique franc，CFP或XPF）。

汇率：1欧元＝119.33太平洋法郎（固定汇率），1美元＝107.44太平洋法郎（2019年12月）。

通货膨胀率：1.8%（2018年）。

失业率：11.9%（2018年）。

【资源】镍矿储量居世界第五位，约占世界储量的7%，共计665万吨。2018年镍矿产量（折镍金属量）14.6万吨。此外还有丰富的钴（世界第二大生产地）、铬、锰、铜、铅、锌等矿藏。森林面积约25万公顷。渔业资源主要有金枪鱼和虾。现已在领海勘探到丰富的天然气资源，并有望发现储量可观的石油。

【工业】2017年工业产值占国内生产总值的13%（包括镍工业占比5%）。2018年工人占总就业人口的15%。2018年产铁镍和镍锍共11.5万吨。电力工业主要为热力、水力和风力发电。2018年总发电量为34.9亿千瓦时。

【农业】农业产值约占国内生产总值的2%，2017年农业人口占总就业人口的2%。耕地总面积为247878公顷。主要农作物有谷物、洋葱、马铃薯、甘薯、椰子、南瓜、咖啡、香草等。

畜禽业以饲养鸡、牛、羊、猪、鹿等为主。2018年生产牛肉2886吨、猪肉2906吨、鹿肉180吨。

拥有145万平方公里海域经济专属区。2018年捕获各种鱼类2348吨、虾类1505吨。

【旅游业】2018年包括旅游业在内的服务业产值占国内生产总值63%。2018年旅游收入260亿太平洋法郎。2018年接待游客120324人次，主要来自法国、日本、澳大利亚和新西兰。2018年共有各类旅馆约120家，房间约3000个。2008年，联合国教科文组织将“新喀里多尼亚潟湖：珊瑚礁多样性及相关生态系统”列入《世界自然遗产名录》。

【交通运输】陆路：公路总长5600公里，其中北方省公路占总长的46%，南方省占40%，洛亚蒂群岛省占14%。

水运：主要港口努美阿。有两家船运公司。国际航线通达澳大利亚、新西兰、南太岛国及亚洲和欧洲国家。2018年国际航线货运量1115万吨，本地区货运量307.8万吨。

空运：建有努美阿国际机场和其他一些小机场。喀里多尼亚国际航空公司、法航、新西兰航空公司、瓦努阿图航空公司等辟有新喀通达法国、澳大利亚、新西兰、斐济、瓦努阿图等国以及法属波利尼西亚、瓦利斯和富图纳等地的航线。2018年国际航线客运量540971人次，货运量4800吨；本地区航线客运量471060人次，货运量1955吨。

【财政金融】来自法国的财政支出占国内生产总值的15%以上。2018年财政收入1840亿太平洋法郎，支出1568亿太平洋法郎。2018年接受法国中央政府财政拨款1114亿太平洋法郎。2014年10月，法国总理曼努埃尔·瓦尔斯确认将于2016—2020年向新喀提供5亿美元财政支持。

2019年共有银行和其他金融机构九家。主要银行有新喀里多尼亚银行（Banque de Nouvelle-Calédonie）、新喀里多尼亚巴黎国民银行（BNP Paribas Nouvelle Calédonie）、喀里多尼亚兴业银行（Société Générale Calédonienne de Banque）和喀里多尼亚投资银行（Banque Calédonienne d'Investissement）。

【对外贸易】主要进口矿产品、机械设备、化工品、食品等，主要出口铁镍、镍矿砂等。2018年进口额为2918亿太平洋法郎，同比增长8.7%，主要进口来源国为法国（23%）、新加坡（14%）、中国（13%）、澳大利亚（10%）、新西兰（3%）；出口额为1988亿太平洋法郎，同比增长17.8%，主要出口对象国为中国（53%）、日本（9%）、韩国（12%）、美国（3%）、法国（2%）、澳大利亚（2%）。

人民生活

2018年，新喀里多尼亚人口增长率为16‰，自然增长率为9‰；人口出生率为14.5‰，死亡率为5.5‰，婴儿死亡率为5.4‰；人均期望寿命为77.6岁，男性为75.1岁，女性为80.1岁。2018年约有固定电话7.91万部，移动电话27.5万部，互联网用户18万户。2019年最低工资标准为156568太平洋法郎/月。每万人拥有23名医生、28.7张医院床位。

军　事

由法国负责防务。2015年法在新喀里多尼亚驻军约1600人，包括陆军768人、海军499人和空军218人。

文化教育

【教育】新喀里多尼亚对6—16岁儿童实行10年义务教育。学校分公立和教会两种体制，均属教育部管辖。法国政府资助公办中级教育学校。小学为5年制，6岁入学；中学分为初中4年和高中3年。2018年有学校约370所，学生约6.8万人，其中公立学校学生占73%。高校主要是新喀大学（Université de la Nouvelle-Calédonie），2018年共有在校学生约3000人，教师约100人。

【新闻出版】主要报刊有：《喀里多尼亚新闻》，日报，发行量1.85万份；《喀里多尼亚农业》，双月刊，发行量3000份；《新喀里多尼亚教会》，天主教会刊物，月刊，发行量450份；《喀里多尼亚展望》，工会机关报。

新喀里多尼亚广播电台：前身为法国海外广播电台，建于1942年，每天用法语广播节目24小时。此外，还有蓝色节奏广播电台。

新喀法国海外广播电视台：1965年建立，从属于法国海外广播电台，每天播放10小时节目。

对外关系

由法国负责外交事务。新喀里多尼亚为太平洋共同体（SPC）、国际工会联合会（ITUC）、世界工会联合会（WFTU）和太平洋岛国论坛（PIF）成员。

【同中国的关系】2017年10月2—6日，时任驻法大使翟隽赴新喀里多尼亚访问，分别会见时任高级专员拉塔斯特、时任政府主席当格勒贝尔姆、时任议会议长桑塔。

瓦努阿图对地处新喀东部无人居住的马修岛（Matthew Island）和亨特岛（猎人岛，Hunter Island）有主权要求，认为这两个岛是本国塔费阿省（Tafea）的一部分。

（张衡雨）

新　西　兰

国名　新西兰（New Zealand）。

面积　27.05万平方公里。

人口　495万（2019年12月）。其中，欧洲移民后裔占70%，毛利人占17%，亚裔占15%，太平洋岛国裔占8%（部分为多元族裔认同）。官方语言为英语、毛利语。近一半居民信奉基督教。

首都　惠灵顿（Wellington），人口约53万（2019年6月）。夏季平均气温16℃左右，冬季8℃左右。

国家元首　英国女王伊丽莎白二世。总督为女王代表，由总理提名，女王任命，任期5年。现任总督帕齐·雷迪（Patsy Reddy，女），2016年9月就职。

重要节日　国庆日：2月6日，称"威坦哲日"（Waitangi Day）。

简　况

位于太平洋西南部，西隔塔斯曼海与澳大利亚相望，相距1600公里。由南岛、北岛及一些小岛组成，南、北两岛被库克海峡相隔。全境多山，山地和丘陵占全国面积的75%以上，平原狭小。河流短而湍急，航运不便，但水利资源丰富。北岛多火山和温泉，南岛多冰河与湖泊。南岛的库克峰海拔3754米，为全国最高峰。海岸线长约1.5万公里。属温带海洋性气候。平均气温夏季20℃左右，冬季10℃左右。年平均降水量600—1500毫米。

1350年起，毛利人在新西兰定居。1642年荷兰航海者在新西兰登陆。1769—1777年，英国库克船长先后5次到新西兰。此后英国向新西兰大批移民并宣布占领。1840年2月6日，英国迫使毛利人族长签订《威坦哲条约》，新西兰成为英国殖民地。1907年独立，成为英国自治领，政治、经济、外交受英国控制。1947年成为主权国家，同时为英联邦成员。

政　治

自1935年起，工党和国家党轮流执政。1993年11月，全民投票决定将议会选举制度由简单多数制改为混合比例代表制。1996年10月举行首次混合比例代表制大选，国家党与新西兰第一党组成联合政府。1998年8月，联合政府解体，总理希普利组成以国家党为主的少数政府。1999年11月大选后，工党与联盟党组成少数联合政府。2002年7月大选后，工党与进步党组成少数联合政府。2005年9月大选后，工党和进步党再度组成联合政府，并获得新西兰第一党和联合未来党的财政和信任支持。2008年11月，国家党在大选中获胜，并获得行动党、毛利党和联合未来党的财政与信任支持，组成少数政府。2011年12月、2014年9月，国家党领袖约翰·基（John Key）领导该党连续两次赢得议会选举，约翰·基蝉联总理。2016年12月，约翰·基辞职，比尔·英格利希（Bill English）接任国家党领袖并出任总理。2017年10月，工党与新西兰第一党、绿党组建联合政府，工党领袖杰辛达·阿德恩（Jacinda Ardern）任总理。

【宪法】无成文宪法，宪法由英国议会和新西兰议会通过的一系列法律和修正案以及英国枢密院的某些决定构成。

【议会】一院制，仅设众议院，成立于1854年。议员由普选产生，任期3年。本届议会为第52届，于2017年11月组成。共有议席120个，其中国家党55席，工党46席，新西兰第一党9席，绿党8席，行动党1席，独立无党派1席。议长特雷弗·马拉德（Trevor Mallard）。

【政府】总督和部长组成的行政会议是法定最高行政机构。行政会议由总督主持，总督缺席时由总理或高级部长主持。总督行使权力必须以行政会议的建议为指导。内阁掌握实权。本届政府由工党、新西兰第一党、绿党于2017年10月组成，现有成员27人，包括内阁部长20人，非内阁部长7人。主要成员包括：总理阿德恩，副总理兼外长温斯顿·彼得斯（Winston Peters），政府和毛利人关系部长兼旅游部长凯尔文·戴维斯（Kelvin Davis），财政部长格兰特·罗伯逊（Grant Robertson），住房和城市发展部长菲尔·特怀福德（Phil Twyford），贸易和出口增长部长戴维·帕克（David Parker），司法部长安德鲁·利特尔（Andrew Little）等。

【行政区划】全国分为11个大区和5个单一辖区，设有67个地区行政机构（其中包括13个市政厅、53个区议会和查塔姆群岛议会）。主要城市有：惠灵顿、奥克兰、克赖斯特彻奇（基督城）、哈密尔顿、达尼丁等。

【司法机构】设有最高法院、上诉法院、高等法院、若干地方法院和受理就业、家庭、青年事务、毛利人事务、环境等相关法律问题的专门法院。最高法院2004年1月1日成立，取代英国枢密院成为终审法院，由首席大法官和4名法官组成，现任首席大法官为海伦·温克尔曼（Helen Winkelmann），2019年3月14日就职。上诉法院由院长和9名法官组成，现任院长为史蒂芬·科斯（Stephen Kós），2016年7月22日就职。高等法院由38名法官和7名协理法官组成，现任首席法官为杰弗里·文宁（Goeffrey Venning），2015年6月1日就职。

【政党】注册政党18个。主要包括：

（1）工党（Labour Party）：执政党。1916年成立。主要代表中低收入者利益，工会组织和毛利人是其传统支持者。主张实行民主社会主义，重视社会福利制度，社会政策上加大政府干预。多次执政。2017年9月大选后同新西兰第一党、绿党联合执政。现任领袖杰辛达·阿德恩。

（2）国家党（National Party）：最大反对党。1936年由自由党和改良党合并而成。主要代表农场主、大企业家、律师等的利益。主张实行自由市场经济和私有化，反对政府过多干预经济；严格规范福利政策，削减政府开支。曾多次执政。现任领袖托德·穆勒（Todd Muller）。

（3）新西兰第一党（NZ First Party）：1993年成立，曾于1996—1998年与国家党联合组阁，2005—2008年与工党联合组阁。主张加大对大城市以外的其他地方经济发展的支持，主张限制外来移民，反对向外国人出售战略性土地和资产，反对放宽外国留学生数量。2017年大选后同工党、绿党联合执政。现任领袖温斯顿·彼得斯。

（4）绿党（Green Party）：前身为价值党，1972年成立，1990年与绿色和平组织合并，改现名。积极致力于反战、反核、环保运动和维护老年人、贫困家庭等弱势群体利益。1991年加入联盟党。1999年脱离联盟党。2017年大选后同工党、新西兰第一党联合执政。现任领袖詹姆斯·肖（James Shaw）和马拉马·戴维森（Marama Davidson）。

（5）行动党（ACT Party）：前身是工党政府部长罗杰·道格拉斯（Roger Douglas）创立的消费者及纳税人协会，1994年11月改现名。代表企业界利益，支持者多为大财团及富商。现任领袖大卫·西摩（David Seymour）。

（6）毛利党（Maori Party）：2004年4月，因在毛利人问题上与工党政府意见相左，协理毛利事务部长塔里安娜·图里娅（Tariana Turia，女）辞职并组建毛利党。主张维护毛利人传统利益，保护毛利文化、习俗和语言。现任联合领袖约翰·塔米希尔（John

Tamihere）和黛比·恩加雷瓦–帕克（Debbie Narewa-packer）。

（7）马纳党（Mana Party）：2011年4月，毛利党议员霍恩·哈拉维拉（Hone Harawira）率支持者脱离毛利党组建。

其他政党有：保守党（Conservative Party）、联盟党（The Alliance）等。

【重要人物】帕齐·雷迪：总督。女，生于新西兰北岛玛塔玛塔地区。获惠灵顿维多利亚大学法学学士、硕士学位。毕业后留校任教。1982年加入铭德律师事务所（新西兰最大律师事务所），专长税法、公司法和电影法。1987年起在布赖尔利投资公司工作。1999年作为创始人之一成立私人投资公司。此外，历任新西兰电信公司、南方石油公司、邮政局、电影档案馆、电影委员会、新西兰运输局等部门顾问和管理职务。2016年9月就任新西兰第21任总督，任期5年。 **杰辛达·阿德恩**：总理。女，1980年7月生于新西兰哈密尔顿。毕业于怀卡托大学政治和公共关系专业。1997年加入工党。2008年当选新西兰议会议员并连任至今。曾任工党司法、儿童、文化艺术遗产、小企业事务发言人。2017年3月任工党副领袖，8月任工党领袖，10月出任总理。

经　济

以农牧业为主，农牧产品出口约占出口总量的50%。羊肉和奶制品出口量居世界第一位，羊毛出口量居世界第三位。2019年主要经济数据如下：

国内生产总值：3100亿新西兰元。

人均国内生产总值：约6.3万新西兰元。

经济增长率：2.3%。

货币：新西兰元。

汇率：1新西兰元≈0.60美元（2020年5月）。

【资源】矿藏主要有煤、金、铁矿、天然气，还有银、锰、钨、磷酸盐、石油等，但储量不大。石油储量3000万吨，天然气储量1700亿立方米。煤主要出口到日本、智利、印度和中国。

【工业】以农林牧产品加工为主，主要有奶制品、毛毯、食品、皮革、烟草、造纸和木材加工等轻工业，产品主要供出口。近年来，陆续建立了一些重工业，如炼钢、炼油、炼铝和制造农用飞机等。

【农业】农业高度机械化。主要农作物有小麦、大麦、燕麦、水果等。粮食不能自给，需从澳大利亚进口。2019年，乳制品出口额为158亿新西兰元，肉产品出口额为80亿新西兰元，水果出口额为34亿新西兰元。

【林业】森林面积810万公顷，其中自然林630万公顷，人造林180万公顷。主要出口产品有原木、木浆、纸及木板等，主要出口市场为澳大利亚、日本、中国、韩国、美国、印度尼西亚、中国台湾地区等。2019年，林业出口额为50亿新西兰元。

【畜牧业】畜牧业发达，畜牧业生产占地1352万公顷，为国土面积的一半。乳制品与肉类是最重要的出口产品。粗羊毛出口量居世界第一位，占世界总产量的25%。

【渔业】渔产丰富，拥有世界第四大专属经济区，200海里专属经济区内捕鱼潜力每年约50万吨。专属经济区海域每年商业性捕捞和养殖鱼、贝类60万—65万吨，其中超过半数供出口。2019年，渔业产品出口总额为18亿新西兰元。

【旅游业】2019年，入境游客总人数为390万人次。游客主要来源地为：澳大利亚、中国、美国和英国等。

【交通运输】交通运输发达，通信联络畅通。进出口货物主要靠海运，但空运在对外贸易中的重要性日增。

铁路：总长4128公里，电气化铁路约为589公里。中短途客运量2139万人次，货物周转量45.8亿吨公里（2013年）。

公路：总长9.4万公里，其中高速公路1.1万公里（2014年12月）。

海运：有国际航线6条，主要港口14个。奥克兰、惠灵顿、奥塔哥、利特尔顿、达尼丁、陶朗加是重要的集装箱港口。80%以上的国际贸易货物运输通过海运。2013年，港口货物吞吐量为5650万吨。

空运：新西兰是世界航空业最发达的国家之一，每182人中就有1名飞行员，每937人拥有1架飞行器。截至2014年6月，有各类民用飞机4842架，飞行员2.5万人，机场156个，国际机场有奥克兰机场、克赖斯特彻奇（基督城）机场、惠灵顿机场、哈密尔顿机场、达尼丁机场、罗托鲁阿机场和皇后镇机场。民航客机飞南太、亚洲、北美和欧洲多个国家和地区，21家外国航空公司班机飞新西兰。

【财政金融】新西兰财年从每年7月1日起，止于翌年6月30日。截至2019年12月，新西兰外汇储备为264.6亿新西兰元。

主要银行有：（1）新西兰储备银行（Reserve Bank of New Zealand）：中央银行。1934年成立时为私人银行，1936年起成为国家银行。主要职能是：制定和执行货币政策；管理货币发行；维持合理有效的财经体制；向国库部长提供政策咨询并执行外汇政策；每半年发布一次《新西兰经济展望》和《新西兰金融政策声明》。现任行长阿德里安·奥尔（Adrian Orr）。

（2）澳新银行财团（新西兰）有限公司［Australia and New Zealand Banking Group（NZ）LTD］：成立于1840年，是新西兰历史最悠久、规模最大的私营商业银行，母公司为澳新银行财团。2003年10月以54亿新西兰元从英国劳埃德银行收购新西兰国民银行，成为新第一大银行。

（3）新西兰银行（Bank of New Zealand）：成立于

1861年。1989年7月以前国营，此后政府出售37.5%股份。1992年成为澳大利亚国家银行集团的子银行。有80万客户，400个国内分支机构。

【对外贸易】严重依赖外贸。2019年，新西兰货物贸易外贸总额为1240亿新西兰元，其中出口额599亿新西兰元，进口额642亿新西兰元。主要进口石油、机电产品、汽车、电子设备、纺织品等，出口乳制品、肉类、林产品、原油、水果和鱼类等。主要贸易伙伴为中国、欧盟、澳大利亚、美国、日本、韩国、新加坡等。服务贸易外贸总额为480亿新西兰元，其中出口额261亿新西兰元，进口额219亿新西兰元。

2019年，主要贸易伙伴从新进口额为（单位：亿新西兰元，下同）：中国201、澳大利亚140、美国96、欧盟91、日本45；对新出口额为：欧盟149、中国133、澳大利亚131、美国94、日本42。

【对外投资】截至2019年12月，新西兰在海外投资存量为2898亿新西兰元，主要投资目的地为澳大利亚、美国、英国等。

【对外援助】对外援助以双边援助为主，太平洋岛国为援助重点，主要援助方向为财政补贴、农牧林业、卫生保健、资源环境保护、气候变化、文化遗产及人员培训等。2018/2019—2020/2021财年，新西兰对太平洋岛国地区援助预算（单位：百万新西兰元）：所罗门群岛115，巴布亚新几内亚113，基里巴斯91，托克劳87，萨摩亚80，瓦努阿图77，纽埃71，库克群岛68，斐济61，图瓦卢38。

【外国资本】新西兰是传统资金输入国，对外国投资实行国民待遇。截至2019年12月，外国对新投资额为4606亿新西兰元。主要投资来源国包括澳大利亚、美国、新加坡、荷兰、英国和日本。外资主要分布在银行、电信、交通、房地产、林业、畜牧业和旅游业等部门。

【著名公司】（1）恒天然公司（Fonterra Co-operative Group）：新西兰最大公司。2001年由基维乳品公司（Kiwi Company）、奶制品集团（Dairy Group）和乳品局（Dairy Board）合并成立，是全球第一大乳制品加工企业，占全球乳制品出口量约30%。下辖100个分公司，员工2.2万人，公司营业额超过172亿新西兰元，业务遍及140多个国家。该公司是一个全国性合作社，股东为分布在全国的1万多个牛奶农场主，外来投资只能通过购买农场、建立合资企业或兼并进行。首席执行官迈尔斯·赫里尔（Miles Hurrell）。

（2）斐雪·派克公司（Fisher & Paykel Appliances Holding LTD）：新西兰制造业的标志，是全球领先的高端家用电器制造商和大洋洲最大的电器生产企业。创立于1934年，拥有生产机械有限公司、动态烹饪系统公司（美国）和意大利斐雪·派克公司3家全资子公司，在新西兰、意大利、泰国和墨西哥设有制造厂，在中国杭州设有销售处。是世界首家实现冰箱聚氨酯泡沫保温技术商业化生产的公司，20世纪60年代后期开始研发彩涂钢，并将此技术应用于冰箱和洗衣机生产。80年代，智能驱动洗衣机成为该公司拳头产品。随后，公司凭借智能电子控制无刷直流电动机技术进入洗碗机领域。2009年8月，海尔集团购买该公司20%的股份，成为该公司最大股东。2012年11月，海尔集团完成对该公司的并购。首席执行官丹尼尔·维滕–汉娜（Daniel Witten-Hannah）。

（3）狮王有限公司（Lion Nathan LTD）：大洋洲地区最大的饮料公司，在澳新两国上市，成立于1988年。以啤酒酿造为主，占有澳啤酒市场的41%、新啤酒市场的53%，拥有中国无锡狮王太湖水啤酒公司60%的股份、澳百事可乐公司和新百事可乐公司83.5%的股份，并在澳新两国生产和销售百事可乐饮料。公司也从事葡萄酒和烈酒的生产与销售。1998年4月，日本最大的啤酒厂麒麟公司以14亿新西兰元的价格购买了狮王公司46%的股权。2000年6月公司总部移至澳大利亚。首席执行官斯图尔特·欧文（Stuart Irvine）。

人民生活

新西兰是高福利国家，政府建立基本医疗组织，向居民提供基本医疗保障。为控制福利开支，政府对高等教育和医疗实施部分收费政策。政府为低收入家庭增加补贴；设立养老基金，提高退休金比例；提高医疗保险，为民众提供低收费医疗保障；增加廉租房；建立家庭委员会，保护儿童权利。

军　事

新西兰总督为武装部队总司令，名义上的最高统帅。国防部长在国防军司令协助下行使对军队的实际控制权。国防军司令是国防部长的首席军事顾问。国防部秘书长是国防部首席文职顾问，负责研提防务政策建议、装备采购和维修更新等。

1951年同澳大利亚和美国签订《澳新美安全条约》。1984年，工党执政后采取反核立场，新西兰议会于1987年通过《新西兰无核区、裁军和军备控制法案》，禁止美国核舰艇访新，美国因而中止双边防务合作。与澳大利亚签有防务合作协定和《进一步密切防务关系协定》，与东盟和南太岛国签有军队互助计划，与英国、澳大利亚、马来西亚和新加坡于1971年签署《五国联防安排》，五国于1997年在南海进行了签约后最大规模的军事演习。

2010年11月，新西兰政府发布13年来首份《国防白皮书》。该白皮书规划了未来25年国防战略蓝图，明确新西兰国防军主要任务是：保护新西兰领土及太平洋岛国地区安全，与澳大利亚共同应对本地区突发事件；保持并增强在邻近地区的作战能力，为维护亚洲和更大范围的稳定作贡献；保持与主要伙伴协同行动的能力；在维持贸易通道开放、保护海洋资源、实施人道主义救助及减灾等方面发挥作用。2016年6月，新西兰政府发布新版《国防白皮书》，明确新西兰将加大海空力量建设，增加反恐、网络、情报搜集、防灾减灾等方面投入，加强国际防务合作。2018年7月，新西兰工党联合政府发布“战略防务政策声明”，明确新西兰国防军的主要任务包括保卫主权和领土完整、密切关注外部战略环境并作出有效应对、为基于规则的国际秩序作贡献等。2019年6月，新西兰政府发布《国防能力计划》，明确加大对邻国援助、海上能力、情报人员、网络安全及后勤的投入，提高同时应对多个事件的能力。

1972年底实行志愿兵役制。新西兰国防军共有约1.4万人，其中常规部队常规部队9119人，预备役2321人，文职人员2759人。2020/2021财年军费预算为46.2亿新西兰元。新西兰国防军司令为凯文·肖特（Kevin Short）中将。

文化教育

【教育】国立中小学实行免费教育，入学年龄为5岁，对6—15岁青少年进行义务教育。2002年政府发布《儿童早期教育战略》，加强儿童早期教育，提高教育质量。主要大学包括：奥克兰大学、奥克兰理工大学、怀卡托大学、维多利亚大学、坎特伯雷大学、梅西大学、奥塔哥大学、林肯大学。主要赴新西兰留学生来源国为：中国、印度、韩国、日本。

【新闻出版】全国共有报纸100多种，其中日报23种，杂志300多种。《新西兰先驱报》是第一大日报，日发行量逾16.2万份。《自治领邮报》是第二大日报，由《晚邮报》和《自治领报》合并而成，日发行量9.8万份。《星期日明星时报》，唯一一份全国发行的大版面报纸，年发行量40万份。2003年，费尔法克斯（Fairfax）新西兰公司收购独立报业集团，成为新西兰最大的传媒集团。

广播电台遍及全国，共190多家，多数为商业电台。除新西兰广播公司为国有外，其余电台分属广播网（The Radio Network）和媒体工厂（MediaWorks）两大广播网络。近年来，政府资助成立了一些反映多元文化的公益性电台。

新西兰电台：前身为1925年成立的公共广播电台，1955年改建为国有公司。下辖国家广播电台调频电台以及中波、短波电台。国家台24小时播音，重点播放时事和国内政治新闻，覆盖96%国土。国际短波电台对太平洋岛国播出。

新西兰电视台：1962年正式开播，原由新西兰广播公司统管，1988年8月成为独立的国有企业。下设电视一台、电视二台等6个频道。主要播放新闻、体育、科教、影视等节目。用户约有112.6万，覆盖全国，收视率达70%。

对外关系

新西兰强调对外政策的根本目的是维护世界特别是太平洋地区的和平，以保障新西兰主权与安全，维护经济利益。将同澳大利亚和太平洋岛国的关系作为对外政治、防务和经济关系的立足点；将亚太地区作为对外关系优先领域；积极发展与美国的关系，维护与欧洲国家的传统关系，强调发展与拉美新兴国家政治、经济关系；积极支持和参与联合国的维和行动和人道主义援助，寻求在国际组织中发挥作用；倡导多边主义，主张发挥联合国在国际和地区事务中的主导作用；支持多边贸易体系，倡导自由和公平贸易，重视参与地区经济合作，积极推动区域全面经济伙伴关系协定（RCEP）和全面与进步跨太平洋伙伴关系协定（CPTPP）等贸易和投资自由化进程；强调军队的防御性和参与维和、人道主义援助等多重功能；主张继续推动国际核裁军进程，最终全面销毁核武器；坚持南太平洋无核区，支持建立东南亚无核区；积极参与国际应对气候变化以及反恐合作，反对伊拉克战争，积极参与阿富汗、伊拉克战后重建；关注朝核问题，反对朝鲜发展核武器，希望朝核问题通过和平方式得以解决；关注西亚北非局势，谴责埃及、叙利亚等国的暴力事件。

【同中国的关系】自1972年12月22日建交以来，两国各领域友好合作关系发展顺利。近年来，双方的互访有：

2015年5月，中共中央政治局委员、广东省委书记胡春华访问新西兰。同月，新西兰外长麦卡利访华。7月，新西兰总督迈特帕里来华进行国事访问。8月，外交部部长王毅在出席马来西亚东亚合作系列外长会期间会见新西兰外长麦卡利。9月，新西兰总理特使、前副总理麦金农来华出席中国人民抗日战争暨世界反法西斯战争胜利70周年纪念活动。10月，新西兰反对党工党领袖安德鲁·利特尔应中联部邀请访华。11月，国家主席习近平在菲律宾马尼拉出席亚太经合组织领导人非正式会议期间会见新西兰总理约翰·基，国务院总理李克强在马来西亚吉隆坡出席东亚合作系列会议期间会见新西兰总理约翰·基。

2016年4月，新西兰总理约翰·基访华。同月，最高人民检察院检察长曹建明访新。5月，中共中央政治局委员、中央书记处书记、中央宣传部部长刘奇葆访新。9月，全国政协副主席、中国国际交流协会副会长齐续春访新。10月，新西兰议长卡特访华。同月，新西兰反对党工党领袖利特尔、新西兰外长麦卡利分别访华。

2017年2月，外交部部长王毅访问新西兰。3月，国务院总理李克强访问新西兰，会见新西兰总督雷迪，同英格利希总理举行会谈，会见反对党工党领袖利特尔。8月，外交部部长王毅在菲律宾马尼拉出席东亚合作系列外长会期间会见新西兰外长布朗利。11月，国务院总理李克强在马尼拉出席东亚合作系列峰会期间同新西兰总理阿德恩举行会谈；外交部部长王毅在越南岘港陪同国家主席习近平出席第25次亚太经合组织领导人非正式会议期间，应约会见新西兰副总理兼外长彼得斯。12月，国家主席习近平同雷迪总督就中新建交45周年互致贺电。同月，全国人大常委会副委员长严隽琪访问新西兰。

2018年5月，新西兰副总理兼外长彼得斯访华。9月，中共中央政治局委员、广东省委书记李希访问新西兰。同月，全国人大常委会副委员长吉炳轩访问新西兰。11月，国务院总理李克强在新加坡出席东亚合作系列会议期间会见新西兰总理阿德恩。2019年4月，新西兰总理阿德恩访华，习近平主席、李克强总理分别同阿会见、会谈。11月，李克强总理在泰国曼谷出席东亚合作领导人系列会议期间会见新西兰总理阿德恩。

2008年4月，两国签署双边自贸协定。10月，协定正式实施，新西兰成为第一个与中国签署并实施双边自贸协定的西方发达国家。2016年11月，双方宣布启动中国—新西兰自由贸易协定升级谈判。2017年4月，双方举行中新自贸协定首轮升级谈判，新西兰成为首个同中国启动自贸协定升级谈判的西方发达国家。2017年3月，中新签署关于加强"一带一路"倡议合作的安排备忘录，新西兰成为首个同中国签署类似合作文件的西方发达国家。2019年11月，中国和新西兰宣布双边自贸协定升级谈判结束。2010年3月，新西兰与中国香港特别行政区签订《新西兰与中国香港紧密经贸合作协议》。2011年1月，协定正式实施。2013年10月，新西兰商工办事处和台北经济文化代表处签署《新西兰与台、澎、金、马单独关税区经济合作协议》。

据中国海关总署统计，2019年双边货物贸易额为182.9亿美元，其中中方出口额57.4亿美元，进口额125.6亿美元。中国是新西兰第一大货物贸易伙伴、出口市场和进口来源地。

新西兰来华投资项目主要分布在农林、轻工、纺织、冶金、食品加工、医药、计算机等领域，农牧业是中国对新投资热点领域。

中国是新西兰第一大留学生来源国。目前中国已在新西兰建立3家孔子学院和30所孔子课堂。中国是新西兰第二大旅游客源国和成长最快的海外旅游市场，2018年新西兰来华游客14.64万人次。据新方统计，2019年中国访新游客约32.8万人次。截至2019年底，两国已建立39对友好省市关系。

2015年6月，新西兰国防军司令基廷中将来华访问。9月，新西兰国防部长布朗利来华访问。2016年6月，新西兰国防部秘书长奎尔特访华。7月，新西兰国防军后勤司令普罗科托访华。10月，新西兰国防部长布朗利来华出席第七届香山论坛。11月，新西兰空军司令戴维斯访华。同月，中国海军"盐城号"护卫舰参加新西兰海军建军75周年庆祝活动及海上阅兵式。2017年5月，新西兰海军司令马丁访华。6月，中国海军第25批护航编队访问新西兰。8月，新西兰国防军司令基廷访华。11月，新西兰国防军后勤司令克鲁什卡访华。2018年6月，中国空军和新西兰空军在新西兰举行"空中列车"运输机联合演习。2019年7月，新西兰国防部长马克访华。11月，军委联合参谋部参谋长李作成上将访问新西兰，并举行中新两军第10次战略对话。

中国驻新西兰大使：吴玺。馆址：2-6 Glenmore Street，Wellington，N. Z.。电话：00644-4749631；传真：4990419。经商处电话：00644-4714101；传真：4714104。

新西兰驻华大使：傅恩莱（H.E. Ms. Clare Fearnley）。馆址：北京市朝阳区日坛东二街1号。电话：010-85327000；传真：65324317。

【同澳大利亚的关系】1943年新澳建交。新西兰将与澳大利亚关系置于外交防务政策优先位置，两国领导人交往频繁，双方在政治、经济、社会和安全以及国际领域的合作密切。2011年2月，澳大利亚总理吉拉德访新，两国签署《进一步密切经济关系投资议定书》并发表《跨塔斯曼合作联合声明》，吉拉德应邀在新西兰议会演讲并成为首位在新议会演讲的外国领导人。6月，新西兰总理约翰·基访澳，应邀在澳议会演讲并成为首位获此待遇的新西兰领导人。2014年2月，新西兰总理约翰·基访澳，与澳总理阿博特举行两国领导人年度会晤。10月，新西兰总理约翰·基赴澳参加第一次世界大战纪念活动。11月，新西兰总理约翰·基赴澳参加"二十国集团"领导人峰会。2015年2月、4月，澳总理阿博特两次访新。4月，新西兰副总理兼财政部长英格利希访澳。10月，澳总理特恩布尔访新。2016年2月，新西兰总理约翰·基访澳。2017年2月，澳总理特恩布尔访新。2018年3月，新西兰总理阿德恩访澳并举行两国领导人年度会晤。2019年2月，澳总理莫里森访新。同月，澳外长佩恩访新。7月，新西兰总理阿德恩访澳。同月，澳外长佩恩访新。10月，新西兰副总理兼外长彼得斯访澳。2020年2月，新西兰总理阿德恩访澳并举行两国领导人年度会晤。

澳大利亚是新西兰第二大贸易伙伴和第一大投资来源国。据新方统计，2019年，双边贸易额为272亿新西兰元，其中新方出口额为140亿新西兰元，进口额为131亿新西兰元。澳大利亚是新西兰第一大旅游客源国。2019年，澳大利亚赴新旅游149万人次。

【同美国的关系】1942年建交。1951年，新西兰、美国、澳大利亚缔结《澳新美安全条约》，新西兰成为美国盟国。20世纪90年代，国家党政府积极改善与美国关系。1995年和1999年，新西兰总理博尔格、希普利先后访美。1999年9月，美国总统克林顿访新。1999年，工党政府执政后，坚持无核政策，强调根据现实利益处理与美国关系，无意恢复《澳新美安全条约》关系。"9·11"事件后，新西兰支持美国反恐行动，并派特种部队配合美国在阿富汗军事行动。

2014年6月，新西兰总理约翰·基访美。同月，新西兰外长麦卡利赴美出席美国国务卿克里主持的“我们的海洋”国际会议。2015年11月，新西兰总理约翰·基赴菲律宾出席美国总统奥巴马主持的跨太平洋伙伴关系协定谈判国领导人会议。2016年11月，美国国务卿克里访问新西兰。2017年6月，美国国务卿蒂勒森访新。2018年12月，新西兰副总理兼外长彼得斯访美。2019年7月、11月，新西兰副总理兼外长彼得斯两次访美。2020年1月，新西兰国防部长马克访美。

美国是新西兰第四大贸易伙伴。据新方统计，2019年，双边贸易额为190亿新西兰元，其中新方出口额为96亿新西兰元，进口额为94亿新西兰元。美国是新西兰第三大旅游客源国。2019年，美国访新游客34.8万人次。

【同日本的关系】1952年新日建交。新西兰重视发展与日关系，双边高层接触频繁。2009年10月，新西兰总理约翰·基访日。2010年5月，新西兰与美国、日本举行联合军演。2015年3月，新西兰总理约翰·基访日。2017年5月，新西兰总理英格利希访问日本。2018年5月，新西兰副总理兼外长彼得斯访日并出席第八届日本—太平洋岛国领导人会议。2019年9月，新西兰总理阿德恩访日。11月，新西兰副总理兼外长彼得斯访日，出席“二十国集团”外长会。

新西兰反对日本在南太禁捕区进行科研性捕鲸、增加金枪鱼捕捞数量以及向南太地区海域运送和倾倒核废料。

日本是新西兰第五大贸易伙伴。据新方统计，2019年，双边贸易额为87.5亿新西兰元，其中新方出口额为45.4亿新西兰元，进口额为42.1亿新西兰元。2019年，日本访新游客约9万人次。

【同欧盟的关系】重视同欧盟关系。2014年3月，新西兰总理约翰·基赴荷兰出席核安全峰会，新西兰外长麦卡利访问德国、西班牙。7月，新西兰与欧盟签署合作伙伴关系协议。11月，德国总理默克尔访新。2016年1月，新西兰总理英格利希访问欧盟总部、德国。2017年1月，新西兰总理英格利希访问欧盟总部、德国。2017年8月，克罗地亚总统基塔罗维奇访问新西兰。2018年4月，新西兰总理阿德恩访问德国。2019年4月，新西兰副总理兼外长彼得斯访问挪威、丹麦、芬兰。

欧盟是新西兰第三大贸易伙伴。据新方统计，2019年，新西兰与欧盟贸易额为239亿新西兰元，其中新方出口额为91亿新西兰元，进口额为149亿新西兰元。

【同英国的关系】新西兰是英联邦成员，在历史、文化上与英国有着传统联系，双方高层接触频繁。工党政府上台后，宣布废除英国王室授勋制，在10—20年内终止与英国王室联系。2014年7月，新西兰外长麦卡利访问英国苏格兰并出席英联邦运动会。2015年2月和3月，新西兰总理约翰·基、外长麦卡利分别访英。2015年2月和7月，英国外交大臣哈蒙德、查尔斯王储分别访新。2017年1月，新西兰总理英格利希访英。7月，英国外交大臣约翰逊访新。2018年4月，新西兰总理阿德恩访英。10月，英国哈里王子夫妇访新。2019年4月，英国威廉王子访新，并代表英女王看望克赖斯特彻奇枪击案中幸存者。11月，英国王储查尔斯王子夫妇访新。

据新方统计，2019年，双边贸易额为32亿新西兰元，其中新方出口额为15亿新西兰元，进口额为17亿新西兰元。2019年，英国访新游客22.3万人次。

【同法国的关系】新法关系曾因1985年法国特工在奥克兰港炸沉绿色和平组织的“彩虹勇士”号和1995年法国在南太平洋进行核试验而两度紧张。1996年，法国宣布停止核试验并签署南太无核区条约附加议定书，新法关系逐步改善。2011年4月，新西兰总理约翰·基访法。2013年9月，新西兰总理约翰·基访法。11月，新西兰外长麦卡利访法。2015年3月，新西兰外长麦卡利访法。2018年4月，新西兰总理阿德恩访问法国。11月，新西兰副总理兼外长彼得斯赴法国出席“一战”停战100周年纪念活动和巴黎和平论坛。2019年5月，新西兰总理阿德恩在巴黎同法国总统马克龙共同呼吁打击网络恐怖主义。

据新方统计，2019年，双边贸易额为19亿新西兰元，其中新方出口额为6亿新西兰元，进口额为13亿新西兰元。

【同东盟国家的关系】新西兰同东盟国家关系密切，是东盟对话国和东盟地区论坛、东亚峰会成员。积极推动论坛建立信任措施和预防性外交机制，支持东盟国家关于在东南亚建立和平、自由、中立区及东南亚无核区的主张。除参加“五国联防”（FPDA）外，还与新加坡、马来西亚、文莱、印度尼西亚签有双边防务协定，与泰国签有避免双重征税协定。

2001年9月，新西兰、澳大利亚与东盟10国代表通过建立澳新与东盟《进一步密切经济伙伴关系协定》（CEP）的正式框架文件和初步工作计划，决定建立东盟自由贸易区/进一步密切经济关系协定经济顾问委员会（AFTA/CER Business Advisory Council）。2004年6月，新西兰与泰国正式开始《密切经济伙伴关系协定》谈判；11月，新西兰总理克拉克赴老挝出席纪念新澳与东盟建立对话伙伴关系30周年领导人会议。2005年，马来西亚总理巴达维、印度尼西亚总统苏西洛、越南总理潘文凯、东盟秘书长王景荣分别访新；7月，新西兰签署《东南亚友好合作条约》并与新加坡、智利、文莱签署《跨太平洋战略经济伙伴关系协定》；12月，新西兰总理克拉克赴马来西亚出席首届东亚峰会。2006年3月，新西兰总理克拉克访问菲律宾；6月，新加坡总理李显龙访新。2007年1月，新西兰总理克拉克出席菲律宾宿务第二届东亚峰会；10月，新西兰总理克拉克和外长彼得斯发布旨在进一步加强与亚洲联系的政策白皮书《我们的未来与亚洲》；11月，新西兰总理克拉克赴新加坡出席第三届东亚峰会。

2009年2月，新西兰签署《澳大利亚—新西兰—东盟自由贸易协定》；9月，东盟秘书长素林访新；10月，新西兰与马来西亚签署双边自贸协定。2010年7月，新西兰总理约翰·基访问越南；8月，新西兰—马来西亚双边自贸协定正式生效。2014年10月，新西兰外长麦卡利出席印度尼西亚总统就职仪式；11月，新西兰总理约翰·基出席在缅甸举行的东亚峰会，并宣布将新缅外交关系由代办级提升为大使级。2015年3月，越南总理阮晋勇访新并签署关于加强两国全面伙伴关系的联合声明；11月，新西兰总理约翰·基先后出席在菲律宾马尼拉举行的亚太经合组织领导人非正式会议和在马来西亚吉隆坡举行的东亚峰会，并对越南进行正式访问。2016年11月，菲律宾总统杜特尔特从秘鲁利马亚太经合组织领导人非正式会议返回菲律宾途中，在新西兰奥克兰市停留并会见麦卡利外长。2017年11月，新西兰总理阿德恩赴越南岘港出席亚太经合组织第25次领导人非正式会议，赴菲律宾马尼拉出席东亚峰会。2018年10月，新西兰副总理兼外长彼得斯访问印度尼西亚和泰国。11月，新西兰总理阿德恩赴新加坡出席东亚峰会。2019年3月，新西兰副总理兼外长彼得斯访问马来西亚、印尼。5月，新西兰总理阿德恩访问新加坡。7月，新西兰副总理兼外长彼得斯赴泰国曼谷出席东亚合作系列外长会。11月，新西兰总理阿德恩赴曼谷出席东亚峰会。同月，新西兰国防部长马克访问新加坡、泰国，并出席在曼谷举行的第六届东盟防长扩大会。2020年2月，新西兰副总理兼外长彼得斯访问印度。3月，新西兰与新加坡贸易部长发表确保供应链畅通联合声明。同月，文莱、缅甸、澳大利亚等国加入上述供应网络。

东盟为新西兰重要的贸易伙伴和外国投资的重要来源之一。据新方统计，2019年，新西兰与东盟贸易额为192亿新西兰元，其中新方出口额为76亿新西兰元，进口额为116亿新西兰元。

【同太平洋岛国的关系】新西兰与太平洋岛国有密切的传统关系，同所有独立的岛国建交，与库克群岛、纽埃保持自由联系，将岛国作为外援重点。重视太平洋岛国论坛等地区组织的作用，并在其中发挥重要影响。防务上，与巴新、汤加、斐济、萨摩亚、瓦努阿图、所罗门群岛等国签有“互相援助计划”，帮助有关岛国训练军队并进行联合军事演习；与澳大利亚一道负责一些太平洋经济区的海上巡逻。2014年8月，新西兰外长麦卡利访问斐济；9月，新西兰派员参加斐济大选多国观察团，新外长麦卡利对斐济顺利举行大选以及斐济第一党领袖姆拜尼马拉马当选斐济总理表示祝贺；11月，新西兰国防部长布朗利访问斐济。2015年2月，新西兰外长麦卡利访问汤加；8月，新西兰总理约翰·基参加库克群岛宪法日50周年庆典。2017年5月，新西兰外长布朗利访问汤加、斐济。2018年3月，新西兰总理阿德恩访问萨摩亚、纽埃、汤加、库克群岛。9月，新西兰总理阿德恩赴瑙鲁出席第49届太平洋岛国论坛领导人会议。11月，新西兰总理阿德恩赴巴布亚新几内亚出席亚太经合组织第26次领导人非正式会议。2019年2月，新西兰副总理兼外长彼得斯访问斐济、图瓦卢、基里巴斯。5月，瓦努阿图总理萨尔维访问新西兰。6月，新西兰副总理兼外长彼得斯访问所罗门群岛。同月，新西兰副总理兼外长彼得斯访问库克群岛并出席新西兰—库克群岛部级磋商。7月，新西兰副总理兼外长彼得斯赴斐济出席太平洋岛国论坛外长会。8月，新西兰总理阿德恩赴图瓦卢出席第50届太平洋岛国论坛领导人会议。10月，新西兰副总理兼外长彼得斯访问巴布新几内亚。12月，汤加首相兼外交大臣波希瓦访问新西兰。同月，新西兰副总理兼外长彼得斯访问萨摩亚。2020年2月，新西兰总理阿德恩访问斐济。同月，巴布新几内亚总理马拉佩访问新西兰。

据新方统计，2019年，新西兰与除澳大利亚之外的太平洋岛国论坛成员国贸易总额为34.3亿新西兰元，其中新方出口额为21.2亿新西兰元，进口额为13.3亿新西兰元。

【同韩国、朝鲜的关系】新西兰与韩国关系密切。2006年12月，韩国总统卢武铉访新，签署《面向21世纪的伙伴关系协定》，双方同意加强在政治、经济、环境、创新、知识经济及人员交流等方面的合作，同意进行双边自贸协定可行性研究。2009年3月，韩国总统李明博对新西兰进行首次正式访问。2014年11月，新西兰总理约翰·基宣布新西兰与韩国已完成双边自贸协定谈判。2015年3月，新西兰总理约翰·基访韩并签署新韩自贸协定。2018年12月，韩国总统文在寅访新。2019年10月，新西兰副总理兼外长彼得斯访韩。

据新方统计，2019年，新西兰与韩国双边贸易额为47.7亿新西兰元，其中新方出口额为22.4亿新西兰元，进口额为25.4亿新西兰元。

2001年3月26日，新西兰与朝鲜正式建立大使级外交关系。8月，任命驻韩国大使兼任驻朝鲜大使。1994年至2004年2月，通过多边和地区组织向朝鲜提供6300万新西兰元援助。关注朝核问题，敦促朝鲜放弃核计划，希望国际社会共同努力，早日通过和平方式解决朝核问题。2012年4月和12月，新西兰外长麦卡利对朝鲜发射卫星予以谴责。2013年2月，新西兰外长麦卡利对朝鲜进行核试验强烈谴责。2016年2月，新西兰外长麦卡利对朝鲜核试射星表示谴责。2016年10月，新西兰总理约翰·基表示，金正恩政府执意进行核试验，对朝鲜半岛乃至全球都是巨大威胁。2017年11月，新西兰副总理兼外长彼得斯对朝鲜进行第三次核试验予以谴责。12月，新西兰副总理兼外长彼得斯表示，新西兰支持联合国安理会通过涉朝决议，对朝鲜采取更严厉制裁。2018年3月，新西兰副总理兼外长彼得斯表示，新西兰坚定支持各方通过外交途径实现朝鲜半岛无核化，欢迎朝美、朝韩对话。4月，新西兰副总理兼外长彼得斯表示，新西兰对朝韩签署《板门店宣言》表示欢迎。2019年10月，新西兰副总理兼外长彼得斯访韩期间表示，朝鲜频繁进行弹道导弹试验违反安理会决议。2020年2月，新西兰总理阿德恩表示，新对朝鲜持续发展核试验和弹道导弹计划表示关切，将继续执行对朝制裁，鼓励朝坚持对话协商并采取具体步骤实现最终、完全且可验证无核化。

【同俄罗斯的关系】近年来，新西兰与俄罗斯双边高层互访增多，贸易关系日趋活跃。2008年1月，俄罗斯联邦众议院联合理事会主席访新。2010年6月，新西兰与俄罗斯启动自贸谈判。2012年1月，俄罗斯外长拉夫罗夫访新。2014年3月，新西兰就克里米亚入俄对俄实施禁止部分俄公民入境等制裁措施。2014年7月，新西兰外长麦卡利对马来西亚航空MH17客机坠毁事件表示关注，呼吁对该事件进行全面调查。2016年8月，新西兰外长麦利访俄。2017年11月，新西兰副总理兼外长彼得斯在出席亚太经合组织部长级会议和东亚峰会期间同俄罗斯外长拉夫罗举行会谈。

据新方统计，2019年，新俄双边贸易额为9.7亿新西兰元，其中新方出口额为3.5亿新西兰元，进口额为6.2亿新西兰元。

【同拉美国家的关系】新西兰以智利、阿根廷、墨西哥、秘鲁、乌拉圭和巴西为重点，积极发展经贸关系和推动教育出口。2012年11月，新西兰成为“太平洋联盟”组织观察员。2013年3月，新西兰总理约翰·基访问墨西哥、智利、哥伦比亚和巴西；5月，新西兰外长麦卡利访问巴巴多斯、特立尼达和多巴哥、巴哈马并出席加勒比共同体外长会议。2014年5月，新西兰外长麦卡利出席在圭亚那举行的加勒比共同体外长会并访问古巴。2015年4月，新西兰经济发展部长乔伊斯访问智利、哥伦比亚和巴西。2017年6月，新西兰外长布朗利访问古巴、哥伦比亚。2018年11月，智利总统塞巴斯蒂安·皮涅拉访新。2019年7月，新西兰副总理兼外长彼得斯访问智利和秘鲁。

墨西哥是新西兰在拉美的最大贸易伙伴。据新方统计，2019年，新西兰与墨西哥双边贸易额为8.56亿新西兰元，其中新方出口额为3.92亿新西兰元，进口额为4.64亿新西兰元。

【同非洲国家的关系】新西兰看好非洲大陆的发展潜力，全面推动发展与南非的关系，重视与埃及的关系。2013年1月，新西兰外长麦卡利访问埃塞俄比亚并参加非盟执行委员会会议；3月，新西兰外长麦卡利赴埃及出席阿拉伯国家联盟首脑级理事会会议；4月，新西兰外长麦卡利访问南非、博茨瓦纳、纳米比亚、莱索托、毛里求斯和莫桑比克。2014年1月，新西兰外长麦卡利出席在埃塞俄比亚举行的非盟峰会；6月，新西兰外长麦卡利访问加纳。2015年1月，新西兰外长麦卡利出席在埃塞俄比亚举行的非盟峰会。（熊喆）

南极地区和北极地区

极　地

综　述　极地（polar region）是指位于地球南北两极极圈以内的陆地与海域。极地终年白雪覆盖大地，气温非常低，以至于几乎没有植物生长。南北极的地形完全不同：南极是一块广大的陆块，称作南极洲；而北极则是一片汪洋，称为北冰洋。南北极的动物也不尽相同：北极的代表动物是北极熊，南极则是企鹅。

极地是地球表面的冷极，在全球气候系统中起着重要和不可替代的调节作用。南极气候环境过程与中国的气候变化存在“遥相关”，北极气候环境变化对中国气候有着更直接的影响。

截至2019年底，中国已经开展了36次南极科学考察和10次北极科学考察。初步建成船基、岸基、空基、天基、海基、海底国家南极观测网，并在冰川、大气、海洋、空间、天文、生物、生态等领域取得了一系列具有重要价值的科研成果。建成了“雪龙”号、“雪龙2”号极地科考船和长城站、中山站、昆仑站、泰山站“两船四站”的后勤支撑体系，并不断提升科研支撑能力。2018年2月7日，中国第五个南极科考站——罗斯海新站在恩克斯堡岛正式选址奠基，第一个永久机场也在南极冰盖上破土动工。南极旅游也在国内掀起热潮，根据国际南极旅游组织协会（IAATO）最新数据显示：2017—2018年南极旅游季，全球共有51707名游客到南极，中国游客达到8273人，占比达到16%，仅次于美国，已成为全球第二大赴南极旅游客源地。预计到2022至2023年的南极旅游季，前往南极的中国游客数量将超过美国，中国将成为南极旅游的最大客源国。

中国是北极事务的重要利益攸关方，与北极的跨区域和全球性问题息息相关。2018年1月26日，国务院新闻办公室发表《中国的北极政策》白皮书，全面介绍了中国参与北极事务的基本立场和政策主张，是指导中国当前和未来一个时期内参与北极事务的重要依据。其中表示，中国愿本着“尊重、合作、共赢和可持续”的基本原则，与北极国家和其他利益攸关方一道，共同认识北极、保护北极、利用北极和参与北极治理，为北极和平稳定和可持续发展作贡献。2019年，中国成功通过北极理事会观察员地位评审，积极参加第五届“北极—对话区域”会议及第七届北极圈论坛，在上海成功举办北极圈论坛中国分论坛，建设性参与北冰洋公海渔业协定后续谈判等，成功举办中俄及中挪北极事务对话，积极参加第四轮中日韩北极事务高级别对话等。相关工作增进了国际社会对中国北极政策的了解，深化与有关国家的交流，为促进北极可持续发展发挥了积极作用。（李学文）

南极洲

地　理　从字面上看，南极就是地球的最南端，但实际上，南极这个词有多种近似含义，例如：南极洲、南极点、南极大陆、南极地区、南极圈等。按照国际上通行的概念，一般把南纬60°以南的地区称为南极，它是南大洋及其岛屿和南极大陆的总称，总面积约6500万平方公里。

南极洲（Antarctica）包括南极大陆及其周围岛屿，总面积约1400万平方公里，其中南极大陆面积为1239

万平方公里，岛屿面积约7.6万平方公里，海岸线长达2.47万公里。南极洲另有约158.2万平方公里的冰架。南极洲的面积占地球陆地总面积的1/10。

南极洲又称第七大陆，位于地球最南端，土地几乎都在南极圈（南纬66°33′44″）内，四周濒太平洋、印度洋和大西洋，是世界上纬度最高的一个洲，也是地球上最后一个被发现、唯一没有土著人居住的大陆，面积在世界七大洲中名列第五。它与南美洲最近的距离为965公里，距新西兰2000公里、距澳大利亚2500公里、距南非3800公里，与中国首都北京的直线距离约有1.2万公里。

南大洋（Southern Ocean）是南极大陆到南极辐合带之间的海域，面积为3800万平方公里，太平洋、大西洋和印度洋的最南部在这里连通。

整个南极大陆被一个巨大的冰盖所覆盖，平均海拔为2350米。横贯南极山脉（Transantarctic Mountains），将南极大陆分成东南极洲（East Antarctica）和西南极洲（West Antarctica）两部分，位于西南极洲的文森山（Vinson Massif）高达5140米，是南极洲的最高峰。

【区域、边缘海和岛屿】南极洲主要地区有：科茨地（Coats Land）、毛德皇后地（Queen Maud Land）、恩德比地（Enderby Land）、威尔克斯地（Wilkes Land）、维多利亚地（Victoria Land）、埃尔斯沃思地（Ellsworth Land）、南极半岛（Antarctic Peninsula）等。南极洲边缘海有属于南太平洋的别林斯高晋海（Bellingshausen Sea）、罗斯海（Ross Sea）、阿蒙森海（Amundsen Sea）和属于南大西洋的斯科舍海（Scotia Sea）、威德尔海（Weddell Sea）等。

南极洲主要岛屿有奥克兰群岛（Auckland Islands）、布韦岛（Bouvet Island）、南设得兰群岛（South Shetland Islands）、南奥克尼群岛（South Orkney Islands）、阿德莱德岛（Adelaide Island）、亚历山大岛（Alexander Island）、彼得一世岛（Peter Ⅰ Island）、南乔治亚岛（South Georgia）、爱德华王子群岛（Prince Edward Islands）、南桑威奇群岛（Sandwich Islands）等。

【冰盖和冰架】南极大陆98%的地域被一个巨大的永久冰盖所覆盖。经过科学家多年的测量计算，南极冰盖的总体积为2800万立方公里，平均厚度为2000米，最大厚度为4800米。最厚的冰盖位于东南极洲的澳大利亚凯西站以东510公里处。南极大陆常年被冰雪覆盖着，使得南极大陆，特别是东南极洲形成一个穹状的高原，平均高度为2350米，成为地球上最高的大陆，比包括青藏高原在内的亚洲大陆的平均高度要高2.5倍。但是如果不计这巨大的冰盖，南极大陆的平均高度仅有410米，比整个地球上陆地的平均高度要低得多。南极夏季冰盖面积达265万平方公里，冬季可扩展到南纬55°，达1880万平方公里。

南极总贮冰量为2930万立方公里，占全球冰总量的90%，相当于全球淡水贮存量的75%。如其融化，全球海平面将上升大约60米。南极冰盖将1/3的南极大陆压沉到海平面之下，有的地方甚至被压至1000米以下。由于南极冰盖本身的巨大压力，使得冰层缓慢地从中心高原向四周运动。缓慢流动的冰层遇到高大山岭的阻挡，就流入山谷之中，在山间谷地中流动形成冰川。冰川运动速度为每年100—1000米不等。越接近大陆边缘，冰层变得越薄，并伸向海洋。有些冰层断裂，成为漂浮的冰山，而固定在海岸周围并浮在海面上的冰体就成为冰架。世界上最著名的冰架是罗斯海湾的罗斯冰架（Ross Ice Shelf）和威德尔海湾的菲尔希纳冰架（Filchner-Ronne Ice Shelf）。罗斯冰架面积约49万平方公里，菲尔希纳冰架约有45万平方公里。在南极，因断裂而被排入海洋的冰山数以万计。沿海触地冰山可存在多年，未触地冰山受潮汐与海流作用漂移北上而逐渐融化。南极地区观测到的最大的冰山面积约有3.1万平方公里。

根据中国科学院测量与地球物理研究所科学家的观测，南极冰架正以每年60亿—100亿吨的速度消融，南极西南部一块数十万平方公里的冰架，冰雪消融速度较快，年均下降10—20厘米，如果这一冰架全部融化，海平面将上升6米。他们发现，南极冰盖质量变化呈东增西减的趋势，东部增量不明显，西部减量比较明显。同时初步研究发现，南极冰架每消融1吨，约有半吨融入海洋。在2012年9月下旬，卫星数据显示南极洲周围的海冰区域达到了有史以来最大的范围，根据美国国家冰雪数据中心（NSIDC）公布的数据，南极海冰区域面积为751万平方英里，约为1944万平方公里，并且还呈现缓慢增长的趋势。

【气候】南极素有“寒极”之称，南极低温的根本原因在于南极冰盖将80%的太阳辐射反射掉了，致使南极热量入不敷出，成为永久性冰封雪覆的大陆。南极仅有冬、夏两季之分。每年4—10月为冬季，11月至次年3月为夏季。南极沿海地区夏季月平均气温在0℃左右，内陆地区为-35℃—-15℃；冬季沿海地区月平均气温在-30℃—-15℃，内陆地区为-70℃—-40℃。南极气温随纬度与海拔的升高而下降。

根据阿蒙森—斯科特南极站的数据显示，2009年该站气温为1957年有记录以来最高，为零下54.2华氏度（-47.9℃）。之前记录在册的南极高温出现在2002年，达到温度零下54.4华氏度（-48℃）。2013年12月，美国国家航空航天局（NASA）的卫星记录下南极东部高原的温度低至-93.3℃，创造了新的世界低温极值。

南极虽然贮藏了全球75%的淡水资源，但因其是以固态方式存在的，所以南极又是异常干旱的大陆，有“白色沙漠”之称。南极年平均降水量为120—150毫米，沿海地区为900毫米，内陆地区仅为50毫米。有些地区仅为20—30毫米。南极洲的降水几乎都是雪。

南极的暴风雪频繁，风力也强，所以，南极还有“世界风极”之称。南极大陆沿海地带的风最大，风向偏东，平均风速17—18米/秒。特别是东南极大陆沿岸，风速可达40—50米/秒。当前记录到的最大风速为327公里/小时（法国迪蒙·迪维尔站，1972年7月）。南极“西风带”是海上航行最危险的地区，在南纬50°—70°，一般风力4—6级，浪高4—5米。当受到极地气旋影响时，风速可达每小时85公里，浪高10—30米。

【自然资源】南极大陆上如今已不存在高等动物和开花植物，现仅存340余种植物，其中包括200种地衣、85种苔藓、28种伞状菌和25种龙牙草。南极沿海有两种显花植物和近千种海藻。南极大陆上仅有一些微生物和无脊椎动物生存于植物丛、地衣和泥沼中。目前在南极发现的无脊椎动物有387种。

与南极大陆贫乏的生物种类相比较，南大洋生物资源异常丰富。南大洋中存在一个稳定的食物链，可简单地表示为：浮游植物→浮游动物→磷虾→鱼类、乌贼→企鹅、鸟类→海豹→鲸。在南极生物链中磷虾是其中关键一环，其储量达10亿吨。

南极洲有藏量丰富的矿物资源，目前已经发现的就有220多种，包括煤、铁、铜、铅、锌、铝、金、银、石墨、金刚石和石油等。还有具有重要战略价值的钍、钚和铀等稀有矿藏。从已查明的资源分布来看，煤、铁、石油的储量为世界第一，其他的矿产资源正在勘测过程中。

南极发现史

古希腊人依据其几何学对称理论认为地球上存在一个与北方大陆相对称的未知的南方大陆。从1772年库克船长扬帆南下到19世纪末先后有很多探险家驾帆船去寻找南方大陆，这一时期被称为“帆船时代”。20世纪初到第一次世界大战前，人类先后跨越了南磁极和南极点，涌现出了像沙克尔顿、阿蒙森、斯科特等探险家，这一时期被称为“英雄时代”。第一次世界大战后至50年代中期，人类在南极探险中逐渐用机械设备代替了狗拉雪橇，这一时期被称为“机械化时代”。从1957—1958年国际地球物理年起到现在，各国在南极纷纷建立科学考察站，每年都有大批的科学家赴南极开展考察，人类对南极的认识不断深化，这一时期被称为“科学考察时代”。

截至2017年，共有30个国家在南极建立了100多个科学考察设施。其中，考察站根据其功能大体可分为：常年科学考察站、夏季科学考察站、无人自动观测站三类。其中，常年科学考察站有40个，夏季科学考察站有36个，中国的南极长城站和中山站都是常年科学考察站，中国的南极昆仑站是夏季科学考察站。

从各国南极科学考察站的分布来看，大多数国家的南极站都建在南极大陆沿岸和海岛的夏季露岩区。只有美国、俄罗斯（苏联）和日本在南极内陆冰原上建立了常年科学考察站。地处南极内陆冰盖最高点冰穹A、经线交会的南极极点、全球温度最低的南极冰点、地球磁场南极的磁点并称为南极科考的四大“必争之点”，在其上分别设有昆仑站（中国）、阿蒙森-斯科特站（Amundsen-Scott South Pole Station，南纬90°，东经0°，美国）、东方站（Vostok Station，南纬78°27′51.8″，东经106°50′14″，俄罗斯）、迪蒙·迪维尔站（Dumont d’Urville Station，南纬66°39′47.3″，东经140°00′5.3″，法国）。

南极是地球唯一没有常住居民和未被工业污染的洁净之地，近年来，南极的环境问题引起世界的关注，也在历次南极条约协商国会议上被提到。为了保护南极的环境不被污染，规定各国的考察站都设立专门的负责环境保护的人员，各国考察站要建立污水、垃圾等其他污物的处理装置。近些年，南极又有了旅游项目，尽管对游客进行了一些限制，但是对南极的环境还是产生了影响。

南极洲的法律地位

在《南极条约》（Antarctic Treaty）生效前，阿根廷、智利、澳大利亚、法国、新西兰、挪威、英国7国已对82%的南极大陆提出了领土要求，其中澳、法、新、挪4国互相承认各自的领土要求；阿、智、英3国要求的领土互相重叠，三方坚持各自的主权要求，互不承认他方的主权要求；美苏两国不承认任何国家对南极的领土主权要求，同时保留他们自己对南极提出领土主权要求的权利。

1908年，英国第一次对南极提出主权要求。1923年，新西兰宣布领有南纬60°以南、东经160°与西经150°之间的土地，即罗斯属地（Ross Dependency）。1924年，美国声明，任何对南极“无主地”的发现，如果没有伴随名副其实的“定居”，不能构成有效的主权要求。1939年，苏联声明其在参加解决南极洲土地的命运问题上拥有不可剥夺的权利。1933年，澳大利亚宣称领有除了阿德利地（Adélie Land）以外的南纬60°以南、东经45°—136°、142°—160°之间的土地，称为澳大利亚南极领地（Australian Antarctic Territory）。1939年，法国宣称领有南纬60°以南、东经136°—142°之间的土地，即阿德利地（现为法属南部和南极领地的一部分）。同年，挪威宣称领有南极洲东经45°到西经20°之间的沿海土地以及“更远的土地”[被称为毛德皇后地（Queen Maud Land）]。1940年，智利宣称领有南极洲西经53°—90°之间的土地——智利南极省（Chilean Antarctica），这和英国早些时期宣称的领有南极洲西经20°—80°之间的土地部分重叠。第二次世界大战后，美国宣布保留19世纪以来由于美国公民在南极洲的活动而产生的一切权利，包括提出领土要求在内。1946年，阿根廷宣布领有南纬60°以南、西经25°—74°之间的地区——阿根廷属南极地区（Argentine Antarctica），包括全部岛屿陆地以及拥有南乔治亚岛和南桑韦奇群岛的主权。1947年，美国通过美洲国家会议把南极洲划入美洲“共同防御”线内。1948年，美国同一些有关国家就南极地区“国际化”的问题进行了非正式谈判。到20世纪50年代，阿、澳、法、挪、新、英、智7国对南极的领土要求包括南极大陆5/6的土地。

南极条约体系 旨在协调各国对南极和平利用的《南极条约》，于1959年12月1日签署，并于1961年6月23日生效。美国政府为《南极条约》的保存国政府。

《南极条约》的主要内容为：禁止在条约区从事任何带有军事性质的活动，南极只用于和平目的；冻结对南极的任何形式的领土主权要求；鼓励南极科学考察中的国际合作；各协商国都有权派代表到其他南极考察站上视察；对南极重大事务决策实行协商一致的原则。《南极条约》协商国依照其国名英文字母的排列顺序轮流主办会议，并承担一切费用。《南极条约》的工作语言为英语、法语、俄语、西班牙语。会议主办国必须为会议提供上述四种语言的同声传译和文件。

中国于1983年5月9日加入《南极条约》，1985年10月7日被接纳为协商国。

《南极条约》有54个缔约国（2019年12月），其中阿根廷、澳大利亚、比利时、巴西、保加利亚、智利、中国、捷克、厄瓜多尔、芬兰、法国、德国、印度、意大利、日本、韩国、荷兰、新西兰、挪威、秘鲁、波兰、俄罗斯、南非、西班牙、瑞典、乌克兰、英国、美国、乌拉圭等29国为协商国；奥地利、白俄罗斯、加拿大、哥伦比亚、古巴、丹麦、爱沙尼亚、希腊、危地马拉、匈牙利、冰岛、哈萨克斯坦、朝鲜、马来西亚、摩纳哥、蒙古、巴基斯坦、巴布亚新几内亚、葡萄牙、罗马尼亚、斯洛伐克、斯洛文尼亚、瑞士、土耳其、委内瑞拉等25国为非协商国。

《南极条约》体系（Antarctic Treaty System，ATS）系指《南极条约》、根据《南极条约》实施的措施和与条约相关的单独有效的国际文书和根据此类文书实施的措施，包括《南极条约》协商会议（Antarctic Treaty Consultative Meetings，ATCM）等通过的具有法律拘束力的相关文件及其他有关条约、议定书[如:《南极海洋生物资源养护公约》(Convention on the Conservation of Antarctic Marine Living Resources，1980年签署，1982年生效)；《关于环境保护的南极条约议定书》(Protocol on Environmental Protection to the Antarctic Treaty，1991年签署，1998年生效)]。

目前，中国派代表团出席南极条约体系相关会议。

【南极条约协商会议和环境保护委员会】《南极条约》协商会议（ATCM）是《南极条约》协商国就南极问题进行磋商、作出决议的重要形式，每年举行一次。根据《南极条约》的规定，协商会议通过的所有建议措施应经全体协商国批准后才能生效。协商会议通过的建议措施涉及和平利用南极、保护南极资源、便利南极科考和合作、交流情报以及完善南极条约体系的运行等。目前，经各国同意已生效的建议措施共100多项，构成南极地区的重要活动准则。

环境保护委员会（the Committee for Environmental Protection，CEP）是根据《关于环境保护的南极条约议定书》第11条设立的（简称“南极环境委员会”）。

1998年，第22届南极条约协商会议和第1届南极环境委员会（ATCM XXII-CEP I）同时举行。目前，《南极条约》协商会议和环境保护委员会每年联合举行会议。

第40届《南极条约》协商会议（ATCM XL）和第20届南极环境保护委员会（CEP XX）于2017年5月22日至6月1日在中国北京举行。本次会议系中国自1983年批准加入《南极条约》、1985年成为《南极条约》协商国以来，首次作为会议东道主。第42届《南极条约》协商会议（ATCM XLII）和第22届南极保护环境委员会（CEP XXII）于2019年7月1日至11日在捷克布拉格举行。

《南极条约》秘书处是协商会议的一个机构，于2004年9月设于阿根廷布宜诺斯艾利斯。网址：http://www.ats.aq。其主要工作为：准备和支持《南极条约》协商会议和其他会议，收集、保存和出版南极条约协商会议纪要，促进《南极条约》和《关于环境保护的南极条约议定书》要求的各成员国之间的信息交流，将南极条约体系的信息提供给公众。

【南极海洋生物资源养护公约（Convention on the Conservation of Antarctic Marine Living Resources，CCAMLR）】1980年5月20日于澳大利亚堪培拉签订，1982年4月7日生效，此后成为“南极条约体系”的组成部分。

该公约旨在保护南大洋生物资源、防止过度捕捞对南大洋生态系统造成危害，并许可对生物资源进行合理程度的捕捞和开发。公约建立了观察和检察制度并确定了解决争端的原则。公约的地理适用范围为位于大约南纬50°的南极辐合带以南的南大洋水域。该公约的运行和日常工作由“南极海洋生物资源养护委员会”（the Commission for the Conservation of Antarctic Marine Living Resources，简称“委员会”）负责。该委员会为政府间国际组织，主要职责是采取措施，确立观察和检察制度等，委员会在协调一致的基础上作出决议。“南极海洋生物资源养护委员会”又建立了“南极海洋生物资源养护科学委员会”[the Scientific Committee for the Conservation of Antarctic Marine Living Resources，简称“科学委员会”（the Scientific Committee，SC-CAMAR）]，其主要职责是评价南极海洋生物状况，对捕捞方法和捕获程度提出科学建议，对南大洋海洋生物资源进行研究等。

2006年10月19日，中国加入《南极海洋生物资源养护公约》，于2007年7月申请加入南极海洋生物资源养护委员会，2007年10月2日成为其正式成员。

目前，南极海洋生物资源养护委员会成员包括欧盟和25个国家：阿根廷、澳大利亚、比利时、巴西、智利、中国、法国、德国、印度、意大利、日本、韩国、纳米比亚、荷兰、新西兰、挪威、波兰、俄罗斯、南非、西班牙、瑞典、乌克兰、英国、美国、乌拉圭。签字国10个：保加利亚、加拿大、库克群岛、芬兰、希腊、毛里求斯、巴基斯坦、巴拿马、秘鲁、瓦努阿图。

委员会秘书处设在澳大利亚霍巴特，网址：http://www.ccamlr.org。自1982年起，南极海洋生物资源养护委员会每年在澳大利亚的霍巴特举行会议。第38届南极海洋生物资源养护会议（CCAMLR-XXXVIII）于2019年10月21日至11月1日在澳大利亚霍巴特举行。会议主要就制定和实施资源养护和管理措施、南极海洋保护区、打击非法捕鱼以及南极气候变化对南极海洋生物资源的影响等问题进行讨论。经第36届南极海洋生物资源养护会议任命，英国人大卫·阿格纽（David Agnew）出任第五任执行秘书。

南极海洋生物资源养护会议科学奖学金计划设立于2010年，主要用于资助南极海洋生物资源养护会议成员中处于事业起步期的青年学者参加南极海洋生物资源养护会议科委会相关工作组的研究工作，是南极海洋生物资源养护会议科学能力建设的一个重要举措。该计划于2011年正式实施，由各成员科委会代表推荐、面向已获或正在攻读博士学位的青年学者征集申请；资助期两年，资助最高额度为3万澳元。

中国南极考察

中国开展南极科学考察事业30多年来，业绩丰硕，成就斐然。中国的南极科学考察事业起步于1980年，2名中国研究人员参加了澳大利亚国家南极考察队。1984年11月，中国首次派出由591人组成的国家南极考察队，乘“向阳红10号”考察船赴南极，并于1985年2月在乔治王岛建成中国第一个南极考察基地——长城站。1988年11月，中国首支东南极考察队踏上征程，并于次年2月在东南极的拉斯曼丘陵上建成了中国第二个南极考察基地——中山站。2009年1月，在南极内陆建成中国第三个南极考察站——昆仑站。2014年2月，建成中国第四个南极考察站——泰山站。截至2019年12月，中国成功组织了35次南极科学考察，正开展第36次南极科学考察。

【“雪龙”号科考船】该船是中国第三代极地考察、运输两用船。船长167米，宽22.6米，满载排水量21025吨，吃水9米，功率17920马力。最大航速18节，冰区通过能力为1.2米冰、20厘米雪，航速0.5节，续航能力1.8万海里。长久以来，“雪龙”号科考船是中国极地科考唯一的一条破冰船。

【“雪龙2”号科考船】2012年7月31日，国家海洋局与芬兰阿克北极公司在北京签署了中国首艘自主建造的极地科考破冰船的基本设计合同。“雪龙2”号科考船于2018年9月10日在上海下水，是中国自主建造的第一艘极地科学考察破冰船。船舶建造工程由中国极地研究中心组织实施，中国船舶工业集团有限公司第七〇八研究所负责船舶设计、江南造船(集团)有限责任公司具体承担建造。这意味着今后中国极地科学考察事业将摆脱“雪龙”船单兵作战的局面。该船将与“雪龙”船组成一支南、北极海洋科学考察破冰船队，实现中国至少有2艘极地考察船同时在南、北极区域开展考察作业活动，并保持每年有200天以上的极地海洋考察时间的目标。

“雪龙2”号船可以满足无限航区要求、具备全球航行能力，能够在极区大洋安全航行。船舶设计船长122.5米，船宽22.3米，吃水7.85米，吃水排水量约13990吨，航速12—15节，续航力2万海里，自持力60天载员90人，能以2—3节的航速在冰厚1.5米+0.2米雪的环境中连续破冰航行。该船融合了国际最新船舶建造技术和绿色环保理念，采用国际先进的船艏船艉双向破冰船型设计，并具备全回转电力推进功能和冲撞破冰能力，可实现极区原地360°自由转动，并可突破极区20米当年冰冰脊，船舶机动能力大幅提升。

“雪龙2”号船装备了国际先进的海洋调查和观测设备，实现科考系统的高度集成和自洽。科研人员可在船上开展极地海洋、海冰、大气等环境基础综合调查观测，进行有关气候变化的海洋环境综合观测取样，在极地冰区海洋开展海底地形、生物资源调查。

【中国南极长城站】1985年2月20日，中国首次南极考察队在南极洲的南设得兰群岛的乔治王岛上建成中国南极长城站。长城站的地理坐标为：南纬62°12′59″，西经58°57′52″，海拔高度10米，与北京的方位为170°38′27″，距离北京17501.9公里。建筑面积4000多平方米，有健全的生活设施和科研观测室。站上每年可接纳度夏考察人员30名，越冬考察人员15名。考察站常年开展气象学、电离层、高空大气物理学、地磁和地震等项目的常规观测。南极夏季期间，除常规观测项目外，还进行包括地质学、地貌学、地球物理学、生物学、环境科学、人体医学和海洋科学等的观测研究。

【中国南极中山站】1989年2月26日，中国首次东南极考察队在南极大陆的拉斯曼丘陵上建成中国南极中山站。中山站的地理坐标为：南纬69°22′24″，东经76°22′40″，海拔高度11米，与北京的方位为32°30′50″，距离北京12553.2公里。中山站是中国南极考察向内陆发展的重要基地，也是国际合作的重要实验基地。建筑面积3000多平方米，有办公栋、宿舍栋、气象栋、科研栋、发电栋及车库等。站上每年可接待度夏考察人员40名，越冬考察人员15名。考察站常年开展气象学、电离层、高空大气物理学、地磁和地震等项目的常规观测。南极夏季期间，除常规观测项目外，还进行包括地质学、地貌学、地球物理学、冰川学、生物学、环境科学、人体医学和海洋科学等的观测研究。

【中国南极昆仑站】为中国首个南极内陆考察站，于2009年1月27日建成。位置确定为南纬80°25′01″，东经77°06′58″，高程4087米，位于南极内陆冰盖最高点冰穹A西南方向约7.3公里。这是中国继在南极建立长城站、中山站以来，建立的第3个南极考察站，它也是世界第六座南极内陆考察站。考察站的建成将实现中国南极考察从南极大陆边缘向南极内陆扩展的历史性跨越，它意味着中国将成为第一个在南极内陆建站的发展中国家。根据规划，昆仑站的近期目标是建成可供15—20人夏季科考的度夏站，3—5年后，再逐步升级扩建为满足科考人员越冬的常年站。

【中国南极泰山站】2014年2月8日，国家海洋局宣布，中国南极泰山站正式建成开站。在泰山站建成并投入使用之际，国家主席习近平致信祝贺。这是中国在南极建设的第4个科学考察站，也是继2009年建成的昆仑站后，中国第2个建立在南极内陆的科考站。泰山站位于中国南极中山站与昆仑站之间的伊丽莎白公主地，坐标：东经76°58′，南纬73°51′，海拔高度2621米。距中山站约522公里，距昆仑站715公里，距格罗夫山85公里，距埃默里冰架接地线220公里，距离查尔斯王子山资源区370公里。海拔高度2600米，年平均温度–36.6℃，可满足20人度夏考察生活，总建筑面积1000平方米，使用寿命15年，配有固定翼飞机冰雪跑道。它不仅将成为中国昆仑站科学考察的前沿支撑，还将成为南极格罗夫山考察的重要支撑平台，进一步拓展中国南极考察的领域和范围。泰山站与昆仑站一样是度夏站，长城站和中山站则是常年站。

【中国第35次南极考察队】中国第35次南极考察队搭乘“雪龙”号船执行现场考察任务，分别在长城站、中山站、泰山站、昆仑站、罗斯海新站进行了综合考察工作，取得了重要考察成果。考察队由来自国内90余家单位的349人组成，“雪龙”号船自2018年11月2日从上海启程，于2019年3月12日返回上海，历时131天，总航程近30800余海里（约57000公里）。

在此期间，考察队在西风带海域布放了中国首套、世界第三套海洋环境监测浮标；在泰山站新建我国南极首个279.8平方米的雪下工程建筑；首次在阿蒙森海东区实施多学科综合调查，总计实施6个断面19个站位调查工作；在南极冰脊B、伊丽莎白公主地、埃默里冰架南缘等区域，首次完成了东南极冰盖关键区域的航空科学探测任务；首次在罗斯海进行了我国自主研制的极地水下机器人试验，并获得成功；在中山站完成我国首台极区中高层大气激光雷达安装并投入运行，实现我国南极中高层大气三维风场和温度昼夜连续观测；我国自主研制的极地冰盖及冰下基岩钻探装备首次在南极试验应用，成功获取南极冰芯样品和岩芯样品，使我国成为世界第三个拥有冰下基岩钻探核心技术和装备的国家；首次在中山站-昆仑站冰盖断面开展高精度地面绝对重力观测；首次在昆仑站安装太阳多色望远镜，实现24小时连续太阳活动观测；新一代南极长城站地震台完成改建并运行。

【中国第36次南极考察队】2019年10月15日，中国第36次南极考察队乘坐中国首艘自主建造的极地科学考察破冰船“雪龙2”号船从深圳启航，前往南极执行科考任务。本次考察将实施“两船（‘雪龙’号船和‘雪龙2’号船）四站（中山站、长城站、泰山站和正在建设中的恩科斯堡岛新站）”考察任务。考察队由来自105家单位的413人组成。根据计划，本次考察将充分利用船舶、海冰、海洋、陆地、空中、考察站等平台，通过陆地—海洋—大气—冰架—生物等多学科联合观测：执行恩克斯堡岛新站建设前期工程、开展业务化观监测、实施国家重大科研计划、完成基建收尾及战区环境整治以及常规保障、物资运输、工程建设、国际合作、科普宣传等工作。（陈昕瑶、汤宇豪）

北极地区

地　理

北极地区是指北极圈（约北纬66°34′）以北的陆海兼备的区域，总面积约2100万平方公里。包括欧洲、亚洲和北美洲的毗邻北冰洋的北方大陆和相关岛屿，以及北冰洋中的国家管辖范围内海域、公海和国际海底区域。其中大陆和岛屿面积约800万平方公里，有关大陆和岛屿的领土主权分别属于加拿大、丹麦、芬兰、冰岛、挪威、俄罗斯、瑞典、美国8个北极国家。北冰洋海域面积超过1200万平方公里，相关海洋权益根据国际法由沿岸国和各国分享。此外，北极圈内的斯瓦尔巴群岛地位由《斯匹次卑尔根群岛条约》确定。该条约的缔约国有权自由出入该群岛，并在遵守挪威法律的前提下在那里进行正常的科学和生产等活动。中国于1925年加入该条约。

【北冰洋（the Arctic Ocean）】“Arctic”一词源于希腊语“熊”，意指正对大熊星座的海洋。北冰洋是一个四周由大陆环绕、近于封闭的海洋。其面积约1475万平方公里，约占世界海洋总面积的4.1%。海水容积约1807万立方公里。平均水深约1225米，最大水深5527米（位于格陵兰海的东北部），是世界四大洋中面积最小、平均水深最浅的一个海洋。北冰洋表面广被海冰覆盖，冬季海冰覆盖面积最大，可达1140万平方公里（3月），约占总面积的77.3%。夏季海冰覆盖的最小面积为700万平方公里（9月），约占总面积的47.5%。北冰洋大部分面积位于北极圈内，海冰平均厚度约3米，其中央部分海冰已有300万年以上的历史，为终年不融海冰。北冰洋有8个附属海：挪威海（Norwegian Sea）、格陵兰海（Greenland Sea）、巴伦支海（Barents Sea）、喀拉海（Kara Sea）、拉普捷夫海（Laptev Sea）、东西伯利亚海（East Siberia Sea）、楚科奇海（Chukchi Sea）和波弗特海（Beaufort Sea）。

1650年，德国地理学家B.瓦伦纽斯首先把它划成独立的海洋，称大北洋。1845年，伦敦地理学会命名为北冰洋。

【北极陆地区（Lands of Arctic）】北极陆地区包括加拿大、美国、俄罗斯、芬兰、挪威和瑞典等国在北极圈内的陆地，以及格陵兰岛的大部分地域，总面积约800万平方公里。

【环北极国家（the Surround-Arctic Nations）】指其领土陆地自然延伸到北极地区以内且环绕北冰洋的国家。自1909年美国探险家皮里向全世界宣布他踏上北极点以来，北极地区不仅成为西方各国探险家和航海家频频光顾的地方，而且逐渐成为许多大国所觊觎的一块战略要地。北极地区的陆地和岛屿属于8个环北极国家：加拿大、丹麦（包括其属地格陵兰和法罗群岛）、芬兰、冰岛、挪威、瑞典、俄罗斯和美国。

北极资源丰富，拥有9%的世界煤炭资源，还有丰富的石油和天然气，据推测其丰度占世界未开发油气资源的25%。另外，北极地区还有大量的金刚石、金、铀等矿藏和水产资源。此外，北极地区还有着重要的战略地位。全球气候变暖加速海冰融化，北极航道开发潜力逐渐显现，从大西洋穿越北冰洋到达太平洋的航行时间将会缩短近一个月，北极航道可能成为国际航运新命脉。一方面，从亚洲到欧洲，将比走巴拿马运河缩短上万公里行程。另一方面，北极具有军事战略意义，北约和俄罗斯均在北极部署军事力量。

【北冰洋海域纷争】对于北冰洋海域的划分曾有两种主张：一是俄罗斯和加拿大等国主张按扇形原则来划分。加拿大于1907年提出此原则，该原则对国土东西跨度大、北部海岸线绵长的国家来说最有利，因此得到俄罗斯的支持。不过，由于遭到美国、挪威等其他北冰洋沿岸国家的反对，扇形原则并没有得到公认。《联合国海洋法公约》生效后，北极国家开始依据公约主张在北冰洋海域的权利。

二是近年来依据海底大陆架划分，其主要法律依据是1982年通过的《联合国海洋法公约》，按照《公约》的有关规定，环北冰洋国家在北冰洋可以主张外大陆架。目前，丹麦、俄罗斯等国均在通过向大陆架界限委员会提交外大陆架划界案，主张面向北冰洋一侧的外大陆架权利。

【北极地区的居民（Peoples of Arctic Regions）】北极地区现有人口约900万，主要分布在8个环北极国家的北纬60°以北地区。其中土著居民200多万，主要居住在北美洲的阿拉斯加和加拿大北部的北冰洋沿岸和格陵兰岛的北部。由20多个民族组成，最大的民族约30多万人，最小的约200多人。具代表性的土著民族有因纽特人（Inuits）[亦称爱斯基摩人（Eskimo）]、阿留申人（Aleut)、科米人（Komi)、曼西人（Mansi）、可汗人（Khant）、塞库普人（Selkup）、恩特西人（Entsy）、恩加纳桑人（Nganasan）、多尔干人（Dolgan）、倜人（Tungus）、拉穆特人（Lamut）、育卡格赫人（Yukaghir）、南特西人（Nantsy）、雅库特人（Yakut）、库雅特人（Koryat）、堪察加人（Kanchadal）、鄂温克人（Howek）、萨米人（Sami）、拉普人（Lapp）、楚科奇人（Chukchi）、凯特人（Ket）等。这些土著民族世代生活在气候环境恶劣的北极地区，靠渔猎（主要是海豹、鲸、海象和鱼类）为生，居住极其简陋。至今，他们驯养驯鹿，也开始享受着现代科技与物质文明生活，又保留着北极地区土著民族传统的渔猎和生吃鱼肉的风俗习惯。在格陵兰岛西北部北纬79°以北的因纽特人，称为极地因纽特人。

北极体系

北极治理机制是由北极理事会、北极经济理事会、国际北极科学委员会等组成。主要关心全球变化对北极地区环境包括经济文化的影响。

【北极理事会（Arctic Council，AC）】1996年8月6日，8个环北极国家的代表在加拿大的渥太华举行会议，发布建立北极理事会的声明（渥太华声明），正式成立高级别的政府间论坛。其宗旨是：（1）确保居住在北极地区的居民包括当地少数民族及其团体享有的权益；（2）确保北极地区在经济和社会发展以及在卫生条件和文化教育的改善方面的可持续发展；（3）确保北极环境保护，包括北极生态系统的保护、北极生物多样性维持和自然资源的保护和可持续使用。为实施上述宗旨，要求建立北极环境保护策略：（1）应认识到北极土著民族及其团体的传统文化的重要意义以及北极科学研究对环北极地区整体理解的重要意义；（2）应进一步采取要求环极合作的北极问题一致行动的措施；（3）应积极支持因纽特环极会议、萨米理事会以及俄罗斯北部、西伯利亚和远东当地少数民族协会，并充分认识到它们在北极理事会发展中的作用。网址：http://www.arctic-council.org。

目前，北极理事会已发展成为讨论涉北极问题最重要的区域国际论坛。8个环北极国家为北极理事会成员。6个北极土著人组织为北极理事会永久参与方（Permanent Participants）。这6个组织为：阿留申人国际协会（Aleut International Association，AIA），北极阿萨帕斯卡人委员会（Arctic Athabaskan Council，AAC），哥威迅人委员会国际（Gwich'in Council International，GCI），因纽特人北极圈委员会（Inuit Circumpolar Council，ICC），萨米人委员会（Saami Council），俄罗斯北方、西伯利亚和远东原住民协会（Russian Association of Indigenous Peoples of the North，Siberia and Far East，RAIPON）。理事会下设可持续发展、北极监测与评估、北极海洋环境保护、北极污染物行动计划、北极动植物保护、突发事件预防反应6个工作组。部长级会议（Ministerial Meeting）是理事会决策机构，每两年召开1次。高官会（Senior Arctic Officials Meeting）是理事会执行机构，每年召开两次会议。理事会成员国轮流担任主席国，任期2年。冰岛2019—2021年担任理事会主席，俄罗斯将接任冰岛担任2021—2023年主席。13个非北极国家（法国、德国、意大利、日本、荷兰、中国、波兰、印度、韩国、新加坡、西班牙、瑞士、英国）在北极理事会中享有观察员（Observers）地位。在北极理事会享有观察员地位的还有隶属联合国体系的各个组织，以及各个政府间的、学术性和非商业性的联盟及联合会等，北极理事会与这些组织建立了密切的合作关系。

第1—11届北极理事会部长会议分别在加拿大[伊奎特（Iqaluit），1998年9月]、美国[阿拉斯加巴罗（Barrow，Alaska），2000年10月]、芬兰[伊纳里（Inari），2002年10月]、冰岛[雷克雅未克（Reykjavik），2004年11月]、俄罗斯[亚马尔–涅涅茨（Yamalo-Nenets）民族自治区首府萨列哈尔德（Salekhard），2006年10月]、挪威[特罗姆瑟（Tromsø），2009年4月]、丹麦[格陵兰岛首府努克（Nuuk），2011年5月]、瑞典[基律纳（Kiruna），2013年5月]、加拿大[伊魁特（Iqualuit），2015年4月]、美国[费尔班克斯（Fairbanks），2017年5月]、芬兰[罗瓦涅米（Rovaniemi），2019年5月]举行。2019年5月7日，北极理事会第11届部长级会议在芬兰罗瓦涅米举行。8个北极国家的相关部长悉数出席会议。6个永久参与方以及理事会下设工作组和观察员派代表与会。中国作为理事会观察员派代表参加了会议。会上，冰岛接替芬兰成为新任理事会主席国。会议发布了《联合声明》，重申维护北极地区和平、稳定和建设性合作等。

【北极经济理事会（Arctic Economic Council）】北极经济理事会于2014年9月在加拿大伊魁特宣告成立，旨在促进负责任的北极经济活动，分享开展北极经济活动的最佳实践、技术方法、标准和相关信息，促进北极可持续发展。北极经济理事会由北极理事会成员和永久参与方商业实体代表组成，但北极经济理事会为独立于北极理事会的组织。冰岛人希达尔·古兹约松（Heidar Gudjonsson）担任2019—2021年北极经济理事会主席。北极经济理事会下设6个工作组，分别为海上运输、负责任的资源发展、联通、能源、蓝色经济、投资和基础设施。北极经济理事会秘书处设在特罗姆瑟。

【国际北极科学委员会（International Arctic Science Committee，IASC）】1990年，8个环北极国家成立了国际北极科学委员会。国际北极科学委员会是一个非政府间的国际组织，旨在鼓励和促进所有从事北极研究的国家和地区在北极科学研究各个领域的合作。其成员应是能覆盖所有北极研究的国家科学组织。每个成员的国家组织也为理事会和北极科学团体之间的接触提供方便。国际北极科学委员会正是利用这种关系来确定优先发展的科学问题以及工作组成员等。有国际北极科学委员会所规划和建议的国际科学研究项目应是北极和全球科学研究优先考虑的领域。几乎所有北半球发达国家都开展了北极研究活动。中国于1996年加入了国际北极科学委员会。网址：http://iasc.info/。

2017年1月起，国际北极科学委员会秘书处由位于冰岛阿库雷里的冰岛研究中心（Icelandic Centre for Research）主办。

随着国际社会对北极的科学考察与研究的不断深入，北极科考领域内的国际合作日益增多，1999年，由国际北极科学委员会发起，代表北极科学研究最高国际水平的北极科学高峰周会议（Arctic Science Summit Week，ASSW）机制正式形成。该机制的主要目的是：将主要的国际北极科学组织集中起来召开各自的年会；通过直接接触和组织集体活动等方式鼓励这些组织间的合作与交流；了解主办国开展的北极研究等。北极科学高峰周会议由成员国轮流承办，一般在每年3月或4月召开，包括国际北极科学委员会、北冰洋科学委员会（AOSB）、北极研究管理者论坛（FARO）、欧洲极地委员会（EPB）和泛太平洋北极工作组（PAG）、北极圈国家组织（RB）、新奥尔松科学管理委员会（NySMAC）等会议，以及一些专题会议（如科学日、研究项目日等）。

【北极地区迅速变暖】全球变暖所引发的局部地区环境变暖更为明显。早在20世纪70年代初，北极“夏季融冰”的面积就以每10年7%的速度减少。自20世纪80年代末90年代初起，大量北极浮冰就被风吹出北冰洋进入大西洋，随后又向南漂流最终融化。

2019年9月，联合国政府间气候变化专门委员会（IPCC）发布《气候变化中的海洋和冰冻圈》特别报告警告：北极海冰正在以每十年缩小约13%的速度缩减，若地区升温达到2°C，北极海冰有可能在某些夏天消失。

数据表明，2019年9月17日，北冰洋海冰范围达到了2019年的最小值，约为415万平方公里，比1980年至2010年期间的气候平均值（628万平方公里）小约34%，是有现代观测记录以来海冰范围第二小的年份。从今年年初开始，北极海冰范围即逼近甚至超过历史最小值，从8月中旬开始由于受海表面风向变化的影响，快速减少的趋势才停止。

由美国国家冰雪数据中心收集的数据显示，在1984年1月的第一周，北冰洋中存在时间超过4年的海冰面积尚有310万平方公里。而相比之下，2019年1月的第一周，该地区多年冰的面积已经缩减到11.6万平方公里。预计2050年北极或处于“无冰”状态，这将加剧地区气候的极端化。

北极海冰每年在夏季融化，秋季复冻。夏季海冰面积的最小值是科学家监测全球变暖的关键数据。

【北极国际航道之争】目前北极航道由两条航道构成：加拿大沿岸的“西北航道”和俄罗斯沿岸的“东北航道”（又称“北方航道”）。2008年8月中下旬，美国宇航局的卫星照片显示，至少在12.5万年以来，西北航道和东北航道第一次同时冰融开通。海冰专家将这些图像形容为“具有历史意义的事件”，代表人类史上首次可绕过北极开展商业航行，由此引发了新一轮北极航道开发热潮。西北航道和东北航道是联系亚、欧、美3大洲的潜在最短航线。北极航线在航程等方面与其他航线相比具有较大优势。然而，在法律上，西北航道究竟是不是该划为国际航道存在着争议，部分东北航道究竟属俄罗斯内水还是国际航行水域也存在分歧。目前，沿岸各国均通过立法，以环境保护为理由对北极航行进行严格管理与管辖。

【中国北极活动】中国政府自20世纪90年代开始进行北极科学研究，于1996年正式加入北极国际科学委员会，于1999年、2003年、2008年、2010年、2012年、2014年、2016年、2017年、2018年、2019年 进行了10次北极海洋综合考察。2004年，中国在北极地区建立了第一个科学考察站“黄河站”，多年来，中国对北极高空物理、气候变化、生态、海洋等进行了研究，建立了初步观测体系，形成了素质较高的专家队伍。中国于2019年承办了北极圈论坛中国分论坛。

【中国第一个北极科学考察站——黄河站】2002年9月由国家海洋局组团赴北极斯瓦尔巴群岛地区进行了建站的前期选址调研工作，根据中国1925年签署的《斯匹次卑尔根群岛条约》和专家的论证，中国北极科学考察站站址选在挪威斯瓦尔巴群岛的新奥尔松（78°55′N，11°56′E）。

2003年9月底，中国北极考察站投入试运行。北极考察站为一栋两层楼的建筑，面积约500平方米，有会议室、办公室、通信室、18间宿舍和4间实验室。经国务院批准，中国北极科学考察站于2004年正式投入运行。2004年7月，国家海洋局正式将中国第一个北极科学考察站定名为“黄河站”。截至2018年底，中国成功组织实施了16次北极“黄河站”考察。

【中国第8次北极科学考察】2017年7月20日至10月10日，第8次北极科学考察顺利完成。本次考察历时83天，航行逾2万海里。首次穿越北极中央航道和西北航道，实现了中国首次环北冰洋科学考察，开展了海洋基础环境、海冰、生物多样性、海洋脱氧酸化、人工核素和海洋塑料垃圾等要素调查，极大地拓展了北极海洋环境业务化调查的区域范围和内容。

【中国第9次北极科学考察】2018年7月20日至9月26日，第9次北极科学考察顺利完成。本次考察主要在白令海、白令海峡、楚科奇海、西太平洋、夹克而洋中脊以及北冰洋中央海区开展考察作业，开展了海洋基础环境、海冰、海底地形、生态和渔业等要素调查，极大地拓展了北极海洋调查的内容，进一步夯实了北极业务化监测的基础。

【中国第10次北极科学考察】2019年8月10日至9月27日，第10次北极科学考察顺利完成。“向阳红01”科考船自青岛出发，历时49天，总航行约10300海里，最北到达北纬76°02′。本次考察围绕北极海域在全球气候变化中的作用等前沿科学问题，实施长时间原位观测与科研项目考察相结合的海洋综合调查，为9项海洋环境监测和22项国家科技计划支持项目提供了保障支撑。考察活动还成功利用“海燕”水下滑翔机实现了在北极海域的水体与生化要素组网观测，为完善我国北极业务化监测体系做出了贡献。

【“雪龙2”正式投入运营】2019年7月11日，“雪龙2”在江南造船（集团）有限责任公司（上海长兴岛）举行了交船仪式，标志着我国第一艘自主建造的极地科考破冰船正式交付使用。10月，“雪龙2”与“雪龙”共同启航展开“双龙探极”，执行中国第36次南极考察任务。2020年夏，“雪龙2”号船将经挪威特罗姆瑟前往北极点，参与实施“北冰洋气候变化多学科漂流观测站计划（MOSAIC）”。

【《中国的北极政策》白皮书】2018年1月26日，国务院新闻办公室发表《中国的北极政策》白皮书，包括中、英、法、俄、德、西、阿、日8个语种，是中国政府在北极政策方面发表的首部白皮书。白皮书系统阐明了中国在北极问题上的基本立场，全面介绍了中国参与北极事务的政策目标、基本原则和主要政策主张，白皮书全文约9000字，有前言、正文和结束语三部分组成。白皮书指出，中国是北极事务的重要利益攸关方，愿本着“尊重、合作、共赢、可持续”的基本原则，与有关各方一道，抓住北极发展的历史性机遇，积极应对北极变化带来的挑战，共同认识北极、保护北极、利用北极和参与治理北极。积极推动共建“一带一路”倡议涉北极合作，积极推动构建人类命运共同体，为北极的和平稳定和可持续发展作出贡献。

（陈昕瑶、李学文）

国际组织、政府间多边机制和国际会议

联 合 国

联合国概况

【成立日期】1945年4月25日，来自50个国家（波兰因故未参加）的代表在美国旧金山召开联合国国际组织会议。6月25日，通过了《联合国宪章》。6月26日，50国代表签署了《联合国宪章》。同年10月24日，中、法、苏、英、美和其他多数签字国递交批准书后，宪章自动生效，联合国正式成立。1947年，联合国大会决定，10月24日为联合国日。

【宗旨和原则】联合国的宗旨是：维护国际和平与安全；发展国际间以尊重各国人民平等权利及自决原则为基础的友好关系；进行国际合作，以解决国际间经济、社会、文化和人道主义性质的问题，并促进对于全体人类的人权和基本自由的尊重。

为实现上述宗旨，联合国应遵循下列原则：（1）所有会员国主权平等；（2）各会员国应忠实履行根据宪章规定所承担的义务；（3）各会员国应以和平方法解决国际争端；（4）各会员国在国际关系中不得以不符合联合国宗旨的任何方式进行武力威胁或使用武力；（5）各会员国对联合国依照宪章所采取的任何行动应给予一切协助；（6）联合国在维护国际和平与安全的必要范围内，应确保使非会员国遵循上述原则；（7）联合国组织不得干涉在本质上属于任何国家国内管辖的事项，但此项规定不应妨碍联合国对威胁和平、破坏和平的行为及侵略行径采取强制行动。

【会员国】凡要求加入联合国的国家必须提交一份申请书，声明接受宪章所载义务，由安理会推荐，经联合国2/3多数的会员国通过，即被接纳为会员国。安理会对联合国某一会员国采取防止行动或强制行动时，联合国大会可根据安理会建议中止该国行使会员国的权利和特权。安理会可以恢复这些权利和特权的行使。对一再违背宪章原则的会员国，大会可根据安理会的建议将其开除出联合国。截至2019年1月，联合国共有会员国193个（2011年7月南苏丹加入联合国），其中创始会员国49个（原为51个。原捷克斯洛伐克和原南斯拉夫均为创始会员国，后解体）。

联合国在联合国会员国之外，还设有观察员（Permanent Observers）制度，邀请国际组织、非政府组织、实体参与联合国事务。观察员有权在联合国大会上发言，但是不被允许参与会议中的投票。

会员国在联合国所在地设有常驻代表团，观察员国在联合国设有常驻观察员国办事处。

【总部】联合国总部在美国纽约，在瑞士日内瓦、奥地利维也纳、肯尼亚内罗毕、泰国曼谷、埃塞俄比亚亚的斯亚贝巴、黎巴嫩贝鲁特、智利圣地亚哥分别设有办事处。

【网址】http://www.un.org。

【出版物】《联合国记事》（UN Chronicle）季刊，用中、英、法、西、俄和阿拉伯6种文字发行；《联合国年鉴》（Yearbook of the United Nations），英文。

【徽记和旗帜】联合国的正式徽记是一个从北极俯瞰的世界地图，周围是两枝对称的橄榄枝。联合国旗帜的底色为浅蓝色，正中是一个白色的联合国徽记。

【组织机构】联合国有6个主要机构：大会、安全理事会、经济及社会理事会、托管理事会、国际法院和秘书处。

（一）大会（General Assembly）：由全体会员国组成。根据宪章规定，大会有权讨论宪章范围内的任何问题或事项，并向会员国和安理会提出建议。大会接受并审议安理会及联合国其他机构的报告；选举安理会非常任理事国、经社理事会和托管理事会的理事国；选举国际法院的法官；根据安理会推荐批准接纳新会员国和委任秘书长。联合国的预算和会员国分摊的会费比额均需经大会讨论决定。每一会员国在大会有一个投票权。宪章还同时规定，关于安理会正在审议的任何争端或局势，非经安理会请求，大会不得提出任何建议。

大会每年举行1届常会。根据第57届联大通过的新决议，大会常会每年在9月从至少有一个工作日的第一个星期起算的第三个星期的星期二在联合国总部开幕。常会通常持续到12月中下旬。大会可在会议期间决定暂时休会，并可在以后复会，但必须在下届常会开幕前闭幕。每届常会开会时，各国往往派外交部长或其他部长级官员率代表团出席，一些国家元首和政府首脑也到会发表讲话。第1届联合国大会于1946年1月召开。

大会全体会议由大会主席（或副主席）主持。大会设主席1人，副主席20人，由全体会议选举产生。安理会5个常任理事国是当然的副主席，其余副主席席位按地区分配原则选出，即非洲5席、亚洲4席、东欧1席、拉美3席、西欧及其他国家2席。大会主席所属地区的副主席名额减少1个。大会主席由上述5个地区轮流推选本地区代表并经大会选举担任。

大会设6个主要委员会：裁军与国际安全委员会（第一委员会）处理裁军和有关的国际安全问题；经济和金融委员会（第二委员会）处理经济问题；社会、人道主义和文化委员会（第三委员会）处理社会和人道主义问题；特别政治和非殖民化委员会（第四委员会）处理第一委员会不处理的各种政治问题以及非殖民化问题；行政和预算委员会（第五委员会）处理联合国的行政工作和预算；法律委员会（第六委员会）处理国际法律事务。各委员会由全体会员国组成，各委员会选举主席1人、副主席2人和报告员1人，负责讨论大会分配给该委员会的议题并提出建议。各委员会的决议以简单多数表决通过，然后提交大会全体会议通过，成为大会决议。

大会设有2个程序委员会：总务委员会和全权证书委员会。总务委员会由大会主席、副主席和6个委员会的主席组成，负责就议程的通过、议程项目的分配和大会工作安排向大会提出报告，交大会全体会议决定；全权证书委员会由大会根据上届大会主席提议而任命的9个会员国组成，负责审查各国出席会议代表的全权证书。

大会设有2个常设委员会：行政和预算咨询委员会及会费委员会。行政和预算咨询委员会由大会任命的16人组成，负责联合国方案预算的技术审查，并协助第五委员会工作；会费委员会由大会任命的18名专家组成，负责就各会员国间分摊联合国的会费问题向大会提供意见。大会还设有一些其他机构或委员会，如给予殖民地国家和人民独立宣言执行情况特别委员会（简称“非殖化特委会或24国委员会”）、反对种族隔离特别委员会、印度洋特别委员会、联合国维和行动特委会、《联合国宪章》特委会、东道国关系委员会、裁军审议委员会等。

大会的正式语文是阿拉伯文、中文、英文、法文、俄文和西班牙文；工作语文是英文和法文。

大会应安理会或过半数会员国的请求或经过半数会员国对任何会员国的请求表示赞同后，可于15天内召开联大特别会议，24小时内召开紧急特别联大。

大会表决的原则是：凡属重要问题的决定，例如，关于和平与安全的建议，安理会、经社理事会、托管理事会理事国的选举，接纳新会员国，会员国权利的中止及会员国的开除，托管及预算事务等，均需经出席并参加投票的会员国以2/3的多数通过；其他问题只需以简单多数（即超过半数）通过。

第74届联合国大会于2019年9月17日下午在纽约联合国总部开幕，主题是“激励多边努力消除贫困，促进优质教育、气候行动和包容性”。来自尼日利亚的第74届联大主席蒂贾尼·穆罕默德·班迪在致辞时称，本届联大的愿景宣言关注的是消除贫困、零饥饿、高质量的教育、气候行动和包容。在这方面，联大将与秘书处和安理会协调协作，确保更多的关注预防问题，而不是应对全面爆发的冲突。班迪指出，联合国致力于实现和平、安全、可持续发展和普遍的人权，大会是联合国最有代表性的审议机构。他在本届会期中将加倍努力，应对各方面的鸿沟，并采取行动推动各国人民的共同福祉。班迪说：“尤其是在我们准备庆祝联合国成立 75周年之际，我们必须要以符合联合国创立者愿景的方式，推动相互信任，加深伙伴关系，只有这样才能够应对各种挑战，为所有人造福”。联合国秘书长古特雷斯、193个会员国的代表等出席了当天的开幕式会议。

王毅国务委员兼外长出席了第74届联大一般性辩论，与会期间开展了多场外交活动，包括联大一般性辩论、联合国气候行动峰会、可持续发展目标峰会、金砖国家外长会晤、安理会联合国与区域组织反恐合作公开会、安理会“非洲和平与安全”公开会、“70年来的中国：对世界和平与发展的贡献”图片展、文明古国论坛外长会等多边活动和一系列双边会见。王毅国务委员兼外长在一般性辩论发言中表示，2019年是中华人民共和国成立70周年。新中国70年，是中国人民艰苦奋斗、改写命运的70年，是中国不断融入世界、作出贡献的70年。中国外交初心不改、航向不变。奉行独立自主，继续坚持独立自主的和平外交政策，坚定维护国家核心利益和正当权益。坚持平等待人，主张大小国家一律平等，尊重各国主权和领土完整，尊重各国人民自主选择社会制度和发展道路。维护公平正义，反对霸权霸道霸凌，坚持共商共建共享。追求互利共赢，致力于构建开放型世界经济，维护以世贸组织为核心的多边贸易体制，推动全球化朝着更加开放、包容、普惠、平衡、共赢的方向发展。当前单边主义和保护主义冲击国际秩序，中国将坚定维护联合国的地位和作用，坚定维护以联合国为核心的国际体系，坚定维护以国际法为基础的国际秩序。中国愿同各国一道，携手建设新型国际关系，合力构建人类命运共同体。王毅国务委员还就伊朗核、巴勒斯坦、阿富汗、朝鲜半岛局势、缅甸若开邦、克什米尔问题、2030年可持续发展议程、气候变化等阐述了中方立场和主张。

（二）安全理事会（Security Council）：由5个常任理事国和10个非常任理事国组成。《联合国宪章》规定，中、法、苏、英、美为常任理事国。苏联于1991年底解体后，其席位于1991年12月27日由俄罗斯继承。非常任理事国按地区分配原则选出，即亚洲和非洲5个、拉美2个、东欧1个、西欧及其他国家2个，由大会选举产生，任期两年，每年改选5个，不能连选连任。

10个非常任理事国，由大会选举产生，任期两年（括号内为任期截止年份）：比利时（2020年）、多米尼加共和国（2020年）、爱沙尼亚（2021年）、德国（2020年）、印度尼西亚（2020年）、尼日尔（2021年）、圣文森特和格林纳丁斯（2021年）、南非（2020年）、突尼斯（2021年）、越南（2021年）。

按宪章规定，安理会在维护国际和平及安全方面负有主要责任。安理会的职能是：根据宪章规定做出全体会员国都有义务接受的决定；调查任何国际争端或可能引起国际摩擦的任何局势，促请当事国采取和平的方式解决争端；断定威胁和平、破坏和平或侵略行为，并可采取经济、外交或军事制裁行动来反对侵略；负责拟订军备管制的计划；向大会推荐新会员国和秘书长；行使联合国关于战略托管的职能。安理会在履行其职能时，应遵照《联合国宪章》的宗旨和原则及其他规定。

安理会的表决原则是：每一理事国有1个投票权；程序问题由15个理事国中至少9个理事国的赞成票决定；任何1个常任理事国投反对票，都可以否决实质问题的决议案，即每个常任理事国在实质问题上都拥有否决权。同时宪章还规定，关于和平解决争端的决议，争端的当事国不得参加表决。

安理会主席由各理事国（常任和非常任）依国名的英文字母顺序按月轮流担任。

大会、秘书长以及任何会员国都可以提请安理会注意可能危及国际和平与安全的争端和局势。应邀参加安理会会议的非理事国的会员国或非会员国，可以参加讨论，但无表决权。安理会会议一般在联合国总部举行。

安理会设有军事参谋团和接纳新会员国委员会以及若干特设机构。军事参谋团由5个常任理事国的总参谋长或其代表组成，负责向安理会提供有关安理会支配的军队的战略指导问题、军备管制问题和可能的裁军问题的意见和帮助。接纳新会员国委员会由安理会全体成员国组成，审议有关国家加入联合国的申请并将审查结果报告安理会。目前安理会的特设机构主要有维持和平行动部队和军事观察团以及根据安理会有关决议设立的制裁委员会。

（三）经济及社会理事会（Economic and Social Council）：在大会权力之下，负责协调联合国及各专门机构即所谓“联合国系统”的经济和社会领域的工作，由54个理事国组成。理事国任期3年，每届联大需改选其中18个，可以连选连任。经社理事会席位按地区分配如下：非洲14个、亚洲11个、拉丁美洲和加勒比海地区10个、东欧6个、西欧及其他地区13个。上述分配原则同样适用于安理会5个常任理事国。从1971年起中国一直是经社理事会理事国。

经社理事会设有各种会间、常设和特设委员会，以及8个职司委员会（Functional Commissions）和5个区域委员会（Regional Commissions）。各职司委员会、区域委员会或常设机构研究的问题，均需向经社理事会提出报告。

各职司委员会为：统计委员会、人口与发展委员会、社会发展委员会、妇女地位委员会、麻醉药品委员会、预防犯罪和刑事司法委员会、科学和技术促进发展委员会、可持续发展委员会联合国森林论坛秘书处。

各区域委员会为：非洲经济委员会（非洲经委会）、亚洲及太平洋经济社会委员会（亚太经社会）、欧洲经济委员会（欧洲经委会）、拉丁美洲和加勒比经济委员会（拉加经委会）、西亚经济社会委员会（西亚经社会）。按地区设立的区域委员会，旨在协助地区经济社会发展，加强该地区内国家之间的经济关系及与世界其他地区国家的关系，受经社理事会领导。

（四）托管理事会（Trusteeship Council）：主要负责监督对置于国际托管制度下的领土的管理。托管理事会由管理托管领土的会员国、安理会常任理事国中非管理托管领土国及经大会选举的必要数额的其他会员国组成。托管理事会每年举行1次会议，负责审查托管领土居民的请愿书，按期视察托管。领土托管理事会决议由半数以上理事国赞成通过，经联合国大会通过生效。到1994年，所有托管领土已实现自治或独立。随着工作任务的完成，理事会已修订其议事规则，并同意视需要举行会议。目前只有5个理事国：美国、中国、法国、英国和俄罗斯。

（五）国际法院（International Court of Justice）：国际法院是联合国主要司法机关，根据1945年6月26日签署的《联合国宪章》设立，其目的在于“以和平方法且依正义及国际法之原则，调解或解决足以破坏和平之国际争端或情势”。法院设在荷兰海牙和平宫，1946年开始工作，取代1920年在国际联盟主持下设立的常设国际法院。

国际法院可以对各国提交的法律争端案件行使管辖权。一方面，法院不对个人进行管辖，只有国家才能作为诉讼当事方提交诉讼案件。可以向法院提交诉讼案件的国家包括：联合国会员国；非联合国会员国但是法院规约当事国的国家；向书记官处交存一份符合联合国安理会规定的说明，承认法院管辖权并承诺执行法院判决的国家。另一方面，法院并非凌驾于国家主权之上的实体，行使管辖权应以国家同意为基础。具体来说法院可通过以下几种方式确立管辖权：当事国通过缔结特别协定向法院提交案件；条约授权法院对缔约国之间的相关争端进行管辖；法院规约缔约国做出单方面声明，将自己与接受同样义务的国家之间可能发生的争端交给法院管辖。

此外，法院还可就联合国机关或专门机构所提交的法律问题提供咨询意见。可以向法院提出咨询请求的联合国机关有大会、安全理事会、经济及社会理事会、托管理事会、大会临时委员会。可以提出此类请求的联合国系统专门机构包括国际劳工组织、联合国粮食及农业组织、世界卫生组织及联合国教育、科学及文化组织等。

国际法院由15位不同国籍法官组成。根据法院规约，这15位法官必须代表世界各大文化和主要法系。实践中法官名额按地区分配如下：非洲3名；拉丁美洲2名；亚洲3名；西欧和其他国家（包括加拿大、美国、澳大利亚和新西兰）5名；东欧（包括俄罗斯）2名。安理会常任理事国一般都由其国民担任法官。院长和副院长每3年由其他法官以无记名投票方式选出。国际法院院长阿布杜勒卡维·艾哈迈德·优素福（Abdulqawi Ahmed Yusuf，索马里籍），2018年2月6日当选，任期为3年。副院长薛捍勤（女，中国籍）。其他13名法官：岩泽雄司（Yuji Iwasawa，日本籍）、彼得·通卡（Peter Tomka，斯洛伐克籍）、派特里克·利普顿·罗宾森（Patrick Lipton Robinson，牙买加籍）、詹姆斯·理查德·克劳福德（James Richard Crawford，澳大利亚籍）、穆罕默德·本努纳（Mohamed Bennouna，摩洛哥籍）、克里奥·契沃吉安（Kirill Gevorgian，俄罗斯籍）、安东尼奥·奥古斯托·坎卡多·特林达德（Antônio Augusto Cançado Trindade，巴西籍）、纳瓦夫·萨拉姆（Nawaf Salam，黎巴嫩籍）、龙尼·亚伯拉罕（Ronny Abraham，法国籍）、琼·多诺霍（Joan E. Donoghue，女，美国籍）、乔治·加亚（Giorgio Gaja，意大利籍）、朱莉娅·塞布廷德（Julia Sebutinde，女，乌干达籍）、达尔维尔·班达里（Dalveer Bhandari，印度籍）。

国际法院的法官任期9年，可连选连任，每3年改选1/3。法官不得担任任何政治或行政职务，也不得从事任何其他职业性工作。法官身份独立，不代表其国籍国政府。根据法院规约，法官均为“品格高尚并在各自国家具有最高司法职位之任命资格或公认为国际法之法学家”。法官由联合国大会和安理会同时选举产生，候选人被提名后必须在大会和安理会均获绝对多数票后才能当选。

自1947年受理第一起案件以来，国际法院已审理了100多起案件。其中80%是国家之间的诉讼案件，20%是联合国机关或专门机构要求发表咨询意见的案件，范围涉及国家主权、使用武力、领土和边界纠纷、海洋法、环境法、国家管辖权、外交和领事关系等国际法领域的广泛问题。

法院的判决对相关国家有约束力。《联合国宪章》规定，联合国会员国作为案件当事国应承诺遵行国际法院的判决。与判决不同，法院的咨询意见一般情况下不具有约束力，相关的联合国机关或专门机构可以不予执行。

法院的判决和咨询意见在国际法上有很高的权威和价值，对国际法的发展影响深远。由于其崇高地位和权威性，国际法院的司法活动在和平解决国际争端，维护世界和平与安全方面发挥着重要的作用。

中国作为联合国安理会常任理事国，一直高度重视国际法院的工作。2009年，中国政府首次参与国际法院的咨询意见案件司法程序，就科索沃临时自治机构单方面宣布独立问题提交了书面意见并参加了口头陈述。

在中国恢复联合国合法席位前，徐谟、顾维钧曾担任国际法院法官。倪征日奥于1985—1994年任法官，是新中国第一位国际法院法官。史久镛于1994—2010年任法官，还曾担任法院副院长、院长。2010年6月29日，中国候选人薛捍勤通过补缺程序高票当选国际法院法官，成为法院首位中国籍女法官，并于2011年在联大和安理会同时举行的选举中成功连任，新任期为2012—2021年。

（六）秘书处（Secretariat）：由秘书长和联合国工作人员组成。

秘书长是联合国的最高行政首长，由安理会推荐经联合国大会任命，任期5年，可连任。秘书长的职能是：在大会、安理会、经社理事会和托管理事会的会议中，以秘书长资格行使职权，向大会提交关于联合国工作的年度报告和必要的补充报告，有权将其认为有可能威胁国际和平与安全的事件提请安理会注意，并根据大会和安理会授权负责有关决议的实施。

现任联合国秘书长为古特雷斯（António Guterres，葡萄牙人）。2016年10月13日，第71届联合国大会193个成员国代表以鼓掌的方式通过决议，正式任命曾任联合国难民事务高级专员的古特雷斯为新任联合国秘书长，任期自2017年1月1日至2021年12月31日。

在古特雷斯之前，联合国先后有8位秘书长，分别是特里格夫·赖伊（Trygve Lie，挪威籍，1945—1952）、达格·哈马舍尔德（Dog Hammarskjold，瑞典籍，1953—1961）、吴丹（U Thant，缅甸籍，1962—1971）、库尔特·瓦尔德海姆（Kurt Waldheim，奥地利籍，1972—1981）、哈维尔·佩雷斯·德奎利亚尔（Javier Perez de Cuellar，秘鲁籍，1982—1991）、布特罗斯·布特罗斯-加利（Boutros Boutros-Ghali，埃及籍，1992—1996）、安南（Kofi Annan，加纳籍，1997—2006）、潘基文（Ban Ki-moon，韩国籍，2007—2016）。

秘书处由在联合国纽约总部和世界各地工作的全体国际工作人员组成，从事联合国各种日常工作。秘书处为联合国其他主要机关服务，并执行这些机关制定的方案与政策。秘书处的职责同联合国所处理的问题一样多种多样，范围从管理维持和平行动到调停国际争端、从调查经济及社会趋势和问题到编写关于人权和可持续发展问题的研究报告。秘书处工作人员还要使世界各通讯媒体了解和关心联合国的工作；就全世界所关切的问题组织国际会议；监测联合国各机构所作决定的执行情况；将发言和文件翻译成联合国各正式语文。截至2019年12月31日，秘书处有来自世界各地的约41000名工作人员。

联合国职员由秘书长按照大会所确定的规章任命。宪章规定，雇用职员和决定服务条件时的"首要考虑"是保证最高的工作效率、才干和品德，同时应该在尽可能广泛的地域基础上录用职员。

按照宪章规定，秘书长和秘书处职员只对联合国负责，秘书处作为在总部和外地处理联合国日常工作的国际工作人员班子，不得寻求或接受任何政府的指示。

联合国在许多国家设有新闻中心或新闻服务处。它还以30种语文对世界各国和地区广播有关联合国的新闻节目。

联合国系统组织包括15个专门机构和一些方案及其他实体。

15个专门机构（Specialized Agencies）：联合国粮食及农业组织（FAO），国际民用航空组织（ICAO），国际农业发展基金会（IFAD），国际劳工组织（ILO），国际海事组织（IMO），国际货币基金组织（IMF），国际电信联盟（ITU），联合国教育、科学及文化组织（UNESCO），联合国工业发展组织（UNIDO），万国邮政联盟（UPU），世界银行集团（World Bank Group）[包括国际复兴开发银行（IBRD）、国际投资争端解决中心（ICSID）、国际开发协会（IDA）、国际金融公司（IFC）、多边投资保证机构（MIGA）]，世界卫生组织（WHO），世界知识产权组织（WIPO），世界气象组织（WMO），世界旅游组织（UNWTO）。

各相关组织（Related Organizations）：国际原子能机构（IAEA）、全面禁止核试验条约组织筹备委员会（CTBTO）、禁止化学武器组织（OPCW）、世界贸易组织（WTO）、国际移民组织（IOM）。

各公约秘书处（Secretariats of Conventions）：残疾人权利公约（CRPD）、联合国防治荒漠化公约（UNCCD）、联合国气候变化框架公约（UNFCCC）。

联合国信托基金（UN Trust Funds）：联合国民主基金（UNDEF）、联合国国际伙伴关系基金（UNFIP）。

（庄向博）

附件1：联合国大会历届会议主席

届次	年份	姓名	国家
第一届会议	1946年	保罗–亨利·斯巴克先生	比利时
第一届特别会议	1947年	奥斯瓦尔多·阿拉尼亚先生	巴西
第二届会议	1947年	奥斯瓦尔多·阿拉尼亚先生	巴西
第二届特别会议	1948年	何塞·阿尔塞先生	阿根廷
第三届会议	1948年	H. V. 伊瓦特先生	澳大利亚
第四届会议	1949年	卡洛斯·P. 罗慕洛先生	菲律宾
第五届会议	1950年	纳斯罗拉·安迪让先生	伊朗
第六届会议	1951年	路易斯·帕迪利亚·内尔沃先生	墨西哥
第七届会议	1952年	莱斯特·B. 皮尔逊先生	加拿大
第八届会议	1953年	维贾雅·拉克希米·潘迪特夫人	印度
第九届会议	1954年	埃尔科·N. 范克里芬斯先生	荷兰
第十届会议	1955年	何塞·马萨先生	智利
第一届紧急特别会议	1956年	鲁德辛多·奥尔特加先生	智利
第二届紧急特别会议	1956年	鲁德辛多·奥尔特加先生	智利
第十一届会议	1956年	旺·威泰耶康·瓦拉旺亲王	泰国
第十二届会议	1957年	莱斯利·孟罗爵士	新西兰
第三届紧急特别会议	1958年	莱斯利·孟罗爵士	新西兰
第十三届会议	1958年	查尔斯·马利克先生	黎巴嫩
第十四届会议	1959年	维克托·安德列斯·贝朗德先生	秘鲁
第四届紧急特别会议	1960年	维克托·安德列斯·贝朗德先生	秘鲁
第十五届会议	1960年	弗雷德里克·H. 博兰先生	爱尔兰
第三届特别会议	1961年	弗雷德里克·H. 博兰先生	爱尔兰
第十六届会议	1961年	蒙吉·斯陵先生	突尼斯
第十七届会议	1962年	乔杜里·穆予默德·查弗鲁拉·汗爵士	巴基斯坦

（续表）

届次	年份	姓名	国家
第四届特别会议	1963年	乔杜里·穆予默德·查弗鲁拉·汗爵士	巴基斯坦
第十八届会议	1963年	卡洛斯·索萨·罗德里格斯先生	委内瑞拉
第十九届会议	1964年	亚历克斯·奎森–萨基先生	加纳
第二十届会议	1965年	阿明托雷·范范尼先生	意大利
第二十一届会议	1966年	阿卜杜勒–拉赫曼·帕日瓦克先生	阿富汗
第五届特别会议	1967年	阿卜杜勒–拉赫曼·帕日瓦克先生	阿富汗
第五届紧急特别会议	1967年	阿卜杜勒–拉赫曼·帕日瓦克先生	阿富汗
第二十二届会议	1967年	科尔内留·曼内斯库先生	罗马尼亚
第二十三届会议	1968年	埃米略·阿雷纳莱斯·卡塔兰先生	危地马拉
第二十四届会议	1969年	安吉·布鲁克斯–伦道夫女士	利比里亚
第二十五届会议	1970年	爱德华·汉布罗先生	挪威
第二十六届会议	1971年	亚当·马利克先生	印度尼西亚
第二十七届会议	1972年	斯坦尼斯瓦夫·特雷普钦斯基先生	波兰
第二十八届会议	1973年	莱奥波尔多·贝尼特斯先生	厄瓜多尔
第六届特别会议	1974年	莱奥波尔多·贝尼特斯先生	厄瓜多尔
第二十九届会议	1974年	阿卜杜拉齐兹·布特弗利卡先生	阿尔及利亚
第七届特别会议	1975年	阿卜杜拉齐兹·布特弗利卡先生	阿尔及利亚
第三十届会议	1975年	加斯东·托恩先生	卢森堡
第三十一届会议	1976年	阿梅拉辛格先生	斯里兰卡
第三十二届会议	1977年	拉扎尔·莫伊索夫先生	南斯拉夫
第八届特别会议	1978年	拉扎尔·莫伊索夫先生	南斯拉夫
第九届特别会议	1978年	拉扎尔·莫伊索夫先生	南斯拉夫
第十届特别会议	1978年	拉扎尔·莫伊索夫先生	南斯拉夫
第三十三届会议	1978年	因达莱西奥·利埃瓦诺先生	哥伦比亚
第三十四届会议	1979年	萨利姆·萨利姆先生	坦桑尼亚联合共和国
第六届紧急特别会议	1980年	萨利姆·萨利姆先生	坦桑尼亚联合共和国
第七届紧急特别会议	1980年	萨利姆·萨利姆先生	坦桑尼亚联合共和国
第十一届特别会议	1980年	萨利姆·萨利姆先生	坦桑尼亚联合共和国
第三十五届会议	1980年	吕迪格尔·冯韦希马尔先生	德意志联邦共和国
第八届紧急特别会议	1981年	吕迪格尔·冯韦希马尔先生	德意志联邦共和国
第三十六届会议	1981年	伊斯马特·基塔尼先生	伊拉克
第九届紧急特别会议	1982年	伊斯马特·基塔尼先生	伊拉克
第七届紧急特别会议（续会）	1982年	伊斯马特·基塔尼先生	伊拉克
第十二届特别会议	1982年	伊斯马特·基塔尼先生	伊拉克
第三十七届会议	1982年	伊姆雷·霍拉伊先生	匈牙利
第三十八届会议	1983年	豪尔赫·伊留埃卡先生	巴拿马
第三十九届会议	1984年	保罗·卢萨卡先生	赞比亚
第四十届会议	1985年	海梅·德皮涅斯先生	西班牙
第十三届特别会议	1986年	海梅·德皮涅斯先生	西班牙
第四十一届会议	1986年	胡马云·拉希德·乔杜里先生	孟加拉国
第十四届特别会议	1986年	胡马云·拉希德·乔杜里先生	孟加拉国
第四十二届会议	1987年	彼得·弗洛林先生	德意志民主共和国
第十五届特别会议	1988年	彼得·弗洛林先生	德意志民主共和国
第四十三届会议	1988年	丹特·卡普托先生	阿根廷
第四十四届会议	1989年	约瑟夫·南文·加尔巴先生	尼日利亚
第十六届特别会议	1989年	约瑟夫·南文·加尔巴先生	尼日利亚

（续表）

届次	年份	姓名	国家
第十七届特别会议	1990年	约瑟夫·南文·加尔巴先生	尼日利亚
第十八届特别会议	1990年	约瑟夫·南文·加尔巴先生	尼日利亚
第四十五届会议	1990年	吉多·德马尔科先生	马耳他
第四十六届会议	1991年	萨米尔·谢哈比先生	沙特阿拉伯
第四十七届会议	1992年	斯托扬·加内夫先生	保加利亚
第四十八届会议	1993年	塞缪尔·因萨纳利先生	圭亚那
第四十九届会议	1994年	阿马拉·埃西先生	科特迪瓦
第五十届会议	1995年	迪奥戈·弗雷塔斯·多阿马拉尔教授	葡萄牙
第五十一届会议	1996年	拉扎利·伊斯梅尔先生	马来西亚
第十届紧急特别会议	1997年	拉扎利·伊斯梅尔先生	马来西亚
第十九届特别会议	1997年	拉扎利·伊斯梅尔先生	马来西亚
第十届紧急特别会议（两次续会）	1997年	拉扎利·伊斯梅尔先生	马来西亚
第五十二届会议	1997年	赫纳迪·乌多文科先生	乌克兰
第十届紧急特别会议（续会）	1998年	赫纳迪·乌多文科先生	乌克兰
第二十届特别会议	1998年	赫纳迪·乌多文科先生	乌克兰
第五十三届会议	1998年	迪迪埃·奥佩蒂·巴丹先生	乌拉圭
第十届紧急特别会议（续会）	1999年	迪迪埃·奥佩蒂·巴丹先生	乌拉圭
第二十一届特别会议	1999年	迪迪埃·奥佩蒂·巴丹先生	乌拉圭
第五十四届会议	1999年	西奥–本·古里拉布先生	纳米比亚
第二十二届特别会议	1999年	西奥–本·古里拉布先生	纳米比亚
第二十三届特别会议	2000年	西奥–本·古里拉布先生	纳米比亚
第二十四届特别会议	2000年	西奥–本·古里拉布先生	纳米比亚
第五十五届会议	2000年	哈里·霍尔克里先生	芬兰
第十届紧急特别会议（续会）	2000年	哈里·霍尔克里先生	芬兰
第二十五届特别会议	2001年	哈里·霍尔克里先生	芬兰
第二十六届特别会议	2001年	哈里·霍尔克里先生	芬兰
第五十六届会议	2001年	韩升洙先生	大韩民国
第十届紧急特别会议（续会）	2001年	韩升洙先生	大韩民国
第十届紧急特别会议（两次续会）	2002年	韩升洙先生	大韩民国
第二十七届特别会议	2002年	韩升洙先生	大韩民国
第五十七届会议	2002年	杨·卡万先生	捷克共和国
第五十八届会议	2003年	朱利安·罗伯特·亨特先生	圣卢西亚
第十届紧急特别会议（两次续会）	2003年	朱利安·罗伯特·亨特先生	圣卢西亚
第十届紧急特别会议（续会）	2004年	朱利安·罗伯特·亨特先生	圣卢西亚
第五十九届会议	2004年	让·平先生	加蓬
第二十八届特别会议	2005年	让·平先生	加蓬
第六十届会议	2005年	扬·埃利亚松先生	瑞典
第六十一届会议	2006年	哈亚·拉希德·阿勒哈利法女士	巴林
第六十二届会议	2007年	斯尔詹·克里姆先生	前南斯拉夫马其顿共和国
第六十三届会议	2008年	米格尔·德斯科托·布罗克曼先生	尼加拉瓜
第六十四届会议	2009年	阿里·阿卜杜萨拉姆·图里基先生	阿拉伯利比亚民众国
第六十五届会议	2010年	约瑟夫·戴斯先生	瑞士
第六十六届会议	2011年	纳西尔·阿卜杜勒阿齐兹·纳赛尔	卡塔尔
第六十七届会议	2012年	武克·耶雷米奇	塞尔维亚
第六十八届会议	2013年	约翰·阿什	安提瓜和巴布达
第六十九届会议	2014年	萨姆·卡汉巴·库泰萨	乌干达

（续表）

届次	年份	姓名	国家
第七十届会议	2015年	莫恩斯·吕克托夫特	丹麦
第七十一届会议	2016年	彼得·汤姆森	斐济
第七十二届会议	2017年	米罗斯拉夫·莱恰克	斯洛伐克
第十届紧急特别会议（复会）	2017年	米罗斯拉夫·莱恰克	斯洛伐克
第十届紧急特别会议（复会）	2018年	米罗斯拉夫·莱恰克	斯洛伐克
第七十三届会议	2018年	玛丽亚·费尔南达·埃斯皮诺萨·加西斯	厄瓜多尔
第七十四届会议	2019年	蒂贾尼·穆罕默德·班迪	尼日利亚

（资料来源：联合国网站）

附件2：2019年联合国会员国应缴纳的会费（单位：美元）

（按汉语拼音顺序排列）

A	分摊比额	会费毛额	员工薪金税抵扣	会费净额
阿尔巴尼亚	0.008	245 166	22 108	223 058
阿尔及利亚	0.138	4 229 115	381 363	3 847 752
阿富汗	0.007	214 520	19 344	195 176
阿根廷	0.915	28 040 869	2 528 598	25 512 271
阿拉伯联合酋长国	0.616	18 877 787	1 702 313	17 175 474
阿拉伯叙利亚共和国	0.011	337 103	30 398	306 705
阿曼	0.115	3 524 262	317 802	3 206 460
阿塞拜疆	0.049	1 501 642	135 412	1 366 230
埃及	0.186	5 700 111	514 010	5 186 101
埃塞俄比亚	0.010	306 458	27 635	278 823
爱尔兰	0.371	11 369 576	1 025 257	10 344 319
爱沙尼亚	0.039	1 195 184	107 777	1 087 407
安道尔	0.005	153 229	13 817	139 412
安哥拉	0.010	306 458	27 635	278 823
安提瓜和巴布达	0.002	61 292	5 527	55 765
奥地利	0.677	20 747 179	1 870 886	18 876 293
澳大利亚	2.210	67 727 127	6 107 323	61 619 804
B	分摊比额	会费毛额	员工薪金税抵扣	会费净额
巴巴多斯	0.007	214 520	19 344	195 176
巴布亚新几内亚	0.010	306 458	27 635	278 823
巴哈马	0.018	551 624	49 743	501 881
巴基斯坦	0.115	3 524 262	317 802	3 206 460
巴拉圭	0.016	490 332	44 216	446 116
巴林	0.050	1 532 288	138 175	1 394 113
巴拿马	0.045	1 379 059	124 358	1 254 701
巴西	2.948	90 343 697	8 146 782	82 196 915
白俄罗斯	0.049	1 501 642	135 412	1 366 230
保加利亚	0.046	1 409 705	127 121	1 282 584
北马其顿	0.007	214 520	19 344	195 176
贝宁	0.003	91 937	8 290	83 647
比利时	0.821	25 160 168	2 268 829	22 891 339
秘鲁	0.152	4 658 155	420 051	4 238 104
冰岛	0.028	858 081	77 378	780 703
波兰	0.802	24 577 899	2 216 322	22 361 577

（续表）

波斯尼亚和黑塞哥维那	0.012	367 749	33 162	334 587
伯利兹	0.001	30 646	2 763	27 883
博茨瓦纳	0.014	429 040	38 689	390 351
不丹	0.001	30 646	2 763	27 883
布基纳法索	0.003	91 937	8 290	83 647
布隆迪	0.001	30 646	2 763	27 883
C	**分摊比额**	**会费毛额**	**员工薪金税抵扣**	**会费净额**
朝鲜民主主义人民共和国	0.006	183 875	16 581	167 294
赤道几内亚	0.016	490 332	44 216	446 116
D	**分摊比额**	**会费毛额**	**员工薪金税抵扣**	**会费净额**
大不列颠及北爱尔兰联合王国	4.567	139 959 181	12 620 880	127 338 301
大韩民国	2.267	69 473 936	6 264 842	63 209 094
丹麦	0.554	16 977 750	1 530 976	15 446 774
德国	6.090	186 632 672	16 829 682	169 802 990
东帝汶	0.002	61 292	5 527	55 765
多哥	0.002	61 292	5 527	55 765
多米尼加共和国	0.053	1 624 225	146 466	1 477 759
多米尼克	0.001	30 646	2 763	27 883
多民族玻利维亚国	0.016	490 332	44 216	446 116
E	**分摊比额**	**会费毛额**	**员工薪金税抵扣**	**会费净额**
俄罗斯联邦	2.405	73 703 050	6 646 205	67 056 845
厄瓜多尔	0.080	2 451 661	221 080	2 230 581
厄立特里亚	0.001	30 646	2 763	27 883
F	**分摊比额**	**会费毛额**	**员工薪金税抵扣**	**会费净额**
法国	4.427	135 668 775	12 233 990	123 434 785
菲律宾	0.205	6 282 380	566 517	5 715 863
斐济	0.003	91 937	8 290	83 647
芬兰	0.421	12 901 864	1 163 432	11 738 432
佛得角	0.001	30 646	2 763	27 883
G	**分摊比额**	**会费毛额**	**员工薪金税抵扣**	**会费净额**
冈比亚	0.001	30 646	2 763	27 883
刚果	0.006	183 875	16 581	167 294
刚果民主共和国	0.010	306 458	27 635	278 823
哥伦比亚	0.288	8 825 978	795 887	8 030 091
哥斯达黎加	0.062	1 900 037	171 337	1 728 700
格林纳达	0.001	30 646	2 763	27 883
格鲁吉亚	0.008	245 166	22 108	223 058
古巴	0.080	2 451 661	221 080	2 230 581
圭亚那	0.002	61 292	5 527	55 765
H	**分摊比额**	**会费毛额**	**员工薪金税抵扣**	**会费净额**
哈萨克斯坦	0.178	5 454 945	491 902	4 963 043
海地	0.003	91 937	8 290	83 647
荷兰	1.356	41 555 649	3 747 299	37 808 350
黑山	0.004	122 583	11 054	111 529
洪都拉斯	0.009	275 812	24 871	250 941
J	**分摊比额**	**会费毛额**	**员工薪金税抵扣**	**会费净额**
基里巴斯	0.001	30 646	2 763	27 883

（续表）

吉布提	0.001	30 646	2 763	27 883
吉尔吉斯斯坦	0.002	61 292	5 527	55 765
几内亚	0.003	91 937	8 290	83 647
几内亚比绍	0.001	30 646	2 763	27 883
加拿大	2.734	83 785 505	7 555 394	76 230 111
加纳	0.015	459 686	41 452	418 234
加蓬	0.015	459 686	41 452	418 234
柬埔寨	0.006	183 875	16 581	167 294
捷克	0.311	9 530 831	859 447	8 671 384
津巴布韦	0.005	153 229	13 817	139 412
K	分摊比额	会费毛额	员工薪金税抵扣	会费净额
喀麦隆	0.013	398 395	35 925	362 470
卡塔尔	0.282	8 642 104	779 305	7 862 799
科摩罗	0.001	30 646	2 763	27 883
科特迪瓦	0.013	398 395	35 925	362 470
科威特	0.252	7 722 731	696 401	7 026 330
克罗地亚	0.077	2 359 723	212 789	2 146 934
肯尼亚	0.024	735 498	66 324	669 174
L	分摊比额	会费毛额	员工薪金税抵扣	会费净额
拉脱维亚	0.047	1 440 351	129 885	1 310 466
莱索托	0.001	30 646	2 763	27 883
老挝人民民主共和国	0.005	153 229	13 817	139 412
黎巴嫩	0.047	1 440 351	129 885	1 310 466
立陶宛	0.071	2 175 849	196 208	1 979 641
利比里亚	0.001	30 646	2 763	27 883
利比亚	0.030	919 373	82 905	836 468
列支敦士登	0.009	275 812	24 871	250 941
卢森堡	0.067	2 053 266	185 154	1 868 112
卢旺达	0.003	91 937	8 290	83 647
罗马尼亚	0.198	6 067 860	547 172	5 520 688
M	分摊比额	会费毛额	员工薪金税抵扣	会费净额
马达加斯加	0.004	122 583	11 054	111 529
马尔代夫	0.004	122 583	11 054	111 529
马耳他	0.017	520 978	46 980	473 998
马拉维	0.002	61 292	5 527	55 765
马来西亚	0.341	10 450 204	942 352	9 507 852
马里	0.004	122 583	11 054	111 529
马绍尔群岛	0.001	30 646	2 763	27 883
毛里求斯	0.011	337 103	30 398	306 705
毛里塔尼亚	0.002	61 292	5 527	55 765
美利坚合众国	22.000	674 206 698	–a	674 206 698
蒙古	0.005	153 229	13 817	139 412
孟加拉国	0.010	306 458	27 635	278 823
密克罗尼西亚联邦	0.001	30 646	2 763	27 883
缅甸	0.010	306 458	27 635	278 823
摩尔多瓦共和国	0.003	91 937	8 290	83 647
摩洛哥	0.055	1 685 517	151 993	1 533 524

（续表）

摩纳哥	0.011	337 103	30 398	306 705
莫桑比克	0.004	122 583	11 054	111 529
墨西哥	1.292	39 594 320	3 570 435	36 023 885
N	分摊比额	会费毛额	员工薪金税抵扣	会费净额
纳米比亚	0.009	275 812	24 871	250 941
南非	0.272	8 335 646	751 671	7 583 975
南苏丹	0.006	183 875	16 581	167 294
瑙鲁	0.001	30 646	2 763	27 883
尼泊尔	0.007	214 520	19 344	195 176
尼加拉瓜	0.005	153 229	13 817	139 412
尼日尔	0.002	61 292	5 527	55 765
尼日利亚	0.250	7 661 440	690 874	6 970 566
挪威	0.754	23 106 902	2 083 675	21 023 227
P	分摊比额	会费毛额	员工薪金税抵扣	会费净额
帕劳	0.001	30 646	2 763	27 883
葡萄牙	0.350	10 726 015	967 223	9 758 792
R	分摊比额	会费毛额	员工薪金税抵扣	会费净额
日本	8.564	262 450 280	23 666 567	238 783 713
瑞典	0.906	27 765 058	2 503 726	25 261 332
瑞士	1.151	35 273 268	3 180 783	32 092 485
S	分摊比额	会费毛额	员工薪金税抵扣	会费净额
萨尔瓦多	0.012	367 749	33 162	334 587
萨摩亚	0.001	30 646	2 763	27 883
塞尔维亚	0.028	858 081	77 378	780 703
塞拉利昂	0.001	30 646	2 763	27 883
塞内加尔	0.007	214 520	19 344	195 176
塞浦路斯	0.036	1 103 247	99 486	1 003 761
塞舌尔	0.002	61 292	5 527	55 765
沙特阿拉伯	1.172	35 916 829	3 238 816	32 678 013
圣多美和普林西比	0.001	30 646	2 763	27 883
圣基茨和尼维斯	0.001	30 646	2 763	27 883
圣卢西亚	0.001	30 646	2 763	27 883
圣马力诺	0.002	61 292	5 527	55 765
圣文森特和格林纳丁斯	0.001	30 646	2 763	27 883
斯里兰卡	0.044	1 348 413	121 594	1 226 819
斯洛伐克	0.153	4 688 801	422 815	4 265 986
斯洛文尼亚	0.076	2 329 078	210 026	2 119 052
斯威士兰	0.002	61 292	5 527	55 765
苏丹	0.010	306 458	27 635	278 823
苏里南	0.005	153 229	13 817	139 412
所罗门群岛	0.001	30 646	2 763	27 883
索马里	0.001	30 646	2 763	27 883
T	分摊比额	会费毛额	员工薪金税抵扣	会费净额
塔吉克斯坦	0.004	122 583	11 054	111 529
泰国	0.307	9 408 248	848 393	8 559 855
坦桑尼亚联合共和国	0.010	306 458	27 635	278 823
汤加	0.001	30 646	2 763	27 883

（续表）

特立尼达和多巴哥	0.040	1 225 830	110 540	1 115 290
突尼斯	0.025	766 144	69 087	697 057
图瓦卢	0.001	30 646	2 763	27 883
土耳其	1.371	42 015 335	3 788 751	38 226 584
土库曼斯坦	0.033	1 011 310	91 196	920 114
W	分摊比额	会费毛额	员工薪金税抵扣	会费净额
瓦努阿图	0.001	30 646	2 763	27 883
危地马拉	0.036	1 103 247	99 486	1 003 761
委内瑞拉玻利瓦尔共和国	0.728	22 310 112	2 011 824	20 298 288
文莱达鲁萨兰国	0.025	766 144	69 087	697 057
乌干达	0.008	245 166	22 108	223 058
乌克兰	0.057	1 746 808	157 520	1 589 288
乌拉圭	0.087	2 666 181	240 424	2 425 757
乌兹别克斯坦	0.032	980 664	88 432	892 232
X	分摊比额	会费毛额	员工薪金税抵扣	会费净额
西班牙	2.146	65 765 799	5 930 460	59 835 339
希腊	0.366	11 216 348	1 011 439	10 204 909
新加坡	0.485	14 863 193	1 340 295	13 522 898
新西兰	0.291	8 917 916	804 177	8 113 739
匈牙利	0.206	6 313 026	569 280	5 743 746
Y	分摊比额	会费毛额	员工薪金税抵扣	会费净额
牙买加	0.008	245 166	22 108	223 058
亚美尼亚	0.007	214 520	19 344	195 176
也门	0.010	306 458	27 635	278 823
伊拉克	0.129	3 953 303	356 491	3 596 812
伊朗伊斯兰共和国	0.398	12 197 012	1 099 871	11 097 141
以色列	0.490	15 016 422	1 354 113	13 662 309
意大利	3.307	101 345 525	9 138 877	92 206 648
印度	0.834	25 558 563	2 304 755	23 253 808
印度尼西亚	0.543	16 640 647	1 500 578	15 140 069
约旦	0.021	643 561	58 034	585 527
越南	0.077	2 359 723	212 789	2 146 934
Z	分摊比额	会费毛额	员工薪金税抵扣	会费净额
赞比亚	0.009	275 812	24 871	250 941
乍得	0.004	122 583	11 054	111 529
智利	0.407	12 472 824	1 124 743	11 348 081
中非共和国	0.001	30 646	2 763	27 883
中国	12.005	367 902 337	33 175 752	334 726 585
总数	100.000	3 064 575 900	215 552 571	2 849 023 329

注：2019年未抵扣的“员工薪金税抵扣”的会员国：美利坚合众国，60 796 879美元。

（资料来源：联合国网站）

（庄向博）

联合国部分重要议题

安理会改革问题

2019年，联合国会员国继续围绕安理会改革问题展开讨论。在第73届联合国大会期间，安理会改革政府间谈判先后举行5次会议。各国就安理会改革问题所涉及的各类问题进行了深入的讨论，进一步加深了各方对相互立场的了解。6月26日，第73届联大协商一致通过决定，要求第74届联大继续就安理会改革问题举行政府间谈判。

11月25日，第74届联大举行全体会议，审议安理会改革问题。中国常驻联合国代表张军大使出席并在发言中阐述中方原则立场，强调中方支持安理会与时俱进，通过合理、必要改革，优先增加发展中国家、特别是非洲国家的代表性和发言权。安理会改革涉及全体会员国切身利益和联合国未来发展方向，事关全球治理体系和国际秩序的重大调整，必须通过深入沟通、民主协商，寻求兼顾各方利益和关切的"一揽子"解决方案，达成最广泛政治共识，得到广大会员国共同支持。当前，各方对改革总体方向和思路仍然存在巨大分歧，仓促启动具体案文谈判，或人为设定改革时限，甚至强推不成熟的改革方案，不仅无助于改革进程健康发展，还将加剧各方分歧，引发对立甚至对抗。中方呼吁会员国展现政治意愿，积极、建设性参与本届联大政府间谈判，推动改革进程不断凝聚最广泛共识。（孙浩）

反恐问题

2019年，联合国安理会多次举行反恐问题公开会，通过3项决议。

3月28日，安理会举行关于预防与打击恐怖融资问题公开辩论会，一致通过第2462号决议，强调"伊斯兰国"等恐怖组织依然具有相当资金实力，彻底阻断恐怖融资是当前国际社会面临的共同挑战，呼吁加强沟通对话，聚焦信息分享和风险评估等。

5月20日，安理会举行反恐及相关领域附属机构工作通报会，听取1267委员会（"伊斯兰国"及基地组织制裁委）、反恐委员会、1540委员会（防扩散问题委员会）主席通报工作。

7月9日，安理会举行国际恐怖主义与有组织犯罪关联问题公开辩论会，呼吁各国应落实《联合国打击跨国有组织犯罪公约》及反腐、打击毒品走私、反恐决议等要求，加强边境管控等领域能力建设。

7月15日，安理会审议联合国收集"伊斯兰国"在伊拉克所犯罪行证据调查组（UN Investigative Team for Accountability of Da'esh，UNITAD）工作。

7月19日，安理会一致通过关于国际恐怖主义与有组织犯罪关联问题第2482号决议，呼吁会员国加强协调，更有力应对国际恐怖主义与国内或跨国有组织犯罪之间的联系，加强边境管理等。

8月27日，安理会举行恐怖行为威胁国际和平与安全问题公开会，强调"伊斯兰国"等恐怖组织仍是全球威胁，外国恐怖作战分子回流问题突出，国际社会必须高度警惕，共同应对。

9月20日，安理会一致通过第2490号决议，将联合国收集"伊斯兰国"在伊拉克所犯罪行证据调查组授权延期至2020年9月21日。

中国代表在安理会审议中表示，恐怖主义是全人类公敌，应加强国际反恐合作。一是应遵循《联合国宪章》宗旨和原则，发挥联合国及安理会在反恐领域的中心协调作用。打击恐怖主义应坚持统一标准，采取零容忍政策，尊重当事国主权和会员国反恐主体责任，形成合力。二是应综合施策，标本兼治，致力于消除滋生恐怖主义的根源。国际社会应推动通过政治手段解决热点问题，以和平方式解决争端，协助会员国减贫脱困，实现可持续发展。三是应加强国际司法合作，结合恐怖主义的新趋势和新特点采取有针对性的反恐措施，重点解决外国恐怖作战分子流动、恐怖组织融资渠道多元化等突出问题。四是应发挥联合国反恐办公室、安理会反恐委员会、1267委员会等机制专业优势，加强协调，维护反恐及制裁机制权威性和有效性。（王颖童）

维和问题

联合国维和行动是联合国维护国际和平与安全的重要手段，是国际社会共同践行多边主义的一项创举，几十年来在缓和紧张局势、解决地区冲突方面发挥了重要作用。截至2019年12月，联合国正在实施13项维和行动，参加维和行动总人数为83331人，包括72967名军事人员、9124名警务人员和1240名军事专家。2019年7月至2020年6月，联合国维和预算约为65亿美元。

中国坚定支持和积极参与联合国维和行动。自1989年以来，中国共向30项联合国维和行动派出维和人员约4万人次。截至2020年1月，中国派遣2500多名维和人员在黎巴嫩、塞浦路斯、西撒哈拉、苏丹达尔富尔、刚果（金）、南苏丹、马里、中东、中非共和国9个任务区执行任务。中国维和预算分摊比例为15.2%，在会员国中位居第2位。为落实习近平主席2015年出席联合国成立70周年系列峰会期间宣布的支持联合国维和行动重大举措，中国率先组建完成总员额8160人的维和待命部队和300人规模的常备维和警队，可随时应联合国要求派出。

2019年，联合国安理会多次举行维和问题公开会，发表1份主席声明。

5月7日，安理会举办联合国维和行动培训与能力建设问题公开辩论会，并发表主席声明，内容主要包括：维和行动对于促进和维护国际和平与安全十分重要，遵守当事方同意、中立以及非自卫和履行授权不使用武力等维和基本原则，呼吁改进维和人员培训，加强培训与能力建设等。

中国代表在安理会审议中表示，中国重视并支持根据《联合国宪章》宗旨与原则开展维和行动，支持古特雷斯秘书长提出的“为维和而行动”倡议，签署了有关共同承诺宣言，积极参与联合国安理会、联合国大会和联合国维和行动特别委员会的有关审议和磋商。中方主张，联合国维和行动应坚持《联合国宪章》宗旨和原则，坚持维和三原则，尊重当事国主权和意愿。应加强对维和行动的宏观管理，确保维和授权现实可行。要提高行动效率，加快维和部队组建和部署。要优化后勤保障，提高维和资源的效用。应加强同区域组织的协调与配合，充分发挥区域组织的独特优势，形成合力。（庄向博）

联合国财政和预算问题

联合国预算包括经常预算、维和预算、国际刑庭预算等，主要来源于现有193个会员国所缴纳的会费和摊款。经常预算的分摊比例以各国支付能力为原则确定，每3年调整1次。

2019年，第74届联合国大会审议了联合国2020年方案预算、政治特派团预算、基建项目等议题，并通过相关决议和决定。2019年12月，联大批准2020年联合国经常预算额30.7亿美元，比2017年联大批准的2018—2019两年期预算中的2019年预算额增加约3.7亿美元。

2019年10月，联大五委召开会议讨论了联合国财政状况。联合国副秘书长波拉德表示，截至2019年10月，包括中国在内38个会员国足额缴纳了会费和各项摊款，联合国秘书长对此表示感谢，并呼吁尚未足额缴费的国家及时缴纳。（孙浩）

叙利亚问题

2019年，安理会高度关注叙利亚问题，每月均举行公开会，审议叙政治进程、化武、人道局势等问题。

9月19日，德国、比利时和科威特推动安理会表决其散发的决议草案，核心内容是关注伊德利卜暴力升级，谴责袭击平民行为，要求立即停止军事行动等。草案因中俄投反对票未能通过。

10月，土耳其对叙利亚东北部发动“和平之泉”军事行动，安理会发表主席媒体评论，对叙东北部地区恐怖分子逃窜风险和叙人道局势进一步恶化深表关切。

12月，安理会就德国、比利时、科威特提交的叙利亚跨境人道救援问题决议草案进行表决，主要内容是：将现有4个人道救援跨境点中的3个延期1年，关停叙约边境跨境点，6个月后评估是否重启。草案因中俄投反对票未能通过。俄罗斯随后要求表决其替代决议草案，主要内容是：将现有4个跨境点减为2个，授权延期6个月。草案因未得到足够赞成票亦未通过。

中国代表在审议中表示，叙利亚问题有关各方应根据安理会第2254号决议精神，在尊重叙主权、独立、统一和领土完整的基础上，根据“叙人所有、叙人主导”原则，继续推进包容性政治进程，寻找各方都能接受的解决方案。国际社会应根据安理会有关决议和国际法，统一标准，打击所有被安理会列名的恐怖组织。国际社会应努力改善叙经济和人道局势，在叙开展人道救援行动应同叙政府加强沟通协调，尊重叙主权和领土完整。跨境人道救援是特定形势下采取的特殊救援方式，应结合地面形势发展及时进行评估并作出调整。中方坚决反对任何国家、组织或个人，在任何情况下，出于任何目的使用化学武器。所有指称化武事件必须经过全面、客观、公正调查，基于确凿证据，得出经得起事实和历史检验的结论，并将肇事者和责任方绳之以法。（李向）

利比亚问题

2019年，安理会高度关注利比亚局势，多次开会审议，共通过3项决议，发表5份主席新闻谈话。

3月26日，安理会发表主席新闻谈话，欢迎利东西两派在阿布扎比举行对话，欢迎秘书长利比亚问题特别代表宣布将于4月14—16日举行利全国对话会，呼吁与会各方共同致力于推进“利人主导、利人所有”的政治进程。

6月10日，安理会一致通过第2473号决议，将安理会利比亚制裁委、对利比亚武器禁运措施、在利比亚沿岸公海对检查出入利装载武器或相关物资船只的授权延期至2020年6月10日。

7月5日，安理会发表主席新闻谈话，谴责利比亚拘留中心遇袭事件，呼吁利各方停火、各国不要介入利冲突。

8月5日，安理会发表主席新闻谈话，支持秘书长利比亚问题特别代表提出的宰牲节休战倡议。

8月11日，安理会发表主席新闻谈话，强烈谴责在班加西发生的联合国车队遇袭事件，支持利比亚冲突双方在宰牲节期间休战。

9月14日，安理会一致通过第2486号决议，将联合国利比亚支助团（United Nations Support Mission in Libya，UNSMIL）授权延期至2020年9月15日。

10月3日，安理会一致通过第2491号决议，将会员国在利比亚沿岸公海上打击偷运移民和贩运人口活动的授权延期至2020年10月3日。

12月2日，安理会发表主席新闻谈话，呼吁各方应尽快缓解紧张局势并承诺停火，支持秘书长利问题特别代表斡旋等。

中国代表在安理会审议中表示，利比亚问题必须通过政治途径解决。中方支持联合国秘书长特别代表萨拉迈的斡旋努力，呼吁利比亚冲突各方尽快停火，缓解紧张局势，回到和平对话与协商解决的轨道上来。国际社会应尊重利比亚主权、独立和领土完整，坚持“利人主导、利人所有”的政治进程。非盟和阿盟在调解各方冲突方面具有特殊优势，应支持其发挥作用，同联合国形成合力。有影响力的国家应积极发挥作用和施加影响，推动利比亚各方化解分歧，加强互信。中方愿继续为恢复利比亚和平与稳定作出积极贡献。

（李向）

阿富汗问题

2019年，联合国安理会多次审议阿富汗问题，通过2项决议。联合国大会通过1项决议。

3月15日，安理会通过第2460号决议，决定将联合国阿富汗援助团（United Nations Assistance Mission in Afghanistan，UNAMA）授权技术性延期至2019年9月17日。

9月17日，安理会通过第2489号决议，决定将联阿团授权技术性延期至2020年9月17日，全力支持联阿团和秘书长特别代表工作，支持联阿团与阿政府密切协商，组织透明包容选举，支持开展区域合作，促进互联互通伙伴关系等。

11月27日，第74届联大通过第A/RES/74/9号决议，尊重阿富汗主权、独立、领土完整和国家统一，欢迎阿富汗政府为促进“阿人主导、阿人所有”的和平进程作出的努力，强调区域合作在促进阿富汗长期和平、安全、繁荣、可持续发展和人权方面发挥重要作用。

中国代表在联大、安理会有关会议上表示，阿富汗尽快实现和平稳定，是阿富汗人民、地区和国际社会的共同期盼。一是要继续协助阿富汗改善安全环境。中方欢迎阿富汗为推动选举顺利举行所做大量工作，尊重阿富汗人民的选择。中方呼吁外国部队从阿富汗撤军应本着有序、负责任原则。二是要大力帮助阿富汗推进和平和解进程。中方呼吁包括塔利班在内的阿富汗各派以国家和人民利益为重，通过阿人内部对话谈判，早日达成广泛包容的政治架构。三是要切实帮助阿富汗促进经济社会发展。继续关注并大力帮助阿富汗政府和人民改善人道局势，通过参与区域经济合作与互联互通消除贫困。联阿团应就此发挥积极作用，履行授权，并加强与区域国家、区域组织合作。

（王颖童）

也门问题

2019年，安理会密切关注也门局势，多次审议也门问题，通过3项决议，发表1份主席声明。

1月16日，安理会一致通过第2452号决议，决定设立联合国支持落实《荷台达协议》特派团（United Nations Mission to support the Hodeidah Agreement，UNMHA），任务授权6个月。

2月26日，安理会一致通过第2456号决议，决定将安理会对也门制裁措施及其专家小组授权分别延期至2020年2月26日和2020年3月28日。

7月15日，安理会一致通过第2481号决议，决定将联合国支持落实《荷台达协议》特派团授权延期至2020年1月15日。

8月29日，安理会发表主席声明，强烈谴责胡塞组织袭击沙特平民和民用设施，呼吁也门各方加大落实《斯德哥尔摩协议》等。

中国代表在安理会审议中表示，政治手段是解决也门问题的唯一出路。也门各方应在安理会有关决议、海合会倡议及其实施机制、也门全国对话会议成果文件基础上，以政治手段解决也门问题。中方支持维护也门主权、独立、统一和领土完整，支持联合国发挥斡旋主渠道作用，希望有关各方切实履行《斯德哥尔摩协议》。中方愿为推动解决也门问题发挥建设性作用。国际社会应加大对也门人道支持，中方也将向也门提供力所能及的帮助。

（李向）

巴以问题

2019年，安理会密切关注巴以问题，多次举行公开会。

7月23日，安理会举行巴以问题公开会，听取联合国政治和建设和平事务副秘书长迪卡洛通报。安理会成员、巴勒斯坦、以色列等40余国代表发言，多数国家关切以色列定居点建设和拆除巴勒斯坦人房屋等行动加深加沙地带人道主义危机等问题。

11月20日，安理会举行巴以问题公开会，听取联合国中东和平进程特别协调员姆拉德诺夫（Special Coordinator for the Middle East Peace Process，Nickolay Mladenov）通报，安理会成员就近期加沙地区冲突再次严重升级进行讨论。多数成员对巴以局势持续动荡深感忧虑，呼吁各方坚持通过政治外交手段解决问题，避免采取导致局势紧张升级的行动。

11月27日，联合国举行"声援巴勒斯坦人民国际日"纪念大会，习近平主席向大会致贺电。

中国代表在相关审议中表示，中方支持建立以1967年边界为基础、以东耶路撒冷为首都、拥有完全主权的、独立的巴勒斯坦国，对中东和平进程迟滞不前深感忧虑。中方呼吁各方切实执行安理会第2334号决议，坚持政治解决的正确方向和公平正义的基本原则，发挥联合国的关键作用，形成地区和国际社会的一致合力，推动巴以问题早日得到全面、公正和持久解决。各方应坚持"两国方案"的大方向，在联合国有关决议、"土地换和平"原则、"阿拉伯和平倡议"等国际共识和准则的基础上，通过平等对话和政治谈判化解分歧，找到巴以双方都可以接受的解决方案。有关方面应从地区民众安危及和平稳定大局出发，保持冷静克制、相向而行，停止采取军事行动，停止发表煽动性言论，停止一切针对平民的暴力行为，切实推动局势缓和，重建和积累互信，为重启巴以和谈创造良好条件。（叶祎）

苏丹达尔富尔问题

2019年，安理会持续关注苏丹局势，多次审议达尔富尔问题，共通过3项决议，发表1份主席新闻谈话。

2月7日，安理会通过第2455号决议，将苏丹制裁委专家小组授权延期至2020年3月12日。

5月21日，安理会发表主席新闻谈话，谴责不明人群攻击联合国—非盟达尔富尔混合特派团（United Nations-African Union Mission in Darfur，UNAMID），呼吁苏丹政府采取措施确保联非达团营地和人员安全。

6月27日，安理会通过第2479号决议，将联非达团授权延期至2019年10月31日。

10月31日，安理会通过第2495号决议，将联非达团授权延期至2020年10月31日，并于2020年3月31日前重新评估联非达团裁撤行动方针。

中国代表在安理会审议中表示，国际社会应继续加大对苏丹达尔富尔地区的投入，巩固现有成果，推进重建进程。达尔富尔地区有关各方应抓住苏丹政治进展的机会窗口，尽早重启和平进程。中方呼吁逐步解除安理会对苏丹制裁，将苏丹从"支恐国家名单"中删除。国际社会应积极帮助苏丹政府加强自身安全和治理能力建设，支持联非达团如期撤出，尊重并听取苏丹政府的意见。（殷铎全）

南苏丹问题

2019年，安理会多次审议南苏丹问题，共通过2项决议，发表1份主席声明和1份主席新闻谈话。

3月15日，安理会通过第2459号决议，将联合国驻南苏丹特派团（United Nations Mission in South Sudan，UNMISS）授权延期至2020年3月15日。

5月30日，安理会通过第2471号决议，将对南苏丹制裁措施及制裁委专家小组授权分别技术性延期至2020年5月31日和6月30日。

10月8日，安理会发表主席声明，认可南苏丹和平进程取得重要进展，呼吁各方加快落实《解决南苏丹冲突重振协议》（Revitalized Agreement on the Resolution of the Conflict in the Republic of South Sudan）。

11月22日，安理会发表主席新闻谈话，表示注意到《重振协议》有关方将过渡期延长100天的决定，希望南苏丹各方继续落实协议等。

中国代表在安理会审议中，呼吁各方继续帮助南苏丹维护来之不易的和平势头，落实《重振协议》是政治解决南苏丹问题的关键。国际社会要充分尊重南苏丹政府的主导权，继续支持伊加特发挥斡旋主渠道作用，继续向南苏丹提供人道和经济援助。中方为支持南苏丹落实《重振协议》，向南苏丹提供了一批粮食和物资援助。中方愿同国际社会共同努力，继续为实现南苏丹和平、稳定与发展发挥建设性作用。

（殷铎全）

伊拉克问题

2019年，安理会持续关注伊拉克局势，多次举行公开会，并通过1项决议，发表1份主席声明。

2月19日，安理会就伊拉克同科威特关系发表主席声明，欢迎伊科两国建立良好双边关系并在寻找失踪人口方面开展合作，鼓励国际社会向伊提供帮助，欢迎伊承诺向科归还包括国家档案在内的财产等。

5月21日，安理会通过第2470号决议，决定将联合国伊拉克援助团授权（United Nations Assistance Mission in Iraq，UNMAI）延期至2020年5月31日。

6月28—30日，联合国安理会代表团先后赴科威特和伊拉克访问，就伊科问题、伊拉克国家重建等同伊、科两国交换意见。

中国代表在相关审议中表示，伊拉克正处于巩固反恐成果、实现和平稳定与推动国家重建的关键阶段。中方坚定支持伊拉克为维护主权和领土完整所作努力，支持伊方自主解决内部事务和应对挑战，反对任何外部势力干涉伊内政。中方将与国际社会一道，共同支持伊方维护和平稳定和打击恐怖主义的努力。中方将继续积极参与伊拉克能源、基础设施等领域的重建，并为伊经济社会发展提供力所能及的帮助，帮助其实现国家稳定与发展。（叶祎）

塞浦路斯问题

2019年，安理会多次审议塞浦路斯问题，通过2项决议，发表2份主席新闻谈话。

1月30日，安理会通过第2453号决议，决定将联合国驻塞浦路斯维和部队（The United Nations Force in Cyprus）授权延期至2019年7月31日。

2月27日，安理会发表主席新闻谈话，欢迎塞希、土两族领导人举行会晤以及在建立信任措施方面取得的成果。

7月25日，安理会通过第2483号决议，将联塞部队授权延期至2020年1月31日。

10月9日，安理会发表主席新闻谈话，重申不得对瓦罗莎采取同安理会决议不符的行动，呼吁实现持久、全面、公正的解决方案。

中国代表在安理会审议中表示，中方一贯在塞浦路斯问题上秉持客观、公正立场，尊重塞独立、主权和领土完整。塞问题应在联合国相关决议基础上，通过塞希、土两族对话谈判，逐步缩小分歧，达成双方均可接受的持久、全面、公正、合理解决方案。希望塞两族和有关各方坚持政治解决的大方向，在既有进展基础上，尽早恢复对话谈判。呼吁有关方面保持克制，避免采取任何单方面行动，共同为塞问题谈判创造良好条件。国际社会，特别是对塞希、土两族有影响力的有关各方均应加大努力，推动双方显示灵活，相向而行。（卢可）

科索沃问题

2019年，安理会多次审议科索沃问题。

中国代表在安理会审议中表示，安理会第1244号决议是解决科索沃问题的重要法律基础。各方应根据《联合国宪章》宗旨和原则，在安理会相关决议框架内，通过对话谈判达成均可接受的解决方案。中方尊重塞尔维亚主权和领土完整，理解塞方在科问题上的合理关切，赞赏塞为寻求政治解决科问题所作努力。希望贝尔格莱德和普里什蒂纳继续致力于通过对话协商推进双方关系正常化，作出建设性努力，落实业已达成的协议，逐步增进互信，为寻求全面、持久解决方案不断积累条件。（卢可）

索马里问题

2019年，安理会多次审议索马里问题，共通过4项决议，发表4份主席新闻谈话。

1月5日，安理会发表主席新闻谈话，对索马里联邦政府宣布联合国秘书长索马里问题特别代表海索姆（Nicholas Haysom）为不受欢迎人员表示遗憾。

3月27日，安理会通过第2461号决议，决定将联合国驻索马里援助团（United Nations Assistance Mission in Somalia，UNSOM）授权延期至2020年3月31日。

5月30日，联合国秘书长古特雷斯任命斯万（James Swan，英国籍）为联合国秘书长索马里问题特别代表兼联合国索马里援助团团长。

5月31日，安理会通过第2472号决议，授权非盟成员国继续部署非盟驻索马里特派团（African Union Mission in Somalia，AMISOM）至2020年5月31日。

7月15日，安理会发表主席新闻谈话，对索马里7月12日遭受恐怖袭击表示强烈谴责。

11月15日，安理会通过第2498号决议，决定将对索马里制裁措施延至2020年11月15日，将索马里制裁委专家小组任期延至2020年12月15日。

11月25日，安理会发表主席新闻谈话，欢迎索马里联邦政府关于通过选举法案的承诺，鼓励索联邦政府同各地方机构寻求包容性政治解决方案。

12月4日，安理会通过第2500号决议，决定将在索马里沿海海域与索马里当局合作打击海盗和海上武装抢劫行为的国家和区域组织的授权延长12个月。

12月29日，安理会发表主席新闻谈话，对索马里摩加迪沙遭受恐怖袭击表示强烈谴责。

中国代表在安理会审议中表示，在索马里政府、非盟、联合国及国际社会的共同努力下，索马里国家重建不断取得积极进展。中方支持索马里联邦政府为推进政治和解、恢复经济和改善民生所作努力。同时，索马里仍面临诸多挑战，恐怖主义对地区安全威胁犹存。联合国及国际社会应切实根据索马里实地情况，支持非洲国家以非洲方式解决非洲问题，帮助索马里推进国家重建。（张卓）

刚果（金）问题

2019年，安理会持续关注刚果（金）局势，多次审议刚果（金）问题，共通过3项决议，发表1份主席声明和2份主席新闻谈话。

1月15日，安理会发表主席新闻谈话，欢迎刚果（金）和平举行大选，呼吁各方通过政治对话和平解决分歧。

3月29日，安理会通过第2463号决议，将联合国刚果（金）稳定特派团（United Nations Organization Stabilization Mission in the Democratic Republic of the Congo，MONUSCO）授权延期9个月至2019年12月20日。

6月26日，安理会通过第2478号决议，决定对刚果（金）制裁措施延期至2020年7月1日，对制裁委专家小组授权延期至2020年8月1日，要求安理会重新评估对刚果（金）制裁措施。

8月1日，安理会就埃博拉疫情发表主席声明，强调疫情防控工作十分紧迫，呼吁国际社会向刚果（金）及时提供资金、技术和人力支持等。

8月31日至9月2日，古特雷斯秘书长对刚果（金）进行工作访问，强调联合国将在抗击埃博拉疫情和促进刚果（金）东部安全问题等方面，继续向刚果（金）政府和人民提供支持。

10月14日，安理会发表主席新闻谈话，欢迎刚果（金）新政府成立并致力于改革安全部队，呼吁联刚稳定团同刚果（金）安全部队加强合作。

12月19日，安理会通过第2502号决议，将联合国刚果（金）稳定特派团授权延期1年至2020年12月20日。

中国代表在安理会审议中表示，刚果（金）形势总体保持稳定，经济社会发展取得积极成就。这充分显示了刚果（金）政府和人民有意愿、有能力自主解决本国面临的问题。刚果（金）仍面临东部地区武装团伙问题等挑战，国际社会应继续提供支持，促进刚果（金）和平与发展。希望联合国在尊重刚果（金）政府意见基础上，开展对联刚团授权任务的战略审查，确保联刚团将安全责任逐步、有序移交给刚果（金）安全力量。（张卓）

乌克兰问题

2019年，安理会多次审议乌克兰问题。

中国代表在安理会审议中表示，中方在乌克兰问题上一贯秉持客观、公正立场，尊重包括乌克兰在内所有国家的主权和领土完整，反对任何外部势力干涉乌克兰内政。《新明斯克协议》得到安理会核可，为政治解决乌克兰危机发挥了至关重要的作用。中方呼吁有关各方切实履行《新明斯克协议》，坚持政治解决的大方向，通过对话协商，寻求危机的全面解决，推动乌克兰实现和平、稳定与发展。中方将继续为政治解决乌克兰问题发挥建设性作用。（卢可）

马里问题

2019年，安理会多次审议马里问题，共通过2项决议，发表1份主席声明和7份主席新闻谈话。

1月16日，安理会发表主席新闻谈话，欢迎马里《和平与和解协定》落实取得积极进展，强调已根据安理会决议将马里3名个人列入制裁名单。

1月20日　和25日、2月23日、4月22日、5月19日、10月6日，安理会6次发表主席新闻谈话，强烈谴责针对联合国马里综合稳定特派团维和人员的恐怖袭击事件。

4月3日，安理会发表主席声明，敦促马里政府和各武装团体加快执行马里《和平与和解协议》，鼓励各方采纳修订过的执行路线图。

6月28日，安理会通过第2480号决议，决定将联合国驻马里综合稳定特派团（United Nations Multidimensional Integrated Stabilization Mission in Mali，MINUSMA）授权延期至2020年6月30日。

8月29日，安理会通过第2484号决议，将马里制裁措施延期至2020年8月31日。

中国代表在安理会审议中表示，国际社会应在尊重马里独立、主权和领土完整的基础上，切实帮助马里提升自主发展和政府施政能力，支持和帮助马里政府提高安全和反恐能力，支持区域和次区域组织发挥斡旋协调作用。中方赞赏并支持联合国驻马里综合稳定特派团认真履职，希联马团继续同马里政府保持协调配合，帮助马里加强能力建设。同时中方希望秘书处和联马团继续采取切实措施，加强维和人员安全。（张卓）

几内亚比绍问题

2019年，安理会多次审议几内亚比绍局势，通过1项决议，发表1份主席声明。

2月28日，安理会通过第2458号决议，将联合国驻几内亚比绍建设和平综合办事处（United Nations Integrated Peacebuliding Office in Guinea-Bissau，UNIOGBIS）任期延长至2020年2月28日。

11月4日，安理会发表主席声明，对几内亚比绍社会和政治动荡表示关切，呼吁有关各方尊重非盟和西共体决定，维护几内亚比绍国内稳定。

中国代表在安理会审议中表示，中方赞赏西共体和非盟等区域、次区域组织及几比建和办为斡旋调解几比政治危机发挥重要作用。希望几比各方共同努力，确保选举顺利举行。中方呼吁国际社会继续为几比提供支持。中方一贯支持非洲国家以非洲方式解决非洲问题，将继续同国际社会一道为促进几比各方对话沟通、维护几比和西非地区持久稳定发挥建设性作用。（殷铎全）

朝鲜半岛核问题

2019年，中国作为联合国安理会常任理事国，推动安理会为政治解决半岛问题发挥了建设性作用。

12月17日，中国和俄罗斯共同向安理会提交了关于政治解决半岛问题决议草案，主要包括三方面内容：一是重申各方应致力于实现半岛无核化；二是敦促美朝继续对话，呼吁恢复六方会谈；三是决定根据朝鲜遵守决议情况，解除部分对朝制裁措施。安理会各方就决议草案交换了意见，未采取进一步行动。

4月10日，安理会通过第2464号决议，将安理会朝鲜制裁委员会专家小组授权延期至2020年4月24日，要求专家小组于2020年3月6日前向安理会提交年度报告。

12月11日，安理会审议朝鲜半岛局势。中国常驻联合国代表张军大使发言表示，朝方已在无核化问题上采取了一系列积极举措，但其在安全与发展方面的合理关切与诉求没有得到相应重视和解决，这是导致当前对话僵局和形势趋紧的重要原因。朝美双方特别是美方应把握住来之不易的“机会之窗”，正视和尊重彼此关切，真正展现灵活和诚意，落实《美朝联合声明》共识，并按照分阶段、同步走原则，尽快打破僵局，恢复对话接触，防止对话进程“脱轨”或者“倒退”。当前，政治解决半岛问题的紧迫性进一步上升。并行推进半岛无核化和半岛和平机制建设，是政治解决半岛问题唯一现实可行的路径。安理会必须结合半岛局势进展，尽快采取行动启动涉朝决议可逆条款，对决议制裁措施特别是民生领域规定作出必要调整。这符合决议精神，有利于缓解朝人道和民生形势，有利于营造对话氛围，有利于鼓励朝方在无核化方向上迈出更大步伐，有利于为半岛问题的政治解决创造条件、注入动力。中方呼吁安理会保持团结，承担起历史责任，发出支持政治解决的明确、一致声音。中方愿与有关各方一道，继续为实现半岛无核化、维护半岛持久和平稳定作出努力。（洪鸣）

中非共和国问题

2019年，安理会继续关注中非共和国问题，多次开会审议，共通过3项决议，发表1份主席声明。

1月31日，安理会通过第2454号决议，决定将对中非的武器禁运、旅行禁令、资产冻结等制裁措施延期至2020年1月31日，将中非制裁委专家小组授权延期至2020年2月29日。

4月9日，安理会发表主席声明，欢迎中非政府和14个武装团体于2019年2月6日签署《中非共和国和平与和解协议》，敦促各方执行协议，申明安理会将根据相关进展，评估对中非实施的军火禁运措施，特别是暂停或逐步取消有关措施。

9月12日，安理会通过第2488号决议，决定调整对中非实施的武器禁运措施，对指定的武器出售、援助等情形给予豁免。

11月15日，安理会通过第2499号决议，将联合国中非多层面综合稳定特派团（United Nations Multidimensional Integrated Stabilization Mission in the Central African Republic，MINUSCA）授权延期至2020年11月15日。

中国代表在安理会审议中表示，中方欢迎中非政府为加强国家安全力量部署、推进安全部门改革和加强能力建设所作努力，呼吁中非各方从国家和人民利益大局出发，切实推进解武及和平和解进程，通过对话协商解决分歧。中方赞赏中非特派团积极履职和开展工作，支持特派团提高自我保卫和安全预警能力。联合国和非盟等区域、次区域组织应同中非政府加强协调，促进中非和平和解对话，共同帮助中非早日实现和平发展。中方呼吁国际社会继续支持中非政府加强国家能力建设，为中非政府维护社会安全稳定提供必要支持等。（傅钰璐）

缅甸问题

2019年，安理会多次审议缅甸问题。

中国代表在安理会审议中表示，缅甸若开邦问题是历史遗留问题。解决若开邦问题既要治标，也要治本，最终需要缅孟双边解决。国际社会应当保持耐心，鼓励缅孟加强对话，早日实现首批流离失所者遣返，使避乱民众早日返回家园。在遣返过程中逐步解决国际社会关心的行动自由、公民身份、追责等问题。发展是解决若开邦问题的根本之道。国际社会应加大对若开邦地区的支持和投入，帮助当地民众消除贫困，以脱贫带动发展，以发展实现稳定。安理会成员应继续维护团结，避免过度施压，为推动缅孟双边解决问题发挥建设性作用。（卢可）

海地问题

2019年，安理会多次审议海地问题，通过2项决议。

4月12日，安理会通过第2466号决议，决定将联合国海地司法支助团（United Nations Mission for Justice Support in Haiti，MINUJUSTH）授权最后一次延期至2019年10月15日，此后转为政治特派团。

6月25日，安理会通过第2476号决议，决定组建联合国驻海地综合办公室（United Nations Integrated Office in Haiti，BINUH），授权自10月16日起，最初为期12个月，主要任务是帮助海开展选举、进行司法体系改革等。

中国代表在安理会审议中表示，国际社会，特别是对海地有重要影响的国家，应继续加大对海地政治、经济和人道局势的关注力度，协助海地维护国家稳定，促进经济发展，努力改善民生，落实2030年可持续发展目标。中方支持联海办按照授权帮助海地政府促进

政治稳定、强化法治、加强警察部门建设。海地政府应加强同联海办协调，共同做好联海办初创阶段各项工作。（洪鸣）

哥伦比亚问题

2019年，安理会多次审议哥伦比亚问题，通过1项决议。

7月11—14日，安理会访问团应邀对哥伦比亚进行访问。

9月12日，安理会一致通过第2487号决议，决定将联合国哥伦比亚核查团（United Nations Verification Mission in Colombia，UNVMC）授权延期至2020年9月25日。

中国代表在安理会审议中表示，中方赞赏哥伦比亚政府致力于推进和平进程，在加强国家机构建设、推动各领域改革、帮助前武装人员重返社会等领域取得积极进展。哥伦比亚面临一系列挑战，希望哥伦比亚政府及各方珍惜来之不易的和平进程，将全面落实和平协定作为优先任务，开展包容性政治对话，以对话增进互信，以发展促进和平。中方赞赏秘书长特别代表和联哥核查团所作贡献，呼吁联哥核查团继续发挥积极作用。（洪鸣）

黎巴嫩问题

2019年，安理会继续关注黎巴嫩问题，多次举行公开会，并通过1项决议。

8月29日，安理会通过第2485号决议，决定将联合国驻黎巴嫩临时部队（United Nations Interim Force in Lebanon，UNIFIL）授权延期至2020年8月31日。

中国代表在相关审议中表示，国际社会应切实尊重黎巴嫩主权、独立和领土完整，有关各方应严格履行安理会决议。中方肯定联黎部队为维护地区稳定作出重要贡献，赞赏出兵国和所有维和人员的辛勤付出，希望联黎部队继续同当事国密切沟通协商，聚焦和平授权，致力于蓝线地区稳定，推动黎以双方尊重停止敌对行动协议，并积极帮助黎武装部队加强能力建设，增强其在黎全线部署。（叶祎）

联合国部分机构

联合国组织机构庞杂，设立了各种理事会、委员会或其他名称的机构。下面介绍一些比较重要或同中国关系较多的机构。

联合国经社理事会职司委员会

社会发展委员会（Commission for Social Development—CSD）

【成立日期】1946年6月21日，是联合国经济与社会理事会9个职司委员会之一。

【职能】研究和讨论国际社会领域的形势和趋势；对各国社会发展的目标、政策提出建议；对妇女、青年、老龄人、残疾人、社会治安与犯罪控制等领域应采取的措施问题提出意见和建议；并与在经社理事会享有咨商地位的有关非政府组织建立工作关系。

【成员】46个成员。由经社理事会按地域均衡分配原则选举产生，任期4年。

【总部】美国纽约联合国总部。

【网址】http://www.un.org/development/desa/dspd/united-nations-commission-for-social-development-csocd-social-policy-and-development-division.html。

【组织机构】会议主席团由1名主席和4名副主席组成。主席团成员由委员会在常会结束后立即举行的常会第一次会议上选出，任期为2年。

【主要活动】委员会每2年举行1次会议。1997年起，届会改为每年1次，通常于2月在纽约举行。

【同中国的关系】中国于1981、1983、1985、1987年连续4次派观察员出席该委员会届会，并于1989年首次当选社会发展委员会成员，且连选连任至今。

2019年2月11—21日，联合国社会发展委员会第57届会议在纽约联合国总部举行。会议围绕“通过财政、薪资和社会保障政策解决不平等问题”的主题举行一般性辩论、专题讨论，并就解决不平等问题、非洲发展新伙伴关系、青年问题、社发会工作方法等协商一致，通过4项决议。中国常驻联合国代表团副代表吴海涛大使率由共青团中央、发展改革委、中国残联、全国老龄办组成的中国代表团与会。吴海涛大使作一般性辩论发言，宣介中国发展新理念和社会发展成就，提出消除不平等问题的主张。人力资源和社会保障部国际合作司司长郝斌应邀在多场专题讨论担任主讲嘉宾，介绍中国秉持以人民为中心的发展理念，执行充分就业政策、发展社会保障事业、促进社会公平正义的经验。大会期间，中国同欧盟、国际劳工组织合办“积极就业政策”主题边会，宣介中国就业理念、政策和成就。（冯华）

麻醉品委员会（Commission on Narcotic Drugs—CND）

【成立日期】根据联合国经社理事会1946年2月16日决议成立。

【成员】成员由经社理事会从联合国会员国、麻醉品公约缔约国、麻醉药品和精神药物的重要生产国和消费国中选出，同时注意地域均衡分配原则。现有成员53个，任期4年。

【主要职能】委员会是联合国系统内负责麻醉品管制问题的中心决策机构，主要职能包括：协助经社理事会制定有关政策和措施；根据国际禁毒公约的规定，管制非法使用和滥用麻醉品及精神药物，审议各缔约国落实公约情况；审议各国落实1998年禁毒特别联大《政治宣言》的情况；执行联合国机构所授予的其他职责等。

【组织机构】下设中近东麻醉品非法贩运及有关事务小组委员会和亚太、非洲、欧洲和拉美及加勒比4个地区性协调委员会。

【主要活动】委员会每年召开1次届会。4个地区性委员会定期分别举行会议，审议本地区管制和禁止麻醉品滥用和非法贩运等问题。

【同中国的关系】中国于1985年加入经修正的《1961年麻醉品单一公约》和《1971年精神药物公约》。1989年9月，中国批准《联合国禁止非法贩运麻醉药品和精神药物公约》。1973年，中国派观察员出席了委员会第25届会议。1986—2005年和2008年至今，中国为委员会成员，现有任期至2023年。

2019年3月14—22日，第62届联合国麻醉品委员会高级别会议暨常会在维也纳召开。国家禁毒委员会副秘书长魏晓军率由国家禁毒办、外交部、最高人民法院、最高人民检察院、卫生健康委、中国人民银行、国家药监局及香港、澳门特区政府组成的中国代表团参会。高级别会议举行了一般性辩论及“回顾过去”和“展望未来”两场圆桌会议，回顾过去十年的禁毒工作，宣介各国禁毒立场，探讨未来发展方向，通过了《从国家、区域和国际层面加快落实关于处理和应对世界毒品问题的共同承诺》部长级宣言。常会审议了毒罪办战略管理、预算和行政问题、各项国际禁毒公约执行情况、各国对2009年《关于开展国际合作以综合、平衡战略应对世界毒品问题的政治宣言和行动计划》的执行情况，磋商并通过了9项决议和决定等。

（尚海龙）

预防犯罪和刑事司法委员会（Commission on Crime Prevention and Criminal Justice—CCPCJ）

【成立日期】1992年2月6日，根据联合国大会第46/152号决议成立。

【成员】成员国由经社理事会根据公平地域分配原则选举产生，任期3年。该委员会现有成员国40个。

【主要职能】在预防犯罪和刑事司法领域为联合国提供政策指导；制定方案并监督、审查其执行情况；促进并协调区域间和区域预防犯罪研究所的活动；动员各会员国支持联合国预防犯罪和刑事司法方案；召开联合国预防犯罪大会并审议大会提交的建议。

【主要活动】委员会每年召开1次届会。针对近年来跨国有组织犯罪活动猖獗的情况，1997年委员会第6届会议决定，成立政府特设委员会负责起草打击跨国有组织犯罪国际公约。经过11次特委会会议，公约草案完成，并由2000年第55届联大通过。2000年12月，联合国在意大利巴勒莫举行该公约高级别签字大会，共有141个国家签署了公约。2003年9月，《联合国打击跨国有组织犯罪公约》生效。

【同中国的关系】中国自1980年恢复参与联合国预防犯罪和刑事司法领域的工作以来，本着积极、务实、合作的精神参加了联合国在这一领域的各项有关活动，为打击犯罪及加强预防犯罪和刑事司法领域的国际合作作出了贡献。中国政府派团出席了联合国预防犯罪和刑事司法委员会历届会议，积极参加有关议题的审议、有关标准规则及文件的制定，加强与各成员国的合作，发挥重要作用。2017年，中国再次当选该委员会成员，任期至2023年。

2019年5月20—24日，联合国预防犯罪和刑事司法委员会第28届会议在维也纳举行。司法部政治部主任冯力军率中国代表团与会，国家禁毒委员会副主任曾伟雄作为代表团高级顾问参会，司法部、外交部、公安部、中国驻维也纳代表团派员参会。会议审议并通过了打击网络犯罪技术援助、第14届预防犯罪大会筹备、打击儿童性剥削和性虐待、加强贵金属供应链安全、打击恐怖主义等11份决议。期间，冯力军会见了联合国毒品和犯罪问题办公室执行主任费多托夫，就落实《关于在预防犯罪和刑事司法领域开展战略合作的行动计划》、加强与毒罪办合作等问题交换了意见。

（尚海龙）

妇女地位委员会（Commission on the Status of Women—CSW）

【成立日期】根据经社理事会决议于1946年成立。

【成员】成员由经社理事会按地区分配原则选举产生，任期4年。成员国45个（非洲13个，亚洲11个，东欧4个，拉丁美洲和加勒比9个，西欧及其他国家8个）。

【主要职能】妇女地位委员会（下称“妇地会”）是联合国处理有关妇女问题的主要政府间机构，其主要职能是促进政治、经济、社会及教育等方面的性别平等，就有关妇女权益的迫切问题向经社理事会提出建议和报告。

【组织机构】从1971年起，妇地会由每年召开1次会议，改为2年1次；1988年又改为每年1次。该委员会闭会期间，日常事务由联合国妇女署负责。

【主要活动】妇女问题是联合国社会领域的重点活动之一。联合国自成立以来，通过了一系列旨在提高妇女地位、维护妇女正当权益和促进男女平等的决议、宣言和公约。为使这些国际文书的条款得以实施并敦请国际社会和各国政府进一步加强对妇女问题的关注，根据妇地会的建议和1975年在墨西哥召开的世界妇女大会的建议，联合国宣布1975年为“国际妇女年”，1976—1985年为“联合国妇女10年”。1980年和1985年联合国先后在哥本哈根（丹麦）和内罗毕（肯尼亚）召开了妇女10年中期和终期世界会议（即第2次和第3次世界妇女大会）。在终期会议上，制定了《到2000年提高妇女地位内罗毕前瞻性战略》。作为妇女10年活动的一部分，联合国于1979年12月18日通过了《消除对妇女一切形式歧视公约》。

2005年，第4次世界妇女大会10周年纪念会议在北京举行，会议主题为“共同发展，实现两性平等”，并通过了《北京+10宣言》。

2019年，第73届联大通过决议，决定于2020年第75届联大一般性辩论期间，举行纪念北京世界妇女大会25周年高级别会议。会议于9月23日在纽约联合国总部举行，主题为“加速实现性别平等和妇女赋权”。

【同中国的关系】中国于1972年首次当选为妇地会成员。此后，还参加过多次竞选，均当选。1980年，中国签署并批准《消除对妇女一切形式歧视公约》。

2019年3月11—22日，第63届联合国妇女地位委员会在纽约联合国总部举行，全国妇联副主席、书记处书记夏杰率由全国妇联、国务院妇女儿童工作委员会、外交部、中国常驻联合国代表团、香港和澳门特别行政区代表组成的中国代表团出席会议。代表团积极参加各项议程，积极宣介中国国妇女事业发展理念、政策、成就，以及支持发展中国家妇女事业的举措成效，取了得积极效果。（赵倩）

非政府组织委员会（Committee on Non-Governmental Organizations）

【成立日期】非政府组织委员会系联合国经社理事会下属常设委员会，根据经社理事会决议于1946年成立，最初由中国、法国、英国、苏联、美国5国组成。1950年，巴基斯坦和秘鲁加入非政府组织委员会，1966年委员会扩大至13国。1981年7月，经社理事会决定将非政府组织委员会成员从13个增至19个，由5个非洲国家、4个亚洲国家、4个拉美国家、4个西方国家和2个东欧国家组成。成员任期最初为1年，从1975年起，改至4年，每4年改选1次，可连选连任。

【宗旨和职能】非政府组织委员会是联合国系统内，唯一审议非政府组织申请联合国经社理事会咨商地位、讨论制定非政府组织行为规范等问题的机构，每年召开2次会议。根据联合国经社理事会1996/31号决议规定，经社理事会咨商地位分3类：全面（General）、特别（Special）和名册（Roster）。获得咨商地位的非政府组织可以观察员身份列席经社理事会及其下属机构会议。截至2019年12月，共有5177个非政府组织获得经社理事会咨商地位。

【成员】2019—2022年非政府组织委员会成员为巴林、巴西、布隆迪、中国、古巴、爱沙尼亚、斯威士兰、希腊、印度、以色列、利比亚、墨西哥、尼加拉瓜、尼日利亚、巴基斯坦、俄罗斯、苏丹、土耳其、美国。

【同中国的关系】中国于1994年首次当选委员会成员，并连选连任至今。截至2019年12月，中华全国妇女联合会、中国残疾人联合会、中国人权研究会、中国联合国协会、中国光彩事业促进会、中国女企业家协会、中国人民对外友好协会、中国人民争取和平与裁军协会、中国国际交流协会、中国绿化基金会、中国科学技术协会、中国可持续发展研究会、中国关爱协会、中国计划生育协会、中国军控与裁军协会、中华环境保护基金会、中国跨国公司研究会、中国国际科技合作协会、中国国际教育交流协会、中国国际公关协会、中国西藏文化保护与发展协会、中国国际民间组织合作促进会、中国长城协会、中国民间组织国际交流促进会、中华环保联合会、中华职业教育社、中国青年志愿者协会、中国扶贫基金会、北京青少年法律援助与研究中心、北京至诚农民工法律援助与研究中心、宋庆龄基金会、中国和平发展基金会、爱德基金会、中国行政体制改革研究会、中国社会组织促进会、亚太工商联合会同盟、亚洲法律咨询中心、香港各界妇女联合协进会、香港女工商与专业人员联合会、香港妇女中心协会、香港社会服务联合会、澳门妇女联合会、世界管理科学协会、国际生态安全组织、亚太家庭组织、亚洲控烟咨询组织、国际信息发展组织、世界道教协会、北京市民间组织国际交流协会、中国妇女发展基金会、中国生态文明研究与促进会、中非民间商会、中国文化院有限公司、国际市长交流中心、医患行者有限公司、南南合作金融中心（总部在香港）、中国水利工程协会、国际儒学联合会、阿拉伯工商协会、全球化智库、北京青爱教育基金会、北京市光明慈善基金会、中华少年儿童慈善救助基金会、海南成美慈善基金会、深圳市全景公益基金会、北京手工艺术协会、世界针灸学会联合会、中国慈善联合会、友成企业家扶贫基金会和世贸联合基金总会有限公司（香港）等七十余家非政府组织先后获得经社理事会咨商地位。

非政府组织委员会2019年届会和续会分别于1月30日至2月8日、5月16—24日在纽约举行，会议共审议1029个非政府组织要求获得经社理事会咨商地位的申请和719份非政府组织的4年期报告。（韩必祺）

联合国亚太经社会（United Nations Economic and Social Commission for Asia and the Pacific—ESCAP）

【成立日期】联合国亚洲及太平洋经济社会委员会（简称“亚太经社会”）前身为“亚洲和远东经济委员会”，于1947年在上海成立，1949年迁址泰国曼谷。1974年该组织改称现名，为联合国经社理事会下属5个区域经济委员会之一。

【组织机构】亚太经社会现有53个正式成员，包括中国等东亚国家，东南亚、南亚、中亚、南太，以及俄罗斯、土耳其、伊朗等国和美国、英国、法国、荷兰等，还有9个准成员，包括中国香港、中国澳门以及一些太平洋岛国和地区等。最高决策机构是部长级年会，每年定期举行。部长级会议机制下设9个专题委员会（信息通信技术与科技创新，减灾，环境与发展，统计，社会发展，能源，宏观经济、减贫与发展融资，贸易与投资，交通运输）。各委员会每2年召开1次会议，评审各自领域出现的最新趋势、推动地区交流与合作，并监督有关合作的执行情况。亚太经社会日常办事机构为秘书处，最高官员是执行秘书（联合国副秘书长级），由联合国秘书长任免。现任执行秘书阿里沙赫巴纳女士（Armida Salsiah Alisjahbana，印度尼西亚籍），2018年11月1日上任。

亚太经社会有东亚和东北亚、北亚和中亚、太平洋岛国以及南亚和西南亚4个次区域办事处，分别设在韩国仁川、哈萨克斯坦阿拉木图、斐济苏瓦和印度新德里。亚太经社会还有两类附属及相关机构。第一类为附属区域机构，共有6个，在组织上同亚太经社会保持一定联系，每年向其大会提交工作报告，包括亚太统计研究所（SIAP），亚太技术转让中心（APCTT），可持续农业扶贫开发中心（CAPSA），联合国可持续农业机械化中心（CSAM），亚太信息通信技术发展培训中心（APCICT）和亚太灾害信息管理中心（APDIM）；第二类为已独立的相关区域组织，但仍在业务上同亚太经社会保持联系，如湄公河委员会、台风委员会和热带旋风小组等。

【同中国的关系】中国一直积极参与亚太经社会活动，与其保持良好关系。1973年以来，中国派团参加了亚太经社会历届部长级会议。1978年7月，中国向亚太经社会派出常驻代表，1981年在中国驻泰国使馆设立常驻亚太经社会代表处。

近年来，中方与亚太经社会共同推进“一带一路”和区域互联互通合作，取得积极成果。2017年5月，亚太经社会第73届年会通过“加强全面无缝互联互通，促进亚太可持续发展”决议，同意通过共商、共建、共享实现一体化无缝互联互通，促进政策沟通、设施联通、贸易畅通、资金融通、民心相通。2019年4月，国务委员兼外长王毅同来华出席第二届“一带一路”国际合作高峰论坛的亚太经社会执秘阿里沙赫巴纳共同签署“一带一路”合作谅解备忘录，彰显双方进一步深化“一带一路”合作的政治意愿和决心。

2019年5月27—28日，亚太经社会第75届年会部长级会议在泰国曼谷举行。时任外交部部长助理张军率团与会，并在一般性辩论中发言，呼吁亚太经社会秉持初心，坚定维护多边主义，推动构建开放型经济，为本地区发展创造开放、包容、有利的环境。年会期间，中方举办“中国落实2030年可持续发展议程”主题图片展，并同泰国、哈萨克斯坦、亚太经社会共同主办“‘一带一路’促进可持续发展”主题会议。

（陈远航）

联合国人权理事会
United Nations Human Rights Council—UNHRC

【成立日期】2006年3月15日，第60届联合国大会表决通过第60/251号决议，决定成立人权理事会，取代原人权委员会。理事会系联大附属机构。

【宗旨和职能】促进对所有人人权与基本自由的普遍尊重；处理侵犯人权情况并提出建议；推动各国全面履行人权义务；推动联合国系统人权主流化；在与会员国协商同意后，帮助会员国加强人权能力建设，促进人权教育并提供技术援助；提供人权问题专题对话论坛；向联大提出进一步发展国际人权法的建议；向联大提交年度报告等。

【成员】人权理事会共有47个成员，根据公平地域分配原则，亚洲组13国、非洲组13国、拉美组8国、东欧组6国、西方组7国。理事会成员由联大以秘密投票方式选举产生，必须获半数以上会员国支持才能当选，任期3年，只能连选连任1次。联大可以2/3多数表决中止“粗暴和系统性侵犯人权国家”的理事会成员资格。中国于2006—2012年、2014—2016年及2017—2019年担任人权理事会成员。截至2019年12月，人权理事会成员国有中国、巴西、克罗地亚、古巴、埃及、匈牙利、冰岛、伊拉克、日本、卢旺达、沙特阿拉伯、南非、突尼斯、大不列颠及北爱尔兰联合王国、阿富汗、安哥拉、澳大利亚、智利、刚果民主共和国、墨西哥、尼泊尔、尼日利亚、巴基斯坦、秘鲁、卡塔尔、塞内加尔、斯洛伐克、西班牙、乌克兰、阿根廷、奥地利、巴哈马、巴林、孟加拉国、保加利亚、布基纳法索、喀麦隆、捷克、丹麦、厄立特里亚、斐济、印度、意大利、菲律宾、索马里、多哥、乌拉圭。

人权理事会工作以普遍、公正、客观、非选择性及建设性对话与合作为指导原则。理事会基本继承并改进原人权委员会机制和职能，新增对联合国会员国人权状况进行国别人权审查（亦称“普遍定期审议”，Universal Periodic Review）机制。理事会建章立制方案规定，各会员国每4年向理事会提交本国人权状况报告，参加理事会审议。2008年4月，理事会启动首轮审议。2011年10月，首轮国别人权审议结束。2012年5月，第2轮国别人权审议启动，审议周期改为4年半。2018年11月，中国参加第3轮国别人权审议，2019年3月，联合国顺利核可审议中国的报告。

理事会每年举行3次会议，其中包括1次主会，会期合计不少于10周。经至少1/3成员（16国）同意，可召开特别会议。截至2019年底，理事会共召开了42次全会，并就被占巴勒斯坦领土、苏丹达尔富尔、粮食安全、中非、海地、科特迪瓦、利比亚、叙利亚、伊拉克人权状况等问题举行了28次特别会议。

【主要活动】2019年2月25日至3月22日、6月24日至7月12日、9月9—27日，理事会在日内瓦分别召开第40、41、42次会议。中国积极参与上述会议，宣传中国人权主张、促进和保护人权的政策举措和成就，参加各项议题讨论和决议草案磋商，为发展中国家仗义执言。联合国人权理事会第40次会议顺利核可中国参加第3轮国别人权审议报告。中国代表团全面宣介新时代中国特色社会主义发展道路、理念和成就，着重诠释习近平新时代中国特色社会主义思想的深刻人权内涵。联合国人权理事会第41次会议通过中国提交的“发展对享有所有人权的贡献”决议，重申发展对享有所有人权具有重大贡献，呼吁各国推进可持续发展，加强发展和消除贫困的国际合作。联合国人权理事会第42次会议上，中国代表近140个国家发表题为“充分实现发展权，让发展惠及全体人民”的联合声明，强调发展是人类社会永恒的主题，人民幸福生活是最大的人权，各国实践特别是发展中国家的成功经验表明，发展对实现和享有人权至关重要，表达了广大发展中国家的心声。

2019年1月21日 至2月1日、5月6—17日、11月4—15日，人权理事会国别人权审议工作组第32、33、34次会议在日内瓦举行，对新西兰、阿富汗、智利、越南等42国国别人权报告进行审议。

附：一、人权理事会咨询委员会（The Human Rights Council Advisory Committee）

根据人权理事会建章立制方案，理事会成立了咨询委员会，取代原人权委员会下属促进和保护人权小组委员会（简称“小组会”）。该委员会继承原小组会大部分职能，负责从事人权专题研究并向理事会提出咨询意见。委员会由18名独立专家组成。联合国所有会员国均可提名人选，由理事会直接选举产生，根据公平地域分配原则，亚洲、非洲组各5名，拉美、西方组各3名，东欧组2名，任期3年，可连任1次。委员会每年召开2次会议，总会期不超过10个工作日。与原小组会不同的是，委员会不得通过任何决议或决定。自1984年以来，中国的顾以信、田进、范国祥、陈士球、张义山先后担任该机构专家。中国专家刘昕生于2016年9月当选为委员会成员，2019年9月获连任，任期至2022年9月底。

二、联合国人权事务高级专员办公室（Office of the High Commissioner for Human Rights）

根据1993年联大第48/141号决议设立的联合国系统内负责人权事务的最高官员，由联合国秘书长任命，经联合国大会核准产生。人权高专为副秘书长级，任期4年，可连任1次。第一任高专是何塞·阿亚拉·拉索（Jose Ayala Lasso，厄瓜多尔籍）；第二任是玛丽·罗宾逊夫人（Mary Robinson，爱尔兰籍）；第三任是塞尔吉奥·维埃拉·德梅洛（Sergio Vieira de Mello，巴西籍）；第四任是路易斯·阿博尔女士（Louis Arbour，加拿大籍）；第五任是皮雷女士（Navanethen Pillay，南非籍）；第六任是扎伊德·侯赛因（Zeid Ra’ad Al-Hussein，约旦籍）；现任高专是米歇尔·巴切莱特·赫里亚（Michelle Bachelet Jeria，智利籍），于2018年9月1日正式上任。

1997年10月，第52届联大通过联合国秘书长安南提出的对联合国人权事务部门进行改组的方案，将原联合国人权中心并入人权高专办公室，总部设在日内瓦，并在纽约联合国总部设办事处。高专办下设研究和发展权司、人权条约司、驻地行动和技术合作司、人权理事会和特别机制司四个实务部门，以及行政管理、项目支持等协调保障部门，经费主要来自联合国常规预算和会员国、政府间组织等的自愿捐款。

中国政府与联合国人权高专及其办公室保持合作，曾先后8次接待前任高专访华。

三、人权理事会特别机制（Special Procedures of the Human Rights Council）

自20世纪60年代末以来，联合国人权委员会陆续设立了一些特别报告员、秘书长特别代表、独立专家和由专家组成的工作组，统称为“联合国人权特别机制”。根据授权，这些机制分为两类：一类为国别机制（Country Mandate），负责调查和监督某一国家或地区的人权状况；另一类为专题机制（Thematic Mandate），主要对某一特定人权问题开展研究。

人权理事会继承了人权委员会特别机制。截至2019年底，共有缅甸、朝鲜、伊朗、苏丹等12个国别机制和住房权、教育权、言论自由、环境权、隐私权等44个专题机制。国别机制成员任期1年，专题机制成员任期3年。各国政府、国际组织、非政府组织及个人都可提名特别机制候选人，理事会主席确定合适人选，提交理事会全会核准。特别机制开展的活动主要包括进行国别访问、开展研究、提出技术合作建议等。

中国曾接待宗教信仰自由特别报告员、任意拘留问题工作组、教育权特别报告员、酷刑问题特别报告员、粮食权特别报告员、在法律和实践中消除对妇女歧视问题工作组、外债对人权影响问题独立专家和极端贫困与人权问题特别报告员访华。2019年11月25日至12月3日，中国接待人权理事会老年人人权问题独立专家罗莎·科恩菲尔德–玛特女士（Rosa Kornfeld-Matte）访华。

（韩必祺）

人权条约机构

Human Rights Treaty Bodies

一、人权条约机构

【概况】国际上目前共有9项核心人权公约，分别是《消除一切形式种族歧视国际公约》《公民权利和政治权利国际公约》《经济、社会、文化权利国际公约》《消除对妇女一切形式歧视公约》《禁止酷刑和其他残忍、不人道或有辱人格的待遇或处罚公约》《儿童权利公约》《保护所有移徙工人及其家庭成员权利国际公约》《保护所有人免遭强迫失踪国际公约》及《残疾人权利公约》。人权条约机构是负责监督相应核心人权公约落实情况的各独立专家委员会。除《经济、社会、文化权利国际公约》的监督机构——经社文权利委员会是根据经社理事会决议建立以外，其他条约机构建立的法律依据都是相应的条约本身。因预防酷刑小组委员会是根据《〈禁止酷刑条约〉关于强制查访的任择议定书》规定建立的，因此9项核心人权公约共派生出10个人权条约机构（见附表）。

附：人权条约机构一览表

	机构名称	依据条约名称	成立时间	委员人数
1	消除种族歧视委员会	《消除一切形式种族歧视国际公约》	1969年	18
2	人权事务委员会	《公民权利和政治权利国际公约》	1976年	18
3	经社文权利委员会	《经济、社会、文化权利国际公约》	1985年	18
4	消除对妇女歧视委员会	《消除对妇女一切形式歧视公约》	1981年	23
5	禁止酷刑委员会	《禁止酷刑和其他残忍、不人道或有辱人格的待遇或处罚公约》	1987年	10
6	儿童权利委员会	《儿童权利公约》	1990年	18
7	保护所有移徙工人及其家庭成员权利委员会	《保护所有移徙工人及其家庭成员权利国际公约》	2003年	14
8	残疾人权利委员会	《残疾人权利公约》	2008年	18
9	强迫失踪委员会	《保护所有人免遭强迫失踪国际公约》	2010年	10
10	预防酷刑小组委员会	《〈禁止酷刑公约〉关于强制查访的任择议定书》	2006年	25

【网址】https://www.ohchr.org/EN/HRBodies/Pages/Overview.aspx。

【成员】人权条约机构由独立专家组成。经社文委员会委员系由经社理事会成员国（无论是否为《经济、社会、文化权利国际公约》缔约国）以无记名投票方式选举产生。其他各条约机构委员候选人由该条约缔约国提名，在缔约国大会上无记名投票选举产生。每2年改选委员会中半数的委员。

【主要活动】各人权条约机构根据相应核心人权公约的规定，行使审议缔约国报告等一系列职能。此外，根据条约规定，有6个委员会（人权事务委员会、消除种族歧视委员会、禁止酷刑委员会、消除对妇女歧视委员会、残疾人权利委员会和强迫失踪问题委员会）可在特定情况下接受个人申诉或来文，有6个委员会（经济、社会和文化权利委员会，禁止酷刑委员会，消除对妇女歧视委员会，残疾人权利委员会，强迫失踪问题委员会和儿童权利委员会）可在特定情况下开展国别调查。

【同中国的关系】截至2020年，中国已参加了9项核心人权公约中的6项，分别是《消除一切形式种族歧视国际公约》《经济、社会、文化权利国际公约》《消除对妇女一切形式歧视公约》《禁止酷刑和其他残忍、不人道或有辱人格的待遇或处罚公约》《儿童权利公约》《残疾人权利公约》。此外，中国还签署了《公民权利和政治权利国际公约》，并一直积极为批约做法律准备。参加各公约后，中国一直认真履行公约义务，提交履约报告，接受审议，并与委员会开展建设性对话。中国积极推荐专家参选条约机构委员。中国的李燕端（任期至2024年）、宋文艳（任期至2020年）、陈士球（任期至2020年）、柳华文（任期至2021年）分别为消除种族歧视委员会，消除对妇女歧视委员会，经济、社会和文化权利委员会及禁止酷刑委员会的现任委员。

二、人权条约机构改革

2014年4月9日，第68届联大以协商一致方式通过了第68/268号“加强和增进人权条约机构体系有效运作”的决议，即人权条约机构改革方案。主要内容包括：加强缔约国的地位和作用；促进缔约国履约能力建设；加强条约机构有效运作等。此外，决议规定，联大将在6年内审议决议落实情况，并酌情就进一步行动作出决定。

中国政府支持人权条约机构基于形势变化进行必

要改革，认为条约机构改革的目标是通过改进条约机制工作，促进缔约国更好履约，促进条约机构与缔约国在相互尊重的基础上开展建设性对话与合作。这一改革方案有利于规范和指导条约机构未来工作和发展。中国希望各缔约国、人权高专办和条约机构能够加强合作，忠实履行决议条款 （孙英哲）

联合国毒品和犯罪问题办公室
The United Nations Office on Drugs and Crime—UNODC

【成立日期】成立于1997年，由联合国禁毒署和联合国预防犯罪中心合并而成。

【主要职能】对毒品和犯罪问题进行调研，制定有关政策和措施；协助各国政府批准和执行国际公约；协助各国政府制定关于毒品、犯罪和反恐问题的国内法；通过具体技术合作项目，提高各成员国打击毒品、犯罪及恐怖主义的能力。

【主要负责人】办公室执行主任为副秘书长级，由联合国驻维也纳办事处总干事兼任。现任执行主任加黛·瓦利（Ghada Waly，埃及人），2020年2月起任职。

【出版物】《世界禁毒报告》等。

【机构】UNODC设在奥地利首都维也纳，其经费主要由各国政府自愿捐助。

【同中国的关系】长期以来，中国与UNODC，包括其前身联合国禁毒署（2002年改为现名）一直保持良好合作关系。20世纪80年代以来，联合国禁毒署向中国提供了约3000万人民币的捐助。中国支持UNODC作为联合国麻醉品委员会执行机构组织倡议的各项活动。中国与UNODC地区中心（设在泰国）在《东亚次区域禁毒合作谅解备忘录》框架下，保持密切合作，积极参与有关双多边活动，并给予资金支持。

自2013年起，中国决定向UNODC的捐款增加至每年100万美元。

2019年3月14—22日，第62届联合国麻醉品委员会高级别会议暨常会在维也纳召开。国家禁毒委员会副秘书长魏晓军率由国家禁毒办、外交部、最高人民法院、最高人民检察院、卫生健康委、中国人民银行、国家药监局及香港、澳门特区政府组成的中国代表团与会。高级别会议举行了一般性辩论及“回顾过去”和“展望未来”两场圆桌会议。回顾过去十年禁毒工作，宣介各国禁毒立场，探讨未来发展方向，通过了《从国家、区域和国际层面加快落实关于处理和应对世界毒品问题的共同承诺》部长级宣言。常会审议了毒罪办战略管理、预算和行政问题、各项国际禁毒公约执行情况、各国对2009年《关于开展国际合作以综合、平衡战略应对世界毒品问题的政治宣言和行动计划》的执行情况，磋商并通过了9项决议和决定等。

5月20—24日，联合国预防犯罪和刑事司法委员会第28届会议在维也纳举行。司法部政治部主任冯力军率中国代表团与会。国家禁毒委员会副主任曾伟雄作为代表团高级顾问参会，司法部、外交部、公安部、中国常驻维也纳联合国代表团派员参会。会议审议并通过了打击网络犯罪技术援助、第14届预防犯罪大会筹备、打击儿童性剥削和性虐待、加强贵金属供应链安全、打击恐怖主义等11份决议。期间，冯力军主任会见了时任UNODC执行主任费多托夫，就落实《关于在预防犯罪和刑事司法领域开展战略合作的行动计划》、加强与毒罪办合作等问题交换意见。 （尚海龙）

联合国开发计划署
United Nations Development Programme—UNDP

【成立日期】正式成立于1965年，是联合国系统最大的多边无偿援助机构。其前身为1949年设立的“技术援助扩大方案”和1958年设立的“联合国特别基金”。

【宗旨】向发展中国家和地区提供资金和技术援助，以促进其以人为中心的经济和社会可持续发展。

【主要负责人】署长阿奇姆·施泰纳（Achim Steiner，德国、巴西双重国籍），2017年就任，任期至2021年。

【总部】美国纽约。

【网址】http://www.undp.org。

【出版物】《年度报告》（Annual Report）；《世界发展》（World Development），月刊；《联合国开发计划署通讯》（UNDP News）；《人类发展报告》（Human Development Report）等。

【组织机构】（1）执行局：领导机构，由36个成员组成，其中亚洲7个，非洲8个，东欧4个，拉美5个，西欧和其他地区12个。执行局成员由经社理事会按地区分配原则和主要捐助国、受援国代表性原则选举产生，任期3年。（2）秘书处：在署长领导下处理日常事务，在170多个国家和地区设有常驻代表处。

【资金来源】（1）常规资金：来自联合国成员国和其他多边组织等不同合作伙伴的自愿捐款。（2）其他资金：各国政府、基金会、私营部门和其他捐助者的指定用途捐款。

【主要活动】联合国开发计划署是联合国发展业务系统的中央筹资机构和中心协调组织，主要提供无偿援助，包括提供专家，资助国内外培训、考察及购买有限的硬件。联合国开发计划署项目以前主要由诸如工发组织、劳工组织等联合国专门机构执行，近几年国家执行的比例日益增加。联合国开发计划署的援助也从传统的以加强国外先进技术的吸收和转让为主，转向以扶贫为中心，以环保和社会发展为重点的可持续发展。

联合国开发计划署执行局每年举行2次常会和1次

年会，会议主要审议署长年度工作报告、财务预算和行政事项以及南南合作，并核准国别方案等。

【同中国的关系】中国自1972年开始参加联合国开发计划署活动，中国与联合国开发计划署的合作方案始于1978年，每5年1个周期，成功实施了多期“国别方案”及“合作框架”。截至2019年，双方合作项目超过1000个，涉及农业、工业、能源、公共卫生、减贫和经济重建等多个领域。

2018年11月，联合国副秘书长、开发计划署署长阿奇姆·施泰纳访华并出席2018中国环境与发展国际合作委员会年会。国务院总理李克强会见施泰纳，表示中国期待同开发计划署一道，在南南合作框架下共同助力各国提升自主和可持续发展能力，为世界和平与发展事业不断作出贡献。施泰纳感谢李克强总理对联合国开发计划署工作的支持与肯定，表示开发署将继续保持与中国的互信与密切合作，将中国发展的成功经验分享给其他发展中国家。

【驻华代表机构】联合国开发计划署于1979年在北京设立驻华代表处。现任驻华代表为白雅婷（Ms. Beate Trankmann，德国籍）。办公地址：北京市亮马河南路2号。电话：010–65323731，010–65323739。

（刘南）

联合国贸易与发展会议
United Nations Conference on Trade and Development—UNCTAD

【成立日期】1964年3—6月，联合国贸易与发展会议（简称“贸发会议”）在日内瓦举行。会议建议在联合国内设立一个常设机构，以处理有关贸易和发展问题。同年12月30日，联大决定成立贸发会议。

【宗旨】促进国际贸易，特别是加速发展中国家的贸易增长和经济发展，最大限度地帮助发展中国家获取贸易、投资和发展机会，并协助它们应对全球化带来的挑战，在公平的基础上融入世界经济。

【成员】截至2020年5月，有195个成员。

【主要负责人】现任总干事为基图伊博士（Dr. Mukhisa Kituyi，肯尼亚籍），2013年9月1日上任，任期4年。2017年7月获连任，2017年9月开始第2个4年任期。

【总部】瑞士日内瓦。Palais Des Nations 8–14, Av. De La Paix. 1211 Geneva 10 Switzerland。电话：+41–22–9171234；传真：9170057。

【网址】http://www.unctad.org。

【出版物】《贸易与环境评估》《贸易与发展报告》《最不发达国家报告》《世界投资报告》等。

【组织机构】（1）贸发大会：最高权力机构，由全体成员国参加，每4年举行1届部长级会议。（2）理事会（Trade and Development Board）：执行机构。每年举行1届常会和数次执行会议。理事会下设3个委员会，即货物和服务贸易及商品委员会，投资、技术和相关资金问题委员会，企业、商业便利和发展委员会。委员会每年举行1届会议。委员会可根据需要召开专家会议，就政策问题进行专业技术研讨。（3）秘书处：主要为贸发大会、理事会及其附属机构服务。贸发会议负责人由联合国秘书长任命，联大认可。

【主要活动】贸发会议是联合国大会在贸易和发展领域的主要机构，是联合国系统内综合处理发展和贸易、金融、技术、投资和可持续发展领域相关问题的归口单位。自成立以来，贸发会议在促进发展中国家的经济发展、推动南北对话和南南合作方面发挥了重要作用。

贸发会议有较强的研究能力，尤其在向发展中国家提供技术援助，帮助其融入世界经济和多边贸易体系方面有较强的优势，被誉为“发展中国家智囊”和“南方思想库”。贸发会议一年一度发表的《最不发达国家报告》《贸易与发展报告》《世界投资报告》在全世界具有广泛的影响和声誉，不但在国际上作为被广征博引的权威资料，而且是各国政策制定的重要参考依据。

近年来，随着国际形势变化，贸发会议谈判职能有所削弱，但通过研究和政策分析、政府间审议以及政策分析等活动，在帮助发展中国家制定经济发展战略和贸易、投资、金融政策，提高其参与多边经济贸易事务的能力方面，贸发会议仍发挥着独特和重要的作用。

受新冠肺炎疫情影响，原定于2020年10月在巴巴多斯首都布里奇顿召开的贸发会议第15次大会被推迟。

【同中国的关系】中国自1971年恢复在联合国的合法席位后，从1972年起，即参加了贸发会议。中国一贯支持并积极参与贸发会议的活动，贸发会议也为中国的经济建设和改革开放提供了很多帮助，双方一直保持着良好的合作关系。中国是贸发大会、理事会和各委员会的成员，参加了自第3届贸发大会以来的历届大会。近年来，双方合作在中国国内发布了《贸易与发展报告》和《世界投资报告》等贸发会议主要出版物，在经济全球化和投资等方面联合举办研讨会，并共同为发展中国家官员提供培训。贸发会议还是厦门中国国际投资贸易洽谈会的协办单位之一。（吝杰）

联合国环境规划署
United Nations Environment Programme—UNEP

【成立日期】1972年第27届联合国大会根据同年6月在瑞典斯德哥尔摩召开的联合国人类与环境大会的建议，决定成立联合国环境规划署（简称“环境署”）。1973年1月，该署正式成立。

【宗旨】促进环境领域国际合作，并为此提出政策建议；在联合国系统内协调并指导环境规划；审查世界环境状况，以确保环境问题得到各国政府的重视；定期审查国家和国际环境政策和措施对发展中国家造成的影响；促进环境知识传播及信息交流。

【成员】普遍会员制，所有联合国会员国、联合国专门机构成员和国际原子能机构成员均可加入。目前有成员国193个。

【主要负责人】执行主任英格·安德森（Inger Anderson，丹麦籍），2019年6月就任，任期4年。

【总部】肯尼亚内罗毕。

【网址】http://www.unep.org/。

【联络方式】电话：+254–20–7621234；传真：7624489/90。电子邮箱：unepinfo@unep.org。

【出版物】《联合国环境规划署新闻》（UNEP News），月刊。

【组织机构】（1）理事会：由58个成员组成，任期4年，可以连任。理事会席位按区域分配如下：亚洲13个，非洲16个，拉美10个，西欧及其他地区13个，东欧6个。每2年改选理事会成员中的半数。理事会通过联合国经社理事会向联大报告，每2年召开1次理事会会议。在不举行理事会的年份，举行1届特别理事会。1999年，联大通过决议，启动全球部长级环境论坛，每年于理事会会议和特别理事会会议期间举行。2012年，联合国可持续发展大会决定将联合国环境署提升为普遍会员制，将环境署理事会升格为每2年举行1届的联合国环境大会。（2）秘书处：联合国系统内，环境活动实施和协调中心。

【资金来源】环境基金：主要来自成员国自愿认捐。主要用途是为该署提供联合国预算外资金，用于支付或部分支付该署的活动经费，以及与其他联合国机构、国际机构、各国政府和非政府组织进行合作的费用。

【主要活动】环境评估：具体工作部门包括全球环境监测系统、全球资料查询系统、国际潜在有毒化学品中心等；环境管理：包括人类住区的环境规划和人类健康与环境卫生、陆地生态系统、海洋、能源、自然灾害、环境与发展、环境法等。支持性措施：包括环境教育、培训、环境信息的技术协助等。该署定期召开理事会和特别理事会；此外，环境署和有关机构还经常举办同环境有关的各种专业会议。

2019年3月11日，第4届联合国环境大会高级别会议在肯尼亚首都内罗毕联合国环境署总部开幕，主题为"应对环境挑战、实现可持续消费和生产的创新解决办法"。来自170多个国家和国际组织、非政府组织的5000多名代表出席会议。肯尼亚总统肯雅塔出席大会并致辞。生态环境部副部长赵英民率领中国政府代表团与会。

【同中国的关系】中国自1973年以来，一直是环境署理事会成员。1976年，中国在内罗毕设立驻联合国环境规划署代表处，由中国驻肯尼亚大使兼任代表。2003年9月，环境署驻华代表处在北京成立。2017年，习近平主席在首届"一带一路"国际合作高峰论坛倡议建立"一带一路"绿色发展联盟。联合国环境署参与筹建该联盟。2018年，时任环境署执行主任索尔海姆来华访问4次，生态环境部部长李干杰均与其会见。2019年，"一带一路"绿色发展国际联盟在第二届"一带一路"国际合作高峰论坛期间成立，环境署参与相关筹建工作。2019年3月，生态环境部副部长赵英民率团出席第四届联合国环境大会。

【驻华代表机构】联合国环境规划署驻华代表处，负责人是涂瑞和（中国籍）。地址：北京市朝阳区亮马河南路2号。电话：010–85320921。（李根）

联合国人口基金
United Nations Population Fund—UNFPA

【成立日期】1966年第21届联合国大会通过第2211号决议，要求联合国系统的组织在人口方面向各国提供技术援助。1969年成立了"联合国人口活动基金"，1987年正式定名为"联合国人口基金"，属联合国经社理事会下属机构。

【宗旨】加强成员国能力建设，以对人口和计划生育领域的需求作出反应；促进发展中国家和发达国家提高人口意识及制定解决人口问题的战略；应发展中国家要求，采用适合其国情的方法帮助其解决人口问题；在联合国系统的人口领域发挥主导作用，负责协调由人口基金支持的方案和项目。

【主要负责人】执行主任娜塔莉亚·卡奈姆（Natalia Kanem，巴拿马籍），2017年就任，任期至2022年。

【总部】美国纽约。

【网址】http://www.unfpa.org。

【出版物】《联合国人口基金年度报告》（UNFPA Annual Report）、《世界人口状况报告》（State of World Population）。

【组织机构】（1）执行局，由36个成员组成，其中亚洲7个，非洲8个，东欧4个，拉美5个，西欧和其他地区12个。执行局成员由经社理事会按地区分配原则和主要捐助国、受援国代表性原则选举产生，任期3年。执行局每年举行2次常会，1次年会。该执行局负责审核批准人口基金的行政、财务预算等。（2）秘书处：在执行主任领导下处理日常事务。（3）办事处：在埃及、泰国、斯洛伐克、南非和巴拿马设有区域办事处，并设有6个次区域办事处和129个代表处。

【资金来源】主要来自联合国会员国的核心资源捐款和基金会、私营部门及其他捐助者的非核心资源捐款。

【主要活动】援助的主要领域包括计划生育和妇幼保健、避孕药具的研究生产、人口数据的收集分析、人口动态、人口政策与方案的制定与评估、人口教育和宣传、老年及妇女人口研究、专业人员的培训等。联合国人口基金在约150个国家或地区开展项目或提供技术援助，帮助提高妇儿健康水平，防止艾滋病传播和性暴力，降低孕妇死亡率。

联合国人口基金执行局每年召开1次年会和2次常会，主要审议执行主任年度工作报告、人口基金定期评估报告、对人口基金的捐款承诺、人口基金内部审计和监督报告，以及核准国别方案等议题。

【同中国的关系】自中国恢复联合国合法席位以来，联合国人口基金同中国的关系逐步发展。1978年5月，联合国人口基金与中方在北京签署《谅解备忘录》。40多年来，双方开展了8个周期的合作，实施了200多个合作项目。中国与联合国人口基金的合作涉及计划生育、生殖健康、妇幼保健、扶贫、人口普查数据研究、人口学研究与人口教育、避孕药具研制、艾滋病防治、性别平等、人口老龄化、南南合作等领域，取得了良好的经济效益和社会效益。

2019年4月，全国政协副主席李斌会见来京参加第二届“一带一路”国际合作高峰论坛的联合国副秘书长兼联合国人口基金执行主任娜塔莉亚·卡奈姆女士。

【驻华代表机构】联合国人口基金于1978年在北京设立驻华代表处。现任驻华代表为洪腾（Babatunde Ahonsi，尼日利亚籍）。办公地址：北京市亮马河路14号塔园外交人员办公大楼1单元161。电话：010-65320506。

（李冠男）

联合国儿童基金会

United Nations Children's Fund—UNICEF

【成立日期】1946年12月11日成立，当时称联合国国际儿童紧急基金会。1953年，改称联合国儿童基金会，简称“儿童基金”或“儿基会”，英文缩写保留“UNICEF”。

【宗旨】成立之初，是为向第二次世界大战中受害儿童提供紧急救济，1950年后，主要是帮助解决发展中国家儿童的营养不良、疾病和教育等问题。近年来，其业务范围已扩大到儿童生存、发展和保护等各个领域，主要援助对象是发展中国家的儿童，重点在儿童保健、营养、教育、福利、妇女发展、安全饮用水等领域。

【主要负责人】执行主任亨丽埃塔·福尔（Henrietta Fore，美国籍），2018年就任，任期至2023年。

【总部】美国纽约。

【网址】http://www.unicef.org。

【出版物】每年出版《世界儿童状况》报告（The State of the World's Children）。

【组织机构】（1）执行局：领导机构，由36个成员组成（亚洲7个、非洲8个、东欧4个、拉美5个、西欧和其他地区12个），由经社理事会按地区分配原则和主要捐助国、受援国代表性原则选举产生，任期3年。（2）秘书处：在执行主任领导下处理日常事务。执行主任任期5年。（3）许多发达国家在本国设立儿童基金会国家委员会（非政府组织），与儿童基金会在筹资方面密切合作。

【资金来源】以各国政府、政府间组织、非政府组织和个人的自愿捐款为主。

【主要活动】1989年，在联合国儿童基金会的推动下，联大通过了《儿童权利公约》。1990年9月，世界儿童问题首脑会议在纽约联合国总部召开，会议通过了《儿童生存、保护和发展世界宣言》和《执行90年代儿童生存、保护和发展世界宣言的行动纲领》。2002年5月，儿童问题特别联大在纽约联合国总部召开，会议通过了题为“一个适合儿童的世界”的成果文件，从卫生、教育、儿童保护、艾滋病防治、筹资和建立伙伴关系等方面制定了未来10年的规划和目标。

联合国儿童基金会执行局每年举行2次常会和1次年会，核准国别方案，审议执行主任年度报告、战略计划实施报告、合作及伙伴关系全球战略、财务预算及年度认捐等。

【同中国的关系】1979年，中国开始与联合国儿童基金会发展合作关系。自1980年以来，中国一直是联合国儿童基金会执行局成员。1979年至今，联合国儿童基金会共在中国开展了160多个项目。

2018年4月，国务院副总理孙春兰在京会见联合国儿童基金会执行主任福尔。2019年4月，福尔来华出席第二届“一带一路”国际合作高峰论坛。会议期间，全国人大常委会副委员长、全国妇联主席沈跃跃会见福尔。

【驻华代表机构】联合国儿童基金会于1979年在北京设立驻华代表处。驻华代表为芮心月（Cynthia Mccaffrey，美国籍），2019年3月就任。办公地址：北京市朝阳区三里屯路12号。电话：010-85312600。

（张之若）

世界粮食计划署

World Food Programme—WFP

【成立日期】根据1961年第16届联大和第11届联合国粮农组织大会的决定建立，由联合国和粮农组织共同创办，1963年正式开展业务。

【宗旨】提高各国人民的营养水平和生活水准，提高所有粮农产品的生产和分配效率，改善农村人口的生活状况，最终消除饥饿和贫困。

【主要负责人】执行干事大卫·比斯利（David Beasley，美国籍），2017年4月就职，任期至2022年3月。

【总部】意大利罗马。

【网址】http://www.wfp.org/。

【出版物】《年度报告》(WFP Annual Report);《世界粮食计划署新闻》(WFP Journal)。

【组织机构】(1)执行局:领导机构,由36个成员国组成,其中发展中国家占24席。执行局成员分别由联合国经社理事会及粮农组织理事会各选举一半,每年改选1/3,任期3年。执行局每年召开2次例会和1次年会,负责讨论审批粮食计划署政策制定和修改、财务预算及审计、项目等重要事项。(2)秘书处:日常办事机构。负责人是执行干事,由联合国秘书长和粮农组织总干事商执行局后联合任命,任期5年。

【资金来源】完全依靠各国政府的自愿捐款及私营企业和个人的捐赠。

【主要活动】世界粮食计划署是联合国系统中负责多边粮食援助活动的机构。全球多边渠道开展的粮食援助活动,有99%是通过世界粮食计划署实施的。援助主要包括救济、灾后重建和开发项目3种。到目前为止,世界粮食计划署向发展中国家提供的援助累计价值700多亿美元,累计受益人口逾6亿。

【同中国的关系】中国于1979年正式参加世界粮食计划署活动。1987年以来,中国一直任粮食援助政策和计划委员会(执行局前身)成员。自1995年起,中国一直是世界粮食计划署执行局成员(2008年除外)。2006年起,世界粮食计划署结束其在华常规粮援项目。2017年2月,粮食计划署执行局会议批准了中国的国别战略计划(2017—2021)。在此国别战略计划下,粮食计划署将通过加强能力建设、开展可复制和推广的小型创新试点项目促进中国粮食安全,并推动双方的全方位合作。2017年11月,粮食计划署新任执行干事比斯利率团访华,就双方合作同农业部交换意见,并与有关中国企业洽谈合作事宜。2018年11月,比斯利来华参加全球南南合作高层论坛。2019年,粮食计划署在华共开展了4个创新扶贫试点项目,涵盖儿童营养改善、农作物种植推广等领域。

【驻华代表机构】世界粮食计划署驻华代表处于1980年设于北京,2006年结束对华援助项目,更名为世界粮食计划署驻中国办公室。现任驻华代表为屈四喜(中国籍)。办公地址:北京市朝阳区亮马河南路2号。电话:010-85325228。(李冠男)

联合国妇女署
UN Women

【成立日期】根据联合国大会2010年决议设立,2011年1月1日开始运作。

【宗旨】推进全球性别平等和妇女赋权,特别是在联合国各层面纳入性别观念及向各国提供政策指导和技术支持。

【主要负责人】联合国妇女署执行主任为联合国副秘书长级别。现任主任为普姆齐莱·姆兰博-努卡(Phumzile Mlambo-Ngcuka,南非人)。

【总部】美国纽约。

【网址】http://www.unwomen.org。

【组织机构】执行局是联合国妇女署理事机构,负责提供具体业务指导。执行局属政府间机构,由41个成员国组成,任期3年。其中,35个席位依据公平地域分配原则由经社理事会选举产生(亚太组10席、非洲组10席、东欧组4席、拉美组6席、西方组5席),另外6席分配给主要捐助国。执行局每年通过经社理事会向联大提交业务活动报告。

【主要活动】妇女署工作重点致力于将驻地网络覆盖所有国家和地区。驻地机构的规模视实际需求、政府意见、联合国现有机构能力及可获得的资源等因素确定。

【同中国的关系】中国积极深入地参与了联合国妇女署筹建及建章立制进程,高度重视妇女署在国际妇女领域发挥的牵头作用。中国于2010年当选为妇女署执行局首届成员,并于2013年、2016年、2019年连任。

2015年9月27日,中国与联合国妇女署在联合国总部成功合办主题为"促进男女平等和妇女赋权:从承诺到行动"的全球妇女峰会,并取得圆满成功。习近平主席出席,发表重要讲话并主持部分会议。140多个国家与会,85位国家元首和政府首脑出席,其中71位发表了讲话。习主席在会上宣布支持全球妇女事业发展的具体举措,包括向妇女署捐款1000万美元、帮助发展中国家实施100个"妇幼健康工程"和100个"快乐校园工程"、向13万名发展中国家妇女提供职业技术培训等。

全球妇女峰会开创了历史,是首次在领导人层面举办的妇女问题国际会议。中国与妇女署合办此会,充分体现了中国政府对妇女事业的高度重视,展示了中国对促进全球性别平等事业的责任与担当。习近平主席在会上提出了促进妇女全面发展的"中国答案",宣布了支持全球妇女事业发展的新举措,在国际社会上产生了强烈反响和共鸣。

2018年12月,联合国副秘书长、妇女署执行主任努卡应全国妇联邀请访华,全国人大常委会副委员长、全国妇联主席沈跃跃,全国妇联副主席、书记处第一书记黄晓薇,外交部部长助理张军,人社部副部长张义珍,国家体育总局副局长杨宁等分别会见。(赵倩)

联合国近东巴勒斯坦难民救济和工程处
The United Nations Relief and Works Agency for Palestine Refugees in the Near East—UNRWA

【成立日期】1948年,阿拉伯国家和以色列之间爆发的第一次大规模武装冲突使大批巴勒斯坦人成为难民。为援助难民，联合国大会于1949年12月8日通过第302（IV）号决议，决定建立联合国近东巴勒斯坦难民救济和工程处（简称“近东救济工程处”）。该处于1950年5月1日正式开始运作。此后历届联大都审议巴勒斯坦难民问题，并适时通过相关决议，延长该处任期。其最新任期至2023年6月30日。

【宗旨】在找到1948年阿以冲突造成的巴勒斯坦难民问题的解决办法之前，向这些难民提供救济和援助。从1967年开始，该处还向受1967年中东战争影响的其他难民提供人道主义援助。

【主要负责人】主任专员：皮埃尔·克雷恩布尔（Pierre Krähenbühl，瑞士人），2014年3月上任。因联合国内部监督事务厅对该处主任专员进行调查，自2019年11月6日起，联合国秘书长古特雷斯宣布任命克里斯蒂安·桑德斯（Christian Saunders）担任近东救济工程处代理主管。同日，克雷恩布尔向古特雷斯提出辞职。

【总部】先后设在贝鲁特、维也纳，1996年7月始，迁至巴勒斯坦加沙地带和约旦安曼。

【出版物】《主任专员年度报告》（Annual Report of the Commissioner General）；《联合国巴勒斯坦难民救济情况》（UNRWA-A Survey of the United Nations' Assistance to Palestine Refugees），每2年1期；《今日巴勒斯坦难民》（Palestine Refugees Today the UNRWA Newsletter），季刊。

【组织机构】该处业务由总部和分设在约旦、黎巴嫩、叙利亚、约旦河西岸和加沙地带的5个办事处进行管理，在纽约、华盛顿、布鲁塞尔和开罗设有联络处。该处设有顾问委员会，由28个成员国和4个观察员组成，每2年举行1次会议，讨论该处的活动。顾问委员会现任主席国约旦，副主席国阿联酋，任期自2019年7月1日至2020年6月30日。该处是联合国在中东地区最大的办事机构，目前共有工作人员约3万人，管理或资助着900多个诊所、学校等设施。

【主要活动】截至2019年底，在该处登记的巴勒斯坦难民总数为560万人。这些难民分布于约旦、黎巴嫩、叙利亚、约旦河西岸和加沙地带5个区域，其中1/3的难民生活于该处承认的58个难民营中。随着时间的推移，该处活动已由过去重点向难民提供救济发展到现在主要兴办教育、提供卫生保健以及社会服务。

截至2019年底，该处已向709所学校的约53.3万学生提供学校教育，并向8270名学生提供职业培训；向310万难民提供医疗服务，年度就医总量超过840万人次；向27万余难民提供社会福利保障，自1991年起，共发放约5.31亿美元的贷款。

联合国的其他机构在多个领域与该处分享专业技术知识及使巴勒斯坦难民受益的项目，2019年，这些合作项目的价值约为4628万美元。该处还与企业和基金会合作，从小型地方科技公司到大型跨国公司，充分利用合作伙伴的专业知识，确保互惠互利。该处同时与非政府组织密切合作，为巴勒斯坦难民提供服务。

该处的经费主要依靠包括各国政府和欧盟在内的联合国成员，这些捐款来源占该处财政捐款的90.04%。2019年，该处的前五大捐助者为德国、欧盟、英国、瑞典、阿联酋。该处认捐总额10亿美元中的58.4%来自欧盟成员国，捐助金额为5.853亿美元。德国、欧盟和英国作为最大的捐助者，累计捐助额占总金额的37.7%。2019年，个人捐款420万美元。2019年度预算为12亿美元，截至2019年8月，该处底资金缺口为1.5亿美元。

【同中国的关系】中国在历届联大关于近东救济工程处议题的审议中，一贯充分肯定该处的工作和作用。该处主任专员亦多次访华。

自1981年起，中国正式开始向该处认捐，每年5万美元（1982年为7万美元）。1991—2003年，中国每年向该处捐款6万美元。2004—2012年，中国每年向该处捐款8万美元。2015年，中国向该处捐款20万美元。2018年8月7日，中国政府与联合国代表在约旦河西岸巴勒斯坦城市拉姆安拉签署协议，中国向该处提供235万美元追加捐款。根据协议，中国的捐款主要用于联合国救助巴勒斯坦难民工作。

2019年7月30日，中国驻巴勒斯坦办事处在约旦河西岸城市拉姆安拉与该处签署捐赠协议，中国向加沙地带难民食品项目提供捐款100万美元。　（叶雯）

联合国人居署
United Nations Human Settlements Programme—UN-HABITAT

【成立日期】1978年10月，联合国人居中心成立。2001年12月，联合国大会56/206号决议决定将联合国人居中心升格为联合国人居署。

【宗旨】促进社会和环境方面可持续性人居发展，达到为所有人提供合适居所的目标。通过支持城市发展和规划，推动经济增长和社会发展，减少贫困和不平等。

【主要负责人】执行主任麦慕娜·谢里夫（Maimunah Sharif，马来西亚籍），2018年就任，任期至2022年。

【总部】肯尼亚内罗毕。

【网址】http://www.unhabitat.org。

【出版物】《年度报告》（UN-HABITAT Annual Report）、《全球人类住区报告》（Global Report on Human Settlements）、《世界城市状况》（State of World's Cities），以及一些期刊和宣传资料。

【组织机构】（1）大会，系人居署决策机构，由联合国大会2018年通过决议设立，议事规则由人居署常驻代表委员会起草，并于2019年5月举行首届大会。

（2）执行局，成员由首届大会选举组成，并于2019年举行首次会议。（3）地区办事处，在肯尼亚、日本和巴西设有3个地区办事处，在瑞士、匈牙利、比利时、中国、印度和埃及设有联络信息办公室。

【资金来源】主要包括：（1）定期预算分配，由联合国大会成员国批准。资金来自联合国主要预算。（2）一般捐款，即来自各国政府的非指定自愿捐款。（3）专项捐款，即来自各国政府、基金会、私营部门、联合国机构和其他捐款者指定用途的自愿捐款。

【主要活动】联合国人居署致力于推动"人人享有适当住房"和"在城市化进程中人类住区的可持续发展"两目标的实现。目前有两项全球倡议：安全的土地保有权（Global Campaign for Secure Tenure）和城市管理（Global Campaign on Urban Governance）。两项倡议的目标是加强与各国各级政府和民间社会的合作，以提高公众意识，并改善国家政策，消除城市贫困。

【同中国的关系】1988年，中国成为联合国人居中心委员会成员国。1990年，中国在肯尼亚内罗毕正式设立驻联合国人居中心代表处。

联合国人居署与中国合作关系良好，在中国实施了城市管理、垃圾处理等项目。唐山、杭州、威海、厦门、包头、扬州、南宁、绍兴、张家港等多个城市、有关城市建设项目、数位中央部委和地方政府负责人曾获联合国人居奖。近年来，双方之间的交流与合作得到进一步加强。2017年5月，第一届"一带一路"国际合作高峰论坛期间，联合国人居署与中国签署"一带一路"框架下的合作谅解备忘录。2019年4月，联合国人居署执行主任麦慕娜出席第二届"一带一路"国际合作高峰论坛"政策沟通"分论坛。2019年5月，联合国人居署人居大会第一届会议在肯尼亚首都内罗毕召开，住房和城乡建设部副部长倪虹率团与会，并在大会全会上发言。（刘迪一）

联合国难民事务高级专员公署
Office of the United Nations High Commissioner for Refugees—UNHCR

【成立日期】根据1950年第5届联合国大会决议，于1951年1月1日在日内瓦成立，简称"难民署"。

【宗旨】保护难民，并促使难民问题得以永久解决。

【主要负责人】联合国难民事务高级专员菲利波·格兰蒂（Filippo Grandi，意大利籍），2016年1月1日上任，任期5年。

【总部】瑞士日内瓦。

【网址】http://www.unhcr.org。

【出版物】《难民》（Refugees）月刊，以英、法、西文出版，从1985年起不定期出版中文版。

【组织机构】难民高专方案执行委员会（执委会）：难民署理事机构，1958年成立，成员国由经社理事会从那些"关心和致力于解决难民问题"的国家中选出，适当考虑地区代表性，现有106个成员国。每年10月左右，在日内瓦举行年会，审议通过难民署的预算和援助方案，并就难民国际保护提出意见和建议。在两次年会之间，由常设委员会负责执委会工作。

【主要活动】该署章程规定，其主要职责是向世界各地的难民（不含由联合国其他机构负责提供救济和援助的难民）提供国际保护和援助，并通过协助各国政府（或经有关国家政府同意后协助私人组织）为难民自愿遣返或为其在新国度融合提供便利，以求得难民问题的永久解决。此外，难民署还根据联大授权向由于国内武装冲突、外国入侵、自然灾害、贫困等原因外流者或国内流离失所者提供援助。

【同中国的关系】中国是联合国《1951年关于难民地位公约》（Convention Relating to the Status of Refugees）及其《议定书》（Protocol Relating to the Status of Refugees）的缔约国。

2019年，中国政府继续积极支持国际难民保护工作，与难民署保持良好合作关系，高度重视难民保护问题，严格履行应尽义务。

2019年3月27—29日，联合国难民高专格兰蒂来华出席博鳌亚洲论坛2019年年会，外交部部长助理陈晓东同其会见，就中方与联合国难民署合作以及国际和地区难民问题交换意见。

10月7—11日，联合国难民执委会第70次会议在瑞士日内瓦举行。会议审议了难民保护报告、执委会常委会工作报告、难民署2020—2021双年度项目预算等议题。中国驻日内瓦代表陈旭大使率团出席会议并发言，阐述中国政府关于难民问题的立场和主张，强调国际社会应以"标本兼治、综合施策"的理念，坚持在多边框架下应对难民挑战，秉持客观中立原则处理难民事务，重申中国将继续同难民署等加强合作，为完善全球难民治理贡献力量。

12月17—18日，首届全球难民论坛在瑞士日内瓦举行。论坛由联合国难民署与瑞士政府联合主办。陈旭大使率团出席论坛，并在一般性辩论、"就业与民生"高级别对话会和"阿富汗难民问题解决战略"支持平台启动仪式上发言，阐述中国政府关于难民问题的立场主张及中方为解决全球难民问题所作贡献。

【驻华代表机构】难民署驻中国代表处。现任代表：达纳帕拉（Sivanka Dhanapala，斯里兰卡人），2018年1月上任。地址：北京亮马河南路14号塔园外交人员办公楼1-2-1。电话：010-65326806。

（朱佳妮）

建设和平委员会
Peacebuilding Commission—PBC

【成立日期】为协调联合国支持冲突后重建和平国家的努力，加强国际社会在建设和平、维护和平方面的能力，联合国大会和安理会于2005年12月20日分别通过第60/180号和第1645（2005）号决议，授权建立建设和平委员会。有关决议同时授权设立了建设和平基金（Peacebuilding Fund—PBF）和建设和平支助办公室（Peacebuilding Supporting Office—PBSO）。以上三个机构共同构成了联合国建设和平构架。

【主要任务】建设和平委员会的主要任务包括：（1）调动所有相关的行为体，协力筹集资源，就冲突后建设和平及复原工作提供咨询意见和提出综合战略；（2）集中关注冲突后复原所必需的重建和体制建设工作，支持制定综合战略，为可持续发展奠定基础；（3）提供建议和信息，改善联合国内外各相关行为体之间的协作，订立最佳做法，协助确保为早期复原活动筹措可预测的资金，使国际社会长期关注冲突后复原问题。

在联合国大会第A/RES/70/262号决议和安全理事会第S/RES/2282（2016）号决议中，强调了建设和平委员会履行下列职能的重要性：

使国际持续关注保持和平问题，并在获得受冲突影响国家同意后，为其提供政治配合和宣传；采用综合和协调一致的战略方法来开展建设和平的工作，注意到安全、发展和人权密切相关，相辅相成；通过分享有关建设和平需求和优先事项的咨询意见，根据联合国主要机关和相关实体各自的职能和责任，在他们之间起搭桥作用；发挥平台作用，把联合国内外的所有相关行为体，包括会员国，国家当局，联合国特派团和国家工作队，国际、区域和次区域组织，国际金融机构，民间社会、妇女组织，青年组织，并视情把私人部门和人权机构召集在一起，以便提供建议和信息，改善他们之间的协作，制定和分享建设和平、包括机构建设方面的良好做法，并确保建设和平有可预测的资金来源。

【主要活动】2016年，联合国大会及安理会分别通过第A/RES/70/262号决议和第2282号决议，要求秘书长就加强建设和平架构提交报告，并决定于2018年分别举行高级别会议，加强建设和平工作。古特雷斯秘书长于2018年提交报告，建议加强建设和平工作领导力、能力和问责。联合国大会于2018年4月24—25日、安理会于4月25日分别举行建设和平与持续和平问题高级别会议，并于4月26日分别通过内容一致的第A/RES/72/276号决议和第2413号决议，请秘书长于第74届联大期间提交建设和平架构评审报告。

【主要负责人】建设和平委员会主席为哥伦比亚常驻联合国代表德索托（Guillermo Fernández de Soto）。

【成员】组织委员会（Organizational Committee）是建设和平委员会的常设机构，由31个成员国组成。2019年建设和平委员会组织委员会成员为：中国、美国、英国、法国、俄罗斯、科特迪瓦、秘鲁（安理会）；巴西、哥伦比亚、爱尔兰、伊朗、马里、韩国、罗马尼亚（经社理事会）；捷克、埃及、萨尔瓦多、危地马拉、肯尼亚、墨西哥、尼泊尔（联大）；加拿大、日本、挪威、瑞典、德国（出资国）；孟加拉国、印度、埃塞俄比亚、卢旺达、巴基斯坦（出兵国）。此外，伊斯兰合作组织、欧盟、国际货币基金组织、世界银行也参加建设和平委员会的所有会议。

【同中国的关系】中国作为安理会常任理事国，是建设和平委员会组织委员会的永久成员。（庄向博）

联合国裁军审议委员会
United Nations Disarmament Commission—UNDC

【成立日期】联合国裁军审议委员会（简称“裁审会”）系根据1978年第1届裁军特别联大决议设立，前身为1952年设立的裁军委员会。

【职能】裁审会系联合国审议裁军问题的专门机构，附属于联合国大会。其职责是：审议裁军领域各方面问题以及裁军特别联大有关决议的后续行动，并就上述问题提出建议。

【组成】裁审会由联合国所有会员国组成，一般设主席1人，副主席8人，报告员1人，并根据议题下设相应工作组。

【网址】http://www.un.org/disarmament/homepage/disarmamentcommission/undiscom.shtml。

【主要活动】裁审会每年春季在纽约举行为期3周的实质性会议。根据联大1998年第52/492号决定，裁审会一般每3年审议2项实质性议题，其中1项必须是核裁军议题。在各方一致同意的情况下，可增加第3项议题。裁审会每年向联大提交报告。

2019年裁审会会议于4月8—29日在纽约联合国总部举行，就“核裁军与核不扩散目标”和“以防止外空军备竞赛为目标促进执行外空透明与建立信任措施”两项议题，进行非正式讨论。

【同中国的关系】自1978年以来，中国一直积极参加裁审会工作，发挥建设性作用。

2019年，中国代表团以建设性姿态参加了裁审会非正式讨论，积极倡导树立“共同、综合、合作、可持续”的新安全观，强调维护多边裁军机制的重要意义，同时介绍了中国参与全球安全治理以及为政治解决防扩散热点问题所作出的努力。（孔君）

联合国裁军事务咨询委员会
United Nations Advisory Board on Disarmament Matters—ABDM

【成立日期】联合国裁军事务咨询委员会（简称“裁咨委”）根据1978年5月第1届裁军特别联大决议设立，时称“裁军研究咨询委员会”,1989年改为现名。

【职能】裁咨委系由国际知名军控专家组成的联合国军控和裁军问题咨询机构。其职能为:（1）向联合国秘书长提供关于军控和裁军问题的咨询建议。（2）向联合国秘书长提供关于实施联合国裁军信息项目的咨询建议。（3）作为联合国裁军研究所的理事会。

【网址】https://www.un.org/disarmament/homepage/advisoryboard/advisoryboard.shtml。

【主要活动】裁咨委每年举行2次会议，议程包括联合国秘书长指定的军控和裁军问题，以及委员会认为需要讨论的其他事项。裁咨委主席负责向联合国秘书长提交会议报告，并由联合国秘书长每年向联合国大会报告裁咨委活动情况。

2019年，裁咨委会议讨论了裁军、军控和防扩散体系在管控战略竞争及在日益恶化的国际安全环境中构建信任的作用，并探讨如何采取措施以减少公民因武装冲突所受到的伤害。

【同中国的关系】中国推荐负责军控事务的资深外交官担任裁咨委委员，积极参加委员会相关会议。现任中方委员为中国常驻联合国日内瓦办事处和瑞士其他国际组织副代表、特命全权裁军事务大使李松。

（孔君）

国际法院
International Court of Justice—ICJ

【成立日期】国际法院于1945年6月根据《联合国宪章》设立，于1946年4月开始实际运作，是联合国的主要司法机构，取代1920年在国际联盟主持下设立的常设国际法院。

【宗旨】国际法院肩负联合国“以和平方法且依正义及国际法之原则，调整或解决足以破坏和平之国际争端或情势”这一主要宗旨。

【主要职能】法院主要有两方面职能：一是依照国际法解决各国向其提交的法律争端；二是就正式认可的联合国机关和专门机构提交的法律问题提供咨询意见。

【总部】荷兰海牙。地址：Peace Palace，Carnegieplein 2，2517 KJ，The Hague，The Netherlands。电话：+31-0-703022323；传真：703649928。

【网址】http://www.icj-cij.org/。

【当事国】《国际法院规约》作为《联合国宪章》的一部分，联合国会员国在批准《宪章》时，即自动成为《法院规约》的当事国。非联合国会员国由安全理事会建议并经大会就个别情形决定，可以成为《法院规约》当事国。

【组成】法院由法官和书记官处组成。法院共有15名法官，每位法官任期9年，可连选连任。为确保法院工作的连续性，每3年改选5名法官。如果法官辞职或在任期内去世，将举行补缺选举。每3年，法官将自行以无记名投票方式选出院长和副院长，通常应考虑不同法系和区域的代表性。

【出版物】每年出版3个系列:《判决书、咨询意见和命令汇辑》(以单行本和合订本出版);《年鉴》；与法院有关的各种著作和文件的《文献目录》。

【主要活动】自1947年审理“科孚海峡案”以来，提交到国际法院的案件共有179件。其中，约152件是国家之间的诉讼案件，27件是联合国机关或专门机构要求发表咨询意见的案件。在诉讼案件中，半数以上涉及领土和边界纠纷，不少涉及海洋争端和有关国际法问题，还有一些涉及国家管辖权问题、外交和领事关系法以及非法使用武力等问题。此外，法院还曾处理过十几起国家为保护私人或商业利益而提起的诉讼案件。法院处理的咨询案件主要涉及与国际组织行使职能有关的法律问题，但有时也涉及非殖民化、核武器合法性、民族自决权等其他问题。

【同中国的关系】中国是《法院规约》最早的缔约国之一,一直积极参加法院工作。在中国恢复联合国合法席位后，先后有倪征日奥、史久镛、薛捍勤（女）3位中国国际法专家担任国际法院法官。其中，史久镛曾于2000—2003年担任法院院长，薛捍勤自2018年起担任法院副院长。中国一直重视法院在和平解决国际争端及促进国际法治方面的重要作用，但至今未接受法院的任意强制管辖权，主张谈判协商解决国际争端。迄今为止，中国未向法院提交任何案件。2009年，中国应法院邀请，就“科索沃临时自治机构单方面宣布独立是否符合国际法”咨询意见案向法院提交书面意见，并出席口头陈述程序。这是中华人民共和国成立后，中国首次参与法院程序。2018年，中国再次应法院邀请，就“查戈斯群岛咨询意见案”向法院提交书面意见。

（杨熙）

国际法委员会
International Law Commission

【成立日期】国际法委员会于1947年11月21日根据联合国大会第174（11）号决议成立。

【主要职能】根据《联合国宪章》第13条和《联合国国际法委员会章程》第15条的相关规定，国际法委员会的主要职能包括：第一，国际法的编纂；第二，国际法的逐渐发展。

【网址】http://www.un.org/law/ilc。

【成员】委员会由34名委员组成，任期5年。其中，8名来自非洲，7名来自亚洲，3名来自东欧，6名来自拉美和加勒比地区，8名来自西欧和其他地区，1名在非洲与东欧之间依次轮换，1名在亚洲与拉美和加勒比地区之间依次轮换。总体而言，这些委员应代表世界各大法系，并应以个人身份履行职务。委员人选由联合国各会员国政府提名，经联合国大会选举产生，任期5年，可连选连任。两次选举之间如出现空额，由委员会自行补选。2016年11月，第71届联大举行了委员会换届选举，34个委员名额中的2个轮换名额分配给东欧与拉美和加勒比地区。中国籍候选人、前驻马来西亚大使黄惠康以高票再次成功连任，任期自2017年1月1日开始，为期5年。

【工作方式】委员会一般向联合国大会提出议题，经联大核可后对议题进行研究；或由联大提出议题，交委员会研究。委员会将其研究成果，提交联大审议，并由联大决定应采取的进一步措施。

【出版物】《国际法委员会报告》《国际法委员会年鉴》和其他文件。

【主要活动】委员会成立半个多世纪以来，审议的议题涉及外交和领事关系法、条约法、海洋法、国际环境法、战争法、国家及其财产管辖豁免、官员豁免、国家责任、国家继承等国际法的众多领域。在委员会拟订条款草案的基础上，已缔结了多项国际公约，包括：（1）《领海和毗连区公约》（1958）；（2）《公海公约》（1958）；（3）《公海捕鱼及养护生物资源公约》（1958）；（4）《大陆架公约》（1958）；（5）《减少无国籍状态公约》（1961）；（6）《维也纳外交关系公约》（1961）；（7）《维也纳领事关系公约》（1963）；（8）《特别使团公约》（1969）；（9）《维也纳条约法公约》（1969）；（10）《关于防止和惩处侵害应受国际保护人员包括外交代表的罪行的公约》（1973）；（11）《维也纳关于国家在其对国际组织关系上的代表权公约》（1975）；（12）《国家在条约方面继承的维也纳公约》（1978）；（13）《关于国家对国家财产、档案和债务的继承的维也纳公约》（1983）；（14）《关于国家和国际组织间或国际组织相互间条约法的维也纳公约》（1986）；（15）《国际水道非航行使用法公约》（1997）；（16）《国际刑事法院规约》（1998）；（17）《联合国国家及其财产管辖豁免公约》（2004）。这些公约对现代国际法的发展作出了重要贡献，对国际关系的稳定健康发展也产生了积极作用。

国际法委员会第71届会议分上下半期于2019年4月29日至6月7日、7月8日至8月9日在日内瓦举行。上半期会二读通过“危害人类罪”条款草案，并决定提交联大，建议召开外交大会缔结公约。此外，还一读通过“一般国际法强制性规范（强行法）”“与武装冲突有关的环境保护”两个专题的研究成果。下半期会重点审议了“国家责任方面的国家继承”“国家官员的外国刑事管辖豁免”“一般法律原则”三个专题。会议还决定，新增“与国际法有关的海平面上升”专题并设立研究组。会议还决定将“就严重违反国际人权法和国际人道法行为对个人的赔偿”和“防止和打击海盗和海上武装抢劫行为”两个专题纳入委员会长期工作计划。

【同中国的关系】中华人民共和国成立后，中国国际法专家于1982年开始参加国际法委员会的工作。倪征日奥、黄嘉华、史久镛、贺其治、薛捍勤（女）、黄惠康等先后当选国际法委员会委员，其中，薛捍勤曾于2010年当选国际法委员会第62届会议主席，是委员会历史上第一位女性主席。　（寥钢强）

联合国和平利用外层空间委员会
The United Nations Committee on the Peaceful Uses of Outer Space—COPUOS

【成立日期】联合国和平利用外层空间委员会（外空委）是根据1959年联合国大会第1472号决议成立的联合国常设机构。

【宗旨】外空委的宗旨是制定和平利用外空的原则和规章，促进各国在和平利用外空领域的合作，研究与探索和利用外空有关的科技问题和法律问题。

【主要职能】根据联大1959年第1472号决议和1961年第1721号决议，外空委应与联合国秘书长合作，履行下述职能：（1）同涉外空的政府间组织及非政府组织保持密切联系；（2）办理各国政府提供的外空活动资料的交换事宜；（3）协助研究促进外空活动国际合作的措施；（4）研究实施探测外空计划方面可能产生的法律问题。

【网址】http://www.unoosa.org/oosa/COPUOS/copuos.html。

【成员】截至2019年12月31日，共有95个成员国。

【组成】联合国外空司是外空委的秘书处，设在维也纳联合国办事处。外空委下设科学技术小组委员会和法律小组委员会，由外空委全体成员国组成。委员会及两个小组委员会每年各举行1届会议。会议一般在上半年举行，以便向下半年举行的联合国大会提交报告、建议和决议。外空委及其2个小组委员会以协商一致的方式做出决定。

【主要活动】外空委自1959年成立以来，先后拟订并经联合国大会审议通过了5项国际公约、3项宣言和3项原则，确立了外空活动应遵循的法律框架。

5项国际条约是《各国探索和利用包括月球和其他天体在内外层空间活动的原则条约》（1967）、《营救航天员、送回航天员及归还射入外空之物体之协定》（1968）、《空间物体所造成损害的国际责任公约》(1972)、《关于登记射入外层空间物体的公约》(1975)和《关于各国在月球和其他天体上活动的协定》(1979)，上述5项条约均已生效。

3项宣言是《各国探索和利用外层空间活动的法律原则宣言》(1963)、《关于开展探索和利用外层空间的国际合作，促进所有国家的福利和利益，并特别要考虑到发展中国家需要的宣言》(1996)和《空间千年：关于空间和人类发展的维也纳宣言》(1999)。3项原则是《各国利用人造地球卫星进行国际直接电视广播所应遵守的原则》(1982)、《关于从外层空间遥感地球的原则》(1986)、《关于在外层空间使用核动力源的原则》(1992)。

此外，外空委于2007年通过了《空间碎片减缓指南》；2009年通过了《外层空间核动力源应用的安全框架》；2019年通过了《外层空间活动长期可持续性准则》。

外空委的经常性活动包括：(1)研究并促进空间减灾、远程医疗、远程教育、气象、通信、导航、直接广播和遥感地球资源等各种卫星的国际合作；(2)举办国际、区域和区域间的研究会议及讨论会和讲习班；(3)促进外空研究的情报交换等；(4)通过联合国空间应用方案同联合国粮农组织、联合国教科文组织、欧洲空间局、国际宇航联合会、国际空间法学会等机构合作，开展技术和学术交流活动；(5)通过联合国开发计划署援助有关国家发展将空间技术应用于经济和社会发展所需要的技术。

联合国大会根据外空委的建议，先后在维也纳召开了3次探索及和平利用外层空间会议（UNISPACE），即1968年8月第1次外空大会，1982年8月第2次外空大会和1999年7月第3次外空大会。第3次外空大会主题是“21世纪人类的空间惠益”，会议通过了《联合国第3次外空会议报告》，其中包括《空间千年：关于空间和人的发展的维也纳宣言》，对于促进空间科技服务于和平目的、增进外空国际合作以及推动各国特别是发展中国家的经济发展和社会进步，产生了积极影响。

为纪念1968年举行的联合国第1次探索及和平利用外层空间会议，联合国外空司于2018年6月20—21日在维也纳举办“外空会议50周年”(UNISPACE+50)纪念活动，并为此于2015年成立了规划指导委员会着手进行筹备工作。该规划指导委员会由联合国外空委大会及其两个小组委员会前后三届主席团成员、下设各工作组现任主席、联合国外空司司长等国际空间界重要人士组成。本次纪念活动是以外空委为代表的国际外空界应新形势而筹划举行的一次外空盛会，邀请了联合国成员国、国际组织、非政府组织以及空间学术界、产业界和商业界等各方参加，旨在全面回顾过去、共同规划未来。纪念活动确定了“空间探索和创新全球伙伴关系”“外层空间和全球空间治理法律机制：当前和今后的看法”“加强空间物体和事件的信息交流”“空间天气服务国际框架”“加强空间合作增进全球健康”“国际合作争取实现低排放、有恢复力的社会”“为21世纪开展能力建设”7项优先主题，围绕“空间经济”“空间社会”“空间进出能力”“空间外交”4大支柱展开讨论。纪念活动通过的成果文件“空间作为可持续发展的驱动因素”采纳中国提议，呼吁“在和平利用外空领域加强国际合作，以实现命运共同体愿景，为全人类谋福利与利益”。该文件首次在和平利用外空领域，以协商一致的方式写入了人类命运共同体的重要理念，并已由第73届联大以决议形式通过。

2018年，外空委还根据联大决议成立了“空间2030”工作组，将在未来两年制订“空间2030”议程及其实施计划，该文件将是引领未来外空合作与治理的重要文件。

【同中国的关系】1980年6月，中国派出观察员代表团参加了外空委第23届会议。1980年11月3日，联合国正式接纳中国为该委员会成员国。此后，中国积极组团参加委员会及两个小组委员会的历届会议，全面阐述中国在外空领域的基本立场和政策，宣传中国航天事业发展成就，展现开放合作的良好姿态。外交部条法司马新民副司长担任2015年外空委会议副主席兼报告员，实现了历史性突破。

近年来，中国积极利用外空委会议这一重要平台开展公共外交活动，包括2011年杨利伟出席载人航天暨外空委成立50周年活动；2012年向外空委捐赠北斗导航卫星模型；2013年刘洋出席人类女航天员首飞50周年纪念活动；2014年向外空委捐赠“玉兔”号月球车原比例模型；2015年举行“让太空探索插上艺术的翅膀——中国航天成就绘画作品展”；2018年在维也纳联合国办事处举办“中国的航天合作：构建命运共同体和造福全人类”主题宣介会；2019年中国与联合国外空司共同举办中国空间站国际合作计划入选项目发布会，进一步树立了中国和平利用外空的航天大国形象。

（崔宏宇）

同联合国建立关系的政府间机构

国际劳工组织
International Labour Organization—ILO

【成立日期】1919年根据《凡尔赛和约》作为国际联盟的附属机构成立。1946年12月14日成为联合国专门机构。

【宗旨】促进充分就业和提高生活水平；促进劳资合作；改善劳动条件；扩大社会保障；保证劳动者的职业安全与卫生；获得世界持久和平，建立和维护社会正义。

【成员】187个成员国。

【主要负责人】国际劳工组织总干事盖·莱德（Guy Ryder，英国籍），2012年当选，2016年底获连任，任期至2022年。

【总部】瑞士日内瓦。

【网址】http://www.ilo.org。

【出版物】《国际劳工评论》（季刊）；《世界就业与社会展望》（年度报告）；《全球社保报告》（双年度报告）；《全球工资报告》（双年度报告）；《国际劳工研究》；《劳工统计年鉴》；《劳动世界》（年刊）。

【组织机构】主要机构为国际劳工大会、劳工局理事会和国际劳工局。（1）国际劳工大会：最高权力机构，每年6月在日内瓦举行。（2）劳工局理事会：国际劳工组织的执行机构，每3年由大会选举产生，在大会休会期间指导该组织工作，每年召开3次会议。（3）国际劳工局：常设秘书处，由经社理事会任命的局长领导。

国际劳工组织是以国家为单位参加的国际组织，但组织结构上实行独特的"三方代表"原则，即参加各种会议和活动的成员国代表团由政府、雇主组织和工人组织的代表组成，三方代表有平等独立的发言和表决权。

【主要活动】2019年，国际劳工局分别召开第335、336和337届理事会。2019年6月10日至6月21日，第108届国际劳工大会在日内瓦举行。2019年是国际劳工组织成立一百周年，国际劳工组织举行系列庆典活动，并通过了"面向劳动世界未来的百年宣言"。

【同中国的关系】中国是国际劳工组织的创始会员国，也是理事会政府组的常任理事国。1971年中国恢复在该组织的合法席位。1983年，中国派团出席第69届国际劳工大会，正式恢复了在劳工组织中的活动。中国重视并积极参与劳工组织的各项活动，与其保持着良好的合作关系，出席了历届劳工局理事会以及国际劳工大会。

2019年4月26日，国际劳工组织总干事莱德应邀来华出席第二届"一带一路"高峰论坛。

2019年11月21日，国际劳工组织总干事莱德应邀来华出席国务院总理李克强同主要国际经济组织负责人第4次"1+6"圆桌对话会。

2019年，中国政府派团参加国际劳工组织第335、336、337届理事会和第108届国际劳工大会等活动。6月10—6月21日，人力资源和社会保障部部长张纪南、中华全国总工会副主席、书记处书记江广平和中国企业联合会常务副会长朱宏任组成中国三方代表团出席第108届国际劳工大会。张纪南部长在全会上做了题为"共商共建共享劳动世界的美好未来"的发言，介绍了中华人民共和国成立70年以来，中国经济社会发展取得的辉煌成就，重点介绍了就业、社会保障等领域取得的突出成就，倡议进一步完善劳动治理体系，积极应对劳动领域一系列深刻变革，共创劳动世界的美好未来。全总江广平副主席和中企联朱宏任副会长也分别在全会代表中国工会和雇主组织发言。中方代表团积极参与会议讨论，推动会议将以人民为中心、人民对美好生活的向往、促进多边主义、消除贫困等写入"面向劳动世界未来的百年宣言"。

【驻华代表机构】国际劳工组织北京局。局长：柯凯琳（Claire Courteille-Mulder，女），2018年上任。地址：北京塔园外交人员办公楼1-10-1。电话：010-65325091。

（冯华）

联合国教育、科学及文化组织
United Nations Educational, Scientific and Cultural Organization—UNESCO

【成立日期】1945年11月16日在伦敦通过《联合国教育、科学及文化组织组织法》。1946年11月4日在巴黎正式成立。

【宗旨】通过教育、科学及文化促进各国间合作，对和平与安全作出贡献，以增进对正义、法治及联合国宪章所确认之世界人民不分种族、性别、语言或宗教均享人权与基本自由之普遍尊重。

【成员】193个会员国和9个准会员。

【主要负责人】现任总干事为奥德蕾·阿祖莱（Audrey Azoulay，女，法国籍），2017年10月当选，任期至2021年。

【总部】法国巴黎。

【网址】http://www.unesco.org/。

【出版物】主要出版物：联合国教科文《信使》(The UNESCO Courier)；《教育展望》(Prospects: Quarterly Review on Education)；《国际教育杂志》(International Review of Education)；《自然与资源》(Nature and Resources)；《国际社会科学杂志》(International Social Science Journal)；《博物馆》(Museum International)；《教科文组织统计年鉴》(Statistical Yearbook of UNESCO)；《世界教育报告》(World Education Report)；《世界科学报告》(World Science Report)；《世界文化报告》(World Culture Report)等。

【组织机构】(1)大会：最高权力机构。由全体会员国参加，每2年举行1次届会。有特殊情况时，可召开特别大会。现已举行过39届大会。(2)执行局：大会闭幕期间的监督、管理机构。由58个经大会选举产生的会员国组成，任期4年，每2年改选半数，可以连选连任。每年举行2次或3次届会。执行局下设5个委员会，即计划与对外关系委员会、行政与财务委员会、公约与建议委员会、国际非政府组织委员会和特别委员会。(3)秘书处：常设执行机构。秘书处最高行政首长为总干事，由大会选举产生，任期4年，可连任1届。为增进会员国之间的区域协调与合作，秘书处在各大洲和一些主要国家设立了50余个办事处。

【主要活动】主要活动形式为：(1)制定国际准则性文件，如公约、议定书、建议书、宣言等；(2)召开各类政府间国际会议；(3)组织开展各类专业学术研究活动；(4)出版各类图书、期刊、报告、文献、音像制品及电子制品；(5)以专家咨询、技术设备等形式向会员国提供技术援助；(6)举办培训、研修、实习活动；(7)向非政府国际组织提供资助；(8)与会员国和地区性机构合作开展业务活动。

教科文组织在其主管的教育、科学、文化、传播与信息等业务范围内设立了几十个政府间大型合作计划，以推动国际智力合作，例如：国际教育局、人与生物圈计划、国际地质对比计划、国际水文计划、政府间海洋学委员会、社会变革管理计划、世界遗产委员会、非物质文化遗产保护政府间委员会、促使文化财产归还原主或归还非法占有文化财产政府间委员会、世界版权公约政府间委员会、国际传播发展计划、综合信息计划、政府间信息学计划、政府间体育运动委员会等。由教科文组织大会选举产生的执行理事机构负责规划和管理计划实施，并建立各自的国际或地区合作网络。

教科文组织还同世界教育、科学、文化领域内许多重要的非政府国际组织建立和发展合作关系。

【同中国的关系】双方合作广泛、良好，在全民教育、扫盲、高等教育、文化和自然以及非物质文化遗产保护、生物多样性、海洋、水文、地质等领域开展一系列合作，成绩显著。

2019年6月30日至7月10日，联合国教科文组织第43届遗产委员会会议在阿塞拜疆首都巴库举行，中国申报的江苏盐城“中国黄（渤）海候鸟栖息地（第一期）”自然遗产项目和浙江“良渚古城遗址”文化遗产项目成功列入《世界遗产名录》。至此，中国共有55项世界遗产被列入该名录，与意大利并列世界第一。

7月，中国福建省福州市成功申办第44届世界遗产大会。大会原定于2020年7月在福州市举行，受新冠肺炎疫情影响，会议将推迟举办。

10月，国家主席习近平夫人、联合国教科文组织促进女童和妇女教育特使彭丽媛，向联合国教科文组织第四届女童和妇女教育奖颁奖仪式致贺词。

【驻华代表机构】教科文组织于1984年在华设立地区办事处，负责中国、朝鲜、韩国、蒙古及日本5个东亚国家的工作。代表：欧敏行（Marielza Oliveira，女，巴西籍）。代表处地址：北京建国门外外交公寓5号楼153号。电话：010-65321725。（王梓旭）

联合国粮食及农业组织
Food and Agriculture Organization of the United Nations—FAO

【成立日期】正式成立于1945年10月16日，简称“粮农组织”，属联合国专门机构。

【宗旨】提高各国人民的营养水平和生活水准；提高所有粮农产品的生产和分配效率；改善农村人口的生活状况，促进世界经济的发展，并最终消除饥饿和贫困。

【成员】共有194个成员国、1个成员组织（欧洲联盟）和2个准成员（法罗群岛、托克劳群岛）。

【主要负责人】总干事屈冬玉（中国籍），2019年8月1日就任，任期至2023年。

【总部】意大利罗马。

【网址】http://www.fao.org/。

【出版物】年度报告《粮农状况》(State of Food and Agriculture)，以及各种专业年鉴和杂志。

【组织机构】(1)大会：最高权力机构，负责审议世界粮农状况，研究重大国际粮农问题，选举、任命总干事，选举理事会成员国和理事会独立主席，批准接纳新成员，批准工作计划和预算，修改章程和规则等；每2年举行1次，全体成员国参加。(2)理事会：隶属于大会，在大会休会期间在大会赋予的权利范围内处理和决定有关问题；由大会按地区分配原则选出的49个成员国组成，任期3年，可连任，每年改选1/3；在大会两届例会期间至少举行4次会议。(3)秘书处：执行机构，负责执行大会和理事会有关决议，处理日常工作。负责人是总干事，由大会选出，任期4

年，在大会和理事会的监督下领导秘书处工作。秘书处下设农业与消费者保护、经济和社会发展、林业渔业及水产养殖、综合服务、人力资源及财政、自然资源管理及环境、技术合作等8个部，在亚太、非洲、拉美及加勒比、近东、欧洲5个区域设有办事处，另设有11个次区域办事处、5个联络处和74个国家代表处。

【资金来源】成员国缴纳会费和自愿捐款。

【主要活动】作为世界粮农领域的信息中心，搜集和传播世界粮农生产、贸易和技术信息，促进成员国之间的信息交流；向成员国提供技术援助，以帮助提高农业技术水平；向成员国特别是发展中国家成员提供农业政策支持和咨询服务；商讨国际粮农领域的重大问题，制定有关国际行为准则和法规。

【同中国的关系】中国是联合国粮农组织创始成员国之一，自1973年恢复在该组织席位以来，一直是理事会成员国。联合国粮农组织积极支持中国农村改革和农业发展。1978年至今，联合国粮农组织在华实施了200多个援助项目。同时中国积极履行成员国义务，广泛参与和支持联合国粮农组织活动。

2008年9月，时任国务院总理温家宝在联合国千年发展目标高级别会议上宣布设立特别信托基金，用于帮助发展中国家提高农业生产能力的项目和活动。2015年6月，时任国务院副总理汪洋出席联合国粮农组织“反饥饿杰出进展”特别活动并致辞。2018年6月6日，中方与联合国粮农组织共同在粮农组织总部罗马举办主题为“减贫和粮食权的保障”的展览，展示中国的减贫行动和成就，以及中国为保障包括中国人民在内的各国人民粮食权作出的重要贡献。

2018年11月，在联合国粮农组织总干事格拉齐亚诺和中国农业农村部部长韩长赋见证下，联合国粮农组织驻华代表处与中华农业科教基金签署谅解备忘录，深化粮农组织与中国合作。

2019年6月23日，联合国粮农组织第41届大会在意大利罗马举行，并选举产生了第九任总干事。时任农业农村部副部长屈冬玉高票当选，成为粮农组织历史上首位中国籍总干事。

【驻华代表机构】联合国粮农组织于1983年在北京设立驻华代表处。现任驻华代表为马文森（Vincent Martin，法国籍）。办公地址：北京建国门外外交公寓4号楼2单元151/152号。电话：010–65322835。

（庄语）

世界卫生组织
World Health Organization—WHO

【成立日期】1946年7月，世界卫生组织成立筹备会，会议通过了《世界卫生组织组织法》，1948年4月7日该法得到联合国26个会员国批准并生效，4月7日因此被定为世界卫生日。1948年6月24日在日内瓦召开第1届世界卫生大会，世界卫生组织正式成立。

【宗旨】使全世界人民获得尽可能高水平的健康。该组织将健康定义为“身体、精神和社会生活的完美状态”。

【成员】194个正式成员，2个准成员。

【主要负责人】现任总干事谭德塞博士（Dr. Tedros Adhanom Ghebreyesus，埃塞俄比亚籍），于2017年7月当选，任期5年。

【总部】瑞士日内瓦。

【网址】http://www.who.int/。

【出版物】《世界卫生组织月报》(Bulletin of the World Health Organization)，每年6期，英、法、阿、俄文；《疫情周报》(Weekly Epidemiological Record)，英、法文；《世界卫生统计》(World Health Statistics)，季刊，英、法、中、阿、俄、西文；《世界卫生》(World Health)，月刊，英、法、俄、西、德、葡、阿文。

【组织机构】(1) 世界卫生大会：最高权力机构，每年举行1次。主要任务是审议总干事的工作报告、规划预算、接纳新会员国和讨论其他重要议题。(2) 执行委员会：由世界卫生大会选出的34名会员国政府指定的代表组成，任期3年，每年改选1/3。根据世界卫生组织的口头君子协议，联合国安理会五常任理事国是必然的执委成员国，但席位第3年后轮空1年。(3) 秘书处：常设办事机构，下设非洲、美洲、欧洲、东地中海、东南亚、西太平洋6个地区办事处。总干事是秘书处行政和业务首席官员，经秘密投票选举产生。

【主要活动】召开执委会会议，商定即将召开的卫生大会议程和通过呈交卫生大会的决议；召开世界卫生大会，审议总干事工作报告、规划预算、接纳新会员国和讨论其他重要议题。

【同中国的关系】中国是世界卫生组织的创始国之一。1972年第25届世界卫生大会恢复了中国在该组织中的合法席位。其后，中国出席了该组织历届大会和西太平洋区地区委员会会议，多次被选为执委会成员。

2019年1月24日至2月1日，世卫组织执委会第144届会议在瑞士日内瓦举行。会议审议了总干事报告、2020—2021年规划预算方案、全民健康覆盖等议题。国家卫生健康委、外交部组团与会。5月20—28日，第72届世界卫生大会在瑞士日内瓦举行。会议讨论了初级卫生保健、卫生人力资源、患者安全、《国际疾病分类》第十一次修订等议题。国家卫生健康委、外交部等组团与会。10月7—11日，第70届世界卫生组织西太平洋区域委员会会议在菲律宾马尼拉召开。国家卫生健康委组团参会。

【驻华代表机构】世界卫生组织于1981年在北京设立驻华代表处。代表：高力（Granden Galea，马耳他籍）。地址：北京东直门外大街23号东外外交办公楼401号。电话：010–65327189。

（朱佳妮）

国际复兴开发银行（世界银行）
International Bank for Reconstruction and Development—The World Bank

【成立日期】根据1944年7月布雷顿森林会议的决定，于1945年10月27日成立，1946年开始运作，1947年11月15日起成为联合国专门机构，通称“世界银行”。目前，该行与国际开发协会（The International Development Association—IDA）、国际金融公司（The International Finance Corporation—IFC）、多边投资担保机构（The Multilateral Investment Guarantee Agency—MIGA）、国际投资争端解决中心（The International Center for Settlement of Investment Disputes—ICSID）4个机构共同组成世界银行集团（The World Bank Group）。

【宗旨】通过向生产性项目提供贷款和对改革计划提供指导，帮助欠发达成员国实现经济发展。

【成员】现有189个成员国。

【主要负责人】现任行长是戴维·马尔帕斯（David Malpass，美国籍），2019年4月就任。

【总部】美国华盛顿。

【网址】http://www.worldbank.org。

【出版物】《年度报告》《世界发展报告》《全球监测报告》《世界发展指标》等。

【组织机构】理事会是世界银行最高权力机构，由各成员国派正、副理事各1名组成，每年召开1次会议，理事一般由各国财政部长或中央银行行长担任。执行董事会是世界银行负责处理日常业务的机构，由25名执董组成。

【股本和资金来源】世界银行创始法定资本为100亿美元，以后数轮普遍增资，还有临时性增资。该行所需借贷资金主要从国际资本市场筹措。

【主要活动】国际货币基金组织（下称“基金组织”）同世界银行每年举行2次联合会议，4月举行春季年会（WB/IMF Spring Meetings），10月举行年会（WB/IMF Annual Meetings），讨论世界经济形势、金融市场情况、世界银行/基金组织改革等问题。会议期间通常还举行基金组织国际货币和金融委员会部长级会议、世界银行发展委员会会议、20国集团财长和央行行长会议、金砖国家财长和央行行长会议等会议。财政部、人民银行派代表参加上述年会和春季年会。

近年来，基金组织及世界银行春季会议和年会举行时间如下：2015年4月17—19日在美国华盛顿，10月9—11日在秘鲁利马；2016年4月15—17日在美国华盛顿，10月7—9日在美国华盛顿；2017年4月21—23日在美国华盛顿，10月10—15日在美国华盛顿；2018年4月18—23日在美国华盛顿，10月8—13日在印度尼西亚巴厘岛。

【同中国的关系】截至2020年4月，中国在国际复兴开发银行股权为5.00%，排名第三位。中国于1945年加入世界银行，是该组织的创始国之一。新中国成立后，中国在世界银行的合法席位长期被台湾当局非法占据。1980年4月14日，世界银行声明，自中华人民共和国政府在国际复兴开发银行、国际开发协会和国际金融公司中代表中国之日起，该三机构将按协定只同作为唯一代表成员国——中华人民共和国发生关系。其后中国代表团参加了该组织的历届年会。2016年1月，世界银行宣布任命杨少林担任首任常务副行长兼首席行政官。截至2018财年底，世行对中国贷款承诺总额超过619亿美元，其中国际复兴开发银行约520亿美元，国际开发协会约99亿美元，共支持建设了422个项目。

【驻华代表机构】该组织于1985年在北京设立代表处。现任中国、韩国和蒙古局局长芮泽（Martin Raiser，德国籍）。办公室：北京市朝阳区建国门外大街1号国贸写字楼2座16层。电话：010-58617600；传真：58617800。

（吝杰）

国际货币基金组织
International Monetary Fund—IMF

【成立日期】根据1944年7月签订的“国际货币基金协定”，于1945年10月27日与世界银行同时成立，1947年3月1日开始运作，1947年11月15日起成为联合国专门机构，简称“基金组织”。

【宗旨】稳定国际汇兑，消除妨碍世界贸易的外汇管制，在货币问题上促进国际合作，并通过提供短期贷款，解决成员国国际收支暂不平衡时产生的外汇资金需求。

【成员】现有189个成员。

【负责人】现任总裁是克里斯塔利娜·格奥尔基耶娃（Kristalina Ivanova Georgieva-Kinova，女，保加利亚籍），2019年10月就任。

【总部】美国华盛顿。

【网址】http://www.imf.org。

【出版物】《世界经济展望》《国际金融统计》《国际货币基金概览》《贸易统计指南》《政府财政统计年鉴》《国际收支统计》《汇兑安排和汇兑限制年报》《全球金融稳定报告》。

【组织机构】理事会是基金组织最高权力机构，由各成员国派正、副理事各1名组成，理事一般由各国的财政部部长或中央银行行长担任。每年9月召开1次理事会会议，各理事单独行使本国的投票权（各国投票权的大小由其所缴基金份额的多少决定）。执行董事会负责处理基金组织日常业务，由24名执董组成，分别来自24个国家或选区，全部由选举产生。每个选区选出的执董所行使的表决权是其所在选区各国表决权的总和。总裁负责基金组织的业务工作，行使执董会主席的职能，由执董会推选，任期5年，可连任。

【股本和资金来源】基金组织的资金主要来源于各成员国认缴的份额。各成员国的份额由该组织根据各国的国内生产总值、开放度、经济波动性以及国际储备等经济指标确定。缴纳份额时，25%为可兑换货币或特别提款权，75%为本国货币。成员国份额越大，其享有的表决权越大。成员的主要权利是按照所缴份额的一定比例借用外汇。此外，成员国有义务提供经济资料并在本国的外汇政策和管理方面接受基金组织的监督。

【主要活动】基金组织同世界银行每年举行2次联合会议，4月举行春季年会（WB/IMF Spring Meetings），10月举行年会（WB/IMF Annual Meetings），讨论世界经济形势、金融市场情况、世界银行/基金组织改革等问题。会议期间通常还举行基金组织国际货币和金融委员会部长级会议、世界银行发展委员会会议、20国集团财长和央行行长会议、金砖国家财长和央行行长会议等会议。财政部、人民银行派代表参加上述年会和春季年会。

近年来，基金组织和世界银行年会和春季年会举行时间如下：2015年4月17—19日在美国华盛顿，10月9—11日在秘鲁利马；2016年4月15—17日在美国华盛顿，10月6—9日在美国华盛顿；2017年4月21—23日在美国华盛顿，10月13—15日在美国华盛顿；2018年4月18—23日在美国华盛顿，10月8—13日在印度尼西亚巴厘岛；2019年4月12—14日在美国华盛顿，2019年10月18—20日在美国华盛顿；2020年春季年会于4月17日通过视频方式举行。

【同中国的关系】中国于1945年加入国际货币基金组织，是该组织的创始国之一。中华人民共和国成立后，中国在基金组织的合法席位长期被台湾当局非法占据。1980年4月17日，中华人民共和国政府的代表权得到恢复，单独组成1个选区并派任执行董事。其后中国代表团参加了该组织的历届年会。2006年9月，基金组织理事会通过决议，决定为中国、土耳其、韩国、墨西哥4国特别增资。中国在基金组织的份额占总份额的比重从2.98%升至3.72%，按国别份额排序由第8位升至第6位。2008年4月，基金组织理事会表决通过新决议，再次给部分成员国增资。中国在基金组织份额从3.72%上升至3.99%，仍居第6位。2010年11月5日举行的基金组织执董会通过了份额和治理结构改革方案，新兴市场和发展中国家份额从39.5%增加至42.3%。中国份额从3.996%升至6.394%，从第6位上升至第3位。根据基金组织规定，份额改革方案需获占70%投票权的成员国同意，治理改革方案需3/5成员国及拥有85%投票权的成员国立法机构批准生效。由于美国长期未批准改革方案，导致改革承诺久未兑现。2015年12月，美国批准改革方案。2016年1月，改革方案生效。截至2020年4月，中国在IMF份额为6.41%，排名第三位。2016年10月，人民币正式加入IMF特别提款权（SDR）货币篮子，份额为10.92%。长期以来，中国同IMF保持良好合作。IMF通过年度磋商、高层访问、技术援助和培训等多种形式，为中国宏观经济管理和结构性改革提出大量有价值的政策建议，并培养了专业人才。2018年4月，中国人民银行与IMF合作成立中国–IMF联合能力建设中心（CICDC），为中国及“一带一路”沿线国家开展能力培训。

【驻华代表机构】该组织于1991年在北京设立代表处。现任首席代表是史蒂文·艾伦·巴奈特（Steven Alan Barnett）。办公室：北京市朝阳区建国门外大街乙12号双子座大厦东塔18层1806室。电话：010–65051155；传真：65058580。（吝杰）

国际民用航空组织
International Civil Aviation Organization—ICAO

【成立日期】1944年11月1日至12月7日，52个国家在美国芝加哥举行国际民用航空会议，签订了《国际民用航空公约》(通称《芝加哥公约》)，并决定成立过渡性的临时国际民用航空组织。1947年4月4日《芝加哥公约》生效，国际民用航空组织（ICAO）正式成立，5月13日成为联合国的一个专门机构。

【宗旨】通过制定相关原则和办法，使国际民用航空业安全而有序地发展，确保国际航空运输在平等基础上经济而健康地运营。

【成员】192个。

【主要负责人】理事会主席阿留（Olumuyiwa Benard Aliu，尼日利亚籍），2013年上任，2016年连任，任期至2019年。2019年11月25日，理事会选举萨尔瓦多·夏基塔塔（Salvatore Sciacchitano，意大利籍）为新任理事会主席，任期为2020年至2022年。秘书长柳芳（中国籍），2015年上任，2018年连任，任期至2021年。

【总部】加拿大蒙特利尔市（999 University Street，Montreal，Quebec H3C 5H7，Canada）。电话：+1–514–954–8319。电子邮箱：icaohq@icao.int。

【网址】http://www.icao.int/。

【出版物】《国际民航组织公报》(ICAO Bulletin)，每年出10期，英、法、西文;《国际民航组织年报》(ICAO Journal)，英、法、西文。

【组织机构】(1）大会：最高权力机构，每3年举行1次。(2）理事会：常设机构，由36个理事国组成，每年大会选举产生。每年举行3次例会。理事会下设技术合作、航空运输、人力资源、联营导航、财务、非法干扰6个委员会。(3）秘书处：处理日常工作，设空中航行、航空运输、法律事务和对外关系、技术合作、行政服务5个局等。此外，该组织设西部和中部非洲（达喀尔），南美（利马），北美、中美和加勒比（墨西哥城），中东（开罗），欧洲和北大西洋（巴黎），东部和南部非洲（内罗毕），亚洲和太平洋（曼谷）7个地区办事处。

【主要活动】ICAO最主要的工作是按照《国际民用航空公约》授权，制定并更新民用航空方面的国际技术标准和建议措施。其他工作包括：修订现行国际民航法规条款并制定新的法律文书；实施航空安全审计计划；制止非法干扰，敦促成员国加强机场安全保卫工作，开展安全保卫培训计划；实施新航行系统及航空运输服务管理制度；收集、审议和公布民航领域的有关统计资料，进行经济预测并协助各国规划民航发展；开展并维持民航技术合作项目和有关机制；向各国、各地区民航训练学院提供援助等。

【同中国的关系】中国是《国际民用航空公约》创始缔约国之一，1944年国民党政府签署该公约，1946年成为ICAO正式会员国。1971年ICAO通过决议，承认中华人民共和国为中国唯一合法代表。1974年，中国承认《国际民用航空公约》并正式开始参加ICAO活动。同年，中国当选ICAO理事会二类理事国并一直连任。由于经济持续快速发展和民航整体实力的提高，2004年，中国当选ICAO一类理事国，并于2007年、2010年、2013年、2016年成功连任。2005年，中国成为仅次于美国的世界第二大航空运输大国。2017年5月，"一带一路"国际合作高峰论坛期间，民航局局长冯正霖与ICAO秘书长柳芳签订了《中国民用航空局与国际民航组织合作意向书》。

2019年4月，ICAO秘书长柳芳应邀来华出席第二届"一带一路"国际合作高峰论坛。9月24—10月4日，ICAO第40届大会在加拿大蒙特利尔举行，中国连任ICAO一类理事国。

【驻华代表机构】国际民航组织亚太地区分办事处。2013年6月27日，在北京正式成立。主任：拉斐尔·吉列（Raphael GUILLET）。地址：北京顺义区二纬路09号。电话：010–64557179。 （*初光*）

国际海事组织
International Maritime Organization—IMO

【成立日期】根据1948年通过、1958年3月17日生效的《政府间海事协商组织公约》，1959年1月17日在英国伦敦正式成立政府间海事协商组织，并召开了第1届大会。1982年5月22日，将其改名为国际海事组织。该组织自成立之日起，即是联合国系统中的一个专门机构，负责海上航行安全和防止船舶造成的海洋污染问题。

【宗旨】促进各国的航运技术合作，鼓励各国在促进海上安全、提高船舶航行效率、防止和控制船舶对海洋污染方面采用统一的标准，以及处理有关的法律问题。

【成员】截至目前，该组织共有174个成员国和3个联系会员（Associate Member）（中国香港、中国澳门和法罗群岛）。

【主要负责人】秘书长林基泽（Lim Ki-tack，韩国籍），2016年1月1日上任，2020年1月1日连任，任期4年。

【总部】英国伦敦。

【网址】http://www.imo.org/。

【出版物】《国际海事组织新闻》（IMO News），季刊，英文；本组织所制定的各种公约、规则、建议案和决议。

【组织机构】（1）大会：该组织最高权力机构，由全体成员国代表组成，每2年召开1次，负责选举理事会成员国，审议该组织战略、预算、工作计划和各委员会工作报告等。（2）理事会：该组织执行机构，在大会闭会期间行使大会的所有职责，由大会选举产生的40个理事国组成。成员分为A、B、C三类，A类是在提供国际航运服务方面具有最大利害关系的10个国家；B类是在国际海上贸易方面具有最大利害关系的10个国家；C类是作为全球各个地区代表当选的20个国家。（3）委员会：该组织下设海上安全、海上环境保护、法律、技术合作、便利运输5个委员会。（4）秘书处：处理该组织日常事务的常设机构，负责保存国际海事组织会议制定的公约、规则、议定书、建议案和会议记录、会议文件。设有秘书长办公室、海上安全司、海上环境保护司、法律事务和对外关系司、行政司、会议司和技术合作司7个部门。

【主要活动】召开成员国大会，制定和修改有关海上安全、防止海洋污染、便利海上运输和提高航行效率及与之有关的海事责任方面的公约、规则、议定书和建议案；在上述方面交流实际经验，研究相关海事报告，利用联合国开发计划署等国际组织提供的经费和捐助国提供的捐款，向发展中国家提供一定技术援助；召开各委员会会议，研究与各专业委员会业务有关的事务，并提出建议。

【同中国的关系】中国自1973年恢复在国际海事组织的成员国地位以来，曾在该组织第9至15届大会上当选为B类理事国，并从1989年起连续16次担任该组织A类理事国。在IMO理事会第119次会议上，交通运输部国际合作司副司长张晓杰当选为会议主席，这是中国代表首次当选理事会主席。中国还派出120多名专业人员到该组织创办的世界海事大学进修。1984年，世界海事大学大连分校在中国大连成立。

自中国加入该组织后，历年均派团出席有关国际会议并参与相关国际法规、议定书的制定工作，在有关海事、安全等具体业务方面，中国政府有关部门与该组织开展并保持了有效合作，双边和多边交流活动顺利进行。

2019年，IMO举行了第31届大会，理事会第122、123次会议，海上安全委员会第101次会议，海上环境保护委员会第74次会议，法律委员会第106次会议，技术合作委员会第69次会议，便利运输委员会第43次会议及7个技术分委会的会议。中国代表团出席上述会议，在海运温室气体减排、船舶效能、海上安全等议题上发挥重要作用。（刘芳）

国际电信联盟
International Telecommunication Union—ITU

【成立日期】1865年5月17日，法、德、俄、意、奥等20个欧洲国家在巴黎签订《国际电报公约》，创建了国际电报联盟。1906年，德、英、法、美、日等27个国家在柏林签署《国际无线电公约》。1932年，70多个国家在马德里召开国际电报联盟第五届全权代表大会，决定将上述两个公约合并为《国际电信公约》，并将国际电报联盟更名为国际电信联盟。1947年，国际电信联盟成为联合国负责电信事务的专门机构，总部从瑞士伯尔尼迁至日内瓦。

【宗旨】维护和扩大各成员国之间的合作，以改进和合理使用各种电信资源；促进并提供对发展中国家的技术援助；促进电信设施的发展及其最有效的运营，以提高电信业务的效率；促进电信技术和业务的应用，使世界上所有人得益于新的电信技术带来的便利；促进和加强相关实体和组织参与国际电信联盟活动并建立合作伙伴关系，以实现上述目的。

【成员】193个成员国，700多家私营部门实体和学术机构组成的部门成员和准成员。

【主要负责人】秘书长赵厚麟（中国籍），2014年10月当选，2015年1月1日履职，2018年连任，任期至2022年底。

【总部】瑞士日内瓦。

【网址】http://www.itu.int/。

【出版物】国际电信联盟总秘书处、电信标准化局、无线电通信局和电信发展局就电信政策、技术、业务、资费等出版的系列建议书，操作公报，电信业务规则、须知和手册、电信统计年鉴，以及不定期出版的电信杂志等。

【组织机构】（1）全权代表大会：国际电信联盟最高权力机构，每4年召开1届，其主要任务是审议确定国际电信联盟发展战略，制定国际电信联盟预算，选举理事国及秘书长、副秘书长和各部门局长以及无线电规则委员会委员等，修订国际电信联盟《组织法》和《公约》及其他相关法规文件。（2）理事会：国际电信联盟的管理机构，现有48个成员国。理事会在两届全权代表大会期间代行全权代表大会赋予的职责，负责审议电信政策问题，制定年度预算，协调总秘书处及各部门之间的活动，促进实施《组织法》《公约》和其他行政规则各项条款以及全权代表大会等会议所通过的决定等。（3）世界国际电信大会：负责审议修订《国际电信规则》并处理其权限内的任何世界性问题。（4）无线电通信部门：主要职责是研究无线电通信的技术业务问题，以确保所有无线电通信业务合理、公平、有效和经济地使用无线电频谱及卫星轨道资源，并通过有关无线电通信问题的建议书。无线电通信部门通过无线电通信局、世界和区域性无线电通信大会、无线电规则委员会、无线电通信全会、无线电通信研究组、无线电通信顾问组等开展工作。（5）电信标准化部门：主要职责是研究电信技术、运营和资费问题，并通过建议书，以实现全球电信标准化。电信标准化部门通过电信标准局、世界电信标准全会、电信标准化研究组、电信标准化顾问组等开展工作。（6）电信发展部门：主要职责是组织和协调技术发展和援助，促进全球电信的发展。电信发展部门通过世界和区域性电信发展大会、电信发展研究组、电信发展顾问组以及电信发展局等机构开展工作。（7）总秘书处：由秘书长领导，1名副秘书长协助管理。主要职责是负责为各成员提供及时有效的服务，协调和支持三大部门的活动，承担各类会议的秘书处工作，管理行政和财务事宜等。

【主要活动】每4年召开1次全权代表大会、世界电信标准化全会和世界电信发展大会；每3至4年召开1次世界无线电通信大会；每年召开1次理事会；各部门每年召开各研究组及工作组会议。

【同中国的关系】中国于1920年加入国际电报联盟；1932年派代表参加马德里大会，签署了马德里《国际电信公约》；1947年在美国大西洋城召开的全权代表大会上被选为行政理事会理事国。中华人民共和国成立后，其在国际电信联盟的合法席位曾一度被剥夺。1972年5月，国际电信联盟第27届行政理事会通过决议，恢复中华人民共和国在国际电信联盟的合法席位。此后，中国一直担任国际电信联盟理事国。2006年，中国政府推荐的赵厚麟当选国际电信联盟副秘书长，并于2010年连任。2014年10月，赵厚麟在国际电信联盟全权代表大会上高票当选为秘书长，成为电联历史上首位中国籍秘书长。赵厚麟于2018年连任，任期至2022年底。

2019年4月27日，赵厚麟应邀来华出席第二届“一带一路”国际合作高峰论坛。10月28日，2019年世界无线电通信大会（WRC-19）在埃及沙姆沙伊赫召开。工业和信息化部总工程师张峰率中国代表团参会。（何凡）

万国邮政联盟
Universal Postal Union—UPU

【成立日期】1874年10月9日成立，1878年改称现名，1948年成为联合国专门机构，简称万国邮联（或"邮联"）。1969年邮联通过决议，将每年的10月9日定为"万国邮联日"，1984年更名为"世界邮政日"。

【宗旨】组织和改善国际邮政业务，促进此领域的国际合作与发展。通过邮政业务的有效工作，发展各国人民之间的联系，以实现在文化、社会与经济领域促进国际合作的崇高目标。

【成员】192个。

【主要负责人】国际局总局长比沙尔·侯赛因（Bishar Hussein，肯尼亚籍），2013年当选，2016年连任，任期至2020年。

【总部】瑞士伯尔尼。

【网址】http://www.upu.int/。

【出版物】《邮联》(Union Postale)，季刊，用法、德、英、阿、中、西、俄7种文字出版。

【组织机构】由邮联大会、行政理事会、邮政经营理事会和国际局组成。国际局系邮联秘书处。(1) 邮联大会（Congress of Universal Postal Union）：最高权力机构，由各成员国派出的全权代表参加，每4年举行1次。主要任务是修订法规，制定邮政发展战略，批准邮联经费开支，选举行政理事会、邮政经营理事会理事国和邮联国际局正、副总局长等。大会下设若干委员会，分别负责资格审查、财务、公约、业务质量等专业问题。(2) 行政理事会（Council of Administration）：由1名主席国和40名理事国组成。大会东道国是当然理事国及主席国。其他40个理事国席位由大会按区域分配原则选出，每届大会至少更换其中半数，任何理事国只能连任一届。行政理事会通常每年在邮联总部召开1次会议，并在两届大会之间监督邮联的全部活动。(3) 邮政经营理事会（Postal Operations Council）：由48个国家组成，由大会根据特定的地区分配原则选出。每届大会至少更换其中的1/3。经营理事会主要负责技术和经营问题，包括研究有利于邮联各成员国邮政和经营、商业化、经济和技术合作方面，特别是涉及邮政经济，如邮件资费等重大问题。(4) 国际局：邮联的中央办事处，总部设在伯尔尼。由总局长领导，负责为两理事会提供行政和后勤保障。

【同中国的关系】中国于1914年加入该组织。1972年4月，邮联恢复中国合法席位。自1974年以来，中国参加了历届邮联大会，并当选历届邮政经营理事会理事国，除两届轮空外，均当选为行政理事会理事国。1999年9月，中国在北京成功主办了第22届邮联大会。这是中国首次承办联合国系统专门机构全权代表大会。自1999—2004年，中国担任行政理事会主席。在2004年第23届邮联大会上，原国家邮政局国际合作司司长黄国忠当选邮联国际局副总局长，任期4年，且在2008年第24届邮联大会上连任成功，2012年底任期届满。此系邮联历史上首次由亚太国家人选担任该职务，这提高了中国在邮联的地位，扩大了影响。

2019年9月24—26日，万国邮联第三次特别大会在瑞士日内瓦召开。会议重点讨论国际小包终端费改革方案，153个成员国派团与会。大会否决了美国主张的完全自定义终端费方案B，一致通过了融合各方诉求的方案V（V代表胜利），美国宣布放弃"退群"，继续留在万国邮联。（尚海龙）

世界知识产权组织
World Intellectual Property Organization—WIPO

【成立日期】1893年，"国际保护工业产权联盟"（巴黎联盟）国际局和"国际保护文学艺术作品联盟"（伯尔尼联盟）国际局合并成立保护知识产权联合国际局，此即为世界知识产权组织的前身。1967年7月14日，上述两个联盟的51个成员国在瑞典斯德哥尔摩召开外交会议，签署了《建立世界知识产权组织公约》。

1970年5月26日，该公约正式生效。1974年12月，该组织成为联合国的一个专门机构。

【宗旨】通过国家之间的合作，并在适当情况下与其他国际组织配合，促进世界范围内的知识产权保护；保证各知识产权联盟间的行政合作。

【成员】192个成员国，250多个观察员。

【主要负责人】现任总干事弗朗西斯·高锐（Francis Gurry，澳大利亚籍），2008年就任，2014年连任，任期至2020年9月。

【总部】瑞士日内瓦。

【网址】http://www.wipo.int/。

【出版物】《世界知识产权组织国际商标公约》英、法文月刊;《国际外观设计公报》英、法文月刊;《专利合作条约公报》英、法文周刊;《专利合作条约通讯》英文月刊;《工业产权和版权》英、法文月刊;《工业产权与版权》西班牙文双月刊;《亚洲和太平洋地区知识产权》英文季刊。

【组织机构】世界知识产权组织设3个主要机构。他们是 (1) 大会：最高权力机构，由该组织所协调各联盟的成员国组成，每2年召开1次普通届会；应协调委员会或1/4以上成员国的请求，可召开特别会议。(2) 成员国会议：由《建立世界知识产权组织公约》的所有签署国组成，每2年召开1次普通届会，与大会同期同地举行；应多数成员国请求，总干事可召集特别成员国会议。(3) 协调委员会：大会和成员国会议的咨询机构及执行机构，由巴黎联盟和伯尔尼联盟执委会成员组成。现有成员83个，每年召开1次例会；应总干事或委员会主席或1/4成员的请求，可召开特别会议。国际局是该组织以及受其管理的各联盟的日常行政机构，受大会和成员国会议管理，由以总干事为首的来自各国的常任职员组成。国际局下设有关工业产权法律、版权法律、情报、公约保存以及专利、商标、外观设计和原产地名称注册等业务机构。世界知识产权组织的行政首长为总干事，总干事由大会根据协调委员会提名任命，任期6年。

【主要活动】该组织的主要活动是在世界范围内保护知识产权。该组织鼓励缔结新的国际条约及各国知识产权立法的现代化，向发展中国家提供法律技术援助，收集和传播有关情报，为发明、商标、外观设计等在多国获得法律保护提供服务，并努力促进成员国之间在知识产权法律保护方面的合作。在集中管理各国知识产权的行政事务方面，该组织通过国际局对工业产权和版权的14个联盟实行集中管理，以有利于各联盟之间的相互协调。在过去几年中，该组织加强了与发展中国家在知识产权保护方面的活动，促进国家、地区和多边各级机构通过，或修改现有的保护知识产权的准则，通过国际注册体系以获得国际知识产权保护。2000年10月，该组织成员国大会第35届系列会议，根据中国和阿尔及利亚的提案，决定将每年的4月26日定为世界知识产权日。该组织主要活动包括举行成员国大会、发展与知识产权委员会会议，遗传资源、传统知识与民间文艺政府间委员会会议等常规会议，计划与预算委员会会议，国际专利分类联盟工作组会议，专利法常设委员会会议、审计委员会等。

【同中国的关系】中国于1980年6月3日加入WIPO后，参加历次成员国大会，一直与该组织保持良好的合作关系，现已加入该组织管辖的13个条约，并通过该组织与其他国家的知识产权部门加强了联系与交流。2014年7月，WIPO在中国设立办事处。

2019年4月，世界知识产权组织总干事高锐应邀来华出席第二届“一带一路”国际合作高峰论坛，并参加全国知识产权宣传周主场活动。

9月30日，世界知识产权组织成员国大会第59届系列会议在瑞士日内瓦开幕，中国国家知识产权局副局长贺化率中国政府代表团出席会议。

10月21日，以“加强知识产权保护国际合作 打造国际一流营商环境”为主题的第16届上海知识产权国际论坛在上海开幕。国家知识产权局局长申长雨、上海市市长应勇出席开幕式并致辞，世界知识产权组织总干事高锐出席开幕式并作主旨演讲。（何凡）

国际农业发展基金
International Fund for Agricultural Development—IFAD

【成立日期】联合国于1974年11月在罗马召开世界粮食会议，决定建立国际农业发展基金（简称“农发基金”），属联合国专门机构。1977年11月，《关于建立国际农业发展基金的协议》正式生效。1978年1月，国际农发基金开始业务活动。

【宗旨】通过筹集资金，以优惠条件提供给发展中的成员国，用于发展粮食生产，改善人民营养水平，逐步消除农村贫困。

【成员】共有173个成员国。

【主要负责人】总裁吉尔伯特·洪博（Gilbert Houngbo，多哥籍），2017年就任，任期至2021年。

【总部】意大利罗马。

【网址】http://www.ifad.org/。

【出版物】每年出版《年度报告》(IFAD Annual Report)，不定期出版政策报告、国别报告和战略报告等。

【组织机构】（1）理事会：为国际农发基金的最高决策机构。成员国各派1名理事和1名副理事。理事会每年召开1届年会，审议批准国际农发基金的重大事项，包括批准新成员、任命国际农发基金总裁、批准行政预算、通过主要政策等。（2）执董会：由从国际农发基金成员国中选举产生的18位执行董事和18位副执行董事组成，任期3年。受理事会委托监督日常事务，并在每年的4月、9月和12月召开执董会会议审批新的贷款和赠款项目。（3）内设行政机构：为日常办事机构。负责人是总裁，任期4年。目前，国际农发基金分别在印度、巴西、越南、尼日利亚、埃塞俄比亚等17国设立代表处。

【资金来源】主要包括：（1）创始捐资。（2）成员国捐资，包括核心捐资、债务可持续性框架捐资、补充捐资、附加捐资等。（3）来自非成员国和其他方面的特别捐资。（4）贷款资金回流、投资收益主权借款等。其中，补充捐资是国际农发基金的主要资金来源，每3至5年举行一轮，自1980年以来已完成11轮，每轮补充捐资目标由各成员国协商确定。

【主要活动】国际农发基金主要为发展中国家的扶贫和农业开发提供优惠资金支持，主要涉及农业开发、乡村发展、农村信贷、灌溉、畜牧及渔业等领域，促进实现2030年可持续发展目标。2018年2月，农发基金第41届理事会在意大利罗马召开。与会代表就农村地区可持续投资措施进行讨论。成员国提出为世界发展中国家捐资35亿美元。

【同中国的关系】中国1980年正式加入国际农发基金，一直与其保持着良好的合作关系，是国际农发基金最大的受援国之一。同时，中国积极发挥成员国的作用，在认捐等问题上给予国际农发基金积极支持。1996年以来，中国一直担任国际农发基金执董（2005年任副执董）。

2018年2月，中国宣布在农发基金设立南南及三方合作基金，专门支持农村减贫和发展领域的南南合作。2018年10月，农发基金总裁吉尔伯特·洪博访华，就加强双方总体合作与中方交换意见。2019年4月，洪博来华出席第二届“一带一路”国际合作高峰论坛。

【驻华代表机构】国际农发基金于2005年在北京设立联络办公室。2017年8月，国际农发基金驻华代表处正式成立。现任驻华代表为马泰奥（Matteo Marchisio，意大利籍）。办公地址：北京市亮马河南路2号联合国大楼。电话：010–85325228。（刘迪一）

联合国工业发展组织
United Nations Industrial Development Organization—UNIDO

【成立日期】1966年成立。1985年6月成为联合国专门机构。

【宗旨】通过工业发展推进扶贫和环境友好型经济增长，提高全世界人民，尤其是最贫困国家人民的生活水平和生活质量。

【成 员】截至2019年4月，共有167个成员国。

【主要负责人】总干事李勇（中国籍），2013年6月就任，2017年连任，任期至2021年。

【总部】奥地利维也纳。

【网址】http://www.unido.org/。

【出版物】《工业发展年度报告》(Industrial Development Report),《工业竞争力与贸易》(Industrial Competitiveness and Trade)。

【组织机构】(1)大会：最高权力机构，由全体成员组成，每2年举行1届大会。(2)理事会：由大会选出的53个成员国组成，任期4年，每年改选一半，可连任，每年举行1次例会。(3)秘书处：大会和理事会的执行机构。负责人是总干事，由大会根据理事会的推荐任命，任期4年，可连任。

【资金来源】各国按联合国份额缴纳会费和自愿捐款。

【主要活动】工发组织是联合国系统促进可持续工业发展和国际工业合作的专门机构，通过发挥其全球论坛职能及与发展中国家技术合作等活动，主要开展三大核心业务：减贫、贸易能力建设、能源和环境。工发组织每年举行1次工发理事会会议和1次方案预算委员会会议。

【同中国的关系】1972年12月，中国首次派观察员出席工发组织第一届常务委员会。自1973年正式参加工发组织以来，中国一直是工发组织理事会成员。双方保持着良好合作关系，开展了富有成效的技术合作。40多年来，双方合作项目达500多个。

近年来，工发组织积极配合中国政府提出的中非合作、南南合作、“一带一路”等倡议，大力推进具体合作项目。2016年11月，国务院总理李克强致函祝贺联合国工发组织成立50周年。工发组织积极支持和参与“一带一路”建设，2019年4月，工发组织总干事李勇来华参加第二届“一带一路”国际合作高峰论坛。工发组织与中国国家发展改革委、海关总署、生态环境部等分别签署的合作文件被纳入第二届“一带一路”国际合作高峰论坛成果清单。

【驻华代表机构】1998年9月，工发组织成立驻华代表处。2006年底，升级为工发组织驻中国、蒙古、朝鲜和韩国的区域代表处。现任代表包锐理（Ralf Bredel，德国籍），2016年上任。办公地址：北京朝阳区塔园外交办公楼2单元。电话：010–65323440。

（刘迪一）

国际原子能机构
International Atomic Energy Agency—IAEA

【成立日期】1954年第9届联合国大会通过决议，要求成立一个专门致力于和平利用核能的国际机构。经过两年筹备，有82个国家参加的规约会议于1956年10月26日通过了国际原子能机构（简称“机构”）的《规约》。1957年7月29日，《规约》正式生效。同年10月，机构举行首次全体会议，宣布机构正式成立。

【宗旨】谋求加速和扩大原子能对全世界和平、健康及繁荣的贡献，确保由其本身，或经其请求，或在其监督、管制下提供的援助，不用于推进任何军事目的。

【成员】任何国家不论是否为联合国的会员国，或联合国专门机构的成员国，经机构理事会推荐并由大会批准入会后，交存对机构《规约》的接受书，即可成为该机构的成员国。截至2020年2月，机构共有171个成员国。

【主要负责人】总干事格罗西（Rafael Mariano Grossi，阿根廷籍），2019年12月3日就任。

【总部】奥地利维也纳。

【网址】http://www.iaea.org。

【出版物】《核聚变》月刊，《国际原子能机构通报》季刊，均为英、法、俄、西班牙文。从1986年起，《国际原子能机构通报》增加中文版。机构每年还出版各种关于原子能及核保障监督的科技书籍。

【组织机构】(1)大会：由全体成员国组成。大会每年1次，一般在9月，为期1周。大会下设全体委员会和总务委员会，后者兼有证书委员会的职能。(2)理事会：由35国组成，每年举行4次会议。(3)秘书处：执行机构，由总干事领导。总干事由理事会任命，大会批准，任期4年。秘书处下设政策制定办公室、技术援助及合作司、核能和核安全司、行政管理司、研究和同位素司、保障监督司。此外，还设有3个研究单位：塞伯斯道夫实验室（奥地利）、的里雅斯特国际理论物理研究中心（意大利）、国际海洋放射性实验室（摩纳哥）。

【主要活动】国际原子能机构不是联合国的专门机构，但与联合国订有关系协定，同联合国大会、安理会和经社理事会有直接关系。机构每年向联大提交工作报告。机构的主要活动有：（1）向成员国提供技术援助，帮助它们开展和平利用核能的研究和应用；（2）与有关国家和国际组织订立"保障监督协定"，对由机构本身或经其介绍提供的技术援助项目、成员国或其他国际组织及根据核不扩散义务委托监督的项目实施保障监督，以确保这些不用于任何军事目的；（3）组织研究和制定有关核安全和核安保的导则文件，并向世界各国推荐使用；（4）与有关成员国或专门国际机构签订科学研究合同；（5）召集各种科技会议，通过建立情报网、图书馆和出版书刊等方式，组织关于和平利用核能的资料交流。

机构自成立以来，在《规约》规定的两大职能（保障监督和和平利用核能）方面做了大量工作。在保障监督领域，已与170多个国家和地区组织签订了全面保障监督协定及单项保障协定，也分别与核武器国家缔结了自愿保障监督协定。1997年5月，机构通过保障监督附加议定书，这标志着机构的保障监督能力和范围从仅核查无核武器国家申报的核活动扩大到可核查未申报的核设施和核活动。在促进核知识和核技术的传播、加强核安全国际合作方面，机构先后主持制定了一系列与核安全、辐射安全、废物管理安全标准有关的国际公约，如《及早通报核事故公约》《核事故或辐射紧急情况援助公约》《核安全公约》《乏燃料管理安全和放射性废物管理安全联合公约》《核材料实物保护公约》及修订案等。2019年，机构分别于3月、6月、9月及11月召开理事会会议，并于9月召开第63届大会，主要审议了核安全、核安保、核科学技术应用、技术合作、核保障、朝鲜半岛核问题、中东地区核问题等议题。

【同中国的关系】1984年，中国政府向机构递交了接受《规约》的接受书，成为正式成员国。1986年，中国参与制定并签署了《及早通报核事故公约》和《核事故或辐射紧急情况援助公约》。1988年9月，中国与机构正式签署了《中华人民共和国与国际原子能机构关于在中国实施保障监督的协定》，并于1989年9月生效。1988年12月，中国参加了由机构主持制定，并由机构总干事保存的《核材料实物保护公约》。1990年6月，中国与机构签署了《中华人民共和国和国际原子能机构技术援助协定》。1992年3月，中国加入了《不扩散核武器条约》。1994年9月，中国签署了《核安全公约》。1998年12月，机构总干事巴拉迪和中国常驻机构代表张义山大使签署了《中华人民共和国与国际原子能机构关于在中国实施保障监督的协定的附加议定书》。2002年3月，中国政府通知机构已完成附加议定书生效所需的内部程序，附加议定书对中国生效。2006年4月，中国加入《乏燃料管理安全和放射性废物管理安全联合公约》。2009年8月，中国批准了《核材料实物保护公约》修订案。

中国积极参与机构有关工作，参加了2019年机构大会及有关理事会。　（孔君）

世界贸易组织
World Trade Organization—WTO

【成立日期】前身为关税与贸易总协定（General Agreement on Tariffs and Trade，GATT）。1994年4月，在摩洛哥马拉喀什举行的关贸总协定部长级会议正式决定成立世界贸易组织，简称"世贸组织"。1995年1月1日，世贸组织成立。

【宗旨】促进经济和贸易发展以提高生活水平、保证充分就业、保障实际收入和有效需求的增长；扩大货物和服务的生产和贸易；以可持续发展为目标，考虑对世界资源的最有效利用，既保护环境，又与不同经济发展水平成员的需要和关注相一致；保证发展中国家，特别是最不发达国家在国际贸易增长中获得与其经济发展需要相当的份额。

【成员】截至2019年底，有164个成员。

【主要负责人】现任总干事为罗伯托·阿泽维多（Roberto Azevedo，巴西籍），于2013年9月1日上任，任期4年。2017年2月获得连任，任期4年，自2017年9月1日起。

【总部】瑞士日内瓦。Centre William Rappard，Rue De Lausanne 154, CH-1211 Geneva 21 Switzerland。电话：+41–0–227395111；传真：227314206。

【网址】http://www.wto.org。

【组织机构】（1）部长级会议：最高权力机构。至少每2年举行1次，讨论和决定涉及世贸组织职能的所有重要问题，并采取行动。（2）总理事会（由所有成员组成）：在两届部长级会议期间履行世贸组织的职能，包括作为争端解决机构、贸易政策审议机构的职能。（3）总理事会下设货物贸易理事会、服务贸易理事会和与贸易有关的知识产权理事会，各自履行有关协议以及总理事会所赋予的职能。（4）部长级会议还下设贸易与发展委员会、国际收支限制委员会以及预算、财务与行政委员会等6个委员会，1个加入世贸组织工作组以及贸易与投资关系工作小组等3个工作小组。（5）秘书处：为上述职能机构提供各种经常性的服务。由1名总干事和4名副总干事领导。

【主要活动】监督多边贸易协议的执行；主持多边

贸易谈判，解决贸易争端；审议各成员贸易政策，帮助发展中成员提升贸易能力；与国际货币基金组织和世界银行合作，参与全球经济政策的制定。

世贸组织多哈回合谈判进展一直是各方关注的焦点。二十国集团（G20）领导人峰会、金砖国家领导人会晤、亚太经合组织领导人非正式会议等重要多边国际会议，都将多哈回合谈判作为重要议题。在2011年底的世贸组织第8次部长级会议上，各方同意在最终达成一揽子协议的前提下，通过循序渐进的方式对一些议题先行达成协议。2012年6月，G20洛斯卡沃斯峰会重申各方坚持多哈发展回合授权，承诺致力于完成多哈回合谈判，先在贸易便利化和其他最不发达国家关切的议题上探寻成果。世贸组织第9次部长级会议于2013年12月在印尼巴厘岛举行，世贸组织多数成员希望在此次会议上就贸易便利化、部分农业议题和发展议题达成“早期收获”。2014年11月，世贸组织就《贸易便利化协定》的生效、粮食安全及“后巴厘工作计划”制订问题达成一致，各方将继续就推进多哈回合谈判而努力。2015年12月，世贸组织第10次部长级会议在肯尼亚内罗毕举行，会议通过《内罗毕部长宣言》和9个部长决定，并承诺继续推动多哈议题成功结束。2017年12月，世贸组织第11次部长级会议在阿根廷布宜诺斯艾利斯举行，会议通过了关于渔业补贴议题、电子商务工作计划、小经济体工作计划等部长决定，但未就多哈回合谈判议题达成实质性成果。

世贸组织第12次部长级会议原定于2020年6月在哈萨克斯坦努尔苏丹举办，因新型冠状肺炎疫情推迟。

【同中国的关系】2001年12月11日，中国正式成为世贸组织成员。加入世贸组织后，中国认真履行在申请加入谈判过程中所做的承诺，修改、制定了大量法律法规，对贸易体制和政策进行了全面调整，对外开放水平不断提高。在货物贸易领域，进一步降低了关税，取消全部非关税措施；在服务贸易领域，切实落实各项承诺。加入世贸组织为中国发展赢得了良好的外部环境，促进了国内产业结构的调整，推动了经济和贸易的发展。截至2010年，中国加入世贸组织的所有承诺已全部履行完毕。

中国重视世贸组织在促进多边自由贸易体制发展方面的作用。加入世贸组织以来，中国恪守世贸组织多边贸易规则，反对贸易保护主义，促进世界各国特别是发展中国家的共同发展，获得国际社会的肯定。对于与其他成员的贸易摩擦，中国坚持遵循世贸组织有关规则，通过平等协商寻求解决办法。

2011年，中国向世贸组织捐款设立“最不发达国家加入世贸组织中国项目”，帮助最不发达国家融入并受益于多边贸易体制。6年来，“中国项目”已帮助6个最不发达国家加入了世贸组织。

中国积极参与多哈回合谈判。“免关税、免配额”是最不发达国家在多哈回合中最关心的议题之一。2011年11月，胡锦涛主席在G20戛纳峰会上宣布，中国将在南南合作框架下，对同中国建交的最不发达国家97%的税目的产品给予零关税待遇。世贸组织总干事拉米在现场随即发言致谢，强调这一承诺不仅对世界上最贫穷国家是一个好消息，对多边贸易体系和多哈回合谈判也是强有力的、及时的支持。孟加拉国驻世贸组织代表团大使代表最不发达国家集团于11月11日专门致函中国驻世贸组织代表团，就此向中方表示衷心感谢。

2018年6月，中国首次发表《中国与世界贸易组织》白皮书，全面、客观地介绍了中国切实履行加入世贸组织承诺的实践，阐述了中国坚定支持多边贸易体制的立场和主张，阐明了中国坚定不移推进更高水平对外开放的愿景和行动。

2018年11月，世贸组织总干事阿泽维多来华出席首届中国国际进口博览会（简称“进博会”）。

2018年11月，中国发布世贸组织改革立场文件，提出关于世贸组织改革的三个基本原则和五点主张。三个基本原则是：第一，世贸组织改革应维护多边贸易体制的核心价值；第二，世贸组织改革应保障发展中成员的发展利益；第三，世贸组织改革应遵循协商一致的决策机制。五点主张是：第一，世贸组织改革应维护多边贸易体制的主渠道地位；第二，世贸组织改革应优先处理危及世贸组织生存的关键问题；第三，世贸组织改革应解决贸易规则的公平问题并回应时代需要；第四，世贸组织改革应保证发展中成员的特殊与差别待遇；第五，世贸组织改革应尊重成员各自的发展模式。

2019年5月，中国向世贸组织提交《中国关于世贸组织改革的建议文件》，提出世贸组织改革四个方面的重点行动领域，进一步细化了中方在世贸组织改革问题上的立场主张。

2019年11月5日，WTO总干事阿泽维多来华出席第二届进博会。

2019年11月5日，中国在上海主办WTO小型部长会。欧盟、俄罗斯、印度等33个成员国贸易部长或部长代表以及WTO总干事阿泽维多应邀与会。会议就WTO第12届部长级会议成果设计、世贸组织改革等问题交换意见。会议期间，包括与会成员在内的92个成员联署了《投资便利化部长联合声明》。WTO是首个与中国国际进口博览会书面确立合作伙伴关系的国际组织。

2020年4月，中国同欧盟等成员宣布，共同建立多方临时上诉仲裁安排，在美国导致世贸组织上诉机构停摆期间，维持世贸争端解决机制运转。（吝杰）

联合国世界旅游组织
World Tourism Organization—UNWTO

【成立日期】1975年1月2日。2003年11月成为联合国专门机构。

【宗旨】促进和发展旅游事业，使之有利于经济发展、国际间相互了解、和平与繁荣，以及不分种族、性别、语言或宗教信仰，尊重人权和人的基本自由，并强调在贯彻这一宗旨时要特别注意发展中国家在旅游事业方面的利益。

【成员】正式成员158个，联系成员（Associate Member）6个，附属成员（Affiliate Member）500多个。

【主要负责人】现任秘书长祖拉布·波洛利卡什维利（Zurab Pololikashvili，格鲁吉亚人），2017年9月当选，任期为2018—2021年。

【总部】西班牙马德里。

【网址】http://www.unwto.org。

【出版物】《世界旅游组织消息》（WTO News），月刊；《旅游统计年鉴》（Yearbook of Tourism Statistic），年刊。均为英、法、西班牙文。

【组织机构】（1）全体大会（Assembly）：最高权力机构。每2年召开1次。（2）执行委员会（Executive Council）：常设机构。一年召开2次会议。成员数量为该组织成员国总数的1/5。成员由地区委员会推选，执委会提名，大会通过。2019年执行委员会成员为35个国家。准成员及附属成员委员会可各推选1位代表参加执行委员会的工作，但无投票权。（3）秘书处：负责日常工作。秘书长是世界旅游组织的主要负责人，由执委会推荐，大会选举产生，任期4年，可连任2次。（4）地区委员会：非常任机构，每年召开1次会议。共有欧洲、非洲、中东、南亚、东亚及太平洋、美洲6个地区委员会。

【主要活动】负责制定国际性旅游公约、规则，研究全球旅游政策，收集和分析旅游数据，定期向成员国提供统计资料。近年来，该组织积极参与旅游领域的经济活动，努力倡导以旅游促进经济发展、消除贫困、解决就业、与各国开展合作项目。对旅游经济活动提供咨询、援助，开展技术合作。

【同中国的关系】中国于1983年10月加入世界旅游组织。多次当选执行委员会委员，2019年连任执委会委员，本届任期至2023年。

2019年，中国继续深化同联合国世界旅游组织及各成员国的合作，积极参与全球旅游治理体系改革和建设，分享中国旅游业发展机遇，贡献中国智慧和方案。　（刘芳）

政 治 类

伊斯兰合作组织
Organization of the Islamic Cooperation—OIC

【成立日期】1969年9月在摩洛哥拉巴特成立，1970年在沙特吉达设立秘书处。原名伊斯兰会议组织，于2011年6月改名为伊斯兰合作组织。

【宗旨】促进各成员国之间的团结，加强他们在经济、社会、文化、科学等方面的合作；努力消除种族隔离和种族歧视，反对一切形式的殖民主义；支持巴勒斯坦人民恢复其民族权利和重返家园的斗争；支持所有穆斯林人民保障其尊严、独立和民族权利的斗争；呼吁各成员国通过政府间合作，遏制和根除"伊斯兰恐惧症"。

2008年3月，在塞内加尔首都达喀尔召开的第11届伊斯兰会议组织首脑会议通过了新宪章，在前言和宗旨原则方面增加了体现时代色彩的内容，如：促进人权、基本自由、良政和法治国家建设；促进伊斯兰成员国和世界其他国家之间相互信任、相互尊重、友好合作的关系；正面宣传伊斯兰教温和、宽容和尊重多样性的价值观念；支持国际关系民主化，配合国际社会对一切形式的恐怖主义的斗争；加强伊斯兰国家内部的经贸、科技和文化合作，最终建立伊斯兰共同市场等。

【成员】57个：阿富汗、阿尔巴尼亚、阿尔及利亚、阿塞拜疆、巴林、孟加拉国、贝宁、文莱、布基纳法索、喀麦隆、乍得、科摩罗、科特迪瓦、吉布提、埃及、加蓬、冈比亚、几内亚、几内亚比绍、圭亚那、印度尼西亚、伊朗、伊拉克、约旦、哈萨克斯坦、科威特、吉尔吉斯斯坦、黎巴嫩、利比亚、马来西亚、马尔代夫、马里、毛里塔尼亚、摩洛哥、莫桑比克、尼日尔、尼日利亚、阿曼、巴基斯坦、巴勒斯坦、卡塔尔、沙特阿拉伯、塞内加尔、塞拉利昂、索马里、苏丹、苏里南、塔吉克斯坦、多哥、突尼斯、土耳其、土库曼斯坦、乌干达、阿拉伯联合酋长国、乌兹别克斯坦、也门、叙利亚（暂停成员资格）。

此外，伊斯兰合作组织共有12个观察员，分别是波黑、中非、泰国、俄罗斯、"北塞浦路斯土耳其共和国"、联合国、不结盟运动、阿盟、非盟、经合组织、摩洛民族解放阵线、伊斯兰合作组织国家议会联盟。

【主要负责人】秘书长尤素福·欧赛敏（Yousef Al-Othaimeen，沙特籍），2016年11月当选伊斯兰合作组织第11任秘书长。

【总部】秘书处设在沙特阿拉伯王国的吉达市。

【网址】http://www.oic-oci.org。

【组织机构】（1）首脑会议：最高权力机构，每3年举行1次。（2）外长理事会：每年轮流在1个成员国举行1次。（3）常设秘书处。（4）其他平行机构：包括四大常务委员会、常驻代表委员会、伊斯兰国际法院、独立人权常务委员会。（5）其他下属机构。

【主要活动】截至2019年12月，伊斯兰国家首脑会议共召开过14次例会和7次特别会议；外长理事会共召开过46次会议。

2018年5月5—6日，伊斯兰合作组织外长理事会第45届会议在孟加拉国达卡举行。会议围绕"持久和平、团结及发展"的主题展开讨论，强调促进成员国间多领域互利合作，重申落实《OIC2025行动计划》。

2018年5月18日，第7次伊斯兰合作组织特别峰会在土耳其伊斯坦布尔召开。会议谴责以色列在巴勒斯坦的暴行，呼吁国际社会、特别是联合国安理会承担起捍卫国际法律和秩序的义务，并为巴勒斯坦人民提供国际保护。

2019年3月1—2日，伊斯兰合作组织外长理事会第46次会议在阿联酋阿布扎比举行，主要讨论了巴勒斯坦、少数族裔、文化、社会和经济问题。

2019年5月31日，第14届伊斯兰合作组织首脑会议在沙特麦加举行。会议围绕"携手面向未来"的主题，就巴勒斯坦、叙利亚、也门、苏丹、索马里等问题展开讨论，发表了闭幕公报、关于巴勒斯坦和耶路撒冷问题的决议和《麦加宣言》。

【同中国的关系】1974年2月，第2次伊斯兰国家首脑会议召开时，周恩来总理向大会发了贺电。此后，中国总理多次向该组织首脑会议致电祝贺。

2019年1月，外交部部长助理陈晓东同伊斯兰合作组织秘书长顾问杜拜伊在北京举行政治磋商，外交部副部长乐玉成会见。杜一行还赴新疆参访。3月，在阿布扎比举行的伊斯兰合作组织外长理事会第46次会议通过决议，欢迎OIC代表团访问中国，赞赏中国政府为关怀中国穆斯林所做的努力，并表示OIC愿意进一步加强同中国合作。5月31日，习近平主席致电祝贺第14届伊斯兰合作组织首脑会议在麦加召开。12月，王毅国务委员兼外长就中国同OIC关系致函OIC秘书长欧赛敏。12月，伊斯兰合作组织助理秘书长杜拜伊及部分伊斯兰国家常驻伊斯兰合作组织代表访华，外交部部长助理陈晓东会见，代表团一行还赴新疆参访。

（刘京媛）

阿拉伯国家联盟

League of Arab States—LAS

【成立日期】1945年3月22日，在埃及倡议下，7个阿拉伯国家的代表在埃及首都开罗举行会议，通过了《阿拉伯联盟宪章》，阿拉伯国家联盟（简称“阿盟”）正式成立。

【宗旨】密切成员国间的合作关系，协调彼此间的政治活动，捍卫阿拉伯国家的独立和主权，促进阿拉伯国家的整体利益，推动各成员国在经济、财政、交通、文化、卫生、社会福利、国籍、护照、签证、司法等方面进行密切合作。成员国相互尊重国家政治制度，彼此之间的争端不得诉诸武力解决，某一成员国与其他国家缔结的条约和协定对其他成员国无约束力。

【成员】目前阿盟成员为22个：阿尔及利亚、阿联酋、阿曼、埃及、巴勒斯坦、巴林、吉布提、卡塔尔、科威特、黎巴嫩、利比亚、毛里塔尼亚、摩洛哥、沙特阿拉伯、苏丹、索马里、突尼斯、叙利亚、也门、伊拉克、约旦、科摩罗。2011年11月16日，阿盟中止叙利亚成员国资格。2013年3月26日，阿盟决定将叙利亚在阿盟席位授予叙利亚反对派“全国联盟”，但迄今未落实。

【主要负责人】秘书长艾哈迈德·阿布·盖特（Ahmad Abuel-Gheit，埃及人），2016年7月1日正式就任，任期5年。

【总部】阿盟宪章规定，阿盟总部的永久地址为埃及首都开罗。

【网址】http://www.lasportal.org。

【出版物】《阿拉伯事务》月刊，阿文；《新闻公报》（Information Bulletin），阿、英文。

【组织机构】（1）首脑级理事会：最高权力机构，1964年起开始举行首脑会议，商讨地区性重大问题。可应成员国要求召开特别首脑会议或紧急首脑会议。2000年10月，在开罗召开的第11次特别首脑会议决定每年定期举行首脑会议，由成员国轮流主持。沙特和突尼斯分别为2018年度和2019年度主席国。（2）部长级（外长）理事会：由全体成员国外长组成，下设数个委员会，负责讨论、制定和监督执行有关的阿拉伯共同政策、制定阿盟各机构的内部条例并任命阿盟秘书长。每年3月和9月举行例会，也可以应两个以上成员国的要求随时召开特别会议或紧急会议。协商一致通过的决议对所有成员国均有约束力。唯有财政和管理问题，获2/3多数通过后，即对全体成员有效。（3）专项部长理事会：随着阿拉伯国家相互关系的发展和合作领域的扩大，各专项领域的部长理事会相继建立并逐步取代了原外长理事会下设的有关委员会。到目前为止，共成立了13个专项部长理事会，由成员国相关部长组成，定期召开会议，负责制定有关领域的阿拉伯共同政策和加强成员国间的有关协调与合作。它们分别是：新闻、内政、司法、住房、运输、卫生、社会事务、青年与体育、环境、通讯、旅游、电力及水力部长理事会等。（4）联合防御理事会：根据“共同防御与经济合作条约”建立，由成员国外长和国防部长组成，其任务是统一各成员国的防务计划，为加强其军事力量而开展合作。（5）经社理事会：由成员国有关部长或其代表组成，致力于实现阿盟在经济和社会发展方面制定的目标，并有权建立或取消任何专项组织，负责监督其运作情况。目前其属下有19个专门组织和机构。（6）秘书处：阿盟的常设行政机构和理事会及各专项部长理事会的执行机构，设秘书长1人，由助理秘书长及适量其他官员协助其工作。

阿盟同许多地区和国际组织建立了联系，在亚洲（中国、印度、黎巴嫩、土耳其）、非洲（埃塞俄比亚、肯尼亚、南非、南苏丹、索马里、利比亚、突尼斯、苏丹）、欧洲（比利时、法国、奥地利、德国、瑞士、意大利、英国、西班牙、俄罗斯、马耳他）、美洲（美国、巴西、阿根廷）均设有办事处或代表机构。

【主要活动】（1）截至2019年12月，阿盟共举行过30次首脑会议和13次特别首脑会议。2000年10月，在埃及首都开罗召开的第11次特别首脑会议，决定每年定期举行阿拉伯国家首脑会议。从第13届阿拉伯国家首脑会议（2001年3月）起，阿盟首脑会议机制化。

2019年3月31日，第30届阿盟首脑会议在突尼斯召开。会议通过《突尼斯宣言》，重申巴勒斯坦问题是阿拉伯民族核心问题，坚持阿拉伯和平倡议和“两国方案”，强调戈兰高地是叙利亚被占领土。本次峰会还讨论了伊朗、利比亚等问题。

2019年5月30日，阿盟特别首脑会议在沙特麦加举行。会议通过《闭幕公报》，强调阿拉伯国家与伊朗间的合作关系应当建立在睦邻、互不干涉内政、相互尊重主权的基础之上。

（2）外长级理事会。截至2019年12月，阿盟外长理事会共举行了152次例会，并召开了多次特别会议或紧急会议。

2019年9月10日，阿盟外长理事会第152次例会在开罗举行。此次会议从政治、经济、安全和文化等多个层面讨论了阿拉伯国家共同面临的问题。

【同中国的关系】中国同阿盟于1956年建立联系。近年来，双方关系日益密切，交往不断增多，在国际事务中保持协调和相互支持。

1993年5月，阿盟秘书长艾哈迈德·伊斯马特·阿卜杜勒·马吉德（Ahmed Esmat Abdel Meguid）正式访华。同年8月，阿盟在北京设立办事处。2016年1月，习近平主席访问阿盟总部，会见阿盟秘书长阿拉比，并发表了题为《共同开创中阿关系的美好未来》的演讲。2016年3月，刘延东副总理访问阿盟总部，会见阿盟秘书长阿拉比。2017年5月，阿盟助理秘书长哈立德·哈巴斯（Khaled Al-Habbas）来华参加中阿合作论坛第14次高官会和第3次高官级战略政治对话；同月，阿盟助理秘书长卡迈勒·哈桑·阿里（Kamal Hassan Ali）作为阿盟代表应邀出席在北京举行的“一带一路”国际合作高峰论坛；8月，阿盟助理秘书长巴德尔丁·阿拉里（Badre Eddine Allali）代表阿盟出席在成都举行的第7届中阿关系暨中阿文明对话研讨会—中阿文明对话暨去极端化圆桌会议。2018年5月，阿盟助理秘书长哈立德访华，就中阿合作论坛第8届部长级会议筹备工作同中方交换意见；7月9日，阿盟助理秘书长哈立德来华参加中阿合作论坛第15次高官会和第4次高官级战略政治对话；7月10日，中阿合作论坛第8届部长级会议在北京举行，习近平主席出席会议开幕式并发表题为《携手推进新时代中阿战略伙伴关系》的重要讲话。阿盟秘书长盖特来华出席会议并访华，中国国家副主席王岐山、国务委员兼外交部长王毅分别与其会见、会谈。

2019年1月，习近平主席特别代表、中共中央政治局委员、中央外事工作委员会办公室主任杨洁篪访问埃及，会见阿盟秘书长盖特；4月，阿盟助理秘书长卡迈勒出席在突尼斯举行的第2届中国—阿拉伯国家北斗合作论坛和中阿合作论坛第8届企业家大会暨第6届投资研讨会；同月，阿盟助理秘书长哈利勒·萨瓦迪（Khalil Althawadi）出席在上海举行的第2届中阿改革发展论坛；6月，阿盟助理秘书长哈立德出席在阿布扎比举行的中阿合作论坛第16次高官会和第5次高官级战略政治对话；8月，阿盟助理秘书长海法·阿布·加扎利（Haifa Abu Ghazaleh，女）出席在北京举行的第2届中阿卫生合作论坛；12月，阿盟助理秘书长哈立德访华，就中阿合作论坛第9届部长级会议筹备工作同中方交换意见。

近年来，阿盟外长理事会连续作出对华关系决议，呼吁阿盟成员国积极发展同中国在各领域的关系。2019年9月10日，第152届阿盟外长理事会会议通过决议，强调阿盟各成员国重视在“一带一路”倡议下加强同中国的各领域合作关系。

【驻华代表机构】阿拉伯国家联盟驻华代表处：北京市朝阳区霄云路18号京润水上花园H-22号别墅。网址：http://www.arableague-china.org。电话：010–64649983，64649984；传真：64649973。电子信箱：info@arableague-china.org。主任：马哈茂德·哈桑·艾敏（Mahmoud Hassan Elamin）。（张芷道）

阿拉伯议会联盟

Arab Inter-Parliamentary Union—AIPU

【成立日期】1974年6月21日。

【宗旨】加强阿拉伯议会间的往来和交流；协调、统一各国议会在国际上和其他各方面的活动；加强同其他地区议会联盟和国家议会组织的交往；协调、统一阿拉伯国家立法；研讨阿拉伯世界的共同性问题，在国际上促进阿拉伯民族事业。

【成员】22个：约旦、阿拉伯联合酋长国、巴林、突尼斯、阿尔及利亚、科摩罗、吉布提、沙特阿拉伯、索马里、苏丹、叙利亚、伊拉克、阿曼、巴勒斯坦、卡塔尔、科威特、黎巴嫩、利比亚、埃及、摩洛哥、毛里塔尼亚、也门。

【主要负责人】议会联盟主席阿塔夫·优素福·萨利赫·萨拉沃纳（Atef Yousef Saleh al-Tarawneh，约旦人），2019年3月就任。秘书长沙瓦白凯（Fayez Ali Al-Shawabkeh，约旦籍），2016年1月当选。

【总部】黎巴嫩贝鲁特（临时）。

【网址】http://www.arabipu.org。

【出版物】《情况公报》（Information Bulletins），阿文。

【组织机构】（1）大会：每年第1季度召开，必要时可举行紧急会议，由各成员国议会组织派代表团参加，东道国议长任主席。（2）理事会：通常每年开会2次，必要时可举行紧急会议，由各成员国议会组织各派1名议员任代表，议会联盟主席兼任主席。（3）秘书处：由秘书长领导，秘书长每2年由理事会选举产生。

【主要活动】截至2019年12月，阿拉伯议会联盟大会共举行过29次会议。

2018年4月5日，阿拉伯议会联盟第27次大会在埃及举行。会议重点就巴勒斯坦、反恐、有关国家干涉阿拉伯国家内政等问题进行了讨论，通过并发布了相关声明。

2018年7月21日，阿拉伯议会联盟第28次特别大会在埃及举行。会议重点就巴勒斯坦问题进行了讨论，通过并发布了相关声明。

2019年3月3—4日，阿拉伯议会联盟第29次会议在约旦首都安曼召开，来自16个阿拉伯国家的议会代表参会，对叙利亚问题、巴勒斯坦问题等展开了讨论。

【同中国的关系】1985年，中国全国人大与该联盟建立了联系。同年10月，该联盟首次派以秘书长布巴维为首的代表团访华，耿飚副委员长会见。1992年2月，该联盟代表团访华，全国人民代表大会常务委员会彭冲副委员长会见，符浩常务委员与之会谈。同年4月，出席各国议会联盟第87届大会的该组织主席卡杜拉会见了正在喀麦隆访问的中国全国人大代表团，并邀请中国全国人大代表团访问设在大马士革的该组织总部。

（赵美岚）

阿拉伯马格里布联盟

Union du Maghreb Arabe—UMA

【成立日期】1989年2月17日。

【宗旨】在尊重各成员国的政治、经济和社会制度的前提下，充分协调经济、社会方面的立场、观点和政策，大力发展经济互补合作。在外交和国际领域协调立场，进行合作。优先实现经济一体化，最终实现阿拉伯统一。

【成员】5个：阿尔及利亚、利比亚、毛里塔尼亚、摩洛哥、突尼斯。1994年11月，埃及正式要求加入阿拉伯马格里布联盟（简称“马盟”），但截至2019年埃及尚未加入马盟。

【主要负责人】执行主席由成员国元首轮流担任，任期1年。2019年轮值主席国为利比亚。

【总部】常设秘书处在摩洛哥。秘书长塔伊卜·巴库什（Taieb Baccouche，突尼斯籍），2016年5月任命。

【组织机构】（1）元首委员会：最高决策机构，由成员国元首组成，每年举行1次例会，会议主席由元首轮流担任，并在委员会休会期间任马盟执行主席。（2）外长理事会：由各成员国外长组成，负责审议后续工作委员会和各部长专门委员会提交的工作报告，为元首会议作准备，并列席元首委员会例会。（3）后续工作委员会：由成员国负责马格里布事务的国务秘书组成，负责落实元首委员会的决议。（4）部长专门委员会：现有粮食安全、财政经济、人力资源和基本建设4个专门委员会。常设机构有：（1）常设秘书处：原为总秘书处，由各成员国1名代表组成。1990年，元首委员会决定将其改为常设秘书处。秘书长任期为3年，可连任1届。（2）咨询委员会：即马盟议会，设在阿尔及利亚，由成员国各20名立法代表组成，其主要职责是对元首委员会作出的决议、计划提出意见，并就马盟活动和实现目标提出建议。（3）马盟法院：由成员国各2名法官组成，设在毛里塔尼亚。

【主要活动】1989年2月16—17日，马格里布5国元首在摩洛哥马拉喀什举行会议，签署了《阿拉伯马格里布联盟条约》，正式宣布成立阿拉伯马格里布联盟。1990—1994年，共举行了6次首脑会议。1995年2月，利比亚表示因洛克比危机无法接替阿尔及利亚担任马盟主席国。同年12月，摩洛哥指责阿尔及利亚直接插手西撒哈拉问题，要求暂时中止马盟活动，并拒绝担任下届主席国。此后，马盟首脑会议未再举行。

2000年4月，首届欧非首脑会议期间，阿尔及利亚、摩洛哥、利比亚、突尼斯4国元首实现多年来的首次集体会晤，4国均重申区域一体化是其战略选择。2001—2003年，马盟外长理事会在阿尔及利亚多次召开会议，利比亚在第21次会议上接任马盟主席国。2015年5月，马盟外长理事会第33次会议在拉巴特举行，会议呼吁完善马格里布地区安全战略，以应对地区恐怖主义和有组织犯罪挑战。2016年5月，马盟第34次外长理事会在突尼斯首都突尼斯举行，会议讨论了马盟机制化建设和改革等问题，并推选出新一任秘书长。因摩洛哥与阿尔及利亚失和，阿拉伯马格里布联盟的建设陷入停顿。

2018年9月，巴库什秘书长以观察员的身份来华出席中非合作论坛北京峰会。

【同地中海北岸国家关系】马盟5国与法国、意大利、西班牙、葡萄牙和马耳他5国于1990年11月建立“5+5”对话关系，目的是加强彼此合作，促进共同发展，维护西地中海地区的和平与安全。2003年12月，首届“5+5”首脑会议在突尼斯举行。会议着重就地区安全与稳定、经济一体化、社会与人文、文化与文明对话及加强政治磋商等5个议题进行讨论，通过了《突尼斯宣言》。

2018年1月，第14届西地中海10国（“5+5”对话机制）外长会议在阿尔及尔召开，会议主题是地区经济社会可持续发展以及应对共同挑战。会议一致同意加强合作，共同应对地区恐怖主义威胁。会后，摩洛哥外交与国际合作大臣布里达强调，他此次来阿目的是出席多边会议，而非双边访问。2019年6月，西地中海“5+5”高教部长会议在意大利罗马举行。

（李林嘉）

海湾阿拉伯国家合作委员会

Cooperation Council for the Arab States of the Gulf—GCC

【成立日期】1981年5月25日，阿拉伯联合酋长国、阿曼苏丹国、巴林国、卡塔尔国、科威特国、沙特阿拉伯王国6个海湾阿拉伯国家元首在阿联酋宣布成立海湾阿拉伯国家合作委员会（简称“海湾合作委员会”或“海合会”），并签署了合作委员会章程。

【宗旨】协调成员国政策，统一各国经济，加强地区防务和安全合作，缩小各国间社会、文化及教育发展差距；密切成员国人民间的联系、交往与合作。

【成员】正式成员为阿拉伯联合酋长国、阿曼苏丹国、巴林王国、卡塔尔国、科威特国和沙特阿拉伯王国。2001年12月，第22届首脑会议同意也门加入海合会卫生、教育、劳工和社会事务部长理事会等机构。2011年6月，在吉达召开的海合会外长理事会第119次会议发表声明，欢迎约旦、摩洛哥加入海合会。2012年11月，第125届外长理事会分别与约旦、摩洛哥就建立“战略伙伴关系”达成为期5年的“共同行动计划”，并承诺未来5年内向两国分别提供50亿美元的无偿援助。2017年6月5日，沙特、阿联酋、巴林等国以卡塔尔支持恐怖主义、干涉别国内政为由，宣布同卡塔尔断交。

【主要负责人】现任秘书长纳伊夫·法拉赫·哈吉拉夫（Naif Falah Al-Hajraf，科威特人），2019年12月任命，2020年2月1日履新。

【总部】秘书处设在沙特首都利雅得。

【网址】http://www.gcc-sg.org。

【组织机构】（1）最高理事会：最高权力机构。由成员国元首组成。主席由各国元首按国名字母（阿拉伯文）顺序轮流担任，任期1年。2020年主席为阿联酋总统哈利法·本·扎耶德·阿勒纳哈扬（Khalifa bin Zayed Al Nahyan）。（2）部长理事会：由成员国外交大臣（部长）或代表他们的其他大臣组成。主席由各国按字母顺序轮流担任，任期1年。2020年主席为阿曼外交事务主管大臣优素福·本·阿拉维·本·阿卜杜拉（Yousef Bin Alawi Bin Abdullah）。（3）秘书处：设秘书长和分别负责政治、经济、军事、安全、文化等领域事务的9名助理秘书长。秘书长按国名字母顺序轮流担任，并由最高理事会在海合会首脑会议期间任命，任期3年。

【主要活动】海合会自成立以来，每年11月或12月轮流在6国首都召开首脑会议。至2019年12月，共举行了40次。1999年起，一般在首脑会议之间召开非正式首脑磋商会议，已召开17次。6国外交、国防、内政、石油和财政等大臣（部长）也定期或根据需要召开会议。会议主要商讨6国和海湾、中东地区面临的政治、经济、外交、安全、军事等重大问题，互通情况，协调立场，共商对策，联合行动。

2019年12月10日，海合会第40届首脑会议在沙特首都利雅得召开。沙特国王萨勒曼、科威特埃米尔萨巴赫、巴林国王哈马德、阿联酋副总统兼总理穆罕默德、卡塔尔首相兼内政大臣阿卜杜拉、阿曼副首相法赫德与会。会议发表《利雅得宣言》，强调海合会是紧密相连的实体，当前地区面临的挑战要求海合会国家强化各领域合作机制，发挥海合会维护安全稳定的机制性作用，推进海合会经济一体化进程，按时间完成有关目标。

【对外政策】6国均奉行不结盟的外交政策。举措温和、务实，注重大国间的平衡，开展多元外交。在重大国际、地区问题上采取统一立场，发挥海合会集体作用，体现6国对外政策的统一性和整体性。

【同中国的关系】海合会自成立之日起，即同中国建立了联系。近年来，双方友好交往持续发展。

2016年1月，国家主席习近平对沙特进行国事访问期间，会见了海合会秘书长扎耶尼，双方就推进中海自贸区谈判达成重要共识。2019年8月，海合会助理秘书长欧维什格访华，9月，中国国务委员兼外长王毅在出席第74届联大一般性辩论期间，集体会见海合会“三驾马车”外长及成员国代表。

近年来，中国与海合会6国经贸、能源合作发展迅速。2019年，中国与6国贸易总额为1793.6亿美元，其中，中国出口额680.2亿美元，进口额1113.4亿美元，分别同比增长10.31%、19.52%和5.36%。中国自海合会6国进口原油1.56亿吨，同比增长23.44%。截至2019年，中国与海合会自贸区谈判已举行9轮，能源小组对话已举行4轮。（李群）

中国—阿拉伯国家合作论坛

China–Arab States Cooperation Forum—CASCF

【成立日期】2004年1月30日，中国国家主席胡锦涛访问了设在埃及开罗的阿拉伯国家联盟（League of Arab States—LAS）（简称“阿盟”）总部，会见了阿盟秘书长阿姆鲁·马哈茂德·穆萨（Amr Mahmoud

Moussa）和22个阿盟成员国代表。会见结束后，李肇星外长与穆萨秘书长共同宣布成立"中国—阿拉伯国家合作论坛"，并发表了《关于成立"中国—阿拉伯国家合作论坛"的公报》。

【宗旨】加强对话与合作、促进和平与发展。

【成员】中国和阿盟22个成员国：约旦、阿联酋、巴林、突尼斯、阿尔及利亚、吉布提、沙特阿拉伯、苏丹、叙利亚、索马里、伊拉克、阿曼、巴勒斯坦、卡塔尔、科摩罗、科威特、黎巴嫩、利比亚、埃及、摩洛哥、毛里塔尼亚、也门。

【组织机构】（1）部长级会议：为论坛长期机制，由各国外长和阿盟秘书长组成，每2年在中国或阿盟总部或任何一个阿拉伯国家轮流举办1次部长级例会，必要时可以召开非常会议。会议主要讨论加强中国和阿拉伯国家在政治、经济、安全等领域的合作：就共同关心的地区和国际问题、联合国及其专门机构会议所讨论的热点问题交换意见；回顾论坛行动计划执行情况；讨论双方共同关心的其他事务。（2）高官委员会会议：每年召开例会，由中阿双方轮流承办，必要时经双方同意也可随时开会。负责筹备部长级会议，落实部长级会议的决议和决定，并举办中阿高官级战略政治对话。（3）其他机制：除部长级会议和高官会外，论坛框架下逐步形成了中阿企业家大会暨投资研讨会、中阿关系暨中阿文明对话研讨会、中阿友好大会、中阿能源合作大会、中阿新闻合作论坛、中阿卫生合作论坛、中阿北斗合作论坛、中阿互办艺术节、中阿妇女论坛、中阿城市论坛、中阿广播电视合作论坛等机制。以上活动一般每2年轮流在中国和阿拉伯国家举办1次。此外，中阿在环境保护、人力资源培训等领域也有机制性合作。（4）联络组：中国驻埃及大使馆为中方联络组，阿拉伯驻华使节委员会和阿盟驻华代表处为阿方联络方。联络组负责双方的联络，并落实部长会和高官会的决议和决定。论坛中方秘书处办公室设在中国外交部西亚北非司。

【网址】http://www.chinaarabcf.org/chn/。

【主要活动】截至2019年12月，中国—阿拉伯国家合作论坛已举办8届部长级会议、16次高官会，并召开了5次中阿高官级战略政治对话。其他合作机制有序运行。

近期举办的主要活动有：

2018年7月10日，中阿合作论坛第八届部长级会议（The 8th Ministerial Meeting of the China-Arab States Cooperation Forum）在北京举办。习近平主席出席会议开幕式并发表重要讲话。科威特埃米尔萨巴赫·艾哈迈德·贾比尔·萨巴赫（Sabah Al-Ahmed Al-Jaber Al-Sabah）出席开幕式。王毅国务委员兼外交部长与21个阿盟成员国部长级代表、阿盟秘书长与会。中阿双方宣布建立全面合作、共同发展、面向未来的中阿战略伙伴关系，并签署了《中国—阿拉伯国家合作论坛第八届部长级会议北京宣言》（Beijing Declaration of the 8th Ministerial Meeting of China-Arab States Cooperation Forum）、《中国—阿拉伯国家合作论坛2018年至2020年行动执行计划》（the Execution Plan 2018-2020 of China-Arab States Cooperation Forum）、《中国和阿拉伯国家合作共建"一带一路"行动宣言》（Declaration of Action on China-Arab States Cooperation under the Belt and Road Initiative）3份成果文件，就各领域合作达成100多项共识。

2019年4月1—2日，第二届中阿北斗合作论坛（The Second China-Arab States BeiDou Cooperation Forum）在突尼斯举办，中国卫星导航系统委员会主席王兆耀、阿盟助理秘书长卡迈勒·哈桑·阿里（Kamal Hassan Ali）、突尼斯高教与科研部部长斯利姆·卡尔布斯（Slim Khalbous）、阿拉伯信息通信技术组织秘书长默罕默德·本·阿莫（Mohamed Ben Amor）出席开幕式并致辞。中国卫星导航系统管理办公室与阿拉伯信息通信技术组织签署了《第二届中阿北斗合作论坛声明》。

2019年4月2—3日，第八届中阿企业家大会暨第六届投资研讨会（The 8th China-Arab Business Conference and the 6th Investment Seminar）在突尼斯举办。中国全国政协副主席陈晓光、中国贸促会会长高燕、突尼斯总理尤素夫·沙海德（Youssef Chahed）、阿盟助理秘书长卡迈勒等出席，会议发表了《突尼斯宣言》。

2019年4月16日，第二届中阿改革发展论坛（The Second the China-Arab States Forum on Reform and Development）在中国上海举办，外交部部长助理陈晓东出席开幕式并讲话。本届论坛由中国外交部依托中阿改革发展研究中心举办。黎巴嫩前总统米歇尔·苏莱曼（Michel Suleiman）、吉布提前总理穆罕默德·迪莱塔（Mohamed Dileita）、埃及前外长纳比勒·法赫米（Nabil Fahmy）、阿盟助理秘书长哈利勒·萨瓦迪（Khalil Althawadi）等参加。阿拉伯国家政府官员、学者、媒体人士以及中国商务部、文化和旅游部、国际发展合作署、全国对外友协和上海市政府代表，部分中国前驻中东国家使节，有关高校和研究机构专家学者逾百人与会。

2019年6月11日，第三届中阿图书馆与信息领域专家会议（The third China-Arab states libraries and information experts meeting）在科威特举办，会议主题为"从中阿图书馆的信息化未来中相互受益"。

2019年6月18日，中阿合作论坛第16次高官会（the 16th Senior Official's Meeting of CASCF）在阿联酋阿布扎比举办。论坛中方秘书长、外交部西亚北非司司长王镝和阿联酋外交与国际合作部政治事务部长助理哈利法·沙辛·马拉勒（Khalifa Shaheen Al-Marar）共同主持。阿盟助理秘书长哈立德·哈巴斯（Khaled Al-Habbas）率团与会。来自中国外交部、商务部、文化和旅游部、国新办、国际发展合作署、贸促会、中国卫星导航系统管理办公室等单位代表，以及21个阿拉伯国家外交部、阿盟秘书处主管官员等共120余人与会。会议评估了中阿合作论坛第八届部长级会议成果文件落实情况，并就共同关心的国际和地区问题举办了第5次高官级战略政治对话（The 5th Senior Official Level Strategic Political Dialogue of CASCF）。会议通过了《成果文件》。

2019年8月16日，第二届中阿卫生合作论坛（The Second China-Arab States Health Cooperation Forum）在中国北京举办。国家卫健委主任马晓伟、摩洛哥卫生大臣阿纳斯·杜卡利（Anass Doukkali）、阿盟助理秘书长海法·阿布·加扎利（Haifa Abu Ghazaleh，女）出席开幕式并致辞。本届论坛以“深化中阿卫生合作、共筑健康丝绸之路”为主题，通过了《中国—阿拉伯国家卫生合作2019北京倡议》。本届论坛由国家卫健委与阿盟联合举办，阿盟21个成员国代表、驻华使节、国际组织等约180人参会。

2019年9月12日，第三届中阿技术转移与创新合作大会（The Third China-Arab States Technology Transfer and Inovation Cooperation Conference）在中国宁夏举办，来自中国、埃及、摩洛哥等国家科技主管部门的政府官员、科研机构代表、技术转移机构代表、专家学者、企业家等参加，科技部副部长黄卫在会上作主旨讲话。

2019年10月17日，第四届中阿广播电视合作论坛（The 4th China -Arab States Forum on Radio and Television Cooperation）在中国杭州举办。习近平主席向论坛致贺信。中共中央政治局委员、中宣部部长黄坤明出席开幕式并发表主旨演讲。本届论坛以“深化合作传播，繁荣内容创作”为主题，通过了《第四届中国—阿拉伯国家广播电视合作论坛杭州宣言》。本届论坛由国家广电总局、浙江省人民政府等共同主办，来自19个国家和地区的300余名中外嘉宾参加。

2019年12月17—18日，第八届中阿关系暨中阿文明对话研讨会（The 8th China-Arab States Seminar on China-Arab Relations and Civilization Dialogue）在摩洛哥首都拉巴特举办。来自中国、阿拉伯国家的专家、学者，以及阿盟秘书处、阿拉伯国家驻摩洛哥使团代表等出席活动，中国政府中东问题特使翟隽出席开幕式并致辞。与会人士就“利用软实力外交弘扬和平文化”“可持续发展对弘扬和平文化的作用”“促进文化多样性”“运用传统和现代传播手段反对恐怖暴力和极端思想”“旅游业对促进中阿交流发挥的作用”等议题展开讨论。会议通过了《最终报告》。

2019年，中阿改革发展研究中心（China-Arab Research Center on Reform and Development）围绕治国理政经验交流等主题，面向阿拉伯国家举办了5期研修班。

（丁梦莹）

中非合作论坛

Forum on China–Africa Cooperation—FOCAC

【成立日期】为进一步加强中国与非洲国家在新形势下的友好合作，共同应对经济全球化挑战，谋求共同发展，在中非双方共同倡议下，中非合作论坛——北京2000年部长级会议于2000年10月10—12日在北京召开，中非合作论坛正式成立。

【宗旨】平等磋商、增进了解、扩大共识、加强友谊、促进合作。

【成员】中国、与中国建交的53个非洲国家以及非洲联盟委员会。这53个国家分别为：阿尔及利亚、安哥拉、贝宁、博茨瓦纳、布基纳法索、布隆迪、喀麦隆、佛得角、中非、乍得、科摩罗、刚果（布）、科特迪瓦、刚果（金）、吉布提、埃及、赤道几内亚、厄立特里亚、埃塞俄比亚、加蓬、冈比亚、加纳、几内亚、几内亚比绍、肯尼亚、莱索托、利比里亚、利比亚、马达加斯加、马拉维、马里、毛里塔尼亚、毛里求斯、摩洛哥、莫桑比克、纳米比亚、尼日尔、尼日利亚、卢旺达、圣多美和普林西比、塞内加尔、塞舌尔、塞拉利昂、索马里、南非、南苏丹、苏丹、坦桑尼亚、多哥、突尼斯、乌干达、赞比亚、津巴布韦。

【会议机制】中非合作论坛第1届部长级会议上通过的《中非经济和社会发展合作纲领》规定，中非双方同意建立后续机制，定期评估后续行动的落实情况。2001年7月，中非合作论坛部长级磋商会在赞比亚首都卢萨卡举行，讨论并通过了《中非合作论坛后续机制程序》。2002年4月，后续机制程序正式生效。中非合作论坛对话磋商机制建立在3个级别上：部长级会议每3年举行1届；高官级后续会议及为部长级会议作准备的高官预备会，分别在部长级会议前1年及前数日各举行1次；非洲驻华使节与中方后续行动委员会秘书处每年至少举行2次会议。部长级会议及其高官会轮流在中国和非洲国家举行。中国和承办会议的非洲国家担任共同主席国，共同主持会议并牵头落实会议成果。部长级会议由外交部长和负责国际经济合作事务的部长参加，高官会由各国主管部门的司局级或相当级别的官员参加。

经商定，中非双方先后于2006年11月、2015年12月、2018年9月举行2006年中非合作论坛北京峰会；2015年举行中非合作论坛约翰内斯堡峰会；2018年举行中非合作论坛北京峰会。

2016年7月和2019年6月，先后在北京举行中非合作论坛约翰内斯堡峰会和北京峰会成果落实协调人会议。

2007、2010、2013和2017年9月，中非外长在纽约4次举行联大政治磋商。

此外，随着中非合作不断拓展和深化，中非民间论坛、中非青年领导人论坛、中非部长级卫生合作研讨会、中非媒体合作论坛、中非减贫与发展会议、中非合作论坛——法律论坛、中非地方政府合作论坛、中非智库论坛等中非合作论坛分论坛陆续成立。

【中方后续行动委员会】2000年11月，中非合作论坛中方后续行动委员会成立，截至2019年共有36家成员单位，分别是：外交部、商务部、财政部、文化和旅游部、中共中央对外联络部、国家发展和改革委员会、教育部、科学技术部、工业和信息化部、自然资源部、生态环境部、交通运输部、农业农村部、国家卫生健康委员会、中国人民银行、海关总署、税务总局、国家市场监督管理总局、国家广播电视总局、国家国际发展合作署、国家新闻出版署、国务院新闻办、中国银行保险监督管理委员会、国家能源局、中国民航局、国家药品监督管理局、国家电影局、国务院扶贫办、共青团中央、中国贸促会、全国工商联、国家开发银行、中国进出口银行、中国出口信用保险公司、中国银行、北京市政府。外交部长和商务部长为委员会名誉主席，两部主管部领导为主席。委员会下设秘书处，由外交部、商务部、财政部、文化和旅游部、中联部和国家国际发展合作署有关司局组成，外交部非洲司司长任秘书长。秘书处办公室设在外交部非洲司。

【网址】http://www.focac.org。

【主要活动】（1）第1届部长级会议。2000年10月10—12日，中非合作论坛第1届部长级会议在北京举行，中国和44个非洲国家的80余名部长、17个国际和地区组织的代表及部分中非企业界人士出席会议。中国国家主席江泽民和国务院总理朱镕基分别出席开幕式和闭幕式，并发表讲话；非洲统一组织（非洲联盟前身）"三驾马车"，即前任主席阿尔及利亚总统布特弗利卡、现任主席多哥总统埃亚德马、候任主席赞比亚总统奇卢巴以及坦桑尼亚总统姆卡帕出席开幕式并讲话；非洲统一组织秘书长萨利姆在闭幕式上致辞。会议两议题是"面向21世纪应如何推动建立国际政治经济新秩序"和"如何在新形势下进一步加强中非在经贸领域的合作"。会议通过了《中非合作论坛北京宣言》和《中非经济和社会发展合作纲领》，为中国与非洲国家发展长期稳定、平等互利的新型伙伴关系确定了方向。中国政府宣布了减免非洲重债穷国和最不发达国家100亿元人民币债务和设立"非洲人力资源开发基金"等举措。

（2）第2届部长级会议。2003年12月15—16日，中非合作论坛第2届部长级会议在埃塞俄比亚首都亚的斯亚贝巴举行，中国和44个非洲国家的70 多名部长及部分国际和地区组织的代表参加会议。中国国务院总理温家宝和埃塞俄比亚总理梅莱斯，以及其他非洲国家的6位总统、3位副总统、2位总理、1位议长，非盟委员会主席科纳雷，联合国秘书长代表出席开幕式并发表讲话。会议主题为"务实合作、面向行动"。会议回顾了第1届部长级会议后续行动落实情况，通过了《中非合作论坛——亚的斯亚贝巴行动计划（2004—2006年）》。中国政府宣布在论坛框架下继续增加对非援助，3年内为非洲培养各类人才1万名，以及给予非洲部分最不发达国家部分输华商品免关税等待遇。

（3）北京峰会暨第3届部长级会议。2006年11月3日，中非合作论坛第3届部长级会议在北京召开，为北京峰会召开作最后的准备。中国和48个非洲国家的外交部长、负责国际经济合作事务的部长或代表出席了会议，24个国际和地区组织的代表作为观察员列席了会议开幕式。11月4—5日，中非合作论坛北京峰会隆重举行，会议主题为"友谊、和平、合作、发展"。中国国家主席胡锦涛和非洲35位国家元首、6位政府首脑、1位副总统、6位高级代表以及非盟委员会主席科纳雷出席。会议通过了《中非合作论坛北京峰会宣言》和《中非合作论坛——北京行动计划（2007—2009年）》，决定建立和发展政治上平等互信、经济上合作共赢、文化上交流互鉴的中非新型战略伙伴关系。胡锦涛主席代表中国政府宣布了旨在加强中非务实合作、支持非洲国家发展的8项政策措施，包括增加对非援助、提供优惠贷款和优惠出口买方信贷、设立中非发展基金、援建非盟会议中心、免债、免关税、建立经贸合作区、加强人力资源开发以及教育、医疗等领域的合作。中国国务院总理温家宝与33位非洲国家领导人共同出席了与中非工商界代表高层对话会。

（4）第4届部长级会议。2009年11月8—9日，中非合作论坛第4届部长级会议在埃及沙姆沙伊赫举行。中国国务院总理温家宝、埃及总统穆巴拉克以及其他非洲国家的9位总统、3位总理、3位副总统、1位议长和非盟委员会主席让·平出席开幕式并发表讲话。会议主题是"深化中非新型战略伙伴关系，谋求可持续发展"。会议审议了中方关于论坛北京峰会后续行动落实情况的报告，通过了《中非合作论坛沙姆沙伊赫宣言》和《中非合作论坛——沙姆沙伊赫行动计划（2010—2012年）》两个文件，规划了此后3年中非在政治、经济、社会、人文等各领域的合作。中国国务院总理温家宝在开幕式上代表中国政府宣布了对非合作的8项新举措，涉及农业、环境保护、促进投资、减免债务、扩大市场准入、应对气候变化、科技合作、医疗、教育、人文交流等方面。

（5）第5届部长级会议。2012年7月19—20日，中非合作论坛第5届部长级会议在北京举行。中国国家主席胡锦涛和非洲国家6位总统、2位总理、论坛非方共同主席国埃及总统特使以及联合国秘书长潘基文出席开幕式。来自中国和50个非洲国家的外交部长和负责国际经济合作事务的部长或代表，以及非盟委员会主席让·平与会，部分国际和非洲地区组织代表分别以嘉宾和观察员身份列席开幕式和会议。会议主题是“继往开来，开创中非新型战略伙伴关系新局面”。会议审议了中方关于论坛第4届部长会后续行动落实情况的报告，通过了《中非合作论坛第5届部长级会议北京宣言》和《中非合作论坛第5届部长级会议——北京行动计划（2013—2015年）》两个文件，全面规划了今后3年中非关系的发展方向和中非合作的重点领域。胡锦涛主席在开幕式上发表了题为《开创中非新型战略伙伴关系新局面》的重要讲话，代表中国政府宣布了今后3年在投融资、援助、非洲一体化、民间交往以及非洲和平与安全等5大领域支持非洲和平发展、加强中非合作的一系列新举措。主要包括：向非洲国家提供200亿美元贷款额度，重点支持非洲基础设施、农业、制造业和中小企业发展；继续扩大对非援助，适当增加援非农业技术示范中心，为非洲培训各类人才3万名，提供政府奖学金名额1.8万个，并为非洲国家援建文化和职业技术培训设施，派遣1500名医疗队员，同时继续为非洲白内障患者提供相关免费治疗，继续援助打井供水项目；同非方建立非洲跨国跨区域基础设施建设合作伙伴关系，为项目规划和可行性研究提供支持，鼓励有实力的中国企业和金融机构参与非洲跨国跨区域基础设施建设；倡议开展“中非民间友好行动”，在华设立“中非新闻交流中心”，继续实施“中非联合研究交流计划”，资助双方学术机构和学者开展100个学术研究、交流合作项目；发起“中非和平安全合作伙伴倡议”，深化同非盟和非洲国家在非洲和平安全领域的合作，为非盟在非开展维和行动、常备军建设等提供资金支持，增加为非盟培训和平安全事务官员和维和人员数量。

作为部长会的两项配套活动，第2届中非民间论坛和第4届中非企业家大会分别于2012年7月10—11日和7月18—19日在江苏苏州和北京举行。

（6）约翰内斯堡峰会暨第6届部长级会议。2015年12月3日，中非合作论坛第6届部长级会议在南非比勒陀利亚举行，为约翰内斯堡峰会作最后准备。中国外交部长王毅、商务部长高虎城，以及50个中非合作论坛非方成员国外交部长和负责国际经济合作事务的部长和非盟委员会高级代表出席会议。12月4—5日，中非合作论坛约翰内斯堡峰会隆重举行。会议由习近平主席和南非总统祖马共同主持，包括43位国家元首和政府首脑在内的论坛52个成员代表出席。中非领导人紧紧围绕“中非携手并进：合作共赢、共同发展”的主题，就深化中非传统友谊、促进务实合作、谋求共同发展等重大议题进行了富有成果的讨论。峰会回顾了论坛成立15年来中非友好关系和务实合作取得的成就，审议通过了《中非合作论坛约翰内斯堡峰会宣言》和《中非合作论坛——约翰内斯堡行动计划（2016—2018年）》，双方同意将中非新型战略伙伴关系提升为全面战略合作伙伴关系，做强和夯实政治上平等互信、经济上合作共赢、文明上交流互鉴、安全上守望相助、国际事务中团结协作“五大支柱”。习近平主席在峰会开幕式上发表题为《开启中非合作共赢、共同发展的新时代》的重要讲话，宣布未来3年，中方将着力实施工业化、农业现代化、基础设施、金融、绿色发展、贸易和投资便利化、减贫惠民、公共卫生、人文、和平与安全等“十大合作计划”。

为确保“十大合作计划”顺利实施，中方决定提供总额600亿美元的资金额度支持，包括：提供50亿美元的无偿援助和无息贷款；提供350亿美元的优惠性质贷款及出口信贷额度，并提高优惠贷款优惠度；为中非发展基金和非洲中小企业发展专项贷款各增资50亿美元；设立首批资金100亿美元的“中非产能合作基金”。

峰会期间还举行了中非领导人与工商界代表高层对话会、第5届中非企业家大会、中非合作论坛15周年成果图片展、中非装备制造业展、南非“中国年”闭幕式文艺演出等活动，习近平主席、南非总统祖马和非洲联盟轮值主席、津巴布韦总统穆加贝等与会非洲领导人出席。

2016年7月29日，中非合作论坛约翰内斯堡峰会成果落实协调人会议在北京举行，中非合作论坛52个非方成员、100多位部级官员、论坛中方后续行动委员会成员单位代表和非洲驻华使节共计300多人出席。中非双方签署了60多项合作协议，涉及金额达180多亿美元。会议审议并通过了《中非合作论坛约翰内斯堡峰会成果落实协调人会议联合声明》，中非双方一致同意秉持共同发展、集约发展、绿色发展、安全发展、开放发展五大合作发展理念，为约翰内斯堡峰会成果落实和中非合作凝聚了新的共识。

（7）2018年北京峰会暨第7届部长级会议。2018年9月2日中非合作论坛第7届部长级会议在北京举行。会议积极评价论坛约翰内斯堡峰会后续行动落实情况，审议通过了《关于构建更加紧密的中非命运共同体的北京宣言》和《中非合作论坛——北京行动计划（2019—2021年）》两份成果文件草案，为峰会举办作最后准备。中国国务委员兼外交部长王毅、商务部长钟山同南非外长西苏鲁、贸易和工业部长戴维斯共同主持。53个中非合作论坛非方成员国外交部长和主管对外经贸事务的部长或代表，以及非盟委员会高级代表出席。9月3—4日，中非合作论坛北京峰会成功举行。习近平主席及40位非洲国家元首、10位政府首脑、1位副元首和非盟委员会主席等论坛54个非方成员代表出席。联合国秘书长古特雷斯作为特邀嘉宾，26个国际和非洲地区组织作为观察员出席峰会有关活动。峰会以“合作共赢，携手构建更加紧密的中非命运共同体”为主题。中非双方一致决定携手构建责任共担、合作共赢、幸福共享、文化共兴、安全共筑、和谐共生的中非命运共同体，推进中非共建“一带一路”合作，将“一带一路”建设同非盟《2063年议程》、联合国《2030年可持续发展议程》、非洲各国发展战略紧密对接，重点实施“八大行动”，全面加强中非各领域务实合作。峰会重申坚持多边主义，抵制单边行径。峰会通过了《关于构建更加紧密的中非命运共同体的北京宣言》和《中非合作论坛北京行动计划（2019—2021年）》两个重要成果文件。论坛各成员一致决定中非合作论坛第8届部长级会议将于2021年在塞内加尔共和国召开，欢迎塞内加尔共和国接任论坛共同主席国。

“八大行动”主要包括：

一是实施产业促进行动。中国决定在华设立中国—非洲经贸博览会；鼓励中国企业扩大对非投资，在非洲新建和升级一批经贸合作区；支持非洲在2030年前基本实现粮食安全，同非洲一道制定并实施中非农业现代化合作规划和行动计划，实施50个农业援助项目，向非洲受灾国家提供10亿元人民币紧急人道主义粮食援助，向非洲派遣500名高级农业专家，培养青年农业科研领军人才和农民致富带头人；支持成立中国在非企业社会责任联盟；继续加强和非洲国家本币结算合作，发挥中非发展基金、中非产能合作基金、非洲中小企业发展专项贷款作用。

二是实施设施联通行动。中国决定和非洲联盟启动编制《中非基础设施合作规划》；支持中国企业以投建营一体化等模式参与非洲基础设施建设，重点加强能源、交通、信息通信、跨境水资源等合作，同非方一道实施一批互联互通重点项目；支持非洲单一航空运输市场建设，开通更多中非直航航班；为非洲国家及其金融机构来华发行债券提供便利；在遵循多边规则和程序的前提下，支持非洲国家更好利用亚洲基础设施投资银行、新开发银行、丝路基金等资源。

三是实施贸易便利行动。中国决定扩大进口非洲商品，特别是非资源类产品，支持非洲国家参加中国国际进口博览会，免除非洲最不发达国家参展费用；继续加强市场监管及海关方面交流合作，为非洲实施50个贸易畅通项目；定期举办中非品牌面对面活动；支持非洲大陆自由贸易区建设，继续同非洲有意愿的国家和地区开展自由贸易谈判；推动中非电子商务合作，建立电子商务合作机制。

四是实施绿色发展行动。中国决定为非洲实施50个绿色发展和生态环保援助项目，重点加强在应对气候变化、海洋合作、荒漠化防治、野生动物和植物保护等方面的交流合作；推进中非环境合作中心建设，加强环境政策交流对话和环境问题联合研究；开展中非绿色使者计划，在环保管理、污染防治、绿色经济等领域为非洲培养专业人才；建设中非竹子中心，帮助非洲开发竹藤产业；开展环境保护宣传教育合作。

五是实施能力建设行动。中国决定同非洲加强发展经验交流，支持开展经济社会发展规划方面合作；在非洲设立10个“鲁班工坊”，向非洲青年提供职业技能培训；支持设立旨在推动青年创新创业合作的中非创新合作中心；实施“头雁”计划，为非洲培训1000名精英人才；为非洲提供5万个中国政府奖学金名额，为非洲提供5万个研修培训名额，邀请2000名非洲青年来华交流。

六是实施健康卫生行动。中国决定优化升级50个医疗卫生援非项目，重点援建非洲疾控中心总部、中非友好医院等旗舰项目；开展公共卫生交流和信息合作，实施中非新发再发传染病、血吸虫、艾滋病、疟疾等疾控合作项目；为非洲培养更多专科医生，继续派遣并优化援非医疗队；开展“光明行”“爱心行”“微笑行”等医疗巡诊活动；实施面向弱势群体的“妇幼心连心工程”。

七是实施人文交流行动。中国决定设立中国非洲研究院，同非方深化文明互鉴；打造中非联合研究交流计划增强版；实施50个文体旅游项目，支持非洲国家加入丝绸之路国际剧院、博物馆、艺术节等联盟；打造中非媒体合作网络；继续推动中非互设文化中心；支持非洲符合条件的教育机构申办孔子学院；支持更多非洲国家成为中国公民组团出境旅游的目的地。

八是实施和平安全行动。中国决定设立中非和平安全合作基金，支持中非开展和平安全和维和维稳合作，继续向非洲联盟提供无偿军事援助。支持萨赫勒、亚丁湾、几内亚湾等地区国家维护地区安全和反恐努力；设立中非和平安全论坛，为中非在和平安全领域加强交流提供平台；在共建“一带一路”、社会治安、联合国维和、打击海盗、反恐等领域推动实施50个安全援助项目。

2019年6月24—25日，中非合作论坛北京峰会成果落实协调人会议在北京举行，中非合作论坛54个非方成员80多位部级官员、论坛中方后续行动委员会成员单位代表和非洲驻华使节以及中非智库、学者代表等共计500余人出席。会议审议并通过了《联合声明》。会议为更好落实论坛北京峰会成果，引领中非合作高质量、可持续发展明确了方向，并向国际社会展现了中非双方加强团结合作、坚持多边主义和自由贸易、反对保护主义和单边主义、推动构建更加紧密的中非命运共同体的坚定意愿和决心。（焦开）

上海合作组织

The Shanghai Cooperation Organization—SCO

【成立日期】2001年6月15日，由中华人民共和国、哈萨克斯坦共和国、吉尔吉斯共和国、俄罗斯联邦、塔吉克斯坦共和国、乌兹别克斯坦共和国在中国上海宣布成立。

【宗旨和原则】上海合作组织的宗旨是：加强各成员国之间的相互信任与睦邻友好；鼓励各成员国在政治、经贸、科技、文化、教育、能源、交通、环保及其他领域的有效合作；共同致力于维护和保障地区的和平、安全与稳定；建立民主、公正、合理的国际政治经济新秩序。

上海合作组织的原则是：相互尊重国家主权、独立、领土完整及国家边界不可破坏，互不侵犯，不干涉内政，在国际关系中不使用武力或以武力相威胁，不谋求在毗邻地区的单方面军事优势；所有成员国一律平等，在相互理解及尊重每一个成员国意见的基础上寻求共识；在利益一致的领域逐步采取联合行动；和平解决成员国间分歧；本组织不针对其他国家和国际组织；不采取有悖本组织利益的任何违法行为；认真履行在本宪章及本组织框架内通过的其他文件中所承担的义务。

【成员】上海合作组织有8个成员国：中国、印度、哈萨克斯坦、吉尔吉斯斯坦、巴基斯坦、俄罗斯、塔吉克斯坦、乌兹别克斯坦；4个观察员国：阿富汗、白俄罗斯、伊朗、蒙古；6个对话伙伴：阿塞拜疆、亚美尼亚、柬埔寨、尼泊尔、土耳其、斯里兰卡。

【轮值主席国】2019年6月14日比什凯克峰会前，吉尔吉斯斯坦为轮值主席国。峰会后，俄罗斯接任轮值主席国，任期至俄方主办2020年上海合作组织峰会。

【总部】上海合作组织秘书处设在北京，2004年1月正式启动。现任秘书长诺罗夫（Vladimir Norov，乌兹别克斯坦籍）。2019年1月上任，任期3年。

【官方网址】http://www.sectsco.org。

【组织机构】上海合作组织常设机构为秘书处、地区反恐怖机构执行委员会；非常设机构为成员国元首理事会、政府首脑（总理）理事会、外长理事会、国家协调员理事会及安全会议秘书、总检察长、最高法院院长、公安内务部长、国防部长、总参谋长、经贸部长、交通部长、文化部长、教育部长、科技部长、农业部长、卫生部长、财政部长和央行行长以及紧急救灾部门、最高审计机关等部门领导人会议机制。

【主要活动】2019年的主要活动：

4月17—18日，上海合作组织论坛第14次会议在中国北京举行。来自上海合作组织成员国、观察员国、对话伙伴的近百名专家学者与会。与会代表围绕“新时期上海合作组织面临的形势和任务”展开深入研讨，并就进一步推动上海合作组织各领域合作积极建言献策。

4月18—19日，“上海合作组织—阿富汗联络组”第3次副外长级会议在吉尔吉斯斯坦首都比什凯克举行。上海合作组织成员国、常设机构和阿富汗代表出席会议。与会各方就阿富汗及地区形势、阿富汗和解进程、上海合作组织与阿富汗合作等问题交换了意见，强调联络组将进一步发挥作用，为推动阿民族和解进程、维护地区安全稳定作出重要贡献。

4月29日，上海合作组织成员国国防部长第16次会议在吉尔吉斯斯坦首都比什凯克举行。与会各方总结了2018年国防部长会议以来合作取得的成果，强调在当前国际形势发生复杂变化的背景下，上海合作组织成员国防务部门和军队应进一步加强合作，携手共同维护地区安全稳定。

5月14—16日，上海合作组织地方领导人会晤在中国重庆举行。来自中国11个省区市和上海合作组织其他成员国、观察员国25个省州市代表团参会。与会各方推介本地区概况、经济发展潜力以及同成员国对外交往合作情况，并就上海合作组织成员国地方合作优先领域、渠道、方式等问题提出建议。

5月15日，上海合作组织成员国安全会议秘书第14次会议在吉尔吉斯斯坦首都比什凯克举行。与会各方认真分析当前地区安全形势，就上海合作组织执法安全合作深入交换意见，并从安全合作领域为比什凯克峰会作准备。

5月15日，上海合作组织成员国文化部长第16次会议在吉尔吉斯斯坦首都比什凯克举行。与会各方就加强和深化上海合作组织文化合作交换了意见。

5月15—16日，第二届上海合作组织妇女论坛在吉尔吉斯斯坦首都比什凯克举行，上海合作组织国家女性领导人、妇女组织机构负责人、专家学者及上海合作组织秘书处官员等130余人出席。与会各方就加强上海合作组织框架内妇女合作深入交换了意见。

5月22日，上海合作组织成员国外交部长理事会例行会议在吉尔吉斯斯坦首都比什凯克举行。各国强调共同反对单边主义和保护主义，致力于维护以国际法为基础的国际秩序，并就新形势下深化上海合作组织合作，推动该组织在国际事务中发挥更大作用阐述了立场。各国外长签署了为比什凯克峰会作准备的相关文件，会议并通过和发表了新闻公报。

5月24日，上海合作组织第二届媒体论坛在吉尔吉斯斯坦首都比什凯克举行。来自上海合作组织成员国、观察员国、对话伙伴等12个国家的100多位媒体代表出席会议，就共同加强上海合作组织框架内新闻媒体交流与合作交换了意见。

6月13—14日，上海合作组织成员国元首理事会第19次会议在吉尔吉斯斯坦首都比什凯克举行。与会各国领导人就当前重大国际和地区问题以及深化上海合作组织各领域合作深入交换意见，达成广泛共识。成员国元首签署了《上海合作组织成员国元首比什凯克宣言》，发表了《上海合作组织成员国元首理事会会议新闻公报》，批准了《上海合作组织成员国地方合作发展纲要》《上海合作组织成员国关于数字化和信息通信技术领域合作的构想》等决议。会议期间，还签署了《上海合作组织成员国政府间媒体合作协议》《上海合作组织成员国主管部门间体育领域合作协议》等文件。

6月17—19日，上海合作组织成员国最高法院院长第14次会议在俄罗斯索契举行。与会各方围绕审前调解机制、保护儿童家庭权利、生效刑事案件判决的审查、行政诉讼管辖等5个议题进行深入交流，达成广泛共识。

9月17—19日，上海合作组织成员国铁路部门负责人第2次会晤在哈萨克斯坦首都努尔苏丹举行。与会各方就有效利用和进一步发展上海合作组织成员国铁路部门合作机制等问题交换了意见。会议审议通过了《上海合作组织成员国铁路部门协作构想》草案等文件。

9月26日，上海合作组织成员国经贸部长第18次会议在乌兹别克斯坦首都塔什干举行。与会各方就共同维护世贸组织在全球贸易体制的主渠道地位，反对单边主义和贸易保护主义，强化成员国经贸领域合作等达成共识。会议审议通过了新版《上海合作组织成员国多边经贸合作纲要》草案等文件。

9月27日，首届上海合作组织成员国环境部长会议在俄罗斯首都莫斯科举行。与会各方就《2019—2021年〈上海合作组织成员国环保合作构想〉落实措施计划》实施情况、城市生态环境保护政策与措施、未来合作前景等问题进行了探讨。

10月1日，上海合作组织成员国总检察长第17次会议在吉尔吉斯斯坦首都比什凯克举行。与会各方就共同严厉打击走私、贩卖、运输、制造毒品犯罪，加强各国检察机关交流合作等问题交换了意见。

11月1—2日，上海合作组织成员国政府首脑（总理）理事会第18次会议在乌兹别克斯坦首都塔什干举行。与会各方就当前国际和地区经济形势、深化上海合作组织各领域务实合作等问题深入交换意见，并达成广泛共识。各成员国代表团团长签署并发表联合公报，同时签署涉经贸、交通、环保领域合作以及上海合作组织预算、机制建设等多项决议。

11月8日，上海合作组织成员国紧急救灾部门领导人第10次会议在印度首都新德里举行。与会各方就完善上海合作组织紧急救灾沟通联系机制，不断拓展上海合作组织紧急救灾合作领域等问题深入交换意见。

11月21日，上海合作组织成员国科技部长第5次会议在俄罗斯首都莫斯科举行。与会各方讨论了《〈上海合作组织成员国政府间科技合作协定〉2016—2020年落实措施计划》以及《2017—2021年上海合作组织进一步推动项目合作的措施清单》中科技领域合作部分。

12月16日，上海合作组织成员国卫生防疫部门领导人第6次会议在俄罗斯首都莫斯科举行。与会各方表示要积极落实《上海合作组织成员国元首关于在上海合作组织地区共同应对流行病威胁的声明》，进一步制定具体的联合行动计划，并适时开展卫生防疫演习。

【同中国的关系】中国是上海合作组织创始成员国，始终高度重视并全面参与上海合作组织框架内的各项活动，积极开展同其他成员国、观察员国和对话伙伴的互利合作。中国国家主席、国务院总理等国家领导人每年均出席上海合作组织有关会议，先后提出一系列安全、经济、人文等领域合作倡议，得到各方积极响应与支持，为维护本地区和平、安全与稳定，促进地区国家共同发展与繁荣作出重要贡献。（朱磊）

东南亚国家联盟

Association of Southeast Asian Nations—ASEAN

【成立日期】1967年8月8日。

【宗旨】根据2008年12月生效的《东盟宪章》，东盟的宗旨和目标包括：（1）维护和促进地区和平、安全与稳定，强化以和平为导向的价值观；（2）加强政治、安全、经济和社会文化合作，提升地区活力；（3）维护东南亚的无核武器区地位，杜绝大规模杀伤性武器；（4）确保东盟国家及其民众与世界各国和平相处，生活于公正、民主与和谐的环境中；（5）建立稳定、繁荣、具有较强竞争力、经济高度融合的单一市场和生产基地，实现货物、服务、投资、人员、资金自由流动；（6）相互帮助，合作减贫，缩小东盟内部发展差距；（7）在充分尊重东盟成员国权利与义务的基础上，加强民主与法制，促进良政，保护人权与基本自由；（8）坚持全面安全原则，有效应对各种形式的威胁、跨国犯罪和跨境挑战；（9）保护环境、自然资源和文化遗产，推动本地区可持续发展，保证人民高质量生活；（10）加强教育、终身学习以及科学技术领域合作，开发人力资源，提高人民素质，强化东盟共同体；（11）为人民提供发展机会、社会福利和公正待遇，提高人民福祉和生活水平；（12）加强合作，为东盟民众营造一个安全、没有毒品的环境；（13）建设以人为本的东盟，鼓励社会各界参与东盟一体化和共同体建设进程，并从中受益；（14）强化对本地区文化和遗产多样性的认识，加强东盟共同体意识；（15）在开放、透明和包容的地区架构内，发展与域外伙伴的关系与合作，维护东盟的中心地位和主导作用。

【成员国】10个：文莱、柬埔寨、印度尼西亚、老挝、马来西亚、缅甸、菲律宾、新加坡、泰国、越南。总面积约449万平方公里，总人口约6.49亿（截至2018年）。观察员国：东帝汶、巴布亚新几内亚。

【主要负责人】东盟峰会是东盟最高决策机构，由东盟轮值主席国组织举办。现任主席国为越南，2020年1月接任，任期1年。东盟秘书长是东盟首席行政官，向东盟峰会负责，由东盟各国轮流推荐资深人士担任，任期5年。林玉辉（Lim Jock Hoi，文莱前外交贸易部常务秘书）于2018年1月接任东盟秘书长，任期至2022年底。

【总部】东盟秘书处设在印度尼西亚首都雅加达（70 A Jalan Sisingamangaraja，Jakarta12110，Indonesia）。

【网址】http://asean.org/。

【出版物】东盟拥有众多定期或不定期发行的出版物，如《东盟年度报告》《东盟商务通讯》等。

【组织机构】根据《东盟宪章》，东盟调整了组织机构，主要包括（1）东盟峰会：就东盟发展的重大问题和发展方向作出决策，一般每年举行两次。（2）东盟协调理事会：由东盟各国外长组成，是综合协调机构，每年至少举行两次会议。（3）东盟共同体理事会：包括东盟政治安全共同体理事会、东盟经济共同体理事会和东盟社会文化共同体理事会，协调其下设各领域工作，由东盟轮值主席国相关部长担任主席，每年至少举行两次会议。（4）东盟领域部长机制：加强各相关领域合作，支持东盟一体化和共同体建设。（5）东盟秘书长和东盟秘书处：负责协助落实东盟的协议和决定，并进行监督。（6）东盟常驻代表委员会：由东盟成员国指派的大使级常驻东盟代表组成，代表各自国家与东盟秘书处和东盟领域部长机制进行协调。（7）东盟国家秘书处：是东盟在各成员国的联络点和信息汇总中心，设在各成员国外交部。（8）东盟政府间人权委员会：负责促进和保护人权与基本自由的相关事务。（9）东盟附属机构：包括各种民间和半官方机构。

【主要活动】自1976年以来，东盟共举行了35次东盟峰会、4次非正式峰会和1次特别峰会。

2017年4月，第30届东盟峰会在菲律宾马尼拉举行，主题为“携手促进变革，共同拥抱世界”，重点围绕东盟共同体建设及共同关心的国际地区问题进行了讨论。会议发表《主席声明》，重申积极落实《东盟共同体愿景2025》，加强政治安全、经济、社会文化三大支柱建设，实施《东盟互联互通总体规划2025》和《东盟一体化倡议第三份行动计划》。

2017年11月，第31届东盟峰会在菲律宾马尼拉举行。会议就建设更具稳定和有韧性的东盟共同体（即建设以人为本的东盟、维护地区和平与稳定、加强海上安全与合作、促进包容性与创新驱动型增长、加强东盟韧性、推动东盟成为区域主义样板和全球事务参与者）进行了讨论，并签署了《东盟关于保护和提高移民劳工权益的共识》，通过了《东盟关于预防和打击网络犯罪的宣言》《东盟创新宣言》等多份重要文件。东盟及其对话或域外伙伴等领导人共同出席东盟成立50周年纪念活动。

2018年4月，第32届东盟峰会在新加坡举行，主题为“韧性与创新”，重点就东盟共同体建设和国际地区问题进行讨论，会议发表《关于建设韧性和创新的东盟愿景文件》《关于东盟网络安全合作的声明》和《东盟智慧城市网络概念文件》。

2018年11月，第33届东盟峰会在新加坡举行。会议回顾了东盟共同体建设进展，重申加强非传统安全、环境挑战、可持续发展等领域合作，通过了《东盟智慧城市网络框架》《关于增加绿色就业以促进东盟共同体平等与包容性增长的宣言》等多份重要文件。

2019年6月，第34届东盟峰会在泰国曼谷举行。会议围绕“加强伙伴关系，促进可持续发展”主题，重点讨论了东盟共同体建设和国际地区问题，发表了《东盟印太展望》《东盟领导人关于可持续伙伴关系的愿景声明》《应对亚洲地区海洋垃圾的曼谷宣言》及其行动框架等文件。

2019年11月，第35届东盟峰会在泰国曼谷举行。会议回顾了东盟共同体建设，就东盟未来发展方向、加强东南亚地区各领域可持续发展交换了意见。会议发表了《主席声明》《东盟关于向第四次工业革命转型的宣言》和《东盟关于气候变化的联合声明》等文件。

2020年4月，东盟关于新冠肺炎疫情特别峰会以视频形式举行，重点就东盟国家合作抗击疫情、恢复社会经济发展等交换了意见，发表了《特别峰会宣言》。

【对外关系】东盟积极开展多方位外交。中国、日本、韩国、印度、澳大利亚、新西兰、美国、俄罗斯、加拿大、欧盟为东盟对话伙伴。1994年7月，东盟倡导成立东盟地区论坛（ARF），主要就亚太地区政治和安全问题交换意见。1994年10月，东盟倡议召开亚欧会议（ASEM），促进东亚和欧盟的政治对话与经济合作。1997年，东盟与中日韩共同启动了东亚合作，之后东盟与中日韩（10+3）、东亚峰会（EAS）等机制相继诞生。1999年9月，在东盟倡议下，东亚—拉美合作论坛（FEALAC）成立。

2011年11月，东盟提出“区域全面经济伙伴关系”（RCEP）倡议，旨在构建以东盟为核心的地区自贸安排。2012年11月，在第7届东亚峰会上，东盟国家与中、日、韩、印、澳、新（西兰）6国领导人同意启动RCEP谈判。2017年11月，首次RCEP领导人会议在菲律宾马尼拉召开。2018年11月，第2次RCEP领导人会议在新加坡召开，各国领导人肯定当年RCEP谈判取得的实质进展，就争取于2019年结束谈判达成一致。2019年11月，第3次RCEP领导人会议在泰国曼谷举行，与会领导人在会后发表联合声明，宣布RCEP15个成员国结束全部20个章节的文本谈判及实质上所有市场准入问题的谈判，并致力于2020年签署协定。

【同中国的关系】中国与东盟1991年开始对话进程。经过多年的共同努力，双方政治互信明显增强，经贸合作成效显著，其他领域合作不断拓展和深化。

政治上，2002年，中国与东盟国家签署《南海各方行为宣言》，就和平解决争议、共同维护地区稳定、开展南海合作达成共识。2003年，中国作为东盟对话伙伴率先加入《东南亚友好合作条约》，与东盟建立了面向和平与繁荣的战略伙伴关系。双方建立了较为完善的对话合作机制，主要包括领导人会议、部长级会议、高官会等对话合作机制。2009年，中国设立驻东盟大使。2011年，各方就落实《南海各方行为宣言》后续行动指针达成一致，为开展南海务实合作铺平道路。2013年是中国—东盟建立战略伙伴关系10周年。同年10月，国家主席习近平访问印尼时提出，中国愿与东盟携手建设更为紧密的中国—东盟命运共同体，共同建设21世纪“海上丝绸之路”。国务院总理李克强出席东亚合作领导人系列会议期间，提出中国—东盟“2+7合作框架”、启动中国—东盟自贸区升级谈判、设立亚洲基础设施投资银行等倡议。双方还举行了中国—东盟特别外长会、互联互通交通部长特别会议等庆祝活动。2017年是东盟成立50周年，习近平主席就此向东盟轮值主席国菲律宾总统杜特尔特致贺电。2017年也是中国—东盟旅游合作年，李克强总理和菲律宾总统杜特尔特分别向旅游合作年开幕式致贺词，双方举办了系列活动。李克强总理在菲律宾马尼拉举行的第20次中国—东盟领导人会议上提出构建以政治安全、经贸、人文交流三大支柱为主线、多领域合作为支撑的“3+X合作框架”。2018年是中国—东盟建立战略伙伴关系15周年和中国—东盟创新年。李克强总理访问东盟秘书处，出席中国—东盟建立战略伙伴关系15周年庆祝活动启动仪式，并发表主旨讲话。10月，李克强总理和东盟轮值主席国新加坡总理李显龙就中国—东盟建立战略伙伴关系15周年互致贺电。11月，李克强总理出席在新加坡举行的第21次中国—东盟领导人会议暨庆祝中国—东盟建立战略伙伴关系15周年纪念峰会。2019年是中国—东盟媒体交流年，习近平主席和东盟轮值主席国泰国总理巴育分别向媒体交流年开幕式致贺信。7月，中国—东盟菁英奖学金正式启动。11月，李克强总理出席在泰国曼谷举行的第22次中国—东盟（10+1）领导人会议。

2020年2月，为携手应对新冠肺炎疫情，中国—东盟关于新冠肺炎问题特别外长会在老挝万象举行，会后发表了《中国—东盟关于新冠肺炎问题特别外长会联合声明》。

经济上，中国自2009年起，成为东盟第一大贸易伙伴。2020年第一季度，东盟成为中国第一大贸易伙伴，双方进出口达9913.4亿元，增长6.1%，占中国外贸总值的15.1%。2010年1月，中国—东盟自贸区全面建成。2014年8月，双方同意启动中国—东盟自贸区升级谈判。2015年11月，双方签署《关于修订〈中国—东盟全面经济合作框架协议〉及项下部分协议的议定书》，标志着中国—东盟自贸区升级谈判正式结束。2019年10月，升级《议定书》对所有协定成员全面生效。

自2004年起，中国—东盟博览会及商务与投资峰会每年在广西南宁举行，已成功举办16届，成为中国与东盟国家经贸合作的重要平台。

在领域合作方面，双方确定了农业、信息通信技术、人力资源开发、相互投资、湄公河流域开发、交通、能源、文化等重点合作领域，签署了农业、信息通信、非传统安全、大湄公河次区域信息高速公路、交通、文化、卫生、新闻媒体、知识产权、技术法规、技术和合格评定标准、东盟东部增长区、建立中国—东盟中心等十余个合作谅解备忘录和合作框架。2011年11月，中国—东盟中心正式成立，系双方唯一的政府间国际组织，旨在促进贸易投资和文化旅游等领域交流合作。2012年9月，中国驻东盟使团成立。中国支持设立中国—东盟合作基金，中国—东盟海上合作基金和中国—东盟投资合作基金，用于支持中国—东盟各领域务实合作。东盟10国均已成为中国公民出国旅游目的地，双方互为主要旅游客源对象。

在国际地区事务上，双方协调与配合进一步加强。中国坚定支持东盟在东亚区域合作中的中心地位，在东盟与中日韩合作、东亚峰会、东盟地区论坛、亚洲合作对话、亚太经合组织、亚欧会议、东盟—拉美合作论坛等合作机制框架下保持良好沟通与合作。

附表：东盟发表的重要文件

序号	文件名称	发表时间（年）
1	《曼谷宣言》	1967
2	《和平、自由和中立化宣言》(即《吉隆坡宣言》)	1971
3	《东盟协调一致宣言》	1976
4	《东南亚友好合作条约》	1976
5	《东南亚友好合作条约修改议定书》	1987
6	《促进东盟经济合作框架协议》	1992
7	《东盟自由贸易区共同有效优惠关税协定》	1992
8	《东南亚无核武器区条约》	1995
9	《东盟2020年远景规划》	1997
10	《东南亚友好合作条约第二修改议定书》	1998
11	《河内行动计划》	1998
12	《为促进东盟一体化、缩小发展差距的河内宣言》	2001
13	《东盟一体化倡议行动计划》	2002
14	《东盟协调一致第二宣言》	2003
15	《万象行动计划》	2004
16	《东盟一体化建设重点领域框架协议》	2004
17	《东盟安全共同体行动计划》	2004
18	《东盟社会文化共同体行动计划》	2004
19	《关于制定〈东盟宪章〉的吉隆坡宣言》	2005
20	《关于〈东盟宪章〉蓝图的宿务宣言》	2007
21	《关于加速于2015年建立东盟共同体的宿务宣言》	2007
22	《关于建设一个关爱和共享的共同体的宿务宣言》	2007
23	《东盟反恐公约》	2007
24	《保障与提倡海外劳工权利宣言》	2007
25	《东盟宪章》	2007
26	《东盟经济共同体蓝图宣言》	2007
27	《东盟环境可持续性宣言》	2007
28	《东盟关于第13次〈联合国气候变化框架公约〉缔约方会议和第3次〈京都议定书〉缔约方会议的宣言》	2007
29	《东盟政治安全共同体蓝图》	2009
30	《东盟社会文化共同体蓝图》	2009
31	《东盟共同体2009—2015年路线图宣言》	2009
32	《关于全球经济和金融危机的新闻公报》	2009
33	《东盟地区粮食安全声明》	2009
34	《关于东盟实现千年发展目标的联合宣言》	2009
35	第二份《东盟一体化倡议工作计划》	2009
36	《东盟货物贸易协定》	2009
37	《东盟全面投资协定》	2009
38	《东盟石油安全协定》	2009
39	《启动东盟政府间人权委员会华欣宣言》	2009
40	《加强教育合作以实现关爱和共享的东盟共同体华欣宣言》	2009
41	《东盟关于第15次〈联合国气候变化框架公约〉缔约方会议和第5次〈京都议定书〉缔约方会议的联合声明》	2009
42	《东盟领导人关于东盟互联互通的声明》	2009
43	《东盟宪章争端解决机制议定书》	2010
44	《东盟领导人关于持续复苏和发展的声明》	2010
45	《东盟领导人关于联合应对气候变化的声明》	2010

（续表）

序号	文件名称	发表时间（年）
46	《东盟互联互通总体规划》	2010
47	《东盟领导人关于人力资源和技能开发以促进经济复苏和可持续发展的声明》	2010
48	《促进东盟妇女儿童福利和发展的河内宣言》	2010
49	《全球大家庭中的东盟共同体联合声明》	2011
50	《全球大家庭中的东盟共同体巴厘宣言》(即《第三巴厘宣言》)	2012
51	《金边宣言——东盟：共同体、共命运》	2012
52	《东盟人权宣言》	2012
53	《东盟共同体后2015愿景——斯里巴加湾宣言》	2013
54	《关于东盟共同体在后2015年发展愿景的内比都宣言》	2014
55	《建设一个以人为本的东盟——吉隆坡宣言》	2015
56	《“全球温和运动”兰卡威宣言》	2015
57	《关于建立东盟共同体的2015吉隆坡宣言》	2015
58	《东盟2025：并肩前行——吉隆坡宣言》	2015
59	《东盟宣言：一个东盟，一个反应机制》	2016
60	《关于通过〈东盟一体化倡议第三份工作计划〉的万象宣言》	2016
61	《关于通过〈东盟互联互通总体规划2025〉的万象宣言》	2016
62	《东盟关于保护和提高移民劳工权益的共识》	2017
63	《东盟关于预防和打击网络犯罪的宣言》	2017
64	《东盟创新宣言》	2017
65	《东盟智慧城市网络框架》	2018
66	《东盟印太展望》	2019
67	《东盟领导人关于可持续伙伴关系的愿景声明》	2019
68	《东盟关于向第四次工业革命转型的宣言》	2019

（刘琳）

南亚区域合作联盟
South Asian Association for Regional Cooperation—SAARC

【成立】1985年12月，孟加拉国、不丹、印度、马尔代夫、尼泊尔、巴基斯坦、斯里兰卡7国领导人齐聚达卡，通过《南亚区域合作宣言》和《南亚区域合作联盟宪章》(简称《南盟宪章》)，宣告南盟正式成立。2005年11月，阿富汗加入。

【宗旨和原则】根据《南盟宪章》，南盟的宗旨是：促进南亚各国人民的福祉并改善其生活质量；加快区域内经济增长、社会进步和文化发展，为每个人提供过上体面生活和实现全部潜能的机会；促进和加强南亚国家集体自力更生；促进相互信任和理解及对彼此问题的了解；促进在经济、社会、文化、技术和科学领域的积极合作和相互支持；加强与其他发展中国家合作；在国际场合就共同关心的问题加强彼此合作；与具有类似目标和宗旨的国际及地区组织进行合作。

《南盟宪章》规定了南盟工作遵循的基本原则：（1）各级机构应在协商一致的基础上作出决定；（2）不审议双边和有争议的问题；（3）在尊重主权平等、领土完整、政治独立、不干涉别国内政和互惠互利的基础上进行；（4）不应取代双边和多边合作，而是对其进行补充；（5）不应与双边和多边义务相抵触。

【成员国】8个：阿富汗、孟加拉国、不丹、印度、马尔代夫、尼泊尔、巴基斯坦、斯里兰卡。另有观察员9个：中国、日本、韩国、缅甸、美国、欧盟、澳大利亚、伊朗、毛里求斯。

【主要负责人】南盟现任秘书长维拉孔（Esala Ruwan Weerakoon，斯里兰卡籍），2020年3月就任，任期3年。

【总部】南盟秘书处设在尼泊尔首都加德满都。

【网址】http://www.saarc-sec.org。

【组织机构】（1）峰会：南盟的最高权力属于各国元首和政府首脑参加的峰会。峰会原则上每年举行1次（自2014年起，每2年举行1次），必要时可随时召开，在各成员国轮流举行。东道国元首或政府首脑担任会议主席。（2）部长理事会：由成员国外长组成，负责制定政策，审查区域合作进展情况，决定新的合作领域，并决定秘书长人选。每年召开2次会议。（3）常务委员会：由成员国外秘组成，负责全面监察和协调各项计划，核准项目和方案及其筹资方式，决定部门间优先事项，调集域内外资源，寻找新的合作领域等。（4）技术委员会：根据“南盟一揽子行动纲要”，成立农业与农村发展、卫生与人口活动、妇青幼、环境与林业、科技与气候、人力资源开发、运输7个技术委员会。此后，南盟还设立信息与通信技术、生物技术、知识产权、旅游、能源5个工作组。（5）秘书处：南盟常设办事机构，负责南盟会务、成员国间及南盟与其他国际组织的交流与合作，协调和监督南盟各项活动的实施。（6）特别部长会议：迄今已就成员国共同关心的商贸、儿童、妇女、环境、残疾人、住房等领域问题分别举行会议。（7）经济合作委员会：由成员国商务和贸易部秘书组成，已成为南盟处理经贸问题的核心机构。负责制定具体政策措施并监督实施，促进域内经贸合作。（8）区域中心：已分别设立了农业信息中心（达卡）、结核病中心（加德满都）、气象研究中心（达卡）、文献中心（新德里）、人力资源开发中心（伊斯兰堡）、海岸区域管理中心（马累）、信息中心（加德满都）、能源中心（伊斯兰堡）、灾害管理中心（新德里）、林业中心（廷布）和文化中心（科伦坡）。

【主要活动】南盟迄已举行18届峰会。

2004年1月，第12届南盟峰会在巴基斯坦伊斯兰堡举行。会议通过《南亚自由贸易区框架协定》，各国从2006年1月1日起开始逐步降低关税，10年内将关税从30%左右降至0%—5%。

2005年11月，第13届峰会在孟加拉国达卡举行。会议就发展区域经济、消除贫困、打击恐怖主义、应对自然灾害等方面的加强合作制定了50多条措施，并宣布2006—2015年为南盟“减贫10年”。峰会决定吸收阿富汗为新成员，并接纳中国、日本等为观察员。

2007年4月，第14届峰会在印度新德里举行。会议决定加强基础设施、能源和经贸等领域合作，设立南亚大学、地区粮食银行。印度承诺出资1亿美元，启动南盟发展基金，帮助解决本地区贫困问题。中国、日本、韩国、美国、欧盟等作为观察员首次派团出席峰会。

2008年8月，第15届南盟峰会在斯里兰卡科伦坡举行。会议签署了南盟发展基金宪章、南亚地区标准组织协议、司法互助公约和阿富汗加入南亚自贸区议定书，修改了观察员指导原则，吸收澳大利亚和缅甸为观察员。

2010年4月，第16届南盟峰会在不丹廷布举行。会议发表了《廷布宣言》，签署了《关于气候变化的廷布声明》《南盟环境合作公约》《南盟服务贸易协定》等文件，宣布在不丹首都廷布设立南盟发展基金秘书处，并将2010—2020年作为南盟内部实现互联互通的10年。

2011年11月，第17届南盟峰会在马尔代夫阿杜举行。会议强调加强区域联通，早日落实南亚自贸协定，推动地区经济一体化。南盟8国领导人签署了《应对自然灾害快速反应协定》《南盟种子银行协定》等4份合作文件。

2014年11月，第18届南盟峰会在尼泊尔加德满都举行。会议通过了《加德满都宣言》，并同意每2年举办1次南盟峰会。

原定于2016年在巴基斯坦伊斯兰堡举行的第19届南盟峰会未举行。

2020年3月，南盟8国举行应对新冠肺炎疫情领导人视频会议，就开展抗疫合作等交换意见。印度总理莫迪倡议在南盟框架下设立应对新冠肺炎疫情紧急基金，并承诺向该基金捐款1000万美元。

【同中国的关系】2005年11月，第13届南盟峰会原则同意中国成为观察员。2006年8月，南盟第27届部长理事会审议通过南盟观察员指导原则，正式接纳中国为观察员，并邀请中国以观察员身份出席第14届南盟峰会。2007年、2008年、2010年、2011年和2014年，时任中国外交部部长李肇星、副部长武大伟、副部长王光亚、副部长张志军、副部长刘振民分别率团出席第14—18届南盟峰会。

2007年，外长李肇星率团出席第14届南盟峰会，这是中国首次以观察员身份出席峰会。2008年，外交部副部长武大伟出席第15届南盟峰会。中方在两次峰会上强调，中国政府支持南盟目标和优先发展领域，愿本着平等互信、合作共赢的精神，与南盟开展平等对话与务实合作，为推动南盟合作进程发挥建设性作用。中方愿同南盟一道，加强在经贸、农业、交通、人力资源培训、防灾减灾等领域的合作。

2010年，外交部副部长王光亚出席第16届南盟峰会，表示中方将继续挖掘同南盟的合作潜力，拓展合作领域，推进双方友好合作关系，并宣布向南盟发展基金捐款30万美元。

2011年，外交部副部长张志军出席第17届南盟峰会，建议在继续办好现有合作项目的基础上，将经贸、农业、基础设施建设、环保、人力资源培训和扶贫减灾作为中国—南盟务实合作的重点领域，探讨建立双方务实和更有效的合作机制，并宣布中方于2012年再次向南盟发展基金捐款30万美元。

2012年6月，中方任命中国驻尼泊尔大使兼任中国常驻南盟代表。中国驻尼泊尔大使兼中国常驻南盟代表杨厚兰于同年11月赴不丹会见南盟发展基金秘书处官员，并转交中方向基金捐赠的30万美元。

2014年，外交部副部长刘振民出席第18届南盟峰会，表示中方将继续加快同南亚地区的互联互通建设，构建双方务实合作的血脉经络；继续倡导并推动中国—南亚贸易和投资自由化、便利化，推动两大市场的对接融合；继续加强同南亚各国的文化交流和民间往来，夯实区域合作的社会根基，并宣布2014年中方再向南盟发展基金捐款55万美元。

中国在经贸、人文交流、人力资源培训、扶贫救灾等领域与南盟各国开展了多项合作，举办了南亚商品展（已升级为中国—南亚博览会）、中国—南亚合作论坛、中国—南亚商务论坛。2018年6月，第5届中国—南亚博览会和首届中国—南亚合作论坛在云南举行，胡春华副总理出席开幕式并发表主旨演讲。

2019年，中国与南盟8国贸易总额为1361.7亿美元，同比下降2.8%。

中国现任常驻南盟代表为驻尼泊尔大使侯艳琪。

（赵敏）

澜沧江—湄公河合作

Lancang-Mekong Cooperation

【成立日期】2014年11月，国务院总理李克强在第17次中国—东盟领导人会议提出建立澜沧江—湄公河对话合作机制。2016年3月，澜湄合作首次领导人会议在海南三亚举行，全面启动了澜湄合作进程。

【宗旨】深化澜湄六国睦邻友好和务实合作，促进沿岸各国经济社会发展，打造澜湄流域经济发展带，建设澜湄国家命运共同体，助力东盟共同体建设和地区一体化进程，为推进南南合作和落实联合国2030年可持续发展议程作出新贡献，共同维护和促进地区持续和平和发展繁荣。

【成员】中国、柬埔寨、老挝、缅甸、泰国、越南。

【主要机制】六国共同建立了包括领导人会议、外长会、高官会、联合工作组会在内的多层次、宽领域合作架构。截至2020年4月，已举行了2次领导人会议、5次外长会、7次高官会和10次外交联合工作组会。中国和老挝为现任共同主席国。六国外交部均成立澜湄合作国家秘书处或协调机构，各优先领域联合工作组全部建立。澜湄水资源合作中心、澜湄环境合作中心、澜湄农业合作中心和全球湄公河研究中心成立并投入运营。六国高校联合成立澜湄青年交流合作中心。

【网址】http://www.lmcchina.org。

【主要会议和成果】2015年11月12日，首次外长会在中国云南景洪举行，会议通过了《澜湄合作概念文件》和《首次外长会联合新闻公报》，六国外长就澜湄合作目标、原则、重点领域、机制框架和首次领导人会议相关安排等达成一致，同意尽快实施一批早期收获项目。

2016年3月23日，首次领导人会议在海南三亚举行，李克强总理同湄公河五国领导人共同出席。六方一致同意共建澜湄国家命运共同体，确定了“3+5合作框架”，即坚持政治安全、经济和可持续发展、社会人文三大支柱协调发展，优先在互联互通、产能、跨境经济、水资源、农业和减贫领域开展合作。会议发表了《首次领导人会议三亚宣言》和《澜湄国家产能合作联合声明》，通过了“早期收获项目联合清单”，包含互联互通、水资源、卫生、减贫等领域的45个项目。

2016年12月23日，第二次外长会在柬埔寨暹粒举行，会议重点回顾了首次领导人会议成果落实进展，并就加强澜湄合作机制建设、深化务实合作、规划未来发展等达成广泛共识。会议通过了《第二次外长会联合新闻公报》《首次领导人会议主要成果落实进展情况表》《优先领域联合工作组筹建原则》3份成果文件。

2017年12月15日，第三次外长会在中国云南大理举行，会议发表了《第三次外长会联合新闻公报》，审议并同意向第二次领导人会议提交《澜湄合作五年行动计划（2018—2022）》；建立“澜湄合作热线信息平台”，宣布“2017年度澜湄合作专项基金支持项目清单”，散发了“首次领导人会议主要成果和第二次外长会成果落实清单”。

2018年1月10日，第二次领导人会议在柬埔寨金边举行，六国领导人共同出席。李克强总理提出，重点开展水资源、产能、农业、人力资源和医疗卫生合作，推动澜湄合作从培育期顺利迈向成长期。六国领导人一致同意形成“3+5+X合作框架”，拓展海关、卫生、青年等领域合作。会议发表了《澜湄合作五年行动计划（2018—2022）》和《金边宣言》，散发了“第二次领导人会议合作项目清单”和“六个优先领域联合工作组报告”。

2018年12月17日，第四次外长会在老挝琅勃拉邦举行，会议通过了《第四次外长会联合新闻公报》，散发了《〈澜湄合作五年行动计划〉2018年度进展报告》、“2018年度澜湄合作专项基金支持项目清单”和六国智库共同撰写的《澜湄流域经济发展带研究报告》，发布了澜湄合作会歌。

2020年2月20日，第五次外长会在老挝万象举行，会议通过了《第五次外长会联合新闻公报》，散发了《〈澜湄合作五年行动计划〉2019年度进展报告》、“2020年度澜湄合作专项基金支持项目清单”“2018年度澜湄合作专项基金支持项目落实进展表”和《关于共建澜湄流域经济发展带的建议》。

（杨鑿智）

非洲联盟

African Union—AU

【成立日期】非洲联盟的前身是成立于1963年5月25日的非洲统一组织（以下简称"非统"）。1999年9月9日，非统第4届特别首脑会议通过《锡尔特宣言》，决定成立非洲联盟（以下简称"非盟"）。2002年7月，非盟正式取代非统。为纪念非统和非盟成立，每年的5月25日、9月9日分别被定为"非洲日"和"非洲联盟日"。

【目标与宗旨】《非盟章程》确定的目标是：实现非洲国家和人民间更广泛的团结和统一；维护成员国主权、领土完整和独立；促进和平、安全和稳定；加快政治、社会和经济一体化进程；促进民主原则、大众参与和良政；促进和保护人权；推动非洲经济、社会、文化的可持续发展；推动在各领域的泛非合作，提高人民生活水平；协调和统一次区域经济体政策；维护非洲共同立场和利益；加强国际合作，创造条件使非洲在全球事务中发挥应有作用。

非盟的宗旨是：成员国主权平等，相互依存；尊重独立时存在的边界；和平共处；不干涉内政；制定共同的防务政策；和平解决争端，禁止使用或威胁使用武力；尊重民主原则、人权、法治和良政；尊重生命的神圣性，谴责和反对暗杀、恐怖主义行为和颠覆活动；让非洲人民广泛参与非盟建设；反对以非宪政方式更迭政权；成员国出现战争罪、种族屠杀或大规模人道主义危机时，非盟有权依照首脑会议决定进行干预；为恢复和平与安全，成员国有权要求非盟干预；促进性别平等；促进社会公正，推动经济平衡发展。

【成员国】55个：阿尔及利亚、埃及、埃塞俄比亚、安哥拉、贝宁、博茨瓦纳、布基纳法索、布隆迪、赤道几内亚、多哥、厄立特里亚、佛得角、冈比亚、刚果（布）、刚果（金）、吉布提、几内亚、几内亚比绍、加纳、加蓬、津巴布韦、喀麦隆、科摩罗、科特迪瓦、肯尼亚、莱索托、利比里亚、利比亚、卢旺达、马达加斯加、马拉维、马里、毛里求斯、毛里塔尼亚、莫桑比克、纳米比亚、南非、尼日尔、尼日利亚、塞拉利昂、塞内加尔、塞舌尔、圣多美和普林西比、斯威士兰、苏丹、索马里、坦桑尼亚、突尼斯、乌干达、赞比亚、乍得、中非、阿拉伯撒哈拉民主共和国（即"西撒哈拉"，1984年11月被非统接纳为成员）、南苏丹（2011年7月独立建国，是非盟最年轻的成员国）以及摩洛哥（"西撒哈拉"加入后，摩洛哥随即退出非统，后于2017年1月第28届非盟首脑会议上重返非盟，"西撒哈拉"未退出）。

【主要负责人】现任非盟轮值主席为南非总统西里尔·拉马福萨（Cyril Ramaphosa），2020年2月就职。现任非盟委员会主席为乍得前外长穆萨·法基·穆罕默德（Moussa Faki Mahamat），2017年1月当选，任期4年。

【总部】埃塞俄比亚首都亚的斯亚贝巴。

【网址】http://www.au.int。

【组织机构】（1）首脑会议（The Assembly of the Union）：系非盟最高权力机构。原每年召开2次例会，自2019年起，仅在年初举行，年中首脑会议改为非盟与次区域经济体协调会。若某国提出要求并经2/3成员国同意，可召开特别首脑会议。（2）执行理事会（The Executive Council）：由成员国外长或指定部长组成。每年举行2次例会，若某国提出要求并经2/3成员国同意，可举行特别会议。执行理事会对首脑会议负责，落实其通过的政策并监督决议的执行情况。下设常驻代表委员会和特别技术委员会两个辅助机构。（3）非盟委员会（The Commission）：为非盟常设行政机构，负责处理非盟日常事务。其领导机构由主席、副主席及8名委员共10人组成，任期4年，至多可连任一次。（4）泛非议会（Pan-African Parliament）：非盟的立法与监督机构。目前只具有咨询和建议职能。由非盟成员国各5名议员组成，设1位议长和4位副议长，根据地域平衡原则，分别来自非洲5个次区域。每年召开2次例会。现任议长为罗杰·恩科多·当（Roger Nkodo DANG，喀麦隆人），2018年5月连任，任期3年。（5）和平与安全理事会（The Peace and Security Council）：由15个成员国组成，其中5国任期3年，10国任期2年，均可连选连任。成员国权力平等，无否决权。主要职能是：维护地区和平安全，预防地区冲突；对成员国实施军事干预与维和行动；帮助战后重建；进行人道主义和灾难救援等。主要权力有：制订非盟对成员国干预的形式和计划；制裁以违宪手段更迭政权者；监督非盟反恐政策落实；推动成员国实行民主、良政、法治和保障人权等。（6）非洲发展新伙伴计划（NEPAD）：由南非、尼日利亚、阿尔及利亚、塞内加尔和埃及于2001年发起，2010年正式并入非盟框架。下设国家元首和政府首脑指导委员会、执行委员会、规划和协调局等决策和执行机构。2017年1月，第28届非盟首脑会议决定将其调整为非盟发展署。（7）经济、社会和文化理事会（The Economic, Social and Cultural Council）：咨询机构，由成员国社会团体、专业团体、文化组织和非政府组织等组成。（8）非洲法院（The Court of Justice）：司法机构。（9）金融机构（The Financial Institutions）：包括非洲中央银行、非洲货币基金、非洲投资银行3个机构，均尚未建立。

【主要活动】截至2020年2月，非盟共召开了33届首脑会议。

2018年1月28日-29日，第30届非盟首脑会议在亚的斯亚贝巴举行。会议以“打赢反腐斗争：非洲可持续转型之路”为主题，启动非洲“反腐主题年”。会议审议了非盟机构改革进展等多项战略性议题报告，决定建立非洲单一航空运输市场，推进非洲人员和物资流动便利化。

2018年3月21日，第10届非盟特别首脑会议在卢旺达首都基加利举行，44国签署非洲大陆自贸区协议，非洲经济一体化取得重要进展。（韩勤定）

2018年7月1日—2日，第31届非盟首脑会议在毛里塔尼亚首都努瓦克肖特举行。会议主要讨论预防和打击腐败、非洲一体化和非盟机构改革等议题，审议通过非洲大陆自贸区建设进展报告。南非等5国在会上签署非洲大陆自贸区协议，签署国数量增至49个。

2018年11月17日—18日，第11届非盟特别首脑会议在亚的斯亚贝巴举行，会议决定推进非盟委员会领导层选举、机构设置、财政自主等方面改革。

2019年2月10日—11日，第32届非盟首脑会议在亚的斯亚贝巴举行。会议以“应对难民和流离失所问题”为主题，探讨通过促进青年发展、打击恐怖主义等方式，消除难民问题产生的根源。会议还讨论了非洲大陆自贸区建设、应对气候变化等议题。

2019年7月7日—8日，第12届非盟特别首脑会议和首届非盟与次区域经济体协调会在尼日尔首都尼亚美举行。特别首脑会议宣布非洲大陆自贸区正式成立，且于2020年7月开始实施。协调会审议了非盟委员会与次区域经济体分工等议题。

【同中国的关系】中国同非盟及其前身非洲统一组织保持友好往来和良好合作，并向其提供了力所能及的援助。1996年5月，江泽民主席访问非统总部，并就中国对非洲政策发表重要演讲。2005年3月，中国成为首批向非盟派遣兼驻代表的域外国家。2015年5月，中国驻非盟使团开馆。2018年9月，非盟驻华代表处开馆。

近年来，中国与非盟关系全面深入发展。2017年3月，国务委员杨洁篪与非盟委员会主席法基通电话。5月，非盟委员会副主席夸第和基础设施与能源委员阿玛尼来华出席“一带一路”国际合作高峰论坛高级别会议，外交部部长助理钱洪山与其会见。6月，外长王毅访问非盟总部，并与非盟委员会主席法基共同出席中非减贫发展高端对话会暨智库论坛。7月，习近平主席致电祝贺第29届非盟首脑会议召开。12月，非盟委员会副主席夸第来华出席第4届世界互联网大会。

2018年2月，非盟委员会主席法基访华，并与外长王毅共同主持中国—非盟第7次战略对话，国务委员王勇与其会见。访问期间，王毅外长与法基主席共同宣布非盟将在北京设立驻华代表处。5月，全国人大常委会委员长栗战书在非盟总部会见非盟委员会代理主席夸第。7月，习近平主席致电祝贺第31届非盟首脑会议召开。9月，法基主席来华出席中非合作论坛北京峰会并在开幕式上致辞，中国国家主席习近平、全国政协主席汪洋分别与其会见，国务委员兼外长王毅与法基共同出席非盟驻华代表处开馆仪式。12月，非盟首任驻华代表奥斯曼大使向中国国务委员兼外长王毅递交委任书。

2019年1月，国务委员兼外长王毅访问非盟总部，并同非盟委员会主席法基举行会谈。2月，习近平主席致电祝贺第32届非盟首脑会议召开。中方与非盟委员会和中非合作论坛非方共同主席国塞内加尔共同举办中非实施和平安全行动对话会。4月，非盟基础设施与能源委员阿玛尼和非盟委员会主席非洲基础设施发展高级代表奥廷加来华出席第二届“一带一路”国际合作高峰论坛高级别会议。9月，国务委员兼外长王毅在出席第74届联合国大会一般性辩论期间，会见非盟委员会主席法基。10月和12月，法基主席分别致函祝贺中华人民共和国成立70周年和首届中非农业合作论坛在华召开。（韩勤宝）

萨赫勒—撒哈拉国家共同体

Community of Sahel-Saharan States—CEN-SAD

【成立日期】1998年2月4日。

【宗旨】加强成员国间的政治和经济合作，维护地区安全，促进地区一体化建设。

【成员国】29个：利比亚、苏丹、乍得、马里、尼日尔、布基纳法索、科特迪瓦、几内亚比绍、利比里亚、中非、厄立特里亚、吉布提、冈比亚、塞内加尔、摩洛哥、突尼斯、埃及、尼日利亚、索马里、多哥、贝宁、加纳、塞拉利昂、几内亚、科摩罗、毛里塔尼亚、圣多美和普林西比、肯尼亚、佛得角。

【主要负责人】执行主席由成员国轮流担任，原则上任期1年。现任轮值主席国为乍得。

【总部】秘书处在乍得首都恩贾梅纳。

【网址】http://www.cen-sad.org。

【组织机构】（1）元首委员会：最高权力机构，由成员国元首组成，每年举行1次首脑例会，会议主席由成员国元首轮流担任，并在委员会休会期间任执行主席。元首委员会制定共同体的大政方针，以实现共同体所确定的目标。（2）执行委员会：由秘书长和成员国部长组成，每半年举行1次会议，主席由会议主办国担任。执行委员会负责执行首脑会议决议，并处理共同体的对外关系、经济、财政、计划、内政、安全等事务。（3）秘书处：监督首脑会议决议的执行，并对各个机构负责。秘书长由首脑会议指定，任期3年。（4）大使委员会：由成员国驻利比亚使节组成，负责向每次执行委员会会议提交一份行动报告。（5）经济、社会、文化委员会：是共同体的协商机构，由成员国指定的10人组成，主要任务是参与共同体有关经济、社会、文化项目的文件起草。该委员会每年举行1次会议，总部设在马里首都巴马科。（6）农业和水资源委员会：负责农业水利和环境保护问题。（7）非洲发展与贸易银行：总部设在利比亚首都的黎波里。

【**主要活动**】1998年2月4日，在利比亚领导人卡扎菲的倡议下，利比亚、布基纳法索、马里、尼日尔、乍得和苏丹6国成立了萨赫勒—撒哈拉国家共同体。

1999—2010年，共同体第1—12届首脑会议分别在利比亚、乍得、苏丹、吉布提、尼日尔、马里、布基纳法索、贝宁、利比亚、乍得举行。截至2019年12月，共同体有29个成员国，是非洲第二大地区性组织。

除每年举行首脑会议外，共同体下设的各机构还经常举行会议，讨论成员国共同关心的文化、教育、金融、反恐、粮食安全等各个领域的问题。2012年6月11日，萨赫勒—撒哈拉国家共同体执行委员会在摩洛哥首都拉巴特举行特别会议，讨论重新调整发展战略，以应对新挑战等问题，呼吁各成员国共同努力，以实现本地区的持续发展和安全稳定。2013年2月16日，萨赫勒—撒哈拉国家共同体特别峰会在乍得首都恩贾梅纳举行，与会各方签署机构重组协定，决定建立和平与安全常委会和可持续发展常委会，并讨论了地区安全等问题。但萨赫勒—撒哈拉国家共同体作为前利比亚国家元首卡扎菲主导成立的组织，在卡倒台后，机制建设和各类活动慢慢陷入停滞。2019年4月13日，萨赫勒—撒哈拉国家共同体特别峰会在乍得首都恩贾梅纳举行，会议决定将秘书处暂时迁至恩贾梅纳。

（李林嘉）

独立国家联合体

Commonwealth of Independent States—CIS

【**成立经过**】1991年12月8日，苏联三个加盟共和国领导人——俄罗斯苏维埃联邦社会主义共和国总统叶利钦、乌克兰总统列克拉夫丘克、白俄罗斯共和国最高苏维埃主席舒什克维奇在白俄罗斯的别洛韦日会晤，签署关于建立独立国家联合体的协定。12月12日，苏联、哈萨克斯坦等5个中亚加盟共和国领导人在土库曼斯坦首都阿什哈巴德会晤并发表声明，表示愿意作为“平等的创始国”参加独联体。12月21日，苏联的阿塞拜疆、亚美尼亚、白俄罗斯、哈萨克斯坦、吉尔吉斯斯坦、摩尔多瓦（1993年8月，摩尔多瓦议会曾否决了摩加入独联体的决定，然又于1994年4月重新批准摩加入）、俄罗斯、塔吉克斯坦、土库曼斯坦、乌兹别克斯坦、乌克兰11国领导人在阿拉木图会晤，通过了《阿拉木图宣言》等文件，宣告成立独立国家联合体及苏联停止存在。格鲁吉亚派代表以观察员身份与会。12月25日，戈尔巴乔夫发表电视讲话，辞去苏联总统职务，苏联正式解体。

2009年8月18日，格鲁吉亚正式退出独联体。2014年3月，乌克兰宣布启动退出独联体程序。2018年4月12日，乌克兰总统波罗申科在第11届基辅安全论坛上表示，乌克兰将正式退出独联体，并将关闭位于明斯克的乌克兰驻独联体总部各相应机构的代表处。2018年5月19日，乌总统波罗申科签署了由乌国家安全与国防委员会提交的《关于全面终止乌克兰参与独联体法定机构工作的决定》，并宣布召回乌驻独联体全部法定机构的代表。2018年11月29日，独联体议会大会理事会主席、俄联邦委员会主席马特维延科和乌兹别克斯坦议会参议院主席尤尔达舍夫共同签署关于乌兹别克斯坦加入独联体议会大会的协议。

1992年5月15日，俄罗斯、哈萨克斯坦、乌兹别克斯坦、塔吉克斯坦、亚美尼亚和吉尔吉斯斯坦六国在乌兹别克斯坦首都塔什干会晤时签署《独联体集体安全条约》。1993年，格鲁吉亚、阿塞拜疆和白俄罗斯加入该条约。条约于1994年正式生效，有效期5年。条约的宗旨是建立独联体国家集体防御空间和提高联合防御能力，防止并调解独联体国家内部及独联体地区性武力争端。1999年，条约第一个5年期限结束后，阿塞拜疆、格鲁吉亚和乌兹别克斯坦宣布退出。2002年5月14日，集体安全条约理事会会议通过决议，将《独联体集体安全条约》正式更名为独联体集体安全条约组织（简称“集安条约组织”）。2006年12月，乌兹别克斯坦最高会议参议院批准了乌兹别克斯坦重返集安条约组织的法律草案。2012年6月20日，乌兹别克斯坦外交部向集安条约组织秘书处递交照会，宣布暂停参与该组织活动。

1996年3月，俄罗斯、白俄罗斯、哈萨克斯坦和吉尔吉斯斯坦签署协议，决定成立四国关税联盟，旨在加快四国经济一体化进程。1999年2月，塔吉克斯坦加入关税联盟。2000年10月，俄、白、哈、吉、塔五国签署条约，决定将关税联盟改组为欧亚经济共同体，为深化各成员国在经贸、社会人文及法律领域的合作创造必要条件。乌兹别克斯坦2006年加入，后于2008年申请停止成员国资格，但未正式退出。亚美尼亚、乌克兰、摩尔多瓦为欧亚经济共同体观察员国。2007年10月，俄白哈签署关于在欧亚经济共同体框架内成立关税同盟的条约。2010年1月，俄白哈关税同盟正式启动，并于同年7月统一对外关税。2011年7月，三国宣布取消相互之间的海关。同年11月，三国签署《欧亚经济一体化宣言》，宣布欧亚一体化的目标是建立欧亚经济联盟。2012年1月1日，三国启动统一经济空间，负责三国一体化进程的超国家机构——欧亚经济委员会同时投入运行。三国一体化的目标是在2015年前建立欧亚经济联盟。2014年5月29日，三国签署《欧亚经济联盟条约》，规定于2015年1月1日起正式启动欧亚经济联盟，三国将在2025年前实现商品、服务、资本和劳动力的自由流动，终极目标是建立类似于欧盟的经济联盟，形成一个拥有1.7亿人口的统一市场。同年10月10日，欧亚经济委员会最高理事会会议和欧亚经济共同体峰会通过了关于亚美尼亚加入欧亚经济联盟的条约和吉尔吉斯斯坦入盟的路线图，并决定自欧亚经济联盟启动起，终止欧亚经济共同体的活动。同年12月23日，欧亚经济联盟各成员国在莫斯科签署了关于吉尔吉斯斯坦加入欧亚经济联盟的条约。2015年8月12日，吉尔吉斯斯坦加入欧亚经济联盟条约生效，吉成为第5个联盟成员国。2018年5月14日，欧亚经济联盟最高理事会会议批准了欧亚经济联盟观察员国地位条例及关于授予摩尔多瓦观察员国地位的决议。

【宗旨】《独联体章程》规定：独联体以所有成员国的主权平等为基础。独联体不是国家，也不拥有凌驾于成员国之上的权力，为成员国进一步发展和加强友好、睦邻、信任、谅解和互利合作关系服务。成员国协调国际安全、裁军、军备监督和军队建设方面的政策，采用包括派观察员小组和集体维和部队等手段，保证独联体地区内部安全。当成员国的主权、安全和领土完整以及国际和平与安全受到威胁时，成员国应立即进行协商，协调立场，采取相应措施。

【成员国】阿塞拜疆、亚美尼亚、白俄罗斯、哈萨克斯坦、吉尔吉斯斯坦、摩尔多瓦、俄罗斯、塔吉克斯坦、土库曼斯坦（自2005年8月起，转为独联体联系国）、乌兹别克斯坦、乌克兰（于2014年3月宣布启动退出独联体程序，于2018年宣布将正式退出独联体）。

【总部】位于白俄罗斯首都明斯克。

【组织机构】（1）独联体国家元首理事会和政府首脑理事会：国家元首理事会是独联体的最高机构，通常每年召开2次会议。政府首脑理事会每年召开4次会议。会议轮流在各成员国首都举行。（2）跨国议会大会、跨国经济委员会和支付联盟，以及外交、国防等部长级理事会。（3）协调协商委员会：为独联体常设执行和协调机构，每个成员国派2名全权代表常驻该委员会。（4）执行秘书处：负责实际执行协调协商委员会基本职能，执行秘书由国家元首理事会任命，在国际交往中代表独联体。独联体工作语言为俄语。

【主要活动】2018年2月2日，欧亚经济联盟政府间理事会例行会议在哈萨克斯坦阿拉木图召开。联盟各成员国总理及欧亚经济委员会主席萨尔基相与会。会上签署了《关于落实欧亚经济联盟数字议程及协调政策执行机制进程》等文件。

2018年5月14日，欧亚经济委员会最高理事会会议在俄罗斯索契召开。联盟成员国领导人出席，摩尔多瓦总统多东受邀与会。会议通过了联盟一体化、宏观经济政策、数字化、劳务市场、交通运输、农工综合体、技术调节等领域一系列重要决议，包括欧亚经济联盟观察员国地位条例及关于给予摩尔多瓦观察员国地位的决议，以及欧亚经济联盟与第三国、国际组织、国际一体化机构缔结、暂停、终止国际条约程序的协议。

2018年5月17日，出席阿斯塔纳经济论坛的欧亚经济委员会执委会主席萨尔基相及联盟各成员国代表，同中国商务部国际贸易谈判代表兼副部长傅自应共同签署《中华人民共和国与欧亚经济联盟经贸合作协定》（以下简称《协定》）。《协定》范围涵盖海关合作和贸易便利化、知识产权、部门合作以及政府采购等章节，包含了电子商务和竞争等新议题。双方同意通过加强合作、信息交换、经验交流等方式，进一步简化通关手续，降低货物贸易成本。同日，萨尔基相代表欧亚经济联盟同伊朗签订关于建立自贸区的临时协定，有效期为3年，减免双方部分商品的关税，包括联盟对伊出口的农产品、肉类、糖果、化妆品、电子产品、机械设备以及伊对联盟出口的蔬菜、水果、干果、建材等，涉及双方约一半的贸易额。双方拟在3年有效期内，筹备达成更完整的协议。

2018年5月19日，乌克兰总统波罗申科签署了由乌国家安全与国防委员会提交的《关于全面终止乌克兰参与独联体法定机构工作的决定》，并宣布召回乌驻独联体全部法定机构的代表。波强调，乌方将重新研究独联体框架下签署的所有国际条约，并将退出那些不符合国家利益的协议。乌此前并未批准《独联体宪章》，也不会成为独联体正式成员。

2018年5月28日，集安条约组织秘书处同上合组织地区反恐机构、独联体反恐中心签署合作问题谅解备忘录，商定就恐怖和极端主义威胁与挑战、打击恐怖主义和反极端主义行动等进行相互通报，并倡议成立常设专家小组，继续完善合作，开展磋商、研讨会等有关活动。

2018年6月11日，集安条约组织外长理事会会议在哈萨克斯坦阿拉木图召开。会议发表了关于对《中导条约》现状的声明。

2018年7月27日，欧亚经济联盟政府间委员会会议在俄罗斯圣彼得堡举行，联盟各成员国总理及欧亚经济委员会执委会主席萨尔基相出席。会议举行了小范围和大范围会谈，共签署成果文件16项。会议审议了《关于建立欧亚经济联盟统一天然气市场》决议草案，并提交欧亚经济委员会最高理事会审议。会议还根据2018年5月元首峰会共识批准了有关章程，正式给予摩尔多瓦联盟观察员国地位。

2018年9月28日，独联体国家元首峰会在塔吉克斯坦首都杜尚别举行。独联体九国领导人悉数出席，乌克兰拒绝与会，土库曼斯坦副总理代表出席。会议签署涉及安全、人文、太空等领域的15项合作文件。

2018年11月2日，独联体国家政府首脑理事会会议在哈萨克斯坦阿斯塔纳举行，除亚、土派副总理外，各国总理均与会。会议分别举行小范围和大范围会谈，讨论了经济合作、和平探索和利用外空、能源技术发展、应对核事故紧急情况等问题。会议签署了《独联体成员国关于电子税务管理的信息交换议定书》《独联体成员国相互财政支持协议》《独联体成员国2019—2020年人道主义合作领域规划》等文件。

2018年11月8日，集体安全条约组织集体安全理事会会议在哈萨克斯坦阿斯塔纳举行，各成员国领导人出席。会议前夕，集安条约组织外长理事会、国防部长理事会和安全会议秘书理事会联席会议先期举行。各成员国元首举行了小范围和大范围会谈，主要讨论了国际和地区安全、成员国相互协作、新秘书长任命等问题，并听取了关于上次峰会决议落实情况的报告和下任轮值主席国——吉尔吉斯斯坦总统关于2019年优先工作方向的介绍。峰会通过了《关于针对国际恐怖主义团伙成员采取联合行动的声明》。

2018年11月27日，欧亚经济联盟政府间委员会在白俄罗斯明斯克举行，联盟各成员国总理和欧亚经济委员会执委会主席萨尔基相出席，并举行了小范围和大范围会谈。会议研究了联盟一体化发展前景、完善联盟法规基础、贸易领域协作、经济和财政政策、能源领域协作等问题。

2018年11月29日，独联体议会大会理事会主席、俄联邦委员会主席马特维延科和乌兹别克斯坦议会参议院主席尤尔达舍夫共同签署了关于乌加入独联体议会大会的协议。马对乌这一决定表示赞赏，欢迎乌加入独联体议会大会大家庭。尤表示，加入独联体议会大会对乌国际合作意义重大。

2018年12月6日，欧亚经济委员会最高理事会会议在俄罗斯圣彼得堡举行，联盟成员国领导人出席并进行小范围和大范围会谈。各方就建立统一支付体系、统一油气市场等问题进行讨论，并签署一体化、能源、航空等领域合作的18份成果文件。同日，独联体国家元首理事会在圣彼得堡举行非正式会谈，除乌克兰外，独联体国家领导人均出席了此次会议。会谈以午餐会的形式进行，不设固定议程，各方就自身关心的问题进行了讨论。

2019年1月30日，欧亚经济委员会通过联盟内部审计服务协议草案，旨在建设联盟统一审计服务市场。协议生效后，联盟任何成员国内的审计公司可为其他成员国提供审计服务，法人和自然人也可选择联盟内任一国家的审计公司提供服务。

2019年2月1日，欧亚经济联盟政府间理事会会议（总理会）在哈萨克斯坦阿拉木图举行，俄、白、哈、吉总理及亚副总理出席。会议通过10份成果文件，涉及数字化议程、交通运输、酒类市场、海关税收分配与监管、成员国贸易情况、联盟宏观经济等问题。但在建立统一天然气市场方面，各国未能就天然气过境运输价格分配机制达成一致。

2019年2月14—15日，欧亚经济委员会代表团访问印度尼西亚，同印尼政府举行磋商。委员会一体化和宏观经济部长瓦洛瓦娅会见印尼外长，双方商定将在谅解备忘录框架内加强协作，扩大联盟与印尼经济合作。访问期间，瓦还会见了东盟经济副秘书长里洛，探讨落实联盟与东盟2019—2020年共同行动方案。

2019年2月26日至3月1日，集安条约组织为加强打击毒品犯罪国际协作，举行代号为“通道—中心”的国际缉毒行动。各成员国司法、边防、海关、安全、财政等部门参与行动。行动期间共破获784起毒品犯罪案件，缴获11.4吨毒品，抓捕犯罪嫌疑人580人。

2019年3月15日，独联体经济理事会会议及国际经济论坛在俄罗斯莫斯科举行。独联体各国第一副总理出席经济理事会会议，讨论独联体服务贸易自贸区协定相关问题，并批准了信息安全保障战略等文件。国际经济论坛主题为“独联体：数字经济是一体化的平台”，独联体执委会主席列别杰夫、欧亚经济委员会执委会主席萨尔基相、俄第一副总理西卢阿诺夫等出席。

2019年3月17日，独联体成员国武装部队总参谋长委员会会议在俄罗斯莫斯科举行。各方就进一步促进独联体联合防空系统发展、面临的军事安全威胁及当前地区形势交换意见。会议通过了独联体成员国2025年前军事合作发展概念框架，并就改进联合防空系统有关举措达成共识。

2019年3月19日，欧亚经济联盟在比利时布鲁塞尔同欧盟举办“第一对话：欧亚联合—从大西洋到太平洋”论坛，探讨两联盟未来关系正常化问题。

2019年3月19日，应俄方邀请，集安条约组织代理秘书长谢梅里科夫出席国家杜马相关委员会联合会议，通报集安条约组织开展禁毒、非法移民、跨国犯罪等行动情况，以及同联合国在维和领域的合作情况。

2019年3月25—26日，集安条约组织代理秘书长谢梅里科夫赴斯洛伐克出席欧安组织2019年反恐大会。谢在发言中介绍集安条约组织反恐举措，并呼吁根据公认的国际法原则，在联合国框架内建立广泛反恐联盟。

2019年4月5日，独联体外长理事会会议在俄罗斯莫斯科举行，各国外长讨论共同应对安全挑战、深化同其他国际组织协作及加强成员国间合作等问题，会议通过年度工作计划，并审议了关于纪念二战爆发80周年、加强基础科研、博物馆交流办展、刑事司法移交等合作文件草案。

2019年4月23日，集安条约组织代理秘书长谢梅里科夫、独联体执行主席列别杰夫、上合组织秘书长诺罗夫在莫斯科举行三方会见，讨论2019年就国际和地区安全加强协作等问题。

2019年5月20日，集安条约组织议会大会会议在吉尔吉斯斯坦比什凯克举行。集安条约组织代理秘书长谢梅里科夫发言阐述组织面临的主要挑战和威胁，包括北约在欧洲东部加强军事存在，拥核国家重新发展非战略核武器；格鲁吉亚允许北约驻军，加剧地区局势紧张；阿富汗局势增加地区不稳定因素，塔阿边境持续紧张升级等。

2019年5月22日，集安条约组织外长理事会会议在吉尔吉斯斯坦比什凯克举行。成员国就应对国际和区域安全威胁、协调成员国对外政策、完善组织运行等交换意见。会议通过《集安条约组织成员国外长对北约成员国外长关于加强互信和发展合作的呼吁书》、2019—2020年外交、安全和国防问题磋商计划，落实《2019—2021年联合国全球反恐战略集体行动计划》《降低塔阿边境紧张局势补充措施清单》《危机反应中心协作章程》等文件。会议推举白俄罗斯国家安全委员会秘书扎西自2020年1月1日起担任组织秘书长，任期3年。

2019年5月29日，欧亚经济委员会最高理事会会议在哈萨克斯坦努尔苏丹举行。会议主题为“纪念纳扎尔巴耶夫提出欧亚一体化概念25周年暨欧亚经济联盟条约签署5周年”。联盟五国领导人及哈首任总统纳扎尔巴耶夫出席小范围和大范围会谈，观察员国摩尔多瓦总统多东及嘉宾国塔吉克斯坦总统拉赫蒙仅出席大范围会谈。各方发表纪念联盟条约签署5周年联合声明并签署25项成果文件，内容包括同塞尔维亚建立自贸区、推举纳扎尔巴耶夫担任欧亚经济委员会最高理事会名誉主席，各成员国在政策沟通、交通运输、贸易便利化等领域开展合作等。

2019年5月31日，独联体国家政府首脑理事会在土库曼斯坦阿什哈巴德举行。各国总理举行小范围和大范围会谈，讨论扩大成员国合作、完善法律法规、促进科技创新、保护知识产权、加强海关和博物馆合作等问题，各方签署一系列合作文件。

2019年6月27日，集体安全条约组织安全会议秘书委员会会议在吉尔吉斯斯坦比什凯克举行，各方就国际和地区热点问题及加强应对挑战和威胁交换意见。会议签署关于加强成员国相关机构合作的文件。

2019年7月26日，独联体成员国常驻代表在白俄罗斯明斯克举行会议，讨论独联体峰会筹备事宜。独联体执行委员会副主席斯马古罗斯发言强调，乌克兰在法理上仍是独联体成员，独联体各国愿继续与乌方合作，当年峰会议程草案及议题和文件都将发送给乌方。

2019年10月1日，欧亚经济联盟元首峰会在亚美尼亚埃里温举行，会议批准建立欧亚经济联盟共同金融市场的构想、联盟2020年主要国际交往计划，并与新加坡签署了自由贸易协定。此外，会议还决议对《联盟条约》进行修正，计划简化进口关税及海关程序，进一步推动联盟一体化进程。

2019年10月25日，欧亚经济联盟政府间委员会会议（总理会）在俄罗斯莫斯科举行，各成员国总理出席。会议共同发表联合声明，宣布《中国与欧亚经济联盟经贸合作协定》正式生效。联盟各国总理与塞尔维亚总理共同签署《欧亚经济联盟与塞尔维亚自由贸易协定》。此外，会议还签署了关于贵金属和宝石产品等领域合作协议的成果文件。

2019年11月5日，集体安全条约组织议会大会会议在亚美尼亚埃里温举行。各成员国议会领导人及观察员国塞尔维亚代表、嘉宾国伊朗及古巴代表出席。会议主要讨论集安条约组织议会大会主席选举及2012—2025年各成员国立法统一行动计划草案的筹备工作。

2019年12月20日，欧亚经济联盟元首峰会及独联体领导人非正式会晤在俄罗斯圣彼得堡举行。欧亚经济联盟元首峰会就联盟各成员国劳务人员异地务工的退休保障机制问题达成协议，责成各国政府落实服务贸易领域自由化规划，加速建设统一服务市场，启动统一电力市场行动方案，并制定2025年前欧亚经济一体化发展战略。独联体领导人非正式会晤期间，各国领导人共同观看俄方主办的“1939年—第二次世界大战的开端”历史文献展，普京在会上发表关于二战历史的长篇演讲，严厉驳斥欧洲议会涉二战历史决议中将苏联和纳粹德国并列为二战发动者的提法。

（施盟）

英联邦

The Commonwealth

【成立经过】英联邦由英帝国演变而成。1926年，“帝国会议”的帝国内部关系委员会提出，英国与已由殖民地成为自治领的加拿大、澳大利亚、新西兰和南非是“自由结合的英联邦成员”，“地位平等，在内政和外交的任何方面互不隶属，唯依靠对英王的共同效忠精神统一在一起”。1931年，英国议会通过《威斯敏斯特法案》，从法律上对此予以确认。1947年，巴基斯坦、印度独立并分别加入英联邦。1948年，斯里兰卡加入英联邦。1949年4月26日，澳大利亚、英国、斯里兰卡、印度、新西兰、巴基斯坦、南非以及加拿大外交部长共同签署了《伦敦宣言》和《最后公报》。1949年被视为现代英联邦的开始。《最后公报》将英联邦成员需对英王效忠的原则改变为“接受英王为独立成员国自由联合体的象征，因而是英联邦的元首”，明确英联邦成员国是“自由平等的英联邦成员国，在追求和平、自由和进步的过程中自由合作”。在现代，英联邦已演变成为一个松散的、相互进行政治、经济磋商和合作的组织。英联邦拥有80多个政府间、民间、文化和专业组织。英国和各成员国互派高级专员，代表大使级外交关系。每年3月的第2个星期一是英联邦日（the Commonwealth Day）。

【成员国】英联邦共有成员53个，总面积约3000万平方公里，绝大多数为发展中国家，总人口约24亿，约占世界人口的1/3，贸易总额占全球的1/5。成员国有：安提瓜和巴布达、澳大利亚、巴哈马、孟加拉国、巴巴多斯、伯利兹、博茨瓦纳、文莱、喀麦隆、加拿大、塞浦路斯、多米尼克、斐济、加纳、冈比亚、格林纳达、圭亚那、印度、牙买加、肯尼亚、基里巴斯、莱索托、马拉维、马来西亚、马耳他、毛里求斯、莫桑比克、纳米比亚、瑙鲁、新西兰、尼日利亚、巴基斯坦、巴布亚新几内亚、卢旺达、圣基茨和尼维斯、圣卢西亚、圣文森特和格林纳丁斯、萨摩亚、塞舌尔、塞拉利昂、新加坡、所罗门群岛、南非、斯里兰卡、斯威士兰、坦桑尼亚、汤加、特立尼达和多巴哥、图瓦卢、乌干达、英国、瓦努阿图、赞比亚。

其中16个成员国由英女王伊丽莎白二世担任国家元首，包括：英国、安提瓜和巴布达、澳大利亚、巴巴多斯、巴布亚新几内亚、巴哈马、伯利兹、格林纳达、加拿大、圣基茨和尼维斯、圣卢西亚、圣文森特和格林纳丁斯、所罗门群岛、图瓦卢、新西兰、牙买加。不出席英联邦政府首脑会议的特别成员国有瑙鲁和图瓦卢。原为成员国的爱尔兰于1949年退出英联邦。南非1961年退出英联邦，1994年重新加入。2003年12月，津巴布韦正式宣布退出英联邦，2018年，申请重新加入。2007年11月，巴基斯坦被中止英联邦成员国资格，2008年5月恢复。2009年9月，斐济被中止英联邦成员国资格，2014年恢复。2009年11月，卢旺达加入英联邦。2013年10月，冈比亚退出英联邦，2018年重新加入。2016年10月，马尔代夫退出英联邦。

【首脑】英国女王伊丽莎白二世是英联邦的首脑（Queen Elizabeth II，1952年2月 即 位，1953年6月加冕）。

【主要负责人】秘书长帕特里夏·斯科特兰（Patricia Scotland，女，英国籍），2015年11月当选。

【总部】秘书处等机构设在伦敦。

【网址】http://thecommonwealth.org。

【出版物】《今日英联邦》（The Commonwealth Today），《英联邦手册》（The Commonwealth Factbook）。

【组织机构】（1）英联邦政府首脑会议：前身为帝国会议，1944年易名为英联邦总理会议，1975年改现名。通常2年举行1次，以前一直在伦敦举行，1966年起轮流在成员国举行，由东道国政府首脑主持。会议不通过决议，会议发表的总原则对成员国无约束力。（2）英联邦部长会议：每年举行1次的有教育部长会议、卫生部长会议、司法部长会议和电信部长会议；不定期举行的有贸易和经济会议、青年会议、工业合作会议、农业会议等。（3）英联邦秘书处：1965年成立，负责组织成员国间的协商和合作、交流情况、组织会议等。秘书长每5年改选1次，可连任。（4）英联邦轮值主席：当值主席是举办英联邦政府首脑会议的英联邦国家领导人。任期2年。当值主席在高级别国际论坛上表达英联邦的立场。（5）英联邦基金会及其他组织：英联邦基金会成立于1966年，1983年改组成一个国际基金组织，资金由成员国政府提供，用于推动英联邦内专业及其他非政府间的合作。英联邦研究所主要靠英政府资助，通过举办展览、讲座、电影、开放图书馆等活动，促进人们对英联邦的了解。此外，还有一些专业性组织，如英联邦议会协会、英联邦新闻联盟、英联邦广播协会、英联邦青年交流理事会、英联邦体育运动联合会和英联邦艺术协会等。

【主要活动】20世纪90年代以来，英联邦政府首脑会议开过14次，分别在津巴布韦哈拉雷（1991年10月）、塞浦路斯利马索尔（1993年10月）、新西兰奥克兰（1995年11月）、英国爱丁堡（1997年10月）、南非德班（1999年11月）、澳大利亚库拉姆（2002年3月）、尼日利亚阿布贾（2003年12月）、马耳他瓦莱塔（2005年11月）、乌干达坎帕拉（2007年11月）、特立尼达和多巴哥西班牙港（2009年6月）、澳大利亚珀斯

（2011年10月）、斯里兰卡科伦坡（2013年11月）、马耳他瓦莱塔（2015年11月）和英国伦敦（2018年4月）举行。下一届英联邦政府首脑会议定于2020年6月在卢旺达首都基加利举行。　（宋建）

欧洲安全与合作组织

Organization for Security and Co-operation in Europe—OSCE

【成立日期】前身为1973年7月至1975年8月分3个阶段进行的欧洲安全合作会议（简称“欧安会”）。此后，召开了4次续会。1995年1月1日起，改名为欧洲安全与合作组织（简称“欧安组织”）。

【宗旨】促进欧洲地区的民主和安全，尊重人权和少数民族利益，建设法治国家。

【成员国】57个（截至2019年）：阿尔巴尼亚、安道尔、亚美尼亚、奥地利、阿塞拜疆、白俄罗斯、比利时、波黑、保加利亚、加拿大、塞浦路斯、捷克、克罗地亚、爱沙尼亚、丹麦、格鲁吉亚、芬兰、法国、梵蒂冈、德国、希腊、爱尔兰、匈牙利、冰岛、吉尔吉斯斯坦、意大利、哈萨克斯坦、立陶宛、拉脱维亚、列支敦士登、摩尔多瓦、卢森堡、马耳他、蒙古、摩纳哥、黑山、荷兰、挪威、波兰、葡萄牙、罗马尼亚、俄罗斯、圣马力诺、塞尔维亚、斯洛文尼亚、西班牙、斯洛伐克、瑞士、塔吉克斯坦、瑞典、土耳其、土库曼斯坦、北马其顿、英国、美国、乌克兰、乌兹别克斯坦。

阿尔及利亚、埃及、以色列、约旦、摩洛哥、突尼斯6个地中海国家和阿富汗、澳大利亚、日本、韩国、泰国5个亚太国家为欧安组织合作伙伴国，出席欧安组织的有关会议并参与部分活动。

【主要负责人】2019年轮值主席国为斯洛伐克，轮值主席为斯洛伐克外长米罗斯拉夫·莱恰克（Miroslav Lajčák）；秘书长托马斯·格雷明戈（Thomas Greminger，瑞士籍，2017年7月任职，任期3年）。

【总部】奥地利维也纳。地址：Wallnerstrasse 6，1010 Vienna Austria。电话：0043–1514360。电子邮箱：pm@osce.org。网址：http://www.osce.org。

【组织机构】谈判与决策机构：（1）首脑会议，原则上每2年或3年举行一次，成员国国家元首或政府首脑出席。（2）部长理事会，由成员国外长组成，一般每年11月或12月在轮值主席国举行会议。（3）常设理事会，设在维也纳，由各成员国常驻代表组成，每周举行一次会议，负责欧安组织的日常工作，并有权对与欧安组织有关的所有问题作出决定。（4）安全合作论坛（Forum for Security Cooperation），1992年建立，由各成员国代表组成，每周在维也纳举行一次会议，负责军控、裁军、建立信任和安全措施的谈判，以及关于安全政策的磋商和合作。

【执行机构】（1）轮值主席（Chairman-in-Office）。由主席国外长担任，任期1年，负责全面执行欧安组织使命，协调欧安组织的活动，与上任、下任主席国外长组成“三驾马车”，以保证延续性。（2）秘书长及秘书处。秘书长任期3年，代表轮值主席并在所有活动中协助轮值主席工作。秘书处主要办公地点设在维也纳。下设机构有：跨国威胁部，包括反恐行动组（负责协调与协助欧安组织在反恐方面的行动与能力建设项目），边界安全与管理组（负责在欧安组织范围内推行最高级别的共同边界管理标准），战略警务组（支持各成员国为本国国民提供可靠警务服务），协调组，此外还负责网络和信息安全等事务；打击贩卖人口协调员与特别代表办公室，负责支持各成员国打击贩卖人口政策的执行与进展；冲突预防中心，负责为秘书长、轮值主席及成员国等提供政策咨询、情况分析和支持，同时协助促进谈判、调解和其他冲突预防工作；经济与环境事务办公室，旨在通过推动经济和环境领域合作，促进和平、繁荣和稳定，每年举办经济与环境论坛；性别平等部门，负责从促进性别平等的角度在欧安组织各层面及成员国提供支持。（3）议会大会。1991年设立，由56个成员国的323名议员组成（成员国中梵蒂冈无议会，派2名代表作为嘉宾列席议会大会），设议长1人，副议长9人。每年举行一次全会，秘书处设在哥本哈根。（4）少数民族高级专员署。1992年建立，设在荷兰海牙，负责及时发现有可能损害欧洲地区和平、稳定及欧安组织成员国之间关系的民族冲突，并提出处理意见和解决办法。（5）民主制度与人权事务办公室（原自由选举办公室）。1990年建立，设在波兰华沙，主要负责欧安组织范围内的选举观察工作。（6）新闻自由代表，1998年任命首位代表，办公地点设在奥地利维也纳，负责监督欧安组织成员国新闻自由状况，促进媒体独立与自由发展。（7）调解与仲裁法庭，1995年建立，设在瑞士日内瓦，主要负责解决成员国间争端。

【主要活动】冷战后，欧安组织逐步转型，成员国由35国增至57国，并逐步完善组织结构、转换职能，决策机制也更为灵活，在促进裁军、军控以及信任和安全措施建设的同时，大力开展预防性外交，确立了早期预警、冲突预防、危机处理、冲突后重建等4项主要职能。近年来，欧安组织积极参与欧洲地区国家的选举监督、核查和促和工作。乌克兰危机爆发后，向乌派遣特别观察团、总统选举观察团，斡旋俄乌对话。

2019年主要活动有：

1月10日，欧安组织轮值主席莱恰克在维也纳欧安组织常设理事会总部发表演讲，阐述斯洛伐克担任轮值主席国的工作重点，主要包括应对乌克兰及其周边等持续性地区冲突，极端暴力主义、网络安全、环境污染和气候变化等问题带来的相关挑战。

2月21—22日，欧安组织议会大会第18次冬季会议在奥地利维也纳举行，围绕政治安全、经济与环境、人权、反腐、恐怖主义等问题进行了讨论。

4月11日，欧安组织常设理事会通过2019年欧安组织统一预算，预算总额约1.378亿欧元，与去年预算基本持平。

7月4—8日，欧安组织议会大会第28次年度全会在卢森堡举行。会议以“可持续发展以促进安全：议会的作用”为主题，通过《卢森堡宣言》，从政治、安全、经济、环境和人权等方面向成员国政府、议会以及国际社会提出建议。

12月5—6日，第26次欧安组织外长理事会在斯洛伐克首都布拉迪斯拉发举行。会议对2019年斯洛伐克担任组织轮值主席国期间的工作进行了总结，并就国际热点问题进行了讨论。会议决定瑞典、波兰将分别担任2021、2022年欧安组织轮值主席国。（李佳朋）

北大西洋公约组织

North Atlantic Treaty Organization—NATO

【成立日期】1949年4月4日。

【宗旨】成员国在集体防务和维持和平与安全方面共同努力，通过政治和军事手段，促进欧洲—大西洋地区的民主、法治和福利，保卫成员国的自由与安全。

【成员国】29个（截至2019年）：比利时、冰岛、丹麦、德国、法国、荷兰、加拿大、卢森堡、美国、挪威、葡萄牙、土耳其、西班牙、希腊、意大利、英国、波兰、匈牙利、捷克、爱沙尼亚、立陶宛、拉脱维亚、斯洛文尼亚、斯洛伐克、罗马尼亚、保加利亚、克罗地亚、阿尔巴尼亚、黑山。

【主要负责人】秘书长延斯·斯托尔滕贝格（Jens Stoltenberg，挪威籍），2014年10月1日就任。军事委员会主席斯图尔特·皮奇（Stuart Peach，英国籍），2018年6月29日就任。北约盟军作战司令部司令托德·沃尔特斯（Tod D. Wolters，美国籍），2019年3月15日就任。

【总部】1966年从法国巴黎迁至比利时布鲁塞尔。地　址：NATO Headquarters，Boulevard Léopold III，1110 Brussels，Belgium。电子邮箱：natodoc@hqnato.int。

【网址】http://www.nato.int。

【组织机构】1. 北大西洋理事会：亦称北约理事会，是北约最高政治决策机构，主席由秘书长兼任。理事会决议需经全体与会国一致通过，并对成员国具有约束力。理事会分为3个级别：（1）常设理事会，大使级，负责日常工作；（2）部长理事会，由成员国外长和防长组成，负责审议北约政治和安全有关重大问题，通常每年召开2次外长会、3次防长会；（3）首脑会，即峰会，不定期举行，负责重大战略问题磋商和决定。

2. 军事委员会：北约最高军事机构，负责在成员国协调一致的基础上为北约理事会和核计划小组（the Nuclear Planning Group）提供军事评估和建议。委员会由各成员国总参谋长组成，并推选主席一人，任期3年。军事委员会每年召开约3次会议。其日常事务由各国总参谋长任命的常驻军事代表组成军事代表委员会负责办理。下设国际军事参谋部和2个军事指挥机构，即北约盟军作战司令部和北约盟军转型司令部。

3. 国际秘书处：北约秘书长直接领导的办事机构，由来自成员国的约1000名民事工作人员组成，负责执行委员会决议，并向成员国驻北约总部代表团提供指导建议和行政支持。下设秘书长办公室，副秘书长1人，助理秘书长8人并分别主管8个业务司局，此外还设有3个独立办公室（法务办公室、财务办公室和北约资源办公室）。

4. 北约议员大会：系北约外围组织，宗旨是鼓励各国议会间的合作，密切各国议会与北约机构的联系，推动实现北大西洋公约的目标。议员大会每年召开2次全会，并举行40多场活动。

【主要活动】20世纪90年代华沙条约组织解体和冷战结束后，北约随之调整战略，将周边地区冲突、核扩散和恐怖主义视为主要挑战，先后推出危机反应战略和“新战略构想”。同时，北约通过介入“前南地区”危机、东扩和推行“和平伙伴关系计划”，增强了其在欧洲安全事务中的作用。当前，北约加快战略转型，在保留传统职能的同时，将应对大规模杀伤性武器扩散、恐怖主义、网络攻击、海盗袭击、能源、气候变化等新型安全问题纳入任务范畴，更加注重在全球范围内开展对话合作，大力在亚太地区拓展全球伙伴国。华沙峰会后，北约正进一步加强成员国防务投入和能力建设，同时强化与伙伴国和周边国家关系。

2019年主要活动有：

1月15—16日，第180届北约军事委员会会议在比利时布鲁塞尔举行。会议重点就北约当前及未来战略挑战、“战备计划”、地区安全形势等进行讨论。

4月3—4日，北约外长会在美国华盛顿举行，庆祝北约成立70周年。会议就俄罗斯、北约军费分担等问题展开讨论。

5月22日，第181届北约军事委员会会议在比利时布鲁塞尔举行，重申北约成员团结的重要性，着重讨论乌克兰等问题。

6月26—27日，北约防长会在比利时布鲁塞尔举行，会议主要讨论包括俄罗斯违反《中导条约》在内的“关键安全挑战”，以及成员国预算、北约防务、阿富汗行动等问题。

10月24—25日，北约防长会在比利时布鲁塞尔举行，重点讨论5G、军费分担、叙利亚局势等问题：同意更新包括5G在内的民用电信领域的规则条件；认为北约成员国对防务军费分担态度积极，2019年是欧盟和加拿大连续第5年增加国防开支，未来还将继续增加军费。

11月19—20日，北约外长会在比利时布鲁塞尔举行，旨在为12月举行的北约峰会准备。会议明确将太空列为与陆海空网并列的第5个行动领域。会议还就巩固北约在能源安全中作用、提升北约的威慑力和防御能力、费用分摊、反恐、黑海安全局势、阿富汗和平进程、“中国崛起”等进行了讨论。

12月3—4日，北约峰会在英国伦敦举行。会议讨论了防务费用分担、对俄关系、东欧军事部署、反恐、军控等议题。会议发表简短的《伦敦宣言》，重申北约仍是维护跨大西洋安全的基石，北约面临来自多个方向的威胁，包括俄罗斯侵略、恐怖主义、非法移民、网络和混合威胁等。峰会确定将太空作为北约第5个行动领域。峰会首次讨论了“中国崛起”的议题。

（李佳朋）

欧洲联盟

European Union—EU

【成立及发展】欧洲联盟（简称“欧盟”）是在欧洲煤钢共同体、欧洲原子能共同体和欧洲经济共同体等统称为欧洲共同体的3个机制的基础上发展而来的。1951年4月18日，法国、联邦德国、意大利、荷兰、比利时和卢森堡在巴黎签订了《建立欧洲煤钢共同体条约》，1952年7月24日起生效。1957年3月25日，6国在罗马签订了建立《欧洲经济共同体条约》和《欧洲原子能共同体条约》，统称《罗马条约》。1958年1月1日起条约生效，上述两个共同体正式成立。1965年4月8日，6国签订《布鲁塞尔条约》，决定将3个共同体的机构合并，统称“欧洲共同体”（简称“欧共体”）。《布鲁塞尔条约》于1967年7月1日起生效。1991年12月11日，欧共体马斯特里赫特首脑会议通过了以建立欧洲经济货币联盟和欧洲政治联盟为目标的《欧洲联盟条约》（又称《马斯特里赫特条约》，简称《马约》）。1993年11月1日《马约》生效后，欧共体未就其称谓的变更问题作出决定，但欧共体内部和国际上越来越广泛地使用“欧盟”这一称谓。2009年12月1日，《里斯本条约》（简称《里约》）正式生效，取消了欧盟条约中“三大支柱”的原有架构，欧盟取代并继承欧共体，具备法律人格，可与第三国及国际组织缔结协议，并在国内与国际法院以“欧盟”名义提起法律诉讼。

【宗旨】《罗马条约》申明，各成员国“决心在欧洲各国人民之间建立愈益密切的联合基础”，“消除分裂欧洲的壁垒”，“保证它们国家的经济和社会进步”，“不断改善人民的生活和就业条件”，“执行共同贸易政策”，“为逐步废止国与国之间交流的限制作出贡献”。1986年2月签署的《欧洲单一文件》强调，“欧洲共同体及欧洲政治合作旨在促进欧洲团结发展”，“共同为维护世界和平与安全作出应有贡献”。《马约》指出，欧盟的宗旨是“通过建立无内部边界的空间，加强经济、社会的协调发展和建立最终实行统一货币的经济货币联盟，促进成员国经济和社会的均衡发展”，“通过实行共同外交和安全政策，在国际舞台上弘扬联盟的个性”。《里约》则进一步指出，“欧盟的宗旨是促进和平、联盟的价值观和联盟人民的福祉”，“为公民提供一个无内部边界的自由、安全和公正的区域”，“努力实现建立在经济平衡发展、物价稳定、具有高度竞争性的社会市场经济基础之上的欧洲可持续发展”，并“在更广泛的世界关系中，坚持和促进其价值观和利益”，致力于实现“和平、安全的全球可持续发展、各国人民间的团结和相互尊重、自由公正的贸易、消除贫困、保持人权”，“以及严格遵守并发展国际法”。

【成员】欧共体创始国为法国、联邦德国、意大利、荷兰、比利时和卢森堡6国。后经7次扩大，欧盟成员国增至28个。历次扩大的对象和时间为：丹麦、爱尔兰和英国（1973年）；希腊（1981年）；西班牙、葡萄牙（1986年）；奥地利、芬兰、瑞典（1995年）；塞浦路斯、捷克、爱沙尼亚、匈牙利、拉脱维亚、立陶宛、马耳他、波兰、斯洛伐克、斯洛文尼亚（2004年）；罗马尼亚、保加利亚（2007年）；克罗地亚（2013年）。英国于2016年6月通过全民公投决定退出欧盟，并于2017年3月正式启动脱欧程序，2019年12月通过脱欧协议法案，最终于2020年1月31日脱离欧盟。

【总部】比利时布鲁塞尔。地址：Rue de la Loi 200，B-1049 Brussels。电话：0032-22991111。

【网址】http://europa.eu。

【出版物】主要有：《欧盟公报》（Official Journal of the European Union）；《欧盟事实手册》（Facts Sheets of the European Union）；《欧盟公共财政》（European Union Public Finance）；《欧盟经济统计》（European

Economic Statistics);《欧盟商务：事实与数字》(European Business: Facts and Figures)等。

【组织机构】(1)欧洲理事会：又称“欧盟首脑会议”或“欧盟峰会”。欧盟最高决策机构。《里约》规定，欧洲理事会为“欧盟发展提供必要推动力”和确定“总的政治方向和优先事项”。《里约》首次规定欧洲理事会为独立欧盟机构，其决策除特殊规定外，采取协商一致原则。欧洲理事会设主席一职，任期两年半，可连任1届，主要职责是主持和推进欧洲理事会工作，确保首脑会议顺利进行，对外代表欧盟。每6个月须召开2次欧洲理事会，必要时可召开特别会议。欧洲理事会由成员国国家元首或政府首脑及欧洲理事会主席、欧委会主席组成，欧盟外交与安全政策高级代表兼欧委会副主席参与工作。欧洲理事会会议一般在比利时布鲁塞尔召开。首任欧洲理事会主席是比利时前首相赫尔曼·范龙佩(Herman Van Rompuy)，2010年1月1日正式就任，并于2012年3月获得连任，第二任期从2012年6月1日至2014年11月30日。第二任欧洲理事会主席是波兰前总理唐纳德·图斯克(Donald Tusk)，2014年12月1日正式就任，并于2017年3月获得连任，第二任期自2017年6月1日至2019年11月30日。2019年7月，时任比利时首相夏尔·米歇尔(Charles Michel)当选欧洲理事会新任主席，2019年12月1日正式就任。

(2)欧盟理事会：又称“部长理事会”或“理事会”。欧盟立法与政策制定、协调机构。《里约》规定，“理事会与欧洲议会共同行使立法和预算职能，并根据条约行使政策制定和协调职能”。理事会由每个成员国各1名部长级代表组成，在理事会会议上代表其成员国政府进行投票表决。理事会按不同领域划分为若干个部长理事会。理事会下设有不同级别的协调机制。理事会主席国由各成员国轮任，任期半年。2007年1月1日，理事会以法律文件的方式对轮任顺序加以确定。2019—2021年轮值主席国依次为罗马尼亚、芬兰、克罗地亚、德国、葡萄牙、斯洛文尼亚。《里约》生效后，理事会决策机制和内部结构有部分调整：首先，将总务与外长理事会一分为二，分别履行不同职责。外长理事会由欧盟外交与安全政策高级代表兼欧委会副主席主持，总务理事会以及其他理事会由轮值主席国部长主持。轮值主席国将不再具有对外代表权。其次，重新定义特定多数表决制，并增加其适用范围。特定多数是指自2014年11月1日起，至少55%的理事会成员和这些成员国所代表的总人口至少占欧盟总人口的65%。增加33项适用多数表决制的新领域，使适用多数表决制的事项达到93个。最后，扩大共同决策程序适用范围。欧洲议会和理事会共同决策领域由38个扩大至80多个，涉及内政、司法、农业和外贸等多个领域。欧盟理事会设在布鲁塞尔。

(3)欧盟委员会：又称“欧委会”或“委员会”，欧盟立法建议与执行机构。《里约》规定，“欧盟委员会应促进欧盟整体利益，并为此提出适当的立法建议”，负责“监督欧盟条约的适用情况”，“执行预算，负责欧盟各种计划项目工作”，“除条约另有规定外，欧盟立法性法令只能在欧委会提议的基础上通过”。英国脱欧后，欧委会委员由28人变为由27人组成，其中设主席1人，副主席8人。本届欧委会任期从2019年12月至2024年12月，主席是德国前国防部长乌尔苏拉·冯德莱恩(Ursula von der Leyen，女)。8名副主席为：弗兰斯·蒂默曼斯(Frans Timmermans，第一副主席)、玛格丽特·韦斯塔格(Margrethe Vestager)、瓦尔季斯·东布罗夫斯基斯(Valdis Dombrovskis)、何塞普·博雷利·丰特列斯(Josep Borrell Fontelles，兼欧盟外交与安全政策高级代表)、马罗什·谢夫乔维奇(Maroš Šefčovič)、薇拉·尧罗娃(Věra Jourová)、杜布拉芙卡·舒伊察(Dubravka Šuica)、马加里蒂斯·希纳斯(Margaritis Schinas)。欧盟委员会总部设在布鲁塞尔。

(4)欧洲议会：欧盟监督、咨询和立法机构。欧洲议会议员由成员国直接普选产生，任期5年。设议长1人，副议长14人，任期两年半，可连选连任。欧洲议会原则上以简单多数表决，可以2/3多数弹劾欧委会。自欧盟《阿姆斯特丹条约》(简称《阿约》)生效以来，欧洲议会的地位不断得到提升，其与理事会共同参与的共同决策权进一步扩大。《里约》规定，“欧洲议会与理事会共同行使立法和预算职能”，以及“条约赋予的政治监督和咨询职能”。《里约》还规定，除议长外，欧洲议会议员不得超过750人，选举采用递减比例制，每个成员国至少拥有6名议员，任何成员国议席不得超过96席。2019年7月，第九届欧洲议会正式成立。现有议员705名，7个党团，欧洲人民党党团系第一大党团。意大利籍议员戴维·马里亚·萨索利(David Maria Sassoli)当选新任议长。欧洲议会总部设在斯特拉斯堡，每月欧洲议会全体会议在斯召开，其他会议在布鲁塞尔等召开。欧洲议会总秘书处及其所属各部门设在卢森堡。

(5)欧洲法院：欧盟最高法院，成立于1952年。比利时人柯恩·勒纳茨(Koen Lenaerts)于2018年10月再次当选院长，任期至2021年10月。欧洲法院共有27名法官、11名佐审官(任期均为6年)，由成员国指派。法庭一般由3或5名法官组成，对于欧洲法院认为特别重要的案件，可由全体法官组成大法庭加以审理。法院内部工作语言为法语。机构主要职能为解释欧盟法律，确保成员国平等适用有关法律。主要受理以下诉讼：①不履行义务之诉。可裁决某个成员国是否履行欧盟法律规定的义务。此类案件在进入欧洲法院审理前，须由欧委会先进行预备性程序，其间成员国有权就有关指控予以回复。若欧委会预备性程序未能终结该诉讼，案件则移交欧洲法院审理。一旦认定成员国确有不履行义务的行为，违反义务的成员国必须立即纠正。②关于废除某项措施的诉讼。原告可向欧洲法院提起废除欧盟机构某项行政措施的诉讼。成员国对欧盟机构所提诉讼，或机构之间的诉讼，专属欧洲法院管辖。③关于侵权行为损害赔偿的诉讼。当某个成员国政府在履行职务时侵犯公民权利，欧洲法院可判该国负担赔偿责任。④基于法律问题的上诉。如原告对欧盟普通法院判决存有异议，可向欧洲法院提起上诉。欧洲法院设在卢森堡。

（6）审计院：欧盟审计机构。《里约》规定审计院“负责欧盟审计”。审计院现由27人组成（含院长），由欧盟理事会经咨询欧洲议会后，以特定多数方式表决任命，任期为6年，可连任。审计院院长由审计院成员从内部选举产生，任期为3年，可连选连任。2016年9月，德国人克劳斯–海涅·雷纳（Klaus-Heiner Lehne）当选新任院长，并于2019年9月获得连任。审计院设在卢森堡。

此外，欧盟主要机构还包括欧盟对外行动署、欧洲中央银行、欧洲投资银行、欧洲统计局，以及经济和社会委员会、地区委员会等。

【经济实力】欧盟是当前世界第二大经济体。2019年，欧元区经济增长1.2%。国际货币基金组织预计欧元区2020年经济增长率为–7.5%。

【主要活动】（一）内部建设：

（1）建立关税同盟和共同外贸政策。对外实行统一的关税率，成员国之间取消商品关税和限额。从1970年起，基本实现共同外贸政策，在关税、贸易和关税协定的缔结、贸易自由化措施、出口政策等方面，实施一致行动原则。1994年2月，实施统一对外配额制度。1999年5月，《阿约》将覆盖范围拓展到大部分服务贸易。2003年2月，《尼斯条约》将其扩及所有服务贸易和与贸易相关的知识产权。2005年3月，欧盟首脑会议通过的“增长与就业计划”决定在税收政策方面加强协调。2009年12月，《里约》对欧盟共同贸易政策进行了一系列调整：首次将投资议题纳入共同贸易政策，使该领域政策权限范围进一步扩大；规定共同贸易政策应在联盟对外行动原则和目标框架内实施，增强了与其他政策的相互关联性；首次赋予欧洲议会与理事会在贸易立法和贸易协定方面享有共同决策权等。

（2）实行共同农业政策。共同农业政策于1962年出台，是欧盟最早的共同政策。主要内容有：一是建立统一的农产品市场；二是制定对内统一的农产品价格体系和对外统一的农产品关税壁垒；三是建立共同农业基金，即“欧洲农业指导和保证基金”，对农产品出口予以补贴；四是调整农业结构。共同农业政策极大地促进了欧盟农业发展，同时也造成农业开支过大和农产品过剩以及引发贸易争端等问题。多年来，欧盟不断对共同农业政策进行改革。2013年，欧盟成员国与欧洲议会经过两年谈判，最终达成共同农业政策（CAP）改革协议，颁布了《2014—2020年计划》，该计划提出了增强农业竞争力、实现自然资源可持续管理以及成员国区域平衡发展等三大长期目标。协议要求任何成员国接受的资金根据开垦面积，不得低于平均值的75%，此举对东欧国家有利。协议还要求投入1000亿欧元，应对土壤、水质、生物多样性和气候变化的挑战。对从事农业的年轻人，最初5年给予额外25%的资助。

（3）实行共同渔业政策。欧共体自1977年起，将各成员国在北大西洋和北海沿岸的捕鱼区扩大为200海里，作为欧共体的共同捕鱼区，由欧共体统一管理，并授权欧共体委员会与第三国谈判渔业协定。1983年1月，欧共体内部就捕鱼配额的分配、渔业资源的保护和渔业产品的销售等达成协议，标志着欧盟共同渔业政策开始实施。该政策有4个基本目标：保护渔业资源，保护海洋环境，促进欧洲捕鱼业发展，为消费者提供高质量的海产品。1994年12月，欧盟渔业部长通过了新渔业政策。2007年欧委会为应对气候变化对渔业的影响，制订了新的共同渔业政策行动计划。2010年1月，欧盟渔业与非法捕捞管理新体系正式生效。新体系旨在保护欧盟及成员国海洋资源免遭不法经营者破坏，保护渔民免受不公平竞争。2011年7月，欧委会提出欧盟共同渔业政策改革提案，该提案旨在确保未来鱼群资源量及渔民生计，并结束过度捕捞及资源枯竭的状况，在欧盟和国际上推行更好的渔业管理标准。欧盟于2011年12月提议建立欧洲海洋和渔业基金，目的是推进改革顺利进行和为欧洲综合海洋政策的实施提供支撑。该基金实施时间为2014—2020年，预估资金规模为74亿欧元。2013年12月，欧洲议会投票通过共同渔业政策改革方案。

（4）建立总预算。1967年欧共体建立了总预算。1980年开始完全实行“自身财源”，主要由四部分组成：农产品进口差价税；工业品进口关税；成员国零售商品增值税的一部分；成员国按其在欧共体国民生产总值中所占比例缴纳的摊款。1992年12月爱丁堡首脑会议决定，从1995年起，逐步提高欧盟预算支出占欧盟国民生产总值的比例，1999年达到1.27%。2006年5月，欧洲议会通过了欧盟2007—2013年中期财政预算方案，支出总额为8644亿欧元。2014年11月，欧洲议会宣布通过“2014—2020欧盟预算案”，总预算承诺金额为9600亿欧元，每年预算额约为1400亿欧元。预算支出主要分盟内和盟外两部分。内部支出领域包括：为公民培训新技术，鼓励企业增加就业岗位；在欧盟全境建设公路、铁路、桥梁、电力等基础设施。作为国际事务的重要参与方，欧盟预算中的一部分也用于盟外国家和地区。欧盟委员会2018年5月发布了欧盟2021—2027年度长期预算提案，重点针对欧盟所面临的创新发展、青年就业、提振经济、边境安全等问题。欧洲理事会、欧洲议会就预算展开谈判。

（5）建立内部统一市场。1986年2月，各成员国签署《欧洲单一文件》，决定于1992年底建成欧共体统一大市场，通过逐步消除各种非关税壁垒，实现商品、人员、资本和服务四大自由流通。1993年1月1日，统一大市场初步形成。1995年3月，对各类人员取消边界检查的《申根协定》在法国、德国、荷兰、比利时、卢森堡、西班牙、葡萄牙7国之间正式生效。1997年10月和1998年4月,《申根协定》先后在希腊、意大利和奥地利生效。2001年3月,《申根协定》在瑞典、芬兰、丹麦及非欧盟成员国挪威和冰岛正式生效。2007年12月，捷克、爱沙尼亚、匈牙利、拉脱维亚、立陶宛、马耳他、波兰、斯洛伐克、斯洛文尼亚等9国加入。2008年12月，瑞士加入。2011年12月，列支敦士登加入,《申根协定》扩大至26国。2006年5月，欧盟成员国达成原则协议，决定在欧盟区域内开放服务业，允许更大的市场自由流动和更深入的经济一体化。2011年4月，欧委会内部市场总司出台《统一市场法令》，内容涵盖12个行业领域。同年10月，欧盟首脑峰会承诺，到当年年底要推动相关措施取得明显成效，包括：帮助中小企业更方便地获及资金支持；加强各成员国间的职业证书互认，促进技术劳工流动；尽早建成欧盟统一数字化市场等。欧盟委员会2015年公布“单一数字市场”战略的详细规划。2017年6月，欧盟委员会公布的中期评估报告显示，欧盟委员会已实现了这份战略中提出的35项法律提案和政策倡议，包括实现取消欧盟内手机漫游费。欧洲议会和欧盟理事会于2019年6月颁布了产品市场监督和合规的修订条例，通过确保遵守和执行产品立法加强对欧盟统一市场的信任，同时改善和促进欧盟各成员国对商品的相互承认。

（6）建立经济与货币联盟。1979年3月，欧共体巴黎首脑会议决定建立欧洲货币体系，决定主要内容有：①建立“欧洲货币单位”（European Currency Unit—ECU，简称“埃居”），用于欧共体内部会计、信贷记账与结算，并部分取代美元，起储备货币的作用；②规定汇率波动的幅度，ECU与除英国、意大利货币外的各种货币之间波动幅度上下限为2.25%，英、意货币上下波动幅度可为6%；③成立欧洲货币基金，成员国将其黄金与美元储备的20%纳入欧洲货币基金，用于成员国的信贷安排。

1988年6月，欧共体首脑会议提出了建设经货联盟、发行统一货币的目标。确定第一阶段从1990年7月1日开始，目标是在成员国之间实行完全的资本自由流动，并加强成员国之间以稳定价格为目标的货币政策合作。1991年12月，欧共体首脑会议签署的《马约》规定，第二阶段从1994年1月1日开始，目标是为统一货币作法律与技术上的准备，建立欧洲货币局，作为未来欧洲中央银行的过渡性机构，加强成员国之间的经济趋同。《马约》规定经货联盟第三阶段最早于1997年7月1日，最迟于1999年1月1日开始。1993年11月《马约》正式生效，经货联盟建设步入快速发展的轨道。1994年1月1日，欧洲货币局正式成立。1995年12月，马德里首脑会议决定于1999年1月1日起正式启动单一货币，并将统一货币定名为欧元（EURO）。1996年12月，都柏林首脑会议就《稳定与增长公约》以及“第二货币汇兑机制”达成一致。《稳定与增长公约》规定凡放松财政控制、预算赤字占GDP的比例再度超过3%的国家，如不能按期纠偏，应向欧洲中央银行交纳一定数额的无息储金；如在一定期限之内仍不能达标，储金便转成罚款。“第二货币汇兑机制”规定以欧元为基准，欧盟非欧元国货币汇率浮动幅度上下限为15%。1998年5月，布鲁塞尔首脑会议宣布德国、比利时、奥地利、荷兰、法国、意大利、西班牙、葡萄牙、卢森堡、爱尔兰、芬兰11国将为首批欧元国。同年7月1日，欧洲中央银行在法兰克福正式成立，其决策与管理机构主要有欧洲央行委员会、董事会和扩大委员会，主要职责是制定和落实欧元区货币政策，管理货币储备，决定货币发行量，与财长理事会共同制定汇率政策，向欧盟机构和成员国提供咨询等。1999年1月1日，欧元正式启动。1月4日，欧元进入外汇市场交易。2001年1月1日，希腊正式成为欧元区第12个成员国。2002年1月1日，欧元现钞开始流通。2002年3月，欧元成为欧元区国家唯一法定货币。此后，斯洛文尼亚（2007年）、马耳他、塞浦路斯（2008年）、斯洛伐克（2009年）、爱沙尼亚（2011年）、拉脱维亚（2014年）、立陶宛（2015年）先后加入欧元区，使欧元区成为拥有19个成员国的经济货币联盟。欧元启动以来，总体运行正常，在国际金融市场中的地位逐步确立，已成为第二大国际货币。2012年10月，欧洲理事会主席范龙佩发布题为《迈向真正的经济与货币联盟》的报告，内容涉及欧元区银行统一监管、欧元区中央预算、欧洲稳定机制直接进行银行资本重组等。这份报告被称为“中期报告”。根据范龙佩的报告，欧盟应该在金融一体化框架、预算一体化框架和经济政策框架一体化三个方面进行深入探讨。关键问题是建立欧元区银行统一监管、欧元区独立预算，以及相应的欧盟条约的修订等。2014年4月，欧洲议会通过单一清算机制和国家存款担保基金规定，欧洲银行业联盟基本完成制度建设，被认为是欧元区成立10多年来欧洲金融一体化最重大的步伐。2015年3月，欧洲理事会主席、欧委会主席、欧洲议会议长、欧元集团主席及欧央行行长联合发布题为《完成欧洲经济与货币联盟》报告，制定了未来欧元区进一步融合路线图，计划最晚于2025年以欧盟法律形式确定“深度和真正的经货联盟”。2017年5月，欧盟委员会发表《深化经济货币联盟的反思》白皮书，就如何应对挑战、设计和完成经货联盟达成广泛共识，提出分2017—2019年和2020—2025年两个阶段完成联盟建设。2019年是欧元启动20周年，欧盟委员会就原料和食品商品市场及交通领域更广泛使用欧元的问题同成员国展开了探讨，并发布报告建议欧盟各国就欧元区预算达成一致，完成对欧洲稳定机制条约的修改，以欧元区存款担保计划的谈判为开端，努力完成欧洲银行业联盟，加快欧洲资本市场联盟进程，加强欧元的国际作用。

（7）实施共同外交和安全政策。《马约》规定，欧盟将逐步实行共同外交和安全政策。由西欧联盟负责执行欧盟未来的维和与人道主义行动；欧盟理事会秘书长为欧盟对外政策代表；成立“政策分析和预警中心”，为理事会决策提供依据。2000年3月，欧盟理事会设立了政治和安全委员会、军事委员会和总参谋部3个临时机构，并于同年12月转为常设机构。2002年12月，欧盟与北约签署了《欧盟与北约关于欧洲外交与安全政策宣言》，确定欧盟可在维和军事行动中使用北约军事资源。2003年12月，欧盟制定“欧洲安全战略”，明确界定了欧洲安全面临的主要威胁并制定应对措施。针对恐怖主义和大规模杀伤性武器扩散的威胁，欧盟制定有效多边主义政策并提出“预防性行动”概念。2004年7月，欧洲军备局成立。12月，欧盟正式接管北约在波黑的维和任务，并组建了一支7000人的欧盟维和部队。2005年7月，欧盟决定向非盟在达尔富尔地区的维和部队提供军事和民事支持。2007年，欧盟组建完成13个“快反战斗群”。2008年9月，欧盟决定向格鲁吉亚派驻民事观察团。11月，欧盟外长会正式批准欧盟向索马里海域派遣军舰和飞机，以打击海盗活动，保护世界粮食计划署运粮船安全。12月，欧盟外长会决定派遣6艘军舰和3架海上侦察机在索马里海域打击海盗。2009年12月，《里约》生效后，欧盟在共同外交和安全政策方面进行了一系列调整，主要包括：欧盟具备法律人格，有权在共同外交和安全政策领域缔结国际条约；将原欧盟共同外交与安全政策高级代表和欧委会对外关系委员两职位合二为一，设立新的欧盟外交与安全政策高级代表并兼任欧委会副主席；创建由欧盟机构和成员国外交官组成的总计约7000人的欧盟对外行动署（European External Action Service—EEAS），作为欧盟外交机构，协助高级代表开展工作；将欧盟外交机构权限从传统外交政策领域扩展到发展政策、人权、军事安全、民事危机处理等领域，并使其拥有独立预算和人事任免权。在共同外交和安全政策领域，欧盟各成员国仍将以政府间合作方式进行决策。

2010年12月1日，欧盟对外行动署正式成立，2011年1月起正式运转。对外行动署由欧盟外交与安全政策高级代表兼欧委会副主席领导。高级代表、秘书长以及3名副秘书长共同构成对外行动署的核心领导层。对外行动署下设6个总司，分别为亚太总司、欧洲和中亚总司、美洲总司、非洲总司、中东和北非总司以及人权、全球与多边事务总司。对外行动署还设有欧盟情报中心、民事和军事危机管理等部门。2016年6月，欧盟发布题为《共享愿景、共同行动：更强大的欧洲》的全球外交与安全战略文件，分析欧盟在新形势下面临的战略机遇与挑战，阐明欧盟对外关系的利益和原则，界定优先领域和事项，丰富欧盟外交政策工具。2017年12月，欧盟外长理事会决定在防务领域建立永久结构性合作（Permanent Structured Cooperation，PESCO），除英国、丹麦和马耳他之外的欧盟25个成员国参加。2019年11月，欧盟理事会通过了新一轮“永久结构性合作”框架下进行的13个军事合作项目，总合作项目数增至47个。

（8）开展司法和内政合作。欧盟在成员国间建立了司法、内政事务合作机制，以协调各国的移民和避难政策，联合开展打击国际恐怖活动、犯罪和贩毒的斗争。1999年10月，欧盟在芬兰坦佩雷召开首次有关司法和内政合作的首脑会议。2001年“9·11”事件后，欧盟内部加大了在司法内政等领域的合作，对恐怖主义行为及恐怖主义组织进行了具体的界定，公布了恐怖主义组织及个人名单，并对其财产进行冻结，着手制定“欧洲统一逮捕令”。2002年6月，欧盟塞维利亚首脑会议决定，加快制定欧盟共同移民和避难政策；加强警务、移民部门的合作，强化外部边境管理和控制，并制定了具体时间表；加强同非法移民来源国和过境国的合作，并向其提供经济援助；在欧盟与第三国的合作协定中，加入打击非法移民和遣返条款。2008年4月，欧盟司法和内政部长会议决定，欧洲刑警组织从2010年1月1日起成为欧盟正式机构，以加强欧盟成员国间的执法合作。2010年7月，欧盟电子司法门户网站正式开通，为欧盟公民提供司法援助、法律培训、房产登记等远程司法服务。2011年9月，欧盟委员会公布《申根协定》修改草案，主张建立由欧盟委员会和成员国组成的欧盟层面决策机制，对“重启边境检查”问题共同进行裁决。根据该草案，某一成员国在发生诸如恐怖袭击、核事故等突发事件后，可以紧急启动临时边境检查，但是边检不得超过5天。如果需要延期，则必须向欧盟决策机制提交相关申请，在获得同意后，方可延长边检。草案还建议取消成员国之间就协定执行情况进行的互评，改由欧盟委员会和成员国专家团对某一成员国进行例行或突击检查。欧盟委员会每半年公布“申根健康检查”报告，供欧洲议会及欧盟理事会讨论。2013年6月，欧洲议会通过申根区边检治理一揽子措施，主要包括建立申根区边境检查评估机制和修改申根区国家边境检查相关规定，即申根区国家的公共政策或内部安全一旦受到严重威胁，可重新实行边检，但期限为30天，最多只能延长至6个月。如果发生突发事件（如恐怖袭击）需立即采取行动，成员国可单方面恢复边检，最多不超过10天。2015年，随着涌入欧洲难民数量的大幅上升，欧洲多个国家恢复边境检查,《申根协定》的人员自由流动原则受到一定冲击。2016年10月，欧盟在原边境管理局的基础上，成立边界及海岸警卫署，以更好应对难移民危机。2018年9月，欧盟非正式峰会在移民问题上取得进展，与会各国领导人同意加强外部边境管控并深化与第三国合作，以阻止移民进入欧盟国家。2019年3月，欧委会发布难移民问题进展报告，宣布难民危机已结束。

（9）推进机构和机制改革。2001年12月，欧盟拉肯首脑会议决定成立制宪大会。2002年2月至2003年6月，欧盟举行了为期16个月的欧洲制宪大会，通过《欧洲宪法条约》草案。2004年6月，欧盟首脑会议正式通过《欧洲宪法条约》，10月正式签署。但由于法国、荷兰全民公决否决了该条约，2005年6月，欧盟布鲁塞尔首脑会议决定推迟《欧洲宪法条约》的生效日期。2007年3月，欧盟召开纪念《罗马条约》签署50周年特别首脑会议，发表了《柏林宣言》，强调欧盟将与时俱进不断改进欧洲政治建设，共同努力，争取在2009年欧洲议会选举前“将欧盟置于一个新的共同基础上”。同年12月，欧盟首脑会议签署了旨在拯救制宪危机的《里约》。2008年6月，爱尔兰全民公投否决《里约》。2009年6月18日，欧盟夏季首脑会议决定满足爱尔兰在批准《里约》问题上的关切，以法律形式承诺爱保留在防务、税率、堕胎等方面的特权，并强调已批约国无须就此重新履行批准程序，为条约尽快生效创造了有利条件。同年10月，爱尔兰第2次公投批准了《里约》。随后，在本国关切得到满足的情况下，波兰和捷克相继批准《里约》，使《里约》生效道路上的最后障碍得以排除。2009年12月1日,《里约》正式生效。

《里约》内容主要包括：赋予欧盟法律人格；设立欧洲理事会主席，由欧洲理事会以特定多数方式选举产生，任期两年半，可连任1届；精简欧委会机构，拟自2014年11月起，将欧委会委员人数精减为原来的2/3；改革欧洲议会，规定欧洲议会由750名议员组成，各成员国在议会中至少占6席，最多占96席；扩大欧洲议会和理事会行使共同决策权的政策领域；实施新的特定多数表决机制，即自2014年11月1日起，特定多数表决通过的条件是须有至少55%的成员国同意（至少15国），同时这些成员国至少代表65%的欧盟人口；设立新的欧盟外交与安全政策高级代表，并兼任欧委会副主席，负责执行欧盟的共同外交和安全政策，领导欧盟对外行动署；扩大多数表决制适用范围；增加欧盟法律中的人权内容，使《欧盟基本权利宪章》在欧盟立法层面上具有法律约束力。

（二）对外关系：欧盟同世界上许多国家和地区建立了联系。截至2019年，已有163个国家向欧盟派驻外交使团，39个国际组织和地区向欧盟派驻代表处。欧盟同其中绝大多数国家缔结了贸易协定、经贸合作协定、联系国协定或其他协定，并与一些地区性组织建立了比较密切的关系。2019年，欧盟及其成员国共提供752亿欧元官方发展援助（ODA），占欧盟国民总收入（GNI）的0.46%，占全球ODA总额的55.2%，继续保持全球最大发展援助方地位。

（1）同美国的关系。欧盟重视欧美关系，双方在政治和安全上互为盟友，经济上互为最主要的贸易和投资伙伴。但双方在自由贸易、军费分担、气候变化、伊朗核等问题上也存在分歧。2018年7月，时任欧委会主席容克应邀访美，与美国总统特朗普举行会谈并发表联合声明，称将开启深厚友谊、促进贸易、互利共赢的欧美关系新阶段。同年9月，欧洲议会通过欧美关系报告。2019年10月，美国宣布对欧洲产品征收67亿欧元新关税。12月，美国再次宣布对欧产品加征关税，欧盟表示各国将共同应对美加征关税计划。

（2）同俄罗斯的关系。欧盟重视同俄罗斯的关系。俄罗斯是欧盟最大的邻国和第三大贸易伙伴，也是重要的能源来源地。同时，双方在能源供应、欧洲安全等问题上存在矛盾与分歧。乌克兰危机严重影响了欧俄双边关系，并导致欧盟对俄进行经济制裁。2019年6月，欧盟将对俄制裁延长至2020年6月23日。

（3）同西巴尔干国家的关系。欧盟多次与西巴尔干五国（阿尔巴尼亚、波黑、北马其顿、黑山、塞尔维亚）及科索沃举行峰会，会议主要关注地区经济发展及西巴尔干国家入盟等问题。2018年2月，欧盟委员会出台“西巴尔干战略”，积极推动西巴尔干五国和科索沃入盟进程。2019年4月，欧盟西巴尔干非正式峰会在柏林召开，西巴尔干五国及科索沃领导人出席。7月，欧盟—西巴尔干国家峰会在波兰波兹南举行，欧盟重点关注运输和能源、数字、经济、安全和睦邻关系等领域合作。截至2019年，阿尔巴尼亚、北马其顿、黑山、塞尔维亚是入盟候选国，波黑、科索沃已申请入盟。

（4）同“东部伙伴国家”的关系。2009年，欧盟在周边政策框架下针对亚美尼亚、阿塞拜疆、白俄罗斯、摩尔多瓦、格鲁吉亚、乌克兰六国发起东部伙伴关系计划，在双边及多边层面推动与六国关系，并于首次东部伙伴关系峰会上签署《东部伙伴关系宣言》。峰会已举办5次，分别是2009年布拉格峰会、2011年华沙峰会、2013年维尔纽斯峰会、2015年里加峰会、2017年布鲁塞尔峰会。2019年5月，欧盟举行系列活动庆祝东部伙伴关系10周年并回顾相关成果。10月，欧洲理事会决定由欧委会和欧盟对外行动署汇总各方意见建议后，适时提交2020年后欧盟东部伙伴关系发展建议。

（5）同中亚国家的关系。2015年12月，欧盟与中亚国家举行欧盟—中亚部长级会议，宣布2014—2020年将向中亚国家提供10亿欧元发展援助，支持该地区国家实现可持续性自然资源管理、社会和经济发展、地区安全等。2019年5月，欧盟中亚第6次高级别政治与安全对话在布鲁塞尔召开，会议磋商了欧盟新中亚战略政策文件。欧盟支持阿富汗早日实现和平和解，认为只有通过政治对话才能最终解决阿富汗问题。欧盟支持美国与阿富汗塔利班签署和平协议。

（6）同中东国家的关系。欧盟是中东问题四方之一，关注中东和平进程，主张承认以色列的生存权和巴勒斯坦人民的建国权，通过政治谈判和平解决阿以冲突。欧盟对美国宣布承认耶路撒冷为以色列首都及由此将给中东和平前景带来的影响表示严重关切。2019年6月，美国公布"中东和平新计划"经济部分。欧盟认为该计划不符合联合国有关决议，反对以色列吞并巴勒斯坦领土。欧盟致力于维护伊核协议，支持英法德"贸易结算支持机制"，对伊朗减少履约表示关切。欧盟是叙利亚最大的人道主义援助提供方，支持叙主权和领土完整，主张政治渠道解决叙利亚问题，积极推动叙反对派参与和谈。欧盟关切利比亚难民、恐怖主义、武器走私等问题，支持联合国主导和平进程，呼吁通过政治对话解决利比亚问题。

（7）同亚洲其他国家的关系。欧盟重视与亚洲关系，持续加大对亚洲地区投入。2018年1月，欧盟—东盟联合合作委员会第25次会议在印尼雅加达举行。同年5月，欧盟外长理事会就加强同亚洲安全合作通过决议，将海上安全、网络安全、反恐、应对混合威胁、预防冲突、防扩散等作为深化安全合作的关键领域。2019年10月，欧盟发表《加强与亚洲的安全合作》政策文件，明确欧盟高度重视与亚洲地区的安全合作，拟在海上安全、网络安全、反恐、预防冲突、混合威胁等领域推动深化合作，并重点提升与东盟的合作水平。

（8）同非洲国家的关系。欧盟关注非洲地区局势，是非洲的主要贸易伙伴，对欧贸易约占非洲对外贸易总量的1/3。欧盟也是非洲最重要的援助方，为18个非洲国家的14项和平行动提供支持。2005年12月，欧盟通过第一份对非战略文件《欧盟与非洲：走向战略伙伴关系》，以指导未来10至15年的对非政策。2017年11月，第5次欧盟—非盟峰会在科特迪瓦阿比让举行。2019年5月，时任欧盟外交与安全政策高级代表莫盖里尼访问非洲之角四国（索马里、肯尼亚、吉布提、埃塞俄比亚）。

（9）同拉美国家的关系。欧盟寻求与拉美国家开展合作。2018年4月，欧盟与墨西哥达成新的贸易协定，对货物贸易实施零关税。5月，首次欧盟—古巴理事会会议在布鲁塞尔举行。在委内瑞拉问题上，欧盟主张通过和平方式、由委人民自行解决危机，认为委需要举行自由公正的总统选举，反对外部武力干涉。2019年2月，欧盟主导成立委内瑞拉问题"国际接触小组"。10月，欧盟、联合国难民署和国际移民组织在布鲁塞尔举行委内瑞拉难民和移民危机国际团结会议。

（尹益轩）

欧洲委员会
The Council of Europe—COE

【成立日期】1949年5月5日正式成立。

【宗旨】保护人权、多元民主和法治；促进欧洲文化认同和多样性意识的形成并鼓励其发展；寻求欧洲社会面临挑战的共同解决方案；通过支持政治、立法和宪法改革，巩固欧洲的民主稳定。

【成员国】47个：爱尔兰、奥地利、比利时、冰岛、丹麦、德国、法国、荷兰、列支敦士登、卢森堡、马耳他、挪威、葡萄牙、瑞典、瑞士、塞浦路斯、圣马力诺、土耳其、西班牙、希腊、意大利、英国、芬兰、匈牙利、波兰、保加利亚、斯洛文尼亚、立陶宛、捷克、斯洛伐克、爱沙尼亚、罗马尼亚、安道尔、摩尔多瓦、阿尔巴尼亚、拉脱维亚、乌克兰、北马其顿、俄罗斯、克罗地亚、格鲁吉亚、阿塞拜疆、亚美尼亚、波黑、塞尔维亚、黑山、摩纳哥。此外，白俄罗斯为候选成员国。美国、加拿大、日本、墨西哥和梵蒂冈为欧洲委员会部长理事会观察员国，以色列为欧洲委员会议会的观察员国。

【主要负责人】秘书长玛丽亚·佩伊契诺维奇·布里奇（Marija Pejčinović Burić，克罗地亚籍），2019年6月首次当选，任期5年。

【总部】法国斯特拉斯堡。在巴黎、布鲁塞尔设办事处。

地址：Avenue de l'Europe，67075 Strasbourg Cedex，France。电话：0033-388412000。电子邮箱：point_i@coe.int。

【会旗和会歌】会旗为蓝色天幕上环饰12颗金星。会歌为贝多芬《第九交响曲》中《欢乐颂》的序曲。

【官方语言】英语和法语，议会大会工作语言亦使用德语、意大利语和俄语。

【网址】http://www.coe.int。

【出版物】《论坛》（Forum），季刊；《欧洲委员会出版目录》（Catalogues of Publications of the Council of Europe），年刊。

【主要机构】（1）部长委员会：最高决策和执行机构，由成员国外长（或驻斯特拉斯堡常设代表）组成，每年召开2次会议，主要负责重大决策制定、批准预算和制订行动计划。下设部长代表委员会，由成员国各派1名常驻代表（大使级）组成，负责处理日常事务。主席由各成员国代表轮流担任，任期半年。2019年11月至2020年5月为格鲁吉亚，2020年5—11月为希腊。（2）议会：有审议权，没有立法权。现有议员和候补议员各324名，议员因故不能出席会议时由候补议员替补。议员与候补议员均由各成员国从本国议员中推举产生，名额根据各成员国人口比例分配，最多18名，最少2名。议会由欧洲人民党党团、社会党党团、欧洲保守党党团、自由民主党联盟和欧洲联合左翼党等5个党团及无党派代表组成。通常每年召开4次会议。一般决议由简单多数通过，重大决议以2/3多数通过。议会下设常务委员会，在议会休会期间负责日常工作，每年至少召开3次会议；还设有政治、经济、人权、社会、文教、司法和农业问题等10个专门委员会。议长由全体议员选举产生，任期1年，可连任。现任议长达姆斯（Rik DAEMS，比利时籍，2020年1月当选），副议长19人。（3）总秘书处：处理欧洲委员会日常事务，包括秘书长和副秘书长办公室、部长委员会秘书处、议会秘书处、地方和地区政权代表大会秘书处、人权专员办公室、欧洲人权法院书记室和9个总司。总秘书处设秘书长和副秘书长各1名，均由部长委员会推荐，议会选举产生。（4）欧洲地方和地区政权代表大会：1994年1月成立，其宗旨是保证地方和地区团体参与欧洲联合进程及欧洲委员会的工作。分地方政权院和地区政权院两院，拥有代表324名，候补代表324名，由地方或地区团体的代表组成。代表大会下设1个常委会，负责在休会期间处理日常事务。此外，欧洲委员会还有欧洲人权法院、人权专员署、欧洲青年中心、欧洲青年基金组织和社会发展基金等机构。

【重要文件】欧洲委员会至今已通过222个公约或协议。其中比较重要的法律文件有：《欧洲人权公约》（1950年）；《欧洲社会宪章》（1961年，1996年重新修订）；《欧洲社会安全公约》（1972年）；《欧洲文化公约》《欧洲保护野生动植物和自然环境公约》《制止恐怖主义公约》（1977年）；《欧洲防止酷刑、不人道和有辱人格的待遇或惩罚公约》（1987年）；《欧洲税务方面相互行政协助公约》（1988年）；《保护人类免受生物医学损害的框架公约》（1990年）；关于移民本地化问题的《法兰克福宣言》（1991年）；《关于保护少数民族的框架公约》（1994年）；《关于人权和生物医学的条约》（1997年）；《腐败刑事公约》（1998年）；《腐败民事公约》（1999年）；《欧洲委员会关于预防恐怖主义的公约》（2005年）；《关于避免国家在过渡期间处于无政府状态的公约》（2006年）；《保护儿童免受性侵害公约》（2007年）；《欧洲收养儿童公约》（2008年）；《欧洲委员会关于公文使用权的公约》（2009年）；《欧洲引渡公约第三附加议定书》（2010年11月）；《预防与打击针对妇女暴力和家庭暴力公约》（2011年5月）；关于改革欧洲人权公约的《哥本哈根宣言》（2018年4月）等。

【首脑会议】1993年10月8—9日，欧洲委员会响应时任法国总统密特朗的倡议，在奥地利维也纳举行了首次首脑会议。当时的32个成员国，除英国、希腊和匈牙利外，其国家元首或政府首脑均应邀出席。当时要求加入该组织的俄罗斯、阿尔巴尼亚、白俄罗斯、克罗地亚、北马其顿、摩尔多瓦、拉脱维亚、乌克兰也应邀派代表出席。会议着重讨论了欧洲格局变化后，原为苏联的各加盟共和国的“民主政治建设”及保护少数民族权利等问题，并通过了《维也纳声明》。

1997年10月10—11日，欧洲委员会第2次首脑会议在法国斯特拉斯堡举行。这是自独联体、东欧国家加入后的第1次首脑会议，40个成员国领导人与会。会后发表“最后宣言”和行动计划，称要把欧洲建设成一个“更加自由、更加宽容和更加公正的社会”，并提出设立新的全欧人权法院、执行《欧洲社会宪章》、在打击恐怖活动领域加强合作等具体行动计划。在关于欧洲委员会的作用问题上，西欧国家强调发挥欧洲委员会在制定人权标准方面的作用，以俄罗斯和乌克兰为首的独联体、东欧国家则希望欧洲委员会发挥不局限于人权的更大作用。

2005年5月17日，欧洲委员会第3次首脑会议在波兰华沙举行。会议发表了《华沙宣言》及附加《行动计划》。会议强调要充分发挥保护人权和基本自由的作用，促进民主和良政的发展。

【同欧盟的关系】欧洲委员会与欧洲联盟关系密切，两个组织的议会每年召开1次联席会议。2005年5月，欧盟对外关系委员瓦尔德纳参加了欧洲委员会第3次首脑会议，进一步加强了欧盟与欧洲委员会合作关系。自2006年起，双方每年举行2次外长级别的会议，落实有关合作议题。2007年5月23日，欧洲委员会与欧盟签署了相互合作备忘录，双方决定建立合作机制，加快在民主、人权、法治、文化、教育以及社会融合等方面的合作。2008年，欧盟基本权利机构与欧洲委员会签署合作协议。2009年12月1日，欧盟《里斯本条约》和《基本权利宪章》生效，欧盟与欧洲委员会在“人权保护”领域的伙伴关系进一步加强。2010年5月11日，欧盟—欧洲委员会外长会议决定，继续探讨欧盟如何加入欧洲委员会有关公约，并欢迎欧盟在与第三国交往时推行欧洲委员会标准。2015年4月10日，欧洲委员会与欧盟联合启动了旨在提高南地中海地区国家民主化治理能力的计划。该计划为期3年，由欧洲委员会实施，欧盟提供资金支持。2016年6月，欧洲委员会发布《2016年欧洲反腐年度报告》，对欧洲49个国家政治基金透明度、腐败犯罪情况及议员和司法部门的反腐措施进行评估。2016年11月，欧洲委员会秘书长亚格兰与欧盟外交与安全政策高级代表莫盖里尼共同出席双方签订谅解备忘录10周年庆祝活动。

2017年11月，欧洲委员会与欧盟共同提交了双方关于东部伙伴关系联合项目的成果。该联合项目旨在保护人权、促进民主治理和法治。

【同联合国的关系】2016年11月，联合国大会一致通过了《联合国与欧洲委员会合作决议案》，确定《2030年可持续发展议程》、人权、移民为双方重点合作领域，表明了双方关系日趋紧密。双方在日内瓦和维也纳的欧洲委员会联络处的合作，亦得到进一步加强。

【同俄罗斯的关系】1996年2月28日，欧洲委员会接纳俄罗斯为第39个成员国，但同时向俄提出了遵守《欧洲人权公约》、取消死刑、用和平方式解决车臣冲突等诸多条件。2002年10月，欧洲委员会部长委员会召开紧急会议，强烈谴责发生在莫斯科轴承厂剧院的人质事件，欢迎俄罗斯为解决危机进行的一切努力，重申欧洲委员会反对一切形式的恐怖主义的立场，号召成员国进一步密切反恐合作，但仍强调车臣问题只能通过政治途径解决。2003年5月22日，俄罗斯联邦委员会主席谢尔盖·米罗诺夫率团访问欧洲委员会，与欧洲委员会秘书长施威梅尔进行会谈，讨论了车臣、欧洲委员会第3次首脑会议筹备和波罗的海三国讲俄语的少数民族地位问题。2004年5月14—15日，施威梅尔秘书长应俄罗斯联邦会议上院邀请访问了莫斯科，与该院人权委员会委员卢金等举行了会谈。2005年3月10—11日，欧洲委员会议会议长范德·林登访问俄罗斯。同年11月17日，欧洲委员会向俄车臣地方选举派遣了由8人组成的观察团，监督选举。2006年12月19日，欧洲委员会与俄签署了关于反洗钱与切断恐怖资金援助的协议。2008年俄格冲突后，欧洲委员会反应强烈，部长委员会主席卡尔·博尔德特以及议会议长路易斯·玛丽亚·德普伊赫均发表声明批评俄的行动，并多次派员从中斡旋。2013年乌克兰危机爆发后，欧洲委员会高度关注，积极发声。2014年3月，欧洲委员会秘书长亚格兰前往基辅，就成立国际咨询小组以监督对乌克兰暴力行为的调查进行磋商。2014年5月4日，俄罗斯外交部发表声明，要求欧安组织和欧洲委员会立即就乌克兰局势给予客观的评价。2014年5月6日，欧洲委员会外长会议在奥地利首都维也纳召开，包括俄罗斯外长拉夫罗夫和乌克兰代理外长杰希察在内的大约30个与会成员国外长，就乌克兰危机等话题展开磋商。2016年2月，欧洲委员会秘书长亚格兰与俄罗斯外长拉夫罗夫互致信函纪念俄罗斯联邦加入欧洲委员会20周年。2016年12月，欧洲委员会秘书长亚格兰访问俄罗斯，并与俄罗斯总统普京、外长拉夫罗夫等就欧俄关系、民主、人权等问题交换意见。2017年9月，俄罗斯国家杜马副主席彼得·托尔斯泰表示，俄因欧洲委员会对其实施歧视政策已停止向委员会缴纳会费，俄被剥夺在欧洲委员会议会大会的投票权。

【同中国的关系】20世纪70年代末，中国开始同欧洲委员会建立联系。近年来，双方的主要往来有：2001年8月，欧洲委员会对外关系局局长德容热访华。9月，全国人大常委会外事委员会副主任李淑铮率团访问欧洲委员会，会见了其议长、秘书长等。2002年4月，欧洲委员会青年和体育署主任马尔丹率团访华。钱其琛副总理、姜春云副委员长和最高人民检察院副检察长张穹分别会见。2003年11月，重庆市人大常委会副主任刘文率团参加了欧洲委员会欧洲地方和地区政权代表大会会议，并介绍了对人与自然和谐发展、中央与地方经济协调发展问题的看法。2009年10月，杨洁篪外长致信亚格兰祝贺其当选欧洲委员会新任秘书长。同月，中国青联代表团访问欧洲委员会，欧委会副秘书长、教育、文化、青年和体育总司司长、欧洲青年中心主任等分别会见。2010年3月，中国国际友好城市联合会副会长李小林应邀率团出席欧洲委员会地方和地区政权代表大会第18届全体会议。2010年11月，欧洲委员会教育、文化、遗产、青年和体育总司司长加布里埃拉·巴泰尼·德拉戈尼访问中国北京和河南，全国青联副主席卢雍政及文化部、河南省领导分别接见。2013年9月，欧洲委员会在法国斯特拉斯堡首次为中国画家袁小楼举办了个人画展。（李翔）

美洲国家组织

Organization of American States—OAS

【成立经过】1890年4月14日，美国同拉美17个国家在美国华盛顿举行第1次美洲会议，决定建立美洲共和国国际联盟及其常设机构——美洲共和国商务局。4月14日即被定为“泛美日”。1948年在波哥大举行的第9次美洲会议通过了《美洲国家组织宪章》，联盟遂改称为“美洲国家组织”（OAS）。

【宗旨】加强美洲大陆的和平与安全；确保成员国之间和平解决争端；成员国遭到侵略时，组织声援行动；谋求解决成员国间的政治、经济、法律问题，消除贫困，促进各国经济、社会、文化合作；控制常规武器；加速美洲国家一体化进程。

【成员】正式成员35个（截至2019年12月）：阿根廷、安提瓜和巴布达、巴巴多斯、巴哈马、巴拉圭、巴拿马、巴西、秘鲁、玻利维亚、多米尼加、多米尼克、厄瓜多尔、哥伦比亚、哥斯达黎加、格林纳达、古巴、海地、洪都拉斯、加拿大、美国、墨西哥、尼加拉瓜、萨尔瓦多、圣卢西亚、圣文森特和格林纳丁斯、圣基茨和尼维斯、苏里南、特立尼达和多巴哥、危地马拉、委内瑞拉、乌拉圭、牙买加、智利、圭亚那、伯利兹。古巴系美洲国家组织成员国，但自1962年以来，一直被拒绝参加该组织的活动。2009年美洲国家组织第39届大会，一致通过废止1962年美洲国家组织中止古巴成员资格的决议，但古巴拒绝重返该组织。洪都拉斯因国内发生军事政变而于2009年7月被暂时中止成员资格，2011年6月恢复。委内瑞拉政府于2019年4月宣布正式退出该组织。同月，该组织强行通过决议接受委"临时总统"瓜伊多委任的常驻代表。常驻观察员72个（截至2019年12月）：欧盟、德国、法国、西班牙、希腊、意大利、比利时、英国、芬兰、瑞士、瑞典、丹麦、挪威、荷兰、葡萄牙、爱尔兰、卢森堡、梵蒂冈、奥地利、塞浦路斯、冰岛、俄罗斯、波兰、捷克、斯洛伐克、罗马尼亚、匈牙利、保加利亚、克罗地亚、波黑、斯洛文尼亚、塞尔维亚、乌克兰、亚美尼亚、阿塞拜疆、格鲁吉亚、哈萨克斯坦、拉脱维亚、爱沙尼亚、立陶宛、土耳其、埃及、摩洛哥、阿尔及利亚、尼日利亚、突尼斯、安哥拉、赤道几内亚、加纳、贝宁、卡塔尔、沙特阿拉伯、以色列、黎巴嫩、也门、日本、韩国、菲律宾、印度、巴基斯坦、斯里兰卡、泰国、中国、瓦努阿图、阿尔巴尼亚、北马其顿、马耳他、摩纳哥、黑山、列支敦士登、孟加拉国、摩尔多瓦。此外，该组织还视情邀请一些国家作为特别观察员出席全体会议。

【主要负责人】秘书长路易斯·莱昂纳多·阿尔马格罗·莱梅斯（Luis Leonardo Almagro Lemes，乌拉圭人），2015年3月当选，同年5月就职，2020年3月连选连任，5月就职，任期至2025年5月。副秘书长内斯特·门德斯（Nestor Mendez，伯利兹人），2015年3月当选，2020年3月连任，5月就职，任期至2025年5月。

【总部】美国首都华盛顿（Washington，the United States）。在日内瓦设有驻欧洲办事处，在各成员国设有办事机构。

【网址】http://www.oas.org。

【出版物】《美洲》（Americas），双月刊，英、西、葡文。

【组织机构】1. 大会：最高机构。各成员国参加，每年举行1次。经2/3成员国同意，可召开特别大会。2. 外长协商会议：《泛美互助条约》规定，常设理事会绝对多数票赞成即可召集会议，就共同关心的紧急问题进行协商。如涉及军事合作问题，则同时召集由各成员国最高军事当局代表参加的防务咨询委员会会议。3. 大会直属机构：（1）常设理事会，由成员国各派1名大使级代表组成。正、副主席由各国代表轮流担任，任期半年；（2）美洲一体化发展理事会，由成员国各派1名部级代表组成。4. 咨询机构：美洲法律委员会、美洲人权委员会。5. 秘书处：常设机构。受大会、外长协商会议和两理事会领导和监督。正、副秘书长均由大会选举产生，任期5年，只能连任1次。6. 专门机构：美洲开发银行、美洲儿童协会、美洲妇女委员会、美洲农业合作协会、泛美卫生组织、泛美史地协会。7. 自治机构：美洲人权法院、美洲防务委员会、美洲控制毒品委员会、美洲通讯委员会、美洲反恐委员会、泛美发展基金等。此外，美洲国家组织自2009年开始与东道国共同承担美洲峰会（注：每3—4年1次，截至2019年已举办8届）的筹备工作。

【主要活动】2016年6月，美洲国家组织第46届年会在多米尼加首都圣多明各举行，主题是"加强体制建设、推进美洲可持续发展"。会议发表《圣多明各宣言》及关于可持续发展、支持OAS秘书处改进工作、支持巴西主办2016年夏季奥运会、支持拉美和加勒比国家防控寨卡疫情、保护土著人权利等32个宣言。与会各方围绕委内瑞拉局势及阿尔马格罗秘书长提议，对委使用《美洲民主宪章》展开激烈斗争，未就此达成一致。

2017年6月，美洲国家组织第47届年会在墨西哥坎昆市举行。各成员国外长围绕"加强对话协商，促进共同繁荣"的主题，就加强西半球全面发展与繁荣、美洲妇女领导地位、法制社会与民主等议题进行讨论。会议通过保护和促进人权等16项决议、秘书长2016—2017年工作报告及支持阿根廷对马岛主权声索宣言等成果文件。年会框架外，还举行了讨论委内瑞拉局势的外长会。

2018年6月，美洲国家组织第48届年会在美国首都华盛顿举行。与会各方就促进西半球民主人权、安全与发展等进行讨论。委内瑞拉局势成为会议焦点，美国呼吁对委实施进一步制裁，暂停其成员资格，直至恢复民主宪政。

2019年4月，美洲国家组织举行常设理事会例会，通过对委内瑞拉启动《美洲国家间互助条约》的决议。同年6月，美洲国家组织第49届年会在哥伦比亚麦德林举行，与会各方围绕"通过创新加强西半球多边主义"的会议主题及共同关心的地区问题进行了讨论。

【同中国的关系】2004年3月，李肇星外长致函加维里亚秘书长，正式提出中国成为该组织常驻观察员的申请；5月，该组织审议通过申请，中国成为其第60个常驻观察员。中国政府出资100万美元，设立为期5年的"中国—美洲国家组织合作基金"。5月和6月，李肇星外长先后向该组织新当选的正、副秘书长致电祝贺。

2005年2月，中国常驻美洲国家组织观察员杨洁篪大使和美洲国家组织代理秘书长艾瑙迪签署《中华人民共和国政府和美洲国家组织秘书处关于建立中国—美洲国家组织合作基金的协议》，"中国—美洲国家组织合作基金"正式启动。

2009年12月，周文重大使和美洲国家组织秘书长因苏尔萨分别代表中国政府和美洲国家组织秘书处在华盛顿签署了《中华人民共和国政府和美洲国家组织秘书处关于建立中国—美洲国家组织合作基金的协议的补充议定书》和《中华人民共和国教育部和美洲国家组织秘书处关于人力资源开发和奖学金项目的谅解备忘录》。根据协议，2010—2015年，中国政府将继续提供总额100万美元的“中国—美洲国家组织合作基金”；中国教育部每年将向美洲国家组织提供10个政府奖学金名额。

2014年12月，崔天凯大使和因苏尔萨秘书长分别代表中国政府和美洲国家组织秘书处在华盛顿签署了《中华人民共和国政府和美洲国家组织秘书处关于建立中国—美洲国家组织合作基金的协议的第二补充议定书》和《中华人民共和国教育部和美洲国家组织秘书处关于人力资源开发和奖学金项目的谅解备忘录》。根据协议，2015—2019年，中国政府将“中国—美洲国家组织合作基金”规模扩大到总额150万美元；中国教育部每年将向美洲国家组织提供15个政府奖学金名额。

自2005年起，中国政府派代表出席了美洲国家组织历届年会。　（张可心）

拉美和加勒比国家共同体

Comunidad de Estados Latinoamericanos y Caribeños—CELAC

【成立日期】2011年12月2—3日，拉美和加勒比地区33个独立国家的国家元首、政府首脑或代表在委内瑞拉首都加拉加斯举行会议，宣布正式成立“拉美和加勒比国家共同体”（简称“拉共体”）。

【宗旨】在加强团结和兼顾多样性基础上，深化地区政治、经济、社会和文化一体化建设，实现本地区可持续发展；继续推动现有区域和次区域一体化组织在经贸、生产、社会、文化等领域的对话与合作，制定地区发展的统一议程；在涉及拉共体重大问题上进行协调，并表明成员国共同立场，对外发出“拉美声音”。

【成员】正式成员33个（截至2019年12月）：阿根廷、安提瓜和巴布达、巴巴多斯、巴哈马、巴拉圭、巴拿马、巴西、秘鲁、玻利维亚、多米尼加、多米尼克、厄瓜多尔、哥伦比亚、哥斯达黎加、格林纳达、古巴、海地、洪都拉斯、墨西哥、尼加拉瓜、萨尔瓦多、圣卢西亚、圣文森特和格林纳丁斯、圣基茨和尼维斯、苏里南、特立尼达和多巴哥、危地马拉、委内瑞拉、乌拉圭、牙买加、智利、圭亚那、伯利兹。

【主要负责人】暂未设秘书处，实行轮值主席国制，任期为1年，内部以协商一致为原则。2017年和2018年轮值主席国为萨尔瓦多，2019年为玻利维亚，2020年为墨西哥。

【组织机构】（1）国家元首和政府首脑会议：最高机构，由轮值主席国在本国召开，经与成员国协商可召开特别峰会。（2）外长会：负责筹备拉共体峰会并执行会议有关决定，协调各成员国在拉美一体化等重要问题上的立场，每年举行2次例会。（3）轮值主席国：拉共体机制建设、技术和行政辅助机构，负责筹备和召开首脑会议和外长会等。（4）国家协调员会议：各国任命1名国家协调员，负责各成员国和轮值主席国的联系沟通，直接负责议题的跟踪和协调。（5）特别会议：轮值主席国可根据需要召开特别会议，就涉地区团结、一体化与合作的重大和优先议题进行协商。（6）“四驾马车”：由现任、前任、候任拉共体轮值主席国和加勒比共同体轮值主席国组成，协助现任轮值主席国开展工作。（7）紧急磋商机制：在出现紧急情况时，任何一个成员国可向轮值主席国提交声明或公告，并由轮值主席国向“四驾马车”成员国散发，由“四驾马车”决定是否对上述事件采取共同立场。

【主要活动】2011年12月，拉共体成立大会在委内瑞拉首都加拉加斯举行，会议通过了《加拉加斯宣言》《2012年行动计划》《拉共体章程》和《维护民主和宪政的特别宣言》等重要文件，就拉共体的宗旨、行动原则及发展目标进行了系统阐述。

2013年1月，拉共体首届峰会在智利首都圣地亚哥举行，地区32个国家的国家元首、政府首脑及高级代表与会，巴拉圭因国内政局原因未获邀而缺席会议。会议通过《圣地亚哥宣言》和《拉共体章程修订案》等文件，决定加勒比共同体轮值主席国作为加勒比国家代表同拉共体“三驾马车”一起组成“扩大的三驾马车”。该机制将作为拉共体主要协调机构，协助轮值主席国开展工作。峰会还决定成立拉共体国际合作工作组，统筹研究规划对外政策。

2014年1月，拉共体第2届峰会在古巴首都哈瓦那举行，地区33国领导人或代表出席，联合国秘书长潘基文、美洲国家组织秘书长因苏尔萨等国际或地区组织负责人与会。会议通过《哈瓦那宣言》《拉共体2014年行动计划》及《宣布拉美和加勒比为和平区的公告》等近30份成果文件。会议决定将“扩大的三驾马车”更名为“四驾马车”，组成不变。

2015年1月，拉共体第3届峰会在哥斯达黎加首都附近的贝伦镇举行，哥斯达黎加等21国领导人出席，墨西哥、阿根廷、秘鲁等12国派代表出席，联合国、美洲国家组织、欧盟、伊比利亚美洲峰会秘书处作为特邀嘉宾与会。会议以“共同建设”为主题，围绕消除贫困、饥饿和不平等等议题展开讨论，并发表《贝伦政治宣言》《2015年行动计划》和20多份特别声明。

2016年1月，拉共体第4届峰会在厄瓜多尔首都基多举行，33个成员国的国家元首、政府首脑或代表，以及联合国、世界粮农组织、伊比利亚美洲首脑会议等国际组织代表与会。会议以“为未来加强联盟”为主题，围绕提振地区经济、消除贫困、促进地区一体化等议题展开讨论，并发表《基多政治声明》《2016年共同行动计划》和20项特别声明。

2017年1月，拉共体第5届峰会在多米尼加卡纳角举行，古巴、委内瑞拉等12国国家元首和政府首脑，及联合国拉美经委会、世界粮农组织、世界银行、伊比利亚美洲首脑会议等国际和地区组织代表与会。会议就维护地区和平稳定和独立自主、增强域内外合作以推动经济发展、加强社会领域合作等达成共识，发表《卡纳角政治声明》《2017行动计划》和20项特别声明。

2020年1月，拉共体外长会在墨西哥墨西哥城举行，墨西哥总统洛佩斯及墨西哥、阿根廷、委内瑞拉等29个成员国外长、副外长或高级别代表，以及联合国拉美经委会等地区组织代表与会。会后，墨西哥接任拉共体轮值主席国，并公布14点工作计划。

【同中国的关系】2013年1月，拉共体首届峰会责成各成员国外交部就建立中国—拉共体合作论坛进行协商，并将相关研究报告提交2014年古巴峰会讨论。2013年9月，中国—拉共体“扩大的三驾马车”在纽约举行外长对话。双方就成立中拉合作论坛、拉美各次区域组织发展、国际发展议程等议题进行了有益讨论，达成了重要共识。

2014年1月，拉共体第2届峰会通过《关于支持建立中国—拉共体论坛的特别声明》。国家主席习近平分别致电古巴国务委员会主席兼部长会议主席劳尔和哥斯达黎加总统钦奇利亚，对此表示祝贺和赞赏。4月，拉共体“四驾马车”代表团访华，国家副主席李源潮会见。外交部长王毅与代表团举行会谈，双方就中拉关系发展、中拉论坛机制设想以及中国—拉美和加勒比国家领导人会晤筹备工作等交换了意见。7月，国家主席习近平出席在巴西利亚举行的中国—拉美和加勒比国家领导人会晤，拉共体16个成员国国家元首、政府首脑或特别代表出席。会上，习主席发表了题为《努力构建携手共进的命运共同体》的主旨讲话。中拉领导人共同宣布建立平等互利、共同发展的中拉全面合作伙伴关系，宣布建立中国—拉共体论坛并尽早在北京举行论坛首届部长级会议。双方发表《中国—拉美和加勒比国家领导人巴西利亚会晤联合声明》。同日，习近平主席集体会见拉共体“四驾马车”成员国领导人，双方就中拉整体合作等议题交换意见。

2015年1月，中国—拉共体论坛首届部长级会议在北京举行。习近平同拉共体轮值主席国哥斯达黎加总统索利斯、候任轮值主席国厄瓜多尔总统科雷亚、委内瑞拉总统马杜罗和拉共体“四驾马车”成员国巴哈马总理克里斯蒂出席会议开幕式。习主席发表了题为“共同谱写中拉全面合作伙伴关系新篇章”的致辞。李克强总理集体会见了与会拉方代表团团长。拉共体成员国中29国外长、部长或高级代表出席，联合国拉美经委会、美洲开发银行、拉美开发银行等地区组织和机构代表作为嘉宾与会。会议发表了《中拉论坛首届部长级会议北京宣言》《中国与拉美和加勒比国家合作规划（2015—2019）》《中拉论坛机制设置和运行规则》3个成果文件。双方商定下届会议将于2018年在智利举行。2015年9月，王毅外长与拉共体“四驾马车”成员国厄瓜多尔外长帕蒂尼奥、哥斯达黎加外长冈萨雷斯、巴巴多斯外长麦克林、多米尼加副外长利里亚诺在纽约举行新一轮对话，古巴副外长莫雷诺、墨西哥副外长弗洛雷斯等参加。双方就加强中拉关系，推进中拉论坛首届部长级会议成果落实等议题交换了意见。

2015年，首届中拉基础设施合作论坛、首届中拉科技创新论坛、中拉政党论坛首次会议、第2届中拉青年政治家论坛、第9届中国—拉美企业家高峰会、第5届中拉民间友好论坛等分论坛陆续举办；中拉双方就中方350亿美元对拉一揽子融资安排保持密切沟通，中方发布相关实施方案；中国政府向拉共体成员国增加奖学金和培训名额、首期“未来之桥”中拉青年领导人培训交流营等人文交流计划有序开展。

2016年，第2届中拉基础设施合作论坛、第3届中拉青年政治家论坛、第10届中国—拉美企业家高峰会、第3届中拉智库论坛以及首届中拉地方政府合作论坛相继成功举办。中国国家主席习近平致信祝贺第10届中国—拉美企业家高峰会召开，乌拉圭总统塔瓦雷·巴斯克斯和中国国家副主席李源潮出席开幕式。中方对拉一揽子融资安排落实稳中有进。中拉人文交流内涵不断丰富。在2016“中拉文化交流年”活动框架下举办了数百场形式多样、异彩纷呈的文化活动，覆盖拉美和加勒比地区30多个国家。习近平主席夫妇在访问秘鲁期间，同秘总统佩德罗·库琴斯基夫妇共同出席交流年闭幕式。

2017年9月，王毅外长与拉共体“四驾马车”成员国萨尔瓦多外长马丁内斯、厄瓜多尔外长埃斯皮诺萨、多米尼加外长巴尔加斯、格林纳达副总理兼外长尼姆罗德在纽约举行新一轮对话，中拉论坛第2届部长级会议主办国智利外长穆尼奥斯、加勒比共同体助理秘书长格兰德森等参加。双方就加强中拉关系、共建“一带一路”和推进中拉论坛第2届部长级会议筹备工作等议题交换了意见。

2017年，第3届中拉基础设施合作论坛、第4届中拉青年政治家论坛、第4届中拉智库论坛、中国—拉美环境与发展政策圆桌对话会、第11届中拉企业家高峰会和中拉论坛融资合作研修班等活动相继成功举办。中方对拉一揽子融资安排稳步落实。中拉人文交流内涵不断丰富。中拉新闻交流中心正式启动，首期项目于2017年5—9月成功实施，共邀请拉美9国主流媒体11名记者来华。

2018年1月，中拉论坛第2届部长级会议在智利圣地亚哥举行。习近平主席专门发去贺信，智利总统巴切莱特出席开幕式，中国外交部长王毅率团出席。拉美和加勒比地区31个国家的外长或高级别代表，以及联合国拉美经委会等4个地区组织和多边机构负责人与会。会议通过了《圣地亚哥宣言》《中国与拉共体成员国优先领域合作共同行动计划（2019—2021）》和《关于"一带一路"倡议的特别声明》3个成果文件。2018年9月，国务委员兼外长王毅同萨尔瓦多外长卡洛斯·卡斯塔内达、多米尼加外长米格尔·巴尔加斯、玻利维亚外长迭戈·帕里和牙买加外长约翰逊-史密斯在纽约举行中国—拉共体"四驾马车"外长第6次对话，拉共体其他成员国代表参加。双方就加强中拉论坛建设，共建"一带一路"，推动中拉关系高质量发展等交换意见。

2018年，第2届中拉政党论坛、第4届中拉基础设施合作论坛、第5届中拉青年政治家论坛、中国与加勒比地区国家反腐败执法合作会议、第12届中拉企业家高峰会、第2届中拉地方政府合作论坛和第2期中拉融资合作研修班等中拉论坛框架下分论坛成功举行。中方对拉一揽子融资安排落实不断取得新进展。各项人文交流举措积极推进。

2019年9月，中国—拉共体"四驾马车"外长在联大一般性辩论期间举行了第7次对话。国务委员兼外长王毅和拉共体现任轮值主席国玻利维亚外长帕里、前任轮值主席国萨尔瓦多外长代表阿兰达、候任轮值主席国墨西哥外长埃布拉德和加勒比共同体轮值主席国圣卢西亚部内部长弗勒德-博布伦，以及多米尼加外长巴尔加斯、尼加拉瓜总统府国内政策部长埃奎斯塔等拉共体成员国代表参加，王毅国务委员兼外长主持对话。双方就中拉关系、中拉论坛及其他共同关心的问题交换意见。

2019年，第5届中拉基础设施合作论坛、第6届中拉青年政治家论坛、第13届中拉企业家高峰会、第5届中拉智库论坛和第3期中拉融资合作研修班等中拉论坛框架下分论坛成功举行，中拉整体合作稳步推进。中方对拉一揽子融资安排稳步落实。各项人文交流举措有序开展。（张可心）

南美国家联盟

Unión de Naciones Suramericanas—UNASUR

【成立经过】前身为南美国家共同体（Comunidad Sudamericana de Naciones）。2000年，巴西在首届南美国家首脑会议上提出建立南共体的倡议。2004年12月，南共体正式宣告成立。2007年4月，南共体首届能源会议决定将该组织更名为南美国家联盟（简称"南美联盟"）。2008年5月，南美12国元首在巴西利亚签署《南美国家联盟组织条约》，宣告南美联盟正式成立。2011年3月，该条约正式生效。

【宗旨】增进成员国间政治互信，扩大经济、社会等领域合作，强化南美国家特性，实现政治、经济、社会和文化领域全方位一体化。优先促进政治对话并深化在社会政策、教育、能源、基础设施、金融和环境等领域合作。

【成员】创始成员12个：阿根廷、巴西、乌拉圭、巴拉圭、委内瑞拉、玻利维亚、哥伦比亚、厄瓜多尔、秘鲁、智利、圭亚那和苏里南。墨西哥和巴拿马为观察员国。玻利维亚为现任轮值主席国（2018年4月上任，任期1年）。2018年4月，巴西、阿根廷、哥伦比亚、智利、秘鲁、巴拉圭6国外长联名致函新任轮值主席国玻利维亚表示，鉴于各成员国始终未能就秘书长人选达成共识，影响联盟正常运转，决定暂停参与联盟活动。2018年8月以来，哥伦比亚、厄瓜多尔、巴拉圭、阿根廷、智利、巴西、秘鲁相继宣布退盟，玻利维亚"临时政府"正在考虑退盟。

【主要负责人】原秘书长埃内斯托·桑佩尔（Ernesto Samper，哥伦比亚前总统），2017年1月离任后，秘书长一职空缺至今。

【总部】秘书处设在厄瓜多尔首都基多（Quito，República del Ecuador）。地址：Av.Manuel Cordova Galarza，Mitad del Mundo，17031。电话：593-2-3990900。电子邮箱：secretaria.general@unasursg.org。2018年，厄瓜多尔政府宣布收回南美国家联盟总部大楼。

【网址】http://www.unasursg.org。

【组织机构】（1）国家元首和政府首脑委员会：最高权力机构，每年举行1次例会。（2）外长委员会：负责筹备国家元首和政府首脑委员会会议并执行其决定，协调南美一体化等重要问题的立场，每半年召开1次例会。（3）代表委员会：由各成员国派1名代表组成，负责筹备外长委员会会议，并执行国家元首和政府首脑委员会会议及外长委员会会议决定，每2个月召开1次例会。（4）专门委员会：现有防务、卫生、能源、国际反毒、基础设施和规划、社会发展、教育、文化、科技创新、经济金融、选举及公民安全、司法与共同打击跨国有组织犯罪等12个专门委员会。(5)秘书处：负责处理日常事务。此外，还设有南美国家联盟议会，总部设在玻利维亚科恰班巴，但议会总部奠基后一直处于筹建中。2009年9月，宣布成立南方银行，启动资金200亿美元，总部设在委内瑞拉首都加拉加斯。成员为阿根廷、巴西、巴拉圭、乌拉圭、厄瓜多尔、玻利维亚、委内瑞拉7国，目前尚未正式运行。

【主要活动】2008年5月，南美联盟特别首脑会议在巴西首都巴西利亚召开，12个成员国元首或代表与会并共同签署《南美国家联盟组织条约》，标志着该组织正式成立。

2008年12月，南美联盟领导人特别会议在巴西举行，宣布成立“南美防务理事会”和“南美卫生理事会”。

2009年8月，南美联盟在厄瓜多尔首都基多举行年度首脑会议，讨论了国际金融危机、洪都拉斯局势、美国在哥伦比亚设立军事基地等议题，发表了《基多声明》，并宣布成立南美反毒、基础设施和计划、社会发展和教育、文化和科技创新4个专门委员会。

2010年2月，南美联盟特别首脑会议在基多举行，宣布设立总计3亿美元的海地震后重建基金，其中1亿美元自筹，2亿美元将寻求美洲开发银行贷款。同年5月，南美联盟特别首脑会议在阿根廷布宜诺斯艾利斯省卡达莱斯镇举行，会议以协商一致方式推举阿根廷前总统基什内尔担任南美联盟首任秘书长。会议还就南美能源战略及行动计划和南美能源条约框架达成一致。

2010年11月，南美联盟第4届首脑会议在圭亚那首都乔治敦举行。各方签署了民主议定书，规定对发生政变等违宪行为的成员国采取外交、政治和贸易制裁，并就加强团结、推进地区一体化、推动能源可持续发展、应对气候变化等议题进行了讨论。

2011年3月，南美联盟外长会在厄瓜多尔基多举行，宣布具有宪章性质的《南美国家联盟组织条约》生效，标志着联盟成为具有国际法人地位的地区组织。会议决定由哥伦比亚前外长梅希亚和委内瑞拉电力部长罗德里格斯先后担任联盟秘书长（任期各1年），接替于2010年10月去世的前任秘书长基什内尔。

2011年10月，南美联盟获得联合国观察员地位。同月29日，南美联盟在巴拉圭首都亚松森举行第5届首脑会议，会议发表联合声明，决定成立南美联盟选举理事会，并就主权、领土完整、人权、多元化发展和提高人民生活水平等议题进行了讨论。

2012年6月，南美联盟在阿根廷门多萨市召开特别首脑会议，就巴拉圭总统卢戈突遭弹劾进行讨论，要求巴遵守民主秩序，决定在2013年4月巴举行民主大选前暂停巴会员国资格，并由秘鲁临时接替巴担任轮值主席国。

2012年11月，南美联盟在秘鲁首都利马召开第6届首脑会议。会议以“一体化与社会融合、地区和平与安全”为主题展开探讨，决定成立公民安全、司法与打击有组织犯罪理事会，推动基础设施一体化建设和各领域合作，进一步消除贫困和不平等，促进共同防务，发表了包括《利马宣言》在内的多个文件。

2013年7月，南美联盟就玻利维亚总统莫拉莱斯专机飞行遇阻事在玻利维亚科恰班巴召开特别峰会。会议通过《科恰班巴宣言》，谴责法国和葡萄牙等欧洲国家临时取消莫拉莱斯总统专机空中飞行许可的行为，要求有关国家政府对此作出解释。

2013年8月，南美联盟在苏里南首都帕拉马里博举行第7届首脑会议。会议围绕推动南美一体化、完善联盟机制建设、深化各领域合作、构建南美共同身份及更好开发利用自然资源等议题进行讨论，并就叙利亚局势发表声明。会议通过了《帕拉马里博宣言》。

2014年7月，南美联盟同金砖国家领导人对话会在巴西利亚举行。与会各国领导人围绕“包容性增长的可持续解决方案”主题展开讨论，共商加强南美国家和金砖国家合作。

2014年12月，南美联盟先后在厄瓜多尔瓜亚基尔和首都基多两地举行特别首脑会议。其间，举行了联盟常设秘书处总部揭幕仪式。会议重点讨论了完善联盟机制建设、推进务实合作、构建南美共同身份等议题，并通过最终宣言。

2015年3月，南美联盟在厄瓜多尔首都基多举行特别外长会议，呼吁美国尊重委内瑞拉主权，废除对委实施制裁的行政法令，同委政府开展建设性对话。

2016年4月，南美联盟在厄瓜多尔基多举行外长会，宣布对厄瓜多尔启动自然灾害与风险管理协调互助机制，并关注巴西总统弹劾案进程。

【同中国的关系】无正式关系。中国曾以外长名义向联盟历任当选秘书长致贺电。

2014年12月，厄瓜多尔总统科雷亚致函邀请习近平主席赴厄首都基多出席联盟秘书处总部新大楼落成剪彩仪式。习主席复函致贺，并委派中国驻厄大使出席。2016年4月，中国政府拉美事务特别代表殷恒民访问联盟总部，与桑佩尔秘书长举行会谈。（张可心）

拉丁美洲议会

Parlamento Latinoamericano—PARLATINO

【成立日期】1964年12月7—11日，在秘鲁国会倡议下，阿根廷、巴西、哥伦比亚、哥斯达黎加、智利、萨尔瓦多、危地马拉、尼加拉瓜、巴拿马、巴拉圭、秘鲁、委内瑞拉和墨西哥等13国的119名议员在秘鲁利马召开会议，决定成立拉丁美洲议会。

【宗旨】促进拉美和加勒比国家的团结和地区一体化。

【成员】由拉美和加勒比的23个国家和地区的议员组成（截至2019年12月）：阿根廷、阿鲁巴（荷属）、玻利维亚、巴西、智利、哥伦比亚、哥斯达黎加、古巴、多米尼加、厄瓜多尔、萨尔瓦多、危地马拉、洪都拉斯、墨西哥、库拉索（荷属）、圣马丁荷属、尼加拉瓜、巴拿马、巴拉圭、秘鲁、苏里南、乌拉圭和委内瑞拉。每个成员议会各选出12名议员作为拉美议会议员参加活动，其任期由各成员议会确定。

【主要负责人】现任议长豪尔赫·皮萨罗·索托（Jorge Pizarro Soto，智利人），2019年6月当选，任期2年。

【总部】巴拿马首都巴拿马城（Ciudad de Panamá, Panamá）(1993年7月前设在秘鲁利马，2007年12月前设在巴西圣保罗)。

【网址】http://www.parlatino.org。

【组织机构】(1）大会：最高权力机构，每年举行1次会议。(2）领导委员会：大会休会期间负责日常工作，每6个月举行1次会议，必要时可举行特别会议。由议长、候补议长（2名）、副议长（每成员1名）、秘书长、候补秘书长（1名）、秘书（3名）、前议长和协商理事会等组成。议长由各成员议员轮流担任。(3）总秘书处：办事机构，兼有协调和监督的职能。负责召集会议，协助领导委员会准备大会议程和起草工作文件，散发协议、提案或声明，执行预算并向大会提出财政报告等。(4）常设委员会（13个）：政治、市政和一体化委员会，经济、社会债务和区域发展委员会，公民安全、打击和预防贩毒、恐怖主义及有组织犯罪委员会，教育、文化、科技和通讯委员会，卫生委员会，人权、司法和监狱政策委员会，性别平等、儿童和青年委员会，公共服务和保护用户及消费者委员会，劳动、社会保障和司法事务委员会，农业、畜牧业和渔业委员会，能源和矿产委员会，环境和旅游委员会，土著人和民族委员会。(5）特别委员会（3个）：经济紧急状况委员会，拉美监狱政策委员会，美洲自由贸易区研究委员会。(6）协商理事会：咨询机构，负责立法和政治咨询工作。

【主要活动】截至2019年12月，共举行了35次年会。

2008年1月，拉美议会总部由巴西圣保罗市迁至巴拿马首都巴拿马城。

2008年12月，拉美议会第24届年会在巴拿马城举行，主要就当前国际金融危机对拉美的影响、欧洲新移民政策对拉美移民的影响等议题进行了讨论。

2009年12月，拉美议会第25届年会在巴拿马城举行，着重就国际金融危机对拉美的影响、拉美社会经济政策以及消除贫困和不公等议题进行了讨论。

2010年12月，拉美议会第26届年会在巴拿马城举行，重点就拉美议会在拉美和加勒比地区一体化中应发挥的作用进行了讨论，表决通过洪都拉斯重返拉美议会，选举冈萨雷斯为拉美议会新议长。

2011年12月，拉美议会第27届年会在巴拿马城举行，会议就世界经济形势对拉美各国影响、拉美地区移民问题及拉美各国如何实现联合国千年发展目标等议题进行了深入讨论。

2012年11月，拉美议会第28届年会在巴拿马城举行，会议就当前严峻的世界经济形势及食品安全问题进行了深入讨论。

2013年10月，拉美议会第29届年会在巴拿马城举行，会议就地区卫生、检疫、医疗等领域问题进行了讨论。

2014年12月，拉美议会第30届年会暨拉美议会成立50周年庆祝大会在巴拿马城举行，会议高度评价拉美议会成立50年来在加强拉美国家政治对话、巩固地区民主体制、促进地区稳定发展、推动地区国家团结及一体化等方面发挥的积极作用，同时强调需着重应对有组织犯罪、非法移民等挑战。

2015年11月，拉美议会第31届年会在巴拿马城举行，会议重点围绕落实2030年可持续发展议程进行了讨论。

2016年12月，拉美议会第32届年会在巴拿马城举行，会议就推动收入平等、改进安全政策、打击毒品犯罪、提升民主质量等议题进行了讨论。

2017年6月，拉美议会第33届年会在巴拿马城举行，会议以“拉美和加勒比地区移民现状”为主题，深入探讨在世界经济持续低迷、“逆全球化”浪潮背景下，移民问题给地区带来的政治、安全和社会影响。呼吁地区国家以联合国通过的《关于难民与移民的纽约宣言》为契机，继续推进政府间谈判进程，为在2018年达成“安全、有序和正常移民”的全球契约作出积极努力。其间，还举行了“移民问题各国议会间高级别对话会”。

2017年11月，拉美议会第34届年会在巴拿马城举行，会议主题为“增加透明度，打击腐败”。

2019年6月，拉美议会第35届年会在巴拿马城举行，会议围绕落实2030年可持续发展目标、促进地区一体化、应对气候变化等主题进行讨论，选举豪尔赫·皮萨罗·索托为拉美议会新任议长。

【**同中国的关系**】拉美议会重视发展对华关系，双方互访不断。2003年6月，拉美议会议长洛佩斯致函中国驻巴西大使蒋元德，告知拉美议会领导委员会决定接纳中国全国人大为该组织观察员。2004年3月，双方签署《中华人民共和国全国人民代表大会常务委员会和拉丁美洲议会的合作协议》，中国全国人大正式成为拉美议会观察员。2015年3月，拉美议会议长卡斯蒂略率团访华，张德江委员长同其进行会谈，李源潮副主席同其举行会见。5月，阿尔卡拉当选拉美议会新任议长，张德江委员长向其致函祝贺。11月，全国人大外事委员会副主任委员率团出席了拉美议会第31届年会，并接受拉美议会向中国全国人大颁发的奖牌。2016年12月，全国人大外事委员会副主任委员曹卫洲率团出席拉美议会第32届年会，并分别会见拉美议会议长阿尔卡拉、各国议会联盟（议联）主席乔杜里和巴拿马国民议会议长德莱昂。2017年6月，全国人大外事委员会副主任委员曹卫洲率团出席拉美议会第33届年会。卡斯蒂略当选拉美议会新议长，全国人大常委会委员长张德江致电祝贺。同年11月，中国驻巴拿马使馆派员以观察员身份出席拉美议会第34届年会。

2018年11月，中方与拉美议会合作建设的“中国馆”在拉美议会总部落成。

2019年6月，全国人大外事委员会副主任委员陈国民率团出席拉美议会第35届年会，分别会见拉美议会新任议长皮萨罗、前议长卡斯蒂略、巴拿马国民大会副主席阿维拉等。全国人大常委会委员长栗战书致电祝贺皮萨罗当选拉美议会新一届议长。8月，拉美议会议长皮萨罗率团访华，全国人大常委会委员长栗战书、外交部副部长郑泽光分别会见。（冯涵宇）

美洲玻利瓦尔联盟

Alianza Bolivariana Para Los Pueblos de Nuestra América—ALBA

【**成立经过**】前身为“美洲玻利瓦尔选择”（又译为“美洲玻利瓦尔替代计划”）。2001年12月，委内瑞拉总统查韦斯在第3届加勒比国家联盟峰会上首次提出成立“美洲玻利瓦尔选择”的倡议。2004年12月，查韦斯访问古巴，与古国务委员会主席卡斯特罗发表关于创立该组织的联合声明并签署实施协定。2009年6月24日，“美洲玻利瓦尔选择”第6届特别峰会在委内瑞拉举行，宣布该组织更名为“美洲玻利瓦尔联盟”（ALBA）。

【**宗旨**】公正、互助、平等、合作、互补和尊重主权，以南美解放者玻利瓦尔的一体化思想为指导，通过“大国家”方案，加强地区政治、经济和社会合作，发挥各国优势，解决本地区人民最迫切的社会问题，消除贫困和社会不公，推动可持续发展，实现人民的一体化和拉美国家大联合，抵制和最终取代美国倡议的美洲自由贸易区。

【**成员国**】10个（截至2019年12月）：安提瓜和巴布达、古巴、多米尼克、尼加拉瓜、圣文森特和格林纳丁斯、圣卢西亚、委内瑞拉、圣基茨和尼维斯、格林纳达、苏里南。洪都拉斯、厄瓜多尔、玻利维亚原为成员国，分别于2010年1月、2018年8月、2019年11月宣布退出。

【**主要负责人**】前任秘书长戴维·乔克万卡（David Choquehuanca，玻利维亚籍）2019年11月卸任后，秘书长一职空缺。

【**网址**】http://www.portalalba.org/。

【**组织机构**】最高领导机构是总统理事会，下设部长理事会和社会运动理事会，另设政治、社会、经济、投资金融、能源、环境、青年等委员会。2009年10月，第7届峰会决定成立地区主权和防务常设委员会。上述机构定期召开会议，研究成员国间及与本地区其他国家发展与合作的相关问题。

【**主要活动**】截至2019年12月，美洲玻利瓦尔联盟共举行了17届峰会。

2009年10月，第7届峰会在玻利维亚科恰班巴市举行，9个成员国元首或代表、4个观察员国及俄罗斯、多米尼加等国代表出席。会议围绕建立地区统一货币机制“苏克雷”、设立区域仲裁机构、洪都拉斯局势及美国与哥伦比亚签订军事协议等议题进行了讨论，并发表共同声明。会议宣布将于2010年正式启用地区统一货币机制“苏克雷”。12月，第8届峰会在古巴首都哈瓦那举行，古巴、委内瑞拉、玻利维亚、尼加拉瓜4国元首与会，厄瓜多尔、洪都拉斯外长及多米尼克、安提瓜和巴布达、圣文森特和格林纳丁斯等国代表出席。会议总结了ALBA成立5周年来在经济、社会领域加强合作所取得的进展，各方围绕地区统一货币机制“苏克雷”、人民贸易协定、粮食安全、气候变化等议题进行讨论。

2010年4月，第9届峰会在委内瑞拉首都加拉加斯举行，委内瑞拉、古巴、玻利维亚、尼加拉瓜4国元首和联盟其他成员国代表与会，阿根廷和多米尼加总统作为特邀嘉宾出席。会议围绕“加勒比石油计划”、大型跨国企业、地区统一货币机制“苏克雷”等议题进行了讨论，并就加强ALBA银行及文化和体育领域合作进行交流。此外，与会各国领导人和代表还出席了委内瑞拉独立200周年庆祝活动。6月，第10届峰会在厄瓜多尔奥塔瓦洛举行，厄瓜多尔、委内瑞拉、玻利维亚3国总统、古巴国务委员会副主席及其他成员国代表与会。会议重点讨论了建设包容性社会、尊重多元文化、促进种族融合和保护环境等议题。

2012年2月，第11届峰会在委内瑞拉首都加拉加斯举行。会议就建立ALBA经济政策委员会、社会政策委员会和执行秘书处等问题达成一致，决定设立ALBA经济区以协调各成员国经济货币政策，推动相互间经贸往来，加快生产领域联合等。会议还就ALBA支持阿根廷声索马岛主权、支持古巴参加当年4月在哥伦比亚举行的第6届美洲峰会、支持波多黎各人民独立自主权利、谴责有关国家试图颠覆叙利亚政府的行径以及增加各成员国对海地援助等问题发表特别声明或公报，并决定在ALBA银行框架下建立储备基金。

2013年7月，第12届峰会在厄瓜多尔瓜亚基尔举行。联盟8个成员国领导人和高级代表与会，圣卢西亚、乌拉圭、阿根廷、巴西、苏里南、圭亚那和海地等国代表应邀出席。会议讨论了强化ALBA贸易协定、扩大地区统一货币机制“苏克雷”和增加社会民生领域的项目等议题，决定成立“常设跨领域咨商小组”，为有关国家提供社会经济领域风险预警；决定研究关于建立由ALBA、南方共同市场（MERCOSUR）及“加勒比石油计划”（PETROCARIBE）等组织和机制组成“互补经济区”的提议；批准接纳圣卢西亚为ALBA第9个成员国；峰会还通过了《ALBA太平洋宣言》。12月，ALBA和PETROCARIBE成员国在委内瑞拉首都加拉加斯召开特别峰会，两组织18个成员国国家元首、政府首脑或代表出席。会议决定探讨构建由ALBA、PETROCARIBE、MERCOSUR和加勒比共同体（CARICOM）组成的“互补经济区”，以整合各次区域一体化组织之间的交通与通信、生产培训、旅游、贸易和一体化及社会文化资源。会议成立了由牙买加、厄瓜多尔、委内瑞拉、多米尼加和尼加拉瓜等国代表组成的“互补经济区”建设领导小组，以协调同MERCOSUR和CARICOM的关系。

2014年10月，“应对埃博拉”特别峰会在古巴首都哈瓦那举行，成员国领导人、泛美卫生组织等国际和地区组织代表出席，此次峰会旨在推动地区合作，防范埃博拉在拉美蔓延。12月，第13届峰会在古巴首都哈瓦那举行。古巴、委内瑞拉、玻利维亚、尼加拉瓜、多米尼克、圣文森特和格拉纳丁斯、安提瓜和巴布达等11个成员国国家元首、政府首脑或代表出席。峰会围绕一体化机制建设、成员国间深化经贸、社会、医疗等领域合作展开讨论，决定接纳格拉纳达、圣基茨和尼维斯为新成员，并发表《峰会最终声明》。俄罗斯总统普京就峰会成功举办向劳尔主席发贺电。

2015年3月，在委内瑞拉首都加拉加斯举行特别峰会，古、委、玻、尼总统和厄外长等联盟成员国领导人和代表出席。会议发表联合声明，反对美国对委实施紧急状态，要求美停止对委敌对行动。

2016年12月，美洲玻利瓦尔联盟（ALBA）成立12周年庆祝活动在古巴哈瓦那举行。古巴国务委员会主席兼部长会议主席劳尔·卡斯特罗和委内瑞拉总统马杜罗出席活动。劳尔在发言中回顾了ALBA自成立以来在医疗、扫盲、教育等领域取得的突出成绩，高度评价其创立者菲德尔·卡斯特罗和查韦斯的历史功绩，称赞他们建立了“维护美洲家园不可逾越的战壕”，并重申对委政府的坚定支持。

2017年3月，第14届峰会在委内瑞拉首都加拉加斯举行。古巴、玻利维亚、尼加拉瓜、圣文森特和格林纳丁斯、圣基茨和尼维斯等国领导人及其他成员国代表出席。峰会选举玻前外长乔克万卡为联盟新秘书长，并通过成果文件《维护美洲团结、尊严和主权》，决定深入发展联盟内经济生产和社会民生，重启援助基金为在美拉美裔移民提供法律咨询和援助，并要求美政府停止对委政府和委副总统的制裁。

2018年3月，第15届峰会在委内瑞拉首都加拉加斯举行。委内瑞拉总统马杜罗、古巴国务委员会主席兼部长会议主席劳尔·卡斯特罗、玻利维亚总统莫拉莱斯、尼加拉瓜总统奥尔特加、多米尼克总理斯凯里特等12个成员国领导人或代表出席。峰会同时也为纪念查韦斯逝世5周年。与会代表发表共同声明，声援委政府，反对美西方干涉委内政，并支持加勒比国家灾后重建。

2018年12月，第16届峰会在古巴哈瓦那召开。古巴国务委员会主席兼部长会议主席迪亚斯–卡内尔、委内瑞拉总统马杜罗、玻利维亚总统莫拉莱斯、尼加拉瓜总统奥尔特加、多米尼克总理斯凯里特、圣文森特和格林纳丁斯总理冈萨维斯等6国领导人出席，安提瓜和巴布达等6国亦派代表参会。会议发表宣言，呼吁拉美和加勒比国家加强团结、坚定推进一体化进程；积极探讨加强同中国等域外国家合作；支持古巴、委内瑞拉人民自主选择发展道路，谴责美国霸权主义行径，敦促美解除对古封锁。峰会未形成具体合作成果，也未对厄瓜多尔“退盟”表态。

2019年12月，第17届美洲玻利瓦尔联盟峰会暨联盟成立15周年纪念峰会在古巴哈瓦那召开。古巴国家主席迪亚斯-卡内尔、委内瑞拉总统马杜罗、尼加拉瓜总统奥尔特加、圣文森特和格林纳丁斯总理冈萨维斯等联盟成员国元首、政府首脑及代表与会。会议发表联合声明，明确联盟将继续推动一体化进程，促进团结与合作统一阵线；重申支持委内瑞拉、尼加拉瓜政府和玻利维亚左翼领导人莫拉莱斯；严厉批评美国对拉政策，强烈反对美国干涉拉美国家内政。

【同中国的关系】无正式关系。（冯涵宇）

加勒比共同体

Caribbean Community—CARICOM

【成立经过】根据1973年7月巴巴多斯、圭亚那、牙买加、特立尼达和多巴哥4国总理签署的《查瓜拉马斯条约》发起创立，同年8月1日，加勒比共同体（简称“加共体”）正式宣告成立。

【宗旨】以推动经济一体化、加强外交政策协调、促进人文社会发展和深化安全合为支柱，促进地区一体化和成员间合作。具体目标包括：提高人民生活水平，促进充分就业；推动经济快速、持续、协调发展；扩大与第三国经贸关系；提高生产力水平，提升国际竞争力；建立加勒比单一市场和经济，促进生产要素自由流动；协调对外政策；在文教、卫生、通信及工业等领域开展合作。

【成员】正式成员15个：安提瓜和巴布达、巴哈马、巴巴多斯、伯利兹、多米尼克、格林纳达、圭亚那、海地、牙买加、圣基茨和尼维斯、圣卢西亚、圣文森特和格林纳丁斯、苏里南、特立尼达和多巴哥、蒙特塞拉特（英属）。准成员5个：安圭拉（英属）、百慕大（英属）、英属维尔京群岛、开曼群岛（英属）、特克斯和凯科斯群岛（英属）。观察员8个：阿鲁巴（荷属）、哥伦比亚、多米尼加、墨西哥、圣马丁（荷属）、库拉索（荷属）、波多黎各（美属）、委内瑞拉。

【主要负责人】秘书长欧文·拉罗克（Irwin La Rocque，多米尼克籍），2011年7月上任，任期5年，2016年连任。

【总部】秘书处设在圭亚那首都乔治敦。地址：P.O.Box10827，Georgetown，Guyana。电话：592-2220001-75；传真：2220171。电子邮箱：info@caricom.org。

【网址】http://www.caricom.org

【出版物】《加勒比共同体观察》（Caricom Perspective），季刊；《加勒比共同体消息》（Caricom Release），不定期；《加共体观点》（Caricom View），双月刊；《事实档案》（Facts on File），年刊；《秘书长年度报告》。

【组织机构】1. 政府首脑会议：系最高权力和决策机构。由成员政府总理组成（圭亚那和苏里南为总统，蒙特塞拉特为首席部长）。主要职责：制定共同体方针政策；代表共同体对外缔结条约，与其他国际组织或国家建立关系；负责共同体财务安排。1992年10月，政府首脑特别会议决定设立首脑会议局，它由政府首脑会议本届、上届和下届主席及共同体秘书长4人组成，主要职责是推动落实共同体的各项决定。2. 部长理事会：其权力仅次于政府首脑会议，由各成员负责共同体事务的部长或其他部长组成。主要职责：制订共同体战略计划，协调地区经济一体化、功能性合作和对外关系。3. 专业部长理事会：（1）贸易与经济发展理事会；（2）外交与共同体事务理事会；（3）人文与社会发展理事会；（4）金融与计划理事会；（5）国家安全与执法理事会。4. 专门委员会：（1）法律事务委员会；（2）预算委员会；（3）中央银行行长委员会。5. 秘书处：设秘书长和副秘书长各1人。秘书长是加共体的首席行政长官，由政府首脑会议根据部长理事会的推荐任命，任期5年，可连任。秘书处主要职能：为上述主要机构的会议提供服务，落实会议决定；组织相关专题研究；收集信息；制定预算草案等。

【专门机构】加勒比灾难急救署、加勒比气象研究院、加勒比气象组织、加勒比环境卫生研究院、加勒比农业研究与开发所、加共体议员联合会、加勒比开发管理中心、加勒比食品与营养研究所、加勒比法院。

【联系机构】加勒比开发银行、圭亚那大学、西印度大学、加勒比法律研究院、加勒比法律研究中心、东加勒比国家组织。

【主要活动】截至2020年4月，加勒比共同体共举行了40届政府首脑会议和31次届间政府首脑会议。

第36届政府首脑会议于2015年7月2—4日在巴巴多斯举行。会议就加共体决议制定程序、可持续发展、加勒比大学在地区发展抗冲击能力和财富创造中的角色及可再生能源等问题进行讨论。会议发表了联合公报和《加共体应对气候变化行动宣言》。

第27次届间政府首脑会议于2016年2月16—17日在伯利兹珀拉什奇亚举行。会议决定成立以安巴总理布朗为首的高级别游说团，解决地区代理银行业危机；采取措施防范寨卡疫情扩散；成立加共体国家安全理事会；支持巴黎气候变化大会上达成的温控目标。

第37届政府首脑会议于2016年7月4—6日在圭亚那首都乔治敦举行。会议重点就深化安全合作、推进统一市场建设、促进旅游便利化、应对代理银行业危机、疾病防控、苏里南政局等议题进行讨论。

第28次届间政府首脑会议于2017年2月16—17日在圭亚那乔治敦举行。会议就深化地区安全合作、应对代理银行业危机、推动信息通信技术发展等议题进行讨论。

第38届政府首脑会议于2017年7月4—6日在格林纳达圣乔治举行。会议重点就深化安全合作、推进单一市场建设、推动可持续发展和2030人力资源发展战略落实、加强航空运输合作和疾病防控等议题进行讨论。

第29次届间政府首脑会议于2018年2月26—27日在海地太子港举行。会议围绕维护地区安全，共同打击犯罪，应对气候变化挑战等重点议题进行讨论。

第39届政府首脑会议于2018年7月4—6日在牙买加蒙特哥贝举行。会议主题为“致力于建设更加繁荣、坚韧和安全的伙伴关系”，与会各方就推进加共体单一市场和经济建设、应对气候变化及提高区内互联互通水平进行讨论。

第30次届间政府首脑会议于2019年2月26—27日在圣基茨和尼维斯弗利盖特湾举行。会议围绕建设加共体单一市场和经济、应对气候变化等挑战、委内瑞拉问题、打击犯罪等议题进行讨论。

第40届政府首脑会议于2019年7月3—5日在圣卢西亚举行，会议重点讨论了委内瑞拉局势、建设加共体单一市场和经济、建设打击犯罪与安全体系等议题。

第31次届间政府首脑会议2020年2月18—19日在巴巴多斯布里奇顿举行，会议主要围绕建设加共体单一市场和经济、应对新型冠状病毒、地区安全、维护财政金融安全、成员领土争端等问题进行讨论。

【同中国的关系】无正式关系。2008年11月，加勒比共同体秘书长卡林顿访华，全国人大常委会副委员长乌云其木格、外长杨洁篪分别会见。其间，卡代表加共体签署2010年上海世博会参展协议。2010年，卡林顿出席上海世博会加共体馆日活动。2017年，中国政府拉美事务特别代表殷恒民应邀出席在格林纳达举行的第38届加共体政府首脑会议。2018年，王毅国务委员兼外长访问圭亚那期间，到访加共体秘书处，就加强中国同加共体关系同拉罗克秘书长举行会晤。

（王学军）

加勒比国家联盟

Association of Caribbean States—ACS

【成立经过】1990年加勒比共同市场协调委员会会议提出建立加勒比国家联盟（简称“加国联”）的倡议。1993年6月，第14届加勒比共同体政府首脑会议决定以加勒比共同体为核心建立加国联。1994年7月24日，加勒比地区25个国家和12个未独立地区的代表在哥伦比亚海滨城市卡塔赫纳签署纪要，正式成立加国联。

【宗旨】加强成员间政治、经贸、文化等各领域协调与合作，推动地区一体化进程，共同保护加勒比海环境，促进大加勒比地区可持续发展。

【成员】正式成员25个：安提瓜和巴布达、巴哈马、巴巴多斯、伯利兹、哥伦比亚、哥斯达黎加、古巴、多米尼克、多米尼加、萨尔瓦多、格林纳达、危地马拉、圭亚那、海地、洪都拉斯、牙买加、墨西哥、尼加拉瓜、巴拿马、圣基茨和尼维斯、圣卢西亚、圣文森特和格林纳丁斯、苏里南、特立尼达和多巴哥、委内瑞拉。准成员11个：阿鲁巴（荷属）、博内尔（荷属）、库拉索（荷属）、圭亚那（法属）、瓜德罗普（法属）、马提尼克（法属）、萨巴（荷属）、圣巴托洛缪（法属）、圣马丁（法属）、圣尤斯特歇斯（荷属）、圣马丁（荷属）。观察员28个：阿根廷、白俄罗斯、玻利维亚、巴西、加拿大、智利、厄瓜多尔、埃及、芬兰、印度、意大利、哈萨克斯坦、韩国、荷兰、摩洛哥、沙特、秘鲁、俄罗斯、塞尔维亚、斯洛文尼亚、西班牙、土耳其、英国、乌克兰、乌拉圭、日本、阿联酋和巴勒斯坦。

【主要负责人】秘书长琼·苏莫尔（June Soomer，女，圣卢西亚籍），2016年6月就任，任期至2020年。

【总部】秘书处设在特立尼达和多巴哥首都西班牙港。地址：5–7 SweetBriarRoad，St.Clair，P.O.Box 660，Port of Spain，Trinidad and Tobago。电话：001-868-6229575；传真：6221653。电子邮箱：mail@acs-aec.org。

【网址】http://www.acs-aec.org。

【组织机构】部长理事会是加国联主要决策机构，每年举行一次会议。下设贸易发展和对外经济关系、预算和行政、可持续旅游、运输、减灾5个专门委员会。

【主要活动】截至2020年4月，加国联举行了8届首脑会议和24届部长理事会会议。2014年4月，加国联第6届首脑会议在墨西哥城市梅里达举行。会议通过《梅里达宣言》，庆祝加国联成立20周年，重申一体化承诺。

2016年6月，加国联第7届首脑会议在古巴首都哈瓦那举行。会议以“推动大加勒比可持续发展”为主题，围绕贸易投资、交通便利、旅游发展、共同应对气候变化和自然灾害等议题进行讨论，通过《哈瓦那宣言》和加国联《2016—2018年行动计划》。

2018年3月14—16日，加国联第23届部长理事会和第2届合作会议在委内瑞拉玛格丽特岛举行。会议就携手应对气候变化挑战，开展防灾减灾合作，促进地区发展等议题进行讨论。

2019年3月29—31日，加国联第8届首脑会议、第24届部长理事会暨第3届合作会议在尼加拉瓜首都马那瓜举行。会议以“加勒比共同努力应对气候变化”为主题，围绕促进区内贸易、运输、旅游、防灾等领域合作进行讨论，并通过《马那瓜宣言》和《2019—2021行动计划》。

【同中国的关系】无正式关系。2017年3月，中国驻古巴大使陈曦应邀出席加国联首届合作会议。2018年3月，中国政府拉美事务特别代表殷恒民大使出席在委内瑞拉玛格丽特岛举行的加国联第2届合作会议。

（王学军）

东加勒比国家组织

Organization of Eastern Caribbean States—OECS

【成立经过】1981年6月18日，东加勒比地区7个岛国和未独立地区在圣基茨和尼维斯首都巴斯特尔签署《巴斯特尔条约》，东加勒比国家组织（简称“东加组织”）宣告成立。

【宗旨】促进成员国间合作，维护主权、独立和领土完整；推动经济一体化；协调外交政策；在海外设立联合外交机构。

【成员】正式成员7个：安提瓜和巴布达、多米尼克、格林纳达、圣基茨和尼维斯、圣卢西亚、圣文森特和格林纳丁斯、蒙特塞拉特（英属）。准成员3个：安圭拉、维尔京群岛（英属）、马提尼克岛（法属）。

【主要负责人】秘书长迪达克斯·朱尔斯（Didacus JULES，圣卢西亚籍），2014年5月就任。东加组织主席由成员政府首脑轮流担任。

【总部】东加组织委员会设在圣卢西亚首都卡斯特里。地址：P.O.Box 179，Castries，Saint Lucia。电话：（001–758）4522537，4556327；传真：4531628。电子邮箱：oesec@oecs.org。

【网址】http://www.oecs.org。

【组织机构】（1）政府首脑会议：最高权力机构，通常每年召开2次会议；（2）部长理事会；（3）东加组织大会，负责审批法律法规；（4）经济事务理事会；（5）东加组织委员会，日常管理和执行机构。此外，还设有东加勒比最高法院、中央银行、民航局、电信局等专门机构。

【主要活动】2009年12月，东加组织在圣基茨签署《新巴斯特尔条约》，宣布拟成立经济联盟。

2010年6月，东加组织第51届政府首脑会议在圣卢西亚举行，会上签署了《东加勒比国家组织经济联盟条约》，宣告经济联盟正式启动。条约规定，联盟内将实现人员、商品、服务和资本的自由流动，成员将在立法、司法、外交、对外贸易谈判、商品和服务贸易、教育、通信、知识产权保护、交通、公共管理等领域采取共同立场。

2011年1月，《新巴斯特尔条约》正式生效。第52届政府首脑会议在格林纳达举行，会议就落实经济联盟条约和成立东加组织议会进行了讨论。3月，东加组织举行特别首脑会议，讨论了机构组成、预算以及驻外代表机构等问题，原则同意设立东加勒比能源管理局。5月，第53届政府首脑会议在圣文森特和格林纳丁斯举行，讨论了经济联盟建设及《新巴斯特尔条约》批约等议题。

2012年1月，第54届政府首脑会议在圣卢西亚举行，重点讨论了地区增长和发展战略，并制定共同旅游政策。6月，第55届政府首脑会议在圣文森特和格林纳丁斯举行，就设立经济事务委员会、东加组织议会揭幕、同欧盟关系等议题进行讨论。11月，第56届政府首脑会议在多米尼克举行，就内部机制建设和吸纳马提尼克（法属）为准成员等问题进行讨论。

2013年6月，第57届政府首脑会议在安提瓜和巴布达举行，就组织发展战略、经济联盟建设、海洋政策及内部机制建设等进行讨论。11月，第58届政府首脑会议在蒙特塞拉特举行，重点讨论了东加组织扩员及日本向东加组织渔场提供资助等问题。

2015年2月，第60届政府首脑会议在马提尼克举行，就加强经济联盟建设、完善财政支持、设立竞争委员会等问题进行讨论，并批准马提尼克成为准成员。7月，第61届政府首脑会议在格林纳达举行，会议就东加组织委员会工作、年度预算、最高法院工作规划及卫生合作等进行讨论。11月，第62届政府首脑会议在多米尼克举行，会议重点讨论了气候变化、食品安全、医疗卫生领域合作等问题。

2016年6月，第63届政府首脑会议首次以视频会议形式举行，会议就东加委员会年度工作计划和预算、最高法院预算等议题进行讨论。

2017年3月，第64届政府首脑会议在圣基茨和尼维斯举行，会议就加快一体化进程、提高东加组织对外代表性、加强独立和非独立成员间协作等议题进行讨论。

2018年6月，第65届政府首脑会议在圣卢西亚举行，会议就加快一体化进程、整合驻外机构并强化驻外机构职能、加强农业、教育、民航、气候变化等领域协作等议题进行讨论。

2018年10月，第66届政府首脑会议在圣文森特和格林纳丁斯举行，会议就提高东加组织对外代表性、投资移民项目、气候变化、民航合作、加强高等教育等议题进行讨论。

2019年6月，第67届政府首脑会议在安提瓜和巴布达举行，会议就提高东加组织对外代表性、投资移民项目、东加委员会工作规划和预算等议题进行讨论。

2020年2月，第68届政府首脑会议在圣基茨和尼维斯举行，会议就提高东加组织对外代表性、民航合作、促进贸易和农渔业发展、东加组织下属机构财政持续性等议题进行讨论。

【同中国的关系】无正式关系。2010年3月，东加勒比国家组织秘书长伊什梅尔访华，这是该组织秘书长首次访华。

（王学军）

太平洋岛国论坛

Pacific Islands Forum—PIF

【成立日期】1971年8月5—7日，斐济、萨摩亚、汤加、瑙鲁、库克群岛、澳大利亚和新西兰在惠灵顿召开南太平洋七方会议，正式成立“南太平洋论坛”，并决定此后每年召开1次会议。2000年10月，论坛更名为“太平洋岛国论坛”。

【宗旨】加强论坛成员间在贸易、经济发展、航空、海运、电讯、能源、旅游、教育等领域及其他共同关心问题上的合作和协调。近年来，论坛加强了在政治、安全等领域的对外政策协调与区域合作。

【成员】18个成员：澳大利亚、新西兰、斐济、萨摩亚、汤加、巴布亚新几内亚、基里巴斯、瓦努阿图、密克罗尼西亚、所罗门群岛、瑙鲁、图瓦卢、马绍尔群岛、帕劳、库克群岛、纽埃、新喀里多尼亚（法属）、波利尼西亚（法属）。

1个准成员：托克劳。

12个特别观察员：瓦利斯和富图纳、英联邦、联合国、亚洲开发银行、萨摩亚（美属）、关岛（美属）、东帝汶、北马里亚纳自由联邦、非加太集团、中西部太平洋金枪鱼管理委员会、世界银行、国际移民组织。2009年5月，太平洋岛国论坛宣布中止斐济成员资格。2014年9月，斐济举行大选后，论坛恢复斐济成员资格。2019年8月，斐总理姆拜尼马拉马时隔10年再次出席在图瓦卢举行的论坛领导人会议。

【主要负责人】秘书长梅格·泰勒（Meg Taylor，女，巴布亚新几内亚籍），2014年8月当选，2017年9月连任。负责战略伙伴关系与总体协调事务的副秘书长克里斯蒂尔·普拉特（Christelle Pratt，女，新西兰人）。

【总部】论坛秘书处设在斐济首都苏瓦。

【网址】http://www.forumsec.org.fj。

【出版物】《秘书处年度报告》（Pacific Islands Forum Secretaritat Annual Report）；《论坛述评》（Forum Review），月刊。均为英文。

【组织机构】1972年建立常设机构——南太经济合作局（SPEC），1988年改称“南太论坛秘书处”。设论坛秘书长，由论坛成员政府代表投票产生，对论坛成员负责；设副秘书长，系合同聘用，协助秘书长工作。下设经济治理司、政治和安全司、战略伙伴和协调司，各司设司长。论坛秘书处总部共有约120名官员和职工。在悉尼、奥克兰设有贸易与投资专员署，在东京设有太平洋岛屿中心，2002年在北京开设驻华贸易代表处（2012年更名“太平洋岛国贸易与投资专员署”），2003年底在日内瓦设立驻世界贸易组织代表处。

论坛秘书处财政预算由澳大利亚和新西兰各支付1/3，其余部分由其他岛国成员分摊。目前向秘书处提供捐助的国家、地区和组织有：中国、澳大利亚、加拿大、欧盟、法国、波利尼西亚（法属）、德国、日本、韩国、马来西亚、新西兰、菲律宾、英国、联合国开发计划署，台湾当局也向秘书处提供捐助。

论坛秘书处和8个相对独立的机构组成太平洋地区组织理事会（CROP），由论坛秘书长担任主席。这8个组织为：论坛渔业局（FFA）、斐济医学院（FSchM）、太平洋岛屿发展署（PIDP）、太平洋电能协会（PPA）、太平洋区域环境规划署（SPREP）、太平洋共同体秘书处（SPC）、南太平洋旅游组织（SPTO）、南太平洋大学（USP）。2004年太平洋岛国论坛首脑会议通过决议，决定对地区组织进行机构重组。2006年，论坛首脑会议审议通过了《改革地区机制框架报告》，为地区组织机构重组描绘了“路线图”。根据论坛有关决议和《报告》，地区组织将整合为3大类，分别是政治政策类、技术服务类和教育培训类。

【主要活动】论坛首脑会议：论坛一般每年召开1次政府首脑会议，在各成员国或地区轮流举行。截至2019年，已举行了50届论坛首脑会议（1972年召开了2次）。

最近一次太平洋岛国论坛领导人会议于2019年8月13—16日在图瓦卢举行。

论坛会后对话会：从1989年起，论坛决定邀请中、美、英、法、日和加拿大等国出席论坛首脑会议后的对话会议。1991—2007年，论坛先后接纳欧盟、韩国、马来西亚、菲律宾、印度尼西亚、印度、泰国、意大利为对话伙伴。2014年接纳土耳其、西班牙为对话伙伴。2016年接纳德国为对话伙伴。目前，论坛共有18个对话伙伴，已举行31次对话会议。

论坛外交部长会议：为协调并解决成员共同关心的政治问题，首脑会议不定期授权论坛成员外长就特定议题召开会议。第46届论坛首脑会决定，自2016年起，论坛将每年在首脑会议前召开外长会议。

论坛经济部长会议：为协调和支持各成员的经济改革，从1997年起，论坛每年在首脑会议前召开经济部长会议。

论坛贸易部长会议：为协调和推动地区贸易自由化，从1999年起，论坛每年在首脑会议前召开贸易部长会议。

论坛与日本领导人会议由日本倡议和推动，始于1997年，每3年举办1次，旨在密切日本与论坛成员关系。2009年5月，在日本冲绳举行了第5届会议，日本承诺3年内向岛国提供500亿日元援助，为岛国培训人员并开展人员交流。会议并决定设立“太平洋环境共同体”，以共同应对面临的环境问题。2012年5月，在日本冲绳举行了第6届会议，发表共同宣言，强调日本和岛国将加强在减灾、环境和气候变化、可持续发展、人员交流以及海洋安全等五大领域合作。日本承诺3年内向岛国提供5亿美元援助。2015年5月，在日本福岛举行第7届会议，讨论了防灾减灾、气候及环境变化、人文交流、可持续发展和海洋事务等议题，发表《福岛磐城宣言》。日本宣布未来3年向岛国提供至少550亿日元（约4.53亿美元）援助。

2018年5月，在日本福岛举行第8届会议，重点讨论气候变化、可持续发展、海洋保护等议题，发表领导人联合宣言。

论坛自1989年亚太经合组织成立时起，即为其观察员。1994年起，论坛成为联合国观察员。

【同中国的关系】1988年2月，中国驻斐济大使徐明远应邀参加论坛地区机构协调委员会在苏瓦召开的关于建立对话关系的讨论会。1990年起，中国连续30次派政府代表出席对话会，加强了中国同论坛及其成员的合作关系。2017年9月7日，中国—太平洋岛国论坛对话会特使杜起文作为中国政府代表出席在萨摩亚首都阿皮亚举行的第29届太平洋岛国论坛对话活动，围绕海洋治理、气候变化等议题阐明中方的立场和主张，并重点介绍了中国在帮助岛国发展海洋经济、保护海洋环境、提升应对气候变化能力等方面所作巨大努力和取得的成果。杜还介绍了中国同太平洋岛国关系发展情况、中国对岛国政策以及“一带一路”倡议，并表示中方愿继续支持岛国实现经济社会发展。2018年9月4日，中国—太平洋岛国论坛对话会特使杜起文作为中国政府代表出席在瑙鲁举行的第30届太平洋岛国论坛对话活动。2019年8月16日，中国—太平洋岛国论坛对话会特使王雪峰作为中国政府代表出席在图瓦卢举行的第31届太平洋岛国论坛对话活动。

论坛秘书长亨利·纳萨利（1991年4月）、耶雷米亚·塔巴伊（1992年9月）、诺埃尔·莱维（1999年5月、2002年9月）、格雷戈里·厄尔文（2006年8月）、图伊洛马·斯莱德（2013年6月、11月）、梅格·泰勒（2017年3月）以及副秘书长威廉·萨瑟兰（1994年3月）、安东尼·斯莱切耶（1997年7月）、约瑟法·迈亚瓦（2004年4月参会）、彼得·福劳（2007年8月、2010年7月参会）曾访华。2001年10月，论坛秘书长莱维率观察员代表团出席了在上海举行的亚太经合组织外交外贸双部长会议。

2000年10月，中国政府代表、时任外交部副部长杨洁篪与论坛秘书长莱维换文，中国政府捐资设立中国—论坛合作基金，用于促进双方在贸易投资等领域内的合作。基金设立后，已先后资助了论坛驻华贸易代表处、投资局长年会、论坛秘书处信息存储系统更换、论坛进口管理等项目。2005年10月，中国政府决定资助“太平洋计划”项下港口综合开发、地区航空安排、乡村边远地区信息化建设3项目（2006—2010年），并向地区安全基金捐款。2010年8月，时任外交部副部长崔天凯在出席第22届太平洋岛国论坛对话会期间，宣布中国政府决定2011—2015年为中国—太平洋岛国论坛合作基金增资200万美元，用于双方商定的合作项目。2011年和2012年，中方通过基金资助太平洋岛国论坛继续实施港口综合开发、地区航空安排、乡村边远地区信息化建设等项目。

2006年4月，国务院总理温家宝在斐济出席中国—太平洋岛国经济发展合作论坛首届部长级会议开幕式期间，会见了与会的论坛秘书长厄尔文。2008年9月，中国—太平洋岛国经济发展合作论坛投资、贸易、旅游部长级会议在厦门举行，库克群岛和萨摩亚副总理及其他太平洋岛国多位部长级官员出席。2013年11月，国务院副总理汪洋在广州出席第2届中国—太平洋岛国经济发展合作论坛开幕式期间，会见了与会的论坛秘书长斯莱德。2019年10月，论坛秘书长泰勒出席在萨摩亚举行的第3届中国—太平洋岛国经济发展合作论坛。

2010年1月，中国—太平洋岛国论坛对话会特使杜起文访问斐济期间会见太平洋岛国论坛秘书长斯莱德。2010年8月、2011年9月和2012年8月，外交部副部长崔天凯在出席太平洋岛国论坛会后对话会期间先后3次会见论坛秘书长斯莱德。2012年12月和2013年5月，中国—太平洋岛国论坛对话会特使李强民访问斐济期间两次会见斯莱德秘书长。2014年4月和8月，中国—太平洋岛国论坛对话会特使杜起文访问斐济，在帕劳出席太平洋岛国论坛会后对话会期间会见斯莱德秘书长。2015年4月和9月，杜起文特使分别在斐济和巴布亚新几内亚会见论坛秘书长泰勒。2019年8月，中国—太平洋岛国论坛对话会特使王雪峰在图瓦卢出席太平洋岛国论坛对话活动期间会见泰勒秘书长。

2004年10月、2006年11月、2008年11月、2009年11月、2011年6月和2012年7月，中国外交部分别举办太平洋岛国论坛高级外交官培训班，来自中国8个建交岛国和论坛秘书处的外交官应邀参加。2003年8月、2005年9月、2007年11月、2011年9月、2013年9月和2014年11月，中国外交部先后邀请太平洋岛国联合新闻团来华参观采访。2010年5月，上海世博会南太平洋旅游组织、太平洋岛国论坛荣誉日活动在上海世博园举行。同年7月，太平洋岛国论坛驻华贸易代表处在上海举办中国—太平洋岛国旅游、贸易与投资合作研讨会。

2013年6月，应中国外交部邀请，论坛秘书长斯莱德访华并出席太平洋岛国论坛驻华贸易代表处更名仪式，国务委员杨洁篪、外交部长王毅以及外交部部长助理郑泽光分别会见斯一行。

2017年3月，论坛秘书长泰勒结合出席博鳌亚洲论坛2017年年会有关活动访华，外交部长王毅在北京会见泰勒一行。

【驻华代表机构】太平洋岛国贸易与投资专员署（Pacific Islands Trade & Invest）。2002年9月正式开馆，前称“太平洋岛国论坛驻华贸易代表处”，2012年3月更现名。宗旨是“为太平洋岛国和中国创造更多机会”，主要工作是促进太平洋岛国与中国之间的贸易、投资和旅游合作。贸易专员：特雷莫阿纳·马托（代理专员，库克群岛籍）。专员署地址：北京市朝阳区塔园外交人员公寓5号楼1单元3层1号。电话：010-65326622。电子信箱：answers@pifto.org.cn。网址：http://www.pifto.org.cn。（姜君）

北欧理事会

The Nordic Council

【成立经过】1952年3月，丹麦、冰岛、挪威、瑞典四国就成立北欧理事会达成协议，1953年2月13日，在哥本哈根召开北欧理事会第1届全体会议。1956年芬兰加入，1970年奥兰群岛和法罗群岛分别加入芬兰、丹麦代表团。1984年，格陵兰岛代表作为丹麦代表团成员与会。

【宗旨】北欧理事会是北欧各国议会之间及议会和政府之间协商北欧合作事务的机构，具有动议、咨询和监督功能。根据1962年5国签订的《赫尔辛基条约》（《北欧理事会宪章》），理事会宗旨是：维持和发展北欧国家间在立法、文化、社会和经济政策、交通运输和通讯方面的合作。条约规定，理事会对北欧合作进行探讨，向北欧部长理事会或北欧各国政府提出建议，并敦促贯彻执行，以加强和扩大北欧国家间合作。该组织是北欧国家议会和政府间的协商和咨询机构。近年来，更加关注文化、儿童、青年、信息、可持续发展和民主问题。

【成员】5个：丹麦、瑞典、芬兰、挪威、冰岛；3个内部自治区：奥兰群岛（芬）、法罗群岛（丹）和格陵兰岛（丹），不具备完全成员资格。

【主要负责人】2019年，理事会主席团主席先后由瑞典人杰西卡·波尔弗加德（Jessica Polfjärd）和汉斯·沃尔马克（Hans Wallmark）担任，总任期1年。

【总部】主席团秘书处设在丹麦哥本哈根。地址：Ved Stranden 18，1061 Copenhagen K。

【出版物】《北欧政治》（Politiki Norden），季刊。另设《时事通讯》，周刊。

【网址】http://www.norden.org。

【组织架构】（1）理事会：最高权力机构。由从成员国议员中选出的87名理事组成，瑞典、丹麦（包括法罗群岛和格陵兰）、芬兰（包括奥兰群岛）、挪威各20名，冰岛7名，任期1年。内分社民党、保守党、自由党、中间党、左翼党5个党团，自设秘书。

（2）理事会主席团：负责会议准备、议题拟定、工作程序和行政管理等事务。设主席、副主席各1人及13名成员。理事会每年召开秋季年会期间，选举产生理事会主席团主席、副主席。

（3）理事会下设文化教育、可持续发展、经济增长、环境保护、福利、监察、选举委员会6个专门委员会。

（4）主席团秘书处：协助各国秘书处、党团进行理事会的准备工作。

（5）各国秘书处：为各国代表团服务，负责会议筹备、特殊事务顾问和公众宣传。

（6）北欧理事会在圣彼得堡、里加、塔林和维尔纽斯等地设有办事机构。

（7）理事会年预算约1.5亿美元，由5国按比例分摊。除自身行政费用开支外，主要用于理事会设在各国各地的教育、文化、科研及环保等机构工作。

【会议形式】北欧理事会每年春秋两季分别举行“例行会议”和“主题会议”。五国政府首脑和部长均可与会，但表决权仅限于理事会成员。波罗的海三国、俄罗斯及议题相关方代表也可受邀与会。上述两会是北欧理事会的最高议事机构，议题涵盖北欧合作的各方面，近年来，特别加大了对全球化、气候变化、域内人口流动、警务、卫生合作等的关注。

【决议程序】理事会成员有权提出动议，经主席团审议表决。如获通过，则交由北欧部长理事会和各国政府进行审议并决定执行。理事会的决议不具有强制执行力，须通过成员国议会采取相应行动后才能落实，即各成员国在自愿基础上，决定是否采纳理事会决议。决议通过后，理事会通过建议、声明、研讨会等方式极力促成各国实施。

【主要活动】北欧国家间已经实现的主要合作有：统一的劳务市场，侨民享受侨居国的社会福利，设立北欧文化基金和工业发展基金，组建北欧投资银行等。瑞典、丹麦、芬兰、挪威四国1958年开始实施互免签证协定，冰岛和法罗群岛（丹）分别于1965年和1966年加入。2001年3月，北欧五国同时实施《申根协定》。

2019年10月29—31日，北欧理事会第71次会议在瑞典首都斯德哥尔摩召开，主要就气候变化、可持续发展、青年等议题进行了讨论。

【与北欧部长理事会关系】北欧部长理事会系北欧各政府同北欧理事会联系与协调的渠道。北欧理事会与北欧部长理事会没有隶属关系，但北欧理事会通过审阅部长理事会的年度报告和会议质询等方式对后者施加影响。

【与波罗的海三国关系】1991年11月，北欧理事会参加在爱沙尼亚首都塔林举行的第1届波罗的海大会（Baltic Assembly），标志北欧理事会与波罗的海三国开始合作。1992年双方签署合作协议，正式启动北欧五国与波罗的海三国的合作，又称“5+3”合作。2000年8月，在丹麦米泽法尔特举行的北欧与波罗的海外长会更名为“NB8”（Nordic-Baltic Eight）。2005年1月，波罗的海三国成为北欧投资银行成员国。（杨辛）

北欧部长理事会

The Nordic Council of Ministers

【成立时间】1971年。

【职能】北欧政府间合作机制，北欧五国政府间和北欧国家政府与北欧理事会之间合作与联系的渠道。部长理事会向北欧理事会会议提出建议，报告五国的合作情况。

【成员】5个：瑞典、丹麦、芬兰、挪威、冰岛。3个内部自治区：奥兰群岛（芬）、法罗群岛（丹）和格陵兰岛（丹）参与部长理事会工作，但不具备完全成员资格。

【运行机制】北欧部长理事会主席国在北欧五国间，按照丹麦、芬兰、挪威、瑞典和冰岛的次序轮值，任期1年。2019年轮值主席国为冰岛。包括11个部长理事会，分别为北欧合作部长理事会，劳工部长理事会，商业、能源、区域政策部长理事会，渔业、农业、食品和林业部长理事会，性别平等部长理事会，文化部长理事会，司法部长理事会，环境部长理事会，健康和社会事务部长理事会，教育和研究部长理事会，财政部长理事会。还设有15个高官委员会，负责文化、教育、卫生、财政等特定专业领域。在高官会下还设有专家咨询委员会。北欧部长理事会现任秘书长为芬兰人宝拉·莱赫托梅基（Paula Lehtomäki，女）。秘书处设在丹麦哥本哈根。地址：Ved Stranden 18, 1061 Copenhagen K。

【会议形式】北欧部长理事会会议实际由一系列专门部长会议组成：（1）由各国（及自治区政府）指定1名内阁成员作为北欧合作部长，专门负责北欧合作事务，直接对各自政府首脑负责。北欧合作部长每年举行5—6次会议，讨论北欧合作事务，回答北欧理事会提出的有关问题，形成政府间合作的政策建议。（2）根据所涉专业领域议题，各国（包括自治区政府）派出负责相关事务的专业部长参加定期会晤，有时也与北欧合作部长、北欧理事会等举行联席会议。（3）各成员国政府首脑作为北欧合作事务的最终负责人，每年利用北欧理事会例会、欧盟首脑峰会准备会等时机举行首脑峰会，就北欧合作事务进行磋商。

【决议程序】北欧部长理事会实行一国（自治区）一票表决制，各项决议必须一致通过，并对各国政府具有约束力。如决议还须经本国议会批准，则应提前向部长理事会作出说明。部长理事会主要在协调立法方向、签署合作协定、实施共同合作项目、成立联合机构等领域形成决议。部长理事会一般不讨论外交和安全问题，各国外交、国防部长仅在北欧理事会会议上就相关领域内涉及北欧的合作内容提交报告。

【主要活动】2018年11月23日，外交部副部长王超同北欧部长理事会秘书长赫布罗滕在北京举行新一轮中国—北欧合作磋商。双方就中国—北欧合作进展和下阶段规划交换了意见。（杨辛）

经　济　类

经济合作与发展组织

Organization for Economic Cooperation and Development—OECD

【成立日期】1961年9月30日在法国巴黎正式成立，简称"经合组织"。

【宗旨】促进成员国经济和社会的发展，推动世界经济增长；帮助各成员国制定和协调有关政策，以提高各成员国的生活水平，保持财政的相对稳定；鼓励和协调成员国为援助发展中国家做出努力，帮助发展中国家改善经济状况，促进非成员国的经济发展。

【成员】截至2020年5月，澳大利亚、奥地利、比利时、加拿大、智利、哥伦比亚、捷克、丹麦、爱沙尼亚、芬兰、法国、德国、希腊、匈牙利、冰岛、爱尔兰、以色列、意大利、日本、韩国、拉脱维亚、立陶宛、卢森堡、墨西哥、荷兰、新西兰、挪威、波兰、葡萄牙、斯洛伐克、斯洛文尼亚、西班牙、瑞典、瑞士、土耳其、英国、美国共37个成员国。

【主要负责人】秘书长安赫尔·古里亚（Angel Gurria，墨西哥人），2006年6月1日就任，2011年、2016年连任。

【总部】法国巴黎，地址：2，rue André Pascal 75775 Paris Cedex 16 France。电话：+33-1-45248200；传真：45248500。

【网址】http://www.oecd.org。

【出版物】《经合组织活动》（秘书长年度报告）；《经合组织消息》，月刊；《经合组织观察家》，双月刊；《金融统计》；《经合组织经济调研》；《外贸统计》，月刊；《经合组织经济展望》（半年1期）等。经合组织每年出版数百种研究报告。

【组织机构】（1）理事会：经合组织最高权力机构，理事会分为每周举行1次的常驻代表级（各成员国代表团团长具有大使级资格）会议和至少每年举行1次的部长级会议，负责处理该组织总政策的各项问题以及决定成立附属机构、批准预算等。理事会的决议和建议须经全体成员国同意（协商一致原则）。经合组织理事会每年选出14名成员国的代表组成执行委员会，研究处理理事会交办的各项工作。（2）秘书处：设有秘书长和副秘书长，负责处理经合组织的日常事务，为理事会、执行委员会和其他有关机构服务。

【主要活动】该组织的活动实际上包括了成员国经济政策的所有方面。该组织下设300多个专业委员会、工作组和专家组，负责各个领域的具体工作。它们通过评估该组织最新研究成果和审议成员国政策实施情况，促进成员国政府间合作，协调国内政策，尤其是贸易和投资政策，最大限度地减少各成员国间的矛盾和冲突。

经合组织的研究内容和政策协调范围几乎包括了经济和社会发展的各个方面，涉及宏观经济、贸易、金融、投资、财政、公共管理、环境、农业、科技、教育、就业、税收、企业发展、发展援助等领域。

20世纪90年代以来，经合组织积极发展同非成员的关系，以加强经济政策的协调，促进投资贸易关系的发展。2007年，经合组织决定将中国、巴西、印度、印度尼西亚和南非列为"加强联系国"，现列为"关键伙伴国"。

【同中国的关系】中国于1995年7月与经合组织正式建立政策对话合作关系。中国30多个部门参与了与经合组织的政策对话和技术合作活动，对话与合作领域涉及宏观经济政策、税收、统计、农业、科技、教育、环保、贸易投资、城建、交通、钢铁、造船、银行、保险、证券、社会保险、竞争政策、电子商务等，合作形式包括联合研究、对话交流、人员培训和工作访问等。近年来，经合组织重视与中国关系，希双方开展更密切合作。现任秘书长古里亚于2008年3月首次正式访华，此后每年均访华。中国商务部应邀组团出席了多次经合组织理事会部长级会议和经合组织与中国部长级对话会。2015年7月1日，李克强总理访问经合组织总部，发表重要演讲，并见证了中国国务院发展研究中心加入经合组织发展中心等文件的签署。2016年7月、2017年9月、2018年11月、2019年11月经合组织秘书长古里亚四次来华参加李克强总理主持的"1+6"圆桌对话会。

（吝杰）

世界经济论坛

World Economic Forum—WEF

【成立日期】1971年由瑞士日内瓦大学教授施瓦布倡议创建。

【宗旨】改善世界状况。

【成员】论坛组成主要是会员与合作伙伴。会员是670多家全球顶级公司。它们向论坛缴纳会费，并遵守论坛"改善世界状况"的宗旨，同时享有论坛独特的内部网络和研究报告。论坛有选择地与其会员或企业组织建立合作伙伴关系。

【主要负责人】克劳斯·施瓦布（Klaus Schwab，德国籍），自该机构成立起一直担任主席。博尔格·布伦德（Borge Brende，挪威籍），2017年10月23日起担任世界经济论坛总裁。

【总部】瑞士日内瓦。

【网址】http://www.weforum.org。

【出版物】《世界竞争力报告》《全球风险报告》及一些不定期出版的专题研究报告和文集。

【组织机构】世界经济论坛以基金会形式在瑞士联邦内政部注册，并受其监督。经过40余年的发展，世界经济论坛的正式员工达794人，他们来自84个国家，分布在日内瓦、纽约、北京、东京、旧金山及孟买的6个办公室。

基金董事会是世界经济论坛的最高领导机构，由25人组成，负责指导论坛的内部运作并提出建议，以确保论坛的各项活动满足所有利益相关方的需求，基金董事会不干涉论坛具体运营。基金董事会的新成员由现任成员提名并由基金董事会全体投票通过，任期3年，可以连任。管理委员会是论坛执行机构，现有14名执行董事，负责落实基金董事会的相关战略安排以及论坛的日常运营。执行董事会成员的选拔一般通过全球遴选，并经基金董事会批准生效。

【主要活动】每年1月末在瑞士达沃斯召开"世界经济论坛年会"，被称为"非官方的国际经济最高级论坛"。每年均有来自世界各国的千余位政界、企业界、学术界和新闻机构的领袖人物与会。论坛还在非洲、中东、拉美、东亚等地举办地区或国别会议。近年来，论坛积极转型，通过加强与联合国、二十国集团等国际组织合作，建立先进制造业等18个行业合作平台，推出各类理念、倡议等，不断扩大影响力，促进公私合作。

第48届世界经济论坛年会于2018年1月23—26日举行，主题为"在分化的世界中打造共同命运"，年会围绕经济增长与社会包容、金融与货币体系、国际贸易与投资、环境与能源资源安全、基础设施与交通运输、粮食安全与农业发展、数字经济、健康医疗等热点议题举行数百场讨论。来自100多个国家的2500余名代表出席。

第49届世界经济论坛年会于2019年1月22—25日举行，主题为"全球化4.0：打造第四次工业革命时代的全球架构"，年会围绕地缘政治和观念多元化、经济未来与金融货币体系改革、工业系统与技术政策、网络安全与风险恢复力、人力资本与新社会愿景、制度改革与经济合作6个领域举行数百场讨论。来自100多个国家的3000余名代表出席。

【同中国的关系】中国同世界经济论坛保持着密切的联系。自1979年以来，中国多次应邀派团参加达沃斯会议。2017年，习近平主席作为中国最高领导人首次出席世界经济论坛年会，并在开幕式上发表题为《共担时代责任 共促全球发展》的主旨演讲，发出支持经济全球化的强音，具有跨时代意义。此外，1992年李鹏总理应邀出席会议，发表了题为《90年代的中国经济》的重要讲话。1995年朱镕基副总理应邀出席会议，发表了题为《中国的改革和发展》的讲话。1998年李岚清副总理应邀出席会议，发表了题为《中国经济稳步前进》的讲话。2000年吴邦国副总理应邀出席会议，并发表了题为《迈向21世纪的中国经济》的重要讲话。2003年全国人大常委会副委员长成思危以中国跨国公司研究会名誉会长的身份出席年会并作了关于中国经济的专题演讲。2005年黄菊副总理与会并发表题为《科学发展观与21世纪的中国经济》的特别致辞。2006年曾培炎副总理与会并发表题为《开拓创新　把握未来》的重要讲话。2007年华建敏国务委员与会并发表《科学发展 和谐发展 和平发展》的特别致辞。2008年曾培炎副总理与会并发表题为《协同创新　互利共赢》的特别致辞。2009年温家宝总理与会并发表题为《坚定信心　加强合作　推动世界经济新一轮增长》的特别致辞。2010年李克强副总理与会并发表题为《合作包容 共创未来　促进世界经济健康复苏和持续发展》的特别致辞。2015年李克强总理与会并发表题为《维护和平稳定　推进结构改革　增强发展新动能》的特别致辞。2016年李源潮副主席与会并发表题为《为世界经济创新发展提供新动能》的特别致辞。2018年中共中央政治局委员、中央财经领导小组办公室主任刘鹤与会并发表题为《推动高质量发展 共同促进全球经济繁荣稳定》的特别致辞。

2019年王岐山副主席与会并发表题为《坚定信心　携手同行 共创未来》的特别致辞。

2007年开始，论坛每年在大连和天津交替举行世界新领军者年会（"夏季达沃斯"论坛），李克强总理出席了2013—2019年的夏季达沃斯论坛。第13届夏季达沃斯论坛于2019年7月在大连举行，主题为“领导力4.0：全球化新时代的成功之道”，李克强总理出席论坛开幕式并发表特别致辞。来自120多个国家和地区的1800余名官员、企业家、学者和媒体代表与会。

自1993年起，中国还多次派团参加世界经济论坛举办的地区经济峰会，2018年9月，中共中央政治局委员、国务院副总理胡春华出席论坛东盟峰会并在开幕式致辞。

2016年起，世界经济论坛开始在华举办商业圆桌会议。

截至2019年底，共有173家中国企业成为世界经济论坛基金会会员。

【驻华代表机构】2006年6月，世界经济论坛在北京成立了其在亚洲的首个代表处，现任负责人艾德维（David Aikman）。地址：北京市东三环中路1号环球金融中心西楼1801，电话：65999500，邮编：100020。

（薛航宇）

二十国集团

Group of 20—G20

【成立日期】二十国集团（G20）由七国集团财长和央行行长会议于1999年倡议成立，旨在促进国际金融货币政策稳定和世界经济发展。世界银行行长、国际货币基金组织总裁等也作为特邀代表参加。2008年，国际金融危机爆发后，G20上升到领导人层面，并于2008年11月在华盛顿召开“金融市场和世界经济峰会”。截至2019年底，已举行14次领导人峰会。2020年3月，G20领导人应对新冠肺炎特别峰会以视频方式举行。

【宗旨】推动发达国家和新兴市场国家就国际经济和金融领域的重大问题开展对话与合作，努力推动世界经济实现强劲、可持续、平衡增长，维护国际金融体系稳定。

【网址】http://www.g20.org。

【成员】阿根廷、澳大利亚、巴西、加拿大、中国、法国、德国、印度、印度尼西亚、意大利、日本、韩国、墨西哥、俄罗斯、沙特阿拉伯、南非、土耳其、英国、美国、欧盟。

【组织机构】G20无常设秘书处，峰会筹备工作由“三驾马车”（前任、现任和候任主席国）牵头、各成员共同参与，采取G20协调人渠道、财金渠道双轨筹备机制。G20协调人由各成员领导人任命，多由各成员负责外交、经济、金融事务的高官担任。协调人每年召开4—5次会议，讨论峰会各项筹备工作，重点是政治筹备工作，包括峰会成果文件磋商。G20财金渠道负责就具体经济金融问题进行磋商，并提出建议。G20还视情举行有关专业部长级会议或设立专家工作组。

2009年9月，G20领导人在美国匹兹堡举行第3次峰会，将G20确定为国际经济合作主要论坛。2010年6月和11月分别由加拿大和韩国各举办1次峰会。从2011年法国戛纳峰会起G20每年举行1次峰会，标志着G20峰会步入机制化。戛纳峰会决定，2012—2015年的G20主席国分别为墨西哥、俄罗斯、澳大利亚和土耳其。从2016年起，峰会主席国在5个小组中依次轮任。第1组为中国、印尼、日本、韩国；第2组为法国、德国、意大利、英国；第3组为阿根廷、巴西、墨西哥；第4组为印度、俄罗斯、南非、土耳其；第5组为澳大利亚、加拿大、沙特、美国。2016年G20领导人峰会在中国杭州举办。2017年G20领导人峰会在德国汉堡举办。2018年G20领导人峰会在阿根廷布宜诺斯艾利斯举行。2019年G20领导人峰会在日本大阪举行。2020年3月26日，G20领导人应对新冠肺炎特别峰会以视频方式举行。按计划2020年G20峰会将于11月在沙特首都利雅得举行。

【主要活动】2008年11月15日，为应对国际金融危机，美国推动G20领导人在华盛顿召开“金融市场和世界经济峰会”。会议通过了《G20领导人金融市场和世界经济峰会宣言》。宣言正文主要阐述了对此次国际金融危机根源的看法，评估了国际社会就应对危机已经和即将采取的措施，确定了解决金融危机的基本原则和具体行动，责成部长和专家提出具体建议，并重申了对开放全球经济的承诺。宣言在附件中就上述原则提出了近50项具体行动。

2009年4月2日，G20领导人第2次峰会在英国伦敦举行。会议通过了《伦敦峰会公报：全球复苏和改革计划》，决定采取经济刺激措施和金融支持计划恢复经济增长和就业，确定加强金融监管和加强国际金融机构的一系列措施，确保公平和可持续的全球复苏，重申抵制保护主义和促进全球贸易与投资，承诺确保公平和可持续的全球复苏。

2009年9月24—25日，G20领导人第3次峰会在美国匹兹堡举行。会议通过了《G20匹兹堡峰会领导人声明》，内容涉及建立“强劲、可持续、平衡增长框架”，加强国际金融监管体系，改革国际金融机构以及能源安全、气候变化、发展、就业和贸易等问题。峰会决定把G20确立为国际经济合作的主要论坛，将国际货币基金组织份额从高估国向份额被低估的新兴市场和发展中国家转移至少5%，将发展中国家和转轨国家在世界银行的投票权提高至少3%。

2010年6月26—27日，G20领导人第4次峰会在加拿大多伦多举行。会议通过了《G20多伦多峰会宣言》，决定强化“强劲、可持续、平衡增长框架”及该框架下的G20相互评估机制，要求平衡经济复苏和财政整顿的关系。G20中的发达经济体承诺在2013年前将财政赤字至少减半，在2016年前稳定或降低政府债务占国内生产总值的比重。峰会要求国际货币基金组织在G20首尔峰会前完成份额改革目标，将反对贸易保护主义的有关承诺延长至2013年。

2010年11月11—12日，G20领导人第5次峰会在韩国首尔举行，主题为“超越危机、共享增长”。峰会启动了《首尔行动计划》，以加强各成员在货币、贸易、财政、结构改革等方面宏观经济政策协调。峰会决定完成国际货币基金组织份额向富有活力的新兴市场和发展中国家以及份额低估国转移6%以上的目标，加强对影子银行和大宗商品贸易的规范和监管，继续抵制贸易保护主义，促进贸易和投资，批准《首尔发展共识》及其跨年度行动计划。

2011年11月3—4日，G20领导人第6次峰会在法国戛纳举行，主题为“新世界、新思维”。峰会通过了“促进增长和就业的戛纳行动计划”，既包括各国短期内保增长、促稳定的举措，也包括开展结构改革、巩固经济增长基础的中长期计划。峰会呼吁建立一个更稳定和更能抗风险的国际货币体系，扩大国际货币基金组织特别提款权货币组成篮子；决定继续加强国际金融监管，提升金融体系应对危机的能力；呼吁加强对粮食生产的投入，完善国际能源市场，加强对大宗商品金融衍生品市场的监管；承诺反对贸易保护主义并根据多哈授权继续推动谈判；承诺继续把发展问题作为未来G20峰会的重要议题。

2012年6月18—19日，G20领导人第7次峰会在墨西哥洛斯卡沃斯举行。峰会通过了领导人声明和“洛斯卡沃斯增长和就业行动计划”，强调全球经济风险和不确定性增加，各方承诺致力于保增长、促就业、促稳定。继续支持欧洲国家处理好主权债务问题，避免危机扩散和蔓延。落实国际货币基金组织改革方案。将反对贸易保护主义的有关承诺延长至2014年，在坚持多哈授权的基础上推动多哈回合谈判，并对全球价值链进行研究。在发展领域，推动粮食安全、基础设施建设、包容性增长取得进展。此外，为确保国际货币基金组织（IMF）拥有足够资源应对国际经济金融风险，G20多数成员决定向IMF增资，总额达4560亿美元。

2013年9月5—6日，G20领导人第8次峰会在俄罗斯圣彼得堡举行。会议通过了《G20圣彼得堡峰会领导人声明》和《G20峰会五周年声明》。峰会决定加强宏观经济政策协调，改革国际金融体系，建设开放型世界经济，反对贸易保护主义，共同促进世界经济复苏。会议将反对贸易保护主义的有关承诺延长至2016年。各方关注发达国家宽松货币政策的外溢效益，呼吁有关国家采取负责任的经济政策，调整货币政策时同各方加强沟通。

2014年11月15日，G20领导人第9次峰会在澳大利亚布里斯班举行。会议发表的20国领导人联合公报提出，到2018年，将G20经济增长率额外提高两个百分点；同意建立一个全球基础设施中心，用于搭建一个知识共享平台以及政府、私人机构、开发银行和其他组织之间的联系网络；致力于保持一个强有力、以份额为基础、资金来源充足的国际货币基金组织；确认2016年G20峰会将在中国举行。

2015年11月15—16日，G20领导人第10次峰会在土耳其安塔利亚举行。会议围绕“包容、落实、投资”三大支柱进行。会议通过《G20领导人安塔利亚峰会公报》，强调加强各国宏观政策协调，扩大贸易和投资，推进包容和稳健增长，创造更多、更高质量就业，全面落实联合国2030年可持续发展议程。会议还讨论了气候变化、难民危机、反对恐怖主义等问题。会议确认2017年G20峰会在德国举行。

2016年9月4—5日，G20领导人第11次峰会在中国杭州举行。杭州峰会以“构建创新、活力、联动、包容的世界经济”为主题，发表了具有里程碑意义的领导人公报，核准了《创新增长蓝图》等28份含金量十足的成果文件，其中许多具有开创性、方向性、标志性意义，为摆脱当前世界经济困局提供了新思路，为深化国际经济合作指明了新方向，得到各方广泛一致高度评价。杭州峰会为20国集团各领域合作留下深刻中国印记。会议确认2018年G20峰会在阿根廷举行。

2017年7月7—8日，G20领导人第12次峰会在德国汉堡举行。会议以“塑造联动世界”为主题，延续了数字经济、结构改革、基础设施投资、发展等杭州峰会重点议题，通过了领导人公报。会议确认2019年、2020年峰会在日本、沙特阿拉伯举行。

2018年11月30日至12月1日，G20领导人第13次峰会在阿根廷布宜诺斯艾利斯举行。峰会以“为公平与可持续发展凝聚共识”为主题，重点关注“未来的工作”“面向发展的基础设施”“可持续的粮食未来”三大核心议题，同时延续了宏观经济政策协调、国际金融体系改革、数字经济、2030年可持续发展议程、贸易投资、教育、卫生、反腐败、能源、气候变化等以往峰会确定议题，通过了领导人峰会宣言。

2019年6月28—29日，G20领导人第14次峰会在日本大阪举行。二十国集团成员、嘉宾国领导人和国际组织围绕世界经济与贸易、数字经济、包容和可持续性发展、基础设施、气候、能源、环境等议题进行讨论。峰会通过《二十国集团领导人大阪峰会公报》，就网络反恐问题发表单独声明，还通过了《数字经济大阪宣言》。

2020年3月26日，G20主席国沙特以视频方式主持召开领导人应对新冠肺炎特别峰会。会议发表《G20领导人应对新冠肺炎特别峰会声明》，强调病毒无国界，各方将团结一致应对挑战，采取一切措施抗击疫情、保护生命、重振经济，坚信通过密切合作，必将战胜困难。

【同中国的关系】中国是G20创始成员国。中国国家主席出席了历届G20峰会并发表重要讲话。2016年9月4—5日，G20领导人第11次峰会在浙江省杭州市举行。

2008年11月，胡锦涛主席出席了在美国华盛顿举行的首次G20峰会，并发表题为《通力合作　共度时艰》的讲话，强调有效应对金融风险，维护国际金融稳定，促进世界经济发展，需要国际社会增强信心、加强协调、密切合作、共同应对。此后，胡锦涛主席先后出席了G20伦敦峰会（2009年4月）、匹兹堡峰会（2009年9月）、多伦多峰会（2010年6月）、首尔峰会（2010年11月）、戛纳峰会（2011年11月）、洛斯卡沃斯峰会（2012年6月），发表一系列重要讲话，为世界经济发展提出中国倡议和中国主张。

2013年9月，习近平主席应邀出席G20领导人圣彼得堡峰会，并发表重要讲话。强调各国要放眼长远，要努力塑造各国发展创新、增长联动、利益融合的世界经济，坚定维护和发展开放型世界经济，建设更加紧密的经济伙伴关系，肩负起应有的责任。中国将坚定不移全面深化改革，坚持互利共赢的开放战略。中国有条件、有能力实现经济持续健康发展。

2014年11月，习近平主席应邀出席G20布里斯班峰会并发表题为《推动创新发展，实现联动增长》的重要讲话。习近平主席建议G20从创新发展方式、建设开放型世界经济、完善全球经济治理方面做出努力。布里斯班峰会宣布中国将举办2016年G20峰会，中国于当年12月加入G20“三驾马车”（前任、现任、候任主席国）。

2015年11月，习近平主席应邀出席G20安塔利亚峰会，并发表题为《创新增长路径　共享发展成果》重要讲话。习近平主席系统、深入阐述中方对世界经济形势的看法和主张，指出世界经济存在的深层次问题，并提出从根本上解决问题的中国方案，加强宏观经济政策沟通协调，形成政策和行动合力；积极推动改革创新，提升世界经济中长期增长潜力；大力构建开放型世界经济，激发国际贸易投资活力；认真落实2030年可持续发展议程，为公平包容发展注入强劲动力。习近平主席在会上宣布中国将于2016年9月4—5日在浙江杭州举办G20领导人第11次峰会，提出“构建创新、活力、联动、包容的世界经济”的峰会主题以及“创新增长方式”“更高效的全球经济金融治理”“强劲的国际贸易和投资”“包容和联动式发展”四项重点议题。

2015年12月1日，中国接任G20峰会主席国。当日，习近平主席致函G20成员领导人，进一步阐述中方办会思路和设想。

2016年9月4—5日，习近平主席出席并主持了G20杭州峰会，并在G20工商峰会上发表题为《中国发展新起点，全球增长新蓝图》的主旨演讲。习近平主席以历史的眼光和宏阔的视野，回顾中国改革开放的伟大进程，立足中国今天所处新的历史起点，展望中国未来发展方向，提出五个“坚定不移”的重要观念，展现了中国未来发展的宏伟蓝图，有力回应了国际社会对中国发展方向和中国经济前景的关注，极大地增强了各方信心，释放出中国在实现自身发展同时，也将为世界带来更多机遇的重要信号。

在杭州峰会开幕式上，习近平主席发表《构建创新、活力、联动、包容的世界经济》的重要讲话，为解决世界经济发展的深层次问题开出了五副标本兼治、综合施策的“中国药方”，加强宏观经济协调，合理促进全球经济增长，维护金融稳定；积极创新发展方式，深入挖掘增长动能；进一步完善全球经济治理，夯实机制保障；大力构建开放型世界经济，推动贸易和投资自由化便利化；认真落实2030年可持续发展议程，促进包容性发展。

2017年7月7—8日，习近平主席应邀出席G20汉堡峰会，并发表题为《坚持开放包容 推动联动增长》的重要讲话，提出四点“中国主张”：坚持建设开放型经济大方向；共同为世界经济增长发掘新动力；携手使世界经济增长更加包容；继续完善全球经济治理。汉堡峰会公报纳入习近平主席提出的建设开放型世界经济、包容性增长等理念，承诺继续推进杭州峰会启动的重点领域合作，体现对杭州峰会等以往共识的延续与落实。

2018年11月30日至12月1日，习近平主席出席在阿根廷布宜诺斯艾利斯举行的G20领导人第13次峰会，并发表题为《登高望远，牢牢把握世界经济正确方向》的重要讲话，提出“坚持开放合作，维护多边贸易体制；坚持伙伴精神，加强宏观政策协调；坚持创新引领，挖掘经济增长动力；坚持普惠共赢，促进全球包容发展”四点重要倡议，强调以负责任态度把握世界经济大方向。

2019年6月28—29日，习近平主席应邀出席G20大阪峰会，并发表题为《携手共进，合力打造高质量世界经济》的重要讲话，强调二十国集团要坚持改革创新，挖掘增长动力；坚持与时俱进，完善全球治理；坚持迎难而上，破解发展瓶颈；坚持伙伴精神，妥善处理分歧。习近平宣布中国将进一步开放市场，努力实现高质量发展，为创造世界经济更加美好的明天不懈努力。

2020年3月26日，习近平主席应邀出席G20领导人应对新冠肺炎特别峰会，并发表题为《携手抗疫 共克时艰》的重要讲话，指出新冠肺炎疫情正在全球蔓延，国际社会最需要的是坚定信心、齐心协力、团结应对，全面加强国际合作，凝聚起战胜疫情强大合力，携手赢得这场人类同重大传染性疾病的斗争。中方秉持人类命运共同体理念，愿向其他国家提供力所能及的援助，并为世界经济稳定作出贡献。他呼吁二十国集团成员采取共同举措，减免关税、取消壁垒、畅通贸易，发出有力信号，提振世界经济复苏士气。

（吝杰）

二十四国集团

Group of 24—G24

【成立日期】1971年11月，七十七国集团在利马举行部长会议，决定由七十七国集团中的24个成员国组成二十四国集团，全称是“关于国际货币和发展事务的二十四国集团”（The Intergovernmental Group of Twenty Four on International Monetary Affairs and Development，G24）。

【宗旨】为发展中国家在国际金融与货币领域内协调立场和政策，制定发展中国家关于国际货币制度改革、债务问题与资金转移等重大问题的共同政策和方针。

【成员国】由分别来自3个地域的29个发展中国家组成，即非洲的阿尔及利亚、科特迪瓦、埃及、埃塞俄比亚、加蓬、加纳、肯尼亚、尼日利亚、摩洛哥、南非、刚果（金），拉美和加勒比的阿根廷、巴西、哥伦比亚、厄瓜多尔、危地马拉、墨西哥、秘鲁、特立尼达和多巴哥、海地、委内瑞拉，亚洲的印度、伊朗、黎巴嫩、巴基斯坦、菲律宾、斯里兰卡、叙利亚、中国。

【网址】http://www.g24.org。

【组织机构】该集团每年举行部长级会议，由各国参加国际货币基金组织和世界银行联合年会的理事或副理事参加（一般是各国的财政部长或中央银行行长）。会议设主席，第1、第2副主席各1名（分别来自3个地域），实行轮任。部长级会议一般在世界银行和国际货币基金组织的发展委员会议前夕于同地召开，以协调立场。部长级会议前先举行副手级会议。77国集团的其他成员国可作为观察员与会。24国集团设有技术组和联络办公室，不设秘书处，使用国际货币基金组织的秘书处。

【主要活动】2012年4月19日，G24第87届部长级会议在华盛顿召开。会议讨论了全球经济复苏、国际金融机构改革、基础设施投资和可持续发展等议题。会后发表了联合公报。

2012年10月11日，G24第88届部长级会议在东京召开，会议讨论了风险管理和经济复苏、发展融资、国际金融机构改革及其作用等议题。会后发表了联合公报。

2013年4月18日，G24第89届部长级会议在华盛顿召开。会议讨论了后危机时代的增长和生产率、国际货币基金组织改革、世界银行的发展议程和职能、发展融资等议题。会后发表了联合公报。

2013年10月10日，G24第90届部长级会议在华盛顿召开。会议主要讨论了全球经济和增长、国际货币基金组织的职责和改革、世界银行的发展议程和智能、发展融资等议题。会后发表了联合公报。

2014年4月10日，G24第91届部长级会议在华盛顿召开。会议主要讨论了全球经济及对发展中国家的影响、国际货币基金组织和世界银行的职责和改革、发展融资等议题。会后发表了联合公报。

2014年10月9日，G24第92届部长级会议在华盛顿召开。会议主要讨论了全球经济及对发展中国家的影响、国际货币基金组织和世界银行的职责和改革、发展融资等议题。会后发表了联合公报。

2015年4月16日，G24第93届部长级会议在华盛顿召开。会议主要讨论了全球经济及对发展中国家影响，发展融资、国际金融机构改革与治理等议题。会后发表了联合公报。

2015年10月8日，G24第94届部长级会议在利马召开。会议主要讨论了全球经济形势、2030年可持续发展议程、发展融资等议题。会后发表了联合公报。

2016年4月14日，G24第95届部长级会议在华盛顿召开。会议主要讨论了全球经济形势与国际货币体系、发展融资、国际金融机构治理与改革等议题。会后发表了联合公报。

2016年10月6日，G24第96届部长级会议在华盛顿召开。会议主要讨论了全球经济形势及对发展中国家的影响、强化包容和可持续增长基础、改革布雷顿森林体系机构等议题。会后发表了联合公报。

2017年4月19日，G24第97届部长级会议在华盛顿召开。会议主要讨论了全球经济对发展中国家的影响，国际货币基金组织改革等议题。会后发表了联合公报。

2017年10月12日，G24第98届部长级会议在华盛顿召开。会议主要讨论了全球经济形势、2030年可持续发展议程等议题。会后发表了联合公报。

2018年4月23日，G24第99届部长级会议在华盛顿召开。会议主要讨论了全球经济对发展中国家影响，发展融资、全球金融体系改革等议题。会后发表了联合公报。

2018年10月11日，G24第100届部长级会议在华盛顿召开。会议回顾了100届部长级会议各项成果，并讨论了国际货币基金组织改革等议题。会后发表了联合公报。

2019年4月11日，G24第101届部长级会议在华盛顿召开。会议主要讨论了全球经济形势、发展融资、全球金融体系改革等议题。会后发表了联合公报。

2019年10月17日，G24第102届部长级会议在华盛顿召开。会议主要讨论了全球经济形势、发展融资等议题。会后发表了联合公报。

【同中国的关系】中国政府代表团作为观察员出席了2012年10月及之后的历次G24会议，阐述了中国在相关问题上的原则立场。（刘迪一）

七十七国集团
Group of 77—G77

【成立日期】1964年，在日内瓦召开的第1届“联合国贸易和发展会议”期间，亚非拉76个国家和南斯拉夫发表《77个发展中国家联合宣言》，提出了关于国际经济关系、贸易与发展的一整套主张。该集团遂告成立，并由此得名。现为联合国经社发展领域发展中国家政策协调机制。

【宗旨】在国际经济领域内加强发展中国家的团结与合作，推动建立国际经济新秩序，加速发展中国家的经济社会发展进程，促进南南合作。

【成员】截至2020年，共有134个成员。

【主要负责人】77国集团主席由来自亚非拉三大区域的成员国按地区原则轮流担任，任期1年。2019年主席国为巴勒斯坦，2020年主席国为圭亚那。

【总部】纽约和日内瓦是77国集团两个主要活动中心，在维也纳、罗马等多边外交活动较多的地点均有分支。

【网址】http://www.g77.org/。

【资金来源】77国集团活动经费来自成员国自愿捐款，依靠联合国系统人力和资源开展活动。

【主要活动】每年联大前夕（或初期）举行集团外长会议或专门领域的部长级会议。在联合国和一些专门机构会议前或会议期间，召集成员国与会代表开会协调立场，然后发表立场声明或共同提出案文等。此外，各区成员还举行各种层次的区域级会议。议事时采取协商一致原则做出决定。

该集团成立后，主要致力于维护发展中国家民族独立和国家主权，争取经济利益，在一些涉及重大共同利益的问题上协调立场，发挥积极作用。近年来，77国集团要求进一步加强团结与合作的愿望和呼声日益强烈。77国集团要求平等地参与国际经济事务的决定，强调在国际金融机构中加强协作与配合，对国际金融体制改革和建立多边贸易体制等提出具体主张。

2000年4月，122个发展中国家在古巴哈瓦那举行了77国集团成立以来的首次南方首脑会议。2003年12月，77国集团在摩洛哥马拉喀什召开南南合作部长级会议，会议通过了《马拉喀什宣言》和《行动纲领》，回顾哈瓦那南方首脑会议行动计划的执行情况，为今后南南合作制订行动计划。2004年6月在巴西圣保罗举行了77国集团成立40周年纪念大会。2005年6月在卡塔尔多哈举行了第二届南方首脑会议，会议主题为“实现千年发展目标”。2014年6月在玻利维亚圣克鲁斯市举行了77国集团成立50周年纪念峰会，主题为“建立世界新秩序，促进幸福生活”。峰会通过了题为《为了世界新秩序和美好生活》的宣言，回顾了77国集团成立50年的历史和成就，阐述了对国际经济发展问题的立场和主张，强调提升发展中国家的团结与合作，为建立公正、平等、稳定与和平的世界新秩序而努力。乌干达拟于2020年举行第三届南方首脑会议。

【同中国的关系】中国不是77国集团的成员，但一贯支持其正义主张和合理要求。20世纪90年代以来，中国同该集团的关系在原有基础上有了较大的进展。1991年在联合国环境与发展大会筹备会上，中国同该集团首次以“77国集团和中国”的方式共同提出立场文件。这一合作模式逐渐扩展到经济、社会、联合国财政和预算等诸多领域。

李岚清副总理和曾培炎副总理曾分别率团出席首届和第二届南方首脑会议。2014年6月，习近平主席特使、全国人大常委会副委员长陈竺率团出席77国集团成立50周年纪念峰会并作主旨发言，表示77国集团应继续高举和平与发展的旗帜，推进可持续发展和共同发展，提升在国际事务中的话语权和决策权，表示中国将继续加强与77国集团各成员全方位合作，促进共同发展与繁荣。（刘迪一）

世界能源理事会

World Energy Council—WEC

【成立日期】1923年成立。原名“世界电力大会”，1968年后改称“世界能源大会”，1989年改称“世界能源理事会”。

【宗旨】促进能源的可持续供应和使用；研究和交流能源工业与国民经济间的重大关系、能源开发利用战略、环境保护和可持续发展等领域的问题，协调各国能源与环保、能源与社会发展的宏观经济政策。

【性质】非政府国际组织。

【成员】83个（截至2020年4月）。

【主要负责人】执行理事会主席Jean-Marie Dauger（法国籍，2019年就任）。

【总部】英国伦敦。

【网址】http://www.worldenergy.org/。

【出版物】《世界能源理事会年度报告》及与能源相关的专题研究报告等。

【组织机构】世界能源理事会每3年召开1次大会。最高权力机构为执行理事会。

世界能源理事会由3个组织构成。（1）世界能源理事会：系根据英格兰和威尔士法律成立的一个公益事业机构。（2）世界能源理事会服务有限公司：是为执行理事会下设的官员委员会、财政委员会、信息委员会、规划委员会、研究委员会和秘书处处理日常事务的办事机构。（3）世界能源理事会基金会：成立于1990年，旨在接收并管理来自个人、组织和全球能源公司的财政捐款。

【资金来源】个人、组织和全球能源公司捐款。

【主要活动】世界能源理事会的工作涵盖全部能源领域，包括煤、电、石油、天然气、核能、水能和可再生能源等，重点放在市场重组、能源效率、能源与环境、能源资金系统、能源价格和补贴、解决贫困地区的用能、建立能源标准、推广新技术应用以及就发展中国家、经济转型国家和发达国家的能源问题发表专题研究报告。

【同中国的关系】中国于1983年加入世界能源理事会，并于同年成立了由16个有关部委和公司组成的中国国家委员会。中国香港地区也是该组织的成员。

（吝杰）

亚太经合组织

Asia Pacific Economic Cooperation—APEC

【成立日期】1989年11月5—7日，澳大利亚、美国、日本、韩国、新西兰、加拿大及当时的东盟6国（印度尼西亚、泰国、菲律宾、马来西亚、新加坡、文莱）在澳大利亚首都堪培拉举行亚太经合组织（APEC）首届部长级会议，标志APEC正式成立。

【宗旨】支持亚太区域经济可持续增长和繁荣，建设活力和谐的亚太大家庭，捍卫自由开放的贸易和投资，加速区域经济一体化进程，鼓励经济技术合作，保障人民安全，促进建设良好和可持续的商业环境。

【成员和观察员】现有21个成员：澳大利亚、文莱、加拿大、智利、中国、中国香港、印度尼西亚、日本、韩国、墨西哥、马来西亚、新西兰、巴布亚新几内亚、秘鲁、菲律宾、俄罗斯、新加坡、中国台北、泰国、美国和越南。此外，APEC还有3个观察员，分别是东盟秘书处、太平洋经济合作理事会、太平洋岛国论坛秘书处。

【合作原则和方式】自主自愿、协商一致，APEC所作决定必须经各成员一致同意。

【秘书处】APEC的服务性执行机构，负责行政、财务、信息收集、出版和工作组会议协调等事务性工作，设在新加坡。秘书处的最高职务为执行主任，2010年之前由APEC当年东道主指派，任期1年。2010年起通过公开招聘方式任命，任期3年。现任执行主任为丽贝卡·法蒂玛·斯塔·玛利亚（Dr Rebecca Fatima Sta Maria，女，马来西亚籍），2019年1月1日上任。

【网址】http://www.apec.org。

【出版物】每年出版《APEC经济政策报告》《经济技术合作报告》及《贸易投资委员会年度报告》等。APEC秘书处还不定期出版一些电子刊物。

【组织机构】（1）领导人非正式会议：1993年11月，首次APEC领导人非正式会议在美国西雅图召开，之后每年召开1次。自1993年以来共举行26次，分别在美国西雅图、印尼茂物、日本大阪、菲律宾苏比克、加拿大温哥华、马来西亚吉隆坡、新西兰奥克兰、文莱斯里巴加湾、中国上海、墨西哥洛斯卡沃斯、泰国曼谷、智利圣地亚哥、韩国釜山、越南河内、澳大利亚悉尼、秘鲁利马、新加坡、日本横滨、美国夏威夷、俄罗斯符拉迪沃斯托克、印尼巴厘岛、中国北京、菲律宾马尼拉、秘鲁利马、越南岘港和巴布亚新几内亚莫尔斯比港举行。

（2）部长级会议：包括年度双部长级会议以及专业部长会议。双部长会议每年在领导人会议前举行1次。专业部长会议定期或不定期举行，包括贸易、财政、中小企业、能源、海洋、矿业、电信、旅游、教育、环境和可持续、粮食安全、林业、卫生、人力资源、结构改革、科技、运输、妇女与经济等领域。

（3）高官会：每年一般举行4—5次会议，由各成员指定的APEC高官（一般为副部级或司局级官员）组成，负责执行领导人和部长会议的决定，审议各委员会、工作组和秘书处的活动，筹备部长级会议、领导人非正式会议及协调实施会议后续行动等事宜。

（4）委员会和工作组：高官会下设4个委员会，即贸易和投资委员会（CTI）、经济委员会（EC）、经济技术合作高官指导委员会（SCE）、预算和管理委员会（BMC）。CTI负责贸易和投资自由化方面的工作，下设10余个工作机制，包括商务人员流动小组、数字经济指导小组、服务业小组、投资专家组、知识产权专家组、市场准入小组、标准一致化分委会、海关程序分委会、汽车对话、化工对话、生命科学创新论坛。EC负责研究本地区经济发展趋势等问题，并协调经济结构改革工作，下设竞争政策与法律工作组以及若干主席之友小组。SCE负责指导和协调经济技术合作，下设10余个工作机制，涉及领域包括农业技术合作、反腐败、反恐、防灾减灾、能源、打击非法采伐及相关贸易、卫生、人力资源开发、海洋和渔业、中小企业、电信、旅游、运输、妇女与经济、科技与创新等。BMC负责预算和行政管理等问题，无下设工作组。

为加强与工商界的联系，自1995年起成立了APEC工商咨询理事会（ABAC），由每个成员推荐3名工商界人士（共63名）组成，每个成员另各有3名ABAC候补代表，负责对APEC贸易投资自由化、经济技术合作及创造有利的商业环境提出建议，并向领导人和部长级会议提交咨询报告。工商咨询理事会是工商界参与APEC合作的主要渠道，每年召开4次会议。秘书处设在菲律宾马尼拉。

【主要活动】APEC在推动区域和全球范围的贸易投资自由化和便利化、开展经济技术合作等方面不断取得进展，为加速区域经济融合、促进亚太地区经济发展和共同繁荣做出了重要贡献。

APEC第22次领导人非正式会议于2014年11月10—11日在中国北京举行，主题为“共建面向未来的亚太伙伴关系”，达成广泛共识，取得丰硕成果。会议决定启动亚太自贸区进程，批准亚太自贸区路线图，经济创新发展、改革与增长共识，互联互通蓝图等重要文件。各方决心本着互信、包容、合作、共赢的精神，共建面向未来的亚太伙伴关系，打造发展创新、增长联动、利益融合的开放型亚太经济格局，实现共同发展、繁荣和进步的亚太梦。会议发表《北京纲领：构建融合、创新、互联的亚太——APEC领导人宣言》和《APEC成立25周年声明》。

APEC第23次领导人非正式会议于2015年11月18—19日在菲律宾马尼拉举行，主题为“打造包容性经济，建设更美好世界”，重点讨论了区域经济一体化、中小企业、人力资源开发、可持续增长等议题，发表《领导人宣言——打造包容性经济，建设更美好世界：亚太大家庭愿景》，并通过《APEC加强高质量增长战略》和《APEC服务业合作框架》。

APEC第24次领导人非正式会议于2016年11月19—20日在秘鲁利马举行，主题为“高质量增长和人类发展”，重点讨论了区域经济一体化和高质量增长、粮食安全、中小企业、人力资本开发等议题，发表了《领导人宣言》和《亚太自贸区利马宣言》，并通过《APEC服务业竞争力路线图》。

APEC第25次领导人非正式会议于2017年11月10—11日在越南岘港举行，主题为“打造全新动力，开创共享未来”，重点讨论了区域经济一体化、包容性增长、中小微企业、粮食安全等议题，发表了《领导人宣言》，并通过《APEC促进经济、金融和社会包容行动议程》。

APEC第26次领导人非正式会议于2018年11月17—18日在巴布亚新几内亚莫尔斯比港举行，主题为“把握包容性机遇，拥抱数字化未来”，重点讨论了数字经济、互联互通、包容增长等议题，发表了主席声明。

2019年智利担任APEC东道主，合作优先领域为数字经济、一体化4.0、妇女、中小企业和包容增长、可持续增长。因智利国内局势原因，智方取消当年APEC领导人会议。2019年12月7日，2019年APEC最后一次高官会在新加坡APEC秘书处举行，通过了《妇女与包容增长路线图》《海洋垃圾治理路线图》《打击非法捕鱼路线图》等文件。智利发表2019年APEC东道主领导人声明。

【同中国的关系】中国自1991年加入APEC以来，一直积极支持、参与各领域合作。1993—2018年，中国国家主席出席了历次APEC领导人非正式会议，就全球及地区形势、亚太区域合作、APEC未来发展等一系列重大问题阐述看法和主张，为历次会议取得成功发挥了积极和建设性的作用。

2018年11月17—18日，中国国家主席习近平出席了在巴布亚新几内亚莫尔斯比港举行的APEC第26次领导人非正式会议，并发表题为《把握时代机遇 共谋亚太繁荣》的重要讲话，在工商领导人峰会发表题为《同舟共济创造美好未来》的主旨演讲，并出席领导人同APEC工商咨询理事会代表对话会、世界经济形势非正式对话会等活动。会议期间，习近平主席分别会见智利总统皮涅拉、韩国总统文在寅、印度尼西亚总统佐科，并同多国领导人交换意见。（陈远航）

石油输出国组织

Organization of the Petroleum Exporting Countries—OPEC

【成立日期】1960年9月10—14日，5个产油国的代表在巴格达开会，宣告成立石油输出国组织，简称“欧佩克”。它是一个政府间国际组织。

【宗旨】协调和统一成员国的石油政策，并确定以最适宜的手段来维护它们各自和共同的利益。

【成员国】13个（截至2020年4月）：科威特、沙特阿拉伯、委内瑞拉、伊拉克、伊朗（以上为创始成员）、利比亚（1962年）、阿拉伯联合酋长国（1967年）、阿尔及利亚（1969年）、尼日利亚（1971年）、安哥拉（2007年1月）、加蓬（1975年加入，1995年1月中止成员身份，2016年7月重新加入）、赤道几内亚（2017年）、刚果共和国（2018年）。根据欧佩克资料，截至2018年末，该组织成员石油总储量为1.1898万亿桶（约占世界已探明石油储量的79.4%），非欧佩克成员石油总储量为3081.8亿桶（约占世界已探明石油储量的20.6%）。

【主要负责人】秘书长巴尔金多（Mohammad Barkindo，尼日利亚籍），2016年8月1日起任职，2019年再次连任。

【总部】奥地利维也纳。

【网址】http://www.opec.org/。

【出版物】《石油输出国组织公报》（OPEC Bulletin），月刊；《石油输出国组织能源评论》（OPEC Energy Review），季刊；《年度报告》（Annual Report）；《统计年报》（Annual Statistical Bulletin，ASB）等。

【组织机构】（1）大会：最高权力机构。各成员国向大会派出以石油、矿产和能源部长（大臣）为首的代表团。大会奉行全体成员国一致原则，一般每年春秋季在维也纳召开会议（必要时可召开特别会议），以制定总政策，通过理事会提交的报告和建议，批准成员国委任的理事和选举理事会主席。（2）理事会：负责执行大会决议和指导该组织的管理。由各成员国派1名代表组成，任期2年，每年至少开会2次。（3）秘书处：在理事会指导下承担执行职能。秘书长是该组织依法授权的代表，任期3年。秘书处内还设一专门机构——经济委员会，协助该组织把国际石油价格稳定在公平合理的水平上。

欧佩克国际发展基金（The OPEC Fund for International Development，OFID）是欧佩克于1976年发起成立的国际开发金融机构，通过向其他发展中国家的社会经济发展项目提供开发援助贷款，促进欧佩克成员国与受援国之间的合作。

【主要活动】欧佩克自成立以来，各成员国主要通过协调各自的石油政策，尤其是协调各自的石油生产配额来维护它们的共同利益。但是，近年来，影响国际油价的因素日趋复杂，不再是简单的供求关系，欧佩克左右国际油价的能力实际上已大为降低，加上其对成员国石油生产限额执行情况缺乏足够有力的监督，其国际影响力逐渐有所减弱。为了更全面地反映欧佩克成员的油价，欧佩克采用的欧佩克原油参考一揽子[the new OPEC Reference Basket of crudes（ORB），下称“欧佩克油价”]由13种市场监督原油组成。截至2020年4月底，欧佩克油价组成的原油包括：撒哈纳原油（Saharan Blend，阿尔及利亚）、吉拉索原油（Girassol，安哥拉，2007年1月起）、Djeno原油（刚果共和国）、Zafiro原油（赤道几内亚，2017年6月起）、拉比轻质原油（Rabi Light，加蓬，2016年7月起）、伊朗重质原油（Iran Heavy）、巴士拉轻质原油（Basra Light，伊拉克）、科威特出口原油（Kuwait Export）、锡德尔原油（Es Sider，利比亚）、博尼轻质原油（Bonny Light，尼日利亚）、阿拉伯轻质原油（Arab Light，沙特）、穆尔班原油（Murban，阿联酋）、马瑞原油（Merey，委内瑞拉）。

2011年12月14日，欧佩克第160次部长级会议在维也纳举行，成员国同意将产量目标定为3000万桶/天（后此产量目标维持两年未变）。

2012年，国际石油市场宽松的供需基本面不支撑油价走高，但地缘政治和市场投机局部炒高油价，导致国际油价总体呈一涨、二跌、三反弹、四回落的起伏走势，布伦特原油年均价略高于2011年，达到111.58美元/桶，再创历史新高。欧佩克油价也达到历史新高，为109.45美元/桶。

2012年6月14日，欧佩克第161次部长级会议在维也纳举行，会议同意维持每天3000万桶的原油产量不变，但对成员国普遍关注的油价下跌问题，会议却未能出台任何举措。12月12日，欧佩克第162次部长级会议在维也纳举行，会议认为2013年世界经济仍充满不确定性，欧佩克将继续努力保持石油市场的稳定，2013年将继续维持日产3000万桶原油的产量不变。

根据国际能源机构（IEA）数据显示，2012年欧佩克（伊朗除外）石油出口收入达到9820亿美元，是38年最高值。而其中沙特占到32%，为3110亿美元。该机构预计，2013年和2014年，欧佩克石油出口收入将下降。

2012年6月28日，欧佩克与欧盟在布鲁塞尔举行了第9次部长级能源对话。2013年11月11日，双方在维也纳举行了第10次部长级能源对话。

2012年10月4日，国际能源机构、国际能源论坛

（IEF）与欧佩克在巴黎首次就天然气和煤炭市场展望举行联合专题讨论会。

2013年的市场环境与2012年较为相似，世界石油市场供需宽松局势仍持续，发达国家货币宽松政策仍延续，地缘政治因素仍扰动国际市场，国际油价呈现两轮升一降走势。全年均价布伦特油价小幅回落。宽松的供需基本面不支撑油价走高，但非基本面因素仍支撑油价高位震荡，布伦特油价在100—120美元/桶之间波动。2013年欧佩克原油价格（105.87美元）较2012年下跌了3%。此前，欧佩克原油价格连续3年上涨。2013年欧佩克原油价格出现下跌，与市场的大体趋势是一致的。

2013年5月31日，欧佩克第163次部长级会议在维也纳举行，会议决定继续维持日产3000万桶原油的产额。欧佩克在会后发表的新闻公报中说，2013年全球经济增长率将由2012年时的3%提高到3.2%，但增长动力几乎全部来自非经济合作与发展组织地区。总体来说，世界经济仍有下行风险，尤其是经合组织国家经济增长前景不明。12月4日，欧佩克第164次部长级会议在维也纳举行，会议决定继续维持3000万桶原油日产量限额不变。

2014年，欧佩克成员国面临更大的价格压力：石油需求依旧疲软，欧佩克以外国家的石油产量在上升。欧佩克预计，2013年日均需求下降了50万—2990万桶，而2014年日均需求可能将再降40万桶。欧佩克成员国面临这样的问题：它们是否需要减产以保证价格。

2014年11月27日，欧佩克第166届部长会议在维也纳举行会议，讨论过去几个月不断下跌的油价走势和2015年石油市场前景。会议决定维持当前日采油量3000万桶水平不变。会议结果一出，油价暴跌超过6美元，跌幅逾8%。2015年12月4日，欧佩克第168届部长会议在维也纳举行，共商欧佩克2015年底至2016年上半年的政策方针与产能目标。会议宣布坚持不减产政策，促使油价重挫愈10%。

2016年，国际油价呈现探底后震荡回升趋势。欧佩克不再坚持不减产政策。2016年9月28日，欧佩克在阿尔及尔举行非正式会议，决定将石油日产量从当时每天大约3340万桶减至3250万—3300万桶。2016年11月30日，欧佩克第171届部长级会议在维也纳举行，决定自2017年1月起将欧佩克日产量目标定为3250万桶，日减产幅度为120万桶。

近年来，欧佩克先后同欧盟、俄罗斯、中国、国际能源机构、国际货币基金组织等建立了能源对话或工作研讨会机制。

2017年11月30日，欧佩克第173届部长级会议在维也纳举行。会议决定将现有减产协议延长9个月，保持每日180万桶减产规模，旨在加强石油市场再平衡过程。

2018年12月6日，欧佩克第175届部长级会议在维也纳举行。会议决定自2019年1月起实施新一轮为期6个月的减产，欧佩克成员国日减产幅度为80万桶。

2019年12月5日，欧佩克第177届部长级会议在维也纳举行。会议公布了“欧佩克+”减产协议内容，决定2020年第一季度在OPEC+现有的减产规模基础上再减产50万桶/日，至170万桶/日。

2020年4月，第9届和第10届OPEC与非OPEC国家部长级（OPEC+）特别会议举行。为应对新冠肺炎疫情带来的诸多挑战，稳定全球石油市场，会议最终决定2020年5月和6月减产原油970万桶/日，从2020年7月到12月减产770万桶/日，从2021年1月到2022年4月减产580万桶/日。

【同中国的关系】2005年12月，欧佩克首次派团访华，“中国—欧佩克能源对话”机制宣告正式建立。2006年4月，首次中国—欧佩克能源高层圆桌会议在奥地利维也纳欧佩克秘书处召开。2007年10月24—25日，欧佩克秘书长巴德里率代表团访问中国。2007年10月24日，由中国国家发展和改革委员会与欧佩克秘书处共同主办的第2次中国—欧佩克能源高层圆桌会议在北京举行。

2017年12月12日，第2次中国—欧佩克高级别对话会在北京举行。国家能源局副局长李凡荣和欧佩克秘书长巴尔金多共同主持会议。

2019年10月21日，第3次中国—欧佩克高级别对话会在维也纳举行。国家能源局局长章建华和欧佩克秘书长巴尔金多共同主持会议。

2020年5月14日，中国—欧佩克视频圆桌讨论会举行。国家能源局局长章建华和欧佩克秘书长巴尔金多共同主持会议。（吝杰）

阿拉伯石油输出国组织

Organization of Arab Petroleum Exporting Countries—OAPEC

【成立日期】1968年1月9日，由利比亚、沙特阿拉伯、科威特在贝鲁特成立。

【宗旨】加强和密切成员国在石油工业方面的关系与合作，维护其在石油领域的个体和整体权益，协调各成员国的行动以公平、合理的份额向消费市场供油，为石油工业吸引资金和技术创造良好环境。

【成员国】11个：阿尔及利亚、巴林、埃及、伊拉克、科威特、利比亚、卡塔尔、沙特、叙利亚、阿拉伯联合酋长国、突尼斯。其中突尼斯1986年以来在自己的要求下，成员国资格一直被冻结。2018年，成员国已探明原油蕴藏量约为7034亿桶，占全球已探明原油储量的56.4%；天然气探明储量53.31万亿立方米，占全球已探明储量的26.4%。

【主要负责人】秘书长阿里·萨布特·本萨布特（ALI SABT BENSABT，科威特籍）。

【总部】科威特城。

【网址】http://www.oapecorg.org。

【出版物】《秘书长年度报告》，阿拉伯文、英文；《石油与阿拉伯合作》季刊，阿文，附英文摘要和参考书目；OAPEC月报，阿文、英文；《能源观察》季刊，阿文；《OAPEC年度统计报告》，阿文、英文。

【组织机构】（1）部长理事会：最高权力机构，由各成员国石油部长或相应官员组成，主席由各国轮流担任，每年召开两次会议。负责制定宏观政策和管理规章，指导各项工作。（2）执行局：由各成员国副部长组成，每年至少召开3次会议，主席由各国轮值。协助部长理事会指导该组织的活动，审议预算草案，处理有关协议的执行及其相关事务，制订部长理事会的日程安排。（3）秘书处：设秘书长一职，每3年改选，可连选连任。按理事会和执行局制定的政策处理日常事务。下设能源、经济与技术、信息与资料、财政与公共管理等部门。（4）裁决法庭：由正副5名主席和5名法官组成。负责调解成员国之间或成员国与有关石油公司发生的纠纷。该法庭亦负责提供咨询，其裁决对成员国具有约束力。此外，该组织下辖阿拉伯海洋石油运输公司、阿拉伯船舶建造及维修公司、阿拉伯石油投资公司、阿拉伯石油服务公司、阿拉伯油井钻探与维修公司、阿拉伯地球物理勘探服务公司、阿拉伯石油培训学院等企业。

【对外关系】该组织已与阿盟、海湾合作委员会等地区政府间组织，欧盟、欧佩克、联合国开发计划署、联合国环境规划署、联合国贸发会议、伊斯兰发展银行等国际组织以及国际能源机构等非政府组织建立了联系，参加各种形式的讨论会，并与非阿拉伯国家的组织举办了多次讨论会。

【主要活动】协调成员国的石油经济政策，在一定程度上协调成员国行动中应遵循的法律机制，交流技术和情报，尽可能为成员国公民提供培训和就业机会，利用成员国的资源和潜力参与石油工业项目，并负责承办4年1届的“阿拉伯能源会议”。2013年12月，OAPEC第91次部长级会议在多哈举行，决定秘书长纳吉的任期延长3年。2014年12月21—23日，该组织在阿联酋阿布扎比举办第10届“阿拉伯能源会议”。2018年10月1—4日，该组织在摩洛哥马拉喀什举办第11届“阿拉伯能源会议”。

2019年12月，该组织在科威特举行第103次部长会，会议选举阿里·萨布特·本萨布特为新任秘书长。同期还举行了该组织第155次执行局会议。（刘京媛）

附：成员国2018年石油、天然气储量

国家	石油储量（单位：亿桶）	天然气储量（单位：亿立方米）
阿尔及利亚	122	45050
埃及	32	22210
伊拉克	1450	37290
科威特	1015	17840
利比亚	484	15050
卡塔尔	252	238610
沙特	2670	90690
阿联酋	978	60910
巴林	1	1930
叙利亚	25	2850
突尼斯	4	640

（资料来源：OAPE、OAPEC网站）

亚洲开发银行

Asian Development Bank—ADB

【成立日期】亚洲开发银行章程于1966年8月22日生效，11月在东京召开首届理事会，宣告该行成立，12月19日开始营业。简称“亚行”。

【宗旨】通过向亚太区域的发展中国家（地区）提供项目贷款和技术援助，促进和加速本区域的经济合作。

【成员】亚行不是联合国下属机构，但同联合国及其区域和专门机构有密切联系。亚行章程规定，凡联合国亚太经社会成员及准成员，以及是联合国及其专门机构成员的本地区其他国家和非本地区的发达国家，均可申请加入。亚行现有成员68个（截至2020年4月）。

【负责人】现任行长浅川雅嗣（Mr. Masatsugu Asakawa，日本籍）。

【总部】菲律宾马尼拉。

【网址】http://www.adb.org。

【出版物】《年度报告》《亚行季评》。

【组织机构】理事会是亚行最高决策机构，由各成员派正、副理事各1名组成，每年召开1次会议。董事会是亚行执行机构，由理事会选出的12名董事组成，其中8名为亚太区域代表，4名为其他区域代表。除日本、美国和中国董事外，其他董事均代表几个国家和地区。董事任期两年，常驻亚行总部，可连任。董事会根据理事会的授权负责业务的总政策方向和日常业务。董事会主席负责主持董事会，管理亚行的日常工作。亚行设行长1名，行长是该行的合法代表，由理事会选举产生，任期5年，可连任。行长在董事会内无表决权，但在董事会表决正反双方票数相等时，行长拥有决定性的一票表决权。目前亚行历任行长均由日本人担任。

【股本和资金来源】主要是各成员的认股，其次是向世界资本市场借款和发行债券。亚行各成员的认股额根据按人口数调整后的国内生产总值、税收和出口值等数据加权计算的公式确定。日本和美国是最大的股东，拥有的投票权也最大。

【主要活动】亚行贷款对象是亚太区域发展中成员，主要用于农业、能源、运输、通信和供水等部门。贷款分为两种：普通贷款，主要是提供给经济状况较好的成员；优惠贷款，主要对象是较贫困的低收入成员，来源主要是由发达国家捐款构成的亚洲开发基金。此外，亚行还通过技术援助特别基金向较贫穷的成员提供技术援助。

2017年5月4—7日，亚行理事会第50届年会在日本横滨举行。会议主要就亚太地区经济社会发展、区域合作等议题进行了讨论。

2018年5月3—6日，亚行理事会第51届年会在菲律宾马尼拉举行。会议就促进亚太地区包容性发展、政府在利用新技术推动包容性增长中的作用、亚行2030战略等议题进行了讨论。

【同中国的关系】中国于1986年3月10日加入亚行。截至2020年4月，中国是亚行第三大股东、第二大借款国，有认购股份68400股，占总份额的6.429%，投票权占总票权的5.442%。截至2018年底，亚行批准对华贷款总额约为393.1亿美元，主要用于交通运输、节能增效、城市发展、农业农村、生态环保、区域合作、教育医疗等领域。随着中国经济社会发展，中国与亚行已发展形成全方位、多层面、互利共赢的合作伙伴关系。

亚行成立之初，台湾当局占据了中国席位。1983年2月，中国政府要求亚行采取措施，妥善解决中国在亚行的代表权问题。1985年3月，中国政府再次向亚行重申中华人民共和国政府是代表中国的唯一合法政府，只有中华人民共和国才能在亚行代表中国，并要求亚行在此前提下解决台湾当局在亚行的名称问题。1985年11月26日，亚行董事会就台湾当局在亚行改称为“中国台北”通过决定。1986年3月10日，中国成为亚行第47个成员。其后中国代表团参加了该组织的历届年会。2003年7月10日，中国前财政部副部长金立群被任命为亚行副行长，成为亚行历史上第一位中国籍副行长。2008年8月14日，亚行董事会任命时任中国进出口银行副行长赵晓宇为亚行副行长，接替于同年7月31日任满回国的金立群。2013年10月，时任财政部对外财经交流办公室主任张文才获亚行执董会批准，担任亚行副行长。

2014年1月9日，环境保护部与亚洲开发银行行长在北京共同签署了《中华人民共和国环境保护部与亚洲开发银行谅解备忘录》。双方确认将加强在大气、水、土壤、生态系统管理、环境治理和能力建设、区域环境合作以及环境管理实践与创新研究和经验分享等7个领域的合作。

2016年2月，亚行董事会批准了2016—2020年同中国进行合作的《国别合作伙伴战略》，深化与中国的合作伙伴关系。

2018年7月，亚行批准了新的长期战略框架《2030战略》，以响应亚太地区发展需求。

【驻华代表机构】该组织于2000年在北京设立代表处。现任首席代表是冯幽兰女士（Yolanda Fernandez Lommen）。办公室：北京市朝阳区建国门外大街1号国贸三期17层。电话：010-85730909；传真：85730808。

（吝杰）

环印度洋联盟

The Indian Ocean Rim Association—IORA

【成立日期】1997年3月5—7日，环印度洋地区14国外长聚会毛里求斯首都路易港，通过《联盟章程》和《行动计划》，宣告环印度洋地区合作联盟（The Indian Ocean Rim Association for Regional Cooperation—IOR-ARC）正式成立。2013年11月1日，环印度洋地区合作联盟第13届部长理事会会议决定将该组织更名为环印度洋联盟（The Indian Ocean Rim Association—IORA，以下简称“环印联盟”）。

【宗旨】遵循尊重国家主权、领土完整、政治独立、不干涉内部事务、和平共处、平等互利与协商一致等原则，不卷入双边等有争议的问题，推动区域内贸易和投资自由化，促进地区经贸往来和科技交流，扩大人力资源开发、基础设施建设等方面的合作，加强成员国在国际经济事务中的协调。

【成员】共有22个成员国、10个对话伙伴国和2个观察员。成员国：南非、印度、澳大利亚、肯尼亚、毛里求斯、塞舌尔、科摩罗、阿曼、新加坡、斯里兰卡、坦桑尼亚、马达加斯加、印度尼西亚、马来西亚、也门、莫桑比克、阿拉伯联合酋长国、伊朗、孟加拉国、泰国、索马里、马尔代夫。对话伙伴国：中国、美国、日本、埃及、英国、法国、德国、韩国、土耳其、意大利。观察员：印度洋旅游组织和印度洋研究组。

环印联盟是目前环印度洋地区重要的经济合作组织。环印度洋地区地跨亚洲、非洲和大洋洲，拥有丰富的自然资源、巨大的人力资源、广阔的市场和便利的交通。联盟成员国面积总和2106万平方公里，占世界陆地总面积的14.14%；人口约22.79亿，占世界人口总数的30.18%；2017年，成员国国内生产总值达7.88万亿美元，占世界国内生产总值的9.84%；贸易总额占世界贸易总量的12.04%。

【主要负责人】主席国由成员国轮流担任，任期2年。阿联酋和孟加拉国分别为现任主席国和副主席国（副主席国即为候任主席国）。现任部长理事会主席为阿联酋外交与国际合作部长谢赫阿卜杜拉·本·扎耶德·阿勒纳哈扬。

【总部】秘书处（Secretariat of the IORA）：常设机构，设在毛里求斯。负责协调联盟政策的执行，处理日常行政事务。现任秘书长诺姆武约·农齐克莱洛·诺奎（Nomvuyo Nontsikelelo Nokwe，女，南非人），2018年2月上任。地址：毛里求斯共和国数码城新太康大厦一座3层（3rd Floor，Tower I，NeXTeracom Building，Cybercity，Ebene，Republic of Mauritius）。电话：（230）4541717；传真：（230）4681161。电子邮箱：iorarcsec@iorarc.org。

【网址】http://www.iora.net。

【组织机构】（1）部长理事会：最高权力机构，由成员国外长或经济合作部长组成，负责制定联盟政策，决定合作领域和项目。联盟成立之初每2年召开1次例会，2003年起改为每年召开1次例会。可根据需要举行特别会议。（2）高官委员会：执行机构，由成员国政府官员组成，会期1年1次或视需要召开。负责监督和审查部长理事会决议执行情况，审议联盟高级别工作组、学术组、贸易和投资工作组、商业论坛提交的工作报告，确定联盟合作重点并向部长理事会提出政策建议，有关建议连同上述机构报告一并提交部长理事会审批。（3）环印度洋商业论坛：由成员国政府官员和工商界人士组成，每年举行1次会议。负责就促进成员国在贸易、投资、金融和旅游等方面合作、减少贸易壁垒、加强科技交流和人力资源开发等问题提出政策建议，并实施联盟合作项目和工作计划。（4）环印度洋学术组：由成员国学术界人士组成，每年举行1次会议。负责开展联盟学术合作和信息交流。（5）贸易和投资工作组：由成员国技术官员组成，会期每年1次或视需要召开。负责协调和拟订联盟合作项目和工作计划。（6）高级别工作组：以联盟前任、现任和候任主席国政府主管官员为主体组成。负责就联盟发展方向、内部组织建设和推动对话伙伴国参与联盟活动等问题进行研究并提出政策建议。

【主要活动】截至2019年底，已举行19届部长理事会会议。

2008年5月4—5日，环印联盟第8届部长理事会会议在伊朗首都德黑兰举行。会议审议并通过了联盟2007年财政决算和2009年财政预算报告、联盟特别基金管理委员会关于各项目拨款计划、联盟未来3—4年行动计划以及联盟商务峰会进展情况的报告；通过了《德黑兰宣言》，其中包括关于修改联盟宪章、实行机构改革、加强各领域合作等内容。同年10月，成立环印度洋合作联盟技术转移中心，总部设在伊朗德黑兰，旨在推动成员国间的技术转让，促进科研成果商业化和标准化。

2009年6月25日，环印联盟第9届部长理事会会议在也门首都萨那举行。会议审议了联盟秘书处和特别基金委员会财务报告。通过了《萨那公报》，鼓励成员国加强各领域交流与合作；批准修改联盟章程；同意建立审查委员会对提交联盟商业论坛的项目进行优先排序和审查；支持在也门建立打击海盗地区信息共享中心；支持阿联酋竞争国际可再生能源机构总部设址。

2010年8月5日，环印联盟第10届部长理事会会议在也门首都萨那举行。会议通过了联盟新宪章，强调要加强机制建设，由部长理事会现任、候任及前任主席组成“三驾马车”主持常务工作，由成员国常驻南非使节组成“使团工作组”定期开会协调检查后续工作。会议发表《萨那公报》，呼吁各成员国和对话伙伴国重点支持渔业中心、海运理事会和区域科技转移中心3个合作项目。

2011年11月15日，环印联盟第11届部长理事会会议在印度班加罗尔举行。会议同意接收2003年退出联盟的塞舌尔重新加入，通过了区域科技转移中心谅解备忘录和章程草案，联盟秘书处并与阿曼政府签署了渔业中心总部协议。会议发表《班加罗尔公报》，并提出将工作重点放在海事安全、贸易和投资便利、渔业管理、减低灾害风险、学术和科技合作以及促进旅游业和文化交流等6大领域。

2012年11月2日，环印联盟第12届部长理事会会议在印度古尔冈举行。会议同意接收科摩罗成为联盟第20个成员国，并通过了美国要求成为联盟对话伙伴国的申请。会议发表《古尔冈公报》，提出加强区域内渔业资源保护与开发，密切减灾合作，开展区内优惠贸易安排及实施统一关税的可行性研究和加强区内互联互通建设的举措，并决定于2013年召开印度洋航运安全会议，研究建立印度洋航运安全信息交换和海上形势监控机制。

2013年11月1日，环印联盟第13届部长理事会会议在澳大利亚珀斯举行。会议决定将组织名称由环印度洋地区合作联盟改为环印度洋联盟，并通过了《珀斯公报》和《环印联盟关于和平、富有成效和可持续利用印度洋及其资源的原则》(又称《珀斯原则》)。

2014年10月9日，环印联盟第14届部长理事会会议在澳大利亚珀斯举行。会议通过了《珀斯共识》，呼吁进一步推进区域贸易与投资便利化，促进蓝色经济和加强对话伙伴国作用。

2015年10月23日，环印联盟第15届部长理事会会议在印度尼西亚巴东举行。会议正式接纳索马里为成员国，德国为对话伙伴国。各方就海洋经济、航运安全、技术转移、旅游开发、环境保护、打击犯罪、防灾减灾等问题进行了交流，并通过了《巴东公报》和《环印联盟海洋合作宣言》。

2016年10月27日，环印联盟第16届部长理事会会议在印度尼西亚巴厘岛举行。会议通过了《巴厘公报》和《性别平等与女性经济赋权宣言》两个成果文件，完成了索马里入盟手续。

2017年3月7日，环印联盟首次领导人峰会在印度尼西亚雅加达举行。峰会主题为“加强海洋合作，打造和平、稳定、繁荣的印度洋”。峰会通过并签署了《环印联盟协约》《环印联盟2017—2021年行动计划》和《关于预防和打击恐怖主义和暴力极端主义的声明》。

2017年10月18日，环印联盟第17届部长理事会会议在南非德班举行。会议通过了《德班公报》，新成立了海上安全、蓝色经济和妇女经济赋权3个工作组。南非和阿联酋分别接任轮值主席国和副主席国。前南非驻毛里求斯高专诺奎当选新任秘书长。

2018年11月2日，环印联盟第18届部长理事会会议在南非德班举行。会议以“加强非洲、亚洲、澳洲和中东地区团结合作，实现和平、稳定和可持续发展”为主题，通过《德班公报》《关于加强与对话伙伴国互动的指导方针的宣言》和《纪念曼德拉一百周年诞辰特别宣言》，同意接纳马尔代夫成为联盟第22个成员国，接纳韩国、土耳其成为联盟对话伙伴国。

2019年11月7日，环印联盟第19届部长理事会会议在阿联酋阿布扎比举行。会议以“打造命运共同体，推动印度洋走向繁荣”为主题，对《环印联盟2017—2021行动计划》进行了中期评估，通过了《阿布扎比公报》。

【同中国的关系】中国于2000年1月成为环印联盟对话伙伴国。2001年4月，外交部部长助理张业遂率团出席在阿曼举行的环印联盟第3届部长理事会会议。此后，驻斯里兰卡大使孙国祥、前亚太经合组织高官王嵎生、前驻肯尼亚大使安永玉、驻伊朗大使刘振堂、驻伊朗大使解晓岩、驻也门大使罗小光、外交部大使舒展、外交部参赞杜小丛和外交部非洲司司长卢沙野等分别出席第4届至第13届环印联盟部长理事会会议。2014年10月和2015年10月，外交部副部长张明率团出席在澳大利亚珀斯和印度尼西亚巴东举行的环印联盟第14、15届部长理事会会议。2016年10月，外交部非洲司司长林松添率团出席在印度尼西亚巴厘岛举行的环印联盟第16届部长理事会会议。2017年3月，外交部部长助理钱洪山率团出席在印度尼西亚雅加达举行的环印联盟首次领导人峰会。2017年10月，中国政府非洲事务特别代表许镜湖率团出席在南非德班举行的环印联盟第17届部长理事会会议。2018年11月，驻南非大使林松添代表中方出席在南非德班举行的环印联盟第18届部长理事会会议。2019年11月，外交部大使韦宏添代表中方出席在阿联酋阿布扎比举行的环印联盟第19届部长理事会会议。

2014年环印联盟第14届部长理事会期间，中国国家海洋局天津海水淡化与综合利用研究所同环印联盟区域科技转移中心签署了包括建立海水淡化技术协调中心等内容的合作谅解备忘录。2015年5月，环印联盟区域科技转移中心海水淡化技术协调中心在天津揭牌，环印联盟框架下的首次海水淡化国际研讨会同时举办。2016年7月，第2届环印度洋联盟蓝色经济核心小组研讨会在青岛举行，外交部部长助理钱洪山出席研讨会开幕式并致辞。（张若楚）

非洲开发银行

African Development Bank—AFDB

【成立日期】非洲开发银行（简称“非行”）成立于1964年11月。1966年7月1日开始营业。

【宗旨】通过提供投资和贷款，促进成员国经济发展和社会进步；帮助成员国研究、制定、协调和执行经济发展计划；优先向有利于地区经济合作和扩大成员国间贸易的项目提供资金和技术援助，促进非洲经济一体化。

【**成员**】共有80个成员国，分为非洲区内成员国和非洲区外成员国。区内成员国包括54个非洲国家。区外成员国共有26个。按份额，前10大成员国依次为尼日利亚、美国、埃及、日本、南非、阿尔及利亚、德国、加拿大、法国、科特迪瓦。

【**主要负责人**】行长兼董事长阿金乌米·阿尤德吉·阿德西纳（Akinwumi A. Adesina，尼日利亚籍），2015年5月当选（9月上任），任期5年。

【**总部**】总部原设在科特迪瓦首都阿比让，因科2003年政局动荡，非行于当年临时搬迁到突尼斯首都突尼斯市办公。2014年9月，总部回迁至科特迪瓦。工作语言为英语和法语。

【**网址**】http://www.afdb.org/。

【**出版物**】《年报》（Annual Report）；《千年发展目标报告》（MDGs Report）；《非洲发展报告》（African Development Report）；《非洲经济展望》（African Economy Outlook）；《非洲统计年鉴》（African Statistical Yearbook）；《非洲竞争力报告》（African Competitiveness Report）；《非洲开发银行统计手册》（AFDB Statistics Pocketbook）等。

【**组织机构**】（1）理事会：最高权力机构，负责制定银行的工作方针和政策，就重大事宜做出决策，处理日常业务。由各成员国1名理事组成，一般为成员国的财政、经济部长或央行行长，通常每年举行1次会议，必要时可举行特别理事会。行长和秘书长由理事会选举产生。（2）董事会：由理事会选举产生，是银行的执行机构，负责制定非行各项业务政策。共有20名执行董事，其中非洲以外国家占7名，任期3年，一般每月举行两次会议。

【**银行资本**】资金来源包括成员国认缴股本、在国际市场举债集资、非行的储备净收入滚存。其中，非洲国家资本60%。截至2018年底，核定资本金约为953.88亿美元。

【**主要活动**】非行与其附属的非洲开发基金（African Development Fund—ADF，非发基金）、尼日利亚信托基金（Nigeria Trust Fund—NTF）共同组成非洲开发银行集团（African Development Bank Group—ADB Group）。非行行长兼任非洲开发银行集团董事长。

非行是非洲最大的地区性政府间开发金融机构。非行贷款的对象是非洲地区成员国，主要用于农业、运输、通信、供水和公共事业等领域项目开发。非行还同非洲其他金融机构及非洲以外有关机构开展金融合作，并在一些地区性金融机构中参股。

2018年5月21—25日，非行第53届年会在韩国釜山举行。来自各成员国政府、相关国际组织、金融机构和企业、媒体的4000多名代表参加会议。中国人民银行和中国进出口银行分别以理事会成员和观察员身份与会。会议以“加速非洲工业化”为主题，呼吁非洲发展聚焦明智的产业政策，致力于增加原材料加工附加值。会议提出，非行未来将通过银行增资、提升产品附加值、应对气候变化挑战、支持脆弱国家私营部门发展和加强技能培训等方式促进非洲工业化发展。

2019年6月11—14日，非行第54届年会在赤道几内亚首都马拉博举行。来自各成员国政府、相关国际组织、金融机构和企业、媒体的3000多名代表参加会议。中国人民银行和中国进出口银行分别以理事会成员和观察员身份与会。会议以“区域一体化促进非洲繁荣”为主题，鼓励非行与非洲联盟和地区经济共同体共同努力，紧抓非洲大陆自贸区机遇，推动非洲一体化和经济社会转型进程。会议呼吁加速落实联合国可持续发展议程、非盟《2063年议程》和非行五大优先发展领域，支持非洲国家提升国内资源能力，鼓励对非洲私营部门可持续性投入，关注气候变化议程，并创造更多就业。

【**同中国的关系**】中国于1985年5月8日和10日先后加入非发基金和非行（注：加入非发基金是加入非行的先决条件）。中国积极参与非行业务活动和决策，并参加了非洲开发基金第4—15次捐资。截至2019年11月，中国持有非行股份1.162%。

1996年，中国与非行签订双边技术合作协定，由中国出资设立一项基金，用于资助中国专家向非洲介绍中国的优势项目和技术，并提供咨询。中国还积极参加非发基金落实多边减债动议的捐资行动，向非行递交了认捐书。

2007年5月16—17日，非行第42届年会在上海举行，中国人民银行行长周小川担任本届理事会主席，中国国务院总理温家宝出席开幕式并致辞。

2010年2月3—6日，非行行长唐纳德·卡贝鲁卡（Donald Kaberuka）访华。中国国务院副总理王岐山会见卡一行。周小川行长与卡举行会谈。

2014年5月22—23日，中国人民银行行长周小川率团出席非行年会，与非行行长卡贝鲁卡签署了20亿美元的“非洲共同增长基金”联合融资合作协议。基金将在未来10年向非行发展项目提供联合融资，以支持非洲基础设施及工业化建设。

2015年7月，卡贝鲁卡行长访华。周小川行长与卡举行会谈。外交部副部长张明与卡会见。

2016年3月28—29日，非行行长阿德西纳访华。国务院副总理马凯和中国人民银行行长周小川同其会见，双方就深化双边合作等问题交换了意见。

2018年9月2—4日，非行行长阿德西纳来华出席中非合作论坛北京峰会。国务院副总理刘鹤和中国人民银行行长易纲同其会见，并就深化中非务实合作等问题交换了意见。（李江伟）

西非国家经济共同体

Economic Community of West African States—ECOWAS

【成立日期】1975年5月28日正式成立，简称“西共体”。成员国总面积511万平方公里，占非洲总面积的1/6多；人口近3亿，占非洲总人口近1/3。

【宗旨】促进成员国在政治、经济、社会和文化等方面的发展与合作，提高人民生活水平，加强相互关系，为非洲的进步与发展作出贡献。

【成员国】15个：贝宁、布基纳法索、多哥、佛得角、冈比亚、几内亚、几内亚比绍、加纳、科特迪瓦、利比里亚、马里、尼日尔、尼日利亚、塞拉利昂、塞内加尔。

【主要负责人】现任首脑会议轮值主席尼日尔总统穆罕默杜·伊素福（Mahamadou Issoufou），任期至2020年6月。委员会主席让·克劳德·布鲁（Jean-Claude Brou），任期至2022年3月。

【总部】委员会设在尼日利亚首都阿布贾。

【网址】http://www.ecowas.int/。

【组织机构】（1）首脑会议：最高权力机构，由成员国国家元首和政府首脑组成，原则上每年至少召开1次例会。首脑会议设执行主席1名，由首脑会议选举产生，任期1年。（2）部长理事会：由各成员国外交部长和另1位部长组成，每年至少举行2次会议，负责监督西共体机构运转情况，审查并通过委员会和专门委员会的建议。下设8个技术和专门委员会，负责为部长理事会准备工作报告，监督条约执行等。首脑会议可根据需要对委员会数目和职责作出调整。（3）委员会：常设执行机构。由主席、副主席和13名委员组成，负责西共体日常事务，设在尼日利亚首都阿布贾。（4）西共体议会：2000年成立，总部设在阿布贾，职责包括就政策制定、条约修改等问题接受咨询，听取西共体委员会主席工作报告等。2011年8月第3届议会成立，共115个议席，其中75席按平均原则分配，剩余席位按成员国人口比例分配。议员从各国议会成员中推选产生，任期4年。（5）西共体法院：最高司法机构。2000年成立，位于阿布贾。由7名大法官组成，法官由西共体下设的司法委员会提名，首脑会议任命，任期4年。主要负责处理与西共体相关的法律解释、争议、诉讼等。（6）西共体投资和开发银行：2003年成立，总部位于多哥首都洛美。主要职能是制定区域投资政策，向西共体和非洲发展新伙伴计划项目提供资金。采用控股公司形式，总资本7.5亿美元，其中2/3资金由成员国按比例分摊，其余部分向非成员国和国际金融机构招股。下设西共体地区投资银行和西共体地区发展基金，主要向公共和私营部部门发放贷款。

【主要活动】截至2019年12月，西共体已举行56届首脑会议。2014年3月，西共体在科特迪瓦政治首都亚穆苏克罗召开第44届首脑会议。会议通过了西共体委员会主席工作报告，原则核准西共体和欧盟经济伙伴关系协定。加纳总统马哈马接任西共体轮值主席。2014年7月，西共体在加纳首都阿克拉召开第45届首脑会议。会议重申将于2015年1月1日起实施西共体共同对外关税（CET），并力争于2020年达成货币联盟。会议决定设立抗击埃博拉共同基金，帮助有关国家控制埃博拉疫情。会议还讨论了尼日利亚、马里、几内亚比绍局势等问题。

2014年12月，西共体在尼日利亚首都阿布贾召开第46届首脑会议。与会首脑重申将协调应对埃博拉疫情；重申坚决应对各种安全威胁，尤其是恐怖主义、海盗、非法走私等。会议期间，各成员国签订旨在加强西共体议会权力的《补充法案》，还讨论了西共体机构改革及马里、布基纳法索、几内亚比绍局势等问题。2015年5月，西共体在加纳首都阿克拉召开第47届首脑会议。会议重申加快地区经济一体化进程的决心，呼吁国际社会为该地区打击恐怖主义行动提供支持。塞内加尔总统萨勒接任西共体轮值主席。

2015年12月，西共体在尼日利亚首都阿布贾召开第48届首脑会议暨成立40周年庆祝大会，会议审议通过了《西共体委员会主席2015年年度报告》等文件，并讨论了西共体机构改革和人事调整、地区和平与安全事务等议题。

2016年6月，西共体在塞内加尔首都达喀尔召开第49届首脑会议，重点讨论了地区安全形势、经济社会发展等问题。利比里亚总统瑟利夫接任西共体轮值主席。

2016年12月，西共体在尼日利亚首都阿布贾召开第50届首脑会议，重点讨论了冈比亚局势、几内亚比绍政治危机、和平安全问题等议题。

2017年6月，西共体在利比里亚首都蒙罗维亚召开第51届首脑会议。会议讨论了地区经济形势、一体化进展、和平安全，以及冈比亚、几内亚比绍、马里局势和利比里亚大选等议题。以色列总理内塔尼亚胡应邀与会，表示以色列希与非洲国家加强经贸关系及共同打击恐怖主义。多哥总统福雷接任西共体轮值主席。

2017年12月，西共体在尼日利亚首都阿布贾举行52届首脑会议。会议重点讨论了西共体扩员、地区政治与安全以及一体化进程等问题。会议指示西共体委员会主席就摩洛哥、突尼斯、毛里塔尼亚分别申请成为西共体正式成员、观察员及准成员问题进行相关程序准备，决定由多哥、科特迪瓦、加纳、几内亚和尼日利亚五国元首组成元首委员会，就以上三国申请进行充分研究并提交报告。

2018年8月，西共体在多哥首都洛美举行第53届首脑会议，重点讨论了地区安全形势及一体化进程等问题。尼日利亚总统布哈里任西共体轮值主席。

2018年12月，西共体在尼日利亚首都阿布贾举行第54届首脑会议，重点讨论了地区经济社会发展、政治与安全等问题。会议期间，西共体委员会、全球能源互联网发展合作组织和几内亚政府联合举办能源互联网可持续发展高级别会议。

2019年6月，西共体在尼日利亚首都阿布贾举行第55届首脑会议，就区域一体化、发行西共体统一货币、和平安全等问题达成多项共识，决定2020年起采用共同单一货币ECO。尼日尔总统伊素福接替尼日利亚总统布哈里出任西共体轮值主席。同月，西共体成员国央行行长在阿布贾会晤，组建西共体统一货币央行工作组，讨论汇率制度、货币政策框架、未来西共体央行发展模式等问题。

2019年12月，西共体在尼日利亚首都阿布贾举行第56届首脑会议，重点讨论了经济形势与区域一体化、货币联盟、能源与交通基础设施建设、和平安全与稳定等问题。

【同中国的关系】中国与西共体15个成员国均保持着良好合作关系，自20世纪90年代以来，中国先后参与联合国在利比里亚、塞拉利昂和科特迪瓦的维和行动。自2003年起，中国向西共体派驻大使（由驻尼日利亚大使兼任）。2000年以来，西共体先后作为观察员列席中非合作论坛历届部长级会议和论坛北京峰会有关活动。2007年，西共体委员会主席钱巴斯率团访华。2008年，中国—西共体经贸论坛在北京召开。2009年，钱巴斯率团出席在武汉举行的“中国—非洲现代农业项目洽谈会”。2010年，商务部代表团赴尼出席由西共体和世界贸易组织共同举办的“促贸援助”西非地区审议会议，中国派员出席在塞内加尔召开的“西共体粮食安全问题高级别会议”。2011年，西共体委员会主席贝霍应中国贸促会邀请率经贸代表团访华。2012年3月，中国—西共体第2届经贸论坛在加纳首都阿克拉举行，国际贸易促进委员会副会长于平率团与会。7月，西共体委员会副主席麦金托什率团来华出席中非合作论坛第5届部长级会议和中非企业家大会。同月，湖北省举办中国—非洲（西共体）经贸合作洽谈会。10月，商务部副部长李金早率中国政府经贸代表团赴尼日利亚访问西共体总部。2014年6月，外交部非洲司司长卢沙野在阿布贾同西共体委员会副主席麦金托什举行磋商。2015年11月，中国—西共体首届经贸联委会在北京召开，商务部副部长钱克明同西共体委员会主席韦德拉奥果共同主持会议。2016年，外交部长王毅向西共体委员会新任主席德苏扎致就职贺电。2016年10月，新任驻西共体大使周平剑向西共体委员会主席德苏扎递交任命书。2017年，中国向马里派出第5批维和部队，并圆满结束在利比里亚持续14年的维和任务；执行“和谐使命—2017”任务的和平方舟医院船到访塞拉利昂。2018年3月，外交部长王毅就让·克劳德·布鲁就任西共体委员会主席致贺电。9月，西共体委员会主席布鲁应邀来华出席中非合作论坛北京峰会。

2019年1—10月，中国与西共体国家贸易总额386.2亿美元，其中中方出口额为303.3亿美元，进口额为82.9亿美元。（周颖）

西非经济货币联盟

Union Economique et Monétaire Ouest-Africaine—UEMOA

【成立日期】1994年1月10日成立，其前身是“西非货币联盟”。《西非经济货币联盟条约》于同年8月1日起正式生效。

【宗旨】促进成员国间人员、物资和资金流通，最终建立西非共同体。

【成员国】8个：贝宁、布基纳法索、科特迪瓦、马里、尼日尔、塞内加尔、多哥和几内亚比绍。

【主要负责人】现任国家元首和政府首脑会议执行主席为科特迪瓦总统阿拉萨内·瓦塔拉（Alassane Ouattara）。现任部长级会议执行主席为贝宁经济财政部长罗穆亚尔德·瓦达尼（Romuald Wadagni）。现任联盟委员会主席为阿卜达拉·布雷马（尼日尔籍）。

【总部】布基纳法索首都瓦加杜古。

【网址】http://www.uemoa.int。

【组织机构】（1）国家元首和政府首脑会议：最高权力机构，每年至少召开1次会议，执行主席由成员国国家元首轮流担任。（2）部长会议：各成员国包括财长在内的2位部长参加，每年至少召开2次会议。（3）联盟委员会：联盟常设领导机构，由各成员国分别推举1名委员组成。委员不代表派出国，任期4年，不可中途罢免，可连任。（4）联盟法院：1995年1月27日正式成立，由各成员国分别推举1名成员组成，任期6年，可连任。院长丹尼尔·阿马贡·特索戈（Daniel Amagoin TESSOUGUE，马里籍）。

根据联盟条约，还设有联盟审计法院、商会等机构。

联盟下设两家银行：（1）西非国家中央银行：发行非洲金融共同体法郎（简称“非洲法郎”），总部设在塞内加尔首都达喀尔，在各成员国均设有分支机构。行长为蒂耶莫科·梅里埃·科内（科特迪瓦籍），于2011年8月就职。(2)西非开发银行(简称“西非行”)：系区域性政府间开发金融机构，总部设在多哥首都洛美，旨在促进联盟成员国经济平衡发展和西非经济一体化。西非行的资本金由其股东认缴，股东分为A、B两类，A类为贝宁、布基纳法索、科特迪瓦、几内亚比绍、马里、尼日尔、塞内加尔、多哥、西非国家中央银行，B类为法国、德国投资与开发有限公司（代表德国政府）、欧洲投资银行（代表欧盟）、非洲开发银行、比利时、印度进出口银行（代表印度政府）、中国人民银行（代表中国政府）。总部设在多哥首都洛美。主席为克里斯蒂安·阿多维兰德（贝宁籍），2011年1月任职。

【主要活动】截至2019年，联盟共召开了22次国家元首和政府首脑会议（包括特别峰会），分别在瓦加杜古（1996年5月，2007年1月，2008年1月，2009年3月）、洛美（1997年6月，1999年1月，1999年12月，2012年6月，2018年7月）、巴马科（2000年12月，2010年2月，2011年1月）、达喀尔（2001年12月，2003年1月，2013年10月，2016年6月）、尼亚美（2004年1月，2005年3月，2006年3月）、科托努（2015年1月）和阿比让（2017年4月，2019年7月）举行。

2015年1月19日，联盟第18届国家元首和政府首脑会议在贝宁经济首都科托努举行。会议通过了联盟成员国《融合、稳定、增长、互助议定书》，并通过主题为“在注意公共债务质量和可持续性的同时，维持联盟内举债上线水平”的宣言。

2016年6月5日，联盟国家元首和政府首脑特别峰会在塞内加尔首都达喀尔举行。会议通过了《和平与安全宣言》以及《行动纲领》，承诺加强成员国之间的合作，维护地区和平、安全和稳定，促进地区发展，采取措施进一步深化区域协作的能力，满足各经济体的融资需求。

2017年4月10日，联盟国家元首和政府首脑特别峰会在科特迪瓦首都阿比让举行。会议就西非法郎运行情况、联盟机构管理等议题展开讨论，并任命尼日尔人阿卜达拉·布雷马为联盟委员会新任主席，任期4年。

2018年7月30日，联盟第20届国家元首和政府首脑会议在多哥首都洛美举行。会议对“可持续能源区域倡议”项目落实情况进行审议，讨论了区域和平与安全、一体化进程、共同市场建设、关键领域投资以及食品安全等问题。

2019年7月12日，联盟第21届国家元首和政府首脑会议在科特迪瓦阿比让举行。会议对联盟2018年年度报告、改革和政策计划年度报告进行审议，讨论了区域一体化、西非统一货币等问题。

【同中国的关系】2004年11月，中国人民银行代表中国政府同西非开发银行签署了《中国人民银行和西非开发银行谅解备忘录》，正式加入该行。2011年6月，西非行董事会通过增资50%的决议。同年9月，中国人民银行参与增资。

2006年1月，中国人民银行与西非行签署了双边合作基金协定。

2009年2月23—27日，西非行行长比奥-查内访华。

2009年6月15日，西非行第73届董事会在上海举行，这是该行董事会首次在亚洲国家举行。

2009年6月16日，中国—西非行合作与发展研讨会在上海举行。中国人民银行副行长马德伦和西非行行长比奥-查内出席开幕式并致辞。

2010年11月，中国人民银行与南京财经大学为西非行部分官员共同举办了为期一周的“中小企业发展与金融支持研修班”。

2011年8月，国家开发银行江苏省分行在洛美与西非行签署协议，承诺为西非地区农业、能源、交通和基础设施等领域项目及当地私营部门的中小企业发展提供支持。

2013年7月，中国人民银行同西非行在南京联合举办了“商业机会研讨会”，介绍西非行的招标采购政策，帮助中国企业深入了解西非地区的商业机会。

（傅子豪）

中部非洲经济与货币共同体

Communauté Economique et Monétaire de l’Afrique Centrale—CEMAC

【成立日期】1999年6月25日正式成立，取代原中部非洲关税和经济联盟。

【宗旨】建立日益紧密的联盟，加强成员国在人力和自然资源方面的合作；协调成员国政策法规，促进一体化进程；通过多边监测机制保证各国经济政策协调一致；消除贸易壁垒，促进共同发展。

【成员国】6个：赤道几内亚、刚果（布）、加蓬、喀麦隆、乍得、中非。

【主要负责人】现任轮值主席为喀麦隆总统保罗·比亚（Paul Biya）。共同体委员会主席为加蓬人达尼埃尔·奥纳·翁多（Daniel Ona Ondo）。

【总部】共同体委员会（前身为执行秘书处）设在中非首都班吉，目前因中非安全形势暂时迁至赤道几内亚首都马拉博。

【网址】http://www.cemac.int。

【组织机构】共同体由4部分组成：(1) 中部非洲经济联盟：负责协调成员国的经济、预算政策，以及行业发展政策，逐步建立次区域共同市场，提高经济竞争力。(2) 中部非洲货币联盟：负责制定共同体的货币政策、发行货币，下设中部非洲国家银行（BEAC）、中部非洲银行委员会（COBAC）、证券交易所、中部非洲反洗钱行动小组等专业机构，均设于喀麦隆首都雅温得。(3) 共同体议会：现尚未成立，暂由成员国立法机构各推选5名议员组成的议会间委员会代行其职，负责对共同体的决策机构进行民主监督，总部设于赤道几内亚首都马拉博。委员会有权审阅执行秘书提交的年度报告及要求质询部长理事会主席、部长委员会主席、共同体委员会主席及BEAC行长。(4) 共同体法院：由13名法官组成，分司法和审计两院，负责共同体各决策机构预算执行情况的司法监督，设在乍得首都恩贾梅纳。

共同体机构运作方式如下：(1) 首脑会议：由成员国国家元首组成，共同体的决策机构，每年举行1次例会，必要时随时召开特别首脑会议，轮值主席由各国国家元首轮流担任。(2) 部长理事会：中部非洲经济联盟的领导机构，由成员国主管财政和经济的部长组成，每年举行2次例会，由轮值主席国有关部长任主席。(3) 部长委员会：中部非洲货币联盟的领导机构，负责审查成员国的经济政策和协调共同体的货币政策，由各国负责财政的部长和另外1名有关部长组成；会议主席按成员国字母顺序由各国负责财政的部长轮流担任。(4) 共同体委员会：共同体执行机构，负责首脑会议和部长理事会的组织召开。其前身为执行秘书处，委员会主席对外代表共同体。共同体还设有中部非洲国家银行、中部非洲国家开发银行、海关国际学校、项目规划和评估跨行业次地区研究院、实用统计次地区研究院、畜牧和水产经济委员会等专门机构。

中部非洲国家银行是共同体的中央银行，总部设在喀麦隆首都雅温得，发行中非金融合作法郎。

【主要活动】1994年3月16日，中部非洲关税和经济联盟6个成员国元首在乍得首都恩贾梅纳签署了建立中部非洲经济与货币共同体的条约。1998年2月5日，联盟第33次首脑会议决定正式成立中部非洲经济与货币共同体。1999年6月25日，中部非洲国家经济与货币共同体第一次首脑会议通过《马拉博宣言》和共同体章程，共同体正式启动。

迄今共同体已召开了14次首脑会议：1999年6月马拉博会议、2000年2月恩贾梅纳会议、2001年12月雅温得会议、2003年1月利伯维尔会议、2004年1月布拉柴维尔会议、2005年2月利伯维尔会议、2006年3月巴塔会议、2007年4月恩贾梅纳会议、2008年6月雅温得会议、2010年1月班吉会议、2012年7月布拉柴维尔会议、2015年5月利伯维尔会议、2017年2月吉布劳会议、2019年3月恩贾梅纳会议。

2007年4月25日，共同体第8次首脑会议在乍得首都恩贾梅纳举行。乍得、加蓬、刚果（布）、赤几、中非总统及喀麦隆总理与会。利比亚领导人卡扎菲、圣普总统以观察员身份与会。会议讨论了共同体机构改革、地区经济发展多样化、完善共同体金融体系、成立联合航空公司、使用统一护照等问题；决定由成员国各指定一名特派员组成共同体委员会，取代原执行秘书处；扩大BEAC领导机构并撤换行长；在利伯维尔建立中部非洲地区特警参谋部等。会议对便利共同体区域内交通、推动能源工业发展及用光缆连接各国通信网络等地区一体化项目取得进展表示祝贺，并通过了关于加快非洲政治、经济、社会一体化进程，最终建立“非洲合众国”的声明。此外，会议还通过特别声明，支持乍得和中非维护国家安全与稳定的努力及与苏丹发展睦邻友好的政策。

2008年6月24—25日，共同体第9次首脑会议在喀麦隆首都雅温得召开。喀麦隆、加蓬、刚果（布）、赤几、中非五国总统和乍得总理与会。会议发表联合公报，要求各成员国深化区域一体化进程，为实现域内人员自由往来、货物无障碍流通加强磋商与协调。会议就共同体与欧盟签署经济伙伴协议、组建CEMAC航空公司、各成员国统一使用CEMAC护照达成一致，并确定每年3月16日为“CEMAC日”。会议并决定由中非总统博齐泽接任共同体主席。

2010年1月16—17日，共同体第10次首脑会议在中非首都班吉召开。中非、喀麦隆、加蓬、刚果（布）、赤几、乍得六国总统与会。会议发表最后公报，对域内人员自由往来路线图的实施情况表示满意，各成员国允将在2010年第一季度颁发共同体护照；重申各成员国将采取一切必要措施与欧盟签署经济伙伴协议；决定将共同体航空公司总部设在布拉柴维尔；决定按成员国首字母排序轮流担任共同体专门机构负责人，撤换中非国家银行行长；决定于2010年3月在马拉博举行共同体议会大厦落成仪式。

2010年6月7日，共同体特别峰会在布拉柴维尔召开。刚果（布）、喀麦隆、中非、加蓬、赤几、乍得六国总统与会。会议发表最后公报，要求成员国履行承诺，尽快交付其分摊的共同体机构改革费用；要求共同体委员会采取必要措施，尽早完成共同体护照的制作并投入使用；要求共同体委员会继续与南非航空公司磋商，以尽快建立共同体航空公司。

2012年7月，共同体第11次首脑会议在刚果（布）首都布拉柴维尔召开。会议要求加快推进次地区一体化进程，促进地区经济快速可持续增长，并就CEMAC航空公司合作伙伴和运营事宜等进行了探讨。

2013年6月，共同体特别峰会在加蓬首都利伯维尔举行。会议就中非形势、地区一体化和促进青年就业等交换了意见，并就2014年1月起实现CEMAC成员国人员自由往来达成一致。

2014年3月，共同体轮值主席加蓬总统邦戈在纪念建立共同体条约签署20周年之际发表讲话，建议通过关税联盟、财政协调等方式使共同体内部管理更加平衡。邦戈还宣布共同体向中非共和国提供1亿非郎援款的决定，用以支持中非维护和平、稳定所做努力。

2014年4月，中非央行发布了中非经济与货币共同体2014年经济展望报告称，2014年共同体经济发展扭转了2013年颓势，增长率预计达6.7%。经济好转的主要原因是各成员国内需的拉动及石油产量的增长、基础设施建设的投入和非石油产业发展的加速。

2015年5月，共同体第12次首脑会议在加蓬首都利伯维尔举行，加蓬、刚果（布）、乍得、赤几总统和中非总理、喀麦隆经社文理事会主席与会，赤道几内亚总统奥比昂接任共同体轮值主席。会议还就中非安全形势、促进共同体成员国人员自由往来、CEMAC成员国经济形势及前景和埃博拉疫情等交换了意见。

2016年7月，共同体特别峰会在赤道几内亚首都马拉博举行，赤几、中非、加蓬、刚果（布）总统和乍得、喀麦隆总理与会。会议重点听取了中部非洲国家与欧盟商签经济合作伙伴协定情况的报告，并就地区经济和安全形势等交换了意见。

2017年2月，共同体第13次首脑会议在赤道几内亚吉布劳市召开。赤几、中非、刚果（布）、乍得总统和喀麦隆、加蓬总理与会。会议重点就地区经济形势、欧盟与中部非洲国家商签经济合作伙伴协定情况、共同体机制建设等议题进行讨论。会议决定乍得总统代比接任共同体轮值主席，第14次首脑会议在乍得首都恩贾梅纳召开。

2017年10月，共同体特别峰会在乍得首都恩贾梅纳召开，主题为“加速推进一体化，实现中部非洲经济与货币共同体的崛起”。乍得、喀麦隆、赤道几内亚、中非总统和刚果（布）、加蓬总理出席。会议重点审议了共同体域内人员、货物自由流动政策的实施情况，研究了共同体预算资金问题。

2018年10月，共同体特别峰会在乍得首都恩贾梅纳召开，乍得、赤道几内亚、刚果（布）总统和喀麦隆总理、加蓬外交国务部长、中非财政部长出席。会议就地区金融问题和一体化进程进行了磋商。

2019年3月，共同体第14次首脑会议在乍得首都恩贾梅纳召开，乍得、中非、刚果（布）总统及喀麦隆、加蓬、赤道几内亚总理出席。会议决定喀麦隆总统比亚接任共同体轮值主席，第15次首脑会议在喀麦隆首都雅温得举行。

2019年11月，共同体特别首脑会议在喀麦隆首都雅温得召开，与会领导人就地区经济和货币问题进行讨论，认为当前地区宏观经济形势有所恢复，通货膨胀率适度，财政及贸易赤字减少，外汇储备足够保持中非法郎与欧元的固定汇率。与会领导人重申使用统一货币的意愿，希望保持货币稳定，鼓励就同法国开展货币合作的条件及方式进行进一步研究。（潘星彤）

中部非洲国家经济共同体

Communauté Economique des Etats d’Afrique Centrale—CEEAC

【成立日期】1983年10月18日，中部非洲国家元首和政府首脑在加蓬首都利伯维尔签署成立“中部非洲国家经济共同体”条约。

【宗旨】促进和加强成员国间的协调、合作与均衡发展，提高在经济和社会各领域的自主能力，改善人民生活水平，保持经济稳定发展，巩固和平，为非洲的进步与发展做贡献。主要目标是取消成员国之间的关税和各种贸易壁垒，制定共同的对外贸易政策，建立共同的对外贸易关税率；协调各成员国的国内政策，逐步取消在人员、财产、劳务、资金等方面自由流动的障碍，建立合作和发展基金，促进内陆、小岛和半岛欠发达国家的发展。

1999年第9次峰会确定如下的优先目标：提高维护和平、安全与稳定的能力，加快经济、货币和人文一体化进程；设立共同体财政自主机制。

【成员国】11个：安哥拉、布隆迪、喀麦隆、中非、乍得、刚果（布）、刚果（金）、加蓬、赤道几内亚、圣多美和普林西比、卢旺达。

【主要负责人】现任轮值主席为加蓬总统阿里·邦戈·翁丁巴（Ali Bongo Ondimba）。秘书长阿拉·米·艾哈迈德（Allam-Mi Ahmad，乍得籍）。

【总部】委员会（前身为总秘书处）设在加蓬首都利伯维尔。地址：Boulevard Triomphal，Libreville，Gabon。邮政信箱：2112 Libreville，Gabon。电话：241-11444731；传真：11444732。电子邮箱：ceeac.orgs@inet.ga。

【网址】http://www.ceeac-eccas.org。

【组织机构】（1）共同体国家元首和政府首脑会议：最高决策机构。轮流在各成员国举行，由东道国元首任主席。（2）部长理事会：每年召开2次，主席由各成员国有关部长轮流担任。（3）委员会：前身为总秘书处。2019年12月中共体第九届特别峰会通过机制改革整体方案，中共体常设机构由总秘书处升格为委员会，并设主席、副主席以及分管政治、经济、环境、基础设施和社会事务的5名委员。

【主要活动】截至目前共召开了16次例行峰会，

地点和时间分别是：布拉柴维尔（1984年12月）、雅温得（1986年1月）、利伯维尔（1987年8月）、金沙萨（1988年2月）、班吉（1989年3月）、基加利（1990年1月）、利伯维尔（1991年1月）、布琼布拉（1992年5月）、马拉博（1999年6月）、马拉博（2002年6月）、布拉柴维尔（2004年1月）、布拉柴维尔（2005年6月）、布拉柴维尔（2007年10月）、金沙萨（2009年10月）、恩贾梅纳（2012年1月）、恩贾梅纳（2015年5月）。

2005年6月7—8日，共同体第12次峰会在刚果（布）首都布拉柴维尔举行。会议重点讨论了地区和平、稳定与安全、千年发展计划、非洲发展新伙伴关系计划、一体化建设和经济发展与行政财政和预算等问题，发表最后公报和声明，强调要切实执行2004—2008年度实现中部非洲自由贸易区计划，敦促有关国家尽快签署共同体一体化税费协议，就非洲发展新伙伴计划优先项目达成一致并决定成立优先项目后续委员会。

因乍得国内局势动荡，原定2006年由乍得主办的共同体第13次峰会改于2007年10月30—31日在布拉柴维尔举行。会议通过了关于“成立非洲合众国联合政府”“地区经济共同体合理化调整”“边境安全”“地区水资源共同管理”等12项声明，及关于“派遣国际选举观察团”“创立负责协调打击贩卖人口工作的机构”“共同体环境和自然资源管理共同政策”等17个决议。会议重申将继续与欧盟就签订经济伙伴协议问题进行谈判，呼吁中非国家保持团结；决定赋予共同体秘书处与其职责相匹配的资金和权限；设立领导委员会，加快共同体在政策、规划等方面的一体化进程；在建立美国非洲司令部问题上保持磋商以形成共同立场；支持加蓬副总理让·平竞选非盟委员会主席。会议提出到2025年将中共体建成和平、繁荣、团结的区域组织。刚果（金）总统卡比拉接任共同体轮值主席，刚果（布）人路易·西尔万-戈马连任秘书长。

2008年3月10日，共同体在金沙萨举行特别峰会，讨论乍得2月初武装冲突事件后国内及周边地区的政治安全形势。会议谴责利用武力及其他非宪法手段夺权的行径，谴责一切破坏乍得民主体制稳定的行为；对乍得现政府和人民表示支持，呼吁所有国家放弃一切可能破坏乍得宪法秩序及乍得安全和领土完整的企图，呼吁冲突各方履行之前签署的和平协议；鼓励乍得政府加强国家法治建设，建立持久最终和平；承诺为乍得重建提供紧急援助，呼吁国际社会向乍提供各类援助；欢迎欧盟在乍部署军队，保护难民营、流离失所者及人道主义机构工作人员；要求联合国非盟混合维和部队加快在达尔富尔地区的部署。

2009年10月24日，共同体第14次峰会在金沙萨举行。会议讨论了地区和平、安全和稳定、经济与货币等问题，发表会议公报，强调要加快落实在刚果（布）黑角建立中部非洲地区海事安全中心的经费，组织成立地区海事大会；在非盟边境计划框架内执行地区边境合作计划，采取更全面快速的预警机制平息武装冲突，打击跨境犯罪；调整中非维和特派团部署，授权加蓬总统阿里·邦戈领导特派团工作；肯定共同体为应对国际金融危机所采取的措施及取得的进展，决定建立成员国央行行长年会机制；决定在加蓬修建共同体会议中心；审议共同体农业政策及地区粮食安全计划制订情况，决定设立地区农业发展特别基金。乍得总统代比接任共同体轮值主席。

2012年1月15日，共同体第15次峰会在乍得首都恩贾梅纳举行，重点讨论中非维和特派团、中非军队后勤支持、共同体一体化税费以及自由贸易区等问题。会议要求各成员国尽快批准或加入合作和司法互助协定、打击犯罪合作协定，在机场、港口和边境检查站设立CEEAC成员国居民专用通道。会议决定各成员国在2012年7月1日正式启动自由贸易区建设，力争在2014年建成。会议通过CEEAC的2012年预算，并决定将于2013年在乍得举行第16次CEEAC首脑会议。此外，会议声明支持让·平连任非盟委员会主席。在本次会议上，乍得总统代比连任CEEAC轮值主席，乍得前总理瓦伊杜接替刚果人戈马出任秘书长。

2013年4月，共同体先后两次在乍得首都恩贾梅纳举行特别首脑峰会，讨论中非局势。会议制定了中非危机解决方案，通过《恩贾梅纳宣言》和《关于全国过渡委员会组成和运转的路线图》。根据上述方案，中非将成立全国过渡委员会，并进入为期18个月的过渡期。

2014年1月，中共体再次在乍得首都恩贾梅纳举行特别首脑会议讨论中非局势，中非过渡国家元首乔托迪亚和过渡政府总理蒂昂盖伊在会上分别宣布辞职。中非过渡委随后选举卡特琳娜·桑巴-庞扎（女）为中非新任过渡国家元首。

2015年5月，共同体第16次峰会在乍得首都恩贾梅纳举行，重点讨论中非局势、布隆迪局势和共同体成员国一体化进程等问题。会议听取了关于中非政治、安全和人道主义形势的介绍，决定延长中非过渡政府任期，以更好筹备中非总统大选；会议对布隆迪近期发生的未遂军事政变表示谴责，呼吁有关各方通过对话解决布问题。会议就促进欧盟和中部非洲合作、CEEAC机构改革交换了意见，审议并通过了关于卢旺达申请重新加入中共体的请求。加蓬总统邦戈接任共同体轮值主席。

2016年11月，共同体在加蓬首都利伯维尔召开特别峰会，会议围绕中部非洲地区国家政治安全形势和大选进程等议题，重点就喀麦隆和乍得打击“博科圣地”、布隆迪、中非、刚果（布）、乍得、加蓬选后形势及刚果（金）大选筹备情况等进行了讨论。

2017年10月，共同体中非问题特别外长会在加蓬首都利伯维尔举行，会议主要讨论了中非政治、安全和人道主义形势。会议认为：中非政治形势进展积极，支持中非政府在全国范围内加快巩固政权。中非安全形势不容乐观，武装冲突、针对平民和维和部队的袭击有所增加，人道主义形势依然严峻。

2018年7月，中共体与西共体联合峰会在多哥首都洛美举行。本届峰会以和平、安全和打击恐怖主义、暴力极端主义为议题。与会各方承诺强化军事安全力量能力建设，加强人员培训、联合演练、情报与执法合作，共同维护地区安全。会议决定成立部长理事会，监督落实峰会协议。

2019年12月，中共体国家元首和政府首脑特别峰会在利伯维尔召开，峰会审议通过中共体机制性改革的五份基本文件，包括中共体创立条约修正案、中部非洲和平与安全理事会议定书草案、资金安排草案、组织框架草案以及中共体人员身份草案。（潘星彤）

东部和南部非洲共同市场

Common Market for Eastern and Southern Africa—COMESA

【成立日期】前身为1981年成立的东部和南部非洲优惠贸易区（Preferential Trade Area for Eastern and Southern Africa，PTA）。1993年11月，东部和南部非洲优惠贸易区第12次首脑会议在乌干达首都坎帕拉召开，通过了把贸易区转变为共同市场的条约。1994年12月8—9日，优惠贸易区首脑会议正式批准了该条约，宣布东部和南部非洲共同市场（简称“科迈萨”）正式成立。科迈萨是非洲成立最早、最大的次区域经济组织。成立以来，科迈萨在推动区域一体化和成员国发展方面取得了积极进展。

【宗旨和目标】废除成员国之间关税和非关税壁垒，实现商品和劳务的自由流通；协调成员国关税政策，分阶段实现共同对外关税；在贸易、金融、交通运输、工业、农业、能源、法律等领域进行合作；对外债问题采取统一立场，协调各国经济结构调整方案；建立货币联盟，发行共同货币。

【成员国】21个：布隆迪、科摩罗、刚果民主共和国、吉布提、埃及、厄立特里亚、埃塞俄比亚、肯尼亚、利比亚、马达加斯加、马拉维、毛里求斯、卢旺达、塞舌尔、苏丹、斯威士兰、乌干达、赞比亚、津巴布韦、突尼斯、索马里。总面积约1200万平方公里，总人口约4亿。

【主要经济数字】科迈萨域内国内生产总值（GDP）超过3600亿美元。2012年域内国家平均经济增长率为5.4%，域内贸易额为188亿美元，对外贸易额为2700亿美元。

【主要负责人】主席任期1年，由成员国轮流担任。现任主席为马达加斯加总统拉乔利纳（Andry Nirina Rajoelina）。秘书长奇莱舍·卡普韦普韦（Chileshe Kapwepwe，赞比亚籍），系1994年科迈萨成立以来第6任秘书长，2018年7月召开的科迈萨第20届首脑会议上当选，任期5年。副秘书长凯普耶戈·切卢盖特（Kipyego Cheluget，肯尼亚籍），2012年11月召开的科迈萨第16届首脑会议上当选；副秘书长迪维·阿南德·哈曼（Dev Anand Haman，毛里求斯籍），2018年7月召开的科迈萨第20届首脑会议上当选。

【总部】秘书处设在赞比亚首都卢萨卡。地址：COMESA Secretariat，COMESA Centre，Ben Bella Road，P.O.Box 30051，Lusaka，ZAMBIA。电话：00260–211–229725/32/35；传真：225107。电子邮箱：info@comesa.int和comesa@comesa. int。

【网址】http://www.comesa.int。

【组织机构】（1）首脑会议：最高决策机构，一般每年举行1次。如有需要，可以临时举行特别会议。（2）部长理事会：向首脑会议提交报告和对共同市场进行全面管理，负责共同市场的规划、发展和外交事务，包括财务和行政管理的监督和审议。一般每年举行1次会议。（3）政府间委员会：跨部门机构，由各成员国的政府高级官员组成，负责不同合作领域的项目与行动计划的执行和管理。一般每年举行1次会议。（4）技术委员会：由各领域的专家组成，负责行政和预算以及各经济部门事务，向部长理事会和政府间委员会报告各领域具体情况。设行政和预算、农业、信息、能源、财政和金融、工业、劳动、人力资源和社会文化事务、法律、自然资源和环境、旅游、贸易和海关、交通和通信等12个委员会。根据需要，不定期举行会议。（5）秘书处：常设机构，设秘书长和2名副秘书长，均由首脑会议任命，任期5年，可连任。由秘书长领导，负责该组织的日常协调事务。各成员国均派有代表，约有工作人员180人，设12个部门。（6）贸易与开发银行：目前总部暂设在肯尼亚首都内罗毕。是东南部非洲最大的次区域开发银行，1985年11月6日成立，除科迈萨成员国外，还接纳域外国家或机构成员加入，中国人民银行和非洲开发银行现是该行成员。法定总部设在布隆迪首都布琼布拉，在肯尼亚首都内罗毕和津巴布韦首都哈拉雷分别设有办公室。布隆迪办公室主管中部地区事务，内罗毕办公室主管东部和北部地区事务，哈拉雷办公室主管南部和岛国事务。（7）结算银行：设在津巴布韦首都哈拉雷。（8）共同市场法院：设在赞比亚首都卢萨卡。（9）商业银行协会：设在津巴布韦首都哈拉雷。（10）皮革协会：设在埃塞俄比亚首都亚迪斯亚贝巴。（11）再保险公司：设在肯尼亚首都内罗毕。

【主要活动】截至目前，共召开了20届首脑会议，分别为：1994年12月（利隆圭）、1997年4月（卢萨卡）、1998年6月（金沙萨）、1999年5月（内罗毕）、2000年5月（路易港）、2001年5月（开罗）、2002年5月（亚的斯亚贝巴）、2003年3月（喀土穆）、2004年6月（坎帕拉）、2005年6月（基加利）、2006年11月（吉布提市）、2007年5月（内罗毕）、2009年6月（维多利亚瀑布城）、2010年8月（姆巴巴内）、2011年10月（利隆圭）、2012年11月（坎帕拉）、2014年2月（金沙萨）、2015年3月（亚的斯亚贝巴）、2016年10月（塔那那利佛）、2018年7月（卢萨卡）。

2000年10月，科迈萨在卢萨卡举行特别首脑会议，决定正式启动自由贸易区，吉布提、马达加斯加、马拉维、毛里求斯、苏丹、赞比亚、埃及、肯尼亚、津巴布韦9国加入，成为非洲大陆第一个自由贸易区。2001年8月，由科迈萨发起的非洲贸易保险局成立。该机构的主要任务是向同该组织成员国进行贸易的国家、国际发展金融机构、区域经济组织以及私营企业提供贸易风险担保。2002年5月，科迈萨在亚的斯亚贝巴召开第7届首脑会议，主要讨论财政和地区合作问题，决定设立科迈萨基金，通过了关税管理一体化宣言以及与南部非洲发展共同体等非洲其他次地区组织合作的文件。2005年6月，科迈萨在基加利召开第10届首脑会议，主题是“通过科迈萨关税同盟深化地区一体化”，决定于2008年12月建立关税同盟。2007年5月，科迈萨在内罗毕召开第12届首脑会议，重申将于2008年12月正式启动关税同盟，对外采用共同关税，其中对中国产品征收10%的关税。2008年10月，科迈萨—东共体—南共体（COMESA-EAC-SADC，简称“三方”）首届“三方会员国首脑峰会”在乌干达坎帕拉举行，会议确定了三方的发展远景目标是通过深化三方等各次区域组织之间的经济一体化，建立“三方区域内单一市场”。2009年6月，科迈萨在津巴布韦维多利亚瀑布城召开第13届首脑会议，东南非共同市场关税同盟正式建立，所有成员国对外将采用统一关税。关税同盟内容包括：成员国之间免关税和贸易配额；对贸易商品进行统一分类；统一关税评价体系；对外采取共同的保护级别和贸易政策；统一海关和收费等的行政管理结构。建立关税同盟后，对外部资本货物和原料免收关税，半成品征收10%的关税，成品征收25%的关税。

2010年8月，科迈萨在斯威士兰姆巴巴内召开第14届首脑会议，主题是“科技促进发展”，就科迈萨自贸区、三方大自贸区、关税同盟、同其他经济体合作以及多边贸易、科技促进发展等问题进行了探讨。

2011年6月，科迈萨—东共体—南共体第2届“三方会员国首脑峰会”在南非约翰内斯堡举行，回顾了三方关于经济一体化及大自贸区建设进展情况，确立了贸易自由化和投资便利化、基础设施、工业发展等实现经济一体化的3大支柱，并制定了协商一致、对外灵活性和差别待遇、对内非歧视性原则、透明、互惠互利、实质性关税自由化等自贸区谈判指导原则。正式启动三方大自贸区谈判工作，力争在3年内实现建立涵盖27国、国内生产总值达1万亿美元、人口总数达5.6亿的大自贸区构想。2011年10月，科迈萨在马拉维首都利隆圭召开第15届首脑会议，回顾了过去1年科迈萨自贸区建设发展情况及当前所面临的挑战。会议期间，还讨论了关税同盟路线图、服务贸易、知识产权、三方大自贸区等问题。

2012年7月，科迈萨—东共体—南共体在第19届非盟峰会期间签署了关于在东部和南部非洲地区采取措施应对气候变化的三方协议。三方将制订5年行动计划，联合应对气候变化带来的挑战。

2012年11月，科迈萨在乌干达首都坎帕拉召开第16届首脑会议。本次会议的主题为“通过中小企业发展促进域内贸易”。会议评估了过去1年科迈萨在区域一体化方面的主要进展，围绕关税同盟和科迈萨—东共体—南共体自贸区建设、和平与安全领域合作、贸易和科技发展、基础设施建设、知识产权保护、信息技术和农业发展、气候变化、提升妇女地位等问题进行了讨论，并发表了联合公报。

2014年2月，科迈萨在刚果民主共和国首都金沙萨召开第17届首脑会议。本次会议的主题为“通过中小微企业发展巩固域内贸易”，重点讨论支持中小微企业发展以促进域内贸易、工业化和基础设施建设，推动成员国经济发展和地区一体化进程。会议要求各成员国消除非关税贸易壁垒，建立关税同盟，进一步加强域内贸易，推动区域经济融合。会议发表了联合公报。

2015年3月，科迈萨在埃塞俄比亚首都亚的斯亚贝巴召开第18届首脑会议。本次会议的主题为“包容和可持续的工业化”，重点讨论了支持工业化、农业发展，强调了减少非关税壁垒对促进地区贸易发展的重要性，并就促进性别平等、知识产权保护等问题进行了讨论。会议发表了联合公报。

2015年6月，科迈萨—东共体—南共体第3届“三方会员国首脑峰会”在埃及沙姆沙伊赫举行，各成员国签署协议成立三方自贸区，将覆盖6.25亿人口，相关国家国内生产总值总额达到1.2万亿美元，占整个非洲生产总值的58%。

2016年10月，科迈萨在马达加斯加首都塔那那利佛召开第19届首脑会议。本次会议的主题为“包容和可持续的工业化”，就技术创新、中小企业和私营企业发展、绿色经济、公私领域能力建设等问题达成广泛共识。会议发表了联合公报。

2018年7月，科迈萨第20届首脑会议在赞比亚首都卢萨卡召开。本次会议主题为“通往数字经济一体化”，各方一致同意加快发展数字经济，推广使用信息技术，提升各国互联互通水平，减少商业和贸易壁垒。会议首次提出建立科迈萨“数字自由贸易区”，主要包括发展域内电子贸易、电子物流、电子法规系统等。会议正式决定接纳突尼斯、索马里为科迈萨会员国。会议发表了联合公报。

【同中国的关系】中国与科迈萨保持友好关系。1999年4月，中国进出口银行与科迈萨下属机构东南非贸易与开发银行签订了出口信贷协议。2000年5月，中国人民银行代表中国政府加入东南非贸易与开发银行，成为该行的区外股东（目前为该行区外最大股东），拥有1个董事席位。自2002年起，中国政府代表均应邀出席科迈萨首脑会议。2004年2月，中国正式向科迈萨派驻特别代表，由中国驻赞比亚大使兼任。中国人民银行李东荣行长助理率团出席了2011年12月20日在毛里求斯举行的东南非贸易与开发银行第27届理事会。2001年3—4月，科迈萨部长理事会轮值主席、毛里求斯外交与地区合作部长加扬率科迈萨代表团访华，与中方商讨在信息产业领域的合作事宜。2002年10月和2005年4月，科迈萨副秘书长恩格温亚和秘书长姆温查应中国信息产业部邀请分别访华。2007年10月，津巴布韦工业和国际贸易部长姆波夫率科迈萨代表团访华，探讨在中非合作论坛框架下与中方扩大合作的可能性。2017年，中国水利部下属的国际小水电中心和科迈萨在杭州和赞比亚首都卢萨卡互设联合办公室，双方开展了一系列技术培训、会议论坛、项目合作等工作。科迈萨派代表团参加了中非合作论坛历届部长级会议。

科迈萨秘书长恩格温亚2018年7月10日在接受李杰大使中国驻东南非共同市场特别代表委任书时，高度评价非中传统友好关系，并表示中国发展经验值得非洲国家学习和借鉴。（刘丹）

印度洋委员会

Commission de l’Océan Indien

【成立日期】1982年12月，毛里求斯、马达加斯加、塞舌尔3国外长在毛里求斯首都路易港召开会议，签署《路易港协定》，决定成立印度洋委员会（以下简称“印委会”）。1984年1月，3国外长在塞舌尔首都签署《维多利亚总协定》，印委会正式成立。

【宗旨】促进成员国间合作，协助本地区国家融入区域和世界一体化进程，并在国际合作中维护印度洋岛国的利益。

【成员】现有毛里求斯、马达加斯加、塞舌尔、科摩罗和以法国名义加入的留尼汪5个成员及欧盟、中国、法语国家组织3个观察员。

【主要负责人】现任主席国为塞舌尔（2018年9月至今）。秘书长哈马达·马迪·博莱罗（Hamada Mmadi Boléro，科摩罗籍，2016年7月开始履职）。

【总部】常设秘书处位于毛里求斯卡特邦市，1989年设立。

【网址】http://www.coi-ioc.org。

【组织机构】（1）首脑会议：负责解决重大方向性问题，目前已举行4次。（2）部长理事会会议：最高权力机构，负责决定印委会的具体战略方针。由成员指定1名内阁成员或政府代表组成，主席由各成员按法文字母顺序轮流担任，每届任期1年。每年举行1次例会，截至2019年底，共举行33届部长理事会会议。（3）常务联络官委员会：协助部长理事会会议并负责执行有关决议，每个成员指派1名常务联络官，每年举行3次会议。（4）秘书处：设秘书长、5名专员、1名行政和财政助理。秘书长负责协调印委会内部活动，并保证印委会的各种机构正常运转。秘书长由部长理事会会议任命，任期4年，不得连任。（5）专门委员会：主要任务是就不同问题进行研究，并确定合作项目。现已设立商业与贸易、旅游、手工业、地区工业合作、环境保护、地区海运交通、体育、金枪鱼8个专门委员会。另外，还设有一些专家小组，每半年举行1次专家会议。

【资金来源】行政经费由各成员分摊。从1995年起，份额调整为：马达加斯加29%，留尼汪（法国）40%，毛里求斯20%，科摩罗6%，塞舌尔5%。发展经费主要靠欧盟、世界银行、法国援助。

【主要活动】1984年，毛里求斯、马达加斯加、塞舌尔3国外长在塞舌尔首都维多利亚召开该组织首届部长理事会会议，签署了成员国合作总协定，提出了地区合作的目标，制订了中期行动计划。1991年3月，印委会第1届首脑会议在马达加斯加首都塔那那利佛召开。1999年，第2届首脑会议在留尼汪圣但尼召开。2005年7月，第3届首脑会议在马达加斯加首都塔那那利佛召开，确定了加强政治、外交和安全合作，拓展经贸交往，促进可持续发展，弘扬本地区特性的新战略方针。根据2009年第25届部长理事会会议决议，印委会作为马达加斯加问题国际接触小组成员参与了马政治危机的调解工作。2010年，第26届部长理事会会议在留尼汪召开，通过了涉及战略、政治和外交、经济、商业和基础设施、渔业、农业和能源、环境和自然资源、人力资源开发和地区安全、文化和社会等领域的一系列决议。2011年10月，第27届部长理事会会议在毛里求斯召开，重申印委会将继续在维护地区稳定，捍卫成员国作为岛国在国际和地区组织内的利益，推进地区经贸合作、保护环境、维护地区安全、促进人文发展等领域发挥积极作用。会议决定成立一个由印委会秘书长负责，各成员国专家组成的打击海盗小组，机构设在塞舌尔。2013年1月，第28届部长理事会会议在塞舌尔召开，就政治、经贸、可持续发展、促进地区一体化四个战略发展方向达成共识。2014年1月，庆祝《维多利亚总协定》签署暨印委会成立30周年纪念活动在塞舌尔举行。同年8月，印委会第4届首脑会议在科摩罗召开，各成员就蓝色经济、区域安全、气候变化等问题进行了深入讨论。2016年2月，第31届部长理事会会议在法国留尼汪举行，围绕反恐及打击非法运输、航空网络建设、通信、粮食安全等问题进行深入讨论，会议并通过了中国成为印委会观察员的决议。2017年3月，第32届部长理事会会议在法国留尼汪举行，会议决定就印委会更名为"印度洋国家共同体"进行可行性研究，并就政治安全、海洋经济、互联互通等各领域合作提出具体设想，会议批准法语国家组织成为印委会观察员。2018年9月，第33届部长理事会会议在毛里求斯举行，通过了部长会决议成果文件，印委会与欧盟签署了渔业合作协定，塞舌尔接替毛里求斯成为轮值主席国。2019年8月，印委会部长级非正式会议在科摩罗首都莫罗尼举行，会议一致同意印委会提升合作、强化组织、改革机构的计划，成员共同起草了《莫罗尼声明》。

【**同中国的关系**】中国与印委会成员关系友好。2008年印委会第24届部长理事会会议后，该组织秘书处表示希望同中国建立合作关系。2010年3月，印委会秘书长卡利克斯特·多非应邀访华，与外交部副部长翟隽会见，与外交部非洲司司长张明举行会谈。2013年1月，外交部非洲司司长卢沙野代表中国政府率团出席印委会第28届部长理事会会议。同年11月，印委会秘书长德莱斯特拉克访华，与外交部非洲司司长卢沙野会谈。2014年1月，外交部非洲司组团出席印委会成立30周年纪念活动。2016年2月，驻毛里求斯大使李立代表中方出席印委会第31届部长理事会会议，会议正式通过批准中国成为印委会观察员的决议。2017年3月，驻毛里求斯大使李立代表中方出席印委会第32届部长理事会会议。2018年9月，驻毛里求斯大使孙功谊代表中方出席印委会第33届部长理事会会议。2019年4月，印委会秘书长博莱罗来华出席第二届"一带一路"国际合作高峰论坛"政策沟通"分论坛。

（张俊杰）

政府间发展组织

Intergovernmental Authority on Development—IGAD

【**成立日期**】1986年1月成立。前身是由东非国家组成的政府间抗旱与发展组织，1996年3月改为现名（简称"伊加特"）。

【**宗旨**】将伊加特建设成为在政治、经济、社会、人道主义事务、环保等领域进行全面合作的地区组织。有三大战略目标：保护环境，确保粮食安全；维护和促进地区和平、安全和人道主义事业；加强经济合作，实现区域经济一体化。

【**成员国**】7个：埃塞俄比亚、吉布提、肯尼亚、苏丹、南苏丹、索马里、乌干达（厄立特里亚曾是成员国之一，2007年4月厄以伊加特"通过许多有损地区和平与安全的决议"为由，宣布暂时退出该组织）。

【**主要负责人**】主席由成员国轮流担任，一般为每届正式首脑会议的东道国领导人，可因连续主办会议连任。现任主席为苏丹过渡政府总理阿卜杜拉·哈姆杜克（Abdalla Hamdok）。执行秘书为埃塞俄比亚前外交部长沃尔基内·格贝耶胡（Mr.Workneh Gebeyehu），2019年11月任职至今。

【**总部**】秘书处设在吉布提首都吉布提市。

【**网址**】http://www.igad.org。

【**组织机构**】（1）国家元首和政府首脑会议：最高决策机构，以促进地区政治、安全和经济合作为主要任务。每年至少举行1次会议，并可应成员国要求且经多数成员国同意，随时举行特别首脑会议。（2）部长理事会：由成员国外长和1名联络部长（可由外长兼任）组成，负责制订组织方针和行动计划，批准拨款和预算。每年至少举行2次会议，并可应成员国请求且获多数成员国同意，随时召开特别会议。所有决议原则上应经一致同意；如有分歧，则投票以2/3多数通过。（3）大使委员会：由成员国驻总部国家大使或特别代表组成，向执行秘书提供咨询。（4）秘书处：系常设机构，负责处理日常事务，执行秘书由国家元首和政府首脑会议任命，任期4年。下设3个部门：农业与环境保护部、政治与人道主义事务部、经济合作部。

【**主要活动**】截至2019年12月，伊加特共召开13次首脑会议、33次特别首脑会议和69次部长理事会会议。1993年起，伊加特着手调解苏丹北南冲突，自2002年7月以来促成双方就政教分离、南方民族自决、过渡期内权力和资源分配及最终停火等关键问题达成8个议定书。2005年1月9日，苏丹北南双方在内罗毕签署《全面和平协议》，结束了长达21年的战争。2010年3月，伊加特在内罗毕召开特别首脑会议，讨论苏丹北南和平进程和《全面和平协议》落实情况，重点商谈苏丹南方问题公投后有关问题的安排及面临的挑战。2011年11月，伊加特在亚的斯亚贝巴召开特别首脑会议，正式接受南苏丹为其成员国。

自1991年索马里陷入无政府状态后，伊加特积极调解索派别冲突。2003年10月，伊加特成立索和平进程促进委员会，成员有肯尼亚、埃塞俄比亚、吉布提、厄立特里亚和乌干达。2004年8月以来，由伊加特支持、在内罗毕召开的索马里和会选举产生了索过渡联邦议会、总统，并成立了索过渡联邦政府。2010年7月，伊加特特别首脑会议一致要求由联合国维和部队取代目前在索执行维和任务的非索团，并促请非盟和联合国落实索过渡政府和反政府武装此前达成的分权协议。

2011年7月，伊加特特别首脑会议对厄立特里亚支持极端势力破坏地区稳定予以强烈谴责，呼吁非盟和联合国安理会在全面实施现有对厄立特里亚制裁的基础上，加大对其经济和矿业部门的制裁。

2012年1月，伊加特特别首脑会议通过了伊加特成员国基础一体化计划，推动在成员国间建设自由贸易区。

2013年底南苏丹冲突爆发后，伊加特积极调解南冲突，先后举行5次南问题特别首脑会议，并牵头成立联合技术委员会（JTC）和监督核查小组（MVT）两机制。2014年1月，南苏丹冲突双方在伊加特斡旋下签署《停止敌对行动协议》。5月，在伊加特推动下，南冲突双方签署《关于解决南苏丹危机的协议》。8月，伊加特召开特别峰会并签署《南苏丹过渡期安排的基本原则文件》和《停止敌对协议的路线图》。2015年8月，"伊加特+"在亚的斯亚贝巴召开峰会，推动南苏丹冲突各方签署《解决南苏丹冲突协议》。伊加特任命博茨瓦纳前总统莫哈埃为联合监督与评估委员会（JMEC）主席，负责监督协议后续落实。

2017年12月至2018年5月，伊加特主持召开了三次"重振南苏丹和平协议高级别论坛"会议，南苏丹与会各方签署《停止敌对状态、保护平民和人道准入协议》、伊加特框架下停火与过渡期安全安排监督机制改组文件等。

2018年6月，在伊加特轮值主席、埃塞总理阿比·艾哈迈德·阿里主持下，南苏丹总统基尔与反对派领导人马夏尔在亚的斯亚贝巴会面。9月，在第33届伊加特特别峰会期间，南苏丹总统基尔与反对派领导人马夏尔及南反对派联盟、前被拘押高官等派代表签署《解决南苏丹冲突重振协议》。

【**同中国的关系**】1987年2月，伊加特派代表团访华。中国驻吉布提、肯尼亚、埃塞俄比亚、苏丹、乌干达大使代表中国政府以观察员身份多次应邀列席其首脑会议。近年来，中国每年向伊加特捐款，支持其机构及能力建设。

2013年底南苏丹冲突爆发以来，中国积极支持伊加特主导的南问题斡旋进程，与伊加特及其成员国保持密切沟通协调，并派员参加伊加特有关停火和核查机制。2014年1月，王毅外长访问埃塞俄比亚期间，应伊加特邀请同南苏丹冲突双方代表举行会谈，积极劝和促谈。2015年1月，王毅外长在访问苏丹期间倡议召开"支持伊加特南苏丹和平进程专门磋商"，提出中方关于解决南苏丹问题的4点倡议，并推动与会各方在4点倡议基础上达成5点共识。2017年12月至2018年5月，中国政府非洲事务特别代表、驻南苏丹大使等应邀出席伊加特"重振南苏丹和平协议高级别论坛"系列会议。

（汝汀汀）

东非共同体

East African Community—EAC

【**成立日期**】东非共同体最早成立于1967年，成员有坦桑尼亚、肯尼亚和乌干达三国，后因成员国间政治分歧和经济摩擦于1977年解体。1993年11月，坦、肯、乌三国开始恢复合作。1996年3月14日，三国成立东非合作体秘书处。1999年11月30日，三国总统签署《东非共同体条约》，决定恢复成立东非共同体。2001年1月15日，三国在坦桑尼亚阿鲁沙举行东非共同体正式成立仪式。2001年11月，东非议会和法院成立。2007年6月，卢旺达、布隆迪正式加入共同体。2009年11月20日，东共体五国共同签署了《东非共同体共同市场协议》。2010年7月1日，东共体正式启动该协议。2015年1月，签署建立货币同盟协议。6月，东共体、南部非洲发展共同体、东南非共同市场三个次区域组织签署协议，决定共同建立新的单一自贸区。2016年3月，南苏丹正式加入东共体。

【**宗旨**】加强成员国在经济、社会、文化、政治、科技、外交等领域的合作，协调产业发展战略，共同发展基础设施，实现域内国家经济和社会可持续发展，逐步建立关税同盟、共同市场、货币联盟，并最终实现政治联盟。

【**成员**】坦桑尼亚、肯尼亚、乌干达、卢旺达、布隆迪和南苏丹。

【**主要负责人**】首脑会议主席由成员国轮流担任。现任主席卢旺达总统保罗·卡加梅（Paul Kagame），2019年2月上任。部长委员会主席为卢旺达外交、合作和东共体事务部长理查德·塞齐贝拉（Richard Sezibera），2019年2月上任。秘书长为利博拉·姆富姆凯库（Libérat Mfumukeko，布隆迪人），2016年4月任职。

【**总部**】秘书处设在坦桑尼亚阿鲁沙市（Arusha）。

【**组织机构**】(1) 首脑会议：由成员国元首组成，每年至少举行1次会议，应成员国要求可举行特别会议，其决定须一致通过。主席任期1年，由成员国元首轮流担任。(2) 部长委员会：由成员国负责地区合作或指派的其他部长组成，是共同体的政策机构。其职能是：在协商一致的原则下，负责为共同体有效与协调运行及发展制定政策；向东非议会提交法案；向首脑会议提交年度报告；建立处理不同事务的部门委员会；向成员国的其他机构（除法院和议会外）下达指示等。每年举行2次会议，应成员国或委员会主席要求可举行特别会议。部长委员会主席由成员国轮流担任，任期1年。(3) 协调委员会：由成员国负责地区合作事务或指定的政府部门的常秘组成，负责向部长委员会提交执行条约的报告和建议、执行部长委员会的决定。一般每年举行2次会议，应委员会主席要求可举行特别会议。主席由成员国轮流担任。(4) 部门委员会：应部长委员会指示成立，负责处理部长委员会指定的事务。(5) 东非法院：系共同体司法机构。职责是确保条约得到履行，负责相关条约的解释，并向首脑会议、部长委员会、成员国和秘书处等提供法律咨询。每个成员国可提名2名法官，由首脑会议批准任命。院长和副院长须来自不同成员国，院长由成员国法官轮流担任。(6) 东非议会：系共同体立法机构。每年至少举行1次会议。议会由27名选举产生的议员及5名官职议员组成。议员由成员国议会从非议员国民中各推举9名，所推举的议员不能是成员国的现任部长和共同体官员。官职议员包括成员国负责地区合作的部长、共同体秘书长和法律顾问，官职议员无投票权。议长由成员国议员轮流担任。议员任期5年，现有议员52人。(7) 秘书处：是共同体的常设机构，负责处理日常事务。设秘书长、副秘书长、法律顾问等。秘书长和副秘书长由首脑会议任命，由成员国轮流担任，任期5年。

【**主要活动**】2004年召开第6届首脑会议，三国总统签署“加快东共体一体化进程时间表”，同意2010年1月前成立“东非联邦”，三国在保留各自议会、总统和国旗的同时共同组建联邦议会、内阁和司法机构。2006年召开第7届首脑会议，决定2010年1月建立东非共同市场，讨论了布隆迪、卢旺达两国申请加入东共体的问题。2007年召开第5届特别首脑会议，签署卢旺达、布隆迪两国加入共同体的协定，正式吸纳两国为东共体成员；并计划于2010年成立东非共同市场并建立东非联邦，2013年选举联邦总统。2009年召开第11届首脑会议，五国元首共同签署《东非共同体共同市场议定书》，议定书已于2010年7月正式生效。2013年召开第15届东共体首脑会议，五国元首共同签署《东非共同体货币联盟协议》，决定10年内实现统一货币目标。根据协议，东共体成员国将出让金融和汇率政策给地区央行，授权地区央行监测和制定成员国宏观金融政策。该协议规定，成员国加入货币联盟必须实现既定的宏观经济条件，并在加入货币联盟的至少前三年持续保持通货膨胀率不能超过5%，财政赤字不能超过国内生产总值6%，国内生产总值税负率最低为25%。此外，成员国还要满足经济融合条件。2014年，东共体开始实施单一旅游签证，坦桑尼亚、肯尼亚、乌干达三国启动跨境支付系统，坦桑尼亚加入原先由肯尼亚、乌干达和卢旺达三国组成的东共体单一关税区。2015年召开第16届首脑会议，主题为“通向一个政治联邦：深化与加速一体化”，会议审议通过东共体部长理事会年报，对东共体重大战略决策落实情况进行了评估，任命东共体新任副秘书长以及东非法院两名大法官，并决定暂不接纳南苏丹、索马里加入东共体。2016年3月召开第17届首脑会议，主题为“推进市场驱动的一体化”，会议审议通过了《东共体2050愿景》，提出2050年实现东非地区达到中高收入水平的目标，正式批准南苏丹为第六个成员国。2017年5月召开第18届首脑会议，主题为“朝可持续发展方向前进”，会议同意将东共体政治一体化的目标由“政治联邦”调整为“政治联盟”，决定继续推迟与欧盟签署“经济伙伴协定”，并就布隆迪形势、南苏丹加快融入东共体、索马里申请加入东共体进行了探讨。

2018年3月召开第19届首脑会议，主题为“促进经济社会发展，推进一体化进程”，会议批准东共体第五个发展战略（2016/17—2020/21），敦促成员国调整政策法规，进一步完善关税同盟和共同市场建设，有序推进货币一体化，决定继续推迟商签东共体和欧盟经济伙伴协定，敦促布隆迪各方积极开展对话。2019年2月召开第20届首脑会议，主题为“加强东共体经济、社会和政治一体化”，确定组成专家委员会起草建立政治联盟的东共体宪法，敦促成员国努力解决长期存在的非关税壁垒，继续推进建设东非汽车装配厂，减少进口二手汽车，大力发展纺织、皮革产业，减少服装、鞋类进口，决定暂不签署“欧盟—东共体经济伙伴协定”，暂不接纳索马里加入东共体。

【**同中国的关系**】1998年5月，中国驻坦桑尼亚大使代表中国政府出席东非合作体道路网捐助会议。2003年5月，中国驻乌干达大使应东非共同体秘书处邀请出席在坦桑尼亚举行的东非共同体使节会议。2008年5月，东共体五国负责东共体事务的部长代表团访华，此系东共体首次派团访华。外交部副部长王毅、商务部副部长高虎城分别会见代表团。2010年12月，国务院批准驻坦桑尼亚大使兼任驻东共体代表。2011年11月，中国与东共体双边经贸联委会成立并召开第1次会议，双方签署了中国与东共体经贸合作框架协议。2012年11月，中国与东共体举行首次司局级磋商。2013年9月，中国—东共体经贸合作论坛在华召开；11月，中国地方政府代表团出席在乌干达举行的中国—东共体省市长对话会。（翟健博）

南部非洲发展共同体

Southern African Development Community—SADC

【成立日期】其前身是1980年成立的南部非洲发展协调会议。1992年8月17日，南部非洲发展协调会议成员国首脑在纳米比亚首都温得和克举行会议，签署了有关建立南部非洲发展共同体（简称“南共体”）的条约、宣言和议定书，决定朝着地区经济一体化方向前进。

【宗旨】在平等、互利和均衡的基础上建立开放型经济，打破关税壁垒，促进相互贸易和投资，实行人员、货物和劳务的自由往来，逐步统一关税和货币，最终实现地区经济一体化。

【成员国】16个：南非、安哥拉、博茨瓦纳、津巴布韦、莱索托、马拉维、莫桑比克、纳米比亚、斯威士兰、坦桑尼亚、赞比亚、毛里求斯、刚果（金）、塞舌尔、马达加斯加、科摩罗。总面积987万平方公里，约占全非面积的33%。总人口2.8亿，约占全非人口的27%。

【主要负责人】2019/2020年度轮值主席国为坦桑尼亚，副主席国为莫桑比克。政治、防务和安全机构主席国为津巴布韦，副主席国为博茨瓦纳。2018/2019年度轮值主席国为纳米比亚，副主席国为坦桑尼亚。政治、防务和安全机构主席国为赞比亚，副主席国为津巴布韦。执行秘书斯特戈梅娜·塔克斯（Stergomena Tax，女，坦桑尼亚籍）。

【秘书处】博茨瓦纳首都哈博罗内。地址：SADC Secretariat，SADC House，Government Enclave，P/Bag 0095，Gaborone，Botswana。电话：00-267-3951863；传真：3972848/3181070。电子邮箱：registry@sadc.int。秘书处每年出版英文版《年度报告》。

【网址】http://www.sadc.int。

【组织机构】（1）首脑会议：最高决策机构，每年举行1次会议，地点不固定。主席、副主席经选举产生并由成员国首脑轮流担任，任期1年。（2）部长理事会：由各成员国经济计划或财政部长组成，对首脑会议负责。其主要职责是监督共同体运行及政策和计划的实施。每年至少举行1次会议。部长理事会主席和副主席分别由共同体主席国和副主席国任命。（3）部门技术委员会：对理事会负责，与常设秘书处密切配合。其主要职责是指导、协调专门技术部门的合作和一体化政策及计划。（4）官员常设委员会：由各成员国经济计划或财政部常秘或同级别官员组成，是理事会技术咨询机构，每年至少举行1次会议，其主席和副主席由理事会主席国和副主席国任命。（5）常设秘书处：主要执行机构，负责实施首脑会议和部长理事会的决议及共同体的计划，协调成员国政策和战略。执行秘书对部长理事会负责，由首脑会议根据理事会推荐任命，任期4年。（6）政治、防务和安全机构：1996年6月成立，直接对首脑会议负责，主席国由各成员国轮流担任。主要职责为促进各成员国之间的政治合作，发展地区集体防务能力，处理和预防地区冲突，调解地区争端，推动各成员国在利益相关的领域制定共同的外交政策。（7）法庭：确保遵守和正确解释条约及其辅助文件的条款，向首脑会议和理事会提供咨询意见。

【主要活动】作为非洲具有活力的次区域组织，近年来南共体积极调解刚果（金）冲突和莱索托、津巴布韦及马达加斯加国内危机，促进成员国的团结与合作；制定地区自主维和机制和成员国民主选举原则与指南，推进地区和平和民主建设。南共体为维护南部非洲的和平稳定发挥了重要作用，受到国际社会普遍关注。

2012年8月，南共体第32届首脑会议在莫桑比克首都马普托举行，莫桑比克接任主席国，确定下届首脑会议在马拉维举行。12月，南共体在坦桑尼亚首都达累斯萨拉姆举行政治、防务和安全特别首脑会议，讨论刚果（金）冲突、津巴布韦问题和马达加斯加政治危机。

2013年8月，南共体第33届首脑会议在马拉维首都利隆圭举行，马拉维接任主席国，确定下届首脑会议在津巴布韦举行。会议就地区形势、减贫和粮食安全等问题交换了意见，一致认可津巴布韦大选结果，并呼吁西方国家全面解除对津制裁。

2016年6月，南非、博茨瓦纳、莫桑比克、纳米比亚、莱索托、斯威士兰等南共体国家在博茨瓦纳与欧盟签署经济伙伴协定（EPA），欧盟给予除南非外的各国对欧出口商品零关税待遇，协定于当年10月生效。

2016年8月，南共体第36届首脑会议在斯威士兰首都姆巴巴内召开，斯威士兰接任2016/2017年度轮值主席国，南非当选为副主席国和2017/2018年度轮值主席国，坦桑尼亚接替莫桑比克出任南共体政治、防务和安全机构主席国，安哥拉当选该机构副主席国和候任主席国。会议以“集中资源发展可持续的能源基础设施，实现地区工业化和共同繁荣”为主题，就南部非洲工业化、基础设施建设、粮食安全及地区热点问题等进行讨论。

2017年8月，南共体第37届首脑会议在南非比勒陀利亚市召开，南非和纳米比亚分别当选为2017/2018年度轮值主席国和副主席国，安哥拉和赞比亚分别当选为政治、防务和安全机构主席国和副主席国。会议以“构建同私营领域的伙伴关系，促进地区工业化和价值链”为主题，与会领导人就推动工业化、粮食安全、基础设施、区域一体化、人力资源开发等五大领域的合作达成共识。会议接收科摩罗为第16个成员国。

2018年8月，南共体第38届首脑会议在纳米比亚温得和克召开，纳米比亚和坦桑尼亚分别当选2018/2019年度轮值主席国和副主席国，赞比亚和津巴布韦分别当选为政治、防务和安全机构主席国和副主席国。会议以“推动基础设施发展与青年赋权，实现可持续发展”为主题，就南部非洲一体化发展，地区政治安全形势、组织机制建设等问题进行讨论并发表公报。

2019年9月，南共体第39届首脑会议在坦桑尼亚达累斯萨拉姆召开，坦桑尼亚和莫桑比克分别当选2019/2020年度轮值主席国和副主席国，津巴布韦和博茨瓦纳分别当选为政治、防务和安全机构主席国和副主席国。会议以“为实现包容和可持续工业化发展、促进域内贸易和就业创造有利环境”为主题，就推进域内工业化、强化集体安全机制、综合应对粮食安全、加强灾害预防和应对、提高妇女政治地位、呼吁国际社会取消对津巴布韦制裁及支持西撒哈拉参加今年东京非洲发展国际会议（TICAD）峰会等达成30余项共识，并发表了联合公报。

【同中国的关系】中国与同南共体及其成员国（除斯威士兰为未建交国外）保持着良好的合作关系。中国驻博茨瓦纳大使兼任驻南共体代表。中国邀请南共体以观察员身份出席了中非合作论坛历次部长会和高官会，并多次参加南共体与国际合作伙伴的部长级磋商会议。

2004年南共体执行秘书拉姆萨米访华。2005年8月，南共体举行第25次首脑会议暨成立25周年庆祝活动，温家宝总理致电祝贺。2005年11月，黄菊副总理访问博茨瓦纳期间会见了南共体执行秘书萨洛芒。2006年11月，南共体执行秘书萨洛芒来华出席中非合作论坛第3届部长级会议。2011年3月，中国与南共体在哈博罗内举行首次政治磋商。6月，纳米比亚总统波汉巴以南共体轮值主席身份访华。2015年12月，南共体代表出席中非合作论坛约翰内斯堡峰会暨第6届部长级会议。2018年9月，南共体执行秘书塔克斯作为观察员来华列席中非合作论坛北京峰会开幕式和论坛第7届部长级会议。

2008年5月中国四川汶川发生特大地震灾害后，南共体驻华使团向灾区捐款10万元人民币。2010年4月青海玉树地震后，南共体执行秘书萨洛芒致信中国驻博茨瓦纳大使兼驻南共体代表刘焕兴表示慰问，南共体成员国驻华使节并向灾区捐款3万元人民币。同年6月，南共体外交妇女协会向儿童希望基金会、特奥天使艺术团、爱心蓝天等中国数家慈善机构捐赠35万元人民币善款。

2016年，南共体轮值主席、博茨瓦纳总统卡马宣布南部非洲地区遭受严重旱灾，并代表南共体向国际社会求援。中国向部分受灾严重的南共体国家提供了紧急粮食援助。

中国驻南共体代表由中国驻博茨瓦纳大使赵彦博兼任。馆址：No.3096，3097 North Ring Road Gaborone P. O. Box 1031。电话：00267-3952209（办公室）；传真：3900156。

（孙喆）

欧洲投资银行

European Investment Bank—EIB

【成立】根据《罗马条约》规定，于1958年1月1日成立，总部设在卢森堡。

【宗旨】《罗马条约》第130条规定，欧洲投资银行不以营利为目的，利用国际资本市场和欧盟内部资金，促进欧盟的平衡和稳定发展。该行的主要贷款对象是成员国不发达地区，从1964年起，贷款对象扩大到与欧共体（欧盟）有较密切联系或有合作协定的域外国家。该行主要面向以下四个领域的项目进行投资：创新和技能发展、中小企业发展、气候变化项目、欧盟国家的战略性基础设施建设。

【主要目标】对内主要目标是推动欧洲一体化、欧盟平衡发展以及各成员国经济社会发展。对外主要目标是根据欧盟与第三国签订的发展援助、合作计划，对欧盟以外地区的项目进行投资，支持地方私营企业的发展、帮助社会和经济基础设施建设，参与应对气候变化项目。

【成员和股本】由欧共体（欧盟）成员国合资经营，目前欧盟27国均是该行成员。各国持股股份按加入时占欧盟经济比重认缴，前四大股东为德国、法国、意大利、西班牙。

【组织架构】理事会是最高权力机构，其成员由27个成员国财政部长组成，设主席1人。董事会由理事会根据成员国政府和欧盟委员会提名任命，共有董事28人。董事会负责制定银行日常业务的经营方针，保证银行的经营活动符合《罗马条约》确定的原则。管理委员会为常设执行机构，负责主持银行日常业务。委员会设行长1人，副行长8人，行长兼任董事会主席。

【负责人】维尔纳·霍伊尔（Werner Hoyer，德国籍）。

【网址】http://www.eib.org。

【主要活动】欧洲投资银行是欧盟的政策银行。该行在全球范围内为工业、能源和基础设施等方面的投资项目提供贷款或贷款担保，贷款分两种形式：一是普通贷款，即运用法定资本和借入资金办理的贷款，主要向欧共体（欧盟）成员国政府和私人企业发放；二是特别贷款，即向欧共体（欧盟）以外的国家和地区提供的优惠贷款，贷款收取较低利息或不计利息。

欧洲投资银行2019年提供贷款597.4亿欧元，优先支持创新技术、中小企业、环境产业、战略性基础设施建设等领域。计划2021—2030年在气候行动和环境可持续领域投资1万亿欧元。（王琦）

欧洲复兴开发银行

European Bank for Reconstruction and Development—EBRD

【成立日期】1991年4月14日正式成立。

【宗旨】以加强民主、尊重人权、保护环境等为宗旨，帮助和支持东欧、中欧国家向市场经济过渡，努力创造良好投资环境，促进环境和社会的良好和可持续发展。

【成员】目前有71个成员，包括有69个成员国以及欧洲联盟和欧洲投资银行。69个成员国包括：阿尔巴尼亚、亚美尼亚、澳大利亚、奥地利、阿塞拜疆、白俄罗斯、比利时、波斯尼亚和黑塞哥维那、保加利亚、加拿大、中国、克罗地亚、塞浦路斯、捷克、丹麦、埃及、爱沙尼亚、芬兰、法国、格鲁吉亚、德国、希腊、匈牙利、冰岛、印度、爱尔兰、以色列、意大利、日本、约旦、哈萨克斯坦、韩国、科索沃、吉尔吉斯斯坦、拉脱维亚、黎巴嫩、利比亚、列支敦士登、立陶宛、卢森堡、马耳他、墨西哥、摩尔多瓦、蒙古、黑山、摩洛哥、荷兰、新西兰、北马其顿、挪威、波兰、葡萄牙、罗马尼亚、俄罗斯、圣马力诺、塞尔维亚、斯洛伐克、斯洛文尼亚、西班牙、瑞典、瑞士、塔吉克斯坦、突尼斯、土耳其、土库曼斯坦、乌克兰、英国、美国、乌兹别克斯坦。2016年1月15日，中国加入欧洲复兴开发银行。

【负责人】苏马·查克拉巴蒂爵士（Sir Suma Chakrabarti，英国籍），第6任行长，于2016年连任，任期4年。

【总部】英国伦敦。

【网址】http://www.ebrd.com/。

【出版物】《年度报告》《财政报告》《可持续增长报告》等。

【组织机构】理事会是最高权力机构，由各成员委派的正副理事各1名组成，每年举行1次年会。董事会代理事会行使权力，由23名成员组成，董事任期3年。董事会负责指导银行的日常业务工作并负责选举行长，董事会主席兼任行长，任期4年。

【股本和资金来源】欧盟委员会、欧洲投资银行和69个成员国拥有股权，总资本约300亿欧元。最大的股份拥有者是美国（10.1%），其次是法国、德国、意大利、日本和英国（均为8.6%），中国拥有0.1%的股份。

【主要活动】投资主要目标是地中海、中东欧和中亚地区的私营企业和基础设施，同时也为市政项目和国有企业提供资金，是上述地区最大的金融投资机构。该行直接或间接（通过金融中介机构，如当地银行和投资基金）为结构良好、财力强劲的各种规模项目（包括许多小型企业项目）提供融资。主要融资工具为贷款、股权投资和担保。该行与政府、国际金融机构和私人部门保持密切的政策对话，并利用成员和机构捐赠的资金提供有针对性的技术援助。

2018年，共计投资395个项目，涉及投资金额约95亿欧元，与上年基本持平，其中35%的投资集中在绿色金融领域。从地区分布看，2018年银行对地中海东南部地区投资额最高，为19.9亿欧元，其次为东南欧地区（17.5亿欧元）、东欧和高加索地区（15.7亿欧元）、中欧和巴尔干地区（12.7亿欧元）、中亚地区（10.7亿欧元）。（王琦）

欧洲自由贸易联盟

European Free Trade Association—EFTA

【成立日期】1960年1月4日，奥地利、丹麦、挪威、葡萄牙、瑞典、瑞士、英国在瑞典首都斯德哥尔摩正式签订《建立欧洲自由贸易联盟公约》(即《斯德哥尔摩公约》)。该公约经各国议会批准后于同年5月3日生效，欧洲自由贸易联盟（简称“欧贸联”）正式成立。冰岛、芬兰、列支敦士登分别于1970年3月、1986年1月、1991年5月加入。英国、丹麦于1973年1月，葡萄牙于1986年1月，奥地利、瑞典、芬兰于1994年12月退出欧贸联，加入欧盟。

【宗旨】在联盟区域内实现成员国之间工业品的自由贸易并扩大农产品贸易；保证成员国之间贸易在公平竞争的条件下进行；发展和扩大世界贸易并逐步取

消贸易壁垒。

【成员国】4个（截至2019年）：冰岛、列支敦士登、挪威、瑞士。

【主要负责人】秘书长亨利·吉查（Henri Gétaz，瑞士籍），副秘书长海格·豪夫（Hege Hoff，女，挪威籍）、帕斯卡·谢夫豪斯（Pascal Schafhauser，列支敦士登籍）和安德里·卢瑟恩（Andri Lúthersson，冰岛籍）。

【总部】瑞士日内瓦。地址：9-11，Rue de Varembé，1211 Geneva 20，Switzerland。电话：41-22-3322600；传真：41-22-3322677。电子邮箱：mail.gva@efta.int。

【网址】http://www.efta.int。

【组织机构】（1）理事会：最高权力机构。由成员国部长或常驻代表组成，每年召开8次常驻代表会议，2次部长级会议。主席由成员国轮流担任，任期半年。有关承担新义务的决定须全体一致通过，其他问题以多数通过。下设关税、贸易专家、预算、农渔业、经济等常设委员会。（2）秘书处：处理日常事务。设秘书长1人，副秘书长2人，秘书长助理1人，分管内外关系和欧洲经济区（欧经区）事务。（3）咨询委员会：由各国指定的雇主、工会代表和个人组成，在每次理事会开会前举行会议。此外还设有成员国议员委员会等机构。（4）监督局：1993年1月成立，1994年1月1日正式工作，设在比利时首都布鲁塞尔，负责监督成员国遵守欧经区协议，各国企业遵守欧经区竞争原则，并可主动或根据举报调查侵权行为。（5）法院：1994年1月1日在日内瓦正式成立，由5名法官组成，其职责和权限与欧洲法院相似。1995年6月起变更为3名常设法官及6名临时法官。1996年9月1日，法院由日内瓦迁至卢森堡。

【主要活动】加强内部经贸政策协调，支持并积极参与在世界贸易组织范围内举行的多边贸易谈判，反对贸易保护主义，发展同区外国家的贸易关系。

欧贸联十分重视同欧盟（欧洲共同体）发展经贸关系。1991年10月22日，欧贸联与欧共体在卢森堡达成建立欧洲经济区（EEA）协议，规定从1993年1月1日起，两大经济组织间实现商品、服务、资本和人员的自由流通，取消关税和进口限额，统一工业和产品标准，加强和扩大在环保、交通、教育、科技、旅游和社会政策领域里的合作。欧贸联成员国同意将欧共体有关法规作为欧经区的法律基础，由欧贸联和欧共体共同组成的部长理事会作为欧经区最高决策机构。发生贸易纠纷时，纯属欧贸联或涉及双方贸易中欧贸联占1/3份额以上的案件，由欧贸联法院审理，其他案件由欧洲法院裁决。

1992年2月14日，欧贸联与欧共体在布鲁塞尔就欧洲经济区（简称“欧经区”）协议的最后文本达成一致，决定协议于1993年1月1日与欧共体内部统一大市场文件同时生效。由于瑞士在1992年12月6日举行的公民投票中决定不加入欧经区，协议不得不推迟实施。直至1994年1月1日，由欧共体12国和除瑞士、列支敦士登之外的欧贸联5国组成的欧经区才正式成立。1995年5月1日，列支敦士登也正式成为欧经区成员国。目前，欧经区已成为由欧盟27国和欧贸联3国（冰岛、列支敦士登、挪威）组成的单一市场（即“内部市场”），实现了区内货物、服务、人员和资金的自由流动。

欧贸联积极与区外国家和地区开展自由贸易协定谈判，截至2019年底，已签署29个协定，包括：土耳其（1991年12月签署，1992年4月生效）、以色列（1992年9月签署，1993年1月生效）、摩洛哥（1997年6月签署，1999年12月生效）、巴勒斯坦（1998年11月签署，1999年7月生效）、北马其顿（2000年6月签署，2002年5月生效）、墨西哥（2000年11月签署，2001年7月生效，2016年正在重新谈判有关条款）、约旦（2001年6月签署,2002年9月生效）、新加坡（2002年6月签署，2003年1月生效）、智利（2003年6月签署，2004年12月生效）、黎巴嫩（2004年6月签署，2007年1月生效）、突尼斯（2004年12月签署，2005年6月生效）、韩国（2005年12月签署，2006年9月生效）、南部非洲关税同盟（2006年6月签署，2008年5月生效）、埃及（2007年1月签署，2007年8月生效）、加拿大（2008年1月签署，2009年7月生效）、哥伦比亚（2008年11月签署，2011年7月生效）、海湾合作委员会国家（2009年6月签署，2014年7月生效）、塞尔维亚（2009年12月签署，2010年10月生效）、阿尔巴尼亚（2009年12月签署，2010年11月生效）、乌克兰（2010年6月签署，2012年6月生效）、秘鲁（2010年7月签署，2012年7月生效）、中国香港（2011年6月签署，2012年11月生效）、黑山（2011年11月签署，2012年11月生效）、波黑（2013年6月签署，2015年1月生效）、中美洲国家（哥斯达黎加和巴拿马2013年6月签署，2014年8—9月生效；危地马拉2015年6月加入协议）、菲律宾（2016年4月签署）、格鲁吉亚（2016年6月签署）、厄瓜多尔（2018年6月签署）、印度尼西亚（2018年12月签署）。

截至2019年，已与7个伙伴国家（毛里求斯、尼日利亚、摩尔多瓦、蒙古、缅甸、巴基斯坦、科索沃）和地区。

签署了《合作联合声明》。　（王琦）

中欧倡议国组织

Central European Initiative—CEI

【成立日期】中欧倡议国组织是始于1989年的中、南欧国家地区性合作组织。1989年5月由奥地利、匈牙利、捷克斯洛伐克、前南斯拉夫和意大利5国倡议成立，1992年3月改为现称。

【宗旨】通过促进中欧地区国家间及与欧盟、相关机构、非政府组织、国际和地区组织各领域合作，支持中欧国家加入欧洲一体化进程。

【成员国】17个：阿尔巴尼亚、白俄罗斯、波黑、保加利亚、克罗地亚、捷克、匈牙利、意大利、北马其顿、摩尔多瓦、黑山、波兰、罗马尼亚、塞尔维亚、斯洛伐克、斯洛文尼亚、乌克兰。

【主席国】各成员国轮流担任主席，每一主席任期1年。克罗地亚、意大利、黑山分别担任2018年、2019和2020年轮值主席国。

【网址】：https://www.cei.int。

【总部】意大利特里斯特。地址：Via Genova 9，34121 Trieste Italy。电话：39–040–7786777；传真：39-040-360640。电子邮箱：cei@cei.int。

【主要活动】2007年11月，中欧倡议国组织首脑会议在保加利亚首都索菲亚举行，会议对《2007—2009行动计划》进行了修改。该计划对未来中欧倡议国组织在经济发展、人力资源开发和跨地区、跨国合作三大领域进行了规划。

2008年11月，中欧倡议国组织首脑会议在摩尔多瓦首都基希讷乌召开，就该组织宗旨、改革进程、政治和经济合作等问题进行了讨论，强调将通过一系列共同发展项目深化与欧盟及其他地区组织合作关系。

2009年11月，中欧倡议国组织首脑会议在罗马尼亚首都布加勒斯特举行，会议呼吁欧盟加大推动西巴尔干国家入盟进程力度；呼吁欧盟实现能源供应渠道和线路多样化，进一步巩固欧盟内部能源和天然气市场，并通过使用再生能源来减少常规能源的消耗量。

2010年6月，中欧倡议国组织外长会议在黑山布德瓦举行。会议主要关注近年来的地区发展以及如何发挥该组织作用，重点讨论了该组织政策、结构和财政等情况，确认组织的基本任务是促进非欧盟国家向欧盟靠拢，强调加强组织与欧盟关系的重要性，愿与欧盟委员会探索合作渠道，与欧洲复兴开发银行建立并加强伙伴关系。

2011年，联合国大会授予中欧倡议国组织观察员地位。

2012年6月，中欧倡议国组织外长会议在意大利特里亚斯特举行。会议再次确认该组织是欧洲一体化的政治论坛和中东欧推行经济改革的主要平台之一。要求充分发挥该组织的结构优势和合作优势，促进非欧盟国家向欧盟靠拢，提升中东欧地区的整体发展水平。

2013年4月，中欧倡议国组织部长级会议在匈牙利布达佩斯召开，讨论可持续农业及其对农村发展与环境保护的影响。会议强调经济、环境及社会领域可持续化发展应在政策制定及日常实践中加以落实。鼓励成员国之间就可持续农业发展及粮食生产等开展合作科研，加强知识共享，共同构建一个适宜居住且安全美好的未来。

2013年11月，中欧倡议国组织年会在匈牙利哥德勒市召开。会议通过《中欧倡议国组织2014—2016年行动计划》，确定了未来3年主要任务和战略目标，特别是经济结构和财政政策。

2014年6月3日，中欧倡议国组织外长级会议和西巴尔干国家外长级会议在奥地利维也纳举行，西巴尔干地区国家入盟问题成为会议主要议题。会议出台了要求给予阿尔巴尼亚欧盟候选国地位的信件，与会的克罗地亚、斯洛文尼亚、斯洛伐克、保加利亚、希腊、意大利及奥地利等欧盟成员国外长在呼吁信上签字。

2015年6月15日，中欧倡议国组织外长级会议在北马其顿西南部城市奥赫里德举行，讨论议题主要为欧洲一体化、互联互通以及本地区的安全、稳定、繁荣问题。会议并通过2016年度中欧倡议国组织合作基金预算案。

2016年12月13日，中欧倡议国组织年会在波黑萨拉热窝市召开。会议就难民危机背景下的欧洲一体化进程及倡议国组织相关地区的互联互通建设交换意见。

2017年12月12日，中欧倡议国组织政府首脑会议在白俄罗斯首都明斯克召开。会议聚焦泛欧互联互通建设，希望加强欧盟、东部伙伴关系国家、次区域间的物流和基础设施兼容与互补。会议还讨论了移民、网络恐怖主义等议题。会后通过了2018—2020年中欧倡议国组织行动计划。

2018年5月，奥地利正式退出中欧倡议国组织。12月3—4日，中欧倡议国组织政府首脑会议在克罗地亚首都萨格勒布召开。会议在“建立安全、推动经济、促进繁荣”的主题下探讨了目前该组织所在地区面临的挑战，并强调了为成员国提供政治对话平台的重要性。会议还通过了经修订的《中欧倡议国组织准则和议事规则》以及《2018—2020年中欧倡议国组织行动计划》的2018年临时执行报告。

2019年12月20日，中欧倡议国组织年会在意大利罗马召开。会议聚焦欧洲一体化、区域合作和商业机会，举行了中欧倡议国组织成立30周年闭幕纪念活动。会议还提出将政府治理、经济增长、互联互通、可持续发展作为未来推动成员国合作的优先事项。

（王琦）

北美自由贸易协定

North American Free Trade Agreement—NAFTA

【成立日期】1992年8月12日，美国、加拿大、墨西哥三国签署北美自由贸易协定，该协定于1994年1月1日起正式生效。北美自由贸易区区内基本实现零关税。2018年11月30日，美、墨、加三国签署“美国—墨西哥—加拿大协定”（USMCA），待三国国内批准后代替NAFTA。

【宗旨】减少贸易壁垒，促进商品和劳务在缔约国间的流通；改善自由贸易区内公平竞争的环境；增加各成员国境内的投资机会；在各成员国境内有效保护知识产权；创造有效程序以确保协定的履行和争端的解决；建立机制，扩展和加强协定利益。

【成员国】美国、加拿大、墨西哥。

【组织机构】（1）自由贸易委员会：由3个成员国的内阁级代表组成，是北美自由贸易协定的中央机构，统管协定的实施和争端的解决，监督各工作小组、委员会和其他附属机构的工作。（2）协调员：由分别来自3国的3位高级贸易官员构成，负责协定实施过程中的日常工作。（3）秘书处：负责根据协定相关条款解决争端。（4）另设30多个工作小组、委员会及附属机构。

【主要活动】1992年8月12日，美国、加拿大、墨西哥三国签署三边自由贸易协定，决定在自1994年1月1日协定生效之日起15年内逐步消除贸易壁垒，实施商品和劳务的自由流通，建成世界最大的自由贸易区。1994年12月第1届美洲国家首脑峰会上，各国一致同意美国关于用10年时间建立美洲自由贸易区（FTAA）的倡议。1995年2月，由美、墨两国政府出资的北美开发银行开始营业。1996年11月，加同智利签署自由贸易协定，为智未来加入NAFTA构建桥梁。1998年4月，经美、加推动，第2届美洲国家首脑峰会通过《圣地亚哥宣言》，宣布启动关于建立FTAA的谈判。2001年4月22日，美国总统布什、加总理克雷蒂安、墨总统福克斯在加拿大魁北克市会晤并发表联合声明，表示要继续推进实施NAFTA，保证北美贸易和投资的进一步发展。2004年1月，美洲国家领导人特别峰会通过了2005年内完成FTAA谈判的时间表，但由于巴西等拉美国家与美国在建立自由贸易区的问题上存在较大分歧，谈判进度受阻。美国总统特朗普以现有NAFTA对美国不公平为由，威胁退出NAFTA。2017年8月，美国、加拿大、墨西哥三国开始就NAFTA重新进行谈判。2018年9月30日，美、墨、加就更新NAFTA达成一致，完成了“21世纪新的现代化贸易协定”。新贸易协定被命名为“美国—墨西哥—加拿大协定”（USMCA）。11月30日，三国领导人签署USMCA。2019年12月12日，墨西哥批准通过USMCA。2019年12月19日，美国国会众议院通过。2020年1月16日，美国国会参议院通过。2020年3月13日，加拿大议会批准通过。USMCA已于2020年7月1日生效。

（燕灵芝）

美洲开发银行

Inter-American Development Bank—IDB

【成立日期】1959年12月30日成立。该行是美洲国家组织的专门机构，其他地区国家也可加入。非拉美国家不能使用该行资金，但可参加该行组织的项目投标。

【宗旨】集中各成员国的力量，对拉丁美洲国家的经济、社会发展计划提供资金和技术援助，并协助它们单独和集体为加速经济发展和社会进步做出贡献。

【成员国】48个（截至2019年12月）。其中美洲28个：阿根廷、巴巴多斯、巴哈马、巴拉圭、巴拿马、巴西、秘鲁、玻利维亚、多米尼加、厄瓜多尔、哥伦比亚、哥斯达黎加、圭亚那、海地、洪都拉斯、墨西哥、尼加拉瓜、萨尔瓦多、苏里南、特立尼达和多巴哥、危地马拉、委内瑞拉、乌拉圭、牙买加、智利、伯利兹、加拿大、美国；欧洲16个：奥地利、比利时、丹麦、德国、法国、芬兰、荷兰、挪威、葡萄牙、瑞典、瑞士、西班牙、意大利、英国、克罗地亚和斯洛文尼亚；亚洲4个：日本、以色列、韩国、中国。

【主要负责人】行长路易斯·阿尔贝托·莫雷诺（Luis Alberto Moreno，哥伦比亚人），2005年7月当选，后两度连任，任期至2020年。

【总部】美国华盛顿（Washington，the United States）。

【网址】http://www.iadb.org。

【出版物】《年度报告》（Annual Report），英

文，在美国出版；《拉美一体化》(Integración Latinoamericana)，月刊，西班牙文，在阿根廷出版。

【组织机构】(1) 理事会：最高权力机构，由各成员国委派1名理事组成，每年举行1次会议。理事通常为各国经济、财政部长、中央银行行长或其他担任类似职务者。(2) 执行董事会：理事会领导下的常设执行机构，由14名董事组成，其中拉美国家9名，美国、加拿大和日本各1名，其他地区国家2名，任期3年。(3) 行长和副行长：在执行董事会领导下主持日常工作。行长由执行董事会选举产生，任期5年，副行长由执行董事会任命。(4) 分支机构：在拉美各成员国首都及马德里和东京设有办事处。(5) 投资机构：美洲投资公司(Inter-American Investment Corporacion—IIC)，1989年成立，为美洲开发银行全资附属公司，旨在通过向中小型企业提供融资以促进该地区发展。现有45个成员国，26个为拉美和加勒比地区国家。美洲开发银行自2013年起在该投资公司基础上成立新公司，并于2015年向新公司注资20.3亿美元，其中各成员国新注资13.05亿美元。多边投资基金(Multilateral Investment Fund—MIF)，1993年成立，主要目的是为私营企业创造更好的投资环境，促进其发展，由39个成员国集资建立，由美洲开发银行管理。(6) 拉美一体化研究所：1964年成立，设在阿根廷首都布宜诺斯艾利斯，负责培养高级技术人才，研究有关经济、法律和社会等重大问题，为成员国提供咨询。

【银行资本】(1) 成员国分摊；(2) 发达国家成员国提供；(3) 在世界金融市场和有关国家发放债券。1960年开业时拥有8.13亿美元资金。截至2019年底，该行总资产为1364亿美元。认缴股份较多的国家有：美国占30.006%，阿根廷和巴西各占11.354%，墨西哥占7.299%，日本占5.001%，加拿大占4.001%，委内瑞拉占3.403%，智利和哥伦比亚各占3.119%。各成员国的表决权依其加入股本的多寡而定。按章程规定，拉美国家表决权在任何情况下不得低于50%。截至2019年底，中国在美洲开发银行投票权为0.004%，在美洲投资公司为5.01%，在多边投资基金为4.76%。

【主要活动】提供贷款促进拉美地区的经济发展、帮助成员国发展贸易，为各种开发计划和项目的筹备和执行提供技术合作。银行的一般资金主要用于向拉美国家公、私企业提供贷款，年息通常为8%，贷款期10—25年。特别业务基金主要用于拉美国家的经济发展优惠项目，年息1%—4%，贷款期20—40年。银行还掌管美国、加拿大、德国、英国、挪威、瑞典、瑞士和委内瑞拉等政府及梵蒂冈提供的“拉美开发基金”。

20世纪六七十年代，该行主要为卫生和教育等公共项目提供资金，90年代起逐渐加大对私营企业的贷款。50多年来，该行的贷款规模增长迅速，1961年贷款额为2.94亿美元，1998年增至100.63亿美元，2000年为52.66亿美元，2001年为79亿美元，2002年为45.5亿美元，2008年为122亿美元，2014年为138.43亿美元，2015年为112.64亿美元，2016年为92.64亿美元，2017年为146亿美元，2018年为132.02亿美元，为促进拉美经济社会发展发挥了重要作用。

该行成立以来每年均举行年会。2010年3月，第51届年会在墨西哥坎昆举行，通过《坎昆宣言》，就美洲行增资、援助海地等达成一致。

2011年3月，第52届年会在加拿大卡尔加里举行，会议向各成员国报告了有关普遍增资和发展战略的落实情况，并选举出2011—2014年各选区执行董事。

2012年3月，第53届年会在乌拉圭首都蒙得维的亚举行，会议讨论了有关增资事宜，承诺将开拓更多融资渠道和工具来应对金融危机，帮助弱小经济体渡过难关。

2013年3月，第54届年会在巴拿马首都巴拿马城举行。

2014年3月，第55届年会在巴西绍伊皮海滨举行。

2015年3月，第56届年会在韩国釜山举行，重点讨论该行私营部门改革、金融政策和机构战略更新等。

2016年4月，第57届年会在巴哈马首都拿骚举行，重点围绕地区形势、气候变化、能源挑战及“巴拿马文件”事件进行了讨论。

2017年3月，第58届年会在巴拉圭首都亚松森举行，会议围绕拉美地区经济形势、推进经济一体化、应对气候变化、加强同私营部门合作等议题展开讨论。

2018年3月，第59届年会在阿根廷门多萨举行，重点讨论了该行未来发展、重点支持领域等议题，并决定第60届年会于2019年3月在成都举行。

2019年3月，原定于在成都市举行的第60届年会因故取消。7月，第60届年会在厄瓜多尔瓜亚基尔举行，会议围绕平等包容、第四次工业革命、气候变化和移民等议题展开讨论。9月，美洲开发银行成立60周年执董会会议及成员国国家元首和政府首脑会议在美国华盛顿举行。

【同中国的关系】中国自1991年起连续18年应邀派团以观察员身份参加了美洲开发银行年会。

1993年9月，中国人民银行正式向美洲开发银行提出加入申请。2004年3月，黄菊副总理致函伊格莱西亚斯行长，重申中国人民银行加入美洲开发银行的申请。2008年10月，美洲开发银行执董会决定接受中国人民银行为正式成员；美洲开发银行行长莫雷诺访华，杨洁篪外长和周小川行长分别会见。2009年1月12日，中国人民银行代表中国正式加入美洲开发银行集团。3月，中国人民银行行长周小川代表中国以正式成员身份出席在哥伦比亚麦德林举行的美洲开发银行成立50周年年会。

2010年3月，中国人民银行行长周小川代表中国出席在墨西哥坎昆举行的美洲开发银行第51届年会。9月，王岐山副总理和杨洁篪外长分别会见来华出席第4届中拉企业家高峰会的美洲开发银行行长莫雷诺。

2011年3月，中国人民银行郭庆平行长助理率团出席在加拿大卡尔加里举行的美洲开发银行第52届年会。

2012年3月，中国人民银行派团出席在乌拉圭举行的美洲开发银行第53届年会。10月，杨洁篪外长应约会见来华访问的美洲开发银行行长莫雷诺。双方就国际、拉美地区经济、金融形势和中拉关系等交换了意见。

2013年3月，中国人民银行易纲副行长率团出席美洲开发银行第54届年会。9月，马凯副总理、外交部副部长张业遂等分别会见来华参加大连世界经济论坛年会的莫雷诺行长。

2014年3月，中国人民银行行长助理郭庆平率团出席在巴西绍伊皮海滨举行的美洲开发银行第55届年会。9月，莫雷诺行长来华出席第8届夏季达沃斯论坛和第8届中拉企业家高峰会，马凯副总理会见。11月，莫雷诺行长应邀来华出席APEC工商领导人峰会。

2015年1月，美洲开发银行副行长德罗萨应邀来华出席中国—拉共体论坛首届部长级会议。3月，中国人民银行副行长易纲率团出席在韩国举行的第56届年会，并同美洲开发银行签署两银行间中期战略合作规划。6月，杨洁篪国务委员在华盛顿出席第7轮中美战略与经济对话期间应约会见莫雷诺行长。

2016年3月，莫雷诺行长来华出席中国发展高层论坛和博鳌亚洲论坛，马凯副总理、财政部部长楼继伟、国务院发展研究中心主任李伟、丝路基金董事长罗琦分别会见。4月，全国政协副主席、中国人民银行行长周小川出席第57届年会，并见证中拉产能合作投资基金同美洲开发银行及美洲投资公司签署三方框架合作协议。11月，美洲开发银行副行长德罗萨来华出席第10届中拉企业家高峰会，外交部副部长王超会见。

2017年4月，中国人民银行行长助理张晓慧率团出席在巴拉圭首都亚松森举行的第58届年会，并会见莫雷诺行长。

2017年5月，莫雷诺行长应邀来华出席“一带一路”国际合作高峰论坛并在“加强政策沟通和战略对接”和“促进资金融通”平行主题会议上发言。其间，拜会国务院副总理马凯，并同美洲投资公司首席执行官斯克里文、亚洲基础设施投资银行行长金立群签署框架性合作协议。

2017年11月30日至12月2日，莫雷诺行长出席在乌拉圭东角举行的第11届中国—拉美企业家高峰会并致辞。

2018年1月，美洲开发银行南美地区总经理卢波出席在智利圣地亚哥举行的中拉论坛第2届部长级会议，并参加外交部长王毅集体会见。3月，中国人民银行副行长陈雨露率团出席在阿根廷门多萨举行的第59届年会和第60届年会启动仪式。10月，莫雷诺行长来华访问，刘鹤副总理、中国人民银行行长易纲、外交部副部长乐玉成、财政部副部长邹加怡、丝路基金董事长金琦分别同其会见。

2019年3月，原定于在成都市举行的美开行第60届年会因故取消。4月，美洲开发银行派员出席在北京举行的第二届“一带一路”国际合作高峰论坛。11月，莫雷诺行长应邀出席在北京举办的创新经济论坛，并参加习近平主席集体会见。中国人民银行行长易纲、外交部副部长秦刚等分别同其会见。（张可心）

拉美开发银行

Banco de Desarrollo de América Latina-CAF

【成立日期】成立于1970年，原称安第斯开发银行（Corporación Andina de Fomento–CAF），2010年改名拉美开发银行（简称“拉开行”，西文简称仍沿用CAF）。初衷为促进安第斯地区一体化，现已成为拉美地区主要的多边开发金融机构之一。

【宗旨】通过向成员国政府、公共和私营部门提供金融支持和服务，推动各国可持续发展和区域一体化。

【成员】阿根廷、巴巴多斯、玻利维亚、巴西、智利、哥伦比亚、哥斯达黎加、多米尼加、厄瓜多尔、牙买加、墨西哥、巴拿马、巴拉圭、秘鲁、特立尼达和多巴哥、乌拉圭、委内瑞拉、西班牙、葡萄牙等19个国家以及13家安第斯地区私营银行（截至2019年12月）。

【主要负责人】执行主席，任期5年，可连任一次。现任行长为路易斯·卡兰萨（Luis Garranza，秘鲁籍），2017年4月1日上任，任期5年。

【总部】总部设在委内瑞拉首都加拉加斯（Caracas，Venezuela）。

【网址】www.caf.com。

【出版物】《年度报告》（Annual Report）。

【组织机构】主要有：股东大会、董事会、执行委员会、审计委员会和执行主席办公室。下设有负责环境和气候变化、经济分析和发展知识、人力资源、战略通讯、法律咨询、监察与审计、机构发展、企业信贷与风险、后勤与行政服务、运营与技术、秘书及外事等部门。拉美开发银行在布宜诺斯艾利斯、拉巴斯、基多、波哥大、蒙得维的亚、利马、巴西利亚、巴拿马城、马德里、墨西哥城、亚松森、西班牙港设有分支机构。

【银行资本】截至2019年，该行注册资本为150亿美元，资产规模为422.9亿美元。2015年11月，该行批准45亿美元增股方案，使其具备在2016年至2022年间放贷1000亿美元的能力。已有阿根廷、巴拉圭、秘鲁、多米尼加、乌拉圭和委内瑞拉等拉美国家签署认购协议。拉开行是拉美地区债券发行商信用评级最高的机构之一，截至2019年4月，惠誉、穆迪和标准普尔三家国际信用评估公司对拉开行长期信用等级评级分别为AA-、Aa3、A+，短期信用等级评级分别为F1+、P-1、A-1。

【同中国的关系】2007年2月，中国国家开发银行与拉开行签署《金融合作协议》，商定在项目合作、信息共享、人员交流等多个方面开展务实合作。同年11月，两行签署《1.5亿美元授信贷款协议》，用于支持拉美地区民生领域授信贷款，期限为12年。目前该贷款执行情况良好。2008年5月，两行联合向哥伦比亚Argos水泥公司提供1.5亿美元贷款，其中国开行贷款份额7500万美元。2009年5月，该项目提前还清全部贷款。

2010年2月，中国进出口银行与拉开行在北京签署合作协议，双方正式确立战略合作关系，为探讨项目联合融资、金融产品、资本市场、人员交流和信息共享等领域的合作奠定了基础。近年来，双方就拉美地区基础设施项目融资、授信额度贷款、设立人民币基础设施基金等进行了积极探讨，但未取得实质性成果。2014年双方曾联合举办投资贸易研讨会。2015年中拉论坛首届部长级会议以来，双方在中拉论坛框架下积极探讨多领域合作。

2011—2015年，中国社科院拉美所与拉开行在华共同举办了5次国际研讨会，就双方共同关心的经济、社会和发展议题进行探讨，每次会议均发布拉开行、经合组织和社科院拉美所的年度研究报告。

拉开行还曾应贸促会和全国友协邀请派员出席2011年第五届中拉企业家高峰会和2015年新兴市场论坛，但双方未建立合作关系。

拉开行前任行长加西亚2010年和2011年访华时，外交部副部长李金章会见。2013年，加来华出席由社科院拉美所与拉开行合办的第9届中国社会科学论坛主题研讨会，中国进出口银行副行长刘连舸会见。2015年1月，拉开行秘书长鲁赫莱斯作为嘉宾来华出席中拉论坛首届部长级会议。

2016年10月8日，财政部副部长史耀斌同加西亚行长在华盛顿签署《合作备忘录》，双方将加强信息交流与融资合作，促进中拉贸易往来和相互投资，不断提升南南合作水平。

2017年7月，拉开行行长卡兰萨应财政部邀请访华，财政部副部长史耀斌和外交部部长助理秦刚分别会见。访华期间，卡还出席了财政部同该行联合举办的“中拉合作高级研讨班”。

2017年12月，拉开行专家在中拉论坛融资合作研修班授课，介绍该行同中国合作情况。

2018年1月，卡兰萨行长应邀列席中拉论坛第二届部长级会议，并参加王毅外长集体会见地区组织负责人活动。

2018年7月，卡兰萨行长应财政部邀请访华，财政部副部长邹加怡会见。访华期间，卡还分别拜会了外交部、发改委和人民银行。

2019年4月，卡兰萨行长来华出席第二届“一带一路”国际合作高峰论坛并在资金融通分论坛发言。财政部部长刘昆和副部长邹佳怡分别会见卡。

2019年10月，由中国财政部、拉开行、联合国拉美经委会联合主办的第二届中拉投资与合作高级别论坛在智利圣地亚哥举行。财政部副部长余蔚平、拉开行行长卡兰萨、联合国拉美经委会副执行秘书西莫利出席论坛并致辞，中国政府拉美事务特别代表刘玉琴大使与会并发言。（纪晓蕾）

拉丁美洲经济体系

Sistema Económico Latinoamericano—SELA

【成立经过】1975年10月17日，拉美23国政府代表签署《巴拿马协议》，宣告成立拉丁美洲经济体系。1976年6月7日起，协议正式生效。

【宗旨】本着平等、主权、独立、团结、互不干涉内政、互相尊重各国政治、经济和社会制度差异的原则，促进拉美地区合作，推动地区一体化进程，制定和执行经济、社会发展规划与项目，协调拉美各国有关经济和社会问题的立场与战略，切实维护拉美国家的合法权益，为建立公正、合理的国际经济新秩序而努力。

【成员国】26个（截至2019年12月）：阿根廷、巴巴多斯、巴哈马、巴拉圭、巴拿马、伯利兹、巴西、秘鲁、玻利维亚、多米尼加、厄瓜多尔、哥伦比亚、古巴、圭亚那、海地、洪都拉斯、墨西哥、尼加拉瓜、萨尔瓦多、苏里南、特立尼达和多巴哥、危地马拉、委内瑞拉、乌拉圭、牙买加、智利。42个拉美、欧洲和联合国的政治、经济和社会组织为观察员。

【主要负责人】常任秘书哈维尔·保林尼奇（Javier

Paulinich，秘鲁籍），2017年8月就职，任期4年。

【总部】常设秘书处，设在委内瑞拉首都加拉加斯（Caracas，Venezuela）。

【网址】http://www.sela.org/。

【出版物】《战略性记录》（NOTAS ESTRATÉGICAS），季刊，西班牙文；西、英文季刊《拉美经济体系在美国的天线》（ANTENA DE SELA EN EE.UU.），季刊，西、英文；《拉美和加勒比一体化公报》，月刊，西文。

【组织机构】（1）拉丁美洲理事会：最高机构。由各成员国政府任命1名全权代表组成，每年举行1次部长级例会，确定拉美经济体系的总政策。如理事会做出决定或不少于1/3的成员国提出要求，可举行部长级或非部长级特别会议。理事会设主席1人、副主席2人、报告员1人（共同组成主席团），由各国代表轮流担任。（2）行动委员会：临时性的合作机构。每个委员会至少由2个成员国组成，其他成员国可以自由加入或退出。任务是就一些专门问题制订共同纲领和计划，并协调行动。任务完成后，委员会可解散或转变成常设机构。（3）常设秘书处：执行机构。常任秘书由拉丁美洲理事会选举产生，任期4年。

【主要活动】2009年10月，第35届拉美理事会例会在加拉加斯举行，会议就呼吁美国停止对古巴贸易金融封锁及应对气候变化问题发表声明。2010年10月，第36届拉美理事会例会在加拉加斯举行，会议发表声明，呼吁国际社会为海地、伯利兹、危地马拉灾后重建提供援助并加强在此问题上的南南合作，反对破坏厄瓜多尔民主秩序的行为，坚决维护地区和平与民主，呼吁美国停止对古巴经济封锁。2011年12月，第37届拉美理事会例会在加拉加斯举行，会议就当前国际经济危机与拉美和加勒比地区面临的挑战等问题发表声明。2012年10月，第38届拉美理事会例会在加拉加斯举行，会议就呼吁美国停止对古巴经济贸易金融封锁发表声明。2013年11月，第39届拉美理事会例会在加拉加斯举行，会议就呼吁美国停止对古巴经济贸易金融封锁和呼吁在厄瓜多尔的跨国企业遵守当地环保法律等发表声明。2014年11月，第40届拉美理事会例会在加拉加斯举行，会议就呼吁美国停止对古巴经济贸易金融封锁发表声明。2015年11月，第41届拉美理事会例会在加拉加斯举行，会议就呼吁美国停止对古巴经济贸易金融封锁发表声明。2016年10月，第42届拉美理事会例会在加拉加斯举行，会议发表《拉美和加勒比一体化指数》。2017年11月，第43届拉美理事会例会在加拉加斯举行，会议就呼吁美国停止对古巴经济贸易金融封锁发表声明。

2018年11月，第44届拉美理事会例会在加拉加斯举行，会议就呼吁美国停止对古巴经济贸易金融封锁发表声明。

2019年11月，第45届拉美理事会例会在加拉加斯举行，会议建议设立工作组，就单边制裁对人民生活造成的影响进行研究。

【同中国的关系】1995年，国务院外办主任刘华秋率中国代表团参加在哥伦比亚举行的不结盟国家首脑会议，其间会见了拉美经济体系常任秘书莫内塔。1996年，中国国际贸易促进委员会刘富贵副会长率团访问委内瑞拉期间，双方举行会晤，并探讨合作举办活动的可能性。11月14日，应拉美经济体系的邀请，国务院总理李鹏在访问委内瑞拉期间在该组织总部发表了题为《共同谱写中拉友好合作的新篇章》的重要演讲，阐述了中国关于发展与拉美关系的五项原则和扩大经贸合作的四个重点。1998年，拉美经济体系常设秘书处与中国国际贸易促进委员会签订合作协议，旨在增进拉美和加勒比国家与中国企业界之间的经贸合作关系。拉美经济体系常任秘书莫内塔于1997年、1999年两次率团访华。1999年，莫内塔在访华期间拜会国务委员王忠禹，贸促会与该组织在北京和成都合作举办中国—拉美加勒比经贸研讨会。1999年11月，贸促会会长俞晓松致电祝贺博耶当选拉美经济体系常任秘书。2003年、2013年，贸促会会长万季飞两次电贺瓜尔涅里当选拉美经济体系常任秘书。2017年9月，贸促会会长姜增伟致信祝贺哈维尔·保林尼奇当选拉美经济体系常任秘书。（纪晓蕾）

拉丁美洲一体化协会

Asociación Latinoamericana de Integración—ALADI

【成立经过】拉丁美洲一体化协会的前身是1960年成立的拉美自由贸易协会。1980年8月12日，该协会11个成员国的外交部长在乌拉圭首都蒙得维的亚签署了《蒙得维的亚条约》，宣告拉丁美洲一体化协会成立。1981年3月18日《条约》正式生效，拉美自由贸易协会自行停止活动。该协会是拉美地区重要的政府间促进一体化组织。

【宗旨】促进和协调成员国相互间的贸易，扩大出口市场和经济合作，在双边和多边合作的基础上，实现地区经济一体化，最终建立拉美共同市场。基本职能是为拉美地区一体化组织和拉美国家双边协定提供保护，为双边和多边贸易提供方便和咨询。

【成员国】13个（截至2019年12月）：阿根廷、玻利维亚、巴西、哥伦比亚、智利、厄瓜多尔、墨西哥、巴拿马、巴拉圭、秘鲁、乌拉圭、委内瑞拉和古巴。各成员国按经济发展水平分为3个等级，巴西、墨西哥、阿根廷为经济“高等发展”水平，智利、哥伦比亚、秘鲁、乌拉圭、委内瑞拉、古巴和巴拿马为“中等发展”水平，厄瓜多尔、巴拉圭和玻利维亚为“低等发展”水平。向该协会派常驻观察员的国家有：萨尔瓦多、洪都拉斯、西班牙、葡萄牙、危地马拉、多米尼加、哥斯达黎加、尼加拉瓜、意大利、瑞士、俄罗斯、罗马尼亚、中国、韩国、日本、乌克兰、巴基斯坦、圣马力诺。向该协会派常驻观察员的国际组织有：联合国拉美和加勒比经济委员会、美洲国家组织、美洲开发银行、联合国开发计划署、欧盟、拉美经济体系、拉美开发银行、泛美农业合作委员会、泛美卫生组织、世界卫生组织、伊比利亚美洲峰会秘书处。

【主要负责人】协会秘书长亚历杭德罗·德拉培尼亚（Alejandro De la Peña，墨西哥籍），2017年9月就任，任期3年。

【总部】乌拉圭首都蒙得维的亚（Montevideo，Uruguay）。

【网址】http://www.aladi.org。

【出版物】《拉美一体化协会概况》（Síntesis ALADI）月刊，西班牙文；《时事通讯》（News Letter）双月刊，英文。

【组织机构】（1）外长理事会：最高决策机构。（2）代表委员会：常设政治机构，由各成员国派1名代表和1名副代表组成，每15天举行1次会议。该协会下设协助机构和工作组。协助机构下设金融货币事务委员会（由成员国中央银行行长组成）、金融货币事务顾问委员会和各国海关关长会议等机构。工作组下设规则和纪律、贸易便利化和商品市场准入等小组。（3）评审和汇总会议：由各成员国政府的全权代表组成。（4）秘书处：行政技术机构。设1名秘书长和2名副秘书长，任期均为3年，可连任。（5）商会理事会：1986年10月成立，负责协调企业间贸易活动等。

【主要活动】2008年3月，第14届外长理事会在蒙得维的亚召开，选举巴拉圭资深外交官萨吉尔为新任秘书长。2010年5月，第43届金融和货币理事会在布宜诺斯艾利斯召开。2011年8月，第16次外长理事会在阿根廷召开，选举阿根廷前副总统卡洛斯·阿尔瓦雷斯为拉美一体化协会新任秘书长。2012年5月，由拉美一体化协会、联合国拉美和加勒比经济委员会（CEPAL）和拉美开发银行（CAF）共同倡议的“亚太—拉美关系观察站”（网址：http://www.observatorioasiapacifico.org/）正式成立。2012年8月，拉美一体化协会召开拉美主要地区组织协调会，旨在加强组织在拉共体框架内的合作和相互协调，更有效地推进地区一体化进程。2013年9月，代表委员会通过关于2014年下半年在乌拉圭举办面向成员国进出口企业的首届拉丁美洲一体化协会博览会（EXPO ALADI）的决议。2014年8月，第17次外长理事会在蒙得维的亚召开，秘书长卡洛斯·阿尔瓦雷斯获得连任，任期3年。2015年6月，第2届EXPO ALADI在阿根廷举行。2016年10月，第3届EXPO ALADI在墨西哥举行。2017年8月，第18次外长理事会在乌拉圭召开，选举亚历杭德罗·德拉培尼亚为新任秘书长。

2017年10月，第4届EXPO ALADI在玻利维亚举行。

2018年10月，第5届EXPO ALADI在秘鲁举行。

2019年10月，第6届EXPO ALADI在哥伦比亚举行。

【同中国的关系】1994年6月15日，拉美一体化协会（ALADI）常设政治机构代表委员会第25次会议决定，接纳中华人民共和国为该协会观察员。同年，双方签署《中国同拉美一体化协会间合作计划》。中国是拉美一体化协会的第一个亚洲观察员。中国常驻ALADI观察员由中国驻乌拉圭大使担任。2011年8月，外交部长杨洁篪致电祝贺阿尔瓦雷斯当选秘书长。2013年7月，拉美一体化协会副秘书长拉布克·苏克来华出席第2届中国—拉丁美洲和加勒比智库交流论坛。2013年9月，双方签署《中华人民共和国外交部与拉美一体化协会总秘书处专门合作备忘录》。2014年8月，外交部长王毅致电祝贺阿尔瓦雷斯连任秘书长。2017年9月，外交部长王毅致电祝贺德拉培尼亚就任协会秘书长。

（纪晓蕾）

加勒比开发银行

The Caribbean Development Bank—CDB

【成立日期】1969年10月18日。

【宗旨】促进加勒比地区成员国经济协调发展；推动本地区成员间经济合作和地区一体化进程，对本地区欠发达成员的需要予以特别关注。

【职能】（1）协助本地区成员相互协调发展计划，以便更有效利用其自身资源，增强经济互补性，推动本地区成员有序拓展国际贸易，尤其是区内贸易。（2）充分利用区内外各种资金渠道，促进地区发展。（3）为有助于本地区或地区成员发展的项目或计划提供融资服务。（4）向本地区成员提供投资可行性研究和项目立项建议等方面的技术性服务。（5）通过资助本地区金融机构和支持建立大型经济联合体，促进对本地区开发项目的公共和私人投资。（6）同其他地区机构共同努力和合作，促进地区性或成员内部金融机构的发展，建立地区信贷和储蓄市场。（7）鼓励发展本地区资本市场。（8）开展或推动其他有利于上述宗旨的活动。

【成员】现有成员28个，其中本地区成员23个：安提瓜和巴布达、巴哈马、巴巴多斯、伯利兹、多米尼克、格林纳达、圭亚那、海地、牙买加、圣基茨和尼维斯、圣卢西亚、圣文森特和格林纳丁斯、苏里南、特立尼达和多巴哥及未独立地区安圭拉（英属）、开曼群岛（英属）、蒙特塞拉特（英属）、特克斯和凯科斯群岛（英属）、英属维尔京群岛（上述19个成员为借款成员）、巴西、墨西哥、哥伦比亚和委内瑞拉（上述4个成员为非借款成员）；非本地区成员5个：加拿大、中国、德国、意大利、英国。

【主要负责人】行长：威廉·史密斯（William SMITH，牙买加经济学家），2011年5月就任，2016年5月连任，任期5年。

【总部】巴巴多斯维尔迪。

地 址：P.O.Box 408，Wildey，St.Michael，Barbados，W.I.。电 话：001-246-4311600；传 真：4267269。电子邮箱：info@caribank.org。

【网址】http://www.caribank.org。

【组织机构】（1）理事会：系银行的最高决策机构，现有理事和副理事各23名。原则上每个成员国任命理事和副理事各1名，但安圭拉、开曼群岛、蒙特塞拉特、特克斯和凯科斯群岛、英属维尔京群岛5个未独立地区共享1个席位。各理事代表本国行使投票权，投票权大小基本依各国认缴股本的多少而定，对小成员国略有倾斜。理事会每年召开1次例会，也可根据需要召开特别会议。（2）董事会：负责制订银行的总体政策和运作方向，行使理事会授予的权力，就提供贷款、担保或选择投资方式以及制订借款计划等问题做出决定。董事会现由18名董事组成，其中13名代表本地区成员，5名代表非本地区成员。行长兼任董事会主席，负责银行的组织和运作，包括任命职员和审查贷款建议案，任期5年，可以连选连任。副行长2位，1位负责业务，1位负责综合服务和文秘。除行长、副行长办公室外，加开行下设4个部门：财务部、项目部、经济计划部和法律部。工作人员约210人。

【资产】由普通资本和特别基金两部分组成。普通资本是各成员国认购的股本以及银行自筹的借款；特别基金主要来源于银行接受的捐款。特别基金又分为特别发展基金和其他特别基金。特别发展基金是加开行的软贷款窗口，其资金来源为每4年1次的成员捐资。其他特别基金的资金来源为加开行成员和其他机构所提供的有附带条件的资金。截至2019年底，加开行核定股本金19.76亿美元，留存收益和储备5.46亿美元，所有者权益合计9.34亿美元。

【主要活动】主要在以下四个方面开展工作：（1）向成员提供资金，主要用于农业、采矿、制造业、旅游、交通运输、能源、海洋开发以及社会发展等部门。从1979年开始在11个欠发达借贷国改善基础设施，扩大农村就业机会。（2）促进本地区成员之间的经济合作和一体化进程。（3）设立技术援助基金，在工程项目、环境影响分析、人力资源开发等领域提供技术援助。（4）对本地区的援助进行协调，参加加勒比经济发展合作集团的工作。建立加勒比开发资金，向加勒比国家提供特别外部援助。

【同中国的关系】1989年，中国开始以观察员身份出席加开行年会。1997年5月，加开行理事会第27届年会决定接纳中国为正式成员。中国在加开行享有1个董事席位，代表中国以及在中国之后加入加开行的非本地区国家。1998年初，中国在加开行的成员国地位正式生效。2000年，中国人民银行在巴巴多斯设立驻加开行联络处。2002年，中国在出席加开行第32届年会时宣布将在加开行建立一项100万美元的技术合作基金，用于向加方介绍中国经济发展的经验和技术。2002年，中国政府和加开行签署了《加勒比开发银行和中华人民共和国政府咨询服务和培训活动的技术合作基金协定》。自加入加开行起至今，中国参与了该行“特别发展基金”（SDF）第4至9次增资，累计认捐4829.8万美元和4102万元人民币。（王学军）

南方共同市场

Mercado Común del Sur—MERCOSUR

【成立日期】1991年3月26日，阿根廷、巴西、巴拉圭和乌拉圭4国总统在巴拉圭首都签署《亚松森条约》，宣布建立南方共同市场（简称“南共市”）。该条约于当年11月29日起正式生效。1995年1月1日南共市正式运行，关税同盟开始生效。

【宗旨】通过有效利用资源、保护环境、协调宏观经济政策、加强经济互补，促进成员国科技进步和实现经济现代化，进而改善人民生活条件，推动拉美地区经济一体化进程。

【成员国】正式成员国为阿根廷、巴西、巴拉圭、乌拉圭。联系国为智利、秘鲁、哥伦比亚、厄瓜多尔、苏里南、圭亚那、玻利维亚（尚未完成“入市”程序）。2013年6月，厄瓜多尔正式申请入市。2016年12月，巴西、阿根廷、乌拉圭和巴拉圭4国以委内瑞拉未按时将南共市有关规定纳入国内法为由，中止其正式成员国资格。

【组织机构】（1）共同市场理事会：最高决策机构。由成员国外交部长和经济部长组成。理事会主席由各缔约国外长轮流担任，任期半年。一般每年举行两次成员国首脑会议，理事会负责首脑会议的筹备和组织工作。（2）共同市场小组：执行机构。负责实施条约和理事会做出的决议，就贸易开放计划、协调宏观经济政策、与第三国商签经贸协定等提出建议。由各成员国派出5名正式成员和5名候补成员组成，代表本国外交部、经济部和中央银行。下设制度研究、预算事务、国际合作、规则适用、对外关系等5个工作组以及通讯、机构事务、技术规则及合规性评估、金融事务、交通等17个分工作组。（3）南共市贸易委员会：区内贸易事务机构。下设税务和商品名录、海关事务、贸易规则、保护竞争力等8个分委会。（4）南共市议会：立法机构，总部设在乌拉圭首都蒙得维的亚。实行一院制，目前设有186个议席，其中阿根廷43席，巴西75席，乌拉圭、巴拉圭各18席，委内瑞拉32席。玻利维亚正在履行加入南共市相关法律程序，享有参会权和发言权，尚无投票权，待正式"入市"后，将获18个议席。（5）南共市秘书处：行政机构，设在乌拉圭蒙得维的亚。（6）南共市常设仲裁法院：司法机构，解决成员国间争端。

【网址】http://www.mercosur.int/。

【主要活动】截至2019年12月，南共市共举行了54届首脑会议。

2015年7月，南共市第48届首脑会议在巴西首都巴西利亚举行，会议就南共市扩员、应对经济挑战、便利区内贸易、推进与欧盟自贸谈判等议题达成共识，发表《南共市成员国总统联合公报》《南共市成员国和联系国联合公报》等成果文件，接纳玻利维亚为该组织第6个成员国，决定在半年内就取消关税和非关税壁垒制定行动计划，将结构趋同基金（FOCEM）展期10年。会议就马岛问题发表特别声明，谴责英国单方面在马岛附近海域进行石油勘探作业，敦促英国与阿根廷尽早重启有关谈判。

2015年12月，南共市第49届首脑会议在巴拉圭首都亚松森举行，委内瑞拉总统马杜罗缺席。会议发表联合公报和对外关系、人权、难民及马岛问题等4份特别声明，决定继续深化南共市一体化，成立边境一体化工作组；促进共同发展，保障社会民生；加强民主体制，维护人权；协调网络信息安全政策；推动与欧盟互换减免关税商品清单，尽早与太平洋联盟举行高级别会议。会后乌拉圭接任轮值主席国。

2017年7月，南共市第50届首脑会议在阿根廷门多萨举行，委内瑞拉总统马杜罗缺席。会议就促进区内投资便利化、推动与欧盟签署自贸协定、加强与太平洋联盟联系、扩大同亚太国家对话合作等议题展开讨论，并就委内瑞拉局势发表声明，呼吁委朝野双方通过对话解决政治危机。会议还发表联合公报和关于气候变化、基础设施建设、可持续发展等特别声明，并签署该组织同哥伦比亚经济互补协定升级协议。会后巴西接任轮值主席国。

2017年12月，南共市第51届首脑会议在巴西利亚举行，成员国巴西、阿根廷、乌拉圭、巴拉圭及联系国玻利维亚、圭亚那总统出席，委内瑞拉总统马杜罗缺席。会议就促进区内贸易投资便利化、扩大对外经贸合作、推动与欧盟签署自贸协定、加强同太平洋联盟联系、敦促委内瑞拉尊重民主人权等议题展开讨论，发表《南共市成员国和玻利维亚总统联合公报》等成果文件，并签署《南共市公共采购议定书》。会后巴拉圭接任轮值主席国。

2018年6月，南共市第52届首脑会议在巴拉圭举行，巴西、乌拉圭、巴拉圭总统，阿根廷、玻利维亚副总统，智利外长等出席，委内瑞拉总统因被中止成员资格缺席。会议讨论了推进南共市对外自贸谈判进程、委内瑞拉和尼加拉瓜局势等议题。会后乌拉圭接任轮值主席国。

2018年7月，首届太平洋联盟同南方共同市场峰会在墨西哥举行，太平洋联盟成员国墨西哥、哥伦比亚、秘鲁、智利总统，南共市成员国巴西、乌拉圭总统，阿根廷和巴拉圭副外长出席。会议讨论了反对贸易保护主义、倡导自由贸易、深化区域融合等议题，并签署《共同宣言》和《巴亚尔塔港行动计划》。

2018年12月，南共市第53届首脑会议在乌拉圭举行，巴西、阿根廷、乌拉圭、巴拉圭总统、玻利维亚总统、智利外长等出席，委内瑞拉总统因被中止成员资格缺席。会议讨论了完善内部建设、促进地区经济融合、加强对外合作和尼加拉瓜局势等议题。会后阿根廷接任轮值主席国。

2019年7月，南方共同市场第54届首脑会议在阿根廷举行。会议讨论了推进区域一体化、内部改革、加快对外自贸合作和委内瑞拉局势等议题。会后巴西接任轮值主席国。

2019年12月，南方共同市场第55届首脑会议在巴西举行。会议讨论了推进区域一体化、打击边境犯罪、可持续发展、文化旅游合作和委内瑞拉局势等议题。会后巴拉圭接任轮值主席国。

【同中国的关系】2004年6月，周文重副外长与以南共市轮值主席国阿根廷副外长雷德拉多为团长的南共市代表团在北京举行中国—南共市第5次对话。

2005年12月，胡锦涛主席特使、建设部部长汪光焘应邀出席南共市第29届首脑会议。

2011年1月，外交部副部长李金章致电祝贺吉马良斯担任南共市首任高级总代表。

2012年6月，温家宝总理在访问阿根廷期间与南共市轮值主席阿根廷总统克里斯蒂娜及巴西总统罗塞芙、乌拉圭总统穆希卡共同出席中国与南共市国家领导人视频会议，就深化双方关系、加强经贸合作交换意见，达成广泛共识，并就发表《中华人民共和国与南方共同市场关于进一步加强经济、贸易合作联合声明》达成一致。2012年6月，南共市第43届首脑会议正式发表上述声明，中国驻阿根廷大使殷恒民作为中国政府代表应邀与会。

2012年8月，外交部时任主管部领导致电祝贺拉马略担任南共市新任高级总代表。

2012年11月，南共市派代表团参加上海国际食品展并举办南共市日活动。中国—南共市经贸会议在上海举办，双方就落实联合声明等进行交流。

2015年9月，外交部拉美司司长祝青桥应约会见南共市高级总代表非耶尔，双方就中国与南共市对话和合作事宜交换看法。

2016年12月，中国政府拉美事务特别代表殷恒民在访问乌拉圭期间会见南共市高级总代表菲耶尔，就中南合作进行交流。

2017年8月，最高人民检察院检察长曹建明出席金砖国家和南方共同市场国家总检察长会议联合研讨会，并代表金砖国家总检察长致辞。

2018年10月，外交部副部长秦刚赴乌拉圭举行中国—南共市对话，中南双方就加强对话机制和进一步深化合作交换了意见。

2019年12月，首届中国全国人大—南共市议会对话会在乌拉圭举行。 （曹力）

安第斯共同体

La Comunidad Andina—CAN

【成立经过】1969年5月，秘鲁、玻利维亚、厄瓜多尔、哥伦比亚和智利政府代表在哥伦比亚的卡塔赫纳城举行会议，讨论本地区经济一体化问题，26日在波哥大签署了《次地区一体化协定》，后称《卡塔赫纳协定》。同年10月16日，该协定生效。因成员国均系安第斯山麓国家，故称“安第斯集团”或“安第斯条约组织”。1973年2月13日，委内瑞拉加入。1976年10月30日，智利退出。1992年9月，秘鲁中止对伙伴国承担经济义务。1995年9月5日，安第斯集团总统理事会第7次会议决定建立安第斯一体化体系。1996年1月，秘鲁政府宣布全面加入安第斯一体化体系，承担成员国所有义务。1996年3月9日，更名为安第斯共同体（简称“安共体”）。1997年8月1日，安共体开始正式运作。

【宗旨】充分利用本地区的资源，促进成员国之间平衡和协调发展，取消成员国之间的关税壁垒，组成共同市场，加速经济一体化进程。

【成员国】4个：秘鲁、玻利维亚、厄瓜多尔和哥伦比亚（2006年4月22日，委内瑞拉正式宣布退出）。巴西、阿根廷、乌拉圭、巴拉圭、智利是联系国。西班牙为观察员国。

【主要负责人】现任秘书长何塞·埃尔南多·佩德拉萨（Jorge Hernando Pedraza，哥伦比亚籍），2019年1月当选，任期至2023年。

【总部】秘鲁首都利马。

【网址】http://www.comunidadandina.org。

【出版物】《安第斯集团》（Grupo Andino）月刊，西班牙文。

【组织机构】（1）总统理事会（1995年以前称“卡塔赫纳协定委员会”）：最高决策机构，确定该组织一体化进程的方向。每年开会1次。（2）外长理事会：由成员国外交部长组成，负责协调成员国的对外政策。每年至少举行2次会议。（3）总秘书处：取代原卡塔赫纳协定委员会，是安共体的执行机构，有权代表安共体同其他一体化组织对话。秘书长由各成员国外长选举产生，任职4年，最多可连任1届。秘书长任职期间，不得兼任他职，不得要求、接受任何国家政府和国际机构的指示；若犯有严重错误，经全体成员国同意可予撤换。（4）安共体委员会：由各成员国总统任命的全权代表组成。同外长理事会一同负责制定一体化政策，协调和监督该政策的落实，并可以召集其他各部部长举行扩大会议，研究制定有关部门政策。（5）安第斯议会：1979年10月25日成立，系安共体的咨询机构。由每个成员国议会各派5名议员组成，任期不得超过5年。每年召开1次例会，总部和常设秘书处设在哥伦比亚首都波哥大。2013年9月20日，安共体第37届外长理事会决定取消安第斯议会。有关决定将在各成员国议会批准后生效。

【主要活动】2006年4月，因为哥伦比亚、秘鲁两国与美国签署自贸协定，委内瑞拉宣布退出安共体。

2007年6月14日，安共体第17届首脑会议在玻利维亚首都塔里哈市举行，玻利维亚、哥伦比亚、厄瓜多尔、秘鲁和智利与会，会议共同签署了《塔里哈宣言》，包括正式宣布接纳智利为安共体联系国，宣布启动与欧盟的贸易谈判。

2008年10月14日，安共体特别首脑会议在厄瓜多尔的瓜亚基尔市举行，厄瓜多尔、秘鲁、玻利维亚3国元首及哥伦比亚外贸副部长与会，主要讨论了加强安第斯地区一体化、与欧盟开展贸易谈判等议题。

2010年2月5日，安共体4国外交部长和外贸部长通过了安第斯地区一体化进程指导方针及加强地区合作的战略议程。

2011年5月，安共体委员会决定加强对移民、人员和商品运输的统计工作，建立促进中小企业发展委员会等。

2011年8月，安共体成立文化和多元文化部长委员会，负责推进地区文化政策并对文化产业发展、文化遗产价值评估等提出建议。

2011年11月8日，安共体总统理事会特别会议在哥伦比亚首都波哥大召开，哥伦比亚、厄瓜多尔、玻利维亚和秘鲁国家元首出席，会议发表联合声明，表示安共体将继续致力于推进次区域一体化进程，加强共同体内部现有规则的执行，深化各成员国在能源、安全和环境保护等领域的合作。

2013年9月20日，安共体在利马举行第37届外长理事会，决定将未来安共体工作重点放在区内贸易一体化和人员流动等务实合作领域。

2014年10月14日，安共体在利马举行第38届外长理事会。会议就"重塑安共体一体化进程"所取得的进展，如何加强地区一体化，使之重新焕发活力等进行了讨论。

2016年1月11日，安共体在利马举行第39届外长理事会。会议选举瓦克尔·圣米格尔·罗德里格斯为新任秘书长。

2018年10月15日，安共体在利马举行第43届外长理事会。会议选举埃克托尔·金特罗·阿雷东多为新任秘书长，任期至2023年。

2019年1月11日，安共体在利马举行第44届外长理事会。会议选举何塞·埃尔南多·佩德拉萨为新任秘书长，任期至2023年，接任因健康原因辞职的原秘书长阿雷东多。秘鲁接任轮值主席国，任期一年。

2019年5月26日，安共体在利马举行纪念安共体成立50周年领导人特别会议，哥伦比亚、厄瓜多尔、玻利维亚和秘鲁国家元首出席。

【同中国的关系】2004年9月，中国—安共体第2次政治磋商在北京举行，唐家璇国务委员和李肇星外长分别会见安共体代表团，周文重副外长主持磋商。

2005年1月，曾庆红副主席访问秘鲁期间，集体会见安共体5国外长和该组织秘书长，提出内容涵盖电信、能源、基础设施建设、企业交流、农业、检验检疫、反毒、扶贫、新闻、议会和人力资源培训等重点合作领域的10项倡议，并代表中国政府向安共体秘书处捐赠100万元人民币。同年9月，安共体咨询和审议机构——安第斯议会同中国全国人大签署友好合作协议。

2006年9月，杨洁篪副外长访问秘鲁期间在安共体秘书处会见安共体代理秘书长富恩特斯。

2008年5月26日，安第斯议会领导委员会通过决议，就中国四川汶川特大地震所造成重大损失向中国政府和灾区人民表示声援，呼吁国际社会及相关社会团体、金融机构对灾区的安置、重建提供帮助。

2013年8月12日，外交部时任主管部领导致电祝贺安共体新任秘书长古斯曼就职。16日，古斯曼复函表示感谢。（朱晓晖）

太平洋共同体

Pacific Community—PC

【成立日期】1947年2月6日，当时在太平洋岛国地区有属地和托管地的美国、英国、法国、澳大利亚、新西兰和荷兰6国政府签署了《堪培拉协议》，宣布成立南太平洋委员会（South Pacific Commission—SPC）。1998年更名为太平洋共同体。

1950年，该委员会为使南太地区的属地和托管地有发表意见的机会，决定每3年召开1次南太平洋会议。1967年改为每年召开1次。1973年，根据澳大利亚建议，南太平洋委员会和南太平洋会议决定自1974年起每年举行1次联席会议，通称"南太平洋会议"，就财政预算、资金使用方向、优先项目、吸收合作伙伴、选举和任命委员会主要官员等重大事务做出决策，但仅美、英、法、澳、新、西萨摩亚（后更名为"萨摩亚"）、斐济、巴布亚新几内亚、库克群岛、所罗门群岛、瑙鲁、图瓦卢和纽埃13个政府成员代表有选举权。在1983年第23届南太平洋会议上，根据澳大利亚的提议，规定当时27个成员都有选举权。1997年9月，第37届会议在澳大利亚首都堪培拉举行，会议决定每两年举行1次"南太平洋会议"。

【宗旨】促进南太平洋各国（地区）的经济发展、社会福利和进步。与其他国际组织合作，向南太岛国提供经济技术援助。

【成员】26个：美国、法国、澳大利亚、新西兰、汤加、萨摩亚、斐济、巴布亚新几内亚、基里巴斯、瓦努阿图、密克罗尼西亚、帕劳、库克群岛、所罗门群岛、瑙鲁、图瓦卢、马绍尔群岛、萨摩亚（美属）、关岛（美属）、波利尼西亚（法属）、新喀里多尼亚（法属）、瓦利斯和富图纳群岛（法属）、纽埃、托克劳、皮特凯恩群岛（英属）、北马里亚纳群岛。

荷兰曾为南太平洋委员会创始成员，1962年在把西伊里安移交给印度尼西亚后退出。英国曾于1996年退出，1998年1月重新加入，2005年1月再次退出。

【主要负责人】总干事斯图尔特·敏钦（Dr. Stuart Minchin，澳大利亚人）。总干事下设2名副总干事，分别负责运营管理和具体项目。

【总部】新喀里多尼亚首府努美阿。

【网址】https://www.spc.int。

【出版物】《活动月刊》（Monthly News of Activities）；《南太平洋会议报告》（Report of the South Pacific Conference），年刊。两刊均为英、法双语。

【组织机构】具体项目的副总干事下设7个司：地质科学司（合并南太应用地学委员会SOPAC后设立），

经济发展司，社会发展司，渔业、水产养殖和海洋生态系统司，陆地资源司，公共卫生司，发展数据司等。其中SOPAC、陆地资源司和经济发展司办公室位于斐济；其余均位于努美阿。运营管理副总干事下设财务、行政、人力资源、通信、出版、翻译、法务等部门。此外还单独设战略与政策规划署（SEPPF）。太平洋共同体在密克罗尼西亚联邦波纳佩设有北太地区办事处，在所罗门群岛霍尼亚拉设有国家办事处。目前，太平洋共同体每两年召开1届会议，制定相关政策并决定总干事人选。闭会期间，政府及行政机关代表委员会（The Committee of Representatives of Government and Administrations）有权就重要事项作出决策。

资金来源分3部分：（1）会员费，总额约1000万美元，90%由澳、美、法、新4大国缴纳，其余10%由22个岛国和地区负担；（2）澳等4大国提供的项目援助；（3）欧盟、联合国开发计划署、世界粮农组织、世界卫生组织等国际组织，以及各国通过多边组织或直接向太平洋共同体秘书处提供的援助。

【主要活动】在医疗卫生、经济发展、社会进步方面提供培训、咨询服务和协助，侧重落实各国和国际组织对南太地区的经援项目。

1999年12月，太平洋共同体首届会议在法属波利尼西亚举行，通过了规定该组织机构设置和工作规则的《塔希提宣言》，任命劳迪斯·潘吉莉南女士为首任总干事。

2001年11月，太平洋共同体第2届会议在努美阿举行，制定了2003—2005年的5项重大战略规划，即人力资源开发、在太平洋地区实现国际开发目标、在经济社会领域进行政策分析与建议、与相关国际机构加强沟通与协调、提升机构自身计划与执行能力等，其中人力资源开发被定为核心任务。

2003年11月，太平洋共同体第3届会议在斐济首都苏瓦举行，会议主题是“太平洋岛屿应对传染病”，主要讨论了防治艾滋病、疟疾、肺结核全球基金；法国和新西兰资助的“太平洋地区妥善应对流行病计划”（PREPARE）；太平洋海洋战略；共同体就执行“千年发展目标”向岛国提供援助；在帕劳举办太平洋艺术节等。

2005年11月，太平洋共同体第4届会议在帕劳首都科罗尔举行，会议主题是“发挥青年作用，创造安全、繁荣及可持续的未来”，还讨论了太平洋共同体《机构述评》（Corporate Review）以及大流感、艾滋病地区战略、地区卫生基金、渔业、“太平洋计划”等问题，并任命吉米·罗杰斯为总干事。

2007年11月，太平洋共同体第5届会议暨该组织成立60周年会议在萨摩亚首都阿皮亚举行，会议主题是“太平洋渔业的未来：做好规划和管理，实现食品安全、民生及经济可持续发展”，还讨论了城市化、气候变化、数字化战略等问题。

2009年9月，太平洋共同体第6届会议在汤加首都努库阿洛法举行，会议主题是“在国家层面实现地区项目效益最大化”，还讨论了太平洋共同体的作用及其长期可持续融资战略、核心发展指标、卫生领域优先工作等。

2011年11月，太平洋共同体第7届会议在新喀里多尼亚首府努美阿举行，会议主题是“气候变化和粮食安全”。

2013年11月，太平洋共同体政府及行政机构代表委员会（CRGA）、太平洋共同体第8届会议在苏瓦举行，会议主题是“加强太平洋共同体可持续发展—帮助制定‘2015年后发展议程’”。

2014年11月，太平洋共同体政府及行政机构代表委员会（CRGA）在新喀里多尼亚首府努美阿举行会议，启动了“太平洋性别平等和气候变化问题一揽子方案（Pacific Gender and Climate Change Toolkit）”，讨论了“太平洋地区应对气候变化和抵御灾害发展战略（Strategy for Climate Change and Disaster Resilient Development in the Pacific）”等议题。

2015年10月31日至11月5日，太平洋共同体政府及行政机构代表委员会（CRGA）、太平洋共同体第9届会议先后在纽埃首都阿洛菲举行，会议主题是“力挽狂澜，提高太平洋岛国人民的适应性（Resilient Pacific People-Turning The Tide）”。

2016年6月28—30日，太平洋共同体政府及行政机构代表委员会（CRGA）、太平洋共同体第9届会议先后在新喀里多尼亚首府努美阿举行，会议重点讨论了共同体秘书处融资渠道、太平洋青年倡议和区域合作等议题。

2017年7月24—28日，太平洋共同体政府及行政机构代表委员会（CRGA）、太平洋共同体第10届会议先后在新喀里多尼亚首府努美阿举行，会议主要审议了太平洋共同体2016年科技成果。

2018年6月26—28日，太平洋共同体政府及行政机构代表委员会（CRGA）在新喀里多尼亚首府努美阿举行，会议重点讨论了保护和促进太平洋文化、非传染性疾病和科研成果等议题。

2019年6月17—21日，太平洋共同体政府及行政机构代表委员会（CRGA）、太平洋共同体第11届会议在新喀里多尼亚首府努美阿举行，会议主题是“海洋科学：蓝色太平洋的可持续未来（Ocean Science: A Sustainable Future for the Blue Pacific）”。会议任命斯图尔特·敏钦为太平洋共同体总干事。

【同中国的关系】中国曾向该组织“南太森林保护”“偏远地区卫星通信”和“南太地区码头升级”等项目提供过小额援助。2010年8月，外交部副部长崔天凯在瓦努阿图出席第22届太平洋岛国论坛会后对话会期间会见太平洋共同体总干事罗杰斯。同年11月，卫生部部长陈竺在北京会见来华出席国际会议的罗杰斯总干事。2010年7月和2011年9月，太平洋共同体应邀出席中国农业部在厦门和斐济举办的第2届和第3届“中国—太平洋岛国农业合作论坛”。（王宝丰）

太平洋联盟

Alianza del Pacífico

【成立日期】2011年4月28日，智利、哥伦比亚、墨西哥、秘鲁4国总统在秘鲁首都利马举行峰会，签署《太平洋协定》，宣布成立太平洋联盟。2012年6月，联盟第4届首脑会议在智利安托法加斯塔举行，签署《太平洋联盟框架协议》，宣告联盟正式成立。2015年7月20日，《框架协议》正式生效。

【宗旨】加强拉美太平洋沿岸国家贸易政策协调，促进联盟内货物、服务、资本和人员自由流通，致力于将联盟打造成为对亚洲最具吸引力的拉美次区域组织和亚洲进入拉美市场最便利的入口。

【成员国】正式成员国（截至2019年12月）：智利、哥伦比亚、墨西哥、秘鲁。观察员国（59个）：哥斯达黎加、巴拿马、澳大利亚、新西兰、加拿大、乌拉圭、西班牙、日本、危地马拉、厄瓜多尔、萨尔瓦多、洪都拉斯、巴拉圭、多米尼加、法国、葡萄牙、中国、美国、韩国、土耳其、英国、德国、瑞士、荷兰、意大利、芬兰、印度、以色列、摩洛哥、新加坡、特立尼达和多巴哥、比利时、印度尼西亚、泰国、格鲁吉亚、奥地利、海地、瑞典、丹麦、匈牙利、希腊、波兰、挪威、捷克、斯洛伐克、乌克兰、罗马尼亚、埃及、阿根廷、斯洛文尼亚、立陶宛、克罗地亚、阿联酋、塞尔维亚、白俄罗斯、亚美尼亚、阿塞拜疆、菲律宾和哈萨克斯坦。候选联系国（6个）：加拿大、澳大利亚、新西兰、新加坡、韩国、厄瓜多尔。

【组织机构】各成员国以国名字母先后顺序轮流担任轮值主席国，任期1年。现任轮值主席国为智利。联盟尚未设秘书处，但已形成包括首脑会议、部长理事会（外交部长和贸易部长）、高级别工作组（副外长和主管贸易的副部长）及技术工作组的基本架构。

【网址】http://alianzapacifico.net/。

【主要活动】截至2019年12月，联盟共举行了14届首脑会议。

2013年1月，第6届首脑会议在智利圣地亚哥拉美和加勒比国家共同体峰会期间举行。联盟成员国总统出席。会议决定接纳日本和危地马拉为联盟观察员国，确定当年第1季度内结束成员国间互免关税谈判，上半年结束其余领域谈判。

2013年5月，第7届首脑会议在哥伦比亚卡利举行。联盟成员国总统出席。会议一次性吸收厄瓜多尔等7国为观察员国，宣布自当年6月30日起盟内90%货物贸易实现零关税，决定简化4国公民出入境手续，宣布设立共同使馆及联合贸易办事处。

2014年2月，第8届首脑会议在哥伦比亚卡塔赫纳举行。联盟成员国及候选成员国哥斯达黎加总统出席。会议接纳芬兰等5国为观察员国，通过《框架协议补充议定书》，明确盟内92%货物及服务贸易零关税，剩余8%将于未来逐步落实。

2014年6月，第9届首脑会议在墨西哥蓬塔德米塔举行。联盟成员国总统出席。会议接纳特立尼达和多巴哥、比利时为观察员国，在明确盟内92%货物及服务贸易自由化基础上，重申于2030年前落实剩余8%。会议期间，举行首次联盟外长、经贸部长与观察员国对话会。

2015年7月，第10届首脑会议在秘鲁帕拉卡斯举行。联盟成员国总统出席。会议宣布《框架协议》及其附加协议、《设立合作基金协议》自2015年7月20日起生效，标志着联盟成为国际法主体，成员国间92%的货物和服务贸易实现零关税，剩余8%的关税将逐步取消。会议在加快整合证券市场、互免公民短期签证、共享海外使领馆资源等领域通过更多具体举措，决定加快候选成员国巴拿马和哥斯达黎加入盟进程，并吸收印度尼西亚、泰国、格鲁吉亚、奥地利、海地、瑞典、丹麦、匈牙利、希腊、波兰10个新观察员国。会后，秘鲁接替墨西哥任轮值主席国。

2016年7月，第11届首脑会议在智利巴拉斯港举行。4个成员国以及候选成员国哥斯达黎加和观察员国阿根廷总统，其他47个观察员国和美洲开发银行、拉美开发银行、联合国拉美经委会等金融机构和组织代表，以及700多名企业家与会。会议围绕深化联盟一体化进程、增进公私部门合作、扩大对外合作等议题展开讨论并达成共识，通过《巴拉斯港宣言》。会后，智利接替秘鲁任轮值主席国。

2017年6月，第12届首脑会议在哥伦比亚卡利市举行，4个成员国总统出席，围绕贸易便利化、金融一体化、“联系国”机制等议题进行讨论。会议决定设立联盟基础设施投资基金，削减成员国间养老基金投资壁垒，吸纳加拿大、澳大利亚、新西兰、新加坡4国为候选“联系国”，并于同年9月启动联盟同上述“联系国”自贸谈判。会后发表《卡利宣言》，哥伦比亚接任联盟轮值主席国。

2018年7月，第13届首脑会议在墨西哥巴亚尔塔港举行，四个成员国总统出席，会议通过《巴亚尔塔港宣言》，强调将坚持多边主义和自由贸易，深入推进地区一体化进程，持续推进同候选联系国加拿大、澳大利亚、新西兰、新加坡间的贸易谈判，启动研究韩国和厄瓜多尔成为候选联系国。会后，秘鲁接任联盟轮值主席国。联盟峰会框架下还举行了太平洋联盟和南方共同市场首次峰会，双方发表了《联合宣言》和《共同行动计划》。

2019年7月，第14届首脑会议在秘鲁利马举行，秘鲁、智利、哥伦比亚三国总统和墨西哥外长（总统全权代表）出席，厄瓜多尔总统作为特邀代表与会。会议通过《利马宣言》，表示将促进区内自由贸易，推动成员国一体化、包容性发展，力争于下半年结束同加拿大、澳大利亚、新西兰、新加坡等候选联系国贸易谈判。会议还通过维护多边贸易体制、加强塑料制品可持续管理的总统声明及深化媒体合作谅解备忘录等文件。接纳厄瓜多尔为候选联系国，吸收菲律宾、哈萨克斯坦、亚美尼亚和阿塞拜疆为观察员国。宣布支持哥伦比亚加入APEC。会后，智利接任联盟轮值主席国。

【同中国的关系】2013年6月，中国向联盟提出成为其观察员国的申请；7月，联盟正式接纳中国为其观察员国。

2014年4月，中国驻秘鲁大使应邀参加联盟同观察员国间的首次对话会，对方对同中方在经贸、教育、科技、中小企业等领域开展合作兴趣浓厚，并希进一步明确双方合作领域；6月中旬，应墨西哥外长和经济部长联名邀请，中国驻墨西哥大使率团出席联盟第9届峰会期间举行的联盟与观察员国集体对话。

2015年7月，中国驻秘鲁使馆临时代办应邀参加联盟同观察员国的第3次对话会。

2016年4月，中国政府拉美事务特别代表殷恒民访问拉美期间，与联盟轮值主席国秘鲁举行对话，就推动中国与联盟合作进行探讨。

2016年6月，中国驻智利大使应邀参加首届联盟同观察员国部长级对话会。

2017年6月，中国驻哥伦比亚大使应邀参加联盟同观察员国部长级对话会。

2018年7月，中国驻墨西哥大使应邀参加联盟同观察员国部长级对话会。

2019年4月，中国驻秘鲁使馆应邀派员参加首届联盟同观察员国合作论坛。

2019年7月，中国驻秘鲁临时代办应邀参加联盟同观察员国部长级对话会。

（冯涵宇）

金砖国家

BRICS

【成立日期】2003年，美国高盛公司在其全球经济报告《与BRICs一起梦想：通往2050年之路》中首次提出BRICs概念，由巴西、俄罗斯、印度、中国的英文名称首字母组合而成。因BRICs拼写和发音同英文单词BRICKS（"砖"的复数形式）相近，且包含经济发展潜力较好的4个新兴市场国家，我国媒体及学者将其译为金砖国家。2006年9月联合国大会期间上述4国举行首次外长会晤，开启了金砖国家合作的篇章。2009年6月，金砖国家领导人首次会晤在俄罗斯叶卡捷琳堡举行，之后每年召开1次。2010年12月，南非加入金砖国家，英文名称确定为BRICS。

【成员国】中国、俄罗斯、印度、巴西、南非。

【组织机构】金砖国家已经形成以领导人会晤为引领，以安全事务高级代表会议和外长会晤等部长级会议为支撑，在经贸、财金、农业、教科文卫、工商、智库、友城等数十个领域开展务实合作的全方位、多层次合作架构。金砖国家合作机制无常设秘书处，领导人会晤筹备工作由当年轮值主席国牵头，各成员共同参与。采取协调人机制，各国金砖国家事务协调人均由外交部负责多边经济事务的高官担任，副协调人协助工作。协调人每年召开多次会议，讨论领导人会晤各项筹备工作及各领域务实合作事宜。

【主要活动】2009年6月16日，中、俄、印、巴4国领导人在叶卡捷琳堡举行了首次会晤，主要就国际形势、20国集团领导人峰会、国际金融机构改革、粮食安全、能源安全、气候变化、金砖国家对话合作未来发展方向等问题交换了意见，发表了《金砖国家领导人叶卡捷琳堡会晤联合声明》，核准了《金砖国家关于全球粮食安全的联合声明》。

2010年4月15日，中、俄、印、巴4国领导人在巴西利亚举行第2次会晤，主要就国际形势、国际金融危机、20国集团事务、气候变化、金砖国家务实合作等问题深入交换意见，发表了《金砖国家领导人第2次正式会晤联合声明》，并决定由中国于2011年举办4国领导人第3次会晤。除领导人会晤外，巴西还举办了4国企业家论坛、银行联合体、合作社论坛、智库会议等配套活动。

2011年4月14日，中、俄、印、巴、南5国领导人在海南三亚举行金砖国家领导人第3次会晤。会议讨论了国际形势、国际经济金融、发展、金砖国家合作4大项议题，会后通过了《三亚宣言》，反映5国在重大国际问题上的共识，并规划未来合作。除领导人会晤外，中方还平行举办了金砖国家智库会议、金砖国家银行合作机制年会暨金融论坛、金砖国家工商论坛和金砖国家经贸部长会议等4场配套活动。

2012年3月29日，中、俄、印、巴、南5国领导人在印度新德里举行金砖国家领导人第4次会晤。会晤讨论了全球治理和可持续发展两大议题，通过了《德里宣言》，反映5国在国际问题上的重要共识并规划未来合作。

2013年3月26日，中、俄、印、巴、南5国领导人在南非德班举行金砖国家领导人第5次会晤。会晤期间，5国领导人先后举行同工商界人士早餐会、小范围会谈、大范围会谈、同非洲领导人对话会等，就世界经济形势、全球经济治理、金砖国家合作、加强非洲国家之间合作及共同关心的国际和地区问题深入交换了看法，通过了《德班宣言》及行动计划，建立了金砖国家工商理事会和智库理事会，决定设立金砖国家开发银行和应急储备机制。

2014年7月15—16日，中、俄、印、巴、南5国领导人在巴西福塔莱萨和巴西利亚两地举行金砖国家领导人第6次会晤。会晤期间，5位领导人举行了小范围会议、大范围会议，出席金砖国家同南美国家领导人对话会，并共同会见金砖国家工商理事会成员。此次会晤是金砖国家第2轮领导人会晤的开局之作，5位领导人讨论了金砖国家未来合作规划，就当前国际政治经济领域重大问题以及金砖国家合作深入交换意见，达成广泛共识，发表《福塔莱萨宣言》及其行动计划，特别是5位领导人见证签署成立金砖国家开发银行和应急储备安排的协议。

2015年7月8—9日，中、俄、印、巴、南5国领导人在俄罗斯乌法举行金砖国家领导人第7次会晤。会晤期间，5位领导人举行了小范围会议、大范围会议，出席金砖国家同欧亚经济联盟、上海合作组织成员国、观察员国和受邀国领导人对话会，共同会见了金砖国家工商理事会成员。5位领导人围绕“金砖国家伙伴关系——全球发展的强有力因素”主题，就全球政治经济领域重大问题以及金砖国家合作深入交换了意见。会晤发表了《乌法宣言》及其行动计划，通过了《金砖国家经济伙伴战略》。

2016年10月15—16日，中、俄、印、巴、南5国领导人在印度果阿举行金砖国家领导人第8次会晤。会晤期间，5位领导人举行了小范围会议、大范围会议，共同出席了金砖国家领导人同“环孟加拉多领域经济技术合作倡议”成员国领导人对话会，会见了金砖国家工商理事会成员。5位领导人围绕“打造有效、包容、共同的解决方案”主题，就金砖国家合作及其他共同关心的国际和地区问题深入交换看法，达成广泛共识。会晤通过了《果阿宣言》及其行动计划。

2017年9月3—5日，中、俄、印、巴、南5国领导人在福建厦门举行金砖国家领导人第9次会晤。会晤期间，中、巴、南领导人出席工商论坛开幕式，5国领导人举行了小范围会议、大范围会议，共同出席新兴市场国家与发展中国家对话会、同工商理事会对话会、金砖国家文化节启动仪式暨文化图片展。5国领导人围绕“深化金砖伙伴关系，开辟更加光明未来”的主题，就全球政治经济形势、金砖国家合作、国际和地区热点问题等深入交流，达成广泛共识。会晤通过《厦门宣言》及其行动计划。在新兴市场国家与发展中国家对话会上，金砖国家领导人同埃及、几内亚、墨西哥、塔吉克斯坦、泰国领导人围绕“深化互利合作，促进共同发展的主题”，就共同构建开放型世界经济，落实2030年可持续发展议程进行讨论。对话会发表《主席声明》。

2018年7月25—27日，中、俄、印、巴、南5国领导人在南非约翰内斯堡举行金砖国家领导人第10次会晤。会晤期间，中、南领导人出席工商论坛开幕式，5国领导人举行了小范围会议、大范围会议、纪念金砖国家领导人会晤10周年非正式会议、同工商理事会对话会，共同出席“金砖+”领导人对话会。5国领导人围绕“金砖国家在非洲：在第四次工业革命中共谋包容增长和共同繁荣”的主题，就全球政治经济形势、金砖国家合作、国际和地区热点问题等深入交流，达成重要共识。会晤通过《约翰内斯堡宣言》及其行动计划。

2019年11月13—14日，中、俄、印、巴、南5国领导人在巴西首都巴西利亚举行金砖国家领导人第11次会晤。会晤期间，5位领导人出席工商论坛闭幕式，举行闭门会议、公开会议、同工商理事会和新开发银行对话会。5位领导人围绕“经济增长打造创新未来”的主题，就国际和地区形势、金砖国家合作、全球经济治理等重大问题深入交流，达成广泛共识。会晤通过了《巴西利亚宣言》。

附：有关历次金砖国家领导人会晤资料

历次	举行日期	主办国	主办国首脑	主办城市及备注
第1次	2009年6月16日	俄罗斯	梅德韦杰夫总统	叶卡捷琳堡
第2次	2010年4月15日	巴西	卢拉总统	巴西利亚
第3次	2011年4月14日	中国	胡锦涛主席	三亚
第4次	2012年4月29日	印度	辛格总理	新德里
第5次	2013年3月26—27日	南非	祖马总统	德班
第6次	2014年7月15—16日	巴西	罗塞芙总统	福塔莱萨

（续表）

历次	举行日期	主办国	主办国首脑	主办城市及备注
第7次	2015年7月8—9日	俄罗斯	普京总统	乌法
第8次	2016年10月15—16日	印度	莫迪总理	果阿
第9次	2017年9月3—5日	中国	习近平主席	厦门
第10次	2018年7月25—27日	南非	拉马福萨总统	约翰内斯堡
第11次	2019年11月13—14日	巴西	博索纳罗总统	巴西利亚

【同中国的关系】中国是金砖国家创始成员国。中国国家主席出席了历届金砖国家领导人会晤并发表重要讲话。（刘迪一）

大湄公河次区域经济合作

Greater Mekong Subregion Economic Cooperation—GMS

【成立时间】1992年，在亚洲开发银行推动下，澜沧江—湄公河流域内的中国、缅甸、老挝、泰国、柬埔寨、越南6个国家共同发起大湄公河次区域经济合作机制（GMS）。

【宗旨】通过加强各成员间经济联系，消除贫困，促进次区域经济和社会发展。

【成员国】6国：中国、缅甸、老挝、泰国、柬埔寨、越南。亚行作为参与方、协调方和主要出资方，主要负责为GMS有关会议及具体项目的实施提供技术和资金支持。

【合作原则与方式】采取协商一致的合作原则，所作决定须经各成员国一致认可。

【秘书处】亚洲开发银行担任GMS秘书处，负责处理日常事务。

【组织机构】最高决策机构为领导人会议，一般每3年举行1次。各成员国按照字母顺序轮流主办，目前已举行6届。GMS还举行部长级会议、高官会、工作组及专题论坛等会议。

【主要活动】GMS机制成立以来，在交通、能源、电信、环境、旅游、农业、人力资源开发、贸易和投资九个重点合作领域开展了富有成效的合作。GMS首次领导人会议于2002年11月在柬埔寨金边举行。第2次领导人会议于2005年7月在中国昆明举行。第3次领导人会议于2008年3月在老挝万象举行。第4次领导人会议于2011年12月在缅甸内比都举行，会议通过了《大湄公河次区域经济合作新十年（2012—2022）战略框架》，确定交通、能源、信息通信、环境、旅游、农业、人力资源开发和经济走廊建设为新的八大重点合作领域。第5次领导人会议于2014年12月在泰国曼谷举行。会议通过了2014—2018年区域投资框架执行计划，为次区域进一步加强互联互通描绘出蓝图。第6次领导人会议于2018年3月在越南河内举行，会议通过《领导人宣言》等成果文件，确立GMS未来合作重点领域，决定启动2022年后合作愿景讨论。

2019年11月17—18日，GMS第23次部长级会议在柬埔寨金边举行，会议发表联合声明，回顾一年多来GMS合作在各领域取得的成果，支持以规则为基础的多边贸易体制，支持推动全球化朝着更加开放、包容、普惠、平衡、可持续方向发展。

【同中国的关系】中国一贯重视并积极参与GMS合作，主张项目主导、注重实效、突出重点、循序渐进。中国重视GMS在推动发展、消除贫困和区域合作方面的积极作用，积极参与GMS项目规划与实施，并结合湄公河次区域国家需求不断提出务实合作倡议，与次区域各国的合作不断深化，为次区域以及亚洲地区的繁荣与稳定做出了重要贡献。云南和广西是中国参与GMS具体合作项目的主要省区。2002年，朱镕基总理出席GMS首次领导人会议。2005年、2008年，温家宝总理出席第2次、第3次领导人会议。2011年，国务委员戴秉国出席第4次领导人会议。2014年，国务院总理李克强出席第5次领导人会议。2018年，国务委员兼外长王毅出席第6次领导人会议。（陈远航）

科学技术文化类

国际奥委会
International Olympic Committee—IOC

【成立日期】1894年6月23日，国际奥委会在于巴黎召开的国际体育代表大会上成立，发起人是法国的教育家皮埃尔·德·顾拜旦男爵。

【宗旨】在全世界范围内领导奥林匹克运动健康发展；促进体育道德，反对歧视和暴力；提倡公平竞赛；推动体育运动可持续发展；推动体育成为改善福祉、促进和平的事业。

【成员】包括组织成员和委员。现有获得国际奥委会承认的国家或地区奥委会共206个，此外还包括数十个国际单项体育联合会、全球或地区奥委会协会组织等；国际奥委会委员由个人担任，现有委员104人，名誉委员45人，荣誉委员2人，名誉主席1人。

【主要负责人】现任主席托马斯·巴赫（Thomas Bach，德国籍），2013年上任，任期至2021年。

【总部】瑞士洛桑。地址：Route de Vidy 9，1007 Lausanne，Suisse；电话：41-21-621-61-11。

【网址】https://www.olympic.org。

【出版物】《奥林匹克评论》（Olympic Review），《奥林匹克通讯》（Olympic Message），《新闻概要》（Press Highlights）。

【组织机构】（1）国际奥委会全会：也称全委会，是国际奥委会的最高权力机构，奥林匹克运动中一切重大问题的决策权均由全会掌握。全会的决定是最终决定。全会每年至少举行1次会议。特别全体会议由主席或应至少1/3委员的书面要求即可召开。（2）国际奥委会执委会：处理国际奥委会日常事务的机构，由全会授权，行使国际奥委会的职责。执委会成员由全委会以无记名投票选举产生。执委会每年召开4—5次会议。（3）国际奥委会主席：国际奥委会的法人代表，主持国际奥委会的全部活动。有权建立常设的或在必要时建立临时的委员会和工作组，并确定其职权范围，指派其成员。一旦认为它们已经完成工作，可决定予以解散。（4）国际奥委会总部：负责处理奥林匹克运动日常事务的行政管理机构。

【主要活动】2018年2月7日，国际奥委会第132次全会在韩国平昌举行，会上，国际奥委会正式宣布办奥“新标准”。在《奥林匹克2020议程》的指引下，在不影响奥运体验的前提下，总共118项改革措施，涉及缩小场馆规模、重新规划交通、优化现有基础设施和媒体服务、多个体育项目共用场馆、开闭幕式和文教活动、接待和门票以及残奥会等多方面。这一被国际奥委会主席巴赫称作“奥运史上最省钱”的方案，将帮助未来的奥运东道主节省亿万美元。

2019年6月23日，时值国际奥林匹克日，国际奥林匹克委员会新总部，位于瑞士洛桑的新“奥林匹克之家”正式投入使用，该建筑占地2.2万平方米，旨在将此前分散在不同办公地点的500名工作人员全部汇集在一起。

2019年6月25日，国际奥委会第134次全会在瑞士洛桑举行。为吸引更多年轻人参与，国际奥委会对奥运项目大胆改革，会上宣布攀岩、街舞、滑板和冲浪将成为2024年巴黎奥运会的正式比赛项目。此次全会投票选出了2026年冬奥会举办城市，意大利的米兰和科尔蒂纳丹佩佐获得举办权。

截至2019年12月31日，国际奥委会的金融资产共增加了8190万美元，达到48亿美元。此外，2019年度财务收入达1.596亿美元，同比2018年的2020万美元增长了约1.3亿。财报显示，2019年共得盈余7390万美元，创下了非奥运年的纪录。

【同中国的关系】2018年，台湾岛内“独”派势力执意推动所谓“东京奥运台湾正名公投”，国际奥委会对此表达严正关切。11月16日，国际奥委会第三度致函中华台北奥委会，明确警告禁止外力干预体育，并称若试图违反“1981年洛桑协议”，中华台北奥委会会籍将被中止或取消。此前，国际奥委会已两度警告中华台北奥委会不得改名。

2019年1月30日，国际奥委会主席巴赫率团访问新华社，并宣布新华社即日起成为国际奥委会认可的国际通讯社。4月12日，国际奥委会在北京与新华社举行了国际通讯社证书交接仪式。

2019年1月31日，国家主席习近平在北京人民大会堂会见国际奥林匹克委员会主席巴赫。习近平赞赏巴赫和国际奥委会长期以来积极支持中国奥林匹克运动和体育事业发展，并强调中方高度重视筹办北京冬奥会，目前各项工作正在扎实有序推进。巴赫表示，北京冬奥会筹备工作务实高效，充满活力，中方主办冬奥会理念同国际奥委会是一致的，中方冬奥组委会同国际奥委会的互信与合作令人满意，感谢中方为筹办冬奥会所做的卓有成效的工作。

2019年9月17日，国际奥委会主席巴赫撰文对中华人民共和国成立70周年致以衷心祝贺，同时也高度评价了中国过去70年在体育事业上作出的巨大贡献，并期待与中国人民加深友谊。

2019年10月29日，国际奥委会正式宣布安踏成为其官方体育服装供应商至2022年底。安踏成为首个与国际奥委会合作的中国体育运动品牌。 （叶雯）

国际世界语协会

Universala Esperanto-Asocio—UEA

【成立日期】由1908年成立的“环球世界语协会”和1936年成立的“国际世界语联盟”在1947年合并而成。

【宗旨】国际世界语协会（简称“国际世协”）是一个旨在宣传和推广世界语的国际性组织，对民族、种族、宗教和社会问题采取中立态度。其目的在于使用世界语，加强各国世界语者之间的联系，促进各国世界语组织之间的合作，进行文化交流，使世界语最终成为国际通用语。主张以世界语作为国际共同语，消除大国语言排除小国语言的不平等现象，呼吁联合国等国际组织采用世界语为工作语言。

【会员】有个人会员和团体会员，分布于约120个国家（地区）。团体会员，即国家（地区）的世界语组织，截至2014年12月，共有70个。

【主要负责人】主席邓肯·查特尔斯（Duncan Charters，美国籍），2019年当选并就任，任期为3年。

【总部】荷兰鹿特丹。地址：Nieuwe Binnenweg 176，3015 BJ Rotterdam，The Netherlands； 电话：+31-10-436-1044；传真：+49-30-364280169；电子邮箱：info@uea.org。

【网址】http://www.uea.org。

【出版物】《世界语》(Esperanto)，机关刊物，月刊，世界语文；每年出版《年鉴》；每2年出版《世界语书目》。

【组织机构】(1）执行委员会：系协会最高机关，由各团体会员和个人会员分别照章选出，每3年改选1次，主要职能为制定总的工作方针，选举领导机构，决定财政预决算等。(2）理事会：领导机构。由委员会选出的主席、副主席、秘书长及若干理事组成。协会在各国设有代表及总代表，负责征收会费、联系会员和为会员服务等。

【主要活动】该会每年举行1次国际世界语大会，大会一般在每年的7月底或8月初举行，为期8天，轮流在各国召开。大会设有最高监护人，大多由东道国的元首、议长、政府首脑担任。

2019年7月20日，国际世协召开执委会会议，美国学者邓肯·查特尔斯当选为新任国际世界语协会主席。

2019年7月21日，第104届国际世界语大会在芬兰拉赫蒂开幕。本届大会的最高监护人为芬兰总统绍利·尼尼斯托（Sauli Niinistö）。本届大会的主题为“活力的自然，繁荣的文化”。共有来自57个国家超过900位世界语者（包括50余位中国世界语者）报名参会。此次大会为期7天，与会专家、学者围绕大会主题，就各国世界语运动历史发展与现状、世界语发展中的语言现象等方面的问题，通过论坛、讲座、研讨等多种形式进行了交流。此外，大会期间举办了讲座、论坛、大会大学、研讨会、文艺演出、口语课程、世界语等级考试、足球比赛等多种多样的活动。中国外文局中国报道杂志社、中华全国世界语协会、中国国际广播电台、枣庄学院等代表组成的中国代表团与会，并于大会开幕日下午举办了“中国日”系列活动。本次“中国日”由“70年，中国世界语与世界”主题图片展、世界语版《围城》《中国关键词》多语种图书宣介、音乐短片《声声慢·致文明》展播、中国国际广播电台优秀节目推介会等组成，50余名与会者参加了活动。

【同中国的关系】中华全国世界语协会于1980年8月正式作为团体会员加入该协会。此前，中华全国世界语协会曾于1956年、1959年、1964年、1978年派团参加国际世界语大会。1980年以后，中方派团参加每届国际世界语大会。国际世协的最高荣誉职务是荣誉监护委员会委员，中国的巴金、胡愈之和陈原分别于1981年和1984年被推选为该会委员。2018年，来自中国甘肃平凉的黄银宝当选国际世协领导成员，现任协会副主席。截至2019年，国际世协中国终身会员达77人。2014—2019年的国际世界语大会，中方均派出代表团参加，并在会议期间举办“中国日”等活动。作为以弘扬以中国文化、促进文化交流为主旨的“中国日”系列活动，近年来已经成为国际世界语大会的固定节目，逐渐形成品牌，受到与会者欢迎。

联合国教科文组织世界语版《信使》杂志于2018年7月20日发布文章称，国际世界语协会领导班子已进行专题讨论，决定将之前国际世界语协会网站上，部分模糊不清的关于“台湾”的称谓标注为“中国台湾”，且来自中国台湾的人员今后将以“中国台湾代表”的名义参与国际世界语协会主办的各项国际事务活动，同时宣布在2018年召开的第103届国际世界语大会上，来自中国台湾的参会人员将作为“中国台湾代表”向大会致辞。

2019年7月22日，国际世协新任主席邓肯·查特尔斯在芬兰拉赫蒂就当前世界语发展形势和国际世界语事业现状等问题，接受了中央广播电视总台记者的专访。邓肯高度评价中国世界语事业发展成就，他表示，中国是国际世界语事业的重要组成部分，世界语在中国拥有良好的前景，国际世界语协会将继续保持与中国和中国世界语者的良好关系，充分挖掘合作潜力，争取为国际世界语事业的发展更好地发挥引领作用。（叶雯）

国际海道测量组织

International Hydrographic Organization—IHO

【成立日期】1919年，首届国际海道测量大会在伦敦召开。1921年，大会常设机构国际海道测量局在摩纳哥的蒙特卡洛成立，为国际海道测量组织前身。1967年，第9届国际海道测量大会制定《国际海道测量组织公约》，1970年9月22日在联合国注册生效。自此，国际海道测量组织（IHO）正式成立，原国际海道测量局为该组织常设机构。

【宗旨】IHO属政府间技术咨询性的国际组织，旨在协调各国海道测量机构的活动，促进海图和航海资料的统一，推广可靠有效的海洋测绘方法，促进测绘学和海洋学的成就在海洋测绘中的应用。

【成员】截至2019年5月，IHO共有90个成员国，其中一个成员国由于会费原因被暂停成员资格。2016年生效的IHO公约修正案议定书规定，有意加入IHO并且已经是联合国成员的国家，不再需要IHO现有成员国的批准，从而减少了2—3年等待批准的时间。

【主要负责人】现任主席帕里·奥伊（Parry Oei，新加坡籍），2017年当选，任期至2020年。秘书长马赛厄斯·乔纳斯（Mathias Jonas，德国籍）。

【总部】摩纳哥蒙特卡洛。地址：4b quai Antoine 1er，B.P. 445，MC 98011，MONACO CEDEX；电话：377-93-10-81-00；电子邮箱：INFO@IHO.INT。

【网址】https://iho.int/en。

【出版物】主要有:《国际海道测量评论》，半年刊;《国际海道测量通报》，月刊;《国际海道测量组织年鉴》;《国际海道测量会议汇编》。出版物文字为英法双语。

【组织机构】IHO于2005年批准了IHO公约修正案议定书，决定改革该组织的组织结构与议事规则，调整原国际海道测量局为秘书处，增设理事会，以建立更为高效和权威的海道测量组织，并于2016年起生效。（1）全体大会：该组织的主要机关，由成员国代表组成，每3年召开一次会议，就本组织的运作和工作提供一般性指导，并作出技术性和行政性的决定。（2）理事会：主要负责在大会会议期间协调组织活动，审查财务报表和预算，拟定提案，审议组织内提案及与其他组织间的协定草案；理事会每年举行1次会议，向大会和组织成员国提交报告和决议草案等，以供批准。（3）秘书处：由秘书长、相关行政人员、海道测量及航海制图方面的国际专家等组成。主要负责协调和推进组织工作方案的实施，并向成员国和相关第三方提供咨询和援助。（4）财务委员会：每年春季开会，以核准秘书处业务审计报告。

【主要活动】2017年4月，国际海道测量组织在摩纳哥召开IHO公约修正案议定书生效后的第1届大会。包括74个成员国、16个国际组织、1个区域间组织、1个国家组织以及业界公司在内的近380名代表出席大会。大会选举出IHO主席、副主席、秘书长，并选举产生30个席会的理事会，大会还举办了成员国展览。

2018年，IHO发布通函61封，通函情况反映出IHO在该年度标准发展进程上取得了较大成效。

2018年起，IHO秘书处依据第1届IHO大会相关决议，着手准备国际海道测量组织百年庆祝活动，时间从2019年至2021年，这将是IHO重要的里程碑。在2019—2021年期间，IHO计划组织工作研讨会、展览、宣传等活动。其中，2019年的主要活动包括：4月1—13日在摩纳哥游艇俱乐部举行“历史海图与地中海”展览；6月20—21日在摩纳哥海洋博物馆组织召开“海洋和世界水域测量与保护历史方法”国际研讨会。

IHO确定2019年世界海道测量日的主题为“海道测量信息驱动海洋认知”，相关主题包括：见证伦敦1919年第1次海道测量大会百年历史、海道测量信息扩展需求、深海综合制图、海道测量者的工作和贡献等。

【同中国的关系】中国是国际海道测量组织的创建国、成员国之一。2017年4月24—28日，国际海道测量组织在摩纳哥召开IHO公约修正案议定书生效后的第1届大会。会上，中国成功当选为理事国，标志着中国将深度参与国际海道测量事务，地位和影响力进一步提升。5月23日，国家海洋局副局长林山青在京会见了前来参加第40届《南极条约》协商会议的国际水道测量组织秘书长罗伯特·沃德。双方就海底地名命名、水文气象数据共享等方面进行了深入交流。

2018年11月，中国代表参加海道测量词典工作组（HDWG）第2次会议，成功协调中文版海道测量词典纳入IHO正在开发的词典数据库，并建议在S-100空间地理信息注册机制架构下实现中文版及其他各种语言的海道测量词典数据库的独立更新维护。海道测量词典工作组是IHO海道测量服务与标准委员会（HSSC）下设机构，负责推进多语言版本《海道测量词典》编译及数据库建设。《海道测量词典》是IHO第32号特别出版物，由HDWG维护更新。IHO对中国积极参与并主导海道测量词典中文版制订及更新所发挥的作用表示高度赞扬。

2019年10月8—9日，国际海道测量组织和国际大地测量协会（IAG）海洋法咨询委员会（ABLOS）第10次会议在IHO总部摩纳哥召开。此次会议共有来自28个国家的69名代表参加，代表主要来自各国的政府部门、大学、海洋科研院所及相关机构。应IHO秘书处邀请，中国国家海洋信息中心派海洋权益部公衍芬、李金蓉2人参会，全程参加会议听取论文交流并与参会专家就相关问题进行深入交流与沟通。参会期间向IHO汇报该中心翻译出版的《1982〈联合国海洋法公约〉技术手册》（第五版）进程并就后续提交事宜与IHO秘书进行沟通交流。李金蓉在会上作了题为《谅解声明——一种划定大陆边外缘的特定方法》的报告，介绍了《关于使用一种特定方法划定大陆边外缘的谅解声明》的背景、案文、适用要求以及面临的挑战。公衍芬作了题为《中国提交海底地形命名提案，积极参与国际海底地名分委会国际合作》的报告，介绍了海底地形命名在国际海洋事务中的作用，梳理了我国海底地形命名工作进展情况以及我国参与海底地形命名工作的现实意义。ABLOS每年举办一次业务会议，每两年举办一次大会。大会旨在以非正式和非政治氛围凝聚该领域多年来形成的技术、法律和政治专家，此次参会对于我国加强与ABLOS的业务联系具有重要意义。国家海洋信息中心拟将中文版《1982<联合国海洋法公约>技术手册》（第五版）提交国际海道测量组织，并将密切跟踪第六版的修订情况，推动全球范围内海洋法领域相关技术标准的广泛应用，充分利用ABLOS会议平台及工作机制，为维护海洋权益提供支撑服务。

2019年11月15日，IHO发布了2019年第55号通函，宣布支持多种语言版和唯一标识符的海道测量词典数据库正式上线使用。在同时上线的五种语言版词典中，中文版海道测量词典首次在IHO官方网站发布，备受瞩目。同日，中国交通运输部南海航海保障中心吕玉晓同志当选为海道测量词典工作组副主席。此系中国代表首次担任IHO下设机构副主席，是中国海事在国际履约工作方面又一新成果，对于航海保障国际履约工作具有里程碑意义，同时也体现了国际海道测量领域对我国的高度认可。（叶雯）

国际哲学与人文科学理事会

The International Council for Philosophy and Human Sciences—CIPSH/ICPHS

【成立日期】 1949年1月19日，联合国教科文组织在比利时布鲁塞尔创办国际哲学与人文科学理事会（CIPSH/ICPHS）。

【宗旨】 打破学术封闭，消除相互隔膜。通过对文化的比较研究，鼓励尊重文化自由；增进国际相互了解；促进国际哲学、人文科学和有关知识研究的合作；鼓励在无类似组织的地区建立此类国际组织。

【成员】 目前，该理事会有哲学人文科学领域的21个国际学会或联合会作为其成员组织，并联合了全球数百个哲学、人文科学领域相关学科的学会。

【主要负责人】 现任主席朝戈金（中国籍），2014年当选，2017年获连任，任期至2020年。

【总部】 法国巴黎。地址：1，rue Miollis，F-75732 Paris Cedex 15，France；电话：01-45-68-48-85 / 88；电子邮箱：cipsh@unesco.org。

【网址】 www.cipsh.net / www.icphs.org。

【出版物】《第欧根尼》（DIOGENES），理事会会刊，每年出版两期，有英语、法语、中文、阿拉伯语版本；《世界社会科学报告》（World Social Science Report），年度出版物。

【组织机构】（1）大会：最高决策机构，每3年召开1次会议，就有关该理事会的重大事项作出决定，包括批准组织战略和预算、选举执行委员会等。（2）执行委员会：大会执行机构，行使管理职能，经大会选举产生，由理事会成员和当选执委组成，执委会主席职位任期3年，可连选连任1次。（3）理事会：经大会选举产生，由主席、两位副主席、秘书长、司库和执委共6人组成，每年至少召开2次会议，处理执委会闭会期间可能出现的必要事务。

【主要活动】 2017年8月6—12日，由联合国教科文组织、国际哲学与人文科学理事会联合主的“2017年世界人文学术会议：面对全球转型的挑战与责任”在比利时列日举办。大会围绕人类与环境、文化认同与文化多样性、文化遗产、边界与移民、历史，记忆和政治，以及全球转型中的人文学科6个主题进行深入讨论。此外，大会通过了《21世纪人文学术议程》这一纲领性文件，以期为实现联合国在2015年通过的“2030年议程”及其17个可持续发展目标作出人文科学领域的贡献。2018年4月15—19日，由联合国教科文组织、国际哲学与人文科学理事会、亚洲新人文联网、厦门大学联合主办的“世界人文学术会议暨第一次国际哲学与人文科学理事会执行委员会会议”在厦门大学召开。会议的主题是"人文的挑战与责任：亚洲和全球的承诺"。近80名中外哲学与人文学科的顶级学者和学术机构的负责人出席会议，围绕会议主题展开了一系列学术讲座、学术对话、开放性论坛、人文教学研讨和文化展示活动。

2019年10月10—12日，由上海交通大学协同联合国教科文组织国际哲学与人文科学理事会等单位共同举办的"首届科技人文国际学术研讨会"在上海交通大学召开。本次大会共设立"科技人文""跨学科研究中的人工智能""机器人与文学""生态人文""后人类主义与伦理研究"等16个分论坛，探索科技伦理、科技治理、数字人文、健康与人文、人文质量标准与世界大学评价等前沿问题。中外重量级学者和专家为大会做了精彩的主旨演讲，来自国内外高校、科研机构及学术期刊的与会嘉宾参与到16个不同主题分论坛的讨论中，全方位对大会的主题进行了深入交流。本次大会打破科技与人文的界限，为促进自然科学与人文社会科学的交叉融合、生产和传播新知识，提出了新思想和新方法，同时也为创立"新文科"体系提供了新思路、新视野。

【同中国的关系】中国社会科学院与国际哲学与人文科学理事会长期以来保持着密切的关系，并于2015年作为成员组织加入该理事会。中国社会科学院原副院长、学部委员汝信，学部委员黄长著，学部委员卓新平，考古研究所研究员安家瑶先后担任过该理事会副主席。朝戈金研究员于2008年10月和2010年12月两度当选并连任该理事会副主席。2014年10月，朝戈金当选主席，亦是中国学者首次当选该国际组织主席，同年，孙小淳连任执委。2017年8月，朝戈金再次当选主席。此次连任充分体现了该理事会对其工作的认可和肯定，以及对中国学术界参与该组织工作的高度重视。此外，同时召开的首届世界人文学术会议决定由中国厦门大学承办2018年世界人文学术会议和人文科学理事会执委会会议，并借此推动厦门大学在2021年承办世界人文学术会议。会后，理事会与厦门大学建立合作办公室，这是该理事会首次与地方高校开办合作办公室。总之，中国学者在执委会的工作中发挥了积极的作用，在该理事会中的话语权和影响力也不断加强。

（叶雯）

世界工程组织联合会

World Federation of Engineering Organizations—WFEO

【成立日期】1968年3月4日，在联合国教科文组织的倡议和支持下，来自世界各地的50个科学和技术协会的代表在巴黎举行会议，成立了世界工程组织联合会（WFEO）。

【宗旨】团结全球工程界，成为技术和工业革命的中坚力量，通过与各国和各国际专业机构的合作，就开发和应用工程技术向政府和决策者提供指导，从而建设性地解决国际和国内问题，以保障社会经济安全，造福人类；通过提供国际视野和扶持机制，鼓励所有成员努力为建设一个可持续的、公平与和平的世界作出贡献。

【成员】目前，WFEO有91个国家或地区成员，以及12个作为国际成员的各国专业工程机构的联盟或协会。

【主要负责人】现任主席龚克（中国籍）：2017年当选候任主席，2019年正式就任，任期2年；候任主席何塞·曼努埃尔·维埃拉（José Manuel Vieira，葡萄牙籍）：2019年当选，将于2021年正式就任。

【总部】法国巴黎。地址：1 rue Miollis - Maison de l'Unesco，75015 Paris，France；电话：+33-1-45-68-48-47；电子邮箱：secretariat@wfeo.org。

【网址】http://www.wfeo.org。

【组织机构】（1）大会：最高决策机构，每2年召开1次会议，就与WFEO有关的重大事项作出决定。（2）执行理事会：执行机构。由现任主席、候任主席、执委、司库等6人组成。（3）执行委员会：由执行理事会成员、各常设技术委员会主席、各政策执行委员会主席、国家和国际成员代表、无表决权成员组成。（4）常设技术委员会：制订WFEO工作内容和活动方案，处理具体问题。

【主要活动】包括与WFEO工作有关的活动和与联合国、其他政府间组织、非政府组织在相关领域的长期合作，致力于巩固WFEO在工程界的领导地位，推动关于工程教育的标准化、创新和可持续性、工程能力建设和伦理建设等方面的全球策略。

2018年，世界工程组织联合会最先提议在联合国系统内设立世界工程日，以彰显工程对人类发展的重大作用，普及工程知识和促进工程能力建设，推动工程更好为可持续发展服务。同年，发布了主旨为通过工程推动联合国可持续发展目标的巴黎宣言。

2019年，世界工程组织联合会发布全球工程教育标准和可持续发展能力建设宣言和气候紧急情况宣言。4月17日，联合国教科文组织执行局第206次会议通过决议，向其第四十届全体大会推荐将每年的3月4日设立为世界工程日。该提议由中国和纳米比亚带头向联合国教科文组织提出，并得到了包括尼日利亚、英国和法国等40多个国家及全球80多个工程组织的支持。世界工程日启动仪式将于次年在法国巴黎联合国教科文组织总部举行。11月20—22日，由世界工程组织联合会和澳大利亚工程师学会共同举办的被称为“工程界的奥林匹克”的世界工程师大会在澳大利亚墨尔本召开。11月23—24日，新一届世界工程组织联合会全体大会举行，根据WFEO章程，全体大会对主席、执行副主席、执委和司库等职位进行改选。

【同中国的关系】中国科学技术协会1981年代表我国正式加入WFEO，成为其国家成员。中国科协组建了WFEO工作协调委员会，积极组织我国科技工作者深度参与WFEO的活动，先后有张光斗、张维、钱易、沈士团、钟义信、刘西拉等院士和学者当选WFEO副主席或执委。近年来中国的工程师、工程教育专家、工程项目多次获得WFEO的奖励，包括杰出奖章和特别奖章。我国在国际科技舞台的影响力和话语权大为提升。

2016年，由中国工程院和清华大学共同申请和建设的联合国教科文组织国际工程教育中心在清华大学正式签约成立。2017年6月，WFEO当选主席马琳·坎加（Marlene Kanga）访问清华大学，她表示，世界工程组织联合会和联合国教科文组织国际工程教育中心在推动世界工程教育发展方面存在一致的目标和共同的利益，应进一步加强在学术研究、人才培养和国际交流等方面的合作。12月1日，在意大利罗马举行的世界工程组织联合会全体大会上，中国科协荣誉委员、南开大学校长龚克作为中国科协推荐的候选人，经过激烈竞争当选WFEO候任主席。这是该组织成立50年以来中国科学家首次当选主席，实现了我国在国际组织任职工作的重要突破。2018年11月，由中国科协发起主办，世界工程组织联合会、亚太工程组织联合会支持的工程能力国际论坛在京举办，中国科协与有关国家工程师学会签署了合作备忘录，是中国科协与各签署方不断开展合作交流、建立互认互信成果的重要体现。2019年12月，龚克正式履行WFEO主席职责。

（叶雯）

“一带一路”国际科学组织联盟

Alliance of International Science Organizations—ANSO

【成立日期】为进一步响应“一带一路”沿线国家和地区在开展科技合作、应对共性挑战等方面的迫切需求，推动共建“一带一路”科技创新共同体，中国科学院倡议并联合40个国家、地区的科研机构和相关国际科技组织，发起成立了“一带一路”国际科学组织联盟。2018年11月4日，“一带一路”国际科学组织联盟（ANSO）成立大会暨第二届“一带一路”科技创新国际研讨会在京召开，会上宣布联盟正式成立。

【宗旨】“一带一路”国际科学组织联盟是中国在秉持“共商、共建、共享”的总原则下成立的非营利、非政府性质的国际科学组织，核心在于促进共同发展和实现联合国可持续发展目标。联盟宗旨是：共建“一带一路”科技创新共同体，促进各国经济社会可持续、高质量发展；聚焦“一带一路”区域共性挑战和重大需求，促进各国科技创新政策沟通和战略对接，共同组织实施重大科技合作计划；推动创新能力的相互开放合作和创新资源、数据的开放共享；加大创新人才联合培养力度，共同提升科技创新能力。

【成员】成员单位主要由来自亚洲、非洲、拉丁美洲和欧洲的国家科学院、大学、研究机构和国际组织组成。截至2019年，共有52个成员单位加入联盟，其中，37家科研机构于2018年11月作为创始成员加入，15个成员单位于2019年11月加入。

【主要负责人】现任联盟主席为中国科学院院长、党组书记白春礼，副主席为俄罗斯科学院院长亚历山大·谢尔盖耶夫（Alexander Sergeev）和巴基斯坦科学院院长穆罕默德·卡西姆·詹（M. Qasim Jan）。

【总部】秘书处设在中国北京。地址：北京市朝阳区林萃路16号院3号楼；电话：86-10-84249454；电子邮箱：anso-public@anso.org.cn。

【网址】http://www.anso.org.cn。

【出版物】英文简报（ANSO Update），一般每隔几月一期，包括特刊；印制宣传册。

【组织机构】（1）“一带一路”国际科学组织联盟大会：联盟的最高决策机构，每2年召开1次会议。在符合章程规定的前提下，有权就与联盟有关的重大事项作出决定。联盟执行理事会由联盟大会选举产生。（2）执行理事会：联盟大会的执行机构，由联盟主席、2名副主席和全体联盟成员选出的其他6名成员组成，每年召开1次会议。（3）秘书处：联盟的日常工作机构，在执行主任领导下，执行联盟大会和联盟执行理事会作出的决定。秘书处下设5个部门：综合与人事部、对外联络与宣传部、项目规划与战略咨询部、能力建设与培训部、财务部。

【主要活动】定期召开联盟大会会议、理事会会议、工作组会议及研讨会。

设立“青年人才奖”，以促进“一带一路”沿线国家（地区）人才培养；设立“科学、技术和创新跨区域、多部门、多学科合作促进和支持奖”，以奖励世界各地的个人和组织在促进和支持科学、技术和创新领域的杰出成就；根据联盟成员的需要设计和开展培训项目，以促进在共同的科技关切中的地带和道路地区国家的合作和能力建设，并应对共同的挑战；在环境变化、绿色发展、人类福祉、可持续发展等重点领域与国际组织共同开展研究；目前，联盟正在建立一系列专业协会，以鼓励通过多边合作开展联合活动，重点解决与区域和全球环境变化、绿色发展、人类福祉和可持续社会经济发展有关的特殊问题。

2018年11月4日，“一带一路”国际科学组织联盟成立大会在京召开，同时召开第一次大会会议。

2019年4月，“一带一路”国际科学组织联盟同首批37家成员单位，就联盟未来建设与活动工作达成了《2019—2020年ANSO行动计划》，旨在加强“一带一路”沿线各国科技创新与能力建设合作。

2019年9月4—6日，“一带一路”国际科学组织联盟主办的“ANSO干旱区与湿地生物多样性国际会议”在肯尼亚马赛马拉大学召开，出席会议的中国科学院院长白春礼表示，中科院将积极支持发展非洲科学院成为ANSO成员，共同搭建高效务实的中非科研合作网络，共同支持中非中心的建设和运行。

2019年11月6日，第二次理事会会议在京召开，会议集中讨论有关第二次大会会议的举办、区域协作、发起生态科研项目等议题。

2019年11月9日，2019中国（浙江）全球科技精准合作交流会暨“一带一路”国际科学组织联盟青年科学家研讨会在杭州召开，系联盟首次围绕“青年科学家”主题举办的大型活动。会上共签约41个国际科技合作项目，将开展生命健康、数字经济、基础科学支撑可持续发展等专题论坛和科技合作精准对接专场活动。2001年诺贝尔化学奖得主巴瑞·夏普利斯、2015年图灵奖获得者惠特菲尔德·迪菲等来自30多个国家和地区的专家学者、青年科学家代表、国际科技组织负责人约500人出席。

【同中国的关系】按照党中央、国务院统一部署，中国科学院充分发挥国家战略科技力量的作用，启动实施了“发展中国家科教合作拓展工程”和“一带一路”科技合作行动计划，在非洲、中亚、东南亚、南美等地区创建了9个海外科教合作中心，在沿线国家和地区部署了100多个科教合作项目，为沿线国家和地区培养、培训了近5000名高层次科技人才，取得良好成效，赢得广泛赞誉。2016年11月，中国科学院联合俄罗斯科学院、巴基斯坦科学院、波兰科学院、国际山地综合开发中心、发展中国家科学院、联合国教科文组织等20多个国家的科研机构和国际科技组织，在北京举办了第一届“一带一路”科技创新国际研讨会。会议充分肯定了沿线国家和地区的科技合作成果，发布了《北京宣言》，倡议成立“一带一路”国际科学组织，推进建立沿线科技合作长效机制。2017年7月，中国科学院与俄罗斯科学院等12家科研机构和国际科技组织代表在巴基斯坦召开会议，讨论确定了组织的名称，制定了章程草案和发展规划。2018年11月在北京召开第二届“一带一路”科技创新国际研讨会，并于会上宣布“一带一路”国际科学组织联盟正式成立。

中国国家主席习近平向“一带一路”国际科学组织联盟成立大会暨第二届“一带一路”科技创新国际研讨会致贺信。习近平指出，共建“一带一路”受到了国际社会广泛欢迎。与相关国家开展科技合作是共建“一带一路”的重要内容，在改善民生、促进发展、应对共同挑战等方面发挥着积极作用。希望各国科学界携手并肩，共同努力，发挥好“一带一路”国际科学组织联盟的平台作用，加强科技创新政策和发展战略对接，开展重大科技合作，培养创新创业人才，提升科技创新能力，为促进民心相通和经济社会可持续发展，为推动建设绿色之路、创新之路，为推动构建人类命运共同体作出重要贡献。

为配合人才培养与交流计划的推进，同时为促进“一带一路”沿线及其他国家青年科技人才培养和科学能力建设，联盟设立了“青年人才奖”项目，并通过与中国科学院大学和中国科技大学的合作，计划每年为来自世界各地的200名硕士研究生和300名博士研究生来华学习提供全额奖学金。该项目成立之初，由中国科学院全力支持和资助。（叶雯）

其　他

海牙国际私法会议
Hague Conference on Private International Law

【成立日期】海牙国际私法会议于1893年在荷兰政府的倡议下成立并召开了第一届会议。1951年通过其组织章程，正式成为政府间国际组织。

【宗旨】海牙国际私法会议的宗旨是“促进国际私法规范的逐步统一”（to work for the progressive unification of the rules of private international law）。

【成员】截至2019年12月，海牙国际私法会议有84个成员国和1个成员组织——欧盟。

【主要负责人】秘书长：伯纳斯科尼（Christophe Bernasconi，瑞士人），2013年7月上任。

【总部】荷兰海牙。地址：Churchillplein 6b 2517 JW The Hague，the Netherlands。传真：+310-703604867。电子邮箱：secretariat@hcch.net。

【网址】https://www.hcch.net/。

【出版物】《海牙国际私法会议记录汇编》（Proceedings of Hague Conference on Private International Law）、《海牙公约集》（Collection of Conventions）、《解释性报告》（Explanatory Reports）、《实用手册》（Handbooks）、《良好实践指南》（Good Practice Guides）、《关于国际儿童保护的法官通信》（The Judges' Newsletter on International Child Protection）、《会议年度报告》（Annual Report of the Conference）、《HCCH国际家事法简报》（HCCH International Family Law Briefings）。

【组织机构】（1）外交大会；（2）总务与政策理事会，由全体成员组成；（3）荷兰常设政府委员会，依1897年2月20日荷兰国王敕令而成立；（4）常设局，由1名秘书长和4名秘书组成；（5）外交代表理事会，负责该组织的预算批准事宜。

【主要活动】海牙国际私法会议原则上每4年召开1次外交大会，总务与政策理事会经与荷兰常设政府委员会协商，可以请求荷兰政府召开特别外交大会。除外交大会外，海牙国际私法会议还经常召开起草新公约或监督公约执行情况的特委会，或进行非正式磋商。从1977年起，海牙国际私法会议鉴于成员国的增加，开始关注有关公约的执行情况，并定期或不定期就有关公约的执行情况召开会议，特别是针对涉及缔约国司法机关或行政机关之间合作的公约。

2018年4月，海牙国际私法会议125周年研讨会“未来之路：在日益紧密联系世界中的挑战和机遇”在香港特区举行。5月，“承认与执行外国民商事判决公约”特委会第4次会议在海牙举行。9月，海牙国际私法会议125周年纪念活动在海牙举行。

2019年6月18日至7月2日，海牙国际私法会议第22届外交大会在海牙举行，谈判通过了《承认与执行外国民商事判决公约》。9月，香港特区政府与海牙国际私法会议在香港联合举办《承认与执行外国民商事判决公约》国际研讨会。

【同中国的关系】海牙国际私法会议同中国保持着良好的合作关系。1981年中国与海牙国际私法会议建立联系，并多次以观察员身份出席会议。1987年7月3日，中国政府正式加入该组织，并指定外交部条约法律司为负责与该组织联系的“国家机构”（National Organ）。该组织前秘书长汉斯·范鲁、前副秘书长邓肯曾多次来华访问，取得了良好效果。现任秘书长伯纳斯科尼亦曾于2014年8月来华访问；2015年和2016年来华讲学；2017年来华参加“一带一路”国际合作高峰论坛；“国际私法全球论坛”；2018年来华参加“一带一路”法治合作国际论坛；2019年9月，赴港参加《承认与执行外国民商事判决公约》国际研讨会，10月来京参加中国社会科学院国际法研究所举办的第16届国际法会议。

目前中国已加入《关于向国外送达民事或商事司法文书和司法外文书公约》《关于从国外调取民事或商事证据的公约》及《跨国收养方面保护儿童及合作公约》3项公约，签署《选择法院协议公约》。

此外，根据《香港特别行政区基本法》和《澳门特别行政区基本法》，中国通过作出一定安排，将一些海牙公约单独适用于香港和澳门特区。单独适用于香港特区的公约包括：《关于遗嘱处分方式的法律冲突公约》《关于取消外国公文认证要求的公约》《承认离婚及分居公约》《国际诱拐儿童民事方面的公约》《信托的法律适用及其承认公约》。单独适用于澳门特区的公约包括：《民事诉讼程序公约》《抚养儿童义务法律适用公约》《抚养儿童义务判决的承认与执行公约》《未成年人保护的管辖权和法律适用公约》《关于取消外国公文认证要求的公约》《国际诱拐儿童民事方面的公约》。经中央政府同意，香港及澳门特区代表作为中国代表团成员参加了海牙国际私法会议举办的一些会议。

海牙国际私法会议亚太区域办事处2012年在香港设立。在中国中央政府和特区政府的支持和协助下，办事处成立至今，在推广海牙公约、提升海牙会议能见度和知名度、促进亚太地区民商事司法协助等方面取得积极成效。（马彦博）

红十字国际委员会

International Committee of the Red Cross—ICRC

【成立日期】1863年。

【宗旨】根据《日内瓦公约》以及国际红十字与红新月运动章程所赋予的使命和权力，在国际性或非国际性的武装冲突和内乱中，以中立者的身份，开展保护和救助战争和冲突受害者的人道主义活动。

【主要负责人】主席彼得·莫雷尔（Peter Maurer，瑞士籍），2012年7月就任，2015年11月连任，任期5年。

【总部】瑞士日内瓦。

【网址】http://www.icrc.org。

【出版物】《年报》（Annual Report）；《国际红十字评论》（International Review of Red Cross），季刊，英、法文。

【组织机构】（1）代表大会：最高权力机构。制定工作原则和总政策并监督委员会的全部活动。代表大会由国际委员会委员组成。委员以自行遴选的方式在瑞士公民中选举产生，每4年选举1次。（2）执行理事会：负责指导日常事务和监督行政管理工作，成员由代表大会选举产生。

【主要活动】传播国际人道法，为战乱情况下的受害者提供医疗服务和救济，开展国际寻人工作，帮助失散亲人团聚，探视战俘和被拘押的平民，协助战俘交换。

【同中国的关系】中国是《日内瓦公约》缔约国，积极参与国际人道主义事务，支持红十字国际委员会的工作，双方建立了良好的合作关系。

2019年9月2日，中国红十字会第十一次全国会员代表大会开幕式在北京举行。红十字国际委员会主席彼得·莫雷尔发表视频致辞，红十字国际委员会主席中国事务特使、东亚地区代表处主任白良参加。

2019年9月23日，红十字国际委员会同中国、瑞士、南非在纽约联合国总部举办《日内瓦公约》签署70周年纪念活动，主题为“推进多边主义、加强人道投入”。中国国务委员兼外长王毅出席并作主旨发言。瑞士联邦主席毛雷尔、红十字国际委员会主席莫雷尔、南非外长潘多尔等出席。

【驻华代表机构】红十字国际委员会于2005年7月在北京设立东亚地区代表处。代表处主任：白良（Jacques Pellet，法国籍），2019年9月上任。办公地址：北京朝阳区齐家园外交公寓3-2号。电话：010-85323290。（何琳）

红十字会与红新月会国际联合会

International Federation of Red Cross and Red Crescent Societies—IFRC

【成立日期】1919年。

【宗旨】激励、鼓舞、协助和促进各国红十字会开展旨在防止和减轻人类痛苦的各种形式的人道主义活动，从而为维护和增进世界和平作出贡献。

【成员】192个成员。

【主要负责人】主要负责人为主席和秘书长，主席是国际联合会最高领导人，秘书长为行政长官。现任主席为弗朗西斯科·罗卡（Francesco Rocca，意大利籍），2017年11月就任，任期4年。现任秘书长为阿西（Elhadj Amadou As Sy，塞内加尔籍），2014年就任。

【总部】瑞士日内瓦。

【网址】http://www.ifrc.org。

【出版物】《聚焦》（Spotlight），季刊；《国际融合》（Transfusion International），季刊；《青年公报》（Youth Bulletin），季刊；《年报》（Annual Report）；《世界灾害年度报告》（World Disasters Report）。均为英、法文。

【组织机构】（1）大会：最高权力机构，由其成员国家红会的代表组成，每2年举行1次。（2）领导委员会：大会闭幕期间的最高决策机构，由主席、5名副主席和20名国家红会成员组成。（3）秘书处：负责日常工作。秘书长为最高行政长官，由领导委员会推荐，主席任命。

【主要活动】宣传红十字运动原则，救灾，备灾，与各国红十字会或红新月会合作开展各项人道主义工作。

【同中国的关系】红十字会与红新月会国际联合会是中华人民共和国成立后最早接纳中国的国际组织，与中国保持着良好的合作关系。中国红十字会会长陈竺现为该组织亚太区副主席。

2019年8月31—9月2日，红十字会与红新月国际联合会主席罗卡来华出席红十字国际学院成立仪式，以及中国红十字会第十一次全国会员代表大会开幕式。其间，中共中央政治局委员、中央外事工作委员会办公室主任杨洁篪同其会见。

2019年12月9—12日，第33届红十字与红新月国际大会在日内瓦召开。会议主题是"现在行动、塑造未来"。全国人大常委会副委员长、中国红十字会会长陈竺出席会议。会议围绕国际人道法保护武装冲突受害者、关注弱势群体、人道行动中的信任构建等议题展开讨论，并通过多项决议。

【代表机构】红十字会与红新月会国际联合会于2000年2月在北京设立东亚地区代表处。代表处主任：彭玉美（Gwendolyn Tan Pang，菲律宾籍），2016年6月上任。办公地点：北京市建国门外外交公寓4-1-133号。电话：010-65327162。（何琳）

国际刑事警察组织
International Criminal Police Organization (ICPO)—Interpol

【成立日期】成立于1923年，前身是"国际刑事警察委员会"，1956年更名为国际刑事警察组织，简称"国际刑警组织"。

【宗旨】保证和促进各国警方之间最广泛的相互支援与合作，建立和发展有助于有效预防和打击普通犯罪的各种机构和制度。

【成员】194个。

【主要负责人】现任主席金钟阳（韩国籍），2018年11月当选，任期至2020年。秘书长于尔根·施托克（Jürgen Stock，德国人），2014年当选，2019年连任，任期至2024年。

【总部】法国里昂。

【网址】http://www.interpol.int

【组织机构】(1) 全体大会：是该组织的最高权力机关，由各成员国委派代表组成。大会每年召开1次，主要任务是决定该组织的战略方针、制定规则、批准活动计划及与其他国际组织间的协议、接纳新成员国、选举产生主席和副主席等人选、审核决定财政预算以及修改有关基本性文件等。各成员国有一票表决权。(2) 执行委员会：由大会选出的13个成员国的代表组成。按地区分配，欧洲4人，亚洲3人，美洲3人，非洲3人。其中设主席1人，副主席3人，执委9人。主席任期4年，副主席和执委任期3年。执行委员会的主要任务是监督大会决议的实施、拟定大会日程、向大会提交工作计划和方案、监督秘书长日常工作和行使大会授予的一切职能。(3) 总秘书处：总秘书处由秘书长和该组织的技术、行政人员组成。负责执行大会和执行委员会的决议、协调各国警察部门的活动、组织有关警察专家研讨会和专题讨论会、编辑出版各种刊物和资料、通缉作案逃犯和通报被盗物品等。秘书长是总秘书处的最高行政长官，由执行委员会提名，经全体大会通过，任期5年，对执行委员会和全体大会负责。(4) 国家中心局：是国际刑警组织在各国的常设机构，由各国自行指定的警察机构担任。它既是各成员国的一个警察部门，依法承担本国的警察职能；又是国际刑警组织的法定机构，在国际范围内代表本成员国履行联络和执法合作事务。具体负责收集有关国际法律实施的文献和资料，转交其他国家中心局和总秘书处；保证在本国内执行其他国家中心局所要求的警务协作任务；接受其他国家中心局有关情报和工作要求，并负责做出回答；向其他国家中心局提出需要国外合作的要求等。

【主要活动】国际刑警组织的主要任务是汇集、审核国际犯罪资料，研究犯罪对策；编写有关刑事犯罪方面的资料，供成员国参考；根据全球发案趋势，组织各成员国警务部门针对不同种类犯罪开展专项打击行动等。活动围绕四项核心内容展开：全球加密警务通信、警务数据库查询、24小时行动支援、警务发展及培训。

此外，国际刑警组织为实现各成员国共享涉及犯罪的关键信息，设立了分类通报系统。目前设有8种通报：红色通报、蓝色通报、绿色通报、黄色通报、黑色通报、紫色通报、橙色通报、国际刑警组织—联合国安理会特别通报。其中，最著名的就是"红色通报"（红色通缉令），用以提出对犯罪嫌疑人进行临时逮捕以便引渡的国际性请求，是国际刑警组织应其成员国请求发布的唯一得到大多数国家认可的以引渡为目的临时扣留嫌疑犯的国际通报。

【同中国的关系】1984年，在国际刑警组织第53届大会上，国际刑警组织正式接纳中华人民共和国作为代表中国的唯一合法代表为其成员国。同年，中国组建国际刑警组织中国国家中心局，开始了与该组织成员国协查案件和交换犯罪情报的正常业务。1995年，国际刑警组织第64届大会在北京成功举行。1997年和1999年香港和澳门两个特别行政区回归祖国后，根据《香港特别行政区基本法》和《澳门特别行政区基本法》的精神，保留了香港和澳门特区原有的国际刑警支局，并使其分别从英国和葡萄牙中心局归属到中国中心局。

2017年9月26—29日，国际刑警组织第86届全体大会在北京举行。习近平主席出席开幕式并发表题为

《坚持合作创新法治共赢 携手开展全球安全治理》的主旨演讲，强调中国愿同各国政府及其执法机构、各国际组织一道，高举合作、创新、法治、共赢的旗帜，共同构建普遍安全的人类命运共同体。

2018年11月18—21日，国际刑警组织第87届全体大会在阿拉伯联合酋长国迪拜举行，大会代表选举金钟阳（韩国人/籍）为该组织新主席。

2019年10月15—18日，国际刑警组织第88届全体大会在智利举行，中方组团参会。

近年来，中国国家中心局一直与国际刑警组织保持着良好的合作关系，积极参与国际刑警组织的各项活动，保持高层接触与沟通，加强情报信息交流，推动跨国追逃合作，深化协查办案合作，在众多国际执法合作领域开展合作。（何琳）

国际移民组织

International Organization for Migration—IOM

【成立日期】在比利时和美国的倡议下，1951年12月5日在布鲁塞尔召开了“国际移民会议”，并决定成立欧洲移民问题政府间委员会（ICEM）。该组织章程于1953年产生，1954年生效。1980年，该组织改名为“移民问题政府间委员会（ICM）”。1987年5月，该组织修改章程，新章程于1989年11月14日生效。根据新章程，该组织改用现名“国际移民组织（IOM）”。2016年9月19日，国际移民组织成为联合国联系组织。

【宗旨】在全世界范围内确保移民有序流动，并协助有关国家处理移民问题。

【成员】173个成员国，8个观察员国。

【主要负责人】总干事安东尼奥·维托里诺（Antonio Vitorino，葡萄牙籍），2018年10月1日上任，任期5年。

【总部】瑞士日内瓦。

【网址】http://www.iom.int/。

【组织机构】（1）理事会：由全体成员国组成，是国际移民组织最高权力机构，每年举行1次会议，负责决定组织政策、批准并指导执行委员会及总干事活动、审议并批准组织活动方案和预算等。（2）行政署：由总干事、副总干事和理事会决定的其他工作人员组成。总干事和副总干事由理事会选举产生，任期5年，可连任。

【主要活动】（1）安排由于现有设施服务不足或没有特别协助不能移民者，有组织地迁移至那些提供有秩序移民机会的国家；（2）参与对难民、流离失所者和其他需要国际移民服务的个人进行有组织的迁移，对这些人可由本组织和有关国家，包括承诺接受这些人员的国家做出安排；（3）应有关国家的要求并同其达成协议，提供移民服务，如招募、选择、分类、语言培训、定向活动、医疗检查、安置等，有助于接收和融合的活动，并就移民问题，提供咨询服务和符合本组织目标的其他协助；（4）应各国要求或同其他有关国际组织合作，为移民自愿返回包括自愿遣返，提供类似的服务；（5）为各国及国际组织和其他组织提供论坛，交换意见和经验，促进各方在国际移民问题上的合作和协调，包括对这些问题进行研究，以寻求切实的解决方法。

【同中国的关系】2001年6月，中国成为IOM观察员国。2006年9月，中国与国际移民组织签署设处协议，正式同意其在华设立联络处。2007—2014年，中国与IOM开展两期“中国移民管理能力建设合作项目”。2015年，中国与IOM签署《支持中欧人员往来和移民领域对话项目谅解备忘录》，并启动“支持中欧人员往来和移民领域对话项目”。该项目旨在促进合理有序的人口流动，预防和减少非正规移民。2016年6月30日，国际移民组织特别理事会在瑞士日内瓦举行。会议协商一致通过中国加入国际移民组织的申请，批准中国正式加入国际移民组织。2017年IOM驻华联络处升级为驻华代表处。

2019年11月25—29日，国际移民组织第110届理事会会议在瑞士日内瓦举行。中国驻日内瓦代表陈旭大使率团出席，就加强全球移民治理及IOM工作阐述中方立场，并介绍中国移民管理政策举措。

【驻华代表机构】IOM于2007年3月19日在北京设立驻华联络处，2017年升级为驻华代表处。代表：柯吉佩（Guiseppe Christian Crocetti），2019年1月上任。地址：北京市塔园外交公寓9-1-82。电话：010-85321834（何凡）

世界动物卫生组织

Office International des épizooties—OIE

【成立日期】1921年3月25—28日，在法国巴黎召开了国际动物卫生问题的国际会议，就成立控制动物疫病的国际组织达成共识。1924年1月25日，28个国家的代表签署协议，世界动物卫生组织成立。

【宗旨】改善全球动物和兽医公共卫生以及动物福利状况。主要职能是收集并通报全世界动物疫病的发生发展情况及相应控制措施；促进并协调各成员加强对动物疫病监测和控制的研究；制定动物及动物产品在国际贸易中的动物卫生标准和规则。

【成员】共182个成员。

【主要负责人】总干事莫妮克·艾略特（Monique Eloit，法国籍），2016年1月上任，任期至2020年。

【总部】法国巴黎。

【网址】http://www.oie.int/。

【出版物】《世界动物卫生组织公报》(Bulletin)，季刊；《疫情信息》(Disease Information)；《世界动物卫生状况》(World Animal Health)；《科学技术评论》(Scientific and Technical Review)。

【组织机构】(1）世界代表大会（前身为国际委员会大会，2009年5月，第77届全会期间通过决议，改为现名）：最高权力机构，由成员代表组成，每年5月在世界动物卫生组织总部举行全体会议。(2）理事会：由世界代表大会主席、副主席、上任主席和6位代表组成。主要负责财务管理和总体发展规划等宏观管理工作。(3）总部：日常工作承办机构（秘书处），由总干事负责，主要职责是贯彻执行世界代表大会决议；承担世界代表大会年度全体会议、委员会会议及技术会议的组织工作等。(4）专业委员会：主要负责研究动物疾病流行和防控，制定、修订世界动物组织国际标准。现设动物疾病科学委员会、陆生动物卫生标准委员会、水生动物疾病委员会和生物制品标准委员会。(5）地区委员会：主要负责开展地区合作，协商制订重大动物疫病监测和控制的区域计划。现设非洲、美洲、亚洲、远东和大洋洲、欧洲和中东5个地区委员会。(6）区域和次区域代办处：主要职责是协调地区内成员，促进地区动物疾病监测与控制能力的提高。现在非洲、美洲、亚太地区、东欧和中东地区设立了5个区域代办处，以及南非、北美、东非和非洲之角、中美洲、东南亚、布鲁塞尔等6个次区域代办处。

【资金来源】主要来自成员缴纳的会费。另包括一些投资性收入、出版物销售收入及赞助费等。

【主要活动】收集、分析和发布兽医科学信息；开展国际协作，提供专家协助，防控动物疾病；通过发布动物及动物产品国际贸易卫生标准，保护国际贸易安全；促进各国改革兽医部门结构和资源，完善兽医服务体系；保证动物源性食品安全，提高动物福利水平。

【同中国的关系】2007年，世界动物卫生组织第75届国际委员会大会通过决议，决定恢复中华人民共和国在世界动物卫生组织的合法权利。中国与世界动物卫生组织交流合作日益增多。中国每年派代表团出席世界动物卫生组织大会。2012年，世界动物卫生组织第80届国际代表大会通过决议，时任中国驻OIE代表、农业部兽医局局长张仲秋当选OIE亚洲、远东和大洋洲区域委员会主席。

截至2019年，中国共有21家兽医实验室被世界动物卫生组织确定为国际参考实验室。 （刘迪一）

亚非法律协商组织

Asian-African Legal Consultative Organization—AALCO

【成立时间】亚非法律协商组织（简称“亚非法协”）成立于1956年11月，始称“亚洲法律协商委员会”；1958年，该组织规定可吸收非洲国家入会，改称为“亚非法律协商委员会”。2001年，更名为“亚非法律协商组织”。

【宗旨】致力于研究成员国共同关注的国际法问题，在国际法领域为各成员国政府提供咨询，协助亚非国家参与国际法实践，并推动国际法的逐步发展与编纂。

【成员】截至2019年共有48个正式成员，2个常任观察员。正式成员（以加入年份为序）：埃及、印度、印度尼西亚、伊拉克、日本、缅甸、斯里兰卡（以上7国为创始成员国）、巴基斯坦、泰国、加纳、约旦、塞拉利昂、伊朗、肯尼亚、韩国、科威特、马来西亚、尼日利亚、新加坡、叙利亚、尼泊尔、毛里求斯、坦桑尼亚、孟加拉国、冈比亚、朝鲜、沙特阿拉伯、土耳其、利比亚、阿曼、卡塔尔、索马里、阿拉伯联合酋长国、也门、乌干达、塞浦路斯、蒙古、塞内加尔、中国、苏丹、巴勒斯坦、巴林、黎巴嫩、文莱、南非、喀麦隆、越南、菲律宾（2019年重新加入）。常任观察员：澳大利亚、新西兰。

【主要负责人】现任秘书长肯尼迪·加斯顿（坦桑尼亚籍），2016年8月当选，任期至2020年。

【总部】秘书处设于印度新德里。地址：29 C Rizal Marg，Diplomatic Enclave，Chanakyapuri，New Delhi，India，110021。电话：+91–11–26117641，26117642。电子邮箱：mail@aalco.int。

【网址】http://www.aalco.int。

【出版物】《亚非法协年鉴》《季度公告》《亚非法协简讯》等。

【组织机构】(1）秘书处：常设机构，负责处理日常事务并贯彻委员会的决定。设秘书长1人、副秘书长3人。秘书长由各成员国选举产生，并从亚非两洲中轮流推选。(2）名人小组：担任法协秘书长顾问，成员主要由来自法协成员国的联合国国际法委员会委员和法协成员国法律界高级官员组成。小组建立于2011年，每年不定期召开会议。(3) 联络官：由成员国驻印度的外交官组成，负责成员国与秘书处的沟通，并对秘书处工作进行监督。联络官会议每两个月召开1次。

【**主要活动**】亚非法协通常每年召开1次会议，截至2019年底，共召开了58届。其主要活动是对亚非地区国家所关心的重大国际法问题交换意见和情况，并就联合国大会第六委员会（法律委员会）、国际法委员会、国际贸易法委员会、联合国海洋法相关会议等讨论的一些法律问题协调立场和提出建议。

2019年10月21—25日，亚洲—非洲法律协商组织第58届会议在坦桑尼亚达累斯萨拉姆举行，年会以"多边主义和以国际法为基础的国际秩序"为主题，并就海洋法、和平解决争端、国际法委员会有关议题、网络空间国际法、国际贸易和投资法等进行讨论。法协成员国代表团、国际组织代表及国际知名专家学者参加了年会及相关议题讨论。中国代表团在一般性发言中指出，单边主义、保护主义和霸凌行径危害国际法，冲击国际秩序，给世界带来了不安、冲突和动荡。中国始终是世界和平的建设者、全球发展的贡献者和国际秩序的维护者，将继续坚定维护多边主义和国际法，通过亚非法协平台推进亚非国际法合作。亚非国家应团结协作，共同维护以联合国为核心的国际体系，维护以国际法为基础的国际秩序，构建人类命运共同体和新型国际关系。此外，中方代表团还积极参与会议有关网络国际法、海洋法、和平解决争端、国际贸易与投资法等各议题讨论，宣介中国政府立场观点，取得良好效果。

除每年的年会外，该组织还召开一些届间会议，讨论组织事项或年会未能解决的问题，并与其他国际组织共同举办专题研讨会或开办培训班。此外，亚非法协与联合国及其专门机构，以及其他一些国际组织建立了密切的联系。1980年第35届联大通过决议，接纳亚非法协为联合国常任观察员。亚非法协还与国际海事组织（IMO）、联合国环境规划署（UNEP）、联合国工业发展组织（UNDIO）、国际原子能机构（IAEA）、世界知识产权组织（WIPO）、联合国难民事务高级专员（UNHCR）、联合国大学（UNU）、联合国培训研究所（UNITAR）、联合国人权事务高级专员办公室（Office of UNHCHR）、国际移民组织（IOM）、红十字国际委员会（ICRC）、阿拉伯国家联盟（League of Arab States）、英联邦秘书处（Commonwealth Secretariat）、欧洲委员会（Council of Europe）以及非洲统一组织（Organization of African Unity）签署了合作协议。

2015年7月，外交部正式启动"中国—亚非法协国际法交流与研究项目"，至今已在华成功举办五期培训班。

2019年7月29日至8月16日，"中国—亚非法协国际法交流与研究项目"第五期培训班在北京和香港顺利举行。来自38个亚非国家及亚洲—非洲法律协商组织秘书处、非盟秘书处的44名外交、司法部门法律官员参训。培训班聚焦"和平解决国际争端"，授课内容涵盖《联合国宪章》禁止使用武力原则及《联合国海洋法公约》、世贸组织、投资保护等领域争端解决机制等国际法热点问题。

2019年9月2—4日，法协网络空间国际法工作组第四次会议在杭州举行，中国、伊朗、日本、越南等11个法协成员国政府代表及红十字国际委员会代表等出席。亚非地区知名网络问题专家及世界知名互联网高科技企业代表作为特邀嘉宾，参与发言、讨论。各方围绕打击网络犯罪国际合作、不干涉原则在网络空间的适用、数据主权、跨境数据流动与数据安全、网络有害内容管控及和平利用网络空间等重要议题，进行了深入讨论。会上，成员国代表初步决定授权法协秘书长牵头起草《亚非法协网络国际法原则》。

【**同中国的关系**】亚非法协同中国保持着友好合作的关系。1980年，该组织在印尼首都雅加达举行第21届年会，并庆祝万隆会议召开25周年，中国首次应邀派观察员代表团与会。1983年11月14日，中国正式加入亚非法协，此后，中国以正式成员国身份参加了亚非法协历届年会，并分别于1990年和2015年在北京主办第29届和第54届年会。中国大力支持法协工作，至今已有1位中国人担任过法协秘书长，7人担任过副秘书长。现任中国籍副秘书长为王丽玉女士，2017年12月就任。此外，从2011年起，外交部条法司前任司长、现任中国驻马来西亚大使黄惠康以国际法委员会委员的身份，担任法协"名人小组"成员。（刘笑媛）

国际海底管理局

International Seabed Authority—ISA

【**成立日期**】国际海底管理局（简称"管理局"）是根据1982年《联合国海洋法公约》（简称《公约》）所设立的政府间国际组织。1994年11月16日，即《公约》生效之日，管理局宣布成立。1996年6月，管理局开始正式运作。1996年10月，管理局成为联合国大会观察员。

【**总部**】牙买加金斯敦。

【**网址**】http://www.isa.org.jm。

【性质】根据《公约》，管理局是缔约国按照《公约》有关规定，组织和控制“区域”内活动，特别是管理“区域”资源的组织。上述所称“区域”是指国家管辖范围以外的海床和洋底及其底土，“‘区域’内活动”是指勘探和开发“区域”的资源的一切活动。根据《公约》，“区域”及其资源是人类的共同继承财产。“区域”内资源的一切权利属于全人类，由管理局代表全人类行使。“区域”内活动应为全人类的利益而进行。管理局应在无歧视的基础上，公平分配从“区域”内活动取得的财政及其他经济利益。

【成员】《公约》所有缔约国均是管理局的当然成员。截至2018年12月，管理局有168个成员（167个国家和欧盟）。

【主要负责人】现任管理局秘书长为麦克·洛奇（Michael. W. Lodge，英国籍），2016年7月当选，2017年1月1日开始履职，任期4年。

【组织机构】管理局的主要机构是大会、理事会和秘书处。（1）大会由管理局的全体成员组成，是管理局的最高机构，有权依照《公约》各项有关规定，就管理局权限范围内的任何问题或事项制定一般性政策。（2）理事会是管理局的执行机构，有权依《公约》和大会制定的一般性政策，制定管理局对于其权限范围内的任何问题或事项所应遵循的具体政策。理事会分为5组，由36个成员组成：A组4个成员（通常称“最大消费国集团”），来自在有统计资料的最近5年中，对于可从“区域”取得的各类矿物所产的商品，其消费量超过世界总消费量2%，或其净进口量超过世界总进口量2%的缔约国；B组4个成员（通常称“最大投资国集团”），来自直接或通过其国民对“区域”内活动的准备和进行做出了最大投资的8个缔约国；C组4个成员（通常称“主要生产国集团”），来自缔约国中，因在其管辖区域内的生产而为从“区域”取得的各类矿物的主要净出口国；D组6个成员（通常称“特殊利益集团”），来自发展中国家缔约国，代表特别利益；E组18个成员（通常称“公平地域分配集团”），按照确保理事会的席位作为一个整体予以公平地区分配的原则选出。理事会下设法律和技术委员会，该委员会主要负责制订国际海底区域资源探矿、勘探和开发规章草案，供理事会审议；就指导承包者的工作提出技术或行政方面的建议，以协助承包者履行管理局的规则、规章和程序；审查承包者根据勘探合同提交的年度报告等。（3）秘书处由秘书长及所需工作人员组成，负责执行大会和理事会指定的日常任务，秘书长为行政首长。此外，管理局还设有财务委员会，委员由大会选举产生，负责监督管理局的资金运作和财务管理。

【主要活动】根据《公约》及《关于执行1982年12月10日〈联合国海洋法公约〉第十一部分的协定》（简称“1994年执行协定”）的有关规定，在第一项开发工作计划获得核准以前，管理局工作将集中于执行协定附件第1节第5段所列的资源勘探、制度建设、信息数据的收集和评估以及海洋科研等11个工作领域。自2012年以来，管理局的工作重点主要放在以下领域：（1）对勘探合同履行监督职能；（2）监测有关深海海底采矿活动的趋势和发展，包括世界金融市场情况及金融的价格、趋势和前景；（3）发展“区域”内活动的监管框架，包括推动制定《“区域”内矿产资源开发规章》；（4）保护海洋环境，包括完善探矿和勘探阶段有关环境指南，制订区域环境管理计划等；（5）通过持续实施技术研讨会方案、传播这些研究的成果、同承包者和国际科学界协作等途径，推动和鼓励在“区域”内进行海洋科学研究；（6）收集信息，建立和发展独特的科学技术信息数据库，以期增进对深海环境的了解；（7）加强管理局在全球背景下的作用，包括为联合国可持续发展目标14作出自愿承诺，加强与其他国际组织的合作等。截至2019年12月，管理局已出台《“区域”内多金属结核探矿和勘探规章》（2000年7月），《“区域”内多金属硫化物探矿和勘探规章》（2010年5月），《“区域”内富钴铁锰结壳探矿和勘探规章》（2012年7月），并已核准30项矿区申请。

【同中国的关系】中国是国际海底活动的主要投资国和与国际海底资源相关的矿产品主要消费国之一。自1996年管理局正式运作以来，中国是理事会B组成员。在2004年理事会成员改选中，中国成功当选A组成员，并在2008年、2012年、2016年改选中获得连任，任期至2020年。在管理局法律和技术委员会、财务委员会中，一直有中国籍专家担任委员。

中国是从事国际海底资源勘探活动的国家之一。中国大洋协会于2001年5月23日与管理局签订多金属结核勘探合同，在东北太平洋海域获得7.5万平方公里国际海底多金属结核勘探矿区；2011年11月18日与管理局签订多金属硫化物勘探合同，在西南印度洋海域获得1万平方公里多金属硫化物勘探矿区；2014年4月29日与管理局签订了富钴结壳勘探合同，在西北太平洋获得3000平方公里富钴结壳资源勘探矿区；2015年7月，经管理局批准，中国五矿集团公司在东太平洋克拉里昂—克利帕顿断裂区获得面积近7.3万平方公里的多金属结核矿区，并于2017年5月与管理局签订勘探合同；2019年7月15日，经管理局批准，北京先驱高技术开发公司在西太平洋获得7.4万平方公里的多金属结核勘探矿区，并于2019年10月18日与管理局签订勘探合同。

2019年2月、3月和7月，管理局第25届会议分两期在牙买加金斯敦举行。中国代表团在“纪念国际海底管理局25周年”活动、秘书长报告、开发规章制定、企业部、区域环境管理计划、法律和技术委员会委员选举、管理局5年期战略计划和行动计划等多个议题下发言，从不同角度阐述中国对国际海底形势政策主张，以及对开发规章制定、企业部独立运作和区域环境管理计划等相关重大问题的立场和看法。7月26日，《中华人民共和国自然资源部与国际海底管理局关于建立联合培训和研究中心的谅解备忘录》获得管理局大会批准。根据备忘录规定，自然资源部与管理局将在中国青岛自然资源部国家深海基地管理中心，建立联合培训和研究中心。该中心是面向国际社会（特别是发展中国家）开放的，致力于深海科学、技术和政策培训与研究的机构。7月，中国大洋协会在第二期会议期间举办主题为“合作贡献与人类共同继承财产原则”的边会，分享中国承包者自管理局成立25周年以来为国际海底事务所作贡献和努力。此外，中国积极促进发展中国家参与国际海底事务，与管理局开展了多项相关合作。中国多年来连续向管理局自愿信托基金捐款，为管理局财务委员会、法律和技术委员会中的发展中国家委员出席委员会会议提供资助。2019年，中国还为纪念管理局25周年活动提供了捐助。（鞠蕾）

国际海洋法法庭
International Tribunal for the Law of the Sea—ITLOS

【成立日期】国际海洋法法庭（简称“法庭”）是根据《联合国海洋法公约》（简称《公约》）和《国际海洋法法庭规约》（即《公约》附件六）的规定所设立的国际司法机构，于1996年10月正式成立。

【总部】德国汉堡。

【网址】http://www.itlos.org。

【组织机构】法庭由独立法官21人组成。法官从享有公平和正直的最高声誉、在海洋法领域内具有公认资格的人士中选出。法庭作为一个整体，应确保其能代表世界各主要法系和公平地区分配。法庭法官中不得有2人为同一国家的国民，联合国大会所确定的每一地理区域集团应有法官至少3人。法庭法官不得执行任何政治或行政职务，或对任何与勘探和开发海洋或海底资源或与海洋或海底的其他商业用途有关的任何企业的任何业务，有积极联系或有财务利益。

法庭法官由《公约》缔约国会议选举产生，任期9年（但在第1次选举出的法官中，有7人任期3年，另7人任期6年，具体人选通过抽签决定），可连选连任。现任法官分别来自韩国、马耳他、塞内加尔、佛得角、法国、特立尼达和多巴哥、波兰、日本、坦桑尼亚、南非、中国、阿尔及利亚、阿根廷、乌克兰、墨西哥、冰岛、巴拉圭、印度、泰国、俄罗斯和荷兰。现任庭长为韩国籍法官白珍铉（Jin-Hyun Paik），副庭长为马耳他籍法官大卫·约瑟夫·阿塔尔德（David Joseph Attard）。现任中国籍法官高之国于2008年1月在法官补缺选举中当选，接替原中国籍法官许光建，并于2011年6月成功连任，任期至2020年9月30日。

【管辖权】法庭主要受理有关《公约》的解释或适用的争端。根据《国际海洋法法庭规约》第21条的规定，法庭的管辖权包括按照《公约》向其提交的一切争端和申请，以及将管辖权授予法庭的任何其他国际协定中具体规定的一切申请。

【分庭】法庭原则上由全庭审理提交法庭的一切争端和申请，但在《公约》明确规定或当事各方按照《公约》提出请求的情况下，应由分庭审理和裁判案件；任何分庭做出的判决，均应视为法庭做出的判决。

法庭的分庭包括两类：一是根据《国际海洋法法庭规约》第四节设立的海底争端分庭。海底争端分庭主要管辖《公约》第187条所具体规定的《公约》缔约国之间，关于《公约》第十一部分及其有关附件的解释或适用的争端，缔约国与国际海底管理局之间、国际海底资源勘探和开发合同当事各方之间关于特定事项的争端。此外，根据《公约》第191条规定，海底争端分庭应国际海底管理局大会或理事会的请求，应对他们活动范围内发生的法律问题提出咨询意见。二是特别分庭。特别分庭是指法庭在必要时设立的处理特定种类争端的分庭，包括经当事各方请求处理某一特定争端的分庭，以及为了迅速处理事务而设立的适用简易程序的分庭等。

【审理案件】截至2019年12月，法庭共受理29个案件。近年受理的案件包括：巴拿马就“北辰”号诉意大利案、乌克兰就俄罗斯扣押乌军舰事向法庭申请临时措施案、瑞士就“圣父皮奥”号诉尼日利亚案、毛里求斯和马尔代夫在印度洋的海洋划界争端案等。

（邱雨桐）

全面禁止核试验条约组织筹备委员会
Preparatory Commission for the Comprehensive Nuclear-Test-Ban Treaty Organization—CTBTO

【成立日期】1996年11月19日。

【职责】全面禁止核试验条约组织筹备委员会（下称“筹委会”）的职责是为《全面禁止核试验条约》生效做好各项准备工作。

【成员】所有条约签字国均为筹委会成员。截至2020年3月，共有184国签署条约，其中168国已批约。

【负责人】筹委会临时技术秘书处执行秘书拉西那·泽博（Lassina Zerbo，布基纳法索籍）。泽博于2013年8月就任，2016年11月获得连任，第二任期从2017年8月起至2021年7月止。

【总部】奥地利维也纳。

【网址】http://www.ctbto.org。

【组织机构】筹委会主要包括全会和临时技术秘书处。全会是筹委会的决策机构。临时技术秘书处负责日常工作，下设行政、法律与外联、国际监测系统、国际数据中心和现场视察5个司。

【主要活动】筹委会每年召开2次全会，审议条约、筹备相关事宜，并做出决定。全会下设A、B两个工作组，分别就行政与法律工作、核查工作进行讨论，并向全会提出建议。临时技术秘书处负责为国际监测系统提供技术和法律援助，并负责国际监测系统台站的监督、管理和维护，以及台站数据的接收、分析和处理。

【同中国的关系】中国于1996年9月24日签署《全面禁止核试验条约》，是筹委会首批成员国之一。中国驻维也纳联合国和其他国际组织代表团代表兼任中国常驻条约组织筹委会代表。中国积极同临时技术秘书处开展合作，稳步推进中国境内11座监测台站建设。临时技术秘书处历任执行秘书先后对中国进行了9次工作访问，其中，泽博于2013年8月、2016年12月及2018年1月3次访华。目前，兰州核素台站、广州核素台站、北京核素台站、兰州地震台站、海拉尔地震台站等五个台站，已通过临时技术秘书处核证验收，并于2019年8月开始传输数据。2019年9月，中国派团参加第11届促进《全面禁止核试验条约》生效大会，呼吁各方继续推动强化禁核试国际共识，为促进条约生效进程贡献力量。

（孔君）

拉丁美洲和加勒比禁止核武器组织

Organismo para la Proscripción de las Armas Nucleares en la América Latina y el Caribe—OPANAL

【成立经过】1962年10月“古巴导弹危机”后，巴西、玻利维亚、厄瓜多尔和智利向第17届联大提出关于建立拉美无核区的提案。1963年4月，上述4国元首以及墨西哥总统在各自首都发表声明，要求拉美国家缔结多边协定，使拉美尽快成为无核区。同年，第18届联大通过了包括上述5国在内的11个国家关于建立拉美无核区的提案。1964年11月，17个拉美国家决定成立拉丁美洲非核化筹备委员会。1967年2月，巴拿马、秘鲁、玻利维亚、厄瓜多尔、哥伦比亚、哥斯达黎加、海地、洪都拉斯、墨西哥、萨尔瓦多、危地马拉、委内瑞拉、乌拉圭和智利在墨西哥城签署《拉丁美洲禁止核武器条约》，即《特拉特洛尔科条约》。条约于1969年4月生效。为保证履行条约的各项义务，根据该条约规定，缔约国在条约生效后成立了拉丁美洲禁止核武器组织。1985年，该组织第9届例会决定在正式文件中使用“拉丁美洲和加勒比禁止核武器组织”（简称“拉美禁核组织”）的名称。

【宗旨】条约规定，缔约国的核材料和核设备只能用于和平目的；禁止在各自领土上试验、使用、制造生产或取得核武器；禁止在各自领土上接受、储存、设置、部署或以任何其他形式拥有核武器。条约有两项附加议定书：第一号附加议定书要求在拉美拥有领土或属地的国家承担条约规定的有关义务。第二号附加议定书要求世界上拥有核武器的国家充分尊重条约，不对拉美国家使用或威胁使用核武器。

【成员】33个国家：巴巴多斯、巴哈马、巴拉圭、巴拿马、古巴、秘鲁、玻利维亚、多米尼加、厄瓜多尔、哥伦比亚、哥斯达黎加、格林纳达、海地、洪都拉斯、墨西哥、尼加拉瓜、萨尔瓦多、苏里南、特立尼达和多巴哥、危地马拉、委内瑞拉、乌拉圭、牙买加、巴西、智利、阿根廷、安提瓜和巴布达、伯利兹、圭亚那、多米尼克、圣基茨和尼维斯、圣文森特和格林纳丁斯、圣卢西亚。观察员国：德国、加拿大、韩国、塞浦路斯、西班牙、菲律宾、芬兰、希腊、伊朗、以色列、日本、马来西亚、摩洛哥、南非、瑞士、澳大利亚和新西兰。联系国：中国、英国、美国、俄罗斯、法国和荷兰（截至2019年12月）。

【主要负责人】常务秘书长弗拉维奥·罗伯托·邦扎尼尼（Flavio Roberto Bonzanini，巴西籍），2020年1月1日就职，任期至2021年12月31日。

【总部】墨西哥首都墨西哥城（Ciudad de México，México）。墨西哥为存约国。

【网址】http://www.opanal.org。

【出版物】《拉丁美洲和加勒比禁止核武器组织文件集》（OPANAL-Documentos），不定期，西班牙文。

【组织机构】（1）大会：最高权力机构。由全体缔约国组成，每2年召开1次。理事会认为必要时，可召开特别大会。（2）理事会：由5个理事国组成，经大会选举产生，任期4年。（3）秘书处：大会和理事会领导下的常设办事机构。秘书长由大会选举产生，任期4年，可连任1次。

【主要活动】2017年2月，拉美禁核组织举行《特拉特洛尔科条约》签署50周年纪念大会，墨西哥总统培尼亚到会并致辞。条约组织主席、墨西哥外长比德加赖主持会议，33个缔约国外长或副外长、五核国（中国、美国、俄罗斯、英国、法国）以及有关国际组织等代表与会。2018年5月，拉美禁核组织举行仪式，庆祝《特拉特洛尔科条约》列入联合国教科文组织世界记忆名录。

2019年2月14日，拉美禁核组织发表声明，纪念《特拉特洛尔科条约》签署52周年和拉美禁核组织成立50周年。

2019年11月7日，拉美禁核组织在墨西哥城举行第26届例会。

2020年2月14日，拉美禁核组织发表声明，纪念《特拉特洛尔科条约》签署53周年。

【同中国的关系】1972年11月，姬鹏飞外长声明，中国政府尊重和支持拉美无核区的正义主张，并同意《拉美禁核条约》第二号附加议定书的基本内容。1973年8月，中国政府签署了该议定书。1975—2001年，除个别情况外，中国均派观察员出席该组织的历届年会。1983年5月，中国代表于出席该组织在牙买加金斯敦举行的第8届例会期间发言，重申中国绝不对拉美国家和无核地区使用或威胁使用核武器，也不在拉美国家和地区试验、制造、生产、储存、安装或部署核武器，或使自己带有核武器的运载工具通过拉美国家领土、领空和领海。在第14届例会上，中国驻智利大使朱祥忠与会并讲话，阐述了中国对核裁军、无条件不对无核国家和无核区使用或威胁使用核武器及《核不扩散条约》延期问题的立场和主张。2003年11月，中国驻古巴大使王治权代表中国政府以观察员身份出席该组织第18届例会，重申了中国不使用和不威胁使用核武器的承诺。2012年2月，中国驻墨西哥大使馆派代表出席拉美禁核组织在墨西哥城举办的《特拉特洛尔科条约》签署45周年纪念活动。2017年2月，外交部军控司司长率中国观察员代表团参加拉美禁核组织《特拉特洛尔科条约》签署50周年纪念大会，并在一般性辩论阶段发言。2019年11月，中国驻墨西哥使馆派代表出席拉美禁核组织第26届例会。该组织两任秘书长埃克托尔·格罗斯（Héctor Gros）和何塞·马丁内斯（José Martínez）分别于1975年和1983年访华。

（纪晓蕾）

禁止化学武器组织

Organization for the Prohibition of Chemical Weapons—OPCW

【成立日期】根据1997年生效的《关于禁止发展、生产、储存和使用化学武器及销毁此种武器的公约》（简称《禁止化学武器公约》，下称《公约》），禁止化学武器组织于1997年5月23日成立。

【宗旨】《公约》包括序言、24条正文和3个附件。《公约》的宗旨和目标是全面禁止和彻底销毁所有化学武器，并为此规定了严格的核查机制；促进化工领域的国际交流与合作。

【成员】截至2020年3月，共有成员国193个。

【主要负责人】现任总干事费尔南多·阿里亚斯（Fernando Arias Gonzalez，西班牙籍），于2018年7月上任。

【总部】荷兰海牙。

【网址】http://www.opcw.org。

【组织机构】（1）缔约国大会：由全体成员国组成。每年召开1次例会，可审议《公约》范围内任何问题并做出决定。（2）执行理事会：由41个成员组成，是禁止化学武器组织的执行机构，向大会负责。执理会成员由大会选出，任期2年。（3）技术秘书处：协助大会和执行理事会行使其职能，包括执行《公约》的核查条款。技术秘书处由总干事领导，下设会务司、核查司、视察局、国际合作司、外联司、法律事务办公室、行政司、战略和政策办公室、内部监察办公室等。此外，还有科学咨询委员会、保密委员会等附属机构。

【主要活动】禁止化学武器组织是监督《公约》实施的机构，以确保《公约》的各项条款得到有效执行，并为缔约国提供进行协商与合作的论坛。截至2019年底，禁止化学武器组织进行了7302次视察。2019年，禁止化学武器组织召开了《公约》第24届缔约国大会和第90—92届执行理事会，讨论了叙利亚化武、日本遗弃在华化武、化学武器销毁、化工国际合作、促进国家履约措施及履约相关问题。

【同中国的关系】1993年1月13日，中国签署《公约》。1996年12月30日，全国人大常委会正式批准《公约》。1997年4月25日，中国交存了批准书，成为《公约》的原始缔约国。中国自1997年5月当选为执行理事会成员以来，一直连选连任。中国在海牙设有常驻禁止化学武器组织代表团，代表由中国驻荷兰大使兼任。2019年9月，中国与禁止化学武器组织在华联合举办化学防护医疗培训班。截至2019年底，中国已顺利接待禁止化学武器组织视察602次。

（孔君）

桑戈委员会

Zangger Committee

【成立经过】1971—1974年，由美、英、法等15个国家组成的小组，在瑞士教授桑戈主持下，在维也纳举行了一系列非正式会议，就核出口“竞争规则”和“触发清单”达成了谅解。该小组被称为“桑戈委员会”，又称“核出口国委员会”。

【宗旨】桑戈委员会根据《不扩散核武器条约》有关规定，制定向未参加条约的无核武器国家出口核材料、设备和技术的控制条件和程序。

【成员】截至2019年7月，有39个成员国。欧盟为永久观察员。

【控制机制】桑戈委员会通过“触发清单”实施核出口控制。“触发清单”由A、B两个备忘录和一个附件组成。备忘录对原材料和特种裂变材料，以及为加工、使用或生产特种裂变材料，而设计或制造的设备或材料出口作了定义，并规定出口“触发清单”物项需接受国际原子能机构保障监督。

桑戈委员会的决定及“触发清单”，仅对各国制定核出口政策起指导作用，无法律约束力。各成员国以信函模式接受“触发清单”，即由各国常驻国际原子能机构代表致函机构总干事，对“触发清单”及其修改予以确认。

【主要负责人】桑戈委员会现任主席为路易斯·卡森（Louise Fluger Callesen，女，丹麦籍），于2015年11月上任。

【网址】http://www.zanggercommittee.org。

【主要活动】桑戈委员会每年定期召开春、秋两次会议，主要讨论核出口控制政策，以及有关“触发清单”的问题。

【同中国的关系】1997年5月，中国以观察员身份出席桑戈委员会会议，1997年10月16日，中国正式加入桑戈委员会。此后，中国积极参加每年桑戈委员会例会的讨论，并发挥了建设性作用。（孔君）

核供应国集团

Nuclear Suppliers Group—NSG

【成立经过】1975年，加拿大、法国、联邦德国、日本、英国、美国和苏联7个主要核出口国在伦敦多次开会，讨论加强和完善核不扩散的政策和措施及敏感核材料和设备的出口控制等问题，并通过了“核转让准则”和“触发清单”。此后，会议形成年度机制，被称为“伦敦核俱乐部”。1992年，机制更名为“核供应国集团”。

【宗旨】核供应国集团通过加强核及核两用品和相关技术的出口管制，防止核武器扩散。

【成员】截至2020年2月，集团有成员48个。欧盟委员会与桑戈委员会主席为观察员。

【控制机制】核供应国集团通过“准则”和“清单”，对核及核两用品和相关技术实施出口管制。确保出口的物项和技术不被转用于核爆炸或其他非和平目的，以防止核武器扩散。“准则”规定以进口国接受国际原子能机构全面保障监督作为核出口的条件；转让“清单”中的物项和技术，须接受国际原子能机构保障监督；进口国执行国际原子能机构保障监督附加议定书或相应地区性保障监督安排系向其转让铀浓缩和后处理技术的条件。“准则”和“清单”一俟当事国书面通知国际原子能机构总干事表示接受，即对该国产生约束力。

核供应国集团与桑戈委员会均是由核供应国单方面组成的非正式组织，目标均是防止核武器扩散。两组织绝大部分成员重叠，但在控制原则和范围上存在差别，主要体现在：核供应国集团将进口国接受全面保障监督作为核出口条件；核供应国集团出口控制范围还包括与核有关的两用物项和技术等。

【集团联络点】日本常驻维也纳代表团。

【网址】http://www.nuclearsuppliersgroup.org。

【主要活动】集团每年召开1次全会。全会下设咨询组、信息交流会、许可证和执法专家会。咨询组主要负责对“准则”和“清单”的执行情况进行审议、更新及修订，信息交流会主要就出口控制领域的经验及信息进行交流。2013年，全会决定建立技术专家组，在咨询组要求下，负责完善并根据科技进步更新清单。集团采取协商一致方式做出决定。集团2019年全会在哈萨克斯坦努尔苏丹举行，讨论了集团指导原则及控制清单修订等问题，继续讨论“非《不扩散核武器条约》缔约国加入集团的技术、法律和政治问题”。

【同中国的关系】中国于2004年6月10日在瑞典哥德堡年会上，正式加入核供应国集团。此后，中国以建设性姿态参与了核供应国集团历次全会及咨询组会议。中国相关出口控制法规及“清单”与核供应国集团“准则”及“清单”保持一致。（孔君）

澳大利亚集团

Australia Group—AG

【成立经过】为加强两用化学品出口管制，协调各国化学武器相关物项出口管制范围及管制方式，1985年4月，澳大利亚提议召开会议，协调各国的出口控制措施，加强各国在防止化学武器扩散方面的合作。首次会议于同年6月在布鲁塞尔举行，由澳大利亚主持，其后每年在巴黎举行年会，“澳大利亚集团”因此得名。1990年，澳大利亚集团开始采取措施以防止生物武器的扩散。

【成员】截至2020年2月，集团有43个成员，澳大利亚为常任主席国，集团所有成员国均为《禁止生物武器公约》和《禁止化学武器公约》缔约国。

【网址】http://www.australiagroup.net。

【运作机制】澳大利亚集团作为非正式安排，旨在加强成员国现行出口控制机制的有效性，防止生化武器扩散。集团控制措施对成员国不具有法律约束力，由成员国自行实施。

【出口控制机制】澳大利亚集团通过出口许可证、出口管制准则和管制清单等措施，对生化两用物项及相关设备、技术和软件进行出口管制，防止其用于生化武器。2002年，集团制定了《生化敏感物项出口控制指导原则》，其中明确引入全面控制（catch-all）和协商原则（no undercut）。近年来，集团注重对无形敏感技术、中介活动、新兴技术及二手设备转让的管制，并加强与亚太地区及独联体国家在出口管制领域的对话与交流。

【同中国的关系】中国不是澳大利亚集团成员国。

（孔君）

瓦森纳安排

Wassenaar Arrangement

【成立经过】1993年，巴黎统筹委员会解散。1995年9月，包括“巴统”17国在内的28个国家在荷兰瓦森纳召开高官会议，决定建立常规武器和双用途物品及技术出口控制机制。1996年7月，“关于常规武器和双用途物品及技术出口控制的瓦森纳安排”（The Wassenaar Arrangement on Export Controls for Conventional Arms and Dual-use Goods and Technologies）在奥地利维也纳正式成立，简称“瓦森纳安排”。

【性质与宗旨】瓦森纳安排是一种建立在自愿基础上的集团性出口控制机制，通过成员国间的信息通报制度，提高常规武器和双用途物品及技术转让方面的透明度，以达到对常规武器和双用途物品及相关技术转让的监督和控制。

【成员国】截至2020年2月，有42个成员国。

【秘书处】奥地利维也纳。

【网址】http://www.wassenaar.org。

【运作机制】瓦森纳安排成员国对控制清单上物项的出口实行国家控制，即由各国政府自行决定是否允许或拒绝转让某一物品，并在自愿基础上向其他成员国通报有关信息，协调出口控制政策。信息交换仅限于向非成员国的出口，成员国间的贸易无须通报。控制物品清单分为军品清单、双用途物品及技术清单两部分。

成员国同意相互通报许可或拒绝转让申请的信息。一国通报拒绝转让某一项目，并不意味着其他成员国有拒绝类似转让的义务。但是，如一成员国批准了一个转让许可证，而过去3年中，另一成员国曾拒批“基本相同”的转让，前者有义务在60天之内（最好在30天之内）向其他成员国通报，但其他成员国无权否决此项交易。交换的信息保密，并视同享有特权的外交通讯。各国对同意转让或拒绝转让项目的通报建立在“自行全权决定”的基础上，所有措施均由各国自主决定执行。

【主要活动】瓦森纳安排成员国定期举行会议，审查受控项目清单，考虑协调发展有效出口控制机制，并讨论其他共同关心的问题。全会每年至少召开1次，由各成员国逐年轮流担任会议主席，实行协商一致的原则。

2019年12月，瓦森纳安排成员国第25次会议在维也纳举行，希腊担任轮值主席。会议对瓦森纳安排有关军品、双用途物品及技术清单进行了审议和修改，更新了管控领域，增强了对于相关网络数字技术的管控，分享了许可和执法经验，并确定克罗地亚为2020年轮值主席国。

【同中国的关系】中国不是瓦森纳安排成员国。

（孔君）

导弹及其技术控制制度

Missile Technology Control Regime—MTCR

【成立经过】“导弹及其技术控制制度”是美国等西方7国制定的集团性出口控制制度，旨在防止可运载大规模杀伤性武器的导弹和无人驾驶航空飞行器及其相关技术的扩散。1985年7月，美、英、法、德、意、日、加7国召开会议，就制定“导弹及其技术控制制度”达成一致意见。1987年，“导弹及其技术控制制度”建立并正式对外公布。此后，“导弹及其技术控制制度”的准则和附件历经数次修改。

【成员国】截至2020年2月，有35个成员国。

【联络处】“导弹及其技术控制制度”没有常设性机构或秘书处，仅在法国外交部设立了一个联络点。

【网址】http://www.mtcr.info。

【主要规定】“导弹及其技术控制制度”由“准则”和“设备、软件和技术附件”组成。“准则”规定了“导弹及其技术控制制度”的目标和导弹及相关物项的出口控制指导原则框架。“设备、软件和技术附件”罗列了应受控制的导弹及相关物项和技术。各成员国通过国家立法实施“准则”，并将附件所列物项纳入本国的出口管制体系。

“准则”规定，“导弹及其技术控制制度”通过对可能有助于大规模杀伤性武器（WMD）运载系统（有人驾驶飞行器除外）发展计划的转让进行控制，以达到减少WMD扩散风险的目的。“准则”的另外一个目的是，防止受控物项和技术落入恐怖组织和个人之手。“准则”不妨碍各国发展空间计划或开展相关国际合作。“附件”所列一切项目的转让均应受到限制，并适用逐项审批原则。成员国在处理有关转让申请时，应综合考虑对WMD扩散的关切、接受国的导弹和空间计划的能力和目标、有关转让对WMD运载系统发展的重要性等因素。在转让可能促进WMD运载系统研制的情况下，转让国政府必须要求接受国政府作出保证，未经同意不得改变项目的申明用途。不得将转让的项目或其仿制件、改形件再次转让。

受控物项分为两大类：“I类项目”是最敏感的项目，包括主要参数超过300公里射程/500公斤载荷的完整火箭系统（包括弹道导弹、空间运载火箭和探空火箭）和无人驾驶航空飞行器系统（包括巡航导弹、靶机和侦察机），以及上述系统的生产设施、主要分系统（包括火箭各级）、再入飞行器、火箭发动机、制导系统和弹头机制。I类项目在转让时，不论目的如何，均应加以特别限制，适用“强烈推荐不予转让”原则；I类项目生产设施的转让一般不应批准。

“II类项目”包括可用于运载WMD、但未包括I类项目中的完整火箭系统（包括弹道导弹、空间运载火箭和探空火箭）和无人驾驶航空飞行器系统（包括巡航导弹、靶机和侦察机），以及可用于I类项目中各系统的设备、材料和技术。II类项目在转让时，应逐案审批。

【主要活动】“导弹及其技术控制制度”一般每年举行1次年会，由各成员国轮流主办，主办国即为当年轮值主席国，新西兰为现任主席国。各成员国根据“导弹及其技术控制制度”准则和附件，制定有关出口控制法规；由各成员国政府自行判断有关转让是否会被用于运载大规模杀伤性武器，并据此决定是否批准某一项出口。各成员国定期相互通报发放导弹相关出口许可证的情况，并对出口控制中的有关问题进行讨论。

2019年10月，第32届全体会议对当前世界防扩散形势进行了充分讨论，认识到迅速发展的技术对于防扩散带来的挑战，强调各参与国将继续密切合作，加强相关机制建设。

【同中国的关系】中国不是“导弹及其技术控制制度”成员国。

（孔君）

防止弹道导弹扩散海牙行为准则

Hague Code of Conduct Against Ballistic Missile Proliferation—HCOC

【成立经过】2000年10月，“导弹及其技术控制制度”成员国提出建立“防止弹道导弹扩散国际行为准则”，并于2001年9月在“导弹及其技术控制制度”成员国国家内部通过。2002年11月，“防止弹道导弹扩散海牙行为准则”在荷兰海牙正式成建立。

【参加国】截至2020年2月，有143个成员国。

【联络处】“防止弹道导弹扩散海牙行为准则”不设常设性机构或秘书处，在奥地利设有紧急联络中心。

【网址】http://www.hcoc.at。

【基本情况】“防止弹道导弹扩散海牙行为准则”的核心内容是通过透明和建立信任措施等政治手段，防止可运载大规模杀伤性武器的弹道导弹扩散。要求成员国对弹道导弹和空间运载火箭的发射和试验飞行实行发射前通报。成员国还应逐年宣布弹道导弹和空间运载火箭的政策大纲、前一年发射数量与种类、发射基地等。

（孔君）

"防止弹道导弹扩散海牙行为准则"每年举行1次全会。2019年1月，第18次全会在维也纳举行，挪威担任2019—2020年度轮值主席。会议对"准则"的重要性与普遍性、大规模杀伤性武器及其运载工具扩散威胁、朝鲜导弹项目等议题进行了讨论。

【同中国的关系】中国积极参与了制定"防止弹道导弹扩散海牙行为准则"草案的讨论，但由于中国有关"在自愿基础上实施透明和建立信任措施"的关切未被采纳，中国未加入该机制。　（孔君）

打击核恐怖主义全球倡议

The Global Initiative to Combat Nuclear Terrorism—GICNT

【成立经过】2006年7月15日，美俄共同提出"打击核恐怖主义全球倡议"（简称"倡议"），旨在通过开展国际合作，加强各国能力建设，采取有效措施共同打击核恐怖主义。

【宗旨】倡议以安理会有关决议、《制止核恐怖主义行为国际公约》等为基础，主要原则和目标是：完善核材料及放射性物质的实物保护体系；加强民用核设施的安保；提高对上述物资的探测、搜寻和控制能力，防止非法贩运；提高应对核恐怖袭击的能力；防止向核恐怖主义提供庇护及金融和经济资源；确保恐怖主义及其支持者得到刑事及民事处罚；加强情报交流。倡议系非正式安排，对所有致力于打击核恐怖主义的国家开放。参加国在自愿基础上参与倡议及其活动，开展相关国际合作。

【成员】截至2020年2月，倡议共有89个成员国。中国、美国、俄罗斯、英国、法国、德国、意大利、日本、加拿大、澳大利亚、土耳其和哈萨克斯坦12国是创始伙伴国。国际原子能机构、欧盟、国际刑警组织和联合国毒品和犯罪问题办公室、联合国跨区域犯罪和司法研究所是观察员。

【主要活动】2019年6月5—7日，倡议第11次全会在阿根廷举行，制订了2019—2021年工作计划，就倡议未来发展方向以及"核探测""核分析鉴定""应对和减缓核恐怖主义"3个工作组下步工作进行了讨论。会议选举摩洛哥担任倡议执行与评估小组新一任协调员。

【同中国的关系】中国一贯反对包括核恐怖主义在内的任何形式的恐怖主义。作为创始伙伴国，中国支持倡议的宗旨和目标，积极参加了倡议历次全会和有关研讨与演练活动，并于2018年10月16日在北京举办"打击核恐怖主义全球倡议"重大公共活动反核恐与核应急研讨会。　（孔君）

伊朗核问题

Iranian Nuclear Issue

2019年5月，为反制美国退出伊朗核问题全面协议（Joint Comprehensive Plan of Action—JCPOA，下称"全面协议"）并对伊实施"极限施压"，伊宣布分阶段减少履行全面协议义务。截至2019年底，伊先后采取4个阶段减少履约措施，浓缩铀库存、丰度突破全面协议限制，并加强新型离心机研发，启动福尔多核设施铀浓缩活动。同时，伊强调上述措施都是可逆的，只要全面协议其他方履行承诺，伊将恢复履约。伊将继续与国际原子能机构（下称"机构"）合作。机构总干事连续发布17份报告，确认伊就全面协议执行问题接受机构监督核查。

全面协议其他参与方（中国、法国、德国、俄罗斯、英国、欧盟及伊朗）均继续执行全面协议，并于2019年9月举行外长会。会议由欧盟外交和安全政策高级代表莫盖里尼主持，中国国务委员兼外交部长王毅、伊外长扎里夫、法外长勒德里昂、德外长马斯、俄外长拉夫罗夫、英外交大臣代表莫尔出席。外长会发表联合声明，强调所有各方均全面、有效执行协议至关重要，并重申继续努力维护协议的决心，这符合所有各方的利益。全面协议联合委员会及下设阿拉克重水堆改造工作组、制裁解除工作组、采购工作组等机制正常运转。截至2019年底，作为安理会常任理事国和全面协议参与方，中国始终坚定支持全面协议。中国国务委员兼外交部长王毅在上述外长会上阐述了中国主张，积极推动各方相向而行，共同维护全面协议。中国还深入参与全面协议执行机制，派团出席联合委员会及下属工作组历次会议。作为阿拉克重水堆改造工作组双组长之一，中国按照全面协议规定和各方共识，推动改造进程不断取得新的进展。

2019年中国再次向国际原子能机构对伊监督核查项目捐款150万元人民币。　（孔君）

国际会议

亚欧会议
Asia-Europe Meeting—ASEM

【成立经过】1994年7月，欧盟制定了《走向亚洲新战略》，决定与亚洲进行更广泛对话，建立建设性、稳定和平等的伙伴关系。同年10月，新加坡总理吴作栋访问法国期间提议建立亚欧会议，得到亚欧各国的积极响应。经过一年多的筹备，首届亚欧首脑会议于1996年3月在泰国曼谷举行，亚欧会议正式成立。

【宗旨】亚欧会议的宗旨是通过加强相互对话、了解与合作，为经济和社会发展创造有利的条件，以建立亚欧新型、全面的伙伴关系。

【成员】亚欧会议现有成员53个，其中亚洲成员22个，包括中国、日本、韩国、东盟10国、蒙古、印度、巴基斯坦、俄罗斯、澳大利亚、新西兰、孟加拉国、哈萨克斯坦、东盟秘书处。欧洲成员31个，包括欧盟27国、英国、瑞士、挪威及欧盟委员会。

【原则】首届亚欧会议明确提出，亚欧合作应遵循以下原则：相互尊重、平等、促进基本权利、遵守国际法规定的义务、不干涉彼此内部事务；合作应是开放和循序渐进的，后续行动在协商一致的基础上进行；新成员加入须先获得所在地区支持，再由首脑会议协商一致决定。

【合作领域】亚欧会议的三大支柱为政治对话、经贸合作、社会文化及其他领域交流。在政治对话方面，亚欧双方均主张多边主义，关注国际和地区形势，以及传统和非传统安全挑战，先后就朝鲜半岛、打击国际恐怖主义、印巴局势、中东和平进程、防止大规模杀伤性武器、和平与发展等问题发表宣言或声明。在经贸合作方面，双方曾积极开展宏观经济和财金政策对话，共同致力于促进两地区经济和贸易稳定增长。在文化交流和文明对话方面，双方曾通过《亚欧会议文化与文明对话宣言》，制订中长期亚欧文化合作的规划文件，多次举办文化部长会议和不同信仰间的对话会议，并在亚欧基金框架内举办了大量文化交流活动。

【活动机制】以非机制化方式在多层次上开展活动。

首脑会议负责确定亚欧会议的指导原则和发展方向。隔年在亚洲和欧洲轮流举行。迄今已在泰国曼谷、英国伦敦、韩国首尔、丹麦哥本哈根、越南河内、芬兰赫尔辛基、中国北京、比利时布鲁塞尔、老挝万象、意大利米兰、蒙古乌兰巴托和比利时布鲁塞尔举行过12届。第13届亚欧首脑会议将于2020年11月在柬埔寨金边举行。

外长会议和高官会负责对亚欧会议活动进行政策规划和整体协调，并筹备首脑会议。外长会议与首脑会议隔年举行。高官会每年不定期举行。外长会议已举行14届，第14届亚欧外长会议于2019年12月在西班牙马德里举行。此外，还定期或不定期举行经济、财政、文化、教育、科技、交通、能源、环境、中小企业、劳动、信息与通信技术、海关署长、总检察长等专业部长级会议，负责在各自领域落实首脑会议决定，制订合作规划并开展相关活动。亚欧双方各有两个成员轮流担任协调员，负责协调本地区成员立场。

亚欧基金设立于1997年，是亚欧会议框架下唯一的常设机构，负责开展学术、文化和人员交流活动，秘书处设在新加坡。2016年，中方候选人孙向阳在亚欧基金第35次董事会会议上当选亚欧基金副总干事，任期至2021年1月。

【主要活动】2019年12月15—16日，第14届亚欧外长会议在西班牙马德里举行。会议主题为"亚洲和欧洲：共同打造有效的多边主义"。会议发表了基调积极的主席声明，在坚持多边主义、反对单边主义和保护主义、维护多边贸易体制、促进互联互通合作等重大问题上发出了强有力的声音，在朝核等地区热点问题上保持了平衡。此前于4月、8月、10月、12月分别举行了1次非正式高官会、1次亚洲高官会和2次高官会，重点讨论第14届亚欧外长会议筹备、亚欧互联互通合作等问题。

2019年，亚欧会议还举行了第七届亚欧教育部长会议（布加勒斯特）、第五届亚欧交通部长会议（布达佩斯）等。

【同中国的关系】中国是亚欧会议创始成员，一贯重视并积极参与亚欧会议各领域活动，提出了一系列促进亚欧合作的主张与倡议，发起并主办了多个专业领域的部长级会议，为巩固和发展亚欧新型全面伙伴关系发挥了重要作用。中国国务院总理出席了历届亚欧首脑会议，有针对性地阐述了中国立场和中国主张，倡导在相互尊重、平等互利的基础上开展务实合作，为会议成功发挥了积极和建设性作用。中国于2008年10月在北京成功主办了第七届亚欧首脑会议，为进一步深化亚欧伙伴关系作出了重要贡献。

2019年，中国继续全面深入参与亚欧会议的各项活动。8月6—7日，由我国倡议主办的亚欧会议亚洲高官会在四川成都举行，21个来自亚洲国家盟的高官或代表悉数与会，中国外交部副部长马朝旭出席会议开幕式并致辞。与会各方讨论了如何更好发挥亚欧会议作用、第14届亚欧外长会议筹备、亚欧会议亚洲成员合作等议题，取得了积极成果。9月11日，外交部与中国国际贸易促进委员会在山东青岛共同举办亚欧创新发展论坛，主题为“坚持创新引领，开辟增长源泉”。31个亚欧会议成员政府、企业、商协会和研究机构及有关国际组织的近400名与会代表，围绕亚欧信息技术合作、智慧城市、智能制造、电子商务创新等议题，进行深入讨论。10月10日，第三届亚欧会议框架下，由中国残疾人联合会主办的残疾人合作高级别会议在北京举行，来自亚欧会议成员、相关国际组织的代表和专家学者共60余人出席会议。会议聚焦亚欧传统文化和法理背景下的残疾人政策对话，就如何开展亚欧会议框架下残疾人务实合作进行了广泛而深入的讨论。10月29—31日，中国海关总署在浙江杭州举办了亚欧会议“单一窗口”国际合作研讨会，主题为“深化亚欧‘单一窗口’务实合作，促进互联互通与贸易便利”。22个来自亚欧会议成员的海关代表，世界贸易组织、世界海关组织及相关行业协会，以及商界代表共120余人与会。12月15—16日，第14届亚欧外长会议在西班牙马德里举行，中国国务委员兼外交部长王毅应欧盟和西班牙邀请与会，并在全会上作题为《践行多边主义，共创美好未来》的引导性发言。王国委指出，当今世界面临百年未有之大变局，国际秩序正受到严峻挑战，新一轮科技革命方兴未艾，发展问题不断敲响警钟，封闭孤立不是出路，联通合作才有未来；并呼吁亚欧各方为捍卫多边主义作出表率，坚定维护以联合国为核心的国际体系、以世贸组织为核心的多边贸易体制，旗帜鲜明地反对单边主义和保护主义，率先打造互联互通伙伴关系，破解发展不充分、不平衡的世界难题，携手构建人类命运共同体。

2019年，中国亚欧会议高官谢波华大使率团出席1次亚欧会议非正式高官会（悉尼）、2次亚欧会议高官会（布鲁塞尔、马德里）。中国代表团还先后出席亚欧会议海洋可持续发展高级别会议（3月）、第七届亚欧教育部长会议（5月）、亚欧会议促进亚欧经济社会包容性研讨会（5月）、第五届亚欧交通部长会议（12月）等亚欧会议框架下的活动。　（王达之）

金砖国家领导人第11次会晤

Eleventh BRICS Summit

2019年11月13—14日，金砖国家领导人第11次会晤在巴西首都巴西利亚举行。巴西总统博索纳罗主持会议。习近平主席、俄罗斯总统普京、印度总理莫迪、南非总统拉马福萨应邀与会。

【主要活动】金砖国家领导人第11次会晤主题为“经济增长打造创新未来”。会晤期间，5国领导人共同出席工商论坛闭幕式，举行了闭门会议、公开会议、同工商理事会和新开发银行的对话会。

习近平主席发表题为《携手努力共谱合作新篇章》的重要讲话，强调金砖国家要展现应有的责任担当，倡导并践行多边主义，营造和平稳定的安全环境；把握改革创新的时代机遇，深入推进金砖国家新工业革命伙伴关系；促进互学互鉴，不断拓展人文交流的广度和深度。中国将坚持扩大对外开放，推进高质量共建“一带一路”，努力推动构建亚太命运共同体和人类命运共同体。

习近平指出，这次会晤是在世界经济发展和国际格局演变的关键时刻举行的。新科技革命和产业变革方兴未艾。新兴市场国家和发展中国家的崛起势头不可逆转，为全球经济治理体系变革注入强劲动力。令人担忧的是，保护主义、单边主义愈演愈烈，治理赤字、发展赤字、信任赤字有增无减，世界经济中不稳定不确定因素明显上升。面对百年未有之大变局，金砖国家应该顺应时代潮流，回应人民呼声，展现应有的责任担当，在追求发展的道路上矢志不移，在团结合作的历程中携手奋进，为人民谋幸福，为世界谋发展。

第一，营造和平稳定的安全环境。应该以维护世界和平、促进共同发展为目标，以维护公平正义、推动互利共赢为宗旨，以国际法和公认的国际关系基本准则为基础，倡导并践行多边主义。要维护《联合国宪章》宗旨和原则，维护以联合国为核心的国际体系，反对霸权主义和强权政治，建设性参与地缘政治热点问题的解决进程。密切战略沟通和协作，发出金砖共同声音，推动国际秩序朝着更加公正合理的方向发展。

第二，谋求开放创新的发展前景。应该深入推进金砖国家新工业革命伙伴关系，在贸易和投资、数字经济、互联互通等领域不断打造合作成果，努力实现高质量发展。积极倡导共商共建共享的全球治理观，推动全球经济治理体系变革。坚决反对保护主义，维护以世界贸易组织为核心的多边贸易体制，提升新兴市场国家和发展中国家在国际事务中的发言权和影响力。推动将发展问题置于全球宏观政策框架的核心位置，坚定落实联合国2030年可持续发展议程和应对气候变化的《巴黎协定》，实现经济、社会、环境各领域协同发展。

第三，促进互学互鉴的人文交流。应该不断拓展人文交流的广度和深度。以"金砖+"合作为平台，加强同不同文明、不同国家的交流对话，让金砖的朋友圈越来越大，伙伴网越来越广。

习近平强调，中国将坚持扩大开放，增加商品和服务进口，扩大外资市场准入，加强知识产权保护，形成全方位、多层次、宽领域的全面开放新格局。中国将遵循共商共建共享原则，秉持开放绿色廉洁理念，推进高质量共建"一带一路"。中国将继续奉行独立自主的和平外交政策，始终不渝走和平发展道路，致力于共筑更加紧密的中非命运共同体，构建携手共进的中拉命运共同体，构建开放包容、创新增长、互联互通、合作共赢的亚太命运共同体，朝着构建新型国际关系、构建人类命运共同体的目标不断迈进。

丁薛祥、杨洁篪、王毅、何立峰等参加会晤。

【会晤成果】金砖国家领导人第11次会晤通过了《巴西利亚宣言》，取得了积极成果：

5位领导人围绕"经济增长打造创新未来"的主题，就国际和地区形势、金砖国家合作、全球经济治理等重大问题深入交流，并达成广泛共识。会晤发表《巴西利亚宣言》，就维护多边主义、反对保护主义发出明确信号，深化在经贸财金、政治安全、人文交流上的三轮驱动合作，继续推进金砖国家新工业革命伙伴关系建设，并首次将新开发银行扩员问题提上金砖日程。

习近平主席在会上发表的一系列重要讲话精准把握国际大势和时代特征，深刻阐述多边主义时代内涵，强调推进经贸财金、政治安全、人文交流"三轮驱动"，提出构建开放包容、创新增长、互联互通、合作共赢的亚太命运共同体，为金砖国家加强团结合作、打造第二个"金色十年"指明了方向。习主席系列讲话得到与会领导人的高度评价，引起国际社会的广泛关注和热烈反响，对深化金砖国家合作和新兴市场国家与发展中国家合作产生了深远影响。（刘迪一）

伊比利亚美洲首脑会议

Cumbre Iberoamericana

【召开经过】为纪念哥伦布"发现"美洲新大陆500周年，西班牙国王胡安·卡洛斯一世倡议召开伊比利亚美洲（简称"伊美"）首脑会议，拉美西、葡语国家和葡萄牙给予热烈响应和支持。在西班牙赞助和墨西哥的积极组织下，首届首脑会议于1991年在墨西哥举行。此后，每年召开1届首脑会议，截至2018年12月，已举行26届。2003年，第13届首脑会议决定在西班牙首都马德里设立常设秘书处。

【宗旨】建设互信的多边交流论坛，使各国在其框架内分享经验、协调立场，共同建设和平、民主、人权、经济和社会可持续发展的伊美社会。

【成员国】由拉美19国和伊比利亚半岛3国组成（截至2019年12月）：阿根廷、巴拉圭、巴拿马、巴西、秘鲁、玻利维亚、多米尼加、厄瓜多尔、哥伦比亚、哥斯达黎加、古巴、洪都拉斯、墨西哥、尼加拉瓜、萨尔瓦多、危地马拉、委内瑞拉、乌拉圭、智利以及西班牙、葡萄牙和安道尔。意大利、比利时、菲律宾、法国、摩洛哥、荷兰、海地、日本和韩国等为其联系观察员国。

【主要负责人】秘书长蕾维卡·格林斯潘（Rebeca Grynspan，女，哥斯达黎加籍），2014年3月任职，任期4年。2018年，格任期续延4年。

【总部】常设秘书处设在西班牙马德里（Madrid, España）。由首脑会议主办国设立临时秘书处。

【网址】http://www.segib.org。

【组织机构】（1）首脑会议：原为每年举行1次，2013年第23届峰会决定，自2014年后每2年举行1次。（2）外长会议：首脑会议前举行，协商首脑会议相关事宜。（3）部长会议：不定期举行，由成员国各部长及伊美合作项目高级负责人参加。

【历次峰会时间和地点】前26届峰会分别在墨西哥（1991年）、西班牙（1992年）、巴西（1993年）、哥伦比亚（1994年）、阿根廷（1995年）、智利（1996年）、委内瑞拉（1997年）、葡萄牙（1998年）、古巴（1999年）、巴拿马（2000年）、秘鲁（2001年）、多米尼加（2002年）、玻利维亚（2003年）、哥斯达黎加（2004年）、西班牙（2005年）、乌拉圭（2006年）、智利（2007年）、萨尔瓦多（2008年）、葡萄牙（2009年）、阿根廷（2010年）、巴拉圭（2011年）、西班牙（2012年）、巴拿马（2013年）、墨西哥（2014年）、哥伦比亚（2016年）、危地马拉（2018年）举行。

【主要活动】2014年12月，第24届伊美首脑会议在墨西哥举行，主题为"21世纪的伊比利亚美洲——教育、文化与创新"。22个成员国元首、政府首脑或其代表、伊比利亚美洲首脑会议秘书长格林斯潘出席。会后发表《韦拉克鲁斯宣言》《行动纲领》和11个特别声明，旨在在文化、教育和创新等领域进一步加深成员国间联系，实现共同发展与繁荣。会议决定第25届伊美首脑会议于2016年在哥伦比亚举行。会议期间还分别举行了通讯论坛和企业家论坛。

2016年10月，第25届伊美首脑会议在哥伦比亚卡塔赫纳召开，主题为“青年、创新与教育”。西班牙国王费利佩六世、候任联合国秘书长古特雷斯及10个成员国领导人出席。会议发表了《卡塔赫纳宣言》《伊美青年协定》及多项特别声明，呼吁改善教育，特别是注重技术教育，大力推动青年和弱势群体就业。会议期间还举行了伊美企业家论坛、青年记者和创业者论坛等配套活动。

2018年11月，第26届伊美首脑会议在危地马拉安提瓜市举行，主题为“繁荣、包容、可持续的伊比利亚美洲”。西班牙国王费利佩六世等22国国家元首、政府首脑或代表与会。会议通过《危地马拉宣言》《行动计划》，并就移民和难民等问题发表20项特别声明。西班牙宣布向美洲开发银行捐款1000万美元。

【同中国的关系】无正式关系。　（纪晓蕾）

博鳌亚洲论坛

Boao Forum for Asia

【成立经过】博鳌亚洲论坛由菲律宾前总统拉莫斯、澳大利亚前总理霍克和日本前首相细川护熙发起，于2001年2月27日在中国海南省博鳌正式成立，成立大会通过了《博鳌亚洲论坛宣言》。同年8月，论坛在中国民政部注册成立，并在北京举办了北京办事处成立暨会员招募启动仪式。

【性质和宗旨】论坛属非官方国际会议组织，旨在进一步促进亚洲各国之间以及亚洲与世界其他地区之间的相互了解与互利合作。

【主要组织机构与负责人】会员大会为最高决策机构，理事会为最高执行机构，秘书处为常设执行机构。现任理事长为联合国前秘书长潘基文，副理事长、中方首席代表为中国第十二届全国政协副主席、中国人民银行前行长周小川，秘书长为中国外交部前副部长李保东。

【总部与秘书处】论坛定址于中国海南省琼海市博鳌镇。总部地址：海南省琼海市博鳌金海岸大道1号。邮编：571434。电话：0898-62778703；传真：0898-62778702。电子邮件：bfa@boaoforum.org。秘书处地址：北京市朝阳区建国门外大街1号国贸大厦A座42层。邮编：100004。电话：010-65057377；传真：010-65051833。

【网址】http://www.boaoforum.org。

【主要活动】论坛每年举办1次年会。首届年会于2002年4月12—13日举行，主题为“新世纪、新挑战、新亚洲——亚洲经济合作与发展”。第17届年会于2018年4月8—11日举行，主题为“开放创新的亚洲，繁荣发展的世界”。第18届年会于2019年3月26—29日举行，主题为“共同命运、共同行动、共同发展”。

【同中国的关系】作为论坛东道国，中国积极支持论坛发展壮大。中央政府和海南省政府对论坛历次年会均给予了大力支持。中国领导人出席了论坛成立大会和历年年会。2019年3月28日，李克强总理出席论坛2019年年会开幕式，并发表题为《携手应对挑战　实现共同发展》的主旨演讲。

李克强总理指出，当前国际形势正发生复杂深刻的变化。面对复杂的国际形势，亚洲各国要同舟共济，携手实现共同发展。各方要协力维护和平发展的大环境，深化战略互信，共同维护好亚洲和平发展的局面。协力提升区域一体化水平，尽早就《区域全面经济伙伴关系协定》（RCEP）谈判达成共赢方案，推动共建“一带一路”同各国发展战略对接；协力构建创新发展新格局，打造开放、公平、透明、可预期的营商环境。

李克强总理强调，对外开放是中国的基本国策。中方将抓紧制定《外商投资法》相关配套法规，确保2020年1月1日与《外商投资法》同时实施；将进一步放宽外资市场准入，全面实施准入前国民待遇加负面清单管理制度；将持续扩大金融业、现代服务业等领域对外开放。中方平等对待内外资企业，大力加强知识产权保护，切实维护外商合法权益，将保持港澳台投资政策连续性稳定性，一如既往支持港澳台资企业发展，还将加快提升贸易便利化水平，明显降低通关成本，提高通关效率。

李克强简要介绍了中国经济形势，并指出中方将保持战略定力，强化政策落实，坚定不移依靠改革开放创新，激发市场主体活力，增强内生发展动力，顶住下行压力，保持经济运行总体处于合理区间，使中国经济长期向好稳定发展。

年会期间，李克强总理还会见了与会外国领导人，集体会见论坛理事，并与中外工商、金融、媒体、智库代表举行对话会。

（王晓初）

中日韩合作

Trilateral Cooperation among the People's Republic of China, Japan and the Republic of Korea

【成立经过】1999年11月，时任中国国务院总理朱镕基、日本首相小渊惠三、韩国总统金大中在菲律宾出席东盟与中日韩（10+3）领导人会议期间，举行早餐会之际，启动了三方在10+3框架内的合作。2000年，三方领导人在第2次早餐会上决定在10+3框架内定期举行会晤。2008年12月，首次在10+3框架外的中日韩领导人会议在日本福冈举行。

【成员】中国、日本、韩国。

【主席国】三国按中、韩、日顺序，轮流担任中日韩合作主席国，一般在举行领导人会议之后移交。现任主席国为韩国。

【秘书处】中日韩合作秘书处位于韩国首尔。现任秘书长为道上尚史（日本籍），副秘书长为曹静（中国籍）和姜度好（韩国籍）。秘书处旨在促进三国之间的和平与共同繁荣。其目标与职能包括：支持三国磋商机制；开展合作项目；宣传三国合作；与其他国际组织交流合作；研究及资料库编纂。

【网址】网址为：http://www.tcs-asia.org。

【主要活动】（1）领导人会议。自1999年起，中日韩三国领导人原则上每年在出席东亚合作领导人系列会议期间举行会晤。中国国务院总理出席了历次会晤。

2018年5月，第7次中日韩领导人会议在日本东京举行，李克强总理出席。会议同意增进三国政治互信、加强经济开放融通、打造"中日韩+X"合作模式，发表了《第7次中日韩领导人会议联合宣言》和《中日韩领导人关于2018朝韩领导人会晤的联合声明》。

2019年12月，第8次中日韩领导人会议在中国成都举行，李克强总理主持。会议就深化三国环境、卫生、科技、人文等领域合作，坚持自由贸易和多边主义达成许多共识，发表了《中日韩合作未来十年展望》和《中日韩积极健康老龄化合作联合宣言》，通过了"中日韩+X"合作早期收获项目清单。三国领导人还在成都杜甫草堂共同出席中日韩合作20周年纪念活动。

（2）外长会。外长会机制于2007年建立，主要就三国合作进展与未来规划、当年领导人会议筹备工作以及共同关心的地区和国际重大问题交换意见，迄今已举行10次。

2019年8月，第9次中日韩外长会在北京举行，国务委员兼外长王毅主持会议。会议通过"中日韩+X"合作概念文件，就加快中日韩自贸区谈判、开拓创新科技领域合作、深化人文领域交流、维护地区和平稳定等达成重要共识，并就筹备第8次领导人会议深入交换意见。

2020年3月，三方举行中日韩新冠肺炎问题特别外长视频会议，就共同应对新冠肺炎疫情深入交换意见，一致同意加强疫情防控合作，维护必要人员往来，稳定三国产业链、供应链，尽早召开卫生部长会，增进民众友好感情，积极承担国际责任。

（3）具体领域合作。目前，三国已建立外交、科技、信息通信、财政、人力资源、环保、运输及物流、经贸、文化、卫生、央行、海关、知识产权、旅游、地震、灾害管理、水资源、农业、审计、教育、体育等21个部长级会议机制和70多个工作层机制。

2019年，三国举办了第19次财长和央行行长会议、第11次央行行长会、第11次文化部长会、第9次旅游部长会、第21次环境部长会、第6次灾害管理部长会、第12次卫生部长会、第4次科技部长会、第19次知识产权局局长会、第12次核安全监管高官会、第12次拉美事务磋商、第5次警方工作会议、第27次青少年运动会、第5次产业博览会、2019年中日韩合作国际论坛等活动。

（4）机制化建设。2009年10月，经韩国总统李明博提议，第2次中日韩领导人会议决定筹建中日韩三国合作秘书处。2010年5月，三国外长签署了《中日韩三国政府关于建立三国合作秘书处的备忘录》。同年12月，三国在韩国首尔签署了《中日韩三国政府关于建立三国合作秘书处的协议》，正式启动秘书处筹建工作。2011年9月，三国合作秘书处在韩国首尔成立运行。（张彤）

东盟地区论坛

ASEAN Regional Forum—ARF

【成立经过】冷战结束后，亚太国家普遍认为有必要开展多边安全对话。1992年初，东盟首脑会议就加强地区政治、安全对话达成共识。1993年7月，第26届东盟外长会特别安排了东盟6个成员国、7个对话伙伴国、3个观察员国和2个来宾国外长参加"非正式晚宴"，各国外长同意召开东盟地区论坛（ARF），就地区政治安全问题举行非正式磋商。1994年7月25日，ARF首届外长会在泰国曼谷召开。目前，ARF是亚太地区主要的官方多边安全对话与合作平台，截至2019年12月，已举行26届外长会。

【成员】ARF目前共有27个成员：文莱、柬埔寨、印度尼西亚、老挝、马来西亚、缅甸、菲律宾、新加坡、泰国、越南、中国、日本、韩国、朝鲜、蒙古、印度、巴基斯坦、孟加拉国、斯里兰卡、俄罗斯、美国、加拿大、澳大利亚、新西兰、巴布亚新几内亚、东帝汶和欧盟。

【网址】aseanregionalforum.asean.org。

【主要活动】每年在东盟主席国轮流举行外长会。前26届外长会议分别在泰国（1994年）、文莱（1995年）、印尼（1996年）、马来西亚（1997年）、菲律宾（1998年）、新加坡（1999年）、泰国（2000年）、越南（2001年）、文莱（2002年）、柬埔寨（2003年）、印尼（2004年）、老挝（2005年）、马来西亚（2006年）、菲律宾（2007年）、新加坡（2008年）、泰国（2009年）、越南（2010年）、印尼（2011年）、柬埔寨（2012年）、文莱（2013年）、缅甸（2014年）、马来西亚（2015年）、老挝（2016年）、菲律宾（2017年）、新加坡（2018年）和泰国（2019年）举行。此外，ARF每年还举行1次高官会、1次安全政策会议、1次建立信任措施与预防性外交会间辅助会议、5次会间会（救灾会间会、反恐与打击跨国犯罪会间会、海上安全会间会、防扩散与裁军会间会、使用信息和通信技术安全会间会）和2次国防官员对话会。

ARF进程分为建立信任措施、开展预防性外交和探讨解决冲突的方式三个阶段。2011年7月，ARF第18届外长会通过了《ARF预防性外交工作计划》。迄今为止，ARF已实施400多个建立信任措施项目。

【近期会议和成果】2019年8月3日，第26届ARF外长会在泰国曼谷举行。会议讨论了地区和国际形势，听取了本年度重点合作领域项目进展情况，通过了《航空伙伴关系声明》《加强妇女和平与安全声明》和《预防和打击暴力极端主义声明》。王毅国务委员兼外交部长出席了会议。王毅表示，ARF应以2019年成立25周年为契机，进一步聚焦建立信任措施，稳步推进预防性外交，提升效率，为完善区域安全架构、维护地区稳定和发展作出更积极的贡献。当前南海形势总体稳定并不断向好发展，“南海行为准则”单一文本草案第一轮审读已提前完成。同时，本地区还面临恐怖主义、气候变化、网络安全、重大传染病等挑战，个别国家频繁将战略武器开进南海，炫耀武力，人为制造紧张。各方应避免采取单边行动，防止损害共同利益。域外国家应尊重和支持中国同东盟国家为维护南海和平稳定及达成“准则”所作的努力。

【2019年以来中国主办及参与的ARF活动】2019年4月，中国与老挝、加拿大在万象共同举办第18届救灾会间会。7月，中国与柬埔寨在青岛共同举办第7届维和专家会。11月，中国与缅甸在海口共同举办亚洲区域灾害早期预警能力研讨会，与柬埔寨在北京共同举办核安全能力建设高级别研讨会，与泰国在广州共同举办第3届渡运安全研讨会。2019年，ARF还举办了高官会、安全政策会议、建立信任措施与预防性外交会间辅助会议、2次国防官员对话会、第2届使用信息和通信技术安全会间会、第11届海上安全会间会、第11届防扩散与裁军会间会、第13届专家名人小组会议、第23届国防院校长会，以及运用《联合国海洋法公约》和其他国际文件应对海上新挑战、预防性外交、加强海上执法机构合作、可持续渔业和粮食安全中的海洋垃圾管理研讨会，航空安全和信息分享、加强执法、预防性措施和合作应对渔业领域复杂问题等研讨会。（朱诚达）

东盟与中日韩（10+3）合作

ASEAN Plus Three Cooperation—APT

【启动日期】1997年12月，首次东盟与中日韩（最初为9+3，柬埔寨加入东盟后称10+3）领导人非正式会议在马来西亚吉隆坡举行，10+3合作进程由此启动。

【成员】13国：东盟10国（文莱、柬埔寨、印度尼西亚、老挝、马来西亚、缅甸、菲律宾、新加坡、泰国、越南）、中国、日本、韩国。

【主要机制】10+3合作作为东亚合作的主渠道，已在财金、粮食、减贫、灾害管理等20多个领域开展了务实合作，建立了65个对话与合作机制，形成了以领导人会议为核心，以部长会议、高官会、大使级会议和工作组会议为支撑的合作体系。

领导人会议是最高层级机制，按惯例每年举行1次，主要对10+3发展作出战略规划和指导，已举行23次，包括2020年4月举行的10+3抗击新冠肺炎疫情领导人特别会议。16个部长级会议机制负责相关领域的政策规划和协调，高官会负责政策沟通，大使级会议负责就合作具体问题进行协调。此外，10+3框架下还建有官、产、学共同参与的东亚论坛（EAF）及二轨的东亚思想库网络（NEAT），为10+3合作提供智力支撑。

【主要活动】2004年11月，第8次10+3领导人会议在老挝万象举行。会议将东亚共同体确定为10+3合作的长远目标，并同意于2005年在马来西亚召开首届东亚峰会。

2018年11月，第21次10+3领导人会议在新加坡举行。各国领导人表示，10+3成立以来，地区贸易实现巨大增长，使东亚成为世界上最繁荣的地区之一。展望未来，各方一致同意尽快完成《区域全面经济伙伴关系协定》（RCEP）最后阶段谈判，推进清迈倡议多边化，增加本币使用，拓展“中日韩+X”、智慧城市、创新、电子商务合作，加强互联互通，推进在金融、教育、文化、农业、减贫、环境、卫生等领域合作。面对国际形势中的不确定性，各方表示将团结一致，共迎挑战，推进多边主义和基于规则的自由贸易体系，维护地区和平稳定。会议还通过了《10+3领导人关于合作应对细菌耐药的声明》。

2019年11月，第22次10+3领导人会议在泰国曼谷举行。各国领导人积极评价10+3合作成果，赞赏RCEP谈判已实质性结束，致力于2020年完成签署，以促进地区贸易和投资自由化便利化。欢迎会议发表《互联互通再联通倡议的声明》，推进高质量基础设施建设。支持加强清迈倡议多边化的有效性，维护地区金融稳定。面对世界经济增长放缓，10+3要发挥引领作用，加强机制建设，深化相互依存，拓展贸易投资、智慧城市、人文交流、应对气候变化、灾害管理等领域合作，共同应对挑战，为地区稳定与繁荣贡献力量。

2020年4月，10+3抗击新冠肺炎疫情领导人特别会议以视频形式举行。与会各方表示，面对疫情带来的空前挑战，东盟与中日韩应秉持合作传统，展现团结，共迎挑战。加强经验交流和信息共享，开展药物、疫苗研发合作，推进地区防控机制化；加强宏观经济政策协调，确保产业链供应链畅通，逐步恢复社会和经济秩序，稳定市场信心，争取年内签署RCEP。相信战胜疫情后，东盟与中日韩关系与合作将进一步深化。会议通过了《10+3抗击新冠肺炎疫情领导人特别会议联合声明》。（谷凯波）

东亚峰会

East Asia Summit—EAS

【成立日期】2005年12月，首届东亚峰会在马来西亚吉隆坡举行，东亚峰会由此启动。

【成员】现有18个成员国，即东盟10国（文莱、柬埔寨、印尼、老挝、马来西亚、缅甸、菲律宾、新加坡、泰国、越南）、中国、日本、韩国、印度、澳大利亚、新西兰、美国、俄罗斯。

【主要机制】东亚峰会是“领导人引领的战略论坛”。峰会每年举行1次，由东盟轮值主席国主办，截至2019年12月，已举行14届。每年举行1次外长会和3次高官会，并形成经贸、能源、环境、教育部长定期会晤机制。峰会确定能源与环保、金融、教育、公共卫生、灾害管理、东盟互联互通为重点合作领域，亦包含经贸合作、粮食安全、海上合作三个领域。

【主要活动】首届东亚峰会于2005年12月14日在马来西亚吉隆坡举行，领导人就经贸、金融、能源及跨国问题交换了意见，提出17项具体领域合作倡议。会议发表了《关于东亚峰会的吉隆坡宣言》和《关于预防、控制和应对禽流感的东亚峰会宣言》。

2018年11月，第13届东亚峰会在新加坡举行，会议重点讨论了峰会未来发展方向、重点领域合作以及各方共同关心的国际地区问题。会议通过了《东亚峰会领导人关于东盟智慧城市的声明》《东亚峰会领导人关于应对海洋塑料垃圾的声明》《东亚峰会领导人关于打击外国恐怖作战分子和回流人员威胁的声明》《东亚峰会领导人关于深化信息通信技术安全和数字经济合作的声明》《东亚峰会领导人关于安全使用、存储和运输核材料及其他放射性物质的声明》5份成果文件。

2019年11月，第14届东亚峰会在泰国曼谷举行，会议重点讨论了峰会未来发展方向与各领域合作，就国际和地区问题交换了意见。会议通过了《东亚峰会领导人关于可持续伙伴关系的声明》《东亚峰会领导人关于打击毒品传播的声明》《东亚峰会领导人关于合作打击跨国犯罪的声明》3份成果文件。（刘盼）

东亚—拉美合作论坛

Forum for East Asia and Latin America Cooperation—FEALAC

【成立经过】1998年10月，新加坡与智利倡议建立东亚—拉美论坛，以促进两区域交往。1999年9月，论坛成立大会暨首次高官会在新加坡召开，会议暂定论坛名为东亚—拉美论坛。2001年3月，论坛首届外长会决定将论坛正式定名为东亚—拉美合作论坛（FEALAC）。

【宗旨】东亚—拉美合作论坛是目前唯一跨东亚和拉美两区域的官方多边合作论坛，旨在增进两区域之间的了解，促进政治、经济对话及各领域合作，推动东亚和拉美国家之间建立更为密切的关系。

【成员】36个（截至2019年12月）：中国、日本、韩国、蒙古、新加坡、印度尼西亚、马来西亚、泰国、菲律宾、文莱、越南、老挝、柬埔寨、缅甸、阿根廷、巴西、智利、哥伦比亚、委内瑞拉、玻利维亚、巴拿马、巴拉圭、秘鲁、乌拉圭、厄瓜多尔、墨西哥、哥斯达黎加、萨尔瓦多、古巴、尼加拉瓜、危地马拉、多米尼加、苏里南、洪都拉斯、澳大利亚和新西兰。

【网址】http://www.fealac.org。

【主要机制】论坛每2—3年召开1届外长会，每年召开1次高官会，会议在亚拉地区轮流举办。论坛在东亚、拉美各指定1个协调国，负责协调、承办论坛各级别会议，每届外长会改选1次。现任协调国为老挝和多米尼加。论坛下设社会政治合作、可持续发展和气候变化，贸易、投资、旅游和中小微企业，文化、青年、性别和体育以及科技、创新和教育4个工作组，原则上每年各举行1次会议。工作组主席分别由两区域各1个国家共同担任，任期同协调国。论坛网络秘书处成立于2011年3月，负责论坛网站管理，收集并发布会议文件、国别项目资料等，截至2019年12月，已召开8次研讨会。2015年8月，论坛第7届外长会通过决议，设立届间协调会机制，邀请现任协调国、前任协调国、候任协调国、各工作组主席国及论坛网络秘书处出席。2016年5月，首次届间协调会在韩国首尔召开。同年9月，首届论坛“三驾马车”外长会在第71届联大期间举行。2017年8月，论坛第8届外长会通过决议，正式建立“三驾马车”（前任、现任和候任地区协调国）机制，原则上每年在联大期间举行外长会。2017年、2018年和2019年联大期间，分别举行了第2届、第3届和第4届论坛“三驾马车”外长会。

【主要活动】截至2019年12月，论坛已召开9届外长会和20次高官会。2017年8月，第8届外长会在韩国釜山举行。会议通过了《釜山宣言》，就完善机制建设和推进合作进行讨论，决定设立亚拉论坛基金并建立“三驾马车”机制。

2019年11月，第9届外长会在多米尼加圣多明各举行。会议以“20年携手前行，共创美好未来”为主题，回顾了论坛20年的合作历程，探讨机制建设新举措，规划下阶段发展方向。会议通过成果文件《圣多明各宣言》。

【同中国的关系】中国是论坛创始成员国，积极参与论坛的各项活动，提出并举办了多个合作项目，包括亚拉青年外交官研修班、亚拉论坛法律论坛、东亚地区拉美研究伙伴对话会、拉美和加勒比青年干部研修班、东亚—拉美大学校长论坛、“华艺新颜”“欢乐春节”“拉美艺术季”等。时任外长唐家璇、副外长王毅、副外李金章长、外长杨洁篪分别出席了论坛前4届外长会。2011年和2013年，外交部时任主管部领导出席了论坛第5届和第6届外长会。2015年和2017年，中国政府拉美事务特别代表殷恒民大使出席了第7届和第8届外长会。2019年，中国政府拉美事务特别代表刘玉琴大使出席了论坛第9届外长会。此外，中国还出席了历次高官会。中方自第6届外长会起，担任论坛社会、政治合作与可持续发展工作组（第9届外长会上更名为社会政治合作、可持续发展和气候变化工作组）东亚方共同主席。（张可心）

亚洲合作对话

Asia Cooperation Dialogue—ACD

【成立日期】2002年6月，亚洲合作对话（ACD）第1次外长非正式会议在泰国举行，ACD机制正式启动。

【成员】现有35个成员国：中国、日本、韩国、蒙古、俄罗斯、东盟10国（文莱、柬埔寨、印度尼西亚、老挝、马来西亚、缅甸、菲律宾、新加坡、泰国、越南）、印度、巴基斯坦、阿富汗、孟加拉国、斯里兰卡、不丹、尼泊尔、哈萨克斯坦、吉尔吉斯斯坦、塔吉克斯坦、乌兹别克斯坦、沙特阿拉伯、伊朗、阿联酋、科威特、阿曼、卡塔尔、巴林、土耳其、巴勒斯坦。

【协调国】泰国是ACD永久协调国。

【秘书处】2013年3月举行的ACD第11次外长会批准成立ACD临时秘书处。2013年9月，ACD外长早餐会决定由泰国籍班迪·林沙军（Bundit Limschoon）担任临时秘书处秘书长。2016年成立ACD常设秘书处，定址科威特，班迪继续担任秘书长。2019年8月，泰国籍蓬差接任临时秘书长。

【网址】www.acd-dialogue.org。

【主要活动】（1）领导人会议。ACD首次领导人会议于2012年10月15—17日在科威特举行。会议由科威特埃米尔萨巴赫（国家元首）主持，讨论了亚洲地区形势和泛亚合作相关问题，达成广泛共识，并发表了《ACD首次领导人会议公报》。2016年10月8—10日，第2次领导人会议在泰国曼谷举行。会议由泰国总理巴育主持，通过了《ACD亚洲合作愿景2030》《曼谷宣言》和《关于通过互联互通伙伴关系提振亚洲增长的声明》。

（2）外长会。第1次非正式外长会于2002年6月19日在泰国昌安举行。截至2019年，已举行16次外长会。2019年5月1日，第16次外长会在卡塔尔多哈举行，发表了《多哈宣言》。此外，ACD主席国邀请各成员国外长于每年联合国大会期间在纽约举行会议。

（3）领域牵头国。ACD以经济合作为重点，各国自愿牵头开展具体领域合作。2016年ACD第2次领导人会议决定将各合作领域整合为六大支柱领域：即粮食、水与能源安全相互关系，互联互通，科技与创新，教育与人力资源发展，文化与旅游，促进包容性与可持续发展的途径。

（4）高级研究小组会。第6次外长会批准成立高级研究小组，旨在研究ACD的目标、资金来源、建立秘书处和二轨参与等问题。2007年8月20—21日，小组首次会议在泰国曼谷举行。2019年7月18—19日，会议在泰国曼谷召开，主要就ACD秘书长产生方式等问题进行了讨论。

【中国参与情况】中国积极参与ACD相关活动。时任中国国务院总理温家宝出席了ACD第3次和第4次外长会议开幕式。时任全国政协副主席孙家正作为国家主席特别代表，出席了首次领导人会议。时任国家副主席李源潮出席了第2次领导人会议，并宣布中方将担任“粮食、水与能源安全相互关系”支柱领域牵头国。中国外长或外长代表出席了历届外长会。

2017年，中方主办了“ACD与亚洲命运共同体建设研讨会”和“ACD国家水资源管理技术培训班”。2018年9月，“ACD亚洲能源安全与转型合作论坛”在北京举行，中方背靠背举办了“ACD粮食、水与能源安全相互关系支柱领域牵头国和共同牵头国磋商会”，讨论了该领域合作进展情况。11月，中方在北京举办了“ACD绿色生态储量技术研修班”。

2019年，中方举办了“亚洲国家水资源综合管理高级别官员研修班”“ACD国家落实可持续发展目标6进展跟踪与监测研讨会”“‘一带一路’重点国家智能电网领域合作研究”等项目。（朱诚达）

裁军谈判会议

Conference on Disarmament—CD

【成立日期】裁军谈判会议（简称“裁谈会”）根据1978年举行的联合国大会裁军第一届特别会议建议成立，是当前国际社会唯一的多边裁军谈判机构。

【成员】现有正式成员65个。由于历史原因，裁谈会成员分成西方集团、东欧集团和21国集团（又称“不结盟国家集团”）三大集团，中国为独立一方。各集团由其协调员组织内部磋商，有时以集团名义提出建议或提交工作文件。

【主要负责人】裁谈会会议期间，由各成员国按其国名的英文字母顺序逐月轮流担任主席，每届主席主持4个工作周的会议。会议秘书长由联合国秘书长指派，并作为其私人代表。现任秘书长由联合国驻日内瓦办事处主任瓦罗瓦娅（Tatiana Valovaya，俄罗斯籍）兼任。

【总部】瑞士日内瓦。

【网址】http://www.unog.ch/。

【组织机构】裁谈会不是联合国附属机构，但与联合国关系密切。它在确定会议议程时，通常需考虑联合国大会的建议，且每年向联合国大会提交工作报告。

裁谈会以协商一致方式进行工作。会议形式包括全会、非正式会议、主席团会议等。为谈判工作的需要，裁谈会可下设特设委员会和专家组等，分别举行相关会议。非成员国提出申请并经全会通过后，可作为观察员参加全体会议。

【主要活动】裁谈会每年举行3期会议。2019年3期会议分别于1月21日至3月29日、5月13日至6月28日、7月29日至9月13日举行。

由于各方分歧较大，会议未能就《2019年裁谈会工作计划》达成一致。会议还就“核裁军”“禁止生产核武器用易裂变材料条约”“防止外空军备竞赛”“无核武器国家安全保证”等议题进行了讨论，并通过了向联大提交的程序性年度报告。

【同中国的关系】1980年2月，中国正式参加裁谈会。1983年起，中国派出专职裁军大使常驻日内瓦，参加裁谈会工作。2011年10月，中国成功接待联合国日内瓦办事处总干事兼裁谈会秘书长托卡耶夫访华。2019年1月，李松担任中国常驻日内瓦副代表、特命全权裁军事务大使。

联合国信息安全开放式工作组

Open-ended Working Group on developments in the field of information and telecommunications in the context of international security—OEWG

【成立经过】根据联大决议授权，联合国分别于2004年、2009年、2012年、2014年、2016年、2019年成立了六届联合国信息安全问题政府专家组（下称“专家组”）。第二、三、四届专家组均协商一致提交了报告，其中，2015年专家组报告就网络空间国家行为规范提出建议，受到国际社会普遍认可，为网络空间国际规则制定奠定了基础。考虑到专家组成员数量有限，国际社会普遍呼吁建立各国广泛参与的多边机制。2018年12月，在中国、俄罗斯的推动下，联大通过第73/27号决议，授权成立联合国信息安全开放式工作组（下称“工作组”）。

【职能】根据联大决议授权，工作组主要职能为：在协商一致基础上，讨论网络空间现有和潜在威胁及应对措施、负责任国家行为规范、未来机制建设、国际法适用、建立信任措施、能力建设等问题。

【组成】工作组系首个联合国成员广泛参与的政府间网络安全机制。瑞士常驻联合国代表劳伯大使担任工作组主席。

【网址】https://www.un.org/disarmament/open-ended-working-group。

【主要活动】工作组计划于2020年7月前举行三次会议。一期会已于2019年9月9—13日在纽约联合国总部举行，各方就网络空间威胁及应对措施、未来机制建设等问题进行了讨论；二期会于2020年2月10—14日在纽约联合国总部举行，重点讨论了工作组报告框架和要素等问题。工作组于2019年12月在纽约举办首次多利益攸关方对话会，吸引了全球114个智库、企业等广泛参与。三期会于2020年7月在纽约举行，会议以协商一致方式通过工作组报告，并向第75届联大提交。

【同中国的关系】中国一贯积极参与网络空间国际进程，以建设性态度深入参与工作组讨论并提交立场文件，强调各方应坚持和平合作的大方向，早日达成各方普遍接受的网络空间国际规则，建立和平、安全、开放、合作、有序的网络空间，构建网络空间命运共同体。

亚洲相互协作与信任措施会议（亚信）

Conference on Interaction and Confidence Building Measures in Asia—CICA

【成立日期】1992年10月5日。

【宗旨】亚信是就亚洲地区安全问题进行对话与磋商的论坛，主要宗旨和目标是通过制定和落实多边信任措施，促进亚洲和平、安全与稳定。亚信恪守《联合国宪章》的宗旨和原则，坚持各成员国一律平等，相互尊重主权和领土完整，互不干涉内政，倡导以和平方式解决争端，反对动辄诉诸武力或以武力相威胁，通过制定和实施军事政治、新威胁新挑战、经济、环境、人文等五大领域信任措施，加强成员国安全、经济、社会和文化交流与合作。

【成员】27个成员国：阿富汗、阿塞拜疆、中国、埃及、印度、伊朗、以色列、哈萨克斯坦、吉尔吉斯斯坦、蒙古、巴基斯坦、巴勒斯坦、俄罗斯、塔吉克斯坦、土耳其、乌兹别克斯坦（以上为创始成员国）、泰国（2004年加入）、韩国（2006年加入）、约旦（2008年加入）、阿联酋（2008年加入）、越南（2010年加入）、伊拉克（2010年加入）、巴林（2010年加入）、柬埔寨（2011年加入）、卡塔尔（2014年加入）孟加拉国（2014年加入）和斯里兰卡（2018年加入）。13个观察员：印度尼西亚、日本、马来西亚、菲律宾、乌克兰、美国、白俄罗斯、老挝以及联合国、欧安组织、阿拉伯国家联盟、突厥语国家议会大会和国际移民组织。

【总部】亚信设有秘书处，2006年6月正式启动，原设在哈萨克斯坦阿拉木图市，2014年9月，搬迁至该国首都阿斯塔纳。秘书处长官为执行主任，由亚信主席国提名大使级外交官担任。现任执行主任米尔佐佐达（塔吉克斯坦籍）于2018年10月上任。

【网址】http://www.s-cica.org。

【组织机构】亚信建立了国家元首和政府首脑会议（峰会）、外长会议、高官委员会会议、特别工作组会议等议事和决策机制。峰会和外长会议均为每4年举行1次，两会交错举行，间隔2年。举办峰会和外长会议的国家任主席国。现任主席国为塔吉克斯坦。

【主要峰会和外长会议】1999年9月14日，亚信第1次外长会议在哈萨克斯坦阿拉木图举行，时任中国外交部副部长王英凡出席会议。与会代表共同签署《亚信成员国相互关系指导原则宣言》，奠定了亚信的制度基础。

2002年6月4日，亚信第1次峰会在阿拉木图举行。峰会以“消除恐怖主义，促进文明对话”为主题。时任中国国家主席江泽民出席会议并发表题为《加强对话与合作，促进和平与安全》的讲话。峰会通过旨在增进亚洲和平、安全与稳定的《阿拉木图文件》和《关于消除恐怖主义和促进文明对话的宣言》。

2004年10月22日，亚信第2次外长会议在阿拉木图举行，时任中国外交部长李肇星出席会议。会议通过了《亚信信任措施目录》和《亚信程序规则》。

2006年6月17日，亚信第2次峰会在阿拉木图举行。峰会以“为地区合作创造信任和协作氛围，推进亚信进程的发展”为主题。时任中国国家主席胡锦涛出席会议，并发表题为《携手建设持久和平、共同繁荣的和谐亚洲》的重要讲话。此次峰会讨论了加强合作和开展对话、应对新挑战和新威胁、预防冲突、和平解决争端及制定有效信任措施等问题，通过了《亚信秘书处章程》，确定每年10月5日为“亚信日”。

2008年8月25日，亚信第3次外长会议在阿拉木图举行，时任中国外交部副部长乔宗淮出席会议。会议回顾了各成员国在落实亚信第2次峰会成果方面取得的进展，对相关协调国和联合协调国为各领域信任措施实施启动所作的努力表示感谢。通过《亚信秘书处章程》修订案，规定在必要时亚信秘书处将从阿拉木图迁至阿斯塔纳。

2010年6月，亚信第3次峰会在土耳其伊斯坦布尔举行。峰会以“寻求促进亚洲相互协作与合作安全的合作途径”为主题。时任中国国务委员戴秉国作为胡锦涛主席特别代表出席会议并发表讲话。峰会通过《亚信秘书处及其工作人员、成员代表特权与豁免公约》。此次峰会，土耳其接替哈萨克斯坦担任亚信主席国。

2012年9月12日，亚信第4次外长会议在哈萨克斯坦阿斯塔纳举行，时任中国外交部副部长程国平出席会议。与会代表就全球和地区热点问题交换看法，并探讨了如何进一步加强亚洲合作，促进亚洲和平与安全。会前还召开了亚信成立20周年纪念会。

2013年9月25日，亚信外长非正式会晤于纽约第68届联合国大会期间举行。与会代表回顾过去2年亚信发展取得的进展，重申亚信对于促进亚洲地区和平与安全的重要作用，并就落实各领域信任措施、加强成员国间合作及亚信未来转型升级交换意见。

2014年5月20—21日，亚信第4次峰会在中国上海举行。亚信成员国、观察员、峰会客人共47个国家和国际组织代表与会，包括11位国家元首和1位政府首脑，会议规模创历次峰会之最。峰会以“加强对话、信任与协作，共建和平、稳定与合作的新亚洲”为主题，与会代表就落实亚信各领域信任措施、推进亚信未来发展等问题深入交换意见。中国国家主席习近平在峰会上发表题为《积极树立亚洲安全观，共创安全合作新局面》的主旨讲话，倡议亚洲国家秉持共同、综合、合作和可持续的亚洲安全观，创新安全理念，搭建地区安全与合作新架构，努力走出一条共建、共享、共赢的亚洲安全之路。峰会发表了《上海宣言》。中方接任亚信2014—2016年主席国。

2016年4月27—28日，亚信第5次外长会议在中国北京举行，包括成员国、观察员在内的44个国家外长、副外长及国际组织代表出席。中国国家主席习近平出席会议开幕式并发表重要讲话。外交部长王毅主持会议并作主旨发言。与会各方围绕“以对话促安全”这一主题深入交换意见，达成广泛共识。这是中国自2014年5月接任亚信主席国后，首次举办外长会议。中国在会后开始亚信2016—2018年主席国任期。

2019年6月15日，亚信第5次峰会在塔吉克斯坦杜尚别举行。亚信主席国塔吉克斯坦总统拉赫蒙主持会议，阿富汗、阿塞拜疆、孟加拉国、柬埔寨、伊朗、哈萨克斯坦、吉尔吉斯斯坦、卡塔尔、俄罗斯、斯里兰卡、土耳其、乌兹别克斯坦等亚信成员国领导人或代表，观察员国代表以及有关国际和地区组织代表出席会议。与会各方围绕“共同展望：为了一个安全和更加繁荣的亚信地区”主题交换意见，深入讨论了各方共同关心的国际和地区问题，共谋亚洲持久和平和共同繁荣大计，达成广泛共识。中国国家主席习近平在峰会上发表题为《携手开创亚洲安全和发展新局面》的重要讲话，强调要建设互敬互信、安全稳定、发展繁荣、开放包容、合作创新的亚洲。中国将坚定走和平发展道路，坚持开放共赢，坚定践行多边主义，同各方共同创造亚洲和世界的美好未来。峰会发表了《亚洲相互协作与信任措施会议第五次峰会宣言》。

【主席国】哈萨克斯坦（1993—2010年）、土耳其（2010—2014年）、中国（2014—2018年）、塔吉克斯坦（2018年至今）先后担任亚信主席国。中国于2014年5月亚信上海峰会上接任亚信主席国，于2016年4月亚信第5次外长会议后连任主席国，任期至2018年。

中国作为亚信金融、农业和环境领域协调国，高度支持和配合主席国各项工作，认真履行职责，积极落实2014年上海峰会成果，推动践行共同、综合、合作、可持续的亚洲安全观，深化各领域信任措施合作，不断提高亚信安全对话与合作的整体水平，推动亚信为促进亚洲安全稳定发挥更大作用。

2015年5月，亚信非政府论坛首次会议在北京举行。中国国家主席习近平发来贺词，全国政协主席俞正声发表主旨讲话，全国政协副主席、会议主席陈元主持会议。来自亚信成员国、观察员国及部分域外国家的前政要、知名智库、社会团体和媒体代表及驻华使节等约400名中外代表与会。8月，亚信青年委员会在北京举行成立大会。11月，亚信第4届商务论坛暨亚信实业家委员会成立大会在北京举行。此外，中国还先后主持召开3次亚信特别工作组和高官委员会会议。

2016年，在中方主席国的协调和推动下，亚信先后在中国、埃及、哈萨克斯坦举行特别工作组和高官委员会例行会议，成员国分别通过禁毒和中小企业领域落实信任措施行动计划，哈萨克斯坦、孟加拉国分别举办军事讲座、数字政府研讨会等活动，吉尔吉斯斯坦举办亚信青年委员会第2次会议。12月，亚信成员国外长就俄罗斯驻土耳其大使遭恐袭身亡事件发表声明，表明立场，这是亚信首次就重大突发事件发表声明。此外，中国担任亚信农业、金融领域信任措施协调国和环境领域信任措施联合协调国，举办亚信国家环保合作非正式对话会、亚信国家驻华使节参访、“亚信日”招待会等一系列活动，推动亚信各领域合作不断走向深入。

2017年，中国继续履行亚信主席国第2任期职责，推进落实各领域信任措施，全面推进亚信进程。6月28—29日，亚信非政府论坛第2次会议在北京举行。会议主题为“亚信25年：为了亚洲的安全与发展”。会议主席、全国政协副主席陈元在会上发表题为《秉持合作共赢理念　共谋亚洲安全发展》的主旨讲话。本次会议共有300余位来自亚信成员国、观察员国（组织）的前政要和专家学者等代表与会，就践行共同、综合、合作、可持续的亚洲安全观，构建具有亚洲特色的区域安全架构，以及推动“一带一路”共识落地等议题进行深入探讨。9月20日，外交部长王毅在纽约联合国总部主持举行亚信成员国外长非正式会晤，20多个国家的外长或外长代表出席。与会各国外长高度赞赏中国担任主席国以来为推动亚信合作开展的卓有成效的工作，同意继续在维护地区和平稳定，实现可持续发展，打击恐怖主义，促进人文交流等方面深化合作，推动亚信进一步提高影响力，在地区和国际事务中发挥更为重要的作用。会晤后，各成员国外长共同发表《亚信成员国外长关于亚信成立25周年声明》。在中方主席国的协调和推动下，亚信先后在泰国曼谷、中国甘肃省兰州市、柬埔寨暹粒举办了特别工作组和高官委员会例行会议。中方主席国还举办了亚信及亚洲国家领事官员业务能力研修班、亚信国家航空安全监督管理专家研讨会、亚信国家主要农作物栽培和病虫害防治技术培训班、亚信国家边防业务研修班、亚信国家农村发展和减贫理论与实践研修班、第6届亚信智库论坛、亚信反恐安全研修班等活动，推动亚信成员国不断扩大各领域交往合作。

2018年，中方继续积极履行主席国职责，深化各领域合作，扩大亚信组成和对外交往，持续推进亚信进程。8月15日，在中方协调推动下，斯里兰卡获得亚信成员国地位有关文件签署仪式在北京举行，斯里兰卡正式获得成员国地位。9月24日，亚信成员国外长非例行会议在纽约举行，20多个亚信成员国外长或代表出席。中国国务委员兼外交部长王毅出席并发言。各方积极评价亚信发展成就，高度赞赏中方主席国为推动亚信进程发展所作贡献，一致同意继续推进亚信合作，积极推行更加公正合理的多边主义，推动构建新型国际关系，合力打造利益、责任和命运共同体。会上，中国将亚信主席国职责交予塔吉克斯坦，中方圆满完成主席国任期。此外，作为亚信农业、金融和环境领域协调国或联合协调国，中方还先后在华举办亚信智慧农业应用与发展研修班、国际环保合作对话会、现代农业和价值链发展交流研讨培训班及2018年金融峰会等重要活动，不断推动亚信框架内各领域信任措施合作走深走实。

2019年，中方继续同其他成员国共同努力，深化亚信各领域合作，扩大亚信对外交往，推进亚信发展进程。9月23日，亚信成员国外长非例行会议在纽约举行，中国外交部副部长马朝旭出席并发言。亚信主席国塔吉克斯坦外长穆赫里丁主持会议，20多个亚信成员国外长或代表出席。12月19日，亚信非政府论坛第三次会议在中国重庆举行。会议主题为“亚信愿景：建设亚洲命运共同体”。会议主席、全国政协副主席兼秘书长夏宝龙出席论坛开幕式并发表题为《落实亚信峰会共识助力构建亚洲命运共同体》的主旨讲话。来自亚信成员国、观察员国（组织）的前政要、专家学者、媒体代表及驻华使节等约300位中外人士与会，就践行共同、综合、合作、可持续的亚洲安全观，以及推动“一带一路”框架内的全方位互联互通等议题进行了深入探讨。此外，作为亚信农业、金融和环境领域协调国或联合协调国，中方先后在华举办亚信成员国中小企业可持续发展研修班、亚信电商扶贫机制和经验研讨会、2019年亚信金融峰会等重要活动，推动亚信成员国不断扩大各领域交往合作。　（朱磊）

中国—中东欧国家合作

Cooperation between China and Central and Eastern European Countries

【发起经过】2012年4月26日，时任国务院总理温家宝同中东欧16国领导人在波兰华沙出席首次中国—中东欧国家领导人会晤，启动了中国—中东欧国家合作。2013年11月26日，国务院总理李克强与中东欧16国领导人在罗马尼亚布加勒斯特举行第2次中国—中东欧国家领导人会晤，共同发表《中国—中东欧国家合作布加勒斯特纲要》，明确每年举行中国—中东欧国家领导人会晤。

【参与国家】除中国外，中东欧17国包括阿尔巴尼亚、波黑、保加利亚、克罗地亚、捷克、爱沙尼亚、希腊、匈牙利、拉脱维亚、立陶宛、黑山、北马其顿、波兰、罗马尼亚、塞尔维亚、斯洛伐克和斯洛文尼亚。其中，希腊于2019年第八次领导人会晤期间，作为正式成员加入中国—中东欧国家合作。

【组织机构】2012年9月，中国外交部设立中国—中东欧国家合作秘书处，作为中国政府推进中国—中东欧国家合作的协调机构。秘书处中方成员单位包括24家中央部委和有关机构。中东欧国家任命国家协调员与中方秘书处对接，负责协调本国参与中国—中东欧国家合作相关事宜。2015年4月，在中国外交部设立“中国—中东欧国家合作事务特别代表”。秘书处及其成员单位与中东欧国家驻华使馆进行定期沟通。现任秘书处秘书长为外交部副部长秦刚。

【网址】http://www.china-ceec.org。

【主要活动】（1）领导人会晤。2012年4月26日，首次中国—中东欧国家领导人会晤在波兰华沙举行。温家宝总理提出了中国关于促进与中东欧国家友好合作的12项举措，与会中东欧16国领导人对此予以高度评价。会晤发表新闻公报，明确与会领导人愿今后继续开展此类形式的合作。

2017年11月27日，第6次中国—中东欧国家领导人会晤在匈牙利布达佩斯举行，会晤主题为“深化经贸金融合作，促进互利共赢发展”。李克强总理在讲话中积极评价中国—中东欧国家合作5年来取得的丰硕成果，将中国—中东欧国家合作定位为具有重要影响的跨区域合作机制，并提出做大经贸规模、做好互联互通、做强创新合作、做实金融支撑、做深人文交流5大建议。李克强总理与中东欧16国领导人共同发表《中国—中东欧国家合作布达佩斯纲要》，见证有关“一带一路”、互联互通、产能合作、基础设施建设、金融、质检、人文等领域多个合作文件的签署。会晤并发表《第6次中国—中东欧国家领导人会晤成果清单》和《中国—中东欧国家合作5年成果清单》。

2018年7月7日，第7次中国—中东欧国家领导人会晤在保加利亚索非亚举行，会晤主题为“深化开放务实合作，共促共享繁荣发展”。李克强总理就中国—中东欧国家合作未来发展蓝图提出5点建议，即一是共同维护经济全球化和自由贸易；二是深入挖掘园区建设和创新合作潜力；三是继续拓展金融合作渠道；四是着力提升地方合作水平；五是不断拉紧人文交流纽带。会晤发表《中国—中东欧国家合作索非亚纲要》《第7次中国—中东欧国家领导人会晤成果清单》。中国同中东欧16国领导人共同见证“一带一路”、交通和能源基础设施建设、工业园区、金融、教育、文化、质检等领域多个合作协议签署。各方同意在保加利亚设立“中国—中东欧国家全球伙伴中心”，为中国—中东欧国家合作提供政策、法律咨询及智力支持。

2019年4月12日，第8次中国—中东欧国家领导人会晤在克罗地亚杜布罗夫尼克举行，会晤主题为“搭建开放、创新、伙伴之桥”。李克强总理在讲话中指出，要让开放之桥越来越宽广、创新之桥越来越畅通、伙伴之桥越来越牢固，并就下阶段中国—中东欧国家合作提出6点建议，即一是共同维护多边贸易体制；二是进一步扩大贸易规模；三是推进共建“一带一路”合作；四是大力拓展创新合作；五是持续推动中小企业和产业园区建设合作；六是深入开展人文交流合作。会晤发表《中国—中东欧国家合作杜布罗夫尼克纲要》《第8次中国—中东欧国家领导人会晤成果清单》。各国领导人共同见证了各领域10余项合作协议的签署，与会各方欢迎希腊作为正式成员加入中国—中东欧国家合作。

（2）地方领导人会议。2013年7月，首次中国—中东欧国家地方领导人会议在中国重庆举行。马其顿总理格鲁埃夫斯基、罗马尼亚总理蓬塔及中外方近70个地方省市代表团、600多家企业的代表近千人与会。中外地方领导人联合发起旨在促进地方合作的《重庆倡议》。共签署25项合作协议。

2016年6月，第3次中国—中东欧地方领导人会议在中国河北省唐山市举办。中国国务院副总理马凯、捷克总理索博特卡、黑山副总理伊瓦诺维奇，以及中国14个省区市、中东欧16国58个省州市代表共约1300人出席。会议期间还举行了中国—中东欧国家地方省州长联合会第2次工作会议，并发表成果文件《唐山共识》，梳理、总结中国—中东欧国家地方合作成果，并对下一阶段合作领域和重点进行规划。

2018年10月，第4次中国—中东欧国家地方领导人会议在保加利亚索非亚举办。国务院总理李克强向会议致贺信，全国人大常委会副委员长曹建明、保加利亚总理博里索夫，中国和中东欧国家地方政府及企业代表等共约600人出席会议。会议发表《索非亚共识》，同期举办中国—中东欧国家地方省州长联合会第4次工作组会议，辽宁省接替河北省担任联合会新任中方主席省，宣布2020年在中国辽宁省举办第5次中国—中东欧国家地方领导人会议。

（3）国家协调员会议。2012年9月，首次中国—中东欧国家协调员会议在中国北京举行。自2014年起，国家协调员会议按例每年举行2次。2018年6月和12月，第11次和第12次国家协调员会议均在中国北京举行。2019年3月，第13次国家协调员会议在克罗地亚萨格勒布举行。同年10月，第14次国家协调员会议在中国北京举行。

（4）其他领域合作。2017年为“中国—中东欧国家媒体年”，该框架下，举办了中国—中东欧国家媒体年开幕式暨“中东欧主题影展”开幕式、中国—中东欧国家新闻发言人对话会、中东欧国家广电高级记者编辑研修班等活动，中国与中东欧国家媒体围绕政策沟通、新闻报道、节目交流、联合制作、影视节展、人才培养等主题开展了50余项合作项目。同年，分别举行了中国—中东欧国家舞蹈冬令营、中国—中东欧国家农产品和葡萄酒博览会、中国—中东欧国家文化季、第2届中国—中东欧国家文化创意产业论坛暨第11届国际服务贸易论坛、首届中国—中东欧国家文化遗产论坛、第3届中国—中东欧国家投资贸易博览会、第2届中国—中东欧国家质检合作对话会、中东欧国家学者研讨班、第4次中国—中东欧国家旅游合作交流会、第3届中国—中东欧国家卫生部长论坛、中国—中东欧国家联合商会与经贸促进机构会议、首届中国—中东欧国家海关合作论坛、中国—中东欧政党对话会、第3届中国与中东欧青年政治家论坛、第3届中国—中东欧国家舞蹈夏令营、中国与中东欧智库建设国际学术论坛、第2届中国—中东欧国家农业部长论坛、第12届中国—中东欧国家农业经贸合作论坛、中国投资论坛、首届“未来之桥”中国—中东欧青年研修交流营活动、首届中国—中东欧发展论坛、第3届中国—中东欧国家文化合作论坛、第5届中国—中东欧国家教育政策对话、中国—中东欧国家高校联合会第4次会议、第2届中国—中东欧国家首都市长论坛、第3次中欧陆海快线海关通关便利化工作组会议、首届中国—中东欧国家物流合作秘书处联络员会议、中国—中东欧国家地方省州长联合会第3次工作会议、中国—中东欧国家林业科研教育国际研讨会、第3届中国—中东欧国家交通部长会议、第4次中国—中东欧旅游合作高级别会议、中国—中东欧国家能源合作论坛和博览会、第2届中国—中东欧国家创新合作大会、第4次中国—中东欧国家高级别智库研讨会等活动。中东欧国家高级别官员代表团和第4批中东欧国家记者团成功访华。

2018年为中国—中东欧国家"地方合作年"，该框架下，举办了第4次中国—中东欧国家地方领导人会议，同期举办了中国—中东欧国家地方省州长联合会第4次工作组会议、第3届中国—中东欧国家首都市长论坛，配合第7次中国—中东欧国家领导人会晤举办"中国—中东欧国家地方合作成果展"。同年，分别举办了中国—中东欧国家农业投资与装备合作博览会、第2届中国—中东欧国家新闻发言人对话会、中国—中东欧银联体"一带一路"与区域金融合作研讨会、第2次中国—中东欧国家林业合作高级别会议、中国—中东欧国家林业合作协调机制联络小组第2次会议、中国—中东欧国家农业合作促进联合会第7次会议、中国—中东欧国家高校联合会第5次会议、中国—中东欧国家海事合作会议、第3次中国—中东欧国家经贸促进部长级会议、第4届中国—中东欧国家投资贸易博览会、中国—中东欧能源合作第1次技术交流会、"推进中国—中东欧国家合作平台走向未来"国际智库会议、首次中国—中东欧国家环保合作部长级会议、第4次中国—中东欧国家旅游合作高级别会议、第3届中国—中东欧国家交通部长会议、中国—中东欧国家投资促进机构联系机制第4次会议、第3届中国—中东欧国家创新合作大会、第2届中国—中东欧物流合作秘书处联络员会议、首届中国—中东欧国家央行行长会议、中国—中东欧国家联合商会第4次会议、中国—中东欧国家林业科研合作研讨会、中欧陆海快线海关通关便利化合作专家研讨会、第5届中国—中东欧国家高级别智库研讨会、第13届中国—中东欧国家农业经贸合作论坛、第2届中国—中东欧国家艺术合作论坛、第3届中国—中东欧国家文化创意产业论坛、第2届中国—中东欧市长论坛、第2届中国—中东欧国家非物质文化遗产保护专家级论坛、中国—中东欧中小企业合作论坛、首届中国—中东欧国家图书馆联盟馆长论坛、中国—中东欧健身气功论坛、中国—中东欧国家药品监管合作论坛、中国品牌商品（中东欧）展、第22届波罗的海农业展、第6届中国—中东欧国家教育政策对话、第2届中国—中东欧国家舞蹈大师工作坊、第2届"未来之桥"中国—中东欧青年研修交流营活动、第2批中东欧国家作曲家访华采风活动、首届中国—中东欧国家爵士乐夏令营、第4届中国—中东欧国家舞蹈夏令营、"武术丝路行"武术训练营等。同时，中国—中东欧投资合作基金（二期）正式运营。

2019年为中国—中东欧国家"教育、青年交流年"，该框架下，举办了中国—中东欧国家地方合作年闭幕式暨教育、青年交流年开幕式、第7届中国—中东欧国家教育政策对话和中国—中东欧国家高校联合会第6次会议、中国—中东欧国家青年知识竞赛等活动。同年，分别举办了中国—中东欧银联体第2次理事会会议、莫斯塔尔博览会中国—中东欧国家专场活动、第2届中国—中东欧国家文化遗产论坛、中国—中东欧国家林业合作协调机制联络小组第3次会议、第4届中国—中东欧国家农业部长会议和第14届中国—中东欧国家农业经贸合作论坛、中国—中东欧国家文化创意产业论坛、中国—中东欧国家博览会、第3届中国—中东欧市长论坛、第6次地方省州长联合会工作组会议、第4届中国—中东欧国家海关检验检疫合作对话会、第3届中国—中东欧国家新闻发言人对话会、第6届中国—中东欧国家高级别智库研讨会、中国—中东欧国家创新合作大会、中国—中东欧国家能源合作论坛、第5次中国—中东欧国家旅游合作高级别会议、第4届中国—中东欧国家首都市长论坛、首届中国—中东欧国家民用航空论坛、第4届中国—中东欧国家卫生部长论坛、中国—中东欧国家（沧州）中小企业合作论坛、中国—中东欧国家高级别金融科技论坛、第4届中国—中东欧国家文化合作部长论坛等。中东欧国家记者团、中东欧国家高级别官员团成功访华。

（5）领域联合会。2017年，成立中国—中东欧国家海事秘书处，落户波兰；成立中东欧中医药学会联合会，落户匈牙利；在中国杭州成立中国—中东欧国家图书馆联盟。

2018年，成立中国—中东欧国家出版联盟，落户中国；成立中国—中东欧国家文化合作协调中心，落户马其顿；成立中国—中东欧国家环保合作机制，落户黑山；成立中国—中东欧国家兽医科学合作中心，落户波黑；设立中国—中东欧国家农业合作示范区，落户保加利亚。

2019年，中国—中东欧国家金融科技协调中心在立陶宛成立。中国—中东欧国家中小企业联合会网站启动仪式在克罗地亚举行。（王越）

"一带一路"国际合作高峰论坛咨询委员会第二次会议

Second Meeting of the Advisory Council of the Belt and Road Forum for International Cooperation

【机制设立】首届"一带一路"国际合作高峰论坛成果清单宣布将成立论坛咨询委员会。2018年,"一带一路"国际合作高峰论坛咨询委员会(以下简称"咨委会")正式组建并举行首次会议。咨委会是非营利性、国际性政策咨询机构,主要职能是为"一带一路"国际合作高峰论坛发展提供智力支持。委员由有关国家前政要、国际组织负责人、工商界领袖、相关领域知名学者等担任,以个人身份参与咨委会活动。

【人员组成】现任委员包括:意大利前总理、欧盟委员会前主席普罗迪,法国前总理拉法兰,埃及前总理沙拉夫,俄罗斯前总理弗拉德科夫,印度尼西亚前贸易部长、旅游与创意经济部长冯慧兰,联合国亚太经社会前执行秘书阿赫塔尔,非盟委员会前副主席姆温查,英国财政部"一带一路"金融与专业服务特使范智廉,新加坡国立大学李光耀公共政策学院前院长马凯硕,世界银行前副行长、北京大学国家发展研究院名誉院长林毅夫,中国外交部副部长马朝旭。联合国拉美经委会执行秘书巴尔塞纳作为特邀嘉宾参与咨委会工作。

【主要活动】咨委会第2次会议于2019年12月22日在北京举行。中共中央政治局委员、中央外事工作委员会办公室主任杨洁篪集体会见咨委会委员。杨洁篪表示,第二届"一带一路"国际合作高峰论坛就习近平主席提出的高质量共建"一带一路"达成共识。我们要把有关共识理念落到实处,建设开放型世界经济,坚持多边主义,致力于合作共赢,携手构建人类命运共同体。希望咨委会继续为高峰论坛发展建言献策,为世界人民带来更多福祉。会议讨论了落实第二届高峰论坛成果、推进高质量共建"一带一路"等议题。委员们对共建"一带一路"取得的进展表示赞赏,高度评价高质量共建"一带一路"理念所蕴含的共商共建共享原则、开放绿色廉洁理念、高标准惠民生可持续目标,建议通过建设高质量项目、完善"一带一路"合作伙伴网络、构建互联互通伙伴关系、促进世界经济增长、建设开放型世界经济、支持落实2030年议程等举措,将第二届高峰论坛达成的政治共识转化为成果。

2019年第二届"一带一路"国际合作高峰论坛开幕前夕,咨委会发布了题为《共建"一带一路":建设更美好的世界》的政策建议报告。该报告被纳入高峰论坛成果清单。 (赵异凡)

公　约

《联合国气候变化框架公约》及其《京都议定书》和《巴黎协定》

United Nations Framework Convention on Climate Change and Its Kyoto Protocol & Paris Agreement

【基本情况】《联合国气候变化框架公约》(简称《公约》)是1992年里约环境与发展大会背景下制订的三大环境公约之一。《公约》于1992年5月9日在美国纽约联合国总部通过，1994年3月21日生效。《京都议定书》的全称是《〈联合国气候变化框架公约〉京都议定书》，是落实《联合国气候变化框架公约》的重要法律文件。《京都议定书》于1997年12月11日在日本京都通过，2005年2月16日生效。《〈京都议定书〉多哈修正案》于2012年12月8日在卡塔尔多哈通过，尚未生效。《巴黎协定》于2015年12月12日在法国巴黎通过，2016年11月4日生效。

【主要内容】《公约》的目标是将大气中温室气体的浓度稳定在防止气候系统受到危险的人为干扰的水平上，这一水平应当在足以使生态系统能够自然地适应气候变化、确保粮食生产免受威胁并使经济发展能够可持续地进行的时间范围内实现。《公约》确立国际合作应对气候变化的基本原则，主要包括“共同但有区别的责任”原则、公平原则、各自能力原则和可持续发展原则等。《公约》还明确发达国家应承担率先减排和向发展中国家提供资金、技术支持的义务，并承认发展中国家有消除贫困、发展经济的优先需要。

《京都议定书》主要规定了附件一国家整体减排指标、附件一国家国别减排指标和受管控的六种温室气体名单。《京都议定书》还规定发达国家应主要通过国内措施完成减排义务，并辅以灵活机制作为补充手段。《〈京都议定书〉多哈修正案》为38个附件一发达国家缔约方设定了2013年1月1日至2020年12月31日的温室气体量化减排指标，并决定将三氟化氮（NF3）纳入管控范围。

《巴黎协定》确立了以国家自主贡献为核心的“自下而上”的减排模式，重申了《公约》确立的公平、共同但有区别的责任和各自能力原则，体现了发达国家和发展中国家的区别，确立了2℃的全球温控目标，同时提出要努力实现1.5℃的温控目标，对减缓、适应、资金、透明度和全球盘点等各关键要素做了平衡处理。

【缔约方】截至2019年12月，《公约》共有197个缔约方，《京都议定书》共有192个缔约方，《巴黎协定》共有189个缔约方。

【主要负责人】《公约》执行秘书帕特里西亚·埃斯皮诺萨·坎特利亚诺（Patricia Espinosa Cantellano，女，墨西哥籍），2016年5月18日由联合国秘书长任命。

【总部】秘书处设在德国波恩。

【网址】http://www.unfccc.int。

【组织机构】(1）缔约方会议:《公约》《京都议定书》和《巴黎协定》的最高决策机构，关于《公约》《京都议定书》《巴黎协定》的决定分别由《公约》缔约方会议（COP)、《京都议定书》缔约方会议（CMP）和《巴黎协定》缔约方会议（CMA）做出。(2）附属科技咨询机构（SBSTA)：就与《公约》和《京都议定书》有关的科学和技术事项，向缔约方会议并酌情向缔约方会议的其他附属机构及时提供信息和咨询。(3）附属履行机构（SBI)：协助缔约方会议评估和审评《公约》的履行。(4）秘书处：作为缔约方会议的常设执行机构，负责安排会议并提供必要的服务，汇编和转递各类文件，协调内外关系。

【资金机制】全球环境基金、绿色气候基金、气候变化特别基金、最不发达国家基金和适应基金。

【主要活动】每年举行1次缔约方会议，会期2周；2次附属机构会议，其中第2次附属机构会议与缔约方会议同时举行。

2019年12月，《公约》第25次缔约方会议在西班牙马德里举行，达成了反映各方气候治理共识的“智利马德里行动时刻”及多项其他决定。

【同中国的关系】中国于1992年6月11日在里约环境与发展大会上签署《公约》，并于1993年1月5日批准《公约》，《公约》1994年3月21日起对中国生效。中国于1998年5月29日签署《京都议定书》，并于2002年8月30日核准《京都议定书》，《京都议定书》2005年2月16日起对中国生效。2014年6月2日，中国向联合国秘书长交存中国政府接受《〈京都议定书〉多哈修正案》的接受书。中国于2016年4月22日签署《巴黎协定》，并于2016年9月3日批准《巴黎协定》，

《巴黎协定》于2016年11月4日起对中国生效。

（尚宝玺）

联合国防治荒漠化公约

United Nations Convention to Combat Desertification—UNCCD

【基本情况】《联合国防治荒漠化公约》全称是《联合国关于在发生严重干旱和（或）荒漠化的国家特别是在非洲防治荒漠化的公约》(以下简称《公约》)，是1992年里约环境与发展大会背景下制订的三大环境公约之一。公约于1994年6月17日在法国巴黎通过，于1996年12月26日起生效。

【目标】在发生严重干旱和（或）荒漠化的国家，特别是在非洲防治荒漠化、缓解干旱，以期协助受影响的国家和地区实现可持续发展。

【缔约方】截至2019年12月，共有197个缔约方。

【主要负责人】执行秘书易卜拉欣·蒂奥（Ibrahim Thiaw，毛里塔尼亚籍），2019年1月31日由联合国秘书长任命。

【总部】秘书处设在德国波恩。

【网址】http://www.unccd.int。

【组织机构】(1）缔约方大会:《公约》的最高决策机构。(2）科技委员会：为缔约方大会提供科技方面的建议和信息。(3）履约审查委员会：由2001年第5次缔约方大会决定成立，负责审查、敦促缔约方履行《公约》。(4)《公约》秘书处：是缔约方大会常设执行机构，负责安排会议、准备会议文件、协调《公约》内外关系等日常工作。

【资金机制】(1）全球机制（GM）;(2）全球环境基金（GEF)。

【主要活动】1997—2001年，每年举行1次缔约方大会；2002年以后，每2年举办1次缔约方大会。《公约》第13次缔约方大会于2017年9月在中国鄂尔多斯举行。2019年9月,《公约》第14次缔约方大会在印度新德里举行。

【同中国的关系】中国于1994年10月14日签署了《公约》，并于1997年2月18日交存批准书。《公约》于1997年5月19日起对中国生效。

（刘韩）

残疾人权利公约

Convention on the Rights of Persons with Disabilities—CRPD

【基本情况】2001年11月，第56届联大三委通过墨西哥等国提交的“促进和保护残疾人权利和尊严的全面综合国际公约”决议，决定设立特设委员会，审议有关制定残疾人权利公约的建议。2002年7月至2006年8月，特委会召开8次会议，最终制定并通过《残疾人权利公约》(简称《公约》)。2006年12月13日，第61届联大正式通过《公约》及其议定书，并于2007年3月30日开放供各国签署。2008年5月3日,《公约》正式生效，成为国际上第一个专门保护残疾人权利、促进残疾人发展的具有法律约束力的国际文书。

【缔约方】截至2019年6月，已有178个国家和区域组织批准加入公约。

【宗旨】促进、保护、保障残疾人全面平等地享有所有人权和基本自由，并促进对残疾人固有尊严的尊重。

【同中国的关系】中国是《公约》最早发起国之一，参加了《公约》特委会及工作组历次会议，并于2007年3月30日在《公约》开放签署仪式上签署《公约》。全国人大常委会于2008年6月26日批准《公约》。同年8月31日,《公约》对中国正式生效。

2019年6月10—13日，中国残联副理事长贾勇率团赴美国纽约出席联合国《残疾人权利公约》第12届缔约国会议及相关活动。此次会议主题为“在变革的世界中通过切实履行《公约》实现残疾人融合发展”。贾勇代表中国政府在会议一般性辩论中发言，介绍中国政府为推动残疾人工作、履行《公约》采取的措施和取得的成绩，特别是近年来出台的困难残疾人生活补贴和重度残疾人护理补贴、对全国3300万持证残疾人和尚未持证的残疾儿童基本服务状况和需求的实名制调查、对0—6岁残疾儿童的抢救性康复制度和第6次全国自强模范以及助残先进集体和个人表彰会等相关情况。就进一步促进残疾人融合发展，贾勇提出了包括加强对残疾人发展权利保护、实施精准政策和措施以及支持残疾人事业持续发展在内的三点建议。

2019年6月11日，中国、欧盟和联合国经社事务部在纽约联合国总部共同举行残疾人减贫主题边会，围绕如何消除残疾人贫困、实现2030年可持续发展目标进行讨论。

（黄静）

不扩散核武器条约

Treaty on the Non-Proliferation of Nuclear Weapons—NPT

【基本情况】《不扩散核武器条约》(NPT）于1968年达成，1970年3月生效。

【主要内容】条约规定核武器国家不得向无核武器国家转让核武器或其他核爆炸装置，不得以任何方式协助、鼓励或引导无核武器国家获取核武器或其他核爆炸装置；无核武器国家不得接受核武器或其他核爆炸装置，不得制造或以其他方式取得核武器或其他核爆炸装置，不得寻求在制造核武器和其他核爆炸装置方面的任何协助；各缔约国承诺在接受国际原子能机构保障监督的前提下，促进和平利用核能活动；各国应就早日停止核军备竞赛和核裁军的有效措施及缔结一项全面彻底核裁军条约进行谈判。条约还特别规定，核武器国家系指在1967年1月1日前制造并爆炸核武器或其他核爆炸装置的国家。

【成员国】条约缔约国皆有资格参加审议大会和筹备会。截至2020年2月，条约共有191个缔约国。巴基斯坦、印度、以色列未加入条约。朝鲜于2003年1月10日宣布退约，但仍被列为缔约国。朝虽不再参加此后有关审议大会和筹备会，但会议仍保留朝名牌，以避免朝地位争议。

【网址】https://www.un.org/disarmament/wmd/nuclear/npt/。

【组织机构】大会无常设机构，由美、俄、英3个存约国负责召集会议。根据会议第8条第3款规定，条约生效5年后，应召开审议大会，此后每5年召开1次。条约第10条第2款规定，条约生效25年后应召开缔约国会议，就条约延期问题作出决定。缔约国于1995年召开《不扩散核武器条约》审议和延期大会，无限期延长条约并决定今后每次审议大会前召开3次筹备会，以加强条约的审议机制。审议大会和筹备会的主席轮流担任，会议具体时间与地点由缔约国商定。

自1985年开始，审议大会依据条约确立的核裁军、核不扩散与和平利用核能三大目标，设立3个主要委员会进行工作。1995年召开的NPT审议和延期大会决定，继续保留设立3个主要委员会的工作模式，并同意在委员会下就相关问题设立附属机构。

【主要活动】自条约生效以来，已经召开了9次审议大会。

第1次审议大会于1975年召开。会议达成《最后文件》，对核军备竞赛表示严重关切，敦促核武器国家切实有效履行核裁军义务，并早日谈判缔结《全面禁止核试验条约》。

第2次审议大会于1980年召开。由于不结盟国家与核武器国家在核裁军问题上对立严重，会议无果而终。

第3次审议大会于1985年召开。会上首次设立核裁军、核不扩散、和平利用核能三个主要委员会。各国在核裁军问题上分歧依旧。为防止审议大会再次失败，会议主席起草了一个客观陈述各方立场的《最后文件》，获得一致通过。

第4次审议大会于1990年召开。由于美、英等核武器国家反对将立即开始谈判《全面禁止核试验条约》的内容纳入《最后文件》，会议未就该文件达成一致。中国作为观察员参加了本次会议。

第5次审议与延期大会于1995年召开。会前，法国和中国于1992年以核武器国家的身份加入条约。为推动条约无限期延长，五核国分别就向无核武器国家提供积极和消极安全保证发表了国家声明，并推动联合国安理会通过了关于积极安全保证的984号决议；在审议大会通过的《关于核不扩散及核裁军原则与目标的决定》中，核武器国家承诺采取一系列核裁军措施；通过了中东问题决议，呼吁中东地区未加入NPT的国家尽快加入，尽早建立中东无核武器和其他大规模杀伤性武器区。这些积极因素，使无核武器国家同意条约无限期延长。

第6次审议大会于2000年召开。会议协商一致通过了《最后文件》，对自1995年审议大会以来的核裁军、核不扩散及和平利用核能的情况进行了审议，并确定了今后5年上述各领域的行动纲领。会议期间，五核国还首次在审议会上发表了共同声明，阐述了在核裁军、核不扩散及和平利用核能方面的一贯立场。

第7次审议大会于2005年召开。由于各方在核裁军、核不扩散与和平利用核能之间的关系和中东无核武器区等问题上分歧严重，大会最终未能达成实质性成果。

第8次审议大会于2010年召开。会议全面审议了2005年以来条约的执行情况，并协商一致通过了《最后文件》，就推进核裁军、加强核不扩散及促进和平利用核能提出64项行动计划，并就建立中东无核武器区等问题提出建议。会议期间，五核国还发表了共同声明，阐述了在核裁军、核不扩散及和平利用核能方面的立场。

第9次审议大会于2015年召开。由于有关国家在建立中东无核及其他大规模杀伤性武器区问题上仍存在较大分歧，大会最终未能达成协商一致的成果文件。

第10次审议大会三次筹备会分别于2017年4月、2018年4月、2019年4月在维也纳、日内瓦和纽约举行。各方围绕条约各方面执行情况，以及推动第10次审议大会成功举行进行了讨论。

【同中国的关系】中国于1992年加入条约，从1995年开始参加此后的历次审议大会。在1995年条约审议和延期大会上，中国支持条约的无限期延长。在随后的历次审议大会和筹备会上，中国代表团以发言和提交工作文件、国家报告等形式，全面阐述了中国在核裁军、核不扩散、和平利用核能等方面的政策主张和立场，积极对会议施加影响，体现了维护和加强NPT的建设性姿态。中国于2015年4月向条约第9次审议大会提交了履行条约情况的国家报告。

禁止生物武器公约

Biological Weapons Convention—BWC

【基本情况】《禁止生物武器公约》(下称《公约》)全称为《禁止发展、生产、储存细菌（生物）及毒素武器和销毁此种武器的公约》，于1971年达成，1975年生效。

【主要内容】《公约》由序言和15条正文组成，主要内容包括：禁止发展、生产、储存和取得或保有生物武器；销毁生物武器或转用于和平目的；禁止转让或协助他国、国家集团和国际组织制造或取得生物武器；生物领域的和平利用与国际合作等。

【成员】截至2019年12月，共有183个缔约国，4个签约国。《公约》保存国为俄罗斯、美国和英国。

【网址】http://www.unog.ch/。

【主要活动】鉴于《公约》缺乏对各国遵约情况进行监督和核查的机制，缔约国于1995年开始谈判拟定包括义务性宣布及现场核查条款的议定书。2001年7月，议定书谈判因美国反对而被迫终止。2002年《公约》第5次审议大会复会，决定在2003—2006年召开缔约国专家组会和缔约国年会，讨论国家履约立法等5项议题。

2006年的《公约》第6次审议大会对上述议题作了总结，达成最后文件，决定设立临时性履约支持机构（ISU），负责会务服务、收发各国建立信任措施（CBM）资料，加强缔约国与有关国际组织交流等工作。

2011年《公约》第7次审议大会全面审议《公约》5年来的执行情况，在建立国际合作数据库、改进建立信任措施等方面取得一定实质性成果，并确定2012—2015年讨论生物科技发展评估、建立信任措施宣布、国家履约、国际合作与援助等议题。

2016年《公约》第8次审议大会对2011年以来多边生物军控进程进行了回顾和总结，但未就实质性问题达成一致。

2017年《公约》缔约国会议上，各方普遍希望就新的会间工作计划达成一致，以推动《公约》进程不断发展，会议最终通过《公约》2018—2020年工作计划，就国际合作、科技发展、国家履约等问题开展工作。

2018年《公约》缔约国会议未能就实质性问题达成一致，仅通过了解决财务预算问题方案。

2019年《公约》缔约国会议审议通过了专家组会5份事实性报告，但仍未就实质性问题取得一致意见。

【同中国的关系】中国于1984年11月加入《公约》。自加入《公约》以来，中国一贯全面严格履约，反对以任何方式向任何国家扩散生物武器，支持加强生物军控多边进程的努力，积极参加《公约》议定书谈判及相关国际会议。自1988年以来，中国每年均按时提交《公约》建立信任措施材料并足额缴纳会费。同时在近三年的会间会进程中，中国立足加强《公约》有效性和普遍性，引领生物安全国际规则制定，提出在《公约》框架下，制定“生物科学家行为准则范本”和建立“生物防扩散出口管制与国际合作机制”两项倡议，受到缔约国普遍欢迎。

2019年7月，外交部与中国科学院在《公约》专家会期间，共同举办了“加强生物安全实验室能力建设，促进生物科技合作交流”主题边会。同年11月，外交部与中国科学院在武汉病毒研究所合作举办第三期“生物安全实验室管理与技术国际培训班”，为发展中国家培养传染病防控研究人才，提高发展中国家生物安全实验室管理能力建设水平。这一培训项目已被列入《公约》国际援助数据库，体现了我国致力于加强《公约》框架下的国际合作，积极向国际社会提供生物安全公共产品，推动构建人类命运共同体的理念。

《特定常规武器公约》

Convention on Certain Conventional Weapons—CCW

【基本情况】全称《禁止或限制使用某些可被认为具有过分伤害力或滥杀滥伤作用的常规武器公约》(Convention on Prohibitions or Restrictions on the Use of Certain Conventional Weapons Which May be Deemed to Be Excessively Injurious or to Have Indiscriminate Effects)(下称《公约》)，1980年10月

10日通过，1981年4月10日在纽约开放签署，1983年12月2日生效，无限期有效。联合国秘书长为《公约》保存人。

【**主要内容**】《公约》包括序言和11条正文，并附有5份议定书。主要内容是：武装冲突各方选择作战方法和手段的权利并非毫无限制，禁止使用可能引起过分杀伤或不必要痛苦的武器、弹药和作战方法，务必使平民和战斗员无论何时均受人道原则、公众良知和既定惯例的保护。

《第一议定书》，即《关于无法检测的碎片的议定书》，禁止使用任何其主要作用在于以碎片伤人且其碎片在人体内无法用X射线检测的武器。1980年10月达成，1983年12月生效。

《第二议定书》，即《禁止或限制使用地雷（水雷）、诱杀装置和其他装置的议定书》及其《技术附件》，对地雷、诱杀装置等武器的使用作出限制。1980年10月达成，1983年12月生效。1996年5月修订议定书，进一步限制地雷的使用和转让，对杀伤人员地雷的可探测性、自毁、自失能等技术指标作出了规定。经修订的《第二议定书》于1998年12月生效。

《第三议定书》，即《禁止或限制使用燃烧武器的议定书》，禁止使用燃烧武器或弹药袭击平民，禁止向平民聚集区的军事目标空投燃烧武器，规定不得将森林或其他植物作为攻击目标，除非它们用于藏匿战斗人员或其他军事目标。1980年10月达成，1983年12月生效。

《第四议定书》，即《关于激光致盲武器的议定书》，禁止使用以致人眼永久性失明为作战目的的激光武器。1995年10月达成，1998年7月生效。

《第五议定书》，即《战争遗留爆炸物议定书》，主要包括清除"战争遗留爆炸物"等战后一般性补救措施，以及提高弹药可靠性等一般性预防措施。2003年11月达成，2006年11月生效。

【**成员**】截至2020年3月，《公约》共有125个缔约国，《第一议定书》共有118个缔约国，经修订的《第二议定书》共有106个缔约国，《第三议定书》共有115个缔约国，《第四议定书》共有109个缔约国，《第五议定书》共有96个缔约国，《公约》第一条修正案共有86个缔约国。

【**网址**】http://www.unog.ch/。

【**主要活动**】《公约》在常规军控和人道主义领域发挥了积极作用，并不断得到充实和发展。自生效以来，《公约》已召开5次审议大会，审议《公约》执行情况，并根据形势发展不断完善《公约》。

2001年《公约》第2次审议大会通过修正案，将《公约》及其附加议定书的适用范围由国际武装冲突扩大到包括非国际武装冲突。2006年《公约》第3次审议大会就"遵约机制""促进《公约》普遍性""成立《公约》支助计划"等问题达成最后文件。2016年《公约》第5次审议大会决定成立"致命性自主武器系统"问题政府专家组。

2007—2011年，在《公约》框架下召开15次专家组会议，就达成"集束弹药议定书"进行谈判，谈判未就相关文书达成共识。

2009—2018年，根据《公约》缔约国大会授权，经修订的《第二议定书》专家组会、《第五议定书》专家组会连续10年在日内瓦召开，相关议定书缔约国和观察员国专家出席。各方主要就议定书履约工作交流经验，提出建议，并讨论了"反车辆地雷""简易爆炸装置"等问题。

2014—2016年，在《公约》框架下3次召开有关"致命性自主武器系统"非正式专家会。2017—2018年，召开3次政府专家组会，就相关武器系统的技术、军事、伦理、法律、军控走向等问题进行深入讨论。2019年，在《公约》框架下召开2次"致命性自主武器系统"政府专家组会议，就技术特征、人机交互、政策选项、专家组下步工作授权等议题进行深入讨论。

2017年，《公约》缔约国会议决定增加讨论"新兴科技对公约的影响"议题。

2018年，《公约》缔约国会议将"致命性自主武器系统"政府专家组授权延期至2019年。

2019年，第21次缔约国会议在讨论公约履约问题的同时，重点就"致命性自主武器系统"、简易爆炸装置等议题开展深入讨论。

【**同中国的关系**】中国参加了拟定该《公约》的国际会议，《公约》审议大会、缔约国会议以及各次专家组会议，积极参与了修订《第二议定书》和《公约》第一条、制定《第四议定书》和《第五议定书》的谈判。中国于1981年9月4日签署《公约》，1982年4月7日批准了《公约》及第一、第二、第三议定书，1998年11月4日批准了经修订的《第二议定书》和《第四议定书》，2003年8月11日批准了《公约》第一条修正案。2010年4月29日，第十一届全国人大常委会第十四次会议决定批准《第五议定书》。至此，中国批准《公约》及其全部所附5个议定书，成为《公约》完全缔约国。

2018年，在《公约》第20次缔约国会议上，中国代表团继续呼吁增强《公约》权威性和有效性，推动《公约》各项工作取得新进展，为解决常规武器滥用引发的人道主义问题作出积极贡献。

2019年，在"致命性自主武器系统"政府专家组两期会议上，中国代表团建设性引导讨论方向，提出的看法和主张得到各方高度重视。在《公约》第21次缔约国会议上，中国代表团全面阐述中国原则立场，宣介中国全面认真履约、开展人道主义扫雷援助等积极努力，重申支持就"致命性自主武器系统"制定国际法律文书等主张，受到多数缔约国和非政府组织好评。

联合国反腐败公约

United Nations Convention Against Corruption

【基本情况】《联合国反腐败公约》(简称《公约》)是关于打击腐败和资产追回的第一项全球性法律文书，体现了国际社会治理腐败的共同意愿和决心，对促进各国预防和打击腐败、加强反腐国际合作、促进腐败资产的追回，具有重要、建设性的意义。《公约》于2003年10月31日由第58届联合国大会审议通过，并于2005年12月14日起生效。

【目标】《公约》旨在促进和加强预防及打击腐败，促进、便利和支持引渡、司法协助和资产追回等方面的反腐败国际合作，以及提倡廉正、问责制和对公共事务和公共财产的妥善管理。为此，《公约》要求各缔约国根据本国法律制度的基本原则，制定和执行或坚持有效而协调的反腐败政策，并采取必要的立法和其他措施，将《公约》规定的行为定为犯罪。《公约》还要求缔约国依照《公约》规定，在刑事案件中相互合作，尽可能充分地提供司法协助，并在返还资产方面相互提供最广泛的合作和协助。

【缔约方】截至2019年12月，共有187个缔约方。

【总部】秘书处设在奥地利维也纳。

【网址】http://www.unodc.org。

【组织机构】(1)缔约国会议:《公约》的最高决策机构。(2)《公约》秘书处：协助缔约国会议开展各项活动，负责安排会议、准备会议文件、协调《公约》内外关系、为履约审议机制提供技术支持等日常工作。

【主要活动】2006年举行首次缔约国会议。2019年12月，在阿布扎比举行了《公约》第8次缔约国会议。《公约》下设的履约审议组和预防腐败、资产追回、国际合作工作组，每年举行1—2次会议。

【履约审议机制】2009年11月，第3次缔约方大会决定设立《公约》履约审议机制，并于次年启动运行。机制采用“同行审议”的方法，即由抽签方式确定的两个缔约国对一个缔约国的履约情况进行审议。每一个审议阶段为期10年，由各为期5年的两个审议周期构成。2010年，《公约》履约审议机制第一审议周期正式启动，审议各缔约国履行《公约》第三章“定罪和执法”和第四章“国际合作”的情况。2016年，启动第二审议周期，审议各缔约国履行《公约》第二章“预防腐败”和第五章“资产追回”的情况。

【同中国的关系】中国于2005年10月27日批准《公约》。《公约》于2006年2月12日起对中国生效，并适用于香港、澳门特别行政区。

(吴琼)

联合国海洋法公约

United Nations Convention on the Law of the Sea

【基本情况】《联合国海洋法公约》(以下简称《公约》)于1982年4月30日在联合国第3次海洋法会议上通过，并于当年12月10日在牙买加开放签署，后于1994年11月16日起正式生效。1994年7月28日，联合国通过了《关于执行〈联合国海洋法公约〉第十一部分的协定》(以下简称《执行协定》)。1995年8月4日，联合国又通过了《执行〈联合国海洋法公约〉有关养护和管理跨界鱼类种群和高度洄游鱼类种群之规定的协定》(以下简称《鱼类种群协定》)。

【缔约方】截至2019年12月,《公约》共有168个缔约方;《执行协定》共有150个缔约方;《鱼类种群协定》共有90个缔约方。

【网址】http://www.un.org/Depts/los/index.htm。

【主要内容】《公约》分17个部分，共有320条和9个附件。《公约》建立的基本海洋法制度包括：

(1)《公约》确定了12海里领海宽度，并同时确保了其他国家在沿海国领海内的无害通过权；

(2)《公约》确定了从领海基线量起不超过24海里的毗连区制度，确保沿海国在该海域内对其海关、财政、卫生和移民等类事项行使管辖权；

(3)《公约》允许沿海国为开发海洋资源、保护海洋环境及管理海洋科学研究等目的设立200海里专属经济区，但不得限制其他国家在该区域的合法活动；

(4)《公约》建立了大陆架制度，规定了结合科学标准、地质标准及距离标准确定大陆架外部界限的方法，设立了解决200海里外大陆架外部界限的大陆架界限委员会，并对200海里外大陆架资源的利益分享问题作了规定；

(5)《公约》对国家管辖范围以外的海床洋底建立了专门的国际开发制度，并设立了国际海底管理局以管理作为“人类共同继承财产”的国际海底区域及其资源；

(6)《公约》确认了航行自由、飞越自由及捕鱼自由等传统的公海自由原则，并根据科学技术的发展补充了新的公海自由原则，但同时又对公海生物资源的养护和管理作了专门规定；

（7）《公约》确保了各国的船舶和飞机在世界上各群岛水域和用于国际航行的海峡不受阻碍地航行或飞越的权利，同时对群岛国制度和海峡沿岸国的权利作了规定；

（8）《公约》在扩大沿海国权利的同时，也确保了内陆国出入海洋的权利；

（9）《公约》确立了进行海洋科学研究和海洋技术转让的规则；

（10）《公约》对海洋环境的保护和保全作了全面的规定，使各国承担了保护海洋免受各种污染源污染的义务；

（11）《公约》推动各国和平解决海洋争端，规定了各种强制解决争端的程序，并设立了国际海洋法法庭。

【专门机构】《公约》生效后，先后成立了国际海底管理局、国际海洋法法庭、大陆架界限委员会等专门海洋机构。国际海底管理局是根据《公约》第十一部分和《执行协定》所确立的管理国际海底区域，组织和管理国家管辖范围以外的深海底活动，特别是管理该区域矿物资源的组织。国际海洋法法庭根据《公约》附件六“国际海洋法法庭规约”设立，负责处理有关《公约》解释和适用的争端。大陆架界限委员会是根据《公约》第76条设立的审议沿海国200海里以外大陆架界限的专门机构。

【主要活动】《公约》缔约国会议根据《公约》第319条第2（e）款以及联大37/66、49/28、52/26号决议，规定由联合国秘书长决定召开，缔约方和观察员参加。会议负责选举国际海洋法法庭法官和大陆架界限委员会委员，听取国际海洋法法庭、大陆架界限委员会和国际海底管理局三大机构的工作报告，以及审议法庭的预算和财务事项等。1994年11月21—22日，首次《公约》缔约国会议在纽约联合国总部举行。

2019年6月17—19日，第29届《公约》缔约国会议在纽约联合国总部举行。

【同中国的关系】中国是1982年首批签署《公约》的119个国家之一，并于1996年5月15日批准《公约》。1996年6月7日，中国常驻联合国代表团向联合国秘书处递交了批准书。根据《公约》第308条第2款的规定，自批准书交存后第30天起，即1996年7月7日，《公约》开始对中国生效。

中国批准《公约》时做出四点声明：根据《公约》规定，中国享有200海里专属经济区和大陆架的主权权利和管辖权；中国将与海岸相向或相邻的国家，通过协商，在国际法的基础上，按照公平原则划定各自海洋管辖权界限；中国重申对1992年2月25日颁布的《中华人民共和国领海及毗连区法》第2条所列各群岛及岛屿拥有主权；中国重申《公约》有关领海内无害通过的规定，不妨碍沿海国按其法律规章要求外国军舰通过领海必须事先得到该国许可或通知该国的权利。2006年8月25日，中国依据《公约》第298条规定，向联合国秘书长提交书面声明，对于《公约》第298条第1款（a）、（b）和（c）项所述的任何争端（即涉及海洋划界、领土争端、军事活动等争端），中国政府不接受《公约》第十五部分第二节规定的任何国际司法或仲裁管辖。

中国认真履行《公约》，不断完善国内海洋立法，已陆续颁布实施了《领海及毗连区法》（1992年）和《专属经济区和大陆架法》（1998年），确立起领海、毗连区、专属经济区和大陆架等海洋制度，是《公约》赋予沿海国对其管辖海域的各项基本权利在中国国内法律中的具体体现。在海洋科研、海洋环境保护、渔业、海上航运等领域，中国也出台或修订了相关法律法规，体现和遵循《公约》的相关要求。

中国还积极参与《公约》缔约国大会以及三大专门机构有关会议和活动，支持上述机构的工作，为促进国际海洋合作与交流进行不懈的努力，为全球海洋事业的发展作出应有的贡献。（邱雨桐）

联合国打击跨国有组织犯罪公约

United Nations Convention Against Transnational Organized Crime

【基本情况】《联合国打击跨国有组织犯罪公约》（简称《公约》）是目前唯一针对跨国有组织犯罪的全球性公约。该《公约》于2000年11月15日由第55届联大通过，并于2003年9月29日起正式生效。该《公约》共有三项议定书，分别是《关于预防、禁止和惩治贩运人口特别是妇女和儿童行为的补充议定书》（2003年12月25日起生效）、《关于打击陆海空偷运移民的补充议定书》（2004年1月28日起生效）和《关于打击非法制造和贩运枪支及其零部件和弹药的补充议定书》（2005年7月3日起生效）。

【目标】《公约》确立了通过加强国际合作，更加有效地预防和打击跨国有组织犯罪的宗旨，为各国开展打击跨国有组织犯罪的合作提供法律基础。《公约》规定缔约国应采取必要的立法和其他措施，将参加有组织犯罪集团、洗钱、腐败和妨碍司法等行为定为刑事犯罪。《公约》要求所有愿意遵守该《公约》的国家在法律上采取协调措施，以打击有组织犯罪集团与腐败行为，打击洗钱等非法活动，简化引渡程序，扩大引渡范围。《公约》还要求有关国家采取措施，保护那些在法庭上提供对犯罪团伙不利证据的证人，并向需要帮助的国家提供财政等方面的援助。

【缔约方】截至2018年7月，公约共有190个缔约国。

【总部】秘书处设在维也纳。

【网址】http://www.unodc.org。

【组织机构】(1)缔约方会议:《公约》的最高决策机构。(2)《公约》秘书处：协助缔约方大会开展各项活动，负责安排会议、准备会议文件、协调《公约》内外关系等日常工作。

【主要活动】2004年举行第1次缔约方会议，2018年10月举行第9次缔约方会议。公约下设的“国际合作”“技术援助”“贩运人口”“偷运移民”和“枪支问题”5个工作组，每年举行1—2次会议。

【履约审议机制】2018年10月，第9次缔约方会议决定建立《公约》履约审议机制，并于2021年启动运行。审议进程由“总体审议”和“国别审议”两部分构成，审议机制总周期为12年。前2年旨在明确有关组织事项，为正式审议阶段做准备。第3—12年分为4个审议阶段，包括：定罪与管辖权；预防、技术援助、保护措施及其他措施；执法和司法制度；国际合作、司法协助和没收。

【同中国的关系】中国于2003年8月27日批准《公约》。《公约》于2003年10月23日起对中国生效，并适用于香港、澳门特别行政区。

（王文）

图书在版编目（CIP）数据
世界知识年鉴. 2019/2020/《世界知识年鉴》编辑委员会编. —北京：
世界知识出版社，2020. 11
ISBN 978-7-5012-6316-5
I. ①世… II. ①世… III. ①世界—知识—2019-2020—年鉴 IV. ①Z5
中国版本图书馆CIP数据核字（2020）第226831号

责任编辑 / 龚玲琳　王晓娟　张迎辉　汪　琴　车胜春　侯奕萌
责任出版 / 王勇刚
责任校对 / 张　琨　陈可望

世界知识年鉴2019/2020
WORLD AFFAIRS ALMANAC **2019/2020**
Shijie Zhishi Nianjian 2019/2020

主　　管 / 中华人民共和国外交部
编　　者 /《世界知识年鉴》编辑委员会
主　　办 / 世界知识出版社有限公司
出　　版 / 世界知识出版社有限公司
地　　址 / 北京市东城区干面胡同51号
邮　　编 / 100010
电　　话 /（86）（10）85118128（编辑部）　65265923（发行）　85119023（邮购）
网　　址 / www.ishizhi.cn
经　　销 / 新华书店
印　　刷 / 北京新华印刷有限公司
开本印张 / 787mm × 1092mm　1/16　77印张　4插页　2770千字
版次印次 / 2020年12月第一版　2020年12月第一次印刷
标准书号 / ISBN 978-7-5012-6316-5
　　　　　ISBN 978-7-900591-35-7
定　　价 / 248.00元

ISBN 978-7-5012-6316-5　ISBN 978-7-900591-35-7
9 787501 263165 >　9 787900 591357 >